ALSACE
1939-1945

La grande encyclopédie des années de guerre

ALSACE 1939 - 1945

La grande encyclopédie des années de guerre

Sous la direction
de Bernard Reumaux
et Alfred Wahl

Préface d'André Bord

SAISONS D'ALSACE

La Nuée Bleue

Le présent ouvrage est la réédition à l'identique des sept numéros des *Saisons d'Alsace* consacrés aux années 1939 à 1945, publiés de 1989 à 1995:

1939 – L'Evacuation (n° 105, automne 1989)
1940 – La Débâcle (n° 109, automne 1990)
1941 – La Mise au pas (n° 114, hiver 1991-1992)
1942 – L'Incorporation de force (n° 117, automne 1992)
1943 – La Guerre totale (n° 121, automne 1993)
1944 – Vers la Libération (n° 124, été 1994)
1945 – La Délivrance (n° 127, printemps 1995)

RÉDACTEUR EN CHEF
Bernard Reumaux

COMITÉ ÉDITORIAL
Georges Bischoff
Francis Bueb
Richard Kleinschmager
Bernard Reumaux
Philippe Breton (à partir du n° 124)
Ambre Atlan (à partir du n° 127)
Jocelyne Fritsch (à partir du n° 127)

DIRECTION ARTISTIQUE
Sylvie Pelletier

MAQUETTE
Michèle Sturm (jusqu'au n° 117)

ASSISTANTE
Alexandra Bade (n° 121, 124, 127)

COMPOSITION, MONTAGE
Denise Frick

La présente réédition a bénéficié du concours de:
Mathilde Reumaux: coordination générale
Gilles Hanuise: contrôle de la récupération et de la numérisation des données initiales
Christophe Nagyos: indexage et base de données encyclopédiques
Michel Lechartier: conseil en numérisation
Hubert Feichter (art'ere Mundolsheim): chromie
Jean-Baptiste Ritt: PAO
Massin: maquette de couverture

Un grand remerciement aux services techniques des *Dernières Nouvelles d'Alsace* pour leur implication dans la préparation de la numérisation des données initiales.

Les Saisons d'Alsace sont une revue trimestrielle fondée en 1948 par Antoine Fischer.
La première série (24 numéros) a couvert la période 1948-1954.
La deuxième série (141 numéros), la période 1962-1998.
La troisième série a débuté en 1999 avec un nouveau numéro 1.
Les Saisons d'Alsace sont éditées depuis 1985 par la SA Editions des Dernières Nouvelles d'Alsace qui en est propriétaire en totalité.

Iconographie : la présente édition reprend les photos publiées dans les numéros originaux. Malgré nos recherches, un certain nombre d'ayants droit de documents n'ont pu être identifiés. Qu'ils aient l'obligeance de nous contacter.
La Nuée Bleue, 3 rue Saint-Pierre-le-Jeune, 67000 Strasbourg.

ISBN 978-2-7165-0647-2

La Mémoire et l'Histoire

par Bernard Reumaux

Ce fut une magnifique aventure éditoriale, assurément une des plus foisonnantes, une des plus longues aussi, et humainement une des plus riches jamais entreprises dans la région. Pendant plus de sept années, de 1989 à 1995, une toute petite équipe a lancé puis tenu le pari de raconter la succession des années de la Seconde Guerre mondiale en Alsace d'une autre manière, celle qui convenait au public cinquante ans après le conflit, alors que – comme partout ailleurs en Europe – de nouvelles perspectives s'ouvraient aux historiens et aux observateurs passionnés par l'histoire du XXe *siècle.*

L'intuition de départ fut la bonne : solliciter deux genres que souvent l'on veut opposer, l'histoire *et* la mémoire, *c'est-à-dire le travail des professionnels de la recherche historique d'un côté et celui des témoins, des sociologues, des journalistes, des artistes, des écrivains de l'autre. Il ne s'agissait nullement d'une cohabitation froide, chacun dans ses pages bien à lui, ignorant le voisin, ce fut au contraire une fécondation commune, un bouillonnement interactif. Formidable travail piloté avec légèreté, qui prenait son envol presque par lui-même, tant les propositions spontanées, les contacts imprévus sont venus enrichir les trames initiales. Cela permit de raconter comme jamais jusque là cette période 1939-1945, si particulière en Alsace, si complexe, si douloureuse, si riche aussi (que de magnifiques destins individuels ! que d'extraordinaires messages de dignité, de courage et d'espoir !), cela permit d'aborder des aspects souvent laissés de côté lorsque l'on parle de l'histoire des guerres : la vie sociale, l'enseignement, les cultes, les loisirs.*

Il en est résulté ces près de mille sept cents pages publiées dans sept numéros spéciaux des Saisons d'Alsace. *Le public ne s'y trompa point, qui leur réserva un accueil enthousiaste. Les réimpressions s'enchaînaient en même temps que paraissaient les nouvelles éditions... Quelques années après la fin de la série, il y eut un coffret qui présenta l'ensemble des numéros, relança l'intérêt pour cet ensemble unique, confirmant son rôle essentiel dans l'évolution des mentalités collectives de la société alsacienne un demi-siècle après le conflit.*

Cette magnifique somme est l'œuvre de plus d'une centaine d'auteurs, connus ou non, chevronnés ou néophytes, spécialistes dans leur domaine ou amateurs. Elle doit beaucoup également aux archivistes, documentalistes et collectionneurs privés qui nous ont ouvert leurs fonds iconographiques, souvent inédits. Que tous soient remerciés et félicités pour leur engagement et leur confiance dans ce projet collectif. Une reconnaissance particulière à René Meyer, un passionné d'histoire et d'archives de Colmar : c'est lui qui eut l'idée, après le succès du numéro consacré à 1939, de proposer de lancer un numéro consacré à 1940 et, ainsi, d'enclencher l'aventure... Grande reconnaissance également à Alfred Wahl, qui fut le très impliqué co-directeur de la série, apportant ses compétences d'universitaire expérimenté tant dans ses recherches historiques personnelles que dans le pilotage et la validation de travaux menés par d'autres. Enfin, cette série n'aurait pu aboutir dans toute son ampleur et son indispensable rigueur sans le soutien indéfectible, quasiment dès le début, de la Fondation Entente Franco-Allemande – avec Georges Nonnenmacher –, soucieuse d'aider les initiatives qui aident à tirer les enseignements de l'histoire dans la perspective d'une Europe pacifiée.

Désormais rééditée – à l'identique des originaux – sous la forme d'un solide ouvrage de référence, utilement complété de précieux index et tableaux encyclopédiques, cette somme exceptionnelle est prête à affronter le temps et le regard des nouvelles générations, et ainsi à entrer dans l'Histoire de l'Histoire, celle qui contribue à rendre les peuples maîtres de leur destin.

Bernard Reumaux, co-directeur avec Alfred Wahl de cette série,
est rédacteur en chef des *Saisons d'Alsace*
et directeur des Editions La Nuée Bleue.

Un monument dans le patrimoine mémoriel alsacien

par Alfred Wahl

Voilà vingt ans qu'a été publié le premier numéro de la belle série des *Saisons d'Alsace* consacrée à la Deuxième Guerre mondiale, à raison d'un numéro par an de 1989 à 1995. Ils traitaient chacun d'une année de l'histoire de cette guerre qui s'était déroulée cinquante années auparavant, de 1939 à 1945, soit un total de sept volumes de plus de deux cent cinquante pages chacun.

Plus de soixante ans se sont écoulés depuis la fin de la guerre et les libérations tardives de l'Alsace. C'est l'occasion de présenter l'ensemble des textes en une seule publication qui aura sans doute une bonne place dans le patrimoine mémoriel laissé par cette guerre en Alsace.

Les publications de 1989 à 1995 avaient répondu à une véritable attente car, depuis la fin des années 1970, la société était traversée par un intérêt soudain avivé pour la Deuxième Guerre mondiale. Cet engouement s'est concrétisé par un mouvement de grande ampleur en faveur d'une quête de la mémoire des acteurs. Les historiens ont alors forgé une nouvelle méthode à côté des autres plus classiques ; il s'agit de la *Oral History* des Anglo-Saxons, ce qui signifie l'écriture de l'histoire fondée sur des sources orales. Les numéros des *Saisons d'Alsace* ont eu largement recours à cette méthode.

Sans nous étendre trop longuement sur ce phénomène, on peut néanmoins rappeler ce qui explique son apparition. Le vieillissement des acteurs, résistants, combattants, victimes, désormais disponibles pour se pencher vers leur passé, les a conduits à souhaiter laisser une trace de leur expérience pour empêcher l'oubli. Cette tendance survenait précisément au moment où la seconde génération, celle des petits-enfants, éprouvait un réel désir de savoir alors que la première génération n'avait guère posé de questions et que les acteurs étaient accaparés par les problèmes familiaux et professionnels. La conjonction de ces deux tendances explique aussi le regain de l'édification de sites mémoriaux. Les simples monuments ou stèles sont remplacés par de véritables monuments-musées qui retracent une partie de l'histoire de la guerre afin d'instruire la population et notamment les jeunes. Au culte du souvenir s'ajoutent les lieux de recueillement pédagogiques. C'est aussi la recrudescence des commémorations à travers le pays, à partir de 1981.

En 1995, un demi-siècle après la fin du conflit et date aussi de la sortie de l'ultime numéro de *Saisons d'Alsace*, l'énorme majorité des Alsaciens qui ont vécu ces terribles événements comme adultes avaient déjà disparu. L'on pouvait estimer alors que l'intérêt pour eux allait s'estomper. Le début du XXIe siècle semblait devoir mettre un bémol, voire un terme à ce vaste courant qui a traversé les diverses couches de la population. Il n'en fut rien. Les récits imprimés, les films réalisés sur des points précis de la guerre continuent de rencontrer la curiosité et le succès, les témoins sont toujours appelés dans les établissements scolaires pour répondre au désir de savoir des élèves. Voilà qui justifie l'initiative des *Saisons d'Alsace*.

Comment expliquer la persistance de cette demande ? Le besoin de témoigner et d'expliquer est dû sans doute à la complexité des expériences alsaciennes et plus encore à l'impossibilité pour certains acteurs de maîtriser leur passé et à la poursuite des polémiques et même des accusations portées contre la population alsacienne. Il ne se passe de mois sans qu'un hebdomadaire national ne revienne sur le drame d'Oradour comme celui daté du début juillet 2004 où l'on peut lire que les jeunes SS alsaciens, devenus vingt-sept, n'étaient pas des « Malgré Nous... terme qui s'applique, en effet, à de simples soldats enrôlés de force dans la Wehrmacht, mais pas nécessairement à des Waffen SS qui ont juré fidélité au Führer ». On relèvera la triple erreur en une seule phrase : sur le nombre des jeunes SS, sur le statut des incorporés et surtout sur la prestation de serment à laquelle, comme on le sait, étaient contraints tous les incorporés. Sans oublier que le vote en faveur du Front national a été régulièrement mis en rapport avec l'incorporation de force.

La volonté d'obtenir justice par l'histoire, celle aussi de faire en sorte que les compatriotes des autres départements « sachent ce qu'a été le drame des Alsaciens », qu'ils n'ignorent plus que l'Alsace figure parmi les régions françaises les plus meurtries par rapport au nombre de ses habitants. Peut-être même a-t-elle enregistré proportionnellement le plus de morts : les soldats de 1940, les incorporés de force, les résistants, les victimes de la répression en Alsace ou à l'extérieur, les déportés, les victimes civiles des bombardements et des combats de la libération, les soldats tombés dans les rangs des armées de la libération... Voilà pourquoi il s'élève toujours une voix pour demander une histoire plus complète et mieux expliquée aux habitants des autres départements, mais aussi à la jeunesse locale. Cette nouvelle publication veut participer à la réalisation de cet objectif plus qu'ambitieux.

Un mot encore pour rappeler la forme et les conditions de réalisation de ce vaste document sur la Seconde Guerre mondiale. Il ne s'agit pas d'un récit historique continu et classique écrit par un ou des historiens de métier. Certes, ceux-ci sont présents en tant qu'auteurs d'articles de fond sur les questions générales. D'autres textes sont de la plume de journalistes si habiles dénicheurs de témoins nouveaux ou de sociologues qui savent procéder à des analyses pertinentes sur la gestion de la mémoire. Des personnalités diverses, de toutes origines, font part de leur itinéraire durant la guerre tout comme des acteurs inconnus. Leurs récits souvent dramatiques suscitent d'intenses émotions.

Les Saisons d'Alsace ont déjà suscité la multiplication de témoignages souvent susceptibles de préciser des points de la grande histoire. Les débats privés et publics ont connu une nouvelle impulsion. On trouvera ici des études inédites ou des témoignages qui sont de véritables apports essentiels à l'histoire et qui auraient pu trouver place dans des revues spécialisées. Citons par exemple l'étude sur les recherches nucléaires à Strasbourg ou le témoignage inédit sur le fameux défilé des prisonniers de la bataille de Koursk sur la place Rouge à Moscou, début juillet 1944, tout comme celui sur la présence et le rôle de Maria Geroe à Tambov, celle qui était l'épouse du futur chef du gouvernement de Hongrie lors des événements de 1956. La révélation de la présence de cette personnalité éminente du Komintern nous indique que les Soviétiques avaient bien l'intention, d'abord, de transformer les prisonniers en militants communistes. Objectif abandonné dès le printemps 1944, ce qui s'est matérialisé par le départ de Maria Geroe de Tambov. Preuve néanmoins que l'URSS a attendu près d'un an avant de supprimer réellement les activités du Komintern.

Enfin, d'autres récits ont permis de mettre en lumière des actes héroïques ou des sacrifices qui seraient tombés dans un oubli définitif. Ceux qui voudront approfondir leurs connaissances sur la Seconde Guerre mondiale des Alsaciens, où qu'ils aient vécu, ceux aussi qui envisagent d'écrire une synthèse sur la question ne pourront se passer de ce document.

Laissons maintenant le lecteur découvrir ou redécouvrir cette vaste fresque...

Alfred Wahl est professeur émérite d'histoire contemporaine des Universités.
Colmarien d'origine, vivant à Strasbourg, il a longtemps enseigné à l'université de Metz.
Ses travaux personnels portent notamment sur l'Allemagne contemporaine (il a publié plusieurs livres de référence) et l'histoire du football dans le monde. Il est depuis longtemps engagé dans les initiatives visant à faire connaître auprès du grand public comme des spécialistes l'histoire de l'Alsace-Moselle depuis 1870 : réalisation du catalogue de l'exposition itinérante sur les Alsaciens-Mosellans dans la Seconde Guerre mondiale, président de la commission scientifique du Mémorial de Schirmeck, etc.

LA FONDATION ENTENTE FRANCO-ALLEMANDE

Créée en 1981, grâce à la volonté de Valéry Giscard d'Estaing, Président de la République française, et Helmut Schmidt, Chancelier de la République fédérale d'Allemagne, la Fondation Entente Franco-Allemande a eu pour mission historique de régler un contentieux franco-allemand lié au second conflit mondial : il s'agit de l'indemnisation des Alsaciens-Mosellans incorporés de force dans la Wehrmacht.

Depuis 1945 cette affaire n'avait pas abouti par la voie diplomatique, mais elle trouva une issue politique grâce à l'accord international du 31 mars 1981, signé à Bonn, au terme duquel l'Allemagne fédérale versa à la FEFA un capital de plus de 117,5 millions d'euros (250 millions de marks).

Plus de 86 500 personnes ont ainsi été indemnisées par la Fondation Entente Franco-Allemande. 1 387,29 euros est le montant forfaitaire de l'indemnisation, payée sous forme d'un versement initial de 1 143,37 euros et d'un versement complémentaire de 243,92 euros.

Cette mission historique terminée, la Fondation s'est investie, conformément à ses statuts, dans les actions sociales et culturelles, œuvrant pour la mémoire de la Seconde Guerre mondiale et pour la coopération franco-allemande. Plus de 3 500 projets ont vu le jour grâce au financement de la Fondation : rencontres de jeunes, spectacles, colloques, films, publications, documentaires, recherche médicale, etc. La Fondation s'investit aussi dans des projets de coopération transfrontalière dans le Rhin supérieur (Alsace, Bade-Wurtemberg, Rhénanie-Palatinat et Suisse du Nord).

Enfin, suite à l'accord signé à Strasbourg le 17 juillet 2008 avec l'État au sujet de l'allocation RAD / KHD, la Fondation Entente Franco-Allemande a en charge le règlement d'un nouveau dossier. On estime à 5 800 le nombre de bénéficiaires de cette allocation RAD / KHD de 800 euros, versée à parts égales par l'État et la Fondation, soit plus de 4,6 millions d'euros.

La Fondation Entente Franco-Allemande est présidée depuis 2002 par André Bord, ancien ministre.

Fondation Entente Franco-Allemande
1, rue Saint-Léon
67000 Strasbourg
www.fefa.fr
03 88 32 18 00

A point nommé

par André Bord
Ancien ministre

Voilà une initiative heureuse que de rééditer les publications des *Saisons d'Alsace* consacrées à la Seconde Guerre mondiale et ce avec le concours d'un historien de renom, le professeur Alfred Wahl.

Il s'agit là d'une véritable publication de référence, rappelant les drames vécus par les populations mosellanes et alsaciennes dont l'expérience singulière n'a pas toujours été comprise.

Certains regretteront peut-être de voir paraître une nouvelle publication portant sur la guerre, car il y en a eu de nombreuses depuis la Libération. Cependant, je pense avec force que plus que jamais, soixante-dix ans après le début de ce terrible drame auquel a été confrontée l'Europe et particulièrement l'Alsace et la Moselle, il est indispensable de rappeler aux jeunes générations les souffrances vécues par leurs parents et grands-parents afin de leur permettre d'apprécier pleinement le sens des mots Paix et Liberté.

Cette Encyclopédie de la Deuxième Guerre mondiale, riche d'informations, arrive donc à point nommé et saura apporter – j'en suis convaincu – une vision très complète de cette période de guerre dans nos régions de l'Est.

J'aimerais ajouter que les deux Fondations, la Fondation Entente Franco-Allemande et la Fondation Raoul Clainchard, que je préside, sont heureuses d'y apporter leur concours.

Merci aux Editions La Nuée Bleue et au professeur Alfred Wahl pour leur contribution à la mémoire collective.

1939 - 1945

TABLE DES MATIÈRES

1942 - L'INCORPORATION DE FORCE

1943 - LA GUERRE TOTALE

1944 - VERS LA LIBÉRATION

1945 - LA DÉLIVRANCE

INDEX

SAISONS D'ALSACE

Revue trimestrielle - Automne 89

1939 l'Evacuation

1939 - Tableau synoptique

ALFRED WAHL

	FRANCE	ALSACE	ALLEMAGNE INTERNATIONAL
SEPTEMBRE 1938	● **24 :** Rappel de 600 000 hommes sous les drapeaux		● Crise des Sudètes ● **30 :** Accords de Munich
OCTOBRE 1938		● **4 :** Le général Gamelin en tournée d'inspection dans la région	
FEVRIER 1939		● **4 :** Arrestation de Karl Roos	
MARS			● **15 :** Entrée des Allemands en Tchécoslovaquie ● **22 :** Occupation de Memel par les Allemands
AVRIL		● Déplacement de M.E. Naegelen, adjoint au maire de Strasbourg, à Périgueux ● **21 :** Interdiction des activités des mouvements autonomistes pro-nazis ● **23 :** Début de la mise en œuvre des mesures de défense passive	
AOÛT		● **27 :** Saisie de *L'Humanité d'Alsace-Lorraine* ● **30 :** Saisie des journaux autonomistes et distribution de masques à gaz	● **ÉTÉ 1939 :** Affaire du corridor de Dantzig ● **23 :** Pacte germano-soviétique

1939 - Tableau synoptique

	FRANCE	ALSACE	ALLEMAGNE INTERNATIONAL
SEPTEMBRE	● **13:** Daladier remplace Bonnet aux Affaires étrangères ● **26:** Dissolution des organisations communistes	● **2:** Début des évacuations ● **3:** Fin des opérations d'évacuation	● **1er:** Entrée en guerre de l'Allemagne contre la Pologne ● **3:** Déclaration de guerre de la France et du Royaume-Uni à l'Allemagne ● **5:** Les Etats-Unis se déclarent neutres ● **17:** Les Soviétiques entrent en Pologne ● **28:** Accords de Moscou («4e partage de la Pologne»)
OCTOBRE		● Arrestation de chefs autonomistes et incarcération à Nancy ● **23:** Visite du président Lebrun à Strasbourg	
NOVEMBRE	● **30:** Vote des pleins pouvoirs au gouvernement Daladier		● **30:** Guerre soviéto-finlandaise
DÉCEMBRE			● **14:** Exclusion de l'URSS de la SDN

CRÉDITS PHOTOGRAPHIQUES POUR L'ANNÉE 1939

Collections particulières: A. Loeffler (61, 63); Ch. Kuntz (79, 80, 240-241); Schoen (147, 225, 227); Schlosser (146); Danner (28, 179 bas, 182 bas, 186); Pierre Bannwarth (DNA) (222); DNA (82, 209, 216-217); Michel Frison (29); Mission permanente aux commémorations et à l'information historique (72-73); Mairie Haguenau (130-131, 195 milieu, 199); Archives municipales St-Louis (Danner) (65, 66, 68, 107, 139, 140, 142-143, 152, 156-157, 161, 179 haut, 185, 195 bas, 196, 197 bas, 236); Archives municipales Strasbourg (22, 23, 33-33, 35, 36, 39, 40, 45, 47, 48, 50, 53, 56, 60, 86, 88-89, 99, 101, 136, 138, 172, 174, 195 haut, 197 haut et milieu, 198 haut et bas, 230-231, 234-235).

La Parole retrouvée

ALAIN DUGRAND

Un sot, un jour, écrivit que «les peuples heureux n'ont pas d'histoire». Que les Alsaciens lui pardonnent...

Strasbourgeois de hasard, c'est-à-dire attiré là par une conjuration d'amitiés, j'ai appris mon Strasbourg à tâtons, à l'affût, en écoutant oreilles grandes ouvertes, et je fus comblé : les Alsaciens sont d'impénitents bavards. D'eux-mêmes ils parlent à profusion, vous étourdissent de fables, de contes, mais quand leurs voix se font plus graves, plus persuasives, on saisit d'énormes chagrins, d'inexprimables revendications, des silences lourds de peines indicibles. La pudeur une fois vaincue, l'Alsacien se donne pour le plus malheureux des hommes, l'être le plus écrabouillé par les intentions mauvaises de la terre entière.

Etablie entre Vosges et Rhin, comme hier «coincée» par la fameuse ligne bleue, la ligne Maginot, et l'autre, la Siegfried, l'Alsace «se pense» en principauté prospère contre l'Europe entière, îlot de bonheur «entre-soi», pays de Cocagne qui, sans cesse, doit se garder contre le satan germanique et les sombres desseins d'un elfe lunatique qui s'appellerait Paris. La France ? C'est une accapareuse qui prend au centuple et ne cède jamais rien. Quant à l'étranger, c'est-à-dire l'Allemagne (on prononce rarement le mot, on préfère : «l'autre côté»), elle ne changera jamais, toujours à rôder avec son profil de casque à pointe, sa voix nasillarde de discours radiophonique, l'orgueil pataud d'une demi-mondaine bourrée de marks, prête à tout acquérir avec sa richesse de maquerelle... Ils sont rares les Alsaciens de ma connaissance qui retournent comme un gant le lamento *général. Ceux-là se réjouissent de l'éloignement occidental de la capitale jacobine, ils s'en trouvent plus libres. Le dialecte qu'ils parlent les rend plus européens, disent-ils. Ils ne sont guère schizophrènes ceux-ci, ils se sentent d'Europe, si proches d'une Allemagne qui cultive ses pulsions généreuses contre ce qui fut sa malédiction. S'ils aiment à la folie leurs Vosges noyées dans la forêt, ces Alsaciens-là se campent en voyageurs curieux, traversent le pont, s'en vont renifler la vie qui va, vers Francfort, Vienne et l'autre Rhénanie.*

C'est moi, l'invité captivé, le Candide de l'étape, qui me suis trouvé «embarqué» dans un moment de l'histoire alsacienne, «inconnu de l'intérieur», c'est-à-dire de la France : l'évacuation de trois cent quatre-vingt mille gens d'ici vers «l'autre côté de la lune», c'est-à-dire les départements administratifs du sud-ouest de la nation commune.

Ma génération appartient encore à la planète du livre imprimé et bien peu à celle de l'image. Alors, j'ai cherché dans les opuscules, les précis d'histoire, les encyclopédies de cette région à la riche tradition éditoriale. Quelques lignes, pas même un chapitre... Quelques bribes sur cette invraisemblable évacuation décidée par l'état-major de l'armée le 2 septembre 1939. Ce blanc, ces lignes rares, légères comme un mauvais rêve, m'ont plongé dans la perplexité... En fait, j'apprenais mon Alsace, je découvrais qu'ici «il y avait des choses dont on ne parle pas», comme dans les hypocrites familles des beaux quartiers. Pourtant, trois cent quatre-vingt mille évacués, ça devait représenter des Everest de mémoires, d'histoires, de sentiments mélangés, de peines et, qui sait, de joies parfois...

Candide a beaucoup appris...

Je me souviendrai toujours de M. Schauer de Seebach. Un adolescent occupé à faucher le regain de ce mois de septembre-là, avec son père, quand Georges Bayer est venu leur dire de tout laisser en plan, d'atteler les chevaux au plus vite, de rassembler chacun trente kilos de bagages et de filer... Pour où ? Aucun des membres de cette nombreuse famille ne savait.

Cinquante ans plus tard, M. Schauer habite dans «son» Limousin, près de Dompierre-les-deux-Eglises. Il parle le «patois», cette langue d'oc qui n'en finit plus de mourir, il harnache ses trois ardennais de labour, vous répond tout à trac en dialecte alsacien, ce parler qui ne se porte pas si mal. M. Schauer n'a pas fait fortune, il vit simplement comme ces milliers de paysans de France en labourant ses terres, soignant ses bêtes, scrutant un soleil trop vif, bricolant ses machines sous l'auvent de l'entrepôt. Celui qui désormais se «pense» limousin n'a rien oublié de l'évacuation. A la campagne, on ne savait pas grand-chose des affaires du monde, on ne contredisait guère l'autorité, l'obéissance était plantée au cœur des hommes comme une seconde nature, mais M. Schauer «ne regrette rien». Celui dont le fils ne reprendra pas l'exploitation, puisqu'il est employé aux mines d'uranium, se souvient de la bonté des Limousins, «qui avaient si peu» et qui accueillirent sans trop rechigner ces curieux concitoyens qui «parlaient le boche». Comme tous les Alsaciens qui sont restés entre Limoges, Marmande, Périgueux et le Mas d'Angenais, M. Schauer a vécu le «déracinement», l'hostilité et la méfiance. Comme tous les autres, il a dû servir d'interprète à ses vieux parents qui ne parlaient pas le français, tous ont dû faire admettre leurs différences, mêler les leurs à celles des Occitans. Le manger, le parler, la façon de labourer, de chanter, de prier même, les rendaient étrangers à cette terre des chênes, des vignes du Sud où le vin des pressoirs s'écoulait rouge. Ils ont dû «négocier» avec leurs doubles, les gens de là-bas, aussi rétifs qu'eux. Différences contre différences, deux cultures se sont «arrangées» l'une de l'autre. Pourquoi ne pas se souvenir de cette histoire-là ?

Aujourd'hui, Théo Munch, en Lot-et-Garonne, a presque honte de sa répulsion devant l'épaisse soupe de citrouille que la fermière qui accueillait ces va-nus-pieds déposa dans les assiettes. «On n'est pas des cochons quand même», souffla-t-il à sa sœur. Théo n'a de souvenirs émus que pour ses parents qui n'entendaient rien au langage des gens d'ici ; sa langue à lui, désormais, marie la rocaille et la voix de gorge d'un Français aux sonorités de Sud et d'Est. Enfant, M. Billmann a fait le coup de poing, en 39, pour qu'on ne l'appelle plus «ya-ya». Père de famille et grand-père, il n'est jamais rentré en Alsace ; assis sur la margelle de l'antique lavoir, grave mais souriant, il confie tout d'un coup : «J'aurais pu avoir une bonne situation en Alsace, mais maintenant pour rien au monde je ne quitterais le Mas, d'ailleurs je me fais faire le caveau au cimetière, pour qu'ils me laissent ici»...

Mme Toffoli et son frère, M. Samuel, adolescents juifs de Biesheim découvriront, au Mas, la fraternité. On les cacha quand, plus tard, des policiers français du Vichy antisémite voulurent les prendre. Ils découvrirent en Oc une laïcité débordante, entière, sourcilleuse du droit et de la différence d'autrui, un pays républicain où le maire se démena pour meubler en bureaux la salle de classe de l'école catholique. Une école où, justement, Mme Toffoli et son amie, Alsacienne et anabaptiste, dispensées toutes deux du cours d'histoire sainte, se dépêchaient tout de même pour entendre l'histoire de la Sainte du jour, tant les enfants aiment les contes...

Mais, dira-t-on, ces Limousins, Périgourdins, Gascons, qui accueillirent ces Français d'Alsace, comment expriment-ils le «choc» qu'ils ressentirent devant ces évacués qui, pour eux, parlaient la langue de l'ennemi irréductible ? Alors que les pères, les fils en âge de combattre étaient mobilisés au front contre l'Allemagne d'Hitler... Tout d'abord, les témoignages évoquent d'autres réfugiés, ces Républicains espagnols défaits par la victoire du franquisme. Ils étaient arrivés par milliers dans ce Sud-Ouest où les raisons de se comprendre relevaient d'abord de l'idéal républicain. Mme Lespine, l'épicière du Mas d'Agenais, reconnaît aussi qu'entre le castillan, le catalan et le «patois» occitan, la latinité linguistique arrangea les choses. Avec ses compatriotes de l'Est, ce fut plus difficile... Des commerçants avisés achetèrent des dictionnaires franco-allemands, elle engagea comme aide une gamine qui parlait les deux langues. Les modes de vie aussi étaient si différents, mais dans un sens inversé... L'épicière du Mas avoue : «Ils nous ont fait découvrir que nous étions bien arriérés»...

Pas de water dans les maisons, des tinettes au fond du potager, au sol des fermes, la terre battue, pas de fourneau, pas de cuisinière, mais des cheminées seulement pour cuire le fricot, se chauffer l'hiver. Mme Klaenschi n'en revient pas de ces aristocrates paysans qui l'hébergèrent avec sa famille et des fins de repas où ces nobles offraient à leurs chiens de chasse couverts et casseroles à laper… Un monde.

Les différences font tant et si bien que les filles d'Oc réclament à leurs amies d'Alsace la faveur de porter au moins une fois les costumes de Seebach pour l'objectif du photographe. Alors, quelques maires alsaciens évacués font des pieds et des mains pour obtenir qu'un camion autorisé rapporte des villages désertés les costumes des mères et des filles afin qu'affirmant cette manière d'être, cette différence positive favorise la sympathie et l'affection de l'autre.

Ce jeu des «séductions» réciproques opère à merveille dans ce pays d'Oc si pauvre, exsangue, saigné par un demi-siècle d'exode rural, ce temps où des villages entiers se vidaient vers Paris et Lyon pour «faire» bougnats et ouvriers maçons. Jeune Périgourdin, M. Tixier participa, des semaines durant, à l'accueil des Alsaciens. Il pense toujours qu'«ils ont apporté un flot de vie dans une région qui était bien endormie. «Les Alsaciens nous ont offert une certaine manière de voir les choses, de vivre autrement». Sur les portes des appentis, nos Alsaciens prouvent aux gens d'Oc qu'ils ne sont pas allemands : craie en main, ils dessinent les complexes contours du Rhin, les frontières physiques de leur nature alsacienne et française. Ils relatent aux gens du Sud pourquoi les régimes de France et d'Allemagne se disputent depuis tant d'années ce grand morceau d'Est, ce qu'il en était des Lorrains, des Mosellans, pourquoi leurs parents, qui n'avaient connu de 1870 à 1918 que l'école du Kaiser, ignoraient tout de la langue de Montaigne. Ils «s'apprirent» les uns les autres la géographie intime de tant de guerres où leurs aïeux respectifs disparurent dans la bouillasse des champs de batailles.

Peu à peu, la force des sentiments rapproche les uns des autres. Mme Valade parle de la vieille dame qui habitait chez elle : «On ne se parlait pas, mais pour lui faire gentillesse, je l'appelais Mutter. On ne se parlait pas, elle ne me comprenait pas… Mais ça n'empêche pas de s'aimer, ça ? Justement, il y a peut-être moins de difficulté quand on ne se parle pas, il n'y a pas source de malentendus…»

Cette cohabitation de près de quatre cent mille êtres et de leurs hôtes n'aura qu'un temps. L'Armistice, pensent-ils, c'est le retour à la paix, cet illusoire «comme avant» dont le Maréchal sut jouer. Repartir. Ils sont nombreux, les jeunes Occitans à tenter de les retenir, de les mettre en garde : «Vous rentrez chez les Allemands…» Mais les parents paysans songent aux biens laissés vacants. Et puis, une grange, même aménagée pour dormir, reste une grange.

Dès juin 1940, le plus grand nombre rentre dans une Alsace germanisée. D'autres restèrent. Pour M. Seret-Mangold, de Périgueux, il n'était pas question de retourner dans cette Alsace allemande, et son Alsacien de père sera fusillé par un peloton allemand, et le fils, armé au maquis, participera à la libération de Périgueux, sa ville d'adoption. Sur tout le Sud-Ouest, le martyrologue alsacien se fondra à celui des Espagnols antifascistes, des Occitans maquisards, des Allemands «rouges» ou démocrates exilés en France depuis 1933.

Nombreux furent ceux qui rentrèrent et connurent, un an et demi plus tard, l'incorporation forcée et la pire des guerres sur le front russe. M. Huc, jeune homme de dix-huit ans, parvint à fuir l'Allemagne et à traverser une partie de la France. C'est dans les environs de Marmande que la famille de paysans qui avaient hébergé sa famille évacuée de 1939, le recueillera. Ces gens-là lui offrirent leur identité, un «nouveau» nom pour échapper à la police, un temps. Plus tard, l'adolescent maraudera entre le maquis et les villages. Il devint gascon et accédera même à la présidence de l'équipe de rugby de Marmande...

Mais les autres ? Ils tentèrent de reprendre une vie «normale» sous l'ordre allemand. Qui sa terre, son atelier ou son commerce. Evacué, le curé Schmitt est toujours ému quand il évoque les retrouvailles avec ses parents dans les Vosges, navrés de voir leur rejeton dans cette Alsace de 1940. Le père lèvera les bras au ciel : «Tu ne sais pas ce que notre vie est devenue...» Lui les convaincra : il était revenu avec sa paroisse, c'était son devoir, ne pas abandonner ses ouailles.

Chacun à sa manière reprit sa place, en faisant le dos rond, dans l'ombre de son clocher, mais M. Schmitt, apercevant pour la première fois l'uniforme des SS dans le train stoppant devant la ligne de démarcation, eut «le sentiment de se jeter dans la gueule du loup»...

Alors, pourquoi enfouir dans les mémoires tous ces morceaux de vie, ces sentiments, ces bilans occultés, ces paroles retenues ? M. Barléon nous fait comprendre la consternation des vieux découvrant que les Allemands d'Hitler n'étaient pas ceux du Kaiser... Une dame de Seebach parle de la «fracture» que provoqua dans la communauté le retour au village. Beaucoup de filles ne portèrent jamais plus le costume des ancêtres. Si là-bas, en pays d'Oc, «ils avaient laissé un grand vide», ils ramenaient au pays des cœurs lourds, de nouvelles manières d'appréhender les choses, le sentiment enfin concret d'appartenir à la communauté solidaire d'une France que les anciens, les parents ne connaissaient que par ouï-dire.

Je garderai longtemps l'image du docteur Weber, de Périgueux, médecin respecté, père et grand-père d'une belle maisonnée, qui, à l'automne de sa vie, «s'administre son remède préféré» : «Quotidiennement, ma dose d'Alsace en lisant les Dernières Nouvelles, *et puis, comme le dialecte est une véritable musique à mes oreilles, je me fais envoyer par des amis les cassettes vidéo des émissions dialectales de FR 3 Alsace. Grâce à ça, je vais pouvoir tenir le coup jusqu'au bout...»*

Les raisons se sont désenclavées. Au pire moment de l'histoire alsacienne, lors de cette évacuation de milliers de femmes et d'enfants, un voile s'est déchiré, celui du décor d'une région «enfermée» par son malheur propre ou supposé. Comme si, pour conjurer le feu des bombes et des larmes, les Alsaciens, charriés parmi soixante millions d'êtres déplacés par la Seconde Guerre mondiale, jetés sur les routes, mitraillés par l'aviation du fascisme, avaient découvert qu'ils n'étaient pas seuls. L'Europe en paix doit peut-être beaucoup à l'aventure de ces humbles, au périple des millions de «voyageurs» contraints à l'exode, préservant leurs différences en découvrant celles des autres.

Les Alsaciens ont beaucoup à dire. Puissent-ils parler bruyamment pour conjurer les ombres, puisque les démons n'existent pas.
Vraiment, il était sot celui qui écrivit que «les peuples heureux n'ont pas d'histoire.»

L'histoire des petites gens

MONIQUE SEEMANN

«Nous étions serrés sur la paille dans des wagons à bestiaux, nous roulions depuis deux jours et deux nuits, *mir han gemeint mir fahre in d'Ewigkeit*». Un voyage vers l'Eternité ? Destination le Sud-Ouest : «Je savais simplement que Périgueux c'était plus près de la mer que Strasbourg».

C'était il y a cinquante ans. Quelques heures après l'invasion de la Pologne par l'armée de Hitler, l'Etat Major français ordonne pour des raisons de sécurité l'évacuation de 380.000 personnes. Des villages, des villes vidées de leurs âmes. Strasbourg, un oppressant désert, 175 communes évacuées entre Rhin et Ligne Maginot.

Le soir du 1er septembre 1939, l'Alsace est précipitée dans une guerre qui n'est pas encore déclarée. «On s'y attendait, nous sommes partis très moutonnés, très disciplinés... résignés». «On était un peu naïf, on avait confiance dans le gouvernement de l'époque.«

Drôle et étrange évacuation. Elle n'est pas racontée dans les livres d'histoire, pourtant elle est fascinante, un Hamelin de notre siècle, même si la population ne s'interrogeait pas vraiment sur l'identité de ce joueur de flûte qui avait décidé ce grand déménagement.

«Pour nous les enfants, ce voyage, c'était une aventure, ma première année de grandes vacances à la campagne. Un bonheur», raconte malicieux cet enfant de l'évacuation maintenant sexagénaire. Comme les petits Turcs aujourd'hui dans nos épiceries, ils allaient faire les commissions avec leurs mamans pour leur servir d'interprète.

«On ne me ferait plus partir de chez moi, pour rien au monde, parce que boire son café au lait et poser les tasses sur l'évier, prendre un vélo et partir pour... six ans, je crois que je ne le ferais plus».

Partir sur les routes de l'évacuation c'est tenter de reconstituer la photo sépia de l'Alsace, de la Gascogne ou du Limousin d'avant-guerre. La France des différences économiques mais surtout culturelles.

L'Alsace religieuse, pratiquante a été propulsée vers le Sud-Ouest laïque, radical socialiste ou communiste : «Les relations avec le maire c'était zéro, il n'y avait pas de relation, l'église commençait à s'effondrer, elle était dans un état indescriptible», raconte ce curé haut-rhinois de 86 ans.

Le choc fut violent, la rencontre souvent impossible.

C'était le premier bain des Alsaciens dans ce qu'ils appellent encore aujourd'hui «la France de l'Intérieur».

Avec ce bizarre sentiment tous les matins au réveil pendant un an de se sentir étranger dans son propre pays.

Partir sur les routes de l'évacuation c'est aller à la rencontre de tous ces destins individuels, ceux des citadins ou des ruraux.

Alsaciens, Périgourdins ou Limousins, nous les avons rencontrés chez eux, dans leurs intérieurs, leurs paysages.

Si la France de 1989 n'est plus celle de 1939, il faut malgré tout avoir vu un village lot-et-garonnais ou limousin, toutes ces propositions de maisons abandonnées à vendre, avoir mesuré la distance qu'il y a entre les fermes et le bourg, senti la fumée de la cheminée dans certaines cuisines pour comprendre aujourd'hui les récits de ceux qui pensaient il y a cinquante ans arriver dans un «pays de derrière la lune».

Au bout de la mémoire : l'émotion, l'amitié et aussi la résonance du malentendu d'alors. «On se disait l'Alsace c'est la France... bon ils fuient les Allemands... mais ils parlent allemand...?» De quoi effectivement troubler les esprits.

«Nous sommes arrivées vêtues de notre costume traditionnel, on parlait alsacien, ils ne pouvaient pas savoir : une fois on était français, une autre fois allemand», répond cette dame de Seebach. «Ils nous appelaient les *Ya-Ya*, les boches, mais ça, il ne faut peut-être pas le dire». C'était souvent le premier stade de l'entretien, sauf qu'ici personne n'est à la recherche d'une parole officielle.

A l'autre bout de la France, dans le Sud-Ouest, une mercerie restée telle que les évacuées ont dû la connaître : «Elles nous agaçaient ces Alsaciennes, elles parlaient le chinois, dans la rue on entendait *ya ya, komm Joseph...»*. Mais là, pas de micro, pas de caméra. Refus de la mercière : «Parce que depuis qu'il y a les jumelages il faut dire que c'était bien. C'est ça non ?«

Plus généralement, les hommes et les femmes aiment raconter cette évacuation peu banale. Nous avons passé des heures à les écouter. Ils ne font pas de discours, très peu d'analyses. Les problèmes de communication et les difficultés de la vie domestique reviennent sans cesse : l'absence de sanitaire et l'impossibilité de faire à manger dans les fameuses cheminées.

Enregistrer toutes ces histoires est une entreprise captivante, mais un tel travail nécessite une vigilance de chaque instant : les erreurs, les amalgames sont fréquents et le temps qui passe n'est pas le meilleur allié des collecteurs de mémoire.

Les décideurs de l'époque ont disparu, les jeunes de l'aventure sont positifs comme on peut l'être à un âge où on n'a aucune responsabilité, les personne âgées de 39-40 ans ne sont plus là pour raconter la douleur de leur *Heimweh*.

Reste la parole des femmes de cette guerre naissante, elle est surtout pragmatique : «Que vouliez vous qu'on fasse, c'était comme ça».

Ainsi va l'histoire des petites gens.

UNE COMMEMORATION MULTI-MEDIA

Le cinquantenaire de l'Evacuation des Alsaciens vers le Sud-Ouest donne lieu, en septembre 1989, à une opération commémorative multimédia sans précédent dans la région. A l'initiative de Jean-Jacques Schaettel et de sa société de production, Carmin TV, plusieurs partenaires ont mis sur pied — avec le soutien de Groupama — une série informative originale et de qualité. Trois quotidiens régionaux (*Les Dernières Nouvelles d'Alsace*, *L'Alsace* et *Sud-Ouest*), FR3 Alsace, Radio France et les *Saisons d'Alsace* apportent leur contribution à cet anniversaire.

FR3 Alsace diffuse (le 12 et le 17 septembre) un excellent documentaire de 52 minutes, réalisé par Alfred Elter et écrit par Alain Dugrand et Monique Seemann, une série de dix fois trois minutes (chaque jour à partir du 4 septembre) et enfin un «Gross Elsaesser Owe» (le 17 septembre). Radio France Alsace diffuse souvenirs et témoignages. Les quotidiens régionaux, tant en Alsace que dans le Sud-Ouest, consacrent des pages commémoratives à l'Evacuation. Enfin, pour leur part, les *Saisons d'Alsace* livrent le dossier de ce numéro, où alternent informations, témoignages et réflexions.

EN MOSELLE AUSSI

D'importantes opérations commémoratives sont aussi organisées en Moselle, principalement autour de Confluence, association pour le développement et l'animation des archives municipales de Sarreguemines : exposition photographique, festival de cinéma, colloque historique sur l'évacuation en novembre, édition de livres, d'affiches.

Le Préfet du Bas-Rhin

rappelle à la population de Strasbourg que l'ordre d'évacuation donné par l'autorité militaire revêt un caractère obligatoire et que tous doivent s'y conformer à l'exception des personnes spécialement autorisées à demeurer sur place.

Par ailleurs les moyens d'évacuation sont largement suffisants, mais ne seront pas maintenus pendant très longtemps.

Les habitants de Strasbourg ont le plus grand intérêt à profiter immédiatement des facilités actuelles de départ.

STRASBOURG, le 2 septemb

J BAS-RHIN

Der Préfet du Bas-Rhin

bringt der Bevölkerung der Stadt Strasbourg in Erinnerung, dass die von der Militärbehörde angeordnete Räumungsmassnahme obligatorisch ist. **Jedermann muss sich ihr unterwerfen, ausgenommen** sind nur jene Personen, welche eine Sondererlaubnis erhalten haben, hier zu bleiben.

Uebrigens sind die Transportmittel in weitausreichender Anzahl vorhanden; sie können jedoch nicht für sehr lange Zeit zur Verfügung gestellt bleiben.

Es liegt daher im höchsten Interesse der Einwohner der Stadt Strasbourg, von den noch vorhandenen Transportmöglichkeiten sofort Gebrauch zu machen.

39

Le Préfet,

A. VIGUIE

CINEMA

L'Evacuation, une tragédie frontalière

RENE MEYER

Il n'est pas sans intérêt, pour la mémoire de la conscience alsacienne, de rappeler les faits qui se sont déroulés en 1939/1940 dans les départements du Bas-Rhin, du Haut-Rhin et de la Moselle et qui se sont traduits par une véritable tragédie frontalière.

Cette tragédie se déroule en plusieurs temps. C'est d'abord un très important déplacement de populations dûment préparé — l'évacuation — qui n'a pas de précédent dans l'histoire. Puis, après la défaite des armées françaises de juin 1940, l'annexion de fait. Cette annexion entraîne immédiatement les expulsions et les évasions. Un peu plus tard, commencent les internements, suivis par les transplantations et les déportations ; enfin l'incorporation de force dans l'armée allemande des Alsaciens-Lorrains, les «Malgré-nous».

Il ne sera question ici que de l'évacuation et de ses suites immédiates. Mais il faut revenir rapidement en arrière pour bien situer et comprendre ce qui s'est passé. Lors de la guerre franco-allemande de 1870/71, des évacuations vers la Suisse de femmes, enfants et personnes âgées ont eu lieu en septembre 1870, pendant le siège de Strasbourg. A l'issue de la guerre, se produisit une émigration massive (les optants), des expulsions d'enseignants et de quelques élus prononcées par les nouveaux maîtres ; enfin de nombreuses évasions de jeunes recrues eurent lieu à l'approche du conseil de révision allemand.

En 1914/1918, l'Alsace et la Lorraine étaient à nouveau provinces du front. Des évacuations de populations eurent lieu de part et d'autre, notamment sur le front des Vosges, dans la vallée de Munster. Les Français éloignèrent les habitants des villages derrière les Vosges, tandis que les Allemands dispersèrent dans la plaine ceux qui les gênaient sur leurs lignes. Il ne s'agissait pas d'évacuation préparée mais de mesures prises par à-coups.

En 1918, les deux provinces furent recouvrées par la France et des expulsions vers l'Allemagne se produisirent. L'histoire est un perpétuel recommencement.

RÉPUBLIQUE FRANÇAISE

Subdivision de Région Strasbourg

Commune d'IV Arrondissement

ORDRE D'ÉVACUATION

L'évacuation de la commune de IV Arrondissement est ordonnée.

Elle sera effectuée immédiatement et sans délai.

Les habitants amèneront :

Des vivres pour plusieurs jours,

Les moyens de transport existant dans la commune (y compris les véhicules et chevaux désignés pour la réquisition),

Les denrées transportables et le bétail.

Ils quitteront la commune par La Porte Nationale Rue de Molsheim Porte de Schirmeck

et se présenteront obligatoirement à Koenigshoffen (~~Mairie~~) [1] où ils recevront de nouvelles instructions, en vue de les faire profiter des mesures prises pour assurer leur acheminement en lieu sûr et leur logement.

Des prescriptions données à ce moment fixeront également :

Les lieux et modalités d'achat des denrées et bestiaux amenés avec eux par les habitants,

Les lieux de livraison à l'autorité militaire des chevaux et véhicules réquisitionnés.

Tous les réservistes des Armées de Terre, de Mer et de l'Air rejoindront immédiatement et directement le lieu de convocation porté sur leur fascicule de mobilisation.

LE MINISTRE DE LA GUERRE.

[1] Point de première destination.

1. 9. 1939

IMPRIMERIE NATIONALE. — 2349-626-1. 32233-38.

Ce dossier procède d'un constat, l'histoire de l'évacuation en 1939/40 des populations alsacienne et lorraine n'est pas encore écrite et pourtant elle ne mérite pas de tomber dans l'oubli. Certes, plusieurs auteurs ont effleuré la question dans un cadre plus général ou, à l'inverse, étudié les faits localement. Aussi, mon étude se veut être un essai qui répond à un besoin à l'occasion de cinquantenaire de l'évacuation. Pour se faire, j'ai effectué des recherches approfondies et consulté de nombreux documents, ouvrages, périodiques, collections de journaux de l'époque et plus récentes, échangé de nombreuses correspondances et rassemblé pendant plus de deux ans toutes les données nécessaires pour relater les faits le plus exactement possible et complétés tant par mon témoignage personnel que par d'autres témoignages recueillis au cours de mon enquête.

Des chiffres contradictoires, incomplets ou fantaisistes sont apparus concernant le nombre de personnes évacuées, mais également des narrations se sont avérées erronées. Les difficultés n'ont pas manqué car rien n'est plus ardu que de rassembler des informations d'événements qui se sont déroulés un demi-siècle plus tôt et de leur conserver toute l'authenticité requise.

L'évacuation est inséparable de la ligne Maginot et c'est à cause d'elle que l'éloignement de la population frontalière a eu lieu. Il est d'autre part indispensable d'inclure des renseignements, aussi sommaires soient-ils, sur cette fortification, sur la concentration des troupes et l'ambiance du moment. Un chapitre concernant les expulsions est également inséré car elles ont débuté à peine une quinzaine de jours après l'arrivée de l'occupant, alors que les premiers évacués n'étaient pas encore de retour.

DES CHIFFRES CONTRADICTOIRES, INCOMPLETS OU FANTAISISTES, SONT APPARUS POUR LE NOMBRE DE PERSONNES ÉVACUÉES

L'objectif du commandement français était d'éloigner la population vivant dans la zone avant du front entre le moment de la mobilisation générale, le 1er septembre 1939 vers 11 heures, et celui de la déclaration de la guerre, le 3 septembre 1939 à 17 heures.

Force est de constater qu'on ne dispose que d'une statistique partielle concernant les personnes évacuées en 1939 des trois départements du Rhin et de la Moselle. Elle devient encore plus problématique lors de la deuxième vague d'évacuation, témoin cette lettre du Général Laure, alors commandant la 8e armée, qui signale au préfet du Haut-Rhin que lors du départ d'un train de 1050 évacués à destination d'Auch (Gers) le 6 juin 1940, seules 607 personnes sont effectivement parties, par conséquent un manque de 30 à 35%, explicable en raison des circonstances. Ce défaut de chiffrage complet et fiable peut en partie s'expliquer par les aléas de la guerre 1939/1945 (transfert des archives en 1939/40, destructions ou pertes suite à l'invasion et aux combats de juin 1940, à nouveau destructions ou pertes par suite de combats de la Libération en 1944 et 1945).

Dans le Haut-Rhin, deux archivistes ont effectué en 1979 un recensement des communes évacuées avec les communes de recueil en raison de l'absence de toute donnée. Aux archives du Bas-Rhin, il existe un état ayant trait aux évacuations de 1939. Or, il a été constaté qu'il est partiellement erroné.

En Alsace, on n'a guère parlé des évacuations de la Moselle qui pourtant a subi, au même moment, le même sort que les départements du Rhin. L'inverse est également vrai.

UN DEMI SIÈCLE APRÈS, L'ÉMOTION SUBSISTE CHEZ LES SURVIVANTS

Autre constatation, on n'a guère parlé des déprédations commises dans les zones évacuées car elles gênent et c'est un peu comme si elles avaient été occultées.

Enfin, autre épisode dont on a peu parlé et qui a été oublié : c'est le drame des militaires alsaciens-lorrains qui se sont trouvés placés devant un terrible dilemme après l'armistice.

S'agissant des expulsions, un document officiel datant de 1948 les dénombre. Elles dépassent largement le double de celles prononcées par les Français en 1918.

Je tiens à remercier ici le général Robert Bassac, chef du Service Historique de l'Armée de Terre pour son aide ainsi que le lieutenant-colonel Piat pour ses informations. Mes remerciements vont également à M. Henri Hiegel, historien mosellan et à M. Charles Hiegel, archiviste, pour leur précieuse collaboration, et à bien d'autres encore qui se reconnaîtront. Je n'aurai garde d'oublier dans mes remerciements la Direction Générale de la Gendarmerie Nationale, les Archives départementales du Bas-Rhin, du Haut-Rhin et de la Moselle, la Bibliothèque Nationale et Universitaire de Strasbourg, les Archives Municipales de Strasbourg et les Archives et Bibliothèque Municipales de Colmar pour avoir facilité ma tâche.

Le voile concernant les événements de 1939/1940 n'est pas entièrement levé car certaines informations relevant de la sûreté de l'Etat et du secret de défense nationale ne seront accessibles qu'après un délai de 60 ans.

(Le terme «Alsace-Lorraine» est employé ici dans son sens historique — les trois départements Bas-Rhin, Haut-Rhin et Moselle annexés au Reich en 1871 — et non dans un sens géographique).

Une opération prévue et préparée de longue date

Le projet de fortifier la frontière de la France, face à l'Allemagne, germe dans l'esprit de l'état-major français dès la fin de la Première Guerre mondiale, mais il faudra encore dix ans pour qu'il entre dans les faits. C'est André Maginot, alors ministre de la Guerre, qui fait voter, en janvier 1930, les premiers crédits destinés à la ligne de défense des frontières de l'Est et du Nord-Est, qui sera baptisée ligne Maginot.

Sur le terrain, c'est la commission d'organisation des régions fortifiées (C.O.R.F.) qui édifie les ouvrages, à partir des études arrêtées le 29 décembre 1927 par Paul Painlevé, ministre de la guerre. La loi sur l'organisation de la nation en temps de guerre, en 1927, jette les prémices d'un éloignement des populations frontalières.

La présence de la population civile dans et devant la ligne Maginot constitue un inconvénient à plusieurs titres. Elle est une gêne à la concentration et aux manœuvres des troupes et, de plus, elle se trouve dans leur ligne de tir. Elle risque également d'être prise entre deux feux car, de l'autre côté de la frontière, on construit aussi une ceinture fortifiée, la ligne Siegfried. Il faut par conséquent créer un vide en enlevant cette population et en la transportant loin à l'arrière.

Les premiers plans vont de pair avec l'avancement de la construction de la ligne Maginot. L'instruction du 18 juin 1935 prévoit la dispersion de 71 villes de 17 départements du Nord et de l'Est de la France et l'hébergement de 400 000 évacués dans les deux départements de la Savoie.

Le 7 mars 1936, l'Allemagne réoccupe militairement la Rhénanie ainsi que la zone démilitarisée de 50 kilomètres face à l'Alsace. Cela provoque un renforcement en hâte des ouvrages de la ligne Maginot par les garnisons de la région. En 1936 également, éclate la guerre civile espagnole. La tension avec l'Allemagne et l'éventualité de l'entrée en guerre de l'Italie, qui n'est pas à écarter, font que les pouvoirs publics (ministère de l'Intérieur de concert avec l'état-major de l'armée) précisent leurs plans.

Le maire de Strasbourg, Charles Frey, est prévenu confidentiellement, le 1er juin 1937, par une lettre du préfet du Bas-Rhin, Viguié, que les autorités civiles et militaires prévoient des mesures de sauvegarde et d'éloignement. En septembre 1937, toujours confidentiellement, le préfet porte à la connaissance du maire les grandes lignes du plan prévu, à savoir que la population serait transportée et rassemblée dans des zones appelées «centres de recueil» situées au pied des Vosges. Elle y serait hébergée provisoirement jusqu'au moment du départ vers des lieux de destination définitifs dans un département du Sud-Ouest.

PREFECTURE DU BAS-RHIN — GROUPE DE SUBDIVISIONS DE STRASBOURG

Evacuation de Strasbourg

et de SCHILTIGHEIM, BISCHHEIM et HŒNHEIM

INSTRUCTIONS POUR LA POPULATION.

L'évacuation de la ville de STRASBOURG et de Schiltigheim, Bischheim et Hœnheim a été ordonnée.

En exécution de cet ordre **les habitants doivent quitter Strasbourg, ainsi que Schiltigheim, Bischheim et Hœnheim LE PLUS TOT POSSIBLE.**

Restent seules dans la ville, à leur poste:

a) Les personnes ayant reçu l'ordre d'y demeurer;

b) Les personnes chargées d'un service public et dont l'évacuation progressive, soumise à des mesures particulières, est réglée par leur chef.

I. But de l'évacuation.

Mettre la population à l'abri des risques de guerre.

II. Moyens d'évacuation.

Chemin de fer et tramway: Réservés par priorité aux personnes incapables de prendre la route à pied (malades, infirmes, femmes avec jeunes enfants, vieillards).

Auto, moto, vélo, voitures hippomobiles: Personnes possédant ces moyens de locomotion, S'ILS NE SONT PAS REQUISITIONNES.

A pied: Toutes autres catégories.

III. Circulation à l'intérieur de la ville.

Suivre dans toute la mesure du possible les itinéraires fléchés aux couleurs de votre arrondissement de police (même couleur que la «carte de renseignements» qui vous a été délivrée).

IV. Où se rendre ?

En premier lieu, OBLIGATOIREMENT, dans les localités indiquées ci-dessous qui sont des chefs-lieux ou postes de répartition de CENTRES DE RECUEIL ou ZONES D'HEBERGEMENT, d'où les habitants de STRASBOURG, SCHILTIGHEIM, BISCHHEIM et HOENHEIM seront ensuite évacuées vers l'intérieur du pays s'il y a lieu.

Les évacués par chemin der fer atteignent ces localités d'une seule traite. Des étapes intermédiaires sont prévues pour les évacués à pied, à vélo et par voiture hippomobile.

HABITANTS du	SORTIE	GITE D'ÉTAPE Lieu de repos pour évavués à pied de passage	CENTRE DE RECUEIL DESTINATION pour évacués chemin de fer, tramway, vélos, voitures hippo et évacués à pied	ZONE D'HÉBERGEMENT DESTINATION pour autos, motos, voitures hippo éventuellement
1er Arrondissement	Porte Nationale (Kœnigshoffen)	Hangenbieten	St-Dié	Brouvelieures (Département des Vosges)
2e Arrondissement	Pont Pasteur, Porte de Schirmeck	Entzheim	Bruyères	Brouvelieures (Département des Vosges)
3e Arrondissement	Pont Pasteur, Porte de Schirmeck	Entzheim	Barr	Brouvelieures (Département des Vosges)
4e Arrondissement	Porte Nationale (Kœnigshoffen)	Hangenbieten	Schirmeck	Brouvelieures (Département des Vosges)
5e Arrondissement	Porte de Pierres	Breuschwickersheim	St-Dié	Brouvelieures (Département des Vosges)
6e Arrondissement	Porte de Saverne (Cronenbourg)	Breuschwickersheim	Provenchères	Brouvelieures (Département des Vosges)
7e Arrondissement	Kœnigshoffen (en principe)	Hangenbieten	Schirmeck	Brouvelieures (Département des Vosges)
8e Arrondissement	Pont de la Papeterie	Breuschwickersheim	Bruyères	Brouvelieures (Département des Vosges)
9e Arrondissement	Route de Colmar, La Colonne	Fegersheim	Epfig	Brouvelieures (Département des Vosges)
Schiltigheim	Route de Hausbergen	Stutzheim	Molsheim	Châtel-sur-Moselle (Dépt. des Vosges)
Bischheim	Avenue de la Victoire	Stutzheim	Molsheim	Châtel-sur-Moselle (Dépt. des Vosges)
Hœnheim	Bischheim, Avenue de la Victoire	Stutzheim	Molsheim	Châtel-sur-Moselle (Dépt. des Vosges)

V. Dispositions particulières aux évacués par chemins de fer et tramway

Doivent, à moins de possibilités de transport plus grandes, faire constater leur incapacité de prendre la route dans les Postes de Renseignements et Triage, installés dans chaque arrondissement (voir la liste au verse).

Seront pourvus par ces postes d'une autorisation de prendre le train (apposition d'un cachet sur la «carte de renseignements» individuelle ou autre procédé) et acheminés par eux vers les GARES D'EMBARQUEMENT ci-après:

8e Arrondissement: Gare de BISCHHEIM, quai militaire, côté OUEST.
5e et 6e Arrondissements: Gare de KOENIGSHOFFEN (chantier), côté EST, voie 7, entrée près du Cercle catholique.
1er, 4e et 7e Arrondissements: Gare de KOENIGSHOFFEN, quai militaire, côté OUEST, entrée rue du Chemin de Fer.
2e Arrondissement: Gare de LINGOLSHEIM.
3e Arrondissement: Gare du tramway d'OTTROTT, à LINGOLSHEIM (Sablière).
9e Arrondissement: Gare de GRAFFENSTADEN.
SCHILTIGHEIM, BISCHHEIM, HOENHEIM: Gare de voyageurs de BISCHHEIM, entrée côté EST.

AUCUN EMBARQUEMENT A LA GARE CENTRALE DE STRASBOURG.
PAS DE BAGAGES ENREGISTRES.
Chacun peut emporter en moyenne 30 kilogrammes de bagages à main et DOIT se MUNIR de QUATRE JOURS de VIVRES.

VI. Dispositions particulières aux évacués par la route.

Doivent suivre les itinéraires fléchés qui sont prévus et se conformer aux indications des postes de circulation.
DOIVENT SE MUNIR DE QUATRE JOURS DE VIVRES.

VII. Bagages à emporter.

Emporter dans sac de voyage ou sac de tourisme de préférence:

Papiers de famille, pièces d'identité, valeurs, etc.;
Vivres pour quatre jours (pain, biscuits, conserves, lait concentré pour les enfants, boissons, etc.);
Couvertures;
Couvert individuel (gobelet, etc.);
Une bonne paire de chaussures;
Effets personnels, etc.

VIII. Sauvegarde des biens abandonnés — Ordre — Police.

Assurés par des mesures spéciales.
Tout délit sera soumis à la juridiction militaire (état de siège).

IX. Réunion des familles dispersées.

Les membres des familles qui seraient dispersés par l'évacuation devront s'inscrire au registre spécial tenu dans les mairies des localités de destination de chaque arrondissement.

Par la suite ils recevront tous renseignements leur permettant de se réunir en écrivant à la PREFECTURE DU BAS-RHIN (ne pas indiquer le siège de cette Préfecture).

X. Cas d'impossibilité absolue de partir.

A soumettre au **Commissaire de l'Arrondissement** ou au **Maire** en ce qui concerne Schiltigheim, Bischheim et Hœnheim.

XI. Etrangers.

Feront établir leur situation en se présentant aux **Commissariats de Police ou Mairies des localités de destination de leur arrondissement.**

Le Préfet du Bas-Rhin — *Le Général de Division, Commandant le Groupe de Subdivisions de Strasbourg* — *Vu le Maire de la Ville de Strasbourg et les Maires de Schiltigheim, Bischheim et Hœnheim*

A la sortie de la ville, les mouvements prévus emprunteront tous des itinéraires direction Sud-Ouest ; l'infrastructure s'y prête bien car il existe deux lignes de chemin de fer, une ligne de tramway suburbaine et plusieurs bonnes routes. Des gares d'embarquement sont prévues dans les faubourgs pour les personnes ne possédant pas de moyen de transport. Enfin, dans le cas de non fonctionnement des chemins de fer, la population doit se rendre à pied dans les centres en emportant 30 kilos de bagages et 4 jours de vivres.

Ce n'est qu'en décembre 1937 que les services de la mairie apprennent que le lieu de repli designé est Périgueux. Cependant, l'information est secrète car elle est imposée par l'autorité militaire et, de fait, personne n'en parle bien que le secret soit difficilement accepté par les élus. Mais le danger aérien exige que ne soient pas dévoilés les lieux de rassemblement de la population évacuée sur les points d'embarquement par voie ferrée. Un plan particulier d'évacuation des services municipaux strasbourgeois est établi et arrêté le 8 avril 1938.

Le 1er juillet 1938, une instruction générale, plusieurs fois mise à jour, sur les mouvements et transports de sauvegarde, est arrêtée par le ministre de l'Intérieur (voir ci-après). Elle spécifie l'évacuation de la zone frontière entre la Suisse et la frontière luxembourgeoise. En pratique, cela se traduit par une bande de cinq à huit kilomètres de large à évacuer dès la mobilisation le long du Rhin, mais qui s'approfondit jusqu'à treize kilomètres et plus en Moselle, au nord du Bas-Rhin et au sud du Haut-Rhin. L'agglomération de Strasbourg se trouve en plein dans la zone à évacuer.

Le plan particulier d'évacuation de l'agglomération de Strasbourg est arrêté par le gouverneur militaire de la place, le général Héring, le 18 septembre 1938. Cependant ce plan est thérorique et secret. A partir de la mi-septembre, en raison de la tension internationale, de nombreux Strasbourgeois et des habitants d'autres localités quittent la région, départs encore plus marqués le 24 septembre 1938 jour où la France rappelle 600 000 réservistes ce qui crée une pagaille dans les gares alsaciennes. C'est ce jour qu'apparaissent, dans la banlieue nord de Strasbourg, plusieurs batteries de canons de 75, déployées le long de la rivière l'Ill face à l'Est, vers l'Allemagne toute proche. Il est évident que la mise en batterie de ces canons a pour but principal de rassurer la population.

Le caractère confidentiel des mesures envisagées entraîne des récriminations de la part des habitants ne possédant pas de moyens de transport. L'angoisse commence à se faire jour en raison de l'ignorance des mesures arrêtées par les autorités.

Le même 24 septembre 1938, à Mulhouse, le maire Auguste Wicky fait afficher le texte suivant : «L'évolution de la situation politique extérieure a incité le gouvernement à prendre une série de mesures complémentaires en vue de la défense de nos frontières. Le gouvernement précise que ces mesures ne doivent en aucun cas être confondues avec la mobilisation générale. Il fait appel au calme de la population.»

Lors de la tension de septembre 1938, d'importants retraits de fonds ont lieu dans les caisses d'épargne. Dans des villes comme Sarreguemines et Strasbourg des immeubles sont vendus en dessous de leur valeur réelle. En août 1939, les retraits auprès des caisses d'épargne se répéteront et entraîneront un communiqué gouvernemental informant les déposants des retraits possibles dans toutes les autres caisses. Enfin, il convient de signaler que, dès avant 1938, des sociétés transfèrent leur siège ou leur activité en vieille France.

Les délégués des conseils généraux de la Moselle, de la Meurthe-et-Moselle, des Ardennes, des Vosges, du Territoire de Belfort, du Bas-Rhin et du Haut-Rhin se réunissent le 10 décembre 1938 à Nancy pour réclamer la levée du secret de l'organisation de l'évacuation des civils, le refoulement des étrangers vers l'intérieur, un statut spécial, l'organisation de la défense passive et le paiement immédiat des réquisitions. Il s'agit là d'une première réunion à caractère régionaliste sans l'aval du gouvernement.

EN 1938, LES ÉLUS LOCAUX RÉCLAMENT LA LEVÉE DU SECRET ENTOURANT L'ÉVACUATION

En juillet 1939, le ministère de l'Intérieur n'a pas encore donné de réponse à la question posée sur la levée du secret en ce qui concerne l'évacuation. Entre temps, le plan définitif d'évacuation de Strasbourg est arrêté le 20 mars 1939 après des modifications dans l'implantation des centres de recueil. Après quoi, une instruction datée du 5 avril 1939 relative à l'organisation des évacuations est adressée par la préfecture du Bas-Rhin aux maires du département. Comme il est hors de question de procéder à un exercice complet, un exercice réduit de mise sur pied des centres de recueil est organisé les 24 et 25 mai 1939 dans le Bas-Rhin.

En août 1939, des cartes, dites de renseignements, appelées aussi cartes de réfugiés, sont distribuées aux populations visées par les mesures d'éloignement. Ces cartes comportent l'identité de la personne et les indications relatives aux objets à emmener (à cette époque, la carte nationale d'identité n'existe pas).

Comme pour Strasbourg, les autorités s'occupent également de l'éloignement de la population de l'agglomération messine, qui cependant n'est pas comprise dans les plans d'évacuation immédiate.

Le maire de Metz, Gabriel Hocquard, est avisé par lettre datée du 22 novembre 1937 du préfet de la Moselle que le gouvernement prévoit l'évacuation éventuelle de la ville. Mais c'est seulement en juillet 1938 que les grandes lignes d'un plan élaboré par les services préfectoraux sont dévoilées au maire. Lors de la tension de septembre 1938, comme pour la capitale alsacienne, on compte à Metz de nombreux départs : dix mille départs supplémentaires sont enregistrés en gare.

Le plan remanié de l'évacuation de Metz est officialisé le 30 janvier 1939. Il a des analogies frappantes avec celui de Strasbourg mais il est tout aussi confidentiel. Les informations commencent à se propager après les circulaires préfectorales des 31 mars et 1er juin 1939 aux maires mosellans : on signale que leurs administrés seront évacués et on prescrit le recensement des moyens de transport, l'effectif des personnes à évacuer ainsi que le matériel, les archives, les registres et les objets d'art à enlever.

L'Instruction générale sur les mouvements et transports de sauvegarde (1938)

L'Instruction générale sur les mouvements et transports de sauvegarde (I.G.S. 38-39) du 1er juillet 1938 du ministère de l'Intérieur (Direction générale de la Sûreté nationale, Bureau de la défense nationale), signée par le ministre de l'Intérieur de l'époque, Albert Sarraut, est le document officiel ayant trait à la préparation et à la mise en œuvre des opérations d'évacuation de la population en temps de crise.

Le déclenchement progressif de l'évacuation s'opère en deux phases : le gouvernement donne l'ordre d'évacuation totale de la zone avant située en bordure immédiate de la frontière avant la mobilisation. L'évacuation de la zone frontière de Huningue (inclus) au cours de la Moselle est expressément prévue en toutes lettres par l'Instruction, de même que l'évacuation des familles des cadres de l'armée. Après la mobilisation, le général commandant en chef donne l'ordre d'évacuation d'une zone moyenne de 9 à 10 kilomètres de la zone arrière de la position, par tranche, et sur ordre spécial.

Il est prévu de faciliter et de guider les «départs volontaires» qui, dans la population des grandes villes, ne manqueront pas de se produire dès la menace d'un conflit. Les consignes destinées aux maires sont déposées dans les brigades de gendarmerie. L'état de siège est décrété en même temps que la mobilisation et par conséquent les pouvoirs civils passent à l'autorité militaire. Il est également prévu qu'un train composé de 2 fourgons, 30 wagons, 5 voitures à voyageurs et 5 tombereaux est susceptible d'enlever entre 1200 à 1500 personnes.

L'éloignement de la population des départements frontaliers est prévu par l'évacuation des habitants :
- du Nord dans le Finistère, l'Ille-et-Vilaine, la Manche et les Côtes du Nord ;
- de l'Aisne dans la Mayenne,
- des Ardennes en Vendée et les Deux-Sèvres,
- de la Meuse en Charente-Inférieure,
- de la Moselle (voir infra),

- de la Meurthe-et-Moselle en Gironde,
- du Bas-Rhin (voir infra),
- du Haut-Rhin (voir infra),
- du Territoire de Belfort en Corrèze,
- du Doubs en Lot et Tarn-et-Garonne,
- du Jura dans l'Allier,
- de l'Ain dans le Cantal,
- de Haute-Savoie dans le Puy-de-Dôme,
- de Savoie en Haute-Loire,
- des Basses-Alpes en Lozère,
- des Hautes-Alpes en Ardèche,
- des Alpes-Maritimes dans l'Aude et le Tarn,
- de Monaco dans l'Hérault,
- de la région parisienne dans le Calvados, l'Orne, l'Eure, l'Eure-et-Loir, l'Yonne, le Loiret, le Loir-et-Cher, le Cher, la Nièvre, la Sarthe, le Maine-et-Loire et la Loire-Inférieure. (Pour Paris, seuls les enfants sont effectivement évacués sur la Sarthe en septembre 1939),
- de l'agglomération lyonnaise dans le Rhône, la Loire, l'Ardèche, l'Isère et l'Ain,
- de l'agglomération marseillaise dans les Bouches-du-Rhône, le Gard, le Vaucluse et la Drôme,
- les départements pyrénéens constituent une réserve.

La préfecture du Haut-Rhin, qui doit être repliée sur Agen, où il n'y a pas de locaux, a installé certains services à Valence-d'Agen (Tarn-et-Garonne).

Localement, dans le Haut-Rhin, un nouveau plan d'évacuation de la zone arrière entre en vigueur le 10 décembre 1939 à 0 heure (Plan A et A bétail). Ce dispositif inclut les cantons de Marckolsheim et de Sélestat (sud du département du Bas-Rhin) et il prévoit l'éloignement des habitants de Colmar dans les Hautes-Pyrénées et ceux de Mulhouse dans les Basses-Pyrénées.

Dès la mi-août 1939, le maire de Colmar, E. Richard, prévoit un plan de dispersion des habitants de la ville dans les vallées proches. Le plan est diffusé dans chaque quartier. Par un avis à la population daté du 4 septembre 1939, signé du maire, la municipalité recommande aux habitants de profiter sans tarder des moyens de transport mis à leur disposition aux fins de se rendre dans les lieux d'hébergement désignés.

A Mulhouse, en prévision d'une évacuation, les habitants doivent d'abord être dirigés sur les centres de recueil de

Saint Amarin et Masevaux, puis sur Lure. En 1939, seule l'usine Manurhin est repliée, mais en février 1940 les pensionnaires de l'asile de vieillards sont dirigés sur Pau. A cette date, sur 99000 habitants, il en reste 70000.

Notons que ni Colmar, ni Mulhouse ne seront en définitive évacuées, bien que la limite Est de ces deux villes touchera la zone évacuée lors de la seconde vague d'éloignement de populations.

L'opinion publique entre la résignation et la peur

Les Dernières Nouvelles de Strasbourg, quotidien le plus important de la région, écrivent le lundi 9 mars 1936 en première page : «La zone démilitarisée de Rhénanie est réoccupée par les troupes allemandes dans la nuit de vendredi à samedi». On apprend également que les troupes allemandes sont arrivées à Sarrebrück dès 5h30 par train, ainsi qu'à Sarrelouis. Ces deux villes sont en Sarre.

Les villes d'Offenbourg, Lahr et Lörrach, situées face à l'Alsace, ont reçu leurs garnisons en début d'après-midi. La ville de Kehl, face à Strasbourg, a eu son contingent à 18 heures. Plus loin, le lecteur apprend également que dans la nuit de samedi à dimanche matin, les garnisons de Thionville, Metz, Strasbourg, Sélestat, Colmar et Mulhouse se sont rendues à la frontière pour y renforcer les troupes de forteresse. Enfin, le ministère de la guerre publie un communiqué pour rassurer la population frontalière. Il y est dit que les mesures qui ont été prises hier et aujourd'hui sont de caractère strictement local et étaient envisagées depuis plusieurs jours. Le communiqué ajoute qu'il s'agit de l'occupation des ouvrages fortifiés à la frontière nord-est dans les 7e et 20e régions. Ce que le communiqué ne dit pas, c'est que les permissionnaires du samedi soir des garnisons locales ont dû être rameutés en toute hâte sur leurs quartiers, égaillés qu'ils étaient dans les cafés, dancings et cinémas. Le jour suivant, on apprend que la traversée du Rhin est interrompue la nuit par suite du retrait des bateaux-ponts. Enfin, le 14 mars 1936, la presse signale que la commission des armées de la chambre des députés composée de dix députés sous la conduite de M. Sénac, président, inspecte les différents ouvrages de la ligne Maginot situés le long de la frontière pour s'assurer que les dispositions prises ont été exécutées et porter témoignage du calme de la population.

Le 20 septembre 1938, un grand article est publié après une réunion du conseil municipal de Strasbourg tenue la veille. Le maire Charles Frey a fait la déclaration suivante : «Il a été constaté qu'une panique s'est emparée de certaines couches de la population. De nombreux habitants de la ville ont pris la fuite mais cela est compréhensible quand on connaît la situation stratégique de la ville. On ne peut pas critiquer les gens qui ont mis en sûreté femmes, enfants et vieillards mais au contraire on doit les féliciter. Toutes les mesures sont prises pour protéger la population... et notamment un plan d'évacuation qui a été élaboré dans ses moindres détails dans l'espoir qu'il ne sera jamais appliqué. La population n'a pas besoin de prendre des mesures, seul chaque habitant doit s'informer à quel arrondissement de police il appartient. Le moment venu la population aura des instructions.»

Le 27 septembre 1938, la presse annonce que le ministre de l'Instruction Publique a décidé que la réouverture des écoles est repoussée au 10 octobre 1938. Le 29 septembre 1938, on signale que des affiches ont été placardées selon lesquelles les réservistes de toutes les classes dont l'ordre d'appel porte le chiffre 8 sont rappelés immédiatement et sans délai sous les drapeaux.

Le 13 octobre 1938, les journaux annoncent la restitution des véhicules et des chevaux réquisitionnés. Ils signalent également une résolution des propriétaires pour une réelle indemnisation. La presse de 1936 avait d'ailleurs déjà signalé à l'époque que des délégations de propriétaires expropriés pour la construction de la ligne Maginot avaient été reçues par le ministre de la Guerre, le général Maurin, auquel elles avaient remis une motion demandant une indemnisation à un juste prix et sans délai.

En octobre 1938, tout est apparemment rentré dans l'ordre. A partir de ce moment, de nombreuses et imposantes prises d'armes suivies de défilés des troupes ont lieu à Colmar, Strasbourg et Metz en présence du général Gamelin, chef d'état-major général, de l'amiral Darlan, chef d'état-major de la marine, et des généraux commandants de la région de l'Est. Le but de ces manifestations est de rassurer les populations en montrant notre force.

Les journaux locaux du 24 août 1939 publient un communiqué signalant que les réservistes porteurs des fascicules 3 et 4 sont appelés sous les drapeaux. Le lendemain 25 août, *Les Dernières Nouvelles de Strasbourg* publient un avis de la direction du groupe des assurances alsaciennes qui informe sa clientèle que toutes dispositions ont été prises pour entretenir des doubles d'archives complètes à son siège 78 rue Neuve à Bergerac. Les clients sont priés de prendre note de l'adresse pour le cas où elle serait rendue nécessaire.

Dans le numéro du 28 août du même journal, la compagnie d'assurance Rhin et Moselle informe le public qu'en cas d'évacuation, ses nouvelles adresses seront 1 place du Palais à Périgueux et Carchizy dans la Nièvre. Dans le même numéro

LA STATUE
DE GUTENBERG
À STRASBOURG
PROTÉGÉE
PAR DES
SACS
DE SABLE

est publié un appel du vice-président du Conseil, chargé des affaires d'Alsace-Lorraine qui demande à toute personne, en particulier femmes et enfants, dont la présence n'est pas nécessaire dans les trois départements d'utiliser les transports exceptionnels encore à leur disposition, ceux-ci risquant d'être prochainement réduits. C'est la lettre même de l'appel. C'est aussi à compter du 28 août 1939 que la censure est instaurée sur la presse et sur les relations téléphoniques. Depuis quelques jours, des communiqués sont publiés de plus en plus nombreux sur le camouflage des lumières et sur les mesures à prendre en prévision de bombardements aériens.

Dans l'édition du 2 septembre 1939 des *Dernières Nouvelles de Colmar* paraît en première page un entrefilet qui dit que le préfet s'est rendu à la gare, la veille au soir, pour y saluer les trains de réfugiés en provenance de Neuf-Brisach, sans plus et sans aucun commentaire.

Ces quelques lignes sont en fait la seule information parue dans la presse et ayant trait à l'évacuation qui vient de commencer. Une page importante de l'histoire de l'Alsace s'ouvre.

Le 1er septembre 1939, le gouvernement donne l'ordre général d'évacuation

L'évacuation est décidée par le gouvernement huit jours avant sa mise en œuvre. Le *Journal officiel* du 2 septembre 1939 publie en effet deux décrets, le premier daté du 1er juillet 1939 et le second daté du 24 août 1939. On note le décalage de la publication de ces décisions gouvernementales.

Le décret du 1er juillet a trait à la défense des régions frontières. Il indique que la déclaration de l'état de siège peut être faite en cas notamment d'indices de préparatifs d'attaque ennemie à une distance de 25 kilomètres en avant de la ligne Maginot. Le décret dispose également que le général commandant la région a qualité pour prendre dans les régions fortifiées, secteurs fortifiés ou défensifs, toutes les mesures nécessaires pour la défense du territoire notamment occupation des terrains et locaux, déclaration de «sécurité renforcée», exécution des mesures prévues au plan de défense. Il est en outre stipulé que l'état de «sécurité renforcée» comporte le jour et l'heure à partir desquels commence le nouveau régime porté sans délai à la connaissance des populations intéressées par voie d'affiche ou tous autres moyens. Les effets sont immédiats.

Le décret du 24 août est très court, il comporte un article unique. La décision dispose que les généraux commandants de région militaire dont dépendent des régions fortifiées ou des secteurs fortifiés ou défensifs sont autorisés à prendre sur ces territoires les mesures de défense nécessaires à leur sauvegarde, à partir du 1er septembre 1939. En d'autres termes, le gouvernement autorise le 24 août l'autorité militaire à déclencher l'évacuation des populations de la zone frontalière le 1er septembre, c'est-à-dire huit jours plus tard. Le gouvernement avait-il ses raisons ? Toujours est-il que dans le préambule du décret ont lit : «considérant que les circonstances actuelles rentrent dans les prévisions». Cependant, le public ignore l'existence des deux décisions, surtout la dernière, la presse n'en parle pas, d'autant plus qu'elles sont publiées postérieurement à l'ordre d'évacuation. Aussi, lorsque le *Journal officiel* parvient à ses destinataires habituels, l'évacuation de la population de la zone avant est déjà terminée... Le 3 septembre, la guerre est déclarée.

PENDANT QUE SONNE LE TOCSIN, TOUS LES MAIRES OUVRENT L'ENVELOPPE «SECRET» QUI LEUR A ÉTÉ REMISE

La mobilisation générale est décrétée le 1er septembre 1939. C'est aussi à cette date que les maires des communes situées devant ou dans la ligne Maginot reçoivent l'ordre d'ouvrir les enveloppes cachetées où le point de ralliement des habitants de la commune est indiqué. Dans la campagne, sonne le tocsin faisant se retourner bien vite au village les paysans disséminés dans les champs. En ville, ce sont les sirènes qui hurlent. Les habitants doivent quitter dans les heures qui viennent leurs foyers, fermes, commerces, entreprises et sont obligés de rejoindre les centres de recueil qui leur sont assignés. On voit alors sur les routes de longues colonnes à pied, à bicyclette, en voiture à bras, poussette ou landau, et en véhicule hippomobile. La plupart du temps tous ces moyens de locomotion doivent être abandonnés au lieu de regroupement. Peu nombreux sont les simples particuliers qui sont pourvus d'une voiture automobile. Les propriétaires des véhicules non réquisitionnés quittent les lieux par leurs propres moyens. Les plus nombreux sont ceux qui sont embarqués dans les trains spécialement prévus.

Chargé de canaliser les convois hippomobiles en provenance des localités situées le long du Rhin—le Ried—en direction du centre de recueil de Ribeauvillé, un officier s'aperçoit, avant de leur faire franchir le pont du chemin de fer à Sélestat, que les charrettes sont démunies de système de freinage au risque, lors de la descente, de créer un carambolage. Le sous-préfet avisé (il s'agit de M. Paira, qui sera plus tard préfet à Colmar et Strasbourg), décide en pleine nuit du 1er au 2 septembre 1939 de modifier la destination des convois en prescrivant la localité de Guémar ce qui correspond à un changement de direction à 90 degrés. Les plans d'évacuation n'avaient pas prévu que les charrettes des villages en ques-

ON SE DÉPÊCHE D'ACHEMINER À LA GARE LES TRENTE KILOS DE BAGAGES AUTORISÉS tion étaient dépourvues de mécanique de freinage inutile en raison de la surface plane de la région.

Il faut noter que dans la région strasbourgeoise les opérations se font sans heurt apparent et dans la discipline, mais il est vrai que les itinéraires sont soigneusement établis. Il est vrai également que dans beaucoup de foyers, les bagages les plus lourds n'ont pas été défaits depuis l'alerte de septembre 1938.

En fait, les opérations d'éloignement ont déjà commencé en maints endroits. Dès le 21 août 1939, les familles des gardes républicains mobiles de la caserne de Sarreguemines sont repliées à l'intérieur, ainsi que les familles des cadres de l'armée du camp de Véckring qui sont dirigées vers Argentan. Les jours suivants, les familles des cadres de la ligne Maginot logeant dans les cités des camps de Drachenbronn, Bitche, Oermingen et Saint-Avold sont éloignées. C'est ainsi que les sirènes se déclenchent à 2 heures du matin, le 25 août, entraînant le départ, 3 heures plus tard, des femmes et enfants du camp de Drachenbronn (colonel Denis). Le 24 août, 700 personnes des hôpitaux civils de Sarreguemines et de Bitche sont dirigées sur Cognac. Le 28 août, les habitants en bordure du Rhin, entre la ville de Strasbourg et le fleuve, c'est-à-dire le faubourg de La Robertsau, disposent de 2 heures pour quitter les lieux.

Des défaillances sont relevées parmi les maires et des carences dans l'administration préfectorale. En Moselle, des évacués de quatre localités sont obligés d'effectuer une marche de 250 kilomètres jusque dans l'Aube et ceux d'un autre village 190 kilomètres jusqu'en Haute-Marne.

A Strasbourg, tous les tramways sont mis en branle pour conduire les habitants hors de la ville. En moins de 48 heures, elle est entièrement vidée de sa population. Une partie de celle-ci a déjà quitté les lieux. Seuls restent sur place les personnels maintenus municipaux et les personnels chargés du démontage des entreprises repliées à «l'intérieur».

A Strasbourg, la préfecture indique que les premiers trains d'évacuation des habitants partiront des gares d'embarquement désignées, le 2 septembre à partir de 6 heures du matin. D'autres affiches signalent que toute personne rencontrée à partir du 3 septembre à 18 heures et non détentrice d'une autorisation de maintien sur place sera évacuée d'office et sans délai.

Le même jour, à 19 heures, la présidence du Conseil à Paris annonce dans un communiqué que la ville de Strasbourg est évacuée.

Au début, il y a bien quelques habitants qui profitent du désordre momentané créé par l'évacuation pour cacher femmes et enfants, mais ces pratiques sont vite annihilées par suite de contrôles sévères. Les animaux du zoo sont lâchés dans la nature ou abattus par la police. Les singes se réfugient dans les immeubles du quartier de l'Orangerie où ils meurent de froid. Les treize consulats étrangers sont évacués et dispersés.

Mais outre la grande ville, ce sont de très nombreuses exploitations agricoles qui sont touchées, avec des milliers d'hectares de terre qui ne sont plus cultivées du jour au lendemain. Le bétail erre plusieurs jours, voire plusieurs semaines, avant d'être ramassé ou abattu par la troupe ; le matériel est abandonné, les récoltes ne sont pas toutes rentrées. Les villages désertés de leurs habitants sont sous la garde de quelques hommes du conseil municipal ou de la commission de sauvegarde requis. Dans des communes, les habitants éloignés poussent leurs bœufs, leurs vaches avec leurs veaux vers les communes avoisinantes non évacuées en les laissant sous la sauvegarde des paysans locaux. Cependant, les animaux de basse-cour doivent être abandonnés en grande partie. La perte ainsi résultée doit en principe être compensée par l'attribution d'une indemnité.

Dès le début de l'évacuation, un service central des réfugiés est mis sur pied à Paris sous l'autorité de Camille Chautemps, vice-président du conseil, chargé des affaires d'Alsace-Lorraine.

En Moselle, l'état de guerre engendre des situations délicates dans l'arrêt de l'exploitation du bassin houiller qui est à cheval sur la frontière. Les mineurs qui déséquipent les puits travaillent sous l'œil de l'ennemi, parfois à moins de cent mètres. Le préfet de la Moselle quitte Metz et se replie avec plusieurs services à Aulnois-sur-Seille près de Delme. M. Hocquard, maire de Metz (la ville n'est pas comprise dans le plan d'évacuation) signale que début septembre 1939, 45 000 personnes quittent la ville selon son estimation ainsi détaillée : 10 000 mobilisés, 10 000 militaires de la garnison, 25 000 départs volontaires. Les casernes de la garde républicaine mobile situées sur la frontière ou aux abords sont évacuées : Forbach, Sarreguemines, Saint-Avold, Bitche, Wissembourg, Lauterbourg, Haguenau et Sélestat. Les brigades de gendarmerie au contact de la frontière sont repliées hors de la zone avant.

Comme les hostilités ne sont pas déclenchées et que la situation générale reste calme, les personnes qui en font la demande sont autorisées à revenir sur place. Il s'agit surtout d'artisans, de commerçants qui enlèvent leurs marchandises et leurs stocks mais aussi de paysans qui récupèrent du bétail ou des animaux de basse-cour.

Le général commandant la 5e armée inspecte la région de Lauterbourg à Wissembourg dans l'après-midi du 1er septembre 1939, aux fins de s'assurer des conditions dans lesquelles s'opèrent les évacuations de la population civile et en même temps pour se rendre compte de l'exécution des consignes des unités de frontaliers et de garde républicaine mobile.

A cette occasion, il remarque que le sous-préfet de Wissembourg s'apprête à partir, le premier de sa ville, pour se rendre à Rochechouart (Haute-Vienne). Le général lui intime l'ordre de rester sur place jusqu'au départ du dernier habitant et juge indécent de voir les autorités partir les premières aux yeux d'une popu-

PATRIOTISME RIME AVEC OPTIMISME POUR CE CAFÉ STRASBOURGEOIS

LE SOUS-PRÉFET DE WISSEMBOURG ABANDONNE SON POSTE ET S'APPRÊTE A FUIR

lation malheureuse qui a besoin de réconfort. Deux jours après, le général commandant le secteur de Haguenau rend compte que le sous-préfet de Wissembourg est renvoyé sur l'arrière en raison de son attitude lamentable, qu'il a totalement perdu le contrôle de lui-même et que sa présence est un sujet de démoralisation pour tous ceux qui l'approchent. Les faits mettant en cause le haut fonctionnaire font l'objet d'un rapport au ministre de l'Intérieur par le général commandant l'armée.

De concert avec les commissions de régulation et le service militaire des chemins de fer, la direction de la S.N.C.F. dresse un plan de circulation des trains destinés à l'éloignement de la population à partir des centres de recueils. Les trajets sont établis comme ci-après :

Pour la Moselle :

1. Metz, Bar-le-Duc, Melun, Chartres, Saumur, Angoulême.
2. Metz, Bar-le-Duc, Melun, Tours, Niort, Saintes.

Pour le Bas-Rhin nord :

1. Arrondissements de Wissembourg et Haguenau : Nancy, Chaumont, Orléans (ou Auxerre), Limoges.
2. Strasbourg et sud du Bas-Rhin : Saint-Dié, Epinal, Dijon, Moulins, Clermont-Ferrand, Limoges.

Pour le Haut-Rhin :

Belfort, Vesoul, Dijon, Nevers, Châteauroux, Limoges, Brive, Cahors, Castelsarrasin, Agen.

L'acheminement des réfugiés se fait par trains spéciaux, la plupart du temps en wagons à marchandises ou à bestiaux, vers le Sud-Ouest de la France. Beaucoup de wagons arborent encore à cette époque l'inscription bien connue : *Hommes 40, chevaux 8 (en long)*. Pour beaucoup de personnes, il s'agit du premier grand voyage les menant hors des lieux habituels. Le service médical prévu dans chaque convoi fait défaut ou est quasi inexistant. Pendant le voyage, des maladies de peau et des refroidissements touchent des enfants et des vieillards. Des accouchements prématurés se produisent de même que des décès. Il y a également des personnes que le train oublie de réembarquer après un arrêt en rase campagne. Le lieu de destination est atteint après un périple de trois voire quatre jours. Dans un exemple précis, il est dit que des réfugiés sont arrivés à La Chatre après un périple total de dix-neuf jours. Parfois, il arrive qu'une nouvelle destination soit prescrite au convoi en raison de la saturation du lieu initial (c'est ce qui est arrivé pour ceux de La Chatre). Il s'est également trouvé que des rames soient dirigées par erreur sur des gares où elles n'étaient pas attendues. A signaler une collision de trains de réfugiés et militaires à Neufchâteau (Vosges). Mais, globalement, face à une situation exceptionnelle, le personnel de la SNCF a rempli sa tâche.

Devant la saturation du département de la Dordogne, le préfet signale au ministère de l'Intérieur le 26 septembre 1939 : «Je refoule sur le département de l'Indre tous les trains dirigés sur Périgueux» et le même jour, à la commission régulatrice de repliement à Dijon : «Diriger sur Châteauroux tous trains transportant des évacués de Strasbourg-ville».

Pendant les transferts de population, les localités évacuées sont occupées par la troupe et les commissions de sauvegarde restées sur place sont soumises au commandement local. Comme le calme règne, l'autorité militaire fait intervenir par endroits des unités entières pour récolter le houblon, les céréales et les pommes de terre. Le tiers de la récolte du houblon est cependant pourri, selon des estimations. Les récoltes doivent faire l'objet de réquisitions pour une indemnisation ultérieure mais des difficultés voient le jour pour la mise en application de celle-ci, la principale étant l'absence des exploitants agricoles.

En Alsace et en Moselle, de nouveaux éloignements de populations ont lieu après l'offensive allemande du 10 mai 1940. En Moselle, les généraux commandants et le préfet prescrivent l'évacuation successive de 78 communes entre le 10 mai et le 14 juin 1940. De fait, la limite sud de la zone évacuée (1939 et 1940) se trouve alors portée à 27 kilomètres de la frontière. Dans le Bas-Rhin, la maison centrale de Haguenau, qui est une prison de femmes, est évacuée sur la maison centrale de Rennes entre le 11 et le 14 mai 1940 par groupes de 40.

DANS LES VILLAGES ABANDONNÉS, L'ARMÉE TERMINE ELLE-MÊME LES RÉCOLTES

A partir du 17 mai 1940, le général commandant la Ve armée donne l'ordre d'évacuation de la ville de Haguenau et de nombreuses autres communes rurales. La population de Haguenau est dispersée à Mirecourt et d'autres localités des Vosges. Les administrations sont éparpillées tandis que la sous-préfecture est repliée sur celle de Molsheim. Les habitants des autres communes trouvent refuge soit en Meurthe-et-Moselle, soit dans les Vosges.

A la même date, dans le Haut-Rhin, le général commandant la 8e armée ordonne également l'évacuation de 11 communes et 3 communes du sud du Bas-Rhin. Les habitants sont acheminés dans le Gers et le Lot-et-Garonne. Le même général prescrit le 5 juin 1940 une évacuation de 11 nouvelles communes ainsi que 4 autres communes du sud du Bas-Rhin ; les habitants de ces localités sont dirigés vers les centres de recueil mais ne sont plus acheminés vers «l'intérieur» en raison des circonstances. Un incident se produit entre les états-majors des deux armées. Dans son ordre du 5 juin 1940, le général commandant la 8e armée comprend 4 communes du sud du Bas-Rhin : Hilsenheim, Muttersholtz, Baldenheim et Mussig. Or, le général commandant la Ve armée annule l'évacuation de Hilsenheim car elle fait partir de son territoire... Néanmoins ses habitants sont en partance pour le centre de recueil de Ribeauvillé

«Strasbourg maintenu» : une ville en sursis

Le 3 septembre 1939, Strasbourg est une ville vide, morte. Du fait de l'état de siège, les pouvoirs civils passent à l'autorité militaire et c'est ainsi que le chef d'escadron commandant la compagnie de gendarmerie du Bas-Rhin est responsable de la police et du maintien de l'ordre à Strasbourg. Il a à sa disposition les agents de police maintenus, les pompiers maintenus, la commission de sauvegarde, les pelotons de garde républicaine mobile casernés en ville et le 205e régiment régional de protection.

La seule indication sérieuse quant au nombre de personnes maintenues sur place réside dans la lettre du 29 septembre 1938 que le général Héring, gouverneur militaire, envoie au président du Conseil pour se plaindre que sur les 5 000 masques à gaz réclamés pour le personnel administratif de Strasbourg maintenu il n'en est arrivé que 200 dont 100 sont incomplets.

Au soir du 3 septembre 1939, il est vraisemblable que le nombre total des civils, affectés spéciaux maintenus, ou maintenus provisoires à Strasbourg, Schiltigheim, Bischheim et Hœnheim, ne soit pas éloigné de ce chiffre mais il s'amenuisera au fil des semaines suivantes.

Le maire, Charles Frey, reste sur place avec six autres élus et 267 ouvriers municipaux, ainsi que 14 notables dont 1 huissier qui siège à la mairie. Le personnel municipal a essentiellement pour tâche d'assurer le service public et de renforcer les travaux de protection ou de défense passive des monuments et édifices publics (cathédrale, château des Rohan, monuments Goethe, Gutenberg, Lezay-Marnésia, Kléber, aux morts, etc.) avec les 98 pompiers qui sont répartis en postes à travers la ville. Il faut ajouter les agents de police et la commission de sauvegarde des biens composée d'habitants requis. A ajouter également des agents S.N.C.F. et une équipe médicale de l'hôpital.

Restent sur place les «maintenus» chargés du démontage et de l'enlèvement des machines et matériels des ateliers, entreprises ou services repliés à «l'intérieur». Ces personnels partent avec leur matériel et à mesure de l'achèvement des travaux, certains après trois semaines, d'autres après six mois.

Pour contribuer à la sécurité et à l'intendance des personnes maintenues, un certain nombre de services et de commerces restent ouverts. Il faut d'abord signaler la Société strasbourgeoise de surveillance et rondes, rue Salzmann, qui participe à la commission de sauvegarde. La Société du gaz de Strasbourg est également maintenue, ainsi que la société du chemin de fer de Schiltigheim et l'entreprise de construction Anstett de Hœnheim. Parmi la vingtaine de commerces indispensables qui sont maintenus : la quincaillerie Boeckel, les établissements Salamico de Schiltigheim, les vins Béziers-Strasbourg et Midi-Alsace, les réparations de cycles et autos Lucien Dreyfus, la S.A.R.L. encres Fatma de Schiltigheim, la confiserie Finck, le tabac Fischer, l'électricité Forclest, l'horticulture Fritz de Schiltigheim, la fabrique de bougies Haehl à la Robertsau, la nourriture pour animaux Haenel, l'huissier E. Hamm, à la mairie, l'épicerie en gros Mennrath, les combustibles Munch, ainsi que des boucheries, boulangeries, pharmacies, cafés-brasseries, dont le «Palais de la Bière» et le restaurant Sorg, chargés de la subsistance des civils, et les hôtels Pfeiffert et Terminus, place de la Gare.

Le Président de la République, Albert Lebrun, visite la ville ainsi que les présidents du Conseil successifs, Edouard Daladier et Paul Reynaud, de même que des correspondants de guerre (journalistes en uniforme). Tous peuvent se rendre compte du côté fantomatique de Strasbourg.

Le couvre-feu est instauré de 21 heures 30 à 5 heures 30. Les cafés ferment à 21 heures. Il y a camouflage intégral des lumières dès la chute du jour. Les véhicules autos et motos doivent comporter des feux bleuis, ils doivent être garés le long des murs et à l'ombre ou sous les arbres (et non pas dans les rues en bordure de trottoir - il s'agit là d'une mesure de camouflage aux vues aériennes). Il n'y a pas de journaux, ni cinémas ou spectacles. Il n'y a que le courrier. Celui-ci doit être déposé dans les quatre bureaux de poste réduits restés ouverts, la recette principale avenue de la Marseillaise, le bureau place de la Cathédrale, celui de la place de la Gare et rue de Bouxwiller. On peut encore déposer le courrier dans les boîtes aux lettres de la mairie et de la place Kléber mais pas dans les autres boîtes qui portent chacune l'indication qu'elle est fermée. La gare centrale reste ouverte mais elle fonctionne avec un trafic réduit.

Le 22 novembre 1939, l'évêque, Mgr Ruch, revient pour célébrer un service religieux dans la crypte de la cathédrale à l'occasion du 21e anniversaire du retour de l'Alsace à la France, en présence du général Gouraud et du maire. Les brasseries, cafés et restaurants autorisés à fonctionner reçoivent le 20 décembre 1939 l'autorisation de rester ouverts pendant la nuit du 24 au 25 décembre et celle du 31 décembre au 1er janvier jusqu'à 2 heures du matin. Une messe de minuit est tenue à la crypte de la cathédrale le 24 décembre.

A Schiltigheim, route de Bischwiller, est ouvert un restaurant qui doit assurer la subsistance des maintenus sur place (les pompiers, un élément réduit de la mairie, le personnel maintenu provisoire de la COMESSA, du personnel des Brasseries maintenues, de la société du chemin de fer, etc). En décembre 1939, outre les brasseries, certains établissements ou fabriques reçoivent l'autorisation de remise en route, mais il est spécifié à leurs risques et périls et sans responsabilité pour l'état. En janvier 1940, sous la pression des brasseurs, les brasseries sont remises en route après autorisation du général commandant la Ve armée, toutefois ne fabriquant qu'une seule qualité de bière avec un prix unique.

Pour circuler en ville, il faut obligatoirement être en possession d'une autorisation permanente ou temporaire délivrée par l'autorité militaire. La révision des autorisations est renouvelée périodiquement. Le 29 mai 1940 a lieu celle qui concerne les personnes restées sur place. Le 23 mai 1940, le général commandant l'armée ordonne le départ des personnes non indispensables vers Barr. Entre 700 et 800 personnes quittent les lieux. A cette date, restent ouverts en ville : un hôtel et une pharmacie, trois boulangeries, trois boucheries, trois épiceries et trois cafés.

Un problème délicat est à résoudre, celui du stock pétrolier dans le port du Rhin, cible de choix pour l'aviation et l'artillerie ennemies. Aussi, la commission du transport d'évacuation et du repliement pose-t-elle la question de sa destruction. Le général Bourret commandant la Ve armée se refuse «sauf ordre écrit, à faire exécuter cette destruction, en raison des graves inconvénients d'ordre matériel et moral qui en résulteraient certainement et demande d'urgence le renforcement des moyens d'évacuation.» Le 16 septembre 1939, l'évacuation du stock de 12 000 tonnes d'essence du port aux pétroles est terminée et tout danger écarté. Il faut dire que les Allemands ne portent aucune entrave à cette affaire et ne réagissent pas à la circulation dans la zone portuaire des longs convois de wagons-citernes qui enlèvent le précieux liquide. Ils ne réagiront pas non plus tout au long de l'hiver suivant lorsque environ un million de tonnes de marchandises et de blé seront enlevés des entrepôts du port.

Pendant ce temps, Strasbourg devient peu à peu une ville morte, et dès la fin septembre 1939 beaucoup d'entreprises sont évacuées. Mises à part les entreprises ou administrations repliées à Bordeaux et Périgueux, citons encore quelques autres, les plus importantes. Les Forges de Strasbourg sont repliées à Marcilly-sur-Eure (Eure), les usines Mathis à Athis-de-l'Orne (Orne), L'Als-Thom à Belfort, la fonderie Spiertz à Remiremont (Vosges), les ateliers SNCF à Tours et Périgueux, Les Tanneries de Lingolsheim à Rennes, l'usine Quiri (froid) à Champigny-sur-Marne, la Cenpa à Tours, la manufacture des tabacs à Châteauroux, l'imprimerie Istra à Paris, le grand magasin «Les Grandes Galeries» à Barr (Bas-Rhin), le port autonome à Chalon-sur-Saône, l'usine Ethel (café-malt) à Vichy, l'Oxygène liquide à Massiac (Cantal), etc. En ce qui concerne les brasseries, l'industrie la plus en vogue, sur les neuf brasseries de la place, une seule, la brasserie de l'Espérance, est déséquipée et repliée à Ingwiller (Bas-Rhin), les huit autres quoique arrêtées sont maintenues mais quatre d'entre elles constituent des dépôts de repli.

Les habitations ont leurs volets fermés et sur chaque maison évacuée est fixé un écriteau : eau coupée, gaz fermé. Les magasins ont leurs rideaux tirés et à travers les vitrines de certains d'entre eux on remarque que les étalages demeurent intacts, c'est comme si la vie s'était arrêtée brusquement ; à noter que le Magmod a ses vitrines barricadées par des planches. Les usines ne tournent plus et leurs cheminées ne fument plus. Les écoles et les rues sont silencieuses. Le silence est seulement rompu par les patrouilles et les chiens à la recherche d'une pitance. Les herbes folles commencent à prendre le dessus et les rails du tramway rouillent. Pendant le dur hiver 1939/40, la neige couvre les rues de la ville, les conduites d'eau et dans les maisons le chauffage central sautent en série car dans la précipitation du départ aucune conduite n'a été vidangée, seuls quelques propriétaires revenus sur les lieux réussissent à le faire.

L'agglomération est sévèrement surveillée. Une ceinture de postes de contrôles tenus par les gardes républicains mobiles de Strasbourg veille aux entrées de la ville où ne peuvent pénétrer que les personnes dûment munies de sauf-conduits (pour y chercher des objets oubliés). A l'intérieur, les quartiers sont soumis à d'incessantes patrouilles de gardiens de la paix et de gardes mobiles, ces derniers sont mêmes déployés dans le port lors des opérations d'enlèvement.

L'HIVER EST GLACIAL ET, DANS STRASBOURG VIDE, LES CANALISATIONS D'EAU SAUTENT

Durant l'évacuation de Strasbourg, le front du Rhin n'est pas immobile. Les patrouilles sont continuelles et des coups de feu sont échangés de part et d'autre du fleuve. Des reconnaissances ennemies, en vedettes, dont la mission est à l'évidence de tester les défenses, cherchent à prendre pied sur le territoire français et sont repoussées à plusieurs reprises par la troupe en collaboration avec les gendarmes de la brigade du port.

Dans son numéro du 27 avril 1940, *L'Illustration* publie un reportage de cinq pages ayant pour titre : «L'armée romaine en Alsace» consacré à l'armée en campagne. Plusieurs photographies montrant des soldats effectuant des travaux aux champs et en usines accompagnent le document. L'article commence ainsi : «Aux racontars qui circulent sur l'exode de la population alsacienne, je préfère le témoignage des militaires qui l'ont dirigé. On apprend ainsi qu'en trois heures, le 2 septembre 1939, les abords de la ligne Maginot ont été dégagés, que les cars faisant la navette transportaient les habitants entre le village et la gare où ils prenaient le train qui les emmenait en Dordogne et en Haute-Vienne. On parle également des colonnes d'évacués à pied ou montés sur des charrettes tirées par des chevaux suivies par le bétail. Sur 40 000 bovins, 15 000 passèrent les Vosges, le reste étant récupéré par l'intendance. Enfin, on lit que sur 300 000 personnes à évacuer, dont 180 000 Strasbourgeois, 50 000 seulement se dérobèrent et 50 000 autres sont revenues.

Mais l'article parle également du million de tonnes de marchandises se trouvant au port de Strasbourg. L'auteur cite 20 000 tonnes de carburants, des charbons, des explosifs, du matériel pharmaceutique, de l'outillage et du bois pour

LE CONTRÔLE DES GARDES-MOBILES LAISSE PEU DE CHANCES AUX RESQUILLEURS les usines de cellulose. On apprend que le démontage des grues est en voie d'achèvement et que 640 000 tonnes ont été enlevées. L'auteur du reportage rapporte avoir été reçu par le général commandant l'armée à son quartier général, quelque part en Alsace, où l'on se rend par une délicieuse petite vallée où coule une rivière…

Enfin, l'article livre de nombreuses précisions sur les dispositions économiques prises par l'armée depuis le début, telles que : abattage d'un millier de bœufs par jour, cinq cents pour l'armée et cinq cents pour les civils, dont les peaux tannées des bœufs ont déjà servi à fabriquer 120 000 paires de souliers pour l'armée ; avec les abats fabrication de conserves de viande par la compagnie de ravitaillement en viande par l'armée (C.E.R.V.A.) dont l'effectif est de 34 hommes minutieusement détaillé car il est cité 1 sergent technicien, 1 intendant, 1 vétérinaire, 1 sapeur machiniste et 27 à 30 soldats ; fabrication de piles électriques pour lampes de poche à raison de huit cents par jour ; installation de douze centres de récupération et de production agricole en zone évacuée ; au sud de Strasbourg remise en activité d'une sucrerie dont la fourniture en charbon se fait par voie ferrée et travaillant avec un effectif de 390 ouvriers et ouvrières ; une brasserie ayant rallumé ses feux fabriquant de la bière et fabrication de cellulose d'où sort du carton bitumé servant à recouvrir les abris des soldats, etc.

Le texte est publié en avril 1940, par conséquent en temps de guerre. Bien qu'il soit censuré — il est fait état que 110 lignes ont été censurées — on ne peut qu'être frappé de prendre connaissance de nombreux faits, bien que les chiffrages soient exagérés sans doute à dessein, ayant trait au nombre d'évacués, au tonnage enlevé, au nombre de bœufs abattus et au nombre de piles fabriquées. On peut par ailleurs facilement identifier qu'il s'agit de la sucrerie d'Erstein, qu'il s'agit d'une brasserie de la banlieue strasbourgeoise et un esprit futé peut repérer l'endroit où se trouve le quartier général.

La publication de l'article a manifestement un double but : montrer que l'armée n'est pas inactive et rehausser le moral de la population, mais ce faisant il est indéniable que l'ennemi en a eu connaissance.

Les pillages

Camille Chautemps, dans une allocution radiodiffusée le dimanche 5 novembre 1939 à 20 heures, s'adresse aux évacués alsaciens-lorrains. Elle est publiée, tant dans la presse sur place, que dans celle du sud-ouest. Le ministre déclare notamment : «Je vous fais la promesse que sur ces foyers, notre armée veillera avec une attention et une fermeté de tous les instants, et s'il est arrivé que parfois certains dommages, difficiles à éviter dans les premières heures, ont été causés à vos biens, ne doutez pas que la constatation en sera faite et que la légitime réparation qui vous est due ne vous sera pas marchandée.»

Les pillages généralisés des zones évacuées ne sont pas évités malgré les mesures prises (affichage d'avis où les travaux forcés seront requis contre tout pillard, puis affichage d'avis où la peine de mort sera requise), interdiction d'envoi de colis vers l'arrière en octobre 1939 en Moselle, sanctions prononcées localement, et malgré les efforts de récupération de toutes sortes d'objets mobiliers et de machines, récoltes et bétail entrepris tant par l'armée que par l'autorité civile.
Un cas précis de pillage : la ville de Sarreguemines, située sur la frontière, en avant de la ligne Maginot, qui est mise à sac malgré la présence d'une garde civique de 44 hommes, de la gendarmerie, d'un commandant de la place et de... 100 militaires incarcérés dans la prison pour vols (Henri Hiegel).

A Strasbourg, l'énergique impulsion du général Frère maintient les troupes dans la discipline. Il faut dire que la ville est sévèrement gardée par les pelotons de gardes républicains mobiles locaux. Pour y pénétrer, il faut produire un sauf-conduit délivré par les autorités. Les personnes qui entrent dans le périmètre sont invariablement contrôlées par des patrouilles incessantes d'agents de police ou de gardes mobiles.

Les déprédations commises sont passées sous silence par les autorités, dans le but de ne pas effrayer la population et surtout pas les évacués. Beaucoup de troupes venues sur la frontière sont troublées par le fait que les habitants parlent un dialecte ou un patois francique qu'elles ne comprennent pas, que bien souvent les noms de localités ont une consonnance germanique ou que des écriteaux sont bilingues. Enfin, hormis les opérations du début en Moselle et les coups de main des corps francs, le calme règne sur l'ensemble du front ce qui engendre l'inaction, l'ennui et l'indiscipline encore agravés par le rude hiver 1939/40. Comment expliquer autrement le comportement d'éléments qui s'introduisent dans les habitations délaissées à la hâte non seulement pour y voler, mais encore pour casser et briser les lieux après s'y être enivrés ou après les avoir souillés ?

Dans un rapport au président du conseil, Edouard Daladier, le général Gamelin, le 10 novembre 1939, reconnaît les pillages et recommande la délivrance de bons de réquisition aux fins d'évaluations d'une indemnisation ultérieure. Voici les extraits des carnets de Frédéric Eccard, ancien sénateur du Bas-Rhin : «14 novembre 1939 : entretien avec le général Bineau, major général (de l'armée de terre) le général me confirme que les déprédations commises en Alsace sont particulièrement le fait des «joyeux» (bataillons disciplinaires d'Afrique) qui ont maintenant été déplacés ou repris en main — 22 décembre 1939 : à leur tour les villages frontaliers du Haut-Rhin sont pillés. On a vu des villas en bois entièrement

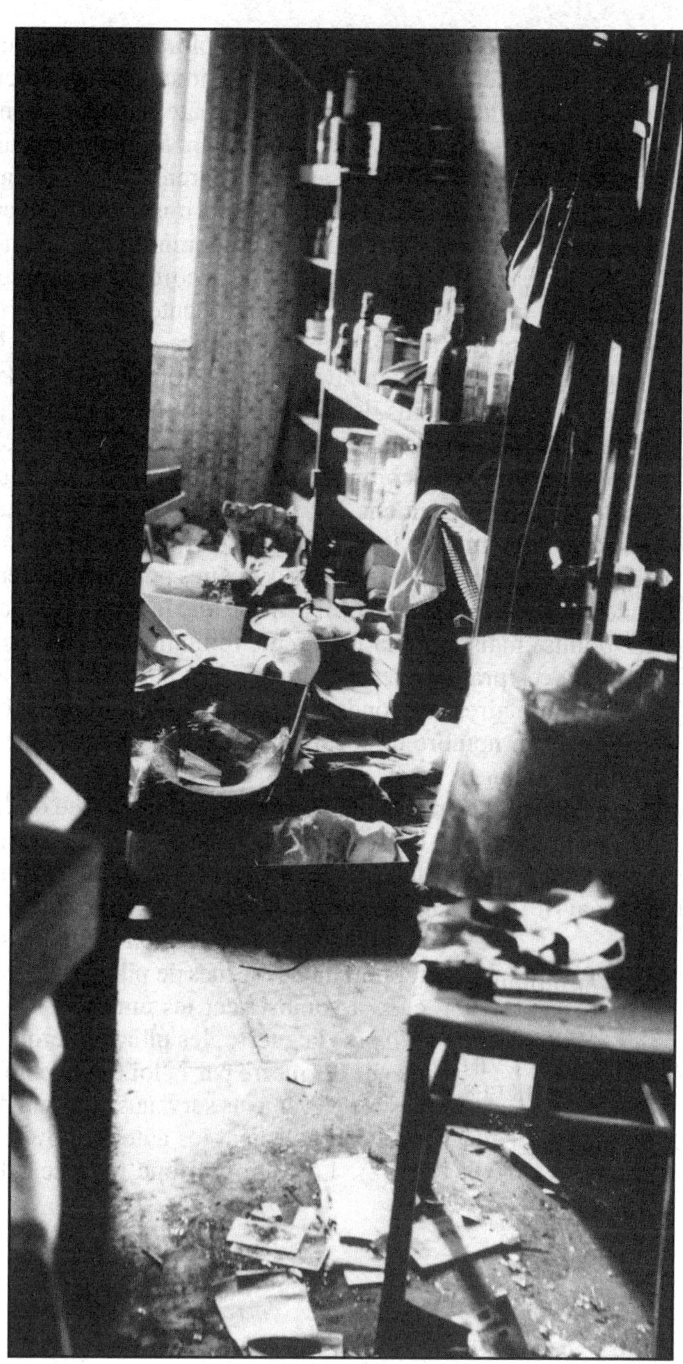

PILLÉ ET SACCAGÉ, L'APPARTEMENT D'UN COMMERÇANT DE WISSEMBOURG démontées pour être brûlées. — Effet déplorable en Suisse des déprédations de l'armée française en Alsace. On me communique des récits sur le pillage des troupes, leur indiscipline, l'absence de toute moralité, non seulement les hommes emportent tout ce qui leur tombe sous la main et souillent les endroits où ils passent, mais les officiers aussi se livrent parfois à un pillage en règle.»

Entre le 12 et le 15 novembre 1939, une mission parlementaire visite quatorze communes évacuées. Cette mission comprend deux députés de «l'intérieur» et le député Burrus du Haut-Rhin. Aucun accord ne se trouve sur l'estimation des dégâts et les responsabilités. Les deux députés de «l'intérieur» pensent que les dégâts sont à porter au compte du désordre consécutif à la brutale évacuation et les pillages tant sur les mouvements de troupes que sur les populations civiles voisines, mais néanmoins ils plaident en faveur de plus de mesure des militaires dans leurs réquisitions d'objets privés des évacués et une collaboration renforcée avec les membres des commissions de sauvegarde locales.

Le député Burrus soutient, lui, que dès le départ des populations, les militaires ont soigneusement vidé les caves du vin et des provisions qu'elles contenaient, puisqu'ils se sont introduits dans les demeures pour y fracturer le mobilier et enlever tout ce qui était transportable. Il affirme que les responsables ne sont pas les simples «poilus» mais toute la hiérarchie militaire qui ne s'est pas opposée énergiquement à ces pratiques et même parfois y participait. Il signale encore que les tribunaux militaires ont condamné soixante-trois pillards, ce qui lui paraît faible par rapport au nombre de localités évacuées qui ont toutes plus ou moins eu à souffrir de pillages.

L'assemblée générale de la Chambre de Commerce de Strasbourg, le 25 janvier 1940, craint que les réquisitions irrégulières de l'armée ne modifient durablement les rapports entre Paris et l'Alsace-Lorraine. Enfin dans le rapport daté du 25 avril 1940 sur le moral des Alsaciens-Lorrains évacués, le général commandant la 20e région militaire signale que des lettres rapportant des scènes de pillages de maisons de la zone évacuée assombrissent les âmes.

M. BURRUS, DÉPUTÉ SE PLAINT : LES CAVES A VIN SONT PILLÉES PAR LES SOLDATS FRANÇAIS

Après la guerre, les pillages seront réparés comme dommages de guerre par la loi du 28 octobre 1946 : «Les pillages et enlèvements survenus au cours d'opérations de guerre, quels qu'en soient les auteurs» (J.O. du 29.10.1946, page 9192). La page fut donc tournée à bon compte.

L'organisation de la vie des évacués dans les départements d'accueil

Pour organisée qu'elle ait été, l'évacuation des Alsaciens et Lorrains a dispersé ces populations sur une grande partie du territoire.

Le bulletin de renseignements pour les évacués n° 5 du 1er novembre 1939 diffusé par la préfecture de la Charente-Inférieure à La Rochelle publie un tableau de correspondance concernant l'hébergement des évacués dans les différents départements aux fins de faciliter les recherches des familles :

Réfugiés de la Moselle : Charente, Charente-Inférieure, Vienne
Réfugiés du Haut-Rhin : Corrèze, Gers, Landes, Hautes-Pyrénées, Lot-et-Garonne
Réfugiés du Bas-Rhin : Charente-Inférieure, Dordogne, Haute-Vienne, Landes
Réfugiés des Ardennes : Deux-Sèvres, Vendée
Réfugiés de Meurthe-et-Moselle : Gironde

Or l'Instruction du ministère de l'Intérieur du 1er juillet 1938 n'a prévu que neuf départements de correspondance pour les trois départements du nord-est, à savoir :

Moselle : Charente, Charente-Inférieure et Vienne
Haut-Rhin : Gers, Landes et Lot-et-Garonne
Bas-Rhin : Dordogne, Indre et Haute-Vienne

En fait, le tableau paru dans le bulletin préfectoral est lui-même incomplet et la prévision de l'Instruction ministérielle tout à fait dépassée car les évacués se trouvent essaimés un peu partout en métropole. Il y a des réfugiés dans le Territoire de Belfort, dans le Doubs, en Haute-Saône, dans les Vosges et en Haute-Marne. D'autres se trouvent dans la Nièvre et l'Indre-et-Loire. Des Mosellans se retrouvent dans le Calvados, en Saône-et-Loire et dans la Loire. Des mineurs du bassin houiller de Lorraine sont évacués dans le Nord et le Pas-de-Calais où ils sont immédiatement employés dans les mines locales. On ne s'explique d'ailleurs pas pourquoi ces mineurs ont été expédiés dans des départements eux-mêmes exposés si ce n'est de remplacer les mineurs locaux mobilisés. En mai 1940, ces évacués devront fuir une seconde fois. Lors de la seconde vague d'évacuation, des Mosellans se verront dirigés sur la Côte-d'Or, le Puy-de-Dôme, la Corrèze et les Deux-Sèvres.

Beaucoup de réfugiés volontaires ont quitté l'Alsace-Lorraine bien avant l'ordre d'évacuation par leurs propres moyens. Il s'agit surtout d'israélites et également des Allemands ayant fui leur pays après 1933 et étant venus s'établir dans l'est.

L'EFFORT
DE CHACUN
CONTRIBUAIT
À SOULAGER
L'ANGOISSE
DEVANT
L'INCONNU

Enfin, beaucoup de gens aisés s'installent dans les départements limitrophes et occupent les hôtels, meublés, etc. Ainsi, le préfet des Vosges signale au ministère de l'Intérieur le 11 septembre 1939 que le nombre de réfugiés volontaires dans les Vosges est assez considérable et qu'il se compose en général de gens riches qui, ayant eu leurs moyens de transport réquisitionnés, ont loué des appartements dans les hôtels ou les maisons disponibles.

La dispersion est encore plus grande quand on examine les lieux de repli des entreprises évacuées de Strasbourg : la banque Asch est à Saumur, la Compagnie générale de navigation sur le Rhin est à Montélimar, les Forges de Strasbourg S.A. sont à Marcilly-sur-Eure (Eure), les Tanneries Herrenschmidt sont à Cormenon (Loir-et-Cher), l'Oxygène Liquide S.A. est à Massiac (Cantal), l'usine de torréfaction de café-malt Ethel est à Vichy, etc. Cette dispersion des entreprises a des conséquences inattendues. En effet, de nombreux ouvriers viennent chaque jour en train pour travailler dans les fabriques de la ville et environs. Habitant des localités non évacuées, ils doivent choisir de suivre avec leur famille leur entreprise sur son lieu de repli (c'est le cas de la majorité) ou de se trouver subitement au chômage.

Au 28 septembre 1939, 11840 Strasbourgeois sont dans le Gers. Au 29 septembre 1939, 12439 autres dans l'Indre. 85000 habitants de Strasbourg sont en Dordogne. 12000 habitants des arrondissements d'Erstein et de Sélestat se trouvent également en Dordogne. En Haute-Vienne, on retrouve les habitants de la banlieue ouvrière du nord de Strasbourg, environ 30000 personnes, dont une importante proportion à Saint-Junien. Dans le même département, il y a environ 50000 évacués en provenance des arrondissements de Wissembourg et Haguenau. La sous-préfecture de Wissembourg est d'abord repliée à Haguenau puis à Rochechouart (Haute-Vienne). Fin 1939, il y a 1183 Bas-Rhinois en Charente-Inférieure. 115000 Mosellans sont en Charente. 60000 sont dans la Vienne. 12000 en Charente-Inférieure. Le Tribunal de Sarreguemines est replié à Loudun (Vienne), la sous-préfecture à Confolens (Charente) et le dépôt des chemins de fer à Châlons-sur-Marne ; tandis que les faïenceries sont à Vitry-le-François et à Digoin. La sous-préfecture de Forbach est à Angoulême. En outre, 4000 personnes âgées sont éloignées de Metz à Poitiers.

18045 Haut-Rhinois se trouvent dans les Landes le 12 septembre 1939. Au 1er février 1940, le bureau des réfugiés de la préfecture de Mont-de-Marsan les évalue à 25000. 13000 autres habitants du Haut-Rhin sont dans le Gers et enfin 11000 en Lot-et-Garonne.

La plupart des administrations bas-rhinoises se replient dès le 30 août 1939. Le préfet et son cabinet ne quittent pas le département, ils sont repliés à Lutzelhouse, dans la vallée de la Bruche, au pied des Vosges ; s'y trouvent également la police judiciaire, les services de la police d'Etat, l'inspection académique et

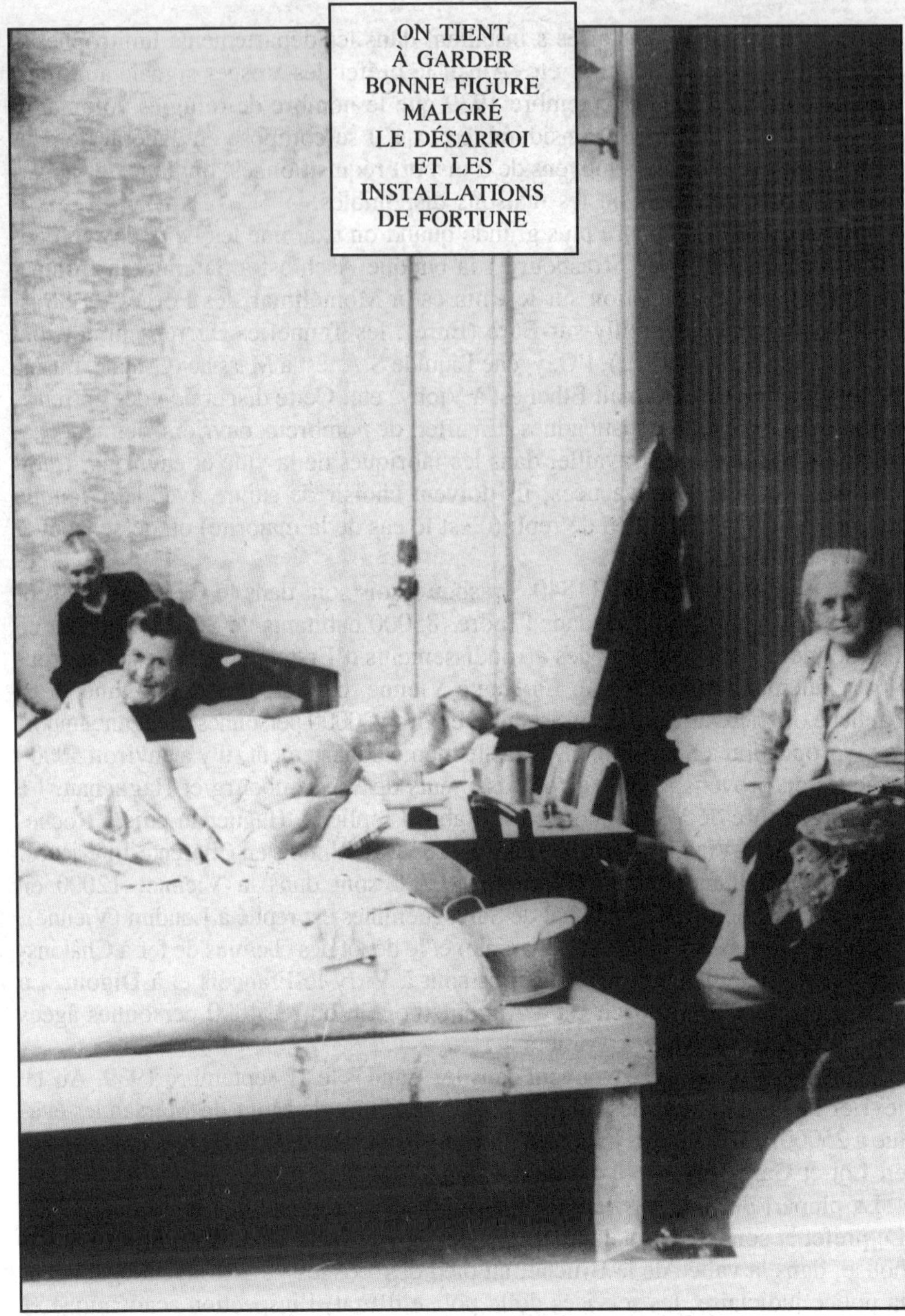

ON TIENT
À GARDER
BONNE FIGURE
MALGRÉ
LE DÉSARROI
ET LES
INSTALLATIONS
DE FORTUNE

l'intendance militaire. La Banque de France et la répression des fraudes sont à Urmatt, l'enregistrement domaines et timbre se trouvent à La Broque.

Le parquet de Strasbourg et le tribunal de première instance sont à Saverne, la compétence de ce tribunal est étendue à la compétence de celui de Strasbourg. Les registres du commerce et des associations ainsi que le livre foncier sont à Limoges. La direction des P.T.T. est à Raon l'Etape (Vosges), le centre de tri à Saverne. Par contre, le centre des chèques postaux est installé à Limoges, de même que le crédit municipal. L'Université est repliée à Clermont-Ferrand avec la bibliothèque.

La sous-direction SNCF se replie à Paris. La Compagnie des Transports Strasbourgeois (CTS) — les tramways — est divisée pour moitié à Limoges et à Ottrott (Bas-Rhin).

Les treize consulats de Strasbourg sont tous repliés. Le consulat belge est à Paris, le britannique à Besançon, l'espagnol à Epinal, celui des Etats-Unis à Paris, le grec à Le Hohwald (Bas-Rhin), l'italien à Dijon, le norvégien à Saint-Dié, le polonais à Nancy, le roumain à Barr (Bas-Rhin), le suédois à Saint-Dié, le suisse à Bordeaux et Chaumont, le tchécoslovaque à Muhlbach (Bas-Rhin) et celui du Vénézuela à Molsheim (Bas-Rhin). A noter que beaucoup d'Allemands fuyant leur pays depuis 1933 et s'étant établis en Alsace-Lorraine sous statut étranger, par conséquent avec carte de séjour, sont internés.

Il n'est pas possible de récapituler la totalité des communes repliées avec en regard les communes d'hébergement correspondantes, tant fut confuse cette période d'évacuation et d'installation. Voici un tableau de la situation du début concernant les communes les plus importantes des trois départements.

Bas-Rhin : Les habitants de Strasbourg sont répartis sur l'ensemble des communes de la Dordogne, une importante partie est à Périgueux, mais également dans l'Indre et le Gers. En Dordogne, on retrouve également les habitants des villages du sud du Ried bordant le Rhin. Ceux de Schiltigheim, Bischheim et Hœnheim sont hébergés dans l'arrondissement de Rochechouart (Haute-Vienne). Une forte proportion des habitants de Schiltigheim est à Saint-Junien, tandis que les habitants de Bischheim sont disséminés dans 16 communes de la Haute-Vienne. Ceux de l'arrondissement de Wissembourg sont dans la région de Bellac (Haute-Vienne) et ceux des arrondissements de Haguenau et Saverne dans la région de Limoges. Les habitants de Gambsheim, Kilstett et La Wantzenau sont également dans cette région.

Haut-Rhin : Si la majorité des habitants de Saint-Louis se retrouve groupée à Lectoure, 13 autres communes du Gers et 18 communes des Landes recueillent le restant. Les habitants de Huningue sont à Soustons et Saint Vincent-de-Tyrosse (Landes). Ceux de Neuf-Brisach sont à Meilhan-sur-Garonne (Lot-et-Garonne) et ceux de Village-Neuf dans 16 communes des Landes.

Moselle : Les habitants de Sarreguemines sont évacués dans 25 communes de la Charente. Ceux de Forbach dans 35 communes de la Charente et 8 communes de la Charente-Inférieure. Les habitants de Saint-Avold sont disséminés dans 19 communes de la Vienne.

Un exemple d'afflux de population dans une commune d'hébergement : la population de Chatelaillon (Charente-Inférieure) qui compte 2200 personnes voit le nombre de ses habitants doubler avec l'apport de 1600 adultes et 750 enfants réfugiés lorrains d'Alsting, Etzling et Metz. Les réfugiés bénéficient des villas ou meublés vides situés en bordure de l'océan.

Ce répertoire n'est pas sans approximation par suite de regroupements familiaux et des besoins de la main-d'œuvre. Les 25 et 26 octobre 1939, 785 et 643 mineurs lorrains en provenance de Lens viennent en Charente-Inférieure et sont répartis à La Tremblade et environs. Le 15 novembre 1939, 1700 autres mineurs lorrains reviennent du Pas-de-Calais en Charente-Inférieure. On assistera par la suite à des départs vers les centres miniers du sud de la France. Des mineurs avec leurs familles auront donc été déplacés trois fois.

L'accueil sur place des réfugiés met au jour une impréparation quasi générale. En avril 1939, l'adjoint de Strasbourg, M.E. Naegelen, effectue un voyage en Dordogne à l'issue duquel il conclut que les préparatifs pour les habitants de Strasbourg dans ce département sont inexistants. Il y a bien, en général, des mesures de recensement des habitations ou fermes vides qui sont prises mais le manque de coordination, le principe du secret des plans d'évacuation, le laisser-aller ou la négligence des administrations locales font que les départements de correspondance ne sont pas en mesure d'accueillir correctement la grande masse des évacués. Une exception cependant, les grandes administrations alsaciennes-lorraines qui sont informées et dont le lieu de repli est connu peuvent s'organiser sur place.

Pourtant, depuis septembre 1938, les maires des communes prévues reçoivent des instructions prévoyant la constitution de commissions communales en vue de l'accueil de réfugiés, dont l'origine est passée sous silence, mais dans la majorité des cas elles ne se réunissent pas ; personne ne croit à la vraisemblance d'une évacuation de population aussi massive.

Le 5 septembre 1939, Camille Chautemps demande aux préfets d'informer la population de leurs départements de l'arrivée des Alsaciens-Lorrains et, en même temps, de les prévenir des difficultés linguistiques éprouvées par certaines personnes (les affiches du 6 septembre de la Vienne et du 8 septembre de l'Indre comportent un message pratiquement identique, preuve qu'un texte initial a été conçu au niveau gouvernemental).

L'installation des évacués n'est pas facile et l'afflux de réfugiés de plus en plus nombreux crée des problèmes multiples. Les familles, après avoir été arrachées à leur milieu habituel, doivent s'adapter à un nouvel environnement et souvent habiter des logis de fortune. Beaucoup doivent ainsi camper pendant des mois dans des granges ou écuries dans des conditions d'hygiène et d'inconfort que le dévouement inépuisable des municipalités parvient à améliorer avec peine. Les paysans et ouvriers ou fonctionnaires alsaciens-lorrains d'un niveau de vie généralement plus élevé que celui des habitants du centre-ouest souffrent que des habitations soient dépourvues d'eau, d'électricité ou de W.C.

La différence d'hébergement entre ville et campagne est énorme. L'usage du dialecte, surtout par les personnes âgées, éveille la méfiance dans la population locale. D'abord, les évacués sont pris, en maints endroits, pour des «boches» puis, on s'aperçoit de l'erreur et tout rentre dans l'ordre.

En Dordogne, à part ceux qui sont logés à Périgueux et Bergerac, les Strasbourgeois sont répartis dans la campagne. Certains s'en plaignent et les parlementaires alsaciens demandent le transfert d'une partie des évacués à Bordeaux qui, par sa taille, ressemble à leur ville et où ils retrouveraient l'hygiène et le confort auxquels ils sont habitués. Cette requête n'est pas suivie d'effet.

Il est vrai que l'instruction ministérielle du 1er juillet 1938 désigne les départements de correspondance qu'on ne saurait modifier d'autant plus qu'une évacuation de la deuxième, voire de la troisième zone, est toujours susceptible d'intervenir.

A l'inverse de ce qui existe en Alsace-Lorraine, de très nombreux hameaux de ces régions sont éloignés de plusieurs kilomètres du bourg le plus proche et les moyens de locomotion manquent pour s'y rendre. Isolés, déboussolés, inquiets pour leurs biens restés au loin, les réfugiés ont du mal à se faire à leur nouveau mode de vie. Ils font la connaissance des grandes cheminées dans la salle commune et aussi de la manière d'y faire du feu. D'habitude buveurs de bière, ils se mettent à boire du vin, et même dans l'assiette pour la rincer de la soupe. A la différence des charrettes à quatre roues, les bœufs tirent ici des charrettes à deux roues remplies de topinambours. Le grand marché mensuel se tenant au chef-lieu de la contrée est également une nouveauté mais, ce qui complique tout, c'est le patois charentais ou saintongeais, poitevin ou limousin ; beau mélange de langues quand les plus âgés des évacués et même les moins âgés parlent l'alsacien ou le lorrain.

EN MAINTS ENDROITS, LES RÉFUGIÉS SONT PRIS POUR DES «BOCHES»

Dans les campagnes délaissées, beaucoup d'habitations sont vides, abandonnées, délabrées. Le dur hiver 1939/40 amène encore des difficultés supplémentaires dues au manque d'appareils de chauffage et dont l'approvisionnement tarde. Durant cette période d'ailleurs, de nombreux décès surviennent principalement parmi les personnes âgées.

Les hommes retrouvent du travail, surtout si sur place se trouve une industrie

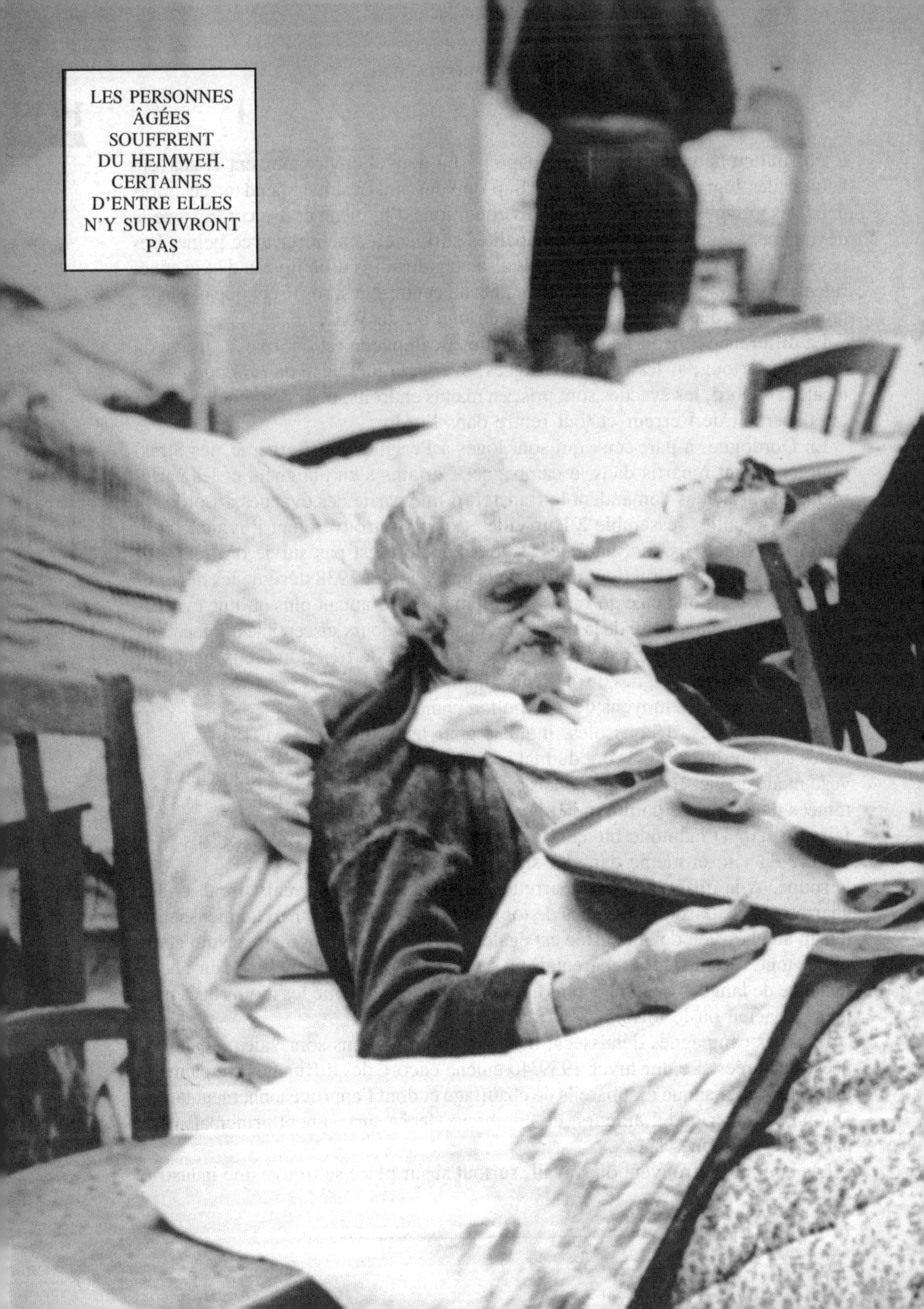

LES PERSONNES ÂGÉES SOUFFRENT DU HEIMWEH. CERTAINES D'ENTRE ELLES N'Y SURVIVRONT PAS

repliée. Un exemple précis à ce sujet : 131 ouvriers mosellans sont employés par la société de constructions mécaniques COMESSA, elle-même repliée de Schiltigheim dans les ateliers SNCF à Saintes (Charente-Inférieure). D'autres ont cependant plus de difficulté ailleurs par le fait que le centre-ouest n'est pas spécialement industrialisé. Les ruraux sont accueillis par les paysans locaux, la plupart du temps des métayers, car il faut remplacer les hommes mobilisés. C'est aussi la période des vendanges et l'on remarque au passage que les vignes sont plus basses qu'en Alsace-Lorraine. Des problèmes de salaires agricoles se font jour car les métayers ou les propriétaires ne veulent pas payer plus aux évacués qu'à leur main-d'œuvre.

Une indemnité journalière publique de dix francs est attribuée à chaque réfugié ainsi que cinq francs pour chaque enfant de moins de treize ans. L'indemnité est supprimée lorsque le chef de famille trouve du travail. Ce n'est pas très motivant et suscite bien des jalousies parmi les habitants autochtones.

Devant les nombreux problèmes à résoudre, un deuxième secrétaire général est nommé auprès du préfet du département de correspondance, spécialement chargé des affaires des réfugiés. Le mot réfugié est d'ailleurs de plus en plus employé à la place du mot évacué. Les hauts fonctionnaires sont pris parmi ceux repliés. Le *Journal officiel* du 20 septembre 1939 indique que M. Barraud, secrétaire général du Bas-Rhin, est nommé secrétaire général de la préfecture de la Dordogne : M. Armand, sous-préfet de Forbach, devient secrétaire général de la préfecture de la Vienne et M. Lalanne, sous-préfet de Sarreguemines, est secrétaire général de la préfecture de la Charente. Des chargés de mission sont en outre placés auprès des préfets du Lot-et-Garonne, du Gers, des Landes, et de l'Indre. On remarque que le fameux sous-préfet de Wissembourg ne retrouve pas de poste en Haute-Vienne.

DIX FRANCS PAR JOUR ET PAR RÉFUGIÉ : C'EST PEU MAIS CELA SUSCITE DES JALOUSIES

Dans ces contrées de vieille France, la séparation de l'église d'avec l'Etat est effective. Il n'y a pas de concordat. Ici c'est le vieux radicalisme français, laïque et anticlérical qui est en vogue. Les Charentais, Limousins, Poitevins et autres, peut-être croyants, ne sont en tout cas guère pratiquants et expriment leur étonnement quand les réfugiés vont à l'église le dimanche. Lorsque sur place existent des lieux de culte protestants, aucune friction ne se fait jour, par contre, en Haute-Vienne, les églises catholiques n'acceptent pas les protestants.

Après le décret du 5 septembre 1939 disposant que le régime spécial des cultes, de l'instruction publique et des assurances sociales en vigueur dans les départements du Haut-Rhin, du Bas-Rhin et de la Moselle est applicable, pendant la période de leur repliement, aux populations de ces départements évacués d'office dans les départements de correspondance, un décret du 24 octobre 1939 précise les conditions d'application du régime d'assurance sociale spécial aux populations repliées.

Le *Journal officiel* du 7 décembre 1939 publie un décret du 29 novembre 1939 relatif aux communes évacuées d'Alsace et de Lorraine. Il est intéressant de noter dans le rapport préliminaire que l'idée générale qui a dominé est la reconstitution de la commune évacuée dans le département d'accueil visant de la sorte à atténuer les souffrances morales des populations transplantées, à leur conserver la fiction de leur foyer, à marquer le caractère provisoire de l'émigration et à entretenir dans leurs cœurs la certitude du retour victorieux dans leur petite patrie. Mais le rapport signale également que des «impossibilités matérielles n'ont pas permis que cette conception idéale trouve son entière réalisation dans les faits» et il cite deux exemples : la population de Strasbourg est répartie sur 357 communes et celle de Forbach sur 28.

Par conséquent, ce n'est qu'à la mi-décembre que les maires repliés sont fixés sur le sort définitif de leurs administrés soit trois mois et demi après le départ.

Les maires des communes évacuées continuent d'exercer leurs attributions, à l'exclusion de celles concernant la police générale, municipale et rurale et l'état-civil. Les conseils municipaux des localités évacuées se réunissent au chef-lieu de la commune où ont été transférés les services municipaux. Les communes évacuées continuent d'établir leur budget qui cependant ne peut comprendre que des dépenses réduites.

Dans les faits, les municipalités repliées s'occupent de la répartition des allocations et des secours, de la liaison avec les administrations locales et les habitants. Des difficultés surgissent par suite de la mobilisation de nombreux secrétaires de mairie ou conseillers municipaux, ou empêchés de siéger par force majeure, ou encore de maires qui ne parlent pas le français.

En Dordogne, des pasteurs qui veulent célébrer le culte se voient refuser les salles de classes pour leurs offices par des municipalités anticléricales. Le gouvernement comprend la situation car, dans son allocution du 5 novembre, Camille Chautemps déclare que, par décret du 5 septembre passé, le régime spécial des cultes de l'instruction publique et des assurances sociales est maintenu pendant la période de repliement dans les départements de correspondance pour les évacués d'Alsace-Lorraine. Son discours qui est empreint de la sollicitude gouvernementale à l'égard des évacués est largement diffusé dans la presse locale, c'est-à-dire celle qui paraît dans la partie non évacuée, mais aussi et surtout dans les organes tels que les *Dernières Nouvelles de Bordeaux* le 8 novembre 1939 et les bulletins préfectoraux du même mois.

En octobre et novembre 1939, se produit un mouvement de retour vers l'Est. On voit en effet à cette époque de nombreux réfugiés, rassemblés comme de véritables troupes, prenant des billets dans les gares de Limoges, Périgueux, Angoulême, Poitiers, etc, à destination de Paris, où ils sont la plupart du temps bloqués.

Malgré le contrôle postal et le silence officiel, les évacués ont peu à peu connaissance des pillages ou déprédations, de plus les gens ont le mal du pays, et veulent se rendre sur place, surtout qu'il n'y a pas d'opération de guerre qui s'y déroule, pour récupérer ce que l'on a oublié ou ce que l'on peut sauver.

Ces voyages sont très nombreux malgré la sévérité ordonnée aux agents de la SNCF ou aux forces de gendarmerie, de police, de l'armée. Le gouvernement, pour contrecarrer ces déplacements, demande aux préfets de prendre des mesures strictes. C'est ainsi que l'on voit des affiches bilingues placardées dans le Gers où le préfet fait des reproches aux évacués en même temps qu'une mise en garde. Dans l'Indre, les faits sont identiques car le texte de l'affiche du Gers est repris et diffusé aux maires sous forme de circulaire. En Haute-Vienne, le préfet signale au ministère de l'intérieur le 7 novembre 1939 que «malgré les précautions, de nouveaux départs se sont produits et ont été grandement facilités par le fait que les intéressés pour déjouer la surveillance excercée ne prenaient en gare de Limoges que des billets à destination de Paris et qu'ils obtenaient ensuite à la gare de l'Est toutes tolérances pour la continuation de leur voyage.»

Cependant, peu après, des commissions de récupération sont instaurées pour canaliser et contrôler le mouvement de récupération des objets meubles de l'Est vers les départements du Sud-Ouest.

Dans ces départements aux mœurs si étranges pour les Alsaciens et Mosellans, les festivités du jour de l'an supplantent Noël qui n'est que peu célébré. Aussi, pour Noël 1939, afin de soutenir le moral des réfugiés, toutes les instances administratives ou privées s'associent pour organiser des fêtes rassemblant les enfants.

Avec le printemps 1940, les difficultés s'estompent peu à peu. Le 21 mars 1940, Robert Schumann, député mosellan, est placé à la tête d'un sous-secrétariat d'Etat aux réfugiés nouvellement créé. Il gardera ce poste jusqu'au 10 juillet 1940. C'est sous son impulsion que des vivres et objets mobiliers sont récupérés après l'évacuation et acheminés par trains en Charente. Près de mille wagons de marchandises sont ainsi envoyés avec des vêtements, de la literie, des chaussures, des poêles, des meubles, des bicyclettes, des machines diverses, etc.

Dans le Haut-Rhin, la presse publie le 2 juin 1940, la 17e liste de souscription et de dons en espèces du comité départemental de secours aux évacués du Haut-Rhin présidé par le préfet. C'est ainsi que le public apprend que la liste se monte à la somme de 108 709,60 francs, les listes précédentes à 909 397,33 francs et le total au 25 mai 1940 à une somme de 1 018 106,93 francs (de 1939). Le journal ne dit pas si la somme recueillie en dernier a atteint ses destinataires malgré le debut de l'attaque allemande.

Après le 10 mai 1940, les départements du Centre, du Centre-Ouest et du Sud-

Ouest reçoivent des réfugiés hollandais et belges, puis du Nord et de la région parisienne fuyant l'invasion allemande. Dès 1939, de nombreux Parisiens sont venus volontairement se réfugier dans la Vienne et dans l'Indre. A noter que les départements du Sud-Ouest recueillent encore une autre catégorie de réfugiés, les Espagnols républicains, venus en France depuis le début de 1939.

En décembre 1939, le maire de la commune de Gimont (Gers), localité de 2000 habitants, dresse un état des lieux concernant l'hébergement des évacués à leur arrivée (cité par Kurt Hochstuhl). Il en résulte que 66 des logements mis à leur disposition n'ont pas d'électricité (50%), 32 n'ont pas de W.C (24,5%), 36 n'ont pas de possibilité de faire la cuisine (27,5%), 86 logements ne sont pas suffisamment meublés (67%) et il manque surtout des chaises, tables et lits, 10 logements enfin ont un toit demandant une totale réparation.

Après l'armistice, les occupants, en Alsace-Lorraine, ne manqueront pas de monter en épingle, pour les besoins de leur propagande, les difficultés qu'éprouvèrent les évacués, allant jusqu'à prétendre que l'évacuation était une déportation ayant pour but de repeupler les campagnes délaissées.

Le périodique *L'Illustration* du 21 octobre 1939 publie un reportage sur les conditions d'hébergement des évacués dont voici un extrait :

> «Telle commune de mille habitants reçoit, après quelques heures de préavis seulement, trois cents réfugiés, quand ce n'est pas cinq cents ou plus. Par suite des difficultés de transport ferroviaire — la priorité appartient à l'armée — ceux-ci débarquent en pleine nuit ou dans la journée, avec de nombreuses et explicables heures de retard. Qui a mandat et pouvoir pour recevoir ces évacués las et parfois affamés ? Le maire. Sans doute celui-ci a-t-il le droit de réquisition. Mais comment en userait-il sur-le-champ ? On n'augmente pas impunément et sans difficulté d'un tiers la population d'une petite agglomération rurale dont les habitants couchent parfois à plusieurs par chambre et dont les moyens de literie sont, en règle générale, des plus limités. En outre il n'est guère possible d'oublier, sur le plan général tout au moins, qu'un maire est un magistrat élu, présentant donc un caractère politique, lequel, de ce fait et malgré tous les droits de réquisition possible, limite ses pouvoirs actifs sur la population qui l'élit. De cela il s'ensuit que, selon les maires, les réfugiés ont été plus ou moins bien hébergés à l'origine. C'est ainsi qu'on a vu des femmes et des enfants coucher sur la paille dans des conditions d'hygiène ne satisfaisant pas toujours à toutes les nécessités. Certes, aujourd'hui, cet exode douloureux est stabilisé dans une situation sinon confortable, tout au moins très admissible. Un peu déconcertés au début, les populations locales se sont employées d'un très grand cœur à recevoir affectueusement les frères de misère.»

LA PROPAGANDE ALLEMANDE EXPLOITE LES PROBLÈMES DES RÉFUGIÉS

(La publication souligne que 116 lignes du reportage ont été censurées).

L'évacuation administrative de Strasbourg, ville aux nombreuses administrations et entreprises, pose bien des problèmes d'installation. De nombreux services locaux, départementaux et interdépartementaux sont repliés à Périgueux, chef-lieu de la Dordogne : la trésorerie générale, l'Office des mutilés et anciens combattants, le rectorat, les contributions, etc. La Chambre de commerce est installée en ville mais elle conserve cependant un bureau à Rothau. Il en est de même de la Chambre d'agriculture qui conserve une antenne à Barr. Huit banques strasbourgeoises sont à Périgueux, y compris la Caisse d'Epargne, ainsi que plusieurs compagnies d'assurances. On y retrouve également la Caisse locale générale des malades et la perception, l'Institut d'Assurance invalidité-vieillesse d'Alsace et de la Lorraine ainsi que la Caisse d'Assurance des employés d'Alsace et de Lorraine. Un commissariat de police réduit est installé au café de Paris, cours Montaigne. Les journaux *L'Alsacien* et *La Presse Libre* ont également pris leurs dispositions dans la ville.

La municipalité, avec à sa tête l'adjoint Naegelen, s'installe à Périgueux. Le conseil municipal se réunit deux fois en cette ville, le 19 décembre 1939 et le 27 avril 1940. Une annexe de la mairie de Strasbourg est ouverte à Chateauroux le 12 octobre 1939. Les services municipaux de Strasbourg ont été divisés en trois : des services sont restés à Strasbourg, les autres transférés à Périgueux et à Chateauroux. Les hospices civils sont installés à Clairvivre, d'abord dans des conditions précaires. Peu à peu, les hospices deviennent «l'hôpital des réfugiés».

L'afflux d'administrations entraîne une crise du logement à Périgueux où le prix des locations grimpe rapidement. Environ 12 000 Strasbourgeois sont réfugiés sur place.

Le département de la Gironde et Bordeaux n'étaient pas prévus pour accueillir des Bas-Rhinois. Pourtant, plusieurs services ou administrations ainsi que des industries et commerces y sont repliés : les douanes, *Radio Strasbourg*. *Les Dernières Nouvelles de Strasbourg* paraissent à Bordeaux dès le 6 octobre 1939. Le journal de Metz, *Le Républicain Lorrain,* rejoint également la ville en octobre 1939. Les usines d'automobiles Matford, les Grands Magasins Magmod et la société Télic sont repliés à Bordeaux. Les usines Bugatti, de Molsheim, situées hors de la zone évacuée du Bas-Rhin, sont transférées à Bordeaux. La Chaudronnerie et Tôlerie de l'Est, de Schiltigheim, est évacuée à Le Bouscat (Gironde) ; tandis que l'usine Comessa, également de Schiltigheim, est repliée un peu plus au nord à Saintes (Charente-Inférieure). Le consulat suisse est évacué sur Bordeaux.

L'armée s'inquiète du moral des Alsaciens-Lorrains

L'évacuation des Alsaciens-Lorrains entre dans les préoccupations gouvernementales au travers de l'état-major de l'armée. Le général commandant la 20ᵉ région militaire réserve un chapitre spécial aux Alsaciens-Lorrains dans son rapport mensuel sur le moral intitulé : «Etat moral spécial des Alsaciens-Lorrains». La 20ᵉ région militaire a son siège à Nancy et elle couvre le quart nord-est. Il y a bien une 10ᵉ région militaire qui a été créée au début de 1939 à Strasbourg mais elle n'est pas opérationnelle. En ce qui concerne le sud de l'Alsace, c'est-à-dire le Haut-Rhin, il est rattaché à la 7ᵉ région dont le siège est à Besançon. Le rapport de la 20ᵉ région ne s'occupe donc pas de ce qui se passe à cet endroit qui pourtant a également une importante zone évacuée.

Dans le rapport du 25 février 1940, on lit qu'il y a beaucoup d'émotion et de mécontentement à la pensée de l'évacuation possible d'une nouvelle zone et que dans l'ensemble le moral alsacien-lorrain, attisé par des éléments autonomistes, n'est pas bon. Il est dit qu'il ne faut pas que les Alsaciens-Lorrains aient l'impression qu'ils forment une partie sacrifiée de la communauté française dont les autres parties se désintéressent.

A partir du 25 mars 1940, le chapitre consacré aux Alsaciens-Lorrains est subdivisé en deux parties : ceux restés dans leurs foyers et ceux évacués. Dans ce rapport, il est fait état de l'inquiétude de la population devant la menace de nouvelles évacuations. Cependant, les maraîchers et jardiniers autorisés à préparer leurs terres dans la banlieue de Strasbourg font largement usage de cette faculté. Les cultivateurs apprécient la mise à leur disposition par l'autorité militaire de main-d'œuvre et d'attelages. L'industrie dans le Bas-Rhin et la Moselle est active. L'état d'esprit des ouvriers et bon. Les rapports entre militaires et la population locale sont souvent empreints de cordialité. Quant aux évacués, ils réclament le relèvement de l'allocation qui leur est allouée. Ils sont satisfaits des terrains concédés et des semences et de l'outillage distribués. Les plaintes sur les conditions d'hébergement sont moins nombreuses mais les réfugiés considèrent leur situation avec mélancolie et ils attendent impatiemment la fin de la guerre pour rentrer chez eux. Mais le rapport dit aussi que les Alsaciens-Lorrains, restés sur place ou évacués, estiment dans leur grande majorité que la guerre doit se poursuivre jusqu'à la victoire et que le traité à intervenir doit être tel qu'à l'avenir des épreuves aussi cruelles leur soient épargnées.

Le rapport du 25 avril 1940 signale que les relations avec les armées sont cordiales. Mais des craintes se font jour sur l'évacuation de telle ou telle zone. La

UN GROUPE
DE MOSELLANS
AVANT
LE DÉPART.
DESTINATION :
L'INCONNU

ville de Molsheim pavoise spontanément pour le débarquement des troupes alliées en Norvège. L'adaptation des évacués à leur nouvelle résidence se poursuit. Des jeunes gens qui ont trouvé du travail parlent de se fixer sur place. Mais pour l'ensemble de la population, c'est tout de même l'exil. Des incompréhensions subsistent par suite de la langue et des idées différentes (l'auteur du rapport a placé des points de suspension après différentes). Le rapport signale encore que des lettres rapportent des scènes de pillage de maisons dans la zone évacuée et le bombardement aérien de Strasbourg et de ses environs. Enfin, il est signalé que des lettres émanant d'Alsaciens fixés en Amérique et «contaminés par la propagande germanique» risquent de saper la confiance dans la justice ou la victoire de la cause des Alliés.

Selon le rapport du 25 mai 1940 — après l'offensive allemande — les évacués sont heureux d'avoir pu quitter à temps leurs villages sans avoir été bousculés comme les évacués du champ de bataille actuel et ils invitent leurs parents restés sur place à les rejoindre. Le rapport s'achève pour signaler des plaintes sur la rareté des médecins et qu'il n'y a pas encore de nouvelles des nouveaux évacués.

Tous ces rapports ont fait état de la crainte des populations restées sur place d'une seconde vague d'évacuation. A ce sujet, le chef d'état-major du général commandant en chef répond au chef de cabinet de Camille Chautemps, le 10 octobre 1939 : «Vous avez récemment signalé que le commandement se proposerait de procéder à l'évacuation de 60 000 habitants dans la deuxième zone du Bas-Rhin... Aucun ordre ferme n'a été donné pour cette évacuation massive». (cité par K.Hochstuhl). La mesure était effectivement envisagée et la crainte des populations restées sur place n'était donc pas sans fondement.

A l'instar de ce que l'autorité militaire lui fait parvenir, le gouvernement est également renseigné par un rapport mensuel du contrôleur général de la Sûreté nationale. A Lutzelhouse, près du préfet du Bas-Rhin, se trouve un commissaire divisionnaire, chef de la police spéciale. De même, sont également installés à Limoges, Périgueux, Poitiers, etc, des contrôleurs de la Sûreté nationale. Quant à la police spéciale — elle tenait lieu à la fois de la D.S.T. et des renseignements généraux actuels — elle surveille notamment les éléments autonomistes alsaciens-lorrains, dont les principaux leaders ou militants sont internés à Nancy et à Arches (Vosges), et communistes dont le parti est interdit depuis le décret du 26 septembre 1939.

La naissance d'une presse de l'exil

Les Dernières Nouvelles de Strasbourg ont cessé de paraître le 2 septembre 1939, date de l'évacuation de la ville. Le personnel rejoint Bordeaux où, dès le 6 octobre 1939, paraît le premier numéro imprimé sur les presses de *La Petite Gironde.* Quoique Metz se trouve hors de la zone évacuée, le journal *Le Républicain Lorrain* se replie également sur Bordeaux et est imprimé dans les locaux de *La Petite Gironde* : il sort son premier numéro le 12 octobre 1939.

En Alsace non évacuée, l'édition locale des *Dernières Nouvelles* est d'abord imprimée à Sélestat, puis à Colmar. Mais le 14 juin 1940, elle cesse de paraître et le personnel rejoint la Gironde. *Le Républicain Lorrain*, édition locale maintenue, se replie de Metz sur Bordeaux dès le 10 juin 1940.

Les Dernières Nouvelles de Strasbourg continuent de paraître à Bordeaux sous leur titre jusqu'au 21 juin 1940. A partir du lendemain elle paraissent sous le titre *Journal des Réfugiés de la région du Sud-Ouest* (n° 1) et ce jusqu'au 17 août 1940 (n° 49). Le changement de titre correspond à l'afflux des réfugiés hollandais, belges, luxembourgeois, du Nord et de la région parisienne qui depuis mai arrivent dans le Sud-Ouest. C'est d'un accord entre les *Dernières Nouvelles* et le *Républicain Lorrain,* le 20 juin 1940, que naît le nouveau journal. A cette date la situation est confuse, les plénipotentiaires français sont partis et l'armistice franco-allemand est signé au soir du 22 juin 1940 pour entrer en vigueur le 25 à 0h35. Le gouvernement Pétain quitte Bordeaux le 29 juin 1940 pour gagner Clermont-Ferrand, puis Vichy. Adrien Marquet, maire de Bordeaux, devient ministre d'Etat le 23 juin puis ministre d'Etat chargé de l'intérieur le 28 juin 1940. Bordeaux et la Gironde sont incluses dans la zone occupée et les troupes allemandes entrent dans la ville le 27 juin 1940 au soir. La date de cessation de parution du *Journal des Réfugiés* correspond vraisemblablement à une injonction du gouvernement de Vichy, à moins que cela provienne des occupants.

Dès le 16 septembre 1939, un bulletin d'information bilingue tiré à 6000 exemplaires pour les Alsaciens est diffusé par la préfecture des Landes à Mont-de-Marsan. Il s'agit ici de la première publication administrative à l'usage des évacués. A partir du n° 37, le 25 mai 1940, le bulletin prend le titre de *Bulletin d'Information des Réfugiés dans les Landes* et paraît jusqu'au 27 juillet 1940. Ses derniers numéros contiennent des pages entières d'annonces de recherches des familles.

Entre le 3 octobre 1939 et jusqu'au 5 juin 1940 est diffusé par la préfecture de la Charente-Inférieure à la Rochelle un bulletin intitulé : *De l'Est à l'Ouest — Bulletin de Renseignements pour les évacués,* qui est bilingue et dont le tirage

20e Année. — N° 73

Les
Dernières Nouvelles de Strasbourg

Mardi 26 mars 1940

TÉLÉPHONE BORDEAUX : ... Inter ... Adr. télégraph. : ... Bordeaux ...

PUBLICITÉ EXTRA-RÉGIONALE : Les Dernières Nouvelles de Strasbourg 2, boulevard Montmartre, PARIS (9e)

Les Dernières Nouvelles de Colmar - Le Journal de Sélestat - Le Journal de Barr

Direction, Administration et Rédaction : Imprimeries de la «Petite Gironde», 8, rue de Cheverus, Bordeaux

La Publicité locale et régionale est reçue à l'AGENCE HAVAS :

BORDEAUX, 54, cours du Chapeau-Rouge. — BRIVE, 10, place Latreille. — AGEN, 135, boulevard Carnot. — LIMOGES, 28, rue Jean-Jaurès. — POITIERS, 33, place d'Armes. LA ROCHELLE, 2, place de l'Hôtel-de-Ville. — ANGOULÊME, 9, rue Jean-Jaurès. — PÉRIGUEUX, 5, place du 4-Septembre. — CLERMONT-FERRAND, 42, avenue des États-Unis.

50 centimes — Le plus grand Journal d'Alsace et de Lorraine — 50 centimes

Deutscher Druck in Südosten

Doktor Clodius Fahrt nach Bukarest von Papen in Ankara

BELGRAD. — Man erfährt, dass die Verhandlungen zwischen Dr. Clodius und der rumänischen Regierung nur sehr langsam fortschreiten. Der deutsche Sondergesandte hatte dringend gefordert, dass Rumänien, ausser dem bereits zugestandenen Petroleumkontingent noch Betriebsstoff liefere für die deutsche Donauflotte. Er wünschte ausserdem, dass die Petroleumgewinnung in Rumänien rationeller vorgenommen werde und zwar mittels von Deutschland gelieferten Maschinen.

Der rumänische Handelsminister hat ihm eine in freundlichem Tone gehaltene Antwort zukommen lassen, die besagt, dass die deutschen Forderungen dem Petroleumkommissariat übermittelt werden würden, das zu gegebener Zeit dieselben studieren würde.

Diese Antwort hat die deutsche Delegation sehr enttäuscht. Dr. Clodius hat deshalb seine Arbeiten unterbrochen und hat über die Osterfeiertage mit seiner Frau und der gesamten Delegation Ausflüge unternommen.

Die Verhandlungen sollen am Dienstag wieder aufgenommen werden. (Havas.)

LONDON. — Man hält es hier für sehr bezeichnend, dass in Bukarest Verhandlungen zwischen Rumänien und England angekündigt worden sind, während Dr. Clodius mit der rumänischen Regierung Fühlung nahm, seine Forderungen anzubringen.

Es ist nicht weniger bezeichnend, sagt man in London, dass, gleich nach der Ankunft in Bukarest des Dr. Clodius, König Carol hat verkünden lassen, dass Rumänien bereit ist, die Waffen zu ergreifen, um seine Unabhängigkeit und seine Grenzen zu verteidigen. (Havas.)

BUKAREST. — Nach deutschen Meldungen befinden sich augenblicklich rund 300 000 Deutsche in Rumänien. Sie sind eingewandert seitdem Hitler erklärt hat, dass Zentraleuropa und der Südosten zum Lebensraum Deutschlands gehörten.

Eine der führenden Persönlichkeiten dieser «Eingewanderten» hat erklärt:

«Für uns handelt es sich darum, unseren Lebensraum zu verteidigen, indem wir hier eine «innere Front» bilden, um bereit zu sein, einer englisch-französischen Aktion entgegenzutreten, wenn es Rumänien nicht selbst tun sollte. (Havas.)

KOPENHAGEN. — Der Berliner Korrespondent der Zeitung «Politiken» drahtet:

Herr von Papen, deutscher Gesandter in Ankara, bemüht sich weiter, die Türken zu bestimmen, das Abkommen von Montreux zu annullieren, durch das den Engländern die freie Durchfahrt durch die Dardanellen gesichert worden ist.

Es heisst, dass die Vertreter Italiens und Russlands von Papen unterstützen und erreichen möchten, dass die Turkei eine Neutralitätserklärung abgibt, die Situation von 1936 wiederherzustellen.

Indessen schreibt «Politiken» weiter, erfährt man nicht ohne Besorgnis in Berlin, dass die Armee Weygand Verstärkungen erhalten hat. Und man befürchtet, das gesteckte Ziel nicht erreichen zu können.

Die Tuerkei bleibt ihren Verbuendeten treu

LONDON. — «Daily Express» veröffentlicht eine Erklärung des turkischen Premier-Ministers, M. Saradjoglou, der seine Befriedigung uber die englisch-französische Hilfe und deren Waffenlieferungen ausspricht.

M. Saradjoglou glaubt nicht an einen Krieg im mittleren Orient. Die Türkei wird jedenfalls nichts tun, um einen solchen herbeizuführen.

Er glaubt auch nicht, dass irgend ein Balkanstaat den Deutschen, den Russen, den Italienern oder den drei zusammen nachgeben wird.

«Das wäre mit dem Kriege gleichbedeutend, sagte M. Saradjoglou. Und wenn der Krieg hier ausbricht, kann er nicht lokalisiert werden. Wir sind fest entschlossen, unsere Sicherheit und unsere Unabhängigkeit zu verteidigen. Wir werden peinlichst unsere Verpflichtungen Frankreich, England und unseren balkanischen Alliierten gegenüber erfüllen.»

AN ALLEN FRONTEN

Englische U-Boote torpedieren zwei Dampfer der deutschen «Eisenflotte»

LONDON. — Bekanntlich ist das deutsche Handelsschiff «Heddernheim» von einem englischen Unterseeboote torpediert worden. Die Engländer haben, gemäss den internationalen Kriegsgepflogenheiten, zunächst für die Rettung der Mannschaft Sorge getragen und dann erst den Dampfer versenkt. Der «Heddernheim» war mit schwedischem Eisenerz beladen. Die Versenkung erfolgte im Kattegatt, wo die Deutschen ihre Handelsschiffe als völlig sicher betrachteten.

Der «Heddernheim» gehörte der sogenannten deutschen «Eisen-Flotte» an, die die Metallindustrie mit den nötigen Rohmaterialien versorgt. Weil der Bottnische Meerbusen vollständig zugefroren ist, kann augenblicklich die Erzproduktion der schwedischen Gruben nicht auf dem Seewege durch das Baltische Meer befördert werden. Das Erz wird nach dem Hafen von Marwick gebracht und da von deutschen Dampfern aufgenommen, die für ihre Fahrten die neutralen territorialen Gewässer bis zum Kattegatt benützen. Sie befahren dann auf diese Art kleines Binnen-Meer, das zwischen der Küste Schwedens und der dänischen Halbinsel Jutland gelegen ist und erreichen, durch den Grossen Belt oder Oeresund, die Hafen von Kiel, Lubeck oder Sassnitz.

Die Torpedierung im Kattegatt des «Heddernheim» ist demnach eine sehr beachtenswerte Kriegshandlung der englischen Marine.

KOPENHAGEN. — Der deutsche Dampfer «Edmund Hugo Stinnes» vom Hamburger Hafen wurde in der Nacht zum Sonntag an der Westküste von Jutland torpediert. Die Mannschaft konnte gerettet werden. Zwei Verletzte befinden sich im Spital. Der Kapitän des Dampfers wurde durch das englische Unterseeboot gefangen genommen.

2000 Flugzeuge liefert Amerika sofort an die Alliierten

WASHINGTON. — Nach einer Besprechung des M. Roosevelt mit den Chefs der Marine und des Landheeres ist prinzipiell beschlossen worden, den Alliierten zu gestatten, sofort 2000 Kriegsflugzeuge neuesten Modells in den Vereinigten Staaten anzukaufen.

Das amerikanische Heer, das den Wunsch hatte, stets eine Reserve von 2000 Apparaten zu haben, überlässt so diese Reserve den Alliierten. (Havas.)

Englische Flieger ueber Deutschland

LONDON. — Das Luftfahrtministerium teilt mit, dass in der Nacht zum Sonntag Apparate der R. A. F. weite Gebiete des westlichen Deutschlands überflogen haben. Ein Apparat ist nicht zurückgekehrt.

Das Ministerium dementiert, dass englische Apparate am Sonntag den neutralen dänischen Luftraum verletzt und sogar auf Zivilpersonen geschossen hätten.

Ein Jæger der R. A. F. bewirkt die Umkehr eines Zivilflugzeuges

LONDON. — Ein englisches Zivilflugzeug der Linie Paris—London überquerte den Aermelkanal, als ein Jagdflugzeug der R. A. F. plötzlich in seine Nähe heraufflog, es umkreiste und Signale gab. Im Apparate war der Steward gerade dabei, den Passagieren den Kaffee zu servieren.

Der Pilot, der an den Manöver seines militärischen Kollegen erkannte, dass deutsche Apparate sich in der Gegend befanden, kehrte sofort um und landete kurze Zeit später in Le Bourget. Nach zweistündiger Wartezeit konnten die Passagiere wieder Platz nehmen und ungestört nach London befördert werden.

Die Heeresberichte

VOM 23. MAERZ ABENDS
An der Front allgemein ruhiger Tag. Lokales Artilleriefeuer.

VOM 24. MAERZ MORGENS
Nichts von Bedeutung zu melden.

VOM 24. MAERZ ABENDS
Nichts zu melden.

VOM 25. MAERZ MORGENS
Ruhige Nacht an der Front. Im Laufe des gestrigen Tages haben wir bei einem lokalen Gefecht mehrere Gefangene gemacht.

PARIS. — Le calme persiste sur le front. Au cours de la journée d'hier, on n'a enregistré que deux incidents. Au cours des opérations de patrouille et de reconnaissance qui continuent à se dérouler sur leur rythme habituel à l'ouest de la Sarre, les avant-postes français ont repoussé facilement quelques patrouilles allemandes qui s'étaient un peu trop approchées de leurs positions. Immédiatement à l'Est du cours de la Moselle, une patrouille [illegible]

LETZTE MELDUNGEN

PARIS. — M. André Lichtenberger, im Jahre 1875 in Strassburg geboren, Docteur ès Lettres, seit 20 Jahren Direktor des Musée social, erfolgreicher Schriftsteller, Commandeur de la Légion d'honneur, ist am Montag gestorben.

LONDON. — Es bestaetigt sich, dass M. Chamberlain eine gruendliche Umbildung seines Kabinetts vorbereitet. Mehrere Minister wuerden die Regierung verlassen. Unter anderem wuerde M. Winston Churchill den Posten eines Ministers der Koordination der Verteidigung uebernehmen. Lloyd George wuerde Grubenminister werden. Vertreter der Travaillisten und der Liberalen wuerden in das Kabinett eintreten.

LONDON. — In einem in einer finnlaendischen Zeitung erschienenen Artikel hat Lord Halifax erklaert, dass Finnland von dem Endsiege der Alliierten Nutzen haben werde.

ROM. — Gelegentlich einer Feier in Canua zum Andenken an die Gruendung der faszistischen Partei hielt der Staatsminister Farinacci eine Rede, in der er die «Pluto-Demokratien» angriff. Frankreich und England brauechten sich keinen Illusionen hinzugeben. Der Hass, der in den Sanktionen waehrend des abessinischen Krieges entstanden [illegible] hatte sich seitdem nicht in [illegible]ndschaft umwandeln kannen. Er [illegible]ertigte sodann die «Achsenpolitik» [illegible] und erklaerte, dass Deutschland [illegible]rzeit Italien geholfen habe, indem [illegible]ch die Besetzung des Rheinlandes die Aufmerksamkeit der Welt von [illegible]anktionen abgelenkt habe.

[illegible]M. — Der Graf Teleki, ungarischer Ministerpraesident, hat am Montag eine Unterredung mit dem Grafen [illegible] gehabt und die internationale [illegible] besprochen. Ungarn machte, [illegible] versichert, die Haltung Italiens [illegible] deutsch-russischen Allianz gegenueber [illegible].

[illegible]RSCHAU. — Die Ueberschwemmungen [illegible] San haben Krakau von [illegible] Welt abgesperrt. Mehrere [illegible]cken wurden durch das Hochwasser zerstört.

En marge des événements

Quatre siècles d'amitié franco-turque

Dans la fresque magistrale qu'il a brossée devant ses auditeurs de Conferencia, au Cercle militaire de Paris, M. Edouard Herriot a remarquablement mis en lumière cette vérité historique que, depuis quatre siècles, chaque fois que la France et la Turquie ont marché la main dans la main, le destin les favorisa. Il les favorisa à tour de rôle. Aucun des deux pays ne peut se plaindre d'avoir été dupe de l'amitié de l'autre. Chacun des deux pays, à une heure donnée, y a trouvé avantage. Entre les deux la balance des profits est égale.

C'est au lendemain de Pavie que la première alliance fut conclue. Et les parchemins de l'époque nous ont conservé la réponse que le sultan Soliman le Magnifique chargea le sire de Frangipani de remettre à son souverain le très chrétien François Ier : « Toi qui es François, roi du pays de France, tu as envoyé à ma Porte ton fidèle agent Frangipani... Tu as fait savoir que l'ennemi s'est emparé de ton pays et que tu es actuellement en prison. Et tu as demandé aide et secours pour ta délivrance... » Ainsi, c'est avec une France vaincue que le Grand Turc traite d'abord. Il lui fait confiance et signe une convention lui donnant la garde des lieux saints et lui accordant liberté entière de commercer avec toute la Turquie, moyennant un droit de 5%.

Mais, un siècle plus tard, Louis XIV paye la dette de François Ier. Il écrit au Sultan que rien n'est changé à la politique traditionnelle d'amitié de la France et il donne une preuve tangible de cette amitié: quand le Pape veut former une coalition pour chasser les Ottomans de l'Adriatique, Louis XIV fait échouer la coalition et donne l'ordre que, si des Français répondent à l'appel du Saint-Siège, ils se battent sous l'étendard pontifical, mais pas sous les drapeaux du roi de France.

Au XVIIIe siècle, voici mieux encore. Constantinople est menacée par les Russes et fait appel à la France. Le ministre des Affaires étrangères du roi Louis XV n'hésite pas un instant et il donne l'ordre à notre ambassadeur à Constantinople « de tout risquer plutôt que de laisser les Moscovites naviguer en mer Noire et s'approcher du Bosphore. » L'ordre suffit pour écarter la menace.

Napoléon Ier, qui devait changer maintes fois d'alliés, maintient intacte la tradition d'amitié avec la Turquie et, recevant en 1804, une ambassade ottomane, échange avec elle des paroles solennelles et définitives.

— Je salue en Votre Majesté, dit l'envoyé de Selim III, le plus ancien, le plus fidèle, le plus nécessaire allié de notre empire.

— Tout ce qui, répond textuellement Napoléon, arrivera d'heureux ou de malheureux aux Ottomans sera heureux ou malheureux pour la France.

Mais, c'est au XIXe siècle que le parallélisme s'accuse et s'accentue. Toujours menacée par la Russie, la Turquie subit deux grandes guerres; dans l'une, celle de Crimée, elle a à ses côtés la France qui n'hésite pas à sacrifier 100.000 hommes pour sa cause et la guerre se termine par un traité signé à Paris, le fameux traité de 1856, qui garanti l'intégrité de l'empire ottoman et neutralise la mer Noire; dans l'autre, celle de 1877, la Turquie livrée à ses seules forces, subit le traité désastreux de San-Stefano et, dans une conférence tenue cette fois à Berlin, doit se résigner à perdre la Bulgarie, la Bosnie et l'Herzégovine.

— Ainsi, a pu dire M. Edouard Herriot à son auditoire, quand la Turquie traite à Paris, sous les auspices du Français Walewski, fils d'un empereur français, elle est sauve; quand elle traite à Berlin, sous la présidence de l'allemand Bismarck, elle est mutilée.

Et ce qui est vrai du terrain diplomatique l'est aussi du terrain militaire. Par deux fois, au cours [illegible]

Der «Vater der T.S.F.» gestorben

PARIS. — Professor Branly, den man den Vater der T. S. F. nennt, ist am Sonntag nachmittag in der Wohnung seines Schwiegersohnes, M. Tournon, gestorben. Er war im Jahre 1844 in Amiens als Sohn eines Professors geboren worden. Er hatte die Laufbahn seines Vaters ergriffen, sich aber dann später der Physik hingegeben. Er hat den Krieg von 1870 mitgemacht. Im Jahre 1882 hatte er als Arzt sein Doktorexamen bestanden; im Jahre 1888 gelang es ihm, die Grundlage der drahtlosen Telegraphie zu entdecken. Im Jahre 1890 hielt er in der Académie des Sciences einen Vortrag über seine Erfindung, die er mit praktischen Vorführungen illustrierte.

Einer seiner Schüler, der Italiener Professor Righi, bearbeitete in Bologna die Erfindung weiter. Marconi war der Schüler Righis, der auf dem von Branly gewiesenen Wege weitere durchschlagende Erfindungen machte.

Im Jahre 1899 konnte Marconi von Douvres nach Wimereux das erste drahtlose Telegramm senden, das folgenden Wortlaut hatte: «Marconi sendet Branly seine Glückwünsche drahtlos über den Aermelkanal». Dieses Resultat verdankt man zum Teil den Arbeiten Branlys.

M. Branly war im Jahre 1938 mit dem Grosskreuz der Ehrenlegion ausgezeichnet worden.

Die neue Regierung am Werk

PARIS. — Der ersten Kriegskomiteesitzung wohnte General Gamelin bei, der vorher eine lange Unterredung mit M. Daladier gehabt hatte. M. Frossard, der das neugeschaffene Informationsministerium dirigiert, das im Hôtel Continental seinen Sitz hat, bildete ein technisches Komitee, das ausschliesslich aus Fachleuten besteht und dessen Vorsitz M. Giraudoux übernommen hat.

Bekanntlich hat ein Staatssekretär, M. Le Cour Grandmaison, demissioniert. Man erfährt, dass er keinen Nachfolger erhalten wird.

PARIS. — M. Jacques-Louis Dumesnil, Sénateur der Seine-et-Marne, hat den Senatspräsidenten benachrichtigt, dass er die Regierung interpellieren wolle über die Kriegsführung des neuen Kabinetts. (Havas.)

Man suchte Dr. Schacht

LONDON. — In Gibraltar wurde der italienische Ozeandampfer «Conte di Savoia», mit dem M. Sumner Welles nach den Vereinigten Staaten zurückkehrt, von der [illegible] gründlich durchsucht.

Man erfährt, dass sich [illegible]malige deutsche Reichsbank[illegible] Dr. Schacht auf dem Schiffe [illegible] sollte im Auftrage Hitlers [illegible] Vereinigten Staaten sich bei[illegible] dort für Deutschland Prop[illegible] machen und während de[illegible] Sumner Welles zu beeinfl[illegible] suchen. Mussolini hätte [illegible] raten dies zu tun, nachdem [illegible]ren hatte, was M. Sum[illegible] von seiner Enquête bei [illegible] schiedenen Staatsmänner[illegible] dachte.

LES «DN» ÉVACUÉES PARAÎTRONT À BORDEAUX JUSQU'EN JUIN 1940

est de 4700 exemplaires. Il est distribué gratuitement aux services publics d'Alsace-Lorraine repliés et aux chefs de famille qui le demandent. Ses numéros contiennent surtout de nombreux renseignements pratiques indispensables tels que communes d'accueil, adresses des Caisses d'Epargne, transfert des centres de chèques postaux à Bordeaux et Limoges, offres d'emploi, etc.

Le 14 octobre 1939 paraît à Périgueux le premier numéro du journal *L'Alsacien-Der Elsässer*, organe catholique replié de Strasbourg. Il sort aussi une édition à Schirmeck. Le même jour sort également à Périgueux le journal *La Presse Libre*, organe socialiste de Strasbourg. Il a comme sous-titre «journal socialiste alsacien et périgourdin». Quant à l'organe communiste strasbourgeois, *L'Humanité d'Alsace-Lorraine*, il est interdit depuis le 26 août 1939.

En octobre 1939, paraît à Paray-le-Monial (Saône-et-Loire) le journal *Notre Foyer — Unser Heim*, avec comme sous-titre «journal des évacués d'Alsace et de Lorraine». A la même époque, la préfecture de la Charente publie un *Bulletin de liaison des réfugiés mosellans en Charente*, bilingue, affiché à la porte des mairies et des établissements hospitaliers de la Charente, de la Charente-Inférieure, de la Vienne et de la Dordogne. *Le Journal des évacués de Lorraine et d'Alsace* paraît à Ruffec, Charente, à partir du 24 septembre 1939. Enfin, citons encore l'hebdomadaire *Le Lien*, organe catholique paraissant à Angoulême de janvier à mai 1940 et qui atteindra 8800 exemplaires.

PLEINE DE VITALITÉ LA PRESSE ÉVACUÉE CONTRIBUE À MAINTENIR LES LIENS ET L'ESPOIR

Le 2 mars 1941, un hebdomadaire portant le titre de *L'Echo des Réfugiés*, imprimé à Montpellier, est publié par l'ancienne équipe des *Dernières Nouvelles*. Sa publication en est interdite par le gouvernement Laval le 15 octobre 1943, après que l'occupant ait tenté de démonter les machines de l'imprimerie pour les expédier à Strasbourg.

Imprimé à Riom (Puy-de-Dôme), le journal *Le Lorrain* est surtout destiné aux Mosellans. La feuille, ayant pour titre *Entre-Nous* avec en sous-titre «Bulletin des dispersés» prend la suite du *Lorrain* en décembre 1943 car il est suspendu *sine die* le 23 septembre 1943. Après sa réapparition à la Libération il cessera de paraître le 2 juin 1945.

Mais le journal le plus important est *La voix du Géral*, l'organe du Groupement d'Entraide des Réfugiés d'Alsace-Lorraine avec en sous-titre : «Expulsés, évacués et réfugiés d'Alsace-Lorraine en zone non occupée», dont le premier numéro paraît le 10 avril 1941 à Clermont-Ferrand. Il cesse de paraître le 10 octobre 1943. Le journal reparaît le 10 avril 1944 sous le titre *L'Entraide* et dans ce numéro il fait état des difficultés passées, sans plus. *La Voix du Géral* reprend son titre dès la mi-août 1944, (libération du sud de la France) et continue sa parution à Strasbourg jusqu'en 1959.

Numéro 1 — 2 Mars 1941

L'ÉCHO DES RÉFUGIÉS

Organe d'entr'aide des Alsaciens et des Lorrains

Direction - Administration - Rédaction : 21, Boulevard Berthelot - Montpellier

Téléphone: Montpellier 27.53 - 46.53 — Compte chèques postaux: Montpellier N° 515.02

Paraît toutes les semaines

Abonnement 5 francs par mois

La Publicité est reçue à l'AGENCE HAVAS 2, Place de la Comédie à MONTPELLIER et dans toutes ses succursales

Constatations liminaires

Pour débuter...

Nous publions ce journal hebdomadaire à l'intention des réfugiés, des expulsés, des évacués, des non-rapatriables disséminés dans quarante départements de la zone libre.

De nombreux compatriotes, par lettres et de vive voix, nous ont confirmé la nécessité de cet organe, que des enquêtes dans les milieux des réfugiés nous avaient auparavant clairement démontrée.

Depuis que la parution de l'*Echo des Réfugiés* a été annoncée, des encouragements enthousiastes, des félicitations chaleureuses innombrables sont parvenues, de toutes les régions de la France non occupée, à notre rédaction.

Nous tenons à remercier dès maintenant ces milliers d'amis pour leurs prompts témoignages de confiance que nous justifierons dans toute la mesure de nos moyens.

Nous en prenons l'engagement formel.

* * *

Notre programme s'inscrit dans le sous-titre : « Organe d'entr'aide ».

Notre unique ambition est d'aider matériellement et moralement nos compatriotes.

MATERIELLEMENT.

Les réfugiés — dans ce terme nous englobons toutes les catégories de français énumérées plus haut; — ont, de par leur situation de sans-logis et de sans-foyers momentanés, des intérêts matériels à sauvegarder.

Ils doivent pouvoir vivre dans des conditions acceptables, recevoir

Confiance... Espoir...!

Les propres paroles du Maréchal Pétain prononcées à Lyon devant une délégation d'Alsaciens et de Lorrains

Lors de l'inoubliable voyage qu'il fit à Lyon, en novembre dernier, le Maréchal Pétain reçut à la Préfecture du Rhône, une délégation composée d'Alsaciens et de Lorrains.

Dans une pensée noble et pieuse nos compatriotes étaient venus saluer le vainqueur de Verdun. Soudain la voix du grand soldat, teintée d'une émotion profonde, s'éleva: «Confiance mes amis, il faut toujours espérer! leur dit-il, en leur serrant les mains, avec affection.

Ces brèves paroles touchèrent l'âme de la délégation. Celui qui préside aux destinées de la Patrie venait de cimenter, par une espérance commune, des liens indestructibles et sacrés.

La définition de l'état de « Réfugié »

Au cours d'une réunion de présidents de groupes départementaux de réfugiés, qui a eu lieu le 23 février à

Ce qu'il importe de savoir

QUESTIONS FINANCIERES

Les titulaires de livrets des Caisses d'épargne de Lorraine et d'Alsace peuvent prélever des avances

Le Conseiller d'Etat, Directeur du Trésor a adressé aux Trésoriers-Payeurs de la zone non occupée, une circulaire, qui résoud d'une façon définitive et d'une manière entièrement satisfaisante la question des dépôts effectués dans les caisses d'épargne de Lorraine et d'Alsace, dont les titulaires des livrets se trouvent en zone libre.

«Les titulaires de livrets de caisses d'épargne d'Alsace et de Lorraine, dit cette circulaire entre autres, pourront effectuer sur leurs livrets, toutes opérations de retraits sans aucune limitation, auprès des 10 caisses d'épargne habilitées à cet effet ou auprès de toute autre caisse d'épargne pour le compte de celles-ci. Les 10 caisses d'épargne

CI-DESSUS L'ANCIENNE ÉQUIPE DES « DN » CRÉE UN NOUVEAU JOURNAL À MONTPELLIER EN1941

CI-CONTRE LE TITRE EST PUBLIÉ À SARLAT (DORDOGNE) D'OCTOBRE 1939 À AOÛT 1940

1re Année - N° 19 — 0.50 Centimes — 24 Mars 1940

MESSAGER EVANGÉLIQUE DU DIMANCHE

Gott der Herr ist Sonne und Schild ! *Psalm 84, 12*

Dieu est pour nous un Refuge et un Appui *Psaume 46, 2*

POUR L'ALSACE ET LA LORRAINE

Evangelischer Sonntagsbote für Elsass und Lothringen.

PARAIT EN ATTENDANT DANS L'EGLISE ÉVACUÉE

Comité et Rédaction : **R. Hœpffner**, Président du Directoire de l'Eglise de la Confession d'Augsbourg. **Ch. Bartholmé**, Président du Synode réformé, les pasteurs **H. Birmelé, Ed. Jacob, Neifer, Ortlieb, Walther, R. Wolff.**

OSTERSONNTAG.

Gelobt sei Gott und der Vater unseres Herrn Jesu Christi, der uns nach seiner grossen Barmherzigkeit wiedergeboren hat zu einer lebendigen Hoffnung durch die Auferstehung Jesu Christi von den Toten. I Petr. 1, 3.

Lebende Worte.

Ostern — Auferstehen.

Jesus Christus ist auferstanden von den Toten. Wir wollen Gott bitten, dass er auch uns überwinde durch sein Wort.
Thurneysen.

Es ist nicht genug zu wissen, Christ sei auferstanden, sondern du musst glauben, er sei um deinetwillen auferstanden.
M. Luther.

Du Morgenstern, du Licht vom Licht,
das durch die Finsternisse bricht!
Du gingst vor aller Zeiten Lauf
in unerschaffner Klarheit auf.

Du Lebensquell, wir danken dir,
auf dich, Lebend'ger, hoffen wir;
denn du durchdrangst des Todes Nacht,
hast Licht und Leben uns gebracht.

Bleib bei uns, Herr, verlass uns nicht,

La puissance se montre sans limites, car elle rappelle un mort à la vie. Quant à la volonté qui la dirige, elle se montre résolue à guérir le mal et le désordre dont l'homme est à la fois l'auteur et la victime.

Le monde, sorti des mains du Créateur, a été harmonie et accord dans toutes ses parties. L'harmonie et l'accord devaient aussi régner parmi les hommes. On les nomme alors paix et amour. Ces intentions de Dieu ne se sont pas réalisées, car l'homme s'est écarté des lois de l'amour et de la paix.

Ainsi il s'est opposé à la volonté de Dieu et l'a rendue inefficace. Cette volonté ne détermine donc plus la totalité des événements que nous voyons se produire autour de nous. Il faut y penser quand éclatent les guerres avec leur cortège de sacrifices et de souffrances.

Avant de se plaindre de Dieu qui admet de telles catastrophes, il faut accuser les hommes qui en sont la cause effective. La loi divine, elle, interdit toute pareille action. Les hommes, en y obéissant, seraient parfaitement heureux. Ils n'y obéissent pas, et Dieu laisse faire. C'est, au moins, illogique de faire du mal et de se plaindre ensuite que ce mal ait lieu. Si les hommes ne subissaient pas les conséquences de leurs actes, une situation pire naîtrait, car il n'y aurait plus aucun frein.

C'est encore une loi mystérieuse qu'un grand nombre souffre de la méchanceté d'un seul, comme aussi le péché avec ses effets est entré dans le monde par la faute du seul Adam. (Rom. 5, 12).

Dieu laisse faire. N'a-t-il pas encore laissé aller les choses, lorsque les hommes, eux une fois de plus, ont crucifié Jésus ? Y a-t-il, dans le passé qui nous est connu, une autre action aussi franchement méchante ? Qui aujourd'hui oserait

COLL. RENÉ MEYER

La débâcle militaire de juin 1940

Après l'offensive allemande du 10 mai 1940, des prélèvements sont progressivement effectués sur les effectifs des troupes stationnées en Alsace. Le 15 mai 1940, les préfets de la Moselle, du Bas-Rhin et du Haut-Rhin portent à la connaissance du gouvernement que leurs départements font preuve d'un calme admirable. Le même jour, Robert Schumann remercie la population frontalière de son attitude calme et sereine en précisant que de nouvelles évacuations ne sont pas envisagées. Le 17 mai 1940, le général Frère quitte Strasbourg pour prendre le commandement de la 7e armée sur la Somme. La ville de Wissembourg, à l'extrême nord du Bas-Rhin, est abandonnée par les troupes françaises à partir du 18 mai 1940 et des destructions sont opérées dans les localités proches de Salmbach, Scheibenhardt et Lauterbourg. Mais c'est seulement le 13 juin 1940 que les derniers éléments quittent les rives de la Lauter qui forme frontière à cet endroit.

Le 2 juin 1940, à Châlons-sur-Marne, a lieu une conférence avec les généraux Weygand (qui a remplacé le général Gamelin), Georges, commandant le théâtre d'opérations du nord-est, Prételat, commandant le 2e groupe d'armées, et Huntziger, commandant la 2e armée. Le général Prételat parle de la situation de ses troupes réduites par les prélèvements et privées de réserves qui ne peuvent pas être constituées avec des troupes de forteresse. Ce général et le général Huntziger se demandent s'il est sage de se cramponner à la région fortifiée ou s'il n'est pas préférable d'opérer une retraite stratégique, avant d'être obligé de le faire sous la pression de l'ennemi. Le général Weygand ne se rallie pas à cette hypothèse.

A la date du 4 juin 1940, le 2e groupe d'armées comprend encore dix-sept divisions dont la fonction est non seulement de soutenir les positions fortifiées mais également de faire face à une attaque possible à travers la Suisse et le Haut-Rhin. Le repli de ce groupe est ordonné le 12 juin 1940, sauf en ce qui concerne les éléments de la ligne Maginot. Ce repli intervient trop tard et la majeure partie des troupes se trouvera encerclée dix jours plus tard avec l'avance ennemie jusque dans le Jura.

Le général Condé quitte Metz le 13 juin 1940, après avoir transmis ses pouvoirs au préfet Bourrat, et la ville est déclarée ouverte. Le lendemain 14, les hôpitaux sont évacués, les banques ferment, le dernier train quitte Metz à 18 heures. Le même jour, les brigades de gendarmerie abandonnent Metz et la Moselle pour se rendre à Charolles (Saône-et-Loire). Le 15 juin 1940, en ville, il n'y a plus de gaz, d'électricité, d'eau et de tramways. Cependant, dès le 29 mai, la plupart des administrations d'Etat ont quitté Metz et se sont repliées hors de la ville ou dispersées à «l'intérieur», à Nantes, Chartres, etc. Le maire, Gabriel Hocquard, quitte sa ville.

A Strasbourg, les deux ponts sur le Rhin sautent le 14 mai 1940. Dans la nuit du 21 au 22 mai, plusieurs ponts dans la banlieue de la ville sont également dynamités. Le courant électrique alimentant les usines du service des eaux de la ville est coupé. Le 18 juin 1940, à l'aube, les dernières troupes françaises font sauter les ponts de l'ouest de Strasbourg. Le maire, Charles Frey et le colonel de Chateaubourg, commandant la place, quittent les lieux, le 14 juin 1940.

№ 460 Frs. 50

Bon pour

CINQUANTE FRANCS

FILATURE DE LAINE PEIGNÉE DE MALMERSPACH

à MALMERSPACH

UN DIRECTEUR : MALMERSPACH, le 18 Juin 1940.

№ 3109 Frs. 100

Bon pour

CENT FRANCS

FILATURE DE LAINE PEIGNÉE DE MALMERSPACH

à MALMERSPACH

UN DIRECTEUR MALMERSPACH, le 18 Juin 1940.

LA BANQUE DE FRANCE A ÉTÉ ÉVACUÉE ET CERTAINES ENTREPRISES ET MAIRIES ÉMETTENT DES BILLETS (LES SCHLUMPF PAR EXEMPLE)

En raison du repli des services de la Banque de France de Colmar Mulhouse et Metz, les municipalités de ces trois villes se trouvent dans l'obligation de faire imprimer des bons en remplacement des billets de banque officiels qui font défaut pour faire face aux nécessités locales. Certains industriels font de même pour pouvoir payer leurs ouvriers. A Metz, le conseil municipal décide le 15 juin 1940 de faire imprimer pour cinq millions de francs de bons de paiement qui auront cours libératoire dans le commerce et seront garantis par les avoirs de la ville dans les caisses du trésor public. A Colmar, une série de cinq billets est imprimée le 17 juin 1940. Il s'agit de bons de caisse de 50 francs, 10 francs, 5 francs, 1 franc et 50 centimes d'une valeur totale de cinq millions de francs. Les bons sont garantis par la ville et la chambre de commerce. Ils resteront en circulation en ville et aux alentours jusqu'au 22 août 1940, date à laquelle ils sont interdits par l'administration civile allemande en Alsace. A Mulhouse, le 17 juin 1940 également, des billets de 100, 50, 20, 10, 5 et 1 francs sont imprimés. Chaque billet porte la signature du sous-préfet, du maire et du président de la chambre de commerce.

LE 15 JUIN 1940 LES ALLEMANDS PASSENT À L'ATTAQUE EN ALSACE ET FRANCHISSENT LE RHIN

Le 15 juin 1940, les Allemands passent à l'attaque en Alsace en franchissant le Rhin entre Marckolsheim et Neuf-Brisach. Mais, c'est seulement le 17 dans la soirée qu'ils entrent à Colmar. Pourquoi ont-ils mis plus de 48 heures avant d'entrer dans la ville distante de seulement 25 kilomètres du fleuve ? Il y eut d'abord la résistance acharnée opposée par les maigres contingents de la ligne Maginot sur le Rhin et enfin la faiblesse des moyens allemands de franchissement du fleuve. Le même soir du 17 juin, des avant-gardes allemandes entrent également à Metz. Le lendemain 18 juin, les troupes allemandes entrent à Mulhouse. Le 19 juin 1940, elles entrent à Strasbourg. Les troupes françaises en retraite de la Moselle et d'Alsace se regroupent dans les Vosges où des combats ont lieu en divers endroits.

Le 22 juin 1940, jour où l'armistice est signé à Rethondes, le général Condé signe à Saint-Dié la reddition des armées de l'Est encore sous ses ordres. L'armistice entre en vigueur le 25 juin 1940 à 0 heure 35, mais c'est seulement le lendemain que les dernières troupes en provenance du sud de l'Alsace, celles qui n'ont pu s'échapper ou se réfugier en Suisse, déposent les armes entre Bussang et Urbeis. Il en est de même au Donon des troupes venues de la Moselle.

Dans le Haut-Rhin, la circulation est interdite toutes les nuits entre 20 heures 30 et 5 heures 30 du matin depuis le 13 septembre 1939 aux automobilistes, cyclistes, voitures à chevaux, chevaux et piétons (affiche datée du 12 septembre 1939 signée du préfet Jean Agard).

En novembre 1939, les unités de gardes frontaliers dont l'encadrement est assuré par des gardes mobiles et qui sont en poste le long de la frontière au nord de l'Alsace et en Moselle, sont dissoutes et remplacées par des éléments de l'armée. Dès ce moment là, une menace sur les arrières est envisagée car les gardes mobiles relevés sont employés à la surveillance constante des voies ferrées, des ouvrages d'art et des points sensibles.

Le 17 mai 1940, un décret crée une garde territoriale armée chargée de prendre part à l'action de protection du territoire contre l'ennemi en arrière du front. L'Alsace et la Lorraine sont concernées au premier chef. La garde territoriale est constituée sous forme de section communale rattachée à la brigade de gendarmerie locale et l'ensemble des sections est placé sous le commandement du chef de la gendarmerie du département. Le chef de la section de la garde territoriale peut en outre disposer du corps des sapeurs-pompiers. Tout Français âgé de 16 ans au moins peut faire partie des sections nouvellement créées.

Le décret est suivi d'une instruction du 19 mai 1940 qui précise les modalités de constitution des sections de gardes territoriaux en ce qui concerne leur armement, leur emploi, leur encadrement. Il est précisé que les G.T. sont autorisés à porter leurs armes personnelles. C'est le général commandant la région militaire qui décide de la création des sections et c'est le commandant de la subdivision qui donne toutes instructions pour leur emploi. Néanmoins, c'est la gendarmerie qui désigne les officiers, sous-officiers et hommes de troupe en faisant partie. L'instruction stipule également que les affectés spéciaux appartenant aux sections de sûreté des établissements n'en feront pas partie.

L'ETAT-MAJOR DEMANDE LA CRÉATION DE «SECTIONS ARMÉES» DANS LES USINES

Par une affiche datée du 19 mai 1940, le préfet du Haut-Rhin interdit la circulation des civils toutes les nuits de 21 heures à 4 heures 30 et il ordonne la fermeture des restaurants, cafés, débits de boissons, salles de spectacles et bals à 20 heures 45. Les mesures de défense s'accélèrent, des barrages anti-tanks sont construits, notamment par la mise en place de rails dans la chaussée, la surveillance est renforcée autour des points sensibles. La garde territoriale effectue des patrouilles de surveillance à l'encontre d'éventuels parachutistes. Les mairies procèdent au recensement des hommes des classes 1910 à 1913 et des officiers de réserve non mobilisés. Les arrestations par la gendarmerie de personnes suspectes se poursuivent à un rythme accéléré.

Le 20 mai 1940, la 20e région militaire transmet un ordre aux directeurs des usines travaillant pour la défense nationale leur enjoignant de constituer immédiatement une section de sécurité armée destinée à les protéger contre les actes de sabotage. Il est précisé que la section devra être commandée par les officiers ou sous-officiers de réserve de l'usine tandis que les hommes seront désignés en accord avec les cadres syndicaux. L'ordre qui est immédiatement exécutoire, dit que le chef de section devra agir sur ordre de l'autorité militaire ou de sa propre initiative mais, s'il y a danger, il devra abattre tout individu dont l'activité menace la sécurité de l'usine. Ce 20 mai 1940, la situation militaire est sérieuse, les Allemands ont réalisé la percée de Sedan depuis le 14 mai, mais elle n'est pas encore dramatique. Toutefois, le danger d'un lâcher de parachutistes sur l'arrière apparaît très probable.

IL est cependant frappant de remarquer que les hommes entrant dans la composition de ces sections de sécurité des usines sont désignés «en accord avec les cadres syndicaux».

Toutes ces mesures (gardes territoriaux et sections des usines) rappellent le décret de la Convention du 23 août 1793 qui ordonnait la levée en masse, et la levée de gardes révolutionnaires sédentaires, des hommes de 18 à 25 ans. Mais le décret du 17 mai 1940 est plus rigoureux encore puisqu'il y est question des hommes de 16 ans seulement. Quant au fait d'armer des civils qui ne font pas partie de l'armée régulière, il ramène aux Francs-Tireurs de 1813 et à ceux de 1870/71. Le *Journal officiel* du 7 juin 1940 publie une instruction signée Paul Reynaud qui prévoit l'attribution de la croix de guerre aux civils qui se sont particulièrement signalés dans la lutte de la protection du territoire contre l'ennemi en arrière du front.

Le 14 juin 1940, les brigades de gendarmerie d'Alsace-Lorraine reçoivent un ordre enjoignant aux gardes territoriaux et aux jeunes gens de rejoindre immédiatement et sans délai Dijon par tous le moyens. Voici les consignes : 1. Rassemblement à Dijon par véhicules de réquisition — 2. Emporter les armes, munitions et archives courantes — 3. Incinérer les documents secrets — 4. Emmener les jeunes gens de 18 à 21 ans et les hommes mobilisables jusqu'à 48 ans (Il faut déplorer la destruction des journaux des marches et opérations de la Légion gendarmerie d'Alsace-Lorraine et des brigades, lors de la retraite).

Le 25 juin 1940, d'importants ouvrages de la ligne Maginot résistent encore. Il reste en effet 14 500 hommes dans ceux de la Moselle et 7500 dans ceux du nord du Bas-Rhin. Les garnisons des ouvrages ne veulent pas se rendre, puisqu'elles n'ont pas été vaincues par les armes. Le lieutenant-colonel Schwartz, commandant le secteur fortifié de Haguenau, refuse de se rendre et d'être fait prisonnier de guerre comme d'ailleurs les commandants des ouvrages de la Moselle. Il faudra l'ordre formel des officiers émissaires du gouvernement de Bordeaux pour qu'ils consentent à aller en captivité avec leurs troupes. Il faudra également l'intervention du général von Stulpnagel, président de la commission d'armistice, qui enjoint aux Français de déposer les armes sous peine de réouverture des hostilités. Finalement les contingents français de la région de Haguenau partent en captivité le 1er juillet 1940 mais c'est seulement le 4 juillet 1940 que les derniers contingents de la Moselle quittent leurs ouvrages. Un certain nombre d'hommes sont retenus par les Allemands pour assurer l'entretien des lieux et le déminage des alentours.

Revenons à Strasbourg. Les pelotons de gardes républicains mobiles sont retirés le 14 juin 1940 et repliés à Saint-Dié, où ils assurent le maintien de l'ordre jusqu'au 21 juin 1940 et évitent le pillage de la gare et des commerces.

Le 19 juin 1940, jour de l'entrée des Allemands à Strasbourg, il ne reste plus que les ouvriers municipaux, les policiers (au nombre de 65), les sapeurs-pompiers (au nombre de 97) et des membres de la défense passive et de la commission de sauvegarde des biens. L'historien Eugène Riedweg cite 240 personnes, ce qui semble peu (plutôt 350 à 380 personnes). La police a rendu son armement et aucun civil n'est autorisé à conserver d'arme. Le commissaire central de police et le commandant des sapeurs-pompiers sont les seules autorités à rester sur place. Le commissaire central, Surville, détient une délégation de pouvoirs du préfet où il lui est prescrit de «maintenir l'ordre et le calme jusqu'à l'arrivée des troupes d'occupation».

En maints endroits, lors de la retraite, c'est l'intervention du maire ou de l'autorité préfectorale qui évite les destructions envisagées par l'armée en retraite. A Metz, le 16 juin au matin, le préfet donne un ordre écrit à un caporal-chef du génie de ne pas exécuter les instructions de destruction des ponts de la Moselle à l'intérieur de la ville. Il dissuade également un capitaine d'infanterie de mettre en défense la localité de Delme. A Berthelming, une intervention locale a également lieu pour empêcher l'armée de faire sauter le pont de la Sarre. En Alsace, de nombreuses démarches sont faites. A Haguenau, ce sont des civils qui persuadent les militaires de ne pas faire sauter un pont. A Barr, le conseil municipal intervient pour que les troupes quittent la ville. Aux alentours de Colmar, les ponts sautent dans la soirée du 16 juin 1940, tandis que le central téléphonique de la ville est détruit à 21 heures. Le commandement français a d'abord l'intention de défendre la ville et place plusieurs postes de mitrailleuses à des carrefours et dans diverses rues. Sur les instances des autorités locales soucieuses de voir épargner la cité, les troupes se retirent vers la vallée de Munster et Colmar est déclarée ville ouverte. A Guebwiller, le sous-préfet fait une démarche identique. Au col de la Schlucht, la route est dynamitée.

LES MAIRES INTERVIENNENT POUR LIMITER LES DESTRUCTIONS PAR L'ARMÉE EN RETRAITE

A Mulhouse, les ponts de Riedisheim et d'Altkirch au-dessus de la voie ferrée ne sont pas détruits par suite de l'intervention du maire Auguste Wicky qui menace de démissionner avec son conseil municipal. A Saint-Louis et Village-Neuf, les charges de dynamite sont si puissantes que non seulement les habitations proches mais aussi les quartiers environnants sont soufflés ou endommagés. Entre Mul-

LA PROPAGANDE NAZIE EXPLOITE LES DESTRUCTIONS COMMISES PAR L'ARMÉE FRANÇAISE house et Saint-Louis, la voie ferrée est entièrement détruite, les rails démontés et les postes d'aiguillage hors service. Il en est de même de la route nationale reliant Mulhouse à Bâle qui est coupée aux intersections par d'énormes cratères. Les mines de potasse sont endommagées.

En se retirant d'Alsace, les troupes françaises font sauter 109 ponts de chemin de fer, 405 ponts routiers et 81 écluses. Elles coupent les lignes téléphoniques, détruisent les centraux téléphoniques, démantèlent les installations du port autonome de Strasbourg et détruisent la centrale électrique de la rue de Molsheim. La raffinerie de sucre d'Erstein, le barrage hydro-éléctrique de Kembs et les installations de Pechelbronn sont endommagées. L'émetteur de Brumath est mis hors service. Les moulins d'Illkirch sont entièrement détruits. A Strasbourg, le maire intervient énergiquement avant son départ pour éviter le dynamitage des ponts de la vieille ville. 1071 kilomètres de réseau ferré sont inutilisables, de même que les voies navigables par suite de leur assèchement.

Au bilan après les combats, on compte neuf localités détruites ou gravement endommagées de la plaine : au nord du Bas-Rhin, Lauterbourg, Scheibenhardt, Salmbach, Rott et Lembach ; au sud, Marckolsheim, Rhinau et Richtolsheim. Dans le Haut-Rhin : Wihr-au-Val. Le *Journal de Genève* du 10 avril 1941 publiera un article sur les destructions et les reconstructions en Alsace. Il y est dit que 550 ponts ont sauté dans la région dont 64 dans la capitale.

En Moselle, tous les puits du bassin houiller sont noyés, le matériel évacué ou détruit. Des 130 mines de fer, 8 sont complètement détruites, 30 sont noyées et 30 endommagées. Ici, il n'y a pourtant pas de plan de destruction systématique dressé par les autorités civiles ou militaires. Les 3700 kilomètres de routes nationales ou départementales sont coupées en 150 endroits. 250 ponts routiers ou de chemin de fer sont dynamités. Le réseau ferré est désorganisé, 12 tunnels sont inutilisables, 250 kilomètres de rail et 1100 aiguillages sont détruits ou hors service. Un cas précis : le tunnel de Saverne, artère vitale ferrée faisant jonction entre l'Alsace et la Moselle sera pendant longtemps fermé au trafic.

Après leur arrivée, les occupants ne se privent pas d'exploiter les faits. Ils répandent dans la presse et la radio les excès commis par la «soldatesque française». En Alsace, notamment, ils diffusent largement une brochure avec force photographies à l'appui des destructions opérées.

Dans le département de la Moselle, le choc militaire a été plus rude qu'en Alsace car on y compte 42 localités détruites ou gravement endommagées.

Le délicat problème des militaires alsaciens-lorrains

Les prisonniers de guerre alsaciens-lorrains sont triés par les Allemands et les militaires de carrière ou engagés sont particulièrement sollicités. La libération intervient dans un court délai après l'armistice, voire presque immédiatement. Ceux qui répondent négativement au retour se voient maintenir dans les camps. 150 officiers alsaciens-lorrains demeurent ainsi prisonniers de guerre. Les Alsaciens-Lorrains sont séparés, en Suisse, des autres internés, sur la demande de l'ambassade d'Allemagne aux autorités helvétiques, puis ils doivent répondre à un questionnaire concernant leur rapatriement.

La convention d'armistice impose la démobilisation des jeunes incorporés dans l'armée les 8 et 9 juin 1940. Ils sont environ 100 000, dont approximativement 3 000 sont issus des recrutements du Bas-Rhin, du Haut-Rhin et de la Moselle. Il s'agit des jeunes gens des trois derniers mois de la classe 1939 et des trois premiers de la classe 1940. Ces jeunes n'ont pas participé aux combats et ils sont en plein désarroi après la défaite. Le 30 juillet 1940, un décret du gouvernement de Vichy signé du maréchal Pétain, du général Weygand et du ministre de la Famille et de la Jeunesse, Ybarnégaray, crée les groupements de jeunesse, plus connus sous le nom de «chantiers de jeunesse». Le décret dispose que : «Les jeunes gens incorporés les 8 et 9 juin 1940 sont relevés de leurs obligations militaires d'activité. Ils sont versés pour une durée de six mois dans des groupements de jeunesse constitués sous l'autorité du ministre de la Jeunesse et de la Famille.» Ces camps sont créés en zone non occupée (au nombre de 53, dont six en Afrique du Nord).

LES ALLEMANDS VEULENT RÉCUPÉRER LES ALSACIENS-LORRAINS DES CHANTIERS DE JEUNESSE

Dans une note du 18 septembre 1940, le général von Stülpnagel signale notamment au général Doyen : «Des Alsaciens-Lorrains de communauté allemande, libérés du service militaire, seraient retenus dans des camps de jeunesse.» Par lettre du 26 du même mois, le général Doyen répond : «La législation française qui a créé les camps de jeunesse a établi l'obligation pour tous les jeunes Français d'accomplir un service civil d'une durée de six mois, en quelque partie du territoire français que ces jeunes aient leur domicile. A l'expiration de ce service, ils auront naturellement la liberté de rentrer dans leurs foyers.» Cette note sera suivie d'une autre du général von Stülpnagel datée du 19 octobre.

Les commissions de contrôle allemandes (issues de la commission d'armistice franco-allemande) ont une tendance de plus en plus marquée à vouloir visiter les camps de jeunesse et à interroger les Alsaciens-Lorrains qu'elles y rencontrent. Quelques incidents remontent jusqu'à la commission d'armistice à Wiesbaden. Les Allemands présentent un dossier comprenant des lettres de parents de jeunes où il est signalé que ceux-ci seraient traités comme des prisonniers au camp de la forêt de Tronçais dans l'Allier. A Pau, début novembre 1940, sept jeunes se placent sous la protection de la commission de contrôle allemande de passage dans la région pour pouvoir rentrer chez eux ; de même le 15 novembre 1940, cinq autres jeunes provoquent un incident semblable à Pierrefite-Nestalas.

La libération des jeunes des camps se produit entre la fin de l'année 1940 et janvier suivant. Cependant, nombre d'Alsaciens-Lorrains ne regagnent pas leurs départements d'origine. Le centre d'accueil de Gien rassemble tous ceux qui veulent se rendre en Afrique du Nord, soit en Tunisie, en Algérie ou au Maroc. L'amicale des Alsaciens-Lorrains d'Oran (Algérie) indique en mai 1941 que 31 jeunes Alsaciens-Lorrains démobilisés en Afrique du Nord ou des camps de jeunesse de la zone non occupée rejoignent Oran où 14 d'entre eux sont reclassés dans la police locale.

Enfin, camouflés sous une fausse identité, 300 jeunes Alsaciens-Lorrains subsisteront jusqu'à la dissolution des chantiers en août 1944 au groupement n° 1, en forêt de Tronçais.

Autre problème délicat, celui de l'armée d'armistice. Stationnée en zone libre, l'armée d'armistice est autorisée à comprendre un effectif de 95 000 hommes (terre), non compris les troupes d'Afrique du Nord et des colonies. La marine a un effectif de 60 000 marins. La garde républicaine mobile est dissoute et, séparée de la gendarmerie, elle forme la garde dont les effectifs sont réduits à 6 000 hommes. Le 19 octobre 1940, le général von Stülpnagel transmet la note ci-après au général Doyen.

Mon général,

J'ai l'honneur de porter à votre connaissance les exigences suivantes du Gouvernement du Reich :

Tous les soldats de l'armée française originaires de l'Alsace et de la Lorraine doivent être libérés.

De même, devront être libérées toutes les personnes originaires de l'Alsace et de la Lorraine se trouvant dans les camps de jeunesse. On prendra sans tarder toutes les mesures nécessaires pour permettre aux catégories de personnes mentionnées dans les paragraphes 1 et 2 de retourner en Alsace ou en Lorraine.

Le gouvernement français est prié de faire savoir à quelle date satisfaction aura été donnée aux exigences allemandes.

Von Stülpnagel, général de l'Infanterie

Cette note est un véritable «diktat» car elle ne se réfère pas à la convention d'armistice. Or, à cette époque, l'armée d'armistice comprend encore une forte proportion de jeunes Alsaciens-Lorrains, appelés maintenus ou engagés. Le 15 novembre 1940, le général allemand renouvelle son ultimatum et Vichy cède par l'intermédiaire du général Doyen qui fait connaître par lettre du 20 novembre 1940 que ceux qui le désirent peuvent repartir. La restriction est cependant jugée inacceptable par les autorités allemandes qui exigent le retour de tous les jeunes Alsaciens et Lorrains pour le 1er janvier 1941. La délégation française à la commission d'armistice signale d'ailleurs que l'ambassadeur d'Allemagne à Berne a demandé aux autorités helvétiques de séparer les militaires Alsaciens et Lorrains des autres soldats français réfugiés en Suisse après la débâcle et de grouper ceux qui expriment le désir de rentrer.

Le général Huntziger, ministre de la Guerre, prend la décision de libération et, par lettre du 18 décembre 1940, le général Doyen porte à la connaissance du général von Stülpnagel que le gouvernement décide de libérer les jeunes en question. Une dépêche ministérielle signée par le général Picquendar, chef d'état-major de l'armée, est adressée aux généraux commandants en zone non occupée et aux généraux commandants en Algérie, Maroc, Tunisie et Levant. Le document a trait à la libération des appelés de la classe 1938 originaires d'Alsace et de Lorraine. Il signale que ceux qui le désirent sont invités à contracter un rengagement spécial. Le texte dit : «Les appelés désirant suivre le sort de leur classe seront invités à contracter par écrit un rengagement spécial, pour continuer à servir jusqu'à la libération des appelés de même catégorie originaires des autres provinces françaises.» Il en ressort que pour l'état-major, l'Alsace et la Lorraine sont toujours des provinces françaises. Le document porte l'entête *République Française*, alors que depuis le 10 juillet 1940 elle n'existe plus en fait. Est-ce une manière de résistance de l'état-major ? Nous ne le saurons jamais.

A la fin de l'année 1940, seuls 4416 jeunes Alsaciens et Lorrains regagnent leurs départements d'origine. Beaucoup se font démobiliser sur place et il y a même quelques désertions. Au début de 1941, 227 engagés dont 12 sous-officiers rentrent encore sur leur demande. Les Allemands ne sont cependant pas satisfaits car, en mai 1941, ils présentent une liste d'environ 2400 militaires qui ne sont pas rentrés. Les autorités de Vichy font un peu traîner les choses et répondent par une liste qui est inexploitable par les Allemands car, en regard des noms, il est porté : «disparu» ou «déjà libéré» ou «n'a pu être retrouvé» ou encore «ne désire pas pour le moment retourner dans son département d'origine», etc. Pendant ce temps, les chefs de corps sont autorisés à camoufler les Alsaciens-Lorrains en les dotant de faux états-civils. En ce qui concerne la gendarmerie d'Alsace-Lorraine, 294 gendarmes sur 1382 reviennent (mais 114 d'entre eux s'évaderont pour la zone libre).

Par suite de l'invasion de la zone libre, le 11 novembre 1942, l'armée d'armistice est dissoute le 27 novembre 1942, puis la marine. Nombre d'anciens militaires alsaciens-lorrains gagneront l'AFN, ou se retrouveront dans les maquis et à la brigade Alsace-Lorraine.

La position de Vichy, derrière ces initiatives militaires destinées à protéger les Alsaciens-Lorrains, reste ambiguë. Voici une dépêche ministérielle du gouvernement de Vichy datée du 30 août 1940 et expédiée à tous les commandants des régions militaires de zone non occupée et d'Afrique du nord. Le lecteur jugera.

Le Général d'Armée, Secrétaire d'Etat à la Guerre, à MM. les Généraux Commandants les Régions.

A la suite de plusieurs demandes formulées par des militaires Alsaciens ou Lorrains, où se manifestait leur inquiétude devant le sort qui leur serait réservé dans ces provinces par les autorités occupantes, et les questionnaires auxquels ils devraient répondre, il y a lieu :

1. de ne pas décourager ces militaires de rentrer chez eux. Il pourrait même être opportun dans certains cas de leur faire toucher du doigt le rôle de dignité et de fermeté qu'ils peuvent être appelés à jouer.

2. de leur faire connaître que les autorités françaises les considèrent comme déliés de tout engagement que les autorités occupantes pourraient exiger d'eux comme condition de leur rapatriement.

Leur signature donnée dans ce marché forcé ne les engagera en aucune façon.

Signé : Colson

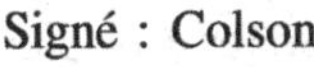

Le retour des évacués

Il faut revenir un peu en arrière. A la mi-juin 1940, le gouvernement s'est replié de Paris à Bordeaux. Le 16 juin, le chef du gouvernement, Paul Reynaud, démissionne. Un nouveau cabinet est constitué sous la présidence du maréchal Pétain. Celui-ci engage aussitôt les pourparlers d'armistice avec l'Allemagne, décision qu'il porte à la connaissance du pays dans une allocution radiodiffusée le lendemain. L'armistice est signé le 22 juin 1940 avec les Allemands, puis le 24 juin avec les Italiens. Dans une allocution radiodiffusée du 25 juin 1940, Charles Pomaret, ministre de l'Intérieur, déclare que ce jour est une journée de deuil national.

Le même soir, le maréchal Pétain, dans une allocution radiodiffusée, s'adresse au pays et déclare à l'intention des réfugiés : «Les conditions du vainqueur sont dures, tous vous allez à nouveau rentrer chez vous.» Ce texte est rapporté, en allemand, par le *Journal des réfugiés de Bordeaux* : «Ihr verdet wieder alle in ihr Heim zurückkeren». Voici ce que dit en effet l'article 16 de la convention d'armistice : «Le gouvernement français exécutera de concert avec les autorités allemandes le rapatriement de la population civile dans les territoires occupés.»

En Dordogne, le préfet déclare que chacun est libre de partir ou non. Les premiers départs ont lieu le 17 juillet 1940. Le 10 août, 10 camions de l'organisation Todt, 10 autocars et 3 voitures partent de Périgueux. Néanmoins, nombreux sont les Strasbourgeois qui préfèrent rester sur place. Beaucoup entreront dans la Résistance.

Les délégués de la Croix rouge allemande sont autorisés à circuler comme ils l'entendent en zone libre et à «s'entretenir» avec les réfugiés. Les réfugiés alsaciens-lorrains se trouvant dans la Loire sont rassemblés par des patrouilles motorisées revenues dans ce département après son évacuation et sont ramenés par trains dans leurs régions d'origine. Dans certains endroits, les occupants viennent avec des pancartes qui indiquent : «Vous pouvez rentrer chez vous». Néanmoins, les évacués doivent remplir un questionnaire détaillé portant sur l'ascendance, la religion, la langue, etc. Le questionnaire constitue une identification de la famille mais il permet également l'élimination des personnes que les nazis jugent indésirables ou, après leur retour, le refoulement, voire plus tard l'expulsion.

A Lyon, pendant la brève occupation de la ville au début de l'été 1940, le gouverneur allemand de la ville notifie au maire, Edouard Herriot, que les Alsaciens-Lorrains se trouvant à Lyon auront toutes facilités pour regagner leur région et ne feront l'objet d'aucunes représailles. Il s'agit d'un protocole absolument unilatéral sans signature française.

En Alsace, les occupants créent un organisme, *Elsässiches Hilfdienst* (service de secours alsacien), spécialement chargé du rapatriement des évacués, des prisonniers de guerre et des militaires démobilisés. Ils ont à prendre en charge 130 trains avec un programme journalier de retour de 8 000 personnes.

Pour les rentrants, le premier contact avec leur région occupée est rude. En effet, après Belfort, la première gare alsacienne est Montreux-Vieux : la commune vient de changer de nom et est devenue Altmunsterol. A l'arrêt du train, douaniers et policiers allemands en uniforme vert montent dans le convoi. Le premier train de réfugiés arrive en gare centrale de Strasbourg le 6 août 1940 avec 780 habitants de la Wantzenau et de Gambsheim. Les Allemands n'ont pas lésiné sur la pompe de l'accueil : drapeaux à croix gammée, musique, discours, transport de bagages, transfert au domicile, etc. Le 12 août 1940, 41 000 personnes sont de retour mais le 2 septembre 1940, seuls 73 818 habitants de Strasbourg sont rapatriés.

Le 20 octobre 1940, la presse alsacienne annonce que 300 000 évacués sont de retour.

LES SOLDATS ALLEMANDS ACCUEILLENT LES REFUGIES ET PORTENT LES BAGAGES...

Dans les villages évacués qui retrouvent leurs habitants, l'occupant offre des semences, des outils, du matériel et du bétail aux paysans pour les inciter à se remettre tout de suite au travail. Souvent, les outils, le matériel, les chevaux proviennent de biens saisis ou anciennement réquisitionnés par l'armée française.

Le matériel des entreprises évacuées est rapatrié par le gouvernement de Vichy, mais ce dernier laisse la liberté de décision aux entreprises des trois départements dont le siège se trouve à «l'intérieur». En effet, le matériel évacué est également redemandé aux autorités françaises et souvent il en est rapatrié plus qu'on avait évacué ce qui entraîne une protestation de M. de Boisanger, chef de la délégation économique française à la commission d'armistice de Wiesbaden le 27 avril 1941.

Les occupants se plaignent le 30 septembre 1940 que les autorités françaises entravent de façon systématique le retour des Alsaciens-Lorrains, notamment en ce qui concerne les instituteurs, les élèves de l'école normale d'institutrices de Strasbourg, les gendarmes et agents de police alsaciens-lorrains et les réfugiés alsaciens-lorrains dans les localités dépourvues de stations de chemin de fer. En ce qui concerne les gendarmes et les gardes mobiles originaires d'Alsace-Lorraine leur situation est particulière : comme il s'agit de sous-officiers de carrière de l'armée française, ceux qui sont retournés au pays seront révoqués en 1945, sauf rares exceptions.

Les Allemands exercent toutes sortes de pressions pour faire céder ceux qui résistent. En zone libre, les évacués reçoivent tantôt un appel de leur famille, tantôt un avertissement qui les menace de représailles sur leurs parents ou de confiscation de leurs biens. En décembre 1941, un «chargé de rapatriement» de la commission d'armistice allemande siégeant à Lyon s'installe à Royat avec un fichier et il exerce sur les évacués habitant la région un chantage pour les faire revenir au pays. Il signale, entre autre, qu'une tierce personne a fait pour eux une demande de rapatriement auprès de l'administration civile et il demande aux intéressés de signer une demande analogue. A cette époque en effet, il manque encore 150 000 évacués à l'appel, soit plus du tiers, selon les Allemands. Ce chiffrage est à manier avec précaution, néanmoins il donne un ordre de grandeur pour 1941.

Le 27 décembre 1941, les *Strassburger Neuesten Nachrichten* (qui ont succédé aux *Dernières Nouvelles de Strasbourg*) publient un avis : «Etant donné que bientôt le dernier délai de retour sera fixé avec toutes les conséquences que cela comporte, les membres des familles se trouvant en Alsace ont tout intérêt à exiger de leurs parents restant en France qu'ils prennent dès à présent une décision définitive.» Le 9 février 1942, le même journal communique que ceux des évacués n'ayant pas trouvé le chemin du retour peuvent être considérés comme des émigrés ayant coupé les liens avec le pays. Finalement, le 20 avril 1942, une ordonnance de l'administration civile allemande en Alsace annonce que les demandes de rapatriement ne pourront plus être présentées après le 31 juillet, dernier délai. Par cet acte, l'occupant reconnaît publiquement que le problème est important et sérieux.

Concernant les pressions exercées par les délégués allemands, Vichy élève plusieurs protestations en 1941, qui font toutes ressortir leurs agissements en zone libre sur les réfugiés du Bas-Rhin, du Haut-Rhin et de la Moselle.

Le 6 mai 1941, Vichy élève une protestation contre le rapatriement d'ouvriers originaires du Bas-Rhin et du Haut-Rhin, obligés contre leur gré de regagner l'Alsace, et contre le rapatriement de 300 enfants des orphelinats de Guebwiller et de Neuf-Brisach.

Une autre protestation, le 25 mai 1942, parle non seulement de pressions mais aussi de subterfuges employés pour obtenir le retour des Alsaciens-Lorrains dans leurs localités d'origine.

A PLUSIEURS REPRISES, VICHY PROTESTE CONTRE LES SUBTERFUGES ALLEMANDS POUR RÉCUPÉRER DES RÉFUGIÉS

Malgré les retours massifs, l'Alsace-Lorraine évacuée maintient une organisation assez réelle sur les lieux de l'exil. Le gouvernement de Vichy conserve les trois préfectures, celle du Bas-Rhin à Périgueux avec le préfet Viguié, puis M. Pépin ; celle du Haut-Rhin à Valence-d'Agen avec le préfet Agard et celle de la Moselle à Montauban avec le préfet Bourrat. Les services d'Alsace-Lorraine, comprenant la direction générale et les directions des cultes, de l'enseignement, des assurances sociales et du statut local, sont maintenus en Dordogne. Sont également maintenus :

- la Direction Générale de l'Instruction Publique d'Alsace, qui gère notamment 7 écoles normales avec plusieurs centaines de normaliens et normaliennes et 800 instituteurs et institutrices ; l'école normale de Strasbourg est maintenue à Périgueux, tandis que celle de Metz est repliée à Romagne (Vienne), celle de Colmar est à Aiguillon (Lot-et-Garonne).
- l'Université de Strasbourg ;
- les évêchés concordataires de Metz et Strasbourg ;
- la municipalité de Strasbourg repliée à Périgueux.
- la chambre de commerce de Strasbourg, tout en maintenant un bureau à Périgueux, s'installe à Lyon.

S'y ajoutent, deux organismes créés par Vichy :

- le comité consultatif de coordination pour les affaires d'Alsace et de Lorraine qui fonctionne jusqu'au 14 septembre 1942, date de la démission collective de ses membres en désaccord avec le gouvernement ;
- le centre des réfugiés et expulsés non rapatriables à Lyon qui fonctionne jusqu'au

18 janvier 1943, date de l'arrestation par les occupants de la plupart des membres de la direction du centre.

Le recensement des Alsaciens-Lorrains est effectué en zone occupée sous la pression de l'autorité allemande (le chiffrage de ce recensement n'a cependant pu être découvert). Par contre, en zone libre, Vichy s'y oppose en date du 20 novembre 1940.

Une déclaration du Gauleiter Burckel (novembre 1940)

Lorrains !

Vous connaissez tous la tâche que le Führer m'a confiée. Cette province doit être allemande à tout jamais.

C'est pourquoi j'ai fait savoir dans mon discours à Metz qu'on ne peut absolument par renoncer à un rapatriement dans la zone des langues. Car dans la zone en question, il y a un nombre de lieux dont les habitants ont été au cours des temps complètement francisés. Il s'agit avant tout de la population paysanne qui habite cette région. Or, d'une part, il n'est pas possible de pacifier immédiatement la frontière au moyen d'un rapatriement dans l'Est du Reich, parce que c'est là-bas que nous avons de l'espace nécessaire.

C'est pourquoi, j'ai fait demander à la population si elle désire un rapatriement en France, ou bien un rapatriement dans la Warthegau à l'Est du Reich. La réponse à cette question devrait être en même temps une décision pour la France ou pour l'Allemagne. De la décision que la population a choisie, je vais tirer maintenant les conséquences nécessaires. Je sais que malgré leur amour pour la France, pour beaucoup le rapatriement est douloureux. Mais il est indispensable de résoudre une fois pour toutes le problème afin que nos enfants et les enfants de nos enfants puissent désormais vivre en paix.

On va accomplir ici, à la frontière, la même action que nous avons déjà vu s'accomplir au Tyrol méridional, en Volynie et en Bessarabie. De même que le Reich a rapatrié ses Allemands, de même la France va rapatrier ceux qui se sont confessés français. Cette décision, nous la respectons. C'est la décision d'hommes de caractère qui tirent les conséquences nécessaires de leur conviction nationale. Toute l'action devra donc s'accomplir digne de la décision de ces Français.

Je me suis donc de suite mis en communication avec le Gouvernement Français pour que :
1° le rapatriement puisse s'effectuer en bon ordre.
2° les familles rapatriantes n'éprouvent en aucune façon des pertes de fortune.

C'est pour cette raison que la valeur exacte que représentent tous les meubles et les immeubles des familles à rapatrier sera communiquée au Gouvernement Français. La population paysanne va avoir de nouveau ses biens-fonds, elle pourra vivre où sa conscience lui prescrit de vivre. Quant à moi, je ferai tout mon possible pour que cette action de rapatriement devienne une contribution à la paix que nous avons toujours désirée entre la France et l'Allemagne.

Tous les services du parti, de la police, de l'Administration et de la «Deutsche Volksgemeinschaft» ont l'ordre d'assister les rapatriants par tous les moyens.

A ceux d'entre les ouvriers et les employés qui désirent ici à la frontière contribuer de quelques manières que ce soit à la formation d'un district frontière allemand, qui sont vraiment sains au point de vue politique et bien affermis en soi, je donne largement la possibilité de prouver leur bonne volonté à l'avenir.»
Signé : Burckel (Gauleiter)

(Traduction originale en français du texte d'une affiche, placardée dans la nuit du 10 au 11 novembre 1940 en Moselle francophone et même dans quelques localités germanophones. Le texte de l'affiche est en langues allemande et française. L'affiche n'est pas datée. Le lecteur appréciera la saveur de la traduction. A signaler que la vague d'expulsion débute dès le lendemain matin et durera dix jours).

Aucun Alsacien-Lorrain, en zone libre, ne part en Allemagne au titre du service du travail obligatoire (S.T.O.)

Enfin, les députés et les sénateurs des trois départements continuent de percevoir leur indemnité parlementaire.

Le 18 novembre 1940, le gouvernement de Vichy arrête le classement des communes de la France en diverses catégories pour l'application du code de la famille (allocations familiales). Cent communes nommément désignées du Bas-Rhin, du Haut-Rhin et de la Moselle sont classées en 1ere catégorie (plus de 2000 habitants), tandis que 39 autres, également désignées, sont classées en 2e catégorie. Vichy, on le voit, ne fait aucune distinction entre les trois départements annexés de fait et les autres.

Mais le gouvernement Pétain ne s'en tient pas là. Le 17 juin 1941, le secrétariat d'Etat au Travail fixe le montant des frais de tournées des ingénieurs des mines. Or, les résidences des ingénieurs de l'arrondissement minéralogique de Strasbourg qui comprend Strasbourg, Mulhouse, Metz, Thionville, Saint-Avold et Forbach sont incluses dans l'arrêté ministériel. Le 10 juillet 1941, le ministère de l'Agriculture divise la France en 47 conservations des eaux et forêts. Or, les 33e, 34e et 35e correspondent respectivement au Haut-Rhin, au Bas-Rhin et à la Moselle avec sièges à Colmar, Strasbourg et Metz. Mieux, le même ministère publie au *Journal officiel de l'Etat Français* du 7 août 1941 le tableau d'avancement des brigadiers et gardes forestiers de l'ensemble des conservations. Or, le tableau inclut celles d'Alsace-Moselle. 49 brigadiers et gardes du Bas-Rhin sont mentionnés avec leurs affectations précises dans le département, dont 6 à Haguenau, sans compter ceux du Haut-Rhin et de la Moselle.

Après l'armistice, plusieurs associations d'Alsaciens-Lorrains se créent. En effet, aux réfugiés qui ne rentrent pas dans leurs départements d'origine, viennent s'ajouter, de plus en plus nombreux, les expulsés et les refoulés, ainsi que des démobilisés de l'armée d'armistice. C'est donc essentiellement en zone non occupée et en Afrique du Nord que les associations voient le jour, dont le but est le regroupement et l'entraide. Il est hors de question d'afficher des tendances politiques ou d'avancer des tendances revendicatrices syndicales.

Le 21 août 1940, à Lyon, est fondé le groupement des expulsés de la Moselle (G.E.M.) par un notaire et un fonctionnaire municipal messins.

Le 10 septembre 1940, à Lyon également, se créé l'association d'entraide des réfugiés d'Alsace et de Lorraine (A.E.R.A.L.), fondée par huit ingénieurs, industriels et fonctionnaires SNCF.

Le 26 novembre 1940, à Grenoble, est fondé le groupement des expulsés et des réfugiés de Lorraine en Isère (G.E.R.L.I.)

Le 20 décembre 1940, à Lourdes, création de l'amicale des réfugiés et expulsés de Lorraine (A.R.E.L.)

Le 11 janvier 1941, à Clermont-Ferrand, fondation du groupement d'entraide des réfugiés d'Alsace et de Lorraine (G.E.R.A.L.) par d'anciens élus, des magistrats, des professeurs, présidé par le président honoraire de la Cour d'Appel de Colmar. Cette association s'est en fait constituée dès août 1940 au café du Tramway à Clermont-Ferrand. Le G.E.R.A.L. deviendra la principale association regroupant 60 000 membres pendant la guerre. Il existe encore aujourd'hui.

Début 1941, également, à Romans-Bourg de Péage, création de l'association des expulsés et réfugiés d'Alsace-Lorraine (A.E.R.A.L.) Cette association essaime sur plusieurs départements et sera concurrente du G.E.R.A.L.

Il faut encore mentionner l'existence d'une amicale des Alsaciens-Lorrains à Oran (Algérie) qui, au 1er mai 1941, compte 296 membres. Une amicale identique existe à Meknès (Maroc).

Le gouvernement de Vichy ne voit pas d'un très bon œil tous ces groupements d'Alsaciens-Lorrains. Il ne veut avoir en face de lui qu'une organisation unique et c'est une des raisons de la fondation du G.E.R.A.L. pour servir d'interlocuteur face au pouvoir en place.

Les expulsions

Sans que cela soit expressément stipulé par la convention d'armistice, l'Alsace et la Moselle sont purement et simplement annexées au Reich allemand. En Alsace, l'administration militaire d'occupation reste en place jusqu'au 7 août 1940, date à laquelle le gauleiter Robert Wagner opère le rattachement des deux départements alsaciens au gau de Bade, de l'autre côté du Rhin. La Moselle est rattachée au gau de Sarre-Palatinat mais, le 30 novembre 1940, le gauleiter Josef Bürckel proclame l'annexion au Reich, c'est-à-dire son incorporation au gau Sarr-Pfalz qui devient ainsi le gau Westmark avec Saarbrücken comme chef-lieu.

Dès les premiers jours de l'occupation, la tyrannie se manifeste par des expulsions qui deviennent peu à peu de plus en plus nombreuses. Quel est le but de ces expulsions ? Il s'agit d'éliminer les élites locales, d'accélérer la main mise nazie sur la population, d'éliminer tout ce qui est français ou francophile.

Dès le 16 juillet 1940, les Français «de l'intérieur», les juifs et les Nord-Africains sont expulsés d'Alsace et de Lorraine. Mais, en Alsace, dès le 13 juillet 1940, une première ordonnance est introduite. Elle confisque les biens des expulsés et en même temps elle englobe ceux des partis politiques, des juifs, des loges, des Français dits de l'intérieur. Cette ordonnance légalise aux yeux des Allemands les expulsions d'israélites qui ont eu lieu depuis le début du mois.

Le préfet du Bas-Rhin, M. Viguié, replié à Lutzelhouse, est appréhendé le 19 juin 1940 puis conduit à Strasbourg et enfin emmené à Stuttgart où on lui fait subir un régime de rigueur. Les occupants en effet n'ont pu s'emparer des dossiers confidentiels que le préfet a fait détruire. Après sa libération, le 20 septembre 1940, il est aussitôt expulsé avec pour tout papier sa levée d'écrou.

Le préfet du Haut-Rhin, M. Agard, est destitué par Wagner lors de son arrivée à Colmar le 21 juin 1940. Il est d'abord placé en résidence surveillée aux Trois-Epis, près de Colmar, puis expulsé. Quant au préfet de la Moselle, M. Bourrat, il est gardé à vue en sa préfecture du 18 juin au 8 août 1940, date de son expulsion. On remarque que ces mesures sont prises alors que l'armistice n'est pas encore signé.

Comme les occupants exigent des autorités françaises le retour des Alsaciens-Lorrains installés en vieille France depuis 1918, ils expulsent également les Français de «l'intérieur» établis en Alsace et en Lorraine depuis 1918. En août et en septembre 1940, ont lieu de nombreux départs clandestins de fonctionnaires des trois départements annexés qui ne veulent pas signer de serment de fidélité au Führer. Entre juillet et septembre 1940, plus de 24.000 Mosellans sont déjà expulsés. Le 30 septembre 1940, les *Strassburger Neuesten Nachrichten* annoncent la vente par enchères le 2 octobre suivant à La Broque, de meubles, objets mobiliers et de ménage séquestrés appartenant à des israélites et des Français.

Dans la nuit du 10 au 11 novembre 1940, en Moselle francophone, et même dans quelques localités germanophones, sont placardées des affiches couleur rouge et sang portant un texte bilingue signé du gauleiter Bürckel mais sans date. La vague d'expulsion débute dès le lendemain matin et durera 10 jours. Entre le 12 et le 22 novembre 1940, 66 trains arrivent en gare de Lyon-Brotteaux transportant 57.655 habitants expulsés des zones de Moyeuvre, Courcelles-Chaussy, Dieuze, Héming et Abreschwiller. Des villages entiers sont vidés, ceux situés à l'ouest de la voie ferrée Sarrebourg-Metz-Thionville. Seuls doivent rester sur place deux ou trois villageois dans chaque localité pour garder le bétail qui sera ensuite saisi et vendu par l'occupant.

Les expulsés lorrains sont rassemblés à Metz-Queuleu et peuvent emporter 50 kilos de bagages et 2000 francs par adulte, 30 kilos de bagages et 1000 francs par enfant. Accueillis par une musique militaire, mais par aucun officiel, ils sont d'abord parqués dans les box de l'enceinte de la foire de Lyon, puis dispersés sur les départements du Sud-Est. Venant des environs de Metz et dirigés sur l'Ariège, 787 expulsés mosellans arrivent en gare de Foix dans la nuit du 12 au 13 novembre 1940.

Dans le Bas-Rhin, les expulsés sont rassemblés dans les anciens baraquements de la région de Schirmeck, baraquements qui avaient été installés pour l'accueil des réfugiés strasbourgeois en 1939.

Entre le 1er et le 16 décembre 1940, plusieurs milliers de personnes sont rassemblées à l'institut Saint-André près de Cernay, dans le Haut-Rhin, transformé en camp. Pendant 48 heures, et parfois plus, elles croupissent sur la paille avant d'être expulsées vers la zone libre. Entre le 3 et le 18 décembre 1940, 8646 Alsaciens et Alsaciennes sont comptés arrivant à Lyon. Un convoi de ceux-ci arrive en gare d'Albi dans la nuit du 19 au 20 décembre 1940, soit environ 700 personnes. Un autre convoi arrive à Saint-Gaudens à la même date.

Les personnes à expulser, suivant des listes préparées à l'avance, sont avisées au petit matin qu'elles ont une heure pour se préparer à quitter les lieux. Les expulsés sont invités à signer une déclaration par laquelle ils s'engagent à ne pas retourner en Alsace-Lorraine et on les informe que leur habitation est placée sous scellés. En réalité, les biens sont saisis peu après comme bien ennemis et dispersés par des adjudications qui s'échelonneront sur trois ans.

Les occupants établissent une liste comprenant dix catégories de personnes à expulser (ils s'en prennent même aux membres du Souvenir français, association dont l'activité essentielle est d'entretenir les tombes des soldats tués lors des guerres de 1870/71 et 1914/18) :

1. Juifs
2. Français et fonctionnaires «de l'intérieur»
3. Alsaciens et Lorrains francophiles (Souvenir français, Renaissance française, etc)
4. Déserteurs de l'armée allemande en 1914/1918
5. Fonctionnaires, journalistes et magistrats qui ont combattu et poursuivi les autonomistes ; journalistes de radio et de presse qui font de la propagande française par profession.
6. Anciens combattants de l'Espagne rouge (volontaires des brigades internationales).
7. Romanichels, tziganes
8. Personnes de race étrangère (Africains, Asiatiques, Australiens)
9. Condamnés de droit commun
10. Mendiants, vagabonds, souteneurs, «éléments antisociaux».

LES BIENS DES EXPULSÉS SONT SAISIS PAR L'OCCUPANT

A partir de 1941, l'occupant étend les expulsions aux familles qui ont un membre resté en zone non occupée et non rentré après l'armistice, puis à celles dont un membre s'est soustrait à l'incorporation au R.A.D. (Reichsarbeitsdienst), le service du travail obligatoire, institué en mai 1941 à ne pas confondre avec l'incorporation de force ordonnée en été de l'année suivante. Ces expulsions s'échelonnent ainsi jusqu'à l'été 1942 en direction de la zone libre.

Une lettre datée du 6 mai 1941 parvenue à l'amicale des Alsaciens-Lorrains, boulevard Jourdan à Oran (Algérie) signale : «les expulsions continuent, avant-hier 500 Messins sont arrivés à la foire de Lyon et on attend encore 50 trains.»

En date du 28 juillet 1941, 104 curés de la Moselle sont expulsés avec pour tout viatique une somme de 2000 francs. Ils sont conduits hors de la zone annexée, puis purement et simplement abandonnés. Durant la même année 1941, environ 35.000 Lorrains francophones revenus dans leurs foyers sont refoulés hors d'Alsace-Lorraine. De nombreux Alsaciens sont égalment refoulés à l'occasion de leur retour.

En Moselle, les biens des expulsés sont saisis par l'ordonnance du 6 novembre 1940 et suivantes. En Alsace, par l'ordonnance du 15 janvier 1941 et suivantes. L'occupant les réalise dès la fin de l'année 1941 au profit de la caisse de son administration civile (par ordonnance du 1er décembre 1941 pour l'Alsace).

En date du 24 avril 1942, le gauleiter Bürckel déclare à un journal allemand *(Frankfurter Zeitung) :* «La population en Lorraine était de 700.000 habitants en 1938. Il faut en retrancher les évacués, les expulsés et les déportés soit au total 300.000 personnes qu'il faut remplacer par des colons allemands.»

Ces chiffres sont à manier avec précaution et doivent être regardés comme ordre de grandeur. Citons encore le gauleiter Wagner lui-même qui, lors de son procès en 1946, déclare qu'il y eut 22.000 israélites expulsés d'Alsace.

Le gouvernement de Vichy alloue aux expulsés une allocation mensuelle de 500 francs, mais elle cesse d'être versée à ceux qui ont trouvé un travail rémunéré. La première protestation française date du 10 juillet 1940 et elle concerne l'expulsion des préfets et sous-préfets français et leur remplacement par des fonctionnaires allemands. Mais parmi les nombreuses protestations élevées par Vichy concernant l'Alsace-Lorraine, ne retenons que celles qui concernent les expulsions (10 juillet 1940, 18 juillet 1940, 19 septembre 1940, 18 novembre 1940, 12 décembre 1940 et 2 janvier 1941). En date du 3 septembre 1940, Vichy élève une protestation qui englobe toutes les infractions déjà commises jusqu'alors par l'occupant. A cette date, en effet, le général Huntziger, président de la délégatiion française à la commission d'armistice de Wiesbaden transmet au général Von Stulpnagel, président de la commission allemande, une note au sujet des mesures prises par le Reich dans les départements du Bas-Rhin, du Haut-Rhin et de la Moselle.

Le 27 octobre 1941, le général Beynet réitère la protestation générale du 3 septembre 1940. Le 24 juillet 1940, a lieu le déplacement des bornes frontières qui sont replacées à l'endroit de celles de 1870.

Le gouvernement de Vichy est fort bien renseigné sur ce qui se passe dans les départements annexés, mais ses protestations demeurent toutes platoniques et restent sans publicité (pas de communiqué dans la presse ni à la radio). Elles demeurent également sans réponse, sauf quand le général Doyen, successeur du général Huntziger, doit être promptement remplacé car il parle un peu trop fort de l'Alsace Lorraine au gré des Allemands.

La protestation du 18 novembre 1940 présente en annexe une affiche allemande, celle dont il est question plus haut. La protestation elle-même, conçue en termes particulièrement énergiques, est renvoyée le 20 novembre 1940 par le général von Stulpnagel qui la déclare irrecevable. Quant à la protestation du 2 janvier 1941, il est dit que tout en protestant à nouveau contre les expulsions, le gouvernement français demande au moins d'être tenu au courant aux fins de pouvoir prendre des mesures d'accueil et d'hébergement, même en zone occupée.

Le maréchal Pétain, dans un message du 8 octobre 1940, déclare : «A nos populations d'Alsace et de Lorraine, contraintes de quitter brusquement leurs villes et leurs villages, j'adresse l'expression de notre cordiale sympathie.»

Vichy rompt son silence lors des expulsions massives de Lorrains car le gouvernement fait publier, le 15 novembre 1940, par les journaux de zone libre, un communiqué de protestation très énergique.

Le 30 novembre 1940, le maréchal Pétain adresse à la France son message sur les Lorrains expulsés : «Depuis le 11 novembre, 70.000 Lorrains sont arrivés en zone libre, ayant dû tout abandonner. Ils ont tout perdu, ils viennent demander asile à leurs frères de France. Ce sont des Français de grande race, à l'âme énergique, au cœur vaillant (etc).» Mais, après ce communiqué à la presse, plus rien.

Les Alsaciens et les Lorrains eux ignorent tout des protestations. Ce n'est qu'en automne 1941, par la note du général Huntziger publiée dans le journal clandestin *Liberté* du 30 mai 1941, qu'ils apprennent des détails des conditions imposées par les Allemands. Voici cette note dans son intégralité, datée du 3 septembre et adressée au général von Stulpnagel, président de la commission allemande de l'armistice.

Mon général,

D'ordre de mon gouvernement, j'ai l'honneur de vous transmettre la déclaration suivante :

Depuis l'entrée des forces allemandes dans les départements du Haut-Rhin, du Bas-Rhin et de la Moselle, les autorités allemandes d'occupation ont pris un grand nombre de mesures qui ont pour effet de priver la France de ses droits de souveraineté sur ces territoires.

Parmi ces mesures, le gouvernement français ne veut citer que les suivantes :

1/ Les Préfets, sous-Préfets et Maires, ainsi que nombre de fonctionnaires d'origine non locale et dont les tendances passaient pour suspectes ont été évincés de leurs sièges respectifs.

2/ Monseigneur Heinz, évêque concordataire de Metz, a été chassé de son diocèse. Plusieurs membres du clergé, tant séculier que régulier ont été également expulsés sous le prétexte qu'ils étaient de langue et de mentalité françaises.

3/ Monseigneur Ruch, évêque concordataire de Strasbourg, s'est vu interdire l'accès de son diocèse et, par voie de conséquence, la reprise de son ministère.

4/ M.J. Buerckel a été nommé, le 7 août 1940, Gauleiter de Lorraine et M.R. Wagner Gauleiter d'Alsace. La première de ces provinces a été rattachée au Gau de Sarre-Palatinat, et la seconde à celui de Bade.

5/ L'Alsace et la Lorraine ont été intégrées dans l'administration de l'Allemagne. La frontière et la police douanière ont été portées à la limite occidentale de ces territoires.
6/ Les chemins de fer ont été incorporés dans le réseau allemand.
7/ L'administration des P.T.T. a été prise en mains par les postes allemandes qui substituent graduellement au personnel en place leur propre personnel.
8/ La langue française a été éliminée tant de la vie administrative que de l'usage public.
9/ Les noms des localités sont germanisés.
10/ La législation raciale de l'Allemagne est introduite dans le pays et, à la faveur de cette mesure, les israélites sont expulsés ainsi que ceux des nationaux que l'autorité allemande tient pour des intrus.
11/ Seuls les Alsaciens et les Lorrains qui consentent à se reconnaître comme étant de souche allemande sont admis à réintégrer leur foyer.
12/ Le patrimoine des associations de caractère politique et des juifs est frappé de confiscation, de même que les biens acquis postérieurement au 11 novembre 1918 par les Français.

Rien n'illustre mieux l'esprit qui anime ces mesures, en elles-mêmes arbitraires, que les paroles prononcées publiquement le 16 juillet 1940, à Strasbourg, par M.R. Wagner. En faisant état de l'élimination en cours de tous les éléments de souche ou de nationalité étrangères, ce haut fonctionnaire affirmait que le dessein de l'Allemagne était de régler une fois pour toute la question d'Alsace.

Une pareille politique qui ne saurait être le fait d'organes d'occupation subordonnés, équivaut à une annexion et est formellement contraire aux engagements souscrits par l'Allemagne à Rethondes.

En effet, c'est avec la France entière, dans ses frontières de 1939, que l'Allemagne a signé la convention du 22 juin 1940.

C'est l'intégrité de la France entière que l'Allemagne a comprise dans la convention d'armistice en précisant que le gouvernement français avait le droit d'administrer les territoires occupés et non occupés sans limitation territoriale aucune.

Fort de son droit, le gouvernement français élève une protestation solennelle contre les mesures prises en violation de la convention d'armistice à l'égard des départements alsaciens et lorrains et de leurs populations et qui constituent une annexion en fait de ces territoires.

Veuillez agréer, mon Général, l'assurance de ma haute considération.

Signé : Huntziger

Du côté de la France libre, la situation est prise très au sérieux. Dans son émission, *Les Français parlent aux Français*, elle diffuse un avertissement à la radio de la BBC, le 19 avril 1941 :

Français dépouillés par l'ennemi et par les services de l'ennemi, écoutez la France libre qui défend les biens de chacun de vous, comme elle défend le patrimoine de la nation. L'ennemi chasse de chez eux et dépouille les Alsaciens et les Lorrains. Dans toute la France occupée, il perpètre, au préjudice de l'Etat, des départements, des communes, des établissements publics, enfin des particuliers, des spoliations que défend le droit des gens.

Ailleurs, il ordonne des actes non moins criminels : ceux qui sont suspects de vouloir

résister toujours ou de relever la tête risquent de tout perdre du fait de ceux qui obéissent à l'ennemi.
Une fois de plus, l'ennemi viole les principes solennellement reconnus par les nations civilisées à la Haye en 1907 et qu'il n'avait pas encore osé répudier lors de la conclusion de l'armistice.
La France libre déclare qu'elle ne reconnaîtra aucun effet à ces actes de confiscation, ni aux autres actes qui ne relèvent pas d'une gestion normale. A ses yeux, toutes ces mesures, comme tous les actes subséquents infectés du même vice, sont nulles et non avenues.
Sans préjudice des peines auxquelles s'expose quiconque prête son concours à l'exécution des mesures irrégulières prises par l'ennemi, ou sur son ordre, ou à son instigation, tous les biens mobiliers ou immobiliers irrégulièrement aliénés, pourront être revendiqués par leur légitime propriétaire, entre quelques mains qu'ils se trouvent. Le dernier détenteur ne pourra prétendre à aucune compensation, sauf s'il a acquis le bien dans l'intérêt même de la victime d'une spoliation et en vue de lui rendre service.
Ceux qui, en France, voudraient profiter du malheur d'autrui et collaborer à l'œuvre de l'ennemi pour faire une bonne affaire, doivent se sentir comme avertis.

Le 4 juillet 1943, le Comité français de libération nationale (CFLN), c'est-à-dire le gouvernement provisoire de la France libre à Alger, crée un service d'Alsace-Lorraine rattaché au Commissariat de l'Intérieur.

Après la libération, la Brigade Alsace-Lorraine est constituée en septembre 1944 à Dijon. Forte de 1600 hommes, elle est composée de trois bataillons ; le bataillon Strasbourg, issu des maquis de la Dordogne, de la Corrèze et de la Haute-Vienne ; le bataillon Metz, issu des maquis de la région de Toulouse, des Basses-Pyrénées, du Gers, du Lot-et-Garonne ; et le bataillon Mulhouse, issu des maquis de la Savoie, de la Haute-Savoie, de la Haute-Saône et du Territoire de Belfort. Les hommes qui composent la Brigade sont des réfugiés, des expulsés, des évadés après l'annexion, originaires des départements du Rhin et de la Moselle, ainsi que des isolés d'autres maquis, sous le commandement d'André Malraux, alias colonel Berger, et du lieutenant-colonel P. Jacquot.

En septembre 1944 à Clermont-Ferrand, le GERAL conçoit le projet de former une unité qui prend forme sous l'appellation de Demi-Brigade d'Alsace-Lorraine. D'abord placée en réserve au nord de Besançon, elle est rattachée à la Brigade Alsace-Lorraine en décembre 1944 sous le nom de Bataillon de Rhin et Moselle.

Les chiffres de l'évacuation

Communes évacuées

	Bas-Rhin	Haut-Rhin	Moselle
Septembre 1939	107[1]	79	231
Mai-juin 1940	35[2]	22	78
Total	142	101	309

Personnes évacuées

Septembre 1939	229.000[3]	46.000	210.000
Mai-juin 1940	21.500[4]	11.700[4]	92.732
Total	250.500	57.700	302.732[5]

Les expulsés

	Moselle	Alsace	Total
Expulsés vers «l'intérieur»	225 000	45 000	270 000

1. Ajouter l'écart de Krafft, commune d'Erstein
2. Un état de la Ve Armée mentionne l'évacuation de 26 communes entre le 17 et le 26 mai 1940 : 19 du Bas-Rhin (nord de Strasbourg), 3 du Bas-Rhin imbriqué en Moselle et 4 de la Moselle. Le document est cependant sujet à caution, en regard de 3 communes aucune indication n'est portée sur le nombre de personnes, ni sur le centre de recueil. En regard de Haguenau, le chiffre de 7.500 personnes est rayé de deux traits de plume puis surchargé par 12.000. (S.H.A.T. Vincennes). Trois rames de wagons pouvant transporter 3.600 personnes à partir du 17 mai 1940 à 21 heures concernant Haguenau. *(Etudes Haguenoviennes,* tome XIII, 1987).
3. Comprend les familles des militaires de carrière ou cadres dispersées sur l'ordre de l'autorité militaire (garnison de Strasbourg, cités de la ligne Maginot, casernes de G.R.M.), estimation portant sur 10.000 personnes.

4. Chiffrage incertain.
5. Données de l'historien H. Hiegel qui se réfère à des documents de la Préfecture de la Moselle et statistiques allemandes de 1941 admises.

Sources
Situation évacuation 1939 Bas-Rhin, non datée et non signée (Arch. Dép. Bas-Rhin)
Recensement des communes et personnes évacuées 1939-1940 Haut-Rhin établi en 1979 (Arch. Dép. Haut-Rhin)
Collection *Les Dernières Nouvelles de Colmar* octobre 1939 publiant les listes des communes évacuées du Haut-Rhin (Bibliothèque Municipale Colmar)
Ve Armée, état des évacuations de mai 1940, non daté et non signé, Bas-RHIN (Service Historique de l'Armée de Terre, Vincennes)
Documents 8e Armée sur l'évacation de 7 communes du sud du Bas-Rhin en mai-juin 1940 (Arch. Dép. Haut-Rhin)
Journal officiel du 22 juin 1947 publiant les tableaux des communes de France évacuées durant la guerre 1939-1945, et notamment les communes d'Alsace-Moselle pages 5785 et 5790. On note qu'en Moselle, 13 communes du canton de Volmunster et 5 communes du canton de Bitche sont évacuées du 2.9.1939 au 9.5.1945. Les J.O. des 10 avril 1948, 2 septembre 1948 et 16 juin 1949 publient les additifs et rectificatifs concernant les 3 départements. On remarque que seules les communes d'Alsace-Moselle situées sur la ligne Maginot sont évacuées en 1939. On peut également déterminer que 30 communes de la Moselle ont été «vidées» de leurs habitants par l'occupant en novembre 1940. (Archives Municipales Colmar)

Au décompte du tableau ci-contre, il convient d'ajouter les Strasbourgeois qui ont quitté volontairement la ville, les ouvriers travaillant à Strasbourg et domiciliés hors de la zone évacuée mais qui ont suivi leurs usines repliées et plusieurs milliers d'autres personnes qui ont quitté volontairement les localités d'Alsace et de Moselle non comprises dans la zone 1 évacuée.

Dans le Bas-Rhin, la commune d'Illkirch-Graffenstaden, au sud-ouest de Strasbourg, pourtant située à 5 kilomètres à vol d'oiseau du Rhin, n'est pas comprise dans le mouvement de repli, ni l'importante usine de matériel ferroviaire (S.A.C.M.). Cependant, la municipalité évacue les personnes âgées, malades et infirmes sur Sainte-Marie-aux-Mines, dans le Haut-Rhin, suivis par une partie de la population, au total plus de 2.000 personnes. La majorité de ces évacués retourne dans sa commune après quelques semaines mais les autres rejoignent la Dordogne. Dans le Haut-Rhin, la presse locale publie, entre le 30 septembre et le 11 octobre 1939, les listes des communes évacuées avec le lieu de repli. Y figurent également Bruebach et Oberlarg pourtant hors de la zone évacuée. Or, ces listes, émanant de la préfecture, comprennent également dix communes situées hors de la zone évacuée d'où des personnes sont parties volontairement pour se réfugier dans le sud-ouest de la France. On y relève Colmar, Mulhouse, Altkirch, Cernay, Guebwiller, Oberhergheim, Ostheim, Rixheim, Sundhoffen et Wittenheim. Il est indiqué que 227 repliés volontaires de Colmar se trouvent à Gimont (Gers), 394 autres Colmariens se trouvent à Boulaur (Gers) et, sans précision de nombre, d'autres habitants de Colmar sont encore dans trois communes du Lot-et-Garonne. Les repliés volontaires des neuf autres communes citées se répartissent dans une quinzaine de localités du Lot-et-Garonne.

Fin septembre 1939, un courant de retour est perçu par le fait que des réfugiés utilisant les bons de transport gratuits reviennent dans le Haut-Rhin pour s'installer en zone non évacuée.

Les plans d'évacuation de la population prennent comme base le recensement du 8 mars 1936. Une minoration tenant compte d'une moyenne de 20% d'hommes mobilisables intervient.

En 1936, les quatre villes les plus importantes d'Alsace-Moselle comptent :

Colmar	49.448 habitants
Metz	83.119 habitants
Mulhouse	96.697 habitants
Strasbourg	193.119 habitants

En septembre 1938, par suite de la mobilisation partielle et des départs volontaires, la ville de Strasbourg perd une partie de ses habitants, tout comme Metz. Ils regagnent leurs foyers la crise terminée.

Lorsque la tension se fait à nouveau sentir en août 1939, de nombreux Alsaciens et Lorrains quittent de nouveau leurs foyers. Les départs volontaires, incités par le gouvernement, sont estimés entre 30.000 et 50.000 personnes en Alsace, en majorité à Strasbourg. En Moselle, une estimation approchante est avancée dont la majeure partie provient de Metz, Sarreguemines et Thionville. En général, il s'agit soit de familles entières, soit de femmes, enfants et personnes âgées qui se replient chez des parents dans les zones moins exposées ou hors des trois départements. Nombreux sont les israélites qui quittent les lieux. Nombreuses sont aussi les familles aisées qui s'en vont avec leurs propres moyens.

Pour le cas particulier de la ville de Strasbourg, le détail de l'opération d'évacuation peut s'établir de la manière suivante :

Strasbourg

Population totale (recensement 1936 + un accroissement estimé de 4000 personnes jusqu'en 1938)		197.119 habitants
Minorations :		
Militaires (garnison, recensement 1936)	8.253	
Dispersion des familles des militaires de carrière ou cadres ; estimation :	6.000[1]	
Hommes mobilisés (20% de la population suivant recens. 1936)	37.000.	
Départs volontaires, avant l'ordre d'évacuation. Estimation	25.000	76.253 habitants
Soit, nombre total de personnes d'office[2-3]		120.866 habitants

1. Dispersion suite à l'ordre de l'autorité militaire de la mi-août 1939.
2. Soumis à légère variation en raison des maintenus sur place, permanents et temporaires.
3. Aux Archives Départementales du Bas-Rhin existe un état non daté, et non signé indiquant 154.000 personnes évacuées. Le document est erroné car il englobe la garnison, ne tient pas compte de l'accroissement de la population ni de la dispersion des familles des militaires, ni des départs volontaires.

Toute statistique déterminante et fiable fait également défaut concernant les réfugiés non rentrés (départs volontaires et évacués d'office). Cependant les Alsaciens et les Mosellans ont été nombreux à ne pas regagner leur département d'origine après l'armistice. Il existe plusieurs repères à ce sujet.

- Au recensement de 1936, l'Alsace atteint 1.219.381 habitants, mais au recensement allemand de 1941, la province en compte 1.062.000, d'où un déficit de 157.000 personnes. Ce chiffrage peut être détaillé de la façon suivante : départs volontaires non rentrés, évacués d'office non rentrés, militaires alsaciens non rentrés, chantiers de jeunesse (dernière classe incorporée transformée en camps de jeunesse), Alsaciens rendus à la vie civile non rentrés, départs clandestins depuis l'armistice et, enfin, expulsés depuis juillet 1940. Il faut y ajouter de nombreux étrangers qui ne sont pas revenus.
- Le recensement de 1941 compte 138.793 personnes à Strasbourg dont 4.000 Allemands. Cette statistique allemande est à manier avec précaution car, à cette date, l'occupant a englobé les communes de la banlieue au *Gross Strassburg*. Elle signale également que 55.501 personnes n'ont pas réintégré la ville. Par conséquent, il faut entendre la ville plus les communes intégrées. Une autre statistique allemande est à rapprocher de ce qui vient d'être dit : le chef de la police de sécurité (S.D.) de Strasbourg signale 21.720 expulsés du 1er juillet 1940 au 1er mars 1943, or cette police avait compétence non seulement dans la ville mais également dans toute la région.
- De nombreux réfugiés mosellans restent dans la Vienne après 1940.
- Entre 1940 et 1944, de nombreux réfugiés alsaciens et mosellans demeurent dans le département de la Nièvre.
- Fin 1940, environ 500 réfugiés restent dans le Gers.
- Fin 1942, il y a 260 réfugiés alsaciens et lorrains à Tours.
- A Saintes et en Charente-Maritime, plusieurs centaines de bas-rhinois et de mosellans ne rentrent pas dans leurs départements d'origine durant l'occupation.
- En général, la plupart des réfugiés restent là où ils ont été installés en 1939 mais d'autres s'éparpillent dans différents départements après l'armistice. Entre 5 à 10.000 Mosellans se retrouvent en zone libre dans l'arrondissement de Montmorillon (Vienne) et 2 à 2500 dans celui de Confolens (Charente), et même en Haute-Vienne et en Dordogne.
- L'université de Strasbourg reste repliée à Clermont-Ferrand. Le 24 juin 1943, arrestation de 37 étudiants (une protestation de Vichy datée du 18 septembre 1943 parle de 39 étudiants arrêtés le 24 juin 1943) ; le 23 novembre 1943 rafle de 200 étudiants et professeurs, 60 sont arrêtés et 12 sont déportés ;
- 800 instituteurs continuent d'exercer en vieille France, sans compter les normaliens ; certaines sources parlent de 1200 instituteurs qui ne sont pas rentrés en Alsace.

- En Haute-Vienne, au 1er septembre 1941, il y a 9600 Bas-Rhinois secourus (allocation de réfugié) et 1100 non secourus, soit au total 10.700.
- Le journal *La Voix du Géral* du 10 février 1943 publie la statistique suivante arrêtée au 1.1.1943 concernant la Dordogne : Alsaciens et Lorrains secourus=10.950, non secourus=5810, total=16.760 ; réfugiés de la zone interdite secourus=3460, non secourus=4730, total=8190 ; réfugiés de la zone occupée secourus=780, non secourus=4170, total=4950 ; étrangers originaires des zones interdites venant de l'étranger secourus=1220, non secourus=2470, total=3690.
- En 1946, il reste 2000 Alsaciens dans le Périgord.

Quelles sont les personnes qui ne réintègrent pas l'Alsace-Moselle ? Il s'agit de fonctionnaires de l'Etat et des services publics, de membres des professions libérales, journalistes, médecins, professeurs, ingénieurs, étudiants, ouvriers et employés d'industries repliées, commerçants, etc.

87% des personnes réfugiées sont retournées de l'exil chez elles, avance l'historien allemand Hans-Martin Schwarzmaier.

Une estimation de 60.000 Alsaciens non rentrés est le chiffrage le plus vraisemblable. Quant aux Mosellans non rentrés, l'historien Henri Hiegel les estime à près de 70.000. Il convient cependant de minorer ces chiffres en raison des décès survenus et d'autres événements (mariages ou souche par domicile à «l'intérieur»). A l'inverse, il y a eu également des naissances.

ENVIRON 60.000 ALSACIENS SONT RESTÉS DANS LE SUD-OUEST

Pour la Moselle, voici un bref tableau — dû à Henri Hiegel — résumant la situation fin 1940 :

- Recensement en Moselle 1936 :	696 246 habitants
- Population en Moselle décembre 1940:	474 229 habitants
Déficit :	222 017 habitants

On sait qu'entre fin juin et fin novembre 1940, les Allemands ont déjà expulsé 82 981 personnes et refoulé 23 953 autres, soit 106 934 personnes. Les 115 083 restantes se décomposent d'une façon analogue à l'Alsace avec en plus des tués lors des opérations entre 1939/40.

Dans un rapport du 17 octobre 1939, le ministère des Travaux Publics (qui a à cette époque les attributions du ministère des transports) signale que, fin septembre 1939, 365 000 personnes du Bas-Rhin, du Haut-Rhin et de la Moselle ont été évacuées par 304 trains, ce qui fait par conséquent une moyenne de 1200 personnes par train. A noter cependant, que ce rapport est partiel car, durant tout le mois d'octobre 1939, il y aura encore plusieurs milliers de réfugiés mosellans en transit dans l'Aube, en Haute-Marne, en Meurthe-et-Moselle et dans les Vosges en vue de leur acheminement vers le centre-ouest. Il y aura également durant le même mois encore un train spécial au départ de Molsheim à destination de l'Indre. Enfin, ce rapport ne tient évidemment pas compte des nombreux isolés ayant quitté les lieux avec leurs propres moyens. C'est d'ailleurs avec une statistique tout aussi partielle que le 13 septembre 1939 le préfet de la Moselle signale au ministère de l'Intérieur l'évacuation de 159 850 personnes.

En zone occupée, les Alsaciens et les Mosellans restant à «l'intérieur» se trouvent dispersés dans tous les départements mais en majorité en Charente, Meurthe et Moselle, Meuse, Vienne et Vosges.

Le Service central de reclassement des réfugiés rédige un rapport général en date du 29 janvier 1942 (un service du gouvernement de Vichy) concernant l'aide aux réfugiés en *zone non occupée*, d'où sont extraits les chiffres relatifs aux Alsaciens et Mosellans :

Total décembre 1940 :	105 000	(dont secourus : 84 712)
Total janvier 1941 :	—	(dont secourus : 106 722)
Total mai 1941 :	150 000	(dont secourus : 113 390)
Total septembre 1941 :	—	(dont secourus : 100 704)
Total décembre 1941 :	—	(dont secourus : 97 031)

Cette statistique est nécessairement partielle puisqu'elle ne comprend pas les personnes qui sont reclassées ou ne perçoivent pas d'allocation de secours (fonctionnaires reclassés, cheminots, postiers, retraités ou rentiers, ouvriers professionnels, etc.)

Une autre statistique établie par le fichier central des réfugiés d'Alsace-Lorraine de Montauban à la date du 30 septembre 1941, en *zone non occupée*, fait ressortir à cette date 139 282 Alsaciens-Mosellans déclarés. Le service est sous les ordres du préfet Bourrat, ancien préfet de la Moselle qui est chargé le 21 novembre 1940 de constituer le fichier central de *tous* les réfugiés alsaciens et mosellans. La statistique doit à nouveau faire l'objet de remarques : elle est nécessairement partielle, elle ne tient pas compte des départs en Afrique du Nord, voire les Antilles ou même d'engagements dans l'armée d'armistice.

Analyse de diverses statistiques allemandes

Alsace

374 000 habitants évacués et 181 communes (1939)
58 000 habitants évacués et 50 communes (1940)
432 000 [2-4] 231 [3]
127 000 hectares de champs abandonnés.

Un état daté du 1.6.1941 relate comme suit le rapatriement de 408 000 réfugiés [5] :

- 228 000 de fin juillet à début octobre 1940 en 400 trains spéciaux,
- 20 000 par les liaisons ferroviaires normales à partir de novembre 1940,
- 70 000 en voitures particulières, camions et 100 autocars de la N.S.K.K. (organisation du parti nazi concernant le corps des chauffeurs automobiles),
- 25 000 avec leurs propres moyens de transport,
- 65 000 par des moyens divers [7]

Un rapport daté du 23.3.1943 signale que 25 800 Alsaciens ne sont pas encore revenus de France à ce moment-là.[8]
Sur 180 000 Strasbourgeois, seuls 130 000 sont revenus en octobre 1940 [9].
De juillet à décembre 1940, 105 000 personnes sont expulsées ou empêchées de revenir en Alsace [10].

Moselle

314 000 habitants évacués et 301 communes au total [11]
120 000 hectares de champs abandonnés.
183 041 personnes évacuées passant au retour par le contrôle allemand de Saint-Dizier et autorisées à rentrer et 7141 personnes refoulées [12].
Une statistique très partielle portant sur 10 communes, y compris Forbach, dénombre 2573 personnes manquantes. En outre, à Metz, fin octobre 1940, il manque 48 119 habitants. A Sarreguemines, à la même époque, il manque 5731 habitants sur 16 000 [13].

NOTES

1. Origine : Lother Kettenacker, historien allemand de l'après-guerre.
2. 275 000 personnes évacuées en 1939 et 33 200 en 1940, d'où un total de 308 200 auquel il faut ajouter les départs volontaires.
3. 186 communes évacuées en 1939 et 57 en 1940, il y a divergence concernant 12 communes.
4. Examinons la différence. Pour 1939, quand on additionne les 273 000 évacués d'office avec les 50 000 départs volontaires (30 000 Bas-Rhin et 20 000 Haut-Rhin), on arrive à un total de 325 000 personnes mais on ne rejoint pas le chiffrage allemand. Comme il ne saurait y avoir une erreur portant sur 49 000 personnes, il n'est pas interdit de penser que l'administration allemande ait fait un amalgame entre

mobilisés, évacués et départs volontaires. Pour mai-juin 1940, la comptabilisation des évacués est plus difficile, le nombre de 33 200 est incertain. Ici aussi, la statistique allemande a vraisemblablement mélangé mobilisés et évacués avec peut-être les personnes entraînées dans le sillage de l'armée en retraite le 14 juin et comptées évacuées à leur retour.
5. En faisant la soustraction de 408 000 rapatriés sur 432 000 évacués, il reste 24 000 non rentrés ce qui suscite une première observation : les Allemands ont un intérêt évident à minimiser le nombre de personnes n'ayant pas réintégré le pays. Autre remarque, les chiffres de toutes les rubriques sont arrondis d'où un doute sur la sincérité du document.
6. D'où une moyenne de 570 personnes par train.
7. On ne comprend pas la signification des termes «par des moyens divers».
8. De l'état du 1.6.1941, il résulte qu'il y a 24 000 réfugiés manquants, or, ici, il y a une différence de 1800 personnes en plus et comme le rapport date de 1943, l'état de 1941 est donc erroné. La manipulation des chiffres est de toute façon évidente.
9. Il y en a donc 50 000 qui ne sont pas revenus.
10. Il est établi par une statistique officielle française dressée en 1948 que 45 000 Alsaciens ont été expulsés (de juillet 1940 à l'été 1942).
11. Différence de 8 communes et 11 000 personnes.
12. Origine : Henri Hiegel, historien mosellan. La statistique est néanmoins incomplète car les évacués mosellans réfugiés dans les départements voisins, ou dans le reste de la Moselle, n'avaient pas l'obligation de transiter par Saint-Dizier au retour.
13. Origine : Henri Hiegel.

Liste des communes évacuées avec les périodes d'évacuation

BAS-RHIN

Commune	Période d'évacuation
ALTENSTADT	1er septembre 1939-15 octobre 1940
ARTOLSHEIM	1er septembre 1939-1er juillet 1940
ASCHBACH	1er septembre 1939-15 octobre 1940
AUENHEIM	4 septembre 1939-29 septembre 1940
BALDENHEIM	8 juin 1940-22 juin 1940
BEINHEIM	1er septembre 1939-15 octobre 1940
BINDERNHEIM	1er septembre 1939-1er juillet 1940
BIRLENBACH	1er septembre 1939-15 octobre 1940
BISCHHEIM	1er septembre 1939-5 septembre 1940
BISSERT	27 mai 1940-15 juillet 1940
BOESENBIESEN	13 septembre 1939-4 juillet 1940
BOOFZHEIM	1er septembre 1939-14 août 1940
BOOTZHEIM	1er septembre 1939-8 septembre 1940
BREMMELBACH	1er septembre 1939-15 octobre 1940
BUHL	1er septembre 1939-15 octobre 1940
BUTTEN	27 mai 1940-15 juillet 1940
CLEEBOURG	1er septembre 1939-15 octobre 1940
CLIMBACH	1er septembre 1939-15 octobre 1940
GROETTWILLER	1er septembre 1939-15 octobre 1940
DALHUNDEN	2 septembre 1939-19 septembre 1940
DAMBACH	1er septembre 1939-20 octobre 1940
DAUBENSAND	1er septembre 1939-12 août 1940
DIEBOLSHEIM	1er septembre 1939-8 septembre 1940
DELHINGEN	27 mai 1940-15 juillet 1940
DOMFESSEL	27 mai 1940-15 juillet 1940
DRACHENBRONN	1er septembre 1939-15 octobre 1940
DRUSENHEIM	1er septembre 1939-15 août 1940
EBERBACH/Seltz	1er septembre 1939-15 octobre 1940
ELSENHEIM	1er septembre 1939-19 juin 1940
ERSTEIN (écart de Krafft à l'est du canal du Rhône au Rhin,	1er septembre 1939-25 juin 1940)
FORSTFELD	2 septembre 1939-5 octobre 1940
FORT-LOUIS	2 septembre 1939-10 octobre 1940
FRIESENHEIM	1er septembre 1939-14 août 1940
GAMBSHEIM	1er septembre 1939-1er octobre 1940
GERMINGEN	10 mai 1940-15 août 1940
GERSTHEIM	1er septembre 1939-12 août 1940
HAGUENAU (sauf annexes Marienthal et Hardhouse,	18 mai 1940-15 juillet 1940)
HATTEN	1er septembre 1939-15 octobre 1940
HEIDOLSHEIM	18 mai 1940-30 septembre 1940
HERBITZHEIM	1er septembre 1939-15 août 1940
HERMERSWILLER	1er septembre 1939-15 octobre 1940
HERRLISHEIM	1er septembre 1939-1er sept. 1940
HESSENHEIM	13 septembre 1939-1er juillet 1940
HILSENHEIM	annulé par Ve armée
HINSINGEN	27 mai 1940-15 juillet 1940
HOENHEIM	1er septembre 1939-1er octobre 1940
HOFFEN	1er septembre 1939-15 octobre 1940
HOHWILLER	22 mai 1940-11 juillet 1940
HUNSPACH	1er septembre 1939-15 octobre 1940
INGOLSHEIM	1er septembre 1939-15 octobre 1940
KAUFFENHEIM	2 septembre 1939-17 sept. 1940
KEFFENACH	1er septembre 1939-15 octobre 1940
KESKASTEL	1er septembre 1939-15 août 1940
KESSELDORF	1er septembre 1939-15 octobre 1940
KILSTETT	1er septembre 1939-1er octobre 1940
KUHLENDORF	22 mai 1940-15 juillet 1940
LAMPERTSLOCH	1er septembre 1939-15 octobre 1940
LANGENSOULTZBACH	1er septembre 1939-15 octobre 1940
LAUTERBOURG	1er septembre 1939-15 octobre 1940
LEITERSWILLER	1er septembre 1939-15 octobre 1940
LEMBACH	1er septembre 1939-15 octobre 1940
LEUTENHEIM	1er septembre 1939-15 sept. 1940
LOSBANN	1er septembre 1939-15 octobre 1940
LORENTZEN	27 mai 1940-15 juillet 1940
MACKENHEIM	1er septembre 1939-26 sept. 1940
MARCKOLSHEIM	1er septembre 1939-11 octobre 1940
MATTSTALL	1er septembre 1939-15 octobre 1940
MEMMELSHOFFEN	1er septembre 1939-15 octobre 1940
MOTHERN	1er septembre 1939-15 octobre 1940
MUNCHHAUSEN	1er septembre 1939-15 octobre 1940
MUSSIG	7 juin 1940-27 juin 1940
MUTTERSHOLTZ	8 juin 1940-23 juin 1940
NEEWILLER/Lauterbourg	1er septembre 1939-15 octobre 1940
NEEWILLER/Woerth	1er septembre 1939-15 octobre 1940
NIEDERBETSCHDORF	18 mai 1940-15 juillet 1940
NIEDERBRONN LES BAINS	2 septembre 1939-20 août 1940
NIEDERLAUTERBACH	1er septembre 1939-15 octobre 1940
NIEDERROEDERN	1er septembre 1939-15 octobre 1940
NIEDERSEEBACH	1er septembre 1939-15 octobre 1940
NIEDERSTEINBACH	1er septembre 1939-15 octobre 1940
NEUHAEUSEL	2 septembre 1939-3 septembre 1940
OBENHEIM	1er septembre 1939-12 août 1940
OBERBETSCHDORF	18 mai 1940-15 juillet 1940
OBERHOFFEN/Wissembourg	1er septembre 1939-15 octobre 1940
OBERLAUTERBACH	1er septembre 1939-15 octobre 1940
OBERROEDERN	1er septembre 1939-15 octobre 1940
OBERSEEBACH	1er sesptembre 1939-15 octobre 1940
OBERSTEINBACH	1er septembre 1939-15 octobre 1940
OFFENDORF	1er septembre 1939-10 septembre 1940
OHNENHEIM	18 mai 1940-26 juin 1940
OERMINGEN	1er septembre 1939-15 août 1940
PLOBSHEIM	1er septembre 1939-8 août 1940
PREUSCHDORF	14 mai 1940-26 juin 1940
REIMERSWILLER	20 mai 1940-5 juillet 1940
RETSCHWILLER	1er septembre 1939-15 octobre 1940
RICHTOLSHEIM	1er septembre 1939-23 août 1940
RIEDSELTZ	1er septembre 1939-15 octobre 1940
RHINAU	1er septembre 1939-14 août 1940
RITTERSHOFFEN	1er septembre 1939-15 octobre 1940
ROESCHWOOG	1er septembre 1939-5 octobre 1940
ROPPENHEIM	1er septembre 1939-14 août 1940
ROTT	1er septembre 1939-15 octobre 1940
ROUNTZENHEIM	2 septembre 1939-14 août 1940
SAASENHEIM	1er septembre 1939-24 août 1940
SALMBACH	1er septembre 1939-15 octobre 1940
SARRE-UNION	27 mai 1940-15 juillet 1940
SCHAFFHOUSE	1er septembre 1939-15 octobre 1940
SCHEIBENHARD	1er septembre 1939-15 octobre 1940
SCHILTIGHEIM	1er septembre 1939-1er octobre 1940
SCHIRRHEIM	24 mai 1939-15 juillet 1940
SCHIRRHOFEN	24 mai 1940-15 juillet 1940
SCHLEITHAL	1er septembre 1939-15 octobre 1940
SCHOENAU	1er septembre 1939-31 juillet 1940
SCHOENNENBOURG	1er septembre 1939-15 octobre 1940
SCHOPPERTEN	27 mai 1940-15 juillet 1940
SCHWABWILLER	22 mai 1940-25 juin 1940
SCHWOBSHEIM	1er septembre 1939-29 septembre 1940
SELTZ	1er septembre 1939-15 octobre 1940
SESSENHEIM	2 septembre 1939-15 octobre 1940
SIEGEN	1er septembre 1939-15 octobre 1940
SILTZHEIM	1er septembre 1939-15 août 1940
SOUFFLENHEIM	2 septembre 1939-27 septembre 1940
SOULTZ sous FORET	18 mai 1940-15 juillet 1940
STATTMATTEN	1er septembre 1939-6 octobre 1940
STEINSELTZ	1er septembre 1939-15 octobre 1940
STUNDWILLER	1er septembre 1939-15 octobre 1940
STRASBOURG	1er septembre 1939-1er octobre 1940
SUNDHOUSE	1er septembre 1939-6 août 1940
TRIMBACH	1er septembre 1939-15 octobre 1940
VOELLERDINGEN	27 mai 1940-15 juillet 1940
LA WANTZENAU	1er septembre 1939-1er octobre 1940
WINDSTEIN	1er septembre 1939-21 septembre 1940
WINGEN	1er septembre 1939-15 octobre 1940
WINTZENBACH	1er septembre 1939-15 octobre 1940
WISSEMBOURG	1er septembre 1939-15 octobre 1940
WITTISHEIM	19 mai 1940-23 juin 1940
BISCHWILLER	24 mai 1940
ROHRWILLER	24 mai 1940
OBERHOFFEN/Moder	24 mai 1940
GRIES	25 mai 1940
HOERDT	25 mai 1940
KURTZENHAUSEN	25 mai 1940
REICHSTETT	25 mai 1940
WEYERSHEIM	25 mai 1940

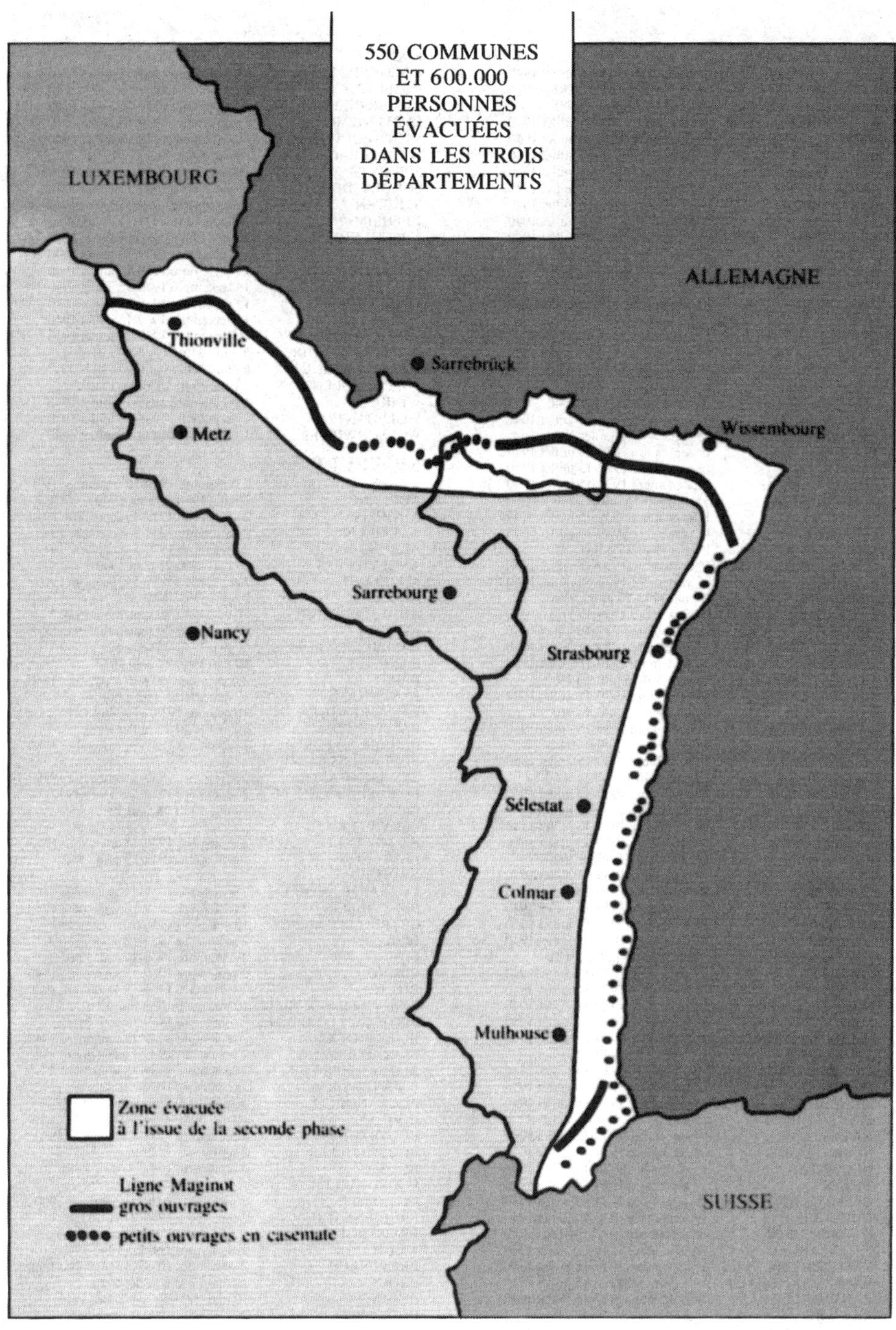
550 COMMUNES
ET 600.000
PERSONNES
ÉVACUÉES
DANS LES TROIS
DÉPARTEMENTS
LUXEMBOURG
ALLEMAGNE
Thionville
Sarrebrück
Metz
Wissembourg
Sarrebourg
Nancy
Strasbourg
Sélestat
Colmar
Mulhouse
SUISSE
Zone évacuée
à l'issue de la seconde phase
Ligne Maginot
gros ouvrages
petits ouvrages en casemate

HAUT-RHIN

ALGOLSHEIM	1er septembre 1939-15 juillet 1940
ANDOLSHEIM	6 juin 1940-15 juillet 1940
APPENWIHR	6 juin 1940-15 juillet 1940
ARTZENHEIM	1er septembre 1939-15 juillet 1940
ATTENSCHWILLER	1er septembre 1939-15 juillet 1940
BALGAU	1er septembre 1939-15 juillet 1940
BALTZENHEIM	1er septembre 1939-15 juillet 1940
BANTZENHEIM	1er septembre 1939-15 juillet 1940
BARTENHEIM	1er septembre 1939-15 juillet 1940
BETTLACH	1er septembre 1939-15 juillet 1940
BIEDERTHAL	1er septembre 1939-15 juillet 1940
BIESHEIM	1er septembre 1939-15 juillet 1940
BISCHWIHR	6 juin 1940-15 juillet 1940
BLODELSHEIM	1er septembre 1939-15 juillet 1940
BLOTZHEIM	1er septembre 1939-15 juillet 1940
BOURGFELDEN	1er septembre 1939-15 juillet 1940
BRINCKHEIM	1er septembre 1939-15 juillet 1940
BUSCHWILLER	1er septembre 1939-15 juillet 1940
CHALAMPE	1er septembre 1939-15 juillet 1940
DESSENHEIM	1er septembre 1939-15 juillet 1940
DIETWILLER	18 mai 1940-15 juillet 1940
DURRENENTZEN	1er septembre 1939-15 juillet 1940
ESCHENTZWILLER	18 mai 1940-15 juillet 1940
FESSENHEIM	1er septembre 1939-15 juillet 1940
FISLIS	1er septembre 1939-15 juillet 1940
FOLGENSBOURG	1er septembre 1939-15 juillet 1940
FORTSCHWIHR	6 juin 1940-15 juillet 1940
GEISPITZEN	1er septembre 1939-15 juillet 1940
GEISSWASSER	1er septembre 1939-15 juillet 1940
GRUSSENHEIM	19 mai 1940-15 juillet 1940
HAGENTHAL-le-BAS	1er septembre 1939-15 juillet 1940
HAGENTHAL-le-HAUT	1er septembre 1939-15 juillet 1940
HABSHEIM	18 mai 1940-15 juillet 1940
HEGENHEIM	1er septembre 1939-15 juillet 1940
HEITEREN	1er septembre 1939-15 juillet 1940
HELFRANTZKIRCH	1er septembre 1939-15 juillet 1940
HESINGUE	1er septembre 1939-15 juillet 1940
HETTENSCHLAG	6 juin 1940-15 juillet 1940
HIRTZFELDEN	1er septembre 1939-15 juillet 1940
HOLTZWIHR	6 juin 1940-15 juillet 1940
HOMBOURG	1er septembre 1939-15 juillet 1940
HORBOURG	6 juin 1940-15 juillet 1940
HUNINGUE	1er septembre 1939-15 juillet 1940
JEBSHEIM	19 mai 1940-15 juillet 1940
KAPPELEN	1er septembre 1939-15 juillet 1940
KEMBS	1er septembre 1939-15 juillet 1940
KIFFIS	1er septembre 1939-15 juillet 1940
KNOERINGEN	1er septembre 1939-15 juillet 1940
KOETZINGEN	18 mai 1940-15 juillet 1940
KUENHEIM	1er septembre 1939-15 juillet 1940
LEYMEN	1er septembre 1939-15 juillet 1940
LIEBENSWILLER	1er septembre 1939-15 juillet 1940
LIGSDORF	1er septembre 1939-15 juillet 1940
LINSDORF	1er septembre 1939-15 juillet 1940
LOGELHEIM	6 juin 1940-15 juillet 1940
LUCELLE	1er septembre 1939-15 juillet 1940
LUTTER	1er septembre 1939-15 juillet 1940
MAGSTATT-le-BAS	1er septembre 1939-15 juillet 1940
MAGSTATT-le-HAUT	1er septembre 1939-15 juillet 1940
MICHELBACH-le-BAS	1er septembre 1939-15 juillet 1940
MICHELBACH-le-HAUT	1er septembre 1939-15 juillet 1940
MOYEN-MUESPACH	1er septembre 1939-15 juillet 1940
MUESPACH-le-HAUT	1er septembre 1939-15 juillet 1940
MUNCHHOUSE	1er septembre 1939-15 juillet 1940
MUNTZENHEIM	19 mai 1940-15 juillet 1940
NAMBSHEIM	1er septembre 1939-15 juillet 1940
NEUF-BRISACH	1er septembre 1939-15 juillet 1940
NEUWILLER	1er septembre 1939-15 juillet 1940
NIFFER	1er septembre 1939-15 juillet 1940
OBERSAASHEIM	1er septembre 1939-15 juillet 1940
OLTINGUE	1er septembre 1939-15 juillet 1940
OTTMARSHEIM	1er septembre 1939-15 juillet 1940
PETIT-LANDAU	1er septembre 1939-15 juillet 1940
RAEDERSDORF	1er septembre 1939-15 juillet 1940
RANSPACH-LE-HAUT	1er septembre 1939-15 juillet 1940
RANSPACH-LE-BAS	1er septembre 1939-15 juillet 1940
RIEDWIHR	6 juin 1940-15 juillet 1940
RIXHEIM	18 mai 1940-15 juillet 1940
ROGGENHOUSE	1er septembre 1939-15 juillet 1940
ROSENAU	1er septembre 1939-15 juillet 1940
RUMERSHEIM	1er septembre 1939-15 juillet 1940
RUSTENHART	1er septembre 1939-15 juillet 1940
SAINT-LOUIS	1er septembre 1939-15 juillet 1940
SCHLIERBACH	18 mai 1940-15 juillet 1940
SIERENTZ	1er septembre 1939-15 juillet 1940
SONDERSDORF	1er septembre 1939-15 juillet 1940
STETTEN	1er septembre 1939-15 juillet 1940
UFFHEIM	1er septembre 1939-15 juillet 1940
URSCHENHEIM	19 mai 1940-15 juillet 1940
VILLAGE-NEUF	1er septembre 1939-15 juillet 1940
VOGELGRUN	1er septembre 1939-15 juillet 1940
VOLGELSHEIM	1er septembre 1939-15 juillet 1940
WALTENHEIM	1er septembre 1939-15 juillet 1940
WECKOLSHEIM	1er septembre 1939-15 juillet 1940
WENTZWILLER	1er septembre 1939-15 juillet 1940
WICKERSCHWIHR	6 juin 1940-15 juillet 1940
WIHR-en-PLAINE	6 juin 1940-15 juillet 1940
WIEDENSOLEN	18 mai 1940-15 juillet 1940
WINKEL	1er septembre 1939-15 juillet 1940
WOLFGANTZEN	1er septembre 1939-15 juillet 1940
WOLSCHWILLER	1er septembre 1939-15 juillet 1940

MOSELLE

ACHEN	2 septembre 1939-15 septembre 1940
ADELANGE	20 mai 1940-26 août 1940
ALTRIPPE	2 septembre 1939-19 septembre 1940
ALTVILLER	2 septembre 1939-7 septembre 1940
ALZING	2 septembre 1939-5 septembre 1940
ANGEVILLERS	10 mai 1940-25 août 1940
ANZELING	2 septembre 1939-5 septembre 1940
APACH	2 septembre 1939-24 septembre 1940
AUDUN-LE-TICHE	10 mai 1940-30 septembre 1940
AUMETZ	10 mai 1940-30 septembre 1940
BAMBIDERSTROFF	10 mai 1940-23 septembre 1940
BANNAY	10 mai 1940-15 août 1940
BARST	2 septembre 1939-10 septembre 1940
BASSE-HAM	10 mai 1940-5 août 1940
BASSE-RENTGEN	18 octobre 1939-6 octobre 1940
BASSE-YUTZ	20 mai 1940-1er juillet 1940
BEHREN-les-FORBACH	2 septembre 1939-10 septembre 1940
BENING-LES-SAINT LES-SAINT-AVOLD	2 septembre 1939-5 septembre 1940
BERG-SUR-MOSELLE	2 septembre 1939-5 octobre 1940
BERTING	10 mai 1940-28 août 1940
BERVILLER-EN-MOSELLE	2 septembre 1939-12 novembre 1940
BETTANGE	2 septembre 1939-29 août 1940
BETTING-LES-SAINT-AVOLD	2 septembre 1939-2 septembre 1940
BETTVILLER	2 septembre 1939-15 septembre 1940
BEYREN-LES-SIERCK	17 octobre 1939-26 octobre 1940
BIBICHE	2 septembre 1939-12 octobre 1940
BIDING	2 septembre 1939-20 août 1940
BINING	2 septembre 1939-15 septembre 1940
BITCHE	2 septembre 1939-15 septembre 1940
BIONVILLE-SUR-NIED	10 mai 1940-6 octobre 1940
BISTEN-EN-LORRAINE	2 septembre 1939-19 août 1940
BLIESBRUCK	2 septembre 1939-15 septembre 1940
BLIES-EGERSING	2 septembre 1939-15 septembre 1940
BLIES-GUERSWILLER	2 septembre 1939-15 septembre 1940
BOUCHEPORN	2 septembre 1939-4 septembre 1940
BOULANGE	10 mai 1940-30 septembre 1940
BOULAY	10 mai 1940-5 août 1940
BOUSBACH	2 septembre 1939-8 septembre 1940
BOUSSEVILLER	2 septembre 1939-9 mai 1945
BOUST	2 septembre 1939-30 août 1940
BOUZONVILLE (et annexe)	2 septembre 1939-2 septembre 1940
BREIDENBACH	2 septembre 1939-9 mai 1945
BREISTROFF-LA-GRANDE	18 octobre 1939-4 octobre 1940
BRETTNACH	2 septembre 1939-11 septembre 1940
BROUCK	10 mai 1940-8 juillet 1940
BUDING	10 mai 1940-30 septembre 1940
BUDLING	2 septembre 1939-30 août 1940

BURTONCOURT 18 mai 1940-18 août 1940
CAPPEL 2 septembre 1939-12 septembre 1940
CARLING 2 septembre 1939-28 septembre 1940
CATTENOM 10 mai 1940-1er août 1940
CHATEAU-ROUGE 2 septembre 1939-5 octobre 1940
CHARLEVILLE-SOUS-BOIS 17 mai 1940-1er septembre 1940
CHEMERY-LES-DEUX 2 septembre 1939-1er octobre 1940
COCHEREN 2 septembre 1939-10 septembre 1940
COLMEN 2 septembre 1939-10 août 1940
CONDE-NORTHEN 10 mai 1940-18 août 1940
CONTZ-LES-BAINS 2 septembre 1939-24 septembre 1940
COUME 2 septembre 1939-1er septembre 1940
CREHANGE 10 mai 1940-20 juillet 1940
CREUTZWALD-LA-CROIX 2 septembre 1939-18 septembre 1940
DALEM 2 septembre 1939-10 septembre 1940
DALSTEIN 2 septembre 1939-18 octobre 1940
DENTING 2 septembre 1939-2 septembre 1940
DIEBLING 2 septembre 1939-12 septembre 1940
DIFFEMBACH-LES-HELLIMER 2 septembre 1939-10 septembre 1940
DOURD'HAL 2 septembre 1939-19 octobre 1940
EBLANGE 2 septembre 1939-18 août 1940
EBERSVILLER 10 mai 1940-5 septembre 1940
EGUELSHARDT 2 septembre 1939-15 septembre 1940
ELVANGE 10 mai 1940-15 août 1940
ELZANGE 10 mai 1940-4 août 1940
ENCHENBERG 10 mai 1940-15 septembre 1940
ENTRANGE 10 mai 1940-1er août 1940
EPPING 2 septembre 1939-9 mai 1945
ERCHING 2 septembre 1939-15 septembre 1940
ERNESTVILLER 2 septembre 1939-23 septembre 1940
ESCHERANGE 20 octobre 1939-20 septembre 1940
ERSTROFF 10 mai 1940-8 septembre 1940
ETTING 2 septembre 1939-15 septembre 1940
EVRANGE 18 octobre 1939-6 octobre 1940
EZBLING 2 septembre 1939-15 septembre 1940
FALCK 2 septembre 1939-5 septembre 1940
FAREBERSVILLER 2 septembre 1939-3 septembre 1940
FARSCHVILLER 2 septembre 1939-22 septembre 1940
FAULQUEMONT 10 mai 1940-15 août 1940
FILSTROFF 2 septembre 1939-6 octobre 1940
FIXEM 2 septembre 1939-8 octobre 1940
FLASTROFF 2 septembre 1939-24 septembre 1940
FLETRANGE 10 mai 1940-9 août 1940
FOLKLING 2 septembre 1939-20 septembre 1940
FOLPERSVILLER 2 septembre 1939-15 septembre 1940
FOLSCHVILLER 2 septembre 1939-12 septembre 1940
FONTOY 10 mai 1940-30 septembre 1940
FORBACH 2 septembre 1939-7 septembre 1940
FOULIGNY 10 mai 1940-15 août 1940
FRANCALTROFF 14 juin 1940-30 juin 1940
FRAUENBERG 2 septembre 1939-15 septembre 1940
FREISTROFF 2 septembre 1939-15 septembre 1940
FREMESTROFF 2 septembre 1939-10 septembre 1940
FREYBOUSE 10 mai 1940-8 septembre 1940
FREYMING 2 septembre 1939-15 septembre 1940
GARCHE 10 mai 1940-1er août 1940
GAVISSE 5 octobre 1940
GOETZENBRUCK 10 mai 1940-15 septembre 1940
GOMELANGE 2 septembre 1939-28 septembre 1940
GRENING 10 mai 1940-8 septembre 1940
GRINDORFF 2 septembre 1939-24 septembre 1940
GROSBLIEDERSTROFF 2 septembre 1939-15 septembre 1940
GROS-REDERCHING 2 septembre 1939-15 septembre 1940
GROSTENQUIN 10 mai 1940-8 septembre 1940
GRUNDVILLER 2 septembre 1939-15 septembre 1940
GUEBENHOUSE 2 septembre 1939-15 septembre 1940
GUEBLANGE-LES-SARRALBE 2 septembre 1939-18 septembre 1940
GUENVILLER 2 septembre 1939-3 septembre 1940
GUERTING 2 septembre 1939-5 octobre 1940
GUERSTLING 2 septembre 1939-15 septembre 1940
GUESSLING-HEMERING 10 mai 1940-8 septembre 1940
GUINGLANGE 10 mai 1940-16 août 1940
GUINKIRCHEN 10 mai 1940-1er septembre 1940
GUIRLANGE 2 septembre 1939-15 août 1940
HAGEN 18 octobre 1939-6 octobre 1940
HALLERING 10 mai 1940-12 septembre 1940
HALLING-LES-BOULAY 10 mai 1940-24 août 1940
HALSTROFF 2 septembre 1940-24 septembre 1940
HAMBACH 2 septembre 1939-15 septembre 1940
HAM-SOUS-VARSBERG 2 septembre 1939-15 août 1940
HANVILLER 2 septembre 1939-9 mai 1945
HARGARTEN-AUX-MINES 2 septembre 1939-5 septembre 1940
HASPELCHIEDT 2 septembre 1939-9 mai 1945
HAUTE-KONTZ 2 septembre 1939-24 septembre 1940
HAUTE-VIGNEULLES 10 mai 1940-9 août 1940
HAVANGE 10 mai 1940-30 septembre 1940
HAZEMBOURG 10 mai 1940-20 septembre 1940
HEINING 2 septembre 1939-15 octobre 1940
HELLIMER 3 septembre 1939-12 septembre 1940
HELSTROFF 10 mai 1940-20 août 1940
HENRIVILLE 2 septembre 1939-6 septembre 1940
HESTROFF 2 septembre 1939-1er octobre 1940
HETTANGE-GRANDE 10 mai 1940-1er août 1940
HILSPRICH 2 septembre 1939-30 septembre 1940
HINCKANGE 10 mai 1940-1er septembre 1940
HOLLING 2 septembre 1939-1er septembre 1940
HOLVING 2 septembre 1939-18 septembre 1940
HOMBOURG-BUDANGE 10 mai 1940-30 septembre 1940
HOMBOURG-HAUT 2 septembre 1939-19 septembre 1940
HONSKIRCH 10 mai 1940-30 juin 1940
HOPITAL (L') 2 septembre 1939-19 octobre 1940
HOSTE-HAUT 2 septembre 1939-14 septembre 1940
HOTTVILLER 2 septembre 1939-9 mai 1945
HUNDLING 2 septembre 1939-15 septembre 1940
HUNTING 2 septembre 1939-24 septembre 1940
INGLANGE 10 mai 1940-30 septembre 1940
INSMING 2 septembre 1939-15 juin 1940
IPPLING 2 septembre 1939-15 septembre 1940
KALHAUSEN 2 septembre 1939-15 septembre 1940
KANFEN 2 septembre 1939-30 août 1940
KAPPELKINGER 2 septembre 1939-20 septembre 1940
KEDANGE 10 mai 1940-30 septembre 1940
KEMPLICH 2 septembre 1939-30 septembre 1940
KERBACH 2 septembre 1939-10 septembre 1940
KERLING 2 septembre 1939-24 septembre 1940
KIRCH LES SIERK 2 septembre 1939-24 septembre 1940
KIRSCHNAUMEN 2 septembre 1939-24 septembre 1940
KIRVILLER 10 mai 1940-17 septembre 1940
KLANG 2 septembre 1939-30 septembre 1940
KOECKING 10 mai 1940-1er août 1940
KOENIGSMACKER 2 septembre 1939-10 octobre 1940
LACHAMBRE 2 septembre 1939-13 septembre 1940
LAMBACH 2 septembre 1939-15 septembre 1940
LANING 2 septembre 1939-28 août 1940
LAUDREFANG 2 septembre 1939-5 août 1940
LAUMESFELD 2 septembre 1939-24 septembre 1940
LAUNSTROFF 2 septembre 1939-24 septembre 1940
LELLING 2 septembre 1939-26 août 1940
LENGELSHEIM 2 septembre 1939-9 mai 1945
LEYVILLER 2 septembre 1939-10 septembre 1940
LIEDERSCHIEDT 2 septembre 1939-9 mai 1945
LIXING-LES-ROUHLING 2 septembre 1939-15 septembre 1940
LIXING-LES-SAINT-AVOLD 2 septembre 1939-22 août 1940
LONGEVILLE-LES-SAINT-AVOLD 2 septembre 1939-18 août 1940
LOUPERSHOUSE 2 septembre 1939-15 septembre 1940
LOUTREMANGE 10 mai 1940-18 août 1940
LOUTZVILLER 2 septembre 1939-9 mai 1945
MACHEREN 2 septembre 1939-18 septembre 1940
MALLING 2 septembre 1939-24 septembre 1940
MANDEREN 2 septembre 1939-24 septembre 1940
MANOM 19 mai 1940-22 août 1940
MARANGE-ZONDRANGE 10 mai 1940-15 septembre 1940

MAXSTADT	2 septembre 1939-20 août 1940
MEGANGE	10 mai 1940-23 août 1940
MENSKIRCH	2 septembre 1939-21 septembre 1940
MERLEBACH	2 septembre 1939-19 septembre 1940
MERSCHWEILER	2 septembre 1939-24 septembre 1940
MERTEN	2 septembre 1939-15 septembre 1940
METZING	2 septembre 1939-14 septembre 1940
MOMERSTROFF	10 mai 1940-1er septembre 1940
MONDORFF	19 octobre 1939-20 septembre 1940
MONNEREN	2 septembre 1939-30 septembre 1940
MONTBRONN	10 mai 1940-15 septembre 1940
MONTENACH	2 septembre 1939-24 septembre 1940
MORSBACH	2 septembre 1939-20 septembre 1940
NARBEFONTAINE	10 mai 1940-31 août 1940
NELLING	10 mai 1940-20 septembre 1940
NEUFGRANGE	2 septembre 1939-15 septembre 1940
NEUNKIRCH-LES-SARREGUEMINES	2 septembre 1939-15 septembre 1940
NEUNKIRCHEN-LES-BOUZONVILLE	2 septembre 1939-30 septembre 1940
NIEDERVISSE	2 septembre 1939-19 août 1940
NOUSSEVILLER-LES-BITCHE	2 septembre 1939-9 mai 1945
NOUSSEVILLER-LES-PUTTELANGE	2 septembre 1939-11 septembre 1940
OBERDORF	2 septembre 1939-5 octobre 1940
OBERVISSE	2 septembre 1939-22 août 1940
OBERGAILBACH	2 septembre 1939-15 septembre 1940
OETING	2 septembre 1939-14 septembre 1940
OEUTRANGE	10 mai 1940-1er août 1940
OTTANGE	28 octobre 1939-20 septembre 1940
OTTONVILE	2 septembre 1939-1er septembre 1940
ORMERSVILLER	2 septembre 1939-9 mai 1945
OUDRENNE	2 septembre 1939-20 septembre 1940
PETIT-REDERCHING	2 septembre 1939-15 septembre 1940
PETIT-TENQUIN	2 septembre 1939-16 septembre 1940
PETITE-ROSSELLE	2 septembre 1939-8 septembre 1940
PHILIPPSBOURG	2 septembre 1939-15 septembre 1940
PIBLANGE	10 mai 1940-18 août 1940
PONTPIERRE	10 mai 1940-15 août 1940
PORCELETTE	2 septembre 1939-24 septembre 1940
PUTTELANGE-LES-FARSCHVILLER	2 septembre 1939-24 septembre 1940
PUTTELANGE-LES-THIONVILLE	17 octobre 1939-6 novembre 1940
RAHLING	10 mai 1940-15 septembre 1940
REDANGE	10 mai 1940-30 septembre 1940
REMELFANG	2 septembre 1939-5 septembre 1940
REMELFING	2 septembre 1939-15 septembre 1940
REMELING	2 septembre 1939-24 septembre 1940
REMERING-LES-HARGARTEN	2 septembre 1939-5 octobre 1940
REMERING-LES-PUTTELANGE	2 septembre 1939-22 septembre 1940
RETTEL	2 septembre 1939-24 septembre 1940
REYERSVILLER	2 septembre 1939-15 septembre 1940
RICHELING	2 septembre 1939-17 septembre 1940
RIMLING	2 septembre 1939-15 septembre 1940
RITZING	2 septembre 1939-24 septembre 1940
ROCHONVILLERS	20 octobre 1939-1er octobre 1940
RODEMACK	17 octobre 1939-19 septembre 1940
ROHRBACH-LES-BITCHE	2 septembre 1939-15 septembre 1940
ROLBING	2 septembre 1939-9 mai 1945
ROPPEVILLER	2 septembre 1939-9 mai 1945
ROSBRUCK	2 septembre 1939-6 septembre 1940
ROUHLING	2 septembre 1939-15 septembre 1940
ROUPELDANGE	10 mai 1940-15 août 1940
ROUSSY-LE-VILLAGE	2 septembre 1939-20 août 1940
RUSSANGE	10 mai 1940-30 septembre 1940
RUSTROFF	2 septembre 1939-24 septembre 1940
SAINT-AVOLD	2 septembre 1939-25 septembre 1940
SAINT-BERNARD	10 mai 1940-2 septembre 1940
SAINT-FRANÇOIS-LACROIX	2 septembre 1939-7 octobre 1940
SAINT-JEAN-ROHRBACH	2 septembre 1939-15 septembre 1940

SARRALBE	2 septembre 1939-18 septembre 1940
SARREGUEMINES	2 septembre 1939-15 septembre 1940
SARREINSBERG	10 mai 1940-15 septembre 1940
SARREINSMING	2 septembre 1939-15 septembre 1940
SCHMITTVILER	2 septembre 1939-15 septembre 1940
SCHOENECK	2 septembre 1939-4 septembre 1940
SCHORBACH	2 septembre 1939-9 mai 1945
SCHWERDORFF	2 septembre 1939-7 octobre 1940
SCHWEYEN	2 septembre 1939-9 mai 1945
SEINGBOUSE	2 septembre 1939-6 septembre 1940
SENTZICH	2 septembre 1939-8 octobre 1940
SIERCK	2 septembre 1939-24 septembre 1940
SIERSTHAL	2 septembre 1939-15 septembre 1940
SPICHEREN	2 septembre 1939-9 septembre 1940
STIRING-WENDEL	2 septembre 1939-14 septembre 1940
STURZELBRONN	2 septembre 1939-15 septembre 1940
THEDING	2 septembre 1939-10 septembre 1940
TENTELING	2 septembre 1939-10 septembre 1940
TETERCHEN	2 septembre 1939-16 septembre 1940
TETING	2 septembre 1939-24 septembre 1940
THIONVILLE	12 mai 1940-20 juin 1940
TRESSANGE	10 mai 1940-30 septembre 1940
TRITTELING	10 mai 1940-30 juin 1940
TROMBORN	2 septembre 1939-15 décembre 1940
VAHL-LES-FAULQUEMONT	10 mai 1940-29 août 1940
VAHL-EBERSING	2 septembre 1939-2 septembre 1940
VALMESTROFF	10 mai 1940-9 août 1940
VALMONT	2 septembre 1939-24 septembre 1940
VALMUNSTER	2 septembre 1939-2 septembre 1940
VARIZE	10 mai 1940-28 août 1940
VARSBERG	2 septembre 1939-15 août 1940
VAUDRECHING	2 septembre 1939-6 octobre 1940
VECKRING	2 septembre 1939-30 septembre 1940
VELVING	2 septembre 1939-8 octobre 1940
VILLING	2 septembre 1939-4 octobre 1940
VITTERSBOURG	28 mai 1940-11 août 1940
VOELFLING-LES-BOUZONVILLE	2 septembre 1939-5 octobre 1940
VOLMERANGE-LES-BOULAY	10 mai 1940-18 août 1940
VOLMERANGE-LES-MINES	20 octobre 1939-20 septembre 1940
VOLMUNSTER	2 septembre 1939-9 mai 1945
WALDHOUSE	2 septembre 1939-9 mai 1945
WALDVISSE	2 septembre 1939-24 septembre 1940
WALDWEISTROFF	2 septembre 1939-24 septembre 1940
WALSCHBRONN	2 septembre 1939-9 mai 1945
WELFERDING	2 septembre 1939-15 septembre 1940
WILLERWALD	2 septembre 1939-19 septembre 1940
WIESWILLER	2 septembre 1939-15 septembre 1940
WITTRING	2 septembre 1939-15 septembre 1940
WOELFLING-LES-SARREGUEMINES	2 septembre 1939-15 septembre 1940
WOUSTWILLER	2 septembre 1939-15 septembre 1940
ZIMMING	10 mai 1940-5 octobre 1940
ZETTING	2 septembre 1939-15 septembre 1940
ZOUFFTGEN	2 septembre 1939-31 août 1940

Nota ; les communes de LEMBERG et VALLERANGE évacuées les 23 mai et début juin 1940 à MITTELBRONN et KERPRICH-LES-DIEUZE (Moselle) ne sont pas mentionnées sur le J.O. du 22.6.1947 et ses additifs. Les communes de VEYMERANGE et HAUTE-YUTZ évacuées les 22 et 24 mai 1940 ne sont pas mentionnées évacuées à ces dates mais du 22 juin au 26 juin 1940 et du 24 juin au 26 juin 1940.

Liste des communes dont les habitants ont été totalement expulsés par les Allemands

ABONCOURT-SUR-SEILLE	17 novembre 1940-9 mai 1945
AJONCOURT	19 novembre 1940-9 mai 1945
ANGVILLER-LES-BISPING	13 novembre 1940-9 mai 1945
ATTILONCOURT	15 novembre 1940-9 mai 1945
AULNOIS-SUR-SEILLE	15 août 1940-9 mai 1945
BELLANGE	18 novembre 1940-9 mai 1945
BEZANGE-LA-PETITE	18 novembre 1940-9 mai 1945
BREHAIN	20 novembre 1940-9 mai 1945
CHICOURT	20 novembre 1940-9 mai 1945
DEDELING	20 novembre 1940-9 mai 1945
DONJEUX	19 novembre 1940-9 mai 1945
FLOCOURT	18 novembre 1940-9 mai 1945
FREMERY	20 novembre 1940-9 mai 1945
GREMECEY	17 novembre 1940-9 mai 1945
JUVELIZE	16 novembre 1940-9 mai 1945
LEMONCOURT	18 novembre 1940-9 mai 1945
LEY	17 novembre 1940-9 mai 1945
LIDREQUIN	20 novembre 1940-9 mai 1945
MALAUCOURT-SUR-SEILLE	18 novembre 1940-9 mai 1945
MORVILLE-SUR-NIED	20 novembre 1940-9 mai 1945
OMMERAY	17 novembre 1940-9 mai 1945
PAGNY-LES-GOIN	14 novembre 1940-9 mai 1945
PETTONCOURT	15 novembre 1940-9 mai 1945
PREVOCOURT	20 novembre 1940-9 mai 1945
ROLBING	12 octobre 1940-9 mai 1945
TARQUIMPOL	20 novembre 1940-9 mai 1945
VANNECOURT	18 novembre 1940-9 mai 1945
XOCOURT	20 novembre 1940-9 mai 1945
ZARBELING	19 novembre 1940-9 mai 1945
ZOMMANGE	17 novembre 1940-9 mai 1945

(Journal Officiel du 10 avril 1948)

En janvier 1945, Strasbourg a failli être évacué une seconde fois

Après la brutale et ultime contre-offensive allemande du 16 décembre 1944 de von Rundstett dans les Ardennes belges et luxembourgeoises, le commandement allié se trouve dans l'obligation de prélever des troupes en Alsace et en Moselle, dégarnissant ainsi dangereusement le front, ce qui n'échappe pas à l'ennemi. Le 28 décembre 1944, le général Eisenhower donne l'ordre de repli stratégique sur les Vosges en cas d'attaque puissante adverse. De fait, le 31 décembre 1944, les Allemands passent à l'attaque à Bitche, en Moselle, et ils reprennent Wissembourg et d'autres localités du nord de l'Alsace. Aussitôt, malgré la neige et le froid un flot de plusieurs milliers de civils s'écoule vers Saverne. C'est le second exode depuis 1939. Haguenau et ses environs sont particulièrement évacués. L'ennemi évacuera, quant à lui, Outre-Rhin, les habitants de plusieurs communes du nord du Bas-Rhin.

Le 1er janvier 1945, l'ordre de repli américain devient effectif et, dès qu'il est connu, une panique s'empare de la population. Des milliers d'habitants de Strasbourg quittent la ville en empruntant les routes en direction de l'ouest, les mêmes que celles de septembre 1939. A ce moment-là, il y a 3 compagnies US aux abords du Rhin, 4 escadrons de la garde en ville et les F.F.I. locaux.

Le 2 janvier 1945, le général Schwartz, gouverneur militaire de Strasbourg, celui-là même qui avait refusé de déposer les armes en 1940 sur la ligne Maginot, reçoit l'ordre d'évacuer Strasbourg. Il faut l'intervention du général de Gaulle auprès du général Eisnhower pour que celui-ci modifie ses plan. La 1ere Armée française prendra à son compte la défense de la ville en étendant son secteur de la moyenne Alsace jusqu'au nord de Strasbourg.

Dans la nuit du 4 au 5 janvier 1945, les Allemands franchissent le Rhin à Gambsheim, à 15 kilomètres au nord de Strasbourg. Dès que l'information est connue de nombreux habitants de la banlieue plient à nouveau bagages et quittent les lieux vers l'ouest. Dans la journée du 5, une affiche signée du général Schwartz est placardée en ville. Elle fait appel à tous les volontaires pour défendre l'Alsace. Dans l'après-midi du même jour, l'avance allemande est fixée à Kilstett par un groupement de la Garde envoyé en reconnaissance depuis Strasbourg. Dès lors, la ville échappe à une seconde tragédie.

Cependant, au reçu de l'ordre d'évacuer, un plan d'évacuation est préparé. Il prévoit le repli des services administratifs civils le 3 janvier 1945 dans l'après-midi par voie ferrée. Dans la nuit, également par voie ferrée, plusieurs trains devront emmener les personnels des services militaires et de sécurité ainsi que 2000 F.F.I. avec leurs familles. Le lendemain, dans la nuit, est prévu le départ des autorités civiles et militaires.

La teneur exacte de l'ordre d'évacuation du 2 janvier 1945 n'est pas connue mais tout le monde est persuadé que la population est abandonnée. C'est ce qui ressort clairement du télégramme adressé le 3 janvier 1945 au général de Gaulle, chef du gouvernement, par Charles Frey, le maire : «Je proteste avec la dernière énergie contre les mesures de repliement projetées par le commandement américain. Je lui conteste le droit de sacrifier la totalité de la population. Je demande que Strasbourg soit défendu à tout prix et réclame des troupes françaises.» (Cité dans les Mémoires de Charles de Gaulle, Le Salut, Plon, Paris, 1959)

JANVIER 45:
CINQ ANS APRÈS,
LA RÉGION DE
HAGUENAU
EST ÉVACUÉE
UNE SECONDE
FOIS

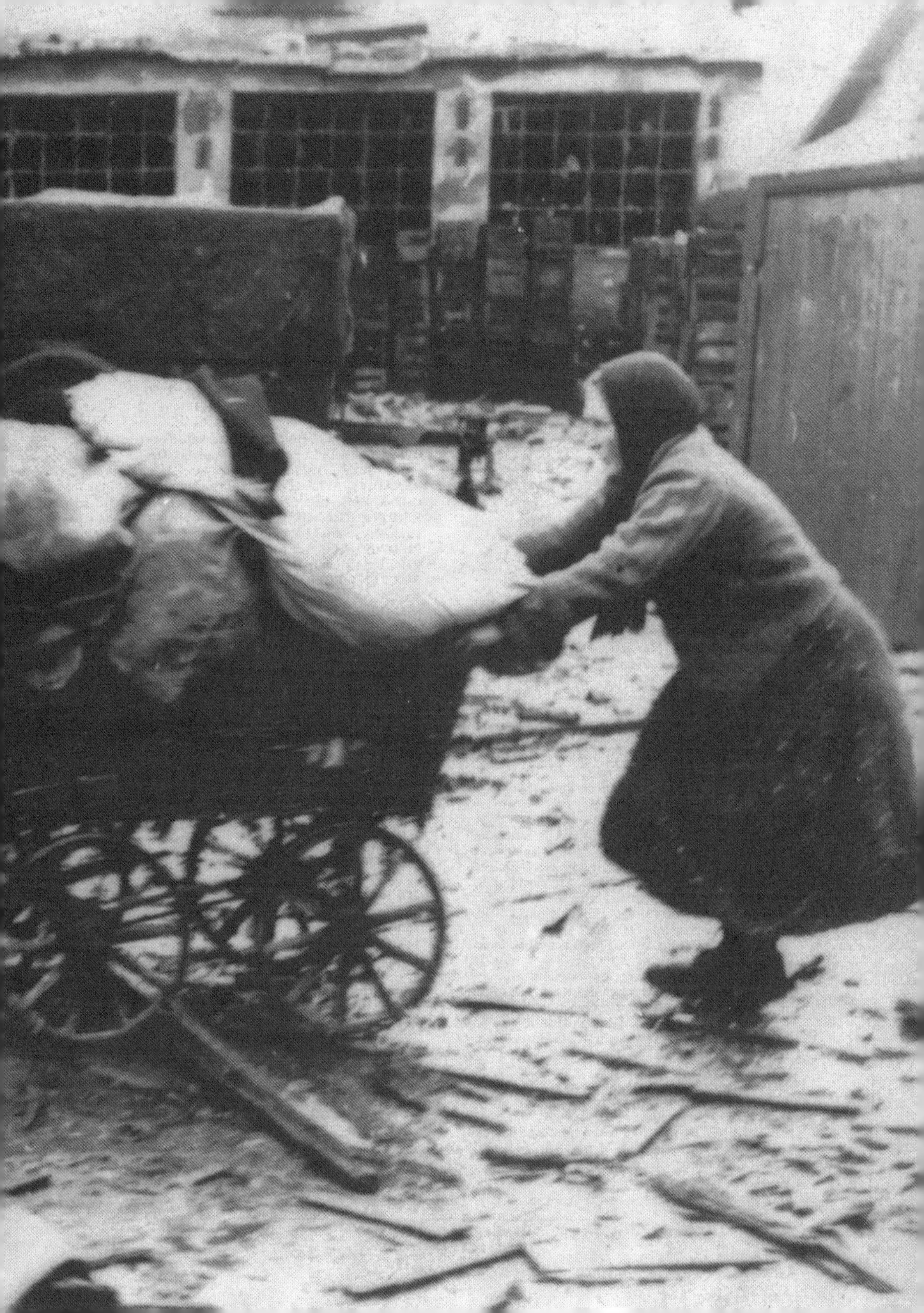

BIBLIOGRAPHIE

AMOUROUX (Henri), Le peuple du désastre 1939-1940, France-Loisirs, Paris, 1985 ;
BENE (Charles), l'Alsace dans les griffes nazies, Fetzer, Raon-l'Etape, 1973 ;BOCKEL (Pierre), Alsace et Lorraine terres françaises, Les Dernières Nouvelles d'Alsace, Strasbourg, 1975 ;
BOPP (Marie-Joseph), l'Alsace sous l'occupation allemande 1940-1945, Xavier Mappus, Le Puy, 1945 ;
BRUGE (Roger), Offensive sur le Rhin, Fayard, Paris, 1977 ;
BUSSER (Jean-Martin), Juin 1940 combats sur le Rhin et dans les Vosges, Alsatia, Colmar, 1978 ;
Cahiers du Témoignage Chrétien 1945 (édition publique de l'édition clandestine d'octobre à décembre 1943) ;
CERNAY (Louis) (pseudonyme), Le maréchal Pétain, l'Alsace et la Lorraine, Faits et Documents 1940-1944, Les Iles d'Or, Paris, 1955 ;
CEZARD (Pierre), l'annexion de fait de l'Alsace-Lorraine, archives nationales, Paris, 1953 ;
CLAUSER (M.), Le Haut-Rhin de 1940 à 1945, arch. du Haut-Rhin, Colmar, 1964 ;
CLEMENT (G.R.), L'Alsace en guerre 1940-1944, Istra, Strasbourg, 1945 ;
DENIS (Colonel), la guerre 1939-1940 en Alsace et dans les Vosges, Colmar, 1977 ;
DICOP (Nicolas), la destruction des Ponts dans la basse vallée de la Moselle au cours de la campagne de mai-juin 1940, Cahiers Lorrains, Metz, 1985 ;
DIETRICH (Claire), l'Evacuation de l'Alsace du Nord et ses problèmes, mémoire, arch. départ. du Bas-Rhin, Strasbourg, 1986 ;
ECCARD (Frédéric), Mes carnets 1939/40 avec les Alsaciens évacués en Périgord, Les Dernières Nouvelles d'Alsace, Strasbourg, 1952 ;
ENCYCLOPEDIE D'ALSACE, volume 10, 1985 ;
EUDE (Pierre), La Chambre de commerce de Strasbourg pendant la guerre 1939-1944, souvenirs, Strasbourg, 1949 ;
FOESSEL (G.), l'évacuation de Strasbourg 2-4 septembre 1939, Revue historique de l'armée, Paris, 1973 ;
GACHOT (Edouard), La dispute du Rhin, Payot, Paris, 1952 ;
GAMELIN (Général), Servir, Plon, Paris, 1946 ;
GRELL (Ernest), Têtes carrées, O. Bœhm, Strasbourg, 1955 ;
HABERMEYER (Dominique), Histoire des Dernières Nouvelles d'Alsace, La Nuée Bleue, Strasbourg, 1987 ;
HIEGEL (Henri), La drôle de guerre 1939/40 en Moselle, tomes I et II, 3 sept. 1939 au 4 juillet 1940, Pierron, Sarreguemines, 1983, 1984 ;
Histoire de Strasbourg des origines à nos jours, tome IV, Strasbourg, 1982 ;
HOCHSTUHL (Kurt), Etudes Universitaires Européennes, Zwischen Frieden und Krieg ; Das Elsass in den Jahren 1938-1940, Lang, Frankfurt, 1984 ;
KETTENACKER (Lothar), Nationalsozialistische Volksumspolitik im Elsass, Stuttgart, 1973, (ouvrage traduit en français et publié dans la revue Saisons d'Alsace n°65 et 68 sous le titre «La politique de nazification en Alsace, Istra, Strasbourg, 1978/1979 ;
LE GOYET (Pierre), Le mystère Gamelin, Presses de la Cité, Paris, 1975 ;
LE MOIGNE (F. Yves), La presse mosellane de l'exil 1939/1945, Cahiers Lorrains, Metz, 1983 ;
LORRAINE (Jacques), Les Allemands en France, P. Dupont, Paris, 1945 ;
LOUX (René), La réalité historique de l'Alsace, La pensée universelle, Paris, 1976 ;
LUXEMBOURG (M.), Les Alsaciens dans les départements du Gers et des Landes, Revu géographique des Pyrénées et du Sud-Ouest, 1940 ;
MARS et MERCURE (Editions), Histoire de l'Alsace, Wettolsheim, 1978 ;
MAUGE (P.), Particularisme alsacien 1918-1967, 1970 ;
MEY (Eugène), Le drame de l'Alsace 1939/1945, Berger-Levrault, Paris, 1949 ;
MICHEL (Henri), La drôle de guerre, Hachette, Paris, 1971 ;
NORD (Pierre), Double crime sur la ligne Maginot, Fayard, Paris, 1967 ;
PRETELAT (Général), Le destin tragique de la ligne Maginot, Berger-Levrault, Paris, 1950 ;
PRIVAT (Editions), Histoire de l'Alsace, 1970 ;
PRIVAT (Editions), Document de l'Histoire de l'Alsace, 1972 ;
PRIVAT (Editions), Histoire de Strasbourg, Toulouse, 1987 ;
REMY (Colonel), La Résistance en Alsace et dans les Vosges, Famot, Genève, 1975 ;
RENAUDOT (Françoise), Les Français et l'Occupation, Laffont, Paris, 1975 ;
REQUIN (Général), Combat pour l'Honneur, CH. Lavauzelle, Paris, 1946 ;
RIEDWEG (E.), Strasbourg ville occupée 1939/1945, le Rhin, Steinbrunn-le-Haut, 1982 ;
RINCKENBERGER (W.), l'Alsace administrative, politique, économique de 1940 à 1944, la jeune Parque, Paris, 1947 ;
SCHAEFFER (P.J.), La question du repliement exceptionnel de l'agglomération Messine, Cahier Lorrain, Metz, 1983 ;
SCHAEFFER (P.J.), L'Alsace et l'Allemagne de 1945 à 1949, Metz, 1976 ;
SCHAEFFER (E.), L'Alsace et la Lorraine en 1940-1945, leurs occupations en droit et en fait, librairie Général de droit et jurisprudence, Paris, 1953 ;
SITTLER (Lucien), L'Alsace terre d'histoire, 1972 ;
Société d'Histoire Sundgauvienne (annuaire), Mulhouse, 1985 ;
STREICHER, FISCHER, BLEZE, L'histoire des Alsaciens de 1789 à nos jours, Nathan, Paris, 1979 ;
SPEARS (Edward L.), Major général, Témoignage sur une catastrophe, la chute de la France, Presses de la Cité, Paris, 1964 ;
WAGNER (Richard), La vie politique à Mulhouse de 1870 à nos jours, L'Alsace, Mulhouse, 1976.

JOURNAUX : Les Dernières Nouvelles de Colmar (qui remplacent sur place les Dernières Nouvelles de Strasbourg ne paraissant plus depuis l'évacuation de la ville)
Le Messager du matin
Le Courrier d'Alsace (mars 1936, septembre et octobre 1938, août 1939 à juin 1940)
Journal Historique Les Dernières Nouvelles d'Alsace, 1974
Journal Historique L'Alsace, 1976
Les Dernières Nouvelles de Strasbourg repliées à Bordeaux 1939-1940
Journal des Réfugiés de la Région du Sud-Ouest, Bordeaux, juin-août 1940
Bulletin de renseignements pour les évacués, La Rochelle, octobre 1939 - Juin 1940
Bulletin d'information pour les Alsaciens, Mont-de-Marsan, sept. 1939-Juillet 1940
La Voix du Geral, Clermont-Ferrand et Strasbourg, 1941-1959,

L'Echo des Réfugiés, Montpellier, 1941
Les Dernières Nouvelles d'Alsace août-sept. 1964, 1974, 1979, 1980, etc.
Journaux officiels septembre 1939 à juillet 1940

PERIODIQUES : Match 1939-1940 ; L'Illustration 1939-1940 ; Historia hors série 1969, 1978, 1984 ; Revue de la Gendarmerie nationale 1974, 1987 ; Revue historique de l'armée n° 1, 1973 ; L'Outre-Forêt, revue d'histoire de la Deuxième Guerre mondiale, P.U.F. Paris 1980.

ARCHIVES :
Documents G.E.R.A.L. ; Archives Gendarmerie nationale, Archives municipales de Colmar, Archives Préfectorales du Haut-Rhin (dossiers purgatoires n° 3838 et 133392, recensement des communes évacuées du Haut-Rhin en 1939/40 daté de 1979 ; Archives départementales du Bas-Rhin, feuilles statistiques ; Service historique de l'armée de terre, cartons n° 29 N 317 et 31 N 142, et archives ministère de la guerre et de la commission d'armistice, documents d'archives de la bibliothèque nationale et universitaire (pièces diverses, circulaires, affiches), plaquettes la brigade Alsace-Lorraine, Strasbourg, 1978, et de l'amicale des Alsaciens-Lorrains à Oran, 1941 ; l'occupation allemande en Alsace-Lorraine, ministère de l'information, Paris, 1945 ; La Moselle de 1940 à 1945 (carte des localités évacuées), la Dordogne sous l'occupation allemande 1940-1944, la Nièvre sous l'occup., l'Indre-et-Loire sous l'occup., la Charente-Maritime sous l'occup., liste des nouvelles adresses commerçants et industriels du Bas-Rhin repliés, Chambre de commerce de Strasbourg repliée à Rothau, avril 1940.

Les Tribulations d'un jeune évacué

JOSEPH SCHMITT

Joseph Schmitt avait dix-sept ans et demi en septembre 1939. Etudiant, domicilié avec sa famille à Leutenheim, un petit village au nord de l'Alsace près du Rhin, il a vécu l'odyssée de l'Evacuation comme tous ses compatriotes. Voici son passionnant témoignage (dont une version en allemand a paru en 1980 dans le *Nouvel Alsacien*).

Aux premières heures du 1er septembre 1939, la radio annonça l'entrée des troupes allemandes en Pologne, sans déclaration de guerre. La Deuxième Guerre mondiale venait de commencer. Durant la journée, les gendarmes apportèrent l'ordre d'évacuation : toute la population devait quitter le village avant l'aube du 2 septembre; à partir de ce moment, la région sera considérée comme secteur d'opérations et soumise en tout à l'autorité militaire.

Mairie et gendarmerie avaient indiqué avec assez de précision comment les choses se passeraient : après le départ, nous devions trouver un accueil provisoire pendant quelques jours dans un village du Kochersberg : Fessenheim le Bas, non loin de Marlenheim. Les attelages à chevaux iraient directement à ce village, distant d'environ 50 kilomètres. Les attelages à vaches s'arrêteraient à la gare de Schirrein — à environ 12 kilomètres de Leutenheim — où aurait lieu le transbordement dans un train. Les attelages furent réquisitionnés. Chaque famille fut assignée à un chariot désigné. Que pouvait-on emporter? En principe 30 kilos de bagages par personne. Il était interdit de fermer à clé les maisons abandonnées, tous les animaux, grands et petits, à l'exception des chevaux et vaches attelés aux chariots du convoi d'évacuation, devaient rester sur place. Après quelques jours d'arrêt provisoire à Fessenheim, il était prévu que nous serions transférés dans la partie sud de la France. L'avant-veille de l'évacuation, le feu éclata au village en début de nuit, et détruisit totalement une grange pleine de paille et de foin, ce qui mit la population encore plus en émoi.

Il faisait encore nuit le samedi matin, 2 septembre 1939, en Pologne la guerre faisait rage depuis 24 heures déjà, lorsque l'interminable convoi de chariots quitta le village. Ma mère et mon frère, qui n'avait que 9 ans, ainsi que quelques voisins, avaient pris place sur l'attelage à chevaux de Michel, le valet du boulanger. Les rues se vidaient, les lumières s'éteignaient les unes après les autres dans les maisons; dans les étables, le bétail laissé sur place devint de plus en plus remuant, sentant l'insolite; les chiens pleuraient doucement à leurs chaînes. Les étoiles commençèrent à pâlir, annonce du jour naissant.

On avait conseillé aux jeunes, en raison de la pénurie d'attelages, de faire à bicyclette le trajet de Leutenheim à Fessenheim-le-Bas dans le Kochersberg (à ne pas confondre avec Fessenheim dans le Haut-Rhin). Cela permettait, en outre, d'emmener avec nous les vélos, qui devaient nous rendre des services appréciables. Je devais faire la route à bicyclette avec ma sœur, qui avait 12 ans à l'époque; j'en avais 17. Les porte-bagages chargés, le masque à gaz autour du cou, nous avons quitté notre maison, en derniers, peu avant l'aube. A la sortie du village en direction de Rountzenheim, sur la petite route disparue depuis, nous étions tout un groupe de cyclistes. Je me souviens d'avoir éprouvé, à ce moment, un sentiment assez particulier : c'était comme si nous laissions derrière nous des choses déjà mortes et allions vers l'inconnu encore dépourvu de vie. Nous étions tous silencieux; je crois que chacun d'entre nous ressentait à présent d'une manière plus aiguë ce que son «chez soi» représente pour l'homme. Après un dernier regard en arrière sur le clocher de l'église, nous fûmes happés par la forêt; accélérant l'allure, car la route était longue, notre groupe alla de l'avant.

Entre Rountzenheim et Soufflenheim, nous dépassions la pesante colonne des attelages à vaches qui était fort lente. Il fit plein jour lorsque nous avons atteint Schirrheim. Les routes étaient encombrées de réfugiés qui arrivaient en provenance d'autres villages rhénans, et que des postes de gendarmes s'efforçaient de

LA PRÉCIPITATION N'EST PAS LA MEILLEURE CONSEILLÈRE. DE NOMBREUX OBJETS FUTILES SONT EMPORTÉS.

canaliser. La faim et la soif se firent sentir. Dans un restaurant d'Oberhoffen, la patronne nous servit du café au lait et du pain; très gentiment elle refusa notre argent; elle devait se douter de l'état de nos porte-monnaie. Merci encore pour ce geste.

Sous un soleil déjà bien chaud, nous traversions villes et villages, Bischwiller, Gries, Weitbruch, Brumath, puis Stephansfeld où, au croisement situé face à l'hôpital psychiatrique, nous avons bifurqué vers Mittelschaeffolsheim. Dans la forêt de Brumath, après le pont qui franchit le canal de la Marne au Rhin, les militaires avaient mis en position un grand nombre de canons, à l'abri du feuillage. Des milliers d'obus étaient entassés sur les bas-côtés de la route.

Nous avons croisé d'innombrables convois de l'armée en route vers le Rhin. Les habitants des villages que nous traversions nous regardaient apitoyés, nous offraient à boire et à manger. Dans leur for intérieur, ils se demandaient sans doute dans combien de temps, eux aussi, se verraient contraints de prendre la route. A la sortie de la forêt de Brumath, nous nous sommes engagés sur les routes étroites du Kochersberg qui, par monts et par vaux, serpentent inlassablement à travers champs et houblonnières. Pour nous, qui n'étions habitués qu'au pays plat, rouler ici en bicyclette devint une véritable corvée sous le soleil qui tapait dur. Nous traversions les beaux villages cossus dont même les noms nous étaient parfaitement inconnus : Mittelschaeffolsheim, Rumersheim, Reitwiller, puis Truchtersheim connu sous l'appellation populaire de «Trudersche»; vint ensuite Schnersheim avec son clocher caractéristique. Les montées et descentes successives ankylosaient nos bras comme nos jambes. Les derniers kilomètres jusqu'à Fessenheim furent les plus long.

ABANDONNÉS, LES CHIENS ENCHAINÉS PLEURAIENT

Nous y sommes pourtant arrivés vers une heure de l'après-midi. Le comité d'accueil nous donna une fiche de logement pour toute notre famille, soit cinq personnes, dans une grande ferme, où une trentaine de personnes trouvèrent finalement refuge. La propriétaire nous reçut aimablement et nous prépara un repas; elle avait une fille unique du même âge que ma sœur, ce qui facilita grandement la prise de contact. Morte de fatigue, ma sœur s'est endormie à table et la fermière la mit immédiatement au lit. En ce début d'après-midi, les cyclistes arrivaient les uns après les autres. Fessenheim était un très petit village d'à peine trois cents habitants et les autorités communales ne savaient trop comment abriter les quelque six cents réfugiés, dont le quart à peine se trouvaient déjà là. Vers 4 ou 5 heures de l'après-midi, les chariots arrivèrent eux aussi. Finalement il n'en manqua qu'un seul à l'appel : celui de Michel qui avait ma famille et quelques-uns de nos voisins à son bord. En début de soirée arrivèrent enfin ceux qui étaient partis de Leutenheim par le convoi d'attelages à vaches, ou qui avaient fait route avec celui-ci, jusqu'à Schirrhein. Ma future femme, qui faisait partie du groupe, rapporte ce qui s'y passait.

«Mon père et moi, qui montais la bicyclette de ma mère, avons quitté le village avant le lever du jour, en même temps que le convoi d'attelages. Nous avons roulé d'une traite jusqu'à Schirrhein pour y attendre ce dernier. Entre temps, nous sommes allés chez un boulanger ami de mon père qui nous offrit un petit déjeuner substantiel. Puis nous sommes allés à la gare de la localité pour y attendre l'arrivée de ma mère et de mes deux jeunes sœurs; elles se trouvaient dans le convoi de chariots à vaches.

La place de la gare et ses environs étaient totalement encombrés de voitures paysannes; des civils et des soldats dételaient les animaux de trait et les emmenaient je ne sais où; d'autres aidaient au déchargement et évacuaient ensuite les voitures vides pour faire place à de nouveaux arrivants; c'était le vrai chaos; et il en arrivait sans cesse.

Un train de voitures à voyageurs stationnait le long du quai de la gare. Chaque famille chargeait dans un compartiment ce qu'elle possédait, malles, valises, baluchons faits de taies cousues ensemble, etc, et s'y installa elle même; nous avons bien éprouvé quelques difficultés pour caser nos deux vélos dans le compartiment qui n'était évidemment pas prévu pour cela. Ceci fait, nous y avons pris place, contents de nous reposer de notre labeur en regardant une cohue d'autres réfugiés se démener comme des fourmis pour s'installer dans un autre train placé sur la voie d'en face. Nous n'attendions plus que le signal de départ, lorsque nous avons aperçu notre curé passer en courant sur le quai; c'est nous qu'il cherchait. Dès qu'il nous vit, il cria : «Vous avez oublié votre petite Joséphine, elle est encore assise là-bas devant la gare !». Dans la bousculade du chargement, nous avions effectivement perdu de vue la petite qui s'était aventurée à l'autre bout du quai, alors que nous pensions qu'elle se trouvait avec notre voisine dans le compartiment d'à côté. C'est ainsi que le pauvre «bout de chou» faillit rester en gare de Schirrhein.

Le train nous a conduit, via Oberhoffen et Bischwiller, jusqu'à Vendenheim, où nous avons débarqué avec tous nos bagages pour nous rassembler sous les grands arbres qui ornent encore maintenant la place de la gare de Vendenheim. Des paysans du Kochersberg nous attendaient là, chargèrent tout sur leurs voitures à chevaux pour un nouveau trajet jusqu'à Truchtersheim. Ayant récupéré nos bicyclettes, mon père et moi avec d'autres encore ont remonté en selle pour faire route à travers un pays beaucoup plus accidenté que chez nous. Nous avons traversé Berstett et Pfettisheim et, après une quinzaine de kilomètres, nous sommes arrivés à «Trudersche», assoiffés et à bout de souffle. C'est, je crois, la randonnée à vélo la plus exceptionnelle que j'aie faite de ma vie ; comme nous ne devions en principe emporter avec nous qu'un poids en bagages limité, nous avions mis

DANS UN QUARTIER DE SAINT-LOUIS L'APPARITEUR DIFFUSE L'ORDRE D'ÉVACUATION IMMÉDIATE nos meilleurs vêtements et portions le plus possible; j'avais donc mis, par-dessus les pulls, mon costume turquoise tout neuf; je portais aussi le joli chapeau de paille genre «relevé» étrenné à la dernière Pâques. La sacoche contenant le masque à gaz, et dont la courroie rugueuse me râpait le tour du cou, complétait harmonieusement ma tenue. Le soleil nous grillait, nos jambes étaient de plomb. La pause à Truchtersheim, dans la fraîcheur d'une salle d'auberge, nous fit le plus grand bien. C'est là aussi que voyageurs et bagages ont été transbordés sur des voitures venues de Fessenheim pour prendre le relais de celles de Vendenheim.

Après deux nouvelles heures de route, nous nous retrouvions devant la mairie de Fessenheim, assis à côté de nos effets dans l'attente d'un abri. On nous envoya dans une petite exploitation agricole, où déjà il y avait trop de monde. Nous avons échoué, en fin de compte, dans un grenier à blé vide, mais plein de toiles d'araignées. Ce fut le coup de grâce pour ma mère qui, comme tout le monde, portait elle aussi ses meilleurs habits. Pleine de détresse, elle fondit en larmes : «C'est dans ce taudis que l'on veut nous loger, alors que nos beaux lits sont vides à la maison; je ne resterai pas dans ce lieu où il n'y a même pas un clou au mur pour y accrocher une veste !». Nous laissant avec maman, mon père partit alors pour essayer de trouver un logis plus habitable. La chance lui sourit : étant entré dans un petit commerce, à la fois épicerie et débit de boissons, il parla de notre infortune à des amis en train de prendre un verre. La fille de la commerçante entendit ce qu'il disait — nous avons appris par la suite que le mari de celle-ci avait été mobilisé récemment et, qu'avec son bébé, elle séjournait provisoirement à Fessenheim chez ses parents — ; se tournant vers sa mère, elle proposa : «Nous allons prendre chez nous cette famille; je leur donnerai ma chambre puisque, de toute manière, je suis obligée de repartir dans peu de jours.» Grâce à l'offre généreuse de cette jeune femme, nous obtenions finalement un habitat convenable dans lequel nous avons emménagé aussitôt. J'étais morte de fatigue; couchée sur un matelas étendu à même le plancher, je m'endormis immédiatement.» (Fin du témoignage).

Comme une troupe de nomades, tous nos concitoyens arrivèrent les uns après les autres et furent répartis dans les maisons du village chez leurs nouveaux hôtes. Dans la mesure du possible, on avait logé ensemble dans la même ferme des familles parentes ou amies. Il y eut aussi quelques échanges amiables, selon les préférences. Au soir venu, le village ressemblait à une fourmilière en émoi : les deux cents et quelques indigènes se trouvaient complètement submergés, et passablement désorientés, par l'arrivée subite de plus de six cents réfugiés fatigués, inquiets et excités.

Quelques vieux seuls avaient pourtant conservé le calme : paisiblement installés à l'unique débit de boissons du village, ils dégustaient leur verre en échangeant entre eux, autochtones et nouveaux venus, leur expérience paysanne ou leurs souvenirs de guerre.

Dimanche 3 septembre 1939. Tous se levèrent tôt le matin; femmes et enfants quittaient les chambres ou greniers où ils avaient dormi; les uns dans des lits, d'autres sur des matelas ou des paillasses posées à terre. Nous, hommes et jeunes gens, rampions hors de la litière de paille que nous avions aménagée le soir précédent dans un hangar. Notre ferme abritait environ trente personnes.

Pour les fermiers, la journée avait commencé depuis un bon moment déjà : le garçon d'étable était à la traite et remplissait d'un lait frais et écumant toute une batterie de grands pots métalliques; le fermier et son valet rentraient des champs avec un énorme chargement de trèfle fraîchement coupé. Tout était immense ici, comparé aux petites exploitations de notre village rhénan : quatre solides chevaux de trait se trouvaient à l'écurie, les étables abritaient plusieurs rangées de vaches laitières, des veaux grands et petits.

«C'EST DANS CE TAUDIS QUE L'ON VEUT NOUS LOGER ?»

Après la messe à l'église du village, nous avons appris les dernières informations : les combats continuaient en Pologne, l'Angleterre et la France avaient lancé un ultimatum à l'Allemagne lui demandant l'arrêt immédiat des hostilités et le retrait de ses troupes du territoire polonais, faute de quoi les deux pays se considéreraient en état de guerre avec le Reich allemand. L'ultimatum expirait à midi de ce jour. Hitler n'y répondit même pas : l'Angleterre déclara donc la guerre à midi, et la France dans la soirée du 3 septembre 1939. Nous nous attendions à des attaques immédiates; or rien ne se produisit en cette journée historique : le canon ne tonna pas sur le Rhin, il n'y eut pas d'avions ennemis dans le ciel. Quelque chose d'essentiel avait pourtant disparu : la dernière lueur d'espoir de passer à côté du pire. Nous venions aussi d'avoir la certitude que nous n'échapperions plus au sort amer qui est celui de tous ceux chassés, pour une raison ou une autre, de leur patrie.

Le charmant petit village nous abrita pendant presque deux semaines. La vie s'organisa vite : avec les approvisionnements reçus à la mairie, les femmes, aidées par les fermières, préparaient les repas; les hommes valides participaient aux travaux des fermes; seules les conditions de logement restaient précaires.

Pour le monde agricole, la vie est réglée impérativement par la succession des différentes saisons; malgré l'état de guerre et la mobilisation générale décrétée entre temps, les tâches traditionnelles devaient continuer à se faire à leur rythme habituel. Le houblon était mûr : il fallait le cueillir. Comme les saisonniers venus avant guerre de l'extérieur manquaient à présent, les réfugiés prirent leur place :

les hommes pour arracher les lianes dans les champs et les rentrer, les femmes et les enfants pour la cueillette. Tous les moins de 15 ans furent affectés à cette dernière. Assis en rond dans les hangars et les granges, du matin au soir, les «cueilleurs» remplissaient corbeille après corbeille avec les cônes au parfum âcre; c'était un travail facile, en plus dénué d'ennui pour les femmes et les filles qui pouvaient papoter à longueur de journées. Les garçons, par contre, ne s'en trouvaient pas particulièrement enchantés; durant les après-midi, au moins, ils aspiraient à la liberté. En ce qui nous concernait, les garçons de plus de 15 ans, nous disparaissions fréquemment avec nos bicyclettes, sous le prétexte de faire des courses, soit à Truchtersheim, soit à Marlenheim. Nous avons pu découvrir ainsi où se trouvaient nos connaissances des villages voisins de Leutenheim; ceux de Rœschwoog, par exemple, avaient pris quartier à Nordheim, où se trouve actuellement le grand émetteur de télévision.

Les plus jeunes aimaient aussi mieux vagabonder que cueillir du houblon. Dès qu'ils le pouvaient, mon frère se trouvait parmi eux, ils disparaissaient. Il leur était cependant difficile de quitter le village sans être vus. Le curé des lieux, soucieux autant du bien-être matériel que spirituel de ses ouailles, se sentait obligé de veiller en personne au bon déroulement de la campagne de cueillette. Il arpenta donc les rues du village, à tout moment, et prit en chasse tous ceux qui ne portaient pas encore le pantalon et erraient dans les parages, manifestement désœuvrés. Il s'agissait exclusivement de nos jeunes garçons, ceux de Fessenheim même étant astreints au travail par leurs parents. Celui qui se faisait prendre par le brave curé fut embrigadé séance tenante dans l'équipe de cueillette la plus proche. Cela dura peu; les gosses avaient trouvé leurs parades de sioux et le curé ne les voyait plus que de très loin.

Les jours s'écoulaient et il ne se passait toujours rien sur les bords du Rhin. Les réfugiés, privés de tout ce qu'ils avaient dû abandonner, furent pris de nostalgie. Des rumeurs circulaient, selon lesquelles, les maisons abandonnées auraient été pillées, le linge et la vaisselle volés, les lits et les meubles emportés par les

soldats dans les forêts. Leutenheim se trouvait dans la zone dite «de première ligne», interdite aux civils et hermétiquement verrouillée par l'autorité militaire. Nous nous sentions néanmoins pressés d'y retourner pour voir ce qui s'y passait, et pour en ramener des objets qui faisaient cruellement défaut.

Nous étions un petit groupe de copains à tenter l'aventure, à bicyclettes comme il se devait. Nous sommes arrivés jusqu'à l'entrée de Soufflenheim, après 40 kilomètres de route, pour trouver tous les chemins barrés par la gendarmerie et la police militaire. Comme nous n'avions pas les laissez-passer indispensables, ils nous refoulèrent illico et nous rentrions bredouilles. Mais nous avions pu nous rendre compte, qu'à un endroit donné, il devait être possible, avec une petite dose de chance, de contourner l'un des barrages pour entrer en plein dans les forêts qui s'étendaient jusqu'à peu de distance de Leutenheim. Si nous réussissions cela, aucune sentinelle ne pourrait plus nous arrêter, car cette forêt était vraiment un domaine dans lequel nous connaissions les moindres sentiers ou pistes.

A QUARANTE DANS UN VIEUX WAGON DE MARCHANDISES, LE VOYAGE COMMENÇA

Le surlendemain, nous avons donc repris la route, en compagnie de quelques adultes tentés eux aussi par l'entreprise. Nous avons bien réussi à court-circuiter le barrage de Soufflenheim. En suivant des sentiers forestiers, nous avons contourné sans difficultés le poste de gendarmerie près de la maison forestière de Kœnigsbruck et sommes arrivés sans encombres à la maison. Les habitations paraissaient intactes, le gros bétail avait été emmené, quelques poules, des chiens et des chats erraient dans les rues. Des soldats s'étaient installés dans différentes maisons : ils nous ont donné à manger et à boire et nous ont recommandé vivement de disparaître avant le passage de la patrouille de la police militaire dans deux heures environ. Chacun chargea son porte-bagages au maximum avec du linge, des vêtements, etc. Nous avons quitté ensuite notre village mort, sans y avoir rencontré cette impression «d'être chez soi», que nous recherchions plus ou moins consciemment. Au retour nous avons pris la route normale sans nous cacher. Les sentinelles et gendarmes aux divers barrages, vers lesquels nous venions «du mauvais côté», nous ont laissés passer après avoir contrôlé nos cartes de réfugiés. Qu'auraient-ils pu faire d'autre ? Ils nous interdirent de revenir une nouvelle fois, sous peine de nous faire arrêter pour espionnage. A vrai dire, je pense que l'envie d'y retourner nous manquait, après ce que nous avions vu.

A Fessenheim, le bruit se répandit que, sous peu, nous serions transférés par chemin de fer dans le Sud-Ouest de la France, plus précisément dans les environs de Limoges. Nous aurions là-bas notre lieu de séjour définitif jusqu'à la fin du conflit.

Alors commença la période des achats : chacun essayait de se procurer tout ce dont il pensait avoir besoin pour le voyage d'abord, pour la suite aussi. L'avenir s'annonçait plein d'inconnus et les gens dépensaient l'argent plus facilement qu'auparavant. Les hommes mobilisés, stationnés dans les forts de la ligne Maginot ou les casemates des bords du Rhin, venaient rendre une dernière visite à leurs familles. A la gare de Marlenheim, le trafic devenait de plus en plus important : l'embarquement des premiers convois de réfugiés avait commencé. Nous attendions notre tour.

En cette première quinzaine du mois de septembre 1939, le bourg viticole de Marlenheim avait pris des airs de petite métropole : le commerce y florissait, car toute la région était surpeuplée de réfugiés; tous les jours, plusieurs trains vides arrivèrent à la gare pour repartir à charge après quelques heures. Nous avions passé à peu près douze jours dans l'accueillant petit village de Fessenheim lorsque l'on nous avisa officiellement que notre départ vers «l'Intérieur» aurait lieu le lendemain. En début d'après-midi du jour suivant, nos maigres effets furent chargés à nouveau sur les chariots hippomobiles, avec femmes, enfants, vieillards et malades. Nous avons quitté le village, sous les adieux des habitants, en direction de Marlenheim, à 6 kilomètres de là. Comme précédemment déjà, cela était devenu une habitude, le groupe des cyclistes précédait la colonne des voitures.

Un long train avait été mis à quai à notre intention à la gare de Marlenheim : des wagons couverts à marchandises du type bien connu à l'époque à l'inscription qu'ils portaient «Hommes 40 - Chevaux 8». Le plancher des véhicules était garni d'une épaisse couche de paille depuis deux semaines.

Nous avons commencé à charger les gros bagages et les bicyclettes dans des wagons prévus à cet effet. L'affaire se compliquait à l'embarquement de la «gent humaine» : les responsables du convoi avait bien établi des listes assignant à chaque famille le numéro du wagon à elle destiné; mais tous ces calculs s'avérèrent inefficaces pour plusieurs raisons. D'abord, le train comportait moins de véhicules que prévu. Il y eut ensuite une certaine indiscipline : certains prirent d'assaut des wagons destinés à d'autres pour ne plus s'en laisser déloger; d'autres, pour bénéficier de plus d'espace vital, se massèrent devant les portières et en interdirent l'accès en alléguant faussement être au complet, et ainsi de suite. Il arriva ce qui ne pouvait manquer de se produire : vers le soir, le train était soi-disant chargé à plein, alors qu'un grand nombre de personnes restaient encore sur le quai sans savoir où aller. Pour en finir, on les a répartis d'office sur les wagons les plus proches. Dans certains wagons, plus de cinquante personnes se trouvaient donc entassées comme des sardines, pendant que dans d'autres les occupants se trouvaient peu nombreux, mais commodément à l'aise. Après maints cris et disputes, le but recherché se trouva finalement atteint : le train était plein et le quai vide.

On en arriva à la distribution du ravitaillement. Il était calculé, sur la base de 40 personnes par wagon, pour une durée de trajet de deux jours, et se composait de : boules de pain, saucissons secs, des boîtes énormes de sardines et de pâté, du lait condensé pour les enfants, etc. Nous entassions le tout dans un coin. Tout à la fin, on embarqua encore des ustensiles à usage bien particulier, auxquels personne d'entre nous n'aurait songé : plusieurs pots de chambre en faïence blanche pour chaque wagon; ces derniers ne comportaient en effet pas les installations sanitaires que les usagers du chemin de fer trouvent habituellement dans les trains de voyageurs.

La nuit vint, et la pluie se mit à tomber. L'une après l'autre, les portières des wagons se fermèrent. Nous ne reverrions pas notre province natale avant de longs mois, quelques-uns n'y reviendraient sans doute plus du tout. Soucis et peines avaient été les compagnons de route de nos parents sur le long chemin depuis Leutenheim jusqu'à ce train qui allait nous conduire vers l'inconnu, dans des conditions de transport plutôt primitives. Une personne âgée était morte à Fessenheim et y avait été enterrée; c'était la première à mourir loin du pays; il y en aura encore un grand nombre d'autres pendant les cinq prochaines années que dura la guerre. Mais il nous a été donné de recevoir beaucoup : la sympathie des habitants des localités que nous traversions, l'accueil de nos hôtes de Fessenheim qui nous aidèrent beaucoup malgré leurs propres soucis et tracas. Nous pensions avec gratitude à cette foule d'inconnus aux cœurs généreux.

Nous avons été rudement secoués lorsque la locomotive à vapeur s'est mise en tête du train, qui partit bientôt dans la nuit pluvieuse. Il nous a fallu un bon bout de temps pour nous habituer au bruit infernal : claquement des roues sur les joints des rails, grincement des tampons entre eux, crissements aigus des freins. C'était notre premier voyage dans un vieux wagon à marchandises, assis dans la paille à même le plancher. Nous étions un peu plus de quarante personnes dans notre habitacle et donc très serrés. Certains n'avaient pas assez de place pour s'allonger et devaient rester assis en s'adossant à la paroi; durant la nuit, les assis changèrent de place avec les «couchés». Des courants d'air froid gênaient les personnes installées au droit des portières; on boucha les grosses fentes avec de la paille. Ceux qui s'étaient ingéniés à rester au plus près des portes, essayaient à présent de s'en éloigner autant que possible, ce qui donna lieu à quelques bousculades. Avec deux copains, j'étais installé sous un volet d'aération muni de fentes : nous espérions ainsi pouvoir regarder un peu au dehors, de temps en temps, pour déterminer l'itinéraire du train. Au premier arrêt, nous avons pu identifier la gare de Saverne, à travers notre lucarne; elle n'était éclairée que par de faibles lumières bleutées; en raison de la défense passive, l'éclairage avait été très réduit.

CALMES ET RÉSIGNÉS, LES RÉFUGIÉS ATTENDENT

Puis le train s'engagea poussivement dans la traversée des Vosges et traversa les premiers tunnels dans un vacarme assourdissant qui fit sursauter ceux qui dormaient. Pendant le franchissement du col de Saverne, il s'est produit un intermède particulièrement amusant : Joseph, un camarade de classe, fut pris soudainement de coliques irrésistibles, provoquées vraisemblablement par des poires peu mûres qu'il avait dérobées peu avant notre départ de Fessenheim. Notre wagon n'était pas équipé pour un tel cas; les bons conseils des uns et des autres n'eurent guère d'effet. Notre ami se lamentait en serrant son ventre à pleines

LA MEMOIRE DES ÉVACUÉS EST RESTÉE MARQUÉE PAR CET INTERMINABLE VOYAGE DANS UN INCONFORT EXTRÊME

mains; les quolibets ne manquaient pas. Quelqu'un sauva la situation in extremis en déterrant de dessous la paille un des fameux pots de chambre blancs qui avaient provoqué l'hilarité générale à leur distribution à Marlenheim. Joseph s'installa dans un coin du wagon; tout semblait au mieux quand «l'odeur» nous fit prendre conscience qu'il subsistait un problème capital, insoluble à première vue : où mettre «le corps du délit», dont le malheureux ne savait trop que faire. Incommodés, les plus proches commencèrent à rechigner que cela devenait insupportable dans cet espace confiné. Mû par la force du désespoir et portant le récipient à bout de bras, notre camarade se fraya alors un chemin vers la portière, souleva le loquet, l'ouvrit d'une petite largeur et jeta dehors le pot avec son contenu ; il alla s'écraser contre la paroi du tunnel que le train traversait en ce moment. Ce fut un rire général qui eut pour effet de détendre singulièrement l'atmosphère.

COUCHÉS SUR LA PAILLE DU TRAIN, CHACUN ESSAYAIT DE DORMIR.

Le calme revint, les lampes de poches s'éteignirent et, dans l'obscurité, chacun se nicha dans la paille, du mieux qu'il put, pour dormir. Le train roulait par intermittences et s'arrêtait souvent pour des périodes parfois assez longues. La pluie tambourinait sur le toit. Un enfant se mit à pleurer, quelqu'un rêvait à haute voix, la paille bruissait à chaque mouvement; il y eut l'interminable et monotone tac-à-tac des roues sur les rails, les secousses au franchissement des aiguillages, le sifflement aigu des freins et puis le silence inhabituel pendant les arrêts. C'est ainsi que nous passions la nuit dans un sommeil irrégulier, ni tout à fait endormis, ni tout à fait éveillés.

Au lever matinal, nous étions tous ankylosés. Le train stationnait dans une gare des environs de Nancy. La Croix-Rouge y avait établi un centre de ravitaillement pour les convois de réfugiés qui y faisaient escale : des infirmières préparaient les biberons pour les bébés et aidaient les mamans à les soigner. Il y eut du café, du lait, des boissons chaudes, ainsi que de l'eau pour nous débarbouiller sommairement. Pendant tout le trajet, des arrêts similaires avaient lieu une ou deux fois par jour.

Les lignes principales étant réservées prioritairement aux transports militaires, notre train flânait paisiblement à travers la campagne, sur des lignes secondaires; nous étions arrêtés ou garés souvent dans de petites gares, parfois pendant une période plus longue pour attendre une locomotive de relai. Le repas de midi se composa pour l'essentiel de pain avec du pâté et des sardines, deux délicatesses auxquelles nous n'étions pas habituées et que nous avons appréciées particulièrement. Le soir du premier jour, nous nous trouvions dans la région de Neufchâteau, c'est-à-dire non loin encore de notre point de départ. Après le casse-croûte du soir, pain avec salami et gruyère, nous avons entamé notre deuxième nuit en wagons : nous roulions, nous nous arrêtions plus encore, on nous garait pour laisser le passage à d'autres trains, nous dormions, nous veillions, et nous attendions l'arrivée du jour.

Pendant le deuxième jour, nous avancions mieux. Il faisait beau et les portières ont pu rester ouvertes; en nous relayant, nous sommes parvenus à nous asseoir devant les ouvertures en laissant pendre nos jambes. De nombreux trains de troupe nous croisaient; les soldats nous lançaient au passage des paquets de cigarettes.

Le menu des repas était invariable : saucisson sec, sardines, pâté, fromage et pain. Nous étions en route depuis 48 heures et nos provisions s'épuisaient. Il était très difficile de partager équitablement le contenu des énormes boîtes de conserves, ce qui provoqua des mécontentements et quelques disputes, phénomènes courants là où un trop grand nombre de personnes sont confinées sur un espace restreint dans l'inconfort. Dans la soirée, l'ambiance se détendit au cours d'un incident dont je me souviens bien, et qui, lui également, provoqua une explosion de rire et de bonne humeur : il faisait presque nuit lorsque la dernière grosse boîte de sardines fut entamée et que chacun reçut une tranche de pain, la portion lui revenant; nous n'avions d'ailleurs ni assiettes, ni couverts. Quand les derniers se présentèrent à la distribution, il ne resta plus rien pour eux. Leurs protestations furent vaines, car il ne restait plus de conserves. Or dans notre wagon se trouvait une dame, appelons la Marie. Comme beaucoup d'autres, elle portait ses meilleurs vêtements; comme elle n'avait pas su où mettre son beau chapeau tout neuf, elle s'en était tout simplement coiffée : c'était un exemplaire unique en son genre, en paille tressée, à larges bords, orné de quelques feuilles d'un joli vert et d'une grappe de cerises rouges et pâles; nous l'appelions le chapeau aux cerises. Marie se trouvait parmi ceux privés de sardines. Révoltée par cette injustice criante, elle arracha le chapeau de sa tête, le jeta à terre, sauta dessus et le piétina si bien qu'il n'en resta qu'une dépouille innommable et aplatie, ceci sous les regards ahuris d'abord, puis de plus en plus souriants des assistants. Cela se termina dans un éclat de rire bienfaisant pour tous, pendant que Marie ramassait les restes lamentables de son couvre-chef et les fourrait dans un sac à main avant de se mettre à rire avec tout le monde.

C'est pendant cette journée, si mes souvenirs sont exacts, que l'on débarqua une femme âgée, dont l'état de santé inspirait des inquiétudes. On l'hospitalisa au passage, dans une petite ville, où elle mourut peu de temps après. Les problèmes d'hygiène devinrent inquiétants. Le stock de pots de chambre était épuisé depuis belle lurette. Le régime alimentaire très gras provoqua des diarrhées. Dès que le train marquait l'arrêt en rase campagne, c'était une ruée éperdue dans les champs et prés environnants; il n'existait aucune autre solution pour la satisfaction de «besoins urgents» devenus de plus en plus fréquents. Les conducteurs des locomotives firent preuve de beaucoup de compréhension dans ce domaine : dès que le signal se mit au vert, donnant voie libre au train, il donnaient l'avertissement par plusieurs coups de sifflet, une véritable corrida se précipita vers les wagons, où des mains charitables se tendaient pour récupérer au vol d'éventuels retardataires. Malgré cela, nous perdîmes une personne pendant une de ces séances involontaires de gymnastique; le train partit, l'abandonnant gesticulante et seule au bas du talus. Elle parvint à Limoges, je ne sais trop comment, plusieurs jours après nous. De tels incidents qui peuvent prêter à sourire et nous en avons aussi ri, illustrent un peu l'inconfort et le manque d'hygiène de ces transports de réfugiés, qui affectaient en particulier les personnes âgées, affaiblies ou impotentes.

Nous avons emprunté beaucoup de lignes secondaires, dont certaines ne sont plus exploitées depuis des années, ou ont même été déposées, en passant par des villes ou localités dont nous n'avions jamais entendu parler, telles St Florentin, Clamecy, Cosne. Au matin du troisième jour, nous arrivions seulement en gare de Bourges, centre géographique de la France, comme nous l'avons appris à l'école. Nous aurions dû nous trouver à Limoges le soir précédent déjà. Nous étions sales, pouilleux, nos vêtements étaient en désordre, les cheveux emmêlés de paille, l'air devenait irrespirable dans nos véhicules. Et nous manquions de ravitaillement : les enfants pleuraient de faim et de soif; l'ambiance devenait mauvaise. Cet arrêt prolongé à Bourges nous remonta le moral : les dames de la Croix-Rouge s'occupèrent avec beaucoup de gentillesse des enfants d'abord, des autres ensuite, distribuèrent du café, du lait, du pain, ainsi que quelques mots aimables. Nous pouvions également nous décrasser un peu aux ponts d'eau de la gare.

A midi de ce jour nous étions à Issoudun, gare située sur la grande ligne de Paris à Toulouse. Une machine électrique y prit le relai de notre locomotive à vapeur. Après la traversée des paysages contrastés de l'Indre et du plateau du Limousin, nous sommes arrivés, dans la soirée, en gare-marchandises de Limoges, où notre train fut placé sur une voie de garage. Notre voyage avait duré trois jours et trois nuits. Comme il était déjà tard, on nous demanda de passer une quatrième nuit dans nos wagons, le débarquement étant prévu le lendemain matin.

Cette nuit se passa calmement. Puis nous avons déchargé tout, transbordant nos effets sur des camions qui faisaient la navette entre Limoges et la localité d'Isle, distante de quelques kilomètres. Après une période de nomadisme de trois semaines, nous étions enfin rendus à l'endroit qui devait être notre résidence pour une durée encore indéterminée.

Isle était une commune à habitat dispersé : le centre avec la mairie, l'église, l'école et quelques petits commerces, se situe sur les hauteurs dominant la vallée de la Vienne, à 8 kilomètres de Limoges; des villas et pavillons s'étageaient sur la pente raide descendant vers le fleuve; il y avait ensuite d'innombrables petits hameaux ou fermes isolées qui s'étalaient sur plusieurs kilomètres, de part et d'autre du centre, entre la Vienne et une rivière portant le nom de l'Aurance. Dans la vallée, la route nationale de Limoges à Périgueux longe la Vienne jusqu'à la petite ville d'Aixe-sur-Vienne. De nombreuses petites usines, mégisseries et papeteries s'étaient installées le long du fleuve dont elles utilisaient la force motrice. Par-ci, par-là, les tourelles d'un château émergeaient du paysage vallonné.

Les arrivants furent donc dispersés à tous vents dans les diverses zones d'habitation de la commune. Les autorités locales avaient bien préparé notre accueil; malheureusement on leur avait annoncé un nombre d'arrivants sensiblement inférieur au chiffre réel. Les premières centaines de réfugiés, déposés par les camions devant la mairie d'Isle, furent conduit aussitôt dans les logements d'accueil prévus. Ce fut le cas pour ma future femme et les siens, en compagnie de trois autres familles. Voici son récit.

«Une camionnette nous prit à bord et nous mena, avec tous nos effets, jusqu'à un château, situé à 4 ou 5 kilomètres d'Isle, et niché sur une hauteur qui dominait la Vienne en face du village d'Aiguille. Un chemin boisé montait en un grand lacet de la vallée jusque sur la hauteur où se trouvait le château. C'était une très belle bâtisse : à partir d'un parc joli et très bien entretenu, un escalier monumental donnait sur l'entrée principale, où la châtelaine nous souhaita la bienvenue. Le personnel de service, composé du valet de chambre, de la cuisinière et d'une femme de chambre, nous mena aux locaux qui nous étaient réservés au château lui-même, ou dans les dépendances. Ma famille fut logée dans le château : la femme de chambre nous fit d'abord traverser le «salon bleu», vraie salle de conte de fées avec ses lustres en cristal, ses tableaux aux cadres dorés et son précieux mobilier capitonné tout de bleu. Puis, nous sommes arrivés dans le local qui nous était destiné : la salle de musique aux immenses portes vitrées donnant sur la terrasse et le parc et garnie d'une très belle cheminée. Le mobilier et un grand piano à queue avaient été rangés dans un coin de la grande salle pour faire place aux lits et matelas posés à terre et préparés à notre intention.

Les souvenirs de ce que j'appelle maintenant encore «ma vie de château» se sont bien gravés dans ma mémoire. Tous les matins le châtelain partait, à un quelconque travail je pense, sur un tilbury attelé d'un cheval racé qu'il conduisait lui-même. La châtelaine était aimable. Les domestiques étaient plutôt méfiants à notre égard, au début du séjour au moins : ainsi que nous l'avons appris par la suite, ils nous considéraient comme des réfugiés analogues à ceux en provenance d'Espagne qu'ils avaient dû héberger quelques mois auparavant, à la fin de la guerre civile dans ce pays, et dont ils n'avaient pas gardé, semble-t-il, le meilleur souvenir. C'étaient des personnes au commerce agréable : la cuisinière en tablier et bonnet blanc, la femme de chambre en tenue de soubrette, le valet de chambre en gilet d'habit avait un air presque aristocratique quand il sonnait

LA VIE S'ORGANISE ET ON FAIT CONTRE MAUVAISE FORTUNE BON COEUR solennellement de la cloche l'annonce de chaque repas. La salle de musique nous servait de séjour et chambre à coucher; les repas étaient pris en commun, ensemble avec les trois familles, dont celle de mon oncle Louis avec mes six cousines et cousins; les repas étaient préparés par la cuisine du château.

Nous avons séjourné au château pendant deux semaines; mais à quatre familles, nous y étions trop nombreux; par ailleurs, une seule chambre sans cuisine ne convenait pas à ma mère. On nous attribua finalement un logement de deux pièces dans un petit restaurant, La Venise, situé au bord de la Vienne, à côté du pont d'Aiguille. Mon père a pu se faire embaucher à la papeterie d'Aiguille, à deux cents mètres de chez nous. Plusieurs autres familles de notre village se trouvaient logées dans les proches environs. Nous avions enfin à nouveau un «chez nous», et notre sort pouvait être considéré comme satisfaisant.» (Fin du récit).

Une centaine de personnes, parmi lesquelles les cinq membres de notre famille, ne purent être logées immédiatement, en raison de l'afflux des réfugiés plus important que «programmé». On les parqua, en partie dans des salles de classe de l'école, en partie dans la grande salle de dancing du restaurant «Les Pâquerettes», au bord de la Vienne. La déception était amère. Toujours est-il que, le soir venu, nous campions, avec une cinquantaine d'autres concitoyens, entourés de nos hardes, sur une litière de paille étalée dans l'immense salle. Tout continua donc comme avant. C'est l'unique fois, pendant cet exode, que j'ai vu pleurer ma mère.

Cela dura une bonne semaine, dans des conditions peu agréables. Deux fois par jour, il nous fallait monter le chemin raide pour aller au centre du village où nous prenions nos repas chauds dans une salle de l'école. Une cuisine de fortune fonctionnait dans la mairie voisine pour préparer nos repas.

Grâce aux efforts incessants et désintéressés de notre curé de l'époque — le maire de notre commune se trouvait à l'armée — de nouvelles familles trouvèrent un logement, jour après jour. Avec sa vieille Renault, il prospectait l'étendue de la commune pour détecter tout abri disponible. Il obtint du préfet la réquisition de nombreuses résidences secondaires inoccupées, situées le long de la Vienne. Après dix jours d'efforts et de dévouement de sa part, les salles de classe et le dancing s'étaient vidés de leurs occupants. C'est ainsi que notre famille se retrouva dans deux pièces d'une villa, qui appartenait à un aubergiste de Limoges. Le curé Albert Simon a été arrêté en 1942 par la Gestapo à l'église de Leutenheim, sur les marches de l'autel à la fin de la messe, à la suite d'une dénonciation. Il a été condamné à plusieurs années de réclusion criminelle, pour menées anti-allemandes, et resta enfermé dans une prison en Allemagne jusqu'à la Libération en 1945.

Notre vie s'organisa progressivement dans un nouveau cadre. A la place du ravitaillement en nature fourni durant les premiers jours, chaque personne bénéficia d'une «allocation aux réfugiés», au taux de 10 francs de l'époque par jour;

elle correspondait approximativement au minimum vital, ou plutôt au SMIC d'aujourd'hui. Les habitants de notre village se trouvaient dispersés sur une étendue très vaste; notre communauté villageoise avait bien éclaté. Chacun faisait ses recherches pour déterminer les endroits où se trouvaient parents, amis et connaissances. On ne vit plus qu'en de rares occasions les personnes hébergées dans les fermes les plus éloignées.

Nous nous livrions, les jeunes surtout, à une véritable exploration de la région, à bicyclette essentiellement, en tramway aussi. Plusieurs lignes de tramway électriques suburbains, exploitées par les chemins de fer départementaux de la Haute-Vienne partaient de Limoges dans toutes les directions et desservaient une grande partie du Limousin. L'une d'elles courait le long de la route nationale vers Aixe, et suivait avec elle les méandres de la Vienne; les dessertes étaient fréquentes. Nous avons utilisé régulièrement ces trains pour nous rendre au centre d'Isle (4 km), à Limoges (8 km), ou pour rendre visite à des amis et connaissances résidant sur leur parcours. Des réfugiés alsaciens se trouvaient un peu partout à proximité des points d'arrêt à la consonnance agréable : Romanet, Pâquerettes, Isle-Condat, Parpayat avec sa mégisserie, Chez Minet et son restaurant toujours garni, Etoile et Aiguille avec chacun son château, Verthamont au bord du fleuve, Mérignac, etc. Quelques Parisiens, qui avaient quitté volontairement et préventivement la capitale, s'étaient aussi installés dans les environs.

Les réfugiés qui voulaient travailler trouvaient facilement de l'emploi, les hommes valides de la région ayant été mobilisés. Certains travaillaient à Limoges, au chemin de fer ou dans le grand Arsenal de l'Armée, d'autres dans les nombreuses mégisseries et papeteries, ou autres petites usines situées sur la Vienne, dont elles utilisaient l'énergie hydraulique. D'autres encore prirent des contrats de «métayage» dans des fermes de la région. Les conditions d'habitation de ces fermes nous paraissaient plutôt moyenâgeuses : sol en terre battue dans les locaux d'habitation où l'on entrait sabots aux pieds, pas d'eau courante, pas d'électricité parfois.

Avec leur ténacité innée, nos compatriotes qui s'étaient faits «métayers», et qui avaient tous été exploitants agricoles à Leutenheim, s'attelaient à la tâche, toute différente de ce qu'ils connaissaient. Ils s'adaptèrent rapidement aux usages pratiqués en Limousin : la traite des vaches dans les herbages, l'arrachage hivernal des topinambours cultivés ici, la conduite des pesants attelages de bœufs sous le joug, traînant les lourds tombereaux aux deux hautes roues, toutes choses inconnues en Alsace. Il s'y habituèrent si bien qu'il devint impossible, après peu de semaines, de distinguer un Alsacien d'un Limousin lorsqu'il marchait à l'avant de son attelage de deux bœufs imposants courbés sous le joug, la longue gaule à aiguillon posée sur son épaule par un bout et sur le milieu du joug par l'autre, et que, de la voix et de l'aiguillon, il invitait ses bêtes à adopter une allure moins poussive.

Les divers services administratifs indispensables avaient, eux aussi, commencé à se roder. Notre secrétaire de mairie, qui était l'instituteur comme dans tous les villages en ce temps, put exercer ses fonctions dans un bureau spécial de la mairie d'Isle. La municipalité d'accueil mit en commun les salles de classe de l'école : la matinée pour les enfants d'Isle, l'après-midi pour les réfugiés, avec alternance d'une semaine à l'autre. Le chemin pour aller à l'école était toutefois bien plus long qu'à Leutenheim : ceux des fermes s'y rendaient en vélo, ceux de la «vallée» en vélo ou en tramway, mais ils étaient obligés dans les deux cas de monter à pied le raidillon de cinq cents mètres conduisant au village.

Les dimanches et fêtes, notre curé célébrait pour nous la grand-messe dans la très vieille église d'Isle. Les autochtones, bien que tous catholiques, pratiquaient peu. Le vieux curé de la paroisse vivait très pauvrement et, à part quelques femmes âgées et des enfants, ne voyait pas grande affluence à ses offices. Il avait comme sacristain, ou bedeau comme on l'appelait ici, un célibataire d'âge moyen un peu simple d'esprit et qui vivait seul, nommé Sosthène. Nos jeunes gens s'entendaient très bien avec lui : il était drôle, naïf, racontait toutes sortes d'histoires les unes plus invraisemblables que les autres; il aimait aussi bien le vin que le pastis; à l'occasion, il pouvait être têtu et rétif comme un mulet. La sonnerie des cloches pour chaque office représentait l'essentiel de ses tâches, mais il ne consentait à sonner que si le vieux curé lui en donnait l'ordre, explicitement et à haute voix. Notre messe des dimanches avait lieu immédiatement après celle des gens d'Isle. Nous allions à l'église quelques minutes avant la fin de cette messe pour attendre avec impatience le moment où, à la fin de son office et avant de quitter l'autel, le vieux curé lançait son cri «Sosthène sonne !» vers le fond de l'église au bedeau qui s'y tenait en attente et au garde-à-vous. Aussitôt Sosthène se pendait aux cordes des deux cloches et se mettait à carillonner à toute volée. Nous n'aimions pas manquer cette saynète, cocasse à l'extrême.

Au début de notre séjour, le problème de langue provoqua des difficultés de compréhension entre les réfugiés et les Limousins. Ces derniers, qui ignoraient tout des vicissitudes historiques de l'Alsace, comprenaient difficilement que les personnes de plus de 40 ans ne parlent pas le français; certains allaient jusqu'à les considérer comme des étrangers. Les jeunes furent donc mis à contribution en qualité d'interprètes. Entre eux, les habitants des campagnes limousines utilisaient un patois faisant partie de la langue d'oc et à résonance très agréable. La génération la plus âgée parlait le français avec difficulté.

Dans le domaine linguistique, comme dans tant d'autres, les choses s'arrangeaient progressivement. Les réfugiés apprirent rapidement les quelques mots français indispensables pour se débrouiller. Avec beaucoup de mérite, ils ont adopté d'emblée des usages agréables qui avaient cours en Haute-Vienne, par exemple la «chopine», un grand verre de rouge qui pouvait se boire à n'importe quel moment

L'EMOUVANTE
AFFLUENCE
AU MOMENT
DE
LA DISTRIBUTION
DU COURRIER

de la journée, ou le «chabrol», assiettée de soupe aux légumes dans laquelle on versait une bonne rasade de vin rouge avant de la manger. Bientôt les deux communautés vivaient côte à côte bien sûr et sans se mélanger, mais dans une ambiance correcte et relativement bonne. Il y eut même des Limousins qui assimilaient des locutions alsaciennes, et des Alsaciens balbutiant le patois limousin.

Pour ce qui concerne le problème des langues, nous rions aujourd'hui encore de certaines situations cocasses de l'époque. Une voisine fit ses achats au magasin d'alimentation lorsque l'épicière, toute heureuse, lui présenta son mari venu en permission, en lui disant : «C'est mon mari !». Notre voisine se défendit énergiquement en répliquant : «Nix Marie, moi Philomène !». Une autre dame, à laquelle la même commerçante souhaita un bon appétit, lui répondit candidement : «Ja, ja, d'Supp macht Apedit !» (Ah oui, la soupe donne de l'appétit). Mon oncle partit un jour pour acheter des harengs; n'en connaissant pas le nom français, il questionna mon frère, qui lui indiqua «Harrié», en manière de plaisanterie. Hubert s'en alla donc pour chercher des «Harriés», et, à notre étonnement, revint bel et bien avec des harengs salés. Lorsque nous avons quitté l'Alsace, un de nos concitoyens était hospitalisé à Haguenau et ne put donc faire le grand voyage avec nous et sa famille. A sa sortie de l'hôpital, on lui remit un billet de chemin de fer jusqu'à Limoges et le mit dans le train vers Paris et Limoges; de là, il devait rejoindre par le tramway sa famille cantonnée au hameau de Mérignac, à douze kilomètres de la ville. On lui avait aussi donné une fiche indiquant l'adresse où il devait se rendre. Il perdit ce précieux papier, mais se souvenait encore de la première syllabe du nom de «Mérignac», qui, dans son esprit s'était déformé en «Mercredi». Arrivé à la gare de Limoges, il demanda sa route pour «Mercredi», et le miracle eut lieu : le tram l'amena bien au point d'arrêt de Mérignac où le contrôleur le fit descendre.

NOUS PARLIONS L'ALSACIEN ET EUX LEUR PATOIS : LES ÉCHANGES ÉTAIENT DIFFICILES

Nous habitions à 5 kilomètres environ du centre d'Isle, au bord de la Vienne, non loin du village d'Aiguille. Le secteur était desservi par quatre relations de tramway, passant toutes à notre point d'arrêt : de Limoges à Aixe, à Rochechouart, à St-Junien et à St-Mathieu. Ces petits trains électriques, avec leurs vieilles voitures brunes, représentaient le moyen de communicaton idéal. On était assuré de rencontrer des connaissances dans chaque tram. A l'entrée de Limoges, chaque train était contrôlé par les employés de l'Octroi, sorte de douane urbaine qui percevait des péages sur les produits agricoles surtout. Ces octrois, que nous ne connaissions pas en Alsace, ont disparu durant la guerre.

La ville de Limoges était le centre commercial pour faire nos achats. Des commerces et des boutiques vendant des spécialités alsaciennes s'ouvrirent à une cadence accélérée : on trouvait de tout, des saucisses de Strasbourg au fromage de Munster, en passant par la choucroute. Nous nous sentions parfaitement à l'aise et nullement dépaysés à Limoges.

Quand débuta l'année scolaire au milieu du mois d'octobre, donc un peu plus tard qu'habituellement, nous étions quelque peu acclimatés. Les primaires fréquentaient l'école d'Isle, où les enseignants de Leutenheim exerçaient; les secondaires allaient au lycée Gay-Lussac ou dans des établissements privés de Limoges. J'étais inscrit au collège Ozanam pour la classe de philosophie, l'actuelle terminale «lettres». La guerre avait pris fin en Pologne : comme des brigands, Hitler et Staline s'en étaient partagé les dépouilles. Il y avait un absent au moins dans chacune de nos familles, soit à l'armée, soit réquisitionné au loin en vertu des lois sur l'état de guerre.

La préfecture du Bas-Rhin, repliée dans la ville de Périgueux, avait ouvert à Limoges un bureau de renseignement spécialisé pour les réfugiés. C'est là que l'on a pu m'indiquer où se trouvait ma grand-mère maternelle ainsi que plusieurs oncles et tantes de Trimbach : tout ce monde avait trouvé refuge dans la région de Bellac, presque à mi-chemin entre Limoges et Poitiers, dans un village nommé La Croix-sur-Gartempe. Ma mère m'y envoya aux nouvelles. Après un voyage assez compliqué, en train d'abord, en vélo ensuite, je finis par découvrir notre parenté dans un petit hameau très isolé. Ce que je vis n'était guère réjouissant : je retrouvai ma grand-mère, qui avait 84 ans, dans un grand local nu, une écurie désaffectée que l'on avait garnie de plusieurs vieux lits, d'une table et d'un poêle. Elle était couchée, malade; son visage tout ridé, au sourire toujours empreint d'une grande bonté, était pâle et amaigri. Tante Catherine, une sœur de ma mère et ma tante préférée, me dit qu'ils se trouvaient ici dans un abri provisoire en attendant l'attribution prochaine d'un logement décent, que la grand-mère avait perdu toute joie de vivre et dépérissait à vue d'œil depuis qu'elle avait dû quitter son cadre de vie habituel de Trimbach. Durant l'hiver, ma mère se rendit plusieurs fois à la Croix pour rendre visite à sa vieille maman, dont l'état de santé déclinait lentement bien qu'elle se trouvait alors logée convenablement. Elle ne se remit plus et mourut paisiblement au mois de février 1940. C'est ainsi que la mère de ma mère, morte de ce que l'on pourrait appeler «le mal du pays», fut enterrée loin de sa terre natale. Son corps a été rapatrié après les années de guerre, en 1946. On l'enterra aux côtés de son mari, décédé vingt ans avant elle, au cimetière situé sur la colline qui domine le petit village de Trimbach, où elle avait vécu.

En automne 1939, on autorisa une personne de chaque famille à se rendre au pays pour y récupérer des vêtements chauds, de la literie et autres articles dont nous aurions bien besoin pour affronter l'hiver. Ils partirent en petits groupes, munis de billets gratuits pour le voyage en chemin de fer de Limoges à Haguenau ; c'était le train jusqu'à Paris-Austerlitz, le métro jusqu'à la gare de l'Est et de nouveau le train jusqu'à Haguenau. A Haguenau, les autorités militaires délivraient des laissez-passer collectifs valant autorisation de se rendre dans la zone évacuée pour une durée de 24 heures.

Voici, par un membre d'un des premiers groupes, composé de quelques hommes et d'un petit nombre de femmes courageuses, la chronique particulièrement savoureuse de cette expédition :

«Arrivés à Haguenau, nous avons fait notre première escale à l'Estaminet, grande brasserie connue dans tout le nord de l'Alsace sous l'appellation «d'Schmierkätt», pour nous régaler de moult paires de knacks, arrosées de bocks de bière fraîche et écumante. Puis, nous sommes allés au bureau du commandement militaire pour y retirer notre laissez-passer. La nuit tomba; comme nous ne savions où la passer, j'emmenais mes compagnons à l'hôpital. Les sœurs nous donnèrent asile, pour cette nuit, dans ce qui s'appelait communément «le nid à cigognes»; c'était une aile lointaine de l'hôpital dans laquelle on avait l'habitude de caser les personnes, généralement plus ou moins gâteuses et isolées, dont on n'arrivait pas à se débarrasser. Tôt le lendemain matin, nous avons pris le train pour Soufflenheim. Après contrôle de nos papiers par la police militaire, un véhicule de l'armée nous conduisit à notre village et nous y laissa.

La température était bien fraîche en cette fin de mois d'octobre. Nous avons donc décidé de nous installer tous ensemble dans la même maison, pour y passer la nuit suivante. Nous avons allumé un bon feu dans la cuisine et la chambre; puis chacun s'est rendu dans sa propre habitation pour y préparer les effets à emporter le lendemain. Ceci fait, nous avons attrapé quelques poules qui vagabondaient encore dans les cours désertes et les avons plumées, après nous être tous retrouvés dans la maison, bien chauffée à présent. Les femmes ont fait la cuisine; j'ai trouvé à la cave quelques bouteilles de vin qui avaient sans doute échappé aux fouilles des soldats. Le soir venu, nous avons fait un repas de fête, des poules rôties avec des nouilles, le tout bien arrosé. Le lendemain matin, nous avons chargé nos bagages sur un camion militaire qui nous a conduits jusqu'à Soufflenheim, où tout fut transbordé dans un wagon à destination de Limoges. Deux jours plus tard, nous étions de retour dans nos familles où nous attendions avec impatience l'arrivée du wagon.

Et le wagon arriva; nous l'avons déchargé à la gare de Limoges; ensuite chacun a emporté chez lui ce qu'il avait cherché à Leutenheim. C'est alors que l'affaire se corsa. J'avais ramené en effet des affaires qui me paraissaient utiles, en toute bonne conscience : mon «Flobert» de 6 millimètres, mon chapeau-melon (désigné chez nous «Gockel» ou «Schweller») bien empaqueté dans un grand carton et d'autres objets de première nécessité du même genre. Rempli de la satisfaction du devoir accompli, je fis le déballage de toutes ces merveilles. Les yeux

LA DISTRIBUTION
DU BOIS
DE CHAUFFAGE

de ma femme se firent de plus en plus ronds, de plaisir, me figurais-je. Et l'orage éclata : «Mais ce n'est que de la camelote qu'il a rapportée et encore ce sacré «Gockel», je me demande ce qu'il entend en faire ici. Une chance que nous n'ayons pas des canaris à la maison, il en aurait rapporté les cages; des bons à rien ces hommes, sauf à faire des bêtises; et mon linge, mes couvertures où sont-elles ?»

Ce voyage que j'avais entrepris avec une grande bonne volonté, se termina lamentablement, c'est-à-dire dans les lamentations, et elles durèrent un bon moment.» (Fin de témoignage)

Des situations semblables devaient être monnaie courante, car, à partir de cette période, ce furent presque exclusivement ces dames qui rentraient à la maison. Elles ne ramenèrent effectivement que des objets utiles : matelas, couvertures, oreillers, tapis, radios, machine à coudre ; notre confort à tous s'en trouvait amélioré considérablement avant l'arrivée de l'hiver.

Ma mère ne pouvait pas s'absenter; je suis donc parti à la Toussaint pour Strasbourg où je devais retrouver mon père. Entre Limoges et Paris, j'ai rencontré deux garçons de mon âge, dont un de Roppenheim, qui se rendaient aussi à Strasbourg. Notre train est arrivé à Paris avec retard, et, quand nous sommes parvenus à la gare de l'Est, l'express pour Saverne était déjà parti; j'oubliais de dire que les trains avaient Saverne pour terminus et origine; entre Saverne et Strasbourg, les autorails seuls étaient autorisés à circuler, et uniquement de nuit, par peur des observateurs allemands installés sur les hauteurs de la Forêt-Noire. Après le départ des derniers trains de soirée, les gares parisiennes étaient fermées jusqu'au lendemain matin et gardées par des gendarmes, pour éviter des sabotages possibles. Nous nous trouvions donc à Paris à 11 heures du soir, devant des gares fermées et sans abri, et nous ne pouvions nous payer une chambre d'hôtel. A trois nous avons donc erré dans la ville obscurcie par la défense passive : la Cité, Notre-Dame, Place de la Concorde. A deux heures de la nuit, crevés de fatigue, nous étions assis sur un banc près de l'Arc de Triomphe, parlant et discutant pour ne pas nous endormir, en dialecte bien entendu. Soudain, plusieurs policiers nous ont encadrés et nous ont conduits au commissariat, malgré nos protestations. Après contrôle de nos pièces d'identité et cartes de réfugiés, nous avons été relâchés avec le conseil de nous entretenir de préférence en français, car la chasse aux espions allemands, la fameuse 5e colonne, battait son plein. A 6 heures du matin, nous avons quitté la gare de l'Est par le premier train pour arriver à Saverne à 6 heures du soir; là, deux de mes copains sont partis pour Haguenau, et moi pour Strasbourg où je retrouvais mon père.

Ceux qui, comme mon père, avaient été réquisitionnés pour travailler à Strasbourg y vivaient dans un univers bien particulier; ils pouvaient prendre leurs repas à la cantine installée dans les locaux du buffet de la gare. Quelques rares magasins d'alimentation de la rue de la Course, deux épiceries et deux boulangeries, étaient ouverts, ainsi que la grande brasserie de la République, tout à côté. Un long train de voitures à voyageurs, attelé en permanence d'une locomotive sous pression, stationnait en gare basse, pour évacuer rapidement tout ce petit monde en cas d'urgence. Les cheminots disposaient chacun dans ce train, au titre de chambre d'habitation, d'un compartiment de 1ere classe bien chauffé. J'ai dormi deux nuits dans ce train avec mon père. Nous sommes allés ensemble à Leutenheim pour y chercher des effets que nous avons expédiés comme bagages vers Limoges. Puis j'ai pris le train du retour, les vacances de la Toussaint se terminant.

Et l'hiver vint. Le Limousin est un pays au climat rude et les gelées suivaient rapidement les tempêtes d'automne. De temps à autre, un permissionnaire passait quelques jours dans sa famille. Des bébés étaient nés dans un foyer de réfugiés : leurs pères avaient droit, à cette occasion, à des permissions exceptionnelles. Nous étions toujours dans la «drôle de guerre» durant laquelle il ne se passa rien à la frontière franco-allemande, à part les émissions de propagande des émetteurs de radio. La petite Finlande avait été attaquée par la Russie et se défendait bien; dans une brasserie de Munich, Hitler venait d'échaper à un soi-disant attentat; dans l'estuaire du Rio de la Plata, la flotte britannique détruisait le croiseur de poche allemand «Graf Spee»; tout ceci se passait bien loin de chez nous.

«COMMENT T'APPELLES-TU ? DEMANDA LE SURVEILLANT. «HANS TRAPP...» RÉPONDIS-JE.

Notre vie de tous les jours s'était tout à fait normalisée : les adultes étaient presque tous au travail et la jeunesse à l'école. Un assez grand nombre d'Alsaciens et Lorrains fréquentaient le Collège Ozanam de Limoges, où je faisais ma philo. Nous y avions d'excellents professeurs, dont certains qui avaient quitté de grandes écoles parisiennes dans lesquelles ils enseignaient précédemment pour se réfugier en Limousin, par peur de la guerre. La discipline y était plutôt rigide; toute arrivée en retard , notamment, était sanctionnée : un surveillant, assez empoisonnant par ailleurs, guettait le portail et notait les retardataires pour les signaler au censeur. L'orthographie des noms alsaciens lui posait problème et nous en profitions sans complexes. Par analogie avec «Gestapo», la police secrète allemande, il avait eu le surnom de «Stapo». Il me coinça un jour que j'arrivai après la sonnerie, brandit calepin et crayon et me demanda mon nom. «Hans Trapp», lui dis-je (Ce Hans Trapp était un célèbre brigand qui commit toute sorte d'atrocités, au Moyen-Age, dans la région de La Petite-Pierre; une fois pris, on le pendit; par la suite, et dans notre enfance encore, il était devenu un croque-mitaine dont les mamans menaçaient leurs enfants turbulents). «Comment ?», dit-il; «Hans Trapp», lui ai-je confirmé. «Allons, épelez-moi votre nom». Je l'ai fait et il nota qu'un certain Anstrabe de philo était arrivé avec un retard de 7 minutes. L'affaire n'a jamais eu de suite et «Stapo» ne m'a plus redemandé mon nom. Il n'y avait d'ailleurs que des Dupont et Durand à se faire punir pour arrivée tardive.

Les dimanches après-midi et jours de congé scolaire nous partions en bicyclette, à trois ou quatre, pour explorer la contrée environnante. Pendant ces sorties, nous avons découvert des populations de réfugiés alsaciens dans pas mal de villages : Schiltigheim à St-Junien, Drusenheim à St-Léonard, Soufflenheim à Ambazac, Roeschwoog à Veyrac. Les gens se rencontraient souvent les dimanches après-midi, au très beau lieu de pèlerinage d'Arliquet, tout près d'Aixe-sur-Vienne, et à quelques kilomètres seulement d'Aiguille.

Quand les adultes, nos parents, grands-parents, etc., se recontraient, la conversation tournait toujours autour de la petite patrie. On chantait les très anciennes chansons populaires; on en composait même de nouvelles appelées «complaintes des réfugiés», qui exprimaient d'une manière simple et profonde toute la nostalgie des «sans-patrie» qu'ils étaient devenus. Ci-après le texte, en allemand car il est intraduisible, d'une de ces complaintes :

Ach, wir haben sie verlassen
Unsre Heimat traut und schön,
Mussten wie die Bettelkinder
In die weite Ferne gehn.

Die an uns're Seite stritten
Mit des Lebens Müh und Not
Stehen an der Heimat-Schwelle
Als Soldat im Morgenrot

Uns're Herzen sind verwundet,
Und die Augen tränenschwer.
Getrennt sind wir von uns'ren Lieben,
Haben keine Heimat mehr.
Uns'rer Kinder Hände heben
Wie sie um den guten Vater,
Um die liebe Heimat flehen.

Guter Gott im Himmel droben,
Sieh das Elend schon, die Not,
Gib uns uns're Heimat wieder,
Gib uns Heimat, Herr, und Brot.

Wie ein Stern in Sturmeswogen,
Bleibt die Hoffnung uns zurück,
Auf ein frohes Wiedersehen
In der Heimat, uns'rem Glück.

Sollten wir uns nicht mehr sehen,
Hier auf diesem Erdenrund,
Wollen wir uns nicht vergessen
Bis zur allerletzten Stund.

An dem Grabe steht und weinet
So manch armes Flüchtlingskind.
Viele sind in fremder Erd begraben
Und sehen, keine Heimat mehr.

Vers la fin de l'année 1939, il était impossible d'estimer pour combien de temps nous resterions encore en évacuation. En septembre, des optimistes avaient prévu la fin des hostilités pour Noël. Malgré les cadeaux distribués aux réfugiés par des organismes officiels et autres, ce fut un Noël bien triste. Et pourtant chaque famille avait son petit sapin garni de lumières.

Mon père n'ayant pu obtenir de permission pour passer les fêtes de Noël avec nous en Limousin, je me suis rendu une nouvelle fois à Strasbourg. J'y suis arrivé le 24 décembre 1939, pour y vivre une soirée de Noël inoubliable.

Après le repas du soir au buffet-cantine, menu de fête comme il se devait, je me retrouvais avec mon père et plusieurs de ses amis dans un compartiment bien chauffé du train qui leur servait d'«hôtel»; ils bavardaient et chantaient des chants de Noël en dégustant le vin chaud. A 11 heures : départ pour la cathédrale, où devait être célébrée la messe de minuit. Le commandement militaire avait remis des cartes d'invitation aux cheminots réquisitionnés pour assurer le fonctionnement de la gare de Strasbourg. La ville et ses faubourgs avaient été évacués dans les jours précédant l'ouverture des hostilités; les voies d'accès à la cité étaient barrées et sévèrement gardées, y compris les voies de sortie de la gare, par des «gardes mobiles» (les CRS de l'époque).

On m'a fait endosser un lourd manteau d'uniforme SNCF, un peu large en vérité pour mes maigres épaules; les collègues de travail de mon père m'ont coiffé d'une casquette de cheminot et m'ont passé à l'épaule le masque à gaz dont le port était obligatoire en zone d'opérations. Ainsi harnaché, je me trouvais encadré au milieu de leur groupe en allant vers la sortie de la gare, en direction des gendarmes; je n'étais guère rassuré, plutôt anxieux. Les gardes mobiles connaissaient de vue pratiquement tous les agents SNCF en service à la gare, ces derniers sortant journellement pour s'approvisionner en denrées alimentaires dans les quelques magasins maintenus ouverts dans le quartier de la gare, et contrôlaient donc rarement leurs autorisations de sortie. Au passage un des gardes me dit : «Tu es bien jeune, toi !», «C'est un apprenti-cheminot» lui répondit mon père, en riant. J'avais passé sans encombres.

Les rues de la ville déserte étaient recouvertes d'une épaisse couche de neige que n'éclairait aucun lampadaire. L'hiver de 1939 à 1940 était un des plus froids du siècle; la neige durcie par le gel crissait sous nos pas quand nous allions, par la rue du 22 Novembre, à travers la cité morte; les seuls bruits : quelque volet non attaché grinçant dans ses gonds rouillés, un chat abandonné miaulant plaintivement. En cours de route, nous avons croisé des patrouilles de l'armée et de la Société Générale de Surveillance qui avaient pour mission de veiller sur la ville et de prévenir les incendies et pillages éventuels.

Sous la pâle clarté lunaire, la cathédrale dressait sa flèche vers le ciel constellé d'étoiles : dans cet univers dépourvu de vie et de lumière, j'avais l'impression de me trouver devant le grand château hanté des légendes. La plupart des précieux vitraux avaient été démontés pour être mis en sécurité; à leurs places, des anneaux en bois bouchaient sommairement les ouvertures. Une barricade impressionnante, faite de sacs de sable entassés les uns sur les autres, cachait presque entièrement le grand portail, pour le protéger contre les éclats d'obus ou de bombes.

Nous avons pénétré dans l'édifice par le petit portail latéral, du côté de la rue du Dôme, où un gendarme contrôlait les cartes d'invitation valant autorisation d'accès. Je me suis fait tout petit, au centre du groupe, pour éviter d'être refoulé

H 315. STRASBOURG
Vue générale

NOËL 1939
CATHEDRALE DE STRASBOURG

MESSE DE MINUIT
Célébrée dans la crypte
par S. E. Monseigneur RUCH

INVITATION
strictement personnelle pour une personne

Entrée par la porte de la sacristie
qui sera ouverte de 23h30 à 23h50

Le Colonel de CHATEAUBOURG
Cdt d'armes délégué
de la Place de Strasbourg

Monsieur Schmitt
Homme d'Equipe
S.N.C.F.
Strasbourg

au dernier moment ; mais le contrôle était «bon enfant» et je n'ai pas été inquiété. L'immense nef du sanctuaire baignait dans une obscurité profonde, dans laquelle se perdait le reflet blafard des rayons de lune passant au travers des quelques vitraux restés en place.

Après avoir suivi, presque en tâtonnant, un couloir matérialisé par des cordes tendues, et descendu un escalier de pierre, nous sommes arrivés dans la crypte illuminée de tous les feux et merveilleusement décorée : toute la féerie de Noël s'y était concentrée, à ce qu'il me semblait à ce moment. Il y avait beaucoup de gens, presque tous en uniformes, militaires et autres. C'est ainsi que j'ai eu le privilège d'assister à la messe de minuit de ce premier Noël de guerre, dans la crypte de la vénérable cathédrale de Strasbourg, ville abandonnée par toute sa population. L'émotion et la ferveur de l'assistance étaient intenses, presque tangibles, lorsque, à plusieurs mètres sous terre à proximité immédiate des canons ennemis, la chorale entonna le «Stille Nacht, Heilige Nacht», et qu'ensuite le célébrant proclama solennellement le message de joie et de paix pour tous les hommes de bonne volonté. J'ai vécu là, et à ce moment, un événement particulièrement marquant de ma jeunesse.

Le lendemain, jour de la St-Etienne, je suis encore une fois allé à Leutenheim avec mon père. Le froid était rigoureux à cause de l'épaisseur exceptionnelle de la couche de neige rendue glissante par la circulation des véhicules militaires, nous avons peiné durement pendant le trajet à bicyclette à partir de la gare de Soufflenheim. Notre village était littéralement enseveli sous la neige; il faisait très froid dans notre maison. Nous avons fait un bon feu et y sommes restés pendant quelques heures, pour reprendre ensuite la direction de Strasbourg. Pour le nouvel an, j'avais retrouvé ma mère et ma famille dans le Limousin.

Le début de l'année fut marqué par une période de froid intense : la Vienne charriait des glaçons qui, peu à peu, s'aggloméraient entre eux; après quelques jours le fleuve était gelé d'une rive à l'autre, ce qui, aux dires des habitants de la région, ne s'était produit de mémoire d'homme. Lorsque vint le dégel, accompagné de fortes pluies, la paisible rivière se fit torrent impétueux dont les flots boueux inondaient les rives. Notre jardin disparut sous l'eau qui montait jusqu'à lécher le bas de la maison ; j'avais de l'eau jusqu'à la poitrine en sortant nos vélos garés dans une remise située au fond du jardin ; un gros tas de bois de chauffage que notre propriétaire avait entassé non loin de la rive de la Vienne fut emporté par le flot. Puis une brume épaisse couvrit la vallée pendant une bonne semaine. Janvier et février passèrent. La guerre sévissait en Finlande et, en Europe de l'Ouest, le calme continuait à régner.

Le printemps s'annonça plus précoce qu'en Alsace : en mars déjà, le ciel était bleu, de ce bleu limpide et profond que l'on rencontre au sud de la Loire, et qui est le plus pur, dit-on, dans la région de Toulouse. Il y eut des malades, comme tous les ans à cette période ; une épidémie de coqueluche et de dyphtérie s'attaqua aux enfants et aux jeunes. Quelques personnes âgées, plus fragiles, sont mortes à cette période.

En ce printemps, nous avons réellement découvert les beautés des rivages de la Vienne, hantés par d'innombrables pêcheurs; ceux-ci étaient assis au bord de l'eau du matin au soir et surveillaient leurs lignes; d'autres lançaient la ligne à partir de petites barques plates, qu'ils ancraient au milieu de la rivière très poissonneuse. Un jour, nous avons découvert une vieille barque presque totalement ensablée non loin de la rive. Nous l'avons déterrée, puis traînée hors du fleuve, car elle faisait eau de partout. En plusieurs jours de labeur assidu, nous avons réussi à remplacer deux planches pourries et à calfater les fentes et voies d'eau avec de l'étoupe. Puis nous avons enduit l'extérieur d'une épaisse couche de goudron. A la mise en eau, elle se révéla parfaitement étanche. Personne ne revendiqua la propriété de cette barque; nous la fîmes donc nôtre en la baptisant «Le Terrible».

Notre première sortie sur le fleuve était une merveilleuse aventure ; comme nous l'avions vu faire par les gens du pays, nous faisions avancer notre bateau avec une longue perche que le «navigateur», debout à l'arrière, plongeait dans l'eau pour la pousser sur le fond dur de la rivière. Nous passions tous nos moments libres en croisières sur la Vienne et son affluent, la Briance. Certaines fois, nous avons promené les garçons plus jeunes. Une de ces sorties faillit tourner au tragique : à huit à bord, nous avons remonté la Briance, sans incident, les injures mises à part que nous lançaient régulièrement les pêcheurs installés sur les rives, sous prétexte que nous dérangions les poissons. Au retour, il était assez difficile de franchir le confluent de la Briance avec la Vienne à contre-courant. Ce jour-là, par suite d'une erreur de navigation, nous nous sommes trouvés soudain en eau profonde, où nos perches n'arrivaient plus à toucher le fond, en train de dériver en direction du barrage de la Papeterie d'Aiguille, à quelque trois cents mètres de là, où les eaux de la Vienne sautaient en grondant une cascade de deux mètres de haut. Nous n'en menions pas large lorsque, avec beaucoup de présence d'esprit, un de nos jeunes passagers réussit, au dernier moment, à s'agripper au bout d'une longue branche qui avait poussé à ras d'eau comme une liane. La barque s'arrêta de dériver et nous avons pu la hâler, en tirant ensuite sur d'autres branches de saules baignant dans la rivière, jusqu'en eau moins profonde où nous pouvions à nouveau nous servir des perches. Nous avons également essayé de pêcher, sans grand succès toutefois; nous n'avions pas l'expérience et, il semblait bien que, particulièrement dans ce secteur, les pêcheurs étaient sans doute plus nombreux que les poissons.

Le premier dimanche après Pâques, nous avons fêté la communion solennelle des garçons nés en 1926 et des filles de la classe 1927, dont ma sœur. Mon père a pu venir en permission à cette occasion. Les parrain et marraine de ma sœur ont aussi pu être des nôtres, et ce fut une belle petite fête de famille.

Des produits alimentaires, comme la viande par exemple, furent rationnés : il y eut, par semaine, deux «jours sans» viande, c'est-à-dire, sans vente dans les boucheries et «sans» aussi dans les restaurants; en fait, il n'y avait pénurie de rien. Mai commença avec beau temps et chaleur et la «drôle de guerre» en était à son neuvième mois. Nous vivions, en réalité, les derniers jours calmes avant la tornade qui allait ébranler le monde pendant cinq ans.

En mai 1940, dès les premiers jours de l'offensive allemande, les premières colonnes de réfugiés en voitures automobiles commençèrent à passer devant nos habitations en direction du sud; c'étaient essentiellement des Hollandais et des Belges. Puis arrivèrent ceux qui avaient fui le nord de la France. Au passage, ils nous parlaient des bombardements terrifiants qu'ils avaient subis, de villes détruites, de ponts démolis, de nos troupes en déroute, des avions de chasse ennemis qui mitraillaient les agglomérations et les routes.

Les colonnes de réfugiés se firent de plus en plus nombreuses jusqu'à devenir une véritable avalanche dévalant en direction du Midi. C'étaient des gens fatigués, hébétés, terrorisés par les attaques aériennes incessantes; beaucoup avaient fixé des matelas sur les toitures de leurs voitures pour se protéger des tirs; certaines voitures étaient criblées d'impacts de balles ou d'éclats d'obus; des enfants blessés et sommairement pansés pleuraient. Des réfugiés nous disaient avoir dû abandonner en cours de route aux bords des chemins ou dans des hôpitaux de passage, des membres de leur famille et des amis tués ou sérieusement blessés pendant les mitraillages. Ils fuyaient toujours plus avant, comme s'ils avaient la mort à leurs trousses. Nous les avons ravitaillés et aidés dans la mesure du possible. Et nous pensions au fond de nous-mêmes : «Et si nous n'avions pas été évacués en septembre, peut-être serions nous aussi sur les routes dans des conditions apocalyptiques».

Au début du mois de juin, les écoles fermèrent leurs portes. En raison de la désorganisation et de la paralysie quasi totale du réseau ferré, les matières premières n'arrivaient plus et les usines se voyaient contraintes d'arrêter leurs activités. Les armées allemandes, qui descendaient vers la Saône et le Rhône, prirent la ligne Maginot à revers et coupèrent les régions de l'Est du reste du pays. Nous avons appris ultérieurement que le fameux train, toujours sous pression en gare de Strasbourg pour le personnel en cas de nécessité, quitta bien Strasbourg, franchit les Vosges à Saales, puit fut arrêté et saisi par les Allemands en gare d'Epinal. Les occupants du train, parmi lesquels se trouvait mon père, eurent la chance de ne pas être considérés comme prisonniers de guerre; les Allemands les relâchèrent aussitôt et ils s'en retournèrent vers Strasbourg à bicyclettes.

Les Allemands entrèrent à Paris, déclarée ville ouverte et dont le gouvernement français s'était déjà replié sur Bordeaux. La peur gagnait aussi le Limousin. On mina les ponts traversant la Vienne et on installa, à leurs extrémités des chicanes anti-chars protégées par des nids de mitrailleuses. A ce moment, l'Italie déclara la guerre à la France; c'était le fameux coup de poignard dans le dos. Les 12 et 13 juin, au lycée Gay-Lussac de Limoges, nous passions les épreuves écrites du 2e baccalauréat. En début d'après-midi, nous venions de commencer à plancher sur une épreuve de sciences, une dizaine de bombardiers italiens du type «Savoia» survolèrent la ville de Limoges et lâchèrent quelques chapelets de bombe sur le quartier des Bénédictins, non loin de la gare. Nos surveillants ont disparu comme par enchantement, alors que nous avons continué à rester dans la salle. Les avions s'en allèrent très vite, mais nous en avions déjà profité pour nous repasser les bonnes solutions les uns aux autres; nous les avons ensuite reportées en toute quiétude sur nos copies. Ce petit bombardement nous avait donc été bien utile. Pris de panique, beaucoup d'habitants avaient quitté la ville et ont passé la nuit suivante dans les bois des alentours. Le 23 juin enfin, l'armistice entrait en vigueur : la France venait de perdre la guerre et les Allemands allaient occuper presque les trois quarts du territoire national. Ce n'est que bien plus tard que nous avons entendu parler de l'appel de Londres, lancé le 18 juin 1940 par un général presque inconnu, nommé Charles de Gaulle, et qui appelait les Français à la poursuite de la lutte contre les Allemands.

PENDANT LE BAC L'AVIATION ITALIENNE BOMBARDA. ON EN PROFITA POUR TRICHER

L'impensable venait de se produire en l'espace de peu de semaines; l'armée française, réputée invincible était totalement détruite et deux millions de soldats venaient de prendre le chemin de la captivité. La population ressentait un grand soulagement : le cauchemar était terminé. L'exode des milliers de réfugiés prit fin. Le réseau des transports se réorganisa assez vite et put assurer de nouveau le ravitaillement minimum nécessaire.

En vertu des clauses de l'armistice, la zone dite «libre», dans laquelle nous nous trouvions, était coupée de la zone dite «occupée» par une ligne de démarcation pratiquement infranchissable. Cette ligne passait à environ 60 kilomètres au nord-ouest de Limoges, plus précisément entre les villes de Limoges et Poitiers, cette dernière se trouvant en zone occupée. Pour cette raison, les «admissibles» des épreuves écrites du bac n'avaient pas la possibilité de se rendre à l'Université de Poitiers, où ils devaient réglementairement subir les épreuves orales. Par la force des choses, on nous dispensa donc de l'oral en déclarant définitivement admis ceux qui avaient obtenu à l'écrit une moyenne supérieure à 12. J'avais la chance de trouver mon nom inscrit sur la liste des «admis», affichée au lycée Gay-Lussac.

Pendant ce début d'été il faisait très chaud, la vie du pays fonctionnait au ralenti : écoles fermées, usines fermées; la poste fonctionnait au ralenti; la population était sans nouvelles de centaines de milliers de soldats. Les journaux reparurent timidement; mais avec des éditoriaux radicalement nouveaux : on y lisait que les Français étaient responsables eux-mêmes de la défaite; le règne de l'ordre et de la discipline était arrivé maintenant; sous la conduite du vieux maréchal Pétain, la nation allait marcher vers un renouveau; c'en était fini avec le laisser-aller pratiqué sous les précédents gouvernements de la IIIe République.

L'administration sortit progressivement de son état d'impuissance; les militaires en débandade, qui erraient dans les campagnes, furent démobilisés sur place et renvoyés dans leurs foyers s'ils habitaient la zone non occupée. On rassembla les autres dans les villes de garnison de la zone libre. Des foules de réfugiés belges et hollandais remontaient vers le nord avec leurs voitures : les autorités allemandes leur avaient fixé un délai limite pour le franchissement normal de la ligne de démarcation. L'essence se fit rare, certaines denrées alimentaires également.

Nous commencions à nous poser des questions. Qu'allions-nous devenir dans cette France bouleversée et coupée en deux ? Quand allions-nous rentrer chez nous ? Qu'y trouverions-nous ? Toutes questions sans réponses. Personne ne savait ce qui se passait en Alsace : selon les rumeurs, les Allemands avaient constitué, au nord et au nord-est de la France occupée, une deuxième zone «interdite», allant de la Manche à la frontière suisse, et dans laquelle il était presque impossible de pénétrer. Dans les clauses d'armistice, il n'était pas question de l'Alsace-Lorraine et nous étions sans nouvelle aucune de là-bas. Dans notre for intérieur, nous pensions que le Reich allemand allait profiter de la situation pour annexer purement et simplement les deux provinces, comme prise de guerre, ainsi que cela s'était passé une première fois en 1870.

Nous attendions donc. Pas de classe, pas de travail, un merveilleux temps d'été, l'allocation de réfugiés continuait à être payée, il n'y avait pas de pénurie grave de ravitaillement; nous étions bel et bien en vacances. Nos occupations : des baignades dans la Vienne, de la navigation avec notre barque et des randonnées à bicyclette, un peu de pêche à la ligne, sans véritables résultats. Les garçons les plus jeunes pêchaient à la main dans les creux et bas-fonds de la rivière, et ils en ramenaient dix fois plus de poissons que nous avec notre pêche à la ligne. Les petits torrents qui descendent des hauteurs vers la Vienne étaient riches en belles truites. Elles étaient bien visibles dans ces eaux claires comme le cristal, et on les pêchait aussi à la main. Une fois en voulant saisir avec mes mains une truite que j'avais vu disparaître sous une grosse pierre, j'ai frôlé quelque chose qui se détendit aussitôt comme un ressort et fila dans l'eau comme une anguille. J'avais eu le temps de voir la tête triangulaire de l'animal : c'était une vipère, espèce bien représentée au Limousin, qui s'était enroulée sur elle-même et mise au repos sur une pierre plate dans la fraîcheur du ruisseau. Je n'ai plus jamais pêché la truite à la main.

Vers le milieu du mois d'août, on commençait à parler de notre retour en Alsace, qui pourrait avoir lieu dans les prochaines semaines. Aux dires de certains, et selon des rumeurs incontrôlables, les Alsaciens et Lorrains prisonniers de guerre auraient été libérés par les Allemands et se trouveraient déjà à la maison, mais le pays aurait été annexé par l'Allemagne. Personne ne pouvait donner de certitudes. Certains estimaient que dans ces conditions, il était peut-être préférable de ne pas rentrer et de rester où nous étions; ils essayaient de trouver du travail, mais sans succès : l'embauche était réservée prioritairement aux originaires du pays démobilisés de l'armée, et le marché du travail était encore au plus mal. Les instances officielles recommandaient d'ailleurs, avec insistance, aux réfugiés de rentrer chez eux dès qu'ils le pourraient.

En prévision de ce retour, on commençait à se procurer valises, caisses, cartons. Les gens se doutaient, avec raison, qu'ils avaient une période de «vaches maigres» en perspective et achetaient autant de denrées alimentaires que possible. Il y eut un recensement, par les soins de la Préfecture, de ceux qui étaient disposés à rentrer au pays. Ceux qui ne pouvaient ou ne voulaient pas rentrer, pour toutes sortes de raisons, durent entreprendre les démarches pour conserver les logements qu'ils occupaient et garder leurs emplois, pour pouvoir attendre en Limousin la fin de la guerre.

C'est dans les derniers jours du mois d'août que nous avons été avisés officiellement que notre retour en Alsace aurait lieu dans la première quinzaine de septembre. Cette annonce marqua pour nous la fin des vacances, malgré le temps qui restait au beau fixe, car les préparatifs commencèrent immédiatement : il y avait des formalités à faire ; nous devions emballer aussi bien que possible ce que nous possédions, et notre avoir, avec ce que nous avions pu ramener dans

«NOUS RENTRONS AU PAYS»
PHOTO DE PROPAGANDE ALLEMANDE EN 1940

l'intervalle et les achats faits en Haute-Vienne, était bien plus important qu'à notre départ de Leutenheim. Cela fait, nous attendions avec impatience le jour du départ dans la joie de revoir les membres de la famille absents depuis plus d'un an, avec une petite appréhension toutefois devant l'inconnu qui nous attendait.

Et le jour tant attendu arriva. On nous avait recommandé de réduire nos bagages au maximum. Les mêmes recommandations nous avaient déjà été faites un an auparavant, et nous avions une certaine expérience dans ce domaine. Nous fîmes donc comme si de rien n'était et emballions la totalité de ce que nous avions. Les chemins de fer départementaux ont mis à notre disposition, à chacun des points d'arrêts, des wagons à marchandises vides : nous les avons chargés à bloc, sans rien laisser derrière nous. A la gare de Limoges, nous avons effectué nous-mêmes le transbordement dans des wagons de la SNCF destinés à être rajoutés le soir à notre train de rapatriement.

Dans l'après-midi, des trams spéciaux ont fait le ramassage des candidats au départ pour les déposer à la gare de Limoges. Notre train nous y attendait, composé, comme il se devait, des fameux wagons du type «Chevaux 8 - Hommes 40». L'embarquement se fit rapidement et sans difficultés; le soir venu, nous étions prêts au départ, un an, presque jour pour jour, après notre arrivée à Limoges en septembre 1939. Nous venions donc de passer douze mois en Haute-Vienne, où nous avons vécu, en général, en bonne entente avec les Limousins. Pour les jeunes, ce séjour était indiscutablement enrichissant : notre horizon s'était élargi, nous avions connu un autre pays, d'autres coutumes, une culture toute différente. C'était aussi la dernière de nos jeunes années vécue librement, hors de toutes contraintes.

Grâce à une bonne organisation, le voyage du retour se passa dans des conditions meilleures, et plus rapidement que l'aller. Nous avons quitté Limoges à la tombée de la nuit, en direction du nord pour rouler à bonne allure sur la transversale de Bordeaux à Lyon, qui longe les contreforts du Massif Central par Guéret et Montluçon. Au lever du jour, nous nous trouvions dans une gare de triage non loin de Lyon. Après la traversée de Mâcon, notre train roulait toujours vers le nord pendant quelque temps, pour s'arrêter en gare de Châlon-sur-Saône, où nous attendait la première grande surprise sur ce chemin du retour.

Nous étions arrêtés le long d'un quai plein de soldats allemands en armes, les premiers qu'il nous était donné de voir en chair et en os. Un immense drapeau à croix gammée flottait sur le bâtiment de la gare et il y avait partout des panneaux indicateurs en langue allemande. Nous venions de franchir la ligne de démarcation qui séparait la zone libre de la zone occupée. Châlon-sur-Saône était une gare frontière que ne pouvaient franchir que les personnes munies d'autorisations spéciales délivrées exclusivement par les autorités militaires occupantes. Toutes les portes de nos wagons donnant sur le quai étaient ouvertes. On nous

ON DÉCHANTE À L'ARRIVÉE. A STRASBOURG : LES ALLEMANDS SONT LÀ.

demanda, par haut-parleur et en allemand, de préparer les pièces d'identité en notre possession. Tout à coup, un officier SS entra dans notre wagon, pendant que des sentinelles se tenaient devant la porte. Il dévisagea une personne après l'autre, se fit présenter l'une ou l'autre carte de réfugié, fronça le nez de temps à autre dans notre wagon — cela sentait plutôt le fauve après ce voyage de nuit — puis posa la question : «Sind Juden oder Zigeuner hier ?» (Y-a-t-il des juifs ou des tziganes ici ?). Sur notre réponse négative, il nous quitta pour rentrer dans le wagon suivant. Nous venions de faire connaissance avec Hitler, dont jusqu'à présent nous n'avions vu que des photos dans les journaux. Ce contrôle du train se termina très vite. On nous autorisa alors à descendre sur le quai pour chercher de l'eau; la Croix-Rouge distribua du lait et du café. La gare était remplie d'Allemands en uniformes; on se serait cru en Allemagne. Après une bonne heure d'arrêt, notre train continua sa route vers le nord; cet arrêt à Châlon nous avait fait l'effet d'une petite douche froide; nous commencions à penser, très vaguement il est vrai, d'être en train de nous faire piéger.

«Y-A-T-IL DES JUIFS OU DES TZIGANES DANS LE TRAIN ?» DEMANDA L'ALLEMAND

Après Dijon, Besançon et Belfort, ce fut l'entrée en Alsace; là, certaines gares avaient changé de nom : Montreux-Vieux était devenu «Altmünsterol», Dannemarie s'appelait maintenant «Dammerkirch»; les drapeaux rouges à croix gammée fleurissaient dans toutes les localités. Il s'était vraiment passé quelque chose d'insolite ici. En gare de Mulhouse pavoisée, qui avait pris le nom de «Mülhausen/Els», des banderoles pendues au-dessus des quais nous accueillaient avec leurs inscriptions : «Wir wollen heim in's Reich» (Nous voulons retourner au Reich), ou «Willkommen im deutschen Elsass» (Bienvenue dans l'Alsace allemande), et autres similaires. Nous avons dû écouter un discours de bienvenue nous promettant un avenir doré au sein du Reich allemand victorieux. Il y avait là des groupes d'hommes en uniformes de couleur vieil or, bottés et portant des casquettes plates; c'étaient des gradés du parti nazi; nous les appellerions plus tard les «canaris», en secret bien sûr; eux aussi manifestèrent leur contentement de nous voir revenir à la mère patrie allemande. Nous étions tous ahuris. Des dames de la Croix-Rouge, allemande cette fois-ci, aidées par les civils avec des brassards «Els. Hilfsdienst» (Service auxiliaire alsacien), distribuèrent des repas froids pendant que les haut-parleurs diffusaient des marches militaires. Puis on orna de petits drapeaux en papier l'extérieur de nos wagons à bestiaux et le train repartit. Colmar et Sélestat portaient également leurs noms allemands. Nous avons subi un dernier discours d'accueil et de propagande à la gare de Strasbourg, toute pavoisée. Ils n'avaient pas ménagé leur peine pour nous accueillir, mais cela devenait indigeste; nous ne souhaitions qu'une seule chose : arriver le plus rapidement possible chez nous à Leutenheim.

En gare de Rœschwoog, la surprise la plus belle, parce qu'inattendue, nous remplit de joie au terme du voyage : presque tous les hommes du village, séparés de leurs familles depuis plus d'un an, attendaient là notre venue. Ils avaient été libérés des camps de prisonniers de guerre allemands au courant de l'été. L'administration allemande avait mis à leur disposition du bétail, quelques machines agricoles et des outils; ils avaient donc moissonné le peu de récoltes existant et rentré les foins. Venus à la gare avec chariots et attelages, ils aidèrent au déchargement des wagons et, en fin d'après-midi, nous nous retrouvions, par groupes successifs, sur la place de l'église de Leutenheim.

Une dernière surprise nous attendait ici : un Allemand, en bottes et uniforme «canari», nous souhaita la bienvenue dans le giron de la mère patrie allemande, nous informa que nous devrions contribuer de toutes nos forces à reconstruire l'Alsace délaissée par la France pendant vingt ans, que chacun devait se mettre à la disposition de la nation et de son Führer, grâce auquel nous avions été libérés de l'oppression française, afin que l'Alsace ait une place dans la grande patrie national-socialiste. Cela résonnait un peu comme une menace déguisée. Sur ce, nous avons pu rentrer chacun chez soi. Nous commencions à réaliser que cela n'était pas du bluff, mais sans doute extrêmement sérieux. Grand-mère racontait souvent que notre curé, après cet accueil, fit la réflexion désabusée : «Maintenant nous avons vraiment la corde au cou».

Chaque famille retrouvait sa maison; le village n'avait subi que quelques petits dommages lorsque l'armée française avait fait sauter le pont sur la rivière. L'herbe avait envahi les cours, les habitations sentaient le renfermé. Ici où là, un chat maléfique qui avait survécu à notre absence sortait timidement d'une grange pour se frotter, en ronronnant, contre les jambes de la maîtresse de maison enfin revenue. Grand-mère retrouva ainsi son gros chat «Paulette». Beaucoup d'objets manquaient dans les demeures et on s'installa comme on put pour la première nuit.

Les jours suivants se passèrent à rechercher et à récupérer les meubles, les literies surtout, que les soldats avaient rassemblés dans les quelques maisons qu'ils avaient occupées, ou emportés dans les baraquements et fortins dispersés dans la forêt pour en augmenter le confort. Les hommes ramenaient au village ce qu'ils trouvaient et laissaient à leurs femmes le soin d'en identifier les propriétaires. Cela posa parfois problème : les plus beaux matelas, par exemple, trouvaient souvent plusieurs propriétaires déclarés. Il n'existait aucun magasin d'alimentation au village, ni dans les villages environnants qui avaient été évacués eux aussi. Une cuisine collective fonctionnait à l'école et distribuait deux repas chauds par jour. Nous avions heureusement toutes les denrées et conserves rapportées de Haute-Vienne, par sage précaution. Le grand nettoyage et le grand rangement durèrent bien une semaine. Puis le boulanger, le boucher et les épiciers ouvrirent leurs magasins et la vie quotidienne se normalisa assez rapidement.

Ah ! ces Alsaciens...

ALPHONSE IRJUD

En temps de crise tout particulièrement, la presse remplit un rôle privilégié de lien entre les habitants. Cinquante ans après, la lecture de la presse alsacienne évacuée et de celle du Sud-Ouest permet de revivre les moments agités, dramatiques, touchants, cocasses parfois, de l'Evacuation.

Ces textes ont paru dans *l'Avenir de la Dordogne* et son supplément hebdomadaire *Strasbourg en Périgord, l'Argus du Périgord, la Petite Gironde* et *le Courrier du Centre.* Ces journaux ont publié en traduction allemande les avis et communiqués utiles aux évacués.

Trois quotidiens qui avaient arrêté leur parution le 31 août 1939 à Strasbourg ont reparu dans le Sud-Ouest : les *Dernières Nouvelles de Strasbourg,* imprimées à Bordeaux à partir du 6 octobre, transformées en *Journal des Réfugiés* de la région du Sud-Ouest du 22 juin au 20 août 1940, le quotidien catholique *l'Alsacien* (trihebdomadaire) et la *Presse Libre,* «journal socialiste alsacien et périgourdin» (hebdomadaire), édités à Périgueux à partir du 14 octobre. On n'indiquera qu'exceptionnellement le titre de la publication, articles, chroniques, lettres ou commentaires étant publiés ou fréquemment repris dans plusieurs organes.

Avant la brusque interruption de l'impression à Strasbourg, les quotidiens n'ont pas traité de l'évacuation ; le secret était bien gardé... ou la consigne bien respectée. Le 25 et 26 août, les journaux annoncent que le 2 septembre, pour l'ouverture de la Foire-Exposition «tous les maires du département sont invités». Le 27 août, un bref communiqué informe que «le vice-président du Conseil, chargé des affaires d'Alsace-Lorraine, demande aux personnes dont la présence dans les départements du Bas-Rhin, du Haut-Rhin et de la Moselle n'est pas indispensable, particulièrement les femmes et les enfants, d'utiliser les moyens de transports qui sont encore à leur disposition actuellement, mais qui dans un très bref délai seront réduits». Et le 31, c'est l'annonce de la réquisition des chemins de fer, dans la dernière sortie des journaux locaux.

Le 1er septembre 1939, les habitants de Périgueux et de la Dordogne sont informés par la presse locale de l'arrivée d'un premier groupe de «repliés» de Strasbourg ; il s'agit d'une avant-garde d'employés de la mairie. Le lendemain, un communiqué demande des volontaires pour le service d'accueil à la gare. Le 4 septembre, le maire de Périgueux, le sénateur Cadaud, annonce que «des réfugiés alsaciens vont arriver à la cadence de 3000 par jour et ajoute : «Tous les Périgourdins tiendront à leur réserver bon accueil. Tous s'efforceront d'adoucir pour nos infortunés compatriotes les douleurs des heures présentes ; accueillons-les avec bonne grâce. Toute réquisition de logement doit être immédiatement satisfaite sous peine de sanctions.» Cet appel du maire est diffusé par haut-parleurs dans la ville.

Dix jours plus tard, le maire déclare à la presse : «Nous devions accueillir en principe 16.000 Strasbourgeois, en fait, nous devons offrir l'hospitalité à 25.000 Alsaciens à Périgueux même, alors que nos familles avaient déjà accueilli plus de 7000 proches parents et plus de 7000 cheminots d'Alsace et de la région parisienne». Les maires de nombreuses localités sont avertis au dernier moment et surpris par l'annonce de l'arrivée de deux à trois fois plus de réfugiés qu'initialement prévus, et, dit un maire «par-dessus le marché, on ne m'a même pas prévenu qu'ils ne parlaient pas français».

A la fin de ce premier mois de l'exode, le préfet, Marcel Jacquier lance un nouvel appel aux maires : «Il faut loger 140.000 réfugiés en Dordogne». Les dévouements nombreux ont suppléé à un manque de directives», constate *l'Avenir* qui ajoute : «Les réfugiés alsaciens sont de braves gens. Ayant tout abandonné, ils supportent leur sort avec stoïcisme et on comprend que si parfois, ils ont de légers mouvements d'humeur, c'est à cause du cauchemar qu'ils traversent. On les excuse car on les aime bien». Le quotidien reconnaît «qu'il est sans nul doute, très malaisé de contenter une population urbaine presque exclusivement commerçante, industrielle et en partie très cultivée, en la transplantant brusquement d'une grande ville policée, pourvue d'un confort supérieur et sans la munir de ses moyens d'existence habituels, dans une ville somme toute petite, et dans une contrée essentiellement agricole. Car le Périgord est un pays pauvre. Depuis cent ans ce pays se dépeuple. Là où le paysan est resté, la demeure est rustique. Une cuisine, une chambre, voilà souvent à quoi elle se réduit. L'ameublement est sommaire, le confort à peu près nul».

L'HABITAT DES PAYSANS SE RÉDUIT SOUVENT À UNE CUISINE ET UNE SEULE CHAMBRE.

L'adjoint au maire de Strasbourg, M.E. Naegelen écrit au ministre Chautemps : «Les réfugiés espagnols sont mieux logés que les évacués strasbourgeois». Les journaux locaux, comme les «repliés», dénoncent la spéculation sur les loyers, lettres d'évacués à l'appui : «Les Alsaciens ont droit à un logement sain. L'erreur a consisté à envoyer dans les villages absolument incapables de les recevoir des évacués ou tout au moins en trop grand nombre. Une famille de 9 personnes paie 14 F par jour (2 F pour les grandes personnes, 1 F par enfant) soit 420 F par mois dans une maison abandonnée, délabrée, couchant sur la paille sous un toit qui laisse passer la pluie».

«Quelle que soit la bonne volonté qui nous accueille, quels que soient les moyens de nos hôtes, il faut bien admettre que nous devons, au moins dans les premiers temps, faire contre mauvaise fortune bon coeur. Les familles alsaciennes sont habituées à une vie plus large et à un standard de confort supérieur à celui des autres provinces de France. Comme dans ces logis, nous arrivions en surnombre, il paraît impossible que nous nous trouvions aussi bien que chez nous».

NOURRITURE, TOILETTE : QUAND LE TRAIN S'ARRÊTE...

D'autres lettres aux journaux expriment aux maires et à la population de nombreuses localités, des remerciements : «Nous avons été bien reçus. Les gens d'ici sont pauvres, mais partagent volontiers avec nous le peu qu'ils ont. Mais nous ne sommes tout de même pas chez nous. Surtout les personnes âgées ont Heimweh, dans des demeures humides, sur la terre battue». Les journaux rapportent que l'écrivain anglais Somerset Maugham consacre dans son livre-reportage *La France en guerre* des pages entières aux «femmes alsaciennes et lorraines qui ont su rendre habitables des cavernes, préparer des repas dans des cuisines improvisées. Aucun naufragé sur une île déserte n'aurait eu plus d'imagination pour tirer profit du peu de choses à sa disposition».

Le 11 mai 1939, au conseil général du Bas-Rhin, plusieurs élus étaient intervenus pour que, dans les départements d'accueil prévues, la construction de baraques solides soit entreprise sans tarder pour le cas où... mais c'est le 6 novembre que le préfet de la Dordogne ordonne la construction de 150 «maisons de bois» dans le département ; le conseil général de la Dordogne exige que le programme de 165 baraques soit intégralement exécuté. Les difficultés de transport, le manque de matériel et de main-d'oeuvre retardent les travaux et ce n'est qu'à la fin de février 1940 que deux des huit baraques-pavillons prévues à Excideuil, chacune comportant huit logements de trois pièces avec une seule arrivée d'eau pour l'ensemble, sont achevées. Fin novembre, le comité de coordination des réfugiés remet à M. Chautemps, une note exhaustive sur les différentes améliorations à réaliser sans tarder «pour permettre aux évacués de supporter les rigueurs de l'hiver dans des conditions de confort et d'hygiène indispensables».

AUCUN NAUFRAGÉ SUR UNE ÎLE DÉSERTE N'AURAIT EU PLUS D'IMAGINATION

Un élément de l'inconfort ressenti par les évacués est la cheminée, illustré par une chronique parue dans les *Dernières Nouvelles de Strasbourg* : «Pour la plupart d'entre nous, Alsaciens, c'était une découverte ou du moins une surprise et, au début, son utilisation n'était pas facile. Nous étions déroutés quand la pièce se remplissait de fumée, jusqu'à ce que nous percions le secret, en observant les «indigènes» : il fallait entrebâiller la fenêtre. Pour les hommes c'était presque la fête, lorsque pour la première fois, nous accrochions les lourdes marmites de fonte à la crémaillère, quand les flammes léchaient la marmite et quand l'eau bouillait. Les femmes étaient moins réjouies quand elles devaient manoeuvrer ces objet pleins de suie, et que même un citron n'arrivait pas à nettoyer les mains. Et si, par malchance, il fallait enlever le couvercle pour saler ou ajouter quelque chose à la soupe, elle avait un goût de fumée. C'était ainsi, dans les premiers mois. Malgré les grosses bûches, la pièce ne se réchauffait pas, quand le thermomètre tombait à moins 10 ou 15 ; nous nous pressions près des flammes, qu'au moins nos pieds profitent un peu de la chaleur. Ah ! les poêles que nous avons dû abandonner chez nous ! Les autorités ont eu pitié des Alsaciens qui se gelaient et nous ont livré, enfin, des poêles et des boulets de charbon. Les gens d'ici qui se satisfont de peu ne comprennent pas nos lamentations».

L'inspecteur primaire Davesne, qui a visité de nombreuses écoles «alsaciennes» afin «d'étudier la mentalité et la psychologie» des enfants réfugiés, publie le résultat de son enquête.

A la question «Qu'est-ce qui vous a le plus étonné ici après votre arrivée ?» la réponse fuse : «Ici, on ne voit nulle part une cuisinière pour cuire ; tous n'ont qu'une grande cheminée dans laquelle ils pendent une casserole», «La cheminée dégage tout le temps de la fumée, ajoute une élève et cela pique les yeux»

«TOUS N'ONT QU'UNE GRANDE CHEMINÉE DANS LAQUELLE ILS PENDENT UNE CASSEROLE»

«Et encore, Monsieur l'inspecteur, intervient un garçon, si à Strasbourg on a besoin d'eau, il suffit de tourner un robinet et l'eau coule, mais ici il faut la chercher avec un seau à la pompe ou à la rivière».

Tout ce petit monde a quelque chose à raconter : «Ici les gens mangent beaucoup de châtaignes. Et l'on fait des soupes avec beaucoup, beaucoup de pain. On mange la soupe au pain, le matin, à midi et le soir». Mais un garçon est tout fier d'annoncer «qu'il a appris à faire le chabrol et que c'est fameux», ce à quoi une fille répond par un «oh» de profond dégoût. «Après avoir fini la soupe on verse du vin rouge dans l'assiette et l'on boit à même l'assiette», ajoute son voisin.

Première surprise pour la population accueillante : le langage des arrivants, l'impossibilité de communiquer.

Le 8 septembre, le préfet de la Dordogne, dans son appel à la population en faveur des «compatriotes évacués», souligne que beaucoup d'Alsaciens sont d'autant plus malheureux de se trouver dans cette situation de réfugiés «qu'ils ne sont pas familiarisés avec notre langue, surtout les personnes d'un certain âge, et qu'ils risquent de se sentir plus isolés encore au milieu d'une population avec laquelle ils éprouvent des difficultés à se faire comprendre». Par contre, ajoute le préfet, «les jeunes Alsaciens et Lorrains, qui ont fréquenté les écoles françaises, ont réalisé maintenant des progrès considérables, que nos populations pourront constater...».

«Parce que plusieurs de nos compatriotes prétendent que les Alsaciens parlent allemand, ce qui est une grave erreur», la presse locale et régionale publie, au lendemain de l'appel du préfet un long article historique du «Majoral du félibrige», Robert Benoît, sur les patois et dialectes et l'histoire alsacienne depuis 1648. «Ils parlent leur vieux dialecte. Ici, nous parlons le nôtre, conclut-il. Il ne faut pas croire qu'ils parlent allemand, comme beaucoup de nos compatriotes, mal renseignés, le chuchotent. Non, mes amis, non, ils parlent leur idiome qu'ils ont pieusement conservé. Félicitons-les et gardons-nous bien de les blâmer».

«Il est regrettable à noter, ajoutent le 10 septembre les deux quotidiens de Périgueux, que les pauvres gens qui ont été dirigés sur notre région ajoutent à leur misère un accent que certains imbéciles croient devoir mettre en suspicion. C'est là une injustice et une offense à ces braves Alsaciens qui sont aussi français que le plus français des Périgourdins et il convient de rappeler que l'épreuve du malheur qui leur est imposée ne mérite pas semblable affront».

Le préfet revient à la charge le 22 septembre dans un nouvel «appel à la population» exclusivement consacré à la question du dialecte : «Beaucoup de réfugiés, surtout ceux de vieille souche, parlent uniquement le dialecte alsacien qui diffère de la langue allemande, mais peut y ressembler pour des oreilles non prévenues. Beaucoup d'Alsaciens risquent donc de ne pas se faire comprendre par nos populations. Il serait, cependant, particulièrement dur pour leur coeur si français d'être

L'HUMOUR ALSACIEN N'A PAS ÉTÉ OUBLIÉ DANS LES BAGAGES

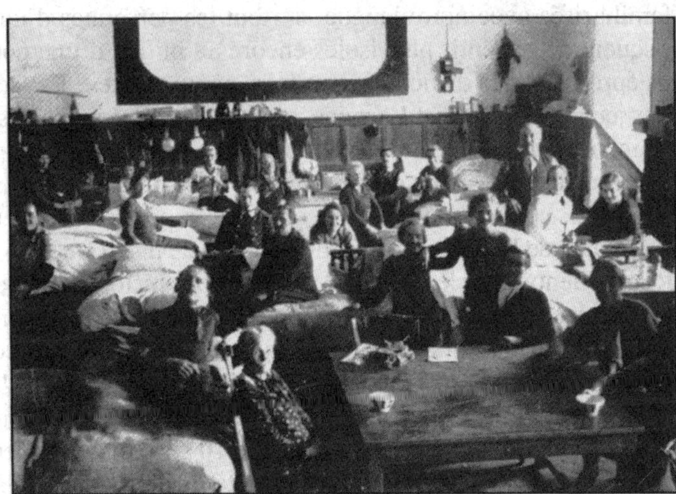

GRANGES, ÉCOLES, SALLES DE FÊTES, LES RÉFUGIÉS SONT PARFOIS HÉBERGÉS DANS DES LIEUX INSOLITES

traités comme des étrangers. Que nos populations sachent bien que le dialecte alsacien représente le même parler local que le dialecte d'oc de nos régions, que le provençal illustré par Mistral, ou que le dialecte breton... Je suis donc certain que la différence de dialecte ne sera jamais l'occasion de difficultés qui ne doivent pas exister».

Une polémique s'engage à propos de l'emploi du français par les jeunes. Le majoral du félibrige, tancé pour sa défense trop catégorique du dialecte, répond que «si nous excusons très volontiers les Alsaciens âgés d'ignorer le français, nous pensons que les jeunes sont impardonnables de ne point le connaître ou, le connaissant, de ne jamais l'employer». Son contradicteur écrit : «Il est absolument anormal que les jeunes Alsaciens ne parlent pas, presque toujours, français entre eux. Ils sont maintenant en plein coeur de la France. Cette situation nouvelle leur impose ce devoir, qui pour n'être pas nouveau, n'en est pas moins impérieux. Je suis persuadé qu'ils pensent français, *qu'ils le parlent donc !*».

Le député Michel Walter, président du conseil général du Bas-Rhin, explique dans plusieurs articles publiés par la presse régionale la «situation alsacienne». Dans un appel aux «jeunes Alsaciens», il leur demande de «se conformer aux règles de l'hospitalité en s'adressant en français à leurs hôtes, de parler français entre eux et surtout dans la rue, dans les magasins et dans les cours d'école, et de mettre à profit la situation actuelle, avec tout ce qu'elle comporte de douloureux, pour s'initier à toutes les finesses de la langue française».

Une Alsacienne intervient dans le débat avec une lettre aux journaux : «Pourquoi ne fait-on pas un appel aux habitants de la campagne périgourdine pour leur demander de parler le français au lieu du patois ?...».

A la veille du 11 novembre, Jean Giraudoux, commissaire général pour l'information, rend hommage dans une allocution radiodiffusée «à ce dialecte alsacien qui résonne aujourd'hui dans les écoles et sur les marchés du Périgord et de la Saintonge... Jamais dialecte n'a mérité d'être plus respecté et conservé, cette langue de l'intimité...». C'est ce qu'il a expliqué en novembre 1918 à ses camarades après leur entrée à Saverne, rappelle-t-il, et c'est ce qu'il dit aujourd'hui encore avec plus de conviction «depuis qu'il sait que dans le Limousin, dans sa ville natale, la pancarte «Mairie de Wissembourg» est accrochée à côté des armoiries qui signalent la «Mairie de Bellac».

Des cours du soir sont organisés pour les réfugiés adultes souhaitant apprendre le français ; *l'Alsacien*, sous le titre «lernt französisch», publie dans chaque numéro «une leçon pour apprendre le français selon le système des 1000 mots». Le journal demande de la découper, de la garder et de la relire souvent.

Le dialecte a aussi soulevé des difficultés... à propos du téléphone. Un décret d'avril 1939 ayant interdit l'usage de toute autre langue que le français pour téléphoner en temps de guerre et les communications de réfugiés ayant été coupées, les élus alsaciens ont attiré l'attention du gouvernement sur les inconvénients de cette interdiction pour les réfugiés voulant communiquer entre eux, pour avoir des nouvelles de membres de la famille dispersés, et surtout en cas d'accident ou d'appel de médecin.

Dès le 4 septembre, le préfet de la Dordogne a lancé une mise en garde contre «une hausse excessive et illicite des prix» : «Nous voudrions que nos commerçants comprennent, écrit le quotidien de Périgueux, que la présence des réfugiés est devenue, pour eux, leur meilleur atout de prospérité. Il y a, sans éxagération, parmi la clientèle qui achète ou consomme 80 % de nos amis d'Alsace. Oui, il faudrait bien que nos commerçants indécis saluent bien bas une clientèle si nombreuse, tombée du ciel de l'Alsace, qui ne cesse d'acheter et qui, par surcroît, fait refleurir tous les commerces, tous leurs à-côtés...».

«C'est donc qu'ils sont trop riches», écrit un lecteur au journal. A quoi, un Alsacien répond dans un autre journal : «Sommes-nous vraiment là pour sauver le commerce périgourdin ?».

Pour une famille avec la mère, trois enfants dont un de plus de 13 ans et les grands-parents, 52 F par jour (plus de 1500 F par mois) est un «gros lot, qui chaque matin au réveil, se trouve sur la table» comme le déclare le maire d'une localité pour qui la plupart de ses administrés n'ont jamais disposé d'un pareil revenu.

Les plaintes concernent notamment les magasins de vêtements, chaussures, literie, linge de corps. «Les commerçants périgourdins ne sont pas malhonnêtes, ils sont fantaisistes, en ce qui concerne les prix» par comparaison avec Limoges, Brantôme et d'autres localités. «Dans notre ville, il y a deux populations, la périgourdine qui connaît les prix normaux, qui a l'habitude de marchander et la population strasbourgeoise. Dans l'Est, on achète à prix fixe et les prix sont contrôlés et surveillés efficacement», peut-on lire après des incidents au marché, à propos notamment du prix des oeufs (de 8 à 11 F la douzaine de septembre à octobre) et des poulets.

Les prix des bains-douches ont également sensiblement augmenté, depuis l'arrivée des réfugiés, ceux-ci demandant que des réductions leur soient accordées «parce qu'ils sont, en grande majorité, privés de tout confort dans leurs logements de fortune». Mais «on va jusqu'à nous dire que tous ces soins d'hygiène que nous réclamons étaient bons pour les Nordiques et non pour des gens profitant maintenant du soleil du Midi... Quelques uns de nos compatriotes des localités d'accueil n'ont pas encore compris le besoin impérieux d'un minimum de confort que tout Alsacien demande pour ne pas se sentir dépaysé».

L'arrivée de dizaines de milliers de personnes dans une paisible cité met de l'animation, comme le soulignent ces échos glanés dans les journaux de Périgueux :

L'EXOTISME
D'UN
BANANIER
A CHARMÉ
CES RÉFUGIÉS
A LECTOURE

L'APPRENTISSAGE D'UNE VIE NOUVELLE EN COMMUNAUTÉ

L'ARRIVÉE DE DIZAINES DE MILLIERS DE PERSONNES DANS UNE CITÉ PAISIBLE MET DE L'ANIMATION

«La circulation à Périgueux est devenue intense et particulièrement difficile. Les cyclistes, en particulier les jeunes Strasbourgeois, rivalisent d'imprudence, coupent la chaussée devant les capots des autos, barrent la route en roulant plusieurs de front, ignorent systématiquement les refuges et les plots».

«Avant votre arrivée, nos restaurants et pâtisseries à Périgueux étaient bien calmes et nous y étions bien tranquilles. Maintenant ces lieux sont devenus des succursales des diverses administrations de Strasbourg-réfugié. C'est une habitude bien alsacienne de faire des pâtisseries pour les dames et du café pour les messieurs, le prolongement inévitable du bureau. Mais le prestige d'une certaine administration souffre beaucoup de certaines réunions par trop bruyantes et bien indiscrètes des Alsaciens».

Les journaux locaux se montrent sensibles à la détresse des réfugiés, témoin cet article des premiers jours de septembre 1939 : «Nous relevons avec émotion la mort à Périgueux d'un des réfugiés d'Alsace, M. A.H., ancien droguiste à Strasbourg, originaire d'Oberhausbergen, décédé quelques heures après son arrivée. Il a été accompagné à sa dernière demeure par quelques-uns de ses compatriotes et le pasteur de Périgueux.

La vue du minuscule cortège nous a suggéré l'idée de créer un groupement de «dernière escorte» destiné à accompagner aux cimetières les convois des réfugiés que leur douloureux exode avait séparé de leurs parents, amis et connaissances. Nos compatriotes du Bas-Rhin que nous perdons ainsi, loin de leurs foyers, de leurs proches et de leurs amis, sont, pour nous, des victimes de la guerre et comme tel, ont droit à un dernier hommage.

Ce groupement, une fois constitué, établira des équipes qui, par roulement, feront cortège à ceux que l'importante colonie strasbourgeoise aurait le regret de perdre sur une terre hospitalière, amie mais qui n'en est pas moins une terre d'exil, puisqu'elle n'est pas la terre natale.

Toutes les personnes désireuses de collaborer à cette oeuvre sont cordialement invitées à s'inscrire sur la liste, mise à leur disposition au journal *l'Avenir.*

Pour la rentrée des classes, l'inspecteur d'Académie de la Dordogne a adressé une note aux maîtres des écoles publiques, «à lire et à commenter à la première leçon de morale, pour mieux comprendre les enfants alsaciens, leur accent et expliquer les raisons historiques de leur dialecte».

En principe, pour 15 enfants réfugiés, une classe spéciale est ouverte, sinon ils sont intégrés dans les classes du village. S'il y a des écoles séparées, mais pas d'autre local disponible, la classe se fait en alternance, matin ou après-midi, jeudi compris. Si l'école alsacienne fonctionne dans une école laïque, l'enseignement religieux par le prêtre ou le pasteur n'est admis que s'il n'y a aucun autre local disponible.

«MÊME SI NOS ÉCOLES SONT VIEILLES ET LAIDES, NOUS ESPÉRONS QUE VOUS VOUS TROUVEREZ BIEN ICI».

Dans une école de filles, où les salles de classe étaient occupées alternativement, matin et après-midi, par des écolières de Périgueux et de Strasbourg, ces dernières ont trouvé le jour de la rentrée ce mot d'accueil écrit par une petite Périgourdine, au tableau noir : «Chères petites amies alsaciennes. Vous venez dans notre école ; elle n'est certainement pas aussi belle que la vôtre à Strasbourg, elle est vieille et laide. Mais nous espérons que vous vous trouverez bien ici et nous disons que nous vous aimons *très* fort».

Une lettre envoyée de Marseille le 20 décembre 1939 déclare aux «chères petites soeurs alsaciennes» : «Nous avons appris par la radio et par nos maîtresses votre pénible voyage d'évacuation. Nous avons été extrêmement touchées. Loin de votre chère Alsace, vous devez être bien malheureuses. C'est pourquoi, afin d'alléger un peu vos tourments, nous sommes parvenues, en nous cotisant, à acheter pour vous quelques jouets qui vous feront plaisir et vous distrairont. Nous souhaitons ardemment que la guerre finisse, afin que vous puissiez retourner dans votre chère Alsace, dont la France est si fière. Recevez, de vos grandes sœurs marseillaises, l'amitié la plus affectueuse et la plus sincère». Les élèves de l'Ecole de filles de la rue Breteuil à Marseille.

Le 6 janvier 1940 paraît dans la presse un long communiqué sous le titre : «Qui a le statut d'évacué ?», ce qui prouve que quatre mois après l'évacuation bien des obscurités subsistent. L'allocation est de 10 F par jour pour les adultes, de 6 F pour les enfants au-dessous de 13 ans. Dès octobre, les conseils généraux d'Alsace demandent qu'elle soit portée à 15 F par adulte, et un peu plus tard à 10 F pour les enfants de moins de 13 ans «parce qu'ils sont en pleine croissance». A partir du 1er mars, elle est portée à 12 et 8 F.

Ils reviennent à la charge en mai 1940 pour demander une augmentation substantielle en fonction de la hausse des prix. Les commissions cantonales d'assistance sont compétentes pour l'attribution de l'allocation mais faute d'instructions précises et d'une coordination, elles ne décident pas d'une façon uniforme. Les retenues par les maires pour le logement, l'éclairage, le chauffage, les «popotes», varient selon les communes d'accueil ; la réduction ou la suppression de l'allocation en fonction des revenus d'un travail, de l'allocation militaire, des retraites d'assurances vieillesse n'est pas réglée d'une façon uniforme ; dans bien des cas, il vaut mieux ne pas accepter un travail, ou ne pas bénéficier de l'allocation militaire, l'allocation-réfugié étant plus élevée. Une nouvelle circulaire tente d'y mettre de l'ordre le 23 avril 40.

Le 30 mars 1940, le conseil municipal de Schiltigheim, tenant sa deuxième réunion à St-Junien, demande une nouvelle fois que «l'allocation de réfugiés soit également payée, à partir du 8 septembre 39, à ceux qui ont quitté leur habitation à leurs propres frais, sans pour autant rejoindre les départements d'accueil». «Nous sommes dans le neuvième mois de l'évacuation», écrit en mai 1940 un Strasbourgeois réfugié en Alsace, et nous n'avons touché jusqu'à présent que quatre mois et demi d'allocation, sans aucune autre aide pour le logement, l'habillement, etc., et il est question de nous la supprimer avec effet rétroactif du 15 janvier 40 !». A ce même conseil du 30 mars, le maire Sorgus annonce que les pensions vieillesse, invalidité, accidents commencent seulement à être payées régulièrement chaque mois et qu'au sixième mois de la mobilisation la grande majorité des ayants droit n'a pas encore touché cette allocation, de sorte que la mairie a dû faire des avances.

FAUX BRUITS ET RUMEURS ALIMENTENT L'INQUIÉTUDE DES RÉFUGIÉS

«Aussi longtemps que l'ensemble des questions concernant les réfugiés ne sont pas réglées par une loi d'une façon uniforme, il n'y aura pas de solution satisfaisante et acceptable», déclare le conseil municipal, ajoutant : «La question du linge, des habits, des chaussures n'a jamais été abordée. Il y a quatre semaines on a mis des vêtements et du linge usagés à notre disposition ; il faudrait tout de même faire la différence entre l'aide aux réfugiés et l'aide aux pauvres de l'assistance publique».

Les «on-dit», «vous avez entendu que...» circulent dans les communautés d'évacués, entretenus par les difficultés de communication et la censure qui caviarde les correspondaces envoyées d'Alsace aux journaux repliés et qui, dans les premières semaines, interdit même à ces journaux la publication des listes de personnes qui recherchent des membres de leur famille ou des amis, renseignements centralisés par les «Centres d'information pour les évacués d'Alsace». Elle finit par céder, fin octobre, après de fortes protestations, et cette rubrique sera alimentée jusqu'en juin 40.

Quelques unes des rumeurs circulant parmi les réfugiés et démenties après un délai plus ou moins long par les journaux : «La cathédrale de Strasbourg a brûlé, l'armée a fait sauter les ponts ce qui a détruit les maisons alentour, l'artillerie allemande a bombardé la ville comme en 1870, une grande partie de la ville est détruite».

Les rumeurs revenues à Strasbourg sont démenties par des lettres de Strasbourgeois «maintenus» adressées aux journaux : «Les frères M., maintenus à Strasbourg, démentent que l'un d'entre eux ait été fusillé en tant qu'espion, comme le bruit circulait à Périgueux». «En plusieurs endroits des personnes ont répété que le traître de Stuttgart avait dit qu'Hitler allait faire bombarder la Dordogne (sic) pour punir les Alsaciens (resic)».

Extraits de la presse du Sud-Ouest

Restons compréhensifs, si nous ne comprenons pas le langage alsacien

—x—

Nos amis de Strasbourg se sont accoutumés à leur nouvelle existence. Nous ne verrons plus sur nos boulevards, sur nos places aux bancs conviés, ces visages anxieux, cherchant un gîte et inquiets de leur vie matérielle.

En les connaissant mieux, les Périgourdins qui leur ont donné leur amitié et leur concours montrent aujourd'hui des figures déridées, que les rayons encore chauds du soleil d'automne viennent éclairer d'un bon sou[illegible].

Il est touchant de suivre avec bonté et compréhension tous ces conciliabules le long des promenades de la ville, toutes ces confidences échangées entre mêmes « pays », et par pays, j'entends ce mot magique qui définit si bien les compagnons d'un même terroir français. Leurs souvenirs sont plus riches encore que ceux des vieux camarades de collège ou de régiment ! Alors retentissent dans notre paisible cité les mots vivants, spontanés, heureux même, de ce dialecte alsacien que nous ne comprenons pas encore, et qui est, pour nos nouveaux amis, l'expression d'âmes qui sont toute union et tout sentiment.

Savez-vous, chers Périgourdins, que ce dialecte alsacien est précisément celui qui a été amèrement reproché aux Alsaciens par les Allemands après 70, les accusant de se refuser à parler la langue de Gœthe ! [illegible] quelques-uns d'entre nous n'ont pas encore compris cette magie du parler du « pays natal », qu'ils se rendent compte avec quelle ferveur débordante, quand les vôtres se trouvent réunis avec leurs meilleurs amis des bords de l'Isle ou de la Dordogne, ils se parlent avec leur même patois, au cours d'un banquet ou d'un Comice agricole.

C'est ce bonheur de parler son propre patois qui se répand aujourd'hui en tout Strasbourgeois. Et il nous faut lui faire confiance et le comprendre, car [illegible] n'est pas rose dans son triste exil !

Et puis, ce Strasbourgeois malheu-

Les français d'ALSACE en Périgord

Plusieurs de nos compatriotes qui, ne comprenant pas le dialecte alsacien parlé par les réfugiés de Strasbourg, prétendent qu'ils parlent allemand.

C'est une grave erreur; ils emploient simplement le vieux dialecte alsacien.

Le majoral Robert Benoit nous adresse à ce sujet un article que nous sommes heureux d'insérer.

Ils parlent leur vieux dialecte. Ici, nous parlons le nôtre. Il ne faut donc pas croire qu'ils parlent allemand comme beaucoup de nos compatriotes, mal renseignés, le chuchotent. Non, mes amis, non, ils parlent leur idiome qu'ils ont pieusement conservé. Félicitons-les, et gardons-nous bien de les blâmer.

«Dans une tombe, au cimetière de Périgueux où sont enterrés les Strasbourgeois, on aurait découvert un poste émetteur clandestin et trois Alsaciens auraient été arrêtés pour espionnage. Nous avons fait une enquête. Toute cette histoire est inventée, mais elle continue à être colportée principalement par des Alsaciens et maintenant les Périgourdins suivent».

«Le communiqué du QG ayant annoncé le 14 avril 40 une activité de l'infanterie près de Strasbourg, Mulhouse et Huningue», on raconte aussitôt dans les milieux des réfugiés que les troupes hitlériennes y sont déjà bien installées. «Nous avons l'impression que ces bruits sont répandus intentionnellement par des agents parmi les réfugiés pour les troubler».

Le mardi 5 décembre, vers 21 h 30, la Radio de Stuttgart s'est occupée des évacués Alsaciens et Lorrains en Dordogne. Voici le commentaire de la presse évacuée : «Celui qui, pour la deuxième fois, remplaçait le traître habituel de la Propagande allemande à Stuttgart, probablement alité pour cause de rhume, annonça entre deux jets de poison :

1) que les premiers contacts entre les Alsaciens évacués et les habitants de la région du Midi avaient été dramatiques,
2) que les Alsaciens évacués posaient aux gens du Midi des problèmes inextricables,
3) que les gens du Midi, qui croyaient que tous les Français parlaient la même langue, se sont aperçus très vite, que non seulement les Alsaciens parlent un autre idiome que le leur, mais qu'en plus ils emploient la langue allemande plutôt que la langue française, trop peu connue d'une minorité d'entre eux.»

L'arrestation de trois députés alsacien, dont l'un, Jean-Pierre Mourer, conseiller municipal de Strasbourg, à Périgueux même, ainsi qu'une autre personnalité politique bas-rhinoise, les procès, fin octobre 39, devant le tribunal militaire de Nancy contre Karl Roos, également conseiller municipal de Strasbourg, et quatre autres Alsaciens pour espionnage et intelligence avec l'ennemi, l'annonce de la condamnation de Roos puis de son exécution en début de février 40, la dissolution des trois partis autonomistes alsaciens par le gouvernement, au début de novembre, cette succession de nouvelles parfois erronées (l'exécution de Roos annoncée une première fois le 9 novembre) ou fantaisistes (deux députés présentés comme le gauletier et le sous-gauletier du gouvernement indépendant d'Alsace) et publiées dans les journaux du Sud-Ouest «troublent l'opinion publique contre les réfugiés alsaciens» selon les quotidiens de Périgueux. Sous le titre «Ne méconnaissons pas nos repliés d'Alsace» ils ajoutent : «Que d'inexactitudes, que d'erreurs et hélas ! souvent que de médisances dans les propos que nous entendons, propos qui montrent nos amis d'Alsace tellement différents de ce qu'ils sont en réalité, propos tout à fait contraires à la vérité».

Au fur et à mesure que se développe l'inoffensive drôle de guerre, ceux qui ont quitté en quelques heures, avec peu d'effets, leurs foyers, s'interrogent : «Cette précipitation était-elle nécessaire ?». Dès octobre, dans la presse, élus et autorités doivent convaincre les réfugiés que l'évacuation ne peut être remise en cause «car personne ne pouvait prévoir comment les choses allaient tourner. Il fallait prévoir». C'est ce qui est répondu à ceux qui écrivent et disent comme on l'entend partout, «si on avait su, on n'aurait pas eu besoin de se précipiter ainsi, ou même de partir». Des raisons contradictoires s'expriment :

«Puisque les communiqués officiels confirment que la plupart de nos villes et villages sont intacts, beaucoup d'entre nous se demandent si notre exil était vraiment nécessaire». D'autre part arrivent des informations (plus ou moins crédibles) sur les dévastations dans les villages évacués, de la part des troupes françaises «comme si elles étaient en pays ennemi. «La garde civile» qui y avait été maintenue les premiers temps a dû également partir fin septembre.

«Les communiqués officiels confirmant que la plupart de nos villes et villages sont encore intacts, beaucoup d'entre nous se demandent alors si notre exil était vraiment une nécessité», écrit le député Michel Walter 14 octobre 1939 à Périgueux, sous le titre : «Une nécessité, une prudence, un devoir» et il répond : «Personne ne pouvait avoir la certitude qu'il puisse s'écouler des semaines avant que les obus ennemis atteignent nos villes et nos campagnes. Raisonnablement et loyalement chacun de nous doit reconnaître que la zone frontière devenait zone de danger, dès la première minute de la guerre; il était de première prudence d'en évacuer les populations civiles».

POUR NOËL CINQ WAGONS APPORTENT 600 SAPINS D'ALSACE AUX RÉFUGIÉS

Contre les rumeurs, il rassure les évacués : «Nos maisons sont étroitement surveillées dans tout le pays évacué. Quand vous pensez à vos logis, ne laissez pas votre imagination courir la campagne et vous représentez votre maison abîmée ou pillée, mais dites-vous bien qu'elle est demeurée telle qu'à votre départ; de ce côté soyez tranquille et sans inquiétude».

Mais deux mois plus tard, sous le titre «Etait-ce nécessaire ?» le journal est plus critique. Il souligne «que dans les derniers temps, l'on entend encore souvent cette question, qui est posée avec insistance à cause du déroulement des hostilités jusqu'à ce jour, mais également à cause des privations et de l'expérience vécue par les évacués. On entend souvent dire qu'un retour dans certaines communes, où la population ne serait pas particulièrement exposée, pourrait être envisagé».

S'ajoute à ce malaise les nouvelles reçues de diverses localités évacuées «où les troupes ne respectent pas les maisons et les biens des évacués et s'y conduisent comme en pays ennemi, malgré les ordres donnés par le haut commandement. C'était une erreur de supprimer la «garde civile», laissée dans les communes durant les premières semaines».

Le calendrier, lui même, incite au *Heimweh*, surtout des générations plus âgées : la Toussaint («nous célébrons ici en pensant à notre cimetière délaissé»), puis Noël ; les fêtes organisées à la demande des préfets renforcent ce sentiment : «Es heimhelt» disent les comptes-rendus de toutes ces fêtes, «ça nous rappelle le chez nous...»

Fin novembre, la mairie de Périgueux annonce qu'elle dressera un grand sapin, illuminé, sur le cours Montaigne, pour les fêtes de Noël. Le préfet de l'Indre informe que dans les 90 communes où se trouvent des réfugiés une fête de Noël sera organisée : la ville de Strasbourg enverra les sapins qui seront coupés dans sa forêt du Hohwald. Le préfet de la Dordogne demande que des séances soient organisées entre enfants alsaciens et périgourdins : des jouets seront distribués à 55 000 enfants alsaciens en Dordogne. Cinq wagons amènent plus de 600 sapins à Périgueux dont le plus petit mesure au moins 1,50 m; ces sapins seront répartis entre 375 «communes de réfugiés». Dans la plupart des communes, les fêtes de Noël sont une occasion supplémentaire, selon les comptes-rendus des journaux, de rassembler les «deux populations».

A Châteauroux, hélas, les sapins destinés aux communautés alsaciennes de l'Indre sont restés jusqu'au début janvier dans la cour de la préfecture.

Le désœuvrement renforce la nostalgie : «Le régime des cantines épargne à nos femmes et nos filles les soins du ménage et de la cuisine», dit un communiqué. «Il faut éviter que le temps leur paraisse trop long, car il pourrait facilement amener le découragement et le cafard et provoquer la dépression. Il faut leur donner de la laine et du tissu, afin qu'elles puissent tricoter et coudre, ou faire appel à elles pour des gardes d'enfants, trier des vêtements ou tous autres menus travaux».

Début janvier 1940, le ministre Chautemps met en garde les évacués qui seraient tentés de céder au Heimweh pour retourner chez eux; «l'interdiction de rentrer est formelle». Il admet que «beaucoup de problème, très difficiles, de l'évacuation n'ont pas pû être réglés d'avance, faute de crédits».

«Il faut créer des ateliers pour occuper les artisans» dit-il aux parlementaires alsaciens», et intégrer les évacués des campagnes alsaciennes, dans l'agriculture locale».

Au moment de l'évacuation, dans le gouvernement Daladier, Camille Chautemps, vice-président du Conseil, chargé des affaires d'Alsace et de Lorraine, est compétent pour les questions relatives aux évacués. Le 21 mars 1940, Robert Schuman est nommé sous-secrétaire d'Etat, chargé des réfugiés, dans le nouveau gouvernement présidé par Paul Reynaud, auprès de Chautemps qui garde ses fonctions.

«Ma préoccupation dominante est de sortir des réfugiés de l'état de réfugié. Il n'y a pas de profession réfugié, comme il n'y a pas de profession «chômeur».

Qui peut travailler doit le faire», déclare Chautemps le 5 novembre 1939. Au début de mai 1940, plus de six mois après l'évacuation, environ huit mille évacués seulement ont du travail selon le préfet de la Dordogne. Il s'agit là du recensement officiel, qui ne tient pas compte du travail au noir. Des commissions visitent les communes pour recenser tous les réfugiés de plus de quinze ans afin de les mettre au travail. Mais, souvent, les personnes sont sous-payées, les tarifs minima ne sont pas respectés, les instructions ne sont pas précises quant à la compatibilité avec l'allocation de réfugié ou sa réduction, question qui ne sera réglée qu'au printemps. La chambre de métiers d'Alsace recense de son côté les artisans. Fin janvier 40, le Secours National envoie de Paris douze «ateliers ambulants» sur camions pour réparer et mettre en état des logements ; le communiqué précise : «Les Alsaciens sont parmi les Français ceux qui étaient les mieux logés, dont les villes et les villages étaient les plus propres et où chacun disposait d'un certain confort».

«Pour les jeunes qui ne sont plus soumis à l'obligation scolaire, lit-on fin décembre 39, rien n'est fait. Un placement en apprentissage rencontre de grandes difficultés, parce que la législation d'Alsace et de Lorraine n'est pas appliquée dans les autres départements et les maîtres-artisans d'ici ne la comprennent pas. Il faut que le gouvernement donne les moyens financiers à notre Chambre de Métiers pour qu'elle puisse prendre l'affaire en main. La question de l'apprentissage est actuellement le sujet le plus brûlant pour notre jeunesse et si rien n'est fait, ce sera un très grave problème, après les hostilités. Et pour le moment, il ne faut pas que les jeunes restent désœuvrés.»

Une circulaire adressée le 8 mai 1940 aux maires de la Dordogne et publiée sous le titre «Les évacués doivent travailler», laisser percer une certaine irritation chez le préfet :

> «Dès le 1er octobre 1939, je vous disais dans une circulaire que les évacués ont le devoir de travailler si l'occasion s'en présente. Le fait de refuser du travail rémunéré sur la base du salaire régional entraînerait pour eux la supression des allocations journalières».
>
> Dans ma circulaire du 26 janvier, je vous ai prié d'engager les évacués de votre commune à participer aux travaux de coupe de bois de chauffage.
>
> Je m'adresse à nouveau à vous aujourd'hui et vous demande d'insister encore auprès des évacués pour qu'ils acceptent tout travail normalement rétribué qui leur serait offert. Moins que jamais, dans les circonstances actuelles, aucun citoyen n'a le droit de demeurer oisif.
>
> Par ailleurs, l'oisiveté des évacués, si elle est volontaire, risquerait de provoquer, spécialement à la campagne, une légitime indignation de la part des populations rurales de la Dordogne. La saison approche en effet où elles vont s'adonner aux rudes travaux des champs, rendus d'autant pénibles cette année par suite de la mobilisation de nombreux agriculteurs.

«LES ÉVACUÉS DOIVENT TRAVAILLER», ORDONNE LE PRÉFET

LES OBJETS SACRÉS EMPORTÉS OU MIS EN LIEU SÛR

À PIED, À VÉLO, À CHEVAL OU EN VOITURE LES RÉFUGIÉS SE DIRIGENT VERS LES LIEUX D'EMBARQUEMENT

EXIL OU VACANCES ? SELON L'ÂGE, LA REPONSE CHANGE

LE VOYAGE EST LONG ET LA FAIM TENAILLE

À L'ARRIVÉE DE GRANDES TABLES SONT INSTALLÉES DANS LES HANGARS

L'ÉLOIGNEMENT RENFORCE LE BESOIN DES TRADITIONS : UN SAPIN DE NOËL DE FORTUNE

CERTAINS RÉFUGIÉS SONT AUTORISÉS À REVENIR POUR EMPORTER DES VÊTEMENTS CHAUDS

L'AVENUE DES VOSGES A STRASBOURG DANS UN SILENCE TOTAL

À LECTOURE LA MAIRIE DE SAINT-LOUIS S'EST INSTALLÉE DANS UN ANCIEN COMMERCE

L'AUTORISATION
DE RENTRER
AU PAYS
REND
LES ALSACIENS
FÉBRILES

LA PROPAGANDE
NAZIE ACCUEILLE
À STRASBOURG
LES RÉFUGIÉS
STUPÉFAITS

TRENTE KILOS
DE BAGAGES
AU DÉPART
CENT-VINGT
À L'ARRIVÉE...

EN
JANVIER 45,
LA POPULATION
DE HAGUENAU
EST ÉVACUÉE
UNE
SECONDE FOIS

Certes, les Strasbourgeois ne sont pas toujours en mesure d'effectuer des travaux agricoles importants, mais ils tiendront à honneur, de donner, le cas échéant, «un coup de main» aux agriculteurs de leur commune d'accueil; ils montreront ainsi que les Alsaciens ne sont pas des paresseux...
Quant aux habitants des communes évacuées des arrondissements d'Erstein et de Sélestat, ils comprendront certainement que leur devoir est de ne pas se dérober à l'occasion qui s'offre à eux de travailler et de faire fructifier le sol de la Patrie. Ils le feront, j'en suis persuadé, avec cet esprit tenace et laborieux qui caractérise le paysan alsacien...
J'attire votre attention sur l'importance des présentes instructions dont l'application stricte permettra, je l'espère, de résoudre à brève échéance et dans l'intérêt général, l'irritante question de la remise au travail des évacués».

En mars 40, les préfets de la Dordogne et de l'Indre demandent aux maires de mettre gratuitement des lopins de terre à la disposition des réfugiés afin de les occuper et d'assurer le ravitaillement en légumes. Avec l'aide du Secours National, des outils et des semences sont mis à la disposition des réfugiés. La subvention est de 100 F par are supplémentaire jusqu'à 200 F maximum. Certains réfugiés n'avaient pas attendu cette intervention des préfets. Fin avril, plus de deux cents jardins sont enregistrés à «l'office départemental des jardins-familiaux des évacués», dont le secrétaire général est Georges Schmutz, directeur de la Caisse d'épargne de Strasbourg, mais probablement le nombre de parcelles cultivées par des réfugiés atteint le double. Pour les conseils aux nouveaux jardiniers, l'office prévoit un supplément en allemand dans le *Petit jardin de France* ou l'envoi de la *Gazette des Jardins-ouvriers d'Alsace*. Mais le développement est freiné «parce que femmes, enfants et personnes âgées ne fournissent pas une main d'œuvre valide». De même l'autorisation ou l'incitation à ramasser du bois dans les forêts communales n'est pas toujours suivi d'effet.

Un décret du 5 septembre 1939 publié au J.O. stipule : «Est maintenu, pendant la période de leur repliement dans les départements de correspondance, pour les évacués d'Alsace-Lorraine, le régime spécial des cultes, de l'instruction publique et des assurances sociales».

Selon les communes et le nombre d'enfants scolarisés (une classe spéciale pour quinze enfants alsaciens) des arrangements doivent être trouvés, ce qui provoque, de-ci, de-là, des conflits avec des maires et des instituteurs garants d'une laïcité conquise de haute lutte. L'instruction religieuse par le personnel enseignant (écoles catholiques et écoles protestantes) venu d'Alsace, par des religieuses enseignantes, l'entrée des prêtres et des pasteurs à l'école «met en danger le caractère laïque de l'école publique» dans ces départements.

«Dans un article publié dans la *Petite Gironde* du 6 janvier 1940 intitulé «L'école alsacienne en Périgord», M. F. Roulet, membre du bureau du Syndicat national des Instituteurs, écrit que la «substitution d'un ministre du culte au maître pendant une heure d'enseignement religieux constitue une atteinte grave au caractère laïque de l'école périgourdine». Il confirme qu'il a fait de multiples démarches pour que les autorisations sollicitées ne soient pas accordées.

Le 18 janvier, G. Heim, pasteur évacué de Strasbourg-Kœnigshoffen, et le chanoine G. Kapps, curé de Strasbourg-Neudorf, répondent que l'interprétation donnée par M. F. Roulet de la volonté des ministres évacués d'assurer l'instruction religieuse (le catéchisme) de la jeunesse alsacienne dans les salles des écoles communales est erronée et injuste. «Les ministres des cultes alsaciens ont reçu de leurs administrations ecclésiastiques l'ordre de suivre leurs paroisses évacuées et d'instruire leurs catéchumènes; ils n'ont voulu qu'accomplir leur devoir et ne sont nullement occupés du programme de l'école périgourdine. En cas de besoin, si une lacune dans le corps enseignant rendait désirable la substitution d'un ministre du culte à un maître pendant une heure d'enseignement religieux, nous étions prêts à rendre ce service. Sinon, les ministres des cultes voulaient donner leurs leçons quand les salles étaient libres et quand ils ne dérangeaient personne. Nous sommes de pauvres évacués (..) Nous ne comprenons pas en quoi et de quelle manière notre attitude puisse constituer une atteinte grave au caractère de l'école périgourdine ? Personne de nous n'a attaqué l'école périgourdine...»

La presse locale relève la fréquentation des offices : «Du jour au lendemain, nos cathédrales, nos églises et nos temples du Périgord ne désemplirent plus. Nos curés et nos pasteurs connurent la joie de constater que leurs nefs étaient devenues trop petites pour contenir une telle affluence de fidèles... Ce renouveau de piété dans nos régions du Sud-Ouest, jadis tièdes, souvent froides dans les pratiques religieuses, pourra devenir communicatif aux natifs de notre sol».

DU JOUR AU LENDEMAIN LES ÉGLISES DU PÉRIGORD NE DÉSEMPLIRENT PLUS

De Saint-Junien en Haute-Vienne, 12 000 habitants, dite la «ville rouge», on annonce que les scouts de Schiltigheim ont réussi à créer une troupe qui commence à rayonner.

A partir du 5 novembre, des émissions religieuses, catholiques et protestantes, sont diffusées le dimanche par Radio-Bordeaux et des émissions en dialecte sont diffusées par Radio-Paris.

Les quotidiens de Périgueux publient le 24 septembre un communiqué concernant les protestants alsaciens : «Moins bien partagés que leurs frères catholiques qui trouvent partout des églises, les protestants alsaciens, évacués en Dordogne et dans les départements limitrophes, ont fait le plus grand effort pour assurer des services religieux dans tous les centres où résident des évacués».

Par le même décret, le régime local des assurances sociales est applicable pour les réfugiés dans les départements du Sud-Ouest, ce qui, au début, n'est pas sans créer des quiproquos quand ils s'adressent à des médecins et pharmaciens de l'endroit pour ce qui est du paiement, ainsi que pour les employeurs à propos des cotisations; d'autant plus que fin novembre 1939, le décret d'application n'a pas encore paru.

Difficultés également pour l'application du statut local de l'appentissage et pour certaines écoles. Par exemple l'école nationale technique de Strasbourg, pour laquelle rien n'a été prévu, ne peut pas ouvrir à Périgueux ou à Limoges; les professeurs sont dispersés dans d'autres écoles. Pour les jeunes Alsaciens et Lorrains évacués, qui ne peuvent pas commencer ou poursuivre des études secondaires ou primaires supérieures, M. Chautemps propose début décembre, des établissements en Afrique du Nord : ainsi 200 places d'internat sont proposées pour des garçons au Maroc, ainsi que 40 pour des filles et 100 places pour des garçons en Tunisie. Le prix de pension de 400 à 500 F est à la charge des familles avec possibilité de subvention de l'Etat.

Dans la rubrique des faits divers et des séances de tribunaux correctionnels, on relève quelques incidents, folkloriques ou plus graves, et des condamnations. A partir de janvier 40, dans les comptes-rendus de la correctionnelle de Périgueux, plus de la moitié des affaires jugées chaque semaine concernent des vols commis dans les magasins, en particulier le Prisunic de Périgueux, par des personnes «réfugiées» de Strasbourg ou d'Alsace, avec indication des noms, parfois de leur domicile en Dordogne et en Alsace.

Le maire et conseiller général de Coulaures a tenté de régler un conflit entre un paysan de sa localité et un évacué de Strasbourg; la paysan tentait par tous les moyens de chasser la famille réfugiée du logement qui lui était attribué. Pour outrages envers le maire, il est condamné à 25 F d'amende (soit, à l'époque, le prix de deux douzaines d'œufs).

La châtelaine de... a bouclé le puits avec un cadenas de peur de manquer d'eau l'été suivant; les trois familles réfugiées d'Alsace (19 personnes) doivent aller chercher l'eau à la rivière et la faire bouillir avant de l'utiliser. La gendarmerie est intervenue.

Un couple de St-Astier est condamné pour infraction à la loi sur la réquisition. Bien que possédant une maison très spacieuse il a refusé de garder chez lui des évacués alsaciens. En l'absence de ceux-ci, ils fermaient portes et fenêtres pour les empêcher de rentrer, ce qui nécessitait chaque fois l'intervention de la gendarmerie.

M. est un Alsacien évacué sur La Coquille. Depuis son arrivée, il ne cessait de se plaindre de la qualité de la cuisine qu'il consommait à la cantine, cuisine pourtant préparée par des Alsaciennes. Avec sa femme et un groupe de parents, il essayait à chaque repas, par ses récriminations, d'entraîner à sa suite les autres réfugiés (80 environ) qui se déclaraient satisfaits des mets qu'on leur servait et qui avaient fait le souhait, lorsqu'on leur avait demandé, de manger toujours aussi bien jusqu'à la fin des hostilités. Un jour, devant toute la salle, à un Alsacien qui lui faisait remarquer qu'il avait tort de se plaindre car la cuisine est excellente, M. répondit «que c'était tout juste bon pour les cochons et que si Hitler était là, ils mangeraient beaucoup mieux». Il a été condamné à un mois de prison avec sursis.

Sous le titre «Un ami d'Hitler est écroué» : «F. B. 40 ans habitant précédemment rue de... à Strasbourg a été arrêté près de Vergt par les gendarmes à la suite d'une rixe après boire entre plusieurs évacués. Il tenait des propos anti-français, faisant de la propagande pro-hitlérienne; il parcourait aussi les fermes où sont installés de nombreux évacués pour tenir des propos galants aux femmes et aux jeunes filles. Détail curieux, ce même individu fut en 1918 condamné en Allemagne pour propos anti-allemands. Cet éternel mécontent qui ne se déclare satisfait que lorsqu'il apprend qu'Hitler a encore commis un crime en coulant un navire, est condamné à 10 mois de prison; il lui est en outre parfaitement indifférent qu'Hitler envahisse la France».

«H. couvreur à Strasbourg a chanté *l'Internationale* en dialecte alsacien. Il est condamné à trois mois de prison parce que ce chant provoque la haîne entre citoyens et est donc dangeureux en ce moment pour l'union nationale».

Grande émotion à St-Junien suscitée par l'arrestation d'un réfugié de Schiltigheim soupçonné depuis des mois d'espionnage. Il était depuis longtemps placé sur surveillance.

Un réfugié est condamné à deux jours de prison avec sursis pour avoir arraché les planches des parquets de la ferme où il loge pour en faire du bois de chauffage.

A Brantôme, à la suite d'une violente dispute entre un évacué de Strasbourg et le maire de la commune pour l'attribution d'un meilleur logement, le Strasbourgeois est condamné à un mois de prison avec sursis pour outrage à un dépositaire de l'autorité publique. Mais le réfugié étant parti, le jugement est prononcé par contumace.

L'Avenir de la Dordogne, sous le titre : «Coutumes et Gastronomie», écrit : «Depuis l'évacuation, il s'est ouvert à Périgueux un certain de nombre de restaurants alsaciens : *La Cigogne*, place St-Silain; *La Taverne*, place de la Mairie; *La Ville de Strasbourg*, cours Montaigne; M. Zimermann a installé à *l'Hôtel de l'Europe*, la *Brasserie du Père Daniel*; M. Jean Fluhr dirige le restaurant de *l'Hôtel de France* sous le vocable de *Alsace-Périgord.*

Ces diverses maisons ont trouvé, parmi les Strasbourgeois évacués, une clientèle importante, ce qui n'empêche pas d'ailleurs la plupart des restaurants périgourdins de... refuser du monde.

Les Alsaciens trouvent, en général, notre cuisine un peu trop épicée et trop parfumée d'ail (que diraient-ils s'ils descendaient à Marseille !). Ce sont de gros mangeurs auxquels il faut des plats copieux et qui adorent les pommes de terre qu'ils accommodent de toutes façons. En dehors de la choucroute, qu'ils accompagnent de côtes de porc et de saucisses de Francfort, ils consomment volontiers du jambon en croûte, de l'oreille de porc etc... Un plat spécifiquement alsacien est le *beckenoffen*, mélange de bœuf et de porc cuit, avec des pommes de terre, dans un vase de terre, à l'étouffée.

Le *kouglopf* est un gâteau un peu massif, mais agréable.

Quant à la charcuterie à base de chair à saucisse élastique, elle ne vaut pas, à notre avis, la charcuterie périgourdine, surtout la vieille charcuterie de ménage. Les Alsaciens ignorent le confit d'oie; ils mangent l'oie rôtie et font avec les.foies des pâtées en croûte qui sont justement réputés. C'est d'ailleurs en Alsace que fut créé le pâté de foie gras. Les pâtés du Périgord, préparés par des traiteurs qui ont laissé une grande notoriété, comme les Courtois et les Villereynier, étaient, au dix-huitième siècle, des pâtés de perdrix; c'est un sieur Claus, chef du duc de Conatdes, gouverneur d'Alsace, qui eut le premier l'idée de fabriquer des pâtés de foie gras, mais après plusieurs essais, il ne les mena à la perfection qu'en y joignant nos truffes.

Déjà, il y a un siècle et demi, l'Alsace et le Périgord collaboraient ainsi pour la plus grande délectation des amateurs de bonne chère».

«LE "KOUGLOPF" EST UN GÂTEAU UN PEU MASSIF MAIS AGRÉABLE», ÉCRIT LE JOURNAL DE PÈRIGUEUX

«Une affluence considérable de voyageurs évacués du Bas-Rhin se présentent journellement soit aux guichets des gares, soit aux diverses stations des autobus départementaux. Ces évacués sont tous munis de bons de transport pour indigents que je vous ai chargé de délivrer en mon nom», constate le préfet de la Dordogne, dans une circulaire adressée début janvier 1940 aux maires, regrettant que ses circulaires du 28 septembre et 16 octobre 1939 restent lettre morte et énumérant les «multiples inconvénients» de ce laxisme : «Défilé incessant d'évacués dans les divers services administratifs pour des demandes et des réclamations qui pourraient faire l'objet d'une simple correspondance, encombrement des véhicules transporteurs, autobus surchargés au-delà de la limite de sécurité, automotrices prises d'assaut, surcharge préjudiciable à la stabilité sur rails».

Les réfugiés ne se déplaçaient pas uniquement pour des raisons impérieuses, par exemple médicales, mais pour d'autres bien compréhensibles : faire du lèche-vitrine en ville ou retrouver des parents et amis dispersés pour échapper à la solitude et à l'ennui (les évacués de Schiltigheim d'abord hébergés dans 14 puis dans 21 communes autour de St-Junien, ceux de Bischheim dans 12 de la Haute-Vienne, avec leurs nombreuses annexes, ceux de Wissembourg dans 7 autour de Bellac, etc...)

Le préfet rappelle que «la délivrance de bons de transport gratuit n'est pas un droit, mais une faveur», «faveur» à laquelle les abus constatés l'obligent malheureusement à apporter des restrictions à partir du 1er février 1940 : «Un seul voyage gratuit par mois pour les évacués nécessiteux, excepté pour ceux obligés de suivre à Périgueux un traitement médical, pas pour les autobus là où circulent les chemins de fer, et seulement pour des trains à vapeur et non pour les automotrices».

Et le 8 mars 1940, une circulaire supprimait les bons de transport gratuit, ce qui provoque immédiatement une intervention des élus auprès du gouvernement.

«Le retour à Strasbourg n'est interdit à personne à condition qu'il puisse se payer le voyage en train ou en voiture», écrit l'un des quotidiens repliés, au mois d'avril. «Il n'y a donc plus de motifs militaires ou stratégiques qui interdisent le retour en Alsace. Seuls sont pénalisés les évacués nécessiteux qui voudraient chercher des affaires grâce à des bons de transport; il est incompréhensible qu'on les supprime totalement».

Après l'invasion en mai 1940 et avec l'ambiance «cinquième colonne», l'usage du dialecte crée des suspicions et provoque des incidents; «Pour les Périgourdins, il est impossible de différencier le dialecte alsacien de la langue allemande», lit-on dans la presse régionale. «Et il faut penser que parmi les loyales populations d'Alsace, il a pu se glisser des agents allemands prêts à renseigner l'adversaire. De même les évacués alsaciens devraient se montrer très prudents s'ils rencontrent, dans nos campagnes surtout, des «évacués» inconnus d'eux et désirant être renseignés sur la région, les moyens de transport etc... Et dans tous les lieux publics, seules les conversations en langue française sont de mise».

Le 8 juin, le préfet fait placarder dans toutes les communes, un appel, motivé par des incidents entre des évacués alsaciens, des réfugiés belges et des Périgourdins. Sur les affiches, figure également le texte en allemand.

«JE TIENS À CE QUE L'ON NE TRAITE PAS DE BOCHES LES ALSACIENS», AVERTIT LE PRÉFET

«J'insiste, en particulier, déclare le préfet, pour que les Alsaciens qui, il ne faut pas l'oublier, ont été les premières victimes du conflit actuel, puisqu'ils ont été évacués d'autorité, dès le début de la guerre, ne soient en rien suspectés ou maltraités...

Si certains paraissent douteux, n'hésitez pas à les signaler à la Gendarmerie. L'exemple de certains égarés, comme il peut, hélas, y en avoir dans toutes les régions de France, ne doit pas jeter le discrédit sur l'immense majorité des Alsaciens dont le loyalisme à l'égard du pays est total. Je tiens tout particulièrement à ce que l'on ne traite pas de «boches» les Alsaciens, parce qu'ils parlent entre eux le dialecte de leur région comme, il y a cent ans, les Périgourdins parlaient eux-mêmes leur patois familier.

AUX REFUGIÉS ALSACIENS

On parle Alsacien à la Pharmacie **P. et A. CHAMBON**
Place Francheville et rue de la Cité
(Face à la gare des Tramways) PERIGUEUX

La pharmacie CHAMBON informe sa clientèle Alsacienne qu'elle s'est assurée la collaboration d'une pharmacienne diplômée de la Faculté de Strasbourg.

Pour son Laboratoire d'analyses chimiques et bactériologiques la pharmacie CHAMBON s'est adjoint également un chef de Laboratoire diplômé de la Faculté de Strasbourg.

FUER DIE ELSAESSER FLUECHTLINGE

Man spricht elsässisch in der Apotheke P. & A. CHAMBON Ecke place Francheville und rue de la Cité

Die Apotheke CHAMBON teilt ihrer elsässischen Kundschaft mit, dass sie sich die Mitarbeit einer diplomierten Apothekerin der Strasbourger Facultät versichert hat.

Für ihr Laboratorium chemischer und bacteriologischer Untersuchungen hat die Apotheke CHAMBON eine diplomierte Kraft der Facultät von Strasbourg eingestellt.

CAFE STRASBOURGEOIS
STUB
SILVAIN MEYER
1, rue des Malesherbes, 1

CAFÉ CRÈME la grande tasse	1 fr.
SAUCISSE chaude avec pommes de terre	3 fr. 25
BOUILLON gras	1 fr.
CERVELAS avec pain etc.	2 fr.
Michkaffee, grossi tasse	1 fr.
Warme Wurst mit Grumberresalat	3 fr. 25
Fleischsuppe	1 fr.
Cervelas mit Brot	2 fr.

POUR NOËL

nous vous offrons

Fromages de Munster

PREMIER CHOIX

colis postal de 3 kg, franco Dordogne, contre envoi de 70 Frs. par mandat ou versement à notre Compte Chèques Postaux Strasbourg No 2742.

Crèmerie „AU BOUTON D'OR"
JOSEPH REGISSER
21, Rue des Hallebardes
Strasbourg (Maintenu).

Ps. Prière d'indiquer l'adres-

La Direction des

Grands Magasins Saint-Remy

30, rue du 22-Novembre à Strasbourg

Informe sa fidèle clientèle que le même accueil lui sera réservé à la Succursale des

Grands Magasins Saint-Rémy

6, rue de la République à Périgueux

avec le même personnel Alsacien.

La Grande Spécialité Française du Beau Vêtement — **Le plus grand choix de Vêtements pour Hommes — Jeunes Gens — Enfants**
Chemiserie — Bonneterie
Rayons sur Mesures **Draperies selectionnées**

Certes, le dialecte alsacien ressemble à l'allemand, mais il serait absurde de croire que le fait de parler l'alsacien implique que l'on a des sentiments allemands. Les Alsaciens parlent, ainsi qu'ils le disent eux-mêmes, «comme le bec leur a poussé». Il ne faut pas oublier, en effet, que de nombreuses générations d'Alsaciens ne savent pas le français parce que, seules les circonstances, ne leur ont pas permis de l'apprendre. Il faut donc être indulgent pour les Alsaciens qui parlent le dialecte entre eux, instinctivement, sans penser à mal.
Aux Alsaciens, par contre, je demande de parler autant que possible français, particulièrement dans les lieux publics, quand ils connaissent la langue nationale, ce qui est le cas de tous les jeunes. Ils doivent tenir compte, eux aussi, de la sensibilité d'une opinion publique trop souvent ignorante des choses de l'Alsace. Quant aux réfugiés belges, je les prie de s'abstenir de réflexions désobligeantes à l'égard des Alsaciens. Nous les avons reçus très cordialement et nous nous gardons de les rendre responsables de l'inqualifiable trahison de leur roi; mais qu'ils veuillent bien observer à l'égard de nos compatriotes du Bas-Rhin toute la discrétion qu'imposent les circonstances. Et songeons, en surplus, que parmi eux se sont glissés des agents provocateurs envoyés par l'Allemagne, à la faveur de l'évacuation et dont le rôle pourrait être d'exciter les unes contre les autres, les populations des départements d'accueil et celles des départements évacués.
Je compte sur la finesse d'esprit naturelle des populations périgourdines et sur leur patriotisme éclairé pour qu'elles comprennent que toute tentative de division entre Français est un crime contre la Patrie...»

Le 14 août 1940, les *Strassburger Neueste Nachrichten* sous contrôle nazi écrivent à propos de cette intervention du Préfet : «Les Alsaciens en Dordogne sont officiellement taxés de Boches».

A la suite de cet appel du préfet, le directeur des cultes d'Alsace et de Lorraine, Charles Altorffer, adresse une circulaire aux représentants des trois cultes :

«Il ne nous a pas échappé, écrit-il, que depuis quelques semaines l'entente entre la population du Sud-Ouest et les évacués des départements de l'Est s'est détériorée ici et là. La nervosité générale a suscité chez les uns un certain malaise, chez les autres de l'amertume. Il n'est pas exclu que des éléments troubles cherchent à exploiter cette situation; la différence de langue y contribue certainement».

M. Altorffer demande aux ministres des cultes d'utiliser d'une façon plus méthodique et intensive la langue française, en particulier dans les rapports avec les jeunes et de lui accorder une place plus large dans les offices religieux publics.

La presse du Sud-Ouest, qui avait consacré une large place à l'arrivée et au séjour des évacués alsaciens, est très discrète après l'armistice et l'installation du gouvernement de Vichy; elle se contente de publier les avis officiels. Ainsi, le 13 juillet 1940, la *Petite Gironde* publie un bref communiqué de la Stadtkommandatur de Bordeaux annonçant le rapatriement immédiat et gratuit des Alsaciens et Lorrains réfugiés à Bordeaux. Selon les journaux de la Dordogne, le 16 juillet «plusieurs autobus et voitures particulières avec 70 employés et des dossiers de la mairie de Strasbourg ont quitté Périgueux». Le 9 août un communiqué du maire de Périgueux annonce qu'un premier convoi d'une vingtaine d'autobus et de camions, venu de Strasbourg, repart avec un certain nombre de fonctionnaires et d'employés des services publics. Ce convoi est assuré par une organisation ouvrière allemande. «La population conservera une attitude de calme et de dignité», insiste le maire. Le 12 août, les journaux publient le communiqué de la préfecture annonçant que «d'accord avec les autorités d'occupation, le rapatriement des évacués du Bas-Rhin a commencé».

Le communiqué précise d'entrée que «chacun est absolument libre de partir ou de ne pas partir» et que «les évacués qui, pour une raison valable, décideront de rester, continueront, comme par le passé, à bénéficier des allocations en nature ou en espèces jusqu'à ce qu'ils soient en mesure de gagner normalement leur vie». Le 12 août, selon un communiqué de la préfecture «le mouvement de retour des réfugiés du Haut-Rhin et du Bas-Rhin sera normalement achevé le 20 septembre». Mais ce retour se prolongera jusqu'à la mi-octobre pour certaines communes. Le 1er novembre, le préfet ordonne le recensement général des réfugiés restés dans la région.

«Décision importante du Führer». Sous ce titre, le *Journal des Réfugiés de la Région du Sud-Ouest* (ex DN) publie le 9 août une dépêche de l'agence allemande DNB annonçant que, selon deux ordonnances du Führer, «l'administration civile en Alsace, en Lorraine et au Luxembourg, ne dépendait plus du commandement militaire, mais de chefs de l'administration civile directement soumis aux ordres du Führer, qui a nommé les Gauleiter Robert Wagner, Joseph Burckel et Gustave Simon, Statthalter d'Alsace, de Lorraine et du Luxembourg».

Cette information ne paraît pas dans les autres journaux. Un communiqué du ministère de l'Intérieur du Gouvernement de Vichy précise simplement, le 30 juillet, qu'il existe cinq zones pour le retour des réfugiés, l'Alsace-Lorraine étant comprise dans la zone Est (la 5e), «délimitée par la frontière franco-belge, franco-luxembourgeoise, franco-allemande et franco-suisse». On peut donc penser que la plupart des Alsaciens décidant de rentrer chez eux ignoraient totalement que leur région était passée sous administration nazie et était devenue, de fait, allemande.

Le Temps du souvenir et de l'amitié

JACQUES GRANIER

Oubliés les moments pénibles, les difficultés du dépaysement, la peur : cinquante ans après l'Evacuation, il reste la chaleur de liens forts et vivants entre communes d'Alsace et du Sud-Ouest. La dynamique des jumelages en témoigne.

Cinquante ans ont passé depuis l'évacuation, en septembre 1939, de Strasbourg et d'une grande partie de l'Alsace. Un exode douloureux pour toutes ces familles qui laissaient derrière elles leurs terres, leurs récoltes et l'essentiel de leurs biens.

Quel serait leur destin dans les villages d'accueil qui leur étaient assignés en Limousin et en Périgord ? Les collaborateurs de ce numéro spécial des *Saisons d'Alsace* en racontent les difficultés. Héberger tant de personnes n'était pas facile dans des régions qui étaient loin de connaître l'opulence, le modernisme et le confort de l'Alsace. Dans des contrées que la mobilisation générale venait de priver de ses forces vives et de la plupart de ses responsables.

Le dépaysement a été durement ressenti par ces réfugiés dont les biens se réduisaient à quelques kilos de bagages. Triste infortune ! Cinquante ans après, lorsqu'ils se penchent sur leur passé et cette triste période, c'est surtout pour en évoquer les souvenirs réconfortants. Oubliés les moments les plus pénibles, mis en valeur par contre la chaleur de l'accueil et le désintéressement de leurs hôtes. Ils en comprennent mieux désormais les attitudes initiales, les inquiétudes de leurs hébergeants, les difficultés pour que suivent, vaille que vaille et plutôt mal, l'intendance et les secours. Les différences aussi de tempéraments et de langage.

Dans les villages ruraux d'Alsace, ceux du nord de Strasbourg en particulier, le retour à la langue française avait été difficile et les personnes de trente ans et plus avaient forcément du mal à la pratiquer. Que l'on songe ! Les Frantz Muller ou les Heinrich Meyer, âgés de 10 ans en 1918 n'en avaient pas plus de trente. Ceux-là étaient sur le front mais leurs épouses, leurs parents et leurs grands-parents avaient été évacués en Limousin ou dans le Périgord. Seuls les enfants de ces jeunes couples étaient allés à l'école française, mais le dialecte alsacien restait l'unique moyen de conversation dans les foyers. Comment converser dans des départements, vidés de tous leurs mobilisés et où les personnes âgées parlaient plus volontiers entre elles le limousin et le périgourdin qui sont les postes avancés de la langue d'oc ?

AU DÉBUT DES ANNÉES SOIXANTE, EURENT LIEU LES PREMIÈRES TENTATIVES DE RETROUVAILLES

Cinquante ans ont passé ! Le retour au pays pour ces réfugiés n'a de loin pas utilisé la voie la plus directe. Certains avaient activement participé à la Résistance et à la libération de la France. En des maquis divers ou même en rejoignant Londres et l'Afrique du Nord. D'autres, leur région d'adoption libérée, s'étaient enrôlés dans la Brigade Alsace-Lorraine du Colonel Berger (André Malraux), avec laquelle ils tenaient à participer à la libération de l'Alsace. Ils s'y sont brillamment comportés du côté de Dannemarie, au sein de la 1ère Armée Française, dans les Vosges et au sud de Strasbourg, lorsqu'en janvier 1945 la contre-offensive de la Wehrmacht tenta, au cours d'impitoyables combats, de reprendre Strasbourg libéré par surprise, le 23 novembre 1944, par la 2e Division Blindée du Général Leclerc. Beaucoup de ceux-là ont laissé leur vie à quelques kilomètres de leur domicile encore aux mains de l'ennemi.

Plus nombreux encore, les dizaines de milliers de malheureux incorporés de force, dont les familles avaient cru qu'ils pouvaient sans trop de risques retourner dans leur village, leur ville et leur foyer après l'armistice de juin 1940. Deux ans plus tard, ils étaient enrôlés contre leur gré dans les unités allemandes et plus de 40.000 d'entre eux sont tombés sur le front de Russie ou bien ont succombé, pendant leur captivité, dans les camps des environs de Tambov.

Cinquante ans ont passé, mais les vingt premières années qui ont suivi la victoire de mai 1945 ont été consacrées à panser les plaies de la plus effroyable des guerres que le monde ait connue. L'Alsace n'était plus qu'un champ de ruines. Les combats de la poche de Colmar, ceux des villages au sud de Strasbourg et la partie Nord du Bas-Rhin avaient été meurtriers et dévastateurs. Les dommages matériels furent longs à réparer, les champs à déminer, les maisons à rebâtir, les mairies, les écoles, les temples et les églises à reconstruire.

Nul ne connut guère de répit pendant ces vingt ans passés à refaire les routes, les ponts et les voies ferrées pour que l'Alsace reprenne vie et retrouve son activité économique, commerciale et culturelle. Pour que Strasbourg devienne aussi le siège du Conseil de l'Europe et le symbole de la réconciliation franco-allemande, prélude indispensable à la création de la Communauté européenne.

Cinquante ans ont passé ! Lorsque le dernier clocher d'Alsace eut reçu ses nouvelles cloches, vint, enfin, dans tous les villages pimpants et fleuris, le temps du souvenir et de l'amitié.

Les années 60 n'étaient pas encore terminées que germèrent partout des idées de jumelages et de pèlerinages entre l'Alsace, le Périgord et le Limousin. Les contacts, certes, n'avaient pas été oubliés. Tant de liens unissaient ces trois régions ! Vacances annuelles, déplacements automobiles et ferroviaires plus faciles allaient être mis à profit pour s'en aller s'incliner sur les tombes de ceux qui reposaient à jamais dans les cimetières des villages d'accueil. Des foyers s'étaient aussi fondés dans les départements de la Haute-Vienne et de la Dordogne.

Des rencontres s'imposaient pour apprendre à connaître un peu mieux les familles des beaux-parents et leur nouveau cadre de vie. Et tant qu'à faire du tourisme, comment ne pas commencer à prospecter, en premier, les plus beaux sites de régions destinées désormais à s'épanouir en multipliant les échanges de tous ordres mais surtout de reconnaissance et d'amitié !

Ces rencontres individuelles préludaient aux contacts collectifs, ceux des communes et des associations. L'amicale Alsace-Périgord a beaucoup fait pour les multiplier et pour rapprocher des gens aux tempéraments et aux modes de vie forcément différents. L'année 1969 a donné de l'élan aux déplacements de groupes parfois fort nombreux. Elle s'y prêtait bien. C'était celle du trentième anniversaire de l'exode et de l'accueil. Il était indispensable de le souligner avec éclat. L'homme foulait cette même année le sol de la Lune, mais à quoi cela servait-il de conquérir l'espace si l'on ne commençait, plus sentimentalement, par conquérir les cœurs au sein d'agglomérations jumelles ?

EN 1969, BIESHEIM ORGANISA LE PREMIER JUMELAGE AVEC LE SUD-OUEST

Bref, partout en Alsace, l'idée était dans l'air et il n'en fallait pas retarder l'échéance sous peine de voir disparaître des visages connus. Dans le Haut-Rhin, l'acte de jumelage de la commune de Biesheim avec celle du Mas d'Agenais dans le Lot-et-Garonne a été ratifié le 9 août 1969 et l'année suivante, jour pour jour, 300 personnes de Biesheim se déplaçaient dans le Sud-Ouest, officiels, clubs sportifs et groupes folkloriques en tête, pour sceller le serment solennel de jumelage des deux cités.

Parlons-en de cette expédition pour restituer ce qu'a été, dans les deux communautés, la chaleur amicale de ces retrouvailles. Le rendez-vous eut lieu le vendredi 7 août sur le pont de la Garonne, sous les emblèmes des deux villes jumelles : le saumon argenté sur fond bleu de Biesheim et les trois mains jaunes sur fond rouge du Mas d'Agenais, symbolisant la puissance des régnants d'autrefois. Soixante voitures particulières ainsi qu'un car firent leur entrée dans la cité sous les applaudissements des Massais et les coups de klaxons des voitures. A leur tête, M. Tessier, maire du Mas d'Agenais, tenant par la main deux enfants en costume alsacien, ouvrait la marche, suivi de l'accordéon-club de Biesheim et des majorettes du Mas. Quelques minutes avant l'arrivée des hôtes du Haut-

Rhin, sirène et cloches de l'église avaient prévenu les habitants du chef-lieu du canton de l'événement qui allait célébrer, trente ans après, le souvenir de deux communes réunies pendant les heures sombres de 1939-40.

C'était le début de trois jours de fêtes qu'annonçait la fanfare de l'Eveil Massais et de l'accordéon-club de Biesheim, sous les applaudissements de toute la population du Mas, heureuse de retrouver les Alsaciens et leurs familles qui, durant une année, avaient vécu chez eux. Tous les invités ont été hébergés dans les diverses familles de la commune qui avaient répondu ainsi à l'accueil de Biesheim l'année précédente.

Le dimanche matin, l'église était trop petite pour contenir tout le monde et l'après-midi, trois mille personnes assistèrent au renouvellement du serment de jumelage sur la grande place de la mairie.

Dans le Bas-Rhin, la commune de Drusenheim durement touchée par les combats de la guerre tant en 1940 qu'en 1944 et en 1945, avait déjà donné le ton avec un remarquable éclat. Je peux en témoigner, pour y avoir participé et je retrouve, avec émotion, le compte rendu de ces mémorables journées du week-end de la Pentecôte que j'en avais fait dans *Les Dernières Nouvelles d'Alsace,* du vendredi 23 au mercredi 28 mai 1969. Que le lecteur me permette d'en restituer l'essentiel.

«A 21 h ce soir, Drusenheim aura perdu le dixième de sa population. A cette même heure, les rues de la commune seront désertes. Tout ce que la localité compte d'habitants sera sur les quais de la gare pour assister au départ des 305 personnes de la commune qui auront déjà pris place dans quatre wagons spéciaux pour refaire, trente ans après l'«exode», le plus émouvant pèlerinage qui se puisse imaginer.

En septembre 1939, tout ce secteur du front avait été évacué en terre limousine et les 2700 habitants que comptait alors Drusenheim s'étaient retrouvés à l'issue de leur exode dans la commune de Saint-Léonard-de-Noblat, à une quinzaine de kilomètres de Limoges.

Aucun de ceux qui en sont revenus n'a oublié la chaleur de leur accueil qui s'est concrétisé par l'établissement de liens étroits entre la population des deux communes.

«Ce n'était pas une mince affaire pour nous que cette évacuation», nous disait l'autre jour Pierre Schott, maire de Drusenheim. «Nous avions tout laissé dans nos maisons ou presque et nous savions bien que nous ne retrouverions pas grand-chose à notre retour».

Mais les gens de Drusenheim ne sont pas des ingrats, et par-delà des souffrances dont le souvenir n'est pas près de s'effacer, ils n'oublient pas non plus que leur séjour à Saint-Léonard-de-Noblat ne fut pas une mince affaire pour les Limousins. D'où l'idée de mettre sur pied un pélerinage du souvenir et de la reconnaissance.

Cette idée avait germé dans l'esprit de quelques-uns, voilà de cela quelques mois. La population y souscrit d'emblée et l'enthousiasme fut tel qu'il fallut freiner les inscriptions, chaque famille étant désireuse de retrouver en Limousin celle qui l'avait hébergée.

Ce soir donc, ceux qui referont le voyage, dans des conditions certes plus confortables, ne seront rien que les délégués des 3500 habitants de Drusenheim, mais pendant tout le week-end de la Pentecôte, c'est pour Saint-Léonard-de-Noblat que battra le cœur de ceux qui n'ont pu y retourner.

Les 306 pèlerins arriveront à destination demain aux alentours de 13 heures et sans doute seront-ils accueillis à leur descente du train par une grande partie de la population de Saint-Léonard-de-Noblat. Eux-mêmes seront accompagnés par la musique municipale de Drusenheim et par le groupe folklorique de la maison des jeunes qui aura revêtu pour la circonstance le costume alsacien.

DRUSENHEIM ET ST-LÉONARD COMMENCENT UNE LONGUE HISTOIRE D'AMOUR

Les festivités, les réceptions et les défilés se poursuivront durant tout le week-end et pendant ces journées du souvenir la musique de Drusenheim ajoutera ses flonflons à ceux des sociétés de la Haute-Vienne qui participent au festival départemental de musique à Saint-Léonard-de-Noblat. Et le lundi de la Pentecôte les équipes de football en découdront avec celles de St-Léonard au cours de rencontres dont on peut assurer qu'elles seront franchement amicales.

L'hébergement des pèlerins sera assuré par la population locale et chaque Alsacien retrouvera, pour quatre jours, le toit qui l'a abrité pendant la guerre, ainsi que les visages de ses hôtes et le lundi matin, des cars conduiront les pèlerins de Drusenheim dans les ruines d'Oradour-sur-Glane.

«Ce voyage, comme l'a rappelé le maire de Drusenheim, au cours d'une réunion préparatoire, dépassera en fait le cadre local pour devenir le pèlerinage de l'Alsace tout entière dont les habitants n'oublieront jamais ce que les Limousins firent pour eux en des heures difficiles».

Saint-Léonard-de-Noblat, dimanche 25 mai 1969. «Quand les 305 pèlerins de Drusenheim ont débarqué hier après-midi en gare de Saint-Léonard-de-Noblat, à 22 km au nord-est de Limoges, ils avaient tous rajeuni de trente ans. Pour eux qui avaient été évacués en septembre 1939 dans ce gros bourg du Limousin, tout comme les habitants de Saint-Léonard qui les avaient accueillis alors avec tant de chaleur, c'était la joie des retrouvailles.

Les maires des deux localités, M. Pierre Schott et le Dr Barrière, ont relevé tous les deux le symbolisme de ce pèlerinage et la pluie, qui tombait sans désemparer, n'avait pas empêché des centaines de «miauletous» — ainsi ont été appelés les habitants de Saint-Léonard en souvenir des miaulements des chats-huants dans le clocher de leur collégiale — de se presser sur les quais de la gare pour accueillir ceux qu'ils avaient hébergés trente ans plus tôt.

De nombreuses hésitations ont précédé ces retrouvailles. Des deux côtés, les outrages des ans avaient buriné les visages et quelque peu forci les silhouettes.

«Je suis l'Antoine. Vous vous souvenez bien», disait un musicien, s'efforçant de convaincre une dame portant allégrement la quarantaine. La dame écarquillait les yeux. L'Antoine, à l'époque, avait dix ans. Elle même n'avait pas encore passé son certificat d'études, mais puisque de l'Antoine il s'agissait, la dame n'hésita pas à lui donner l'accolade. «Et la Marie Gabel, interrogeait un «miauletous», est-elle aussi du voyage» ? La Marie Gabel était là, mais elle avait troqué son nom de jeune fille pour celui de son époux et nul ne l'avait reconnue.

«ET LA MARIE GABEL ?» INTERROGEAIT UN MIAULETOUS «EST-ELLE AUSSI DU VOYAGE ?

Musique en tête, le cortège se forma sous la pluie pour se rendre jusqu'au centre de la bourgade à quelque 2 km de là. Le groupe folklorique de la maison de la jeunesse et de la culture de Drusenheim précédait celui de Saint-Léonard, aux garçons revêtus de la blouse des maquignons, car la localité s'enorgueillait d'être le centre national de la race limousine, dont on assure ici qu'il s'agit des plus belles vaches de France. Suivaient plusieurs centaines de personnes bras dessus, bras dessous.

Le matin, Raymond Poulidor avait pris le volant de sa voiture pour prendre le départ aujourd'hui, dans le Sud-Est, du critérium des six provinces. Mais qu'à cela ne tienne, le maire de Saint-Léonard lut aux pèlerins alsaciens, les excuses du plus populaire enfant du pays qui se disait navré de n'avoir pu recueillir lui aussi ses amis d'Alsace.

Le soir, chacun s'est rendu en cortège devant le monument aux morts et M. Schott, maire de Drusenheim, a tiré la leçon de ce pèlerinage.

«Nous sommes venus à trois cents en terre limousine, mais à l'heure où je vous parle, ce sont des milliers d'Alsaciens qui sont de cœur avec moi pour vous remercier de nous avoir fourni l'hospitalité aux heures sombres de notre histoire. J'aimerais que vous sachiez que nous ne l'oublierons jamais. Pas plus que nous n'oublions les noms des treize habitants de la commune qui reposent dans votre cimetière».

A 20 h, tout Saint-Léonard-de-Noblat s'est rassemblé sur la place centrale et s'est mis à danser, entraîné par les flonflons des cuivres d'Alsace et subjugué par le charme des couples costumés du groupe folklorique de Drusenheim. Les uns et les autres se sont retrouvés ensuite dans la salle des fêtes pour le bal de l'amitié.

Dimanche matin, les équipes de football de Drusenheim arriveront en car à Saint-Léonard-de-Noblat et la musique municipale participera hors concours au festival départemental de musique du Limousin.

Trente ans plus tard, la joie des retrouvailles a remplacé la tristesse de l'exode de 1939.

Saint-Léonard-de-Noblat, lundi 26 mai 1969. La musique municipale de Drusenheim s'est taillé hier la part du lion au festival départemental de musique de la Haute-Vienne. Malgré la pluie qui n'a cessé de tomber tout au long de la journée, la manifestation a récolté un très net succès populaire.

Je dois à la vérité de dire que le jury lui accordait un jugement favorable avant même qu'elle n'attaque les premières notes. La musique municipale de Drusenheim participait en effet, hors concours, à ce festival de musique et sa venue en terre limousine est entourée d'un climat particulièrement favorable. Celui des cérémonies du trentième anniversaire qui a conduit 305 habitants de Drusenheim sur les lieux de leur exode de septembre 1939.

Le mauvais temps et la pluie incessante n'ont en rien refroidi les enthousiasmes. Depuis samedi, le Limousin vit à l'heure alsacienne et tous les habitants de nos deux départements du Rhin qui se sont installés en terre limousine depuis la dernière guerre, ont fait hier à leur tour le pèlerinage de Saint-Léonard-de-Noblat. L'arrivée de l'importante délégation de Drusenheim a eu ici un retentissement qui s'est étendu à tout le département. De Limoges et de toutes les communes des environs, les Alsaciens d'origine ont rejoint hier ceux arrivés directement d'Alsace et qui vont se retrouver cet après-midi autour du terrain de football pour assister à la rencontre on ne peu plus amicale entre les joueurs de Drusenheim et ceux de Saint-Léonard-de-Noblat.

LES ANCIENS ÉVACUÉS DE DRUSENHEIM VONT EN PÉLERINAGE À ORADOUR

«La population de Saint-Léonard est heureuse de vous accueillir, a dit le Dr René Barrière, maire de la commune. Des liens amicaux, je dirai même fraternels, unissent nos deux communes et il m'est agréable de vous dire à quel point votre souvenir est gravé dans le cœur des miauletous.»

Pierre Schott, maire de Drusenheim, a rappelé certain voyage en wagons à bestiaux de septembre 1939, où l'on mit quatre jours pour couvrir les mille kilomètres qui séparent l'Alsace du Limousin.

Témoignage qui s'est concrétisé par de nombreux télégrammes de fraternité adressés hier depuis l'Alsace à la mairie de Saint-Léonard-de-Noblat, où le maire de Drusenheim a été fait citoyen d'honneur de la commune.

Avant de rentrer en Alsace, les pèlerins de Drusenheim se rendront aujourd'hui dans le village martyr d'Oradour-sur-Glane. La joie des retrouvailles ne saurait faire oublier à l'Alsace les affreux massacres de la dernière guerre.

Mercredi 28 mai 1969 — Après trois journées d'amitié au milieu de la population de Saint-Léonard-de-Noblat, après une émouvante visite, lundi matin, des

DRUSENHEIM SALUE LES HABITANTS DE ST-LÉONARD-DE-NOBLAT : 30 ANS APRÈS, UN AUTRE TRAIN…

RAYMOND POULIDOR
87 - SAINT-LEONARD DE NOBLAT
TÉL. 240

St Léonard le 28 avril 1970

Chers amis d'Alsace,

Il m'aurait été agréable de participer au pèlerinage de Drusenheim avec mes 350 compatriotes de St Léonard de Noblat.

Malheureusement mon calendrier ne m'en laisse pas la possibilité et je le regrette vivement.

Je ne manquerai pas de penser à tous mes amis d'Alsace pendant ces trois journées du souvenir qui resserent encore l'amitié profonde qui existe entre l'Alsace et le Limousin et j'assure de toute ma sympathie la population si éprouvée de Drusenheim que nous avons eu le plaisir d'héberger à St Léonard de Noblat pendant la guerre.

Je vous assure de mon amitié

Poulidor

ruines du village martyr d'Oradour-sur-Glane, les organisateurs ont dressé lundi soir le bilan du voyage collectif de 305 Alsaciens de Drusenheim en terre limousine.

C'était à l'issue d'un repas offert par la municipalité de Drusenheim aux officiels, aux personnalités locales et à tous ceux qui avaient mis tant de cœur à organiser leur accueil. Ce bilan, il est positif. Largement positif même. M. Pierre Schott, maire de Drusenheim, l'a mis en évidence dans son allocution de remerciement. Déjà un jumelage est en vue entre les deux cités; les contacts sportifs, touristiques, culturels et folkloriques vont être développés.

Les pèlerins de Drusenheim ont découvert à Saint-Léonard-de-Noblat la qualité du folklore limousin et, pour beaucoup d'entre eux, les sons aigres mais envoûtants de la vielle. Lundi soir, à l'issue d'une rencontre amicale de football que l'équipe de Drusenheim a remporté sur la formation locale (5-1), les Alsaciens ont apprécié les bourrées, les quadrilles, les pas redoublés et les costumes d'une société folklorique voisine, celle des *Gerbassous* d'Ambazac. Les *Gerbassous*, ce sont les petites gerbes de blé en dialecte limousin. Gerbes d'ailleurs présentes au milieu de ce groupe de garçons et de filles revêtus du costume traditionnel des paysans limousins de naguère.

La présence de ce groupe folklorique à Saint-Léonard était elle-même une manifestation d'amitié envers l'Alsace, puisqu'il s'est jumelé, l'an passé, avec le groupe folklorique de Soufflenheim, dont la population avait été recueillie à Ambazac après l'exode de 1939.

Le public d'Alsace pourrait bien, d'ailleurs, apprécier mieux encore le folklore limousin pour peu que se réalisent les projets envisagés à Saint-Léonard-de-Noblat. Le dimanche de la Pentecôte, au cours de son discours prononcé à la mairie et retransmis par haut-parleurs dans les rues de la cité, le maire de Drusenheim a lancé une invitation officielle pour recevoir à son tour, en Alsace, la population de Saint-Léonard.

«Notre village a été détruit à 80% pendant les combats de la libération de 1945», a-t-il rappelé. «Il ne nous était pas possible de vous inviter plus tôt pour vous manifester notre reconnaissance. Maintenant nous avons pansé nos blessures et nous serions désireux de vous accueillir et vraiment comblés si ce projet se réalisait».

La proposition a fait le tour de la bourgade en quelques heures. Les membres du Syndicat d'initiative et du comité des fêtes ont recueilli rapidement les réactions des habitants. *Miauletous* et *Miauletounes* sont ravis de l'invitation, et lundi soir, le Dr Barrière, maire de la commune, a confirmé la réponse des ses administrés.

«Votre invitation nous touche et nous y souscrivons d'emblée. Plus nous nous connaîtrons, mieux nous nous comprendrons. Notre réponse: c'est oui. Nous viendrons en Alsace. Nous viendrons nombreux et nous viendrons bientôt».

Cette réaction prouve la chaleur de l'amitié qui n'a cessé de se manifester tout au long de ces trois jours. La visite de Saint-Léonard à Drusenheim est exclue pour 1969, car un tel déplacement exige de nombreux mois de préparation, mais 1970 en verra la réalisation.

M. Regaudie, député de Saint-Léonard et maire de la commune voisine de Châteauneuf-la-Forêt, qui avait hébergé pour sa part la population de Herrlisheim, a été le premier à se réjouir de ce projet. Lui-même sera du voyage car l'Alsace tient une large place dans son affection depuis que sa fille s'est fixée à Altkirch.

Le voyage retour des 305 Alsaciens s'est effectué hier sans histoire. Qui par la voie ferrée, qui en car, qui même en motocyclette, chacun a rejoint son foyer la tête pleine de souvenirs et avec un peu plus de richesse au cœur.

CINQ MILLE PERSONNES SUR LES BORDS DE LA MODER POUR FÊTER L'AMITIÉ DRUSENHEIM — ST-LÉONARD

Ce n'est certes pas la première fois, depuis la dernière guerre, que nos gens d'Alsace s'en vont exprimer leur reconnaissance aux familles limousines ou périgourdines, dont ils ont garde de ne pas oublier l'hospitalité, mais à notre connaissance, c'est bien la première fois qu'est organisé un déplacement collectif d'une telle ampleur.

Drusenheim a donné l'exemple, et il y a gros à parier qu'à travers l'Alsace d'autres communes ne manqueront pas de la suivre».

Le jeudi 30 avril 1970, c'est au tour des Limousins de Saint-Léonard-de-Noblat de se rendre à Drusenheim, dont les habitants ont trouvé, en 1939, chez eux, un accueil qu'ils ne peuvent oublier. A tel point que cette terre limousine, dure et aride, est devenue pour beaucoup leur deuxième petite patrie et que les familles de Saint-Léonard-de-Noblat font partie depuis lors des familles de Drusenheim.

La véritable amitié s'exprime toujours mieux pendant les heures sombres. Celle qui lie Drusenheim et Saint-Léonard-de-Noblat peut être citée en exemple et mérite d'être connue à travers toute l'Alsace que les souffrances de la guerre ont définitivement liée au martyr de paisibles villages du Limousin.

A l'inoubliable voyage de 305 Drusenheimois l'année précédente, répond, nombre pour nombre, la visite de 305 Limousins sur les bords du Rhin. Ils y viennent sentir battre pour eux le cœur de l'Alsace. «Je ne manquerai pas de penser à tous mes amis d'Alsace pendant ces trois journées du souvenir qui resserrent encore l'amitié profonde qui existe entre l'Alsace et le Limousin», écrit Raymond Poulidor, citoyen de Saint-Léonard-de-Noblat, qui eut aimé participer lui-même à ce pèlerinage. Sa lettre, empreinte de cette sympathie naturelle qui lui mérite sa popularité, ira droit au cœur de ses amis d'Alsace et même de ceux qui ne connaissent pas sa belle cité médiévale, patrie du célèbre physicien et chimiste Gay-Lussac et berceau de la race bovine limousine.

Il pleut à verse lorsque le convoi s'arrête en gare de Drusenheim, comme il pleuvait, l'année dernière en Limousin, mais la joie pourtant est sur tous les visages et, de mémoire d'homme, il ne s'est jamais vu autant de monde sur les quais et sur la place de la Gare. L'inclémence du temps n'a pas empêché la quasi totalité de la population de Drusenheim d'être là pour accueillir ses visiteurs dans un désordre aussi indescriptible que sympathique et que le service d'ordre ne réussit pas à contenir.

Pierre Schott, maire de la commune, ne parvient pas à prononcer le discours d'accueil qu'il a prévu. Il se contente d'aller d'un groupe à l'autre en serrant les mains: «Le mauvais sort, ne cesse-t-il de répéter, s'acharne décidément contre nous chaque fois que nous nous rencontrons, que ces heures soient sombres ou joyeuses.»

Nul parmi les participants du voyage ne se plaint des averses trop fréquentes de ce printemps maussade et froid. Le soleil a lui dans tous les cœurs, a illuminé tous les visages et cela leur a suffi. La population de Drusenheim leur devait bien cette amitié et cette reconnaissance. Les «Miauletous» sont aussitôt happés par les familles désireuses de les héberger et certaines repartent toutes tristes de n'avoir personne à qui donner un lit ou faire partager leur repas. Leur seul regret, c'est que leurs hôtes du Limousin ne se soient pas déplacés en plus grand nombre.

Jean Verdier, préfet de la région d'Alsace, préfet du Bas-Rhin, qui avait accepté de présider ces cérémonies, ne manque pas d'être impressionné par l'atmosphère et la ferveur qu'il a retrouvées à Drusenheim. Les discours prononcés dans la salle de la mairie lui prouvent combien ces journées vont marquer les annales de la commune. Tous, et ils sont nombreux à l'exprimer, le maire de Drusenheim tout d'abord, le docteur Barrière, maire de Saint-Léonard-de-Noblat ensuite, Paul Kauss, conseiller général du canton, Michel Kistler, sénateur du Bas Rhin, Germain Sprauer, député du Bas-Rhin, et son homologue, René Regaudie, député de la Haute-Vienne et président du conseil général du département, ainsi que le préfet Verdier lui-même, mettent l'accent sur cette amitié qui est née voilà de cela trente ans et qui s'exprime par une reconnaissance indéfectible.

Les cadeaux remis par les deux municipalités à leurs hôtes respectifs, les repas pris en commun dans douze restaurants de la commune en apportent une nouvelle preuve, tout autant que cette rencontre sportive Drusenheim — Saint-Léonard-de-Noblat (3-2) qui attire près de 1500 personnes autour du stade municipal.

L'apothéose de la journée reste, sans conteste possible, le magnifique feu d'artifice tiré sur les bords de la Moder et qui rassemble sur les berges de la rivière près de 5000 spectateurs ravis. Que la salle de spectacles de la Maison des jeunes et de la culture doive, par la suite, refuser plus de mille personnes n'a donc rien de surprenant, d'autant que le spectacle de variétés offert avant le bal est lui aussi des plus attrayants et des mieux réussis.

CINQUANTE ANS APRÈS, UN MÉMORIAL HAUT-RHINOIS INAUGURÉ À MONT-DE-MARSAN

Cette ambiance chaleureuse se poursuit deux jours encore par des visites dans la capitale de l'Alsace, par une fête champêtre au cours de laquelle se produit «Le Gerbassou», groupe folklorique d'Ambazac, par un repas, offert par la municipalité, dans les douze restaurants de la commune et un nouveau bal qui rassemble pour la nuit «Miauletous» et Drusenheimois à la Maison des jeunes et de la culture.

Les Limousins quitteront Drusenheim à regret, accompagnés sur les quais de la gare par un bon millier de personnes, par le conseil municipal tout entier, par le groupe folklorique local et par la musique municipale qui joue le chant des adieux, cependant que par centaines s'agitent les mouchoirs au départ du convoi.

Après le départ des Limousins, une chape de tristesse s'abat sur Drusenheim qui avait pris goût à ces trois journées de liesse et de festivités. Le matin déjà, la tristesse était apparue au cours de la messe solennelle concélébrée par le curé de Drusenheim et l'archiprêtre de Saint-Léonard-de-Noblat dont le sermon avait mis l'accent sur la valeur de l'amitié et sur le devoir de la reconnaissance.

Mgr Elchinger, évêque de Strasbourg, en la circonstance avait fait à Drusenheim la surprise d'une visite imprévue. Il attachait à son passage une double signification: son grand-père était directeur d'école à Drusenheim et sa famille réfugiée tout près du Limousin pendant la guerre. Il a rappelé ces souvenirs au début de l'office religieux tout en commentant l'évangile du jour qui évoque précisément l'amour que l'on doit au prochain et qui reste le premier commandement de Dieu.

Et les *Dernières Nouvelles d'Alsace* de conclure: «Pendant ces trois journées de l'amitié et du souvenir, le précepte a été mis en pratique à Drusenheim, dont l'heureuse iniative est déjà suivie par d'autres communes. Dans quelques jours, la population de Niederbronn reçoit celle d'Eymoutiers (Haute-Vienne) où elle a été hébergée en 1939 et le 14 juillet prochain, Soufflenheim accueille à son tour une importante délégation d'Ambazac. Ainsi s'exprime la reconnaissance de l'Alsace, vingt-cinq ans après la fin de la guerre pendant laquelle se sont nouées ces amitiés».

Elle ne se dément pas depuis ces mémorables rencontres de 1969 et 1970. A ce jour, sept déplacements collectifs ont été organisés: 4 à Saint-Léonard-de-Noblat (1969, 1974, 1980, 1988) et 3 à Drusenheim (1970, 1976, 1984). Et ce n'est pas fini!

Le temps du souvenir et de la reconnaissance, écrivions-nous. Ces rencontres sont exemplaires, c'est pourquoi il nous a paru bon d'en restituer l'ambiance. Elles ne sont pas les seules et c'est heureux. Voici, parmi beaucoup d'autres, quelques-unes de ces communes officiellement jumelées: **La Wantzenau** et **Gambsheim** avec Saint-Yrieix-la-Perche, **Forstfeld** avec Condat-sur-Vienne, **Kauffenheim** avec Beynac, **Fort-Louis** avec Saint Yrieix-sous-Aixe, **Nieder-**

bronn avec Eymoutiers (Haute-Vienne), **Soultzeren,** dans la vallée de Munster, avec Castillonnès dans le Tarn-et-Garonne, **Saint-Louis** avec Lectoure (Gers), **Hagenthal-le-Bas**, avec Souprosse (Landes), **Schoenenbourg** avec Bessines et Morterolles, en Limousin, **Ranspach-le-Bas** avec Sarbazan, dans les Landes. La liste n'est de loin pas complète.

Aux communes d'ailleurs se superposent souvent des associations et des amicales. Ainsi pour les donneurs de sang de Schiltigheim et ceux de Saint-Junien, pour les anciens marins d'Alsace et ceux du Limousin, pour les Normaliens d'Obernai avec Solignac, sans oublier, bien entendu, la dynamique association Alsace-Périgord et, de création récente, l'Amicale des Alsaciens de Limoges.

Le culte des morts tient, bien évidemment, une grande place dans le souvenir des vivants. Les tombes des Alsaciens morts pendant cet exode sont entretenues et fleuries par les communes de repli dans les cimetières du Périgord et du Limousin. Le 3 juillet 1978, à l'occasion des cérémonies du jumelage entre La Wantzenau et Saint-Yrieix-la-Perche (Haute-Vienne) qui se sont déroulées dans le Limousin, un monument aux morts a été inauguré, en hommage aux habitants de Gambsheim et de La Wantzenau, décédés en terre limousine pendant l'occupation. Erigée sur l'emplacement des tombes des Alsaciens, dont vingt-trois originaires de Gambsheim, il porte l'inscription suivante: «Les communes de Gambsheim et de la Wantzenau à leurs habitants décédés pendant l'évacuation à Saint-Yrieix 1939-1940». M. Paulus, adjoint au maire de Gambsheim, lui-même réfugié dans le Limousin pendant la guerre, a évoqué le souvenir de ceux et de celles qui n'ont pas eu le bonheur de revoir leur région et qui ont quitté ce monde, loin de leur foyer. Des gerbes ont été disposées au pied du monument au nom des communes de la Wantzenau, de Gambsheim et de Saint-Yrieix.

Pour les cérémonies du cinquantenaire de l'évacuation, le sud du Haut-Rhin a renforcé ses liens d'amitié avec les Landes : train spécial de mille Haut-Rhinois vers les Landes, inauguration d'un mémorial à Mont-de-Marsan. D'innombrables liens d'amitié se sont tissés au fil des décennies entre Alsaciens et Landais. En 1976 fut créée l'association haut-rhinoise «Les Amis des Landes», présidée par M. Alphonse Hussherr, puis l'association landaise des «Amis du Haut-Rhin», de M. Gilbert Ibarrart, maire de Labouheyre. Pas moins de 23 jumelages ont été scellés. En septembre 1979, pour le 40e anniversaire de l'évacuation, 1400 Landais arrivèrent dans le Haut-Rhin, à Huningue et environs, ainsi que dans le Sundgau et la Hardt. Un mémorial portant l'inscription «La détresse vaincue par l'amitié», offert aux Landais par l'association haut-rhinoise «Les Amis des Landes», a été inauguré à Mont-de-Marsan. La stèle a été dévoilée par une Alsacienne et une Landaise, en présence de Mme Eisenecker, la veuve du concepteur et de sa fille (voir photo page 222).

C'est dans le malheur que se forgent les plus durables amitiés. Celles qui unissent les habitants des communes «repliées» d'Alsace et ceux des communes du Périgord, du Limousin et d'autres départements du Sud-Ouest qui les ont hébergés n'ont rien à redouter de l'épreuve du temps. Il ne fera, bien au contraire, que les renforcer.

Mémoire d'une rencontre obligée

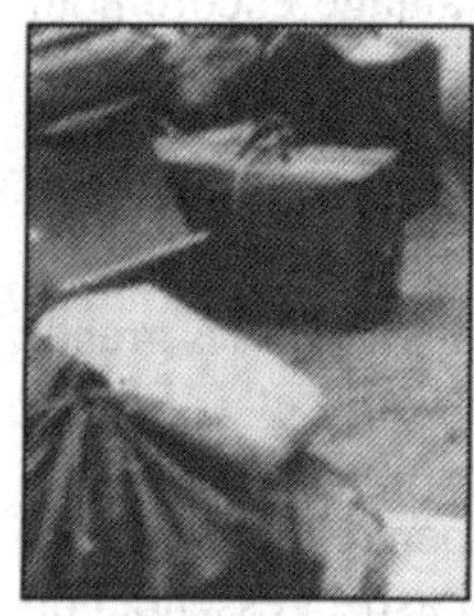

FREDDY RAPHAEL
GENEVIEVE HERBERICH-MARX

Expérience douloureuse et mutilante à l'origine, l'Evacuation a rappelé qu'il n'est pas facile de faire vivre ensemble des populations de culture différente. C'est pourtant là un des défis majeurs de notre société d'aujourd'hui.

«J'appartiens à une génération qui a mauvaise conscience de la dernière guerre : c'est vrai, nous étions fatigués — alors, lâchement, nous avons laissé faire. Puissent nos cadets nous pardonner le sang qui est sur nos mains.» (Marc Bloch, *L'étrange défaite*, rédigé en été 1940).

Un demi-siècle plus tard «l'étrange défaite» de 1939-40 perd son caractère énigmatique. Significativement, les travaux rigoureux des historiens contemporains confirment en grande partie l'analyse menée au cœur même de l'événement par leur grand aîné, Marc Bloch, pour qui la lucidité était une forme de résistance. L'effondrement moral d'une partie de la nation résultait partiellement du travail de sape mené conjointement par les forces conservatrices, qui voulaient régler son compte à la démocratie et prendre leur revanche sur le Front populaire, par les pacifistes, qui préféraient «la servitude à la mort», et par les communistes, qui refusaient de se battre pour le capital et pour l'impérialisme ; cet effondrement a précédé la déroute d'une armée qui devra se battre bien souvent «sans ordre, sans but et sans chefs» (Jean Moulin, in Jean-Pierre Azema, «Soldats de l'an 40», *Le Monde*, le 2 août 1989, p. 2). L'incurie et l'arrogance d'un caste, celle du haut-commandement et des officiers supérieurs, ses erreurs d'appréciation et de stratégie, son mépris pour une troupe qui — ainsi que le souligne le maréchal Pétain dans son message du 20 juin 1940 — a renoncé à «l'esprit de sacrifice» pour céder à «l'esprit de jouissance», viennent étayer le jugement de Marc Bloch au cœur des combats : «Nos chefs ne se sont pas seulement laissé battre. Ils ont estimé très tôt naturel d'être battus ! En déposant avant l'heure les armes, ils ont assuré le succès d'une faction».

Pour permettre de mieux appréhender le vécu — reconstruit par la mémoire —de l'évacuation forcée de près de 400 000 Alsaciens vers le Sud-Ouest, à partir de septembre 1939, il nous faut situer cet événement dans un contexte plus large, celui de la défaite, cédant ainsi à un certain anachronisme. Nous lui conférons ainsi, ce dont il était totalement dépourvu pour ses acteurs, une certaine cohérence.

Pour des raisons stratégiques, afin de garantir le secret militaire, mais aussi en fonction d'un mépris certain pour les élus locaux, et davantage encore pour leurs concitoyens, rien n'avait été entrepris pour informer, ni pour responsabiliser la population alsacienne. On ne l'avait rendue consciente ni du danger qu'elle viendrait à courir si elle était prise entre deux lignes de feu, ni de la nature véritable de l'idéologie et des visées de l'Etat nazi.

Il convient de nuancer notre propos, et de reconnaître que, dès 1935, les grands journaux alsaciens, comme *les Dernières Nouvelles de Strasbourg* et *L'Elsaesser*, ont publié régulièrement des articles sur les exactions du régime nazi, y compris les camps de concentration comme Dachau. Dès lors, on ne peut éluder la question lancinante : pourquoi tant de gens ont-ils sous-estimé cet aspect essentiel du système, l'ont relativisé au point d'être prêts à composer un jour avec lui ?

Il nous faut souligner que les efforts de certains journalistes et leaders politiques socialistes d'Alsace pour alerter leurs compatriotes sur l'enjeu de l'affrontement se heurtaient à l'entreprise démobilisatrice des mouvements autonomistes, qui menaient une propagande active, aussi bien dans les milieux des érudits locaux que dans le monde rural, en faveur de l'Allemagne, y compris des théories raciales. Celles-ci ne sont pas demeurées sans écho en Alsace.

Il convient de mentionner dès l'abord le caractère hétéroclite de la population qui est contrainte de quitter l'Alsace, sans compter ceux qui sont partis par leurs propres moyens, en automobile le plus souvent. Clivage d'âge, de condition sociale, de religion et de culture délimitent des groupes selon des critères qui ne se recoupent pas. L'aventure ne sera pas vécue de la même manière par les citadins et les ruraux — qui abandonnent récoltes et cheptel —, par ceux qui maîtrisent le français et ceux qui ne peuvent s'exprimer qu'en alsacien, par ceux qui ont voyagé, ou encore campé outre-Vosges, et ceux qui n'ont pratiquement jamais franchi la frontière de leur village. Et puis, pourquoi masquer l'existence de «familles spirituelles» en Alsace qui, à partir d'une tradition reprise de génération en génération, se sont vouées soit à la France, soit à l'Allemagne : cet étrange voyage ne prendra pas le même sens pour les uns et pour les autres.

Il n'est pas inutile de s'interroger sur le fait que, un demi-siècle après l'évacuation des Alsaciens, il n'existe aucune étude scientifique qui retrace dans toute

DES VALISES
DES PAQUETS,
DES BALLUCHONS,
DES SACS…

son ampleur cette histoire, d'arrachement et de répit mêlés. Peu de témoignages et peu de romans ont été publiés, il n'existe aucun film retraçant ces événements. L'intérêt, par contre, de la pièce de Germain Muller, *Enfin, redde m'r nimm devun* (Enfin n'en parlons plus), ne s'est pas démenti à travers le temps, comme si elle rendait compte avec une rare fidélité de cette expérience, tout en exprimant très adéquatement ce qu'il convient d'en penser aujourd'hui.

En fait, les témoignages qui ont été recueillis en 1989 par l'équipe qui a réalisé le film «Il y a 50 ans, l'évacuation des Alsaciens»[1] avec laquelle nous avons collaboré en tant que conseillers scientifiques, restituent une histoire complexe et contrastée, voire contradictoire, qui montre qu'en fait, dans leur inconscient, Alsaciens et gens du Sud-Ouest n'ont jamais fini d'en parler. Nous entendons analyser par la suite le riche matériau qu'ils ont bien voulu mettre à notre disposition. Dès maintenant, nous nous sommes employés à étudier les témoignages, sélectionnés avec rigueur à partir de critères de représentativité[2], qui ont été retenus dans le film réalisé pour le cinquantième anniversaire des événements. Nous avons l'intention de réserver un travail ultérieur, plus important, aux Alsaciens qui ont rejoint des maquis du Sud-Ouest.

Ces témoignages ont été recueillis un demi-siècle après l'épreuve, alors que nul ne peut ignorer les désastres de la Seconde Guerre mondiale, l'ampleur du génocide et les conséquences des entreprises totalitaires. De plus, la plupart des témoins participent d'un monde qui, par certains aspects, ressemble à un village planétaire et sont conscients de la nécessité de composer avec une société qui fait une place à la différence. Par ailleurs, depuis les années soixante, de nombreux jumelages ont été réalisés entre des bourgades alsaciennes évacuées et les communes d'accueil du Sud-Ouest.

Il en résulte une double tendance, à minorer les sources d'incompréhension et de conflits et à relativiser les difficultés rencontrées. C'est ainsi que peu de Périgourdins évoquent leur désarroi en constatant que les Alsaciens parlaient une langue proche de celle de l'ennemi : ils ont tendance à justifier cette singularité au nom de l'originalité de leur propre «patois». D'autres reconnaissent «en rigolant» que, décidément, ils étaient «bien arriérés» en 1939, alors que les Alsaciens étaient «en avance». De tels constats sont lestés par la condition et l'expérience des Français en cette fin du XXe siècle, participant d'un monde plus bigarré et ayant le plus souvent voyagé. Quant à certains Alsaciens, ils reconnaissent aujourd'hui que leur sort n'était pas des plus tragiques. Le «regard éloigné» leur permet de relativiser les choses. «Pour nous, à l'époque, affirme une ancienne éclaireuse, être des réfugiés ça nous paraissait une chose abominable. Maintenant, il y en avait eu tant d'autres après nous, qui étaient bien plus malheureux...». Elle se souvient avoir vu passer, sur les routes de Dordogne, l'armée en déroute et les réfugiés du Nord : «Ils étaient bien plus malheureux que nous, parce qu'ils avaient été mitraillés... Nous autres, au fond, je me suis dit, on est des privilégiés, on a été évacués de la manière la plus pépère possible, finalement par rapport à tous les autres».

Il semble que beaucoup de témoins n'avaient pas voulu croire à l'inéluctable, et que pour eux les choses s'arrêtèrent brutalement. En quelques heures, tout bascula. Tel paysan, qui est surpris en train de faire du regain, doit interrompre son travail : «Pas question de charger. Il faut s'en aller à la maison. A six heures, c'est le départ, et il était peut-être quatre heures... Eh bien, on a laissé tout... Il fallait quand même préparer un peu à manger pour emporter, et les effets, et les papiers, et tout ça... Puis après, rassemblement : les voitures avec les chevaux dans la rue, puisque ça marche plus vite que les vaches; les attelages de vaches dans une autre rue, une alignée derrière l'autre; et ceux qui n'en avaient pas, ils allaient chez les gens qui avaient un attelage... On roulait doucement, au pas de bête, quoi...».

A Strasbourg, dans la nuit du 1er au 2 septembre, des gens errent dans la rue, désemparés. Certains affluent vers la cathédrale comme pour s'arrimer à ce point d'ancrage, que rien ne saurait déraciner : «On se demandait ce qu'on allait faire de nous». Cette formule résume bien l'anxiété et l'impuissance, le sentiment d'être le jouet de l'histoire. «Le 2 au matin, on a dit, allez ! tout le monde doit sortir des maisons. Il faut s'en aller... Ceux qui ont des bicyclettes, en bicyclette...».

LES SOUVENIRS ONT TENDANCE À MINORER LES DIFFICULTÉS RENCONTRÉES

Pour d'autres, le départ est une épreuve subie avec résignation. Elle fait partie de l'inéluctable, qui s'impose à vous et avec lequel il faut bien composer. Le sentiment qui prévaut est celui d'une fatalité, relativement injuste, et qui rend les Alsaciens conscients de leur essentielle faiblesse et de leur statut de mineurs. On dispose d'eux, on les embarque pour une destination inconnue...

Une ville «morte». Au-delà du cliché, à condition de restituer à cette expression sa charge d'angoisse devant un cadre qui s'est déshumanisé, un décor fantastique dont la vie a reflué, cette image forte traduit le désarroi de ceux qui restent pour assurer la sécurité. Au pied des immeubles aveugles — on s'est efforcé au départ de bien fermer portes, fenêtres et volets — les animaux ont pris la place des humains; mais ils errent aussi, désemparés, et retournent à une animalité primitive: «les chiens sont devenus peureux, les chats agressifs». Par contre les rats investissent la ville, «l'envahissent», la «submergent».

Un mois après l'évacuation, affluent des avis de recherche émanant de familles qui avaient laissé derrière elles un parent âgé, dont elles n'avaient pas de nouvelles. Le colonel des pompiers, qui est resté à Strasbourg, rappelle qu'il a

IMAGE
IRRÉELLE
D'UNE
«VILLE MORTE»

VICH
ELESTI

«retrouvé tout un ensemble de personnes qui étaient mortes dans leur lit». Et de souligner alors que dans l'affolement du départ bien des gens n'ont pensé qu'à eux-mêmes, parant à ce qui était pour eux le plus pressé : «Qu'est-ce que vous voulez, l'évacuation s'est faite assez rapidement, chacun pour soi...»

Au long de l'hiver extrêmement rude, un silence étrange plane dans les rues recouvertes d'une épaisse couche de neige. «Le ciel était étoilé au-dessus. On entendait par-ci, par-là, un volet qui grinçait dans ses gonds, un chat qui miaulait... A part ça, c'était le désert absolu... Tout était mort, silencieux...». Toujours prévaut cette impression d'abandon total : la mort rôde, elle a pris possession de la ville. Presque toutes les conduites d'eau gèlent, provoquant par la suite des inondations. «Il y a eu des façades entières qui, par les radiateurs qui ont sauté, sont devenues blanches. Des stalactites pendaient aux rebords des fenêtres». Il y a aussi ceux qui n'ont pas voulu partir, qui, tel ce vieux couple d'horticulteurs de la Robertsau réussissent à se cacher — probablement avec la complicité de soldats — dans leur maison, jusqu'au jour où, en février 1940, une ronde de police aperçoit de la fumée qui s'échappe de la cheminée.

La guerre a confronté, brusquement, deux «univers» qui s'ignoraient complètement, et qui sur certains points étaient «diagonalement» opposés. Systèmes de représentations et modes de comportements, jusque dans les petits détails du quotidien, différaient. La société alsacienne, surtout rurale, avait pour repère central, l'église ou le temple villageois; son existence était rythmée par les fêtes religieuses, et dans son désarroi elle avait tendance à se recroqueviller encore plus fermement sur sa spécificité confessionnelle. La population d'accueil significativement n'était pas groupée autour de l'église; la plupart du temps elle était indifférente, voire hostile à son enseignement. Lorsque tel prêtre alsacien réfugié se mit en tête de nettoyer et de restaurer l'église, il s'attira les foudres du conseil municipal communiste. «Ils avaient dit, nous ne toucherons pas à l'église, on la laissera s'effondrer. Et nous sommes venus faire le contraire. Alors ils étaient furieux. Et quand l'église était finie, je me suis dit, je vais quand même les inviter et j'ai rédigé alors de ma propre main des invitations pour l'inauguration et la restauration de l'église. Personne n'est venu, personne du village. Il y avait quelques paysans des environs qui avaient encore, me semble-t-il, un peu de sentiment religieux. Mais les gens du village étaient furieux.»

Il convient de souligner également que cette société «laïque» ne cède pas le pas au racisme ni à l'antisémitisme. Au plus fort de la propagande vichyste et nazie contre les juifs, poursuivis et traqués, elle persévère dans l'affirmation que «tout le monde est pareil». A telle jeune fille qui refuse de masquer son identité, on rétorque qu'elle est «israélite» et pas juive, c'est-à-dire en rien conforme au stéréotype haineux que l'on a construit. «C'était une région laïque, où la religion ne jouait pas de rôle important, à part certaines familles bourgeoises peut-être. Ça on l'a ressenti très fort, les gens ne faisaient aucune différence».

La barrière linguistique constituait, pour les personnes âgées surtout, un obstacle difficilement franchissable. Quelle déception pour la population d'accueil, à qui l'on avait inculqué l'image d'une Alsace cocardière, entièrement vouée au culte d'un patriotisme ombrageux, de découvrir que les anciennes générations et bien des adultes de la campagne alsacienne parlaient exclusivement une langue qui sonnait comme celle de l'ennemi. Certains paysans du Sud-Ouest sont effarés et avouent n'y rien comprendre : «Les Alsaciens fuient les Allemands, ils parlent l'allemand».

«Mer kommt sich dum vor wenn net rédde kann».

«On se sent tout bête quand on ne peut pas se faire comprendre». Cette formule employée par une vieille femme témoigne d'une expérience de frustration et de dépossession de soi, de sentiment d'être ramené au stade de l'enfant qui n'est pas capable de communiquer avec son entourage. Chez l'épicier, à la mairie, bien des réfugiés ne s'expriment que par des gestes et, comme le souligne un Périgourdin, «quand on n'est pas content, les gestes, voyez-vous, ça se traduit par des gesticulations».

Les Alsaciens perçoivent souvent leur exil forcé comme un retour à la sauvagerie. Plus encore que l'absence de confort, c'est le manque d'hygiène qui constitue une épreuve traumatisante. Le fait qu'il n'y ait pas de toilettes à l'intérieur des maisons, est presque toujours mentionné comme la marque même d'une condition rétrograde.

«ON SE SENT BÊTE QUAND ON NE PEUT PAS SE FAIRE COMPRENDRE»

Une ancienne cheftaine scout strasbourgeoise rappelle qu'elle a été affectée au groupe qui accueillait les réfugiés à leur descente du train. «On leur avait creusé de grandes tranchées en guise de cabinets... Alors les Strasbourgeois, les Alsaciens qui arrivaient là, ils étaient épouvantés d'être obligés de faire leurs besoins dans les tranchées, comme nous on faisait dans les camps d'éclaireuses».

Le manque de confort considéré comme minimal «pour des gens civilisés» participe de la condition malheureuse des Alsaciens, qui dénoncent la vétusté des maisons : «Personne ne faisait de réparations; il n'y avait pas de façades refaites, il n'y avait pas d'eau, ils venaient à peine d'avoir l'électricité. C'étaient des arriérés.» «Parfois on pouvait voir le ciel à travers le toit, car il manquait des tuiles; et au rez-de-chaussée, il y avait du fumier à lapins».

«Ils n'avaient rien pour se chauffer, affirme cette vieille femme alsacienne, que la cheminée. Ils se mettaient près de la cheminée, ils avaient chaud ; ils étaient tout à fait bruns, mais derrière ils avaient froid».

Et que dire de modes de vie si différents que les deux populations se laissaient aller à assimiler l'étrangeté à la barbarie ? Les gens du Sud dénonçaient l'obses-

LE TEMPS
A MANQUÉ
POUR VIDANGER
LES CONDUITES
D'EAU :
ELLES ÉCLATENT
ET GÈLENT

sion de la propreté des Alsaciennes qui s'acharnaient à frotter les parquets jusqu'à les abîmer. «Les femmes qui nettoyaient les planchers avec de l'eau de Javel, la propriétaire se trouvait presque mal et menaçait de les mettre à la porte. Les réfugiés, quant à eux, se scandalisaient des manières de table. Tel témoin évoque le châtelain qui, après le repas, posait la vaisselle sur la terre battue de la cuisine pour que les chiens «lèchent la vaisselle avant qu'on la lave.» «Et c'étaient des gens bien !», ajoute-t-il.

Non seulement les mœurs divergeaient, mais la nourriture était autre et «renvoyait» les Alsaciens à des siècles en arrière. Lorsque les femmes du Sud-Ouest accueillirent les réfugiés, elles s'employèrent à les réconforter avec une «bonne soupe». Très vite il leur fallut déchanter et constater, non sans amertume, que «ça n'avait pas du tout de succès, du tout, du tout... Certains disaient même qu'il y avait des asticots dans la soupe et sortaient des bouts de lards. Par la suite, elles découvrirent progressivement que ce dont les Alsaciens étaient friands, c'était du café au lait, de la pâtisserie, des tartines de charcuterie...»

Tel témoin se rappelle qu'au moment de passer à table, sa sœur lui fit remarquer que la louche était fichée toute droite dans la soupière. Et lorsqu'elle lui dit que c'était de la soupe de citrouille, il rétorqua : «On n'est pas des porcs, quand même !» Aujourd'hui, dans ce Périgord qu'il n'a plus quitté, il ajoute : «Parce que, cette citrouille, chez nous on ne la connaissait pas... Et Dieu si maintenant je l'aime cette soupe de citrouille !»

UN GROUPE D'ÉVACUÉS PROTESTANTS AUTOUR DE LEUR PASTEUR

Le film ne mentionne pas le reproche qui est fait parfois aux réfugiés, de vivre des indemnités qui leur sont versées — d'une famille nombreuse on dit qu'elle a «le gros lot qui lui tombe dans le chapeau chaque jour» — et de ne pas se mettre assez vite au travail. «Réfugié, ce n'est pas une profession !», déclarent les édiles. Les Périgourdins accusent aussi les réfugiés de provoquer le renchérissement de la vie, puisqu'ils n'hésitent pas à payer un poulet au prix de la paire.

Les témoignages retenus sont relativement discrets sur la «soudaine richesse» de certains Périgourdins. On évoque, certes, l'aubaine inespérée d'un commerçant qui réussit, dans le froid de l'hiver, à écouler un stock de costumes dépareillés, datant de la Première Guerre mondiale. D'autres séquences — non retenues — mentionnent la réussite d'un épicier de village, bien informé, qui stocke à la hâte, à la veille de l'arrivée des Alsaciens, deux mille kilos de sucre. Il y a aussi cet aveu, d'une «naïveté» désarmante : «On avait, dans le coin, des miliciens ; on avait aussi ceux qui étaient dans le maquis... Nous on faisait du commerce». Mais nombre de témoignages alsaciens insistent sur la générosité des gens du Sud-Ouest, sur leur esprit d'entraide et leur volonté de soulager la misère des arrivants.

Le travail de la mémoire se poursuit de manière ininterrompue, renouant les fils de la trame qui s'effiloche. Cette dynamique de la décomposition et de la recomposition organise les souvenirs autour de points d'ancrage forts, qui participent souvent de l'ordre du sensible.

Parmi les traces de cette «mémoire du sensible», il y a d'abord le voyage vers une destination inconnue dans des wagons à bestiaux, à même la paille. Il est resté gravé dans les mémoires comme une expérience traumatisante. «Nous étions cinquante-quatre dans chaque wagon, avec chacun son petit baluchon. C'était d'autant plus pénible que les jeunes étaient mélangés avec les personnes âgées... Quand il a fallu faire chauffer le lait pour les enfants, il y a une personne qui tenait le poêlon, et une autre deux bougies dans chaque main. «Une certaine déchéance s'impose, due aux conditions dégradantes de l'évacuation.

«Le train s'arrêtait quand il voulait. C'est-à-dire que, pour les besoins des grandes personnes, je me rappelle toujours que mon père et un autre monsieur, ils tenaient les personnes pour faire leurs besoins parce que le train roulait...»

Autre temps fort, dont nombre de témoins se souviennent avec émotion, c'est celui de l'attente : déversés sur la place du village, ils doivent compter sur la bonne volonté de leurs hôtes, qui les inspectent du haut en bas pour être «pris». «Avec nos bagages, nos petits bagages, on était tout autour des arbres de l'allée. Les gens du Mas sont venus comme en promenade, comme au marché en fait. Et ils tournaient autour des groupes, parce qu'ils étaient obligés, on avait réquisitionné des logements... Ils venaient visiblement faire leur choix... On avait vraiment l'impression d'être là sur un étal, sur le marché, et qu'on nous regardait vivre un petit peu pour savoir «ben on va peut-être prendre ceux-là, ou ceux-là, ils ont l'air mieux...»

Autre impression forte, c'est la désorientation des réfugiés devant l'espace éclaté, constitué d'habitations dispersées. Alors qu'en Alsace, la trame du village est serrée, et que les maisons se pressent autour de l'église ou du temple, l'éclatement des demeures est tel dans le Sud-Ouest que les réfugiés ont l'impression d'avoir été transplantés dans un monde qui se défait, abandonné par Dieu et par les hommes.

Epreuve cruciale, qui ravive la déchirure et attise la nostalgie, la célébration de Noël est le moment par excellence du partage de deux mondes. Le fossé est là, apparemment infranchissable, entre la population d'accueil, qui dénonce ces simagrées, et les Alsaciens pour qui l'office de Noël avec ses chants repris par toute l'assemblée constitue un des pôles de l'existence. La fissure va jusqu'aux tréfonds de la sensibilité de chaque fidèle.

A la même époque, dans la cathédrale de Strasbourg abandonnée, ceux qui sont restés fêtent Noël. C'est un peu l'église des catacombes qui se reconstitue. La communauté unie dans le malheur, se recroqueville sur elle-même, et prie avec ferveur. «Nous sommes descendus de la nef tout à fait obscure, dans ce clair de lune qui passait par les trous dans la crypte... Là, il y avait une lumière, alors la vraie lumière de Noël. Il y avait énormément de monde, enfin tout ce que la crypte pouvait contenir, surtout des gens en uniforme... Il me semble que c'était l'évêque de Strasbourg, Monseigneur Ruch, qui célébrait la messe de minuit, avec une partie de la chorale de Strasbourg... C'était une cérémonie d'une très grande intensité, l'émotion était presque tangible, tellement il y avait de recueillement...» Ainsi, dans cette ville «vide, morte, à l'ombre des canons allemands», des hommes trouvaient la force d'exalter «la paix de Noël».

La nostalgie est là, chevillée dans le cœur des adultes et surtout des vieilles personnes. *Heimweh*, le mal du pays : la récurrence de ce terme témoigne de l'acuité de la souffrance. La plaie de l'arrachement ne s'est jamais complètement cicatrisée. *D'Heim éch d'Heim* (On a beau dire, rien ne vaut la maison !) répète-t-on à l'envi, et, alors qu'on croit la greffe réussie, surgit la douleur secrète, *Es heimet awer doch* (Mais, au-dedans, le mal du pays vous ronge quand même). Certaines vieilles personnes ne supportent pas d'être ainsi arrachées à leur environnement, et ne se battent plus pour survivre. «Elles se laissent aller, elles n'ont plus aucune envie de vivre». Par contre, ceux qui étaient jeunes alors, reconnaissent qu'ils «n'ont pas pris cela au tragique». Pour nombre d'entre eux, c'était la rupture du quotidien, la grande aventure.

Le temps et la bonne volonté réciproque aidant, la méfiance s'estompe et on se découvre, par-delà les différences. Telle Périgourdine se souvient du lien qui s'est tissé entre elle, alors adolescente, et la vieille paysanne alsacienne qu'elle hébergeait : «Je l'appelais *Mutter* tout le temps, elle aimait bien, et puis c'était tellement facile pour moi de le lui dire...» Et interrogée sur leur conversation, elle ajoute : «On ne se parlait pas, je ne la comprenais pas. Elle ne me comprenait pas. Mais ça n'empêche pas de s'aimer ça. Il y a peut-être moins de difficultés, justement, quand on ne se parle pas, parce qu'il n'y a pas de source de malentendus. On s'aimait beaucoup.» Certes, pour d'aucuns l'incompréhension perdure. Mais peu à peu, la population qui accueille finit pas «accepter» l'autre dans sa différence. Tel maire veut bien prêter la salle des fêtes à l'institutrice alsacienne pour qu'elle y organise une fête de Noël, mais «pas question de chanter des bondieuseries». Et l'institutrice d'expliquer que pour les Alsaciens, Noël est une fête chrétienne. Elle fait chanter à tous les enfants *Les anges dans nos campagnes* au grand dam de la directrice de l'école et du maire. «J'ai dit que, pour nous, c'est indispensable. Alors, enfin, je suis venue à bout de leur résistance... Les vieilles personnes alsaciennes ont chanté *Stille Nacht*. On a chanté tous les chants auxquels ils tenaient... Ce fut une très belle fête».

Au moment du retour, à l'heure du choix, le clivage entre les personnes âgées et les jeunes s'accentue. Les premières n'ont qu'une idée fixe, rentrer. «Les anciens qui avaient fait 14-18, croyaient que c'était toujours les Allemands de 14-18. Les jeunes leur ont dit : Attention, ce n'est pas la même chose ! Mais les vieilles personnes ne voulaient rien savoir. Elles voulaient rentrer, elles pensaient que l'ordre régnait... Elles ont pu le constater par la suite !» Le retour, pour certains jeunes, signifie l'arrachement à des amitiés qui s'étaient nouées. Telle adolescente périgourdine, «dans l'insouciance de ses 15 ans», ne s'interroge pas sur les implications politiques du choix : «Je me suis mise à leur place. Je me suis dit, ils sont Alsaciens avant tout. Car leur Alsace, c'était cela qui était dans la balance, pas le fait d'être Allemands ou Français. Et ça, je l'ai toujours compris.»

BEAUCOUP DE RÉFUGIÉS S'IMAGINAIENT ABANDONNÉS DE DIEU ET DES HOMMES

Se trouve réaffirmé également le clivage entre les familles qui, traditionnellement se reconnaissaient de la culture allemande, et celles qui étaient attachées à la culture de la France, qui s'identifiaient, quoiqu'il arrive, à son histoire.

«Je ne voulais à aucun prix retourner dans une Alsace allemande. Je ne pouvais pas le concevoir.... Et puis mes parents sont restés ici, d'autres membres de la famille sont restés ici... On n'a même pas pensé. Ça ne nous est même pas venu à l'esprit, c'était tout naturel qu'on reste».

Dans certains wagons du train de retour, on chante de bon cœur. Mais à Chalon-sur-Saône, à Macon, à Beaune, devant la présence insistante des oriflammes et

DANS LES CIMETIÈRES ABANDONNÉS POUSSENT LES HERBES FOLLES

celle des policiers nazis qui inspectent les compartiments, l'enthousiasme s'évanouit. «Je me souviens très bien que la première question que ce grand gars a posé, c'était «Y a-t-il des juifs ou des bohémiens parmi vous ?» Alors, comme il n'y en avait pas, on a dit non. Il a demandé deux ou trois cartes d'identité, il les a regardées un instant, puis il est parti». Tel témoin fait cette remarque significative qui montre que son rêve se brise et qu'il prend conscience de la réalité des choses : *Mer man glich verstande wie mar Heim sen* (On a compris immédiatement ce qui se tramait là). C'est une «maison» dénaturée et pervertie qu'ils allaient retrouver.

Un demi-siècle ! Il aura fallu près d'un demi siècle pour que l'Alsace brise la chape consensuelle qui recouvrait les souvenirs apparemment figés de son «évacuation» forcée et qu'elle passe outre à sa décision de «ne plus en parler». Il est significatif que la pièce écrite par Germain Muller dès la fin de la guerre ait recueilli un très large assentiment. Elle n'a cessé d'être rejouée sur scène, à la télévision, et a été présentée en 1988 comme une création emblématique, dans laquelle se reconnaît une province entière.

En fait, l'unité proclamée recouvre en Alsace, comme dans tout le pays, de profondes fissures, qui séparent des engagements opposés. Mais pour cette province, se trouve réactivée par cette confrontation au passé, l'interrogation sur la complexité du lien qui la rattache au reste de la Nation. Sur la face lisse, un obscur travail de mémoire se poursuit, réanimé par des enjeux ponctuels : du procès d'Oradour à l'indemnisation des Malgré-Nous, chaque remise en cause montre que les événements décisifs sont perçus comme participant d'une histoire dont la signification est décryptée à partir d'options globales.

Il convient de ne pas oublier que l'exode des Alsaciens s'inscrit dans ce qui constitue l'une des caractéristiques majeures de l'histoire de l'Europe du XXe siècle, la fuite et le déplacement forcé de la foule innombrable des réfugiés. Si en vingt ans, de 1918 à 1938, quatre millions de personnes ont dû quitter leur foyer pour des raisons politiques, on estime qu'au cours de la Seconde Guerre mondiale, soixante millions de civils européens furent contraints d'abandonner leur pays d'origine ; exclus de la communauté nationale et privés des droits les plus élémentaires, ils ne savaient où aller. «Embarrassants, perdus, pauvres et démoralisés, ils présentent à la communauté internationale l'image de suppliants indésirables» (Michael R. Marrus). Leur existence fut totalement bouleversée, et leur destin était souvent en contradiction avec la société qui les avaient accueillis.

Si l'exode a été si mal vécu par la population alsacienne, apparaissant le plus souvent comme une mesure arbitraire et dénuée de sens, c'est qu'elle n'avait pas été assez informée sur la nature véritable du nazisme. De plus, un travail de sape et de démobilisation avait été entretenu aussi bien par les forces conservatrices que par les mouvements pacifistes et communistes, d'où l'interrogation d'aucuns sur le bien fondé d'une évacuation forcée, et la surprise d'autres lorsque, rentrant au pays, ils découvrirent que l'occupant ne ressemblait en rien aux «Prussiens» d'avant la Première Guerre mondiale. Lorsqu'à son retour, le curé Schmitt se précipite chez ses parents dont il était sans nouvelles, ils sont «atterrés». Ils s'écrient tous deux : «Mais qu'est-ce que tu viens faire ici ? Tu ne te rends pas compte, tu ne sais pas ce que c'est, la vie qu'on mène avec tous ces Allemands».

Une certaine lâcheté et un repli égoïste sur soi amenèrent également des Alsaciens à accepter une discrimination qui, ils l'ignoraient, préfigurerait le régime de terreur dont ils furent à leur tour les victimes. Ils ne réagirent guère, lorsqu'au retour les policiers nazis montèrent dans les wagons pour débusquer juifs et gitans.

La sous-information et l'absence d'une culture politique pouvant amener l'individu à prendre conscience de sa responsabilité à ce moment précis de l'histoire étaient tout aussi manifestes dans la population d'accueil. Elle avait subi, sans être véritablement préparée, la vague de l'immigration italienne, puis espagnole. Elle se devait de recevoir cette fois des compatriotes, que la langue, la pratique religieuse et les comportements quotidiens, rapprochaient davantage du stéréotype de l'ennemi honni que des frères des «provinces perdues». L'un des témoins évoque cette femme du Périgord, qui travaille la terre en l'absence de son mari mobilisé, et qui ne cesse de répéter : «Ah, ces Allemands... On n'a qu'à leur donner l'Alsace et la Lorraine, et qu'on me rende mon mari !»

LENTEMENT, A TÂTONS, LES DEUX COMMUNAUTÉS SE SONT APPRIVOISÉES

Un demi-siècle de travail de la mémoire, sollicité aujourd'hui à partir d'un horizon culturel plus large, tend à masquer l'incompréhension et le mépris réciproques, qui se sont parfois manifestés lorsque les deux populations ont été soudain confrontées. Mais lentement, après bien des tâtonnements, elles se sont «apprivoisées», et même appréciées. Si au départ la langue, la pratique religieuse et les comportements au quotidien constituaient des obstacles, progressivement les gens ont fini par «se comprendre», parfois au-delà de mots qu'ils n'avaient point en partage. Cette expérience, douloureuse et mutilante à l'origine, est riche d'enseignements ; elle nous amène à prendre conscience que faire vivre ensemble des populations de culture différente n'est pas une entreprise qui va de soi ; mais, le temps aidant, avec aussi une volonté d'entraide et de compréhension, la convivialité peut se construire. C'est là l'un des défis majeurs d'une société qui, comme la nôtre, est devenue le lien de la confrontation de cultures qui se perçoivent comme «exotiques», voire antagonistes, et qui s'affrontent aux mutations de la modernité.

Pour nous, la conclusion essentielle qui transforme le destin subi en interrogation sur le présent, est contenue dans cette mise en cause de soi par l'un des témoins alsaciens : «Mais on a aussi appris à être plus tolérant… Je me demande ce qui se passerait si, demain, une bande de va-nu-pieds, comme nous en étions à l'époque, de nomades, arrivaient dans notre village, et qu'on nous demande de leur céder deux pièces de notre maison… Voilà la question qu'il faut se poser».

Enfin, redde m'r nimm devun. Pendant un demi-siècle, on a estimé qu'il «valait mieux ne plus en parler». Tentation de fuite, conviction qu'«il fallait oublier tout ça»… En fait, souterrainement, la mémoire est à l'œuvre. Il est significatif que ce soit la génération des jeunes adultes alsaciens qui se montre consciente de l'enjeu de l'esquive et de l'évocation, non parce qu'elle est fascinée par une histoire heurtée et complexe, mais parce qu'elle est convaincue qu'il faut se fonder sur la mémoire pour construire un monde autre.

NOTES

1. Qu'Alain Dugrand, Alfred Elter, Monique Seemann, Alphonse Irjud, Jean-Jacques Schaettel, Jean-Claude Richez et Bernard Reumaux trouvent ici l'expression de notre gratitude.
2. Les variables potentielles, à partir desquelles l'échantillon fut construit, sont : le sexe, l'âge, la religion, les différentes catégories socio-professionnelles, la ville et la campagne, pour la population exilée comme pour la population d'accueil.

SAISONS D'ALSACE

REVUE TRIMESTRIELLE - AUTOMNE 90

1940 La Débâcle

1940 - Tableau synoptique

ALFRED WAHL

	FRANCE	FRANCE LIBRE	ALSACE	ALLEMAGNE INTERNATIONAL
JANVIER	● **16 :** Déchéance des députés communistes			
FÉVRIER			● **7 :** Exécution de la sentence de condamnation à mort de Karl Roos	
MARS	● **20 :** Démission du gouvernement Daladier ● 21 : Gouvernement Paul Reynaud			● **28 :** Accord franco-anglais interdisant tout armistice séparé
AVRIL				● **8 :** Invasion allemande du Danemark et de la Norvège ● **14 :** Débarquement franco-britannique à Narvik
MAI	● **18 :** Pétain vice-président du Conseil ● **19 :** Weygand succède à Gamelin à la tête des Armées		● **14 :** L'Alsace est envahie par le nord ● **17 :** 2e vague d'évacuation de population	● **10 :** Offensive allemande à l'Ouest
JUIN	● **5** : De Gaulle sous-secrétaire d'Etat à la Guerre ● **16 :** Gouvernement Pétain	● **17 :** De Gaulle gagne Londres ● **18 :** Appel du général de Gaulle	● **15 :** La Wehrmacht franchit le Rhin ● **18 :** Entrée des Allemands à Strasbourg ● **20 :** Robert Wagner nommé chef de l'administration civile de l'Alsace occupée ● **20 :** Fondation du Elsässische Hilfsdienst ● **28 :** Hitler en Alsace	● **10 :** Entrée de l'Italie dans la guerre ● **14 :** Discussion du projet d'union franco-britannique ; entrée des Allemands à Paris ● **16 :** Pétain demande l'armistice ● **22 :** Signature de l'armistice à Rethondes ● **28 :** La Grande-Bretagne reconnaît de Gaulle comme chef des « Français libres »

1940 - Tableau synoptique

	FRANCE	FRANCE LIBRE	ALSACE	ALLEMAGNE INTERNATIONAL
JUILLET	● **2 :** Le gouvernement Pétain s'installe à Vichy ● **10 :** Pétain reçoit les pouvoirs constituants ● **11 :** Fondation de l'Etat français ● **12 :** Gouvernement Laval et début des mesures répressives		● **JUILLET-AOÛT :** Expulsion des juifs puis des « indésirables » ● **18 :** Manifeste de Trois-Epis signé par les « Nanziger » ● **19 :** Hitler n'évoque pas l'annexion dans son discours au Reichstag	
AOÛT	● **2 :** Condamnation à mort de de Gaulle par contumace	● **7 :** Accords de Gaulle-Churchill : la France libre est reconnue par les Britanniques ● **26 :** Ralliement du Tchad à de Gaulle (Félix Eboué) ● **27 :** Ralliement du Cameroun à de Gaulle	● Retour des évacués ● **2 :** Confirmation officielle des fonctions de Wagner	
SEPTEMBRE	● **3 :** Loi autorisant les arrestations des personnes « réputées » dangereuses et de personnalités politiques	● **24 :** Ralliement de la Nouvelle-Calédonie		● **25 :** Echec à Dakar du ralliement de l'AOF à la France libre
OCTOBRE	● **3 :** Statut des juifs	● **27 :** Occupation du Gabon par les Forces françaises libres	● Un questionnaire est soumis aux fonctionnaires ; fin du Hilfsdienst	● **7 :** L'Allemagne occupe la Roumanie ● **23 :** Entretiens Hitler-Franco à Hendaye ● **23 :** Rencontre Hitler-Pétain à Montoire
NOVEMBRE	● **9 :** Dissolution des syndicats			
DÉCEMBRE	● **13 :** Laval remplacé par P.E. Flandin		● Fin des expulsions	

PONT DE BATEAUX À VIEUX-BRISACH POUR LE PASSAGE DU RHIN DES TROUPES ALLEMANDES EN JUIN 1940

AMS

Une Tragédie militaire

RENÉ MEYER

Comment l'épouvantable défaite de 1940 a-t-elle été possible ? Cinquante ans après, toute la lumière n'a pas été faite sur ce désastre sans précédent dans l'histoire de France. Raisons matérielles, incurie des états majors, instabilité politique, défaitisme voire lâcheté des démocraties déstabilisées par la jeune arrogance des fascismes : tout s'est conjugué pour aboutir à la tragédie militaire. Chronique d'une déchéance qui, parmi d'autres drames, arracha une nouvelle fois l'Alsace à la France.

Après un calme apparent depuis la déclaration de la guerre, le 3 septembre 1939 — «la drôle de guerre» — ce fut soudain le réveil brutal du 10 mai 1940.

Les Allemands passent à l'offensive en envahissant les Pays-Bas, la Belgique et le Luxembourg avec l'appui de violents bombardements aériens sur Amsterdam, La Haye et Rotterdam.

Les armées françaises du Nord se précipitent au secours de la Belgique et de la Hollande mais elles ne peuvent redresser la situation encore aggravée par la capitulation de l'armée hollandaise, quatre jours après l'invasion, puis par celle de l'armée belge signée par le roi Léopold III le 27 mai 1940, contre l'avis de son gouvernement. Mais, pendant ce temps, l'ennemi réussit la percée de Sedan le 14 mai et dès lors se dessine une manœuvre qui consiste à courir à la mer du Nord pour refermer dans une nasse le gros des armées franco-anglaises qui s'étaient aventurées en Belgique, voire en Hollande, les enserrant dans la poche de Dunkerque.

Le 5 juin, la ligne de défense est percée sur la Somme et sur l'Aisne. Une douzaine de jours plus tard les troupes du Nord-Est voient leur retraite coupée par l'avance allemande qui atteint Pontarlier le 17 juin.

ROGER VIOLLET

La campagne de France se termine, après quarante-cinq jours de «Blitz-Krieg», par la défaite militaire française et par l'armistice entré en vigueur le 25 juin 1940 à 0 h 35, après avoir été signé le 22 juin avec l'Allemagne et le 24 juin avec l'Italie.

Le bilan est très lourd, la France est aux trois quarts envahie, on déplore environ 120 000 tués et disparus, sans compter les blessés et les destructions. Mais il faut encore ajouter 1 600 000 prisonniers de guerre transférés en Allemagne.

On dira plus tard que le haut commandement français ne voulait engager aucune action offensive avant 1941, temps nécessaire à la fabrication des chars et avions qui faisaient défaut. Est-ce un début d'explication à la défaite ? Une autre explication est envisageable, celle de tacticiens qui reprochent à l'état-major d'avoir éparpillé les divisions blindées existantes, à l'inverse des Allemands qui rassemblaient les leurs pour former une masse d'attaque imposante et frapper fort.

Mais il faut revenir un peu en arrière. La stratégie de l'époque consiste à se mettre à l'abri derrière la ceinture fortifiée du Nord-Est, la ligne Maginot. Celle-ci s'arrête dans la Meuse car les Ardennes sont réputées infranchissables et puis la Belgique est un pays neutre et ami, par conséquent la ligne ne saurait être allongée jusqu'à la mer. Le long du Rhin, elle consiste en des casemates ou blockhaus à même le fleuve, mais au nord du Bas-Rhin et en Moselle la ligne comporte d'imposants ouvrages camouflés et enterrés, y compris au sud du Haut-Rhin, face à la Suisse.

De l'ouest de la Moselle jusqu'à Belfort, peu après la mise en place de toutes les troupes, on note une concentration de quarante divisions réparties en quatre armées. Il y a d'abord la IIIe armée (général Condé), la plus à l'ouest, puis la IVe (général Réquin), appelée

DÈS LE 27 MAI, LE ROI DES BELGES LÉOPOLD III SIGNE L'ARMISTICE AVEC LES ALLEMANDS

SUPRÉMATIE ALLEMANDE EN MATÉRIEL ET GRAVES ERREURS TACTIQUES FRANÇAISES ; L'ISSUE NE POUVAIT FAIRE AUCUN DOUTE

MUSÉE D'HISTOIRE CONTEMPORAINE BDIC

aussi armée de la Sarre, la Ve (général Bourret, PC à Wangenbourg) couvre depuis l'Alsace bossue tout le Bas-Rhin jusqu'aux abords de Sélestat. L'ensemble forme le groupe d'armées n° 2 placé sous les ordres du général Prételat.

A partir de Sélestat, c'est la VIIIe armée du général Garchery (PC à Giromagny) qui couvre le Haut-Rhin et le Territoire de Belfort. C'est ce général qui a donné son nom aux petits ouvrages disposés le long du Rhin. Tous ces généraux, d'ailleurs, ne sont plus très jeunes, ils ont tous fait la Première Guerre mondiale et certains sont maintenus au-delà de la limite d'âge de leur grade.

Curieusement, cette VIIIe armée ne fait pas partie du 2e groupe mais du 3e dont le PC est... dans le Jura. C'est le 20 mai 1940 qu'elle y sera rattachée. C'est aussi à cette date que le général Laure en prendra le commandement en remplacement du général Garchery qui s'est fait délivrer un congé de convalescence de deux mois sans en aviser son supérieur direct. On le dit malade mais on dit également qu'il ne s'entend pas avec Weygand qui a remplacé Gamelin depuis le 19 mai.

Mis à part les opérations offensives dans la forêt de la Warndt, à l'ouest de Forbach, épisode oublié mais pourtant coûteux en hommes, entre le 9 septembre et le 17 octobre 1939, et les coups de main incessants des corps francs, le front est calme. Le long du Rhin, plusieurs incursions nocturnes allemandes prennent pied sur le côté français, en mars, avril et mai 1940, mais toujours repoussées. Il y a bien un avion allemand, un Messerschmidt 109, qui fait un atterrissage de fortune dans un champ de Geudertheim, au nord de Strasbourg, le 28 septembre 1939. Le 12 novembre de la même année, un ballon d'observation, «une saucisse», est abattu par l'aviation adverse près de Neuf-Brisach, puis, un peu plus tard, une action de la DCA contre des avions ennemis a lieu dans la même région. Le 7 avril 1940, un capitaine français est descendu pendant un combat aérien près de Marmoutier.

«Drôle de guerre» tout de même. Le tramway de Strasbourg continue de circuler le long du Rhin, à portée de fusil de l'ennemi, jusqu'à Marckolsheim, en transportant des matériaux pour la troupe. La circulation ferroviaire continue dans la plaine, comme d'ailleurs de l'autre côté du Rhin, et ni l'une ni l'autre ne sont entravées par un tir d'artillerie ou une attaque aérienne. On a longtemps parlé également de fourniture de courant électrique à l'Allemagne par la centrale hydro-électrique de Kembs, pourtant un témoin nous a déclaré que, se trouvant à son poste, un pylône a été dynamité dès la déclaration de la guerre, interrompant ainsi toute fourniture.

TOUS LES JOURS SUR RADIO-STUTTGART, LA DÉSINFORMATION NAZIE SE DÉVERSE

La troupe, inactive, subit sans cesse la propagande ennemie par les harangues journalières du traître Ferdonnet à la radio de Stuttgart, mais les informations

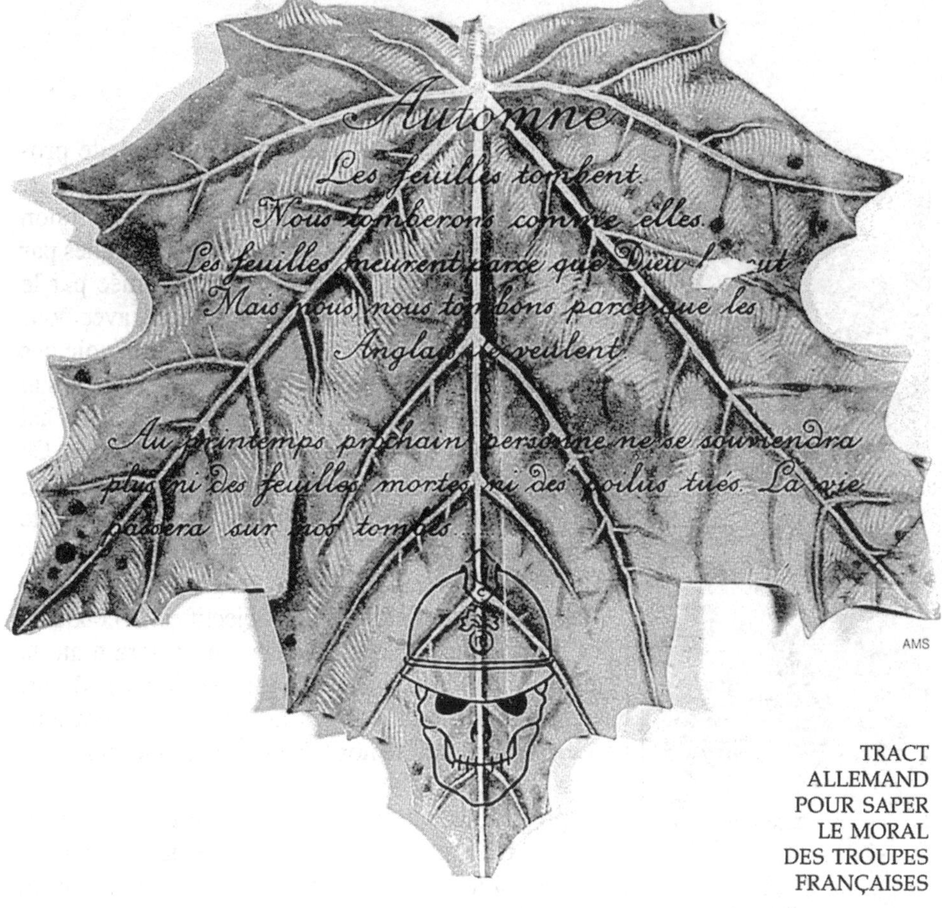

AMS

TRACT ALLEMAND POUR SAPER LE MORAL DES TROUPES FRANÇAISES

sur les mouvements de nos troupes se révèlent souvent exactes. Des bobards sont diffusés par haut-parleurs par-dessus le Rhin. Des tracts antianglais sont lancés sous forme de cartes postales ou livrets et il faut se souvenir qu'en automne écoulé des tracts avaient la forme d'une feuille morte (ci-dessus).

On remarquera que, depuis le début de la guerre, la propagande antibritannique est active dans le but de détacher les Français des Anglais. La «cinquième colonne» est présente, témoin ces affiches représentant un soldat et un civil avec comme texte : «Taisez-vous, méfiez-vous, les oreilles ennemies vous écoutent» (c'était déjà le slogan officiel de la guerre 1914-1918) ou encore : «Silence, l'ennemi guette vos confidences.»

Le 10 janvier 1940, un avion allemand égaré dans le brouillard fait un atterrissage forcé à Mechelen-sur-Meuse, dans le Limbourg belge. Le passager de l'avion, un officier, est trouvé porteur de plans d'opérations pour une offensive contre le territoire belge qu'il n'a pu détruire. La prise paraît si importante qu'une copie des documents est remise au général Gamelin par l'ambassade belge à Paris. Cependant, l'état-major ne réagit pas, croyant à un piège tendu.

DEUX STRATÈGES FACE À FACE : LE GÉNÉRAL GAMELIN (CI-DESSUS AVEC DALADIER)... BDIC

Du côté allemand, l'affaire de l'avion incite probablement au report de l'attaque générale à l'ouest. En fait, il s'agit de deux plans. La première version du plan «Gelb» est connue dans ses grandes lignes par l'état-major, elle comporte une action menée par le groupe d'armées B du maréchal von Bock, avec pour objectifs les ports hollandais et belges par la voie des plateaux du Brabant, action couverte sur son flanc sud par une diversion du groupe d'armées A du maréchal von Rundstedt, dans les Ardennes vers la Meuse. Ce qui est neuf, c'est la seconde version du plan «Gelb», dite «von Manstein», du nom de son auteur. Dans cette version, c'est le groupe d'armées A qui assure l'action principale à travers les Ardennes en direction de la Meuse, de Namur et Sedan. L'objectif est la conquête des ports français de la Manche qui isolera toute la gauche franco-britannique. Le groupe d'armées B, lui, doit pousser les alliés vers la mer et réalisera leur encerclement dans le nord de la France et le sud-ouest de la Belgique.

Après l'incident de l'avion, deux groupes s'opposent au grand quartier général. D'une part, Gamelin, généralissime, et le 3e Bureau (opérations) ; d'autre part, le 2e Bureau (renseignements) et le général Georges qui commande le théâtre d'opérations du nord-est. Contrairement au 3e Bureau et Gamelin qui manifestent un grand scepticisme à l'égard du plan von Manstein en raison de l'impossibilité d'une action à travers les Ardennes, le 2e Bureau et le général Georges, eux, ne tiennent pas ces Ardennes pour imperméables à une offensive. Le général Georges met également en cause le plan Dyle (du nom de la rivière belge prévue pour servir de point d'appui aux forces franco-britanniques face à l'attaque allemande) sans pouvoir faire fléchir Gamelin dans ses plans.

... CONTRE LE GÉNÉRAL GEORGES

BDIC

Le 20 mars 1940, le gouvernement Daladier démissionne après avoir obtenu 239 voix contre 1 mais 300 abstentions. Le 22, le cabinet Reynaud, nouvellement constitué, obtient de justesse la confiance à la Chambre des députés par 268 voix contre 156 et 111 abstentions.

DALADIER
À SON RETOUR
DE MUNICH.
LA CAPITULATION,
DÉJÀ...

MUSÉE D'HISTOIRE CONTEMPORAINE
BDIC

Il s'agit de la Chambre issue des élections de 1936, moins les communistes dont le parti est hors la loi depuis septembre 1939.

Le 21 mars 1940, paraît en première page de l'hebdomadaire illustré *Match* la photo d'un certain Joseph Darnand, décoré de la croix d'officier de la Légion d'honneur par le général Georges en personne. Après avoir effectué un coup de main derrière les lignes ennemies aux abords de Forbach, Darnand y est retourné avec deux volontaires pour chercher son chef manquant à l'appel et tué. Il apparaît que ce fait d'armes, peu conséquent au demeurant, a été monté en épingle par la presse pour faire pendant aux communiqués du GQG toujours ternes (Darnand, devenu plus tard chef de la milice de Vichy, sera fusillé le 15 octobre 1945).

L'Allemagne s'approvisionne en minerai de fer suédois en utilisant la mer Baltique. Celle-ci étant gelée en hiver, le transport s'effectue à partir du port norvégien de Narvik. Pour couper la route du fer, les alliés, le 8 avril 1940, posent des mines dans les eaux territoriales de la Norvège. Dès le lendemain, les Allemands envahissent le Danemark à 5 heures du matin et attaquent la Norvège (lire, à la fin de ce numéro, les souvenirs de Robert Rieffel sur ces événements).

Le 11 avril, Paul Reynaud déclare devant la Chambre des députés : «La bataille continue. Dès à présent, une chose est sûre ; la route permanente du minerai de fer suédois est et restera coupée. Se sentant menacée sur un point vital, l'Allemagne vient de nous donner le spectacle de la sortie d'un pays assiégé. Dès à présent, on peut porter un jugement : un succès tactique au début, une immense erreur stratégique.» Le 16 avril, la Chambre accorde sa confiance à l'unanimité au cabinet Reynaud.

Un corps expéditionnaire franco-anglais débarque en Norvège, les Anglais le 15 avril à Namsos, puis les Français sous le commandement du général Béthouard le 20. Des combats ont d'abord lieu à Namsos, puis face à Narvik le 12 mai, suivis de la prise de la ville le 27 mai. Mais cette victoire française ne peut être exploitée en raison de la situation en métropole : les derniers éléments du corps expéditionnaire rembarqueront le 7 juin.

PAUL REYNAUD, AVEC JEAN ZAY,
À LA SORTIE DU CONSEIL DES MINISTRES
AYANT DÉCRÉTÉ LA MOBILISATION GÉNÉRALE,
17 SEPTEMBRE 1939
MUSÉE D'HISTOIRE CONTEMPORAINE - BDIC

En raison des divergences avec Edouard Daladier, ministre de la Guerre dans ce cabinet, divergences qui tournent autour du général Gamelin, de la faiblesse de l'aviation française et de l'entrée éventuelle en Belgique, le gouvernement Paul Reynaud est démissionnaire le 10 mai 1940. Or, cette démission n'est pas effective car elle est immédiatement rapportée en raison du déclenchement de l'offensive allemande.

La Hollande, la Belgique et le Luxembourg sont envahis par les forces allemandes. Les troupes françaises se portent à leur rencontre. Immédiatement l'aviation allemande bombarde des villes proches de la frontière : Nancy, Lille, Lyon, Colmar, Pontoise, Luxeuil. On signale des morts et des blessés à Nancy, des soldats tués à Lyon, des maisons détruites aux environs de Lille. Trois bombes ont été lancées sur la préfecture de Colmar. En représailles, Fribourg-en-Brisgau est bombardée par l'aviation française le soir du 10 mai 1940.

Dès le 10 mai, des évacuations supplémentaires de la population civile sont ordonnées par les autorités militaires en Moselle, dans le Bas-Rhin et dans le Haut-Rhin. Les communes aux abords de la ligne Maginot, de Montmédy (Meuse) jusqu'à la limite du département de la Moselle, qui n'avaient pas été évacuées en 1939, le sont à leur tour ainsi que celles de la Meurthe-et-Moselle et des Ardennes. Plutôt bien organisée au début, cette évacuation se transforme vite en un exode massif sur les routes de France en direction du sud. Cet exode a concerné environ dix millions de personnes, dont deux millions de Belges. Un exemple précis est cité par Henri Amouroux : au recensement de 1936, la ville de Reims compte 116 687 habitants, or, à la date du 20 mai 1940, où l'ordre d'évacuation immédiate est donné, il ne reste plus en ville qu'entre 4 000 et 5 000 personnes. Le 17 mai, le gouvernement Reynaud crée les gardes territoriaux pour contribuer à la défense intérieure du territoire en même temps que les sections armées des usines.

Le 17 mai également, le général Frère — gouverneur militaire de Strasbourg en septembre 1939 puis nommé à la tête du 8e corps d'armée avec PC à Meisenthal — quitte l'Alsace pour prendre la tête de la VIIe armée sur la Somme. Pour la petite histoire, il sera arrêté en 1943 à Lyon et assassiné en 1944 au Struthof, une rue porte son nom à Strasbourg.

Après la percée de Sedan, et pour tenter de contrer l'avance ennemie, des prélèvements de troupes sont effectués dans l'Est et c'est ainsi que la Ve armée perd successivement trois divisions en dix jours : le 17e CA et la 43e DI le 15 mai, la 35e DI le 20 mai et la 16e DI le 26 mai. A cette date, seules restent la 70e DI derrière le secteur de Haguenau et la 62e DI au sud de Strasbourg.

Depuis le 14 mai, une destruction systématique des ponts de Strasbourg et environs est entreprise et en même temps sont coulés les chalands, remorqueurs, péniches, pontons, dragueurs du port Austerlitz, du bassin de la Citadelle et du port

ORACLE DE CETTE GUERRE, LA RADIO RYTHME LES PEURS ET LES ESPOIRS

ROGER VIOLLET

de l'hôpital. On peut penser que ces bateaux auraient pu être éloignés au début des hostilités et leur destruction ainsi évitée.

A partir du 27 mai, des duels d'artillerie ont lieu dans les environs de la ville.

Dans le Haut-Rhin, l'état-major maintient jusqu'au dernier moment «l'hypothèse suisse», c'est-à-dire l'invasion du territoire à partir de la trouée de Bâle. On envisage ainsi l'évacuation de la population civile d'une zone de quarante neuf communes du sud du département, y compris la moitié est de Mulhouse et la localité d'Ensisheim. Quel est le critère retenu pour la moitié est de Mulhouse ? Est-ce le transfert du personnel des ateliers SNCF de Riedisheim à Béziers ?

Le 10 juin, l'Italie déclare la guerre à la France, ce qui a un effet de coup de poignard dans le dos. Dès le lendemain, les communes des zones frontalières avec l'Italie sont évacuées.

Le gouvernement quitte Paris dans la nuit du 10 au 11 juin pour s'éparpiller dans la campagne tourangelle puis, après un Conseil des ministres le 12, il se replie à Bordeaux.

Le 12 juin 1940, à 21 heures, le général Prételat commandant le groupe d'armées n° 2, c'est-à-dire toutes les forces d'Alsace, de Lorraine et de Franche-Comté, signe deux documents : l'ordre général d'opérations n° 15 et le plan de manœuvre n° 8929/3 EM 3e Bureau secret.

L'ordre général d'opérations n° 15 prescrit des mesures préparatoires exécutoires immédiatement :

— garnisons de sûreté placées sur la coupure de l'Orne, positions de barrage de Metz-Nied allemande, Vosges, avancée est de Saverne, cols des Vosges ;

— repli des éléments lourds des services et impedimenta derrière une ligne générale de Clamecy-Avallon-Semur-l'Armançon-l'Ouche-canal de Bourgogne-Salins-col des Rousses ; la région de Digoin étant réservée aux éléments de la Ve armée.

— barrages antichars sur les directions aboutissant à la ligne générale Nancy-Chaumont-Nuits-sous-Ravières.

— la VIIIe armée allège son dispositif défensif sur la position de résistance du Rhin et du Sundgau, utilisation de la brigade de spahis à la défense de la trouée de Belfort et des cols des Vosges.

Le plan de manœuvre parle du décrochement profond qui s'impose sur l'ensemble du front et met en avant le maintien de la cohésion des armées qui doit passer au premier plan des préoccupations.

Le repli du groupe d'armées n° 2 s'opère sur la direction générale Sarrebourg—Epinal—Dijon, par phases successives, la dernière ligne générale étant Clamecy-Avallon-Semur-l'Armançon-l'Ouche-le canal de Bourgogne-le canal du Rhône-au-Rhin-la Loue-Pont d'Henry-Champagnole-col des Rousses.

Si le décrochage a bien eu lieu, le plan de repli ne sera cependant pas suivi dans ses effets puisque les armées du nord-est encerclées déposeront les armes

DESTRUCTION PRÉVENTIVE SYSTÉMATIQUE DES PONTS DE STRASBOURG

AMS

dix jours plus tard dans les Vosges, mis à part les garnisons de la ligne Maginot, en Moselle et dans le nord du Bas-Rhin, qui tiendront encore une semaine après l'armistice et qui ne se rendront le 29 juin que sur l'ordre exprès du général Huntziger, chef de la délégation française à la commission d'armistice à Wiesbaden.

A partir de début juin, la tournure des événements militaires commence à inquiéter la population frontalière et une certaine confusion règne. Il faut se souvenir qu'en 1940 les moyens de communication ne sont pas aussi développés qu'aujourd'hui. La télévision n'existe pas, le simple particulier possède rarement le téléphone, tout le monde n'a pas de poste de radio — il y a 4,6 millions de postes déclarés en France en décembre 1938 — et l'on se presse souvent dans les cafés ou chez les voisins possédant un appareil pour écouter les nouvelles. En Alsace, on écoute de plus en plus la radio suisse. Les relations postales sont de plus en plus précaires par suite de la désorganisation de la circulation des trains. Dans le Bas-Rhin, par suite de l'évacuation du 2 septembre 1939 suivie de celle de Haguenau le 17 mai 1940, la presse est réduite.

Dans la nuit du 14 au 15 juin, sont placardées à Colmar et dans le sud de l'Alsace des affiches enjoignant aux hommes de dix-huit à cinquante-cinq ans de rejoindre Dole par tous les moyens. Les affiches blanches à inscriptions noires sont le moyen le plus usité pour s'adresser à la population. De nombreuses personnes de tous âges quittent les lieux. Certaines ne les retrouveront qu'après la Libération, cinq ans plus tard.

Paris, la capitale, déclarée ville ouverte, est occupée par la Wehrmacht le 14 juin. Le même jour, en Moselle, neuf divisions appartenant à la 1re armée allemande du général von Witzleben attaquent la ligne Maginot dans la trouée de la Sarre, entre Saint-Avold et Sarralbe. Dans cette région, la ligne accuse une faiblesse car elle est dépourvue de gros ouvrages et elle est constituée pour l'essentiel de blockhaus ou casemates protégés par des lacs artificiels et des zones marécageuses.

Le secteur est défendu par huit régiments français qui contiennent l'ennemi avec courage et opiniâtreté. L'attaque allemande se solde au soir du 14 juin par une victoire française, d'autant plus éclatante que les assaillants ont été soutenus par une puissante artillerie et par l'aviation. Mais cette victoire n'est pas suivie d'effets car les unités sont touchées par l'ordre de repli.

Le 8 juin, un avion de reconnaissance de la VIIIe armée française repère d'importantes concentrations de troupes dans le Kaiserstuhl, à environ quinze kilomètres du Rhin. A cette date, bien que le repli général du 2e groupe d'armées ne soit pas encore effectif, il n'y a pratiquement plus que trois divisions qui montent la garde le long du fleuve. Cet ordre de bataille est en vigueur depuis mars 1940, après bien des réorganisations nécessitées par la rotation des unités depuis le début de la guerre.

Les Allemands ont bien sûr observé les mouvements de retrait des troupes françaises, et, le 15 juin à 9 heures du matin, la VIIe armée allemande du général Dollmann, forte d'environ 150 000 hommes, attaque et franchit le Rhin entre Schœnau et Neuf-Brisach. Il pleut et le fleuve est couvert de brouillard. Ce sont huit bataillons, étirés sur plus de quarante kilomètres, qui reçoivent le choc. L'infériorité numérique des Français est manifeste. Les petits ouvrages sont écrasés par l'artillerie adverse et l'ennemi parvient sur la rive française où il s'installe peu à peu et élargit sa tête de pont. En certains endroits l'assaut est contenu grâce à une résistance acharnée, notamment celle de la casemate appelée fort Mortier de Neuf-Brisach. Néanmoins, devant la puissance du feu ennemi, les éléments français sont obligés de se retirer vers l'ouest puis sur les Vosges dans la nuit du 16 au 17 juin. La retraite ne va pas sans destructions. C'est ainsi que tous les ponts sur l'Ill autour de Colmar sont dynamités.

Au nord, le 34e RIF se met en route à pied pour gagner les gares d'Obernai et de Barr avec pour véhicules des charrettes tirées par des vaches sur lesquelles est chargé l'armement. L'embarquement est annulé et le régiment doit revenir sur ses pas, toujours à pied, brisant ainsi le moral de la troupe épuisée. Plus au sud, il en est de même du bataillon III/242e RI, unique réserve du secteur de Colmar. Le bataillon reçoit d'abord comme mission d'établir des bouchons aux entrées des vallées de Sainte-Marie-aux-Mines, Ribeauvillé et Kaysersberg puis il revient vers le Rhin.

Ce repli général puis les allées et venues des dernières unités ne tardent pas à alerter la population qui comprend que la France est en train d'abandonner l'Alsace.

Le gouvernement Paul Reynaud démissionne à Bordeaux le 16 juin au soir. Un nouveau cabinet est immédiatement formé sous la présidence du maréchal Pétain qui, dès le lendemain, dans une allocution radiodiffusée déclare :

BDIC

«Français !
A l'appel de M. le Président de la République, j'assume à partir d'aujourd'hui la direction du gouvernement de la France. Sûr de l'affection de notre admirable armée, qui lutte avec un héroïsme digne de ses longues traditions militaires contre un ennemi supérieur en nombre et en armes ; sûr que, par sa magnifique résistance, elle a rempli ses devoirs vis-à-vis de nos alliés ; sûr de l'appui des anciens combattants que j'ai eu la fierté de commander, je fais à la France le don de ma personne pour atténuer son malheur. En ces heures douloureuses, je pense aux malheureux réfugiés qui, dans un dénuement extrême, sillonnent nos routes. Je leur exprime ma compassion et ma sollicitude. C'est le cœur serré que je vous dis aujourd'hui qu'il faut cesser le combat. Je me suis adressé cette nuit à l'adversaire, pour lui demander s'il est prêt à rechercher avec nous entre soldats, après la lutte et dans

l'honneur, les moyens de mettre un terme aux hostilités. Que tous les Français se groupent autour du gouvernement que je préside pendant ces dures épreuves et fassent taire leurs angoisses pour n'écouter que leur foi dans le destin de la patrie.»
(Texte intégral de l'allocution diffusée le 17 juin 1940 à 12 h 30 à partir d'un studio de la radio à Bordeaux.)

Des millions de gens, pratiquement partout où il y a un poste de radio, écoutent le vieux maréchal annoncer, d'une voix chevrotante et paternelle, la défaite de la France. Les gens sont démoralisés, abattus, résignés, certains soulagés aussi, beaucoup pleurent.

Les unités de l'armée qui se battent encore sont abasourdies et les Allemands ne se privent pas d'exploiter la situation, notamment en lançant des tracts sur les troupes du nord-est. La confusion devient générale, surtout dans les zones où a lieu l'avance allemande, car les combats ne cessent pas partout. C'est précisément peu après le 17 juin que commencent les premières escarmouches sur le front des Alpes où les attaques italiennes seront contenues jusqu'à l'entrée en vigueur de l'armistice. A la vérité, l'armée des Alpes, près de 90 000 hommes sous les ordres du général Olry, ne sera pas menacée sur son front mais sur ses arrières par suite de l'avance allemande dans la vallée du Rhône.

Les Allemands entrent à Colmar et Metz le 17 juin, à Mulhouse le 18 et à Strasbourg le 19.

L'occupation de l'Alsace s'achève le 21 juin par l'entrée des troupes allemandes à Altkirch, où le sous-préfet reçoit l'ordre d'amener le drapeau français. Toute cette occupation s'est faite sans difficulté majeure en raison du repli des troupes françaises sur les Vosges.

Le 18 juin, soit le lendemain du discours du maréchal, un général inconnu, de Gaulle, sous-secrétaire d'Etat à la Défense nationale et à la Guerre depuis le 5 juin, lance son fameux appel à la radio de Londres. Le général de Gaulle avait été envoyé en mission en Grande-Bretagne par le gouvernement Reynaud. Revenu à Bordeaux, il en repart plus ou moins clandestinement en avion pour retourner à Londres le 17 juin 1940. Il ne fait plus partie du nouveau gouvernement et refuse de revenir en France malgré l'ordre du ministre de la Guerre d'alors. Le général de Gaulle devient donc un général rebelle aux yeux du gouvernement Pétain. Le texte intégral de l'appel du général de Gaulle prononcé à la BBC le 18 juin 1940 a été, notamment, publié dans le dernier numéro de *Saisons d'Alsace* (n° 108, juin 1990) consacré à «De Gaulle et l'Alsace».

Dans l'Est, le 45e corps d'armée du général Daille, encerclé après des combats dans le Doubs, passe en Suisse les 19 et 20 juin. Il y a là près de 32 000 hommes auxquels il faut ajouter une division polonaise, des équipages d'avion ayant atterri dans le pays et de nombreux isolés. Enfin, des milliers de civils entrent également en Suisse vers la mi-juin.

25 JUIN 1940. L'ARMISTICE EST DÉJÀ SIGNÉ MAIS LES SOLDATS DE LA CASEMATE D'HOFFEN NE SE SONT TOUJOURS PAS RENDUS....

S.H.A.T.

Dans le nord du Bas-Rhin et en Moselle, la phrase prononcée par le maréchal Pétain n'a pas agi sur les troupes de la ligne Maginot qui demeurent invaincues et qui ne se rendront que huit jours après l'armistice. L'ouvrage de Schœnenbourg avait reçu pendant trois jours entre cinquante et soixante projectiles de une tonne tirés par une pièce de 420 et une autre de 355 (colonel Denis). Selon Jean Doise, le même ouvrage avait été traité six fois par l'aviation avec des bombes de 860 kilos qui font certes des dégâts mais dont aucun n'a vraiment de conséquence. Cet auteur ajoute encore que Schœnenbourg a été canonné par trente-cinq coups de 280 et par cinquante coups de 420.

Après l'armistice, la France est divisée en deux zones : la zone occupée avec une large bande le long de l'Atlantique jusqu'à la frontière espagnole, la zone libre, au sud, comprenant une quarantaine de départements. Ces deux zones sont coupées par une ligne de démarcation étroitement surveillée par les Allemands. Elle débute aux Pyrénées, monte jusqu'aux environs de Tours puis s'incurve et poursuit un tracé sinueux jusqu'à la frontière suisse.

A l'intérieur de la zone occupée, les départements du Nord et du Pas-de-Calais ont été rattachés au commandement allemand de Bruxelles. On trouve ensuite une zone interdite constituée par une partie de la Somme et des Ardennes et le département de l'Aisne. A l'est, il existe une zone réservée constituée par les départements des Ardennes, de la Meuse, de la Meurthe-et-Moselle, des Vosges, du Territoire de Belfort, du Doubs, d'une partie de la Haute-Marne et d'une partie du Jura. Enfin, les départements du Haut-Rhin, du Bas-Rhin et de la Moselle sont purement et simplement annexés au Reich.

28 JUIN 1940
HITLER
ARRIVE À
STRASBOURG

AMS

Le 28 juin, Adolf Hitler arrive dans la capitale alsacienne où il visite la cathédrale avant de faire une incursion dans le Haut-Rhin.

Le 6 juillet 1940, la première protestation relative à l'Alsace-Lorraine est formulée. A cette date, la délégation française à la commission d'armistice de Wiesbaden proteste contre la prétention d'un détachement militaire allemand de former à Saint-Etienne un train de réfugiés alsaciens-lorrains. Cette protestation sera d'ailleurs renouvelée quatre jours plus tard par le général Huntziger : des réfugiés des départements du Haut-Rhin, du Bas-Rhin et de la Moselle se trouvant dans le département de la Loire ont été rassemblés par des patrouilles motorisées revenues dans ce département après son évacuation et ramenés par trains dans leurs régions d'origine.

Le 10 juillet 1940, la IIIe République est enterrée très officiellement : ce jour-là, à Vichy, 569 députés et sénateurs votent le pouvoir constituant à Philippe Pétain, 80 votent contre et 17 autres s'abstiennent. «L'Etat français» est né ; il durera jusqu'à la mi-août 1944.

Le 24 juillet 1940, les douaniers allemands sont mis en place à la limite occidentale de l'Alsace et de la Moselle, c'est-à-dire sur l'ancienne frontière de 1871 à 1918. Dès lors, les trois départements du Rhin et de la Moselle sont hermétiquement fermés.

Entre-temps, le Grand Hôtel des Trois-Epis, station climatique à sept cents mètres d'altitude, à quinze kilomètres de Colmar, a servi de villégiature aux généraux capturés dans les Vosges, au préfet du Haut-Rhin démis de ses fonctions et aux «Nancéiens» arrêtés par les Français puis libérés par les Allemands.

Dans les casernes de la plaine, à Haguenau, Strasbourg, Neuf-Brisach et Mulhouse, s'entassent des dizaines de milliers de prisonniers de guerre. Ce qui se passe à Neuf-Brisach convient d'être cité. 50 000 prisonniers — mais le nombre est-il exact ? — sont entassés dans la caserne Abatucci à Volgelsheim, dont le terrain est détrempé par des pluies torrentielles, et quatre camps annexes. Le général de Saint-Céran, chef de l'aviation de la VIIIe armée, prisonnier de guerre depuis le 22 juin à La Bresse, obtient de l'autorité militaire allemande le transfert à partir de la fin juin de 40 000 d'entre eux à Neuf-Brisach même, localité évacuée depuis septembre 1939 et dont les habitants ne seront de retour que plus tard. Il s'en porte garant et l'ennemi économise ainsi les charges d'une garde. Jusqu'au 9 août, date de leur transfert en Allemagne, les hommes vivent ainsi à l'abri sous le commandement et la responsabilité de leurs officiers. L'effectif des prisonniers de guerre s'amenuise cependant le 2 juillet par suite de la libération des Alsaciens-Lorrains. Ceux-ci, prisonniers de guerre à Strasbourg, sont libérés le lendemain et leurs billets de libération sont rédigés de façon identique à ceux de Neuf-Brisach, et signés du même général allemand.

La «nazification» de l'Alsace est immédiate et commence par l'éradication de l'administration française. En Alsace, le préfet du Bas-Rhin, Viguié, est appréhendé à Lutzelhouse le 19 juin et, au passage, le sous-préfet de Molsheim est également emmené. Le sous-préfet de Sélestat, Paira, est prisonnier de guerre. Dans le Haut-Rhin, le préfet Agard est destitué le 21 juin par Wagner, nouveau gauleiter, de passage à Colmar. Le sous-préfet de Mulhouse, Armand, n'a vraiment pas eu de chance : il avait pris ses fonctions quelques jours plus tôt, le 16 juin... La disparition de l'administration française fera l'objet du premier alinéa de la protestation de la délégation française à la commission d'armistice de Wiesbaden en date du 3 septembre 1940. (Un seul fonctionnaire français restera en fonctions en Alsace, à la Banque de France à Strasbourg jusqu'en 1943.)

Une page vient d'être brutalement tournée en Alsace. En ces heures noires de l'été 1940, personne n'imaginerait que la tragédie durera cinq longues années de sang et de larmes.

L'ALLEMAGNE NAZIE INSTALLE SON DECORUM EN ALSACE

AMS

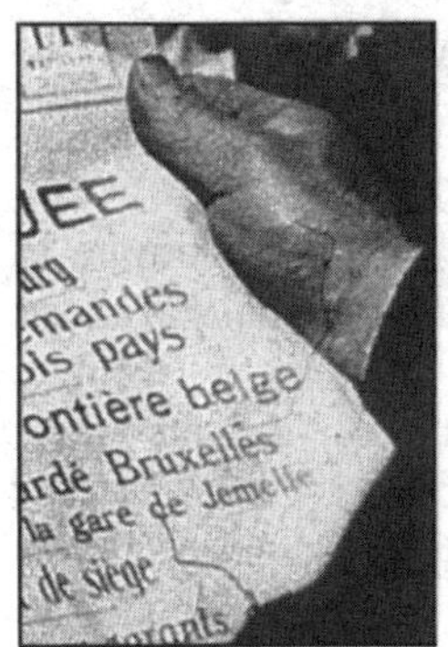

Les derniers jours de la presse alsacienne

Après l'évacuation de la ville de Strasbourg, le 2 septembre 1939, les quotidiens bas-rhinois sont imprimés à Bordeaux et à Périgueux, de même d'ailleurs qu'un journal de Metz. Dans la partie non évacuée du Bas-Rhin continue cependant de paraître le journal *Les Dernières Nouvelles d'Alsace* qui a conservé exactement l'en-tête du quotidien précédemment imprimé à Strasbourg. Le journal est d'abord fabriqué à Sélestat mais, par suite de la probabilité d'évacuation de cette ville, la publication est repliée à Colmar où elle reproduit les textes des *Dernières Nouvelles* de cette ville. La situation est différente dans le Haut-Rhin car Colmar et Mulhouse, en arrière du front, n'ont pas été évacuées. Les quotidiens locaux de ces deux villes continuent donc de paraître jusqu'à peu avant l'arrivée des Allemands et même, pour un journal mulhousien, un jour après leur arrivée. Ce journal, le seul en Alsace, peut rendre compte de la chute du gouvernement Reynaud, de la constitution du cabinet Pétain et de l'allocution de ce dernier. *Les Dernières Nouvelles de Colmar* paraissent pour la dernière fois le 14 juin. Ce jour-là, en première page, est publié un message de Paul Reynaud au président des Etats-Unis Roosevelt, qui est un véritable appel au secours. Le communiqué officiel du commandement français est sombre et conclut : «Malgré leur infériorité numérique, nos armées continuent à se battre magnifiquement.» Rien cependant dans le journal ne laisse prévoir que c'est la dernière parution.

L'*Elsässer Kurier,* portant comme sous-titre *Le Courrier d'Alsace,* paraît également pour la dernière fois le 14 juin à Colmar. Mais ce quotidien reprend sa parution dès le 22 juin, le sous-titre a disparu. Il est à remarquer que le gauleiter Wagner est passé à Colmar la veille où il a destitué le préfet du Haut-Rhin. Sur la première page du numéro 2 daté du 24 juin, *l'Elsässer Kurier* publie des communiqués triomphants de la Wehrmacht en mentionnant notamment la signature de l'armistice avec la France et la prise de Strasbourg. Le 25 juin, le même journal publie deux communiqués au sujet des prisonniers de guerre français, montrant que ceux-ci causent du souci aux Allemands et reconnaissant des évasions. En voici des extraits :

> «Le gauleiter Wagner communique qu'il a été constaté que lors des transports de prisonniers des armées françaises la population venait vers eux créant ainsi des perturbations. Il est dorénavant interdit à la population de s'approcher d'eux.» (Premier communiqué traduit de l'allemand.)

> «Des prisonniers de guerre qui ont été éloignés de leur transport ou qui l'ont quitté devront se présenter immédiatement à la caserne de chasseurs (quartier Lacarre) ou se joindre à un transport de prisonniers. Toute contravention sera punie sévèrement.
> Dans l'intérêt de la sécurité de l'armée, j'ordonne ce qui suit : Il est défendu aux habitants de

recevoir chez eux des prisonniers de guerre ou de les aider, de leur remettre des habits civils ou de favoriser d'une façon quelconque leur fuite. Quiconque contreviendra à cet arrêté s'expose à des punitions très graves de la part du conseil de guerre.
Feldkommandatur 550. Signé : Gutscher»

Ce deuxième communiqué est publié en allemand et en français. Comme le français est banni depuis l'arrivée des Allemands, sa publication a quelque chose de surprenant.

A Mulhouse, *Der Republikaner,* sous-titré «Le Républicain du Haut-Rhin», quotidien socialiste de la SFIO, paraît pour la dernière fois le 15 juin. Le *Mülhauser Tagblatt,* sous-titré «Journal de Mulhouse», paraît le 18 juin, jour de l'entrée des troupes allemandes dans la ville, et même le lendemain 19 juin, jour de sa dernière parution.

Le 18 juin paraît un communiqué de la sous-préfecture à la population dont voici des extraits traduits en français :

«M. Armand a été nommé sous-préfet de Mulhouse depuis dimanche 16 juin. Il continuera à maintenir tous les services avec un personnel diminué. Une grande réunion a eu lieu hier matin à la sous-préfecture sous la présidence de M. le sous-préfet, en présence de M. le maire, des représentants de la chambre de commerce, des industries locales, des banques, des familles nombreuses, etc. Un moyen de paiement basé sur la parité du franc sera mis en place et en circulation.

Il est rappelé que tous les services publics avec leur personnel resté sur place sous l'autorité du sous-préfet de l'arrondissement de Mulhouse continueront à exercer leurs fonctions.

Le service de police, dont les effectifs sont suffisants, sera sous la direction du commissaire H. Lelièvre.

Le maintien de l'ordre public, l'approvisionnement de la population, le versement des allocations militaires et autres aides sociales, la paye des ouvriers et employés, le fonctionnement des services publics de même que les fournitures d'électricité et d'eau sont assurés.»

Sur la première page, on note encore des entrefilets qui signalent que les stocks de charbon des entreprises et commerces doivent être déclarés dans la journée du 18 juin à la mairie. Par ailleurs, en raison de la fermeture des bureaux de l'agence Havas, les annonces doivent parvenir au siège du journal. En quelques autres lignes, il est relaté la destruction des ponts survenue la nuit écoulée.

Le 19 juin, à travers la publication de divers communiqués, on remarque que le ton n'est plus le même. Voici des extraits traduits en français d'un communiqué publié en première page :

«A la population française !

Ce matin la population de Mulhouse a pu lire la proclamation suivante à la population française : ''Le territoire français occupé par les troupes allemandes est placé sous l'administration militaire allemande. Les commandants militaires prendront les décisions nécessaires pour le maintien du calme et de l'ordre. Les troupes sont avisées qu'elles doivent respecter la population et protéger ses biens tant que celle-ci se comporte paisiblement. Les autorités continueront dans leurs activités lorsqu'elles travailleront loyalement, etc.''

J'attends de la part de la population qu'elle s'abstienne de tout acte de sabotage, résistance passive voire active contre la Wehrmacht. Toute disposition de l'autorité militaire allemande doit être absolument suivie, etc.

Le commandant en chef de l'armée»

Un communiqué signale que toutes les armes, sauf les fusils de chasse, doivent être déposées au service de la sûreté avant le 20 juin à 18 heures.

Un autre communiqué dit que l'interdiction de circuler entre 21 heures et 4 h 30 du matin ainsi que la fermeture des débits de boissons à 20 h 45 restent en vigueur. On lit également dans ce même communiqué que les piétons doivent emprunter les trottoirs pour laisser les rues libres à la circulation des véhicules et des troupes.

En première page, on trouve d'autre part un long article sur l'entrée des troupes allemandes à Mulhouse la veille. Il rapporte que les premières patrouilles cyclistes venant d'Ensisheim sont entrées en ville vers 8 heures, suivies d'avant-gardes de troupes qui ont hissé le drapeau à croix gammée sur la mairie. Le maire August (le «e» est supprimé) Wicky a pris contact avec les autorités militaires allemandes et notamment avec le Hauptmann Bischoff, commandant la place. Le maire Auguste Wicky demeurera quelque temps à la mairie, où il aura même un bureau, mais il sera expulsé d'Alsace en décembre 1940.

Voici enfin, comment l'*Elsässer Kurier*, n° 2, paru à Colmar lundi le 24 juin 1940, rendit compte de la fin des combats et de la prise de Strasbourg (traduction de l'auteur) :

ARMISTICE SIGNÉ AVEC LA FRANCE
COMBATS TERMINÉS EN ALSACE-LORRAINE — 500 000 PRISONNIERS

Communiqué de la Wehrmacht du 23 juin, 16 heures.

«Les combats en Alsace-Lorraine ont trouvé leur fin hier par la capitulation des armées françaises encerclées. Plus de 500 000 prisonniers, y compris les commandants en chef des IIIe, V^{e} et VIIIe armées et un certain nombre d'autres généraux ainsi qu'un immense butin d'armes et de matériel de guerre sont tombés entre nos mains. Le plus important ouvrage fortifié de Strasbourg, la fortification de Mutzig, a été pris hier. Certains secteurs de la ligne Maginot en Basse Alsace et en Lorraine, ainsi que des détachements isolés dans les Vosges résistent encore. Cette résistance sera brisée dans peu de temps.

La prise de Strasbourg

Strasbourg est tombée. Après la chute de Colmar et Sélestat, un groupe de combat rapide entreprit le 19 juin de s'emparer de Strasbourg par le sud. L'élément de tête arriva dans les faubourgs sans rencontrer de résistance mais les ponts des deux bras de l'Ill avaient sauté, empêchant la progression des unités motorisées. Néanmoins, le commandant, un général, après s'être fait transporter de l'autre côté de la rivière, poursuivit avec son adjudant à l'aide d'une motocyclette son entrée dans la ville avec la résolution de forcer sa reddition sans combat. Deux civils rencontrés leur indiquèrent la présidence de police [1]. Là, ils trouvèrent le président de la police et le commandant de la police de Strasbourg [2]. Le président de police prit acte de la sommation de reddition de la ville et l'entérina par un écrit signé du préfet. La reddition eut lieu à 12 h 20, heure allemande. Comme des coups de feu avaient encore été tirés peu auparavant des casemates du Rhin et comme les usines situées à l'est de la ville paraissaient occupées, le général ordonna à la police d'informer les occupants d'avoir à déposer les armes dans un délai de deux heures.

Entre-temps, les différentes unités rivalisèrent entre elles pour entrer les premières en ville, mais les motorisées ne purent avancer en raison de la destruction des ponts et des rues.

ABONNEMENTS	3 Mon.	6 Mon.	1 Jahr
Haut-Rhin und angrenz. Dep.:	30	60	120
Übrige Departements und Kolonien:	35	70	140
Ausland (Tarif A):	65	130	260
Ausland (Tarif B):	100	200	400

Post-Abonnement oder durch Austräger 1 Monat: 10 Frs.

Ch. post.: Strasbourg 53.35

12, Av. du Maréchal-Joffre, Mulhouse
Tél. 30.60 - 30.61

Mülhaus[…]

JOURNAL

Grösste Auflage aller oberelsässischen Zeitungen

Die deutschen Truppen sind in Mülhausen eingezogen

An die Fran[…]

Heute früh konnte […]

ABONNEMENTS	3 Mon.	6 Mon.	1 Jahr
Haut-Rhin und angrenz. Dep.:	30	60	120
Übrige Departements und Kolonien:	35	70	140
Ausland (Tarif A):	65	130	260
Ausland (Tarif B):	100	200	400

Post-Abonnement oder durch Austräger 1 Monat: 10 Frs.

Ch. post.: Strasbourg 53.35

12, Av. du Maréchal-Joffre, Mulhouse
Tél. 30.60 - 30.61

Frankreich fragt bei […] für die Eins[…]

Nach seinen zwei langen Beratungen von Samstag und Sonntag hatte

Nr. 2 — Einzelverkauf: 50 Cts. — Montag, den 24. Juni 1940.

Elsässer Kurier

Schriftleitung und Verlag: Bartholdistraße, 10 · Kolmar im Elsaß

Waffenstillstand mit Frankreich unterzeichnet

Die Schlacht in Elsaß-Lothringen zu Ende — 500.000 Gefangene

Hohe Gefangenenziffern.

Führerhauptquartier, 22. Juni.

Das Oberkommando der Wehrmacht gibt bekannt:

Die in Elsaß-Lothringen eingeschlossenen französischen Armeen haben nach verzweifeltem Widerstand kapituliert. Insgesamt etwa eine halbe Million Mann französischer Soldaten haben sich damit unseren Truppen ergeben. Unter ihnen befinden sich außer vielen anderen Generalen die Oberbefehlshaber der 3., 5. und 8. Armee. Nur einzelne Abschnitte der Maginotlinie im Unterelsaß und in Lothringen und versprengte Teile in den Vogesen leisten noch Widerstand. Er wird in kürzester Zeit gebrochen sein.

Brandfackel ins perfide Albion!

Die jüngsten Angriffe auf England.

Berlin, 22. Juni.

Wie wir soeben ergänzend zum Bericht des Oberkommandos der Wehrmacht erfahren, wurde bei dem gestrigen Angriff auf die Ostküste Englands wiederum auch in den großen Tankanlagen von Thameshaven und an der Humbermündung durch Bombentreffer große Brände verursacht. Weitere wirksame Angriffe richteten sich gegen eine Reihe ostenglischer See- und Flughäfen sowie gegen Flak- und Scheinwerferstellungen im Kampfraum. Im Seegebiet vor dem Humber erhielt ein großes im Geleit fahrendes Handelsschiff einen Volltreffer auf das Vorschiff.

32000-brt-Transporter mit 5000 Mann versenkt

Berlin, 22. Juni.

Durch zuverlässige Quelle erfahren wir soeben aus dem Ausland, daß die Luftangriffe auf die im Hafen von Bordeaux liegenden Transportschiffe äußerst wirkungsvoll gewesen sind. Außer anderen zum Teil versenkten, zum Teil beschädigten Schiffen ist auch ein 32 000 to. großer Transporter versenkt worden, wobei fast 5000 Mann ertrunken sind.

Die Einstellung der Feindseligkeiten erfolgt aber erst 6 Stunden nach Unterzeichnung des italienisch-französischen Waffenstillstandsvertrags

Führerhauptquartier, 22. Juni

Das Oberkommando der Wehrmacht gibt bekannt:

Am 22. Juni 18.50 Uhr deutscher Sommerzeit wurde im Walde von Compiegne der deutsch-französische Waffenstillstandsvertrag unterzeichnet.

Die Unterzeichnung nahmen vor:

Auf deutscher Seite als Beauftragter des Führers und Obersten Befehlshaber der Wehrmacht der Chef des Oberkommandos der Wehrmacht, Generaloberst Keitel,

auf französischer Seite als Beauftragter der franz. Regierung General Huntziger.

Eine Einstellung der Feindseligkeiten ist damit noch nicht verbunden. Sie erfolgt vielmehr sechs Stunden nachdem die italienische Regierung dem deutschen Oberkommando der Wehrmacht den Abschluß des italienisch-französischen Waffenstillstandsvertrages mitgeteilt haben wird.

Ueber den Inhalt des Waffenstillstandsvertrages kann zunächst nichts bekannt gegeben werden.

Deutscher Wehrmachtsbericht vom 23. Juni, 16 Uhr

Die Schlacht in Elsaß-Lothringen hat, wie durch Sondermeldung schon bekanntgegeben, mit der Kapitulation der eingeschlossenen französischen Armeen am gestrigen Tage ihr Ende gefunden. Wieder [...] damit nach schweren Kämpfen durch die Tapf[erke]it unserer Truppen und die kühne und entschlossene Führung ein Sieg größten Ausmaßes errungen, durch welchen die letzte, noch voll kampffähige Truppe des franz. Heeres niedergerungen ist. Ueber 500 000 Gefangene, darunter die Oberbefehlshaber der 3., 5. und 8. Armee und eine Anzahl anderer Generale und eine gewaltige, noch nicht übersehbare Beute an Waffen und Kriegsmaterial aller Art fielen in unsere Hand. Das stärkste Werk der Befestigungen von Straßburg, der Feste Mutzig am Ostrand der Vogesen, wurde gestern genommen. Widerstand leisten nur noch einzelne Abschnitte der Maginot-Linie im Unterelsaß und in Lothringen und versprengte Abteilungen in den Vogesen. Er wird in kürzester Zeit gebrochen sein.

Im Küstenbereich des Atlantischen Ozeans stießen bewegliche Abteilungen bis in die Höhe von La Rochelle vor. Der französische Kriegshafen St. Nazaire wurde genommen. Bei der riesigen Beute befinden sich auch Panzerkampfwagen, die schon zum Abtransport verladen waren.

Im Rhonetal drangen unsere Truppen von Lyon und ostwärts in südlicher Richtung weiter vor. Sie erzwangen an den Ausgängen der Savoyischen Alpen südwestlich Genf den Uebergang über die Rhone.

Im Zuge der bewaffneten Luftaufklärung vor der franz. Atlantikküste zwischen St. Nazaire und der Gironde wurden insgesamt 5 Handelsschiffe zwischen 3—10 000 Tonnen durch Bombentreffer stark beschädigt. Ein Transporter von 10 000 Tonnen und ein weiteres von 4 000 Tonnen wurden versenkt.

Angriffe von Kampf- und Sturzkampfverbänden richteten sich im Laufe des gestrigen Tages in der Hauptsache gegen belegte feindl. Flugplätze im Raum nördlich von Bordeaux. Hierbei wurden auf d. Flugplatz Rochefort 10 Flugzeuge in Brand geworfen, 20 Flugzeuge bei mehrmaligen Tiefangriffen durch Beschuß zerstört, eine Halle durch Bombentreffer vernichtet.

Die Verluste des Feindes betrugen am gestrigen Tage insgesamt 49 Flugzeuge, davon 6 im Luftkampf abgeschossen, der Rest am Boden zerstört. 4 eigene Flugzeuge werden vermißt. Ein U-Boot versenkte aus einem Geleitzug heraus einen feindlichen Tanker von 16.000 Brutto-Registertonnen.

In der Nacht zum heutigen Tage flogen keine feindl. Flugzeuge in deutsches Reichsgebiet.

In den Kämpfen der letzten Zeit haben sich durch ihr vorbildliches Verhalten in kühnem persönlichem Einsatz ausgezeichnet: der Oberleutnant und Ordonnanz-Offizier einer Division Müller, der Leutnant [...] in einem Infanterie-Regiment und der Leutnant Bernd von Buggenhagen in einer Beobachtungs-Abteilung.

Die Geschäftsstelle des **Elsässischen Hilfsdienstes** befindet sich ab sofort in Kolmar, Bruatstraße 2

Anordnung

des Chefs der Zivilverwaltung beim A. O. K. 7 zur Sicherstellung der Versorgung mit Textilwaren und Schuhwaren.

§ 1.

Zur Sicherstellung der Versorgung der Bevölkerung mit Textilwaren und Schuhwaren aller Art und zur Vermeidung von Hamsterkäufen wird mit sofortiger Wirkung die Abgabe von Textilwaren und Schuhwaren jeder Art an Verbraucher gesperrt.

§ 2.

Wegen der Regelung der Abgabe von Textilwaren und Schuhwaren aller Art auf Bezugsscheine ergeht alsbald eine besondere Anordnung.

Kolmar, den 21. Juni 1940.

Die Einnahme von Strassburg

man als Verlautbarung aus jüngster Zeit den letzten Verzweiflungsaufruf Reynauds angeschlagen. Auch er ist inzwischen überholt. Von den 180 000 Einwohnern der Stadt sind nur etwa 300 geblieben, die als Polizei, Feuerwehr, Luftschutz u. Hilfsdienst in dem großen Stadtbereich Aufgaben genug zu erfüllen

[...]hauser Tagblatt

JOURNAL DE MULHOUSE

[...]berelsässischen Zeitungen ★ ★ ★ Generalanzeiger und Neueste Nachrichten

DIENSTAG
18. JUNI 1940
Sonnenaufgang: 3 Uhr 48
Sonnenuntergang: 19 Uhr 55
Vollmond
den 19. Juni
Ste.-Emilie

50 cent. N° 16.802

[...] 139 Vendredi, le 14 juin 1940

Les [...]nières Nouvelles de Colmar

Colmarer Neueste Nachrichten

Le Démocrate du Haut-Rhin

[...]rue Bruat [...] Nuit 2081 [...]L-COLMAR 70.44 [...]67

PUBLICITÉ
15, rue Bruat
Publicité locale : Agence Havas, Colmar
P° extra locale : 2, Bld. Montmartre, Paris
Téléph. Province 74.08

[...] Blatt ist zur Einrückung der gerichtlichen Anzeigen bestimmt) 50 Cts.

Ce sont des efforts presque surhumains, mais nous marchons vers une victoire certaine.

Es kostet beinahe übermenschliche Anstrengungen, aber wir gehen einem sicheren Sieg entgegen.

Alexander, erster Lord der britischen Admiralität.

[...] de M. Paul Reynaud à [...] Président des Etats-Unis

[...]fiance dans la solidarité du [...]méricain »

[...] FRANCE, [...]e ci-des- | me, fait, qu'il ne doit pas intervenir trop tard. Vous nous avez dit, vous-

Eine Botschaft des franz. Ministerpräsidenten an H. ROOSEVELT

Wir sind entschlossen, uns im Kampf, den wir für alle freien Männer führen, zu opfern

---

[...]epublikaner

Le Républicain du Haut-Rhin

Quotidien socialiste S.F.I.O.

[...] rue des Trois-Rois – Telephon: Redaktion 24.28, Expedition und Annoncen 2427
[...]CKKONTO (Compte chèque-postal) Nr. 4476 STRASBOURG-LIMOGES.
[...] extra-régionale: LA PRESSE POPULAIRE 5, rue St-Augustin PARIS 2° Tél. Richelieu 88.00

Samstag, 15. Juni 1940 39. Jahrgang — N° 142

Oft genug lag die Freiheit auf dem Sterbebette. Aber ihr Sein ist ein Naturrecht, immer wieder stand sie auf, wie der Phönix aus der Asche.

[...]ppell [...]stigung der [...]tmosphäre

[...]wort des Präsi- [...]iese Wartezeit ist [...] Die Vereinigten [...]it parlamentari- [...] Vorteilen, in [...]seinen Schatten- [...] an die Formeln [...]Parlamentarismus

[...]aud hat uns auf [...]m gemacht und [...]mee Frankreichs [...] Verteidigung ge- [...]den Uebermacht [...]sich noch vertei- [...]n den Deutschen [...]edehnt sind seine [...]ller Organisation [...]g aus der Notlage

In Erwartung der Antwort Roosevelts geht der Widerstand weiter

Da Paris als offene Stadt erklärt wurde, erfolgte die Räumung durch unsere Streitkräfte. — Doch ist der Kampf bis jetzt nicht aufgegeben. — Unsere Truppen ziehen sich dort, wo sie der ungleichen Uebermacht nicht standhalten können, in bester Ordnung zurück.

Würdige Haltung der Pariser Bevölkerung.

PARIS, 14. Juni. (Havas.) Angesichts der Drohung, die von Stunde zu Stunde ernster wird, bewahrt Paris, wo das Herz Frankreichs schlägt, eine stolze und würdige Haltung. Die Brände, deren Schein weit im Westen sichtbar ist, lassen die verstockten Fussgänger, die wie gewöhnlich in den Champs Elysées spazieren gehen, nicht einmal den Kopf wenden. Die Cafés sind heute morgen auf den grossen Avenuen wie ge[...]

Des raids sur Aden, Malte et l'Abyssinie.

LONDRES, 14 juin. (Havas.) Le second communiqué de guerre de l'Union Sud-Africaine, transmis par le B.B.C., fait savoir de Mairovi que tout est calme. Dans le Kenya des raids de reconnaissance ont été effectués par l'aviation au-dessus de l'Abyssinie méridionale. Le communiqué ajoute que deux localités près de la frontière abyssine ont été bombardées par trois avions italiens. Il n'y a pas de dégâts sérieux [...]

Les communiqués officiels du G. Q. G.

14 Juin, au matin :

Des deux côtés de Paris, la poussée de l'ennemi s'est encore accentuée. En raison de cette avance, nos troupes couvrant Paris se sont repliées de part et [...]

Ce fut une patrouille cycliste qui arriva la première sur la place de la cathédrale. Un adjudant, fils d'un conseiller de la poste expulsé en 1918 de Strasbourg, hissa à 14 h 20 le drapeau à croix gammée sur la flèche de la cathédrale.
Les rues de Strasbourg sont encore totalement mortes. Partout les volets sont fermés. Devant les devantures et devant la cathédrale sont érigés des murs de sacs de sable en protection contre les bombardements. Dans les ruelles de la vieille ville une forte odeur de renfermé s'échappe des logements non aérés depuis de longs mois. Sur les murs, des affiches datant des jours d'août de l'année dernière, mais c'est seulement à peu d'endroits qu'on voit affiché le dernier appel de Reynaud. Des 180 000 habitants, il n'en reste qu'environ 300, policiers, pompiers, défense anti aérienne et services de secours. Les troupes françaises, avant leur départ, ont dynamité les ponts du Rhin et de l'Ill, l'usine électrique, provoquant ainsi l'arrêt total de fourniture de courant et d'eau. Toutes les fenêtres des maisons aux alentours ont été soufflées et les volets arrachés de leurs gonds avec sans doute d'importants dégâts à l'intérieur des logements.
Plusieurs centaines de familles strasbourgeoises lorsqu'elles reviendront de leurs camps de baraques du sud de la France retrouveront leurs biens en ruine. Les Alsaciens rencontrés nous saluèrent avec cœur. Non seulement les vieux nous serrèrent la main, mais nous devions boire du vin d'Alsace en pleine rue. Dans l'unique café ouvert aucun soldat allemand n'avait à payer sa bière. Au milieu de la ville court une large rue ayant pour nom : «rue du 22-Novembre». Elle sert à commémorer l'entrée des troupes alliées le 22 novembre 1918. Le 19 juin 1940 a effacé la honte de cette époque.»

NOTES

1. Il s'agit du commissariat central de police, rue de la Nuée-Bleue.
2. Il s'agit du commissaire central, M. Surville, et du chef de la police en tenue, M. Rohr, maintenu dans ses fonctions par les allemands.

SOURCES

Amouroux, Henri, *Le Peuple du désastre 1939-1940,* France-Loisirs, Paris, 1985
Archives service historique de l'armée de terre, Vincennes, cote 28 N 12
Archives départementales du Haut-Rhin, Colmar, dossiers 3838 et 13392
Archives historiques Mairie de Saverne
Bopp, Marie-Joseph, *L'Alsace sous l'occupation allemande 1940-1945,* Xavier Mappus, Le Puy, 1945
Bruge, Roger, *On a livré la ligne Maginot,* Fayard, Paris, 1975
Bruge, Roger, *Offensive sur le Rhin,* Fayard, Paris, 1977
Busser, Jean-Martin, *Juin 1940, Combats sur le Rhin et dans les Vosges,* Alsatia, Colmar, 1978
Collection de journaux de 1940, notamment : *Le Journal Officiel, Les Dernières Nouvelles de Strasbourg* (Bordeaux), *Le Journal des réfugiés de la région du Sud-Ouest* (Bordeaux), *les Dernières Nouvelles de Colmar* (Colmar), *Les Dernières Nouvelles de Strasbourg* (Colmar pour le Bas-Rhin non replié) ; *L'Elsässer Kurier—Le Courrier d'Alsace* (Colmar), *Le Républicain du Haut-Rhin* (Mulhouse), *Mülhauser Tagblatt—Journal de Mulhouse* (Mulhouse) ; *le Monde,* Paris, juillet-août 1989 ; *Journal des Combattants et des victimes de guerre,* Paris, 1989.
De Gaulle, Charles (général), *Discours et messages pendant la guerre, juin 1940-janvier 1946,* Plon, Paris, 1970
Denis (colonel), *La guerre 1939-1940 en Alsace et dans les Vosges,* hors commerce, Colmar, 1977
Doise, Jean, *Histoire militaire de l'Alsace, Saisons d'Alsace,* Strasbourg, mars 1985
Hiegel, Henri, *La Drôle de guerre en Moselle, 10 mai au 4 juillet 1940,* Pierron, Sarreguemines, 1984
Labusquière, Jean, *Vérité sur les combattants, grandes batailles de mai et juin 1940,* Lardanchet, Lyon, 1941
Prétalat (général), *Le destin tragique de la ligne Maginot,* Berger-Levrault, Paris, 1950
Raissac, Guy, *Un soldat dans la tourmente,* Albin Michel, Paris, 1963
Riedweg, Eugène, *Strasbourg ville occupée 1939-1945,* Editions du Rhin, Steinbrunn-le-Haut, 1982
Spears, Edward (major général), *Témoignage sur une catastrophe,* Presses de la Cité, Paris, 1964.

17 JUIN 1940
LES TROUPES
ALLEMANDES
ENTRENT
DANS SAVERNE.

1940

PHOTOTHÈQUE
SOCIÉTÉ D'HISTOIRE DE SAVERNE

13 juin	Alertes aériennes presque continuelles. Des chambres pour charges explosives sont installées aux ponts du canal.
14 juin	Tous les hommes de 18 à 50 ans doivent se présenter à Dijon. De nombreux juifs et des notables quittent la ville. Le collège ferme. La ligne Maginot est évacuée. Derniers passages de colonnes françaises.
15 juin	Distribution de cartes de pain (200 g par personne). Par suite de l'interruption de la fourniture d'électricité depuis Strasbourg (destruction de l'usine électrique de la rue de Molsheim), la région savernoise n'a plus de courant.
16 juin	Au matin, départ du dernier train avec des recrues incorporées les 8 et 9 juin. Le train est bombardé près de Schirmeck. La localité de Wisches a totalement brûlé, la conduite de gaz est coupée. A 16 heures, les trois ponts du canal sont dynamités causant d'énormes dégâts alentour. Dans la nuit, le plan incliné et le tunnel près de Stambach sont dynamités. Départ des derniers soldats français.
17 juin	La circulation entre la ville haute et la ville basse est seulement possible par la porte haute de la double écluse restée indemne. La commune de Monswiller fait poser un pont provisoire pour véhicules légers à côté du pont du canal dynamité au Zornhoff. A 9 heures, arrive une patrouille militaire allemande sous la direction du comte von Helldorf, président de la police de Berlin. L'après-midi, elle fait enlever le drapeau tricolore de la mairie et accroche un drapeau à croix gammée. Cet enlèvement des drapeaux français est effectué alors que l'armistice n'est pas encore signé.
	(Ce journal chronologique a été établi sur la base de celui tenu par l'archiviste municipal de l'époque, Léon Bachmeyer).

13 destins ou les malheurs d'une province en danger

1940

RENÉ MEYER

L'offensive allemande, les combats, la retraite, l'armistice puis l'annexion de fait créèrent en 1940 des situations très diverses pour les Alsaciens et les Mosellans. René Meyer a recueilli le témoignage de treize d'entre eux, tous représentatifs d'une part du tragique destin collectif de ces régions. Il ne sera plus question des évacués vers le sud-ouest (dont le sort a été évoqué dans notre n° 105, sept. 1989, «1939, l'Evacuation»). Un demi-siècle après, l'émotion ne s'est pas apaisée et les yeux de beaucoup se mouillent à l'évocation de ces années noires. Il y a des souvenirs que rien ne peut effacer.

AMS

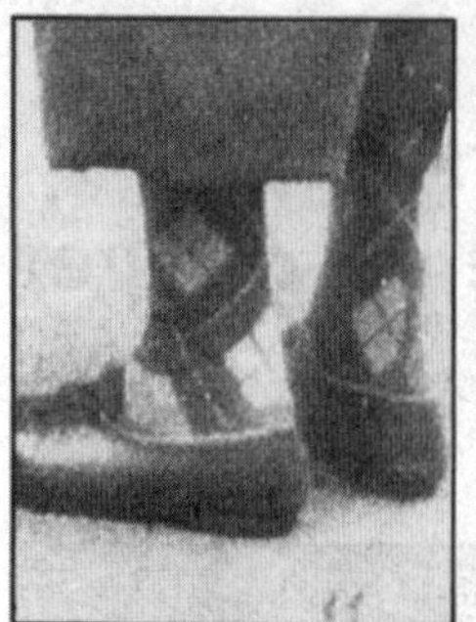

Auguste Hoffmann,
lycéen, quitte Colmar à vélo le 15 juin 1940

Par une affiche placardée à divers endroits de Colmar, j'ai appris le samedi 15 juin 1940, vers 10 heures du matin, qu'il était ordonné aux hommes de 18 à 55 ans de rejoindre sans délai Dole ou Gray par leurs propres moyens.

J'avais à l'époque 18 ans. Avec six ou sept élèves comme moi de la classe de philo du lycée Bartholdi, nous avons décidé de partir l'après-midi du même jour car nous pensions devoir être incorporés ; d'autant plus que le baccalauréat dont les épreuves devaient se dérouler le lundi 17 juin à la cour d'appel de Colmar avait été annulé.

Nous sommes partis vers 17 heures de la place de la Gare avec nos bicyclettes en direction du sud, munis de nos masques à gaz et d'un baluchon. J'avais un peu d'argent de poche que ma sœur m'avait donné. Il n'y avait pas grand monde dans les rues de la ville. Il faut dire que le matin même, plusieurs obus étaient tombés en ville, ils auraient été destinés à la centrale électrique de Turckheim. Nous roulons jusqu'à Soppe-le-Bas où nous passons la nuit dans une grange. Dès le lendemain à 7 heures, nous repartons, toujours en direction du sud, par la trouée de Belfort, non sans avoir passé à travers les obstacles antichars, des rails de chemin de fer, disposés sur la route.

En cours de route, nous sommes surpris par une attaque de stukas qui, lors des piqués, actionnent leur sirène. Nous nous jetons dans un fossé. L'alerte passée, nous reprenons la route. Au cours de la journée je perds mes camarades. Je rencontre alors un postier, lui aussi à bicyclette, qui rejoint son épouse à Moulins. Nous roulons au milieu des convois militaires français, un long moment derrière un camion transportant des soldats avec une mitrailleuse, mais aussi des miches de pain et des boîtes de corned-beef. Nous nous arrêtons à 9 heures du soir aux environs de Pontarlier où nous partageons, mon compagnon et moi, le casse-croûte avec les soldats du camion.

Le lendemain, lundi 17 juin, nous repartons avec les militaires jusqu'à Chalamont (Ain) où nous entendons le discours de Pétain qui enthousiasme les soldats. Tous deux, nous les quittons et nous arrivons à Lyon où, à la gare de Perrache, nous apprenons qu'il n'y a plus de train.

Nous sommes hébergés pour la nuit par un boucher-charcutier de la ville, mais le lendemain à 6 heures nous sommes réveillés brutalement par notre hôte qui nous dit que les Allemands arrivent et nous demande d'emmener son fils, également à bicyclette, à Tassin-la-Demi-Lune. Après l'avoir laissé chez ses grands-parents, nous poursuivons la route, sous la pluie, par Saint-Martin-en-Haut jusqu'à Chazelles-sur-Lyon où je quitte mon compagnon pour aller à Saint-Galmier (Loire) et, après une odyssée de quatre jours, je retrouve mes parents réfugiés eux à Saint-Germain-en-Laye.

Après avoir réussi le baccalauréat à Lyon en octobre 1940, j'ai sollicité un emploi dans les différentes administrations du département de la Loire. La préfecture m'a répondu en premier, m'a engagé le 22 décembre 1940 et affecté au service des réfugiés. Les bassins houillers de la Loire avaient accueilli un bon nombre de mineurs en provenance de la Lorraine et du Nord.

PEUT-ON ENCORE CROIRE LES INFORMATIONS MILITAIRES OFFICIELLES ?

MUSÉE D'HISTOIRE CONTEMPORAINE
BDIC

Bien que n'ayant pas participé à leur mise en place, je me souviens des trains de réfugiés organisés par la préfecture dès la fin du mois d'août 1940 pour le rapatriement vers l'Alsace et la Moselle.

En novembre 1942, le préfet de la Loire m'a confié les fonctions d'interprète et de traducteur, mission délicate et souvent difficile pour un jeune Alsacien germanophobe. J'ai ainsi séjourné dans la Loire jusqu'à la Libération et mon retour en Alsace.

J'ignore toujours, 50 ans après, l'identité du postier avec lequel j'ai roulé.

Roland Hœrdt,
ou l'exode raté d'une bande de copains

Début juin 1940, alors que la situation générale n'était pas très bonne, nous avions formé une petite bande de garçons, âgés de 15 ans comme moi, du lycée de Ribeauvillé pour élaborer des projets de départ car nous voulions partir, sans but précis, avant l'arrivée des Allemands.

Par les militaires sur place, on apprit le 15 juin qu'ils avaient franchi le Rhin. A plusieurs, nous avons décidé de partir sur Belfort, mais, en fin de compte, nous ne restions plus que trois et c'est finalement avec un camarade nommé Emile Traber que je suis parti le 15 juin 1940 à 7 heures du soir, sac tyrolien sur le dos, tous les deux à bicyclette. Ma mère s'était opposée au départ en raison de notre jeune âge, mais en définitive elle est partie avec nous, également à bicyclette.

Mon père était mobilisé dans un régiment d'infanterie de forteresse sur le Rhin et nous n'avions pas de nouvelles de lui.

Nous avons passé la nuit à Cernay, mais dès le lendemain 16 juin, à 5 heures du matin, nous sommes repartis vers Belfort. Nous sommes arrivés à Belfort dans le courant de la journée mais n'avons trouvé personne chez les amis où nous voulions nous rendre. Dans cette ville, nous avons rencontré beaucoup de gens de Ribeauvillé qui, comme nous, avaient quitté les lieux à la suite des ordres. Or, comme il n'y avait plus rien, les casernes vides notamment, ces personnes sont revenues chez elles.

Quant à nous, nous avons repris la route en direction de Sochaux ; mais dans cette région nous avons été mitraillés, ce qui nous a entraînés dans un fossé pour y chercher un abri. Les avions volaient très bas, quelqu'un a dit que c'était des Italiens. Il y a eu des blessés et des voitures en feu. On sentait nettement la débâcle car la route était encombrée par une colonne de réfugiés et par des véhicules militaires de toutes sortes.

Après Montbéliard, où mon camarade pensait trouver des connaissances, nous avons roulé le long de la frontière suisse car nous avions l'intention d'entrer dans ce pays où nous avions de la famille.

Comme nous circulions la nuit, sans lumière, ma mère a été renversée par un camion, lui aussi tous feux éteints. Il a fallu arrêter un véhicule pour que nous puissions la hisser dedans. Nous avons retrouvé ma mère au rendez-vous fixé à Pontarlier où nous voulions prendre un train mais l'accès nous a été interdit car il était complet. Il a été bombardé et il y eut des morts.

Nous avons poursuivi notre route sur Lyon où nous sommes arrivés le 18 ou le 19 juin au matin sans que je puisse me le rappeler exactement.

Tous trois, nous avions carrément été entraînés par le flot des réfugiés se dirigeant vers le sud de la France ; c'était l'exode.

Avec d'autres réfugiés, environ 15 000 à 20 000 personnes, nous avons été parqués dans les bâtiments de la foire de Lyon.

Je me souviens que dans cette ville nous nous sommes trouvés nez à nez avec un soldat allemand dont l'uniforme nous était inconnu à tel point que ma mère croyait qu'on nous avait envoyé des soldats suisses en renfort. Il a bien fallu se rendre à l'évidence que les Allemands étaient arrivés à Lyon en même temps que nous. Ils évacuèrent cependant la ville dans les premiers jours de juillet car Lyon était en zone non occupée.

Nous sommes restés à Lyon quelques jours car les Allemands avaient tout bloqué, mais nous utilisions ce laps de temps pour nous mettre à la recherche des familles.

Mon camarade ayant entendu dire que de la parenté se trouvait à Périgueux, nous y sommes allés en train ce qui a mis assez longtemps car la circulation ferroviaire ne se remettait que peu à peu en ordre.

Emile est resté dans cette ville, tandis que ma mère et moi avons rejoint Bort-les-Orgues, en Corrèze, où se trouvait ma tante réfugiée, elle, de Paris.

J'ai continué mes études à l'école industrielle de Bort comme dessinateur pendant une année. En avril 1942, grâce à M. Felsenstein, directeur des *Dernières Nouvelles de Colmar* en 1940, nous avons pu, ma mère et moi, aller au Maroc via l'Algérie, tout en sachant que nous allions perdre notre allocation de réfugiés.

Lorsque nous avons pris le train, en Algérie, des marchands ambulants sont venus proposer leurs denrées, entre autres du pain blanc et des œufs. Ma mère a dit qu'elle n'avait pas de carte d'alimentation ; le marchand, lui, n'a pas compris car il a répondu qu'il fallait payer...

Ma mère est devenue responsable du centre d'accueil des Alsaciens-Lorrains à Rabat qui en recueillait de tous les horizons ; plus tard elle s'est engagée dans l'armée.

Après avoir laissé mes études, je me suis engagé, quant à moi, dans la 2e division blindée en été 1943 et j'ai retrouvé l'Alsace en janvier 1945 à l'occasion des combats de la libération. J'ai alors retrouvé mon père à notre domicile de Ribeauvillé. Il ne m'a pas reconnu après cinq ans de séparation.

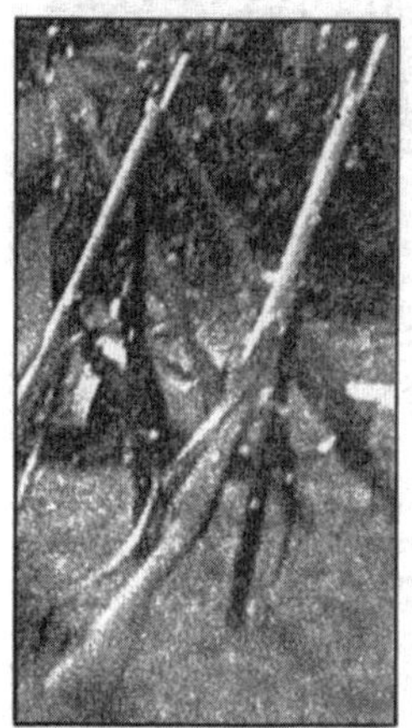

René Lœslé,

lieutenant, refuse de retourner en Alsace après l'armistice

Lors du déclenchement de la guerre, en septembre 1939, âgé de 24 ans, j'ai été mobilisé comme lieutenant, commandant la compagnie des disponibles du 42e régiment d'infanterie de forteresse à Diebolsheim-Bindernheim. Me trouvant déjà sur place, j'ai reçu dans le courant de la journée du 1er septembre l'ordre d'évacuation de la commune de Bindernheim. En fait, le maire avait les instructions de faire se rejoindre les habitants au centre de recueil de Ribeauvillé mis à part quelques-uns devant composer la commission de sauvegarde sur place. Je me suis rendu compte que plusieurs vieux habitants ne voulaient pas quitter les

FACE À
L'ARSENAL
ALLEMAND,
LES FUSILS
LEBEL
DU LIEUTENANT
LOESLÉ

lieux ; d'ailleurs quelques jours plus tard l'un d'entre eux a mis fin à ses jours en se pendant. La plus grande partie du gros bétail est restée sur place et celui-ci a été nourri par la troupe. J'ai prélevé une vingtaine d'hommes employés à la construction de blockhaus et les ai fait traire les vaches (deux cents litres par jour envoyés aux réfugiés à Ribeauvillé). Le chef de secteur m'a infligé huit jours d'arrêts pour avoir distrait des effectifs de travaux intéressant la défense nationale.

J'ai été envoyé au dépôt du 42e RIF à Saint-Geosmes-Langres pour y faire de l'instruction jusqu'en décembre. Beaucoup de militaires n'avaient pas de brodequins et il a fallu l'intervention d'un général en inspection pour pallier ce manque.

Ayant passé en novembre 1939 la visite médicale d'observateur en avion, j'ai rejoint la base aérienne de Tours début janvier 1940. Nous ne disposions que d'une vingtaine d'avions vieux modèle (Potez, etc.) au lieu des quatre-vingt-cinq prévus, aussi notre stage s'est prolongé et n'a été complet que pour six élèves sur cent cinq.

Fin mai 1940, l'école fut scindée en deux, une moitié dirigée sur Aulnat, l'autre moitié sur Rennes, les deux pour affectation sur avion rapide. Arrivé en gare de Rennes, mon groupe n'eut pas le droit de sortir de l'enceinte en raison de l'avance allemande. En deux jours et demi, nous sommes revenus sur Tours, le train perdu, les hommes égaillés. Un colonel me confia alors vingt-cinq camions pour aller à Poitiers. J'y suis arrivé avec... trente camions dont je n'ai jamais connu le contenu.

Près de Limoges, en camion, à environ deux cents, nous sommes surpris par les Allemands qui nous rangent à coups de crosse et nous emmènent par une petite route. A un moment donné, je me suis arrêté pour faire des besoins naturels, nouveaux coups de crosse, et, surpris par mon «engueulade» en langue allemande, l'un des Allemands me dit : «Ya, aber schnell» (oui, mais vite) et il rejoint la troupe. Isolé pendant une heure, j'ai repris tout doucement la dizaine de kilomètres parcourus précédemment et j'ai rencontré des camions français qui m'ont embarqué. Deux jours après, alors que nous étions à l'arrêt, des motards ennemis nous surprennent et nous ramènent, en colonne par quatre. Au bout d'une demi-journée de marche, sans arrêt, ni boisson, nous entrons dans un village.

RÉPUBLIQUE FRANÇAISE

PRÉFECTURE DU HAUT-RHIN — SOUS-PRÉFECTURE DE RIBEAUVILLÉ

Avis de Réquisition.

En exécution de la loi du 11 juillet 1938 sur l'organisation générale de la Nation en temps de guerre, et du décret portant règlement d'administration publique du 28 Novembre 1938 modifié par le décret du 30 Novembre 1939

M. L Louis Emile demeurant à Ste-Marie-aux-Mines

est avisé qu'en cas d'évacuation de la 2me zone, l'immeuble dont la désignation est faite ci-dessous (2) sera susceptible d'être réquisitionné en partie — en totalité (1) — pour les besoins de la Nation.

En vue du paiement des indemnités prévues par les règlements, l'ayant-droit voudra bien, dès maintenant, dresser un état des lieux, sur papier libre, en trois exemplaires, et l'adresser au Maire de la commune de résidence qui, après avoir visé ces documents, en enverra un exemplaire à la Préfecture (1re Division) et un 2me au Président du Centre de Recueil, le 3me exemplaire étant gardé à la Mairie.

(1) Barrer la mention inutile

A Ste Marie, le 11 MAI 1940 1940

Reçu notification le

(Signature de l'intéressé)

[illegible]

P. le Préfet du Haut-Rhin

Le Sous-Préfet délégué

p.o.

LE CENTRE DE RECUEIL

Le Président :

SOURCE DE BIEN DES MÉCONTENTEMENTS, LES RÉQUISITIONS (ET LES PILLAGES QUI PARFOIS SUIVIRENT) FURENT ENSUITE EXPLOITÉS PAR LA PROPAGANDE ALLEMANDE

A ce moment, je dis à mon voisin : «La première porte ouverte, je me taille». Il me répond : «Moi aussi». Je traverse une cuisine et un jardin, et je tombe dans un fossé plein d'eau sale au milieu d'orties de deux mètres de haut. Derrière moi des coups de feu éclatent mais rien ne bouge et les pas s'éloignent. Puis des Allemands parlent et commencent par me chercher avec des chiens à cent mètres devant moi. Ils m'ont ainsi cherché pendant quinze heures sans me découvrir. J'ai quitté les lieux par un autre chemin le lendemain soir et j'ai découvert un train occupé par des soldats français arrêté près d'une barrière d'un passage à niveau. Ce train m'a emmené à Bordeaux où je suis arrivé deux jours avant le bombardement de la ville. J'ai ensuite rejoint la base de Pau comme passager d'un camion militaire. De Tours à Pau en zigzag, mon périple a duré vingt-trois jours. Il m'a permis de perdre vingt-sept kilos.

Une quarantaine de stagiaires logent dans un village à quinze kilomètres de Pau. Le 22 juin, au soir, l'annonce de la signature de l'armistice avec les Allemands nous surprend et je dis : «Ça y est, je suis allemand». Nous nous retrouvons une quinzaine, en pleurs, au calvaire devant l'église du village. Tous les jours, deux d'entre nous font les trente kilomètres aller-retour, du village à la base pour demander : «Quand allons-nous voler ?» Cela ne sera que plus tard, mais sur les ordres allemands, que nous volerons : il s'agira, hélas, de livrer dans les bases désignées par eux les avions qui nous restaient. C'est ainsi que j'ai échangé à Châteauroux mon Léo 45 tout neuf contre un vieux Mureaux déglingué. J'ai vu sur ce terrain une cinquantaine de Dewoitine 520, le meilleur chasseur du monde à l'époque, que des prisonniers de guerre français étaient obligés de casser à coups de masse. Ensuite, puisque nous n'étions pas brevetés, tous les camarades du stage ont été remis à la disposition de leur section d'origine.

C'est ainsi que je me suis retrouvé artilleur sans canon à Coarraze-Nay, près de Pau, pour démobiliser les Français par lots de départements selon les ordres allemands. J'ai ainsi démobilisé quatre cents Alsaciens. J'ai pris le commandement des démobilisables à Mazères-Lezons puis à Gelos sous le nom de compagnie de travailleurs.

Entre-temps, j'ai été informé par mes supérieurs du désir de la commission d'armistice allemande de Pau de s'entretenir avec moi. Un officier me reçoit et me déclare tout de go : «Lieutenant, que faites-vous ici ? En tant qu'Alsacien vous allez rentrer chez vous et ensuite vous prendrez du service dans la Luftwaffe comme capitaine.» Cet officier allemand me sort tout mon pédigre, il savait tout sur moi et sur mon père, il était très exactement renseigné. J'ai été totalement interloqué. Après avoir refusé, j'ai eu une violente altercation avec l'Allemand.

Début novembre 1940, j'ai eu connaissance d'une note disant que les officiers de réserve nés ou résidant en Alsace-Lorraine devaient regagner leurs foyers, sauf ceux faisant l'objet de poursuites. La note disait encore qu'il y avait lieu d'insister auprès des personnes concernées sur l'intérêt qui s'attache du point de vue national au retour dans leur département de tous les Alsaciens-Lorrains. Le document en question porte le numéro 12998/M, il émane du 1er bureau de l'état-major de la 17e région militaire et il est daté du 30 octobre 1940. En application de cette note, j'ai été démobilisé à Pau le 16 novembre 1940, puis nommé directeur d'école à Louvie-Juzon, à vingt-cinq kilomètres de Pau, en décembre.

En septembre 1941, la Guadeloupe a offert quinze postes d'enseignants à des Alsaciens-Lorrains réfugiés ou expulsés. J'ai fait ma demande, malgré l'opposition de l'académie de Pau, et me suis trouvé affecté à Marie-Galante.

Fin 1943, j'ai demandé ma réintégration dans l'armée. Je suis parti avec le bataillon antillais n° 5 au Maroc, puis à Alger où j'ai passé au 1er régiment de chasseurs parachutistes avec lequel j'ai fait campagne jusqu'à la libération de Colmar.

Germain Kessler
fausse compagnie à trois reprises aux avant-gardes allemandes

Je me suis engagé dans l'armée, en 1939, à Mulhouse, à l'âge de 19 ans. J'ai été affecté au 5e régiment du génie à Versailles, puis à Toul. De là, nous sommes allés à Mulhouse, mais une section de notre train-parc dont je faisais partie a été détachée à Bantzenheim où la mission consistait à enlever les rails de chemin de fer, à les numéroter puis à les transporter à Mulhouse.

En juin 1940, nous avons reçu l'ordre de nous replier mais comme notre unité avait déjà quitté les lieux, une camionnette a été réquisitionnée à la brasserie de Lutterbach, et nous sommes partis ainsi vers le sud.

En cours de route, notre camionnette a été rattrapée à trois reprises par des motocyclistes allemands qui chaque fois nous ont intimé l'ordre de faire marche arrière. La première fois c'était à Arbois, dans le Jura. Chaque fois, nous avons rebroussé chemin avec notre véhicule à la vue des Allemands mais, dès qu'ils avaient disparu, nous avons à nouveau repris notre route initiale, d'autant que ces motocyclistes n'étaient suivis d'aucune troupe. Nous avons retrouvé notre unité à Clermont-Ferrand. Après la cessation des hostilités, j'ai été affecté dans l'infanterie à Annecy, c'est-à-dire dans l'armée d'armistice en zone libre. Comme engagé, il était en effet hors de question pour moi de revenir en Alsace. Après l'invasion de la zone non occupée, le 11 novembre 1942, les Allemands sont venus peu de jours après pour demander aux Alsaciens-Lorrains de réintégrer le Grand Reich. J'ai aussitôt quitté la caserne avec quatre ou cinq autres Alsaciens-Lorrains pour nous cacher en ville en nous éparpillant. En ne rentrant pas en Alsace, je devenais insoumis aux yeux des occupants et en même temps déserteur de l'armée française (car l'armée d'armistice n'a été dissoute officiellement qu'à la fin de novembre 1942) et donc recherché par la police.

En janvier 1943, j'ai rejoint le maquis du Vercors avec deux autres camarades. A la fin de la même année, j'ai rejoint les Francs-tireurs et partisans de la région parisienne, à Toussus-le-Noble. Comme ancien du génie, j'ai fait partie des groupes de sabotage des ponts et de la diffusion des tracts. J'étais également agent de liaison car je parlais allemand. Un jour, je suis allé en liaison de Dijon à Dole, alors en zone interdite. Avec un macaron du parti nazi (l'insigne de la NSDAP avec croix gammée), j'ai pu voyager au milieu des Allemands, même sans billet. Le macaron que je portais avait un diamètre réservé aux membres importants du parti et me permettait de passer partout, avec des égards même. A Dijon, une autre fois, la police française m'a arrêté comme saboteur parce que je rôdais autour d'un terrain où avait été abattu un avion américain. Après avoir été incarcéré, on m'a remis à la police allemande. Celle-ci m'a relâché, non sans avoir fait de violents reproches aux policiers français car, disaient-ils, ils avaient appréhendé un civil allemand. Je dois dire que ce jour-là, après avoir berné les deux polices, j'ai vraiment eu chaud, très chaud, et assurément c'est la connaissance de la langue allemande qui m'a sauvé.

J'ai participé à la libération de Paris avec la 2e DB les 24 et 25 août 1944. J'ai ensuite effectué la campagne d'Allemagne.

Gustave Fuchs,
combattant sur la ligne Maginot

Après avoir été libéré de mon service actif de deux ans le 1er août 1938, j'ai été rappelé quinze jours plus tard et suis revenu dans mes foyers à la fin du mois d'octobre après la crise de Munich.

J'ai été remobilisé en avril 1939 au 42e régiment d'infanterie de forteresse de la ligne Maginot à la caserne Abatucci à Volgelsheim, tout près de Neuf-Brisach.

A la déclaration de la guerre, sans changer de place, nous sommes devenus 28e RIF, je me le rappelle bien car il fallait changer les écussons. En juin 1940, je me trouvais affecté à la casemate 24/1, à Ochsenkopf sud, commune de Vogelgrun, au bord du Rhin. J'avais 25 ans.

Les Allemands ont franchi le fleuve le 15 juin 1940 à 9 heures du matin, soit 10 heures, heure allemande, en attaquant les ouvrages français.

J'étais en faction ce 15 juin, de 2 à 4 heures du matin sur la casemate aux écoutes et je n'ai rien entendu de particulier si ce n'est quelques bruits, mais personne d'entre nous ne se doutait qu'une attaque allait se déclencher quelques heures plus tard, d'autant plus qu'il pleuvait à torrent et qu'il y avait du brouillard. A la relève, je suis allé me coucher dans notre abri derrière la casemate car l'ouvrage d'un effectif de vingt-deux hommes n'avait pas de dortoir suffisant. Notre chef, l'adjudant-chef Bischoff, nous a dit de rester couchés en raison justement de la pluie.

Quelques minutes après 9 heures, un premier obus antichar a touché notre guetteur sous la cloche de la casemate et il a été tué net car il n'avait pas mis le volet de protection. L'alerte a été immédiate. Tout le monde s'est précipité hors du lit pour rejoindre son emplacement de combat dans la casemate. Ma place était à la table de chargement des mitrailleuses à la chambre de tir sud et nous avons tout de suite eu des blessés et huit tués. Notre ouvrage se trouvait en toute première ligne, mais nous avons résisté tant que nous le pouvions.

L'adjudant-chef Bischoff a téléphoné à l'arrière, à l'officier de renseignements, mais celui-ci n'a pas répondu. Aussitôt après, il nous a donné ordre de quitter les lieux. Je me souviens encore parfaitement de ce qu'il nous a dit : «Sauve qui peut, moi je n'abandonne pas la casemate.» Il a été tué peu après.

La panique régnait, c'était terrible, il faut dire que notre casemate était complètement démolie par des obus de canons de DCA et antichars tirant à bout portant depuis l'autre rive. Nous nous sommes repliés ; certains soldats, dont moi, n'étaient même pas complètement habillés. Avec un camarade, j'ai coupé à travers la forêt et les champs, et nous sommes arrivés aux abords d'une grande casemate située près des dernières maisons d'Algolsheim. L'équipage était en train de tirer les fils de fer barbelés. Il nous a pris pour des Allemands et nous a tiré dessus. Il a fallu vite mettre un morceau de chemise au bout d'un bâton pour se faire reconnaître.

Nous avons passé la nuit à la caserne Ferber, en ville. Tous les services du régiment s'étaient regroupés dans cette caserne car la caserne Abatucci, en dehors de la localité,

LA LIGNE MAGINOT FUT VAINCUE AVANT MÊME D'AVOIR PU JUSTIFIER SON RÔLE

COLLECTION LAPOINTE

avait été complètement abandonnée. Au matin du 16 juin, nous avons été rééquipés mais c'est seulement plus tard dans la journée que nous nous sommes dirigés sur la casemate de Biesheim sud, ouvrage de troisième ligne sous les ordres de l'adjudant-chef Welsch, qui recueillait un peu les rescapés des différents points d'appui.

Dans la soirée, un avion allemand est apparu, il a fait un piqué sur notre casemate et a lâché deux bombes. Comme la porte blindée de l'ouvrage se trouvait du côté où étaient tombées les bombes, celle-ci a été complètement obstruée en enfermant ainsi une trentaine d'hommes.

A l'intérieur, les munitions empilées s'écroulaient les unes après les autres, faisant un bruit ressemblant à la musique d'un piano. Pour sortir, nous avons d'abord essayé de débloquer la porte en nous attaquant à ses gonds, mais sans résultat. L'un d'entre nous étant assez mince, nous l'avons poussé à travers un créneau. Après lui avoir passé une pelle-bêche, il est parvenu à dégager l'entrée et à nous délivrer.

L'adjudant-chef a alors donné l'ordre d'abandonner la casemate. Nous nous sommes repliés vers l'arrière. Arrivés au canal du Rhône-au-Rhin, beaucoup ne pouvaient le traverser car ils ne savaient pas nager. L'un de nous est parvenu sur l'autre rive et, de là, nous a lancé un fil de fer et nous a tirés les uns après les autres sur l'autre côté.

Nous sommes allés ensuite dans une grande ferme abandonnée à Wolfgantzen, où nous avons pu nous ravitailler à une cuisine roulante dont les feux étaient éteints. Après quoi, avec un camarade du même village que moi, nous sommes partis à pied, vers 17 heures, en direction de l'ouest par Appenwihr et Sundhoffen. Après ce village, on ne voulait pas nous laisser passer le pont de la Thur, avant la Semm, car les ordres étaient de tenir sur place. Nous avons tout de même pu passer, mais après notre passage le pont a été dynamité.

Arrivés à Colmar, la nuit, les civils nous ont servi du café route de Sélestat tout en nous demandant des nouvelles. La ville était calme, toutefois il y avait de nombreuses troupes du côté de la carrière Hartmeyer. Après avoir traversé la forêt de la Fecht, nous sommes allés à Sigolsheim où je suis revenu chez mes parents en même temps que quelques autres du même village.

Le lendemain, 17 juin, à 4 heures du matin, mon père m'a dit avoir entendu des bruits de moteurs de motocyclettes qui étaient certainement allemandes. Aussitôt, j'ai averti trois camarades et sans tarder nous sommes sortis du village à pied par un chemin détourné pour nous diriger vers Kaysersberg et Lapoutroie où nous avons fait une pause dans la forêt. Nous avons poursuivi notre route vers le col du Bonhomme, puis vers Fraize, où nous sommes arrivés le 18 de bonne heure. Là, on s'est couchés sur le trottoir, fourbus.

A un moment donné, j'ai entendu la voix du lieutenant Cheveau, de notre régiment, qui disait qu'on allait monter une attaque car en effet il y avait là beaucoup de soldats. Cependant, l'idée d'une attaque paraissait irréelle. Pour éviter d'être pris par l'ennemi, nous sommes allés dans une ferme. Une canonnade a éclaté. Après avoir levé les tuiles du fenil où nous nous trouvions, on a aperçu les Allemands qui amenaient des soldats français prisonniers vers une école toute proche, annexe de Fraize.

Mes camarades, plus âgés que moi, voulaient se rendre. Je suis allé avec eux.

A un moment donné, un ordre a fusé en allemand : « Aufstellen, auf die Strasse» (En rang, sur la rue) et je n'ai pas pu m'empêcher de dire à mes compagnons que, maintenant, il y avait une autre langue.

Par une file longue d'au moins un kilomètre, nous nous sommes mis en marche vers le col du Bonhomme, non sans avoir été avertis que quiconque s'évaderait serait abattu.

Arrivés au col, dans la nuit du 18 au 19 juin, on nous a embarqués dans des camions, ce qui en somme était une chance.

Nous avons été amenés à la caserne Abatucci où nous sommes arrivés à la pointe du jour, le cœur serré. Pressés comme des harengs tellement il y avait de prisonniers dans la caserne, nous y sommes restés environ une quinzaine de jours.

A Fraize déjà, les Allemands avaient demandé s'il y avait des Alsaciens-Lorrains. On nous a mis de côté et, au moment de notre départ, beaucoup de ceux qui sont restés ont pleuré. J'ai ainsi été libéré, avec les autres Alsaciens-Lorrains, le 2 juillet 1940.

Je suis rentré à Sigolsheim à pied, déçu, abattu, démoralisé. Quand je suis arrivé, le village était rempli de troupes allemandes.

Par la suite, j'ai été incorporé de force, le dimanche des Rameaux, 18 avril 1943, et dirigé sur Craudenz, en Pologne. Je suis tombé malade et, après hospitalisation, j'ai été libéré le 15 février 1944. Quant à mon village de Sigolsheim, il a été détruit durant l'hiver 1944-1945 lors des combats de la libération.

Ernest Simon
met hors de combat trois blindés allemands

J'ai été mobilisé, à 26 ans en août 1939, au 46e groupement de reconnaissance divisionnaire d'infanterie composé de Lyonnais et d'Alsaciens. Ce groupement était issu du 3e hussards de Strasbourg. Nous tenions le front de la Lauter depuis septembre 1939, cantonnés dans des fermes évacuées situées en avant de nos lignes dans le *no man's land* entre Altenstadt, Weiler, Schleithal et Scheibenhard,

Contrairement à ce que l'on dit habituellement, l'activité militaire y était assez mouvementée, surtout au début, car nous faisions des incursions en territoire ennemi sous les ordres du capitaine Rouvillois —, un officier de tradition, futur général — qui commandait l'ensemble de nos patrouilles. Nous avons eu plusieurs tués et le hasard a voulu que j'assiste à plusieurs engagements aériens franco-allemands au-dessus de nos têtes où, chaque fois, c'était un appareil allemand qui était abattu.

Aux environs du 10 juin 1940, le 46e a reçu l'ordre de faire barrage aux fins d'arrêter l'avance allemande. A Epinal, nous nous sommes mis en position dans le hall du lycée, sur la rive est de la Moselle, notre canon antichar dirigé vers un pont. Notre pièce était commandée par le sergent Schielé, le tireur s'appelait Engelmann et je servais de pourvoyeur.

Très tôt, le 16 juin 1940, vers 4 heures du matin, nous avons entendu les Allemands s'avancer. Le premier soldat allemand que nous avons vu s'approcher vers le pont était un officier, il a été tué par notre tireur. Quelques instants après, un blindé est venu sur place mais il a été mis hors de combat par notre feu ; ainsi qu'un deuxième.

DE L'AUTRE
CÔTÉ DE
LA MOSELLE,
LES ALLEMANDS
N'EN MENAIENT
PAS LARGE.

AMS

Un troisième char a ensuite fait une manœuvre pour se placer en face de nous, de l'autre côté de la Moselle. Grâce au sang-froid de Schielé, qui a donné des indications successives correctes au tireur, le troisième blindé a également été atteint et mis hors de combat. Nous nous sommes ensuite repliés sur ordre car la ville était tombée aux mains des Allemands et nombre de maisons brûlaient par suite des bombes incendiaires ennemies. Pour que les Allemands ne puissent utiliser notre pièce, la lunette a été enlevée puis jetée. J'ai pu m'échapper de la fournaise en m'accrochant à une cuisine roulante qui filait sous le feu des tireurs allemands.

Le repli a eu lieu jusque dans la forêt de Mortagne près de Saint-Dié où se trouvait le gros de l'armée en déroute et où nous avons été fait prisonniers quelques jours après.

De là, nous avons été dirigés sur l'Alsace avec nos véhicules puis à la sucrerie d'Erstein. Ensuite nous avons été conduits à la caserne Stirn à Strasbourg où nous avons été parqués jusqu'à la libération des Alsaciens-Lorrains le 3 juillet 1940.

Dès le lendemain, les Alsaciens durent se présenter à la Kommandantur sise à la mairie, place Broglie, où on voulait savoir où nous irions car la ville était toujours vide.

Finalement, j'ai pu quitter Strasbourg et l'Alsace le 5 juillet 1940, en tenue civile, dans la voiture d'un ami, en passant par Belfort. Nous avons passé la frontière de l'Alsace au culot et on nous a laissés passer sans coup férir. Sur les routes alsaciennes, hélas, nous avions rencontré de longues colonnes de prisonniers français qui remontaient vers le nord, alors que nous étions les seuls qui allaient vers le sud.

Je me suis fait démobiliser par la brigade de gendarmerie de Saulieu, Côte-d'Or, le 23 septembre 1940, localité où j'ai d'ailleurs rencontré ma future épouse, évacuée depuis septembre 1939 avec la société Rhin-Rhône alors qu'elle habitait Schiltigheim. Plus tard, j'ai été appelé par cette société à Reims.

Le 22 mars 1943, j'ai été requis par le service de surveillance et de protection des voies ferrées pour la protection des ponts.

Un jour, j'ai été convoqué à la Kommandantur de Reims, avec d'autres Alsaciens. On nous a demandé de réintégrer l'Alsace. Ce jour-là, une vieille Alsacienne qui avait opté pour la France après 1870 nous a donné du courage en nous disant en appuyant ses mots : «Ne vous laissez pas faire.» C'est en 1948 seulement que je suis revenu en Alsace.

J'ai été cité à l'ordre du Corps d'armée pour avoir participé le 16 juin 1940 à l'action ayant mis hors de combat une automitrailleuse et deux chars allemands.

Charles Keller,
le gendarme résistant

En septembre 1939, alors âgé de 24 ans, je me trouvais comme garde républicain mobile au peloton motorisé n° 535 de la compagnie de Wissembourg. Notre unité était composée de quatre pelotons, deux à Wissembourg, un à Lauterbourg et un à Haguenau. A la déclaration de la guerre, nous formions l'encadrement d'une compagnie frontalière postée de la pointe de Lauterbourg jusque vers Wissembourg, à l'extrême avant de la ligne Maginot. Je me trouvais dans un blockhaus, dit Neumuhle, à Altenstadt. C'est nous qui avons fait les premiers prisonniers de guerre allemands.

Relevés durant l'hiver 39-40, nous sommes partis au repos à Alteckendorf. En janvier 1940, nous avons rejoint Marseille, avec la mission de surveiller les mouvements de troupes vers les territoires d'outre-mer.

Lors de la débâcle, mon épouse qui se trouvait à Colmar a pu prendre un des derniers trains pour me rejoindre.

Après l'armistice, le gouvernement de Vichy a demandé à tous les militaires de la Garde originaires du Haut-Rhin, du Bas-Rhin et de la Moselle désirant servir dans leur pays d'origine de répondre par oui ou par non.

Malgré les pressions de Vichy, il était hors de question que je retourne en Alsace et rares étaient ceux qui sont rentrés, et même parmi ceux-là, certains sont revenus clandestinement.

En février 1941, j'ai été versé dans la gendarmerie nationale et affecté à la brigade motorisée de Saint-Auban-sur-Durance, près de Forcalquier.

Avec d'autres brigades de la compagnie de Digne, nous formions un peloton motorisé et je me trouvais ainsi souvent en déplacement. Lors de l'entrée des Allemands en zone non occupée, j'étais au château de Bourrasol, à Riom, à la garde d'anciens ministres : Daladier, Léon Blum, Guy de La Chambre, Jacomet et le général Gamelin.

Avec Léon Blum, nous parlions souvent de l'Alsace d'où sa famille était originaire. Je fumais même de ses cigarettes.

Tous ces prisonniers ont été enlevés début 1943 par la Gestapo qui les a internés en Allemagne de peur d'un raid de parachutistes alliés.

Courant avril 1943, je me trouvais à nouveau en déplacement, cette fois à Marseille. C'est à ce moment que les Allemands, à la recherche de «terroristes», décidèrent de raser le quartier du vieux port. La Kriegsmarine se trouvait sur place, mais c'est à la police française qu'échut la triste besogne de réveiller les gens et de les faire partir. C'est seulement dans la nuit, à 1 heure du matin, que nous apprîmes ce que nous devions faire, jusque-là personne ne le savait, pas même les officiers.

Des milliers de personnes durent quitter les lieux à l'aide des tramways qui avaient tous été mis en branle et qui les conduirent en banlieue. Je me souviens d'un boulanger que nous avons été dans l'obligation de faire partir alors qu'il cuisait son pain. Dans la journée, les Allemands ont fait sauter tous les immeubles du quartier, sauf la mairie.

En février 1941, peu après notre arrivée à Saint-Auban, avec mon camarade Paul Duportail, d'Orbey, nous avions fait la connaissance de Charles Verbert, natif de Munster, ancien président des anciens combattants de cette ville et ami intime de l'ancien maire de Colmar, M. Richard, chef du personnel de l'usine Pechiney, qui fabriquait du chlore et de l'aluminium pour les Allemands.

Ensemble, avec d'autres Alsaciens-Lorrains, nous avons créé les premiers éléments de l'armée secrète de la région. Leur mission principale était de camoufler à l'usine les Alsaciens-Lorrains évadés et de saboter la production. La nôtre était de surveiller les agissements de la Gestapo et de prévenir rapidement nos camarades de l'AS sur ses agissements futurs, et de transporter en moto des plis secrets et des chefs de la résistance.

En mars 1944, alors que je me trouvais en train de bêcher le jardin, un individu s'est approché de moi et m'a demandé, dans un français approximatif avec une consonance allemande, où se trouvait le bureau de la gendarmerie. Je lui ai répondu que c'était le bâtiment tout proche. Intrigué, je me suis approché et là je l'ai entendu téléphoner à Digne en disant en allemand : «Meine Arbeit an der Fabrik ist beendet. Heute abend oder Morgen früh haben wir wenigstens fünfzig Terroristen zu verhaften» (Mon travail à la fabrique est terminé, ce soir ou demain matin nous aurons au moins cinquante terroristes à arrêter).

L'individu ignorait évidemment que je connaissais la langue allemande. Il faut dire que l'usine était souvent l'objet d'attentats et j'y étais souvent appelé à faire l'enquête pour en découvrir les auteurs....

Après le départ de l'homme, j'ai aussitôt averti les chefs de la Résistance. Lorsque les camions allemands sont venus sur place pour procéder à la rafle, tous ont échappé à l'arrestation. L'individu en question était un Sarrois qui s'était fait passer pour un Lorrain évadé. Il fut arrêté et condamné à mort après la guerre.

Charles-Maurice Froberger,
aviateur, membre de la commission d'armistice

En mai 1940, alors âgé de 23 ans, je me trouvais comme sergent affecté au grand quartier général de l'armée de l'air à Saint-Jean-les-Deux-Jumeaux (Seine-et-Marne).

A la fin du mois, nous avons dû quitter les bords de la Marne par la route pour les rives de la Loire. Nous avons fait étape dans un beau château, pour brûler les archives. Après cet autodafé, nous avons pris le train pour aller à Saint-Gaudens, au pied des Pyrénées. De là, nous sommes repartis à Agen où nous avons tenté de mettre un peu d'ordre dans cette immense pagaille qu'était la débâcle. C'est dans cette ville qui nous avons appris dans un très profond désarroi la demande d'armistice du maréchal Pétain.

Un de mes chefs, le commandant Challe, futur général en Algérie, a été désigné pour faire partie de la sous-commission air de la délégation française auprès de la commission allemande d'armistice. A cette occasion, je lui ai rappelé que je parlais et écrivais l'allemand mais que je n'avais nullement l'intention de retourner à Strasbourg.

A la fin de juillet 1940, j'ai été affecté à Wiesbaden, en Allemagne, siège de la commission d'armistice. Pour m'y rendre, moi, sous-officier de l'armée de l'air française depuis le 15 octobre 1937, j'ai pris mon baptême de l'air sur un avion allemand, un JU 52, dont l'équipage était évidemment allemand...

J'ai été démobilisé en bonne et due forme par le chef d'état-major de la délégation française à la commission d'armistice, à Wiesbaden, le 12 août 1940. J'ai été immédiatement engagé comme secrétaire-interprète et, avec ma prime de démobilisation de 200 francs, j'ai pu acheter un complet civil, car tant que je portais mon uniforme il m'était interdit de sortir en ville sans être accompagné par un militaire allemand de même grade, ce qui ne m'enchantait guère.

Durant l'hiver 1940-1941, les autorités allemandes eurent un jour l'idée de faire déneiger par des prisonniers de guerre français le trottoir devant l'hôtel où nous logions. C'était un matin à l'heure du petit déjeuner. La nouvelle se répandit comme une traînée de poudre. La délégation française en entier sortit de l'hôtel et se mit à ravitailler nos malheureux compatriotes avec des petits pains, du chocolat et des cigarettes, au grand dam des Allemands. Pour eux, *Ein Feind bleibt ein Feind* (Un ennemi reste un ennemi), slogan affiché un peu partout. Naturellement, nos petits soldats français ne sont plus revenus pour une corvée de neige.

Lorsque nous allions en France par le train, en zone occupée ou en zone dite libre, nous devions occuper un compartiment réservé avec interdiction à quiconque d'y pénétrer, alors que bien souvent les Allemands étaient debout dans le couloir, serrés comme des anchois, ce qui était loin de nous déplaire.

Nous étions plusieurs Alsaciens à la délégation française. Après l'occupation de la zone libre par les Allemands en novembre 1942, les effectifs de la délégation française à Wiesbaden ont été réduits.

J'ai été affecté au détachement de liaison de la délégation à Paris le 1er février 1943. Lors de la libération de Paris, ce détachement fut évidemment dissous et j'ai été affecté à l'état-major du gouverneur militaire de Paris, le général Kœnig.

Léon Ginglinger,
marin à Alexandrie

Je me suis engagé dans la marine nationale en 1937, à l'âge de 17 ans, en même temps que mon frère Etienne. En 1939, nous nous trouvions tous les deux en Chine, embarqués sur le croiseur *Suffren*.

Au début des hostilités, en septembre de la même année, notre équipage du temps de paix est passé effectif de guerre et des réservistes sont venus à Saigon, en Indochine, nous renforcer et parmi eux bon nombre d'Alsaciens. De septembre 1939 à mai 1940, notre bâtiment et le croiseur anglais *Kent* escortaient les transports de troupes entre le port australien de Freementle et Suez, en Egypte. Courant mai 1940, le *Suffren* a été rappelé en Méditerranée en raison de la tension avec les Italiens et effectivement nous avons participé à des bombardements d'objectifs militaires situés sur la côte tripolitaine.

En juin, tout l'équipage a entendu le discours de Pétain à la radio. Nous étions abattus et pris d'une envie de pleurer. L'armistice nous a trouvés à Alexandrie, en Egypte, car l'escadre française faisait partie de la force X sous le haut commandement de l'amiral anglais Cunningham tandis que les navires français étaient sous les ordres de l'amiral Godfroy. Le cuirassé *Provence* avait été rappelé à Mers-el-Kébir où il subit l'attaque anglaise de juillet.

La marine anglaise n'acceptait pas la soumission de notre marine aux clauses de l'armistice et, à un moment donné, Français et Anglais furent près du massacre et ce n'est que grâce aux deux amiraux cités plus haut, qui ont eu l'intelligence de ne pas appliquer strictement leurs instructions respectives de couler l'autre, qu'il a été évité.

Après l'armistice, il fut demandé aux Alsaciens-Lorrains s'ils voulaient rentrer. Un certain nombre partirent, d'autres cependant sont restés, comme moi. Lorsque la question m'a été posée, j'ai répondu au capitaine : «Je suis français, je reste français».

Les réservistes furent parmi les premiers rapatriés et à ma connaissance tous rentrèrent. Un deuxième contingent a regagné Toulon au début de 1941.

Les navires restèrent à quai de juin 1940 à la fin de 1942. Pendant ce temps, ils étaient entretenus par des équipages restreints.

A terre, des équipes sportives des différents bâtiments s'entraînaient pour le football en vue d'éventuels matchs. Des cours de perfectionnement furent également organisés, l'enseignement étant dispensé en langue française. J'en profitai pour suivre des cours de comptabilité, ce qui m'a d'ailleurs servi par la suite. Les équipages français étaient bien considérés tant par les Anglais que par les Egyptiens. Ils pouvaient même loger chez l'habitant lors des week-ends.

Après avoir complété des équipages, ce n'est qu'au printemps 1943 que notre flotte a pu repartir pour se joindre aux diverses opérations amenant à la Libération.

Nous avons contourné l'Afrique pour rejoindre Dakar puis Casablanca.

Là, j'ai été affecté à la défense des bateaux de commerce.

En mars 1944, j'ai embarqué sur le paquebot *Marrakech* qui faisait transport de troupes entre Alger et Ajaccio. Plus tard, nous avons transporté du matériel et encore des troupes jusqu'en mai 1945 à Marseille et Sète, malgré les attaques aériennes et sous-marines.

LE CERTIFICAT DE LIBÉRATION
DES PRISONNIERS ALSACIENS
SORTIS DES CAMPS CAR CONSIDÉRÉS COMME «ALLEMANDS».

Entlassungsschein

(Nur gültig mit dem Stempel des Entlassungstruppenteiles)

Der **deutschstämmige Elsaß-Lothringer** Fuchs Josef ______, geb. am 1 April 1915 in Ingersheim von Beruf Rebmann ______, der zufolge der Feststellungen **vor 1918 in Elsaß-Lothringen geboren ist,** wird hiermit aus der Gefangenschaft entlassen und hat sich sofort in seine Heimat bezw. an seine Arbeitsstätte zu begeben.

A. Ob. Kdo. 7

St. Qu., den 2 Juli 1940

Für das Armeeoberkommando 7

I. A.

Sauter

General

Aline Seitz,
la longue errance d'une expulsée

16 septembre 1940. Matin brumeux. J'ai 12 ans. Quand allons-nous partir ? Les premiers expulsés ont quitté le village le 29 août. Je les ai vus s'éloigner avec nostalgie. Je ne veux plus rester à Ranguevaux où l'on essaie déjà de nous embrigader. Il est vrai que ma mère a mis à la porte, avec fracas, les deux «sympathisantes» chargées d'inscrire les jeunes Mosellans dans les jeunesses hitlériennes. Elle déteste les nazis. Des menaces — «On la fera fusiller» — lui ont été rapportées.

On frappe à la porte d'entrée. Deux soldats allemands. En fait, ce sont deux Tchèques. Ils expliqueront plus tard. Ils comprennent le désarroi de mes grands-parents accourus très vite et qui pleurent. Peu de bagages. Peu d'argent.

«Vous pouvez divorcer», dit-on à mon père ! En effet, seules ma mère et moi sommes expulsées, seuls nos noms figurent sur le fameux imprimé Mitteilung. Pourquoi ? Mon père n'est de retour que depuis quatre jours. Prisonnier de guerre près de Munich, il a utilisé la possibilité de rentrer qui était offerte aux Alsaciens-Lorrains, sachant qu'un prisonnier doit tout tenter pour échapper à l'ennemi.

Il refuse ce divorce incroyable, demande l'autorisation de nous accompagner. Les responsables allemands installés à la mairie acceptent.

Départ. Deux cars sur la place du village où l'on se trouve.

Médor, notre chien, près du car où nous sommes installés va courir derrière celui-ci, triste, triste. «Les scellés sont déjà collés sur notre porte d'entrée !», s'exclame mon père, alors que le car passe devant le numéro 17 de la Grand'Rue de Ranguevaux que nous quittons.

Puis c'est la gare de Metz, le train, le voyage dans la nuit, le passage à Châlons-sur-Saône et mon père, soudain très pâle, qui réalise la portée de sa fuite, l'arrivée à la gare des Brotteaux à Lyon ; la traversée de la place des Terreaux, entassés dans des cars. Sous le soleil, cette femme brune, élégante, en manteau blanc, aperçue depuis le car…

Palais de la Foire de Lyon, les paillasses sur le sol, les puces. «Allez, déshabille-toi complètement», me dira un ou deux jours plus tard une infirmière, «il faut te soigner». Je suis, en effet, couverte de piqûres de puces.

Quinze jours à Lyon où mon père se fait démobiliser. Les vendeurs de raisins sur les quais du Rhône qui augmentent leurs prix jour après jour. Lodève (Hérault), ensuite. Le grenier où l'on nous héberge. La promiscuité. Les règles des femmes. La nuit, les relations devinées.

Trois mois à Lodève. Un logement enfin trouvé, un escalier d'accès que ma mère va user à force de le laver, selon les dires de la propriétaire, un feu de sarments, la classe de septième où avec Arlette, expulsée de Ranguevaux, elle aussi, nous décrochons les deux premières places.

Mon père, grâce à de Wendel, a trouvé du travail à l'arsenal d'Irigny, à sept kilomètres en aval de Lyon.

Nous le rejoignons après Noël 1940. Un froid glacial !

1940

Der Befehlshaber
der Sicherheitspolizei und des SD
in Lothringen - Saarpfalz.

Metz, den 16. August 1940

B. Nr. 2/II /40 La
24.541

Mitteilung.

Der (Name u. Vorname, Beruf) Müller, geb. Weinachter, Helene

geboren am 16.6.07 in Rangwall

wohnhaft in (Ort, Straße u. Hausnummer) Rangwall 17

wird davon verständigt, daß er mit seiner Ehefrau ...., geb.

.... geb. am .... in .... und seinen Kindern

Aline geb. am 1.3.28 in Neunhausen

....

....

(Namen der Kinder)

aus Sicherheitsgründen aus Lothringen in das unbesetzte Frankreich befördert wird.

Für jede Person ist mitzunehmen:

Verpflegung für einige Tage, Eßbesteck und Trinkgefäß, eine Schlafdecke, völlige Bekleidung, ein entsprechender Geldbetrag bis zur Höhe von 2000 Frcs. für jede erwachsene Person, bis zu 1000 Frcs. für jedes Kind, sowie ausreichende Personalpapiere.

Je nach Wunsch können mitgenommen werden:

Eine entsprechende Zahl von Koffern, gebrauchte Kleidung, ein zweites Paar Schuhe, eine zweite Schlafdecke, Uhren und Schmuck in üblichem Maße.

Das gesamte Gepäck darf für jede erwachsene Person 50 kg, für jedes Kind 30 kg nicht überschreiten. Vor der Abreise wird das Gepäck untergebracht; deutsches Geld darf nicht mitgenommen werden.

Ueber Zweifelsfragen erteilt der Ueberbringer dieser Mitteilung Auskunft.

Wer den gegebenen Anordnungen zuwiderhandelt, wird festgenommen und bestraft.

SS-Oberführer

FORMULAIRE DE LA POLICE ALLEMANDE REMIS AUX EXPULSÉS EN MOSELLE

SCÈNE DE DÉSOLATION APRÈS DES EXPULSIONS INTEMPESTIVES

AMS

Un logement dans un baraquement, le D 4, cité des Côtes, à Irigny.

Des cloisons ne rejoignant pas le plafond. Pas de fenêtres. Des petites vitres qui courent le long des pièces en façade. L'eau en commun, dans l'entrée commune, s'écoulant dans des sortes d'abreuvoir. Les «commodités» dehors. Du poussier de charbon qu'il faut mouiller afin qu'amalgamé il puisse brûler un peu et nous chauffer.

Les années passent : 41, 42, 43, 44. La ration de chocolat des J 3, mangée très vite afin de guérir des coliques causées par l'absorption de betteraves fourragères, plat de légumes, ce jour-là, à l'institution «La Favorite» où je suis pensionnaire et où je travaille le mieux possible malgré les remarques du genre ; «Nettoyez bien cela — Les Lorrains sont propres ! » ou « Aline, prononcez huit.» Depuis, j'ai perdu mon accent lorrain.

Les queues d'attente devant l'épicerie Merle à Pierre-Bénite, les tickets, une grande morue séchée. Ce serait bon, bien préparé. Mais nous avons peu d'argent.

Cet Allemand, en civil, à qui je demande, place Bellecour, le jour de l'écrit du brevet élémentaire : «Où est la rue de la Charité ?» et qui répond : «Ich weiss nicht.» Ma fuite apeurée.

Novembre 1944 : Romagne (Vienne) où l'école normale d'institutrices de Metz est repliée. Deux jours de voyage depuis la gare d'Oullins, via Limoges, Angoulême, Couhé-Vérac.

Printemps 1945 : des prières pour moi, à la chapelle. Vais-je mourir ? Atteinte de congestion pulmonaire — les semelles de mes chaussures de mauvaise qualité ne m'ont pas bien isolée de la terre argileuse, gorgée d'eau, de la Vienne — je lutte pendant neuf jours contre une fièvre tenace. J'en garde des séquelles. Souvenir de mes 17 ans, souvenir de l'expulsion.

Nous avons retrouvé notre village, notre maison en piteux état. Mes parents, d'ailleurs, ne s'y réinstalleront définitivement qu'en 1967. Ils reposent tous deux maintenant dans l'ancien cimetière près de l'église.

Quand la tempête souffle, elle peut abattre ou déchirer les arbres de nos forêts. Celle de 1940 ne nous a pas abattus, mais elle nous a déchirés, presque déracinés.

Anna Gérard,
les souffrances d'une Alsacienne francophone

Nous avons été expulsés d'Aubure, mon mari et moi, avec notre fille âgée de trois mois, le 16 décembre 1940. J'avais 28 ans et j'étais en convalescence des suites d'une phlébite. Mon mari âgé, de 27 ans, avait le bras droit dans le plâtre jusqu'au buste en raison d'une maladie osseuse. Il allait en consultation chez les médecins de la région. Je me souviens encore qu'il se rendait à l'hôpital de Strasbourg replié au Hohwald dès le début de la guerre. Notre bébé était de santé fragile.

Nous n'avons jamais connu la raison de notre expulsion ni qui nous avait dénoncés. Je suppose que nous autres montagnards qui parlions le français étions considérés comme indésirables.

Vers 8 heures, ce 16 décembre 1940, il ne faisait pas encore complètement jour quand un militaire allemand s'est présenté à notre domicile en nous disant que nous devions partir, que nous avions une heure pour préparer nos affaires et nous rendre place de la

Mairie. Ce soldat était plutôt correct. Nous pouvions emmener trente kilos de bagages par personne.

J'étais en train de baigner notre bébé et j'ai commencé à pleurer en disant : «Où allons nous aller ?»

Des voisins sont venus nous aider à faire nos bagages et, en fin de compte, nous avons eu un sursis, sans doute dû à l'état de mon mari. Les SS sont venus nous chercher brutalement vers midi. Ils criaient «Raus» et voulaient surtout savoir si nous avions des biens. Nous leurs disions que, jeunes mariés, nous habitions chez ma mère et que nous ne possédions rien. Des voisins le leur confirmèrent.

Nous avons été rassemblés à plusieurs familles, à peu près une vingtaine de personnes, à l'hôtel de la Marne. On apprit plus tard qu'un enfant, parti le matin de son domicile, retrouva sa maison vide à son retour, ses parents ayant été expulsés pendant son absence.

Après avoir été embarqués dans un camion, nous avons quitté Aubure entre des congères. A la tombée de la nuit, par un froid terrible, nous sommes arrivés à l'établissement Saint-André près de Cernay. Les handicapés de Saint-André avaient été évacués vers le sud de la France au début de la guerre et ils furent refoulés plus tard par les Allemands. A notre arrivée, il y avait déjà beaucoup de monde, toutes les salles étaient occupées. Pour nous, il y avait de la paille à même le ciment froid et humide. Comme nourriture, nous recevions de la soupe et un biberon pour notre bébé, mais il pleurait tout le temps car il était privé de lait pendant notre séjour forcé. Je me souviens que quelqu'un nous a donné une boîte de lait en poudre, mais nous n'avions rien pour l'ouvrir.

Avant de partir de Saint-André, tout le monde devait signer un papier où il nous était interdit de revenir en Alsace sous peine d'être condamnés à dix ans de travaux forcés.

Enfin, le mercredi matin à 6 heures, nous sommes partis en camion pour le train, toujours sous les jurons des SS. Le convoi avec plusieurs centaines de personnes s'est mis en marche ; nous ne savions pas où nous allions, sous la garde de soldats allemands. Arrivés à la ligne de démarcation, à Mâcon, les Allemands disparurent.

Après avoir été ravitaillés, nous sommes repartis et nous sommes arrivés à Lyon à minuit. Le froid était vif, les vitres du wagon étaient recouvertes de givre. A cet endroit, j'ai pu langer mon bébé avec l'aide de la Croix-Rouge.

Départ de Lyon à 4 heures du matin en direction du sud et, après un arrêt à Avignon, nous sommes repartis à Sète où le train a été coupé en deux. Le convoi où nous étions s'est dirigé sur Toulouse et Saint-Gaudens puis sur Montréjeau où nous sommes arrivés le vendredi 20 décembre 1940 vers midi. Là, nous avons été répartis avec d'autres familles de la région de Lapoutroie-Ribeauvillé dans les villages environnants. Par car, nous sommes ainsi arrivés à Le Cuing à soixante kilomètres à vol d'oiseau de l'Espagne.

Mon mari, moi et le bébé nous avons été hébergés dans une masure, rafistolée peu à peu par nous. En guise de plancher, il y avait de la terre battue, notre lit posé à même le sol. Il y avait une grande cheminée où nous faisions du feu. Je ne parle pas des W-C., on faisait nos besoins dans la nature comme les gens d'ici, jusqu'à ce que mon mari fasse un trou. Il n'y avait ni électricité, ni eau courante. Nos bagages, y compris le landau, sont arrivés au bout de sept semaines mais ils étaient mangés par les souris.

Mon mari a été déplâtré en mai 1941 à Saint-Gaudens mais il n'a pas eu de rééducation. C'est un médecin de là-bas qui s'est occupé de notre bébé et qui l'a remis sur pied.

Plus tard, nous avons appris que c'était un milicien et qu'il avait été abattu par les maquisards.

Nous touchions une allocation de quelques francs par jour. Mais même avec cette allocation nous ne trouvions rien au début dans les magasins car d'autres expulsés, arrivés un peu plus tôt, avaient tout acheté.

Par la suite, j'ai aidé les gens dans leurs travaux mais sans salaire, pour avoir un peu de ravitaillement. Dans ces conditions, bien des familles ne sont pas restées sur place, beaucoup sont parties en Algérie.

Malgré le peu de confort, l'accueil a été correct. Nous n'avons jamais été traités de «boches», sans doute parce que nous ne parlions pas le dialecte, mais après l'invasion de la zone libre il ne fallait pas trop dire que nous étions alsaciens.

Nous sommes rentrés, mon mari et moi avec notre petite le 20 mars 1945 à Aubure après un exil forcé de quatre ans et trois mois.

Pierre Ebert,

expulsé avec toute sa famille

Dans les premières heures du 14 décembre 1940, alors que Sélestat était plongée dans une nuit opaque et glaciale, des bruits insolites et inquiétants se firent subitement entendre dans les rues jusqu'alors désertes de la ville. Grondements de moteurs, bottes frappant le pavé, ordres brefs et gutturaux et puis, brusquement, de violents coups ébranlèrent la porte d'entrée de la maison familiale. Mon père, Alexandre Ebert, président des engagés volontaires de 1914-1918, était considéré par les occupants comme un traître et un ennemi du Reich.

Je venais de fêter mon quinzième anniversaire et j'étais immobilisé dans mon lit, une jambe plâtrée à la suite d'un accident. Mon père était de son côté hospitalisé à Strasbourg à la suite d'une dépression nerveuse provoquée à la fois par le traumatisme psychique de la défaite et par les nombreuses brimades et menaces de la part de la Gestapo. Ma mère, Valérie Ebert, énergique et courageuse, était de ce fait le chef de la famille et dirigeait l'épicerie familiale avec l'aide de mon frère aîné, André.

Les coups frappés à la porte devenant de plus en plus violents et les imprécations qui les accompagnaient de plus en plus menaçantes, ma mère s'habilla en hâte. Elle ouvrit la porte et se trouva face à deux agents armés de la Sicherheitspolizei qui après s'être assurés de son identité lui signifièrent que la famille Ebert avait une heure pour se préparer à être conduite à la gare avec trente kilos de bagages. Ne se laissant pas intimider, ma mère répondit fermement qu'il n'en était pas question et qu'elle se refusait à partir sans son mari. Les deux policiers un peu interloqués et impressionnés par cette attitude répondirent qu'ils allaient en référer à la Gestapo, seule qualifiée pour résoudre ce problème imprévu.

Dès leur départ, ma mère se précipita à la gare pour prendre le premier train pour Strasbourg tandis que mon frère commençait tant bien que mal à préparer les bagages et que, de mon côté, je faisais de pénibles efforts pour sortir de mon lit.

APRÈS L'EXPULSION, L'HEURE DU PILLAGE

AMS

Lorsque la camionnette de la Gestapo passa au courant de la matinée, nos parents n'étaient pas encore revenus et ce ne fut finalement qu'en considération de mon état que les agents voulurent bien renoncer à nous embarquer.

Le train des expulsés de Sélestat avait quitté la gare lorsque celui venant de Strasbourg ramenant mes parents y entrait. La Gestapo, qui les guettait et qui les prit en charge sans ménagement, leur annonca qu'ils partiraient le lendemain avec le train des expulsés de Haguenau. Le lendemain, la camionnette revint nous chercher. Au moment de franchir le seuil de la vieille maison familiale, ma mère, dans un ultime sursaut de défi, nous intima : «Surtout ne pleurez pas, ne faites pas ce plaisir à ces boches!»

A la gare, on nous enferma comme des malfaiteurs dans une petite pièce gardée par deux solides Bahnhofspolizei qui lorsque le train de Haguenau s'arrêta m'empoignèrent pour m'y hisser car je ne pouvais pas marcher. Lorsque le convoi s'ébranla, je compris la véracité de l'adage qui dit que partir c'est mourir un peu. Dans les wagons surpeuplés et verrouillés, nous étions onze dans notre compartiment avec les bagages. Tous les expulsés étaient prostrés, accablés par ce qui leur arrivait et par la crainte d'un avenir que nous avions toutes les raisons de redouter, car nul n'avait jugé utile de nous indiquer notre destination. Le bruit courait que nous allions en Pologne.

Notre soulagement fut grand lorsque après avoir quitté Mulhouse, nous remarquâmes que le train prenait la direction de Belfort.

Assis à califourchon sur un bout de banquette et sur une valise, je ne pus dormir de toute la nuit, tant ma jambe me faisait mal.

Au petit matin, nous arrivâmes en gare de Châlons-sur-Saône. L'escorte armée qui entourait le train à chaque arrêt resta sur le quai lorsque le convoi repartit en direction de Mâcon.

Nous roulions depuis un certain temps, scrutant intensément la campagne traversée, lorsque, vision bouleversante, nous aperçûmes à quelques centaines de mètres devant nous, mais grandissant à vue d'œil, un drapeau tricolore flottant au vent.

Spontanément et unanimement, une extraordinaire *Marseillaise* éclata dans tous les wagons du train. Tous ces pauvres gens avaient tout perdu sauf l'intense amour qu'ils portaient à leur patrie et chantaient d'une voix parfois brisée par les sanglots, tandis que des larmes de joie ruisselaient sur leurs joues. Quelques instants après, en gare de Mâcon, un détachement de troupes françaises nous présenta les armes.

Les wagons furent déverrouillés et nous continuâmes notre exode vers les régions d'accueil dans lesquelles nous allions séjourner pendant près de cinq ans et où nous connûmes la misérable condition de réfugiés sans grandes ressources. Notre famille, pour sa part, trouva refuge à Lourdes, dans les Hautes-Pyrénées.

Mon père Alexandre échappa à deux reprises et d'extrême justesse à la Gestapo. Mon frère André, membre du réseau Cavaillès, eut moins de chance, il fut arrêté en 1943 à Clermont-Ferrand et séjourna successivement dans les camps de Buchenwald et de Dora d'où il revint par miracle. J'eus pour ma part l'occasion de rendre quelques services à la Résistance. Nous eûmes le bonheur de nous retrouver tous à Sélestat au lendemain de la guerre, dans la vieille maison familiale, hélas très endommagée et intégralement pillée.

Charles Seipel
passe la ligne de démarcation sous les balles allemandes

Après mon service militaire, j'ai été rappelé sous les drapeaux le 21 mars 1939. En juin 1940, j'ai combattu avec le 260e RI avec lequel j'ai effectué la retraite jusqu'en Charente. J'avais alors 23 ans. Démobilisé le 2 septembre 1940 à Abzac, dans ce même département, je me suis rendu à Ornans (Doubs) où j'avais travaillé avant mon rappel. Me trouvant à Besançon le 9 septembre pour rendre visite à un ami, j'ai été interpellé en pleine rue par une patrouille allemande et le chef de cette patrouille, voyant mon nom alsacien et mon lieu de naissance sur ma feuille de démobilisation, unique papier en ma possession, m'ordonna de le suivre.

J'ai passé la nuit du 9 au 10 septembre dans un local de la caserne Griffon en compagnie d'autres jeunes gens de mon âge. Le lendemain matin, de bonne heure, encadrés par deux gendarmes allemands, nous avons pris un train de démobilisés à Besançon, à destination de l'Alsace.

A Belfort, mes gardiens me mirent entre les mains de deux autres gendarmes et nous voilà repartis. A Mulhouse, je compris que notre province n'était plus française en découvrant les écriteaux en langue allemande, notamment celui qui portait «Die deutsche Ordnung grüsst euch in der Heimat» (L'ordre allemand vous salue dans la patrie). A ce moment, j'aurais voulu sauter du train et faire demi-tour. A Colmar, après l'arrivée, j'ai dû promettre d'aller à Riquewihr, mon village natal.

Deux jours après mon retour, j'ai eu la visite «d'un de ces messieurs.» J'ai aussitôt compris que j'étais surveillé et j'ai pensé que, tôt ou tard, les Alsaciens seraient incorporés dans l'armée allemande. J'ai pris la décision de m'évader après les vendanges et j'ai mis ma mère au courant de mon projet. Ma mère avait elle aussi tout compris, mais l'idée de mon départ lui fut très pénible car peut-être était-ce pour ne plus nous revoir.

Le 10 décembre 1940, à 5 heures du matin, en compagnie d'un camarade du village, nous sommes partis à pied, à travers les vignes et la forêt, en direction de Colmar où nous avons pris un train vers Mulhouse puis de là vers Belfort. Sachant que nous serions contrôlés à Altmünsterol (Montreux-Vieux), gare frontière, nous sommes descendus à Altkirch. A partir de cette localité, nous sommes allés à pied en traversant la frontière à travers les champs. A Belfort, nous avons passé la nuit à la belle étoile. Dans la matinée du 11 décembre, nous avons pris un train pour Besançon où mon camarade m'a quitté.

Je me suis rendu à Ornans, chez mon ancien patron où je suis resté quatre jours, ne voulant pas lui attirer d'ennuis. Je l'ai quitté le 15 décembre en emportant un baluchon de linge. Après avoir passé la nuit chez un ami, je me suis rendu le lendemain matin à la gare routière où j'ai fait la connaissance de deux prisonniers de guerre français évadés d'Allemagne ; ensemble nous avons décidé d'aller en zone libre.

Dans l'autocar en direction d'Arbois, le chauffeur comprit notre situation et nous conseilla de descendre avant l'arrivée car les voyageurs y étaient contrôlés. Nous avons donc fait le restant du trajet à pied à travers champs dans l'attente de la tombée de la nuit pour entrer à Arbois qui se trouvait à quelques kilomètres seulement de la ligne de démarcation.

Dans cette ville, nous nous sommes mis en relation avec un passeur dont on m'avait donné l'adresse et ce brave jeune homme, presque encore un gamin, nous a conseillé de ne pas partir le soir même. Après être restés camouflés au moulin d'Arbois pendant deux jours, nous avons quitté les lieux le 19 décembre à 3 heures du matin.

Nous étions huit évadés plus le passeur et nous marchions à travers les champs et la forêt en direction de la France libre. Le route était longue, les nerfs tendus, nous nous donnions la main pour ne pas nous perdre dans la nuit noire et nous avancions très lentement et avec beaucoup de précautions en raclant le sol avec nos chaussures pour tâter le chemin. Nous nous arrêtions pour tendre l'oreille au moindre bruit.

A 5 heures du matin, nous entendîmes le piétinement régulier des bottes d'une patrouille allemande. Camouflés jusqu'au cou dans les champs, nous sommes restés une heure dans l'herbe mouillée à surveiller les patrouilles. Leurs passages étaient irréguliers avec des intervalles assez longs. Après un instant d'attente suivant le passage d'une patrouille et sur le signe de l'un d'entre nous (le passeur était reparti), nous nous sommes glissés jusqu'au chemin en rampant, et, d'un bond, le dos courbé, nous avons traversé le chemin faisant office de ligne de démarcation, l'autre côté étant la zone libre.

Or, au moment de notre bond, des coups de feu claquèrent. Nous avions été repérés. L'un de nous fut légèrement touché, six passèrent sans casse mais le huitième n'arrivait pas. Ne le voyant pas venir, nous avons cru qu'il s'était perdu et de fait nous avons appris quelques jours plus tard qu'il avait été gravement touché et était mort de ses blessures. Il faut dire qu'avant notre évasion nous nous étions mis d'accord que nous continuerions notre chemin en cas de coup dur sans nous occuper des blessés ou des tués. Quant au blessé léger, nous l'avons emmené avec nous à Villette-les-Arbois pour le faire soigner ; sa blessure était heureusement sans gravité.

Les six rescapés poursuivirent jusqu'à Poligny. Nous y trouvâmes les premiers militaires français. Il va sans dire que nous avons passé une bonne nuit dans le foin d'une grange à dormir à poings fermés.

Le 20 décembre, tous les six nous avons pris le train à destination de Lons-le-Saunier où trois nous ont quittés tandis que les trois autres, dont moi, sont partis vers Clermont-Ferrand et Limoges. Nous nous sommes séparés dans cette dernière ville, mes camarades s'en sont allés chez eux, l'un en Corrèze, l'autre en Charente. Je suis resté à Limoges, à l'aventure, mais n'y ayant trouvé aucun travail je suis parti à Ansac-sur-Vienne où j'ai été employé dans un groupe de démobilisés.

Le 23 janvier 1941, je me suis rengagé au 30e bataillon de chasseurs à pied, l'armée d'armistice, à Limoges, car mon intention était de rejoindre l'Afrique du Nord.

Voyant qu'il n'y avait aucune possibilité de le faire en restant chez les chasseurs, j'ai demandé à passer dans la Garde (ancienne garde républicaine mobile) et, en août 1941, j'ai été affecté à un escadron à Châteauroux. Hélas, là non plus, je n'ai pas eu l'occasion d'aller en Afrique.

Après avoir envahi la zone libre, les Allemands voulurent occuper notre caserne et nous étions à deux doigts d'ouvrir le feu malgré notre faiblesse en armement et en munitions.

Les temps devinrent de plus en plus durs, et même dangereux pour les évadés d'Alsace-Lorraine car nous savions que si l'on se faisait prendre par les Allemands, il n'y aurait aucun pardon à espérer. A leurs yeux nous étions des déserteurs. A un moment donné, nous avons été dirigés vers le plateau des Glières avec, derrière nous, la milice qui ne nous faisait guère confiance et les Allemands. C'est à cette occasion que j'ai fait l'agent de liaison avec les maquisards qu'il fallait officiellement combattre bien que le cœur n'y était pas.

A la suite d'un renseignement erroné, ou encore d'une provocation de la milice, le maquis a ouvert le feu sur nous et à cette malheureuse occasion nous avons eu à déplorer quatre tués dans nos rangs. Malgré ce revers, notre unité a participé à diverses formes de résistance ; par exemple en camouflant des maquisards, en alertant les jeunes gens d'une prochaine rafle alors que nous faisions la promenade des chevaux ou encore en aidant et en protégeant ceux qui sabotaient la voie ferrée de la ligne Paris-Toulouse aux environs de la Souterraine, aux fins d'entraver les mouvements de troupes allemandes.

La drôle de guerre Qui immobilisa Sartre

1940

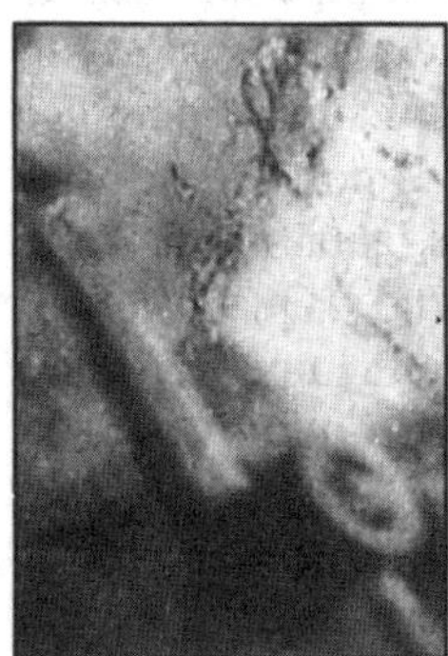

DOMINIQUE JUNG

Sartre fait partie des milliers de mobilisés qui se retrouvèrent cantonnés en Alsace de septembre 1939 au printemps 1940. Pas de privilège particulier. Il vit avec la troupe. Dans ses *Carnets,* il raconte la drôle de guerre au quotidien, avec sa mollesse, ses incertitudes et sa perverse ambiguïté.

«Soldat Sartre - Poste de sondage - Etat-major d'artillerie - Secteur 108»

L'adresse ci-dessus, expurgée pour raison de guerre de toute précision géographique, fut rédigée une bonne centaine de fois par Simone de Beauvoir entre l'automne 1939 et le printemps 1940. Epistolière acharnée, celle qui signait «Votre charmant Castor» [1] apprit bien vite, malgré les règles du «secret-défense», que ses missives prenaient la direction de Brumath. C'est là que «le soldat Sartre» avait été envoyé dès l'ordre de mobilisation. Il avait trente quatre ans, était encore peu connu, et peu impliqué dans la politique. Par rapport à l'image célébrissime que nous avons eue de lui ultérieurement, les *Carnets de la drôle de guerre* correspondent à la préhistoire sartrienne. Sartre avant Sartre !

Il se définit simplement comme «un bourgeois mobilisé» qui noircit des carnets à propos de «la guerre qu'on lui fait faire». Pas de vedettariat. Aucun de ses camarades de chambrée ne semble d'ailleurs s'extasier de partager l'ordinaire d'un intellectuel notoire. A cette époque, on n'a guère de lui que deux romans, *La Nausée* (1938) et *Le Mur* (1939), ainsi que deux essais, *L'Imagination* (1936) et *Esquisse d'une théorie des émotions* (1939). Sa première grande œuvre philosophique, *L'Etre et le Néant,* paraîtra en 1943. Agrégé depuis 1929, il avait enseigné à Laon, au Havre, puis au lycée Pasteur de Neuilly, établissement dans lequel il aurait dû retourner si la guerre n'avait pas commencé.

Il quitta Paris le 2 septembre au petit matin. Simone de Beauvoir raconte joliment la scène : «On dirait un roman de Kafka. On a l'impression d'une démarche absolument individuelle de Sartre, une démarche libre et gratuite, avec pourtant une profonde fatalité qui vient du dedans, par-delà les hommes — en effet les gendarmes accueillent d'un air calme et indifférent ce petit homme à musette qui demande à partir. Allez gare de l'Est, lui disent-ils, presque comme à un maniaque...»

A Brumath, les photos révèlent un Sartre parfois barbu, la pipe au bec, les bandes molletières négligemment enroulées, avec la fonction de «sondeur», c'est-à-dire de météorologiste, prolongement tardif d'un service militaire accompli en 1930 dans la station météorologique de Saint-Symphorien. Il porte l'uniforme bleu de l'aviation, qui le différencie aisément de la masse des fantassins en kaki.

L'atmosphère délétère de la «drôle de guerre» le gagne vite. «Quand je suis parti, en septembre, chaque instant avait un avenir indéfini et lointain : la fin de la guerre. Peu à peu, cet avenir s'est évanoui. Je n'ai plus qu'un souvenir quotidien et quelques repères : les visites, la permission prochaine. Cela suffit à rendre la vie très supportable», écrit-il le 12 novembre 1939. Il n'y a pas le feu. Ou plutôt, on n'est pas sous le feu.

Bien que stationné à portée des Allemands, Sartre mène une vie très éloignée du baroud. Les escarmouches, rares, font figure de bavures. «Il se confirme que les rares tués ou blessés de ce secteur l'ont été, de part et d'autre, par représailles, à la suite d'un coup de feu inopportun». Un chasseur de retour de la première ligne raconte que les Allemands sont à deux cent cinquante mètres. «On les voit très bien. Les premiers jours, ils jouaient dans l'herbe. Ils avaient des accordéons et des harmonicas. Mais, il y a huit jours, un Marocain de chez nous a descendu un des leurs à coups de fusil, et, depuis, il n'y a plus moyen de sortir de l'abri sans qu'ils nous tirent dessus.»

Hang, un compagnon alsacien de Sartre mobilisé comme lui, rapporte deux autres anecdotes, à la fin novembre 1939 : «Près de Wissembourg, une patrouille française est surprise par les Allemands. Les hommes s'enfuient, le sergent est fait prisonnier. On l'emmène dans une casemate, un officier l'interroge en excellent français. Le sergent fait la bête, mais craint qu'on le malmène un peu pour le faire parler. Au bout d'une demi-heure, l'officier allemand lui dit : «Bon, eh bien à présent foutez-moi le camp, rentrez chez vous et ne venez plus nous emmerder avec vos patrouilles.» Autre histoire : «Une nuit, la 65ᵉ, en grand secret, vient occuper son secteur. Le lendemain matin, pancarte allemande de l'autre côté des lignes : «Bienvenue à la 65ᵉ !»

Simone de Beauvoir, venue — illégalement — passer cinq jours à Brumath, ressentit pareillement cette ambiance de guerre en mode mineur. Elle était partie de Paris le 31 octobre, dans un train plein de soldats, qu'elle observe avec sa minutie habituelle : «Je me pénètre de leur manière de parler, leur odeur, leur habillement, je commence à plonger dans ce monde de Sartre. Impression ambiguë : un peu d'horreur en pensant que ces types se feront casser la figure, en même temps je n'arrive pas à y croire, ça garde un air de manœuvres, de guerre-attrape.»

Traversée de Nancy, où presque toutes les maisons sont barricadées avec des palissades de bois, obtention d'un permis de visite de vingt-quatre heures en Alsace, sauts de puce de gare en gare jusqu'à Brumath, nuit à l'hôtel «Ville de Paris». Le lendemain matin, elle tombe sur Sartre, qui, n'ayant pas reçu son télégramme, ne l'attendait pas. Jusqu'au 5 novembre, elle le verra par petits bouts de deux ou trois heures, arrachées à l'emploi du temps lâche mais maniaque des militaires. Ils prennent leurs repas ensemble à la Taverne de la rose, au Cerf ou au Bœuf noir, en se méfiant des gendarmes prompts à interpeller les visiteurs clandestins. Sartre regagne son cantonnement pour répondre à l'appel ou simplement parce qu'il n'a pas le droit d'être en ville après 21 heures.

Simone de Beauvoir découvre une vie militaire «détendue et toute mêlée à la vie du village, les tavernes pour soldats, les commerçants qui ne vendent plus qu'aux soldats, les rues où ils défilent, les maisons, les cours où ils bivouaquent ; ils sont la vie et la mort de cet endroit».

Le 5 novembre, elle reprend le train vers Paris, au milieu des permissionnaires qui lui racontent paisiblement comment Allemands et Français pêchent à la ligne de chaque côté du Rhin, comment une mitrailleuse allemande ayant tiré quelques coups, on avait vu apparaître aussitôt une pancarte : «Soldats français, c'est un maladroit qui a fait partir ces coups sans le faire exprès, nous ne tirons pas sur vous.»

La drôle de guerre mérite bien son nom. On peut sans exagération lui appliquer la définition que Julien Green, dans *Le Figaro,* réserva à la dernière semaine d'août 1939 : «une catastrophe au ralenti».

Ceux qui pensaient à la guerre comme à un cataclysme furent surpris par la tournure amorphe des événements. On était dans la phase préliminaire. La guerre était déclarée, mais personne n'osait la faire. Retarder l'inévitable, profiter de l'ultime sursis était la seule marge de manœuvre des civils mis en uniforme. Sartre le souligne, il n'est pas «réellement un combattant», seulement «un mobilisé». On se berce d'illusions, on se rassure comme on peut. «J'ai honte de l'avouer, je commence à attendre la fin de la guerre. Oh, c'est une croyance imaginaire, je l'attends comme j'ai attendu pendant l'hiver 38 la fin de la paix, je n'y crois pas. Mais enfin, je suis mal assis dans la guerre comme j'étais en 38-39 mal assis dans la paix.»

Le malaise vient de ce qu'il est impossible de prévoir la durée de la guerre. Six moix ou six ans ? A l'inverse de l'optimisme martial de 1914, les tenants de la guerre éclair, de la promenade militaire sont peu nombreux. L'optimisme personnel de Sartre le porte «sournoisement à espérer une guerre courte». Il dit avoir «fait provision de courage jusqu'au printemps 41».

En décembre, l'état de «ni paix ni guerre» devient très pesant. Les spéculations tournent à l'impasse. «La situation est si stationnaire que certains souhaitent que ça change. Mais réfléchissant soudain que si ça change, nous recevrons des coups, ils renient leurs paroles imprudentes et se prononcent pour le *statu quo*. A quoi un autre oppose que le *statu quo* nous condamne à rester ici jusqu'à la vieillesse. On parle alors d'autre chose.»

Sartre lui-même manifeste de l'impatience : «la guerre n'a jamais été plus insaisissable que ces jours-ci. Elle me manque, car enfin si elle n'existe pas, qu'est-ce que je fous ici ?» Cette interminable latence se communiquait aux civils où, pour tout dire, elle ne faisait pas très sérieux. Au fil des semaines, les mobilisés ont aux yeux de l'arrière une fâcheuse réputation de champions de belote et de virtuoses de la manille ! Un soldat se plaint de ce que sa femme commence à le traiter d'embusqué. Elle lui écrit, à propos d'une lettre commerciale urgente : «Ecris-lui, toi, puisque tu n'as rien à faire. Moi je n'ai pas le temps.»

Ce n'est pas la guerre en dentelles, c'est la guerre oisive. Le 22 décembre, Sartre esquisse un pèlerinage à Pfaffenhoffen, village dans lequel, en 1913, il avait été en vacances chez sa tante Caroline Biedermann [2]. Mais finalement il reste dans la rue, malgré «l'envie symbolique d'entrer dans un intérieur, de revoir des civils vaquant à des occupations civiles, de (s')enfoncer au cœur sombre et doux de la paix, de parler à une femme». «Bref, conclut-il, envie de foutre le camp d'ici.»

Sartre compense l'indolence militaire en travaillant d'arrache-pied. Pour cet intellectuel, Brumath est presque «une retraite». Il utilise savamment les nombreux temps morts à lire ou à écrire pendant une dizaine d'heures par jour. Il commence ce qui sera *L'Etre et le Néant*, poursuit *L'Age de raison*, multiplie les lettres (au Castor et à ses autres amies), tient scrupuleusement son journal.

Il y consigne soigneusement les réactions des Français de l'intérieur face à leur mobilisation en Alsace. Sartre en a des échos directs par ses voisins de chambrée. Le courant avec les autochtones est loin de passer. Un adjudant déclare tout crûment : «vous verrez, le plus chouette en permission, ça sera d'entendre parler français par des Français de France». Tout le monde s'afflige d'entendre les enfants s'exprimer en alsacien. Un sergent se désole : «On a été trop doux, beaucoup trop doux en 1918. Respecter les croyances, c'est très joli, mais il fallait en faire des Français d'abord.»

A l'autre bout de la France, la réciproque est vraie : les Alsaciens évacués dans le Sud-Ouest traitent les Limousins de sauvages. «Le mot revient souvent dans toutes les lettres ; c'est vraiment une représentation collective», note Sartre, qui

1940

«CETTE GUERRE, QUI N'EST PAS BIEN TERRIBLE MAIS QUI A TOUT DE MÊME UN DISCRET AVENIR DE DESTRUCTION ET DE MORT...»

COLLECTION PARTICULIÈRE
EXTRAIT DE «SARTRE. IMAGES D'UNE VIE»
EDITIONS GALLIMARD

entend dire que les Alsaciens sont accusés par les Périgourdins «d'être cause de la guerre, car Hitler veut reprendre l'Alsace-Lorraine» !

Dans l'atmosphère artificielle qui soumet toutes les informations au crible de la censure, les bruits de chambrée prennent des proportions considérables ; beaucoup d'entre eux font état de pillage dans les communes évacuées. «Du côté de Sarreguemines, les soldats cantonnés ont tout cassé, chié dans les lits, brisé les armoires à coups de hache.» Mais ces bruits sont contradictoires. Un soldat affirme qu'à Strasbourg, «la police est bien faite et sévère» alors qu'une femme soutient au contraire qu'un gardien de Strasbourg «spécialement chargé de la surveillance des immeubles revient régulièrement avec des paquets pleins de linge et de vêtements». Mais, dans tous les villages qui n'ont pas été évacués, le réflexe des Alsaciens est le même, surtout éviter l'exil dans le Sud-Ouest parce que «là-bas, on nous prendra pour des Boches» et que, pendant ce temps, la maison va être dévalisée...

Sartre retrouve dans ces échos le mécanisme premier de la rumeur, à savoir que la source initiale n'est pas identifiée. Il note une psychose de l'évacuation et du pillage à Brumath. Mais les bruits dont elle se nourrit sont inconsistants. «Ce sont des brouillards. Aucune précision. Les faits sont comme voilés et vagues à dessein. Par exemple, il n'est pas vrai qu'on lui ait dit : «Un militaire a envoyé des caisses pleines de linge par la poste.» Non, c'est plus vague et plus mystérieux. C'est de la forme : *«il y a eu* des caisses pleines de linge à la poste.» (...) D'ailleurs, si on cherche à faire préciser le bruit, il fond. Les Alsaciens se méfient et disent : «Oh, vous savez, moi je n'étais pas là : voilà ce qu'on m'a dit.»

Pourtant, les bruits se font insistants. «Il se confirme que, du côté de Wissembourg, les soldats français ont tout pillé.» Le 21 décembre, Sartre rapporte le témoignage d'un certain Klein, chauffeur du colonel, qui revient d'un village proche de la frontière — dont le nom n'est pas précisé. Klein dit avoir personnellement vu ceci : «Glaces des armoires brisées, meubles fendus à coups de baïonnette, linge pillé — celui qu'on n'a pas pu emporter est déchiré. Les tuiles des toits sont brisées, l'argenterie a disparu. Dans les caves, les types ont bu ce qu'ils pouvaient. Et puis, quand ils n'ont plus pu, ils sont partis en laissant les robinets des tonneaux ouverts. La cave est inondée de vin.»

Qui est responsable ? On n'en sait rien. Les relèves successives des divisions dans un même secteur embrouillent l'enquête. On s'accorde à penser que ces exactions remontent au tout début de la guerre, quand on croyait qu'elle serait un cataclysme. Sartre entend l'explication suivante : «Les soldats se hâtaient de piller, pensant qu'après un pilonnage d'artillerie, toute trace de pillage serait effacée avec l'existence même des maisons pillées. Et puis la guerre est devenue un long ennui, une longue attente, et les maisons pillées demeurent, scandaleuses et indiscrètes.»

Que faire pour éviter l'indignation des propriétaires ?

— «Ça n'est pas possible qu'on les leur rende comme ça, ça fera des troubles. Il faudra bien leur dire que ce sont les Boches qui ont tout pillé. Mais pour ça, il faudrait que les Boches attaquent», s'exclame un sergent effaré.

Entre-temps, Sartre a quitté l'école de Brumath pour un autre casernement, un hôtel de second ordre destiné aux curistes, à Morsbronn. L'hiver est rude et blanc. Il fait - 10° le 23 décembre, «un froid antiseptique et charmant», note Sartre, qui regrette Brumath parce qu'à Morsbronn il est affecté au standard. On lui passe environ deux cents communications par jour et il n'a plus le temps de travailler. Heureusement, au bout d'une douzaine de jours, le téléphone est confié à un régiment de génie ; Sartre retourne à ses chères études. Il lit tout ce que Simone de Beauvoir lui envoie et tout ce qui passe à portée de sa main : Marivaux, Mac Orlan, Mérimée, Morand, Gide, Queneau, Kafka, Koestler, Kierkegaard, qu'il aime, et Flaubert, qu'il n'aime pas...

SARTRE LIT LES PILES DE LIVRES QUE LUI ENVOIE SIMONE DE BEAUVOIR

On ne possède pas la totalité des carnets. Seuls ceux numérotés III, V, XI, XII et XIV ont été conservés. Les autres ont été égarés, dans un train semble-t-il. Ces notes prises au jour le jour couvrent, de façon discontinue, la période comprise entre novembre 1939 et mars 1940, qui correspond aux affectations à Brumath, Morsbronn et Bouxwiller. Curieusement, dans ce contexte spécifique de guerre, les réflexions politiques sont rares. Hitler ne vient qu'exceptionnellement sous la plume ; le mot *nazi* n'apparaît pas (Sartre parle des Allemands, ou, en citant ses collègues, des Boches). Pas non plus de réflexion dense sur la récente montée du fascisme en Europe (alors que Sartre avait été pensionnaire de l'Institut français de Berlin de 1933 à 1934, c'est-à-dire juste au moment de l'avènement d'Hitler à la chancellerie). Dans les quatre cents pages qui font les *Carnets* en notre possession, l'immédiateté des notations quotidiennes occulte la brutalité de l'Histoire en train de se faire.

Sartre était d'ailleurs conscient du caractère partiel de son témoignage, dont il assumait les lacunes. «Je ne suis pas en position privilégiée, par exemple dans la ligne Maginot ou au contraire, à l'arrière, au 2e Bureau, ou parmi les censeurs. Je suis dans un état-major d'artillerie à vingt kilomètres du front, entouré de petits et moyens bourgeois. Mais précisément à cause de tout cela, mon journal est un témoignage qui vaut pour des millions d'hommes. C'est un témoignage médiocre et par là même général (...). Je suis enhardi par la médiocrité même de ma condition, je n'ai plus peur de me tromper et je parle hardiment sur cette guerre parce que mes erreurs auront une valeur historique. Si je me trompe en considérant cette guerre comme une escroquerie, etc., cette erreur n'est pas seulement ma propre sottise, elle est représentative d'un moment de cette guerre.»

Pour Sartre, ce premier moment de la guerre se terminera par neuf mois de captivité, d'abord en Lorraine, puis au stalag XII D de Trèves, entre juin 1940 et mars 1941. Le 11 juillet 1940, Simone de Beauvoir apprend son internement par un mot au crayon, dans une enveloppe ouverte. Mais Sartre ne pourra vraiment recommencer à lui écrire qu'à partir du 17 octobre, et encore uniquement sur les formulaires officiels allemands.

Ultérieurement, il contournera la censure pour envoyer du courrier clandestin à Paris. Dans l'une de ses lettres, il raconte avec humour sa condition de prisonnier et ses débuts d'auteur de théâtre.

«J'ai trouvé la planque ici. Tout d'abord j'étais malade pour «faiblesse d'esprit» (aimable plaisanterie) à l'infirmerie. Je me portais au mieux ; j'avais été mis là par un médecin allemand, ami des lettres, qui voulait me permettre d'écrire. Je logeais dans une toute petite chambre que je partageais avec deux camarades, je travaillais énormément et puis d'obscures intrigues m'ont fait chasser de l'infirmerie et j'ai vu le moment où je serais expédié dans quelque ferme ou quelque autostrade.

«Le plus pénible, c'est qu'on m'a pris tous mes écrits, en me promettant il est vrai de me les rendre. Mais par un prompt rétablissement, je me suis aussitôt fait inscrire chez les artistes, une trentaine de chanteurs et musiciens qui font des représentations dans le camp pour distraire leurs camarades. Comme le capitaine Fracasse, je leur fais des sketches et la mise en scène. Nous sommes très bien vus. On joue dimanche une pièce policière de moi, c'est mon début au théâtre.

«Mes camarades sont charmants et très vivants. Nous sommes vingt-cinq dans une chambre (...). Je n'ai pas froid (nous avons du charbon — cent kilos pour dix jours), je n'ai pas faim (une bonne âme me donne du pain). J'ai des vêtements chauds et des couvertures. Si vous pouviez m'envoyer une ou deux paires de chaussettes, ça me ferait grand plaisir. Un savon serait aussi de première nécessité et un savon à barbe (...). Je ne m'ennuie jamais. Je fais des cours de philo à des prêtres (un jésuite, un dominicain et un curé de campagne) sur la liberté, sujet mélancolique et d'actualité.»

L'intellectuel ne fait plus semblant d'être militaire. Définitivement.

NOTES

1. Ce surnom vient d'un jeu de mots franco-anglais sur Beauvoir/beaver (le castor).
2. Sartre (né à Paris en 1905) avait des ascendants alsaciens ; par sa mère, il appartenait à la famille d'Albert Schweitzer.
Mais il avouait «haïr la province, n'avoir aucune attache régionale, être sensible plus qu'un autre au mythe du Paris-grand'ville» (cf. *Carnets* p. 355).

BIBLIOGRAPHIE
Jean-Paul Sartre, *Carnets de la drôle de guerre* (Gallimard)
Simone de Beauvoir, *Journal de guerre* (Gallimard)

Les rêves brisés de la ligne Maginot

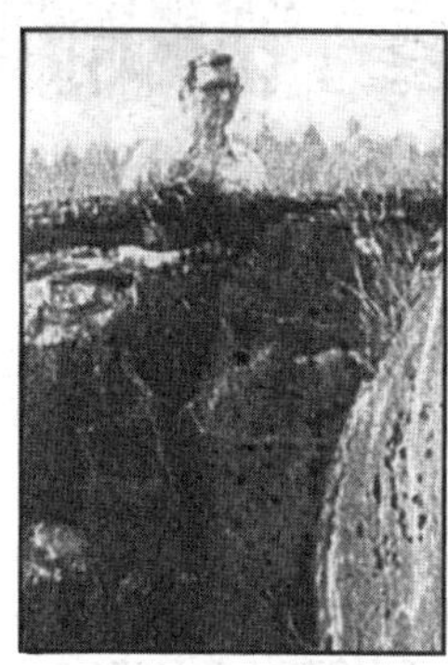

MICHEL TRUTTMANN

«On ne passe pas». La fière devise des soldats de la ligne Maginot a bien failli être respectée. C'était sans compter avec les carences de la stratégie de défense française. L'Histoire ne doit pourtant pas oublier les pages héroïques qui s'écrivirent le long des deux cents kilomètres alsaciens de la Ligne en mai-juin 1940.

Le 28 juin 1919, le traité de Versailles signé, la France fait ses comptes. Près d'un million et demi de victimes, des villes entières dévastées, un potentiel économique fortement diminué par les destructions de guerre.

Pour éviter au pays d'être plus tard pris au dépourvu, le traité nous garantit un report de la frontière militaire à cinquante kilomètres à l'est du bord du Rhin et l'occupation temporaire de la Rhénanie. Une réduction très importante des effectifs de l'armée allemande doit en outre rassurer l'opinion (100 000 hommes maximum).

C'est dans ces conditions d'après guerre que le maréchal Pétain, grand vainqueur de Verdun, parvenu à la tête du haut commandement début 1920, couronne les études pour assurer l'intégrité de nos frontières au sein d'un groupe de généraux aux conceptions fort diverses.

La réalisation de fortifications aux frontières terrestres fut jugée prioritaire et moins onéreuse pour des finances au plus mal. Ainsi donc, l'armée motorisée envisagée fut mise au second plan par rapport à la fortification. Pendant près de quinze ans, instructions, exposés, commissions officielles se succèdent pour mettre au point et réaliser la célèbre ligne fortifiée.

Tout d'abord, *la Commission de défense du territoire* (1922-1923). Elle tient deux réunions et rédige un rapport préconisant trois régions fortifiées distinctes — Metz, Lauter, Belfort — établies face à des trouées naturelles. Celles-ci permettent en outre de porter l'offensive en territoire ennemi. Les thèses de cette commission restent très générales.

Trois ans plus tard, la *Commission de défense des frontières* (1926-1931) pose les principes essentiels de l'organisation à construire dans son volumineux rapport du 6 novembre 1926 (119 pages). Les buts sont clairs : interdire l'accès au cœur du pays par les grandes voies d'invasion ; mettre la France à l'abri d'une attaque surprise ; protéger nos régions industrielles ; pouvoir lancer de profondes et massives attaques et contre-attaques à partir de la position fortifiée.

Les trois régions fortifiées sont nettement explicitées. En outre, les zones à relief accidenté (en Alsace : basses Vosges et Sundgau) sont prévues «en destruction» et les cols alpins sont barrés ponctuellement par des ouvrages puissants.

La frontière du nord, très perméable, serait organisée en secteurs de résistance appuyés sur des zones d'inondation. La plupart des vieilles places fortes seraient déclassées. Le coût prévu est estimé à 5 milliards de francs. Il ne comprend pas le sud-est du pays.

C'est la *Commission d'organisation des régions fortifiées* (CORF) qui mène à bien les études tactiques (septembre 1927-janvier 1936).

Présidée par le général Belhague, la CORF est l'organisme qui prolonge en direction des bureaux d'études locaux les idées du Conseil supérieur de la guerre. C'est, en quelque sorte, le maître d'œuvre de toute la ligne Maginot.

Le programme d'ensemble fut présenté très sommairement par le ministre de la Guerre, Paul Painlevé. Mais, ironie du sort, l'Histoire ne retiendra que le nom de son successeur, André Maginot, qui défendit le projet devant le Parlement. Le 14 janvier 1930, la loi accorde ainsi 2 900 millions de francs sur cinq ans à la réalisation des forts. Devant l'insistance du maréchal Pétain et de parlementaires, la somme est augmentée de 542 millions à la fin de l'année. Dans ce «magot», un peu plus du quart revient à l'Alsace et un dixième aux Alpes. Mais c'est la Lorraine qui obtient la majorité des crédits.

Les conceptions générales de défense, à partir de la ligne Maginot, ont été développées dans de nombreux ouvrages. Nous allons détailler ici celles qui concernent l'Alsace, en abordant les différents secteurs concernés.

1940

En 1920, le général Humbert, gouverneur de Strasbourg, propose au nord une «région fortifiée Lauter-Vosges» pour «étayer à gauche la défense du Rhin». Deux ans plus tard, son successeur, le général Berthelot, propose une position de résistance sur le Rhin complétée par «une zone renforcée au nord de l'Alsace» face à la Lauter. Au pied des Vosges, une position approfondirait le dispositif.

Les missions de la région fortifiée de la Lauter sont énoncées en 1923 : couvrir à distance d'une trentaine de kilomètres le débouché en Alsace des voies ferrées traversant les basses Vosges par Ingwiller et Saverne, protéger le flanc droit de l'armée de Lorraine, former le pivot d'une offensive en direction de Mayence.

LA LORRAINE OBTINT LA MAJORITÉ DES CRÉDITS, UN QUART REVINT À L'ALSACE, UN DIXIÈME AUX ALPES

Le 6 novembre 1926, la CDF présente entre Vosges et Rhin un tracé passant par le col du Pfaffenschlick, Bremmelbach, Trimbach, le plateau de Seltz et «une position de barrage en fortification passagère» au nord de la forêt de Haguenau. Dans les basses Vosges, aucune organisation fortifiée permanente n'est prévue à l'époque : seuls des détachement d'infanterie casernés dans la vallée du Schwartzbach protégeront les destructions. Entre Vosges et Rhin, le général Berthelot préconise un tracé en «retour de flanc» poussant vers Sessenheim, évitant ainsi à la position d'être tournée à Seltz.

Peu après la présentation du rapport de la CDF, des avant-projets complets sont établis par la délégation locale de Strasbourg (colonel Frossard). En juin 1927, le maréchal Pétain effectue une reconnaissance dans le secteur et arrête définitivement le tracé. C'est sur ces bases que la CORF adopte celui-ci (9 décembre 1927) et que le ministre l'approuve (30 juin 1928). Le 27 mai 1929, l'avant-projet est rédigé à Strasbourg.

D'importantes restrictions de crédits rejettent certains forts en seconde urgence (Kœnigsbrück, Auenheim...), d'autres sont victimes d'un terrain très défavorable au creusement de galeries (Oberrœdern). Hoffen, Hunspach, Bremmelbach ne verront s'édifier que de modestes casemates d'infanterie pour raisons d'économie en lieu et place d'ouvrages à galeries.

Projets et travaux sommaires à Mutzig

Le colonel Tulpin, gouverneur de la place, remet ses conclusions sur l'aménagement de la «Feste» (ouvrage ex-allemand) en novembre 1926. Fin 1927, il détaille les travaux projetés et établit des devis pour «incorporer la Feste à la défense frontale des Vosges en cas de forcement du Rhin». Pour sa part, le général Boichut, nouveau gouverneur de Strasbourg, propose des améliorations. En août 1928, le ministre confie au service local du génie l'exécution de quelques travaux à effectuer sans plus tarder.

Aucun aménagement d'ensemble ne sera cependant réalisé. Seuls des travaux sommaires (escalier et coffre de contrescarpe) seront menés à bien et la reconnaissance du 12 mars 1930 du général Belhague laissera les choses en l'état.

La Sauer

La Sauer, cette petite rivière coulant à Lembach, voit la conception initiale réalisée dans ses grandes lignes ; néanmoins, le petit ouvrage de Lembach et l'ouvrage du four à Chaux sont amputés de certains blocs prévus en seconde urgence. Le Schwartzbach prévu en barrage de feux de mitrailleuses ne verra pas se réaliser les petits ouvrages à tourelles envisagés (Glasbronn, Wineckerthal...) mais seulement des casemates et blockhaus isolés.

Le Hochwald

Ce fort puissant est la pièce maîtresse de la ligne fortifiée d'Alsace. Implanté de part et d'autre de la crête du même nom, il comporte deux ouvrages, ouest et est, reliés par galeries à trois entrées arrière et protégés par un spectaculaire fossé et escarpement antichar de huit mètres de large battu par neuf casemates. Un réduit prévu à la crête restera inachevé. L'ouvrage à tourelles ne verra pas le jour.

La défense du Rhin

Aussitôt après la Grande Guerre, le fleuve fut l'objet d'âpres joutes politico-militaires, chacun ayant sa conception de l'action à mener pour garantir l'intégrité de nos frontières pour longtemps. Pour préciser les idées du haut commandement, le général Humbert se vit confier l'étude de la défense de l'Alsace.

Hormis le projet de la partie nord de la région, déjà détaillé plus haut, il propose (fin juillet 1920) trois positions fortifiées — dites «de couverture», de «résistance» et «de barrage» — dans la plaine du Rhin. Au sud (Belfort), une région fortifiée doit «étayer» l'aile méridionale du tracé.

Deux ans plus tard, le général Berthelot détaille les projets. Pour le Rhin, il préconise trois lignes de défense parallèles (sur le bord même, dans la zone boisée, sur la ligne des villages). Outre les régions fortifiées (Lauter et Belfort), il propose de barrer les débouchés des cols vosgiens importants.

La Commission de défense des frontières ajoute quatre ans plus tard le dérasement de la ceinture fortifiée allemande de Strasbourg et l'aménagement du futur canal d'Alsace.

Le 27 décembre 1927, le général Boichut remet son projet en fonction des idées et directives émises par le maréchal Pétain venu étudier le terrain en été. Le général ne semble pas favorable à des casemates de berge. Selon lui «le masque» (camouflage naturel) et «la variété» sont préférables.

Le ministre donne des directives pour que la construction commence à plus de trois mètres du rebord est du talus du cours d'eau pour ne pas enfreindre le règlement du «fleuve international». En mars 1929, un accord est conclu en ce sens entre le ministère des Affaires étrangères et celui des Travaux publics. Au sud de Chalampé, le traité de 1815 impose des fortifications à trois «lieues» minimum de Bâle. Le projet d'un fort puissant à la falaise de Sierentz restera ainsi dans les cartons pour «ne pas éveiller les susceptibilités de la Suisse».

Une somme de 75 millions de francs est débloquée pour la construction. Les travaux de première ligne sont exécutés par les services locaux du génie en accord avec les états-majors locaux pour les plans de feu.

Le cas de Strasbourg est fort différent. A l'origine déclarée ville ouverte, la capitale alsacienne est source de plusieurs projets.

En 1931, le général Brecard propose trois lignes de casemates pour défendre la ville. La plus occidentale s'appuierait en partie sur les remparts. Quelques batteries ex-allemandes seraient réutilisées. Le ministre, contraint à fortifier Strasbourg en raison de l'évacuation de la tête de pont de Kehl, affectera à la défense de la ville une partie des crédits prévus pour le nord.

La réalisation de la ligne Maginot fut une formidable opération économique. Les marchés passés avec de très nombreuses entreprises permirent l'emploi de dizaines de milliers d'ouvriers de toutes origines. Plusieurs milliers d'officiers et sous-officiers du génie surveillèrent les chantiers, parcourant la campagne avec des véhicules de location. Avec l'enlisement du pays dans la crise économique les crédits furent vite dépassés. De plus, l'évolution de la situation internationale obligea à fortifier de nouveaux secteurs — Maubeuge, Montmédy, le plateau de Rohrbach — appelés «nouveaux fronts».

Début 1936, la gigantesque forteresse est en voie d'achèvement. Bien conditionnés par l'état-major, les médias sont pourtant fort optimistes.

Mais à la veille du deuxième conflit mondial, la réalisation d'ensemble donne une impression d'inégalité. En dépit de secteurs puissants (Metz-Lauter, certains cols des Alpes), des zones entières, faute de crédits ou de considération politique, sont dépourvues d'artillerie sous béton ou tourelle.

22 ouvrages puissants et 36 ouvrages d'infanterie (pour le nord-est) et 50 ouvra-

ges des Alpes totalisent 339 canons et plusieurs centaines de kilomètres de défense. Entre ceux-ci, 410 casemates d'infanterie, abris et observatoires isolés sont répartis et complètent l'action de leurs puissants voisins.

Après l'achèvement des travaux et la disparition de la CORF, l'augmentation de la tension internationale provoque une course effrénée à la «fortification camelote», vite amalgamée par l'opinion à la ligne Maginot, alors qu'il n'y a aucune comparaison possible.

De 1935 à 1939, une rallonge de 1800 millions de francs a bien été obtenue, mais l'œuvre demeure fort disparate et la très faible valeur des «petits bétons» sera très vite démontrée en mai 1940. Les régions fortifiées sont complétées par des dépôts de munitions, des centaines de kilomètres de routes et voies ferrées destinées à l'acheminement des munitions vers les forts. Des postes bétonnés d'alimentation électrique par l'arrière raccordent la position fortifiée au réseau national (à Bitche Goëtzenbrück, en Alsace du Nord Pfaffenhoffen, non bétonné). Quelques kilomètres en avant de la ligne principale de résistance, des avant-postes, simples blockhaus bétonnés ou maisons fortes, sont installés comme «sonnettes». Leur résistance, au-delà de toute attente, sera effective, notamment en Alsace, en juin 1940.

Sur la portion alsacienne de la région fortifiée de la Lauter trois ouvrages d'artillerie (Four à chaux, Hochwald et Schœnenbourg) et un autre d'infanterie (Lembach) sont érigés pour barrer la Sauer et la trouée de Wissembourg. Les casemates du Schwartzbach sont complétées par des inondations militaires se raccordant au secteur de Bitche. Vers l'est, après la route Haguenau-Wissembourg, toute la position fortifiée n'est constituée que de casemates d'infanterie. Une deuxième position (visible à hauteur de Soultz et Kühlendorf) reste inachevée. Quant à l'appui d'artillerie du Schœnenbourg (dernière protection après le départ des troupes d'intervalle), il passe au village de Hatten, en limite de portée.

Sur le Rhin, trois lignes sont réalisées (129 blocs bétonnés dépourvus d'artillerie organique). La position se prolonge vers la frontière suisse par des casemates de conception plus tardive et s'arrête à la route Delémont-Ferrette.

En septembre 1939, la mobilisation provoque l'occupation complète et définitive des ouvrages et de leurs intervalles. Les régiments d'infanterie de forteresse, d'artillerie de position et les formations du génie mettent sur pied les unités dérivées à base de «noyaux actifs». Durant la drôle de guerre, les travaux de renforcement (réseaux de barbelés, tranchées, blocs multiformes) ne s'interrompent que lorsque le temps est exécrable. «La ligne», devenue vitrine, accueille de très nombreuses personnalités au Hochwald ; le duc de Windsor est ainsi à l'honneur en février 1940.

Mais, soudain, la guerre est là... Après la percée de Sedan, la course à la mer et la Somme, les forces allemandes veulent isoler les troupes de la ligne Magi-

AMS

MORTIER TIRANT SUR LA LIGNE MAGINOT (SCHOENENBOURG) EN JUIN 1940.

PIÈCE MAÎTRESSE DE LA LIGNE MAGINOT EN ALSACE, LE HOCHWALD (PHOTO APRÈS SA PRISE PAR LES ALLEMANDS)

AMS

1932

LE BLOC 6
DU HOCHWALD
(ÉTAT
ACTUEL)

TRUTTMANN

not. L'ordre de retraite diffusé à partir du 13 juin provoque l'évacuation des «intervalles». Seule reste sur place une croûte destinée à couvrir le repli des gros «en faisant du volume». La décision d'évacuer, après le 17 juin, les ouvrages préalablement détruits par leur occupants glace les os des officiers. En Alsace, un mini-conseil de guerre se tient au Schœnenbourg. La réponse est claire : les équipages ne partiront pas.

le 14 juin, la VIIe armée allemande (général Dollmann) veut en finir avec le fleuve qu'elle regarde depuis neuf mois. C'est l'opération *kleiner Bär* qui vise, après la percée des trois lignes de casemates dans la zone Schœnau — Neuf-Brisach, à parvenir rapidement au pied des Vosges. Après plusieurs reports de l'opération, voici l'aube du 15 juin. En quelques minutes, les canons de Flak mis hâtivement en batterie derrière les rideaux d'arbres de la berge allemande crachent des milliers de projectiles sur les modestes casemates françaises dont les cloches et les murs sont vite percés. Les troupes d'intervalle, repliées depuis quelques jours, font cruellement défaut. Après dix minutes de tir, 250 canots d'assaut et 900 bateaux pneumatiques s'élancent par un courant de trois mètres/seconde.

Mais si le franchissement réussit à Rhinau, Limbourg et Jägerhof, où les casematiers sont durement éprouvés, la résistance à Schœnau et Neuf-Brisach surprend l'adversaire et détruit un grand nombre d'embarcations. Le franchissement est repris plus au sud dans des conditions plus difficiles. L'intervention des stukas sur la ligne des villages n'empêche pas le report au lendemain du débouché de la forêt du Rhin. Malgré quelques contre-attaques françaises, l'ennemi tient solidement les maigres têtes de pont conquises. Un seul pont est lancé le soir du 15 juin, le second ne le sera que vingt-quatre heures plus tard.

Le 16, les Stukas volatilisent les abords des casemates de la troisième ligne qui se défendent avec l'énergie du désespoir. Une par une, elles seront traitées au tir tendu puis à l'assaut de l'infanterie. Le soir, la ligne du Rhin abandonnée à son sort est percée en plusieurs points, mais le fleuve ne permettra le lancement d'un troisième pont que trois jours plus tard, provoquant un sérieux ralentissement des colonnes ennemies.

Malgré des moyens devenus ridicules après le départ des troupes d'intervalle, les équipages des casemates du Rhin se sont magnifiquement battus sans espoir de salut.

La situation en Alsace du Nord est très différente. Replié en division de marche à partir du 13 juin, le gros du secteur fortifié de Haguenau ne laisse derrière lui que les équipages d'ouvrage et quelques éléments particuliers. La tâche n'est pas simple : défendre soixante kilomètres de front avec seulement quarante canons (sous béton ou tourelle en majorité) relève de la prouesse.

Dès le 16 juin, la menace d'avance allemande vers l'Alsace, depuis la percée en Sarre, se précise alors qu'on se bat sur le Rhin. En même temps, la pression sur les avant-postes est devenue une réalité. Les rares éléments qui y sont retranchés vont se battre farouchement.

Le 19 juin, l'attaque de la position fortifiée est générale. Dans les basses Vosges, la casemate de la Verrerie et ses satellites, aveuglés par les tirs et les fumigènes, succombent à l'attaque de la 215e infanterie division qui profite du terrain montagneux. Sur trente kilomètres, cette division et quelques éléments de la 246e ID vont franchir la ligne principale de résistance et gagner l'arrière des ouvrages.

Le même jour, d'importants bombardements ont lieu par tous les moyens, mais sans succès. De spectaculaires attaques en piqué de stukas largant à cinquante mètres du sol leurs bombes de cinq cents kilos écrasent les superstructures des blocs. Mais le résultat est décevant tout comme celui des tirs d'obusiers lourds de 35,5 et 42 centimètres tirant sur Schœnenbourg. Les forts sont malmenés mais l'armement est intact.

Le 20 juin, après une courte préparation d'artillerie et un ballet de stukas, le plateau d'Aschbach-Oberrœdern subit l'assaut des *Stosstruppen* de la 246e ID. C'est compter sans la ténacité et le courage des chefs de casemate et de leurs équipages. A la casemate nord d'Oberrœdern, la *Marseillaise* entonnée peu après l'insupportable fracas des bombardements en piqué remonte tout l'équipage à son poste de combat pour trouver... l'ennemi à deux mètres devant les armes avec des explosifs en main... Le combat fera vingt-deux morts et de nombreux blessés chez l'ennemi. Plus à l'est, d'autres coups de main vont encore échouer.

C'est une position quasiment inviolée que surprend l'armistice. La forteresse n'a pas failli à sa devise : «on ne passe pas». Le 1er juillet 1940, les équipages sortent la tête haute, mais amers, de leurs forts, sur ordre formel du haut commandement français.

1940

EFFET D'UNE
BOMBE D'AVION
DANS LE
CHAMP DE RAILS
DU PLATEAU
D'OBERROEDERN

TRUTTMANN

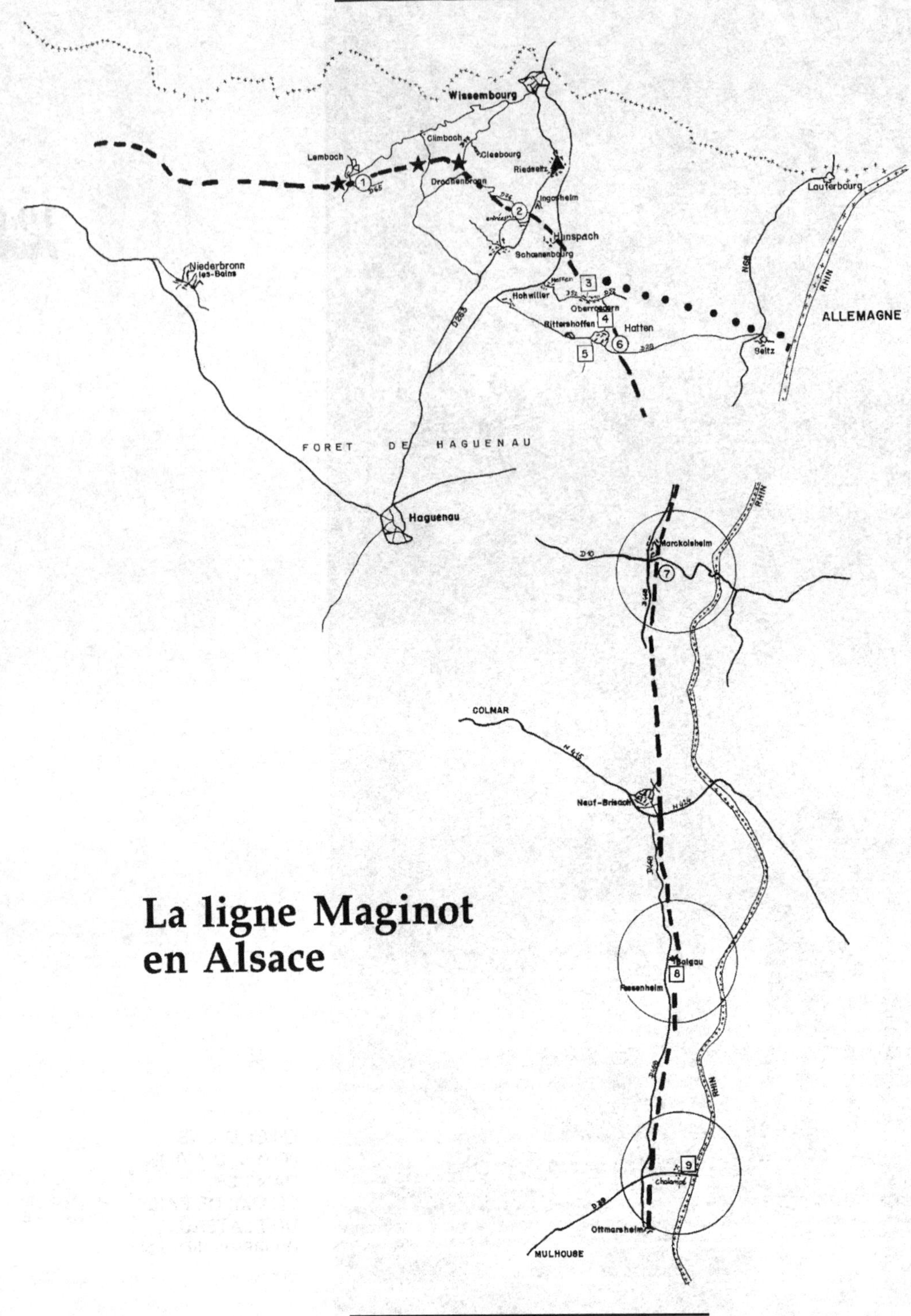

La ligne Maginot en Alsace

Les attaques allemandes en 1940

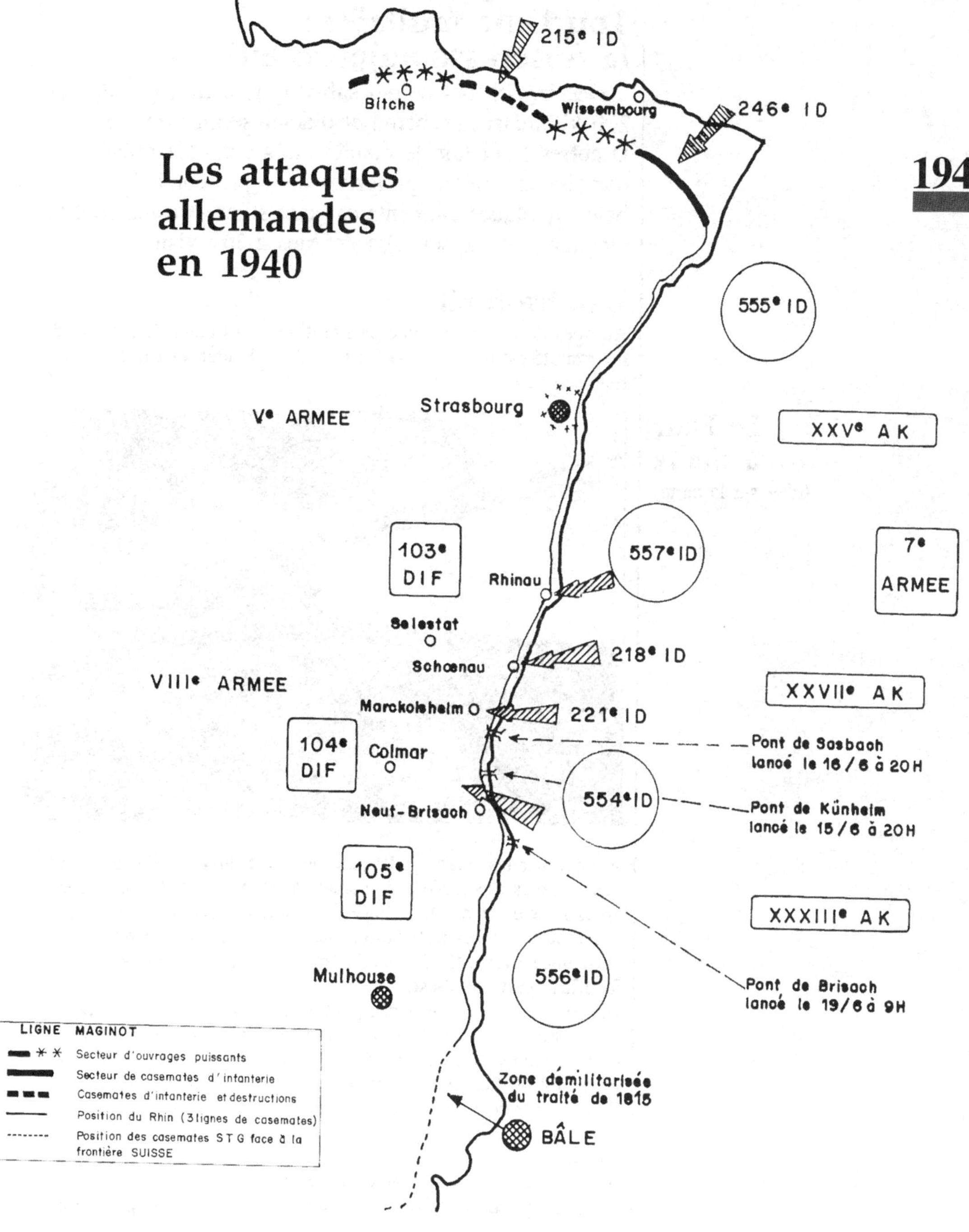

Tourisme militaire : la forteresse aujourd'hui

Décrire ici tout ce qui subsiste de cette ligne de 200 kilomètres de béton et d'acier serait impossible. D'autres l'ont fait de manière très détaillée précise par ailleurs[1]. Nous préférons donc présenter dans ces pages quelques éléments caractéristiques restés en état cinquante ans après, susceptibles d'être visités.

L'outre-forêt

Au nord de Haguenau, une palette d'ouvrages complémentaires de l'extrémité est de la région fortifiée de la Lauter sont encore très représentatifs.

Le Four à chaux

(n° 1 sur la carte)

TRUTTMANN

Attaqué par les stukas le 19 juin 1940, cet ouvrage d'artillerie à deux entrées et six blocs de combat a dû être partiellement réparé après guerre (bloc 62). L'usine électrique souterraine a été amputée d'une partie de ses installations par l'occupant. Sa grande particularité reste le plan incliné montant, unique dans la fortification du nord-est.

Un petit musée de curiosités militaires, sans rapport direct avec la forteresse, agrémente la visite. On s'attardera au bloc 6 où la dalle de la chambre de tir est infléchie par l'explosion d'une bombe de gros calibre. Les dessus, officiellement inaccessibles, présentent l'un des derniers exemplaires de champ de rails antichars de l'époque.

Accès

A partir de Lembach, prendre la D 65.

Un balisage permet d'accéder aux entrées dominant la petite route.

Le Schœnenbourg
(n° 2 sur la carte)

Ouverture
Renseignements : Syndicat d'initiative de Lembach
(03 88 94 43 16)

A. HAAS

Dernier ouvrage puissant à l'est, il fut le plus bombardé : 160 bombes de stukas de 250 à 1 000 kilos, 50 obus de 280 à 42 centimètres (poids du projectile de 42 centimètres : 1 020 kilo), 2 000 obus de 150 ou moins. Le fort riposta par plus de 16 000 coups tirés dont 13 500 entre le 14 et le 25 juin 1940.
A l'armistice, toutes ses armes étaient encore intactes malgré l'acharnement de l'artillerie ennemie.
Le fort était sérieusement vandalisé lorsque l'association des Amis de la ligne Maginot d'Alsace (ALMA) en obtint la concession de l'armée. Aujourd'hui parfaitement remis en état par l'association, il peut être considéré comme un exemple de restauration.
Le circuit de visite commence par l'entrée des hommes et, après le casernement et l'usine, file vers le bloc 3 (tourelle de 75 mm R modèle 1932) très bien restauré. Les locaux souterrains abritent de nombreuses fresques d'époque. On s'attardera devant l'issue secrète en bord de galerie. Le poste de commandement est en cours de restauration.
Les blocs de combat (non visitables extérieurement) peuvent être visibles de loin depuis la D 76. La vue vers les Vosges est généralement splendide.

Accès
Depuis Haguenau, par la D 264 en direction de Wissembourg. Après le village de Schoenenbourg, dans la montée, une petite route part à gauche dans la forêt (fléchage) et dessert les entrées (parkings).

Ouverture
Renseignements : office de tourisme de Hunspach (03 88 80 96 19 ou 03 88 80 59 39) www.lignemaginot.com

Abri du Grassersloch

Cet abri «caverne» à deux entrées distinctes et locaux souterrains, destiné à héberger les troupes d'intervalle, se trouve à quelques centaines de mètres des entrées dans le bois. Sa petite centrale électrique a été remise en marche par les électro mécaniciens de l'ALMA. L'abri ne peut pas être visité.

Le plateau d'Oberrœdern

(n° 3 sur la carte)

L'historique des combats de cette crête est rappelé plus haut. Bien que situées dans les champs et privées de leur champ de rails, les casemates portent encore les stigmates des tirs de l'artillerie allemande sur les cloches (88 Flak).

Accès
Quitter la voie rapide Haguenau-Wissembourg à Hoffen par la D 52, Après Leiterswiller, la route traverse l'ancien casernement de sûreté et le village d'Oberrœdern. A l'entrée du village à gauche, garer la voiture et monter sur le plateau par un chemin d'environ 400 mètres. En crête, la casemate d'Oberrœdern ouest à droite et celles d'Aschbach est, centre et ouest à gauche sont très visibles. Faire attention aux cultures en visitant le site.

Les curieux pourront en outre visiter la casemate d'Oberrœdern est (lieutenant Rieffel) qui résista à l'attaque partie de Stundwiller. Pour la casemate est d'Oberrœdern : à la sortie est du village, prendre à droite. La casemate apparaît à gauche de la route après un lotissement. Les abords ont été nettoyés par la municipalité.

Renseignements
Mairie d'Oberrœdern (03 88 80 01 35).

Le casernement de sûreté de Leiterswiller

Construit spécialement pour les garnisons gardant les casemates en temps de paix, il comporte une cité-jardin (villas pour les cadres officiers et les sous-officiers) et un camp. Remarquer le soin apporté à la construction et au confort de vie (garages, terrains de sport...). Le camp lui-même comprend plusieurs bâtiments (on ne visite pas). Derrière le poste de sécurité, on peut encore lire, soigneusement peints, les noms des chefs de l'époque.

L'observatoire de Hatten

(n° 4 sur la carte)

Ce petit ouvrage bétonné isolé est implanté sur une crête à 500 mètres au nord du village de Hatten. Son puissant périscope (grossissement 25) permettait de régler les tirs d'artillerie du Schœnenbourg avec lequel il était relié par un réseau téléphonique enterré. Sur la dalle, on aperçoit la cloche à vision périscopique émergeant à peine et munie de son volet d'obturation.

Accès

Quitter Oberrœdern par la D 245 et franchir le ruisseau du Seltzbach. La route remonte. L'ouvrage apparaît au sommet sur la gauche.

L'abri de Hatten

(n° 5 sur la carte)

TRUTTMANN

Cet abri de surface est implanté à 500 mètres au sud du village. Il logeait plus de 200 hommes (troupes d'intervalle).
On remarque sur la longue façade (60 mètres) les créneaux de défense rapprochée (fusils-mitrailleurs 24-29) ainsi que les portiques supportant l'antenne de l'émetteur radio.

Accès
A la sortie ouest du village, prendre une rue partant vers le sud et la forêt. Après quelques centaines de mètres, l'abri est visible à droite. L'intérieur (quelques fresques d'époque) ne se visite pas.

La casemate d'Esch

(n° 6 sur la carte)

Armée de mitrailleuses et de canons antichars, elle fut durement éprouvée par les combats de janvier 1945 (offensive «Nordwind»). Elle serait sans doute restée dans l'oubli si quelques passionnés de l'ALMA n'avaient pas entrepris sa restauration de manière remarquable.
Tout ou presque a été remis en état. On admire en outre une petite exposition de matériel militaire. Un char US, visible de loin, est juché sur la dalle. Quelques rails antichars ont été replantés.
Accès
A Hatten, prendre la direction de Seltz par la D 28. On accède à la casemate après un kilomètre de trajet.
Renseignements
M. Joseph Heintz (03 88 80 05 07)
Ouvert tous les dimanches, de mai à septembre.

Le Rhin

AMS

De la première ligne de défense sur le Rhin, il subsiste peu de choses, la plupart des casemates intactes ayant disparu lors des travaux d'aménagement du fleuve. Hormis quelques ouvrages situés de part et d'autre du pont de l'Europe à Strasbourg (il est étonnant à ce sujet que la ville n'ait pas fait un petit mémorial de l'un d'eux), il faut descendre vers le sud pour découvrir d'intéressants vestiges de cette ligne de défense.

La ligne des villages

La plus puissante des trois lignes du Rhin présente aujourd'hui encore le plus de vestiges. Mais celle que nous proposons ici est sans conteste l'une des mieux conservées extérieurement.

Marckolsheim sud

(n° 7 sur la carte)

TRUTTMANN

Devenue officiellement le mémorial de la ligne Maginot du Rhin, la casemate 35/3 est chargée d'Histoire. Bombardé par les stukas dès 8 heures le 16 juin, le bloc résonne sous les tirs de 88 Flak. Il est aveuglé et envahi par la poussière lorsque les troupes d'assaut allemandes prennent pied sur la dalle. A 13 h 30, l'explosion d'un pétard suspendu devant la chambre de tir tue le caporal-chef, chef de pièce.

Une heure plus tard, l'équipage, vingt-trois hommes épuisés, aux ordres du lieutenant Marois, se rend à l'ennemi, éprouvé lui aussi par la résistance de la casemate.

L'intérieur a été remis en état avec soin (armes, centrale électrique...). On s'attardera sur les dessus pour observer les trois impacts de 88 Flak encastrés dans la cloche du guetteur-fusil-mitrailleur. La cloche de mitrailleuses, elle, n'a rien reçu.

Une cloche et des matériels lourds sont exposés autour du bloc.

Accès
A Marckolsheim, prendre la direction du Rhin (N 424). La casemate-mémorial apparaît à droite après un kilomètre.
Renseignements
Office de tourisme de Marckolsheim
(03 88 92 56 98)

Balgau sud
(n° 8 sur la carte)

TRUTTMANN

On retiendra surtout les taches de peinture ornant le crépi restées miraculeusement visibles. Le bloc est du type «M2F». Chacune des deux chambres de tir était armée de jumelage de mitrailleuses et d'un canon de 37 mm. Une cloche de guetteur-fusil-mitrailleur émerge de la dalle.
Si les cuirassements sont en place, l'armement a disparu.
L'ouvrage est accessible de l'extérieur.
Accès
Au départ de Mulhouse, se diriger vers Chalampé par la D 39. A la sortie de la forêt de la Harth nord, tourner à gauche (D 468). La route longe la ligne des villages (nombreuses casemates détruites à l'explosif par l'occupant). Après Fessenheim, tourner à droite à l'entrée du village de Balgau. La casemate, au bord d'un chemin, est en lisière sud-est du village. La municipalité a réalisé récemment un terrain de sport à proximité.

Chalampé berge nord

(n° 9 sur la carte)

La casemate de Chalampé est vraisemblablement la mieux conservée. Des traces d'impacts sont visibles sur les chambres de tir. Les cuirassements et la porte blindée sont encore en place. L'intérieur est, malheureusement, à peu près vide.

Accès

A Chalampé, prendre la D 39 en direction du Rhin. Après le canal d'Alsace, tourner à gauche à la douane pour rejoindre la berge du fleuve. Remonter environ 800 mètres vers le nord sur le chemin de berge.

BIBLIOGRAPHIE

G. Fischer, Bour Bernard : *Feste Kaiser Wilhelm II* (Mutzig), Société d'histoire de Mutzig et environs, 1980.

Brice Robert : *Les Fortifications françaises modernes en 1940* (étude non publiée).

Bruge Roger : *Histoire de la ligne Maginot* (3 volumes), *Les combattants du 18 juin* (5 volumes), *Juin 40, le mois maudit,* Fayard, 1975 à 1980.

Durlewanger A. : *Trois jours pour mourir* Alsatia, 1971.

J.-Y. Mary. : *La ligne Maginot, ce qu'elle était, ce qu'il en reste,* Sercap, 1980.

A. Hohnadel et M. Truttmann : *Guide de la ligne Maginot,* Heimdal, 1988. *La Ligne Maginot,* guide Historia-Tallandier, 1989.

R. Rodolphe. : *Combats dans la ligne Maginot* Ponsot, 1940, Klausfelder, 1974.

Ph. Truttmann :*La Muraille de France,* Klopp, 1985, réédition 1989.

J.-B. Wahl : *La Ligne Maginot en Alsace — 200 kilomètres de béton et d'acier,* Editions du Rhin, 1987.

PLAQUETTES

ALMA : *La Ligne Maginot en basse Alsace,* Delbecq, 1981.

Peter Muhlschlegel : *L'Ouvrage d'artillerie du Schœnenbourg.*

L'Outre-Forêt : revue historique de l'Alsace du Nord (nombreux articles et un numéro spécial de juin 1990).

«L'offensive allemande en Alsace» (article), *Revue historique de l'armée* n° 3, 1963.

DOCUMENTS D'ARCHIVES

Archives du génie, Vincennes : historique de la région fortifiée de la Lauter (juin 1932) ; historique de l'organisation défensive des frontières (31.10.1933) ; historique de la défense du Rhin (1932).

NOTE

1. Lire à ce sujet le remarquable ouvrage de Jean-Bernard Wahl, *La Ligne Maginot en Alsace 200 kilomètres de béton et d'acier,* Editions du Rhin, 1987.

Classe 40

FLORENT HOLVECK

Incorporé le 6 juin 1940, en pleine débâcle, le jeune Strasbourgeois Florent Holveck parcourut avec son unité la France en déroute à la recherche d'un ennemi invisible. Prisonnier quelques semaines, il participera ensuite à l'organisation dans le Var du départ pour l'Afrique du Nord de centaines d'Alsaciens et de Mosellans. Six mois de la vie d'un jeune scout lancé dans un tragique jeu de piste.

Le 6 juin, en fin de journée, j'ai embrassé pour la dernière fois maman. En larmes, elle n'avait pas eu la force de franchir le seuil de notre maison. Papa, un peu plus courageux, m'avait accompagné jusqu'à la gare. Nous nous quittâmes les yeux humides.

Je m'attendais aux wagons à bestiaux utilisés l'automne précédent pour emmener vers le sud-ouest les réfugiés alsaciens. C'est sur les banquettes de bois de troisième classe que se serrèrent les derniers conscrits de cette première partie de la guerre. Le train, qui, au début, s'était arrêté à toutes les stations pour embarquer chaque fois une dizaine, une vingtaine de jeunes, filait maintenant droit au sud. Les Vosges d'un bleu profond se profilaient sur l'or du ciel.

Au petit matin, dans les rues désertes de Chambéry, nous marchions en colonne par trois, la valise à la main. Coup de veine, ils nous incorporaient au 13e BCA. J'ai toujours aimé la montagne. Une caserne ça ? De longues bâtisses sans étage, une grande place, un drapeau et une forte grille. Nous étions parqués, enfermés pour quelques semaines, paraît-il. Le front craquait de toutes parts. Bien avant la fin du temps réglementaire ils devraient assurément nous envoyer au casse-pipe. Et voici qu'ils nous bouclaient comme des voleurs.

L'entraînement, heureusement, s'effectuait dans les collines des environs. Le pays était magnifique. Peu de nouvelles de la guerre. On n'informait pas les bleus.

Mais tout, dans l'air, respirait la débâcle. Irions-nous, dans un ou deux jours, monter «là-haut» régler au moins le compte des Italiens ?

Nous revoici dans le train, de marchandises cette fois. En combien de jours et de nuits, avançant poussif, nous a-t-il menés jusqu'à Bordeaux où nous attendaient peut-être des bateaux pour le Maroc ? L'armée française allait-elle reculer jusque-là ? Dans ce bataillon, nous étions un bon tiers d'Alsaciens. Cela rallongeait le chemin de la reconquête du pays car nous devinions que, malgré la ligne Maginot, la Wehrmacht s'installait ou allait s'installer chez nous en Alsace, comme ailleurs. Dans une gare, nous apprîmes que Paris était tombée. En 14, ils avaient su protéger au moins la capitale.

Des centaines de voies d'une gare de triage, perdues dans la campagne. Des convois militaires partout, côte à côte, mais plus de locomotives. J'errais le long des rames à la recherche d'amis. Pas un avion dans le ciel de plus en plus cristallin. Des bombes sur cette gare, c'eût été du joli. Des gars assemblés autour d'une guitoune de tôle rouillée, une voix à peine audible échappée d'un poste de TSF :

— Qui est-ce ?

— Pétain, le maréchal Pétain.

— Ah, et qu'est-ce qu'il dit ?

— Qu'il a demandé l'armistice.

Sans un cri, sans un commentaire, nous nous sommes dispersés. Je rejoignis mon wagon. A mi-voix, j'annonçai la nouvelle. Les copains, presque tous gars de chez moi, ne me croyaient pas. Dès ce moment, nous sûmes que nous n'étions plus comme les autres car Hitler, avant toute chose, allait revendiquer l'Alsace.

Le fusil en bandoulière, les cartouchières vides, nous remontions par de petites routes vers le bocage. Dans les fermes, on nous vendait l'eau plus cher que le vin. Nous allions, capitaine en tête, incapables et peu soucieux d'imaginer la suite. Au détour du chemin, nous aperçûmes le flot des réfugiés hagards, épuisés, et, parmi eux, des soldats sans arme, dépenaillés. Spectacle abominable, cauchemar incroyable, qui nous mettait en rage. Les malheureux poursuivaient leur route et nous aussi, mais en sens contraire. Vers quelque ligne de défense que nous allions enfin organiser ?

Dimanche matin. Un bruissement suspect, insistant. Par le fenestron du grenier qui abritait ma section je vois dans l'aube grise défiler des chars d'où émergent d'étranges bonnets noirs, des side-cars avec des hommes en cirés gris-vert coiffés de casques aux insignes germaniques. Au bord de la route, nos sentinelles assises sur le muret me montrent les crosses brisées de leurs mousquetons tout neufs. Nous étions faits comme des rats, et de la manière la plus inattendue. Nous n'avions pas tiré, ni même entendu un coup de feu. Midi, le capitaine nous a réunis sous le tilleul dans la cour. Plus raide encore que d'habitude, il prononça quelques mots de consolation, puis il nous ordonna de jeter nos armes en tas contre le vieux tronc. Donnant l'exemple, il lança le premier son pistolet.

Nous avançions dans la poussière vers une ville : Saintes. Toujours en rang nous entrâmes dans une caserne qui faisait face à de belles églises. Des Allemands nous comptaient très approximativement. Notre capitaine avait disparu. Nous étions prisonniers.

Les bâtiments étaient archicombles, et les cours grouillaient de monde. La section se dilua dans la masse de jeunes de la même classe 40 où se trouvaient quelques hommes plus âgés et de grands Sénégalais qui vendaient des souvenirs de la Coloniale. Une queue immense s'était formée au fond de la cour. Je m'y joignis, gamelle et quart à la main. Un gars devant moi savait tout.

— Nous les jeunes, avons été ramassés après l'armistice. Ils nous amènent ici pour nous démobiliser. Ils ne peuvent pas nous garder. A cause des conventions de Genève.

Je n'en étais pas sûr. Nous arrivions à la hauteur de la roulante. Un morceau de pain gris, un cube de saindoux, ce fut tout pour ce jour-là et cela recommença les jours suivants. Impossible d'avaler la première fois. Le lendemain, la faim aidant, et le menu n'ayant pas changé, j'avalai comme tout le monde. Le surlendemain je vomis, puis je m'habituai. Bien entendu nous dormions à la belle étoile. La poussière remplaçait les couvertures que nous avions perdues en routes. Il faisait toujours très chaud.

J'avais repéré une dizaine de camarades de faculté ou des anciens des faubourg de ma ville et, surtout, des scouts ou des types de l'ACJF[1] ainsi que des auberges de jeunesse. Même sous l'uniforme, ces gars-là se repéraient facilement. Nous trouvâmes un coin tranquille pour parler. Il était grand temps de réagir, pour ces milliers de garçons et pour ne pas sombrer nous les premiers. Les idées ne manquaient pas. Tandis que nous revenions vers nos emplacements — comme dans une fourmilière, chacun avait marqué son trou — un groupe d'Allemands nous tomba dessus, frappant du gourdin et hurlant *«Raus, Raus»*, sans rime ni raison. Sautant dans une encoignure, j'évitai les coups.

DÈS LE PREMIER SOIR ON ORGANISA DES VEILLÉES VARIÉTÉS AU CAMP

Je dirigeai la première soirée de variétés du camp. Tout le monde était venu. Cela faisait, dans le crépuscule, une foule immense. Les bonnes volontés ne manquaient pas et non plus d'honnêtes talents. La scène était fournie par un plateau de remorque abandonnée là comme une quantité incroyable de matériels militaires. Pas d'éclairage. La nuit était translucide. Des chœurs formidables reprenaient d'incroyables rengaines. Les conteurs d'histoires paillardes faisaient rire. Les Allemands aussi s'étaient approchés. Ils rigolaient même s'ils ne comprenaient pas. Nous prîmes rendez-vous pour le lendemain et les jours suivants. Le programme était inépuisable. Mais dès le second soir, progrès considérable, nous pûmes allumer de part et d'autre de la scène deux beaux feux, histoire de consumer les épaves de l'armée française et de les soustraire à la convoitise des Chleuhs. Rentrant vers mon emplacement, je vis les premières prostituées. Elles s'étaient glissées sous la très théorique barrière des barbelés. C'est à peu près par les mêmes chemins que, le lendemain, les gars de la région filèrent, sans que personne ne cherchât à les en empêcher. Pour les autres, pour nous les Alsaciens en particulier, rien ne pressait, même si nous avions de plus en plus faim. Où eussions-nous été ? Mal informés, nous croyions que la Wehrmacht était partout.

Quelques jours encore et nous nous retrouvâmes à nouveau sur la route, colonne immense que cernaient en rondes infernales les side-cars allemands, mitrailleuses braquées. Les civils, goguenards, nous regardaient passer. C'est du moins ainsi que nous interprétions leur sourire. Alors, pour risposter tout de même, des gars lançaient de vieilles chansons de l'armée française. «La victoire en chantant». L'ironie était lourde, mais raccourcissait les kilomètres et donnait à croire que notre misère ne serait que provisoire.

Surgères. Un grand pré ras, tout juste quelques barbelés. Nous étions gardés cette fois par des Autrichiens. La différence était sensible, ils ne beuglaient pas, ils n'avaient pas de gourdin. Des camarades alsaciens avaient pu entrer en conversation, dans l'espoir parfaitement vain de leur faire dire qu'ils n'étaient pas allemands, qu'ils étaient des victimes des nazis. Et puis, autre différence, cette fois le camp était organisé. Entendez qu'il avait deux ou trois allées délimitant d'immenses carrés où nous nous débrouillions comme nous voulions et où, cela va sans dire, nous continuions à coucher sur la terre nue.

Notre groupe de copains-animateurs s'était bien étoffé. Et c'est ainsi que naquit le projet, immédiatement mis à exécution, d'une «université populaire de plein air» avec cours de tous genres, au hasard des dons des enseignants. Moi, en plus des feux de camps toujours très suivis, je dirigeais une sorte de cercle d'études pour membres des mouvements de jeunesse. Le premier sujet débattu s'intitulait : «Quelle France allons-nous bâtir de suite, quels pouvoirs allons-nous saisir et comment ?» Cela ne manquait ni d'ambition ni de sel dans notre situation.

Et puis il y eut la perte de crédibilité de «Radio-bobard» qui, imperturbablement, annonçait notre démobilisation pour le lendemain. Les semaines passaient et les risques de nous faire entraîner en Allemagne croissaient. Une fuite massive ? Elle eût peut-être réussi, quitte à voir quelques dizaines de camarades abattus par les Autrichiens. Et à condition que les gens du voisinage eussent bien voulu pendant quelques jours au moins nous cacher, nous donner des vêtements civils, ce qui n'était pas facile à cause de notre grand nombre. Nous convînmes que nous nous débrouillerions plutôt par petits groupes, que nous nous disperserions très rapidement le plus loin possible du camp et qu'il n'y aurait jamais assez d'Allemands pour nous rattraper tous.

Moi, je m'étais entendu avec l'ami Rossi, un ouvrier de Sochaux où j'avais fait un stage avant la guerre. Il avait repéré l'itinéraire de fuite et de chacune de ses sorties du camp, qu'il effectuait en uniforme, il me ramenait du pain, du saucisson. Un jour il apporta un coutelas qui devait servir à démonter les planches du wagon, si jamais nous ne parvenions pas à prendre le large avant le grand voyage. «Te soucie pas, me disait-il, tandis que je lui reprochais ses imprudences, tu t'occupes des copains et moi je m'occupe de toi. Chacun son truc. C'est juste. Non ?»

Et puis la pluie est venue, le crachin persistant accouru tout droit de l'Océan. Toujours sans le moindre abri, nous fûmes tous immédiatement trempés. J'avais tout de même trouvé un bout de planche qui me permettait de dormir un peu au-dessus du niveau de la mare où barbotaient et grelottaient tous les autres. Radio-bobard se mit à grésiller plus fort. Le lendemain, c'était sûr, les Chleuhs allaient rassembler les Alsaciens et les Lorrains, pour les renvoyer à la maison avant tout le monde. J'étais repéré, on savait ce que je faisais. Ils vinrent vers moi, en délégation, quatre ou cinq de mon pays.

— Que devons-nous faire s'ils nous demandent de nous présenter ?

— S'ils vous emmènent en Alsace, ce sera pour vous y boucler bien pire qu'ici, répondis-je nerveusement.

— Peut-être, mais ce n'est pas sûr. Et puis nous serons chez nous, nous pourrons nous défendre.

— Peut-être, mais ce n'est pas sûr, rétorquai-je.

— Alors, que penses-tu que nous devons tous faire ?

— Pour moi c'est simple, je ferai tout pour ne pas rentrer en Alsace tant qu'ils y seront. Je jouerai tant que je pourrai la carte de la liberté. Mais je comprendrai très bien que beaucoup des nôtres ne puissent agir de la sorte. Pour chacun est venue l'heure d'interroger sa conscience, de voir qui l'attend là-bas et de se déterminer en conséquence.

Ils sont partis déçus, furieux peut-être. Avec l'impression que je les avais snobés, ce qui certainement n'était pas mon intention.

La pluie insistait. Nous avions froid et faim. Les Allemands firent savoir qu'ils voulaient rassembler les Alsaciens en vue de leur rapatriement. Aussitôt dans l'allée centrale, je vis s'ébranler vers l'extérieur les rangs de quelques centaines de camarades. Je n'avais rien fait pour les retenir. Mais je n'étais pas fier.

Ils revinrent le lendemain et ceux qui m'avaient interrogé me racontèrent l'équipée. Les Allemands leur avaient fait traverser la route, pour les installer dans un pré tout neuf. Dès l'arrivée il y avait eu grande distribution de boîtes de singe, des biscuits de guerre, de beurre salé et de diverses conserves trouvées dans les stocks de l'armée française. Nos Alsaciens avaient ingurgités tout ce qu'ils avaient pu et rempli leurs musettes. On leur avait donné, un peu plus tard, l'ordre de se réunir en carré autour d'une estrade. Plus on les pressait, plus ils lambinaient. Pour finir, un gradé de la Wehrmacht, hissé sur le plateau, avait hurlé des commandements en allemand. Nos gens, feignant de ne pas comprendre, s'étaient assis par terre et continuaient de parler entre eux. Etait alors apparu un type en uniforme bizarre et arborant un brassard rouge et blanc à croix gammée. Il avait fait le salut nazi et exigé le silence. Puis il s'était lancé dans un discours que mes camarades avaient tout de même écouté, étonnés de lui voir adopter si parfaitement le ton qu'avait Hitler dans leurs postes de TSF lorsque avant la guerre ils entendaient les reportages de Nuremberg. Passait encore qu'il glorifiât la victoire de ses armées. Mais rien n'alla plus lorsque, toujours vociférant, il injuria la France. Les gars rispotèrent par des lazzis en dialecte ou en allemand approximatif. L'autre, sur ses planches, hurlait plus fort. Les soldats couraient autour des prisonniers en criant eux aussi. Sur la pointe des pieds, l'orateur avait lancé à plusieurs reprises : *«Deutsche Brüder, Deutsche Brüder...»* Mais personne n'avait entendu la suite. D'un coup, tous s'étaient levés et dispersés. Les Allemands, le lendemain, avaient ramené tout le monde dans le camp d'origine. Le coup, insuffisamment préparé, prématuré, avait raté. Mes nouveaux amis n'étaient pas mécontents de s'être tirés de ce mauvais pas en se donnant le beau rôle. Mais nous savions que ce n'était que partie remise.

La pluie redoublait. Nous tremblions de fièvre et lorsque reprenait l'orage, mille voix, dix mille voix protestaient de plus en plus fort. Contre la cruauté du ciel, contre l'indifférence des Autrichiens qui, stoïques de leur côté, laissaient couler l'eau sur leurs casques et leurs longs cirés ou qui, quand nous clamions trop fort, mettaient à toutes fins utiles une ou deux mitrailleuses en batterie au haut des allées.

C'est alors que nous reprîmes la route, en direction de La Rochelle, pour échouer sur un vaste terrain d'aviation. Nous y trouvâmes des baraques et pûmes nous installer sur le sol de sapin, réchauffés par notre nudité, tandis que nos lourds vêtements de drap commençaient d'égoutter.

C'est là que nous trouvâmes les premiers journaux. Les Allemands les avaient fait distribuer parce qu'ils relataient le drame de Mers el-Kébir, les réactions vichyssoises et la vilenie des Anglais. Un canard nous apprenait enfin ce qu'il était advenu de la France et de la guerre, ce que nous ne savions que par des bribes que nos Alsaciens les plus liants avaient arrachées aux Autrichiens, que des baladeurs impénitents du genre de mon Rossi avaient ramenées des villages alentour. Il y avait donc un reste de flotte et même d'armée françaises, une zone sud et une Afrique non occupées, une Grande-Bretagne qui poursuivait la lutte et, à défaut de s'en prendre directement à Hitler, coulait nos navires. Tout n'était pas perdu. Il fallait préparer la renaissance.

Notre centre d'études se réunissait maintenant dans un autobus sans roues, aban-

«DANS UN HANGAR, NOUS VÎMES DES AVIONS FLAMBANT NEUF. POURQUOI N'AVAIENT-ILS PAS SERVI ?»

MUSÉE D'HISTOIRE CONTEMPORAINE BDIC

donné par les aviateurs. Sentant l'approche d'événements importants, nous nous hâtions de conclure. Quel dommage que je n'aie su conserver les notes prises alors ! Pas question de recommandations moralisantes du genre de celles que propagerait un peu plus tard la Révolution nationale. Nous nous voulions totalement libres de penser et de dire ce qui nous paraissait juste et, pour commencer, de rompre totalement avec ceux qui nous avaient mis dans le pétrin. Seule compterait maintenant la reprise aussi rapide que possible du combat. Qu'étaient devenues les armes françaises ? Les Chleuhs sans doute en avaient récupéré l'essentiel. Nous savions qu'il faudrait de nouvelles mitrailleuses, des chars, des avions, et une tactique enfin moderne, mais par-dessus tout des hommes et des femmes qui veuillent se battre. Pour cela, nous devions enseigner aux Français ce qu'était l'hitlérisme et le fascisme, leur rendre bien plus que le sens du sacrifice, la fureur des grands ancêtres, la volonté de vivre enfin une vraie liberté, la force physique et même une certaine brutalité. Et les moyens ? Nous admettions la nécessité de l'adaptation aux circonstances et du recours même aux bricolages du scoutisme qui nous avait appris à faire feu de tout bois. Nous nous sentions investis de responsabilités énormes car nous étions la génération montante, celle qui avait reçu une formation différente, celle qu'avaient épargnée les compromissions des vrais vaincus. Nous étions prisonniers mais jamais nos esprits n'avaient si audacieusement battu la campagne. Et, mon Dieu, nous ne disions pas que des bêtises.

A la brune, je me glissais jusqu'aux grands hangars d'avions qui restaient sans garde apparente. Je vois encore sur un terre-plein bétonné un malheureux Devoitine 500 que nos gars avaient soigneusement dépiauté, lui arrachant la toile et les contreplaqués, lambeau après lambeau, jusqu'à l'os. Ce vandalisme me peinait mais n'était-il pas nécessaire, n'était-ce pas ainsi qu'on empêcherait l'ennemi d'utiliser cette machine ? Dans les halls je trouvai des appareils tout neufs, serrés les uns contre les autres. Aigles magnifiques, ils dormaient dans une sorte d'attente. Avaient-ils jamais volé ? Je grimpais dans les postes de pilotage, je recensais les commandes et les boutons. Bien calé sur le siège, je devinais au travers du cockpit l'infini du ciel et l'approche des côtes d'Angleterre. Je savais un peu voler. N'avais-je pas appris à décoller et à atterrir en lisant *Pierrot*, mon journal de gamin, et n'avais-je pas au Polygone près de Strasbourg observé des milliers de manœuvres des sesquiplans du Deuxième de chasse ? Si je loupais mon coup je périrais dans les flammes, mais si je réussissais... J'avais trouvé le lourd volant et la manivelle qui devaient entraîner le moteur. J'avais lancé l'hélice une ou deux fois mais je me demandais comment monter à temps dans ma carlingue. Et puis où trouver le carburant ?

Nos gardiens se montraient de plus en plus nerveux. Les camarades bien renseignés disaient que ceux-ci appartenaient à je ne sais quelles formations de choc et qu'ils s'apprêtaient à rejoindre les côtes de la Manche pour débarquer de vive force à Douvres ou à Portsmouth. Allaient-ils se débarrasser de nous en nous envoyant en Allemagne ? Rossi poussait de plus en plus ses reconnaissances. Il ne restait plus qu'à décider du moment de notre fuite.

Cela alla plus vite que prévu. Nous avons défilé à la queue leu leu devant un gardien qui, nous ayant demandé notre nom et sans autre vérification, nous a remis une fiche de libération marquée au timbre d'un quelconque régiment français. Que fallait-il faire ? Nous avions, Rossi et moi, notre coutelas, nous avions quasiment répété les gestes qui nous permettraient de fuir par le plancher du wagon. On nous a enfermés dans des fourgons. Le convoi a démarré... en direction du sud ! Et les Allemands qui nous accompagnaient nous abandonnèrent sur un quai de gare à Bergerac.

1940

Vaguement élu, j'avais pris le commandement de la section. Nous partîmes à l'aventure sur des plateaux à nouveau brûlés par le soleil. Le contact pris avec petit PC du 60e RI n'avait rien donné. Ils ne voulaient pas nous voir. Mes camarades alsaciens ou francs-comtois n'avaient aucune hâte de rentrer dans leurs pays occupés. Les habitants de la zone dite libre nous quittèrent par contre les uns après les autres. Avec le restant, nous convînmes de nous louer aux paysans. C'était la période du dépiquage des blés, on manquait de main - d'œuvre car trop d'hommes étaient en Allemagne derrière les barbelés. On travaillait dur, on riait beaucoup, les filles étaient jolies. Et on mangeait bien. Trop bien après un si long jeûne. Il y eut des cas de dysenterie. Quelques camarades en moururent. «Surtout pas d'alcool», avait dit le major qui avait consenti à voir nos malades. Quand je me sentis pris moi aussi, je m'en fus jusqu'à une ferme plantée au coin d'un bois. Là, en échange de mon dernier franc, on me donna un litre de vin bien astringent que je bus d'un trait. Matraqué, je passai la nuit dans un fossé. Le lendemain, j'avais la gueule de bois, mais j'étais guéri.

ON TRAVAILLAIT DUR, ON RIAIT BEAUCOUP, LES FILLES ÉTAIENT JOLIES...

Une grosse maison sinistre dans une clairière humide, au fin fond de je ne sais quelle forêt de Haute-Vienne. Mon nouveau capitaine m'a convoqué. Officier d'active monté du rang, il avait une bonne quarantaine d'années. Ne voulant rentrer en région parisienne, il a accepté de mettre sur pied un groupement de ces chantiers de jeunesse dont on parlait beaucoup mais dont personne ne savait rien sinon qu'ils allaient remplacer le service militaire obligatoire.

— Vous avez fait du scoutisme, me dit-il. Voici la circulaire disant que nous devrons désormais n'imposer, comme dans votre mouvement, qu'une discipline librement consentie. Comment comprenez-vous cela ?

— A la lettre ce ne serait possible qu'avec des engagés, ce qui n'est pas notre cas. Mais on peut essayer.

Les wagons de marchandises à nouveau nous emmenèrent vers Crotenay dans le Jura, à deux pas de la ligne délimitant la Zone interdite[2]. Drôle d'idée de planter là ces garçons dont une bonne part avaient leur famille à quelques kilomètres plus au nord seulement. Nous montâmes nos tentes individuelles pour nous étendre sur un sol détrempé. Il neigeait.

Le capitaine, appliquant à la lettre des ordres qui le déroutaient, organisa des équipes d'une douzaine d'hommes chacune. Les camarades désignés pour les encadrer s'étaient partagé les gars. Mais ils avaient laissé pour compte une dizaine de gaillards réputés incommandables. Des communistes dont mon ami Rossi, pour le moins des anarchistes, et plusieurs ivrognes. Je les connaissais, je les avais appréciés en captivité. Puisque personne n'en voulait, je les pris sous ma coupe. J'obtins de m'installer avec eux à quelques kilomètres du groupement où un scieur voulut bien me prêter un lot de madriers et un paquet de fortes pointes. En moins de deux jours, nous bâtîmes un chalet avec une salle principale, une petite cuisine et une chambre à coucher munie de bat-flanc, dans le genre des refuges de

LE CHALET DES «MAMMOUTHS»,
CHANTIER DE JEUNESSE DANS LE JURA.

haute montagne. Et nous vécûmes là de beaux jours, préparant nous-même nos repas, abattant de gros hêtres dans la forêt voisine. Mes gars m'obéissaient fort bien, c'est-à-dire que nous avions organisé, sans en rien dire à personne, une manière de soviet. Mais ils m'interdisaient de toucher une cognée ou un passe-partout. Ce n'était pas du travail de pacha.

Survint le pépin que je redoutais. Rossi et quelques autres s'en furent ce dimanche-là boire une chope au village. Un officier de cavalerie, à une table voisine, n'avait pas aimé qu'ils parlassent si librement donc si mal de l'armée. Mes types avaient eu la riposte rapide, la main trop lourde. Le capitaine me convoqua. Il parlait de sanctions terribles, de passer mes bandits en conseil de guerre.

— N'en faites rien, lui dis-je. Les torts sont partagés.

— Des têtes brûlées, vos abrutis, des révolutionnaires, tout juste bons pour Tataouine[3]. Il faut qu'ils s'en souviennent.

— Laissez-moi les punir moi-même. Ils s'en souviendront mais surtout ils comprendront.

Avec un haussement d'épaules, le vieux accepta. Je suis rentré au chalet. Je leur ai infligé huit jours de taule et, sanction bien plus grave, la tonte de leurs cheveux dont ils étaient si fiers. Nous partîmes le long de la ligne de démarcation pour rejoindre le PC du groupement. La fuite eût été pour eux un jeu. Ils l'avaient souvent franchie déjà, cette fameuse ligne. A Crotenay, je fis devant moi couper les tignasses avant que mes gaillards n'entrassent au cachot, un simple réduit fermé à clé, sans gardien, qu'ils quittèrent tous les matins pour passer la journée en plein air à accomplir diverses corvées plutôt bénignes.

J'ai rejoint alors le capitaine qui, grognon, m'a tendu mon ordre de mutation. Je devais prendre le train le lendemain matin pour le chantier de jeunesse de la Pinède, à Giens, près d'Hyères. Avant de partir pourtant j'ai revu mes taulards, et nous nous sommes donné l'accolade.

J'arrivai à nuit bien close, suant sous mon uniforme de gros drap — et pourtant nous étions en novembre — à cette Pinède qui avait tout d'une grande colonie de vacances au bord de la mer. Le télégramme de mutation, bien que signé du général de la Porte du Theil[4] en personne, était une manière de faux. Il n'y avait pas de chantier de jeunesse à Giens mais mon ami Jean Clad était intervenu pour qu'on m'envoyât là-bas contribuer à l'encadrement du centre d'accueil et de reclassement pour Alsaciens et Lorrains alors en voie de constitution. Jean et ses amis, réunis dans le dortoir des chefs, n'eurent pas trop du reste de la nuit pour m'expliquer leur affaire.

Jean avait fait la guerre en compagnie d'amis alsaciens comme officier de renseignements spécialisé dans l'étude des évolutions politiques de l'Allemagne et des pays qu'elle avait conquis. En juin 40, il s'était trouvé avec quelques collègues à Alger. Ils avaient alors créé la Mission alsacienne et lorraine en Afrique

APRÈS AVOIR CRÉÉ LA MISSION ALSACIENNE ET LORRAINE EN AFRIQUE DU NORD, JEAN CLAD OUVRIT LA PINÈDE DANS LE VAR POUR AIDER LES RÉFUGIÉS ALSACIENS du Nord[5]. Il s'agissait, avec l'aide du général Weygand[6], d'abriter et d'employer au sud de la Méditerranée le plus possible de réfugiés des trois départements de l'Est pour les soustraire à l'emprise allemande.

Mais Jean ne put supporter de vivre ces mois cruciaux si loin de la métropole. Il revint dans le Var et ouvrit cette grande maison qui, avant la guerre, avait reçu pendant les vacances des centaines d'enfants des départements alsaciens et de la Moselle. Comme cela, disait-il, il serait à pied d'œuvre et pourrait maintenir un contact efficace avec les services des réfugiés de la France non occupée et entrer en relation avec ses compatriotes qui, ne voulant pas tomber sous la botte hitlérienne, ne verraient que des avantages à un petit tour en Afrique avec tout ce que cela pouvait ouvrir de perspectives d'une rentrée accélérée dans les futures armées de libération. En plus, se souvenant de son ancienne spécialité militaire, il voulait créer en France une antenne de renseignement sur l'action nazie dans les départements annexés.

Cependant, son véritable but était d'aider les jeunes de son pays ayant fait le choix de la liberté à devenir pleinement ces hommes nouveaux qu'implicitement au moins ils avaient choisi d'être et dont les provinces de l'Est auraient si grand besoin lorsque Hitler devrait enfin lâcher prise. Car, pour lui, il n'y avait pas de doute. L'Allemagne nazie dès son entrée en guerre avait signé son arrêt de mort. Même la chute, incroyable, de la France l'été précédent n'y pouvait rien changer. Par contre, il savait que l'ennemi se montrerait plus coriace encore qu'en 14 et que l'Alsace, tombée temporairement dans ses griffes, devait s'attendre aux coups les plus terribles. Son diagnostic était bien plus précis que le mien, mais si ses conclusions pratiques n'étaient pas loin de celles que nous avions arrêtées dans notre autobus de captivité ce ne pouvait tenir du hasard. Il avait été le chef du clan de routiers[6] universitaires auquel j'avais appartenu plusieurs années avant la guerre et nous étions lui et moi liés par une amitié solide. Pour mener à bien son entreprise, il m'avait donc demandé de rejoindre les quatre ou cinq camarades qu'il avait déjà réunis pour l'encadrement de la Pinède, des scouts presque tous, et il comptait sur moi pour la réalisation de son plan d'action culturel auquel il tenait par-dessus tout.

Mais, outre la maison, il n'avait rien. Il fallait inventer les financements, organiser le recrutement, assurer le ravitaillement, faire vivre en commun les gens qui allaient se confier à nous, en attendant de les transférer au-delà de la mer. Ils ne tardèrent pas à venir de tous les coins de la France méridionale, et de bien plus loin. Qui étaient ces hôtes que nous recevions à bras ouverts ? Pour l'essentiel, au début, des Alsaciens et des Lorrains, célibataires, évacués avec leur famille en 1939, et des démobilisés qui avaient décidé de ne pas retourner au pays. Vinrent ensuite de jeunes ménages pour lesquels nous dûmes ouvrir à Giens une annexe dans un hôtel réquisitionné. Un peu plus tard arrivèrent des hommes qui, ne pouvant

COLONIE
DE VACANCES
AVANT GUERRE,
LA PINÈDE
DEVINT
UN LIEU
DE TRANSIT
DES ALSACIENS
POUR L'AFRIQUE
DU NORD

plus supporter les nazis, avaient fui l'Alsace, franchi à grands risques deux frontières intérieures au moins. Ils avaient tous déjà vécu leur lot d'aventures et n'étaient plus des enfants de chœur. Il y avait entre eux et nous un risque considérable de maldonne. Ils venaient dans l'espoir d'un départ rapide pour l'Afrique, mais nombre d'entre eux durent séjourner des semaines, des mois même, à la Pinède, car l'envoi de billets de passage par nos amis d'Alger, de Tunis ou de Rabat dépendait des contrats de travail établis dans le Maghreb. Lorsque les employeurs éventuels se faisaient rares, l'obtention de billets de bateau était difficile. Dans de tels moments, le moral à la Pinède passait par de fameuses dépressions. Il fallait s'accrocher, inventer de nouvelles occupations, prouver que personne dans le centre ne perdait son temps et surtout que nous n'avions pas menti.

J'avais à l'étage supérieur un bureau avec une grande baie donnant par-dessus les pins sur la mer toute proche, immense, toujours changeante. A l'autre bout du bâtiment Jean Clad occupait une pièce semblable, communiquant avec le secré-

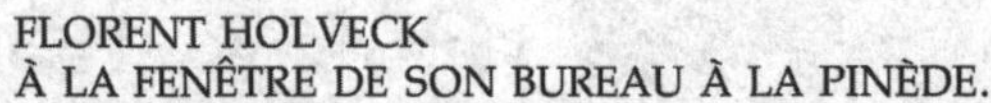

FLORENT HOLVECK
À LA FENÊTRE DE SON BUREAU À LA PINÈDE.

tariat et la comptabilité assumés par Gilbert Daubricourt, tandis que nos autres amis se contentaient de réduits mansardés. Par ma porte toujours ouverte, j'entendais se remplir et vivre la maison. Très vite la vie quotidienne s'était organisée. Le lever s'effectuait à 6 heures, suivi immédiatement de la toilette et de la mise en état des dortoirs. Le petit déjeuner pris rapidement précédait l'envoi des couleurs, cérémonie stricte et sobre mais toujours émouvante, qui nous rassemblait face au mât haubané où montaient les étamines nationale, alsacienne et lorraine. Le patron en profitait pour donner les consignes de la journée.

Jean Verdier, un grand diable né au Maroc, avait mission d'organiser les chantiers et les travaux divers de la matinée ainsi que du début de l'après-midi. Il lui fallait beaucoup d'imagination car, à part l'entretien de la propriété, la collecte pour le chauffage du bois rejeté par la mer, l'épluchage des légumes, il était bien difficile de trouver dans les environs des travaux que nos gars voulussent bien faire alors qu'ils n'en tiraient que quelques pauvres sous. En fin de matinée, tout le monde se retrouvait torse nu sur la plage où de mon mieux — je n'étais pas spécialiste — je dirigeais des séances d'hébertisme[7] ou de close-combat. L'après-midi, les travaux reprenaient et l'on commençait la préparation de la veillée par petits groupes dispersés sous les pins. Les repas étaient servis en plein air, sauf au creux de l'hiver.

Les chefs mangeaient avec tout le monde, à une table séparée, mais sans le moindre supplément de menu.

Albert Lamblé avait la charge de l'intendance. Le Var avait une horticulture prospère et les légumes ne manquèrent presque jamais. Le plus difficile fut de trouver de la viande en quantité et surtout de qualité acceptables. Il y avait les tickets, certes, mais les bons morceaux filaient vers le marché parallèle qui nous était interdit pour des raisons morales et... financières.

Albert, un jour, avait cru faire la belle affaire. Il avait acheté un demi-mulet. Nous allions enfin faire ripaille. Hélas ! même réduit en saucisses, l'animal, certainement d'un grand âge, s'opposa à toute consommation. La déception fut terrible, et faillit tourner en révolution. Heureusement, Jean s'était assuré la complicité de la marine, plus particulièrement de l'arsenal de Toulon qui, en fait de ravitaillement, ne manquait de presque rien et qui, une ou deux fois par mois, nous expédiait une camionnette de viande, de sucre, de confitures.

En plus de la culture physique, j'avais à organiser les fins d'après-midi et les soirées. Vers 5 heures, après les chantiers et après un ultime salut aux couleurs, on se retrouvait dans le grande salle du rez-de-chaussée pour la partie «intellectuelle» de la journée. On y lisait et commentait le journal local, vichyssois orthodoxe bien entendu comme toute la presse de l'époque et qu'il fallait lire entre les lignes. On y suivait les nouvelles mais aussi l'évolution de la législation de la Révolution nationale.

Cela donnait lieu à des échanges de vues assez vifs car nous abordions d'un œil nouveau la politique et comprenions mieux combien elle conditionnait notre devenir personnel. Jusqu'en octobre 40, pas très longtemps donc, tout le monde à la Pinède — comme presque tous les habitants du reste de la France occupée ou non — fit totale confiance au maréchal Pétain, le sauveur providentiel de la patrie. Les premières lois raciales passèrent à peu près inaperçues parce que les centres d'intérêt de tous étaient ailleurs, parce qu'on pensait qu'il fallait bien donner quelques satisfactions à ces fous de nazis et que les fonctionnaires français seraient assez malins pour ne pas appliquer des textes si extravagants.

Tout changea après l'entrevue de Montoire[8] et le lancement de la politique de collaboration. Ce fut la grande désillusion même si l'on voulait se persuader qu'il s'agissait d'une ruse de guerre, d'un gros mensonge que Pétain avait fait aux Allemands pour qu'il desserrent le nœud coulant passé au cou de la France. Cependant, le charme était rompu. Sincère ou non, le Maréchal avait mis le doigt dans l'engrenage dangereux, avait engagé la France dans une voie dont elle ne se sortirait avec astuce et honneur que si la guerre devait être extrêmement brève. Or, c'était évident, la Wehrmacht et avec elle les nazis n'étaient pas près de quitter le territoire national. Des discussions passionnées s'élevaient, au cours de nos lectures de la presse, sur le choix de la bonne attitude, sur le degré de rupture avec le gouvernement souhaitable ou même inévitable pour tout réfugié bien né. Le cœur gros, tous commencèrent à s'éloigner du maréchal car tous savaient qu'ils perdaient ainsi une belle espérance. Quant à de Gaulle, on n'en savait que ce que la presse et la radio vichyssoises voulaient bien en dire. On imaginait et on approuvait facilement ce qu'il voulait, mais on ignorait tout de ses moyens et de ses chances de succès. On n'écoutait guère Radio Londres à la Pinède. C'eût été prématuré, de toute manière décevant. Et, sous l'influence de la marine très forte dans la région toulonnaise, on restait tout de même assez anglophobe après le drame de Mers el-Kébir.

EN DEUX ANS, NOUS AVONS AIDÉ 2.000 ALSACIENS À SE RÉFUGIER OUTRE MÉDITERRANÉE

La réunion se terminait généralement par un cours d'une petite demi-heure, donné avec plus ou moins de compétence par un volontaire. Gilbert, qui n'y avait jamais mis les pieds, enseignait la géographie humaine du Maghreb, Verdier initiait aux rudiments de l'arabe, d'autres donnèrent des leçons de droit, de physique et de chimie, d'histoire, je me lançai dans l'initiation à la poésie fançaise. Le plus extraordinaire était que le public, où dominaient les hommes qui n'avaient pas dépassé le certificat d'études primaires, recevait tous ces discours sans trop rouspéter. Tous, au seuil d'une vie totalement bouleversée, voulaient apprendre le plus de choses possible.

Après dîner, dans la même salle, avait lieu la veillée. J'étais rarement en peine pour varier mes programmes car les suggestions, les concours bénévoles venant de pensionnaires eux-mêmes ne manquèrent jamais. Nous jouions beaucoup de théâtre sur une scène improvisée éclairée par phares faits de boîtes de conserve. J'avais suivi, quelques années plus tôt, les travaux des Comédiens-Routiers[9] et je m'inspirais de leurs méthodes. Avec une troupe d'amateurs recrutés parmi les réfugiés, constamment renouvelée au gré des arrivées et des départs, nous réalisions tout, les costumes, les masques, les textes, les thèmes d'improvisation. Nous chantions beaucoup. Je me souviens d'un quintette de jazz constitué par cinq amis de Saint-Louis, qui quelques semaines plus tôt avaient fui ensemble l'Alsace pour traverser la Suisse et venir à la Pinède par petites étapes dans l'espoir que nous les enverrions en Afrique de Nord sans les séparer. Ils avaient fabriqué eux-même leurs instruments de musique avec des caissettes, des cordelettes, des couvercles, des casseroles et ils imitaient fort bien, à la bouche, le saxo et la guitare hawaïenne. Ils improvisaient des concerts endiablés qui pourtant ne se terminaient jamais sans une teinte de nostalgie.

Le style de vie de la Pinède, c'est Jean Clad qui l'avait voulu, parfois imposé avec quelque insistance, en s'inspirant de son expérience de chef de clan routier, en répondant à l'ambition qu'il avait conçue pour tous ses compatriotes. Il n'était pas seul à ce moment-là à choisir ce mode de vie communautaire. Dans les chantiers de jeunesse, dans les camps des Compagnons de France[10], dans les écoles de cadres de la jeunesse, on agissait de même sous la direction de gens qui avaient reçu l'essentiel de leur formation dans les mouvements de jeunesse dans les années précédant la guerre.

Cependant, nous n'oubliions pas notre contrat. Ces gens étaient venus jusqu'à nous pour rejoindre les côtes africaines. Et quasiment tous y parvinrent, avec plus ou moins de patience, ce qui ne constitua pas, compte tenu des difficultés du moment, une mince performance. Je pense qu'en deux ans environ l'équipe de la Pinède, aidée par les services de la malan[5], bien entendu, a assuré le départ vers divers ports d'Afrique de plus de deux mille compatriotes[11]. C'était toujours avec une certaine émotion que nous les accompagnions à Marseille, leurs adressions de l'extrême pointe du môle Sainte-Marie un dernier salut tandis que le *Ville d'Alger* ou le *Ville d'Oran* s'éloignaient, cap au sud, sur la mer du soir. Ils étaient notre famille. Nous étions en guerre et nous devinions que beaucoup d'entre nous manqueraient au rendez-vous de la victoire. Car, même enclos dans notre Pinède, au bout de notre presqu'île de Giens, nous n'étions pas coupés du monde. Bien sûr nous ne pouvions à cause des Allemands agir trop ouvertement, bien sûr nous devions nous méfier d'infiltrations toujours possibles des fouineurs nazis qui, jetant un regard trop indiscret sur les listes d'adresses que nous camouflions et truquions autant que possible, eussent pu commettre bien des dégâts dans les familles restées en Alsace. Mais nous avions autour de nous un réseau de complicités de tout genre, notamment dans l'Administration, qui facilitèrent beaucoup notre tâche. Un jour, nous reçûmes, envoyé par le préfet du Var, le directeur des Renseignements généraux — un Strasbourgeois — pour nous avertir qu'il avait pris en filature un ou deux agents de la Gestapo ou de l'Abwehr qui paraissaient s'intéresser dangereusement à notre entreprise. Il nous donna leur signalement et le moyen rapide d'obtenir son intervention si, trompant sa surveillance, ils parvenaient jusqu'à nous. Nous ne les avons jamais vus, mais ils furent je crois du nombre des espions allemands arrêtés discrètement en cette fin de l'année 40 dans les régions méridionales et qui ne connurent pas tous un sort enviable...

Nous n'étions pas tellement loin de Noël lorsque le général de la Porte du Theil appela Jean Clad au téléphone. Il lui demanda de se rendre en toute hâte aux Martigues où se rassemblaient avec l'aide de l'armée et des Chantiers des milliers de démobilisés alsaciens et mosellans qui, d'un moment à l'autre, allaient prendre des trains pour rentrer dans les régions annexées.

— Et que voulez-vous que je leur dise, avait rétorqué Jean, pas mal irrité. Il est bien trop tard, ils ont pris leur décision et vous les y avez encouragés. A quoi bon remuer le fer dans la plaie ?

— Je sais, avait répondu le chef des Chantiers, et je ne suis pas sûr d'avoir bien agi en exécutant trop fidèlement les ordres de Vichy. Mais ces hommes ne peuvent partir ainsi sans un dernier salut de la France. A vous de jouer. Dites-leur ce que vous croirez bon. Je vous donne carte blanche.

Jean partit pour les Martigues et je l'accompagnai.

C'était un jour magnifique de l'hiver provençal. Deux mille, quatre mille de nos compatriotes dans leur costume kaki de démobilisés s'étaient assis dans l'herbe autour du plateau de voiture sur lequel nous nous étions hissés, Jean et moi. Ils n'étaient pas sans me rappeler ceux qui, sous la pluie, m'avaient interpellé au camp de prisonniers de Surgères. Ils s'étaient décidés cette fois après mûre réflexion. En principe du moins, car ils croupissaient dans les dépôts régimentaires ou les campements humides des chantiers de jeunesse. Leurs officiers avaient fait diligence pour que tout se passât bien, pour qu'ils pussent revenir rapidement vers les leurs avant les fêtes. Je n'avais à louer ni à blâmer personne. Chacun suivait sa voie. Jean parla et le silence s'établit spontanément, dans une intensité d'écoute extraordinaire.

«Vous rentrez au pays parce que, devant votre conscience, vous comprenez qu'il faut le faire. Vous rentrez et d'autres restent ici. Mais tous sont et demeureront solidaires parce que dominés par le même destin, parce que engagés dans le même combat. Je sais pourtant que, entre nous qui restons et vous qui partez, c'est vous qui affronterez les épreuves les plus rudes. Nous connaîtrons la faim, le mal du pays, la tristesse de l'absence de nos familles, les risques de la clandestinité peut-être, mais il nous restera la liberté. Vous connaîtrez le poids difficile ment imaginable de la dictature, de la violence, de la provocation hitlériennes. Car, vous le savez comme moi, les nazis ne sont pas des gens à vous laisser vous replier sur vous-mêmes, vous enfermer entre vous. Ils vous pourchasseront jusque dans les ultimes replis de vos familles, pour que vous les approuviez, pour que vous soyez des leurs et les complices, même en totale opposition, de leurs crimes. La propagande, les mouchards, la police seront partout. Ils exigeront que vous vous disiez Allemands et nationaux-socialistes, plus fanatiques que ceux de l'Outre-Rhin.

Et le jour viendra, dans une ou deux années, de votre mobilisation dans l'armée ennemie et de votre départ pour le front. Car la guerre sera longue et sanglante. Car la France l'emportera avec de puissants alliés, mais après des années de lutte terrible qui donneront aux Allemands tout le temps de développer leur système en Alsace et en Moselle.»

DÈS 1940 JEAN CLAD DÉCONSEILLA À SES AMIS ALSACIENS DE RENTRER CHEZ EUX

De bons amis m'ont reproché d'avoir prétendu après la guerre que ces paroles eussent été prononcées dès le mois de décembre 40. Car personne, disaient-ils, ne pouvait alors tenir de tels propos, car personne ne connaissait l'avenir. Or je me souviens bien de ce que disait l'ami Jean. Et je me souviens qu'à deux reprises au moins, entre compatriotes qui prenaient des options différentes, nous nous étions trouvés d'accord sur la nature du risque qu'allaient courir ceux qui vivraient la suite de la guerre en Alsace et en Lorraine, même si tous ne faisaient pas le même pari sur la longueur du temps nécessaire à la chute de l'Allemagne. Et je me souviens que personne, ce jour-là, ne protesta tandis que Jean, s'appuyant sur les études qu'il avait pu faire depuis des années sur l'évolution de l'Allemagne, mettait dans ses affirmations une conviction ferme et vibrante, révélatrice de ce que tous en fait pensaient secrètement et plus ou moins clairement. Et il conclut :

«Vous rentrez au pays et nous qui restons dans une partie de la France libre pour quelque temps encore aurons deux missions au moins. Car l'heure viendra où la propagande nazie ici aussi voudra faire croire au ralliement hitlérien de l'Alsace et de la Lorraine. Notre tâche alors sera de renforcer par tous les moyens la confiance de tous les Français dans votre fidélité quelles que soient les apparences. Et notre seconde mission sera, aussi longtemps que nous le pourrons, de poursuivre l'accueil et de mettre en sécurité tous ceux d'entre vous qui, échappant à la pression directe de l'ennemi, reviendront à tous risques dans la France méridionale.»

Le premier train en partance sifflait déjà. J'y montai avec nos amis. Durant le trajet je m'en fus de wagon en wagon, pour parler encore, pour être avec nos rentrants le plus longtemps qu'il se pourrait. A Poligny, où passait la ligne de démarcation, je descendis sur le quai. Des Allemands en uniforme, ayant pris en charge le convoi, commencèrent de boucler tout le monde à clé dans les compartiments. Des centaines de têtes jaillirent alors aux fenêtres pour protester contre cet emprisonnement pour le moins prématuré. La nuit tombait, poisseuse. Le train s'ébranla et tandis que ses feux disparaissaient lentement, un millier de voix dans le brouillard chantaient la *Marseillaise* la plus émouvante de ma vie.

Des voix derrière moi. Un train venant du nord s'était glissé sur la seconde voie, sans que dans mon émoi je l'eusse entendu venir. Aux portières des drapeaux bleu, blanc, rouge abondamment marqués et frangés d'or. Je lus à ma hauteur : «Classe 20[12] — Liberté Egalité Fraternité — Commune de Saint-Quirin». Les premiers expulsés de Moselle arrivaient en France non occupée, accablés, révoltés, heureux pourtant de respirer un air de liberté. Je montai dans leur train et rejoignis Lyon.

NOTES

1. Association catholique de la jeunesse française.
2. La convention d'armistice prévoyait que la France serait divisée en deux zones, l'une occupée par la Wehrmacht, l'autre à peu près libre. En fait, la zone occupée se subdivisa en une zone annexée directement à l'Allemagne (les départements alsaciens et la Moselle), une zone annexée à la Belgique pour constituer une manière de protectorat allemand (le département du Nord), une zone dite interdite qui comprenait un grand nombre de départements voisins de l'Allemagne et une zone «simplement» occupée. Entre toutes ces zones, les vainqueurs avaient établi des «lignes de démarcation» sévèrement gardées que l'on ne franchissait que muni de papiers spéciaux ou... clandestinement au risque de prendre une volée de balles ou au moins de se retrouver dans une prison ou un camp de concentration hitlériens.
3. Les bataillons disciplinaires de l'armée française étaient avant la guerre installés en Afrique du Nord, notamment à Tataouine.
4. Le général de la Porte du Theil fut nommé en 1940 chef des chantiers de jeunesse. Il s'était avant la guerre intéressé au scoutisme catholique.
5. La Mission alsacienne et lorraine en Afrique du Nord (MALAN) avait été montée par Jules-Albert Jaeger au lendemain de l'armistice à Alger. Le général Weygand était à la fin de 1940 haut-commissaire pour l'Afrique du Nord. Sans son aide personnelle, la MALAN n'aurait pas pu agir aussi efficacement.
6. Les formations de scoutisme masculin comprenaient alors trois branches : les louveteaux (7 à 12 ans), les scouts (12 à 16 ans), les routiers (au-dessus de 16 ans).
7. L'hébertisme est une méthode de culture physique mise au point par l'officier de marine Hébert. Très prisée en France pendant toute la guerre, elle se fondait sur des gestes dits naturels et n'exigeait que peu de matériel ainsi que des terrains très réduits.
8. Montoire, petite ville sur les bords du Loir où Pétain rencontra Hitler le 24 octobre 1940 et où furent adoptés les principes de la politique de collaboration.
9. Les Comédiens-Routiers étaient une troupe d'amateurs issus du scoutisme. Ils mirent au point une méthode d'initiation à l'art dramatique qui servit notamment dans les mouvements de jeunesse. Plusieurs acteurs et actrices professionnels bien connus après la guerre y ont appris leur métier.
10. En 1940, un certain nombre de responsables des mouvements de jeunesse d'avant guerre se réunirent pour fonder les Compagnons de France, association neutre sur le plan confessionnel qui devait notamment prendre en charge et éduquer autant que possible les milliers de jeunes se trouvant alors repliés en France méridionale et coupés de leurs familles restées en zone occupée. Les Compagnons n'obtinrent pas le succès escompté. Nombre de leurs cadres entrèrent dans la Résistance.
11. La Pinède fonctionna comme centre d'accueil et de reclassement des réfugiés alsaciens et lorrains jusqu'à l'invasion de la zone non occupée par les Allemands (novembre 1942). Les archives détenues en France furent alors détruites.
12. Il s'agit de l'un de ces drapeaux que chaque classe de conscrits faisait confectionner avant la guerre dans presque toutes les communes d'Alsace et de Moselle.

Les Chantiers oubliés

1940

RAYMOND BOURGART

Créés par le gouvernement de Vichy dès 1940 pour fixer les jeunes Français déboussolés par la débâcle, les Chantiers de jeunesse ont vu passer trois cent mille jeunes gens, dont près de six mille Alsaciens. Tous y ont connu des destins très différents. Un «ancien», Raymond Bourgart, après avoir retrouvé une cinquantaine de ses anciens compagnons, fait, de l'intérieur, le portrait de cette institution ambiguë, souvent décriée, et, au fond, plutôt méconnue.

MUSÉE D'HISTOIRE CONTEMPORAINE - BDIC

L'année 1990 marque le cinquantenaire d'une institution née des circonstances de la défaite de 1940 : les Chantiers de jeunesse. Il s'agissait alors pour le gouvernement de Vichy d'intégrer dans une organisation, acceptée par la commission d'armistice, les jeunes nés entre le 1er octobre 1919 et le 31 mars 1920, incorporés dans l'armée le 8 et le 9 juin 1940, c'est-à-dire quelque douze jours avant l'armistice. Ces «soldats» sans formation militaire, complètement désemparés après la débâcle, ignorant souvent où et comment ils retrouveront leur famille, leur emploi ou la possibilité de continuer leurs études, sont une masse de plus de cent mille jeunes, dont près de trois mille Alsaciens.

Pour les maintenir au service du pays, sous une forme différente d'un service militaire — entièrement exclu, compte tenu des conditions de l'armistice — Vichy inventa les groupements de jeunesse, qui deviendront les Chantiers de jeunesse. Un décret du 30 juillet 1940 institue donc un service obligatoire «groupements de jeunesse» placé sous l'autorité du ministère de la Jeunesse et de la Famille. Y sont intégrés pour une durée de six mois les incorporés des 8 et 9 juin 1940, donc libérés de leurs obligations militaires.

Ces jeunes ne seront logés ni dans des casernes, ni près des grandes villes, mais seront répartis dans une quarantaine de groupements, tous situés en zone libre dans des régions de forêts et de montagnes : il ne s'agit ni de camps scouts, ni de camps militaires, mais d'une synthèse des uns et des autres. Les dirigeants sont d'anciens officiers, particulièrement motivés, choisis pour leurs qualités morales et physiques. La direction, la réalisation et l'organisation des Chantiers furent confiées au général de la Porte du Theil, fidèle au maréchal Pétain, mais notoirement connu comme patriote et anticollaborationniste.

Les difficultés furent extrêmement nombreuses : créer *ex nihilo* des camps, dans des endroits souvent isolés, trouver les équipements et le matériel, organiser le ravitaillement, former dans une nouvelle discipline et vers un idéal pratiquement inaccessible des hommes habitués à une certaine inaction et surtout désireux de rejoindre leur foyer.

Et pourtant l'expérience s'avéra concluante puisque l'institution fut pérennisée par une loi du 18 janvier 1941, date proche de celle de la libération du premier contingent. Elle instaure le service national obligatoire auquel tout garçon de vingt ans est astreint pour une période de huit mois. Cette loi ne s'applique qu'aux appelés résidant en zone libre.

L'organisation des Chantiers restera, avec quelques modifications dues aux circonstances, celle initialement établie par le général de la Porte du Theil et ses adjoints :

— le commissariat général, dont les services forment le groupement n° 42, est établi à Châtelguyon ;

— chaque groupement, dirigé par un commissaire et une équipe de commande ment, réunit une dizaine de groupes comportant chacun de dix à douze équipes à raison d'une quinzaine de «jeunes» ;

— des commissariats régionaux (y compris pour l'Afrique du Nord) coordonnent chacun les activités de huit à dix groupements.

Malgré toutes les vicissitudes, notamment l'occupation de la zone libre en novembre 1942 et l'instauration du Service du travail obligatoire (STO), les Chantiers de jeunesse furent maintenus jusqu'en 1944. Signée à Vichy par Pierre Laval, la loi du 9 juin 1944 porte dissolution des Chantiers. Presque simultanément (ordonnance du 5 juillet 1944), le gouvernement provisoire de la République française, depuis Alger, dissout l'«organisation de la jeunesse française». Il est vrai que l'arrestation du général de la Porte du Theil par la Gestapo en janvier 1944 avait porté un coup dur à l'esprit «Chantiers».

Voilà résumée en quelques lignes une genèse de ce qu'étaient les Chantiers de jeunesse. L'étude réalisée ci-après, sur la base de faits, de documents, de témoignages, vise à relever que cette institution de Vichy, bien que peu connue en Alsace, a marqué de son empreinte plusieurs milliers de jeunes de cette région et mérite de figurer parmi les annales de l'histoire de l'Alsace.

Les appelés de la onzième heure...

Malgré une situation militaire déjà alarmante, le contingent appelé sous les drapeaux les 8, 9 et 10 juin 1940 réussit dans sa majorité à rejoindre sans trop de problèmes les différents lieux d'affectation. Ce fut notamment le cas pour les appelés alsaciens, qu'ils aient résidé en Alsace ou dans les départements du Sud-Ouest : dans l'une et l'autre situation, il n'y avait là ni combats meurtriers ou bombardements, ni trace d'un exode lamentable, tel qu'il allait se dérouler quelques jours plus tard.

Le nombre d'Alsaciens mobilisés, nés entre le 1er octobre 1919 et le 31 mars 1920, excédait quelque peu les trois mille, un grand nombre d'entre eux ayant été affectés dans les garnisons alpines. C'est parmi ces appelés-là que nous avons recueilli le plus de témoignages et c'est d'eux qu'il sera souvent question dans les prochaines pages. Il est évident que leur situation différait peu de celle des autres jeunes recrues affectées dans d'autres garnisons et qui subirent comme eux les effets des inévitables avatars de la défaite.

Voici, en quelques phrases, le témoignage d'un Strasbourgeois qui réunit sur son cas la majeure partie des indications qui seront détaillées ensuite :

«Tous les jeunes du groupe n° 6 étaient des Alsaciens-Lorrains incorporés en juin 1940 au 159e RIA (dépôt 144) à Romans (Drôme), faits prisonniers le 24 juin 1940 en Charente-Maritime, libérés le 14 juillet 1940, puis cantonnés à Lavaufranche (Creuse). Versés le 24 août 1940 dans les Chantiers de jeunesse,

PÉTAIN REMET AU GÉNÉRAL DE LA PORTE DU THEIL LE DRAPEAU DES CHANTIERS DE JEUNESSE

MUSÉE D'HISTOIRE CONTEMPORAINE
BDIC

ils furent d'abord employés à construire une route menant à un étang dans la forêt de Tronçais. A partir du 28 septembre 1940, le groupe n° 6 fut cantonné à la ferme du Fleuret, à quelques kilomètres d'Uzay-le-Venon, d'abord dans des dépendances (bergeries, etc.), puis dans des baraquements. Le groupe travaillait par équipe de six jeunes (deux bûcherons, deux «ébrancheurs», deux scieurs) à «faire du bois» destiné aux fours qui le transformeraient en charbon de bois.»

Ce récit, parmi d'autres, conduit à parler de «ceux de Lavaufranche» et d'autres Alsaciens du groupement de jeunesse n° 1, où les jeunes originaires des départements du Haut-Rhin et surtout du Bas-Rhin étaient particulièrement nombreux. Leur histoire de juin à décembre 1940 est semblable à celle de tous nos compatriotes affectés dans les divers groupements des camps de jeunesse.

Quelles raisons poussèrent les autorités militaires à déplacer plusieurs milliers de nouveaux incorporés des départements alpins et rhodaniens vers les Charentes et la façade atlantique du pays ? Entrée en guerre de l'Italie, espoir d'un transfert vers l'Afrique du Nord française d'une future armée de reconquête ? La question n'a jamais été entièrement élucidée.

Les événements évoluant avec une extrême rapidité, c'est en spectateurs non armés et désemparés que ces jeunes, cantonnés à Saint-Savinien, Saujon et Taillebourg, virent passer les premières unités allemandes en marche vers le sud, avant d'être entassés dans les camps de Saintes, de Surgères, de la Jarne et d'être libérés conformément aux stipulations de l'armistice, respectées celles-ci par les Allemands.

Cette «libération» donna lieu, dès le retour en zone libre, à des réactions de mécontentement : munis chacun d'un ordre de démobilisation portant les signatures conjointes d'un colonel français et du commandement allemand du camp, les libérés se virent retirer ce document par l'autorité militaire. Certains — et non pas les seuls Alsaciens — se sentirent frustrés et moralement dégagés de leurs obligations militaires.

Prévoyant déjà l'avenir immédiat des provinces annexables, le commandement allemand du camp de Surgères avait d'emblée, et sans doute suite à des instructions venues de «haut lieu», séparé les Alsaciens-Lorrains de leurs camarades, alors prisonniers comme eux. Cela explique, au groupement n° 1 comme dans d'autres unités des Chantiers, l'existence d'équipes formées uniquement de jeunes originaires de notre province. La libération des classes 1939/3 et 1940/1 ramena tout ce monde en France non occupée et conduisit à son intégration dans les groupements de jeunes.

En attendant cette intégration, on trouvait ainsi dans toute la zone libre des troupes, des troupeaux plutôt, plus ou moins disciplinés, plus ou moins encadrés, nourris et payés par l'armée, qui végétèrent, en attendant on ne sait trop quel avenir.

TRAVAUX ROUTIERS POUR CES JEUNES DES CHANTIERS DE JEUNESSE

MUSÉE D'HISTOIRE CONTEMPORAINE - BDIC

QUELQUES JOURS DE LIBERTÉ DANS LA CREUSE POUR CE GROUPE D'ALSACIENS DÉMOBILISÉS

RALLYE
DE
PRINTEMPS
DANS
UN CHANTIER
DE JEUNESSE

UN GROUPE D'ALSACIENS DES CHANTIERS DE JEUNESSE DÉFILE À SANCOINS DANS LE CHER

Lavaufranche est un petit village entourant une ancienne commanderie des hospitaliers de Saint-Jean-de-Jérusalem. Si la commanderie de Lavaufranche, alors véritable «chef-d'œuvre en péril», est aujourd'hui monument historique restauré et visité, elle le doit en partie à quelques éléments d'une troupe d'Alsaciens et de Mosellans (en photo pages 156-157), libérés du camp de la Jarne, débarqués le 15 juillet 1940 en gare de Lavaufranche, à l'extrême nord-est du département de la Creuse. Parmi les quelques centaines de militaires alsaciens logés au château de la commanderie, certains découvrirent, en dégradant un peu plus cet ensemble de bâtiments en état fort précaire, par le grattage des plâtras recouvrant les murs de l'ancienne chapelle, des fresques cachées et ignorées depuis belle lurette... Lieu de passage et souvent d'arrêt de trains de réfugiés de retour vers leurs ville et village, la gare de Lavaufranche fut aussi pour un certain nombre de gars, minés par le *Heimweh,* le point de départ pour retourner au pays et quitter ce qui n'était déjà plus une armée. Mais, par patriotisme peut-être, par leur sens du devoir ou de l'autorité, ou par pur atavisme, la grande majorité des appelés de juin rejoignirent les groupements de jeunesse début septembre 1940. Selon les sources les plus autorisées, il y aurait eu quelque cent mille jeunes, dont trois mille Alsaciens qui firent partie de cette première fournée d'appelés à ce service national.

Le général de la Porte du Theil, ses adjoints et assistants, l'ensemble des gradés organisèrent en quelques semaines des bases d'accueil en une quarantaine d'endroits différents, en pleine nature. Dans leurs uniformes hétéroclites avec leurs préjugés, leur inexpérience aussi, tous furent des pionniers !

Le travail en chantier ou en forêt n'était qu'une partie de l'activité des jeunes : la salut aux couleurs, les activités au camp, les séances de culture physique, le bricolage, les chants, les veillées formaient l'essentiel de la vie des Chantiers.

Compte tenu d'un ravitaillement souvent insuffisant et précaire, les repas étaient plutôt spartiates. Dans la mesure du possible, les jeunes, sans qu'il y ait obligation, participaient aux cultes religieux.

Souvent sans nouvelles des leurs, plus incertains que d'autres sur leur devenir, les Alsaciens des Chantiers y furent appréciés pour leurs qualités et leurs compétences. Plusieurs nominations comme chefs d'équipe ou adjoints intervinrent dès les premiers mois.

Un témoignage le souligne bien, celui du «chef» Chaumié (qui participera ensuite, avec les maquis du Cher, à la libération de Bourges) : «Voici l'équipe Troyes : équipes d'Alsaciens, et plus particulièrement de Strasbourgeois. Ici nous admirons un parc en miniature. Sur des revêtements d'écorces, chaque tente s'entoure de mousse et de champignons. Des écussons parent l'entrée de chaque gourbi : c'est extrêmement soigné, propre et confortable. Des types, et qui chantent à la veillée : une splendeur. Tous... rudement sympathiques !»

Il ne pouvait être concevable pour les Allemands, sur le point d'annexer et de regermaniser l'Alsace, qu'une fraction, même minime, de sa population soit incorporée dans une organisation officielle de la «jeunesse française». Dans une note du 18 septembre 1940, le général von Stülpnagel signale au général Doyen : «Des Alsaciens-Lorrains de communauté allemande, libérés du service militaire seraient retenus dans des camps de jeunesse.» La réponse du général Doyen est franche et nette : «La législation française qui a créé les camps de jeunesse a établi l'obligation pour tous les jeunes Français d'accomplir un service civil d'une durée de six mois, en quelque partie du territoire français que ces jeunes aient leur domicile. A l'expiration de ce service, ils auront naturellement la liberté de rentrer dans leurs foyers.»

Les autorités de l'Etat français durent finalement subir la loi de l'occupant : au cours du mois de décembre — soit quelques semaines avant la date où la fin du service dans les Chantiers serait devenue effective — l'ordre vint de libérer les jeunes originaires d'Alsace ou de Moselle. Les responsables des Chantiers, dans leur grande majorité, les incitèrent, très ouvertement, à rester en France non occupée.

Pas partout cependant : le Dr Muller, maire honoraire d'Altkirch, expulsé d'Alsace fin 1940 par les nazis et affecté comme médecin-commissaire adjoint au groupement n° 12 des Chantiers à Saint-Martin-d'Uriage, signale qu'il y avait là un nombre important d'Alsaciens et de Lorrains. «Je me souviens avec peine du drame que nous avons vécu à Noël 1940. Certains cadres ignorant tout de la situation particulière de nos provinces insistaient, parfois fermement, pour que les jeunes retournent en Alsace annexée... Nous savions ce qui se passait et allait se passer chez nous. Nous nous sommes évertués à prévenir ces jeunes, placés dans une alternative déchirante, que leur retour aboutirait à être incorporés dans la Wehrmacht, ce qui s'est malheureusement réalisé. Les pressions exercées étaient telles, surtout celles de l'aumônier de cette période, que trop de jeunes écoutèrent ces mauvais bergers.»

Quel que soit le sens dans lequel s'exercèrent les incitations dans les divers groupements, il s'agissait effectivement pour les intéressés d'une «alternative déchirante». Pour ceux dont la famille se trouvait dans un des départements d'accueil, qui avaient la possibilité de poursuivre leurs études ou d'avoir l'emploi assuré, le choix était plus aisé. Pour les autres, séparés depuis des mois de leur famille, sans nouvelles de leurs proches, déçus aussi par les réponses négatives à leurs demandes d'emploi, l'option d'un retour en Alsace, malgré tous ses aléas, paraissait la seule solution envisageable.

Cette option du «retour» reste encore aujourd'hui incomprise par certains «ultras», tendant à faire oublier qu'il existait aussi pour un grand nombre, outre les frustrations d'ordre affectif ou professionnel, un autre risque : la France de Montoire — c'était encore l'actualité en ce mois de décembre — pouvait-elle être le roc solide auquel s'accrocheraient ces jeunes ?

Voici le récit poignant, mais serein, de l'aumônier protestant évoquant le rapatriement des Alsaciens et Lorrains du groupement n° 8, au Châtelard-en-Bauges (Savoie), où ils constituaient près d'un tiers de l'effectif : «Les Alsaciens-Lorrains furent rassemblés à Lescheraines pour être interrogés sur leurs souhaits. En tant qu'aumônier protestant, je me suis entretenu avec la plupart d'entre eux. Il fallait écouter leur réflexion, respecter la maturation de leur décision et, cependant, leur indiquer les pièges et les risques d'un tel retour. Ils voyaient surtout le retour dans leur village et leur famille, le risque de ne pas les revoir pendant longtemps s'ils restaient, les craintes des conséquences de leur refus pour les leurs. Nous comprenions très bien ces raisons et il était impossible de leur en vouloir s'ils partaient. Mais nous leur parlions de l'annexion, de leur statut de citoyens allemands avec tout ce que cela comportait, surtout avec le régime nazi. En fin de journée, ils furent tous réunis dans une salle. Formant un grand cercle, ils écoutèrent une dernière fois le chef de Courson. Tout était dit. Des jeunes leur présentèrent un drapeau tricolore étendu et chacun des partants en embrassa le tissu. Tous pleuraient et nous supportions difficilement la lourde émotion de cet instant que je ne pourrai jamais oublier. La très grande majorité partait. Ils vinrent nous serrer la main, nous embrasser même. Dehors, les moteurs tournaient. Ils embarquèrent...»

De même en forêt de Tronçais (groupement n° 1), les adieux se firent d'une manière toute solennelle, quasi mystique : un dernier feu de camp, l'allocution empreinte de gravité du commissaire Furioux («le Colonel»), descente des couleurs par un partant, chant des adieux. Un des cadres, le chef Claude Maurice, se souvient de cette soirée au Rond de la cave : «Le «Colonel», debout au pied d'un chêne, s'est adressé aux Alsaciens plus en père de famille qu'en chef de groupement, essayant de les convaincre de rester, tout en comprenant les raisons qu'avaient bon nombre d'entre eux de vouloir rentrer.»

Pour ceux qui rentrèrent en Alsace en décembre 1940, les vexations commencèrent dès la ligne de démarcation : la gare de Beaune marqua la coupure brutale avec la France, sentiment encore aggravé dès l'arrivée en Alsace. Ils subirent un interrogatoire sur les activités et l'esprit régnant dans les Chantiers de jeunesse : «Existait-il une formation militaire ? Quelle était l'attitude des responsables à l'égard de… de Gaulle ?» Du général de Gaulle personne d'entre eux n'avait entendu parler. Les familles en Alsace, écoutant régulièrement la radio de Londres, en savaient plus que leurs fils revenus de la «zone libre». Ceux qui rentrèrent plus tard en Alsace, soit après réflexion personnelle, soit pour raisons familiales, soit rapatriés d'office après détection par une commission d'armistice, furent la cible d'interrogatoires plus insidieux, plus brutaux, souvent par plusieurs instances, y compris la Gestapo, sur les raisons de ces retours tardifs.

LE COLONEL S'ADRESSA AUX ALSACIENS LES SUPPLIANT DE RESTER AU CAMP

Un rapatrié d'office affecté au groupement n° 39 à Montmaurault (Allier) raconte : «Une commission de contrôle allemande (la troisième !) m'a fait rentrer avec trois camarades (deux Alsaciens, un Lorrain) le 22 janvier 1941. (…) Retenu à Dijon pendant quatre jours (…) je rentrai à Strasbourg le 29 janvier et dus me présenter tous les jours durant dix jours à la Gestapo (rue Sellénick à Strasbourg) qui voulait savoir pour quels motifs je n'étais pas rentré en août 1940 ! J'étais alors soldat à Périgueux et avais été versé aux Chantiers de jeunesse en septembre.»

Voici le récit du retour d'un autre «rapatrié tardif» : «Ayant l'intention de rester en zone libre, je ne partis pas en décembre et fus muté par la suite comme standardiste au PC de Clermont-Ferrand. Peu après, je reçus un télégramme m'annonçant que ma mère était malade. Je rentrai donc à Strasbourg fin janvier 1941, d'autant que mon ancien employeur (les PTT) et d'autres services s'occupant des démobilisés avaient indiqué ne pouvoir me procurer du travail. Après mon retour, je fus convoqué rue Sellénick (Gestapo) et allée de la Robertsau (Sicherheitsdienst) et interrogé sur les raisons de mon retour tardif.»

Pour ceux qui décidèrent de ne pas retourner en Alsace, le retour à la vie civile après la fin de leur service dans les Chantiers posait souvent des problèmes d'emploi. Jean R., instituteur, dont la famille était restée en Dordogne, ne put malgré l'intervention de son ancien directeur, devenu inspecteur primaire, obtenir un poste dans ce département. Après avoir effectué des remplacements à Narbonne et à Carcassonne, il obtint enfin, à la rentrée d'octobre 1942, la possibilité d'exercer en Dordogne, jusqu'à son retour dans le Bas-Rhin en octobre 1945.

Affecté au groupement n° 30, Foch, à Saint-Pé-de-Bigorre, de septembre 1940 à février 1941, René F. s'engagea dans les Chantiers à la fin de son service ; il devint «assistant» après formation à l'école des cadres et rejoignit la Résistance en juin 1944, puis participa aux campagnes des Vosges, d'Alsace et d'Allemagne dans la 1re Armée. De retour à Strasbourg, fin avril 1946, il reprit son emploi dans l'administration, qu'il avait quittée... le 8 juin 1940.

Enfin, parmi les Alsaciens libérés des Chantiers en février 1941, beaucoup de bacheliers et d'étudiants rejoignirent les différentes facultés de l'université de Strasbourg repliée à Clermont-Ferrand.

Les difficultés commencent en 1941

Lorsque le gauleiter Wagner eut fait expulser vers la zone libre tous les éléments jugés indésirables dans la nouvelle Alsace nationale-socialiste (israélites, «Français de l'intérieur», Alsaciens jugés indignes de devenir ultérieurement citoyens du Grand Reich), il estima que tous les autres Alsaciens non rentrés en Alsace devraient être persuadés de retourner dans leur *Heimat*, c'est-à-dire dans le giron du Reich. Tel était le cas pour les incorporés dans les Chantiers de jeunesse, dont le gouvernement de Vichy dut accepter la démobilisation. Des commissions, formées de collaborateurs du nouveau régime en Alsace, furent envoyées dans les départements du Sud-Ouest, afin d'inciter les familles, implantées là-bas après l'évacuation de septembre 1939 ou après leur départ volontaire, à revenir dans leur province. Selon des estimations reconnues crédibles, il s'agirait d'environ cent mille personnes réfugiées qui ne rejoindront pas l'Alsace annexée.

Ces démarches n'eurent pas le succès escompté. Au contraire, dès le printemps 1941, de plus en plus de jeunes Alsaciens, dès l'annonce d'une incorporation dans le Reichsarbeitsdienst — et plus tard, quand viendra le temps de l'obligation de servir dans la Wehrmacht — traverseront les frontières artificielles entre l'Alsace et la France libre, ou la frontière helvétique, pour se retrouver dans leur véritable patrie. Il est vraisemblable que, durant la période 1941 à 1944, malgré des difficultés de plus en plus marquées, quelque dix mille Alsaciens échappèrent ainsi à l'incorporation de force, parfois au péril de leur vie, sans oublier les représailles à l'égard de leurs familles.

Le rappel de cette situation permet de mieux comprendre la situation des Alsaciens qui restèrent dans les Chantiers de jeunesse après la libération du premier contingent.

Le but du décret du 30 juillet 1940, instituant les groupements de jeunesse, concernait essentiellement la reprise en main par le gouvernement du pays des incorporés de juin 1940, en vue de les astreindre à de nouvelles activités, de leur donner une formation civique, avant leur réintégration dans la vie quotidienne. Le succès, inattendu, de cette expérience incita le général de la Porte du Theil à prolonger les Chantiers, en faisant d'eux un service national. Ce fut une tâche difficile, les plus hauts responsables du secrétariat général à la jeunesse, dont dépendaient les Chantiers, estimant qu'il s'agissait d'une «dangereuse aventure», qu'il convenait de «liquider au plus tôt». Le général de la Porte du Theil, sans nier les difficultés initiales, non encore toutes résolues alors, fit valoir qu'en assurant la prolongation des Chantiers on maintiendrait le principe du service national obligatoire, base des armées modernes. Et comme il s'agissait d'un service civil, les Allemands n'auraient aucun prétexte à s'y opposer. Grâce à la foi en sa mission, à sa force de persuasion et à des interlocuteurs compréhensifs, le général réussit à faire admettre la prorogation des Chantiers, concrétisée par la loi du 18 janvier 1941.

Par cette loi instituant un service national, tout jeune Français de vingt ans devait accomplir un stage de huit mois dans les Chantiers de jeunesse. Par suite de l'opposition des Allemands, la zone occupée fut exclue du ressort de cette loi. Les incorporations se firent tous les quatre mois, de février 1941 jusqu'à fin 1943, bien que, à partir de novembre 1943, le fonctionnement de l'institution ait subi des perturbations dues à l'accélération des événements, qui ne furent pas sans influer profondément sur le fonctionnement, voire l'existence des Chantiers.

Comme tout Français âgé de vingt ans, les jeunes Alsaciens résidant en zone libre furent appelés à effectuer le stage de huit mois, mais, compte tenu des circonstances, les modalités varièrent selon la situation des intéressés ou selon le groupement auquel ils furent affectés.

En fait, on retrouve dans les Chantiers de jeunesse à partir de 1941 différentes catégories d'Alsaciens et de Mosellans : ceux normalement appelés avec leur classe, puisque résidant en zone non occupée soit depuis 1939 ou 1940, soit suite à leur évasion à partir de 1941 ; d'autre part des évadés du Haut-Rhin, du Bas-Rhin ou de la Moselle qui, n'ayant ni point d'attache, ni emploi en zone libre, furent accueillis dans certains groupements, quelle que soit leur classe d'âge, ne serait-ce même qu'à titre temporaire, dans l'attente d'un emploi, ou d'un passage éventuel vers l'Espagne et la France d'outre-mer ; de même purent se maintenir dans les Chantiers, à des titres divers, ceux de nos compatriotes non rentrés fin 1940, même après la fin de service de leur classe. Compte tenu de toutes ces situations différentes, il y eut des Alsaciens dans la plupart des groupements de jeunesse entre 1941 et 1944 : au sein de chaque groupement, leur nombre variait de quelques unités à plus de trois cents.

Pour l'occupant, il ne pouvait s'agir là que de situations irrégulières, abstraction faite peut-être des familles expulsées en tant que «françaises», francophiles non assimilables ou israélites. Aussi les mesures prises pour camoufler les ressortissants alsaciens et mosellans furent-elles variées et s'organisèrent avec l'approbation tacite du commissariat général des Chantiers. Le gouvernement de Vichy en fut-il véritablement informé ou cela s'effectuait-il à l'insu des autorités ? Il est difficile de répondre catégoriquement à cette question.

Même si le commissariat général n'avait pas prévu d'emblée l'exode vers la France non occupée de nouvelles catégories de «réfugiés», il lui appartenait de sauvegarder la liberté de nos compatriotes restés sous sa responsabilité et de leur assurer des conditions de vie convenables. Des instructions en ce sens furent transmises notamment aux groupements dont l'effectif, en 1940, comportait un nombre important d'appelés originaires des provinces de l'Est. La question de l'accueil et de la sécurité des Alsaciens et des Mosellans dans les Chantiers est restée une des préoccupations du général de la Porte du Theil : selon les indications de M. Paul Celle, ancien commissaire assistant au commissariat général à Châtelguyon, et chef responsable du service courrier, le général était en correspondance régulière avec M. Hartmann, député du Haut-Rhin, résidant en zone libre. Ils se sont même rencontrés à plusieurs reprises pour évoquer la situation des Alsaciens dans les Chantiers. De même, Mgr Ruch, évêque de Strasbourg, empêché par les Allemands de retourner dans son diocèse, témoigna sa reconnaissance au général de la Porte du Theil pour son action en faveur des jeunes d'Alsace.

Dans certains groupements, le nombre peu important d'Alsaciens ou de Mosellans permit leur intégration sans qu'il fût nécessaire d'adopter des mesures particulières pour leur sécurité. Par contre, des regroupements apparurent nécessaires là où, étant donné leur nombre, il était indiqué d'éloigner les Alsaciens-Mosellans des visites possibles des commissions d'armistice.

Ce fut le cas notamment au groupement n° 8, Le Châtelard (Isère), et au groupement n° 10, Saint-Laurent-du-Pont (Isère). Un témoignage le confirme : Joseph G., réfugié de Strasbourg, instituteur dans l'Ain, est incorporé le 13 juillet 1943 : «J'ai été incorporé avec les jeunes de la classe 1943 au groupement n° 10. Les Alsaciens, au nombre d'une douzaine (de Strasbourg, de Colmar, de la vallée de la Bruche) et un Mosellan de Thionville ont été regroupés dans une équipe à Brévardière : on nous a dit qu'on nous planquait dans un camp isolé (nous occupions une baraque, les dix autres étaient inoccupées) pour nous mettre à l'abri d'une rafle des Allemands...»

Dans un compte-rendu sur la résistance des Chantiers en Provence, il est indiqué que «les groupements du commissariat régional de Provence ne furent visités qu'épisodiquement par les commissions d'armistice italiennes. Dans cette

LES TRAVAUX
DES CHAMPS,
UNE DÉCOUVERTE
POUR BEAUCOUP
DE JEUNES
DES CHANTIERS

MUSÉE D'HISTOIRE CONTEMPORAINE
BDIC

ambiance, entre le mois d'août 1940 et le mois de novembre 1942, le commissariat régional accueillit, sous des noms d'emprunt, quelques juifs, et, surtout, des Alsaciens et des Lorrains qui ne pouvaient revenir dans leur province d'origine...»

Au groupement de jeunesse n° 1, en forêt de Tronçais, dans l'Allier, les Alsaciens et les Mosellans, même après les départs de décembre 1940 et la fin du service en février 1941, restaient en nombre important. C'est sans doute la raison pour laquelle le commissariat général incita le groupement, à l'initiative du commissaire Furioux, à camoufler le maximum d'Alsaciens-Lorrains dans un groupe spécial isolé.

Ils furent réunis dans un groupe portant le numéro 1. Il y avait là un motif — voulu — de confusion avec le «groupe de direction» qui au début portait aussi ce numéro. Caché hors de la forêt, à quarante kilomètres, au domaine de Saint-Augustin, près de Sancoins dans le Cher, ce groupe servit de refuge à un fort contingent de jeunes originaires d'Alsace et de Lorraine qui n'avaient pas voulu rentrer au pays.

Dans ce groupe, plus question de stage de durée limitée, chacun décidait de la durée de sa présence. Certains vécurent ainsi, en marge, pendant trois ans, grâce à un double état des effectifs, l'un à usage interne, l'autre garni de faux noms et de fausses identités en cas de contrôle de la commission d'armistice. L'effectif de ce groupe était variable et évoluait autour de trois cents jeunes.

Compte tenu des Alsaciens-Lorrains qui passaient la ligne de démarcation en fraude, l'effectif du camp augmenta de manière telle qu'il fallut créer un sous-groupe installé dans une forêt voisine à Grossouvre. Voici le témoignage de René Kippert, évadé de Lorraine en zone libre, qui cherchait une affectation : «Nous recevons, mon ami et moi, une lettre d'un camarade se trouvant aux Chantiers de jeunesse. Il fait du charbon de bois au groupe Alsace-Lorraine à Saint-Augustin en forêt de Tronçais. Je me décide immédiatement et nous partons pour Tronçais. Nous sommes reçus par un chef admirable, Robert Dumoulin. Il nous fait prendre contact avec les Alsaciens-Lorrains. Nous nous sentons chez nous, retrouvons notre copain. Le colonel Furioux, de passage, nous salue. Très vite, nous sentons que nous ne serons pas repris.»

Ces camps étaient situés à une vingtaine de kilomètres de la ligne de démarcation, mais jamais les commissions d'armistice n'en eurent connaissance. Au fil des années, un certain nombre d'Alsaciens et de Mosellans furent même intégrés à d'autres groupes au sein de la forêt de Tronçais. Au groupe n° 9, à Chamignoux, le chef de groupe et deux assistants étaient alsaciens.

Au commissariat régional de chacune des provinces était attachée une école de chefs où sont admis les assistants et chefs d'atelier, jugés aptes à devenir plus tard chefs de groupe ; la durée du stage était normalement de neuf mois. Il convient ici de parler de l'école de Theix qui fut foyer de résistance, qui accueillit nos compatriotes, non seulement les stagiaires, mais des Alsaciens et Lorrains de Clermont-Ferrand menacés d'arrestation ou de déportation : grâce aux précautions prises, la plupart d'entre eux réussirent à demeurer à l'abri jusqu'à la liquidation de l'école. Dans le cadre de son enseignement, l'école de Theix trouva la collaboration courageuse de l'université de Clermont-Ferrand et plus encore de l'université de Strasbourg avec MM. Baulig, Gemaehling et Thomas (mort en déportation).

Les chantiers après l'occupation de la zone libre

Il est un fait peu connu, dans l'organisation du débarquement allié en Afrique du Nord, le 8 novembre 1942, c'est la «conjuration des cinq», groupe ayant préparé avec le consul des Etats-Unis à Alger, Robert Murphy, les conditions pour faire «basculer» l'Afrique du Nord française dans le camp allié à l'insu du gouvernement de Vichy... et de la France libre à Londres. L'un des «cinq» était le commissaire régional des Chantiers de la jeunesse française en Afrique du Nord, le colonel Van Hecke, dont dépendaient directement près de cinq mille jeunes, armée sans armes, qu'il dirigeait depuis son bureau de la Robertsau (sic !) au-dessus d'Alger. Les jeunes des Chantiers en Afrique du Nord devinrent des éléments essentiels de la future armée française d'Afrique.

Le débarquement anglo-américain du 8 novembre 1942 amena l'occupation complète de la France métropolitaine par les troupes de l'Axe. Rien ne fut changé dans l'organisation des Chantiers de jeunesse, sinon que leur liberté d'action, déjà réduite par les tournées des commissions d'armistice, fut encore perturbée par la présence des forces allemandes au voisinage de divers groupements.

Leur organisation fut pourtant en partie bouleversée après l'introduction du Service du travail obligatoire (STO). La loi du 16 février 1943 prévoyait l'envoi dans les usines allemandes de la totalité de la classe 1942. Or celle-ci se trouvait en partie incorporée dans les Chantiers au titre du service national. Ce fut un des moments où la haute direction des Chantiers se trouva placée devant le dilemme suivant : respecter strictement les termes de la loi, et de ce fait laisser tomber les jeunes sous le joug de l'occupant, ou démobiliser en hâte le contingent quelques semaines avant la fin du service légal : on accorda une permission générale avant l'expiration du service, et tant mieux pour ceux qui auront choisi la liberté !

Voici le récit d'un responsable alsacien au groupement n° 12 : «Puis vint la sinistre période du STO. Les premiers désignés eurent leur permission et devaient promettre de revenir. Inutile de s'imaginer quelle fut notre tâche : les convaincre de se cacher chez eux, ce qui était possible pour nos braves Savoyards, mais plus difficile pour les jeunes de Villeurbanne : on ne subsistait pas sans carte d'alimentation. Avec la complicité du docteur About, expulsé de Moselle, nous avons présenté des dizaines de certificats «bidon» confirmés par lui qui amenèrent des sursis par dizaines... Il n'y eut jamais autant de certificats de mineurs de fond (dispensés), ni de certificats de scolarité, entraînant un sursis. Le civil allemand ne tiquait pas, mais un commissaire représentant Châtelguyon se fâcha. Personne cependant ne partit au STO ce soir-là ! Puis le système de recrutement changea un fois de plus : les jeunes ne savaient plus à l'avance quand ils devaient partir, les groupes recevant le matin même la liste des jeunes à mettre en route. Je les prévenais, ils partaient d'un air désinvolte à mon domicile... où ils se mettaient en civil et disparaissaient.»

LES ALSACIENS DES CHANTIERS EN AFRIQUE DU NORD REJOIGNIRENT LES RANGS DE LA FRANCE LIBRE

Avec l'accord du général de la Porte du Theil, un certain nombre de chefs des Chantiers, refusant d'abandonner leurs hommes démobilisés en partance pour l'Allemagne, partirent avec eux avec la consigne «rester groupés, éviter la contamination nazie, préparer dans l'épreuve et la détermination le retour en France». Ils furent soutenus par une hiérarchie coordinatrice et réussirent souvent à organiser les camps où étaient regroupés ces jeunes travailleurs soumis au STO. Près de la moitié de ces chefs, une soixantaine, furent arrêtés par la Gestapo, emprisonnés, abattus ou transférés dans les camps de concentration.

Les Alsaciens susceptibles d'être enrôlés au STO réussirent cependant à fuir ou furent cachés par les responsables de leur groupement. Par contre, ils subirent le sort de ceux des groupements transférés d'office dans les Landes : ces groupements-là restèrent «Chantiers», mais dépendirent indirectement de l'organisation Todt.

Les commissions d'armistice ont été évoquées à plusieurs reprises dans ces pages. Leur premier rôle, dès 1940, fut de surveiller la mise en place des groupements de jeunesse, de veiller à ce qu'ils n'aient pas d'activité militaire, d'étudier dans quel esprit se faisait la formation des jeunes. Les commissions recherchèrent — sans grand succès d'ailleurs — si du matériel à caractère militaire ou économique avait été soustrait aux convoitises de l'occupant. Fin 1940 et les années suivantes elles se préoccupèrent de l'existence d'Alsaciens et de Mosellans au sein des Chantiers en cherchant par tous les moyens à provoquer leur rapatriement. Il semble qu'à partir de 1943 cette mission devint secondaire, puisqu'il s'agissait de «récupérer» à tout prix les jeunes soumis au STO. Enfin, avant la liquidation des Chantiers en été 1944, ceux-ci furent sous surveillance accrue, afin d'éviter qu'hommes et matériel ne rejoignent les maquis et la nouvelle armée française.

C'est effectivement ce qui se produisit : loyalistes, certes, les responsables des Chantiers au plus haut échelon étaient honnis par tous les mouvements collaborationnistes. Les Chantiers avaient formé des hommes qui devraient le moment venu participer à la libération de la France. La première étape fut l'intégration des Chantiers d'Afrique du Nord et.... des anciens des Chantiers dans l'armée d'Afrique, immédiatement après le débarquement de novembre 1942. Ainsi quarante mille jeunes rejoignirent l'armée après leur rassemblement dans les Chantiers dès le 25 novembre.

Ainsi, François Quiquerez, de Strasbourg, enrôlé dans les Chantiers en 1941-1942, se trouvait au Maroc au moment du débarquement. Il réintégra un groupement en vue de passer dans l'armée ; élève officier, il suivit les cours de l'école d'aspirants de Cherchell, participa aux combats contre l'Axe en Afrique du Nord, et, après le débarquement à Saint-Tropez, ce fut la campagne de France, puis d'Allemagne jusqu'à l'armistice du 8 mai 1945. Dans les Chantiers regroupés et dans l'armée, il avait rencontré de nombreux Alsaciens.

En France métropolitaine entièrement occupée, pour échapper aux Allemands et au STO, les Alsaciens furent de plus en plus nombreux en 1943 et 1944 à rejoindre — comme de nombreux camarades des Chantiers — des groupes de réfractaires, puis les maquis en Auvergne, dans le Limousin, dans les Pyrénées. Furent notamment concernés le groupement Thollon, le groupe Charles Martel, le maquis Antoine, le corps franc Pommiès qui, pour la plupart, intégrèrent l'armée de la libération.

Les actions de résistance dans les Chantiers furent innombrables et durèrent au-delà de leur dissolution, alors que la campagne de France était déjà entrée dans sa phase décisive. Cette action des Chantiers fut reconnue par le gouvernement de libération, pourtant peu favorable à une institution créée par Vichy. L'ordonnance du 13 décembre 1944 relève que «les cadres des Chantiers de jeunesse ont pris dans leur ensemble une part active à la Résistance, soit dans les maquis, soit dans l'exercice de leurs fonctions...» D'autre part, l'ordonnance du 10 octobre 1945 valida «le service accompli dans les Chantiers de jeunesse comme temps de service militaire actif».

Il a déjà été souligné que, dès 1940, des Alsaciens et des Mosellans accédèrent aux fonctions de chefs ou de seconds d'équipe. D'autres nominations intervinrent pour ceux présents au-delà de la durée légale du service ou ceux ayant rejoint les groupements de jeunesse au cours des années 1941 à 1943. Faute de statistiques précises et de témoignages suffisants, leur nombre ne peut être déterminé. Mais il nous serait possible de citer ici près d'une cinquantaine de noms. D'autres accédèrent à des postes de responsabilité adaptés à la nature du travail en forêt ou dans les services (moniteurs, chefs d'atelier, assistants spécialisés), sans oublier des Alsaciens, aumôniers des Chantiers.

Les chefs de groupe et assistants sont les cadres responsables d'un groupe réunissant une dizaine d'équipes, soit environ cent cinquante à deux cents jeunes. Les commissaires assistants, commissaires adjoints, commissaires, tous «cadres supérieurs», assurèrent des fonctions bien spécifiques dans les différents groupements ou au commissariat général à Châtelguyon. Quelques témoignages rappellent la place des Alsaciens dans la hiérarchie des Chantiers.

Paul Jenn, classe 1934, a quitté l'armée d'armistice lors de sa dissolution en 1942, et fut intégré au commissariat général des Chantiers comme commissaire assistant dans des fonctions administratives. Il se remémore parfaitement l'arrestation par la Gestapo du général de la Porte du Theil. Ce même souvenir du 4 janvier 1944 est évoqué par M. Paul Celle, chef du service courrier à Châtelguyon, aujourd'hui domicilié à Drusenheim. Tous deux rejoignirent le maquis, puis l'armée.

René Kippert : «Quatre mois après mon arrivée, je suis nommé chef d'atelier ; quatre mois passent à nouveau... me voici assistant puis, dans la foulée, chef de groupe, sans avoir suivi la formation de l'école des cadres. Je dirige un groupe de deux cents jeunes. Mais le colonel Furioux a besoin d'un commissaire assistant pour développer la pratique sportive au niveau du groupement (deux mille jeunes). Je suis envoyé à Theix à l'école de cadres pour y effectuer un stage d'un mois. A mon retour en forêt de Tronçais, le colonel annonce officiellement ma nomination de commissaire assistant aux sports.»

Le docteur Muller, médecin, commissaire adjoint : «Expulsé d'Alsace et de la zone occupée dès octobre 1940, nous arrivâmes, ma famille et moi, nantis de nos 5 000 francs par famille et de trente kilos de bagages («Nous ne sommes pas des brutes, si vous dépassez un peu le poids autorisé nous fermerons les yeux» nous a-t-on dit lors de notre expulsion *manu militari*...)

A Lyon, je trouvai enfin du travail et fus embauché au groupement n° 12 des Chantiers de jeunesse, dont le PC se trouvait à Saint-Martin-d'Uriage. Affecté comme médecin-commissaire adjoint, le traitement était de 2 300 francs. Nous n'avions pas de quoi faire des folies, mais étions heureux d'avoir trouvé le calme, la gentillesse et de l'occupation, qui ne manquait pas (tournées quotidiennes dans les différents groupes éparpillés dans la montagne !). En février 1944, les Chantiers devenus officiellement STO, je partis sans attendre l'acceptation de ma démission et rentrai à Uriage, où d'autres aventures m'attendaient : médecin du maquis dans l'Oisans, médecin-chef du 11e bataillon de chasseurs alpins jusqu'en juin 1945.»

La guerre, l'annexion de notre province et les Chantiers de jeunesse ont bouleversé la vocation initiale de Jacques Matter, classe 1935, et sont à l'origine d'une nouvelle carrière qui le conduisit au grade de colonel. Instituteur à Ostheim, dans le Haut-Rhin, Matter est rappelé sous les drapeaux comme sous-lieutenant de réserve en mars 1939.

LE COMMISSAIRE ALSACIEN JACQUES SIGEL (À DROITE) AVEC LE GÉNÉRAL DE LA PORTE DU THEIL

Affecté au secteur fortifié de Rohrbach en Moselle durant la guerre, il est fait prisonnier au Donon en juin 1940. Exilé en pays de Bade, il réussit à s'évader le 1er mai 1942 vers la France libre. N'ayant pu reprendre du service en Afrique du Nord, il est finalement affecté au groupement n° 18 des Chantiers de jeunesse à Arèze dans le Gard en octobre 1942, avec le grade de commissaire assistant.

Au printemps 1943, il est muté au groupement n° 32 à Bruère-Allichamps dans le Cher comme commissaire adjoint. A Saint-Amand-Montrond il est en relation avec le 1er régiment d'infanterie : là les gradés des Chantiers s'apprêtent à créer un noyau de résistance aboutissant à la formation de la 6e compagnie «Chantiers». Celle-ci participe à partir de la date du débarquement en Normandie à des parachutages nocturnes, à l'installation de barrages sur les routes du Cher ; puis viennent les combats permettant la capture de 18 000 soldats et l'entrée en vainqueurs à Bourges, où fut constituée la première division d'infanterie motorisée.

Après le siège de Royan, le groupe de Matter rejoignit la 1re armée française lors de son installation en Allemagne. Puis ce furent la Sarre, la direction de l'hôpital à Berlin, et en 1947 l'Algérie...

Un autre Alsacien, Paul Schutz, domicilié aujourd'hui à Bosselshausen (Bas-Rhin) relevait du commissariat régional de Lyon, en qualité de commissaire adjoint. De même que le commissaire adjoint Jean Sujobert (habitant Nordhouse, Bas-Rhin), il fut l'ami de Jacques Sigel. A l'issue de ses études à l'Institut supérieur du commerce à Strasbourg, titulaire d'une licence en droit, Jacques Sigel est affecté à l'école d'application d'artillerie, d'où il sort sous-lieutenant de réserve. Au moment de la guerre il est en service au 2e régiment d'artillerie à Chambéry où il retrouve le capitaine d'active Robert de Courson. Après la défaite, celui-ci est chargé de créer le chantier n° 8. Il appelle Jacques Sigel qui le rejoint à titre d'adjoint administratif. Avec son grand bon sens et ses dons d'organisateur, il fait face à tous les problèmes matériels qui lui sont posés. En décembre 1940, les Alsaciens-Lorrains sont invités à rentrer chez eux. Jacques Sigel, qui est bien placé pour les comprendre, attire leur attention sur ce qui les attend sous le régime nazi. Courant 1941, il succède au chef Sujobert comme adjoint direct du chef de Courson et le demeure jusqu'au départ de celui-ci en 1943. Il assure l'intérim jusqu'à l'arrivée du commissaire d'Hérouville, puis est affecté au groupement n° 39 à Montmarault. En mars 1944 il quitte les Chantiers, rejoint Chambéry où il dirige la répartition des carburants. De retour à Strasbourg en 1945, il exerce, outre sa carrière professionnelle, de nombreuses responsabilités associatives ; il est notamment membre éminent du synode de l'Eglise réformée d'Alsace et de Lorraine.

Créés par le gouvernement de Vichy, loyalistes à son égard même lorsque sa légitimité devenait incertaine, les Chantiers de jeunesse ont développé dès leur création un esprit patriotique, incompatible avec toute idée de collaboration avec l'occupant. Aussi l'institution devint-elle, dès 1940, la cible de tous les partis et mouvements proallemands. Son refus de travailler avec la «légion» et la milice, le rejet (malgré son opposition au marxisme) de toute participation à une lutte armée antisoviétique furent stigmatisés par la presse collaborationniste et tous les grands et petits nationaux-socialistes français.

Après 1944 et malgré la participation des chefs et des jeunes des Chantiers aux mouvements de résistance et à l'armée de la libération, l'institution restera marquée par son «péché originel» : être une création de Vichy.

50 ANS APRÈS, LA POLÉMIQUE AUTOUR DES CHANTIERS N'EST PAS CLOSE

De nombreux républicains, sans être nécessairement de gauche (il y eut des jeunes des Chantiers même dans les maquis FTP) lui reprocheront toujours d'avoir formé cette jeunesse dans un esprit contraire aux principes démocratiques, alors que de leur point de vue les gaullistes les plus orthodoxes n'oublieront pas que les Chantiers (malgré tant de preuves de leur résistance à l'ennemi) n'ont jamais pleinement adhéré à la philosophie de la France libre, en ne se ralliant enfin au général de Gaulle qu'au moment où il représentait la seule autorité légitime de la patrie. Aujourd'hui encore les rancunes restent tenaces.

Lorsqu'en 1986 le maire de Saint-Etienne honore la mémoire du général de la Porte du Theil, mort depuis neuf ans, par l'attribution de son nom à une rue de la ville, d'anciens résistants s'indigneront et contesteront, ayant oublié sans doute que le général avait été déporté durant seize mois par les Allemands.

En 1988 les anciens du groupement n° 43 inaugurèrent une stèle dans le haut Bugey (Ain) : celle-ci fut détruite de nuit à coups de masse par des inconnus après une campagne diffamatoire.

Pratiquement tous les ouvrages sur les Chantiers, pour tempérer quelque peu ces oppositions, reprendront le jugement de Mauriac : «Je me suis dit souvent que la seule idée féconde qu'il eût fallu retenir de Vichy, c'était les Chantiers de jeunesse : sous un régime où tout finissait par pourrir, il y eut pourtant de ce côté-là un commencement de réussite, une amorce de formation dont certains demeurent encore marqués.»

L'Alsace qui a vécu et souffert d'une manière différente durant la période 1940-1945 se doit de rejeter les clichés d'un autre âge, aujourd'hui nettement dépassés. Les témoins les plus directs, c'est-à-dire les jeunes d'Alsace dans les Chantiers, qui y ont trouvé accueil, refuge et réconfort — d'ailleurs souvent dans des conditions matérielles peu propices à un souvenir exaltant — n'ont-ils pas tous répondu dans un sens positif sur leur passage dans les Chantiers ? Certains ont souffert des restrictions alimentaires, de l'isolement, du travail inhabituel, d'autres, qui avaient une famille en zone libre, un emploi et des ressources assu rées, ont attendu avec impatience la fin des huit mois de service, mais aucun des témoins sollicités par cette enquête n'a vraiment regretté ces mois passés en forêt, ni la formation civique qui leur fut proposée.

«Le groupement n° 1 portait le nom du maréchal Pétain, déclare en 1989 René Kippert. A l'époque, j'avais vingt et un ans et n'avais jamais fait de politique, mais le groupement n° 1 était une école de vie, de formation et de perfectionnement... Les Chantiers furent pour moi un tournant de ma vie. Je suppose qu'ils étaient tous semblables.»

En cette année 1990, qui marque le cinquantième anniversaire de la fondation des Chantiers, plusieurs catégories d'associations (anciens des groupements, Société des amis des musées CJF, centres d'études, de recherches et de publications, etc.) cherchent à en raviver le souvenir. Ils sont encore près de quinze mille à adhérer à l'Amicale nationale des anciens des Chantiers de la jeunesse française, dont le groupe Alsace, fort de plus de deux cents membres, organise chaque année deux rencontres largement suivies.

La dernière circulaire du groupe Alsace reproduit le paragraphe du message de Noël du général de la Porte du Theil, publié dans le bulletin national officiel des Chantiers le 18 décembre 1940, consacré aux Alsaciens et aux Lorrains. Ce message diffusé officiellement, sans crainte des réactions possibles de l'occupant, ne rachète-t-il pas certains silences de cette époque ?

«Et partout on fêtera avec beaucoup d'émotion ceux que leurs souffrances rendent plus que jamais nos frères, les Alsaciens et les Lorrains. Il retrouveront ce soir-là, dans l'affection, les attentions de leurs camarades, quelque chose de cette intimité familiale à laquelle le soir de Noël ils attachent tant de prix. Notre confiance, en effet, loin de méconnaître les duretés et les misères dont notre temps abonde, est faite de la fraternité que nous leur opposons ; contre elles, dans la peine comme dans la joie, faisons équipe.»

NOTES

La documentation sur les Chantiers est extrêmement variée et se trouve enrichie continuellement, surtout en cette année du cinquantenaire. Le bulletin national officiel de l'Amicale nationale des anciens des Chantiers de la jeunesse française, 35, avenue Foucault-de-Pavant, 78000 Versailles, rend régulièrement compte de toute nouvelle parution, tout en continuant par des articles de retracer l'histoire des Chantiers.

Parmi l'abondante bibliographie, il a été fait appel notamment au livre de Philippe Labatut, *Être jeune en 40*, Nouvelles Editions latines, ainsi qu'aux ouvrages historiques de Robert Aron et de Henri Amouroux sur la période 1940-1944.

L'Amicale des anciens des Chantiers de la jeunesse, région Alsace, comptait au 31 décembre 1989 212 membres dont 123 pour le Haut-Rhin et 89 pour le Bas-Rhin. Le délégué régional est M. Eugène Piat, 27, avenue du Gubbio, 68800 Thann, le secrétariat étant assuré par M. Jean-Henri Hammen, 2, rue Frédéric Mistral, 68400 Riedisheim.

1940

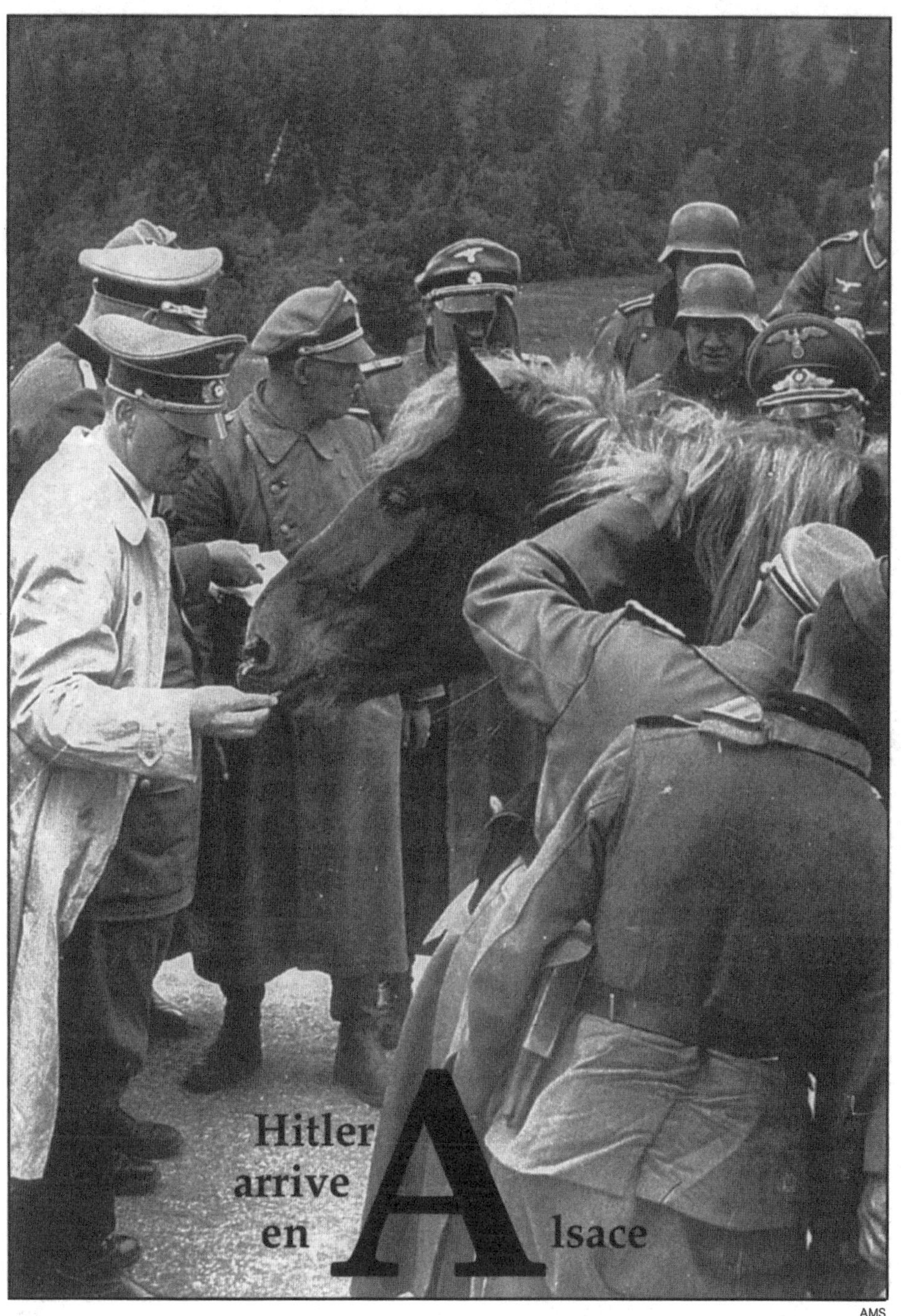

AMS

AMS

LE DRAPEAU NAZI
FLOTTE SUR LA
CATHÉDRALE POUR
SALUER HITLER.
DÈS LE 28 JUIN 1940,
LE FÜHRER
EST EN ALSACE.
L'ALLEMAGNE
VEUT EFFACER
SANS DÉLAI
TOUTE TRACE
DE LA FRANCE.

AMS

SAISONS D'ALSACE

REVUE TRIMESTRIELLE — HIVER 1991/92

n° 114

1941 La Mise au pas

1941 — Tableau synoptique

Louis Schmitt, François Schwilcker

Date	FRANCE	ALSACE	ALLEMAGNE
4 JANVIER		● Nomination de Kreisleiter alsaciens (Bickler, Mourer...).	
22 JANVIER			● Les Italiens, alliés de l'Allemagne, sont défaits à Tobrouk par les Anglais.
24 JANVIER	● Création du Conseil National, chargé par Vichy de l'élaboration d'une nouvelle constitution.		
FÉVRIER		● Fin de l'opération de germanisation des patronymes.	
1ER FÉVRIER	● Déclaration de loyauté de l'épiscopat français envers le régime de Vichy.		
9 FÉVRIER	● Démission de Flandin. Darlan a tout le pouvoir.		
MI-FÉVRIER			● Arrivée de l'Afrikakorps à Tripoli, sous le commandement de Rommel.
5 MARS		● Robert Ernst devient Oberstadtkommissar.	
17 MARS		● Dissolution des associations confessionnelles de bienfaisance.	
22 MARS		● Etablissement officiel du NSDAP en Alsace.	
24 MARS		● Interdiction des écoles privées.	
28 MARS		● Interdiction de la Hauptschule.	
31 MARS			● L'Afrikakorps de Rommel reconquiert la Cyrénaïque.
6 AVRIL		● Le général Vaterrodt est nommé commandant militaire de Strasbourg.	● Début de la guerre contre la Yougoslavie et la Grèce.
17 AVRIL		● Premier procès pour écoute de radios étrangères.	● Capitulation yougoslave.
21 AVRIL			● Capitulation grecque.
MAI			● Rudolf Hess s'envole pour l'Ecosse.
1ER MAI		● Démonétisation du franc.	
8 MAI		● Introduction du Reichsarbeitsdienst (RAD). ● Attentat à la grenade contre la voiture du Gauleiter Wagner par Marcel Weinum.	
25 MAI		● Rassemblement de 6799 SA alsaciens sur le Karl-Roos-Platz (place Kléber) à Strasbourg.	

1941 — Tableau synoptique

	FRANCE	ALSACE	ALLEMAGNE
1er JUIN			● La Crète est conquise.
19 JUIN		● Anniversaire de l'entrée de la Wehrmacht à Strasbourg et transfert des restes de Karl Roos à la Hüneburg.	
22 JUIN	● Entrée du PC dans la Résistance.		
13 JUILLET		● Manifestation pro-française à Hochfelden, entraînant une centaine d'arrestations.	● Début de l'opération Barbarossa (attaque de l'URSS).
24 JUILLET		● Introduction de la loi sur la protection "du sang et de l'honneur allemands".	
3 AOÛT			● Homélie de l'évêque de Münster protestant contre l'euthanasie.
13 AOÛT		● A cette date 650 Alsaciens sont internés au camp de Vorbruck-Schirmeck.	
20 AOÛT	● Première rafle de juifs à Paris.		
29 AOÛT		● Ouverture de l'exposition Deutsche Wirtschaftskraft Aufbau am Oberrhein à Strasbourg.	
2 OCTOBRE			● Attaque contre Moscou.
12 OCTOBRE		● Kreistag à Strasbourg. Manifestation sur le Karl-Roos-Platz.	
18 OCTOBRE		● La Elsass-Lothringische wissenschaftlische Gesellschaft (association des Alsaciens-Lorrains à l'université de Francfort) s'auto-dissout.	
5 NOVEMBRE		● La durée légale hebdomadaire de travail est portée de 48 à 60 h.	
22 NOVEMBRE		● Réouverture de l'Université.	
1er DÉCEMBRE	● Entrevue de Pétain et Goering pour organiser la lutte contre le bolchévisme.		
8 DÉCEMBRE			● Déclaration de guerre aux Etats-Unis.
16 DÉCEMBRE		● Ordonnance sur la saisie des biens des étrangers et des Alsaciens expulsés.	● Ordre de Hitler aux troupes allemandes en Union Soviétique leur interdisant de reculer.
24 DÉCEMBRE			● Appel aux dons de vêtements, fourrures et skis pour les soldats du front de l'Est.

1941
La Mise au pas

Il y a deux ans, à l'automne 1989, avec un numéro spécial sur *1939 – L'Evacuation, Saisons d'Alsace* commençait une longue série sur la commémoration du cinquantenaire des années de guerre. Le second épisode est paru il y a un an : *1940 – La Débâcle.* Voici le troisième, consacré à *1941 – La Mise au pas.* Puis, à raison toujours d'un numéro par an, 1942, 1943, 1944, 1945.

Les témoignages inédits rassemblés, les analyses des historiens, les nombreux documents publiés font et feront de cette ambitieuse série une remarquable collection qui fixera la mémoire complexe et dramatique des années noires en Alsace.

La Mise au pas
EUGÈNE RIEDWEG

Au cours de l'été et de l'automne 1940, le Gauleiter Wagner, qui s'est vu confier la charge de chef de l'administration civile en Alsace, va réaliser, en un temps remarquablement court, le retour à la normale. Grâce à «l'Aktion Elsass» qui met en œuvre des moyens importants de la Wehrmacht, de l'administration et du parti, le ravitaillement de la population est assuré, les voies de communication sont remises en état et l'économie remise en marche et intégrée à celle du Reich. Dans le même temps, plus d'un demi-million d'Alsaciens évacués, réfugiés, prisonniers ou mobilisés dans l'armée française vont pouvoir rentrer chez eux pour mener à nouveau une vie normale. C'est du moins ce qu'ils espéraient, malgré l'annexion de fait et la poursuite de la guerre. Très rapidement ils vont perdre leurs illusions. Le Gauleiter Wagner va, en même temps, s'appliquer à débarrasser l'Alsace de tous les éléments indésirables, à commencer par les citoyens français, les juifs et les Alsaciens francophiles, afin d'ouvrir la voie à une germanisation radicale de la région et régler une fois pour toutes le problème alsacien. Wagner s'était, en effet, donné une période de cinq ans pour transformer les Alsaciens en bons citoyens allemands et en nationaux-socialistes convaincus. Mais dès le départ il accumule les erreurs. La brutalité des expulsions et la manière dont celles-ci sont menées choquent bon nombre d'Alsaciens dont beaucoup n'étaient pas, à priori, hostiles à l'Allemagne dont ils conservaient souvent une image positive datant d'avant 1914.

Les mesures d'interdictions prises à l'égard de la plupart des associations, la confiscation de leurs biens heurtent également tous ceux – et ils sont nombreux en Alsace – qui sont engagés dans la vie associative et qui commencent à se rendre compte qu'ils ont en face d'eux un état totalitaire et policier. La conversion forcée du franc et les mesures d'ordre financier qui s'ensuivent sont encore plus mal ressenties, car tous les Alsaciens sans exception, vont être touchés et vont subir une amputation sérieuse de leur épargne et de leur pouvoir d'achat. Le taux de change fixé unilatéralement à 20 francs pour 1 mark, soit plus du double de la valeur d'échange de 1939, correspond à une véritable spoliation de l'économie alsacienne. Comme le franc n'a plus cours légal en Alsace à partir du 1er mai 1941, tous les capitaux et toute l'épargne alsacienne se trouvent réduits de moitié. Le pouvoir d'achat baisse considérablement à un moment où les prix,de leur côté, augmentent vite pour s'aligner sur ceux du Reich. Cette mesure est particulièrement impopulaire et constitue la première grande erreur psychologique que commettent les nazis envers une population. L'e ravitaillement lui-même, rationné et aligné sur celui du Reich, donc maintenu à un niveau plus élevé que celui imposé au reste de la population française, ne trouve pas grâce aux yeux des Alsaciens. Selon un rappel du SD, «des plaintes vigoureuses s'élèvent partout contre le rationnement et l'alignement des prix sur le Reich. On fait des

DÈS LE DÉBUT, LES ALLEMANDS COMMIRENT DES ERREURS PSYCHOLOGIQUES IRRÉPARABLES.

comparaisons avec 1918 où, en quelques semaines, les conditions de vie se sont sensiblement améliorées. Pour supporter le rationnement et les pertes financières il faudrait un idéalisme sur lequel on ne peut pas compter en Alsace. En 1919 ils sont passés de la famine au paradis, aujourd'hui ils tombent de l'abondance dans le rationnement». Mais le plus dur reste encore à venir avec la «mise au pas» de la population alsacienne.

En effet, à l'image de ce qui s'est passé en Allemagne et en Autriche après la prise de pouvoir par les nazis, toute la population alsacienne va devoir être alignée, mise au même pas que le reste du Reich. Cette Gleichschaltung va s'effectuer méthodiquement par la mise en place de l'appareil du Parti et de ses organisations qui étendent leur emprise sur toute l'Alsace et à tous les domaines de la vie courante. Jusque dans la plus petite localité, la population est ainsi systématiquement encadrée et surveillée. Plus de la moitié des Alsaciens vont ainsi être contraints d'adhérer à une organisation nazie quelconque. Mais, à l'inverse de ce qui s'est fait dans le Reich, cette mise au pas va s'effectuer d'une manière extrêmement rapide et, de plus, s'accompagner d'une regermanisation brutale afin de faire disparaître toutes les traces de l'influence française. Les nazis considèrent d'ailleurs que c'est dans le domaine de la culture que la France a connu sa plus grande réussite en Alsace. Il faut donc ramener l'Alsace, cette vieille terre germanique momentanément égarée, dans le domaine culturel et linguistique premier, le giron de la culture allemande revue et corrigée par le national-socialisme comme c'est déjà le cas outre-Rhin depuis 1933. Dans l'esprit des autorités, l'enseignement et la vie culturelle doivent jouer un rôle fondamental dans ce processus de rééducation culturelle afin de réveiller tous les sentiments d'appartenance au Volkstum allemand qui étaient censés sommeiller en chaque Alsacien. La vie culturelle et la création artistique ne jouissaient, en effet, d'aucune indépendance dans l'état nazi, et sont soumises au contrôle de la Reichskulturkammer créée par Joseph Goebbels. On ne lésine pas sur les moyens ; un effort sans précédent va être fait dans tous les domaines de la vie culturelle qui va s'épanouir jusqu'en 1944 malgré la guerre et les restrictions. La jeunesse sera tout particulièrement visée par ces mesures. En s'attaquant à des générations qui n'ont que très peu subi l'influence de l'école et de la culture française, on espère arriver à un résultat plus rapide et plus complet qu'auprès des adultes. La Reichsüniversität de Strasbourg, qui ouvre ses portes le 23 novembre 1941, doit concourir au même but.

La mise en place de la Jeunesse Hitlérienne (HJ), à partir de septembre 1940, s'est effectuée encore plus rapidement que celle du parti, essentiellement au cours de l'année 1941. Le Gauleiter Wagner pourra écrire dans son rapport annuel que «malgré l'insuffisance du nombre de dirigeants badois, retenus au front, il a été possible d'inviter plus de cent mille jeunes Alsaciens en un an, donc plus des trois *quarts de la jeunesse». Ce qui montre bien l'importance que l'on attache à contrôler étroitement celle-ci. Le 2 janvier 1942, l'adhésion sera rendue obligatoire pour tous les jeunes de 10 à 18 ans.*

Par une propagande effrénée et des mesures coercitives, on veut amener une transformation de l'état d'esprit des Alsaciens qui font preuve, dans leur grande majorité (selon les rapports nazis eux-mêmes), d'un attentisme prudent. C'est la passivité qui domine, la crainte de l'avenir et de l'inconnue que pose le statut futur de l'Alsace qui n'est pas évoqué par la convention d'armistice. A mesure que la guerre se poursuit, l'attentisme va évoluer vers une opposition de moins en moins déguisée. En 1941, le Gauleiter compte encore sur le temps et la victoire allemande pour régler le problème. Il va mulitplier ses efforts pour faire sortir les Alsaciens de cet attentisme, les faire participer aux activités du parti, en espérant ainsi leur faire prendre conscience de leur appartenance à la communauté allemande.

EN 1941, L'ATTENTISME DES ALSACIENS SE TRANSFORME EN OPPOSITION.

1941

C'est dans ce but qu'il va introduire le RAD en Alsace, première étape vers l'incorporation de force dans la Wehrmacht. Les Alsaciens ne s'y trompent pas, d'autant plus que la guerre s'étend rapidement au cours de l'année 1941. Au printemps, les Allemands envahissent la Yougoslavie et la Grèce, l'Afrika Korps intervient en Lybie. Le 21 juin, Hitler se lance à l'assaut de l'Union Soviétique qu'il ne réussit cependant pas à mettre à genoux avant le terrible hiver russe. Le Blitzkrieg est terminé et, pour la première fois, la Wehrmacht est obligée de reculer devant Moscou, à un moment où la guerre prend une dimension véritablement mondiale avec l'agression japonaise dans le Pacifique. Avec l'entrée en guerre de l'URSS et des Etats-Unis, le rapport de force va changer et la lutte est déjà virtuellement perdue pour les nazis et leurs alliés italiens et japonais qui n'ont pas, à terme, les moyens de s'opposer à la puissance économique et militaire de leurs adversaires. Mais il faudra encore plus d'un an pour que la victoire change définitivement de camp. Les Alsaciens, quant à eux, espèrent encore échapper à une mobilisation dans la Wehrmacht dont le bruit court d'une manière de plus en plus insistante. Les plus résolus n'attendent pas ce moment et, dès 1941, le nombre de départs clandestins en direction de la zone sud non occupée augmente rapidement. Le refus de l'annexion de fait va ainsi entraîner les premières formes de résistance plus spontanées, qu'organisées. En raison de la situation géographique favorable de l'Alsace, largement ouverte sur l'Allemagne, de multiples filières d'évasion vont voir le jour tout au long de la nouvelle frontière des Vosges et de la Suisse. Des manifestations spontanées de sympathie envers la France se produisent un peu partout sous formes d'inscriptions, de drapeaux tricolores hissés sur des monuments ou des arbres. La plus importante est celle de Hochfelden qui réunit, le 13 juillet 1941, plus de cent cinquante personnes au cours d'une retraite aux flambeaux improvisée. Le 8 mai 1941, la Main Noire, un petit groupe de jeunes gens réunis autour de Marcel Weinum, va se livrer au seul attentat dirigé contre le Gauleiter en Alsace. Ce groupe sera rapidement démasqué en raison de son amateurisme. Plus sérieuse est la résistance communiste qui commence à s'organiser autour de Georges Wodli et, surtout, la 7e colonne d'Alsace de Marcel Dungler. Devenue Réseau Martial et intégrée plus tard à l'ORA (Organisation de résistance de l'armée), cette dernière est étroitement liée au SR de l'armée française d'armistice et à Vichy, où Dungler a des entrées au cabinet du maréchal Pétain. Dungler, avec Marcel Kibler et Paul Winter, va utiliser la situation privilégiée de l'Alsace pour se consacrer essentiellement à la recherche de renseignements.

Mais, en tout état de cause, ce n'est qu'une toute petite minorité d'Alsaciens qui se trouve engagée dans la résistance. Une autre minorité un peu plus nombreuse, que l'on a chiffrée entre 1 et 2% de la population, va s'engager aux côtés des nazis par conviction, faiblesse ou opportunisme.

La grande masse de la population, par contre, refuse de s'engager, malgré tous les efforts de persuasion du Gauleiter qui reconnaît son échec et se tourne, à partir de 1942, vers des méthodes beaucoup plus radicales.

Il n'est pas (...) possible de simplement écarter (le nazisme) comme une aberration, ni comme une aberration simplement passée. L'assurance confortable dans les certitudes de la morale et de la démocratie, non seulement ne garantit rien, mais expose au risque de ne pas voir venir, ou revenir, ce dont la possibilité n'a pas tenu à un pur accident de l'histoire. Une analyse du nazisme ne doit jamais être conçue comme un simple dossier d'accusation, mais plutôt comme une pièce dans une déconstruction générale de l'histoire d'où nous provenons.

PHILIPPE LACOUE-LABARTHE
JEAN-LUC NANCY
«LE MYTHE NAZI»
EDITIONS DE L'AUBE, 1991

PHOTO MARCEL RUDLOFF

L'Annexion officielle de l'Alsace au Reich avortée

GEORGES FOESSEL

1941

Le 21 juin 1941, l'annexion de fait de l'Alsace aurait dû être officialisée. Mais le projet Darlan-Hitler fut contrecarré par Joseph Rossé et les parlementaires alsaciens et lorrains à Vichy.

Au début du mois de juin 1941, les habitants de Strasbourg occupée virent, avec surprise, être installé sur la place Kléber tout un décor de mats pour drapeaux et de pylônes surmontés d'aigles triomphants, caractéristique des grandes cérémonies nazies dont les Alsaciens, depuis un an, avaient déjà pu «admirer» à plusieurs reprises le décorum. Pourtant, aucun événement extérieur à l'Alsace, ou concernant directement le nouveau Gau, ne laissait prévoir de telles festivités qui n'avaient par ailleurs été annoncées ni par la Gauleitung, ni par la presse du Parti.

Le public strasbourgeois s'interrogeait donc sur le sens de ces mystérieux préparatifs, quand, à la surprise générale, quelques jours plus tard, ce même décor pompeux disparut sans tambours ni trompettes, sans que rien ni personne ne pût alors expliquer ce pas de deux artistico-politique qui allait demeurer un des nombreux mystères alsaciens de cette période troublée entre toutes.

Ce ne sera en définitive qu'après la fin de la guerre que l'on aura une explication de cet événement, et cela au cours d'un des plus importants procès pour «collaboration» qui eurent alors lieu. Ce fut en effet lors du procès devant la cour de justice de Nancy de l'ancien député de Colmar, Joseph Rossé[1], que celui-ci apporta dans sa défense une explication cohérente à ce mystère. Il s'était agi, selon lui,

PHOTOGRAPHIÉE EN 1941 PAR MARCEL RUDLOFF, LA PLACE KLÉBER AVEC DES PRÉPARATIFS DE MEETING d'une tentative sans suites de la part des nazis, de faire concorder la situation administrative et politique de l'ancien Reichsland lié, chaque jour qui passait, plus étroitement à l'Allemagne nazie, avec une réalité juridique et diplomatique nouvelle ; c'est-à-dire en proclamant officiellement l'annexion définitive de l'Alsace et de la Lorraine au Reich millénaire.

La rapide occupation de l'Alsace par la Wehrmacht entre le 15 et le 24 juin 1940, puis sa brutale et drastique germanisation dans les mois qui avaient suivi, avaient laissé celle-ci pratiquement dans une absence totale de statut international clair et reconnu.

En effet, les Alsaciens qui pouvaient de bon droit se croire abandonnés à leur triste sort par une France battue et en ruines, se voyaient obligés de constater quotidiennement qu'ils étaient considérés comme des Allemands «à part entière» par les autorités et les administrations nazies, qui, jour après jour, le leur faisaient sentir avec une croissante rigueur. En quelques mois, il se virent successivement forcés d'adhérer à toutes les associations et services nationaux-socialistes existants ; d'abandonner la langue française, de changer même d'habitudes vestimentaires ainsi que de patronymes, au gré des fantasmes des occupants. Les populations alsaciennes, à l'exception d'une minorité de «Mitlaeufer» (collaborateurs), se retrouvaient donc dans une situation catastrophique, à savoir celle d'une région française de cœur, et demeurée telle au regard du droit international, mais traitée à l'instar d'une des provinces du nouvel Empire germanique. Ce sort tragique allait même obliger la République française restaurée à imaginer le terme hybride mais indispensable «d'occupation de fait» pour expliciter et reconnaître les situations conflictuelles et les droits ultérieurs que la guerre avait créés ou amenés dans un tel contexte.

L'effondrement de la France en 1940 et la toute-puissance, en Europe, du Reich nazi, accompagnés pour une année encore, de la complicité soviétique et de l'isolationnisme américain, avaient amené les autorités allemandes à se satisfaire d'une situation qui, si elle les plaçait dans une position juridiquement fausse vis-à-vis des neutres et du reste du monde, ne les empêchait en rien d'agir comme si un traité de paix leur avait déjà livré l'Alsace-Lorraine et ses habitants.

Cependant, à mesure que le conflit, non seulement s'étendait, mais se prolongeait outre mesure, les Nazis voulurent profiter de la faiblesse de leur principal adversaire sur le continent, à savoir la France, pour lui imposer un arrangement considéré comme définitif, sur l'éternelle pomme de discorde de l'Alsace-Lorraine ; arrangement qui leur permettrait par la même occasion de régler plusieurs problèmes politiques pendants et capables de compliquer sans fin leur politique et leur action.

Ainsi, une annexion officielle de l'ancien Reichsland à l'Allemagne conforterait la situation diplomatique du Reich vis-à-vis des Neutres tels que la Suisse et la

Suède ; mais aussi face à l'Espagne et aux Etats-Unis, encore très liés diplomatiquement et sentimentalement à l'Etat français et qui ne pourraient dès lors plus intervenir officiellement si Vichy même acceptait cette solution.

Par ailleurs, les précautions formelles encore prises par les autorités vis-à-vis des populations alsaciennes ne seraient dès lors plus de mise. La nouvelle situation de droit international des deux provinces définitivement annexées, permettrait en effet de se débarasser de manière radicale de tous les milieux d'opposition de plus en plus virulents en Alsace[2]. En même temps, la germanisation des territoires de l'Al-

LE BÂTIMENT DE L'ESCA À STRASBOURG TRANSFORMÉ EN MAISON DU «GAU»

PHOTO MARCEL RUDLOFF

sace-Lorraine entraînait pour les nazis *ipsofacto* celle de leurs populations même, et peut-être surtout de celles qui avaient décidé de se mettre hors de leur portée en demeurant en zone libre au moment des rapatriements d'août-septembre 1940[3].

DATE PROJETÉE POUR LA PROCLAMATION OFFICIELLE DE L'ANNEXION : 21 JUIN 1941, JOUR DU SOLSTICE D'ÉTÉ.

Enfin, l'annexion en bonne et due forme de l'ancien Reichsland apaiserait sans aucun doute les scrupules juridiques du Grand Etat-Major qui répugnait à procéder sans plus de retard à la mobilisation des Alsaciens-Lorrains dans la Wehrmacht[4].

Les autorités allemandes et le Führer lui-même avaient prévu la proclamation de l'annexion pour le 21 juin 1941, jour du solstice d'été, date d'importance de la mythologie germanique, et surtout, veille du début de l'opération Barbarossa contre la Russie. Les préparatifs avaient commencé du côté français et le premier coup de cymbale avait été, le 26 mai 1941, la tristement célèbre déclaration de l'ancien Président du Conseil Pierre Laval, laissant sous-entendre l'acceptation française d'un statut spécial pour l'Alsace-Lorraine dans le cadre d'une autonomie dont on devine bien quel sens le IIIe Reich triomphant aurait donné à ce mot[5].

Bien plus grave fut le résultat des tractations menées au même moment par

JOSEPH ROSSE (AU CENTRE, EN CIVIL) ENTREPRIT DE PRÉVENIR LES PARLEMENTAIRES ALSACIENS A VICHY AMS

l'amiral Darlan avec Hitler, lesquelles, dans le contexte de la collaboration militaire de Vichy avec le Reich au Levant[6], avaient conclu, à côté d'une intervention allemande en Syrie, à une opération destinée à clore définitivement la question d'Alsace-Lorraine. En effet, obnubilé par son anglophobie de marin, Darlan s'imaginait que l'abandon de deux provinces, dans le fond déjà perdues, amènerait le Reich à une entente beaucoup plus compréhensive et à une politique moins déséquilibrée entre la France et l'Allemagne du moment, de même qu'à une meilleure situation de la France dans la nouvelle organisation de l'Europe qui suivrait l'inévitable victoire allemande.

Fort de ces «bonnes dispositions» qui apparaissaient chez les autorités de Vichy, le Reich, avec sa brutalité coutumière, alla de l'avant dans sa politique d'assimilation forcenée des deux provinces reconquises. Dès le 8 mai, fut proclamée la «possibilité» de l'incorporation des jeunes Alsaciens de dix-sept à vingt-cinq ans dans le Service du Travail (RAD), laquelle devint effective dès le mois d'août de la même année. Le 27 mai, par décret, était proclamée l'intégration des postes d'Alsace aux postes du Reich et le 31, le Gauleiter exigeait des parlementaires alsaciens par lettre individuelle, leur démission immédiate de leurs mandats auprès des Assemblées françaises. Le 19 juin enfin, une ordonnance introduisit en Alsace une partie importante du droit allemand sur les successions, la nationalité et le régime matrimonial.

1941

Ainsi préparait-on le grand jour de la proclamation du nouvel «Anschluss». Durant ce temps, l'amiral Darlan aurait enregistré un discours officiel présentant l'acceptation par Vichy d'un nouveau statut pour les provinces perdues qui les intégrerait au Reich en leur conservant un certain degré d'autonomie.

Le projet Darlan-Hitler allait échouer, d'après Rossé, du fait de ses propres efforts pour contrecarrer la manœuvre en cours. Il aurait eu vent de la double allocution du 21 juin prévue à Berlin et à Vichy, dans les cercles dirigeants de la Gauleitung[7] et décida de gagner Vichy pour tenter de s'y opposer. De passage à Paris, il avait pris connaissance avec stupeur des déclarations de Pierre Laval à propos de l'Alsace-Lorraine, lesquelles avaient bien entendu été condamnées par la censure allemande à Metz et Strasbourg, et dont les Alsaciens et les Lorrains n'avaient rien su. Rossé obtint une entrevue avec Laval, lequel semblait persuadé que Hitler était d'accord avec ses propositions de statut d'autonomie de l'Alsace-Lorraine. Notre témoin déclara «avoir perçu immédiatement le jeu de Berlin. La déclaration de Laval était pour eux une étape nécessaire, une partie désirable dans le vaste orchestre de propagande qui devait préparer l'opinion publique à une paix (à la) Brest Litovsk». Cependant, désireux d'agir directement à la tête de l'Etat français, Rossé qui s'était borné à douter que les Allemands fussent sincères envers lui, l'avait mis

LE PROJET DARLAN-HITLER ÉCHOUA APRÈS INTERVENTION DES PARLEMENTAIRES ALSACIENS À VICHY.

en garde de ne pas se laisser manœuvrer vers une paix séparée pour la France par le leurre de l'autonomie de l'Alsace-Lorraine et déclara : qu'«il ne croyait pas que les nazis accorderaient à l'Alsace-Lorraine l'autonomie».

Une fois parvenu à Vichy, Rossé s'aperçut que les milieux alsaciens-lorrains vivaient dans l'ignorance totale de ce qui se tramait et rendit compte en premier lieu à ses collègues parlementaires, le député Seltz[8] et le sénateur Muller[9], des divers projets de Berlin et de la situation en Alsace. Demeuré à Vichy à leur disposition, il dut retourner précipitamment à Strasbourg[10] où mille difficultés l'attendaient[11], selon ses dires. Pendant ce temps, la panique créée par la nouvelle dans les milieux alsaciens-lorrains amenèrent ceux-ci à une action vigoureuse qui se révéla très vite concluante. Réunis dans un local de la chambre des députés sous la présidence du sénateur Muller, les parlementaires, mis au courant, décidèrent une campagne d'interventions personnelles tant auprès des membres du cabinet du Maréchal, plus sensibles que d'autres à la cause de l'Alsace-Lorraine, que du chef de l'Etat français lui-même. Cette action officielle fut renforcée par les interventions énergiques des associations de réfugiés et d'expulsés alsaciens-lorrains en zone sud, très actives et influentes, auprès de certains milieux vichyssois.

Le résultat de la manœuvre fut, semble-t-il, à la mesure des espoirs mis en elle et le Maréchal Pétain, alerté, s'opposa au projet mis au point par l'amiral Darlan et interdit l'allocution déjà enregistrée. Le disque fut détruit et le texte nouveau publié ne mentionna plus les trois départements annexés de fait, ni la possibilité de préliminaires de paix séparée. La manœuvre allemande tombait de ce fait à plat. Il ne pouvait plus être question pour Berlin d'une annexion officielle qui, devenue unilatérale, n'aurait plus eu aucun sens au point de vue international et le projet fut de ce fait abandonné. Les préparatifs des manifestations prévues en Alsace furent annulés et des déclarations confidentielles faites aux réunions du parti nazi apprirent aux assistants intrigués que, pour des raisons inconnues, la proclamation de l'annexion était remise à une date ultérieure ; il n'en fut en réalité jamais plus question. Il est vrai qu'au lendemain du discours de Hitler du 21 juin, était lancée la gigantesque opération Barbarossa contre la Russie soviétique et que le IIIe Reich allait avoir bien d'autres sujets de préoccupations.

Selon le vieil adage qui veut que *testis unus, testis nullus,* l'étude de cette annexion officielle avortée de l'Alsace-Lorraine par les nazis devrait naturellement faire l'objet de recherches plus approfondies dans les diverses archives de l'époque ; mais même ce témoignage unique permet de se faire une idée précise des manœuvres pour beaucoup encore mystérieuses, et des relations sans doute ténues et fugaces mais indiscutables, qui pouvaient exister entre milieux les plus divers et même les plus opposés d'Alsace-Lorraine, à Vichy et même à Londres, au cours de ces années de l'occupation, où le noir et le blanc étaient parfois bien malaisés à distinguer nettement.

NOTES

1. Joseph Rossé naquit le 26 août 1892 à Montreux-Vieux (Haut-Rhin). Vivement opposé à la politique d'assimilation du gouvernement français après 1918 et secrétaire général du puissant syndicat des instituteurs chrétiens d'Alsace, il fut en 1926 un des signataires du Heimatbund.
Suspendu de ses fonctions par le gouvernement, il fut triomphalement réélu au poste de secrétaire général de son syndicat. Arrêté au soir de Noël 1927, il fut un des accusés du procès de Colmar. Elu député en 1928, il fut invalidé, puis réélu en 1932.
Devenu directeur de la grande maison d'édition Alsatia, il se révéla un administrateur hors pair et créa un groupe de presse régionale catholique, unique en France. En dépit de ses relations personnelles avec les milieux autonomistes germanophiles, Rossé en bon «romain» qu'il était et catholique avant tout, avait les mêmes sentiments de rejet envers la «République laïque et franc-maçonne» qu'envers le national-socialisme au paganisme raciste agressif.
Il tenta vainement en 1940 de maintenir des bribes du programme autonomiste alsacien d'avant-guerre et n'eut avec les Allemands que les relations les plus prudentes, se transformant en homme d'affaires et maintenant des relations suivies tant avec les milieux alsaciens de Vichy qu'avec certains réseaux de la Résistance et divers groupes d'opposants allemands aux nazis. Poursuivi par la Gestapo à la fin de la guerre, il fut condamné par la justice française le 12 juin 1947, à quinze ans de travaux forcés. Il mourut en prison le 24 octobre 1951.
Les documents qui ont servi à la rédaction de cet article sont des éléments tirés du dossier de son procès à Nancy et conservés dans le fonds du sénateur Muller déposé aux archives municipales de Strasbourg.
2. Ainsi les sections locales du Parti devaient se livrer à une répartition de la population qui permettrait une «clarification» politique de l'Alsace. La population devait être répartie en trois groupes : le premier devait comprendre les éléments sûrs à laisser sur place ; le second, ceux auxquels il faudrait imposer une période d'épreuve ; le troisième, ceux qui devaient être transplantés vers l'Est. Ce dernier groupe devait comprendre trente pour cent de la population. D'autre part, dans le cadre même de l'action prévue dans ce domaine, Himmler avait ordonné de créer à Strasbourg une délégation de son Reichskommissariat zur Festigung des deutschen Volkstums (Commissariat d'Empire pour la consolidation du germanisme) destinée à organiser la déportation des Alsaciens vers l'Est, et de la Deutsche Umsiedelungs-Treuhand-Gesellschaft (Société fiduciaire de transplantation allemande) organisme chargé de l'administration des biens des déportés.
3. Les préfectures seraient chargées en France, de dresser pour les Allemands la liste des Alsaciens-Lorrains résidant dans chaque département et ceux-ci seraient tenus de rentrer en Alsace. A cet effet, des bureaux spéciaux seraient créés à Paris et dans différentes autres villes de France.
4. Cet apport de forces vives était dès ce moment considéré par les esprits lucides comme précieux, sinon indispensable, à la veille de la gigantesque opération Barbarossa contre l'Union soviétique. Et de ce fait l'échec final de l'annexion formelle allait amener le Reich à procéder à une mobilisation forcée condamnée par l'unanimité de l'opinion internationale, retardée de quatorze mois sur la date prévue et réalisée à un moment beaucoup moins favorable pour l'Allemagne.
5. Le Président Laval avait en effet déclaré à ce moment, à la grande indignation des milieux alsaciens de Vichy : «Je sais hélas que l'Alsace-Lorraine constitue l'enjeu traditionnel de nos batailles avec l'Allemagne et je crains que nous n'ayons une fois de plus à subir cette loi de l'Histoire. Les deux provinces sont comme les enfants issus d'un mariage désuni, qui vivent tantôt avec le père, tantôt avec la mère, qui les revendiquent toujours l'un et l'autre par la violence. Ne pourrait-on considérer un jour que ces enfants sont devenus majeurs et qu'ils doivent être, non une cause de discorde, mais au contraire, de rapprochement, entre la France et l'Allemagne ?».
6. La révolte de l'Irak contre l'autorité britannique avait amené les Allemands à envisager un envoi de secours au Grand Muphti de Jérusalem. Âme de la révolte à travers Liban et Syrie, gouvernés par l'Etat de Vichy. Cette intervention à peine esquissée aboutit à une intervention des Britanniques et des Forces de la France Libre qui amena l'éviction de Vichy et par la suite de la France du Levant.
7. Tout particulièrement par le Staatsminister Karl P. Laumer né le 27 juillet 1896 à Rauenberg (Bade) et alors en fonction à Strasbourg.
8. Thomas Seltz (Artolsheim 21 décembre 1872 - Strasbourg 14 juillet 1959), rédacteur à l'*Elsaesser* puis rédacteur en chef du journal. Président de l'UPR de 1919 à 1928, il fut député UPR du Bas-Rhin de 1919 à 1924, puis d'Erstein de 1928 à 1940.
9. Eugène Muller (Ranspach 31 août 1861 - Strasbourg 14 janvier 1948), professeur au Grand Séminaire de Strasbourg de 1888 à 1903, devint professeur à la faculté nouvellement créée de théologie catholique, en 1903. Elément très actif du Centre alsacien-lorrain, il devient en 1911 député de Thann au Landtag. Député UPR du Bas-Rhin en 1919 et membre du Conseil Consultatif d'Alsace-Lorraine de 1920 à 1924. Réélu en 1924, il est élu sénateur en 1927 et réélu en 1936. Président de l'UPR de 1928 à 1940
10. En rendant visite au sénateur Muller à l'Hôtel des Ambassadeurs où celui-ci résida durant toute la durée de la guerre, Rossé avait croisé dans le hall de l'Hôtel, le Ministerialrat Krafft de Strasbourg, ami intime du gauleiter et du chef de la Gestapo d'alors. Le Ministerialrat avait raconté sa rencontre à ses amis et la Gestapo avait découvert que Rossé n'avait jamais ni demandé, ni obtenu, l'autorisation de sortir d'Alsace pour aller à Vichy.
11. La Gestapo et la gauleitung avaient mené une enquête serrée sur l'origine des fuites concernant le projet d'Anschluss de l'Alsace-Lorraine et le Dr Pelaumer se souvenant de ses confidences à ce sujet avait violemment accusé Rossé de trahison, l'obligeant pour se disculper à envoyer au gauleiter la copie de sa lettre de démission de son mandat de député français.

ND-VIOLLET

Le Parti est partout

COLONIE DE VACANCES
DANS LES VOSGES

EUGÈNE RIEDWEG

Principal instrument de germanisation et surtout de nazification, le parti national-socialiste et les nombreuses organisations satellites vont solliciter inlassablement les Alsaciens. Il y en a pour les deux sexes, pour tous les âges, pour tous les goûts, jusqu'au dégoût.

1941

Dès le mois de juillet 1940, à l'image du Reich, une immense toile d'araignée va être progressivement tissée autour de chaque citoyen, dans le but de tenir toute la population sous un contrôle strict, et d'orienter les pensées de tous pour en faire des Allemands et des nationaux-socialistes convaincus. Pour le Gauleiter Wagner, le parti et ses organisations annexes doivent être le principal instrument de cette politique : «Je suis venu comme délégué du Führer en Alsace pour éviter les erreurs commises ici par l'Allemagne après 1870 : l'état d'exception du Reichsland doit être remplacé par l'égalité totale des droits avec les autres régions allemandes dans le cadre de l'état unitaire national-socialiste... La réorganisation politique de l'Alsace a commencé. L'Alsace allemande est à nouveau comme Dieu l'a créée. L'introduction du NSDAP donnera aux grandes masses de la population l'occasion de participer activement à l'élaboration de son destin.»

De ce fait le parti nazi va jouer un rôle capital en Alsace durant toute l'annexion de fait. Selon le Führerprinzip (principe du chef), c'est une organisation verticale, avec à sa tête le Führer et la Reichsleitung du parti. En dessous, l'Allemagne est divisée en 43 Gau (régions), eux-mêmes subdivisés en Kreis (arrondissements), Ortsgruppen (groupes locaux), blocs et cellules. C'est ainsi que l'Alsace va être progressivement rattachée au Gau de Bade avec lequel elle va former le Gau Bade-Elsass, ou Gau Oberrhein.

Cette organisation, qui fonctionne en Allemagne depuis 1933 et qui est donc parfaitement rôdée, va être introduite en Alsace à partir de l'automne 1940 avec quelques variantes. En effet, Wagner ne veut pas recevoir directement les Alsaciens dans les rangs du parti. Pour éviter que des «mauvais éléments» ou des opportunistes fassent acte de candidature, il crée le 1er octobre 1940 l'Opferring (cercle de l'offrande). En fait le terme est intraduisible, ce qui permet à de nombreux Alsaciens de l'appeler malicieusement «cercle du sacrifice». L'Opferring est progressivement mis en place à partir de la fin de l'année 1940 et au début de 1941, avec la création des groupes locaux (Ortsgruppen), afin de couvrir l'ensemble des localités alsaciennes. Dans la pratique, l'organisation de l'Opferring va se confondre avec celle du parti jusqu'au niveau du groupe local. Quand les premiers Alsaciens seront reçus dans le parti à partir de 1942, ils continueront d'appartenir à l'Opferring, ce sera ainsi le cas pour de nombreux Ortsgruppenleiter.

L'Ortsgruppe est encore subdivisé en un certain nombre de cellules dirigées par un Zellenleiter, et, à sa base, en blocs, où le Blockleiter est responsable d'un ensemble d'immeubles, comprenant une cinquantaine de ménages qu'il doit surveiller et conseiller. Quand une enquête est en cours sur une personne de son bloc, c'est d'abord lui qui donne son avis par écrit. Il a ainsi de nombreux formulaires à remplir ; il doit aussi encaisser les cotisations et participer aux manifestations publiques du parti, aux quêtes sur la voie publique... C'est un rôle très ingrat pour lequel il a souvent été désigné d'office, car l'appartenance à l'Opferring est quasi obligatoire pour les fonctionnaires, à qui le Gauleiter a fait savoir qu'un éventuel avancement est conditionné par l'attitude qu'ils auront, en dehors de leurs fonctions, par leur activité dans le parti et ses organisations.

Les fonctionnaires doivent ainsi servir d'exemple aux autres Alsaciens qui sont d'ailleurs sollicités d'une manière aussi pressante, comme le montre une circulaire du Kreisleiter de Colmar : «Celui qui ne veut pas marcher avec nous est notre adversaire ou alors il est politiquement irresponsable. Il se rendra compte un jour combien cela peut devenir désagréable pour lui et ses enfants.»

Il n'est pas étonnant qu'avec des méthodes de recrutement aussi équivoques, le nombre des membres de l'Opferring va croître très rapidement pour atteindre le chiffre de 169 235 en 1942, soit 16% de la population. Le recrutement est arrêté le 1er juin 1942, car le pourcentage de membres de l'Opferring, par rapport au reste de la population, dépasse celui du parti dans le Reich ! Une sérieuse épuration va devoir être menée si bien qu'en janvier 1944 l'Opferring ne compte plus que 143 643 membres malgré de nouvelles adhésions.

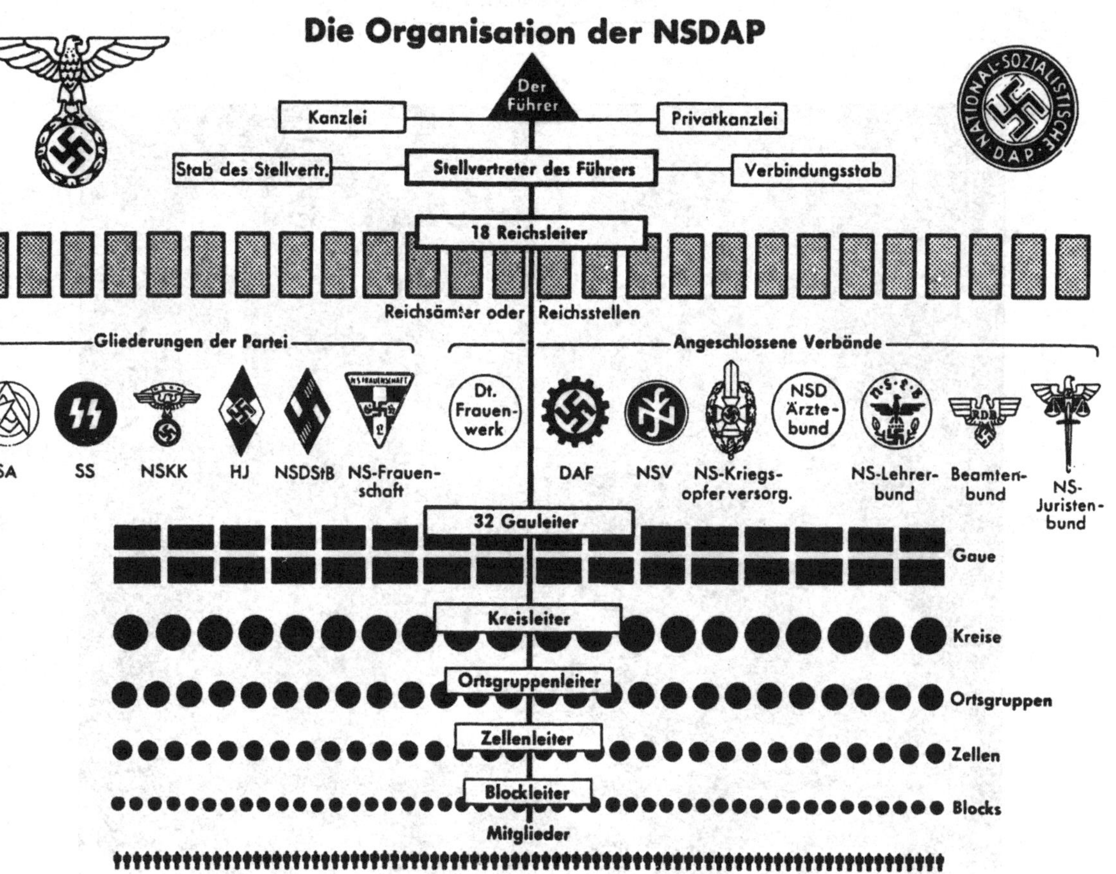

Au début de l'année 1942, cette organisation est bien en place. L'Alsace est divisée en 12 Kreis regroupants 693 groupes locaux, 2 461 cellules et 10 665 blocs. Dans les localités d'une certaine importance il existe plusieurs Ortsgruppen (42 à Strasbourg, 25 à Mulhouse). L'Ortsgruppenleiter travaille en liaison étroite avec les autres organismes du parti et les services de police. Chaque groupe local dispose d'un local, en général un immeuble provenant de biens spoliés. Cette organisation territoriale ne varie pratiquement pas jusqu'en 1944. Par contre, on constate qu'elle est beaucoup plus dense que celle qui existe dans le pays de Bade. En effet, s'il y a en Alsace un bloc pour 99 habitants, il n'y a qu'un bloc pour 162 habitants en pays de Bade. Cette densité supérieure d'implantation du parti a pour but évident de mieux contrôler et encadrer les Alsaciens dont les sentiments réels sont bien connus, comme le montrent les rapports sur l'état d'esprit de la population réalisés par les différentes autorités nazies.

Jusqu'au niveau du groupe local, toutes les fonctions sont honorifiques, et les responsables, à ces différents niveaux, sont considérés comme des Politische Leiter (dirigeants politiques). Il en est de même pour les responsables des autres

PHOTO DE PROPAGANDE : QUÊTE SUR LA VOIE PUBLIQUE À STRASBOURG.

AMS

organisations du parti. Leur nombre va connaître la même inflation que celui de l'Opferring. Il passe de 40 000 en 1941, à 68 349 en 1942, et même à 74 000 en juin 1944. Devant la tournure que prennent les événements, il faut en effet solidement encadrer une population que l'on considère de moins en moins sûre.

Au niveau de l'arrondissement, le chef de cette organisation est le Kreisleiter qui est une sorte de sous-préfet politique juxtaposé au Landkommissar responsable de l'administration. Il est le responsable de toute l'activité politique, économique et culturelle de son arrondissement. Alors que toutes les autres fonctions sont honorifiques, le Kreisleiter et ses adjoints sont des fonctionnaires rémunérés par le parti.

Alors que du point de vue administratif les Landkreis et les Stadtkreis de Strasbourg, Colmar et Mulhouse forment des entités à part, il en est différemment au niveau de l'organisation politique où ils se retrouvent réunis.

En 1941, six Alsaciens, choisis parmi les internés de Nancy, seront nommés à des postes de Kreisleiter en Alsace : Hermann Bickler à Strasbourg, Rudolf Lang à Saverne, René Hauss à Haguenau, Edmond Nussbaum à Molsheim, Jean-Pierre Mourer à Mulhouse et Alexandre Krämer à Guebwiller. Par la suite Schall et Schlegel remplaceront Bickler et Lang après le départ de ceux-ci pour le SD.

La propagande nazie prétendra que, sur 40 Kreisleiter en Bade-Alsace, on compte 10 Alsaciens. En réalité, quatre d'entre eux étaient des Alsaciens nés en Alsace, et, de ce fait, la moitié seulement des Kreisleiter en poste en Alsace était constitutée d'autochtones. Il en était de même pour les autres responsables du parti et ses ramifications, où soi-disant 769 postes principaux sur 813 étaient tenus par des Alsaciens. Le poste de Kreisleiter sera d'ailleurs le plus élevé auquel un Alsacien, même issu des milieux séparatistes, pourra parvenir dans la hiérarchie du parti. Au niveau du Gau, tous les postes de responsabilité sans exception sont tenus par des Allemands, en général des Badois.

SI CERTAINS ALSACIENS GERMANOPHILES ONT ÉTÉ RÉCOMPENSÉS D'UN HOCHET POLITIQUE, LE POUVOIR ÉTAIT DÉTENU PAR DES ALLEMANDS, SURTOUT DES BADOIS.

Le parti national-socialiste en tant que tel ne sera officiellement créé en Alsace qu'au cours de l'année 1941. Sa création est symboliquement fixée au 22 mars 1941, jour anniversaire de la fondation du Gau de Bade en 1925. Une sérieuse sélection va être opérée pour l'entrée dans le Parti. Dans un premier stade, celle-ci est réservée aux Nancéens et aux combattants du Volkstum en Alsace, puis à ceux qui ont fait leurs preuves dans les différentes organisations nazies, et enfin tous ceux qui ont agi en faveur de la cause allemande dans les administrations, l'économie, la vie culturelle. Cette sélection très sévère est sans aucune commune mesure avec les méthodes de recrutement équivoques de l'Opferring. De ce fait, les Alsaciens qui entrent dans le parti n'y sont pas obligés et, à ce titre, on peut donc les considérer comme d'authentiques nazis. En juin 1942, les effectifs du Parti vont s'élever à 11 984 Alsaciens et à 3 185 membres originaires du Reich (soit au total 15 169 personnes). En juin 1943, ce chiffre passe à 17 337, et, en janvier 1944, à 21 801 adhérents. En juin 1944, le dernier chiffre cité, le Gauleiter avance le nombre de 25 000 Alsaciens et de 5 000 Allemands soit un total de 30 000 personnes. Malgré la forte progression des effectifs du Parti au cours de l'année 1943-44 (dûe surtout à l'admission des jeunes issus de la HJ et à qui on n'a pas toujours demandé leur avis), le chiffre de ceux-ci ne s'élève, en juin 1944, qu'à 2,3% de la population alsacienne et à 3,8% de l'ensemble des membres des organisations nazies existant en Alsace. Le parti national-socialiste n'a donc jamais rassemblé qu'une toute petite minorité d'Alsaciens.

Le Gauleiter Wagner a parfaitement conscience que le Parti, avec toutes ses faiblesses en Alsace, n'est pas suffisant pour encadrer tous les aspects de la vie courante. C'est pourquoi, comme dans le Reich, il faut mettre en place une multitude d'organisations spécifiques dont les unes visent à embrigader les différentes couches sociales et professionnelles et les autres la préparation à la vie militaire ou l'encadrement de la vie associative. A tous les moments de la vie des Alsaciens, du berceau à la tombe, il y a une organisation du Parti pour les prendre en charge.

Cet embrigadement commence dès l'enfance où les jeunes entrent à la Hitlerjugend (HJ Jeunesses Hitlériennes) pour les garçons, et au Bund Deutscher Mädel (BDM-Association des jeunes filles allemandes) pour les filles. La mise en place de la Jeunesse Hitlérienne s'est effectuée encore plus rapidement que celle du Parti. Les nazis considéraient en effet, à l'instar de tous les régimes totalitaires, qu'il est plus facile de séduire la jeunesse très malléable, et de surcroît encore peu imprégnée par l'influence française.

Dès le mois d'août 1940, toutes les associations de jeunesse existant en Alsace sont supprimées, sauf la Deutsche Volkjugend im Elsass, créée le mois précédent par des jeunes issus des milieux séparatistes et du Bund Erwin von Steinbach. Le 8 septembre 1940, ce mouvement fait place à la Hitlerjungend au cours d'une grande cérémonie à laquelle prennent part plusieurs milliers de HJ venus du pays de Bade. La HJ va alors connaître une extention rapide. Dès 1941, elle compte déjà 91 808 membres (soit près de 75% des jeunes Alsaciens) «malgré l'insuffisance du nombre de dirigeants Badois retenus au front». Le 2 janvier 1942, une ordonnance du Gauleiter instaure l'adhésion obligatoire à la HJ pour tous les jeunes entre 10 et 18 ans, ce qui ne change pas grand chose à la situation antérieure puisque l'affiliation «volontaire» était souvent le résultat de nombreuses contraintes : père fonctionnaire, inscription au lycée subordonnée à l'appartenance à la HJ... Des sanctions sévères seront prévues pour les parents qui n'y envoient pas leurs enfants. Ainsi le nombre d'adhérents va encore progresser : 105 497 en 1942 (75%) et 131 765 en 1944 (100% de la jeunesse !). Le renouvellement du parti et

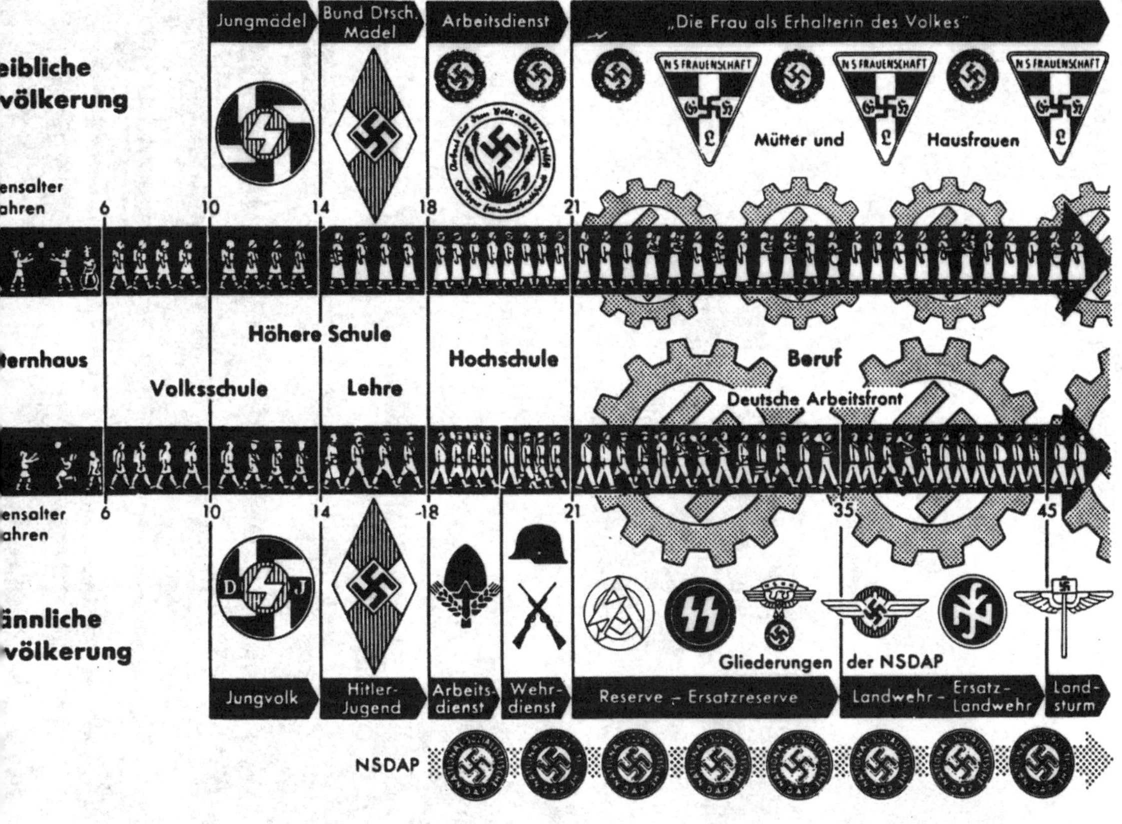

de l'Opferring à partir de 1943-44 se fera essentiellement par les jeunes issus de la HJ. Normalement, cette admission, qui peut avoir lieu à l'âge de 18 ans, ne devait intervenir qu'après quatre années de présence ininterrompue à la HJ, mais cette prescription ne sera pas appliquée en Alsace par le Gauleiter Wagner, toujours pressé de voir gonfler les effectifs du parti... Au total près de 150 000 jeunes Alsaciens et Alsaciennes vont ainsi être concernés par cet embrigadement forcé dont, le plus souvent, ils ne perçoivent ni la finalité ni le caractère insidieux de la formation qui y est dispensée.

A côté de la HJ, on va également mettre en place des formations qui appartiennent directement au parti (Gliederung des NSDAP) ou qui lui sont associées (Angeschlossene Verbände des NSDAP). Les formations du parti sont constituées par les SA (Sturm-Abteilung – Sections d'assaut), les SS (Schutz-Staffel – Sections de protection), le NSKK (National-Sozialistische Kraftfahr-Korps – corps motorisé NS), le NSFK (National-Sozialistische Flieger-Korps – corps d'aviation NS) et la NS Frauenschaft und Deutsches Frauenwerk (association des femmes NS). Dès le mois de novembre-décembre 1940, les premières réunions sont

FISCH

DÉFILÉ
À SAVERNE.
LES SEPT HOMMES
REPRÉSENTENT
CHACUN
UN DES
DIFFÉRENTS
CORPS
DU RÉGIME
NAZI.

ARCHIVES SAVERNE

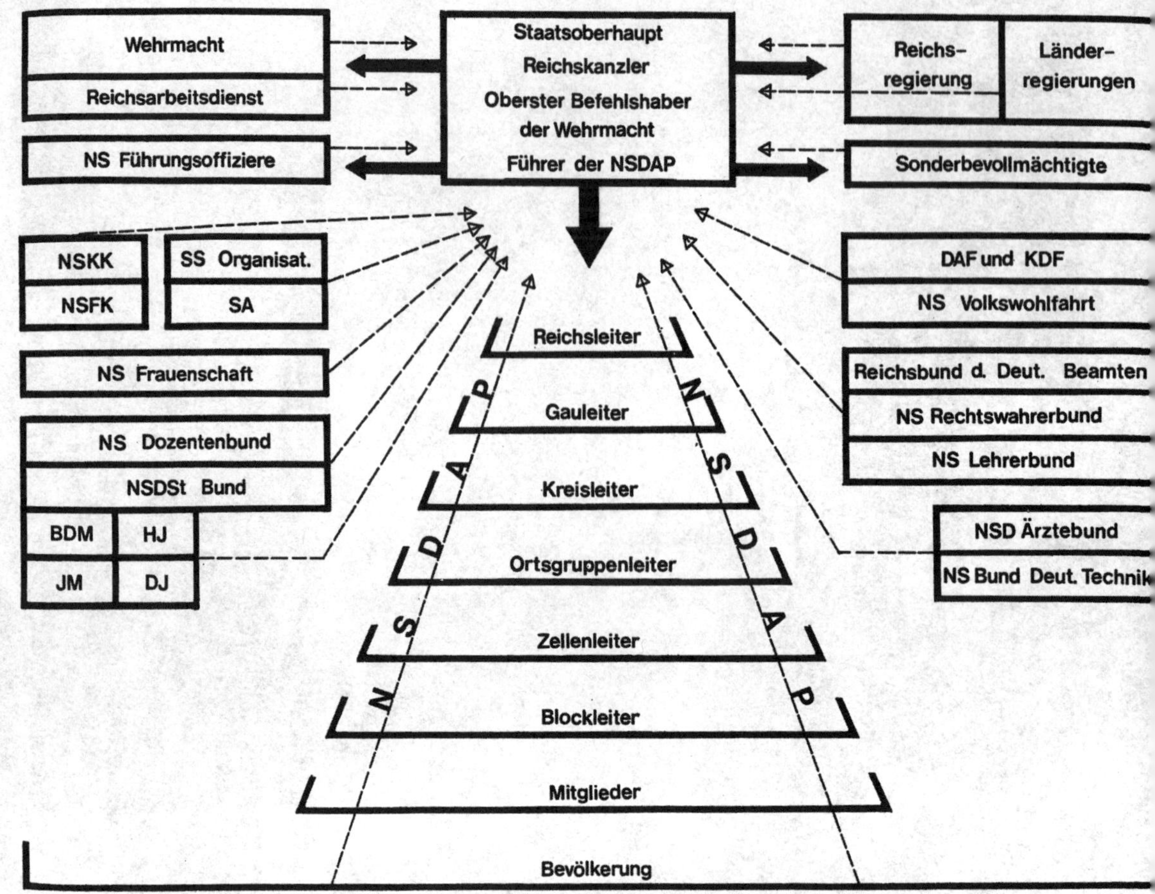

organisées en Alsace pour assurer le recrutement. En 1942, on comptera ainsi 13 191 membres de la SA (1,23% de la population), 2 108 pour les SS (0,2%), 11 580 pour le NSKK (1,09%) et 1 414 pour le NSFK (0,013%). A quelques unités près ces chiffres ne varieront plus jusqu'en 1944, malgré l'épuration intervenue entre-temps dans les rangs du parti. Là aussi, on peut constater que l'engagement volontaire dans les formations du parti ne concerne qu'une petite partie de la population alsacienne (2,65%). Encore faut-il nuancer ces chiffres, car une même personne peut être membre de plusieurs organisations : Opferring et SA..., et d'autre part les chiffres avancés ne font pas la distinction entre Alsaciens et Allemands qui sont souvent nombreux aux postes de responsabilités dans ces organisations. On y trouve aussi des fonctionnaires qui ont été obligés d'adhérer pour conserver leur emploi... Il faut également remarquer le nombre anormalement élevé de membres du NSKK, presque identique à celui des SA (11 580 contre 13 101), alors que ces proportions ne se retrouvent absolument pas dans le Reich où la SA est une organisation de masse qui regroupe 6% de la population masculine. Cette anomalie est due au fait qu'on a présenté en 1940 le NSKK comme une sorte de club automobile nazi. Le nombre d'Alsaciens qui se sont engagés par conviction politique ou par intérêt est donc très faible et se situe entre 1 à 2% de la population totale d'Alsace.

La NS Frauenschaft occupe une place à part dans le dispositif nazi. C'est une organisation de masse puisqu'elle regroupe 78 747 femmes en 1942, et 97 548 en 1944, soit 9,19% de la population, ce qui la rapproche de la moyenne du Reich (10%). Mais en aucun cas on ne saurait parler de véritables adhérentes au parti et d'engagement politique, étant donné que la NS-Frauenschaft mène essentiellement une action sociale. Avec la guerre totale, on va également exploiter la disponibilité des femmes pour les faire participer à l'effort de guerre en en plaçant un certain nombre dans les hôpitaux militaires (7 335 en 1944) et en les utilisant pour les tâches d'entre-aide (8 716 femmes placées au NSV).

MALGRÉ SON ORGANISATION TENTACULAIRE, LE PARTI N'A CONVAINCU QUE 1 À 2% DE LA POPULATION TOTALE.

Les organisations associées au Parti sont fort nombreuses et embrassent tous les aspects de la vie professionnelle ou sociale. La plus importante d'entre elles est le Deutsche Arbeitsfront (DAF – Front Allemand du Travail) qui remplace les anciens syndicats et qui regroupe dans une même organisation les patrons et les salariés. On comprend que dans ces conditions, le Front du Travail doit essentiellement assurer l'encadrement politique des travailleurs et les faire participer à l'effort de guerre. De multiples réunions (Betriebsappel) vont être organisées à cet effet. La DAF, est une organisation de masse, dans la mesure où l'adhésion est obligatoire et la cotisation directement retenue sur le salaire ! Avec 215 000 adhérents en 1942 (20,2% de la population), et 239 403 en 1944 (22,5%), c'est la plus importante organisation nazie en Alsace.

A côté du DAF, il existe également d'autres groupes professionnels : le NS-Lehrerbund (association des enseignants NS), avec 3 954 adhérents en 1942, le Reichsbud des Deutschen Beamten (Association des Fonctionnaires NS), avec 21 374 adhérents, le NS-Artzebund (médecins NS) le NS-Rechtswahrerbund (juristes NS)... Les œuvres d'assistance sont prises en charge par la NS-Volkswohlfahrt (NSV-Ligue NS pour le bien du peuple) qui s'occupe également des jardins d'enfants, de la protection maternelle et infantile, des soins à domicile... L'aspect le plus spectaculaire de son action est le Winterhilfswerke (WHW-Secours d'hiver) distribué aux rapatriés de 1940, aux indigents et aux chômeurs. Comme le Front du Travail, le NSV est présent dans chaque Kreisleitung et regroupe 40 000 adhérents en 1943 et 51 277 en 1944. Les sportifs, quels que soient leur discipline ou leur club, sont obligatoirement affiliés au NS-Reichsbund fur Leibesübungen (ligue NS pour les activités corporelles). Les anciens combattants alsaciens de la Première Guerre mondiale, mobilisés dans l'armée allemande, particulièrement nombreux, vont être regroupés dans le NS Reichskrieger-bund (association NS des anciens combattants). Pour la seule ville de Strasbourg il existera 42 groupes de quartier (Kameradschaffen) de cette organisation ! Il existe également une association qui s'occupe des victimes de guerre (NS-Kriegsopferversorgung) regroupant plus de 30 000 adhérents, une association de la famille allemande (Reichsbund Deutsche Familie) et même des sections du Reichskolonialbund ce qui est assez original pour un Etat sans colonies.

L'ÉCUSSON DE L'OPFERRING.

Tous les aspects de la vie des Alsaciens sont donc pris en main et controlés par le Parti. Aussi n'est-il pas étonnant que le Gauleiter Wagner puisse avancer des chiffres toujours plus impressionnants. En 1941, il annonce 250 000 adhérents qui passent à 370 000 en 1942 (35% de la population), et à 652 000 en 1943, soit 60% des Alsaciens. Ce chiffre est tellement élevé que le Gauleiter lui-même est obligé de le relativiser : «En admettant que dans de nombreux cas la même personne soit membre de deux organisations à la fois, on arrive à la conclusion qu'un demi million de personnes, soit 50% de tous les Alsaciens et Alsaciennes, font partie de notre mouvement».

Bon gré, mal gré, un Alsacien sur deux a ainsi été obligé, durant l'annexion de fait, d'appartenir à une ou plusieurs organisations nazies. Ces résultats aussi spectaculaires soient-ils – car le Gauleiter s'en glorifie lors de chacun de ses rapports annuels – n'impliquent pas une adhésion de la part des Alsaciens à l'idéologie et aux buts poursuivis par le nazisme, comme le démontrent tous les rapports sur l'état d'esprit de la population et les avertissements contenus dans les discours officiels et la presse à partir de 1942. C'est donc le résultat d'une contrainte incessante, exercée par l'appareil politique et policier de l'état totalitaire nazi. Ces adhésions, dans la plupart des cas, ne représentent qu'un moyen pour connaître le moins de désagréments possibles en attendant des jours meilleurs. Néanmoins, une minorité, qui peut être évaluée entre 1 et 2%, de la population, soit 10 à 20 000 personnes, adhère pleinement à l'idéologie nazie, soit par conviction, soit pour des raisons d'intérêt personnel. Une minorité encore moins nombreuse s'engagera dans la résistance.

SOURCES

Eugène Riedweg, *L'Alsace et les Alsaciens de 1939 à 1945*, thèse de 3e cycle, Strasbourg, 1983.

La mise en Scène du nazisme

FREDDY RAPHAËL
GENEVIÈVE HERBERICH-MARX

1941

Mise en scène de la parole et des corps dans le premier rassemblement nazi en Alsace, à Strasbourg, le 20 octobre 1940. Une brochure de propagande nazie («Der Aufbruch des deutschen Elsass», la percée de l'Alsace allemande) permet de décoder les mécanismes et finalités, très subtils, de ces mises en scène.

Notre étude, qui se veut l'amorce d'une analyse de l'esthétisation du politique dans l'Alsace annexée, se limite à la lecture critique d'un document publié en 1940 sous la responsabilité de Paul Schall, par les éditions Alsatia de Colmar. Rappelons que ce dernier, qui s'était voué de longue date à la défense du «Volkstum» alsacien – d'une identité fondée sur le sol et sur le sang – contre «l'entreprise d'éradication» menée par la France (die Verwelschungspolitik), a fait partie du groupe des autonomistes incarcérés à Nancy durant la «drôle de guerre». Ils furent libérés, à la demande pressante d'Hitler, le 14 juillet 1940, et ramenés aux Trois-Epis où ils finirent par signer un appel au Führer le «suppliant d'effectuer l'intégration de leur pays natal au Grand Reich».

Par l'organisation du décor, par le recours aux symboles, par la mise en scène des corps, par l'élaboration de rites, le régime nazi entend mobiliser totalement les hommes et, pour ce faire, susciter une adhésion sans réserve. «Tout sera manifeste – tout manifestera donc, réquisitionné pour étayer de partout la Vérité totalitaire»[1]. Tout est signe dans l'Alsace annexée : «la couleur rouge des affiches, les caractères gothiques qui s'y cramponnent ; les jambes nues et le foulard noir des gosses du Jungvolk, le bruit des bottes sur le pavé...»[2]. Alignement serré des oriflammes qui bordent les rues, tableaux pédagogiques et sentences qui décorent les salles de classe, poignards qui ornent l'uniforme noir des SS, c'est une présence obsédante de signes qui prennent sens dans leur relation réciproque. Ils constituent un système où les images et les gestes, les rites et les objets entrent en correspondance grâce, notamment, au discours idéologique et mythique qui leur confère une unité[3]. Le signe, comme le souligne Dominique Pélassy[4], «fascine les regards, mobilise les énergies, compense les frustrations et flatte les vanités».

DÉCOR, CHANTS, SYMBOLES : LE STYLE DU RÉGIME IMPORTE AUTANT QUE SON PROGRAMME.

C'est l'instinct qui est sollicité, plus que la raison discursive. Décor, chants, métaphores martelées avec insistance assurent le primat de l'émotionnel ; le «style» du régime importe autant que son programme. La foi doit l'emporter sur la froide raison – celle des intellectuels vétilleux et pusillanimes, celle des juifs qui se vouent au culte de l'abstraction ; le mythe est revivifié contre la logique. «Ce n'est pas de la tête mais du cœur, ce n'est pas de doctrines mais d'impressions et d'instincts que doit sortir le renouveau de la réalité allemande»[5]. Les spectateurs, écrit Dominique Pélassy[6], «sont envahis d'émotion à la vue des rangs carrés qui défilent. Comment la rigueur des formes n'indiquerait-elle pas une morale solide et une volonté de fer ?»

La brochure *Der Aufbruch des deutschen Elsass* («La percée de l'Alsace allemande»), Colmar, 1940, qui connut une très large diffusion, rend compte, par le texte et par l'image, du premier rassemblement nazi qui a eu lieu à Strasbourg le 20 octobre 1940, quelques mois à peine après l'entrée des troupes allemandes dans la province. Cette manifestation a pour but d'exprimer le retour enthousiaste de l'Alsace au sein du Grand Reich dont elle n'a cessé, malgré la séparation forcée et le processus de francisation imposé, de faire «essentiellement» partie. La brochure fait alterner nombre de photos, prises conjointement par un studio de Karlsruhe et un studio de Strasbourg, et des textes : une introduction rédigée par Paul Schall, une description, non signée, de la manifestation, due probablement à la même plume, et deux discours-programmes, l'un de Robert Ernst, Generalreferent für das Elsass, et l'autre du Gauleiter Robert Wagner.

Le titre de la brochure ainsi que l'exergue («Das deutsche Elsass ist erwacht» L'Alsace allemande s'est éveillée) proclament une conviction qu'il importe de marteler et d'imposer, la certitude que l'Alsace a pris un tournant décisif : elle a conscience dorénavant que son renouveau (Wiedergeburt) est intimement lié à la régénération victorieuse (Wiedererwachte, siegreiche) de l'Allemagne, sous l'impulsion du national socialisme. Seule cette «révolution» lui permet d'asssumer sa mission civilisatrice pour la sauvegarde de l'Europe.

La page de couverture associe l'Alsace traditionnelle, représentée par la silhouette de la cathédrale de Strasbourg qui se dresse à l'arrière plan, à celle des temps nouveaux. Cette Alsace «régénérée» occupe les neuf dixièmes de la page, en une structure diagonale qui confère une singulière dynamique à la représentation. Celui qui incarne l'ère nouvelle est un Alsacien au visage anguleux, au regard décidé, qui s'engage résolument dans le combat de l'heure. Il porte la chemise blanche et la cravate noire des chefs locaux du parti nazi. Il arbore un brassard à croix gammée, symbole qui est repris sur l'immense drapeau dont la hampe épaisse repose sur son épaule : il le tient fermement, il est résolu à le défendre, mais en même temps il semble être protégé par la puissance que symbolise l'étendard. Les couleurs blanches, rouges, grises et noires constituent la palette fondamentale du régime, austère et violente à la fois, tandis que les lettres au graphisme quelque peu acéré proclament la puissance et la détermination du régime.

Le thème de la renaissance de l'Alsace est repris par les photos. De la régénération («Das neue Elsass») témoignent diverses photos : au regard fasciné et confiant des jeunes filles du BDM en uniforme, le bras tendu ou agitant de petits drapeaux à croix gammée, correspond, sur la même page, l'assurance tranquille, la détermination souriante des cadres alsaciens du parti, en chemise blanche, cravate noire, qui arborent un brassard à croix gammée. Les jeunes et leurs aînés sont unis dans une même ferveur. Sur une autre photo la «jeunesse de Strasbourg» (Strassburger Jugend) agite de petits drapeaux et tend son bras pour saluer avec enthousiasme l'arrivée du Gauleiter et des officiers de la Wehrmacht. A l'intérieur de la Markthalle la garde d'honneur est constituée par les SS sanglés dans leur uniforme noir et par les responsables alsaciens du parti : il sont strictement alignés et regardent droit devant eux avec gravité, conscients de l'importance de l'heure.

Une photo prise pendant le discours du Gauleiter à la tribune témoigne de l'écoute attentive des jeunes «Pimpfe», blonds, nordiques à souhait, et des Jeunesses Hitlériennes dans leur uniforme sombre. La légende met l'accent sur l'expérience unique de ces jeunes gens, qui écoutent avec un «intérêt passionné» le Gauleiter, car ils ont conscience de vivre «eine Zeitenwende» (un bouleversement du monde, le terme est répété à deux reprises), de «portée universelle».

LE NAZISME, «JEUNESSE DU MONDE» EXALTE LA SOIF DE DÉFIS DE LA JEUNESSE.

Les «Pimpfe» incarnent le type du jeune Allemand que Hitler opposait, dès 1936, au gros lourdaud, buveur de bière: «Il est à l'image de notre temps, mince, élancé, des jambes nerveuses qui le campent solidement au sol, sain de corps et sain d'esprit».[7] Sanglés dans leur uniforme, écoutant avec sérieux les orateurs, ils représentent d'une façon exemplaire l'abnégation totale au service du Reich. Lorsqu'ils sont entrés au

AFFICHER LES SIGNES DE L'IDENTITÉ COLLECTIVE.

Jungvolk, ils se sont voués corps et âme au Führer : «En présence de cet étendard de sang qui représente notre Führer, je jure de consacrer toute mon énergie et toute ma force au sauveur de notre pays, Adolf Hitler. Je suis prêt à donner ma vie pour lui, et je m'en remets à Dieu.» Leur présence sur la tribune, aux côtés des Hitler Jugend, témoigne de la place éminente que le régime réserve à la jeunesse : elle incarne l'espérance, elle est le garant de l'avenir. Elle manifeste la foi dans le salut face à ceux qui seraient tentés par le scepticisme et le défaitisme. «Là où l'adulte acquiescera par fatigue, vanité ou raison, le jeune ira plutôt d'enthousiasme».[8] Le nazisme, qui se définit comme la jeunesse du monde, l'aube d'une ère nouvelle, exalte l'ardeur confiante et la soif de défis de la jeunesse. Celle-ci «se voit assurer la rédemption du monde par tout un rituel» qui exalte son abnégation et qui l'amènera jusqu'au sacrifice suprême.

Le grand rassemblement du 20 octobre 1940 constitue la première manifestation publique ritualisée par laquelle le régime nazi se met en scène. Cette «liturgie politique»[9] doit témoigner de l'adhésion profonde de l'Alsace à l'ordre nouveau, de sa volonté d'exister dans la communion avec la patrie allemande recouvrée et avec les valeurs de la «révolution» national-socialiste. Profitant de l'expérience des cadres du parti, de l'armée et de l'administration venus du pays de Bade, mais soucieuses de reconquérir une population qui avait subi l'influence pernicieuse et mutilante de «l'occupation» française, les autorités élaborèrent une cérémonie spécifique qui devait constituer la matrice des rassemblements ultérieurs. Ceux-ci se multiplieront, car le régime tient à «énoncer cérémoniellement ses principes et ses codes d'action» et réclame des citoyens «des signes extérieurs, répétitifs, ritualisés, d'allégeance et d'intégration sociale».[10] Le but que poursuit le régime en organisant un tel rassemblement de masse est avant tout «de se rendre manifeste à lui-même». Il se prévaut de la spontanéité et occulte le fait que les fonctionnaires sont tenus d'y participer. Il convient d'afficher, avec insistance, les signes de l'identité collective.

Au-dehors de l'édifice se presse, ainsi qu'en témoignent les photos, une foule immense. «Sie alle wollten dabei sein» (Ils voulaient tous être présents), dit la légende qui montre une multitude de spectateurs disciplinés. Une autre illustration est censée représenter les «milliers» de personnes qui remplissent les rues et les places alentour. Ces prises de vue doivent témoigner d'une adhésion unanime. Paul Schall insiste sur le fait que c'est toute la ville qui s'est mise en marche – les références au mouvement, et à une dynamique irrésistibles sont nombreuses –, et que c'est de son plein gré que le «peuple alsacien» («das elsässische Volk selbst»), un peuple qui a retrouvé son unité et qui s'identifie à l'Etat, exprime son attachement à l'Allemagne.

De l'échec de l'entreprise démobilisatrice de la France et de la vocation germanique de l'Alsace, témoigne le fait que les Ortsgruppen –, Block – und Zellenleiter alsaciens, parmi lesquels se trouvent nombre d'anciens combattants de la Première Guerre mondiale, retrouvent d'instinct la cadence, et défilent au pas «in muster-hafter Ordnung» (en un ordre exemplaire). La population, selon la brochure, a été tout particulièrement impressionnée par le «déroulement précis et discipliné» de la manifestation qui illustre admirablement la «capacité organisatrice» de l'Allemagne.

De même, alors que la France est tout juste bonne à semer la mort et la destruction («zerstören»), partout en Alsace la capacité créatrice allemande («Tatkraft») est à l'œuvre. «Les bataillons du travail» («die deutschen Kolonnen der Arbeit») sont mobilisés et s'emploient à reconstruire les ruines semées par la rage («Zerstörungswut») et le génie destructeurs des Français.

Une photo montre une foule immense de membres alsaciens du parti, en chemise blanche, qui arrivent en rangs serrés à la halle du marché. A l'entrée, la garde d'honneur de la Wehrmacht, casquée, strictement alignée et comme pétrifiée dans sa rigidité, présente les armes au Gauleiter et à sa suite. Il y a un contraste voulu entre le pas décidé et l'allant, le balancement de corps de ces derniers, et l'obéissance figée des soldats. Ordre, dévouement aveugle et mécanique chez les subordonnés, volonté dynamique et détermination chez les chefs.

La ville tout entière – «die ganze Stadt in Bewegung !» – s'est transformée en un immense décor emblématique qui atteste de l'adhésion sans réserve de l'ensemble de la population. Celui-ci est formé à la fois par des éléments fixes tels les oriflammes frappés de la croix gammée, par la dynamique des drapeaux qui ondulent dans le vent («die wehenden Fahnen») et des unités qui défilent d'un même pas, et aussi par les chants martiaux. A cela s'ajoute la juxtaposition de couleurs strictement codifiées, le brun des hommes du parti venus d'Outre-Rhin, le noir des SS... Et parmi ces derniers, insiste la brochure, revêtus du même uniforme, des Alsaciens qui ont lutté pour le Volkstum. Lorsque, par les deux portes du fond de la halle, les drapeaux pénétrèrent dans l'édifice, «huit mille personnes se levèrent et les saluèrent le bras tendu. Quelle vision impressionnante !» («es war ein eindrucksvoller Augenblick»). Alors retentit, repris à pleine voix, un chant des Jeunesses Hitlériennes, qui «prenait tout son sens dans cette région des marches» : «Lang war die Nacht, lang war die Not» («Longue fut la nuit, profonde fut la souffrance»). Un autre chant s'élève avec «force et gravité», comme un «engagement dont chacun a conscience» : «Pour la liberté nous sommes prêts à sacrifier notre vie».

Deux photos horizontales, qui font apparaître la halle sur toute sa longueur, présentent à la fois les invités qui s'y pressent et le décor saturé de signes. Aux poutrelles, de mètre en mètre, sont accrochés des fanions à croix gammée («die Markthalle ist aussen und innen reich mit Hakenkreuzfahnen geschmuckt»). Le long des murs pendent de longs oriflammes avec le même symbole. Ils se pressent, denses, jusqu'à former une véritable tenture de drapeaux derrière la tribune que surmonte un aigle gigantesque : «Dahinter an der Wand in Gold das Hoheitszeichen des Reichs, der Adler». Celui-ci tient dans ses serres une couronne de lauriers et une croix gammée. La séquence des photographies est proche de la technique cinématographique, nous faisant passer de l'extérieur à l'intérieur de la halle. Puis elle présente un gros-plan de la tribune où le Gauleiter prononce son discours que des chefs militaires et civils écoutent avec une attention soutenue («Gespannt folgen sie...»). Sur la tribune ont pris place – comme le précise la brochure – la musique de la section fribourgeoise du parti, entourée de trois cents jeunes venus eux-aussi d'outre-Rhin.

De l'importance de la symbolique des signes témoigne la remarque de Paul Schall selon laquelle les formations nazies au pays de Bade participent à cette manifestation afin de la rehausser par la présence «des uniformes national-socialistes», qui «font encore cruellement défaut» en Alsace. «Bientôt, ajoute-t-il, les chemises blanches des Ortsgruppen-, et Blockleiter, des SA et des SS alsaciens seront remplacées par la chemise brune du Parti.»

LE SERMENT DES JEUNES : «JE SUIS PRÊT À DONNER MA VIE POUR LE FÜHRER ET JE M'EN REMETS À DIEU».

Certes, il a fallu, pour donner à cette rencontre un caractère authentiquement national-socialiste, faire venir des unités du pays de Bade, mais les Alsaciens ont retrouvé spontanément, miraculeusement, le sens de la discipline. Et «les jeunesses hitlériennes alsaciennes, dirigées par des Alsaciens» ont défilé avec la même prestance que leurs camarades badois.

Paul Schall mentionne avec satisfaction le fait qu'en l'espace d'une nuit le décor factice de l'entreprise maléfique des Français («der welsche Spuk») a disparu comme par enchantement («ist aus unserem Lande gewichen»), pour faire place aux inscriptions allemandes qui ornent les rues des villes et des bourgs et à la langue allemande qui s'est imposée jusque dans le moindre village. Ce changement de décor s'est opéré avec une telle célérité, il s'est affirmé avec une «telle évidence», «qu'on peut se demander si ces vingt-deux années de présence française ne furent pas, en fait, un cauchemar».

L'espace du politique est balisé par des repères symboliques qui constituent autant de pôles qui aimantent la vie publique, l'orientent et lui confèrent un dynamisme. D'anciens monuments se voient crédités d'un surcroît de sens quand ils ne sont pas détournés de leur signification première. La cathédrale de Strasbourg, qualifiée pour la circonstance comme la plus authentiquement allemande de toutes («deutscheste aller Dome»), devient le monument de «la puissance et de l'unité» allemandes («Denkmal deutscher Kraft und Einigkeit»). «A l'heure présente, s'écrie Robert Ernst, des dizaines de milliers de soldats alsaciens tombés sous l'uniforme allemand défilent devant la cathédrale». Ils expriment leur reconnaissance au Führer et à son armée «pour avoir fait de la cathédrale d'Erwin von Steinbach le symbole de la puissance et de l'unité allemandes».

Le Rhin, «notre Rhin allemand», n'est plus une «plaie béante» («klaffende Wunde») qui sépare les deux parties d'un même peuple, mais le lien qui les réunit.

La cérémonie doit «manifester» l'unité consubstantielle de l'Alsace et de l'Allemagne. Elle est fondée sur une langue et une conception de l'homme communes («deutsches Bewusstsein den Menschen hebt»). Elle s'exprime par le même sens de la «discipline» et par une «confiance inébranlable» en l'avenir du Reich. Le peuple allemand lui-même a recouvré son unité principielle – les termes «nur noch eins sein», «ein einig Volk» sont répétés à satiété – et constitue une «communauté fraternelle» («die einige, grosse Volksgemeinschaft von Brüdern»).

Il importe que l'identité reconquise par l'Alsace sur la domestication française et sur ses propres doutes l'amène à prendre conscience, non seulement de son appartenance à la patrie allemande («jetzt endlich Heimgekehrt ist»), mais également au grand Reich national-socialiste. L'Alsace s'est «réveillée» à elle-même, à son glorieux destin, sous la houlette éclairée du plus «prestigieux des guides». Il y a un lien de nécessité qui mène de la Heimat, le pays natal, au Vaterland, la grande patrie, et de là au Reich nazi, dont les conceptions imprègnent «les cœurs et les esprits» («Weitet sich jetzt im nationalsozialistischen Fühlen und Denken aus»).

Pour mieux fonder leur propre construction mythique, et pour la légitimer, les orateurs pourfendent un mythe jusque là entretenu complaisament, mais aussi parfois subi, par les Alsaciens : celui du *Hans im Schnockeloch* dont l'épopée burlesque est sur toutes les lèvres. Ce héros négatif représente l'éternel indécis, balloté au gré des aléas de l'histoire, incapable d'opter pour une patrie, une culture, un destin... «C'en est fini du Hans im Schnockeloch ! s'écrie le Dr Ernst. L'Alsacien sait maintenant ce qu'il veut !» La «liberté» recouvrée lui permet de redevenir lui-même : il se sent, il se veut résolument allemand. «Il veut le Reich. C'en est fini de toutes les demi-mesures et de toutes les hésitations» («Zu Ende ist es mit allen Halbheiten und allem Wenn und Aber»).

«FINI LE HANS IM SCHNOCKELOCH, S'ÉCRIE LE DR. ERNST, L'ALSACIEN SAIT MAINTENANT CE QU'IL VEUT !»

Cette cérémonie constitue une «liturgie politique» non seulement par les rites et la symbolique mis en œuvre, mais aussi par la célébration de ces substituts de transcendance que constituent la «nation», le «peuple», la «révolution»... Le sacré s'y manifeste sous les deux aspects définis par Rudolf Otto, d'attirance et de terreur, de fascination du supérieur et de crainte d'une correction. Le recours au mythe «authentifie le rite et le légitimise en lui fournissant des signifiés ; le rite actualise et reproduit le mythe en le répétant, en le jouant au niveau moteur et affectif»[11]. L'exaltation d'un passé magnifié donne au régime un enracinement historique, la désignation d'ennemis incarnant la puissance du mal explique ses difficultés, voire ses échecs. La ferveur qu'il voue à l'esprit de sacrifice de ses martyrs participe «de la recherche de valeurs fondatrices, et d'une forme de légitimation sacrale de l'autorité».[12]

Le signe a également pour fonction de revivifier l'espace et le temps en articulant l'expérience du moment sur un passé magnifié par le mythe. La croix gammée, déjà présente dans les armes des Hohenzollern et dans la Thulegesellschaft, symbolise la renaissance germanique : «sous la vrille angoissante de ses couperets tournants s'avance la communauté régénérée».[13] Dominique Pélassy[14] souligne à juste titre «l'épaisseur sémantique des signes manipulés» qui ancrent un présent inchoatif sur des référents légitimateurs : «en récupérant l'aigle prussien, l'Allemagne nazie s'approprie en même temps le rapace noir du Saint Empire, lui-même emprunté à l'univers symbolique de Rome».

Il y a une bipartition fondamentale du monde entre les forces de lumière et celles de l'ombre ; ces dernières sont coalisées pour faire échouer par la fascination qu'exerce le mal l'entreprise rédemptrice initiée par la révolution nazie. Celle-ci est engagée, comme le soulignent les orateurs, dans un «combat décisif» («im entscheidenden Ringen») avec l'Angleterre et avec les forces planétaires de la «ploutocratie juive» et de la «franc-maçonnerie». L'alternance de l'ombre et de la lumière, leur opposition radicale, signifie l'affrontement de la mort et de la vie, et légitime la lutte ultime, eschatologique, contre les forces du mal.

Selon la construction antinomique, une France du laisser-aller et de la pagaille sert de repoussoir à l'ordre et à la discipline germaniques. Si elle a provisoirement triomphé, c'est par une rouerie maléfique, par une mystification diabolique, qui à deux reprises est désignée par le terme «welsche Spuk», qui a pris l'Alsace dans ses rets. Le peuple allemand s'est surpassé. Il a su transformer les conditions honteuses du traité de Versailles en fondement pour la reconquête «d'une puissance nouvelle, à ce jour inégalée» («eine neue, noch nie dagewesene Kraft»).

Le Gauleiter définit la révolution national-socialiste comme une entreprise pacifique – il répète avec insistance le terme «friedlich» –, dénuée de toute haine et de tout esprit de vengeance, qui s'est heurtée à la soif d'aventure guerrière de la France et de l'Angleterre. Ces nations ont fait échec à la tentative de l'Allemagne, «ce peuple privé d'espace» («Volk ohne Raum»), de faire face sans violence à son besoin d'expansion et de matières premières, et d'agir conformément à son «droit naturel» à l'Ouest. «C'est à la France seule que revient la responsabilité d'un conflit sanglant, elle seule est coupable». Et le Gauleiter d'ajouter cette menace à peine voilée : «Elle seule aussi devra expier cette faute». Le recours au vocabulaire religieux semble suggérer que l'Allemagne est le bras séculier de l'expiation divine.

Le mythe se nourrit de la référence à l'héroïsme et au martyre de ceux qui ont versé leur sang pour l'avènement d'une ère nouvelle. Au-delà du rituel des funérailles grandioses qui seront réservées à Karl Roos, le Gauleiter fait de son sacrifice le symbole de la résistance de toute l'Alsace à l'entreprise de francisation («Verwelschung»). Il l'associe très adroitement à celui dont on commémore ainsi la mort vicariante : «Albert Léo Schlageter, assassiné par les Français le 26 mai 1923. N'oubliez jamais !»

Les Alsaciens qui ont mené la lutte pour le Volkstum alsacien («der elsässiche Volkstumskampf») sont assimilés par le Gauleiter aux héros fondateurs de l'ordre nouveau. Paul Schall, qui fut l'un d'entre eux, évoque ces combattants téméraires incarcérés par les Français et «promis à une mort certaine» si la victoire-éclair allemande ne les avait pas délivrés. Karl Roos, mort en «martyr», prend place parmi les «Blutzeugen», («les témoins par le sang versé») du IIIe Reich. Le Gauleiter le mentionne parmi ceux dont le sacrifice («Opfer» «Opfertod», ces termes scandent les discours du rassemblement) a permis l'émergence d'une ère nouvelle. Jouant sur l'opposition des ténèbres et de la lumière, il fait de la «mort héroïque» («Heldensterben») de Karl Roos, le rayon lumineux qui «a percé de son éclat l'époque la plus sombre et la plus tragique» de l'histoire de l'Alsace. Il exalte également l'esprit de sacrifice des Alsaciens qui ont combattu vaillament durant la Première Guerre mondiale et qui ont payé leur «tribut de sang» («Blutzoll») pour l'unité allemande.

Dans la brochure figure sur une double page la photo des seize Alsaciens et Lorrains compagnons de lutte et d'emprisonnement du Dr Karl Roos, ainsi qu'un portrait en pleine page de ce dernier. Ils incarnent l'esprit de sacrifice et la foi inébranlable («dure comme le roc») du peuple alsacien, prêt à mourir («Opfertod») pour conserver son identité allemande.

Leur salut, l'Allemagne et l'Alsace le doivent à un homme qui, en menant un

UNE LITURGIE NOUVELLE POUR EXALTER «L'UNITÉ ET LA PUISSANCE DE LA NATION ALLEMANDE».

combat de Titan, a reconquis la liberté et le prestige de la nation. «Des milliers d'hommes, enthousiasmés, s'écrièrent d'une seule voix «Sieg Heil», et entonnèrent avec force les hymnes de la nation, le *Deutschlandlied* et le *Horst-Wessel-Lied.* C'est la foi («Glaube») d'Hitler qui a su réanimer les «forces vives, enfouies au plus profond de l'âme du peuple allemand» («aus den tiefen Grundkräften unseres Volkes»). Entouré de ses preux («mit seinen unentwegen Getreuen»), il a rendu à la nation allemande «son unité et sa puissance». Robert Ernst, en l'espace d'un paragraphe, a recours à quatre reprises à l'expression «Kraft und Einigkeit».

UNE VÉRITABLE LITURGIE EST MISE EN PLACE, SCÉNOGRAPHIE SOPHISTIQUÉE DU POUVOIR TOTALITAIRE.

1941

Le premier rassemblement national-socialiste à Strasbourg constitue le moment décisif où se met en place, en Alsace, une nouvelle liturgie. La Markthalle, dans laquelle la tribune surmontée de l'aigle altier fait fonction d'autel, constitue l'un des lieux de sa célébration, au même titre que l'avenue où se déploie le cortège infini des preux et la place où l'ordonnancement des corps disciplinés dessine l'emblème de la soumission et de l'énergie collectives.

Deux figures sont privilégiées : celle des corps immobiles, figés dans la raideur de l'obéissance totale, et celle de la «colonne en marche», le déplacement saccadé des hommes qui défilent d'un même pas. Il y a une force d'envoûtement dans «cette musique triste et obsédante, dans le piétinement sourd des légions en marche, les travées régulièrement soulevées par la même houle, les étendards à croix gammée, qui se caressent soyeusement sous la brise».[15]

La gestuelle accentue la tension du corps, l'élan du bras tendu, la verticalité des hampes des drapeaux et des glaives : ce sont là des figures de dépassement, de foi et de volonté combatives.

Elles renvoient à une virilité qui s'affirme par la violence, «par le désir brûlant de détruire», par le culte de l'instinct qu'aucune «conscience» ne saurait brider. La rigidité des corps et le regard d'acier témoignent de l'obéissance absolue. La participation à ce culte politique donne son empreinte aux «soldats du Reich» : le geste et l'émotion, les mouvements du corps et l'adhésion de tout l'être se façonnent réciproquement. La «communauté» («Gemeinschaft»), modelée et subjuguée, «s'attache en profondeur».[16] Les signes, gestes et rites, symboles picturaux et chants, paroles et postures, se répondent en un écho infini, et transforment un lieu banal en un espace de communion et de sacralité. Les nazis ont élaboré une scénographie sophistiquée et efficace du pouvoir totalitaire.

Dans ce tournoiement de formes, de sons, de couleurs, nulle cacophonie cependant : une codification rigoureuse définit les emblèmes et les attributs de chaque organisation, et marque la hiérarchie. A côté des uniformes noirs du Jungvolk et des SS, il y a la tenue singulière des chefs alsaciens du parti. «Les signes distinctifs abondent, les grades s'affichent et s'étalent en nuances infinies».[17] Drapeaux, uniformes, inscriptions d'une part, fanfares et chants de l'autre, façonnement et ordonnancement des corps enfin, font de la rue, de la place, du stade et du marché une agora politique. Formes, tons, couleurs frappent par leur virulence, leur agressivité : cette rhéthorique persuade par sa répétition même.

La charge sémantique du symbole a été analysée avec pertinence par Claude Rivière.[18] Il définit celui-ci comme «un objet ou un signe auquel s'attache une valeur et dont l'évocation renvoie à une structure de représentation orientant l'action des individus qui lui attribuent une signification valorisée». Le bras tendu, la raideur du corps enveloppé dans les plis du drapeau, expriment l'adhésion au régime nazi : «ils la clament, la rendent chaleureuse, ils la font vibrer dans l'espace et dans le temps». Au-delà de l'identification idéologique, le symbole, tout en s'inscrivant dans un contexte social donné, retentit dans l'individu et stimule l'imaginaire. «Le "Heil Hitler" valorise l'image du chef charismatique. Il indique la même allégeance des deux nazis qui se saluent. La vigueur du geste secoue le corps entier et manifeste la détermination de la volonté à défendre une cause».[12] Lorsqu'il participe d'une liturgie politique le symbole vise à sacraliser le pouvoir ; il ne se contente pas d'évoquer l'événement mais, comme le souligne François-André Isambert[20], il le «célèbre».

Des éléments symboliques divers se constituent en signes et, à partir de leur interrelation, s'intègrent en un système significatif : emblèmes, postures, gestes, discours et chants renvoient les uns aux autres et se confèrent réciproquement une charge émotionnelle et idéologique.

Il conviendrait d'analyser avec précision la rhétorique des discours, les figures de style et les sons utilisés pour convaincre, soulever l'enthousiasme et exciter l'instinct de mort. «Les mots cinglent, ridiculisent les adversaires...»[21]. Ce qui l'emporte, c'est le vocabulaire de l'embrigadement qui cherche à entraîner les Alsaciens dans une lutte («Kampf») sur tous les fronts : celui de l'affrontement contre la «ploutocratie juive» et la conjuration franc-maçonne qui tiennent les rênes du pouvoir en France et en Angleterre ; celui du «travail» pour la reconstruction de la «Heimat» saccagée par la fureur destructrice de l'occupant français. Il importe de structurer la société alsacienne en différents bataillons qui participent, chacun avec sa «mission» propre, à la lutte finale.

Pour déchiffrer l'univers symbolique nazi en Alsace, nous nous proposons, ultérieurement, de croiser, en évitant avec soin de ne pas décontextualiser ses composantes, l'approche linguistique, l'anthropologie culturelle, l'explication psycho-sociologique, voire la psychanalyse. Il conviendrait également d'analyser, dans la perspective de l'anthropologie psychanalytique, comment les rites et la symbolique sociale permettent la sublimation de certaines pulsions sexuelles (depuis le poignard, la hampe du drapeau, jusqu'à la pénétration du regard du leader charismatique) et l'affirmation du désir de puissance (rapports de soumission au chef et de domination des subordonnés, jouissance que procurent les rôles concédés...).

Ce premier rassemblement du parti nazi à Strasbourg témoigne du fait qu'une symbolique sociale, qui s'investissait essentiellement dans le religieux, tend à se réorganiser dans un engagement politique. Elle sanctifie des lieux, scande des temps, valorise des objets et des gestes, façonne paroles et chants. Elle oppose l'ordre au chaos et légitime la violence, l'ultime violence destinée à mettre fin à toutes les violences. Elle commémore une histoire dont la trame s'est forgée grâce au sacrifice de ses martyrs. Elle réalise l'intégration par le rassemblement périodique et l'unification symbolique d'une société qu'elle entend transformer en communauté. Le rituel, au-delà de son expressivité, renforce, recrée et organise des représentations collectives.[22] Il légitime le pouvoir et participe de l'incantation ; il suscite émotion et implication affective, et vise à la mobilisation collective.

LA PRESSION AINSI MAINTENUE EMPÊCHE TOUT REPLI SUR LE FOR INTÉRIEUR.

Il s'agit là de la première d'un nombre extrêmement élevé de manifestations : elles ont pour but d'entraîner les individus dans une chaîne ininterrompue d'activités, depuis les manœuvres sportives et paramilitaires du dimanche matin jusqu'aux collectes de skis et aux quêtes pour le Secours d'hiver. La pression ainsi maintenue empêche tout repli sur le for intérieur, toute tiédeur dans l'accomplissement des tâches requises.

Ces rassemblements, dont on célèbre «l'atmosphère totale de discipline et de pouvoir concentré», qui scandent le destin invincible de la nation en marche, ont également pour but de culpabiliser, d'intimider et d'effrayer ceux qui osent s'interroger et se mettre à l'écart. Ils accentuent l'isolement de toute personne qui aurait des velléités de s'opposer au mouvement inéluctable de l'histoire.

NOTES

1. Dominique Pélassy, *Le Signe Nazi*, Paris 1983, p. 10.
2. Dominique Pélassy, *op. cit.*, p. 20.
3. Ibid.
4. *op. cit.*, p. 13.
5. M.H. Boehm, *Grundbegriffe der Politik*, Leipzig 1920, I, p. 81, cit. par Dominique Pélassy, *op. cit.*, P. 33.
6. *op. cit.*, p. 30.
7. Werner Klose, *Histoire de la jeunesse hitlérienne*, Paris 1966, p. 96.
8. Dominique Pélassy, *op. cit.*, p. 56.
9. Claude Rivière, *Les liturgies politiques*, Paris 1988.
10. *Ibid*, p. 16.
11. Claude Rivière, *op. cit.*, p. 13.
12. *Ibid*, p. 136.
13. Dominique Pélassy, *op. cit.*, p. 177.
14. *Ibid.*
15. Dominique Pélassy, *op. cit.*, p. 103.
16. Dominique Pélassy, *op. cit.*, p. 81.
17. Heinz Höhne, *L'Ordre Noir*, Paris 1968, p. 88, cit. par Dominique Pélassy.
18. *op. cit.*, p. 220.
19. *Ibid*, p. 221.
20. François-André Isambert, *Le sens du sacré*, Paris 1982, p. 158.
21. Dominique Pélassy, *op. cit.*, p. 99.
22. Cf. Claude Rivière, *op. cit.*

Sept Colonnes de propagande à la une

Les Strassburger Neueste Nachrichten

ISABELLE BOGEN

1941

Dès juillet 1940, les Allemands lancèrent un quotidien à Strasbourg, les *Strassburger Neueste Nachrichten,* confisquant les locaux et le matériel des *Dernières Nouvelles de Strasbourg.* La rédaction nazifiée y réalisait quotidiennement le journal d'une propagande extrêmement sophistiquée.

A l'été 1940, la presse nazie jouissait depuis longtemps d'une situation de monopole acquise par étapes ; saisie des journaux SPD et KD, marginalisation de la presse bourgeoise. Mais, en fait, l'asservissement du journaliste dans un cadre juridique, avec le Schriftleitergesetz (loi sur les rédacteurs de journaux) du 4 octobre 1933 en vertu duquel le rédacteur était devenu un fonctionnaire d'Etat responsable devant lui et devant exercer son métier «en accord avec la Weltanschauung nationale-socialiste», avait déjà sonné le glas de la liberté de la presse.

«La presse est un orchestre dont les différents instruments doivent jouer la même mélodie d'après la baguette du chef d'orchestre» (secrétaire d'Etat Funk). Joseph Goebbels, quotidiennement au pupitre, transmettait, lors de conférences matinales, ses directives[1], envoyées par télex aux Gaupresseämter (services de presse du Gau) qui donnaient la partition à jouer aux journalistes, interprètes plus ou moins heureux qui n'évitaient pas toujours les couacs[2].

Parmi les journaux[3] qui paraissaient en Alsace durant l'occupation, les *Strassburger Neueste Nachrichten (SNN)* reflètent parfaitement les impulsions successives données à la politique de germanisation et de nazification de l'Alsace. Mais le quotidien, tel qu'il sortait des presses, n'était que la partie émergée de l'iceberg. Car le non-dit, ou plutôt en l'occurence ici, le non-écrit, est aussi riche d'informations sur la volonté politique des occupants. Seules les archives restituent cette part cachée aux lecteurs qui ne soupçonnaient sûrement pas une propagande à l'élaboration aussi sophistiquée, et passée d'abord par les multiples filtres censeurs du pouvoir. Analyser les mécanismes de fabrication de l'information dans un quotidien comme les *SNN*, c'est aussi mesurer la puissance redoutable de la presse en tant qu'instrument politique, vecteur pervers dans un système totalitaire[4]. Un autre aspect mérite qu'on s'intéresse plus particulièrement aux *SNN*, c'est la présence au sein de sa rédaction de Paul Schall[5], nommé rédacteur en chef-adjoint en novembre 1940 et qui fait du journal un véritable microcosme politique. En effet, à l'échelle du quotidien, se joua aussi le malentendu fondamental – ici entre Paul Schall et Franz Theodor Moraller, nouveau rédacteur en chef à partir de novembre 1942, thuriféraire orthodoxe jusqu'à l'hubris de la doctrine nazie – que vécurent Robert Ernst, Hermann Bickler et, dans une moindre mesure, Friedrich Spieser qui, pour s'être ralliés à la cause nazie, n'en étaient pas moins soucieux de tempérer les excès d'une politique de Gleichschaltung (d'alignement sur le Reich) échevelée.

A la première parution des *SNN*, le 8 juillet 1940, l'éditorial évoquait la permanence : mêmes machines (les installations des *Dernières Nouvelles de Strasbourg* avaient été mises sous séquestre), mêmes ouvriers, même titre (germanisé, selon l'air du temps) et le changement : «Au service de la vérité». Quelques mois plus tard (le 26 novembre 1940), Paul Schall précisait, au cas où cela aurait échappé à la sagacité des lecteurs, cette modification : «A la rédaction des *SNN*, nous sommes des camarades du Reich et des Alsaciens.» Mais encore ? L'équipe rédactionnelle[6], réunie autour de l'éditeur Emil Munz (directeur de la maison éditrice de la presse du parti du Gau du pays de Bade et chef de service de presse du Gau), comprenait vingt journalistes, dont une femme. Sept Allemands avaient été parachutés à la rédaction ; trois Reichsdeutsche (le rédacteur en chef Fritz Kaiser, venu du Führer-Verlag de Karlsruhe, le feuilletoniste, et la journaliste, «rédactrice volontaire» (sic), auparavant dans le service de presse de la HJ du pays de Bade) et quatre Altelsässer (c'est-à-dire dont les aïeuls vivaient déjà en Alsace en 1871), ayant quitté l'Alsace en 1918 (avec une activité antérieure dans divers titres allemands). Les Alsaciens étaient majoritaires, au nombre de onze ; avec Paul Schall, les *SNN* comptaient ici encore cinq nouveaux venus auparavant rédacteurs pour différents journaux régionaux. Enfin deux Lorrains complétaient une rédaction germanisée, certes, avec cependant, à l'exception de Paul Schall à la casaque aux couleurs franchement germaniques, un élément alsacien-lorrain relativement important si l'on s'en tient au critère strictement quantitatif. De l'ancienne équipe journalistique des *Dernières Nouvelles de Strasbourg*, les *SNN* avaient conservé cinq rédacteurs et le photographe, la mention d'un «collaborateur indépendant» ne permettant pas d'affirmer avec certitude son appartenance à la rédaction des *DNA* d'avant-guerre. Si les autochtones étaient majoritaires au sein de la rédaction, leur poids réel était contrebalancé jusqu'à en être inversé par un rapport de force, autrement plus significatif que le quantitatif, une hiérarchisa-

SEPT ALLEMANDS FURENT PARACHUTÉS À LA RÉDACTION.

tion rédactionnelle où Alsaciens et Lorrains venaient bons derniers. En effet, exceptés Paul Schall, au second rang dans la rédaction, et la journaliste, au dernier, Reichsdeutsche et Altelsässer détenaient les secteurs nobles de l'information. L'adhésion à la NSDAP allait d'ailleurs de pair avec l'affectation à ces rubriques où, une fois encore, Paul Schall faisait figure d'exception à cette date, de même que le feuilletoniste pourtant Reichsdeutsche. En effet, Fritz Kaiser, qui coiffait la rédaction, était membre du parti depuis 1929, le chef du service politique depuis 1937, le journaliste de cette rubrique également (mais à une date non précisée), de même que le journaliste économique. Quant au rédacteur des pages culturelles, il avait sa carte depuis 1933. Les Alsaciens et Lorrains étaient soit relégués à la page sportive ou à l'information locale, soit correspondants pour les éditions de Sélestat, Saverne, Molsheim et Haguenau. La couverture photographique était assurée par un Alsacien, un autre était «rédacteur volontaire» (sic). Seuls deux Alsaciens n'étaient pas membres de l'Opferring. Tolérance ou sursis pour les trois journalistes non engagés politiquement ? L'absence d'un tableau de présentation de la rédaction pour la période 1942-1944 ne permet pas de conclure à ce sujet.

UNE POLITIQUE D'ABONNEMENTS FORCÉS.

Quotidien du matin depuis le 1er octobre 1940, avec une parution dominicale, l'exemplaire était vendu dix pfennigs et il en coûtait 2,20 RM pour l'abonnement mensuel. En août 1941, les *SNN* comptaient 4,5 lecteurs pour un exemplaire vendu à Strasbourg, et 9,5 lecteurs à la campagne[7]. En janvier 1943, où les *SNN* étaient devenues, depuis le début du mois, le quotidien officiel du parti paraissant avec l'Ehrenzeichen (l'aigle et la croix gammée), Strasbourg était toujours à la traîne. Pour y remédier, Emil Munz préconisa, dans un premier temps, l'intervention délatrice des Ortsgruppenleiter de Strasbourg, pour dresser la liste des non-lecteurs financièrement en mesure d'acquérir le journal. L'étape suivante était l'envoi aux récalcitrants, par le Kreisleiter (depuis le 1er janvier 1943, c'était Paul Schall qui remplaçait Hermann Bickler), d'une lettre personnalisée de sommation à s'abonner aux *SNN*[8]. Nulle trace dans les archives des résultats de cette campagne d'abonnements forcés, mais il y a fort à parier que plus d'un Strasbourgeois a dû céder pour avoir la paix, surtout si l'Ortsgruppenleiter dont il relevait était du genre zélé.

En feuilletant les *SNN*, le lecteur découvrait, dans les deux, trois premières pages, les informations nationales et internationales, l'Alsace, hormis deux temps forts de sensibilisation des Alsaciens qui seront évoqués plus loin, n'étant l'objet d'articles que ponctuellement, au moment des manifestations locales du parti, au détour de certains éditoriaux, ou dans les comptes-rendus de procès où des Alsaciens étaient condamnés. Les pages locales informaient sur la vie du parti et de ses organisations, donnaient les communiqués officiels des différentes administrations et des informations d'ordre pratique (sur le rationnement par exemple).

Einzelpreis 10 Reichspfennig

Verlag: Oberrheinischer Gauverlag und Druckerei G. m. b. H., Straßburg, Blauwolkengasse 17/19. — Fernruf für Orts. und Ferngespräche: Nr. 2 59 00 bis 2 59 04. — Postscheckkonto: Straßburg Nr. 15 976. Die »Straßburger Neueste Nachrichten« erscheinen 7mal wöchentlich als Morgenzeitung.

Straßbu[rger] Neueste Na[chrichten]

AMTLICHE TAGESZEITUNG UND REGIERUNGSANZ[EIGER]

Jahrgang 1942 / Folge 360 — Straßburg, 31. Dezember

Feindnachschub erneut

Zweite Sondermeldung in 24 Stunden — 19 Schiffe mit 1003

Das Oberkommando der Wehrm[acht] setzten die Verfolgung der versprengt[en] Geleitzuges hartnäckig fort und verse[nkten] Bisher sind somit aus diesem Geleitzu[g] nichtet worden. Darüber hinaus verse[nkten] gebieten des Nord- und Südatlan[tik] mit hat die Unterseebootwaffe über di[e] 19 feindliche Schiffe mit 106 300 BRT.

Dazu teilt das Oberkommando der Wel[hr]macht noch ergänzend mit: Die Reste [des] bei den Azoren in der Nacht zum 29. [De]zember 1942 gefaßten und fast völlig a[uf]geriebenen britischen Geleitzuges war[en] auch weiterhin das Ziel unserer Boote, [die] im Verlauf des 30. Dezember bei anhalte[nd] schlechtem Wetter und schwerster See v[ier] weitere Schiffe mit 21 000 BRT. versenkt[en]. Damit sind aus dem für Afrika bestimm[ten] Geleitzug im Verlauf von 24 Stun[den] 19 Schiffe mit 106 000 BRT. vernich[tet].

Jahrgang 1943 7 Folge 1

[Straßburger] NEUESTE [Nachrichten]

AMTLICHE TAGESZEITUNG DER NSDAP.

Verlag: Oberrheinischer Gauverlag und Druckerei GmbH., Straß[burg] Blauwolkengasse 17/19 / Fernruf für Orts- u. Ferngespräche 2 59 [00 bis] 2 59 04 / Postscheckkonto: Straßburg Nr. 159 76. / Die „Straßb[urger] Neueste Nachrichten" erscheinen 7mal wöchentlich als Morgenze[itung].

Führer-Auf[ruf]

„Das deutsche Volk wird diesesmal als letzte[r]

Aus dem Führerhauptquartier, 1. Jan.

Deutsches Volk! Nationalsozialisten, Nationalsozialistinnen, Parteigenossen! Zum vierten Male zwingt mich das Schicksal, den Neujahrsaufruf im Krieg an das deutsche Volk zu richten. In diesem vierten Jahr ist aber auch dem deutschen Volk klar geworden, daß es in diesem Kampf, der uns wie so oft in der deutschen Geschichte, von

Grosser Erfolg d[...]

31 feindliche [...]

Au[...]

Das Oberkomman[do ...] Ueberwasserstreitk[räfte ...] auf allen Meeren 3[...] 187 000 BRT. Di[...]

Hauptausgabe Straßburg

Bezugspreise: Durch unsere örtlichen Vertriebsstellen monatl. 1,90 Reichsmark zuzügl. 30 Pfennig Trägerlohn. Durch die Post zugestellt monatlich 2,20 Reichsmark zuzügl. 42 Pfennig Zustellungsgebühren. Anzeigenpreis laut Preisliste Nr. 2. Anzeigenschluß 15 Uhr am Vortag d. Erscheinens.

…ner …richten

…FÜR DAS DEUTSCHE ELSASS

Donnerstag-Ausgabe

DEUX «UNE» DES STRASSBURGER NEUESTE NACHRICHTEN : PRIORITÉ À L'INFORMATION SUR LA GUERRE.

…wer getroffen

…n Nord- und Südatlantik versenkt

…ASSBURGER NACHRICHTEN

Hauptausgabe

REGIERUNGSANZEIGER FÜR DAS ELSASS

Freitag, 1. Januar

Bezugspreis: Durch unsere örtlichen Vertriebsstellen monatlich 1,90 RM. zuzügl. 30 Rpf. Trägerlohn. Durch die Post zugestellt monatl. 2,20 RM. zuzügl. 42 Rpf. Zustellungsgebühren. Einzelpreis: wochentags 10 Rpf., sonntags 15 Rpf. Anzeigenschluß 15 Uhr am Vortage des Erscheinens.

… an das deutsche Volk

…platz behaupten" – Die Neujahrsbotschaft Adolf Hitlers an die deutsche Nation

…berwasserstreitkräfte

…mit 187 000 BRT. versenkt

…auptquartier, 31. Dezember …acht gibt bekannt: Deutsche …n in monatelangen Kämpfen …andelsschiffe mit insgesamt …urden bisher nicht bekannt.

sche Nation aber auch immun gemacht gegen jede Wiederholung derartiger Versuche. Das Wort eines amerikanischen Präsidenten gilt seitdem für das deutsche Volk jedenfalls nicht mehr als in den Vereinigten Staaten selbst, nämlich nichts. Unabhängig davon aber ist das deutsche Volk von heute, nicht mehr das deutsche Volk der Jahre 1914/18. Aus dem einstigen bürgerlich-kapitalistischen

Zum neuen Jahr — in neuer Aufmachung

Mancher Leser mag heute seine Zeitung etwas erstaunt zur Hand genommen und sie auf den ersten Blick kaum wiedererkannt haben. Aber er kann sich beruhigen; man hat ihm nicht versehentlich irgendeine fremde Zeitung in den Briefkasten geschoben, sondern …

Culture, art et histoire étaient largement présents dans les pages du journal, le passé de l'Alsace étant tout particulièrement un réservoir inépuisable du rappel du caractère intrinsèquement germanique de cette terre. Les *SNN* portaient aussi un intérêt renouvelé à la santé, avec des articles presque quotidiens prescrivant des conseils d'hygiène de vie. Les dernières pages étaient consacrées au sport et aux annonces.

Pendant leur première année de parution, les *SNN* furent chargées d'amplifier l'écho de la politique de Gleichschaltung, et sans tarder, entreprirent l'éducation politique de leurs lecteurs (le 13 septembre 1940 : «Un peuple, un Reich, un Führer»). Soucieux de présenter le retour des Alsaciens dans le giron d'un IIIe Reich bienfaiteur, les journalistes s'adressèrent à leurs lecteurs sur un ton paternaliste, mettant ainsi en pratique le conseil de Goebbels de nuancer son discours selon son public. Le Reich – Père Fouettard ce sera pour plus tard mais, pendant cette première année où il s'agissait encore de gagner le cœur des Alsaciens, ces derniers eurent droit à du sur mesure. Cependant, passé ce délai, ils furent considérés comme mûrs pour le prêt-à-penser allemand, étant entre-temps devenus des habitants du Reich comme les autres.

Car pour extirper les sentiments français qui pouvaient subsister encore «ici ou là», une campagne antifrançaise, orchestrée durant les premiers mois, s'était attelée à la tâche. La France, appelée par dérision la «Grande Nation», fut représentée sous les traits d'une marâtre qu'aucune réciprocité de sentiments ne liait aux Alsaciens – en témoignait la misère morale et matérielle endurée par les réfugiés dans la France de l'intérieur et les destructions des soldats français dans la région.

Un an après, les Alsaciens étaient toujours reliés à la France par le canal des radios étrangères. Comment couper ce lien clandestin et souterrain des Alsaciens à une France à laquelle ils n'étaient plus liés que par la survivance d'une fiction juridique ? A défaut de pouvoir le trancher, on pouvait toujours le parasiter. C'est ce à quoi s'efforça Robert Wagner qui avait lui seul compétence pour décider du traitement de l'information concernant la France qui était son domaine réservé. Informer le moins possible et, si on évoquait la France, insister sur sa «dépression sociale, morale et économique»[9] pour, en contraste, faire apparaître la vitalité allemande dont les Alsaciens tiraient bénéfice dans leur vie quotidienne (plein emploi, rationnement...). La rédaction des *SNN* prit bonne note de cette directive du Gauleiter en faisant paraître, quelques jours plus tard, des témoignages d'Alsaciens revenant de France qui «plurent bien»[10] à Robert Wagner.

Les informations locales, même plus anodines, étaient également l'objet d'une surveillance préalable. La municipalité strasbourgeoise, à travers son service de presse[11] très actif, exerçait aussi sa censure dans les domaines de sa compétence, ou dans ceux auxquels elle attachait du prix. Ainsi, lors du déménagement de canons du XVIIe siècle du Musée Historique – butin de guerre allemand entreposé jusqu'à la fin de la Première Guerre mondiale au Berliner Zeughaus (Musée) puis rapatrié à Strasbourg, à la demande française, après 1918 –, un journaliste des pages locales des *SNN* demanda au service de presse municipal si celui-ci avait des restrictions à apporter quant à la publication d'une photo de ce transport. Comme il s'agissait de produits de l'ancienne fonderie de Strasbourg, sur le sort desquels il n'avait pas encore été définitivement statué, consigne fut donnée au journaliste «de ne pas publier de photographie pour ne pas rendre le lecteur particulièrement attentif à ce déménagement».[12]

PAUL SCHALL, RÉDACTEUR EN CHEF ADJOINT DES SNN.

AMS

Le service de presse municipal recommanda aussi à la rédaction, au moment du changement de nom des rues des huit communes suburbaines de Strasbourg intégrées à cette dernière, que soient publiés des articles montrant que ce changement avait été réalisé après consultation préalable de spécialistes (ce qui était vrai, il s'agissait d'historiens locaux tels que Wilhelm Scheuermann, responsable des archives contemporaines aux archives municipales de Strasbourg) et que de nombreuses personnalités alsaciennes s'étaient vues, à cette occasion, honorées, beaucoup de rues portant leur nom[13]. Ceci n'avait d'ailleurs pas été une mince affaire, le Polizeipräsident «compétent» pour entériner les propositions qui lui étaient soumises étant complètement ignare en histoire régionale et soupçonnant, derrière chaque Alsacien choisi par la commission, un francophile ! Si le service de presse municipal tenait à mettre en valeur les conditions dans lesquelles avait été opéré ce changement de noms des rues, c'était pour qu'apparaisse le souci (municipal) de conserver une spécificité alsacienne dans cette opération d'urbanisme décidée par le Reich.

GRANDES DISCUSSIONS AUTOUR DU CHANGEMENT DE NOM DES RUES.

Les *SNN* furent aussi marquées par le tournant abrupt de la politique de nazification en Alsace, amorcé par l'introduction du RAD, confirmé par l'incorporation dans la Wehrmacht ; inféodé au Gauleiter, le quotidien se vit couronner, le 18 novembre 1942, d'un nouveau vassal, en remplacement de Fritz Kaiser[14], Franz Moraller, sire de triste mémoire[15] pour les Alsaciens ! Doté pour tout bagage culturel d'un brevet de compagnon horloger, Franz Moraller dut son ascension sociale au tremplin d'un engagement dès l'âge de vingt-ans dans la NSDAP et dans la SA. Au début des années 20, où il ne disposait pas encore d'une tribune journalistique pour y prêcher le national-socialisme, Franz Moraller, en SA bon teint, fit avancer la cause nationale-socialiste à coups d'arguments «frappants». C'est peut-être au cours d'une de ces nombreuses rixes entre nazis et communistes qu'il reçut la balafre qui barrait sa joue droite, achevant de lui donner une allure martiale. Son engagement politique et physique au sein de cette formation lui valurent d'y gagner rapidement ses galons de SA et, au bout d'une dizaine d'années, d'obtenir le grade d'Oberführer, à l'Etat-Major SA. La carrière politique au sein de la NSDAP s'ouvrit à Franz Moraller en 1927 (à vingt-quatre ans) avec sa nomination comme journaliste à l'organe badois du parti, *Der Führer*. Dès lors commença son ascension au sein du parti puis, à partir de 1933, dans les services de l'Etat national-socialiste. 1934 marqua un tournant dans la carrière de Franz Moraller qui fut appelé à l'automne par Goebbels à Berlin, pour y diriger la Reichskulturkammer (Chambre de la Culture du Reich). Un an plus tard, il se vit confier d'autres responsabilités : directeur de la section culturelle à la Reichspropagandaleitung (Direction de la propagande du Reich), chargé de réorganiser la Chambre de la Culture du Reich. Nul n'étant à l'abri du principe de Peter, c'est dans cette dernière activité que Franz Moraller connut ses premiers revers, dans une carrière qui s'annonçait pourtant prometteuse dans les sphères dirigeantes du IIIe Reich. En effet, dès 1937, Goebbels songeait à se séparer de lui[16], ce qu'il fit un an plus tard. Après sa participation à la campagne militaire à l'ouest, Franz Moraller, après ses déboires dans la capitale, reprit en juillet 1940 le chemin de la province et dirigea à Karlsruhe la rédaction du journal où il avait appris à aiguiser sa plume. Après un nouvel intermède militaire sur le front est, pour lequel il s'était porté volontaire, Franz Moraller arriva à Strasbourg, sur les instances du Gauleiter, pour tenir les rênes des *SNN*.

FRANZ MORALLER, LE «PÈRE FOUETTARD» DU JOURNAL.

Chassez le problème alsacien, il revient au galop ! En effet, en 1943, l'Alsace s'étalait à nouveau en première page des journaux, selon la directive[17] du Gauleiter qui s'était donné pour mission de «résoudre définitivement le problème alsacien», qu'il avait pourtant, en arrivant à la tête de l'administration civile en Alsace à l'été 1940, considéré comme une affaire classée. La presse reçut à cet égard les consignes suivantes : mobiliser les Alsaciens pour l'effort de guerre, les persuader de la seule alternative désormais possible, la victoire de l'Allemagne ou la destruction par le bolchévisme ; agiter l'épouvantail bolchévique qui jusqu'à présent ne semblait guère émouvoir les Alsaciens, et, enfin, aviser la population que le temps des discours de mise en garde contre la traîtrise était passé, l'ordre du jour étant aux condamnations. Franz Moraller, qui avait fourbi ses armes journalistiques dans le sérail de la presse de combat politique, infligea, conséquemment, aux lecteurs des *SNN*, des éditoriaux d'une violence inouïe. Dotée, qui plus est, d'un style certain, la prose du rédacteur en chef avait de quoi intimider. Remettant cent fois sur le métier son registre enflammé, il finit par lasser et fit bientôt l'unanimité... contre lui. En effet, dès le mois d'avril 1943, Franz Moraller collectionnait déjà un nombre respectable de lettres anonymes, ce dont il fit part à ses lecteurs (le 30 avril 1943 : «Ce n'est pas vraiment de l'amour»), en tirant gloriole. Il s'était également piqué au jeu d'une polémique qu'il entretint dans ses éditoriaux, au sujet d'un autre envoi de cartes postales anonymes dont il n'était pourtant pas le destinataire (le 16 avril 1943 : «Sur une carte postale» ; les 3 mai 1943 et 5 mai 1943 : «Sur les traces d'un rat») et dont les deux auteurs, démasqués grâce à son zèle policier, furent condamnés à mort par le Sondergericht (tribunal spécial). Le cercle de ses détracteurs s'étendit bientôt jusqu'aux responsables politiques locaux ; au cours d'une soirée du début du mois de mai 1943, où se réunissaient à la maison Kammerzell des Kreisamtsleiter et des Ortsgruppenleiter, l'un de ces derniers, passablement éméché, se laissa aller, du haut d'une chaise improvisée en tribune, à dire tout le mal qu'il pensait de Franz Moraller et de ses articles incendiaires contre les Alsaciens. Ses propos, que la décence interdit de reproduire ici, provoquèrent un bel esclandre puisqu'on en vint aux mains, le

PUBLICITÉ POUR LA PRESSE NATIONAL-SOCIALISTE DU RHIN SUPÉRIEUR.

Kreispropagandaleiter de Strasbourg étant intervenu pour faire taire l'Ortsgruppenleiter.

Au mois de juin, le Kreisleiter et rédacteur en chef-adjoint, Paul Schall, qui avait été informé[18] du scandale, mettait en garde Franz Moraller contre sa croisade virulente visant les Alsaciens attentistes, car sa campagne, par ricochet, refroidissait l'ardeur des Alsaciens même les mieux disposés. Dans une lettre[19], Paul Schall se fit le porte-parole de tous ceux qui en avaient assez de la plume déchaînée du rédacteur en chef auquel son adjoint livra «sans fard» son opinion. Si Paul Schall estimait qu'au début ses brûlots avaient eu l'effet d'un «orage purificateur» approuvé par les Alsaciens germanophiles, «un orage ne pouvait cependant pas gronder des semaines, voire des mois durant». Bref, il lui conseillait de cesser de foudroyer ses lecteurs et, à travers eux l'ensemble des Alsaciens presque tombés en discrédit auprès des autres habitants du Reich, à cause de ses articles. Pourquoi ne pas s'attarder sur le côté positif de l'Alsace : les volontaires, la réussite que constituait l'incorporation des Alsaciens – compte tenu des circonstances ? Enfin et surtout, Paul Schall lui recommanda de ne pas répéter l'erreur commise par la France à partir de 1918, croyant que la fin – l'acculturation rapide de l'Alsace – justifiait les gros moyens qui viendraient à bout de la résistance la plus opiniâtre. Franz Moraller n'était pas non plus en odeur de sainteté auprès de l'éditeur Emil Munz dont «la critique stérile ininterrompue du journal avait pris les allures d'un sport».[20] Décidément Franz Moraller provoquait bien des étincelles. En mars 1943, il sollicita l'arbitrage du Gauleiter dans son différend avec Emil Munz, auquel il déniait toute ingérence dans le travail journalistique qui était de son ressort, estimant que celui de l'éditeur relevait de «la comptabilité».

En octobre 1940, le parti avait projeté de donner un concurrent aux *SNN* en créant un deuxième journal, le *Strassburger Post*, dont la rédaction aurait été confiée à Paul Schall. Robert Wagner repoussa cette initiative qui ne vit jamais le jour.[21] Le poste de rédacteur en chef-adjoint de Paul Schall aux *SNN* était-il le fruit d'un compromis entre le parti et le Gauleiter qui ne tolérait qu'une seule voix politique, la sienne, sur la place de Strasbourg ? En confiant, en novembre 1942, la rédaction en chef des *SNN* à Franz Moraller, compagnon de lutte de la première heure à côté du Gauleiter, ce dernier confirmait ici, qu'au royaume des nazis, les anciens autonomistes, qui avaient pourtant donné des gages de soumission au IIIe Reich, ne seraient jamais rois dans le Gau Baden/Elsass.

BIBLIOGRAPHIE

Walter Hagemann, *Publizistik im Dritten Reich, ein Beitrag zur Methodik der Massenführung*, Hambourg, 1948.

Oron J. Hale, *Presse in der Zwangsjacke, 1933-1945*, Dusseldorf, 1965.

Z.A.B. Zeman, *Nazi-Propaganda*, Londres, 1964.

Serge Tchakhotine, *Le viol des foules par la propagande politique*, Paris, 1952.

Lothar Kettenacker, *Nationasozialistische Volkstumspolitik im Elsass*, Stuttgart, 1973, traduction in *Saisons d'Alsace*, n° 65 et 68.

SOURCES

Bundesarchiv Koblenz (BA), R83 Elsass/38, NS Mischbestände/2665, NS Mischbestände/2411.
Berlin Document Center (BDC), dossiers Fritz Kaiser, Paul Schall, Franz Moraller.
Generallandesarchiv Karlsruhe, (GLA Karls.) 465d/396 : dossier Emil Munz. Archives municipales de Strasbourg, (AMS), Correspondance Brill.
Joseph Goebbels, *Die Tagebücher. Sämtliche Fragmente*. Hrsg. von Elke Fröhlich, Munich, London, New York, Oxford, Paris, Saur, 1987, tome 3.
SNN.

NOTES

1. Cf. Willi A. Boecke, *Wollt Ihr den totalen Krieg ? Die geheimen Goebbels-Konferenzen, 1939-1943*, Munich, 1969.
2. Cf. Isabelle Bogen, *La propagande nazie à travers les Strassburger Neueste Nachrichten*, mémoire de maîtrise d'Histoire, Strasbourg, 1984.
3. Les autres quotidiens : le *Kurier*, le *Mülhauser Tageblatt*, le *Mülhauser Volksblatt* (ce dernier jusqu'en octobre 1942). Les périodiques : les *Strassburger Monatshefte*, les *Elsässische Soldatenzeitungen* (de décembre 1942 à juillet 1944), les *Mülhauser Frauenzeitungen*.
4. Cf. Serge TCHAKHOTINE, op. cit.
5. Sûrement la figure la plus complexe de l'autonomisme alsacien, cf. Karl-Heinz Rothenberger, *Die elsass-lothringische Heimat-und Autonomiebewegung zwischen den beiden Weltkriegen*, Frankfurt/M., 1975, p. 294, note 249.
6. Tableau de présentation de la rédaction des *SNN*, du temps de la rédaction en chef de Fritz Kaiser, BA, R83 Elsass/38.
7. Adolf Schmid à CdZ., 27.8.1941, BA R83 Elsass/38.
8. Gaupresseamt, Nebenstelle Strassburg au Kreisleiter Paul Schall, 22.1.1943, BA NS Mischbestände/2411.
9. CdZ, Abteilung Volksaufklärung und Propaganda à Paul Schall, 4.11.1941, BA R83 Elsass/38.
10. CdZ. au Gaupresseamt, 13.11.1941, BA R83 Elsass/38.
11. Dirigé par Karl Brill, ami de Robert Ernst dont il fit la rencontre à Tübingen en janvier 1919, cf. Robert Ernst, *Rechensschaftbericht eines Elsässers*, Berlin, 1954.
12. Karl Brill à Robert Ernst, 13.5.1941, AMS, correspondance Brill, I.
13. Cf. AMS, correspondance Brill, V.
14. Cf. *SNN*, 18.11.1942.
15. Cf. la réplique de Gustave Meyer, le protagoniste de la pièce de Germain Muller, «*Enfin... Redde mir nimm devun*», Strasbourg, 1964, qui évoque les *SNN* et Franz Moraller.
16. Cf. Joseph Goebbels, *Die Tagebücher*, op. cit.
17. CdZ. aux rédacteurs en chef des journaux alsaciens, 5.3.1943, BA R83 Elsass/38.
18. Kreispropagandaleiter à Schall, 8.5.1943, BA NS Mischbestände/2665. Un Ortsgruppenleiter à Schall, 8.5.1943, BA NS Mischbestände/2665.
19. Schall à Moraller, 9.6.1943, BA NS Mischbestände/2665.
20. Moraller à Wagner, 30.3.1944, BA R83 Elsass/38.
21. BA R83 Elsass/38 fol. 1.

L'année de tous les Défilés

A Mulhouse

1941

EUGÈNE RIEDWEG

En 1941, places et rues de Mulhouse furent pavoisées de drapeaux à croix gammée durant presque toute l'année. Les manifestations politiques se succédaient selon un calendrier politique chargé et la population était «conviée» à y assister.

La manipulation des esprits est aussi vieille que nos sociétés, mais la dictature nazie, pour étayer sa puissance, fut la première à faire usage des moyens techniques les plus modernes et des méthodes les plus sophistiquées. La presse, la radio, le cinéma, l'affiche, les démonstrations publiques minutieusement mises en scène vont être utilisés à une échelle encore inconnue jusque là. La propagande nazie va développer une activité inlassable, pour laquelle on ne lésine ni sur les moyens, ni sur les frais. L'ensemble des organisations nazies, de l'Opferring aux Jeunesses Hitlériennes en passant par le DAF et la NS-Frauenschaft, va ainsi être utilisé en permanence, de manière à mettre toute la population alsacienne en condition et lui faire vivre une atmosphère de mobilisation continuelle. Cette propagande est soigneusement orchestrée par la Gauleitung de Strasbourg et est relayée à tous les niveaux du parti jusqu'à l'Ortsgruppe par des responsables de la propagande (Propagandaleiter) et des «orateurs officiels». On va même jusqu'à constituer des «Commandos d'orateurs» (Rednerstosstruppe) dans les Kreisleitungen, afin de pouvoir porter en permanence la bonne parole jusqu'aux coins les plus reculés de l'arrondissement. Pour que les orateurs ne dévient pas de la ligne officielle, on leur fournit un dossier

DIX MILLE PERSONNES PLACE DU CANAL COUVERT POUR LA VISITE DU DR. LEY.

adéquat (Aufklärungs und Propagandamaterial), constamment remis à jour qui permet de répondre ou de traiter n'importe quelle question. De cette façon les mêmes thèmes, en fonction des problèmes de l'heure, sont repris et développés de la même manière d'un bout à l'autre de l'Alsace. A Mulhouse, ce commando était composé de vingt-sept orateurs dont le maire Maas et le Stadtrat Stürmel, ancien député UPR avant 1940. Cette unité de propagande nazie est encore accentuée par le travail quotidien de la presse et de la radio qui est orienté dans le même sens. Les nazis vont avoir une prédilection particulière pour les démonstrations de masse où ils peuvent faire étalage de leur force apparente et frapper l'esprit des spectateurs et des participants. De ce fait, les manifestations publiques vont se multiplier durant toute la guerre à travers l'Alsace. Au cours de l'année 1941-1942, le parti organise près de 4 000 réunions et manifestations publiques, en 1942-1943, les organisations annexes au parti en tiennent plus de 4 700, ce qui donne une idée du temps consacré à ces rassemblements. L'année 1941 sera particulièrement riche en la matière, notamment par l'ampleur des manifestations, car le sort des armes est encore favorable à l'Allemagne et la population n'est pas encore mobilisée pour la guerre totale.

Une véritable liturgie nazie se développe ainsi tout au long de l'année au rythme d'un calendrier essentiellement politique, à l'image de ce qui se fait dans le Reich depuis 1933. Chaque manifestation a son rituel propre où le cérémonial, la musique, les uniformes tiennent une place importante afin de créer une ambiance propre à impressionner le plus favorablement possible les Alsaciens et à faire passer les mots d'ordre de la propagande nazie. Chaque uniforme, chaque drapeau, chaque insigne va être codifié avec une minutie toute germanique. A défaut d'uniforme, le «responsable politique» porte une chemise blanche, pantalon et cravate noirs ainsi qu'un brassard à croix gammée. Mais, au fur et à mesure que l'on s'élève dans la hiérarchie du Parti et de ses organisations, les uniformes moutarde des dignitaires deviennent de plus en plus chamarrés, à tel point que les Alsaciens, vite informés de ce qui se dit dans le Reich, les appellent les «faisans dorés» (Goldene Fasanen). Dans l'esprit des nazis, l'uniforme fait partie de la mise en condition des adhérents du parti. Il marque publiquement leur engagement et doit renforcer leur prestige personnel vis-à-vis du reste de la population. Le cycle de la liturgie nazie comprend un certain nombre de grandes manifestations qui se renouvellent chaque année :

POUR LE PREMIER KREISTAG MULHOUSIEN, UN DRAPEAU À CROIX GAMMÉE EST DISTRIBUÉ À CHAQUE ADMINISTRÉ.

20 janvier : anniversaire de la prise de pouvoir
17 mars : Heldengedenktag (jour des héros)
20 avril : anniversaire du Führer
23 juin : rapport annuel du Gauleiter à Colmar

fin septembre : lancement du Winterhilfswerk (secours d'hiver)
début octobre : Kreistag
9 novembre : commémoration des victimes du mouvement
solstice d'hiver : Sonnenwendfeier...

Le Kreistag est la plus importante de ces manifestations. Elle a lieu début octobre, dans chaque arrondissement, à l'image du congrès du parti à Nuremberg. Le premier Kreistag mulhousien se tient les 4 et 5 octobre 1941. Comme le souligne le Kreisleiter Mourer (ex-député autonomiste avant 1940) : «Il va dépasser toutes les manifestations qui ont eu lieu jusqu'à présent. Ce sera le témoin de tout le travail réalisé par le national-socialisme depuis un an.»

Et en effet, on ne va pas lésiner sur les moyens. La ville va se couvrir de guirlandes et de drapeaux nazis. Des consignes très strictes vont être données aux Mulhousiens : «Es darf keine Lücke in einer Strasse geben». Les Alsaciens vont donc devoir acquérir des drapeaux à croix gammée afin de participer à chaque manifestation de ce genre. Le non respect de ces prescriptions, ou l'ardeur plus ou moins grande qu'on met à les excécuter, constitue également un moyen pour tester l'attitude des uns et des autres. De leur côté, les services municipaux vont mettre en place 2 500 mètres de guirlandes en sapin, 700 mètres de tissu rouge, 350 drapeaux et 30 arcs de triomphe ! Les festivités débutent par une représentation du *Freischutz* au théâtre municipal et par un concert de la Wehrmacht à la maison du peuple. Mais la culture ne doit pas empêcher le parti de délivrer son message ; le Kreisleiter Mourer réussira donc le tour de force d'assister aux deux manifestations, et d'y faire un discours fort applaudi comme il se doit... Le lendemain, le réveil sera claironné fort théâtralement à six heures du matin par quatre trompettes de la Wehrmacht, du haut du lycée de jeunes filles. L'appel des différentes formations nazies (SA, HJ, NSKK...) est disséminé dans toute la ville afin qu'elles puissent ensuite converger en rangs serrés, par différents itinéraires, vers le marché couvert où doit se tenir la manifestation principale. Celle-ci culmine avec le discours du Dr Schmitthenner, Staatsminister du Pays de Bade qui en est la vedette. Comme tous les Kreistage d'Alsace se tiennent le même jour, il a fallu répartir les principaux responsables du parti à travers toute l'Alsace. C'est à lui qu'a échu la manifestation de Mulhouse qu'il co-préside avec le Dr Röhn, vice-Gauleiter. Comme toujours, la manifestation se termine par une grande marche de propagande (Propagandamarsch) jusqu'au stade du vélodrome et des Kammeradschaftsabende (soirées de camaraderie) à la Maison du Peuple et dans les différents locaux du parti. La Journée du parti est ainsi l'occasion d'étaler la puissance et la force du national-socialisme, de manière à impressionner les Mulhousiens le plus favorablement possible. Le même cérémonial se reproduit à quelques nuances près à Strasbourg et dans les autres arrondissements alsaciens. Le Kreistag doit en effet

CHACUN EST SOLLICITÉ PAR UNE PROPAGANDE EFFRÉNÉE.

LE GAULEITER WAGNER, PLACE DE LA RÉUNION.

avoir le caractère d'une grande fête populaire où toutes les couches sociales sont présentes et réunies grâce au parti. La venue de visiteurs illustres peut également servir à cette fin. C'est ainsi que la visite du Dr. Ley, Reichsorganisationleiter et chef du DAF (Front du Travail), le 15 juin 1941, donne lieu à la manifestation la plus importante organisée à Mulhouse durant la guerre. A cette occasion, on va réunir plus de dix mille responsables politiques sur la place du canal couvert. Ils seront bien plus nombreux que les spectateurs. Seuls deux mille deux cents d'entre eux viennent de Mulhouse et de ses environs, les autres viennent de toute l'Alsace et même du pays de Bade, ce qui donne une idée de l'ampleur de la mobilisation pratiquée. Ces manifestations de propagande sont multiples et variées. Tout est bon pour servir de prétexte à l'étalage de la puissance nazie. L'installation du nouveau Kreisleiter de Mulhouse va ainsi donner lieu à toute une série de présentation officielle aux différentes autorités et organisation nazie. Il en est de même lors de la visite officielle du Gauleiter Wagner à Mulhouse. A d'autres moments, on répercute les démonstrations de propagande décidées à l'échelle du Reich tout entier. La journée de la police, les 15 et 16 février 1941, permet de présenter la police allemande aux Mulhousiens, de définir son rôle, de préciser son organisation locale et de glorifier l'action de ce pilier du régime. Mais c'est aussi l'occasion d'essayer de recruter de nouveaux policiers en présentant les avantages de la fonction. On retrouve ainsi les deux constantes de la propagande nazie : convaincre, au besoin par la crainte, et recruter. La première journée de l'armée (Tag der Wehrmacht), les 22 et 23 mars 1941, répond aux mêmes objectifs. Les quatre casernes mulhousiennes vont être accessibles au public à l'occasion de portes ouvertes. A la caserne d'Infanterie II (Coehorn) on peut tirer à la carabine ou faire un tour en automitrailleuse ; à la caserne Hermann Göring on manipule une pièce de DCA ; dans les deux casernes de cavalerie (Dragoner Kaserne et Jäger Kaserne), on a même ressorti à cette occasion les vieux uniformes d'avant 1914. Le public y est convié à des démonstrations équestres et à des tours en calèche. A midi, les amateurs peuvent prendre part à un Eintopfessen (plat unique) servi sans ticket de rationnement ! Pour drainer un public au demeurant assez nombreux, on a bien fait les choses. Deux concerts publics sont donnés par des musiques militaires au centre ville ; les anciens combattants de la guerre de 1914-18 sont invités individuellement, tandis que les élèves des écoles y sont vigoureusement invités par les autorités scolaires. Pour renforcer encore le succès de la manifestation et glorifier la Wehrmacht, le film de propagande «Sieg im Westen» (victoire à l'ouest) réalisé par l'OKW (Haut commandement allemand), est projeté sur les écrans mulhousiens. La presse, comme à chaque manifestation

DÉFILÉ AVENUE DE COLMAR.

de ce type, participe aussi à la mobilisation plusieurs jours à l'avance et rend abondamment compte par la suite. Aussi n'est-il pas étonnant que la journée de la Wehrmacht 1941 rencontre incontestablement un succès de curiosité auprès des Mulhousiens. Par la suite, la ville va accueillir régulièrement des groupes de militaires de différentes armes, chargés de porter la bonne parole dans les établissements scolaires, les entreprises et les associations nazies, afin de susciter les vocations militaires.

La plus grande manifestation de propagande organisée durant cette période est incontestablement la grande exposition économique qui se tient à Strasbourg en 1941, «Deutsche Wirtschaftskraft Aufbau am Oberrhein», pour laquelle le Wacken, qui avait servi de camp de prisonnier de guerre, est spécialement remis en état. Elle va accueillir 525 524 visiteurs venus de toute l'Alsace et du Pays de Bade. Des tickets à tarif réduit sont délivrés à cette occasion par la Reichsbahn. Le Kreisleiter de Mulhouse et le maire de la ville Maas vont y conduire une délégation importante de cadres municipaux, spécialement requis à cette occasion pour s'imprégner des réalisations du régime. L'imagination nazie en matière de propagande ne s'arrête pas là. On va inventer le Betriebsappel, rassemblement dans les entreprises ou les administrations. Ce type de réunion permet de toucher les Mulhousiens sur leur lieu de travail tout en les invitant à une productivité encore plus grande en vue de la victoire finale. Le Kammeradschaftsabend (soirée de camaraderie) est un moyen de rassembler d'autres publics. C'est ainsi que le

LA PLACE DE LA RÉUNION EN 1941.

Kammeradschaftsabend beim Oberbürgermeister (chez le maire) va rassembler toutes les notabilités mulhousiennes du parti, de l'administration mais aussi des milieux économiques, artistiques et de la bourgeoisie mulhousienne... La population mulhousienne qui est soumise à ce matraquage continuel, auquel participent également la presse et la radio, est, de plus, sollicitée en permanence par des quêtes et des actions de ramassage de toutes sortes. Ces quêtes se renouvellent toute l'année au profit du secours d'hiver (WHW), de la Croix-Rouge..., les prétextes ne manquent pas. Les quêteurs sont fournis par les administrations, la HJ, l'Opferring... Les volontaires sont désignés d'office, ce qui permet de vérifier leur attitude politique. Le résultat de ces quêtes est révélateur du manque d'enthousiasme des Alsaciens à participer à l'édification du national-socialisme ou au soutien de ses œuvres, en comparant les résultats obtenus avec ceux du Pays de Bade. Si les collectes effectuées dans la rue sont en général inférieures d'un tiers aux résultats badois, celles effectuées à domicile (où théoriquement toutes les familles alsaciennes sont touchées) donnent des résultats inférieurs de plus de la moitié ! C'est ainsi que la collecte du WHW du 16 novembre 1941 ne rapporte que 67 pfennigs par foyer, contre 128 au Pays de Bade ; celle pour les blessés 86 contre 182...

«LES ALSACIENS NE SONT RALLIÉS QU'EXTÉRIEUREMENT AU RÉGIME ALLEMAND,» REGRETTE UN RAPPORT NAZI.

Dès 1941, les économies sont également à l'ordre du jour et les collectes les plus diverses au fur et à mesure que la guerre se prolonge. Chacune d'entre elles donne

JOUR DE FÊTE EN 1941.

CAMPAGNE DE COLLECTE DE VIEUX VÊTEMENTS. BNUS

lieu à une intense campagne de propagande. La première d'entre elles commence à l'automne 1941, avec le ramassage des bouteilles en verre au profit de la Wehrmacht. Elle sera suivie de bien d'autres au cours desquelles on va ramasser les vieux tissus, les vieux papiers, les métaux, les os et même les bouchons usagés. On va également faire appel aux dons de tissus, de friandises et autres cadeaux pour les soldats du front. L'hiver 1941-1942, qui a surpris la Wehrmacht sur le front russe, va être l'occasion d'une grande campagne de ramassage de skis, de lainages et de fourrure pour les soldats de l'est qui en étaient démunis. Orchestrée à grand renfort de propagande, cette campagne va permettre le ramassage de 82 428 paires de skis, 3 963 699 caches-nez et 479 589 paires de chaussettes dans l'ensemble du Gau de Bade-Alsace. L'amalgame ainsi fait entre les deux régions permet à la propagande nazie de prétendre abusivement «que ce résultat est un véritable plébiscite pour l'Alsace qui prouve qu'elle a compris le sens du combat qui se déroule à l'Est».

En réalité le résultat de la propagande allemande est loin d'être aussi évident. Les responsables nazis, qui ont une bonne connaissance de l'état d'esprit de la population grâce à leurs méthodes inquisitoriales, ne s'y trompent pas. C'est pourquoi, dès 1942, ils considèrent qu'il faut «encore l'accentuer en vue de faire comprendre à la population le sens et la portée de la guerre actuelle et des sacrifices qu'elle entraîne. Une telle propagande est d'autant plus indispensable qu'un grand nombre d'Alsaciens n'ont pas compris jusqu'ici le véritable sens de cette guerre et ne se sont ralliés qu'extérieurement au régime allemand.»

Un théâtre d'Ombres et de lumières

ISABELLE BOGEN

1941

Le IIIe Reich prodigua royalement ses faveurs au théâtre de Strasbourg et, pour germaniser avec plus d'efficacité, opta pour la qualité.

DAS KÄTCHEN VON HEILBRONN, DE HEINRICH VON KLEIST.

Dans son projet de fusion de l'Alsace avec le pays de Bade en Gau Oberrhein, le Gauleiter Robert Wagner, chef de l'administration civile en Alsace, avait élu Strasbourg comme capitale. Future métropole, Strasbourg devait s'élever au rang des grands foyers culturels et artistiques allemands, rôle joué dans son passé, sa cathédrale en témoignant le plus éloquemment selon Robert Wagner qui l'exprimait ainsi : «Strasbourg nous a toujours donné l'image d'une ardente volonté culturelle allemande».[1] Dans ce souci de distinguer Strasbourg comme capitale, l'administration allemande ne ménagea pas sa peine pour doter la ville d'une vie culturelle et artistique à la mesure de sa fonction future.

Le théâtre (opéras, opérettes, dramatiques, comédies, ballets) bénéficia des soins privilégiés de l'administration allemande, celui-ci étant sacré «dans le Reich nouveau, roi des arts».[2] Le théâtre de Strasbourg avait fermé ses portes au moment de l'évacuation de la population. Pour Strasbourg redevenue allemande, le Gauleiter voulait un théâtre qui soit reconnu comme le premier d'entre eux dans un large cercle. Un an allait s'écouler jusqu'à ce que celui-ci soit digne de cette ambition. En attendant la réouverture, avec des installations modernisées, une nouvelle direction et une troupe au complet[3], le théâtre était desservi, à l'exception d'une représentation de la Volksbühne de Berlin, par des troupes de théâtres allemands voisins : Karlsruhe, Mannheim, Heidelberg et Fribourg-en-Brisgau. Cette saison théâtrale, ouverte le 16 novembre 1940, fut clôturée le 31 mars 1941.

En 1941, le théâtre de Strasbourg perdit son caractère strictement municipal, et passa sous le contrôle direct de l'administration civile, à laquelle Hitler avait donné compétence pour le budget théâtral.[4] Celui-ci étant considérable[5], l'administration pouvait tenir son pari de transformer cette «scène de province» qu'était devenu le théâtre de Strasbourg en une institution théâtrale digne d'une future métropole. La modernisation du théâtre fut la première étape dans la réalisation de cette promesse. A partir d'avril 1941 furent entrepris d'importants travaux de transformation, et plusieurs améliorations scéniques, déjà projetées avant guerre, furent effectuées, sous la supervision du directeur technique du Preussisches Staatstheater.

L'OPÉRATION DE SÉDUCTION ARTISTIQUE FUT MENÉE PAR UN TRÈS GRAND CHEF, HANS ROSBAUD.

Pour exploiter «ces conditions matérielles extraordinaires» il fallait une direction théâtrale idoine. Comme l'a noté Robert Ernst, Robert Wagner fit preuve d'une «sûreté de jugement et d'une absence de considérations politiques» dans son choix des hommes chargés de présider aux destinées du théâtre de Strasbourg sous couleurs allemandes. Le critère de sélection concourant à leur désignation fut d'ordre artistique, et dans ce domaine : «(...) Il ne pouvait être question de donner la priorité aux Alsaciens comme cela se faisait habituellement.»[6] La direction du théâtre dédoublée dans les fonctions d'intendant général et de directeur général de la musique, fut confiée respectivement à Ingolf Kuntze et à Hans Rosbaud. La politique de nomination à la direction des théâtres publics de moyenne et grande importance en Allemagne étant d'engager des intendants confirmés, il ne pouvait s'agir pour le théâtre de Strasbourg, eu égard aux prétentions affichées pour lui par les occupants, que d'un administrateur éprouvé. Ingolf Kuntze, nommé le 1er novembre 1940, l'était incontestablement. Ce Saxon d'origine, aux casquettes multiples de comédien, de metteur en scène et d'acteur, connaissait depuis 1930 une carrière internationale. Au moment de l'arrivée au pouvoir d'Hitler en Allemagne, Ingolf Kuntze possédait déjà une solide expérience des tournées théâtrales internationales. Goebbels ne tarda pas à en faire son ambassadeur du théâtre allemand à l'étranger, en lui confiant dès l'année suivante la direction d'une tournée en Amérique du sud qui entrait dans le cadre de «la politique des tournées»[7], investie par Goebbels de la mission de progagande artistique du IIIe Reich. Ingolf Kuntze ne déçut pas le ministre de la Propagande dans ses attentes, et bénéficia de rapports élogieux des ambassadeurs d'Allemagne en Argentine et au Brésil. Goebbels avait trouvé en la personne d'Ingolf Kuntze un défenseur acharné des couleurs de la culture germanique[8], et ce dernier fut récompensé dès l'année suivante pour son zèle déployé en Amérique du sud. En effet, en 1936, Ingolf Kuntze fut nommé à la direction des festivals d'été de Heidelberg en même temps qu'à l'intendance du théâtre de la Saarlandstrasse de Berlin. L'issue victorieuse de la campagne allemande en France allait donner à Ingolf Kuntze l'occasion d'assumer à part entière la direction d'un théâtre.[9] Dans un monde théâtral allemand expurgé de ses indésirables à titres divers, pour non conformité raciale ou idéologique, voire les deux, et où le théâtre était l'art majeur, l'ambition personnelle conjuguée au professionalisme et au talent rencontraient les faveurs d'un régime avide de reconnaissance culturelle. D'autant que celui-ci était assailli de candidatures de dilettantes assoiffées de gloire, et qui espéraient que leur conviction idéologique leur servirait de passeport pour les feux de la rampe. Le IIIe Reich ayant besoin des artistes confirmés ou prometteurs, restés en Allemagne; intérêts personnels et raison d'Etat s'allièrent dans un modus vivendi, souvent pesant pour les artistes, toujours profitable au régime.

1941

La nomination de Hans Rosbaud au pupitre musical du Théâtre était un atout majeur dans cette opération de séduction artistique, pragmatiquement menée. Hans Rosbaud, venant de la direction générale de la musique de Münster, arrivait à Strasbourg, précédé d'une renommée internationale[10] acquise au cours de tournées qui avaient rapidement fait rayonner le talent d'un chef d'orchestre qui «passait avec un égal bonheur de l'univers calme et tendre de Haydn au fatalisme implacable de Schœnberg»[11]. L'hypothèse de sa venue, testée auprès du monde musicien local, fut très favorablement accueillie ; ainsi ce commentaire du compositeur Léon Justinus Kauffmann, par ailleurs professeur de composition au conservatoire de Strasbourg : «En tant qu'Alsacien, je souhaiterais que mes camarades de l'orchestre reçoivent un dirigeant aussi fabuleux».[12] Ses qualités humaines alliées à sa maestria firent écrire au critique musical Henri Weill : «Il a régné en tant que directeur général de la musique. Non point tel un despote, mais plutôt comme un grand seigneur.» Rendons justice à Hans Rosbaud à qui : «on est allé jusqu'à lui reprocher d'avoir assuré l'intérim pendant les années sombres et humiliantes de la guerre. (...) Avions-nous sur place l'équivalent d'un Rosbaud ? Allons donc !»[13]

Les gages d'Ingolf Kuntze et de Hans Rosbaud étaient à l'aune de leur renommée, ce qui ne manqua pas de susciter des envieux dans le monde théâtral allemand. Le chapitre des dépenses théâtrales de l'administration civile le permettait, et le projet d'étatiser le théâtre dans l'après-guerre, qui faisaient de Strasbourg un cas particulier. En effet, le budget consacré au théâtre de Strasbourg ne souffrait alors pour ainsi dire aucune comparaison avec celui des villes allemandes de même importance, voire plus grandes, excepté Vienne et Berlin.[14] A la réouverture du théâtre, précédée de perspectives aussi flatteuses, les candidatures affluèrent, et Ingolf Kuntze put constituer une troupe selon son cœur. Les services administratifs et techniques furent sensiblement renforcés par rapport à la période française, sans compter les services purement artistiques. La comparaison de ces effectifs avec ceux de l'avant-guerre, que la presse ne manqua pas de souligner, n'était guère à l'avantage du régime français. En effet, le théâtre occupait à sa

DE TRÈS GROS MOYENS SONT DONNÉS AU THÉÂTRE
PRÈS DE 450 SALARIÉS SONT EMBAUCHÉS !

réouverture en 1941 : quatre-cent-quarante huit personnes (personnel ouvrier, troupe des comédiens, acteurs lyriques, danseurs, chœur, orchestre), pour lesquels deux cents appartements furent mis à disposition par le curateur des biens mis sous séquestre.

Après ces longs mois de préparatifs, le théâtre rouvrit ses portes, le 14 novembre 1941, inaugurant la saison avec *Lohengrin* de Richard Wagner, en présence du Gauleiter. Celui-ci portait un vif intérêt à la vie artistique ; ses goûts «petit-bourgeois» pour l'académisme allaient être mis à rude épreuve la saison suivante, en juin 1942, par une mise en scène qu'il qualifia de «régie d'aliéné» et de «manifestation de culture bolchévique» qui était l'œuvre du metteur en scène Jürgen Fehling, invité à Strasbourg.[15]

La fonction d'intendant du théâtre de Strasbourg n'était pas une sinécure. En effet, la situation particulière de l'Alsace exigeait une vigilance encore plus grande que dans le Reich, pour la composition du programme qui devenait un exercice difficile, sous le feu croisé des désirs, souvent contradictoires, du Gauleiter, de Robert Ernst, de Friedrich Spieser, et l'étroite surveillance du chef du service de propagande, Adolf Schmid, dont l'administrateur dépendait, sans compter qu'il lui fallait aussi l'approbation du dramaturge du Reich ! L'intendant fit le pari de la qualité pour œuvrer dans le maelström de ces années de guerre. Et c'est à grand renfort d'invités prestigieux de Berlin et de Vienne, pour la mise en scène, les

LA FOULE SE PRESSE, LE 14 NOVEMBRE 1941,
POUR LA RÉOUVERTURE DU THÉÂTRE DE STRASBOURG,
À L'AFFICHE : LOHENGRIN DE WAGNER.

décors, les rôles-titre, qu'il fit briller les saisons théâtrales strasbourgeoises. Ingolf Kuntze disait travailler pour le rayonnement de la culture allemande, qui serait immuable et à laquelle le régime national socialiste ne pourrait attenter malgré ses assauts idéologiques ?

Au dernier acte de la saison théâtrale strasbourgeoise, à l'été 1944, le rideau tomba aussi sur les illusions de l'intendant.

SOURCES

Pour le théâtre de Strasbourg, on dispose des archives du :

BERLIN DOCUMENT CENTER (BDC)
BUNDESARCHIV KOBLENZ (BA)
SCHLOSS WAHN-KÖLN
GENERALLANDESARCHIV KARLSRUHE
AMS

BIBLIOGRAPHIE

Boguslaw Drewniak, *Das Theater im NS-Staat : Szenarium deutcher Zeitgeschichte ; 1933-1945*, Düsseldorf, Droste Verlag, 1983, 431 p.

Ilse Pitsch, *Theater als politisch-publizistisches Führungsmittel im Dritten Reich*, Doktor Philosophische Dissertation, Münster, 1952, 290 p.

Isabelle Bogen, «Le pari culturel nazi à Strasbourg : l'exemple du théâtre», in *La vie culturelle sous Vichy*, sous la direction de Jean-Pierre Rioux, Editions Complexe, 1990, 412 p.

NOTES

1. Discours de Robert Wagner à l'occasion de la remise du prix de la culture 1940 du Gau Baden, *Strassburger Monatshefte*, août-septembre 1940.
2. Dominique Pélassy, *Le Signe nazi : l'univers symbolique d'une dictature*, Paris, Fayard, 1983, p. 130.
3. Ce qui n'avait pas toujours été le cas avant-guerre.
4. BA, R55/57, fol. 1.
5. BA, R47 II/39.
6. Cf. Robert Ernst, *Rechensschaftbericht eines Elsässers*, Berlin, 1954, 420 p.
7. Ainsi nommée et analysée par Ilse Pitsch, op. cit.
8. Un rapport de l'ambassade allemande à Rio de Janeiro au ministère de la Propagande, daté du 21 août 1934, parle d'Ingolf Kuntze, en ces termes : «Celui-ci s'est efforcé de faire assister ses compatriotes les plus démunis à ses représentations, notamment les enfants, en distribuant en grand nombre aux écoles et au DAF des cartes à tarif réduit», BA, R561/80.
9. BDC, dossier Kuntze.
10. Tout au long du mois de novembre, les *SNN* présentèrent la troupe dans des notices biographiques.
11. Cf. Henri Weill, in *Présence de Strasbourg*, mars 1963. Je remercie ici Edmond Ponsing de m'avoir communiqué cet article nécrologique.
12. Wolfgang Helmke à Ingolf Kuntze, 19 décembre 1940, Division IV, Amt 300, 25.
13. Cf. Henri Weill, op. cit.
14. Division IV, Amt 300, 17.
15. Il s'agissait de l'opéra : *Die Geschichte vom schönen Annerl* de Léon Justinus Kauffmann, scandale dont l'écho fut, entre les lignes, évoqué dans toute la presse du Reich, Cf. Isabelle Bogen, op. cit.

Une curieuse Chasse au trésor

La récupération des biens culturels

ALPHONSE IRJUD

1941

Durant quatre années, une commission allemande dirigée par le conseiller ministériel Herbert Kraft sillonna la France pour récupérer pour le compte du Reich les biens culturels alsaciens : archives, bibliothèques, etc. Une chasse au trésor où ruse, menaces, pillages faisaient un curieux ménage.

DERRIÈRE LES HAUTS MURS DU CHÂTEAU DE HEAUTEFORT UNE PARTIE DES TRÉSORS ALSACIENS CONVOITÉS PAR LES ALLEMANDS. AMS

LE REDOUTABLE CHARGÉ DE MISSION POUR LA RÉCUPÉRATION, HERBERT KRAFT, NAZI DEPUIS 1923, COLONEL DES SS.

AMS

Le 10 juillet 1940, le Gauleiter et Reichsstatthalter, chef de l'administration civile en Alsace, ordonne le rapatriement immédiat des biens culturels, archives, bibliothèques, installations de l'Etat et des collectivités locales qui avaient été évacués à partir de septembre 1939. Parmi les premiers biens ramenés en octobre, dans vingt-deux wagons du sud-ouest, se trouvent le retable d'Issenheim avec des collections du musée Unterlinden de Colmar et les vitraux de la cathédrale de Strasbourg.

A la fin du mois d'août, le Militärbefehlshaber à Paris, sollicité par le Gauleiter Robert Wagner, demande le retour à Strasbourg de la BNU et de l'université, des bibliothèques des instituts, des appareils scientifiques, des documents administratifs, etc. Après les premières démarches de Kraft et de Fegers à Clermont-Ferrand, Périgueux et Vichy, le gouvernement Pétain-Laval réagit négativement : le 4 octobre le conseil des ministres décide «qu'il ne doit pas être donné satisfaction aux demandes de ces représentants des autorités locales allemandes d'Alsace et de Moselle, aucune clause de la convention d'armistice n'ayant prévu que ces départements seraient séparés administrativement de la France et le gouvernement français ne pouvant admettre cette séparation. Les demandes doivent être présentées par les organes qualifiés, soit la commission allemande d'armistice, soit le chef de l'administration militaire en France».

Pressé par le Militärbefehlshaber, le gouvernement donne le 16 novembre son accord de principe pour le retour de la BNU et du matériel scientifique de l'université et indique qu'il faudrait environ cent cinq wagons pour le transport. Kraft et Fegers reprennent leurs discussions avec le recteur Terracher, le doyen de la faculté des sciences, Danjon, vice-président du conseil de l'université, et le général Koeltz, directeur des services de l'armistice.

Premier incident début décembre : la réponse du 16 novembre ne concerne que la BNU, mais pas les divers instituts de l'université et leurs bibliothèques. Danjon interdit à Kraft l'entrée dans les locaux de l'université. «Vous oubliez que la

France a perdu la guerre», réplique celui-ci et menace de faire saisir la Bibliothèque Nationale à Paris. Le chef de l'administration militaire adresse un ultimatum à Vichy : la bibliothèque de la Sorbonne sera expédiée à Strasbourg par la Wehrmacht si, dans les vingt-quatre heures, le gouvernement ne prend pas l'engagement formel de livrer, avec la BNU, le matériel scientifique des facultés et instituts de l'université. Le 12 décembre, le gouvernement cède en partie ; il donne son accord au principe du retour du matériel des laboratoires mais spécifie que sera laissé à la disposition des instituts repliés à Clermont-Ferrand le matériel nécessaire pour la continuation des cours.

S'engagent alors des discussions particulièrement vives, souvent violentes, à propos de l'interprétation de cette décision. Sous «matériel ou instruments de laboratoire» le gouvernement et ses négociateurs entendent les «instruments scientifiques des facultés des sciences, de médecine, de pharmacie, de l'observatoire» alors que Kraft et Fegers y englobent les ouvrages des facultés et instituts... D'autre part, du côté français, on fait la différence entre le matériel et les ouvrages en place en 1918 à l'université allemande et ceux acquis après 1918 provenant de donations ou propriété des professeurs et qui doivent rester à Clermont-Ferrand. Le chef de cabinet du ministre de l'Instruction

«AUCUN LIVRE NE SERA DÉTRUIT», ÉCRIT LE GAULEITER, «SAUF LA LITTÉRATURE JUIVE DE BAS ÉTAGE».

FÉVRIER 1941 AU CHATEAU DE THEIX, PRÈS DE CLERMONT, RÉCUPÉRATION DES COLLECTIONS DE LA BNU.

AMS

publique demande que des livres français de la BNU ne soient pas détruits après leur retour à Strasbourg.

Le Gauleiter, informé par Kraft, fait remettre une note au ministre de la Justice chargé des affaires d'Alsace et de Lorraine, dans laquelle il déclare : «Tous les ouvrages de la BNU, des facultés et instituts de l'université doivent être ramenés à Strasbourg avec le matériel des laboratoires. Aucun livre ne sera détruit. Si après l'occupation de l'Alsace, des livres ont été brûlés, il s'agissait exclusivement de littérature juive ou politique de bas-étage brûlée symboliquement».

A la suite de cette note, le ministre donne l'ordre «de rendre les ouvrages constituant le dépôt de la BNU à monsieur le conseiller ministériel Kraft». Les quelque deux millions de livres sont enlevés au courant de février 1941 des châteaux de Cordes et de Theix et, en mars, du château des Quayres et ramenés dans quatre-vingt deux wagons à Strasbourg. «Avec ce retour, toutes les bibliothèques scientifiques sont revenues en Alsace, en particulier celles de Colmar, Sélestat et Strasbourg», annonce le directeur des bibliothèques, Schmitt-Claden, à Strasbourg. En juillet 1942, le président du conseil des ministres, Laval, demandera à Charles Frey, le maire de Strasbourg replié à Périgueux, de rendre les bibliothèques municipales et populaires.

Après le retour de la BNU en mars 1941, Kraft exige également les fiches et talons de prêt, la caisse des cautions contenant 18 000 F, les modèles de l'atelier de reliure, la collection numismatique et une machine à écrire Royal qu'il consent à laisser à Clermont «avec ses caractères français».

En avril et mai, les discussions continuent au sujet des livres de l'université. Au doyen Danjon, chargé des négociations par le recteur Terracher nommé secrétaire général du ministre de l'Instruction publique à Vichy, Kraft déclare : «Le Reich exige que tout ce qui a quitté Strasbourg en 1939 y revienne. Deux cents wagons ont été nécessaires pour évacuer la BNU, les bibliothèques et le matériel des laboratoires de l'université ; comme nous avons utilisé quatre-vingt wagons pour rapatrier la BNU, il reste cent vingt wagons pour l'université». Danjon conteste cette évaluation : «Trois wagons suffisent pour les instruments de laboratoire, à peine deux pour les collections de la faculté des sciences, et dix à quinze pour les livres des instituts si Vichy donne l'ordre de vous les remettre».

Le 3 mai, le gouvernement commence à céder. Dans une note adressée à Kraft, il déclare «vouloir aller au-delà des engagements pris (concernant le matériel des laboratoires) et céder à une pensée de collaboration en rendant les ouvrages se trouvant dans les instituts allemands lors de l'entrée des troupes françaises à Strasbourg en novembre 1918». De nombreux instituts spécialisés ont été créés après 1918 et leurs ouvrages sont la propriété de l'université française. «Impossible de faire le tri», répond Kraft, «ces livres acquis après 1918 se trouvent dans la masse. Tout doit retourner à Strasbourg et le traité de paix tranchera». Sur une

1941

JÉRÔME CARCOPINO, MINISTRE DE PÉTAIN, FAIT PEU DE ZÈLE POUR FREINER L'ARDEUR RÉCUPÉRATRICE DES ALLEMANDS.

PHOTO HARLINGUE-VIOLLET

lettre remise au ministre de l'Instruction publique, Carcopino, dans laquelle le chargé de mission du Gauleiter confirme ses exigences, le vice-président du conseil, l'amiral Darlan écrit : «Régler cette affaire au plus vite dans le sens de la présente lettre».

Le 24 mai, Kraft convoque Danjon à son hôtel à Clermont, pour lui communiquer la décision prise la veille par le général Koeltz à la suite de la note de Darlan, c'est-à-dire de rendre les livres des instituts avec le matériel des laboratoires. Le doyen répondant qu'il ne peut pas quitter son bureau, Kraft et Fegers se rendent dans les locaux du Rectorat. L'entretien est bref et orageux :

KRAFT : Je m'étais juré de ne plus remettre les pieds ici. Je ne suis venu que pour liquider rapidement les affaires encore en suspens ; les ouvriers réunis pour le chargement sont immobilisés depuis des semaines.

DANJON : Je ne vous demande rien. Si vous voulez quelque chose, vous n'avez qu'à venir chez moi.

KRAFT : Il n'est pas d'usage que le vainqueur se rende chez le vaincu. Voici la lettre avec l'annotation de l'amiral Darlan.

DANJON : Qu'a écrit l'amiral ? Il a écrit que l'affaire doit être réglée, ce qui veut dire qu'elle ne l'est pas encore et il ne m'appartient pas de la régler.

KRAFT : Vous sabotez les décisions de votre gouvernement. J'ai vu hier à Vichy le général Koeltz...

DANJON : Ce dont vous avez discuté avec le général ne m'intéresse pas et je ne veux pas en entendre parler ; je n'ai pas d'ordre du gouvernement.

KRAFT (en quittant le bureau) : La décision de l'amiral Darlan n'est pas un ordre du gouvernement ? Je vais à Vichy et lui dirai que vous sabotez les décisions du gouvernement français. J'espère que l'on va vous arrêter.

DANJON (le suit et répond) : Ce serait un grand honneur pour moi.

CURIEUSE CHASSE AU TRÉSOR : OR, OPIUM, RELEVÉS MÉTÉOS, TAPIS, TITRES BOURSIERS... TOUT INTÉRESSE LES ALLEMANDS.

Le soir même, le ministre Carcopino téléphone de Vichy pour décharger M. Danjon des négociations avec les délégués allemands et le remplacer par M. Delpech, doyen de la faculté de droit et des sciences économiques.

A une nouvelle intervention de Kraft, l'amiral Darlan répond le 11 juin : «Je donne les instructions nécessaires pour que les ouvrages acquis postérieurement à 1918, sauf ceux provenant de donations, vous soient remis immédiatement», mais, le 9 août, il ordonne également la remise des dons provenant d'universités et d'académies étrangères (près de deux mille ouvrages rien que pour l'institut d'études slaves), d'anciens professeurs, d'étrangers amis de la France.

Début mai avait commencé la remise du matériel scientifique des divers instituts (chimie, physique, pharmacie, botanique, observatoire, etc.) ainsi que des livres, remise qui se poursuit en juin et en septembre 1941. Pour éviter l'entrée des Allemands à l'université, professeurs et étudiants récupèrent livres et appareils à leurs lieux de dépôt à Clermont et ses environs et les acheminent par camions dans des locaux extérieurs à l'université. Au moment de la remise des appareils de son labo, un professeur de la faculté des sciences recommande à Kraft : «Et surtout, prenez-en bien soin pour que je les retrouve tous en bon état lorsque nous reviendrons à Strasbourg».

Le ministre de l'enseignement du Reich accepte de laisser à l'université la bibliothèque de l'institut de langue et littérature allemande à condition d'éliminer les ouvrages «indésirables» ; les livres antérieurs à 1918 déjà retournés à Strasbourg seraient après «épuration» réexpédiés à Clermont. A la fin de 1942, Fegers exige «le restant», c'est-à-dire les livres français qu'en nombre restreint il avait, quinze mois auparavant, accepté de laisser à la disposition des professeurs et des étudiants : «Nous avons besoin des livres français pour ouvrir les instituts à Strasbourg, appelé par la nature même des choses à devenir un centre de collaboration pour nos deux peuples, ces livres seront donc tout particulièrement nécessaires.» **1941**

Cette «course au trésor» des biens de l'université se poursuit à intervalles plus ou moins réguliers avec de nouvelles demandes après un examen méticuleux de ce qui a été ramené, de ce qui manquerait selon les inventaires ou les indications de

LES ARCHIVES MUNICIPALES DE STRASBOURG
SONT RAPATRIÉES PAR WAGON. AMS

l'un ou l'autre employé zélé en poste avant-guerre : microscopes, collection de tabacs et d'opium de la pharmacie, matériel en platine et centrifugeuse de la chimie, or de l'Institut dentaire, photomètre à œil de chat de l'observatoire, les documents météo, registres d'immatriculation et des examens, cartes de l'institut de géologie, tabatière en or massif, aquarelles de tombes étrusques, vieux livres d'herboristerie, appareils de climatologie, bibliothèque de l'institut d'histoire de l'art, objets, cartes et documents de la préhistoire en Alsace, des plâtres et objets divers de la collection Friedrich, les tapis, peintures et instruments de travail de la collection Gobineau, etc.

Sont également exigées les disponibilités financières de l'université, en numéraires et en titres de diverses caisses (de maladie, de secours) et fondations (Société des amis de l'université, Société d'encouragement à la recherche médicale) déposées à la Caisse des dépôts ou à la Sogenal à Périgueux, totalisant 2 190 563 F.

Après les premières visites de Kraft en automne 1940, le gouvernement avait, à la demande de celui-ci, annoncé «qu'il n'exercerait aucune pression sur les étudiants qui voudraient retourner en Alsace». Le ministre de l'Instruction publique a voulu faire afficher cette communication dans les locaux de l'université, mais, rapporte le chef de cabinet à l'envoyé allemand, «les étudiants alsaciens ont manifesté une telle hostilité qu'il a fallu renoncer à cet affichage. Ils ont reproché au gouvernement de vouloir les laisser tomber et de manquer de courage». «J'ai pu me faire moi-même une opinion au sujet de la disposition des étudiants alsaciens», note Kraft. «Environ cinq cents Alsaciens y étudient actuellement, dont à peine 1 à 2%, selon mon estimation, veulent retourner chez eux. Tous les autres sont des franchouillards (Französlinge) fanatiques qui n'ont pas hésité à manifester contre la décision du gouvernement de nous remettre la BNU. A mon avis, il est inutile de vouloir influencer ces gens, toute tentative étant d'avance vouée à l'échec.»

QUERELLE : QUI VA PAYER LE NOUVEL ÉTUI DE LA CHAÎNE DU RECTEUR ?

La chaîne d'or réalisée en 1897 par un joaillier de Strasbourg pour le recteur de l'université allemande avait été déposée après l'évacuation de septembre 1939 dans un coffre-fort de l'académie de Clermont-Ferrand ; les émissaires allemands tenaient à la récupérer en vue de l'ouverture de l'université à Strasbourg.

Le 29 avril 1941, le ministère à Vichy demande par téléphone au doyen Danjon de ne pas rendre cette chaîne «qui ne fait pas partie des biens que le gouvernement s'est engagé à restituer». Kraft alerte aussitôt l'ambassade allemande à Paris ; le secrétaire général du ministère des Affaires étrangères donne alors l'ordre de la livrer et, le 8 mai, Danjon la remet contre reçu à Fegers. A ce moment-là, une croix à deux traverses (une croix de Lorraine !) s'est détachée de la main du Christ figurant dans un cercle d'or, ce qui a échappé à Fegers.

1941

Huit jours plus tard, Kraft la confie à Schmitthenner, ministre de l'Enseignement et des Cultes de Bade-Alsace. «Parce qu'elle avait été endommagée à plusieurs endroits par des manipulations négligentes», selon l'article du journal badois *Der Führer*, la chaîne «en or massif d'un poids de 1715 grammes richement ornée de perles, de pierres précieuses et d'émaux, avec les armoiries de Strasbourg et d'Alsace-Lorraine et les emblèmes des cinq facultés», est remise à un bijoutier-joaillier de Karlsruhe.

FÉROCE BATAILLE
AUTOUR DE LA CHAÎNE DU RECTEUR. AMS

Après réparation, la facture est adressée en novembre au Kurator (président du conseil d'administration) de l'université, le Dr Richard Scherberger qui refuse de l'acquitter ; il la renvoie à Kraft qui répond vertement : «Vous devez tout de même comprendre que je ne pouvais pas remettre à l'université cette chaîne dans l'état dans lequel les Français me l'avaient remise et la laisser enveloppée dans du papier journal et des serviettes ; il aurait bien fallu la réparer un jour et lui trouver un étui. J'ai eu l'occasion d'en faire fabriquer un dans du cuir d'une qualité telle que vous n'en trouverez plus. D'ailleurs, l'université ne perd pas d'argent puisque le gouvernement français devra payer la réparation et l'étui qui a été perdu.» Kraft ajoute qu'il est prêt à payer ces frais de sa poche à condition que la chaîne soit remise dans l'état où il l'a rapportée de Clermont-Ferrand et que l'étui lui soit rendu !

La chaîne a été retrouvée, après la libération de Strasbourg, au fond d'un tiroir dans les locaux du palais universitaire...

Le soir du 5 juillet 1941, Kraft invite ses collaborateurs d'outre-Rhin et d'Alsace et la vingtaine d'ouvriers français qui avaient assuré le chargement de la BNU et du matériel de l'université à un dîner au Grand-Hôtel de Clermont. «Vous avez ainsi, déclare-t-il en français aux ouvriers, rendu un service précieux à l'Alsace et pour cette raison vous n'avez pas à vous faire de reproches en tant que Français. Je n'aurais jamais admis ou demandé quelque chose qui aurait heurté votre sentiment national ou contrevenu à votre devoir patriotique car nous, Allemands, savons qu'un grand Etat ne peut vivre et exister que sur une base nationale.» Au Dr Fegers, qui poursuivra jusqu'en 1944 les négociations et les recherches en ce qui concerne l'université, il annonça qu'il considérait sa mission comme achevée puisque la majeure partie avait été rapatriée et que l'amiral Darlan lui avait donné son accord pour le retour du reste. Dans la lettre à son ministre, il donne une autre raison : «Si je me désiste maintenant de cette mission, qui m'a été confiée à la mi-octobre 1940, je le fais parce que le Reichsstatthalter a répété récemment qu'il se désintéressait de l'université de Strasbourg et en conséquence du rapatriement de ses affaires de Clermont-Ferrand. Fonctionnaire soumis au chef de l'administration civile, il m'est impossible de poursuivre une mission qui est en contradiction avec l'opinion et les sentiments du Reichsstatthalter».

Il confirme ainsi que le Gauleiter avait mal pris la fondation de la Reichsuniversität, une formule qui ne lui donnait aucun pouvoir pour la nomination des professeurs, son financement et son fonctionnement, alors qu'il aurait eu plus de prise sur la «Landesuniversität» (régionale) qu'il avait envisagée. Ce n'est que sur ordre de Hitler qu'il assistera le 23 novembre 1941 à l'ouverture solennelle présidée par le ministre de l'Education du Reich en s'abstenant de prendre la parole.

DEUXIÈME MISSION POUR KRAFT : RÉCUPÉRER LES ARCHIVES SCOLAIRES, JUDICIAIRES ET COMMUNALES.

Treize mois après l'armistice et l'annexion, une nouvelle mission est confiée à Herbert Kraft : ramener en Alsace tous les biens évacués se trouvant encore en France, particulièrement dans la partie non occupée. Au cours du mois de juillet, il en remet la liste sommaire au délégué général du gouvernement de Vichy à Paris, le très collaborateur comte de Brinon, qu'il verra très souvent, et au représentant du ministre de l'Instruction publique :

– Dossiers des enseignants, des élèves et étudiants en Alsace, mobilier et appareils des écoles normales, des lycées Fustel de Coulanges (Erwin von Steinbach), Kléber (Bismarkschule), annexe St-Jean (Karl Roosschule), de jeunes filles (Frederikenschule), gymnase protestant (Jakob Sturm Gymnasium), écoles primaires supérieures de Sélestat et de St-Louis, école préparatoire de Colmar, école supérieure de chimie de Mulhouse, école nationale technique et école d'industrie de Strasbourg, mobilier et matériel de diverses écoles primaires, etc.

– Archives départementales du Haut-Rhin et de plusieurs communes à Auch.

– Actes du tribunal de Strasbourg, dossiers du séquestre de Strasbourg et Mulhouse à Limoges. Testaments et actes détenus par des notaires restés en France. Dossiers et archives des Eaux et Forêts du Bas-Rhin à Foix. Bibliothèque municipale et populaire de Strasbourg à Périgueux.

– Objets des musées de Haguenau et du Haut-Koenigsbourg, trésor ancien trouvé à Waltenheim, à l'automne 1939.

Le Trésor de Waltenheim

Début août 1941, l'administrateur général des musées, le Dr Martin, informé par un membre du Sundgauverein, signale à Kraft que le 6 février 1940, des pièces d'or avaient été transférées à Paris. En creusant des tranchées, fin octobre 1939, sur le territoire de la commune de Waltenheim, dans le Haut-Rhin, des soldats du 152e RI avaient mis à jour un pot de terre contenant des pièces d'or. Le village étant évacué, le propriétaire du terrain ne pouvait pas être identifié ; le trésor a été confié à un huissier de Mulhouse nommé séquestre, qui l'a porté en février 1940 au ministère de l'éducation nationale à Paris. La moitié, soit quarante-cinq pièces d'or, aurait aussitôt été répartie entre les inventeurs, selon l'article 716 du code civil, mais cette rumeur n'a pas pu être confirmée. Le rapport précise qu'il s'agit de quarante-cinq pièces d'or très bien conservées et qui ont été photographiées. Il s'agit, en grande partie, de monnaies épiscopales des XVe et XVIe siècles, de Francfort, Cologne, Trèves et Bâle et de quelques pièces plus anciennes, dont trois florins en or de l'empereur Frédéric le Beau (1286-1330) et quelques florins impériaux.

Au cours de ses recherches en France, Kraft finit par apprendre que les quarante-cinq pièces d'or se trouvent à Paris. Laval l'informe, le 27 juillet 1942 à Vichy, que le propriétaire – un agriculteur de Waltenheim – en avait demandé la restitution et que le gouvernement français ne pouvait pas s'y opposer. Le 11 août, le chef de cabinet du ministre Abel Bonnard accompagne Kraft à la bibliothèque nationale pour en prendre livraison. Le directeur de la bibliothèque prétend ne pas se souvenir de ce dépôt ; mais Kraft lui soumet le rapport du Sundgauverein avec les photographies des pièces d'or et en exige la remise immédiate. Selon le directeur, toutes les collections de monnaies anciennes ont été évacuées au château de Castelnau, dans le Lot. Kraft présente la lettre de Laval du 27 juillet demandant la restitution du trésor. «Apparemment, note Kraft, cette lettre du chef du gouvernement ne fait pas la moindre impression sur le directeur qui répond qu'il doit demander des instructions à son ministre, Abel Bonnard, et qu'il me donnera des nouvelles.»

Sur l'ordre du ministre, le directeur se rend dans le sud-ouest pour chercher les pièces d'or qu'il remet le 25 août, contre un reçu, à Kraft, qui écrit dans son rapport : «Cet épisode est typique du comportement des subordonnés français qui cherchent à saboter par tous les moyens les décisions du chef du gouvernement et des ministres quand ils ne les approuvent pas.»

– Archives, documents et matériel des Beaux-Arts. Objets d'art, tableaux, vaisselle en argent, tapis de la préfecture à Strasbourg (Reichsstatthalterei) et du Palais du Rhin, service de table du rectorat.

– Biens ecclésiastiques : trésor de la cathédrale, gobelins, objets d'art d'une quarantaine d'églises. Archives et bibliothèque de St-Thomas.

Au fur et à mesure du déroulement de la mission, d'autres affaires s'y ajouteront jusqu'à l'été 1944.

Cette nouvelle mission démarre dans des conditions encore plus difficiles que celle entamée en octobre 1940 pour le retour de la BNU et de l'université.

1. Le 12 août, le directeur de cabinet du ministre Carcopino signe avec Kraft à Paris un procès-verbal concédant la majeure partie des biens réclamés, mais, peu de temps après, cet accord est déclaré nul et non avenu par le gouvernement de Vichy, et le directeur du cabinet désavoué et remplacé pour les négociations avec le chargé de mission allemand.

2. Le 18 août, le général Koeltz, directeur des services de l'armistice, reçoit Kraft à Vichy et approuve l'accord de Paris, mais deux jours plus tard, une lettre du général Huntzinger, ministre de la Guerre, approuvée par l'amiral Darlan, ne reconnaît pas l'ordre de mission délivré à Kraft par le chef de l'administration civile en Alsace, «le gouvernement français ne pouvant reconnaître aucune autorité à ce fonctionnaire allemand ; en conséquence, les pouvoirs (présentés par Kraft) sont sans valeur pour le gouvernement français».

3. Le 4 août, l'amiral Darlan avait adressé une circulaire aux ministres intéressés, n'autorisant le renvoi en Alsace que «des archives et biens publics nécessaires à la vie administrative normale, laissant en dehors de l'opération les autres archives et biens publics notamment ceux d'ordre artistique, historique, scientifique ou politique. Tout envoi devra être, au préalable, l'objet d'un examen attentif permettant d'en retirer les pièces qui ne semblent pas susceptibles d'être remises aux autorités d'occupation».

Puisque Vichy refuse de reconnaître l'ordre de mission émanant du Gauleiter, chef de l'administration civile en Alsace, «ce titre agissant sur le gouvernement français comme un chiffon rouge sur un taureau» selon Kraft, celui-ci se fait établir et confirmer ses pleins pouvoirs par le chef de l'administration militaire en France. «Ainsi, se réjouit de Brinon, aucune instance française ne pourra plus contester ces pouvoirs».

Trois semaines plus tard, le 11 septembre, Darlan, par une note à l'ambassade d'Allemagne à Paris, en reconnaît la validité et nomme Anguste Dechristé (originaire de Labaroche, secrétaire général du Gers pour les réfugiés) «commissaire spécialement chargé d'étudier avec M. Kraft la question de la remise en place dans les départements du Haut-Rhin et du Bas-Rhin des archives et biens publics qui ont été évacués».

Dès la prise de contact le 6 octobre à Clermont-Ferrand, Kraft, accompagné d'experts pour les écoles, les objets d'art, les archives et les bibliothèques, constate que «la commission française tentera de créer les mêmes difficultés que lors du rapatriement de l'université et de la BNU». M. Dechristé invoque sans cesse «des instructions particulières reçues d'un service supraministériel» (c'est-à-dire la circulaire Darlan du 4 août dont Kraft ne connaîtra l'existence et le contenu que deux mois plus tard, après que le SD en eût trouvé une copie).

Les séances de travail débutent le 7 octobre à Périgueux, entrecoupées d'entretiens de Kraft avec M. Valot, directeur général des Affaires d'Alsace et de Lorraine, le général Bourget, directeur des services de l'armistice qui remplace Koeltz «démissionné» à la demande des Allemands, le ministre Carcopino à Vichy, avec l'ambassade d'Allemagne et les services du Militärbefehlshaber à Paris.

La commission française commence par refuser «le rapatriement en bloc» des écoles normales de Strasbourg et de Colmar (à Périgueux), de Sélestat (à Agen) et d'Obernai (à Solignac), de l'école nationale technique de Strasbourg, des écoles professionnelles de Strasbourg, Colmar et Mulhouse. Un retour des élèves des écoles normales, comme des autres établissements scolaires n'est admis qu'aux conditions suivantes : le père, la mère ou le représentant légal doit se présenter personnellement pour demander le retour ; s'il est âgé de plus de 15 ans, l'enfant doit donner son accord (Kraft proteste contre cette fixation arbitraire de l'âge de la majorité, au lieu des 21 ans) ; la commission allemande n'est pas autorisée à remettre aux élèves les lettres de leurs parents qu'elle a apportées ; refus d'établir une liste des élèves inscrits dans les écoles normales et de donner l'adresse de leurs parents en Alsace ; refus d'indiquer le lieu d'affectation des anciens élèves en poste dans l'enseignement depuis juin 1940 ; pour le mobilier et le matériel d'enseignement, la commission française propose, à titre de compromis, pour chacune des quatre écoles, cinquante lits et une partie du matériel scientifique, pour tenir compte des pertes et de l'usure ; les dossiers du personnel enseignant et administratif en fonction en Alsace ne sont remis que sur demande personnelle de chaque enseignant ou employé certifiée par le directeur de l'établissement en Alsace. Il en est de même pour le personnel d'autres administrations.

Le matériel des écoles de Saasenheim, Balgau, Obersaasheim, Neuf-Brisach, Heiteren, Algolsheim, Nambsheim et Dessenheim dans diverses communes du sud-ouest ainsi que les archives de certaines de ces communes sont restitués sans discussion, ainsi que les archives municipales de Weckolsheim, Folgelsheim, Wolfganzen et Hettenschlag.

Le général Bourget accepte la remise du matériel des lycées Kléber avec l'annexe St-Jean, Fustel de Coulanges et de jeunes filles «bien qu'établissements de l'Etat et non des départements ou communes, pour témoigner de la bonne volonté du gouvernement français».

Le matériel et les dossiers des EPS de St-Louis, Sélestat et Colmar, des écoles professionnelles de Colmar, Mulhouse et Strasbourg, dont une cinquantaine de machines-outils de l'école d'industrie de Strasbourg, seront jusqu'à la fin de 1943 recherchés à travers la France.

Après ce premier accord, les deux commissions entreprennent leur tournée à travers le sud-ouest pour récupérer les affaires. «Partout, on avait donné congé, constate Kraft, de sorte que nous n'avons pas eu l'occasion de parler à des écoliers, élèves d'écoles normales, enseignants et fonctionnaires d'Alsace. On voulait absolument éviter que les Allemands puissent entrer en contact avec les Alsaciens restés dans le sud-ouest.» Dans quelques communes, le mobilier et le matériel d'Alsace laissés à la disposition d'écoles installées pour les enfants des Lorrains expulsés, sont enlevés pendant les heures de classe. Les «récupérateurs» se montrent très pointilleux quant au nombre de lits, d'articles de literie et au matériel pédagogique rendus par les directeurs et directrices des écoles normales, mais, par ci, par là, renoncent à l'une ou l'autre carte en français et l'offrent à l'école du village.

LE GAULEITER WAGNER FAIT RENDRE, POUR SON USAGE, L'ARGENTERIE DU PRÉFET.

Fin octobre, le ministre Carcopino donne son accord pour la remise des objets d'art de l'hôtel du préfet à Strasbourg, à l'exception d'une douzaine de tableaux qui s'y trouvaient à titre de prêt de la part des musées nationaux ; il s'agit de neuf caisses d'objets en porcelaine de Sèvres (statuettes, horloges, vases), neuf caisses de vaisselle et couverts en argent, douze tableaux et huit rouleaux de tapis. L'hôtel du préfet étant le siège du Reichsstatthalter, Robert Wagner avait, dès le 1er août 1940, donné l'ordre de les retrouver, attachant une valeur symbolique à leur restitution. Dix-huit caisses avec l'argenterie et le service de table en porcelaine de Meissen portant les armoiries WR (Wilhelm Rex) et la couronne impériale, six caisses avec cinquante-neuf tableaux, des rouleaux de tapis et du mobilier évacués du Palais du Rhin sont aussi rendus. Carcopino décide également la livraison de trois caisses avec des objets d'art et des drapeaux allemands provenant du château du Haut-Koenigsbourg «compte-tenu de l'importance que le Reich y attache», d'une statuette romaine représentant Neptune et d'un casque de légionnaire romain du musée de Haguenau. Le service de table du rectorat sera rendu neuf mois plus tard sur décision de Laval.

Le salon de l'empereur de la gare de Strasbourg

Début septembre 1942, on constate que le Kaiserzimmer, le salon de l'empereur de la gare de Strasbourg, figure sur les listes des affaires évacuées ; le Gauleiter exige aussitôt qu'il soit retrouvé et réinstallé avec ses anciens meubles afin que «le Kaiserzimmer soit prêt pour la réception après la guerre, conformément à la tradition, des personnalités de premier plan». La direction de la Reichbahn à Karlsruhe, alertée, répond le 3 octobre que ce mobilier est de nouveau en place et qu'il faudra encore recouvrir plusieurs fauteuils de brocart et de soie.

En réalité, le wagon parti le 16 juin 1940 de Strasbourg, trois jours avant l'entrée de la Wehrmacht, n'était arrivé qu'à St-Dié d'où il avait été ramené dès le début de juillet ; le mobilier et les tapis des deux salons – celui des hommes et celui des dames – et de l'entrée se trouvaient dans les bureaux de la direction des chemins de fer allemands, alors qu'ils figuraient depuis deux ans sur les listes des affaires à rapatrier.

Parfois, Kraft a de bonnes surprises : à Foix, les fonctionnaires des Eaux et Forêts, ignorant le refus opposé par Laval en juillet 1942, remettent en octobre les dossiers secrets de la Conservation de Strasbourg avec les documents concédés. En mars 1943, on lui propose à Clermont, où se trouve le Centre de recherches agronomiques de Colmar, un kilo et demi de platine ne figurant pas sur sa liste, s'il veut bien renoncer aux microscopes, balances de précision et autres appareils ; il rejette le compromis et emporte le platine «qui vaut aujourd'hui environ trente millions de francs en France».

Après les premiers résultats de la mission allemande au dernier trimestre 1941, les négociations au sujet des dossiers les plus importants s'enlisent au début de 1942, dans l'attente du remplacement de l'amiral Darlan par Pierre Laval, qui revient au pouvoir en avril sous la pression des Allemands. Laval se saisit
personnellement de l'affaire en recevant Kraft à deux reprises fin juillet, et en 1941
décembre. A la première rencontre, le 25 juillet, le chef du gouvernement apostrophe Kraft et le représentant de l'ambassade allemande : «Vous agissez comme si l'Alsace était déjà totalement allemande». Les deux entretiens de juillet ne lui ayant apporté que des concessions partielles, Kraft demande à Paris que les représailles envisagées depuis plusieurs mois soient enfin mises au point. Au cours d'une réunion au siège de l'administration militaire à l'Hôtel Majestic, une liste est

UN COMMANDO SS EN DORDOGNE
POUR RÉCUPÉRER LE TRÉSOR DE LA CATHÉDRALE. AMS

établie en présence du représentant de l'ambassadeur Abetz. Voici quelques-unes des représailles prévues :

– Archives départementales du Haut-Rhin bloquées à Auch dont le gouvernement veut retenir la majeure partie d'intérêt historique : saisie des archives départementales à Nancy.

– Archives et actes judiciaires et pénitentiaires et du séquestre à Limoges (environ cinquante mille dossiers) dont le gouvernement veut, au préalable, retirer les registres de réclamation de nationalité et tous les documents de nature tant soit peu politique et compromettante qui pourraient servir aux autorités nazies en Alsace : saisie d'actes correspondant dans le ressort des cours d'appel de Nancy et Besançon.

– Trésor de la cathédrale et objets d'art de diverses paroisses : biens équivalents dans des cathédrales et églises de France.

Le 11 décembre 1942, lorsque la question des biens protestants et catholiques revient sur le tapis, Laval s'exclame : «J'ai suffisamment d'adversaires pour que je puisse me permettre d'avoir les deux Eglises à dos». Trois jours plus tard, il dicte, en présence de la délégation allemande, une lettre à M. Robert Hoepffner, président de l'Eglise de la Confession d'Augsbourg d'Alsace et de Lorraine, replié à Périgueux, qui n'avait pas donné suite aux «recommandations» adressées par Vichy, pour lui ordonner de rendre les archives et la bibliothèque déposées dans trois châteaux de la Dordogne. Quant au trésor de la cathédrale, il s'en remet à la commission allemande «pour venir à bout» de l'opposition de l'évêque de Strasbourg, Mgr Ruch. Le 19 février 1943, le Gauleiter Wagner en appelle à Hitler qui, le 12 mars, «ordonne que ces biens soient ramenés en Alsace sans l'assentiment de l'évêque». Ils seront enlevés entre le 20 et le 24 mai par Kraft, avec un commando SS, des châteaux de Bourdeilles et de Hautefort.

Dans son dernier rapport en juillet 1944, Kraft note avec regret que la chasse aux derniers reliquats de biens alsaciens est interrompue par «le danger terroriste» en Dordogne et dans le Limousin et les difficultés de circulation en général.

Le RAD, un Service pas très civil

EUGÈNE RIEDWEG

1941

8 mai 1941, le Reichsarbeitsdienst (service national du travail) est introduit en Alsace. Neuf classes d'âge vont être concernées par le RAD masculin, quatre pour les femmes. Les réfractaires ne s'y sont pas trompés : il ouvrit la voie à l'incorporation militaire de force.

EMBARQUEMENT POUR LE RAD.

AMS

Le Reichsarbeitsdienst (RAD), ou Service National du Travail, est la principale organisation paramilitaire dans laquelle les jeunes Alsaciens des deux sexes seront incorporés par ordre d'appel, au même titre que dans la Wehrmacht.

Le RAD trouve son origine dans le «Service d'entraide patriotique», né au cours de la guerre de 1914-1918, ainsi que dans différents groupes de volontaires du travail apparus après la défaite. Les idées, ainsi véhiculées, de régénérence de la jeunesse et de la nation par le travail, de respect du travail manuel, sont récupérées par l'idéologie nazie, et, dès la prise de pouvoir en 1933, les premiers camps de travail s'édifient, à travers tout le Reich, pour les volontaires masculins et féminins. Le but poursuivi est de faire passer toute la jeunesse allemande par l'école du travail. Ainsi le RAD doit être le creuset où toutes les classes sociales vont se mélanger pour servir la nation par l'outil. Le travail constitue aussi, avec la lutte (ou le combat), l'un des deux piliers sur lequel doit s'édifier le nouveau Reich national-socialiste.

C'est dans cette logique que le 21 mai 1935, en violation avec le traité de Versailles, une loi d'Empire (Wehrgesetz) réintroduit le service militaire pour tous. Dès le mois suivant une autre loi du 26 juin 1935 rend le RAD obligatoire pour tous les jeunes gens. Il sera étendu en août 1936 aux jeunes filles. Initialement le RAD dépendait du ministère de l'Intérieur du Reich, mais avait néanmoins une administration et une hiérarchie propre qui avait à sa tête Constantin Hierl. Organisé sur le plan régional, le RAD comporte dans chaque Gau un certain nombre de sections logées dans des camps. Les sections masculines comptaient 214 hommes, les sections féminines 41,54 ou 81 jeunes filles. Les membres du RAD portent un uniforme brun. Ils n'ont pas d'arme ni de casque mais sont dotés d'une bêche, qu'ils apprennent à manier comme un fusil et avec laquelle ils rendent les honneurs. Leur emblème est dérivé du drapeau nazi, mais au lieu de la croix gammée, on y trouve une pelle entourée de deux épis de blé. A partir du 1er octobre 1935, tous les jeunes Allemands âgés de vingt ans sont astreints à ce service qui dure six mois. Chaque classe est enrôlée en deux contingents : le premier en été, le second en hiver. En été, on incorpore de préférence les citadins que l'on envoie à la campagne pour les récoltes, et en hiver, les jeunes paysans que l'on envoie dans les villes. Hiérarchiquement organisées comme l'armée, les sections du RAD sont également soumises à un régime disciplinaire militaire. Leur activité dans les camps est partagée entre le travail manuel et l'instruction militaire. Leur emploi du temps comporte six heures de travail manuel non rétribué (mais ils touchent une solde) et deux heures consacrées au sport, à l'instruction militaire et à des cours d'éducation politique. Le RAD va être utilisé à diverses fins : participation aux récoltes, travaux publics, comme la construction d'autoroutes, la régularisation de cours d'eaux, l'assainissement de marécages... Ainsi conçu, le RAD va également contribuer à résorber le chômage. Avec la marche à la guerre minutieusement programmée par Adolf Hitler, il va surtout être employé à des fins militaires, à partir du mois d'avril 1938. On va même créer un Arbeitsgau particulier à cette fin : le Westgau, afin d'utiliser le RAD pour les travaux de fortification du Westwall (ligne Siegfried) et la construction d'aérodromes militaires. Dès le début de la Seconde Guerre mondiale, les formations du RAD seront utilisées en Pologne comme unités de génie. A partir de ce moment, le RAD va suivre les unités combattantes sur tous les territoires d'opération. L'ordonnance du 30 décembre 1939 du Ministère de la défense du Reich, précise d'ailleurs qu'à la place des tâches pacifiques habituelles du RAD, celui-ci doit être employé avant tout à des travaux dans l'intérêt de la défense. Le RAD sera également engagé en Alsace dès la fin du mois de juin 1940 pour participer, dans le cadre de l'Aktion Elsass à la remise en état et à la reconstruction de la région aux côtés de l'organisation Todt et de la Technische Nothilfe.

Dans le processus de mise au pas de la population alsacienne (Gleichaltung) et de regermanisation de l'Alsace, dès le début de 1940, l'embrigadement de la jeunesse dans les organisations nazies tient une place essentielle.

DÉFILÉ
DE JEUNES ALSACIENS DU RAD

AMS

Le Gauleiter Wagner considérait en effet que les Alsaciens ne pourraient devenir des Allemands à part entière qu'après avoir combattu aux côtés des autres jeunes du Reich. Pour arriver à ses fins, le Gauleiter va procéder par étapes successives : introduction du RAD le 8 mai 1941, appartenance obligatoires à la H.J. le 2 janvier 1942, service militaire obligatoire le 25 août 1942. Le RAD constitue donc la première étape de ce processus qui devait rapidement déboucher sur l'incorporation de force. Le passage dans le RAD n'est pas neutre car, à cette occasion, les jeunes Alsaciens devront prêter serment au Führer du IIIe Reich. C'est donc une reconnaissance de leur appartenance à l'Allemagne nationale-socialiste qu'on leur demande pour la première fois par un serment public. Les nazis, parfaitement informés de l'état d'esprit de la population, ne s'y trompent pas. A chaque étape, ils vont procéder à une intense préparation psychologique et faire appel au volontariat – sans grand succès – avant de passer à la contrainte. Les premiers appels pour le RAD apparaissent dès le mois de février 1941, dans le *Regierungsanzeiger* pour l'Alsace (21 février 1941) et les journaux locaux. Ils s'adressent aux jeunes Alsaciens et Alsaciennes des classes 1919 à 1922 : «Wer will in der RAD ?» avec la garantie d'être employé à proximité dans les camps de l'Arbeitsgau XXVII du pays de Bade. On fait également miroiter aux futurs volontaires la possibilité de faire carrière dans le RAD comme cadres subalternes et d'être employés plus tard à la mise sur pied du RAD en Alsace. Les premiers conseils de révision se tiendront dans les Chefs-lieux d'arrondissement du 4 au 7 mars 1941. Ils étaient encore organisés par les unités de RAD du pays de Bade. Selon un article des SNN :

«Les candidats devront se présenter dans un état de propreté corporelle et vestimentaire parfait et être munis d'un caleçon de bain ou de sport. Ils étaient en outre avertis que les frais de transport ou les pertes de salaires étaient à leur charge.»

«WER WILL IN DER RAD ?» PAS GRAND MONDE !

Dans ces conditions, il n'est pas étonnant que les volontaires fassent défaut, et d'après les autorités allemandes elles-mêmes (synthèse du SD du 10 avril 1941), l'opération est un échec total. Selon cette même source, on pense généralement en Alsace que cet appel au volontariat n'est qu'un moyen pour les Allemands de trouver de la chair à canon. Le rapport signale également que beaucoup de jeunes gens cherchent, dès cette période, à fuir en France non occupée pour échapper à une incorporation forcée qui ne devrait tarder.

Le RAD est effectivement introduit en Alsace, dès le 8 mai 1941, par une ordonnance du Gauleiter Wagner. Le texte est volontairement rédigé d'une manière fort vague, puisqu'il prévoit que «tous les habitants masculins et féminins de l'Alsace entre dix-sept et vingt-cinq ans peuvent être appelés au RAD». On espère éviter ainsi des incidents et une recrudescence des départs clandestins. Les

Alsaciens néanmoins ne s'y trompent pas et, moins d'un an après l'annexion de fait, cette mesure apparaît comme pleine de menaces et en laisse présager d'autres encore plus graves. Tous les Alsaciens savaient en effet que, de l'autre côté du Rhin, le service dans le RAD ne précédait que de peu l'incorporation dans la Wehrmacht.

L'Alsace fait partie, pour les jeunes gens, de l'Arbeitsgau nº XXVII (Bade-Alsace) dont le siège se trouve à Strasbourg (Bismarck Strasse nº 17) qui est dirigé par le Generalarbeitsführer Helff. Pour les jeunes filles, l'Alsace fait partie du Bezirk nº XVIII (Oberrhein) du «RAD der Weiblichen Jugen» dont l'organisation

DES JEUNES DE SAVERNE ENRÔLES POUR LE RAD S'APPRÊTENT AU DÉPART.

COLLECTION VIOLLET

diffère quelque peu de celle du RAD masculin. Le recensement et les conseils de révision vont être assurés par sept bureaux de recrutement (Meldeamt) : Strasbourg M 294, Saverne M 295, Haguenau M 296, Sélestat M 297, Colmar M 298, Mulhouse M 299 et Thann M 300, placés sous l'autorité du Hauptmeldeamt XXVII de Strasbourg, installé dans la Stoberstrasse.

ENVOYÉS LOIN À L'INTÉRIEUR DU REICH, CONTRAIREMENT AUX PROMESSES FAITES.

Les premiers conseils de révision, concernant la classe 1922 pour les jeunes gens et la classe 1923 pour les jeunes filles, vont se tenir entre le 4 et le 29 août 1941, suivant les arrondissements ; certains se prolongeront jusqu'en septembre. Les conditions d'incorporation dans le RAD sont les mêmes pour les Alsaciens que pour les Allemands. Cependant le service devait être accompli dans des camps de l'intérieur du Reich et non en Alsace-Moselle. Les intéressés recevaient un ordre d'appel, délivré par le service local de recensement du RAD, après avoir passé le conseil de révision. Les premiers départs auront lieu en octobre 1941 mais, contrairement aux promesses faites, la plupart d'entre eux seront envoyés loin à l'intérieur du Reich. Seuls étaient exempts ceux qui étaient physiquement inaptes (invalides, malades...). En outre, étaient exclus du service comme indignes : les condamnés le droit commun, les personnes condamnées à la dégradation civique, ou condamnées pour activités hostiles à l'Etat. Pour les jeunes filles, d'autres motifs d'exemption pouvaient intervenir : le mariage et la grossesse. Pouvaient également être dispensées : les jeunes filles en possession d'un contrat d'apprentissage, celles qui fréquentaient l'enseignement supérieur depuis 1939, les filles de cultivateurs et les ouvrières agricoles.

En 1941, la durée du service dans le RAD est de six mois mais, à partir de 1943, en raison des besoins grandissants de la Wehrmacht, la durée de celui-ci va être progressivement réduite. Pour le seul Bas-Rhin, plus de 3 000 attestations vont être ainsi délivrées par l'Office des Anciens Combattants à des personnes comptant moins de 90 jours d'incorporation dans le RAD. Par ailleurs un certain nombre de jeunes Alsaciens seront incorporés directement dans d'autres formations paramilitaires (la Flak notamment) sans passer par l'intermédiaire du RAD.

Par contre, les jeunes Alsaciennes, après leurs six mois de service dans le RAD, n'en sont pas quittes pour autant puisqu'elles peuvent être incorporées dans le Krieghilfsdienst (service auxiliaire de guerre), créé par une ordonnance du Führer du 29 juillet 1941, complétée par un arrêté du Ministère de l'intérieur du 13 août 1941. Toutes les jeunes filles ayant accompli leur service au RAD pouvaient y être astreintes, par voie de réquisition, pour une période de six mois au minimum. Quoique libérées du RAD, ces jeunes filles sont administrées par cette organisation, soumises à sa discipline et placées sous la surveillance de ses gradés. Elles ne portent pas d'uniforme, mais un brassard avec les initiales KHD. Elles sont logées et nourries aux frais de l'employeur, et ne touchent qu'une prime journalière et une prime d'habillement. Le KHD sera introduit en Alsace le 1er octobre 1941, en même temps que le RAD féminin, mais ce n'est qu'en octobre 1942 que les premières Alsaciennes y seront assujetties. Dans un premier temps, beaucoup d'entre elles, après leur retour du RAD, pourront être employées en Alsace même, dans les administrations et les hôpitaux. Mais, en raison des besoins grandissants de la Wehrmacht, les jeunes Alsaciennes seront envoyées dans l'ensemble du Reich à partir de la fin de l'année 1942. On va les employer dans les industries de guerre, les transports, les services administratifs ou de télécommunications de la Wehrmacht, la Flak (DCA).

L'introduction du RAD d'après un rappel du SD, ne suscite pas d'opposition directe au moment de la parution de l'ordonnance du Gauleiter. On fait cependant remarquer «qu'on constate un manque de motivation nécessaire de la part des jeunes assujettis *au RAD... Un certain nombre d'entre eux cherchent à se soustraire* par une fuite en *France au service du travail.* D'autres cherchent sous divers prétextes, à se libérer de cette obligation (chez le seul Landkommissar de Sélestat près de cent demandes ont été ainsi déposées). On peut également constater que certains appelés, après avoir reçu leur convocation, ne se sont pas présentés au conseil de révision du RAD (ils y ont été contraints par la force).» Cette synthèse du SD met bien en évidence l'état d'esprit qui règne alors en Alsace ; une partie des jeunes, la moins importante, cherche immédiatement à s'enfuir, d'autres sous divers prétextes cherchent à s'en dispenser, tandis que la majorité, très réticente, demeure dans l'expectative, car le RAD, malgré son caractère militaire, n'est pas encore la Wehrmacht. Dans l'ensemble, l'opinion publique réagit négativement à ces mesures. Les familles s'inquiètent, notamment pour les jeunes filles, de cette séparation forcée.

1941

L'INTRODUCTION DU RAD A FAIT ÉVOLUER L'ÉTAT D'ESPRIT DES ALSACIENS.

Les premiers incidents vont éclater lors des conseils de révision et des départs pour l'Allemagne. Un certain nombre de jeunes vont se livrer à de bruyantes démonstrations : on chante la Marseillaise et divers chants français, des drapeaux français sont déployés...

L'incident le plus sérieux a lieu à Marckolsheim, où quatorze jeunes gens convoqués au conseil de révision le 6 août 1941 se cachent toute la journée dans la forêt. A leur retour ils sont arrêtés par la gendarmerie et envoyés à Schirmeck.

Au total neuf classes d'âge vont être concernées par le RAD masculin (classes 1920 à 1927 et classe 1928, mais partiellement seulement). Les jeunes Alsaciennes seront moins concernées, dans la mesure où l'on n'incorpore que les classes 1923 à 1926, dont certaines partiellement, comme la classe 1925 qui ne compte qu'un nombre limité de jeunes filles effectivement mobilisées. L'évaluation du nombre d'Alsaciens incorporés dans le RAD est ainsi difficile et plus imprécise que pour la Wehrmacht, étant donné qu'il n'existe pas de statistiques précises, les archives correspondantes ayant été dispersées ou détruites à la libération. Par divers regroupements (demandes de titres de «Personnes contraintes au travail en pays ennemi», «Incorporation dans la Wehrmacht...»), on peut estimer que près de 70 000 jeunes Alsaciennes et Alsaciens sont passés par le RAD (dont plus de 40 000 sont ensuite incorporés dans la Wehrmacht), et ce pour une durée plus ou moins longue. Si l'introduction du RAD ne suscite qu'une opposition limitée, elle contribue néanmoins à faire évoluer l'état d'esprit des Alsaciens qui commencent de plus en plus à se rendre compte qu'ils ne vont pouvoir rester à l'écart de la guerre menée par le IIIe Reich. Le retour des premiers incorporés au RAD, en avril 1942, ne précèdera d'ailleurs que de quelques mois l'instauration du service militaire obligatoire.

SOURCES :

Eugène Riedweg, *L'Alsace et les Alsaciens de 1939 à 1945*, thèse de 3e cycle, Strasbourg, 1983.

Les Tribulations de l'industrie alsacienne

Exode, spoliations, rachats

ALAIN PETER

1941

A partir de 1933, victime de la politique du glacis, l'industrie alsacienne est entrée dans une phase de déclin. L'intégration rapide de l'économie alsacienne dans l'ensemble économique allemand fut une des priorités du Gauleiter Wagner. Deux buts : germaniser l'économie alsacienne, orienter la production en fonction des besoins militaires.

INDUSTRIE DE GUERRE : LES HOMMES AU FRONT, LES FEMMES À L'USINE. AMS

Dans un courrier du 9 juin 1940, donc avant la conquête de l'Alsace, le Haut Commandement de l'armée allemande adresse à ses services un «Catalogue des industries et entreprises de première nécessité en Alsace».[1] C'est dire que l'envahisseur sait ce qu'il va accaparer. Mais il prend en charge une industrie alsacienne très affaiblie par un exode des entreprises entre 1933 et 1940. Cette dévitalisation de l'industrie régionale rend plus aisée la mainmise allemande sur les entreprises. Elle précède une période de «reconstruction organisée» qui s'achève en 1942 avec l'incorporation de l'économie alsacienne dans l'économie de guerre nazie.

L'arrivée au pouvoir d'Hitler en Allemagne, en 1933, et la marche à la guerre qui s'en suit provoquent en Alsace un exode des entreprises vers l'intérieur de la France, voire pour certaines, hors du territoire français. Placés à la frontière avec l'Allemagne, les entrepreneurs alsaciens gardent le souvenir de la Première Guerre mondiale. Ils craignent qu'en cas de nouveau conflit, l'Alsace serve de champ à des combats d'artillerie. Le constructeur automobile Emile Mathis est parmi les premiers à mesurer les risques de guerre. Dès 1934, il conclut un accord d'association avec la société Ford et développe son usine Matford de Bordeaux. La même année, en février, la famille de Dietrich rompt avec sa tradition de localisation en Alsace et rachète une société de fonderie en faillite de Vendôme, dans le Loir-et-Cher : les Etablissements Genevée. Des investissements prévus sont stoppés ou transférés ailleurs. Ainsi, la raffinerie de pétrole prévue au Port du Rhin est installée à Donges, près de Saint-Nazaire. Saint-Gobain n'installe pas comme prévu de plate-forme chimique au Port de Strasbourg.

TRANSFERTS D'USINES, ANNULATIONS D'INVESTISSEMENTS: L'AVANT-GUERRE SE RÉVÈLE DÉJÀ UN DÉSASTRE INDUSTRIEL POUR L'ALSACE.

Dans un ouvrage paru en 1942, sous contrôle allemand mais bien documenté, Albert Bleicher donne des indications sur le déclin de l'industrie alsacienne. Dans le textile le nombre d'ouvriers a chuté de 62% entre 1930 et 1936.[2] Toujours selon Bleicher, la machine-outil connait une chute des investissements alors qu'elle était réputée pour sa qualité. L'exode s'accélère en 1938 avec la crise des Sudètes. De Dietrich investit à Annaba, en Algérie, dans une société de construction de matériel ferroviaire. Au printemps 1939, l'évacuation des machines et du personnel est encouragée par le ministre de l'Armement qui fait dépendre ses commandes de guerre d'une réimplantation des entreprises hors d'Alsace. L'imminence du conflit vers la fin de l'été 1939, justifie l'évacuation des populations proches du Rhin. Il en résulte un abandon quasi total des activités industrielles, et des déprédations diverses sur les installations.

«Au moment de la déclaration de guerre en 1939, l'autorité militaire française a fait évacuer toutes nos matières premières, filés, draps en cours de fabrication et draps terminés, à l'intérieur (Bourges et Romorantin). De ce fait, l'usine a dû cesser son activité»[3]. C'est ainsi qu'en 1946, la Nouvelle Manufacture de Draps de

Bischwiller relate son expérience dans un état des lieux demandé par la Chambre de commerce et d'industrie de Strasbourg. Les Tanneries Strasbourgeoises Herrenschmidt et Cie écrivent : «En septembre, notre administration-déléguée et nos directeurs ayant été mobilisés et tous nos stocks et approvisionnements de toute nature ayant été réquisitionnés, à la demande de la 5e armée, l'usine de Strasbourg fut remise en marche fin octobre 1939. Notre société y travaille, ainsi que dans son usine de repli dans le Loir-et-Cher, pour le compte de l'intendance jusqu'en 1940.»[4] C'est donc l'autorité militaire qui décide de l'évacuation des entreprises encore présentes ou de la continuation de l'activité de certaines. Cette période s'achève donc sur un véritable désastre industriel. La région a connu une fuite massive de ses industries devant l'imminence du conflit. Celles qui sont restées ont vu leur activité arrêtée. Mais les destructions limitées laissent aux Allemands la possibilité de reprendre rapidement les exploitations restantes.

Très vite, les Allemands mettent en place une administration dirigiste placée sous les ordres du Gauleiter Robert Wagner. Celui-ci reçoit de Hitler la mission de «faire en dix ans de cette terre un pays allemand», et «d'intégrer rapidement, si possible, et totalement l'économie alsacienne dans l'ensemble économique allemand».[5]

Les premières mesures économiques de Wagner concernent la mise sous séquestre des biens ennemis. Le 13 juillet 1940, une ordonnance stipule que :

1. Afin d'empêcher en Alsace que les biens soient utilisés à faire de la propagande contre le Reich, les biens étrangers seront confisqués en faveur du Reich. On ne peut donc plus disposer légalement de ces biens.
2. Tous les biens non-allemands, sans tenir compte des conditions de propriété, tous les objets et droits de toute nature qui ont servi ou devaient servir à des menées contre le Reich, font partie de cette catégorie.
   a) Les biens de tous les partis politiques et de leurs organisations de secours
   b) Les biens des loges et de toute organisation identique
   c) Les biens des Juifs
   d) Les biens des Français qui ont gagné leur fortune après le 11 novembre 1918 en Alsace et de tous les ressortissants des autres Etats ennemis.[6]

Une autre ordonnance en date du 25 octobre 1940 oblige les détenteurs de devises et de titres de sociétés à les livrer aux banques. Ce régime de séquestre est progressivement aggravé. Le 15 janvier 1941, il est étendu aux biens des Alsaciens qui ont quitté l'Alsace sans autorisation ou n'y sont pas revenus.[7] Le 8 décembre 1941, une ordonnance rend obligatoire la déclaration des sociétés ayant ou ayant eu leur siège social en Alsace et plaçant sous séquestre celles qui ne seraient pas déclarées dans un délai imparti. Enfin, la grande ordonnance du 16 décembre 1941, concernant les biens ennemis en Alsace remplace tous les textes antérieurs. Elle ordonne la saisie des biens des «ennemis» qui se trouvent en Alsace à la date du 13 juillet 1940. Les propriétaires spoliés de leurs entreprises sont expulsés ainsi que les «indésirables». Ils sont, selon la nomenclature et les termes de l'ordonnance :

a) Juifs
b) Français de l'intérieur
c) Alsaciens francophiles
d) Anciens combattants de l'Espagne rouge
e) Romanichels
f) Personnes de race étrangère
g) Condamnés de droit commun
h) Personnes antisociales.

LA NOTION DE «BIEN ENNEMI» PERMET AUX ALLEMANDS DE METTRE SOUS SÉQUESTRE 10% DES ENTREPRISES ALSACIENNES.

En résumé, les mesures allemandes organisent la dépossession totale des biens des Français en Alsace. Toutes les entreprises dont les capitaux ne sont pas strictement d'origine locale et leurs détenteurs «racialement purs», sont séquestrées et leurs dirigeants expulsés en France intérieure. Au total, 10% des entreprises sont séquestrées. Mais cela concerne 60 des 170 entreprises de l'industrie mécanique et 94 des 200 entreprises du textile. Ce sont les plus grandes entreprises qui sont spoliées. Ces mesures sont complétées par d'autres dispositions. Le matériel évacué en France est rapatrié, souvent avec l'aide de Vichy. Ainsi, le matériel Bugatti à Bordeaux est-il saisi par la Wehrmacht et transporté à Molsheim.[8] La conversion du franc en reichsmark à un taux surévalué de cent pour cent (un reichsmark pour vingt francs) vise à appauvrir les industriels alsaciens pour qu'ils fassent appel aux banques et tombent sous contrôle financier.

Toutes ces entreprises séquestrées doivent bien évidemment continuer à être dirigées. C'est le rôle des administrateurs-commissaires nommés en remplacement des anciens directeurs. Leur fonction se limite officiellement à conduire les opérations judiciaires et extra-judiciaires se rattachant à l'exploitation des entreprises. Sont exclues de leurs prérogatives les opérations juridiques qui ont pour but de modifier l'objet ou la forme de l'entreprise, ou qui auraient pour suite la cession ou la liquidation de l'affaire ou de l'une de ses branches. Ils doivent gérer leur entreprise correctement et sont responsables de tout préjudice résultant d'une décision erronée. Leur rôle, en dernier ressort, est d'organiser la reprise des activités des entreprises.

Les administrateurs-commissaires peuvent être allemands ou alsaciens. Mais ils sont pour la plupart allemands. Ils n'ont pas toujours les qualités requises pour diriger une entreprise, comme le montre l'exemple de la société Spach et fils, Fabrique de rubans et de lacets de Rothau : «Notre maison a été placée sous séquestre allemand et exploitée sous la conduite d'un administrateur-commissaire. Par suite de l'incapacité de celui-ci, une désorganisation totale de l'usine a eu lieu.»

TÉL.: 289.50 - 289.51 - 289.52
ADR. TÉLÉGRAPHIQUE: FERLOEB
R.C. STRASBOURG. ANALYT. B 578
SUCCURSALES
...MAR. TÉLÉPHONE: Nº 21·22
...NFELD. TÉLÉPHONE: Nº 19

SAPIN D'ALSACE — MARQUE DÉPOSÉE

DÉPÔT DE TUBES DE LA SOCIÉTÉ DES TUBES DE VALENCIENNES ET DENAIN
DÉPÔT DE FER DE LA SOCIÉTÉ MÉTALLURGIQUE DE KNUTANGE
DÉPÔT DE PLOMB ET ZINC DE LA SOC. MINERAIS ET MÉTAUX DE PARIS

MAISON FONDÉE EN 1883

FERS, MÉTAUX, QUINCAILLERIE EN GROS

ÉTABL^TS SIMON LOEB

SOCIÉTÉ ANONYME AU CAPITAL DE 4.500.000 FRANCS
7, PETITE RUE DES MAGASINS, 7
STRASBOURG
(BAS-RHIN)

Straßburger Eisenhof
Michel & Co.
Eisen, Röhren, Metalle und Werkzeug

SECTION 2
FABRIQUE D'OUTILS
...CIÈRES

Geschäftspapiere aus Sparsamkeitsgründen noch verwendet.

N.Réf. JM/L.ABT.EISEN. Hausruf 2

Rosheimer-Strasse 17

Den 7. Mai 1942

Firma
Hubert M U L L E R
Eisenhandlung
S U L Z (O.-Elsass)

Betr.: Ihre Bestellung Nr. 900 vom 21.4.42.

Bezugnehmend auf Ihren heutigen Besuch teilen wir Ihnen mit, dass wir Ihnen ab Lager MANNHEIM abgeben können:

2000 kg.	RUNDEISEN	20 mm
1000 "	"	14 ".
1000 "	FLACHEISEN	22 x 5 mm
1000 "	"	30 - 32 x 6 mm

insgesamt: 5000 kg.

Die BANDEISEN 20 x 3 mm sind leider immer noch nicht eingetroffen und besteht keine Aussicht, dass in dieser Abmessung in absehbarer Zeit neue Zufuhren hereinkommen werden.

Wir bitten Sie, uns für die 5 to. Kontroll-Nr. und Kontrollmarken hereinzugeben, damit wir den baldmöglichsten Versand des Materials veranlassen können.

Stets gerne für Sie beschäftigt zeichnen wir

Heil Hitler!
STRASSBURGER ...

CONDITIONS DE VENTE.

Les offres sont faites sans engagement de notre part et ne sont valables que contre acceptation par retour du courrier.

Nos marchandises sont prises et agréées à nos magasins et voyagent, en outre, entièrement aux risques et périls de l'acheteur alors même que les prix en seraient établis franco. Nous déclinons toute responsabilité pour pertes, manquants ou avaries qui surviendraient en cours de route.

Toutes nos marchandises sont vendues payables à STRASBOURG, toutes contestations pouvant survenir à l'occasion de l'interprétation ou de l'exécution des commandes ou marchés auxquels ces produits donnent lieu, de même tous arrangements, conventions ou contrats passés par nous, avec qui que ce soit, sont de la compétence exclusive des Tribunaux de Strasbourg.

Nos traites et dispositions, pas plus que notre acceptation de paiement, de chèques ou effets quelconques sur une autre ville, n'opèrent ni novation ni dérogation à cette clause attributive de juridiction.

Il en est de même de la stipulation franco.

A moins de stipulation contraire, les délais indiqués pour les livraisons ne sont qu'approximatifs et les retards ne peuvent donner lieu à des dommages-intérêts.

Sont considérés comme cas de force majeure: grèves, épidémies, inondations, manque de combustibles ou de matières premières, interruption de transport, pénurie de matériel, accidents, guerre ou toute autre cause entraînant le chômage partiel ou total de notre Usine ou de celles de nos fournisseurs.

Toute réclamation ne sera valable que si elle est faite 3 jours après réception de la marchandise.

Répertoire des Producteurs BAS-RHIN Nº 257

PAPIER
À EN-TÊTE
D'UNE ENTREPRISE
JUIVE
MISE SOUS
SÉQUESTRE

1941

Les Allemands n'en restent pas là. S'ils ont spolié les entreprises, c'est pour les revendre avec bénéfice à des nationaux. Et les candidats au rachat ne manquent pas !

Le 22 octobre 1940, un membre du conseil d'administration de la Salzfurth A.G., Rudolf Stahl, écrit au secrétaire d'Etat auprès du ministre de l'Economie du Reich : «Résumé brièvement, notre souhait s'oriente ainsi : que lors du retour des mines de potasse alsaciennes en propriété allemande, notre place de seconde société de potasse d'Allemagne soit reconnue par une juste part.»[9]

Malheureusement pour Stahl, ses vœux ne seront pas exaucés car les mines de potasse sont associées le 1er janvier 1942 aux Elsässische Kaliwerke, elles-mêmes filiale de la Preussag. La Société Alsacienne de Constructions Mécaniques de Strasbourg-Graffenstaden, d'abord reprise par la Magdeburger Werkzeugmaschinenfabrik, devient ensuite : Graffenstadenmaschinenbau. La société des Produits Chimiques et Matières Colorantes de Mulhouse passe sous le contrôle de I.G. Farben. Junkers reprend Mathis, et Mannesmann, les Forges de Strasbourg.

GRANDE EXPOSITION INDUSTRIELLE
À STRASBOURG EN 1941

AMS

Pechelbronn est racheté par la Deutsche Erdöl A.G.. Manurhin devient Bosch. Bugatti est repris par Trippel, ami personnel de Himmler, qui y produit des véhicules amphibies. Une autre partie de l'usine est récupérée par la Kriegsmarine pour produire des torpilles.

LES CANDIDATS ALLEMANDS AU RACHAT SE BOUSCULENT : LA SACM PASSE CHEZ KRUPP, BUGATTI À UN AMI DE HIMMLER... LA COLONISATION DE L'ÉCONOMIE ALSACIENNE INQUIÈTE MÊME LE GAULEITER WAGNER.

Le Gauleiter Robert Wagner fait preuve de lucidité politique devant ce déferlement des sociétés allemandes. Il demande à plusieurs reprises que la «reconstruction de l'économie en Alsace se fasse en première ligne avec des forces autochtones».[10] Il s'oppose longtemps, avant de céder, au rachat de la société Alsacienne de Constructions Mécaniques de Mulhouse par Krupp. En fin de compte, il ne réussit qu'à freiner la vague de rachats.

Le 28 septembre 1940, une ordonnance de Wagner subordonne à son autorisation la participation au capital des entreprises en Alsace. L'article 2 lui offre une extrême liberté d'appréciation pour décider de la fermeture d'une entreprise. Cette ordonnance marque le début de la reconstruction organisée de l'industrie alsacienne.

Selon la théorie nationale-socialiste de la Grossraumwirtschaft (grands complexes économiques), l'Europe doit être reconstruite sur des principes intangibles. Pour atteindre un maximum d'efficacité économique, les régions doivent être regroupées de façon à faire naître une complémentarité entre elles. Le tout centré autour du pays le plus développé : l'Allemagne. Lorsque l'Histoire a détourné une région de sa destination économique réelle, il faut, de gré ou de force, la réformer et la remettre à sa place. En vertu de cette philosophie : «un objectif de la politique économique allemande est l'accroissement de l'influence allemande dans les sociétés étrangères».[11]

Une nouvelle organisation doit permettre la réalisation des objectifs. Les groupements professionnels (Wirtschaftsgruppen) seront les instruments essentiels de l'administration de l'industrie. Leur tâche consiste à contrôler les

LE GAULEITER WAGNER

AMS

AFFICHE DE PROPAGANDE.

méthodes de production et de travail des entreprises, d'organiser les livraisons de matières premières, de définir les choix de production, de gérer la main-d'œuvre. Ils doivent orienter les entreprises vers des débouchés prédéterminés et assurer leur fourniture. En bref, ils s'occupent de l'ensemble de la chaîne productive, de la fourniture des moyens de production aux débouchés. Rien n'échappe à ces trente et un groupements professionnels eux-mêmes subdivisés en groupes économiques régionaux, en branches économiques et en sections spéciales de branches économiques.[12]

L'ÉCONOMIE N'A QU'UNE FINALITÉ : SOUTENIR L'EFFORT DE GUERRE.

La vaste machinerie administrative allemande mène un travail de réorientation des entreprises vers des productions de guerre. Par exemple, l'usine de Dietrich de Niederbronn «a dû remplacer une partie de sa production du temps de paix par la confection d'obus. La Société Alsacienne de Constructions Mécaniques de Strasbourg-Graffenstaden a exécuté des locomotives pour la Reichsbahn et des tours Magdebourg pour les diverses usines d'armement».

Les taux d'activité varient selon qu'une entreprise est employée à des productions de guerre ou pour des tâches importantes du ravitaillement civil. Dans ce cas, elle travaille à plein régime. Par contre, si elle n'a pas été retenue pour ces productions, son activité oscille le plus souvent entre 30 et 40% de celle d'avant-guerre. Quant à l'industrie mécanique, elle connaît une reprise en 1941 lorsque se prépare l'agression contre l'URSS. Toutes les usines reçoivent de nouvelles commandes et sont autorisées à acheter des machines neuves.

La reconstruction organisée de l'industrie alsacienne constitue un succès indéniable du dirigisme allemand. Pour autant, tout n'est pas parfait. Principale difficulté : le ravitaillement. L'économie nazie est une économie de pénurie dans laquelle la moindre parcelle de ressource doit être utilisée au mieux. D'où de multiples réglementations pour lutter contre le gaspillage. C'est surtout pendant l'hiver 1941-1942 que la pénurie de charbon s'aggrave. Des usines travaillent alors irrégulièrement où s'arrêtent.[13]

La seconde difficulté a trait à la concurrence des entreprises d'outre-Rhin. Les Allemands notent que «dans des proportions croissantes, on constate que les services actifs en Alsace passent leurs commandes de préférence à des firmes allemandes». Une circulaire de Wagner du 17 octobre 1942, en donne la raison : «Tous les services sont informés de ce qu'aucun Alsacien qui n'est pas positivement engagé par rapport au national-socialisme ne peut avoir droit à des commandes économiques.» Les concurrents allemands ont, en effet, un avantage évident face aux industriels alsaciens, c'est leur allégeance au régime. Mais c'est évidemment la continuation de la guerre qui constitue la principale difficulté. Avec l'échec allemand devant Moscou dans l'hiver 1941-1942, l'industrie allemande doit s'adapter à la fourniture d'une armée en guerre prolongée. Elle conduit le ministre de l'Armement et des Munitions, Todt, à déclarer le 13 janvier 1942 : «Au contraire de la pratique courante, la pratique future doit viser la concentration de la production. Il ne s'agit pas seulement de transformer la structure économique. La question est bien plus : quelle est la meilleure façon d'aider l'armement allemand dans le but d'obtenir la victoire ? Nous ne voulons pas décapiter pour décapiter, mais ne fermer des entreprises que si nous ne pouvons pas faire autrement.»

SOURCES

Archives départementales du Bas-Rhin (ABDR), AL125 : VII, Gewerbe und Handel.
Bulletin de la Chambre de commerce et d'industrie de Strasbourg, Strasbourg, 1946.
Dommages subis par les départements de l'Est, Paris, 1948.
La Documentation française : Les départements de l'Est sous l'occupation allemande, Notes documentaires et études, n° 1039, Paris, 1948.
Alain Peter, *Les entreprises en Alsace durant la seconde guerre mondiale*, mémoire de maîtrise, sous la direction de Michel Hau, Strasbourg, 1988.

NOTES

1. Lettre du Haut Commandement de l'armée allemande au général commandant les troupes allemandes en Alsace, 9 juin 1940, ABDR, AL125 : VII.
2. Cf. Albert Bleicher, *Elsass und Lothringen wirtschaftlich gesehen*, Berlin, 1942, p. 221.
3. Cf. *Bulletin*, op. cit., p. 80.
4. Idem, p. 93.
5. Lettre du ministre de l'Economie du Reich à Wagner, 9 août 1940, ABDR, AL125.
6. *Dommages subis*, op. cit., p.38.
7. Eugène Riedweg, *L'Alsace et les Alsaciens de 1939 à 1945*, Thèse de troisième cycle, Strasbourg, 1983, p. 190.
8. Cf. L'Ebé Bugatti, *L'épopée Bugatti*, Paris, 1966, p. 200, 201.
9. Cf. Dietrich Eichholtz, Schumann Wolfgang, *Anatomie des Krieges*, Berlin, 1969, p. 298.
10. Lettre de Wagner au Landkommissar de Saverne, 14 novembre 1940, ABDR, B389.
11. Cf. Otfried Ulshoffer, *Einflussnahme auf Wirtschaftunternehmungen in den besetzten nord-west und südosteuropaïschen Ländern*, Tübingen, 1958, p. 42.
12. Cf. Walter Rinckenberger, *L'Alsace rempart français sur le Rhin*, Paris, 1946, p. 208 à 209.
13. Cf. G.R. Clément, *Avec l'Alsace en guerre (1940-1944)*, Strasbourg, 1945. p. 53.

BIBLIOGRAPHIE

Outre les ouvrages cités plus haut, on peut encore consulter pour le détail des branches industrielles :
Simone Chopp, *Une entreprise : Mathis*, mémoire de maîtrise, Strasbourg, 1986.
Emmanuel Chadeau, *L'industrie aéronautique en France, 1900-1950*, Paris, 1987.
Jacques-Henry Gros, *L'industrie cotonnière alsacienne de 1830 à 1950*, Thèse de droit, Paris, 1952.

Un Grand projet pour Strasbourg

Urbanisme national-socialiste

BÉNÉDICTE LECLERC

La mainmise allemande sur l'Alsace avait aussi des aspects urbanistiques. Dès 1940, un projet vise à développer Strasbourg vers l'est, sur le Rhin, en incluant notamment Kehl. Les déboires militaires le réduisirent à néant. [1]

1941

«Les Français croient-ils que nous leur rendrons cette cathédrale ?» lance Hitler avant de sortir de la cathédrale de Strasbourg qu'il venait de visiter longuement, en silence, ce 21 juin 1940, jour anniversaire de la signature du traité de Versailles[2], faisant fi d'un accord conclu le 6 décembre 1938 à Paris, entre la France et l'Allemagne, qui confirmait la renonciation de celle-ci à l'Alsace-Lorraine. Pour ne pas provoquer la France par un acte solennel d'annexion – et parce que cette réannexion paraissait négligeable aux yeux de Hitler comparée à la conquête de vastes territoires vers l'est[3] – la Rückdeutschung, ou regermanisation de l'ancien Reichsland, s'organise par faits accomplis, arbitrairement, quel que soit le domaine, politique, économique ou culturel. Les arts, l'architecture ou l'urbanisme seront des instruments de cette politique.

Le 20 juin 1940, avant même la signature de l'armistice[4], Hitler exclut l'administration de l'Alsace du commandement militaire français et la confie à Robert Wagner, Gauleiter (chef de l'administration civile) et Reichstatthalter (gouverneur) du pays de Bade[5], avec mission de gagner, en une décennie, la population alsacienne à la cause national-socialiste. Wagner, qui se targue de réussir en cinq ans, introduit en deux ans toutes les lois politiques et administratives allemandes, procédant à une annexion déguisée, soutenu par certains autonomistes.[6] L'Alsace est rattachée administrativement au Pays de Bade. Les services officiels sont fusionnés et des annexes des différents ministères de Karlsruhe sont installées à Strasbourg. Ceux-ci deviennent indépendants lorsque le Gauleiter abandonne Karlsruhe pour installer sa résidence à Strasbourg, officialisant ainsi une étape du projet de restructuration de la province et de la fusion des régions administratives

LE «GRAND STRASBOURG» RÊVÉ PAR LES ALLEMANDS.
PROJET DU DR. MÖHRLE.

du Pays de Bade et de l'Alsace en une nouvelle province dénommée Gau Oberrhein (province du Rhin supérieur), dont Strasbourg est destinée à devenir la capitale. Cette réorganisation politico-administrative s'appuie formellement sur un projet urbain dont les grandes lignes auraient été tracées de la main même de Hitler.[7]

Ce dessin schématique de trois axes d'égale largeur (100 m) formant un large Y ou une patte d'oie, tracé directement sur un extrait de plan français de l'agglomération strasbourgeoise au 1/10 000e, définit un redéploiement de la ville vers l'est intégrant, au-delà du Rhin, la ville allemande de Kehl. Ainsi, à partir de cette figure géométrique aux perspectives axiales imposantes dont la monumentalité, en rupture totale avec l'échelle de la ville, rappelle la composition urbaine de l'axe nord-sud de Speer à Berlin[8], la façade principale de la ville de Strasbourg bascule vers l'est et s'installe formellement, mais également symboliquement, sur le Rhin.

EN PROJET : UNE AGGLOMÉRATION TENTACULAIRE DE TROIS MILLIONS D'HABITANTS !

Ces données formelles doivent soutenir le projet de la création d'une ville de trois millions et demi d'habitants autour d'un nouveau centre politique, administratif, universitaire et militaire ainsi que d'un projet économique. Le tandem Strasbourg-Kehl doit devenir un pôle de croissance pour l'espace économique du Rhin supérieur, aussi important que celui que représente Mannheim-Ludwigshafen pour le Rhin moyen. Hitler confie à son architecte, Albert Speer, le soin d'organiser un concours pour l'élaboration du plan du «Nouveau Strasbourg». Celui-ci est

PROJET MÖHRLE D'UN PALAIS DU GOUVERNEUR À STRASBOURG.

lancé le 1er janvier 1941.[9] L'article 1 spécifie que «la ville allemande de Strasbourg doit dignement incarner l'esprit de la nouvelle Allemagne». Le programme stipule également les projets de quarante-trois édifices avec leur surface : palais du gouverneur, ministères, administrations, opéra, maison de la radio. Le compte-rendu, fixé au 1er août 1941, sera soumis au Führer. Huit architectes sont invités à concourir. Tous, sauf J. Schlippe, sont membres du NSDAP. Ce sont le professeur Akler de Karlsruhe, le Stadtbaudirektor Beblo de Strasbourg, l'Oberbaudirektor Dr Möhrle de Karlsruhe, le Stadtbaurat Panther de Cracovie, le Dipl. Ingenieur Schelling de Karlsruhe, le Stadtbaurat Schlippe de Fribourg, le professeur C.H. Schmitthenner de Stuttgart et le Regierungsbaumeister Wolf de Fribourg.

Les projets remis, dont des traces sont conservées à Strasbourg[10], sont les seuls documents graphiques, à notre connaissance, qui témoignent des pratiques urbanistiques et des modèles architecturaux nazis sur le territoire français. Le vocabulaire architectural utilisé, qu'il soit de style officiel du IIIe Reich, d'ordre monumental ou de style germanique traditionnaliste, souligne, dans une mise en scène architecturale, une symbolique, un rituel et un cérémonial du culte, si bien décrits par Elias Canetti[11]. Ces plans[12], par leur mépris du tissu urbain existant (la cathédrale exceptée étant donnée sa valeur symbolique) et l'échelle des projets (la surface du plus petit des nouveaux centres directionnels étant plus grande que l'aire du centre historique comprise entre les deux bras de l'Ill) démasquent des pièces et non des «détails» de l'idéologie national-socialiste. A ces projets urbains s'adjoignent deux projets d'urbanisme à l'échelle régionale proposés, à partir d'analyses d'économie politique et de géographie urbaine, par l'ingénieur Heiligenthal de Karlsruhe[13], sans qu'on l'y invitait. Ceux-ci visent à insérer Strasbourg dans l'espace rhénan à travers un maillage routier et autoroutier, un déplacement du port et un plan de zoning.

Parallèlement à cette procédure de concours, qui aboutit discrètement au printemps 1942 car la bataille de Stalingrad marqua non seulement le cours de la guerre mais également celui des grands projets d'architecture rêvés par Hitler, la municipalité strasbourgeoise poursuit une politique de nazification, non seulement de la population[14], mais aussi de l'image de la ville. Une circulaire du Chef der Zivilverwaltung im Elsass[15] enjoint le «nettoyage des villes et villages de toute trace de mauvais goût de l'époque française». L'achèvement de la première phase de cet assainissement est fixé au 1er juin 1941. La seconde phase, sur dix ans, doit restituer à l'Alsace «son ancienne image historique». Beblo est chargé de la rédaction d'une Baufibel (manuel de modèles) pour Strasbourg, Schlippe de celle de l'Alsace. Le ministère des Postes, à Berlin, élabore une série de plans types de bureaux de poste... Cette politique mise en œuvre très concrètement est encadrée par une propagande active. De grandes expositions[16] et des conférences rappellent la puissance du Reich et la qualité, tant de son architecture, que de son art...

Ces projets n'auront, en fait, que peu marqué la ville construite. Les plans d'urbanisme qui suivent n'ont aucun lien formel avec les documents allemands. Le développement d'infrastructures d'ouest en est s'explique par une volonté d'intégration de Strasbourg, non pas dans un espace économique allemand, mais dans un espace européen.

NOTES

1. Ce texte résume l'article de l'auteur «Urbanisme national-socialiste en France, les projets pour le «Nouveau Strasbourg», 1940-1944», paru en 1988 dans la revue *Histoire de l'Art*, nº 1/2.
2. Le Führer rejoint ses troupes au Col de la Schlucht après avoir traversé la ville déserte, évacuée dès septembre 1939. Il n'y reste que quatre cents habitants à l'arrivée des allemands, le 18 juin 1940.
3. But majeur décrit dans *Mein Kampf* dès 1923.
4. L'armistice est signé le 22 juin 1940 à Compiègne.
5. Robert Wagner, né le 13 octobre 1895 à Lindach (Allemagne), fusillé au Fort Ney à Strasbourg le 14 août 1946, nommé le 2 août 1940 par un décret non publié pour des raisons diplomatiques. Joseph Bürckel, Gauleiter du Palatinat, est nommé en Lorraine par le même document.
6. Friedrich Spieser, Otto Meißner.
7. Témoignage d'Albert Speer daté du 19 février 1941, Bundesarchiv Koblenz R3/1733, cité par W. Voigt dans un article sur Schmitthenner en note 3.
8. L.O. Larson, *Albert Speer, Architecture 1932-1942*, Bruxelles, 1985.
9. «Erleuterungen zu der Ausschreibung für die Gestaltung des Neuen Strassburg», archives Beblo.
10. Archives Municipales de Strasbourg.
11. E. Canetti, *Masse et puissance*, Paris 1981.
12. Ces projets sont décrits dans l'article cité en note 1.
13. R. Heiligenthal, *Strassburg unter den Rheinstädten*, Heidelberg, 1941 et *Neubau Strassburgs, Grundlagen und Vorschlägen*, Heidelberg, 1941.
14. L. Kettenacker, «la politique de nazification en Alsace», *Saisons d'Alsace*, vol. 2, 1978.
15. Archives Départementales du Bas-Rhin, AL 125. 16.288
16. Deutsche Wirtschaftskraft, Aufbau Am Oberrhein, Strasbourg, été 1941. Oberrheinische Kunstaustellung, Strasbourg, printemps 1943, etc.

Imbroglio dans les Assurances sociales

LOUIS LUDES

Cinquante ans après sa création par Bismarck, le régime des assurances sociales traversa une année de turbulences en 1941 : épuisement des stocks de vignettes, surcharge, fin du statut d'autonomie de l'Institut des Assurances Sociales, transfert de compétence...

TIMBRE-VIGNETTE EN VIGUEUR EN ALSACE-MOSELLE EN 1940-1941.

ARCHIVES CRAV

L'année 1941 fut une année de grand changement pour les assurances sociales en Alsace-Lorraine. En effet, créé par la loi du 22 juin 1889, grâce à Bismarck, le régime des assurances sociales en Alsace-Lorraine a perduré, sans changement sensible, malgré les vicissitudes politiques subies par les deux provinces et ceci jusqu'en 1940.

Le système en vigueur depuis 1891, considéré comme un véritable monument social, réglait quasiment l'ensemble des problèmes invalidité-vieillesse dans ses moindres détails. D'une manière «très prussienne», la mise en place s'effectua assez rapidement. Première mondiale dans le domaine des assurances sociales, la loi de 1889 était très novatrice car elle n'instaurait aucune distinction entre assurés hommes et femmes, ce qui, pour l'époque, constitua un événement. Elle était applicable à tout ouvrier dont le salaire annuel ne dépassait pas deux mille marks. Dès janvier 1891, un système original de collecte de cotisations aux assurances sociales, au moyen de timbres-vignettes, fut mis en place. Le paiement de la cotisation incombait pour la moitié à l'employeur, l'autre étant à la charge de l'ouvrier. Les cotisations payées figuraient au moyen de timbres-vignettes apposés dans des cartes-quittances contenant cinquante-deux cases correspondant aux semaines de l'année. La loi établissait cinq classes de cotisations dans lesquelles les assurés étaient affectés selon le montant de leur salaire annuel. A chaque classe de cotisation correspondait une couleur différente de vignette ; rouge pour la classe I, bleue pour la classe II, verte pour la classe III, brune pour la classe IV et jaune pour la classe V.

Les couleurs de ces cinq premières classes de cotisations furent les mêmes jusqu'au 30 juin 1942, date d'abolition du système des cotisations par timbres-vignettes. Toutefois, entre la création et l'abolition du système des timbres, d'autres classes de cotisations furent rajoutées (jusqu'à neuf classes), et cela à cause des inflations et fluctuations monétaires. Ce système fit ses preuves malgré quelques réticences patronales à ses débuts ; le régime des assurances sociales fut très bien accueilli par les assujettis à qui il garantissait une retraite de vieillesse ou une pension d'invalidité en cas d'accident de santé.

Jusqu'en 1918, l'ensemble du système des assurances sociales en Alsace-Lorraine fut géré par la Landesversicherungsanstalt Elsass-Lothringen (L.V.A.), puis, de 1918 à 1940, par l'Institut d'Assurances Sociales (I.A.S.) dont l'actuelle Caisse Régionale d'Assurance Vieillesse d'Alsace-Moselle (C.R.A.V.) est l'héritière. L'idée de cette couverture sociale était tellement ancrée dans l'esprit de la population que lors de la guerre 1914-1918, les assurés alsaciens des vallées de la Doller et de la Thur, redevenus français dès le début de celle-ci intervinrent auprès des autorités militaires françaises pour que le régime des assurances sociales continuât d'être appliqué dans les régions recouvrées. Car en France, exceptée la nouvelle loi de 1910 dite des Retraites Ouvrières et Paysannes (R.O.P.), il n'existait pas de système de protection sociale comparable. Lors de l'armistice de 1918, le sytème en vigueur en Alsace-Lorraine fut maintenu et continua à fonctionner jusqu'en 1940, malgré la création des assurances sociales (A.S.) en France, en 1935. Lors de l'évacuation de la population en 1939, fut même créé un «régime spécial d'assurances sociales des réfugiés d'Alsace-Lorraine» (décrets du 5 septembre 1939 et du 24 octobre 1939).

En 1940, au retour des réfugiés et avec l'annexion de fait, une situation très délicate surgit. En effet l'Alsace et la Moselle, rattachées au Reich furent contraintes par ordre des Gauleiter de se plier aux lois allemandes en vigueur en Allemagne (Altreich). Une situation juridique plutôt confuse pour l'Institut d'Assurance Sociale (I.A.S.) en résulta. D'un côté, il existait des assurés relevant de la loi dite locale, héritière de la loi d'Empire de 1889, des assurés qui relevaient de la loi des assurances sociales françaises (loi 1935), et de l'autre côté, les nouvelles lois du Reich en matière d'assurance sociale qui devaient être appliquées. La loi locale, ancienne loi d'Empire, était restée immuable, mis à part quelques changements juridiques, mais la loi du nouveau Reich avait considérablement

EN 1939, LES ÉVACUÉS BÉNÉFICIÈRENT D'UN RÉGIME SPÉCIALEMENT CRÉÉ POUR EUX.

CARTE QUITTANCE BILINGUE DE L'ÉPOQUE FRANÇAISE
ENCORE EN VIGUEUR EN 1943 EN ALSACE
CONTRAIREMENT AUX ORDRES DE L'OCCUPANT.

ARCHIVES CRAV

évolué. L'Institut d'Assurance de Strasbourg qui gérait la rentrée des cotisations se vit alors confronté à de sérieux problèmes concernant les timbres-vignettes, et ceci dès le 5 août 1940, date de retour d'une grande partie de la population réfugiée.

En effet, pour cause d'inflation, la valeur faciale des timbres-vignettes dut être augmentée, car elle ne correspondait plus aux barèmes de cotisations applicables aux salaires. On se contenta alors d'épuiser d'anciens stocks de vignettes, émises entre 1918 et 1931, en imprimant une surcharge mentionnant les nouveaux tarifs. Cette surcharge était libellée en francs[1]. Les salaires étant assez élevés, les vignettes de classe VII furent vite épuisées. Des vignettes de cette classe, émises en 1938 furent alors surchargées avec les mentions : INV(aliden) VERS(sicherung) ELS(ass) – LOTHR(ingen) – 18 Frs. Les autorités de l'Institut croyaient que la régie des assurances sociales allait être autonome sous le nouveau régime, continuer comme au temps de l'empire et reformer la L.V.A. Elsass-Lothringen (Landesversicherungsanstalt Elsass-Lothringen). C'est d'ailleurs dans cet état d'esprit qu'après avoir épuisé le stock des vignettes surchargées, de nouvelles furent imprimées, reprenant le fond gravé des anciennes vignettes locales, et où seule la légende fut germanisée en Invalidenversicherung Elsass-Lothringen. Mais c'était mal connaître l'état d'esprit des nouvelles autorités occupantes. En effet, par ordonnance du Gauleiter de Lorraine, en date du 19 octobre 1940, la Moselle fut rattachée à la Landesversicherungsanstalt (L.V.A.) Saarpfalz, et à compter du 1er janvier 1941 l'Alsace fut rattachée à la L.V.A. Baden[2]. Par ces ordonnances, l'ancienne autonomie de la L.V.A. Elsass-Lothringen (jusqu'en 1918), respectivement I.A.S. (de 1918 à 1940), était abolie et les bureaux de Strasbourg et de Metz ne furent plus considérés que comme des annexes (Aussenstelle) des deux organismes allemands. La confusion s'installa rapidement, essentiellement parmi les employeurs qui ne savaient plus à quelle Caisse Vieillesse il fallait s'adresser. Les entreprises qui se situaient à la limite des anciens départements du Bas-Rhin et de la Moselle étaient encore plus concernées, d'autant que la L.V.A. Saarpfalz prit par après le nom de L.V.A. Westmark[3] et que l'Institut devint la Gemeinsame Aussenstelle der Landesversicherungsanstalt Baden und Westmark.

L'ADMINISTRATION ALLEMANDE FUT INFLEXIBLE : PAS QUESTION DE CONTINUER À UTILISER LES STOCKS DE CARTES BILINGUES.

Mais dès août 1940, d'autres problèmes laissèrent les dirigeants de l'ex-Institut perplexes. En effet, les supports des timbres-vignettes étaient des cartes-quittances. Ces dernières, rédigées en bilingue, devaient, conformément à l'ordonnance du Gauleiter Wagner, être imprimées uniquement en langue allemande. En effet, la dite ordonnance était formelle et devait être strictement appliquée à compter du 1er octobre 1940, interdisant tout formulaire administratif rédigé en français ou bilingue (nur Formulare rein deutscher Ausfertigung).

En septembre 1940 l'autorité occupante admit que les anciennes cartes-quittances pouvaient être utilisées, mais avec la mention L.V.A. Elsass-Lothringen. Cette tolérance rassura les dirigeants de l'Institut d'Assurances Sociales, d'autant que près de 400 000 assurés relevaient de leur compétence. Il faut savoir que les cartes-quittances devaient, dans les communes, être décomptées et enregistrées par les mairies, et dans les grandes villes, comme Strasbourg, Metz, Mulhouse, etc. par les services de la police d'état ou municipale.

Suite à l'ordonnance du Gauleiter exigeant que tous les documents officiels soient rédigés en langue allemande, le Polizei Präsident (directeur de la police) de Mulhouse interdit le 29 octobre 1940[4] à ses services de distribuer des cartes-quittances rédigées en français. L'Intitut devant ce refus, et ne voulant pas que cette mesure lèsât les assurés, envoya un contrôleur-chef (Heckmann) au directeur de la police de Mulhouse pour essayer de régler ce problème, avec la proposition d'utiliser les anciens formulaires jusqu'au 1er janvier 1942.

Rien n'y fit ; le Polizei Präsident resta inflexible, refusa de recevoir le délégué de Strasbourg et fit appuyer son interdiction par le canal du CdZ (Chef der

COLLECTION DES TIMBRES-VIGNETTES EN VIGUEUR EN ALSACE.

ARCHIVES CRAV

Zivilverwaltung). L'Institut essaya encore une fois auprès de la Gauleitung de faire rapporter l'interdiction, prétextant que la mesure envisagée par l'Institut n'était dictée que par le souci d'économie de papier. Cet argument ne résista pas à l'ordre formel du Gauleiter interdisant toute correspondance officielle en langue française.

Devant le refus de la police d'établir de nouvelles cartes-quittances aux assurés avec les cartes bilingues, l'Institut d'Assurance demanda le 17 décembre 1940 à la L.V.A. Baden, sa nouvelle autorité de tutelle, de lui fournir immédiatement 300 000 cartes-quittances et 100 000 attestations de décompte[5]. Devant l'importance d'une telle demande, l'organisme badois dut avouer qu'il n'était pas en mesure d'honorer une telle commande, car dans le Altreich existait une pénurie de papier[6] ; la Gauleitung dut confirmer cet aveu. Ne pouvant obtenir satisfaction, l'Institut passa alors commande de 300 000 cartes-quittances à une imprimerie locale (Istra), le 21 décembre 1940, pour ne pas léser les assurés dans leurs droits (interruption du paiement de cotisations). Pour la petite histoire, signalons qu'un seul maire, du Haut-Rhin,[7] exigea impérativement, dès septembre 1940, qu'on lui fournisse des nouveaux formulaires allemands, alors que toutes les autres mairies, à l'exception des grandes villes, où c'était la police qui était chargée du travail d'échange des cartes-quittances, continuaient comme par le passé à utiliser les formulaires bilingues, même au-delà du 1er janvier 1942.

L'organisme de tutelle de Berlin (Reichsversicherung), saisi de l'affaire, convoqua les dirigeants de l'organisme de Strasbourg à une réunion pour le 22 janvier 1941. Cette réunion n'eut pas lieu ; toutes les personnes concernées ayant trouvé des excuses «valables». Devant cette carence, les instances de la L.V.A. Baden programmèrent une opération spéciale d'échange de cartes-quittances (Sonderaktion – Umtausch der französischen Quittungs-Karten) et mirent en demeure l'Institut de Strasbourg de s'y plier.

UNE FOIS LES CARTES BILINGUES ÉCHANGÉES, ON DÉCOUVRIT DES REGISTRES FRANÇAIS !

De mars à mai 1941, tous les commissariats de police des grandes villes furent inspectés par les contrôleurs de l'Institut afin de déterminer le nombre de cartes-quittances bilingues à échanger, et, après livraison rapide des cartes-quittances, toutes les cartes bilingues, même incomplètes, furent échangées. Vers août 1941, l'Institut put rendre compte que la Sonderaktion touchait à sa fin pour les grandes villes. C'est alors que surgit un autre problème. En effet, les autorités occupantes signalèrent que les registres d'inscription des cartes-quittances déposés dans les commissariats étaient des registres français. L'Institut ne réagit pas immédiatement, prétextant être totalement accaparé par la Sonderaktion.

Une solution fut trouvée à partir de décembre 1941. En effet, le 23 décembre 1941, les Polizeipräsidenten signalèrent avec fierté à la Gauleitung que la Sonderaktion était terminée. Les dirigeants de l'Institut profitant de ce moment se basèrent sur une ordonnance du Reichsarbeitsminister (ministère du travail)[8] à savoir, retirer à la Police la compétence de l'établissement et de l'échange des cartes-quittances, et la transférer aux mairies, aux Caisses locales de maladie et Caisses d'entreprise. Ce transfert fut un soulagement pour l'Institut et surtout pour les assurés qui, auparavant, avec une appréhension fort compréhensible en ces temps, devaient se rendre aux commissariats pour échanger leur carte-quittance. Ce transfert de compétence leur évitait d'être directement confrontés au nouvel ordre (salut hitlérien, énoncé du nom et prénom germanisés, etc.). Signalons enfin que la direction de l'Institut profita de ce transfert pour exiger de la police la restitution de tout le matériel de bureau mis à sa disposition : cachets, lampes, bureaux, jusqu'aux plumes, stylos et crayons (Bureauustensilien).

A travers ces quelques lignes, nous pouvons conclure que l'Institut d'Assurance Sociale d'Alsace-Lorraine dont l'actuelle Caisse régionale d'assurance vieillesse (CRAV) est l'héritière, a su, pendant cette période troublée, défendre les droits de ses assurés, malgré des ordres formels et souvent contradictoires de l'autorité occupante.

NOTES

1. Le paiement en francs français était valable jusqu'au 5 mars 1941, Verordnungsblatt über Ausserkraftsetzung des französischen Franken, Verordnungsblatt 1941, p. 170.
2. Verordnungsblatt des CdZ 1941, Amtliche Nachrichten 1941, p. 59.
3. Archives de la CRAV, dossier X 22a et X 23a, «Umtausch der französischen ehemaligen L.V.A. E.-L. Quittungskarten».
4. Idem.
5. Idem.
6. Lettre du CdZ du 19 décembre 1940 à la L.V.A., «... Es ist zu berücksichtigen, dass die Beschaffung von Durchsachen im Altreichsgebiet grösseren Scwierigkeiten begegnet wie hier im Elsass sodass von einem Bezug aus dem Altreichsgebiet solange tunlichst abgesehen wird, als die Beschaffung am Ort möglich ist...».
7. Cf. note 3.
8. Ordonnance du Reichsarbeitsminister du 23 juillet 1941, date d'application : le 1er janvier 1942, in Amtliche Nachrichten 1941, p. II 299.

Le destin curieux de l'Ahnenpass

Le certificat d'aryanité est devenu un outil généalogique

CHRISTIAN WOLFF

1941

A partir de 1941 pas d'accès à la fonction publique pour les Alsaciens et les Mosellans, sans le sésame de l'Ahnenpass, le passeport généalogique prouvant leur aryanité. Conséquence actuelle, et bien imprévue, de cette mesure : l'avance de la recherche généalogique en Alsace par rapport au reste de la France…

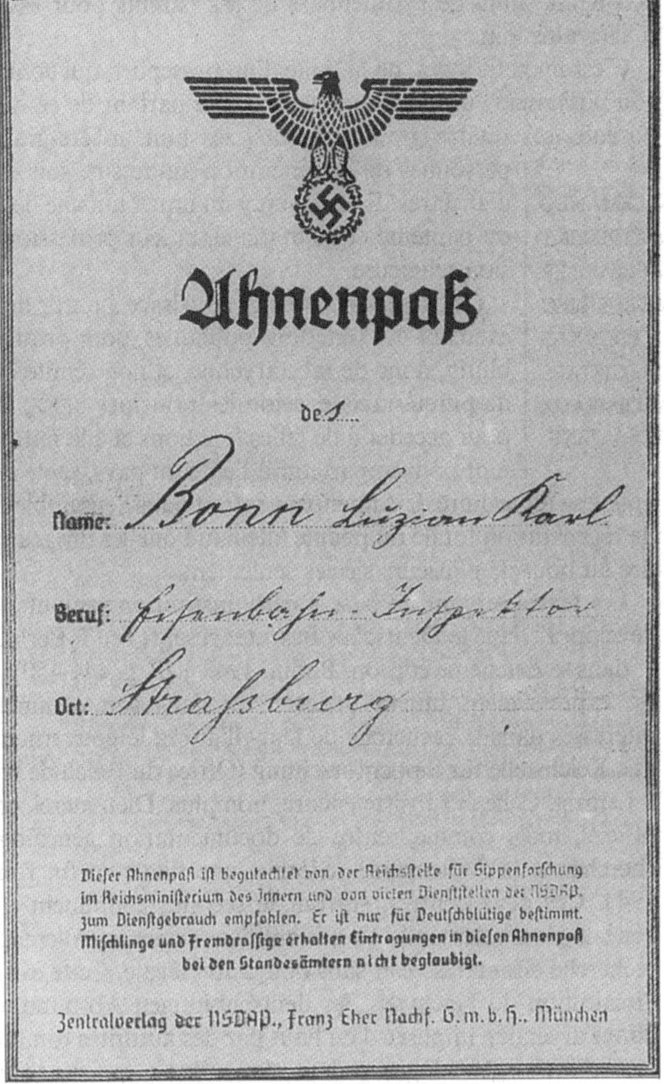

Ahnenpaß

des

Name: Bonn Luzian Karl

Beruf: Eisenbahn-Inspektor

Ort: Straßburg

Dieser Ahnenpaß ist begutachtet von der Reichsstelle für Sippenforschung im Reichsministerium des Innern und von vielen Dienststellen der NSDAP. zum Dienstgebrauch empfohlen. Er ist nur für Deutschblütige bestimmt. **Mischlinge und Fremdrassige erhalten Eintragungen in diesen Ahnenpaß bei den Standesämtern nicht beglaubigt.**

Zentralverlag der NSDAP., Franz Eher Nachf. G.m.b.H., München

Parmi les mesures de germanisation de l'Alsace et de la Moselle prises par les autorités allemandes en 1941, l'Ahnenpass ou passeport généalogique n'est pas cité dans les ouvrages historiques relatifs à l'Occupation, du moins je n'en ai trouvé aucune définition ni même aucune mention. Et pourtant cette mesure a été assez générale et durable pour que bien des Alsaciens et Mosellans d'un certain âge s'en souviennent. Il arrive encore de temps à autre, après un demi-siècle, qu'un retraité vienne s'inscrire à la salle du public des archives départementales du Bas-Rhin, muni de l'Ahnenpass de ses parents pour essayer de le compléter et d'aller plus loin.

C'est un petit livret, de la taille d'un passeport, qui contient, outre l'état civil de son possesseur, un tableau d'ascendance partant de ce dernier et regroupant ses parents, ses quatre grands-parents, ses huit arrière-grands-parents et les seize personnes de la génération au-dessus, soit en tout cinq générations d'ancêtres. Il ne devait y manquer aucune de leurs dates de naissance ou baptême et de mariage, ni leur profession ni surtout leur confession religieuse.

LES ALLEMANDS DÉCIDÈRENT DE RASSEMBLER EN UN SEUL LIEU TOUS LES REGISTRES PAROISSIAUX ALSACIENS.

Ce passeport fut exigé en Alsace à partir de 1941 de toute personne exerçant des fonctions publiques, pour prouver qu'elle était deutschblütig, donc de race aryenne, et non sémite ou tzigane. Faire preuve de pureté raciale, selon les principes nazis, était une des conditions pour accéder à de telles fonctions et à la nationalité allemande, en un mot pour appartenir à l'élite du pays, seule reconnue génétiquement apte à se reproduire. L'Ahnenpass entrait dans l'ensemble des dispositions du plan de régénération totale du peuple allemand que les dirigeants prévoyaient d'atteindre au bout de plusieurs siècles seulement.

Les textes servant de base à cette institution remontent à 1935, mais ils sont développés dans le *Deutsches Beamtengesetz* (Teil I, Berlin, 1938, § 25, p. 559-573 et dans sa deuxième édition, Berlin, 1940 § 25, p. 444-450), où le terme Ahnenpass est expressément utilisé, article 3, et dans son commentaire. Pour aider les intéressés dans la recherche de leur filiation, le gouvernement avait créé en 1937 une Reichstelle für Sippenforschung (Office du Reich de recherche généalogique), à Leipzig. Celle-ci subsiste encore, non plus, Dieu merci, comme organisme racial officiel, mais comme centre de documentation généalogique. Pour servir aux chercheurs de l'Allemagne fédérale, une filiale en fut fondée à Francfort après 1949. Ces deux centres, surtout le second, continuent d'être alimentés par les généalogistes allemands ou qui ont des racines en Allemagne, dans un dessein de recherche désintéressée et sans obligation légale. Cette évolution montre combien l'institution du Nachweis der deutschblütigen Abstammung (preuve de l'ascendance aryenne), imposée d'en haut par des autorités totalitaires, suscita le goût de la recherche généalogique dans des milieux qui ne s'y seraient pas aventurés spontanément. Sa raison d'être, qui lui avait été assignée strictement au départ, fut balayée par les changements de régime dans les deux Allemagnes, mais, devenue populaire, la recherche des ancêtres se maintint et se répandit surtout en Allemagne de l'Ouest, le régime communiste se montrant peu favorable à son développement.

Qu'en a-t-il été de ce côté-ci du Rhin ? Pour faciliter les recherches imposées par l'établissement du passeport d'ascendance, les autorités allemandes prirent d'abord une mesure qui semble avoir été unique dans tout le Reich. Elles décidèrent de rassembler en un seul lieu, aux archives du Bas-Rhin, tous les registres paroissiaux des deux départements alsaciens. On alla les réquisitionner dans les mairies et dans les presbytères. Mesure qui parut aux desservants bien arbitraire et qui conduisit certains d'entre eux à dissimuler des registres, prétextant qu'ils étaient perdus. Les grandes villes, pourvues de services d'archives, furent dispensées de cette contrainte, à condition de se prêter à la recherche des actes et à la délivrance de copies et d'extraits.

C'était en effet le but de cette récolte de registres. Dès lors, ces derniers furent, à partir de 1941-1942, réunis rue Fischart à Strasbourg et les archives du Bas-Rhin se transformèrent en officine généalogique. Contre le paiement de quelques frais, les assujettis à l'Ahnenpass leur demandaient les copies certifiées des actes d'état civil et paroissiaux nécessaires pour établir les preuves de leur aryanité. De même les bureaux de l'état civil, dans les mairies, furent sollicités pour les actes de moins de cent ans d'âge. Les archives du Bas-Rhin conservent dans des dossiers rouges, cotés 1083 W 1 à 10, le résultat, assez maigre et peu utilisable de nos jours, de ces recherches et la correspondance qui y avait trait. On trouvera, reproduite en illustration, une lettre, plus explicite que d'autres, car elle fait mention des motifs administratifs de la demande.

Le personnel des archives fut bientôt débordé, car chaque recherche exigeait du temps. En outre, à partir de 1943, les besoins de l'armée en nouveaux combattants creusaient ses rangs. Bien des Ahnenpass demeuraient ainsi inachevés quand vinrent la victoire alliée et la délivrance. L'obligation de le remplir ayant disparu avec sa raison d'être administrative, l'Ahnenpass gardait sa valeur historique et son intérêt familial : aussi fut-il conservé par ses détenteurs.

L'AHNENPASS PERMET SOUVENT DE REMONTER UNE GÉNÉALOGIE JUSQU'AU XVIIIe SIÈCLE.

Et bientôt, ceux-ci commencèrent à s'en servir comme base de départ pour de nouvelles recherches. Pour la majorité des «titulaires», le document leur permettait de remonter jusqu'à la fin, voire au milieu du XVIIIe siècle. N'était-il pas tentant et curieux de gagner quelques générations de plus et de pousser jusqu'à la limite du possible la découverte des ancêtres, à partir des registres paroissiaux dont l'existence avait été révélée par les besoins de la Deutschblütigkeit (l'aryanité) ?

maison natale bâtie en 1842

Ahnentafel

Der Ahnennachweis für 3 Generationen:
Linke Seite vom Doppelblatt: Eltern und Voreltern des **Vaters**.
Rechte Seite vom Doppelblatt: Eltern und Voreltern der **Mutter**.
Gerade Seiten immer männliche Eintragungen
Ungerade Seiten immer weibliche Eintragungen
mit Ausnahme Teil 1. Daß die Listen des Ahnlings enthält † bedeutet gestorben.

Geburt: 0710 AM
Register Nr. 604/34

Vater

Name: Boesch
Vorname: Eugen Jacob
Geburtsort: Friedolsheim
Geburtstag: 21. 7. 1882 Religion: katholisch
† am 3. 4. 1940 in Straßburg

Eltern des Vaters (Großeltern)

Name: Boesch
Vorname: Franz Josef
Geburtsort: Friedolsheim
Geburtstag: 5. 8. 1842 Religion: katholisch
† am [illegible] in Friedolsheim

Name: Groner
Vorname: Françoise Augustine
Geburtsort: Rohr
Geburtstag: 21. 7. 1847 Religion: katholisch
† am 13. 5. 1913 in Friedolsheim

Ur-Großeltern — Vaterseite

Name: Antoine Boesch
Geburtsort: Waldolwisheim
Geburtstag: 2 brumaire An 14 de la République
Religion: catholique
† am 21. 11. 63 in Friedolsheim

Name: Hiessler
Vorname: Barbe
Geburtsort: Friedolsheim
Geburtstag: 30-5-1808
Religion: catholique

Name: Groener (forgeron)
Vorname: François Antoine
Geburtsort: Rohr
Geburtstag: 4. 1. 1819
Religion: catholique

Name: Groner née Goltz
Vorname: Rosalie
Geburtsort: Rohr
Religion: catholique

Ur-Ur-Großeltern — Vaterseite

Name: BOESCH (cultivateur)
Vorname: Antoine
Geburtsort: Waldolwisheim
Rel.: Cathol. † am [illegible] in Waldolwisheim

Name: BOESCH née Michel
Vorname: Madeleine
Rel.: Cathol.

Name: Hiessler
Vorname: Nicolas
Geburtsort: Salenthal 1776
Rel.: Cathol.

Name: Hiessler née Antoni
Vorname: Anne
Geburtsort: Zehnacker 1779

Name: Groener (forgeron)
Vorname: Laurent

Name: Groener née Klein
Vorname: Catherine

Mutter

Name: Stiegler
Vorname: Helene Maria
Geburtsort: Lupstein
Geburtstag: 11. 11. 1887 Religion: katholisch

Eltern der Mutter (Großeltern)

Name: Stiegler
Vorname: Josef Jacques
Geburtsort: Lupstein
Geburtstag: 8. 3. 1849 Religion: katholisch

Name: Weinsanto
Vorname: Katharina
Geburtsort: Littenheim
Geburtstag: 5. 11. 1850 Religion: katholisch

Ur-Großeltern — Mutterseite

Name: Stiegler
Vorname: Joseph
Geburtsort: Lupstein (Stollbure)
Geburtstag: 6 avril 1806 (13 Ventose an 14)
Religion: catholique
† am 23/7/1865 in Lupstein

Name: Weinling
Vorname: Madeleine
Geburtsort: Schwindratzheim
Geburtstag: 15-7-1820
Religion: catholique
† am 6-7-1874 Lupstein

Name: Weinsanto
Vorname: Clément
Geburtsort: Littenheim
Geburtstag: 21. 11. 1814
Religion: catholique

Name: Weinling
Vorname: Marie Eve
Geburtsort: Friedolsheim (Kiefer...)
Geburtstag: 1814
Religion: catholique

Ur-Ur-Großeltern — Mutterseite

Name: Stiegler
Vorname: Pierre (Stollbure)
Geburtsort: Lupstein

Name: Klein
Vorname: Anne Marie
Geburtsort: Rumersheim

Name: Weinling
Vorname: Antoine

Name: Bergantz
Vorname: Barbe

Name: Weinsanto
Vorname: [illegible] 1776

Name: [illegible]
Vorname: Marie

Zum Ahnennachweis gehören: die amtliche Beurkundung über Geburt und Eheschließungen der Eltern und Voreltern.
Für den einfachen Nachweis genügen die Urkunden bis Großeltern einschließlich.
Für Parteizwecke ist der Nachweis bis 31. 12. 1800 erforderlich.

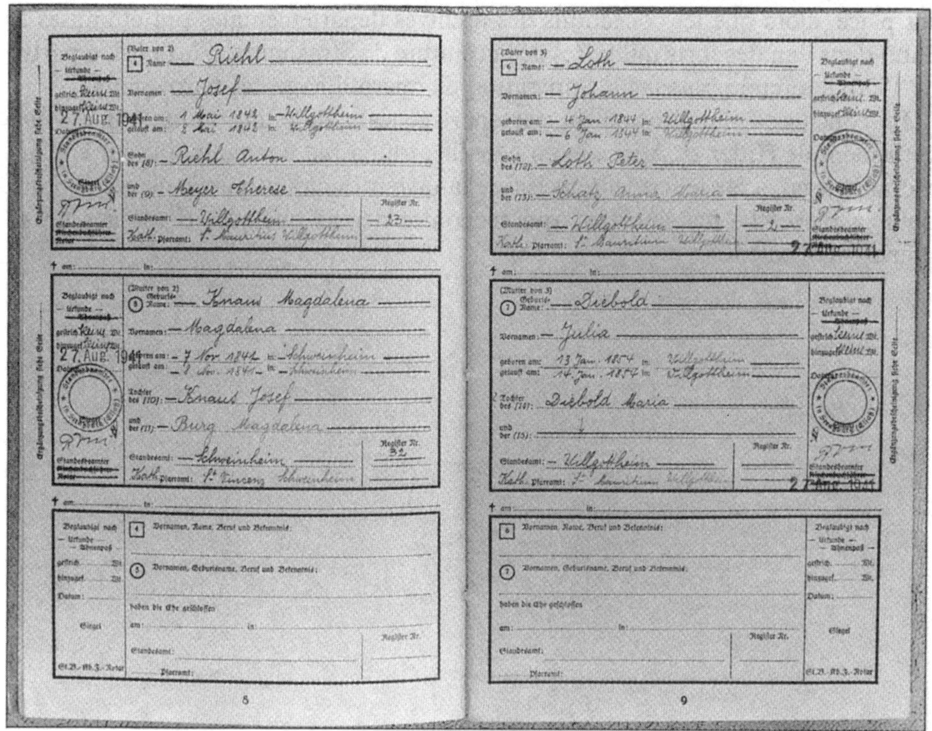

(Vater von 2) 4 Name: Riehl
Vornamen: Josef
geboren am: 1 Mai 1842 in Willgottheim
getauft am: 2 Mai 1842 in Willgottheim
Sohn des (8): Riehl Anton
und der (9): Meyer Therese
Standesamt: Willgottheim — Register Nr. 23
Kath. Pfarramt: St. Mauritius Willgottheim
27. Aug. 1941

† am: … in: …

(Mutter von 2) 5 Geburtsname: Knaus Magdalena
Vornamen: Magdalena
geboren am: 7 Nov 1841 in Schweinheim
getauft am: 7 Nov. 1841 in Schweinheim
Tochter des (10): Knaus Josef
und der (11): Burg Magdalena
Standesamt: Schweinheim — Register Nr. 32
Kath. Pfarramt: St. Vincenz Schweinheim
27. Aug. 1941

† am: … in: …

4 Vornamen, Name, Beruf und Bekenntnis:
5 Vornamen, Geburtsname, Beruf und Bekenntnis:
haben die Ehe geschlossen am: … in: … Standesamt: … Register Nr. … Pfarramt: …

8

(Vater von 3) 6 Name: Loth
Vornamen: Johann
geboren am: 4 Jan. 1844 in Willgottheim
getauft am: 6 Jan. 1844 in Willgottheim
Sohn des (12): Loth Peter
und der (13): Schatz Anna Maria
Standesamt: Willgottheim — Register Nr. 2
Kath. Pfarramt: St. Mauritius Willgottheim
27. Aug. 1941

† am: … in: …

(Mutter von 3) 7 Geburtsname: Diebold
Vornamen: Julia
geboren am: 13 Jan. 1854 in Willgottheim
getauft am: 14 Jan. 1854 in Willgottheim
Tochter des (14): Diebold Maria
und der (15): —
Standesamt: Willgottheim
Kath. Pfarramt: St. Mauritius Willgottheim
27. Aug. 1941

† am: … in: …

6 Vornamen, Name, Beruf und Bekenntnis:
7 Vornamen, Geburtsname, Beruf und Bekenntnis:
haben die Ehe geschlossen am: … in: … Standesamt: … Register Nr. … Pfarramt: …

9

PHOTOS GÉRARD LACOUMETTE

1941

C'est ainsi qu'avec trente ans d'avance sur la moyenne de leurs concitoyens français, les Alsaciens se mirent après 1945 à entreprendre des recherches sur leur famille ; telle est la première conséquence actuelle, non prévue par leurs inventeurs nazis, de l'Ahnenpass. Mais au lieu de faire faire les recherches par des fonctionnaires préposés à cette besogne, ils s'y sont attelés eux-mêmes, bravant le latin et le gothique. Le propre de la recherche généalogique est que celui qui y met la main s'y trouve engagé pour longtemps, sinon pour toujours. Les généalogistes le reconnaissent eux-mêmes avec humour, en se disant «mordus par le virus».

La seconde conséquence de l'Ahnenpass est que les registres paroissiaux, une fois rassemblés aux archives du Bas-Rhin, y sont demeurés pour la plupart après la guerre, après que ceux du Haut-Rhin furent remis aux archives de ce département. Bénéficiant de cette circonstance, due à la volonté de l'occupant, les chercheurs peuvent depuis lors se livrer à leurs investigations bien plus aisément que s'ils devaient courir de mairie en presbytère, comme y sont réduits leurs homologues d'outre-Rhin.

Ce regroupement a en outre évité les pertes que les combats et les bombardements de la guerre n'auraient pas manqué de causer si ces documents étaient restés sur place, alors que les collections des archives départementales ont été mises à l'abri dans l'un des forts militaires de la ceinture de Strasbourg. Plus tard, à partir de 1970, il a rendu plus facile l'opération de microfilmage des paroissiaux.

En conclusion, l'obligation du passeport généalogique, introduite par le gouvernement de Hitler en Alsace et en Moselle, tout à fait condamnable sur le plan moral et légal, a été le ferment décisif de la faveur du grand public de ces régions pour la recherche des ancêtres, qui rencontre depuis quelques décennies un si grand engouement.

Le pays welsche

Dans la tourmente

Le sort difficile des Alsaciens francophones

RENÉ MEYER

1941

Curieuse situation que celle des communes du secteur Lapoutroie-Orbey, le pays welche. Alsaciennes, elles sont annexées au Reich comme le reste de la région. Francophones, elles subiront encore plus durement la politique de germanisation et de nazification. Avec un lourd tribut payé : expulsions, transplantations, arrestations, embrigadement.

Le pays welche, dans le Haut-Rhin, est essentiellement composé des cinq communes de montagne du canton francophone de Lapoutroie-Val d'Orbey : Labaroche, Lapoutroie, Le Bonhomme, Fréland et Orbey. Leurs habitants parlent encore un patois d'origine romane. Lors de l'annexion de fait ces communes ont été appelées *Patois-Gemeinde.* Les localités francophones, une trentaine, toutes situées dans des zones de montagne, ont échappé à la germanisation depuis le moyen-âge. Après 1870 le français a continué à être enseigné dans les communes où cinquante pour cent des habitants sont francophones. Les noms de famille, français, restèrent inchangés, et une presse en langue française fut autorisée. De nombreux titres parurent : *Le Journal de Colmar*, qui devient plus tard : *Le Nouvelliste d'Alsace-Lorraine, Le Patriote Lorrain, la Gazette de Lorraine, Le Journal Agricole,* qui comporte des publicités en allemand, et dont l'édition est fournie gratuitement aux habitants de la région francophone, et enfin *Le Journal d'Alsace-Lorraine,* dont il n'est toutefois pas certain que ce dernier ait pénétré jusqu'en région francophone. Il existe en outre plusieurs feuilles locales : à Ribeauvillé, *Le Kreisblatt,* bilingue, *Le Journal de Sainte-Marie-aux-Mines,* d'abord entièrement en français, puis bilingue en 1890, sous le titre de : *Vogesenbote-Le Messager des Vosges,* ensuite exclusivement en allemand pendant la guerre de 1914-1918, et cela jusqu'en novembre 1918. A l'époque du Reichsland les Allemands qualifiaient les habitants des régions francophones de welsche (Gaulois), francisé en welche ou velche, terme de mépris appliqué à tout ce qui est étranger. A Fréland les affiches de mobilisation de l'armée allemande, placardées dans la nuit du 1er au 2 août 1914, furent rédigées en français et en allemand. Cela a vraisemblablement été le cas pour les autres communes francophones. Mais quand arrivent les troupes et que le conflit commence, parler français en public est frappé d'interdiction. Plus tard, en pleine guerre, à partir du 16 avril 1916, les sermons ne purent plus être prononcés qu'en allemand, avec un accomodement cependant ; le prêtre pouvait dire son sermon en français, mais il était obligé de le faire suivre de sa version allemande. Vingt-six ans plus tard, l'histoire se répétera ; à dater du 1er janvier 1943, soit à nouveau en plein conflit, tout sermon en français est à nouveau interdit, sans aménagements possibles cette fois.

Après novembre 1918, dans la plaine, la grande presse quotidienne de Strasbourg, de Colmar et de Mulhouse, reparaît en allemand. Car en effet on ne gomme pas quarante-sept ans d'annexion du jour au lendemain. Cependant, très rapidement, les titres en français vont pénétrer la région.

Ainsi, *La Croix* et *Le Matin* vont-ils y être diffusés dès les premiers jours de décembre 1918. C'est une véritable aubaine pour les journaux parisiens qui peuvent ainsi développer leur lectorat. Sont également diffusés : *Le Rhin français*, puis l'*Elsässer Kurier - Le Nouvelliste d'Alsace*, bilingue comme l'indique son titre. Et plus tard *La France de l'Est*. Les feuilles locales renaissent ; ainsi dès la fin novembre 1918 : *Le Messager des Vosges-Vogesenbote*, de Sainte-Marie-aux-Mines, dans les deux éditions. A partir du 11 janvier 1919, *Le Courrier de la Bruche*, entièrement en français, et qui paraît jusqu'au 12 juin 1940. Enfin, un mensuel ronéotypé, communiste, *Le Prolo de la Bruche*, dont les premiers numéros paraissent en 1934, mais qui connaît par la suite des difficultés. La plupart de ces feuilles locales cesseront leur publication après le 31 décembre 1939.

Les premières troupes allemandes pénètrent à Lapoutroie le 18 juin 1940, au soir. Sauf une escarmouche qui a lieu vers vingt-deux heures, au lieu-dit La Scierie, à un kilomètre en amont de Lapoutroie, et une autre, aux abords du sanatorium du Lac Blanc, à Orbey, il n'y a guère de combats. Faute de combattants, les Français ayant fait retraite. Le 19 juin des motocyclistes allemands entrent dans Labaroche et Fréland. Puis Lapoutroie et Le Bonhomme assistent au triste spectacle du défilé des longues colonnes, formées par les prisonniers de guerre. Pour la petite histoire, à noter que le drapeau de la brigade de gendarmerie de Lapoutroie a été confié à la mairie avant la retraite du 14 juin 1940. Caché pendant la durée de l'occupation, le drapeau tricolore a été restitué à son propriétaire, le chef de la gendarmerie, à la Libération.

Parmi les premières mesures prises par le général Dollmann – car l'Alsace relève du commandement militaire – a lieu la germanisation des noms des communes à partir du 2 juillet 1940. Les localités du pays welche reprennent leur dénomination d'avant 1918 : Fréland redevient Urbach, Labaroche Zell, Lapoutroie

Schnierlach, Le Bonhomme Diedolshausen et Orbey Urbeis. Les annexes ou lieux-dits subissent le même sort, comme par exemple les soixante-six lieux-dits d'Orbey, ou encore l'annexe de Hachimette, devenue Eschelmer. A Labaroche, le changement se concrétise par la venue à la mairie d'un Feldgendarm qui ordonne l'enlèvement immédiat des panneaux indiquant le nom de la localité en français, et les fait remplacer par d'autres, portant le nom de Zell. La presse quotidienne est réduite à trois titres : à Colmar l'*Elsässer Kurier*, appelé plus tard le *Kolmarer Kurier*, à Strasbourg, les *Strassburger Neueste Nachrichten*, et à Mulhouse, le *Mülhauser Tagblatt*. Les journaux en français sont interdits. Dès l'automne la propagande par voie d'affiches est active : qui ne connaît l'affiche tricolore : «Hinaus mit dem welschen Plunder !» (Dehors le fatras français !) ?

PREMIÈRE MESURE, DÈS JUILLET 40, LA GERMANISATION DES NOMS : LAPOUTROIE DEVIENT SCHNIERLACH.

Le 28 septembre 1940 paraît dans l'*Elsässer Kurier* un communiqué informant les lecteurs de l'existence de cours d'allemand à Schnierlach, suivis par cent habitants, et à Eschelmer, où quarante-cinq d'entre eux y assistent. C'est la première fois que le particularisme linguistique de la région est évoqué dans la presse.

La gendarmerie reprend son organisation d'avant 1918, et place un Kreisführer à Rappoltsweiler (Ribeauvillé), Landkommissariat (sous-préfecture), une création allemande de 1871. Selon un tableau d'organisation, daté du 14 septembre 1940, les communes de Schnierlach, Diedolshausen et d'Urbach sont désormais rattachées à la gendarmerie de Schnierlach. Tandis que celles d'Urbeis et de Zell dépendent dorénavant de la gendarmerie d'Urbeis. Sur ce tableau figure également le nombre d'habitants respectifs de ces communes qui correspond à celui du recensement de 1936.

Le 14 juillet 1940 le conseil municipal de Fréland en réunion, décide d'emprunter cinquante mille francs au taux de quatre pour cent à ses administrés. Le texte de la délibération est rédigé en allemand, mais la composition du conseil municipal est restée française. Mais pas pour longtemps, comme on va le voir plus loin. La commune est dans l'obligation d'emprunter pour plusieurs raisons : payer ses employés, et surtout à cause du manque à gagner qui résulte de la guerre et qui a empêché les adjudications de bois prévues. En outre les rentrées espérées tardent. Le conseil municipal décide de rembourser l'emprunt, après la guerre, par les recettes courantes. Le 24 juillet 1940 le Landkommissar de Ribeauvillé donne son accord à cet emprunt, mais il prescrit un remboursement dont l'échéance est courte, fixée au 31 décembre 1941. L'emprunt est lancé, mais ses souscripteurs sont loin d'avoir réalisé une brillante opération financière, les occupants ayant fixé un taux de change de un mark pour vingt francs. Cette délibération du conseil municipal de Fréland illustre parfaitement une situation dans laquelle se trouvent alors beaucoup de communes en 1940.

LES ÉLUS SONT TRÈS CONTRÔLÉS. EN JUILLET 41 ORBEY EN EST À SON TROISIÈME MAIRE EN UN AN.

L'administration municipale ne tarde pas à être changée ; au début de mars 1941, les conseils municipaux en place sont remplacés par de nouveaux membres, désignés par les nouvelles autorités. Parfois, comme à Orbey, les maires se suivent et ne se ressemblent pas ; René Husson, premier magistrat de la commune, qu'il a quittée en juin 1940, et qui revient quelques mois plus tard, n'est pas réintégré dans ses fonctions municipales. Son remplaçant, le premier adjoint, est également révoqué. Un nouveau maire est nommé le 11 juillet 1941. A cette date, Orbey en est à son troisième Bürgermeister depuis la défaite française. Mais celui-ci est le bon, selon les critères de l'époque, c'est-à-dire un ardent partisan du nouveau régime. Son empressement à satisfaire les autorités qui l'ont mis en place, lui vaut l'envoi au Gauleiter Wagner d'une lettre anonyme par un de ses administrés. Dans cette lettre, datée du 21 septembre 1943, son auteur décrit le maire d'Orbey, un Alsacien, comme «répandant là-bas un tel régime de terreur, qu'il est devenu dans un court laps de temps l'homme le plus haï de toute la région». L'auteur de la lettre en appelle à l'arbitrage du Gauleiter : «Je prie seulement au nom d'innombrables d'Orbey et environs, de prendre la peine d'entendre confidentiellement de vieux habitants considérés, hors la présence de l'aujourd'hui maire». La lettre est ensuite transmise au Landkommissar de Ribeauvillé. Selon toute vraisemblance, cette intervention fut apparemment sans grande conséquence pour le maire, qui a l'automne 1944 présidait encore aux destinées de la commune d'Orbey, où il cumulait sa fonction avec celle d'Ortsgruppenleiter. Les maires de Fréland, du Bonhomme et de Lapoutroie, surpris à s'entretenir en français et en patois, au cours d'une réunion à Ribeauvillé, le 18 juin 1942, furent destitués. Seul le maire de Fréland pourra reprendre ses fonctions, mais seulement pour quelques temps. Mais les maires ne sont pas les seuls à être renvoyés.

A Orbey encore, le directeur d'école, expulsé, et quatre sœurs enseignantes, renvoyées, sont remplacés par des enseignants allemands. A Labaroche, deux instituteurs et une institutrice, expulsés, le sont également par du personnel allemand, venu du pays de Bade. A Lapoutroie, les sœurs congréganistes sont aussi renvoyées. Dans cette commune, tout le personnel enseignant (treize personnes) devient allemand, les instituteurs autochtones ayant été envoyés en Umschulung (recyclage). Les occupants ont aussi pensé à doter chaque commune d'une bibliothèque, sans réussir toutefois à les faire fréquenter par les habitants. Seuls les Allemands en fonction dans ces communes empruntent des livres à ces bibliothèques. Les livres français ont disparu, au cours d'autodafés publics.

Quant à l'engagement politique des habitants de ces communes dans l'Opferring, la NSDAP et ses organisations satellites, il a été faible. En effet, qu'on en juge ; à Orbey, sur trois cent quatre-vingt membres de l'Opferring, seuls vingt-neuf d'entre eux ont adhéré au parti nazi. A Lapoutroie, sur cent vingt membres de l'Opferring, vingt-sept d'entre eux auront gagné les rangs de la NSDAP en 1944. Pour ce qui est de la SA, elle n'a jamais pu dépasser la vingtaine de recrues pour Orbey et Lapoutroie. «Vous m'êtes des gens trop précieux pour que pas un seul d'entre vous ne soit expulsé», avait pourtant déclaré un des chefs de la Kreisleitung au cours d'un discours à Orbey en septembre 1940.

Pourtant des expulsions individuelles ont déjà eu lieu le 13 août 1940. Elles concernaient les Français dits de l'intérieur ou les plus francophiles. Ainsi treize employés du chantier

RÉQUISITION DE FOURRAGE AUPRÈS DES PAYSANS EN 1942.

COLL. PART.

du Lac Noir à Orbey, six habitants du Bonhomme et quatre de Fréland durent-ils quitter les lieux. Plus tard, au début de 1941, d'autres expulsions vont encore toucher six habitants d'Orbey et trois instituteurs de Labaroche. Chaque Gauleiter étant seul maître après le Führer dans son Gau, leur politique en matière d'expulsions n'a pas été la même en Moselle et en Alsace. Si Bürckel, Gauleiter en Moselle a «vidé» trente villages francophones en novembre 1940, Robert Wagner n'est pas allé aussi loin, lorsqu'il a procédé un mois plus tard à l'éloignement de ceux qu'il jugeait indésirables sur son territoire. Le Gauleiter s'étant rallié à la thèse de l'ascendance germanique des Welches, défendue par le professeur Metz, de l'Univesité de Fribourg (Cf. Marie-Joseph Bopp, Lothar Kettenacker), seuls les plus francophiles d'entre eux furent expulsés.

Cette opération d'expulsions s'est déroulée par un froid glacial, par moins dix degrés. Elle a touché des familles entières, comme à Orbey, où le maire, le directeur d'école, le curé, mais aussi les anciens engagés volontaires, furent chassés. Une

JEUNES DE LAPOUTROIE AVANT LE DÉPART AU RAD. COLL. PART.

dizaine d'habitants de Lapoutroie, en instance d'expulsion, réussirent à échapper à la rafle. Les biens des expulsés mis sous scellés furent vendus par l'occupant ou pillés. Avant d'être embarqués dans des trains à destination de la zone non occupée, ils ont dû préalablement signer une déclaration, dans laquelle ils s'engagent à ne pas revenir en Alsace, sous peine d'être condamnés à dix ans de travaux forcés. La presse passe ces expulsions sous silence. Au total, deux cent quatre-vingt-quatorze personnes furent expulsées. Dans le détail, et par commune : trente-deux habitants de Fréland, vingt-deux de Labaroche, quatre-vingt-dix-huit de Lapoutroie, cinquante-huit du Bonhomme, et enfin quatre-vingt-quatre d'Orbey. Parmi eux, certains le furent pour le motif de «dégénérescence» qui n'a pas épargné des enfants. Treize infirmes, par conséquent marqués par les nazis du sceau infâmant de «dégénérescence», hébergés à l'hospice de Pairis, à Orbey, ont fait partie du contingent des expulsés. Tous décèderont au cours de l'exil.

DE 1940 À 1943, 1625 EXPULSÉS PARMI LES POPULATIONS FRANCOPHONES.

1941

Le 4 août 1942 a lieu à Berlin une réunion, chargée de définir les orientations générales en vue d'un «remembrement racial». Déplacements, transplantations et évacuations sont à l'ordre du jour. Une seconde vague d'expulsions est envisagée, plus importante que la précédente. Son exécution est relativement simple à réaliser, puisqu'il suffit de revoir les listes de contrôle précédemment dressées. Quelles sont les catégories de personnes menacées d'expulsion ? Les familles dont les enfants ont quitté l'Alsace pour se soustraire au service du travail, les familles ou individus résolumment hostiles au Volkstum allemand, ou encore considérées comme indésirables par le Sicherheitsdienst, et enfin des membres de la communauté parlant patois. Le Gauleiter a fait parmi eux le choix de ceux qui sont autorisés à rester ; ceux dont les coutumes, la langue et le comportement témoignent de leur appartenance au Volkstum (Cf. Lothar Kettenacker). L'état-major nazi n'a pas attendu 1942 pour que germe en lui l'idée d'un nouveau projet de transplantation. Ainsi le greffe du tribunal cantonnal de Lapoutroie s'est-il vu réclamer à plusieurs reprises depuis 1941, par la Umsiedlungsanstalt (section de transplantation) de Karlsruhe, les extraits du livre foncier de plusieurs fermes de Lapoutroie, parmi les plus riches de la commune. Les plans futurs des occupants sont transparents[1]. Pourquoi n'y a-t-il pas eu finalement de transplantation massive de la population ? Plusieurs facteurs sont susceptibles de l'expliquer : la guerre germano-russe, déclenchée depuis le 22 juin 1941, s'avère coûteuse en effectifs, la défaite de Stalingrad a instauré un tournant capital dans la conduite de la guerre proclamée «totale», enfin les mesures d'incorporation dans le RAD et dans la Wehrmacht ont provoqué une résistance, dont l'ampleur a été sous-estimée. Dans une statistique, datée de juillet 1943, où le chef du SD de Strasbourg dresse le bilan de l'action de la police en Alsace, pour la période du 1er juillet 1940 au 1er mars 1943, il est fait mention de 1625 expulsés, parmi les populations parlant patois, 2473 «restés en France». 294 habitants du pays welche, et 335 de Sainte-Marie-aux-Mines comme 20 d'Aubure (la moitié des habitants de Sainte-Marie-aux Mines et d'Aubure sont francophones) ayant été expulsés, les 976 restants proviennent du val de Villé et de la haute vallée de la Bruche. Comme les régions francophones n'ont pas été évacuées en 1939, il faut comprendre par «ceux qui sont restés en France», les habitants qui ont quitté la région en 1940, les militaires, démobilisés ou non, qui ne sont pas rentrés en Alsace.

Si les communes n'ont pas souffert d'une transplantation massive de leurs habitants, ces derniers n'en ont pas moins subi individuellement internement, déportation ou transplantation. En effet, la liste de ces existences brisées sous le joug nazi est presque monotone, tant elle est longue : ainsi Fréland a-t-il vu dix-huit de ses jeunes gens, internés à Schirmeck, et deux de ses familles transplantées en Silésie. A Labaroche, neuf de ses habitants ont connu l'internement. De Lapoutroie quatre familles ont été transplantées en Silésie, et treize de ses habitants ont vécu la déportation. Vingt habitants du Bonhomme ont connu les camps de concentration. A Orbey vingt-sept habitants ont été internés ou déportés, et vingt familles (soit cinquante personnes), transplantées en Silésie. On le voit, la liste des victimes du nazisme dans ces communes s'égrène comme un interminable chapelet de souffrances. Celles-ci furent endurées pour avoir voulu se soustraire au RAD, à l'incorporation dans la Wehrmacht, avoir eu des activités de résistance, ou en représailles, ce que les nazis appelaient Sippenhaftung qui leur a fait prendre en otage les familles des réfractaires.

Moins lourde de conséquences, mais tracassière, fut l'une des premières mesures prises par le Gauleiter Wagner qui le 16 août 1940 a réintroduit la langue maternelle, c'est-à-dire l'allemand.

LES POPULATIONS FRANCOPHONES VOSGIENNES ONT CINQ ANS POUR APPRENDRE L'ALLEMAND ET UN MANUEL EST SPÉCIALEMENT RÉDIGÉ À LEUR INTENTION.

Désormais la population et les services publics doivent s'exprimer exclusivement dans la langue de Goethe. En outre les prénoms doivent être utilisés dans leur version allemande. Quant à celui qui porte un patronyme ou un prénom français, il est invité à en changer, pour un autre plus conforme aux sonorités germaniques. Les inscriptions en français des entreprises et firmes doivent disparaître pour le 15 septembre 1940 au plus tard. Correspondances, comptabilité et contrats doivent dorénavant être rédigés en allemand. Tout comme les inscriptions sur les tombes et les monuments. Dans cet énergique combat linguistique, un effort particulier est consenti aux populations francophones des vallées vosgiennes : elles disposent de cinq ans pour apprendre l'allemand. Car pour ce qui les concerne, «le bec ne leur a pas poussé ainsi», comme c'est le cas pour le reste de la population du Gau. Pour cet apprentissage de la langue

MANUEL D'APPRENTISSAGE
DE L'ALLEMAND
SPÉCIALEMENT RÉALISÉ
POUR LES POPULATIONS
FRANCOPHONES
D'ALSACE.

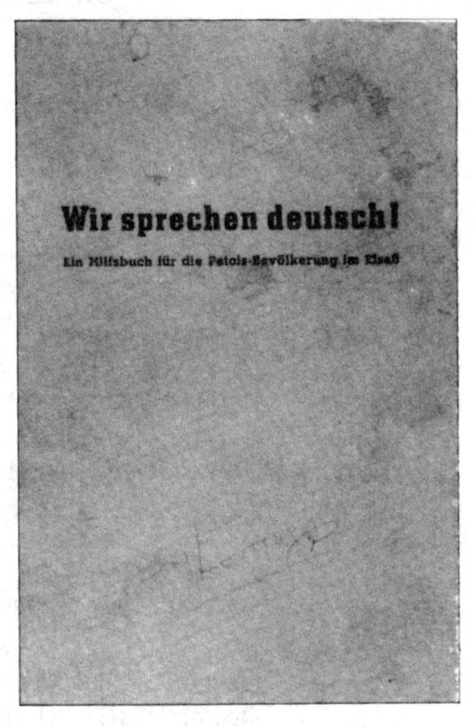

allemande, les populations francophones des vallées vosgiennes disposent d'un manuel, qui leur est distribué au début de 1941. Il est intitulé : *Wir sprechen deutsch*, et a été édité par la section Volksaufklärung und Propaganda auprès du CDZ en Alsace, qui a entrepris ici d'éclairer les populations vosgiennes sur les mystères de la langue allemande. L'éditeur a pensé au côté pratique, puisqu'il a un format de poche. Ses 238 pages sont abondamment illustrées. Les ambitions pédagogiques de l'éditeur sont assez modestes, car il s'agit dans un premier temps d'assimiler les rudiments de l'idiome germanique. Cependant si le préfacier reconnaît : «Vous parlez un patois bien différent de la langue allemande», il s'empresse d'ajouter : «Et pourtant vos aïeux ont parlé allemand comme nous autres Alsaciens». Et il ne manque pas d'ajouter une justification pseudo-scientifico-linguistique : «Cela est prouvé par beaucoup de mots patois dont la racine est allemande». En attendant que les populations retrouvent les leurs, elles disposent d'un aide-manuel qui n'a rien d'un dictionnaire, car ce livre présente les mots par groupes. Un transparent sur lequel est imprimé le mot allemand correspondant au dessin, fait de cet apprentissage un jeu d'enfant. Le parti nazi est figuré par les différents uniformes des organisations du parti, et le dessinateur n'a pas omis d'accrocher un portrait du Führer dans la salle à manger.

La réintroduction de la langue maternelle tarde cependant, tout comme les demandes de modification des noms et prénoms français, comme le prouve l'échange de correspondance entre le Landkommissar de Ribeauvillé et le Bürgermeister d'Orbey. Le 4 décembre 1940 le Landkommissar rappelle au Bürgermeister d'Orbey de lui adresser les listes des personnes concernées par le changement de dénomination. Il lui laisse trois jours pour rattrapper son retard. Cinq jours plus tard, le maire d'Orbey lui répond que c'est seulement la veille que la population a été informée de cette obligation, et que n'ayant pas de renseignements supplémentaires, il réclame un délai plus long. Finalement celui-ci lui est accordé et fixé au 1er janvier 1941, date à laquelle le recensement des personnes de

PAGE DE CE MANUEL
CONSACRÉE AU VOCABULAIRE COURANT.

sa commune concernées, doit lui être parvenu. Ce délai n'ayant à nouveau pas été respecté, le Landkommissar se montre menaçant dans une lettre du 7 janvier 1941, dans laquelle il «le rend personnellement responsable», en précisant que la liste doit lui être adressée pour le 12 janvier 1941. Le Landkommissar adresse le 14 janvier 1941 un courrier au S.D. de Mulhouse en y joignant la liste des habitants d'Orbey n'ayant déposé aucune demande de modification. Ils sont 1140 à ne pas l'avoir faite. Quelques mois plus tard, cette affaire n'est toujours pas classée. En effet, à la date du 29 octobre 1941, le Landkommissar relance le maire, pour lui dire que le délai accordé est expiré, tout en lui en fixant un nouveau : le 15 novembre 1941. En même temps il le somme dans les trois jours, de lui expliquer les raisons de son retard et de sa passivité dans cette affaire. Par un courrier du 1er décembre 1941, le maire répond à celui-ci qu'une partie des demandes a été envoyée, et que le reste suivra rapidement. Il invoque le peu d'empressement des habitants à signer la demande de changement de dénomination, pour expliquer son retard. En 1942 l'affaire suit toujours son cours ; le maire d'Orbey réitère au Landkommissar l'explication déjà fournie précédemment, à savoir : «La plus grande partie des intéressés refuse catégoriquement sa signature». Bientôt le parti s'en mêle, en la personne du Kreisleiter, Jean-Pierre Mourer[2] qui réclame au Landkommissar les noms des réfractaires au baptême linguistique. Cette liste est entre les mains de la Sicherheitspolizei de Colmar. Le responsable de celle-ci préfère quant à lui attendre, «en regard de devoirs de guerre plus prioritaires». Il s'abrite derrière le chef de l'administration civile, dont il dit attendre une ordonnance d'application du nouveau décret du Gauleiter daté du 15 janvier 1943 concernant l'imposition des noms allemands en Alsace. En date du 1er mars 1943, les listes établies par la police signalent 945 noms de familles et 459 prénoms, concernés par le changement. Seuls 300 changements de noms ont été demandés. Ces renseignements, fournis par une lettre du maire d'Orbey, montrent clairement la résistance de la population à l'égard de cette entreprise de changement de dénomination. En effet, plus des deux tiers des habitants de la commune, 645 exactement, n'ont pas donné suite à l'injonction des autorités. La tragi-comédie de cette période de l'occupation n'est pas absente là non plus ; en effet, économie de papier oblige, la correspondance du Landkommissar est rédigée au recto d'imprimés, qui sont ceux de l'ancienne sous-préfecture de Ribeauvillé, française ! Et l'affaire continuera paisiblement son bonhomme de chemin jusqu'en 1944. Les moyens pour se soustraire à cette mesure n'ont pas manqué, dont l'invocation de la perte du livret de famille, par exemple. Sinon, on encourait le risque de s'appeler désormais Batey ou Badey pour Bataille, Cladpeter pour Claudepierre, Vondermühl ou Dammler pour Desmoulin, Pettmunsch pour Petitdemange, Pruttmann pour Prudhomme.

TONDUS PUIS TRAÎNÉS AU CAMP DE SCHIRMECK, LES RÉFRACTAIRES À L'INCORPORATION FURENT FUSILLÉS.

Avec l'incorporation de force s'ouvre un chapitre qui, celui-ci, ne prête plus à sourire. De nombreux incidents ont émaillé les conseils de révision, notamment à Orbey, Kaysersberg et Fréland en février 1943. A Orbey les conscrits sont convoqués à la mairie le 14 février. Deux formulaires doivent être signés. Parmi les conscrits, Emile Henry qui refuse d'abord de signer, puis s'y résigne, sous la menace d'un gendarme. Un autre conscrit, Paul Munier, jette rageusement les formules à terre, geste pour lequel il est giflé, ce qui provoque une rixe. Le chef des gendarmes intervient violemment, en frappant Paul Munier à coups de baïonnette sur la tête. Les autres jeunes gens présents, intimidés par la scène, signent. Paul Munier est arrêté. A Kaysersberg, six jeunes gens ont prévu de ne pas se rendre au conseil de révision qui se tient ce 15 février. Ils se retrouvent dans un café, tenu par le père de l'un d'entre eux. Ils y sont bientôt à vingt, quatorze autres jeunes, également réfractaires, les ayant rejoints. Ils sont presque tous coiffés d'un béret, couvre-chef honni et banni par l'occupant. Le policier municipal est venu à deux reprises pour leur signifier de se rendre au conseil de révision. Les vingt réfractaires

Elsässer und Elsässerinnen!

Hier im deutschen Elsass wird Deutsch gesprochen. Redet also wie Euch der Schnabel gewachsen ist. Diejenigen, die das nicht können, mögen sich auf der Kreisleitung melden, die gerne bereit ist, ihnen behilflich zu sein, dass sie dahin kommen, wo man französisch „parliert".

Heil Hitler!

Der Kreisleiter

«Ici dans l'Alsace allemande, on parle allemand. Parlez-le donc. Ceux qui ne le peuvent pas, n'ont qu'à s'adresser aux autorités qui les enverront là où on ne parle que français».

traînent d'abord un bon moment dans les rues de la localité, puis se rendent vers onze heures, à l'école qui sert de local au conseil de révision. Là-bas, se produit une algarade avec un gendarme. Le groupe est bientôt encerclé par des renforts, et conduit au Kesselturm (tour Kessler) qui sert occasionnellement de prison. Il est midi quand les jeunes gens sont rassemblés pour être emmenés au camp de Schirmeck. Henri Jaegle qui s'est approché, entend les jeunes gens crier : «Vive la France», et lance le même vivat. Il est aussitôt molesté par un gendarme, ainsi que son épouse et sa fille qui assistent à la scène. Henri Jaegle est arrêté. Il est transféré avec Paul Munier à Colmar, et de là au camp de Schirmeck. Ils sont tous deux fusillés, au Struthof dès le 17 février selon des témoins, à Strasbourg le 24 février selon un communiqué paru dans le *Kolmarier Kurier* du 25 février 1943. L'épouse et la fille d'Henri Jaegle connaîtront la déportation. Avant d'être passés par les armes, Paul Munier et Henri Jaegle furent tondus, puis traînés à genoux à Schirmeck pour l'édification des jeunes gens. Pour prévenir tout incident du même ordre, les jeunes conscrits de Fréland, dont la plupart avaient refusé d'apposer leur signature sur les formulaires d'incorporation, sont arrêtés le 16 février, puis emmenés à Schirmeck. La presse ne donne guère de publicité à ces incidents, qui se sont reproduits dans d'autres localités du Haut-Rhin et dans le Bas-Rhin.

En 1939 lors de la déclaration de guerre, le pays welche a accueilli des réfugiés venus des localités situées le long du Rhin, éloignées de la frontière. A partir de 1943, les bombardements alliés menaçant de plus en plus la population civile allemande, ce sont des Allemands qui cette fois trouvent refuge dans les communes du pays welche. Des personnes âgées, des femmes et des enfants, de Karlsruhe et de Manheim, arrivent en pays welche, par vagues successives. Ils arrivent nombreux, en septembre-octobre 1943. Il en viendra jusqu'à l'été 1944. Labaroche abritera 114 Allemands, le Bonhomme 108, Fréland 51 et Orbey 263.

Au moment des combats de la Libération, le pays welche devient une nouvelle fois terre de refuge, notamment pour les habitants d'Ammerschwihr, de Kientzheim ou encore de Sigolsheim... La Libération ne vint pas par le col du Bonhomme, mais par Fréland, libéré le 6 décembre 1944. Hachimette le sera le lendemain, Lapoutroie et le Bonhomme les jours suivants. Pour Orbey il faudra attendre jusqu'au 16 décembre, et Labaroche ne sera pas libéré avant le 4 février 1945, soit deux jours après Colmar.

Les combats, qui ont fait rage, ont durement éprouvé les communes. En avril 1945, Lapoutroie déplore 65 sinistrés, Orbey 1000, Le Bonhomme 95 et Labaroche 590.

Des Welches témoignent

Henriette Guidat, d'Orbey

Une germanisation à outrance

J'étais employée au service des cartes d'alimentation de la mairie d'Orbey pendant les années de guerre jusqu'en 1946. Le maire de la commune a été expulsé en décembre 1940, en même temps que le directeur d'école, le curé et d'autres personnes, parmi lesquelles les sœurs de l'hospice Pairis ainsi que les infirmes de cet établissement.

Dès le début de l'occupation, la germanisation s'est faite à outrance, par la défrancisation des lieux et noms de famille. Par exemple les Allagoutes transformées en Bachmatt. Toutes les sociétés de la commune ont été dissoutes : la Ligue française, l'U.N.C., la société de tir, le Bridge club, le Cercle catholique, et même la Société Coopérative d'Alimentation Vogesia, reprise par une organisation allemande de Karlsruhe. Les inscriptions françaises du monument aux morts ont été enlevées, y compris les noms des soldats tombés. Sur le monument du Wettstein, le poilu a été enlevé et camouflé. Durant la guerre, des fleurs ont été déposées clandestinement chaque 14 juillet sur les cimetières du Wettstein et du carrefour Duchesne. Chez nous il n'y a pas eu de jeunesse hitlérienne. L'Opferring était l'organisation la plus fréquentée, mais ses membres se bornaient à payer les cotisations et, en partie, à assister aux réunions. Parmi eux, quelques uns adhérèrent au parti nazi. Une section de SA fut également mise sur pied avec quelques membres.

Orbey est la commune la plus importante de ce canton francophone, avec un

ANDRÉ VALENTIN EN 1939.

vaste territoire, et une frontière commune avec les Vosges. Aussi l'endroit est-il devenu l'aboutissement de nombreuses filières d'évasion de prisonniers de guerre ou autres. Beaucoup de réfractaires au service allemand ont passé la frontière. D'autres ont rejoint l'armée allemande, malgré eux, à l'époque de l'affaire Paul Munier. Nombreux sont ceux qui ont déserté et se sont cachés durant l'occupation, ce qui a entraîné la déportation de leur famille. Les passeurs ne se connaissaient pas entre eux, mais les arrestations ont quand même été nombreuses, dont celle de ma cousine, lourdement condamnée par les occupants. Ma mère, ma sœur et moi-même avons été arrêtées début mai 1942 pour passage clandestin de la frontière. D'abord mises en cellule à Lapoutroie, puis transférées à Colmar, nous avons ensuite été internées au camp de Schirmeck, du 6 mai au 26 juin 1942.

André Valentin, de Lapoutroie

Passeur, insoumis et résistant

Agé de vingt-six ans, j'ai été fait prisonnier de guerre le 15 juin 1940 à Lyon, alors que j'appartenais au premier régiment d'artillerie. Libéré comme Alsacien, le 4 août 1940, je suis revenu à Lapoutroie où j'y ai repris mon travail de boulanger, dans la boulangerie familiale. Dès le début nous avons dû assister aux cours d'allemand du soir, car la population était francophone. La langue française a été interdite dans les lieux publics, mais le patois vosgien, toléré. Avec quelques camarades, démobilisés comme moi, nous avons organisé un petit réseau de résistance, composé de sept membres, et dont le but principal était de faire passer les prisonniers de guerre évadés, et de jeunes Alsaciens voulant rejoindre l'armée française, au-delà de la frontière. La frontière franco-allemande d'avant 1918 avait en effet été rétablie par les occupants. Plusieurs chaînes de passeurs ont vu le jour, et notre petit groupe a été affilié au réseau Résistance-Est du commandant Bareiss. Nous avons également fabriqué et ronéotypé un petit journal qui a été adressé à des députés de l'époque et à d'autres personnalités, notamment le maréchal Pétain et le chanoine Kir. Ce journal a été tiré à deux cents exemplaires, que j'ai moi-même postés en partie à la poste de Fraize (Vosges), après avoir franchi clandestinement la fameuse frontière.

Comme j'étais boulanger, je fournissais la douane allemande en pain et pâtisserie. Un jour on m'a commandé des bouchées à la reine destinées à une soirée. J'en ai profité pour enfouir des lettres au fond de mon sac à dos et les ai dissimulées en mettant les bouchées par-dessus. Or j'ai été contrôlé ce jour-là par des douaniers volants. Quand j'ai ouvert mon sac en leur montrant la marchandise, leur curiosité a été satisfaite. Sans quoi, mon compte était bon. Après ma livraison je me suis rendu au restaurant du col du Bonhomme pour remettre le courrier. L'établissement avait la particularité de se trouver, pour une moitié en France, pour l'autre, en Allemagne, ce qui ne pouvait que faciliter ma tâche.

J'ai été dénoncé par un habitant de ma commune vers le 15 juillet 1942. De notre groupe local, j'ai été le seul à avoir été arrêté. J'ai été écroué à la prison de Colmar, le 23 du même mois, pour le motif suivant : soupçon de contrebande de lettres missives et complicité de passage illégal de la frontière. J'ai été transféré au camp de Schirmeck-La Broque, le 4 septembre 1942. J'en ai été libéré au bout de six mois, à la condition de me présenter au conseil de révision de février 1943 pour être incorporé dans la Wehrmacht. Je devais effectivement me présenter à mon unité, en Silésie, en avril 1943. Pour ce qui concerne ces fameux conseils de révision, je puis dire que beaucoup de conscrits étaient munis de faux certificats médicaux, ou avaient pris des médicaments pour être exemptés. Ces certificats de complaisance étaient évidemment délivrés par des médecins alsaciens, qui faisaient aussi bénéficier les conscrits de leurs conseils pour déjouer le médecin. Pour faire croire que j'allais rejoindre mon unité, ce que je n'ai pas fait, j'ai quitté mon domicile. J'étais par conséquent devenu un insoumis. Le conseil de guerre de Neunstrelitz (Silésie) m'a condamné à mort pour cela. Etant réfractaire, ma mère et mes deux sœurs ont été déportées au camp spécial de Bad-Schwarzbach (Silésie) en novembre 1943. Elles ne sont revenues à Lapoutroie que le 10 mai 1945. Quant à moi, je me suis caché à Labaroche, au lieu-dit La Chapelle. Pendant tout ce temps, j'ai été ravitaillé par de braves gens, les familles Simon et Grivel. Et cela malgré le danger et jusqu'à la Libération, avec un autre camarade de la région. Durant notre clandestinité plusieurs alertes ont eu lieu, et deux camarades ont d'ailleurs été repris par les Allemands et fusillés. Dans la commune, nous étions quarante déserteurs ou insoumis, et environ deux cents pour le canton. A la Libération de Lapoutroie, le 8 décembre 1944, j'ai franchi les lignes ennemies pour rejoindre mon domicile. Car Labaroche se trouvait à ce moment-là en zone allemande. J'ai eu à cette occasion une chance extraordinaire. Appréhendé en pleine nuit par une sentinelle allemande, j'ai été conduit par elle devant un général allemand, cantonné dans une ferme. J'ai présenté ma Kennkarte (carte d'identité), qui porte la mention «Deutscher volkszugehöriger Elsässer» (Alsacien appartenant au peuple allemand) et dont j'avais falsifié l'année de naissance. Je m'étais vieilli de dix ans, ma carte d'identité indiquant maintenant l'année 1904, une classe qui n'était pas mobilisable. Saisi par le doute, le général m'a symboliquement

TROIS FRÉLANDAIS, INCORPORÉS DE FORCE, EN CRIMÉE, EN 1943. JOSEPH HENRY EST À DROITE.

retenu dans l'écurie de la ferme. Dont je me suis aussitôt évadé, en passant par la fenêtre. Au-dessus de Hachimette, j'ai rencontré les premières troupes françaises, des Tabors marocains, encadrés par un adjudant européen, sans lequel j'aurais été abattu.

Une section de FFI a été immédiatement mise sur pied dans la localité. Notre mission consistait surtout à faire des patrouilles de reconnaissance, car le front s'était stabilisé non loin pendant deux mois. D'autres membres de la section avaient pour mission de ramasser les armes et munitions abandonnées dans la nature, et de procéder au déminage. Deux hommes furent tués lors de ces opérations. La commune a encore dû porter le deuil de deux de ses habitants, morts par suite des mauvais traitements qui leur furent infligés en camp de concentration.

On m'a souvent posé la question : «Et si c'était à refaire ?» J'ai toujours répondu : «Je le referais».

Joseph Henry, de Fréland

Schirmeck, bataillon disciplinaire, hôpital et... évasion

Après avoir été fait prisonnier à Ecouché (Orne) en juin 1940, j'ai été libéré, en tant qu'Alsacien, deux mois plus tard ; j'avais alors vingt-quatre ans, et quatre ans de carrière militaire derrière moi.

En revenant en Alsace, après un détour dans le nord du Bas-Rhin, j'avais remarqué que les noms des gares avaient été germanisés, et que les employés de chemin de fer portaient un uniforme qui n'avait rien de français. C'est à ces signes-là que j'avais compris que nous avions été annexés. Dans le train, j'avais voyagé avec d'autres Alsaciens : nous étions cinq du même village. Arrivés à Colmar, nous fûmes harangués par un colonel allemand qui nous tint en substance le langage suivant : «L'Alsace était maintenant allemande, mais que l'Allemagne n'avait pas besoin de nous autres, d'autant qu'à chaque fois qu'elle avait incorporé des Alsaciens, elle avait perdu la guerre.»

De retour au pays, j'avais constaté qu'il était interdit de parler français, et le port du béret, banni. En décembre 1940 j'ai vu le départ de treize familles de Fréland, expulsées. Ces trente personnes qui pleuraient, n'emportaient qu'un baluchon avec elles. C'est en assistant à cette scène que j'ai pensé que tôt ou tard nous chausserions les bottes, et cela n'a pas manqué de se produire.

Ceux qui avaient déjà servi dans l'armée française, comme c'était mon cas, devaient se présenter à Kaysersberg le 15 février 1943. Comme la plupart d'entre nous avions refusé de signer notre convocation, nous avons été cueillis par la Gestapo et des SS, dès le lendemain. Emmenés au camp de Schirmeck au cours de l'après-midi, nous y sommes restés jusqu'à notre incorporation dans l'armée allemande. Pour moi ce fut le 27 mars 1943. Je me suis retrouvé dans un bataillon disciplinaire, à Simféropol (Crimée). Grièvement blessé à Kertch (Crimée), j'ai été rapatrié successivement à Odessa, Fribourg-en-Brisgau, pour arriver finalement à l'hôpital Pasteur de Colmar. C'est de là que, profitant de l'opération d'évacuation des grands blessés, consécutive à l'avance alliée, je me suis évadé, en compagnie de deux camarades, le 3 septembre 1944. Avec l'un d'entre eux, je me suis caché dans une grange, au lieu-dit La Fonderie, où je suis resté jusqu'à la Libération de Fréland. A ce sujet, je voudrais dire que durant l'occupation, il n'y avait pas une ferme dans notre région, qui n'ait caché soit un prisonnier de guerre français évadé, soit un incorporé de force déserteur. Je ne voudrais pas manquer non plus de saluer ici l'attitude courageuse de mon épouse ; lors de l'arrivée de la Feldgendarmerie le 2 décembre 1944 au café Henry pour y installer une infirmerie pour les blessés allemands, celle-ci a aidé deux prisonniers de guerre français à s'enfuir, et les a accompagnés à un refuge, une ferme éloignée d'une heure de marche du village.

Marcel Maire
Les pérégrinations d'un passeur

J'avais dix-sept ans en 1940. Originaire d'un canton où l'on ne parle que le français et le patois vosgien, nous devions tous assister à des cours du soir pour

MISSION ACCOMPLIE... TROIS PASSEURS : EDMOND BOROCCO, MARCEL MAIRE, PAUL BÂTOT.

COLL. PART.

apprendre l'allemand. Notre nom de famille a été germanisé d'office. Meer n'a jamais été utilisé par mes parents dans la correspondance. Cependant, chose troublante, alors que mon père portait désormais le patronyme de Meer, le mien est resté intact. Comment cela a pu se produire, je l'ignore encore ! Dès le début, avec mon camarade Paul Batôt, des Hautes Huttes, j'avais organisé des passages de prisonniers de guerre français évadés, à travers les hautes Vosges. Les passages se faisaient de nuit, il fallait quatre heures de marche par la montagne, à partir d'Orbey, par les Basses Huttes, pour arriver au lieu-dit Le Rudlin qui appartient à la commune de Plainfaing (Vosges). A cette époque notre région était l'aboutissement de nombreuses filières d'évasion. Les divers hameaux, tels que Pairis, les Basses et Hautes Huttes etc. étaient devenus de véritables centres d'hébergement des évadés. Bien vite se posa à nous le problème du ravitaillement des évadés. Nous l'avons résolu en faisant de la contrebande ; en achetant des carnets de feuilles de papier à cigarettes Job à Plainfaing et Fraize, que nous revendions à notre retour. Je me suis fait prendre dans la nuit du 26 mars 1942. Au poste de douane allemande du Lac Blanc, j'ai réussi à m'échapper. Trois semaines plus tard je recevais ma convocation pour le RAD. En accord avec ma famille, j'avais pris la décision de passer en zone libre. J'ai été arrêté à Besançon le 21 avril 1942. Ecroué à la prison de la ville, j'y suis resté jusqu'au 21 juin, date à laquelle on m'a transféré à Colmar. C'est là que j'ai été condamné le 6 août 1942, à trois mois et demi de prison, pour passage illégal de la frontière. Ma tentative pour me soustraire au RAD n'ayant pas été retenue dans mon chef d'inculpation, je fus libéré le même jour. Mais cette libération fut de courte durée ; en effet, le 21 septembre suivant, j'ai été à nouveau arrêté, ainsi que mon camarade Paul Batôt. Une vague d'arrestations de passeurs : d'Orbey, du Bonhomme, de Lapoutroie, de Munster etc., eut lieu à ce moment-là. Après un bref séjour à la prison de Colmar, je fus transféré à celle de Mulhouse. Le 30 septembre 1942 je fus transféré au camp de Schirmeck où je devais rester jusqu'au 19 février 1943, date de mon incorporation dans le RAD. En mai 1943 j'en avais fini avec celui-ci, et pus rentrer chez moi. En novembre je reçus avec retard, par rapport à mes camarades de la même classe, ma convocation pour mon incorporation dans la Wehrmacht. Après un bref séjour en Saxe, ma destination était la Pologne ; le 19 décembre, je tombais malade. Mis en quarantaine dans un lazarett de Litzmanstadt, j'en sortis le 25 février 1944. Deux mois plus tard, soit en avril, je fus mis aux arrêts, puis transféré à Strasbourg. Le conseil de guerre de Baden-Baden qui y siégeait me condamna à dix mois de prison pour mon activité de passeur. Libéré le 14 juillet 1944, je dus partir pour le front russe. Arrivé en Lituanie le 18 août 1944, j'étais le seul Alsacien de ma compagnie. Les replis se succédèrent et enfin, le 8 mai 1945, j'appris la capitulation de l'Allemagne. Après un voyage interminable, me voici dans un camp dans l'Oural. A la fin juin 1945, Polonais, Roumains, Français et Alsaciens furent rassemblés dans un autre camp. Puis ce fut le transfert à Tambow, le 21 juillet. Au bout de trois semaines j'eus la chance de le quitter, provisoirement, pour un kolkoze, pendant cinq semaines : le temps de la moisson. A la fin septembre 1945, je quittais définitivement le camp. Après un nouveau long voyage, ponctué d'étapes, c'était enfin le retour en Alsace.

NOTES

1. Les *Dernières Nouvelles d'Alsace*, édition de Colmar, ont publié entre le 16 août et le 1er septembre 1972, des Ephémérides sous le titre : «Il y a trente ans un grave danger menaçait les populations de langue française».
2. Ancien député du Bas-Rhin, il a été arrêté après la déclaration de guerre de 1939. Kreisleiter de Mulhouse. En 1942 il est chargé de l'expédition des affaires du parti nazi de l'arrondissement de Ribeauvillé, en remplacement du Kreisleiter local, limogé.

BIBLIOGRAPHIE

Charles Béné, *L'Alsace dans les griffes nazies*, t.3, Editions Fetzer, Raon l'Etape, 1975.
Marie-Joseph Bopp, *L'Alsace sous l'occupation allemande, 1940-1944*, Editions Mappus, Le Puy, 1945.
Père Ernest, *Fréland pendant la guerre 1914-1918*, Mulhouse, 1954.
Jacques Granier, *Schirmeck-Histoire d'un camp de concentration*, Dernières Nouvelles d'Alsace, Strasbourg, 1968.
François Igersheim, *L'Alsace des notables, 1870-1914*, Strasbourg, 1981.
Lothar Kettenacker, In *Saisons d'Alsace*, nº 68, Strasbourg, 1979.

SOURCES

Archives départementales du Haut-Rhin, Colmar, Série AL, nº 893 à nº 1033, P216.
Historique de l'occupation et de la Libération de la commune d'Orbey, 1940-1944, mairie d'Orbey, 1950.
Historique de l'occupation et de la Libération de la commune de Labaroche, 1940-1945, mairie de Labaroche, non daté.
Enquête sur l'histoire de l'occupation et de la Libération de la commune de Lapoutroie, rédigée par Louis Jaegle, 1953.
Etat des personnes expulsées et déportées dans la commune du Bonhomme, mairie du Bonhomme, daté du 3 décembre 1959.
Chronique paroissiale de Fréland, 1939-1952, rédigée par Raymond Voegeli, curé de Fréland.
«Pays d'Alsace», in *Revue de la Société d'Histoire et d'Archéologie de Saverne et environs*, IV, 1970.
Collection de journaux d'avant et d'après guerre, notamment : *Le Patriote Lorrain, La Gazette de Lorraine, Le Journal Agricole, La Croix, Le Matin, Le Rhin français, l'Elsässer Kurier-Le Nouvelliste d'Alsace, La France de l'Est, Le Courrier de la Bruche, Le Prolo de la Bruche*, l'*Elsässer Kurier*, 1940-1942, *Kolmarier Kurier*, 1940-1942, *L'Alsace*, 1963, *Dernières Nouvelles d'Alsace*, 1964, 1972, 1980.

Le Witz à l'épreuve de la guerre

FREDDY SARG

Dans leur panoplie sophistiquée des armes de guerre, les nazis avaient oublié l'humour : la botte secrète des Alsaciens.

ILLUSTRATIONS PASCALE MUGNIER

1941

Ce n'est pas parce que tout va mal que l'humour doit perdre ses droits. Au contraire, quand les peuples vivent sous un joug totalitaire, les jeux de mots ironiques, les histoires amusantes, les critiques politiques cinglantes masquées par des jeux de dissimulation, fleurissent. Dans ce cas l'humour a une vertu thérapeutique. Il aide à survivre dans un régime marqué par les contraintes, les dangers, les peurs et les terreurs. De 1940 à 1945, l'Alsace a fortement développé le Witz – la blague – pour essayer de ne pas tomber dans la désespérance. Dans sa quête d'humour, elle était favorisée par le trilinguisme (français, alsacien, allemand). Voici une vingtaine d'histoires recueillies dans toute l'Alsace, racontées par des personnes qui ont vécu dans la région lors de ces terribles années.

A Mulhouse, l'occupant avait décidé de débaptiser l'artère principale, la Rue du Sauvage, en Adolf Hitler Strasse. Hilares devant cette maladresse des autorités, les Alsaciens commentaient : «*Jetz wisse m'r endlich wer de Wildemann isch !*» (Enfin nous savons qui est l'homme sauvage !)[1].

Dans la même ville, une statue représentait un homme transpirant et s'essuyant le front avec la main, *De Schweissdissi.* Ironiques, les Mulhousiens affirmaient que les Allemands avaient demandé au docteur Kleinknecht, chirurgien au Hasenrain, d'opérer la statue afin qu'elle puisse faire le salut hitlérien. Devant l'échec chirurgical, le docteur Kleinknecht aurait été déporté à Schirmeck[2].

Beaucoup d'Alsaciens éprouvaient des difficultés à faire le salut nazi. A Mulhouse, ceux qui entraient dans un bistrot criaient parfois : «*A Liter*» (un litre) à la place de *Heil Hitler*. Il fallait une oreille très fine pour saisir la nuance[3]. A Strasbourg, quand quelqu'un entrait dans un restaurant en criant : «*Heil Hitler*» et qu'on était sûr de son auditoire, il

arrivait que quelqu'un de l'assistance répliqua: «*Heil du Ihn*» (Essaye-toi de le guérir !)[4].

Toujours à Mulhouse, on racontait qu'un typographe d'un quotidien avait fait la coquille suivante qui lui valut la déportation à Schirmeck: «*Der Bürgermeister überreichte dem Hochzeitspaar das Buch des Führers: Mein Krampf*». (Le maire a remis aux jeunes époux l'ouvrage du Führer: *Ma crampe*, ou «ma connerie»)[5].

Partout on craignait la déportation. Ainsi à Strasbourg, dans le tram, deux personnes se rencontrant, tenaient le dialogue suivant :

– *Wie geht's ?* (Comment vas-tu ?)

– *Wie im Bendelwurm !* (Comme le ténia !)

– ???

– *Mer schlengeld sich durich d' Brün Mass un löjt dass mir nit abgefiehrt wird.* (On se faufile à travers la masse brune et on essaye de ne pas être purgé ou déporté)[6].

A Strasbourg on choisit souvent la place Kléber comme théâtre d'histoires amusantes, parfois scatologiques. Le soir, la place Kléber est presque déserte et on entend un homme crier :

– *Es isch ken Verloss of dene Fiehrer ! Es isch ebs mit dem Fiehrer ! Er soll sich grad verschiesse !* (On ne peut pas compter sur le Führer ! C'est quelque chose avec ce Führer ! Il n'a qu'à aller se faire ch... !)

Survient un gendarme qui gronde l'intéressé et lui demande fermement de ne plus tenir des propos injuriants pour le maître de l'Allemagne. Feignant l'étonnement, notre homme réplique :

– *Ich wart uf de Fiehrer Tram. Un wenn er nit kummt, nehm ich de Sechser !* (J'attends le tram numéro 4. Et s'il ne vient pas, je prendrai le numéro 6).[7]

Toujours place Kléber, un clochard strasbourgeois, ancien pharmacien, très cultivé, du nom de *Schuewichsgueschdel*, s'est oublié. *Er hät d'Hose üsgeschiedelt* (Il avait secoué son pantalon). Survient un représentant de l'ordre qui met le clochard en demeure d'enlever ses excréments. Il reçut pour toute réponse :

– *Ihr han de Klewer waggebrocht, Ihr were dene au noch ewagbringe !* (Vous avez enlevé la statue de Kléber, vous arriverez aussi bien à enlever celui-là !)[8]

Souvent, comme dans les histoires de guignol, on trouve comme acteur un gendarme.

Sur un marché de Strasbourg, un poissonnier vend à la criée les célèbres harengs nommés Bismarck :

– *Bismarck Hering, so dick wie Goering !* (Des harengs Bismarck, aussi gras que Goering !)

Survient un membre de la maréchaussée qui admoneste le poissonnier, et lui demande de ne plus injurier le ministre de l'Air. Le lendemain, quand le gendarme repasse dans les allées du marché, il entend :

– *Bismarck Hering, so dick wie gestern !* (Des harengs Bismarck, aussi gras que hier !)[9]

Dans l'histoire suivante, le gendarme est moins à son aise. Un Alsacien a été condamné à trois ans de prison en 1938, à l'époque où Daladier était président du Conseil. Quand il est libéré, il veut acheter du pain. On le lui refuse car il n'a pas de carte de rationnement. Même scénario pour la viande puis pour un paquet de cigarettes. Alors, ne se contrôlant plus, notre homme explose :

– *Mit dem Lumpesäckel isch nix los. Der soll bliewe wo de Pfeffer wachst !* (Avec ce sac à chiffons il n'y a rien à faire. Il devrait rester là où pousse le poivre !)

Un gendarme qui était aussi dans le magasin, questionne alors rudement l'Alsacien :

– De qui voulez-vous parler ainsi ?

Et l'autre calmement de répondre :

– Evidemment de Daladier, c'est à son époque que j'ai été mis en prison.

Rassuré le gendarme s'éloigne, mais l'autre, intrigué, un brin moqueur, le rappelle :

– *An wenne han denn Ihr gedenckt !* (Et vous, à qui avez-vous pensé ?)[10]

Beaucoup d'Alsaciens nourrissaient des sentiments homicides à l'égard d'Hitler. Nous n'en voulons pour preuves que les trois histoires suivantes.

Un gamin du Haut-Rhin passe devant un calvaire. En signe de respect il soulève sa casquette. Un SS, qui passe non loin du monument, gronde l'enfant, en lui signalant que l'époque des simagrées religieuses est finie. Naïvement le gamin réplique :

– Oh vous savez, si Hitler avait été suspendu là, j'aurais aussi soulevé ma casquette[11].

En 1941, des unités allemandes avaient été affectées dans le vignoble alsacien pour aider aux vendanges. A Hunawihr, une grande fête clôtura la fin de cette aide inespérée. Un soldat allemand, originaire de Sarrebrück, ville frondeuse, récita cette épitaphe qui méritait, selon lui, d'être gravée sur la tombe d'Hitler :

Hier liegt der Befreier,
Von Butter und Eier,
Von Leder und Schuh,
Gott geb Ihm die ewige Ruh.

(Ci gît celui qui nous a libéré du beurre et des œufs, du cuir et des souliers, que Dieu lui donne la paix éternelle). L'histoire fit le tour de la région de Hunawihr.[12]

Plus on s'enfonçait dans les années de guerre, et plus l'humour devenait féroce. Ainsi vers la fin des hostilités l'histoire suivante circulait ; des dignitaires nazis parcourent l'Alsace en voiture. Malheureusement dans un village, la voiture écrase un chien. Le chauffeur est envoyé dans la maison dont on pense qu'elle est habitée par les propriétaires de l'animal. Le temps passe, et le chauffeur ne revient pas. Au bout d'une demi-heure, les nazis voient enfin leur chauffeur revenir, avec les bras chargés de cadeaux. Intrigués, ils questionnent notre homme qui souffre de quelques troubles d'élocution :

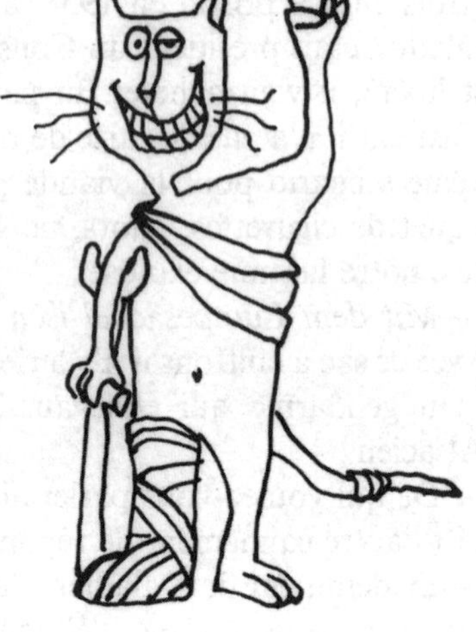

– Mais qu'as-tu dit ou fait pour recevoir toutes ces victuailles ?

– *Ich habe Ihnen gesagt : Heil... Hitler, der Hund ist tod !*(Je leur ai dit : Heil... Hitler, le chien est mort !)[13]

En Alsace, la germanisation des noms et prénoms français était mal supportée par beaucoup. Toussaint devenait Tüssing (Ottwiller), Lonchampt se transformait en Langfeld (Illkirch), etc. Beaucoup connaissaient l'histoire de cet employé de mairie qui avait changé le nom de Roger Schwoob en *Rüdiger Schwoob*, ce qui peut vouloir dire en alsacien «Allemand misérable».[14]

A Ottwiller, Roger Wehrung, agriculteur, le fils du futur sénateur Alfred Wehrung, qui devait par la suite mourir sur le front russe, avait donné à un de ses chevaux rétif, le nom de Robert et ceci en rapport avec le Gauleiter d'Alsace : Robert Wagner. Aussi pouvait-il injurier copieusement, voir frapper Robert quand celui-ci n'obéissait pas.[15]

Dans la région du Kochersberg, les agriculteurs voyaient débarquer les Strasbourgeois qui venaient s'approvisionner clandestinement en victuailles de toutes sortes. C'étaient les fameuses *Hamster Fahrt*. On raconte que deux jeunes filles en vélo se font arrêter par le gendarme qui contrôle leurs sacoches. Celles-ci sont pleines d'œufs. Le représentant de la loi décide de les confisquer. Souriante, une des deux filles constate à voix haute :

– Cela n'est pas très grave que je ne rapporte pas d'œufs à la maison. Mon père est aussi gendarme ![16]

La dimension mondiale du conflit fit que très tôt, certains Alsaciens pressentirent la défaite future du IIIe Reich. On racontait cette histoire, déjà connue lors de la Première Guerre mondiale. Dans un bistrot alsacien, un Allemand se félicitait des succès des armées allemandes :

– *Lille, Paris, Reims, Strassburg sind gefallen !* (Lille, Paris, Reims, Strasbourg sont tombées !)

Devant cette énumération, un consommateur alsacien s'écria :

– Oh malheur !

Et l'Allemand, emporté par son élan, bombant le torse, de répondre fièrement :

– *Das kriegen wir auch noch !* (Ça nous l'aurons aussi !)[17]

A cause des bombardements aériens, il était recommandé dans les trains de toujours garder les rideaux fermés la nuit. Un petit panneau avec l'inscription *Achtung Verdunkelung* (Attention, prière d'obscurcir) rappelait la recommandation. Parfois une main vengeresse avait barré les lettres *kelung*, ce qui donnait : *Achtung Verdun* (Attention Verdun)...[18]

Sur certains trains, les Allemands avaient marqué à la craie ce texte : *Die Räder rollen für den Sieg Deutschland* (Les roues roulent pour la victoire de l'Allema-

gne). Certains Alsaciens commentaient ainsi ce texte : *Die Räder rollen für den Sieg, nach dem Sieg rollen die Köpfe !* (Les roues roulent pour la victoire, après la victoire rouleront les têtes !)[19].

Marcel Spegt se souvient d'un habitant de Schiltigheim qui, ironiquement, fit remarquer dans un bistrot :

– *Uns kann nix passiere im Elsass, mir sin immer bie de Sieger !* (A nous, en Alsace, il ne peut rien nous arriver, nous sommes toujours du côté des vainqueurs !)

Il semble qu'il fut déporté à Schirmeck pour cette remarque ambigüe.[20]

Plus on avançait dans les années noires, et plus les Alsaciens se rendaient compte du caractère diabolique des SA et des SS. Cette histoire en témoigne. Question :

– *Wo isch d'SA un d'SS ufkumme zuem erschde mol ?* (Où sont apparus pour la première fois les SA et les SS ?)

La réponse était la suivante :

– *Im Paradies. D'Eva haet gsajt : Ess a(SA) ! Un de Adam haet geantwortet : Ess Ess(SS) !* (Au paradis. Eve a dit : «mange aussi !» Et Adam a répondu : «mange, mange !»)[21]

On conseillait de réciter le soir, avant de s'endormir, la prière suivante :

Liewer Gott mach mich fromm,
Dass ich nicht nach Schirmeck komm !
Liewer Gott, mach mich taub,
Dass ich alles ehrlich glaub.

(Mon Dieu, rends-moi pieux pour qu'on ne me mette pas à Schirmeck ! Mon Dieu, rends-moi sourd pour que je puisse tout croire honnêtement !)[22]

Durant ces années de guerre, les Allemands affectionnaient ce chant :
Es geht alles vorüber. Es geht alles vorbei.
Nach jedem September kommt wieder ein Mai.
(Tout passe. Tout change. Après chaque septembre revient un nouveau mai.)
Certains Alsaciens, en fredonnant cette chanson, la remplaçaient par ce texte prémonitoire : *Gehn Sie nit im September, so gehn Sie im Mai.* (S'ils ne partent pas en septembre, ils partiront en mai.)[23]

Certaines de ces histoires sont typiquement locales, comme celle en rapport avec la statue du général Kléber ou celle du méchant cheval Robert d'Ottwiller dont le nom devait rappeler le Gauleiter d'Alsace. D'autres ont pu être importées du monde germanique et ceci grâce au vecteur privilégié qu'était la langue allemande en Alsace. Certaines, comme celle du changement des noms et prénoms, rappelle la volonté de l'occupant d'effacer tout signe de la culture française. L'histoire du gamin soulevant sa casquette devant un calvaire, connue aussi en Allemagne et en Pologne, montre qu'entre nazisme et christianisme il y avait un combat à mort. Le dialogue dans le tram de Strasbourg révèle une grande anxiété dans la population. Même si on ne savait pas exactement ce qui se passait dans les camps de rééducation, on se doutait bien que les souffrances et la mort étaient au rendez-vous. L'histoire, à notre avis, la plus signifiante est celle du Docteur Kleinknecht dont la mission fut d'opérer une statue afin qu'elle puisse faire le salut hitlérien. Son échec signifiait que le passé alsacien ne pouvait être modifié par le présent nazi. Une résistance passive apparaissait, qui pouvait laisser présager un avenir moins sombre.

SOURCES

L'histoire nº 1 vient du docteur Georges Schaff. Les histoires nº 2, 5, 18, 19 de madame Erna Loeb. Les histoires nº 3, 20, 21, 22, 23 de monsieur Marcel Spegt. L'histoire nº 4 du professeur Théodore Rieger. Les histoires nº 6, 15 de madame Emma Sarg. Les histoires nº 7, 10, 13, 16 du pasteur Alfred Schaeffer. Les histoires nº 8, 9 du curé Jacques Wendling. L'histoire nº 11 de monsieur Hugues Hoohs. L'histoire nº 12 de monsieur Paul Ziegler. L'histoire nº 14 de madame Marie-Thérèse Fischer. L'histoire nº 17 de monsieur André Jantzi.

Le Choix de Lucien

Lycéen à Saverne

LUCIEN BRAUN

1941

L'année 1941 ne fut en rien pareille à celle qui l'a précédée : ce fut une véritable année de mutation pour un certain nombre de lycéens, dont Lucien Braun. A la Hohbarr-Schule, Oberschule für Jungen de Saverne, il était en «siebte Klasse».

La rentrée d'automne, en 1940, avait été marquée par la curiosité, une certaine appréhension aussi, et la découverte : nouveaux enseignements, nouveaux professeurs : du jour au lendemain il fallait parler allemand, écrire en allemand, apprendre et adopter les termes allemands pour désigner structures, cursus et fonctions, etc., le tout dans un climat un peu irréel et insaisissable : les Allemands étaient bien là, mais en même temps, à travers rumeurs, commentaires et suppositions, cette présence (qui n'avait alors rien de tragique car la vie continuait un peu comme avant) était perçue comme un mauvais moment à passer et qui n'allait probablement pas durer. Du moins, c'était le sentiment de la classe, à une ou deux exceptions près.

Les choses, pour nous, se mirent à bouger en 1941. On assista en dehors de la classe à la formation de petits groupes, à l'apparition de conciliabules. On vit se définir des endroits (et des personnes) sûrs, d'autres, au contraire, qu'il convenait d'éviter. A Saverne, par exemple, la Maison des Missions africaines (dirigée par des Spiritains) représentait un lieu sûr : on pouvait y aller déjeuner et parler librement de tout. Les plaisanteries sur les nazis y étaient monnaie courante. On s'y sentait en sécurité.

Nous organisions aussi des sorties à bicyclette entre camarades sûrs. Cette confiance sécurisante se renforça progressivement, et chaque fois qu'on apprenait qu'une personne connue de nous avait été dénoncée comme anti-allemande (on ne parlait pas encore de résistance), ou qu'une autre avait été interrogée au Sicherheitsdienst (S.D.), la complicité se renforçait – état d'esprit qui déjà n'était plus celui de 1940.

UNE NOUVELLE TOPOGRAPHIE SE DESSINAIT À SAVERNE : CELLE DES LIEUX SÛRS ET DES LIEUX DANGEREUX.

Je me souviens de Victor qui, un matin de printemps 1941, nous rejoignit vert de peur au début de cours. Dans le train qu'il empruntait pour venir à Saverne, il avait tenu des propos à double sens comme on en échangeait couramment entre camarades ; or, avant l'arrêt en gare, quelqu'un du compartiment lui avait simplement demandé d'où il venait et où il allait. Cela a suffi pour installer en lui une peur bleue. C'est ainsi que progressivement, cette année-là, ne nouèrent et se défirent des affinités et que se dessina, petit à petit, une topographie des lieux sûrs et des lieux peu sûrs ou dangereux.

En classe nous nous connaissions tous ; nous savions ce que chacun pensait. Le garçon qui venait de temps à autre en classe en uniforme de Hitler Jugend (H.J.) n'était pas un méchant, mais ce n'est pas devant lui qu'on pouvait raconter le dernier Witz, la dernière blague, sur l'occupant. Ce n'était pas un camarade sûr. Lorsqu'il s'approchait de nous, la conversation changeait de ton. Il en souffrait, mais ne put jamais franchir la distance qui s'était installée.

Plus précisément pour nous lycéens, 1941 fut l'année des ambiguïtés vécues, l'année d'une prise de conscience et surtout, pour une demi-douzaine d'entre nous, l'année de maturation d'une décision. Tout, en réalité, fut ambigu, je veux dire que rien n'était appréhendé selon des critères nets ; les jugements que nous portions sur les personnes ou les événements étaient la plupart du temps doubles, voire contradictoires.

On comprenait, par exemple, que des enseignants allemands – et il y en avait des purs et des durs – fassent l'éloge du régime nazi qu'ils servaient. Mais que penser du proviseur qui, le samedi, à 11 heures, réunissait les élèves de plusieurs classes pour nous faire de remarquables exposés d'histoire allemande, sans propagande aucune, exposés que nous admirions tout en les boudant ? Nous aurions mieux fait d'écouter comme il convient cet excellent pédagogue, vrai démocrate (qui a fini sa vie sous les bombes en Rhénanie). Mittelstrass – c'était son nom – servait le même régime que ses collègues fanatiques, et pourtant ce sont d'autres valeurs qu'il cherchait à promouvoir dans et par son enseignement.

Que penser des professeurs alsaciens, issus du lycée (français), qui n'avaient pas fui et qui, avant chaque cours et sans y croire nous firent faire, et firent, le salut hitlérien ?

Plus fondamentalement, l'ambiguïté s'exprimait dans et par le malaise engendré par la contradiction entre ce que nous percevions de positif dans l'enseignement reçu et notre rejet global du régime subi. La musique, par exemple, nous fut enseignée de façon nouvelle et magistrale – quelle aubaine ! – mais en même temps il fallait savoir chanter (et, en ce qui me concerne, accompagner au piano) le *Horst-Wessel-Lied.*

L'AMBIGUÏTÉ ÉTAIT GÉNÉRALE : QUI CROIRE ?

On nous expliquait, extraits à l'appui, les opéras. On donnait alors, à Strasbourg *Lohengrin.* Notre professeur nous procura des billets très peu chers et j'ai pu ainsi assister, la partition sur les genoux, à toutes les représentations de cet opéra. Tout cela fut neuf. On créa aussi un orchestre à la Hohbarr-Schule. On donna du Mozart : je jouais deuxième violon.

L'on pourrait multiplier les exemples de cette séduction au sein d'une répulsion globale. J'ai appris le *Ring des Polykrates*, les *Kraniche des Ibikus*, et d'autres remarquables poèmes de la littérature allemande. Je les sais encore ! Et je n'évoque pas les cahiers de sciences que nous tenions avec un soin rare. Tout cela était captivant, voire gratifiant, alors que, en notre for intérieur, nous refusions la présence nazie.

A la rentrée de l'automne 1941 nous apprîmes que, durant l'été, deux camarades étaient entrés, apparemment pour des avantages matériels, dans la H.J. ; que trois professeurs alsaciens avaient adhéré à la S.A., probablement pour ne pas être soupçonnés ou être soupçonnables – du moins c'est ce que nous pensions. L'ambiguïté persista, mais le climat s'alourdit. Nous nous demandions pourquoi ces personnes cherchaient à s'assurer. Contre quoi ? Que se passait-il donc ? Qui était menacé, et pourquoi ?

Petit à petit nous comprîmes que la menace, pour nous, allait être l'enrôlement dans l'Arbeitsdienst. Dès lors, l'insouciance céda la place à l'appréhension – surtout sous l'effet d'événements apparemment anodins. En voici un exemple. Nous savions que le port du béret était interdit. Mais à dix-sept ans nous étions encore des gamins. Avec Victor et Raymond nous avons fait le pari de remonter la Grand'rue coiffés du béret. Pari stupide, mais qui révélait que nous pensions encore, à cette époque-là, pouvoir narguer impunément les Allemands.

Mais voici que nous avons été dénoncés, puis interpellés, puis punis : une journée entière d'Arrest nous fut infligée (un jeudi). C'est pendant cette «retenue» qu'un nazi en uniforme est venu nous sermonner. Il nous traita d'écervelés, nous prévint que nos parents pourraient être inquiétés et nous menaça, en cas de récidive, de Schirmeck. Nous savions, par les rumeurs, ce que représentait le camp de Schirmeck. En nous quittant, ce croquemitaine lança : «Si on vous reprend, on vous signalera aux autorités du ReichsArbeitsdienst, lorsque vous serez enrôlés». Cela nous fit froid dans le dos : le nazi avait parlé clairement. C'était donc vrai, nous allions dans un proche avenir, dans six mois peut-être, être appelés. Cela se traduisit par un désintérêt subit pour les choses de la classe. Nous assistions aux cours sans y être vraiment. Alors que jusque là nous nous laissions plus ou moins prendre par ce qu'on nous enseignait, le jeu d'un coup fut rompu – du moins pour une demi-douzaine d'entre nous.

MA DÉCISION FUT PRISE : PARTIR. UNE SEULE CONDITION POUR RÉUSSIR : SILENCE ABSOLU.

A partir de là – à partir de fin novembre – une nouvelle préoccupation s'installa : est-il possible de fuir ? Mais comment ? Par où ? On s'informait, on allait quérir des renseignements. On étudiait les cartes. Je me souviens d'un dimanche après-midi, chez mes parents : Fernand et moi étions penchés sur une carte des Vosges et discutions. Mes jeunes sœurs et frères, intrigués, nous pressaient de questions ; mais comment répondre ? Parler d'excursion ? En plein hiver ?

Il fallait avant tout rester discret, ne rien dire, ne rien laisser paraître. Ce fut une épreuve. J'ai su par la suite que d'autres camarades furent tout aussi discrets : pendant ce même mois de décembre, quatre autres camarades de classe allaient, comme Fernand et moi, à la quête de renseignements et prirent, au même moment, à quelques jours près, une résolution analogue : ils partiraient. Mais nous n'en savions rien. Tous, nous avions appris à nous taire : le silence était devenu la condition *sine qua non* du succès.

Diverses solutions s'offraient : la décision fut prise de quitter l'Alsace pour la zone libre. Ce ne fut pas simple à organiser concrètement ; ce ne fut pas simple non plus vis-à-vis de nos parents : notre départ allait leur attirer des ennuis, voire causer leur déportation. Nous le savions. Il fallait trancher. Des démarches discrètes nous permirent de découvrir un passeur : Madame Jeannette, de Lièpvre. Nous partirions de la Hingrie et traverserions les Vosges enneigées avec, comme unique bagage, notre sac d'écolier !

Cela fut fait le 24 janvier 1942. La veille, nous avions assistés au cours comme si rien n'était... Je m'y vois encore comme si ce fut hier. Et il y a un demi-siècle de cela.

A l'école Nazie

Elèves et enseignants à l'épreuve de la propogande

LOUIS SCHMITT

1941

La jeunesse fut l'une des premières cibles de la propagande nazie. Embrigadement dans les associations, endoctrinement à l'école, séduction et menaces. Malgré un arsenal très sophistiqué, les résultats ne furent cependant pas au rendez-vous. Grâce, notamment, à la résistance passive du corps enseignant alsacien.

Alsace allemande, éveille-toi,
marche avec nous avec le Führer pour un idéal nouveau,
un avenir plus heureux.
(Gauleiter Wagner, SNN 21 octobre 1940)

Le premier but à atteindre pour les responsables nazis en Alsace à l'automne 1940 est, dans le domaine de l'enseignement peut-être encore davantage que dans les autres secteurs de la vie sociale, économique et spirituelle, de convaincre les Alsaciens qu'ils sont Allemands.

C'est pourquoi les mesures de «défrancisation» concernant l'ensemble de la population ne suffisent pas : affiches «demandant aux Alsaciens de parler leur langue maternelle allemande», réintroduite avec emploi exclusif par l'ordonnance du 16 août 1940 ; véritable matraquage par des rappels quasi-quotidiens dans la presse nazie pourchassant sans relâche tout ce qui est français : drapeaux, panneaux de circulation et de publicité, inscriptions sur les magasins, les tombes, les regards d'égouts, les plans de cadastre (SNN 25 et 30 septembre, 10 décembre 1940, 7 et 18 février 1941).

C'est surtout les intellectuels et les jeunes que doivent

RENTRÉE DES CLASSES À STRASBOURG.

frapper les interdictions réitérées des livres français, surtout ceux de René Bazin, Hansi, Zislin (SNN 12 décembre 1940 : «on ne peut avoir qu'une seule culture, celle de sa langue...»). Inutile d'ajouter que les livres français feront l'objet d'autodafés solennels comme les ouvrages juifs et marxistes en Allemagne !

Cette défrancisation n'est que le prélude aux multiples efforts de la propagande officielle tendant à réveiller chez les Alsaciens la conscience d'appartenir à l'histoire allemande, à la culture allemande. Les nombreux discours du Gauleiter Wagner et de ses subordonnés veulent prouver l'appartenance de l'Alsace à l'Allemagne par des arguments fondés sur la langue, les coutumes, le type de constructions, le passé commun dans le Saint Empire.[1]
Les Alsaciens étant ainsi reconnus incontestablement Allemands, ils ne peuvent, dans la grande Allemagne hitlérienne, qu'être – ou devenir – de bons nationaux-socialistes.[2]

Toutes ces mesures de harcèlement et d'embrigadement, incessamment présentes dans les discours, la presse, les actes de la vie publique quotidienne, visent à germaniser et nazifier les Alsaciens adultes, malgré leurs évidentes réticences ; elles sont absolument capitales pour conquérir entièrement à leur doctrine les jeunes, en apparence plus facilement influençables. Ce sera la tâche primordiale de la Jeunesse Hitlérienne et de l'enseignement national-socialiste. Certes, aucun responsable nazi n'osera ici définir l'inflexible volonté du régime de mettre totalement la main sur la jeunesse avec autant de cynisme qu'Hitler lui-même s'adressant aux Sudètes en 1938[3] ; mais le but reste identique et les méthodes semblables.

> Il est réjouissant de constater que la jeunesse alsacienne comprend les temps nouveaux et les changements politiques et scolaires avec une grande ouverture d'esprit.
> (Dr Schmitthenner, ministre d'Etat pour l'enseignement, 18 juin 1941, SNN 19 juin 1941)

1941

DISCOURS AUX ÉCOLIERS : «DEPUIS MILLE ANS L'ALSACE EST ALLEMANDE».

Après une année scolaire très perturbée par les hostilités, les cours reprennent début octobre 1940 dans des écoles aux noms souvent modifiés : à Strasbourg, les lycées Fustel, Kléber et de Jeunes filles sont devenus respectivement Erwin von Steinbach-, Bismarck- und Friederiken-schulen. Les directeurs accueillent leurs élèves par des cérémonies solennelles ouvertes par la levée des couleurs nazies et le salut hitlérien de tous les participants ; les discours de bienvenue – en allemand bien entendu – sont consacrés au thème : «Depuis mille ans l'Alsace est une terre allemande».

Pour conquérir les jeunes à leur cause et trouver rapidement la main-d'œuvre nécessaire à l'effort de guerre allemand, sont considérablement développées les écoles moyennes et principales (Hauptschulen) introduites par un décret du 28 mars 1941, (Verordnungsblatt, p. 285) ; elles donnent aux élèves les plus doués de l'école primaire un enseignement plus approfondi, mais limité à deux ans. En 1942, cinquante-cinq de ces écoles accueillent huit mille deux cents élèves au lieu de trente avec deux mille neuf cents élèves auparavant.

Les écoles professionnelles agricoles et ménagères : deux cent quarante-huit au lieu de quinze ; vingt quatre mille élèves au lieu de trois mille cinq cents ; commerciales : vingt-neuf au lieu de dix-neuf.[4]

On est beaucoup plus discret sur les écoles supérieures : lycées (Gymnasien et Oberschulen). Les études longues et abstraites ne correspondant pas du tout aux conceptions éducatives d'Hitler : «Je ne veux pas d'éducation intellectuelle. La science corrompt la jeunesse».[5]

Cependant en Alsace, pour parfaire l'embrigadement intellectuel étendu au plus grand nombre possible de jeunes, les frais d'écolage élevés (deux cents marks par an, soit quatre mille francs de l'époque) exigés dans les lycées allemands, ne sont pas perçus. En outre, les autorités nazies accordent des secours financiers aux familles de trois enfants et plus, paient les déplacements quotidiens, les repas et livres de classe des élèves venant de l'extérieur. Pendant les vacances les élèves peuvent participer dans des Landheime (foyers ruraux) à des sortes de colonies de vacances, où des professeurs «sûrs» leur apprennent la connaissance du terrain et le maniement des armes, de préférence au travail intellectuel.

La poursuite des hostilités après juin 1940 ne permit pas aux nazis, comme ils l'auraient souhaité, d'éliminer totalement les enseignants alsaciens des écoles de la région en les transplantant définitivement en Allemagne. En effet, il leur fallut faire face à une importante pénurie d'enseignants due :

• au départ, dès 1939, et à l'expulsion en 1940 des enseignants «français de l'intérieur»

• à l'absence des enseignants alsaciens restés volontairement prisonniers de guerre en Allemagne et, surtout, restés dans le sud-ouest de la France à la suite de leur évacuation en septembre 1939

• à l'interdiction immédiate d'enseigner pour les membres du clergé et des congrégations religieuses : mille cinq cents sœurs de Ribeauvillé se trouvaient dans ce cas. Le régime nazi n'hésita pas un instant à supprimer dès la mi-juillet 1940, le Concordat signé par Bonaparte en 1801 qu'avaient finalement conservé, et l'Empire allemand après 1871, et la très laïque Troisième République française après 1918.[6]

En réalité cette pénurie d'enseignants écartait aux yeux des nazis des éléments douteux et irrécupérables quant à leur loyalisme envers leur doctrine.

Comme tous les fonctionnaires, les enseignants alsaciens furent «invités» à souscrire une déclaration de fidélité préalable à leur entrée en fonction :

1) Approuvez-vous le rattachement de l'Alsace à la Grande Allemagne nationale-socialiste ?

2) Etes-vous décidé à participer activement et totalement au développement de l'idée du Führer et de la Grande Allemagne nationale-socialiste ?

3) Etes-vous prêt à accepter votre déplacement éventuel dans l'ancien Reich ?[7]

Cette déclaration posa à de nombreux enseignants un grave cas de conscience : pouvaient-ils signer un tel engagement, si contraire à leurs idées et à leurs principes ? Pouvaient-ils refuser, avec la certitude d'être sans emploi ni gagne-pain, ce qui était d'ailleurs interdit par le régime ? Après de longues hésitations, l'énorme majorité signa, considérant qu'il s'agissait d'un cas de force majeure. D'ailleurs la radio de la France Libre de Londres leur recommandait de le faire, pour que les jeunes Alsaciens ne soient pas livrés exclusivement aux enseignants allemands. Selon le Bezirkschulrat Gaertner, inspecteur primaire de Colmar, trente-quatre instituteurs du Haut-Rhin refusèrent de signer ; quatorze furent immédiatement expulsés à sa demande.

DES STAGES OBLIGATOIRES DE RÉÉDUCATION POUR LES ENSEIGNANTS.

Parfaitement conscients des réticences de nombreux Alsaciens, les nazis n'allaient pas faire totalement confiance à ces enseignants ; c'est pourquoi ces derniers furent contraints de participer à des stages de rééducation (Umschulung) appelés à modifier leur mentalité, à Hornbach (pays de Bade) pour les Bas-Rhinois, Walbach et Carspach (Alsace) pour ceux du Haut-Rhin. Ces stages de «recyclage professionnel», d'une durée de six semaines pour les plus âgés déjà en fonction avant 1918, étaient de six mois pour les autres, qui ne pouvaient ensuite être employés qu'en pays de Bade, au milieu de collègues allemands sûrs et d'une population non complice. Par groupes d'une centaine par stage les enseignants concernés devaient assimiler la doctrine nazie : racisme, vision germanique et nazie du monde, étroitement encadrés par des enseignants allemands, fervents nazis. Tous les participants étaient astreints à suivre des cours d'allemand, d'histoire et géographie, même les spécialistes d'autres disciplines.[8] Les journées, commencées par une heure d'éducation physique, se terminaient régulièrement par des veillées (Kameradschaftsabende) pendant lesquelles les nazis continuaient sans relâche d'influencer et d'épier les Alsaciens mis en condition par toute une journée de propagande.

Il fallut remplacer tous les enseignants manquants par des Allemands sûrs, cependant déjà moins nombreux par suite de la mobilisation des plus jeunes. Même en utilisant les malades et les retraités rappelés au service, il fut difficile de trouver tout le personnel nécessaire. Malgré tout, dans leur obsession de nazification à outrance de la jeunesse alsacienne, les responsables refusèrent en Alsace les enseignants allemands, souvent nés en Alsace avant 1918, sollicitant un poste dans leur pays natal, parce qu'il n'avaient pas donné de gage de nazisme suffisant : tel le lieutenant Frey, en octobre 1940, «parce qu'il était membre du parti démocratique allemand avant 1933».[9]

Les nouveaux manuels allemands n'étant pas encore terminés, le directeur de la Friederikenschule n'hésita pas à faire étudier les événements politiques et militaires, avec leur complément de propagande, dans le quotidien «comme cela se pratique couramment dans les écoles allemandes».[10]

Un livre de lecture allemand pour l'école élémentaire, de plus de cinq cents pages, commence par le portrait en couleurs de Hitler ; il traite de la façon d'être allemand (Art und Wesen), du «travail et des capacités des Allemands», du déclin allemand après 1918 et de sa renaissance (avec Hitler : un tiers du volume). Parmi les auteurs : dix-huit textes d'Hitler contre douze de Goethe ; quatre de Schiller (Guillaume Tell fut interdit, car ce héros libérant son pays des envahisseurs aurait pu donner lieu à des interprétations dangereuses !) ; un seul texte, respectivement d'Hindenburg, de Goering, de Goebbels, d'Himmler («le juif, notre ennemi juré»). Quelques extraits : «les canons contre les chars», «la victoire nous appartient».[11] De quoi exalter les héroïques hommes du Nord, la discipline, la volonté, le sens de l'honneur, la fidélité au groupe. D'ailleurs l'éducation physique qui doit préparer de valeureux membres des formations paramilitaires et militaires du

DANS LES LIVRES DE LECTURE 18 TEXTES DE HITLER CONTRE 12 DE GOETHE.

régime, tient une place de choix dans l'enseignement. Elle est en tête des bulletins trimestriels dans les lycées et bénéficie d'un horaire de cinq heures par semaine.

Mais c'est l'histoire et la géographie qui constituent le domaine privilégié de la propagande. «L'enseignement de l'histoire sert en premier lieu à l'éducation politique de la jeunesse».[12] Un livre d'histoire destiné aux écoles élémentaires commence, lui aussi, par le portrait d'Hitler, puis mène les élèves, en deux cent quarante pages, du grand chef germain Charlemagne jusqu'aux derniers événements de la guerre. La Révolution française est «l'œuvre des Juifs et des francs-maçons». Sous le règne de Guillaume II «le peuple est sans direction, la prospérité est apparente». La République de Weimar est «dominée par l'étranger et le capitalisme mondial, avec un gouvernement sans volonté». Enfin vient Hitler : plus de soixante pages retracent glorieusement son action, puis trente pages avec quinze illustrations guerrières bien propres à impressionner de jeunes garçons bagarreurs, sont consacrées au début du conflit mondial.[13]

La géographie physique, raciale et économique de la Grance Allemagne glorifie elle aussi l'action du national-socialisme (amélioration des sols, essor des productions agricoles et industrielles), et s'accompagne d'aperçus géopolitiques exaltant les positions stratégiques et militaires de la Grande Allemagne. La biologie, présente à tous les niveaux scolaires, fait la part belle à la «science de l'hérédité et de la race» (Erb- und Rassenkunde) ; son enseignement doit être conforme à la conception nationale-socialiste et insister de manière absolue sur le maintien des valeurs raciales.[12] Le français est strictement prohibé comme langue vivante apprise : rappellerait-il trop de souvenirs aux jeunes Alsaciens, en sauraient-ils autant ou même davantage que leurs enseignants allemands ? Le latin commencé en troisième année est limité à des versions et à certains auteurs : César et surtout Tacite qui méprisent les Gaulois et admirent les Germains.

L'enseignement religieux toléré à l'école élémentaire et jusqu'à quatorze ans dans le secondaire, est repoussé aux dernières heures de la matinée ou dans l'après-midi ; il doit souvent céder la place aux réunions officielles.

Pour les lycées, les études se terminent par une sorte de baccalauréat (Abitur) écrit et oral présidé par un haut responsable de l'enseignement, extérieur au lycée, entouré des professeurs de l'établissement ayant eu l'élève en classe ou non, et d'un représentant de la Hitlerjugend. Ce dernier peut refuser l'accès à l'examen des élèves trop peu zélés dans son mouvement, quels que soient leurs résultats scolaires.

Les élèves n'ont pu exprimer librement leurs véritables sentiments qu'après la libération en apportant leur témoignage. Certes, ils se trouvent dans des situations assez diverses ; les pressions multiples exercées sur eux ne sont pas les mêmes dans une école primaire de campagne, où il n'y a pas ou peu d'élèves allemands, où l'instituteur est souvent alsacien, que dans les classes des lycées et écoles profes-

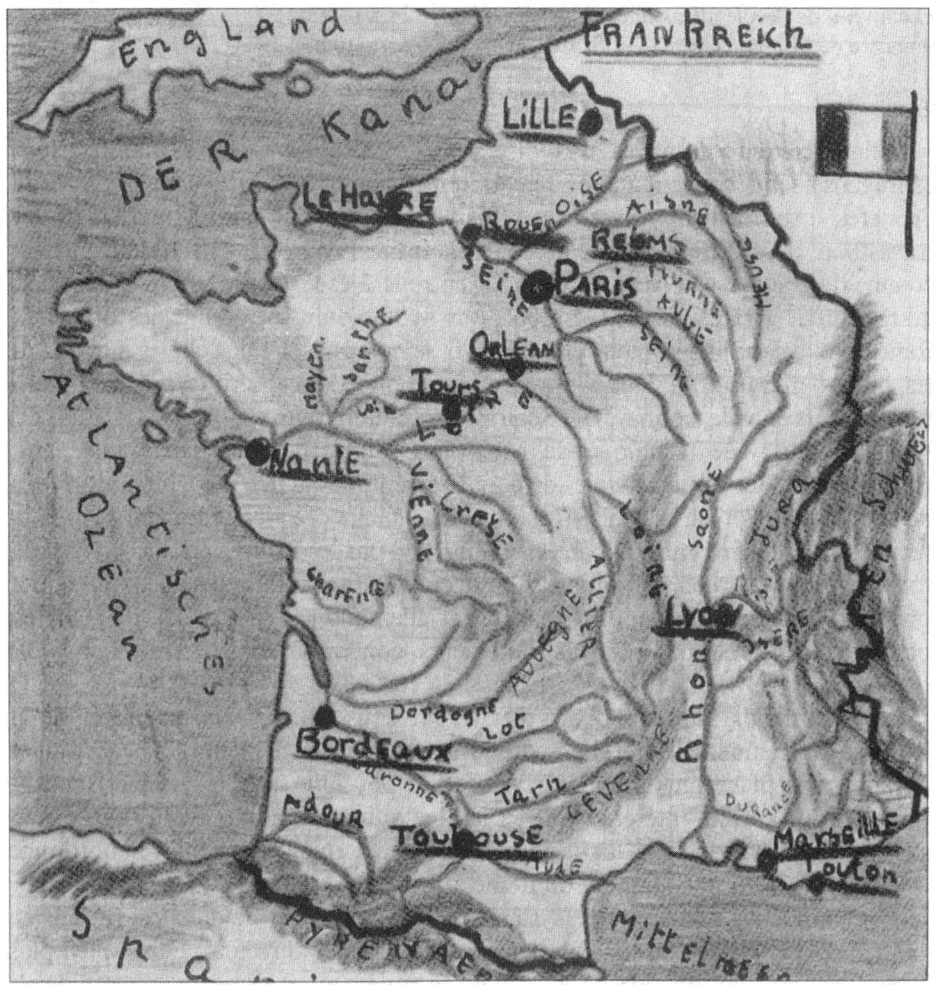

UNE CARTE DE FRANCE
DESSINÉE PAR TOMI UNGERER
PENDANT LA GUERRE À L'ÉCOLE.

LA NUÉE BLEUE

1941

sionnelles des villes, surtout des plus importantes. Là, la présence d'élèves et d'enseignants d'origine allemande, souvent nazis fanatiques, les incite évidemment à une extrême prudence et à une vigilance sans faille. En effet, il suffit d'un élément douteux, un Alsacien pro-nazi, dans une classe pour créer un climat de méfiance pénible, de suspicion constante.

«De nombreux enseignants (recyclés) se sentent en fin de compte Français et manquent de compréhension pour le national-socialisme»
(rapport général du 25 mars 1943)

«Le niveau de l'école allemande n'a jamais été aussi bas»
(ministre de l'Enseignement, Dr. Schmitthenner, Colmar, 10 mai 1944)

Malgré ces circonstances très difficiles, de nombreux élèves manifestèrent courageusement, souvent même témérairement, leur opposition au nazisme de manières extrêmement diverses ; refus d'effectuer le salut hitlérien, salut travesti en «Drei Liter» ou encore couleurs françaises portées par les vêtements, comme deux élèves du lycée de Colmar, entre le 2 et le 15 novembre 1940. Cinq autres furent arrêtés par la Gestapo pour avoir voulu introduire des drapeaux français au lycée ; ils seront emprisonnés six semaines, isolés en cellules individuelles, battus, mal nourris. Deux autres, arrêtés pour avoir inscrit «Vive la France» sur des murs en ville, connaîtront Schirmeck pendant quatre mois (janvier 1941).[14] Un élève du lycée technique de Mulhouse, Fernand Demouge, quinze ans, constitue avec des camarades de son établissement, dès juillet 1940, un mini-réseau de résistance très bien organisé (mission personnelle précise, codes chiffrés). A la récupération d'armes abandonnées en juin 1940 par les troupes françaises dans la forêt de Nonnenbruch, s'ajoute le sabotage de voitures militaires allemandes, des projets d'attaque d'un dépôt de carburant allemand ; le groupe est dénoncé en octobre 1940 : Gestapo, mauvais traitements, condamnations de trois à six mois de prison.[15]

Les Allemands auraient pu gagner à leur cause une partie au moins de la jeunesse alsacienne. En effet, leur conception d'un enseignement moins abstrait et donnant une place plus grande à l'éducation physique que le système français, présentait un certain intérêt. Mais, en fait, ce qui prédominait avant tout, c'était l'idéologie nationale-socialiste à laquelle tout était subordonné d'une manière ou d'une autre.

LES NAZIS N'ONT PAS SU EXPLOITER LES LACUNES DE L'ENSEIGNEMENT FRANÇAIS, TROP ABSTRAIT, IGNORANT LE SPORT. ILS ONT FAIT DE LA PROPAGANDE À OUTRANCE.

Un véritable système de surveillance et de délation fut mis en place ou, dans les écoles primaires, le directeur, choisi bien plus en fonction de son adhésion entière au nazisme qu'en vertu de ses capacités d'animation pédagogique ou, dans les lycées, un professeur, bien souvent peu compétent dans les disciplines qu'il a mission d'enseigner, sont véritablement «l'œil du Parti» dans leur établissement, tant à l'égard des élèves, que pour leurs collègues.

La qualité de beaucoup d'enseignants allemands laissait fortement à désirer. Le Sicherheitsdienst (police politique, chargée de l'opinion publique), bien informé dans l'ensemble, affirme que le niveau du baccalauréat, passé un an plus tard que dans le système français, est à Strasbourg plus bas qu'avant 1940.[16]

Ceci n'est d'ailleurs pas dû seulement à la pénurie d'enseignants qualifiés et aux

LA SALLE DE CLASSE DE HOHFRANKENHEIM. COLLECTION STEFFEN

circonstances particulières de la guerre. C'est aussi la traduction dans les faits d'un niveau général voulu intentionnellement plus bas que dans les lycées français de l'époque, sauf en mathématiques et en sciences. Les dirigeants de l'armée allemande se plaignaient eux aussi du niveau intellectuel trop bas des candidats officiers.

Il est vrai que quand le passage de l'école principale au lycée et l'attribution du baccalauréat sont subordonnés à l'accomplissement parfait du devoir dans la Jeunesse hitlérienne, attesté par le chef local de cette dernière, on peut douter de la valeur de ces décisions et de la qualité des résultats scolaires.

LES ENSEIGNANTS ALSACIENS ONT PLUTÔT BIEN RÉUSSI À DÉJOUER LES RUSES ET LES MENACES DES NAZIS.

Il faut aussi apprécier, à plus long terme, les conséquences dans le domaine scolaire, de la guerre, de la germanisation et de la nazification. Pour tous les jeunes Alsaciens qui furent victimes de ces événements, ce fut une rupture extrêmement brutale avec l'enseignement français, entouré d'un climat de liberté de pensée existant avant 1940. Le passage sans transition progressive d'une langue à une autre ne pouvait qu'entraîner des troubles, des lacunes, des faiblesses souvent impossibles à compenser par la suite. Ce fut particulièrement le cas pour les élèves

LA PREMIÈRE PAGE DU CAHIER DE CLASSE DE TOMI UNGERER, ÉLÈVE À COLMAR. LA NUÉE BLEUE

moyennement doués ayant commencé l'école élémentaire en 1938, 1939 et 1940. Toute leur scolarité de base a eu lieu en allemand. Comme leurs parents en 1918, ils se trouvaient sans la maîtrise pleine et entière d'une langue, avec tous les handicaps qui en résultaient pour eux dans la vie quotidienne. Quant aux plus grands se trouvant en classe de troisième ou seconde, leur scolarité secondaire a été très gravement perturbée par le passage à l'allemand comme langue d'enseignement, par la propagande nazie, par le niveau de certains professeurs allemands, par les nombreuses alertes aériennes qui diminuaient sensiblement le nombre des jours de classe. D'ailleurs leur études furent interrompues le plus souvent à une ou deux années du baccalauréat par l'incorporation dans le Service du Travail (Reichsarbeitsdienst) et dans l'armée allemande à partir de 1942, et non reprises par la suite. C'est par milliers que se comptent les carrières futures, rêvées, et brutalement brisées ou modifiées par suite de tous ces bouleversements.

Mais l'échec nazi concerne également les enseignants alsaciens. Les rapports concernant leur recyclage idéologique (Umschulung) sont accablants pour l'efficacité de ces stages, et flatteurs pour l'esprit de résistance de leurs victimes. Un rapport général du 25 mars 1943 insiste sur «la résistance intérieure incontestable» de la majorité de ces enseignants, sur leur manque de compréhension pour le nazisme sur «leur lien très fort avec l'Eglise», surtout chez les enseignantes, sur les «mauvaises relations» entre ces enseignants et leurs élèves allemands, sur l'hostilité des parents allemands envers ces Alsaciens qu'ils considèrent comme «étrangers», parlant, pour au moins un tiers d'entre eux l'allemand avec un fort accent français. Aux yeux des parents, ces enseignants ont une préparation pédagogique insuffisante, ils manquent d'autorité et de discipline. Pour les autorités, ces enseignants font preuve de mauvaise volonté ; rentrant dans leurs familles en fin de semaine, ils ne prennent pas part aux collectes du dimanche, aux réunions et manifestations du Parti : «ils ne s'occupent pas suffisamment de politique».[17]

En fait, selon un témoin lucide, le sénateur Brogly : «de toutes les catégories professionnelles, ce fut le personnel enseignant alsacien qui endura les souffrances les plus pénibles».[18]

NOTES

1. «La communauté du Rhin supérieur est rétablie ; des deux côtés du fleuve habitent les mêmes gens, parlant la même langue».
«Le Rhin réunit pour toujours ce que Dieu a réuni par le sang, l'âme et l'esprit» (SNN, 26 juillet 1940).
«Jamais la France n'a consulté la population alsacienne sur son sort et dit que l'Allemagne ne l'a jamais fait non plus : objection ridicule et non fondée. Comment l'Allemagne en viendrait-elle à demander à des Allemands s'ils sont Allemands ?» (discours Gauleiter Wagner, 24 juin 1941).
«Vos ancêtres habitent ici depuis deux mille ans. Ce sont précisément des «Schwowen» venus du Wurtemberg et du pays de Bade. Vous êtes des Allemands, que vous le vouliez ou non, que vous le sachiez ou non, que vous le croyiez ou non» (discours du Kreisleiter Bickler aux recrues de l'arrondissement de Strasbourg, dans : «Die Ehre des Elsass», supplément non daté des SNN).
2. «L'Alsace sera débarrassée de tous les éléments étrangers à son peuple et à sa race. Nous avons reçu du Führer la plus belle mission de notre vie. Nous l'accomplirons avec l'esprit méthodique national-socialiste» (discours de Wagner in SNN, 17 juillet 1940).
«La Grande Allemagne, notre patrie... nous assure un brillant avenir. Que ce jour soit celui de l'entière adhésion au national-socialisme de la fidélité éternelle au Führer. Deux cent cinquante mille Alsaciens sont déjà entrés volontairement dans les formations du Parti... Les trois-quarts de la jeunesse alsacienne sont engagés dans la jeunesse hitlérienne...» (premier compte-rendu d'activité du Gauleiter Wagner, 23 juin 1941).
3. «Cette jeunesse n'apprend rien d'autre qu'à penser allemand, qu'à agir allemand. Si ces jeunes entrent dans nos organisations à dix ans, puis quatre ans plus tard dans la HJ pour quatre autres années, ce n'est pas pour les rendre ensuite à leurs parents ; au contraire, nous les prenons aussitôt dans le Parti, le Front du Travail les SA ou les SS. Et ils ne seront plus jamais libres, tout au long de leur vie.» (discours d'Hitler à une manifestation à Reichenberg, territoire des Sudètes, 2 décembre 1938).
4. In : *Zwei Jahre im Elsass, Strasbourg, 1942* (brochure de propagande nazie sur l'effort dans divers secteurs d'activité).
5. H. Rauschnig, *Entretiens avec Hitler*, 1940 : «Ma pédagogie est dure. Je veux une jeunesse brutale, intrépide, terrible.»
6. Eugène Schaeffer, *l'Alsace et la Lorraine (1940-1945). Leur occupation en fait et en droit*, Paris, 1953.
7. Pierre Bockel, *Alsace et Lorraine ; terres françaises*, Dernières Nouvelles d'Alsace, Strasbourg, 1975.
8. Cf. Lothar Kettenacker, traduction in *Saisons d'Alsace* n° 68, p. 78, 1979.
9. Archives départementales du Bas-Rhin, série AL 125, p. 24, n° 427.
10. SNN, 8 octobre 1940 «Les Strasburger Neueste Nachrichten comme livre de lecture».
11. *Deutsches Lesebuch für Volkschulen*, Vierter Band, Deutscher Schulverband, Berlin 1943.
12. In : *Richtlinien für die Abwicklung der Lehrerbildung im Elsass 1940-1942* (publication officielle du responsable de la rééducation des enseignants alsaciens, n° UC 561, 1er février 1941, p. 11 et 16).
13. Hans Warneck et Willy Matschke, *Geschichte für Volkschulen*, Verlag Welhagen und Klasing, Bielefeld, 1943.
14. In Charles Béné, *L'Alsace dans les griffes nazies*, t. IV, Fetzer, Raon l'Etape, 1978, p. 71 et suivantes ; il reprend les renseignements de première main de J.M. Bopp, professeur au Lycée de Colmar pendant l'annexion, qui a tenu son journal, source exceptionnelle de renseignements.
15. In Charles Béné, op. cit., p. 175 et suivantes.
16. Bundesarchiv, R 43 II/9406.
17. Traduction d'un rapport concernant l'instituteur T.H. in : Atmosphère. Documents sur l'Alsace pendant l'occupation, les Amis du Terron, janvier 1948.
18. Médard Brogly, *La Grande Epreuve, L'Alsace sous l'occupation allemande 1940-1944*, Editions du Cerf, Paris 1945. L'auteur, député, puis sénateur UPR du Haut-Rhin de 1919 à 1940, condamné à dix ans de réclusion par un tribunal militaire allemand en 1915, resta complètement à l'écart de la vie politique de 1940 à 1944.

COLMAR, HIVER 1944-1945,
SCÈNE DE BOMBARDEMENT

LA NUÉE BLEUE

Tomi s'en Va-t-en guerre

TOMI UNGERER

1941

Tomi Ungerer avait neuf ans en 1940. Son talent naissant, sa sensibilité, ont été façonnés par les années de guerre. Il vient de publier le récit de ses souvenirs[1]. En voici un extrait, qui décrit la vie quotidienne à Colmar pendant les années noires.

Dans le «meilleur des mondes», je m'adaptais. Là se trouve l'origine de ce que j'ai appelé par la suite mon caméléonisme. Tout était remis en perspective par la complexité de la situation : Français à la maison, Allemand à l'école, Alsacien avec mes petits copains. Indiscutablement, je détestais les Allemands avec ferveur, les nazis avec horreur, regardez les dessins. Le cercle familial avait la priorité ; mais rien ne m'empêchait de fonctionner parallèlement dans un système qui était fait sur mesure pour me plaire. En anglais on dit «you can't have your cake and eat it too», tu ne peux pas avoir à la fois le gâteau et le manger... J'ai passé ma vie à entamer les gâteaux qui jalonnaient mes péripéties, et je m'en suis toujours attribué la meilleure part, et ceci avec la reconnaissance de ceux auxquels je laissais quelques miettes ! «Enfant gâté, enfant gâté, tu n'auras pas de pâté». Et que si ! J'ai mon pâté, mon pâté noster, et le pathétisme que je mets à raconter mes histoires. La vie est un drame ? Faites-en une comédie, une comédie de la survie et de la mystification.

Tout cet enseignement nazi, c'était une rigolade, sinistre à sa façon. Certains concepts sont restés ancrés pour la vie. «Denket nicht, der Führer denkt für euch», ne pensez pas, le Führer pense pour vous. Le Troisième Reich n'a pas

LA NUÉE BLEUE

besoin d'intellectuels, de philosophes, les seules idées qui comptent sont celles qui concourent au bien public ! Je retrouve là les origines de mon réalisme activiste. Ne faire du vent que si l'on dispose de moulins, et encore faut-il avoir du blé à moudre. Les rouages du mécanisme de nazification étaient mis en place. Nous étions pris dans l'engrenage de cette monstrueuse horloge.

La pression montait. Le parti. Pour aller à l'école, il fallait être membre du Jungvolk ou de la Hitlerjugend, la Jeunesse hitlérienne. C'est là où ma fêlure du crâne me valut l'exemption et lorsque, le samedi ou le dimanche, on venait me chercher pour l'exercice, ma mère me précipitait dans mon lit et déclarait que son pauvre petit, avec sa fracture du crâne, souffrait de maux terribles. C'est quand même avec envie que j'observais mes copains, dans de beaux uniformes gratuitement distribués, partir au pas pour le terrain de football. Lorsque ma mère et mes sœurs furent appelées à faire partie d'organisations féminines allemandes, le Bund Deutscher Mädel et la Frauenschaft, ma mère, déchaînée, alla déclarer dans le meilleur allemand, le plus parfait Hochdeutsch imaginable, que dans aucun cas des Ungerer, race de l'élite patricienne bourgeoise, ne pouvaient dépenser leur énergie à faire le guignol dans des organisations conçues pour l'éducation et la motivation des gens du commun. Dispense accordée !

Cette époque a donné libre cours aux

OFFERT PAR TOMI À SA GRAND-MÈRE EN REMERCIEMENT D'UN CADEAU.

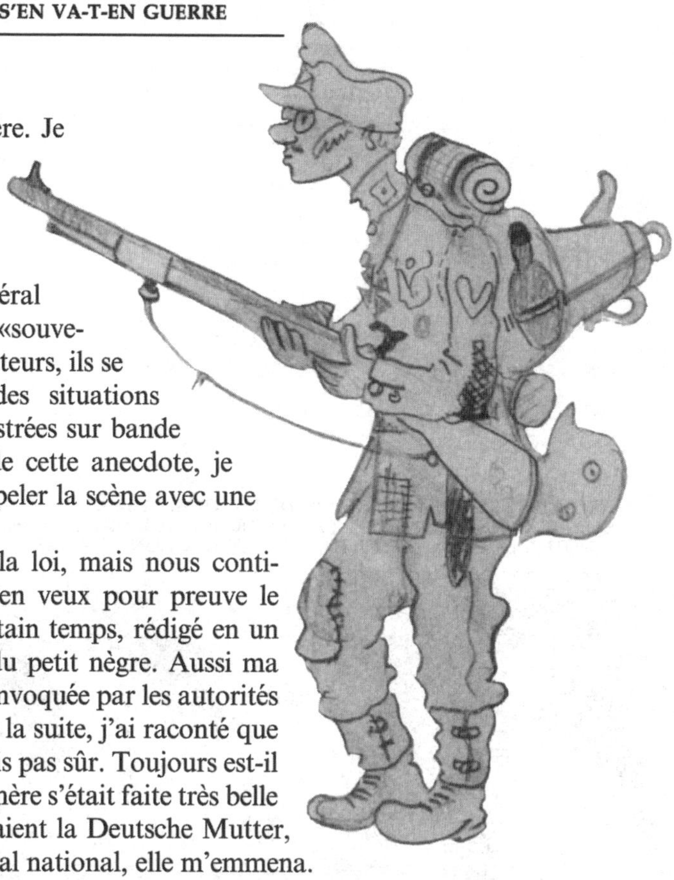

talents de tragédienne de ma mère. Je relate ici un événement, qui devait profondément me marquer, dont je fus témoin à un moment où je comprenais déjà l'allemand. Je me méfie en général beaucoup de ce qu'on appelle les «souvenirs d'enfance». A lire certains auteurs, ils se rappellent des conversations, des situations comme si elles avaient été enregistrées sur bande magnétique. Mais dans le cas de cette anecdote, je crois, je dis bien je crois, me rappeler la scène avec une clarté cristalline.

Le français était interdit par la loi, mais nous continuions en famille à le parler. J'en veux pour preuve le journal que j'ai maintenu un certain temps, rédigé en un français aussi perfectionné que du petit nègre. Aussi ma mère avait-elle été dénoncée et convoquée par les autorités nazies pour venir s'expliquer. Par la suite, j'ai raconté que c'était la Gestapo, mais je n'en suis pas sûr. Toujours est-il que, pour cette convocation, ma mère s'était faite très belle et, sachant que les fascistes mettaient la Deutsche Mutter, la mère allemande, sur un piédestal national, elle m'emmena. Astuce de renarde, sachant qu'une mère c'est une chose, mais accompagnée d'un fiston, c'est une mère avec une preuve à l'appui. J'étais plutôt effrayé, mais maman me rassurait en disant plus ou moins, et là j'improvise :

– Ne t'en fais pas, ce sont tous des imbéciles...

Nous voilà devant cet officier. Maman y va d'un «Heil Hitler !» et moi aussi. L'officier, devant cet étalage spontané de patriotisme, semble déjà rassuré.

– Oui, c'est bien ennuyeux, mais selon ce rapport il paraîtrait que vous persistez à parler le français.

Là-dessus ma mère éclate, avec des larmes aux yeux.

– Que mon fils, futur citoyen du Troisième Reich, en soit témoin, oui, nous parlons le français, c'est une question d'éducation.

Elle déroule son bla bla bla, en vient à l'argument final, moi très inquiet, alors qu'elle m'adresse un clin d'œil avec un sourire de polichinelle pendant que le dignitaire examine son dossier :

– Oui, dit-elle, vous ne m'empêcherez pas, jamais, de parler le français, et pourquoi ? Je vais vous le dire : si plus aucun Allemand ne parle le français, comment comptez-vous administrer la France après la grande victoire finale ?

PILLAGE ET RÉPRESSION : DESSIN DE 1943 (TOMI A 12 ANS).
SCÈNE IMAGINAIRE INSPIRÉE PAR BEAUCOUP DE DÉTAILS JUSTES.
À NOTER, LA GRANDE FIDÉLITÉ DE REPRODUCTION DU CHAR.

LA NUÉE BLEUE

T.U 1943

T.U 194

Là-dessus, l'officier électrisé se lève, se présente à ma mère en claquant les talons, et lui donne un baise-main !

– Enfin je rencontre une echte Tochter des Führers, une vraie fille du Führer. Oubliez ces imbéciles, diese Narren, qui rédigent des dénonciations primitives. Continuez, parlez le français, je vous en donne officiellement la permission.

Ah, quelle victoire de la ruse ! Cette ruse inépuisable, pleine de ressources, et ce pouvoir de séduction qui lui permirent, par la suite, d'obtenir pour mon frère Bernard la dispense de l'Arbeitsdienst, le service paramilitaire, avec pour motif que ce sujet brillant était le seul soutien de famille d'une veuve ayant charge de quatre enfants. Bernard était le meilleur élève de sa classe, bulletins à l'appui. Ne serait-ce pas du gaspillage que d'en faire de la chair à canon, alors que «notre Führer» avait autant besoin d'une élite cérébrale que de soldats ? Bernard, dispensé donc d'Arbeitsdienst, après un petit séjour d'un mois à Berlin dans l'industrie de l'armement, put entreprendre à Strasbourg des études de droit qu'il poursuivit à Fribourg. Ce n'est qu'à la fin de la guerre qu'il fut incorporé dans la Wehrmacht, échappant à l'exercice en peignant des fresques de propagande sur les murs de sa caserne. C'est à la tête d'une unité du Volksturm, la levée en masse, composée d'un résidu de retraités andropausés dans des costumes de la Wehrmacht, qu'il fut fait prisonnier par les Américains. Moi-même, plus tard, en Afrique du nord, m'étant engagé dans les méharistes, j'évitai l'entraînement de base au 1er RTA en peignant des fresques sur les murs du cercle des officiers. Cela ne m'a pas empêché d'entraîner à l'exercice mon unité, qui ne marquait le pas qu'en chantant des chansons nazies que je lui avais enseignées... La guerre a fait de moi un maître chanteur, un troubadour de la marche forcée, de la démarche renforcée. A ce jour, lorsque je suis déprimé, que je fouille mes bas-fonds, je trouve une chanson nazie pour me remonter le moral ; et combien de fois, avec mon beau-frère Paul, déserteur de la Wehrmacht, arrêté, emprisonné, incorporé dans les bataillons disciplinaires avec encore une balle russe qui a pris sa retraite dans sa jambe, nous chantons, quoi ? Nous chantons des revigorantes chansons de marche nazies, ça nous fait rigoler. Elsässer Luxus, luxe d'Alsacien ! Nous, les Alsaciens, nous avons bonne conscience, notre humour, même s'il est noir, n'est pas souillé de culpabilité ; par contre ça embarrasse les Allemands quand nous déballons notre répertoire.

ÉLECTRISÉ, L'OFFICIER SE LÈVE, SALUE MA MÈRE ET LUI FAIT UN BAISE-MAIN !

1941

Non, non ! Soyons sérieux ! La guerre ce n'est pas une rigolade, c'est une rigole qui déverse à profusion le sang dans les caniveaux d'un héroïsme souvent involontaire. L'intégration dans un régime totalitaire à outrance est pollutionnaire. La paranoïa à outrance. On ne sait plus la différence entre l'exportation et la déportation. On vit sur le qui-vive, on surveille sa langue, ses gestes. Pour nous, le seul espoir était la victoire des alliés. Je n'oublierai jamais le jour où notre professeur annonça :

– Stalingrad ist gefallen ! Stalingrad est tombée !

Il épongeait ses larmes, et nous notre sourire.

(Extrait de «A la guerre comme à la guerre», Tomi Ungerer, Editions La Nuée Bleue, Strasbourg, 1991).

Capter la Jeunesse

Les filets de la Hitler-Jugend

GENEVIÈVE HUMBERT

1941

La jeunesse alsacienne a bénéficié d'un sursis jusqu'en janvier 1942 où le service dans la HJ est devenu obligatoire.
Pendant ces deux ans, la politique de germanisation a tissé sa toile sur la jeunesse : dissolution des associations, opérations de séduction par des activités sportives et culturelles.

LE GAULEITER WAGNER SALUE DE JEUNES STRASBOURGEOIS. AMS

L'administration de l'Alsace fut, dès le départ, confiée non pas à l'autorité militaire, mais à l'autorité civile, représentée par le Gauleiter de Bade, Robert Wagner. Fait à souligner : Robert Wagner n'était responsable que devant Hitler (Führererlaß du 8 octobre 1940)[1]. Soucieux de son autonomie, et en conflit permanent avec diverses instances du Reich (gouvernement et parti), Robert Wagner est responsable de la politique de la jeunesse, intra et extra scolaire. Il cumule en fait trois fonctions : il est chef du parti NSDAP (Gauleiter), commissaire du Reich pour le Gau Baden-Elsass (Reichsstatthalter), et enfin chef de l'administration civile (Chef der Zivilverwaltung). Sa tâche consiste à appliquer la politique du Reich allemand.

Cette politique doit être appliquée dans un pays considéré comme étant germanique et menacé de dégénérescence – notamment physique – par les mentalités welsh, terme de mépris désignant les Français et leur culture. Les jeux olympiques de 1936 n'avaient-ils pas vu le triomphe du sport allemand et l'effondrement de la France, nation de boxeurs et de coureurs cyclistes ?

Depuis 1871 on répète, à la suite du baron von Stein, que le Rhin est fleuve d'Allemagne et non frontière de l'Allemagne. La guerre perdue fait de l'Alsace, ou de l'Alsace-Lorraine, un Land in Ketten aux yeux des Allemands, un «pays enchaîné» parmi bien d'autres et toute une propagande vise à invalider le traité de Versailles, considéré comme un Diktat. Cette action se déroule sur plusieurs plans, qui vont de la revendication pure et simple à la «réconciliation» franco-allemande, en passant par l'autonomie de l'Alsace ou de tout l'ancien Reichsland.

De l'autre côté du Rhin, en France, ces actions rencontrent souvent des échos favorables dans les organisations franco-allemandes où milite, par exemple, le Badois Otto Abetz (1903-1958), qui sera nommé le 3 août 1940 «ambassadeur du Reich»[2] à Paris, et qui déclarait que les deux pilliers de la «réconciliation» étaient les anciens combattants et la jeunesse. Ancien du Wandervogel e.V. de Karlsruhe, Otto Abetz entre au parti NSDAP en 1931. En 1934 il est nommé, par le Reichsjugendführer Baldur von Schirach, Unterbahnführer der HJ chargé des questions françaises, puis entre, en 1935, au cabinet de Ribbentrop comme expert des affaires françaises ; il fera de nombreux séjours en France jusqu'en 1939, date à laquelle il est expulsé. C'est lui qui a mis en place dès 1930 les rencontres franco-allemandes du Sohlbergkreis (Sohlberg en Forêt Noire), rencontres auxquelles participèrent, entre autres, des personnalités aussi différentes que Jean Luchaire, futur «collaborateur» (il a dix-sept ans à l'armistice et éditera la revue *Notre Temps* à laquelle collaboreront Bertrand de Jouvenel, Pierre Brossolette, etc.) et André Weil-Curiel, futur agent de la France-Libre[3].

Ces actions rencontrent également un écho favorable chez tous ceux qui voudraient renverser le régime républicain ou, tout au moins, revenir sur la séparation entre l'Eglise et l'Etat, somme toute bien récente. Il y a aussi ceux qui, par anti-communisme ou par russophobie, voient dans une Allemagne remise à flot un rempart contre l'URSS. Il y a enfin ceux qui sincèrement désirent une réconciliation afin d'éviter de nouvelles guerres.

Si nous considérons de plus près l'attitude des Allemands, il apparaît que l'Alsace n'était pas l'objectif le plus important, les regards se dirigeant plutôt vers le Mitteleuropa et les terres de l'Est. Sans doute, surtout après la ratification des accords de Locarno, le gouvernement du Reich soutint-il plus activement les divers groupes de la Heimatbewegung en Alsace. Selon certaines sources, le Ministère des affaires étrangères aurait versé un montant global de 1,5 million de RM pour soutenir les activités de Robert Ernst[4]. L'idée était qu'une révision du traité de Versailles apparaissait comme possible sans conflit armé[5]. Mais il ne semble pas que la modification de la situation de l'Alsace ou de l'ancien Reichsland ait été, pour les gouvernements allemands successifs, même après 1933, un but en soi, et le soutien apporté par eux, soit aux autonomistes, soit aux groupes pro-allemands resta à éclipses. Ce qui est certain, c'est que le tout s'inscrit dans une action très générale en direction des «minorités allemandes», et les instruments en sont variés : le Verein für das Deutschtum im Ausland, du Carinthien E. Steinacher, le Deutsches Auslands-Institut de Stuttgart, et pour l'«Alsace-Lorraine», le Wissenschaftliches Institut der Elsaß-Lothringer im Reich, auprès de l'université de Frankfurt am Main, «eine Hohkönigsburg der Wissenschaft».[6]

UNE MISE EN PLACE PROGRESSIVE ; AOÛT 1940, INTRODUCTION DE LA HJ NON OBLIGATOIRE ; JANVIER 1942, HJ OBLIGATOIRE.

La politique de germanisation est mise en place en plusieurs étapes : introduction de la HJ non obligatoire dès août 1940, introduction du système scolaire allemand en septembre 1941, introduction de la HJ obligatoire en janvier 1942.

L'année 1941 fut l'année du renforcement de la politique de germanisation de l'Alsace en général, qui préparait son intégration définitive dans le Großdeutsches Reich (depuis le 10 juillet 1939 en effet, le Reich allemand s'appelle, non pas Drittes Reich, mais Großdeutsches Reich).

Dès août 1940, on avait entrepris la Entwelschung von Land und Leuten (la défrancisation de la région et de ses habitants, Anordnung du 16 août 1940) ; on y associa la jeunesse qui fut chargée, entre autres, de brûler les ouvrages français que les habitants possédaient chez eux. Toutefois, de telles HJ-Aktionen ne paraissent pas avoir véritablement impressionné la population, puisque les services de la sécurité et de la police constatent, en 1943, que l'on continue à lire des livres en français. Par la suite, en 1942, les services de Berlin chargés des lectures scolaires dressèrent une liste, non exhaustive (sic !), de près de 700 noms d'auteurs juifs, marxistes, et émigrés, qui fut distribuée dans tout le Reich et les territoires occupés, entre autres en Alsace et en Moselle[7].

L'entreprise de rassemblement et de séduction de la jeunesse alsacienne commença donc dès les premiers jours de l'occupation. Néanmoins, il ne fut pas question, du moins officiellement, durant les deux premiers mois de Hitler-Jugend mais de Deutsche Volksjugend Elsaß.[8] C'est ce que rappelle dans son numéro de septembre 1941 le *Soldatenbrief der Oberrheinischen Hitler-Jugend* (le périodique officiel de la HJ du Oberrhein[9]) : «Noch durfte es in dem besetzten Elsass offiziell keine Hitler-Jugend geben, aber die Jungen und Mädel wurden alle in der Deutschen Volksjugend Elsass erfaßt».

Dès le mois de juin 1940 se constituait le premier noyau de la future HJ ; ces jeunes étaient, en majorité semble-t-il, les fils et les filles de ceux qui s'étaient retrouvés le 20 juin autour de Robert Ernst pour constituer les premiers groupements du Elsässischer Hilfsdienst (Secours Alsacien), dont l'un des buts était d'obtenir la libération des Nanziger. Il est probable, mais non certain, que les premiers membres de la Deutsche Volksjugend Elsaß venaient tout droit des rangs de la Jungmannschaft de H. Bickler et du Bund Erwin-von-Steinbach de F. Spieser ; H. Bickler publiera dans la revue *Wille und Macht, Führerorgan der NS-Jugend*, éditée par Baldur von Schirach (n° 7, 1er avril 1941) un long article, intitulé «Verschwörung des Blutes», dans lequel il décrit tout le travail de préparation de la Jungmannschaft à l'époque française.

Il y eut certes aussi des jeunes qui étaient issus des mouvements fascistes (les francistes par exemple) ; mais il est certain que tous ces jeunes, autonomistes et «germanisants», ont très rapidement rejoint les rangs de la HJ ; *Soldatenbrief*, cité plus haut, signale dans son numéro d'octobre 1943 que «des chefs HJ alsaciens, qui ont déjà mené avant la guerre la lutte pour la germanicité dans le Erwin-von-Steinbach-Bund et dans la Elsass-Lothringische Jungmannschaft ont reçu la décoration (Ehrenzeichen) de la HJ».

Le 5 juillet 1940, se constitue à Strasbourg un groupe de la future HJ, mais il faut faire appel aux chefs de la HJ du Pays de Bade et, en première ligne, au Obergebietsführer, Friedhelm Kemper. Le 25 juillet, la jeunesse d'Alsace est invitée à Kehl où se déroule un grand rassemblement des Jeunesses Hitlériennes. Kemper ne manquera pas de souligner le caractère symbolique de cette manifestation : «Que vous soyez venus montre que l'histoire des terres du Rhin Supérieur a atteint un point de non-retour.»[10]

Durant le mois d'août, le responsable badois se déplace à travers toute l'Alsace : il va à Haguenau, Wissembourg, Saverne, Mulhouse, Colmar – en tout treize villes sont le théâtre de cette vaste opération de séduction auprès de la jeunesse et de la population toute entière. La presse locale en parle, celle du Reich aussi.[11]

Le premier texte officiel visant la jeunesse alsacienne date du 16 août 1940. Il s'agit de la décision de dissolution des associations de jeunesse. Au terme de cette décision, «sont considérées comme associations de jeunesse toutes les unions de

jeunes de moins de vingt-et-un ans (...). La dissolution s'étend aux organismes de remplacement, aux organismes auxiliaires et annexes, de même qu'aux fédérations d'associations de jeunesse qui ont leur siège en Alsace. Toute nouvelle création d'association de jeunesse est interdite» (art. 1). De plus, non seulement les patrimoines des associations de jeunesse sont bloqués (art. 2), mais seules les associations fondées à l'instigation de Robert Wagner, représentant en Alsace le Reichsjugendführer (art. 4) seront autorisées.[12]

Au début de septembre 1940, le Obergebietsführer Friedhelm Kemper estime que le moment est venu de rendre officiel le seul mouvement de jeunesse autorisé, la HJ, et il organise le 8 septembre une grande manifestation à Strasbourg, la première manifestation nazie en Alsace depuis l'occupation. A l'occasion de cette Grosskundgebung der Straßburger Jugend, la Deutsche Volksjugend Elsass devient ouvertement la HJ-Elsass. Selon la presse (*Strassburger Neueste Nachrichten* du 19 octobre 1940) plus de 5 000 jeunes auraient participé à cette manifestation, parmi lesquels se trouvaient des jeunes du Pays de Bade, venus renforcer les rangs des nouvelles recrues.

CINQ MILLE JEUNES AU PREMIER MEETING HJ EN 1940 À STRASBOURG.

Notons néanmoins que si dès le mois de septembre 1940 sont mises en place les structures de la HJ et est appliquée dans ses grandes lignes la politique allemande de la jeunesse, la loi définissant ces grandes lignes (Gesetz über die Hitler-Jugend) du 1er janvier 1936, n'entrera officiellement en vigueur en Alsace qu'en janvier 1942, quand sera publiée l'ordonnance relative à la jeunesse hitlérienne en Alsace, Verordnung über die Hitler-Jugend im Elsass vom 2. Januar 1942.

En effet, le 2 janvier 1942 Robert Wagner publie une ordonnance, en vertu des pleins pouvoirs que lui a attribués Hitler, par laquelle il introduit en Alsace, pour tous les jeunes entre dix et dix-huit ans, l'obligation de service dans la HJ (Dienst zu tun). Il ne s'agit pas d'une simple extension de la loi de 1936 aux départements occupés, mais bien d'un texte propre, qui ne fait référence à la loi de 1936 que dans deux des quatre articles, notamment dans l'article 1er, alinéa 2, dans lequel on entend pour les jeunes qui sont cotoyens du Reich (Staatsangehörige des Deutschen Reiches) résidant en Alsace les obligations découlant de la loi de 1936.

Ce n'est donc qu'à partir du 2 janvier 1942 que l'entrée dans la HJ devient obligatoire en Alsace.

Son organisation est identique à celle du Reich où elle est, depuis le 1er décembre 1936, la seule organisation légale de la jeunesse allemande. Notons néanmoins que cette loi de 1936 n'est entrée en application que le 25 mars 1939 et que, si la HJ est obligatoire en principe, des éléments douteux, de corps et d'esprit, ne peuvent en faire partie (§ 3, 4 et 5 du deuxième décret d'application du 25 mars 1939).

La centralisation est l'élément essentiel de sa structure ; le Reichsjugendführer der NSDAP, devenu en juin 1933 le Jugendführer des Deutschen Reiches, a ses bureaux à Berlin. Depuis 1931, c'est Baldur von Schirach qui dirige la jeunesse hitlérienne ; il est remplacé en août 1940 par Arthur Axmann ; Schirach a vingt-quatre ans en 1931, Axmann a vingt-sept ans en 1940.[13]

Selon le principe affirmé dès 1933, «La jeunesse doit être conduite par la jeunesse» (Jugend muß durch Jugend geführt werden), il était nécessaire, afin que la HJ puisse jouer pleinement son rôle dans la germanisation de l'Alsace, de se préoccuper de former des chefs, des Führer. Comme il n'existait pas encore de Führerschulen en Alsace, les futures élites sont envoyées en Pays de Bade, à Dilsberg et à Überlingen pour les garçons, à Laufenburg pour les filles.[14] Par la suite, une Führerschule sera ouverte à Strasbourg ; dans une des casernes de la ville, on organise une formation para-militaire pour les cadres de la HJ.

Les stages durent plusieurs semaines, ils portent sur l'éducation sportive ainsi que sur le rôle de la HJ dans la guerre (Kriegseinsatz der HJ). L'éducation politique comprend des cours sur le «bolchévisme comme un danger menaçant le monde» (Bolchewismus als Weltgfahr), sur la doctrine du parti NSDAP comme base d'une vie nouvelle (Neuornung des deutschen Lebens). En 1944, la guerre se

CAMP DE HJ ALSACIENS.

prolongeant, on fait appel à des éléments plus jeunes et les stages ne durent plus que six jours pour ne pas couper les stagiaires de leurs camarades du même âge qui vont encore à l'école ou qui travaillent en ateliers.

Parallèlement à la formation des chefs de la HJ, on cherche à distraire la population : un orchestre de la HJ, venu de Karlsruhe, organise en septembre 1940 un concert à Strasbourg, à Haguenau, à Colmar et à Mulhouse. Ces manifestations, saluées avec emphase par la presse, sont appelées Oberrheinische Kulturtage. Au début d'octobre 1940 a lieu l'inauguration de l'école de musique de la jeunesse et du peuple (Musikschule für Jugend und Volk) de Strasbourg, en présence de Robert Wagner, Robert Ernst et de Friedhelm Kemper.

Au cours du même mois, la nouvelle HJ d'Alsace reçoit la visite du Reichsjugendführer Arthur Axmann qui entre en Alsace symboliquement à Lauterbourg («In Lauterburg sollte er die alte Grenze überschreiten», écrit le *Soldatenbrief* dans son numéro d'avril 1942).

Dans certaines régions d'Alsace, cette action se heurte non seulement à l'«influence française» tant dénoncée et combattue, mais aussi à un problème linguistique.

Dans le Bann 742 Rappoltsweiler (Ribeauvillé) et dans le Bann 739 (Molsheim) par exemple, les jeunes appartiennent à ce que les autorités allemandes appellent les «Patois-Gebiete» francophones. Les Allemands cherchent à être plus habiles qu'au début du siècle : «Wir durften nicht die Fehler wiederholen, die eine schwächliche Sprachenpolitik des Kaiserreiches 50 Jahre lang gemacht hatte» déclare le Oberstammführer de Ribeauvillé (*Soldatenbrief* d'octobre 1941). Une partie des activités se fait par conséquent en langue française, l'autre en langue allemande, la seconde prenant peu à peu le pas sur la première. Une méthode d'enseignement de l'allemand était basée sur l'image et sur la chanson, dont on devait traduire et expliquer la plupart des mots. Mais l'attrait essentiel restait bien entendu celui du sport et des camps.

Le 3 février 1941, le droit administratif allemand est introduit en Alsace ; en mai 1941, l'entreprise de germanisation des noms et des prénoms touche à sa fin et le 1er octobre de cette même année, l'organisation territoriale de la HJ est mise en place ; le Gebiet Baden (21) Elsaß présente un découpage identique pour la HJ et pour le parti NSDAP : 40 Banne en tout dont treize en Alsace (correspondant aux anciens arrondissements dont les limites n'ont été que très peu modifiées par l'occupant).

En avril 1941 se réunit à Strasbourg, capitale du Gebiet, l'ensemble des chefs (Führerschaft) de la HJ en Alsace ; à cette réunion participent également les responsables de 5 Banne badois (Karlsruhe, Offenburg, Rastatt, Bühl et Lahr) ; en tout, 1 200 participants – que le compte rendu officiel, paru dans la *Westdeutsche Chronik* d'avril 1941, appelle les dirigeants de la Oberrheinische Jugend.

A cette occasion, la responsable du BDM, Gaujugendgruppenführerin Erika Jockers, précise que désormais il y a en Alsace 200 groupes de jeunes filles affiliés à la NS-Frauenschaft de la région (la NS-Frauenschaft était l'organisation regroupant les activistes féminins du parti). La jeunesse féminine d'Alsace a été intégrée dans le BDM. Dès 1940 les jeunes filles avaient été encouragées à participer à des stages de formation dans le cadre de l'année de «l'économie domestique» (Hauswirtschaftliches Jahr), ou à s'inscrire dans des écoles spécialisées (Haushaltsschulen) telles que celle de Mannheim, où elles apprenaient divers métiers conformes au rôle que la femme allemande avait à jouer : aide-soignante, aide sociale, aide aux ménagères. La publication *Mädeldienst im Elsass- BDM Obergau Elsass* (Karlsruhe 1940), présente sur sa couverture l'image pastorale d'une jeune fille coiffée d'une chevelure blonde nouée en nattes, vêtue d'un tablier bien propre et à volants, soulevant, le sourire aux lèvres, deux seaux plein de lait.

Pour celles qui désiraient se spécialiser dans le sport ou les métiers agricoles, il y avait les écoles de Marburg, de Leipzig ou de Greifswald. Ces écoles, qui existaient depuis 1938, n'étaient pas gratuites, on demandait à chaque élève une somme de 750 RM, payable, il est vrai, en douze mois. Chaque élève recevait en outre 7,30 RM d'argent de poche par mois. La possibilité était également offerte d'aller travailler dans une famille du Reich pour aider la maîtresse de maison dont le mari était au front. Le «séjour» était alors gratuit et les jeunes BDM recevaient de l'argent de poche : 10 RM à quatorze ans, 12 RM à quinze ans et 14 RM à dix-sept ans. Ceci annonçait le Osteinsatz qui fut instauré en Alsace en 1942. Notons que le RAD, (Reichsarbeitsdienst, Service du Travail) fut ouvert en Alsace aux jeunes filles âgées de dix-sept ans, au lieu de dix-huit ans officiellement, ceci grâce à une dérogation accordée par Robert Wagner. Cela signifie-t-il qu'il y avait une forte demande, de la part des jeunes alsaciennes, à quitter leur ville ou leur village natal ? Ce qui est certain, c'est que l'attrait d'un séjour à l'étranger (peu fréquents à l'époque) et le fait de se voir confier des responsabilités, à un âge où la famille commence à être ressentie comme un fardeau, a sans doute joué un rôle décisif dans le choix de ces adolescentes.

UN PRINCIPE : «LA JEUNESSE DOIT ÊTRE CONDUITE PAR LA JEUNESSE».

Ainsi, avant même l'introduction de la HJ obligatoire, une bonne partie de la jeunesse féminine des départements occupés avait été prise en mains soit par le BDM, soit par l'organisation féminine NS-Frauenschaft. Elle était formée dans l'esprit «mère au foyer» qui était l'un des aspects de la politique assez floue et même contradictoire du nouveau régime, sur le plan du rôle de la femme dans la société. D'ailleurs, les événements se chargèrent de faire sortir la femme de son foyer pour l'envoyer dans les usines d'armement et au front.

Au début, les activités para-militaires de la HJ étaient réservées aux garçons : une formation de tireur fut organisée en avril 1941 pour les chefs des divers

échelons. Peu à peu, les garçons entrèrent dans les unités spéciales de la HJ (Motor-HJ, Flieger-HJ, Marine-HJ, Nachrichten-HJ). C'est alors qu'apparurent également les premières unités de surveillance et de contrôle, les patrouilles du Streifendienst (créé en 1934) ; ces unités, qui travaillaient en liaison étroite avec les services de sécurité, de police et les Waffen-SS, devaient surveiller les comportements des autres jeunes de la HJ et faire des rapports réguliers. En octobre 1941, deux cent cinquante jeunes du Bann de Saverne avaient accepté cette tâche («Aus dem Bann Zabern wurden z.B. 250 Jungen für diese Sondereinhait herausgezogen. Im allgemeinen ist die Zahl der in Frage stehenden Jungen zufriedenstellend», écrit le *Soldatenbrief* d'octobre 1941).

Peu à peu, une grande partie des jeunes Alsaciens est associée aux activités de la HJ. Certaines, telles que les activités sportives et culturelles, sont, il est vrai, fort attrayantes. Le *Zeitungsdienst* (Berlin) du 13 septembre 1941 affirme que plus de cent mille jeunes Alsaciens sont dans la HJ – soit 75% du total de la jeunesse[15] (et 92% dans le Bann Zabern, selon Kettenacker).[16]

Selon les statistiques officielles en date du 1er novembre 1941, le nombre des jeunes Alsaciens appartenant à la HJ est de 91 808 (il était de 91 270 au 1er août 1941).[17]

Le comportement de la jeunesse alsacienne peut paraître satisfaisant

LE REICHSFÜHRER AXMANN,
INSPECTE LES HJ ALSACIENS.

aux yeux des responsables de la HJ. Déjà le 1er janvier 1941 Friedhelm Kemper constate avec satisfaction que plus de 10 000 jeunes de Strasbourg-Campagne sont entrés dans la HJ, alors que celle-ci n'était pas encore obligatoire. Entre le début et la fin de l'année 1941, la progression justifiait largement la promulgation de l'ordonnance qui rendait, tout au début de l'année 1942 – peu de temps avant la conclusion du traité militaire entre l'Allemagne, l'Italie et le Japon (celui-ci restant neutre en face de l'Urss) et de la Wannsee-Konferenz qui organisait la Endlösung de la question juive (respectivement le 18 et le 20 janvier 1942), la HJ obligatoire en Alsace occupée.

L'ORPHELINAT DU NEUDORF,
SIÈGE DE LA HITLER-JUGEND. AMS

NOTES

1. Le premier Führererlaß du 2 août 1940 subordonnait l'administration du Ministre de l'Intérieur du Reich, W. Frick.
2. En fait sa fonction était double : il était chargé des relations à la fois avec le gouvernement de Vichy et avec le commandement militaire pour la zone occupée (en tant que représentant de Ribbentrop).
3. Cf. G. Humbert, *L'Allemagne et sa jeunesse. Mythe du renouveau et conflits de pouvoirs 1918-1939*, thèse d'Etat, Strasbourg, 1989 (sous presse), lire le chapitre «Bündische Jugend, Grenzlandarbeit et relaltions avec l'étranger», p. 123 sqq.
4. «Nach der Ratifizierung des Locarno-Verträge brach dann auch im Auswärtigen Amt der Bann. In den vier Geschäftsjahren 1925/26 - 1928/29 flossen der Heimatbewegung durch die Hände von Robert Ernst insgesamt 1,5 Millionen Unterstützungsgelder aus dem geheimfond des Auswärtigen Amtes.», p. 50, in : Rothenberger K.H.; *Die Elsaß-Lothringische Heimat-und Autonomiebewegung zwischen den beiden Kriegen*, P. Lang, Bern, 1975, 366 p.
5. Le secrétaire d'Etat G. Schubert disait à l'ambassadeur de Grande Bretagne Lord d'Algemon : «Wir hätten uns allerdings verpflichtet, Elsaß-Lothringen nicht mit Waffengewalt wiederzugewinnen. Es bestehe aber

doch natürlich die Möglichkeit, Elsaß-Lothringen auf anderen, gütlichen Weg zurückzuerhalten», et en juin 1928, G. Stresemann affirmait à la radio : «Wir haben keinerlei moralischenVerzicht irgendwelcher Art auf deutsches Land und deutsches Volk ausgesprochen», in *Akten zur deutschen auswärtigen Politik 1918-1963* (Baden-Baden, 1950 sqq) série B, 171, 184 (2 février 1926) et 9,371.

6. Sur ce dernier institut, lire entre autres C. Hallier, *Das Wissenschaftliche Institut der Elsaß-Lothringer im Reich 1920-1945*, Frankfurt 1965 et sa revue *Elsaß-Lothringisches Jahrbuch* (1920 sqq).
7. Cf. *Liste jüdischer und emigrierter Autoren*, Reichstelle für das Schul-und Unterrichtsschrifttum, Berlin, le 31.12.1942 ; on peut y lire entre autres que : «Die Liste erhebt keinen Anspruch auf Vollständigkeit. Sie stellt eine Auswahl solcher jüdischer und emigrierter Autoren dar, die nach den überprüfungen, gemäß dem beabsichtigten Zweck dieser Liste, vornehmlich in Schüler-und Lehrbüchereien vor der Machtübernahme eingestellt waren», Cf. Archives Départementales de Metz (2 AR 101)
8. Cf. *Völkischer Beobachter* du 3 septembre 1940.
9. Le terme Elsaß devait être remplacé progressivement par celui de Oberrhein marquant ainsi la communauté de peuple et de race entre les habitants vivant de part et d'autre du Rhin.
10. «Mit eurem Besuch ist die Geschichte am Oberrhein endgültig entschieden», in : *Soldatenbrief* septembre 1940.
11. Cf. *Kolmarer Kurier* du 15 octobre 1940, *Volkischer Beobachter* du 3 septembre 1940.
12. Cf. le *Recueil des principaux textes allemands appliqués en Alsace et en Lorraine pendant l'occupation 1940-1944* (Paris, s.d.).
13. Sur l'organisation détaillée de la HJ, lire G. Humbert, Les grandes lignes de la politique allemande de la jeunesse en Alsace occupée 1940-1944, in : *Revue d'Alsace*, n° 110 (1984). p. 183-218.
14. Cf. *Elsässischer Kurier* du 3 septembre 1940 ; progressivement, chacun des treize Banne d'Alsace est pourvu d'une Führerchule.
15. Cf. Bundesarchiv Koblenz R 57 DAI 885.
16. L. Kettenacker, *Nationalsozialistische Volkstumspolitik im Elsaß* (Stuttgart, 1973), p. 209 n. 22 ;
17. Cf. Archives Départementales du Bas-Rhin, AL 125 (394).

De Strasbourg à Clermont-Ferrand

1941

MARCEL RUDLOFF

Tableau en demi-teintes d'une Alsace repliée sur elle-même ; c'est la palette des souvenirs de juin 1940 à décembre 1941 qu'a gardée Marcel Rudloff,* alors lycéen en rupture d'études pour cause de débâcle. Clermont-Ferrand, c'est l'étape suivante du jeune homme qui retrouve, à partir de janvier 1942 à l'Université de Strasbourg repliée, une communauté fraternelle et studieuse.

J'avais terminé ma classe de philo au collège d'Obernai en juin 1940. L'écrit du baccalauréat était fixé au 16 juin. La débâcle, l'armistice, l'annexion de fait signifiaient d'abord pour mes camarades et moi, pour ceux qui avaient dix-sept ans, l'écroulement absolu de tous les projets, de tous les objectifs pour lesquels nous avions vécu, travaillé, étudié depuis notre enfance. Tout était à refaire.

Le premier sentiment pour 1940-1941 : un grand vide, une incertitude fondamentale et la conscience de la solitude... dans une ville qui elle-même ne vivait qu'à demi. Strasbourg, en effet, complètement vide en juin 1940, ne se repeuplait que lentement, avec hésitation. Progressivement, apparaissaient les vides laissés par ceux qui ne reviendraient plus : les Juifs, les Français de l'intérieur. Des étiquettes – Sichergestellt, Treuhänder (scellés, curateur) – frappées d'un sceau avec aigle et croix gammée étaient apposées aux portes scellées de leurs appartements.

Pour ceux de dix-sept ans il n'y avait que désarroi et désœuvrement, alors que les plus jeunes avaient, en octobre, pris le chemin de l'école : toutes les classes se firent immédiatement en allemand, sans aucun mot de français. Ma sœur, Marianne, passa de l'institution Notre-Dame

*Marcel Rudloff fut maire de Strasbourg de 1983 à 1989, sénateur du Bas-Rhin, président du Conseil régional d'Alsace de 1980 à 1996, membre du Conseil constitutionnel. Il est décédé en 1996.

(fermée comme toutes les écoles confessionnelles) à la Friederickenschule (lycée de jeunes filles).

Les Allemands accéléraient l'annexion au mépris du droit international. Mon inexpérience ne me permettait pas d'en percer les détails, mais j'étais frappé par le nombre de plus en plus fréquent de défilés nazis, et c'est avec colère et amertume que je voyais, dans tel ou tel groupe en uniforme, l'une ou l'autre figure de connaissance. Est-ce en assistant à des défilés que j'ai acquis une certaine distanciation par rapport aux manifestations de foule et aux retournements collectifs ? En tous cas, je n'ai pas oublié les fidélités successives de ceux qui défilèrent alors ; ni ceux de la S.A., ni ceux de la Hitler-Jugend.

Une vie en demi-teintes donc, avec plusieurs particularités. La désinformation systématique sur ce qui se passait à Strasbourg et en Alsace : aucune information officielle ni sur les expulsions de décembre 1940 (des centaines de familles furent expulsées vers la France non occupée et leurs biens confisqués), ni sur l'incendie de la synagogue puis sa démolition. Il fallait chercher son information dans la solitude des chuchotements et des récits incontrôlables, même sur le camp de Schirmeck-Labroque qui commença à fonctionner dès cette époque.

L'absence quasi totale de vie sociale : l'on sortait très peu, les réunions avaient lieu dans un cercle étroit de famille et d'amis ; et les discussions portaient toujours sur les mêmes lancinantes questions par lesquelles personne n'avait de réponse : pourquoi et comment «est-ce arrivé» ? pourquoi l'Alsace payait-elle, à nouveau, si durement le prix de la guerre ? Jusqu'où «oseront-ils» aller, sans que le monde proteste ? Ou bien «et l'Amérique ?» Quand viendra-t-elle à notre secours ? Nos seuls moments de joie, bien dérisoires, consistaient à déplacer les petits drapeaux britanniques en Cyrénaïque, Libye, en Irak ou en Somalie, d'après les informations de la radio de Londres que nous écoutions quotidiennement.

LA MÉFIANCE ET LA PEUR APPAUVRISSENT L'ESPRIT. C'EST UNE LEÇON QUE JE N'AI PAS OUBLIÉE.

La banalité des conversations, notamment dans les lieux publics et les magasins, tant il est vrai que la méfiance et la peur appauvrissent l'esprit. C'est une leçon que je n'ai pas oubliée. Mes seules «sorties» se résumaient à une rencontre hebdomadaire avec mon ami de toujours, Gérard Bach[1] ; nous allions au Grand Kléber et nous nous installions à une petite table, directement sous l'orchestre, ce qui nous permettait de profiter du bruit tonitruant pour échanger des phrases en français !

L'utilisation du dialecte comme refuge et comme alibi ! Le dialecte permettait d'éviter de parler Hochdeutsch, marquant ainsi une certaine différence, sinon une certaine résistance à l'occupant. Et l'on était rassuré par ceux qui saluaient : «*Guete Dàa !*» au lieu de «Heil Hitler !».

Dans le même ordre d'idées, l'on pouvait se féliciter de ce que la liturgie catholique utilisait encore complètement le latin, de sorte que la langue allemande se limitait pratiquement aux sermons et aux homélies. Je me dois de rappeler ici les très beaux sermons prononcés alors par monseigneur Fischer, archiprêtre, dans l'église du collège Saint-Etienne, la cathédrale étant fermée au culte. Et combien j'ai ressenti en l'écoutant, ainsi qu'au contact de mon aumônier de lycée, Paul Held, l'irremplaçable bonheur de la réflexion spirituelle !

Cette «vie en pointillés» était, en fait, l'attente d'une suite qui nous dépassait : ou bien les Alliés gagnaient rapidement la guerre et tout rentrerait vite dans l'ordre, ou bien les Allemands se maintenaient encore longtemps en poursuivant la guerre. Dans cette dernière hypothèse, nul ne doutait plus que les Allemands allaient mobiliser les Alsaciens, et qu'alors il faudrait faire le choix, également douloureux et dramatique : s'évader et partir à l'aventure (avec tous les risques, connus et inconnus), ou être mobilisé dans la Wehrmacht (avec le risque de mourir pour une cause étrangère). Mon choix était fait, dès le début, avec le total accord de mes parents et de mes sœurs. L'attente fut d'ailleurs brève : dès juin 1941, le RAD (Reichsarbeitsdienst) était introduit, et la classe 1942 fut aussitôt appelée à y servir. Mes nombreux amis, nés en 1922, se virent, dans les semaines suivantes, incorporés dans des camps de travail obligatoire situés dans les massif de l'Eifel et du Taunus. Au bout d'un an, ils allaient être mobilisés dans la Wehrmacht en vertu du fameux décret du 25 août 1942. Quelques mois passèrent encore dans une ambiance de plus en plus tendue. En décembre 1941, les classes 1943 et 1944 furent appelées à leur tour et je passai le conseil de révision le 6 janvier 1942.

1941

Conformément à la décision prise, depuis de longues semaines, de refuser toute incorporation allemande, je m'évadai d'Alsace. C'est sous la neige que j'ai quitté mes parents dans la nuit du 30 au 31 janvier 1941. Je ne devais plus les revoir avant février 1945. Trois jours plus tard, ma mère se rendit au commissariat de police pour signaler «ma disparition» ; elle le fit, sans doute, avec le sang-froid qui reste l'apanage des âmes sincères et fortes. Ce jour-là, elle a dû commettre l'un des très rares mensonges de sa vie ; malgré sa piété et son honnêteté, elle n'en a ressenti nul remords.

MA MÈRE SE RENDIT AU COMMISSARIAT POUR SIGNALER MA «DISPARITION».

La filière d'évasion passait par les Vosges, elle était essentiellement destinée aux prisonniers de guerre français évadés. Son organisation avait été mise sur pied par des scouts et des guides de Strasbourg. Nous étions sept au départ de Strasbourg et nous ne nous connaissions pas les uns les autres, ce qui était préférable. Le trajet à pied devait, à partir de la gare de Munster puis Soultzeren, nous mener entre le Tanet et le Hohneck, pour traverser de nuit la route des crêtes qui formait la frontière de l'Alsace annexée, afin d'arriver à Gérardmer, à la maison des sœurs de Notre-Dame de Sion, notre point de chute. C'était un rude hiver et, en réalité, la neige tombait en abondance depuis plusieurs jours : la couche atteignant souvent un mètre, notre progression s'en trouvait très ralentie et nous nous égarâmes plusieurs fois ; il nous fallut trois jours de marche pour atteindre Gérardmer en déjouant, durant les accalmies de la tempête, la surveillance des patrouilles allemandes[2]. Utilisant les filières organisées par les cheminots, notre groupe alla de nuit en nuit, de la gare de Gérardmer à celle d'Epinal puis à celle de Perrigny-lès-Dijon. Finalement, dans la nuit du 5 au 6 février 1942, cachés dans un wagon transportant des sacs de blé, nous franchîmes la ligne de démarcation à Seurre (j'entends encore le pas des gardes-frontières allemands le long de notre wagon). Après un arrêt d'un jour au centre de rassemblement des réfugiés de la Scaronne, à Lyon, notre groupe se sépara pour ne plus se revoir... Pour moi, j'allai à Clermont-Ferrand et, le 7 février, je débarquai à l'adresse qui me paraissait la plus assurée : celle de mon ami Paul Hauter, fils du doyen Charles Hauter, 37, avenue de Beaumont.

L'histoire – souvent tragique – de l'université de Strasbourg repliée à Cler-

À CLERMONT EN 1942, UN GROUPE D'ÉTUDIANTS EN DROIT RÉUNIS AUTOUR DU DOYEN DELPECH ET DU PROFESSEUR RADOUANT. MARCEL RUDLOFF EST À GAUCHE.

mont-Ferrand a été racontée. Je n'aurai donc ici qu'à donner quelques touches sur l'ambiance en ces années d'attente 1941-1942, avant que le cours de l'histoire ne s'accélère, en novembre 1942.

Refusant d'admettre que la situation était anormale, et au risque de paraître irréaliste et d'entretenir une fiction, l'université de Strasbourg faisait tout pour démontrer qu'elle se maintenait ; ce qui signifiait, par exemple, qu'il ne devait pas y avoir d'exçeption à la réglementation de l'admission ou de l'examen. Ayant vécu l'annexion de l'Alsace et m'étant évadé au milieu des périls, j'ai éprouvé quelques surprises à mon arrivée à Clermont. Première surprise ; je ne pus m'inscrire directement à l'Université, car je n'avais pas pu passer le baccalauréat en juin 1940 et je n'avais aucun papier certifiant de ma scolarité. Evidemment, de tels documents ne font pas partie des faux papiers emportés par un évadé ! Deuxième surprise ; mon livret scolaire fut retrouvé à Clermont, au secrétariat de la fac des lettres ; il avait été consciencieusement transporté en juin 1940 au moment de la débâcle. Ce livret justifiait de mon aptitude à passer le deuxième baccalauréat (philo). Ouf, ma situation pouvait donc se régulariser. Troisième surprise : une session du baccalauréat fut organisée pour un autre évadé et moi-même. Ce jury exceptionnellement composé d'éminents professeurs de faculté (dont messieurs Canguilhem en philo, Danjon en mathématiques, Ponteil en histoire et géographie) voulut bien me recevoir avec la mention «assez bien», après m'avoir fait passer l'ensemble des épreuves inscrites à l'écrit et à l'oral du programme du baccalauréat de philo.

À CLERMONT-FERRAND, J'ALLAIS DE SURPRISE EN SURPRISE !

Les cours à l'université correspondaient rigoureusement au programme et nous nous sentions de véritables étudiants, travaillant comme des étudiants de temps de paix, ou presque. Presque, seulement, car nous étions surtout des «réfugiés». A ce titre nous touchions une allocation, versée par l'Etat, de cinq cent cinquante francs par mois, à laquelle s'ajoutait une bourse d'études d'un montant équivalent. C'était juste suffisant, mais nous avions la fierté de gérer seuls ce modeste budget ; à ma connaissance, il n'y eut guère de «surendettement». Cette autonomie précoce dans la gestion de nos revenus anticipait, en fait, l'abaissement légal de l'âge de la majorité promulgué trente ans plus tard, en 1975.

Réfugiés alsaciens, nous formions une communauté très soudée, très solidaire, car nous étions tous du même âge, de la même formation universitaire, habités des mêmes soucis et des mêmes espoirs. En plus, nous avons bénéficié de relations exceptionnelles avec nos professeurs qui partageaient intensément nos joies, nos peines et notre espérance fondamentale : le retour en Alsace libérée. Et plus encore, la formation spirituelle, voire l'approfondissement religieux, connurent une vigueur particulière dans nos milieux universitaires alsaciens ; quelques jours après mon arrivée, je pus déjà assister à une des soirées spirituelles régulièrement animées par l'abbé Elchinger, alors supérieur du grand séminaire replié à Royat et qui se tenaient au domicile du professeur Beaucourt. Messes universitaires, rencontres de scouts routiers se multipliaient. Et c'est en portant à bout de bras une reproduction en bois de la Vierge en majesté de Strasbourg, sculptée à cette occasion, que quarante scouts routiers alsaciens participèrent au pélerinage national marial du 15 août 1942 au Puy, en allant à pied de Clermont au Puy et retour, traversant les campagnes et les hameaux, sous les yeux de villageois émus et attendris.[3]

QUARANTE SCOUTS ALSACIENS' PORTÈRENT EN PÉLERINAGE JUSQU'AU PUY, LA STATUE DE LA VIERGE DE STRASBOURG.

Le ravitaillement, par contre, était un véritable point noir. Résidant au cercle Saint-Louis (copie à l'échelle clermontoise du FEC) avec – entre autres – les futurs professeurs de médecine, Bernard Metz et Jean Marescaux, et le futur haut-magistrat Gérard Bach, nous devions souvent nous contenter de légumes aux noms étranges – rutabagas, topinambours – ou de haricots secs venant des stocks de l'armée d'armistice. Mais, lorsqu'on a faim à dix-huit ans, on finit par se débrouiller : grâce à l'échange de tickets de tabac... ou aux bonnes relations avec certaines familles clermontoises.

L'attente en zone non-occupée était alors moins dramatiquement tendue qu'en Alsace. En 1941-1942, les actes de résistance ne présentaient que peu de risques pour leurs auteurs comme d'ailleurs pour les Allemands. Chanter *Vous n'aurez pas l'Alsace et la Lorraine* sous les fenêtres de la commission allemande d'armistice à Royat ou enfoncer la vitrine de la Jeunesse française et d'outre-mer, place de Jaude, n'était guère dangereux, car la police et les tribunaux de Vichy étaient encore compréhensifs pour les Alsaciens en 1941.

Car, bien sûr, nous souffrions d'être exilés loin des nôtres, loin de la cathédrale, loin de l'Alsace ; nous souffrions surtout de n'avoir aucune nouvelle directe et sûre des nôtres : la correspondance de mes parents étant surveillée, il ne fallait ni les compromettre inutilement, ni me découvrir imprudemment. Au demeurant, aucun courrier ne fonctionnait, sous aucune forme, entre l'Alsace et la zone non occupée. Pas plus que mes camarades à Clermont, je ne sus pendant trois ans comment vivaient mes parents et mes sœurs, ni ne connus les dangers réels auxquels ils furent, les uns et les autres, exposés.

Cette ambiance d'attente douloureuse mais studieuse prit fin brutalement le 27 novembre 1942, avec l'invasion de la zone sud par la Wehrmacht ; la Gestapo s'installa aussitôt avenue de Royat à Chamalières. Dès lors allait commencer la période tragique, ponctuée de rafles, d'attentats, de déportations, de tortures qui ont ensanglanté l'histoire de l'université de Strasbourg, et qui sont gravés pour toujours dans la mémoire de ceux qui les vécurent. Ces drames, nous les pressentions en 1941 et 1942, sans pouvoir en deviner le contenu exact ni l'ampleur, car nous étions bien conscients de la précarité de notre situation en Alsace ou en France non occupée.

Une mauvaise interprétation de l'histoire donne une moindre intensité aux événements de 1941 et 1942 par rapport aux tragédies qui suivirent. C'est en ces années 1941-1942 que ceux qui eurent alors dix-huit ans durent faire les choix de vie et de mort qui les ont marqués à jamais. Ce furent, en réalité, des années décisives pour eux et pour l'Alsace.

NOTES

1. Gérard Bach s'évada d'Alsace trois mois après moi, en mai 1942. Pris dans la grande rafle à l'université du 25 novembre 1943, il fut déporté à Buchenwald et Dora. Après la libération des camps, il revint à Strasbourg et entra dans la magistrature. Il vient de terminer sa carrière comme premier président de la cour d'appel de Riom.
2. Ce furent les sœurs Alice et Marie-Louise Daul qui guidèrent notre groupe jusqu'à la route des crêtes. Elles aidèrent des centaines de prisonniers et de jeunes gens à s'évader d'Alsace de la sorte, et payèrent leur courage de cruelles années de détention dans les geôles allemandes. L'Histoire a déjà retenu leur nom, mais j'ai tenu à ajouter mon modeste témoignage de reconnaissance à Alice Gillig-Daul et à sa sœur Marie-Louise trop tôt disparue.
3. De cette époque datent également les premières recherches d'action œcuménique entre étudiants catholiques et protestants. J'y ai rencontré notamment le futur doyen Roger Mehl et le futur premier président J.G. Wagner. Par contre, Frédéric Hoffet, que j'ai eu alors la chance de beaucoup fréquenter, était résolument hostile à ces rassemblements. Il l'a exprimé avec vigueur dans ses deux ouvrages : *L'Impérialisme Protestant* et *L'Equivoque Catholique* parus après la guerre.

Le Nazisme à l'Université

PATRICK WECHSLER

1941

Inaugurée fastueusement en 1941, l'université de Strasbourg se voit investie d'une mission et d'un rôle aux objectifs aussi multiples qu'ambitieux : détrôner la Sorbonne et faire un rempart contre l'Occident. Rien de moins.

C'est en 1934 qu'a pris forme la conception de «Reichsuniversität» en tant qu'exemple national-socialiste (Cf. B. Piotrowski). Cependant, à cette époque, il n'existe encore aucune structure unitaire. Fin 1938 est décidée l'implantation de Reichsuniversitäten, en dehors du Reich, uniquement dans les territoires qui seront ultérieurement annexés. Elles auront alors à jouer un rôle particulier dans le rayonnement culturel, économique, et surtout politique ; amener à l'extérieur des frontières du Reich ses valeurs intrinsèques. Les trois principales Reichsuniversitäten qui seront fondées rempliront ce rôle, chacune en fonction de sa situation. Au gré des victoires politiques et militaires, sont inaugurées : le 4 novembre 1939, la Reichsuniversität de Prague, le 27 avril 1941, la Reichsuniversität de Posen, et le 23 novembre 1941, celle de Strasbourg.

Si cette dernière doit devenir le «rempart combattant du grand Reich allemand national-socialiste contre l'Occident», les deux autres, à Prague et à Posen, sont appelées à jouer ce même rôle contre le monde slave. L'université de Posen, inaugurée deux mois seulement avant l'agression allemande sur l'URSS, est même considérée comme un modèle du genre, sur lequel devront se calquer d'autres établissements du même type en Pologne occupée : à Torun, Cracovie et Lodz, ainsi qu'en Union Soviétique : à

INAUGURATION SOLENNELLE
DE LA REICHSUNIVERSITÄT DE STRASBOURG.

Kiev et Odessa. On assiste à la création d'universités du Reich dans les Pays Baltes : à Vilnius et Kaunas (Lituanie) et à Riga (Lettonie) qui, néanmoins, ne pourront jamais fonctionner. En revanche, le fondé de pouvoir de l'université du Reich de Posen organise des cours extériorisés à Tartu, en Estonie, dès 1942. Un an plus tard y est créée l'Ostland Universität (université orientale). Celle-ci sera l'université du Reich la moins structurée (on manque de professeurs, d'ouvrages, de matériel), et qui fonctionnera le moins longtemps. Enfin la fondation d'universités jusqu'en Suède et en Finlande est prévue.[1] En fait, seules trois universités du Reich seront véritablement structurées : à Prague, Posen et Strasbourg, avec une quatrième qui ne le sera que très partiellement, à Tartu. Trois seront formelles : à Vilnius, Kaunas et Riga. Les autres ne resteront qu'à l'état de projet.

OUTILS DE COMBAT POLITIQUE, DES REICHS-UNIVERSITÄTEN SONT CRÉÉES DANS TOUTE L'EUROPE NAZIE.

Le 31 juillet 1940, Robert Wagner fait parvenir au Reichsleiter Bormann une proposition du professeur Schmitthener, ministre de l'Instruction du pays de Bade, concernant la création de la nouvelle université et reflétant ses propres idées :

> 1. L'université allemande de Strasbourg a toujours été, depuis sa création il y a plus de 400 ans, une université *politique* (souligné dans le texte). C'est ici à Strasbourg, qu'aux alentours de l'année 1500 où l'Humanisme revêtit sa tournure nationale, que germa du sol de la Réforme allemande une académie orientée contre le monde romain, puis une université combative à l'esprit allemand. A l'époque du viol français, elle devint le porteur délibéré de la culture allemande contre l'envahisseur occidental (l'Allemagne se considère traditionnellement comme faisant partie de l'Europe centrale donc en opposition à l'Europe occidentale dont fait partie la France) ; université allemande, elle récusa encore en 1769 dans une note au gouvernement français tout concours aux universités françaises. Elle fut finalement démantelée par la Révolution française et remplacée par une Académie française avec pour but explicite de détruire «l'hydre du germanisme»...
>
> 2. Après que la glorieuse victoire allemande de 1940 a réglé à jamais la question alsacienne et entériné l'intégration définitive du pays dans le Reich allemand, la construction de l'université de Strasbourg est une nécessité politique... La révolution nationale-socialiste a transformé le combat allemand contre l'occident en mission politique délibérée. Nous devons forger des armes invincibles pour l'Alsace regagnée où les révolutions françaises et allemandes s'affrontent comme sur un champ de bataille. Parmi ces armes compte l'*université nationale-socialiste* de Strasbourg (souligné dans le texte). Elle doit participer en tant que représentante du combat spirituel et idéologique lors de la grande lutte mondiale présente et à venir entre la Révolution française déjà sénile et la jeune révolution nationale-socialiste qui finira par triompher.
>
> 3. La *mission* (souligné dans le texte) de l'université de Strasbourg doit ainsi être politique. L'université doit devenir le rempart du grand Reich allemand national-socialiste contre l'Occident et son monde allant sur le déclin. C'est d'elle que doit rayonner la force et la victoire de la révolution nationale-socialiste, tout d'abord sur le monde occidental en démantèlement, puis sur l'ensemble de la science allemande, et enfin sur la formation de l'esprit de politique nationale en Alsace.

4. Cette mission politique de l'université exige différentes conditions :
a. Le développement exemplaire de *brillants domaines scientifiques nationaux-socialistes* (souligné dans le texte) tels que la biologie, la science raciale, l'hygiène raciale, la génétique, l'éducation, la préhistoire, la science militaire, la science des pays étrangers (ceux-ci auraient à garantir le lien entre université, armée, et parti) et la recherche folklorique et populaire...
b. *Un corps professoral* (souligné dans le texte) qui garantisse l'unité de la conception scientifique nationale-socialiste. C'est pourquoi on doit nommer en tout premier lieu de jeunes nationaux-socialistes à tout crin qui sont conscients de la mission politique et se sentent engagés envers elle.
c. Des étudiants triés sur le volet et strictement menés...
5. La mission politique exige enfin une reconstruction interne et externe de l'université :
a. En conformité avec le «principe du guide», c'est au recteur que revient l'exclusivité de la direction...
b. Les facultés de philosophie et des sciences doivent autant que possible être réunies afin de surmonter la fausse opposition de nature et d'esprit. Les frontières rigides entre les différentes facultés doivent être assouplies afin d'ancrer les matières dans plusieurs d'entre elles à chaque fois que cela est possible. Malgré la reconnaissance des mérites historiques de la faculté de théologie évangélique, les deux facultés de théologie ne doivent plus faire partie de la nouvelle université de Strasbourg...
6. Dès que la mission sera reconnue, on devra nommer les hommes qui auront à proposer et à conduire l'ouvrage interne et externe dans le sens de cette mission sous la direction du chef de l'administration civile et commissaire du Reich Robert Wagner. Ces hommes sont le recteur, le curateur, les doyens, le chef de l'union nationale-socialiste des professeurs d'université allemands, et le chef de l'union nationale-socialiste des étudiants allemands. Ce choix doit se faire en fonction de la mission de l'université, afin que celle-ci devienne le rempart combattant du grand Reich allemand national-socialiste contre l'Occident et redevienne «l'hydre du germanisme».[2]

Le professeur Anrich, futur doyen de la faculté de philosophie de Strasbourg, et surtout «fondé de pouvoir du chef de l'union nationale-socialiste des professeurs d'université allemands pour l'université de Strasbourg», précise un peu plus la mission de cette université : «elle doit tout simplement détrôner la Sorbonne !» Et ajoute : «Strasbourg a quatre cents ans environ. Nous y prenons la place de la deuxième université de France. *Au moment de l'inauguration de l'Université de Strasbourg* (souligné dans le texte), ce ne sont pas seulement les regards de l'Alsace, mais d'une grande partie du monde entier qui vont se porter sur ce qui dorénavant remplace l'Université française. Nous devons donner l'impression qu'une université allemande de tout premier ordre s'est implantée ici d'*un seul coup* (souligné dans le texte), ceci malgré la guerre ; elle doit distiller la crainte».[3]

POUR LE DOYEN ANRICH, LA REICHSUNIVERSITÄT DOIT DISTILLER LA CRAINTE.

Le chef des professeurs d'université du Reich, le professeur Schultze, formule quant à lui une autre mission de la Reichsuniversität de Strasbourg : elle doit devenir une unité de combat : «Quand je parle d'une unité de combat, je pense au combat contre tout morcellement des forces, contre toute isolation libérale des penseurs, contre toute mécanisation bolchévique des forces spirituelles, contre tout affadissement juif du savoir, en fait contre toute influence due à une vision du monde qui nous est essentiellement étrangère».[4] Enfin s'il était encore nécessaire de souligner le rôle de tout premier plan joué par la Reichsuniversität de Strasbourg, citons Heydrich qui décrit à Himmler, chef du Reich de la SS, Anrich comme le premier à avoir élaboré à Strasbourg des projets «si proches des théories de la SS que le chef du Reich de la SS pouvait les reprendre à son compte pour réaliser le projet qu'il caressait : investir l'université à l'aide de membres de la SS et en faire un instrument de consolidation de l'entité nationale allemande».[5]

L'inauguration de la Reichsuniversität de Strasbourg a lieu le 23 novembre 1941, date anniversaire de la réouverture de l'université française en 1919, marque de revanche comme l'avait été le wagon de Rethondes. Cette inauguration est un acte solennel de très grande envergure, puisque Hitler en personne aurait dû la présider, si l'annexion de l'Alsace avait été juridique. Rust, ministre des Sciences, de l'Education et de la Formation populaire, le représente et tient ce rôle. La présence du Führer n'est que partie remise, Hitler projetant de pouvoir inaugurer un jour, encore plus solennellement, une université légalement intégrée au Reich. La veille des cérémonies proprement dites, les invités avaient été conviés à la municipalité strasbourgeoise par Robert Ernst, ce qui permettait «la reprise de contact de vieilles relations estudiantines et l'échange de souvenirs d'une époque universitaire commune entre les Alsaciens et les camarades du Reich».[6]

HUIT CENTS DIGNITAIRES NAZIS ASSISTÈRENT À L'INAUGURATION.

Le programme des cérémonies, qui dura deux jours, débuta au matin du 23 novembre, par l'entrée du corps professoral en frac, selon les vœux du recteur. Bach et Haendel, joués par l'orchestre de la Wehrmacht, accompagnent cette procession. Le gratin politique, militaire, scientifique en poste en Alsace est présent : Robert Wagner, Hermann Bickler, Robert Ernst et les généraux Osswald et Vaterrodt. Le ministre d'état et chef de la chancellerie, Meissmer, s'est déplacé pour l'occasion, tout comme le ministre d'état et le recteur de l'université de Heidelberg, le professeur Schmitthener. Le Prince August Wilhelm, fils de l'empereur Wilhelm II, renoue en assistant à cette cérémonie avec ses années de jeunesse estudiantine à Strasbourg. Il ne manque aucun recteur ni curateur des universités allemandes. En tout, huit cents personnalités de tout le Reich sont là. Au discours inaugural du recteur Karl Schmidt, succèdent les propos du ministre des Sciences de l'Education et de la Formation populaire, Rust, qui sont une diatribe antibritannique, vantant la supériorité du camp allemand dans le combat pour une suprématie spirituelle. De courtes interventions émanant de différentes personnalités continuent cette matinée riche en discours, que ponctue le recteur par ses remerciements à ceux qui œuvrent dans le processus de reconstruction de l'univer-

1941

UNE GARDE D'HONNEUR PÉNÈTRE AU PALAIS UNIVERSITAIRE POUR LES CÉRÉMONIES D'INAUGURATION.

sité. La création de l'union nationale-socialiste des étudiants allemands est fêtée, dans l'après-midi, dans les murs du Théâtre, où Bickler évoque la situation de l'étudiant alsacien au temps français, aspirant «à retourner dans le giron du Reich».[7] Le lendemain, 24 novembre, la Reichsuniversität dispense, en présence du ministre Rust et de nombreuses personnalités, son premier cours, auquel le public a été convié : «Ascension et développement de la conscience populaire allemande», donné par le professeur Huber. C'est au théâtre que s'achèvent ces deux journées, l'union nationale-socialiste des étudiants ayant invité la population à une soirée, animée par plusieurs orchestres.[8]

L'université n'avait pas lésiné sur les moyens pour donner une fête d'inauguration exceptionnelle qui devait frapper à jamais l'imagination.

NOTES

1. Cf. pour les Reichsuniversitäten, B. Piotrowski, Die rolle der «Reichsuniversitäten» in der Politik und Wissenschaft der hitlerfaschistischen Deutschlands, in *Universities during World War II. Materials of the 40 Anniversary of «Sonderaktion Krakau»*, Cracow, October 22-24, 1979, Krakow, 1984.
2. Zentral Staatsarchiv Potsdam, REM 11929.
3. Bundesarchiv Koblenz, R4311/940a.
4. Cf. *Reden und Ansprachen bei Eröffnung der Reichsuniversität Strassburg am 23 November 1941*, AMS.
5. Berlin Document Center, dossier Anrich et cf. Lothar Kettenacker, *Nationalsozialistische Volkstumspolitik im Elsass*, Stuttgart, 1973.
6. Cf. *SNN* qui ont largement couvert les cérémonies d'inauguration, 24 novembre 1941.
7. Idem.
8. *SNN*, 25 novembre 1941.

Etudiant à la Reichsuniversität

VICTOR BEYER

1941

Table rase ! Une nouvelle Université, de nouveaux professeurs, des programmes refondus : rien n'était de trop pour former les étudiants selon l'idéologie nazie. Victor Beyer livre les souvenirs, en demi-teintes, de ses années d'étudiant à Francfort puis à Strasbourg.

De retour à Strasbourg, dans ma famille, venant de Périgueux, je m'incrivis bientôt à l'université Wolfgang von Goethe de Francfort, l'université française de Strasbourg ayant émigré à Clermont-Ferrand, et l'allemande n'ayant pas encore ouvert ses portes.

En vérité, j'eus aimé me consacrer à l'art dramatique, mais je me fis rapidement une raison, car cette vocation m'eut fait accumuler les difficultés : celle de devoir m'inscrire à la Theater-Akademie de Karlsruhe et, de ce fait, de devoir me lancer à corps perdu dans la pratique vocale et expressive d'une langue qui ne m'était pas familière, en dépit de ce que j'en savais, celle aussi qui me venait d'un organe vocal déficient, lequel m'avait valu de la part de mon médecin traitant ce conseil : «Surtout ne choisissez pas une profession qui vous obligerait à parler !» ; celle enfin qui s'attache au talent dont on ne saurait dire qu'il se révèle sans démonstration préalable.

A Francfort je trouvai à me loger dans une *Kamarad-*

LA STATUE D'ARNO BRECKER, «PERSONNIFICATION DE LA FORCE VIRILE PLUTÔT QU'INTELLIGENTE».

schaft, en compagnie de Jef, mon ami Jean-Frédéric Issler, aujourd'hui disparu, et d'un singulier et sympathique compagnon de chambre du nom de Grodeck qui, d'un clown, avait à la fois la drôlerie et la tristesse, et que nous n'avons plus jamais revu depuis. Cette Kamaradschaft nous astreignait évidemment à participer à des séances oiseuses où soufflait l'esprit du temps (heureusement l'ère des combats d'étudiants au sabre était révolue et même, dans une certaine mesure, celle des *Zechabende*, ces soirées de beuverie célèbres jadis).

Décidé à éviter au maximum dans mes études les contingences de l'époque contemporaine, de sa politique et de son idéologie, j'optai pour les disciplines les plus éloignées possibles : l'archéologie préhistorique et classique, l'histoire ancienne et médiévale, l'histoire de l'art et la philologie romane. Par curiosité je me permis toutefois une exception : je suivis le cours magistral de «Sa Magnifiscence, le recteur Platzoff», un nazi grand teint, qui traitait de... la Révolution française ! Il le faisait dans un tel esprit de caricature que c'en devenait hautement ridicule, et Dieu sait que ne n'ai jamais eu d'atomes particulièrement crochus avec cette époque sanglante de notre histoire nationale.

Combien plus aimables étaient les cours sur l'art minoéen (Crétois) du professeur Freiherr von Kaschnitz-Weinberg, au délicieux accent viennois. Pour sa part, le professeur d'histoire grecque, Geltzer, était captivant et très objectif, et le professeur de préhistoire, Werner, même singulièrement osé lorsque, dans son séminaire, ce dernier évoquait, comme en aparté, les Jeunesses Hitlériennes, «ces blanc-becs qu'il faudrait fesser à plat sur les genoux». Quant au professeur d'histoire de l'art, A.E. Brinckmann, il planait dans son univers d'architecture baroque (Balthasar Neumann) avec une élégance de grand seigneur, alors que son collègue, le philologue Lomatsch, plus rustaud, nous assénait son érudition folle, nous mettant au désespoir avec ses comparaisons bas-latines, occitanes, provençales, catalanes, romanches et piémontaises du moyen-âge des troubadours.

Mais il y avait aussi le sport obligatoire, le *Pflichtsport*, une bonne chose en soi. En principe on pouvait choisir sa discipline physique, mais en raison des alternances pratiquées, c'était aussi et parfois la carte forcée. Ma crainte était de tomber sur la boxe, que l'on nomme si curieusement le «noble art», par dérision sans doute. Je pus l'éviter et pratiquer plus sainement l'athlétisme.

Notre professeur de culture physique était un grand diable au crâne rasé, hâlé, du genre Haroun Tazieff, vêtu comme un plongeur d'un survêtement collant brun, et nazi comme de bien entendu. Mon groupe d'étudiants comptait évidemment de nombreux anciens *HJ*, qui ne manquaient pas d'ironiser sur la débilité, supposée, de ceux qui comme moi venaient de France, cette France dégénérée, *das vernegerte Frankreich* ! Mais à l'épreuve de la course des trois kilomètres je mis mon point d'honneur à les gratter tous, comme on dit, l'un après l'autre. Vexés, ils rabattirent leur caquet.

Pour m'isoler dans le travail, je faisais de fréquentes et longues stations dans la grande serre des plantes exotiques, au jardin botanique proche. L'atmosphère moite qui y régnait stimulait singulièrement mon esprit et ma capacité d'assimilation. J'en avais bien besoin, en vérité, les premiers temps avaient été rudes, car je ne maîtrisais pas la langue au même degré que mes collègues allemands, et surtout, pour prendre mes notes de cours, je me servais alors de ce que j'avais appris dans la pratique de la langue allemande, c'est-à-dire de l'écriture gothique, bien moins rapide et cursive que la latine, à laquelle je m'habituai enfin par nécessité.

AVANTAGE DE FRANCFORT : ON POUVAIT Y PARLER FRANÇAIS SANS RISQUE.

Le séjour à Francfort avait quelques avantages appréciables pour un Alsacien, essentiellement celui de pouvoir parler français dans la rue sans craindre d'être pris à partie, comme à Strasbourg, et d'atterrir au camp de concentration de Schirmeck. Rentrant un soir d'un concert au Conservatoire de Strasbourg, n'avions-nous pas, mes amis et moi, été interpellés de façon menaçante par un officier allemand pour avoir échangé des propos dans notre langue ?

J'aimais particulièrement le vieux quartier du Dôme et du Römer, avec cette délicieuse ruelle, toute médiévale (remplacée aujourd'hui par un monstre d'architecture) qui, de l'un à l'autre, alignait des boutiques de saucisses chaudes et de *Reibekuchen* fumants. Et nous étions plusieurs à rechercher chaque semaine, les mercredis, je crois, les concerts d'orgue qui se donnaient l'après-midi dans la petite église Saint-Nicolas, en bordure de la place du Römer, du côté du Main, sans oublier les concerts de carillon ; ils étaient peu fréquentés, ce qui convenait à notre besoin d'isolement.

Lorsque s'ouvrit enfin l'université de Strasbourg, rénovée, rééquipée – pourquoi faut-il donc attendre une occupation allemande et sa prétention à y promouvoir sa «haute culture» pour faire le ménage dans ses aires et la doter valablement des instruments indispensables à la recherche et à la diffusion supérieure des connaissances ? N'est-ce pas humiliant pour le pays que de s'attirer les réflexions connues, mi-amusées, mi-méprisantes au sujet de la *welsche Bütik ?* ou du genre : *Dess esch wedder emol rächt franzeesch* ! Comme si la France était trop riche, trop intelligente pour qu'il lui fût indispensable d'entretenir un pôle de prestige, une vitrine culturelle de haute qualité en bordure du monde germanique ? – lorsqu'elle s'ouvrit donc, je m'y inscrivis tout naturellement. La photographie nous a conservé le souvenir de sa réouverture solennelle, dans l'aula, où régnait la grande statue d'un homme nu d'Arno Brecker, de prétention antiquisante, ceint d'un baudrier où était fixée la dague sur laquelle il portait la main. Personnification de la force virile plutôt qu'intelligente, qu'avait-elle à faire dans ce temple de la recherche et du savoir ? Pour ma part j'eus préféré la Pallas de Bourdelle qui se dressa un temps, après guerre, devant le parvis du palais universitaire. Chose curieuse, je n'ai presque aucun souvenir de l'enseignement prodigué par certains professeurs dont je retrouve pourtant la signature dans mon *Studentenbuch* d'alors. Soit que je n'aie guère eu d'accointance avec leur discipline, soit que la pédagogie qu'ils appliquaient – ou son absence – n'ait été d'aucun effet sur ma conformation d'esprit. C'est ainsi qu'il ne m'est pratiquement rien resté de l'«initiation à la science du langage roman» exposée par le professeur Schürr, pas plus, au reste, que de la «phonétique française» du professeur Gennrich à Francfort. Qu'est-ce à dire ? S'agissant du langage roman, avais-je alors contracté une sorte d'aversion, de «montagne intérieure», suscitée par le fait que c'était un régime nazi qui me proposait ses lumières sur le monde linguistique dans lequel j'avais été nourri jusque là ? *Chi lo sa* ?

Mais je sais gré aux professeurs Wolff, à Francfort, dans son séminaire sur l'Enéide, et Oppermann, à Strasbourg, à propos de Virgile, comme aussi Bogner, à propos d'Œdipe-Roi de Sophocle, à Strasbourg également, de m'avoir ouvert des horizons que je ne soupçonnais pas.

Le premier semestre ne fut pas abordé par moi dans des conditions optimales, loin s'en faut ! J'occupais alors une chambre isolée au bout d'une aile du Foyer protestant, rue des Pucelles, tenu par M. Léon Morel, ancien missionnaire au Gabon et collaborateur, premier initiateur même à la vie africaine du docteur Schweitzer à Lambaréné. Mais cette chambre, dans cet ancien hôtel du XVIe siècle, était fort mal chauffée, le poële y fumait tant que je devais à tout moment ouvrir les fenêtres et me livrer au froid démoralisant de la saison. Par la suite je trouvai refuge au Neudorf, dans la famille Kempf qui m'avait déjà si amicalement reçu à Périgueux en 1941, après la débâcle.

DEUX CATÉGORIES DE PROFESSEURS : LES NAZIS ZÉLÉS, ET CEUX QUI ESSAIENT DE RUSER AVEC L'IDÉOLOGIE AMBIANTE.

Au programme de ce temps d'études : les cours d'histoire du haut moyen-âge du professeur Heimpel, un immense érudit dont les silences sarcastiques, *in petto*, pourrait-on dire, étaient aussi éloquents que les discours en ce qu'ils suaient littéralement la contradiction apportée aux thèses de l'idéologie régnante. Tel n'était pas le cas du professeur Günther Franz, au physique et au moral du genre SS à la tête de mort, dont je suivais les cours par intermittence.

Combien plus enrichissants étaient les cours du professeur Wentzlaff-Eggebert : *Schiller's Weg zu Goethe*, plus passionnants bien que maladroits d'élocution ceux du professeur Kuntze, le spécialiste d'Olympie ! J'ai gardé le souvenir bien gratifiant du professeur d'archéologie romaine Koethe, homme d'une exquise urbanité qui devait tomber plus tard sur le front de l'Est. J'ai rencontré un jour, après guerre, sa femme à la voix de violoncelle, dans le bureau de Charles Picard, professeur d'archéologie grecque en Sorbonne.

LE PALAIS UNIVERSITAIRE DE STRASBOURG PENDANT LA GUERRE. AMS

Mais l'essentiel de ma formation d'historien d'art à cette époque, je la dois au professeur Hubert Schrade, un esprit parfois rocailleux, un «nazi intelligent», si l'on peut à titre exceptionnel se hasarder à lier ces deux termes, d'une grande pénétration philosophique de l'art et particulièrement soucieux de pédagogie. Il nous apprit à voir, ce qui est rare, à saisir l'essentiel d'un coup d'œil, et à le dire. «Il importe, nous disait-il, dans ses séminaires, qu'en peu de mots vous puissiez communiquer à un aveugle la vérité d'une œuvre d'art.» Ces exercices de description d'une œuvre d'art, pratique si difficile, étaient d'une efficacité exemplaire. Ses cours traitant du sujet *Das Menschenbild des Abendlandes* m'ont permis de reprendre pied rapidement dans mes études, sitôt la guerre finie, de faire face, en guère plus de cinq semaines de préparation, au concours d'entrée à la section supérieure de l'Ecole du Louvre... et de le réussir.

Evidemment, ses propos sur les peintres romantiques allemands (Caspar David Friedrich, Otto Runge, etc.) étaient plus teintés de nationalisme, ce qui se comprenait de la part d'un Allemand, s'agissant d'une peinture contemporaine de l'épopée napoléonienne, de sinistre mémoire pour tout autre que Français.

J'ai rencontré Hubert Schrade par hasard, après la guerre, à Colmar, devant le retable d'Issenheim. Etais-je encore à Strasbourg à cette époque ou déjà conservateur en chef du département des sculptures au musée du Louvre ? Je n'en ai plus le souvenir. Il parut gêné de me revoir, et moi-même fus un peu pris de court. Je regrette que nous n'ayons pas saisi tous deux cette occasion pour nous entretenir plus longuement, en toute simplicité.

Je me rappelle l'avoir un jour, non pas heurté, mais certainement un peu piqué, lorsque, chargé par lui de commenter en séminaire le groupe de la Crucifixion du jubé de Naumburg (XIIIe siècle), j'ai affirmé que l'expression de souffrance du saint Jean au pied de la croix, en pendant à la mère du Seigneur, n'était pas très crédible, attendu qu'il avait le nez retroussé :

– Croyez-vous, me rétorqua Schrade, qu'un personnage au nez retroussé est incapable d'exprimer la souffrance ?

– D'une certaine façon oui, Monsieur, dis-je, tandis que mes collègues riaient sous cape, car le professeur Schrade avait le nez fort et... retroussé !

Dans le noir requis pour la projection je rougis de confusion. Il n'y avait guère moyen de rattraper mon étourderie.

L'INCORPORATION DE FORCE NOUS SORTIT BRUTALEMENT DE NOS CHÈRES ÉTUDES.

Malheureusement, dès le printemps 1943, je me vis, comme beaucoup, engagé de force dans l'armée allemande. Etant étudiant et déficient – je fis une grève de la faim pour cela – j'eus la chance de n'être pas appelé à l'Arbeitsdienst, cette antichambre de l'armée, et, avec ce délai de trois mois, d'être versé dans les services sanitaires. Etais-je naïf ou stupide ? S'imaginer que, les revers militaires aidant, les nazis nous laisseraient poursuivre nos activités professionnelles ou nos chères études, alors que toute la jeunesse allemande se trouvait, et de plus en plus, embrigadée, mobilisée, non seulement pour la défense du Vaterland, mais en définitive (nous l'a-t-on assez seriné !), pour la sauvegarde de la civilisation du monde, aryen, cela va de soi. C'est à partir de l'automne 1942 que les Allemands enregistrèrent leurs premières défaites en Afrique du nord, et surtout que débuta la contre-offensive russe de la Volga qui devait être marquée spectaculairement, en février 1943, par la capitulation de von Paulus à Stalingrad.

Une fois lâchés par Pétain et par Laval, que pouvions-nous espérer ? Dès avant la date fatidique de l'incorporation, l'Oberstadtkommissar de Strasbourg, le Dr Robert Ernst, nous l'avait bien fait comprendre un certain soir de rassemblement à l'Aubette en nous exhortant à devancer l'appel qui n'allait pas tarder à nous être notifié. «N'est-ce pas, s'était-il écrié en ironisant, vous n'allez pas faire ça à votre famille – *ihrer Familie dies antun* –. Vous allez attendre sagement que la feuille de route vous soit transmise, afin que le cas de conscience ne pèse plus sur vous. Mais que béni soit celui qui livrera tout pour la patrie allemande, qui n'aura pas de ces timidités !»

Nous sommes sortis de là, étudiants et autres, en haussant les épaules, agacés, inquiets tout de même pour les temps à venir. Et bientôt l'université ne fut plus pour nous qu'un souvenir.

Enquête sur le premier résistant alsacien

Qui était Paul Dungler ?

BERNARD REUMAUX

1941

C'est assurément le premier des résistants alsaciens. Dès juin 1940, il commence à monter son réseau, l'un des plus fameux de la France libre, celui qui donnera naissance à la Brigade Alsace-Lorraine commandée par André Malraux. Mais le destin hors normes de Paul Dungler, comploteur dans l'âme mais aussi forte figure politique, reste méconnu. Car bien des zones d'ombre et des interrogations demeurent.

Ils sont sept. Sept hommes que l'exode et le reflux de l'armée française ont laissés au bord des routes du sud-ouest. Encore abasourdis par l'effondrement militaire de la France, mais comme poussés par un curieux instinct, ils ont convergé vers Le Gabastou, la vieille ferme que leur ami commun Paul Armbruster possède sur une colline perdue dans le Périgord. Quatre d'entre eux sont Alsaciens : le propriétaire des lieux, mais aussi Paul Dungler, industriel à Thann, Jean Eschbach, industriel installé depuis peu à Poligny dans le Jura, et l'abbé de Dartein, ancien précepteur du comte de Paris.

Les sept hommes se connaissent bien et depuis longtemps. Tous sont royalistes, unis par les durs combats politiques et militants de l'Action française. Tous, depuis des années, ont dénoncé le danger croissant de l'Allemagne nazie que la France s'obstinait à sous-estimer. Tous ont dénoncé l'incurie et l'aveuglement de la IIIe République. Tous enfin ont le sentiment d'assister à l'épilogue sans surprise d'une tragédie qui aurait mille fois défilé dans leurs têtes. Car, au fond, tout cela pouvait-il se terminer autrement ?

En ce mois de juin 1940, l'insolente beauté de ce coin de Périgord à l'écart du monde n'agit pas comme un anesthésiant sur le groupe d'amis que la défaite a fait se retrouver. Bien au contraire. Une étonnante détermination les unit :

– Ils sont foutus, ils sont foutus ! ne cesse de répéter Paul Dungler.[1]

Foutus ? Mais qui donc ? Les Allemands bien sûr... Car pour Paul Dungler, il ne fait pas de doute que l'Angleterre tiendra, que, à terme, l'Allemagne sera vaincue, que la France sera libérée. Les sept hommes, retrouvant leurs réflexes de militants et de comploteurs, discutent, échafaudent des plans, s'enflamment. Constituer un réseau de renseignements, rechercher, stimuler et encadrer les bonnes volontés, préparer les moyens de la revanche, voilà pour les buts. Quant aux moyens, ils sont simples, dérisoirement simples : ne compter que sur soi, les amis sûrs et tous ceux que les intérêts supérieurs du pays sauront décider.

JUIN 1940. «LES ALLEMANDS SONT FOUTUS !» PROPHÉTISE DUNGLER.

Moins d'un mois plus tard, en juillet, les bases du dispositif sont au point. Un réseau est constitué, Castille, le premier réseau de la résistance française de Londres, bientôt dirigé par le colonel Rémy. «C'est Paul Armbruster qui, le 13 juillet 1940, apporta à l'ambassade britannique de Berne le premier courrier de cet embryon de réseau», écrira Jean Eschbach fils. Son père, Jean Eschbach, rentre à Poligny, située en zone libre à deux pas de la ligne de démarcation, et y crée une des filières de passage les plus efficaces. Quant à l'abbé de Dartein, il rejoint Londres et devient l'aumônier des Forces françaises libres.

Et Paul Dungler ? Faisant preuve d'une grande clairvoyance politique et psychologique, il décide de monter son réseau en Alsace : «Il ne faut pas répéter l'erreur de 1871, explique-t-il.[2] Les gens qui auraient pu tenir le coup contre les Allemands et résister à la germanisation étaient partis. Il faut que nous ayons des gens qui sachent ce qui se passe, qui puissent avertir et manœuvrer.» Avec quelques amis, il quitte les bords de la Dordogne, traverse la France dans une camionnette, passe la ligne de démarcation et débarque à Thann le 25 août 1940. «En arrivant à Thann, racontera-t-il plus tard, ce qui nous a tous stupéfaits, c'est de voir l'atmosphère qui y régnait. Une atmosphère de résistance !»

Galvanisé par cette première impression, Dungler se met au travail. Il lance son réseau, la 7ᵉ Colonne d'Alsace. Pourquoi la septième et non pas la première, ce qui serait plus juste ? Dungler, catholique fervent, veut placer son action sous la protection divine et sept, c'est le chiffre de Dieu, celui de l'achèvement de la création. Mais le fondateur du nouveau réseau n'est pas un mystique coupé du monde. Homme d'action et d'expérience, il structure en un rien de temps une redoutable organisation. La 7ᵉ Colonne d'Alsace (inscrite à Londres sous le nom de Réseau Martial) a «trois ans d'avance sur la Résistance française», écrit Georges Suffert.[3] Cet étonnant professionnalisme est la marque propre de Paul Dungler.

Retour en arrière. Né en 1902 dans une famille de patriotes alsaciens, Paul Dungler découvre très jeune la politique, dès le retour à la France en 1918. Séduit par la pensée de Charles Maurras, il milite à l'Action française : redonner à la

UNE CACHE D'ARMES DE LA CAGOULE À PARIS. KEYSTONE

France des institutions à la fois fortes et souples – la monarchie –, définir les bases d'une politique étrangère fondée sur les leçons de l'histoire et l'intérêt national et non sur les «nuées» de l'idéologie ou des bons sentiments. Il dénonce le «stupide traité de Versailles qui avait démantelé l'Autriche-Hongrie et fortifié l'unité allemande» qui lui apparaît comme porteuse des plus dangereuses menaces pour la paix européenne. Chef d'entreprise, mais aussi technicien amoureux de mécanique et de serrurerie, il est, écrira Léon Mercadet, historien de la Brigade Alsace-Lorraine[4], «de la race de ces industriels alsaciens du sud, aussi sanguins et catholiques que les brasseurs et banquiers de Strasbourg sont pâles et réformés».

Il est de tous les combats alsaciens de l'Action française, contre la politique d'assimilation menée par les radicaux, mais aussi contre les autonomistes, contre certaines dérives cléricalo-indépendantistes, contre les influences allemandes. Aux élections de 1936, il se présente à Thann et arrive en deuxième position avec un très bon score. «Politique d'abord», ne cessait de rappeler son maître Maurras : les solutions seront politiques, institutionnelles. C'est dire l'extrême désarroi dans lequel il est plongé – et avec lui des milliers de Français – à l'avènement du Front populaire. La guerre civile en Espagne, les grèves et la montée en puissance des communistes en France, l'armée démoralisée, de l'autre côté un IIIe Reich conquérant, comment réagir ? La dissolution des «ligues» par le gouvernement Blum en 1936 le décide. Il prend ses distances avec l'Action française, jugée trop molle, et entre dans la mystérieuse organisation clandestine que vient de fonder un très étrange polytechnicien, Eugène Deloncle : le Comité secret d'action révolutionnaire (CSAR), très vite surnommé *la Cagoule.*

Pères tranquilles de l'agitation, des banquiers, généraux, industriels, hauts fonctionnaires dressent des listes d'«ennemis de la patrie», réunissent et cachent des armes, prennent des contacts tous azimuts pour être prêts à faire face à une révolution communiste qu'ils sentent imminente. Après quelques sanglantes péripéties, l'affaire tournera court, faute de révolution. Mais les liens humains et l'expérience technique de la clandestinité resteront.

Dès septembre 1940, la 7e Colonne d'Alsace est opérationnelle. Elle fonctionne par cellules de trois adhérents, distinctes, sans aucun lien entre elles. Parmi les premiers membres, Marcel Kibler, un vieil ami – la politique et la chasse – qui deviendra son bras droit et l'un des commandants de la Brigade Alsace-Lorraine (commandant Marceau), Paul Winter (commandant Daniel) chef de l'organisation dans le Haut-Rhin, son frère Julien Dungler, qui avait été placé par le Deuxième bureau dès septembre 1939 comme agent commercial au consulat de France à Bâle.

DES CELLULES DE TROIS MEMBRES SANS AUCUN LIEN ENTRE ELLES.

Paul Dungler sillonne l'Alsace, rencontre beaucoup de monde, convainc de la nécessité de résister, de s'organiser, de récolter des informations. Ce qui se passe en Allemagne intéresse beaucoup la 7e Colonne. Dungler avait travaillé un an à Dusseldorf au début des années 30 au Bureau central des affaires civiles. Il a ses contacts. En novembre 1940 par exemple, il reçoit la visite d'une haute personnalité allemande, ami de Goering et de von Papen, qui annonce que l'Allemagne attaquera l'URSS en juin 1941.

Que faire de telles informations ? Les transmettre bien sûr. Julien Dungler, à Bâle, est l'homme des contacts (le premier contact direct avec la France libre à Londres aura lieu au tout début 1941). Les rapports se suivent, sur l'état du moral allemand, sur la situation économique, la répression politique, sur des cibles militaro-industrielles à détruire par les bombardiers anglais encore en service.

Rapport sur les bombardements RAF
(Envoyé à Londres le 10 juillet 1941)

1. Nous insistons une nouvelle fois pour faire détruire le repaire des 1400 SS que constitue l'Asile des Aliénés de St-André (Haut-Rhin) à 1500 mètres au sud de Cernay. Objectif très facile à repérer et ne risquant pas d'atteindre d'Alsaciens. Aucune DCA dans un rayon de 20 km. La population alsacienne restée en Alsace demande instamment cette destruction.
2. Le viaduc de Dannemarie dans le Haut-Rhin au-dessus duquel passe tout le trafic du sud-est présente un objectif de premier ordre. Pas de DCA ni d'habitations à proximité.

ÉTAT FRANÇAIS

VICHY, le 5 Décembre 1941

VICE-PRÉSIDENCE
DU
CONSEIL

CABINET

ORDRE DE MISSION.

Monsieur Paul DUNGLER est chargé de mission par la Vice-Présidence du Conseil.

Les Autorités Civiles et Militaires sont priées d'accorder aide et protection au porteur du présent ordre et de lui faciliter l'accomplissement des missions dont il est chargé.

1941

Pour l'Amiral de la Flotte
P.O.

Tous les Services s'
la Circulation doivent fac
déplacements du porteur du

MINISTÈRE DE L'INTÉRIEUR

CARTE D'IDENTITÉ PROVISOIRE EN REMPLACEMENT DE LA CARTE ORIGINALE RETENUE PAR LES AUTORITÉS ALLEMANDES

Nom: DUNGLER Paul
Fils de [illegible]
et de [illegible]
Nationalite: Francaise
Profession: Constructeur
Ne le Ier Mars à THANN (Ht Rhin)
Domicile: 9 Place Ampere a Neuville sur-Saone (Rhone)

Taille: Im80 Cheveux: Bruns
Visage: Ovale Yeux: [illegible]
Nez: Fort et Droit Teint: Clair
Index Droit ecrase
Signature de l'Interesse

Empreintes Digitales

Bad Godesberg le [illegible] 1944
Le General de CA--Le General de DI
FAUCHER RICARD

Vu pour la legalisation des Signatures des Generaux FAUCHER et RICARD ainsi que de l'Interesse
L'Intendant General BONNAUD

LES FAUX-PAPIERS DE PAUL DUNGLER
ET L'ORDRE DE MISSION
DONNÉ PAR LE MARÉCHAL PÉTAIN.

3. Le terrain d'aviation de St-Sauveur à Luxeuil vient de recevoir, du 5 juillet au 12 juillet, 180 avions de pilotage avec une école venant de Pologne. Dans 4 hangars sont maintenant stockés chaque nuit 250 avions. DCA très réduite ou inexistante. 800.000 litres d'essence d'aviation sont stockés en gare de Luxeuil dans des wagons-citernes. Ces wagons sont recouverts de chassis de camouflage en bois et treillis.
4. La destruction de quelques ponts de chemin de fer sur le Rhin présenterait des ennuis beaucoup plus grands pour le trafic allemand que l'attaque de gares importantes. Ces objectifs seraient également faciles à repérer. Nous insistons une nouvelle fois sur l'importance primordiale des bombardements demandés dans nos quatre précédents rapports. La guerre pourra encore se terminer cette année si la RAF pouvait exécuter des attaques selon les programmes tracés dans nos précédents rapports.
Des renseignements qui nous parviennent à l'instant démontrent que dans les milieux ruraux règne une véritable anxiété au sujet de la moisson que tout le monde s'attend à voir incendiée. Il s'agit de prendre dans les plus courts délais les mesures nécessaires pour que sur toute la profondeur de l'Allemagne soit déclenchée pendant cinq ou six nuits de suite de grosses expéditions incendiaires affectant les champs et les forêts. Ces attaques devraient être exécutées le plus près possible après la tombée de la nuit avant qu'une forte rosée rende l'opération inopérante.

Le 9 décembre 1940, à 20 heures, dans son bureau de Thann, Paul Dungler apprend par le secrétaire du sous-préfet allemand de Thann qu'il va être arrêté le lendemain à 7 heures. Il se couche tranquillement, fait sonner son réveil à 6 heures... et file vers Belfort et la zone sud.

Débute alors la deuxième période de l'action clandestine de Paul Dungler. Il se rend à Lyon chez le gouverneur militaire, le général Frère, qu'il connaît depuis une dizaine d'années. Il veut lui exposer la situation de l'Alsace et ses projets d'organisation de résistance. Le général réunit son état-major, une douzaine de généraux et officiers supérieurs. Dungler fait un long exposé, argumente, galvanise enfin. Le général Frère lui donne une liste d'officiers à contacter, à Vichy, Clermont-Ferrand, Marseille, Montpellier, etc. Paul Dungler peut ainsi être considéré comme un des initiateurs de l'Organisation de résistance de l'armée, ORA, qui fut une pépinière de résistants et de cadres des forces françaises libres.

Il retourne en Dordogne, chez Paul Armbruster, y rencontre le colonel Rémy, et travaille à l'organisation de son réseau en zone libre, le Groupe mobile d'Alsace-sud. Il concentre à Lyon les plus valables des Alsaciens et constitue en février 1941 un état-major (Marcel Kibler, Bernard Metz, Pierre Bockel[6]) qui commence un travail efficace. Si efficace que plusieurs autres réseaux de résistance font appel à lui en cas de coups durs, pour abriter par exemple pendant plusieurs mois Claude Bourdet et Henri Fresnay du réseau Combat.

Dungler, qui circule beaucoup (quatre mille kilomètres par mois), se rend souvent à Vichy. Il y a retrouvé autour du maréchal Pétain de très nombreux anciens camarades de la Cagoule : Ménétrel, Groussard, Jeantet. Reçu longuement par Pétain le 23 février 1941, Paul Dungler lui expose son combat et ses buts. Dans ses souvenirs (inédits), Dungler donnera beaucoup de détails sur cette rencontre. Il demande au Maréchal de dénoncer les violations par l'Allemagne des conditions d'armistice concernant l'Alsace et la Lorraine. Pétain refuse, mais affirme approuver l'action de Dungler. Pour preuve, il met à disposition des moyens précieux : un permis permanent de circulation dans la zone sud, un ordre de mission justifiant ces déplacements (une étude sur la culture du genêt comme substitut aux textiles...) et de l'argent, beaucoup d'argent. Pourtant Dungler n'a pas caché au maréchal Pétain être en contact avec Londres et y transmettre des informations.

PÉTAIN REÇOIT DUNGLER ET MET À SA DISPOSITION D'IMPORTANTS MOYENS.

Cette étonnante situation – des antennes à Londres, des relations permanentes avec l'entourage de Pétain – confère à l'action de Dungler une incontestable originalité. Il était principalement financé par Vichy mais, avec les deux premiers postes émetteurs mis en service en avril 1941 (un à Lyon, l'autre à Thann), il informait Londres.

1941

Paul Dungler avait juré et fait jurer à chacun des membres de son réseau de ne pas utiliser l'organisation à des fins politiques. «Nous serons toujours aux ordres du commandant en chef qui libérera la France, quel qu'il soit, et nous aiderons tous les gens qui combattront les Allemands par tous les moyens, quels qu'ils soient et quelles que soient leurs opinions politiques.» Telle sera la profession de foi de Dungler pendant toute la guerre. Vichy, Londres, Alger bientôt, sont considérés comme autant de leviers différents, mais complémentaires, au service de la libération du pays. Cette attitude toute de distance peut surprendre chez Paul Dungler, rompu aux subtilités de l'action politique et homme de choix parfois radicaux. On croirait plutôt celle d'un officier discipliné et sans états d'âme. C'est que Dungler est un Alsacien écorché vif par l'annexion de fait de sa province. Ancien militant anti-autonomiste, Dungler sait que la propagande allemande se sert habilement des divisions françaises pour décourager les Alsaciens et leur faire miroiter «l'ordre allemand».

Paul Dungler fait donc, quasi hebdomadairement, un passage par Vichy pour suivre les attitudes et réactions de l'Etat français par rapport aux violations des conditions d'armistice. Il rédige un long memorandum à Pétain, le 30 mai 1941, après une déclaration personnelle de Pierre Laval – qui n'est alors plus premier ministre – considérant que l'Alsace et la Lorraine étaient perdues pour la France et s'en remettant à Hitler pour leur accorder un statut spécial. Il intervient auprès de Pétain pour qu'il obtienne la grâce d'une douzaine de résistants alsaciens condamnés à mort par les Allemands. Pétain reçoit Dungler, fait contacter Hitler et... le Pape, et les Alsaciens sont sauvés.

Paul Dungler écrit au maréchal Pétain
Lyon, le 30 mai 1941

Monsieur le Maréchal,

Mes amis d'Alsace viennent de m'envoyer plusieurs agents de liaison, me demandant instamment

de transmettre à leur Chef vénéré le Maréchal Pétain leurs appréhensions et leur cri d'angoisse provoqué par les pourparlers qui sont en cours.
A la suite des dernières déclarations de Laval au sujet des propositions allemandes, leur inquiétude n'a fait qu'augmenter. (...)
Maintenant que la France, sous votre haute direction, a l'espoir d'aller vers un avenir meilleur, mes compatriotes restés en Alsace me chargent, Monsieur le Maréchal, de vous dire qu'ils ne reconnaissent à aucun Laval ou Darlan le droit de disposer d'eux et de vous transmettre l'exposé de leur droit et de leur volonté de rester français.
Ils n'admettent pas d'être la monnaie d'échange contre quelques vagues facilités accordées passagèrement par l'ennemi héréditaire, ou pour le retour de quelques prisonniers.
Mes compatriotes sont outrés de constater avec quelle légèreté certains Français croient aux promesses fallacieuses des dirigeants allemands, comme ils oublient toutes les leçons de l'histoire et spécialement celles des dernières années.
Nous savons que tous les moyens sont bons à Hitler pour entraîner la France de l'armistice dans son sillage, au moment où le terrain commence à lui manquer sous le pied.
Il faut aux dirigeants nazis un succès immédiat et retentissant en France. De toutes parts me parviennent des renseignements absolument sûrs et abondamment recoupés sur l'état de démoralisation intérieur allemand. De nombreuses lézardes apparaissent à l'observateur averti sur la belle façade allemande. Aussi incroyable que cela puisse paraître, une partie de plus en plus grande de la population allemande souhaite actuellement une victoire anglaise, qu'elle considère comme le seul moyen de se débarrasser du régime nazi. (...)
Tout cela, mes compatriotes restés là-bas le savent. Ils sont d'autant plus amèrement déçus de constater qu'en un tel moment certains Français, ayant des âmes de vaincus, veulent faire abandon de nos malheureuses provinces et cherchent à entraîner la France dans une aventure qui finira mal.
L'Alsace crie «malheur» à ceux qui, par lâcheté ou pour obtenir quelques adoucissements passagers, sont prêts à sacrifier à l'ennemi deux de nos plus belles provinces françaises !
Mes compatriotes savent qu'ils ne s'adressent pas en vain à leur Chef vénéré. Ils le prient de croire que toutes leurs espérances et toute leur confiance reposent sur Lui. Ils sont certains que jamais il ne consentira à l'abandon d'une parcelle du territoire national et tout spécialement de celles qui sont plus françaises que les autres. (...)
Paul Dungler

Une des grandes affaires de la 7e Colonne d'Alsace restera l'évasion du général Giraud en 1942. Aventure hautement rocambolesque qui souligne l'extrême professionnalisme des réseaux mis en place par Dungler, mais aussi le courage et le dévouement sans limites de leurs hommes. Affaire politique aussi, car l'arrivée de Giraud en Afrique du nord va compliquer considérablement la mosaïque des résistances françaises et durcir les clivages. D'autant que, après le débarquement allié en Afrique du nord, l'Allemagne occupe la zone sud, neutralisant les quelques forces résistantes autour de Pétain, contraignant les semi-clandestins à la clandestinité absolue.

L'ÉVASION ROCAMBOLESQUE DU GÉNÉRAL GIRAUD EST UN DES HAUTS FAITS DU RÉSEAU MARTIAL.

C'est en 1943 que démarre la troisième grande période dans l'action de Paul Dungler. Entrant dans la clandestinité, ayant perdu certains de ses appuis à Vichy, mais pas la confiance de Pétain, il doit se tourner vers Alger et les Américains pour trouver les soutiens nécessaires à la poursuite de son travail. Il sait que la libération du territoire approche et il lui faut organiser l'intégration de ses réseaux alsaciens aux forces de libération (renseignement, action militaire). Une grande idée l'anime depuis juin 1940 : l'Alsace ne doit pas être absente des combats pour sa libération. C'est une question d'honneur mais aussi d'évidence politique et psychologique pour l'avenir de la région. Dungler, au fond, transpose à l'Alsace la position de De Gaulle pour toute la France. Ce de Gaulle qu'il n'aime guère et qu'il va bientôt rencontrer.

En arrivant à Alger le 17 septembre 1943, Paul Dungler ne se doute pas qu'il va devenir l'acteur d'un des épisodes les plus étranges, les plus mystérieux de la dernière guerre : à Nice, le projet de complot contre Hitler devant entraîner une paix séparée à l'ouest, projet suivi par certains services allemands, Vichy, Alger et les Américains. Rien de moins...[7]

Dungler y perdra beaucoup d'illusions, la liberté et le contact avec ses réseaux, mais l'ancien comploteur, par patriotisme, par passion politique et par goût de l'aventure, y vérifiera cette vérité : ce sont les hommes et les minorités agissantes qui écrivent l'histoire.

Pierre Bockel, prêtre, résistant, aumônier de la Brigade Alsace-Lorraine, Thannois lui aussi, ne dit pas autre chose dans la très belle page qu'il a consacrée à Paul Dungler : «Notre chef et aîné, à qui revint l'initiative, Paul Dungler, était un tout "autre". Proche de la Cagoule, il avait le complot dans le sang et en possédait les techniques. Le refus de l'humiliation nous unissait par-delà nos opinions antérieurement divergentes. Ainsi naquit le réseau "Martial". Je dois dire qu'avec le recul notre plus grande surprise fut que l'utopie ait porté les fruits que nous en attendions. (...) Mais la grande histoire se serait-elle passée de nos folles initiatives ? Et l'Alsace-Lorraine eût-elle retrouvé sa liberté dans la dignité si, en août 1940, il ne s'était trouvé quelques hommes un peu fous pour refuser l'imposture et la fatalité des chaînes ?»

NOTES

1. Témoignage de Jean Eschbach fils. Evacué, il avait retrouvé à Bergerac son père, un des derniers rescapés – en compagnie d'Alain Poher – de la poche de Dunkerque. Il assista donc aux rencontres du Gabastou. In «Souvenirs de la résistance alsacienne», juillet 1991, texte inédit.
2. La totalité des citations et témoignages de Paul Dungler rapportés dans cet article provient des documents (rapports, récits de souvenirs, carnets, courriers) que celui-ci a réunis – sans, hélas, beaucoup de rigueur archivistique – et qui sont presque tous inédits.
3. Article du *Point*, 13 novembre 1972.
4. Léon Mercadet, *La Brigade Alsace-Lorraine*, Grasset, 1984.
5. Lire l'ouvrage de Philippe Bourdrel, *La Cagoule*, Albin Michel, 1970. Basé sur des témoignages individuels souvent anonymes, manquant de références précises, ce livre laisse sans réponse de nombreuses questions sur l'organisation secrète. Une véritable histoire de la Cagoule, de ses ramifications – certaines fort étranges – reste à écrire.
6. Pierre Bockel, *l'Enfant du rire*, préface d'André Malraux, Grasset, 1973, rééd. 1991.
7. La suite de la biographie de Paul Dungler avec le récit du complot niçois contre Hitler paraîtra dans le numéro de *Saisons d'Alsace* (suite de cette série sur les années de guerre) que nous consacrerons, en 1993, à la résistance alsacienne. D'ici là, on peut lire avec intérêt le livre de souvenirs de Gabriel Jeantet, chargé de mission auprès du maréchal Pétain, ami de Dungler et impliqué lui aussi dans l'aventure niçoise (*Pétain contre Hitler*, La Table Ronde, 1966). Une aventure si extravagante qu'elle inspira Cecil Saint-Laurent (alias Jacques Laurent), dans un de ses romans historico-érotiques à succès, *Ici Clotilde*, Presses de la Cité, 1958. Dungler y apparaît sous le nom de Paul Walter.

Le Chemin des passeurs

1941

MICHÈLE STURM

Le seul moyen, pour les Alsaciens, d'échapper au régime nazi était de fuir vers la zone libre. La nouvelle frontière mise en place par les Allemands passait en partie sur la crête des Vosges. Des hommes, des femmes ont ainsi «passé» des dizaines de fuyards, de l'Alsace occupée à la France libre. Aventuriers audacieux et modestes, authentiques résistants.

L'état de guerre provoque des situations où les ressources des individus sont poussées à l'extrême et où l'entraide devient un geste naturel. Comment devient-on passeur et pourquoi ? C'est souvent le hasard ou l'opportunité qui font les hommes. Hubert Ledig est devenu passeur parce qu'on le lui a demandé. Et que, tout naturellement, il a accepté.

Avril 1942 : un jeune homme tente de quitter l'Alsace en passant clandestinement près d'Abreschwiller. Les Allemands le repèrent, l'arrêtent et, de retour chez lui, il doit venir tous les jours à la gendarmerie de Schirmeck où il reçoit la *schlagg*, la tannée. Bouleversée par cette situation, sa tante, voisine de Hubert Ledig, lui demande de l'emmener au-delà de la frontière.

CINQUANTE ANS APRÈS,
HUBERT LEDIG REFAIT
SON ITINÉRAIRE DE PASSEUR.
PHOTOS GÉRARD LACOUMETTE

ANCIENNE BORNE FRONTIÈRE
LE «F» A ÉTÉ MARTELÉ PAR LES ALLEMANDS.

Là-haut, au-dessus du Salm, la frontière passe dans une forêt dense, touffue, superbe. Plantée de sapins majestueux, elle offre une bonne protection aux fugitifs. Mais elle est sillonnée de sentiers. L'un ou l'autre leurrent ceux qui l'empruntent. L'un d'entre eux part de l'Alsace, franchit la frontière et, par une large boucle revient en Alsace... Gare à ceux qui s'y aventurent par mégarde, ils se retrouvent immanquablement du côté allemand. Hubert Ledig aime beaucoup ce site et le garde-forestier du Salm est un allié. Il surveille les allées et venues des douaniers allemands et indique les heures pendant lesquelles il n'y a pas de patrouille. Il emmène le jeune homme et son cousin, un matin très tôt, aux environs de quatre heures. Six heures de marche discrète et soutenue à travers la forêt en évitant les patûres et les clairières, en partant d'Albet pour arriver à Moussey, dans le département des Vosges. Six heures de marche retour, seul, dans les mêmes conditions.

«La première fois que je suis passé par ici, je suis arrivé là-haut à la croisée des chemins et je ne savais pas bien où j'étais. Si on descend à gauche, on tombe sur Chotenay et si on va à droite, on arrive au Salm, à l'étang du coucou. Donc moi, je suis descendu tout droit en pleine montagne et je suis tombé sur une maison. J'avais laissé les gars qui se sauvaient pour pas aller chez les Allemands dans la forêt. J'avais pas voulu les emmener, j'étais pas sûr, à cause des sentiers qui redescendent, alors je les ai fait attendre là-haut. Au bout d'un moment je vois une maison, je frappe :

– Vous pouvez pas me dire où je suis ?

– Vous êtes dans les hauts de Quieux.

– Ah ! bien, on est sauvés.

– Ah, dit-elle, vous vous évadez ? Venez !

Je suis remonté prendre les gars, elle a donné un œuf à chacun et puis on a continué jusqu'à Moussey. C'est là que j'ai pris pour la première fois contact avec les gens de Moussey. On y était tout de suite reçu à bras ouvert. Je ne savais pas ça moi. La mairie, les gendarmes, tout le monde nous a aidés, alors j'ai continué. C'était bien, bien, bien..., ça donnait aussi un peu de goût.»

Autour de la frontière, la zone est interdite. Les Allemands sont très vigilants, il est impossible d'y aller sans laissez-passer. Pour l'obtenir, deux moyens : soit une raison valable, soit une complicité. C'est par le deuxième que Hubert Ledig obtient le sien. Il joue au facteur pour un employé de la mairie de Schirmeck qui a un fils en France et qui lui procure l'indispensable document. L'habitude est vite prise, il aide ainsi près de soixante-dix personnes (il ne se rappelle plus précisément) à traverser la frontière des Vosges.

Si c'est parfois le hasard qui provoque les situations, il est souvent influencé par l'état d'esprit. Les passeurs sont des résistants. Comme tous les autres, ils n'ont d'abord pas voulu croire à la guerre, ni à l'invasion allemande, puis, devant les faits, ils ont refusé toute forme de soumission. L'enfance de Hubert Ledig a baigné dans le patriotisme. «J'ai eu cinq oncles du côté de mon père qui ont servi chez les Allemands à la guerre de 14, et quatre du côté de ma mère. Ça faisait neuf personnes qui avaient servi chez les Allemands. Il n'y avait que mon père qui avait pu servir chez les Français. Quand ils se retrouvaient, il parlaient de la guerre. Mon père évoquait les campagnes de Russie. Le curé qui nous enseignait le catéchisme venait de Saint-Dié ; il ne parlait que de la France, que de la France, que de la France, et d'un instituteur qui avait été gazé à Ypres, en Belgique, et le samedi après-midi c'était l'instruction civique par des gens très patriotes.

C'est ainsi que, gorgé d'enseignement patriotique, il fit systématiquement opposition aux volontés des Allemands. Il refuse de signer la fameuse déclaration

HUBERT LEDIG.

d'allégeance au Führer, d'apprendre l'allemand, de se présenter aux fêtes à la gloire de l'ennemi et va jusqu'à laisser son jardin en friche, puisque c'était les Allemands qui distribuaient les graines.

Cheminot, il travaillait à la gare de Fouday. «J'avais comme chef de gare un homme qui parlait à peine le français mais qui était plus français que les Français de l'intérieur. Quand il voyait que je ne venais pas, il faisait le travail à ma place, il ne disait rien, il faisait le boulot. On n'a jamais parlé de mes activités ensemble, mais il savait bien ce que je faisais».

Un jour, alors qu'il mettait en place les panneaux de signalisation, Hubert Ledig aperçoit sur la colline un homme qui se déplace en essayant de se cacher. Il va vers lui et lui demande s'il a besoin d'aide. Méfiant, l'homme lui répond que, non, il n'a besoin de personne. Hubert Ledig n'est pas dupe. L'homme s'évadait du camp de Schirmeck et était terrifié. Sa crainte était que son interlocuteur fût à la solde des Allemands. Hubert Ledig le cache dans une cabane jusqu'au soir et le ramène chez lui en attendant de lui faire passer la frontière. «C'est un de mes cousins», disait-il à ses enfants qui voyaient régulièrement arriver des personnes qu'ils ne connaissaient pas. Un jour, sa fille, âgée de quatre ans, se dispute avec une petite voisine et la menace : «Si tu m'embêtes je vais chercher un cousin de mon papa. Il en a plein !» Difficile d'expliquer à un enfant qu'il faut cacher la visite des «cousins».

ÉTAT FRANÇAIS
CARTE D'IDENTITÉ N° 107
Nom Ledig
Prénoms Hubert
Domicile St Christol
Profession ouvrier agricole
Né le 17 octobre 1912
à Rothau Dép. B. Rhin
fils de Léon
et de Catherine Rougraf
Nationalité Française
Signature du titulaire
Empreinte digitale
10 FRANCS

SIGNALEMENT
Taille 1m 65
Visage ovale
Teint coloré
Cheveux blonds
Moustaches rasé
Front ordinaire
Chang
5 FRANCS
Timbre humide

N° 8433
CARTE D'IDENTITÉ
Nom ROCHEL
Prénoms Aimé
Profession ou qualité Employé
Né le 15 février 1905
à Blainville (M/M)
Nationalité française
Domicile Nancy
12 Rue Hoche 12.
Signature du Titulaire
POLICE
D.A
1,20 FRANC

1941

DEUX CARTES D'IDENTITÉ D'HUBERT LEDIG : LA VRAIE (EN HAUT), LA FAUSSE (EN BAS), PLUS VRAIE QUE NATURE...

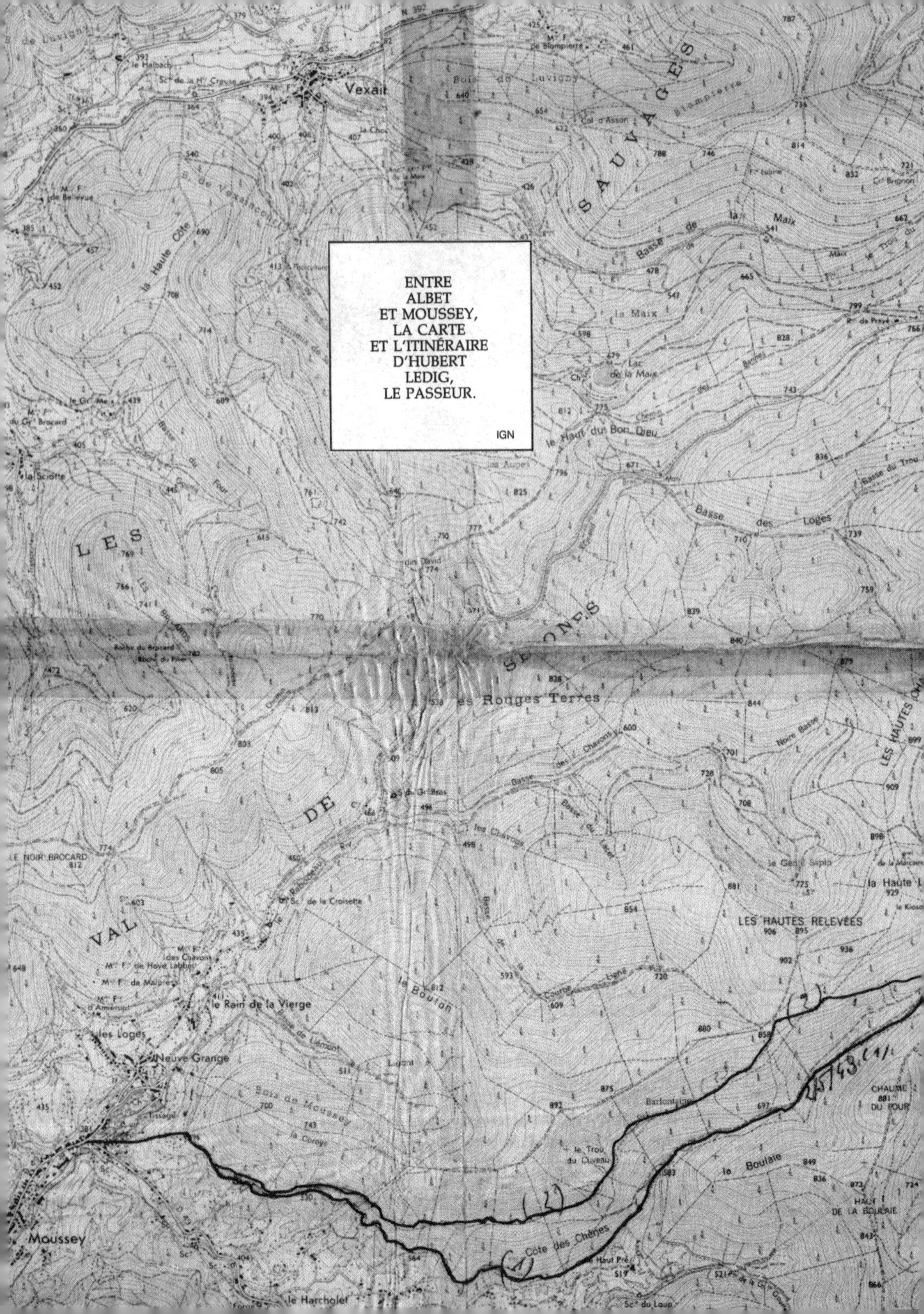

ENTRE ALBET ET MOUSSEY, LA CARTE ET L'ITINÉRAIRE D'HUBERT LEDIG, LE PASSEUR.

IGN

Schirmeck
les Minières
Grandfontaine
Framont
Vacquenoux
Wackenbach
Haut Fourneau
Fréconrupt
Malplaquet
Col de Prayé
TÊTE MATHIS
Haut Pré
Salm
Albet
TÊTE DU RENARD
les Quelles
TÊTE PELÉE
Chatte Pendue
NID DES OISEAUX
Banbois
Petite Côte
FORÊT DOMANIALE DE SCHIRMECK
Bois de Broque
Diespach
Châtillon
devant Fouday
Fouday
la Hayde

Madame Ledig intervient : «Il ne faut pas le dire à tes amis, sinon ils vont être jaloux d'avoir moins de cousins que nous».

Le danger était constant. Soupçons, dénonciations, ou mauvaises rencontres planaient sur les passeurs. Un jour, à Moussey, après être arrivé sans encombre, Hubert Ledig va rejoindre son contact, monsieur Odile. «J'arrive, dit-il, le temps de finir mon travail». Ledig remonte tranquillement le village quand, tout-à-coup, arrive en courant une femme qui crie : «Odile, Odile, la Gestapo !». Dans ces cas-là, la consigne était : «chacun pour soi». Hubert Ledig rejoint ses fugitifs. Ils ont tout juste le temps de se coucher derrière la fontaine puis se réfugient dans l'église, derrière l'autel, où ils restent cachés toute la journée. L'un d'eux, de peur de se faire prendre par la suite, glisse ses papiers dans une fente à cet endroit. (Ils y sont toujours, impossibles à récupérer...).

Le calme revient et les fuyards gagnent la France libre. Hubert Ledig retourne vers Albet. «J'avais toujours le cafard quand il fallait retourner chez les Allemands».

Le nombre de personnes emmenées variait. Parfois deux, parfois six ou sept.

Certains sont morts pendant la durée de la guerre, d'autres depuis, mais il arrive que l'un d'entre eux revienne pour le revoir. «Je n'ai jamais eu d'ennuis. Il y en avait qui avaient très peur ; il fallait passer avec des gars qui avaient de la chance. Moi j'ai toujours eu de la chance. Une seule fois, au retour, j'ai vu un douanier. Il montait vers moi sur le chemin. Moi j'étais plus haut dans le tournant, il ne m'a pas vu, je suis tranquillement parti sur le côté et j'ai attendu qu'il passe, puis j'ai recommencé à descendre». Au bout de quelques temps d'activité, Hubert Ledig s'est associé avec un passeur, Michel Ferry, pour des raisons de sécurité. C'est lui qui l'a accompagné quand, avec sa famille et d'autres personnes, il s'est sauvé en mai 1943. Ses allées et venues devenaient un peu trop voyantes et il devenait dangereux de rester dans la vallée.

«Quand on s'est sauvé avec ma femme et les gosses, la petite avait cinq ans. C'était la moins fatiguée de tous. 2 mai 1943, 4 heures à 4 heures et demie, au point du jour. On était treize ensemble. Michel Ferry nous a accompagnés jusqu'à la frontière. Il fallait qu'il retourne chez lui à La Claquette pour qu'on le voie le matin. Ça commençait à faire mal ces histoires-là. Mon fils avait dix-huit mois et je lui avais construit une hotte avec un couvercle pour le porter sur le dos et essayer de passer inaperçu. Deux jours avant de partir, j'étais allé me promener avec lui pour voir comment ça allait pour lui dans la hotte. A chaque fois que je fermais le couvercle il se mettait à pleurer. J'ai pas pu l'utiliser. En rentrant je l'ai cassée et je l'ai fait brûler pour que les Allemands ne comprennent pas qu'on était parti. Vous pensez bien qu'ils m'avaient à l'œil. Depuis le temps. S'ils l'avaient retrouvée en venant chez moi, ils auraient compris qu'on était parti».

Quand on lui parle de son courage et qu'on évoque sa bonté, Hubert Ledig, sans

«TOUS LES SOIRS, AVANT DE M'ENDORMIR
JE PENSE À CE COIN-CI...»

pour autant jouer les modestes, pense qu'il était normal d'agir de la sorte. «Sans aide, on n'aurait jamais pu le faire. Il fallait un relais à Moussey, des gens sûrs et discrets autour de nous. Le passage était relativement facile. J'étais dans les Pyrénées, au pic de Fonfroide, là où des centaines de prisonniers sont passées. Mais ça c'est autre chose qu'ici, c'est autre chose. C'est pas les Vosges. Il faut pouvoir passer. Monter sur la montagne, affronter les intempéries et résoudre le problème des gens qui ne pouvaient pas bien marcher, des vieux, des malades, des enfants ! Il y a beaucoup de juifs qui sont passés là-bas aussi, et malheureusement beaucoup de passeurs se sont faits payer pour leur faire traverser la frontière. Ici aussi, il y en a qui se sont fait payer. Jamais, jamais je ne me suis fait payer. Je n'oserais plus venir ici».

Son amour de l'homme, de la nature, des animaux dépasse son patriotisme. Quand, plus tard, il a fait prisonniers des Allemands, il a empêché les civils et les militaires de les maltraiter. «J'ai exigé que l'on rende à l'un d'eux la couverture qu'un civil lui avait prise et à un autre sa cuillère. C'étaient des hommes, eux aussi. Il faut les respecter.»

C'est cet humanisme qui a fait de lui un passeur, simple, bon, par souci du devoir, de la solidarité ou pour l'amour d'autrui, tout naturellement. Souvent Hubert Ledig revient dans ce coin où il a tant de souvenirs. «Tous les soirs avant de m'endormir, je pense à ce coin-ci. C'est tellement beau la nature, tous les soucis de la vie sont oubliés».

LETTRE CODÉE DE REMERCIEMENT
INFORMANT HUBERT LEDIG DE L'ARRIVÉE À BON PORT
DE SES «COUSINS».

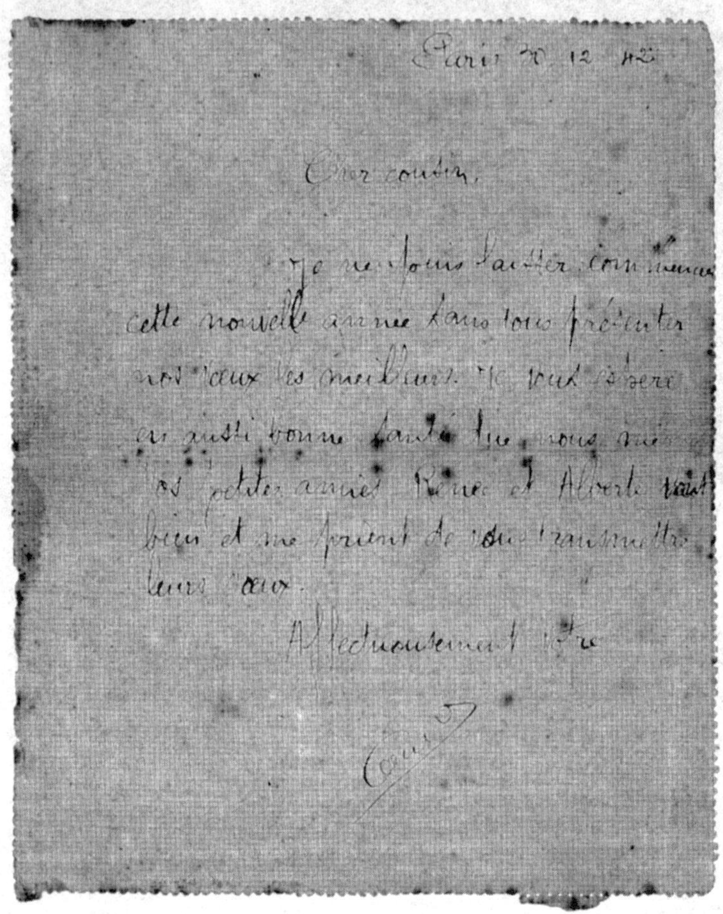

Paris 20. 12. 42

Cher cousin,

Je ne pouvais laisser commencer cette nouvelle année sans vous présenter nos vœux les meilleurs. Je veux espérer en aussi bonne santé que nous [illegible] petites amies Renée et Alberte vont bien et me prient de vous transmettre leurs vœux.

Affectueusement vôtre

Cousin

L'Affaire de Hochfelden

Les dessous d'une manifestation patriotique

FRANÇOIS ENTZ

La célébration de la fête nationale par des jeunes de Hochfelden en 1941 eut de graves conséquences : arrestations, état de siège, internements à Schirmeck. Cinquante ans après, cette enquête fait le point et analyse les conséquences diverses et inattendues de cet acte de résistance.

LE BOUQUET-RELIQUE DU 13 JUILLET 1941.

Hochfelden, chef lieu d'un canton agricole prospère, compte en 1941 environ deux mille cinq cents habitants. Beaucoup travaillent sur place, soit à la brasserie Météor, soit au Comptoir agricole, soit encore dans les tuileries, briqueteries ou à la tréfilerie, d'autres se rendent à Strasbourg ou à Saverne.

Frédéric Haag, le brasseur, est le maire respecté du village. Le chanoine Zirn, recteur, et son vicaire, l'abbé Fernand Koenig, président aux destinées de la paroisse catholique. Le bourg compte également une paroisse protestante. Les familles juives – quatre-vingt-cinq personnes – ont été expulsées par l'occupant dès le 18 juin 1941.

La majorité de la population témoigne d'un vif attachement à la France et d'une opposition forte à l'Allemagne nazie. Différents signes précurseurs illustrent cette attitude de la population. Nous n'en citerons que les plus significatifs. Ainsi, l'écoute régulière de radio Londres, entre autres au foyer Saints Pierre-et-Paul. Dans ce foyer de fausses informations sont diffusées par haut-parleur à l'intention des SA et autres Allemands de passage. Le ramassage des tracts lancés par la RAF constitue une activité suivie. Ils sont régulièrement distribués dans le village et, dans certains cas, affichés sur les rares maisons de collaborateurs.

Beaucoup plus important ; courant juin 1941, fleurit sur le mur du presbytère catholique un nouveau nom de rue : «Avenue du Général de Gaulle». L'inscription semble être l'œuvre du peintre Pierre Mosbach. Notons que ni le recteur, ni le maire ne firent preuve d'une grande diligence pour l'enlever.

Manifestement, les habitants acceptaient mal l'occupation allemande. Le 14 juillet allait servir de détonateur à cette opposition et à ce mécontentement. Le restaurant de la Bonne Fontaine, où se retrouvaient beaucoup de jeunes – entre autres quilleurs et footballeurs – a joué également un rôle important.

PLUSIEURS GROUPES DE JEUNES GENS ONT EU, SANS SE CONCERTER, LA MÊME IDÉE : CÉLÉBRER LE 14 JUILLET.

Il n'est pas facile, cinquante années après, d'analyser la préparation de la manifestation, qui s'avère pourtant primordiale. Force nous est de constater qu'un rassemblement important de jeunes, le 13 juillet 1941, à une heure donnée, en un lieu unique, peut difficilement être le fait d'un pur hasard.

Il s'avère que plusieurs groupes ont préparé, chacun de son côté, en disposant ou non des informations concernant les autres, une action pour le 14 juillet. Dans un premier temps, il s'agissait probablement plus de discussions dans le cadre de réunions ou de rassemblements, qui se sont ensuite concrétisées, le 13 juillet au soir.

Nous allons en situer plusieurs sans prétendre à l'exhaustivité. Ceci nous amènera à citer certains des protagonistes. Il nous a été impossible de les contacter tous. Enfin, une partie d'entre eux n'est aujourd'hui plus de ce monde.

Selon un document du 22 novembre 1972 envoyé au ministre des Anciens Combattants et signé par Joseph Vogler, participant à la manifestation, et l'abbé

Fernand Koenig, il y aurait eu préparation lors d'une soirée de quilles à laquelle participèrent Roland Laugel, Antoine Kraehn, Pierre Mosbach, François Lotz, Joseph Vogler, Charles Bieber, Lucien Mosbach, ainsi que l'abbé Fernand Koenig. Il est possible que Nicolas Voegelin, Antoine Kapps, Paul Ernewein, Robert Laugel et Charles Schuster aient également participé à cette soirée.

Notons que toutes ces personnes faisaient partie du club de Quilles (cercle catholique), présidé anciennement par François Lotz, avant 1940 et, au moment du fait, par Joseph Vogler. L'abbé Koenig remplissait le rôle d'aumônier. Une partie de ces mêmes noms sont repris dans une attestation établie par Maître Lotz, entre-temps notaire à Pfaffenhoffen, dans un document daté du 10 octobre 1971.

Joseph Vogler est d'ailleurs plus explicite. D'après lui c'est l'abbé Koenig qui aurait, lors de cette réunion, posé la question : «Que ferons-nous pour célébrer le 14 Juillet ?»

Charles Drulang et Charles Huber, autres participants, précisent qu'un mot de passe, «Tous à la Bonne Fontaine le 13 au soir», aurait été donné le 12 juillet au soir, lors d'un office (en l'honneur de sainte Aloyse), auquel beaucoup de jeunes manifestants avaient participé.

Des indices concordants témoignent donc d'une influence certaine du clergé catholique, en particulier via le vicaire, l'abbé Fernand Koenig. Il faut savoir que le chanoine Zirn a été de son côté un résistant de la première heure qui a caché des pilotes anglais, des juifs, ainsi que son neveu, pour lui éviter l'incorporation de force. Cependant, il ne semble pas que le chanoine Zirn ait été au courant de la manifestation. Il en est de même pour Frédéric Haag, le maire. Les deux hommes étaient manifestement conscients des risques encourus aussi bien par les manifestants, que par la cité.

D'après André Reinbold, les footballeurs de l'ASH (Association Sportive Hochfelden) qui se retrouvaient régulièrement pour les différents matches au stade, se rassemblaient également à la Bonne Fontaine. De leur côté, ils ont préparé une commémoration pour fêter le 14 juillet. Toujours d'après M. Reinbold, une bonne trentaine de footballeurs ou membres de leur famille ont participé au défilé. Il y avait les aînés du groupe : Charles Stutzmann et son frère Eugène, Joseph Goetz, Lemmel, Georges Boch, mais également des plus jeunes, André Reinbold lui-même, Marcel Hans, Charles Alexandre, René Hahn, Charles Weber, Alexandre Ott, Charles Jung, Charles Wernert et Charles Pfister.

Au-delà de ces deux associations, il y eut encore un petit groupe, qui a certainement eu connaissance de ce qui se préparait, mais qui a décidé d'organiser, d'une certaine manière, sa propre commémoration. Il s'agit des frères Boch, d'Etienne Loos et de Nicolas Voegelin, dont nous reparlerons.

Il y eut également bon nombre de personnes qui n'adhéraient pas non plus à l'une ou l'autre des associations, mais qui se joignirent à la commémoration

UNE PARTIE DE L'ÉQUIPE DE HOCHFELDEN EN COMMANDO DE TRAVAIL PRÈS DE SCHIRMECK. PHOTO CLANDESTINE PRISE AVEC LA COMPLICITÉ DU GARDIEN (À DROITE).

1941

COLL. PART.

elle-même. C'est le cas, par exemple de Joseph Meyer, d'Eugène Pfister, de Charles Drulang et de Charles Huber.

De toutes façons, toutes ces initiatives convergentes aboutirent le soir du 13 juillet au restaurant A la Bonne Fontaine.

Près de deux cents filles et garçons, essentiellement des jeunes de seize à trente ans, ont participé au cortège. Le départ s'est fait en bon ordre du restaurant A la Bonne Fontaine à 23 heures, l'heure de fermeture légale de l'établissement. Etienne Vogler, le fils du restaurateur se souvient avec fierté du départ de cette imposante colonne, qui traversa le bourg, via la route de Bouxwiller, puis la rue du 14 juillet. Alphonse Grasser va récupérer deux torches puis Lucien Mosbach et André Reinbold les allument et les portent. André Reinbold éteint la sienne un peu plus tard sur l'injonction de son père qui lui dit : «Tu veux vraiment te faire repérer».

Les volets et les fenêtres s'entr'ouvrent à leur passage, beaucoup d'habitants applaudissent, d'autres jeunes les rejoignent. On chante des chants patriotiques, tels que *Sambre et Meuse* et *la Marseillaise*. Enfin, la foule arrive au monument aux morts où elle se disperse. Filles et garçons rejoignent leur maison, fiers de leur soirée, avec, pour certains, une petite inquiétude.

Parmi les badauds qui ont regardé passer le cortège, nous retrouvons les frères Boch, Etienne Loos et Nicolas Voegelin. Ces derniers ont passé l'après-midi à réaliser un bouquet aux couleurs françaises à l'aide de bleuets, de carottes sauvages à fleurs blanches, et de quelques fleurs rouges qu'ils ont dérobées dans le jardin de la tante d'Etienne Loos, madame Marie Hiegel. Après la dispersion de la manifestation, ils vont déposer leur bouquet, puis se retirent. Ce bouquet a été récupéré le lendemain, par Marie Hiegel, qui l'a conservé jusqu'à son décès. C'est Mme Vve Etienne Loos, qui en assure présentement la protection. Il a été présenté par Madeleine Drulang au président François Mitterrand, lors de sa visite à Hochfelden.

LA GENDARMERIE LOCALE N'EST PAS INTERVENUE. AVERTIE PAR UNE DÉNONCIATION, LA GESTAPO DÉBARQUA EN FORCE.

Le 13 au soir et le 14 au matin les gendarmes allemands et alsaciens sur place ne sont pas intervenus, vigoureusement encouragés en cela par le maire Frédéric Haag. Mais certains pro-nazis, il y en avait malheureusement quelques uns, se sont manifestés et ont pris des contacts directement avec les services du Gauleiter de Strasbourg. Dès l'après-midi du 14 juillet, il y eut quelques arrestations et interrogatoires par les gendarmes locaux, sans entrain excessif cependant.

Le lundi 15 juillet, la Gestapo arrive en force et procède pendant plusieurs jours, jusqu'au vendredi soir, à des enquêtes, des rafles, des arrestations et des interrogatoires musclés. Des transferts à Schirmeck commencent dès le mardi. Un certain nombre de jeunes ont été cueillis à leur arrivée à la gare, d'autres à leur arrivée à la maison. Un petit nombre d'entre eux, prévenu par des amis ou des voisins, a pu s'échapper.

Samedi 19 juillet : l'état de siège est proclamé à Hochfelden. Notons qu'il s'agit de la première ville française à être victime de cette procédure.

Arrivée de trois cents policiers qui prennent position tous les 30 mètres. Fouille des maisons. Les notables sont menacés d'être déportés en Pologne. Arrestation entre autres, ce jour-là, du lieutenant Debes, chez lequel on trouve quelques plaisanteries sur Hitler. Cela lui vaudra d'être enfermé pendant toute la durée de la guerre à Schirmeck. Les sœurs de Niederbronn sont expulsées sous un prétexte fallacieux. Joseph Vogler, aubergiste, est arrêté à son tour – il n'a pas participé à la manifestation, mais il a refusé de livrer les noms de ses clients le soir du 13 juillet. On emmène Joseph Vogler jusqu'à l'église où l'on extrait l'abbé Koenig de son confessionnal, afin de le conduire au presbytère pour interrogatoire. Le presbytère est occupé par les hommes en armes. Le chanoine Zirn se trouve aux arrêts sous surveillance policière. La fouille en règle du presbytère ne donne rien. Interrogatoire de l'abbé Koenig pour connaître les noms des participants. Pas de réponse. Finalement Vogler et Koenig sont

CEREMONIE DU SOUVENIR À HOCHFELDEN LE 13 JUILLET 1947. COLL. PART.

embarqués dans un camion avec d'autres garçons et filles, direction Schirmeck. Ils arrivent samedi soir et aperçoivent au loin Notre-Dame de Schirmeck, à qui ils font une prière : «Notre Dame, fais que nous ne te voyons pas trop longtemps d'ici».

CENT SIX HABITANTS DE HOCHFELDEN ONT ÉTÉ INCARCÉRÉS À SCHIRMECK.

L'Ortsgruppenleiter est révoqué, sans déplaisir semble-t-il. Le couvre-feu est appliqué avec la dernière rigueur. Le frère de madame Buchi, pour quelques minutes de retard à la fontaine où il puisait de l'eau, passe une nuit au poste. Seul un jeune père de famille, dont l'épouse vient d'accoucher, peut rentrer chez lui après le couvre-feu. Enfin, le maire de Hochfelden est destitué et remplacé par un Staatskommissar, les gendarmes du lieu ayant été remplacés entre-temps également. Finalement cent-six personnes, quatre-vingt-trois garçons et vingt-trois filles, se retrouvent à Schirmeck.

Ils y subissent une cohorte de souffrances, de tortures, de vexations, parfois le froid et la faim, mais témoignent aussi d'une grande solidarité, facilitée par leur regroupement dans un même bâtiment pour la plupart d'entre eux. Frères et sœurs peuvent de temps en temps se rencontrer. Les Allemands recherchent à travers interrogatoires, menaces, tortures, à connaître les meneurs, mais aussi les gens qui ont applaudi le cortège. Tous tiennent bon. Le sinistre Buck, commandant du camp leur dit : «Vous avez déshonoré l'Alsace». Bien entendu, ils ne partagent pas ce sentiment, la plupart des autres Alsaciens non plus. Des gens de Hochfelden interviennent pour leur libération. Finalement, certains sont libérés au bout de deux mois, de quatre mois, jusqu'à onze mois, sauf le lieutenant Debes, qui passe toute la guerre à Schirmeck.

Lors de leur retour, ils sont bien entendu fêtés par leur famille et les habitants de Hochfelden. Cependant, dans le bourg les vexations continuent aussi bien pour les habitants que pour les participants à la manifestation qui seront considérés pendant toute la durée de la guerre comme «politiquement peu sûrs» (politisch unzuverlässig).

Après la guerre, la solidarité du groupe de Schirmeck a été mise à rude épreuve du fait de l'attribution de pensions à certains, alors que d'autres, pour des raisons de durée de séjour à Schirmeck, n'en n'ont pas reçues. Enfin, un petit nombre s'est vu attribuer la carte de déportés résistants. L'équité aurait peut-être voulu que tous ceux de Schirmeck bénéficient d'une égalité de traitement. L'attribution de la médaille de la reconnaissance française à la ville de Hochfelden fut peut-être en partie destinée à réparer cette injustice.

Parmi ceux qui ont le plus souffert de la manifestation, la famille de Joseph Vogler, l'aubergiste. Non seulement lui-même s'est retrouvé à Schirmeck, alors qu'il n'avait pas participé au défilé, mais son établissement a été fermé pendant toute la durée de la guerre et son épouse a eu beaucoup de mal à élever leurs enfants – toutes aides publiques lui ayant été supprimées.

REMISE de la
Médaille de la Reconnaissance Française

sous le haut patronage de

Monsieur le Général Darney LECLERC DE HAUTE CLOQUE
Inspecteur Général de l'Afrique du Nord

sous la présidence d'honneur de

Monsieur M. E. NAEGELEN
Ministre de l'Education Nationale

Monsieur Bernard CORNUT GENTILLE
Préfet du Bas-Rhin

Monsieur le Général REVERS
Chef d'Etat-Major, Général de l'Armée de Terre

Monsieur de LANGLADE
Gouverneur Militaire de Strasbourg

13 JUILLET — VILLE DE HOCHFELDEN — 1947

A partir de 14 heures

Réception des Autorités
à la Mairie

Remise de la Médaille

Cortège Folklorique

Défilé

Bal-champêtre

Divertissements

INVITATION À LA CÉRÉMONIE.
UNE CURIEUSE «COQUILLE» : LE GÉNÉRAL D'ARMÉE LECLERC EST DEVENU LE GÉNÉRAL «DARNEY»...

L'événement eut, immédiatement, un grand retentissement. La nouvelle de la manifestation circula comme une traînée de poudre. Elle est connue à Strasbourg dès le lendemain. Madame Pfister, qui ne sait pas que son fiancé a participé à la manifestation, en entend parler par des officiers allemands dans la maison où elle est cuisinière. Elle intervient dans la conversation pour justifier la manifestation et se fait vertement rabrouer par un militaire qui lui dit : «Si vous n'étiez pas aussi bonne cuisinière, vous seriez mûre pour Schirmeck vous aussi».

APRÈS LA GUERRE CERTAINS FURENT PENSIONNÉS, D'AUTRES OUBLIÉS. TOUS ONT POURTANT PAREILLEMENT RÉSISTÉ.

En fin de semaine, l'information se retrouve à Colmar où elle est notée par Jean-Marie Bopp, qui tient un journal. Elle circule assez rapidement à Paris où, semble-t-il, les spectateurs des cinémas réclament à la place des informations allemandes, le 14 juillet de Hochfelden. Finalement, la radio de Londres en fait un compte-rendu. De l'autre côté du Rhin, l'information circule également. Dès le samedi 19 juillet, elle est connue à Stuttgart et à Berlin.

Il est certain que cette manifestation de résistance authentique, par son énorme retentissement, a redonné courage à beaucoup d'Alsaciens, mais aussi, d'une manière générale, à tous les anti-nazis. Des signes précurseurs avaient laissé entrevoir le mécontentement de la population et son attachement à la mère patrie. Des influences multiples, clergé catholique, club de quilles, association des footballeurs, indépendants, avaient servi de catalyseurs pour une manifestation le 13 juillet au soir au départ de la Bonne Fontaine. Beaucoup de jeunes filles et de jeunes gens turbulents, inconscients des conséquences pour eux et leur cité, ont défilé au nez et à la barbe de l'occupant pour montrer leur attachement à la France. Les conséquences pour eux-mêmes et leur cité et le retentissement de cette manifestation en ont fait un acte de résistance authentique.

PRIÈRE DU PRISONNIER

Petit Père Hitler qui es à Berlin
Redonne-moi tous ces biens
L'Alsace et la Lorraine
A qui elle revient
Et nous te pardonnons tes offenses
Faites par toi à notre France
Avec Joffre et Foch tu n'iras pas au ciel
Mais avec Göring et Mussolini au feu éternel.
Amen.

(D'après Eugénie Schmitt
participante à la manifestation et ancienne de Schirmeck)

Hochfelden, un symbole de l'Alsace française

RENÉ MEYER

L'affaire de Hochfelden continue à susciter beaucoup de curiosité : René Meyer a aussi fait son enquête.

1941

Après l'occupation de Hochfelden, une résistance s'est organisée peu à peu : petits papillons de propagande collés çà et là, affiches nazies lacérées, inscriptions patriotiques sur les murs, constitution d'une filière d'évasion de prisonniers de guerre français et alliés. En avril 1941, le petit village est à nouveau frappé par des expulsions qui, après avoir touché la communauté juive en 1940, concernent cette fois trois familles : celles du docteur Kassel, médecin capitaine, de l'instituteur Krauth et d'Oscar Pfister.

Au matin du 8 juillet 1941, certains habitants découvrent une inscription à la craie sur le mur du presbytère : «Avenue de Gaulle». L'inscription, effectuée durant la nuit par Pierre Mosbach, a été photographiée, par une personne dont on ignore encore aujourd'hui l'identité, avant d'être effacée.

Au soir du 13 juillet 1941, des jeunes qui se réunissent au café A la Bonne Fontaine, décident d'un commun accord de continuer la tradition de la retraite aux flambeaux, la veille de la Fête nationale. Personne ne les en dissuade. Vingt-trois heures : un cortège d'environ deux cents jeunes gens et jeunes filles gravit la côte et se dirige vers le monument aux morts, en chantant, entre autres, la Marseillaise. Le cortège est éclairé par deux torches des sapeurs pompiers, portées des deux côtés à l'avant du cortège, qui, sur son passage, est applaudi par des habitants à leur fenêtre. Sur une marche de pierre, quatre jeunes gens attendent l'arrivée du cortège pour déposer un bouquet et des drapeaux français et anglais. Après une minute de silence, l'un des jeunes présents crie : «Halte, demi-tour à droite, rompez.» Après quoi la manifestation se disperse sur la place du monument aux morts. Ce bouquet tricolore, c'est Marie Hiegel et son neveu de seize ans qui l'avaient composé. Ôté dès le matin pour être mis sous verre afin d'être conservé, on peut y lire l'inscription suivante : «bouquet déposé par les résistants en signe d'indéfectible attachement à la patrie, le 14 juillet 1941». Bien que les gendarmes ne se soient pas montrés, la manifestation n'est pas passée inaperçue. On ne peut pas dire avec certitude qu'il y a eu un dénonciateur. Toute la journée du 14 juillet, la gendarmerie procède à des convocations. Dès le lendemain, ce sont les premières arrestations par la Gestapo, et le soir même, le transport de onze jeunes gens vers le camp de Schirmeck. Samedi 19 juillet, un Einsatzkommando de la Schutzpolizei de deux cents hommes, armés de mitraillettes, arrive à Hochfelden, et met la localité en état de siège (Belagerungszustand). Le couvre-feu est instauré à 21 heures ; seuls les habitants se rendant au travail par le

train peuvent sortir de leur domicile au petit matin. Dans l'après-midi de ce même 19 juillet, perquisitions et arrestations se succèdent. Le 30 juillet, le maire Frédéric Haag, révoqué, est remplacé par un Staatskommissar qui fera subir ses vexations aux habitants jusqu'au 22 novembre 1944. Deux inventaires détaillés, des 23 juillet et 3 août 1941, établis par l'Einsatzkommando Hochfelden de la Schutzpolizei[1], donnent la liste des «objets séditieux» saisis : sept drapeaux français, deux d'église, quatre fanions français, cinquante-trois autres de couleurs diverses et une ficelle de fanion trouvés lors des perquisitions du 19 juillet, prise à laquelle s'est ajouté un autre drapeau français, le 22 juillet.
Hochfelden a été la première localité française mise en état de siège[2]. Les occupants ont décidé de frapper fort pour intimider les habitants et surtout, éviter la contagion. La nouvelle de l'affaire se propage cependant bientôt, non seulement en Alsace, mais aussi en France de «l'intérieur», parmi les réfugiés et les expulsés. L'information, déformée, devient : «Les Allemands ont emmené les habitants de Hochfelden à Schirmeck». C'est le commandant du camp Buck qui, lui-même, révèle aux détenus la diffusion de la résistance de Hochfelden par l'émission de la radio de Londres. L'enquête se poursuit à Schirmeck où durant le premier mois de détention, les interrogatoires se font plus fréquents, plus serrés et plus violents. La Gestapo, qui s'efforce de cerner le ou les meneurs de la manifestation, échoue dans son enquête ; et pour cause : il n'y en a pas eu.
Henri Grasser, un habitant de Hochfelden, entreprend des démarches risquées pour localiser des internés hochfeldois qui travaillent en dehors du camp. En effet, des commandos sont affectés aux carrières Douvier, de Hersbach, et aux abords de la maison forestière où travaille le commando Salm. Avec la complicité d'un garde-forestier, il parvient à localiser le commando Salm. A partir de ce moment-là, des provisions leur parviennent par l'intermédiaire de trois cantonniers. C'est à l'une de ces occasions que Lucie Grasser, l'institutrice, a pu fixer la photo d'un groupe de dix-neuf Hochfeldois, en compagnie d'un détenu allemand et de leur gardien, Emile Graffensteter, envers qui la population de Hochfelden se montrera reconnaissante après la Libération. Après la guerre, les résistants se sont regoupés en amicale des résistants et internés politiques de Hochfelden ; il en reste vingt membres, dont Paul Debes, le président. Les Allemands stigmatisèrent Hochfelden comme la forteresse de la francophilie : Hochburg des Franzosentums.

NOTES

1. Documents retrouvés à la gendarmerie de Hochfelden à la Libération.
2. Vichy n'a élevé aucune protestation par l'intermédiaire de la commission d'armistice à Wiesbaden, la convention d'armistice franco-allemande du 22 juin 1940 étant muette sur l'Alsace-Lorraine. Il s'agissait pourtant bien d'une localité française mise en état de siège.

L'auteur tient à remercier messieurs Joseph Huss et André Reinbold.

La Main Noire contre la peste brune

ISABELLE BOGEN

Dès les premiers jours de septembre 1940, un réseau de résistance fut créé sur l'initiative de Marcel Weinum : la Main Noire. Sa particularité : ses membres étaient encore presque des enfants.

1941

C'est en avril 1947 que la municipalité strasbourgeoise, sous l'administration du maire Charles Frey, donna le nom de Marcel Weinum à une petite rue (anciennement rue du Landskron) du quartier de Neudorf.[1] Elle rendait ainsi hommage au premier résistant alsacien, condamné à mort par le Sondergericht (Tribunal Spécial) de Strasbourg, le 31 mars 1942, et décapité à la hâche à Stuttgart, le 14 avril suivant, à l'âge de dix-huit ans. Son exécution n'avait été que très brièvement – honteusement ? – annoncée par une seule phrase, dans un article des *SNN* du 15 avril 1942 retraçant le procès des neuf inculpés de la Main Noire et de leur chef. La dépouille de Marcel Weinum avait été inhumée au cimetière de Cannstadt (un faubourg de Stuttgart), où sa tombe, nue et anonyme, aurait pu le rester sans l'intervention d'un homme que son sort tragique avait particulièrement ému, étant lui-même Alsacien et natif de Brumath comme le jeune supplicié. En effet, c'est grâce aux efforts d'Oscar Hamm, ancien typographe à *L'Alsacien*, travaillant à cette époque dans une imprimerie de Stuttgart, que la tombe de Marcel Weinum put être rapidement localisée. A l'annonce de l'exécution de son compatriote, il se mit à la recherche de sa tombe, qu'il parvint à situer, sur les indications du gardien du cimetière avec lequel il s'était lié d'amitié. On ne peut résister à raconter l'histoire, romantique entre toutes, qui se déroula au pied de la tombe dépouillée de Marcel Weinum que les nazis avaient cru ainsi reléguer dans le quartier des morts oubliés à jamais. Durant toute la guerre, la tombe de Marcel Weinum fut aussi l'objet des soins renouvelés d'une jeune Allemande qui, régulièrement, fleurissait la dernière demeure du jeune résistant[2]. Quand on sait que la jeune femme se prénommait Johanna, c'est-à-dire Jeanne, symbole de la résistance française contre l'envahisseur, son geste, risqué, d'honorer le souvenir du jeune homme fauché par l'oppresseur nazi, prend alors les allures d'une parabole patriotique. Le corps de Marcel Weinum fut rapatrié à Strasbourg et réinhumé au cimetière du Polygone, le 17 février 1949, où une messe du souvenir fut célébrée ce même jour par Mgr Neppel[3], en l'église Saint-Léon de Neudorf. Le 14 juillet 1951, lui fut décernée, à titre posthume, la Légion d'honneur, avec le grade de sous-lieutenant. Chaque 11 novembre, ses anciens compagnons de la Main Noire perpétuent sa mémoire en fleurissant sa sépulture.

Le destin de Marcel Weinum s'était scellé dans la nuit du 20 mai 1941 au cours de laquelle il avait tenté de franchir clandestinement la frontière suisse, pour se rendre à Bâle auprès du Consulat britannique auquel il voulait proposer les services de son organisation et dont il voulait également solliciter l'appui pour la poursuite des activités de son réseau. Il fut intercepté et arrêté, en compagnie de son bras droit, Ceslav Sieradski ; la Main Noire était virtuellement décapitée. Avec un premier coup de filet, opéré le 18 juillet 1941, parmi une partie des membres du réseau, puis un second, dix jours plus tard, c'en était fini de la Main Noire démantelée et qui désormais ne pourrait plus abattre sa main vengeresse dans le secret des nuits strasbourgeoises[4].

«Nous croyions que le débarquement anglais était pour demain. Personne alors ne pouvait penser que l'occupation allemande durerait quatre années. Comme rien ne venait, et pour être prêts, nous avions décidé de nous mettre en rapport avec les Anglais»[5]. C'est d'abord dans cet esprit que Marcel Weinum, dès son retour d'évacuation dans les premiers jours de septembre 1940, créa son réseau dont le noyau était constitué par ses anciens camarades de l'Ecole de la maîtrise de

LA RUE DE L'OUTRE EN 1939
ET LE RESTAURANT DE LA MARNE.
C'EST LÀ QU'EUT LIEU L'ATTENTAT
CONTRE LE GAULEITER WAGNER.

la Cathédrale, élargi bientôt au groupe de Brumath, avec les frères Kleinmann, André et René, et par des rencontres avec Ceslav Sieradski, Albert Uhlrich et d'autres, amenés par les précédents. Marcel Weinum n'était pas une tête brûlée ; cerveau de l'organisation, il la structura en petits groupes et procéda à un cloisonnement tel que beaucoup des membres de la Main Noire ne se virent pour la première fois qu'au moment de leur arrestation. L'organisation de résistance, toute juvénile qu'elle était (ses membres, une vingtaine, étaient nés entre 1924 et

1926, à l'exception de Charles Lebold, seul majeur) n'en porta pas moins des coups sévères au moral des occupants. Parfois taxée d'amateurisme – mais existe-t-il des résistants professionnels ? – certes, ils n'avaient pas toujours la maîtrise des artifices qu'ils avaient dénichés au Fort Uhrich ou dans la forêt de la Robertsau, n'empêche, la Main Noire avait tout de même vécu plus d'un an, et surtout, était la première force de résistance née dès septembre 1940, sur le sol alsacien. Et dire que c'étaient presque des enfants qui montraient la voie à suivre aux parents ! Ces gamins intrépides, à qui on aurait donné le Bon Dieu sans confession, faisaient leurs expéditions à l'insu de leurs parents. Parfois vêtus d'une pèlerine dont l'ampleur leur servait à cacher les gros cailloux qui brisaient les vitrines du *Stürmer*, ou des commerces où trônait le buste du Führer, ou sa photo, ils œuvraient de préférence la nuit, puis rentraient sagement au domicile de leurs parents. Au moment de l'arrestation de ses membres, la Main Noire avait un beau palmarès à son actif ; inscriptions patriotiques, arrachage d'affiches de propagande et de drapeaux de bâtiments officiels, sabotages d'installations de la Reichsbahn, des Transmissions de la Wehrmacht, diffusion de tracts, peinture aux couleurs tricolores des boîtes aux lettres de la Reichspost, pillages de voitures d'Allemands... L'action la plus spectaculaire de la Main Noire fut réalisée dans la soirée du 8 mai1941 où la Mercedes blindée du Gauleiter Robert Wagner, stationnée devant le restaurant «Adelshoffen» (anciennement «La Marne»), fut transformée en amas de ferraille par deux grenades, lancées par Marcel Weinum et Albert Uhlrich. Robert Wagner qui était dans le restaurant, l'avait-il échappé belle, ou s'agissait-il d'un avertissement ? Les témoignages divergent à ce sujet. Quoiqu'il en fut, les coups d'éclat de la Main Noire dont celui-ci était le plus osé, devaient assurément secouer l'ambiance de torpeur dans laquelle la population alsacienne était plongée, et leur rappeler que des forces vives résistaient, activement. Le Sondergericht, en inculpant neuf membres de la Main Noire et leur chef, montrait que l'occupant prenait au sérieux ces jeunes gens dont le procès fut aussi l'occasion de

MARCEL WEINUM AU DÉBUT DE LA GUERRE.

faire celui de leur éducation religieuse et de dénoncer l'influence pernicieuse du clergé sur la jeunesse. En condamnant Marcel Weinum à la peine capitale, les occupants espéraient stopper les vocations résistantes en Alsace qui se faisaient plus nombreuses à cette date.

QUI CONNAÎT AUJOURD'HUI LE POLONAIS CESLAV SIERADSKI, RÉSISTANT DE 16 ANS, EXÉCUTÉ PAR LES ALLEMANDS ?

Les nazis avaient rendu une justice plus expéditive à Ceslav Sieradski, exécuté dès le 12 décembre 1941, «au cours d'une tentative de fuite», selon le communiqué diffusé ce jour-là par le haut-parleur du camp de Schirmeck où il était interné avec certains membres de la Main Noire qui furent ainsi informés de sa mise à mort. Car c'est bien ce qui lui arriva, ses compagnons ayant assisté ce même 12 décembre, aux préliminaires : un martyre dont ils se souviennent avec une émotion que le temps ne pourra jamais lénifier. Ceslav Sieradski, avant d'être arrêté le 20 mai 1941, l'avait déjà été une première fois, en décembre 1940, lors de son retour clandestin de Suisse où Marcel Weinum l'avait envoyé pour porter une lettre de créance au consul de Grande-Bretagne à Bâle. Incarcéré puis libéré en mai 1941, les Allemands n'ayant pu apprendre ce qu'il avait été faire en Suisse, sa liberté aura été de courte durée. C'est à seize ans que Ceslav Sieradski perdit la vie. Nulle trace de celle-ci, ni au détour d'une rue, ni dans une allée de cimetière. Encore aujourd'hui, personne ne sait où Ceslav Sieradski fut éliminé. Sur le chemin du camp menant au Struthof, au stand Desaix, dans les forts de Koenigshoffen ? La courte vie de Ceslav Sieradski est une énigme, même pour ses anciens compagnons de lutte dont certains ne l'ont que fugitivement rencontré. D'où venait Ceslav Sieradski ? Sa famille, de pauvres imigrants polonais dont le père, François, était ouvrier, arriva en 1924 en Alsace – en passant par la Lorraine ? – et s'installa à Barr. Ceslav Sieradski naquit le 16 juillet 1925 dans une famille qui comptait plusieurs enfants. Quel malheur s'abattit sur cette famille dont les enfants, ainsi Ceslav en 1932, se retrouvèrent plus tard placés à l'Hospice des Orphelins de Strasbourg ? Sept ans après, âgé de quatorze ans, Ceslav entrait comme apprenti chez Alphonse Moog qui tenait une boulangerie de bonne renommée au nº 13 du faubourg de Saverne à Strasbourg. Comme c'était la coutume à l'époque, Ceslav logeait chez ses patrons qui l'appréciaient.[6] Le 1er septembre 1939, il prit le chemin de l'évacuation avec ses patrons qui, comme il était orphelin, l'emmenèrent avec eux à Oderen, près de Saint-Amarin. Son patron lui trouva là-bas un emploi à la boulangerie de l'hôpital. De retour à Strasbourg à l'automne 1940, il resta à la boulangerie jusqu'au 20 décembre, date à laquelle il la quitta. Ceslav Sieradski «bouffait du boche» ; de nationalité polonaise, l'annexion de fait de l'Alsace avait dû encore renforcer son hostilité. Il dut probablement faire la rencontre de Marcel Weinum par l'intermédiaire d'amis de la famille Moog qui connaissaient le père de Marcel. Comme il travaillait de nuit et qu'à l'époque on ne disposait pas d'une

DURANT TOUTE LA GUERRE, UNE JEUNE ALLEMANDE VINT FLEURIR LA TOMBE DE WEINUM À CANNSTADT.

clef pour aller et venir comme on voulait, il ne participa guère aux expéditions vespérales de la Main Noire, l'emploi du temps des apprentis-boulanger étant réglé de telle sorte qu'à 19 heures ils dînaient puis allaient se coucher. A quoi pouvait-il bien ressembler ? Nulle photographie. Jean Kuntz a gardé le souvenir d'«un petit bonhomme avec des lunettes, un teint très blanc». Contrairement à Marcel Weinum, c'était un casse-cou, bref, ils faisaient la paire en étant ainsi complémentaires. Charles Augustin se souvient que Ceslav Sieradski avait toujours dans sa poche une pince dont il se servait quand il trouvait sur son chemin de quoi saboter. Ses anciens patrons apprirent sa mort par les *SNN*. Peu de temps après, ils reçurent la visite de la Gestapo qui perquisitionna, en vain, sa chambre. Sur Ceslav Sieradski, on n'en sait guère plus. Les nazis qui considéraient les Polonais comme de la sous-humanité, ont réussi à le faire disparaître dans la nuit et le brouillard. Dommage, disent ses anciens compagnons que personne, à part eux, ne se souvienne de Ceslav Sieradski et que rien ne témoigne qu'il a donné sa vie pour un pays qui n'était même pas sa patrie.

BIBLIOGRAPHIE

Charles Béné, *L'Alsace dans les griffes nazies*, tome IV, Raon-L'Etape, 1978, p. 197 à 269.

SOURCES

Fonds Hoffmann, Marcel Weinum
SNN
Et surtout les témoignages de René Kleinmann, d'Albert Uhlrich, Lucien Entzmann, Jean Kuntz, François Mosser, Charles Augustin et de Madame Leonardt.
Et mes remerciements à Georges Foessel.

NOTES

1. Cf. l'arrêté du 23 avril 1947 concernant les modifications dans la dénomination des rues. Transmis par André Muller, du service de la culture du centre administratif de Strasbourg.
2. Témoignage transmis par Charles, frère d'Oscar Hamm, à René Kleinmann, il y a quelques mois seulement. Johanna était également employée à l'imprimerie où travaillait Oscar Hamm. On ne sait pas qui l'a informée de l'existence de la tombe de Marcel Weinum. Johanna est décédée.
3. Chef spirituel du groupement Adam, cf. Charles Béné, op. cit., p. 283.
4. C'était la signification du nom de La Main Noire.
5. Témoignage de Jean Kuntz.
6. Témoignage de Madame Leonardt, fille d'Alphonse Moog et qui a connu Ceslav Sieradski.

Les Communistes alsaciens n'ont pas attendu Barbarossa

JEAN-MARIE DUPUY

1941

«Résistants seulement après l'invasion de l'URSS par les nazis en 1941» : ce commentaire courant ne tient pas à l'épreuve des faits. Figure principale dès 1940, du communisme alsacien dans la lutte clandestine, Georges Wodli avait un rêve : une Alsace autonome.

GEORGES WODLI, ASSASSINÉ PAR LA GESTAPO.

Quand les blés sont sous la grêle
Fou qui fait le délicat
Fou qui songe à ses querelles
Au cœur du commun combat

LOUIS ARAGON
La rose et le réséda

Le 22 juin 1941 à 4 heures du matin, le gros des forces allemandes, appuyé par des troupes finlandaises de Mannerheim et roumaines d'Antonesco, se rue sur l'URSS, sans déclaration de guerre. Décidée dès juillet 1940, l'opération «Barbarossa» s'inscrit dans la politique de conquête des nazis développée depuis 1938. Hitler en a indiqué clairement les buts à son état-major, en particulier le 31 mars 1941 : la mainmise sur les richesses de l'URSS donnera à l'Allemagne une puissance qui lui permettra de «défier le monde entier» et d'établir «pour mille ans» l'ordre nouveau nazi. En même temps, l'URSS doit être rayée de la carte : «l'idéologie soviétique est aux antipodes de celle qui régit le national-socialisme. Par conséquent, les soviets doivent être liquidés.»

Dans l'Alsace annexée au IIIe Reich, comment les communistes «orthodoxes»[1] ont-ils vécu la fin du pacte de non-agression germano-soviétique ? Comment ont-ils analysé ce renversement de situation ? Dans quelle(s) mesure(s) a-t-il modifié leurs conceptions et leurs actions ?

Il n'est pas facile de répondre à ces questions. Rares sont ceux qui ont survécu à la répression nazie et au temps qui a passé depuis. Trop rares aussi les témoignages des intéressés qui, souvent par modestie, n'ont pas transmis leurs souvenirs[2] tandis que les historiens ont trop négligé de les solliciter et de les recueillir. Force est donc de se tourner surtout vers les textes. Les originaux sont rares, eux aussi, et dispersés dans les archives officielles ou privées.[3] Fort heureusement, les plus importants ont été reproduits ou utilisés dans les nombreuses publications sur la période 1939-1945 en Alsace-Lorraine.[4]

Pour traiter notre sujet, nous avons utilisé essentiellement trois textes, évidemment clandestins, à l'époque.

– *L'Humanité* du 22 juin 1941, Numéro spécial,[5] que nous abrégerons dorénavant *H.P.* («Humanité Parisienne», appellation familière aux communistes alsaciens).

– Une *Humanité d'Alsace-Lorraine*, dorénavant *H.A.L.*, que l'on peut situer sans erreur aux alentours des 19-20 juillet 1941.[6]

– Un appel imprimé de décembre 1941, visant à la création d'un «Front de la Patrie» en Alsace-Lorraine, dorénavant *Heimatfront*.

D'autres documents ou publications sont évoqués par des notes. Signalons le numéro spécial de l'*Humanité d'Alsace et de Lorraine* de janvier 1965, intitulé «Résistance», édition bilingue, qui contient des témoignages très précieux, dorénavant *H.A.L. 65*.

NUMERO SPECIAL

l'Humanité

ORGANE CENTRAL DU PARTI COMMUNISTE FRANÇAIS (S.F.I.C.)

HITLER a ATTAQUÉ

l'Union Soviétique

LA «UNE» DE «L'HUMANITÉ» CLANDESTINE LE 22 JUIN 1941.

En juin 1941, le Bas-Rhin, le Haut-Rhin et la Moselle sont annexés de fait au IIIe Reich. Seul le P.C.F. a élevé «une protestation véhémente contre cette annexion arbitrairement effectuée» et «voue au mépris de tous les Français dignes de ce nom le gouvernement [...] qui laisse annexer l'Alsace sans dire un mot».[7] La dictature et le pillage nazis se manifestent par un mélange de démagogie et de terreur.[8]

Le P.C.F. a été interdit en septembre 1939 par Daladier, après le pacte germano-soviétique. Il se réorganise difficilement dans l'illégalité. La répression s'abat sur les adhérents dont certains ont été internés, par exemple, pour les Alsaciens Kayser, Rapp, Seidel, Rapp Lina, E. Fritsch, V. Herrmann, Goerke, Graff... au château des Sablou près de Périgueux. Le principal dirigeant alsacien, Georges Wodli, membre du comité central (C.C.) du P.C.F. a connu ce sort à Fort Barraud (Savoie). Profitant de la débâcle de juin 1940, il s'évade et vit dans la clandestinité. D'autres, ironie de l'Histoire, seront «libérés»... par les troupes allemandes !

En Alsace-Lorraine comme dans toute la France, la légende des «communistes n'entrant dans la Résistance qu'après l'agression nazie sur l'URSS» ne résiste pas à l'analyse honnête des faits. Les preuves abondent. Citons-en deux, celle du professeur Eugène Mey – qui n'était pas communiste – qui écrit dans son ouvrage *Le drame de l'Alsace* (Paris, 1949) : «Malgré tous les risques encourus, les communistes renouent les liaisons entre eux dès le mois de septembre 1940», et celle – bien involontaire – du sinistre Karl Buck, Lagerkommandant de Schir-

BUCK, CHEF DU CAMP DE SCHIRMECK, PRÉSENTE GEORGES WODLI : «CET HOMME POURSUIT SES MÉFAITS DEPUIS 1940».

meck, qui présente Georges Wodli à ses camarades détenus, dans l'espoir, vite déçu, qu'ils le renieraient : «Celui-ci, c'est Georges Wodli, le chef du parti communiste illégal d'Alsace, c'est cet homme qui poursuit ses méfaits (sein Unwesen treibt) *depuis 1940*» (souligné par nous)[9].

En fait, s'il ne parle que de l'activité «alsacienne» de Wodli, Buck se trompe : c'est à partir de janvier 1941 que Wodli active la résistance en Alsace-Lorraine. Il fera de nombreuses navettes, grâce aux cheminots, en particulier Gutfried, de Hagondange, pour entrer en contact avec le C.C. clandestin à Paris.[10]

L'opération Barbarossa n'est donc pas à l'origine de la résistance communiste, pas plus en Alsace-Lorraine qu'ailleurs.[11] Depuis des mois, ils aident les prisonniers, les évadés, détruisent affiches et drapeaux nazis, organisent le sabotage industriel et, surtout, rédigent, tirent et diffusent tracts et journaux communistes et syndicalistes. Des armes ont été récupérées en 1940 et les nazis ne se trompent pas sur l'usage auquel les communistes les destinent.[12]

Au plan national, la direction du P.C.F. réagit le jour de l'annonce de la guerre germano-soviétique. Elle fait imprimer – et non ronéoter, signe de l'importance qu'elle accorde à l'événement – un numéro spécial de *L'Humanité*, dont la diffusion prendra quelque temps. L'*H.A.L.*, elle, n'est pas datée, mais parle de «quatre semaines de combats» en Russie, ce qui la situe donc aux alentours du 20 juillet. Hésitation à prendre position ? Non, sans doute, mais les conditions de la clandestinité sont encore pires qu'à Paris. Dès le 22 juin, Wodli s'est rendu au C.C. Il connait donc l'*H.P.* du 22 juin, dont l'*H.A.L.* reprend certains éléments.

Les deux textes qualifient Hitler de «chef de gangsters» («Supergangsters» pour l'*H.A.L.*), rappellent le respect du pacte par l'URSS, soulignent le caractère odieux de l'agression nazie. Dans l'un comme dans l'autre, toute victoire soviétique est présentée, par avance, comme une victoire française, encore que l'*H.A.L.* soit plus ambiguë : elle dit «Unser Land» – notre pays – ce qui peut être compris comme «L'Alsace-Lorraine». Inversement, toute défaite soviétique sera une défaite pour les Français (respectivement les Alsaciens-Lorrains ?). Une certitude commune : la victoire finale : «Quoiqu'il fasse, Hitler est perdu. Il sera écrasé comme Napoléon le fut», dit l'*H.P.* ; «Vive la victoire de l'armée rouge», lui répond l'*H.A.L.*, qui donne les longueurs d'onde de Radio Moscou. En même temps, les circonstances favorisent l'action : «la guerre qu'il [Hitler] vient de déclencher contre l'URSS va l'obliger à vider notre pays de bon nombre de ses soldats.[13] POURQUOI N'EN PROFITERIONS-NOUS PAS ?» *(H.P.)*. D'où des directives d'action communes aux deux textes :

«L'HUMANITÉ D'ALSACE-LORRAINE» EST RÉDIGÉE EN ALLEMAND. BONS LÉNINISTES, LES COMMUNISTES ALSACIENS TIENNENT COMPTE DES RÉALITÉS.

FUER DIE BEFREIUNG UNSERE HEIMAT VOM JOCHE DER HITLERDIKTATUR DURCH DIE ELSASS-LOTHRINGISCHE HEIMATFRONT.

AUFRUF

DER KOMMUNISTISCHEN PARTEI ELSASS-LOTHRINGENS

1941

an alle die unter der Schmach des Hitler-Régimes schmachten und fuer die Befreiung unserer Heimat kaempfen wollen.

Elsaesser und Lothringer, Maenner und Frauen!

Seit 14 Monaten schon schmachtet unsere Heimat unter einem Regime, das durch seine Infamie, seine Willkuer und seine Knechtung Elsass-Lothringen in die Zeit von vor der franzoesischen Revolution zurueckwirft.

Die Bilanz dieser kurzen Zeitspanne ergibt ein erschreckendes Bild von Rueckschritt und Vergewaltigung heiligster Volksrechte, von Vernichtung der elementarsten Glaubens- und Gewissensfreiheit, von schwerer materieller Benachteiligung und der Rechtlosigkeit [illegible]. Durch hohle Phrasen, Lüge und Bluff versucht die offizielle Propaganda ueber diese unbestreitbaren Tatsachen hinwegzutaeuschen, waehrend durch die Zerschlagung der Presse- und Versammlungsfreiheit die freie Aussprache und die oeffentliche Kritik der Opfer dieser schmachvollen Zustaende unterbunden werden soll. Jedoch auch ohne oppositionelle Zeitungen und ohne oeffentliche Versammlungen kennt das Volk die wahren Zustaende im Lande und ist, wie noch nie im Verlaufe seiner Geschichte, einig und geschlossen im tiefen Hass gegen die Urheber seines Unglueckes.

Mehrere hunderttausend Landsleute wurden durch die fremden Tyrannen ruiniert, aus ihrer geliebten Heimat vertrieben oder unseren die Leiden und Entbehrungen des Exils der sicheren Verfolgung durch die Gestapo vorziehen. Undurchdringliches Dunkel umgibt die Verwendung der beschlagnahmten Vermögen und des Eigentums der so vertriebenen Familien.

Alle frueheren Zeitungen sind verboten, die Parteien, Gewerkschaften, Vereine aller Art aufgeloest, ihre Vermoegen beschlagnahmt, verschleudert, irgendwo versickert im Labyrinth unzaehliger Hakenkreuzorganisationen.

[illegible] Einwohner unseres Landes sitzen waehrend dieser kurzen Zeit bereits durch das Schandlager von Schirmeck, in dem mit Zwangsarbeit, Kasernendrill und Misshandlungen ein auf seine Freiheitsliebe und seine demokratischen Gefuehle stolzes Volk zum gehorsamen Untertan des Hakenkreuzes erzogen werden soll. Viele andere befinden sich in den deutschen Lagern und Gefaengnissen, wie Marcel ROSENBLATT, Sekretaer der Kommunistischen Partei. Arbeiter und Bauern, aber auch Beamte, Buergermeister und Geistliche teilen dieses Los, das sie nur durch die Niederringung der Hitlerdiktatur entrinnen werden koennen.

Jede Anstellung als Beamter, jede Beschaeftigung in oeffentlichen Diensten ist bedingt durch die vorbehaltlose Anerkennung des Hitlerregimes und hunderte von Elsass-Lothringern sehen sich auf Grund ihrer Gesinnung oder ihrer politischen Vorkriegstaetigkeit brutal ihrer erworbenen Posten, ihrer Situation und ihres Einkommens beraubt. Darunter [illegible]

[illegible]

Alle sozialen Einrichtungen und namentlich die Krankenfuersorge sind verschlechtert. Ihre Beitraege jedoch stiegen um's doppelte, um's drei- ja oft vierfache. Die Bezugsbedingungen der Altersrente, der Frontkaempfer- und Kriegsinvaliden-Renten, sowie auch der Zulagen fuer kinderreiche Familien wird erschwert und die ehemals so zahlreichen und volkstuemlichen Sterbekassen zu Gunsten grosser, auf kapitalistischer Grundlage fussender Versicherungsgesellschaften aufgeloest. Steuern und Lohnabzuege aller Art erreichen unertraegliche Ausmasse.

In sprachlicher und kultureller Hinsicht ist das Land einem Despotismus unterworfen, wie es ihn in seiner Geschichte noch nie kannte. Der Gebrauch der franzoesischen Sprache, der Sprache eines Teiles unserer Landsleute, ist nicht nur verboten und deren Unterricht aufgehoben, die Verfolgung erstreckt sich selbst auf franzoesische Vornamen, ja sogar auf Familiennamen, deren Tausende unter angedrohten Verfolgungen oder Ausweisungen preisgegeben werden mussten.

Die Jugend wird in unzulaenglichem Schulunterricht verbildet und die Zulassung zu Lehrstellen, mittlerer und hoeherer Schulbildung ist durch die Zugehoerigkeit zur Hitlerjugend bedingt. Auf die gleiche Weise sind zehntausende von Beamten, Angestellten und Arbeiter öffentlicher Dienste gezwungen, die verhasste Uniform der braunen Organisation zu tragen, um in Stellung bleiben zu koennen.

Dies sind die Resultate von 18 Monaten Hitlerdiktatur!

Zorn und Hass durchlebt unser Volk und jeder fragt sich, auf welche Weise diese Situation geaendert werden koenne.

... Ohne Zweifel haengt das Schicksal auch unseres Volkes in weitestem Masse vom Ausgang des Krieges ab, der durch den verbrecherischen Ueberfall der Sowjetunion durch Hitler in eine neue Phase getreten ist. Jedermann begreift darum die gewaltige Bedeutung der heroischen Verteidigung des Sowjetlandes durch die Rote Armee fuer unseren eigenen Befreiungskampf.

Die vom Nazi-Imperialismus unterdrückten Voelker haben jedoch in der Zerschlagung der faschistischen Kriegsmaschine ihre Rolle zu spielen. Ganz Europa hat sich [illegible] standen und parallel zum heldenhaften nationalen Verteidigungskrieg der Sowjetvoelker kaempfen die breiten werktaetigen Massen der vom Hitler unterjochten Laender fuer ihre heiligsten Rechte gegen deren Gewaltherrschaft. Ueberall treten Parteikaempfe und religioese Erneuerungen vor der Notwendigkeit der Einigung zu diesem Kampfe in den Hintergrund.

In diesem Geiste muss sich auch das elsass-lothringische Volk einigen, um auf gleiche Weise mitzuhelfen, die Stunde der Befreiung unseres Landes schneller herbeizufuehren, wodurch auch gleichzeitig die Bedingungen zu besserer, sofortiger Verteidigung unserer Tagesforderungen geschaffen werden.

Ohne jeglichen Protest und wie ein willenloses Austauschobjekt von den fuehrenden Staatsmaennern der herrschenden Klasse Frankreichs, den Petain, Darlan und Laval, preisgegeben, braucht Elsass-Lothringen mehr denn je die Geschlossenheit aller Kraefte seines Volkes, um den nationalen Befreiungskampf zu fuehren.

Aus diesem Grunde ruft die Kommunistische Partei zur Schaffung der

Heimatfront.

zur Befreiung vom Joche der Hitlerdiktatur auf, in der sowohl Katholiken wie Kommunisten, Sozialisten und die von ihren gestrigen Wortfuehrern verratenen Autonomisten neben parteilosen elsass-lothringischen Patrioten und Anhaengern der De-Gaulle-Bewegung Platz haben, ihre Anstrengungen, ihren Einfluss und ihre Mittel vereinigen zu koennen.

Der Kampf fuer die Befreiung unseres Landes ist zu gleicher Zeit und im wesentlichen ein solcher gegen die Auspluenderung und Ausbeutung unseres Volkes. Aus diesem Grunde schlagen wir vor der Heimatfront ein Programm zu Grunde zu legen, das auf folgende erste Ziele gerichtet sein koennte:

1. Recht auf freie Selbstbestimmung fuer das elsass-lothringische Volk.
2. Befreiung unseres Landes von den Organen des hitlerischen Machtapparates.
3. Bildung einer Regierung der nationalen Befreiung, aus Maennern gebildet, die in nichts an der Aufhebung der demokratischen und konstitutionellen Freiheiten in Frankreich beteiligt waren und in keiner Weise an der Errichtung des Naziregimes in Elsass-Lothringen Anteil hatten.
4. Sofortige Befreiung aller wegen ihrer politischen Vergangenheit oder Meinungsaeusserung sowohl in Elsass-Lothringen selbst, als auch in Frankreich und Deutschland inhaftierten oder internierten Landsleute.
5. Wiederherstellung der Presse- und Versammlungsfreiheit, des Koalitions- und Gewerkschaftsrechtes, der Betriebsdelegierten, Kollektivvertraege und Sozialgesetze.
6. Garantierung von Glaubens- und Gewissensfreiheit und Wiederberechtigung aller Kulte.
7. Erhoehung der Loehne und Schaffung von Verdienstmoeglichkeiten im Lande selbst.
8. Vierzigstuendige Arbeitszeit und eventuelle Erhoehung der Arbeitsdauer in einzelnen Wirtschaftsbranchen nach Ueberwindung der Arbeitslosigkeit.
9. Verguetung der Kriegsschaeden und Wiedereinsetzung in Hab' und Gut der ausgewiesenen und freiwillig ausgewanderten Landsleute.
10. Wiederherstellung des staatlichen Tabak- und Streichholzmonopols.
11. Verwirklichung einer tatsaechlichen Gleichberechtigung der beiden Sprachen im oeffentlichen Leben, mit doppelsprachigem Schulunterricht, ausgehend von der Muttersprache des Kindes.
12. Strenge Ueberwachung der Warenverteilung bis zur Wiederherstellung normaler Verhaeltnisse, durch Komitees, aus Vertretern der Kleingeschaeftsleute, der Gewerkschaften, der Bauern und Gemeinderaete gebildet.
13. Schaffung eines Volksgerichtshofes zur Verfolgung und Aburteilung der Verraeter am Volke, die als Nazi-agenten am gegenwaertigen Terror- und Willkuerregime mitarbeiten.

Elsaesser und Lothringer

Ein derartiges Programm kann die Kampfeinheit und den geschlossenen Widerstand unseres Volkes gewaehrleisten!

In Gruppen zerstreut und ohne einheitliche Fuehrung unseres Kampfes werden wir auch weiterhin den Nazidespoten machtlos gegenueberstehen, werden sie fortfahren, die Arbeiter mit Hungerlöhnen abzuspeisen, die Bauern um ihre Rechte und die Fruechte ihrer Arbeit zu betruegen, Geistliche zu verhaften und ganze Ortschaften zu terrorisieren, wie Hochfelden nach dem 14. Juli.

Geeint hingegen werden wir unsern Protest machtvoll zum Ausdruck bringen, unser Recht auf Leben und Freiheit zurueckerobern und den Bluff und Schwindel vom angeblich national-sozialistischen Elsass-Lothringen vor aller Welt enthuellen. Und angesichts des zur Verteidigung seiner heiligsten Rechte geeinigten Volkes werden die [illegible] Kreaturen im Solde Hitlers, die Mourer und Scholl, die Huber und Antoni als Verraeter an unserem Lande in die Geschichte eingehen.

Hier aber wenden wir uns in bruederlicher Weise an die zahllosen Mitglieder der Hakenkreuzorganisationen, die deren Uniform gezwungenermassen tragen!

Nicht gegen Euch richtet sich unser Kampf, sondern auch fuer Euch ist dieser Appell bestimmt!

Die Kommunistische Partei will unser Volk einigen! Nach der Niederringung der Nazityrannei wollen wir keine neue Welle von Ausweisungen eingeborener Landsleute im umgekehrten Sinne, keine neuen Verfolgungen wegen Meinungsaeusserungen.

Wer niemand terrorisierte oder denunzierte und wer nicht an der Aufrichtung des faschistischen Schandregimes beteiligt war, soll nichts zu fuerchten haben.

Unser Aufruf soll alle aktiven Kraefte zum Kampf vereinigen gegen die fremden Tyrannen und die einheimischen Verraeter in ihren Diensten. Wir wollen unser Land frei machen von jedem nationalen Konformismus, in dem es ebensowenig verboten sein wird, deutsch zu sprechen und seine Sympathien fuer das Deutschland der Schiller und Goethe, der Wagner und Beethoven, der Marx, Liebknecht und Thaelmann zu bekunden, als die unsterbliche, in den Mauern unseres alten Strasbourg gedichteten "Marseillaise" zu singen oder Frankreich, seine Sprache und sein Volk zu lieben, mit dem uns mehrere Jahrhunderte gemeinsamer Geschichte verbinden.

Zur Verwirklichung dieses hohen Zieles, fuer die Befreiung unseres Landes von nationaler Unterdrueckung und fuer die sofortige, taegliche Verteidigung unserer laufenden Beduerfnisse bieten wir allen Landsleuten, Maennern und Frauen, die gewillt sind, in diesem Sinne zu kaempfen, bruederlich die Hand dar.

Ausschliesslich vom Willen beseelt, die Einheit unseres Volkes in seinem Kampfe gegen die Nazityrannei zu verwirklichen, erklaert die Kommunistische Partei feierlich ihre Bereitschaft, mit jeder Partei, jeder Organisation, allen Persoenlichkeiten, deren Ziele und Anstrengungen auf die Entfaltung eines wirklichen Kampfes gegen die Unterdruecker gerichtet sind, zusammenzuarbeiten.

Elsass-Lothringer, Maenner und Frauen
aller Schichten des Volkes,
aller Konfessionen und Meinungen!

Wir rufen Euch auf, Seite an Seite mit allen Kraeften zu kaempfen:

1) um zu verhindern, dass die Reichtuemer Elsass-Lothringens Hitlers Kriegsmaschine zur Verfuegung gestellt werden;
2) damit die elsass-lothringischen Fabriken nicht fuer Hitler arbeiten und Unterstuetzung der Forderungen der Arbeiter, die den Interessen unseres Landes dienen, indem sie ihr Brot und dasjenige ihrer Kinder verteidigen;
3) damit unsere Bahnen nicht die Produkte unserer Industrie nach Deutschland schaffen;
4) den Widerstand der elsass-lothringischen Bauern zu organisieren, damit deren Erzeugnisse im Lande selbst verbleiben;
5) gemeinsam mit den Jungen den Widerstand gegen den obligatorischen Arbeitsdienst zu organisieren, mit der Losung fuer alle jene, die an die Ostfront geschickt werden, zur Roten Armee ueberzugehen, wo sie bruederlich empfangen werden;
6) fuer die Verbreitung der Aufrufe, Flugblaetter und Dokumente der Heimatfront gegen die Nazibanditen.

[illegible]

Arbeitet an der Bildung der elsass-lothringischen Heimatfront! Reiht Euch auf diese Weise ein in die Weltfront gegen die faschistische Barbarei! Befolgt das heldenhafte Beispiel der Sowjetvoelker! Kaempft mit allen Euren Kraeften fuer die Befreiung unseres schoenen Landes, gegen Not, Willkuer und Ausplünderung.

Es lebe die elsass-lothringische Heimatfront zur Befreiung von der Schmach der Hitlerdiktatur!

Es lebe das freie und unabhaengige Elsass-Lothringen!

die Kommunistische Partei
von Elsass-Lothringen.

TRACT IMPRIMÉ À MILLE EXEMPLAIRES
PAR WODLI À PARIS EN 1941.

– Organiser «les forces populaires qui permettront demain de bouter hors du sol de notre France les ennemis de notre pays» (*H.P.*), prélude à la lutte armée.

– Appeler les travailleurs à exiger de meilleurs salaires, de meilleures conditions de travail, vieille tradition communiste «des revendications à la base»,[14] mais qui, ici, vise en plus à affaiblir la production au service des nazis.

Le fait que l'*H.A.L.* soit écrite en allemand n'a rien de surprenant.[15] En bon léniniste, Wodli veut faire «une analyse concrète de la situation concrète» de l'Alsace-Lorraine. Contrairement à l'*H.P.*, qui concentre ses critiques sur les «gouvernants traîtres de Vichy» comme Pétain et Darlan, les «valets hitlériens Déat, Deloncle, Doriot, Gitton et Cie», l'*H.A.L.* les ignore purement et simplement. Même l'allusion aux marins de la Mer Noire et à André Marty[16] de l'*H.P.* a disparu. C'est un texte pour les Alsaciens-Lorrains, écrit dans un allemand très «brechtien». très «KPD».[17] Les dirigeants allemands sont durement stigmatisés : les grands financiers sont traités de «monstres» (Bestien), les nazis d'«assassins d'ouvriers», «incendiaires du Reichstag», «potentats assoiffés de sang» (Blutrünstige Machthaber). Par contre, on perçoit une sorte de compassion pour le peuple allemand, promis à «une mer de sang et de larmes».

Un appel solennel est lancé aux Alsaciens «que l'on a mis de force dans les uniformes détestés» à refuser de les porter. Il ne s'agit pas encore de l'uniforme de la Wehrmacht, puisque l'incorporation de force date d'août 1942, mais de ceux d'organisations comme l'Opferring, ou, à partir d'avril-mai 1941, du service du travail obligatoire (RAD), véritable prélude à l'incorporation de force. Il semble que Wodli en a eu la prémonition bien que le texte n'en parle pas.[18] De plus, la propagande nazie avait compris quel parti elle pourrait tirer de photos de manifestations «spontanées» – en fait quasi obligatoires – d'Alsaciens-Lorrains portant brassards à croix gammée, faisant le salut hitlérien en défilant dans les rues de Strasbourg, Colmar, Saverne, Obernai, etc., pavoisées aux couleurs nazies. On n'hésitait pas à renforcer le caractère de masse de ces défilés en faisant appel à des contingents venus d'Outre-Rhin, du pays de Bade en particulier. Publiées dans le Reich comme en vieille France, ces photos devaient témoigner de l'adhésion enthousiaste des Alsaciens-Lorrains au IIIe Reich. Enjeu politique d'importance !

«VIVE LE DROIT À L'AUTODÉTERMINATION DE L'ALSACE-LORRAINE», PROCLAMENT LES COMMUNISTES.

Mais ce n'est pas pour affirmer leur attachement à la France que les communistes d'Alsace-Lorraine lancent cette action. Alors que l'*H.P.* se termine par l'appel à faire «tous ensemble une France libre, forte et heureuse», l'*H.A.L.* écrit : «Vive le droit à l'autodétermination de l'Alsace-Lorraine et l'indépendance de notre pays».[19] Cette phrase renvoie au problème complexe et très controversé de l'autonomie, voire de l'indépendance de l'Alsace-Lorraine, question qui déborde largement le cadre de notre sujet ; mais il est nécessaire d'en évoquer quelques aspects pour tenter d'éclairer une phrase aussi étonnante, choquante peut-être, cinquante ans après.

L'idée d'une Alsace-Lorraine autonome, voire indépendante, née entre 1870 et 1914, était aussi, d'une certaine manière, une protestation contre l'annexion bismarckienne. Elle pouvait, en 1918, se nourrir aussi bien des quatorze points du président américain Wilson que du décret des bolcheviks en 1917 sur les nationalités. De plus, la manière dont le «Conseil des ouvriers et des soldats» de Strasbourg avait été dissous en novembre 1918 avait laissé de la rancœur contre les autorités françaises chez nombre de participants, qui avaient espéré une révolution de type soviétique. Si on y ajoute les maladresses – c'est un euphémisme – de la «francisation» après le retour de notre province à la mère-patrie, on peut comprendre les tentations plus ou moins séparatistes de certains, de gauche ou de droite.

En tout cas, le droit à l'autodétermination est une revendication traditionnelle des communistes d'Alsace-Lorraine. L'*H.A.L.* porte en sous-titre «organe officiel du parti communiste d'Alsace-Lorraine», et non du P.C.F., et n'ajoute pas, comme le fait encore l'*H.P.*, le sigle S.F.I.C. (Section Française de l'Internationale Communiste, c'est-à-dire de la IIIe Internationale).

Les événements de Russie confortent la direction nationale du P.C.F. dans sa décision du 15 mai – avant Barbarossa, donc – d'élargir la lutte à tous les patriotes, sans distinction d'opinion. L'*H.P.* du 22 juin «appelle tous les Français et toutes les Françaises à réaliser LE FRONT NATIONAL DE LUTTE POUR L'INDÉPENDANCE DE LA FRANCE». Rien de semblable dans l'*H.A.L.* de juillet. Ce n'est que six mois plus tard que Wodli rapporte lui-même de Paris un tract imprimé à mille exemplaires, et dont le contenu a certainement été soigneusement discuté et élaboré avec lui par le C.C., de même que le titre : «Pour la libération de notre Patrie du joug de la dictature hitlérienne par le Front de la Patrie [Heimatfront] d'Alsace-Lorraine».

Après avoir dressé un bilan sans appel de dix-huit mois de dictature nazie (d'où sa date probable : décembre 1941), Wodli souligne à nouveau l'importance, pour la libération de notre province, de l'issue de la guerre, en particulier en Russie, mais aussi de la nécessité de la lutte des peuples occupés et opprimés. D'où l'offre faite à tous les Alsaciens-Lorrains, à l'exception des «traîtres au pays» – Mourer, Schall, Huber et Antoni sont nommés – de créer ce Front de la Patrie.

Il s'adresse même amicalement aux «innombrables membres des organisations à la croix gammée, qui en portent l'uniforme forcés et contraints» et refuse à l'avance toute «nouvelle vague d'expulsion» et toute «persécution pour raison d'opinion» après la Libération. Suit une proposition de programme en treize points.

– Point 1 : Droit à l'autodétermination du peuple d'Alsace-Lorraine.

– Point 3 : Création d'un gouvernement (d'Alsace-Lorraine ? Ce n'est pas précisé) composé d'hommes «n'ayant pas participé à la suppression des libertés démocratiques et constitutionnelles en France» ni à la «mise en place du régime nazi en Alsace-Lorraine».

– Point 11 : Introduction du bilinguisme dans la vie publique et dans l'enseignement «à partir de la langue maternelle de l'enfant».

Les autres points concernent les libertés de presse, d'opinion, de culte, les dommages de guerre, le ravitaillement, la durée du travail, le châtiment des traîtres (point 13). Un point très curieux, pour lequel nous n'avons pas d'explication à proposer stipule le rétablissement du monopole d'Etat sur les tabacs et les allumettes ! Et l'appel se termine par «Vive l'Alsace-Lorraine libre et indépendante !»

La guerre germano-soviétique n'amène donc pas les communistes alsaciens-lorrains – du moins Georges Wodli[20] – à renoncer à leurs spécificités, au nom des droits du «peuple d'Alsace-Lorraine» à disposer de lui-même. Mais y a-t-il un «peuple d'Alsace-Lorraine» ? Peut-être ont-ils sous-estimé la profondeur des liens qui unissent, au-delà des péripéties, notre province à la nation française.[21] Peut-être ont-ils mal perçu l'aspect patriotique français d'événements comme ceux du 13 juillet 1941 au soir, où la jeunesse de Hochfelden dépose une gerbe tricolore au monument aux morts, défile aux flambeaux aux accents de *la Marseillaise*, sous les applaudissements de la population. De même, l'incorporation de force

AFFICHE DE PROPAGANDE
POUR LE VOLONTARIAT DES ALSACIENS
«CONTRE LA PLOUTOCRATIE
ET LE BOLCHEVISME».

s'accompagne de manifestations : inscriptions «Vive la France» sur les wagons qui arrivent saccagés aux lieux d'incorporation. *Marseillaise* vibrante, port ostensible de bérets basques par les appelés...[22]

TREIZE POINTS AU PROGRAMME D'AUTO-DÉTERMINATION DU FRONT DE LA PATRIE.

Peut-on, cinquante ans après, leur en faire grief ? Certes l'Histoire a tranché. Le Front de la Patrie d'Alsace-Lorraine n'a pas eu une ampleur comparable au Front National (de l'époque !) en France. Mais son caractère limité à notre province n'explique pas tout, et n'est sans doute pas essentiel. La répression nazie a été terrible, frappant aussi bien les résistants, les suspects, que leurs familles. Les grands procès de 1942-1943 ont gravement affaibli tous les mouvements de Résistance, communistes ou pas. Et surtout, l'incorporation de force dans la Wehrmacht[23], drame majeur spécifique de notre province, a privé la résistance de milliers d'hommes, dont on peut penser que nombre d'entre eux auraient participé à la lutte armée contre l'occupant, lutte armée que Wodli envisageait avant d'être arrêté à Châtou le 30 octobre 1942. Livré par la police française aux nazis, il meurt sous les tortures de la Gestapo, rue Sellenick à Strasbourg.

1941

Ce qui est certain, c'est que les communistes alsaciens-lorrains ont été parmi les anti-nazis les plus résolus. Leur martyrologe en témoigne.[24] Ce qui est certain aussi, c'est qu'ils n'y a chez eux aucune hostilité envers la nation française, pas plus qu'envers la nation allemande. Dans *Heimatfront*, Wodli rêve d'une Alsace «où il ne sera pas plus interdit de parler allemand et d'affirmer sa sympathie pour cette Allemagne des Schiller et Goethe, Wagner et Beethoven, des Marx, Liebknecht et Thälmann, que de chanter l'immortelle *Marseillaise* composée dans les murs de notre vieux Strasbourg, ou d'aimer la France, sa langue et son peuple auquel une histoire multiséculaire nous relie.»

NOTES

1. Nous ne traiterons pas des scissions, dissidences et exclusions qui ont ponctué le mouvement communiste alsacien-lorrain entre les deux guerres. Question complexe qui nécessiterait une étude particulière.
2. Cette note se veut un appel à tout témoignage, écrit ou oral. J'en profite pour remercier chaleureusement mes amis Marthe Oltra, Alphonse Boos et François Spielmann, adjoint au maire de Mutzig, pour leur aide précieuse, ainsi que le Centre Régional de l'Institut CGT d'Histoire sociale.
3. Dans la clandestinité, l'élaboration et la diffusion de tout écrit anti-nazi, non seulement se heurtaient à des difficultés matérielles inimaginables, mais valaient à leurs auteurs arrestation, déportation, mort. On comprend la mauvaise qualité, le tirage limité, et la disparition ou la destruction de nombre de ces documents.
4. Cf. la bibliographie très étoffée du catalogue de l'exposition itinérante (1984/85), *Les Alsaciens-Mosellans dans la Deuxième Guerre mondiale*, Secrétariat d'Etat auprès du ministre de la Défense chargé des Anciens Combattants et des Victimes de guerre, Direction des Statuts et de l'Information Historique.
5. Texte reproduit dans de nombreux ouvrages. Nous avons utilisé la revue *Notre Musée*, éditée par l'Association du Musée de la Résistance Nationale, 97 bis, Avenue Georges-Gosnat, 94200 Ivry-s-Seine, n° 122, juin 1991.
6. Reproduit dans *Heimat unterm Hakenkreuz*, publié par l'Union des Syndicats CGT des Cheminots d'Alsace-Lorraine, mars 1953.
7. Communiqué signé Maurice Thorez - Jacques Duclos. Cf. *Humanité* de décembre 1940. Il rappelle le «droit des Alsaciens à l'autodétermination». Par contre, le 18 juillet, sur proposition d'Ernst, des personnalités alsaciennes «libérées des geôles françaises», réclament l'annexion de notre province au IIIe Reich (appel des Trois Epis). Ce sont : Antoni, Bickler, Bieber, Brauner,

Hauss, Keppi, Lang, Meyer, Mourer, Nussbaum, Oster, Rossé, Schall, Schlegel et Stürmel.

8. Une des formes de pillage – parmi d'autres – a été, en Alsace annexée, la mainmise sur la trésorerie et les équipements d'associations de toutes sortes, fort nombreuses, interdites et remplacées par des organisations nazies quasi obligatoires.
9. Toutes les traductions sont de l'auteur. En cas de difficultés ou de doute, le passage correspondant en allemand sera rappelé.
10. Témoignage dactylographié d'Albert Sorgus, décédé il y a peu. Document en possession de l'auteur, grâce à l'amabilité de Alphonse Boos.
11. Ils ont déjà eu leur premier martyr, Deiss, de Hagondange, assassiné par la Gestapo début juin 1941, donc avant «Barbarossa». Cf. *H.A.L.* 65, p. 43.
12. Au grand procès du Tribunal du peuple nazi («Volksgerichtshof») de janvier 1943 à Strasbourg, un des chefs d'accusation était la détention d'armes et de munitions récupérées en 1940 dans l'intention de les utiliser contre les nazis. Six communistes furent condamnés, dont quatre à mort, et exécutés. Cf. le journal officiel du parti nazi, *Strassburger Neuste Nachrichten* du 27 janvier 1943.
13. L'opération Babarossa mobilise 190 divisions. Il n'en reste plus que 57, dont deux blindées en France, Danemark, Hollande, Belgique, Norvège, dans les Balkans et en Libye. Beaucoup de communistes – et d'autres – croient en une victoire rapide de l'URSS. L'*H.P.* écrit «l'heure de la délivrance approche». Idée reprise dans l'*H.A.L.*
14. L'*H.A.L.* dit : «Brecht den Zwang wo er euch drückt» – (Brisez la contrainte là où elle vous serre).
15. Journaux et publications en allemand étaient très lus. Seules les personnes nées après 1911/1912, et qui ont donc moins de trente ans, ont eu une scolarité entièrement fançaise. Et que de difficultés à apprendre la langue nationale peu parlée dans les milieux populaires ! Pour les communistes, le bilinguisme, à vrai dire le trilinguisme, est une tradition qui se maintiendra jusqu'à ces toutes dernières années.
16. Dans la guerre civile en Russie, un contingent français – des marins surtout – devait appuyer les «Blancs» contre les «Rouges». Des mutineries pro-soviétiques avaient éclaté dont celle dirigée par André Marty, futur communiste.
17. Parti Communiste Allemand, avec lequel les communistes français, alsaciens-lorrains en particulier, avaient des contacts anciens et étroits : actions communes lors de l'occupation française dans la Ruhr, puis pour sauver Ernst Thälmann (secrétaire général du KPD), Edgar André, Liselotte Hermann etc., des geôles nazies, participation de Wodli et d'autres au jounal *Die rote Fahne* (Le drapeau rouge) etc.
18. *Heimat unterm Hakenkreuz*, p. 23.
19. Le texte en allemand est redondant : «[die] Unabhängigkeit und die Selbständigkeit unseres Landes». Quelques lignes plus haut, il est question de créer une «République Populaire Libre d'Alsace-Lorraine».
20. D'après A. Boos et F. Spielmann (témoignages oraux), il semblerait que la question de l'autonomie alsacienne préoccupait assez peu les militants de base. L'essentiel était la lutte contre le nazisme.
21. Dans son ouvrage *1525 - La guerre des paysans en Alsace*, Paris, Editions Sociales 1975, Gauthier Heumann, rédacteur en chef de l'*H.A.L.* a exploré une voie originale : les racines lointaines des liens entre l'Alsace-Lorraine et la France seraient à chercher dans cette première tentative de révolution anti-féodale en Europe. En 1648, nos ancêtres se seraient définitivement détachés du Saint Empire Romain Germanique, déjà archaïque, pour accepter une sorte de «mariage de raison» avec la Monarchie française, plus «moderne». La Révolution de 1789, en réalisant leur rêve de l'abolition du régime féodal (en fait seigneurial), aurait scellé, dans un «mariage d'amour», l'adhésion des Alsaciens à la nation française. Hypothèse puissante, qui mériterait d'être étudiée.
22. Témoignage oral de F. Spielmann à propos du train Mutzig-Saverne. Evénements semblables ailleurs, à Sarrebourg, par exemple.
23. L'appel aux engagements volontaires dans la Wehrmacht ou les SS, lancé dès l'automne 1940, avait eu peu de succès.
24. En plus de Georges Wodli, citons Jean Burger, Martin Waechter, René Birr, Adolphe Murbach, Auguste Sonntag, Eugène Boeglin... qu'il nous soit permis d'évoquer les résistants non-communistes, comme Marcel Weinum, Alphonse Adam, Hélène Studler (sœur Hélène, en religion)... D'après les sources officielles, il y eut 587 condamnations, 78 à mort dont 38 furent exécutées. Parmi eux, tous les communistes. Sans compter les victimes assassinées sans jugement, les déportés morts dans les camps... Rappelons que l'Alsace fut la seule province française à abriter un camp d'extermination, le Struthof.

«Schirmeck, connais pas !»

Chronique d'un camp tombé dans l'oubli

1941

JACQUES GRANIER

Pour bien connaître l'âme de l'Alsace et quel a été son drame au cours de la Seconde Guerre mondiale, il ne faut rien ignorer du camp de Schirmeck, ni bien entendu, de celui du Struthof, l'un étant le purgatoire, l'autre, l'enfer. Histoire et mémoire d'un lieu aujourd'hui disparu.

AUX PORTES DE LA VILLE,

J'ai découvert Schirmeck d'une manière assez curieuse : en jouant au basket. Le club de Schirmeck que rencontrait notre équipe de Rothau, jouait dans la salle du camp. Quelle belle salle c'était encore en 1956 ! Un parquet de chêne magnifique, une belle tribune, et, aux murs, de ravissantes peintures. Je me souviens surtout de la fresque aux couleurs vives, peinte sur le mur du fond, derrière la tribune. Sur quinze mètres de large et cinq à six de haut, sur un fond d'usine, de forêt et de collines des Vosges du nord, des bleuets, marguerites et coquelicots avaient été astucieusement piqués sur un champ de blé, prêt à être moissonner ; j'ai appris plus tard que c'était l'œuvre d'un ancien interné, originaire de Reichshoffen. L'effet était saisissant. Le détenu avait clairement exprimé son patriotisme et son attachement au drapeau français par ces touches tricolores, mais il semble bien que cela ait échappé au chef du camp Karl Buck qui n'y a vu qu'un simple effet bucolique. Les croix gammées qui réapparaissaient sous de nouvelles couches de peinture m'intriguaient aussi. Mais bien plus encore les cellules individuelles du sous-sol qui nous servaient alors de vestiaires.

J'ai eu envie de connaître l'histoire de ce camp de redressement. Les récits des souffrances subies par les Alsaciens réfractaires au régime nazi, dont j'ai recueilli les témoignages, furent pour moi des révélations. Vaincre leurs scrupules et leurs réticences ne fut pas aisé, mais une fois la glace rompue, ils m'ont raconté très simplement la vie et l'organisation du camp, les motifs de leur internement, leurs privations et leurs souffrances. De jour en jour, j'allais de découverte en découverte, de surprise en surprise, éprouvant une pitié qui se mua en admiration. L'histoire de l'Alsace au cours de ces années de guerre était tellement différente de ce que j'avais pu lire ou entendre dans la France du sud, dont je suis originaire. De cette rencontre fortuite avec les restes du camp, date ma promesse de faire connaître à la «vieille France» ou «France de l'intérieur», comme on dit ici, ce qu'elle méconnaissait, et dont j'étais ignorant jusqu'à présent.

Raviver les souvenirs, bien qu'il en coûte de rouvrir les blessures, n'était-ce pas un devoir ? Il reste certes des archives que les historiens sauront faire parler lorsqu'elles seront tombées dans le domaine public. Mais les témoignages sont d'une autre dimension, celle de l'humain qui n'a pas de prix.

Le camp de Schirmeck existait avant l'arrivée des nazis et donc avant l'annexion de l'Alsace. Ce ne sont pas les Allemands qui l'ont construit après juillet 1940, c'est bel et bien l'administration française qui l'a érigé en 1939. Six baraques en planches sont montées en toute hâte, dès le début de la guerre, sur un terrain vague et marécageux, au confluent des vallées de Grandfontaine et de la Bruche. La nationale 392 qui grimpe vers le col du Donon passe à proximité. L'endroit est à l'abri du front et de son «imprenable» ligne Maginot. Il est idéal pour assurer un refuge d'appoint à quelques réfugiés de la zone de feu qui ne peuvent être évacués dans le sud-ouest de la France. Les nazis en ont fait un Sicherungslager (camp de sécurité) ou encore Erziehungslager (camp de rééducation). Il fut créé par le Gauleiter Wagner et son état-major, dont Scheel, chef de police d'Alsace, de Bade et du Wurtemberg, (Befehlshaber der Sicherheitspolizei). Il était destiné à recevoir, par voie d'internement administratif, les Alsaciens et aussi les Lorrains, récalcitrants au national-socialisme. Son but : les convertir au nouveau régime. Karl Buck, «l'homme à la jambe de bois», en a assumé le commandement depuis juillet 1940 jusqu'à son évacuation, en novembre 1944. «Je reçus l'ordre de me rendre à Strasbourg et de me présenter au directeur de la police de sécurité. Je devais me mettre à sa disposition et

KARL BUCK,
LE CHEF DU CAMP,
APRÈS SON
ARRESTATION
À LA LIBÉRATION.

EN 1966, NE SUBSISTAIT PLUS QUE LA GRANDE SALLE COMMUNE DU CAMP, AU PREMIER PLAN.

PHOTO JACQUES GRANIER

créer le camp de sécurité de Vorbruck dont je devais assumer le commandement.»[1] Les anciens détenus m'ont d'abondance parlé de lui. Leurs témoignages concordants m'ont permis de situer le personnage dans son contexte, presque de le faire revivre, quoiqu'à l'époque où j'ai commencé mon enquête, Karl Buck était toujours vivant. Je l'ai rencontré dans sa villa de Rudersberg, en Allemagne. Il y menait une vie tranquille, sans soucis, sinon sans remords. Il m'est apparu tel que je m'en étais fait l'idée : froid, hautain, orgueilleux et méprisant. J'ai compris la crainte qu'il avait inspirée à ses pensionnaires ; son regard à lui seul, suffisait à faire peur. Arrêté en 1945, condamné à mort par le tribunal militaire de Metz en 1953, après huit ans de prison, Buck fut remis en liberté. A l'époque où je le rencontrai, il vivait de ses rentes, et sans doute de sa pension militaire, après avoir échoué dans l'élevage de poulets. Arrivé à Schirmeck, Buck a complété les installations du camp. Ses plans sont identiques à ceux de tout autre camp de concentration.

BUCK, LE SINISTRE CHEF DU CAMP, SE RECONVERTIT APRÈS-GUERRE DANS L'ÉLEVAGE DU POULET.

Il comprend deux parties bien distinctes. Le camp des détenus lui-même est entouré d'un double réseau de barbelés. Cette enceinte n'est pas sous tension, comme celle du Struthof, mais elle est éclairée la nuit, et pourvue d'une zone de sécurité.

Chaque coin de ce vaste rectangle comporte un mirador pour les sentinelles. La surveillance de jour est exercée du haut de ces quatre miradors ou depuis la colline voisine. La nuit, les détenus sont enfermés à double tour dans leur baraque, les chiens sont lâchés et des sentinelles font la navette le long des quatre côtés. Le 5 juillet 1942, René Saenger, un jeune de Guebwiller, parviendra cependant, en pleine nuit, à s'évader entre deux rondes. Il franchira, grâce à un rétablissement de gymnaste, les chevaux de frise barbelés de la double clôture. Cette évasion réussie restera une des plus spectaculaires et des plus osées de Schirmeck.

QUATRE MIRADORS, DES CHIENS ET DES SENTINELLES ASSURENT LA SURVEILLANCE.

La seule issue du camp réservée aux détenus mène au «Vorhof», c'est-à-dire à l'avant-camp. Ce premier camp, également entouré d'une enceinte de barbelés, comportait à l'origine un bâtiment appelé Kommandantur, une baraque pour les policiers et un poste de police. Buck fait construire un nouveau bâtiment qu'il affecte aux bureaux de la Kommandantur, ainsi qu'une deuxième baraque pour les policiers. Un garage-atelier, ainsi qu'une cantine pour les gardiens, complètent les installations de l'avant-camp. Il convient toutefois de signaler qu'un petit local comportant six cellules, est accolé à la Kommandantur. C'est dans ces cellules qu'auront lieu la plupart des «interrogatoires renforcés» pratiqués par la Gestapo.

Robert Heitz raconte une ravissante histoire dans son ouvrage de souvenirs de captivité.[2]

«Nous avons en Alsace, écrit-il, un homme qui prédit l'avenir. Il s'appelle «D'r Schlabbepater», le «Père-la Savate». Un jour, la Gestapo se présente chez le brave homme :

– Vous prédisez l'avenir ?
– Parfaitement.
– Et vous avez été arrêté par les Français ?
– Parfaitement.
– Pourquoi ?
– Pour avoir prédit qu'ils perdraient la guerre en 1940.
– Et que dites-vous maintenant ?
– Je ne dis rien, pour ne pas être arrêté de nouveau.

Sur quoi il fut coffré.»

Cartomanciennes, astrologues, prophètes et devins ne tarderont pas, en effet, à être arrêtés par la Gestapo. Ils seront envoyés au stage de rééducation au camp de Schirmeck ou Buck s'efforcera de faire aligner leur conduite et leurs prédictions dans le sens de la félicité millénaire annoncée par son Führer bien-aimé. Les nazis

LA PERSÉCUTION, NOCTURNE DES PRISONNIERS NOTAMMENT ECCLÉSIASTIQUES. DESSIN D'ALOYSE CLAUSS, ANCIEN DE SCHIRMECK.

traiteront sans pitié cette catégorie de détenus d'autant plus qu'une prophétie, dite de sainte Odile, a circulé de mains en mains dans la plupart des foyers d'Alsace et qu'elle n'est guère à leur avantage.

Les Polonais ne sont pas mieux lotis. Ils arrivent d'un peu partout, non pas seulement du bassin potassique d'Alsace, mais d'autres régions minières de France. Des Allemands par dizaines figurent parmi les détenus. Ce sont des opposants au national-socialisme. Ils s'étaient expatriés d'Allemagne avant la guerre, mais ont été repris après la défaite française. Schirmeck ne sera pour eux qu'un lieu de passage, en attendant de connaître les camps de concentration d'Allemagne.

En fait, raconte M. Edouard Richard qui fut, en 1945, «maire de la libération» de Colmar, nous ne redoutions réellement que «l'homme à la jambe de bois». Il était aussi sadique que brutal et s'il se vantait d'être juste, il n'en donnait que rarement la preuve. Il semblait trouver un réel plaisir à frapper et, avant de gifler un détenu, il lui disait parfois :

– «Mein lieber Schwan» (mon cher cygne). Puis sa main s'abattait sur l'homme au garde-à-vous et le faisait généralement rouler à terre.

Bref, tout ce que je voyais ne présageait rien de bon pour mes compatriotes et je comprends cette femme qu'interrogeait un jour un officier allemand :

– Avouez quand même, lui disait-il, que les Français sont des incapables. En vingt ans, ils ne sont pas parvenus à franciser l'Alsace.

– C'est vrai, répondit la brave Alsacienne, à vous il n'aura fallu que quinze jours pour la franciser totalement.»

Plus inquiétantes étaient les réflexions de quelques compatriotes de ma baraque n° 3. Ils étaient une dizaine à quitter le camp chaque matin. Ils partaient en commando travailler quelque part là-haut, entre Natzwiller et le Champ du Feu ; quand ils rentraient le soir, ils me disaient :

– «Je ne sais pas ce que nous faisons là-haut, mais nous construisons quelque chose d'énorme. Et cela ne sent pas très bon pour nous.»

Schirmeck n'était pas encore terminé que les Allemands ébauchaient un deuxième camp à quelques kilomètres de là, mais nous ne savions pas encore quel lieu sinistre allait devenir le Struthof.

Les nouveaux arrivés sont jetés à terre, cramponnés à leurs bagages, avec interdiction de se mouvoir autrement qu'à quatre pattes. Un autre groupe de policiers les prend en charge et manœuvre la masse à grand renfort de jurons et de coups de pieds dans les reins, n'épargnant même pas les têtes quand l'une ou l'autre se redresse un peu trop, au gré des réceptionnaires.

Malheur à qui se fait alors remarquer d'une manière ou d'une autre : un curé ou un religieux en soutane, un individu physiquement handicapé et qui ne peut suivre le mouvement ou tel autre qui traîne une valise trop lourdement chargée. Les prêtres sont impitoyablement ridiculisés. Ils ne seront plus désignés dans l'enceinte du camp que sous le sobriquet de «comédiens du ciel». En attendant, gardiens et policiers s'amusent à les faire aboyer comme des roquets, à leur lier la soutane par-dessus la tête, et rient de les voir, ainsi aveuglés, courir à tort et à travers, se cogner contre les murs ou patauger dans quelque tas de ciment fraîchement gâché.

LES PRÊTRES SONT IMPITOYABLEMENT RIDICULISÉS.

En attendant, c'est la course – car toute marche est interdite dans l'enceinte du camp – en direction de la salle d'habillement (Effektenkammer) où un personnel d'experts triés sur le volet se charge de la fouille dans toutes les règles de l'art policier. Rien n'échappe à ces furies, du moins quand ils se piquent au jeu ou que Buck supervise la manœuvre.

Le SS Schlessinger, se fait même fort de retrouver la moitié d'un papier à cigarette dans les deux minutes sur n'importe quel individu, y compris les professionnels de la «Kripo» et gagne le pari deux fois sur trois.

Sa femme, la «Käthe», ne soumet pas les détenues à meilleur régime et ne craint pas non plus de fouiller dans les chairs vivantes, à l'arrivée tout comme au départ. Quand Buck lui envoie les détenues en instance de libération, mais suspectes de porter un message à destination de l'extérieur, l'opération ne tarde guère. La porte du «cabinet de travail» s'ouvre presque instantanément et la bonne âme brandit triomphalement l'objet de ses recherches. Ce qui vaut à la délinquante un nouveau stage de six ou neuf mois, et l'amertume supplémentaire d'être tondue dans les plus brefs délais.

Après la fouille, les nouveaux arrivants sont alignés au mur d'infamie, jusqu'en 1942 face à la baraque des policiers, ensuite derrière le bâtiment des douches. En attendant la tonte qui leur mettra le crâne à nu et fera d'eux des détenus à part entière, les gardiens les préparent déjà à leur confrontation avec le grand chef.

A vrai dire, l'opération est déjà assez avancée : dans les prisons et notamment au cours des «séances spéciales» consacrées à l'amusement de ces messieurs de la Gestapo. A Schirmeck, les victimes ont le crâne collé au mur du bâtiment des douches, les bras le long du corps, quand le SS Weber, dit «Giggele», le fameux «Exerziermeister» borgne, et, à cette époque reculée, dispensateur des «petites œuvres» et autres bastonnades, fait répéter à chacun le discours qu'il devra tenir au «Kommandatore».

Tondus et douchés, les nouveaux ne font pas encore partie intégrante du camp. Le détenu ne sera fixé sur son sort qu'après avoir subi l'interrogatoire devant le «chef suprême». Et encore son destin restera-t-il toujours entouré de mystère, ce qui ne fera qu'ajouter à son désarroi.

Auparavant, quelques-uns d'entre eux, jugés insuffisamment propres après une période de détention plus ou moins longue, sont jetés sur les dalles des douches et confiés à un commando d'anciens. Ils seront passés au jet d'eau froide et frottés énergiquement au «Schrubber» (balai-brosse) et à la brosse en chiendent jusqu'à ce qu'ils aient la tête en sang.

Pendant ce temps, le «Giggele» continue inlassablement son travail de sape et de mise en condition. Arrive le grand jour où, enfin pénétré des rites de la société nouvelle à laquelle il appartient, le détenu sera introduit dans le sanctuaire du chef suprême et pourra contempler sa haute dignité face à face.

A cette époque (1941-1943), tous les novices passent par la baraque 7 pour une quinzaine de jours et jouissent d'un régime spécial à la fois disciplinaire et minutieusement rationné.

Deux séances de «laminage» le matin et autant le soir, un menu calculé de telle façon qu'un individu normal perd ses vingt kilos et quelquefois plus. Toute marche est interdite, le pas de gymnastique accéléré est une règle impérative. Les communications verbales sont hurlées et les conversations entre «Häftlinge» et supérieurs n'existent pas. Toutes ces circonstances confèrent au camp un caractère de folie furieuse qui vous prend à la gorge dès les premiers contacts.

TOUTE MARCHE EST INTERDITE : LE PAS DE GYMNASTIQUE EST DE RIGUEUR.

Cet interrogatoire capital, et parfois même vital, se déroule de mille façons différentes, suivant la période considérée, le motif de l'arrestation, ou tout simplement l'humeur du commandant très sensible aux démangeaisons que lui provoque son amputation.

Celui de Paul Debes se situe le jour même de son arrivée, au soir du 1er septembre 1941. Debes a été arrêté à Hochfelden pour une histoire d'espionnage et de distribution de tracts. Bref, une affaire de haute trahison. Autant dire qu'il n'est pas très rassuré d'affronter le seigneur des lieux.

Le Wachtmeister Rexler l'a initié au cérémonial de la présentation. Au garde-à-vous impeccable, tête nue et bras le long du corps, la seule réponse possible, quelle que soit la question, doit être :

– Jawohl, Herr Kommandant. (Oui, mon commandant).

Mais avant tout se présenter par la phrase rituelle qu'aucun ancien de Schirmeck n'oubliera jamais :

– Sicherungshäftling so und so meldet sich zur Stelle, Herr Kommandant. (Le détenu tel et tel se présente au rapport, mon commandant).

«L'entrevue est brève, se souvient Debes. Après la présentation réglementaire Buck ne pose pas la moindre question. Il se contente d'ouvrir le dossier qu'il a reçu de la Gestapo, puis me fixe profondément, d'un regard qu'il sait insoutenable, et ajoute, après une minute qui n'en finit pas :

– Tu dois être fusillé ! Je ferai le nécessaire.

Quel que soit le cynisme de ses paroles, je dois répondre :

– Oui, mon commandant.

GARDIENS DU CAMP.

Après quoi il laisse tomber sa formule de congédiement :

– Hau ab ! (Déguerpis).

Au terme de cet interrogatoire et du stage initial chaque détenu est affublé d'un signe distinctif :

– rouge pour les politiques
– vert pour les passages illégaux et les délits de frontière
– jaune pour les Juifs, les Polonais, les Russes...
– bleu pour les homosexuels et les... religieux
– écossais pour les droits communs et les asociaux.

Le stage en baraque 7 étant achevé, les prisonniers sont dirigés vers leur baraque spécialisée. Les individus les plus dangereux, les récidivistes qui se sont fait repérer d'une manière ou d'une autre – ce qui est facile – sont rassemblés dans la baraque 10, dotés d'une tenue spéciale et pour eux le régime initial se prolonge indéfiniment.

Quant aux femmes, elles sont enfermées, dès leur arrivée, en baraque 14. Elles sont exemptées du stage préparatoire mais les délinquantes sont coffrées dans les bunkers et quand les hommes de la baraque disciplinaire font leur «exercice» sur la place du 14-Juillet, certaines d'entre elles doivent s'y joindre et participer aux réjouissances communes. L'une d'elle, affolée par un tel régime, et s'attendant au pire, interroge une détenue plus ancienne : «C'est vrai, dis, que l'on reçoit des enfants dans le camp de Schirmeck ?» Expression alsacienne imagée, dont le sens est aisé à deviner. Livrée à tant de fureur bestiale, rien ne peut être exclu. En effet, sous le régime nazi, cette crainte prend une toute autre dimension, celles des «fiancées du Führer». L'amélioration de la race aryenne nécessitait des méthodes génétiques nouvelles, pour augmenter les rangs de la race des seigneurs. Tout comme certains individus pouvaient être châtrés parce que le régime les avait classés comme «tarés», les mâles présentant des caractéristiques particulières, étaient sélectionnés, nourris en conséquence, et servaient d'étalons pour procréer «l'homme supérieur». Si quelques Alsaciens furent choisis pour s'unir à intervalles réguliers aux «fiancées du Führer», il va sans dire que les détenues du camp de Schirmeck étaient indignes d'en faire partie.

Du camp lui-même, il ne reste quasiment rien pour en rappeler l'existence. A l'exception toutefois d'une plaque commémorative, un peu à l'écart de la route qui depuis Schirmeck et La Broque, se lance à l'assaut du Donon. Pas une baraque, pas une clôture de barbelés, pas un mirador, et pas même les cellules du bunker, où tant de détenus ont souffert de sévices et de privations. Pas davantage d'ouvrage pour raconter comment les internés, séparés du monde des vivants, avaient végété dans l'abominable solitude morale de l'univers concentrationnaire d'un camp qui participait tragiquement à l'histoire de l'Alsace.

En 1967, un ancien détenu avait voulu montrer à des amis «la salle des fêtes» qu'il avait travaillé à construire. Il avait été l'un des premiers à occuper une cellule de son «bunker». Il n'avait eu aucun mal à rentrer dans la salle. Les portes n'existaient plus, le plancher, pas davantage.

Et notre ancien regardait, rêveur, les peintures exécutées par les détenus. Elles achevaient de disparaître, délavées par l'eau qui ruisselait de la toiture pourrie. «Dommage – leur dit-il – les vivants n'ont aucun respect pour les morts. Cette salle, nous l'avions construite solide, et nous disions entre nous pour nous donner du courage : «Après la guerre nous y aménagerons un musée. Ainsi personne n'oubliera l'existence du camp. Voyez ce qu'il en reste !» La salle du camp était alors dans un état déplorable, et menaçait de tomber en ruine. Elle a été livrée aux bulldozers, en janvier 1968. Le rouleau métallique dont les vieux caissons étaient remplis de pierres lorsque les détenus, munis de brancards et de cordes, le tiraient pour damer les allées, lui, a survécu. Seulement quelques années de plus : enfoui dans un tas de ronces, en bordure de la route. Il a finalement échoué à la ferraille. Triste destin pour un instrument de torture qui méritait de participer au martyrologue de l'Alsace et de l'histoire du camp.

Robert Heitz, évoqué plus haut, le regretté adjoint du maire Pierre Pflimlin, auteur de plusieurs livres et peintre de talent, a passé plusieurs années dans les geôles nazies, après une condamnation à mort, pour atteinte à la sûreté du IIIe Reich. Dans la préface de mon livre, consacré au camp de Schirmeck, il écrivait : «Au mois de septembre 1967, un sondage d'opinion, effectué parmi de jeunes Allemands, âgés de dix-huit à trente ans, a révélé qu'en majeure partie, ils contestaient l'existence des camps de concentration, qui selon eux, étaient une invention de la propagande américaine et juive...» Robert Heitz poursuivait : «On raconte que Goya, esquissant d'après nature les corps suppliciés de victimes de la guerre d'Espagne, s'entendit demander par son serviteur, qui éclairait à la torche la vision d'horreur :

– Maître, pourquoi dessinez-vous cela ?

– Pour que les hommes voient de quoi ils sont capables, et s'ils l'ont vu, ne recommencent jamais.»

Ce n'était pas encore le temps des actuels révisionnistes.

NOTES
1. D'après sa déposition qui date de 1946.
2. Robert Heitz, *A mort*, Editions de Minuit, 1946.
3. Jacques Granier, *Schirmeck, histoire d'un camp de concentration*, Editions des Dernières Nouvelles d'Alsace, Strasbourg, 1970.

Le point de Vue d'un historien allemand

LOTHAR KETTENACKER

LOTHAR KETTENACKER EN 1991.

Lothar Kettenacker a consacré sa thèse de doctorat en histoire à la «Nazification de l'Alsace», publiée en 1973. Ce travail a été traduit en français dans *Saisons d'Alsace* (numéros 65 et 68, aujourd'hui épuisés). Il raconte les conditions d'enquête et les réactions à cette thèse. Un point de vue historique allemand serein et lucide.

Il n'est pas très courant d'avoir l'occasion, après plusieurs décennies, de confier officiellement – sous forme imprimée – ses réflexions sur la rédaction de sa thèse de doctorat. A moins d'être doté d'une mémoire précise de son propre passé, des noms et des détails curieux, on risque d'être fortement tenté de tout reconstruire selon une opinion préconçue, donc d'élaborer une sorte de légende. Mon livre, *Nationalsozialistische Volkstumspolitik im Elsass,* paru en 1973, publié en français par *Saisons d'Alsace,* a sans doute contribué modestement à renforcer l'entente germano-française dont les bases politiques avaient été jetées bien avant. Mais je me sens incapable aujourd'hui de prétendre que ce mobile ait pu jouer un rôle déterminant lorsqu'en 1963 j'ai commencé mes travaux de recherche ; cela me semblerait vraiment présomptueux. Même mon intérêt pour l'Alsace et son histoire n'a pas eu une importance décisive. C'est ce qui m'a permis finalement de ne pas me laisser guider par une conscience nationale allemande trop prononcée ni de suivre les brisées de la vieille génération allemande. En effet, je m'étais rapidement rendu compte qu'il fallait que je prenne garde de ne pas tomber dans le travers de nombreux auteurs s'intéressant à l'Alsace : utiliser la manière de voir allemande ou française. A l'époque, à vingt-quatre ans, ma conscience nationale était moins développée – j'étais moins conscient de mon identité allemande – qu'après un séjour de plus de vingt ans en Grande-Bretagne. A cet âge-là, je venais juste de découvrir – ce qui était d'ailleurs exceptionnel pour ma «génération sceptique» (Schelsky) – ma qualité de citoyen de la République fédérale, à la suite de voyages et de rencontres en RDA.

Mon projet ne devait rien non plus à une parenté proche ou éloignée me liant à l'Alsace : pas de grand-père expulsé du pays ou jeté dans une geôle française. Mes ancêtres, du côté paternel, étaient originaires du pays de Bade et ils avaient émigré en Bavière au XIXe siècle. Mon père était un authentique Bavarois, pas vraiment bleu et blanc, plutôt coloré de nationalisme allemand, et j'ai vu le jour à Munich. Il y a quelques années, M. Fuchs, directeur des archives municipales de Strasbourg, m'a aimablement transmis la copie d'un document du XVIe siècle où un certain Jacob Kettenacker figure comme témoin. Si j'en tiens compte, c'est uniquement parce que, lors de mes recherches en Alsace, on m'a constamment demandé si ma famille n'était pas originaire du pays vosgien. On semblait difficilement admettre que je n'étais pas motivé par mon appartenance à la région. La réalité est, comme souvent, bien plus prosaïque. J'ai été incité à m'intéresser à l'Alsace-Lorraine par le spécialiste d'histoire contemporaine, Paul

LES DEUX NUMÉROS DE «SAISONS D'ALSACE» RÉDIGÉS PAR LOTHAR KETTENACKER.

Kluke, de Francfort, décédé entre temps, qui n'avait pas de liens particuliers avec l'Alsace. Comme directeur de l'institut für Zeitgeschichte de Munich, il s'intéressait à l'idéologie national-socialiste européenne et, par ce biais, il avait étudié l'application particulière du droit public en Alsace-Lorraine.

Dans sa contribution à la brochure commémorant Hans Herzfeld, il avait, pour la première fois, exposé scientifiquement l'ensemble de ces problèmes. En 1963, Paul Kluke m'encouragea à prendre comme sujet de thèse la politique de la nationalité des nazis ; je devais élargir le champ de ses premières recherches d'une manière systématique. Francfort était l'endroit rêvé pour une telle entreprise, car sa bibliothèque universitaire avait hérité des livres de l'ancien institut d'Alsace-Lorraine dans le Reich. Aujourd'hui encore, je me souviens avec reconnaissance et admiration du Dr. Christian Hallier, responsable de ces fonds, pour son aide amicale et judicieuse.

Dès mes premiers sondages, j'arrivai à la conclusion, que si je voulais assurer toute l'acuité nécessaire à mon étude, je ne pouvais pas, comme du temps du Reich, considérer l'Alsace-Lorraine comme une unité. Le choix de l'Alsace se fit rapidement à cause de la diffusion plus importante de la langue et de la culture allemande. Pourtant quand je commençai à approfondir sérieusement mes recherches, je n'avais pas encore mis les pieds dans cette belle région. Cela n'allait pas tarder, même si les sources pour mon sujet n'étaient pas très nombreuses sur place. Dès le début, cette question des sources était le principal obstacle : il n'existait pas d'endroit où trouver l'ensemble des documents nécessaires. Je me mis donc à étudier toutes les sources qui pouvaient entrer en ligne de compte, sans oublier les françaises. Le contact avec le français ne me faisait pas peur ; j'avais fréquenté l'école dans la zone d'occupation française et le français avait été ma première langue étrangère. Des vacances dans la famille d'un industriel à Roubaix avaient consolidé mes connaissances de la langue. Il y eut deux ouvrages fondamentaux pour moi : *Psychanalyse de l'Alsace* de Frédéric Hoffet (Paris, 1951) et *L'Alsace sous l'occupation allemande* de Marie-Joseph Bopp, paru dès 1945, dont la documentation fut mise plus tard à ma disposition.

Comme la majorité des historiens de ma génération, je considérais l'annexion de l'Alsace-Lorraine en 1871 et, surtout, la solution de protectorat prussien, comme une lourde faute de Bismarck. Dès le début, les rapports entre la France et le jeune Reich en furent irrémédiablement compromis. En même temps, j'avais l'impression – impression confirmée par les récents travaux de Hermann Hiery (*Die Reichstagswahlen im Reichsland,* Düsseldorf, 1986) – que le Reichsland en cours d'une parlementarisation progressive aurait été intégré au Reich allemand, si la Première Guerre mondiale n'était venue interrompre ce mouvement. Je m'intéressais de près aux faits politiques, en particulier au mouvement autonomiste de l'entre-deux-guerres, même si ce n'était pas avec une intensité égale à celle de Karl-Heinz Rothenberger qui avait choisi ce sujet pour sa thèse. Aujourd'hui, je comprends que ses travaux aient été préférés à ma description de l'époque nazie par les émigrés alsaciens qui se sentaient allemands. Pour la période de l'entre-deux-guerres, je me suis basé avant tout sur les quatre volumes de l'ouvrage paru en 1936 à Colmar grâce aux amis de l'abbé Haegy. Je me sentais assez proche des efforts des autonomistes catholiques, comme le montre sans peine mon premier chapitre. Toutefois, la politisation progressive du mouvement autonomiste, par l'influence du Troisème Reich, particulièrement nette dans la Jungmannschaft, m'avait déplu. Mon point de départ était totalement différent de celui de Rothenberger : au premier plan, il y avait le phénomène du national-socialisme, au-delà, le fascisme européen et non pas une nationalité allemande brimée en Alsace ou ailleurs. Au lycée, j'avais eu un professeur d'histoire particulièrement doué et motivé qui, dans ses jeunes années, était entré en conflit avec le régime nazi ; grâce à lui, j'avais appris à reconnaître le caractère éminemment criminel de la dictature hitlérienne. Peut-être que sans son enseignement je ne me serais jamais décidé à faire des études d'histoire.

PROBLÈME POUR LES HISTORIENS : IL N'Y A PAS D'ENDROIT UNIQUE OÙ TROUVER TOUTE LA DOCUMENTATION NÉCESSAIRE.

Deux questions sous-tendaient mon travail :

1) Comment avait eu lieu ce deuxième essai allemand de ramener l'Alsace «au sein du Reich», de la reconquérir ?

2) Jusqu'où pouvait-on, en voyant les visées de Hitler et les méthodes de domination de ses satrapes en Alsace et en Lorraine, croire à des rapports entre le national-socialisme et la nationalité allemande ? Les nazis prenaient-ils vraiment au sérieux cette défense de la nationalité allemande à laquelle croyaient encore beaucoup d'Allemands de la vieille génération ? Leur nationalisme expansionniste et exacerbé n'allait-il pas produire un effet contraire ? Plus d'un Alsacien m'a assuré que la France aurait dû ériger une statue à Hitler en Alsace, parce qu'il avait permis à Paris de rallier sans réserve les Alsaciens.

Les sources pour mes travaux se trouvaient éparpillées un peu partout : au Bundesarchiv et au Geheimen Staatsarchiv de Berlin, au Politischen Archiv des Auswärtigen Amtes, à l'institut für Zeitgeschichte (documents sur Nuremberg, dépositions de témoins, etc.), au Document Center de Berlin où on ne pouvait accéder que par l'entremise de l'ambassade américaine à Bonn et de Washington (par crainte d'agents de la RDA à la recherche de documents incriminant des dirigeants allemands). Ma déception fut grande lorsque mes premières recherches à Strasbourg furent stoppées parce que les portes des archives départementales me furent fermées. C'était à la suite d'une décision prise en haut lieu, et non du fait du directeur des archives, M. Himly, qui m'invita à dîner pour m'exprimer ses regrets. Je fus fort ému par son récit de la fuite aventureuse de l'étudiant Himly lors d'un transport vers un camp de concentration du Reich allemand, à la suite de la suppression de l'université de Strasbourg repliée à Clermont-Ferrand. Du moins je réussis à consulter – sans autorisation officielle – les registres allemands : la plupart des dossiers concernaient l'administration générale et avaient peu d'intérêt sur le plan historico-politique. Je préférai donc passer systématiquement en revue tous les documents imprimés du temps des nazis que je trouvai aux archives municipales de Strasbourg et à la bibliothèque universitaire.

À STRASBOURG, LES PORTES DES ARCHIVES ME FURENT OFFICIELLEMENT FERMÉES.

C'est ainsi que j'ai étudié, entre autres, les années significatives des *Strassburger Neueste Nachrichten ;* on y trouvait la plupart des discours (ou «communiqués de victoire») du Gauleiter ou d'autres pontes du district. Le directeur des archives, Fuchs, et M. Jean Rott, de la bibliothèque universitaire, m'ont apporté leur aide constante et inlassable. D'ailleurs, tous les fonctionnaires alsaciens à qui j'ai eu affaire ont été accueillants et serviables ; je n'eus jamais à me plaindre de ressentiments anti-allemands. J'enregistre comme un succès particulier le fait d'avoir pu, grâce à l'obligeance d'un fonctionnaire sagace, jeter un œil sur des dossiers entreposés à la «Sûreté». Il s'agissait avant tout de dépositions au procès de Robert Wagner, apportant des précisions sur la campagne du Gauleiter pour l'instauration de l'incorporation de force, la mesure la plus grave prise par les autorités d'occupation. En Allemagne, de tels documents, utilisés lors du procès des criminels de guerre à Nuremberg, existaient presque tous sous forme imprimée. Pourtant, à l'époque à Strasbourg, on m'interdit de divulguer ces sources. Je remis un dossier à l'institut d'histoire contemporaine de Munich avec la consigne de ne le rendre public que lorsque les documents datant de l'occupation circuleraient librement en France.

Des émigrés alsaciens, tels Friedrich Spieser et Hermann Bickler, ont d'autant plus regretté de m'avoir reçu aimablement et de m'avoir donné l'occasion d'ouvrir le débat. L'indignation fut grande, dans ces cercles, à la parution de mon livre : à leurs yeux, j'étais un apatride, un traître à la cause de la nation allemande, un intellectuel de gauche attaquant le passé, etc. Ce fut un choc pour certains de lire, dès mon avant-propos, que la population alsacienne était «certes de souche allemande, mais

dans sa grande majorité sans conscience allemande». Aujourd'hui, spécialement avec le rétablissement de l'unité allemande, je suis plus conscient d'être Allemand que la majorité des historiens de ma génération. Je n'ai jamais appartenu à un groupement ou à un parti de gauche. C'est en toute liberté que je déclare que les Allemands ont raison d'écarter l'idée romantique de nationalité allemande, à la fois exclusive et agressive, et d'adopter le concept de nation commune aux pays d'Europe de l'ouest. L'histoire allemande a vu se profiler trop de duperies derrière le terme «Volk» (peuple, nation), dernièrement encore avec l'empreinte socialiste de la démocratie «populaire» qui vient de disparaître. Ce n'est qu'à ce moment-là que les Allemands se seront définitivement résignés à admettre que les Alsaciens sont de bons Français, même s'ils restent fidèles à leur dialecte allemand. Ce n'est qu'à ce moment-là que les Français comprendront que le déclin de la langue allemande en Alsace est avant tout un recul de la culture en France.

Revenons-en aux réactions des émigrés alsaciens. Paul Schall, gérant des *Strassburger Neueste Nachrichten,* dernier Kreisleiter de Strasbourg et l'un des derniers fidèles du Gauleiter, lança une violente attaque[1] contre mon livre contenant soi-disant de nombreuses erreurs en faveur de la France. Toutefois sa critique n'eut que très peu d'écho. Les confrères firent bon accueil à mon livre et les amis et promoteurs de l'université de Francfort-sur-le-Main distinguèrent mon travail en lui accordant un prix. Je fus à peine contrarié lorsque Hermann Bickler porta plainte auprès de la fondation Volkswagen parce qu'ils avaient soutenu mon projet d'études. Plus tard, il publia ses Mémoires, une sorte d'auto-justification (*Ein besonderes Land,* Lindhorst, 1978) ; il y passa prudemment sous silence son service de guerre à partir de 1942. Seuls les initiés savent que l'endroit appelé «St. Martin über dem Langensee» (cf. l'avant-propos), désigne la merveilleuse villa de Bickler construite au-dessus du lac Majeur par l'architecte nazi Schmitthenner. Le jeune Bickler qui partait en campagne contre la décadence de l'occident prouva par la suite, en tant que fabricant de lingerie féminine à Milan, son grand sens des réalités ; comme penseur politique, il en manquait singulièrement. Il me reprocha, sans me nommer toutefois, mon «manque d'instinct politique» : pour moi, la politique n'a pas à être régie par l'instinct comme l'admettent, bien entendu, les vétérans de l'idée de nationalité allemande. Je n'ai pas d'animosité envers les gens qui pensent ainsi, mon propre père en fait partie ; je ne doute pas de leur bonne foi. Néanmoins, le malheur s'est abattu sur l'Europe à cause d'eux. Le mur derrière le bureau de Bickler cachait un portrait monumental de Bismarck. Lors de ma première visite dans sa grande propriété du lac Majeur, le maître des lieux était en train de s'occuper du dressage d'un berger allemand. L'empire de Bismarck s'est écroulé et avec lui la funeste tradition allemande de puissance étatique. Il ne reste plus qu'à espérer que l'idéologie nationale allemande ne soit

MA SURPRISE FUT GRANDE EN ALLANT VISITER LES ANCIENS CHEFS NAZIS ALSACIENS.

plus qu'un volcan éteint pour permettre à l'Allemagne de prendre enfin sa place à côté – au milieu – des nations normales de l'Europe d'aujourd'hui.

Il y eut une exception digne d'éloges parmi les émigrés alsaciens : Robert Ernst, le rapporteur général allemand pour l'Alsace, qui passa neuf ans dans les prisons françaises et connut dans cette période une véritable catharsis. A de nombreuses occasions, j'ai pu m'entretenir à cœur ouvert avec l'ancien Oberstadtkommissar de Strasbourg. Franc et honnête quant à ses opinions et activités passées, il se montrait en même temps capable d'une véritable sympathie pour la France et d'une compréhension totale pour les conceptions politiques des jeunes générations. De tous les Alsaciens que j'ai connus au cours de mes recherches et de mes entretiens, Robert Ernst était le seul à posséder l'envergure et les contacts (le président fédéral Heuss était intervenu pour obtenir sa grâce) nécessaires pour jouer un rôle politique – ou du moins social – dans l'Allemagne de l'après-guerre. Pourtant, convaincu que cela risquait de gêner le rapprochement germano-français auquel il tenait énormément, il renonça à la vie publique. Son *Rechenschaftbericht* écrit du temps de sa captivité fait partie des rares mémoires de la période nazie dont on peut recommander la lecture. On peut dire aujourd'hui qu'il était tout à fait normal qu'aucun des Alsaciens compromis avec le régime hitlérien ne se soit manifesté politiquement dans la République fédérale. Par cette réserve, consciemment ou non, volontairement ou non, les émigrés ont rendu un grand service à l'entente germano-française.

Les autonomistes de la Volkspartei catholique, autour de Rossé et Keppi, jouissaient d'une situation privilégiée. Ils évitaient une collaboration manifeste avec le parti national-socialiste. La politique religieuse du Gauleiter renforça encore leur position critique, existant déjà avant la guerre, à l'égard du caractère anti-religieux du régime nazi. Pendant la guerre, Keppi et Rossé avaient pris contact dans le Reich avec des sympathisants, notamment avec Jakob Kaiser qui avait comploté avec Goerdeler et qui, plus tard, fut cofondateur de la CDU. Avant sa mort, Keppi me remit une serviette contenant des appels et des instructions à la population alsacienne ; il en ressort qu'en cas de réussite du Reich d'Etat, ils auraient tout mis en œuvre pour le retour de l'Alsace à la France. Il n'est pas simple de vérifier l'authenticité de cette documentation ; toujours est-il que Keppi était un homme honnête et intègre qui porta secours à de nombreux compatriotes dans ces temps d'oppression. Aujourd'hui encore, le fait de ne pas avoir essayé de faire la clarté sur l'opposition alsacienne reste un poids sur ma conscience. A l'origine, je pensais vaguement à un dernier grand chapitre, consacré à «la réaction des victimes», qui devait s'articuler en trois sous-chapitres :

1) L'attitude du régime de Vichy devant l'annexion *de facto* de l'Alsace-Lorraine au cours de la Seconde Guerre mondiale,

2) Le point de vue de la population alsacienne sur l'Allemagne d'après les rapports du SD,

3) Le projet de retour à la France.

Seul le premier chapitre fut édité pour disparaître aussitôt : il parut en 1971 sous forme d'article dans les annales relativement obscures de la fondation Erwin-von-Steinbach. Je tiens à remercier tout particulièrement Christian Hallier qui fait paraître régulièrement ces annales. Si mon livre devait être réédité, ce chapitre viendrait le compléter.

Pourquoi d'ailleurs faudrait-il une réédition de mon livre alors qu'il existe une excellente traduction française ? La vanité de l'auteur n'est pas un motif suffisant. Effectivement, la première édition a été épuisée au bout de six mois ; dès Noël 1973, il m'a été impossible d'en acquérir un exemplaire. C'était la première fois qu'une telle chose arrivait pour une publication de la série «Studien zur Zeitgeschichte» de l'institut für Zeitgeschichte. Ma théorie est que la Deutsche Verlags Anstalt/Stuttgart, entièrement subventionnée, s'en est tenue au tirage d'usage (800 à 1000 exemplaires), en ignorant tout simplement le besoin d'informations des vieilles générations des provinces françaises de l'est. Une autre rumeur a circulé en Alsace : le négociant en gros et mécène hambourgeois Alfred Töpfer, qui a tant fait pour la culture allemande dans les années trente et après la guerre, aurait acheté une grande partie de l'édition de mon livre pour la retirer du circuit. Cela n'a pas dû lui coûter énormément. Pourtant son nom n'apparaissait qu'une fois dans mon livre, et encore, d'une façon bien anodine et nullement attentoire à son honneur : en tant que donateur pour une auberge de jeunesse sur la Hünenburg pour le «soutien à la nationalité allemande en Alsace-Lorraine». Je n'accorde que peu de crédit à cette explication des faits. Il est vrai que je ne crois jamais à la thèse d'une conspiration, surtout quand des explications plus crédibles et économiquement plus plausibles se présentent.

(Traduit de l'allemand par Jean-Paul Schweighaeuser)

NOTES

1. Paul Schall : *Elsass gestern, heute und morgen ?*, Filderstadt-Bernhausen, 1976.

SAISONS D'ALSACE

REVUE TRIMESTRIELLE — AUTOMNE 1992

n° 117

1942

L'Incorporation de force

À mi-parcours

ALFRED WAHL
BERNARD REUMAUX

Après l'Evacuation (1939), la Débâcle (1940), la Mise au pas (1941), notre nouveau numéro sur les années de guerre en Alsace porte sur l'année 1942. Il est intitulé l'Incorporation de force *parce que la funeste ordonnance du gauleiter Wagner du 25 août 1942 fut sans conteste pour les Alsaciens l'événement le plus dramatique de l'année — et sans doute de toute la guerre.*

1942

Saisons d'Alsace *offre, une fois encore, un ensemble de textes : des articles de fond sur tel ou tel problème essentiel concernant l'ensemble de la communauté alsacienne, des articles traitant de la vie de tous les jours qui suivait son cours malgré la guerre, des évocations plus courtes de questions ponctuelles : loisirs, sports, etc. Ces contributions sont de la plume, soit d'un historien ou d'un sociologue, d'un journaliste aussi, quelquefois d'un historien local particulièrement qualifié, de personnalités connues également. Enfin, l'on trouvera des témoignages concernant des tranches de vie, des itinéraires significatifs.*

Notre série est arrivée, avec ce quatrième numéro, au milieu du récit de la guerre. C'est l'occasion pour nous de faire un point sur le travail accompli (déjà plus de mille pages publiées et environ cinq cents photos et docu-

ments !) et de préciser l'ambition et les difficultés de cette œuvre sans précédent en Alsace et sans équivalent dans d'autres régions.

Nous remercions tous ceux qui nous ont jusqu'à présent spontanément adressé, soit des témoignages, soit même de véritables articles à prétention historique ou encore des documents. On perçoit là le besoin de témoigner de la génération de la guerre. Dans la mesure du possible, nous en tenons compte ; mais chacun voudra bien comprendre que la place nous manque pour tout publier.

Nous sommes conscients que ce numéro comporte des lacunes. Comment demeurer, par exemple, dans les limites de l'année 1942 ? Certains problèmes ne s'y prêtent pas. D'autres, qui ne pourront apparaître qu'une seule fois dans la série, portent donc sur l'ensemble de la guerre. Il en est de même pour la plupart des témoignages. Voilà qui explique et justifie les chevauchements qui apparaissent ici et là.

De même, beaucoup d'auteurs éprouvent le besoin de rappeler les origines et les fondements des questions qu'ils retracent ; de là certaines répétitions d'un article à l'autre que nous tâcherons de limiter à l'avenir.

Le lecteur pourra aussi déplorer l'absence de telle ou telle question qu'il aura jugée importante. De fait, la rédaction est tributaire du potentiel d'auteurs compétents disponibles, de même que ces derniers sont tributaires des sources accessibles. Qui, par exemple, pourrait tracer un bilan économique de la période de l'annexion ?

Il ne faudrait pas, par exemple, que le lecteur nous tienne rigueur de l'absence d'étude sur les Alsaciens ralliés au régime nazi. Comme au niveau national, il existe ici divers blocages. L'inaccessibilité des sources n'est pas seule en cause. L'amnistie interdit d'évoquer certains noms et certains faits. La tendance est ainsi à la dénonciation du rôle de quelques personnalités, les anciens autonomistes devenus nazis. On les jette en pâture pour ensuite minimiser le nombre des ralliés à l'Allemagne nazie. C'est la tendance dominante chez les témoins qui demeurent attachés, coûte que coûte, à cette idée bien enracinée ici d'une communauté alsacienne unie.

Enfin des solidarités nouvelles, d'ordre idéologique et politique, ont souvent relégué au second plan la différence des choix du temps de l'annexion de fait. Or chacun sait pourtant que, dans toutes les localités alsaciennes, il y a eu des ralliés. Dans celle étudiée dans ce numéro, pourtant notoirement francophile, des croix gammées furent tracées sur certains portails après la Libération... Dans tel village de la plaine, l'on vous dira que telle personne était durant la guerre un « Schwob » (lire boche) et que telle autre « hät gschwewelt » (a montré une inclination envers les boches). Tout cela ne fait sans doute pas beaucoup de monde, mais mériterait une étude.

Enfin, on pourra s'étonner de la modicité de l'espace accordé à l'incorporation de force. L'année 1942 fut celle de l'ordonnance de Wagner et des premiers conseils de révision, souvent tumultueux. Le processus est seulement enclenché. C'est au cours des années suivantes qu'il aura ses effets tragiques. Nous y reviendrons donc abondamment dans les prochains numéros consacrés aux années 1943, 1944 et 1945.

1942 — Tableau synoptique

Louis Schmitt, François Schwilcker

	FRANCE	ALSACE	ALLEMAGNE / ALLIÉS
JANVIER	**1er**. Message de Pétain : «Dans la demi-liberté qui m'est laissée...» **20.** Prestation de serment de la police parisienne à Pétain. Création du premier maquis par le mouvement de résistance Franc-Tireur près de Grenoble.	**2**. Adhésion obligatoire (10-18 ans) dans la Jeunesse Hitlérienne. **20**. Ordonnance permettant à certains Alsaciens d'acquérir la nationalité allemande. **25.** Admission des 400 premiers alsaciens dans le parti NSDAP. **30**. Introduction du code pénal allemand. **30**. Travail obligatoire pour tous les hommes de 16 à 60 ans et femmes de 16 à 45 ans. Diffusion parmi les résistants alsaciens de copies du rapport Maier sur le délabrement de l'économie allemande.	**1er**. Signature de la déclaration des Nations Unies à Washington (26 Etats). **2.** Rommel rétablit la situation militaire allemande en Tripolitaine. **20.** Conférence de Wannsee pour la mise au point technique de la «solution finale de la question juive».
FÉVRIER	**1er**. Manifestation au Vel d'Hiv pour la LVF. **2.** Ordonnance allemande contre les juifs de zone occupée. **19.** Ouverture du procès de Riom ; prestation de serment des préfets régionaux à Vichy. **23.** Création du Service d'Ordre Légionnaire par Darnand à Vichy.	**7.** Création d'un Office régional de politique raciale. **14.** Commémoration solennelle du 1100e anniversaire des Serments de Strasbourg. **19.** Réorganisation des Chambres de Commerce et d'Industrie selon le modèle allemand.	
MARS	**1.** Vingt otages exécutés à Paris en représailles d'un attentat anti-allemand. **2.** Bombardement allié sur Boulogne-Billancourt (623 morts, 1500 blessés). **26.** Montant des frais d'occupation depuis juillet 1940 : 160 milliards de francs.	**31.** Marcel Weinum (17 ans) auteur d'un attentat contre la voiture du Gauleiter Wagner condamné à mort par le tribunal spécial de Strasbourg.	
AVRIL	**14.** Décret de Pétain suspendant le procès de Riom. **16.** Retour de Laval comme chef du gouvernement, exigé par les Allemands. **16.** Rappel de l'ambassadeur U.S. Leahy.	Classement secret de la population alsacienne par le service statistique du Parti en trois catégories selon leur degré d'attachement à l'Allemagne.	**17.** Evasion du général Giraud de la forteresse de Koenigstein.
MAI	**29.** Obligation du port de l'étoile jaune pour les Juifs de zone occupée.		**12.** Première extermination collective par le gaz de 1500 Juifs à Auschwitz. **27.** Assassinat à Prague de Heydrich, protecteur adjoint de Bohême-Moravie.
MAI-JUIN			Offensive d'été en Russie (Crimée, Kharkov); extension maximum du Reich.
JUIN	**1er**. Sauckel exige 250.000 travailleurs français avant le 1er août. **16.** Rafle et internement de 13.000 Juifs à Paris.	**19.** Ordonnance sur le franchissement illégal de la frontière.	

1942 — Tableau synoptique

	FRANCE	ALSACE	ALLEMAGNE / ALLIÉS
	22. Déclaration de Laval :«Je souhaite la victoire de l'Allemagne…» **25.** Les Allemands exigent la livraison de tous les Juifs de zone libre.		
JUIN À AOÛT		Grande exposition «Deutsche Grösse» à Strasbourg. 110.000 visiteurs.	
JUILLET			Jusqu'en mars 43 point culminant de la bataille des convois dans l'Atlantique nord. Jusqu'en octobre offensive vers Stalingrad et les sommets du Caucase.
AOÛT	**11.** Arrivée à Compiègne du premier convoi de prisonners de guerre français libérés au titre de la relève. **15.** Arrestation en zone libre de 4.000 Juifs et apatrides qui sont remis aux Allemands.	**23.** Nationalité allemande conférée aux Alsaciens, Lorrains et Luxembourgeois incorporés dans l'armée allemande ou considérés comme ayant fait leurs preuves. **25.** Introduction du service militaire obligatoire dans l'armée allemande.	**19.** Raid de débarquement anglo-canadien sur Dieppe. **22.** Décret de Sauckel organisant la déportation des travailleurs des pays occupés.
FIN AOÛT	Protestation de Mgr Saliège, évêque de Toulouse, contre les mesures antisémites de Vichy.		L'Afrikakorps de Rommel avance jusqu'à El Alamein (100 km d'Alexandrie).
SEPTEMBRE	**4.** Institution du Service du Travail Obligatoire pour tous les hommes de 18 à 50 ans et les femmes célibataires de 21 à 35 ans.	**10.** Décision de transplanter à l'intérieur du Reich les famille des conscrits qui ne se présentent pas au conseil de révision ou ne donnent pas suite à la convocation sous les drapeaux. **16.** Création d'une zone interdite le long de la frontière entre l'Alsace, la Suisse et la France.	
OCTOBRE	**19.** Laval demande aux ouvriers français de partir pour l'Allemagne.		Offensive de Montgomery contre Rommel qui se replie en Tunisie début novembre 1942.
NOVEMBRE	**11.** Invasion de la zone non occupée et sabordage de la flotte de Toulon.	**11.** Amnistie décrétée par le Gauleiter Wagner, marquant le passage intégral de la juridiction française à l'allemande, mais excluant tous les délits politiques.	**8.** Débarquement allié au Maroc et en Algérie. **20.** Début de la contre-offensive soviétique autour de Stalingrad.
TOUTE L'ANNÉE		Multiplication des collectes de vêtements, vieux papiers, métaux pour l'économie de guerre.	

LA CAMPAGNE DE RECRUTEMENT DE VOLONTAIRES EN ALSACE FUT UN ÉCHEC ET LE GAULEIT

Les Non-dits d'un drame

GNER ORDONNA L'INCORPORATION DE FORCE.

1942

Cinquante ans après le décret du gauleiter Wagner instituant l'incorporation de force des jeunes Alsaciens dans les armées du Reich, la réalité de ce drame n'est pas toujours bien perçue en Alsace et dans le reste de la France, en Allemagne aussi.
Une table ronde — animée par Alfred Wahl, Philippe Avril et Bernard Reumaux — a réuni des responsables de l'Assocation des évadés et incorporés de force (ADEIF) pour mieux cerner le dit et le non-dit des Malgré-Nous.

BERNARD REUMAUX — Depuis quelques années, les jeunes générations manifestent un réel intérêt pour le problème de l'incorporation de force des Alsaciens-Mosellans dans les armées allemandes. L'occasion leur a été donnée de s'en informer grâce à une abondante littérature historique y compris universitaire, grâce aussi à des films et de nombreuses expositions. Cinquante ans après les faits, il importait de connaître le sentiment des victimes de ce drame sur les problèmes qu'ils ont rencontrés depuis et en particulier sur la manière dont ils sont perçus.

ALFRED WAHL — Précisément, avez-vous le sentiment que les ouvrages nationaux destinés au grand public ont rendu compte du problème de façon satisfaisante ?

GEORGES NONNENMACHER (président de l'ADEIF du Haut-Rhin) — Jugez-en. Dans l'*Encyclopaedia Universalis*, édition 1989 on lit : « En 1942, commence l'enrôlement dans la Wehrmacht. Le refus mène aux camps de concentration de Schirmeck et du Struthof... », ... « vingt mille Alsaciens incorporés de force morts en service... » Dans l'*Encyclopédie générale*, Larousse 1967, l'introduction du service militaire est mentionnée. Rien par contre dans le livre de Raymond Cartier, *La Seconde Guerre Mondiale*, deux tomes. Rien non plus sur l'incorporation de force dans *2.194 Jours de Guerre, chronologie de la Seconde Guerre mondiale*, ni dans *Mémorial de la Seconde Guerre mondiale*, trois vol. 1.200 pages.

ALFRED WAHL — Un double constat en somme : quasi-absence ou absence totale de référence au problème dans ces ouvrages avoisinant les mille pages sur la guerre, et des erreurs monumentales : à propos du sort des réfractaires et du nombre des tués qui s'élèvent à près du double. L'article de l'*Encyclopaedia Universalis* est particulièrement indigent.

PAUL MINGÈS (président de l'ADEIF du Bas-Rhin) — Plus grave, me semble-t-il, le silence total sur le sort de l'Alsace et des Alsaciens durant la guerre dans le manuel de Hachette pour les classes de terminale des lycées, *Le monde, 1939 à nos jours*, utilisé dans tout le pays. Les couches instruites sont elles-mêmes privées de toute information.

ROBERT LATZARUS (ADEIF du Bas-Rhin) — L'oubli de toute référence à l'Alsace dans ce manuel pour grands élèves me paraît plus grave encore que les lacunes et les déformations dans les ouvrages pour grand public.

CHARLES MOLL (ADEIF du Haut-Rhin) — Je me souviens qu'au cours des années 1960, notre ancien président, Antoine Hundertpfund avait proposé à quelques grands organes de presse comme *Paris-Match, Jours de France, l'Express* etc, d'évoquer le problème de l'incorporation de force. Les réponses — que nous avons publiées dans notre bulletin — disaient à peu près ceci : cela n'intéresse pas nos lecteurs...

BERNARD REUMAUX — Le travail historique est une chose. Il importe aussi de pénétrer la perception qu'ont les Français du problème. Autrement dit : comment l'incorporation de force est-elle présente dans les esprits au travers de faits comme le procès de Bordeaux, l'indemnisation, etc ? Ne croyez-vous pas que la communauté française est, encore aujourd'hui, totalement ignorante des composantes de ce drame historique.

PAUL MINGÈS — Si les Français « de l'intérieur » perçoivent mal le problème, c'est sans mauvaise foi. Ils comparent, à tort, la situation alsacienne à la leur. Quand on leur parle d'occupation, ils répondent qu'ils ont connu cela, de même lorsqu'on lâche le mot Gestapo. Mais, en réalité, l'immense majorité n'a pas subi la même oppression. On n'a pas demandé aux « Français de l'intérieur » d'être des Allemands, de se comporter positivement vis-à-vis du nazisme, ni de combattre et de se faire tuer pour lui comme ce fut le cas pour nous. Contrairement aux Alsaciens, ils vivaient sous un gouvernement, une législation, une administration, une police et une justice français. Ils n'étaient pas annexés !

ROBERT LATZARUS — Il est vrai que les compatriotes d'outre-Vosges n'ont pas compris ce qu'impliquait une annexion par rapport à une occupation militaire, si dure qu'elle ait été. En Alsace-Moselle ce fut l'usurpation de la souveraineté française, c'est-à-dire la prise de possession totale, avec l'abrogation du droit français, l'introduction du droit pénal, civil, administratif allemand, sans oublier, bien sûr, les lois spécifiquement national-socialistes exorbitantes du droit traditionnel des Etats civilisés.

1942

Comparant un jour la situation des Français d'Alsace ayant vécu dans leur province l'annexion de fait, et celle des autres Français ayant connu eux, l'occupation militaire allemande, un de mes anciens collègues, Français « de l'intérieur » mais Alsacien d'adoption, me dit qu'il n'y avait aucune commune mesure entre les deux situations. En effet les premiers et tout particulièrement les fonctionnaires et assimilés, étaient soumis à d'odieuses et continuelles pressions accompagnées de menaces, pour les contraindre à manifester leur allégeance à l'égard de l'Allemagne hitlérienne. Par contre, nul ne pouvait contraindre les seconds à adhérer à une organisation collaborationniste. Ceux qui le faisaient étaient vraiment des volontaires. Au surplus, ajouta mon interlocuteur, les Français avaient à l'époque, dans leur très grande majorité, une préoccupation majeure qui primait toutes les autres, assumer leur subsistance et celle de leurs familles.

BERNARD REUMAUX — J'ai toujours été frappé par la différence avec laquelle on traite les annexés de 1871 unanimememt considérés comme des victimes, et ceux de 1940 jugés plutôt durement, (passivité, complicités...), alors que les conditions de la deuxième annexion étaient bien plus terribles.

PAUL MINGÈS — J'y vois plusieurs raisons. Peut-être nos compatriotes anciens se sentent-ils en faute de nous avoir abandonnés. Et puis l'affaire d'Oradour a naturellement été très dommageable à la cause des Alsaciens et des incorporés de force en particulier. De plus, le rapprochement avec l'Allemagne impose depuis longtemps déjà d'atténuer l'animosité anti-allemande. Dans ces conditions, les rappels des effets de l'annexion viennent à contre-courant.

ROBERT LATZARUS — D'autres facteurs ont joué leur rôle et en particulier l'autonomisme durant l'entre-deux-guerres. Les Français « de l'intérieur » ont volontiers assimilé les Alsaciens en bloc aux quelques séparatistes. D'ailleurs, les frictions survenues, en 1939-1940, entre les réfugiés et les populations d'accueil ont bien montré que les Alsaciens passaient pour des Allemands en raison de leur langue. Lorsqu'avec Paul Mingès nous avons fait récemment une causerie sur l'incorporation de force dans un collège du Bas-Rhin, le professeur a indiqué que, dans les Ardennes, on confondait encore volontiers les Alsaciens avec les Allemands.

CHARLES MOLL — J'ajouterai que ce problème de l'autonomisme nous a poursuivis jusqu'à Tambov. Les Russes nous ont traité d'*autonomista*. Etaient-ils informés de ce qui s'était passé en Alsace avant la guerre ? Ils nous ont probablement assimilé à leurs propres peuples secoués par l'autonomisme, comme par exemple l'Ukraine dont certains ressortissants ont rallié les Allemands.

GEORGES NONNENMACHER — Je puis faire un constat sur le plan national. Il y a cinq ans, dans le cadre des *Témoignages pour l'Histoire*, un colloque avait eu lieu à Paris sur l'année 1942. Aucune des communications prévues, présentées par des historiens et des acteurs de l'époque, ne traitait de l'Alsace-Moselle. L'année suivante, au colloque consacré à l'année 1943, je fus invité à parler devant un parterre prestigieux, dont Claudius-Petit, Daniel Mayer, Christian Pineau, etc, des incorporés de force alsaciens-mosellans dans l'armée allemande. A l'issue de mon exposé et devant les visages étonnés de ces personnalités, je pus constater qu'ils ignoraient tout des 130.000 incorporés de force, des 40.000 morts, etc. J'ai fait remarquer que les volontaires alsaciens-mosellans avaient été en nombre insignifiant. Que faut-il en conclure : nos compatriotes sont-ils mal renseignés ou mal disposés à notre encontre ?

PHILIPPE AVRIL — L'ignorance ou l'incompréhension ne sont-elles pas explicables tout simplement en raison de la tradition jacobine de la France, qui a tendance à faire peu de cas des spécifités régionales de son histoire ?

PAUL MINGÈS — Je reste convaincu que nos compatriotes ne cherchent pas tellement à comprendre. Ils ne sont pas fiers de nous avoir abandonnés. Dans ces conditions, il est pratiquement vain d'expliquer. Ils évacuent leur mauvaise conscience en se référant à l'autonomisme, à la différence linguistique et culturelle.

ROBERT LATZARUS — Le malentendu n'a pu être surmonté parce que les Alsaciens ont fait preuve d'un déficit d'explications. L'insuffisance de la connaissance de la langue française et plus encore l'absence d'orateurs à la chambre et leur timidité ont interdit d'informer et de convaincre.

CARTE POSTALE DE L'ADEIF APRÈS LA GUERRE.

1942

PHILIPPE AVRIL — Et l'atmosphère de l'immédiat après-guerre ?

PAUL MINGÈS — Il est vrai qu'en 1945-1946, et ensuite, l'opinion alsacienne n'a pas accusé la France de l'avoir abandonnée en 1940. Même le caractère criminel de l'Allemagne nazie est resté relativement dans l'ombre parce que l'état physique des « Tambov » a suscité en Alsace une formidable et compréhensible animosité contre les Soviétiques. Je rappelle la vague anticommuniste qui a présidé en Alsace aux élections de 1946.

ALFRED WAHL — Un exemple probant qui atteste combien les événements politiques postérieurs aux faits eux-mêmes ont contribué à forger la perception française de l'Alsace annexée. Me Mingès a déjà avancé l'exemple du rôle du rapprochement franco-allemand ultérieur. Mais venons-en maintenant à la perception par les Allemands de l'incorporation de force.

GEORGES NONNENMACHER — Les anciens se souviennent sans doute que nous étions alors des Allemands de seconde zone, des Allemands annexés, qualifiés de Beutedeutschen. Quant aux jeunes Allemands d'aujourd'hui, il m'apparaît qu'ils ignorent tout. Dans la presse ou à la télévision allemande, on a pu entendre ou lire des expressions provocatrices nous qualifiant de angebliche Zwangs-

AFFICHE DE RECRUTEMENT VOLONTAIRE D'ALSACIENS-LORRAINS.
DE GROS MOYENS DE PROPAGANDE POUR DE PIÈTRES RÉSULTATS.

eingezogene (« soi-disants incorporés de force »). Sans compter certains ouvrages ou articles de vulgarisation d'outre-Rhin qui laissent entendre qu'à Oradour, les SS alsaciens avaient représenté la moitié du total des auteurs du massacre.

Mais il est vrai aussi que dans une lettre à mon prédécesseur, le chancelier Willy Brandt avait considéré l'incorporation de force comme un crime de guerre.

CHARLES MOLL — Lorsque vous abordez le problème aujourd'hui avec des Allemands, ils se montrent fuyants. Même les plus instruits paraissent tout ignorer.

PHILIPPE AVRIL — Mais tout de même, certains anciens incorporés de force ont, ces dernières années, rencontré leurs compagnons d'armes de l'époque, d'anciens soldats de la Wehrmacht...

PAUL MINGÈS — Je reconnais que cela existe dans certaines sections qui accueillent des Allemands et traversent la frontière en tant qu'anciens de la Wehrmacht. Mais lors de ces rencontres, il n'est pas question de l'incorporation de force, on se fréquente en voisins, c'est tout.

ALFRED WAHL — Beaucoup de Français « de l'intérieur » croient qu'il y a eu un grand nombre de volontaires alsaciens dans la Wehrmacht.

ROBERT LATZARUS — C'est évidemment faux. A ces assertions non dénuées d'intentions malveillantes, il convient de réagir en rappelant que plusieurs dizaines de milliers de Français d'outre-Vosges s'étaient engagés dans les différentes armes de la Wehrmacht, que la division SS Charlemagne avait un effectif de huit mille hommes, tous des Français de « l'intérieur » dont une centaine d'officiers, quelquefois issus des plus vieilles familles nobles.

Pour le reste, faute de pouvoir retracer un historique complet, je dirais simplement que Wagner, que j'ai interrogé lors de son procès, a reconnu lui-même que l'appel aux volontaires fut un échec total en Alsace. Le chiffre communément admis aujourd'hui s'élève à 2.100, y compris les Allemands immigrés, sans doute nettement majoritaires dans ce contingent.

ALFRED WAHL — Reste le problème de la présence d'Alsaciens dans les unités SS qui a sans doute beaucoup influencé nos concitoyens d'outre-Vosges dans leur perception des incorporés alsaciens.

PAUL MINGÈS — Là encore, un historique complet s'imposerait pour rétablir la vérité faussée par la présence d'Alsaciens dans le corps des SS d'Oradour. En réalité, les nazis ont incorporé de force dans la Waffen-SS la quasi-totalité de la classe 1926 ainsi qu'une partie des classes de 1908 à 1914. Il y avait aussi des Alsaciens incorporés dans les Polizeibataillone, appelés par la suite Polizeiregimenter et SS-Polizeiregimenter qui n'étaient pas des Waffen-SS. Mais les détracteurs ne font pas cette nuance. Ils ont d'ailleurs la fâcheuse tendance d'accorder du crédit aux dires des nazis eux-mêmes, qui tentent de limiter leur culpabilité.

(Propos recueillis, transcrits et mis en forme par Andrée Kempf, directeur administratif de la Fondation Entente Franco-Allemande, et Sylvie Dumas).

Einzelpreis 10 Reichspfennig
Verlag: Oberrheinischer Gauverlag und Druckerei G. m. b. H., Straßburg, Blauwolkengasse 17/19. — Fernruf für Orts- und Ferngespräche: Nr. 2 59 00 bis 2 59 04. — Postscheckkonto: Straßburg Nr. 15 976. Die „Straßburger Neueste Nachrichten" erscheinen 7mal wöchentlich als Morgenzeitung.

Straßburger Neueste Nachr

AMTLICHE TAGESZEITUNG UND REGIERUNGSANZEIGER FÜR D

Jahrgang 1942 / Folge 235 — Straßburg, 26. August 1942

Die Wehrpflicht im Elsaß e

Eine Verordnung des Chefs der Zivilverwaltung ruft die junge an die Seite der elsässischen Freiwilligen zur Erfüllung de

⊙ Der Chef der Zivilverwaltung im Elsaß, Gauleiter und Reichsstatthalter Robert Wagner, hat auf Grund der ihm vom Führer erteilten Ermächtigung durch Verordnung vom 25. August 1942 die Wehrpflicht im Elsaß eingeführt. Die Jahrgänge, für die die Wehrpflicht gilt, werden durch eine besondere Anordnung noch später festgelegt.

In der Verordnung über die Verleihung der Staatsbürgerschaft, die gestern veröffentlicht wurde, wird noch bestimmt, daß diejenigen Deutschstämmigen im Elsaß, in Lothringen und Luxemburg von Rechts wegen die deutsche Staatsangehörigkeit erwerben, die zur Wehrmacht oder Waffen-SS einberufen sind oder werden. Die Staatsangehörigkeit ist mit dem Tage des Eintritts in die Wehrmacht oder die Waffen-SS erworben und umfaßt damit auch alle Freiwilligen.

Die Verordnung des Chefs der Zivilverwaltung über die Einführung der Wehrpflicht im Elsaß (vom 25. August 1942), hat folgenden Wortlaut:

Auf Grund der mir vom Führer erteilten Ermächtigung verordne ich:

§ 1 Für diejenigen deutschen Volksgenossen im Elsaß, die den durch besondere Anordnung festzulegenden Jahrgängen angehören, wird die Wehrpflicht in der deutschen Wehrmacht eingeführt.

§ 2 Die einberufenen Wehrpflichtigen unterliegen den für deutsche Soldaten geltenden Bestimmungen und haben die Ansprüche, die deutschen Soldaten zustehen.

§ 3 Die nicht zum aktiven Wehrdienst einberufenen Wehrpflichtigen des aktiven Beurlaubtenstandes unterliegen den für diese geltenden Bestimmungen.

§ 4 Diese Verordnung tritt mit dem 25. August 1942 in Kraft.

Straßburg, den 25. August 1942.

Der Chef der Zivilverwaltung im Elsaß
Robert Wagner,

Aufruf des Gauleiters an die Bevölkerun

Als sich Deutschland im Jahre 1914 von den plutokratischen Mächten de Welt bedroht und angegriffen fühlte, erhob sich auch das gesamte Elsaß, u Volk und Reich zu verteidigen. Viele Zehntausende, darunter viele tausen Freiwillige, eilten zu den Fahnen des Reiches.

Sie haben, wie die Soldaten aller übrigen deutschen Gaue, ihre Pflicht geta und den Ruhm von Deutschlands unsterblichem Soldatentum mitbegründe Aber alles Heldentum unseres Volkes konnte damals das Reich nicht rette Die Zeit Deutschlands war noch nicht gekommen. Seit dem September d Jahres 1939 steht unser Volk wiederum im Kampf mit den plutokratische Mächten der Welt. Diesmal aber unter anderen, unvergleichlich besseren Vo aussetzungen als damals. Was unser großes Volk und seine tapferen Soldate im ersten Weltkrieg nicht erzwingen konnten, werden sie im gegenwärtige Völkerringen erreichen. Der Sieg ist unser, und niemand kann ihn uns en reißen. Wenn nun durch ein Gesetz für das Elsaß die Wehrpflicht eingefüh wird, dann geschieht das nicht nur um des Reiches, es geschieht das me noch um des Elsaß willen.

Das Elsaß hat auch Verpflichtungen vor sich selbst. Es wird ihm nich geschenkt, wie niemand auf dieser Welt des ewigen Ringens von Geschenke leben kann. Es muß sich seine künftige Stellung im neuen Europa erkämpfe Nur durch die aktive Teilnahme am Kampf sichert sich das Elsaß eine glüc liche Zukunft. Daher war die Einführung der Wehrpflicht notwendig. Nebe den Tausenden von Freiwilligen, die das Elsaß auch in diesem Kriege wied stellt, werden künftig die jungen Jahrgänge in der deutschen Wehrmac dienen, und ich habe keinen Zweifel, daß sie die Ehre, die Ideale und d Interessen des Elsaß und des Reiches verfechten werden, wie das ihre tapfer Väter im ersten großen Weltkampf getan haben.

Straßburg, 24. August 1942.

Der Chef der Zivilverwaltung im Elsaß
Robert Wagner.

Wehrpflicht im Elsaß

Warum muß die elsässische Jugend aktiv am Kriege teilnehmen

Von Paul Schall

Als im Jahre 1940 die evakuierten Elsässer, rascher als sie es gedacht hatten, in die Heimat zurückkehren konnten, da glaubten einer Heimat, die dank dem blitza deutschen Siege vor dem Unterga wahrt worden war, ihrer Arbeit nach lauptausgabe Straßburg

ezugspreise: Durch unsere örtlichen Vertriebs-tellen monatl. 1,90 Reichsmark zuzügl. 30 Pfennig rägerlohn. Durch die Post zugestellt, monatlich ,20 Reichsmark zuzügl 42 Pfennig Zustellungs-ebühren. Anzeigenpreis laut Preisliste Nr. 2. nzeigenschluß 15 Uhr am Vortag d. Erscheinens.

JTSCHE ELSASS

Mittwoch-Ausgabe

jeführt

gänge des Landes
zes der Ehre

Appelle im Oberland

Stellvertretende Gauleiter sprach

Anlaß der Einführung der Wehr- im Elsaß fanden in Kolmar und tsweiler Appelle der Politischen statt, bei denen der Stellvertretende er Röhn auf die Bedeutung des ge- lichen Ereignisses hinwies. Aus- von der Kriegsschuld unserer Geg- der auch Frankreich in vollem eteiligt ist, kam er auf die Tatsache chen, daß der Elsässer als deutscher den Dienst bei einer ihm wesens- n Armee tun mußte. Der Elsässer zwungen, als Soldat seine Pflicht llen, aber aus dem auf ihm lasten- wissenskonflikt wurde er erst durch n Deutschland siegreich beendigten dzug erlöst. Dank der kühnen Stra- er deutschen Kriegsführung und der keit der deutschen Armee, die ein Kampfziel vor Augen hatte, konnte ankreich-Feldzug in überraschend Zeit zu einem siegreichen Ende ge- verden, so daß das Blutopfer der chen Söhne in der französischen glücklicherweise auf ein Mindest- eschränkt blieb. eutsche Wehrmacht steht heute auf öhepunkt ihres Kampfes und ihrer Gewaltige Entscheidungen sind gefal- ie uns dem Endsieg immer näher n, an dessen Erringung kein Zweifel bestehen kann. In diesem Aufbruch ahrhunderts, in dieser schicksal- Zeit, in der ein neues Europa im ı ist, kann es auch für den Elsässer as Gesetz des aktiven Einsatzes

Stellvertretende Gauleiter gab dann ortlaut der Verordnung bekannt und e an die Politischen Leiter den Ap- azu beizutragen, daß der Geist die- rordnung in dem wieder deutsch enen Elsaß zur Tat wird. Der auf- de Appell des Stellvertretenden Gau- wurde von den anwesenden Politi- Leitern wiederholt von starkem Bei- terbrochen.

25 août 1942

Le Jour le plus noir

EUGÈNE RIEDWEG

1942

Le 25 août 1942, date du décret instituant l'incorporation de force des Alsaciens-Mosellans dans l'armée allemande, est assurément le jour le plus noir de l'histoire de la région. Au mépris de toutes les lois internationales et de celles de l'honneur, 130.000 jeunes gens furent contraints d'endosser l'uniforme de leurs ennemis vainqueurs.

Le rattachement de l'Alsace au Reich nazi et les mesures d'unification et de mise au pas de la population (Gleichschaltung) constituèrent un plan d'ensemble fort cohérent, appliqué méthodiquement dès le mois de juillet 1940. Néanmoins cette « mise au pas » s'effectua d'une manière extrêmement rapide et s'accompagna d'une germanisation brutale afin de faire disparaître toutes les traces de l'influence française. [1]

Dans cette logique les Alsaciens sont destinés à devenir un jour des citoyens du Reich (Reichsbürger) que les lois de Nuremberg du 15 septembre 1935 (Reichsbürgergesetz und Gesetz zum Schutze des deutschen Blutes) distinguent des ressortissants allemands (Staatsangehörigen). Seuls les Reichsbürger sont des Allemands à part entière jouissant de tous les droits politiques. De par cette loi, sont considérés comme ressortissants allemands tous ceux qui appartiennent à la communauté de protection du Reich allemand (Schutzverband des deutschen Reichs) et qui ont de ce fait des obligations particulières à son égard.

Au nom de cette notion particulière du Volkstum, les Alsaciens vont ainsi être assimilés à des « Volksdeutsche » et bénéficier « de la protection du Reich allemand ». Mais ils ne sont pas encore pour autant des Reichsbürger, titre qui n'est pas attribué automatiquement mais qui se mérite et entraîne un certain nombre d'obligations :

— *Treupflicht :* obligation de fidélité et de loyauté au Führer, au peuple et au Reich à toute heure et dans toute circonstance.

— *Gehorsamspflicht :* devoir d'obéissance aux lois de l'Etat.

— *Leistungspflicht :* devoir d'exécuter son travail avec toutes ses capacités physiques et intellectuelles.

— *Wehrpflicht :* obligation militaire en temps de paix comme en temps de guerre. C'est un service d'honneur (Ehrendienst), qui se décompose en deux parties : Arbeitsdienst (service du travail ou RAD) et en Wehrdienst (service militaire). [2]

Tous les Volksdeutsche qui répondent aux critères racistes des lois de Nuremberg et qui remplissent ces différents devoirs peuvent éventuellement un jour devenir des citoyens du Reich (Reichsbürger) à part entière.

Au nom de cette logique, le gauleiter Wagner considère que l'introduction du service militaire dans la Wehrmacht est l'ultime étape du processus d'intégration de l'Alsace au IIIe Reich. Pour le gauleiter Wagner — ancien combattant de la guerre 1914-18 et ancien officier de la Reichswehr — la Wehrmacht est, à côté du parti, l'école de la Nation où les jeunes Alsaciens vont terminer leur assimilation idéologique, culturelle et sociale. La guerre qui se poursuit est également l'occasion pour les Alsaciens de prouver leur attachement au Reich et mériter ainsi leur qualité d'Allemands. Ce n'est que lorsque les

Gültig für Urlaubsreisen auf eigene Kosten

Kriegsurlaubsschein

Der Arbeitsmann Alexis Lagaisse
von
ist vom 23. Mai 1942 bis einschl. 25. Mai 1942 ... Uhr beur...
nach ~~Kolmar~~ nächster Bahnhof
nach Markirch nächster Bahnhof
nach nächster Bahnhof
Angabe des zu benutzenden Zuges:
Hinfahrt mit Zug Nr. am um Uhr von Bhf. nach Bhf.
Rückfahrt mit Zug Nr. am um Uhr von Bhf. nach Bhf.
Er ist berechtigt, eine/zwei Wehrmachtfahrkarte(n)*) auf eigene Kosten zu lösen**)
von Bahnhof Hagenau/Els. nach Bahnhof ~~Kolmar~~ Markirch
von Bahnhof ~~Kolmar~~ Markirch nach Bahnhof Hagenau/Els.
von Bahnhof nach Bahnhof
von Bahnhof nach Bahnhof
Ueber die umstehenden Befehle ist er belehrt worden.
Ausgefertigt am 20. Mai 1942
Dienststelle Feldpost Nr. 04307
Oberstfeldmeister u. Abteilungsführer

CERTIFICAT DE PERMISSION D'UN ALSACIEN DU RAD.

UN CAMP DU RAD.

Alsaciens auront combattu dans la Wehrmacht à côté des autres Allemands et montré ainsi leur détermination à se battre pour l'Allemagne et la cause du national-socialisme que l'Alsace aura gagné toute sa place dans le IIIe Reich. Il développe ce thème à plusieurs reprises dans ses écrits et ses discours en particulier dans son « appel à la population alsacienne » du 24 août 1942 : « L'Alsace a aussi des responsabilités devant elle-même. Il ne lui sera pas fait de cadeaux... Elle doit se battre pour sa future situation dans la nouvelle Europe. C'est seulement par sa participation active au combat mené que l'Alsace pourra s'assurer un avenir heureux. C'est pourquoi l'introduction du service militaire obligatoire est nécessaire. » [3]

On voit ainsi qu'au nom de la double logique de l'appartenance de l'Alsace au Volkstum allemand, avec qui il faut combattre pour sa survie, et de celle de la mise au pas, de l'intégration des Alsaciens au IIIe Reich, l'obligation militaire dans la Wehrmacht était inéluctable. Seuls restent à définir le choix du moment et les conditions de mise en œuvre. Wagner va tout faire pour que ce moment arrive le plus rapidement possible. Moins d'un an après l'annexion de fait de l'Alsace, il prend déjà les premières dispositions en ce sens en introduisant le

Reichsarbeitsdienst (service du travail ou RAD) en Alsace par une ordonnance du 8 mai 1941. La mesure est sans équivoque car le RAD est hiérarchiquement organisé comme l'armée et soumis à un régime de discipline militaire. Son activité se partage entre le travail manuel et l'instruction militaire.

Mais à cette époque Wagner doit encore compter avec la méfiance et même l'hostilité de l'OKW (Oberkommando der Wehrmacht, commandement en chef de l'armée allemande) à l'égard des Alsaciens-Lorrains. Beaucoup d'officiers, en particulier aux postes les plus élevés, ont exercé un commandement au cours de la première guerre mondiale et en sont restés à un vif sentiment de défiance qui s'était fait jour à cette époque dans de nombreuses unités vis-à-vis des Alsaciens-Lorrains accusés de déserter en grand nombre pour passer dans les lignes alliées. Un ordre secret du ministre de la Guerre en date du 15 mai 1915 prescrivit alors leur éloignement du front de l'Ouest si le manque de confiance présente un danger.

Cet ordre secret va donner naissance au célèbre commandement : *Elsässer-Lothringer links raus !* qui prélude à leur envoi sur le front oriental. De ce fait beaucoup d'Alsaciens-Lorrains furent transférés à partir du printemps 1915 à l'Est où le risque de désertion était beaucoup moins grand, ce qui provoqua beaucoup d'amertume parmi eux. Un autre ordre secret du 11 janvier 1916 suspendit ces transferts tout en recommandant d'éloigner les Alsaciens de tous les postes où ils pouvaient avoir communication de secrets militaires. Cette méfiance n'était pas injustifiée puisqu'une enquête du quartier-maître général de l'armée allemande, von Hahndorff, constata qu'il y avait 0,8 % de déserteurs dans les Alsaciens-Lorrains contre 0,01 % seulement chez les soldats des autres Etats allemands. [4]

LA MÉFIANCE DU HAUT COMMANDEMENT MILITAIRE ALLEMAND

Le général Keitel, qui est à la tête de l'OKW, prétendra même dans sa déposition au tribunal international de Nuremberg que leur incorporation présentait plus d'inconvénients que d'avantages « car les éléments entrant en ligne de compte constitueraient un corps étranger dans la Wehrmacht du fait qu'antérieurement ils n'étaient pas prêts à prendre les armes pour l'Allemagne ». [5] Ainsi pour l'OKW il n'est pas question à l'automne 1940 et au début de l'année 1941 d'incorporer des Alsaciens dans la Wehrmacht. Par ailleurs, la situation militaire ne le justifie pas, un certain nombre de militaires ont même été renvoyés dans leurs foyers

La publicité pour les engagements volontaires est interdite en Alsace par une circulaire de l'OKW du 30 janvier 1941. Tout au plus va-t-on accueillir les volontaires qui vont se présenter après une enquête approfondie effectuée sur chaque volontaire par les Stadt- und Landkommissare et suivie d'une visite médicale. La Wehrmacht se montre particulièrement exigeante car elle prévoit de « refuser les engagements de tous les Alsaciens qui ne maîtrisent pas la langue allemande ou qui par leur comportement ont montré qu'ils niaient leur appartenance au Volkstum allemand ». [6] En fait tout ce passe comme si on veut dissuader les Alsaciens de s'engager dans la Wehrmacht. La méfiance demeure de règle car on espère encore à cette époque, à l'OKW, remporter la victoire sur l'Angleterre ou arriver à une paix de compromis.

Les SS par contre sont beaucoup moins regardants, car ils commencent le recrutement de volontaires pour la Waffen-SS dès la fin du mois d'août 1940. Sous le titre « Der Elsässer war nie ein schlechter Soldat » (L'Alsacien n'a jamais été un mauvais soldat), le *Mülhauser Tagblatt* rend compte de la première manifestation SS à Mulhouse, qui est l'occasion d'expliquer aux Mulhousiens que « les fautes psychologiques de la première guerre mondiale ne seront pas renouvelées. C'était une erreur à l'époque d'avoir retiré les Alsaciens du front de l'Ouest... Les Alsaciens ont fait leur devoir comme un Allemand de n'importe quelle région du Reich et il n'y a pas eu, cela a été prouvé, plus de déserteurs originaires d'Alsace que d'autres régions allemandes ». Ce qui est une contre-vérité manifeste...

LA CAMPAGNE DE RECRUTEMENT DE VOLONTAIRES ALSACIENS EN 1941 S'EST SOLDÉE PAR UN ÉCHEC

Le recrutement est néanmoins faible, car au début du mois de décembre 1940, on n'enregistre que 32 volontaires pour la Waffen-SS et 622 autres pour la Hilfspolizei (police) qui dépend des SS. Himmler en personne va alors demander l'intensification du recrutement pour la Waffen-SS. [7] Toutes les structures du parti et de l'administration vont alors être mises à contribution au cours de l'année 1941 mais les résultats ne seront pas à la hauteur des efforts déployés. Un bilan au 17 novembre 1941 ne décompte que 329 volontaires pour la Waffen-SS et 751 pour la Hilfspolizei. [8]

La Werhmacht de son côté enregistre des résultats encore plus décevants. Après avoir fait la fine bouche dans le climat d'euphorie des victoires de 1940, son attitude va se modifier quelque peu après l'invasion des Balkans puis de l'URSS en juin 1941. Dans une lettre du 17 juin 1941, le gauleiter reconnaît que « les services de la Wehrmacht ont commencé le recrutement de volontaires mais n'ont obtenu que des résultats très insatisfaisants (sind dabei aber zu ganz unbefriedegen Ergebnissen gekomment) ». Dès le 28 août une circulaire de l'OKW autorise la publicité immédiate pour les engagements dans la Wehrmacht. On fait appel aux volontaires nés en 1900 et postérieurement, originaires d'Alsace, de Lorraine et du Luxembourg.

La première grande campagne de recrutement de volontaires est lancée au mois d'octobre 1941 avec tout le concours de la propagande nazie. C'est le Wehrkreiskommando V de Stuttgart (le commandement de la Ve région militaire) qui est chargé de l'opération. Il faut d'ailleurs remarquer que l'Alsace malgré toutes les

L'EMBRIGADEMENT CROISSANT DES ALSACIENS.
MICHEL ARBOGAST, D'ITTENHEIM, ENDOSSE L'UNIFORME DU RAD...

méfiances de l'OKW est considérée depuis la fin de l'année 1940 comme partie intégrante du territoire allemand et est placée sous l'autorité du commandement en chef de l'armée de réserve. C'est à ce titre qu'elle est rattachée à Stuttgart.

Des avantages considérables sont promis aux volontaires : primes et allocations diverses, maintien du traitement pour les fonctionnaires, choix de l'arme et de l'unité, et même la prise en compte du grade et de la durée du service dans l'armée française !

Là aussi, les résultats ne sont pas à la hauteur des efforts déployés. En effet, le 1er décembre 1941 on n'enregistre que 185 volontaires pour la Wehrmacht, dont tous ne sont d'ailleurs pas Alsaciens, puisqu'on y retrouve bon nombre d'Allemands du Reich installés en Alsace après 1940. [9] L'échec de cette première campagne de recrutement, à un moment où la situation sur le front de l'Est nécessite des effectifs de plus en plus importants amène alors le gauleiter à lancer deux autres grandes campagnes de recrutement, en février et en juillet 1941. Organisées à grand renfort de propagande elles bénéficieront de l'appui massif de toutes les organisations du parti. Celle de février s'adresse tout particulièrement aux fonctionnaires, à qui ont fait miroiter de futures promotions. Une circulaire de la Gauleitung du 24 février 1942 note cependant « que les résultats de la campagne de recrutement chez les fonctionnaires alsaciens sont insuffisants ». A la fin du mois de mars le maire de Mulhouse, Maas, se fait rappeler à l'ordre car « seul un fonctionnaire et trois employés se sont portés volontaires contre 40 à Strasbourg ». Ce qui est d'ailleurs faux car il n'y avait en réalité que 18 volontaires à Strasbourg. Les fonctionnaires municipaux mulhousiens sont alors soumis à différentes pressions sans grands résultats puisqu'on n'enregistre que 2 volontaires supplémentaires !

...AVANT D'ÊTRE INCORPORÉ DANS LA WEHRMACHT.

En juin 1942, à l'occasion de son grand discours annuel de Colmar où il dresse le bilan de l'année écoulée, le gauleiter avance le chiffre de 2.100 engagements volontaires dans la Wehrmacht et la Waffen-SS. Si on rapproche ce chiffre de celui du mois de décembre 1941 où l'on ne compte officiellement que 514 volontaires, il est manifeste que le gauleiter triche avec les statistiques. En effet, cela voudrait dire qu'en l'espace de six mois, on aurait enregistré 1.600 engagements volontaires supplémentaires, alors qu'au même moment la Wehrmacht enregistre son premier revers sur le front de l'Est au cours de l'hiver 1941-42 et que les différentes circulaires du parti et de l'administration laissent entendre que le recrutement ne donne pas les résultats escomptés...

Parmi ces engagés volontaires il y a également un nombre non négligeable d'Allemands établis en Alsace comme le font apparaître différents articles de presse. D'autres ont été contraints à s'engager à la suite d'un délit quelconque pour s'éviter des poursuites judiciaires, certains enfin sont des chômeurs attirés par les avantages accordés. De ce fait il est donc extrêmement difficile d'évaluer le chiffre des engagés volontaires d'origine alsacienne et surtout des véritables volontaires. Le chiffre de 2.100 volontaires qui est le plus souvent avancé, y compris au procès de Robert Wagner, ne peut en aucun cas être validé car il n'existe plus trace des archives des Wehrbezirkskommando alsaciens, ni d'ailleurs du Wehrkreis V de Stuttgart. En tout état de cause même si on enregistre encore des volontaires jusqu'en 1944 le nombre des Alsaciens parmi eux est certainement très inférieur à deux mille.

Pour saisir toute l'ampleur de l'échec du recrutement des volontaires il faut comparer ces chiffres à ceux de la guerre de 1914-18 où l'on enregistre 8.000 engagés volontaires dans l'armée allemande (soit quatre fois plus) et 17.650 dans l'armée française (huit fois plus).

Les différentes mesures prises par les autorités nazies pour préparer l'incorporation des Alsaciens et assurer le recrutement de volontaires n'ont pas échapé aux autorités de Vichy qui suivent de très près ce qui ce passe en Alsace. De très bonne heure elles se rendent compte des intentions des nazis comme le montrent divers documents. Dans une lettre du 15 avril 1941 du ministre de la Justice Barthélémy, adressée au ministre de la Guerre, on analyse clairement les conséquences d'une éventuelle incorporation dans le RAD (qui ne sera introduit en Alsace que le 8 mai suivant) : « L'accomplissement du service obligatoire du travail est la condition nécessaire avant d'entrer dans l'armée... Il paraît dans ces conditions, difficile de contester le caractère militaire de ce service... Les pouvoirs de la puissance occupante, tels qu'ils sont définis par la convention de la Haye, ne sauraient comporter le droit d'incorporer la population d'un territoire occupé. Il y a là, en effet, un acte de souveraineté ne pouvant résulter que d'une annexion et non d'un occupation militaire ». [10]

Il faudra cependant attendre le 27 octobre 1941 pour qu'une deuxième protestation solennelle renouvelle après celle du 3 septembre 1940 les manquements à la convention d'armistice faits par l'Allemagne, qui accomplit en Alsace une « annexion déguisée ».

On proteste en particulier contre le fait que le gouvernement allemand « a enrôlé dans les formations du parti national-socialiste la jeunesse d'Alsace et de Lorraine, l'astreignant au service du travail et l'obligeant ainsi à prêter serment au Reich, contrairement à l'article 45 de l'annexe de la convention IV de La Haye de 1907. Il a également admis l'engagement d'Alsaciens et de Lorrains en qualité d'Allemands dans l'armée du Reich ».

Argument suprême, c'est au nom de la collaboration avec l'Allemagne que le gouvernement de Vichy demande de rapporter ces mesures (!) : « Il appuie cette nouvelle protestation, non seulement sur des raisons de droit, mais encore sur des raisons d'opportunité. Fermement décidé

UN TRAIN D'INCORPORÉS DE FORCE ALSACIENS FAIT HALTE PRÈS DE LANDAU. COLL. LOUIS DICK FONDS ADRECCAL-OCCAL

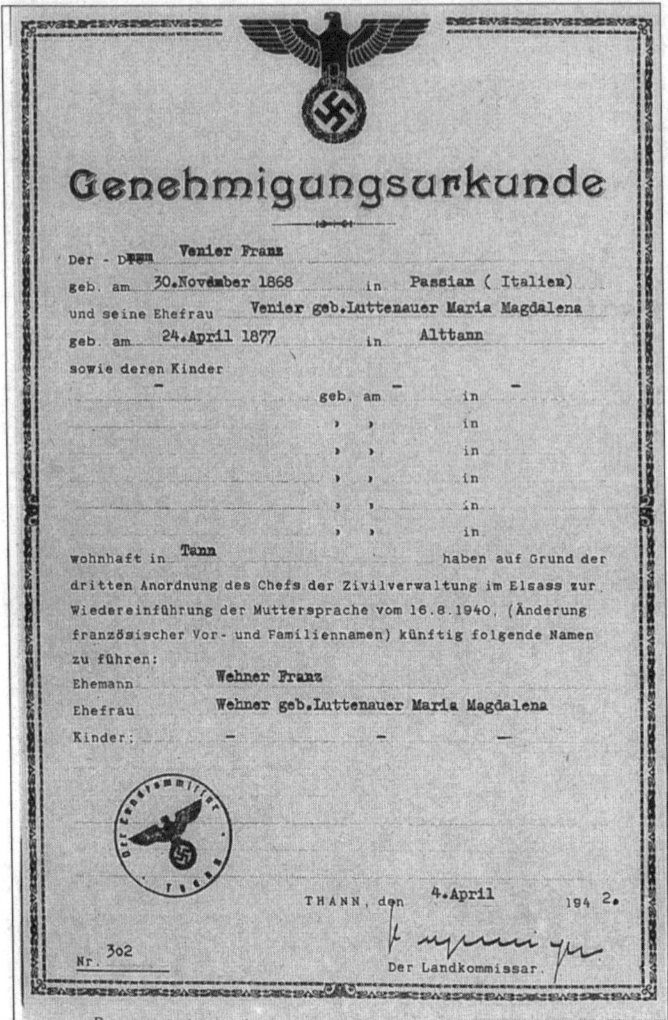

Genehmigungsurkunde

Der - D... Venier Franz
geb. am 30.November 1868 in Passian (Italien)
und seine Ehefrau Venier geb.Luttenauer Maria Magdalena
geb. am 24.April 1877 in Alttann
sowie deren Kinder
- geb. am - in -
» » in
» » in
» » in
» » in
» » in
wohnhaft in Tann haben auf Grund der dritten Anordnung des Chefs der Zivilverwaltung im Elsass zur Wiedereinführung der Muttersprache vom 16.8.1940, (Änderung französischer Vor- und Familiennamen) künftig folgende Namen zu führen:
Ehemann Wehner Franz
Ehefrau Wehner geb.Luttenauer Maria Magdalena
Kinder: - - -

THANN, den 4.April 1942.

Nr. 302

Der Landkommissar.

MESURE DE GERMANISATION DES NOMS DE FAMILLE : FRANÇOIS VENIER DEVIENT FRANZ WEHNER.

à poursuivre la politique de collaboration, il attire en effet l'attention du gouvernement allemand sur l'extrême difficulté d'obtenir l'adhésion de l'opinion publique française à cette politique, aussi longtemps que les mesures prises par les autorités d'occupation en Alsace et en Lorraine n'auront pas été rapportées ».

Du côté français, on ne se fait d'ailleurs aucune illusion sur la portée de telles protestations qui ne sont faites que *pro forma* comme on peut le constater dans une note de la direction des services d'armistice du 23 septembre 1941 : « Des protestations ont été faites à Wiesbaden, au printemps dernier et encore tout récemment. Mais on ne doit se faire aucune illusion sur leur succès... Représailles et chantage ne serviront que lorsque la situation générale permettra au Gouvernement de ne pas se contenter d'une protestation platonique, ou de rendre publiques ses protestations ». [11]

Par ailleurs le gouvernement de Vichy est quelque peu gêné dans ses protestations en raison même de sa politique de collaboration qui l'a amené à accepter la création de la Légion des volontaires français (LVF). Dans une note du secrétaire général du gouvernement sur l'action à mener vis-à-vis de l'incorporation des Alsaciens on remarque ainsi que : « Ayant admis l'engagement dans la légion antibolchévique de Français qui combattent sous l'uniforme allemand, après avoir prêté serment au Führer, le Gouvernement français peut difficilement protester contre les enrôlements de volontaires dans les formations allemandes. Rien ne s'oppose, au contraire, à une protestation contre les incorporations d'office d'Alsaciens ou de Lorrains dans de telles formations ». [12]

Le gouvernement de Vichy se rend parfaitement compte du caractère inexorable des mesures qui sont prises en Alsace. La même note fait remarquer que « le caractère principal de l'action allemande est son inflexible progressivité, les Alsaciens ont été enrôlés d'abord comme " volontaires " puis obligatoirement, d'abord dans les simples organismes du parti (protection civile), puis dans le service du travail, ensuite dans les formations rattachées à l'armée, et enfin, à titre de volontaires seulement jusqu'à présent, dans l'armée. A l'heure actuelle, seul le dernier terme de la progression manque, mais sa place est réservée : de 10 à 45 ans tous les hommes font obligatoirement partie d'une formation paramilitaire, sauf ceux qui sont âgés de 20 à 30 ou 35 ans... La conscription des Alsaciens et des Lorrains pour l'armée allemande peut être prochaine... » [13]

DÉLICAT PROBLÈME : COMMENT INCORPORER LES ALSACIENS ALORS QU'ILS N'ONT PAS LA NATIONALITÉ ALLEMANDE ?

Dans une autre lettre, l'amiral Darlan fait remarquer que « la propagande en faveur des engagements est de plus en plus active et fait craindre la conscription à brève échéance de nos compatriotes de l'Est. Cette crainte est d'autant plus fondée que le premier contingent incorporé en octobre (1941) dans le service du travail doit être libéré normalement en mars ; on peut se demander avec angoisse ce qu'en feront alors les autorités allemandes. » [14]

Le gouvernement de Vichy et ses principaux responsables sont donc mieux informés que les Alsaciens eux-mêmes sur les mesures prises en Alsace et en Moselle par les autorités allemandes et qui conduisent à l'incorporation de force dans la Wehrmacht. Mois par mois, les différentes autorités de Vichy suivent l'enchaînement des décisions et des mesures qui vont dans ce sens alors que beaucoup d'Alsaciens ne se rendent pas compte du caractère inéluctable des mesures ainsi prises.

Mais, plus grave encore, le gouvernement de Vichy se rend parfaitement compte de sa lâcheté à l'égard des Alsaciens puisque la même note du secrétaire général du gouvernement relève que les mesures progressives prises par les nazis sont conformes à la théorie exposée dans *Mein Kampf* au chapitre 14 : « Un vainqueur avisé n'imposera ses exigences aux vaincus que par étapes successives (...) plus nombreuses sont les exactions ainsi acceptées passivement et moins la résistance paraît justifiée... » [15]

DÉPART POUR LE FRONT.

Les protestations ne sont donc faites que pour le principe et de surcroît elles ne sont pas publiques. Aucune d'entre elles n'entraîne d'ailleurs de réponse, ni de la commission allemande d'armistice, ni du gouvernement allemand. Le gouvernement de Vichy ne fait que sauver les apparences, « pour l'honneur ». Une fois de plus l'Alsace est sacrifiée à la raison d'Etat. Au nom de la politique de collaboration les Alsaciens, comme en 1871, se retrouvent à nouveau abandonnés !

De son côté, Wagner malgré l'opposition initiale de l'OKW, poursuit avec opiniâtreté son projet d'introduire le service militaire obligatoire en Alsace. L'extension de la guerre au cours de l'année 1941 va grandement favoriser ses objectifs. C'est ainsi qu'au cours de l'automne 1941 les premières classes sont mobilisées dans le service du travail (RAD), qui est en réalité une véritable préparation militaire qui dure encore à ce moment six mois. Le passage dans le RAD n'est pas neutre car à cette occasion les jeunes Alsaciens doivent prêter serment de fidélité au Führer du IIIe Reich. C'est donc une reconnaissance de leur appartenance à l'Etat nazi qu'on leur demande ainsi pour la première fois par un serment public.

Une autre occasion de poursuivre la militarisation de la jeunesse alsacienne lui est donnée par les SA. En effet, au cours de l'été 1941, la SA-Gruppe Oberrhein a présenté auprès du gauleiter la demande d'introduire les SA-Wehrmannschaften en Alsace. Ce sont des unités de défense intérieure contrôlées par des SA mais n'en faisant pas partie.

Dans une lettre du 5 septembre 1941, celui-ci donne son accord et l'ordre d'entreprendre le recensement des classes concernées (1912 à 1921), afin que les incorporations puissent débuter le 1er janvier 1942. Il est vraisemblable que Wagner pense ainsi arriver à contourner l'opposition de l'OKW et des discussions ont lieu au mois de novembre 1941 avec l'état-major du Gruppenführer Damian. Mais immédiatement on constate que l'introduction de l'obligation de service dans les SA-Wehrmannschaften dépend de l'octroi de la nationalité allemande, qui n'est pas encore réglé. On décide néanmoins la préparation du recensement des classes concernées. [16]

A la fin du mois de janvier, deux projets de texte sur l'introduction du service dans les SA-Wehrmannschaften sont alors proposés. La mise en œuvre en est confiée à la SA-Gruppe Oberrhein, et le recensement des dix classes concernées aux services de police. Celui-ci devait être effectué entre le 9 février et le 7 mars 1942 et l'inscription devait intervenir à la suite d'un avis public, ce qui diffère quelque peu de la procédure utilisée par la Wehrmacht. [17] La police devait également vérifier l'appartenance au parti (Opferring) et à ses organisations. Les listes définitives devaient être transmises au plus tard pour le 14 mars 1942 aux unités SA concernées. Mais dès le mois de février, le gauleiter renonce à la mise en œuvre de ces dispositions qui sont définitivement abandonnées le mois suivant où l'on reconnaît « qu'une obligation de service (dans les SA-Wehrmannschaften) ne peut être introduite car une telle mesure ne peut intervenir que par suite d'un engagement personnel ».

LA LÂCHETÉ DE VICHY

1942

Il est vrai qu'entre-temps l'OKW, confronté aux besoins grandissants en effectifs sur le front de l'Est, a totalement changé d'avis au sujet des Alsaciens, Mosellans et Luxembourgeois qui représentent des effectifs mobilisables non négligeables. Les 130.000 Alsaciens-Mosellans représentent en effet à eux seuls l'équivalent de plus de 10 divisions.

L'incorporation dans les SA-Wehrmannschaften, qui ne représentait pour Wagner qu'un ersatz de service militaire est donc progressivement abandonnée au profit de l'incorporation dans la Wehrmacht. Mais pour cela il faut régler auparavant le délicat problème de la nationalité des Alsaciens qui va donc être traité parallèlement avec la préparation de recrutement des Alsaciens, Mosellans et Luxembourgeois car c'est la population de l'ensemble des territoires occupés de l'ouest (Westgebiete) qui est visée par l'OKW. Ce qui ne simplifie pas le problème, car chacun des gauleiters concernés — Wagner, Bürckel et Simon, — est jaloux de son indépendance, ce qui va nécessiter une coordination et des mises au point laborieuses entre eux ainsi qu'entre les différentes autorités centrales du Reich qui interviennent dans le débat (chancellerie, ministère de l'Intérieur, OKW...) De ce fait la promulgation de l'incorporation de force sera retardée à plusieurs reprises et nécessitera in fine un arbitrage du Führer au début du mois d'août 1942.

Comme aucun traité de paix réglant la question de l'appartenance de l'Alsace et de la Moselle n'est intervenu entre la France et l'Allemagne à la suite de l'armistice du 22 juin 1940, les trois départements de l'Est, annexés de fait par le IIIe Reich continuent en droit international de faire partie intégrante de la France, et les Alsaciens d'être français. De ce fait, il est juridiquement impossible d'incorporer les Alsaciens-Lorrains dans l'armée allemande.

En effet, d'après la loi allemande sur l'obligation militaire (Wehrgesetz) du 21 mai 1935, seuls les ressortissants du Reich (Reichsangehörige) sont astreints au service militaire (ohne Reichsangehörigheit bestand keine Wehrpflicht). Néanmoins cette loi n'exclut pas l'entrée des étrangers dans la Wehrmacht, mais celle-ci est subordonnée à l'autorisation du Führer qui délègue ce pouvoir au ministre de la Guerre. La naturalisaiton des étrangers qui entrent comme volontaires dans la Wehrmacht est réglée par une ordonnance du 4 septembre 1939. C'est ce texte qui peut s'appliquer aux volontaires alsaciens de la Wehrmacht et de la SS. Il en résulte donc que seules les personnes qui possèdent la qualité de ressortissants allemands (deutscher Staatsangehöriger) peuvent être contraintes à l'obligation militaire ce qui n'est pas le cas des Alsaciens-Lorrains. Par contre ceux-ci sont protégés par la convention de La Haye qui interdit l'incorporation de la population d'un territoire occupé, et de contraindre celle-ci à prêter serment à la puissance occupante.

Suivant les exigences de l'OKW il faut donc lever ce préalable afin de pouvoir incorporer les Alsaciens dans la Wehrmacht, car l'octroi de la nationalité allemande entraîne automatiquement avec elle l'obligation militaire.

Le fait que cet octroi intervienne unilatéralement ne pose pas de problème juridique à la Wehrmacht, car les Allemands qui vivent à l'étranger et qui possèdent une double nationalité sont contraints au service militaire comme le précise le paragraphe 18 de la loi sur l'obligation militaire : « Est Allemand chaque citoyen du Reich même si en outre il possède une nationalité étrangère ». Ce qui va être le cas des Alsaciens qui vont posséder à la fois la nationalité française (soit parce qu'ils ont été réintégrés de plein droit par le traité de Versailles, soit parce qu'ils sont nés en Alsace après 1918) et la nationalité allemande lorsque celle-ci leur sera octroyée.

Tout le problème réside donc dans la définition de savoir quelles sont les personnes qui peuvent être ressortissants du Reich d'après les critères du Volkstum, puis de leur octroyer la nationalité allemande sans laquelle aucune obligation militaire n'est possible.

Pour les territoires de l'ouest (Alsace, Lorraine et Luxembourg) dépendant de trois gauleiters différents, le problème est résolu en plusieurs étapes par voie d'ordonnance. Le 20 janvier 1942, une première ordonnance prise par Goering et co-signée par Frick et Lammers prévoit que : « Le ministre de l'Intérieur du

Reich peut accorder la nationalité allemande à des groupes d'étrangers habitant dans une région placée sous souveraineté ou puissance souveraine allemande. Celui-ci peut ordonner que dans certains cas cette nationalité soit accordée avec une possibilité de révocation. » Le même texte précise que « la nationalité allemande peut être accordée à un étranger sans justification de son établissement à l'intérieur du Reich ».[18]

Wagner rencontre le Führer à Berlin le 13 février 1942 et obtient son accord pour l'incorporation des Alsaciens dans la Wehrmacht. Mais le Führer insiste beaucoup sur l'importance à attacher lors du recensement sur la confiance que l'on peut avoir dans les futures recrues qui doivent

DÉPART DES CLASSES 1914-1919
À STRASBOURG. L'ATTENTE.

COLL. LOUIS DICK
FONDS ADRECCAL-OCCAL

être jugées dignes de porter les armes (Wehrwürdigkeit). Ce qui pose problème à Wagner qui pense ne pas avoir encore terminé l'épuration définitive de l'Alsace, contrairement à Bürckel qui a procédé à des expulsions massives en Lorraine. Comme les Alsaciens n'ont pas répondu aux attentes de Wagner qui espérait un ralliement rapide de leur part, « l'épuration raciale et politique » reste encore à faire et l'introduction du service militaire s'en trouve gênée. Il faut donc encore prévoir une grande vague de transferts et d'expulsions afin d'arriver à l'épuration définitive de l'Alsace.

RÉUNION AU SOMMET AUTOUR DE HITLER LE 9 AOÛT 1942 EN UKRAINE : LA DÉCISION EST PRISE

Par une circulaire du 5 mars 1942, il ordonne alors aux Kreisleiter d'entreprendre le recensement de tous les Alsaciens de plus de 18 ans susceptibles de devenir membres du parti et de son organisation. Cette enquête qui porte le nom de code de « 19 juin » est en fait une véritable classification de la population alsacienne en fonction des opinions politiques publiquement exprimées et de l'attitude des Alsaciens vis-à-vis du nouveau régime. En même temps cette enquête doit préparer l'incorporation des Alsaciens dans la Wehrmacht. Cinq listes doivent être fournies pour le 1er avril 1942 :

La première (1a) recense toutes les personnes qui font preuve d'une attitude positive ou neutre vis-à-vis du nouveau régime.

La deuxième (1b) concerne tous ceux dont l'attitude a été douteuse mais qui sont jugés récupérables.

La troisième (2a) recense tous les hommes de 18 à 48 ans (classes 1894 à 1924) susceptibles d'être incorporés.

La quatrième (2b) concerne les hommes de 18 à 48 ans, jugés politiquement douteux.

La cinquième appelée liste de contrôle recense tous ceux qui ne sont pas dignes d'être admis dans les organes du parti (asociaux, ennemis de l'Allemagne, sujets de moindre valeur raciale...)

Ce recensement est loin de passer inaperçu puisque le questionnaire est diffusé à des fins d'exploitation jusqu'à l'échelon du Blockleiter. Il provoque des rumeurs alarmantes dans la population et une recrudescence des départs clandestins.

Dans un premier temps on n'envisage effectivement que d'incorporer dans la Wehrmacht les Alsaciens classés sur les listes 1a et 2a. L'OKW demande en plus, de limiter le recrutement aux classes nées après 1914, et en premier lieu aux jeunes qui n'ont pas encore effectué leur service militaire dans l'armée française. [19]

Au mois de juin 1942 on limite encore davantage le recrutement, car on n'envisage plus que d'incorporer les jeunes Alsaciens qui n'ont pas encore servi dans l'armée française et qui sont passés par l'école du RAD (classe 1922 et 23). De plus on ne prévoit que d'incorporer des éléments politiquement sûrs après une enquête approfondie menée par le parti et la Gestapo car leur « incorporation entraînera l'octroi de la nationalité allemande ». [20]

L'annonce de cette incorporation prévue en mai, puis en juillet est chaque fois reportée en raison des objections soulevées par les différentes autorités qui s'occupent du problème et notamment en raison de la question de la nationalité qui n'est toujours pas tranchée.

L'OKW commence alors à s'impatienter car le problème des effectifs sur le front de l'Est commence à devenir crucial. Dans une lettre du 29 juillet 1942 de Keitel à Lammers (chef de la chancellerie) le commandant en chef de la Wehrmacht écrit : « Même si l'armée ne doit se contenter pour l'instant que d'une petite partie des incorporés de ces régions (...) la situation actuelle en matière de recrutement exige que cette partie soit enrôlée sans attendre. » C'est pourquoi il faut « organiser aussi rapidement que possible l'entretien prévu avec Hitler et, en particulier de faire aboutir de toute urgence et d'une manière définitive, un règlement de la question de la nationalité des incorporés et de leur famille ». [21]

Finalement la réunion est convoquée pour le 9 août 1942 à Vinnitsa en Ukraine, où Hitler a installé son nouveau quartier général, le Werwolf, depuis le 17 juil-

OCTOBRE 1942, GARE DE KRUTH.
DÉPART D'INCORPORÉS DE FORCE.

COLL. ROSE ARNOLD
FONDS ADRECCAL-OCCAL

let. Cette réunion au sommet rassemble le Führer, Keitel, Himmler, Ribbentrop, Bormann, Lammers et Stuckart, ainsi que les trois gauleiters concernés : Wagner, Bürckel et Simon. La présence des responsables les plus élevés du Reich concernés par la question montre bien l'importance que l'on attache au règlement du problème. L'objet principal de la réunion porte non pas sur l'introduction du service militaire, qui est déjà admis par tous mais sur l'octroi de la citoyenneté du Reich dans les territoires de l'ouest.

La question est finalement tranchée après que Wagner ait renoncé à son opposition de principe. Néanmoins, Hitler laisse à chacun des trois gauleiters concernés une entière liberté d'application de mesure.

LE TRAIN DÉMARRE...

Au cours de la même réunion Hitler soulève également la possibilité d'une nouvelle vague d'expulsions en Alsace. Il considère en effet que les asociaux et les criminels doivent être expulsés en France, tandis que ceux qui appartiennent par le sang à la nation germanique, mais qui ne sont pas politiquement sûrs doivent être transférés (umgesiedelt) à l'intérieur du Reich. Selon des indications données par le gauleiter lui-même, plus de vingt mille personnes devraient encore être refoulées en France. Le transfert vers le Reich concernait notamment la population de la vallée de la Bruche et de Ste-Marie-aux-Mines parlant le patois mais l'opération pose quelques problèmes, car les nazis eux-mêmes jugent « que pour le moment il n'est pas possible de procéder à un transfert sur une large échelle ». [22] Cette opération qui devait porter le nom de code de « Reich » ne sera jamais exécutée, vraisemblablement en raison de l'émoi soulevé par l'annonce de l'incorporation de force.

Dans les jours qui suivent, le ministère de l'Intérieur prépare la version définitive de « l'ordonnance sur la citoyenneté en Alsace, en Lorraine et au Luxembourg » qui paraît le 23 août 1942 au journal officiel du Reich. [23] Celle-ci accorde la nationalité allemande aux Alsaciens, Lorrains et Luxembourgeois qui ont été appelés à servir dans la Wehrmacht et la Waffen-SS et à ceux qui auront été reconnus comme des Allemands ayant fait leurs preuves (bewährte Deutsche). 1942

Dans le premier cas, l'octroi de la citoyenneté est accordé à partir du jour de l'incorporation. Cette ordonnance prévoit également que cet octroi s'étend au conjoint non séparé et aux enfants mineurs. Néanmoins la citoyenneté allemande peut être refusée dans un délai de trois mois à ces derniers s'ils ne possèdent pas les qualités nécessaires.

Un troisième paragraphe prévoit également que toutes les autres personnes non concernées par les modalités précédentes peuvent obtenir la citoyenneté allemande à titre révocable (mit Widerruf) par décret spécial. La révocation pouvant intervenir dans un délai de dix ans à partir du jour où la citoyenneté a été accordée.

Cette ordonnance sera promulguée en Alsace dès le lendemain, 24 août 1942, sans aucune modification. Par contre deux jours plus tard, une circulaire d'application du ministre de l'Intérieur du Reich essaie de cerner le plus exactement possible la notion de « Volksdeutsch » en Alsace dont il n'existe aucune définition. C'est ainsi qu'en règle générale tout Alsacien qui a au moins un ou deux grands parents nés en Alsace ou dans l'Empire allemand est considéré comme étant de souche allemande...

On se trouve donc en présence d'un nouveau droit de nationalité entièrement basé sur des critères raciaux. Seuls les liens du sang et de l'appartenance raciale au peuple germanique sont déterminants, le droit des individus à disposer d'eux-mêmes n'existe plus. Mais cette citoyenneté ne s'acquiert pas comme un droit ; elle doit se mériter. Wagner en est tout particulièrement convaincu. Il considère

AVRIL 1942, DÉPART POUR LE RAD À MULHOUSE.

« qu'être citoyen allemand est un honneur, qu'un Alsacien conscient de son Volkstum soit certainement suffisamment évolué pour vouloir le mériter par son attitude et sa conviction intérieure ». [24]

C'est pourquoi il se refuse à attribuer la citoyenneté allemande à titre révocable à l'ensemble de la population comme c'est immédiatement le cas en Lorraine et au Luxembourg. Au nom de cette logique il accorde par la suite la citoyenneté allemande à différents groupes de la population alsacienne (codétenus de Karl Roos, membres de la NSDAP, de la police...). Neuf règlements particuliers (Erlass) vont ainsi s'échelonner entre le 25 août 1942 et le 21 juin 1944. Il en résulte une multiplication de situations juridiques différentes à tel point qu'il faut procéder à une clarification administrative. C'est pourquoi le ministre de l'Intérieur du Reich, passant outre à la volonté du gauleiter Wagner, décide par un règlement du 9 juillet 1943 d'accorder la citoyenneté allemande à titre révocable, à tous les Alsaciens à compter du 1er août 1943. Cette mesure est un véritable camouflet pour Wagner, et une condamnation de sa politique en matière de citoyenneté. [25]

Du point de vue nazi, le problème de la citoyenneté allemande (avec ou sans restrictions) est donc réglé à partir du 1er août 1943, au moins pour ceux qui vivent en Alsace, même si la plupart d'entre eux continuent d'ignorer qu'ils sont en possession de cette fameuse citoyenneté allemande, le gauleiter n'ayant pas jugé bon de donner une publicité au décret du 9 juillet 1943...

En tout état de cause ces mesures qui interviennent d'une manière unilatérale pour satisfaire les obligations de la Wehrmacht et permettre l'incorporation de force n'ont aucune valeur en droit international puisque l'Alsace continue de demeurer territoire français comme le reconnaît finalement le ministre des Affaires étrangères du Reich... en février 1945 !

Le dernier obstacle juridique à l'entrée des Alsaciens dans la Wehrmacht étant levé, l'ordonnance concernant le service militaire obligatoire est donc promulgué dès le lendemain 25 août 1942. Elle concerne tous les Alsaciens en âge de porter les armes comme l'article premier en ouvre la possibilité : « Les hommes appartenant au peuple allemand en Alsace et faisant partie des classes qui seront ultérieurement indiquées par un règlement spécial sont soumis aux obligations militaires dans les forces allemandes. »

On remarque que cette ordonnance ne fait plus référence à une classe d'âge n'ayant pas encore effectué son service dans l'armée française ni même à un quelconque critère de fiabilité politique. La situation militaire sur le front russe exige en effet l'emploi de toutes les réserves disponibles. Ainsi l'incorporation dans la Wehrmacht considérée au départ par le gauleiter Wagner comme un moyen d'affermir le germanisme et le nazisme en Alsace devient une nécessité militaire comme le montre l'incorporation rapide de vingt et une classes d'âge entre septembre 1942 et la libération. Immédiatement, en moins de six mois, (septembre 42 à mars 1943) douze classes d'âge (1914 à 1925) vont être incorporées dans le RAD et la Wehrmacht. La classe 1926 est la première à être incorporée en même temps que les autres jeunes du Reich ayant le même âge.

Au cours de l'année 1943 on mobilise encore les classes 1911 à 1913 et au printemps 1944 en raison des pertes massives sur le front russe les classes 1908 à 1910. La classe 1927 est également incorporée normalement en mai 1944 et la classe 1928 très partiellement à la veille de la libération. Par contre les classes 1906 et 1907 dont le recensement a été effectué en octobre 1944 échappent à la mobilisation en raison de la libération de l'Alsace.

Ainsi vingt et une classes d'âge (1908 à 1928) sont incorporées totalement ou partiellement en Alsace, alors qu'en Moselle seules les classes 1914 à 1927 sont concernées. Dans le Reich par contre on mobilise jusqu'à la classe 1893. Seules les classes les plus jeunes, donc les plus intéressantes au point de vue de leur valeur combative, ont été mobilisées en Alsace, mais l'incorporation des classes plus âgées aurait néanmoins fini par suivre comme le montre le recensement des classes 1906 et 1907, ainsi que la mise sur pied du Volkssturm.

Les vingt et une classes concernées par l'incorporation de force représentent environ 200.000 Alsaciens et Mosellans susceptibles d'être mobilisés dans l'armée allemande mais tous ne seront pas incorporés et près d'un Alsacien sur trois va y échapper. En effet certains sont réformés pour raisons médicales (réelles ou simulées), d'autres bénéficient d'un poste affecté spécial (UK Stellungen) ou parce que leur maintien est absolument indispensable à l'effort de guerre (Schlüsselkräfte) mais leur situation n'en est pas moins précaire car ils pouvaient être mobilisé à tout moment. Des milliers d'autres enfin échappent à l'incorporation de force en s'évadant par la frontière française ou suisse, ou désertent après leur incorporation dans la Wehrmacht.

Les autorités françaises évaluent les incorporés de force dans la Wehrmacht à 130.000 personnes, dont environ 100.000 Alsaciens et 30.000 Mosellans. Les pertes sont estimées à 32.000 morts et 10.500 disparus (principalement en URSS), ainsi qu'à 32.000 blessés (dont 10.000 très gravement et souvent mutilés).

Ces pertes sont particulièrement sévères puisqu'un Alsacien incorporé sur quatre est tué. Si on ajoute à ce chiffre le nombre d'Alsaciens morts dans l'armée française et les victimes civiles, on constate que les pertes humaines sont trois fois plus élevées en Alsace que dans le reste de la France et les seules pertes militaires six fois plus élevées ! Du fait de l'incorporation de force, le bilan de la Deuxième Guerre mondiale est particulièrement lourd pour l'Alsace et c'est donc à juste titre que le 25 août 1942 peut être regardé comme le jour le plus noir de l'histoire de l'Alsace contemporaine.

Avec l'introduction du RAD en Alsace, en mai 1941, la population alsacienne prend conscience qu'elle ne va pas être laissée à l'écart de la guerre menée par l'Allemagne. Un nouveau pas est franchi avec une ordonnance du gauleiter en date du 5 novembre 1941 qui garantit l'emploi à tous les jeunes incorporés dans le RAD, la Wehrmacht ou les SS. Le texte de cette ordonnance qui paraît dix mois avant l'annonce officielle de l'incorporation de force ne laisse aucun doute sur les intentions du gauleiter, car on y parle bien de la conduite à tenir envers les jeunes incorporés au service militaire (Wehrmacht et SS) et au RAD en Alsace. On précise bien que ceux-ci ne peuvent être licenciés et conservent tous leurs droits dans l'entreprise où ils doivent retrouver leur emploi à leur retour. [26] La réaction est immédiate. Dès le mois de mai 1941, les autorités nazies constatent qu'une partie des jeunes Alsaciens cherchent à se soustraire au RAD par une fuite en France non occupée. Ce mouvement ne fera que prendre de l'ampleur au fur et à mesure que l'éventualité d'une incorporation dans la Wehrmacht se précise.

DANS LES SIX PREMIERS MOIS DOUZE CLASSES D'ÂGE SONT INCORPORÉES

Comme les premiers conseils de révision et les premiers départs au RAD ont donné lieu à un certain nombre d'incidents et à de bruyantes démonstrations pro françaises, le gauleiter va prendre un certain nombre de mesures préventives, car l'annonce de l'incorporation de force risque de provoquer des réactions encore plus violentes. Dès le mois de juin 1942 des instructions précises sont transmises donc aux différents échelons du parti car les rapports sur l'état d'esprit de la population ne laissent planer aucun doute sur la manière dont la mesure va être accueillie.

Il n'est plus question de faire appel aux bons sentiments des Alsaciens, ceux-ci doivent surtout prendre conscience que les incidents qui se sont produits lors des convocations pour le RAD ne doivent pas se renouveler... « Lorsque les convocations pour le RAD sont intervenues cette année et l'année dernière, un certain nombre de jeunes se sont évadés et ont franchi la frontière. Ils sont tous partis dans le malheur et le regrettent profondément aujourd'hui. D'autres ont été arrêtés à la frontière et expient sévèrement leur acte inconsidéré. Celui qui veut franchir la frontière aujourd'hui doit savoir qu'il provoque sa propre perte. De plus chacun doit savoir que la frontière est actuellement mieux gardée qu'autrefois et qu'on y tire à balle réelle. » Et enfin le gauleiter précise que « celui qui ne se présentera pas au conseil de révision ou qui n'obéira pas à l'ordre d'appel sera sévèrement puni. Il répondra de cette désobéissance sans pouvoir compter sur la moindre indulgence. » [27]

Ces instructions, qui doivent être explicitées par l'ensemble de l'appareil du parti, sont renouvelées au début du mois de septembre par le vice-gauleiter Röhn : « Le parti a le devoir de se soucier d'une manière préventive et pour éclairer la population que les conseils de révision se passent dans l'ordre... » [28]

La presse est également largement mise à contribution. On y voit notamment apparaître des annonces de transplantations de familles alsaciennes à la suite du franchissement illégal de la frontière par un de leurs enfants. Présentées sous le titre « Für Unzuverlässige kein Platz im Elsass », ces transplantations doivent apparaître comme des sanctions infligées aux familles des réfractaires. On pense ainsi arriver à endiguer la vague d'évasion que l'incorporation dans la Wehrmacht risque de déclencher. Un autre article annonce le 27 août 1942 sous le titre « An der Grenze wird scharf geschossen », la mort d'un jeune Alsacien qui tentait de franchir la frontière clandestinement.

Les autorités nazies veulent régler le problème le plus rapidement possible. Dès le 27 août une nouvelle ordonnance annonce que le service militaire dans la Wehrmacht concerne les classes 1920 à 1924 et que les conseils de révision pour la classe 1922 (qui a déjà passé par le RAD) se tiendront à partir du 3 septembre. Les classes 1920 et 1921 passeront également à partir du même jour les conseils de révision pour le RAD.

La crainte des manifestations est telle que le vice-gauleiter Röhn ordonne aux forces de police « d'intervenir le plus énergiquement possible et de faire immédiatement usage de leurs armes ». [29] Le 4 septembre 1942 un nouvel avertissement est donné à ceux qui négligent de se présenter aux conseils de révision qui ont débuté la veille dans chaque chef-lieu de canton. La presse annonce l'arrestation de trois jeunes gens : Charles Herling de Saverne, Joseph Wendling et Georges Kayser de Wissembourg qui n'ont pas répondu à leur convocation et qui sont en attente de jugement, pour punir leurs familles, celles-ci sont transplantées dans le Reich.

DES REFUS IMMÉDIATS ET NOMBREUX

Ces mesures énergiques permettent d'éviter des heurts trop graves mais le mécontentement est général et de nombreux incidents vont se produire un peu partout surtout lorsque les conscrits refusent de signer le Wehrpass (le livret militaire). Les jeunes gens qui se livrent à ce genre de résistance sont immédiatement transférés au camp de Schirmeck d'où ils ne sont libérés qu'après avoir signé. Ceux qui persistent dans leur refus doivent passer une visite médicale au camp de Schirmeck avant d'être transférés à des sections disciplinaires de la Wehrmacht sans remise en liberté préalable.

Des tracts appelant à résister à l'incorporation de force sont également distribués à Strasbourg par le Front de la jeunesse alsacienne d'Alphonse Adam. Ils vont provoquer d'actives recherches de la Gestapo et le gauleiter ordonne même, afin de pouvoir faire un exemple, la comparution de leurs auteurs devant le tribunal spécial (Sondergericht) dans un délai de 24 heures... Mais leur arrestation n'interviendra que le 17 janvier 1943. Alphonse Adam et cinq de ses amis (Robert Kieffer, Robert Meyer, Charles Schneider, Joseph Seger et Pierre Tschaen) vont payer de leur vie leur opposition au régime et à l'incorporation de force. Ils sont fusillés au fort Desaix à Strasbourg le 15 juillet 1943 tandis que d'autres membres de leur groupe sont condamnés à diverses peines de réclusion.

L'ADIEU À L'ALSACE.
TOUS LES JEUNES AUX FENÊTRES DU TRAIN.

COLL. LOUIS DICK
FONDS ADRECCAL-OCCAL

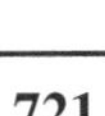

Afin de réduire au maximum les départs clandestins pour la France ou la Suisse qui s'amplifient de jour en jour, malgré la menace qui pèse sur les familles, une ordonnance du 16 septembre 1942 établit une zone interdite (Sperrbezirk) le long de la frontière alsacienne, depuis le Donon jusqu'à Saint-Louis et Huningue qui en sont exclus. Le séjour à l'intérieur de cette zone est interdit à tous les Alsaciens âgés de plus de 15 ans, qui ne sont pas en possession d'une autorisation spéciale délivrée par le Landkommissar. Toutes les personnes se trouvant à l'intérieur de la zone sont tenues de porter sur elles en permanence les justifications nécessaires. [30]

Des mesures sont également prises pour transférer tous les Alsaciens mobilisés dans la police (Polizeireservisten et Hilfspolizei) à l'intérieur du Reich car ils sont considérés comme peu sûrs. De plus ils ont tendance à s'évader, comme les autres Alsaciens, à une cadence élevée (1 à 2 par semaine en juin puis 9 en juillet !) Les nazis ne se font aucune illusion à leur égard : « Si déjà les policiers de réserve alsaciens remettent en liberté un travailleur civil français en fuite vers la zone non occupée, ils hésiteront encore moins quand il s'agira de leurs compatriotes alsaciens. » [31]

Le départ des classes 1922 pour la Wehrmacht et des classes 1920 et 1921 pour le RAD va donner lieu à des manifestations analogues à celles des départs précédents. Celles-ci débutent le 7 octobre avec les départs pour le RAD et prennent encore davantage d'ampleur à partir du 15 octobre avec l'incorporation de force de la classe 1922. Alors que les parents et les amis assistent la mort dans l'âme au départ de leurs proches, les incorporés se livrent à des bruyantes démonstrations. On entonne la Marseillaise et divers chants militaires français. Des drapeaux français sont déployés le long des wagons dont certains sont même entièrement dévastés malgré la présence de gradés de la Wehrmacht chargés d'encadrer les recrues jusqu'à leur destination finale.

Devant l'ampleur de l'émotion soulevée en Alsace et la vivacité des réactions la Wehrmacht a quelques inquiétudes. Par une note du 15 septembre 1942, elle donne des directives à tous les conseils de révision pour s'assurer qu'aucun conscrit n'a déjà été incorporé même pour un bref laps de temps dans l'armée française. Malheureusement ces dispositions ne restent pas longtemps en vigueur et dès le début de l'année 1943, après la défaite de Stalingrad, les classes 1914 à 1919 sont mobilisées à leur tour. Leur départ donnera alors lieu aux manifestations les plus violentes et à une sévère répression.

Cette agitation ne reste pas sans répercussion sur l'économie alsacienne. Un rapport de la Rüstungsinspektion de Strasbourg signale que « l'introduction du service militaire en Alsace a provoqué dans de nombreuses entreprises des refus de travail, des absences injustifiées, une baisse de production et des départs clandestins. L'attitude des classes plus jeunes ne s'est pas encore modifiée. Il ne faut pas perdre de vue que malgré tous les efforts qui ont été entrepris par le parti et les autorités, la France continue de vivre dans les cœurs des Alsaciens en tant que rêve et souhait. »[32]

LA SÉPARATION ET LES LARMES.

COLL. LOUIS DICK FONDS ADRECCAL-OCCAL

La France, du moins celle de Vichy n'est apparemment pas dans le même état d'esprit. En particulier, l'attitude de Laval est pour le moins ambiguë. En effet, le 2 septembre, le président Laval, vraisemblablement à la demande du maréchal Pétain, proteste verbalement contre les mesures introduites en Alsace-Lorraine auprès de l'ambassadeur d'Allemagne Otto Abetz. Cette protestation est renouvelée par écrit le 4 septembre 1942. Considérée comme une protestation solennelle du côté français elle insiste en particulier sur le fait qu'une « aussi grave mesure n'est pas conforme aux droits de la puissance occupante qui ne sauraient comporter la faculté d'incorporer la population d'un territoire occupé. Il est, d'autre part, interdit de contraindre la population d'un tel territoire à prêter serment à la puissance occupante, ce qui est, cependant le cas pour les recrues incorporées dans l'armée et dans le service du travail. »[33]

Cette protestation est également transmise à la commission allemande d'armistice à Wiesbaden le 1er octobre 1942. Comme la précédente elle n'entraîne pas de réponse du côté allemand, comme la précédente, la protestation française n'est pas publique. Laval laisse même entendre aux Allemands que sa note n'est qu'une formalité n'appelant pas de réponse...[34]

En s'abstenant d'une protestation publique et solennelle que l'Alsace attendait, le maréchal Pétain et le gouvernement de Vichy cautionnent ainsi l'incorporation de force des Alsaciens et des Mosellans dans la Wehrmacht. Leur responsabilité est aussi entière que celle de Wagner et des autorités nazies car ils ont laissé accomplir l'irrémédiable. Au nom de la raison d'Etat, ils ont délibérément sacrifié les Alsaciens pour préserver ce qui pouvait l'être en pratiquant une illusoire politique de collaboration avec l'Allemagne. Ce faisant ils ont donc perdu même l'honneur et les Alsaciens, à nouveau, se retrouvent seuls face à leur destin.

NOTES

1. On pourra se reporter à ce sujet au précédent numéro de *Saisons d'Alsace* consacré aux années de guerre (n° 114, « 1941 — La mise au pas ») ainsi qu'à l'article d'Alphonse Irjud dans ce numéro-ci.
2. *Schumann* et *Heuh* : *Reichskunde für junge Deutsch* p. 115 à 160.
3. « Aufruf an die Elsässische Bevölkerung ». du 24.8.1942 in « Elsässer die Front ruft euch » brochure de propagande réalisée par le CdZ.
4. *Das Elsass von 1872-1932* p. 305-307 et von Hahndorff *Das verhalten des Elsass-Lothringer in drei Kriegsjahren.*
5. Déclarations de Keitel du 14.3.1946 Procès-verbal d'audition, IFZ Munich Fb92, Actes Wagner.
6. OKW : « Einstellung von Freiwilligen und Kriegsfreiwilligen Elsässer » 30.1.1941 B.A. Fribourg.
7. SS Hauptaut — Rapport du 3.12.1940 au Reichsführer Himmler, IFZ. Munich.
8. Ergänzungsamt der Waffen-SS - Strasbourg - lettre du 3.11.1941.
9. Gauleitung - Organisationsamt - Etat des volontaires au 1.11.1941.
10. Lettre du garde des Sceaux Barthélémy au ministre de la Guerre du 15.4.1941, Archives nationales.
11. Direction des services de l'armistice - Vichy - Npte du 23.9.1941, Archives nationales.
12. Secrétariat général du chef du gouvernement. Note de mai 1942 sur l'incorporation des Alsaciens et des Lorrains dans l'armée allemande. Archives nationales.
13. *Ibid.*
14. Lettre de l'amiral de la flotte Darlan au vice-président du Conseil, président de la commissionde négociation - (non datée) (Archives nationales).
15. Voir note 12.
16. Lettre du CdZ - Persönhliche Abteilung du 5.9.1941.
17. Lettre du CdZ. Verwaltungs- und Polizeichsteilung du 29.1.1942.
18. RGBL I 1941 p. 1741.
19. Lettre de Keitel à Wagner du 2.4.1942. *Saisons d'Alsace* n° 39/40 p. 317.
20. Lettre de Stuckart à Wagner du 8.6.1942, *ibid* p. 312. Voir aussi article de F.J. Fuchs *Saisons d'Alsace* n° 39-40 p. 293-306.
21. OKW/Keitel à Lammers du 27.7.1942. B.A. Coblence.
22. Voir Eberhard Jäckel *La France dans l'Europe d'Hitler* p. 328 à 334 et IMT tome 38 p. 334.
23. RGBL I, 1942, p. 533.
24. *SNN* du 25.8.1942 « Seule la conviction interne décide ».
25. Circulaire du ministère de l'Intérieur I Sta. R 5066/43.
26. Verordungsblatt du CdZ., 1941, p. 700.
27. Lettre de Wagner aux Kreisleiter d'Alsace du 30.6.1942.
28. Lettre du vice-gauleiter Röhn aux Kreisleter du 1.9.1942.
29. *Ibid.*
30. Verordnungsblatt, 1942, p. 259 et 300.
31. Lettre de Kaul à Bormann du 2.9.1942.
32. Rapport du 3.10.1942 RW 21-57/2 B.A. Fribourg.
33. Voir note 1.
34. Télégramme d'Abetz à la Wilhelmstrasse du 12.9.1942.

Vichy proteste... En silence

ALPHONSE IRJUD

Comment le gouvernement de Vichy a-t-il réagi à l'annexion de fait de l'Alsace et de la Lorraine ? Durant quatre ans, jusqu'en juillet 1944, il a adressé plus de cent notes de protestation à la commission allemande d'armistice... sans oser leur donner la moindre publicité, entre autres à celle du 3 septembre 1942 contre l'incorporation dans la Wehrmacht. A ce silence de Vichy, répondait le mutisme du côté allemand.

1942

La convention d'armistice, signée le 22 juin 1940 dans la forêt de Compiègne, reposait sur une double équivoque en ce qui concernait l'Alsace et la Lorraine. Du côté allemand, Hitler avait éliminé des projets de l'accord toute allusion à cette question. Après la déclaration de guerre par la France et la victoire-éclair, le retour de l'ancien Reichsland au IIIe Reich était une affaire entendue. Dès la mi-juin il avait exclu les trois départements de la compétence de l'administration militaire et nommé les gauleiter de Bade et de Sarre-Palatinat, Robert Wagner et Joseph Burckel, chefs de l'administration civile en Alsace et en Moselle. Côté français, on concluait du silence observé dans la convention que « c'est avec la France entière, dans ses frontières de l'état de 1939, que l'Allemagne a signé l'armistice » [1]. A la première rencontre à Wiesbaden, les 28 et 29 juin, le président de la commission allemande d'armistice (CAA), le général Carl-Heinrich von Stülpnagel, répondait au chef de la délégation française, le général Huntziger, qui souhaitait des précisions quant aux droits de l'administration française que « sous réserve de l'accord de l'OKH (Haut commandement de l'armée) rien ne s'opposait au retour de l'administration française dans les zones occupées où le Reich entendait exercer uniquement les droits de la puissance occupante ». Aussi Huntziger annonçait-il dans son premier rapport, le 3 juillet, au gouvernement Pétain : « L'administration française est reconnue sur tout le territoire ».

Mais huit jours plus tard, le général français s'étonne dans une note à Stülpnagel de la nomination de hauts fonctionnaires allemands et de l'élimination des Français, en Alsace et en Lorraine. « Il semble donc, écrit-il, que dans ces départements l'administration française n'ait pas partout été admise à collaborer avec les autorités militaires ainsi que le prévoit l'article 3 de la convention d'armistice ». Il signale également « l'incursion de patrouilles motorisées allemandes en zone non occupée pour organiser le retour des réfugiés ».

MGR RUCH, INTERDIT DE RETOUR EN ALSACE.

Dès la première réunion, la commission allemande « avait révélé soudainement sa sollicitude pour les réfugies et les condamnés politiques alsaciens et lorrains en mentionnant tout spécialement les autonomistes » [2]. Elle reviendra à la charge pour exiger le retour rapide des réfugiés, la libération des incorporés de l'armée et des camps de jeunesse et leur retour en Alsace et en Lorraine. Huntziger en conclut, dans son rapport du 5 août : « De plus en plus, le gouvernement allemand prétend s'ériger, dans la France non occupée, en protecteur des Alsaciens ».

La première reconnaissance, involontaire, de l'annexion est le fait du ministre Hemmen, chef de la commission économique, quand il annonce le 4 août que « le 24 juillet, les douaniers allemands ont été placés à l'ancienne frontière d'Alsace-Lorraine de 1914 ». Au délégué français qui relève « la gravité de cette révélation » et proteste, il répond : « Je n'ai pas d'opinion, je n'ai qu'une fonction ». Semblant regretter sa déclaration, il le prie « de ne pas en faire état et de considérer qu'il n'a rien dit ». Huntziger s'adresse le 19 août à Stülpnagel : « Une question très importante trouble beaucoup les esprits, celle de l'Alsace et de la Lorraine. Sur cette question plane un rideau épais. Nous ne savons pas tout ce qui passe, mais après deux mois, nous avons beaucoup appris. La convention d'armistice laissait à la France le droit et le devoir d'administrer la France totale qui comprenait l'Alsace et la Lorraine ; s'il ne devait pas en être ainsi, il eût mieux valu que l'armistice le dise. Sur ce point, la convention est délibérément violée. Ce mystère n'est pas compris ». Le général allemand répond comme Hemmen : « Je ne suis pas habilité à en parler » et revient sur la question du « retour des Allemands d'Alsace-Lorraine à laquelle le Reich attache une importance particulière et de la libération des soldats alsaciens-lorrains d'origine allemande qui se trouvent retenus dans leurs corps ou sont incorporés dans les unités de travailleurs. Le gouvernement du Reich s'est fait, depuis des années, un devoir d'honneur de s'occuper de tous les membres de la communauté allemande et de leur prêter aide et assistance ». Huntziger répond que son gouvernement ne demande qu'à favoriser et hâter le retour des Alsaciens et des Lorrains, tant réfugiés que démobilisés, mais qu'il ne saurait reconnaître l'expression « Allemands d'Alsace-Lorraine ».

Après plusieurs délibérations en Conseil des ministres, le gouvernement décide de protester officiellement par écrit, mais sans publicité. Le 3 septembre, Huntziger remet à Stülpnagel « d'ordre du gouvernement » une « protestation solennelle ». Parmi un grand nombre de mesures « qui ont pour effet de priver la France de ses droits de souveraineté dans les trois départements » elle en cite douze : l'éviction des préfets, sous-préfets et maires ainsi que nombre de fonctionnaires, l'expulsion de Mgr Heintz, évêque concordataire de Metz et de plusieurs membres du clergé, l'interdiction pour Mgr Ruch de retourner dans son diocèse de Strasbourg, la nomination des gauleiter Wagner et Burckel avec le rattachement aux Gaue Bade et Sarre-Palatinat, l'intégration des deux provinces dans l'administration civile allemande et l'établissement de la frontière à la ligne de 1914, l'incorporation des chemins de fer et des postes au régime allemand, l'élimination de la langue française, la germanisation des noms des localités, l'introduction de la législation raciale entraînant l'expulsion des israélites, celle des nationaux que l'autorité allemande tient pour des intrus, l'obligation de se reconnaître de souche allemande pour être admis au retour, la confiscation du patrimoine des associations et des juifs de même que des biens acquis postérieurement au 11 novembre 1918 par les Français. La note cite le discours du gauleiter Wagner du 16 juillet à Strasbourg dans lequel il affirmait que « le dessein de l'Allemagne était de régler une fois pour toutes la question d'Alsace ». Le gouvernement français rappelle que « c'est avec la France entière, dans ses frontières de l'état de 1939 » que l'Allemagne a signé la convention du 22 juin et conclut : « Fort de son droit, le gouvernement français élève une protestation solennelle contre les mesures prises qui constituent une annexion de fait de ces territoires ».[3]

Fidèle à ses consignes, le président de la CAA ignore cette protestation officielle et répond à la note française du 1er septembre qui refusait de reconnaître l'expression « Volksdeustche » pour les Alsaciens-Lorrains. Le gouvernement du Reich allemand, écrit-il, « revendique le droit d'accorder aide et protection à tous les membres de la communauté allemande, si loin qu'ils puissent être établis hors des frontières du Reich ». Il fait état des renseignements reçus journellement sur la façon injuste dont sont traités les Alsaciens-Lorrains de la communauté allemande et des difficultés suscitées par les autorités françaises à leur rapatriement. Nouvelle note le 30 septembre reprochant aux autorités françaises « d'essayer de gagner les Alsaciens-Lorrains de race allemande » à l'idée d'un établissement durable en France non occupée, en attribuant, avec un supplément mensuel de 150 F, un poste aux instituteurs, en se livrant à une excitation systématique à l'école normale d'institutrices, repliée à Périgueux, pour amener ces jeunes filles à rester à l'intérieur de la France, en retenant un grand nombre de gendarmes et d'agents de police dont le rapatriement rapide est exigé ainsi que celui des autres fonctionnaires de la communauté allemande d'Alsace-Lorraine. Des commissions de la Croix-Rouge allemande seront envoyées en zone non occupée pour rapatrier les évacués et les démobilisés « dont une partie importante s'adresse quotidiennement aux commissions allemandes de contrôle ».[4]

Le 19 octobre, Stülpnagel présente les exigences du gouvernement du Reich : libération de tous les soldats et des membres des camps de jeunesse pour le retour immédiat dans leurs foyers. « Cette lettre est un diktat » écrit le général Doyen (qui a succédé le 7 septembre à Huntziger nommé ministre de la Guerre) au gouvernement. « Il en ressort que de l'avis du gouvernement du Reich, les Alsaciens-Lorrains se trouvant en zone libre ne doivent pas être considérés comme des Français ni être traités comme tels. Nous ne pouvons pas laisser accréditer plus longtemps l'opinion, envers la Nation française et les gouvernements neutres, que la séparation qui est opérée entre l'Alsace-Lorraine et la France se réalise avec notre assentiment ».

A Vichy, le gouvernement reste sourd à cette objurgation. Au conseil d'armistice, le 23 octobre, sous la présidence de Pétain, le ministre de la Guerre expose les exigences allemandes et commente : « Les Alsaciens et Lorrains se plaignent d'être envoyés dans les camps de jeunesse. Or, il n'y a pas intérêt à ce qu'ils rentrent chez eux aigris. Il y en a un certain nombre qui a déserté. On ne les recherche pas et on ne les punit pas». Pour le ministre des Affaires étrangères

LE GÉNÉRAL VON STÜLPNAGEL, PRÉSIDENT
DE LA COMMISSION D'ARMISTICE, 2e À DROITE. ROGER VIOLLET

Baudouin, il s'agit-là d'une nouvelle phase de l'action unilatérale de l'Allemagne en vue de germaniser l'Alsace-Lorraine : « On nous demande de sanctionner l'abandon des Alsaciens-Lorrains ! On devrait répondre que cette question ne peut être abordée qu'au traité de paix » déclare le Maréchal. « On a renoncé à dire aux Français ce qui s'est passé en Alsace-Lorraine, sauf le salut ému adressé par le Maréchal, le 8 octobre, aux Alsaciens et Lorrains expulsés », remarque Baudouin qui regrette que la première protestation officielle du 3 septembre n'ait pas encore été publiée. Selon Huntziger « l'opinion publique pense qu'il existe une clause secrète à l'armistice d'après laquelle la France aurait reconcé à l'Alsace-Lorraine ». Il est bien regrettable de n'avoir pas dit plus tôt qu'aucune clause de ce genre n'existe et que l'on se trouve en présence d'un diktat », conclut Pétain.[5]

VICHY S'INCLINE DEVANT LE « DIKTAT »

Ce Conseil ayant décidé de ne pas répondre sur le champ, Stülpnagel renouvelle son ultimatum le 15 novembre. Faisant état d'un incident à Pau où sept jeunes de « la communauté allemande d'Alsace » se sont enfuis d'un camp de jeunesse pour se présenter à la commission de contrôle allemande, il rappelle « qu'une aide sans réserve est accordée aux " Volksdeutsche " qui demandent protection aux autorités allemandes en territoire libre ». Doyen rejette les exigences allemandes, les trois départements devant, au regard de la convention d'armistice, être traités comme les autres départements français. Mais le lendemain, à Vichy, le gouvernement s'incline. Au conseil d'armistice, le 20 novembre, le ministre de la Guerre déclare que « le gouvernement a déjà pris la décision de fermer les yeux sur les évasions d'Alsaciens et de Lorrains des camps de jeunesse, même de les faciliter en regroupant les jeunes gens de ces départements dans les camps les plus rapprochés de la ligne de démarcation. Par contre, il est impossible de tolérer les évasions de l'armée ». Tout en réservant la position juridique par des protestations contre ce nouveau diktat, Huntziger prendra personnellement l'engagement de libérer de l'armée ceux qui le désireront.[6] Quant aux exigences allemandes d'un recensement des Alsaciens et des Lorrains en zone libre, elles sont inacceptables. Par contre, le préfet délégué à Paris pour les réfugiés a laissé les Allemands procéder à ce recensement en zone occupée.

Le Conseil des ministres, « douloureusement surpris de l'exigence complètement inattendue présentée par la CAA », confirme les décisions de la réunion d'armistice ; le chef de la délégation française à Wiesbaden doit aller à Canossa. « Tout en s'élevant contre les exigences formulées dans les lettres du 19 octobre et du 15 novembre », transmet Doyen à Stülpnagel, « le gouvernement français, ne pouvant s'opposer à la mise en demeure qui lui est signifiée par le gouvernement du Reich, a décidé de laisser les jeunes Français originaires des trois départements, accomplissant leurs obligations légales de service civil, retourner sur leur demande dans leurs foyers et de mettre au point la libération des soldats originaires des mêmes départements présents dans l'armée d'armistice et volontaires pour rejoindre leurs foyers ». Les Allemands précisent, aussitôt : « Tous les Alsaciens et Lorrains dans l'armée et les camps de jeunesse doivent être libérés et renvoyés dans leurs foyers et pas seulement les volontaires pour le retour, et ceci avant le 1er janvier 1941, les seules exceptions ne concernant que ceux dont les familles ont été expulsées ». D'autre part ceux internés en Suisse, environ 2.000 sur les 7.000 militaires français, doivent être renvoyés directement chez eux. Ainsi, conclut le chef de la délégation française dans son rapport du 25 novembre, « le gouvernement doit accepter par un acte officiel que l'Alsace-Lorraine n'est plus sous sa souveraineté... ».[7]

SEPTEMBRE 42 : LAVAL REMET À ABETZ LA 71e NOTE, PROTESTANT CONTRE L'INCORPORATION DE FORCE DES ALSACIENS

Doyen déclare à Stülpnagel que la libération anticipée des militaires met le gouvernement dans une situation très difficile ; elle sera donc échelonnée, d'abord les volontaires appartenant aux dix premiers mois de la classe 1938, et plus tard les volontaires des deux derniers mois et des neuf premiers de la classe 1939.

Stülpnagel : « Nous tenons à ce que *tous* les Alsaciens-Lorrains aient été libérés au plus tard le 1er janvier 1941, et pas seulement les volontaires. Rien que pour le mois d'octobre, j'ai ici un dossier comprenant plusieurs centaines de lettres de familles qui se plaignent que les jeunes gens soient retenus en France ».[8]

Doyen : « N'exigez pas que nous obligions à rentrer ceux qui ne veulent pas. Faites une exception pour ceux-là ».

Stülpnagel : « Le gouvernement allemand tient à ce que tous rentrent chez eux, ceux qui ne voudront pas rester ne sont pas intéressants pour nous et ils pourront s'en aller... Si nous somme forcés de vous demander que tous rentrent dans leurs foyers, ce n'est pas pour des raisons militaires, mais à cause des nombreuses réclamations qui ne cessent de nous parvenir. Pour ceux qui se trouvent dans les colonies et la Marine, les instructions doivent être données avant le 1er janvier. »

Le conseil d'armistice du 7 décembre autorise le ministre de la Guerre à répondre « qu'aucune pression ne sera exercée sur les libérés des camps de jeunesse et les démobilisés de l'armée, qu'ils auront la faculté de rester ou de partir. » « Les Allemands ne peuvent pas les empêcher de rester » déclare Huntziger qui signale que la moitié environ des Alsaciens-Lorrains, 3.500 dans l'armée et 4.000 dans les camps, demandent à rester.

Le rapatriement commence le 16 décembre avec sept trains et près de 4.500 « libérés » franchissent la ligne de démarcation avant la fin de l'année. Fin janvier 1941, Stülpnagel proteste contre le retard dans les libérations et exige également le retour des engagés dont seulement une petite minorité (12 sous-officiers et 215 soldats) résilient leur engagement pour rentrer. En mai, les Allemands remettent une liste de 2.400 militaires alsaciens et lorrains non rentrés ; ils revien-

À VICHY, LE GÉNÉRAL HUNTZIGER, À DROITE,
CHEF DE LA DÉLÉGATION FRANÇAISE À LA COMMISSION D'ARMISTICE. LAPI-VIOLLET

dront périodiquement à la charge jusqu'à la dissolution de l'armée d'armistice en novembre 1942.

La délégation française proteste régulièrement contre les pressions exercées par les délégués allemands au rapatriement sur les jeunes Alsaciens et Lorrains réfugiés en zone non occupée pour les persuader de rejoindre leurs familles. De son côté, la commission allemande conteste la décision du gouvernement français de fixer « la majorité de décision pour rester ou rentrer » à quinze ans au lieu des vingt et un ans usuels, alors même que les parents souhaitent ou exigent leur retour.

La délégation française répond que « le gouvernement est contraint de tenir compte du fait qu'en rentrant dans leurs foyers d'origine, ces jeunes tombent sous le coup des mesures d'enrôlement dans les organisations national-socialistes et dans le service obligatoire du travail ».

Le 27 octobre 1941, après une délibération du Conseil des ministres, la délégation française renouvelle la protestation « solennelle d'ensemble » du 3 septembre 1940, restée sans réponse, en évoquant les nouvelles atteintes portées à la souveraineté française et dénonçant « un effet systématique du gouvernement allemand pour assimiler sans délai au Reich les provinces d'Alsace et de Lorraine... Les autorités d'occupation semblent avoir pour but de rompre tous les liens qui unissent les Alsaciens et les Lorrains à leur patrie. Le gouvernement français attire l'attention du gouvernement allemand sur l'extrême difficulté d'obtenir l'adhésion de l'opinion française à la politique de collaboration aussi longtemps que les mesures prises en Alsace et en Lorraine n'auront pas été rapportées. ».[9]

Lettre de protestation adressée par un Français d'Alsace au Maréchal Pétain.

Strasbourg, le 27 octobre 43.

COMITÉ D'HISTOIRE DE LA 2e GUERRE MONDIALE

Monsieur le Maréchal,

Je tiens à vous annoncer la mort de mon frère, tué sur le front de Russie sous l'uniforme boche qu'il abhorrait. Il est mort, comme sont morts déjà 3.600 au moins de nos camarades d'Alsace et Lorraine. Ils sont morts, parce qu'ils ont été "livrés au mépris de toute justice, et par un odieux abus de la force, à la domination de l'Etranger". Et vous, Maréchal de France, vous êtes complice de ce forfait.

Je ne veux pas parler des milliers de personnes jetées dans le camp de concentration de Schirmeck, partageant ainsi les souffrances et les tortures de leurs frères de France. Je ne veux pas parler des 150.000 Alsaciens et Lorrains expulsés de leurs terres ancestrales pour le seul crime d'être restés fidèles à leur Patrie.

Ce n'est que de ces Alsaciens et de ces Lorrains mobilisés dans l'armée allemande que je veux vous entretenir. Je veux vous dire ce qu'ils avaient espéré, ce qu'ils avaient souffert, et ce que, par leur mort, ils brûlaient de réparer et de sauver.

La protestation élevée par les députés des 3 départements en 1871 à l'Assemblée Nationale de Bordeaux est restée la nôtre: nous avons été annexés au mépris de toute justice. Il n'est pas d'exemple dans l'Histoire, cette Histoire dont vous réclamez le jugement, qu'une population ait été enrôlée dans l'armée du vainqueur avant la conclusion de la paix.

Longtemps, nous espérions un mot de la France. Quand l'Allemand nous embrigadait dans ses hordes, quand il nous revêtait de cet uniforme que d'instinct nous avons en aversion, nous attendions un mot de vous, de vous Pétain, fait Maréchal de France à Metz, de vous qui prétendiez représenter la France. Que nous étions naïfs dans notre patriotisme. Mais que nous étions fervents.

Et nous avons souffert de votre silence, comme l'on souffre du silence d'un ami qui, dans les jours d'angoisse, se tait. Certains ont cru le bruit qu'intentionnellement le Boche répandait avec persistance: que la France de Vichy avait permis à l'Allemagne de nous enrôler. L'intrus pensait ainsi, par un suprême désespoir patriotique, briser le lien qui, malgré la séparation et à cause d'elle surtout, nous rattachait à la France. Mais nous aimons la France, comme on aime une mère ployée sous le malheur.

Vous n'avez jamais protesté ouvertement. Quand on se prétend Chef d'Etat, on ne se contente pas de faire circuler des petits aide-mémoire qu'on désavoue facilement comme apocryphes.

Nous savons que contre la Force, notre Droit ne peut rien.

.....

UN ALSACIEN, ANONYME, ÉCRIT AU MARÉCHAL PÉTAIN POUR DÉNONCER L'ABANDON DE L'ALSACE.

COMITÉ D'HISTOIRE DE LA 2e GUERRE MONDIALE

C'était la 37e note de protestation depuis juillet 1940. Trente-trois suivront, avec la même discrétion, jusqu'à la 71e, débattue et approuvée le 3 septembre 1942 en Conseil des ministres à Vichy, le jour où commençaient les conseils de révision en Alsace à la suite de l'ordonnance du 25 août. Exceptionnellement, elle est remise par Laval, chef du gouvernement, à l'ambassadeur Abetz avant d'être transmise à la commission allemande à Wiesbaden. Elle énumère les principales mesures prises depuis l'armistice : expulsions et déportations, l'incorporation dans les formations politiques et paramilitaires, enfin l'introduction du service militaire obligatoire dans l'armée allemande : « Une aussi grave mesure n'est pas conforme aux droits de la puissance occupante qui ne sauraient

\- 2

Mais votre crime, c'est votre Hypocrisie. Muré dans votre entêtement, vous vous êtes cru, du moins au début de votre "règne", le chef libre d'un peuple, alors que tout vous démontrait que vous n'étiez ni libre ni chef. Et bientôt: "Dans la demi-liberté qui m'est laissée..." difficile est satiam non scribere".

Et par votre usurpation et votre tartufferie politique, vous avez implanté le doute dans quelques esprits. "Un octogénaire plantait ..."

Et un arbre aux fruits vénéneux a poussé. Des Français d'Alsace et de Lorraine ont douté de la France. Des Français de France ont cru vos paroles de résignation. Nous étions vaincus, certes; vaincus, mais non résignés.

Quelques uns de ceux tombés dans les steppes et les neiges de Russie, dans les montagnes de Yougoslavie ou en Italie, par votre faute, dans leur coeur d'o^s'échappait la vie, doutaient de la France, car ils croyaient qu'elles les avait livrés, que dis-je, vendus. Oui, et l'Allemand l'instillait dans leurs esprits: ils croyaient que LAVAL les avait vendus aux Allemands pour la promesse de quelques compensations matérielles destinées à couvrir un instant le grondement de la révolte.

Ils étaient peu nombreux, cependant, car presque tous savaient qu'un Français avait relevé le défi que vous, dans le funeste mois de juin 40, avez accepté. Ils savaient que sous l'étendard d leur soeur Jeanne de Domrémy, il oeuvrait pour que la France demain ressuscite.

Et dans la tristesse de notre souffrance, la certitude qu'ils sont morts, malgré l'uniforme allemand, pour que la France vive, est notre réconfort.

Je vous cite un passage d'une lettre adressée par un strasbourgeois de 22 ans à sa soeur, au mois de mai de cette année; il agonisait et n'attendait sa délivrance que de la mort: "Je ne meurs paw, comme le disent les menteurs boches, pour la Grande Allemagne. Je me figure revêtu de l'uniforme du poilu français, et j'offre ma vie au bon Dieu, parce que je sais qu'il aime la France et pour qu'il lui donne la Victoire et chasse les Boches de chez nous.

C'est là un cri tragique de milliers de jeunes gens qui par leur sacrifice apparemment vain espèrent redonner à la France sa grandeur. Chacune de leur mort transfuse à la France une vie nouvelle. Ave Gallia Morituri te salutante.

Le doute de quelques uns est richement compensé par l'espérance des mourants qui par leur holocauste entrent dans l'Eternité que Dieu réserve à ses véritables Choisés.

Vous, vous êtes entré dans l'Histoire avec le titre de Vainqueur de Verdun. Vous y resterez avec le surnom de Philippe le Prostitué.

Car vous avez prostitué votre gloire, ou plutôt la gloire que cinq cent mille braves par leur mort vous ont léguée.

Et vous n'avez d'autre excuse que votre sénilité...

Un Français de Strasbourg.

comporter la faculté d'incorporer la population d'un territoire occupé ; il est interdit de contraindre la population d'un tel territoire à prêter serment à la puissance occupante », souligne la note qui rappelle une fois de plus que « la convention d'armistice ne contient aucune clause spéciale aux départements du Haut-Rhin, du Bas-Rhin et de la Moselle ».

1942

Au Conseil des ministres, Pétain avait déclaré : « Le vainqueur ne respecte pas la convention d'armistice rédigée et imposée par lui ; or, si j'ai fait de l'armistice la base de ma politique, c'est que l'intégrité du territoire nous était garantie ». Selon le chef du cabinet civil « quand Vichy a connu les ordonnances des 25 et 29 août, le Maréchal sentit que, coûte que coûte, il devait tout tenter pour s'y opposer. Pendant près d'un mois, il renouvela ses efforts pour arracher à Laval une réaction énergique et obtenir de lui qu'on saisisse l'opinion française et étrangère. Laval s'y refusait obstinément... Fin septembre, il fallut renoncer à obtenir la publication de la protestation ».[10]

Dans une résolution adressée le 4 septembre 1942 au gouvernement, les parlementaires et conseillers généraux repliés en zone non occupée, réunis à Vichy, « adjurent le chef de l'Etat et le gouvernement d'intervenir d'une façon insistante auprès du gouvernement allemand pour que ne soit pas exécuté l'arrêté du 25 août prévoyant la mobilisation de leurs compatriotes alsaciens et lorrains. Cette intervention ne sera efficace que si elle est immédiate, énergique, multiple et répétée. » Ils demandent au gouvernement de rendre publique sa protestation, « sinon son silence équivaudrait à une ratification de l'annexion de l'Alsace et de la Lorraine ». Le 27 octobre, à Clermont-Ferrand, ils déclarent dans une protestation solennelle au maréchal Pétain : « Nos compatriotes angoissés et meurtris ignorent même la démarche qui a été faite par le gouvernement français dont la carence apparente est exploitée par la propagande allemande ».

Le 18 septembre, la radio anglaise annonce que « le comité national du général de Gaulle a protesté contre la mobilisation des jeunes Français d'Alsace et de Lorraine et a fait connaître par la voie diplomatique sa protestation à tous les gouvernements auprès desquels il est représenté ».

NOTES

Les notes de cet article se trouvent page 860.

Keitel Contre Wagner

ROBERT LATZARUS

Le maréchal Keitel, commandant en chef des armées allemandes, était contre l'incorporation des Alsaciens-Lorrains dont il doutait du patriotisme allemand. C'est le gauleiter Wagner qui a imposé la décision. Telle est l'information recueillie par Robert Latzarus au cours de l'interrogatoire de Keitel en 1945 après la défaite allemande.

Au printemps 1945, je fus affecté à un service des renseignements généraux nouvellement créé qui avait pour mission d'enquêter sur les agissements des anciens dirigeants autonomistes durant la guerre, c'est-à-dire les « Nanziger » que les nazis avaient libérés en 1940. Ce service continuait les travaux dirigés avant la guerre par le commissaire Becker assassiné par les nazis en 1944 après l'avoir retrouvé à Marseille.

Dans ce cadre, j'ai participé au classement et à la traduction des archives abandonnées par les nazis en novembre 1944.

En septembre 1945, je fus désigné pour exercer les fonctions d'officier-interprète auprès du tribunal militaire de la 10e région à Strasbourg et affecté au cabinet du commandant Jadin, juge d'instruction militaire, spécialement chargé de l'information ouverte contre les principaux responsables de l'annexion de fait et donc de l'incorporation de force.

A ce titre, j'ai participé à l'interrogatoire de Robert Wagner, gauleiter et chef de la Zivilverwaltung en Alsace, de Hermann Röhn, vice-gauleiter, Adolf Schuffel, Gaustabamtsleiter, Walter Gädeke, directeur du cabinet de Wagner, ou encore de Luger, procureur près du Sondergericht de Strasbourg qui avait requis des peines de mort, notamment contre les treize jeunes gens de Ballersdorf.

Au cours des auditions, j'ai été frappé par l'insignifiance et le manque de culture de ces hommes qui avaient pourtant exercé des responsabilités très impor-

LE FELDMARCHAL KEITEL, EN 1942, COMMANDANT EN CHEF DE L'ARMÉE ALLEMANDE. COLL. VIOLLET

tantes dans l'appareil nazi. Ils avaient perdu toute leur superbe. C'est ainsi que Röhn n'a pas hésité à se précipiter pour ramasser le crayon qui était tombé de mes mains. Je me souviens aussi que Schuffel cherchait à se disculper en rappelant qu'en qualité de membre des corps francs de Prusse orientale en 1919-1929 contre les bolchéviks, il avait combattu sous les ordres du général Weygand qui commandait le corps expéditionnaire français envoyé en Pologne. Schuffel prétendait même que Weygand l'avait proposé pour la légion d'Honneur.

Mes premiers contacts avec l'ex-gauleiter Wagner remontent à novembre 1945. Comme inculpé, Wagner n'avait plus rien de commun avec l'arrogant gauleiter. Amaigri, vêtu d'un vieux costume élimé, il manquait totalement d'allure. Cet ancien instituteur était dépourvu de culture et en particulier de culture juridique et historique. Comme je lui expliquais que l'annexion de fait était un acte contraire au droit, il s'exclama : « Ich bin doch kein Jurist ! » (Mais je ne suis pas juriste !)

Par contre, Wagner s'exprimait avec une réelle aisance et avec concision. Une certaine autorité émanait de lui. Il se comporta toujours dignement, jamais avec servilité et couvrit toujours ses subalternes.

Nous l'avons interrogé notamment sur la décision d'enrôler les Alsaciens dans les armées allemandes, le 25 août 1942. Wagner indiqua qu'il avait été très déçu de l'échec de la campagne de recrutement de volontaires en 1941-1942. Il demeurait persuadé que l'Alsace appartenait à l'Allemagne. Concernant l'incorporation de force, il en a pris l'entière responsabilité. Comme il a rappelé la présence de Bormann et Keitel lors de l'entrevue de Vinnitsa, début août, en Ukraine, avec Hitler, nous avons décidé d'interroger Keitel, seul survivant. Nous nous sommes donc déplacés à Nuremberg. Le maréchal Keitel m'est apparu comme un véritable reître. Il s'est présenté, encadré par deux militaires américains, vêtu de l'uniforme, mais sans les insignes de grade. Je l'ai invité à s'asseoir, un peu intimidé par le personnage ; puis je lui ai offert une cigarette. Il ne l'a pas saisie de suite et s'est tourné vers ses deux gardes, tout en me disant : « Si ces messieurs m'y autorisent. » J'étais abasourdi ! Voir s'humilier ainsi celui qui sous Hitler avait exercé le commandement de toutes les armées allemandes !

Le maréchal Keitel expliqua qu'il avait de l'estime pour Wagner, « un vieux soldat discipliné ». A propos de l'incorporation de force, il ajouta : « J'y étais opposé, parce que je considérai que cela introduirait dans notre Wehrmacht des éléments de désagrégation (Zersetzung) ; mais je me suis rendu aux arguments de Wagner, le porte-parole des trois gauleiters présents (Simon et Bürckel) parce que nous éprouvions des difficultés pour reconstituer les unités décimées. »

(Propos recueillis par Alfred Wahl)

LES CONSCRITS RÉSISTANTS D'OHLUNGEN AU RETOUR DU CAMP DE SCHIRMECK ET AVANT LEUR INCORPORATION DE FORCE.

COLL. LÉON KAPFER

La Mécanique d'un drame

RENÉ MEYER

Pièce maîtresse de la « mise au pas » de la région, l'incorporation de force des Alsaciens dans l'armée allemande fut une mécanique complexe et impitoyable dont le but était de faire basculer totalement l'Alsace dans le Reich nazi, par la force puisque la persuasion n'avait pas réussi.[1]

1942

Quinze mois après l'instauration du Reichsarbeitsdienst (RAD), le service du travail obligatoire du Reich, éclate un nouveau drame. Le gauleiter Wagner, en effet, décrète le 25 août 1942 le service militaire obligatoire pour les Alsaciens, faute lourde s'il en est aux conséquences les plus graves.

Le 25 août 1942, la presse signale un décret qui confère la nationalité allemande aux Alsaciens, Lorrains et Luxembourgeois reconnus Allemands éprouvés. Dès le lendemain, 26 août 1942, les Alsaciens prennent connaissance d'une nouvelle sensationnelle. En effet, ce jour-là, s'étalent sur toute la première page des trois quotidiens alsaciens [2] une proclamation du gauleiter et un texte d'un décret daté de la veille qui instaure la Wehrpflicht im Elsass, c'est-à-dire le service militaire obligatoire en Alsace.

Les décrets sur la nationalité et le service militaire sont publiés le 26 août 1942 dans le bulletin des décrets et ordonnances du chef de l'administration civile en Alsace, le gauleiter — qui est le législateur de fait.

Le décret sur la nationalité est daté du 23 août 1942 et il est signé de Frick, ministre de l'Intérieur du Reich. On prend connaissance que la nationalité allemande est conférée de droit aux Alsaciens, Lorrains et Luxembourgeois qui sont et seront incorporés dans la Wehrmacht ou les Waffen-SS. Le deuxième alinéa du texte confère la nationalité allemande aux Alsaciens, Lorrains et Luxembourgeois reconnus Allemands éprouvés. La concession de la nationalité allemande « régularise » aux yeux des occupants le service militaire obligatoire mais on observe que seul le deuxième alinéa du décret a été publié avant l'instauration de la " Wehrpflicht " en Alsace.

Voici la traduction de la décision du gauleiter.[3]

> En vertu des pouvoirs qui m'ont été conférés par le Führer, j'ordonne :
> 1. Pour ceux du peuple allemand en Alsace qui appartiennent à des classes d'âge qui seront désignées par ordonnance spéciale, le service militaire obligatoire dans l'armée allemande est introduit.
> 2. Les appelés au service militaire sont soumis aux prescriptions valables pour les soldats allemands. Ils jouissent aussi des mêmes droits que les soldats allemands.
> 3. Ceux de la disponibilité qui ne sont pas appelés au service actif sont soumis aux prescriptions qui leurs sont applicables.
> Ce décret entre en vigueur le 25 août 1942.

Le service militaire obligatoire dans l'armée allemande est également introduit par leurs gauleiters respectifs à la même époque en Moselle et au Luxembourg, mais aussi dans les cantons germanophones belges de Moresnet, d'Eupen, de Malmédy et de St-Vith. Ces territoires furent réintégrés au Reich dès le 20 mai 1940.

UNE NÉGATION FLAGRANTE DU DROIT INTERNATIONAL

Ce service militaire constitue une négation du droit international, c'est-à-dire contraire aux conventions de La Haye de 1899 et 1907 signées par l'Allemagne d'alors car l'Alsace est annexée *de facto* mais non *de jure*. La convention d'armistice franco-allemande du 22 juin 1940 est muette sur le sort des trois départements du Bas-Rhin, du Haut-Rhin et de la Moselle et elle ne comporte aucune clause territoriale. De plus, aucun acte diplomatique franco-allemand n'est intervenu ultérieurement. L'instauration du service militaire obligatoire est donc une mesure contraignante de l'autorité de fait et par conséquent l'incorporation dans l'armée allemande se transforme en incorporation forcée d'où le terme, plus tard, après la guerre, de Malgré-Nous désignant les incorporés de force.

Les raisons profondes de ce service militaire sont à rechercher dans la guerre déclenchée depuis quatorze mois par le Reich contre l'URSS. Un périodique allemand [4] a apporté récemment un éclairage précis sur le problème : en novembre 1941 il manque 300.000 hommes sur le front de l'Est qui ne peuvent être compensés que par 33.000 hommes en Allemagne.

Musterung der Dienstpflichtigen der Geburtsjahrgänge 1923 u. 1924 zum Reichsarbeitsdienst im Stadtkreis Mülhausen/Els.

Die Musterung der Dienstpflichtigen der Geburtsjahrgänge 1923 und 1924 zur Ableistung der Dienstpflicht im Reichsarbeitsdienst ist für die Zeit vom 2. Februar bis 18. Februar 1942 angeordnet. Zu diesem Zwecke haben sich alle männlichen Angehörigen der Geburtsjahrgänge 1923 u. 1924, die elsässischer Abstammung sind und im Stadtkreis Mülhausen i. Els. zur Zeit ihren dauernden Aufenthalt haben, persönlich zu melden. Ebenso erscheinen zur Musterung alle Angehörigen des bereits gemusterten Geburtsjahrgangs 1922, die im Besitz eines Zurückstellungsscheines sind.

Die Musterung für den Stadtkreis Mülhausen i. Els. wird in den Räumen des Wehrbezirkskommandos, An der Sinne 22, I. Stock abgehalten. Sie beginnt für die Dienstpflichtigen pünktlich um 8 Uhr an folgenden Tagen:

Am Montag, den 2. 2. 1942 - Alle Angehörigen des Geb.-Jahrg. 1922, die im Besitz eines Zurückstellungsscheines sind.
Am Dienstag, den 3. 2. 1942 - Angehörige des Geb.-Jahrg. 1923 mit dem Anfangsbuchstaben A. - Col.
Am Mittwoch, den 4. 2. 1942, Anfangsbuchstaben Con. - Ger.
Am Donnerstag, den 5. 2. 1942, Anfangsbuchstaben Gir. - Kir.
Am Freitag, den 6. 2. 1942, Anfangsbuchstaben Klei. - Mey.
Am Samstag, den 7. 2. 1942, Anfangsbuchstaben Mi. - Spen.
Am Montag, den 9. 2. 1942, Anfangsbuchstaben Su. - Walli.
Am Dienstag, den 10. 2. 1942, Anfangsbuchstaben Walt. - Z und [illegible]gehörige des Geb. Jahrg. 1924 mit den Anfangsbuchstaben A.-Bay.
Am Mittwoch, den 11. 2. 1942, Anfangsbuchstaben Be. - Den.
Am Donnerstag, den 12. 2. 1942, Anfangsbuchstaben Desch. - Gri.
Am Freitag, den 13. 2. 1942, Anfangsbuchstaben Gro. - Keu.
Am Samstag, den 14. 2. 1942, Anfangsbuchstaben Ki. - Mus.
Am Montag, den 16. 2. 1942, Anfangsbuchstaben Mü. - Tho.
Am Dienstag, den 17. 2. 1942, Anfangsbuchstaben To. - Schor.
Am Mittwoch, den 18. 2. 1942, Anfangsbuchstaben Schr. - Z.

Die Dienstpflichtigen haben zur Musterung folgende Nachweise mitzubringen:

a) den Geburtsschein,
b) Schulzeugnisse und Nachweise über ihre Berufsausbildung (Lehrvertrag, sowie Lehrlings- und Gesellenprüfungszeugnisse),
c) das Arbeitsbuch, soweit es ausgestellt ist; dieses hat der Unternehmer dem Dienstpflichtigen zu diesem Zwecke auszuhändigen,
d) Ausweispapiere aller Art (Pässe, Personalausweis usw.).
2 Passbilder in der Grösse 37x52 mm (in bürgerlicher Kleidung, im Brustbild von vorne gesehen und ohne Kopfbedeckung) sind nur dann mitzubringen, wenn sie bei der Erfassung nicht abgegeben werden konnten. Ferner hat jeder im Arbeitsverhältnis stehende Dienstpflichtige eine Bescheinigung seines Arbeitgebers mitzubringen, die folgende Angaben enthalten muss:
1) Vor- und Zuname,
2) Ort des Betriebes, in dem er beschäftigt ist,
3) Art seiner Beschäftigung in diesem Betrieb,
e) den Zurückstellungsschein,
f) Dienstpflichtige mit Sehfehlern haben das Brillenrezept mitzubringen. Ist ein Dienstpflichtiger an seinem Musterungstage aus zwingenden Gründen vom Ort seines dauernden Aufenthalts abwesend, so hat er Grund und Dauer der Abwesenheit und seine Anschrift dem Polizeipräsidium mitzuteilen.

Fahrtkosten und Entschädigung von Lohnausfall werden nicht erstattet.

Wer unentschuldigt fernbleibt wird bestraft.

Mülhausen i. Els., den 26. Januar 1942

Der Polizeipräsident: SACKSOFSKY

L'INCORPORATION AU RAD
(LISTE D'APPEL DE JEUNES MULHOUSIENS)
PRÉFIGURE CELLE DANS L'ARMÉE.

L'affaire avait été préparée quelques mois auparavant déjà. Une circulaire du gauleiter datée du 19 mai 1942 prise sous le timbre administration et police, diffusée aux Landkommissare (équivalents des sous-préfets), aux présidents de police de Strasbourg et Mulhouse (équivalents des commissaires centraux de police) ainsi qu'à l'Oberstadtkommissar de Colmar a pour objet le recensement des classes d'âge 1920 et 1921 des habitants masculins d'Alsace.

Il est d'abord rappelé que le recensement des habitants masculins d'Alsace concernant les classes d'âge 1922, 1923 et 1924 pour le Reichsarbeitsdienst a été effectué. A présent, est-il dit, il est opportun de hâter le recensement des classes d'âge 1920 et 1921 en précisant que l'information doit être publiée dans la presse du 28 mai 1942. Il est en outre stipulé que les inscriptions doivent se faire entre le 1er et le 10 juin 1942 et que les procédures devront être transmises pour le 20 juin 1942 aux états-majors des districts militaires d'Alsace dont les adresses à Strasbourg, Haguenau, Saverne, Sélestat, Colmar, Thann et Mulhouse sont indiquées et avec lesquels il est recommandé de travailler en étroite collaboration.

On remarque qu'abstraction faite de la phrase d'introduction où il est fait état du Reichsarbeitsdienst, ce mot n'apparaît plus tout au long des quatre pages que comprend le document. Celui-ci prouve que la Wehrmacht met la main sur un réservoir d'hommes constitué par plusieurs classes d'âge. La circulaire tend également à prouver que l'incorporation dans l'armée est déjà envisagée à court terme en lisant la phrase : « il est opportun de hâter le recensement des classes d'âge 1920 et 1921 ».

Dès le 27 août 1942, une ordonnance désigne les classes 1920, 1921, 1922, 1923 et 1924. Aussitôt des communiqués paraissent dans la presse indiquant que les conseils de révision se tiendront à partir du 3 septembre 1942 pendant tout le mois. Mais on ne trouvera aucune indication concernant la classe 1925. L'information aurait-elle été escamotée pour ne pas alarmer la population ? De même, aucune des ordonnances désignant les classes d'âge ne sera publiée dans le bulletin du chef de l'administration civile en Alsace durant toute l'occupation. Autre remarque, entre la décision de l'introduction du service militaire et la décision de l'appel des premières classes à la révision il ne s'est écoulé que deux jours et sans qu'il soit question de recensement. C'est par conséquent la preuve que la Wehrmacht se sert des conseils de révisions pour le RAD, preuve qui a déjà été apportée avec la circulaire du 19 mai 1942.

PREMIÈRES ARRESTATIONS D'INSOUMIS DÈS LE 4 SEPTEMBRE À SAVERNE

L'excitation des jeunes est générale, surtout celle émanant des jeunes nés durant le premier trimestre de la classe 1920 formant le contingent incorporé les 8 et 9 juin 1940 dans l'armée française. La population, elle, est résignée. Beaucoup de personnes cachent mal leur émotion ou leur opposition. Mais, il y a également les opportunistes ou encore les pro-allemands qui considèrent que l'introduction du service militaire est chose normale. D'autres n'acceptent pas, c'est le cas d'anciens militaires de l'armée française. [5]

Les occupants s'attendent à des manifestations hostiles car le gauleiter donne des instructions concernant les mesures de police à prendre contre ceux qui ne se présentent pas aux conseils de révision.

Le parti, comme souvent, s'en mêle et donne des ordres. Par une circulaire du 3 septembre 1942 il prescrit que là où il y a non-comparution ou refus de signature, des mesures énergiques sont à prendre. Ceux qui maintiennent leur refus de signature sont à remettre au SD (Sicherheitsdienst). Enfin, il est dit que le parti dans son ensemble a le devoir d'éclairer au mieux la population et de créer les conditions pour un déroulement normal des conseils de révision.

Dès le 4 septembre 1942, la presse signale l'arrestation de trois personnes de Saverne et Wissembourg, sans précision d'identité, pour non-présentation au

JUIN 1942 : UN TRAIN AU DÉPART. COLL. ALEXIS LAGAISSE

conseil de révision du 3 (remarquons ici la diligence de l'information). En même temps, il est indiqué que les parents des jeunes gens seront transplantés prochainement dans l'AltReich (le vieux Reich). Nouveau communiqué le 12 septembre 1942 qui signale l'arrestation de trois jeunes de Strasbourg, Niederhergheim et Reguisheim, sans précision d'identité, qui ne se sont pas présentés au conseil de révision. La publication de ces communiqués a pour but évident d'intimider la population. La grande majorité des jeunes se soumet par crainte des représailles envers leurs familles.

La méfiance envers les jeunes Alsaciens n'est pas finie pour autant car, pour éviter leur fuite, le gauleiter, par un décret du 16 septembre 1942, instaure un Sperrbezirk (zone interdite) large de trois kilomètres le long des Vosges et de la Suisse. Le texte de cette décision excepte les villes de Huningue et Saint-Louis mais il dit que tout habitant au-dessus de quinze ans de cette zone doit être muni d'une autorisation d'y résider. Ceux qui ne peuvent se prévaloir d'une autorisation sont soumis à arrestation et punis d'une amende de 150 marks ou de six semaines de prison. Et toujours cette apparence de « légalité » car il est stipulé que l'entrée en vigueur des dispositions est le 1er octobre 1942. Effectivement, on trouvera trace du décret dans la presse du 23 septembre 1942 avec même un modificatif dans les premiers jours de janvier 1943.

PREMIERS DÉPARTS LE 15 OCTOBRE. DES INCIDENTS ÉCLATENT PARTOUT.

Nombreux sont les jeunes qui font des difficultés ou refusant de comparaître seront arrêtés et transférés au camp de Schirmeck où après quelques semaines d'internement ils seront incorporés malgré eux. D'autres disparaissent. Des conscrits présentent des mutilations volontaires et on cite le cas d'un médecin de Haguenau qui n'a jamais eu autant de fractures de l'avant-bras à réduire. Par la suite, des jeunes se muniront de certificats médicaux erronés délivrés par des médecins alsaciens pour induire en erreur les médecins allemands des conseils de révision.

Enfin, une autre forme de résistance apparaîtra également. Il s'agit de produire des demandes appuyées localement pour l'obtention d'un sursis, d'un report lointain voire d'une libération totale du service militaire. Le plus souvent le motif invoqué est celui de soutien de famille, etc.

Les chefs d'entreprise, de leur côté, présentent des demandes identiques en invoquant toutes sortes de prétextes pour maintenir leur personnel sur place. Enfin, à la campagne, des demandes sont produites appuyées par les Bauernführer, responsables ruraux, attestant que les incorporés sont indispensables à l'exploitation agricole.

Enfin, reste le cas du maintien sur place. La Rüstungsindustrie, l'industrie de guerre, a des besoins croissants mais elle manque de main d'œuvre qualifiée. Aussi, les occupants favorisent-ils les Alsaciens nantis d'un métier indispensable à cette industrie pour les exempter du service militaire et les affecter en usine. [6]

Les incorporations ont lieu par fractions de classes et les premiers départs se produisent le 15 octobre 1942 à Mulhouse, Colmar et Strasbourg. Le lendemain 16 à Haguenau et Saverne et le 17 ce sont les jeunes gens de Sélestat qui sont au départ. En fait, ce sont des contingents des classes 1924, 1923 et 1922 qui sont enrôlés. Des incidents éclatent un peu partout. Les cortèges de mobilisés qui se rendent aux gares, encadrés par des soldats, sont accompagnés de fanfares militaires qui ne parviennent pas à couvrir les chants patriotiques des incorporés ; c'est le cas à Saverne. A Haguenau, la Wehrmacht a déployé force soldats pour accueillir les récalcitrants.

Entre le 13 et le 16 janvier 1943, les hommes des classes 1920, 1921 et le reliquat des autres classes sont enrôlés. Des cordons de troupes doivent être disposées le long du trajet entre le lieu de rassemblement et la gare de départ pour éviter des incidents avec la population. A maintes reprises, lorsque le train quitte la gare ou lorsqu'il entre dans une autre, d'immenses clameurs s'élèvent d'où s'échappent nettement les chants patriotiques tels que la Marseillaise et Vous n'aurez pas l'Alsace et la Lorraine. Cela se produit notamment sur le trajet Mulhouse, Colmar, Strasbourg. La presse ne souffle mot sur les incorporations successives ni *a fortiori* sur les manifestations, ceci tout le long de l'occupation. A Ohlungen, les jeunes gens ne sont pas de reste.

UN APPELÉ DU RAD. COLL. ALEXIS LAGAISSE

Le 10 septembre 1942 a lieu à Haguenau un conseil de révision commun au RAD et à la Wehrmacht pour les classes 1920, 1921 et 1922 se tenant dans les locaux de l'école de la rue du Puits. Vingt-deux jeunes gens de la commune d'Ohlungen refusent de signer le Wehrpass (équivalent du livret militaire), sauf l'un d'entre eux, malgré les assertions du colonel allemand disant que le refus de signature n'a aucune importance car celle-ci n'est demandée que pour certifier la « arische Abstammung », c'est-à-dire la descendance aryenne. Il est vrai qu'ils avaient été dûment chapitrés sur l'attitude à prendre attendu que tôt ou tard les nazis seraient de toute façon vaincus. L'un des deux mentors n'est autre que le secrétaire de mairie de leur commune et de surcroît frère d'une recrue. L'aîné de la classe 1922 passe le premier de toute la troupe, il fait l'innocent et fait semblant de ne rien comprendre dans le déroulement des opérations de révision. Tous sont enfermés dans une pièce du deuxième étage de l'immeuble où des pains, portés le matin, leur sont lancés jusqu'au moment où la police fait cesser le manège. A 12 h 30, les réfractaires sont embarqués dans un camion bâché et conduits dans les locaux de la Gestapo, 23 rue de l'Aqueduc, et enfermés au sous-sol non sans avoir été soumis à un interrogatoire « musclé » toute la nuit. Le lendemain matin, dans un camion identique, ils sont transférés au camp de Schirmeck-Labroque. Cheveux tondus et soumission au régime de tous les détenus. Cinq cousins y retrouvent d'ailleurs un oncle...

Après avoir signé le Wehrpass sous la pression des Kapos, ils sont tous libérés le 21 septembre 1942. A leur retour dans la commune, ils sont fêtés par les habitants du village. Dix-sept d'entre eux se réunissent et se font photographier avec leur crâne rasé, témoignage de leur séjour au fameux camp de Schirmeck (voir la photographie en couverture du numéro).

La rébellion est intolérable pour les occupants, aussi le maire de la commune, François Burg, est révoqué de ses fonctions et remplacé dès le 1er octobre 1942 par l'Ortsgruppenleiter local. On reprochait au maire et au secrétaire de mairie de ne pas avoir été à la hauteur de leur devoir en raison de leurs fonctions tout en les soupçonnant d'avoir été de connivence avec les Wehrpflichtigen, ce en quoi les Allemands ne se trompaient pas...

Le 31 janvier 1943, nouvelle décision du gauleiter. Cette fois, ce sont les hommes des classes 1914 à 1919 qui sont appelés. Or, ce sont tous des réservistes de l'armée française. Il y a d'abord ceux nés le dernier trimestre 1919 qui ont été incorporés les 8 et 9 juin 1940. Il y a ceux qui ont accompli deux ans de service actif, libérés le 1er août 1938, et rappelés deux mois et demi lors de la crise de Munich puis à nouveau mobilisés au printemps 1939 pour finir prisonniers de guerre en juin 1940 après avoir fait le coup de feu sur la ligne Maginot. Enfin, il y a tous les autres démobilisés de l'armée française qui sont revenus en Alsace après la défaite de juin 1940.

Coup sur coup paraissent dans la presse des premiers jours de février des communiqués invitant les ressortissants des classes en question à se faire recenser puis à passer les conseils de révision qui se tiendront entre la mi-février et la mi-mars 1943.

Les occupants ne manquent pas de cynisme. En effet, au bas du texte d'une affiche émanant de l'Oberbürgermeister, le maire, de Colmar datée du 5 février 1943 invitant les hommes des classes 1914 à 1919 à se faire recenser figurent dans la liste des papiers à apporter les mots « Livret militaire », en français !

Le communiqué du Landkommissar de Wissembourg, quant à lui, est extrêmement précis. Il indique que les opérations de révision pour les 74 communes du Kreis auront lieu du 15 février au 3 mars 1943 inclus, les dimanches exceptés, à l'ancien restaurant Zum Bären à Wissembourg. Voici les extraits les plus significatifs de ce communiqué rédigé sur un ton impératif :

> Doivent se présenter : les Alsaciens de souche allemande des classes d'âge 1914 à 1919, tous les Lorrains de souche allemande des mêmes classes se trouvant en Alsace, tous les Alsaciens appartenant aux classes ci-dessus auxquels la nationalité allemande aura été reconnue. Ne sont pas concernés : tous les Alsaciens qui travaillent dans le vieux Reich et qui y ont leur domicile, les invalides et aliénés lorsqu'il existe un certificat médical les concernant.
>
> Les appelés à la révision doivent se présenter lavés, cheveux coupés et vêtements propres. Doivent être apportées culottes de sport ou de bain. Il est interdit de fumer et de boire de l'alcool avant et pendant le conseil de révision.
>
> Les appelés qui seront absents le jour de révision par force majeure devront avoir avisé les autorités compétentes avec indication du motif. Ceux qui ne pourront se présenter en raison de maladie devront produire un certificat médical. Celui qui ne comparaît pas, ou se présente avec retard, se mutile, simule des maladies, se soustrait par tout autre moyen à l'obligation de comparution sera puni d'une amende jusqu'à 150 RM ou d'emprisonnement. Il n'y a pas prétention à frais de déplacement ni indemnité de perte de salaire vis-à-vis de la Wehrmacht à l'occasion du conseil de révision.

A cette époque, début 1943, le vent a tourné, c'est Stalingrad, le premier revers sérieux de la Wehrmacht. En fait, depuis Noël 1942, en lisant entre les lignes et en écoutant les radios « ennemies », tout le monde sait que l'armée allemande est encerclée et n'arrive pas à briser l'étau encore aggravé par le dur hiver russe. Pour tenter de masquer la défaite, la presse nazie n'hésite pas à écrire en première page : « La VIe armée fidèle à son serment au drapeau est tombée en raison de la supériorité ennemie et des circonstances défavorables. » Il est évidemment difficile d'admettre une défaite d'autant plus qu'elle s'est produite sur le front de l'Est.

Le 20 juin 1943, se tient à Colmar une grande manifestation du parti au cours de laquelle le gauleiter Wagner, parlant de l'incorporation des Alsaciens, s'oblige à se justifier : « L'événement décisif pour l'Alsace en 1942 a été l'introduction du service militaire obligatoire. Il ne peut être dans mon intention de justifier juridiquement cette énergique mesure entrant aussi profondément dans la vie de l'Alsace. Il n'y a aucune raison pour cela. Toute décision prise ici par le Reich Grand Allemand est formelle, légale, effectivement motivée et inattaquable. La raison profonde de l'introduction du service militaire est le combat mondial contre le bolchevisme, il est impensable que l'Alsace se tienne à l'écart. » [7] En lisant ces lignes, on peut se demander si le gauleiter n'a pas eu un remords car en Alsace c'est lui, et lui seul, qui décide la levée des classes d'âge.

Le 15 septembre 1943, nouvelle décision du gauleiter. Elle étend le service militaire aux hommes des classes d'âge 1908 à 1913. Notons en passant que ces mêmes classes ne seront pas appelées en Moselle. La décision indique également que les conseils de révision se tiendront en octobre et novembre 1943. Deux mois et demi plus tard, le 3 décembre 1943, Wagner étend le service du travail et le service militaire aux classes 1926 et 1927. Contrairement à l'habitude où il y avait des décisions séparées concernant le RAD et la Wehrpflicht, on remarque ici que les deux obligations sont instaurées en même temps.

Alors que, jusqu'à présent, la désignation des classes d'âge était précédée de la formule : « En vertu des pouvoirs qui m'ont été conférés par le Führer », on remarque qu'elle a disparu de l'ordonnance du 3 décembre 1943 car elle est remplacée par des termes jugés sans doute plus « administratifs ». On lit en effet : « En vertu de l'article 1er du décret du 8 mai 1941 sur le service du travail obligatoire en Alsace (Verordnungsblatt, p. 362) et de l'article 1er du décret du 25 août 1942 sur le service militaire obligatoire en Alsace (*Ibid*, p. 252) ».

Seconde remarque, précédemment les ordonnances étaient signées Robert Wagner, Chef der Zivilverwaltung im Elsass, Gauleiter und Reichsstatthalter (chef de l'administration civile en Alsace, chef de région du parti et gouverneur). Or l'indication des fonctions de gauleiter et de Reichsstatthalter ont également disparu.

Dorénavant, il est sans doute devenu gênant de se référer au Führer et de mettre en avant ses fonctions de gauleiter pour appeler les classes au service militaire.

Henri Gerber | Evasion au pas de course vers la Suisse

J'ai été requis le 16 août 1941 pour aller travailler dans une usine de fabrication d'aluminium en Allemagne, plus exactement à Singen, près du lac de Constance. A cette date, le Reichsarbeitsdienst n'était pas encore effectif et je devenais par conséquent une personne contrainte au travail hors d'Alsace avant l'heure.

Comme je me trouvais non loin de la frontière suisse, j'ai préparé le terrain pour m'évader. Effectivement, une nuit de février 1942, un camarade et moi nous avons tenté notre chance. Hélas, les douaniers allemands nous ont surpris et tandis que mon camarade a été arrêté j'ai réussi à m'échapper. J'ai regagné

en toute hâte mon logement. J'ai aussitôt défait mon lit et j'ai fait du bruit en partant au travail le matin pour accréditer le fait que j'avais passé la nuit dans mon lit. Mon camarade ne m'a pas dénoncé et il a écopé de cinq mois de prison. La Gestapo avait pourtant essayé toutes les ruses pour me faire avouer.
Le 12 juillet 1942, nouvelle évasion, cette fois avec succès, qui cependant a failli mal tourner. A cinq Alsaciens, dont mon malheureux camarade, plus un prisonnier de guerre originaire d'Annecy et évadé de Prusse orientale nous tentâmes de franchir la frontière germano-suisse. Les douaniers allemands nous surprirent et nous tirèrent dessus mais nous pûmes leur échapper en courant à toute vitesse à l'intérieur du territoire suisse. Les Allemands ne tenant aucun compte de la frontière nous poursuivirent en Suisse sur au moins cinq cents mètres et ils ne rebroussèrent chemin que lorsque les douaniers suisses apparurent. Internés pendant trois jours à la prison de Schaffhouse, nous fûmes dirigés sur le consulat français de Genève où l'on nous remit un paquet de cigarettes et un billet de 50 francs avec un bristol ou il était indiqué : « Don du maréchal Pétain, la France vous accueille. »
Dès le 20 juillet 1942, à Lyon, alors en zone non occupée, je me suis engagé dans l'armée française, au 5e régiment de chasseurs d'Afrique en garnison à Alger. L'engagement n'a pas été sans mal car les gendarmes auxquels je m'étais présenté ne voulaient d'abord pas accepter car j'étais mineur. Je devais demander une dispense à mes parents ! En leur écrivant ! Il a fallu que je leur explique que l'Alsace était annexée à l'Allemagne et que les relations postales étaient inexistantes.
J'arrivai en Afrique du Nord en septembre 1942 et les Américains y débarquèrent le 8 novembre suivant. Nous participâmes avec nos vieux chars Renault de 13 tonnes aux combats contre les forces de l'Axe en Tunisie. Le 22 février 1943, un panzer allemand fit sauter notre char et, grièvement blessé, je me retrouvai pour six mois à l'hôpital de Constantine.
Débarqué en Provence en août 1944, je fus à nouveau blessé le 30 septembre suivant, près de Ronchamp.
J'ai retrouvé mes parents le 19 mars 1945 et mon régiment le 16 avril avec lequel je terminais la campagne d'Allemagne.

Jean Prud'homme

Charivari à la gare de Colmar

Je suis né en 1924, j'appartiens par conséquent à la classe d'âge 1924. Originaire du pays welche, j'ai réussi à conserver mon nom par un quelconque mystère de l'administration militaire allemande qui a seulement mis un u renversé sur le u de Prud'homme alors que mes parents sont devenus Puttmann.
Incorporé au RAD au début d'avril 1942, à l'âge de 17 ans 1/2, j'ai travaillé dans une usine de munitions à Nuremberg. Nous

logions dans un camp à proximité de l'usine mais dont il fallu monter nous-mêmes les baraques. Dès la fin août, on chuchotait que l'appel à la Wehrmacht n'allait pas tarder et effectivement j'ai été libéré et je suis revenu chez moi le 30 septembre 1942. A peine rentré, j'ai été incorporé le 15 octobre 1942. Ce jour-là, nous étions environ cent cinquante jeunes gens de la ville de Colmar et des environs des classes 1923 et 1924 à être rassemblés dans les bâtiments Bleylé, tout à côté de la gare. Nous nous étions égaillés dans les rues et les Allemands nous ont recherchés et retrouvés. Plusieurs centaines de personnes étaient massées toute la journée devant les bâtiments où nous nous trouvions en manifestant leur émotion. Les Allemands nous ont fait sortir à la nuit tombée pour nous diriger aussitôt vers le train qui, venant de Mulhouse, amenait des recrues de cette ville. Ce train nous a conduit en Bohême-Moravie.
Le 134e Marschbataillon, unité à laquelle j'appartenais, était destiné en renfort du front de Stalingrad mais comme les forces allemandes avaient été encerclées nous avons finalement été dirigés vers le front central. C'est ainsi qu'en mars 1943, me trouvant alors à deux cents kilomètres de Moscou j'ai été grièvement blessé. Comme j'avais le bras droit plié, une balle russe a percé l'avant-bras puis le bras. A la suite de cette double blessure, j'ai traîné de Feldlazarett (hôpital de campagne) en hôpital de l'arrière pendant plusieurs mois avant d'être renvoyé en fin de compte aux abords du front près de la frontière hongroise.
A l'hôpital militaire de Fribourg-en-Brisgau, il m'est arrivé d'écouter la BBC (radio Londres) en cachette. Je me souviens encore d'un message que j'ai conservé après l'avoir écrit sur un papier début 1944. Voici le texte entendu à la radio : *Les sanglots longs des violons de l'automne Blessent mon cœur d'une langueur monotone.* C'était un message à destination de la résistance. En Autriche, en mai 1945, nous avons été faits prisonniers par les Américains. Ils ignoraient tout de la question des Alsaciens-Lorrains incorporés de force dans l'armée allemande. J'ai pu faire valoir ma qualité réelle d'Alsacien incorporé malgré lui dans la Wehrmacht au camp de prisonniers de Tuttlingen. Mais auparavant, j'avais subi une visite qui consistait à vérifier si je n'étais pas tatoué sous les bras comme l'étaient les SS.
Je suis revenu en Alsace au début de l'été 1945.

NOTES

1. En raison de l'abondance des matières de l'année 1942, la rédaction de *Saisons d'Alsace* a été dans l'obligation de décaler la suite de l'enquête de René Meyer. Le numéro d'automne 1993 relatera la suite de l'incorporation forcée des Alsaciens, les évasions, la répression, la transplantations des familles des réfractaires, etc.
2. Les *Strassburger Neueste Nachrichten,* le *Kolmarer Kurier* et le *Mülhauser Tagblatt.*
3. Traduit par l'auteur René Meyer.
4. *Der Spiegel,* Hambourg, 10 juin 1991, page 141. De son côté, le *Journal des Combattants,* hebdomadaire indépendant des anciens combattants et victimes de guerre, Paris, apporte d'autres précisions dans son numéro 2258 du 7 mars 1992. L'OKW comptabilise en mars 1942, 202.500 tués, 725.000 blessés, 112.500 handicapés par gelures graves, 46.500 disparus et 413.500 prisonniers de guerre soit plus de 30 % des effectifs engagés.
5. Dans le Sundgau, un ancien gradé prépare une évasion collective qui, fera boule de neige.
6. Parfois contre l'avis de l'Ortsgruppenleiter local, tel le cas d'un Alsacien de la classe 1912 affecté dans une usine du nord de l'Alsace dès avant l'appel de sa classe.
7. Traduit de l'allemand par l'auteur.

Le Luxembourg en Grève

CARLO MULLER

Annexé *de facto* au Grand Reich en 1940, le Luxembourg est victime d'une campagne de germanisation semblable à celle connue en Alsace et en Moselle. En 1942, à l'annonce de l'incorporation de force, une grève immédiate paralyse le pays. La répression sera féroce.

Après le déclenchement de la guerre, le 1er septembre 1939, le gouvernement luxembourgeois et les Luxembourgeois espèrent que la neutralité du pays les protégera, d'autant plus que les gouvernements français et allemand déclarent vouloir la respecter. Il n'en est rien. Le 10 mai 1940 les Allemands occupent le Grand-Duché et attaquent la France. La grande-duchesse et le gouvernement luxembourgeois passent en France. Quand la France s'effondre, la souveraine et le gouvernement partent au Portugal, puis en Grande-Bretagne et au Canada.

Les vainqueurs introduisent l'administration allemande, « de facto », annexent le Grand-Duché au Reich. Gustav Simon, le gauleiter de Coblence-Trèves, devient le chef « der Zivilverwaltung in Luxemburg ». Simon entend faire des Luxembourgeois de vrais Allemands. Les structures de l'Etat luxembourgeois sont détruites et partout les structures nazies sont introduites. Un vaste programme de germanisation culturelle est introduit. L'usage du français est interdit, les noms et prénoms des Luxembourgeois sont germanisés. Seule une minorité de Luxembourgeois sont gagnés aux idées nazies et demandent le « retour » du Luxembourg au Reich (heim ins Reich). La majorité des Luxembourgeois ne cessent de se considérer comme Luxembourgeois et considèrent que leur patrie est un Etat occupé par l'ennemi. Devant les mesures de germanisation, une résistance organisée commence à se manifester. Ses actions consistent surtout à contrebalancer la propagande allemande. A l'occasion d'un recensement de la population, prévu pour le 10 octobre 1941, le chef de l'administration civile espère obtenir des Luxembourgeois l'aveu clair et volontaire de leur caractère allemand

(Deutschtum). Devant les agissements et la contre-propagande de la Résistance, Simon renonce à son projet et se rend compte que sa politique de germanisation a échoué. Les Allemands vont de plus en plus recourir à l'intimidation et à la terreur pour mettre les Luxembourgeois au pas.

Il ne faut pas perdre de vue que malgré l'introduction de l'administration directe allemande, les Luxembourgeois ne sont pas devenus pour autant des Reichsdeutsche. Ils ne sont que des Volksdeutsche. Dans l'esprit nazi, on ne peut devenir Reichsdeutscher que par mérite. Le gauleiter veut donc que les Luxembourgeois fassent volontairement profession de leur appartenance à l'Allemagne et qu'ils collaborent loyalement au nouvel ordre. Pour manifester leur engagement pour le Reich, les volontaires luxembourgeois peuvent entrer dans le RAD et dans la Waffen-SS. Comme la politique de germanisation se solde par un échec, Simon introduit, au printemps 1941, le RAD obligatoire pour les jeunes. Puis, le 30 août 1942, il impose le service militaire obligatoire. Les classe 1920-1924 sont directe-

Verordnungsblatt

für Luxemburg

Herausgegeben vom Chef der Zivilverwaltung in Luxemburg

Erscheint nach Bedarf — Einzelpreis 20 Pfg.

1942	Ausgegeben in Luxemburg, den 31. August 1942	Nr. 49

Tag	Inhalt	Seite
30. 8. 42	Verordnung über die Wehrpflicht in Luxemburg.	253
30. 8. 42	Anordnung über wehrpflichtige Jahrgänge in Luxemburg.	253
30. 8. 42	Bekanntmachung über die Regelung der Staatsangehörigkeit mit Anlage (Verordnung über die Staatsangehörigkeit im Elsaß, in Lothringen und in Luxemburg).	254
28. 8 42	Anordnung über die Staatsangehörigkeit in Luxemburg.	255

Verordnung
über die Wehrpflicht in Luxemburg.
Vom 30. August 1942.

Auf Grund der dem Chef der Zivilverwaltung in Luxemburg erteilten Ermächtigung wird für dessen Bereich verordnet:

—

§ 1

Für diejenigen deutschen Volkszugehörigen in Luxemburg, die den durch besondere Anordnung festzulegenden Jahrgängen angehören, wird die Wehrpflicht in der deutschen Wehrmacht eingeführt.

§ 2

(1) Die einberufenen Wehrpflichtigen unterliegen den für deutsche Soldaten geltenden Bestimmungen und haben alle Ansprüche, die deutschen Soldaten zustehen.

(2) Die nicht zum aktiven Wehrdienst einberufenen Wehrpflichtigen des Beurlaubtenstandes unterliegen den für diese geltenden Bestimmungen.

§ 3

Die zur Durchführung dieser Verordnung erforderlichen Rechts- und Verwaltungsvorschriften erläßt der Chef der Zivilverwaltung in Luxemburg.

§ 4

Diese Verordnung tritt am Tage nach der Verkündung in Kraft.

Luxemburg, den 30. August 1942.

Der Chef der Zivilverwaltung in Luxemburg
Gustav Simon
Gauleiter

Bekanntmachung
über die Regelung der Staatsangehörigkeit.
Vom 30. August 1942.

Im Einvernehmen mit dem Chef der Zivilverwaltung hat der Reichsminister des Innern die nachstehende, im Reichsgesetzblatt Teil I Seite 533 abgedruckte Verordnung über die Staatsangehörigkeit im Elsaß, in Lothringen u. in Luxemburg vom 23. August 1942 erlassen, die hiermit für den Bereich des Chefs der Zivilverwaltung in Luxemburg verkündet wird.

Rechts- und Verwaltungsvorschriften, die zur Durchführung, Ergänzung und Abänderung der Verordnung vom 23. August 1942 im Altreichsgebiet ergehen, treten in Luxemburg zum gleichen Zeitpunkt in Kraft, sofern der Chef der Zivilverwaltung nichts Abweichendes bestimmt.

Luxemburg, den 30. August 1942.

Der Chef der Zivilverwaltung in Luxemburg
Gustav Simon
Gauleiter

ORDONNANCE INSTITUANT AU LUXEMBOURG LA CONSCRIPTION DANS L'ARMÉE ALLEMANDE.

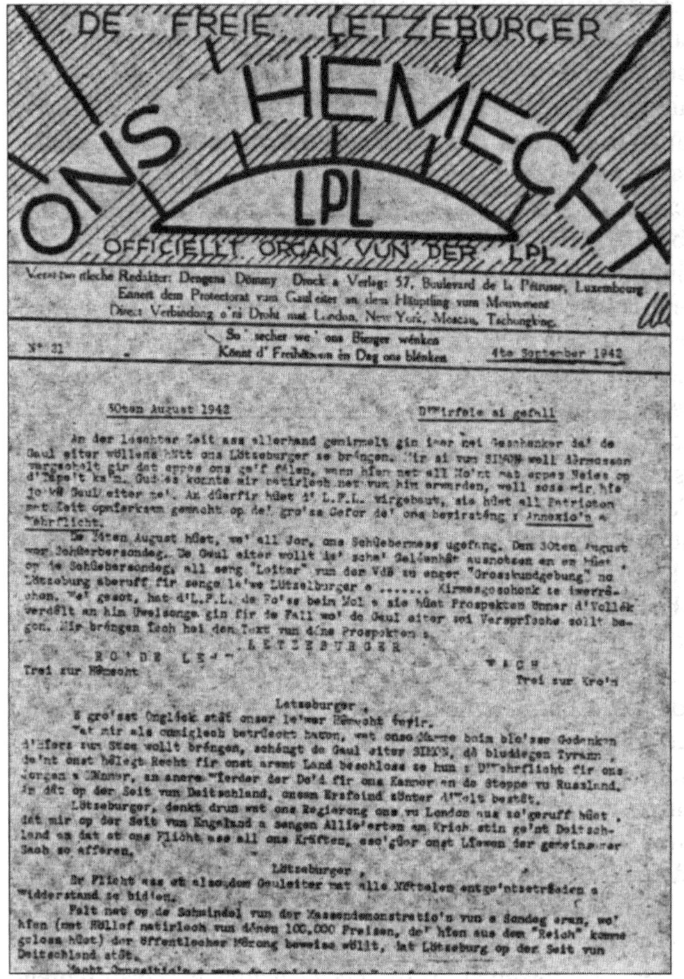

DE FREIE LETZEBURGER

ONS HEMECHT

LPL

OFFICIELLT ORGAN VUN DER LPL

Verantwortleche Redakter: Dengens Dömmy Druck a Verlag: 57, Boulevard de la Pétrusse, Luxembourg
Ennert dem Protectorat vum Gauleiter an dem Häuptling vum Mouvement
Direct Verbindong o'ni Droht mat London, New York, Moscau, Tschungking.

N° 31 — So' secher we' ons Bierger wénken / Kënnt d' Fräihétsen ën Dag ons blénken — 4te September 1942

30ten August 1942 — D'[illegible]irfele si gefall

An der leschter Zeit ass allerhand gemirmelt gin iwer nei Geschenker da' de Gauleiter wöllens hätt ons Lëtzeburger ze brengen. Mir si vum SIMON well ärmessen vergescholt gir dat eppes ons ze'f fälen, wann hien net all Mo'nt mat eppes Neies op d'Tape't ka'm. Gut, es konnte mir natirlech net vun him erwarden, well esou wir hie jo ké Gauleiter me'. An dëerfir hätt d' L.P.L. virgebeut, sie hätt all Patrioten mat Zeit opmierksam gemacht op de' gro'ss Gefor de' ons bevirsténg : Annexio'n a Wehrflicht.

De [illegible]ten August hätt, we' all Jor, ons Schueberméss ugefang. Den 30ten August war Schueberschondeg. De Gauleiter wollt dës sche' Gelénhät ausnotzen en em hätt op de Schueberschondeg, all seng "Leiter" vun der VdB zu enger "Grosskundgebung" no Lëtzebuerg ageruff fir senge le'we Lëtzebuerger e .... Kirmesgeschenk ze iwerrechen. We' gesot, hat d'L.P.L. de Po'ss beim Mol a sie hätt Prospekten ënner d'Vollék verdélt an him Uwelsonge gin fir de Fall wo' de Gauleiter sei Verspréche sollt begon. Mir brengen iech hei den Text vun déne Prospekten :

LETZEBURGER

RO'DE LE'W — WACH
Trei zur Hémecht — Trei zur Kro'n

Letzeburger,

E gro'sst Onglëck stät onser le'wer Hémecht bevir.

Wat mir als onmiglech betruecht haten, wat onse [illegible] beim blo'sse Gedanken d'Blut zum Stoe wollt brengen, schéngt de Gauleiter SIMON, dë bluddegen Tyrann, de'nt onst hélegt Recht fir onst armt Land beschlosse ze hun : D'Wehrflicht fir ons Jongen a Männer, an anere Wierder der Do'd fir ons Kanner an de Steppe vu Russland, [illegible] dät op der Seit vun Deitschland, onsem Erzfeind zënter d'Welt bestät.

Lëtzeburger, denkt drun wat ons Regierong ons vu London aus zo'geruff hätt, dat mir op der Seit vun Engeland a sengen Allie'erten am Krich stin ge'nt Deitschland an dat et ons Flicht ass all ons Kräften, esou'guer onst Liewen der gemeinsamer Sach ze afferen.

Lëtzeburger,

Är Flicht ass et also, dem Gauleiter mat alle Mëttelen entge'nt ze tre'den a Widderstand ze bid'en.

Falt net op de Schwindel vun der Massendemonstratio'n vun e Sondeg eran, wo' hien (mat Hëllef natirlech vun dénen 100.000 Preisen, de' hien aus dem "Reich" komme gelosst hätt) der öffentlecher Mé'nong beweise wöllt, dat Lëtzebuerg op der Seit vun Deitschland stät.

[illegible]

EN DIALECTE LUXEMBOURGEOSIS,
TRACT APPELANT À LA GRÈVE GÉNÉRALE.

ment enrôlées. La classe 1925 suit le 25 mars 1943. Le 8 décembre 1943 c'est le tour de la classe 1926, le 14 juillet 1944 celui de la classe 1927.

Pour se représenter l'ampleur de l'enrôlement de force, laissons parler les chiffres. Les classes 1920 à 1927 étaient concernées. 11.160 hommes luxembourgeois furent enrôlés de force. 2.572 sont morts, 96 toujours portés disparus. Ce qui fait 25,50 % de morts ou de disparus. 3.510 (31,43 %) deviennent réfractaires ou déserteurs. 1.551 rentrèrent avec des dommages physiques ou psychiques. Parmi eux 326 mutilés graves. 469 blessés et 756 malades. 3.614 jeunes filles servirent dans le RAD ou dans le Kriegshilfsdient ; 56 sont mortes tandis que 2 sont encore portées disparues (1,60 %).

L'enrôlement de force des Luxembourgeois fut quantitativement de moindre ampleur qu'en Alsace-Moselle, mais il faut prendre en considération qu'au Grand-Duché le pays entier fut concerné, tandis qu'en Belgique et en France les autres régions n'ont pas connu le même problème. L'enrôlement de force a donc plus d'impact au Luxembourg qu'en Belgique ou en France parce que pratiquement chaque famille fut touchée.

Dans une grande manifestation publique le 30 août 1942, Simon déclare que les Luxembourgeois sont Allemands de par leur nature et, en conséquence doivent défendre l'Europe contre le bolchévisme et prendre part au combat. Simon proclame le service militaire obligatoire pour les classes 1920 à 1924, la citoyenneté allemande aux méritants et aux enrôlés. Cette proclamation a été rendue possible par l'ordonnance du Führer « Verordnung über die Staatsangehörigkeit im Elsaß, in Lothringen und in Luxemburg » parue le 23 août 1942 dans le *Reichsgesetzblatt.* Au Luxembourg, la parution de cette ordonnance est interdite jusqu'à la proclamation de Simon. Cependant la proclamation de Simon n'est pas une surprise pour les Luxembourgeois. Ils s'y attendaient. Aussi la riposte des Luxembourgeois est-elle rapide. Le jour même de la proclamation de Simon, la Résistance distribue des tracts appelant à faire grève pour montrer l'esprit d'opposition aux mesures prises par Simon.

Le 31 août et le 1er septembre 1942 c'est la grève dans beaucoup d'endroits du pays. Les mouvements de résistance luxembourgeois aiment l'appeler aujourd'hui « grève générale ». Cependant on ne peut pas parler de grève générale proprement dite, mais plutôt de tout un éventail de grèves diverses et d'actions spontanées pour manifester l'esprit d'opposition au régime nazi. Les premières actions débutent à Wiltz à 7 heures du matin où la plupart des ouvriers de la fabrique de cuir Ideal et aussi ceux d'autres fabriques cessent de travailler. Pour protester ils défilent ensemble à travers les rues de Wiltz. Ce jour-là, les instituteurs refusent de donner des cours ; ils en informent le Schulleiter Hartmann. Les commerçants ferment leur boutique. Aussitôt le Kreisleiter de Diekirch ordonne à la SA de Wiltz de combattre les manifestants. La manifestation est dispersée et après l'appel par haut-parleurs qui indique que ceux qui n'auraient pas repris le travail pour 14 heures seraient fusillés, les gens de Wiltz reprennent leur travail. A Ettelbrück et à Diekirch, c'est un peu le même scénario. Le 1er septembre tout le monde est de nouveau à son poste de travail.

Dans le sud du pays, le soir du 31 août, vers 18 heures, les ouvriers sidérurgiques de Schifflange cessent de travailler. Mais vers 22 heures le travail reprend graduellement. A Dudelange la journée de travail se déroule à peu près normalement. Dans les mines de fer de Tétange les mineurs refusent de travailler le matin du 1er septembre. Les élèves du lycée d'Echternach font de même. Ils défilent silencieusement dans les rues d'Echternach et se rendent à Berdorf. Les élèves du lycée d'Esch-sur-Alzette protestent eux-aussi. Le 2 septembre des ouvriers de l'usine de Differdange arrêtent de travailler pendant une heure. A Vianden certains ouvriers dans l'usine de cuir font la grève et les commerçants ferment leur boutique. Dans certaines localités du pays, les paysans refusent de vendre leur lait pour une ou deux journées. Environ 1.700 Luxembourgeois renvoient leur carte de membre du VdB aux administrations allemandes. [1]

Dans le secteur public il n'y a pas de grève. Seul fait à signaler : dans le bureau de poste principal, le travail est arrêté pour une heure.

Nulle part, il n'y a une opposition armée, des attaques à main armée ou des actes de terrorisme.

Le gauleiter est furieux. En effet, si le mouvement de protestation ne s'arrête pas, la position de Simon est en jeu, car en Lorraine ou en Alsace la population n'a pas bougé comme au Luxembourg. Simon réagit donc par des mesures de terreur. La loi martiale est proclamée ; un tribunal militaire est institué. Le 2 septembre déjà, deux grévistes sont condamnés à mort par la cour martiale. Le verdict est affiché sur de grandes affiches rouges pour intimider la population. Le même jour, 94 élèves du lycée de garçons d'Esch-sur-Alzette sont transférés dans un camp de rééducation à Burg Stahleck. 60 élèves du lycée de jeunes filles d'Esch-sur-Alzette sont transférées à Adenau et 43 étudiantes de l'école normale d'institutrices à Marienthal dans l'Eifel. Le 3 septembre, 8 autres grévistes ont été condamnés à mort par la cour martiale. En tout 21 condamnations à mort sont prononcées et le jugement est exécuté immédiatement. 125 personnes sont arrêtées et livrées à la Gestapo. Leur sort sera la prison, le camp de concentration ou le bataillon de discipline. Le 5 septembre, 60 étudiants du lycée classique d'Echternach sont transférés à Stahleck et 4 jeunes filles à Adenau. Le 8 septembre, l'état de siège est levé dans certaines régions du pays. Simon décrète la transplantation (Umsiedlung) dans l'est du Reich pour celles des familles luxembourgeoises qui présenteraient un danger pour le Reich. Le 17 septembre, le premier départ a lieu. 50 familles quittent le Luxembourg pour Leubus en Silésie, d'autres suivront à peu d'intervalle. Ces familles y devront être rééduquées. Des familles de souche allemande, par exemble de Croatie, de Pologne, vont arriver au Luxembourg et occuper les biens des familles transplantées. Les transplantations vont continuer et, jusqu'en janvier 1943, 266 familles sont concernées.

21 GRÉVISTES SONT CONDAMNÉS À MORT PAR LA COUR MARTIALE

Pendant les mois de septembre et d'octobre 1942, les classes 1920 à 1924 passent au conseil de révision. Beaucoup de jeunes essaient d'être portés inaptes en simulant une quelconque maladie. Ils prennent par exemple des pilules provoquant la jaunisse. Finalement, le 18 octobre 1942, le premier contingent d'incorporés de force est enrôlé. D'autres suivront en décembre 42, en janvier 43. A la gare de Hollerich, lors du premier départ, le 18 octobre 1942, on assiste à des scènes de patriotisme de la part des Luxembourgeois. Cette même gare est aujourd'hui devenue le siège de la Fédération des enrôlés de force, victimes du nazisme, et monument national. Chaque année le cortège en vue de commémorer les événements du 30 août 1942 part de cette gare. Les jeunes recrues luxembourgeoises chantent des airs patriotiques luxembourgeois. Le départ devient ainsi une manifestation patriotique luxembourgeoise. Bien que les officiers allemands menacent les jeunes Luxembourgeois, ils expriment leur haine vis-à-vis des Allemands. De certains wagons, on réussit à démonter les fanions et guirlandes rouges et de les jeter sur les voies. Dans le train, des actions de haine s'expriment contre les filles du BDM [2] qui cherchent à offrir des fleurs aux jeunes. L'intérieur de certains wagons est saccagé, les fenêtres sont brisées. Quand le train se met en marche, certains Luxembourgeois brandissent en signe d'adieu des mouchoirs, rouge, blanc et bleu et entonnent l'hymne national. Après le passage de la frontière, le calme se rétablit parmi les jeunes. Pour les départs ultérieurs, les autorités allemandes veilleront à ce que de telles scènes ne se reproduisent plus.

Dans un premier temps, les désertions sont rares. La note de Simon du 8 février 1944 le prouve. Il n'y parle que de trois procès pour désertion et démoralisation de la Wehrmacht pour la période d'octobre 1942 à janvier 1943. Les organisations de résistance n'ont pas encore organisé les moyens nécessaires pour cacher les jeunes. Par la suite le nombre de désertions va augmenter considérablement.

DÉPART DES PREMIERS APPELÉS
À LA GARE DE LUXEMBOURG.

LIVRE FR. STEFFEN

REGROUPEMENT DE CONSCRITS LUXEMBOURGEOIS
À STOHLECK AVANT LE DÉPART.

ARCHIVES NATIONALES
LUXEMBOURG

Les manifestations d'opposition à la proclamation du service militaire obligatoire n'ont certes pas pu empêcher l'enrôlement de force. Les grèves semblent avoir intimidé Simon. En effet, en Alsace, Wagner a enrôlé les classes 1908 à 1927 et en Lorraine Bürckel a enrôlé les classes 1913 à 1927 alors que Simon n'a enrôlé « que les classes 1920 à 1927 ». Des questions d'ordre économique seraient-elles cause d'une incorporation plus limitée au Luxembourg ? En tout cas, après août 1942, Simon s'est opposé souvent aux responsables de la Wehrmacht qui ont voulu étendre le service militaire à des classes plus âgées que celle de 1920. On sait que dans l'année 1943, le général Unruh a exigé d'obtenir l'extension du service militaire obligatoire à douze classes d'âge. En Alsace, Wagner a introduit le service militaire obligatoire pour les classes 1914 à 1919 (31 janvier 43). Simon n'a pas fait de même.

Le 30 août 1942 marque surtout l'échec de la politique de germanisation de Simon. Si auparavant, il a eu un certain succès chez des Luxembourgeois avec sa politique de germanisation il a perdu tout crédit avec l'introduction du service obligatoire. Par l'introduction du service militaire obligatoire, Simon a aidé la résistance luxembourgeoise qui a eu davantage d'impact auprès des Luxembourgeois. Par la suite, la Résistance a trouvé son terrain d'action. Il a fallu désormais cacher les jeunes Luxembourgeois réfractaires à la Wehrmacht. Les passeurs organisent des moyens pour mener les Luxembourgeois hors du pays, le plus souvent en France non occupée. A Ancizes, un centre d'accueil va être organisé, où, jusqu'en mars 1944, plus de cent réfractaires vont être accueillis.

Les manifestations qui ont suivi le 30 août 1942 ont accentué l'identité nationale des Luxembourgeois. Il ne faut pas perdre de vue que le Luxembourg est un Etat jeune qui ne date que de 1839. Ceux que Simon a fait fusiller sont devenus les premiers martyrs de la nation luxembourgeoise en l'honneur desquels on a fait ériger des monuments de commémoration. Le sang versé par la grève constitue une irréfutable preuve de prise de conscience de l'identité nationale.

NOTES

1. Volksdeutsche Bewegung : mouvement pour le rattachement au Reich.
2. Bund Deutscher Mädel.

BIBLIOGRAPHIE

HOHENGARTEN A., *Wie es im Zweiten Weltkrieg zur Zwangsrekrutierung Luxemburger Staatsbürger zum Nazi-Heer kam.* Luxembourg 1975, 31 p.

NONNENMACHER G. *La grande honte de l'incorporation de force des Alsaciens-Lorrains, Eupenois-Malmédiens et Luxembourgeois dans l'armée allemande au cours de la Deuxième Guerre mondiale.* Colmar 1965, 239 p.

DOSTERT P., *Luxemburg zwischen Selbstbehauptung und nationaler Selbstaufgabe. Die deutsche Besatzungspolitik und die Volksdeutsche Bewegung 1940-1945,* Luxembourg, 1985, 267 p.

HOHENGARTEN A., *Vom Halbmond zum Ziegenkopf. Die Geschichte der Luxemburger Häftlinge in Lublin. 1942-1945.* Luxembourg 1991, 594 p.

HOHENGARTEN A., Die blutigen Septembertage von 1942, in : *Luxemburger Marienkalender 1992.* p. 122-127.

DOSTERT P., Die deutsche Besatzungspolitik und die luxemburgische Resistenz, in : *Hémecht 1987,* t.3, p. 375-392.

TRAUSCH G., La « grève générale » du 31 août 1942 dans sa signification historique, in : *Luxemburger Wort,* 28.8.1983.

TRAUSCH G., *Le Luxembourg à l'époque contemporaine,* Luxembourg, 1981, p. 151-164.

STEFFEN F., *Die geopferte Generation. Die Geschichte der Luxemburg Jugend während des Zweiten Weltkrieges.* Luxembourg, 1977, p. 316.

Ministère des Affaires culturelles, Luxembourg, *Lëtzebuerg 40 Joër fräi,* Luxembourg s.d., 92 p.

Une femme dans les Camps de travail

MARIE-CLAIRE KAUFFMANN-RAUCH

1942

On oublie trop souvent que les embrigadements de la guerre n'ont pas concerné que les hommes. Plusieurs classes d'âge d'Alsaciennes ont été incorporées dans le Reichsarbeitsdienst (RAD, service civil). Ce témoignage en rappelle les dures contraintes.

MARIE-CLAIRE RAUCH EN UNIFORME DU R.A.D.

Bezirk XIII
Reichsarbeitsdienst
der weiblichen Jugend
Die Bezirksführerin

Aktenzeichen: D/H. Nr. D IV 103 a
Bei Beantwortung anzugeben

München 22, den 12.8.42
Schackstraße 4
Fernsprecher: 30339 und 30340
Postscheckkonto:
Amtskasse des Arbeitsgaues XXX
München Nr. 4715

An die
Bezirkspflegeanstalt
K o l m a r
Staufenstr. 40

Betrifft: Kriegshilfsdienst-Einsatz der Amd. Marie Klara Rauch.
Vorgang: Ihr Schreiben vom 1.8.42.

Ihrem Gesuch, der Arbeitsmaid Rauch den Kriegshilfsdienst in der Bezirkspflegeanstalt Kolmar ableisten zu lassen, kann ich nach den z.Zt. für den Kriegshilfsdienst-Einsatz geltenden Bestimmungen nicht entsprechen.
Die Arbeitsmaiden werden laut Vereinbarung des Herrn Reichsarbeitsführers mit dem Reichsminister für Bewaffnung und Munition im Hinblick auf den grossen Kräftebedarf geschlossen in Rüstungsbetrieben und Munitionsanstalten eingesetzt. Eine Versetzung ist daher nicht möglich.

Heil Hitler !
Im Auftrag
(Dostler)
Maidenhauptführerin

DOCUMENT REFUSANT À MARIE-CLAIRE RAUCH D'EFFECTUER SON SERVICE CIVIL À COLMAR.

En novembre 1941 les premières recrues, toutes issues du monde agricole-viticole, partent pour la Saxe ou la Bavière. Les étudiantes, employées de bureau, vendeuses, couturières, ouvrières, seront incorporées au printemps 1942. En principe, le travail obligatoire s'étale sur six mois. Je suis employée de bureau à l'Hospice départemental du Haut-Rhin à Colmar (depuis l'annexion la Bezirkspflegeanstalt) et partirai avec le second contingent. Ma feuille de route m'est remise début avril. Destination : RAD Lager 9/135 - 27/6, à Oberviechtach dans l'Oberpfalz. Selon les ordres, je me présente le 15 avril 1942 à 8 heures dans la cour du RAD Amt, rue de la Gare, à Colmar, munie d'une valise contenant, conformément aux instructions de ma feuille de route, quelques effets personnels : bas, brosse à dents et victuailles pour deux jours de route.

Deux cents, trois cents compagnes d'infortune sont bientôt massées dans cette cour. Les parents qui les accompagnent sont refoulés dans la rue. La feuille de route en main, je cherche dans la foule une camarade affectée au même camp et trouve Lucie B., élève des Sœurs de la Divine Providence de Ribeauvillé. Réconfortées réciproquement par une présence amie, nous attendons dans un coin l'appel de notre nom. Les rangs se forment par quatre ou cinq, la colonne s'ébranle dans un silence sinistre, direction la gare. La cour se dégage, les derniers noms claquent : Luzia B., Antonia M., Marlyse (?) Maria Klara Rauch, Oberviechtach, wagon numéro un, compartiment Oberviechtach. Les dés sont jetés, nous nous alignons et quittons la cour, mes parents nous emboîtent le pas et m'accompagnent jusqu'au quai. Le convoi spécial, formé à Mulhouse, entre en gare. Des pancartes jaillissent des fenêtres de chaque compartiment. «Oberviechtach» nous concerne. Nous montons et sommes accueillies par trois «recrues» et une femme allemande en uniforme RAD.

DESTINATION :
LE CAMP D'OBERVIECHTACH

La conversation s'engage péniblement, le paysage défile, la gentillesse de celles qui ont déjà quelque peu surmonté leur chagrin disperse la tension, délie nos langues. Nous faisons la connaissance de Fernande (Ferdinande) Pf.,

1942

Germaine (Hermine) R. et Renée (Renate) Sch. de Mulhouse et environs. Le train file. Nous traversons le Rhin, nous longeons le Danube ruisseau, nous le traversons rivière, nous le quittons fleuve charriant des eaux aussi grises que celles de nos pensées. Au gré d'un itinéraire fantaisiste nous zigzaguons à travers la région sud de l'Allemagne. A Nuremberg nous quittons enfin notre wagon. Après un nouveau changement de train à Ratisbonne et à Nabburg, nous débarquons, après trente heures de voyage, sous une pluie battante, dans un village tout proche de la frontière tchécoslovaque. Notre mentor nous conduit jusqu'à la caserne RAD. En fait nous arrivons dans un camp de baraques, disposées en carré comme un fortin. Des baraques ! Notre moral sombre au plus bas.

L'effectif du Lager (camp), déjà en uniforme nous accueille avec une certaine curiosité. On nous sert immédiatement des crêpes qui, des crêpes de chez nous, ont l'aspect mais non le goût... Nous sommes trop fatiguées pour les trouver «savoureuses» par politesse. Nous grignotons un peu, repoussons notre assiette et suivons une Kä (Kameradschaftsälteste) qui nous mène à notre dortoir provisoire : la K 4 (Kameradschaft 4).

TOUS NOS EFFETS PERSONNELS SONT REMIS DANS LES VALISES ET RENVOYÉS DANS LES FAMILLES.

La pièce nous semble sinistre. Pour nous remonter le moral, nous extirpons de nos valises les victuailles bien de chez nous. Nous les mangeons en les arrosant de larmes que nous avalons discrètement. Les premières lettres de l'exil sont écrites, nous allons essayer de dormir. A défaut d'un coin intime, nous nous déshabillons discrètement, pudiquement, derrière la porte d'un Spind (armoire) grande ouverte, nous nous allongeons sur un matelas qui s'avère être rempli de paille, et nous nous endormons. Vers 22 heures, réveil en sursaut. La Kä entre dans la chambre pour se coucher. Ahuries, nous assistons à un strip-tease dans toutes les règles de l'art. En costume d'Eve, Ellen de Duisburg, se pavane un bon moment de long en large avant d'enfiler son pyjama. Pour un début de vie communautaire cela promet !

Réveil à huit heures. Les autres Maiden (filles) s'affairent déjà dans le camp. La Kä nous mène à la salle d'eau pour un brin de toilette, à la salle à manger pour un petit-déjeuner sur le pouce, et finalement au Führerbau pour nous présenter au Stab (aux dirigeantes). Catastrophe, notre compagne du train est notre Führerin. Espérons qu'elle n'a pas pu suivre notre conversation en dialecte !

Dernières arrivées, nous faisons notre choix parmi les effets dédaignés par nos devancières. Les robes et tabliers les plus rapiécés, les bas les plus raccommodés, les chaussures les plus craquelées sont pour nous. N'ayant pas trouvé de chaussures brunes de sortie à ma taille, la Führerin me permet de garder et de porter les miennes. Tous nos effets personnels vont être emballés dans nos valises, et expédiés dans nos familles dès la première occasion. Notre barda sur le bras nous regagnons nos pénates provisoires en K4.

Au premier rassemblement, ou appel, un numéro est attribué à chaque

Arbeitsmaid, ce numéro correspond à un lit, à un Spind, à une Kameradschaft. Je suis le numéro trente-trois de la Kameradschaft 3 (Ka3). Notre Kä s'appelle Waltraud. Elle nous inculque la discipline du Bettenbauen (bâtir le lit) et celle toute particulière du rangement du Spind. Le contrôle de leur impeccabilité se fait à tout moment, et spécialement au moment où les Maiden sont sur le point de profiter de leur demi-journée de sortie. A la moindre négligence, le lit et le contenu du Spind sont flanqués par terre, tracasseries souvent accompagnées d'un Stubenarrest (privation de sortie).

La discipline RAD s'intaure dès le second jour de présence au camp. Réveil à 7 heures du matin par la Führerin, ou l'une de ses subordonnées. De chambre en chambre retentit un Guten Morgen, Aufstehen !, ordre immédiatement exécuté, car dix minutes après, il faut s'aligner devant la baraque, revêtue du survêtement ou de l'ensemble sport (selon la température), après avoir découvert le lit. L'effectif, au garde à vous, se compte : eins, zwei, drei, vier..., et c'est le signal pour le Frühsport. Quelques exercices sur place, une course à travers champs, retour au point de départ et au pas de charge vers la salle d'eau. Mon robinet n° 33 me place automatiquement entre mes compagnes de chambre. Un banc-évier permet dans sa partie inférieure le rangement de la cuvette, du savon, de la brosse à dents. L'eau pour la toilette est toujours froide. Les Maiden, placées devant leur cuvette essaient de faire leur toilette le plus pudiquement possible en ne se dénudant que partiellement, lorsque résonne l'ordre «Ganz ausziehen !». Saisies, les filles voient leur Führerin debout dans l'embrasure de la porte, tenant à pleines mains, un tuyau en caoutchouc branché sur la conduite d'eau. Toute hésitation d'optempérer fond comme neige au soleil dès que le jet d'eau froid sous forte pression fouette la récalcitrante la plus proche, lui mouillant, évidemment, tous ses sous-vêtements. Le pli pris, la surveillance se relâche, on nous permet même de faire nos lits avant la toilette et pour cause ! Le paillasson sur lequel nous dormons contient de la paille, non renouvelée après le départ de la promotion précédente. Tous les matins il faut plonger les deux bras dans la fente du matelas pour égaliser cette paille broyée menue par le trop long usage. La poussière entre par tous les pores, et l'envie de se débarrasser de tout vêtement pour bien se dépoussiérer devient une obsession. Idem le soir après le travail. Après la toilette nous remontons en chambre, nous nous habillons selon les ordres reçus le matin au premier appel : bas noirs, bas beiges, robe ou jupe. Nous ne pensons plus, nous exécutons des ordres. Au coup de gong nous nous précipitons dans la cour, nous nous déployons en cercle autour du mas-fanion pour la cérémonie des couleurs, accompagnée d'un chant patriotique de circonstance ou d'un Volkslied, lecture d'une maxime à méditer. Enfin nous rompons les rangs pour nous diriger vers la salle à manger : petit-déjeuner. Il est près de 9 heures, pendant les prochaines soixante minutes nous chanterons. Le répertoire allemand en Volkslieder et en airs patriotiques de

LEVER MATINAL DES COULEURS ET SALUT NAZI.

l'ancien et du nouveau régime est inépuisable. Chaque jour nous apprenons les strophes d'un nouveau Lied. Seuls le Horst-Wessel et le Deutschlandlied n'étaient pas enseignés. C'est donc en toute impunité que les Alsaciennes ont pu boycotter les hymnes nationaux. A 10 heures les différentes tâches ménagères sont réparties entre les quarante Maiden. Vers 13 heures tout le travail est abattu. Nous passons à table. Après le déjeuner, la cuisine et la salle à manger bien rangées, nous avons droit à une Schulung réduite au savoir le plus élémentaire c'est-à-dire : reconnaître les gradés du RAD, apprendre le salut RAD. Je crois que ce fut la seule et unique Schulung (formation) en commun c'est-à-dire à l'effectif complet. A 19 heures, souper, informations, commentaires, repiquage des fanions sur la carte murale géographique pour suivre la ligne du front en cas d'avancée victorieuse, distribution du courrier. Soirée libre en chambre. A 21 heures amener le drapeau. A 22 heures extinction des lumières. Jusqu'à la Führervereidigung, pas de sorties individuelles. Dès la première semaine de l'incorporation une nouvelle visite médicale décide du maintien ou du renvoi de certaines Maiden. Marlyse, de Turckheim, et une Munichoise sont jugées inaptes et peuvent retourner chez elles. C'est aussi le moment de faire établir la Reichsarbeitsdienstpass. En déclinant mon

TRAVAIL À LA PORCHERIE.

identité, je m'attribue, faute de mieux, la nationalité d'Elsässer ce qui choque à tel point une Sarroise, que pour calmer les esprits, je me vois obligée d'exhiber ma Kennkarte qui me «déclasse» en Deutscher Volkszugehöriger Elsässer. Il y a des déplacements à Weiden et Amberg pour photos d'identité et autres formalités. Les jours passent... Les Arbeitsmaiden de la promotion d'été viennent de tous les milieux, de tous les horizons. Elles sont étudiantes, employées de bureau, couturières, vendeuses, ouvrières d'usine ; elles sont originaires, entre autres, de Vienne, Munich, Augsbourg, Duisbourg, Eger c'est-à-dire Cheb en Tchécoslovaquie, du Vorarlberg, du Sud-Tyrol annexé, de l'Alsace, etc. Toutes ces jeunes filles vont être envoyées dans des familles paysannes qui, en fait, n'ont l'expérience que des Arbeitsmaiden de la promotion précédente, sorties du milieu rural (le camp ne fonctionne que depuis six mois). La déception des agriculteurs d'Oberviechtach est grande lorsqu'ils découvrent la piètre qualification de la main-d'œuvre qui, cette fois-ci, leur est parachutée. En trois semaines les Maiden vont se familiariser avec divers travaux domestiques tels que le nettoyage des sols et des vitres, lavage du linge, repassage, couture, jardinage, entretien d'une porcherie, élevage d'un porcelet, mais elles sont incapables de remplacer au pied levé un jeune fermier appelé sous les drapeaux. D'autres travaux pratiques indispensables doivent être réalisés ; les ourlets des robes, des jupes, sont à réajuster pour respecter la distance règlementaire entre le sol et le bord de l'uniforme, soit trente-deux centimètres. Les grandes Maiden portent de ce fait une tenue descendant bien en-dessous des genoux, et les petites se promènent plutôt court-vêtues. On évite ainsi un zigzag inesthétique dans les rangs : défilé, salut au drapeau etc. Il faut aussi coudre nos noms dans tous les vêtements mis à notre disposition par le RAD. Les trois semaines de Schulung se terminent. Toutes ont hâte de humer l'air du dehors avec un brin de liberté, ou, plus prosaïquement, espèrent être un peu mieux nourries.

LE RÈGLEMENT EST FORMEL : 32 CENTIMÈTRES ENTRE LE SOL ET LE BAS DE L'UNIFORME, QUELLE QUE SOIT LA TAILLE. LE RÉSULTAT EST GROTESQUE.

Que mangions-nous ? L'ordinaire servi dans le camp est invariablement à base de farine ou de semoule, de poudre de lait, de poudre d'œufs, de poudre de pudding et de sucre, denrées stockées en sacs de jute. Seule la quantité d'eau additionnée au mélange fait la différence entre le mets solide et sa sauce d'accompagnement. De temps à autre une salade italienne (pâtes et petits pois), coupe la monotonie du menu. Le festin du dimanche est lui aussi traditionnel : rôti de porc accompagné de deux ou trois pommes de terre. La Führerin coupe une mini-portion de viande ou de graisse et fait passer l'assiette à sa destinatrice bien reluquée auparavant. Les pommes de terre pelées sont empilées dans des saladiers répartis sur les tables. Après le «gavage» habituel en sucrerie, une pomme de terre est un délice. Malheureusement la ration varie au gré de l'équipe de corvée. Aussi quatre Maiden de la K3, dont moi-même, se portent systématiquement volontaires pour laver environ cent cinquante pommes de terre, les faire cuire par l'équipe de la cuisine et sacrifier une heure de liberté pour peler cette montagne de tubercules. Brûlantes, ces pommes de terre sont débarrassées de leur pelure, posées dans des saladiers maintenus à bonne température sur la plaque de la cuisinière. Tous les huit ou quinze jours, le café du petit-déjeuner est remplacé par la bête noire de tout le camp : un potage à la semoule. Pour ce faire, à tour de rôle, deux Arbeitsmaiden se lèvent à cinq heures du matin, allument le feu, placent quatre marmites sur la cuisinière et y font fondre une noix de graisse pour faire revenir quelque trois kilos de semoule. L'inexpérience aidant, la semoule attache immanquablement et le fumet désagréable de brûlé se répand dans la cuisine et empeste le potage. Midi et soir, avant l'heure des repas, les Führerinnen se font porter quotidiennement, dans leur chambre, une copieuse assiette anglaise. A table, en notre compagnie, elles se contentent de grignoter.

L'attente de l'Aussendienst devient obsédante. Tous mes rêves de liberté s'effondrent lorsque, par étourderie, la Jungführerin m'apprend que les Alsaciennes ne quitteraient jamais le camp parce que des prisonniers français sont dans les parages. Le 2 mai 1942 nous prêtons serment ; la Führerin épingle une broche à notre chemisier. Cet emblême du RAD décorera toutes nos tenues de sortie. L'Aussendienst commence. En effet, le lundi suivant la Führervereidigung, à 10 heures du matin, premier appel pour l'Aussendienst. Les Kä et huit Maiden restent au camp (chargées des tâches quotidiennes), parmi elles, les six Alsaciennes. Les Allemandes sortent. Je dois cultiver le jardin, moi qui n'ai encore jamais tenu une bêche. Je profite du premier tête à tête avec la Führerin qui vient inspecter mon travail pour lui exprimer tout mon étonnement de nous voir retenues toutes les six au camp. Elle m'explique que nous manions mal la langue allemande, et que nous ne sommes pas capables de répondre aux questions politiques que pourraient nous poser les villageois. Il nous faut avant tout de la Schulung politique. Ma réponse déconcerte Fraulein F. : «Faites-nous de la Schulung !» Prise au collet elle insère une heure d'instruction dans l'horaire de l'après-midi. Cette corvée ne se reproduit plus. Je la relance tous les jours. Le lundi suivant, la Führerin se débarrasse de son encombrante subordonnée en l'expédiant en Aussendienst. Mes camarades restent au camp.

Je suis placée successivement dans trois familles triées sur le volet : aucune n'emploie un prisonnier français.

Premier Aussendienst, chez les R. ; ils ramassent le beurre et les œufs auprès des
fermiers des alentours : Oberpfalz, Tchécoslovaquie, Bohême. Le matin je seconde 1942
les ouvrières : calibrage des œufs, emballage dans des caisses, triage du beurre, transport des caisses à la gare. L'après-midi je lave la vaisselle, frotte les planchers, m'occupe du ménage, etc.

Deuxième Aussendienst ; chez les S. ; électricité. Madame n'en croit pas ses yeux lorsque je me présente. Sa demande a été rejetée, seuls les agriculteurs peuvent prétendre à une Arbeitsmaid. Toute heureuse, elle me fait frotter, nettoyer, laver la vaisselle, rapper des pommes de terre pour les bayrische Knoedel..., o mei, o mei...

L'imprévu arrive : l'impossible se produit. Madame S. m'emmène chez ses parents, gros agriculteurs du coin, pour la rentrée des foins. En dernière minute elle me prévient que je vais y rencontrer un prisonnier français. On avait prévu de reléguer l'Arbeitsmaid allemande à l'autre extrémité du champ. Le prisonnier travaillerait à mes côtés, et une fois de retour à la ferme, on s'organiserait « pour qu'enfin le pauvre garçon puisse parler à sa guise à une compatriote». Ainsi fut fait. Le dimanche suivant les Alsaciennes se groupent autour de moi pour aller à la messe. Nous passons devant la baraque des prisonniers. Ils sont tous massés devant leur porte et se mettent au garde-à-vous lorsque nous défilons, la possibilité de communiquer était née...

Dernier Aussendienst ; bonne à tout faire dans la famille du chef de gare. Deux bébés en dessous de deux ans. Je lave, je lave, je brosse : les langes, l'appartement, le bureau du chef de gare. L'une et l'autre des salles d'attente désaffectées servent

DÉTENTE AU CAMP.

1942

tour à tour de poulailler. L'une doit toujours être impeccable en cas de visite-contrôle d'un supérieur. Je mène aussi les oies aux prés. Parfois elles ne m'obéissent pas et je n'arrive pas à les faire revenir au bercail. Leur obstination à tourner en rond risque de me faire rater l'appel de 16 heures. Habituellement les Arbeitsmaiden arrivent en nage à cet appel, les patrons les retenant jusqu'au dernier moment aux champs. Heureusement, il y a les sorties le mercredi après-midi. Promenade dans la campagne après soit un Spindappel, Stubenappel, Waschbecken und Zahnbürstenappel, Schuhappel, Kleiderappel, revue de détail qui risque de nous priver de sortie. Le dimanche est en principe libre lui aussi. Le petit-déjeuner est servi à 9 heures, ce qui nous permet d'assister à la messe de 8 huit heures. Vivement la permission !

Avec impatience nous attendons la permission de cinq jours, l'air du pays doit recharger nos batteries mises à plat par deux informations démoralisantes. En avril ou mai, nous apprenons que les six mois du RAD seront prolongés d'un mois afin qu'au moment de la récolte d'automne les Arbeitsmaid soient encore en Einsatz. Ce communiqué laisse les Allemandes indifférentes puisqu'elles sont appelées pour un an, mais les Alsaciennes, elles, reculent leur «Père Cent» de trente jours. Cette mauvaise nouvelle n'est pas encore digérée, lorsque l'on nous assène le coup de grâce : les Alsaciennes suivront leurs compagnes allemandes en Kriegsrüstung et ne seront démobilisées que fin mars 1943.

Enfin, dans la deuxième quinzaine de juillet nous rentrons en Alsace pour une permission de cinq jours, en fait, ramenée à trois jours, deux d'entre eux étant réservés au voyage. Nous quittons Oberviechtach à 19 heures et changeons sept fois de correspondance en cours de route. Les trois jours passent vite, trop vite et nous revoilà ensemble dans le train qui nous ramène au camp.

C'est le retour. Avec la dernière semaine de juillet je termine mon Aussendienst chez le chef de gare. En août je suis désignée pour les travaux d'entretien des baraques : l'Innendienst. J'en suis même contente. Une épidémie d'abcès sévit dans le camp. Si ces tumeurs incommodent la plupart de mes compagnes à une partie invisible de leur anatomie (sous-bras et fesses), elles fleurissent chez moi en pleine figure, et s'accompagnent d'une inflammation des ganglions du cou. La Unterführerin, infirmière improvisée, m'applique des compresses d'ichthyolan, me badigeonne le cou avec de la teinture d'iode, et ouste, au travail. Ce dernier consiste à balayer, à brosser, à éponger, à épousseter toute la baraque dite : Führerbau avec ses huit pièces, son long couloir et son escalier ; à balayer, à brosser, à éponger la baraque dite : Wohnbau der Maiden avec ses quatre Kameradschaften, sa pièce de séjour, ses couloirs et ses quatre escaliers. Et pour la bonne bouche, brosser et nettoyer la baraque des WC d'une saleté répugnante jour après jour. J'étais en train de brosser le couloir du Führerbau lorsque la nouvelle Unterführerin Fraulein K. se campa à côté de moi, me regardant faire.

Les poings aux hanches, cette Walkyrie blonde, bien en chair me cria : «Vous appelez cela brosser, vous ? C'est ainsi qu'il faut s'y prendre». Elle frotte, elle brosse avec vigueur.

Je jauge sa force, je jauge son poids et me regarde moi, misérable naine face à cette amazone teutonne, je ne la prends pas trop au sérieux, je continue sur ma lancée. Après le déjeuner Faulein K. rassemble le petit effectif du camp et exige un rapport sur le travail accompli entre 10 et 13 heures. Par ma devancière dans l'Innendienst je sais être dans les normes, et à part l'algarade que je venais d'essuyer dans la matinée, il me semblait être en règle. Il me restait à nettoyer deux Kameradschaften et la baraque des WC. Fraulein K. me toise des pieds à la tête : «Und Sie bilden sich ein etwas geleistet zu haben ? Wo kommen Sie denn her ?». «Aus dem Elsass». «Ach so, eine elsässische Schlampine etc.» Je n'écoute plus, je la regarde haineusement et retourne à mon travail. Pendant toute la semaine rien ne compte en dehors du frottage, du brossage des planchers avec vigueur, avec acharnement. Je ne suis plus qu'un robot. Mes forces physiques ne résisteront pas à l'effort auquel je les soumets, je craquerai, tant pis, mais la Schlampine aura le dessus. Le soir je m'écroule sur mon lit, terrassée. Le dimanche suivant, le couteau (corvée de pommes de terre) me tombe des mains, tant elles sont enflées. Le lundi matin mes doigts ont doublé de volume, ils sont rouges, bleus, les bras me font mal. Je vais au Führerbau, la Führerin et la «Kayserin» sont absentes. Décontenancée, Fraulein B. me fait conduire à l'hôpital par ma Kä. Le médecin secoue la tête en contemplant tout le gâchis : les deux joues enflées par des abcès, les ganglions du cou, durs comme pierre, les mains boudinées et, en prime, la Studentenkrankheit : Nerven und Sehnenscheidentzündung aux deux bras. Il me prescrit un traitement de longue haleine et, surtout, une interdiction formelle de «tout travail manuel» avec cette précision : «main droite repos complet». Et voilà ! Nous revenons au camp, mon visage disparaît sous les compresses, mon cou est enveloppé d'une épaisse couche d'ouate thermogène et j'ai le bras en écharpe. Comme une furie Fraulein K. se précipite : «Sie, wo kommen Sie herr ?» Ma Kä explique la situation. La Führerin, complice tacite, s'incline. Fini le RAD...

COUVERTE DE COMPRESSES, LE BRAS EN ÉCHARPE, JE NE POUVAIS PLUS TRAVAILLER.

1942

Je deviens conteuse d'histoires à l'atelier de couture dirigé par Fernande. La journée se passe, partagée entre les soins et de petits travaux exécutés de la main gauche, défaire des ourlets par exemple. Je suis un régime à base de levure, les abcès guérissent lentement, les ganglions prennent plus de temps. La main droite et le bras droit me causent par contre beaucoup de souci. Je peux à peine tenir un crayon et envisage avec pessimisme ma reprise du travail de bureau. Ma mère devant subir une intervention chirurgicale, mes parents font une demande de congé exceptionnel. Il me fut accordé par la Bezirksführerin de München, le Stab

SEULE DÉFENSE CONTRE LA DÉPRIME
ET L'EMBRIGADEMENT : L'AMITIÉ.
FERNANDE PFEFFER ET MARIE-CLAIRE RAUCH.

d'Oberviechtach «oublia» de me prévenir. Ma permission courait, les gendarmes de Kberg me recherchaient, et moi j'attendais. Finalement, prévenue par mes parents, je me pointai chez la Führerin : «Ach ja, es ist so ein Wisch für Sie vor etwa einer Woche gekommen. Sie können heut Abend fahren.» C'était de bonne guerre, nos escarmouches ne se comptaient d'ailleurs plus. C'était la mi-septembre. Je partis le lendemain pour une permission de trois semaines renouvelable une fois, et ne revins à Oberviechtach que la veille de mon départ pour le Kriegshilfsdienst (KHD) départ fixé au 26 octobre 1942.

Quelques anecdotes. D'après notre «heure de Schulung politique», la population d'Oberviechtach est à saluer «le bras étendu accompagné d'un retentissant Heil Hitler». Cela n'a pas l'heur de plaire aux villageois qui prudemment détournent la tête à la vue d'une Arbeitsmaid. Les Maiden se méprenant sur le sens de cette attitude traitent les paysans d'abrutis : sture bayrische Bauern. Au bout d'une semaine la méfiance réciproque est balayée. Le Guten Morgen est accepté par un amical : Grüss di. L'usage coutumier du Pfuat (Behüt dich Gott) et du Güss Gott passe au Mahlzeit, salut traditionnel bavarois d'entre 11 et 17 heures.

En ce qui concerne les loisirs organisés, les Arbeitsmaid allemandes, de passage au camp d'Oberviechtach, s'étonnaient du peu d'activités collectives organisées par les dirigeantes. Personnellement je ne m'en suis jamais plainte, au contraire... Aù début de notre incorporation une soirée fut consacrée à un Wunschkonzert, Wunschsingen serait plus exact. Les mélodies en vogue et les Volkslieder se suivent. Une proposition fuse : *Die Gedanken sind frei*, chant interdit. Avec réticence la Führerin accorde la permission. A l'époque je n'ai retenu que quelques brides de ce Volkslied : «Kein Mensch kann sie wissen, kein Jäger erschiessen es bleibet dabei, die Gedanken sind frei», qui sortait tout droit du patrimoine folklorique alsacien.

Un lundi matin je constate que les dames R., mère et fille, sont extrêmement contrariées. Elles me reprochent de porter, le dimanche, des bas de coton à la fois décolorés et colorés par de trop nombreux lavages et, en plus, reprisés du genou au talon. Au sortir de la messe des dames d'Oberviechtach auraient critiqué «d'Arbeitsmaid des R.» pour ce laisser-aller qui les déconsidérait elles, les dames R. Afin que cela ne se reproduise plus, les dames me font cadeau de leurs vieux bas. Je refuse poliment, accepte finalement pour ne pas les vexer... Et continue à mettre tous les dimanches les bas que le grand Reich avait mis à ma disposition. Un jour la Hauptmaidenführerin Frau D. vient en inspection. Appell zur Begrüssung. Je porte l'uniforme de sortie, les bas du Reich et mes chaussures privées. Scandale. Notre Führerin et tout le Stab sont apostrophés. Elles expliquent qu'au moment de l'incorporation on n'avait pas trouvé «chaussure à mon pied». Or, des semaines ont passé depuis et il n'a pas été remédié à cette situation impossible dans le Grand Reich. Hauptmaidenführerin, Führerin, Unterführerinnen, Jungführerin me conduisent à la réserve. J'essaie tous les souliers, ils sont tous trop grands et trop larges. Dans les huit jours, par colis express, je reçois une paire de souliers neufs, à ma pointure. A mentionner en marge : le jour de l'inspection nos Führerinnen se sont passées de leur assiette anglaise bi-quotidienne, elles ont partagé notre repas. 1942

Enfin une anecdote qui couronnera cette série ; le 20 avril, en grande pompe fut fêté l'anniversaire du Führer. Le soir de ce jour-là, en K3 notre Kä nous dit très sérieusement : «Le plus beau cadeau que vous pourriez faire à notre Führer serait un enfant». C'était la blague classique, courante qui se répétait en Alsace. Je ne sais plus à quelles circonvolutions de langage j'ai eu recours pour savoir si, en l'occurence, il ne s'agissait pas d'une plaisanterie de mauvais goût. Waltraut, très sérieuse, très posée, répéta et confirma ses paroles.

Incroyable mais vrai, mes moments les plus pénibles du RAD furent les soixante minutes de l'heure du chant. Les airs martiaux me révoltaient, les Volkslieder me détruisaient moralement. Tous les jours je subissais cette torture pire que toutes les autres vexations. J'étais furieuse à en pleurer. Il fallait chanter, je chantais en pleurant soit de rage, soit de Heimweh. Nous touchions une solde de vingt-cinq pfennig par jour, payable tous les dix jours. J'ignore à quel prix le RAD (en dehors du déjeuner et du goûter obligatoirement fournis) a loué nos services aux villageois parce que ces derniers ont estimé avoir le droit de nous exploiter au maximum. Le port d'une lettre coûtait douze pfennig.

J'aimerai conclure ce témoignage sur une note ensoleillée : l'amitié. En K3 je me suis liée d'amitié avec une étudiante munichoise, Sieglinde L. Son anticonfor-

AFFICHE DE RECRUTEMENT
POUR LE RAD FÉMININ

misme et mon esprit frondeur s'accordaient admirablement. «Vous pouvez asservir mon corps mais vous n'aurez aucune prise sur mon esprit» était sa devise, la mienne également. Tous les dimanches nous assistions à la messe, elle y communiait régulièrement. Linde s'exprimait aussi bien en français qu'en anglais et en italien. Inconditionnelle de Rousseau, Voltaire et la Rochefoucault, elle avait emporté sa lecture favorite en RAD. En chambre, nous cultivions notre jardin secret en lisant. Au cours de nos promenade à travers champs, nous commentions *Emile, La nouvelle Héloïse, Candide* et surtout *Les Pensées.* Dans les rares jeux imposés par les Führerinnen, nous nous placions chacune dans l'équipe adverse et nous nous faisions éliminer pour faute grave dès la partie commencée ce qui équilibrait toujours le jeu. Dès notre première entrevue en salle de séjour nous avons sympathisé, et, à notre grande stupéfaction, nous nous sommes retrouvées devant nos lits et nos armoires. Le sort lui avait attribué le n° 32, alors que moi j'avais le 33. Sans elle, je ne sais pas comment j'aurai pu tenir. La seule chose qu'elle me refusât : me dicter les paroles du Volkslied, *Die Gedanken sind frei.*

NOTE

Saisons d'Alsace remercie M. André Boos qui a fourni une large palette de témoignages sur le RAD.

Les Junkerswerke

Chronique d'une entreprise en guerre

ISABELLE BOGEN

1942

Les usines Mathis, à Strasbourg-Meinau, furent reprises en 1940 par la fabrique allemande d'avions et de moteurs Junkers. Dix mille salariés en 1943, un matériel ultra-moderne, des conditions de travail et de salaire privilégiées, un encadrement politique serré font de cette entreprise un bon révélateur de l'industrie de guerre nazie.

LES ANCIENS ATELIERS JUNKERSWERKE, AUJOURD'HUI DÉSAFFECTÉS, Á LA MEINAU. PHOTO GÉRARD LACOUMETTE

Parmi les entreprises strasbourgeoises évacuées en septembre 1939, les usines automobiles Mathis s'étaient repliées sur Athis-de-l'Orne (Orne). Les usines Mathis, situées à Strasbourg-Meinau, furent reprises par la firme Junkers-und-Motorenwerke A.G., dont la maison-mère, à Dessau (Saxe), construisait les avions Junkers. Sa filiale strasbourgeoise produisit des sous-ensembles et révisa les moteurs d'avions.

Les Junkers de Strasbourg constituent un phénomène industriel à plusieurs titres ; par l'ampleur de ses effectifs : dix mille personnes en 1943, et les dépassant après cette date, et par son caractère d'usine-pilote de la ville. En effet, en reprenant les usines Mathis, les Junkers en ont considérablement agrandi et modernisé les installations ; machines, mais aussi aménagements sanitaires pour le personnel (vestiaires, douches, cantine, etc). Pour beaucoup de Strasbourgeois qui revenaient de l'évacuation après avoir, par exemple, travaillé dans la poudrerie de Bergerac (Dordogne), les conditions de travail aux Junkers offraient un contraste saisissant. En outre, l'école d'apprentissage, au sein de l'usine, préfigurait les centres d'apprentissage qui seront créés en France après guerre, où les élèves ont un contact direct avec l'industrie.

Les Strasbourgeois ayant vécu l'occupation n'ont pas besoin de beaucoup solliciter leur mémoire auditive pour se rappeler le bruit continu, filtré à travers les stands d'essai (insonorisés), où étaient testés les moteurs, une fois réparés. Les nécessités de la production avaient priorité sur la nuisance sonore[1]. On peut voir encore aujourd'hui ces stands d'essai (photos ci-après), tout comme le bunker anti-aérien.

Le personnel des Junkers comprenait naturellement beaucoup d'anciens ouvriers de Mathis. Les cadres subalternes et de maîtrise étaient souvent des Alsaciens et les cadres supérieurs des allemands. Beaucoup d'étrangers travaillaient également aux Junkers ; avec cependant des restrictions quant à la nationalité, ou encore la firme se voyait-elle parfois dotée d'une main-d'œuvre civile, déportée, comme on peut le lire dans l'un des témoignages suivants[2]. Signalons aussi la sous-traitance directe par des détenus de la prison et de la maison de correction de Strasbourg, avec là-aussi une réserve : interdiction «que le travail de tri final et d'empaquetage soit effectué par des détenus correctionnels», par crainte que «des détenus politiques puissent perturber, voire saboter le travail»[1]. Enfin, n'oublions pas la main-d'œuvre féminine qui, au fur et à mesure des incorporations d'Alsaciens dans la Wehrmacht, fut de plus en plus nombreuse aux Junkers, et ailleurs que dans les services administratifs ; affectées à des tâches diverses : ébavurage, nettoyage, emballage, mais aussi au service de contrôle, et même aux machines-outils. Deux anciens des Junkers témoignent ici ; le premier, Alfred Graessle, employé dans un service administratif pendant trois ans, et Marcel Kraus qui raconte ses deux ans et demi d'apprentissage.

Alfred Graessle

Sous la protection d'un chef de service exemplaire

J'ai eu vingt ans quelques mois après notre évacuation en Dordogne. En juin 1940, appelé sous les drapeaux, j'ai été incorporé à Dijon, où je ne suis resté que huit jours, l'armée française battant bientôt en retraite. Je suis rentré à Strasbourg avec mes parents à la fin de l'année, en décembre. Avant guerre, j'avais suivi les cours de l'école de commerce et j'ai reçu une formation de comptable.

C'est à la mi-janvier 1941 que je suis entré aux Junkerswerke. Envoyé en formation à Leipzig, j'y suis resté deux mois ; un mois dans le service des bulletins de salaire, le suivant dans celui de mécanographie. Après ce stage je suis rentré à Strasbourg, où j'ai rencontré mon ancien chef du service de mécanographie à Leipzig. Muté aux Junkerswerke de Strasbourg pour y monter le service de mécanographie, il m'a repris dans son service. Pour pénétrer dans l'usine il fallait un badge. Et à l'intérieur chacun portait un badge d'une couleur différente, correspondant au bâtiment dans lequel il travaillait. Je n'avais accès qu'au bâtiment administratif. Notre service de mécanographie avait un effectif restreint. Avec mon supérieur, un collègue qui faisait le même travail que moi, trois jeunes filles et moi, nous étions six.

En 1941, l'horaire hebdomadaire de travail était de quarante-huit heures. Après la déclaration de la «guerre totale» en 1943, il est passé à soixante-douze heures. Sans compter les heures supplémentaires qui pouvaient grimper jusqu'à cent vingt à cent cinquante heures par mois. A cette époque-là, quand en hiver je rentrais vers une ou deux heures du matin pour repartir à cinq, six heures, il m'est arrivé de ne pas voir mes parents pendant trois ou quatre semaines.

Il régnait une discipline de fer. La ponctualité était de rigueur et tout manquement à cette règle, sanctionné. Pour une minute de retard, un quart d'heure de salaire était retenu sur la paie de l'ouvrier. A telle heure il fallait être devant sa machine, le doigt sur le bouton, et dès que le signal était donné par une sonnerie, il fallait appuyer sur le bouton pour mettre en route la machine. J'ai le souvenir d'avoir été convoqué par mon chef de service, car au moment de la sonnerie, je me rendais vers ma machine. Or, j'aurais déjà dû me trouver devant elle. On avait une heure de pose dans la journée ; un quart d'heure le matin et trois quarts d'heure pour déjeuner, à la cantine si on le désirait. On était bien payé ; pour celui qui faisait son boulot, la rémunération était correcte. Dans mon service j'ai pu voir les statistiques du nombre de pièces mal tournées. Sur carte perforée figuraient le numéro de l'ouvrier, sa machine, section, bref, tout était centralisé. On pouvait donc savoir le nombre de pièces défectueuses imputables à l'ouvrier. C'était moche mais, d'après ce que j'en sais, personne n'a été puni pour ça. Le sabotage intelligent, c'était de détériorer sa machine et d'incriminer celle-ci pour la défectuosité des pièces. Bien sûr quand les déchets étaient trop importants, une enquête était faite. Le chef de la Werkschutz (surveillance) était de la S.S. Si on respectait le règlement, les normes, et qu'on fermait sa gueule, pas de problème. Certains ont été envoyés à Schirmeck parce qu'ils ont fait les grandes gueules, après avoir passé deux, trois heures au bistrot à s'échauffer la tête en éclusant des bières.

LES CADRES ALLEMANDS, NÉS EN ALSACE, ÉTAIENT PRIORITAIRES, CAR «ILS RENTRAIENT CHEZ EUX».

J'ai eu la chance d'avoir un supérieur aux qualités humaines extraordinaires. Comme beaucoup de cadres aux Junkerswerke de Strasbourg, il était né en Alsace et reparti en 1918. A mon avis, ils ont dû être prioritaires pour leur mutation à Strasbourg, car «ils rentraient chez eux». Parmi les cadres subalternes, quelques chefs de service étaient des Alsaciens. Mais les cadres supérieurs étaient tous allemands. Mon chef de service, qui avait refusé d'adhérer à la NSDAP, a été convoqué par la Gestapo. Employé dans une usine d'aviation, j'ai dû adhérer au NSFK (Nationalsozialistisches Fliegerkorps). Ça me coûtait un mark par mois, mais il n'y avait pas de réunions. C'est à mon chef de service que mon collègue et moi sommes redevables de ne pas avoir été incorporés dans la Wehrmacht. Quelle astuce lui a-t-il fallu pour maintenir dans son service deux jeunes gens de notre âge ! Nous avons d'abord été classés unabkömmlich (indisponibles), puis schlüsselkraft (indispensables), ce qui ne correspondait pas à la réalité. De temps en temps, on recevait un ordre d'appel sous les drapeaux. Mon collègue a quand même été au RAD. Mais notre supérieur a fait tout ce qu'il a pu pour nous maintenir sur place. Evidemment je lui en suis resté infiniment reconnaissant. Je suis d'ailleurs resté en contact avec lui, et le suis encore actuellement avec sa veuve. Son attitude envers ses subordonnés était exemplaire. Je garde en mémoire plusieurs exemples dont le plus frappant est peut-être le suivant ; c'était au chef de service de présenter à la direction nos demandes d'augmentation de salaire. En 1943 il nous a proposés, mon collègue et moi, pour une augmentation de cinquante marks par mois. Elle nous a été refusée, mais en revanche lui-même en a obtenu une de cent ou deux cents marks. Il l'a refusée, en intervenant auprès de la direction, pour réclamer que son augmentation soit partagée entre mon collègue et moi. Ou encore : les chefs dont le service fonctionnait bien recevaient chaque année un Führerpacket qui contenait des denrées alimentaires très rares, vin, café, beurre, etc. Mon collègue et moi avons appris l'existence de cette coutume parce que notre supérieur, ayant reçu ce paquet, l'a partagé avec nous. Et, avec mon collègue, nous avons passé une soirée agréable chez notre chef de bureau à faire bombance.

L'ambiance au sein de notre petit service était un cas exceptionnel. Avec notre supérieur nous nous entretenions en alsacien. Après le travail, il nous arrivait fréquemment de discuter politique ; il savait que nous écoutions Londres, mais il

LES BÂTIMENTS DES ANCIENS ATELIERS D'ESSAI DES MOTEURS D'AVION EXISTENT TOUJOURS À LA MEINAU.

PHOTO GÉRARD LACOUMETTE

1942

ne nous en a pas tenu rigueur. Quand un jour je lui ai décrit le sort des prisonniers des camps de concentration, il a repoussé cette réalité comme impensable et fantasmatique. Nous avons eu l'occasion d'en reparler après guerre.

LE FÜHRERPACKET : UNE GRATIFICATION EN VICTUAILLES POUR LES CHEFS DONT LE SERVICE ÉTAIT PERFORMANT.

En 1944, quand la Meinau a été bombardée, plusieurs services ont été transférés à Mutzig, Schirmeck et ailleurs. Notre service de mécanographie, réduit à une équipe composée de notre chef, mon collègue et moi, s'est installé à Steinach, en Forêt-Noire. Une salle des fêtes hébergeait notre bureau. Depuis quelque temps mon collègue et moi nous caressions le projet de partir. Nous l'avons mis à exécution le 23 novembre, jour de la Libération de Strasbourg, après déjeuner. Notre chef de service, au courant de notre décision de départ, nous a dit : «Nous reprenons le travail à quatorze heures»,

PHOTO GÉRARD LACOUMETTE

avant de nous serrer la main. A quatorze heures nous étions déjà en route, notre valise à la main. Pour se couvrir notre chef de service nous avait demandé nos papiers. Il nous avait prévenus que dans le même but, après notre départ, il téléphonerait à Ortenberg où il y avait un PC allemand, pour signaler notre disparition.

Notre retour sur Strasbourg fut un sacré périple. Le Rhin était alors en régime de fortes eaux, la forêt du Rhin inondée. Nous avons franchi le fleuve en amont de Strasbourg et réussi la traversée grâce à quelqu'un qui nous a pris dans sa petite barque.

Aux Junkerswerke j'ai fait deux rencontres déterminantes ; l'une avec un homme exceptionnel que j'ai pris comme modèle tout au long de mon activité professionnelle. C'est aussi là-bas que j'ai découvert ce pour quoi j'étais fait : la mécanographie. Une passion devenue virus avec l'informatique, et qui ne m'a plus lâché jusqu'au jour de ma retraite.

Marcel Kraus

Années d'apprentissage

1942

A l'automne 1940 je suis rentré à Strasbourg avec mes parents. Alors âgé de quatorze ans, je me suis mis à la recherche d'un emploi. J'aurais aimé être graveur. Mais à la fin de l'année 1940 il n'était plus question de choisir son métier, et de plus les offres d'emploi étaient rares. Quelques mois plus tard, le bureau du travail où je me rendais régulièrement depuis mon retour, m'a proposé d'entrer aux Junkerswerke. J'ai «choisi» d'y apprendre le métier de tourneur. J'ai commencé mon apprentissage le 15 mai 1941.

Au début de mon apprentissage, nous étions uniquement entre Alsaciens, presque tous Strasbourgeois. A partir de 1942, de jeunes Allemands ont aussi intégré l'école. Les premiers sont venus de Kehl, d'autres en 1943, de plus loin, de tout le Bade-Wurtemberg je suppose. Ces derniers étaient en régime d'internat et logeaient dans un foyer aménagé pour eux dans le quartier. Les effectifs de l'école ont atteint jusqu'à deux cent cinquante apprentis et plus.

L'école était organisée en sections : tourneurs, fraiseurs, mécaniciens, etc., et préparait en trois ou quatre ans, selon la spécialisation, au Facharbeiterbrief, l'équivalent du certificat d'aptitude professionnelle, instauré en France après guerre. L'encadrement était assuré par le Lehrwerkstattsleiter (directeur), par ailleurs chef de la DAF à l'usine, dont le rôle était plutôt celui d'un chef politique, assisté d'un technischer Leiter (directeur technique), tous deux Alsaciens.

Notre journée commençait à huit heures, martialement. En bleu de travail et tous coiffés à la mode du Kulturschnitt (coupe aryenne), imposée aussi pour des raisons de sécurité, nous devions nous mettre en rang, par petits groupes, chacun d'eux encadré par un moniteur, pour l'appel. A la fin de celui-ci, le directeur technique allait présenter son rapport, au garde-à-vous, au directeur.

APRÈS LE LEVER DES COULEURS NAZIES, LES APPRENTIS COURAIENT 2 OU 3 KM.

Puis un groupe, qui changeait par roulement d'une semaine, montait sur le toit pour y hisser le drapeau. Un beau matin de 1942, un apprenti a gâché cette cérémonie des couleurs en s'exclamant : «Je ch... sur ce drapeau. Le nôtre est quand même toujours bleu-blanc-rouge.» Le directeur technique est heureusement arrivé à tasser l'affaire. Légalement responsable de la mauvaise éducation donnée à son fils, le père du jeune apprenti risquait en effet d'être envoyé à Schirmeck. Le jeune apprenti a même pu continuer son apprentissage aux Junkerswerke. Après l'appel matinal et le hissage du drapeau à

PHOTO GÉRARD LACOUMETTE

1942

croix gammée, on faisait un quart d'heure de sport : une course de deux à trois kilomètres.

Notre emploi du temps hebdomadaire comprenait une journée d'enseignement théorique, les autres jours étant réservés à la pratique, et le samedi matin au sport. Au début de mon apprentissage l'enseignement théorique était dispensé dans les locaux de la Berufsschule (école professionnelle), située dans le centre ville, puis, plus tard, dans l'école de l'usine elle-même. Aux cours d'enseignement théorique il fallait parler allemand, mais sinon on s'exprimait en dialecte. L'ensemble des matières était enseigné par un seul professeur, un ingénieur. En Reichskunde (instruction civique) on nous faisait ingurgiter les biographies d'Adolf Hitler et des bonzes du parti. Impossible de ne pas retenir la date de naissance du Führer, c'était un leitmotiv. Les autres disciplines étaient la technologie, le calcul appliqué, le dessin et le sport. En mathématiques le niveau était plutôt faible. Aucune démonstration n'était faite ; il nous suffisait d'appliquer les formules apprises. En revanche la formation pratique était excellente avec la méthode dite de la progression, où toutes les difficultés du métier sont successivement abordées. L'enseignement pratique était assuré par une équipe composée d'un moniteur, de deux ou trois assistants, eux-mêmes secondés par des élèves de dernière année, plus tard. La première année nous étions dans un tronc commun où l'on apprenait surtout l'ajustage. C'est seulement en deuxième année que nous passions à notre spécialisation. En dernière année nous effectuions des stages à l'usine. Quand nous étions dans les sections de stage, nous devions nous rendre de l'école à nos ateliers d'affectation, au pas cadencé et en chantant. Comme j'étais stagiaire aux bancs d'essai, éloignés d'un kilomètre de l'école, je me rappelle que notre groupe de stage, au bout de cinq minutes et une fois l'école dépassée, s'arrêtait de chanter et se dispersait.

J'AI ÉTÉ SURPRIS DE CONSTATER QUE LES CADENCES DE TRAVAIL N'ÉTAIENT PAS TRÈS DURES.

A côté de ces stages à l'usine en troisième année, on réalisait aussi des travaux à l'école pour des services de l'usine, comme celui de l'outillage ou de l'entretien. J'ai aussi eu l'occasion de travailler à poste productif en équipe de nuit, ce qui n'était pas autorisé à un apprenti, mais je me suis arrangé pour faire cela en douce car ça m'intéressait. L'équipe de jour travaillait de 6 à 18 heures, relayée par l'équipe de nuit. Souvent l'équipe de jour effectuait une partie du travail de l'équipe de nuit, ce qui permettait à cette dernière de piquer un roupillon, en entente avec les Werkschutze (gardiens de surveillance). J'ai ainsi pu me rendre compte des cadences de travail des ouvriers aux Junkerswerke. Elles n'étaient pas dures, comme on aurait pu s'y attendre dans une usine d'armement. Ce n'était franchement pas le bagne. Le temps imparti à l'ouvrier pour faire ses pièces était en effet très largement calculé.

Parmi les ouvriers de l'usine il y avait une large palette de nationalités ; celles des pays occupés. Mais pas toutes, on ne faisait pas à un Polonais, par exemple, l'honneur de travailler dans une Staatsindustrie (industrie d'Etat). Un ami m'a raconté après guerre que, de retour de Schirmeck après un internement de quelques mois pour avoir voulu se soustraire à l'incorporation de force, il avait demandé à retravailler aux Junkerswerke qui déclinèrent son offre en expliquant que les Junkerswerke n'acceptaient pas «d'ennemis de l'Etat» parmi leur personnel. Je me rappelle également qu'à une certaine époque de mon apprentissage, il y eut un afflux massif de travailleurs hollandais. Ceux-ci, auxquels on nous avait interdit de parler, étaient des civils déportés en Alsace pour y travailler, en représailles d'un attentat ayant causé la mort d'un général allemand dans leur pays.

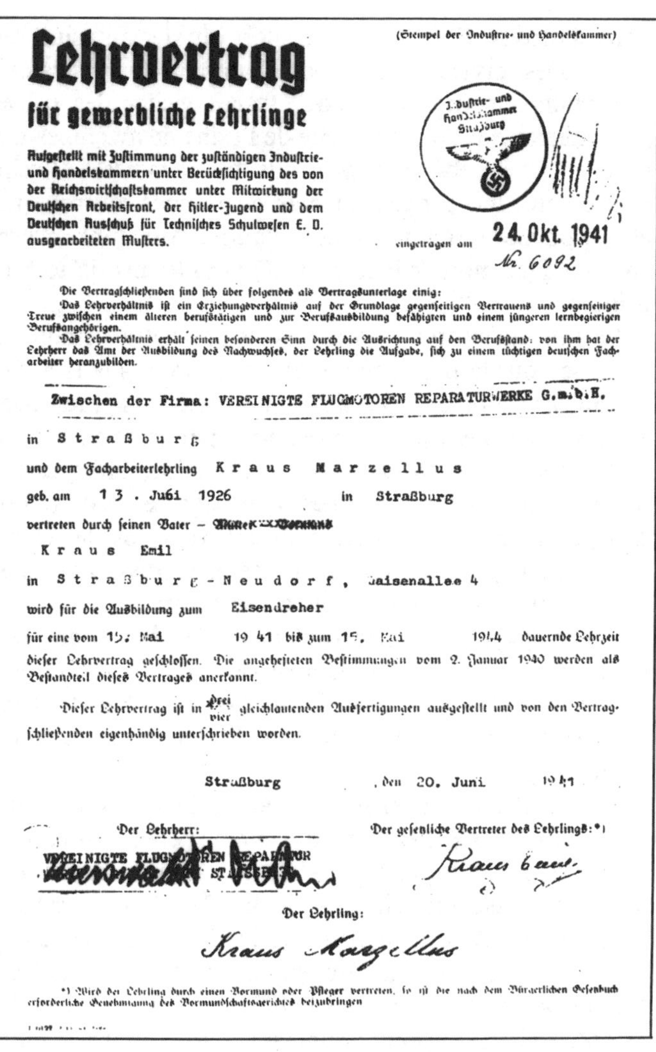

(Stempel der Industrie- und Handelskammer)

Lehrvertrag
für gewerbliche Lehrlinge

Aufgestellt mit Zustimmung der zuständigen Industrie- und Handelskammern unter Berücksichtigung des von der Reichswirtschaftskammer unter Mitwirkung der Deutschen Arbeitsfront, der Hitler-Jugend und dem Deutschen Ausschuß für Technisches Schulwesen E. V. ausgearbeiteten Musters.

eingetragen am 24. Okt. 1941
Nr. 6092

Die Vertragschließenden sind sich über folgendes als Vertragsunterlage einig:

Das Lehrverhältnis ist ein Erziehungsverhältnis auf der Grundlage gegenseitigen Vertrauens und gegenseitiger Treue zwischen einem älteren berufstätigen und zur Berufsausbildung befähigten und einem jüngeren lernbegierigen Berufsangehörigen.

Das Lehrverhältnis erhält seinen besonderen Sinn durch die Ausrichtung auf den Berufsstand: von ihm hat der Lehrherr das Amt der Ausbildung des Nachwuchses, der Lehrling die Aufgabe, sich zu einem tüchtigen deutschen Facharbeiter heranzubilden.

Zwischen der Firma: VEREINIGTE FLUGMOTOREN REPARATURWERKE G.m.b.H.

in Straßburg

und dem Facharbeiterlehrling Kraus Marzellus

geb. am 13. Juli 1926 in Straßburg

vertreten durch seinen Vater – Kraus Emil

in Straßburg-Neudorf, Waisenallee 4

wird für die Ausbildung zum Eisendreher

für eine vom 15. Mai 1941 bis zum 15. Mai 1944 dauernde Lehrzeit dieser Lehrvertrag geschlossen. Die angehefteten Bestimmungen vom 2. Januar 1940 werden als Bestandteil dieses Vertrages anerkannt.

Dieser Lehrvertrag ist in drei gleichlautenden Ausfertigungen ausgestellt und von den Vertragschließenden eigenhändig unterschrieben worden.

Straßburg, den 20. Juni 1941

Der Lehrherr: VEREINIGTE FLUGMOTOREN REPARATUR STRASSBURG

Der gesetzliche Vertreter des Lehrlings:*) Kraus Emil

Der Lehrling: Kraus Marzellus

*) Wird der Lehrling durch einen Vormund oder Pfleger vertreten, so ist die nach dem Bürgerlichen Gesetzbuch erforderliche Genehmigung des Vormundschaftsgerichtes beizubringen

CONTRAT D'APPRENTISSAGE AUX JUNKERSWERKE.

Le samedi matin on allait s'aérer ; au Baggersee le plus souvent, parfois au Racing, avec d'abord une course dans le quartier, puis quelques tours de piste. Pour ceux qui, comme moi, n'étaient pas sportifs, il y avait la corvée d'arrachage des mauvaises herbes. L'usine elle-même organisait parfois de grandes manifesta-

1942

tions sportives. Pour animer le sport ouvrier à l'usine, les Junkerswerke s'étaient attachés les services d'un ancien champion de France de gymnastique.

Périodiquement l'école nous faisait visiter des usines. Je me souviens tout particulièrement de notre visite de l'usine de machines-outils à Graffenstaden. Là nous avons été ébahis de voir que les machines de l'usine fonctionnaient encore avec un gros moteur central, avec de grandes courroies montant jusqu'au plafond et des poulies d'une machine à l'autre. Aux Junkerswerke les machines avaient chacune leur moteur incorporé. Quarante ans de technique séparaient les deux usines.

En tant qu'apprenti on percevait une petite rémunération ; quatre marks par semaine pour la première année, douze marks la troisième année. Les apprentis-mécaniciens qui eux faisaient une année d'apprentissage supplémentaire, soit quatre ans, étaient payés seize marks par semaine leur dernière année.

A l'école, il y avait une certaine discipline, mais pas de fer. De temps en temps, comme dans toutes les écoles, une bagarre éclatait. Pour les fortes têtes et les groupes indisciplinés, l'école faisait venir de la ville un sous-officier, de la Luftwaffe le plus souvent, pour mater l'individu ou le groupe en question, qu'il faisait courir, se coucher, ramper, se relever, etc.

Périodiquement et par roulement, les élèves devaient assurer le Luftschutz (protection aérienne). Nous arrivions à 18 heures et devions nous coucher à 22 heures. J'ai plus d'une fois dormi dans la grande tour de béton, car je reprenais, en échange d'un peu de nourriture, le tour de service d'un autre élève qui habitait la campagne.

Bien évidemment on nous a fait endosser l'uniforme, en commençant par le petit, celui de la Hitler-Jugend. Comme j'étais apprenti dans une usine d'aviation, j'ai été dans la Flieger-Hitler-Jugend. A dater du jour de mon entrée dans la HJ, les petits chefs autochtones de la HJ, dont le siège était à l'Orphelinat de Strasbourg-Neudorf, quartier où j'habitais, qui étaient prosélytes en diable, ont cessé de me pourchasser. A la HJ on était de service presque tous les dimanches pour défiler lors des manifestations politiques, nombreuses, et pour assurer une partie du décor humain nazi, à l'occasion de la venue d'un responsable politique. J'ai naturellement aussi dû quêter pour le Winterhilfswerke (secours d'hiver). Quand les sorties de la HJ n'étaient pas obligatoires, je m'en dispensais. Avec mes camarades, on ne mettait notre brassard qu'une fois presque arrivés au lieu où nous devions nous rendre. Pour échapper à l'obligation de saluer quand nous étions en uniforme avec brassard, on se débrouillait pour tourner le dos aux officiers, en se postant devant une vitrine par exemple. Cela aurait été la crampe au bras assurée, tant Strasbourg pullulait d'uniformes ! L'été, nous avions trois semaines de vacances que nous devions

DRÔLES DE VACANCES ! DES SS NOUS FAISAIENT COURIR, VALISE À LA MAIN, VERS LE CAMP.

mettre à profit en faisant de la préparation militaire. L'été 1942 j'ai fait un stage de vol à voile. Je n'ai pas pris goût à cette activité, sans compter qu'un jour j'ai cassé le patin. Si je parle de préparation militaire au sujet de cette activité sportive c'est parce que, bien-sûr, l'arrière-pensée dont j'étais conscient n'était pas absente dans cette initiation. Si l'on aimait le vol à voile jusqu'à en passer ses trois examens, A, B et C, cela faisait déjà une bonne préparation au brevet de pilote. Autant de temps gagné sur l'instruction, une fois incorporés. Mais j'en garde un souvenir plutôt agréable par rapport à l'été suivant. N'ayant pas mordu au vol à voile, j'ai passé mes vacances de l'été 1943 dans un camp, à Hauenstein, dans le Palatinat. Sacrées vacances ! Je me souviens tout particulièrement du comité d'accueil auquel nous avons eu droit sur le quai de la gare. Des sous-officiers de la SS nous attendaient, nous hurlant des ordres et nous obligeant à courir, notre valise à la main, jusqu'au camp. Ce que j'ai connu au RAD et après, n'est rien à côté de ce que j'ai eu comme classes là-bas, du réveil au coucher. Quand il nous arrivait de faire une pause dans la forêt, les officiers de la Luftwaffe et de la SS qui nous encadraient nous baratinaient. Ceux de la Luftwaffe nous proposaient une formation de radio, quant aux SS, ils guignaient l'engagement ! «Comment

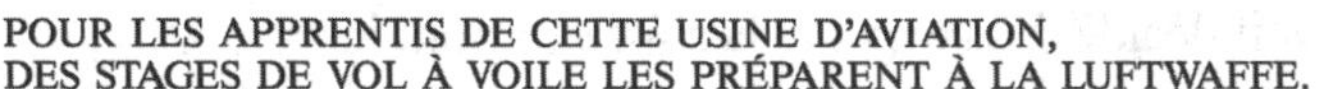
POUR LES APPRENTIS DE CETTE USINE D'AVIATION,
DES STAGES DE VOL À VOILE LES PRÉPARENT À LA LUFTWAFFE.

pourrions-nous nous engager, nous, Alsaciens», disions-nous aux officiers, «alors que d'autres participants à la préparation militaire, originaires du pays de Bade, n'étaient pas chauds pour le faire, et même s'y refusaient avec véhémence ?» Nous avions eu de la chance d'avoir été envoyés dans une région dont les habitants, majoritairement catholiques, étaient hostiles aux nazis. Je me souviens que le dimanche, quand on nous faisait défiler en chantant à la sortie de l'église, les villageois de Hauenstein faisaient montre de leur hostilité. «Ils ne nous aiment pas», commentait notre sous-officier d'encadrement. Je suis resté au camp deux semaines, au lieu des trois prévues. Une dépêche était arrivée au camp, m'informant de la mort de ma mère au cours du bombardement qui venait d'avoir lieu à Strasbourg. Nous étions au tout début du mois de septembre. Rentré à Strasbourg, je ne suis retourné aux Junkerswerke qu'une seule et dernière fois pour expliquer au directeur que je ne pouvais pas rendre le pied à coulisse appartenant à l'école, car il avait disparu dans les décombres de l'appartement. Il était sceptique. Comme notre incorporation était prévue, on avait pris soin de nous faire passer notre Facharbeiterbrief après seulement deux ans et demi d'apprentissage.

J'ai fait mes trois mois de RAD. Deux mois plus tard, j'ai été convoqué à un nouveau conseil de révision. De la SS cette fois. J'étais déjà passé devant un conseil de révision, mais la SS avait décidé d'incorporer la classe 26 dont je suis. A ce jour je n'ai toujours pas compris quels ont été les critères de sélection des SS au cours de ce conseil de révision. Ils ont dédaigné un gars qui avait pourtant toutes les particularités physiques prisées par leur unité : grand, athlétique, un blond aux yeux bleus, le vrai type germain. Un autre conscrit, aux yeux bridés comme un Chinois, fut retenu, ainsi qu'un autre qui avait les pieds plats comme une péniche. Je fis partie du quota de la classe 26 incorporé ce jour-là dans la SS.

A mon retour de captivité, en 1946, j'ai recherché un emploi. Quand je présentais mon Facharbeiterbrief à des employeurs potentiels, surtout des petits artisans, ils étaient dubitatifs quant à la valeur de ce diplôme. Certains l'ont purement et simplement rejeté parce qu'il avait été délivré par les Allemands. En cette période d'immédiat après guerre, régnait souvent un état d'esprit qui amalgamait Allemands et nazis, virant à la germanophobie.

Pourtant quand, en 1954, je suis entré à l'Education nationale, dans le technique, je savais déjà ce qu'était une progression, apprise aux Junkerswerke. Et tout au long de ma carrière d'enseignant dans les collèges et lycées techniques, je me suis toujours procuré, pour la préparation de mes cours, ma documentation en Allemagne qui avait et a toujours, dans ce métier, plusieurs longueurs d'avance.

NOTES

1. Cf. Alain Peter, *Les entreprises alsaciennes durant la Seconde Guerre mondiale*, mémoire de maîtrise d'histoire, Strasbourg, 1988.

2. Cf. le témoignage de Marcel Kraus, pages suivantes. Egalement, G.R. Clément, *Avec l'Alsace en guerre (1940-1944)*, Strasbourg, 1945.

1942

Régime Basses calories

Les Alsaciens se serrent la ceinture

[JE]AN-LOUIS SCHLIENGER
ANDRÉ BRAUN

Dans une province où la nourriture et les repas sont presque sacralisés, l'introduction du rationnement alimentaire avec son cortège de privations est difficile à digérer. Quatre années de frustrations racontées par le menu.

«OFFRANDE AU REICH»: SE CONTENTER D'UN PLAT UNIQUE.

Le retour des réfugiés du sud de la France accueillis comme des fils fidèles du Reich fut l'occasion de montrer le savoir faire de l'administration allemande hâtivement mise en place. Dès le mois d'août 1940 ils furent reçus avec une certaine prodigalité, grâce à la venue d'Allemagne d'importantes quantités de nourriture. Un ravitaillement complet était prévu pour trois ou quatre jours. Des repas chauds et des vivres étaient distribués dans des locaux aménagés pour certains en cuisines publiques. Au total 408.648 repas furent remis dans treize centres d'accueil de gare auxquels se rajoutaient 119 centres de ravitaillement en repas chauds. Durant l'été 1940, 96.252 Alsaciens nécessiteux, parmi lesquels les rapatriés et quelques indigents, bénéficiaient des apparentes largesses et de la redoutable organisation des fonctionnaires du Reich qui, scrupuleusement, comptabilisaient la distribution de 5.607.307 repas et 2.403.357 kg de denrées pour un coût de 32.322.302 marks tout en respectant strictement les normes nutritionnelles promulguées par les directives officielles.

DÈS JUILLET 40, LA CARTE D'ALIMENTATION FIT SON APPARITION.

La vie quotidienne allait s'en ressentir un peu plus d'un mois après l'invasion. Alors que toute la période de la drôle de guerre s'écoula sans affecter notablement l'approvisionnement des petits commerces des zones non évacuées, la guerre, fugace, apporta avec elle son cortège de restrictions. Timidement des cartes de rationnement firent leur apparition début juin 1940, précédant de quelques jours à peine l'arrivée des Allemands, eux-mêmes soumis à un plan de rationnement très sévère car, selon la phrase de Goering, «le beurre devait s'effacer derrière les canons». Pendant quelques semaines, mises à profit par les civils et les soldats allemands pour rafler ou acheter massivement les denrées disponibles sur la rive française du Rhin, l'approvisionnement fut libre alors que l'ordinaire, en Allemagne, restait ponctué par l'amertume des ersatz. La décision d'introduire une carte d'alimentation fut mise en application dès le 29 juillet, suivant un système de rationnement très élaboré assorti d'un contrôle rigoureux, prêt à sanctionner les moindres fraudes, selon une procédure qui avait fait ses preuves de façon préventive en Allemagne. Cette mesure s'inscrivait davantage dans la stratégie de guerre et d'économie – afin que rien ne fut diverti de la production industrielle – appliquée dès le début de 1939 en Allemagne, plutôt qu'elle ne s'imposait en raison de l'état de faiblesse de l'agriculture et du délabrement des réseaux de distribution alimentaire.

L'application du rationnement alimentaire, flambeau de la guerre économique, supposait une organisation exemplaire en cette province où manger a toujours été un acte de résistance aux contraintes de la vie, et considéré comme un acte de foi et d'identité. Il revenait à l'office du ravitaillement (Ernährungsamt), rattaché à la mairie des villes, d'assurer l'application de l'ordonnance du Gauleiter du 25 juillet 1940. Les cartes étaient remises par les fonctionnaires à un adulte par famille et étaient valables quatre semaines, treize distributions étant prévues chaque année. Le jour de la distribution, tous les autres services de la mairie étaient fermés. L'office regroupait plusieurs sections selon le modèle allemand. L'établissement du fichier, l'impression mensuelle des cartes et leur distribution étaient les tâches imputées à l'une des sections. Une autre avait pour mission de traiter les «cas spéciaux» : malades, femmes enceintes, travailleurs de force, voyageurs et producteurs de denrées comestibles. La dernière avait en charge la gestion des approvisionnements en matière première des commerçants de bouche : boulangers, bouchers, épiciers, laitiers et restaurateurs recevaient les bons nécessaires à l'achat de marchandises. Ainsi, de l'artisan et du commerçant au consommateur, toute la chaîne alimentaire fut contenue par une réglementation sourcilleuse placée sous la responsabilité de plusieurs centaines de fonctionnaires qui répondaient directement aux maires.

Initialement, le rationnement était limité au pain, à la farine, à la viande et au sucre. Les tickets étaient utilisables dans tous les magasins du Reich, contrairement aux cartes allemandes qui ne l'étaient pas en Alsace-Lorraine. Les marchandises moins disponibles (Mangelwaren) comme les confiseries, le poisson, le gibier et certains fruits étaient distribués de façon irrégulière, en faibles quantités, par des commerçants attitrés auprès desquels il fallait veiller à s'inscrire. Les quantités allouées étaient variables suivant l'âge des consommateurs, mais aussi selon leur activité, la saison, la disponibilité alimentaire et l'état de santé. Les personnes

LIVRAISON DE POISSON À STRASBOURG. COLL. STEFFEN

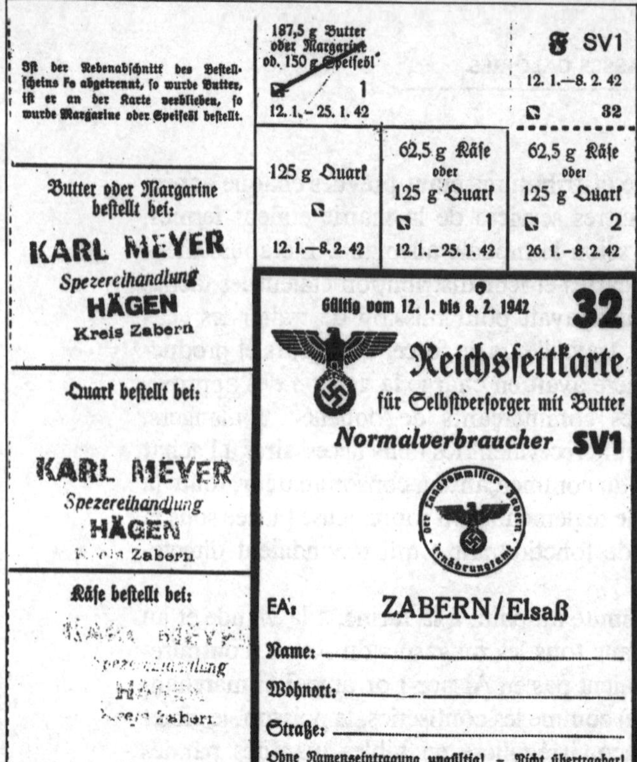

Ist der Nebenabschnitt des Bestellscheins Fe abgetrennt, so wurde Butter, ist er an der Karte verblieben, so wurde Margarine oder Speiseöl bestellt.

Butter oder Margarine bestellt bei:
KARL MEYER
Spezereihandlung
HÄGEN
Kreis Zabern

Quark bestellt bei:
KARL MEYER
Spezereihandlung
HÄGEN
Kreis Zabern

Käse bestellt bei:

187,5 g Butter oder Margarine od. 150 g Speiseöl — 1 — 12. 1.–25. 1. 42

SV1 — 12. 1.–8. 2. 42 — 32

125 g Quark — 12. 1.–8. 2. 42

62,5 g Käse oder 125 g Quark — 1 — 12. 1.–25. 1. 42

62,5 g Käse oder 125 g Quark — 2 — 26. 1.–8. 2. 42

Gültig vom 12. 1. bis 8. 2. 1942 — 32

Reichsfettkarte
für Selbstversorger mit Butter
Normalverbraucher SV1

EA: ZABERN/Elsaß
Name:
Wohnort:
Straße:
Ohne Namenseintragung ungültig! – Nicht übertragbar!

CARTE DE RATIONNEMENT
POUR LES MATIÈRES GRASSES.

prenant leur repas au restaurant ou les voyageurs pouvaient échanger leurs cartes d'alimentation contre des tickets spéciaux valables pour une plus longue période. Les femmes enceintes et allaitantes bénéficiaient d'un régime de faveur comme les malades. Ceci explique probablement l'accroissement singulier de ces ayant-droits. Ainsi, en 1941, à Colmar, on dénombre 1.200 malades ou convalescents et 200 femmes enceintes ; en 1943 ces chiffres passent respectivement à 2.500 et 650. Et en 1944 tous les records de morbidité et de natalité sont battus par la malice des Colmariens qui ne comptent pas moins de 4.500 malades et 750 femmes enceintes dans leur bonne cité de 40.000 habitants ! Les travailleurs étaient l'objet d'attention, leur dotation adaptée à la nature du travail, selon trois catégories : les travailleurs au-delà de la durée normale ou travaillant la nuit, les travailleurs de force de classe 1 et les travailleurs de force de classe 2 !

A cette époque les échoppes des détaillants ne regorgeaient pas de denrées mais la disponibilité était suffisante pour faire face à la demande imposée. Les aliments étaient de toute provenance : le sucre danois voisinait avec les alcools polonais, les denrées alsaciennes étant loin d'être prépondérantes. Les prix imposés étaient relativement bas et bien adaptés aux salaires. L'inflation bien maîtrisée assurait la stabilité susceptible à crédibiliser les méthodes économiques prônées par la propagande qui ne manquait pas de stigmatiser la dérive des prix (x2,5) et la rareté des marchandises outre-Vosges. A la blessure infligée par le rationnement ne se surajoutait pas celle de l'angoisse du lendemain.

Peu à peu le rationnement se resserra. Comme en Allemagne, des tickets devinrent nécessaires pour le beurre, l'huile, le lait, la marmelade puis l'ensemble des Naehrmittel (denrées alimentaires). Les œufs étaient fournis sur présentation d'une carte spéciale. Des compléments de sucre, de beurre, de vin et d'alcools ou de sucrerie pour les plus jeunes étaient accordés à l'occasion des fêtes de Noël et de Pâques. Progressivement tous les biens de consommation furent concernés par les mesures de restriction. Pneus, essence, huile lourde bien sûr, mais aussi le tabac avec une attribution de quatre cigarettes (à partir de février 1942). Une ordonnance du 7 octobre 1940 fixa les conditions de distribution des biens courants dont l'application revint à l'office de la production industrielle, sorte de succursale de l'office de ravitaillement. Ses compétences portaient sur les biens matériels qui apportent à la vie quotidienne le confort élémentaire. Il contrôlait la distribution du charbon, de la savonnette, des vêtements et des chaussures. Rien ne fut laissé au hasard, tout était réglementé dans la vie domestique. Le pouvoir politique était omniprésent. Le moindre supplément en vêtements et en chaussures était subordonné à un avis spécial et à un visa de l'Ortsgruppenleiter, le responsable politique local – brocardé par le sobriquet de «faisan doré» – dont on murmurait que l'incorruptibilité s'effritait devant certains cadeaux. Ce contrôle de la micro-économie servait à mieux soumettre la population, lui imposant de bien penser pour obtenir davantage, tenant toutes choses d'une main ferme et distribuant parfois avec une feinte largesse, dans la glorification du travail et de la famille. Le rationnement et son train de mesures chicanières étaient d'ailleurs présentés comme des mesures de consolidation de la puissance agissante du Reich par l'apport de chacun : hommes, femmes et enfants. Ils n'en pesaient que davantage sur l'état d'esprit des citoyens d'Alsace ; les accès de générosité des premières semaines, mis en exergue par la propagande qui insistait sur le régime de faveur réservé aux fils de cette province convoitée et sur les bénéfices qu'ils retiraient de l'annexion, sans omettre de rappeler les faiblesses de l'économie alsacienne, ne manquaient pas d'irriter une population qui, chaque jour, comprenait mieux que chaque mesure était destinée à mieux asseoir la mainmise d'un état totalitaire où l'homme n'avait plus ni prix ni liberté. Il est vrai que lors de sa mise en place, le rationnement ne faisait que gérer une relative abondance dont on soulignait, mesure vexatoire parmi tant d'autres, qu'elle n'était possible que grâce à l'effort d'une Allemagne venant au secours d'une province laissée dans un état de dénuement par les Français. C'est dans cette optique qu'il faut comprendre l'usage de plus en plus massif des ersatz, tromperie permanente instituée en système dont les Allemands eurent le privilège de bénéficier bien avant les Alsaciens, et dont les Français useront par nécessité. Avant que le besoin s'en fisse ressentir, le beurre fut chargé en saindoux ou en suif, puis synthétisé par une savante alchimie à partir du charbon ; de l'huile de poisson était additionnée à la graisse qui elle-même remplaçait l'huile en une spirale insensée de substitution. Le pain était composé d'artifices plus que de farine. L'amidon de maïs ou de pomme de terre, le son puis la sciure y trouvèrent leur place comme aux temps ancestraux des crises de subsistance. L'orge grillée fit office de café. La saccharine remplaça le sucre. L'œuf fut synthétisé à partir du lait, fournissant le fameux Milei, le miel, remplacé par de la mélasse de betterave. Il fallait au consommateur un pouvoir d'évocation

LE RÈGNE DES ERSATZ RÉVOLUTIONNE LES PALAIS.

remarquable pour assimiler les aliments proposés à leur nom. Les mères de famille firent preuve d'une imagination étonnante et méritoire pour accommoder ces faux-semblants et les faire accepter à des palais réputés difficiles. Des racines et des légumes furent réhabilités. La saveur des pommes de terre apparut soudain inégalée par rapport à la fadeur chanvreuse du rutabaga ou à l'écœurement douceâtre du topinambour. Nous livrons le dicton suivant à la sagacité du lecteur :

Montag : isst man ohne Fett (lundi, sans graisse)
Dienstag : fleichlos (mardi, sans viande)
Mittwoch : darf man alles essen (mercredi, tout est permis)
Donnerstag : das Fett vergessen (jeudi, sans graisse)
Freitag : gibt es ein Fischgericht (vendredi, du poisson)
Samstag : Schweinefleisch am Samstag nicht (samedi, pas de cochon)
Sonntag : hat man endlich Ruh denn da sind die Läden zu (dimanche, enfin tranquilles, les magasins sont fermés).

Il restait à l'Alsacien la piètre consolation de savoir qu'en France occupée le même système avait été mis en place mais que, bien souvent, les tickets ne pouvaient être honorés par les détaillants, ce qui ouvrait la porte à un marché

LA QUEUE DEVANT LES MAGASINS... COLL. STEFFEN

noir débridé. En effet, le ravitaillement aligné sur celui du Reich se situait à un niveau plus élevé que celui subi par le reste de la population française, ce que ne manquait pas de rappeler la propagande.

La pression qui s'exerçait sur la vie quotidienne au niveau des biens élémentaires de subsistance, dont l'Alsacien tirait habituellement un sentiment jubilatoire, atteignait son but : créer une dépendance de l'individu au parti tout-puissant et enrôler chacun par force dans le «cercle du sacrifice». La recommandation parue dans le célèbre almanach du *Messager Boiteux* (*Der grosse hinkende Bote*) de se contenter d'un plat unique (Eintopf) un dimanche par mois, d'octobre à mars, comme une offrande dédiée au Reich (Opferessendes Reichs) obéissait à cette logique sacrificielle. En janvier 1941, ce sacrifice devint une obligation deux fois par semaine. Chaque lundi et jeudi les restaurants ne servaient qu'un plat unique en tous points comparable aux repas servis aux soldats du front, et conforme aux recommandations édictées par l'Institut des Sciences Alimentaires de Francfort. Les sommes épargnées grâce à cette frugalité empreinte de générosité étaient officiellement destinées aux quêteurs du WHS (le Secours d'hiver). Chaque famille, chaque rouage de la société, chaque composante de la diversité d'une

... ET DEVANT LA SOUPE POPULAIRE. COLL. STEFFEN

région, chaque être, quelle que fut sa fonction, était réduit à accepter l'intrusion de l'Etat dans son intimité, d'accueillir la tyrannie du parti à sa table, soutenu par une propagande martelée et délirante.

La multiplication des sources d'approvisionnement s'organisa naturellement pour faire face aux persécutions et tracasseries. Le marché noir se développa, au fur et à mesure qu'il devint plus difficile d'acquérir ce qui, dans cette province, est considéré comme indispensable. Manifestation de résistance des estomacs et volonté de survivre mieux qu'avec le seul souvenir de la période d'aisance récente, le détournement des règle-

LE CHAPARDAGE DES FRUITS ET LÉGUMES EST SÉVÈREMENT COMBATTU.

ments en vigueur exposait à une répression sévère. La gravité des sanctions et la discrétion de la presse alsacienne – qui contraste avec son homologue française sur ce point – contribua au «maintien d'un climat de moralité» (Le Marec). Le détournement des cartes d'alimentation à leur profit par les fonctionnaires du service de ravitaillement les conduisait, comme pour l'un deux, à la peine capitale ! Les vélléités d'enrichissement des détaillants étaient contenues par l'emploi de cartes d'approvisionnement. Les slogans fustigaient les audacieux – «Qui fait du marché noir est un traître» – qui répliquèrent prosaïquement : «Wenn du nicht schwartz handelst, kannst du nicht fressen» (sans marché noir, rien à manger). Pour un peu le marché noir devenait une affaire de patriotes tant les arrêtés de l'occupant firent tout pour l'empêcher. Les cultivateurs devaient livrer toute leur récolte de graines oléagineuses aux marchés contrôlés et les pommes de terre, dans leur totalité, aux centres de ramassage des récoltes. Rien ne devait rester au paysan qu'il puisse écouler par ailleurs. De toutes parts, les prescriptions pour le contrôle des ravitaillements se resserrèrent. Porcs, bêtes à cornes, moutons et même petits animaux de la basse-cour furent l'objet d'un recensement. Le nombre d'œufs à produire fut fixé, l'abattage en dehors des organes officiels, interdit. Ces réquisitions d'œufs se multiplièrent et pourtant, dans son rapport daté du 2 février 1942, l'Oberregierungsrat Dr Maier constatait : «L'Alsace toute entière n'a pas fourni plus d'œufs qu'un seul arrondissement du pays de Bade». C'est que, malgré les menaces, le marché noir et le troc prirent, dans l'ombre propice aux résistances, des proportions considérables. Les contrôles se renforcèrent en conséquence. Les voyageurs arrivant en gare, les promeneurs ou les travailleurs venant de la campagne étaient fouillés systématiquement et tous les produits de la campagne confisqués. Une amende était perçue et les impétrants devaient livrer l'origine de leurs achats. Des peines de prison frappèrent les récalcitrants et les fournisseurs furent à leur tour frappés d'une amende dissuasive.

VIVE LA CAMPAGNE ! TRAFICS, TROC ET MARCHÉS CLANDESTINS ASSURENT LA SUBSISTANCE DES CITADINS.

Malgré cela les citadins se découvraient des parents et des amis à la campagne et ne pouvaient s'empêcher de leur rendre visite : courant de ferme en ferme, le soir après le travail ou le dimanche, proposant de tout échanger contre l'argent épargné ou les objets manufacturés soustraits à leur quotidien. Le marché noir battait son plein dans les fermes isolées. Que de poules et de lapins ayant échappé aux recensements qui ne parvinrent à éviter le billot et la table des villes ! Que de visiteurs aux étranges manières dans les villages reculés du Sundgau ou dans les vallons du piémont vosgien ! Le petit train de Lapoutroie, rebaptisée Schnierlach, n'était-il pas surnommé «Munsterzug» tant il véhiculait le soir vers Colmar l'odeur insistante des fromages du même nom, cachés sous la banquette en bois ou dans les vêtements amples, au nez (indulgent ou bouché) et à la barbe des gendarmes

Warum Vollkornbrot?

Nur im nahrhaften und wohlschmeckenden Vollkornbrot sind alle Wert- und Schutzstoffe des unzerstörten Getreidekorns enthalten. Das Vollkornbrot ist das beste und gesundeste Brot – aus vollem Schrot und Korn. Vollkornbrot ist das einzige vollwertige Brot, das auf Grund wissenschaftlicher Erkenntnisse vom Hauptamt für Volksgesundheit empfohlen wird und einer ständigen gesundheitlichen und geschmacklichen Kontrolle unterliegt.

Während für die Herstellung von hellem Brot und Brötchen die für die Gesundheit des Menschen unentbehrlichen Vitamine-Mineralstoffe usw. – keine Verwendung finden, da im weißen Mehl Keim u. Randschichten des Korns entfernt sind, enthält das Vollkornbrot (mit der Gütemarke) garantiert alle diese lebenswichtigen Bestandteile.

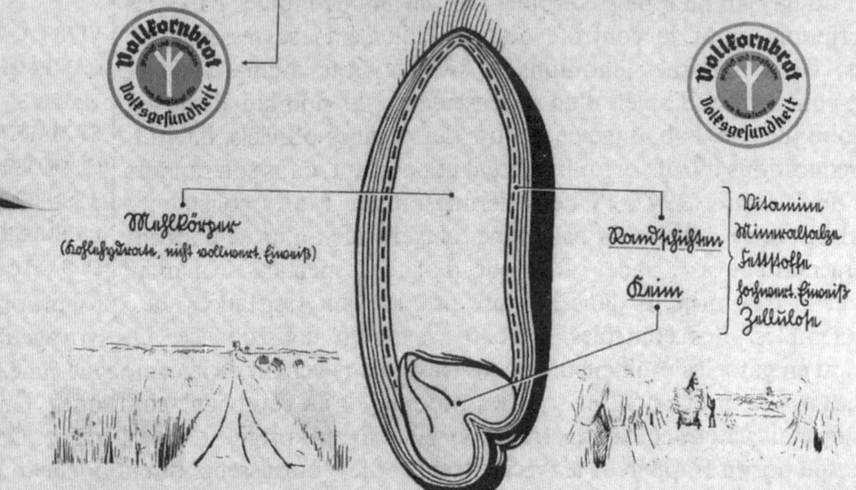

Die Frage: Warum Vollkornbrot? beantwortet sich deshalb an Hand der Betrachtung des obigen Getreidekorns von selbst. Wer gesund bleiben will, verzichtet nicht auf das Beste, was uns die Natur im ganzen Korn darbietet.

Lebt gesund und ernährt Euch richtig!

Eßt mehr Vollkornbrot

denn es ist besser und gesunder

F.G. ·ZN·

AFFICHE VANTANT LES MÉRITES DU PAIN COMPLET.

en patrouille. Que de souvenirs, que d'émotions et de frayeurs, que d'héroïsme aussi pour un bout de gras, pour un peu de vrai beurre qui feraient le bonheur de quelques ventres frustrés, ou pour une bouteille d'alcool qui réchaufferait les cœurs.

Pour les paysans, la nazification fut vécue comme une intransigeante opération de contrôle permanent. En 1942, la surveillance de la récolte fut dévolue à la présence effective d'un délégué, qui s'assurait de surcroît qu'elle était battue et livrée sans délai. La production fut réglementée comme l'étaient les besoins familiaux, contingentés par des cartes. Un chef des paysans désigné par l'autorité politique faisait connaître les dispositions officielles et signalait les délits. Tout récalcitrant était condamné. Même la vache qui ne fournissait pas le contingent de lait fixé, ou qui ne faisait pas son veau chaque année était abattue. Et pourtant.., à la campagne on ne souffrait pas de pénurie.

Les détaillants, pris entre le marteau et l'enclume, entre la règle et la pression des consommateurs, tentèrent de s'opposer sournoisement, en rechignant à servir les Allemands en Alsace, prétextant de l'épuisement des stocks qu'ils réservaient aux Alsaciens ou à ceux qui, secrètement, parlaient français. Souffrant de cet état des choses et, devinant la machination, les Allemands recrutèrent outre-Vosges des espionnes françaises, dont la mission était de se présenter chez les commerçants pour solliciter sans tickets des denrées contingentées, et les dénoncer. Après 1942, nombre de commerçants virent leurs magasins fermés sous des prétextes divers, faute d'avoir donné une preuve tangible de leur appartenance au parti. Bientôt la poursuite d'une activité commerciale devint un privilège, réservé aux adhérents des associations nazies. Pour tous demeurait l'interdiction d'acheter directement aux producteurs.

Tout commerce était l'occasion pour l'Etat de manifester son omniprésence ; l'économie se réduisit peu à peu à des opérations de police.

BIBLIOGRAPHIE

Ce texte doit beaucoup à deux livres écrits par deux témoins privilégiés :

Médard Brogly : *La grande épreuve : l'Alsace sous l'occupation allemande*, Les éditions du Cerf,1945.

G.R. Clement : *Avec l'Alsace en guerre (1940-1944)*, Librairie Istra, 1945.

et aussi à :

Marie-Joseph Bopp : *L'Alsace sous l'occupation allemande (1940-1945)*, Editions Xavier Mappus (Le Puy), 1945.

Bernard et Gérard Le Marec : *l'Alsace dans la guerre 1939-1945*, Editions Horvath, 1988.

Eugène Riedweg : *Mulhouse ville occupée, 1939-1945*, Steinbrunn-le-Haut, l'Orfraie, 1981.

Eugène Riedweg : *Strasbourg, ville occupée 1939-1945*, Steinbrunn-le-Haut, Editions du Rhin, 1982.

Eugène Riedweg : *L'Alsace et les Alsaciens de 1939 à 1945*, Thèse de Doctorat de 3e cycle, Université des Sciences Humaines, Strasbourg, 1984.

NOTES DE L'ARTICLE
DE ALPHONSE IRJUD (page 725)

1. Première protestation officielle du 3 septembre 1940. *La délégation française auprès de la commission allemande d'armistice* (DFCAA). Imprimerie Nationale 1947-1959, t. 1, p. 239-241. Sauf note particulière, les citations sont extraites de ces cinq tomes.
2. *DFCAA* — rapport du 3 juillet 1940 t. 1 p. 37. Les « autonomistes » : les quinze détenus depuis le début de la guerre à Nancy, parmi lesquels les députés Jean-Pierre Mourer, Joseph Rossé et Marcel Sturmel, les chefs de partis autonomistes Hermann Bickler, Paul Schall et René Hauss transférés le 16 juin vers le sud et rapatriés le 14 juillet vers l'Alsace. Un commando allemand avait été chargé de les libérer. Robert Schuman, sous-secrétaire d'Etat aux Réfugiés du 16 juin au 12 juillet 1940, était intervenu à deux reprises pour les faire libérer afin qu'ils ne soient pas récupérés par les Allemands. (Source privée.)
3. *DFCAA,* t. 1., p. 239-241. Selon François Charles-Roux, secrétaire général du ministère des Affaires étrangères, le ministre Baudouin demande au Conseil que la protestation soit rendue publique. La majorité préfère s'abstenir de publication par crainte de représailles allemandes dont la population ferait les frais ». *(Cinq mois tragiques aux Affaires étrangères 21 mai - 1er nov. 1940,* Plon, 1949).
4. *DFCAA,* t. 2 p. 21-23. La commission allemande signale que dans le camp de jeunesse de la forêt de Tronçais (Allier) se trouvent encore 150 Alsaciens-Lorrains « qui sont traités comme des prisonniers, reçoivent une mauvaise nourriture et n'ont pas le droit de fréquenter la population civile. Les vêtements civils et les fiches de démobilisation leur ont été retirés, leur logement est rudimentaire et antihygiénique ». Parmi les incidents, elle cite aussi le cas de cinq Alsaciens du camp de Pierrefitte-sur-Loire (Allier) qui se sont réfugiés auprès de la commission de contrôle allemande.
5. « Chez nous, périodiquement, les nazis propageaient la nouvelle que Vichy venait de consentir à l'annexion de l'Alsace et de la Lorraine. Nous serions donc, une fois de plus, la rançon de la défaite » (Robert HEITZ, préface de *Le maréchal Pétain, l'Alsace et la Lorraine,* de Louis Cernay, Les Iles d'or, Paris 1955).
Une telle rumeur a notamment été colportée par le député Joseph Rossé qui, lors d'un passage à Vichy en juin 1941, prétendait avoir appris de sources allemandes que l'amiral Darlan avait consenti le 11 mai à Berchtesgaden à l'annexion et convenu avec Hitler de l'annoncer officiellement le 21 juin à la radio de Vichy simultanément avec un discours du Führer au Reichstag. Rossé qui s'attribuait le mérite d'avoir fait échouer cet accord a été démenti lors de son procès en 1947 par les « sources » qui l'auraient renseigné comme par les témoins de la rencontre Hitler-Darlan. Le decorum installé place Kléber a servi aux festivités du premier anniversaire de la « libération » de Strasbourg, le 19 juin et à la translation des cendres du « martyr alsacien » Karl Roos, fusillé en février 1940 à Nancy.
6. *DFCAA* t. 3 p. 267-269. Dès le 30 août, le général Colson, secrétaire d'Etat à la Guerre, avait donné les instructions suivantes : « A la suite de plusieurs demandes formulées par les militaires alsaciens-lorrains, où se manifestait leur inquiétude devant le sort qui leur serait réservé dans ces provinces par les autorités occupantes et les questionnaires auxquels ils devraient répondre, il y a lieu :
1° — de ne pas décourager ces militaires de rentrer chez eux. Il pourrait même être opportun dans certains cas de leur faire toucher du doigt le rôle de dignité et de fermeté qu'ils pourraient être appelés à jouer ;
2° — de leur faire connaître que les autorités françaises les considèrent comme déliés de tout engagement que les autorités occupantes pourraient exiger d'eux comme condition de leur rapatriement : leur signature donnée dans ce marché forcé ne les engagera en rien vis-à-vis du gouvernement français ».
7. *DFCAA* t. 2 p. 443-444. Louis Cernay, pseudonyme de Lavagne, chef du cabinet civil de Pétain, écrit : « La proie que l'Allemagne, pour des raisons trop faciles à comprendre, s'est attachée avec le plus d'âpreté à saisir, a été la jeunesse d'Alsace et de Lorraine : jeunes gens en âge d'être enrôlés, enfants qui pourraient un peu plus tard porter les armes. La plus grande défaillance dont, il est vrai, personne alors, à commencer par les intéressés, ne prévoyait les terribles conséquences ultérieures, a été le rapatriement des jeunes Alsaciens et Lorrains dans leurs départements d'origine, abandon qui a permis, deux ans plus tard, l'incorporation de force de tant de jeunes Français dans les armées allemandes » (Op. cit. 5, p. 56-57).
8. Des familles ont écrit ces lettres ou des cartes éditées à cet effet sous la pression des autorités allemandes en Alsace et en Lorraine.
9. *DFCAA,* t. 5 p. 133-134. Comme les précédentes, cette protestation restera sans réponse. Dans ses rapports la délégation française écrit : « Nos communications relatives à l'Alsace et à la Lorraine sont accueillies ainsi : « surdité et mutisme ».
« Chaque fois qu'il est question de ces deux provinces, les Allemands s'entraînent à la consigne du silence ». Les protestations élevées contre les actes arbitraires commis dans ces deux provinces par les autorités allemandes d'occupation se sont heurtées à un silence absolu » etc. Le mutisme et le silence des Allemands répondaient au mutisme et au silence du gouvernement de Vichy. (21 oct.).

Protestants

Quatre ans de purgatoire

BERNARD VOGLER

Difficile épreuve que celle vécue par les protestants alsaciens de 1940 à 1944 : une annexion diversement appréciée, des restrictions budgétaires, des entraves religieuses... L'épreuve surmontée, le milieu protestant s'en est trouvé régénéré.

L'accueil des protestants aux troupes nazies en juin 1940 fut très divers selon les pasteurs et les communautés, avec une palette de sentiments fort variés, allant de la rage au cœur jusqu'à une joie morbide, en passant par l'opportunisme et l'attentisme. En fait on peut distinguer surtout trois types ; une hostilité réelle, très marquée surtout dans le Haut-Rhin et au Ban de la Roche, une certaine indifférence, en particulier en milieu rural, où l'on applique la devise : «Hänschen duck dich, Hänschen duck dich, das Wetter geht vorüber» (Jean baisse-toi, le mauvais temps passera), une attitude positive, surtout dans le nord du Bas-Rhin et en Alsace bossue, en particulier dans la génération âgée qui a mis un peu de temps à distinguer l'esprit d'avant 1914 et le nazisme hostile à la religion, et chez ceux qui étaient proches, avant 1940, de la Jungmannschaft et dont quelques-uns durant les premiers mois ont prénommé leur fils Adolf ! Très vite on assiste à une fracture entre paroissiens sur le plan politique, en particulier à Wasselonne et à Hunspach. Parmi les expulsés de décembre 1940 on compte une proportion significative de protestants : à Ingwiller onze familles de la «bourgeoisie» protestante furent expulsées le 9 décembre 1940.

Alors que le Directoire avait quitté l'Alsace, une des premières mesures du régime nazi fut la nomination de Carl Maurer comme président de l'Eglise luthérienne. Très fortement engagé dans le mouvement autonomiste, il avait été interné à Arches (88) par les autorités françaises. Bien que germanophile, il n'adhéra jamais au nazisme. C'était un homme compétent, à la fois comme chanteur, gestionnaire, théologien et comme prédicateur, ce qui explique qu'il fut assez bien accepté par ses collègues.

Durant les quatre années il fit preuve d'une habileté remarquable, à la fois face aux trois tendances théologiques représentées dans le corps pastoral (libéraux, piétistes et orthodoxes dont il faisait partie) et face au régime nazi. Il veilla à une répartition équilibrée des postes de Dekan (qui remplaçaient les inspecteurs) entre les trois tendances. Face au régime, Maurer profitait de son passé germanophile et de son prestige de défenseur du Volkstum (traditions populaires) pour retirer le maximum d'avantages pour l'Eglise ; ce que reconnaissaient certains dignitaires du régime, et le gauleiter lui-même qui le qualifiait de «schlauer Fuchs» (renard rusé). Il obtint des résultats dans trois domaines en particulier : exemption des pasteurs du service militaire, préservation des biens des pasteurs demeurés dans le sud-ouest et des professeurs de théologie restés à Clermont-Ferrand, enfin classement des affaires concernant des pasteurs menacés par la Gestapo.

A côté de la séparation de l'Eglise et de l'Etat, les nazis prirent toute une série de dispositions hostiles. Suppression des élections pour les conseils presbytéraux, dont les vides ne purent être comblés que par des cooptations, interdiction de subventions par les communes aux paroisses, ce qui posait des problèmes inextricables, là où la commune était propriétaire de l'église ou du presbytère. De même tous les locaux paroissiaux furent mis sous séquestre, toutes les associations protestantes (fanfares, chorales) dissoutes, ainsi que les œuvres et les mouvements de jeunes. Dès septembre 1940 les femmes de pasteurs durent signer un engagement par lequel elles s'abstenaient de réunir les jeunes filles de la paroisse. De même, il fut interdit de faire des collectes dans les maisons. En 1942, le régime déclara l'Ascension jour ouvrable et interdit de célébrer des offices ce jour-là, sauf – parfois – en soirée. En 1942 plusieurs pasteurs du Pays de Hanau furent arrêtés par la Gestapo pour ce délit, mais relâchés grâce à l'intervention de Maurer. A Strasbourg les cultes du soir étaient assidûment fréquentés. Le chant du choral «Jesus Christus herrscht als König» était perçu comme un défi à toutes les devises qui exaltaient le règne unique du Führer. En raison de la guerre, la sonnerie des cloches était limitée à trois minutes, puis à cause de la pénurie de métaux, les cloches furent réquisitionnées et fondues ; seul un petit nombre d'entre elles, à cause de leur spécificité artistique ou historique, put être préservé.

POUR LE GAULEITER WAGNER, CHARLES MAURER ÉTAIT UN RENARD «RUSÉ».

La mesure la plus lourde de conséquences fut la suppression des Articles Organiques. Il en résulta la cessation du versement des traitements pastoraux par l'Etat. Les paroisses mirent en place un système de cotisations basé sur la déclaration volontaire des revenus. Ce système fonctionna bien. Un peu partout, tout le monde, aussi bien des anticlériaux que de agnostiques, cotisa par esprit d'opposition. En raison du rationnement très strict, les occasions de dépenses étaient très limitées. A Betschdorf une quarantaine de volontaires assurèrent la fonction de collecteur des cotisations jusqu'à la Libération. A Ingwiller en 1944, le pasteur estime que les cotisations des paroissiens sont considérables («recht beachtlich»). Le résultat en fut une certaine aisance matérielle, inattendue, de

l'Eglise et du corps pastoral dont le pouvoir d'achat, équivalant à celui des professeurs de lycée, était nettement supérieur à celui de la période concordataire.
L'Eglise en profita aussi pour constituer un important fond de réserve, pour restaurer ses bâtiments et construire des foyers.

KARL MAURER, AUTONOMISTE, GERMANOPHILE MAIS NON NAZI, FUT PRÉSIDENT DE L'ÉGLISE LUTHÉRIENNE D'ALSACE DE 1940 À 1944.

1942

La réorganisation des structures ecclésiales fut très lente et ce n'est qu'en décembre 1943 que furent publiées – à cause de longues tractations avec l'administration nazie – les nouvelles ordonnances, jamais appliquées, relatives à l'Eglise, aux décanats. aux paroisses et aux pasteurs. Le pasteur d'Ingwiller, Emile Brunner, fait observer en passant que les droits de la paroisse pour le recrutement des pasteurs sont maintenus, mais il se déclare étonné que le pouvoir du président de l'Eglise soit absolu, car les deux autres membres du Conseil de l'Eglise sont nommés par le président lui-même.

Maurer prit l'habitude de réunir l'ensemble du corps pastoral, le premier lundi de chaque mois : le Pfarrkonvent. Introduite par un culte, cette pastorale était marquée par la conférence d'un professeur de théologie ou d'un responsable d'une activité dans le protestantisme allemand, soit toujours un personnage assez connu. Maurer profitait de ces rencontres pour parler de problèmes urgents, hautement actuels et souvent confidentiels, qu'il ne voulait pas traiter par écrit. C'étaient des conseils et des consignes donnés à mots couverts. Selon certains témoins, il déclarait parfois que tout ceci était uniquement à usage interne. Certains atouts seront importants lorsque le moment sera venu de «revenir à la légalité», une expression toujours prononcée en français !

Les pasteurs connurent un rayonnement plus intense qu'avant 1940, par la prédication dont on attendait une consolation et un réconfort spirituels. Mais ils devaient garder une certaine prudence dans la mesure où la Gestapo envoyait en général un contact assister aux offices. Pratiquement tous les pasteurs soulignaient la piété individuelle et familiale, la nécessité de la confiance en Dieu. Dans le ministère ils privilégiaient trois aspects : la liturgie avec les cultes dominicaux et ceux du soir, la diaconie par les visites et la cure d'âme, enfin la pédagogie par l'enseignement religieux, désormais étroitement limité dans le temps.

Durant cette période de dangers, on assista à un regain de la foi, qui se traduisait par une affluence aux cultes, signe de soif spirituelle (conséquence des grandes tribulations de la guerre) et démonstration indirecte contre le régime nazi et antichrétien. Le taux de fréquentation des cultes était de l'ordre de 10 à 40%.

Devant le désarroi et les nombreuses contraintes, l'Evangile était ressenti comme un message de libération, et le besoin de communauté fraternelle se fit plus pressant. Les offices étaient perçus comme un des rares espaces de liberté dans ce régime de dictature omniprésent et tellement pesant.

La générosité devint plus importante, avec des fondations anonymes pour la décoration de l'église, comme la mise en place de cierges à Ingwiller, ou pour la fête de Noël.

Malgré les restrictions, certaines initiatives purent se développer, ainsi l'introduction d'une journée de recueillement et de prière, à l'image du Buss-und Bettag allemand, des chœurs (90 participants à Betschdorf), fête des chœurs d'église de Brumath et d'Ingwiller réunis le 2 août 1942.

D'autres manifestations ou coutumes subsistèrent comme la fête de Noël pour les enfants et l'aide aux confirmands nécessiteux. Les conseils presbytéraux continuaient à se réunir, mais à un rythme plus espacé : les sujets demeurèrent en partie les mêmes (gestion des biens, entretien de l'église, cérémonies), mais également des questions plus actuelles (cotisations, relations avec la direction de l'Eglise, rationnement, défense des cloches).

La jeunesse constituait un grave problème de friction, car le régime, désireux d'être le seul tuteur de la jeunesse, avait multiplié les entraves à l'exercice de la catéchèse. Pratiquement toutes les heures en dehors de l'enseignement étaient interdites aux ecclésiastiques, désormais privés de la collaboration des maîtres d'école. Mais alors qu'ils supprimèrent l'obligation du catéchisme, les enfants vinrent plus régulièrement que jamais.

Certains pasteurs aussi continuèrent à faire la Christenlehre pour les jeunes confirmés de quatorze à dix-huit ans, malgré des entraves.

La présence de fonctionnaires nazis ou la nomination de cadres locaux zélés provoqua parfois des difficultés aux pasteurs.

La propagande en faveur de la nouvelle confession «gottgläubig» (un déisme destiné à concurrencer les Eglises chrétiennes) ne connut aucun succès. Seuls quelques fonctionnaires du parti remplacèrent le baptême de leurs nouveaux-nés par une sorte de «consécration au Führer». De même le mouvement des Deutsche Christen (protestants ralliés officiellement au régime et à son idéologie) connut un échec total dans sa tentative d'implantation en Alsace. Malgré le manque de pasteurs, seul un petit nombre d'Allemands, presque tous des opposants au nazisme, fut recruté par l'Eglise d'Alsace.

MALGRÉ LES RESTRICTIONS BUDGÉTAIRES, LES TRAITEMENTS DES PASTEURS AUGMENTENT !

Les vicissitudes communes contribuèrent à favoriser un certain esprit unitaire. Les anciennes dissensions entre les trois courants devenaient caduques. En 1941 s'établirent des contacts entre pasteurs et prêtres catholiques qui se tenaient alternativement dans un presbytère catholique et protestant, et une fois au Mont Sainte-Odile. Ils devinrent des occasions de découvertes réciproques et de plus en plus, des séances de travail.

Au cours de la période on assiste à une évolution en milieu protestant : la germanophilie initiale diminua sous l'influence de la dictature et surtout de l'incorporation des malgré-nous en août 1942, très mal acceptée et vécue. La grande majorité des protestants fit preuve d'une grande prudence, voie intermédiaire entre l'héroïsme et la lâcheté. Les pasteurs furent pour la plupart des

RENCONTRE FAMILIALE DE PASTEURS PRÈS DE LUTZELBOURG PENDANT LA GUERRE.

COLL. G. KOCH

témoins courageux de l'Evangile par certaines positions du haut de la chaire, ce qui valut à quelques-uns de sérieux ennuis.

Ces épreuves ont permis de régler définitivement le problème national en milieu protestant, et d'approfondir le sens religieux et la foi. Enfin de développer après la Libération l'unité, par l'intermédiaire d'un seul périodique et les débuts de l'oecuménisme.

BIBLIOGRAPHIE

Didier Sturtzer, *Les Eglises protestantes d'Alsace pendant la Seconde Guerre mondiale*, Mémoire de maîtrise en théologie protestante, Strasbourg, 1983.

Bernard Vogler, «Le protestantisme alsacien pendant la Deuxième Guerre mondiale», *Bulletin de la Société d'histoire du protestantisme français*, 1981, p. 581-593.

SOURCES

Archives paroissiales d'Ingwiller.

A NOTER

Kettenacker, dans «La politique de nazification», Saisons d'Alsace nº 68, p. 74, écrit :
«Selon Ernst, le Reichsbischof de l'Eglise évangélique en visite à Strasbourg a proposé à Maurer de demander à Hitler de rendre la cathédrale à l'Eglise évangélique».
«Si nous avions été des étrangers au pays nous aurions peut-être soutenu ce plan, Maurer en tant que pasteur, moi en tant que fils de pasteur. Mais notre sang alsacien nous mit en garde car la remise de la cathédrale aux protestants aurait déchaîné la discorde parmi notre peuple alsacien...»
Le 2 août 1940, Maurer adresse un télégramme à Hitler pour lui exprimer «la profonde gratitude pour la libération de notre pays et le retour de notre Heimat au Reich» et souhaite que l'authentique symbole de l'art allemand et de la foi chrétienne, la cathédrale de Strasbourg, soit, en signe de l'union enfin retrouvée du peuple et du Reich, soustraite aux luttes confessionnelles et serve de sanctuaire national à tous ceux qui cherchent à réaliser un christianisme fervent et actif au sein de notre grand Reich allemand.»

Alfred Wolhfahrt

Un regard lorrain

Le pasteur Alfred Wohlfahrt, Haut-Rhinois d'origine, Lorrain d'adoption, apporte son témoignage sur les conditions pastorales pour l'Eglise protestante de Moselle intégrée au Gau Westmark. Naturellement, en tant qu'Alsacien, le pasteur Wohlfarht n'est pas resté indifférent au sort de l'Eglise protestante dans le Gau voisin, celui de Baden/Elsass...

C'est dès 1934, alors que j'étais étudiant à l'Union theological Seminary de New-York, que je me suis rendu compte que le nazisme n'était nullement ce mouvement pour l'ordre et le relèvement de l'Allemagne, tel que très souvent on le présentait chez nous («Hitler remplit à nouveau les églises, il fait échec au communisme»), mais que c'était un totalitarisme intransigeant qui n'avait d'égard pour rien ni pour personne. En effet, cette année le séminaire recevait le Professeur Paul Tillich, un Allemand, qui avait fui le danger qui déferlait sur sa patrie. A New-York, Paul Tillich a d'abord été très malheureux. Ne possédant que quelques bribes d'anglais scolaire, ses cours étaient désertés par les étudiants américains. Seuls un ami suisse germanophone et moi-même y étions assidus..., nous comprenions son anglais, traduction littérale de l'allemand. Plus tard Tillich est devenu un des grands théologiens de notre temps.

En 1937 j'ai été nommé pasteur à L'Hôpital, un village de mineurs de charbon en Moselle, où les protestants étaient très minoritaires. En septembre 1939, nous avons été évacués, comme tous les villages le long de la frontière de la Sarre. Notre département d'accueil était la Vienne, et particulièrement Lusignan et ses environs. L'accueil ne fut pas «fervent» et les difficultés rencontrées soudèrent solidement protestants et catholiques mosellans. Nos évacués rentrèrent en Lorraine dès que cela fut possible. Mon épouse et moi, nous nous sommes posés et reposés la question : «Faut-il rentrer ou rester ?». Nos parents insistaient, ma femme, fille unique, était enceinte, et moi-même depuis la disparition de mon seul frère près d'Odessa, j'étais devenu seul enfant également. Nous rentrâmes donc en octobre 1940.

Administrativement la Moselle faisait partie du Gau Wetsmark, dirigé par Josef Bürckel. Du point de vue de l'Eglise, les paroisses lorraines protestantes étaient rattachées à l'Eglise évangélique du Palatinat, avec Ludwig Diehl comme évêque. Je me devais de me présenter au Kommissar E., et je pris ce contact. Il me reçut sans équivoque : «Maintenant, pasteur, il faut vous débarrasser de tout ce qui était français ! Il vous faudra penser, parler et sentir en allemand. Toute cette culture française n'est donc rien d'autre que de la boue (ein Dreck).» Je ne pus m'empêcher de répondre : «Ceci n'était l'avis, ni de Goethe ni de Frédéric le Grand de Prusse, car on parlait le français à sa cour.» Les présentations ainsi faites, on savait à quoi s'en tenir. Heureusement, fin novembre, un groupe de professeurs d'Erlangen invita quelques pasteurs de la région à une Umschulung, un recyclage. Cela fut une révélation, car ces hommes de l'Eglise confessante avaient compris, et ne nous ont caché ni leurs angoisses, ni leurs espoirs. Je me rappellerai toujours cette boutade, lancée par le Professeur Sasse : «Meine Herren, auch dieser Schmerz geht noch vorüber !» (Messieurs, cette épouvante passera aussi). Plus que les conférences de chaque jour, les entretiens privés avec ces lutteurs de la première heure nous ont été précieux. Ils m'ont fortifié et enrichi.

Le travail paroissial pendant l'occupation ? Eh bien, il se continuait. Cultes (quatre par dimanche ! avec quarante kilomètres de vélo), visites de malades et de paroissiens isolés. Même le travail de jeunesse continuait. Les jeunes (quatorze à dix-huit ans) venaient le dimanche après-midi, de Merlebach-Freyming, Hombourg-Haut, Hargarten, cachaient leurs vélos derrière le presbytère. C'était des réunions bien anodines : étude biblique, chants, jeux de société, auxquelles le fait qu'elles étaient défendues par les autorités donnait un attrait spécial. Tout le travail de jeunesse était en effet aux mains des nazis, l'adhésion à la Hitler-Jugend obligatoire. J'ai quand même eu la satisfaction, en 1943, de recevoir la visite de leur chef qui me demandait de ne pas faire de catéchisme aux heures qu'ils avaient choisies..., et on s'est mis d'accord.

En général je dirai que le temps de l'occupation fut un temps de «krisis», de jugement. Ceux qui venaient aux cultes témoignaient par là-même qu'ils étaient pour le Christ. On pouvait donc prêcher librement. J'eus un choc l'un des premiers dimanches à Merlebach. Au premier rang, en grand uniforme, le lieutenant de police. Au moment de la sainte-Cène il enlève son ceinturon et son arme, les pose sur le banc, pour venir communier. Il n'est pas revenu car «on le lui a défendu». Sa femme, au contraire, venue excuser son mari, m'avertissait avant le culte si «l'espion était là». J'ai retrouvé cette famille en 1952 à Hanovre où le père dirigeait la police de cette grande ville !) Considérant que tout évangile est politique (Karl Barth), mes sermons n'étaient évidemment jamais sans allusions au présent. Bien mal m'en prit. Le matin de Pâques 1942 ou 1943 le commandant de la garnison de Saint-Avold se rendit au culte en calèche à quatre chevaux. Un «superintendant» de Silésie l'accompagnait. Son commentaire : «Je comprends que le Führer fiche de tels types en prison». Mais il était Oberst de la Wehrmacht, pas des SS. Cela a été ma chance.

TOUT ÉVANGILE EST POLITIQUE. MES SERMONS N'ÉTAIENT DONC JAMAIS SANS ALLUSIONS AU PRÉSENT. BIEN MAL M'EN PRIT.

Une autre fois on nous demanda «les meilleurs livres pour nos soldats». J'envoyai cinq nouveaux testaments, avec mon nom bien marqué sur la première page. L'Ortsgruppenleiter me convoqua et commença à tempêter : «Les soldats du IIIe Reich n'ont que faire de cette littérature pieuse». Il me vint alors à l'esprit une citation, imprimée dans le catéchisme de l'Eglise confessante que j'avais donné à mes catéchumènes. Schlageter avait écrit dans son livre sur la Grande Guerre : «C'est seulement dans les tranchées que j'ai pu voir quel réconfort le nouveau testament apportait à mes camarades protestants». «Si vous le prenez comme cela, je n'ai rien à objecter,» répondit mon interlocuteur. En effet Schlageter (martyr du mouvement nazi) qui oserait dire qu'il se trompait, ou faisait de la propagande religieuse ?

Mais la pire altercation, eut lieu avec le Kommissar E. lors d'un enterrement. Un de nos jeunes hommes avait été tué lors d'un bombardement de Metz. Cela devait être début 1943. Le grand-père m'avait annoncé : «Le parti se charge de l'enterrement. Vous n'aurez qu'à sonner les cloches». Je refusai, malgré le fait qu'une ordonnance dans ce sens m'était bien parvenue. E. me téléphone : «Monsieur le pasteur, comment pouvez-vous refuser de sonner les cloches de l'église pour un homme qui est mort au champ d'honneur ?» «Je refuse qu'une église chrétienne participe à une cérémonie païenne». Vitupération au bout du fil, menaces : Schirmeck ! Mais je persiste : «Cette ordonnance est un «Machtübergriff des Staates in kirchliche Angelegenheiten» (ingérence de l'Etat dans les affaires de l'Eglise)». La formule était de Niemöller, pas de moi. Finalement E. céda quand même. Mais j'avais prévu quelqu'un qui aurait coupé les cordes pendant la nuit, si cela était devenu nécessaire. C'est cette histoire qui a fait qu'on m'ait demandé, à la Libération, de prendre la présidence du Comité de Libération dans ce village catholique de L'Hôpital. Je n'ai pas accepté, les pro-nazis étaient tous partis pendant la nuit, la frontière étant ouverte. Et ceux qui restaient, c'étaient nos bons Lorrains francophiles.

Tout compte fait je crois finalement que j'ai eu bien de la chance de passer les années de l'annexion nazie dans ce noir bassin houiller de Lorraine. Le Gauleiter Bürckel a commis de graves fautes en transplantant les populations, mais n'a plus osé, après la mort au front de son fils, mettre dans l'uniforme allemand ceux qui avaient servi la France. Au point de vue de l'Eglise, l'évêque Diehl était très compréhensif. Il portait le goldene Parteiabzeichen (l'insigne en or du parti) à la boutonnière, mais à la première visite qu'il me fit, voyant mon regard étonné, il me proposa de le mettre en poche, et il le fit ! Notre conversation n'en fut que plus fraternelle. Diehl ne s'est jamais mêlé de la vie privée des pasteurs. En Alsace, le président Maurer se devait évidemment de se montrer bien à la botte des nouveaux puissants, et ses oukazes allant jusqu'à fustiger les pasteurs qui osaient parler français dans leur presbytère, le montrent bien. D'ailleurs nous Lorrains, étions d'un autre Gau, et les moyens de circulation étant réduits au chemin de fer, on n'avait que peu de contacts avec l'Alsace. De ce fait, je n'ai pas suivi l'évolution pro-nazie de mes camarades que j'avais vus membres du Erwinsbund, se rassemblant souvent à la Hünebourg. D'autres avaient fait partie des Studentenverbindungen (corporations étudiantes), Argentina ou Wilhelmitana, dans le plus pur style allemand. Comme étudiant j'avais été inscrit à la Fédé et au Collegium, patronné par le Professeur Charles Hauter.

Beaucoup de mes collègues plus âgés avaient fait leurs études en Allemagne, et pour eux, c'était une joie de voir «revenir» des amis qui étaient partis en 1918. Ils ont mis longtemps ou même n'ont jamais compris que ceux qui revenaient n'étaient pas semblables à ceux qu'ils avaient connus. Certains ont profité de leurs «relations» pour changer de paroisse et pour mieux se situer. Il y a eu tout ce groupe d'anciens autonomistes qui avaient avant la guerre été internés à Saint-Dié et à Arches (cf. *Von den Franzosen verhaftet, von den Deutschen befreit*, de Willy Guggenbühl). Bien d'autres aussi. En Alsace le milieu pastoral n'avait pas toujours bonne presse, et pour cause. Il y eut aussi des opposants au régime nazi, et qui l'ont payé cher. Je pense à Fichter, à Bastian, à Fricker et à leurs amis.

Malheureusement, les suspicions, les délations et les condamnations ont duré longtemps. Quand j'ai quitté la Lorraine en 1951 pour prendre le poste de Saverne, j'ai été étonné de constater que les histoires d'avant la Libération étaient toujours bien vivantes et continuaient à alimenter les conversations. Enfin, *redde m'r nem devon*, n'en parlons plus...

Ernest Muller

Un pasteur dans la guerre

Durant la guerre, le pasteur Ernest Muller était en poste en Alsace, à Heiligenstein, où exerçait son sacerdoce depuis 1936. Il évoque notamment le pasteur Charles Maurer, dont les sentiments allemands n'ont pas empêché une grande attention aux problèmes alsaciens.

Mes souvenirs concernent le consistoire de Barr où j'ai vécu les événements de 1940 à 1944, ayant été pasteur à Heiligenstein de 1936 à 1946. Ce fut un temps très difficile à cause des tensions, mais spirituellement très riche.

Il y a toujours eu en Alsace des personnes francophiles et d'autres germanophiles : ce fut le cas dans nos villages en 1940. Mais malgré ces tensions, il y a eu un certain esprit d'entente et de paix qui n'a jamais cessé d'exister. L'entente était parfaite entre les pasteurs, malgré leurs différences. Quelques jours avant l'épuration nazie, un de mes collègues est venu me trouver pour me rassurer : «N'ayez crainte, il ne vous arrivera rien». Il y eut aussi cette entraide entre les paroissiens. Grâce à celle-ci, et aussi au fait que l'occupation n'a pas duré trop longtemps, l'occupant n'a pas été en mesure de réaliser tous ses sinistres projets.

Durant l'occupation, l'activité de l'Eglise était réduite à l'essentiel ; le culte, l'école du dimanche, l'instruction religieuse, les visites et la cure d'âmes. De ce fait beaucoup de désillusionnés ont retrouvé le chemin de l'Eglise. Dans tous les cas l'Eglise a essayé de faire vivre la famille humaine à laquelle tous sont appelés.

ÉCHEC POUR LA PROPAGANDE : DÉISME ET «DEUTSCHE CHRISTEN» N'ONT GUÈRE D'ADEPTES.

A la déclaration de la guerre, j'ai eu une affectation spéciale pour assurer le service de l'Eglise. Lors de la mobilisation générale en juin 1940 je n'ai jamais atteint ma destination militaire. A la fin de l'occupation nazie j'ai été encore une fois convoqué par le Conseil de révision allemand qui, malgré mon amputation (perte du bras gauche), m'a déclaré apte au service.

Durant l'occupation allemande notre Eglise d'Alsace a été présidée par le pasteur Charles Maurer. Ce fut un privilège immense pour l'Eglise d'Alsace qui ainsi a gardé son autonomie à l'égard des autres Eglises d'Allemagne, et particulièrement à l'égard des Deutsche Christen. Le pasteur Maurer était le pasteur des pasteurs. J'en ai moi-même fait l'expérience. Ayant été blessé en juin 1940, et finalement hospitalisé à l'hôpital civil de Strasbourg, le pasteur Maurer est venu me visiter, semaine après semaine, pour partager avec moi la Parole de Dieu et la prière, ainsi que les nouvelles de l'Eglise. Le président a partagé les soucis du malade tout en partageant ses soucis à lui quant à la vie de l'Eglise. Ce fut avec un esprit critique qu'il a examiné à la fois l'attitude des autorités nazies et la réaction des Eglises et des paroisses. Le pasteur Maurer réunissait régulièrement les pasteurs en conventions ecclésiastiques. C'est

UNE RETRAITE PASTORALE À BARR EN 1942. COLL. COLLEGIUM WILHELM FANUM

là qu'il critiqua, avec le maximum de force, l'action des autorités, mettant en danger sa propre personne. Malgré ses sentiments allemands, le pasteur Maurer aimait avant toute chose son pays, l'Alsace, ainsi que son Eglise. Son esprit ironique et équitable a profondément marqué l'ensemble de l'Eglise d'Alsace, et a beaucoup contribué à éviter le pire. C'est ainsi qu'il déclina l'offre des hitlériens aux protestants, de faire de la cathédrale de Strasbourg leur lieu de culte.

Voici quelques souvenirs personnels :

Dans le train de Strasbourg à Molsheim montent quelques voyageurs originaires du Ban de la Roche. Ils s'entretiennent en français, comme leur en avait été donnée l'autorisation. Tout à coup un enfant pose la question : «Pourquoi ceux-là ont-ils le droit de parler français, et moi pas ?». Il s'ensuivit un grand éclat de rire dans le compartiment. Grâce à l'intervention de protestants alsaciens, les habitants du Ban de la Roche n'ont pas été déportés. Le pasteur Schultz de Barr voyage avec un officier allemand. Celui-ci s'extasie devant la beauté du paysage du Landsberg-Maennelstein-Ste Odile-Elsberg et fait la remarque : «Le règne de la France n'a pas duré longtemps en ce beau pays». Le pasteur Schultz donne comme réponse : «Ainsi en est-il de chaque pays qui abandonne son Dieu». Le silence s'en suivit. La liturgie du culte protestant se termine en principe par l'intercession, et en particulier par l'intercession en faveur de l'autorité établie. Il en fut également ainsi pendant l'occupation hitlérienne. Dans un culte auquel j'ai assisté, le pasteur officiant a, par inadvertance, utilisé une liturgie où Guillaume II était encore nommé. Le pasteur trébuche. Pour se tirer d'embarras, il conclut son intercession en improvisant de la manière suivante : «O Gott, erlöse uns von dem Wirrwarr dieser Zeit» (O Dieu, délivre-nous du tohu-bohu de ce temps).

Le nazisme s'Expose

GEORGES FŒSSEL

La propagande s'accentue au cœur de la guerre. Après la démonstration des performances économiques ou militaires du IIIe Reich, on passe à l'étape de la bataille idéologique, politique, culturelle, raciale. Il s'agit de conforter le sentiment d'appartenance à l'Allemagne nazie. La grande exposition de l'été 1942 à Strasbourg confirme cette évolution.

1942

Les premières grandes expositions de peinture, les célèbres salons du XVIIIe siècle, furent un moyen privilégié à l'époque des Lumières, à l'instar de l'*Encyclopédie*, pour développer la formation culturelle et artistique d'une « bourgeoisie conquérante » qui voulait désormais s'ouvrir sans restriction tous les domaines du savoir et de la pensée, comme elle allait s'ouvrir ceux de l'économie et de la politique. Au siècle suivant, les expositions devenues universelles, servirent à chanter aux peuples conquis les merveilles de la science et de la technique appelées à faire de l'homme le nouveau Créateur. Il revenait au XXe siècle d'inventer avec la propagande, cet avatar politique de la publicité, l'exposition idéologique, consacrée toute entière et sous toutes les formes à la défense d'un régime ou à l'exaltation de ses réalisations. Or le XXe siècle fut également le géniteur de régimes totalitaires qui allaient mettre la propagande au premier rang de leurs moyens d'action jusqu'à en faire une des expressions de la pensée politique. Aussi, à côté des manifestations hystériques qu'entraînerait la mise au service de l'idéologie dominante, du spectacle populaire sous la forme de manifestations, autodafés ou défilés ; les régimes concernés ne manquèrent pas non plus d'utiliser à leur profit l'univers des expositions et cela dans tous les domaines de l'art ou de l'esprit. Il est donc intéressant d'étudier comment les expositions ont pu être utilisées « politiquement » et « publicitairement » par le national-socialisme en Alsace et notamment à Strasbourg. Du 28 août au 21 septembre 1941 eut lieu à Strasbourg une première grande exposition intitulée « Deutsche Wirtschaftskraft - Aufbau am Oberrheim ». Avec pour objectif de conforter les réalisations économiques allemandes en Alsace ainsi que la position future de Strasbourg au sud-ouest du grand Reich. Parallèlement l'exposition devait enseigner aux populations alsaciennes la puissance des principes économiques nazis. Le succès fut considérable grâce sans doute à des efforts de propagande intense : près de 500.000 visiteurs en trois semaines.

Il en ira tout autrement l'année suivante avec la seconde grande exposition organisée à Strasbourg : **Deutsche Grösse — 2000 Jahre Kampf am Rhein** (19 juin - 16 août 1942).

Les difficultés du moment, le caractère de plus en plus aléatoire d'une « victoire finale » rapide, poussent désormais l'appareil nazi à privilégier les exigences d'efforts accrus et la pédagogie idéologique. Il s'agit désormais moins de faire admirer la force et les capacités de l'économie allemande qu'expliquer au peuple les raisons profondes des sacrifices que lui impose la guerre national-socialiste. Ce ne sont plus les industriels et les artisans que le régime appelle à son service, mais les grands hommes du passé qui doivent prouver qu'un pays et une race qui a produit tant de grandeur doit sans conteste l'emporter. L'exposition Deutsche Grösse était organisée directement par la Reichstelle für Volksaufklärung und Propaganda et la ville de Strasbourg qui prêtait les locaux du Wacken où elle aura lieu durant l'été 1942. C'était une « Reichsschulung Austellung » créée sur mission du Führer et sous la surveillance de la NSDAP pour l'esprit de son enseignement. Il s'agissait d'une exposition itinérante terminée, fournie directement par les services du Reichsleiter Rosenberg. La Volksaufklärung und Propaganda Abteilung de la Gauleitung et la ville de Strasbourg décidèrent d'y ajouter une exposition complémentaire intitulée « 2000 Jahre Kampf am Rhein ».

UNE IDÉE-FORCE : LES PAYS RHÉNANS SONT LE CŒUR DE L'ALLEMAGNE ET NON UNE RÉGION FRONTIÈRE

Cet ensemble de deux expositions, selon les textes officiels eux-mêmes et en particulier un rapport du 25 avril 1942, était une « œuvre d'instruction et de formation du peuple allemand dans la technique de l'histoire illustrée et dans le domaine du combat pour l'espace et le Reich allemands ». En particulier et selon une nouvelle technique d'exposition, toutes les époques importantes de l'histoire allemande étaient représentées et illustrées par des éléments culturels originaux de chaque siècle concerné. Divers spectacles spéciaux devaient élargir le cadre de cette exposition historique et politique et enrichir son caractère pédagogique et son efficacité, en particulier par divers films tournés exprès pour l'exposition afin d'illustrer et animer certains points précis.

Il fut décidé que le coût de l'exposition complémentaire « 2000 Jahre Kampf am Oberrhein » serait mis au projet de budget de la ville de Strasbourg pour 1942 ; l'exposition Deutsche Grösse étant fournie par les services de la propagande du Reich. Il fut également prévu de partager les recettes ; la ville touchant le prix des entrées et la RVA celui des catalogues.

1942

AFFICHE DE L'EXPOSITION « DEUTSCHE GRÖSSE » À STRASBOURG EN 1942.

AMS

Le prix d'entrée fut fixé en définitive à 40 pf. pour les adultes, 30 pf. pour les membres des organisations du parti et 20 pf. pour les scolaires et les militaires ; le droit d'entrée au spectacle supplémentaire « 2000 Jahre Kampf am Rhein » fut, quant à lui, de 20 à 50 pf. selon les catégories de visiteurs. [1]

Il apparaissait d'emblée que, sous une approche historico-culturelle, l'exposition était avant tout un spectacle et une réalisation politiques tout entiers consacrés au germanisme et au national-socialisme réunis.

Dès le hall d'honneur, le public était accueilli par une galerie de dix vitraux de l'Ecole des Arts décoratifs et de l'entreprise Majolique, représentant les principaux personnages de l'histoire allemande.

L'exposition tendait par-dessus tout à prouver que le Rhin était un fleuve allemand et non la frontière de l'Allemagne. La première salle devait démontrer que ses deux rives formaient une unité et non deux mondes différents. L'ensemble était illustré de plusieurs grandes cartes qui devaient également montrer que les pays rhénans appartenaient à l'Europe centrale et non à l'Europe occidentale. D'autre part, un des principaux buts de l'exposition était de faire apparaître le caractère de centre de la culture allemande, de ces régions et de point focal des périodes aussi bien de grandeur que de crise, de l'histoire du Reich. Des panneaux de photographies devaient insister sur l'unité des pays concernés, en insistant par le détail tant sur les paysages que sur la géologie.

LE PUBLIC ALSACIEN BOUDA L'EXPOSITION ET LE DÉFICIT FINANCIER FUT LOURD POUR LA VILLE DE STRASBOURG

La salle 2 inaugurait la suite chronologique par les époques germaniques et franques, depuis Tacite. Un petit film montrait l'expansion des Germains et leur « victoire finale », ainsi que le fait que l'Europe centrale sans les pays rhénans demeurait incomplète et que les Germains pour crééer une force cohérente avaient dû occuper aussi tout le cours du Rhin. De très nombreuses cartes illustraient les étapes successives de cette conquête et de ce combat pour le Rhin, devenu le combat de l'avenir allemand. Les cartes et les tableaux étaient accompagnés de vitrines montrant des objets soulignant la culture germanique de l'âge du bronze jusqu'aux traités d'Arioviste et aux grandes invasions, date à laquelle la toponymie suffisait à prouver le peuplement germanique de ce nouvel ensemble politique de l'Europe centrale jusqu'à la Moselle.

La salle 2 montrait cet empire franc et alaman menacé par de grands dangers tant intérieurs qu'extérieurs, à l'est par les Slaves et à l'ouest par la romanité, pendant que tout l'espace rhénan, entièrement gagné à la germanité, devenait le soutien de la constitution du peuple allemand.

Des cartes montraient l'importance énorme des villes, des abbayes, des palais dans cette région de l'Empire mérovingien puis carolingien, quand le cours du Rhin formait à la fois le centre et l'axe de leur Etat ; tandis que le partage lin-

INAUGURATION DE L'EXPOSITION AU WACKEN PAR LE GAULEITER WAGNER, 19 JUIN 1942. AMS

guistique s'établissait clairement en 842 avec les Vosges et la Moselle, par les serments de Strasbourg. Par la suite, le traité de Verdun en 870, mit pour des siècles, l'espace rhénan dans le partage allemand, pendant que les abbayes comme Murbach, Hohenbourg et Wissembourg faisaient du pays, un des centres les plus florissants de la culture germanique.

La salle 3 montre que la puissance du Reich siège désormais entre Bâle et Mayence. L'Alsace se fortifie et s'embellit sans cesse sous les Ottoniens, les Saliens, et les Staufen, pendant que s'ancre en elle son caractère allemand avec la création de multiples châteaux, cités et palais et son action culturelle et religieuse avec sa forte participation aux croisades ainsi qu'à la reconquête de l'Est européen. Ainsi le pays rhénan était-il devenu le cœur de l'Allemagne avec Aix-la-Chapelle, Spire, Mayence, Haguenau. Après les Staufen, le Rhin devient la grande voie de l'esprit avec le mysticisme et du commerce entre la Hanse et l'Italie. Surviennent les premières attaques françaises en Flandre et en Alsace (Armagnacs). Cependant, suit une nouvelle période florissante avec l'humanisme et la Réforme, où triomphe l'idée du pays allemand (Wimpheling) contre les prétentions françaises, car l'Alsace ne peut vraiment se développer et s'enrichir culturellement et matériellement que dans l'ensemble allemand. L'illustration de cette évidence historique repose sur les impressions strasbourgeoises et les photos de la cathédrale, véritable palladium du germanisme triomphant.

Salle 4 : mais à compter de cette époque, la France veut acquérir une porte vers l'Empire et, après Metz, menace Strasbourg qui devient « la muraille d'acier de l'Empire tout entier ». Puis, en dépit de la volonté du peuple alsacien, la France l'emporte et couvre l'Alsace des ruines de ses palais impériaux et de ses châteaux. Cependant, durant tout le XVIIIe siècle, les témoignages des étrangers témoignent de la résistance de sa germanité en particulier dans son université.

Salle 5 : survient le triomphe de la révolution scientifique du XIVe siècle, avec la redécouverte de l'élément organique et biologique du peuple et de la race et de la culture populaire comme fondements de la vie humaine dont le combat bismarckien pour l'unité allemande fut le prolongement naturel. C'est pourquoi l'Alsace redevenue allemande connaît à nouveau une expansion incomparable qui n'est arrêtée que par le retour de l'Alsace sous la domination française. L'exposition se clôt par une salle d'honneur où trône le buste de Karl Roos, symbole alsacien de la lutte menée par le Führer pour parvenir, grâce au national-socialisme, à unir définitivement toute l'Europe germanique grâce à la race et au concept culturel, par delà les frontières politiques temporaires. [2]

Cependant, aussi habilement présentée que fût cette propagande « historique » et aussi riche qu'en fût l'illustration, à travers une débauche de peintures, gravures, portraits, photographies et cartes ; l'excès du propos transparaissait visiblement trop sous la modernité de l'apparence et cette « exposition » aux buts par trop manifestes n'eut de loin pas le succès de la précédente. L'heure n'était plus aux triomphes réels ou escomptés de 1941 et à une époque où, pourtant, cinéma et concerts étaient les seuls plaisirs encore à portée du grand public, le monde voulu exaltant des « Deutsche Grösse », n'attira, invités officiels et scolaires compris, que 110.000 visiteurs. [3]

« LE PARADIS SOVIÉTIQUE OU LE PAROXYSME DE LA PROPAGANDE IDÉOLOGIQUE

Le résultat financier fut donc des plus médiocres et se solda par une dépense totale englobant construction, améliorations, réparations, entretien, assurances, de 202.600 RM, à une recette de 62.800 RM. Il demeurait donc un déficit final de 139.800 RM qu'aucune des autorités concernées ne désirait endosser. [4] Rien de plus plaisant en effet que la partie de ping-pong administratif jouée à ce sujet par le gauleiter et l'Oberstadtkommissar se renvoyant l'ardoise, de service en service. Le gauleiter en particulier se refusait à considérer le matériel photographique utilisé et les installations phoniques installées à l'intérieur de l'exposition comme des dépenses publicitaires revenant à sa charge, mais comme des prestations commerciales effectives. [5] La réponse de la ville ne tarda pas et, en décembre 1942, la facture de l'Ecole des Arts décoratifs (Staatliche Meisterschule für das deutsche Handwerk Strassburg), pour les dix vitraux du hall d'honneur qui ouvraient l'exposition, parvint à la Volksaufklärung und Propaganda Abteilung de la Gauleitung. Le principal objet de litige fut cependant les films tournés par le service cinématographique de la NSDAP du Gau, qui semblent avoir fait l'unanimité contre eux et dont les archives ne conservent aucune trace de règlement.

EXPOSITION « LE PARADIS SOVIÉTIQUE ».
LA PROPAGANDE DEVIENT AGRESSIVE.

En revanche, la note de la Wehrmacht pour ses présentations et ses concerts fut considérée comme fort raisonnable par l'administration, étant donné le succès obtenu auprès des visiteurs.

Par ailleurs la ville avait également saisi l'occasion de réaliser, en tant que manifestation intégrée à Deutsche Grösse, une exposition consacrée par les archives municipales à Gutenberg à Strasbourg et qui eut à compter du 1er juillet 1942, un grand succès, dans les locaux mêmes des archives.

La dernière grande exposition nazie qui eut lieu à Strasbourg en 1942 fut celle consacrée par le ministère de la Propagande à la Russie des Soviets vue par le national socialisme — Das Sowiet Paradies — et qui se déroula au Wacken en octobre-novembre 1942. [6] Il est intéressant de constater que l'emplacement de l'exposition fut longtemps discuté, car un rapport du 19 août 1942, considérait que l'éloignement de la Foire ferait que seul les gens convaincus iraient la voir ce qui, bien évidemment, allait à l'encontre du but recherché. Et même si l'on ajoutait les spectateurs des manifestations du stade du Tivoli, le calcul n'était valable que le dimanche. Aussi semblait-il préférable de l'installer au centre-ville, par exemple à l'Aubette. Mais en définitive, pour des raisons de commodité technique, elle eut tout de même lieu au Wacken. L'exposition était divisée en plusieurs salles tentant successivement d'exposer la faillite du régime communiste et le péril qu'il faisait courir au reste du monde.

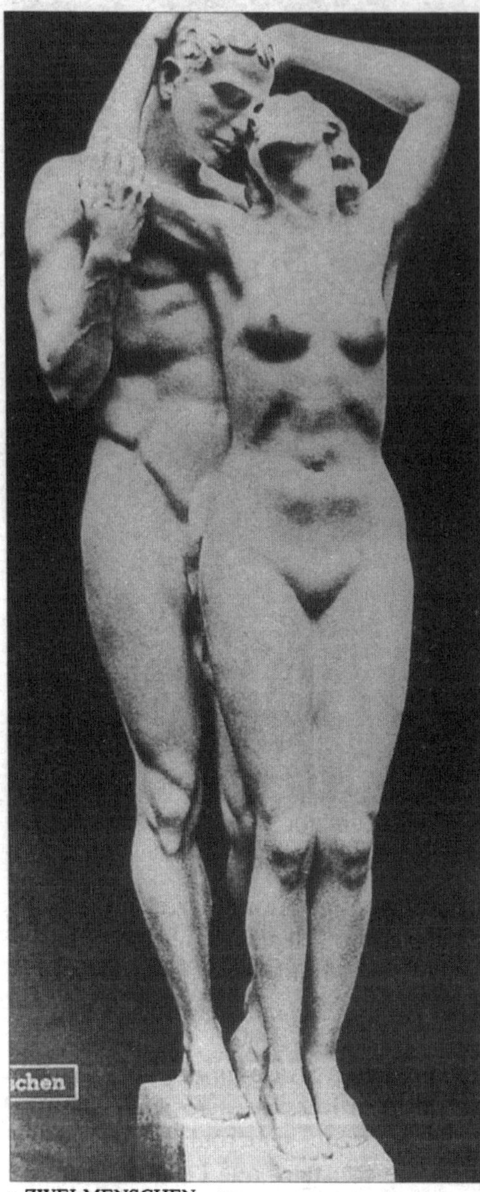

« ZWEI MENSCHEN... »
(DEUX HUMAINS)

La 1re salle exposait la richesse réelle de l'immense Union soviétique qui rendrait parfaitement possible, sous un autre régime, l'édification d'un véritable paradis des ouvriers et des paysans. La 2e salle insistait sur le caractère fondamentalement judaïque du bolchévisme, le véritable but de Marx étant la domination du monde par les juifs. La 3e salle montrait que ce que la propagande bolchévique présentait comme une libération des travailleurs par une soi-disant révolution, était en réalité un bain de sang que les bolchéviks rêvaient de développer à l'échelle mondiale. La salle 4 expliquait que la propagande des Soviets à propos de son culte du prolétariat, des progrès géants accomplis dans le domaine de la culture et de la technique et de ses constructions admirables, n'était qu'un immense « bluff », démenti par tout ce qui se voyait en réalité dans le pays. La salle 5 décrivait l'Armée rouge, l'armée de la révolution, comme la plus importante armée du monde, mais systématiquement battue, parce que ses membres ne réagissaient que par la terreur et la menace des camps et imaginaient réellement le reste du monde comme étant encore pire que leur « paradis ». La salle 6 traitait de la terreur établie par le GPU sur la Russie faisant des millions de victimes et peuplant la Sibérie ainsi que les cachots dont l'exposition montrait quelques exemples. La salle 7 expliquait le martyre de la paysannerie russe enfermée dans le système inhumain des kolkozes qui faisait que dans ce pays potentiellement le plus riche du monde, la famine sévissait, année après année, et qu'à certaines époques des millions de personnes étaient mortes de faim. La salle 8 reconstituait une partie d'une ville bolchévique dans laquelle en Occident on le logerait même pas le bétail, alors que là y végétait pour sa vie entière une population en haillons, sans aucun espoir d'amélioration, sans compter des milliers d'enfants abandonnés qui ne survivraient que grâce à une lutte quotidienne. La salle 9 décrivait le combat d'une Europe unie contre ce péril par ses combattants et ses volontaires de tous pays qui combattaient cet ennemi de l'humanité pour le salut de leurs propres foyers. Etait vendue en même temps une brochure intitulée « Die grösste Sklaverei der Weltgeschichte » appelée à expliciter encore l'exposition elle-même.

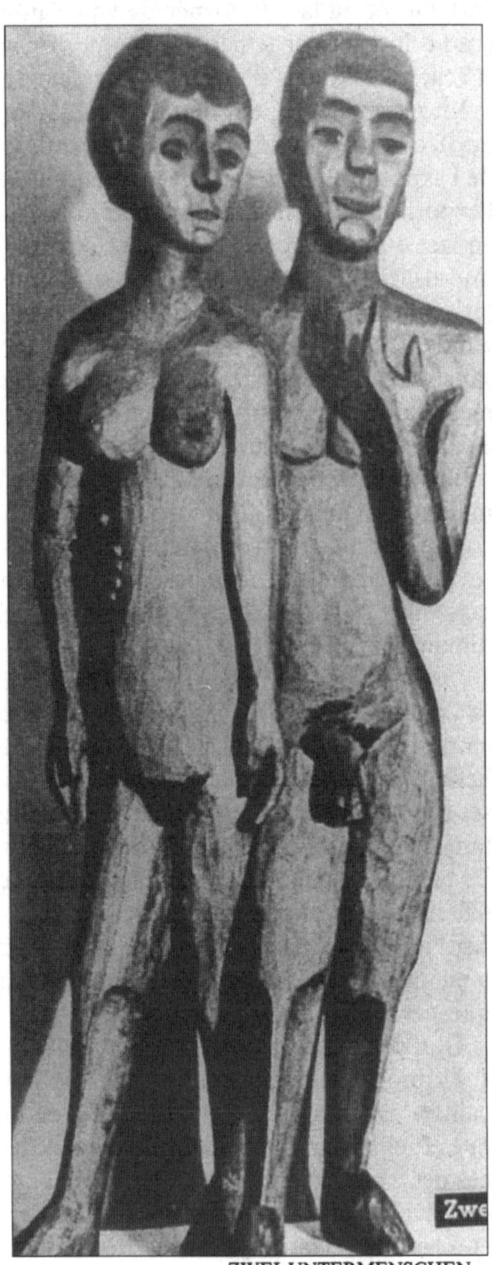

... « ZWEI UNTERMENSCHEN »
(DEUX SOUS-HOMMES)

L'heure était décidément de moins en moins aux illusions et il devenait vital, pour la propagande nazie, à un moment où Rommel commençait à faire retraite en Lybie et où la VIe Armée de von Paulus allait se trouver encerclée à Stalingrad d'insister sur le péril russe qui désormais se rapprochait des frontières du Reich, en essayant d'y intégrer le reste de l'Europe.

En même temps, eut lieu un attentat survenu au Wacken dans la nuit du 17 au 18 octobre, sous forme d'une violente détonation qui troubla tout le quartier de l'exposition, sans faire cependant beaucoup de dégâts et cela à l'extérieur de l'exposition.[7] Il est d'ailleurs permis à ce sujet de s'interroger si l'on se trouve en face d'une provocation policière destinée à attirer l'attention de l'opinion publique alsacienne sur la menace rouge à l'intérieur même du Reich, ou sur une tentative de la résistance communiste de perturber cette manifestation de la propagande nazie. Quoiqu'il en fût, les *Neueste Nachrichten* publiaient encore avec satisfaction, un courrier de volontaires alsaciens sur le front de l'Est, mais anonymes, qui remerciaient le Führer d'avoir pris toutes dispositions pour repousser et anéantir le bolchévisme.[8]

Cependant, en dépit de l'importance cruciale que le nazisme donnait désormais au combat contre le communisme et à la nécessité d'une entente européenne contre une menace que l'on ne pouvait désormais plus nier : l'exposition ferma ses portes après les cérémonies du souvenir de la NSDAP, le 9 novembre, en n'ayant rassemblé cette fois que 94.000 visiteurs, ceux-ci étant venus principalement les dimanches.

Comme en 1941, les Strasbourgeois eurent la possibilité de diversifier un peu leurs sphères d'intérêt, en particulier grâce à une exposition consacrée à Wilhelm Busch qui se tint en juin et juillet 1942 au palais Rohan et surtout à diverses expositions d'art telle que « Die Schöne Stadt » en octobre 1942 et qui, traitant des beautés et des triomphes de l'architecture et de l'urbanisme allemands, devait être le pendant de l'enfer soviétique.[9] Enfin, la Oberrheinische Kunstaustellung également au palais Rohan d'avril à juin 1942, avait pour mission de magnifier l'art et les artistes du pays du Rhin supérieur et en particulier ceux de l'Alsace, bien mieux traités dans le cadre du Reich que dans celui d'une France ne vivant que par les réputations créées à Paris.

Que conclure de cette brève étude ?

La propagande allemande, face à la redoutable mission d'éduquer et de convaincre dans les provinces réannexées de fait, une population malgré tout sceptique et rétive dans sa grande majorité, ne lésina pas sur les moyens. Aussi, durant ces deux premières années au moins, tant par l'intérêt économique ou politique des manifestations en question que par l'extrême soin apporté à leur organisation et à leur présentation, elles suscitèrent la curiosité du public : la première d'entre

1942

LA GRANDE EXPOSITION DE 1941 AVAIT ÉTÉ « MODÉRÉE » ET RACCOLEUSE :
LA RECONSTRUCTION DE L'ALSACE GRÂCE À L'ALLEMAGNE GÉNÉREUSE.

elles connu un incontestable succès populaire et les suivantes, une fréquentation honorable.

Deux facteurs qui n'ont rien d'idéologique ni de régional expliquent à notre avis, en grande partie, ce succès. Tout d'abord, dans une période de restrictions croissantes, de voyages impossibles, de vacances pratiquement limitées au territoire de l'Alsace, où la vie intellectuelle était faite de conférences orientées, de bibliothèques sous haute surveillance et de pièces de théâtre expurgées, une exposition dont on savait au moins le sens et le but par avance apparaissait comme une sortie supplémentaire dans une vie de plus en plus étriquée, et pour la plupart un simple exercice de curiosité, voire pour certains, un moyen supplémentaire de se gausser des manies et des fantasmes des dirigeants du moment.

Admirer une carlingue d'avion en aluminium ou une nouvelle méthode d'extraction ou de fusion de minerais divers, ou apprécier en esthète tel panneau de photographies du Rhin, ou telle carte en relief des pays rhénans, ne signifiait en rien adhérer à l'idéologie qui usait habilement de ces moyens, ni prendre une carte de membre de la NSDAP. D'autre part, l'écho bien plus que régional donné par les autorités à ces manifestations porte à croire que la publicité faite, au moins pour la première des expositions citées, de Francfort à Sarrebruck et de Mayence à Fribourg, a amené plus d'Allemands que d'Alsaciens à la visiter, sans compter une population d'origine allemande établie à Strasbourg, non négligeable.

Enfin il est caractéristique que, les années passant, l'intérêt montré pour ces manifestations, alla sans cesse en régressant au fur et à mesure que le caractère purement de propagande des expositions officielles, s'affirmait à proportion des difficultés rencontrées par l'Allemagne dans la poursuite de sa politique et des menaces qui pesaient toujours davantage sur la survie même du Reich.

Ces manifestations n'étaient décidément plus faites pour une opinion qui n'avait en grande partie jamais été gagnée à l'idéologie nationale-socialiste et dont l'esprit frondeur et critique, habitué à d'autres critères de jugement, avait saisi depuis longtemps ce que valait l'aune des prétentions et des « valeurs » du IIIe Reich, même à l'apogée de ses victoires.

NOTES

1. Toutes les dispositions matérielles ressortent des dossiers de la Division Centrale / 4 / 852 / 11-623.
2. Une longue analyse de l'exposition est conservée dans le dossier AMS / Division C / 852 / 11-623.
3. Rien de plus modeste d'ailleurs que le petit fascicule de 12 pages édité par les *SNN* médiocrement illustrée et qui donnait un abrégé succint de l'exposition. Cette publication fut un peu rehaussée par celle de l'Oberrheinischer Gauverlag ayant pour titre *Das Elsass Herzland und Schildmauer des Reiches - 2000 Jahre Deutscher Kampf am Oberrhein* beaucoup mieux illustrée.
4. Il faut remarquer d'ailleurs que le dossier de presse est bien moins fourni que le précédent (Division Centrale / 852 / 11-623).
5. Lettre de la Gauleitung du 12.11.1942.
6. L'ensemble des documents consacrés à cette manifestation est contenu dans AMS / Division C / 4 / 852 / 11-624.
7. Lettre à l'Oberstadtkommissar du 18.10.1942.
8. *SNN* du 9.11.1942.
9. AMS / Division C / 4 / 852 / 12-630.

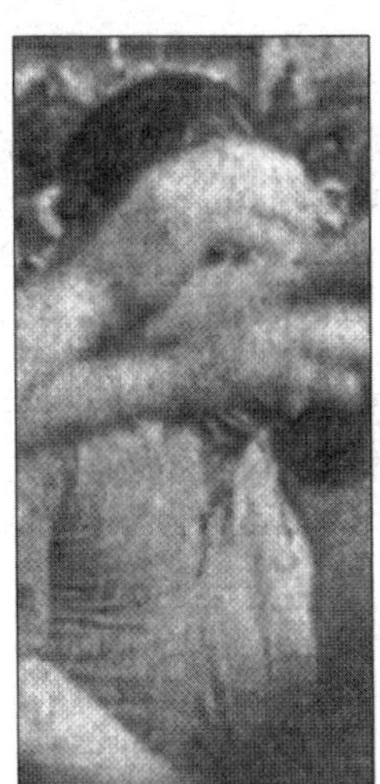

Le Dribble rusé des footballeurs

FRANCIS BRAESCH

Le nazisme mettait le sport au centre de ses préoccupations. Il ne pouvait donc se désintéresser du football alsacien, soumis à rude pression. Les footballeurs, fins dribbleurs, surent cependant ruser avec l'occupant. Chroniques, entre humour et brimades, du football alsacien durant les années noires.[1]

Il faut se méfier de ce pays tout en rondeurs qu'est l'Alsace : les Allemands ont pris le risque de laisser les Alsaciens jouer au football en 1942, croyant que ce sport d'équipe très populaire leur permettrait de gagner du terrain. Et puis, pouvait-on priver les gens d'ici de ce ballon rond, enfanté en 1892 par le Strassbürger Football Club ? Finalement, les pionniers ne gardaient pas un mauvais souvenir de cette époque. Le football était alors une école de bonne éducation, réservé à des gentlemen : à cette vérité, les Alsaciens ont fait le dos rond dès leur retour à la France en 1919 ne voulant à aucun prix donner l'impression de regretter l'époque allemande ! 1942

Un membre fondateur d'un club d'avant 1919 me confiait : « Nous étions des chevaliers à la rose, ne devenait pas footballeur qui voulait, il fallait faire une demande écrite, elle était acceptée ou refusée chez nous, comme en Angleterre ou en Allemagne. En dire du bien pourrait signifier que j'ai la nostalgie du temps où l'Alsace n'était pas française. C'est pourquoi ne mentionnez pas mon nom ; les gens ne comprendraient pas... »

Le dos rond fait à l'histoire d'avant 1919, le football alsacien continuera de le faire à l'occupant, en 1942. En jouant, ils pourront donner au ballon rond les effets dont les Allemands comprendront vite la cause : ils ne seront jamais dupes, obligés de jouer le jeu jusqu'au bout.

Au n° 8 de la Schillerstrasse à Strasbourg où le Sportgau Elsass avait son siège, les Allemands savaient bien qu'ils ne pouvaient pas punir un Alsacien prétextant avoir perdu l'écusson du NSRL, mal cousu en vérité, dans le feu de l'action d'un match.

C'est en parfaite connaissance de cause que le Sportgauleiter Kraft écrivait à des amis :

« Les Alsaciens se servent de leur football pour garder leur identité, pour garder en main leur jeunesse et ils en profitent pour nous ridiculiser. Nous ne pouvons intervenir que dans des cas extrêmes, preuves à l'appui, ce qui n'est pas facile. Franchement, nous n'aurions jamais dû les laisser jouer au football avant 1970... »

Malheureux Kraft en 1942 : « Schweinköpfe diese Elsässer » disait-il quand on lui racontait que des Alsaciens avaient mis leurs culottes à l'envers, l'écusson aux fesses, par inattention, ayant l'audace jusqu'à présenter leurs excuses !

En 1890 et en 1894, l'AS Strasbourg et le FC Mulhouse avaient déjà annoncé la couleur, les uns jouant en rouge et blanc et les autres en bleu et blanc : « la troisième couleur, le bleu pour l'ASS et le rouge pour le FCM était dans nos cœurs » me raconta en 1969 Germain Weise, l'ex-avant-centre de l'Union Mulhouse en 1900 et du FCM en 1902. Un petit tour de cochon, déjà !

LE RACING EN BLEU-BLANC-ROUGE FACE À UNE ÉQUIPE DE S.S.

Que pouvait Kraft devant l'inconscience de son chargé du matériel un Allemand auquel le président Heintz téléphonait avant le derby Racing - SS :

« Allo, ici Heintz, » et de parler de la pluie et du beau temps avant d'ajouter : « pour le derby, auriez-vous des chaussettes jaunes ? »

Réponse du chargé du matériel : « Il n'y a pas de chaussettes jaunes. »

Le lendemain, le président Heintz téléphonait à nouveau, non sans vanter le Grand Reich pour l'importance qu'il accordait au football, bien plus réelle que du temps des Français. Et d'ajouter : « A propos, avez-vous des chaussettes jaunes ?... »

Réponse du chargé du matériel : « Je vous l'ai déjà dit, président, il n'y a plus de chaussettes jaunes. »

C'est l'histoire des croissants de Fernand Raynaud. Deux jours plus tard, le président Heintz téléphonait à nouveau, disant combien il redoutait cette très belle équipe des SS. Et de repiquer une fois de plus : « Vous n'avez toujours pas de chaussettes jaunes ? »

Le président Heintz avait enfoncé l'aiguille jusqu'au sang. Sachant qu'il avait assez tricoté, il terminait : « Alors, qu'est-ce que le Racing peut mettre comme chaussettes ? »

Hors de lui, le responsable du matériel hurla : « Celles que vous voudrez ! »

Celles que le président Heintz voulait ? C'est exactement ce qu'il voulait entendre. Les joueurs du Racing mirent donc des bas rouges et c'est dans l'enthousiasme général qu'ils s'alignèrent devant les SS dans le maillot de l'équipe de France.

Le lendemain, le responsable eut maille à partir avec Kraft difficilement raccomodable.

Lorsque les hommes de Kraft proposèrent à Oscard Heisserer, international français depuis 1936, de devenir l'entraîneur de l'équipe d'Allemagne, ils ne se doutaient pas que dans ce pays tout en rondeurs les habitants puissent avoir une tête aussi carrée.

Oscar partit, traversa la frontière suisse et rejoignit la France libre, non sans avoir avec sa femme imaginé une incroyable mise en scène. Mme Heisserer dira qu'Oscar l'a abandonnée, qu'il était parti avec une danseuse. Des amis, autant de faux témoins, viendront témoigner : « Oscar était troublé, il nous a présenté cette fille plusieurs fois, une sorte de beauté fatale. Il nous avait confié qu'il plaquerait tout pour elle. »

LE RED STAR DE MULHOUSE DOIT SUPPRIMER SON ÉTOILE ROUGE

Devant le scepticisme des Allemands, Mme Heisserer demanda le divorce. Mais ce qui n'arrangeait rien, Oscar, partant pour la France libre, avait mis un enfant en route. Qu'à cela ne tienne : ce sera l'enfant naturel d'un officier allemand ! A la libération Oscar Heisserer revint, il épousa une deuxième fois sa femme et reconnut son enfant, une charmante petite fille née en janvier 1944.

Elle marchait déjà et s'appelait Franciska Monika. Franciska Monika prit le nom de Francine, devint la femme d'André Bord, ministre des Anciens combattants.

Mme Francine Heisserer m'a raconté cette fantastique histoire en riant : « Voilà comme les Heisserer pour rester Français et pour que mon père ne devienne pas l'entraîneur de l'équipe d'Allemagne me firent passer pour la fille naturelle d'un officier allemand ! »

Sous l'occupation, l'Alsace était divisée en treize arrondissements. Les dirigeants de club devaient être approuvés par le parti. Ils étaient très souvent proposés par les clubs pour la finesse de la diplomatie et pour lesquels un « Heil Hitler » valait bien une messe, la politique étant la science du possible.

M. Paille dont on reparlera en 1945 était le Sportkreisführer de l'arrondissement de Sélestat : « L'important, c'était le football » m'a-t-il dit un jour. « Si nous, nous ne nous étions pas occupés de nos jeunes, les Allemands l'auraient fait à notre place et autrement... »

Le championnat d'Alsace, de 1940 à 1944 était dominé par trois clubs, le Racing champion en 1941, le FCM en 1943 et 1944.

Et en 1942 ? Jamais l'Alsace n'avait eu et n'aura plus, espérons-le champion plus impopulaire : la Sportgemeinschaft SS, l'équipe des SS !

Si à Mulhouse, l'habile René Waechter avait pu maintenir le sigle du FCM en souvenir du Strassbürger Football Club, illusoires avaient été les démarches de MM. Kohler et Angst pour maintenir celui du Red Star Strasbourg. Le général SS Lohse, chef de la police d'Alsace et du pays de Bade avait prévenu les dirigeants du Red Star : « L'étoile rouge est bannie, en la maintenant vous vous expo-

À COLMAR, AVANT UN MATCH, C'EST TÊTE BAISSÉE QUE LES JOUEURS FONT LE SALUT NAZI OBLIGATOIRE.

seriez à de graves conséquences. » Et d'ajouter avec le sourire : « Il n'y a plus de Red Star, il devient la Sportgemeinschaft SS ; de toutes façons, nous le ferons, avec ou sans vous. »

Cette équipe de SS fut la grosse caisse, pour ne pas dire le trésor des clubs. Des milliers de spectateurs se déplacèrent en effet pour la voir perdre. Ils ne la conspuaient pas mais les encouragements enthousiastes que les Alsaciens prodiguaient régulièrement à leurs adversaires en disaient long sur leur penchant ! Les Allemands comprenaient un peu tardivement cette erreur tactique dont le Führer lui-même prit connaissance très en colère.

M. Eberhardt était de ces « malgré-nous » incorporés de force dans cette équipe SS. Il se confie sans le moindre embarras : « Honte de quoi ? Je n'étais pas SS. Il n'y en avait qu'un seul dans cette équipe et il était allemand. Nous n'avions pas le choix. Remarqué sur un terrain de foot par les SS il était impossible de ne pas signer. » Et il concluait : « Le public était formidable car ça nous faisait plaisir de ne pas avoir la cote d'amour. On était de ce public mais il est vrai aussi que devant tant d'adversité, nous étions devenus de très bons copains. Le football prenait le dessus, vous savez, des coups on en prenait à la pelle et les spectateurs rigolaient. Alors on les rendait. Je me souviens d'Oscar Heisserer, il n'arrêtait pas de nous crayonner... Non, on ne pensait pas à la politique. »

M. Eberhadt avec un très large sourire : « Une seule fois nous avions le public avec nous, contre Stuttgart en coupe d'Allemagne mais il criait « Strassburg, Strassburg ». Ah qu'il était triste de nous voir perdre. Nous étions redevenus une équipe alsacienne. »

Si à Colmar, des spectateurs ont été emmenés pour avoir sifflé les SS, si M. Waasen confesse qu'il n'a pas sifflé de penalty contre eux de peur d'être déporté, Alsaciens et Allemands, jouant ensemble dans une même équipe étaient très souvent de connivence.

L'histoire de Walter Reich, officier de la Luftwaffe, est un exemple. Il venait en avion de chasse de Kiev à Colmar pour jouer avec ses coéquipiers alsaciens !

Mon confrère François Rimmely, un proche témoin pour avoir joué à cette époque (28 licences aux SR Colmar) : « Ce n'était pas facile mais je dois dire que le football l'emportait sur toute autre considération. Les Allemands qui

DOCUMENT DE L'ORGANISATION NAZIE DU SPORT VERBALISANT LE PRÉSIDENT DU FCM, RENÉ WAECHTER, POUR N'AVOIR PAS ENVOYÉ SES JOUEURS AUX MATCHES DE SÉLECTION.

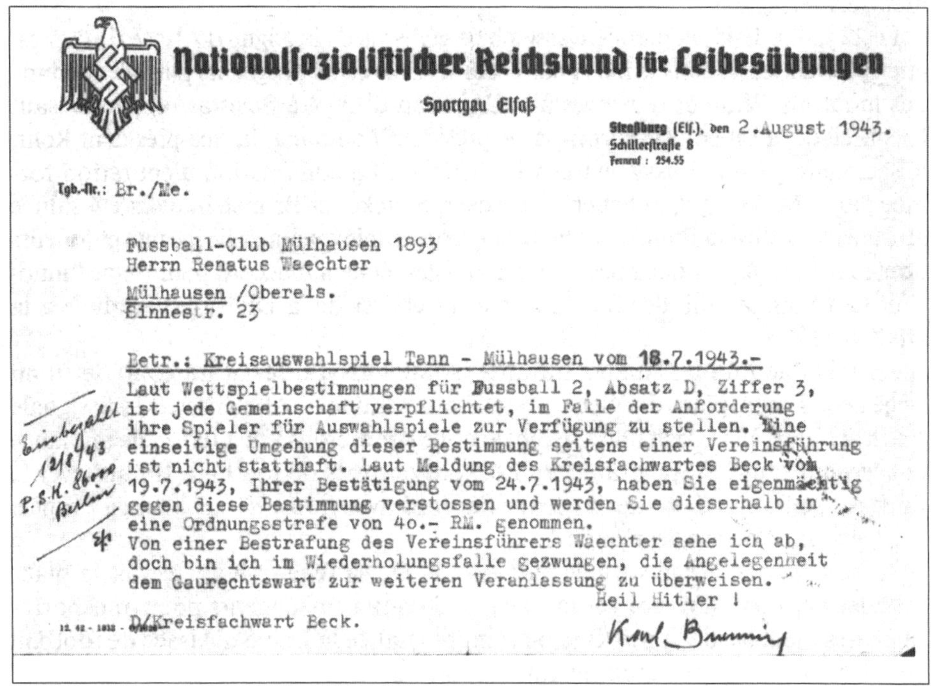

Nationalsozialistischer Reichsbund für Leibesübungen

Sportgau Elsaß

Straßburg (Els.), den 2. August 1943.
Schillerstraße 8
Fernruf : 254.55

Tgb.-Nr.: Br./Me.

Fussball-Club Mülhausen 1893
Herrn Renatus Waechter

Mülhausen /Oberels.
Sinnestr. 23

Betr.: Kreisauswahlspiel Tann - Mülhausen vom 18.7.1943.-

Laut Wettspielbestimmungen für Fussball 2, Absatz D, Ziffer 3, ist jede Gemeinschaft verpflichtet, im Falle der Anforderung ihre Spieler für Auswahlspiele zur Verfügung zu stellen. Eine einseitige Umgehung dieser Bestimmung seitens einer Vereinsführung ist nicht statthaft. Laut Meldung des Kreisfachwartes Beck vom 19.7.1943, Ihrer Bestätigung vom 24.7.1943, haben Sie eigenmächtig gegen diese Bestimmung verstossen und werden Sie dieserhalb in eine Ordnungsstrafe von 40.- RM. genommen.

Von einer Bestrafung des Vereinsführers Waechter sehe ich ab, doch bin ich im Wiederholungsfalle gezwungen, die Angelegenheit dem Gaurechtswart zur weiteren Veranlassung zu überweisen.

Heil Hitler !

D/Kreisfachwart Beck.

jouaient dans nos équipes, même contre les SS étaient de vrais coéquipiers. Walter Reich nous disait en douce de qui il fallait se méfier. Nous avions en effet sous le même maillot des Allemands comme Ruge, Szymanski ou Schliepsieck. Eh bien il nous indiquait de qui il fallait faire attention. Il était devenu un coéquipier, un vrai... »

Walter Reich, j'ai été le voir chez lui, il y a vingt ans, au n° 23 de la Scheffelstrasse à Stuttgart. Tout en buvant du thé avec de la tarte aux pommes, il m'a dit ce soir-là : « Les Alsaciens ? Mais bien sûr que nous savions qu'ils étaient Français de cœur. Mais le football lie les hommes et les footballeurs ne sont pas des salauds. Vous me voyez dénoncer mon gardien de but, mon avant-centre ? Mais après toutes les confidences qu'ils me faisaient, j'aurais pu les dénoncer tous ! Pas une jeune recrue de Gœring n'aurait fait ça. Je venais de Kiev pour jouer avec mes coéquipiers alsaciens. »

Walter Reich n'était pas dupe, pas plus que l'immense majorité des Allemands. Herr Kraft non plus. N'aurait-il pas attendu jusqu'en 1970 pour laisser jouer les Alsaciens au ballon ?...

En haut lieu, les Allemands formulaient des regrets mais il leur était impossible de revenir sur leurs pas (de l'oie) sans admettre leur erreur, une faute que Kraft mettait volontiers sur le compte des SS, situation dont profitèrent largement les Alsaciens.

Le 22 juillet 1945, la première assemblée générale de la Ligue d'Alsace de l'après-guerre s'était tenue dans le plus grand calme. Trois cents dirigeants paisibles comme des moutons s'étaient retrouvés à « L'Agneau d'Or » à Sélestat, applaudissant le conseil de la Libération formé par le président Lambling, le vice-président Rohr, le secrétaire général Gissy, le trésorier Stricker. La commission d'épuration formée par MM. Haegel, Scheuer, Lausecker, Stricker et Brunstein avait été saluée aux cris de « Vive la France ». On avait excommunié quelques dirigeants et joueurs douteux. Tous, à part quelques abstentionnistes, étaient d'accord pour punir l'innocent Red Star, le club des SS, en le faisant chuter de la Division nationale à la Division IV.

Au mois de juin de l'année suivante, Aimé Gissy, recevait un coup de fil au siège de la Ligue, place du Vieux-Marché-aux-Grains. « Allo Gissy ? Je te signale que le 22 juin, à la prochaine assemblée nous déposerons une motion de méfiance concernant tous les Sportführer qui se sont occupés de football. Il faut laver le linge sale en famille et vite. Tu seras d'accord avec nous, t'étais bien en France, toi, pendant l'occupation, non ?... »

Aimé Gissy était catastrophé, épouvanté. De sa fenêtre il apercevait la place inondée de soleil. Un seul voyage avait suffi aux déménageurs pour transporter quelques meubles de la rue Kuss où s'était installée la Ligue d'Alsace de football en 1935 jusqu'aux bureaux du futur *Sport Est.*

Aimé Gissy appela Lambling : « Ça va mal, ils vont tout casser, ils vont se taper dessus parce que les uns voudront prouver qu'ils sont de meilleurs Français que les autres. Mais, nom de Dieu, l'épuration c'est terminée !... »

Que s'était-il passé ? Pourquoi certains étaient-ils devenus des loups après la paisible assemblée à « L'Agneau » ? Une banale question de règlement qui avait opposé le FC Cronenbourg au FC Huttenheim s'était mal terminée : à l'issue de la séance on s'était traité mutuellement de boches !

MM. Gissy, Lambling, Brunstein, Lausecker eurent une idée de génie : faire intervenir à cette assemblée qui pouvait mettre le feu aux poudres M. Paille, le Sportführer de Sélestat. De forte carrure, M. Paille auquel le Dr Durr, président du SC Sélestat avait accordé sa confiance avant d'être expulsé, était un bonhomme plein de sagesse. Mais il savait aussi convaincre, taper sur la table.

22 juin 1946, date terrible pour le football alsacien, transformé en tribunal : les témoins passeraient à la barre, auraient à s'expliquer sur leurs activités avec l'occupant.

Le premier fut M. Charles Paille. Il s'avança et ouvrit les débats : il allait être une paille de fer et allait nettoyer le parquet !

« Je me présente, moi, ex-Sportkreisführer de l'arrondissement de Sélestat. Eh bien oui, je reconnais que je ne suis pas fier de ce que j'ai été... » (Murmures dans la salle et sifflets.)

Une partie de la salle se leva, les membres du conseil de Ligue s'épongèrent le front, angoissés. Quelle mouche avait piqué M. Paille qui ajouta : « J'ai bien dit que je n'étais pas fier de ce que j'ai été ». Puis il hurla : « Mais je suis fier de ce que j'ai fait ! »

Autour de cette formule, le football alsacien retrouva son unité. La motion de méfiance fut rejetée, la Ligue pouvait repartir du bon pied. Tout ceci en quelques minutes !

J'ai retrouvé M. Charles Paille à Sélestat, buvant une bière, chez Fix. Il m'a raconté la petite histoire suivante : « Le Sportführer de Kertzfeld était venu me voir dans ma boutique. Il était entré en criant « Bonschour M. Paille ! » Je l'ai proprement engueulé. Il était surpris : « Yoh, yoh, on vous connaît donc M. Paille » m'a-t-il répondu, en allemand cette fois. Je l'ai conduit dans l'arrière-boutique et je lui ai dit : « C'est exactement ce que je veux éviter, brouge d'âne... »

M. Paille : « Le plus difficile était de se faire comprendre des jeunes. Je n'ai rien pu en faveur de Charles Wolff, envoyé à Schirmeck pour avoir crié " Vive de Gaulle " après une réunion. Je déchirais les lettres d'anciens joueurs de Sélestat, incorporés de force qui m'écrivaient : " L'armée allemande est très moderne, savez-vous pourquoi ? On peut orienter ses mitrailleuses dans tous les sens. " J'ai joué le jeu, j'ai toujours trouvé des excuses. J'ai évité le pire à Sür qui avait répondu " Je t'emmerde " à un jeune officier allemand venu l'inviter à la fête de la Hitlerjugend à Benfeld. Convoqué par la Gestapo, j'ai dit que c'était mal servir le grand Reich que de faire transmettre les ordres par un garnement, d'autant plus que le Sportführer était un bon hitlérien. Nous avons bien rigolé : il devint un homme de confiance des Allemands. Ils avaient tort, et dans mon esprit ça faisait un type de plus qui avait pigé ! »

« Piger c'était dribbler en finesse », me confia M. Paille. Certains ne l'ont pas pu. Ce fut le cas de Paul Heinrich, surnommé « tête de bois » qui a refusé de faire le salut hitlérien rendu obligatoire avant chaque match. Paul était un joueur exemplaire du FC Mulhouse, capitaine de l'équipe d'Alsace, international amateur. Ce fut le cas de M. Allenbach fondateur du FC Colmar, envoyé à Schirmeck pour avoir dit en public qu'il accrocherait le portrait de Hitler dans les chiottes. Ce fut le cas de Pierrot Lauer, déporté pour avoir giflé un SS dans un café.

RÈGLEMENTS DE COMPTES À LA LIBÉRATION

« C'étaient de ces cas extrêmes, avec preuves à l'appui » dont parlait Herr Kraft. Mais que pouvait-il contre les bas rouges du président Heintz, la fuite en Suisse d'Oscar Heisserer avec sa « danseuse », les culottes à l'envers, l'écusson aux fesses de joueurs qui présentent humblement leurs excuses, quand Allemands et Alsaciens chantaient « Fussball über alles », quand un officier de la Luftwaffe confiait à ses coéquipiers alsaciens de qui il fallait se méfier !

Herr Kraft n'était pas un méchant homme. Il n'aimait pas les SS et leur reprochait des erreurs que le diable qu'ils personnifiaient n'aurait sans doute pas commises, parce que plus habile qu'eux.

Le football alsacien a de quoi tenir de ses ballons érodés par le temps et l'histoire. Il a permis aux gens d'ici de faire le dos rond avec ce qu'ils savent très mettre en forme : l'ironie.

NOTE

1. Voir BRAESCH Francis, *Parlez-moi du football alsacien,* ligue d'Alsace de F.A., Strasbourg, 1969.
BRAESCH Francis, *Grandes et petites histoires du football alsacien,* ligue d'Alsace de F.A., Strasbourg, 1989.

Les drôles de Pensionnaires des Trois-Epis

RAYMOND GIES

Pendant la guerre, de nombreux dignitaires nazis venaient se détendre et se distraire aux Trois-Epis. Un jeune garçon est le témoin de ces à-côtés de l'histoire.

Depuis le XVe siècle, les Trois-Epis attirent les pèlerins. Le centre marial fête cette année son cinquième centenaire. Entre les deux guerres, le rayonnement du pèlerinage s'étendait sur le nord-est de la France, la vallée du Rhin et le nord de la Suisse. Grâce à l'initiative audacieuse d'un hôtelier, les Trois-Epis, qui ont la chance de bénéficier d'un microclimat, devinrent un centre de villégiature dont la réputation ne cessa de grandir. Avant 1940, il était surtout fréquenté par une clientèle aisée venant essentiellement des colonies puis, peu à peu, par des personnalités d'horizons divers : politique, militaire, culturel... Parmi les hôtes de marque, il y eut en particulier la reine Wilhelmine de Hollande et sa fille, à l'époque la princesse Juliana. En 1940, le site des Trois-Epis attira donc immédiatement les sommités allemandes.

A l'époque, j'avais treize, - quatorze ans et les débats politiques ou idéologiques m'étaient plutôt étrangers. Mon environnement était une éducation religieuse très stricte dispensée dans des collèges de Jésuites et de Rédemptoristes, une vie familiale quelque peu perturbée par la profession hôtelière de mes parents et un sens aigu de l'honneur et de la patrie inculqué surtout par ma mère. Curieusement, c'est par l'intermédiaire de celle-ci que j'ai été spectateur ou acteur d'événements touchant le monde nazi. En effet, mon père étant décédé à la veille de la guerre et les circonstances l'exigeant, ma mère a dû occuper un emploi dans deux grands hôtels des Trois-Epis.

Mon premier souvenir est empreint de tristesse. Je vois de nombreux généraux français arriver aux Trois-Epis dans de luxueuses voitures ; ils viennent d'être faits prisonniers probablement sur le front de l'Est. L'image d'un général de cavalerie arrivant dans une superbe voiture décapotable me reste plus particulière-

L'EX-AUTONOMISTE ALSACIEN PAUL SCHALL AVEC UN OFFICIER ALLEMAND. AMS

ment en mémoire. La voiture s'arrête, le chauffeur ouvre la portière, le général descend, les bottes luisantes comme si l'homme revenait d'un bal. Le lendemain, un autre spectacle m'attend : les généraux aperçus la veille, dont le général Giraud, sont embarqués dans un camion ; un total désarroi se lit sur leur visage. Leur képi à lauriers fait triste figure face à l'air martial et victorieux des militaires allemands. Cette scène reflétait une défaite mais je n'en étais pas conscient.

Second épisode : l'arrivée de civils vêtus de sombre, à la mine sévère. Je les vois se rassemblant devant un car, portant un slogan que j'ai oublié et posant pour la postérité. Plus tard, j'ai su qu'il s'agissait d'autonomistes alsaciens revenant en Alsace et accueillis par le Reich. Parmi ces Alsaciens, se trouvait M. Mourer, nettement plus jeune que les autres et que je retrouverai souvent aux Trois-Epis où il rendra visite à une religieuse des sœurs de Saint-Jean-de-Bassel, une parente probablement... Lorsqu'ils se promenaient, la présence de l'uniforme jaune aux côtés de l'habit de nonne surprenait. En la faveur de cet homme, je dois reconnaître qu'il est à l'origine de maints bienfaits et qu'il s'est préoccupé du sort de nombreux prisonniers politiques.

Durant les premières années de la guerre, les hôtels des Trois-Epis ont notamment vu défiler plusieurs dignitaires nazis. En premier lieu, le gauleiter Wagner qui venait très fréquemment et invitait ses amis à des soupers qui se terminaient le plus souvent dans les vociférations et la vulgarité. L'ambiance « Hofbraühaus » prédominait. Parmi les autres sommités dont le nom me revient en mémoire,

Heydrich, Hess, Baldur von Schirach, chef des jeunesses hitlériennes, Seyss-Inquart et, plus tard, Himmler, Antonescu, le régent de Roumanie, Gœring également pour lequel ma mère dut goûter le café avant de le lui servir.

Une autre figure m'est plus spécialement restée en mémoire, celle du prince August Wilhelm, le fils de l'empereur Guillaume II, l'un des chefs de la SA, qui résidait à la villa Excelsior et dont les déplacements ne passaient pas inaperçus dans la mesure où il se faisait accompagner de plusieurs voitures transportant des gardes du corps ainsi que des dames élégantes. Tous ces personnages défilaient devant l'adolescent que j'étais sans que je prête à chacun une attention particulière. Ils étaient des clients de l'un ou l'autre des hôtels, bénéficiant de privilèges en raison de leur rang.

Ma mère ayant eu l'occasion de connaître plus spécialement l'entourage du gauleiter Wagner, il lui est arrivé d'exploiter la situation pour faciliter le passage de prisonniers français de l'autre côté de la frontière et mettre à l'abri les biens d'expulsés. J'ai pu, à certains égards, bénéficier de cette relation. En effet, seul jeune des Trois-Epis et de Labaroche à fréquenter la Mathias-Grünewald Oberschule de Colmar, j'ai été sollicité par le Kreisleiter de Ribeauvillé pour être le chef de la Hitlerjugend de Labaroche. Flatter la vanité des jeunes Alsaciens, en 1942

FÊTÉ AUX TROIS-ÉPIS, LE RETOUR EN ALSACE DES LEADERS AUTONOMISTES : STURMEL, MOURER, ANTONI, BRAUNER, OSTER, HAUSS, SCHALL, SCHLEGEL, BICKLER, LANG, NUSSBAUM, BIEBER, KEPPI. AMS

LE BUS DES AUTONOMISTES ALSACIENS RALLIÉS AU IIIe REICH. AMS

particulier en leur offrant des postes de responsabilité, était un des éléments d'une tactique mise en place par les Allemands en vue de les amener ensuite dans leurs rangs. Ma mère, ayant appris cette offre, fut scandalisée et intervint directement auprès d'un collaborateur de Wagner ; c'est ainsi que sur la base d'un argument d'ordre médical non fondé, elle put me faire dispenser de tout service dans cette organisation de jeunes tant à Labaroche qu'au lycée de Colmar, au grand dam de certains germanophiles locaux.

Enfin, je ne puis évoquer cette période des Trois-Epis sans faire référence à une dame venue de Syrie, disait-on, et qui s'est installée avec l'appui des autorités allemandes dans la villa Schlumberger qu'elle transforma en hôtel. Cette villa devint très vite un lieu de rencontres privilégié pour de hauts dignitaires nazis venus de Berlin ou d'ailleurs. Sa locataire disposait de moyens surprenants pour l'époque, notamment d'une voiture luxueuse et de denrées alimentaires alors fort rares. Elle semblait également avoir un pouvoir très étendu puisqu'elle a pu, sur simple intervention de sa part — j'en fus témoin — faire sortir de prison un détenu politique. Un réel mystère entourait ce personnage, mystère que la fin de la guerre n'a pas permis d'élucider puisque cette femme est morte à la veille même de la libération de la région par les troupes américaines, emportant dans la tombe tous ses secrets.

Tels sont quelques souvenirs d'un jeune garçon qui eut treize ou quatorze en quarante, images parfois banales d'une époque et de personnages dont l'histoire révéla plus tard la réelle importance.

Umschulung Mode d'emploi

La «rééducation» des instituteurs

EUGÈNE PHILIPPS

Les instituteurs alsaciens n'étaient pas jugés « politiquement sûrs » par les Allemands qui préférèrent nommer des enseignants allemands en Alsace et muter les Alsaciens en Allemagne. Etape avant la mutation, un « stage pédagogique », en fait une tentative de rééducation politique. Extrait de son livre de souvenirs à paraître, Eugène Philipps raconte cette Umschulung.

Au cours de l'été 1940, les rumeurs les plus confuses circulaient sur notre avenir. Il n'y aurait aucun changement pour les instituteurs faisant déjà partie du corps des fonctionnaires français. Conformément à la législation allemande, ils seraient considérés comme « instituteurs titulaires » et maintenus à leur poste. Les autres devraient faire un stage pédagogique de six semaines. Cela ne me concernait donc pas. Mais d'aucuns voulaient savoir que seuls ceux qui avaient fréquenté le Lehrerseminar allemand avant 1918 conserveraient leur poste. Tous les autres devraient passer un certain temps dans le Reich avant de pouvoir poser leur candidature à un poste en Alsace.

Vers la mi-septembre, une décision du ministre des Affaires culturelles et de l'Instruction de Karlsruhe mit fin à l'incertitude. Le ministre ordonna un stage (Umschulung) de trois mois au pays de Bade pour la grande majorité des instituteurs et institutrices alsaciens. Le premier stage commencerait le 1er octobre. Pendant leur absence, ils seraient remplacés à leur poste par des enseignants badois. Les autorités scolaires allemandes mirent en place des centres de stage dans plusieurs villes dont Fribourg-en-Brisgau, Karlsruhe, Pforzheim, Mannheim, Heidelberg etc.

Le 30 septembre 1940, je partis donc pour Pforzheim, la « Cité d'Or ». C'était la première fois que je me rendais de l'autre côté du « ruisseau ». A vrai dire, j'étais curieux de connaître d'un peu plus près l'outre-Rhin. J'avais souvent entendu dire que de « l'autre côté », « ils » n'avaient presque plus rien de « convenable » à manger, que tout n'était que de l' « ersatz » — à commencer par le café — que les rideaux étaient en papier et les textiles tirés des fanes de pommes de terre...

Les instituteurs et institutrices qui, comme moi, furent envoyés à Pforzheim étaient originaires de l'arrondissement de Sélestat et du nord du Haut-Rhin. Tous ne se connaissaient évidemment pas, mais le premier contact fut révélateur de l'état d'esprit général. Des remarques d'une ironie mordante sur les Allemands et le « grand changement » commencèrent à fuser de toutes parts. Non seulement personne ne paraissait s'en offusquer, mais au contraire, presque tous s'esclaffaient. La preuve que je me trouvais en bonne compagnie.

Pforzheim m'a fait d'emblée une bonne impression. Des maisons bien entretenues, des rues propres, de beaux magasins et, comme je devais le constater plus tard, des restaurants sympathiques. Ce n'était en tout cas pas la misère dont on nous avait parlé. La première réunion avec les responsables du stage se déroula dans une atmosphère relativement bonne. Visiblement, ils se donnaient beaucoup de peine pour se montrer aimables. A part ce « Heil Hitler ! » qui me fit tiquer tout de suite ! Mais ce qui me frappa immédiatement, c'est que chez certains le « Heil Hitler ! » passait difficilement les lèvres, comme s'ils étaient gênés d'avoir à nous saluer de la sorte.

Je ne crois pas que quelqu'un d'entre nous se soit fait des illusions sur l'objectif réel de ce stage. Bien sûr, nous devions être introduits dans le système scolaire national-socialiste allemand et préparés pédagogiquement à faire la classe en allemand. Ce qui fut d'ailleurs fait. Seulement, de tels stages auraient pu être organisés en Alsace. Mais sous le régime nazi, le ministère des Affaires culturelles et de l'Instruction du pays de Bade ne pouvait pas être autre chose qu'un instrument privilégié de la propagande nazie. L'accent portera ainsi beaucoup plus sur notre formation idéologique que sur notre formation pédagogique. Et les responsables du stage s'attacheront beaucoup plus à « ré-orienter » notre façon de penser qu'à nous « re-convertir » sur le plan strictement professionnel.

Ce qui les intéressait évidemment en premier lieu, c'était notre niveau de connaissance de la langue allemande. A de rares exceptions près, nous parlions tous couramment le dialecte. Quant au haut-allemand, nous l'avions appris à l'école primaire dès l'âge de sept ans et la plupart d'entre nous l'avait enseigné dans leur classe pendant les deux ou trois heures hebdomadaires prévues à l'emploi du temps. Nous n'étions donc nullement sans connaissances en allemand. Sans doute pour se faire une idée plus précise de notre niveau, on nous fit faire ... une dictée.

Le résultat réserva aux responsables du stage une surprise de taille. C'est que la plupart d'entre nous ne firent aucune faute. On leur avait tant raconté sur l'oppression de la langue allemande en Alsace qu'ils ont dû se demander si nous savions encore l'allemand. Passe encore que les collègues déjà chevronnés n'aient pas fait pas de faute, mais les autres ?

UN PROFESSEUR ALLEMAND DE COLMAR.
DESSIN DE TOMI UNGERER.

LA NUÉE BLEUE

1942

Cela dit, il était normal qu'au cours de ce stage, on attachât une importance particulière à l'approfondissement de nos connaissances de la langue allemande. Pas étonnant non plus que l'Etat national-socialiste ait tenu à imposer, également dans ce domaine ses propres vues, notamment sa « nouvelle éducation linguistique allemande ». Son auteur et promoteur était le professeur Dr. Karl Friedrich Probst, qui nous fit plusieurs conférences pour nous expliquer sa façon de concevoir cette « nouvelle éducation linguistique ».

Après quelques semaines, nous fûmes envoyés dans une école et répartis dans les différentes classes. Comme d'habitude, nous assistions d'abord aux cours, puis on nous fit faire quelques leçons sous le regard critique de l'instituteur chargé de la classe. J'eus ainsi l'occasion de comparer le niveau des élèves allemands à celui de mes propres élèves à Itterswiller, ce qui ne manqua pas d'intérêt. Toutes proportions gardées et en considérant uniquement les problèmes que posait l'apprentissage du haut-allemand, je ne constatai pas de différences fondamentales entre les élèves allemands et les élèves alsaciens.

Je m'intéressais d'ailleurs moins à la pédagogie qu'à ce que les instituteurs badois pensaient au fond d'eux-mêmes du national-socialisme. Au début, je croyais pouvoir tirer des conclusions probantes de deux signes extérieurs que j'estimais infaillibles : la « salutation allemande » et l'insigne du parti. Mais je me rendis bien vite compte que ce n'était pas aussi simple que cela. Si certains saluaient toujours « à l'allemande » et portaient toujours l'insigne du parti, il n'en fut pas de même pour d'autres, surtout lorsqu'on les rencontrait par hasard en ville. Faudrait pouvoir leur parler seul, mais comment les aborder et quoi leur dire ?

Très révélatrices furent les conversations dans la salle de réunions pendant les récréations. Révélatrices, parce que, précisément, elles ne révélaient rien, si ce n'est l'absence de toute communication, au sens vrai du terme. On causait, bien sûr, mais ce n'étaient ni des conversations ni des échanges de propos à proprement parler. J'avais parfois l'impression que chacun avait réfléchi d'avance à ce qu'il allait dire tel ou tel jour. Le plus souvent on assistait ainsi à une juxtaposition d'énoncés souvent sans aucun lien entre eux.

Il ne fallait certainement pas s'attendre à ce que nous, les Alsaciens, sortions de notre réserve. Mais les collègues badois ne semblaient pas non plus avoir quelque chose de significatif à se dire. Visiblement, on parlait... pour parler. Parfois, ils ont dû être tout heureux de pouvoir se gausser d'une « perle » particulièrement amusante qu'ils venaient de dénicher dans une copie d'élève ou de raconter un fait banal survenu à Pforzheim ou dans les proches environs.

Je ne manquais pas de remarquer que quelques collègues badois, toujours les mêmes d'ailleurs, se mettaient en quatre pour pouvoir engager une conversation avec nous. Ce qui n'était pas facile car, surtout au début, nous gardions poliment nos distances. De toute façon, le port de l'insigne du parti avait un effet dissuasif. Des gens à éviter... pour aimables qu'ils fussent. C'est qu'on ne pouvait pas savoir si leurs manières affables n'étaient pas feintes. Et si ce n'était qu'un moyen pour nous amener à tenir des propos... imprudents ? A tort ou à raison, nous nous méfions de tout un chacun. Situation inconfortable et, au fond, affligeante.

Certes, c'est à contre-cœur que nous participions à ce « recyclage ». Non seulement notre sentiment national, mais toute notre vision de l'homme et de la vie juraient avec le sentiment national allemand et la société national-socialiste. Sans doute, nous étions attachés à des valeurs qui s'opposaient radicalement à celles affichées officiellement par notre entourage, un fossé impossible à combler. Il n'empêche, c'étaient des hommes qui se trouvaient face à face, des « collègues » de surcroît. Entre hommes, on peut... on aurait dû pouvoir s'expliquer. On aurait dû... mais dans l'Allemagne nazie, la peur — il y avait de quoi ! —, avait depuis longtemps bloqué les esprits. Et la destruction systématique des relations humaines est certainement l'un des aspects les plus détestables du totalitarisme, quelle qu'en soit la couleur. Il déshumanise l'homme en le vidant de son âme.

Et la guerre ? C'est un sujet qui fut abordé rarement. Si déjà on en parlait, c'était uniquement pour répéter ce que chacun pouvait lire dans le journal. Les commentaires auxquels se hasardait parfois l'un ou l'autre allaient d'ailleurs tout à fait dans le sens de l'éditorial. De toute façon, ce n'était jamais rien d'important. Car, en dehors du tonnage des navires anglais que, selon le haut-commandement allemand, les sous-marins allemands avaient coulés, il n'y avait pas grand-chose à signaler. Je ne me rappelle pas que dans les salles de réunions on ait fait une seule fois allusion à Hitler ou au national-socialisme. J'avais l'impression que même entre « camarades du parti », on se méfiait l'un de l'autre.

NE JAMAIS SE FIER AUX APPARENCES, MÊME À L'INSIGNE DU PARTI

Il arrivait pourtant que des collègues badois — presque toujours les mêmes — nous invitent à prendre un verre de vin. C'est au « Münchener Kindl » que nous nous rendions le plus souvent, un petit restaurant dont ils paraissaient être des habitués. L'atmosphère y était toujours très détendue, bien que, même en ces occasions, la conversation fût toujours lente à démarrer. Il ne fut jamais question d'école, de politique ou des problèmes spécifiques à l'Alsace. Aucun de nos collègues n'a jamais été tenté par la fameuse « Gretchenfrage », la question que posent très souvent (parfois même encore aujourd'hui) les Allemands pour savoir si les Alsaciens se considèrent comme des Allemands ou des Français... Si déjà on parlait de l'Alsace, c'était uniquement pour vanter la beauté du paysage ou la qualité des vins. Aucun désaccord là-dessus.

Lorsque nous rencontrions un instituteur badois qui passait pour être un nazi convaincu, nous essayions de le saluer en premier pour n'avoir pas à répondre

RENTRÉE DES CLASSES À STRASBOURG.

à son inévitable « salutation allemande ». Ce qui donnait lieu à des scènes vraiment comiques. Car lorsque nous l'abordions en lui disant tout de suite « Guten Morgen ! » ou « Guten Tag ! », il avait rarement le courage de répondre sans hésitation par « Heil Hitler ! ». Ou il bégayait alors quelque chose devant soi ou il commençait par lever son bras... mais pour répondre finalement quand même par « Guten Morgen » ou « Guten Tag » ou, au moins, « Tag ». Cela m'amusait énormément.

Le comportement d'un des collègues badois me posa longtemps une énigme. C'est qu'il portait toujours l'insigne du parti mais ne saluait jamais par « Heil Hitler ! » Au début, ce fut pour moi une raison supplémentaire de me montrer encore plus prudent. Un loup habillé en berger ? Ou tout simplement un homme qui était content de trouver en nous des gens dont il se sentait beaucoup plus proche qu'il ne pouvait le laisser apparaître ? Très aimable, il ne donnait toutefois pas l'impression de chercher à nous accaparer. Il trouvait toujours un prétexte pour se joindre à nous, suivait alors notre conversation avec beaucoup d'attention mais n'intervenait que très rarement.

Un jour, l'un de nos collègues alsaciens ne put s'empêcher de donner libre cours à son agacement et critiqua la manière dont ce stage nous fut imposé et la façon dont il se déroulait. Il ne supportait surtout pas, observa-t-il, la suffisance de certains hommes du parti qui nous traitaient parfois comme « des gosses » et toujours comme de simples exécutants. Le collègue badois eut un petit tressaillement avant de dire : « Vous savez, j'ai dû avaler bien des choses avant de me faire quand même admettre dans le parti. Je vous donne un bon conseil : ne vous exposez pas inutilement à l'arbitraire des " petits Führer ". Je parle d'expérience. » Tout était dit... et c'est également tout ce qu'il pouvait dire.

Etre obligé de se faire « re-convertir » sur le plan professionnel dans le Reich était déjà assez fastidieux en soi, mais rien en comparaison de ce qu'il fallait avaler pour se faire « ré-orienter », c'est-à-dire « ré-éduquer » également sur le plan idéologique. Peut-on d'ailleurs « ré-orienter » des hommes et des femmes de quarante ou de trente ans, la plupart mariés ? Ou même ceux qui n'ont que vingt ans ? Peut-être. Mais certainement pas s'ils sont foncièrement hostiles à l'Etat qui leur impose une telle contrainte. Psychologiquement, les responsables du stage n'étaient pas mieux préparés à résoudre les problèmes spécifiques qu'allait leur poser l'état d'esprit du corps enseignant alsacien que ne le seront plus tard les officiers et sous-officiers dans leurs rapports avec les Malgré-nous alsaciens et lorrains.

LA PRESSE DE PROPAGANDE À L'ÉCOLE.
DES LYCÉENNES STRASBOURGEOISES COMMENTENT LES S.N.N.

Tout le poids de la « ré-orientation » idéologique portera sur l'histoire. Je me souviens encore très bien des grandes lignes de la « nouvelle vision de l'histoire » — de l'histoire allemande, bien entendu, — qui nous a été présentée pendant ce stage. Sans doute, en quelques semaines, il n'était pas possible de nous faire revoir toute l'histoire de l'Allemagne. Pour en tracer au moins les contours, on s'en tint à quelques personnages historiques de premier plan tels que Martin Luther, Frédéric II (le Grand) de Prusse, Bismarck et évidemment Adolf Hitler. Et toujours la même rengaine : si les grandes figures de l'histoire allemande n'ont pas réussi à atteindre le but qu'elles s'étaient toutes fixées, à savoir la constitution d'un Etat-nation allemand unifié et puissant, c'est uniquement à cause du complot permanent de leurs ennemis à l'extérieur et de la trahison des Allemands au service de l'étranger à l'intérieur.

PREMIÈRE SURPRISE POUR LES ALLEMANDS : LES INSTITUTEURS FRANÇAIS SAVAIENT TOUS TRÈS BIEN L'ALLEMAND

C'est ainsi que l'Eglise « catholique et romaine » — l'accent portait sur « romaine » — fut tenue pour responsable de la guerre de Trente Ans et de son issue catastrophique pour l'Allemagne. Elle aurait établi son pouvoir temporel sur les déchirures provoquées par les querelles intestines des Allemands. Elle se serait toujours opposée aux aspirations unitaires en Allemagne et est même allée jusqu'à contraindre l'empereur d'Allemagne Henri IV de se rendre à Canossa pour y subir la pire des humiliations. Quant à Bismarck, il aurait été abandonné par un empereur arrogant et incapable (Guillaume II) à un moment où il était sur le point de faire de l'Allemagne une puissance mondiale.

Et, tentait-on de nous faire croire, l'Allemagne aurait perdu la Première Guerre mondiale uniquement parce que des éléments subversifs « bolchéviques » avec le soutien du « lobby juif » aux Etats-Unis étaient tombés lâchement dans le dos d'une armée allemande jusque-là « invaincue », la forçant ainsi à une capitulation honteuse... Le « peuple allemand » aurait ressenti le « soi-disant traité de paix » de Versailles comme un « honteux diktat », une ignominie « sans précédent » qui venait d'être lavée par Hitler, l'un des plus grands stratèges militaires de tous les temps... Pendant des semaines, notre esprit fut soumis à cet incessant martelage. Mais croyait-on vraiment que ce genre d'« arguments » suffiraient pour ébranler nos convictions profondes ?

Point n'était besoin d'être un fin politique pour s'apercevoir que derrière cette grossière façon de déformer l'histoire de l'Allemagne — l'histoire tout court — se cachait le désir des nationaux-socialistes de justifier les agressions politiques et militaires dont l'Allemagne venait de se rendre coupable. Les Allemands, des fauteurs de guerre ? Mais pas du tout !, nous disait-on. La guerre aurait été « imposée » au « peuple allemand »... Le « honteux diktat » de Versailles l'aurait privé injustement de son indispensable « espace vital »... Ce serait son droit de le reconquérir... L'annexion de l'Autriche, l'asservissement de la Tchécoslovaquie, l'attaque-surprise contre la Pologne, la guerre-éclair contre la France ? Des conflits politiques et militaires certes regrettables, mais ils n'auraient eu d'autre but que de réparer les injustices dont le peuple allemand aurait été victime tout au long de son histoire...

Seul un homme comme Adolf Hitler était capable de mener à bonne fin une œuvre de cette envergure, soutenait-on. Un personnage absolument unique dans l'histoire ! Et, pendant plusieurs semaines, il n'était plus question que de Hitler. Avec lui, c'était une nouvelle ère de l'histoire de l'humanité qui commençait... Une histoire qui, bien sûr, donnerait enfin sa véritable place à « l'homme allemand », dem deutschen Menschen... Hitler en serait la personnification, une sorte de demi-dieu que la « Providence » aurait envoyé à l'Allemagne pour lui rendre son honneur et sa grandeur !

Aujourd'hui on a quelque peine à comprendre que des hommes qui ne manquaient pourtant pas d'intelligence aient pu se laisser aveugler au point de ne plus avoir conscience du ridicule de leurs poses lors de ces « cours » sur Hitler et l'idéologie nazie. Car quel que fût le sujet précis de la conférence, à la fin, le directeur du stage présidant la réunion se levait, remerciait l'orateur et disait : « Und in diesem Sinne erheben wir uns von unseren Sitzen und grüßen den Führer ! » (« Et c'est dans cet esprit que nous nous levons de nos sièges et saluons le Führer ! ») Et puis, c'était chaque fois le même scénario : «Heil Hitler ! », suivi de l'hymne national allemand, le « Deutschlandlied » et du chant nazi, le « Horst-Wessel-Lied ». Heureusement qu'ils n'aient pas pu entendre tous les mots que nous glissions en ces occasions !

Une conférence resta cependant gravée dans ma mémoire. C'est celle que fit le professeur Lacroix de l'université de Heidelberg, alors l'un des « Gauredner » les plus connus, c'est-à-dire un orateur au service de la propagande nazie dans le « Gau Baden-Elsaß » (la région administrative Bade-Alsace). A ce titre, il prit d'ailleurs également plusieurs fois la parole au cours de réunions que le parti organisa en Alsace. Je le vois encore aujourd'hui debout à côté du podium dans une salle comble. Costume bleu foncé. Gilet. Montre. Cheveux grisonnants. Un extérieur très « bourgeois ». Au premier rang des membres du parti en uniforme.

Pendant une bonne heure, il s'employa à montrer qu'avec l'apparition de Hitler sur la scène historique allemande, l'histoire de l'Allemagne trouvait son accomplissement. Non sans succès car, excellent orateur, il n'eut aucune peine à captiver son auditoire. Le tableau qu'il brossa de l'histoire de l'Allemagne devait non seulement flatter le sentiment national des Allemands mais encore leur faire saisir le « sens » que le national-socialisme souhaitait voir donner à l'histoire. Hitler, affirma-t-il, était une chance exceptionnelle pour l'histoire du « peuple allemand », car il accomplirait ce que personne avant lui n'a jamais pu accomplir. La salle, debout, lui fit une immense ovation lorsque, pour conclure, il renouvela sa foi en Hitler, selon lui, le plus grand de tous les hommes d'Etat allemands... Et puis, à gorge déployée et presque en apothéose... le « Deutschland über alles » et « Die Fahne hoch » !

Je dois reconnaître que je fus passablement bouleversé à la fois par l'exposé lui-même et par l'enthousiasme délirant avec lequel les thèses défendues par l'orateur furent accueillies par l'auditoire. Certes, c'était une manifestation politique organisée par le parti. « L'assistance » à de telles réunions étant, elle aussi, « une obligation », tous les membres du parti ou presque ont dû se trouver dans la salle. Il n'empêche : les auditeurs, dans leur grande majorité, me semblaient avoir été des citoyens tout à fait ordinaires. Que la salle se soit laissée entraîner si facilement par un orateur certes brillant, mais malgré tout connu pour être un partisan convaincu du national-socialisme, me donna ample matière à réflexion.

C'est avec une étonnante placidité que les responsables du stage accueillirent au début nombre de questions gênantes, voire de remarques acerbes. Sans doute étaient-ils persuadés qu'à terme, leur propagande idéologique finirait bien par porter ses fruits. Mais, au bout de quelques semaines, ils durent se rendre à l'évidence : c'était l'échec. La nervosité commença alors à les gagner. Et plus la fin du stage approchait, plus leur attitude à notre égard changeait. Le ton se durcit soudain.

Leur critique de la politique française vis-à-vis de l'Allemagne, notamment avant et après la Première Guerre mondiale, devint de plus en plus vive. Pensaient-ils ainsi pouvoir miner notre sentiment national français ? Ce fut tout juste le contraire. Le « culte du Führer » allait atteindre un degré d'intensité proprement insupportable. En insistant lourdement sur la « grandeur exceptionnelle et unique » du personnage de Hitler et le caractère authentiquement « révolutionnaire » de ce qu'il venait déjà d'accomplir, ils croyaient peut-être nous convertir au national-socialisme ou, au moins, nous faire prendre conscience de notre « Deutschtum », c'est-à-dire de la nature « foncièrement allemande » de notre personnalité. L'Allemagne, nous répétait-on, devait tout à Hitler... C'était peut-être le sentiment qu'un Allemand pouvait avoir en 1940... Mais aller jusqu'à affirmer que nous, Alsaciens, nous aurions aussi une dette de reconnaissance envers Hitler parce qu'il nous aurait « rendu notre liberté », c'était non seulement de la provocation mais une insigne bêtise.

LES ALSACIENS SONT IDÉOLOGIQUEMENT BORNÉS, POLITIQUEMENT NAÏFS ET MALADIVEMENT FRANCOPHILES...

Dans les conversations privées les responsables du stage tenaient parfois un langage encore beaucoup plus direct. Qu'ils n'aient pas réussi à nous faire changer de convictions politiques a dû les décevoir énormément. Les remarques désabusées, voire acrimonieuses sur « les » Alsaciens en témoignaient. Idéologique-

LA GUERRE PSYCHOLOGIQUE PAR L'AFFICHE. BNUS

ment, nous serions « bornés », politiquement « naïfs »... Notre francophilie serait « maladive »... rien qu'un vernis « étranger » apposé sur notre « naturel allemand » ! Quant à notre « sang », il serait indiscutablement « allemand » et nos « manières françaises » n'y changeraient rien... Un jour, un nazi incorrigible, vexé par une remarque (« Wir können eben nicht über unseren Schatten springen ») de l'un d'entre nous, répliqua en ricanant : « Quoi ? Vous ne pouvez pas exister, comme vous dites, sans votre ombre ? On verra bien. Ça aussi vous l'apprendrez ! »

Apprendre quoi ? A accepter le fait accompli et nous considérer dorénavant comme des « Allemands » ? Une attaque frontale qui allait déclencher chez moi une réaction assez curieuse. Dans la vitrine d'une librairie, je découvris en bonne place un livre au titre provocateur : *Das deutsche Elsaß*. Poussé par la curiosité, je l'achetais. C'était un ouvrage dans lequel l'auteur le Dr. Roland Anheißer s'était attaché à montrer à travers des dessins tout à fait remarquables d'ailleurs, que tout l'art en Alsace — de la cathédrale de Strasbourg jusqu'à l'hôtel de ville de Mulhouse en passant par tout ce qu'il avait pu trouver dans les petites villes et villages alsaciens — était « allemand ». Assez pour me mettre hors de moi. A tel point d'ailleurs que j'en arrachai la première page, pris de l'encre de chine et me mis à biffer le mot « deutsch » partout où il apparaissait, c'est-à-dire pratiquement sur chaque page. Lorsque je contemple aujourd'hui mon « chef-d'œuvre », je ne peux m'empêcher de sourire.

Wisches

Village francophone dans la guerre

FRANÇOIS GUÉRY

Expulsions, évasions, incorporations de force, transplantations, résistance... La population de Wisches, petite commune francophone de la vallée de la Bruche, illustre toutes les tragiques facettes de la guerre vécue en Alsace.[1]

Wisches — en réalité Wisches-Hersbach puisqu'il s'agit d'un village double de la vallée de la Bruche — compte 1.632 habitants en 1936. Leur patriotisme quelque peu ostentatoire s'explique par le caractère francophone de la commune et la proximité du département des Vosges auquel elle était rattachée jusqu'en 1870.

Wisches est une de ces communes d'Alsace frappées d'emblée par la guerre. Le 16 juin 1940, la Luftwaffe bombarde et mitraille en piqué un train de militaires stationnant en gare, faisant vingt-quatre morts dont quatorze agents des chemins de fer. L'attaque occasionne aussi trois victimes dans le village même, les membres d'une famille de réfugiés strasbourgeois.

A cette date, la commune avait déjà perdu ses trois derniers habitants juifs, dont le populaire boucher David, « le David » tous partis vers l'ouest. On ne les reverra plus. Ancien engagé volontaire dans les troupes françaises durant la Grande Guerre, Jean Frémiot, patron d'une scierie employant une centaine de personnes et maire par intérim, préfère prendre les devants et rejoint la France « de l'intérieur ».

Ce n'est qu'en septembre 1940 que les habitants de Wisches entrevoient pendant peu de temps quelques soldats allemands. Puis le premier adjoint au maire de l'époque française, Joseph Huck, accepte d'assurer les fonctions de Bürgermeister. Il a conservé le poste juqu'à la fin de la guerre et, de l'avis général, il a su éviter les compromissions avec l'occupant.

Celui-ci met sous séquestre la scierie Frémiot ainsi que l'importante entreprise de contreplaqué Ernest Hugues (trois cent cinquante ouvriers). La première est remise à un patron badois, Karl Riehl, et la seconde à l'ancien directeur de l'entreprise, l'Allemand Alfred Haarhaus, soupçonné d'espionnage, en fuite depuis 1938 et revenu dans les bagages de la Wehrmacht. Ce personnage peut s'appuyer, dans le village même, sur une poignée de partisans, d'informateurs, de dénonciateurs, notamment dans les maisons forestières, lieux privilégiés pour la surveillance des voies d'évasion. Au lendemain de la Libération, des croix gammées apparaîtront sur la maison de certains de ces ralliés à l'Allemagne nazie et protégés par Haarhaus.

Le 10 décembre 1940, un ordre d'expulsion frappe cinquante-quatre personnes dont beaucoup sont d'anciens employés des établissements Hugues. Faut-il y voir la main de Haarhaus ? Ils sont bientôt remplacés par quelques familles allemandes.

50 JEUNES DE WISCHES S'ÉVADENT PAR PETITS GROUPES

A la mi-février 1941, les jeunes du canton des classes 17 à 24 sont convoqués à Schirmeck. On leur propose, comme dans toute l'Alsace, un engagement dans les SS, en vain ; aucun argument ne porte. Pas un jeune de Wisches ne se trouve parmi les trois convoqués qui finissent par accepter de signer. Mais l'événement fait réfléchir. L'exode des jeunes débute aussitôt, favorisé par la proximité de la nouvelle frontière. Entre le 27 février et le 25 mars 1941, cinquante jeunes gens traversent la forêt de Wisches, empruntant l'une des deux routes menant soit vers Raon-sur-Plaine, soit vers Senones, par les cols.

Dans la seule nuit du 18 mars, ils sont dix-huit à partir, dont mon frère Joseph et mon cousin Paul Weber. Ils empruntent par petits groupes les chemins forestiers enneigés, dans la nuit et le froid. Le 27 février, les premiers réussissent à passer sans incident, mais les traces laissées dans la neige alertent les douaniers qui réussissent à mettre la main sur Charles Bertoni et Robert Vincent, au moment où ceux-ci allaient mettre le pied sur le sol français. Transférés à Strasbourg et enfermés dans une cave, rue Kageneck, ils sont ensuite internés à Schirmeck[2] jusqu'à la fin avril, avant un nouveau transfert, en Saxe cette fois. Le 13 septembre de la même année, Bertoni s'évade en compagnie de deux prisonniers français. Après avoir marché nuitamment, neuf jours durant, il se fait prendre à quelques kilomètres à peine de la frontière alsacienne. Jugé à Heilbronn, il échappe à la peine de mort et écope d'une peine de six mois de forteresse. Après quoi il se retrouve encore à Schirmeck où Karl Buck le surveille de près, déjouant une nouvelle tentative d'évasion. Bertoni, jugé irrécupérable, aboutit finalement dans une baraque disciplinaire. Versé au RAD, puis incorporé de force dans la Wehrmacht, le 13 janvier 1943, il part pour le front de l'Est : région de Kiev. Atteint du typhus, il a la chance de bénéficier d'une permission de convalescence, le 24 août. Arrivé à Wisches, il profite aussitôt de l'occasion pour gagner la France. On le retrouve bientôt à Valréas dans le Vaucluse...

LA SOCIÉTÉ DE GYMNASTIQUE « LA FRANÇAISE » À WISCHES EN 1926.
LE PATRIOTISME AU QUOTIDIEN.

Pendant ce temps, l'occupant réagit avec vigueur. Constatant sa défection, il transplante ses parents et ses deux frères à Breslau en Silésie. Il est vrai qu'un autre frère de Charles Bertoni, Edouard, a rejoint clandestinement la France pour s'engager dans la 2e DB avec laquelle il reviendra libérer Strasbourg. Mais Charles Bertoni reconnaît aujourd'hui qu'il n'aurait pas déserté s'il avait imaginé la rigueur des représailles qui s'abattraient sur les siens.

Début mars 1941, d'autres groupes passent encore sans encombre la frontière. Ils ont à peine dix-sept ou dix-huit ans, les Charles Petitcolin, Paul Ohrel, Joseph Trotzier, Paul Schreyeck, Jean Harbourg, etc, qui partent, guidés par le berger communal : Joseph Bader.

Ces multiples défections expliquent sans doute l'implantation d'une gendarmerie allemande à Wisches en juillet 1941. Le contrôle de la population s'intensifie alors ; la germanisation aussi, puisque l'instituteur Paul Feldeisen est envoyé à Reichenau en Bade méridionale et remplacé par Willy Friedlin auquel les jeunes écoliers francophones vont faire subir, quatre ans durant, un véritable calvaire en se montrant imperméables à toute initiation à la langue allemande. La bibliothèque française ayant été détruite, l'allemande qui la remplace n'a guère de succès.[3]

LES INNOMBRABLES DOCUMENTS D'IDENTITÉ ALLEMANDS :
UN CASSE-TÊTE POUR LES PASSEURS, ÉVADÉS ET RÉSISTANTS.

La Wehrmacht n'enrôle de force que quarante-huit jeunes de la commune, ce qui est peu, eu égard à sa population ; mais beaucoup avaient pris les devants pour gagner la France. Les jeunes incorporés de force se présentent avec un nom patronymique déjà modifié d'autorité : ainsi Douvier est devenu Daubner, Lacave : Keller, Nicole : Nickel, etc. Quelques-uns ayant négligé de se présenter, d'autres ayant déserté ultérieurement, les transplantations de familles se multiplient. Les femmes sont essentiellement visées, ainsi Marie Grandadam, Anne-Marie Steger, Anne Steger, Alice Steger, Marie-Louise Charlier, Anne-Marie Charlier, Joséphine Hochstaetter, les familles Vincent et Bertoni.

La pression s'accentue aussi pour que les habitants entrent dans les organisations nazies. L'auberge de René Weber est fermée parce qu'il refuse d'entrer dans l'Opferring, et parce que son fils a fui dès 1941. Une pancarte fixée sur l'établissement indique : « Geschlossen bis zum Sieg » (fermé jusqu'à la victoire).

A partir de 1944, les gendarmes comprennent que le vent a tourné. Ainsi Gier, le chef de poste, ferme ostensiblement les yeux, alors qu'il vient de découvrir inopinément une trace de René Stouvenel recherché activement et alors caché chez Joseph Schreyeck. Il s'agissait pourtant d'un très gros poisson. Obligé de passer dans la clandestinité après 1944, Stouvenel, garagiste à Wisches, est en effet chef de secteur de la résistance de la vallée de la Bruche. C'est chez lui que se retrouvent, en juin 1944, Marceau (Kibler) et Rivière (Eschbach) venus d'outre-Vosges pour organiser la résistance alsacienne. [4]

Au total, la population s'est montrée solidaire de ses résistants, car comment expliquer autrement qu'Ernestine Charlier, de Hersbach, ait pu assurer seule l'hébergement puis le passage à pied, par le Donon, de plus de cent prisonniers français, ou autres personnes recherchées, vers la France.

Le 25 novembre 1944, les chars américains entrèrent dans le village devant une population stupéfaite.

Que sont devenus pendant ce temps, les autres Wischois, ceux qui ont quitté le pays dans les conditions que l'on sait : réfugiés, expulsés, évadés ? Ils aboutirent généralement dans le Vaucluse. Partout, il s'agit de trouver à s'insérer. Parmi les divers pôles de regroupement, Valréas fut le plus important. La famille Charpentier expulsée y tenait le restaurant du Secours national, tandis que la famille Herry réussit à obtenir une maison de la ville pour assurer l'accueil de la cinquantaine de jeunes en transit.

Beaucoup d'entre eux s'engagent, soit dans le maquis, soit dans l'armée de Libération. L'odyssée la plus singulière est celle de Germain Rodeghiero. Evadé en février 1942, il fut repris à Arbois et transféré à Schirmeck ; versé dans le RAD et enfin dans la Wehrmacht. Fait prisonnier sur le front de l'Est après avoir déserté, il fut interné dans le camp de prisonniers de Tambov et fit ensuite partie des mille cinq cents Alsaciens-Lorrains libérés par les Russes en juillet 1944. Arrivé à Alger par Téhéran et le Proche-Orient, il s'engagea dans les armées alliées. A la fin de la guerre, il se trouve en Allemagne, devenu l'homme de cinq uniformes successifs... [5]

D'autres encore, comme Jean Harbourg, Joseph Chatin, Joseph Trotzier, Henri Colin et Ernest Gonckel, fixés en Haute-Saône, rejoignirent le maquis. Après une action d'éclat (une embuscade permit la mise hors de combat d'un général de division et de son chef d'état-major dans leur véhicule), les quatre derniers cités, dénoncés, furent arrêtés, torturés puis fusillés. Un autre Wischois, Georges Gaentzler, connut le même sort à Agen. [6]

Un autre foyer d'accueil se situait du côté de Tarbes où se trouvait la famille Charton rejointe par Adolphe Claude, Roger Vincent et Joseph Brand qui parviennent à gagner la France libre par l'Espagne. De mon côté, je me trouvais à l'abbaye de Solignac en Haute-Vienne, refuge de l'école normale d'instituteurs d'Obernai depuis 1939 en compagnie d'un concitoyen, Joseph Schœffter. [7] Incorporé aux Chantiers de jeunesse, les circonstances m'ont conduit au maquis de Séverac-le-Château dans l'Aveyron. J'ai terminé la guerre en Autriche comme chef de groupe d'une section du 80e régiment d'infanterie.

Durant la guerre, la commune de Wisches a totalisé cinquante-quatre expulsés, cinquante jeunes évadés et seulement quarante-huit incorporés de force, une vingtaine de transplantés dans l'est du Reich et beaucoup plus d'internés temporaires à Schirmeck. Avec trente-cinq morts, résistants, combattants des armées alliés et incorporés de force, le bilan est lourd.

NOTES

1. L'auteur a élaboré ce texte à partir de ses souvenirs personnels, de correspondances, d'enquêtes orales et de recherches dans les archives municipales. (Voir aussi la revue d'histoire locale *l'Essor*, 150, Spécial : Wisches-Hersbach.)
2. GRANIER, Jacques, *Schirmeck, Histoire d'un camp de concentration*, Strasbourg, DNA, 1968.
3. LAGANIER, Christian, « Enseignement et Education pendant l'occupation nazie », *L'Essor*, 118.
4. DE POLIGNY, Jean, *GMA Vosges, d'après les Souvenirs du capitaine Rivière*, Besançon, Jacques et Demontrond, 1948
5. RODY, Germain, *Cinq uniformes pour gagner une guerre*, Barembach, Gyss 1985.
6. POURE, Joseph, « Cinq jeunes Wischois, héros du maquis » *l'Essor*, 73.
7. Lire l'article sur cette école dans ce numéro-ci et la série d'articles consacrés par les DNA à l'école normale d'Obernai à Solignac, (n° 179, 180, 182 - 1982).

Résistance en Blouse blanche

MARIE-THÉRÈSE SACKENREITER

Les médecins alsaciens ont, par leurs ruses courageuses, soustrait nombre de jeunes Alsaciens à l'incorporation de force. La Strasbourgeoise Marie-Thérèse Sackenreiter, née Zeyssolf, jeune médecin pendant la guerre, rappelle ce que fut ce combat de l'ombre.[1]

Alors se réalisa sur le plan intérieur alsacien un petit miracle que n'apprécient que les gens du milieu. *Invidia medicorum* ! Hélas ! Puisque terme consacré il y a, c'est que la vilaine chose existe et que pour antiques que soient ses origines, elle demeure bien vigoureuse. Elle capitula. Les médecins d'Alsace, sans entente préalable, sans mot d'ordre, réalisèrent du jour au lendemain une coordination de leurs moyens qui sauva des milliers de vies et contrecarra fameusement l'incorporation dans la Wehrmacht. Comme partout, il y a eu parmi les médecins d'Alsace quelques-uns aussi qui furent renégats — mais le pourcentage a été minime et les moineaux sifflaient leurs noms sur les toits. Les autres, tous, tendirent sur le territoire entier une fine résille que la loupe même de la Gestapo et du Gauärzteführer ne dépista que mal ou pas du tout. Ils en constatèrent les effets, mais ne purent jamais démasquer et délimiter l'envergure de la conspiration. Le Reich, d'ailleurs, perdait à une cadence effarante ses médecins sur le front de Russie. Sur l'ensemble du territoire les médecins surmenés, hâtivement formés, satisfaisaient à peine aux besoins croissants d'une population qui, dans les centres et régions industriels surtout, était décimée par les bombardements aériens et éreintés par la vie à l'usine (Rüstungsarbeit).

Il fallait donc bien les tolérer, ces médecins alsaciens ! Le manque de médecins était tel qu'ils en expulsèrent fort peu ; quelques-uns furent astreints à faire des stages dans le Reich ou à exercer en pays badois. La majeure partie avait dû s'en aller jusqu'au fond du Mecklembourg, subir cette ridicule Umschulung (rééducation politique) qui devait, en quelques semaines, transformer ces citoyens français en nazis férus de théories raciales, en praticiens de la très spéciale médication allemande. Casernés dans un domaine aménagé à cet effet, ils furent initiés par les speakers les plus fameux du Grand Reich aux mystères et nécessités du mythe national-socialiste. Sans fausse pudeur s'y étalaient les éléments des lois raciales et toutes les conséquences qu'elles comportaient quant à la pratique médicale. Ce n'est pas ici dans le cadre étroit de quelques impressions personnelles brossées au fil de la plume que je pourrais même seulement en esquisser les multiples et sombres aspects : l'avortement obligatoire pratiqué sur les individus de « race inférieure » (notamment polonaise) ; limitation de soins et d'alimentation à accorder aux incurables et aux vieillards n'en sont qu'un rappel fugace. Les médecins d'Alsace revinrent d'Alt-Reehse (nom du domaine) complètement édifiés. Edifiés et armés pour la lutte alors que les autorités allemandes avaient oublié la leçon profonde des serments d'Esculape. Bien au contraire les oriflammes à la croix gammée, le camping hygiénique et la mise en scène nazie d'Alt-Reehse n'avaient fait que galvaniser les résistances aux théories funestes ! Les Allemands commencèrent donc par ne pas trop se méfier. Leur erreur leur valut des échecs durables. Tout un chacun peut imaginer le vaste travail souterrain que peut accomplir, au bénéfice d'une population brimée et acculée au service de l'ennemi, un corps médical quasi unanime dans la résistance. Ce que fut son œuvre après que la mobilisation dans la Wehrmacht fut devenue décret-loi, il faut l'avoir vécu pour en mesurer l'étendue.

Ce que chacun fit ne fut possible que parce qu'il savait l'hermétique solidarité des confrères, des pharmaciens et du personnel sanitaire. Le service chirurgical que je vis fonctionner de près, d'automne 1942 jusqu'au jour de la Libération, enregistra des centaines d'hospitalisations de gens en instance d'incorporation. Près de mille opérations furent exécutées dans le but unique de soustraire des hommes au Reich. Toutes les opérations, tous les soins post-opératoires étaient gratuits ; les familles n'eurent à charge que les frais hospitaliers. Quelles étaient ces opérations ? Classiques, multiples et diverses. Mais, et voilà où résidait la difficulté : l'hernie étranglée, la sympathectomie, l'appendicectomie, la rectification de l'appareil articulaire, l'ulcère du duodénum, etc, tout cela avait cependant un effet limité dans le temps. Tout cela guérissait. Il fallait en plus organiser les complications, poser des drains, prolonger les plâtres, etc, et toujours créer du vraisemblable. Chaque cas devait exactement et toujours être mis au point afin qu'il supportât la vérification éventuelle. L'« urgence » motivée, étayée, traitée comme telle même devant l'intéressé, l'assistant, l'infirmier, les sœurs. Il fallait la complicité tacite ainsi que l'aide du radiologue, de l'urologue, de l'interniste. Il fallait une prudence extrême, une vigilance et un doigté sans défaillance. Il fallait du flair aussi — dépister le mouton ! — il fal-

COMMENT CRÉER ET ENTRETENIR UNE INCAPACITÉ MÉDICALE CRÉDIBLE ?

CES JEUNES N'AVAIENT PAS BESOIN DE CERTIFICAT MÉDICAL DE COMPLAISANCE, IL S'AGIT DE VOLONTAIRES ENGAGÉS DANS L'ARMÉE ALLEMANDE.

lait donner le change en soumettant de-ci, de-là un vrai malade aux jugements du Rüstungskommando. Et puis, il fallait durant des mois et des années entretenir l'incapacité des jeunes gens et la mettre au point lors des visites médicales par les autorités militaires. Là encore une prudence extrême s'imposait. Les rendez-vous médicaux étaient donnés aux heures très tardives afin que nul ne vît pénétrer les jeunes gens dans la maison du docteur. Ils y recevaient leurs injections aux effets si divers que là aussi je dois m'abstenir d'en dire toute la variété. Ils en sortaient incapables de regagner leur domicile seuls. Il y en eut qui vinrent à Strasbourg de Metz, voire du Luxembourg, de Colmar, de tous les coins du territoire. Dans quelques rues discrètes, à cinquante mètres de la maison du docteur attendait un taxi dont le chauffeur ne demandait nulle explication. Il fallait la complicité de tous, du haut en bas de l'échelle, afin que l'œuvre s'accomplisse sans défaillance. Les quelques rares renégats de la profession, ignorant toujours tout, ne furent pas à même de nuire.

J'en ai dans l'oreille de ces supplications. Les mères, les épouses, les hommes eux-mêmes : « Docteur ! je vous en prie, n'hésitez pas ! Nous ferons n'importe quoi, nous nous soumettrons à tout, nous ne voulons pas endosser cet uniforme ! »

N'importe quoi. Qu'entendaient-ils par là ? Des mutilations et jusqu'aux plus graves. Ils voulaient des jambes broyées, des mains amputées — mais le chirurgien que je vis travailler sans relâche dans la résistance n'accepta pas ceci. Il ne le pouvait pas. Le médecin en lui se révoltait avec le souci profond, sacré, de guérir, de conserver, de ménager. Alors il proposait ses méthodes conservatrices, expérimentées. « Nous opérerons, disait-il, lorsque tout aura failli. Mais, nous opérerons de telle façon que, lorsque le cauchemar sera passé, vous retrouverez la santé. » Et ils eurent leurs rhumatismes articulaires, dociles, évidents, indiscutables. Au moment des conseils de révision ils étaient là, avec des jointures enflées et douloureuses et tous les stigmates de ce mal qui rend parfaitement inapte à la vie militaire. De grosses températures accompagnaient les crises aiguës. Un nombre très élevé de jeunes gens échappa de cette manière jusqu'au bout à l'incorporation — mais, à chaque conseil de révision, l'angoisse saisit à nouveau tous les acteurs de ce drame terne et sans parole. Ne verront-ils rien ? Car une possibilité existait, une mince et fugace possibilité — jamais ils ne la dépistèrent. Les précautions nombreuses ne flanchèrent jamais et le silencieux rouage de tant de complicités joua jusqu'au bout.

DANS LA NUIT, TITUBANT, LE JEUNE HOMME REPART AVEC UNE FLAMME DÉVORANTE DANS LE GENOU. IL EST SAUVÉ...

Mon souvenir les ressuscitera ces veillées nocturnes, dans l'attente. La radio jouait en sourdine. La ville muette dormait. Ce n'était pas encore l'heure où le branle-bas sinistre de la police verte et de sa meute alertait le quartier. Seul ce bruit de bottes qui claquaient dans la nuit totale... Tout était prêt. L'assistance prête à mettre la main sur le loquet, la grille huilée et entrebâillée ne grincerait pas. Elle n'éveillerait aucune curiosité. Le Blockleiter, là-haut dans son pignon haut perché qui surplombait l'entrée, n'imaginait même pas que l'on oserait braver ainsi la terrible loi d'annexion.

Il y a trois rendez-vous ce soir, le dernier à minuit moins le quart. Les jeunes gens ne doivent pas se rencontrer : aucun ne doit connaître le secret, la physionomie d'un autre. Toutes les précautions doivent être prises : il y va de la vie de chacun. Déserteurs de l'armée allemande, déserteurs du devoir allemand : il n'y a qu'une sanction pour cela.

Et puis voici le premier. Il vient de loin. La clandestinité de l'acte pèse sur lui, davantage encore la hantise d'un échec. Il tremble d'émotion cependant de savoir là — à sa portée — la main secourable qui empêchera l'horrible chose : ce départ pour la Wehrmacht.

« Mon ami, dit gravement le docteur, vous aurez un peu mal : vous le supporterez, je le sais. Mais ce dont je dois être certain aussi, c'est de votre totale prudence. Je ne vous aide pas à déserter afin que vous désertiez votre devoir d'homme et de Français. Et, d'abord vous vous tairez. Notre acte nous appartient. Il doit vous conserver vous à votre pays, qui un jour proche aura besoin de vous — et moi, je dois être conservé à tous ceux qui, comme vous, ont besoin de moi. S'il le fallait nous saurions, je pense, périr dans un camp de concentration — il est cependant davantage urgent de vivre. »

Le jeune de ce soir incline la tête. Il a compris. Il ne sera pas bavard. De cause à effet, les conséquences apparaissent à son esprit hanté par les lois allemandes — il sera brave aussi. Il sait bien qu'une narcose n'est pas possible, puisqu'il devra seul, tout à l'heure, s'en aller dans la nuit complice, chancelant, avec cette flamme dévorante dans l'articulation du genou. Après le traitement, il a un court moment de défaillance, une nausée vite surmontée. Un bon schnaps d'Alsace lui remet le cœur en place et, nanti de toutes les instructions quant à son comportement de malade, ivre un peu d'avoir bu très vite cet alcool bienfaisant, ivre d'avoir jugulé la pire douleur, ivre de reconnaissance et de galvanisante volonté, le voilà qui part. « Ne vous trompez pas, insiste l'assistante qui l'aide à enfiler son manteau et l'emmitoufle un peu dans son cache-nez, prenez garde : ne vous trompez pas ! Vous direz simplement : Pouvez-vous me conduire à la campagne, chauffeur ? En cours de route, vous donnerez vos vraies indications. Mais n'oubliez pas : d'ici une heure le taxi devra charger un autre client, là-bas, au même endroit. »

NOTE

Ce texte est extrait du manuscrit — inédit — des souvenirs de Madame Sackenreiter, *l'Alsace oubliée, 1939-1945*, rédigé tout de suite après la Libération en automne 1945, « sous le choc des événements » confie l'auteur en préliminaire.

Nouvelles de la Diaspora alsacienne

ALPHONSE IRJUD

Que sont-ils devenus ? Nous avons évoqué dans nos numéros sur 1939 et 1940 le sort des Alsaciens évacués, expulsés et réfugiés en zone française sud. Après une insertion souvent difficile, l'heure est désormais à l'organisation de la solidarité, pas toujours facile elle aussi. Voici des nouvelles de la diaspora alsacienne-lorraine.

Des dizaines de milliers d'Alsaciens et de Lorrains, évacués en septembre 1939, ont préféré ne pas revenir dans leurs foyers, après l'armistice de juin 1940 ; des dizaines de milliers d'autres sont venus les rejoindre, quelques-uns de leur plein gré, la plupart de force, par suite des vagues d'expulsion entre juillet et décembre 1940. D'autres expulsions, individuelles ou par petits convois, suivront jusqu'en 1942.

Une statistique arrêtée à la date du 1er octobre 1943 par la direction des réfugiés fait état de 167.135 Alsaciens et Lorrains, dont 142.472 dans ce qui était jusqu'en novembre 1942 la France non occupée, et 24.659 dans la partie occupée ; elle diffère de très peu de celle établie deux ans auparavant. Entre-temps quelque milliers étaient partis en Afrique du Nord.

Cette statistique ne comprend pas toute la diaspora alsacienne-lorraine. On estime que 50.000 à 60.000 évacués ne sont pas rentrés en Alsace et que 45.000 à 50.000 personnes ont été expulsées ; les expulsions de Moselle tournent autour de 90.000 avec autant d'évacués restés en majorité en zone non occupée.

Les principales vagues d'expulsions se situent en juillet et décembre 1940 pour l'Alsace, en août et novembre pour la Moselle ; entre le 11 et le 22 novembre, 66 trains amènent environ 60.000 Lorrains à Lyon, chassés par le gauleiter Burckel sous le prétexte, donné officiellement à la commission d'armistice, « qu'ils avaient opté pour la France à la suite d'un appel lancé par un Lorrain à la radio de Bordeaux » qui était sous contrôle allemand !

Entre le 18 juillet et le 15 octobre, le gouvernement de Vichy avait déjà protesté cinq fois contre les expulsions, la confiscation et la vente des biens des expulsés et des familles non rentrées. Dans un discours radiodiffusé le 8 octobre pour annoncer la constitution de « l'Etat français » et déplorer les difficultés du ravitaillement à l'approche de l'hiver, Pétain adresse « à nos populations d'Alsace et de Lorraine contraintes de quitter brusquement leurs villes et leurs villages l'expression de notre cordiale sympathie ». C'est la première allusion officielle, plus de trois mois après l'armistice, à un aspect du sort subi par les trois départements annexés de fait. Le 27 octobre 1941, une nouvelle protestation rappelle que « depuis l'armistice plus de 100.000 de nos compatriotes ont été impitoyablement chassés de leurs provinces natales dans des conditions qui ont profondément ému la conscience française ».

Sauf dans les protestations remises à la commission allemande d'armistice, mais sans la moindre publicité, il n'est jamais question dans les rares déclarations publiques « d'expulsions » ou « d'expulsés ». Dans les communiqués des associations remis à la radio, en zone non occupée, « expulsés » est remplacé par « réfugiés ». Le cahier « Alsace et Lorraine, terres française » du *Témoignage chrétien* cite cet incident de la fête de Jeanne d'Arc en mai 1941 : Un groupe d'expulsés lorrains avaient acheté une énorme couronne de fleurs enchâssant une grande croix de Lorraine et avaient cru normal d'y inscrire : « Les expulsés de Lorraine », les autorités françaises ne trouvèrent pour éviter le scandale qu'une solution : enlever le mot « expulsés » ; et l'on vit ces pauvres Lorrains se promener dans le cortège avec une belle couronne sur laquelle on pouvait lire : « Les ... de Lorraine ».

Dans la zone dite libre, près de la moitié des réfugiés recensés sont établis dans les départements d'accueil de 1939 — Dordogne, Haute-Garonne, Haute-Vienne, Lot-et-Garonne et Gers où les expulsés ont remplacé les évacués rentrés — ainsi que dans le Rhône et le Puy-de-Dôme. En zone occupée 60 % vivent en Charente et dans la Vienne où les évacués restés ont été surpris par le tracé de la ligne de démarcation, d'autre part en Meurthe-et-Moselle, dans la Meuse et les Vosges. 63 % des réfugiés répertoriés vivent des allocations du gouvernement.

Les préfectures continuent à fonctionner à Périgueux pour le Bas-Rhin où est également installé le maire de Strasbourg, Charles Frey, avec l'un ou l'autre adjoint, à Valence-d'Agen pour le Haut-Rhin et à Montauban pour la Moselle, que l'évêque de Metz, Mgr Heintz a rejoint après son expulsion en juin 1940. Celui de Strasbourg, Mgr Ruch, interdit de retour, réside à Trélissac près de Périgueux, où est resté le président de l'Eglise de la confession d'Augsbourg d'Alsace et de Lorraine, Robert Hœpffner. Deux années durant, le président et l'évêque seront soumis aux pressions exercées par le conseiller ministériel Herbert Kraft, chargé du rapatriement des biens culturels évacués : archives et bibliothèque de Saint-Thomas, trésor de la cathédrale et divers biens d'une quarantaine de paroisses alsaciennes. Le service d'Alsace et de Lorraine est maintenu avec ses quatre directions : cultes, enseignement, assurances sociales et statut local. A Clermont-

1942

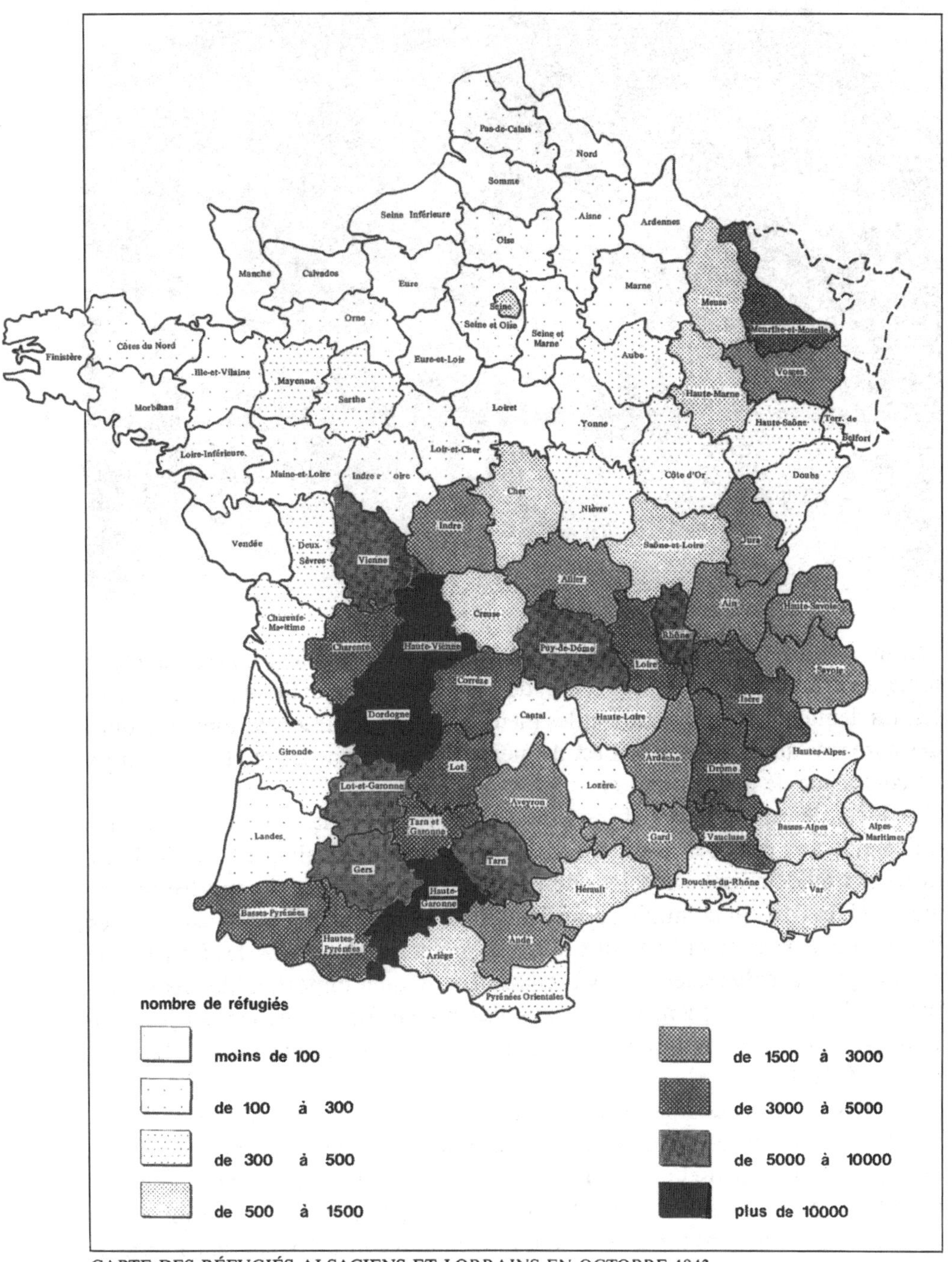

CARTE DES RÉFUGIÉS ALSACIENS ET LORRAINS EN OCTOBRE 1943,
PAR DANIÈLE MEDDAHI (UNIVERSITÉ DE METZ).

SUR LA LIGNE DE DÉMARCATION.

Ferrand, l'université de Strasbourg poursuit son enseignement malgré le retour forcé, au printemps 1941, de la B.N.U., des bibliothèques et laboratoires des facultés, les demandes de fermeture et les menaces, enfin les interventions tragiques des autorités allemandes. Il en est de même des école normales, de la chambre de commerce de Strasbourg, etc...

A Lyon, le centre d'accueil installé dans les halles de la foire fournit la première aide aux expulsés avant leur dispersion vers les localités d'accueil. Il est dirigé par mademoiselle Ségolène de Wendel, qui sera arrêtée et déportée en janvier 1943, et l'avocat colmarien Jean-Paul Kalb qui s'évadera en Angleterre après l'entrée de la Wehrmacht en zone libre. Le préfet de Metz, Charles Bourrat, se préoccupe particulièrement des Mosellans. Un reliquat important du crédit consenti par le gouvernement au Comité pour l'économie alsacienne fondé à l'automne 1938 est utilisé pour les premiers secours grâce au président du CIAL, Jean Wenger-Valentin.

L'arrivée massive des expulsés a fait naître plusieurs organisations pour la défense des droits matériels et le regroupement des familles dispersées. Le Groupement des expulsés de la Moselle (GEM) fondé le 21 août 1940 à Lyon par un notaire et un fonctionnaire de la ville de Metz recueille de prime abord l'adhésion d'une fraction importante des expulsés « pour accueillir, réconforter, conseiller les arrivants, centraliser leurs revendications et se présenter, en porte-parole exclusif, auprès du gouvernement ». Sa représentativité puis son activité sont contestées par le préfet Bourrat, le groupe formé autour du jounal *Le Lorrain* et le GERAL (Groupement des expulsés, évacués et réfugiés d'Alsace et de Lorraine) est créé début août à Clermont-Ferrand par des évacués restés en zone libre.

Lors de sa constitution définitive, le 11 janvier 1941, le GERAL doit renoncer au terme « expulsés » et devient le Groupement d'entraide des réfugiés d'Alsace et de Lorraine, sous la présidence de Félix Carré de Malberg, premier président honoraire de la cour d'appel de Colmar. Son installation dans les locaux du service des réfugiés à la préfecture du Puy-de-Dôme lui confère un caractère quasi officiel que son comité directeur souligne en ces termes : « Encouragés par la sollicitude du gouvernement pour les Français d'Alsace et de Lorraine, expulsés de leurs foyers ou empêchés d'y retourner par leurs sentiments de fidélité à la patrie, nous décidâmes de susciter à travers toute la France inoccupée un vaste réseau de groupements GERAL ». Il déplore que des associations formées à Lyon, tel le GEM, soient « les premières à entrer en contact direct avec les nouveaux arrivants et arrivent ainsi facilement à les embrigader dans leurs rangs ». Une organisation rivale du GEM s'était constituée à Lyon, l'association d'entr'aide des réfugiés d'Alsace et de Lorraine (AERAL), suivie, fin novembre, par une

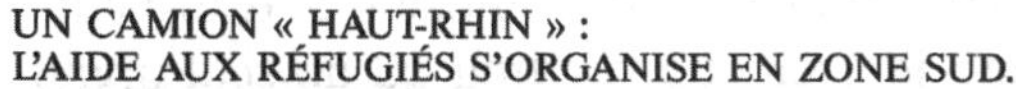
UN CAMION « HAUT-RHIN » :
L'AIDE AUX RÉFUGIÉS S'ORGANISE EN ZONE SUD.

troisième dans l'Isère ; fin décembre, naît à Lourdes l'Amicale des réfugiés et expulsés de Lorraine (AREL) et, début 1941, une deuxième AERAL, l'Assocation des expulsés et réfugiés d'Alsace-Lorraine, voit le jour à Romans.

Le gouvernement ne voit pas d'un bon œil ce foisonnement de groupement, d'associations et d'amicales qui interviennent et revendiquent en ordre dispersé auprès des ministères et des préfets ; il propose la constitution, sous son autorité, d'un comité central des réfugiés... qui ne verra pas le jour, parce que, de part et d'autre, on refuse l'amalgame entre évacués et expulsés, entre Lorrains majoritaires et Alsaciens. Le garde des Sceaux installe auprès de lui en février 1941, un comité de coordination ayant pour mission de traiter avec lui « les questions intéressant les refoulés et réfugiés non rapatriables de la Moselle, du Bas-Rhin et du Haut-Rhin ». Ses quatre membres, le député mosellan Robert Sérot, mademoiselle Ségolène de Wendel, le chanoine Eugène Muller, sénateur du Bas-Rhin, et l'industriel alsacien Jacques Blech démissionneront le 14 septembre 1942 parce que « le gouvernement français, malgré tous les appels qui lui ont été adressé, n'a pas donné le caractère de solennité indispensable à sa protestation contre l'incorporation de force ».

Au début de 1941, deux quotidiens repliés en zone libre, *Les Dernières Nouvelles de Strasbourg*, que son propriétaire Aristide Quillet a installées à Montpellier, et le journal catholique francophone de Metz *Le Lorrain*, tentent d'obtenir l'autorisation de paraître. Le gouvernement de Vichy ne voudrait qu'un seul organe pour les Alsaciens et Lorrains « réfugiés », comme il souhaite qu'un seul groupement représentatif. *Le Trait d'union des réfugiés de l'Est*, avec en sous-titre *Le Lorrain* qui redeviendra rapidement le titre principal, est le premier à sortir, le 22 février 1941 à Riom, sous forme hebdomadaire ; son lancement avait été préparé par un mensuel ronéoté, *Le Lien*, édité à partir de novembre 1940 à Lyon par Mgr Heintz pour maintenir le contact avec ses prêtres et ses diocésains. Le premier numéro porte en manchette : « Les Lorrains sont des Français de grande race, à l'âme énergique, au cœur vaillant », extrait du message de Pétain du 30 novembre 1940, et annonce : « Notre programme : Dieu, Patrie, Famille ». Dans un long message, l'évêque de Metz formule ses vœux de réussite tandis que celui de Strasbourg exprime ses « encouragements ». Se situant par rapport aux associations, groupements et amicales, *Le Lorrain* souligne : « Nous n'avons pas besoin de statuts ni de cotisations ». Il veut maintenir parmi les expulsés lorrains « un véritable esprit familial », qui se manifestera jusqu'à l'invasion de la zone sud par des rassemblements dans les grands centres d'accueil et à l'occasion de pèlerinages sous la présidence de Mgr Heintz constamment en route.

Dix jours après le journal messin, paraît, le 2 mars 1941 à Montpellier *L'Echo des Réfugiés*, avec en sous-titre *Organe d'entr'aide des Alsaciens et des Lorrains.* Le premier numéro publie également, avec la photo de Pétain, sous le titre « Le Maré-

Ils n'ont plus comme richesse que la fierté de rester Français

Le Maréchal Pétain
30 Novembre 1940.

LA VOIX DU GÉRAL

10
AVRIL 1941
N° 1

ABONNEMENTS
Un an . . . . 15 fr.
Six mois . . . 7.50

Organe Officiel des Expulsés, Evacués et Réfugiés d'Alsace et de Lorraine
EN ZONE NON OCCUPÉE

Direction et Administration : COMITÉ CENTRAL DU GÉRAL (Service des Réfugiés) Place Gaillard, CLERMONT-FERRAND

ALSACIENS ET LORRAINS

Voici le premier numéro de notre Bulletin tant annoncé, tant réclamé et si souvent retardé ! Il est sans prétention, mais il n'est pas sans ambition. Moyen d'information et de propagande parmi nos compatriotes, il lui fallait jeter des bases sérieuses pour répondre aux espérances de nos Groupements. Nous nous y sommes appliqués et, dès aujourd'hui, vous verrez quel soin nous avons pris de mettre beaucoup de choses en peu de lignes.

Quelqu'un nous y a particulièrement aidés ; c'est l'homme d'expérience et de talent qui désormais s'emploiera à mettre en pages nos communications. J'ai nommé le Commandant CAMPANA.

Tous les Messins et beaucoup de Lorrains connaissent ce soldat, grand blessé de la Grande Guerre qui a passé vingt ans de sa vie en Lorraine, qui a pénétré tous les milieux de notre Pays après avoir naguère glorieusement combattu et qui a conquis l'estime de tous nos compatriotes.

D'une plume alerte et souvent aiguë, il a beaucoup écrit déjà ; Je pourrais vous parler des nombreuses conférences qu'il a faites chez nous, abordant les sujets les plus divers et toujours sous le signe de la Patrie ! Mais je vous dirai seulement qu'il a écrit après 1918, un livre dont les pages frémissantes suffisent à illustrer son nom : c'est l'histoire d'un jeune officier de la Promotion sortie de Saint-Cyr en 1914, — son histoire —. Dans un style aussi sobre qu'élégant il a raconté la Guerre — celle qu'il a faite — avec ses heures sombres et ses éblouissantes visions de Victoire...

Impossible de lire ces pages sans que le cœur vous batte !

Voilà l'homme qui composera désormais votre Bulletin et en assemblera les éléments. Il m'a plu de lui rendre cet hommage amical avant de lui passer la parole et de lui dire : « Allons, mon Commandant, pour la plus noble des tâches, à l'œuvre ! ».

F. CARRÉ DE MALBERG,
Premier Président Honoraire de la Cour d'Appel de Colmar,
Président Général du G.E.R.A.L.

A nos lecteurs

L'intérêt porté par nos Membres à la création du Bulletin vient de nous apparaître sous la forme d'une véritable pluie de communiqués de tous ordres qui nous sont parvenus en quelques jours. Devant une pareille abondance de matière, nous avons été dans l'obligation de remettre certaines publications au mois prochain et d'opérer quelques condensations dans différents communiqués du présent numéro.

Amis d'Alsace et de Lorraine, nous tâcherons de faire mieux encore, mais si ce premier numéro vous a plu, dites le nous, envoyez-nous vos suggestions, elles seront toutes examinées avec la plus grande attention et réalisées selon les possibilités de nos moyens financiers et compte tenu aussi des contraintes de l'heure présente. Faites-nous lire autour de vous, prêchez pour l'union, la cohésion, la solidarité. Que chacun de vous soit un propagandiste et un exemple.

LORRAINS et ALSACIENS, UN POUR TOUS ET TOUS POUR UN.

Premiers encouragements

M. RENÉ-MER, Chef de Cabinet de M. le Directeur Général des Réfugiés au Ministère de l'Intérieur, et dont nous avons été à même d'apprécier si souvent la généreuse sollicitude à l'égard de nos compatriotes, a eu l'affectueuse pensée de nous adresser, à l'occasion de la naissance de notre Bulletin, la communication ci-dessous. Ces encouragements officiels nous sont précieux et nous saurons nous en montrer dignes.

Nous tenons à remercier bien cordialement M. RENÉ-MER pour sa délicate attention.

N. D. L. R.

En saluant la parution du premier bulletin périodique du « GERAL », je suis heureux d'avoir l'occasion de prendre une fois de plus un contact direct avec vous.

Je garde dans mon cœur le souvenir ému de l'atmosphère familiale pleine de gentillesse dont vous nous avez entourés, mes camarades et moi, lorsque nous montâmes dans l'Est en Septembre 1939...

Depuis, la catastrophe est venue. Vous avez tout abandonné, tout quitté, pour venir vous réfugier dans les provinces du Centre et du Midi.

La DIRECTION DES RÉFUGIÉS, vous le savez, s'est donné comme mission de procurer à chacun des conditions de vie normale en s'efforçant de lui construire un nouveau toit familial, de réaliser son intégration dans son pays de refuge.

Pour mener à bien une telle œuvre, les mesures administratives, aussi nombreuses soient-elles, ne suffisent pas. Il faut encore créer un climat favorable de compréhension et de solidarité, établir des liens solides, humains, entre ceux qui arrivent et ceux qui accueillent, entre les réfugiés et l'Administration.

Par ce bulletin, vous serez pour nous des collaborateurs précieux. Ensemble, nous travaillerons à la recherche plus profonde des aspirations des uns et des autres, à l'amélioration constante des conditions matérielles et morales, à l'intégration réelle des Alsaciens et des Lorrains dans la grande œuvre de reconstruction nationale.

RENÉ-MER,
Sous-Préfet,
Chef de Cabinet de la Direction des Réfugiés,
au Ministère de l'Intérieur.

L'UNION FAIT LA FORCE

Nous ne connaissons pas de maxime plus lumineuse et plus exacte. C'est une véritable formule magique à l'usage de toutes les collectivités, car elle leur donne en quatre mots le secret du triomphe, le moyen d'abattre tous les obstacles. Elle s'impose à l'esprit par sa simplicité même. Est-ce donc pour cela qu'elle n'est presque jamais appliquée ?

Au lendemain de la Grande Guerre, les Anciens Combattants, en lui obéissant, pouvaient constituer une puissance formidable qui aurait fait tout plier devant sa volonté. Encore toute auréolée de sa Victoire, la France, guidée par eux, pouvait s'imposer au Monde non plus par ses armes, mais par le rayonnement de sa Gloire et de son Génie.

Mais pour atteindre ce but, chaque rescapé de la Grande Tuerie devait faire le vœu de sacrifier son intérêt personnel à l'intérêt de la Patrie. Hélas ! Les dernières notes du clairon de l'Armistice venaient à peine de s'éteindre que déjà de vilaines aspirations faisaient surgir de tous côtés des Chefs de file, chacun d'eux déclarant de bonne ou de mauvaise foi qu'il détenait la vérité.

Et ce fut alors une surprenante éclosion multicolore d'innombrables Groupements dans lesquels vint se disperser, s'anémier puis se détruire, avec la camaraderie, née de quatre ans de souffrances communes, le magnifique trésor d'énergies que cette camaraderie représentait.

Cependant aux frontières, l'horizon noircissait chaque jour davantage ; mais aveuglée par la haine, assoiffée de discorde, la majorité des Français s'était livrée pieds et poings liés aux naufrageurs de la Patrie.

La suite, nous ne la connaissons que trop ! : la Guerre, l'invasion ; après les 1.750.000 morts de 1914, des milliers et des milliers de nouveaux morts ; des cadavres de femmes et d'enfants jalonnant toutes nos grandes routes ; des villes en ruines ; les 2/3 de la France envahie et la population de nos trois Départements dirigée vers l'exil !

Voilà ce qu'il en a coûté au Pays d'avoir oublié que « L'Union fait la Force ! »

* * *

Nous, Alsaciens et Lorrains, prenons garde de ne pas commettre la même faute, de ne pas retomber dans les mêmes erreurs ! Nous nous expliquons :

Dès le mois de Juillet 1940, nous avions tenu à signaler à une haute personnalité qui nous connaissait tout particulièrement la situation de nos trois départements et nous lui faisions part de nos craintes. Il nous fut répondu que tout serait tenté pour la sauvegarde des intérêts de nos chères populations. Les événements d'Août prouvèrent que nos craintes étaient justifiées. Après les cruelles journées de Novembre, le cœur déchiré par toutes les détresses que nous

(Suite page 2)

A NOS SECTIONS DÉPARTEMENTALES ET LOCALES
A TOUS NOS MEMBRES PRÉSENTS ET FUTURS

Début Août 1940, le G.E.R.A.L. est né à Clermont-Ferrand, fruit de plusieurs initiatives convergentes. Grâce aux conseils judicieux, à l'appui matériel et moral de quelques patriotes, grâce aussi à la générosité de ses premiers membres, il a pu, presque dès le premier jour, déployer l'activité qui le caractérise, qui est, son essence même.

Sa permanence, assurée au début par quelques membres fondateurs particulièrement dévoués, devint rapidement un foyer vers lequel affluèrent les compatriotes Alsaciens et Lorrains, pour y trouver des contacts, des points d'appui.

C'est ainsi que bien vite nous comprîmes toute l'étendue de la tâche à accomplir, tous les aspects de l'œuvre à créer, tout l'esprit qui devait inspirer et diriger notre mouvement.

« La France avant tout », telle était, telle est, notre devise, et voilà pourquoi notre premier geste officiel était un hommage respectueux et patriotique à l'adresse du Maréchal Pétain, notre Chef.

Encouragés par la sollicitude du Gouvernement, pour les Français d'Alsace et de Lorraine, expulsés de leurs foyers ou empêchés d'y retourner par leurs sentiments de fidélité à la patrie, nous décidâmes de susciter à travers toute la France inoccupée un vaste réseau de Groupements GERAL, tels le nôtre, dans le but :

1° De mettre en commun tous nos malheurs, mais aussi toute notre foi en l'avenir du pays, de nous soutenir ainsi les uns les autres, et de maintenir intacte notre âme ;

2° De prodiguer conseils et aide matérielle à nos compatriotes, surtout aux malheureux, dans l'organisation de leur nouvelle existence ;

3° De demander aux Autorités tout l'appui nécessaire (allocations, secours exceptionnels, octrois de bourses pour l'éducation et l'instruction des enfants) ;

4° De rechercher un travail approprié et rémunérateur pour tous ;

5° De défendre toutes les causes intéressant les réfugiés et expulsés par des démarches auprès des autorités locales et auprès du Gouvernement ;

6° D'organiser enfin un service de recherches d'isolés ou de familles.

La tâche est grande, immense, mais nous avons l'enthousiasme et la volonté d'aboutir.

Nous vous adressons donc à tous, compatriotes réfugiés et expulsés d'Alsace et de Lorraine, et nous vous crions :

Venez au G.E.R.A.L. ! Trouvez-nous des adhérents ! Créez partout des Groupements, car notre action sera d'autant plus efficace qu'elle se basera sur une plus large documentation et qu'elle sera portée par un plus grand nombre de volontés !

Serrons les rangs dans les mêmes sentiments de solidarité, de confiance, de fidélité et de foi.

Albert BIRCKEL.

ABONNEMENTS

Prière d'adresser le montant des abonnements à notre compte :

Société Générale de Banque,
Chèques postaux : Clermont 516
(Pour le compte N° 9333).

Pour éviter toute perte de temps ou d'argent, MM. les Trésoriers de nos Sections départementales et locales nous rendraient un précieux service en groupant les abonnements de leurs sections et en nous faisant un envoi unique.

1942

chal affirme sa sollicitude pour les réfugiés », un extrait de l'allocution du 30 novembre 1940. Edité par *Les Dernières Nouvelles de Strasbourg* évacuées en octobre 1939 à Bordeaux, puis transférées à Montpellier, *Le Journal des Réfugiés de la région du Sud-Ouest* avait paru, en accord avec *Le Républicain Lorrain* de Metz, jusqu'au 20 août 1940, date à laquelle la parution avait été arrêtée « en raison des nombreux départs des réfugiés ». En mars 1941, *L'Echo des Réfugiés*, avec le sous-titre *Organe d'entr'aide des Alsaciens et des Lorrains*, prend la suite. Hebdomadaire puis trimensuel en juin 1943, il sera interdit le 15 octobre 1943 par ce télégramme laconique de Pierre Laval, chef du gouvernement et ministre de l'Information : « Ai regret suspendre sine die *L'Echo des Réfugiés* ».

RIVALITÉS ENTRE ASSOCIATIONS ET JOURNAUX DE RÉFUGIÉS

L'interdiction avait été exigée par le chef de la censure militaire allemande à Montpellier qui estimait « qu'après l'occupation du sud de la France l'interdiction de ce journal était d'autant plus nécessaire que beaucoup d'Alsaciens-Lorrains se trouvaient parmi les troupes allemandes ».

La Voix du GERAL, bimensuelle, sort le 10 avril 1941 à Clermont-Ferrand, avec, en manchette, cet extrait de l'allocution de Pétain : « Ils n'ont plus, comme richesse, que la fierté de rester Français » qui sera maintenue jusqu'au dernier numéro, le 10 octobre 1943, quand la parution sera suspendue « pour un temps indéterminé », alors que *Le Lorrain* avait déjà annoncé le 25 septembre « qu'il se trouvait dans l'obligation de suspendre sine die sa parution ».

La Voix est adressée aux membres cotisants du GERAL, tandis que les deux autres journaux sont vendus par abonnements et en kiosque et bénéficient d'une publicité importante. *Le Lorrain* et *L'Echo des Réfugiés* publient dans chaque numéro des nouvelles d'Alsace et de Lorraine puisées dans des journaux allemands, suisses et les organes nazis des trois départements, par exemple des condamnations pour le port du béret basque, l'écoute de la radio anglaise, l'aide à des prisonniers de guerre etc... Par contre, l'incorporation dans la Wehrmacht ne sera pas mentionnée.

La concurrence est sévère avec des pointes polémiques. *La Voix du GERAL* reproche au *Lorrain* d'être « le périodique d'une minorité de Lorrains catholiques » alors « qu'elle se tient dans une stricte neutralité » ; l'organe des Mosellans réplique que « la vie n'est pas neutre et que les catholiques sont la grande majorité parmi les Lorrains exilés ». *L'Echo des Réfugiés*, visant *Le Lorrain*, se plaint de « détournementes de lecteurs à l'aide de fausses rumeurs », affirme qu'il observe une stricte neutralité et récuse le reproche de s'adresser en priorité aux Alsaciens. *La Voix du GERAL* prétend que « sur 135.000 réfugiés alsaciens et lorrains en zone libre, le groupement en touche 102.278 », mais selon *Le Lorrain* « 100.000 expulsés-réfugiés de Lorraine et d'Alsace sur un total d'environ 135.000 en zone sud sont groupés sous sa forte ramure ».

1942

2e Année - N° 1

3 Janvier 1942

L'ÉCHO DES RÉFUGIÉS

Organe d'entr'aide des Alsaciens et des Lorrains

Direction
Administration
Rédaction
21, Boul^d Berthelot
à MONTPELLIER
Téléphone :
Montpellier 27.53 - 46.53
Compte chèques postaux
Montpellier N° 315.02

Paraît toutes les semaines
Abonnement
15 frs. par trimestre
La Publicité est reçue à l'AGENCE HAVAS
2, Place de la Comédie
à MONTPELLIER
et dans toutes ses succursales

Entr'aide et solidarité chez les expulsés

Un groupement départemental des expulsés et réfugiés de la Savoie est constitué

Il adhère au G.E.R.A.L.

CHAMBERY. — Le 18 mai 1941, sous l'impulsion de M. Auguste Neff, fut réalisé l'idée de la création d'une association d'entr'aide des Alsaciens et Lorrains de la Savoie. La réunion, convoquée au Café de la Terrasse, à Chambéry, qui se déroula dans une atmosphère de cordialité, et, au cours de laquelle furent élaborés les statuts fixant au groupement comme but : l'entr'aide, telle que la pratiquent tous nos groupements de réfugiés et expulsés, a constitué comme suit le comité-directeur : président : M. Neff Auguste, administrateur de sociétés à Strasbourg ; vice-président alsacien : M. Holl Charles, industriel à Strasbourg ; vice-président lorrain : M. Gobert, directeur d'école à Metz, président du comité local d'Aix-les-Bains, directeur d'école au centre des réfugiés et expulsés à Aix-les-Bains ; trésorier : M. Riquet, re-[...]

[...]rienne. A noter que des démarches analogues ont été entreprises à Albertville, où la création d'un groupement local est prévue.

Une dernière communication de l'Association d'entr'aide des Alsaciens et Lorrains de la Savoie annonce qu'à une réunion du 27 novembre dernier le comité départemental de la Savoie a décidé à l'unanimité d'adhérer au G.E.R.A.L. de Clermont-Ferrand, que les lecteurs de «L'Echo des Réfugiés» connaissent bien. Les démarches nécessaires ont été entreprises pour réaliser la jonction de ce nouveau groupement départemental au groupement de la zone libre des Lorrains et des Alsaciens expulsés et réfugiés.

Il convient de féliciter les réfugiés et expulsés lorrains et alsaciens de la Savoie de se grouper de plus en plus entr'aidements et de se rattacher au comité central qui a déjà [...]

DROME

L'union et l'entente font aplanir bien des misères

Parmi la colonie lorraine de Dié, comprenant les expulsés de Vigy-lès-Etangs, règne la concorde, l'union et un excellent moral. Chaque dimanche, tous se retrouvent. Si la vie en commun du premier trimestre avait dû bon, tous les réfugiés, dispersés apprécient ces heureux instants du dimanche, où la cantine retrouve son atmosphère bruyante des jours où chacun s'évertuait à contribuer au succès et à la bonne conduite de l'entreprise. A ces réunions dominicales l'on vient prendre des nouvelles, se retremper dans l'ambiance et la vivifiante pensée de la petite patrie délaissée.

M. l'abbé Muller, l'âme et le berger des expulsés, sait rallier tous les cœurs ; aussi tout le monde est d'accord, à suivre ses propositions. Les fêtes locales seront cette année respectées et menées avec grandeur, de même Saint-Nicolas, Noël. Grandes journées du terroir ; nous resterons dans le cadre de nos agréables montagnes du Diois ; mais plus tard, nous pourrons en remuer les cendres du souvenir, elles seront aussi douces à se remémorer que notre collective en Ver-[...]

BASSES-ALPES

Une réfugiée décorée de la Croix de Guerre à Sisteron

A Sisteron (B.-A.), plus exactement à Château-Arnoux, s'est fixée, venant de Marseille une jeune réfugiée, Mme Aubard Madeleine originaire de Pavillon-sous-Bois (Seine), décorée de la Croix de Guerre avec palmes.

Les faits qui lui ont valu cette distinction remontent à la retraite, en 1940.

Après la bataille de Veujours, village situé à l'arrière du canal de l'Ourcq, la couverture des troupes en retraite était assurée par des éléments du 24e B.C.A. Les ponts du cours d'eau étaient tenus par le 24e B.C.A. La bataille fait rage entre les unités avancées disposées de part et d'autre de l'Ourcq où, bientôt nos fantassins, débordés de toutes parts, se trouvent dans une situation désespérée, la retraite leur étant interdite par les barrages de l'ennemi.

Au plus gros de la lutte, alors que la petite troupe semblait sacrifiée, Mme Aubard domiciliée à Livry-Gargan (S.-et-O.) connaissant parfaitement la région, se mit à la disposition de l'officier commandant le peloton de couverture, et, au risque de sa vie guida les chasseurs, par des chemins de d[...]

1942
SAMEDI
21
MARS
5e Année
N° 67

LE NUMERO
1 fr. 50
ABONNEMENTS TRIMESTRIELS
15 fr.
C. C. Postaux
Clermont-Fd 337.61
B. C. Riom : 8859

DIRECTION et ADMINISTRATION
18, Rue du Commerce
RIOM
(PUY-DE-DOME)
TÉLÉPHONE : 4.58

LE TRAIT D'UNION

Le Lorrain

HEBDOMADAIRE

des Réfugiés de l'Est

« Les Lorrains sont des Français de grande race, à l'âme énergique, au cœur vaillant »

Le Maréchal PÉTAIN
30 novembre 1940

PROPOS DOMINICAUX

LE VRAI PROBLÈME

Le monde se rend-il réellement compte des suites que comportera la présente conflagration mondiale ? On peut en douter, à entendre les réflexions habituelles de l'homme moyen.

Pour beaucoup, en effet, la guerre n'a engendré que des misères physiques, matérielles. Chez nous même, où la suspension des armes a poussé le pays sur le bord de la grand'route, on est trop souvent porté à ne voir que l'aspect économique du grand drame.

Ce n'est pas nous qui le minimiserons. Quelle que soit l'issue de la lutte gigantesque, la vie des peuples en sortira profondément modifiée. Pour faire admettre la fatalité du conflit, on a fait état de cadres économiques archaïques, quelque chose comme une survivance de vieilles barrières d'octroi, alors que les échanges commerciaux entre les peuples réclamaient un assouplissement que cherchent maintenant à réaliser les armes, puisque l'intelligence des hommes d'Etat a été prise en défaut en temps de paix.

Ce n'est pas la seule raison de l'embrasement qui désole l'univers ; mais c'en est une.

Pourtant, ne nous arrêtons pas trop à cet examen rétrospectif. Mieux vaut essayer de comprendre ce que seront l'Europe et le monde de demain.

Le résultat immédiat sera un paupérisme général. Non seulement les économies nationales ont toutes été transformées en économies de guerre, mais l'acharnement dans la lutte totale aura [...]

Le devoir était devenu un objet de musée, mais le droit, les droits, tous les droits étaient plus demandés que le pain quotidien.

Sommes-nous les seuls à avoir été intoxiqués de la sorte ? La maladie est mondiale. Ses symptômes sont tout simplement différents, selon les pays. En effet, c'est bien une crise morale que traverse l'humanité, une humanité qui a cru trouver sa nouvelle voie en se détournant du christianisme.

Les échos que nous enregistrons sont éloquents. L'homme d'aujourd'hui prend les erreurs de ses prédécesseurs pour les conséquences fatales d'une fausse doctrine. Il ne se demande même pas si les faux pas d'hier n'ont pas été commis, précisément parce que des principes n'avaient pas été appliqués, encore moins vécus.

Non, on condamne en bloc des siècles d'histoire, une morale et une civilisation, celles qui portent le nom de chrétiennes.

Car c'est ça, le grand procès, et la cité de demain doit ignorer le christianisme, sinon le combattre.

❖❖❖

L'entreprise n'est pas nouvelle, et les Français sont payés pour savoir ce qu'elle vaut. Encore que nous ne connaissions bien l'expérience que sur notre plan national, les résultats ne peuvent être ailleurs différents de ce qu'ils ont été chez nous. Le réveil non plus, car l'homme, sous toutes les latitudes, est toujours le même. Il peut [...]

retourne vers un ciel qui enrichit mieux que les hommes.

Le grand travail de reconstruction sera avant tout d'ordre chrétien, et aucun peuple n'en sera dispensé s'il veut vivre. Sous ce rapport, ne sommes-nous pas des privilégiés ? Hors de combat, les Français sont en effet les premiers à pouvoir réfléchir avec sérénité sur les besoins urgents de l'humanité. Les directives et les mots d'ordre d'un Pétain nous prouvent que la France officielle a compris, et qu'elle est bien résolue à marcher hardiment de l'avant.

A nous de nous associer toujours davantage à cette œuvre gigantesque. A nous d'être prêts et de montrer la voie quand, dans un monde désolé, des yeux hagards ou des regards les chercheront les vraies raisons d'espérer.

Paul DURAND.

NOTRE PÈLERINAGE de l'an dernier à Lourdes

On se rappelle que, pour notre pèlerinage du 9-12 août 1941, à Lourdes, toutes les réductions envisagées n'avaient pu être accordées.

Nous croyons savoir que la S.N.C.F. vient maintenant d'accorder une ristourne, dont bénéficieront les pèlerins et proportionnellement à la longueur du trajet effectué. Les détails seront communiqués en temps voulu par les différents directeurs départementaux du pèlerinage.

❖❖❖

M. Antoine Henry (train Périgueux-Lourdes), est prié d'envoyer son adresse exacte à M. le chanoine Caré, Petit Séminaire, à Montauban [...]

Les vœux de la Lorraine à Mgr Heintz

S'autorisant de la confiance unanime de ses compatriotes, le « Lorrain » se fait aujourd'hui l'interprète des fidèles du fier diocèse de Metz, pour présenter à Mgr Joseph Heintz ses vœux de fête les plus sincères et les plus cordiaux.

Depuis plus d'un an et demi déjà, la Lorraine, où qu'elle soit, fait bloc derrière son évêque bien-aimé, qui reste son guide et son chef. Avec lui, elle veut supporter les épreuves, comme elle veut vivre avec lui les temps plus heureux de la paix future.

Les Lorrains de toutes les zones saisissent l'occasion qui leur est offerte pour renouveler à Mgr Heintz leur sentiment de filial attachement et d'indestructible fidélité.

LE LORRAIN.

Pour le colis des Prisonniers Alsaciens et Lorrains

19e LISTE

Reçu pendant cette semaine de la part de : M. Alfred Weil, président du Tribunal civil de Metz, Montélimar, 100 fr. ; anonyme, Castres, 30 fr. ; M. Georges Vaucher, Bourg-de-Péage, 40 fr. ; G. St., Annecy, 100 fr. ; M. Michaux, Solignac (Haute-Vienne), 100 fr. ; Mme X, Petit, de Thionville, Vichy, 100 fr. ; M. Antoine Thévenet, Lyon, 250 fr. ; M. Jean Castéran, 24e R.A., Tarbes, 50 fr. ; la J.A.C.F. de Vahl-Nebing-Montdidier, 50 fr.

Total de la présente liste	820 »
Listes précédentes	16.664 40
Total général	17.484 40

Un colis a été envoyé aux prisonniers suivants :

186. André Bindner, originaire de Colmar, dom. à Bockange. — 187. Guido Cremonèse, [...]

BNUS

Les trois journaux se retrouvent pour déplorer le trop grand nombre d'associations, d'amicales et de groupements et appeler à l'union. « La désunion règne dans la masse des Alsaciens et des Lorrains à cause de l'exploitation de notre situation par des gens nullement qualifiés et de l'esprit particulariste », se plaint *La Voix du GERAL* visant le GEM. *Le Lorrain* critique « la pléthore de groupements due à un prosélytisme pour le moins déplacé. On s'acharne dans plusieurs régions à vouloir fonder des associations nouvelles à côté de celles déjà existantes... On tient moins à aider des compatriotes dans le besoin qu'à préparer le terrain à une politique égoïste ». *L'Echo des Réfugiés* dénonce « le manque d'entente manifeste entre groupements, les rivalités et luttes d'intérêts personnels ou particuliers et exhorte : « Expulsés, évacués, réfugiés, restons unis ! ». Il regrette qu'au sein de notre grande famille une discussion se soit élevée qui fait beaucoup de mauvais sang » et poursuit : « Au moment où des Alsaciens et des Lorrains se plaignent de l'incompréhension de beaucoup d'autres Français, ils devraient prêcher d'exemple et s'efforcer de mieux se comprendre entre eux ». La raison de cette mésentente et désunion ? « On discute sur la classification dans le malheur de nos compatriotes actuellement en résidence en zone libre... On pose la question : Qui a le plus souffert : le réfugié, l'évacué ou l'expulsé ? » Après avoir indiqué, prudemment, que le sort du réfugié, parti volontairement avec une partie de ses biens, peut apparaître meilleur que celui de l'évacué, transplanté d'autorité et en toute hâte, mais déjà installé tant bien que mal à l'arrivée de l'expulsé avec ses 30 à 50 kilos de bagages, *L'Echo* conclut : « La peine causée par l'abandon de son foyer est la même pour tous, la manière du départ est une autre question et pour l'instant nous sommes tous alignés dans les mêmes épreuves. Constituons donc un unique bloc des expulsés, évacués et réfugiés lorrains et alsaciens... sinon, à ce rythme, chaque village hébergeant quelques réfugiés aura son groupement avec un comité bien fourni ».

La « spécificité lorraine » est confirmée en juin 1942 par la fondation à Lyon, du Comité Lorrain. « Ce comité n'entend pas faire œuvre de diversion ou de scission » rassure *Le Lorrain*. « N'étant pas une association, ni une fédération, il veut être en rapports amicaux avec tous les groupements existants... Nous restons fidèles, aujourd'hui comme hier, à nos amis alsaciens, mais notre problème commun peut avoir et a, trop souvent, des aspects différents, successifs... Il est apparu que des intérêts généraux se présentaient différemment, selon qu'on les envisageait sous l'angle lorrain ou alsacien ». Le président du GERAL, Carré de Malberg, déplore, dans une circulaire, la création et le caractère politique de cette initiative lorraine « qui consiste à séparer ceux que le malheur a irrémédiablement unis ».

Le comité est présidé par le maire de Metz, Gabriel Hocquard, et comprend Robert Schuman et Robert Sérot, députés, René Jager, journaliste, futur sénateur de la Moselle, Paul Durand, rédacteur en chef du *Lorrain* et Ségolène de Wendel. Au-delà des préoccupations du moment, il vise l'organisation de la vie politique après la guerre. Lors de la réunion du comité le 29 octobre 1942, *Le Lorrain* écrit : « Nos frères d'Alsace ont bien compris cette initiative et nous saluons avec plaisir la naissance à Clermont-Ferrand du Comité alsacien, que préside M. le Chanoine Muller, sénateur du Bas-Rhin ». Mais l'entrée de la Wehrmacht en zone sud quelques jours plus tard mettra ces deux comités en veilleuse.

Grâce aux trois publications, un lien est établi entre les familles et amis dispersés avec, jusqu'à leur interdiction à l'automne 1943, des pages d'avis de recherche et le carnet familial ; elles donnent des conseils pratiques et juridiques, expriment les revendications et les plaintes. L'insuffisance des allocations, la complexité des modalités d'application en cas de travail partiel, les difficultés de logement ou d'emploi, l'incompréhension de la part de la population autochtone sont régulièrement évoquées et commentées. Selon *L'Echo des Réfugiés* « beaucoup de correspondants se plaignent amèrement des agissements de certains Français à leur égard... Il existe des frictions, des tracasseries, des tentatives d'éviction de nos réfugiés ou expulsés de leurs pauvres logis et jardinets qu'ils ont créés et dont les beaux légumes éveillent l'appétit... Nombre de propriétaires considè-

LE MARÉCHAL PÉTAIN DONNE LE BRAS
À UNE ALSACIENNE ET UNE LORRAINE. COLL. GUÉRY

rent les réfugiés comme des rentiers recevant d'importants subsides de l'Etat et capables, donc, de payer ».

Auprès de l'office du travail de chaque département, une section spéciale est chargée du reclassement des Alsaciens et Lorrains expulsés et réfugiés ; la mission de restauration paysanne organise de son côté le placement individuel chez des paysans ou l'installation dans des villages abandonnés du Gers, du Lot, de l'Ardèche.

Une enquête publiée en décembre 1941 par le bimensuel *Renouveaux* n'est pas particulièrement tendre en affirmant : « Les réfugiés sont des « régionalistes » par leur mentalité, leur mode de vie, leur parler, des « déracinés », des « inadaptés »» devenus presque des « indigents »,

RECHERCHES

JOINDRE POUR CHAQUE RECHERCHE UN TIMBRE-POSTE DE 1 fr. 50
PRIERE A NOS CORRESPONDANTS D'ECRIREEN MAJUSCULES TOUS LES NOMS PROPRES

Les familles Lucien et Georges NEGLOT, expulsées de LONGEVILLE-LES-METZ, se trouvent à Les Bordes, par Issoudun (Indre), et Mme veuve WORNER, de METZ-NORD, se trouve à Issoudun, 12, rue George-Sand.

M. Robert BETTENDORFF, sous-officier au groupe des transmissions 8/12, à Limoges, recherche Mme Georges TETE, née Andrée Simon, habitant chez ses parents, à SAINT-JULIEN-LES-METZ et présumée réfugiée à Paris.

M. HANUS, de HAGONDANGE, est prié de donner de ses nouvelles à M. Léon PAQUET, réfugié à Rouvières-Plans, commune de Châteauvert, par Bayols (Var).

La famille du brigadier Edouard MULLER, du 297e R. A. D. ou du 41e R. A. D., né le 8 septembre 1921, à MONTIGNY-LES-METZ, et tombé en juin 1940, dans l'Eure, est recherchée pour recevoir renseignements sur sa mort et son lieu de sépulture. Ecrire au Journal.

Qui pourrait donner l'adresse actuelle de M. Marc PRAEGER, 17, rue de la Gare, à HAGONDANGE, expulsé en juillet 1940 ? Ecrire au Service des expulsés, 66, quai Jules-Courmont, à Lyon.

M. et Mme Auguste MAIRE, expulsés d'ARS-SUR-MOSELLE, actuellement à Villemur-sur-Tarn (Haute-Garonne), recherchent Mlle Marie EVEN, de HAUTE-KONTZ, évacuée dans la Vienne avec son vieux père, de 85 ans.

M. E. STURM, né à Reichshoffen, père de deux enfants, de 11 et 6 ans environ, droguiste à PFAFFENHOFEN, d'où il a été expulsé, est recherché par maréchal des logis Joseph MUCKENSTURM, 404e D. C. A., poste de Guet, Le Donjon (Allier).

M. et Mme Jacques ROEHN, de MONTIGNY, et Mlle Marie-Louise BUREL, de HAYANGE, se trouvent 7, rue Guillier, à Périgueux.

M. Ernest MARTIN, de MONTIGNY-LES-METZ, actuellement capitaine à l'E. M. de la division à Marrakech (Maroc), recherche la famille DEDUN, 11, rue du Pontiffroy, METZ.

Mme LELOUP, réfugiée de la Moselle, à Rieubros (Ariège), recherche Mme MULLER-YOUNG, autrefois 22, rue Longenkette, à WINTZENHEIM, près Colmar, présumée en zone libre.

Une religieuse en Belgique, recherche sa famille, M. Léopold ERASMY, de HERNY. Ecrire à Mme BOURGEOIS, à Davayé (S.-et-L.).

M. Gustave FRANÇOIS, de SILLEGNY, a quitté Saint-Gaudens pour Toulouse, 44, allée de Barcelone.

Le capitaine Germain LURION, R. P. T. S., C. A. B. L., à Bobo-Dioulasso (Côte d'Ivoire, A. O. F.), recherche son oncle, M. Paul LURION, 39, rue de Nachy, à WOIPPY, et Mlle Marie-Louise LECLERC, 36, rue de Nachy, WOIPPY.

La famille HUSSON, de HETTANGE-GRANDE, réfugiée à La Vavre, commune de Moutier-Malcard (Creuse), recherche les familles Charles et Albert HENRY, de ANCY-SUR-MOSELLE, et Jean BIANCHI, de BENEY (Meuse).

La famille Henri LAFFITTE, de ROSSELANGE, a quitté Toulouse pour Semalens (Tarn). L'Etoile du Midi.

M. Albert SCHICKELE, instituteur à MOMMENHEIM (Bas-Rhin), présumé en zone libre, est recherché par l'alpin André FREUND, 153e R. I. A., Fort Lamothe, Lyon.

M. Pierre DORON, expulsé de VAUX, est recherché par M. A. HOFNUNG, 13, rue Anibert, à Arles (Bouches-du-Rhône).

Le sergent-chef Pierre BECKER, de BAYONVILLE (M.-et-M.), anciennement à la base aérienne de FRESCATY, se trouve à l'Ecole de l'Air, à Salon-de-Provence (B.-du-R.).

BOITE AUX LETTRES

F. V. O. — En acceptant de travailler comme journalier chez un cultivateur, vous ne perdrez le bénéfice de l'allocation personnelle (partiellement ou complètement) qu'au cas où votre salaire dépasse 200 fr. par mois, y compris les avantages en nature. Votre modeste emploi n'empêchera pas votre famille de continuer à bénéficier de l'allocation.

E. E., Siorac (Dordogne). — S'il ne s'agit pas d'un terrain que vous auriez défriché vous-même l'an passé, nous ne voyons aucun recours contre le propriétaire qui garde la liberté d'en disposer autrement en l'absence de tout contrat de location. Adressez-vous au maire de votre commune ou au délégué des réfugiés pour qu'on vous trouve un autre terrain à cultiver.

Colbert, Lyon. — Les primes de natalité, instituées par les départements, ne sont maintenues, bénévolement, que par certains d'entre eux et dans des conditions qui varient d'un département à l'autre. Le délai de la demande qui, normalement, était de trois mois après la naissance, a pu être portée à un an. Prenez des renseignements à votre mairie ou préfecture. — Pour le moment, nous ne connaissons aucun moyen de débloquer votre avoir à la B. I. de Luxembourg.

E. G., Blis et Born. — Vous restez sujet au stage obligatoire dans les Chantiers, malgré que vous ayez été reconnu inapte pour l'engagement dans l'armée.

C. S., Nègrepelisse (T.-et-G.). — Les frais d'enterrement pour les réfugiés allocataires sont pris en charge par le Service des réfugiés au tarif de l'Assistance Publique. Vous pouvez donc demander le remboursement des frais au tarif

mille, de façon à ramener l'ensemble des ressources à un niveau normal. Cependant, la circulaire 92 bis, toujours en vigueur, précise : **Dans l'exercice de ce droit, la Commission départementale ne devra jamais perdre de vue que par suite de leur situation particulière les réfugiés ont droit de disposer de sommes nettement plus importantes que les personnes de mêmes conditions originaires de la région.** Le maintien de l'allocation dépend donc en partie de la situation antérieure de l'allocataire et du rang qu'il doit tenir, sans que, pour cela, il puisse être question d'un minimum ou d'un plafond. — 3° La conversion des marks est toujours possible pour les expulsés alsaciens et lorrains, sans limitation.

Méd. aux G. — L'Association American Friends 108, boulevard de Paris à Marseille, vient en secours aux étudiants des Facultés et, exceptionnellement, aux élèves des classes supérieures de lycées et collèges.

J. B., Montpellier. — Comme vous, nous croyons que l'autorisation pourra vous être accordée sans difficultés ; il y a des précédents. Quant à l'extrait du casier judiciaire, suivez les indications données ci-dessus en vous adressant au Casier Central, 36, rue Cambon à Paris.

S. P., Laissac. — Les bons de transport gratuits ne sont accordés qu'en cas de rapatriement ou de regroupement familial. Un expulsé travaillant au dehors n'a pas pour autant droit à la gratuité du transport. — Vous devrez pouvoir obtenir satisfaction pour les bons d'achats de vêtements en vous adressant au Service des réfugiés de votre Préfecture (hors-contingent).

Bleunéroux. — Présentez le cas de la per-

BNUS

des « allocataires » ce qui signifie qu'ils ont la tentation permanente de l'oisiveté. Malheureusement, trop peu de jeunes réfugiés ont trouvé un emploi ; trop peu ont voulu entrer dans des centres de travail des jeunes ; trop nombreux sont ceux qui demeurent plus ou moins oisifs dans leur famille. Pourtant, nul n'ignore l'influence désastreuse de l'inactivité prolongée. Il faut que fermement on pousse les hésitants dans la voie du travail régulier. »

Au printemps 1942, le secrétaire général de la Jeunesse donne des directives générales pour l'insertion des réfugiés, particulièrement des jeunes. « Les Lorrains des cantons de langue française de la Moselle sont essentiellement des agriculteurs robustes et travailleurs. Les autres réfugiés alsaciens-lorrains sont surtout des petits-bourgeois, des commerçants, des intellectuels, des employés. Ce sont des éléments sains, qui se sentent très dépaysés et sont difficiles à reclasser dans les branches de l'activité. A côté de ces éléments sains se trouve la pègre de Strasbourg, de Metz et de Mulhouse, expulsée par les autorités allemandes pour des raisons de salubrité. Par leur présence, ces éléments douteux ont parfois fait aux réfugiés un grand tort auprès des populations d'accueil ». *La Voix du GERAL* n'a pas manqué de protester contre ce passage. Le directeur à la Jeunesse donne, également, les instructions suivantes « pour ce qu'il convient d'éviter » : « Les jeunes réfugiés sont tous des déracinés provisoires qui, normalement, sont destinés à retourner dans leur pays, dès que les circonstances le permettront. Il convient donc d'éviter absolument de les traiter commes des émigrés définitifs que leur milieu aurait intérêt à « assimiler » pour faire disparaître je ne sais quelle diversité gênante. Si leur valeur de Français ne peut que gagner à s'enrichir de nouvelles qualités et de nouvelles connaissances au contact d'un milieu nouveau pour eux, il serait, par contre, désastreux de concevoir ce contact comme une occasion de nivellement ou d'uniformisation superficielle... L'assimilation entre Français est, par ailleurs un terme ou une chose qui serait à proscrire définitivement dans un Etat qui fonde son espoir sur le rajeunissement par les forces régionales. Cette nécessaire diversité fondée dans la race et dans l'histoire est la seule raison d'unité organique, d'unité vivante... Parler aujourd'hui d'assimiliation, c'est réchauffer fâcheusement la mystique de nivellement de la défunte République ». La loi du 4 septembre 1942 ayant assujetti les hommes de 18 à 50 ans et les femmes de 21 à 35 ans au service national du travail, une circulaire ministérielle prescrit, fin décembre, un renforcement de « la chasse aux faux allocataires de l'indemnité de réfugiés » ; *La Voix du GERAL* insiste : « Il va de l'intérêt de chaque réfugié d'être pourvu d'un emploi régulier » et rappelle en mars 1943, après l'institution du STO (Service du travail obligatoire) : « Des prescriptions draconniennes ont été édictées envers qui n'a pas trouvé un emploi ou qui n'a pas su conserver celui qui lui aura été indi-

FRICTIONS : LES AUTOCHTONES JALOUSERAIENT LES BEAUX LÉGUMES DES RÉFUGIÉS ALSACIENS qué ». Grâce à de nombreuses interventions, parmi lesquelles celles de Théo Braun qui, après son évasion de Lorraine, avait rejoint l'équipe nationale de la JOC à Lyon, où il a édité le bulletin *Entre-nous*, les jeunes Alsaciens et Lorrains sont exemptés du STO en Allemagne.

A la suite d'un article d'un quotidien limousin trouvant scandaleux que des hommes jeunes parmi les réfugiés demeurent sans rien faire et qu'il était temps « d'utiliser ces inutiles », *Le Lorrain* proteste énergiquement le 22 mai 1943 et souligne que, selon le service de reclassement des réfugiés un total de 49.982 demandes de reclassement avaient été satisfaites au 31 décembre 1942 et que seuls 1.946 jeunes garçons restaient à placer, dont la plupart étudiants, malades ou indisponibles ; il ne restait à satisfaire que 5.638 demandes d'hommes et 4.118 de femmes, âgés, pour la plupart de plus de 50 ans et difficilement plaçables.

En comparant les statistiques de la direction des réfugiés, on constate qu'au 1er septembre 1941, 75 % des réfugiés alsaciens et lorrains enregistrés étaient secourus en zone non occupée contre 63 % selon l'état du 1er octobre 1943.

Grâce à la Mission alsacienne et lorraine en Afrique du Nord (MALAN) dirigée par le journaliste Jules-Albert Jaeger, des milliers de réfugiés, entre autres des jeunes de l'armée dont la commission allemande d'armistice exigeait la démobilisation et le retour dans leurs familles, ont pu passer en Algérie, en Tunisie et au Maroc. Un premier contingent d'une centaine de jeunes Alsaciens et Lorrains est accueilli en mars 1941 à Alger par les plus hautes autorités civiles, militaires et religieuses aux accents de la Marseillaise et de la Marche lorraine. Neuf cents places sont réservées dans diverses administrations en Afrique du Nord, des milliers sont proposées dans l'agriculture, l'artisanat, les mines de lignite, des lots de colonisations sont offerts, au Maroc, en peu de mois la section de la MALAN en Tunisie y installe plus de quatre cents réfugiés des trois départements de l'Est. Mgr Jules Hincky, curé-doyen de Colmar, qui a ouvert un foyer à Alger, est nommé délégué des évêques de Strasbourg et de Metz en Afrique du Nord, tandis que le pasteur Sturm y représente le directoire des Eglises luthériennes et réformées d'Alsace et de Lorraine. Ces deux ecclésiastiques feront partie du Comité alsacien et lorrain d'études et d'action sociale créé, fin janvier 1943, après la rupture avec la métropole consécutive au débarquement allié en novembre 1942. Ce comité, chargé du « reclassement dans l'économie africaine des réfugiés alsaciens et lorrains et de l'action sociales les intéressant » est présidée par l'industriel strasbourgeois Huck-Astier assisté du directeur du port autonome René Graff et du banquier Jean Wenger-Valentin. Le journaliste Charles Haengi, jusque-là à la tête du bureau de la MALAN à Oran, est nommé directeur du bureau de reclassement et d'action sociale. Un bulletin mensuel remplace les trois organes des réfugiés de la Métropole qui avaient de nombreux lecteurs en Afrique du Nord. Ce comité jouera aussi un rôle politique, à titre consultatif, auprès

UN GROUPE D'ALSACIENS DES CHANTIERS DE JEUNESSE EN TUNISIE EN 1941.

du Comité français de Libération nationale, pour les questions d'Alsace et de Lorraine en prévision de l'après-guerre.

SOURCES

Collections 1941-1943 de *L'Echo des Réfugiés* (M 400 221). *La Voix du GERAL* (M 400 208/9), *Le Lorrain* (M 400 220). BNU-Alsatiques.

La Délégation française auprès de la Commission allemande d'armistice. Imprimerie Nationale. Cinq tomes 1947-1959. BNU D 204 687.

Les Cahiers Lorrains — N° spécial 1983, quatrième trimestre. Moselle et Mosellans dans la Seconde Guerre mondiale sous la direction de F-Yves LE MOIGNE. Editions Serpenoise Metz.

Dominique E. WIRTZ-HABERMEYER : *Histoire des DNA* Editions de la Nuée Bleue, 1987.

Le Guide du jeune réfugié. Brochure du secrétariat général de la Jeunesse, avril 1942. BNU-Alsatique M 130 404.

Renouveaux. Pays de France N° 26, 1er décembre 1941. BNU-Alsatiques M 130 408.

Bulletin du Comité alsacien et lorrain d'études et d'action sociale. Alger mai 1943 - juillet 1945, BNU R 102 593.

Alsace et Lorraine, terres françaises. Cahiers du *Témoignage chrétien* XX-XXIII octobre-décembre 1943. Rééditées par Pierre BOCKEL DNA, 1975 BNU-Alsatiques M 136 232.

L'extraordinaire Evasion du Général Giraud

JACQUES GRANIER

L'évasion du général Giraud, le 17 avril 1942, de la forteresse de Königstein fut une gifle retentissante à l'Allemagne nazie. Organisée en grande partie par les réseaux de la résistance alsacienne[1], cette évasion conduisit Giraud en Afrique du Nord pour un face-à-face difficile avec de Gaulle.

17 avril 1942. Depuis bientôt deux ans la France du sud, la « zone libre » vit sous le régime de Vichy. Finie la devise républicaine : « Liberté, Egalité, Fraternité » ; la voilà remplacée par une nouvelle trilogie « Travail, Famille, Patrie », tandis que la francisque figure au revers des pièces de monnaie. Philippe Pétain, maréchal de France, jouit d'une étonnante popularité. Dans toutes les écoles, au cours de toutes les manifestations, qu'elles soient ou non patriotiques, les enfants ou le public entonnent inévitablement l'hymne à la gloire du chef de l'Etat qui « a fait don de sa personne à la France » :

Maréchal nous voilà !
Tu nous a redonné l'espérance...

En ces années là, Philippe est le prénom que les parents donnent le plus volontiers à leurs nouveaux-nés, mais dès le 24 octobre 1940, en gare de Montoire, Pétain et Hitler scellent leur « collaboration » avant d'échanger une historique poignée de main. Le vieux maréchal ne se rend pas compte qu'il vient de passer un marché de dupes et qu'il ne pourra s'opposer ni au Service du travail obligatoire (STO), ni à la déportation des Juifs, ni à l'annexion de la zone sud, en novembre 1942, ni à la déclaration de Pierre Laval, son dauphin : « Je souhaite la victoire de l'Allemagne ».

Ce n'est sûrement pas l'avis des services secrets de l'armée d'armistice que l'Allemagne a autorisée pour des motifs de service d'ordre. Il y a là des officiers de qualité qui s'ingénient à préparer patiemment l'armée de la revanche : organiser des dépôts d'armes, favoriser les évasions vers les colonies africaines, construire en cachette des blindés et des automitrailleuses, créer un climat d'effort et de renouveau, dans les « camps de jeunesse », organiser des réseaux pour favoriser les évasions des prisonniers qui croupissent dans leurs Stalag ou Oflag et, surtout, maintenir des contacts avec les « Français libres » restés en Angleterre et tisser avec eux des réseaux de renseignements et de résistance, dont le colonel Rémy écrira qu'ils ont été « mieux organisés et plus efficaces que nos propres réseaux de la France libre ».

Première mission de ces services secrets : trouver un chef qui fît l'unanimité sur son nom pour forger, en zone libre d'abord mais aussi dans les colonies, l'armée de la revanche. Ce général, le plus ancien dans le grade le plus élevé, il existe certes mais il est retenu prisonnier dans une citadelle allemande. « Eh ! bien, décide l'état-major du 2e bureau, il suffit de le faire évader ». Facile à dire, le faire est une autre histoire.

ACCROCHÉ À UNE CORDE, LE GÉNÉRAL DESCEND UN À-PIC DE 40 MÈTRES

Le montage mis en place à Lyon et à Vichy réussira pourtant. Il a été préparé avec une étonnante minutie. Tous les détails, y compris les plus imprévisibles, en ont été étudiés. Tout commence par les contacts entre le SR de Vichy et le détenu de la forteresse de Königstein. Les instructions transmises au général étaient les suivantes :

Premièrement : Vous descendrez de la forteresse par vos propres moyens. Nous vous fournirons un câble métallique pour renforcer votre corde.

Deuxièmement : Vous vous rendez à pied à la garde de Bad-Schandau et, sur le pont qui enjambe la voie ferrée, vous trouverez un émissaire qui sera porteur de vos vêtements. Vous serez un industriel textile alsacien voyageant en Allemagne et vous disposerez de faux papiers et de l'argent qu'il vous faudra.

Troisièmement : Vous devrez raser vos moustaches et chausser des lunettes que l'émissaire vous remettra. La photo figurant sur les papiers d'identité qui vous seront fournis tiendra compte de cette physionomie. L'émissaire connaîtra votre nouveau visage. Quand il vous apercevra il viendra vers vous et vous saluera : « Morgen Heinrich ». Vous répondrez « Morgen ».

Quatrièmement : L'heure de la rencontre est fixée à 13 heures, le 17 avril. Si vous ne pouvez vous évader le jour fixé, vous descendrez le jour suivant. Rendez-vous à la même heure et au même endroit.

Cinquièmement : Voici le code que nous utiliserons désormais : dans nos lettres, la première consonne ou voyelle qui sera détachée à l'intérieur d'un mot sera la lettre à retenir. En les assemblant vous obtiendrez le message.

17 avril 1942. Nous y voici. Ce jour-là un général d'armée se laisse glisser le long d'une corde du haut de la forteresse de Königstein, en Saxe. C'est le général Henri Giraud. Alors âgé de soixante-trois ans, il va vivre une folle aventure et son évasion sera considérée comme « la plus extraordinaire du siècle ». C'est qu'il n'est pas facile de s'évader de ce « nid d'aigle » dans lequel les nazis ont entassé

LA FORTERESSE
DE KÖNIGSTEIN.
TOUTE ÉVASION
Y ÉTAIT JUGÉE
IMPOSSIBLE.

une centaire de généraux et d'amiraux, capturés au cours de leur fulgurante campagne de France.

La forteresse de Königstein est bâtie sur un rocher dont les à pic avoisinent partout les quarante mètres. La surveillance en est si sévère que le commandant de la garnison a jugé inutile d'y maintenir des chiens policiers. Giraud n'en fausse pas moins compagnie à ses geôliers, après deux ans ou presque d'efforts ingénieux. Sa corde, par exemple, il l'a fabriquée en tressant des bouts de ficelles récupérés sur les colis de ravitaillement. Et pourtant Giraud, agissant seul, n'aurait pu réussir son entreprise et rallier la France.

En attendant, l'Allemagne connaît un remue-ménage dont aucune organisation policière de pays libre ne peut donner idée. Lorsque, au surlendemain de cette mémorable date, Adolf Hitler a connaissance de la disparition de Giraud, le peuple allemand s'apprête à fêter avec un faste sans précédent le cinquante-troisième anniversaire de son invincible Führer, dont les armées sont victorieuses sur tous les théâtres de la guerre et qui leur a promis mille ans de félicité.

Toutes les mesures sont immédiatement prises pour interdire au général français le franchissement des frontières de l'Allemagne. L'effectif des postes de douane et des patrouilles policières est sur l'heure doublé, triplé, décuplé. Des milliers de jeunes du Wollsturm et de la Landwacht sont mandés à la rescousse, placés en faction sur les routes, aux entrées des ponts et le long des voies ferrées.

Giraud mesure 1,87 m. Dans tous les villages, dans toutes les villes, aux entrées de toutes les usines et dans tous les hôtels, les personnes dont la taille atteint ou dépasse 1,80 m sont immanquablement contrôlées. Le ratissage est impitoyable, gigantesque, démesuré. Il s'étend sur plus d'un million de kilomètres carrés et voit intervenir toutes les polices et toutes les organisations politiques du IIIe Reich. Ces mesures s'avèrent parfaitement vaines.

Les journaux publient la photo et le signalement de l'évadé. Les murs se couvrent d'affiches, les boîtes aux lettres se garnissent de papillons. Qui aidera Giraud ou lui donnera asile sera fusillé sur l'heure et sans jugement. Une prime de 100.000 marks est offerte à qui permettra l'arrestation du général. 100.000 marks équivalent à quatre millions de nos francs. Une coquette fortune en 1942.

Promesses et menaces sont inutiles. Le général reste introuvable. Est-il parti en direction de la Russie, vers les pays scandinaves, en Angleterre ou en Suisse ? S'est-il enfui à pied, en voiture, en chemin de fer ou en avion ? Les nazis n'en ont pas la moindre notion, mais la Gestapo récupère de-ci de-là des affiches sur lesquelles un crayon ironique a écrit : « Mets-y cent sous de plus et je dis tout. » Hitler n'en obtiendra pas davantage.

Au fait que s'est-il passé ? Le 20 avril, guidé par Roger Guerlach, le messager du SR de Vichy, qui a poussé l'insolence et la témérité jusqu'à se rendre en Saxe pour attendre Giraud à la sortie de la forteresse et lui remettre des vêtements civils ainsi que des faux papiers d'identité au nom de Heinrich Greiner, industriel à Sainte-Marie-aux-Mines, le général entre en Alsace à Lauterbourg.

LE GÉNÉRAL GIRAUD EN PROMENADE DANS LES RUES DE KOENIGSTEIN. IL ÉTAIT SURVEILLÉ À DISTANCE.

Tout marche comme prévu jusqu'à Strasbourg où le général, pour tromper l'attente entre deux trains, se rend chez un coiffeur des environs de la place de la gare. Au retour il aperçoit une ronde de police visitant les wagons. Il attend pour reprendre sa place en « première », mais ne voit plus son guide qui, par mesure de sécurité voyageait en « seconde ». Arrêt à Sélestat. Pas de nouvelle de Guerlach. Aurait-il été arrêté ? Le général s'affole, descend du train, prend une chambre à l'hôtel Hanser au nom de Greiner Heinrich et suit le public qui se dirige vers le stade où se joue une partie de football. En fait ce que Giraud prend pour du football est en réalité du handball à onze qui opposait une sélection de la gendarmerie motorisée de Sélestat à l'équipe de la police de Strasbourg. Les policiers l'emportent sur le score de 12 à 10 mais de cela le général n'en a cure. Brisé de fatigue il retourne à l'hôtel, s'endort et se réveille juste à temps pour prendre le dernier train du soir.

Il arrive à Mulhouse à 23 h. Personne évidemment pour l'attendre. Le guide l'y avait guetté aux trains précédents puis avait rejoint le domicile de Max Schieber, le relais convenu.

« De toute façon le général connaît l'adresse, avait-il annoncé. Je lui ai demandé d'écrire sur une page de son agenda le chiffre 11 et sur une autre le mot réservoir. Il n'y a plus qu'à attendre. »

L'angoisse l'empêchera de dormir. Le général ne voulant pas se rendre en pleine nuit chez un agent du « renseignement » décide de prendre une nouvelle chambre, à l'hôtel de l'Europe cette fois. Henry Meyer, le veilleur de nuit, est un brave Alsacien qui lui fait remplir une fiche mais lui propose :

— La police vient les vérifier à 6 heures, mais si vous redoutez un contrôle, je peux vous réveiller un peu plus tôt.

Sans autre anicroche, Giraud rejoint enfin la rue du Réservoir, Max Schieber et son guide mais ses imprudences répétées auront des conséquences tragiques. Tout d'abord il faudra annuler les relais prévus par Belfort, Poligny et les environs de Montceau-les-Mines où passait la ligne de démarcation ; prévenir aussi tous les agents contactés et tenus en alerte par le colonel Henri Derringer. Max Schieber se charge de monter en catastrophe un nouveau dispositif, grâce à son ami René Ortlieb, restaurateur à Thann et au Père Joseph Stamm, curé de Liebsdorf, un village proche de la frontière suisse.

Giraud passera la nuit au presbytère où le père Stamm lui a réservé la « chambre de l'évêque ». La brave prêtre, pendant ce temps, lui a trouvé un guide, le forestier Henri Kupfer, dont le secteur de garde s'étend le long de la frontière. Il réussira à la lui faire franchir, depuis la ferme des Ebourbettes, entre deux rondes de gardes allemands. C'est gagné ou presque.

Cette rocambolesque évasion aura permis à de nombreux résistants, dont beaucoup d'Alsaciens, d'infliger à Hitler sa première grande défaite depuis la déclaration de guerre. Aussi le Thannois René Ortlieb pourra déclarer fièrement : « Après cela, je pense qu'un simple artilleur a le droit de dire merde à Hitler ! »

Hélas ! Il payera de sa vie, tout comme le père Stamm, sa participation à l'évasion. Arrêtés en septembre 1943, internés au camp de Schirmeck puis à Wolfach en Allemagne ils seront abattus d'une balle dans la nuque le 17 avril 1945. Cruelle coïncidence : ces deux héros ont été fusillés trois ans, jour pour jour, après l'évasion du général Giraud. Cruelle destinée aussi : le lendemain 18 avril 1945, les troupes françaises faisaient leur entrée victorieuse dans Wolfach. Il en a été de même à Belfort pour Henri Veit abattu, lui aussi, dans une forêt des environs. « Un complice de l'évasion, avait décidé la Gestapo, ne doit pas pouvoir savourer les joies de la victoire. »

Deutsches Kriminalpolizeiblatt

(Sonderausgabe)

Herausgegeben vom Reichskriminalpolizeiamt in Berlin

Erscheint täglich mit Ausschluß der Sonn- und Feiertage	Zu beziehen durch die Geschäftsstelle Berlin C 2, Werderscher Markt 5—6

15. Jahrgang	Berlin, den 21. April 1942	Nummer 4259 a

Nur für deutsche Behörden bestimmt!

A. Großfahndung.

100 000 RM Belohnung.

1942

Entwichener französischer General aus dem Lager Königstein (Elbe).

Nachtrag zur Neuausschreibung in Nr. 4258 a, zum FS Dresden vom 18. 4. 42 und zum Blitz-FS Nr. 5188 vom 20. 4. 42

Für die Wiederergreifung des am 17. (nicht 14.) 4. 42 aus Oflag in Königstein (Elbe) entwichenen französischen Armeeführers, General **Giraud**, Henry 18. 1. 79 Paris, ist eine Belohnung von 100 000 RM ausgesetzt worden.

Beschr.: 1,82—1,85 m, schlank, graue Haare, grauer Schnurrbart, spricht leidlich Deutsch mit französischem Akzent; trägt möglicherweise helle bräunliche Stiefelhose. G. und Abdruck des rechten Zeigefingers sind hierunter abgebildet.

Die Wiederergreifung ist von größter Bedeutung. Die Fahndung ist unter Einsatz aller Kräfte der Sicherheitspolizei (Kripo und Stapo), der Schutzpolizei und der Gendarmerie, der Wasserschutzpolizei, des Zollgrenzschutzes, des NSKK., der SA., der SS, des RAD., der Forstbeamten und der sonst etwa zur Verfügung stehenden Kräfte durchzuführen. Die Kräfte sind nach den örtlichen Alarmplänen der KP(L)Stellen heranzuziehen. Durch Einsatz besonderer Streifen in Zügen, Bahnhöfen und sonstigen Verkehrsmitteln sind umfassende Verkehrskontrollen durchzuführen. Die Fahndung ist bis auf Widerruf auf das energischste und unter Einsatz aller verfügbaren Kräfte durchzuführen. Jede auf den Flüchtigen bezügliche Wahrnehmung ist der KPLSt Dresden, die für die Fahndung federführend ist, und dem Reichskriminalpolizeiamt unverzüglich mitzuteilen.

Von einer Veröffentlichung durch Presse oder Rundfunk ist abzusehen.

Der Chef der Sicherheitspolizei und des SD
I. V.
gez. Nebe,
SS-Gruppenführer und Generalleutnant der Polizei.

Henry Giraud ist festzunehmen.

Abdruck des rechten Zeigefingers.

L'AVIS DE RECHERCHE DIFFUSÉ PAR LA POLICE ALLEMANDE.

Giraud est maintenant en sûreté dans un pays neutre. C'est gagné. A Lyon, Mme Giraud s'apprête à recevoir son mari, qui doit arriver le lendemain sous l'identité Louis Simignon. Et pourtant il s'en faut d'un rien que la victoire ne se transforme en amère défaite.

Des indiscrétions ont filtré. Le 25 avril, à quelques kilomètres de Genève, la Gestapo est prête à s'emparer du général. Lui, inconscient du danger, roule vers le poste frontière de Perly. Mais le Mulhousien Alfred Spieser, un capitaine du 2e Bureau d'Annecy, par sa présence d'esprit, sa parfaite connaissance de la frontière, les complicités dont il dispose, fait avorter à la dernière minute l'ultime contre-attaque nazie. Le général est dérouté d'autorité vers un autre poste frontière tandis qu'un restaurateur d'Annemasse retient à manger policiers et douaniers dans son établissement au nom prédestiné d'hôtel de France.

Suprême affront pour les services secrets du régime : le général et ses amis sont entrés dans le même restaurant en empruntant la porte de la cour. Ils prendront leur repas dans une salle contiguë et le patron de l'hôtel servira tout à la fois l'illustre évadé, les douaniers et les agents de la Gestapo qui déguisent leur véritable fonction sous le couvert d'agents de la commission douanière spéciale.

Ce restaurateur, c'est André Ponsard un Alsacien originaire de Riquewihr où il était représentant chez le viticulteur Ernest Preiss. Il propose sa dernière bouteille de gewurztraminer et le général Giraud porte un toast aux régions de l'est de la France. Il souligne combien il estime les Alsaciens et les Lorrains et termine par ces mots : « Ils ont tous été admirables ! »

LA RIVALITÉ DE GAULLE — GIRAUD FUT CELLE DE DEUX CONCEPTIONS DE LA SUITE DE LA GUERRE.

C'est presque fini. Giraud, pardon Louis Simignon, rejoint dans la banlieue de Lyon la demeure discrète que le général René Chambe lui a dénichée et le dimanche 26 avril, à Vichy, le colonel Lecoq, l'un des quatre mousquetaires qui ont monté le scénario de l'évasion, obtient une audience du maréchal Pétain. D'une traite il lui raconte le succès de l'opération.

— Merci, répond le maréchal et, se tournant vers son aide de camp, il ajoute : Offrez donc lui un paquet de cigarettes pour récompense. Ce qui est fait.

L'évasion du général Giraud, par le retentissement qu'elle a soulevé, est l'épisode le plus glorieux de la mise en place depuis la zone libre, de l'organisation des réseaux de renseignements et d'évasion en zone occupée et en Alsace-Moselle annexées. Cette guerre secrète est restée trop méconnue. C'est une injustice que, tôt ou tard, l'histoire réparera.

Il fallait aux « armées de la revanche » un chef pour les commander. Le retour de Giraud solutionnait le problème que beaucoup tentaient de résoudre dans l'entourage de Pétain. Sept mois plus tard, en novembre 1942, à l'issue de contacts incessants avec les Etats-Unis, notre glorieuse « Armée d'Afrique » reprenait sa place dans la lutte.

LA PREMIÈRE RENCONTRE GIRAUD-DE GAULLE À ALGER EN MAI 1943. COLL. VIOLLET

« On a porté des jugements sévères sur le général Giraud, écrit le général René Chambe, lui aussi du complot. Il était en réalité un grand chef militaire, un excellent stratège, le meilleur certainement de l'armée française. Il joignait à la clarté de vues, l'imagination dans la conception et l'audace dans l'exécution. »

Charles de Gaulle, épaulé par l'Angleterre, et Henri Giraud, soutenu par l'Amérique, ont été les grands chefs militaires qui ont prouvé à la gloire des généraux de la victoire, les de Lattre, Juin et Leclerc. Entre autres.

Giraud et de Gaulle. Peut-on les comparer ? Oui certes car ils ont de nombreux points de convergence. Et, en premier lieu, leur farouche volonté de refuser la défaite et celle de tout tenter pour le relèvement de la France.

Dans son appel du 18 juin 1940, de Gaulle déclarait : « La France a perdu une bataille, mais la France n'a pas perdu la guerre... Rien n'est perdu parce que cette guerre est une guerre mondiale. Dans l'univers libre des forces immenses n'ont pas encore donné. Un jour ces forces écraseront l'ennemi. Il faut que la France, ce jour-là, soit présente à la victoire. Alors, elle retrouvera sa liberté et sa grandeur. Tel est mon but, mon seul but. »

LE POINT DE PASSAGE DE GIRAUD
À LA FRONTIÈRE FRANCO-SUISSE.
PHOTO GÉRARD LACOUMETTE

Giraud réussissait, en septembre 1940, à faire parvenir à son épouse une lettre admirable dans laquelle il interdisait à ses enfants de se résigner à la défaite et définissait les grandes lignes que devait adopter la résistance pour être efficace.

« Je vous confie le soin de me remplacer dans une tâche sacrée, le relèvement de la France. Je vous interdis de vous résigner à la défaite... Peu importe les moyens. Le but seul est essentiel. Tout doit lui être subordonné. En première urgence, la libération du territoire...

a Les esprits sont faits en France ;

b L'instruction est faite aux colonies ;

c Le matériel est fait à l'étranger.

Mais, avant tout, que les esprits soient à la hauteur de leur tâche. Qu'ils veuillent être Français, totalement... Vous tous, mes enfants, rappelez-vous qu'une bourrasque passe mais que la Patrie reste. Une nation vit quand elle veut vivre. Répétez cela autour de vous. Forcez les autres à penser comme vous, à travailler comme vous. Nous sommes sûrs du succès, si nous savons vouloir. »

De Gaulle - Giraud. Ils ont tous deux brillamment concouru à la libération de la France ; tous deux ont été co-présidents du Comité français de Libération nationale à Alger. Seule mais grande différence : l'un, c'était Giraud, a voulu n'être qu'un grand chef militaire et ne poursuivre qu' «un seul but la victoire », selon le titre d'un de ses ouvrages ; sous le képi à deux étoiles de l'autre, c'était de Gaulle, perçait déjà ce qu'il est devenu : un grand homme politique.

Tous deux auraient dû et pu parfaitement se compléter. Leurs caractères et, surtout, les structures militaires qu'ils avaient mises en place et dont ils dépendaient, ainsi que l'appui de puissants alliés — l'Angleterre et l'Amérique — dont les vues à leur égard divergeaient, ne leur ont pas permis de s'entendre jusqu'au bout.

NOTE

1. Les services secrets l'étaient, par définition, au point que les concepteurs de cette évasion, plus extraordinaire dans sa préparation que dans sa création, ont attendu vingt-trois ans pour se rencontrer. Ils l'ont fait le 14 février 1965 à Thann, dans l'hôtel du Parc que tenait René Ortlieb en 1942.

2. Au cours de cette réunion la famille du général Giraud, les chefs de la résistance et les membres des réseaux d'évasion et de renseignements de Strasbourg, de Mulhouse, de Thann, de Liebsdorf, de Montceaux-Jeune, de Belfort, de Poligny, d'Annecy et de Montceau-les-Mines ont fait enfin connaissance et ont confronté leurs souvenirs.

3.Jacques Granier, qui l'organisait, en a tiré un ouvrage *Un général a disparu*, publié en 1971 par les Presses de la Cité, que le maréchal Alphonse Juin avait préfacé sur son lit de mort. En 1976, l'ouvrage a été traduit en Tchécoslovaquie sous le titre *Général Zmizel*.

APRÈS LA GUERRE, JACQUES-HENRY GROS ET MAURICE DELAVIER PUBLIÈRENT UN OUVRAGE SUR LEUR LONG EMPRISONNEMENT.

Evasion Verticale

1942

JACQUES-HENRY GROS
ILLUSTRATIONS DE MAURICE DELAVIER

Fait prisonnier en 1940 sur la ligne Maginot, le jeune officier de réserve Jacques-Henry Gros est interné dans un Oflag de Silésie et y reste plus de quatre ans, jusqu'à sa libération par les Américains fin 1944. Chronique d'un enfermement et découverte, après les tentatives d'évasion ratées, d'une force intérieure spirituelle : une évasion verticale.

Ma captivité commence à Cernay et se poursuit à Neuf-Brisach. C'est l'occasion d'une révision des valeurs et d'une réflexion sur les fondements de la hiérarchie. L'armistice étant signé, nous imaginons une démobilisation prochaine, mais nous sommes bientôt embarqués sur le Rhin puis regroupés avec d'autres dans un Oflag (Offizierlager) de Westphalie. Logés dans des casernes inachevées, quatre bâtiments qui s'alignent le long d'une grande place, entourée de barbelés et de miradors, répartis de six à quinze par chambre, c'est là que va s'écouler pendant plusieurs années notre existence.

L'espoir d'une démobilisation ne dure guère, seuls les anciens combattants de la guerre 1914-1918 se verront libérés, puis au cours des mois, il en ira de même pour quelques catégories particulières, peu nombreuses en fait, allant des pères de plus de trois enfants à certaines spécialités professionnelles, disposant de correspondants bien placés pour obtenir une libération. Ces départs suscitent, on s'en doute, une certaine envie.

COMMENT S'ÉVADER ?

Toute chance d'un proche retour vers la France se raréfie, quelle voie trouver pour y parvenir ? L'offre est faite aux Alsaciens de regagner leur province, leur Land devrais-je dire. Les avis que je parviens à obtenir de l'extérieur me déconseillent formellement de rentrer. Nous en discutons à quelques-uns qui se trouvent dans la même situation. Il faut, pour être admis, se reconnaître comme Deutschstämmig au camp de X où se fait le regroupement des intéressés. Certains nous quitteront. Ceux qui s'étant déplacés et qui refusent de signer cette reconnaissance se retrouveront pour la plupart au camp dit de Vienne en Autriche. Ceux qui optent pour la solution du retour en Alsace considèrent qu'une signature dans ces conditions ne vaut rien, ce qu'il faut c'est partir.

Pour ma part avec quelques camarades dans la même situation nous estimons que, quel que soit notre interlocuteur, nous nous refusons de prendre un engagement que nous ne voulons pas respecter, et reconnaître un statut que nous rejetons. Dès lors, nous renonçons à quitter notre camp de Sœst et à rejoindre le lieu de passage des Alsaciens.

Cela signifie que notre état de captif n'est pas modifié et dans un premier temps va jouer le réflexe de la bête enfermée (j'éprouve depuis lors toujours un certain malaise dans les jardins zoologiques). Comment s'évader ? Je n'ai pas, à cet égard, l'imagination et sans doute surtout le sens de l'observation qui permettent de trouver des failles dans le réseau qui vous contient. Il y a des prisonniers plus habiles et nous verrons ainsi s'échapper l'un d'entre nous dans le coffre de la voiture du commandant du camp, conduite pour lavage dans notre espace entre les barbelés. Mais il est des moyens qui demandent une équipe et là j'en étais.

C'est ainsi qu'à partir d'un hangar où se trouvent conservés pommes de terre et rutabagas nous allons creuser un tunnel passant sous les barbelés et le chemin de ronde des sentinelles. Il faudra se rendre dans le lieu choisi, creuser le sol,

1942

évacuer la terre, la faire disparaître sans se faire remarquer. Il faut éviter aussi que ne se répande la connaissance de notre intention et de nos travaux et qu'elle se diffuse à travers le camp. Notre intention, évidemment pour avoir des chances de réussite doit rester secrète. Nous arrivons enfin au terme de notre ouvrage et le soir du jour venu, ayant évité que le comptage des prisonniers nous trahisse, les membres de notre cohorte, l'un après l'autre s'engouffrent dans le tunnel et ressortent bientôt à l'air libre. Là commence un nouveau problème, il faut pouvoir s'éloigner en évitant le va-et-vient des sentinelles. Je suis le treizième à sortir et la sentinelle se retourne malencontreusement. J'ai la chance que, me mettant en joue, elle ne tire pas et je vais me retrouver pour quelques semaines en cellule.

Progressivement sont introduits, parmi nous, ce qu'on appelle des « moutons », captifs sur lesquels existent des moyens de pression et qui renseignent les gardiens sur les prisonniers et la vie intérieure du camp. Le recours à ce procédé élimine la plupart des tentatives d'évasion groupée. Le Français adore paraître au courant de ce qui se trame et les bavardages se répétant de l'un à l'autre, il devient impossible de préparer et d'organiser en secret, efficacement, une tentative qui puisse avoir des chances de succès.

Voici plus d'un an que je me trouve en captivité. En dehors de nous la guerre s'étend. Elle va sans doute durer. A se fixer sur l'évasion ou le départ quel qu'il soit, le risque est réel d'un déséquilibre intérieur. On peut se rendre malade et être rapatrié comme tel, une fraude ou un danger que je n'entends par courir. Il est possible aussi de répondre à l'offre d'aller travailler en Allemagne à laquelle d'aucuns donnent suite pour éviter de devenir fou me dit l'un d'eux. Un tel départ est considéré dans le camp comme une désertion.

Dans ces conditions, il faut organiser le temps ainsi donné, tenter de l'enrichir et le densifier par des activités qui maintiennent la forme physique et le développement intellectuel. Pour ma part : gymnastique si possible, chaque matin, et marche en rond tous les jours pendant au moins une à deux heures. Une université dans le camp, où je donne des cours de droit commercial et suis des enseignements divers, littérature, histoire de l'art, cours de langues, me permet, passé la trentaine, de reprendre mes études. C'est aussi l'occasion de participer à des groupes divers s'attachant à tel ou tel sujet d'intérêt général ou d'actualité tel notre cercle de poésie, « cave 25 », qui m'attachera plus particulièrement. Il représente un centre de culture et de création très enrichissant et les amitiés qui s'y nouent se prolongeront tout au long de mon existence.

Enfin, la paroisse protestante à laquelle je me rattache, forme un foyer de vie spirituelle très active. Nous avons la chance de disposer d'un espace sous les toits, réservé à notre culte, où chacun peut se rendre à tout moment pour travailler ou se recueillir. Il sera pour moi un lieu privilégié de lecture, de réflexion et de prière.

Ainsi pendant tout le temps où je demeure dans cet Oflag VI A — de l'été 1940 jusqu'à l'automne 1944, — j'apprends qu'étant privé de la ligne droite, de la liberté d'aller et de venir, il est une autre voie à découvrir : de l'horizontale à la verticale.

J'ai la chance de n'être pas marié et de n'avoir pas à me faire de soucis immédiats pour ma famille, mes parents, eux-mêmes interdits en Alsace, sont réfugiés dans le Var où mon père, proscrit avant 1914, pour avoir fait son service militaire en France, dispose, dès le début du siècle, d'un domaine où exercer son activité agricole.

Les jours passent, les semaines, les mois ; les saisons se succèdent. Les nouvelles nous parviennent. Aux messages cachés dans les colis personnels s'ajoutent bientôt les renseignements de la radio. Un poste a pu être monté, desservi et dissimulé dans un lieu secret. Il permet que soit diffusées régulièrement, par des correspondants de confiance, les nouvelles de nos alliés. Ainsi se trouvent corrigées les nouvelles de la presse allemande autorisée. Après avoir dû reconnaître les succès militaires du Reich, nous apprenons avec satisfaction : Stalingrad, le repli des troupes en Russie, le développement des combats en Afrique qui précèdent les débarquements en Italie, puis en France. Sans oublier les péripéties des hostilités en Asie et dans le Pacifique.

GYMNASTIQUE, POÉSIE ET SPIRITUALITÉ

Une libération, succédant à une défaite de nos gardiens, peut être espérée. En attendant, leur attention ne se relâche pas. Je suis, avec un contingent d'officiers prisonniers, déplacé vers le nord aux confins de la Saxe et de la Silésie. Nous devons nous alléger des réserves que nous ne pouvons emporter sur nous. Vient l'expérience de l'accueil dans un nouveau camp, de la générosité de ceux qui nous reçoivent. Nous subsistons au cours d'un hiver froid sans nouvelles des nôtres mais apprenant chaque jour les avancées des troupes alliées contre le Reich.

Devant la progression des troupes russes, le groupe auquel je suis rattaché va quitter le camp pour être dirigé sur Colditz en Saxe où se trouve une forteresse célèbre par les prisonniers qu'elle héberge, le neveu de Churchill, par exemple. Notre déplacement se fait à pied, sous la garde de troupes national-socialistes hongroises, et il ne fait pas bon vouloir manifester un esprit d'indépendance. Les fusils et les baïonnettes sont vite en action. Parqués la nuit tantôt dans une église, tantôt dans un manège ou une grange, je ne pense pas pouvoir échapper à nos gardiens et m'évader. Très allégé par un régime alimentaire réduit et physi-

quement affaibli, sans connaissance des lieux que nous traversons, il me paraît inutile de tenter l'aventure. De toutes les façons notre captivité va bientôt s'achever.

Dans le gymnase où nous passons nos dernières semaines, le ravitaillement est presque inexistant. La description des menus périgourdins et l'échange de recettes de cuisine complètent le régime. J'ai retrouvé l'un de mes camarades de la cave 25, poète et philosophe, officier de la Légion étrangère et orthodoxe convaincu. Nous passons ces dernières journées lisant et commentant un ouvrage de Serge Boulgakov, *Le Verbe Incarné*, conservé à travers ce périple. Une dernière image : le rejet des corps décharnés de déportés dans une fosse commune aux limites de notre campement.

Les bombardements se rapprochent, les éviterons-nous ? La garde disparaît, les troupes américaines du général Patton se rendent maîtres des abords de la ville où nous sommes parqués. Un soupir de soulagement puis des applaudissements.

Nous ne restons que peu de temps à Colditz. On parle de retrait des Américains pour laisser l'occupation du terrain aux troupes russes. Nous sommes embarqués comme frêt de retour dans des avions qui apportent le carburant nécessaire aux troupes motorisées qui nous ont libérés. Je m'étais promis de ne monter en avion que contraint et forcé, cette fois-ci il n'y a pas d'hésitation.

Nous atterrissons au Bourget et sommes, par camions, conduits à la gare d'Orsay. Quel étonnement de se trouver applaudis le long du parcours. Je ressens cet accueil comme une erreur, n'estimant guère y avoir droit.

Un camarade libéré depuis un an comme malade est là pour accueillir les revenants qu'il pourrait reconnaître. Je me réjouis de cette rencontre et accepte un rendez-vous pour le lendemain à la brasserie Weber, rue de la Paix. Lorsque j'arrive devant la terrasse, mon camarade n'est pas encore là. Il me faut faire un effort pour prendre un siège et m'asseoir, commander une boisson, comprendre que je suis libre. Je mesure en quelques instants ce que va représenter la réadaptation nécessaire après ces années captives.

Un train me ramène en Alsace, je retrouve Ollwiller et ma famille.

Qui donc oserait...

Qui donc oserait parler au nom de tous,
Et que sais-je moi-même
De cet arbre de solitude.

Perdre soudain cette mesure qui fait le temps,
Cette allée bien taillée.
Ne plus avoir que des encoches à faire
Sur le manche du couteau
Et ne point savoir si cette poignée elle-même pourra suffire.
Si tout le sable dans la main s'écoulera...
Et la main même abandonnée.

Perdre soudain cette liberté
D'aller et de venir,
Ne plus mesurer la terre à son pas,
Mais rabâcher sans cesse une même surface tellement connue,
Le socle d'une statue oubliée.

Perdre simultanément cet espace et ce temps,
Tout ce qui faisait en surface une vie.

Et cet œil braqué sur moi
Et qui m'épie et qui m'estime au seul poids de la trahison.

Et ces paroles, ces bras multiples qui s'insinuent entre les rameaux,
A ne plus savoir si la poussée en moi des branches est encore libre.
Et la bête agrippée au corps,
La bête ramassée tout entière
Dans le regard collé
Sur le dernier morceau de pain.

Qui donc oserait parler au nom de tous,
Et que sais-je moi-même
De cet arbre de solitude.

Perdre soudain cette mesure qui fait le temps,
Cette allée bien taillée.
Ne plus avoir que des encoches à faire
Sur le manche du couteau
Et ne point savoir si cette poignée elle-même pourra suffire.
Si tout le sable dans la main s'écoulera...
Et la main même abandonnée.

Perdre soudain cette liberté
D'aller et de venir,
Ne plus mesurer la terre à son pas,
Mais rabâcher sans cesse une même surface tellement connue,
Le socle d'une statue oubliée.

Perdre simultanément cet espace et ce temps,
Tout ce qui faisait en surface une vie.

Et cet œil braqué sur moi
Et qui m'épie et qui m'estime au seul poids de la trahison.

Et ces paroles, ces bras multiples qui s'insinuent entre les rameaux,
A ne plus savoir si la poussée en moi des branches est encore libre.
Et la bête agrippée au corps,
La bête ramassée tout entière
Dans le regard collé
Sur le dernier morceau de pain.

Comment ne plus être qu'une écorce pour résister
Le tronc de l'arbre racorni.

Ô prendre alors tout le bois mort,
Toutes les branches sèches
Et réchauffer sa joie.

Mais toujours ce bruit qui tape
Et heurte et s'installe,
Ce marteau toujours tapant qui m'interpelle.
Vagues incessantes du lac intérieur.

N'être plus qu'une troupe d'hommes amassés,
Des grains dans un grenier,
Perpétuellement les uns contre les autres sans un espoir de champ.
Les uns contre les autres.
Ô l'irritation du bouton de col sur la peau.

Où trouver la solitude de la neige,
toute l'attente du soleil,
Et ce lent devenir de l'hiver.

S'ils voulaient que ta force vienne
Et que ce soit leur terre qui féconde le monde,
Il ne fallait pas qu'ils encombrent leurs greniers.
S'ils voulaient étendre la forêt, il ne fallait pas enclore les arbres.

Au matin : être compté.
A midi, le soir : être compté.
Les attentes sous la pluie, les attentes dans la chaleur.
Tant d'heures perdues que nul n'ose additionner.
Ces hommes, quelle richesse, pour qu'on prenne tant de soin
De n'en point oublier un seul.

Qu'importe cette lumière qui se répète chaque matin,
Qu'importe ces visages qui n'ont plus sur leurs lèvres des phrases murmurées

L'image d'autrefois disparaît,
Chaque soleil l'enfonce plus profondément du côté de l'occident.

Laver, coudre, faire la cuisine.
Besognes de femmes,
Mais ne manquera-t-il pas toujours à des doigts malhabiles
L'amour des épouses, des mères et des sœurs.

Piocher, enseigner, bâtir,
Travaux d'hommes à la mesure du monde.
Mais pourquoi labourer si ce n'est dans l'espoir d'en récolter le grain ?

Terre fouillée aux mains calleuses,
ruses dans les courants d'air, brouillards propices.
Qui rendra sa ligne droite à la bête encerclée ?

Seul reste un silence aride aux poings fermés.
La solitude toute condensée dans les paumes secrètes.
Faudra-t-il donc qu'il s'élève
Cet arbre au plus profond duquel se mêlent les cellules porteuses du monde,
Cet ensemble de rameaux,
Pour être un jour infailliblement achevé.

Si l'arbre veut pousser
Quand les anneaux l'enferment encore dans leur orbe,
Si l'arbre veut pousser mais ne point se nourrir dans la terre étrangère
Si l'arbre veut pousser,
Où donc chercher cette force
Si ce n'est en lui-même
Dans ce terrain qu'il porte.

L'arbre qui ne peut étendre sa ramure
Progresse vers les hauteurs à la recherche de l'air.
Et les racines pour le maintenir plus profondément pénètrent dans le sol
A l'arbre qui parfaitement autour du tronc
Ne songe qu'à élargir les cercles successifs,
Chacun de ses anneaux demeure en lui comme une œuvre accomplie.

Loin sous l'écorce la recherche patiente
Sait retrouver les sources communes,
Le sol toujours fécondé
Où les vieilles devises par chacun restent à recomprendre.
La Parole n'est point liée, qui saurait enclore l'Esprit,
Si ce n'est le corps qui pourtant ne peut gémir
Au-delà d'un peu de poussière,
La Parole n'est point liée,
Source libre de tout jaillissement,
Liberté contre laquelle se brise l'entêtement des faiseurs de murailles.

Tous enfermés par un même destin,
Existe-t-elle l'égalité ?
Mais qui peut aller jusqu'au partage ?
Et combien de cercles faut-il traverser pour parvenir jusqu'au sommet
Et se voir tisser avec « les semblables » le dessin bariolé de la plaine.

Ne plus les mesurer au poids de leur gousset,
Ne plus les mesurer à l'or de leur vêtement.
Ni l'ordre de la cité, ni la hiérarchie sacrée.
Mais simplement cette vie nue des hommes
Et le nimbe du saint.

L'arbre qui sait trouver en lui-même la force,
L'arbre qui sait la source où coule sa vérité,
Celui-là s'élève, et l'auréole de ses branches couvre l'espoir de la forêt.

Voix embuée d'un écho de cavernes,
Voix remplies de poussières et de fumées,
Voix ouatées par la contrainte intérieure
Et pourtant voix de mes amis.

Regards perdus par-delà cette plaine,
Regards dirigés par-delà cette limite des pas,
Regards de navigateurs fantômes,
Regards fraternels de mes amis.
Ô forêt,
Œuvre commune où chaque branche est accomplie,
Où chaque cime dans le vent suit cette ligne
Où tend l'effort de ses racines.

Celui qui sans cesse autour du tronc élargit son écorce,
Celui qui garde en lui secrète tant de douceur et de force cachée,
Pourra-t-il un jour exprimer cette joie contenue

Qui saura me comprendre,
Moi qui ne sais plus le langage des hommes
Mais seulement le silence avec mes amis.
Et lorsque je rentrerai,
Saurais-je porter encore
L'arbre
de la
solitude ?

JACQUES VERSEAU
(pseudonyme de Jacques-Henry Gros)
KG. Oflag VI A 5084

La Communauté de Solignac

Etonnante communauté que celle des élèves de l'école normale d'instituteurs d'Obernai, repliée en Haute-Vienne durant toute la guerre. Autour d'un directeur charismatique et organisée de manière quasi autogérée, elle n'aura de cesse de se soustraire aux tentatives de récupération allemandes. [1]

1942

Le 14 décembre 1940, une note du rectorat de Strasbourg replié à Périgueux, demandant la liste nominative des élèves, sème l'émoi à la direction de l'école normale d'instituteurs d'Obernai repliée à Solignac, Haute-Vienne et parmi les normaliens. Elle sera sans lendemain. Il en sera de même pour un obscur message du directeur de la propagande de Vichy qui annonçait sa visite. Mais l'anxiété règne, car nous apprenons qu'en Alsace les familles sont poussées à demander notre retour.

Le 2 mars 1941, l'annonce, par le rectorat, de la visite d'une commission allemande, est le point de départ d'un processus qui durera dix-huit mois. Le 25 avril au matin, le Graf Kuprin et le Major Horn sont présentés au directeur par le commandant français Huss. Le rapport de l'entrevue, envoyé au rectorat le 26 avril par Edouard Cœurdevey, directeur de l'école, n'a pas été retrouvé. Ces officiers allemands étaient-ils mandatés par l'Oberbefehlshaber der Wehrmacht à Paris ? Porteurs d'une lettre d'accréditation de Fernand de Brinon et annoncés par un avis téléphonique de la préfecture de Limoges, étaient-ils venus faire l'inventaire de l'établissement ?

Six mois plus tard, le 17 octobre 1941, à dix heures, un appel urgent du rectorat annonce pour quinze heures une visite de la commission de contrôle allemande et recommande la dispersion des élèves qui seront envoyés en « exploration régionale » dans la campagne avoisinante, après avoir précipitamment camouflé dans les dépendances du matériel de qualité remplacé par du matériel réformé. La commission, accompagnée par M. Garçon, inspecteur général-adjoint au recteur, constate qu'elle n'est pas en mesure d'interroger les élèves et annonce l'enlèvement de soixante-cinq lits et matelas, cent vingt draps et couvertures, ainsi que du matériel du laboratoire scientifique, en particulier des microscopes. Le tout

EDOUARD CŒURDEVEY, DIRECTEUR DE L'ÉCOLE NORMALE D'OBERNAI REPLIÉE À SOLIGNAC. DESSIN DE FRANÇOIS GUÉRY.

sera effectivement emporté le 17 décembre 1941 par MM. Rott et Zimmermann et un certain capitaine Mürer de Saint-Marie-aux-Mines. Entre-temps, l'intendance avait fourni cinquante lits en remplacement. Le sort des élèves (une centaine) allait se régler à leur avantage grâce au travail, peu connu, de la délégation française auprès de la commission d'armistice [2]. En effet, le 13 mai 1941, le général Huntziger, ministre de la Guerre et ancien président de la délégation, auprès de la commission d'armistice, adressait au secrétaire d'Etat à l'Education nationale la note n° 14.897/DSA concernant le rapatriement des mineurs en Alsace et en Lorraine. Cette note spécifiait qu'à partir de quinze ans accomplis, une demande des intéressés devait être exigée en plus « de la demande de la personne investie à leur égard de la puissance paternelle » ; que, de plus, les autorités allemandes ne pouvaient pas se substituer aux parents, et que, même les demandes par elles produites, devraient être examinées quant à leur authenticité et à leur sincérité. Edouard Cœurdevey fit lecture de la fameuse note à l'ensemble de ses élèves réunis le 17 mai. Il fit part de leur réaction au secrétaire général du rectorat par la lettre datée du 20 mai 1941.

> Je saisis l'occasion de cette lettre (envoi du rapport des scouts à Nazareth en Corrèze) pour vous faire connaître une réaction que je peux dire inouïe de mes élèves devant un papier de l'administration.
> Samedi soir, lorsque j'eus achevé la lecture de la note du 13 mai du ministre de la Guerre relative à la rentrée des mineurs en Alsace, mes grands garçons ont brusquement senti qu'ils étaient protégés contre tout arbitraire et qu'ils devenaient maîtres de leur avenir : les applaudissements ont éclatés ; ils se sont levés comme électrisés, et spontanément ont entonné le chant : « Vous n'aurez pas l'Alsace et la Lorraine... » Ils y ont mis un accent passionné quand le couplet fit dire : « Et notre cœur, vous ne l'aurez jamais ». Quelques-uns ont peut-être prononcé « chamais », cela n'avait aucune influence sur l'enthousiasme de la salle.
>
> C'était un beau spectacle émouvant. Je vous en fais part, persuadé que vous trouverez aussi du réconfort en ce mois de mai qui a pour les Français de 1941 un arrière-goût d'amère tristesse.

Plus d'un an plus tard, le 26 novembre 1942, alors que l'occupation s'étendait à la France entière, un délégué de la Croix-Rouge allemande, Herr Hiller, accompagné d'un interprète français, le commandant d'Annecourt, demande à interroger quatre élèves présents à l'école dont il a le nom et qui sont convoqués d'urgence au bureau du directeur.

Ils sont debout dans un coin du bureau, quatre blouses grises, quatre figures inquiètes ; le plus jeune a dix-huit ans, les autres dix-neuf. En face d'eux le directeur ; assis à côté de lui un homme en civil — l'Allemand — et debout, boitant, un officier français en uniforme. La scène est éclairée par la grande baie donnant sur le parc de l'abbaye. L'atmosphère est tendue. L'Allemand consulte sa liste, s'adresse au plus jeune que le sort alphabétique a placé en tête :

« NOTRE CŒUR, VOUS NE L'AUREZ CHAMAIS... » CHANTAIENT LES JEUNES ALSACIENS

— Möchten Sie nicht Ihre Studien im Elsass beschliessen ? (Ne voudriez-vous pas terminer vos études en Alsace ?)

Le traducteur n'a pas le temps d'intervenir, la réponse fuse :

— Nein, ich bin Franzose ! (Non, je suis Français)

Dès janvier 1941, son père lui avait fait savoir qu'il avait fait une demande de retour, en précisant toutefois : « Si des fois on te demanderait (sic) de rentrer, écoute sans entendre. »

Même question au second de la liste. Refusant de reconnaître l'annexion de fait, ce bon Alsacien bilingue se fait traduire la question et répond en français :

1942

— Non, je veux rester ici.

Le troisième en fait autant. L'Allemand note, impassible. Au tour du dernier, F. W.

— Voulez-vous rentrer en Alsace ?

— Oui !

Un oui lent et grave ; quelques secondes de suspension qui semblent une éternité ; stupeur sur le visage du directeur, angoisse chez les jeunes ; puis, sur un ton de défi, Fernand poursuit :

— Mais en attendant je reste ici pour terminer mes études commencées à l'école normale.

L'interprète traduit. L'Allemand note, sans même demander d'autre explication. Le visage du directeur se détend, les jeunes respirent, à demi rassurés seulement. Puis, comme c'est l'heure du repas, ils vont rejoindre leurs camarades au réfectoire. Le directeur les y rejoint, monte sur une chaise et laisse éclater sa joie ; il crie « Victoire ! » et raconte la scène passée à son bureau et l'angoissante attente qui l'avait précédée. En soirée, il réprimande F. W. pour son imprudente bravade. Mais F.W. revient vers nous avec un sourire, très fier de son coup d'éclat.

Ainsi, il y avait encore des créneaux de légalité dans l'enfer de la guerre et malgré l'emprise du nazisme. Avec l'invasion de la zone sud la situation bascula. Mais, malgré quelques incidents, il n'y eut plus d'autres alarmes sérieuses. Le directeur n'avait pas manifesté publiquement son inquiétude. Mais il avait secrètement suggéré à l'aumônier de l'école, l'abbé Bengel, de trouver des cachettes pour les élèves en danger qu'il désirait protéger.

Dès l'été 1940, une trentaine d'élèves qui avaient terminé leurs études avaient quitté l'école, pour être nommés à des postes éparpillés dans le sud de la France et en Afrique du Nord. Au fur et à mesure, arrivèrent ensuite des jeunes élèves d'Alsace et de Lorraine, les uns évadés, les autres réfugiés, d'autres encore expulsés. Ainsi, en 1941 une douzaine de « petits frères » de l'Institut St-Joseph de Matzenheim et de Zillisheim.

En 1941 deux autres promotions, leurs études finies, furent remplacées en moindre nombre par des jeunes, réfugiés un peu partout. Les « anciens » rejoignaient les postes auxquels ils étaient nommés, y compris en Afrique du Nord où ils furent mobilisés fin novembre 1942 dans les armées de libération. D'autres n'arrivèrent pas à destination, ayant pris le dernier bateau. Ainsi Roger Meyer.

L'aventure de Roger Meyer, décédé depuis, est exceptionnelle. Il l'a d'ailleurs consignée par écrit. Voici son témoignage :

« Le 12 octobre 1942, je reçois ma nomination pour Marrakech. Formidable. Le 17, arrivent la feuille de route et le bon de transport en bateau. Le jeudi 5 novembre, à 17 h, départ de Marseille à bord du *Maréchal Lyautey* vers Casablanca. En même temps, le *Jamaïque* part pour Dakar. Nous aurions dû partir à 9 h du matin, mais la Kommandantur avait fait des difficultés au sujet de l'embarquement de soldats de l'armée d'armistice. Ces militaires sont à présent au fond de la cale. Sur le bâtiment flotte le pavillon jaune (uniquement des civils à bord).

A la tombée de la nuit, le *Maréchal Lyautey* resplendit dans un flot de lumières, clarté qui nous éblouit, nous qui étions habitués au black-out depuis si longtemps. Et une table ! Pain blanc à volonté ; le maître d'hôtel, certainement mis au courant par le commissaire de bord, me traite comme un prince : " Vous êtes de Strasbourg ! Y a-t-il longtemps que vous n'avez pas vu vos parents ? " etc. Il me met en relation avec trois autres Alsaciens à bord, deux collègues et un jeune ouvrier-imprimeur du Haut-Rhin.

Vendredi, 6 novembre. 13 h, au large de Barcelone ; le soir, Tarragone. Nous ne pouvons rattraper le retard, les conditions d'armistice imposent une vitesse minimum.

Samedi 7 novembre. Toujours la côte espagnole. La nuit, on gagne la haute mer. Cap sur Oran. Le commissaire de bord distribue les laissez-passer pour descendre à terre. La radio de Vichy, seule audible à bord, annonce le départ d'un convoi de Gibraltar, une bataille navale quelque part en Méditerranée.

Dimanche 8 novembre 1942. 5 h, le bateau stoppe. Tir d'artillerie et de D.C.A. — on voit des balles traçantes. Le jour se lève, tous sont sur le pont. A l'horizon, la côte africaine. Des bâtiments de guerre sont en vue à tribord. Nous croisons le *Jamaïque* filant vers Oran. La côte africaine disparaît avec le lever du soleil qui est maintenant à tribord : on ferait demi-tour !? 7 h, nous voyons un porte-avions escorté de quatre bâtiments. 8 h, quatre autres vaisseaux de guerre sont en vue. Canonnade. Un avion à étoile blanche nous survole en rase-mottes à plusieurs reprises. C'est certainement un Américain et à bord on croit à une bataille navale entre alliés et Italiens. 10 h, nous perdons de vue les navires de guerre et filons vers le nord. 12 h 30, la radio de Vichy annonce une attaque de l'Afrique du Nord. Presque tout le monde à bord veut convaincre le capitaine de mettre le cap sur Oran. Refus. Accoster en Espagne ? Il suivra les ordres reçus. Rallier le premier port en France. Peut-être madame la maréchale Lyautey, qui est à bord, arrivera-t-elle à le convaincre. Refus.

Mardi, 10 novembre 1942 : réveil à Port-Vendres.

Désormais la route de l'Afrique du Nord passera par les Pyrénées et les camps de Miranda et autres geôles espagnoles. »

Roger Meyer rejoindra, ensuite la 1re Armée, via le corps franc Pommies.

LE DORTOIR DES ÉLÈVES À SOLIGNAC.

Un autre témoignage de 1942, celui d'Alphonse Bisch, ancien élève de l'école, se rapporte à la dissolution de l'armée d'armistice. Le 27 novembre 1942, il est à la caserne du 13e B.C.A. à Chambéry. Il avait signé un engagement pour trois ans.

« Ce matin, après plusieurs tergiversations, car il était question de mouvements des troupes allemandes, nous avons été vaccinés ! A midi, une dizaine de blindés et des soldats allemands pénètrent dans la caserne et se déploient autour de la cour avec leurs pièces en batterie. Nous avons reçu l'ordre de nous aligner dans la cour, section par section, et ceci pendant plus de deux heures, puis nous avons pu regagner nos chambrées. J'avais pas mal de connaissances à la caserne, notamment le concierge de mon ancienne école. On me trouva un manteau civil car le bruit courait « Ils recherchent les Alsaciens ». Je fis le mur et sur la route Chambéry - Challes-les-Eaux, le trolleybus s'arrêta à un signal. A peine fus-je embarqué qu'un homme ouvrit sa valise et me donna un pantalon civil... Je repris un poste d'enseignant et je ne fus pas inquiété. »

FORMER DES « HOMMES DEBOUT »

Début 1944, il restait une forte soixantaine d'élèves. Les uns, un matin, étaient partis au maquis sans crier gare ; d'autres, après leur examen, en firent de même le 6 juin, ignorant avec superbe le « blâme » que leur octroyait l'administration pour cet abandon de poste. Les deux promotions restantes une trentaine d'élèves, des jeunes Lorrains en très grande majorité — quittèrent Solignac en juillet 1944.

Le retour en Alsace de l'école normale s'est fait le 6 octobre 1945 mais les bagages restèrent en rade à Obernai jusqu'en 1946 après qu'Edouard Cœurdevey eut convaincu le ministre de la Défense nationale, son ami Edmond Michelet, de mettre à disposition de l'Education nationale le quartier Lizé pour y installer son école.

Nommé directeur de l'école normale d'Obernai en 1928, Edouard Cœurdevey, écrit un élève, « l'avait dirigée en maître, car ce petit bonhomme frêle à grandes moustaches et forts sourcils, en imposait au premier abord. Il émanait de son visage mobile une force de conviction et une autorité qu'il appuyait sur une foi monolithique ». D'origine paysanne franc-comtoise, il avait préparé tous ses examens en autodidacte pour être enseignant d'abord, puis pour être admis à l'Ecole normale supérieure de Saint-Cloud. Il méprisait le conformisme tiède et la médiocrité et, sans être d'un libéralisme marqué, il était attiré par les novateurs de l'Ecole nouvelle et, surtout, il avait fait sienne la théorie de l'éducation du philosophe catholique Laberthonnière : « Il s'agit d'aider des personnes à prendre conscience d'elles-mêmes, de leurs devoirs, de leurs responsabilités ». Il met en œuvre son projet innovateur dès 1928, nomme un « major » et des chefs de promotion pour faire participer les élèves à l'organisation de l'établissement. Un chef des servi-

MARS 1941 À SOLIGNAC :
F. GUÉRY, J. GUÉRY, J. SCHOEFFTER, A. HINDERMEYER.

ces est chargé de répartir et de surveiller les travaux d'entretien assurés par les élèves, ainsi que — la guerre venue — toutes les « corvées » nécessitées par le dénuement des réfugiés, (transport, « pluches », culture d'un champ de pommes de terre, ravitaillement dans les fermes, etc). Parallèlement est créé le « Foyer » dont le « Cacique », élu par les élèves et assisté de responsables, anime les activités culturelles : créations musicales ou théâtrales, bibliothèque, confection d'un organe de liaison avec les anciens, *La Cigogne*. Les délégués nommés ou élus formaient équipe et jouissaient de la confiance des élèves et de la direction. Le système ne fonctionnait pas toujours harmonieusement, mais le directeur veillait au grain et soutenait l'esprit de communauté par ses interventions au jour le jour et surtout par ses causeries du dimanche.

Il y faisait d'abord, souvent dans un style réaliste et pittoresque, même avec une certaine rudesse, l'évaluation de la semaine. Puis, prenant de la hauteur, il lisait un texte soigneusement choisi pour la circonstance dans ses auteurs favoris, souvent peu académiques (Charles Péguy, Léon Bloy), propre à former le jugement, éveiller la générosité du cœur et le goût de l'engagement, guider l'évolution affective de ces jeunes gens séparés de leur famille. Il faisait aussi appel au témoignage des anciens élèves avec qui il entretenait une correspondance suivie ou qui réagissaient aux articles parus dans *La Cigogne*. Il serait exagéré d'affirmer qu'il emportait l'adhésion de tous ses auditeurs. Mais y comptait-il ? Il a

LE BULLETIN DE SOLIGNAC AVEC LA CIGOGNE, SYMBOLE DU RETOUR EN ALSACE.

enfin tenu, durant toute la guerre, un journal, livre de bord dans lequel étaient consignés tous les événements quotidiens de l'école. Un document historique de tout premier plan.

Il avait fait de l'école normale d'Obernai son affaire personnelle. On comprendra qu'en 1939 il se soit démené avec ténacité, audace et... débrouillardise opportuniste pour installer ses élèves dans un site digne de leur avenir : l'abbaye de Solignac.

NOTES

1. Les témoignages des anciens de l'école normale d'instituteurs d'Obernai et les extraits du journal de son directeur Edouard Cœurdevey, ont été rassemblés et mis au point par une équipe de la promotion 1939-1944 qui a accompli toutes ses études de formation d'élève-maître à Solignac.
2. Lire les articles d'Alphonse Irjud dans le n° 114 de « Saisons d'Alsace » (*1941, la Mise au pas*) et dans ce numéro-ci.

Etudiant chez Heidegger

EDMOND GERRER

L'université de Strasbourg ayant été évacuée, Edmond Gerrer alla s'inscrire — en philosophie — à celle de Fribourg-en-Brisgau. Il suivit avec passion les cours de Martin Heidegger. Le jeune étudiant alsacien y découvrit, au milieu de la guerre, la fonction de la philosophie : le questionnement, toujours recommencé.

Le 20 décembre 1940, ce qu'on appelait alors l'armée de l'armistice de l'Etat français, comprenant principalement les effectifs des classes 1918-1919, démobilisait subitement — on ne savait trop sur quel ordre venu des Allemands — ses jeunes soldats d'origine alsacienne. Dès le 22, on nous embarqua dans un train spécial à destination de l'Alsace. Depuis six mois, comme la plupart d'entre nous, je n'avais plus de nouvelles de mes parents et rongeais mon frein à Lyon, au fort St-Jean, chef d'une section de guet de l'artillerie anti-aérienne, alors qu'il n'y avait plus aucun avion dans le ciel... Nos officiers supérieurs nous avaient fait reprendre la vie militaire d'avant la défaite.

A la gare de Lyon-Brotteaux, quelques-uns d'entre nous purent échanger de rapides propos avec des compatriotes alsaciens se trouvant dans un convoi venu de Colmar et de Mulhouse, victimes de mesures d'expulsion par les Allemands. Nous avions du mal à comprendre ce qui se passait au pays et les plus folles rumeurs circulaient. Pour la plupart d'entre nous, malgré une certaine appréhension, il fallait aller voir ce qu'étaient devenus nos parents et nos familles, quitte à retourner en zone non occupée dès que possible. Les contrôles sur la ligne de démarcation à Châlon-sur-Saône, nous firent comprendre très vite que ce ne serait pas chose facile. Après vingt-quatre heures de voyage, les retrouvailles avec nos parents, dans l'Alsace enneigée, furent le merveilleux cadeau de Noël de cette sombre année 1940.

La vie civile et quotidienne dans notre petite patrie occupée par la Wehrmacht n'était pas encore trop difficile. Malgré la guerre qui continuait avec l'Angleterre, malgré certaines restrictions, nous n'étions pas encore soumis à la Gleichschaltung (mise au pas) des nazis, telle qu'elle allait s'apesantir progressivement. L'idée que l'Alsace aurait à subir, un jour, l'incorporation de force ne venait à personne et on avait l'illusion d'une fin prochaine de la guerre. Il fallait s'inquiéter de la reprise des études brutalement interrompues en 1939.

Il n'y avait plus de vie universitaire à Strasbourg depuis l'évacuation de l'université à Clermont-Ferrand. Des contacts avec des amis m'orientèrnt vers l'université de Fribourg-en-Brisgau. Début 1941, je traversais pour la première fois de ma vie, le Rhin, qui n'était plus la frontière barrée par les lignes Maginot et Siegfried. Je fus tout étonné de découvrir le pays de Bade si semblable à l'Alsace, alors que, je ne sais pourquoi, je l'imaginais tout différent. L'organisation de la vie quotidienne et surtout administrative y était cependant très marquée par les mots d'ordre imposés par le parti national-socialiste.

LES DÉBUTS FURENT DURS : NOUS NE COMPRENIONS RIEN À SES LEÇONS

Manifestement, les autorités universitaires n'avaient pas encore reçu de directives précises sur la façon de traiter ces nouveaux arrivants, étudiants de l'université française et récemment encore soldats français dans l'armée vaincue. Elles ne pouvaient vraiment pas nous traiter comme des Allemands, mais elles ne voulaient pas non plus admettre que nous étions des Français, des étrangers. On nous considéra comme des Volksdeutsche, des gens dont l'appartenance au peuple allemand était revendiquée. Nous restions donc des étrangers, mais avec des liens de parenté, qu'il fallait apprivoiser et rééduquer avant de pouvoir les intégrer dans l'ordre national-socialiste du Grand Reich, dont ils ne pouvaient pas encore être dignes.

Heureuse indignité ! Elle nous permit de ne pas être pris dans les mailles du filet, mais de maintenir une vie studieuse, exempte des multiples embrigadements et des pénibles pressions idéologiques que subissaient les étudiants allemands ou nos plus jeunes compatriotes alsaciens venus directement des lycées transformés en Gymnasium. Cet état des choses m'a valu l'énorme chance de ne jamais faire partie d'aucune formation national-socialiste pour étudiants (Kameradschaften) et d'échapper à leurs stupides obligations.

Relative tranquillité, qui exigeait néanmoins discernement et prudence, pour ne pas se faire remarquer par la moindre provocation. Une chose nous fut cependant imposée pendant trois mois : deux séances hebdomadaires de rattrapage en langue allemande. Pendant les vacances, le travail obligatoire pendant un mois et demi dans l'industrie était de rigueur, le Studentenrüstungseinzatz ; il fallait être particulièrement circonspect dans cet autre milieu.

C'est ainsi que j'ai pu mener une vie d'étudiant presque normale, libre de suivre mes intérêts, libre de mes déplacements à Fribourg et dans la Forêt-Noire, libre de m'ouvrir à la richesse encore extraordinaire, en 1941 et jusqu'en 1943, de la vie culturelle et de la tradition universitaire allemandes, libre de faire des rencontres nouvelles et précieuses, parfois inquiétantes aussi, où il fallait être sur ses gardes. Malgré l'extension de la guerre, des pays scandinaves jusqu'en

HEIDEGGER APRÈS LA GUERRE. UPI

Grèce et en Afrique, malgré l'attaque et l'invasion de la Russie jusqu'à la Volga, les années universitaires 1941 et 1942 se déroulèrent normalement. Je m'inscrivis au cours de philosophie du professeur Martin Honecker, à qui j'avais été présenté par un de mes anciens professeurs. J'entrai dans son séminaire et m'initiai à l'étude des thèmes philosophiques de saint Thomas à Descartes, sujet d'histoire de la philosophie, qui me passionnait à l'époque.

1942

Je m'étais inscrit aussi, avec mon ami Materne Sester, au cours de l'autre professeur de philosophie de Fribourg, Martin Heidegger. Je ne savais pas grand chose de lui, sinon qu'il était « Existenzphilosoph » (on ne parlait pas encore d'existentialisme), qu'il avait écrit un livre très difficile, *Sein und Zeit,* qu'il était le disciple d'Edmund Husserl, le fondateur de la méthode phénoménologique. Heidegger faisait alors son cours, les mardis après-midi, sur les Grundbegriffe (les concepts fondamentaux). Dès la première heure, j'ai su que sa réputation de professeur utilisant un langage complètement hermétique n'était pas usurpée. On assistait à ses Vorlesungen (leçons) sans rien comprendre.

Cet homme, qui n'avait aucune prestance physique, exerçait pourtant un rayonnement incontestable. Petit, visage de pierre, cheveux noirs, moustache à la

Hitler, regard perçant et sombre, toujours vêtu du costume porté le dimanche par les paysans de la Forêt-Noire, il prononçait son texte sans la moindre chaleur dans la voix mais avec une élocution parfaite, utilisant abondamment le latin mais surtout le grec. A force de l'écouter en tâchant de prendre des notes, de les mettre au clair, de discuter avec mon ami Sester, j'arrivais à comprendre ce qu'il disait, sans encore saisir le cours sinueux de sa pensée.

Certaines assertions, qui avaient la forme de sentences, dans le style de Nietzsche, nous plongeaient dans une interrogation sans fin. Cela s'améliora lorsque je me suis imposé la tâche ardue de défricher son livre *Sein und Zeit* et de chercher des explications auprès des rares étudiants plus avancés, la plupart ayant été mobilisés.

Je devais bientôt apprendre beaucoup plus sur Heidegger, sur l'homme et sur son œuvre, lorsque je fis la connaissance de l'assistant du professeur Honecker, Heinz Bollinger. Nous avons sympathisé rapidement. Il m'apprit beaucoup de choses sur la philosophie allemande moderne, qu'il connaissait bien, sur Husserl et Heidegger en particulier, dont il avait aussi suivi l'enseignement, pendant qu'il travaillait avec Honecker. Les deux avaient été les rapporteurs de sa thèse de doctorat sur Max Scheler. Bollinger remplaça parfois le professeur Honecker, lorsque celui-ci tomba malade et nous fut enlevé par une mort prématurée, en octobre 1941.

Nous faisions parfois des randonnées à bicyclette dans les environs de Fribourg et à pied vers Sankt-Peter et le Schauinsland. Profondément chrétien, Bollinger me parlait des œuvres de Romano Guardini, de Nicolaï Hartmann, de Max Scheler, de Theodore Haecker, de Heinz Pieper, de Reinhold Schneider. Pour moi ce fut une révélation et toute ma vie en a été marquée.

Il m'apprit certaines choses sur Heidegger. En particulier, qu'il avait pris fait et cause pour les nazis en 1933 en devenant membre du parti et en se faisant nommer recteur de l'université de Fribourg. On le rendait responsable d'enquêtes de la Gestapo sur certains de ses collègues, sur le professeur de chimie Hermann Staudinger — futur prix Nobel — que j'allais écouter dans quelques cours publics. Bollinger me fit connaître la proclamation de Heidegger pour les élections du Reichstag de 1933, vraie profession de foi hitlérienne. Pourtant, Heidegger avait démissionné de son poste de recteur en 1934, pour des raisons inconnues.

A l'homme Heidegger, Bollinger faisait un grave reproche, qui me fut pleinement confirmé par quelqu'un qui le connaissait bien, disciple comme lui de Husserl, le professeur Hans Reiner, qui enseignait la philosophie morale, qui me prit en affection et m'admit dans sa famille. Ils lui reprochaient son énorme ingratitude vis-à-vis de l'Eglise catholique qui avait permis au garçon pauvre qu'il était de commencer et de poursuivre des études supérieures, mais surtout vis-à-vis d'Edmund Husserl, dont il avait été l'étudiant préféré et qui lui avait fait obtenir la chaire de philosophie de Marbourg d'abord et de Fribourg ensuite. Au moment où Husserl, qui était juif, était tombé sous le coup de la législation antijuive des nazis, Heidegger avait cessé toute relation avec lui et n'avais pas jugé utile de faire le moindre geste lors de son décès en 1938. Bollinger m'a rendu attentif à la nouvelle édition de *Sein und Zeit* de 1941, dans laquelle Heidegger avait supprimé la dédicace « à mon maître Edmund Husserl », qui figurait dans les premières éditions de 1927. Il m'apprit aussi l'existence de Dachau et du système concentrationnaire, dans lequel étaient broyés les adversaires des nazis. Personne ne m'en avait jamais parlé et il me recommanda de me taire. Jamais je n'aurais pu imaginer que de pareilles choses pouvaient exister.

Après la mort du professeur Honecker, l'intérim fut assuré pendant un an par le professeur Reiner. Sous sa direction, je commençai la rédaction de ma thèse de doctorat de philosophie sur « Les fondements de la morale selon Bergson ». Pour le semestre d'hiver 1942, le professeur Robert Heiss fut nommé dans la chaire de Martin Honecker. Le professeur Reiner fut déplacé à Halle, où je le rejoignis en octobre 1943, pour y présenter ma thèse et passer l'examen du doctorat de philosophie dans cette université.

Mais en attendant, je continuais mes études à Fribourg. Les cours du professeur Klemens Bauer sur « La fin du monde antique », et d'Erik Wolf sur « Le droit et la nécessité dans la pensée grecque », d'autres encore, apportaient un profond enrichissement. Je suivais assidûment les cours de Martin Heidegger. J'étais entré dans son séminaire de philosophie, après avoir subi de sa part un examen qui ne portait pas sur mon savoir philosophique mais sur ma connaissance de la langue grecque à travers le *Phédon* de Platon. Autant je me méfiais de l'homme envers qui Bollinger m'avait fait partager sa réserve, autant j'étais ébloui par les cours du professeur, familiarisé que j'étais maintenant avec son langage, sans pourtant saisir toujours sa pensée profonde.

1942

JE ME MÉFIAIS DE L'HOMME, MAIS LE PROFESSEUR M'ÉBLOUISSAIT

Cours éblouissants sur Parménide et Héraclite, pendant l'hiver 1942/43. Pendant que les armées d'Hitler agonisaient à Stalingrad, Heidegger s'interrogeait sur les plus anciens textes de la philosophie grecque, bien avant Socrate et Platon, décomposait les mots pour les poser dans leur sens premier depuis longtemps caché et oublié. Jeu subtil qui ouvraient des abîmes de réflexions. L'« Etre » vers lequel il orientait sa recherche, il croyait le trouver vraiment (en grec, vérité, *aletheia,* veut dire dévoilement), en enlevant le voile qui le cachait, qui le couvrait. Ce voile est constitué par nos concepts et nos techniques. Pour dé-couvrir l'Etre, il fallait le dé-voiler en suivant les penseurs présocratiques, en approfondissant la parole inspirée des poètes, surtout Hölderlin, un peu Rilke. Cette parole est conforme au *logos,* cette parole est « homologue », conforme à l'Etre dévoilé, dé-couvert, vrai.

Je sortais des cours de Heidegger stupéfait par cette habileté géniale à faire découvrir dans les mots usuels et dans le langage habituel ce que, avant lui, personne n'y avait vu, à faire découvrir que le langage, le langage des premiers philosophes grecs et celui des poètes, n'est pas au service d'une pensée sur l'Etre, mais dé-couvre l'Etre lui-même. Il montrait que c'est à la pensée de se mettre au service de ce langage premier et originel — langage « homo-logue » — pour autant qu'elle sait se défaire du langage habituel. Ce que le langage originel dit de l'Etre, voilà le seul objet de la pensée philosophique dans la doctrine de Heidegger, telle que j'ai cru la comprendre au contact du philosophe. Ses étudiants ne lui posaient pas de questions : c'est lui qui posait des questions, mais nos réponses incertaines n'étaient pour lui qu'un point d'appui pour suivre sa propre pensée.

L'image que je garde de lui, c'est celle d'un philosophe incarnant une fondamentale et tragique inquiétude, d'une personnalité extraordinaire par sa culture littéraire et mathématique mais surtout par sa recherche obstinée et son art de la mise en question du langage.

Il n'en reste pas moins que cette pensée me laissait profondément perplexe et triste. Cette gymnastique intellectuelle, poétique et linguistique, était extraordinairement brillante mais n'apportait aucune raison d'espérer, alors que le jeune homme attendait que la philosophie lui découvre un sens de la vie. J'ai appris énormément, pendant ces deux années et demie, à l'université de Fribourg et avec Heidegger. L'exercice difficile et parfois exaltant qu'il nous imposait débouchait cependant sur un oppressant sentiment de vide. Plus tard, dans un livre de Simone de Beauvoir, le mot juste s'est imposé à moi : « Je mesure avec stupeur à quel point j'ai été flouée » (*La Force des Choses*).

Au printemps 1943, un événement grave est venu me troubler profondément : la disparition de l'ami Bollinger, arrêté par la Gestapo. Fin avril 1943, j'apprenais sa condamnation pour trahison. Je savais où cela le menait. Quelqu'un me renseigna, sous le sceau du secret, que plusieurs de ses amis de Munich — avec lesquels il entretenait des relations suivies et dont par prudence et discrétion il ne m'avait jamais parlé — avaient subi le même sort. C'étaient des universitaires chrétiens, résistants courageux au nazisme dans un environnement très difficile et dangereux. Ils avaient, comme signe de reconnaissance, la Rose Blanche. Ils avaient surtout, ce que Martin Heidegger n'a jamais réussi à me donner, des raisons de vivre et de mourir ! Mais ce qu'il m'a donné m'a été précieux : le cheminement du philosophe est la voie du questionnement, la recherche toujours recommencée. « Wir kommen nie zu Gedanken ; sie kommen zu uns », nous répétait-il (nous ne parvenons jamais jusqu'aux pensées ; ce sont elles qui viennent chez nous).

Les Délations de Rossé

Un document inédit

LÉON STRAUSS

Député avant guerre, le leader autonomiste Joseph Rossé ne se contenta pas d'un ralliement actif à l'Allemagne, il entreprit de dénoncer les « ennemis du Reich » : un rapport de 1942, jusqu'ici inédit, donne au gauleiter les noms et activités de la plupart des responsables alsaciens francophiles en zone sud.

Un récent passage au Bundesarchiv à Coblence m'a permis de prendre connaissance d'un document inédit, sauf erreur de ma part : l'ancien député UPR de Colmar, Joseph Rossé, y rend compte, vraisemblablement au gauleiter Wagner ou à son « rapporteur général » Robert Ernst [1], d'une enquête sur les Alsaciens et Lorrains réfugiés en zone non occcupée, qu'il avait pu effectuer à l'occasion d'un de ses voyages dans cette zone. C'est une copie de ce document adressée par Wagner à Lammers, ministre et chef de la Chancellerie du Reich, qui se trouve dans un des registres du fonds d'archives de la Reichskanzlei. J'ai traduit ce document rédigé, sans doute hâtivement, par l'ex-leader autonomiste : les fautes d'allemand, les gallicismes, les redondances, les lapsus, dont certains sont peut-être imputables au copiste anonyme, y abondent en effet.

Joseph Rossé a effectué fréquemment des voyages dans la France de Vichy, malgré les difficultés faites aux Alsaciens pour obtenir l'Ausweis nécessaire. Arrêté par les Français [2], le 10 octobre 1939, inculpé d'atteinte à la sûreté extérieure de l'Etat, détenu à Nancy avec la plupart des autres leaders de l'autonomisme, évacué vers le sud le 14 juin, il avait été libéré de la prison de Privas (Ardèche) par le commando du major Dehmel de la Wehrmacht en juillet 1940. Il fut l'un des quinze signataires le 18 juillet du manifeste des Trois-Epis, où les *Nanziger* affirmaient leur allégeance au Führer et lui demandaient « le rattachement de leur province au Grand Reich allemand, en mémoire du docteur Karl Roos, tombé sous les balles françaises ». [3] Dans le cadre du Hilfsdienst de Haute-Alsace, il fut chargé de la propagande et fut l'un des organisateurs et orateurs principaux de la grande campagne de meetings organisée en Alsace au cours de l'été 1940, à l'occasion du « grand tournant en Alsace ». Considéré comme trop clérical pour être affecté, comme certains des autres « martyrs de Nancy », au poste de confiance de Kreisleiter, Rossé accéda à des emplois bien plus rémunérateurs : il fut nommé directeur du Bureau central pour les assurances, créé à Strasbourg le 26 août 1940 [4], ce qui explique sa liberté de déplacement à Paris et en zone sud. Il fut aussi chargé de liquider le stock de livres français de la librairie de la Mésange à Strasbourg. [5] Dans la foulée, il prit l'initiative de vendre en France et en Allemagne les livres français des autres librairies alsaciennes « pour éviter que les livres français soient brûlés ». [6] L'administration scolaire allemande lui demanda aussi d'acheter à Paris des postes de radio, pour équiper toutes les écoles primaires d'Alsace. [7] Il exerça enfin en 1940 les fonctions de « commissaire pour les affaires de dommages de guerre près du chef de l'administration civile en Alsace » [8], puis à partir de mai 1941 les fonctions bénévoles de « commissaire pour les questions d'indemnisation ». En cette qualité, le gauleiter lui demanda d'étudier les dossiers d'indemnisation pour les militants du Volkstum victimes de la « répression française ». [9] Il fut aussi désigné comme administrateur de l'ex-Société générale alsacienne de banque, devenue Allgemeinen Elsässischen Bankgesellschaft [10].

En tant que *Nanziger*, il avait été admis au parti nazi le 27 janvier 1941 et il fut nommé citoyen du Reich le 24 août 1942. [11] Il semble pourtant s'être concentré, à partir de 1942 sur la situation privée de directeur général des éditions Alsatia à Colmar [12], autre prétexte pour voyager en France puisqu'il avait gardé le contrôle des éditions Alsatia en langue française à Paris, où il rencontrait Raymond Postal, directeur littéraire de la succursale. [13] J'avais, déclara-t-il lors de son procès, l'autorisation de me rendre à Lyon et Périgueux pour des affaires commerciales, j'en profitais pour un saut à Vichy clandestinement. » [14] A Vichy, il pouvait exciper de son mandat de député du Haut-Rhin, puisque s'il avait bien adressé une copie de sa lettre de démission au gauleiter qui l'exigeait de tous les parlementaires restés en Alsace [15], il n'avait par contre jamais expédié l'original au bureau de la Chambre. [16] L'un des principaux arguments de ses défenseurs devant la cour de justice de Nancy en mai-juin 1947 fut « le rôle d'informateur qu'il aurait joué auprès des parlementaires alsaciens de Vichy, et partant du gouvernement Pétain, les tenant au courant de l'évolution de la « germanisation » de l'Alsace. Certains de ces renseignements auraient provoqué même quelques-unes des notes de protestations que Vichy adressait périodiquement et sans espoir à la commission de Wiesbaden. » [17] Il aurait recommandé aux Alsaciens vivant en France de ne pas revenir en Alsace avant la fin de la guerre, car la vie, sous la domination allemande, y était insupportable. [18] Autre précision sur ces voyages : ils se faisaient souvent en auto, ce qui permettait d'emporter de nombreuses lettres et des colis. [19] A son procès vint par exemple témoigner en sa faveur un professeur de Guebwiller, réfugié en zone sud, à qui il avait fait parvenir des lettres et des colis de sa famille restée en Alsace. [20]

SITUATION ET RÔLE DES ALSACIENS-LORRAINS EN FRANCE NON OCCUPÉE RAPPORT DE ROSSÉ, MEMBRE DU PARTI ET ANCIEN COMBATTANT DU VOLKSTUM COLMAR 1942 [21]

Nationalsozialistische Deustche Arbeiterpartei, Gauleitung Baden,
Der Gauleiter
Karlsruhe, le 11 mai 1942.
N° 1957. Recommandé. Confidentiel. En mains propres..
A Monsieur le Ministre du Reich, le docteur Lammers [22]
78, Wilhelmstrasse, Berlin.
Très honoré monsieur le Ministre du Reich,

Ci-joint vous recevrez la documentation réunie par le membre du parti et ancien combattant du Volkstum Rossé de Colmar sur l'attitude de la France à propos de la question d'Alsace-Lorraine. La même documentation a été également adressée au Reichsleiter Bormann[23]*. J'ai prié le Reichsleiter Bormann de présenter le contenu de cette documentation au Führer au moment convenable.* 1942

Heil Hitler !
Votre dévoué
Robert Wagner[24].

La situation et le rôle des Alsaciens-Lorrains en France non occupée.

La situation et le rôle des Alsaciens-Lorrains restés ou expulsés[25] dans la France non occupée, dont le nombre doit se situer autour de 180.000, ne doivent pas être sous-évalués. Ils constituent dans la politique actuelle et future, en particulier pour les rapports franco-allemands, un facteur très important.

Une partie de ces Alsaciens-Lorrains ne sont pas dans une situation économique enviable. Ils touchent un secours quotidien de 13 à 15 francs, qui ne suffit pas à leur subsistance. Nombre d'entre eux ont été contraints d'accepter un emploi dans les fabriques ou de se procurer une petite exploitation agricole. De nombreux Alsaciens sont aussi casés provisoirement comme fonctionnaires ou employés dans des administrations d'Etat ou des entreprises, en particulier comme suppléants de fonctionnaires ou d'employés qui sont encore prisonniers de guerre des Allemands.

Dès septembre 1940 fut diffusée une instruction strictement confidentielle du gouvernement à toutes les administrations, selon laquelle les Alsaciens-Lorrains devraient bénéficier d'un régime de faveur dans l'attribution des postes et pour toutes les promotions.

Officiellement le gouvernement est très discret sur le problème d'Alsace-Lorraine. Les orateurs officiels et le service de l'Information ont reçu l'ordre de ne pas le mentionner dans leurs déclarations. De même la presse ne doit donner aucune information au sujet des affaires alsaciennes-lorraines.

D'autant plus intensive est la propagande sous le manteau. Tout est fait pour maintenir et pour alimenter l'espoir des « Alsaciens-Lorrains » de retourner dans leur patrie. La fiction « Alsace-Lorraine »[26] est officiellement et consciemment maintenue. Il y a toujours un budget alsacien-lorrain dans le cadre du budget global de l'Etat français[27]. Le directeur général Valot[28] est remplacé à Vichy par l'ancien sous-préfet Benoist de Guebwiller[29]. Comme dans tous les départements français, le gouvernement a institué une commission particulière[30] à la place de chaque conseil général des trois départements d'Alsace-Lorraine. Les trois préfectures de Colmar, Metz et Strasbourg continuent à fonctionner avec leur appareil de fonctionnaires, même si le nombre de ces derniers a été réduit. Il y a, par exemple, à Agen une préfecture du Haut-Rhin dirigée par le préfet qui était en fonction jusqu'en juin 1940[31]. Les trois écoles normales fonctionnent en France non occupée comme pendant l'évacuation et leurs classes ont des effectifs complets[32]. Le maréchal Pétain réitère constamment aux délégués d'Alsace-Lorraine qu'ils doivent conserver le ferme espoir de revenir dans leur patrie, car le gouvernement français n'a pas renoncé à l'Alsace-Lorraine ; selon lui, il a même obtenu la promesse du Führer qu'il maintiendrait l'intégrité du territoire français, Alsace-Lorraine incluse.

Dans des circulaires confidentielles, qui sont diffusées en grande masse parmi les Alsaciens-Lorrains, on répète constamment que le gouvernement proteste sans cesse contre les mesures prises par les Allemands en Alsace-Lorraine ou ce qu'a dit tel ou tel membre du gouvernement dans le sens du retour de l'Alsace-Lorraine à la France.

Le gouvernement organise de nombreuses manifestations des Alsaciens-Lorrains de façon à maintenir leur moral et leur espérance. Ainsi le 15 août a eu lieu une énorme réunion à Lourdes, à laquelle assista le préfet de Colmar, le voyage des participants étant à la charge du gouvernement[33].

Les Alsaciens-Lorrains sont groupés dans toute la France non occupée dans les sections locales d'une organisation unifiée[34]. Il y a çà et là des organisations dissidentes ; la puplart étant issues de l'incapacité des dirigeants des associations locales à s'unir, mais elles n'ont en fait pas de grosse influence[35].

Cette organisation unitaire publie deux importantes revues[36] et l'ancien propriétaire des *Dernières Nouvelles* en Alsace, Aristide Quillet, projette de publier un quotidien spécialisé dans la défense des intérêts alsaciens-lorrains à Montpellier ou à Marseille[37].

A côté de ces deux périodiques officiels, il y a aussi une quantité de bulletins d'informations plus petits, en partie dactylographiés et ronéotypés, qui paraissent sans périodicité dans des régions limitées.

Dans chaque préfecture un délégué des Alsaciens-Lorrains est en fonction : sa mission consiste à les dénombrer statistiquement dans le département et à représenter leurs intérêts auprès des instances administratives[38].

Dans la France non occupée les parlementaires ou les conseillers généraux alsaciens-lorrains non rentrés ou expulsés jouent un rôle particulièrement important. Presque tous ont une mission spéciale officielle ou officieuse. On continue à faire bénéficier les députés et sénateurs de leur carte de libre parcours en chemin de fer, pour leur faciliter le travail, à l'inverse des parlementaires du reste de la France, et ils continuent à bénéficier de leurs anciennes indemnités au taux plein à titre de pension de retraite[39]. Deux d'entre eux, le député Sérot[40] de Metz et le député Fégal[41] de Mulhouse, ont été nommés par Pétain au Conseil national nouvellement créé. Féga est vice-président de l'organisation des artisans pour toute la France[42] ; le député Elsaesser[43] de Wissembourg, à Nice... [plusieurs mots oubliés dans le texte original] des notaires français ; le député Oberkirch[44] de Sélestat exerce les fonctions d'inspecteur de la Santé dans les camps de jeunesse ; le député Meck[45] de Molsheim joue un rôle essentiel dans les syndicats ouvriers ; le député Hartmann[46] de Thann prend part tous les mois comme vice-président de la Chambre aux importantes réunions des bureaux réunis du Sénat et de la Chambre.

Les Alsaciens-Lorrains expulsés sont sur le point de prendre de plus en plus de postes de direction dans la France nouvelle. Quelques exemples : Freund, un Alsacien, qui fut en dernier lieu chef de cabinet de la préfecture de Strasbourg, est le traducteur officiel dans les rencontres de représentants des gouvernements français et allemand. Ainsi il a été l'interprète lors de la rencontre Goering-Pétain à Saint-Florentin[47].

Blech, un industriel connu de Sainte-Marie-aux-Mines, est chef de la propagande personnelle du maréchal Pétain. C'est lui, par exemple, qui lors des voyages du chef de l'Etat, organise l'« ambiance populaire ».[48]

André Jacquel, un industriel expulsé de Mulhouse, est membre du cabinet Darlan et, en tant que tel, chargé d'étudier toutes les questions, qui concernent l'Alsace-Lorraine[49].

Pflimlin, un avocat strasbourgeois, qui quitta volontairement l'Alsace, était jusqu'à ces derniers jours chef de la propagande du ministère de la Jeunesse[50].

Terracher[51], le dernier recteur de l'université de Strasbourg, est secrétaire général du ministère de l'Instruction publique à Vichy. Comme collaborateur personnel, il s'est attaché le vieil-alsacien Schlienger, qui de 1919 à 1936 dirigeait à Strasbourg « l'enseignement secondaire »[52].

Roger Ruillier, un industriel de Mulhouse, qu'on n'a pas laissé rentrer, est syndic du comité du textile de toute la France.

JOSEPH ROSSÉ À VICHY. AMS

Au service de l'information[53] à Vichy sont employés une grande quantité d'Alsaciens ; parmi eux des drôles de numéros, tel l'ancien rédacteur en chef strasbourgeois J. Kaestlé.[54] Beaucoup d'Alsaciens sont chefs dans les camps de jeunesse[55].

Les points de cristallisation les plus importants des Alsaciens-Lorrains expulsés sont Lyon, Clermont-Ferrand, Périgueux et Alger. A Lyon, 48 cours Vitton, l'ancien avocat colmarien Kalb[56] tient un important service d'assistance et de renseignement pour les Alsaciens-Lorrains expulsés ou restés en France, qu'il entretient grâce à des crédits conséquents du gouvernement. Dans la même ville, au 7, rue de la République, se trouve un groupement industriel d'études (René Blech[57]) et le siège des chambres de commerce d'Alsace et de Lorraine réunies[58]. En plus, la chambre de commerce de Strasbourg a encore son propre siège, 46 rue de l'Hôtel de Ville[59].

Dans tous ces trois services, on analyse avec ardeur toutes les questions concernant l'Alsace-Lorraine : une documentation est rassemblée sur les événements actuels et l'attitude des personnes en Alsace-Lorraine par la lecture des journaux et des communiqués officiels, ainsi que par l'audition d'expulsés ou de voyageurs arrivant d'Alsace-Lorraine[60], etc. Là, on prépare des matériaux pour les services gouvernementaux, pour la propagande américaine et pour les émissions de radio sur l'Alsace-Lorraine diffusées par les différents émetteurs en France et dans d'autres pays. Là, est aussi organisée l'évasion d'Alsaciens hors d'Alsace et, après réussite de cette évasion, l'hébergement de ces Alsaciens en France.

Des « commissions d'études » sont financées en partie par les crédits de propagande du gouvernement, en partie par les industriels français, en particulier ceux de l'industrie textile d'Elbeuf. Parmi les personnalités connues originaires d'Alsace et qui agissent dans ces organismes, on trouve entre autre : Lucius[61], Eudes et Chehr [?] de la chambre de commerce de Strasbourg, Wenger[62], directeur du Crédit commercial de Strasbourg, Kleinknecht, de la brasserie Perle de Strasbourg[63], Thierry-Mieg, industriel de Thann[64], Jacques Dollfus, industriel de Mulhouse, etc.[65]

L'activité de ces commissions d'études est complétée par le travail très actif des commissaires de police[66] et fonctionnaires autrefois en poste en Alsace-Lorraine : ils sont affectés en grand nombre à des points d'observation importants le long de la ligne de démarcation[67] et suivent spécialement le travail de l'administration allemande en Alsace-Lorraine et l'attitude des indigènes qui continuent d'y séjourner. Ainsi entre autres l'ancien sous-préfet de Mulhouse, de mauvaise réputation, Kuntz[68] est aujourd'hui sous-préfet de l'important point de passage de Roanne à la ligne de démarcation.

* A Clermont-Ferrand, l'université de Strasbourg et le grand séminaire de Strasbourg ont officiellement leur siège. Y agissent beaucoup d'anciens professeurs de Strasbourg et un comité de patronage[69] avec l'ancien sénateur le docteur Pfleger[70] des Trois-Epis comme animateur. Ils soutiennent les étudiants alsaciens-lorrains avec des moyens qui semblent illimités et qui affluent probablement des milieux gouvernementaux. Aucun sacrifice n'apparaît trop grand pour retenir en France de jeunes Alsaciens et les élever dans le nationalisme français.

A Périgueux, fonctionnent encore officiellement avec des appareils de fonctionnaires non négligeables, sous la direction de son ancien secrétaire général, la préfecture du Bas-Rhin[71], la mairie de Strasbourg sous Charles Frey[72], la Caisse d'épargne de Strasbourg sous son président Michel Walter[73], l'évêché de Strasbourg avec l'évêque Ruch et le vicaire général Kolb[74] tandis que l'hôpital de Strasbourg continue de fonctionner sous la direction de Lucius[75] à Clairvivre.

De nombreux Alsaciens sont en Afrique du Nord, où ils avaient jusqu'il y a peu[76] dans le général Weygand un grand ami et un bienfaiteur dévoué. Sous la direction de l'ancien sénateur strasbourgeois Eccard[77] et des journalistes strasbourgeois bien connus Jules-Albert Jaeger[78] et Charles Haenggi[79], soutenus par le curé doyen de Colmar Hincky[80] et l'avocat de Colmar Fernand Heitz[81], une puissante centrale de progagande est au travail là-bas pour amener le plus possible d'Alsaciens à s'établir en Algérie, où d'importants avantages leur sont offerts[82]. De plus en plus le point fort de la propagande nationaliste se déplace de la France du sud vers l'Afrique du Nord, où l'on semble avoir plus de liberté d'action et de possibilités d'action qu'en France non occupée. C'est aussi en Afrique du Nord que la police française maintient en détention les nombreux Alsaciens ou Lorrains (...)[83] d'Alsace-Lorraine ou de France occupée en France non occupée et arrêtés sous l'accusation d'espionnage au profit de l'Allemagne[84]. Un assez grand nombre d'Alsaciens ont aussi été envoyés en mission en Amérique, ainsi récemment l'ancien important journaliste strasbourgeois Schwaab.

De tous ces faits et de beaucoup d'autres, il résulte incontestablement que la France, l'Angleterre et l'Amérique vont encore énormément lutter pour l'Alsace-Lorraine et que dans cette querelle les Alsaciens-Lorrains expulsés ou non rentrés jouent et joueront un rôle qu'il ne faut pas sous-estimer.

Le ministre du Reich et chef de la Chancellerie du Reich
Rk. 6977 A.
GQG du Führer, le 16 mai 1942.
1° A Monsieur le Gauleiter Robert Wagner.
Karlsruhe.
Très honorable Monsieur le Gauleiter,

Pour l'envoi du rapport du membre du parti et ancien combattant du *Volkstum* Rossé de Colmar sur la situation et le rôle des Alsaciens-Lorrains dans la France non occupée, que vous m'avez transmis avec votre courrier du 11 courant, je vous suis très obligé. J'ai lu le rapport avec grand intérêt.

Heil Hitler.
Votre très dévoué.
Hans Lammers.

Copies a) Monsieur le directeur ministériel Dr. Meerwald.
b) Monsieur le conseiller du Cabinet du Reich, Dr. Ficker avec prière de prendre connaissance.

La lecture de ce texte appelle quelques remarques. Certains indices permettent d'en dater approximativement la rédaction, qui doit suivre de très près le voyage en zone non occupée au cours duquel les renseignements qu'il contient ont été recueillis. Le *terminus ad quem* est fourni par la date de la lettre d'envoi du rapport par le gauleiter Wagner au ministre Lammers : le 11 mai 1942. Le document a été forcément produit par Rossé au plus tard dans la première décade de mai 1942. Le cabinet de Darlan, évoqué ici, est vraisemblablement celui de la vice-présidence du Conseil, or le 17 avril le gouvernement Darlan a été contraint de démissionner sous la pression des Allemands et il a cédé la place le lendemain à un gouvernement Laval, dont Darlan, nommé commandant en chef des forces militaires, ne fait pas partie. Cet indice prête à hésitation, puisque l'amiral a conservé à l'hôtel Thermal à Vichy un cabinet militaire et un cabinet civil au titre des « forces militaires ».[85]

Le départ de Pierre Pflimlin du secrétariat général de la jeunesse daté de « ces derniers jours » est bien plus précoce, puisque ce dernier date son entrée dans la magistrature et son installation à Thonon de septembre 1941.[86] Ici donc Rossé se trompe pusqu'il donne ensuite un repère postérieur, qui pourra nous servir provisoirement de *terminus a quo*.

En effet, il est aussi fait allusion à la présence du sous-préfet Freund comme interprète à l'entrevue Pétain-Goering à Saint-Florentin : celle-ci date du 1er décembre 1941.

Au cours de son interrogatoire par le président de la cour de justice de Nancy le 29 mai 1947, Rossé évoqua un voyage à Vichy daté de février 1942, au cours duquel il aurait tenu le gouvernement Darlan au courant du projet du gauleiter Wagner de publier une ordonnance introduisant le service militaire obligatoire pour les Alsaciens. Trois mois plus tard, donc en mai, il serait retourné à Vichy et aurait tenté d'inciter Laval, le nouveau chef du gouvernement [87], à protester contre le même projet.[88]

En l'état actuel de nos recherches, nous pouvons donc conclure que le voyage de Rossé à Vichy évoqué ici se situe entre décembre 1941 et mai 1942. On pourra par la suite affiner la datation en examinant de près les itinéraires individuels évoqués, mais ce travail d'enquête minutieux demande du temps et le délai qui sépare la découverte du texte et la mise sous presse de cette revue est trop bref pour le permettre.

ROSSÉ CONCENTRE SES ATTAQUES SUR LES MILIEUX DE LA DROITE FRANCOPHILE ALSACIENNE

Sur le fond, ce papier apporte aux Allemands des renseignements souvent exacts sur la protection accordée par le régime de Vichy aux Alsaciens et Mosellans établis dans la zone non occupée et en Afrique du Nord, du moins avant le retour de Laval au pouvoir. Il fournissait ainsi des arguments aux dirigeants nazis qui soupçonnaient Pétain et Darlan de jouer un double jeu. Plus grave encore apparaît la fourniture aux services allemands par un expert qualifié, à la suite d'une carrière syndicale, journalistique et politique déjà longue, d'un organigramme fort détaillé de l'establishment alsacien en exil. Les agents ordinaires de l'Abwehr[89] et de la Gestapo étaient certainement incapables de situer avec autant de précision les hommes politiques, les hauts fonctionnaires, les hommes d'affaires et les journalistes dans leurs nouvelles activités. Comment qualifier enfin l'évocation des réseaux de renseignement montés par certains Alsaciens de Lyon et ceux de contre-espionnage français qui fonctionnaient en Afrique du Nord ? Pourtant, lors de son procès, Rossé affirma que « pendant toute la guerre, il a toujours envoyé promener » ceux qui venaient lui demander des renseignements... « Je suis un homme d'affaires et rien d'autre ! » [90]

On peut s'interroger sur le choix des noms cités, mais aussi sur les silences de Rossé. Parmi les parlementaires ou ex-parlementaires alsaciens [91] réfugiés ou expulsés (les Lorrains ne l'intéressent pas et n'intéressent pas Wagner, mais il cite quand même Sérot [92]), sont cités : Féga, Elsaesser, Oberkirch, Meck, Hartmann, Pfleger, Michel Walter, Charles Frey, Eccard. Ne sont pas mentionnés des parlementaires âgés comme Paul Jourdain, J. de Leusse, Jules Scheurer, ni Burrus, mais surtout Rossé se garde bien de faire allusion aux deux personnalités à qui il rendait visite lors de ses passages à Vichy, le chanoine Eugène Muller, sénateur du Bas-Rhin, et Thomas Seltz, député du Haut-Rhin, qui résidaient respectivement à l'hôtel des Ambassadeurs et à l'hôtel du Beaujolais [93]. On remarquera aussi que Rossé limite ce qui apparaît jusqu'à plus ample informé comme une dénonciation multiple, aux personnalités dirigeantes ou proches des partis de la droite alsacienne d'avant-guerre : parti démocrate (rattaché à l'Alliance démocratique), APNA (adhérente de la Fédération républicaine) et une partie de l'aile « francophile » de l'UPR. Par contre, il « limite les dégâts » en ne mentionnant pas les leaders socialistes comme Edouard Richard, maire de Colmar (à Agen), Auguste Wicky, maire de Mulhouse (également dans le Lot-et-Garonne) ou Marcel-Edmond Naegelen, adjoint au maire de Strasbourg (à Périgueux). On mettra aussi à son actif l'absence de toute allusion aux juifs d'Alsace, en grande majorité réfugiés en zone sud. Le virulent adversaire du Front populaire et l'antisémite déclaré qu'avait été Joseph Rossé dans les dernières années d'avant-guerre ne juge pas, au moins dans ce document, opportun de se joindre au discours dominant. Il réserve ses

ARISTIDE QUILLET EN 1948. ÉDITEUR, PATRON DE PRESSE ET GRAND PATRIOTE.

10 septembre 1942. — N° 30

E FAMILLE

• Nous avons le regret d'annoncer le décès de M. Eckert René, natif d'Obernai, adjudant-chef dans l'aviation à Marrakech, tombé le 10 juin 1942, en service commandé, à l'âge de 35 ans.

• Le docteur et Mme Robert Scheffer, MM. Yves et Claude Scheffer, Mme Gustave Krafft, et toute la famille, ont l'immense douleur de vous faire part de la perte cruelle qu'ils éprouvent en la personne de M. Francis-Etienne Scheffer, leur fils, frère, petit-fils, âgé de 21 ans, tué dans un accident de montagne à La Meije. L'ensevelissement a eu lieu le jeudi 30 juillet 1942.

• On annonce le décès de Mme Gaspard Koenig née Violette Engelbach, épouse de M Gaspard Koenig, architecte, 6, rue des Veaux, à Strasbourg, repliés à Cognac, survenu le 7 août 1942, à Bourg, où elle était en séjour chez son beau-frère, M. Gustave Koenig, de Sainte-Marie-aux-Mines.

• Nous croyons savoir que notre « sympathique ami » haut-rhinois, M. ROSSE, de passage à St-Etienne (Loire), le 14 juillet dernier, accompagné de sa secrétaire Mme Kaennel, n'ayant trouvé qu'un accueil assez froid, a préféré repartir par le train suivant.

E. N. T. S.

• Nous apprenons le mariage de Ludwig Gilbert (E'. 38), avec Mlle Dorothée Krier à Labouheyre (Landes occ.).

• Yves Besseu, T. P. 39 (S. N. C. F. à Toulouse) est l'heureux père d'un deuxième enfant, Jacques, né le 13 mai 1942.

• Kihm René (Méc. 35) annonce la naissance d'un garçon François-Robert, le 16 juin 1942, Prod. chim. à Saint-Auban (Basses-Alpes).

• Léonard (3e T. P. 38) est devenu père d'une petite fille, à Paris.

• Weinberg Emile (Méc. 32) est depuis le 9 juin 1942 l'heureux papa d'un troisième enfant, Jacques. (Directeur des Services techniques de Briançon).

RECHERCHES DE FAMILLE

Le capitaine André Charpentier, de Rennes est recherché par un membre de sa famille. S'adresser au GERAL du Puy-de-Dôme, Préfecture Clermont-Ferrand.

Robert Renaud, né à La Rochelle, habitant avant la guerre à Strasbourg-Robertsau, fils de Marie Fuchs, engagé volontaire au 2e B. I. A. i

BNUS

ENTREFILET CACHÉ DANS LE CARNET DE FAMILLE POUR DÉJOUER LA CENSURE...

coups à des adversaires plus proches, pratique classique dans la vie politique.

L'historien n'a pas les libertés du romancier. Il n'a pas le droit d'imaginer la psychologie de ses personnages et de leur prêter telle ou telle motivation. Il a tout juste le droit d'avancer des hypothèses. Quel est le sens de ce texte ? Procède-t-il d'une initiative spontanée de Rossé et d'une volonté de vengeance contre certains de ses adversaires des années vingt et trente, auxquels il attribuait une part de responsabilité dans ses emprisonnements de 1928-1929 et de 1939-1940 ? Dans ce cas, pourquoi épargner la gauche plus virulente à son égard que certains personnages ici dénoncés ? Il est vrai que l'on ne peut pas exclure l'existence possible d'un ou plusieurs autres rapports, qui ne nous seraient pas parvenus. Les nationaux-socialistes ont-ils exigé de celui que Wagner aurait qualifié de « bon allemand, mais mauvais nazi » [94] ce service en contre-partie de la liberté de déplacement qui lui était concédée ? Ou faut-il ajouter foi à ce que dira, lors de son procès, le 5 juin 1947, une de ses admiratrices, Mme Lina Recht de Colmar et qui semble bien concerner ce rapport ou un autre semblable [95] ? Cette dame déclara que Rossé lui avait prêté un jour un rapport qu'il avait rédigé à la suite d'un voyage à Vichy. Elle voulait savoir ce que faisait le gouvernement de Vichy pour l'Alsace. Elle a recopié ce rapport qui par la suite est tombé dans les mains de Kaiser de la Gestapo au cours d'une perquisition qui faisait suite à l'arrestation de son époux pour écoute de la radio anglaise [96]. Un autre témoin, Mme Azziloni, dactylo au bureau de Kaiser, se souvenait d'avoir dû copier ce carnet de Rossé, avec des notes concernant la situation en France et la réunion des parlementaires alsaciens. [97] La perquisition ayant eu lieu en 1944 ne peut pas être à l'origine du document étudié. Enfin la façon dont le gauleiter présente l'auteur à Lammers témoigne de la confiance qu'il lui porte : on imagine mal Wagner mettre en avant la double qualité de « membre du parti » et « ancien combattant du Volkstum » sans commentaire dépréciatif au profit du rédacteur d'un document que l'on se serait procuré par la contrainte [98]. Au procès de 1947, on vit défiler des dizaines de personnes de milieux divers au profit desquelles Rossé était intervenu, souvent avec succès, auprès de la Gauleitung. Force est de conclure comme un journaliste : « Si Rossé avait réellement le bras si long, il devait jouir auprès des autorités allemandes [99] et de Robert Wagner (...) d'un crédit moral important. Comment y est-il parvenu ? Car aucun autre Alsacien ne pouvait faire état d'une telle influence. » [100] D'ailleurs, Wagner, interrogé à son sujet en 1946, déclara : « Je n'ai jamais eu l'impression que Rossé jouait un double jeu et qu'il entretenait des relations avec la France. » [101]

La fin du document évoque la position des Anglais et des Américains sur la question d'Alsace-Lorraine. L'entrée en guerre des Etats-Unis, à partir de décembre 1941 a, semble-t-il, impressionné Rossé, désormais moins certain qu'en 1940 de la victoire finale du Troisième Reich. La perspective d'une paix de compromis dictée par les Américains n'est pas pour déplaire à Rossé, qui rêve alors d'un Etat-tampon « lotharingien » à prédominance catholique qui irait de la Hollande à la Suisse, et où il pourrait jouer un rôle politique de premier plan. On sait qu'il développa cette conception en juin 1942 au cours d'une entrevue à l'ambassade des Etats-Unis à Vichy où il aurait été introduit par le nonce apostolique Valerio Valeri, ami du chanoine Muller [102].

Les voyages de Rossé continuèrent dans le second semestre de 1942. La presse alsacienne en zone non occupée réussit même à informer ses lecteurs en trompant la censure. *La Voix du Geral* du 10 septembre 1942 contient en effet dans le « carnet des familles » à la rubrique « décès » ce surprenant faire-part que je cite intégralement (voir cliché ci-contre) :

> Nous croyons savoir que notre « sympathique ami » haut-rhinois, M. Rossé de passage à Saint-Etienne (Loire), le 14 juillet dernier, accompagné de sa secrétaire Mme Kaennel, n'ayant trouvé qu'un accueil assez froid, a préféré repartir par le train suivant.

Il faudra revenir plus tard sur l'itinéraire politique de ce personnage compliqué qui possédait une vraie maîtrise dans l'art de brouiller les pistes. Le document scandaleux, que nous publions ici, a quand même un mérite aux yeux des chercheurs d'aujourd'hui. Il doit les inciter à combler une lacune criante de l'historiographie : il serait urgent de s'attaquer à une histoire globale de l'autre Alsace, celle de l'exil en zone sud et en Afrique du Nord entre 1940 et 1945.

L'auteur prie les lecteurs d'excuser l'abondance des notes ci-après, celles-ci mêlent compléments d'information, éclaircissements de détail et commentaires, dont une bonne partie aurait dû être incorporée au texte principal si les délais de rédaction eussent été plus longs.

NOTES

Les notes de cet article se trouvent pages 941 et suivantes.

Collaborateurs, collaborationnistes ou ralliés ?

ALFRED WAHL

LA VEUVE DE L'ANCIEN LEADER AUTONOMISTE KARL ROOS, ENTOURÉE D'AMIS POLITIQUES, CHEZ LE GAULEITER WAGNER À STRASBOURG. AMS

Les historiens français ont coutume de distinguer les collaborateurs et les collaborationnistes. Les collaborateurs se recrutaient surtout parmi les courants de la droite traditionnelle voire traditionnaliste. Ils acceptèrent de collaborer avec l'occupant entre 1940 et 1944 (Pétain). Par contre, les collaborationnistes se recrutaient parmi les courants fascistes qui militèrent en faveur d'une collaboration plus active (Doriot, etc.). Entre les deux tendances, il existait aussi les inévitables variantes et leurs intermédiaires. Il n'y avait pas de frontière nette entre collaborateurs et collaborationnistes.
En transférant ces interprétations sur le cas alsacien, l'on pourrait traiter de collaborateurs, les notables qui ont accepté sans trop d'enthousiasme, ni trop de zèle des fonctions comme celle de Bürgermeister, etc. Par contre, les Spieser, Mourer et autres seraient à classer parmi les collaborationnistes.
En réalité, le concept de collaborateur semble inadapté au cas alsacien. Il s'applique à ceux des Français des autres départements qui, en tant que ressortissants d'un Etat, acceptèrent de travailler avec l'occupant, c'est-à-dire un autre Etat.
Ils collaborèrent avec un partenaire, certes plus puissant.
Mais cela ne signifiait nullement qu'ils agissaient dans la perspective d'une annexion. Ils s'inscrivaient seulement

dans le nouvel ordre européen fondé sur la domination de l'Allemagne nazie. Les collaborateurs français conservaient leurs spécificités nationales, ne reniaient pas ce qu'ils étaient. En fait, c'est une forme de partenariat qui s'était instaurée, ce qui impliquait deux partenaires. En conséquence, pour qu'il y ait collaboration, il faut qu'il existe un minimum de partenariat.

Les données étaient autres en Alsace. Par la voix du gauleiter Robert Wagner, les autorités nazies ont affirmé d'emblée que leur objectif était de faire de l'Alsace un territoire allemand et de germaniser la population. Ils ne voulaient pas faire des Alsaciens des partenaires appelés à collaborer avec le Grand Reich. L'annexion de fait est là pour l'attester. Pour les nazis, les Alsaciens étaient déjà des Allemands, il ne restait plus qu'à renforcer leur sentiment allemand. En conséquence, ceux des Alsaciens qui acceptèrent d'exercer des fonctions durant l'annexion de fait, s'inscrivaient dans cette logique implicitement ou explicitement et approuvèrent le point de vue nazi. Ils se rallièrent donc à l'idée de l'Alsace allemande. Ils n'étaient pas des collaborateurs, ni des partenaires, mais des ralliés au Reich suivant un degré d'engagement plus ou moins élevé. C'est ce vocable dont nous proposons l'usage.

A la Libération, ces ralliés usèrent tous du même système de défense, aligné d'ailleurs sur celui des collaborateurs français. A les entendre, ils avaient accepté leur fonction afin de préserver la population de rigueurs plus grandes. Si ce type de personnage a existé, il devait néanmoins être un tant soit peu germanophile car les nazis savaient aussi choisir ceux qui devaient appliquer leur politique.

En vérité, dans leur grande majorité, les ralliés étaient animés par deux motivations : au minimum une certaine germanophilie, souvent en référence à l'Allemagne d'avant 1914 qui les conduisait à accepter l'idée de l'Alsace allemande et à croire à l'irréversibilité de l'annexion. A cela s'ajoutait aussi l'attrait du pouvoir. La conjonction des deux a fait les ralliés.

Ni l'ambition, ni même la germanophilie ne sont condamnables a priori. Certains citoyens peuvent vouloir appartenir à une autre nation et le faire savoir dans le cadre du débat démocratique. Mais en 1940-1944, le contexte n'était pas celui-là. Les Alsaciens germanophiles étaient politisés, donc informés. Ils savaient la nature du régime en Allemagne. Leur choix représentait non seulement une adhésion à l'Allemagne, mais aussi à un régime criminel : le nazisme. Cela étant posé, l'historien n'est pas dispensé de mesurer les actes de chaque rallié car certains ont effectivement contribué à atténuer la rigueur des mesures des nazis, ce qu'ont fait aussi des centaines de milliers de fonctionnaires allemands d'outre-Rhin.

Lettre Ouverte à Monsieur le Ministre Jack Lang

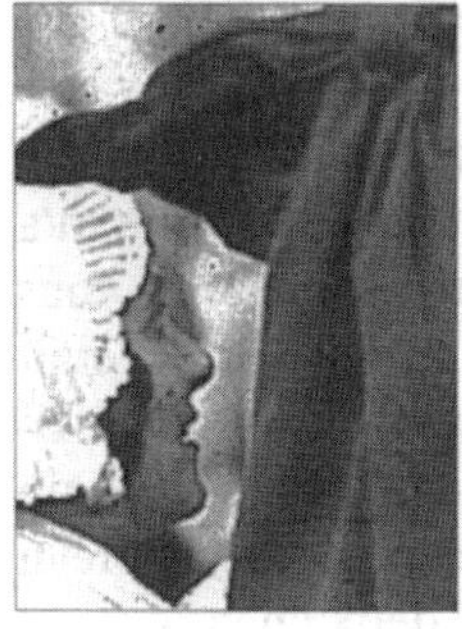

MARCEL HAEDRICH

La vie, c'est du Shakespeare, un drame dont le sens échappe presque toujours aux contemporains. Dans sa « lettre ouverte » à Jack Lang, ministre de l'Education nationale et de la Culture, Marcel Haedrich se demande comment on peut enseigner l'histoire de la dernière guerre aux enfants.

1942

Munster, le 16 avril 1992
Hôtel du Val Saint-Grégoire

Monsieur le Ministre d'Etat, pourquoi vous écrire ? Vous lancez un appel (je le lis dans un quotidien) aux professeurs d'histoire pour qu'ils rappellent à tous les élèves ce qu'ont été le gouvernement de Vichy et la collaboration. Quelle bonne idée !

Je suis à Munster, la ville où je suis né en 1913. Elle était allemande ; cela ne me troublait pas. Mon père, très français, a dû revêtir l'uniforme allemand. *Für Kaiser und Vaterland gefallen.* Son nom figure parmi les « morts pour la patrie » du monument. C'est bizarre. Je ne l'ai pas connu. La gare par laquelle il a rejoint son régiment en 1914 n'a pas changé. Au début de décembre 1940, j'en suis sorti par cette porte, devant ce guichet. Après quelque six mois de captivité on m'avait libéré comme Alsacien. *Volksgenosse.* J'étais en uniforme. On nous avait lâchés place Kléber, devenue Karl Roos Platz, à Strasbourg. L'Alsace était allemande. Dans ce petit hôtel où je rassemble les éléments d'un livre difficile — sur l'évolution de Dieu et des hommes — je me trouve à quelques pas de la gendarmerie, l'ancienne on l'a déménagée, mais l'immeuble reste. Je devais me présenter aux gendarmes. Les nouveaux. En uniforme vert. Ils fumaient des cigares atroces. Je portais un vieux costume, pour épouvantail à moineaux. Pour continuer ma route, il me fallait un peu d'argent. La prime de démobilisation. Contre un coup de tampon. Voilà pourquoi j'étais chez les gendarmes. Pour rejoindre ce qu'il restait de la France. Alors que j'entre, un bonhomme sort du bureau et salue en levant le bras : *Heil Hitler !* Est-ce que je devais... ? Si je ne le faisais pas... ?

J'ai dit : *Guata Owa,* Guten Abend dialectisé ; c'était idiot, en dialecte on dit *Bonsoir.* Je collaborais. L'Alsace survivait. A Strasbourg, on nous voyait devant la cathédrale, mon ami Scheurer et moi (le petit-fils de Scheurer-Kestner) une vieille dame, en touchant le képi de Scheurer, avait demandé : vous venez nous libérer ! C'était prématuré. Que peuvent dire de cette époque les professeurs d'histoire, monsieur le Ministre ?

J'ai passé les Vosges en ski, près d'une ferme où l'on montait de Saint-Amarin et de Bussang. Un skieur du dimanche m'a ramené à Bussang. Sa famille m'a recueilli, nourri. Je n'avais rien prévu, aucun plan. Frappez, on vous ouvrira, dit le Christ aux disciples qu'il envoie en mission. C'était le climat. Un inconnu, dans un buffet de gare, me voyant en difficulté, m'a donné ses tickets d'alimentation. Je suis monté dans un train qui partait d'Epinal pour Paris. Un contrôle strict était prévu à la sortie de la zone interdite. Je voyageais avec deux cheminots et un garde mobile. On m'a demandé si j'avais un Ausweiss. Je suppose que l'on me remarquait. Un cheminot m'a prêté sa veste de cuir avant de me conduire sur la locomotive au dernier arrêt avant le contrôle. Qui ? Un Français de la France de Vichy. A Paris, à ma mairie, on m'a pris en charge ; non sans risques. J'ai fini par arriver à Vichy, où j'avais pour mission de mes camarades de captivité d'exiger leur libération : nous avions été pris après l'armistice. Je vais vous surprendre : je me sentais en France, chez moi. On voulait me présenter au Maréchal. Cela ne s'est pas fait. Quelle chance ! Que penseraient les profs d'histoire chargés d'expliquer cela... ?

À VICHY, ON ME PROPOSA LE POSTE QU'OCCUPERA FRANÇOIS MITTERRAND

Pour la première fois depuis longtemps, j'ai bien dormi à Vichy (dans un lit de garde mobile, je crois, occupé par roulement). Sans angoisse. Dans le parc, j'ai croisé le Maréchal, appuyé au bras de son médecin. On a poussé vers lui un petit gamin et sa sœur costumés en Alsaciens. Il a soulevé le gamin — c'était moi, en 1918, pour l'arrivée des troupes françaises. Que peut-on raconter sur le Maréchal pour répondre aux consignes et aux interdits de son ministre, monsieur le Ministre ? Je vous entends, en trompant les braves Français Pétain n'en était que plus coupable. On le savait impuissant. J'achetais *Candide*, qui n'avait rien de comparable au *Candide* d'*avant*, n'empêche que Voltaire restait dans les interlignes. Qui pouvait nous prendre Voltaire ?

Je suis retourné plusieurs fois à Vichy. L'atmosphère changeait. Qui le fera comprendre aux jeunes profs programmés par l'après-Libération, par la guerre *gagnée*, alors qu'on devrait, en racontant le passé et les années difficiles faire comprendre que la Force a perdu tout sens dans une société de consommation, qui se détruit en l'utilisant ?

On me proposa à Vichy le poste que notre Président, notre ami commun François, occupa au Commissariat des prisonniers, dirigé par un personnage-type de l'époque, Maurice Pinot, dont la vie et la carrière furent piétinées parce qu'il servait son pays, de son mieux, mais, dont nos profs d'histoire ne pourraient parler en bien sans se faire mal noter. Vous êtes un homme de théâtre, la vie c'est du Shakespeare, c'est mieux, c'est plus riche que les cours stéréotypés.

LE MARÉCHAL PÉTAIN EN 1942
À CLERMONT-FERRAND FÉLICITE
UNE JEUNE ALSACIENNE ET UNE JEUNE LORRAINE.

HARLINGUE-VIOLLET

Après les élections si décevantes, si tristes [1], j'ai écrit au Président pour lui demander si l'on refuserait le concours de millions de Français au cas où la patrie se trouverait en danger. On établit une confusion consternante, humiliante, entre l'extrême droite et Vichy. On en rend service à personne. L'honneur sans argent n'est qu'une maladie, disait Montesquieu (ou un autre ?) C'est vrai pour l'honneur et l'honnêteté. Il n'est pas honnête d'ignorer les difficultés des années noires, et l'honneur de la France n'en est pas plus étincelant. Personne, en vérité, ne le sait mieux que notre ami commun, le Président.

J'écris cette lettre pour moi, à moi. Je suppose monsieur le Ministre, qu'on vous en épargnera la lecture. J'ai quitté Munster un jour de décembre 1940 en me demandant si je reverrais jamais ma mère, qui levait la main, au bout du jardin. Si le Japon n'avait pas frappé à Pearl Harbour jamais les Etats-Unis ne seraient entrés dans la guerre, Churchill et le roi d'Angleterre auraient fini leur vie au Canada et l'Europe serait restée nazie, c'est une déclaration de mon ami confrère américain James Reston du *New York Times* (quand il a pris sa retraite).

Il faudrait, monsieur le Ministre, introduire Darwin dans nos façons de penser, de commenter, de juger. *L'Evolution*. Vichy (entre autres choses) changeait jour après jour. Ce n'est pas facile à faire comprendre. Mais de là à accabler un pays abattu en croyant servir des hommes...

En remontant la grand'rue de Munster je suis survolé par une cigogne qui prétend construire un nid sur une cheminée obstruée. Elle vient de l'enclos où, on a installé des cigognes malformées, incapables de participer aux migrations. Autrefois, quand les parents rejetaient un cigognau amoindri, il arrivait qu'un restaurateur le recueille, cela donnait un « personnage » pour un roman de Simenon. Maintenant il y en a une vingtaine dans l'enclos. Les écologistes leur fournissent des fœtus de poussins à croquer. Quans elles se battent pour un nid, un vétérinaire les recoud. Elles ne rêvent plus d'Afrique, elles demandent (exigent) que l'on pousse les feux du radiateur. Elles votent avec les Verts. Elles feront la politique du pays, c'est admirable. Et si vous pouviez voir les deux qui tentent de s'accoupler sur une cheminée devant ma fenêtre... Quoi de plus ridicule que ces oiseaux qui n'ont plus de rôle à jouer depuis que les grenouilles n'envahissent plus le palais de Pharaon ? Quoi de commun avec le scandale Touvier ? Supposons que l'on prétende étudier et enseigner les cigognes en prenant pour modèles celles de cet enclos qui, je l'ajoute, font le bonheur des touristes.

Croyez, monsieur le Ministre, à toute ma considération.

NOTES

1. Il s'agit des élections régionales et cantonales de mars 1992. (NDLR)

La Question des sources

Archives et recherches historiques

JACQUES D'ORLÉANS

La liberté d'accès aux archives publiques est un sujet qui préoccupe historiens et chercheurs travaillant sur la dernière guerre. De récentes affaires (Papon, Touvier) ont montré combien la question est sensible. L'excès de secret tout comme celui de liberté (on le voit actuellement dans les anciens pays communistes) sont à rejeter. Le point de vue d'un spécialiste.

Y a-t-il beaucoup de chercheurs pour la période 1939-1945 ?

Beaucoup, non, s'agissant de pourcentage surtout : mon rapport annuel pour 1991 n'en cite qu'un sur 104 chercheurs scientifiques ; celui de 1990, deux sur 101. Mais il y en a néanmoins.

Qui sont-ils ?

Des étudiants, donc des chercheurs débutants, mais qui ont quand même des maîtres connus, d'une part. Des administrés près de la retraite désireux de faire valoir leurs droits à une pension ou une distinction d'autre part. Quelques amateurs ou curieux, enfin, que les ouvrages existants suffisent généralement à satisfaire.

S'agit-il de vrais chercheurs ou de personnes qui poursuivent des objectifs particuliers d'ordre politique ou personnel ?

De vrais chercheurs. Engagement politique marqué et recherche historique contemporaine font en principe mauvais ménage, car le premier rend plus difficile — et donc plus méritoire d'ailleurs — l'indispensable honnêteté ; la malveillance individuelle existe aussi parfois ; mais évitons, autant que possible, tout procès d'intention. Quelles que soient leurs intentions ou leurs opinions, tous sont d'ailleurs égaux devant la loi.

L'on entend des plaintes quant à l'accessibilité aux archives de cette période : Qu'en est-il ? Pourquoi ces réserves ? Quelles sont les règles ?

Bien sûr, l'accès aux archives de cette période est encore difficile. Aux raisons d'ordre général s'en ajoutent deux autres : des destructions, volontaires ou non, en 1944/45, dans les bureaux des administrations allemandes ; et les lois d'amnistie des 5 janvier 1951 et 6 août 1953 portant sur tout ou partie des peines prononcées par les cours de justice et chambres civiques, par exemple.

Mais, pour l'essentiel, la communication des archives de cette période est soumise aux mêmes règles portées par les textes régissant celle des dossiers antérieurs ou plus récents. Et ces textes — lois et décrets — sont évidemment nationaux ; il n'y a pas de droit local ni de particularisme local dans leur rédaction ni dans leur application.

Les restrictions, réelles, apportées à la communication des documents par les textes, ne font pas non plus un sort particulier, je le répète, aux dossiers des années 1939/45 en tant que tels. Il y a donc contraste avec la situation antérieure à 1979 où la date du 10 juillet 1940 — fin de la IIIe République — constituait un butoir chronologique explicite.

Les textes sont la loi n° 78-753 du 17 juillet 1978, titre premier, de la liberté d'accès aux documents administratifs, loi modifiée par la loi n° 79-587 du 11 juillet 1979 ; et la loi n° 79-18 du 3 janvier 1979 sur les archives, art. 6 à 8, complétée notamment par le décret n° 79-1038 du 3 décembre 1979 relatif à la communicabilité des documents d'archives publiques.

Avant d'aborder leurs dispositions dans un certain détail, précisons l'esprit des lois, esprit nouveau. Auparavant en effet l'administration en général et les archivistes en particulier devaient trouver pour eux-mêmes un justificatif à la communication. Maintenant tout au contraire, c'est le refus qui doit être motivé, et par référence à un article précis de la loi.

Cela dit, soyons clairs : je n'oserais pas dire que les vannes se soient beaucoup ouvertes en 1978 en faveur des chercheurs ; mais elles se sont quand même ouvertes en faveur des administrés. Les textes, reprenant une foule de textes antérieurs pour en faire la synthèse et pour les abroger, sont depuis 1979 beaucoup moins nombreux et plus précis en même temps, donc plus accessibles tant aux administrations qu'aux archivistes et aux chercheurs. On peut se les procurer facilement (*Nouveaux textes relatifs aux archives*), Paris, 3e éd., 1988, 53 pages. Diffusé par la Documentation française.)

Un autre sentiment explicite, diffus mais certain, habite ces textes : le souci de protéger la vie privée de chacun (entendue au sens large : elle inclut la situation financière) nettement distinguée des professions de foi et propos publics, par exemple, librement communicables si on en a gardé trace.

La règle commune est désormais la libre communicabilité après trente ans pour tous les documents d'archives publiques français. Il existe cependant quatre délais supérieurs, énumérés limitativement par l'art. 7 de la loi sur les archives et par le décret précité :

150 ans, à compter de la date de naissance des intéressés pour les documents comportant des renseignements individuels de caractère médical ;

120 ans, à compter de la date de naissance, pour les dossiers de personnel ;

100 ans, à compter de la date de l'acte ou de la clôture du dossier pour (entre autres) — les dossiers de procédures judiciaires, y compris les décisions de grâces (cependant les registres de jugements, destinés par nature à être portés à la connaissance du public, restent communicables sans délai), les minutes et répertoires des notaires, les registres de l'état civil et de l'enregistrement ;

60 ans, à compter de la date de la clôture des dossiers pour (entre autres) les archives des services du président de la République et du Premier ministre, les dossiers du ministère de l'Intérieur et de l'administration préfectorale signalés, lors de leur versement dans les dépôts d'archives publiques, comme intéressant la sûreté de l'Etat, les dossiers de la police, les dossiers fiscaux et domaniaux mettant en cause la vie privée, le patrimoine ou encore les dossiers intéressant la sûreté de l'Etat ou la défense nationale.

Cela fait donc beaucoup d'exceptions à la règle.

Quelle est la procédure à suivre pour avoir accès aux archives ?

Déjà déblayé précédemment, le terrain est enfin mieux balisé. Je pense à deux points précis :

L'administré ou le chercheur qui ayant demandé un dossier qu'il croit librement communicable, s'est vu opposer un refus peut faire appel devant la commission (nationale) d'accès aux documents administratifs, en abrégé la CADA, présidée par un conseiller d'Etat.

Son adresse : 31 rue de Constantine, 75700 Paris. Elle a publié en 1990 un *Guide de l'accès aux documents administratifs*, 184 p., également diffusé par la Documentation française. Elle publie en outre un rapport annuel qui est rendu public.

A la différence de ceux rendus par la CNIL, les avis de la CADA n'ont cependant pas force réglementaire. Ils n'en sont pas moins suivis dans l'immense majorité des cas par les administrations, les services d'archives devant, comme les services administratifs d'origine, se conformer à cette jurisprudence.

Et deuxièmement, à côté de la communication de plein droit, existe désormais la possibilité de consulter par dérogation des dossiers non librement communicables, lorsqu'ils ont atteint trente ans d'âge. Il faut pour cela demander, par l'intermédiaire de l'archiviste départemental, l'avis du service versant ; puis, s'il est favorable, l'autorisation du ministre de la Culture, le directeur général des archives de France ayant délégation de signature. Quand il s'agit de dossiers déjà versés aux archives, les préfets et les procureurs n'émettent qu'un avis, la décision incombant exclusivement au ministre.

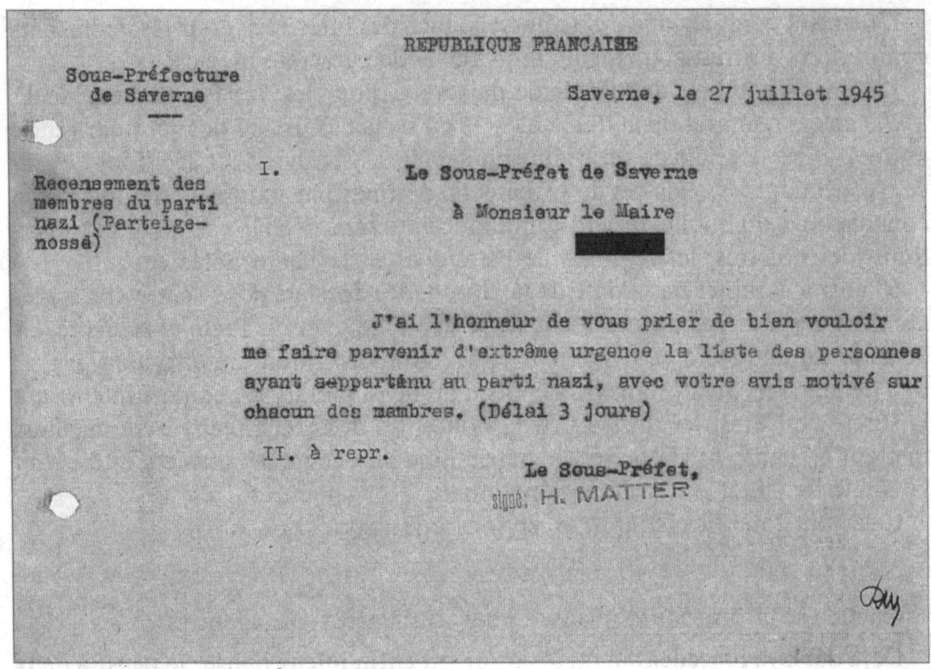

REPUBLIQUE FRANCAISE

Sous-Préfecture
de Saverne

Saverne, le 27 juillet 1945

Recensement des membres du parti nazi (Parteigenossé)

I. Le Sous-Préfet de Saverne

à Monsieur le Maire

J'ai l'honneur de vous prier de bien vouloir me faire parvenir d'extrême urgence la liste des personnes ayant aepparténu au parti nazi, avec votre avis motivé sur chacun des membres. (Délai 3 jours)

II. à repr.

Le Sous-Préfet,
signé: H. MATTER

DOCUMENT DES AUTORITÉS FRANÇAISES À LA LIBÉRATION

ARCHIVES DÉPARTEMENTALES DU BAS-RHIN

Pour ouvrir ce double verrou, la procédure est donc assez lourde et cette prudence paraît justifiée. Il convient en effet de prémunir l'administration contre toute pression étrangère à l'esprit scientifique, s'il y en avait. Il est aussi à noter que les textes n'évoquent nulle part l'avis de l'archiviste, mais cela n'empêche pas celui-ci de donner officieusement son sentiment ; il en a généralement un, étant par définition proche des dossiers dont il a la garde. Je sais néanmoins par expérience personnelle, chaque fois que j'ai une demande à instruire, que les feuilleter avec soin prend un temps considérable.

« Certains universitaires considèrent, à tort, la dérogation comme un droit et il n'est pas inutile de leur rappeler que la loi a défini la dérogation comme une exception à la règle. Cette simple possibilité ne revêt aucun caractère d'obligation. Il serait bon que les chercheurs responsables d'étudiants débutants, d'une part se préoccupent au préalable de l'état des sources disponibles sur tel ou tel sujet, d'autre part prennent conscience que l'on peut tout à fait mener à bien un mémoire de maîtrise en histoire contemporaine à partir de documents librement communicables : l'essentiel, à ce stade, étant d'acquérir une bonne méthode de travail. On a par ailleurs pu constater incidemment que certains étudiants ayant bénéficié de dérogations ne se sont jamais présentés pour consulter les documents.

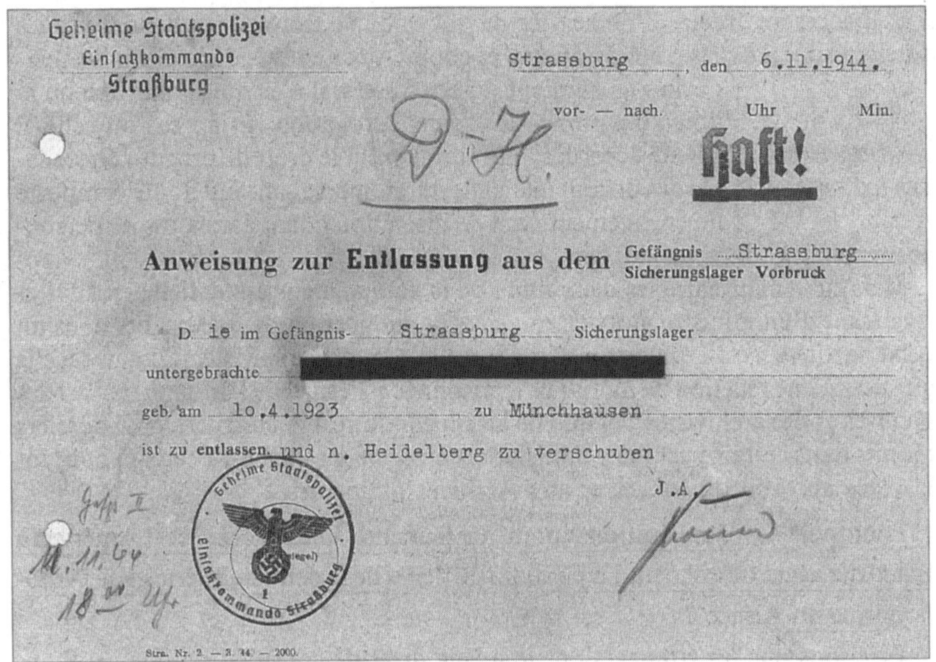
Geheime Staatspolizei
Einsatzkommando
Straßburg

Strassburg, den 6.11.1944.

vor- — nach. Uhr Min.

D.H.

Haft!

Anweisung zur Entlassung aus dem Gefängnis Strassburg / Sicherungslager Vorbruck

Die im Gefängnis- Strassburg Sicherungslager

untergebrachte ▬▬▬▬▬▬▬▬

geb. am 10.4.1923 zu Münchhausen

ist zu entlassen. und n. Heidelberg zu verschuben

J.A.

Geheime Staatspolizei Einsatzkommando Strassburg

Stra. Nr. 2 — 3.34 — 2000.

DOCUMENT DE LA GESTAPO : LIBÉRATION D'UN PRISONNIER. ADBR

» 292 demandes sur 467 ont bénéficié d'une dérogation complète, 142 d'une dérogation partielle, 25 refus seulement ont été prononcés, en conformité avec l'avis du service versant. Il est à noter également qu'un certain nombre de demandes portaient entre autres sur des documents librement communicables (généralement de plus de 30 ans). »

Telles sont les remarques présentées et les statistiques nationales les plus récentes publiées par la direction des archives de France dans son rapport d'activité pour 1990, au chapitre fréquentation, communication et recherches, p. 204.

Aux archives du Bas-Rhin, en 1991, sur 7 dérogations demandées, 4 ont été accordées intégralement, 1 l'a été partiellement, 2 ont été refusées. En 1990, les chiffres respectifs étaient de 15, 11, 1 et 3. En 1989, de 9, 6, 3 et 0. Ces dérogations ne portent pas, il est vrai, sur les seules années 1939-1945, mais aussi bien sur diverses autres catégories de dossiers non librement communiquables.

Le cas Papon a-t-il joué un rôle ?

Je tiens avant tout à souligner qu'aucun service dépendant de la direction des archives de France n'était compromis dans cette indiscrétion. Son auteur, un professeur de Bordeaux, interrogé par *Le Nouvel Observateur*, a raconté comment il a eu accès au grenier d'un service de police où se trouvaient abandonnés les dossiers dont il a pris connaissance... et copie. Aux archives de la Gironde, auxquelles ils auraient dû être versés, il n'en aurait pas obtenu la libre communication, sans dérogation. Et au cas où celle-ci eût été accordée, elle aurait exclu le droit de prendre photocopie des documents ; elle aurait même sans nul doute comporté un engagement écrit de discrétion quant aux noms de personnes rencontrés dans les dossiers.

LA RÈGLE DES TRENTE ANS ... ET SES EXCEPTIONS

Mais survenant entre les deux tours de la campagne présidentielle en 1981 et s'agissant d'un ministre alors en exercice, la publication de documents dans un hebdomadaire n'était évidemment pas fortuite. Comme archiviste, je crains qu'elle ait suscité une réaction de méfiance irraisonnée à l'égard de l'administration des archives et des archivistes ; et qu'elle ait pu conduire à la destruction de dossiers récents dans certains cabinets ministériels au moment même où ceux-ci quittant la place auraient dû les verser aux Archives nationales.

Pourquoi des autorisations pour l'Allemand Kettenacker et l'Américain Bankwitz ayant travaillé sur les périodes difficiles de la dernière guerre et de l'autonomisme en Alsace ?

Précisons que les étrangers ont le même droit de consultation que les Français. M. Kettenacker a passé une seule demi-journée aux archives du Bas-Rhin, le 3 octobre 1963 ; il y a consulté deux livres de la bibliothèque mais aucun dossier d'archives. Il ne cite d'ailleurs aucune source d'archives française dans ses sources et bibliographie (*Saisons d'Alsace*, n° 65, p. 132 et suiv.) et s'il a demandé l'autorisation de les consulter par dérogation, ce que j'ignore, il ne l'a donc pas obtenue.

Le cas de M. Bankwitz est différent. Il est venu 23 demi-journées ici, du 1er décembre 1970 au 11 août 1972, et a eu accès à des dossiers alors non librement communicables, antérieurs à la seconde occupation allemande toutefois. Les conditions de communication étaient alors définies par le décret n° 70-1066 du 19 novembre 1970 (*J.O.* du 22, p. 10723-10724) et l'arrêté interministériel du 21 juillet 1971 publié au *J.O.* du 5 août, p. 7775.

Que M. Bankwitz ait précédemment combattu dans la 2e DB française n'a d'ailleurs pas dissuadé la direction des archives d'écrire à mon prédécesseur le 22 décembre 1970 que les demandes de ce chercheur devaient lui être soumises pour décision.

Le préfet de région de son côté demandait le 15 février 1971 à mon prédécesseur « de bien vouloir faciliter les recherches de cet écrivain en lui donnant accès à la documentation (...) sur la période qui l'intéresse ». M. Bankwitz indique, p. 126-127 de son ouvrage, les deux fonds consultés par lui aux archives du Bas-Rhin :

LES JOIES
DE L'OCCUPATION.
OFFICIERS
ALLEMANDS
TOUT SOURIRE
AUX FENÊTRES
DE LA MAISON KATZ
À SAVERNE

1° celui du Commissariat général de la République à Strasbourg, alors coté AL 140, aujourd'hui AL 121. Couvrant les années 1918-1925, il est aujourd'hui communicable, étant clos depuis plus de 60 ans.

2° celui de la Direction générale des Services d'Alsace-Lorraine (1925-1940), service rattaché à la présidence du Conseil et source essentielle, alors non communicable à moins de 50 ans (aujourd'hui 60). Ce service n'étant pas préfectoral, et le Premier ministre étant considéré comme héritier de la fonction de président du Conseil, c'est lui dont l'avis est demandé aujourd'hui bien qu'il n'ait pas repris cette attribution précise. Ce fonds dit fonds Valot, coté AL 98, n'est d'ailleurs classé qu'en partie et c'est l'une des tâches à prévoir dans les années qui viennent. M. Bankwitz indique encore n'avoir pu consulter aux Archives nationales la série F 7, police générale pour l'entre-deux-guerres mais a vu les archives de la justice militaire aujourd'hui conservées au Blanc (Indre) et celles de la cour de justice, sections du Bas-Rhin et du Haut-Rhin, conservées aux archives du Haut-Rhin et non communicables à moins de cent ans. Je suppose donc qu'il a obtenu dérogation du ministre de la Défense pour les unes et du ministre de la Culture, avis pris du procureur général auprès de la cour d'appel de Colmar, pour les autres.

Certains disent que les conditions d'accès sont moins sévères dans les autres départements, hors d'Alsace.

Je pense que la politique — ou la pratique — de la direction des archives de France est cohérente. Un de ses principes est de n'examiner les demandes de dérogation que si elles comportent l'avis favorable du service versant. C'est donc parmi ceux-ci que peuvent apparaître des différences d'appréciation. Ce sont des hommes aux tempéraments et aux caractères bien divers qui animent les rouages de la machine administrative. Formée à résoudre des difficultés concrètes, l'administration s'intéresse au présent et à l'avenir plus qu'au passé et c'est assez naturel.

Qu'on soit resté traumatisé, en Alsace encore plus qu'ailleurs, par ces années terribles n'a rien de surprenant. Que l'administration en tienne compte me semble normal. L'accès du public aux documents d'archives, tel était l'objet de la réflexion des archivistes français tenant leur congrès à Valence à l'automne 1975. Eviter à la fois le refus systématique, par principe, paresse d'esprit ou esprit de parapluie, tout comme le laxisme, par imprudence ou légèreté, ce double souci trace la voie étroite, la ligne de crête dont nous ne devons pas dévier sous peine de perdre la confiance des administrateurs et de rendre plus difficile encore la recherche en histoire contemporaine. La loi et les décrets ne visent pas à protéger les fonctionnaires ni les élus. Mais la transparence, immédiate et absolue, serait à coup sûr la victoire de la corbeille à papiers, de la déchiqueteuse et de l'incinérateur.

(Propos recueillis par Alfred Wahl)

NOTES DE L'ARTICLE
DE LÉON STRAUSS (p. 915)

1. Lors de sa déposition au procès Rossé, Paul Maas, ex-Oberbürgermeister de Mulhouse déclara « qu'il savait que Ernst recevait des rapports de l'inculpé, mais que personnellement il n'en a jamais vu », *L'Alsace*, 4 juin 1947.
2. Sur Rossé jusqu'en 1939, Christian BAECHLER, *Le parti catholique alsacien 1890-1939* Paris, 1982, et surtout p. 601-604. Du même, une notice biographique dans *l'Encyclopédie de l'Alsace*, t. 11, p. 6521. Voir aussi, Philip BANKWITZ, *Les Chefs autonomistes alsaciens 1919-1947*, traduction française *Saisons d'Alsace*, n° 71, 1980, qui a pu utiliser le dossier du procès Rossé aux Archives départementales de Meurthe-et-Moselle.
3. Rossé aurait quand même réussi à éviter que ce texte n'accuse la France d'avoir « criminellement » déclaré la guerre à l'Allemagne.
4. Patrick J. SCHAEFFER, *L'Alsace et l'Allemagne de 1945 à é949*, Metz, 1976, p. 96 et 116.
5. *L'Alsace*, 30 mai 1947.
6. *L'Alsace*, 31 mai 1947.
7. *Dernières Nouvelles du Haut-Rhin* (abrégé désormais *DNHR*), 31 mai 1947 ; cf. Robert ERNST, *Rechenschaftsbericht eines Elsässers*, Berlin, 1954.
8. Bundesarchiv, Coblence, R83 Elsass/72 : « Les participants de la visite à Berlin des codétenus du Dr Karl Roos, novembre-décembre 1940 ».
9. Bundesarchiv, Coblence, R 83 Elsass/72 : note du gauleiter au Gaupropagandaleiter Pg. Schmid, 5.5.1941. L'article qui est consacré à Rossé dans la série « Des Alsaciens dans des fonctions dirigeantes » publiée par les *Strassburger Neueste Nachrichten* sur instruction du gauleiter le qualifie de « rapporteur bénévole pour les questions d'indemnisation près de la section d'administration et de police » (de l'administration civile en Alsace). Cf. *Str NN*, 24.8.1941, p. 3. Voir aussi Lothar KETTENACKER, *La politique de nazification en Alsace*, deuxième partie, *in Saisons d'Alsace* n° 68, 1978, p. 44 et la déposition de l'ancien ministre badois de l'Intérieur Karl Pflaumer au procès Rossé. *L'Alsace* 4 juin 1947.
10. *DNHR*, 30 mai 1947.
11. Ces dates figurent dans l'acte d'accusation contre Joseph Rossé rédigé par le commissaire du gouvernement près la cour de justice de Colmar, publié dans *L'Alsace*, Mulhouse, 25 et 26 mai 1947.
12. Sur le rôle de Rossé aux éditions Alsatia, où il remplace à compter du 8 août 1940 Xavier Mappus réfugié au Puy, un passage sévère de Marie-Joseph BOPP, *L'Alsace sous l'occupation allemande de 1940-1945*. X. Mappus, Le Puy, 1945, p. 180-181, et un article apologétique signé par deux témoins de la défense au procès de Rossé, Jean-Jacques RITTER et Lucien SITTLER, « Ein Elsässer Verleger im Widerstand gegen den Nationalsozialismus, Joseph Rossé und der Alsatia-Verlag », *Börsenblatt für des Deutschen Buchhandel-Frankfurter Ausgabe* , n° 55, 2.6.1982, p. B57-B66. Il fut aussi question au cours du procès Rossé d'un projet de création d'une succursale d'Alsatia au Portugal, qui aurait pu camoufler, selon l'accusation, une base de l'Abwehr ; cf. *L'Alsace*, 3 et 5 juin 1947.
13. Son témoignage au procès Rossé le 9 juin 1947, *L'Alsace*, 10 juin 1947. D'autres cadres de la succursale et un des auteurs qu'elle éditait, M. de Verdillac, vinrent aussi le même jour attester la francopholie de leur patron, l'Alsatia de Paris aurait réussi à ne publier aucun livre de propagande allemande. Bien plus, deux ouvrages qui sortirent de ses presses furent interdits par la censure de l'occupant.
14. *L'Alsace* et *DNHR*, 31 mai 1947.
15. Dans une lettre au gauleiter datée du 6 juillet 1941, il chercha à retarder cette démission, en assurant qu'en l'absence de session parlementaire, un député ou un sénateur ne pouvait pas démissionner volontairement. Il se déclare prêt cependant, si Wagner en exprimait le souhait, à envoyer une lettre de démission. De toutes façons, il ne se considérait « naturellement » plus comme membre du Parlement français. « Après tout le mal que m'a fait la France, l'attitude inverse serait incompréhensible. » Une photocopie de cette lettre figure dans les *DNHR* du 13 juin 1947. Elle est aussi citée par P. BANKWITZ, *op. cit.* p. 83 et 84.
16. *L'Alsace*, 30 mai 1947. Le journaliste qui signe « Sp..r », dans les *DNHR*, 6 juin 1947, prétend que Rossé continua même à toucher son indemnité parlementaire.
17. A.-H. DONDON, « Joseph Rossé comparaîtra jeudi prochain devant la cour de justice de Nancy », *L'Alsace*, 24 mai 1947. Cf. le témoignage de Raymond Postal, *DNHR*, 10 juin 1947. L'affirmation de Rossé selon laquelle la cession de l'Alsace à l'Allemagne aurait été décidée par Hitler

et Darlan à Berchtesgaden le 11 mai 1941 et devait être annoncée par une allocution radiodiffusée de Darlan que, lui Rossé, serait parvenu à empêcher (cf. Georges FOESSEL, « L'annexion officielle de l'Alsace au Reich avortée », *Saisons d'Alsace* n° 114, hiver 1991/1992, p. 14-21) fut démentie formellement par la déposition écrite de Benoist-Méchin, témoin de l'entrevue, lue au procès le 10 juin 1947. Cf. *L'Alsace* et les *DNHR*, 11 juin 1947, Cf. P.J. SCHAEFFER *op. cit.*, p. 117. Dès le 30 juin 1941, l'amiral avait affirmé à une délégation de notables alsaciens, vraisemblablement alertés par Rossé « que la question de nos deux provinces n'avait fait l'objet d'aucune discussion. » Cf. Pierre EUDE, *La Chambre de commerce de Strasbourg pendant la guerre 1939-1945. Souvenirs*, Strasbourg, 1949, p. 57. Il est vrai que Jean-Baptiste DUROSELLE, *Politique étrangère de la France. L'abîme 1939-1944*, édition de poche, Seuil, 1990, p. 366 n'exclut pas qu'il ait pu être question à Berchtesgaden d'un échange de l'Alsace contre la Wallonie.

18. Déclaration citée dans la plaidoirie d'un de ses avocats, Me Paul Schmitt. Cf. *DNHR*, 13 juin 1947.

19. Témoignage de son chauffeur au procès le 10 juin 1947 ; cf. *L'Alsace*, 11 juin 1947.

20. *L'Alsace*, 8 juin 1947. D'autres témoignages en ce sens, *DNHR*, 8 juin 1947.

21. Bundesarchiv, Coblence, Reichskanzlei, R 43 II/1338b (p. 28-32).

22. Hans-Heinrich Lammers (1879-1962), haut fonctionnaire spécialiste de droit constitutionnel sous la république de Weimar, membre du parti nazi depuis 1932, nommé par le nouveau chancelier Hitler secrétaire d'Etat à la Chancellerie du Reich dès le 30 janvier 1933. SS-Oberführer depuis septembre 1933, il est promu ministre du Reich et chef de la Chancellerie du Reich le 26 juillet 1937. (BENZ/GRAML (dir.), *Biographisches Lexikon zur Weimarer Republik*, München, 1988, p. 198-199.)

23. Martin Bormann (1900-1945), successeur depuis le 12 mai 1941 de Rudolf Hess en qualité de chef de la chancellerie du parti.

24. Sur Robert Wagner (1895-1946), gauleiter et Reichsstatt-
halter du pays de Bade, chef de l'administration civile en Alsace à partir de juin 1940, ma notice dans l'*Encyclopédie de l'Alsace*, t. 12, Strasbourg, 1986, p. 7659-7660.

25. La question des expulsions et de leurs conséquences sur les rapports franco-allemands est bien exposée dans Eberhard JÄCKEL, *La France dans l'Europe de Hitler*, Paris, Fayard, 1968, p. 185-194, p. 328-331. Par contre, Robert O. PAXTON, *La France de Vichy 1940-1944*, Paris, Seuil, 1973 (cité ici dans l'édition de poche Points-Histoire, 1974, p. 63-64) est très succint. Joseph BARTHELEMY, *Ministre de la Justice, Vichy 1941-1943. Mémoires*, Pygmalion Gérard Watelet, Paris, 1989, p. 299, évalue à 300.000 le nombre des Alsaciens et Lorrains en « zone libre ».

26. Si l'expression Alsace-Lorraine est employée dans le langage courant, elle est absolument proscrite du vocabulaire administratif français. Depuis 1919, on parle toujours d'« Alsace *et* de Lorraine ». Curieusement, Rossé semble ignorer en 1942 la directive du 24 août 1940 du ministère de la Propagande du Reich interdisant l'usage de l'ancien concept du Reichsland Alsace-Lorraine. En septembre 1940, le secrétaire d'Etat Stuckart rendait ainsi compte d'une réunion présidée par Hitler. « Les termes d'Alsace et de Lorraine ne devront plus figurer dans la dénomination future de ces Gauen du Reich. Ils porteront les noms de Westmark, capitale Sarrebruck et Rhin supérieur, capitale Strasbourg », Lothar KETTENACKER, *La politique de nazification en Alsace* , deuxième partie, *Saisons d'Alsace*, n° 68, 1978, p. 52.

27. Sur les fonds hors budget attribués au service d'Alsace et de Lorraine, malgré la mauvaise volonté de Laval, J. BARTHELEMY, *op. cit.*, p. 301-302.

28. Paul Valot (1889-1959) fut à Paris directeur général des services d'Alsace et de Lorraine de 1925 à 1940. Cf. sa notice par J.-C. RICHEZ, *Encyclopédie de l'Alsace*, t. 12, p. 7534.

29. Il s'agit de Jacques Benoist, sous-préfet de Thann (1929-1934), de Guebwiller (1934-1938) et de Saverne (1938-1940). Il fut à Vichy chef de cabinet du garde des Sceaux Joseph Barthélémy pour les services relevant de la vice-présidence du Conseil, expression pudique destinée à camoufler l'ancienne direction générale des services d'Alsace et de Lorraine. Cf. la notice qui lui est consacrée dans le *Nouveau Dictionnaire de biographie alsacienne* (désormais abrégé NDBA) n° 3, Strasbourg, 1983, p. 168.

30. La loi du 12 octobre 1940, suspend les conseils généraux élus et transfère leurs compétences au préfet, assisté d'une commission administrative de neuf membres, dont trois au moins issus du conseil général suspendu, nommés par lui, et qui n'a qu'un rôle consultatif. *PIERRE DOUEIL, L'administration locale à l'épreuve de la guerre.* Paris, Sirey, 1950 ; Sonia MAZEY, Vincent WRIGHT, « Les préfets », *in* Jean-Pierre AZEMA, François BEDARIDA, *Vichy et les Français*, Fayard, 1992, p. 267-286 (ici, p. 273).

31. Jean Agard, préfet du Haut-Rhin depuis 1937, arrêté par les Allemands à Colmar en juin 1940, dirigea les services de la préfecture repliés à Agen de son expulsion d'Alsace au 5 septembre 1944. *NDBA*, n° 1, p. 21. Selon son témoignage lu au procès Rossé, ce dernier serait intervenu en août 1940 en sa faveur et aurait obtenu sa libération et son transfert en zone non occupée. Cf. *DNHR*, 5 juin 1947.

32. Les passages entre * sont soulignés au crayon rouge dans l'exemplaire de Coblence. Il s'agit vraisemblablement des annotations de Lammers, qui a aussi placé un point d'exclamation en marge de ce passage.

33. Rossé fait allusion au grand pèlerinage de 12.000 Lorrains à Lourdes le 10 août 1941 sous la présidence de Mgr Heintz, évêque de Metz, et du préfet de la Moselle Bourrat, où le gouvernement était représenté par François Valentin, secrétaire général de la Légion française de combattants. Quelques jours plus tard, plus de 1.500 Alsaciens vinrent à leur tour à Lourdes à l'occasion de la messe d'or de Mgr. Kretz, vicaire général de Strasbourg. Etaient présents : le préfet du Haut-Rhin Agard et les députés Hartmann, Walter, Oberkirch et Seltz. Cf. *L'Echo des réfugiés*, 17 et 25 août 1941.
34. Cette organisation unitaire est le GERAL, Groupement d'entr'aide des réfugiés et expulsés d'Alsace et de Lorraine fondé à Clermont-Ferrand en août 1940 et dont le président général était Félix Carré de Malberg, ancien premier président de la cour d'appel de Colmar. Ce dernier fut reçu en audience par le maréchal Pétain le 2 juin 1942. Cf. sur cette importante organisation, qui groupait en 1941 près de 40.000 membres, le témoignage d'un de ses dirigeants, Ernest GRELL, *Têtes carrées*, Strasbourg, 1955.
35. La principale de ces organisations dissidentes était l'AREAL (Association d'entr'aide des réfugiés d'Alsace et de Lorraine) fondée à Lyon en août 1940 par des personnalités, comme Rodolphe Thormann, conseiller général de Saales. L'AREAL finit par se fondre dans le GERAL en février 1942. Beaucoup de documents sur ces associations sont disponibles dans le « Recueil factice de 43 pièces relatives aux réfugiés alsaciens et lorrains, 1930-1945 » à la Bibliothèque nationale et universitaire de Strasbourg, M. 41562.
36. Il s'agit de l'hebdomadaire *L'Echo des Réfugiés* « organe d'entraide des Alsaciens et Lorrains » publié depuis le 2 mars 1941 à Montpellier par l'équipe des *Dernières Nouvelles* animée par l'éditeur Aristide Quillet, principal actionnaire des *Dernières Nouvelles* depuis 1919. Cf. Dominique WIRTZ-HABERMEYER, *Histoire des Dernières Nouvelles d'Alsace*, Strasbourg, La Nuée Bleue, 1987. L'autre publication est *La Voix du Geral* publiée à Clermont-Ferrand à partir d'avril 1941. Elle porte en manchette, jusqu'à son interdiction le 18 octobre 1943 : « Ils n'ont plus comme richesse que la fierté de rester Français » (Le maréchal Pétain, 30.11.1940).
37. Les journaux du groupe Quillet, *Dernières Nouvelles de Strasbourg* et surtout *Colmarer Neueste Nachrichten* avaient souvent fait campagne, avant 1939, contre Rossé et ses amis autonomistes.
38. Un communiqué du ministère de l'Intérieur (direction des réfugiés) publié dans *La Voix du Geral* n° 2 du 25 juin 1941, annonçait la création d'un poste de contrôleur des réfugiés par département, choisi parmi les réfugiés eux-mêmes.
39. Ce statut exceptionnel est confirmé par J. BARTHELEMY, *op. cit.*, p. 299. Ces parlementaires

SOUPE POPULAIRE À STRASBOURG

n'avaient pas conservé leur carte de circulation, mais le ministère de la Justice leur remboursait leurs frais de déplacement.
40. Joseph Barthélémy avait constitué un comité de coordination (le « Coco ») des questions d'Alsace et de Lorraine présidé par son ami Robert Sérot. En faisaient partie notamment le chanoine Muller, « un industriel alsacien protestant, M. Block » (?) et Ségolène de Wendel. Ce comité finit par démissionner « pour protester contre la politique gouvernementale ». Cf. J. BARTHELEMY, *op. cit.*, p. 301.
41. La notice biographique de Joseph Féga par Raymond OBERLE, *NDBA*, n° 11, p. 190 ne mentionne pas sa nomination au Conseil national. Il s'était réfugié à Géménos, près de Marseille.
42. Il était chargé de mission auprès du secrétaire d'Etat à la Production industrielle et publia dans *La Voix du Geral* du 10 et du 25 septembre 1941 un article « L'artisanat français et l'ordre nouveau ».
43. Sur Charles Elsaesser, notice par Christian BAECHLER, *NDBA*, n° 9, p. 791-792. Il était président de la section du Geral de Nice.
44. Sur Alfred Oberkirch, Christian BAECHLER (dir.), *Alfred Oberkirch, un médecin alsacien dans la tourmente politique*, Strasbourg, 1990 et plus particulièrement la contribution d'Alphonse IRJUD, « Des épreuves de la guerre à la libération », p. 119-136, qui ne mentionne pas ces fonctions sanitaires.
45. Sur Henri Meck (1897-1966), ma notice biographique dans *l'Encyclopédie de L'Alsace*, t. 8, 1984, p. 5021-5022. Expulsé en décembre 1940, il se fixa à Avignon et se consacra au syndicalisme chrétien.
46. Charles Hartmann (1891-1956), militant des syndicats chrétiens, était député de Thann depuis 1936. Il était réfugié près de Lourdes. Cf. la notice rédigée par Christian BAECHLER, *NDBA*, n° 15, p. 1422-1423.
47. Cette entrevue de Saint-Florentin a eu lieu le 1er décembre 1941. Elle fait suite à une demande de Pétain de s'entretenir avec une haute personnalité allemande, formulée le 3 novembre après le renvoi de Weygand. Cette rencontre, dont Vichy attendait une reprise des négociations franco-allemandes au point mort depuis le 15 juillet, fut un fiasco total.
48. René Blech témoigna le 2 juin 1947 au procès Rossé. Il déclara avoir été attaché au cabinet de « l'ex-maréchal » pour s'occuper des affaires d'Alsace et de Lorraine. « Il n'a jamais vu Rossé.. Jamais Rossé n'a demandé une audience au chef de l'Etat.. Il savait que le député de Colmar apportait des renseignements à Vichy, « mais ces renseignements n'avaient aucune importance.. Nous les avions plus rapidement par d'autres sources. », *L'Alsace*, 3 juin 1947. André Lavagne, chef du cabinet civil de Pétain témoigna le 3 juin et affirma que Rossé était considéré comme germanophile à Vichy. Cf. *DNHR*, 4 juin 1947.
49. Cette personnalité n'est pas mentionnée dans : Hervé COUTAU-BEGARIE, Claude HUAN, *Darlan*, Fayard, 1989. André Jacquel, qui avait collaboré avec Rossé, au sein du Comité de vigilance pour l'économie alsacienne en 1937-1939, fut témoin à décharge au procès Rossé le 10 juin 1947. Cf. *DNHR*, 11 juin 1947. Par contre, Rossé omet de citer dans ce rapport Paul Demange, directeur de cabinet de l'amiral Darlan, ministre de l'Intérieur de février à août 1941, cité dans H. COUTAU-BEGARIE, Claude HUAN *op. cit.*, p. 381 et 482.
50. Il n'y a pas de ministère de la Jeunesse à Vichy, mais depuis septembre 1940 un secrétariat général à la Jeunesse, dont le titulaire est jusqu'en février 1943, Georges Lamirand. Pierre PFLIMLIN, *Itinéraires d'un Européen*. La Nuée Bleue, Strasbourg, 1989, évadé en décembre 1940 d'Alsace, dit avoir été embauché au secrétariat général de la Jeunesse qui était « une vraie petite colonie alsacienne », mais il ne précise pas quelles étaient ses fonctions.
51. Adolphe Terracher (1881-1955) tout en conservant ses fonctions de recteur de l'académie de Strasbourg, fut secrétaire général du secrétariat d'Etat à l'Instruction publique à Vichy de décembre 1940 au 2 janvier 1944. Cf. Jérôme CARCOPINO, *Souvenirs de sept ans 1937-1944*, Flammarion, 1953, p. 462.
52. En français dans le texte. Paul Schlienger, originaire de Cernay, inspecteur général d'allemand, fut directeur de l'enseignement secondaire d'Alsace et de Lorraine à partir de 1918.
53. Il s'agit vraisemblablement du secrétariat général à l'Information, à la Presse et à la Radio rattaché à la vice-présidence du Conseil par la loi du 9 février 1941 et détenu alors par le sénateur Portmann flanqué, à partir de la fin du mois, d'un secrétaire général adjoint, Paul Marion..
54. Joseph Kaestlé (1878-1957), rédacteur en chef de l'*Elsässer* de 1918 à 1940, fut interné à Schirmeck en 1940, puis expulsé. Il n'est pas étonnant que Rossé le traite de « drôle de numéro » : Kaestlé avait appartenu à la tendance autonomiste de l'UPR avant d'opérer en 1933 une volte-face, qui l'amena à dénoncer le financement de ses anciens amis par Berlin. Il collaborait en 1941-1942 à *L'Echo des réfugiés*. Il gagna plus tard Alger. Cf. *Dernières Nouvelles d'Alsace*, 19 juin 1951, 2 juillet 1957, *L'ami du peuple*, 7 juillet 1957 et la notice biographique rédigée par Christian BAECHLER, *NDBA*, n° 19, 1992, p. 1859.
55. Il s'agit des chantiers de jeunesse fondés pendant l'été 1940 pour occuper les jeunes démobilisés. A partir de janvier 1941, tous les jeunes gens de zone non occupée sont tenus à 20 ans à un service de neuf mois dans les chantiers. Cf. Raymond BOURGART, « Les Chantiers oubliés », *Saisons d'Alsace*, n° 109, automne 1990, « 1940, la débâcle », p. 149-176.

56. Jacques Kalb (1898-1964), avocat à la cour d'appel de Colmar, président de la Fédération des engagés volontaires alsaciens et lorrains dans les armées françaises, avait fondé en 1940 à Lyon, 66 quai Jules-Courmont, le « service des expulsés et réfugiés non rapatriables d'Alsace et de Lorraine », financé en partie par les services du chef de l'Etat, ainsi que, pour 600.000 F par an, par le ministère de la Justice. Dans ce bureau travaillaient des personnalités, comme Ségolène de Wendel. Cf. J. BARTHELEMY, *op. cit.*, p. 300. Jacques Kalb, qui avait été nommé membre de la commission administrative départementale du Haut-Rhin, s'évada de zone sud en novembre 1942 : sous le pseudonyme de « Jacques d'Alsace », il fut chargé des émissions destinées aux départements annexés à la radio de Londres et à celle d'Alger (d'après le *Nouvel Alsacien*, 12 et 13 août 1964). Sa déposition au procès Rossé, *L'Alsace*, 4 juin 1947. Une lettre de Kalb au gouvernement de Vichy du 27 octobre 1940 est reproduite par Louis NOGUERES, *Le véritable procès du maréchal Pétain*, Fayard, Paris, 1955, p. 183-184.
57. René Blech (1865-1955), directeur des Tissages de laine Blech et Cie à Sainte-Marie-aux-Mines, était depuis 1938, président de la chambre de commerce de Colmar.
58. Ce groupement, dont le secrétariat était confié à Houpert, secrétaire général de la chambre de commerce de Metz, fut fondé au printemps de 1941. *La Voix du Geral* du 10 décembre 1941 annonçait que le groupement des chambres de commerce d'Alsace et de Lorraine pouvait accorder des prêts de démarrage d'un an aux commerçants, artisans et industriels alsaciens et mosellans désirant créer des entreprises. Une avance de cinq millions de francs avait été à cet effet mis à leur disposition par le ministère des Finances. Cf. la brochure de Pierre Eude.
59. Cf. P. EUDE, *op. cit.* Sur Pierre Eude, secrétaire général de la chambre de commerce et résistant, ma notice biographique *NDBA*, fascicule n° 10, p. 868. Le ministère du Commerce allouait à ces chambres de commerce une subvention annuelle, qui leur permettait de poursuivre leur activité.
60. Selon P. EUDE, *op. cit.*, p. 51, Paul Jacquel, président de la chambre de commerce de Strasbourg avait obtenu, au cours d'un voyage en Suisse, que lui soit assuré régulièrement le service du *Bulletin de la presse alsacienne* établi par l'ambassade de France à Berne, ce qui permit au secrétariat de la Chambre d'établir un rapport détaillé sur les agissements allemands en Alsace, pour la délégation française à la commission d'armistice. Au cours du printemps 1941, un mémoire sur les problèmes alsaciens fut remis à l'amiral Darlan : il comprenait une partie historique rédigée par Jacques Hatt, une rétrospective sur l'économie entre 1918 et 1939 par P. Eude et un troisième chapitre sur la domination allemande depuis 1940 rédigé par le président Jacquel. Ce document est cité par L. NOGUERES, *op. cit.*, p. 195-197.
61. Marc Lucius, secrétaire général de la chambre de commerce de Strasbourg de 1919 à 1939.
62. Jean Wenger-Valentin, engagé volontaire dans l'armée française en 1914-1918, était directeur du Crédit industriel d'Alsace et de Lorraine et membre de la chambre de commerce de Strasbourg. Il résidait à Lyon.
63. Charles Kleinknecht (1879-1955), propriétaire de la brasserie Perle à Schiltigheim depuis 1919.
64. Il s'agit de Bernard Thierry-Mieg, dont le cousin François, directeur de la Société commerciale interocéanique du Havre était depuis 1941 à Londres attaché à l'état-major du général de Gaulle.
65. P. EUDE signale en effet la naissance d'un comité restreint consacré à la réorganisation économique de l'Alsace au lendemain de la Libération et il cite parmi ses membres : Wenger, Jacquel Ruillier, Kalb, Houpert, Eude, auxquels se joignit à plusieurs reprises Robert Schuman après son arrivée en zone sud. Il mentionne aussi un « aréopage analogue » créé parmi les parlementaires sous l'impulsion de Meck, avec le concours de Paul Jacquel et de Pierre Eude ; et qui se réunissait à Vichy pour envisager les problèmes politiques du retour. Cf. P. EUDE, *op. cit.*, p. 55.
66. Le commissaire Templier déclara, lors du procès Rossé, qu'il dirigeait à Vichy une « brigade d'Alsace et de Lorraine » notamment chargé « de surveiller des individus tels que Rossé, quand ils venaient s'y promener ». *L'Alsace*, 1er juin 1947. Témoigna aussi à Nancy le commissaire Walter qui était chargé de surveiller les voyages de Rossé à Lyon et à Vichy et qui savait que le Colmarien rencontrait à Vichy de nombreux anciens parlementaires, malheureusement il ne savait rien du contenu de ces entretiens. Cf. *DNHR*, 4 juin 1947. Le commissaire Becker dont l'activité d'avant-guerre avait été dénoncée par Rossé dans un article publié au cours de l'été 1940 dans l'*Elsässer Kurier*, était commissaire central à Marseille : il y fut arrêté par la Gestapo en 1943 et abattu d'une balle dans la nuque par un SS sur la route de Schirmeck au Struthof.
67. Dans son réquisitoire au procès Rossé le 10 juin 1947, le procureur général Bornet cite Désiré Brumbt, maire de Haguenau jusqu'en 1940, qui était devenu commissaire régulateur à la ligne de démarcation et qui eut une fois l'occasion de contrôler les papiers de Rossé dans un compartiment de 1re classe. Cf. *DNHR*, 11 juin 1947.
68. Cette « mauvaise réputation » du sous-préfet parmi les autonomistes est sans doute due à son ardeur dans la répression des « menées antinationales ».

69. En français dans le texte. Sur l'université de Strasbourg à Clermont-Ferrand, voir les rapports annuels des doyens (imprimés) et *Mémorial des années 1939-1945,* Les Belles Lettres, Paris, 1947 (publications de la faculté des Lettres de l'univer sité de Strasbourg, fascicule 103). Dans le rapport de 1941, p. 94-95, ce comité de patronage n'est pas mentionné, mais il est question de la poursuite de l'activité de la « Société des amis de l'université de Strasbourg » présidée par le sénateur Eccard qui avait voté une subvention de 77.000 F destinée au rachat des livres et publications, dont le retour à Strasbourg avait été exigé par les « autorités d'occupation ». En 1941, les œuvres en faveur des étudiants avaient reçu, en plus des crédits ordinaires une subvention de 40.000 F « de M. le garde des Sceaux, ministre de la Justice, chargé des affaires d'Alsace et de Lorraine ». Il existait aussi, sur l'initiative de M. et Mme Terracher une « Œuvre des lycéens et lycéennes d'Alsace et de Lorraine actuellement réfugiés à Clermont-Ferrand, isolés, sans famille et sans ressources » fondée le 29 juillet 1941 et qui s'intéressait fin 1941 à 23 jeunes filles et jeunes gens de 17 à 20 ans arrivés à Clermont sans l'Abitur, ni les deux parties du baccalauréat. Enfin, le Secours national avait affecté à Clermont une assistante sociale, Mlle Weber, uniquement à l'aide des jeunes Alsaciens et Lorrains réfugiés.

70. Le docteur Joseph Pfleger (1873-1957), ancien député, puis sénateur du Haut-Rhin, et l'un des principaux adversaires de Rossé au sein du « parti catholique » était réfugié à Pau, puis à Clermont-Ferrand. Sa lettre au maréchal Pétain du 5 septembre 1940 est publiée dans Louis NOGUERES, *op. cit.,* p. 181-182.

71. La préfecture du Bas-Rhin était gérée par le secrétaire général, Pépin. L'ancien préfet Viguié était devenu préfet régional de Marseille et commissaire du pouvoir.

72. Sur Charles Frey (1888-1955), la notice rédigée par Jean-Claude RICHEZ, *Encyclopédie de l'Alsace,* t. 6, p. 3212.

73. Sur Michel Walter, ancien gérant de l'UPR, député de Haguenau, président du conseil général du Bas-Rhin, premier adjoint au maire de Strasbourg, la notice de Christian BAECHLER dans l'*Encyclopédie de l'Alsace,* t. 12, p. 7676-7677. Il ne put témoigner au procès Rossé, puisqu'il était mort en janvier 1947. Jacques Kalb rapporta que Michel Walter lui avait rendu compte des démarches effectuées au courant de l'été et de l'automne 1941 par Rossé auprès des parlementaires alsaciens de la zone sud pour tenter de les rallier à un projet de neutralisation de l'Alsace et de la Lorraine. *L'Alsace,* 4 juin 1947. Les *DNHR* de la même date situent la rencontre Rossé-Michel Walter à Périgueux en 1942.

74. Les Allemands avaient interdit le retour dans son diocèse de Mgr Ruch qui résidait à Trélissac, dans la banlieue de Périgueux. Les vicaires généraux Kretz et Kolb furent expulsés d'Alsace en décembre 1940. Cf. Michel DENEKEN, *L'Eglise d'Alsace 1940-1945.* ERCAL, 1989, (mais cet ouvrage n'étudie pratiquement pas l'Eglise catholique alsacienne en exil) et René EPP, *in* F.-G. DREYFUS, etc..., *Catholiques, protestants, juifs en Alsace,* Alsatia, 1992, p. 91-95.

75. Marc Lucius, cité déjà n° 61, vice-président de la commission administrative des Hospices civils de Strasbourg, se consacra complètement à la direction de l'hôpital des réfugiés de Clairvivre. Sur Clairvivre, un article de *L'Echo des réfugiés,* 30 mai 1942.

76. A la demande des Allemands, le général Weygand, délégué général du gouvernement en Afrique, dont Darlan cherchait aussi à se débarrasser, avait été rappelé d'Alger et mis à la retraite le 20 novembre 1941.

77. Frédéric Eccard (1867-1952), sénateur du Bas-Rhin de 1920 à 1935, l'un des principaux dirigeants avant-guerre, du Comité alsacien d'études et d'information, principal organe de la propagande française en Alsace et en Europe centrale. Après un séjour en Algérie, il se retira en Suisse. Cf. la notice rédigée par François IGERSHEIM, *NDBA,* n° 9, p. 734-736 et celle de Jean-Claude RICHEZ, *Encyclopédie de l'Alsace,* t. 5, 1983, p. 2608. Cf. un extrait d'une note au général Brécard, commandant de la maison militaire du chef de l'Etat dans L. NOGUE,60 *op. cit.,* p. 182.

78. Jules-Albert Jaeger (1898-1964), secrétaire général du Comité alsacien d'études et d'information, a quitté Alger pour Annecy, puis la Suisse, après la dissolution de la Mission alsacienne et lorraine en Afrique du Nord, qu'il dirigeait. Cf. la notice que je lui ai consacré dans *NDBA* n° 18, p. 1780-1781.

79. Ancien directeur du *Messager d'Alsace,* quotidien « catholique-national ». A partir de 1940, il travaille au service des réfugiés à Alger. Il publia dans les *Dernières Nouvelles du Haut-Rhin,* des 28 et 29 mai 1947 deux articles bien informés : intitulés « *Wer war Rossé ? Der Kampf gegen das französische Elsass vor dem Krieg.* » Sa déposition au procès Rossé, *L'Alsace,* 1er-2 juin 1947.

80. Sur Mgr. Hincky (1890-1956), délégué des évêques de Strasbourg et de Metz auprès des réfugiés alsaciens et lorrains, la notice de Christian BAECHLER, *NDBA,* n° 16, p. 1590-1591. Il avait fondé en mars 1941 un Foyer des Alsaciens et des Lorrains à Alger ; selon *La Voix du Geral,* 25 décembre 1941.

81. Fernand Heitz (1891-1963), militant de l'Action française comme son frère Robert, fut nommé conseiller à la cour d'appel d'Alger en novembre 1940. Cf. la notice rédigée par Christian WOLFF, *NDBA*, n° 16, 1990, p. 1496.
82. La Mission alsacienne et lorraine en Afrique du Nord (MALAN) avait créé des centres d'accueil à Alger, Birmandreis, Miliana, Oran, Tunis, Casablanca selon *La Voix du Geral* du 25 décembre 1941. Après le départ de Weygand, la MALAN fut transformée en service administratif dirigé par le sous-préfet Staub. Cette mutation fut déplorée par l'assemblée générale du comité central du Geral réunie à Clermont-Ferrand les 16 et 17 mai 1942.
83. Une lacune dans la copie : « passés » ?
84. Allusion à l'activité des services spéciaux de l'armée. Cf. Michel GARDER, *La guerre secrète des services spéciaux français*. Plon, Paris, 1967 et Paul PAILLOLE, *Services spéciaux (1935-1945)*, Robert Laffont, Paris, 1975, en particulier p. 364.
85. H. COUTAU-BEGARIE, C. HUAN, *op. cit.*, p. 547-548.
86. Pierre PLIMLIN, *Itinéraires d'un Européen*, La Nuée Bleue, Strasbourg, 1989, p. 75.
87. *Dernières Nouvelles du Haut-Rhin*, 30 mai 1947.
88. Mais le témoin de Verdillac, qui travaillait au ministère de la Justice à Vichy, déclara avoir été chargé par Rossé d'obtenir une rencontre avec Laval, mais Laval aurait refusé. Faute de précision de date, on peut cependant imaginer qu'il s'agit d'une demande d'audience postérieure à mai 1942. Cf. *DNHR*, 10 juin 1947.
89. Cf. la déposition de Ruth Dunemann, amie ou parente de la famille Rossé, interprète du major Schilmeyer du contre-espionnage allemand au procès Rossé, *L'Alsace* et *DNHR*, 5 juin 1947.
90. *L'Alsace*, 31 mai 1947.
91. La liste des parlementaires alsaciens réfugiés en France non occupée et de ceux qui sont rentrés ou restés en Alsace a été dressée par Fernand L'HUILLIER, *Libération de l'Alsace*, Hachette, Paris, 1975, p. 32-33, qui évoque aussi les voyages de Rossé en France.
92. Par contre Rossé n'évoque par Robert Schuman, qui avait réussi à gagner la zone sud en 1942. Une déposition du député de la Moselle, datant de 1946, fut lue au procès le 10 juin 1947. Cf. *DNHR*, 11 et 13 juin 1947.
93. Sur leur exil à Vichy et les visites de leur « ami Rossé venu de Colmar » qui leur apportait « des pommes de terre et du lard fumé » Joseph ZEMB, *Zeuge seiner Zeit, Chanoine Eugène Muller 1861-1948*, Alsatia, Colmar, 1960, p. 142-150. La déposition de Seltz à son procès le 5 juin 1947 inaugura le défilé des 162 témoins à décharge ; cf. *L'Alsace*, 6 juin 1947. Le chanoine Muller déposa par écrit. Cf. *DNHR*, 6 juin 1947. Selon la nécrologie du *Nouvel Alsacien* du 15 janvier 1948, Muller était reçu fréquemment par Pétain et par Laval, par contre il était en mauvais termes avec Darlan, à qui il reprochait l'élimination du clérical Jacques Chevalier du secrétariat d'Etat à l'Instruction publique.
94. *L'Alsace*, 4 juin 1947.
95. René JACQUES, correspondant des *Dernières Nouvelles du Haut-Rhin* au cours du procès Rossé cite le président de la cour de justice de Nancy qui se fonde sur un document trouvé à la Gestapo de Colmar. Il s'agirait de notes prises par Rossé au cours d'une entrevue avec Laval en 1942, confiées par lui à une de ses « amies politiques », l'ancienne secrétaire de la section féminine de l'UPR, et découvertes par la Gestapo au cours d'une perquisition. (*DNHR*, 31 mai 1947). Si cette version est exacte, le « document Rossé-Recht » n'est certainement pas le rapport analysé ici, où il n'est pas question de Laval. Dans le même sens, la déposition de Ludwig Kaiser, chef de la Gestapo de Colmar : il aurait découvert au cours d'une perquisition chez Mme Resch (sic) un carnet de notes de Rossé, où se trouvait un compte-rendu d'une réunion à Vichy, « très intéressant », où avait été traitée la question alsacienne. Cf. *DNHR*, 4 juin 1947.
96. *L'Alsace*, et *DNHR*, 6 juin.1947.
97. *DNHR*, 5 juin 1947.
98. Rossé et son épouse étaient invités tous les ans par le gauleiter à dîner avec les autres anciens *Volkstumskämpfer* peu avant Noël et se voyaient remettre à cette occasion des cadeaux soigneusement choisis par Wagner. Le courrier au sujet de ces réceptions (y compris les menus et plans de table) en 1941, 1942 et 1943 figure au *Bundesarchiv* sous la cote R83/Elsass/72.
99. Rossé est aussi parvenu à obtenir l'élargissement de personnes arrêtées par la Gestapo à Paris, comme l'abbé Douince. Cf. *DNHR*, 11 juin 1947.
100. *DNHR*, 10 juin 1947. Cf. ce que dit R. ERNST, *op. cit.*, p. 331-332 de l'agacement indulgent que Robert Wagner éprouve envers Rossé et Spieser.
101. P. BANKWITZ, *o. cit.*, p. 85.
102. Déposition de Charles Haenggi au procès Rossé, le 31 mai 1947. Cf. *DNHR*, 1.6.1947. Dans son *Histoire de Vichy*, Perrin, Paris, 1990, p. 453-454, François-Georges DREYFUS (qui a mal relu sa propre *Vie politique en Alsace 1919-1936*, Armand Colin, Paris, 1969, p. 100) place à cette date (juin 1942) la déclaration du président Roosevelt à Anthony Eden envisageant la création un Etat nouveau, la Wallonie, comprenant l'Alsace et la Lorraine, qui se situe en réalité en mars 1943. Cf. P. BANKWITZ, *op. cit.*, p. 86.

SAISONS D'ALSACE

REVUE TRIMESTRIELLE — AUTOMNE 1993

n° 121

La Guerre totale —1943—

Un passé très présent

Voici donc (déjà!) le cinquième tome de cette série que Saisons d'Alsace *consacre, année après année, à la Seconde Guerre mondiale en Alsace. Dire que nous nous attendions, en démarrant la série en 1989, à un tel succès serait peu crédible. C'est un véritable phénomène culturel régional que souligne l'engouement du public pour cette chronique annuelle qui mêle travaux d'historiens et témoignages, analyses et documents bruts. Ce phénomène a ceci d'intéressant que, pour la première fois concernant cette période, nous assistons à un intérêt semblable de la part de la génération qui a connu la guerre et de celle qui est née après. Nous assistons ainsi, à partir des centaines de pages déjà publiées, à une refonte globale de la mémoire de la dernière guerre en Alsace, aujourd'hui appropriée et questionnée par les nouvelles générations. Cette fonction de lien, de passerelle est bien dans l'esprit de notre revue qui aime à mélanger les époques, les genres et les styles pour rester fidèle à sa ligne de conduite générale : être le reflet dynamique d'une région qui entretient un rapport unique entre le passé et le présent.*

Lettre de protestation adressée par un Français d'Alsace au Maréchal Pétain.

Strasbourg, le 27 octobre 43.

Monsieur le Maréchal,

Je tiens à vous annoncer la mort de mon frère, tué sur le front de Russie sous l'uniforme boche qu'il abhorrait. Il est mort, comme sont morts déjà 3.600 au moins de nos camarades d'Alsace et Lorraine. Ils sont morts, parce qu'ils ont été "livrés au mépris de toute justice, et par un odieux abus de la force, à la domination de l'Etranger". Et vous, Maréchal de France, vous êtes complice de ce forfait.

Je ne veux pas parler des milliers de personnes jetées dans le camp de concentration de Schirmeck, partageant ainsi les souffrances et les tortures de leurs frères de France. Je ne veux pas parler des 150.000 Alsaciens et Lorrains expulsés de leurs terres ancestrales pour le seul crime d'être restés fidèles à leur Patrie.

Ce n'est que de ces Alsaciens et de ces Lorrains mobilisés dans l'armée allemande que je veux vous entretenir. Je veux vous dire ce qu'ils avaient espéré, ce qu'ils avaient souffert, et ce que, par leur mort, ils brûlaient de réparer et de sauver.

La protestation élevée par les députés des 3 départements en 1871 à l'Assemblée Nationale de Bordeaux est restée la nôtre: nous avons été annexés au mépris de toute justice. Il n'est pas d'exemple dans l'Histoire, cette Histoire dont vous réclamez le jugement, qu'une population ait été enrôlée dans l'armée du vainqueur avant la conclusion de la paix.

Longtemps, nous espérions un mot de la France. Quand l'Allemand nous embrigadait dans ses hordes, quand il nous revêtait de cet uniforme que d'instinct nous avons en aversion, nous attendions un mot de vous, de vous Pétain, fait Maréchal de France à Metz, de vous qui prétendiez représenter la France. Que nous étions naifs dans notre patriotisme. Mais que nous étions fervents.

Et nous avons souffert de votre silence, comme l'on souffre du silence d'un ami qui, dans les jours d'angoisse, se tait. Certains ont cru le bruit qu'intentionnellement le Boche répandait avec persistance: que la France de Vichy avait permis à l'Allemagne de nous enrôler. L'intrus pensait ainsi, par un suprême désespoir patriotique, briser le lien qui, malgré la séparation et à cause d'elle surtout, nous rattachait à la France. Mais nous aimons la France, comme on aime une mère ployée sous le malheur.

Vous n'avez jamais protesté ouvertement. Quand on se prétend Chef d'Etat, on ne se contente pas de faire circuler des petits aide-mémoire qu'on désavoue facilement comme apocryphes.

Nous savons que contre la Force, notre Droit ne peut rien.

.....

COMITÉ HISTOIRE 2e G.M.

CINQUANTE ANS APRÈS, L'AUTEUR DE CETTE LETTRE ANONYME A ÉTÉ IDENTIFIÉ : ALPHONSE IRJUD...

Autre fonction, précieuse, émouvante parfois, de cette série sur les années de guerre : les rencontres et découvertes qu'elle permet. Des lecteurs retrouvent, dans des textes ou sur des photos, des amis perdus de vue. Certains se rappellent avoir des archives susceptibles d'être utilisées et viennent nous les confier. Des enfants viennent nous apporter des documents sur leurs parents ayant eu durant la guerre des aventures étonnantes mais que ceux-ci, par discrétion, avaient tues.

Le plus extraordinaire de ces cas concerne l'avant-dernier numéro de cette série, celui consacré à 1942 (n° 117, automne 1992). En pages 54-55, nous avions reproduit la lettre anonyme (cf. photo ci-dessus) qu'un jeune Strasbourgeois avait écrite au maréchal

Pétain après la mort de son frère sous l'uniforme allemand. Cette belle lettre, intelligente et émouvante, avait été trouvée par Alfred Wahl aux archives parisiennes du Comité d'histoire de la Seconde Guerre mondiale qui a récupéré une partie des archives du gouvernement de Vichy.

Un de nos lecteurs – et pas n'importe qui, puisqu'il s'agit d'un des collaborateurs les plus réguliers de cette série sur la guerre, M. Alphonse Irjud – a reconnu dans notre numéro cette lettre qu'il avait lui-même postée au maréchal Pétain en 1943 et dont il n'avait, bien entendu, jamais su le cheminement... Cinquante ans après, M. Irjud retrouvait sa lettre et son émotion d'alors.

Nous ne pouvons donc que vous encourager à considérer ces numéros et cette revue comme faisant partie du patrimoine culturel régional et à ne pas hésiter à nous transmettre informations et documents. Cette chaîne-là, forgée par la solidarité et la générosité, fait partie de notre bien commun le plus précieux.

BERNARD REUMAUX

1943 - Tableau synoptique

LOUIS SCHMITT

	FRANCE DE VICHY	RÉSISTANCE ET FRANCE LIBRE	ALSACE	ALLEMAGNE /ALLIÉS
JANVIER	● **17 :** Loi interdisant d'augmenter le nombre des fonctionnaires. ● **22-28 :** Evacuation et destruction du Vieux-Port à Marseille, rafle et déportation des juifs. ● **30 :** Création de la Milice (comprendra 45 000 membres).	● **14 :** Première entrevue Giraud-de Gaulle à Casablanca. ● **26 :** Naissance des MUR (Mouvements unis de Résistance) en zone sud.	● **4 :** Droit commercial allemand introduit en totalité en Alsace. ● **15 :** Adoption obligatoire de prénoms et noms allemands au lieu des noms et prénoms à consonance française. ● **22 :** Décision d'incorporation des classes 1914 à 1919 ayant servi dans l'armée française malgré la promesse de non-mobilisation en 1940. ● **26 :** Ordonnance sur la répression de manifestations hostiles à l'Etat.	● **12 :** Conférence de Casablanca : Roosevelt et Churchil exigent la capitulation sans condition de l'Allemagne et donnent priorité à la guerre en Europe. ● **24 :** Jonction Leclerc-Montgomery près de Tripoli. ● **25 :** Repli allemand derrière la ligne fortifiée Mareth en Tunisie.
FÉVRIER	● **3 :** Garde des voies ferrées par des requis. ● **11 :** Statut de la L.V.F., reconnue d'utilité publique. ● **16 :** Création du Service du travail obligatoire pour tous les jeunes de 20 à 23 ans.	● **5 :** Giraud commandant en chef civil et militaire en Afrique du nord.	● **3 :** Ordonnance prévoyant la confiscation des récepteurs radio des « individus politiquement douteux ». ● **7 :** Ordonnance relative à l'application de la peine capitale. ● **12 :** Tentative de 18 jeunes mobilisables de Ballersdorf de franchir la frontière suisse (3 morts, les autres exécutés après leur échec).	● **2 :** Capitulation allemande à Stalingrad.
MARS	● Plans régionaux antiterroristes de maintien de l'ordre. ● **31 :** 250 000 travailleurs dont 157 000 ouvriers qualifiés transférés en Allemagne en échange de la libération de 50 000 prisonniers de guerre.	● Formation des premiers maquis : bientôt 3000 membres dans le Jura, 2000 en Savoie et 3000 en Corrèze. Création de l'ORA (Organisation de résistance de l'armée).	● **1er :** Fermeture des entreprises inutiles à l'économie de guerre en vue d'en récupérer la main-d'œuvre. ● Procès devant le tribunal du peuple de plusieurs groupes de résistants alsaciens. Condamnations à mort; certaines suspendues après interventions d'Allemands en faveur des condamnés.	● Sabotage en Norvège des installations de production d'eau lourde. ● **13 :** Attentat manqué contre l'avion d'Hitler.
AVRIL	● **4 :** Service civique et rural étendu aux hommes de 16 à 60 ans. ● **5 :** Daladier, Blum et Gamelin transférés en allemagne.	● **17 :** Réunification de la CGT.	● **Au printemps :** Multiplication des incidents nécessitant l'emploi de la force, lors de l'incorporation (drapeaux français, chant de la Marseillaise, etc.).	

1943 - Tableau synoptique

	FRANCE DE VICHY	RÉSISTANCE ET FRANCE LIBRE	ALSACE	ALLEMAGNE /ALLIÉS
AVRIL	● **29 :** Conversation Hitler-Laval sur le concours de la France à la défense européenne.			
MAI	● Dissolution des Chantiers de jeunesse.	● **15 :** Constitution à Paris du Conseil national de la Résistance.		● **7 :** Libération de Tunis et Bizerte. ● **12 :** Capitulation allemande en Tunisie.
JUIN	● **5 :** Section spéciale chargée de la répression antiterroriste dans chaque cour d'appel. ● **13 :** Dissolution de la cour de Riom.	● **3 :** Formation à Alger du Comité français de libération nationale, coprésidé par Giraud et de Gaulle. ● **9 :** Arrestation du général Delestraint, chef de l'Armée Secrète. ● **21 :** Arrestation à Caluire par Klaus Barbie de Jean Moulin, président du Comité national de la Résistance. ● **23 :** Constitution d'une armée unique française en Afrique du nord.	● **19 :** Dispositions spéciales du haut commandement allemand à l'égard des Alsaciens, Lorrains et Luxembourgeois mobilisés : suppression des permissions, emploi exclusif sur le front de l'est, interdiction d'accéder aux services de transmissions et à l'aviation. ● **25 :** Rafle des étudiants de la Gallia à Clermont-Ferrand.	● **10 :** Débarquement allié en Sicile.
JUILLET	● **31 :** Relève des troupes italiennes d'occupation dans le sud-est de la France par les Allemands. 156 000 nouveaux travailleurs vers l'Allemagne (ensuite 100 000 exigés chaque mois : 5 000 seulement en septembre).	● **4 :** Création à Alger des Services d'Alsace et de Lorraine du CFLN.		● **5 :** Début de la bataille de Koursk (le plus grand choc de chars de la guerre). ● **24 :** Renvoi par le roi de Mussolini, remplacé par le maréchal Badoglio.
AOÛT		● **1er :** Le CFLN remanié : Giraud responsable militaire, de Gaulle de toutes les autres affaires.	● **20 :** Circulaire codifiant l'Umsiedlung (transfert) des familles de réfractaires.	● **17 :** Toute la Sicile libérée. ● **23 :** Entrevue Pétain-Krug von Nidda à Vichy : suggestion d'une médiation de Vichy en vue d'une paix de compromis entre Hitler et les Alliés. ● **24 :** Rome déclarée ville ouverte par le gouvernement italien.

1943 - Tableau synoptique

	FRANCE DE VICHY	RÉSISTANCE ET FRANCE LIBRE	ALSACE	ALLEMAGNE /ALLIÉS
AUTOMNE			● Extension de la mobilisation aux classes 1908 à 1913.	● Activité croissante des partisans de Tito en Yougoslavie (plus de 150 000 hommes).
SEPTEMBRE	● **17 :** Accord Speer-Bichelonne : emploi de la main-d'œuvre française sur place pour la production pour l'Allemagne.	● **13 :** Début de la libération de la Corse. ● **17 :** Création d'une Assemblée consultative provisoire à Alger.		● **3 :** Débarquement allié en Italie péninsulaire ; armistice secret entre l'Italie et les Alliés. ● **8 :** Capitulation de l'armée italienne.
OCTOBRE		● Rencontre à Lyon des chefs régionaux des maquis pour déclencher la guerre des partisans dans le Midi, mobilisant contre eux plusieurs divisions allemandes.	● **1er :** Ordonnance prévoyant la déportation à l'intérieur du Reich des familles de déserteurs avec incitation à la délation (3543 personnes déportées en 1943).	● **5 :** Evacuation de la Corse par les Allemands. ● **13 :** L'Italie déclare la guerre à l'Allemagne.
NOVEMBRE	● **14 au 21 :** « Grève » de Pétain qui s'abstient de tout acte officiel.	● **9 :** Giraud démissionne du Comité français de libération nationale. ● **11 :** Défilé de maquisards à Oyonnax (Ain).	● **25 :** Rafle puis déportation en Allemagne de professeurs et étudiants de l'université de Strasbourg repliée à Clermont-Ferrand.	● **6 :** Reprise de Kiev par l'Armée Rouge. ● **28 :** Conférence des trois Grands à Téhéran.
DÉCEMBRE	● **2 :** Assassinat de Maurice Sarraut, directeur de la Dépêche de Toulouse, par la Milice. ● **18 :** Pétain accepte le contrôle allemand sur ses actes.	● **10 :** Premières troupes françaises engagées sur le front italien (armée française reconstituée en Afrique du nord : 450 000 hommes).	● **3 :** Arrestation par la Gestapo d'Antoine Becker, commissaire central de Marseille, ancien responsable des poursuites contre les autonomistes. ● **22 :** Arrestation à Marseille de René Hirschler, grand rabbin de Strasbourg.	● **2e semestre :** Intensification des bombardements aériens alliés sur l'Allemagne, extension jusqu'à Berlin en novembre.
ANNÉE 1943	● 24 notes de protestation à la commission d'armistice de Wiesbaden au sujet de faits concernants l'Alsace et la Lorraine annexées. Plus de 5 300 Français tués dans les bombardements alliés sur les villes françaises (les plus meurtriers à Nantes les 16 et 23 septembre : 1 200 victimes).	● Nombreuses arrestations de résistants et de juifs, 257 convois de déportés vers les camps de concentration (104 en 1942).	● Bilan 1943 : 4406 Haut-Rhinois internés au camp de rééducation de Schirmeck-Labroque, 75 condamnations à mort, dont 37 suivies d'exécution.	

Elsässische Soldatenzeitung
HEIMATBRIEF VOM OBERRHEIN
FOLGE 1
DEZEMBER 194

Guerre totale

EUGÈNE RIEDWEG

Incorporation massive des classes de jeunes Alsaciens, répression brutale des réfractaires, embrigadement absolu de la population civile, premiers bombardements meurtriers des forces alliées : l'année 1943 en Alsace marqua le début de la guerre totale. Un tournant majeur.

L'année 1943 marque le tournant de la guerre mondiale. En effet après une période de victoire et de domination de la part des puissances de l'Axe, la victoire et l'offensive changent de camp.

Les Alsaciens le constatent dès le début de l'année avec la défaite de Stalingrad qui est officiellement annoncée dans la presse le 4 février 1943 sous le titre : « Ils sont morts pour que l'Allemagne vive ». Elle est suivie de la capitulation des forces de l'Axe en Afrique du nord en mai, puis des débarquements alliés en Sicile en juillet et en Calabre en septembre 1943 qui entraînent la capitulation italienne qualifiée de trahison par la presse nazie.

Sur le front russe également la situation se dégrade rapidement. Après la bataille de Koursk où l'on assiste au plus grand affrontement de blindés de l'histoire, le front allemand est rompu en août, Kharkov puis Smolensk sont libérés.

Liokw entame sa « défense élastique » ce qui n'empêche pas le franchissement du Dniepr en octobre et la libération d'une partie de l'Ukraine et de Kiev le 6 novembre. Lorsque l'Armée rouge entame sa troisième campagne d'hiver en décembre 1943, une grande partie du territoire soviétique est libérée. Mais pour de nombreuses familles alsaciennes, les événements du front de l'est sont aussi source d'angoisse.

Depuis l'automne 1942, avec l'incorporation de force dans la Wehrmacht, les Alsaciens sont directement concernés par la guerre que mène le IIIe Reich. Depuis la défaite de 1940, une grande partie des Alsaciens s'étaient repliés sur eux-mêmes,

JOURNAL DE PROPAGANDE DESTINÉ AUX SOLDATS D'ORIGINE ALSACIENNE.
AMS

se bornant à avoir le minimum de contacts obligatoires avec les nouveaux maîtres de l'heure, dans l'attente de jours meilleurs, une attitude que le Gauleiter et les autorités nazies ne manquent pas de leur reprocher avec véhémence : « Les tièdes devront se mettre au pas par une ardeur redoublée pour rattraper le temps perdu... les traîtres seront obligés de quitter ce pays dont ils se sont montrés indignes. Nous connaissons leur état d'esprit, en réalité ils considèrent que cette guerre ne les regarde pas, ils ne sont ni d'un côté ni de l'autre, parce qu'ils ne veulent ni combattre ni même travailler. »

A partir de 1943, cet attentisme prudent observé par la majorité des Alsaciens se transforme peu à peu en résistance passive et en opposition de moins en moins cachée malgré une mainmise nazie totale sur la population.

Dans le même temps, on assiste à un durcissement de l'attitude du Gauleiter Wagner. Celui-ci avait essayé tout d'abord de jouer la modération et la persuasion, mais devant l'échec enregistré par ces méthodes, il va utiliser à partir de 1942 la répression en s'appuyant sur un appareil policier et judiciaire sans précédent. Celle-ci va encore être renforcée dès le début de l'année 1943 en raison de graves incidents qui éclatent lors de l'incorporation des classes 1914 à 1919 qui avaient déjà effectué leur service militaire dans l'armée française. Le premier affrontement se produit dans le Sundgau où, profitant de la frontière suisse, des groupes entiers s'évadent au courant du mois de février. Le 10, un groupe de cent quatre-vingt-treize réfractaires des villages de Riespach, Grentzingen, Oberdorf, armés et encadrés par d'anciens sous-officiers de l'armée française, franchit la frontière suisse. Le lendemain, c'est le tour de quatre-vingts autres de Fislis, Lutter, Oltingue.

UNE COLONNE MORRIS À STRASBOURG.
« LA VICTOIRE À TOUT PRIX », EN BAS.

COMITÉ HISTOIRE 2e G.M.

L'affaire ne passe pas inaperçue et des dispositions sont prises pour renforcer la surveillance de la frontière. De ce fait, le 12 février, un groupe de dix-huit jeunes gens de Ballersdorf se heurte à une patrouille allemande. Après un échange de coups de feu où trois d'entre eux trouvent la mort ainsi qu'un policier allemand, un seul réussit à franchir la frontière. Tous les autres sont arrêtés et transférés à Schirmeck. Un jugement expéditif du tribunal spécial en condamne treize à mort dès le 16 février. Ils sont exécutés le lendemain.

COLL. FRANÇOIS RUMELHARD

À MULHOUSE, LA STATUE DU SCHWEIDISSI EST DÉMONTÉE EN 1943, DANS L'ESPOIR DE RÉCUPÉRER LE MÉTAL.

Par cette mesure, le Gauleiter Wagner pense frapper de terreur tous ceux qui peuvent être tentés de suivre le même chemin ou de s'opposer à l'incorporation dans la Wehrmacht.

Le jour même de leur exécution, il prend deux ordonnances dont l'une prévoit que les condamnés à mort peuvent également être fusillés, tandis que l'autre exige la livraison de toutes les armes, munitions et explosifs qui peuvent encore se trouver en Alsace pour éviter que d'autres affrontements armés puissent se produire. L'affaire de Ballersdorf, qui suscite effectivement une grande crainte à travers toute l'Alsace, comme le montrent les rapports du SD, n'empêche pourtant pas d'autres accidents de survenir.

Le 15 février, à Kaysersberg, un incident oppose les conscrits à la gendarmerie, ce qui provoque leur arrestation. La foule se rassemble et de nouveaux troubles ont lieu au cours desquels le père d'un conscrit, Henri Jaeglé, est arrêté. Il est fusillé dès le 24 février en compagnie d'un conscrit d'Orbey, Paul Munier, qui a également opposé une résistance physique lors du conseil de révision.

Un avis paraissant dans la presse alsacienne informe laconiquement la population : « Wegen Widerstand erschossen »

A Limersheim, les conscrits hissent le drapeau tricolore, il en résulte une bagarre et l'un d'eux, Charles Reibel, condamné à mort, est exécuté le 17 mars 1943 en même temps qu'un conscrit de Nothalten, Anselm Herbach.

Les autorités allemandes veulent démontrer leur volonté de briser toute forme de résistance et arriver ainsi à leur fin. Ce durcissement vis-à-vis des incorporés s'accom-

COLL. SCHEIBLING

DÉPART D'UN GROUPE D'INCORPORÉS VERS LA TCHÉCOSLOVAQUIE, JANVIER 1943.

pagne de mesures de répression contre leurs familles qui vont être transplantés dans le Reich. Dès février 1943, on transfère en Allemagne les familles des réfractaires du Sundgau. L'arrondissement d'Altkirch comptera à la fin de la guerre 2 364 personnes ainsi déportées sur une population de 46 000 habitants !

Cette politique est encore aggravée par l'ordonnance du 1er octobre 1943 qui introduit la responsabilité collective de l'ensemble de ceux qui habitent sous le même toit que le réfractaire (Sippenhaft). Des mesures sévères sont également prises pour empêcher toute manifestation lors du départ des incorporés. Dans un courrier au général commandant la Ve région militaire, Wagner demande que toutes les mesures appropriées soient prises afin que les recrues soient conduites en petits groupes et sous bonne escorte aux gares de départ, tandis que la police de son côté doit veiller à ce que la population civile ne puisse manifester sur le trajet.

L'incorporation des recrues se faisait à la suite d'un ordre d'appel sous les drapeaux. Celles-ci devaient se présenter au Wehrbezirkskommando de leur lieu de résidence. Il se produisait donc à chaque fois un rassemblement important de recrues qui était l'occasion de nombreux incidents. Il appartenait donc à la Wehrmacht de prendre des dispositions afin que des incidents comme ceux qui s'étaient produits à Colmar le 16 janvier 1943 ne se renouvellent plus.

AVRIL 1943, UN DÉPART EN GARE DE STRASBOURG.

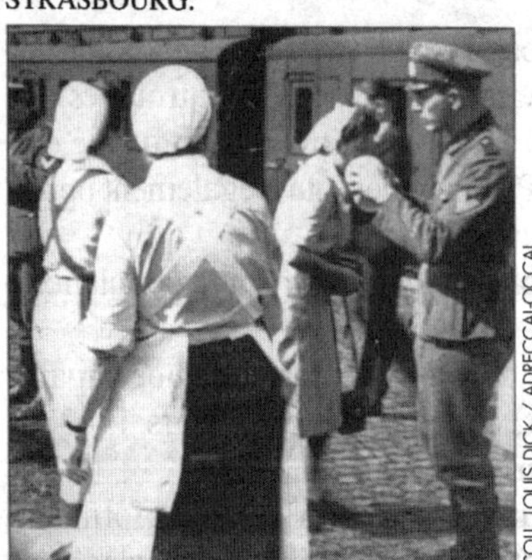

COLL. LOUIS DICK / ADRECCAL-OCCAL

En effet, lors du départ de la classe 1921 près de trois à quatre mille personnes s'étaient rassemblées devant la caserne. La foule de parents et d'amis, sans se livrer à des démonstrations antiallemandes ou francophiles, fit néanmoins preuve d'une mauvaise volonté évidente et se montra récalcitrante vis-à-vis des forces de police qu'il fallut faire intervenir en grand nombre. Les incorporés, de leur côté, se montrèrent particulièrement indisciplinés et rétifs.

L'auteur du rapport note même qu'une grande partie d'entre eux étaient coiffés de bérets basques dont le port était interdit !

En l'espace de huit mois (octobre 1942 à mai 1943), douze classes d'âge vont ainsi être incorporées dans la Wehrmacht (1922, 1923, 1924 en octobre 1942, 1920 et 1921 en janvier 1943, 1914 à 1919 en avril et 1925 en mai).

Ces soixante mille jeunes Alsaciens âgés de dix-huit à vingt-neuf ans auront encore la chance d'échapper à une incorporation directe dans la Waffen SS. Celle-ci n'interviendra qu'à partir de 1944. Par contre la plupart d'entre eux seront directement envoyés sur le front russe où un grand nombre d'entre eux va trouver la mort (environ un sur quatre).

Les premiers avis de décès parviennent dans la presse alsacienne dès le mois de mars 1943. Ils vont devenir de plus en plus nombreux au cours de l'été 1943 en raison des offensives soviétiques incessantes.

COLL. LOUIS DICK / ADRECCAL-OCCAL

ARRÊT « CAFÉ » EN GARE D'ERFURT.

Néanmoins tous les Alsaciens ne sont pas concernés par l'incorporation de force et près d'un sur trois va échapper à celle-ci, soit qu'il a été réformé pour raisons médicales, soit parce qu'il occupe un poste d'affecté spécial (UK Stellung) ou que son maintien sur place est absolument nécessaire à l'effort de guerre (Schlüsselkräfte) Lors du conseil de révision des classes 1914 à 1919 en mars, 4 136 Alsaciens sont ainsi maintenus sur place (soit environ la moitié d'une classe d'âge). Leur situation n'en était pas moins précaire, car ils pouvaient être mobilisés à tout moment.

D'autres enfin échappent à l'incorporation de force en franchissant la frontière française ou suisse, ou se cachent en Alsace même.

Mais pour éviter les représailles sur les familles, beaucoup d'Alsaciens choisissent plutôt de déserter de la Wehrmacht, notamment en passant dans les lignes alliées. Ainsi, le 7 mars 1943, un appel est déjà lancé à la radio de Moscou par Jean Champenois au nom de la France combattante : « Filez dans la direction est ! Filez dans les lignes russes ! Criez alors "France, Franzous, De Gaulle !" Soyez sûrs qu'on vous comprendra, soyez sûrs qu'on vous accueillera à bras ouverts et qu'on vous fournira les

RAMASSAGE DES GOBELETS ET CUILLERS.

COLL. LOUIS DICK / ADRECCAL-OCCAL

moyens de rejoindre les forces armées de la France combattante. »

Mais la suite démontrera qu'il en sera tout autrement... A la même époque, l'Armée rouge a eu des instructions pour rédiger des tracts invitant les Français se trouvant à titre militaire sur le territoire de l'URSS à se rendre. De tels tracts seront effectivement utilisés et envoyés dans les lignes allemandes. Ils devaient servir de laissez-passer à ceux qui se rendaient. Une propagande relativement importante est donc faite par les Soviétiques à partir de mai-juin 1943. Dans certains secteurs du front on utilise même des haut-parleurs pour cela. Il est difficile de savoir combien de désertions en ont effectivement résulté. Kettenacker cite le chiffre de trente-cinq soldats alsaciens passant à l'ennemi et de trois cent trente désertions pour l'année 1943, mais il ne s'agit là que de cas qui ont été effectivement signalés. Beaucoup d'Alsaciens profitaient en effet souvent des circonstances pour se cacher lors d'un repli ou d'une attaque afin de se rendre par la suite. Ils étaient ainsi portés disparus ce qui évitait des représailles à leurs familles. Certaines unités portaient également les déserteurs alsaciens comme disparus pour ne pas faire l'objet d'une enquête.

2 364 SUNDGAUVIENS SONT TRANSFÉRÉS PAR REPRÉSAILLES EN ALLEMAGNE

En juillet 1943, Ilya Ehrenbourg fait également paraître dans la *Pravda* un article intitulé « La voix de l'Alsace » consacré aux Alsaciens-Lorrains qui refusent de se battre pour Hitler. Ce même article paraît également dans *Krasnaia Zvezda,* le journal de l'Armée rouge, afin de sensibiliser les soldats soviétiques au problème de l'incorporation de force.

Dès le mois de mars 1943, M. Garreau, le délégué du général De Gaulle auprès de Moscou, demande également de regrouper les Alsaciens et Lorrains pour les rallier à la France combattante. Mais les autorités soviétiques sont très réticentes car elles font une distinction fondamentale «entre les soldats qui sont pris les armes à la main et ceux qui se rendent». Ce n'est qu'en août 1943 qu'un premier regroupement d'Alsaciens-Lorrains intervient au camp de Tambov et ce n'est qu'en juillet 1944 qu'un seul et unique convoi de mille cinq cents Alsaciens et Lorrains pourra rejoindre la France libre.

Compte tenu des demandes de cartes de réfractaires qui ont été déposées en Alsace, on peut estimer au minimum à quinze mille le nombre d'Alsaciens qui ont déserté de la Wehrmacht d'une manière ou d'une autre. Ce chiffre n'inclut pas tous ceux qui ont été tués en voulant se rendre. Si on y ajoute les évadés, on constate qu'un Alsacien sur quatre incorporables ou incorporés dans la Wehrmacht s'est soustrait à l'incorporation de force. Un record à l'honneur de l'Alsace.

Au cours de l'année 1943, la répression va également s'abattre lourdement sur tous ceux qui s'opposent à la politique nazie en Alsace, d'une manière ou d'une autre. A cette fin, le Gauleiter avait créé dès le mois de janvier 1941 une juridiction d'exception, le Sondergericht, ou tribunal spécial chargé d'appliquer la législation alle-

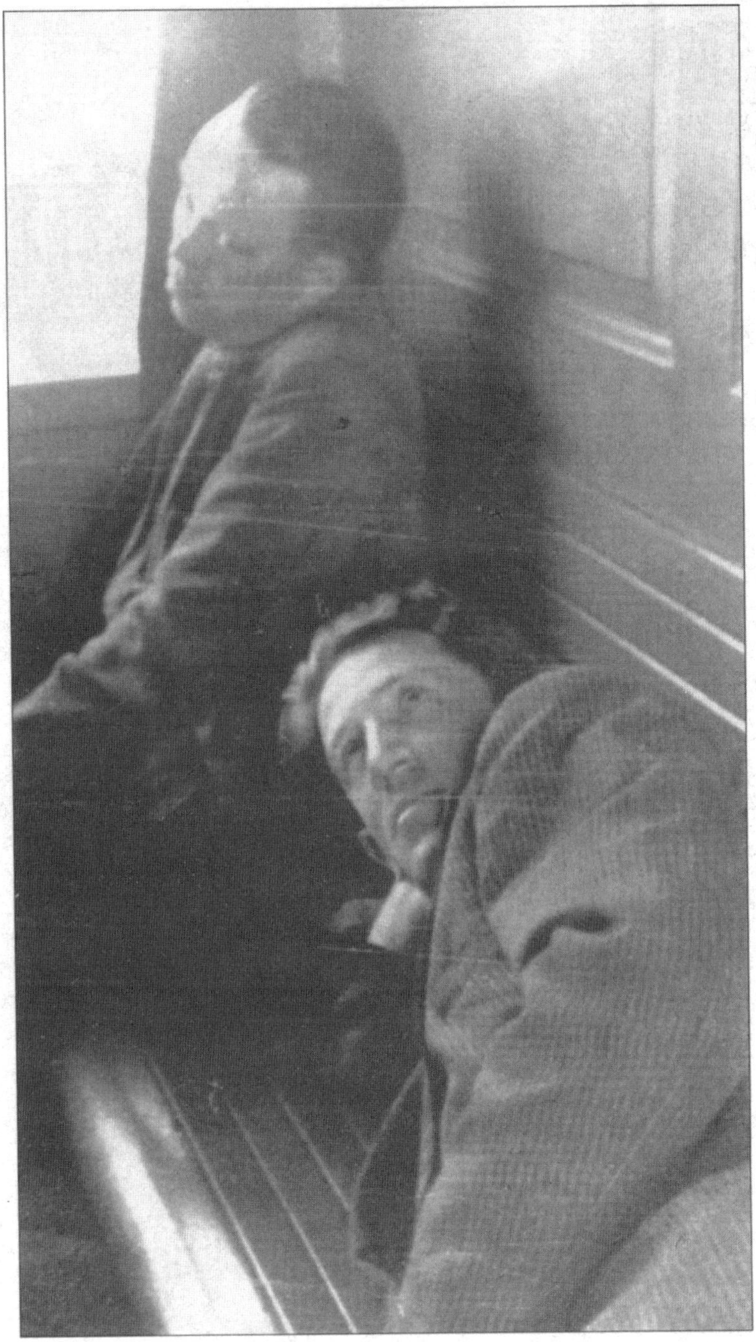

18 AVRIL 1943 :
DÉPART DES
CLASSES 14-19
VERS
L'ALLEMAGNE.

mande concernant la protection du parti et de l'Etat ou nécessitée par le temps de guerre (lire dans ce numéro l'article d'Alphonse Irjud).

L'ordonnance du 10 janvier 1941 est à la base des poursuites qui seront engagées contre les Alsaciens dans les affaires considérées comme les moins graves par les autorités nazies. Elle interdit les relations non autorisées avec les prisonniers de guerre, les rassemblements, la rédaction ou la distribution de tracts, les manifestations antiallemandes. Le Sondergericht traite également les délits d'ordre économique et douanier, en particulier les affaires de marché noir, d'abattage clandestin et de trafic de cartes d'alimentation.

Ce qui n'empêche pas le Sondergericht présidé par les Dr Hueber et Peppler de prononcer un certain nombre de condamnations à mort, en particulier contre les jeunes de Ballersdorf ou pour des motifs d'aide à l'évasion de prisonniers de guerre. Des condamnations à mort sont également prononcées dans des affaires de droit commun. C'est le cas en janvier 1943 pour un Strasbourgeois accusé de viol avec violence et en février pour un Mulhousien coupable d'attaque à main armée. C'est également le Sondergericht qui va juger le Kreisleiter de Ribeauvillé, Kirn, et le maire allemand de la ville pour les détournements qu'ils ont commis. C'est la première fois que des responsables de ce niveau comparaissent devant un tribunal et le fait est trop rare pour ne pas être remarqué.

Le Gauleiter a voulu faire un exemple pour montrer que le parti se devait d'être irréprochable à un moment où des bruits circulent en Alsace concernant des trafics et des scandales où certains de ses membres seraient impliqués. En 1943, deux nouvelles juridictions vont faire leur apparition en Alsace : le Reichskriegsgericht (tribunal de guerre du Reich) et le Volksgerichtshof (tribunal du peuple).

Le Reichskriegsgericht est un tribunal militaire qui juge les crimes contre la défense du Reich. Il ne siégera qu'une fois en Alsace, en mars 1943. Treize condamnations à mort seront prononcées à cette occasion.

Le Volksgerichtshof qui siège normalement est le type même de la juridiction d'exception, car il a été créé en 1934 pour juger les opposants au régime. En 1943, il est présidé par le sinistre Freisler qui deviendra célèbre pour la manière dont il a « jugé » les responsables de l'attentat du 20 juillet 1944. Il présidera à plusieurs reprises des réunions du Volksgerichtshof à Strasbourg. C'est lui qui jugera la plupart des affaires importantes découvertes en Alsace durant la période 1942-1944 et il aura la main particulièrement lourde.

En août 1943, on totalise déjà soixante-quinze condamnations à mort en Alsace, en mars 1944 se chiffre se monte à cent douze. Cette accentuation de la répression avec un nombre élevé de condamnations à mort marque bien l'échec de la politique du Gauleiter Wagner en Alsace.

Face aux revers subis sur tous les front, le IIIe Reich s'engage dans la guerre totale. Pour les Alsaciens cela se traduit par une mobilisation de toutes les forces au profit

LA CÉRÉMONIE DU SERMENT.

AMS

de l'effort de guerre et une campagne de propagande sans précédent.

Le discours de Goebbels au palais des sports de Berlin, le 11 février 1943, qui lance la guerre totale après la défaite de Stalingrad est largement relayé par la presse alsacienne sur près de quatre pages, ce qui est tout à fait exceptionnel. Une semaine plus tard, le Gauleiter Wagner reprend à Colmar les principaux thèmes de ce discours pour les adapter à l'Alsace. Il se montre particulièrement dur vis-à-vis des attentistes et de tous ceux qui s'opposent à la politique du parti : « Il y a ici des gens qui croient que la guerre actuelle ne nous regarde pas... Participer ou non au combat actuel est une question de survie pour l'Alsace... C'est pourquoi je dois à nouveau répéter : celui qui se dérobe à ses devoirs, qui déserte son travail ou cherche à échapper à ses obligations militaires doit s'attendre à notre combat sans pitié. Celui qui se livre à la résistance, qui sabote ou emploie la force, va mourir. Dans les pro-

APRÈS LE BOMBARDEMENT ALLIÉ SUR STRASBOURG LE 6 SEPTEMBRE 1943.

chaines semaines d'autres têtes vont tomber... »

Ainsi l'introduction de la guerre totale coïncide en Alsace avec le durcissement de l'attitude du Gauleiter. Celui-ci n'en sera que plus convaincu du bien-fondé de son attitude qui est conforme à la radicalisation demandée par les dirigeants du Reich. Il n'en changera plus jusqu'à la libération de l'Alsace.

AMC

EXERCICE DE DÉFENSE ANTIAÉRIENNE À COLMAR EN AOÛT 1944.

Si la propagande menée sur le thème de la guerre totale a peu d'effets sur les Alsaciens, il en est tout autrement des conséquences pratiques. Ce mot d'ordre a d'ailleurs déjà été lancé par les orateurs du parti : « Tout pour le front, tout pour l'industrie de guerre, tout pour le ravitaillement. »

La guerre totale exige la mobilisation totale de toute la population. C'est pourquoi dès le 2 février 1943 une ordonnance introduit l'obligation pour tous les hommes de 16 à 65 ans qui ne travaillent pas ou qui travaillent moins de 48 heures par semaine de s'inscrire à l'Office du travail. Il en est de même pour toutes les femmes célibataires de 17 à 45 ans et les femmes mariées sans enfants de 17 à 25 ans. On va également procéder à la fermeture d'un certain nombre d'entreprises et de commerces (Stillegung-Aktion) pour économiser l'énergie et dégager la main-d'œuvre. On va aussi fermer des entreprises textiles à Mulhouse et dans la vallée de la Bruche, des coiffeurs, des hôtels, des magasins de luxe.

D'autres entreprises sont passées au peigne fin dans le but de supprimer les emplois inutiles : 5 228 personnes sont ainsi déplacées en août 1943 ; 9 687 en octobre et 6 647 en novembre, ce qui montre bien que cette action de récupération est loin d'être négligeable. D'autres mesures seront également prises comme l'utilisation croissante de main-d'œuvre étrangère dans les entreprises alsaciennes.

Elles permettent de maintenir le déficit de main-d'œuvre à un niveau stable (entre dix et douze mille personnes) malgré les départs croissants pour la Wehrmacht. La performance est d'autant plus remarquable qu'en raison du nombre croissant des bombardements sur l'Allemagne, de nombreuses entreprises du Reich transfèrent totalement ou partiellement leur production en Alsace (vingt-trois entreprises pour l'année 1943).

Mais c'est surtout au début de l'année 1944 que le mouvement va prendre une plus grande ampleur car l'Alsace apparaît comme une région préservée des bombardements. Ce qui n'est pas tout à fait exact puisque Strasbourg a déjà subi deux bombardements de l'aviation anglaise en décembre 1940 qui ne provoquèrent il est vrai que de légers dégâts et deux morts. Trois autres bombardements du même type auront également lieu en 1941 et 1942. La première attaque sérieuse a lieu le 6 septembre 1943 lorsque l'aviation américaine commence à effectuer des bombardements de jour sur les villes européennes. En aucun cas on ne pourra cependant comparer ces bombardements aux attaques effectuées sur les villes allemandes dans le but de les détruire et de casser le moral de la population. Les autorités du Reich ne s'y trompent pas, c'est pourquoi l'Alsace, à partir de 1943, devient le lieu de repli et de refuge de nombreux sinistrés venus de villes allemandes bombardés ainsi que d'entreprises allemandes que l'on considère comme étant à l'abri dans les localités alsaciennes.

L'ALSACE DEVIENT LE LIEU DE REPLI DE NOMBREUX SINISTRÉS ALLEMANDS APRÈS LES BOMBARDEMENTS

En effet, l'aviation alliée n'attaque en Alsace que des objectifs stratégiques limités (voies de communications), mais qui du fait de la tactique employée par les Américains — un tapis de bombes lâché très largement de part et d'autre de l'objectif — provoque des dégâts importants et entraîne de nombreuses pertes dans la population civile (1 005 morts à Strasbourg, 348 à Mulhouse).

L'attaque du 6 septembre 1943 qui a pour objectif la ligne de chemin de fer Strasbourg-Kehl est à ce titre symptomatique de l'attitude de la population. Les sirènes ont bien retenti avant l'attaque, mais personne ne s'attendait à un bombardement d'une telle violence. Beaucoup de Strasbourgeois partageaient une opinion très largement répandue selon laquelle l'aviation alliée ne s'attaquerait jamais à une ville alsacienne. Ce sentiment d'invulnérabilité était encore renforcé par de multiples alertes aériennes négatives lors du passage des bombardiers en direction de l'intérieur du Reich.

De ce fait, la population est totalement surprise et les abris ne sont pas occupés. Les bombardiers larguent 574 bombes qui provoquent 185 morts et 633 blessés. Le bilan humain est particulièrement lourd alors que les résultats militaires de l'attaque sont nuls puisque la circulation ferroviaire est rétablie quelques heures plus tard !

Tel est le prix à payer pour la libération de l'Alsace. Mais le plus dur reste encore à venir...

«Pas de Grâce pour les traîtres»

Hauptausgabe

TEN

FÜR DAS ELSASS

monatlich 1.90 RM.
Post zugestellt monatl. 2.20 RM.
Einzelpreis: wochentags 10 Rpf.
zur Vortage des Erscheinens.

es Todes!

Bande — Vergeblicher
ienst — Ein Beamter

ALPHONSE IRJUD

Tous ceux qui se dressent contre l'ordre nazi (réfractaires à l'incorporation, passeurs, résistants) subissent la plus sévère des répressions. En 1943, année terrible, les sinistres tribunaux spéciaux condamneront à mort près de soixante-dix Alsaciennes et Alsaciens.

Le 17 septembre 1942, trois semaines après l'annonce de l'incorporation de force et la distribution de tracts antiallemands en plusieurs centaines d'exemplaires à Strasbourg, le Gauleiter Robert Wagner, en demandant des renforts de police, informait Himmler « qu'il avait donné l'ordre de condamner immédiatement à mort de tels saboteurs de l'effort de guerre du peuple allemand et de procéder sans délai à l'exécution du verdict ». En 1943 la machine judiciaire se chargera, selon les titres des quotidiens du parti nazi, de « l'éradication sans merci de la trahison » par trois tribunaux : le tribunal spécial (Sondergericht) institué au début de 1942 au tribunal régional de Strasbourg, le tribunal de guerre du Reich (Reichskriegsgericht) et le tribunal du peuple (Volksgerichtshof), instance itinérante sous la présidence du sinistre Roland Freisler qui, à Berlin, après l'attentat du 20 juillet 1944 contre Hitler, condamnera des centaines de conjurés à la peine de mort.

Le 23 janvier 1943, comparaissent devant le tribunal du peuple « les six premières personnes d'une nombreuse bande illégale bolchevique du Haut-Rhin, anciens fonctionnaires communistes actifs en Alsace avant la guerre, accusés d'avoir, de mai 1941 à mai 1942, rédigé et diffusé des écrits de haute trahison et collecté des armes abandonnées par les troupes françaises en 1940 ». René Birr, Eugène Boeglin, Auguste Sontag et Adolphe Murbach, condamnés à mort, seront décapités le 1er juin à Stuttgart; les deux autres inculpés sont condamnés à six et douze ans de travaux forcés. Dans une séance suivante, Charles Ebel, Albert Erb et Léonard Keim, de la région de Strasbourg, sont condamnés aux travaux forcés à perpétuité, trois autres inculpés à des années de réclusion criminelle; d'autres membres du groupe seront condamnés plus tard. Trois mois auparavant, Albert Buhl avait été exécuté pour « diffusion de fausses nouvelles et propagande défaitiste en faveur du bolchevisme ». Fin mars 1943, trente-trois autres communistes comparaissent devant le tribunal du peuple qui, derechef, prononce quatre condamnations à mort : René Kern, Alphonse Kuntz, Marcel Stoessel et Edouard Schwartz du Haut-Rhin, qui seront décapités le 29 juin à Stuttgart; dix-neuf personnes sont condamnées à des travaux forcés, et une vingtaine d'autres connaîtront le même sort lors d'une nouvelle session du tribunal du peuple le 20 avril. Le 1er avril 1943, Georges Wodli, qui assurait la liaison entre l'Alsace et le comité central du parti communiste, avait été torturé à mort par la Gestapo à Strasbourg après avoir été sorti du camp de Schirmeck où il se trouvait depuis son arrestation, fin octobre 1942, dans la région parisienne par les brigades spéciales françaises. Début juin 1943, Freisler revient pour condamner à mort Georges Goss-Kunz de Mulhouse « qui a tenté en 1942 de constituer une nouvelle organisation communiste en Alsace »; des travaux forcés sont infligés à cinq autres membres du groupe.

Dès l'automne 1940, Lucienne Welschinger, cheftaine des guides de France, organise l'hébergement et le ravitaillement des prisonniers de guerre évadés, rapidement rejointe par des amies du mouvement scout. Elle donne ses rendez-vous à Strasbourg dans les églises St-Jean et St-Pierre-le-Vieux, près du restaurant tenu par son frère à proximité de la gare. En février 1942 elle réussit à se rendre, par Clermont-Ferrand et Aiguebelle, à Vichy pour remettre au chef du cabinet militaire de Pétain un rapport de l'architecte Paul Widmann sur la situation en Alsace. L'arrestation de l'une de ses camarades et d'un autre passeur, en février 1942, permet à la Gestapo de démanteler le réseau qui, selon l'acte d'accusation, aura permis l'évasion de centaines de prisonniers de guerre et de jeunes Alsaciens. A la fin de janvier 1943 le tribunal du peuple, après avoir jugé les communistes, condamne au cours de la même session Lucienne Welschinger, Marie Gross, Paul Widmann, Antoine Krommenacker et Albert Ott à la peine de mort; six autres membres du réseau se voient infliger entre six et quinze ans de travaux forcés. Une dixième peine capitale s'ajoute au macabre bilan de la première session du tribunal du peuple : Joseph Crzesiak, de la région de Mulhouse, est, lui aussi, condamné à mort pour aide à un déserteur allemand et quatre de ses camarades sont condamnés à des peines de cinq à dix ans de travaux forcés. « Pas de grâce pour les traîtres », commente le rédacteur en chef du quotidien strasbourgeois.

Ayant appris début février 1es condamnations à mort, le chanoine Eugène Muller, sénateur du Bas-Rhin réfugié à Vichy, alerte le cabinet de Pétain qui intervient auprès des instances allemandes, en faisant notamment valoir que «les Français condamnés n'ont fait qu'aider d'autres Français à regagner leur pays» et que «l'accusation d'aide à l'ennemi est sans fondement». Les peines capitales sont commuées en travaux forcés.

« Quiconque frappe son peuple dans le dos est promis à la mort », titrent, le 17 mars 1943, les *Strassburger Neueste Nachrichten* (*SNN*) sur toute la largeur de la première page, soulignée de rouge, avec en sous-titre : « Treize condamnations à mort du tribunal spécial à l'encontre de traîtres. Une bande haut-rhinoise anéantie à la vitesse de l'éclair ». Dans la nuit du 11 au 12 février 1943 près de deux cents réfractaires de plusieurs localités du Sundgau avaient réussi à passer en Suisse. La nuit suivante, dix-huit jeunes de Ballesdorf et de villages voisins tentent, eux aussi, de fuir. Surpris par une patrouille, dont un membre est tué, trois jeunes gens sont abattus, un quatrième réussit à passer en Suisse ; les quatorze autres sont arrêtés. Le Gauleiter veut une exécution sans jugement « pour l'exemple », mais les autorités militaires imposent un « jugement en règle » devant le tribunal spécial. Le 17 février les *SNN* rendent compte du procès qui s'est déroulé la veille et annoncent que les treize accusés ont été exécutés le matin même (à la sablière du Struthof). Un quatorzième réfractaire sera fusillé une semaine plus tard et plus de sept cents personnes d'une dizaine de localités sont expulsées au-delà du Rhin.

L'opposition à l'incorporation fait d'autres victimes, sans l'intervention des tribunaux : en février, Henri Jaeglé de Kaysersberg et Paul Munier d'Orbey sont passés par les armes au Struthof pour résistance à la conscription et violence aux forces de l'ordre, lors d'un conseil de révision ; en mars, Charles Reibel de Limersheim et Anselme Herbach de Nothalten connaissent le même sort. D'autres sont jugés en Allemagne, tels Unterner, de Lutzelbourg, exécuté début septembre, et Schweizer, de Schiltigheim, passé par les armes en novembre pour avoir refusé d'endosser l'uniforme.

1943

Le tribunal spécial avait rendu son premier arrêt de mort le 31 mars 1942 à l'encontre de Marcel Weinum, âgé de dix-sept ans, à la tête de l'organisation Main noire qui s'était constituée dès l'automne 1940 (lire l'article sur Weinum dans notre numéro sur l'année 1941).

En février 1943, le tribunal spécial condamne à Colmar dix-neuf personnes à des travaux forcés pour aide à l'évasion de prisonniers de guerre, et, début mai, il juge à Strasbourg « une bande de jeunes criminels qui à l'automne 1942 terrorisait la population pour la troubler et saboter le renouveau allemand en Alsace, par des inscriptions "Vive de Gaulle", la destruction de drapeaux allemands, etc. » Alfred Reiminger, âgé de dix-sept ans, est

QUATRE RÉSISTANTS ALSACIENS EXÉCUTÉS PAR LES NAZIS.
DE HAUT EN BAS, R. BIRR, E. BOEGLIN, A.SONTAG, A. MURBACH.

Jahrgang 1943 / Folge 48

STRASSBURGER NEUESTE NACHRICHTEN

AMTLICHE TAGESZEITUNG DER NSDAP. — REGIERUNGSANZEIGER FÜR DAS ELSASS

Verlag Oberrheinische Gauverlag und Druckerei GmbH., Straßburg, Blauwolkengasse 17/19. / Fernruf für Orts- u. Ferngespräche: 2 20 40 bis 2 20 94. / Postscheckkonto: Straßburg Nr. 150 78. / Die „Straßburger Neueste Nachrichten" erscheinen 7mal wöchentlich als Morgenzeitung.

Mittwoch, 17. Februar

Bezugspreis: Durch unsere örtlichen Vertriebsstellen monatlich 1.90 RM. zuzügl. 20 Rpf. Trägerlohn. Durch die Post zugestellt monatl. 2.20 RM. zuzügl. 42 Rpf. Zustellungsgebühren. Einzelpreis: wochentags 10 Rpf., sonntags 15 Rpf. Anzeigenschluß 15 Uhr der Vorlage des Erscheinens.

Wer seinem Volk in den Rücken fällt, ist des Todes!

13 Todesurteile des Sondergerichts Strassburg gegen Verräter — Blitzschnelle Vernichtung einer oberelsässischen Bande — Vergeblicher Versuch, den Grenzübertritt mit Waffengewalt zu erzwingen — Feige Flucht vor dem Arbeits- und Wehrdienst — Ein Beamter des Grenzschutzes bestialisch ermordet — Drei der Banditen im Feuergefecht getötet — Die Todesurteile sind bereits vollstreckt

Straßburg, 17. Februar

Das Sondergericht Straßburg verhandelte am Dienstagnachmittag in einer außerordentlichen, öffentlichen Sitzung gegen 14 Angeklagte aus verschiedenen Orten des Kreises Altkirch wegen bewaffneter Zusammenrottung und versuchten unerlaubten Grenzübertritts, bei dem in der Nacht zum Samstag der vergangenen Woche ein Beamter des Grenzschutzes in Ausübung seines Dienstes getötet wurde. Das Verfahren gegen einen Angeklagten, den am 7. August 1925 in Ballersdorf geborenen Karl Müller, wurde zwecks besonderer Feststellungen abgetrennt. Alle übrigen Angeklagten wurden zum Tode und zum Verlust der bürgerlichen Ehrenrechte verurteilt, weil sie sich durch Flucht ins Ausland dauernd der Wehrpflicht entziehen wollten, sich hierzu zusammenrotteten und dabei einen Beamten des Grenzschutzes unter Waffengebrauch töteten.

Wie bereits berichtet, wurden in der Nacht von Freitag auf Samstag drei junge Elsässer, die sich als Rädelsführer einer insgesamt 18 Mann starken Gruppe heimlich über die Grenze begeben wollten, von Beamten des Grenzschutzes in Ausübung ihres Dienstes erschossen.

Die heute vor dem Sondergericht Straßburg stehenden vierzehn Angeklagten — ein weiterer Mitangeschuldigter ist noch flüchtig — hatten sich mit den drei Erschossenen aus dem Kreise Altkirch (hauptsächlich aber aus der Gemeinde Ballersdorf), verabredet, in der Nacht zum Samstag in aufgelockerten Gruppen die Grenze nach der Schweiz zu überschreiten. Mit dieser Absicht trugen sie sich schon seit einiger Zeit, um sich so ihrer Reichsarbeitsdienst- und Wehrdienstpflicht zu entziehen, zu der sie als Angehörige aufgerufener Jahrgänge zum größten Teil bereits gemustert waren und teilweise schon den Gestellungsbefehl erhalten hatten.

Auf ihrem gemeinsamen Fluchtwege, den sie unter Vermeidung offener Verkehrsstraßen meist querfeldein zurücklegten, führten die Angehörigen der Fluchtbande französische Gewehre, Karabiner sowie Pistolen mit sich, zweifellos zu dem Zweck, bei eintretender Behinderung mit Gewalt den Grenzübertritt zu erzwingen und dabei von den mit scharfer Munition geladenen Schußwaffen Gebrauch zu machen. Bei der starken Grenzsicherung blieb es nicht aus, daß es zu einem Zusammenstoß zwischen ihnen und den Grenzsicherungsbeamten kam, die befehlsgemäß nach vergeblichen Haltrufen das Feuer eröffneten und dabei nach Feuererwiderung die eingangs erwähnten drei Personen erschossen. Bei dem Kugelwechsel erhielt ein Grenzschutzbeamter eine schwere Schußverletzung, die aber nicht tödlich war, vielmehr wurde er erst durch nachträgliche bestialische Schläge mit einem Gewehrkolben, durch die nach anatomischem Befund die Schädeldecke des Beamten zertrümmert wurde, getötet. Während drei der Flüchtigen tot auf dem Platze blieben, ergriffen die anderen 15 wieder die Flucht landeinwärts, von denen 11 im Laufe der Nacht bzw. noch am Samstag ermittelt und festgenommen werden konnten.

Die nach knapp drei Tagen angesetzte Hauptverhandlung vor dem Sondergericht Straßburg ergab einwandfrei die Schuld der Angeklagten. Die schnelle Sühne zeigt mit aller Deutlichkeit, daß es nun mit der langgeübten Geduld der deutschen Staatsführung endgültig vorbei ist. Diese ist sich ihrer großen Verantwortung nicht nur dem deutschen, sondern auch dem überwiegend gut gesinnten Teil des elsässischen Volkes voll rung der Staatssicherheit und um lebenswichtige Dinge der Staatsnotwendigkeit handelt, rücksichtslos und mit aller Schärfe zuzuschlagen.

Für das Vergehen der zum Tode verurteilten Angeklagten konnte es daher auch nur die härteste aller Strafen geben. Das Reich steht heute in seinem schweren Schicksalskampf für die Zukunft des deutschen und damit auch des elsässischen Volkes. Es geht um die Existenz ganz Europas. Die Führung des Reiches, gegen das die Angeklagten sich durch ihre Absicht der dauernden Wehrentziehung vergingen, kann es nicht dulden, daß eine kleine Klique im Elsaß Politik auf eigene Faust treibt und unberührt von den unerbittlichen Erfordernissen des Krieges und der Zeit nur den eigenen egoistischen Interessen lebt, anstatt mitzuarbeiten und sich einzureihen in die große Bekenner- und Abwehrfront des Deutschtums gegen den Bolschewismus.

Das Sondergericht gab der Hoffnung Ausdruck, daß die zahlenmäßig kleine eigenbrötlerischen Kreise aus dem vorliegenden Urteil die nötigen Folgerungen ziehen mögen. Die Zeiten, wo bestimmte Kreise des Elsaß glauben konnten, ungestört und ungestraft ihre eigene Suppe kochen zu können, sind angesichts des großen Geschehens unserer Gegenwart dahin. W. M.

*

Die ergangenen Todesurteile gegen die 13 Angeklagten wurden bereits am heutigen Mittwochmorgen vollstreckt.

Die Langmut ist erschöpft!

Der Verrat wird ausgerottet

Die am Dienstag ergangenen und heute früh bereits vollstreckten Todesurteile gegen die 13 Banditen können niemand im Land überraschen. Die Ende Januar vom höchsten deutschen Strafgericht, dem Volksgerichtshof für das Deutsche Reich, in Straßburg ausgesprochenen Todes- und hohen Zuchthausstrafen gegen Angehörige illegaler Banden haben schon keinen Zweifel darüber gelassen, daß der vom Gauleiter auf dem Parteiappell in Hagenau am 21. Januar angekündigte Feldzug gegen die Verräter mit schonungsloser Härte geführt wird. Der Gauleiter hatte damals seine Einstellung klar umrissen, indem er sagte: „All denen, die uns mit Freundschaft begegnen, wollen wir die Freundschaft erwidern. Wer uns aber feindselig begegnet, soll erkennen, daß ihm auch mit unerbittlicher Feindschaft entgegengetreten wird."

Es ist, wie sich das Elsaß erinnert, nicht erst einige Wochen her, seit der Beauftragte des Reiches sich an die Adresse der kleinen Minderheit unbelehrbar böswilliger Elemente gewandt hat. Es wurde auch wahrlich nichts unterlassen, um ihnen Zeit zur Selbstbesinnung zu geben und die Brücken zu einer Welt des politischen Niedergangs und der menschlichen Verwahrlosung hinter sich abzubrechen. Die seit Jahr und Tag durch den Gauleiter bewiesene Langmut und maßvolle Haltung ist aber dennoch von diesen Elementen falsch verstanden worden. Sie mußten jetzt erfahren, daß die Geduld der Führung erschöpft ist, daß da, wo verbrecherische Hände sich gegen die Sicherheitsorgane des Reiches erheben, scharf geschossen und gegen diejenigen, die sich an den Bandenunternehmen beteiligt haben, rasche Justiz geübt wird. Die Burschen, die in der Freitagnacht im Kreis Altkirch die stark bewachte Grenze mit der Waffe in der Hand zu überschreiten versuchten, wurden, soweit sie nicht an Ort und Stelle unter den Kugeln der braven Grenzschutzbeamten fielen, bereits am Samstagfrüh verhaftet. Und am gestrigen Dienstag war schon der Stab über sie gebrochen.

Wer die Angeklagten vor den Schranken des Gerichtes gesehen und gehört hat, konnte feststellen, wes Geistes Kind diejenigen sind, die sich der neuen Ordnung im Land entgegenstellen. Ihre Motive sind entsprechend: Sie wollten sich in der Schweiz, deren Grenze schon im vorigen Weltkrieg eine unrühmliche Anziehungskraft auf Fahnenflüchtige in der elsässischen Nachbarschaft ausgeübt hat, internieren lassen und ein faules Leben führen. Eine Anzahl höherer Schüler unter ihnen war gerade am Abitur gescheitert. Sie waren gewissenlos genug, über ihre Familienangehörigen Unglück und Schande zu bringen, wenn auch in einzelnen Fällen die Eltern Mitschuld tragen, indem sie den Fluchtplan gebilligt und durch Geld unterstützt haben.

Die Deserteure haben sich aber nicht zuletzt an ihrer Heimat schwer vergangen, indem sie den blanken Ehrenschild des elsässischen Weltkriegssoldaten und der Freiwilligen dieses Krieges besudelten. Jeder anständige Elsässer wird sich mit Abscheu von solchen Gesellen abwenden. Dem Rest von ehrlosen Verrätern aber wird inzwischen endgültig klar geworden sein, daß der Kampf gegen sie, wie es der Gauleiter in Hagenau und in der Zwischenzeit nochmals in Zabern angekündigt hat, durchgeführt wird bis zur unbarmherzigen Ausrottung.

Stärkung der Abwehrkraft durch Frontverkürzung

Sowjets versuchen vergeblich, noch vor der Schlammperiode eine Entscheidung zu erzwingen

Berlin, 17. Februar

Im südlichen Abschnitt der Ostfront versucht der Bolschewist mit allen Mitteln, noch vor Eintritt der Schlammperiode eine Entscheidung zu erzwingen. Seinen massierten Kräften stellt die deutsche Führung die Weite des Raumes und den Kampfwillen unserer Truppen entgegen. Mit diesen beiden Faktoren werden dem Feind immer wieder seine Vorteile aus der Hand gewunden, die dahin zielen, durch Umfassungen und Durchbrüche Vernichtungsschlachten herbeizuführen.

Es ist militärisch nicht entscheidend, ob um diesen oder jenen Ort gerungen wird, denn die Tiefe des russischen Raumes läßt weitgespannte Bewegungen zu. Entscheidend ist die Erhaltung der Kampfkraft unserer Verbände. Die sich allmählich abzeichnende Frontverkürzung verstärkt zudem unsere Kräfte und bringt die Versorgungszentren dichter an die Kampflinien heran. An solchen Frontabschnitten, die nach dem Plan unserer Führung verteidigt werden sollen, sind unsere Truppen zu den Abwehrkämpfen zu entschlossenen Gegenangriffen übergegangen.

Nördlich der Donmündung haben Schützenschleier bei der planmäßigen Räumung von Rostow, ohne angegriffen zu werden, die Fühlung mit dem Feind aufrechterhalten. Sie gingen sodann in ihre Abschnitte in der neuen Verteidigungszone zurück. Weiter nördlich und nordwestlich führten die Bolschewisten zahlreiche Durchbruchs- und Fesselungsangriffe. Sie scheiterten sämtlich unter sehr schweren Verlusten für der Stadt von unseren Truppen eingeschlossene bolschewistische Kräfte vernichtet wurden, drangen nördlich Teile der feindlichen Angriffsverbände in die Außenbezirke ein. Sie trafen auf hartnäckigen Widerstand und verloren in den aufflackernden, heftigen Kämpfen bisher 20 Panzerkampfwagen. Auch nördlich Kursk hielten die schweren Kämpfe an. Feindliche Vorstöße und eigene Gegenangriffe wechselten in schneller Folge.

Im Raum von Orel führte der Feind seine örtlichen Vorstöße nicht weiter fort. Dagegen nahm er südöstlich des Ilmensees seine Angriffe wieder auf. Der erste Tag dieser seit dem 28. November 1942 nun zum drittenmal wieder auflebenden Abwehrschlacht kostete die Bolschewisten äußerst schwere Verluste. Wenn unsere Grenadiere infolge des vorangegangenen Tauwetters auch oft bis zum Knie im Schmelzwasser stehend kämpfen mußten und die Sowjets ihre angreifenden sechs Divisionen und vier Panzerregimenter mit starkem Artilleriefeuer und zahlreichen Fliegerstaffeln unterstützten, konnte der Feind doch keinerlei Erfolge erzwingen.

*

Durchbruchsversuche der Sowjets abgewiesen

157 Feindpanzer abgeschossen — Schwere Kämpfe bei Charkow

Aus dem Führerhauptquartier, 16. Febr.

Das Oberkommando der Wehrmacht gibt bekannt: Die schweren Abwehrkämpfe an der Ostfront hielten auch gestern an. Mit massierten Panzer- und Infanterieverbänden setzte der Feind seine Durchbruchsversuche fort. An der Front des Kuban-Brückenkopfes fanden nur Kampfhandlungen örtlicher Bedeutung statt.

Erfolglose Durchbruchsversuche des Feindes im Donezgebiet brachten ihm hohe Panzer- und Menschenverluste.

Im Raum um Charkow griffen die Sowjets mit weit überlegenen Kräften die Stellungen unserer sich kämpfenden Divisionen an. Im Kampf mit feindlichen, in die Außenbezirke der Stadt eingedrungenen Teilkräften wurden unterstützung wieder auf. Hier wie zwischen Wolchow und Ladogasee wurden alle Versuche, unsere Front zu durchbrechen, teilweise durch zusammengefaßtes Abwehrfeuer, teils in harten Nahkämpfen abgewiesen und dabei 92 Panzer vernichtet. In den gestrigen Kämpfen an der Ostfront verloren die Bolschewisten insgesamt 157 Panzer.

In Tunesien griffen deutsch-italienische Truppen, wirksam unterstützt durch Verbände der Luftwaffe, den Feind an und warfen ihn unter schweren Einbußen an Gefangenen, Waffen und Gerät nach Westen ins Gebirge zurück. Neben vielen Fahrzeugen wurden 23 Geschütze und 97 Panzer vernichtet oder erbeutet. Deutsche Jäger errangen 20 Luftsiege und schossen mehrere am

Die Pflicht zur europäischen Selbstbehauptung

Von Martin Seller

Straßburg, 17. Februar

Die harte Konsequenz und Logik der militärischen Entwicklungen im Raum Kursk — Charkow haben die deutsche Führung zur planmäßigen Räumung des Eckpfeilers Rostow und zur Zurücknahme des Südflügels in neue vorbereitete und konsolidierte Verteidigungsstellungen bewogen. Es hieße der deutschen und europäischen Sache einen schlechten Dienst erweisen, wollten wir uns der darin liegenden Tragweite der Entscheidungen verschließen. Es liegt uns fern, nach englischer Praxis diese bittere militärische Notwendigkeit in einen „siegreichen Rückzug" umzuformulieren, wenngleich die vom Feind nicht behinderte Rückführung des schweren Materials, die gründliche wirtschaftliche Evakuierung der in Frage stehenden Zonen, sowie die völlige Zerstörung aller militärisch bedeutsamen Objekte in Rostow, Woroschilowgrad und den anderen Plätzen, es rechtfertigen, von einer glänzenden taktischen Operation und — im Hinblick auf die schwierige Gesamtlage — auch vor einem bedeutsamen strategischen Erfolg zu sprechen: Denn durch das zeitige und militärisch beherrschte Ausweichen in die Tiefe des Raumes sind die großangelegten sowjetischen Operationen zur Durchbrechung und anschließenden flankierenden Aufrollung der deutschen Südfront verhindert worden. Der tiefe Durchbruch und der Vernichtungserfolg sind aber — ungeschmälert der bedeutsamen Raumgewinne — das große strategische Ziel der zweiten Stalinschen Winteroffensive. Der Zusammenhang der deutschen Front als Voraussetzung eines immer mehr sich konsolidierenden Widerstandes und neuer, künftiger Offensivoperationen konnte bewahrt werden.

Östliche Perspektiven

Die Lage ist ernst. Nach drei Monaten kraftverzehrender Offensive vermag Stalin immer noch neue massierte Reserven in den Glutofen der Schlacht zu schaufeln; er mag wohl das Letzte an Menschen und Material für diesen entscheidenden Waffengang des weltrevolutionären Bolschewismus aus dem (nicht unerschöpflichen) Riesenreich herausgeholt haben, um aus der strategisch und taktisch unfertigen Situation der abklingenden deutschen Sommeroffensive den entscheidenden Gewinn zu ziehen. Und der Umstand, daß die deutsche Planung bei Einbruch des Winters weder am Wasserriegel der unteren Wolga, noch im Kaukasus bis zu den letzten Zielen und Konsequenzen verwirklicht war, hat denn auch zu dem schmerzlichen Rückschlag der deutschen und verbündeten Armeen geführt. Aber trotz allem: Das Reich kämpft im Osten nicht mit dem Rücken gegen die Wand. Die gewaltige Tiefe des Raumes und die sich in ihm bietenden Möglichkeiten des freien Manövrierens selbst weit unterlegener Kräfte sind die beste Hilfe der deutschen Führung, die sich Ort, Zeit und Umstände der Entscheidung nicht aufzwingen läßt. Wohl steht der von den Sowjets zurückgewonnene Raum in seinem kriegswirtschaftlichen Wert außer jedem Zweifel; im Augenblick ist er jedoch nur Kampffeld ohne eigenes Kraftpotential, da die totale Zerstörung seiner Produktionsstätten für absehbare Zeit eine rationelle Nutzung für beide Teile unmöglich macht.

Der Zwang der Zeit

Die fortlaufende Entwicklung der

Freiherr von Richthofen Generalfeldmarschall

Führerhauptquartier, 17. Februar

Der Führer hat dem Chef einer Luft-

« CELUI QUI TIRE DANS LE DOS DE SON PEUPLE SERA EXÉCUTÉ ! »
LA « UNE » DES SNN POUR ANNONCER LES CONDAMNATIONS À MORT.

condamné à mort, neuf autres, entre quinze et dix-sept ans, sont condamnés à des peines de réclusion criminelle comprises entre un et dix ans.

Depuis le début de l'année, Robert Wagner martèle de semaine en semaine, dans les réunions d'arrondissement et les cérémonies à Strasbourg, « qu'il mènera avec le parti la campagne contre les traîtres » (Haguenau, 21 janvier 1943), que «le combat contre la trahison est mené jusqu'à son élimination sans merci, comme le prouvent les verdicts prononcés récemment par le tribunal du peuple du Reich » (Saverne, 11 février) et huit jours plus tard il se réjouit, à Sélestat, de « l'exemplarité des procès contre les traîtres ». « Tu n'es pas un Français, tu es un traître allemand », s'écrie-t-il le 29 mars, à Strasbourg, à l'adresse de ceux qui arguënt de leur qualité de Français pour contester ou refuser l'incorporation ou justifier l'aide aux prisonniers de guerre. Inlassablement, Franz Moraller poursuit dans les *SNN* la campagne d'intimidation contre « les mauvais Alsaciens, ces traîtres » utilisant même à cet effet les lettres anonymes qu'il recevait; il publie le fac-similé de l'une d'elles le 4 mai 1943 en demandant aux lecteurs qui reconnaîtraient l'écriture d'en dénoncer l'auteur. L'expéditeur de l'une de ces lettres, dépisté par la Gestapo, est condamné à mort et exécuté.

Les procès se suivent et selon le rythme des arrestations et des sessions des trois tribunaux d'exception, les membres d'un même groupe de passeurs sont condamnés par le tribunal spécial en février 1943 à Colmar, par le tribunal du peuple à Strasbourg en mars ou par le tribunal spécial à Strasbourg en octobre de la même année.

A la fin de l'année 1941, Robert Heitz, directeur aux Assurances sociales à Strasbourg, rédige, à la demande du réseau Bareiss, un rapport sur la situation en Alsace destiné au gouvernement de Vichy et à des résistants alsaciens en France non occupée, rapport complété par Joseph Fleurent, président du tribunal de Mulhouse. Une copie découverte le 12 avril 1942 dans les toilettes de l'express Paris-Toulouse avec des lettres personnelles permet à la Gestapo de remonter la filière. En même temps circule au printemps 1942 le rapport économique, établi par Hubert Ley, délégué de la chambre de métiers à la conférence de Karlsruhe, qui répercutait l'exposé, alarmant, fait en janvier à Berlin par le maréchal Göring sur les lacunes et les besoins de l'économie de guerre du Reich. Robert Heitz, arrêté début mai 1942, relâché en août, est repris en septembre; entre-temps, Charles Bareiss, reconnu depuis 1941 chef de la résistance gaulliste dans le Bas-Rhin, et sept membres de son réseau avaient été arrêtés.

Début mars 1943, vingt-sept membres du groupe comparaissent à Strasbourg devant le Reichskriegsgericht, le tribunal de guerre du Reich compétent pour les délits d'espionnage et d'intelligence avec l'ennemi. La procédure est scindée en deux : le 10 mars tombent neuf condamnations à mort, le 13 quatre autres inculpés subissent le même sort pour « constitution d'une organisation illégale destinée à renverser par la trahison l'ordre établi en Alsace, collecte d'informations pour transmission clandestine à l'ennemi » et, pour plusieurs accusés, aide à l'évasion de prisonniers de guerre et d'incorporables.

Sont condamnés à mort : Charles Bareiss, Frédéric Schaelderle, Marcel Brucker, Robert Heitz, François Meyer et Raoul Clainchard de Strasbourg, Joseph Bossenmeyer de Haguenau, Alfred Weninger de Colmar, Georges Henner, Raymond Berchtold et Francis Anglo de Mulhouse, Charles Vuillard de St-Amarin et Emile Cremer de Belfort. Sept inculpés sont condamnés à la réclusion criminelle à temps, dix à des peines de prison. Deux personnes ayant fait passer les deux rapports en zone libre sont condamnées par un tribunal de guerre en Allemagne pour complicité d'espionnage ; l'une mourra en 1944 dans un camp de concentration. Un membre du réseau, Camille Ruff, arrêté le 3 juillet 1942, décède le 9 à la prison d'Offenbourg, et Hubert Ley, l'auteur du rapport économique, meurt en prison en 1943.

PÉTAIN ET LE PAPE FONT APPEL À LA CLÉMENCE DES AUTORITÉS DU REICH

Le 17 mars 1943 les *SNN* rendent compte, en première page, du procès et annoncent les condamnations sous les titres : « Eradication de la trahison en Alsace.

Treize condamnations à mort pour espionnage et aide à l'ennemi ». Le rédacteur en chef, Franz Moraller, demande, dans un long article, l'exécution rapide des verdicts car « ces intellectuels avaient pleine conscience du caractère de leur action et savaient qu'ils jouaient avec leur tête ».

Quand les verdicts sont connus à Vichy, le maréchal Pétain demande « qu'une démarche soit accomplie pour protester contre des condamnations aussi sévères et faire appel à la clémence du gouvernement du Reich ». Les démarches s'appuient d'abord sur le fait que, « selon les stipulations de l'armistice et le droit international, l'Alsace continue à faire partie du territoire français » et qu'il ne peut s'agir de « trahison en faveur d'un ennemi du Reich » puisque le gouvernement français poursuit une politique de « collaboration » avec l'Allemagne. En fin de compte, les interventions s'en tiennent au plan humanitaire et sentimental, « une discussion d'ordre juridique risquant d'indisposer les autorités allemandes compétentes et, par cela même, de nuire aux condamnés... » Le Vatican, alerté par le nonce à Vichy, des personnalités allemandes et, en Alsace, des autonomistes ralliés au régime demandent également la grâce. Le 15 août 1943, de son Q.G., le Führer, au grand dam du Gauleiter, informe le maréchal Keitel, chef du haut commandement de la Wehrmacht, « qu'il suspend provisoirement l'exécution de la peine de mort prononcée contre les treize condamnés et qu'il se réserve une décision ultérieure tant en faveur qu'en défaveur des condamnés. Ceux-ci devront être détenus dans une maison de réclusion allemande et traités comme des condamnés aux travaux forcés ». Ils ne seront informés officiellement de leur grâce que le 7 novembre, après l'avoir appris confidentiellement en septembre par l'aumônier. Charles Vuillard, Frédéric Schaelderlé et Raoul Clainchard mourront, au cours des premiers mois de 1945, dans leur prison en Allemagne.

Le 15 juillet 1943, une affiche rouge placardée à l'aube annonce à la population : « Condamnés à mort et déchus pour toujours des droits civiques le 7 juillet 1943 par le tribunal du peuple pour incitation à haute trahison, complicité avec l'ennemi et crime contre la sûreté extérieure de l'Etat : Alphonse Adam, 24 ans, de Strasbourg-Schiltigheim, Robert Kieffer, 23 ans, de Bischheim, Pierre Tschaen, 21 ans, de Strasbourg, Charles Schneider, 25 ans, de Altwiller, Joseph Seger, 47 ans, de Petit Landau, Robert Meyer, 28 ans, de Strasbourg, ont été exécutés aujourd'hui. Berlin, le 15 juillet 1943. Le procureur général du Reich près le tribunal du peuple ». Dix-neuf membres du groupe, qui avaient comparu les 6 et 7 juillet avec les six condamnés à mort, se sont vu infliger des peines de travaux forcés ou de prison. Ce n'est que le lendemain 16 juillet que les *SNN* rendent compte du procès, sous le titre habituel en première page : « Eradication de la trahison en Alsace ».

Créée à l'automne 1941 à l'initiative d'Adam et de Kieffer, soutenus par le curé-doyen de Schiltigheim, Léon Neppel, le Front de la jeunesse alsacienne a, selon le tribunal du peuple, mis sur pied une organisation qui visait la séparation de l'Alsace allemande du Reich, incité de « jeunes Allemands d'origine alsacienne » à ne pas se présenter aux conseils de révision, fabriqué une carte de légitimation française attestant que les incorporés étaient « des amis des ennemis du Reich », organisé la fuite d'incorporables et de prisonniers de guerre français, exécuté des actes de sabotage,

UN GROUPE DE PASSEURS DU CÔTÉ DE BARR.

COLL. PART.

trahi des renseignements secrets de l'administration et de la police, etc. Tout au long du procès, qui n'était qu'une mascarade judiciaire, Roland Freisler a laissé libre cours à ses sarcasmes au sujet « du drapeau français et du crucifix », signes de ralliement du Front, injuriant sans relâche les accusés « trahissant leur sang allemand ». Craignant de nouvelles interventions, le Gauleiter force l'exécution rapide des condamnés, comme il se l'était fixé dans sa lettre du 17 septembre 1942 à Himmler à la suite de la distribution des tracts et du manifeste du Front.

Au cours de cette même session, quatre autres peines capitales sont prononcées par le tribunal du peuple, à l'encontre de René Mengus, Robert Husser, Georges Werlé et Albert Denu « pour préparation à la haute trahison, faux papiers et tampons pour l'évasion de prisonniers de guerre, liaison avec des groupes de traîtres gaullistes et communistes en vue de renverser le régime en Alsace, etc. » L'écrivain Alphonse de Châteaubriant, collaborateur farouche à Paris et vieille connaissance du Gauleiter, intervient en faveur de l'un des condamnés ; Robert Wagner répond que « les condamnés sont des traîtres, que les peines sont méritées et qu'il n'est pas possible de revenir sur le verdict du tribunal du peuple ». Malgré ses pressions, l'exécution est ajournée « provisoirement ». Georges Werlé meurt en octobre 1944 durant sa détention et un autre membre du groupe, Eugène Bischoff, condamné à huit ans de travaux forcés, décède en mars 1945.

Le tribunal du peuple qui, fin mars, avait condamné un groupe de passeurs de Mulhouse aux travaux forcés ou à la prison inflige, fin mai, la peine capitale à l'hôtelier mulhousien Lucien Rohmer et à sa belle-sœur Anne « pour avoir fait passer clandestinement beaucoup de personnes en France, parmi lesquelles des prisonniers de guerre » ; l'employé de l'hôtel est condamné à trois ans de travaux forcés et le fils d'Anne Rohmer à trois ans de prison, en raison de son jeune âge. Autres victimes de cette session sous la présidence de Freisler : un jeune homme de dix-neuf ans de Colmar, Jacques Burgy, pour avoir dessiné et répandu des caricatures antiallemandes et défaitistes, ainsi que le Strasbourgeois Roland Kuhn pour espionnage et trahison au profit d'une puissance étrangère ; deux coaccusés sont condamnés à cinq ans de travaux forcés. Début août, c'est Charles Strohl, chef d'un groupe de passeurs de Strasbourg et de Mulhouse, qui est condamné à mort pour avoir favorisé l'évasion de nombreux prisonniers de guerre et d'incorporables ; six autres membres du groupe sont condamnés à des travaux forcés, dont René Brecheisen qui mourra le 2 février 1945 dans la forteresse de Siegburg. Strohl, dont la femme sera condamnée en avril 1944 par le tribunal spécial à deux ans de travaux forcés, avait été en rapport avec Adam et Kieffer et avait collaboré à l'élaboration de la carte de légitimation pour les incorporés. Au cours de cette session du tribunal du peuple, deux femmes d'un réseau de passeurs sont condamnées à des travaux forcés et à la prison. Des passeurs sont également jugés en Allemagne, tel Théo Gerhards à la tête d'un réseau dans la région de Saverne ; dénoncé à la Gestapo en juillet 1942, condamné à mort le 3 mai 1943 par le tribunal de guerre du Reich à Berlin et décapité le 29 octobre à Halle. Deux membres de la filière d'évasion du général Giraud, au printemps 1942, René Ortlieb, hôtelier à Thann, et Joseph Stamm, curé de Liebsdorf, tombés en septembre 1943 entre les mains de la Gestapo à la suite d'une indiscrétion ou d'une dénonciation, seront exécutés à Wolfach deux jours avant l'arrivée des troupes françaises.

Le 3 septembre, les quotidiens annoncent la condamnation à mort d'un «traître et saboteur du front intérieur », Alphonse Schuler, par le tribunal spécial siégeant à Mulhouse.

Par la suite, la presse gardera le silence sur les procès devant les tribunaux d'exception, alors qu'elle n'avait cessé de mettre en valeur, comme le Gauleiter dans ses discours, « l'exemplarité des condamnations pour l'éradication de la trahison ». Ainsi est passée sous silence la session du tribunal du peuple sous la présidence de Freisler qui, le 2 novembre 1943, condamne à mort neuf des quatorze membres du groupe Borocco-Vener de Colmar qui « bénéficieront » d'un sursis d'exécution pour des travaux de déminage dans les villes bombardées; trois y trouveront la mort, à Cologne, un quatrième sera grièvement blessé et un cinquième mourra en détention.

Selon le rapport adressé le 19 janvier 1944 par le Gauleiter au Führer sur la lutte contre « les éléments ennemis de l'Etat » au cours de l'année précédente, « 3 549 individus ont été transplantés dans le Reich. 1 036 Alsaciens et 84 Allemands du Reich ont été envoyés dans des camps de rééducation et de concentration. 5 exécutions par fusillade ont dû être faites par la police. En essayant de franchir illégalement la frontière 3 individus ont été tués et 4 blessés. Les condamnations à mort pour des raisons politiques se montent à présent à 72. Deux condamnés ont été graciés. 37 exécutions ont eu lieu. 11 cas sont encore en instance. 22 exécutions ont été remises. » Le terme « à présent » à propos des 72 condamnations à mort indique qu'il s'agit du total depuis 1940. Si l'on ajoute les 9 condamnations à mort du 2 novembre à l'encontre du groupe de Colmar, non publiées, aux 58 annoncées durant l'année par la presse, 67 peines capitales au moins ont été prononcées en Alsace durant cette année 1943.

SOURCES
ET BIBLIOGRAPHIE

Strassburger Neueste Nachrichten (*SNN*), année 1943.
Robert Heitz, *A Mort*, Editions de Minuit, 1946.
Eugène Mey, *Le Drame de l'Alsace 1939-1945*, Berger-Levrault 1949.
J.-M. Bopp, *L'Alsace sous l'occupation allemande*, Editions Xavier Mappus, Le Puy, 1945.
Charles Béné, *L'Alsace dans les griffes nazies*, tomes 3 et 4, Editions Fetzer, Raon-l'Etape, 1978.
Louis Cernay, *Le Maréchal Pétain, l'Alsace et la Lorraine*, Les Iles d'or, Paris, 1955.

Raoul Clainchard

Héros de la résistance alsacienne

« S'ils m'ont condamné à mort, c'est qu'ils ont vu en moi le représentant de la Jeunesse d'Alsace, qu'ils ont condamné en moi non pas le membre d'une organisation, non, mais tous ceux qui au départ pour l'Arbeitsdienst ou l'armée allemande ont chanté la Marseillaise, l'hymne de la liberté et ont crié : "Vive la France !" »

Né en 1920 à Strasbourg, d'un père breton, ancien poilu, et d'une mère strasbourgeoise, Raoul Clainchard a été condamné à mort en 1943 par le Sondergericht, tribunal spécial de Strasbourg, pour « espionnage et intelligence avec l'ennemi ».

Engagé dans le réseau clandestin du docteur Bareiss, il a accompli des actions de solidarité envers les prisonniers transitant par la gare de Strasbourg et de patriotisme, en collant des tissus bleu-blanc-rouge sur les murs de la ville. Avec ses camarades résistants, il a aidé des centaines de prisonniers et de jeunes Alsaciens appelés dans l'Arbeitsdienst à s'échapper.

Arrêté à Strasbourg en juillet 1942 avec douze autres membres de son réseau, il a été condamné à mort le 10 mars 1943. L'exécution de sa peine suspendue, il a été transféré en Allemagne, d'une prison à l'autre. Son état de santé s'est dégradé peu à peu, fragilisé par les dures conditions de détention et le manque de nourriture. Il contracta un abcès au genou qui infecta toute sa jambe droite qui dut être amputée. Il mourut le 26 avril 1945. Sa dépouille fut ramenée à Strasbourg en 1948 et une cérémonie religieuse eut lieu en sa mémoire, réunissant des figures de la Résistance, parmi lesquelles le capitaine Jacques d'Alsace, qui fit plus tard l'éloge de ce « héros de la résistance alsacienne », de son patriotisme et de sa foi inébranlable. Une rue porte son nom à Strasbourg.

La Fondation Raoul Clainchard, présidée par André Bord, membre fondateur, a été créée en 1971 pour secourir les personnes déshéritées, principalement les aveugles et les handicapés physiques et mentaux. Depuis sa création, la Fondation a versé plusieurs centaines de milliers d'euros en leur faveur.

Fondation Raoul Clainchard
5 place du Château
67000 Strasbourg

Le Feu vert de Hitler ?

Les condamnations de Ballersdorf

LE GAULEITER WAGNER. AMS.

ROBERT SPECKLIN

Les autorités allemandes furent impitoyables dans l'affaire de Ballersdorf. « Si je ne reste pas ferme aujourd'hui, affirmait le Gauleiter Wagner, il me faudrait en faire fusiller plusieurs centaines dans les prochains mois. » Il fut si ferme qu'il alla au-delà des dispositions légales allemandes en vigueur. Sous l'œil approbateur de Hitler lui-même.[1]

On connaît les circonstances locales de la tragique aventure des réfractaires de Ballersdorf et environs, arrêtés pendant la nuit du 12 au 13 février 1943. La presse s'en était fait l'écho à maintes reprises, entre autres par la publication du rapport de gendarmerie allemand[2]. Cependant, les événements dépassaient de loin le cadre de l'arrondissement d'Altkirch. S'il est évident qu'ils furent minimisés par la presse de l'occupant, il n'en est pas moins vrai qu'ils ont dû provoquer une agitation considérable, mais encore mal connue, dans les milieux dirigeants du Reich.

La thèse officielle, qui semble avoir prévalu même après guerre, consiste à situer les responsabilités au niveau de la Gauleitung, à Strasbourg. Il est un fait que la décision de l'exécution précipitée de ces jeunes gens s'inscrit très bien dans la politique suivie par Wagner. Le 14 décembre 1942, deux mois avant l'affaire, le Gauleiter se trouvait à Altkirch. Dans son discours, il reconnut « certaines faiblesses qui, pour cette région, résultaient de la proximité de la frontière ». Mais, dit-il, « je serai l'ennemi et adversaire impitoyable de tous les traîtres et infidèles[3] ». Il ne reculerait jamais devant des mesures très dures, déclara-t-il. Le 12 février, c'est-à-dire le jour même, la presse rend compte d'un discours analogue prononcé à Saverne, dont les passages importants sont reproduits *in extenso* le 13, donc le lendemain[4].

Sur la conduite de Wagner à ce moment, on est renseigné par la brochure de Crenesse, qui se limite pratiquement à l'accusation de son procès, essentiellement basée sur ce point. Wagner fut accusé entre autres d'homicide volontaire avec préméditation pour avoir fait procéder au jugement sans l'observation des formalités légales. Les principaux détails résultant des débats se trouvent dans les comptes rendus de la presse de l'époque (fin avril 1946). Wagner déclara avoir reçu de la gendarmerie d'Altkirch un appel téléphonique alarmant, faisant état d'insurrection armée, ce qui nécessitait une action rapide et des peines capitales, comme toujours en pareil cas, « en territoire occupé[5] ». Il s'employa donc à accélérer la procédure judiciaire en ce sens. Restait la grâce.

Les mémoires de l'autonomiste Spieser, dit Huenenburg (d'après le château qui devait être le foyer de la pensée allemande ou « européenne » en Alsace), s'étendent longuement sur différentes interventions de l'auteur en faveur de divers accusés alsaciens. Mais ils ne contiennent guère d'éclaircissements sur cette affaire[6]. En revanche, ceux de son ami Robert Ernst, premier maire de Strasbourg et conseiller général pour les affaires alsaciennes auprès de Wagner, traitent de la question[7]. En accord avec les défenseurs, Ernst aurait rejoint Wagner après le jugement, c'est-à-dire dans la soirée du 16 février. « Si je ne reste pas ferme aujourd'hui, aurait crié le Gauleiter, il me faudrait en faire fusiller plusieurs centaines dans les prochains mois. » Le jugement fut rendu public le lendemain 17 au matin, avec la remarque lapidaire que les exécutions avaient déjà eu lieu, « ce matin même[8] ».

Une ordonnance publiée dans le *Verordnungsblatt* du CDZ du 19 février est particulièrement intéressante dans ce contexte. Datée du 17, elle prescrit, avec effet rétroactif à partir du 15, que des condamnés à mort peuvent « aussi » être exécutés par les armes à feu[9]. C'est dire que « normalement » les condamnés de Ballersdorf relevaient de la justice civile ; que Wagner, en les faisant fusiller, avait commis une irrégularité ; et surtout, qu'à la suite d'objections qui lui avaient sans doute été présentées, il jugea lui-même nécessaire de « légaliser » la chose après coup. Ce qui ne changeait rien à ses idées.

Après avoir limogé le Kreisleiter d'Altkirch (aussi à partir du 15 février[10]), il chargea son chef de propagande d'expliquer la situation à Altkirch même. L'attitude allemande avait été trop prévenante en 1940, dit celui-ci, et à la question du droit, il fallait opposer le droit de la guerre, une loi de la nature vieille comme le monde[11]. Enfin, Wagner lui-même réaffirma ses positions dans un discours à Thann, le 7 mars 1943.

LA COLÈRE DE HITLER CONTRE LES « SPITZBUBEN », LES VAURIENS

Cependant, si un Gauleiter pouvait demander, et obtenir, une exécution, il ne pouvait pas la décider. C'était l'affaire de Himmler, sur lequel, dans son procès, Wagner rejeta la responsabilité, non pas de la condamnation, mais de l'exécution. Ainsi s'explique la très curieuse technique de l'information appliquée dans ce cas. La nouvelle fut annoncée, le 17, par deux articles. Le plus petit, signé « nsg » comme tous les communiqués de la Gauleitung, présente la version habituelle sur le rôle de Wagner. L'autre, plus grand, signé « wm », sigle plus rare des affaires d'Etat, dit que c'est la patience de la Reichführung et de la Staatsführung qui est à bout[12]. Suivant les nuances du vocabulaire de l'époque, un signe que le feu vert venait de très haut.

En tant que responsable de la presse, à laquelle il donnait journellement des directives très précises, Goebbels devait certainement être au courant. Les extraits de ces mots d'ordre, publiés jusqu'à présent, sont muets sur ce point [13], et nous n'avons pas encore eu connaissance du texte complet, en cours de publication, des mémoires du ministre [14]. Mais il est facile de reconstituer, d'après la présentation de la nouvelle dans les différents journaux d'Alsace, les consignes reçues. Au niveau national (du *Völkischer Beobachter*, par exemple), il imposa silence. Goebbels semble faire allusion à l'affaire dans son fameux discours sur la guerre totale du 18 février, postérieur à l'affaire de Ballersdorf, mais encore antérieur à l'affaire Scholl de Munich. Du moins le journal de Mulhouse a-t-il souligné le passage sur les « tire-au-flanc » qui, chez nous, ne pouvait guère s'entendre autrement.

AMS

HITLER SUIVAIT DE PRÈS LES AFFAIRES D'ALSACE.
EN 1940, IL SE RENDIT DANS LES VOSGES (PHOTO).
EN 1917, IL AVAIT ÉTÉ EN POSTE DANS LE SUNDGAU.

1943

La Wehrmacht devait également s'intéresser à l'affaire, puisqu'il s'agissait de réfractaires. Le 17 février, un Sonderbeauftragter de l'OKW s'inquiétait de la scolarité de certains élèves, cependant que la gendarmerie d'Altkirch s'efforçait d'obtenir, par l'intermédiaire d'un institut graphologique de Heidelberg, l'identification d'une écriture trouvée dans un cahier d'écolier saisi à cette époque [15]. Probablement recherchait-on des complicités dans le collège d'Altkirch, dont certains accusés, Klein et Fulleringer, faisaient partie, et où, d'après nos propres souvenirs, on avait parfois évoqué longuement, quelques semaines auparavant, la possibilité de s'enfuir en Suisse.

Mais, à cette date, il semble difficile de croire qu'une décision de cette importance n'ait pas été rapportée à Hitler lui-même. Abstraction faite des catégories de populations promises d'office à un « traitement spécial », le chancelier examinait personnellement des cas individuels beaucoup moins grave, et considérait le droit de vie et de mort comme une chasse gardée. Le 7 février, il avait reçu les Gauleiter, dont sans doute Wagner, pour leur parler, après Stalingrad, de la dureté des temps et de la grandeur de leur tâche[16]. Le 13, jour de l'arrestation des jeunes gens, il se trouvait toujours à son Führerhauptquartier de Rastenburg en Prusse orientale et ce n'est semble-t-il, que le 17, jour de l'exécution, qu'il prit l'avion pour Zaporojie en Ukraine, après la chute de Kharkov[17]. Il était donc très préoccupé par la situation en Russie, mais il aurait différé son voyage, de sorte qu'il avait tout le temps d'être informé et de décider, ne fût-ce que par un signe de la main ou de la tête, comme il arrivait,

UNE CLASSE DU LYCÉE D'ALTKIRCH EN SORTIE AU VIEIL-ARMAND PEU AVANT LE DRAME. DEUX ÉLÈVES SERONT FUSILLÉS, KLEIN ET FULLERINGER.

mais plus probablement par la réunion des principaux collaborateurs concernés par l'affaire. Peut-être des indications se trouvent-elles dans son carnet de rendez-vous (bibliothèque du Congrès, à Washington).

Le 7 mars à Thann, Wagner devait déclarer : « Pour chaque homme qui tombe par la terreur pour l'Alsace allemande (allusion au garde-frontière allemand qui avait été tué), au moins dix traîtres tomberont à leur tour : l'exécution des bandits de l'arrondissement d'Altkirch l'a montré. » Or il ne faisait que reprendre les directives que Hitler lui-même avait répétées à son QG de Vinnitsa le 24 février : « Briser la terreur par une terreur dix fois plus grande, et toujours anéantir les traîtres où et quels qu'ils soient[18]. Le 8 novembre, Hitler déclarera encore qu'il lui est plus facile de signer l'exécution de quelques vauriens (Spitzbuben) que de décider une petite opération sur le front, qui coûterait la vie à de nombreux soldats [19].

Il peut paraître intéressant de noter, à ce propos, les images que pouvait évoquer alors pour Hitler l'Alsace en général et le Sundgau en particulier. Avec le 16e RI List, Hitler avait séjourné dans le Sundgau du 2 août au 12 octobre 1917 [20]. Attaché à l'état- major [21], à Hochstatt [22], il a dû se rendre dans les villages où se répartissaient les troupes, soit Galfingue et Zillisheim, à l'arrière, Bernwiller et Spechbach-le-Haut (qu'il visita en 1940) sur le front [23]. En tant que Führer, il était très entouré d'Alsaciens (et de Lorrains), principalement fils d'Allemands venus en Alsace après 1870 sans doute, mais qui, nés en Alsace, se considéraient naturellement comme étant de la région. Arthur Dinter, né à Mulhouse en 1876, auteur d'une pièce de théâtre en dialecte à grand succès (*D'Schmuggler*) était Gauleiter de Thuringe en 1925-1927 [24]. Meissner, né à Bischwiller en 1880, chancelier personnel de Hindenburg et de Hitler, a pratiquement porté celui-ci au pouvoir [25]. Ed (?) Stadler, né à Haguenau en 1886, devint député du Reichstag après 1933 [26]. Brandt, né en 1904 à Mulhouse, devint d'abord médecin personnel de Hitler, puis chef des services de santé du Reich [27]. Eicke, né à Huningue en 1892, était chef des camps de concentration, puis de la division SS n° 3 « Totenkopf ». Le père de Göring fut juge à Altkirch [28]. C'est à Altkirch aussi qu'habitait un ancien compagnon de lutte dénommé Reppich [29], et c'est à Altkirch encore que se réfugia, pendant la guerre, la mère d'un autre compagnon, Schrader, à laquelle Hitler, le 20 novembre 1943, fit parvenir pour son quatre-vingt-dixième anniversaire un don de 50 marks (sa lettre avec les gros caractères de la Führermaschine se trouve au musée d'Altkirch) [30].

COLL. SPECKLIN

1943

Hitler connaissait donc parfaitement l'Alsace et les Alsaciens. Il savait à quoi s'en tenir, comme le montrent, par exemple, des propos de 1933 à Brinon[31] ou à Hindenburg [32], ou encore ceux de 1938, consignés dans les mémoires de Speer [33]. S'il s'intéressait à l'Alsace, ce n'était pas pour les Alsaciens [34]. Certes, il avait rencontré parmi eux de « bons camarades » comme celui de Wasselonne, auquel Spieser, dans ses *Kampfbriefe* (1941), fait allusion à deux reprises [35]. Mais il en avait connu bien d'autres. Il ne croyait certainement pas, comme d'aucuns ont voulu le faire croire, à leur fidélité, lorsqu'il les fit répartir par petits groupes dans la Wehrmacht, et même, lors de l'offensive des Ardennes, retirer des premières lignes. Les instructions dictées par Hitler à Jodl, chef du bureau des opérations, ne laissent pas de doute à ce sujet. Elles ont été curieusement omises lors de la publication du journal de l'OKW [36], alors qu'elles figurent dans l'original. Cependant, le général Warlimont, chef adjoint et haut gradé de l'OKW, l'a signalé dans ses souvenirs [37] et nous l'avait d'ailleurs personnellement confirmé [38].

Lorsque, selon toute vraisemblance, Hitler lui-même, en février 1943, approuva la décision de Wagner, c'était en pleine connaissance de cause. Sans doute pourrait-on, en déplaçant le centre de gravité des responsabilités de Strasbourg à Rastenburg, se demander si même le chancelier du Reich avait le droit d'ordonner une telle exécution. A l'intérieur du Reich, il l'avait le plus régulièrement du monde, depuis la séance du 26 avril 1942, où il fut reconnu par le Reichstag comme justicier suprême, sans être tenu à la réglementation existante [30]. Mais l'Alsace faisait-elle partie en droit du Reich ? La décision était donc illégale. A travers l'affaire de Ballersdorf, on retrouve ainsi la question de la nationalité des Alsaciens, que Hitler lui-même avait laissé dans l'équivoque. Pour la « grande cause », qui, en février 1943, n'était plus qu'une cause perdue...[40].

NOTES

Les notes de cet article se trouvent en fin de numéro page 1189.

Le drame des transplantations

Les familles Otages

RENÉ MEYER

À la fois mesures de représailles et tentatives de « rééducation politique », les transplantations de familles alsaciennes réfractaires au IIIe Reich se multiplièrent en 1943. Il s'agissait aussi de décourager les jeunes gens qui auraient voulu se soustraire à l'incorporation de force.

Le 1er octobre 1943, le Gauleiter rend un décret sur les mesures à prendre contre tous ceux qui se dérobent au « devoir de défense » (Wehrpflichtentziehung), du moins selon la terminologie officielle allemande de l'époque :

> Le chef de l'administration civile en Alsace peut ordonner une interdiction de résider en Alsace contre les déserteurs ou personnes qui se dérobent au devoir de défense ou au devoir du service du travail ainsi qu'à l'encontre de leur parenté. L'interdiction de résider a comme conséquence l'éloignement en colonie des personnes concernées par le représentant du commissaire du Reich chargé de la consolidation du caractère national allemand, sur le territoire du Reich. Les mesures juridiques concernant les biens (saisie-indemnité) se règlent selon le décret sur le traitement des biens des personnes éloignées d'Alsace dans le Reich du 2 février 1943.
>
> La parenté suivant le sens de l'article Ier regroupe :
> — les parents et alliés de lignes montante et descendante,
> — les parents adoptifs et nourriciers et leurs enfants,
> — le mari ses sœurs et leurs maris
> qui ont vécu avec le fuyard jusqu'à sa fuite ou son incorporation à la Wehrmacht non seulement temporairement dans la communauté du foyer, communauté d'habitation et de table.
> Entrée en vigueur : 25 août 1942.

1943

Le texte dit aussi que celui qui a connaissance d'une désertion de la Wehrmacht ou du RAD et qui ne la dénonce pas sera puni par la réclusion ou la prison. Il en est de même de celui qui a connaissance de la cache et qui ne la dénonce pas.

Tour à tour seront employés les termes d'Absiedlung ou d'Umsiedlung qui peuvent se traduire par transplantation ou encore par transfert. Dans les faits il s'agit d'une déportation pure et simple dans un camp, ou, si l'on veut atténuer les mots, de véritable déplacement de population. On remarque que le texte du Gauleiter est extrêmement précis car il dispose de la famille entière du réfractaire et instaure ainsi la responsabilité collective du clan familial, mesure qui sans nul doute dans l'esprit des autorités d'occupation freinera ou arrêtera les évasions ou les désertions. Enfin, la

AMC

CONTRÔLE D'IDENTITÉ À COLMAR.

décision fait également preuve d'une double hypocrisie au sujet de l'indemnité des biens saisis car les intéressés n'en verront pas la couleur, et le décret étant rétroactif, il légalise les transplantations ayant déjà eu lieu depuis un an.

Le texte est publié dans le bulletin des décrets et ordonnances du CdZ le 13 octobre 1943 et un résumé paraît dans la presse deux jours plus tard.

Sans doute les Alsaciens n'ont-ils pas bien compris car des commentaires paraissent encore le 28 octobre. On précise qu'un simple avertissement pour dissuader le réfractaire de s'enfuir ne saurait suffire car il faut également aviser les différents organes du parti, le chef hiérarchique, le chef d'entreprise et les services de la Wehrmacht.

Quelle est la position de Vichy à ce sujet ? Dès le 23 mars 1943, une protestation était élevée contre les déportations de familles alsaciennes et lorraines et, à défaut d'en obtenir l'arrêt, à tout le moins que ces familles soient refoulées à l'intérieur de la France. Le 2 novembre 1943, nouvelle protestation, cette fois contre la décision du 1er octobre. Mais là, comme dans les autres domaines, les protestations sont platoniques et restent faibles car elles ne sont pas publiées et ne seront connues en Alsace qu'après la guerre.

Il faut revenir un peu en arrière. Un « raté » s'est assurément produit entre le décret et la presse qui pourtant est dirigée depuis la Gauleitung. En effet, dès le 15 août 1942, les journaux publient un communiqué daté de la veille de Strasbourg sous le titre : « Transplantation d'Alsaciens qui s'oublient. Une dernière occasion de prouver leur conscience allemande dans le vieux Reich ». Il est indiqué que trois familles de Hirsingue, Altkirch et Illfurth ont été transplantées d'office du fait que leurs fils et filles ont franchi illégalement la frontière — pour se soustraire au RAD —, ce que la presse ne dit pas. Comme le décret du 1er octobre 1943 est entré rétroactivement en vigueur au 25 août 1942, les trois familles ont par conséquent été transplantées illégalement non pas à la date du communiqué (14 août 1942) mais vraisemblablement déjà plusieurs jours auparavant.

Le 31 août 1942, communiqué se rapportant à de nouvelles transplantations pour comportement comme ennemi de l'Etat et pour franchissement illégal de la frontière par leurs enfants. Ici, il y a quelque chose de nouveau. Il ne s'agit plus de transplanter exclusivement les familles des réfractaires mais la transplantation est étendue aux ennemis du Reich, termes qui sont vastes et qui englobent aussi bien ceux qui ont refusé la nationalité allemande ou ceux qui ont manifesté leurs sentiments francophiles ou qui sont connus pour en posséder.

LES TRANSPLANTATIONS SONT PRÉSENTÉES COMME DES MESURES ÉDUCATIVES

Le 24 septembre 1942, communiqué laconique indiquant la transplantation de quatre familles d'Ottendorf, Kreis d'Altkirch (il s'agit de la commune de Courtavon, sur la frontière suisse). Le communiqué est mensonger. En réalité, quatre familles de Courtavon et six familles du village voisin de Luffendorf (Levoncourt) ont été arrêtées et conduites à Colmar le 8 septembre 1942, soit seize jours plus tôt, pour être transplantées dans le vieux Reich. Cependant, elles sont libérées et sont retournées dans leurs villages dès le lendemain. En fait, ces familles seront en sursis puisqu'elles feront partie de la rafle du 27 février 1943.

Le 17 novembre 1942, le ton change. Ce jour-là est publié un communiqué daté du 16 de Strasbourg sous les titres : « Ligne claire et propreté en Alsace », « Mesures éducatives », « Transplantations de nouvelles familles alsaciennes », « Refus de séjour pour Allemands du vieux Reich ». Dans le but évident d'intimider la population, le communiqué signale de nouvelles transplantations de familles alsaciennes. Jusqu'à présent aucune identité n'était publiée, or ici on indique le nom et le prénom du chef de famille, sa profession, sa localité, accompagné de son épouse et de ses enfants, ces derniers détaillés en garçon ou fille.

On relève ainsi dix-huit familles du Haut-Rhin en provenance de Bitschwiller-les-Thann, Bourbach-le-Bas, Moosch, Roderen, Soultz, Saint-Amarin, Staffelfelden, Sewen, Thann, Vieux-Thann et Wittelsheim et seize familles du Bas-Rhin, de Barembach, Bischwiller, Haguenau, Oberbronn, Reichshoffen, Saverne et Wissembourg; en tout cent trente et une personnes. Toutes les couches de la population sont concernées. Parmi les professions des chefs de famille on remarque aussi bien le journalier que le directeur en passant par l'ouvrier de fabrique et l'instituteur.

La lecture de la presse se fait de plus en plus avec appréhension car le 5 janvier 1943 paraît un nouveau communiqué sous les titres : « Transplantations dans le vieux Reich », « Poursuite des mesures éducatives ». On prend connaissance que sept familles comprenant trente-deux personnes originaires de Barr, Epfig, Sélestat, Sainte-Croix-aux-Mines et Thann ont été éloignées, sans omettre leur identité.

Cinq jours plus tard, le 10 janvier 1943, un communiqué de la même veine est publié. Dix-neuf personnes de cinq familles, sont concernées. Elles proviennent de Duttlenheim, Salmbach, Huningue et Mulhouse. Il est indiqué que quatre familles n'ont pas fait preuve de la nécessaire autorité en laissant passer illégalement la frontière vers la

France à leurs enfants. Pour une famille de Mulhouse, par contre, il est dit qu'elle est francophile et en outre elle exprime son attitude antiallemande. Toujours dans un but d'intimidation, les identités et adresses des familles sont signalées.

Le 21 février 1943, nouveau communiqué où il est dit que, malgré les nombreux avertissements concernant l'émigration illégale de leurs fils, les familles alsaciennes citées ont été éloignées dans le vieux Reich. Et six familles sont signalées, avec leur identité. Elles comprennent dix-sept personnes en provenance de communes du Sundgau, Bisel, Feldbach, Friesen, Hirtzbach et Winkel.

Le 23 mars 1943, le Gauleiter diffuse une circulaire aux Landkommissare, aux présidents de police de Strasbourg et de Mulhouse et à l'Oberbürgermeister de la ville de Colmar qui traite des « Absiedlung aus dem Elsass ». En voici des extraits les plus significatifs traduits de l'allemand.

> L'exécution des transplantations a sur la population alsacienne un effet d'apaisement politique, le service du commissaire du Reich pour la consolidation du Volkstum allemand tient à mettre en avant les côtés race et installation. Ensuite il est précisé que les transplantés doivent trouver dans les territoires une patrie où ils pourront créer un nouveau mode de vie. Cependant par suite de l'augmentation non désirée de la population, il doit être empêché que le peuple du Reich soit atteint dans sa pureté de la race. Un peuple diminué au point de vue racial ne doit pas être transplanté dans le Reich car les familles et les personnes doivent présenter au moins la moyenne du profil racial. Par conséquent, les personnes et les familles tarées sont impropres à l'insertion dans le Reich. Enfin, d'après leur état physique, les familles à transplanter doivent apporter la garantie d'être à nouveau capables de s'établir.
>
> Les personnes âgées, faibles ou malades qui ne sont pas transportables, ou ne supportent pas un séjour, même réduit, dans un camp, doivent être écartées de la transplantation jusqu'à ce que l'empêchement ait cessé. Alors que les jeunes concitoyens peuvent facilement s'adapter, les personnes seules qui ont atteint l'âge de soixante ans, déracinées par la transplantation, seront difficilement intégrées dans un nouveau cercle de vie. Le chef de famille doit être capable à tout le moins de travailler et, suivant sa profession, il peut être nécessaire d'utiliser la capacité de travail des membres de sa famille.
>
> Enfin, il est ajouté qu'il est souhaitable que dans leurs propositions de transplantations les services du Parti observent ces conditions.

Ce sont de belles paroles mais les nazis insistent sur deux points. Le premier est celui du maintien de la pureté de la race allemande et, deuxièmement, ils ne négligent pas l'intérêt économique.

LES TRANSPLANTATIONS SONT PRÉSENTÉES COMME DES MESURES ÉDUCATIVES

Le 15 octobre 1943, paraît dans la presse un communiqué daté de la veille et émanant du chef de la Sicherheitspolizei et du SD. Il est dit que le commissaire du Reich pour la consolidation du deutsche Volkstums opère actuellement et à nouveau la transplantation d'un grand nombre de familles alsaciennes vers le vieux Reich. Il est précisé que la transplantation a lieu sur ordre du CdZ du fait que des membres de ces familles se sont rendus illégalement à l'étranger. En lisant ce texte, on a l'impression que le chef de la police veut faire porter la responsabilité sur un service qui n'est pas le sien et sur le Gauleiter. En octobre 1943, il est vrai, la Wehrmacht a perdu l'initiative sur tous les fronts...

COLL. PART.

GROUPE DE TRANSPLANTÉS ALSACIENS DANS LE CAMP DE BAD-SCHANKEN (SAXE).
PHOTO PRISE EN 1945 À LA LIBÉRATION DU CAMP.

Il ne faut pas chercher dans la presse de l'occupation des informations réelles sur le sujet de la déportation des familles car tout au long de la tyrannie nazie elle n'a rendu publiques qu'une infime partie des transplantations, encore que celles publiées sont soigneusement choisies à titre d'exemples.

Le premier contingent de personnes victimes de l'Umsiedlung est arrivé aux environs du 15 août 1941 à Schelklingen (Wurtemberg) après avoir transité par le camp de Schirmeck. L'information n'a pas été publiée et étrangement l'arrivée du contingent en Allemagne correspond aux conseils de révision du RAD. La désinformation est surtout flagrante en ce qui concerne les véritables rafles auxquelles ont procédé les occupants dans les villages du Sundgau à partir du début de l'année 1943. Bien que la presse n'en souffle mot, les faits sont pourtant connus, même à l'étranger car le *Journal de Genève* parle de déportations dans le Sundgau. La *National Zeitung* de Bâle du 25 mars 1943 est plus précise et cite le nombre de familles de cinq localités alsaciennes déportées en Allemagne pour attitude antiallemande.

Contrairement à ce qui s'est passé en décembre 1940 où les expulsions d'Alsaciens s'étaient déroulées le jour, les arrestations des familles sont ici opérées en pleine nuit. C'est principalement les 23, 25 et 27 février 1943, entre 1 h et 3 h du matin, puis durant la nuit du 3 au 4 mars 1943, aux mêmes heures, qu'elles se sont produites. Des opérations identiques se poursuivront un peu partout en Alsace.

La tactique employée consiste à occuper en force le village, à en bloquer les issues, parfois carrément à l'encercler. Les habitations sont repérées auparavant par les soins de l'Ortsgruppenleiter, les crosses des fusils cognent contre les volets des maisons d'où les habitants sont invités sans ménagement à quitter les lieux dans le quart d'heure ou la demi-heure qui suit en abandonnant tout sur place, y compris le bétail et la basse-cour de la ferme. Il est tout juste permis d'emmener des vêtements et des victuailles. Après avoir été transportées et rassemblées à la halle aux blés à Altkirch ou à l'institut Sonnenberg à Carspach, les familles sont embarquées dans des trains gardés et aux portes verrouillées à destination de camps situés dans le Wurtemberg ou plus loin en Silésie.

Alors que les nazis ont pourtant établi un distinguo, il y a là des hommes et des femmes de tous âges, des grand-pères et des grand-mères, des femmes enceintes, des paralytiques, des enfants et des bébés. Au centre de rassemblement de Carspach, une jeune femme tente de se jeter par la fenêtre avec son bébé dans les bras.

Dès le départ, les scellés sont posés et les biens saisis au profit du Reich représenté par le Reichskommissar für die festigung deutschen Volkstums dont le siège en Alsace est allée de la Robertsau à Strasbourg. Or, cette saisie fait l'objet d'une décision en bonne et due forme adressée au chef de famille. L'identité de tous les membres de la famille dont les biens sont saisis est portée sur la décision, y compris les enfants, garçon ou fille, avec indication précise de l'adresse, personne n'y échappe.

Seulement le document mettra du temps à être adressé à son destinataire. Un exemple précis nous montre une famille d'une localité proche de la frontière suisse, expédiée en Allemagne le 25 février 1943, à qui l'huissier local envoie la décision de saisie le 14 juin 1944...

La plupart du temps, les fermes ou les locaux de force sont occupés par des colons allemands, des « Siedler » originaires de régions allemandes peu favorisées, ou encore par des Polonais et des Ukrainiens qui travaillent la terre au profit de l'autorité de fait. Parfois aussi, les habitations non occupées servent à entreposer le blé ou les pommes de terre. Beaucoup de familles auront trente mois, voire quarante mois d'Umsiedlung à leur actif. Parfois, au retour, elles trouveront encore des « occupants » dans leur maison. Quant à la récupération des meubles saisis, qui ont été vendus, dispersés, détruits ou volés, c'est une autre affaire.

Voici les arrestations les plus significatives des familles des réfractaires dans quatre villages du Sundgau.

Ballersdorf. Après la tragique fusillade de la nuit du 12 au 13 février 1943, le village de Ballersdorf, sur la route de Belfort, est cerné dès 5 h 30 au matin du 14 février par d'importantes forces de police. Toutes les maisons sont fouillées les unes après les autres, de la cave au grenier, y compris les écuries et les étables. Les Allemands recherchent en vain l'un des participants à l'expédition qui a réussi à s'échapper. Le lendemain 15 février les familles sont arrêtées, elles sont douze du village et six autres des environs (Aspach, Dannemarie, Elbach et Retzwiller). Après avoir été rassemblées devant la mairie de Ballersdorf, elles sont embarquées dans des camions à destination du camp de Schirmeck où elles seront détenues jusqu'au 25 mars, date à laquelle les familles seront transférées au camp de Schelklingen dans le Wurtemberg. Mais l'occupation du village dure encore le 16 février; tous les Heeresunsichere, les hommes qui sont suspects de vouloir se soustraire à l'incorporation, sont arrêtés et amenés eux aussi à Schirmeck d'où ils seront enrôlés directement dans la Wehrmacht.

Riespach. La localité de Riespach, non loin de Ferrette, est au centre de deux évasions réussies, d'abord celle du 7 février puis celle du 10 février suivant. Dès le 8 février, les gendarmes de Ferrette sont sur place mais leur enquête est sans résultat. Une nouvelle enquête débouche le 21 février sur l'arrestation d'une quinzaine de personnes regroupées à la mairie puis transférées à la prison de Mulhouse. Le village est occupé, chaque maison est fouillée à la recherche d'armes et ces perquisitions se répètent jusqu'au 26 février 1943. Le lendemain, 27 février, peu après 4 h du matin, vingt-quatre familles soit soixante-sept personnes sont arrêtées et rassemblées dans la salle du restaurant Berger pour être transportées à la halle aux blés à Altkirch où elles sont accueillies aux cris de : « Achtung, die Riespacher, die Wilden komme » (Attention, les Riespachois, les sauvages viennent). Embarquées dans des wagons verrouillés et gardés, les familles de Riespach et de nombreuses autres familles des villages environnants sont dirigées vers le camp de Siessen d'où un second groupe est envoyé à Bad-Schandau.

Le maire, Joseph Peter, déjà sous surveillance en raison de sa deutschfeinlichkeit (germa-

« PROPHÉTIE DE SAINTE ODILE ».
TEXTE ANTIALLEMAND QUI CIRCULAIT EN ÉTANT RECOPIÉ À LA MAIN.

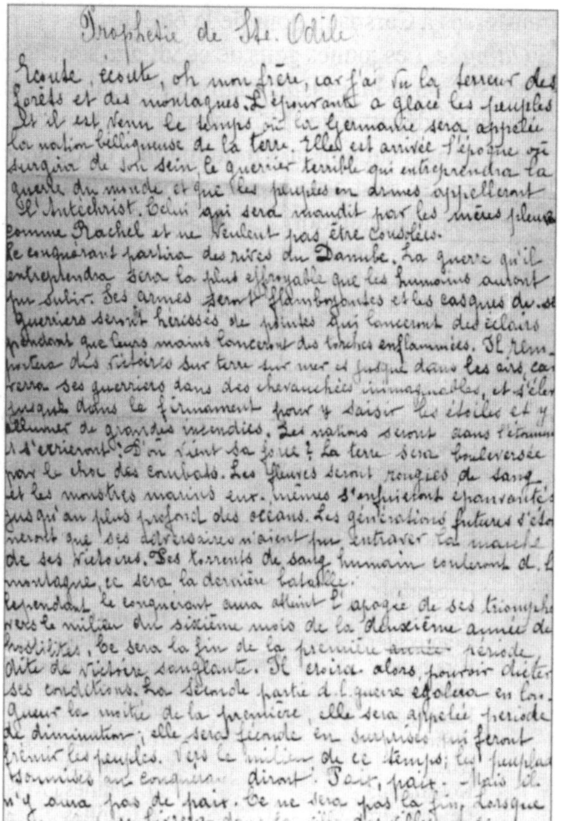

AMS

1943

nophobie), est arrêté le 22 février et transféré à la prison de Mulhouse d'où il est envoyé à Schirmeck pour « aide aux évadés, complot, détention d'armes et diffusion d'informations étrangères ». Au cours de sa détention à Schirmeck, le commandant du camp lui notifie sa révocation de maire. Relâché le 28 mai, il est arrêté à nouveau en juillet 1943, en gare d'Altkirch au retour d'une visite à sa famille en Allemagne. Sommé de quitter l'Alsace, il opte pour rejoindre les siens.

RÉVEIL BRUTAL EN PLEINE NUIT, IL FAUT TOUT ABANDONNER. DIRECTION LA GARE

Riespach est le quatrième village alsacien à être mis en état de siège après Hochfelden le 19 juillet 1941, Geispolsheim le 27 octobre 1941 et Ballersdorf le 14 février 1943.

Hirsingue. Les jeunes gens de cette localité se sont évadés en nombre. C'est dans la nuit du 1er mars 1943 que les familles des réfractaires comprenant hommes, femmes, personnes âgées et enfants sont invitées à quitter leurs demeures dans de brefs délais et à se rassembler à la mairie, sous l'œil des soldats allemands et de la Schutzpolizei. Environ une centaine de personnes sont transférées à Carspach pour de là être dirigées sur le camp de Schelklingen.

Oltingue. Les jeunes gens de ce village sont également nombreux à s'être évadés. L'arrestation et la transplantation des familles (cent personnes) se fait en deux fois. Le premier départ a lieu le 24 février 1943 au matin, puis la seconde fournée se produit le 3 mars suivant, à 3 h du matin. Après un rassemblement à Carspach, toutes les personnes sont embarquées dans des trains à destination des camps de Siessen et de Grosshemmersdorf. Là aussi, Oltingue est encerclé par la troupe.

Liste de localités du sud du Haut-Rhin dont le nombre de personnes ou de familles transplantées a pu être reconstitué :

Altkirch :	96 personnes
Ballersdorf :	18 familles (44 personnes) y compris Aspach, Dannemarie, Elbach, Retzwiller (jeunes gens de ces communes impliqués dans le drame).
Carspach :	17 familles
Chavannes-sur-l'Etang :	3 familles (12 personnes)
Courtavon :	4 familles
Feldbach :	20 familles
Grentzingen, Henflingen et Oberdorf	52 familles dont 81 personnes à Oberdorf
Hågenthal :	74 personnes
Hegenheim :	15 familles
Heimersdorf :	5 familles (22 personnes)
Hirsingue :	106 personnes
Hirtzbach :	76 personnes
Huningue :	30 familles
Illfurth :	16 familles
Kiffis :	8 familles
Koestlach :	17 familles (70 personnes)
Levoncourt :	6 familles
Liebsdorf :	4 familles
Moernach :	71 personnes

Neuwiller :	9 familles
Oltingue :	100 personnes
Riespach	88 personnes
Roppentzwiller :	25 familles (66 personnes)
Saint-Ulrich :	23 personnes
Waldighoffen :	50 personnes
Winkel :	83 personnes
Wittersdorf :	16 familles
Wolschwiller :	24 familles

Sans que leur nombre de personnes ou de familles transplantées ait pu être reconstitué, une vingtaine d'autres localités du sud du Haut-Rhin sont encore impliquées dans les rafles des 23, 25 et 27 février, 1er et 3 mars 1943. On peut donc dire que pratiquement toutes les communes du Sundgau ont été touchées par la terreur nazie. Ces rafles ne se sont pas arrêtées au Sundgau puisque d'autres familles habitant d'autres communes du Haut-Rhin ont également été transplantées, notamment en octobre 1943. De plus, ces transplantations ne se sont pas limitées aux rafles de 1943, elles ont débuté dès août 1941 et se sont poursuivies jusqu'après le débarquement allié du 6 juin 1944, en s'étendant à toutes les régions d'Alsace.

Selon un rapport allemand, 2260 personnes de la région d'Altkirch ont été concernées. Selon une seconde source allemande, 2364 personnes ont été transplantées du sud du Haut-Rhin. Ces chiffres allemands ne correspondent pas à la réalité car suivant les estimations de personnes dignes de foi, c'est entre quatre et cinq mille personnes qui ont été touchées dans le sud du Haut-Rhin durant l'occupation. Une autre indication émane de M.J. Bopp lequel dans son ouvrage datant de 1945 a écrit que six cents familles d'agriculteurs, dont 518 du Haut-Rhin, ont été transplantées outre-Rhin. Cependant le chiffrage de Bopp est nécessairement partiel. Par contre, une statistique officielle de 1948 [1] porte sur dix-sept mille personnes d'Alsace et dix mille personnes de la Moselle qui ont été transplantées dans le Reich ou dans les territoires occupés de l'est.

Le 27 décembre 1954, le gouvernement français a reconnu aux personnes en cause le titre de patriote proscrit et contraint à résidence forcée en pays ennemi, avec droit au port de la médaille des proscrits. Le 29 août 1959, le titre est modifié en patriote résistant à l'occupation des départements du Rhin et de la Moselle, incarcéré en camps spéciaux (initiales PRO).

En 1992, le gouvernement français a décidé d'inscrire une ligne budgétaire sur 1993 d'un montant de quatre millions de francs au titre d'une première tranche d'indemnisation pour les PRO. Quarante-sept ans après la capitulation du IIIe Reich.

NOTE

1. Document n° 1039 du 20.12.1948, la Documentation française, secrétariat général du gouvernement, 16, rue Lord-Byron, Paris 8e (adresse d'alors).

LE CAMP DE BRESLAU

L'Umsiedlingslager 141 (Breslau) est de moyenne importance par sa population déportée mais est un des plus sévères pour les commandos extérieurs. En janvier 1944, il ne compte pas moins de 117 familles soit 380 personnes. Ces familles représentent toutes les régions d'Alsace, du nord au sud, et de l'ouest à l'est. Que le lecteur en juge, car s'y retrouvent :

- 30 familles de la vallée de la Bruche,
- 27 familles de Mulhouse et environs,
- 14 familles de Colmar et environs,
- 11 familles de Guebwiller et environs,
- 9 familles de Thann et environs,
- 9 familles du Sundgau,
- 4 familles de Wangenbourg,
- 2 familles de Westhoffen,
- 1 famille de Wangen,
- 1 famille de Siltzheim,
- 1 famille de Herbitzheim,
- 1 famille de Dossenheim-sur-Zinsel,
- 1 famille de Roeschwog,
- 1 famille de Haguenau,
- 1 famille de Bischheim,
- 1 famille de Graffenstaden,
- 1 famille de Fégersheim,
- 1 famille de Geispolsheim
- 1 famille de Sand.

Il existe 169 Umsiedlungslager, dits camps spéciaux, en Allemagne ou dans les territoires occupés par les Allemands. Leur répartition est la suivante : 86 en Allemagne proprement dite, 42 en Silésie (act. Pologne), 29 en Tchécoslovaquie et 12 en Autriche. La liste complète de ces camps figure dans l'ouvrage *les Patriotes Résistants à l'Occupation*, éd. FNDIRP, Paris, 1986 (10, rue Leroux, 75116 Paris).

Un Ennemi du Reich

RENÉ PAIRA

Sous-préfet de Sélestat en 1939, officier fait prisonnier en juin 1940, René Paira passa près de cinq années dans un Oflag en Autriche, refusant la libération offerte par les Allemands aux Alsaciens. Chronique d'une résistance opiniâtre.

Les membres du corps préfectoral qui exerçaient leurs fonctions dans des départements frontières bénéficiaient au point de vue militaire d'un statut particulier. Ils étaient placés en affectation spéciale et de ce fait échappaient aux mesures de mobilisation Cette disposition me valut d'être maintenu au début de la guerre à la tête de l'arrondissement de Sélestat. Je vécus de ce fait la douloureuse évacuation de la population des villages situés entre le Rhin et le canal, que j'ai contée dans *Affaires d'Alsace*[1]. J'ai encore présent à l'esprit les longues colonnes de chariots sur lesquels les malheureux avaient entassé leurs biens les plus précieux. Et je les vois encore s'embarquer dans les wagons à bestiaux d'un train de marchandises pour rejoindre des départements lointains où rien n'était prêt pour les accueillir

C'est le moment où je fus convoqué à Paris pour rendre compte de la situation. Le contact avec la capitale me choqua profondément. Partout régnait la plus parfaite insouciance. Les nombreux officiers menaient la bonne vie, les restaurants de luxe et les boîtes de nuit regorgeaient de monde. Ces constatations rejoignaient certaines observations faites en Alsace. Où allions-nous ?

En tout cas, je ne voulais pas vivre les événements en « planqué ». Je voulais pouvoir assister après la guerre la tête haute à une réunion d'anciens combattants. A ma stupéfaction, la résiliation de mon affectation spéciale me fut refusée. Je fis appel à Paul Valot, mon ancien patron aux Services d'Alsace. Il me fit parvenir, quelques jours plus tard, une lettre du président Chautemps me donnant satisfaction : « Je comprends, dit ce dernier, les sentiments qui animent M. Paira et ne puis que le féliciter, et vous prie de transmettre dans ces conditions sa demande au ministre de l'Intérieur avec mon accord pour la cessation de son affectation spéciale. »

Mais pour autant mon problème n'était pas réglé. J'étais attaché d'intendance et j'avais demandé ma mutation dans l'infanterie. Il fallait pour cela un décret ! C'est grâce à de Lattre de Tassigny, devenu entre-temps général, que j'obtins satisfaction. Je fus affecté au 34e RIF, régiment de forteresse qui couvrait le Rhin de Graffenstaden à Marckolsheim. Je vécus les mois de drôle de guerre dans les villages que j'avais fait évacuer.

Sous tous les rapports, cette période ne fut pas facile. L'hiver 1939-1940 fut particulièrement rude. Les températures de – 15 °C étaient fréquentes et un redoutable verglas était notre sort quotidien. C'est dans ces conditions pénibles que les hommes travaillaient à compléter les ouvrages fortifiés. Leur équipement était médiocre. C'est en vain que pendant des mois, je réclamais des bottes en caoutchouc pourtant indispensables dans les marigots, alors qu'au moment de la débâcle je découvris à Saint-Dié un magasin avec dix mille paires de bottes fourrées.

L'état-major de la 5e armée à Wangenbourg m'avait chargé d'organiser un centre d'écoute de la radio allemande. Le 9 mai 1940, mes hommes vinrent me réveiller à 23 heures, très agités. On invitait les auditeurs à écouter une intervention capitale de Hitler. Quelques minutes plus tard, il annonça effectivement l'attaque de la Belgique et la grande offensive. Je téléphonai à Wangenbourg qui, n'étant au courant de rien, me mit en liaison avec le groupe d'armées, puis avec l'état-major général. C'est ainsi que j'ai annoncé la nouvelle du déclenchement des véritables hostilités au niveau le plus élevé de notre appareil militaire.

Les premières semaines qui suivirent n'apportèrent pas beaucoup de changements dans notre secteur. Nous suivions avec étonnement puis avec angoisse, les cartes renseignées que nous avions fixées aux murs, attendant tous les jours le miracle de la Marne. Chez nous, le front était toujours calme. Mais une agitation sur la rive droite faisait prévoir une tentative de franchissement du Rhin, que nous attendions avec beaucoup de calme. Les événements prirent, hélas, une tournure imprévue pour nous. Dès le début juin, nous apprîmes avec stupeur que l'une après l'autre les divisions d'intervalle, qui étaient notre artillerie, quittaient l'Alsace, et le 12 juin, décision insensée, les régiments de forteresse reçurent l'ordre de quitter leurs ouvrages pour être dirigés sur Chalon-sur-Saône afin d'arrêter l'avance des Allemands sur Lyon. Vingt-quatre heures plus tard, les Allemands franchirent le Rhin sans difficultés.

LE TRISTE SPECTACLE D'OFFICIERS ALSACIENS CHANTANT DES CHANTS NAZIS

La nouvelle de l'armistice éclata comme une bombe. L'Alsace, n'ayant pas vécu l'exode dramatique, n'arrivait pas à comprendre. Le retrait des troupes au dernier moment avait donné à la population l'impression douloureuse que la France renonçait à la défendre et le mot « abandon » était sur toutes les lèvres.

Dans les jours qui suivirent, les Allemands groupèrent en certains points de rassemblement leurs prisonniers. Ils furent méthodiques et rusés. Aux unités qui n'avaient pas déposé les armes à l'armistice, ils promirent le rapatriement en zone libre. Puis organisèrent des cortèges interminables, escortés par des gardiens arrogants, comme si on voulait montrer à l'Alsace le spectacle de l'armée française

LE CAMP D'OFFICIERS PRISONNIERS XVII-A EN AUTRICHE.
RENÉ PAIRA Y PASSA CINQ ANS.

déchue. Mais de tous les hameaux, de toutes les maisons, les gens affluaient. Les femmes pleuraient silencieusement et chaque mot exprimait une confiance obstinée. « Vous reviendrez », clamait l'Alsace à ceux qui partaient en exil. De l'autre côté, les belles promesses étaient oubliées. Le sens de l'organisation prit le dessus. Tous les prisonniers passaient par le centre régulateur de Mayence. Le temps d'être doté d'un numéro matricule, nous nous trouvions devant un train de marchandises. On nous fit monter à trente dans chaque wagon à bestiaux et le convoi se mit en route, toutes portes verrouillées, vers une destination inconnue. Subitement, dans l'obscurité, j'ai eu l'impression qu'on chuchotait en alsacien. Intrigué, je m'approchai et eus la surprise d'entendre quelques officiers alsaciens discuter avec lourdeur de leur libération et de la vie qui les attendait en Alsace allemande. Cette attitude était heureusement en opposition totale avec le souvenir que nous avions emporté de chez nous, mais quand même !

Au bout de quarante-huit heures, au lever du jour, le train s'arrêta dans une petite gare isolée. Pas de village, un haut plateau coupé de bois de sapins. Crasseux et fourbus, nous n'étions pas beaux à voir en face des dix officiers allemands qui constituaient le comité d'accueil. Nous étions à deux kilomètres de l'Oflag XVII-A que Hitler avait fait construire en Autriche, sur le plateau morave. On appelait la région « petite Sibérie » et c'était à juste titre. Chaque hiver, j'y ai enregistré des températures de –30 °C.

C'est là que vécurent pendant quatre ans et demi six mille officiers français. Il fau-

RASSEMBLEMENT POUR L'APPEL.

drait un livre entier pour conter leur aventure. Les camps étaient de véritables microcosmes avec leurs lois, leur économie, leur morale, mais aussi avec des possibilités stupéfiantes dues à la présence de centaines de spécialistes représentant tous les métiers. La dominante était le mot « liberté » dont la privation était ressentie d'autant plus douloureusement que rien ne permettait de prévoir la durée de la détention.

A l'arrivée à l'Oflag XVII-A, nous étions quelque deux cent cinquante Alsaciens. Dès le début, les Allemands annoncèrent notre libération. Il était entendu, cela va de soi, que les intéressés devions nous reconnaître sujets allemands. Les réactions furent vives. Soutenue par un grand nombre des camarades du camp, une majorité affirmait qu'une déclaration comme celle qu'on nous demandait, obtenue sous la contrainte, était sans valeur. Une petite minorité déplaisante, rappelant les chuchotements entendus dans le train, accepta la situation, se montrant d'une servilité pénible, de peur de ne pas être libérée assez vite. C'est autour d'eux que le service de propagande du camp organisait des séances d'Umschulung (rééducation), ce qui nous valu le spectacle affligeant de camarades en tenue d'officier français chantant les chants nazis et se prêtant à toutes les simagrées du régime.

Restaient les irréductibles, ceux qui estimaient que même sous la contrainte, on n'avait pas le droit de capituler devant l'ennemi. Mais, pour eux, se posait un problème complexe et angoissant. En 1870, le traité de paix avait prévu la possibilité pour les Alsaciens d'opter pour la nationalité française et de s'installer en France. En 1919, le traité de Versailles ne comportait pas de disposition de cette nature. Retrouvaient la nationalité française tous ceux qui l'avaient perdue par le traité de Francfort, ainsi que leurs descendants

DE VÉRITABLES MICROSOCIÉTÉS SE CONSTITUAIENT.

sans exception. Qu'en serait-il dans le nouveau traité ? Le *Völkischer Beobachter* annonçait les pertes territoriales que subirait la France en ne laissant aucun doute sur le sort de l'Alsace. Si, par analogie aux dispositions du traité de Versailles qui déclarait les Alsaciens français sans exception, les Allemands maintenant déclaraient allemands tous les Alsaciens, que deviendraient les prisonniers qui avaient refusé de se reconnaître allemands ? On était au courant, hélas ! du sort réservé par le régime hitlérien aux gens de l'opposition.

UN GROUPE D'ALSACIENS ET DE LORRAINS ENTOURANT LES BANNIÈRES DE NOTRE-DAME DE STRASBOURG ET DE METZ.

Lorsque la commission de triage vint à Edelbach, j'essayai d'obtenir une réponse à mon problème. Mon interlocuteur fit semblant de ne pas me comprendre et me dit : « Les problèmes de nationalité ne sont pas des problèmes de bifteck. » Ce propos grossier mit un terme à notre conversation.

En essayant aujourd'hui de retrouver l'état de mes pensées à ce moment-là, voici ce que je me disais. Les dés sont jetés. Le fait d'opter va de soi, mais je ne pourrai jamais vivre en Alsace allemande. Cependant je me sens profondément alsacien. J'aime ce pays, je l'aime au point de lui pardonner ses faiblesses et même ses défauts. C'est à Riquewihr, Bouxwiller, Molsheim, Sélestat, que s'attachent mes plus chers souvenirs. Demain, si nos fols espoirs ne se réalisent pas, nous devrons quitter nos terres, nos meubles, chaque image imprégnée du meilleur de notre vie affective. Mais je devine ce qui nous attend... Car il ne faut pas se faire d'illusions, nous serons reçus avec sympathie en vieille France, tout en étant un élément de gêne. On a déjà tant de peine à caser tout le monde. Et je ne parle pas des remarques déplaisantes sur l'Alsace que nous devrons entendre. J'ai assisté à une conférence d'un industriel du Nord : « Maintenant, dit-il, que nous avons la chance d'être débarrassés de la concurrence alsacienne !... »

Plusieurs fois l'occasion d'un retour s'est présentée. Les Lorrains sont partis. Mais plus que jamais j'ai pensé que la droiture était un devoir absolu. Et j'ai eu la joie profonde de constater que nous étions nombreux à penser de la sorte. Plus de cent Alsaciens restèrent dans le camp et nous nous réunissions pour échanger des nouvelles du pays et puiser dans notre misère commune une source d'espoir et de fierté.

Mon cas personnel se trouva provisoirement réglé. Le 6 février 1942, un arrêté du Gauleiter Wagner déclara Renatus *Païra*, ancien sous-préfet, ennemi du peuple et du Reich. Ses biens furent mis sous séquestre et la condamnation s'accompagnait d'un Rückkehr-Verbot (interdiction de retour) dont la portée sinistre se passe de commentaire.

L'histoire des Alsaciens prisonniers des Allemands ne s'arrête pas là. Par une correspondance secrète avec l'Alsace, que j'entretenais grâce à des incorporés de force qui se trouvaient parmi nos gardiens, j'avais des nouvelles de nos camarades rapatriés. La plus grande partie était passée en zone libre, un certain nombre étant même arrivés à Londres. Les jeunes classes qui étaient restées en Alsace furent sommées fin 1944 de rejoindre la Wehrmacht, et risquaient la peine de mort en cas de refus.

EN FÉVRIER 1942 UN ARRÊTÉ DU GAULEITER ME DÉCLARE « ENNEMI DU PEUPLE ET DU REICH »

Au même moment, les résistants autrichiens m'avertirent que le Gau de Strasbourg avait demandé le relevé des officiers alsaciens présents au XVII-A avec leur année de naissance. Aux yeux de mes interlocuteurs, il ne pouvait que s'agir d'une mesure préparatoire à une incorporation. Le hasard voulut que l'ambassadeur Scapini vînt au camp la semaine qui a suivi. Je demandai à le voir et pus lui exposer la situation. Il m'assura qu'il transmettrait sans délai une protestation à la Croix-Rouge. Il tint parole et je sus par un de ses représentants, qui vint fin 1944 au XVII-A, que la Croix-Rouge avait adressé une note impérieuse au gouvernement allemand.

Quelques mois plus tard, le camp, à cheval entre la zone d'occupation russe et américaine, fut en grande partie rapatrié par ces derniers. Le fait de traverser un secteur tenu par la résistance tchèque nous permit de repêcher un certain nombre d'incorporés de force, dont les lettres de remerciements constituent pour moi la plus belle conclusion de mes aventures.

NOTE

1. René Paira, *Affaires d'Alsace, Souvenirs d'un préfet alsacien,* La Nuée Bleue, collection « Mémoire d'Alsace », Strasbourg, 1990.

Le Camp du Struthof

L'horreur dans les Vosges

JEAN-CLAUDE RICHEZ

Plus de dix mille déportés de toutes origines ont été exterminés au Struthof. Seul camp de concentration installé sur le territoire français, il illustra notamment la volonté des occupants d'affirmer l'Alsace terre allemande en y imposant jusqu'à la présence de l'horreur nazie la plus absolue.

LA PORTE D'ENTRÉE DU CAMP, AUJOURD'HUI MÉMORIAL DE LA DÉPORTATION.

1943

PROSPECTUS TOURISTIQUE D'AVANT GUERRE.

Le Struthof, dont le nom pour les Alsaciens avant-guerre était associé aux sports d'hiver, est aujourd'hui synonyme de camp de la mort. Ce lieu traditionnel de villégiature des Strasbourgeois, situé au-dessus du village de Natzwiller, non loin de Schirmeck, dans la haute vallée de la Bruche, a été en effet choisi par les nazis, pendant la seconde guerre mondiale, pour y ériger un camp de concentration, le seul camp d'extermination sur le territoire français. L'Alsace était alors considérée comme terre allemande.

Le site a été retenu par le Standartenführer Blumberg, maire de Schirmeck, à la demande de Himmler. Les travaux de construction du camp commencent au mois d'avril 1941. Ils sont réalisés par des prisonniers volontaires venus du camp de « sûreté » voisin de Vorbrück où étaient détenues des personnes considérées par les nazis comme dangereuses pour le Reich ou comme devant être « rééduquées. »

Les premiers déportés arrivent au Struthof le 21 mai 1941 par la gare de Rothau. Ils sont au nombre de cent cinquante et viennent du camp de Sachsenhausen. Ce premier contingent est formé de condamnés de droit commun et de prisonniers politiques, allemands et autrichiens. Le deuxième contingent arrive le 24, on y a joint des « asociaux ». Tous ces hommes ont été choisis âgés de moins de quarante ans et en bonne condition physique. Ils doivent pouvoir être utilisés à la construction du camp. Ils sont logés dans un bâtiment faisant face à l'hôtel du Struthof où résident les SS chargés de les encadrer. Le 28 juin arrive un troisième groupe qui comprend le premier déporté français au camp: un Lorrain. Jusqu'au printemps 1942 le camp comptera en permanence autour de deux cents prisonniers. Ils sont employés à la construction de baraques. Les quatre premières sont achevées en novembre 1941. Dès cette époque un certain nombre de prisonniers participent à l'exploitation d'une carrière de pierres voisine du camp.

A partir du printemps 1942 le nombre de détenus gonfle considérablement. Au bout d'un an les registres du camp comptabilisent 950 entrées et un effectif d'environ 550 déportés. Le 12 mars 1942 arrive un important contingent formé essentiellement de communistes allemands et de résistants polonais et tchèques. En juin 1943, 4 430 prisonniers ont été immatriculés, soit 3 500 pour la deuxième année de fonctionnement du camp. En juillet 1943 et dans les mois qui suivent, le camp accueille des contingents de prisonniers « Nacht und Nebel » (nuit et brouillard). En 1944 les effectifs oscillent entre 6 000 et 7 000 personnes dans un camp prévu pour 4 000 personnes. De nombreux déportés sont envoyés dans des commandos ou sous-commandos. Ceux-ci sont au total au nombre de soixante-huit. Les principaux sont à Kochen, Francfort-sur-le-Main, Geislingen, Heilbronn, Kochendorf, Neckarelz, Obrigheim, Sandhofen, Wasseralfingen, Zuffenhausen, Vaihingen, en Allemagne. Il y en a également quelques-uns en Alsace et en Lorraine : Metz, Obernai, Cernay, Longwy, Wesserling, Sainte-Marie-aux-Mines.

L'encadrement du camp est assuré par environ deux cents SS dont cent cinquante attachés à la surveillance proprement dite et une cinquantaine à l'administration. Le responsable de l'ensemble du dispositif change à plusieurs reprises. Le personnage clé du camp est le Lagerführer : l'Obersturmführer SS Josef Kramer. Il a été promu à ce grade en juin 1942 en raison de sa « compétence ». Josef Kramer est dans l'administration concentrationnaire depuis 1934. Il a déjà servi à Dachau, Sachsenhausen, Mauthausen, Auschwitz. Il est arrivé au Struthof en avril 1941 avec le premier convoi de prisonniers. A partir de 1942, Lagerkommandant, il devient le responsable de l'ensemble du dispositif. Il conservera cette fonction jusqu'en avril 1944, date à laquelle il est nommé commandant du camp de Birkenau-Brzerzinka (Auschwitz II). Il est remplacé à son poste, jusqu'à l'évacuation de l'administration du camp, par le Hauptsturmführer Hartjenstein, ancien commandant du camp de Birkenau, qui avait présidé notamment à l'extermination massive des juifs hongrois mise en œuvre dans ce camp. Le Lagerführer est épaulé par un Schutzhaftlagerführer, un Arbeitsdienstführer.

LES BARBELÉS DU CAMP.

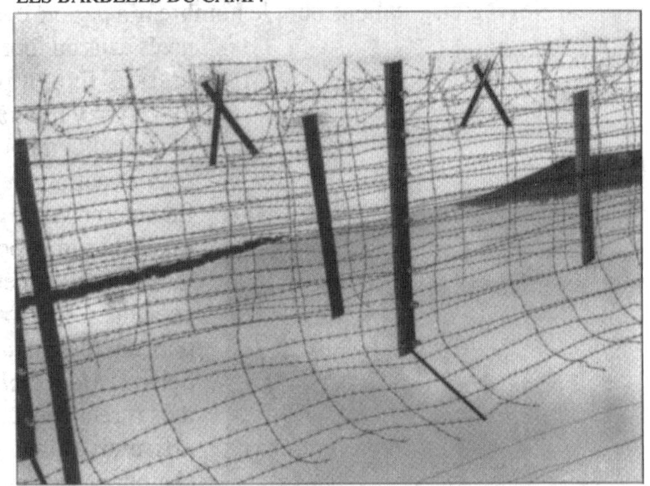

Chaque baraque est sous contrôle d'un Blockführer. Dans leur tâche, ils sont doublés par des civils, prisonniers du camp, des détenus de droit commun,

LA BARAQUE MUSÉE ET LE MONUMENT SOUS LA NEIGE.

allemands en général. Cette direction civile comprend un Lageraltester (chef de camp), un Arbeitseinsatzer (répartiteur du travail), un Lagerkapo (chef des kapos). Chaque baraque avait à sa tête un Blockältester (doyen de baraque) secondé par des Stubenältester (doyens de chambrées). Les commandos de travail étaient placés sous la direction d'un ou deux kapos choisis par les SS parmi les détenus.

L'administration du camp met en œuvre le tristement fameux programme de « Vernichtung durch Arbeit » (l'anéantissement par le travail). Le tribunal militaire de Metz a établi dans son audience du 15 juin 1954 qu'en trois ans et demi sont morts au camp de Natzwiller 4 471 Français, 4 500 Polonais, 508 Néerlandais, 353 Luxembourgeois, 307 Belges ainsi que des Allemands, Autrichiens, Tchèques, Russes, Norvégiens, Italiens dont le nombre n'a pas été évalué. Les morts sont incinérés dans un four crématoire, d'abord mobile, puis fixe, à partir du mois d'octobre 1943. On y mourait d'épuisement, de faim, de maladie, mais aussi très souvent d'exécutions sommaires, souvent collectives. Ce fut notamment le cas peu avant l'évacuation totale du camp, pour les membres du réseau Alliance, entre cent cinquante et deux cents personnes. Les conditions dans lesquelles ils périrent restent aujourd'hui controversées. Selon le *Mémorial de l'Alliance* : « Les hommes furent pendus et les femmes piquées », affirmait l'un... « Tous périrent dans la chambre à gaz, puis furent incinérés », assu-

MIRADOR DE SURVEILLANCE.

rait un autre... Les hommes furent fusillés et les femmes pendues, tous furent massacrés à la mitrailleuse. » Pour le Comité national pour l'érection et la conservation d'un mémorial de la déportation au Struthof : « Il est impossible d'avancer une certitude. D'après les affirmations d'un témoin oculaire et digne de foi, il semble qu'une partie des prisonniers aurait été pendue et l'autre abattue par balles. » On se livra également au Struthof, comme dans de nombreux camps d'extermination, à des expériences médicales (lire dans ce numéro l'article de Jacques Héran).

Comme dans tous les camps de concentration, malgré l'horreur, la répression, les conditions effroyables de survie, une certaine résistance se manifeste. L'organisation d'évasions est en général leur principal objectif. C'est ainsi qu'en juin 1943 des prisonniers russes et polonais qui travaillent à la carrière mettent sur pied une tentative collective qui échoue avant d'avoir pu connaître un début d'exécution. Six Russes considérés comme responsables sont exécutés les 15 et 18 août. L'année précédente, en mars 1942, à l'arrivée d'un convoi de Buchenwald, s'était développé un réseau de résistance chez les Tchèques et les Polonais, animé par des militants communistes et d'anciens des Brigades internationales. Ils travaillent en relation avec des militants communistes de la vallée de la Bruche. A leur tête, le Polonais Joseph Cichesz, ancien des Brigades internationales, le communiste allemand Edwald Motzkat, entrepreneur à Wiesbaden, et le commandant tchèque Mautner. Ce réseau sera à l'origine de la seule évasion réussie. Un autre réseau, qui entretient aussi des liaisons avec la vallée, est celui du général Delestraint et du Comité patriotique animé par des déportés FTP. Ils élaborent également un plan audacieux d'évasion collective en relation avec la résistance vosgienne. Ils mettent en place des groupes de combat de six hommes. Ce projet échoue à la suite de la découverte du plan de l'opération dans les sacoches d'un des responsables de l'opération du côté de la résistance.

Le 30 août 1944 est donné l'ordre d'évacuation de tous les détenus à Dachau. Il est exécuté entre le 31 août et le 4 septembre. L'administration du camp et une organisation réduite de SS est cependant maintenue en place dans la perspective d'un retournement de la situation militaire. Le 24 novembre 1944, Schirmeck est libéré. L'administration du camp s'est repliée sur le Neckar à Guttenbach. Quelques jours plus tard le commandant du camp est remis au capitaine Rivière (Jean Eschbach) par les FFI et les troupes américaines. Il rouvre bientôt ses portes pour accueillir cette fois des miliciens, faits prisonniers par les troupes de libération, et des milliers d'Alsaciens accusés de collaboration avec l'Allemagne nazie. Au mois de septembre 1946 il y a encore un millier de prisonniers au Struthof.

Le 29 mars 1954 l'ancien camp est rasé. On ne conservera que le bunker, le crématoire, la cuisine des prisonniers et la baraque n° 1 transformée en musée. L'ancien camp du Struthof est aujourd'hui mémorial de la déportation.

NOTE

Ce texte a déjà été publié, sous une forme légèrement différente, dans l'article « Struthof » de l'Encyclopédie d'Alsace On y consultera notamment une importante bibliographie de référence sur le sujet.

Les sinistres Expériences médicales du Struthof

JACQUES HÉRAN

Ni médiocre, ni pervers, mais monstrueusement dévoyé par l'idéologie nazie et un orgueil personnel ou nationaliste : tel se présente le « trio infernal » (Hirt, Haagen, Bickenbach), des universitaires ayant entrepris des expérimentations médicales sur les prisonniers du Struthof.

1943

Lorsque l'Etat national-socialiste décide d'accentuer son effort militaire et idéologique afin de mener la guerre totale, l'activité de recherche médicale doit s'intégrer dans le programme draconien de planification, au même titre que toutes les autres activités du pays.

PHOTO DE FEMME TZIGANE DE LA COLLECTION DU PROFESSEUR HIRT.

AUGUST HIRT EN TENUE ÉTUDIANTE D'APPARAT À HEIDELBERG (1917-1921).

Or à l'est le typhus menace, importé par les poux des centaines de milliers de prisonniers soviétiques parqués dans des camps de fortune; à l'ouest le recours à la guerre chimique par voie aérienne est de plus en plus redouté; à l'intérieur les juifs et les tziganes, qui sont voués à une solution finale, constituent une réserve de sujets d'expériences. Dans ces conditions, l'idéologie nazie conduit à ne plus s'embarrasser de scrupules éthiques : « Alles für den Sieg ! », tout pour la victoire.

Dans un autre article de ce numéro, nous présentons la structure de la faculté de médecine de la Reichsuniversität. Sur les trente-huit enseignants de médecine, deux des quatorze professeurs titulaires, l'un des dix professeurs extraordinaires entreront dans l'histoire des tragédies de la seconde guerre mondiale, en travaillant sur du matériel humain au camp de concentration et d'extermination du Struthof. Leur activité dépendait administrativement non de la faculté de médecine, mais d'une organisation SS : l'Ahnenerbe.

Il s'agit des professeurs Hirt, Bickenbach et Haagen.

Qu'ont-ils fait au Struthof ? Nous allons le voir. Il appert qu'après la guerre et jusqu'à nos jours la responsabilité de Hirt sera sous-estimée, celle de Haagen sera, semble-t-il, surestimée, alors que celle de Bickenbach sera à peu près ignorée...

August Hirt (1898-1945?), devenu très jeune (en 1925) Dozent, était connu surtout comme histologiste[1] . Sa notoriété était grande dans le monde scientifique : en 1929, à Heidelberg, avec le pharmacologue israélite Philipp Ellinger (1887-1945), il avait mis au point la microscopie intravitale en lumière fluorescente, une technique de coloration vitale car elle n'entraîne pas la mort tissulaire (d'ou le terme d'intravital); ainsi peut être étudié le fonctionnement de la substance vivante. Ces travaux avaient valu à Hirt l'année suivante (1930), alors qu'il n'était âgé que de trente-deux ans, d'être nommé professeur extraordinaire d'anatomie à Heidelberg. En 1936, il recevra la chaire de Greifswald, puis en 1938 celle de Francfort-sur-le-

Main. Au cours des trois années qui avaient précédé son arrivée à Strasbourg, il avait étudié au moyen de son microscope l'effet préventif et curatif des vitamines sur l'organisme soumis à une agression toxique ou cancéreuse. Hirt avait été admis dans la SS dès 1933, comme un certain nombre d'intellectuels dévoués à l'idéologie du régime. S'il ne dépassa jamais le grade de Sturmbannführer (commandant), il fut fort connu du Reichsführer SS Himmler, auquel, dira-t-on à la faculté de médecine, il téléphonait directement; il appartenait en effet à l'état-major personnel de Himmler.

En outre, il faisait partie d'une société d'obédience SS, société qui avait les prétentions d'être une société savante, l'Ahnenerbe; celle-ci a été présentée dans notre article précédent. C'est pour Hirt que sera créé l'IWZ-H, qu'il installera au Struthof. L'un des bâtiments du camp fut en partie réservé à l'Ahnenerbe; une des pièces de celui-ci était le bureau « scientifique »; une autre pièce, distincte de l'infirmerie du camp, était un dortoir destiné à l'hospitalisation des sujets d'expérience.

Deux thèmes de recherche furent en projet dans un rapport de Hirt à Himmler : d'une part l'étude anatomique de la configuration craniocérébrale de juifs; d'autre part l'étude histologique, par microscopie intravitale en lumière fluorescente, de l'effet de certains médicaments (vitamines en particulier) sur des tissus lésés (notamment sous l'effet de l'ypérite).

Par suite d'une maladie de Hirt, les recherches ne pourront débuter qu'au milieu de l'année 1943. En outre, comme nous le verrons, le premier des deux thèmes ne sera pas finalement suivi par Hirt: l'anatomiste délaissera les cadavres qu'il aura fait rassembler.

1943

La collection de crânes juifs (il semble que l'étude de la configuration des cerveaux ait été finalement considérée comme secondaire par Hirt) devait constituer une première. « Il existe, écrit Hirt dans son rapport, d'importantes collections de crânes de presque toutes les races. Cependant il n'existe que très peu de spécimens de la race juive permettant une étude et des conclusions précises. La guerre à l'est nous fournit une occasion de remédier à cette absence. »

En réalité, aucune étude d'anatomie comparée de crânes ne sera réalisée par Hirt... Mais la modalité retenue sera pire :

HIRT AVEC UN DE SES MAÎTRES, LE PHARMACOLOGUE (JUIF) ELLINGER.

en vue de cette étude, des êtres humains seront assassinés et l'étude n'aura jamais lieu. L'abandon des corps par Hirt sera le signe de son mépris le plus absolu de l'homme. Même le corps d'un chien n'est pas sacrifié inutilement par un expérimentateur. L'homme était pour Hirt au-dessous de l'animal.

On méconnaît aujourd'hui une telle conduite de Hirt; avec l'ignorance quasi générale qu'il était en réalité un scientifique de renommée internationale, cela n'a-t-il pas pour effet paradoxal de réduire dans l'esprit de nos contemporains l'étendue de sa responsabilité ?

A l'intention de Hirt la SS avait fait transférer au début d'août 1943, d'Auschwitz au Struthof, quatre-vingt-sept détenus juifs, qui furent exécutés dans la chambre à gaz du camp[2]. Transportés à l'institut d'anatomie, les quatre-vingt-six cadavres (un des juifs s'était rebellé au moment d'entrer dans la chambre à gaz et avait été tué) furent préparés en vue de leur conservation dans les cuves, où ils restèrent jusqu'en

TROIS FEMMES TZIGANES.
PHOTOS DE LA COLLECTION DE HIRT À L'INSTITUT D'ANATOMIE DE STRASBOURG.

septembre 1944, « sans être touchés par quiconque », ainsi qu'en témoignera au procès de Nuremberg un garçon de l'institut, l'Alsacien Henri Henrypierre. Puis, à l'approche des armées alliées, Hirt ordonnera dans les tout derniers jours de septembre de les tronçonner et de les brûler dans le four crématoire de la ville; mais le temps ne permettra pas à Hirt de les faire tous disparaître. A l'arrivée des Français, il restera dans les cuves de l'institut, des quatre-vingt-six gazés du Struthof, dix-sept cadavres entiers et cent soixante-six quartiers de cadavres.

HIRT AUX ABORDS DU STRUTHOF.

Peu avant la seconde guerre mondiale, Hirt avait procédé dans son laboratoire de Francfort à une expérimentation animale sur les effets d'un gaz de combat vésicant, déjà utilisé pendant la guerre de 1914-1918 : l'ypérite ou « gaz moutarde » (Hitler lui-même en avait été victime, si l'on en croit *Mein Kampf*[3]).

En 1942, les belligérants redoutaient que leurs adversaires n'en viennent à la guerre chimique et des recherches se développèrent en Allemagne comme ailleurs. A Strasbourg, Hirt fit des recherches sur l'animal dans un local du fort Franzeky (ex-fort Ney), à la Robertsau. Puis, à partir d'octobre 1943, il expérimenta l'ypérite au Struthof, sur au moins cent cinquante internés, en majorité des tziganes. Il semble qu'il y eut, parmi les victimes, des sujets témoins, c'est-à-dire des sujets qui n'eurent pas de traitement préventif ou curatif. Le nombre des morts nous reste inconnu, mais il avoisina la cinquantaine. L'Alsacien Charles Schmidt, préparateur à l'institut d'anatomie, réalisait ensuite à partir des pièces d'autopsie des coupes histologiques, que Hirt étudiait avec son microscope à fluorescence[4].

Otto Bickenbach (1901-1971) était chargé de cours à Heidelberg lorsqu'il fut nommé professeur extraordinaire de médecine interne à Strasbourg et, avec ses collè-gues fondamentalistes Rudolf Fleischmann et Friedrich Weygand, codirecteur de l'institut de recherches (Forschungsinstitut) de la faculté de médecine[5]. Il était un spécialiste des effets des gaz de combat, en particulier des effets du phosgène; celui-ci n'est pas un vésicant comme l'ypérite, il est asphyxiant. Au début de la guerre, Bickenbach avait prouvé sur le chat et le singe que l'urotropine prévient l'action du phosgène.

En 1943, le risque de déclenchement d'une guerre des gaz paraissait grand, car les belligérants en étaient à la guerre totale. Aussi Bickenbach reprit-il ses expériences

BON ÉPOUX ET BON PÈRE...
HIRT AVEC SA FEMME.

sur l'animal, en utilisant les installations du fort Franzeky. Mais le professeur de médecine Karl Brandt, qui était le bras droit de Hitler pour les affaires de santé, lui transmit l'ordre de Himmler de passer au stade de l'expérimentation humaine.

Au Struthof, Bickenbach fera deux séries d'expériences sur l'homme. Les expériences de la première série furent menées par Bickenbach seul, sur des « volontaires, auquel on avait promis la liberté ou une réduction de peine », avec une dose minime de phosgène ; il n'y eut aucune mort. Mais Hirt fut très critique quant au protocole expérimental, disant que les conditions n'étaient nullement celles du champ de bataille, s'opposant en outre à la mansuétude promise. Les expériences de la seconde série furent menées par Bickenbach et Hirt, avec une concentration plus forte et des sujets témoins, c'est-à-dire gazés par le phosgène sans avoir au préalable reçu d'urotropine. Bickenbach a prétendu qu'il avait songé à laisser Hirt assumer seul la conduite de la seconde série, mais qu'après en avoir référé à Brandt, il avait jugé préférable de « ne pas laisser faire Hirt, qui ne connaissait rien à la question ». Le nombre total des internés morts aurait été de quatre seulement, selon lui [6].

Eugen Haagen (1898-1972) avait fondé à Berlin, en 1928, le département des virus du Bureau de la santé publique. De 1928 à 1932, il avait été envoyé en mission, puis détaché à la Fondation Rockefeller de New York; c'est là qu'il fut le premier au monde à cultiver le virus de la fièvre jaune. En 1936, son département berlinois fut incorporé à l'Institut Robert-Koch, l'équivalent de notre Institut Pasteur. Ses travaux portèrent alors sur la mise au point d'un vaccin contre le typhus. A partir du vaccin de l'Américain Cox, il créera avec son collaborateur Gildemeister le vaccin dit de Cox, Haagen et Gildemeister. La notoriété de Haagen était alors internationale, il était inscrit sur la liste officielle des candidatures au prix Nobel, dressée par chaque Etat. Au premier procès de Metz, le chef du service des virus à l'Institut Pasteur, Constantin Levaditi (1874-1953), dira de lui qu'il était le premier virologiste d'Allemagne.

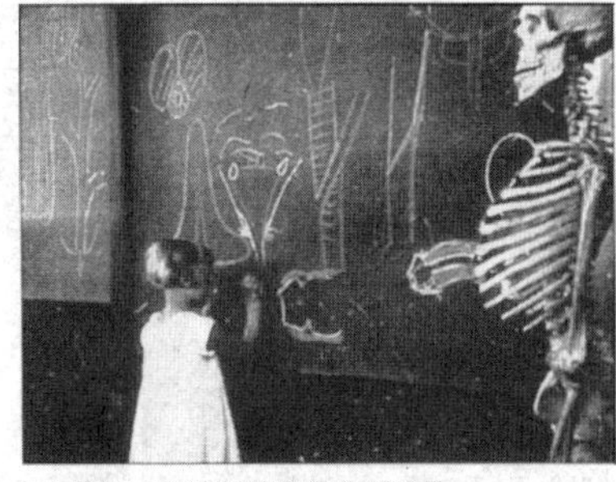

LA FILLE DE HIRT DANS LE LABORATOIRE DE SON PÈRE.

En 1941, Haagen fut nommé professeur d'hygiène et de bactériologie à la nouvelle faculté de médecine allemande de Strasbourg.

Le vice-président de l'Institut Robert-Koch était Gerhard Rose, un spécialiste éminent du typhus ; en 1943, au cours d'une réunion officielle à Berlin, il se déclara ouvertement opposé, pour des raisons éthiques, à toute expérimentation sur l'homme de vaccins insuffisamment éprouvés. Ensuite, il couvrira Haagen.

L'Allemagne était menacée d'une épidémie de typhus, par l'intermédiaire des prisonniers russes, souvent infestés de poux, lesquels sont les agents vecteurs du typhus. La propagande de Goebbels avait lancé un slogan : « Fleckfieber, die Geissel des Ostens » (le typhus, fléau de l'est), Or, contrairement aux Alliés, l'Allemagne ne possédait pas le DDT. Certes, un vaccin efficace existait, celui de Weigel, mais sa production était trop lente et il provoquait une fièvre élevée et prolongée ; comme disait Rose, « on ne peut mettre une escadrille de bombardement au lit parce qu'elle vient d'être vaccinée contre le typhus » ; c'est pourquoi Haagen chercha à diminuer coûte que coûte cette réaction vaccinatoire. D'autre part Haagen n'était pas entièrement satisfait du vaccin de Cox, Haagen et Gildemeister ; celui-ci était un vaccin tué et il est préférable d'avoir un vaccin vivant avirulent, plus sûr.

Haagen commença ses recherches à partir d'un vaccin vivant, celui des Français Blanc et Laigret [7]. Lorsqu'il décida d'utiliser son nouveau vaccin sur l'homme, il choisit non des Allemands volontaires, mais des internés du Struthof, essentiellement des tziganes et des Polonais. La raison qu'il en donna fut le risque majeur que ces internés avaient de contracter le typhus. Mais il refusa, du moins au début, d'utiliser des sujets à mauvais état général ; cette attitude oriente vers l'hypothèse non de vaccinations préventives courantes, mais de vaccinations expérimentales.

Contrairement au cas de Hirt et à celui de Bickenbach, il n'est pas facile de se faire une opinion objective sur les motivations réelles de Haagen. D'une part, les spécialistes de renommée mondiale en matière de typhus qu'étaient Rose et les experts virologues cités par le tribunal, donneront l'impression de couvrir un collègue tropicaliste du XIXe siècle ayant en toute bonne foi expérimenté sur des populations indigènes arriérées... D'autre part, plusieurs témoins, des anciens du Struthof, dont aucun n'était virologue, feront manifestement des erreurs d'interprétation en virologie.

Ainsi s'explique que sur quatre points au moins, les déclarations des témoins seront en partiel ou total désaccord avec les dépositions des experts. Pour les uns (les témoins), Haagen a déclenché volontairement une infection, dont le typhus. Pour les autres (les experts), tout vaccin vivant, qui est du virus vivant atténué, provoque forcément une infection, mais celle-ci n'est bien entendu pas pathogène. Pour les uns,

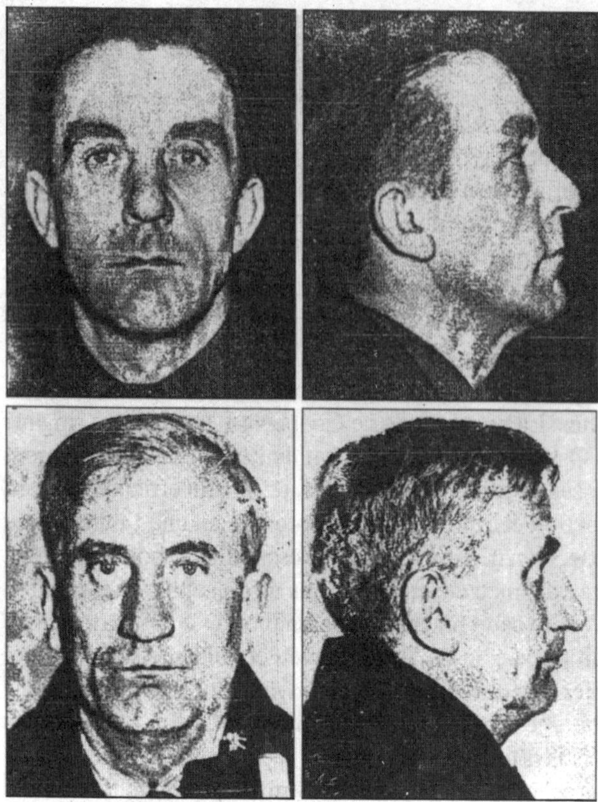

FICHES ANTHROPOMÉTRIQUES, ÉTABLIES À LA LIBÉRATION, D'OTTO BICKENBACH (EN HAUT) ET EUGEN HAAGEN.

Haagen a mal conduit son expérimentation en ne veillant pas à une concentration suffisante ; pour les autres, en diluant ses doses, il a cherché à atténuer la réaction fébrile. Pour les uns, Haagen causa une cinquantaine de morts ; pour les autres, ces morts ont pu être les victimes d'un typhus spontané épidémique. Pour les uns, Haagen a provoqué secondairement le typhus chez ses vaccinés, afin d'éprouver l'efficacité de son vaccin[8] ; pour les autres, aucune preuve formelle n'existe d'une infestation criminelle par le typhus, lequel est d'ailleurs difficile à reproduire en pathologie expérimentale et une infestation provoquée eût été périlleuse pour le camp et la région.

Cependant des lettres envoyées par Haagen ou reçues par lui, son absence de sensibilité à l'égard de ses vaccinés et, surtout, le fait qu'il ait vu sans s'émouvoir, à la station de l'Ahnenerbe, dans les lits voisins, les brûlés de Hirt (il s'agissait de non-assistance à personnes en danger), la mention en note de sa publication de décembre 1944 que l'application à l'homme a été faite sous l'égide de Himmler en personne, de la SS et de l'Ahnenerbe, tout cela laisse une indicible impression de malaise...

Haagen publia brièvement le résultat partiel de ses travaux en juillet et décembre 1944, dans la 1re section (Orig.) du *Zentralblatt für Bakteriologie*, tome 51, p. 307-311 (préparation du vaccin) et 369-373 (application à l'homme). Il s'agit d'une revue de classe internationale, fondée par Robert Koch et qui existe encore aujourd'hui, bilingue, sous le titre de *Zentralblatt für Mikrobiologie*[9].

Incarcéré après la guerre, Haagen s'impatientait de ne pouvoir poursuivre ses recherches et il avait déclaré : « Sans ces Français qui me retiennent enfermé, je serais prix Nobel ! » Aussi est-il étonnant que pendant les débats judiciaires, personne n'ait suggéré l'explication suivante de la conduite de Haagen... Malgré l'existence de deux vaccins, l'un américain (celui de Cox, qui est encore employé de nos jours), l'autre français (celui de Blanc et Laigret), alors utilisés dans le monde, Haagen n'aurait-il pas envers et contre tout recherché la gloire de mettre au point un vaccin allemand ? Et son propre vaccin à lui, lui le premier des virologistes allemands... Une gloire à la fois nationale et personnelle, au prix de risques mortels encourus par des êtres humains rabaissés au rang d'animaux d'expérience.

Loin d'être des médiocres ou des pervers, comme il est d'usage de les dépeindre aujourd'hui (une présentation pour le moins maladroite, car elle amoindrit leur responsabilité réelle...), Hirt et Haagen furent des scientifiques de très haut niveau, qu'un jour la conjonction de l'idéologie raciale (surtout pour le premier) et de l'orgueil (surtout pour le second) a dévoyés.

Hirt n'a pu passer en jugement, mais il est certain que devant un tribunal, sa responsabilité aurait été reconnue maximale en matière d'assassinat et de crime contre l'humanité. Haagen, lui, a eu le bénéfice du doute pour plusieurs de ses motivations, mais ses juges ne purent qu'être défavorablement impressionnés par son cynisme.

Quant à Bickenbach, sa faiblesse de caractère peut en partie expliquer — sans pour cela excuser — la génèse de ses actes.

NOTES

1. Cf. Frederick H. KASTEN : « Unethical nazi medicine in annexed Alsace-Lorraine: the strange case of nazi anatomist professor Dr. August Hirt ». In *Historians and archivists : essays in modern german history and archival policy*, édité par George O. Kent, Fairax (Virginie), George Mason University Press 1991, p. 170-208.

2. Cf. F. BAYLE : *Croix gammée contre caducée. Les expériences humaines en Allemagne pendant la deuxième guerre mondiale*, Neustadt (Palatinat), Imprimerie nationale, 1950.

3. Sur des porcs et des lapins exposés à l'ypérite, utilisant son microscope à fluorescence, Hirt avait montré une action préventive de la vitamine A et une action curative de la trypaflavine (qui est un colorant vital).

4. Ayant fait part de son émotion autour de lui, Schmidt fut congédié par Hirt pour « violation du secret professionnel ». Le professeur Hirt échappa au jugement des hommes. Il disparut dans la débâcle allemande ; il est à peu près sûr qu'il s'est suicidé le 2 juin 1945, à Schönenbach-im-Hochstaufen, près de St-Blasien, en Forêt-Noire.

5. Cf. l'article de R. CASEL dans ce numéro.

6. Après la guerre, Bickenbach sera condamné par le tribunal militaire de Metz, le 24 décembre 1952, aux travaux forcés à perpétuité, mais le jugement sera cassé le 14 janvier 1954 par le tribunal militaire de Paris. Le 14 mai 1954, il sera condamné à vingt ans de travaux forcés par le tribunal militaire de Lyon. Il bénéficiera d'une amnistie l'année suivante.

7. Ceux-ci l'avaient fait tester avant la guerre sur des indigènes de douars marocains, ce que ne manquera pas de souligner devant la justice l'avocat de Haagen, sans être contredit... (Laigret sera professeur à la faculté de médecine de Strasbourg de 1950 à 1960).

8. Pour contrôler l'efficacité d'un vaccin, les virologues n'inoculent jamais la maladie elle-même ! Ils vérifient l'ascension progressive des taux plasmatiques d'anticorps chez le vacciné, ce que fit Haagen, si l'on en croit sa publication de décembre 1944.

9. Traduit en 1946 devant le tribunal militaire de Metz, Haagen sera acquitté. Nommé alors par les autorités soviétiques d'occupation directeur à Berlin de l'institut de recherches sur les virus, il sera kidnappé par les services secrets anglais lors d'un de ses déplacements en zone britannique de la ville et emprisonné à Strasbourg. Le jugement de Metz sera cassé. Renvoyé devant le même tribunal, Haagen sera condamné le 24 décembre 1952 à la réclusion à vie, mais il sera gracié en 1955.
Quant aux accusations d'avoir en outre expérimenté sur une vaccination contre la fièvre jaune et sur une autre contre l'ictère infectieux, elles seront abandonnées.

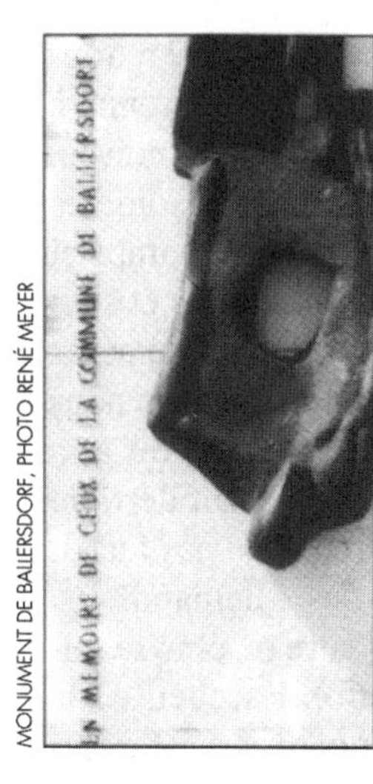

MONUMENT DE BALLERSDORF, PHOTO RENÉ MEYER

Destins de réfractaires

RENÉ MEYER

Ce qui rend la situation alsacienne si particulière au cours de la dernière guerre, c'est la multiplicité infinie des destins individuels. Le hasard et la fatalité n'en sont pas les seuls moteurs, beaucoup ont basculé à la suite d'engagements personnels résolus. Voici huit histoires de réfractaires, à la fois courantes et extraordinaires.

Alphonse Hatsch

• L'organisateur de la première évasion du Sundgau

Engagé dans l'armée française, et de la classe 1911, j'avais été démobilisé en 1940 comme gradé d'artillerie.

Lorsque le Gauleiter a décrété la mobilisation des Alsaciens dans l'armée allemande le 25 août 1942, j'ai décidé de ne pas y obéir et d'organiser une évasion avec des cama-
rades. Aidé en cela par deux amis, nous avons contacté d'autres camarades, une 1943
trentaine peut-être, aux fins de mettre sur pied cette évasion. Cela a duré assez longtemps, trois ou quatre mois, car il fallait tout faire en secret en raison du danger que notre projet soit éventé. Entre-temps, une occasion s'est présentée pour contrer les occupants. Un entrepreneur d'Altkirch avait reçu l'ordre des autorités de démonter la statue en bronze de Jeanne d'Arc qui faisait office de monument aux morts de la commune de Waldighoffen. Après l'avoir déposée, il nous fit savoir qu'il ne souhaitait pas la retrouver le lendemain. Avec quatre autres habitants de la commune qui se sont joints à moi, nous l'avons enlevée dans la nuit du 21 au 22 septembre 1942 à l'aide d'une remorque car elle pesait 350 kilos. Nous l'avons ainsi transportée pour la jeter dans l'Ill en amont d'Oberdorf, pendant que nos épouses faisaient le guet. A la Libération, la statue a retrouvé sa place.

Lorsque à la fin de janvier 1943 les hommes des classes 1914 à 1919 ont été appelés, j'ai immédiatement décidé de hâter le départ car le risque devenait de plus en plus grand d'être découverts. C'est ainsi que nous sommes partis à dix-huit hommes de plusieurs localités des alentours la nuit du 7 au 8 février 1943 après nous être retrouvés dans la forêt de Riespach vers les 19 heures. Tous n'ont pu être prévenus à temps sans quoi nous aurions été plus nombreux. Il faisait grand froid cette nuit-là. La séparation a été difficile, il fallait quitter famille et parents. Nous nous sommes rendus à pied jusqu'aux abords de Pfetterhouse en passant à travers les champs et les bois. Arrivés au ruisseau de la Largue, nos trois guides nous ont quittés et s'en sont retournés. Avant de passer sans encombre en Suisse, nous avons attendu assez longtemps dissimulés sous le pont de chemin de fer pendant que l'un d'entre nous se rendait chez lui pour y chercher des affaires et aussi pour dire un au revoir à sa famille. Nous sommes entrés en Suisse aux environs de 0 h 45 en passant derrière le terrain de football de Pfetterhouse. Je me souviens que chacun de nos pas faisait du bruit sur le sol gelé aux abords des habitations occupées par des Allemands.

Dès notre arrivée sur le territoire helvétique, j'ai ramassé les quatre ou cinq revolvers que nous avions et je les ai jetés dans un buisson. A Bonfol, l'accueil de la population a été chaleureux et de là on nous a dirigé sur Porrentruy où il a été question de nous refouler malgré mes demandes répétées d'entrer en contact avec le commissaire de police et l'ambassade française. D'abord transférés à Délémont, nous sommes revenus à Porrentruy où nous avons passé deux jours en prison. Sans doute s'agissait-il d'une manœuvre de la part des Suisses car ils nous ont séparé de cinq d'entre nous. Nous avons été invités à choisir entre le refoulement vers l'Alsace occupée et la France occupée en nous faisant savoir que les cinq avaient déjà opté pour la France, ce que tous nous avons choisi. Dans la nuit du 10 au 11 février 1943, la police nous a conduits à Danvans dans des voitures particulières stoppées à deux cents mètres de la frontière. Arrivés aux bornes frontières, nos gardes nous ont dit en désignant l'horizon : « Voici la France, adieu. » Nous avons dévalé la pente vers Villars, dans le territoire de Belfort, et nous avons passé le reste de la nuit dans une ferme. Après diverses péripéties dans des écarts du territoire de Belfort et du Doubs proches de la Suisse, nous avons fini par être disséminés dans des fermes de Haute-Saône. Deux d'entre nous ont été arrêtés par les Allemands tandis qu'un autre a été tué au maquis. Quant à moi, j'ai appris que j'étais recherché par la Gestapo qui m'accusait d'être le chef d'un groupe dont l'activité consistait à soustraire des gens d'Alsace pour les enrôler dans la Résistance. Le 1er mai 1944, à 6 h du matin, j'ai pu échapper à la Gestapo et à une vingtaine de SS qui cernaient la maison où j'habitais. La demeure où je logeais était une vaste maison de maître dont les chambres étaient grandes et hautes avec des murs voûtés abritant de nombreux escaliers de service qui m'ont sauvé la vie. Je suis revenu en Alsace avec la 1re armée française. Quant à mon épouse, elle a d'abord été emprisonnée puis déportée avec mon fils aîné au camp de Schelklingen en Allemagne avec de nombreuses autres personnes de la commune.

Joseph Arnold

• Cinq uniformes pour une seule guerre

Nous étions vingt-deux hommes des classes 1914-1919 de la commune de Roderen, avec ceux de Rammersmatt, qui avons refusé de se faire recenser à la mairie le 11 février 1943. Moi-même, j'avais déjà accompli quarante mois dans l'armée française y compris les deux mois de prisonnier de guerre en 1940. Nous avons tous été arrêtés sans ménagement le lendemain 12 février. Deux Allemands sont venus me chercher à l'usine où je travaillais et ils m'ont surveillé pendant que je changeais de vêtements. Avec un autre camarade, nous nous sommes retrouvés à la gendarmerie de Thann où étaient déjà les vingt autres. L'un était en sabots car il avait été arrêté venant des champs. Un autre conduisant un chariot tiré par deux boeufs avait dû abandonner son attelage sur place, en pleine nature. Dans notre village, l'émoi était à son comble. De nombreux habitants sont venus nous apporter des victuailles mais tout contact avec nous leur a été refusé sans doute pour éviter un nouvel incident car manifestement notre rébellion devait être matée. De Thann, nous avons été transférés à la prison de Mulhouse sous bonne garde des SS du camp de Saint-André près de Cernay. Au départ, pour nous intimider, nos gardiens avaient manœuvré la culasse de leurs fusils en nous disant que toute tentative de fuite serait brisée par les armes. Sur le trajet, le conducteur de la camionnette qui avait été requis pour nous transporter s'est volontairement égaré mais il a été vite stoppé par l'escorte SS qui nous suivait. Le 16 février on nous a conduits au camp de Schirmeck. Notre escorte nous a à nouveau fait le coup de la manœuvre de la culasse de fusil. L'accueil à Schirmeck mérite d'être rapporté. Dès que nos gardiens sont descendus du camion bâché, les cris et les jurons ont aussitôt commencé à fuser. D'abord véritable dégringolade du camion puis de nombreux « hinlegen », « aufstehen » nous ont véritablement épuisé; puis tonte des cheveux, perception de la tenue de détenu. Appel tous les matins à 6 h suivi de travaux obligatoires, le tout agrémenté d'une soupe. Deux jours plus tard, nous avons vu arriver l'appariteur de notre commune et un autre habitant qui s'étaient exprimés à la suite de notre arrestation. Il y avait aussi d'autres hommes des communes voisines et de la vallée de Saint Amarin qui se trouvaient au camp. Deux baraques de cinquante étaient pleines de « rebelles » comme nous. Un conseil de révision pour la forme s'est tenu et, parmi nous, tous ont été reconnus aptes, sauf deux. Nous avons été incorporés dans la Wehrmacht le 27 mars 1943 et, avec cinq autres hommes de Roderen et nous nous sommes retrouvés dans un bataillon d'instruction à Taus en Tchécoslovaquie.

Affecté au front de l'est, on entendait les haut-parleurs russes qui en langue française incitaient à nous rendre. C'est ce que j'ai fait dans la nuit du 13 octobre 1943 alors que j'appartenais à la 8e compagnie du Grenadier Régiment n° 55 à Altnassau-Weingau, dans le sud-est de la Russie. Profitant d'une corvée de ravitaillement, j'ai

LA MONTÉE VERS LE FRONT RUSSE.

jeté mes armes puis j'ai rampé sur les coudes pendant environ deux heures ou peut-être plus en direction des lignes russes. Comme j'avais appris quelques mots de russe, j'ai crié : « Niet Germansky, davai Fransousky. » J'avais aussi réussi à conserver mon livret militaire français pour prouver ma qualité d'Alsacien incorporé de force. Hélas ! lorsque je l'ai montré on me l'a pris et déchiré feuille par feuille : il a servi pour enrouler du tabac. Après avoir été dirigé sur un poste de commandement, je me suis retrouvé avec une trentaine de prisonniers comme moi. Mais on avait encore pris ma montre, sans doute parce que cela brillait. Puis, on voulait prendre mes chaussures, j'ai réussi à l'éviter car je disais : « Malingui, niet od karosch », ce qui signifie tant soit peu : ma pointure est trop petite, cela ne va pas. A soixante-dix ou quatre-vingt Alsaciens-Lorrains serrés dans un wagon de marchandises, nous avons été dirigés sur le camp de Tambov, de sinistre mémoire. Le voyage a duré une semaine, parfois stationnés pendant de longues heures sur une voie de garage et ravitaillés à cette occasion par du pain sec et de l'eau destinée aux tenders des locomotives. Quant à nos besoins, ils se faisaient au travers d'un trou fait dans le plancher du wagon. A Tambov, il a fallu construire nos baraques semi-enterrées avec des troncs d'arbres puis recouvrir les toits de terre. Au camp, c'était une éternelle chasse aux poux et une obsession de nourriture, une soupe aux orties ou autres herbes faisait partie de nos préoccupations. J'ai eu la chance d'être envoyé au « lazarett » (hôpital) où j'ai travaillé. Un jour, j'ai donné un morceau de viande à un camarade, lequel, au lieu de le consommer, l'a mis de côté, ce qui a été découvert. Après avoir fait du cachot à ce sujet, j'ai été renvoyé à ma baraque.

En été 1944, en juin, le général Petit, de la France libre, est venu au camp avec une délégation française et il a été question de la libération des Alsaciens-Lorrains pour aller chez le général de Gaulle. Aussitôt, un contingent de mille cinq cents hommes a été formé militairement avec création d'une musique. Le 6 juillet 1944, tout le contingent ainsi formé est allé dans une caserne toucher un uniforme russe.

Arrivés à Téhéran le 18 juillet, nous avons rendu notre uniforme russe dès le lendemain pour être habillés d'un uniforme anglais.

Après avoir traversé la Jordanie et la Palestine, nous sommes arrivés dans le port de Haïfa le 1er août, puis à Alger dans l'après-midi du 29 août 1944. Transférés à Maison-Carrée, on nous a mis en quarantaine, pour que le 2e Bureau puisse nous interroger.

Notre voyage aura duré presque deux mois et pendant ce temps tous ne sont pas arrivés à destination. Beaucoup sont tombés malades car ils n'ont pas supporté une nourriture à nouveau correcte. D'autres sont décédés. En Algérie, les plus jeunes en âge ont été affectés dans des unités combattantes de l'armée française tandis que d'autres, tels que moi, avons été intégrés dans des unités hors rang. Ma démobilisation est intervenue le 2 septembre 1945. J'ai changé cinq fois d'uniforme militaire. Le premier c'est d'abord le français, puis celui de la Wehrmacht, le russe, l'anglais et à nouveau le français... Destin d'Alsaciens !

Anne-Marie Gasser

• Vingt-six mois de déportation

1943

Le soir de l'évasion du 10 février 1943, j'ai accompagné mon frère, âgé de vingt-deux ans, dans la forêt de l'Espen. Il y avait énormément de monde sur place, beaucoup de parents ou d'amis étaient venus avec leur fils. Après le départ des hommes, je suis rentrée chez moi avec d'autres habitants du village. Durant la nuit, quelqu'un est venu nous avertir « qu'ils » avaient bien passé la frontière. J'ignore d'ailleurs encore aujourd'hui qui est ce « quelqu'un ».

Le lendemain 11 février, le chef de la gendarmerie allemande de Ferrette est passé chez mon père, Joseph Peter, maire du village de Riespach, comme à l'habitude. C'est à cette occasion que mon père lui a fait savoir que mon frère avait quitté les lieux sans rien dire. Le chef des gendarmes, qui n'était pas un nazi et qui a eu des ennuis suite aux évasions, lui a répondu que rien n'avait été signalé du côté de la frontière. Or, il y avait déjà eu une évasion quatre jours plus tôt. Le 21 février au soir j'ai été arrêtée avec une douzaine d'autres personnes du village et nous avons été enfermées à la mairie. Ensuite, on nous a transportés à la prison de Mulhouse où notre camion a d'ailleurs été accidenté au passage à niveau d'Altkirch. J'ai été détenue dans

Der Vorstand
des Strafgefängnisses und der
Untersuchungshaftanstalt
Mülhausen

Mülhausen (Els), den 26. Febr. 1943

Entlassungsausweis

Die am 14. 2. 1923 in Riespach geborene

Anne Marie Peter (Vor- und Zuname)

ist heute aus der Anstalt nach Riespach (künftiger Aufenthaltsort) entlassen worden.

Sie befand sich seit 11. 2. 1943 für (Einlieferungsbehörde)

(Aktenzeichen:) in Untersuchungshaft ~~und Strafhaft~~.

Entlassungsgrund: ~~Strafende — Gnadenerweis~~

Er ist im Besitz von RM Rpf (in Marken) RM Bargeld

und eines Gutscheins für eine Fahrkarte nach

Angaben über sonstige Fürsorgemaßnahmen und die voraussichtlichen Unterkunfts- und Arbeitsverhältnisse siehe Rückseite.

GefV. 11
Entlassungsausweis.

BILLET DE SORTIE EN FÉVRIER 1943 DE LA PRISON DE MULHOUSE D'ANNE-MARIE PETER, FILLE DU MAIRE DE RIESPACH. LE LENDEMAIN, ELLE EST À NOUVEAU ARRÊTÉE ET DÉPORTÉE.

cette prison jusqu'au 26 février, date de mon retour à la maison. Tous les jours, j'étais extraite pour être interrogée par la Gestapo. Il était surtout question de l'écoute de radio non allemande par mon père et de la fuite de mon frère. Chaque fois, j'ai pu me défendre en répondant que je ne savais rien. Dès le lendemain de mon arrestation, mon père a lui aussi été arrêté et incarcéré à Mulhouse d'où il a été transféré au camp de Schirmeck où il a été détenu pendant trois mois. J'ai un mauvais souvenir de la prison et aujourd'hui encore j'entends avec angoisse le bruit des clés tourner dans une serrure.

Le 27 février 1943, de très bonne heure puisque les autocars qui devaient nous transporter sont arrivés à 4 h du matin dans le village, j'ai de nouveau été arrêtée mais cette fois-ci avec ma mère et de nombreuses autres familles de Riespach. A Altkich, tout le monde a été embarqué dans un train composé de wagons de marchandises dont les portes ont été verrouillées. Il y avait un train entier de plusieurs centaines d'habitants de villages du Sundgau arrêtés et déportés comme nous.

Nous avons roulé toute la nuit jusqu'à Saulgau, en Allemagne. Là, avec d'autres personnes on nous a fait descendre du train pour nous diriger vers Siessen où nous sommes restées six semaines. Ensuite on nous a dirigés sur le camp de Schelklingen. Des habitants de Riespach et d'autres villages ont été disséminés dans les camps de Grosshennersdorf, Riesa et Untermachthal. Au camp de Schelklingen, on nous a envoyés travailler comme femmes de service au sanatorium de tuberculeux à Schömberg où je ne voulais pas rester en raison du danger de contagion. J'ai dû y rester deux ans sous peine de retourner au camp. Trois filles déportées comme moi dans ce sanatorium ont été contaminées, deux sont décédées.

Ce sont les troupes françaises qui nous ont libérés le 24 avril 1945. Nous avons pu revenir au village le 5 mai. Comme nos biens avaient été confisqués par les Allemands, nous avons trouvé à notre retour des Italiens qui occupaient la maison. C'était des habitants de Mulhouse dont le logement avait été bombardé et qui avaient été envoyés chez nous. Mon frère, qui s'était évadé le 10 février 1943 et dont nous étions restés sans nouvelles, était, lui, déjà revenu.

René Grienenberger

• Le rescapé du massacre

Nous avions décidé, mes camarades et moi, de nous soustraire à la Wehrmacht en nous évadant en Suisse. Pour ce faire, nous avons attendu le dernier jour du recensement, le 11 février 1943, pour nous faire inscrire à la mairie de Ballersdorf, notre village. Le soir même, nous nous sommes réunis chez moi où il a été décidé de suivre la voie ferrée menant sur Pfetterhouse et la Suisse, en nous tenant toutefois assez loin de celle-ci. A vrai dire, il fallait trouver un passeur et le départ devait seulement avoir lieu quelques jours plus tard. Au matin du 12, chacun d'entre nous est allé à son travail habituel pour ne pas éveiller l'attention. Or, ce jour-là, on a appris que deux cents Alsaciens étaient passés en Suisse la veille, ce qui a eu pour effet de fixer notre départ pour le soir même. Vers 22 h, nous nous sommes retrouvés au lieu-dit Zigeunerloch près du village.

Nous étions dix-huit nés principalement entre 1914 et 1919, douze de notre village et six autres qui nous ont rejoints dont trois de Retzwiller. A nous tous, nous avions six mousquetons et quatre revolvers qui avaient été récupérés en juin 1940. Ensemble, nous avons quitté les lieux en marchant tranquillement, sans nous pres-

LES LIEUX DE LA FUSILLADE DU 13 FÉVRIER 1943,
SUR LA ROUTE DE BISEL À SEPPOIS-LE-HAUT.

PHOTO RENÉ MEYER

ser, à travers champs. Lors d'une halte, vers minuit, nous avions convenu que nous ne nous arrêterions plus avant d'avoir franchi la frontière. En arrivant devant Seppois, nous avons chargé nos armes avant de commencer à longer la voie ferrée. A 0 h 30, arrivés près du pont allant vers Bisel, soudain une patrouille de douaniers allemands fait sommation de nous rendre : « So, jetzt ergibt euch », sans aucune autre parole. En raison de la nuit personne ne les avaient aperçus. Aussitôt, quelques-uns de mes camarades s'élancèrent vers les Allemands en criant : « Haut les mains ! »Tout aussitôt éclatèrent des coups de feu qui n'ont duré que quelques secondes. Mais, quelques minutes plus tard, les renforts étaient sur place car, me trouvant à quelques centaines de mètres de là, j'entendis à nouveau : « Polizei, Polizei, ergibt euch », et de nouveaux coups de feu crépitèrent. Après quoi ce fut la dispersion générale, chacun s'en allant de son côté. Qui a tiré le premier ? On ne le saura jamais !

Je suis resté seul. Après avoir erré toute la nuit à travers champs et bois, je me suis dirigé sur Bisel que j'ai pu repérer grâce à l'église.

Avec beaucoup de précautions, j'ai pu me cacher dans une grange sans attirer l'attention. Au matin, je me suis présenté au propriétaire, Aloïse Berger, qui a bien voulu m'héberger pendant trois jours.

J'ai appris qu'il y avait eu trois tués de notre côté et un blessé grave du côté allemand, mort le lendemain. J'ai aussi appris que tous mes camarades étaient rentrés chez eux et avaient été arrêtés. J'ai appris par la suite le malheureux sort qui leur a été réservé.

Grâce à M. Berger, qui n'a pas osé me garder plus longtemps car il y avait des enfants, j'ai été dirigé sur la Sennhutte, ferme isolée entre Largitzen et Heimersdorf, exploitée par M. Emile Kohler. J'y suis resté du 15 février au 8 mai 1943. Lorsqu'il a appris que ma cachette commençait à s'ébruiter, M. Kohler a contacté le curé de Largitzen, lequel m'a confié à M. Feldmann d'Illfurt. Ce dernier m'a fait franchir la frontière suisse entre Saint-Louis et Bâle. J'ai été interné en Suisse du 8 mai 1943 au 3 novembre 1944, date à laquelle j'ai été affecté au 4e bataillon de chasseurs à pied du Groupe mobile d'Alsace à Ornans. C'est là aussi que tous les Alsaciens venant de Suisse ont été enrôlés pour participer à la Libération. Notre montée au front s'est effectuée le 20 novembre 1944 et la joie au cœur nous sommes entrés en Alsace cinq jours plus tard. J'ai été démobilisé à Mulhouse et suis rentré à Ballersdorf pour préparer le retour de mes parents qui avaient été arrêtés, internés à Schirmeck puis déportés en Allemagne. Le même sort avait été réservé à toutes les familles du groupe. Malheureusement, je suis le seul survivant de ce tragique épisode.

PHOTO RENÉ MEYER

LE MONUMENT AUX FUSILLÉS DE BALLERSDORF.

Hélène Gentine

• Sœur d'un fusillé de Ballersdorf

Le 12 février 1943, mon, frère Henri Miehe, né en 1916, et d'autres camarades de 1943
Ballersdorf et des environs décidèrent de passer en Suisse. Hélas, la frontière était sévèrement gardée et leur tentative échoua. Trois des dix-huit jeunes gens tombèrent sous les balles des Allemands.

Les représailles ne se firent pas attendre. Sur les dix-huit jeunes, un seul, René Grienenberger, a pu s'échapper tandis que les quatorze survivants étaient arrêtés. Transférés à la prison de Mulhouse, puis à Schirmeck, ils étaient fusillés le 17 au matin au Struthof. Dès le15 février, toutes les familles des jeunes gens de Ballersdorf et celles des villages dont les autres jeunes étaient originaires furent arrêtées, chargées dans des camions et dirigées sur Schirmeck. C'était un lundi et il pleuvait. Dès notre arrivée, nous avons dû nous aligner sous les gouttières du bâtiment d'accueil, qui existe encore aujourd'hui, le visage contre le mur, trempés que nous étions au point que six semaines plus tard nos vêtements étaient encore humides. Hommes et femmes étaient séparés. Restée avec ma mère, je n'ai pas revu mon père pendant six semaines alors que nous étions à quelques mètres les uns des autres. Les hommes de tous âges eurent la tête rasée et ils furent obligés de participer à des exercices et des corvées qui n'étaient plus de leur âge. Les femmes, sous la surveillance de gardiennes qui épiaient faits et gestes, devaient s'occuper de la corvée du linge à la laverie, d'autres devaient raccommoder les vêtements des détenus en y mettant pièce sur pièce. Pour nous humilier et nous écœurer, on nous servait la soupe dans des seaux hygiéniques. Le soir, sans chauffage, couchés sur les planchers recouverts d'un méchant paillasson, nous cherchions à nous réchauffer un peu sous la couverture où grouillaient les punaises. Nous ne voyions le ciel qu'une fois par semaine, le dimanche, en faisant le manège en sabots autour d'un baraquement.

Le 25 mars, on nous annonça notre départ mais pas notre destination, et nous espérions alors rentrer chez nous. Hélas ! dans notre camion, nous nous aperçûmes que nous traversions le Rhin. Dès le lendemain de notre arrivée au camp de Schelklingen, certains furent répartis dans le Wurtemberg ou en Saxe pour travailler en usine ou dans les champs, toujours sous le contrôle des SS. Quelques-uns tombèrent malades sous le poids des corvées et par manque de nourriture.

Mes parents et moi avons pu rester dans les camps de Schelklingen, Rippoldsau et Riedlingen en raison de l'état de santé de mon père. Mais nous allions travailler chez des particuliers ou encore planter des arbres dans la forêt ou faire du bois de chauffage par un froid glacial pour le camp. En guise de nourriture pour la journée, nous avions un morceau de pain et du saucisson.

Vers la fin de notre détention, lors des alertes, on nous enfermait dans le sous-sol du camp, un ancien couvent, où la Wehrmacht avait stocké tout un arsenal, et d'où on ne pensait plus sortir vivant. On nous disait que les rues seraient pavées avec nos têtes... Notre calvaire s'est terminé le 23 avril 1945, jour de notre libération par l'armée française.

Antoine Kapfer

• Les pérégrinations d'un déserteur

En 1942, j'ai d'abord été enrôlé au Reichsarbeitsdienst en Allemagne. Puis, le 13 janvier 1943, j'ai à nouveau été incorporé malgré moi, mais dans la Wehrmacht cette fois. Je me suis trouvé avec cent vingt autres Alsaciens dans un camp à Ulm. Là, avec trois camarades, j'ai bénéficié d'une « priorité » qui a consisté à nous envoyer tous les quatre, le 22 mai 1943, sur le front russe avec trois mois d'avance sur le restant de la troupe.

Le terrible hiver russe 1943-1944 commença dès la fin octobre. Fin décembre, j'ai obtenu une permission de trois semaines et je suis revenu chez moi le 2 janvier 1944 après huit mois d'absence. J'y ai rencontré mon camarade de classe André Kapp, lequel, regagnant son unité le 15 janvier, cassa son fusil en deux à la gare de Haguenau devant des gendarmes allemands hébétés. Je suis retourné à mon unité le 31 janvier avec une semaine de retard. Nous avons été ramenés dans le secteur centre, à Tschaussy, cent cinquante kilomètres au-delà du Dniepr, à l'est de Mogilov. C'est là que j'ai été entraîné dans une ténébreuse affaire et détenu à la prison de Minsk du 30 mai au 7 juin 1944 après être passé devant le tribunal militaire sans savoir ce que l'on voulait exactement de moi, sans doute parce que j'étais alsacien !

Dans la soirée du 15 juin, nous nous sommes subitement trouvés en face de soldats soviétiques qui s'étaient faufilés à travers un champ de blé alors que pourtant le secteur était très calme depuis une quinzaine de jours. Notre riposte a été immédiate avec l'aide de grenades à main, tirs de mitrailleuses et de mitraillettes pour nous dégager. Mais les orgues de Staline se sont mises de la partie avec leurs tirs très précis, nous obligeant à battre en retraite. Nous avons pu retrouver la Rollbahn, la route principale menant de Smolensk à Minsk. Une débâcle sans nom nous y attendait. Des milliers et des milliers de véhicules en tout genre, motos, voitures, camions, chars d'assaut, étaient là, immobilisés par manque de carburant, ou par panne de moteur, ou encore par suite de la coupure du pont de la Bérézina, laissant leurs occupants se débrouiller par leurs propres moyens. Débâcle qui, avec huit cent mille tués ou prisonniers a causé la perte de quatre de mes cousins et de bien d'autres concitoyens de notre village natal. Quant à nous, nous étions sortis de l'auberge une fois arrivés près de la ville de Grodno, en Biélorussie à proximité des frontières polonaise et lituanienne, le 17 juillet 1944. Là, à Lautmansdorf, prétextant une affaire de famille à régler d'urgence, j'ai réussi à convaincre notre chef, un jeune lieutenant, de m'accorder une permission. J'ai obtenu une autorisation d'absence de huit jours, voyage compris, expirant le 22 août 1944. Arrivé chez moi, sachant que Leclerc avançait sur Chartres et Dreux, selon la radio, j'ai « déserté » en ne retournant plus sur le front et en me cachant tour à tour chez des familles amies jusqu'à la libération de notre village, Ohlungen, le 29 novembre 1944.

René Henry

• Trois tentatives de mutilation

Lorsque la désignation des classes 1914 à 1919 fut connue et ne voulant pas revêtir l'uniforme feldgrau, j'ai tenté de me mutiler. La première fois, je voulus me casser une jambe en me jetant entre les roues arrière et avant d'une voiture chargée de quatre stères de bois mais cela n'a pas réussi. La deuxième fois, un camarade a essayé de me casser un tibia par un coup violent; cela aussi a raté. On a essayé une troisième fois avec un marteau avec lequel on a frappé mes genoux et mes chevilles ce qui a eu pour résultat de les faire enfler. J'ai été ajourné non sans une visite du chef de la gendarmerie de Lapoutroie accompagné d'un médecin.

A Fréland, le 16 février 1943, lors de la rafle des hommes pour le conseil de révision, quatre d'entre eux parvinrent à s'échapper. Ils restèrent cachés dans la montagne sans bouger jusqu'à la Libération. Incorporé en avril 1943, je me suis trouvé au camp de Marienburg, en Prusse occidentale, où un sous-officier allemand nous a fait l'instruction en langue... française. Nous étions en effet une section d'originaires du pays « welche » francophone et nous ne connaissions pas un traître mot d'allemand.

LE DERNIER DES UNIFORMES DE RENÉ HENRY, EN 1945.

Affectés au 172e Feldersatzbataillon, secteur de Kiev, nous sommes montés en ligne le 24 octobre. Avec un camarade de Guebwiller, je me suis rendu aux Soviétiques le 6 novembre près de Jitomir. Nous sommes restés entre les lignes de 10 h du matin à 16 h. Les haut-parleurs lançaient des appels en français « Rendez-vous » pour les Alsaciens et les Lorrains. Je me suis retrouvé le soir avec un camarade welche, de Hachimette, qui lui aussi s'était rendu dans le même après-midi. Prisonnier, j'ai fait partie de la colonne des prisonniers allemands parcourant les rues de la ville de Kiev détruite sous les huées de la population. Certains jours, les Soviétiques, furieux de la destruction de la ville, ne faisaient pas de prisonnier. J'ai vu deux cosaques montés sur leurs chevaux mitraillant un groupe d'une quarantaine de prisonniers allemands parmi lesquels il y avait peut-être des Alsaciens.

Plus ils tuaient et plus le groupe se resserait pour finir de former une pyramide de cadavres.

Au camp d'instruction de Marienburg, il y avait deux cents Alsaciens et Lorrains dont une section de welches dont je faisais partie. Les Russes n'admettaient pas que les gens du pays welche soient alsaciens puisqu'ils ne parlaient pas l'allemand. Au contraire, ils pensaient que nous faisions partie de la LVF dont les membres se faisaient passer pour des incorporés de force et se glissaient parmi les rapatriés pour échapper à la vengeance.

A Tambov, j'ai fait partie du contingent des mille cinq cents libérés. J'ai eu une énorme chance car il m'avait été attribué le numéro 1423, c'est dire...

Après ma libération du camp, je ne pesais plus que quarante-cinq kilos. A notre passage à Téhéran, de nombreux camarades sont restés sur place car ils étaient malades. A Alger, je me suis aussitôt engagé dans les forces françaises. Le 14 août 1945, je suis revenu chez moi comme sergent-chef de l'armée française.

Gilbert Tscheiller

• Déporté à treize ans

C'est le 28 octobre 1943, à 4 h du matin, que nous avons été arrêtés mes parents et moi. J'avais alors treize ans. A vrai dire, ce ne fut pas une surprise car mon frère aîné, incorporé de force dans la Wehrmacht, avait déserté son unité en Haute-Savoie. Nous avons été littéralement mis à la porte de notre demeure par les agents du SD (Sicherheitsdienst) après avoir rassemblé en hâte des bagages et des victuailles. Des scellés ont été apposés avec l'indication « Beschlagnahmt, Reichsfeindliches Vermögen » (saisie des biens des ennemis du Reich). Tout fut ensuite vendu aux enchères. 1943

Au troisième jour de notre détention, j'aperçus ma mère, et me précipitant vers elle, je reçus une violente schlague sur l'oreille gauche de la part d'un gardien. Près d'un demi-siècle après, je porte encore de sérieuses séquelles de ce coup reçu malgré plusieurs opérations. Nous fûmes embarqués le 4 novembre dans des wagons à bestiaux verrouillés jusqu'à Trebnitz en Silésie.

Le 16 novembre, nouveau départ dans des wagons verrouillés pour le camp de Breslau, toujours en Silésie. Les chambrées de ce camp contenaient entre quinze et vingt-quatre personnes, mixtes, avec des lits à trois étages infestés de punaises. Au fil des semaines la nourriture devint de plus en plus pauvre. Certains détenus devaient travailler la journée dans l'industrie. D'autres étaient affectés à des commandos lointains. Les conditions de travail étaient très sévères, sous garde constante des SS et il n'y avait pas de possibilité de changer de vêtements. Ma mère fut affectée dans une usine de la banlieue de Breslau tandis que mon père et moi devions construire une porcherie dans la montagne par un rigoureux temps d'hiver. En mai 1944, nous rejoignîmes tous deux Breslau. Peu après, mon père fut appelé à une section de travail à Pétersdorf, en Tchécoslovaquie, tandis que je me retrouvai affecté aux travaux de fortification de Breslau. Un mois plus tard, tous les jeunes des camps de la contrée furent rassemblés dans un autre camp, à Ober-Schreiberbau, près de la frontière tchécoslovaque. Le camp était dirigé par un officier de la Wehrmacht et par la Hitlerjugend. Nous étions environ trois cent cinquante jeunes, amalgame de gosses de tous les pays occupés, Alsaciens, Lorrains, Luxembourgeois, Yougoslaves, Soviétiques, Hongrois, Roumains et Bulgares.

La journée était très chargée: réveil à 6 h, sport jusqu'à 7 h, levée du drapeau à croix gammée à 8 h, petit-déjeuner à 8 h 15, séances d'endoctrinement et d'histoire pangermanique de 9 h à 11 h 45, marche au pas cadencé à 12 h jusqu'au déjeuner à 13 h, de nouveau séances d'endoctrinement de 14 h à 18 h, descente des couleurs à 18 h 30, dîner à 19 h et extinction des feux à 21 h.

Un jour l'officier commandant le camp fut envoyé sur le front de l'est et remplacé par un SS. Les séances d'enseignement furent réduites au strict minimum et remplacées par des travaux très pénibles : coupes d'arbres, débardage, creusement d'une saignée pour lignes électriques souterraines sur plusieurs kilomètres, le tout sous la surveillance des chefs de la Jeunesse hitlérienne devenant de plus en plus tyranniques et n'hésitant pas, par exemple, à nous faire manœuvrer pendant les heures de repas. Après trois mois de « recyclage », nous fûmes renvoyés dans nos camps respectifs, sauf une trentaine d'entre nous qualifiés de « durs ». Peu de temps auparavant avait eu lieu un autre incident. A l'occasion d'une inspection dans notre baraque, un jeune Yougoslave, plus âgé que moi et qui nous protégeait souvent, eut l'audace de demander une augmentation quantitative de notre nourriture. En guise de réponse, le SS s'était saisi de sa canne et en avait asséné de si violents coups sur sa tête qu'il s'effondra. Porté à l'infirmerie sans connaissance, nous ne le revîmes plus. Alors que nous effectuions des travaux de défense militaire, nous avons été bombardés par l'aviation soviétique qui, heureusement pour nous, n'était alors pas trop efficace. Jusqu'en novembre 1944, nous avons dû effectuer plusieurs replis sous la poussée des chars russes et sous un hiver précoce et brutal. A la fin de janvier 1945, nous nous trouvions à cinquante kilomètres de Grüssau, en Silésie. Dans le lointain, on entendait le roulement de la canonnade et de plus en plus on rencontrait des réfugiés sur les routes et davantage de morts civils les bordant. Je me suis fondu dans cette cohue et, après bien des péripéties, suis arrivé dans un camp pour déportés dans une ancienne abbaye de bénédictins où j'ai retrouvé... mes parents car le camp de Breslau avait été replié sur Grüssau le 23 janvier 1945 sous la garde des SS.

Le 22 février suivant, nous avons été transportés au camp de Boberstein, en Silésie, où l'essentiel des travaux consistait en creusement de tranchées antichars et en construction de fortifications. Vers la fin avril 1945, nos geôliers disparurent comme volatilisés, mais ce n'est que le 9 mai 1945 que fut matérialisée notre réelle libération. Un commissaire politique est venu dans notre camp en compagnie du Bürgermeister du village chargé de notre subsistance. Ce dernier nous précisa avoir fait désamorcer les charges de dynamite qui devaient faire sauter et le camp et le pont tout proche. Notre camp a été dissous le 28 mai 1945, ce jour-là nous avons été transportés par les Soviétiques dans la ville de Liegnitz (Silésie) où nous avons été logés dans des quartiers réservés aux déportés et aux prisonniers de guerre de plusieurs nationalités. Bien qu'il fût interdit aux militaires de pénétrer dans notre périmètre, les soldats ne manquèrent pas de forcer les portes des logements pour voler, séquestrer et violer des femmes. Le 17 juin 1945, on nous regroupa par nationalité au camp de transit de Leipzig et c'est le 29 juin 1945, après vingt mois d'exil, que mes parents et moi sommes revenus dans notre logement qui avait été intégralement pillé. C'est aussi ce jour-là que nous avons appris que mon frère aîné, repris par les Allemands après avoir été trahi par un milicien, condamné à mort à Lyon puis déporté en Poméranie, était décédé des suites des mauvais traitements infligés.

L'incorporation dans la gendarmerie

Par un décret du 14 juin 1941, le Gauleiter introduit en Alsace la réglementation allemande sur le Notdienstrecht (droit sur le service d'urgence) qui régit l'organisation des besoins en personnels en temps de guerre; une sorte de service de suppléance ou d'urgence aux fins d'assurer le fonctionnement des services de l'Etat et du pays, par enrôlement ou par réquisition.
C'est ce texte qui permet à la gendarmerie de lever subrepticement, presque en catimini, les hommes dont elle a besoin. Aussi, dans les mois qui suivent, les postes de gendarmerie d'Alsace établissent des listes des personnes susceptibles d'être enrôlées. Les personnes désignées doivent appartenir à des classes d'âges anciennes (celles dont la Wehrmacht n'aura pas besoin) et exercer une profession non indispensable à l'effort de guerre, du moins au début car par la suite ont été incorporés aussi bien des maçons que des électriciens.
Ce n'est que dans les premiers jours de novembre 1941 que le masque tombe. A cette date, les personnes désignées du Kreis de Colmar reçoivent un ordre de route leur enjoignant de se présenter le 9 novembre au chef de la gendarmerie à Colmar. Cent vingt hommes, l'effectif d'une compagnie, des arrondissements de Colmar et de Ribeauvillé sont ainsi incorporés. Personne ne prête attention à leur mise en route d'autant plus que la période coïncide avec les premiers départs au RAD.
L'instruction au camp d'Oberhoffen dure environ deux mois, après quoi les intéressés sont répartis dans les différents postes de la gendarmerie allemande en Alsace. Elle est à nouveau décentralisée depuis 1940 car son organisation territoriale reprend celle mise sur pied en 1871. Mais les autorités allemandes ne font guère confiance aux gendarmes auxiliaires alsaciens. A l'occasion de l'introduction de la Wehrpflicht, les occupants estiment qu'on ne peut attendre d'eux — employés qu'ils sont dans un grand nombre de communes — qu'ils interviennent à temps pour entraver la fuite de jeunes Alsaciens. Aussi, le Gauleiter juge indispensable de les remplacer par des fonctionnaires du Reich. Comme on ne peut lui donner entièrement satisfaction et que par ailleurs la surveillance de la frontière exige des forces de police de plus en plus nombreuses, il envisage de fondre l'un dans l'autre la Landwache (garde territoriale) et des sections du parti.
Comme les besoins en personnel sont de plus en plus grands, des mutations sont prononcées dans la Feldgendarmerie (gendarmerie en campagne dont les membres portent une plaque sur la poitrine, suspendue autour du cou par une chaînette et surnommés Kettenhunde, les chiens de garde), engagée sur les divers fronts ou dans les pays occupés.
Nous avons eu connaissance de trois cas : un Alsacien qui, à l'âge de trente-quatre ans, a été incorporé le 9 novembre 1941, affecté dans un poste de gendarmerie en Alsace, puis muté dans la Feldgendarmerie en qualité d'interprète à Gannat (Allier) en juillet 1943 où il a déserté trois mois plus tard; un autre a eu moins de chance, affecté sur le front de Stalingrad, il y laissa la vie; le troisième, affecté à Marseille, n'osa déserter en raison de ses charges de famille en Alsace.
Durant l'annexion de fait, de fin 1941 à fin 1944, les Allemands ont ainsi levé et incorporé de force directement dans la gendarmerie plus de deux mille hommes, nés entre 1908 et 1904, voire antérieurement.

La Musique réquisitionnée

HILDEGARD CHÂTELLIER

Les nazis ont fortement encouragé la musique, certaines musiques. Il ne s'agissait pas seulement d'un combat culturel, destiné à affermir les traditions germaniques, mais aussi d'un processus d'appropriation globale des êtres : corps, sensibilité, âme. « Es singt und klingt wieder am Oberrhein » (le Rhin supérieur chante et vibre à nouveau), écrit le Gaupropagandaleiter Schmid[1].

« Et je sais — je ne le fais plus aujourd'hui, mais jusqu'à il y a quelques années encore —, lorsque je me sentais un peu abattu, pas vraiment de la dépression, mais quand même un peu à plat, alors toujours, j'ai spontanément chanté des chants nazis, et aussitôt je me suis redressé, et allez hop ! droit en avant... C'était pour moi un bon remède. Parce que ces chants, on me les a injectés comme une drogue. Vous savez, quand vous prenez de l'héroïne, cela vous reste dans le sang pour toute une année encore. Et quand on a été élevé sous les nazis, alors on garde ces chants nazis dans la cervelle pendant vingt, trente années encore. »

1943

On ne pourrait mieux illustrer le caractère subreptice, et violemment pénétrant d'une musique dont la charge idéologique s'insinue jusque dans la structure profonde de la personnalité. En esquissant ainsi, dans une interview destinée à la radio hessoise, les conséquences à long terme d'une jeunesse vécue en partie sous le régime hitlérien, le dessinateur Tomi Ungerer[2] met le doigt sur cet enchevêtrement du politique, de l'esthétique et du psychologique qui a contribué aux succès de Joseph Goebbels, ministre de la Propagande sous le IIIe Reich et en tant que tel — quel aveu ! — responsable des affaires culturelles allemandes. L'autonomie du culturel par rapport au politique, prétendue ou supposée, n'était en fait que la ruse suprême d'un pouvoir qui préférait, par la référence à l'héritage culturel, « exercer une force irrésistible sur les cœurs des hommes » — comme le dit le ministre de l'Intérieur, Wilhelm Frick — plutôt qu'asseoir son emprise sur la menace des armes. Ainsi, les moyens considérables engagés dans le domaine culturel sur le plan des structures, du personnel et de l'organisation[3] n'ont pas simplement eu pour but de gagner les faveurs des milieux peu politisés, et en particulier celles, fondamentales pour la survie du régime, de la

TROMPETTES DE LA HITLERJUNGE
À THANN EN 1941.

bourgeoisie cultivée; ils ne visent pas uniquement, face à une culture occidentale et surtout américaine considérée comme décadente, la défense et la sauvegarde d'une prestigieuse tradition germanique dans laquelle les parvenus souhaitent s'insérer; ils sont en premier lieu destinés, selon Frick, à susciter l'adhésion consciente, libre, volontaire des individus avec leur corps, leurs sens et leur âme. Dans cette perspective, il ne s'agit pas d'introduire ouvertement des contenus politiques dans l'art, ni de mettre explicitement la culture au service d'une politique. C'est par l'insistance, au contraire, sur la spécificité de la création esthétique et de sa réception, situées toutes deux, selon la bonne tradition idéaliste invoquée, dans la sphère de l'absolu et de l'éternel, que l'on croit pouvoir le plus sûrement faire des adeptes. Dans un discours prononcé à l'occasion de la première assemblée régionale des chefs de chœur, réunie à Strasbourg le 22 février 1942, Heiner Stähle, responsable culturel auprès du chef de l'administration civile en Alsace, ne manque pas de souligner, par des allusions à l'antiquité égyptienne et gréco-romaine (puis à la cathédrale de Strasbourg), l'importance de la culture, « expression de l'éternité » d'un peuple. Cependant, le parallèle qu'il établit entre « devoir militaire » et « devoir culturel », entre les « autoroutes du Reich » et « les chants et les chœurs », annonce, par la saisissante mise en perspective qu'il implique, la récupération politique de la culture et l'exploitation possible de la musique à des fins de manipulation. Sa conclusion ne surprendra personne : « Nos chanteurs sont donc en même temps des vecteurs culturels et des sujets politiques, et c'est dans ce sens que le parti s'engage en faveur d'une nouvelle culture populaire allemande. »

Si néanmoins le calcul politique exige une certaine indépendance du secteur artistique, si l'embrigadement direct du citoyen dans les organismes idéologiquement trop marqués risque de compromettre les efforts de mise au pas, on comprend que le régime ait créé, dans le domaine musical justement, au sein de la Chambre de musique (Reichsmusikkammer, rattachée au ministère de la Propagande), à côté des structures d'accueil et de contrôle pour les professionnels (compositeurs, musiciens, agences, éditeurs), un Office des chorales et de la musique populaire destiné à l'encadrement des amateurs. La mesu-

DÉFILÉ À L'ORPHELINAT DE NEUDORF.

re permet en effet de combiner judicieusement le respect d'une sphère culturelle propre et la surveillance d'un secteur sensible. Un fonds d'archives privées[4] fournit au chercheur des renseignements très précieux sur la manière dont a été opérée en Alsace la prise en main par la puissance occupante de tout le réseau des orchestres d'amateurs. Au-delà des informations qu'il contient à ce sujet, l'intérêt de cette documentation réside dans l'étendue géographique de la zone concernée. En effet, constituée avant tout de circulaires émanant de responsables culturels, elle a pour destinataires toutes les formations du district de Strasbourg. Selon une liste établie en février 1942, on compte près d'une cinquantaine de groupes instrumentaux, le plus souvent des harmonies municipales, d'Entzheim à Hochfelden, de Reichstett à Breuschwickersheim. L'exploitation des sources disponibles est guidée par la volonté d'analyser les tentatives de mise au pas à la fois sur le plan administratif, culturel et politique et de démêler autant que faire se peut l'embrouillement politico-esthétique qui caractérise les relations que le régime nazi entretient avec l'art.

JEUNES TAMBOURS (PIMF) LORS D'UN KREISTAG.

C'est le 16 novembre 1940 que Wilhelm Scherfling, chargé de la délicate mission d'une restructuration du domaine musical dans le Gau Oberrhein dont fait partie l'Alsace, adresse depuis Karlsruhe une première circulaire à toutes les associations qu'il s'agit de repérer et d'inventorier en vue de leur intégration à l'Office des chorales et de la musique populaire. Questionnaires envoyés à tous les responsables, à remplir avec soin et à retourner « sans délai » ; en attendant, interdiction de reprendre les répétitions sans autorisation explicite à demander par écrit — la bureaucratisation de la vie musicale est en train de s'instaurer. En fait, les formalités à accomplir pour l'adhésion à la Chambre de Musique sont précisées dans une circulaire datée du 19 septembre 1941. Tout le monde est invité à poser sa candidature, rien à payer, insiste Scherfling. L'adhésion implique la signature de statuts obligatoires dont un exemplaire est à remettre à chaque musicien, avec sa carte de membre et l'insigne officiel : « On ne tolérera aucun écart par rapport à cette règle [...] La carte de membre est à apporter aux répétitions et aux manifestations, à cause des contrôles opérés par les organes de poli-

MUSIQUE D'AMBIANCE À UNE FÊTE SPORTIVE.

ce. » A côté du « directeur musical », chaque formation doit présenter un « responsable de l'organisation » dont la nomination dépend de l'approbation des instances compétentes et qui sera introduit dans ses fonctions par le bureau de Karlsruhe. Si, de cette façon, celui-ci est assuré d'une gestion des associations en conformité avec ses intentions, il exige par ailleurs une constante mise à jour du registre des membres : « intervention avec la sévérité qui s'impose » pour le cas où un musicien s'aviserait de faire partie de deux formations à la fois. Certes, l'organisation de concerts ne nécessite aucune demande préalable, mais on apprend en même temps qu'il faut tout de même en informer la section locale du parti et en outre envoyer, avant la manifestation, le programme en trois exemplaires au responsable culturel du district (Albert Rohr). Si l'on ajoute à cela que, sous peine d'amende, toute manifestation doit être déclarée, au moins sept jours à l'avance, à la société des droits d'auteurs musicaux (Stagma), elle aussi affiliée à la Chambre de musique, alors on aura une idée des contraintes imposées par les nouveaux maîtres aux amis les plus actifs de la musique. Ceux-ci n'ont-ils pas toujours exécuté à la lettre les ordres venus d'en haut, comme le suggère un document de juin 1942 ? Toujours est-il qu'une circulaire du mois de janvier 1943, signée par Albert Rohr au moment où, à Stalingrad, le sort de l'Allemagne nazie bascule dans la débâcle, traduit une certaine crispation des instances officielles. Rohr, promu au rang de Kreisverbandsleiter, joue au chef : ton militaire, injonctions sèches à l'adresse des formations qui n'auraient toujours pas remplacé, sur les uniformes, les tresses en « bleu français » par le bleu marine de « chez nous », rappel à l'ordre face aux retards intervenus dans le paiement des cotisations à la Stagma, répétition « musclée » de nombreuses consignes déjà connues, et enfin, autre signe du durcissement, deux exemplaires de l'ouvrage *les Juifs dans la musique* adressés à chaque association avec ordre d'en tenir compte.

LA REPRISE EN MAIN DES STRUCTURES MUSICALES LOCALES FUT UN OBJECTIF PRIORITAIRE DES NAZIS

Cependant, les rigueurs administratives, pour être oubliées ou du moins pardonnées, s'accompagnent d'interventions propres à persuader les musiciens de l'intérêt très sincère porté par le régime au développement de leur formation. C'est ainsi qu'un chargé de mission auprès du ministère de la Propagande, le D[r] von Zimmermann-Brabant, se montre très préoccupé, dans une lettre adressée à l'Orchesterverein Strassburg, par deux problèmes majeurs auxquels il s'efforce d'apporter des solutions satisfaisantes. Le premier concerne l'insuffisance chronique d'instruments à vent. Réponse : un projet de création d'une section spécifique auprès des centres de formation existants. Si les circonstances dramatiques que l'on sait ont empêché la mise en pratique d'intentions aussi généreuses, l'orchestre a pu, sur un autre plan, tirer quelque avantage de la sollicitude du régime : persuadé de l'importance d'une direction musicale autonome et stable, von Zimmermann-Brabant propose non seulement le nom d'un chef possible (H.S. Wöhrlin), mais il promet aussi, pour le poste en question, des subventions ministérielles. Finalement,

AMS

CONCERT D'UN ORCHESTRE DE LA WEHRMACHT AU PALAIS DES FÊTES DE STRASBOURG EN 1943.

grâce à l'appui du bureau berlinois, c'est la municipalité qui assurera, à partir de 1943, le financement du chef d'orchestre. Geste d'apaisement dans une conjoncture difficile ? D'autres manifestations de bonne volonté de la part des responsables régionaux sont plus visiblement marquées par des arrière-pensées idéologiques. Il en est ainsi des stages organisés à l'intention des chefs musicaux ou du matériel (cahiers de chant et partitions) envoyé aux différentes formations.

Il est évident, en effet, que ces envois, comme d'ailleurs la publicité faite en faveur de la revue *Die Volksmusik*, fidèle interprète de la ligne officielle, procèdent du désir de peser sur le contenu des programmes proposés au public. Une circulaire du 16 juin 1942 tente de mettre les choses au point: 1943

> Dans de nombreux cas, la composition des programmes laisse encore beaucoup à désirer. Pour l'instant, j'attends de voir. Mais s'il n'y a pas d'amélioration, il faudra, malheureusement, en venir à vous demander de me soumettre les programmes avant chaque manifestation. Mes chers amis musiciens ! Je ne suis pas mesquin, certes pas, mais il faut veiller ici aussi à construire du solide.

Six mois plus tard, pas de changement : « Manque de goût et de style,très souvent. Nous aurons à en parler.» Mais quelles seraient les œuvres conformes aux intentions du régime ? Les archives de l'Orchesterverein semblent, à cet égard comme à tant d'autres, tout à fait représentatives des grandes tendances observées ailleurs à la même époque. A la prédilection des nazis pour la musique classique que la recherche a souligné à maintes reprises, à propos de l'opéra ou d' émissions radiophoniques par exemple, correspond, dans nos documents, une exhortation pressante

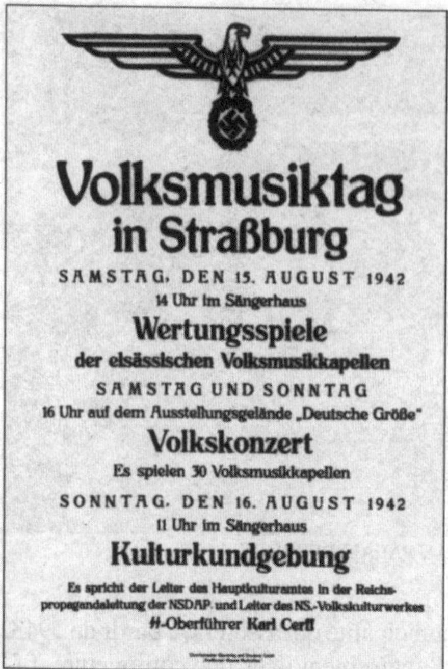

AMS

AFFICHES POUR DES FÊTES DE LA MUSIQUE EN 1942 ET 1943.

à commémorer le cent cinquantième anniversaire de la mort de Mozart. Mainmise sur le sublime pour conjurer l'abject ; appropriation d'une tradition pour acquérir des titres de noblesse ; insistance sur le caractère populaire des airs mozartiens pour mieux souder le peuple — ou tout simplement : enthousiasme pour Mozart, puisque la beauté et la morale sont dissociables. A côté de la musique classique (parmi les partitions adressées à l'Orchesterverein par la Gauleitung figurent par exemple Mozart, Haydn, Beethoven et, choix plus original, une douzaine d'œuvres de Johann Stamitz et de Frédéric le Grand, roi de Prusse), les responsables nazis mettent l'accent sur la musique contemporaine, soucieux de faire croire à la fécondité culturelle de leur Weltanschauung. Comme dans le domaine littéraire, on ne ménage pas ses efforts pour promouvoir un art en accord avec les valeurs défendues.

Nos documents contiennent deux exemples significatifs, un Feierspiel, *le Roi Ring*, d'Erich Colberg, et le poème symphonique *Hymne à la Terre,* d'Eberhard Ludwig Wittmer. Dans les deux cas, il s'agit d'un genre particulièrement apprécié par le régime, proche de la cantate et de ces musiques solennelles si prisées parce qu'elles combinent des avantages multiples : transmission d'un message idéologique par le truchement du texte, chœurs symbolisant la communauté populaire unie dans un même élan, style monumental ou cérémonieux pour transfigurer la routine politique. *Le Roi Ring* tire sa substance d' une « vieille légende » (romantisme de pacotille d'un régime épris de poésie populaire) : en mourant, le roi, soucieux seulement de l'avenir de son peuple, donne pour époux à la reine son grand rival qu'elle n'a cessé d'aimer... Moralité : « Unsere grosse Zeit hat uns wieder fähig gemacht, gross zu empfinden und gross zu denken » (Nous vivons une grande époque qui, une fois de plus, nous permet d'avoir de grandes sensations et de grandes pensées). Le poème symphonique de Wittmer s'inspire d'un texte de Magnus Wehner, un des écrivains les plus en vue sous le IIIe Reich[5]. Il y célèbre, en parfaite conformité avec les motifs du sang et du sol, la Terre-Mère : profondeurs insondables de la nuit créatrice, ventre fécond de la Bien-Aimée, désir de s'abîmer en son sein, etc. L'envers d'une idéologie puritaine qui exalte la virilité. Moralité ? « Dann schliess dich zu, Mutter, und trage mich » (Alors referme toi sur moi, Mère, et berce moi). Désolant de franchise. Peut-être la musique a-t-elle permis d'oublier le texte ? Comment le savoir puisque plus personne ne joue ces œuvres aujourd'hui.

Le NSDAP réquisitionne les formations pour l'encadrement musical des manifestations officielles. Une circulaire émanant directement du quartier général du Führer spécifie que ce type d'activité bénévole doit être considéré comme équivalant au service accompli dans le parti. En même temps sont énumérées les cérémonies pour lesquelles on compte sur la collaboration des différents chœurs et orchestres. Les occasions les plus nombreuses sont liées à la politique, évidemment; 30 janvier (anniversaire de la prise du pouvoir), 20 avril (anniversaire d'Hitler), 9 novembre (anniversaire du putsch de 1923; commémoration des martyrs du mouvement), cérémonies du parti à l'occasion de l'accueil de nouveaux membres ou de l'inauguration d'une nouvelle branche d'activité, etc. Les autres réunions citées correspondent aux intentions des dirigeants de remplacer peu à peu les fêtes chrétiennes (à l'exception de Noël, explicitement mentionnée dans la circulaire du Führer) par la célébration du rythme saisonnier : solstices d'été et d'hiver, les moissons. On voit ainsi s'amorcer une nouvelle articulation du temps modulé non plus en fonction d'un calendrier hérité du christianisme, mais en fonction d' une religion, faut-il dire de substitution, ou néopaganisme, culte de la nature et symbolique de la lumière se combinent en un nébuleux amalgame. La révolution culturelle visée correspond, dans sa démarche régressive, à ces tendances antimodernistes qui, depuis le tournant du siècle et avec une vigueur particulière tout au long des années vingt, s'étaient développées en Allemagne en réaction à l'industrialisation galopante. Si le nazisme les récupère à son profit, ce n'est pas seulement parce qu'il peut s'allier de cette manière une partie de la bourgeoisie petite et moyenne, victime précisément de ces bouleversements et par ailleurs décue par les Eglises traditionnelles. C'est aussi parce que la nouvelle religion est un merveilleux instrument de mystification par rapport au modernisme national-socialiste lui-même qui s'exprime justement avec force, à l'époque dont il est question ici, dans une technologie militaire hautement sophistiquée. Inutile d'ajouter que la religion de la terre, de la glèbe et du sol n'est d'autre part qu'un adjuvant fort décoratif à l'objet principal du culte: le parti lui-même et son chef.

Le « culte brun[6] » avec ses chants, ses cantates, sa liturgie et ses rites, sa mise en scène savante, sa mystique du sang et sa symbolique du drapeau a été décrit depuis longtemps. Le programme de la fête des moissons (4 octobre1942) dont l'encadrement musical est assuré par plusieurs formations de la région strasbourgeoise, illustre bien le style composite que l'on affectionne: musique classique (Beethoven, particulièrement choyé par le régime qui voit en lui l'héroïsme incarné de l'âme allemande; Haydn, exploité selon les exigences d'une religion de la nature: chœur à l'adresse du soleil, extrait des *Saisons*) éléments rituels (récitation lyrique, remise d'une couronne d'épis) et action politique (discours du Gauleiter, hommage rendu au Führer, hymnes nationaux). Assemblage comparable lors d'une cérémonie du parti le13 mars 1943 : la présentation du *Roi Ring* est introduite par un mouvement de la *Petite Musique de nuit* de Mozart et précédée d'un discours du Kreispropagandaleiter. De la même manière, l'exécution de l'œuvre d'E.L. Wittmer a lieu dans le cadre d'une manifestation de l'action culturelle populaire du NSDAP (NS.-Volkskulturwerk). Confusion maintenue entre l'esthétique et 1'idéologie; l'art réduit au rôle de paravent et de prétexte; le politique s'imposant par le truchement de 1'art.

Le rapport d'activité de l'Orchesterverein pour l'année 1942-1943 mentionne non seulement la participation aux manifestations citées, mais aussi celle au dixième anniversaire de la prise du pouvoir ainsi qu'une distribution de livres organisée par la Kreisleitung. Mais la grande affaire semblent avoir été, les 15 et 16 août 1942, les journées de la musique populaire, qui fournissent au chercheur l'occasion de jeter un œil dans les coulisses du pouvoir. L'aspect le plus frappant est peut-être la volonté d'une mobilisation massive pour une grande opération de prestige dont la réussite suppose la mise en œuvre de toute une gamme d'actions convergentes (circulaires des 16 juin et 5 août 1942). Au centre de ces journées organisées sur ordre des responsables régionaux du parti et du ministère de la Propagande: la manifestation culturelle (Kulturkundgebung) du dimanche matin, à l'heure de la messe, agencée selon le modèle décrit plus haut avec un mélange de musique classique et contemporaine, la récitation lyrique, les discours de hauts responsables politiques et l'hommage rendu au Führer. L'après-midi, comme d'ailleurs en grande partie le samedi déjà : concerts populaires dans quelques entreprises, sur les places publiques et dans les hôpitaux, et visite, au Wacken de l'exposition *Deutsche Grösse*[7].

Les responsables des différentes formations musicales sont convoqués à des réunions de travail pour le vendredi après-midi et le samedi soir. A côté de ces aspects peut-être peu séduisants pour une majorité de participants : la motivation par l'esprit de compétition. En effet, les jeux-concours organisés le samedi après-midi impliquent non seulement la présence de tous, mais aussi la mobilisation des énergies et l'ambition de bien faire, toutes choses qui, par de subtils mécanismes de transfert, peuvent être exploitées par les organisateurs à leur profit. Bien sûr, l'intention pédagogique est réelle. Un système d'évaluation nuancé est censé éviter les jalousies puisqu'il est destiné, essentiellement, à montrer « le chemin pour le travail musical à l'avenir ». Mais l'amalgame opéré entre la politique et la culture ne transparaît pas seulement dans la consigne de présenter au concours des compositeurs exclusivement allemands et de privilégier parmi eux les auteurs vivants. Il est perceptible aussi dans cette injonction tant de fois répétée de la présence obligatoire « restlose und geschlossene Beteiligung » (Participation totale et sans faille) de tous les membres actifs et passifs (!) de toutes les associations à la manifestation du dimanche matin, et surtout dans cette phrase du Gauverbandsleiter qui, après avoir évoqué son propre dévouement à la grande cause et sollicité une collaboration « enthousiaste » dans « la camaraderie et l'ardeur au travail », conclut ainsi sa circulaire : « Nous souhaitons montrer à nos compatriotes à quel point, dans cette Alsace revenue au bercail, nous nous attachons à cultiver la musique populaire allemande ». Le lundi 17 août 1942, grand titre en première page des *Strassburger Neueste Nachrichten* : « La musique populaire allemande, un pont qui mène au Reich ». Et rendant compte des discours politiques du dimanche matin le journal note que c'est à la musique populaire que revient « le mérite d'avoir contribué au maintien de l'esprit allemand en Alsace. Le travail des orchestres de musique populaire a donc été synonyme de lutte pour le génie populaire allemand et pour son droit d'existence en Alsace ».

VIEILLES TRADITIONS, MESSAGE IDÉOLOGIQUE, STYLE MONUMENTAL, GRANDES FORMATIONS : VOILÀ LES INGRÉDIENTS D'UNE MUSIQUE AU SERVICE D'UNE POLITIQUE

1943

Du 13 au 20 novembre 1943, alors que la « guerre totale » proclamée par Goebbels entre dans sa phase la plus dramatique, Strasbourg accueille les musiciens, amateurs ou professionnels, de tout le Grand-Reich pour une manifestation culturelle de premier ordre. En effet, après Vienne, Salzbourg et Leipzig, villes musicales s'il en est, c'est à Strasbourg, « avant-poste du génie allemand, vigilant, aux aguets », que revient l'honneur d'organiser les Journées de la musique en famille (Hausmusiktag) vaste mobilisation de tous les milieux musicaux, des orchestres symphoniques aux professeurs de musique, des écoles de musique aux Jeunesses hitlériennes, des lycées aux entreprises, des amis de la musique de chambre aux chœurs d'hommes. Le programme imprimé, une jolie petite brochure avec emblème du parti sur fond de cathédrale, présente en première page une photo du Führer et cette citation de 1936 : « L'art national-socialiste doit servir au développement de la communauté. » Le ton est donné, repris dans les pages suivantes par le maire, le Dr Robert Ernst, et par un haut responsable des Jeunesses hitlériennes, qui insistent tous deux sur l'importance particulière de l'art en relation avec l'esprit de combat en ce temps de guerre. La violence du langage, perceptible par moments dans ces petits textes d'introduction, est à la mesure du désastre qui se prépare : formules creuses de ce géant sur pieds d'argile qui se bat « aujourd'hui à son corps défen-

MANIFESTATION OBLIGATOIRE NAZIE.
LA CHORALE DOIT CHANTER SOUS LE PORTRAIT DU FÜHRER.

dant pour la sauvegarde de notre culture occidentale, contre l'abrutissement de la barbarie asiaticobolcheviste et contre le matérialisme capitaliste et ploutocratique ». L'acharnement d'un régime en lutte pour sa survie, cela explique sans doute aussi pourquoi — après avoir placé au centre des précédents Hausmusiktage Schubert, puis Mozart, puis Bach — on célèbre à Strasbourg l'essor de la musique allemande contemporaine. Hans Pfitzner, dont la recherche a souligné les « tendances préfascistes » sur le plan politique et esthétique [8], y occupe une place de choix avec *Palestrina*, rêve de l'artiste dévoué corps et âme à sa mission divine, « innocent et non taché de sang ». Illusion d'une culture autonome, de l'esprit au-dessus de la mêlée. Mystification. Autre œuvre à l'honneur, *le Livre strasbourgeois du piano*, un recueil de pièces contemporaines pour piano, spécialement composées pour les journées strasbourgeoises. A côté de Leo Justinus Kauffmann, un des compositeurs alsaciens bien connus à l'époque, on trouve E.L. Knorr, Karl Höller et Heinrich Spitta. Une soirée spécialement consacrée à des premières mondiales propose entre autres des œuvres de Leo Justinus Kauffmann et de Josef Maria Erb, autre Alsacien bien connu[9]. La présence, à Strasbourg, de ces compositeurs tout à fait modernes dont on aurait pu allonger encore la liste témoigne en tout cas du vif intérêt porté aux productions musicales très récentes, destinées à présenter, en trompe l'œil, une éblouissante richesse artistique.

Des premières contraintes bureaucratiques aux grandes manifestations de prestige, de l'action triomphale au malaise crispé, de l'euphorie à l'agressivité, les circulaires des responsables culturels reflètent l'évolution politique générale. L'autonomie du culturel — un leurre. Et pourtant, paradoxalement, l'inévitable instrumentalisation de la culture sous la dictature repose précisément sur la possible autonomie de la jouissance esthétique.

NOTES

1. Citation: Gaupropagandaleiter Pg. Adolf Schmid, *Straßburger Neueste Nachrichten*, 17/8/1942, p. 3.

2 Cf. Fred K. Prieberg, *Musik im NS - Staat*, Frankfurt/Main Fischer Taschenbuchverlag, 1982, 16. - 17. Tsd. 1989, p. 242. En fait, l'interview en question semble ne jamais avoir été diffusée.

3 Cf. e.a. *Kunst und Kultur im Dritten Reich. Eine Dokumentation* von Joseph Wulf, 5 vol. (*Die Bildenden Künste im Dritten Reich; Literatur und Dichtung im Dritten Reich; Theater und Film im Dritten Reich; Presse und Funk im Dritten Reich; Musik im Dritten Reich*), disponibles en livres de poche chez Rororo n° 806 - 820; Lionel Richard, *Le Nazisme et la culture*, Paris, Maspero, 1978.

4. Nous remercions le Dr Frédéric Benmann, l'actuel président de la Phiharmonie de Strasbourg, de nous avoir autorisée à consulter ses archives. La Philharmonie, orchestre d'amateurs de musique classique, créé en 1900, s'appellera d'abord, à l'époque qui nous intéresse ici, Orchesterverein Strassburg, puis, à partir du 22 mai 1942, Sinfonie- und Kammerorchester Strassburg. Le rapport d'activité pour la période d'avril 1941 à mars 1942 mentionne la réorganisation de l'orchestre par suite du remplacement de son ancien chef, et d'une forte chute de ses membres actifs, due, dit-on, « pour l'essentiel, à des mutations de fonctionnaires et aux obligations imposées par le parti et la protection civile ». En fait, plus d'un musicien a préféré tout simplement ne pas faire partie de l'orchestre remanié dans les circonstances que l'on sait.

5 Cf. Dietrich Strothmann, *Nationalsozialistische Literaturpolitik*, Bouvier, Bonn, 1968, p. 6, 39, 68, 91,148, 256 et 377.

6 Cf. e.a. Hans Jochen Gamm, *Der brune Kult. Das Dritte Reich und seine Ersatzreligion. Ein Beitrag zur Politischen Bildung*, Rütten und Loening, Hamburg, 1962.

7. Lire l'article de Georges Fossel, « Le nazisme s'expose », dans le numéro de *Saisons d'Alsace* consacré à l'année de guerre 1942 (n° 117, automne 1992).

8 Cf. Gottfried Eberle, Hans Pfitzner, *Präfaschistische Tendenzen in seinem ästhetischen und politischen Denken*, in Hanns - Werner Heister, Hans Günter Klein, *Musik und Musikpolitik im faschistischen Deutschland*, Fischer,Frankfurt/Main, 1984, p. 136-142.

9. Renseignements bibliographiques sur certains de ces compositeurs dans Madeleine Lang, « Bibliographie de l'histoire de la musique en Alsace », in *La Musique en Alsace hier et aujourd'hui*, Publications de la Société savante d'Alsace et des régions de l'Est, t. X, Istra, Strasbourg, 1970, p. 373 sq.

La Medizinische Fakultät

Allemande, puis nazie

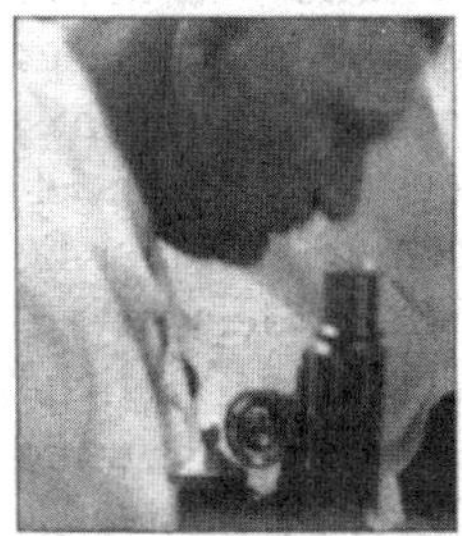

JACQUES HÉRAN

La germanisation générale de l'université de Strasbourg s'aggrava, en particulier à la faculté de médecine, de deux tentatives officielles de nazification. L'une de celles-ci échoua. En outre les idéologues se heurtèrent à une sorte de résistance passive.

Au début de 1943, l'enseignement de la médecine et la recherche biomédicale vont à leur tour subir le contrecoup des mesures décidées par l'Etat national-socialiste engagé dans la guerre totale. Il ne s'agit plus seulement de poursuivre l'œuvre entreprise par la prestigieuse faculté de médecine de la Kaiser-Wilhelms-Universität pendant près d'un demi-siècle et qu'avait interrompue un intermède français de vingt ans. Dorénavant, dans le combat gigantesque, militaire mais aussi idéologique, que livre la nation allemande, aucun atout ne saurait être négligé. Aussi, pour le parti, s'agit-il désormais, en imposant ses propres modes de pensées, d'infléchir la formation à Strasbourg des futurs médecins.

La Reichsuniversität Strassburg avait été inaugurée le 23 novembre 1941 [1], avec quatre facultés : lettres, droit et sciences politiques, sciences, médecine.

On peut distinguer deux périodes dans l'histoire de la Medizinische Fakultät.

Une première période (1941-1943), que nous pourrions appeler de séduction à l'égard de l'Alsace et de l'étranger, fut celle de la reprise pure et simple du modèle wilhelmien. La faculté de médecine se voulait l'héritière spirituelle de sa devancière d'avant 1918. Pour les autorités universitaires allemandes, à Strasbourg le IIIe Reich succédait au IIe Reich... Une seconde période (1943-1944) sera celle d'un début de nazification de la faculté, avec la création de l'institut de biologie des races. Cependant la SS ne pourra faire rattacher au domaine universitaire son institut de « recherches » médicales, et plusieurs professeurs témoigneront, par leurs paroles ou par leurs actes, de leurs réserves, voire de leur opposition envers l'idéologie officielle.

L'inauguration solennelle de l'université avait eu lieu en présence des représentants de toutes les universités allemandes, ainsi que du prince August-Wilhelm, fils de Guillaume II et qui avait fait jadis ses études à Strasbourg. La venue de celui que les Strasbourgeois avaient appelé Auwi était hautement symbolique. La population

AMS

L'INAUGURATION DE LA REICHSUNIVERSITÄT EN 1941.

strasbourgeoise avait été invitée, par le quotidien *Strassburger Neueste Nachrichten*, au « souvenir d'une époque universitaire commune entre les Alsaciens et les camarades du Reich ». Ce que l'on avait officiellement fêté ce jour-là, c'était la « réouverture solennelle de l'activité d'enseignement et de recherche à l'université d'Empire » (feierliche Wiederaufnahme der Lehr- und Forschungstätigkeit an der Reichsuniversität Strassburg).

Vis-à-vis de la France vaincue et de l'étranger, la Reichsuniversität se devait de surpasser l'université française de Strasbourg. « Nous prenons la place de la deuxième université de France », déclara Ernst Anrich, le professeur d'histoire médiévale et moderne (cité par P. Wechsler [2]). Et le conseiller pour les affaires médicales au ministère de l'Education de renchérir : « Seul un homme possédant déjà une notoriété dans le monde scientifique peut occuper une chaire à Strasbourg. »

Certes, l'intention maintes fois formulée, dès 1940, par le Gauleiter Wagner et par des personnalités régionales et nationales, de faire de la Reichsuniversität une université nationale-socialiste est indiscutable. Mais un tel vœu, pendant cette première période, ne se traduira pas dans les faits, du moins en ce qui concerne la faculté de médecine. Pour cette dernière, la politique de nazification ne se manifestera que plus tard.

C'est un médecin, Karl Schmidt (1899-1980), précédemment recteur à Bonn, qui avait été nommé Rektor de la nouvelle université de Strasbourg. Il dirigeait en même temps la nouvelle clinique ophtalmologique; dans sa spécialité, son nom a encore de nos jours une certaine notoriété. La faculté de médecine était représentée par son Dekan (doyen). Celui-ci était le précédent doyen à Heidelberg, Johannes Stein (1896-1967); il dirigeait en même temps, comme à Heidelberg, la clinique médicale, laquelle regroupait à Strasbourg les cliniques médicales A et B du temps français.

Schmidt et Stein avaient choisi ensemble les douze autres titulaires de chaire (professeurs ordinaires), ainsi que les dix professeurs sans chaire (professeurs extraordinaires) et les neuf maîtres de conférences. Par la suite, les enseignants seront au nombre de trente-huit.

Leurs critères n'avaient pas seulement été politiques: contrairement à une idée reçue, les quatorze titulaires de cette faculté n'étaient pas tous des personnages sans envergure. August Bostroem (neuropsychiatrie), Friedrich Klinge (anatomie pathologique), Wolfgang Kohlrausch(rééducation fonctionnelle), Ferdinand von Neureiter (médecine légale), chacun d'eux était une autorité dans sa discipline. Et même parmi les trois qui failliront à l'éthique médicale[3], Haagen et Hirt avaient acquis avant la guerre une réputation scientifique internationale. Et, à l'opposé d'une autre légende, ces quatorze titulaires n'avaient pas tous dû au régime hitlérien leur entrée dans le cénacle académique; onze avaient été des universitaires avant 1933[4].

Au cours de cette première période, quel fut l'esprit de l'enseignement à la faculté de médecine ? L'endoctrinement politique des étudiants ne commencera vraiment qu'à partir de 1943.

Il faut maintenant évoquer la structure de recherche médicale créée à la faculté de médecine par le doyen Stein: le Forschungsinstitut.

1943

UN DES TOUT PREMIERS MICROSCOPES ÉLECTRONIQUES EST INSTALLÉ

Pendant une période aussi courte, qui n'excéda pas trois ans (1941 à 1944), et alors que la guerre faisait rage, la recherche ne pouvait avoir le temps de se développer... Cependant, nous l'avons vu, à l'instar de ce qu'avaient fait leurs prédécesseurs en 1872 et les Français en 1919, les Allemands décidèrent d'emblée que leur nouvelle faculté de médecine devait être prestigieuse: ils lui octroyèrent des crédits considérables.

C'est ainsi que le bâtiment principal de la clinique dermatologique fut désaffecté et qu'y fut installé le Forchungsinstitut der medizinischen Fakultät (institut de recherches de la faculté de médecine).

Celui-ci avait pour modèle le Kaiser-Wilhelm-Institut für medizinische Forschung (institut Empereur-Guillaume de recherche médicale) de Heidelberg[5].

Par la volonté du doyen Stein, le tout nouveau Forschungsinstitut de Strasbourg va être rattaché à la faculté de médecine, alors que celui de Heidelberg était indépendant. Il sera dirigé collégialement par trois directeurs de section. Trois sections sont en effet organisées :

— la section de médecine (au second étage de la clinique dermatologique), devenue biologie en 1944, confiée au professeur extraordinaire Otto Bickenbach (1901-1960), jusqu'alors collaborateur de Stein à la clinique médicale de Heidelberg. (Bickenbach sera aussi « chercheur » à l'institut de recherches SS du Struthof.) La section sera dotée, au sous-sol, de l'un des tout premiers microscopes électroniques construits au monde.

— la section de chimie (au premier étage), confiée au professeur extraordinaire Friedrich Weygand (1911-1969), jusqu'alors collaborateur de Richard Kuhn à l'institut de Heidelberg et spécialiste, comme son célèbre maître, des vitamines et des hormones. Cependant il ne prendra ses fonctions qu'en avril 1943. Après la guerre, il terminera sa carrière comme professeur titulaire à Munich.

— la section de physique (au rez-de-chaussée et dans un grand bâtiment construit pour elle à l'est de la clinique), confiée au professeur extraordinaire Rudolf Fleischmann (né en 1903), jusqu'alors collaborateur de Walter Bothe à l'institut de Heidelberg et spécialiste de la production d'éléments radioactifs. Après la guerre, il terminera sa carrière comme professeur titulaire à Erlangen. C'est Fleischmann qui, aidé de Weygand, sera à l'origine de la recherche nucléaire strasbourgeoise[6].

Quant au programme scientifique du Forschungsinstitut, le lecteur le trouvera précisé dans l'article de Robert Casel dans ce numéro.

Depuis la fin de la guerre, la rumeur publique a souvent assimilé la finalité du Forschungsinstitut à celle de l'institut de recherches SS du Struthof, si même elle n'a pas confondu les deux organismes. Or la vérité historique réduit à néant de telles interprétations. Certes, il y eut des interférences d'activités entre l'institut universitaire et l'institut SS; par exemple, Otto Bickenbach appartenait à l'un et à l'autre. Mais rien ne nous permet à l'heure actuelle de dire que Fleischmann et Weygand connaissaient la nature des travaux de Bickenbach au Struthof, ni, *a fortiori*, qu'ils y aient participé.

On a prétendu aussi que pendant l'annexion allemande des expériences médicales ont été menées sur l'homme à Strasbourg même, au sein du Forschungsinstitut de l'ex-clinique dermatologique. C'est une affirmation gratuite; le bâtiment avait été totalement évacué, il avait perdu tout caractère hospitalier, à notre connaissance les seuls êtres humains qui s'y trouvaient étaient des chercheurs et leurs équipes.

A la période de politique de prestige, de germanisation sur le modèle wilhelmien, va succéder une période de politique idéologique surajoutée, marquée par deux tentatives de nazification de la faculté.

Le l^er^ janvier 1943, Wolfgang Lehmann (1905-1980), jusqu'alors Dozent de médecine interne à Breslau, sera nommé « chargé de chaire » à la faculté de médecine. A l'instigation du ministère de l'Education et avec le plein accord du recteur Schmidt et du doyen Stein, va être créé pour lui l'institut de biologie des races (institut für Rassenbiologie), qui sera à part entière un institut de la faculté. Il sera installé dans...

COLL. PART.

LE PROFESSEUR HIRT (AU CENTRE) PENDANT UNE SÉANCE DE TRAVAUX PRATIQUES D'HISTOLOGIE.

l'ancienne clinique dermatologique, avec l'institut de recherches de la faculté. Une localisation pour le moins maladroite, qui ne pouvait que nourrir les rumeurs... Les cours aux étudiants, de Menschliche Erblehre und Rassenhygiene (génétique humaine et hygiène raciale) commenceront au semestre d'été 1943. S'il y eut une activité de recherche fondamentale, elle n'a laissé aucune trace.

En dehors de son enseignement, Lehmann ne se livrera à aucune entreprise criminelle. Après la guerre, il terminera sa carrière comme professeur titulaire de génétique humaine à Kiel.

Une autre tentative de nazification, menée celle-ci par la SS, va échouer.

Depuis le 7 juillet 1942, il existait à Berlin, créé par le Reichsführer SS Heinrich Himmler, l'Institut de recherches à fins scientifiques de défense (Institut für Wehrwissenschaftliche Zweckforschung), l'IWZ, qui était une structure SS, donc non universitaire, dépendant d'une vaste administration SS datant de 1935 et fondée par le même Himmler : l'Ahnenerbe (héritage des ancêtres). L'un des trois services de l'IWZ, appelé « H », allait être confié au professeur August Hirt, directeur de l'institut d'anatomie de la faculté de médecine de Strasbourg. C'est cet institut SS qui fonctionnera au Struthof.

Hirt souhaitait que son IWZ-H (« H » pour Hirt, bien sûr...) devînt l'un des instituts de la faculté de médecine, mais le recteur Schmidt s'y opposait ! Il existait déjà, en effet, un institut de recherches de la faculté[7].

LES TROIS FIGURES LES PLUS ENGAGÉES DANS LE NAZISME. DE HAUT EN BAS : LE DOYEN STEIN, LE RECTEUR SCHMIDT ET LE PROFESSEUR BOSTROEM.

Le souhait de Hirt et de ses maîtres de la SS ne se concrétisera pas ! Et pourtant Hirt ne ménagera pas ses efforts... Il va promouvoir le principe d'une réunion entre les responsables de la faculté et les responsables de l'IWZ-H. A cet effet il organise, le 17 mars 1943, une journée de communications scientifiques sur un sujet où il excelle, la microscopie intravitale à fluorescence. Cette journée se termine par une longue négociation sur l'éventuel « label » universitaire à accrocher à son institut SS.

Nous ne possédons aucun compte rendu de cette négociation. Quoi qu'il en soit celle-ci se soldera par un échec : l'implantation de l'IWZ-H au sein de la faculté n'aura jamais lieu[8]. On peut s'étonner de cet échec de la SS, survenu dans un pays soumis à une dictature aussi implacable que la dictature hitlérienne... Mais il faut savoir que le IIIe Reich n'était monolithique qu'en apparence : les luttes d'influence y étaient âpres !

Quant à l'endoctrinement politique, son échec sera patent. Un auteur engagé, qu'on ne peut en aucune façon soupçonner d'indulgence envers la Medizinische Fakultät, Patrick Wechsler, écrira en 1991 : « On attend d'une faculté de médecine, qui se veut être un modèle national-socialiste, un engagement idéologique conséquent de la part de ses étudiants ; et comment mieux juger le travail idéologique de ceux-ci si ce n'est dans les thèses de doctorat ? Or on trouve très peu d'originalité dans le choix et l'exposé des sujets, qui restent somme toute très courants [...]. Seules deux ou trois thèses sont tendancieuses [...]. La quasi-totalité des thèses restent dans le cadre de sujets très banals, que l'on pourrait trouver à toute époque dans toute université. »

Qu'en fut-il du comportement des professeurs de la faculté ?

Parmi les trente-huit enseignants de la faculté, placés au niveau que nous appelons aujourd'hui en France « de rang A », trois personnages, Hirt, Bickenbach et Haagen, sont à mettre à part en raison de leur comportement contraire aux lois de l'éthique médicale, comportement auquel est consacré un autre article de ce numéro. Quelques-uns des autres enseignants étaient connus pour être d'esprit national-socialiste, mais sans que leur attitude attirât jamais de graves critiques : l'interniste et doyen Johannes Stein, déjà nommé ; le chirurgien Ludwig Zukschwerdt, directeur de la clinique chirurgicale ; l'interniste Werner Hangarter, le spécialiste de l'hérédité Wolfgang Lehmann, le neuropsychiatre Nikolaus Jensch[9].

LA SS ÉCHOUE DANS SON PROJET D'IMPLANTER À LA FACULTÉ SON INSTITUT DE RECHERCHES

En fait, la plupart des enseignants ne se compromirent pas avec l'idéologie nazie, restant cantonnés dans leur laboratoire ou leur clinique. Ne furent-ils, comme le prétend Patrick Wechsler, que des « opportunistes » ? Et cet auteur d'écrire : « A eux aussi, nous lançons néanmoins le blâme, que nous portons aux criminels contre l'humanité [...] car nous considérons ces hommes comme tout autant responsables. » On peut tout aussi bien lui rétorquer : dans une dictature, la neutralité n'est-elle pas en elle-même une position de refus ? La mise en quarantaine, quasi générale, de leur collègue Hirt, SS de l'état-major de Himmler, est caractéristique à cet égard. Les réserves exprimées verbalement par l'un ou l'autre de ces nombreux enseignants n'étaient point rares, surtout dans les services hospitaliers où les contacts quotidiens sont plus faciles qu'à la faculté, incitant parfois à la confiance. Au besoin, tel ou tel enseignant n'hésita pas à se compromettre ; ainsi, par exemple, le dermatologue Willy Leipold (1893-1973). Venant d'apprendre qu'un de ses assistants, officier de réserve français, était recherché pour avoir refusé d'être « volontaire » dans les Waffen-SS, le professeur Leipold demanda aussitôt audience au général Vaterrodt, commandant la place ; et le même Leipold hospitalisa dans son service privé des Alsaciens recherchés par la Gestapo. Le physiologiste Hans Lullies (1898-1982), le gynécologue Hans Jacobi (né en 1901), le spécialiste de rééducation fonctionnelle Wolfgang Kohlrausch (1888-1980), pour ne citer que les plus impliqués dans le groupe informel des « neutres », eurent l'estime des adversaires du nazisme en Alsace annexée ; tous les témoignages concordent.

En outre, par leur attitude courageuse envers les autorités supérieures, par leur refus affiché de l'idéologie nationale-socialiste, trois titulaires de chaire de la Medizinische Fakultät, des maîtres de renommée internationale, eurent un beau comportement.

Interrogé sur les textes législatifs prescrivant l'extermination eugénique de malades mentaux, le professeur de neuropsychiatrie August Bostroem (1886-1944) s'engagea à consacrer une conférence à ce sujet. Il la fit dans un amphithéâtre bondé, où il se déclara totalement opposé à l'euthanasie ; il conclut en s'écriant : « C'est un assassinat ! »

Professeur de médecine légale, Ferdinand von Neureiter (1893-1946) obtint une audience du recteur pour demander — et finalement obtenir — que dans des thèses d'histoire de la médecine la période française d'après 1918 ne soit plus passée sous silence.

Quant au professeur d'anatomie pathologique Friedrich Klinge (1892-1974), son antinazisme notoire et son honnêteté morale lui vaudront de conserver après la Libération d'excellents rapports avec l'institut de Strasbourg. En 1960, alors que Klinge venait à Mayence de prendre sa retraite, le professeur Louis Frühling, ancien chef maquisard FTP, réservera à son successeur dans les lieux une chaleureuse réception à l'institut.

Il est temps, après un demi-siècle, d'examiner avec objectivité l'histoire de la faculté de médecine du IIIe Reich à Strasbourg. Les enseignants de cette faculté sont loin d'avoir été des complices de Hirt, Bickenbach et Haagen ; aucun des trente-cinq autres enseignants ne sera après la guerre condamné à la prison. Certes, la Medizinische Fakultät fut loin de s'opposer toujours au nazisme, mais elle ne fut pas criminelle : la « recherche » médicale menée au Struthof par trois de ses professeurs l'a été sous l'égide de la SS et non de la faculté de médecine. Après les hostilités, le doyen Johannes Stein bénéficiera d'un non-lieu, et le recteur Karl Schmidt ne sera pas inquiété.

NOTES

1. Cf. Patrick WECHSLER : *Saisons d'Alsace*, n° 114, 1991, p. 207-212 et *La Faculté de médecine de la « Reichsuniversität Strassburg » (1941-1945), à l'heure national-socialiste*, thèse de médecine, Strasbourg, (1991).
La création de cette université n'avait pas de base légale. Aucun traité de paix n'avait été signé entre le Reich et la France de Vichy. L'Alsace restait juridiquement française et avec elle toutes ses institutions. En droit, la seule faculté de médecine de Strasbourg était celle que la France avait repliée en 1939 à Clermont-Ferrand.
2. Anrich ajouta : « Ce ne sont pas seulement les regards de l'Alsace, mais ceux d'une grande partie du monde entier qui vont se porter sur ce qui dorénavant remplace l'université française. Nous devons montrer qu'une université allemande de tout premier ordre est implantée ici [...]. Elle doit détrôner la Sorbonne ! »
3. Cf. notre autre article de ce numéro.
4. Il faut préciser que la faculté dépendait, comme toutes les autres facultés du Reich, du ministère de l'Education, et non point de la SS, comme on l'a prétendu à tort. Elle ne fut donc pas une faculté SS, bien que son doyen ait été capitaine SS (Hauptsturmführer), puis commandant SS (Sturmbannführer). Et sur les 38 enseignants, 32 n'étaient pas membres de la SS.
Le ministère de l'Education défendra ses prérogatives. Si Heydrich écrit à Himmler, le 10 avril 1942, que celui-ci peut « reprendre les idées du projet qu'(il) caressait : investir l'université de Strasbourg avec des membres de la SS », c'est bien la preuve que celle-ci n'était pas encore investie. Himmler n'aura pas le temps de réaliser son projet ; de 1942 à1944, aucun SS ne sera nommé enseignant à la faculté de médecine.
5. Cet institut avait été mis en service en 1930 par le professeur de clinique médicale Ludolf von Krehl (1861-1937), qui avait été en 1904 le successeur de Naunyn à la tête de la clinique médicale de Strasbourg.
A Heidelberg, Krehl avait fait de son institut un centre de recherches de très haut niveau, avec quatre sections : physique (professeur Bothe, prix Nobel 1954), chimie (professeur Kuhn, prix Nobel 1938), physiologie (professeur Meyerhof, prix Nobel 1922), pathologie (dirigé à partir de 1931, année de sa retraite, par Krehl lui-même).
A partir de 1934, Johannes Stein avait, nous l'avons vu, dirigé la clinique médicale de la faculté, comme l'avait fait son maître Krehl, mais il n'appartenait pas au Kaiser-Wilhelm-Institut.
6. Cf. l'article de R. CASEL dans ce numéro.
7. Une lettre de Hirt à Sievers, administrateur général de l'Ahnenerbe, en date du 10 août 1942, est formelle (citée par P. WECHSLER) : « Il faut régler encore une fois la question de l'institut car, je viens de l'apprendre, notre recteur refuse qu'on crée un institut dans le cadre du complexe universitaire, peu importe qu'il se rattache à la Wehrmacht ou à l'Ahnenerbe. »
8. Il est à porter au crédit du doyen Stein que sa qualité de responsable universitaire l'emporta sur son appartenance à la SS...
9, Quant à l'ophtalmologiste et recteur Karl Schmidt, ses hautes fonctions universitaires témoignent d'un engagement national-socialiste notoire.

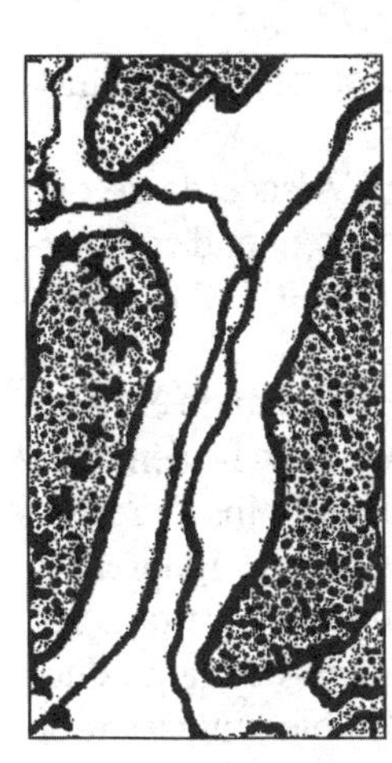

L'Argumentation géographique

RICHARD KLEINSCHMAGER

Les géographes perdent leur innocence scientifique quand leurs travaux servent consciemment à nourrir une politique de conquête. Ce fut le cas des géographes allemands qui s'employèrent à démontrer la « germanité » de l'Alsace et justifier son rattachement au Reich.

Dans l'introduction géographique intitulée « Landschaft, Siedlung und Volkstum » du guide Baedecker de l'Alsace de 1942[1], le géographe fribourgeois Friedrich Metz commence sa description par ces mots : « L'Alsace ne peut être appréhendée que comme une partie de la région du Rhin supérieur. C'est l'image en regard du pays de Bade qui lui fait face. » Plus loin, il poursuit, détaillant les caractéristiques des populations d'Alsace-Lorraine : « Toutes les mesures politiques françaises n'ont jamais modifié le caractère allemand du paysage habité et surtout le sentiment d'appartenance à un peuple (Volkstum) de la population... Chaque fois qu'il est tombé sous une domination étrangère, l'Alsacien s'est retiré dans sa petite patrie. Avec ténacité, il a défendu tout ce qui lui avait été transmis par ses ancêtres, costumes et usages, coutumes et croyances. Par-dessus tout, c'est la langue qui a été conservée dans sa pureté originelle et à cela, quelques expressions françaises qui y ont été mêlées, ne changent rien. Une très mince couche supérieure de la population a succombé à la francisation. De même que l'image du paysage habité est profondément allemande, de même l'Alsacien au plus profond de son être est allemand, avec une germanité dont il est certain qu'elle prend ses racines dans des couches bien plus anciennes qu'ailleurs dans le Reich. » Il conclut sa description en écrivant : « Toute la tragédie de l'Alsace tient à sa situation frontalière alors qu'elle est en vérité au centre et au cœur de l'Allemagne. »

Dans un autre ouvrage de l'époque[2], cité mais non repris dans la synthèse des écrits de Metz publiée en 1961[3], l'auteur conclut : « La population de l'Alsace-Lorraine peut à nouveau librement respirer et s'en retourner dans sa petite patrie (Heimat). Désormais il n'existe plus sur les bords du Rhin et au centre du Reich de marches de l'ouest. Et l'Alsacien d'ailleurs a toujours refusé de vivre dans une marche de l'ouest alors qu'il habite au cœur et au centre du noyau allemand. Les marches frontalières sont des positions avancées mais ici c'est l'Allemagne rhénane. Maintenant le drapeau allemand flotte à nouveau aussi sur le Rhin supérieur et sur la cathédrale de Strasbourg où il a été planté par l'armée allemande.

La Grande Allemagne va désormais se porter garante avec l'Alsace de ce que l'oriflamme allemande ne disparaisse plus jamais de ce fier monument et de ce merveilleux pays. » Ce drapeau, étendard officiel de l'Allemagne depuis 1934, portait en son centre une croix gammée.

Friedrich Metz est une figure emblématique de la géographie allemande et particulièrement fribourgeoise dont l'œuvre est considérable et reconnue. Rien ne démontre qu'il fut affilié au parti national-socialiste allemand. Force est néanmoins de reconnaître l'étroite correspondance entre l'affirmation et la démonstration vigoureuses par exemple de la germanité des populations d'Alsace-Lorraine et les pratiques nationales-socialistes de germanisation de la population. Si le rapport de la production géographique avec l'instance politique est de nature inévitable s'agissant de l'analyse du sol et des populations qui sont des composantes majeures de la souveraineté nationale, il prend un relief aigu et critique quand le bras de l'Etat est armé par un système politique totalitaire.

Le propre des régimes totalitaires est de ne laisser de choix qu'entre des énonciations plus ou moins conformes à des « vérités » officielles et le silence. Friedrich Metz n'a pas choisi de se taire. Il est vrai que les textes qu'il publie pendant la guerre sont en étroite correspondance avec ceux qu'il écrivit bien avant que le national-socialisme ne prît le pouvoir en 1933. Qu'il s'agisse de son ouvrage intitulé *Die Oberrheinlande*[4] publié en 1925 ou de l'ensemble d'articles publié dans les années suivantes sur les problèmes de migrations dans les territoires du sud-ouest allemand, ou encore de divers aspects du paysage ou des villes alsaciennes, la thèse d'une germanité des territoires alsaciens-lorrains est constamment à l'œuvre. Ces analyses s'enracinent dans le courant pangermaniste inspirateur des thèses du Deutschtum et lié au mouvement « völkisch ». C'est incontestablement l'adhésion à cette conception du nationalisme qui a guidé les prises de position et les écrits de Metz sur l'Alsace-Lorraine. Sa contribution au développement des thèses pangermaniques du rattachement de toutes les « populations allemandes » à l'Etat allemand fut toujours active. Enseignant à l'université d'Innsbruck en 1933-1934, il en fut chassé pour avoir réclamé l'Anschluss de l'Autriche à l'Allemagne. Il a par ailleurs, avec les professeurs Wentzke, Steinbach et le D^r^. Rieger, participé au développement de la Westdeutscheforschungsgemeinschaft à la tête de laquelle il avait remplacé le géographe Wolfgang Panzer. Cet organe fédérait l'Alemanisches Institut de Fribourg, l'Institut der Elsass-Lothringer de Francfort inspiré par des mouvements d'exilés allemands d'Alsace-Lorraine d'après 1918, l'Institut für geschichtliche Landeskunde de Bonn et le Westfähisches, Provinzialinstitut für Landes und Volksforschung de Münster. Il affichait clairement la défense du Deutschtum dans les régions du centre-ouest européen parmi ses raisons d'être.

L'idée centrale de la germanité des populations et des territoires d'Alsace-Lorraine est au cœur des démonstrations de Friedrich Metz. Dans le contexte des nationalismes européens de cette première moitié du siècle, elle prend assez naturellement place dans le paysage intellectuel et politique. Cette idée acquiert toutefois une tonalité singulière dès lors qu'elle s'impose par un système non démocratique à des populations auxquelles n'est accordée aucune liberté élémentaire d'expression et de choix. Les écrits géographiques de Friedrich Metz et d'autres auteurs, à bien des égards ses épigones, ont incontestablement contribué dans ce contexte bien particulier à sa diffusion.

« TOUTE PARTITION DE LA PLAINE DU RHIN SUPÉRIEUR EST UNE FAUTE CONTRE L'ESPRIT DE LA GÉOGRAPHIE » (FRIEDRICH METZ)

Pas plus que la guerre n'interrompt l'activité économique, elle ne réduit au silence l'activité culturelle et intellectuelle. Elle impose toutefois une « mobilisation générale » des forces comme des esprits qui sécrète une littérature spécifique de parti pris accentué, vite remisée au rang d'une production de seconde zone sitôt le conflit terminé. L'analyse du rôle de la géographie entendue au sens le plus extensif du terme est ici limitée aux productions d'origine allemande concernant l'Alsace-Lorraine durant la période même de la guerre. Ce sont à proprement parler des « écrits de guerre » marqués d'un souci de simplification poussée dans le but de convaincre vite, avec une tonalité péremptoire qui évacue le doute et l'esprit critique. Les couleurs de la vérité s'y effacent et laissent le sentiment qu'il s'agit d'une littérature « grise » de propagande.

S'il est difficile de mesurer sa diffusion, il est toutefois certain que les idées qu'elle contient ont servi de support au système éducatif allemand et national-socialiste imposé à l'ensemble des enfants d'Alsace et de Moselle. Ces idées ont imprégné le programme de « réformation » des maîtres (Umschulung). Le plan de travail élaboré dans ce cadre [5] prévoyait au sein de la formation géographique des maîtres, entre autres, des questions telle que « l'espace du Rhin supérieur comme unité géographique économique et humaine » ou des exposés sur les thèmes suivants : « Langue maternelle et appartenance à un peuple (Volkstum) », « Le combat pour le Rhin », « Le droit historique de l'Allemagne à diriger l'Europe ». On peut relever que les maîtres reconvertis recevaient en sus des matières usuelles une formation dans les matières suivantes : science des races et de l'hérédité (Rassenkunde und Erblehre), « sciences de l'éducation et de la jeunesse » (Erziehungswissenschaft und Jugendkunde), science de la nation et de la petite patrie (Volks- und Heimatkunde).

Le cadre naturel est souvent l'un des premiers arguments invoqués pour justifier l'annexion. La démonstration est qu'une unité naturelle, en l'occurrence le fossé d'effondrement du Rhin, bordé à l'ouest des Vosges et à l'est de la Forêt-Noire, constitue un tout organique indissociable. Les auteurs insistent sur la similitude voire la gémellité du relief de part et d'autre du Rhin. Dans l'ouvrage qu'il a publié

CARTE DU GÉOGRAPHE VON LOESCH SUR LA « FRONTIÈRE NATURELLE » ENTRE ROMAINS ET GERMAINS (CROIX) ET CELLE ENTRE L'EST ET L'OUEST (HACHURES).

en 1941, Christian Hallier [6] met en exergue un texte extrait de *Die Oberrheinlande* de F. Metz : « Toute partition de la plaine du Rhin supérieur est une faute contre l'esprit de la géographie. » Plus loin dans le même ouvrage, l'un des co-auteurs, Edmund Huber, dans un chapitre intitulé « Natur und Landschaft », précise : « Les horsts de ce fossé du Rhin nous apparaissent comme des jumeaux... Les différences de cette configuration en apparence gémellaire du fossé rhénan ont fait le destin de l'Alsace. Elles sont pour l'essentiel le fruit des précipitations... La nature a offert bien des avantages à la rive gauche du Rhin. » La structure géomorphologique validerait ainsi une appartenance politique justifiée par ailleurs par le fait que le Rhin est proclamé comme symbole de la nation allemande, ce qu'évoque de façon souvent grandiloquente l'ouvrage de Justus Hagen [7] qui retrace l'histoire du fleuve et de ses territoires et dans laquelle les présences françaises sur la rive gauche sont dénoncées comme occupations étrangères (Fremdherschaften). A son analyse fait écho, toujours dans le même ouvrage, la citation d'un texte de Hermann Stegemann intitulé « Der Rhein Deutschlands Schicksalstrom » extrait de son livre publié en 1925, *Der Kampf um den Rhein*, et dans lequel on peut lire : « Le Rhin coule de sa source à son embouchure à travers des territoires de peuples allemands... La possession du fleuve a toujours octroyé aux conquérants du sud ou de l'ouest le pouvoir sur toute l'Europe centrale (Mitteleuropa) et ainsi la prééminence sur terre. »

Le Rhin n'est pour nombre d'auteurs que la colonne vertébrale d'un vaste espace centre-européen, le Westmark, dont les limites naturelles occidentales iraient de l'embouchure de la Somme jusqu'à la confluence de la Saône et du Rhône, comme le décrit et le cartographie Karl von Lœsch dans un article de la revue *Westmark* [8]. Pour ce dernier, cette délimitation est la plus naturelle qui se puisse concevoir entre l'est et l'ouest car « elle sépare la France proprement dite des pays allemands d'Europe centrale avec leur célèbre tripartition en plaine, piémont et montagne (...). La France véritable ne commence qu'avec le bassin de la Seine; dans la plaine toutefois la vallée de la Somme appartient encore au nord : à la Picardie qui ne saurait être séparée des Flandres (...). Ceci est tout à fait clair, ajoute-t-il, quand on consulte les cartes de précipitations et de végétation de l'*Atlas de la France*. Le nombre de jours de neige y sépare, d'après les savants français, l'est de l'ouest aussi nettement que la flore; la vallée de la Somme est qualifiée par ceux-ci de nord-atlantique. Les Ardennes, l'Argonne et les autres territoires à la limite de partage des eaux entre Seine et Loire d'un côté, Meuse et Rhône de l'autre appartiennent à un domaine centre-européen qui ne se détache du domaine méditerranéen qu'à l'embouchure du Rhône. »

Issue de la partition de l'empire carolingien en 843, cette frontière « naturelle » est-ouest n'a pu être reconstituée dans les temps modernes tant du fait de la volonté d'expansion orientale de la France monarchique, impériale et républicaine, qu'en raison de la volonté anglaise de maintenir émiettés en Etats rivaux le peuple allemand. De la démonstration de von Lœsch découle naturellement un positionnement central des territoires de l'Alsace-Lorraine et non une situation marginale frontalière en sus de l'évidence géographique de leur appartenance à un espace allemand centre-européen issu de la Francie orientale attribuée à Louis le Germanique.

L'approche historicogéographique de von Kœlsch est corroborée à sa façon par Friedrich Metz quand celui-ci écrit dans la deuxième édition de *Oberrheinische Heimat* [9] consacrée à l'Alsace (p. 207) que « Vidal de la Blache, Emmanuel de Martonne et d'autres savants français se sont donné toutes les peines imaginables pour démontrer que l'Alsace, en dernier ressort, n'est que le prolongement d'une dépression qui commence à Marseille et qui a ouvert la porte aux influences méditerranéennes, romaines, gauloises et françaises en Alsace. A l'encontre de cette thèse, écrit-il, nous pourrions faire remarquer que tout ce qui dans le Rhin supérieur rappelle en apparence le sud, le lœss, la douceur du climat, la végétation méridionale, les châtaignes et la vigne, la construction de pierre et bien d'autres faits naturels et d'autres expressions culturelles, s'étend en réalité, selon les mêmes proportions, dans les autres parties du Rhin supérieur qu'en Alsace. Au total toutefois, ce ne sont que de petites fractions du territoire du Rhin supérieur et de l'Alsace qui comportent des traits méridionaux tandis que les traits centre-européens et nordiques dominent ».

LINGUISTIQUE ET BIOLOGIE À LA RESCOUSSE POUR DÉMONTRER LA « MENACE FRANÇAISE » SUR L'ALSACE

La description des caractéristiques de l'espace habité fournit un ensemble d'arguments complémentaires pour démontrer la germanité des territoires d'Alsace-Lorraine. Reprenant des thèmes déjà évoqués dans un ouvrage de 1928 [10], Fritz Bouchholtz reprend ceux-ci dans l'ouvrage de Christian Hallier à l'occasion d'un chapitre intitulé « Vom Volkstum im Elsass ». Il y décrit l'habitat en ces termes : « La maison paysanne alsacienne est allemande. Nous savons depuis Tacite déjà que les vieux Germains aimaient la construction de bois légère... » Plus loin, il ajoute : « Les inscriptions portées sur les colombages sont profondément puisées à l'âme allemande. »

La toponymie joue également un certain rôle dans la qualification de la germanité de l'Alsace-Lorraine en relation avec l'histoire du peuplement de la région. La démonstration est fournie pour l'essentiel dans l'ouvrage de Friedrich Metz intitulé *Der Oberrhein und das Elsass* [11].

La géographie humaine dans toutes ses dimensions vient appuyer la preuve toponymique. Cette dernière sera la source de violentes polémiques d'historiens après-guerre.

L'analyse des mentalités des Alsaciens et des Lorrains apparaît comme bien souvent empreinte d'approximations et de subjectivité. C'est le cas singulièrement des analyses de Fritz Spiesser pour l'Alsace et d'E.M. Mungenast pour la Lorraine proposées dans un ouvrage collectif d'Otto Meissner [12].

Fritz Spiesser fait reposer son analyse de l'Alsacien sur une classification ethnique distinguant le type « dinarique-alpin » dans la montagne et le type « dinarique-nor-

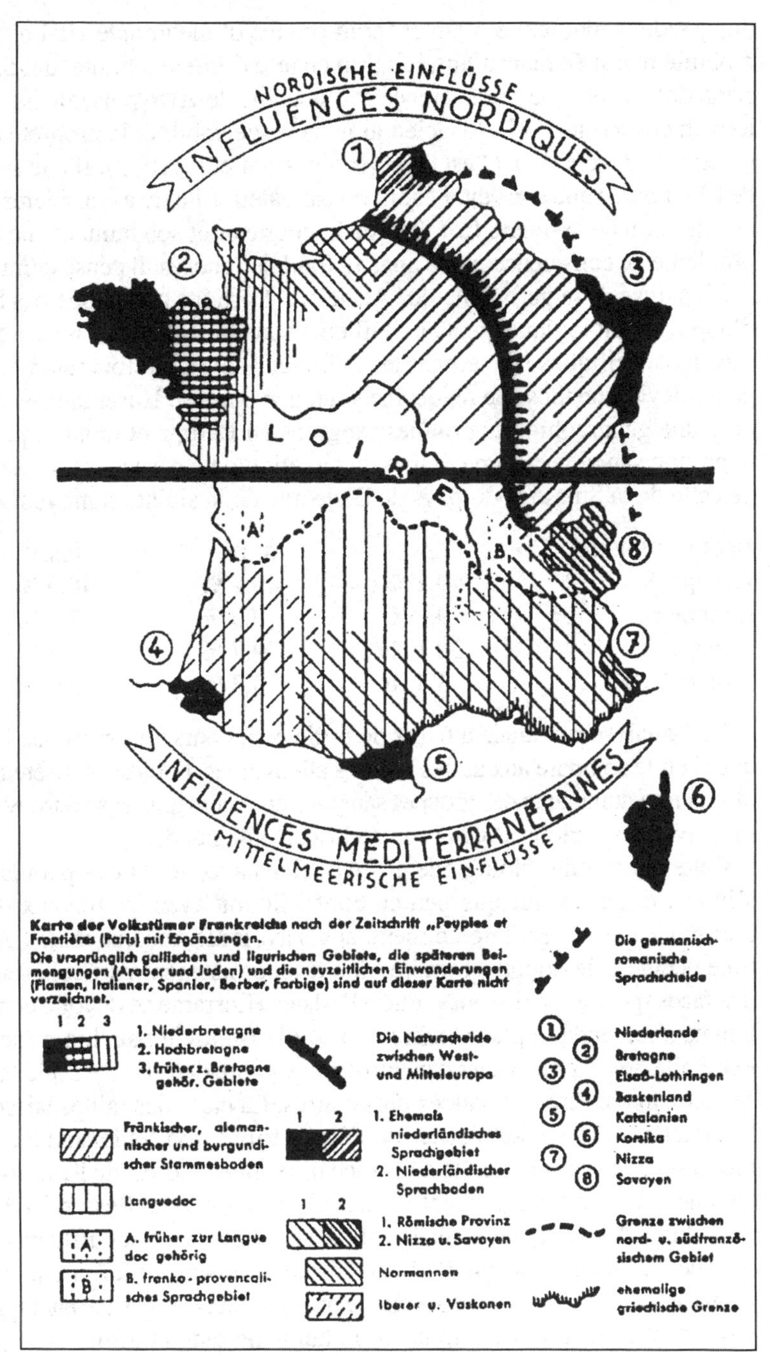

CARTE DES INFLUENCES CULTURELLES PAR VON LOESCH.

1943

dique » de la plaine. Le premier ferait preuve d'une grande vitalité ainsi que d'une mobilité marquée mais n'aurait qu'un champ d'intérêts limité, tandis que le second serait doté de plus de persévérance et d'une joie de vivre plus intense. Il poursuit plus loin en ces termes : « L'Alsacien aime la respectabilité, la propreté et l'accomplissement du devoir. (...). C'est un sujet obéissant et loyal (...). Il a le sens de l'autorité de l'Etat parce que son état d'esprit conservateur l'incite à considérer l'ordre comme la condition de la liberté (...). Il aime la liberté dont son humanisme alsacien fait un problème de conscience parce que, au fond des choses, il pense comme un paysan. »

L'analyse de la germanité des Alsaciens-Lorrains n'échappe pas à des tentatives d'approche biologique qui sont d'ailleurs sous-jacentes chez nombre d'auteurs. Les travaux spécifiques concernant les Alsaciens sont toutefois relativement rares. On peut relever une thèse de médecine soutenue par H.J. Husemann [13] en 1944 qui élabore une géographie des groupes sanguins en Europe et montre que, quel que soit le groupe sanguin pris en compte, la situation de l'Alsace est toujours plus proche de celle de la Suisse et du pays de Bade que de la situation moyenne française.

GROUPE SANGUIN	ALSACE	BADE	SUISSE	FRANCE
Groupe A	49,2 %	49,2 %	48,9 %	42,4 %
Groupe B	9,3 %	9,5 %	7,9 %	10,0 %
Groupe O	38,1 %	39,7 %	40,2 %	42,4 %
Groupe AB	3,4 %	3,3 %	3,0 %	5,2 %

De l'analyse pratiquée à partir de mille cinq cents observations, l'auteur conclut que si on la compare aux autres régions allemandes, l'Alsace s'insère totalement dans la structure dominante des groupes sanguins en Allemagne et se retrouve en forte proximité avec les régions voisines du sud-ouest allemand.

Cette conformité biologique des Alsaciens avec les autres populations du Reich s'inscrit toutefois quelque peu en contradiction avec les travaux de Hans Guenther [14]. Ce dernier écrit notamment, après avoir affirmé que toute l'Allemagne centrale occidentale donne « l'impression d'un croisement particulièrement important des races qui y apparaissent», que «l'Alsace-Lorraine se dévoile comme le pays de langue allemande le plus sombre (...). De la frontière palatino-alsacienne à l'autre extrémité de l'Alsace s'étend un territoire sombre dans lequel seule la plaine d'Alsace laisse apparaître des bandes plus claires. La carte des tailles laisse supposer que le caractère sombre de l'Alsace doit être attribué non seulement à l'influence de la race alpine mais aussi à celle de la race dinarique [sud-est de l'Europe]. La Lorraine comme le Luxembourg, l'Eifel et les Ardennes sont pour l'essentiel des territoires de race alpine dans lesquels seule la vallée de la Sarre et de ses affluents est un peu plus de type nordique. Bien que l'Alsace-Lorraine apparaisse à l'intérieur de l'espace de langue allemande comme le territoire le plus sombre, elle se situe par rapport aux quatre-vingt-quatre départements français au huitième rang et forme donc par rapport à la

France un territoire plutôt clair. » Dans cette conception du sombre au clair qui renvoie à la pigmentation de la peau et à la couleur des cheveux, pour Hans Guenther, l'Alsace-Lorraine est donc très hétérogène de la Rhénanie qui serait « majoritairement nordique comme la Hollande et plus nordique que la Flandre. »

Quelles que soient les nuances apportées à ces analyses en termes ethnobiologiques, elles servent de base à une définition spécifique de nature des populations d'Alsace-Lorraine dont le principe est de parvenir à démontrer qu'elles n'ont aucun lien avec les populations françaises par lesquelles elles seraient menacées. C'est cette conception qui inspire l'ouvrage de Christian Hallier traduit en français [15] dont le titre est lui-même tout à fait explicite et qu'il conclut en ces termes :
« Les terribles expériences faites par les éléments ethniques allemands en Alsace-Lorraine sous la domination welche étrangère des vingt dernières années ont éveillé en eux la conscience que les populations de même race et de même sang doivent vivre ensemble et que leur propre existence ne peut être garantie que dans le cadre de l'Etat et de la Nation allemands. »

« LES POPULATIONS DE MÊME RACE ET DE MÊME SANG DOIVENT VIVRE ENSEMBLE » (CHRISTIAN HALLIER)

Ainsi le cercle peut-il se refermer. Il n'est jamais que celui très traditionnel des thèses de la menace sur l'ethnie que développent nombre d'idéologies nationales pour justifier de l'exclusion de tous les éléments non ethniques d'un territoire. Au problème politique de l'Alsace-Lorraine est ainsi substitué une démonstration ethnobiologique de l'appartenance des Alsaciens-Lorrains à la germanité comme *ultima ratio* de leur devenir historique, en l'occurrence de leur « retour » dans le Reich.

Ce n'est pas l'un des moindres mérites de l'histoire des sciences que de suggérer que les aventures et les avatars du discours géographique ne permettent guère de le poser comme science au sens d'un savoir avec un degré suffisant de généralité et d'unité pour que le doute sur la validité de ce qui est avancé soit rendu impossible. Dès lors, la géographie, et singulièrement la géographie humaine, n'apparaît que comme un savoir référé à une société et à ses corpus de pensées, un savoir qui entre, *volens nolens*, dans le jeu des débats contradictoires de cette société.

Faut-il ici rappeler que cette discipline universitaire est née dans le feu des débats nationalistes du XIXe siècle et que sur ses fonts baptismaux les hommes politiques se sont penchés avec vigilance dans ces moments où ils pensaient devoir s'assurer le précieux concours de fins connaisseurs de la planète pour mener à bien la grande entreprise de conquête du monde que fut la colonisation. Ceux qui ne purent prendre part aux premiers partages du « gâteau » rabattirent leurs désirs d'extension sur le continent même. Il n'est peut-être pas excessif d'affirmer que certaines régions européennes, dont l'Alsace-Lorraine, n'ont pas été autrement maniées, de part et d'autre, que comme des territoires coloniaux et que s'il est un droit qui leur fut toujours dénié, ce fut celui de s'autodéterminer.

Ainsi donc la géographie humaine ne peut-elle que difficilement se réclamer d'une neutralité axiologique que son histoire comme son objet — le sol et ses habitants — lui contestent *a priori*. Mais peut-être n'est-ce pas verser dans un optimisme excessif que d'estimer qu'il existe sans doute des garde-fous susceptibles de préserver la validité sociale de son discours. D'abord la possibilité d'une pluralité d'analyses traduisant des visions du monde variées. Ensuite la possibilité de maintenir une certaine distance avec le politique et ses finalités propres, ce qui revient à postuler qu'il n'y ait pas de nécessaire et contraignante implication du discours géographique dans le politique.

Quand ces garde-fous viennent à manquer, quand la logique d'un système politique totalitaire prévaut dans l'organisation de la science en général et singulièrement celles qui nouent souvent un rapport étroit avec le politique comme la géographie, alors le danger est toujours imminent de voir se renforcer le caractère praxéologique et idéologique de la production de savoir. C'est ce contexte qui favorise la production d'une géographie grise telle que celle qui a joué sa partie dans l'annexion de l'Alsace-Lorraine de 1940 à 1945. Certes, la conscience des enjeux est toujours plus simple *a posteriori* quand, confortablement installé dans d'autres temps, il devient possible de mesurer la réalité des effets des productions de savoir, mais puisse ce regard en arrière au moins nous rappeler que la géographie est trop proche de la société pour être jamais tout à fait innocente de ce qui s y passe.

NOTES

1. BAEDECKER K., *Das Elsass*, Leipzig, 1942, p. XI à XXI.
2. METZ F., *Der Oberrhein und das Elsass*, 1941, Grenze und Ausland, Berlin 71 p.
3. METZ F., *Land und Leute*, 1961, W. Kohlhammer, Stuttgart, 1100 p.
4. METZ F., *Die Oberrheinlande*, Breslau, Hirt Verlag, 1925, 284 p.
5. Arbeitsplan für die fachliche Umschulung der elsässischen Lehrkräfte an höheren Schulen, 1940-1941, Karlsruhe.
6. HALLIER C., *Das Elsass, deutsches Kern und Grenzland*, Francfort, 1941, Moritz Diesterweg, 216 p.
7. HAGEN J., *Das Rheintal im Wandel der Zeiten*, Bonn, 1940, Peter Haustein, 300 p.
8. LŒSCH K. (von), *Die Westmark im Umbruch der Zeit in Westmark*, octobre 1940, n° 1, p. 61 à 72.
9. *Obberrheinische Heimat, Das Elsass*, 1940, Fribourg, 600 p.
10. BOUCHHOLTZ F., *Elsass-Lothringen, ein Heimatbuch*, Leipzig, 1928, Friedrich Brandstetter, 506 p.
11. METZ F., *Der Oberrhein und das Elsass*, Grenze und Ausland, p. 12-17.
12. MEISSNER O., *Deutsches Elsass, deutsches Lothringen*, Berlin, 1942, Otto Stollberg, 184 p.
13. HUSEMANN H.J., *Die Verteilung der Blutgruppen im Elsass*, Strasbourg, 1944, Institut für gerichtliche Medezin und Kriminalistik der Reichsuniversität Strassburg, 39 p.
14. GUENTHER H., *Rassenkunde des deutschen Volkes*, Munich, 1942, Lehmann, 510 p.
15. HALLIER C., *La lutte de l'élément ethnique allemand d'Alsace-Lorraine pour son existence, 1918-1940*, Bruxelles, 1941, Maison internationale de l'édition.

La recherche Nucléaire allemande

A Strasbourg

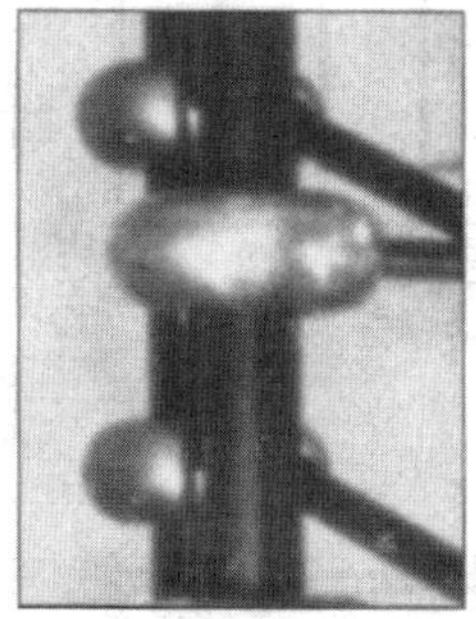

ROBERT CASEL

La recherche nucléaire prit son essor à l'université de Strasbourg en 1948 et c'est en 1959 que démarra le Centre de recherches nucléaires. Mais les premiers pas de la recherche nucléaire alsacienne ont eu lieu pendant la guerre dans le cadre de la Reichsuniversität de Strasbourg. Un ambitieux projet allemand interrompu par la Libération.

En 1934, Frédéric et Irène Joliot-Curie [1] créent les premiers éléments radioactifs réalisés en laboratoire. Cette découverte de la radioactivité artificielle leur vaudra le prix Nobel l'année suivante, et va ouvrir de nouveaux domaines de recherches aux physiciens, aux chimistes et aux biologistes qui utilisaient jusqu'alors des sources radioactives naturelles, comme le radium. La seconde moitié des années trente va être, dans une grande partie du monde industrialisé (mais la France reste largement à l'écart de ce phénomène), celle de la construction et de la mise en service de grands accélérateurs de particules, qui doivent permettre, par leur puissance d'irradiation bien supérieure aux sources naturelles, une importante production de radioéléments. La recherche biomédicale est particulièrement demandeuse de sources radioactives, à la fois pour l'exploration de phénomènes physiologiques inaccessibles par les rayons X et pour la recherche contre le cancer. C'est dans ce contexte scientifique et technique global que s'inscrit la création à Strasbourg d'un laboratoire de recherches nucléaires appliquées : l'institut de recherches médicales de la Faculté de médecine de la Reichsuniversität de Strasbourg (Forschungsinstitut der medizinischen Fakultät). 1943

Les Allemands, très conscients de leur retard grandissant dans le domaine du nucléaire par rapport à la recherche britannique ou américaine [2], tant du point de vue de la recherche fondamentale que de la recherche appliquée, décident d'installer dans différentes villes du Reich des équipements importants et coûteux. L'institut de recherches médicales de la Reichsuniversität de Strasbourg s'inspire des structures de l'institut Kaiser-Wilhelm pour la recherche médicale de Heidelberg (Kaiser Wilhelm-Institut für Medizinische Forschung), lancé en 1930, qui avait une vocation transdisciplinaire et qui comportait un important département de recherches nucléaires. L'institut de Strasbourg aura trois départements, médecine, physique,

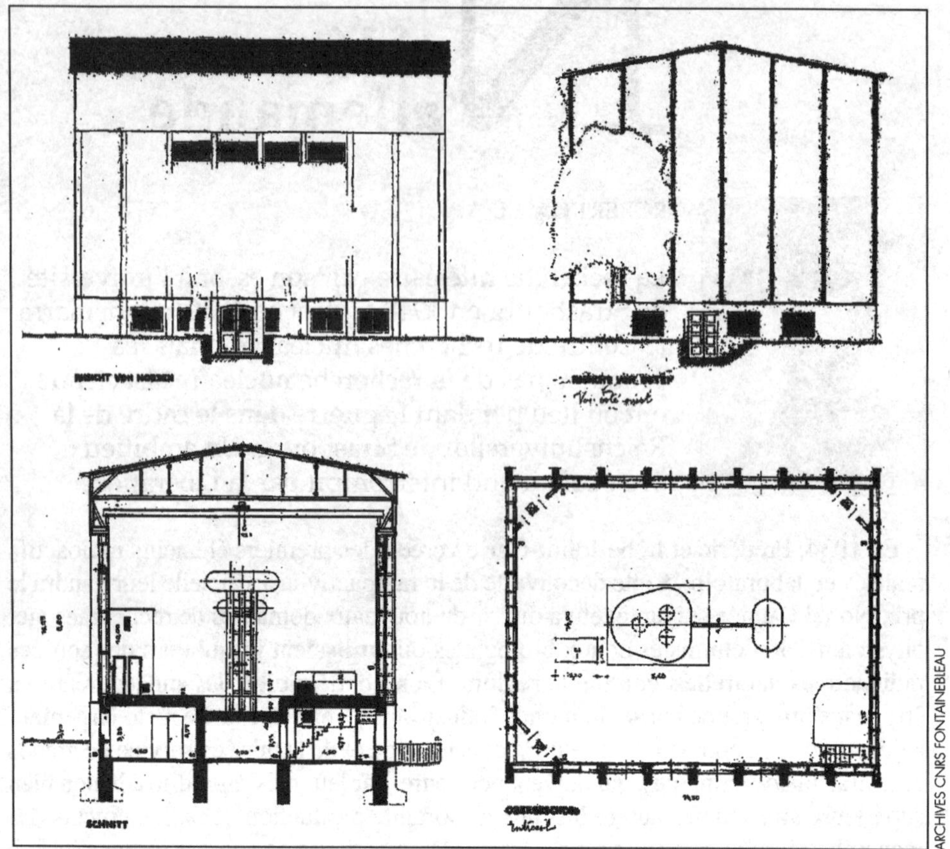

ARCHIVES CNRS FONTAINEBLEAU

LE BÂTIMENT DE L'ACCÉLÉRATEUR, SOUS DIFFÉRENTS ANGLES.

chimie, dirigés respectivement par Otto Bickenbach, spécialiste de médecine interne, Rudolf Fleischmann, physicien spécialisé dans la production et l'utilisation des isotopes, et le biochimiste Friedrich Weygand. Les trois hommes viennent de Heidelberg. Fleischmann et Weygand [3] ont passé plusieurs années à l'institut Kaiser-Wilhelm pour la recherche médicale. Pour assurer une bonne collaboration entre le corps médical et l'institut, ces trois laboratoires s'installent à l'intérieur des anciens hospices civils de Strasbourg, dans le bâtiment de la clinique dermatologique évacuée, construite en 1930 pour le professeur Pautrier.

Le programme du nouvel institut de Strasbourg est le suivant : étude des globules blancs dans des situations pathologiques, analyse des mécanismes de défense dans l'organisme infecté, étude des tumeurs cancéreuses, étude de l'effet des neutrons sur l'organisme, étude et production d'isotopes stables et radioactifs pour le diagnostic et l'utilisation thérapeutique.

C'est Fleischmann qui est chargé de mettre en place les installations de recherches nucléaires de l'institut. Il est nommé professeur de physique à Strasbourg dès la rentrée de novembre 1941. Il a trente-huit ans ; auparavant maître de conférences à l'université de Heidelberg, il saisit l'occasion qui lui est offerte d'une promotion à Strasbourg, qui se double de l'occasion non négligeable d'échapper au service armé. En effet, Fleischmann va bénéficier pour toute la durée de la guerre de la *UK Stellung*[4], ce qui sera loin d'être le cas pour tous les enseignants nommés à Strasbourg. En plus de son service universitaire, Fleischmann aura été pendant sept ans l'assistant de Walter Bothe, futur prix Nobel de physique, à l'institut Kaiser-Wilhelm de Heidelberg, et a effectué de nombreuses recherches sur les isotopes en liaison étroite avec des biologistes. Il a travaillé en particulier sur l'enrichissement chimique d'un isotope non radioactif de l'azote, l'azote 15, qui a joué un rôle capital dans les recherches sur la duplication chromosomique. Au début de la guerre, il a fait partie pour quelque temps de ce que les Allemands appelèrent der Uranverein (le club de l'uranium), qui regroupait les chercheurs sollicités par la division des armements de l'armée allemande (Heereswaffenamt) pour étudier les potentialités aussi bien énergétiques qu'offensives de la fission nucléaire (découverte en 1938 en Allemagne, rappelons-le). Jusqu'à l'été 1941, le physicien de Heidelberg fit des essais d'enrichissement de l'uranium 235, mais qui se révélèrent infructueux ; ce sera sa seule contribution à l'effort allemand de conquête de l'énergie nucléaire.

A Strasbourg, Fleischmann saisit l'occasion qui lui est offerte de diriger un laboratoire important, qu'il va avoir le loisir d'équiper comme il l'entend. Pour produire les radioéléments artificiels dont a besoin l'institut, Fleischmann le dote d'une source importante de neutrons : il passe commande à la filiale allemande de Philips d'un accélérateur à haute tension dit « en cascade » dont la tension montera à 1,5 million de volts. Pour abriter le générateur en cascade, un grand bâtiment est construit dans le parc situé à côté de l'ex-clinique dermatologique, à l'emplacement de l'actuelle clinique chirurgicale A des hôpitaux universitaires de Strasbourg. Fleischmann passera également commande d'un accélérateur encore plus puissant, un cyclotron, dont la construction sera interrompue par la fin de la guerre. Avec ce nouvel accélérateur, le laboratoire de Fleischmann aurait été l'un des mieux équipés du Reich ; en Allemagne, seul Bothe disposera d'un cyclotron à la fin de la guerre.

RUDOLF FLEISCHMANN.

COLL. FLEISCHMANN

Pour financer le laboratoire, les restrictions imposées par l'économie de guerre amènent Fleischmann à s'adresser au ministère du Développement économique (Reichsamt für Wirtschaftsaufbau), mais surtout au département recherche du ministère de l'Air (Forschungsabteilung des Luftfarhtministeriums), étroitement lié à la Luftwaffe. Le

COLL. FLEISCHMANN

LE BÂTIMENT DE L'ACCÉLÉRATEUR.
AU FOND, MUR D'ENCEINTE LONGEANT LE QUAI LOUIS-PASTEUR.

ministère de Göring, soucieux de promouvoir la recherche nationale, et en vue d'applications militaires ultérieures, dote l'institut d'une mission. L'accélérateur de Fleischmann, avec son bâtiment, seront financés par le ministère de l'Air allemand. Le bâtiment sera construit par le bureau d'architecture de la Luftwaffe de Strasbourg. Seul engagement immédiat pris par Fleischmann envers la Luftwaffe: le développement des recherches entreprises par son assistant alsacien, Erwin Heintz, sur la photographie infrarouge.

Il est difficile d'estimer avec précision la sympathie réelle de Fleischmann pour le régime en place; il a le grade inférieur dans les SA depuis novembre 1933 et s'est inscrit au parti nazi en 1937 [5]. Une chose, en revanche, est certaine, c'est que Fleischmann a réussi à utiliser à son profit, et à celui de l'institut de recherches, les rouages de certaines instances importantes du IIIe Reich.

Mais Fleischmann, Weygand et Bickenbach n'auront guère le temps de mettre en pratique leur programme de travail commun et Fleischmann produira des substances radioactives en quantité infime, comme du phosphore 32 [6], souvent sans l'aide de son accélérateur. Si le bâtiment du générateur en cascade est achevé début 1943, l'accélérateur n'arrive à Strasbourg qu'un an plus tard. Il a passé le stade des essais et des différents incidents qui les accompagnent en juin 1944. Les Alliés ont débarqué en Normandie et les Allemands décident de déménager l'installation. L'accélérateur aura donc très peu fonctionné, d'autant plus que son alimentation en électricité aura sou-

COLL. FLEISCHMANN

L'ACCÉLÉRATEUR DE PARTICULES DE L'INSTITUT DE RECHERCHES MÉDICALES.

vent été insuffisante, en raison des importantes quantités de courant nécessaires à la défense passive de l'hôpital. Lors du bombardement du 11 août 1944, la conduite d'adduction d'eau de refroidissement de l'accélérateur sera coupée. Lors du bombardement du 25 septembre, les fenêtres de la clinique dermatologique transformée en laboratoires voleront en éclats, accroissant la difficulté du travail.

Fleischmann aura seulement le temps de déménager une petite partie de son matériel, car il est surpris à Strasbourg par la Libération, le 23 novembre 1944. Le 29, il est arrêté par le colonel Pash, de la mission américaine Alsos. Il est interrogé par le physicien américain Samuel Goudsmit, les Américains le soupçonnant d'avoir pris une part active, pendant son séjour à Strasbourg, aux recherches allemandes en vue de la construction d'une bombe atomique [7]. On sait maintenant que ce n'était pas le cas. De février 1945 à juillet 1946 il sera prisonnier de guerre dans différents camps aux Etats-Unis, et subira des interrogatoires de dénazification. Aucun chef d'accusation ne fut retenu contre lui. Il retournera en Allemagne en août 1946. Fleischmann et Weygand étaient-ils impliqués dans les activités criminelles de leurs collègues Bickenbach et Hirt [8] ? Il semble bien que non.

L'histoire du Forschungsinstitut est l'histoire d'un projet ambitieux interrompu par les circonstances de la guerre et non celle d'un centre de recherches en pleine activité. L'équipement matériel de l'institut était important: en plus de l'accélérateur, il comprenait, entre autres, un microscope électronique, instrument encore rare à cette époque; il devait s'accroître avec la construction du cyclotron. Par contre, il n'a reçu qu'un petit nombre de chercheurs, dont certains ne furent là que peu de temps, suivant en cela, aussi, les aléas de la guerre. Comparé, en effet, à des laboratoires allemands semblables, les effectifs de l'institut en chercheurs et techniciens resteront toujours peu importants. Ceci ne provenait pas uniquement de ce que Fleischmann était seulement en train d'acquérir un poids estimable dans la communauté scientifique allemande, mais du fait que son laboratoire n'en était qu'à ses premiers pas et que, comme tout laboratoire de recherche nucléaire, il avait besoin d'une longue période préparatoire. Celle-ci touchait à peine à sa fin à la Libération.

L'institut de recherches médicales de la faculté de médecine de la Reichsuniversität de Strasbourg aura néanmoins une postérité, dans le lancement de l'Institut de recherches nucléaires de Strasbourg (IRN), en 1947. Le laboratoire de l'université de Strasbourg utilisera en effet la majeure partie des installations que Fleischmann et ses collègues n'eurent pas le temps de déménager, et s'installeront dans le bâtiment construit par les Allemands cinq ans auparavant. Les objectifs du nouveau laboratoire deviendront très différents de ceux du laboratoire allemand. Associé à plusieurs autres laboratoires, l'IRN deviendra plus tard l'un des départements du Centre de recherches nucléaires de Strasbourg, créé conjointement par l'université et le CNRS[9].

NOTES

Les notes de cet article se trouvent page 1188.

Un Crédit Mutuel très Convoité

AFFICHE DE PROPAGANDE. DÉTAIL. AMS

ANDRÉ GUESLIN

Pour faire main-basse sur le système mutualiste alsacien, les Allemands usèrent de finesse psychologique, tentant de démontrer que Raiffeisen était un préfigurateur du nazisme... Mais l'illusion ne dura pas. Il s'agissait, là encore, de mettre au pas la population, mais aussi de capter les flux d'épargne vers l'économie de guerre allemande.

En 1939, les caisses de Crédit mutuel d'Alsace et de Lorraine affichent une bonne santé. Le groupe, né au moment de l'annexion en 1871, s'est finalement bien intégré à l'ensemble français en 1918 en conservant, il est vrai, son statut juridique. Surtout, le modèle bancaire a montré sa solidité en traversant la grande crise des années 1930 sans difficultés majeures alors qu'à l'Intérieur des caisses du Crédit agricole libre disparaissaient. Sans prendre en compte le sentiment alsacien et l'attachement à la France, on pouvait penser que le retour de l'Alsace et de la Moselle à l'Allemagne en 1940 ne poserait pas de problèmes majeurs en termes bancaires et juridiques. C'était sans compter avec l'irruption du nazisme en Allemagne qui entendait bien se servir des institutions Raiffeisen pour promouvoir sa politique de conquête.

Dès août 1940, les caisses qui s'étaient repliées dans le centre et le sud-ouest de la France rentrent et l'activité paraît pouvoir reprendre, sauf dans quelques cas où les gérants ne reviennent pas.

Le premier effet de la réintégration de l'Alsace-Lorraine dans l'ensemble allemand est l'abandon du français : les caisses de premier degré et leur fédération prennent, sous la contrainte, des raisons sociales en langue allemande. Mais, pour l'occupant, il s'agit d'intégrer la région beaucoup plus complètement. S'agissant du Crédit mutuel d'Alsace, il est décidé de le rattacher à la fédération Raiffeisen du Gau de Bade, alors que les caisses mosellanes reviennent à la fédération palatine. Surtout, le personnel des organismes de second degré, et notamment le comte Hubert d'Andlau, est chassé. Une seule exception est consentie pour le directeur de la banque rurale, remarquable technicien de la banque.

Au nom de l'efficacité, les Allemands décident de remédier à l'éparpillement bancaire mutualiste de l'entre-deux-guerres. Ils décident de mettre en place un grand réseau urbain autour du Crédit alsacien, des Banques populaires et des agences urbaines des banques de second degré du Crédit mutuel, et un grand réseau rural coordonné par la Fédération Raiffeisen et par une seule banque du second degré. C'est ainsi qu'en novembre 1940 est mis fin à la division des origines entre la Banque fédérative, plutôt catholique, et la Banque rurale, plutôt protestante. L'Elsässische Landesgenossenschaftsbank AG est née. Quant à la caisse régionale de Crédit agricole de Strasbourg — qui n'était en fait qu'un compartiment de la Fédération agricole de Crédit mutuel — elle est dissoute de force en 1941. Mais la Caisse nationale de Paris réussira à temporiser toute la guerre pour éviter de solder les comptes...

Au premier degré, il est mis également fin aux rivalités bancaires de village. On sait que les identités, religieuses notamment, s'exprimaient, au village, à travers une caisse spécifique de crédit. Parfois, coexistait aussi une caisse du Crédit alsacien (cette banque catholique qui aurait pu devenir la colonne vertébrale d'une Eglise séparée de l'Etat si la menace du Cartel des gauches avait été mise à exécution). La politique allemande est d'unifier autoritairement le Crédit mutuel au plan local. Enfin, au nom de l'efficacité, l'occupant revient au vieux modèle Raiffeisen en supprimant les syndicats ruraux. Ceux-ci étaient des sortes de coopératives qui étaient sorties des caisses Raiffeisen après 1918, car la législation française n'acceptait pas la confusion dans la même institution d'une activité commerciale et d'une activité financière. On revient donc en 1940 à la tradition Raiffeisen d'une caisse mutuelle à deux compartiments, le compartiment monétaire (Gedverkehr) et le compartiment coopératif commercial (Warenverkehr).

Sauf la « décapitation » des institutions de second degré, il faut bien comprendre que ces mesures, bien que prises autoritairement, ne heurtaient pas profondément le tempérament alsacien dans la mesure où le pragmatisme aidant, elles n'allaient pas à l'encontre des pratiques originelles du mouvement. Certes, le rattachement à des fédérations d'outre-Rhin heurtait mais, après tout, dans la tradition Raiffeisen, le premier degré avait une autonomie assez large. Il allait en être autrement des mesures de nazification.

Les nazis ont d'abord su admirablement brouiller les cartes. Otto Bender et Theodor Commandeur, respectivement directeur de la nouvelle fédération et directeur de la nouvelle banque, sont originaires du pays de Bade proche. Ils connaissent parfaitement la tradition Raiffeisen comme d'ailleurs le Landesbauernführer, le chef de l'organisation paysanne nazie. Dans ces conditions, tout en étant à l'évidence acquis au régime, ils tentent de donner le change. De longs discours sont consacrés à une critique en règle de l'incompréhension des réalités paysannes par des « avocats parisiens à la Blum ». Mais inversement, ils vont jusqu'à soutenir que le national-socialisme va de pair avec le modèle coopératif. Le pire est même atteint quand on va jusqu'à écrire dans le nouveau bulletin du mouvement, *Mitteilungblatt*, que la pensée de Raiffeisen s'intègre bien dans la Weltanschauung nazie...

Pourtant, ils ne peuvent pas donner longtemps illusion. Des menaces d'épuration sont proférées contre les dirigeants locaux — surveillants, administrateurs, gérants — en raison de sentiments francophiles ou du fait de leur personnalité. Le cas échéant, on envisage d'exclure du mouvement la caisse concernée. A Schweighouse, le gérant Deiber est arrêté du fait de l'engagement de ses fils. A Schweighouse toujours, le président du conseil de surveillance, le curé Schrapf, est relevé de ses fonctions car les nazis entendent maintenir le clergé dans des activités exclusivement religieuses. Bientôt, les nazis décident d'appliquer le Führerprinzip dans le Crédit mutuel. A la tête de la fédération, un Verbandsleiter; au niveau des caisses, des Geschäftsführer qui, à l'encontre du modèle Raiffeisen, sont nantis de pouvoirs considérables par rapport aux présidents des conseils. Au deuxième degré, on veille à promouvoir des sympathisants, quelques notables, comme ailleurs en France, servant de caution. Enfin, s'agissant du sociétariat, il est décidé d'appliquer des « conditions de sang » (blutmässige Voraussetzungen) comme à Batzendorf.

Pourtant, il faut bien constater que les caisses font preuve le plus souvent d'inertie plutôt qu'adhésion ou de résistance, ce qui les aurait irrémédiablement condamnées à mort. Ainsi, le curé Schrapf de Schweighouse finit par reprendre la gestion de la caisse en l'absence du gérant emprisonné. Globalement, les mêmes hommes restent dans les directions. Les comptes rendus d'activité montrent qu'en définitive, les mêmes opérations se poursuivent, les changements étant liés autant à l'économie de guerre qu'à la politique de l'occupant. Souvent, les principes nazis sont appliqués formellement, le fonctionnement se poursuivant comme avant. Quant à la politique raciale, elle n'eut probablement pas à être mise en œuvre dans un mouvement au caractère chrétien proclamé depuis l'origine.

Comme ailleurs, dans un Crédit mutuel encore très rural, les flux bancaires se caractérisent par une montée de l'épargne, liée au niveau élevé des prix agricoles et inversement, à une diminution des prêts du fait de la pénurie.

Il est vrai que les flux d'épargne sont amplifiés par une politique fédérale, dépendante des autorités du Reich. Le Crédit mutuel participe aux journées et semaines successives de l'épargne. Les dépôts continuent à être rémunérés à des taux relativement stables. Comme les prêts sont en régression, leur part dans les actifs des bilans des caisses tombe de 28 % à la fin de l'année 1940 à 18,6 % fin 1941. Et les populations ne se rendent pas compte qu'une partie des flux, faute d'emplois possibles sur place, est détournée vers l'Allemagne.

En matière de prêts, l'occupant encourage les caisses à financer le développement des coopératives. Des prêts sont ouverts pour l'achat de matériel agricole en commun, des semoirs par exemple. La production et la commercialisation laitières font l'objet de financements. Les gérants les plus efficaces reçoivent même des primes. En 1941, le mouvement Raiffeisen assure les trois quarts de la production de lait commercialisée en Alsace.

La fin de la guerre est marquée par des difficultés matérielles. Ainsi, certaines caisses, comme celle de Wittelsheim, sont bombardées et les archives disparaissent. Se pose enfin un second problème qui rappelle les lendemains de la première guerre mondiale. L'occupant avait imposé en 1940 une dévaluation importante du franc, portant le taux de change à 20 francs pour 1 mark. Or, le taux moyen sur le marché des changes de Paris, au cours des huit premiers mois de l'année 1939, n'avait pas dépassé 15,18 francs. On voit l'intérêt pour le régime nazi d'importer plus facilement du fait de la diminution des prix relatifs : un produit facturé 15 francs était vendu avant 1939 au prix de un mark; et seulement à 0,75 mark ensuite. Logiquement, le 15 novembre 1944, les autorités françaises réévaluent le franc au niveau antérieur de 15 francs pour 1 mark. Le risque est donc de dévaloriser les créances alsaciennes de 25 % : les 20 francs placés deviennent 15 francs par le truchement du nouveau taux de change. L'inquiétude est vive alors au Crédit mutuel à tous les échelons, celui des sociétaires déposants, celui des caisses mutuelles ayant placé à la banque de second degré, celui de la Banque fédérative ayant placé en Allemagne. Heureusement, des arrêtés du début de l'année 1945 ouvrent une bonification de 5 francs par mark prêté. Enfin, dernier problème, celui de l'avenir du Crédit mutuel, car la Caisse nationale de Crédit agricole, alors organisme public, aurait bien vu une fusion de ce crédit libre au sein du Crédit agricole. Mais le Crédit mutuel et ses sociétaires, épaulés par les parlementaires, résistent et les libertés locales qu'exprime un droit spécifique sont préservées. Ils ne peuvent cependant pas éviter que le Crédit agricole prenne son autonomie. De même, les secteurs « marchandises » des caisses locales retrouvent une autonomie coopérative comme dans l'entre-deux-guerres, mais cela est bien accepté. En fait, la trace majeure de cette période troublée est la fusion des deux banques de second degré, car, à la Libération, il n'est pas question, au nom de l'efficacité, de revenir à la situation de dualisme d'avant 1940.

Le Crédit mutuel, une fois de plus, avait triomphé des difficultés et allait s'engager dans un nouveau développement. Pour reprendre une image, utilisée en 1955 par la fédération de Strasbourg, l'institution avait plié en silence sous la bourrasque, comme le roseau de la fable...

Les ralliés au Nazisme

ALPHONSE IRJUD

Ceux qui y croyaient, ceux qui en profitaient, ceux qui les suivaient... Telles sont les trois catégories d'Alsaciens ralliés au nazisme après 1940. À partir des archives des procès de l'épuration, voici un panorama de la collaboration en Alsace.

La première organisation nazie en Alsace a vu le jour le 20 juin 1940 à Colmar où Robert Ernst a réuni « une douzaine d'hommes de confiance d'Alsace ». Son appellation était anodine, même engageante dans le désarroi de ces mois d'été : l'Elsässischer Hilfsdienst (EHD), le service alsacien d'entraide, une sorte de Croix-Rouge régionale pour accueillir et réinstaller les évacués de septembre 1939, les réfugiés de mai-juin 1940, réparer provisoirement les dégâts des opérations militaires. Quand il sera dissous, officiellement, au début d'avril 1941, le journaliste Paul Schall écrira que « sa mission est reprise par le parti, maintenant bien ancré avec toutes ses ramifications en Alsace ». En réalité, dès la fin août 1940, ses antennes locales avaient été fermées et peu après commençait la sélection et la nomination des Block- Zellen- Ortsgruppenleiter et autres dignitaires de la mosaïque nationale-socialiste, pour une notable partie issus de l'EHD. A côté de personnalités autonomistes ou sous l'autorité de ceux qui avaient été nommés Kreisleiter, quelques milliers d'Alsaciens occupèrent les postes subalternes, mais non sans influence, pour établir et tenter de consolider l'ordre nouveau. Qui étaient-ils ? Des germanophiles, membres des mouvements autonomistes, qui s'engagent sans état d'âme, des opportunistes, pour améliorer leur situation économique dans les affaires ou les diverses administrations, des ralliés par « Geltungsdrang », pour « être quelqu'un » dans la localité, dans le quartier, à la tête d'une des innombrables organisations qui, telles des pieuvres, avaient pour but d'enserrer sans failles la population[1].

Une proportion importante de ceux qui vont occuper des postes de responsabilité politique et administrative proviennent des diverses mouvances autonomistes du Bas-Rhin. Sur 207 cas relevés, 59 avaient été arrêtés en 1939, la majeure partie en mai 1940, et internés pour la plupart à Arches dans les Vosges[2]. Ces personnes résident pour 31 % à Strasbourg, 29 % dans l'arrondissement de Saverne, 16 % dans celui de Haguenau, 7 % dans celui de Wissembourg, 5 à 6 % dans celui de Sélestat-Erstein,

FONDS JUNGMANN

« TAG DER WEHRMACHT » À LA CASERNE MANTEUFEL À STRASBOURG EN AVRIL 1943.

de Molsheim et de Strasbourg-Campagne. La répartition professionnelle donne 27 % de paysans, 14 % d'employés des chemins de fer, 14 % d'ouvriers et d'employés, 12 % de commerçants, 11 % de professions libérales (médecins, pharmaciens, architectes, avocats, journalistes) et 8 % de membres de l'enseignement. Près de 70 % sont âgés de 35 à 55 ans, 20 % de 20 à 35 ans et 10 % au-delà de 55 ans.

Les adeptes des partis autonomistes bas-rhinois sont peu nombreux dans le Haut-Rhin, avec entre autres l'Ortsgruppenleiter puis maire de Hunawihr, le maire et Bauernführer de Sainte-Croix-en-Plaine. Contrairement au Bas-Rhin où les ralliements marquants restent limités, par exemple un industriel d'Erstein et son fils journaliste à Strasbourg, des membres du parti catholique UPR sont en vue dans le Haut-Rhin, à Ribeauvillé avec l'Ortsgruppenleiter et Bauernführer et ses trois acolytes, à Colmar avec l'ancien maire et un ancien adjoint collaborateurs de Rossé, un propriétaire de gravières qui, avec d'autres, participe à la réunion constitutive de l'EHD chez une dentiste de la même orientation, un professeur du lycée Bartholdi, promu directeur, Albert Bleicher, auteur de la partie économique du *Haegy-Buch, l'Alsace de 1870 à 1932.* L'ouvrage qu'il avait publié en 1928 sous anonymat, *Le Plus Grand Pillage de tous les temps*, est réédité après 1940 sous son nom avec une préface de Rossé. Parmi les ralliés de la première heure figurent aussi, comme dans le Bas-Rhin, des militants de partis français : Parti populaire français de Doriot, tel le maire et Ortsgruppenleiter de Kaysersberg, Parti social français et ex-Croix-de-Feu, Parti franciste de Bucard.

Selon les localités, les fonctions de maire et d'Ortsgruppenleiter sont séparées ou cumulées parfois avec celles de Bauernführer. L'harmonie ne règne pas toujours ; des Ortsgruppenleiter font destituer le maire trop tiède ou accusé de francophilie, pour prendre sa place ou en faisant valoir qu'ils avaient été de meilleurs Volkstumskämpfer, par exemple à Mackwiller et à Mittelschaeffolsheim. A côté de ces « Politische Leiter » figurent aussi les Führer des SA, de la Allgemeine SS et autres formations. Par tradition, les femmes s'engagent moins, le plus souvent par esprit familial, ou poussant le mari en avant « pour devenir quelqu'un » et avoir de l'influence; elles représentent 11 à 12 % des affaires qui seront jugées.

A la tête des communes il ne reste en fonction, en 1942, qu'un tiers des maires en place à la veille de la guerre : 37 % dans le Bas-Rhin, 34 % dans le Haut-Rhin et moins de 1 % des adjoints remplacent les maires démissionnaires, démis d'office ou expulsés. Alors que la proportion des maintenus est de 42 % dans l'arrondissement de Wissembourg, de 44 % dans celui de Haguenau, de 47 % dans celui de Strasbourg-Campagne, elle n'est que de 19 % dans celui de Sélestat-Erstein et de 27 % dans celui de Saverne. Dans le Haut-Rhin, les arrondissements de Colmar et de Ribeauvillé connaissent le taux de renouvellement le plus élevé (23 % d'anciens maires) suivis de Guebwiller (36 %),Thann (40 %), Altkirch et Mulhouse (43 %).

Des responsables du parti particulièrement énergiques se voient confier des responsabilités plus importantes. L'Ortsgruppenleiter de Mundolsheim est envoyé en même qualité à Erstein où, à défaut de trouver quelqu'un de sûr pour le poste de maire, il devient Staatskommissar, enfin remplaçant du Kreisleiter de Molsheim. Celui de la Robertsau est transféré à La Wantzenau avant d'atterrir à la mairie d'Obernai; celui de Sainte-Marie-aux-Mines, où il s'est distingué, est nommé Staatskommissar à Kaysersberg où des incidents avaient eu lieu lors des conseils de révision et dont le maire et Ortsgruppenleiter s'était engagé dans la Wehrmacht.

Jusqu'en décembre 1940, les commissions d'expulsion siègent au chef-lieu d'arrondissement. Ortsgruppenleiter et hommes de confiance du SD participent à l'établissement des listes pour les expulsions et les internements et ils continueront à donner leur avis ou à proposer carrément des mesures à l'égard de l'une ou l'autre personne ou famille. L'Ortsgruppenleiter du quartier Palais-du-Rhin désigne 60 familles, celui de Lingolsheim dresse la liste des « éléments asociaux et des gens à éloigner»; à Kaysersberg 108 habitants figurent sur la liste établie en avril 1941; le chef du SD, alsacien, de l'arrondissement de Saverne sévit en août et octobre 1940 et désigne en septembre 1944 les otages à emmener en cas de repli; le duo du quartier

1943

COLLECTE POUR L'EFFORT DE GUERRE LE MÊME JOUR.

FONDS JUNGMANN

de l'Orangerie, un architecte et un inspecteur des Postes, agit de même en 1940 et en septembre 1944 ; à Dorlisheim le chef du groupe 99 (des signataires du manifeste du Heimatbund) provoque l'expulsion de 42 habitants ; à Ribeauvillé, 44 personnes figurant sur une liste de 75 noms sont expulsées.

« Politiquement, par éducation, par le milieu culturel et religieux, nous étions germanophiles. Entre 1918 et 1940, la France nous était étrangère, dit Fritz Bauer, agriculteur à Kirrwiller dans le canton de Bouxwiller. Après 1918-1940, qui n'était qu'une parenthèse, on croyait que l'on pouvait continuer en Alsace la période 1870-1918, et ce n'est que plus tard que nous nous sommes aperçus que ce n'était plus la même Allemagne. » Il avait quarante et un ans en 1940 et avait accepté le poste de Ortsgruppenleiter, le responsable politique, à la demande d'un ami, membre de la Jungmannschaft comme lui — une vingtaine de familles du village se trouvaient dans ce mouvement créé par Bickler —, celui de Bauernführer, le responsable chargé du rendement agricole et des livraisons, et avait fait partie de la Allgemeine SS,« une sorte de formation d'infanteriste ». « Le parti a commencé par recruter les responsables dans les rangs de la Jungmannschaft. Le village était divisé, par tradition les catholiques étaient plutôt francophiles. On a vu le redressement et l'ordre en Allemagne après 1933 et voulu ignorer le mauvais côté (das Schlimme übersehen). Son père était sous-officier dans l'armée impériale, lui-même a servi dans la marine française. « Quand, démobilisé, je suis rentré, l'annexion était faite, nous nous sommes trouvés devant le fait accompli. » Les tâches : des sessions de formation à Bouxwiller et à Saverne, les multiples quêtes, les réunions plus ou moins bien fréquentées ; il fallait mobiliser les gens pour les manifestations, les Kreistage (la grande célébration annuelle de l'arrondissement). Il n'y a pas eu d'expulsions, assure F. Bauer, pas de dénonciations, même s'il fallait exercer quelques pressions pour faire participer le maximum de gens afin d'éviter le pire au village. « Il n'y a pas eu d'adhésion formelle, idéologique, et, on a fini par se rendre compte du système. »

« LA FRANCE NOUS ÉTAIT ÉTRANGÈRE »

Edouard Haug, agrégé d'allemand, était directeur du lycée de Haguenau de 1941 à 1944 — Oberstudiendirektor der Hohenstaufenschule — et l'un des experts pour la germanisation des noms et des prénoms. « En 1907, je ne suis pas né français, et mes parents, comme les autres Alsaciens et Lorrains, n'ont pas été consultés pour devenir français. Je suis resté allemand et me suis réjoui en 1940 lorsque l'armée allemande est revenue chez nous, car j'étais resté un Allemand fidèle, comme beaucoup d'autres nés allemands. Mon père, qui avait trois ans en 1870, était un Allemand convaincu et j'ai été élevé dans ses convictions. A l'âge de onze ans, il m'était difficile de saisir le changement de 1918, j'étais allemand et le suis resté, voilà pourquoi, je me suis déclaré immédiatement prêt en 1940 à collaborer, sans restrictions. »

Selon E. Haug, lieutenant traducteur au Deuxième Bureau français, les autonomistes

« TAG DER WEHRMACHT ».

FONDS JUNGMANN

ne connaissaient pas, avant 1940, de membres du parti national-socialiste « contrairement à ce que les Français nous ont reproché; nous n'avons vu que les succès économiques et ceux de la politique intérieure et extérieure». Il reconnaît que lors d'un bref arrêt à Nuremberg en 1935, alors que se tenait le congrès du parti, « beaucoup de bonzes du parti aux figures peu avenantes lui ont déplu ». Même mauvaise impression le 19 ou 20 juin 1940 à Colmar, quand les gens de la Gauleitung de Bade descendaient de leurs voitures devant la préfecture : « Les caractériser de vulgaires serait le mieux, tels qu'ils se sont d'ailleurs montrés durant les quatre années. » Malgré ces taches (Schönheitsfehler), l'essentiel dépassait tout : « Sauver notre dialecte, notre Muttersprache, condamné à mort par le gouvernement français. » Il fallait s'engager, selon E. Haug, « pour que cela ne se passe pas comme après 1871, lorsque les milieux dirigeants ont émigré en France et que des étrangers au pays sont venus les remplacer ». Du côté allemand on était prêt à placer des Alsaciens sûrs à des postes élevés, dans l'appareil de l'Etat, mais il en était autrement dans la direction du parti, car ceux de la Gauleitung veillaient scrupuleusement à ce que seuls les « vieux combattants » d'avant 1933 occupent les postes élevés.

LES PETITS FÜHRER DE VILLAGE S'EN DONNENT À CŒUR JOIE

Albert Baltzli n'avait que quinze ans en 1940. Son père, qui avait servi dans l'armée allemande, était un nostalgique du « Kaisersystem », alors que le désordre

LA STADTKOMMISSAR JOSEPH JAEGGI
À LA TÊTE DE L'ADMINISTRATION DE GUEBWILLER.

ARCHIVES MUNICIPALES GUEBWILLER

STRASSBURGER
NEUESTE NACHRICHTEN

Gauleiter Robert Wagner auf dem Parteiappell in Rappoltsweiler:

Die Schicksalsfrage des Elsaß

Sie ist nicht: Deutschland oder Frankreich? sondern: Deutschland oder Bolschewismus?

Warnung an die Staatsfeinde erneut wiederholt

Gegenangriff im Raum von Isjum in gutem Fortschreiten

LA PROPAGANDE QUOTIDIENNE DES SNN.

français, avec, à la fin, les grèves de 1936, les congés payés, les paysans malheureux...! Il était président de l'Union nationale des combattants, membre du Souvenir français, ne savait pas le français et n'avait pas de relations avec les diverses formations autonomistes bien implantées dans la région de Weinbourg. « Durant l'été 1940, il y eut un interrègne d'une quinzaine de jours dans le village ; on ne savait pas ce que l'on était. Après, l'excellente tenue de la première compagnie allemande par comparaison avec celle du détachement français que nous avions auparavant nous a bien impressionnés. » Avec un camarade il fonde la section de la Jeunesse hitlérienne (HJ) : « C'était comme les scouts français : l'uniforme, le petit poignard, les jeunes étaient intéressés par le côté militariste de la HJ. » Après six mois de formation à Baden-Baden, l'entraînement au maniement d'armes, « c'était l'enthousiasme dans le village, car nous n'avions pas cela auparavant : retraite aux flambeaux, jeux de piste, parades et défilés pour les cérémonies, notamment lors de la visite du prince héritier, August Wilhelm de Prusse, chef des SA, le 19 octobre 1941 à Saverne », mais aussi le ramassage des livres français pour l'autodafé... « L'arrière-plan politique est apparu plus tard et de toute façon, on ne savait pas ce que l'on a appris plus tard. » Attiré par la peinture, il s'engage dans la Luftwaffe contre la promesse d'une place à la Kunstakademie de Munich.

Parmi les quelque deux mille à deux mille cinq cents engagés volontaires, on trouve une proportion importante issus des cadres de la HJ.

A Strasbourg, le premier noyau de la HJ est formé de jeunes de l'EHD, le Jungvolk, qui, début septembre, organise la première grande manifestation dans les rues de la ville. Un membre de ce Jungvolk, un mécanicien de dix-huit ans, chauffeur du bureau de la Jeunesse hitlérienne, conduit le soir du 12 septembre 1940 deux camarades dans un village, à une trentaine de kilomètres de Strasbourg pour y chercher une bombe incendiaire dans l'école. A Strasbourg ils rejoignent vers deux heures du matin, près de la synagogue, un groupe de six à sept jeunes membres de la formation, sous la direction du Jungbannführer, un Strasbourgeois. Pendant l'incendie le chauffeur, ayant reçu l'ordre de se tenir prêt à toute éventualité, reste à quelque distance près de la voiture quai Kléber.

Dès septembre 1940, le groupe Universität Strassburg de l'association nationale-socialiste des étudiants allemands enregistre l'adhésion de plus d'une centaine de personnes ayant fréquenté l'université avant 1918 (Altherrenschaft)... et de futurs étudiants de la Reichsuniversität qui n'ouvrira qu'en novembre 1941.

Si des localités ont pu traverser cette période dans un calme apparent ou réel parce que ceux qui avaient accepté l'une ou l'autre charge les ont exercées sans fanatisme ou zèle excessif, parfois avec abnégation, d'autres ont subi la pression ou la tyrannie des petits chefs, désireux de faire de leur commune une « Muster-Gemeinde » : pressions assorties de menaces pour livrer et brûler le « welsches Plunder », rondes pour dépister et dénoncer les « Schwarzhörer » à l'écoute de la radio anglaise ou suisse, confiscations des postes de radio, chasse aux bérets basques, répression des « bonjour » ou « bonsoir », signalement des récalcitrants aux quêtes rituelles et au pavoisement régulier. L'Ortsgruppenleiter et le maire d'Obersebach peuvent se vanter d'avoir fait adhérer quelque cent cinquante habitants (sur mille six cents) aux organisations du parti. Il n'est pas rare de voir un petit groupe, parfois par affinités politiques d'avant-guerre, faire la loi. Lors d'une réunion en janvier 1942 à Molsheim, le Kreisleiter s'en prend « aux tièdes, attentistes et rouspéteurs à qui il est grand temps de faire voir et comprendre ce qu'était réellement le national-socialisme ». Aussitôt un groupe de neuf membres d'organisations nazies, entre vingt-quatre et quarante-huit ans, sous la direction du Sturmführer SA, qui sera nommé plus tard maire de Gambsheim, se rue en chantant et vociférant vers un certain nombre de demeures; parmi les animateurs, deux anciens de la Jungmannschaft. A Saverne ou à Bouxwiller, quand parade et défile la section des SA, l'indifférence est dangereuse; les curieux qui ne lèvent pas le bras pour saluer, comme les passants indifférents, sont giflés et brutalisés. Ostwald et Villé ont leur quatuor, Geiswiller son trio de membres de la Jungmannschaft, comme Ribeauvillé avec des adhérents de l'UPR de Rossé; à Orbey le maire et Ortsgruppenleiter, le secrétaire de mairie et le Bauernführer régentent de concert comme le triumvirat de Bischwihr avec l'Ortsgruppenleiter, le maire et l'instituteur; à Eschau ils sont cinq, à Griesbach quatre comme à Dorlisheim pour imposer et faire respecter l'ordre nouveau. A Hochfelden, quand un membre fondateur de la Landesspartei, ancien gérant de la Zukunft, Ortsgruppenleiter du quartier de la cathédrale en 1940, est nommé Staatskommissar après les incidents du 14 juillet 1941, il y trouve l'appui d'un groupe aguerri: un couple d'une trentaine d'années, la famille d'un docteur, ancien de la Jungmannschaft, médecin-conseil des SS, l'épouse présidant l'organisation féminine, la Frauenschaft, et les deux fils engagés volontaires, une commerçante repliée de Strasbourg depuis 1939 avec ses deux fils dont l'un, interné au printemps 1940, avait participé à la fondation de l'Ortsgruppe.

Nombreux sont les passeurs et les personnes cachant et ravitaillant des prisonniers

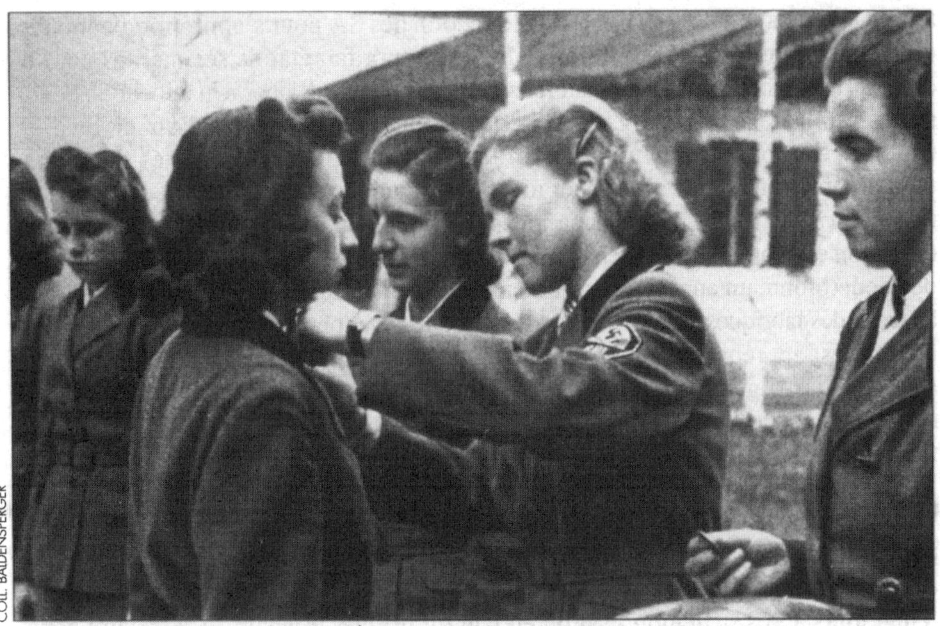

COLL. BAUDENSPERGER

LE RAD (TRAVAIL OBLIGATOIRE) FÉMININ PASSE AUSSI PAR L'ASSERMENTATION.

de guerre évadés et des réfractaires à l'incorporation, nombreux aussi ceux qui les capturent et les livrent, par conviction, peur ou attrait de la prime de 50 à 700 Reichsmark, la plus forte étant offerte pour des officiers et des aviateurs abattus. Un industriel de la vallée de la Bruche, qui avait déjà arrêté et remis à la police un prisonnier polonais, oblige ses quatre gardes-chasse à rechercher pendant deux jours trois jeunes réfractaires dont deux seront fusillés, la famille restant sans nouvelles du troisième. Dès la libération, 134 personnes de 70 communes ont été internées pour ce motif. A Saverne, la filière de Théo Gerhardt, condamné à mort, est trahie par une employée de la maison et un organiste. Un jeune homme, gendre du maire autonomiste d'une localité des environs de Niederbronn, est responsable de l'arrestation d'une centaine de personnes. Ayant détourné 1200 RM de la caisse du WHW (Fonds d'aide pour l'hiver) qu'il gérait, il tente de fuir vers la France non occupée, obtient l'adresse de passeurs prêts à lui faire franchir la frontière avec deux prisonniers de guerre français. A Sarrebourg, il se ravise, prévient à Strasbourg le Kreisleiter Bickler, ami de la famille, qui lui demande de reprendre contact avec le groupe qu'il livrera à la Gestapo; parmi les condamnés, R. Brecheisen et F. Schaelderlé mourront en prison.

Par intérêt ou par conviction, ou les deux, certains se rallient sans perdre de temps. Dès le 10 juillet 1940 un commerçant de bois de Strasbourg dénonce les entreprises appartenant à des juifs et des francophiles pour développer considérablement son affaire. Un meunier d'Ensisheim fonde la section des SA pour s'approprier le moulin d'un concurrent expulsé. Un libraire de Strasbourg fait état de ses mérites pour la défense du Volkstum afin de transférer son magasin place Kléber. Un tailleur de Schiltigheim sollicite le poste de Zellenleiter pour obtenir le commerce d'un juif ou d'un expulsé. Un notaire de Huningue fait également valoir ses activités de Volkstumkämpfer pour se faire attribuer une bonne étude vacante à Strasbourg. Grâce à un lot important de matériel et de machines abandonné, un petit industriel d'Eckbolsheim étend son entreprise de Gerätebau à Schiltigheim et Koenigshoffen. Un commerçant de Niederbronn, un autre à Barr s'empressent d'offrir leurs services pour diriger ou acquérir des fabriques de chemises sous séquestre. Pour obtenir la direction de la société Pétrolest, un représentant en huiles minérales intègre le club d'aviron qu'il préside dans la Allgemeine SS, siège à la commission d'expulsion de Strasbourg et collabore avec le SD ; le propriétaire de Pétrolest est expulsé fin décembre avec sa famille.

Pour germaniser la sucrerie d'Erstein, le directeur fournit avec son chef comptable, Ortsgruppenleiter, la liste des actionnaires belges majoritaires, français, juifs, etc., et pour les spolier impose l'ancienne société d'un million six cent mille RM au titre de superbénéfices fictifs, simulant ainsi un déficit de près de un million de RM. Vingt jours après sa démobilisation en tant qu'officier français, le secrétaire général d'un grand établissement public, ami de Roos et homme de confiance de Bickler, adhère à la Allgemeine SS et manifeste un zèle intempestif. Dans une lettre au Gauleiter, il demande que l'on enlève la statue de Strasbourg, place de la Concorde à Paris, et la plaque commémorative du retour de l'Alsace et de la Lorraine à la France sous l'Arc de Triomphe, et que les cafés, hôtels, restaurants à Paris faisant référence à l'Alsace soient débaptisés, que les quatre à cinq cents étudiants soient ramenés de Clermont-Ferrand.

DÉLIRE DE L'IDÉOLOGIE :
UN SAPIN-CROIX GAMMÉE...

CNAC GEORGES POMPIDOU

Le « grand tournant » (die grosse Wende) sert aussi à assouvir rancunes et déboires. Le secrétaire du comité départemental du Haut-Rhin des mutilés et réformés de guerre, licencié cinq ans plus tôt pour indélicatesses, attire l'attention du SD et de la Gestapo sur l'intérêt du fichier et des archives pour retrouver des déserteurs alsaciens de l'armée allemande d'avant 1918, les engagés volontaires dans l'armée française ou la Légion étrangère, les titulaires de la Légion d'honneur. Un épicier de Strasbourg, licencié de la Coop, dénonce le directeur et les employés « socialistes et francophiles » de cette société. D'autres font valoir, dans les diverses administrations, qu'ils ont été désavantagés et brimés du temps français dans leur carrière à cause de leurs activités politiques.

AMBITIONS PERSONNELLES ET DÉSIRS D'ENRICHISSEMENT EXPLIQUENT BIEN DES RALLIEMENTS

Le contre-espionnage allemand, l'Abwehr, réussit à recruter à Strasbourg plusieurs dizaines d'hommes parmi les Alsaciens réfugiés et auprès de l'armée d'armistice, pour des missions de renseignements en France non occupée sur les dépôts d'armes, ou auprès du SD et des troupes allemandes dans la partie occupée ; des commerçants pourvus de titres de circulation pour l'approvisionnement rendent les mêmes services. En septembre 1944, lorsque le repli semble inéluctable, des collaborateurs dressent les listes des otages à emmener. La section West II de l'Abwehr, repliée de La Celle-Saint-Cloud à Strasbourg, recrute quatorze personnes, qui se connaissaient par les mouvements autonomistes, pour organiser la résistance par l'installation de postes émetteurs, l'hébergement d'agents secrets, le sabotage des transports alliés.

NOTES

1. Le poste le plus élevé confié à des Alsaciens « particulièrement méritants » selon le décret de nomination, est celui de Kreisleiter, chef politique de l'arrondissement, à côté du Landkommissar, le sous-préfet administratif. Quatre des six Kreisleiter (sur les treize) viennent des Jungmannschaften : Hermann Bickler, avocat à Strasbourg, Rudolf Lang, chirurgien dentiste à Saverne, Edmond Nussbaum, libraire à Molsheim, et Alexandre Kraemer, médecin à Guebwiller. René Hauss, imprimeur, l'un des fondateur de la Landespartei avec Karl Roos, est nommé à Haguenau et Jean-Pierre Mourer, cheminot, fondateur du parti communiste-autonomiste, à Mulhouse. L'organisation du parti repose sur le « Führerprinzip »: le Blockleiter (dans les villes pour une cinquantaine de familles), le Zellenleiter pour plusieurs blocs, le Ortsgruppenleiter par quartier dans les villes et les localités (deux ou trois petites communes avec le même), le Kreisleiter par arrondissement et le Gauleiter.

2. Environ cinq cents personnes, dont quatre-vingts femmes, en grande partie de la région de Saverne-Bouxwiller, sont arrêtées en mai 1940: une vingtaine de maires dont un conseiller général, deux médecins et deux dentistes, de nombreux cheminots, gardes forestiers, agriculteurs et instituteurs, quinze pasteurs et deux prêtres, des artisans et commerçants. D'autres autonomistes sont envoyés dans le sud-ouest ou ont été arrêtés à la déclaration de guerre en septembre 1939.

er-Jugend
geb. am 1.1
ebr. an einem
r-Jugend teil un
sscheines gut (K Sch
lung

Préparation militaire à seize ans

ROBERT SPECKLIN

Un jeune lycéen d'Altkirch est envoyé en 1943 au camp d'entraînement militaire de Wissembourg. Souvenirs d'une initiation aussi rapide que rude.

Le 2 février 1943, l'OKW annonçait : « La bataille de Stalingrad est terminée. » Et ce même jour, une classe de première du collège d'Altkirch, devenu Sundgauschule, Oberschule für Jungen, tenait en main la convocation pour le camp d'entraînement militaire de Wissembourg, où elle devait se rendre du 7 au 28 février. Quelque chose de nouveau, de plus élaboré dans le genre. La moyenne d'âge des participants était de seize ans. Pour eux, s'établissait le contact avec la « première armée du monde ».

Devant la gare de Wissembourg, le troupeau des jeunes Sundgauviens fut accueilli, mis en rang et dirigé vers la caserne par un jeune sous-officier allemand qui, pourquoi ne pas le dire, avait l'air gentil, charmant, tout à fait sympathique. Cet individu devait se révéler par la suite comme la plus sale vache du quartier. « Mille mètres en arrière ! » avait-il l'habitude de crier à la moindre occasion, tout au long de la journée. « Halt ! » hurlait-il au bout d'un moment. Puis, tout doucement : « In die Knie ! Bis auf meine Höhe hüpfen, hüpfen ! » Et pour varier de temps en temps, il nous faisait monter et descendre les escaliers, trois fois, six fois, toujours au pas de gymnastique, bien entendu.

1943

Pour procéder de la sorte, les Allemands avaient, nous le savons maintenant, de bonnes raisons. Après l'échec de la deuxième offensive contre l'Union soviétique, il était devenu clair que les Russes leur étaient supérieurs tant par leurs masses humaines que par la qualité de leur matériel, et on ne pouvait espérer les surclasser, du moins le croyait-on, que par la mobilité. Car il restait cette idée que les Russes étaient lents et stupides : il ne pouvait en être autrement d'un peuple « né dans la crasse » (im Morast geborene Volk[1]). La vitesse et l'intelligence allaient l'emporter sur la bêtise laborieuse des sous-hommes. Et la vitesse, la promptitude, c'était nous !

Cependant, deuxième chose importante, il fallait prendre des précautions. « Les Russes sont les maîtres du camouflage », nous disait le sous-officier entre Wissembourg, Schweigen et Altenstadt. Là, dans les prés et dans les vignes, on apprenait à se servir d'une boussole et à évaluer les distances, à dresser un croquis et à se rendre invisible. « Vous voyez un buisson », entendait-on. « C'est un Russe ! ». Les Russes

NSDAP. Hitler-Jugend
Gebiet Baden (21)

K-Schein der Hitler-Jugend

Der Speklin Robert geb. am 1.10.26
nahm vom 7. Febr. bis 28. Febr. an einem Lehrgang im Wehrertüchtigungslager der Hitler-Jugend teil und hat die Bedingungen des Kriegsausbildungsscheines (K-Schein) der Hitler-Jugend mit der Gesamtbeurteilung gut erfüllt

Der Führer des Wehrertüchtigungslagers

Hitler-Jugend
Gebiet Baden (21)

Der Führer des Gebietes Baden (21)
Obergebietsführer

PHOTO DU GROUPE DES JEUNES STAGIAIRES DE WISSEMBOURG.
EN MÉDAILLON LE CERTIFICAT DE ROBERT SPECKLIN.

étaient partout : sur les arbres, dans les fossés, derrière la plus petite motte de terre. Il y avait même des arbres qui changeaient de place, car c'étaient des Soviétiques déguisés. Il fallait le savoir, et, si possible, faire mieux.

Mais si les Russes étaient tellement forts, comment allait-on en venir à bout ? Justement, sur leur lancée, après la chute de Stalingrad, ils venaient de reprendre Kharkov, la plus grande ville d'Ukraine, et menaçaient de prendre aussi à revers tout le front sud. On posa la question. Et le sous-officier répondit : « Vous savez, le Führer a déjà maîtrisé bien des situations difficiles. Il trouvera là aussi une solution ! » Le Führer !

Nous savons aujourd'hui quelle était cette solution. Hitler, au moment même où nous posions ces questions, avait pris l'avion pour Zaporojie, derrière le front. Non sans risque, car les blindés soviétiques étaient déjà parvenus à Sinelnikowo, et auraient presque pu lui tirer dessus [2]. Et là, il usa de son arme favorite, le discours. Dans une proclamation adressée au groupe d'armée sud et à la flotte aérienne n° 4, il annonça l'arrivée d'armes nouvelles « jamais vues [3] ». En attendant, il fallait tenir... Avec cette promesse des armes secrètes [4], Hitler lui-même tint encore plus de deux ans.

1943

A Wissembourg, il y avait d'autres détails qui nous laissaient rêveurs. En même temps que ceux d'Altkirch, les élèves du château-école de Salem [5] avaient été convoqués dans notre caserne. Une école réservée à la noblesse allemande : la plupart des élèves portaient des particules, von und zu. Or, dès le premier jour, on avait appris que les barrières sociales et politiques avaient disparues, et qu'on allait brasser la fine fleur allemande et le menu peuple sundgauvien jusqu'au mélange parfait. Ce qui fut fait. Toutefois, quelque temps après, il fut annoncé qu'une section spéciale de transmissions avait été créée. La plupart de nos distingués camarades s'y retrouvèrent avec une rapidité surprenante.

Ainsi, tout le monde était content. Les grands principes étaient saufs, mais nos jeunes transrhénans restaient entre eux.

Il faut dire à la vérité qu'ils s'accommodèrent tout de même d'une cohabitation, à la base, si l'on ose dire. La caserne de Wissembourg ne disposait, en fait de toilettes, que d'une salle où des trous s'alignaient le long des murs, sans aucune cloison. Peut-être les Allemands avaient-ils hérité d'un état de choses antérieur ? On s'étonnait pourtant : alors qu'il était tellement question d'hygiène, de propreté et de dignité humaine (Menschenwürde), n'avait-on pas trouvé moyen, en deux ans, de mettre les lieux en état ? On n'y tenait sans doute pas, car les WC étaient le seul endroit où l'on n'était pas obligé de procéder au pas de gymnastique, et tous avaient tendance à s'y attarder. En public, on s'y complairait peut-être moins ? Hélas, c'est là, « aux chiottes », que se réalisa l'entente européenne occidentale, celle de l'humanisme le plus pur.

Quelques fausses notes persistaient : un jour, le chef du camp devait brandir la lettre d'un imbécile d'Alsacien qui avait oublié de mettre son nom d'expéditeur sur l'enveloppe. Il l'avait « naturellement » ouverte. Enfer et désolation, le contenu confirmait toute l'insondable stupidité de l'expéditeur. Naïvement, il décrivait son voyage à Wissembourg : « Nous avons vu beaucoup de puits de pétrole », écrivait-il. Puis l'horrible détail : « Nous ressemblons à une horde de bolcheviques ! »

Mais la lettre, bien vite, devint anodine. Car on lisait aussi le journal. N'apprenait-on pas que quelques bandits de la région d'Altkirch avaient encore essayé de passer en Suisse ? Pour ce faire, ils avaient même tué un garde-frontière allemand. Un brave bonhomme, qui ne faisait que son devoir. Les choses devenaient sérieuses. Il était temps de reprendre en main cette abominable société. Alors, n'est-ce pas, mille mètres en arrière : « Meine Herren, tausend Meter zurück, Marsch, Marsch ! Achtung ! »

NOTES

1. Domarus, *Hitlers Reden und Proklamationen*, 1965, p. 1917, discours du 30 septembre 1942, « Ja, das ist eben eine Art Sumpfmensch und kein Europäer, das müssen wir zugeben. Es ist für uns eben etwas schwieriger, in diesem Sumpf Vorwärts zu kommen, als für dieses im Morast geborene Volk ».

2. Erich von Manstein, *Victoires perdues*. Plon, Paris, 1958, 440 p., 13 cartes (voir p. 321-325, et carte p. 326).

3. Domarus, *op cit.*, 1965, p. 1989, proclama-tion du 19 février 1943 : « Immer neue Divisionen sind im Anrollen begriffen. Unbekannte, einzigartig dastehende Waffen befinden sich auf dem Weg zu euren Fronten. »

4. Ernst Klink, *Das Gesetz des Handels (Die Operation Zitadelle, 1943)*. DVA, Stuttgart, 1966, 356 p., 16 cartes hors-texte. Voir p. 329-330, deux ordres du jour de Hitler du 1er juillet 1943, destinés, l'un aux généraux, l'autre aux soldats. Aux uns, il dit : « Die für den Angriff vorgesehenen Armeen sind mit all den Waffen ausgestattet worden, die deutscher Erfindungsgeist und deutsche Technik zu schaffen vermochten. » Aux autres, il assure : « Durch das der Russe bisher den einen oder anderen Erfolg erringen konnte, waren in erster Linie seine Panzer. Meine Soldaten! Ihr habt jetzt endlich bessere als er ! » Il s'agissait de deux cents chars lourds du type Panzer, mal rodés, qui se trouvèrent immobilisés dès le début.

5. Wend Kalnein Graf : Salem (Münster, Schloß, Schule), Thorbecke, Lindau, 1958.

Dans l'enfer russe

ALFRED WAHL

La majorité des Alsaciens incorporés de force dans l'armée allemande fut envoyée sur le front russe en train de craquer en 1943. Soixante-quatorze « Malgré-Nous » nous ont confié leurs souvenirs des combats de cette année-là. En voici une synthèse.

UNE GUERRE TOTALE,
SANS ESPOIR,
SANS PITIÉ.

Même deux ans après l'annexion de fait, ni Hitler ni les chefs de la Wehrmacht ne souhaitaient incorporer des Alsaciens ou des Mosellans. Ils n'avaient, *a priori*, aucune confiance dans ces populations. Et c'est bien Wagner qui a fait le plus pour convaincre Hitler qui l'autorisa à imposer l'incorporation de force en août 1942.[1]

Les premiers incorporés de force ont quitté l'Alsace le 12 octobre 1942. Il s'agissait des classes 1922, 1923 et 1924. Ils ont passé l'essentiel des dernières semaines de l'année 1942 dans des centres d'instruction. C'est pourquoi ils n'ont pas eu le temps d'arriver sur le front russe en 1942 et évitèrent ainsi de se retrouver dans la nasse de Stalingrad en janvier 1943.

Dès le début de 1943, les incorporations s'intensifièrent. Les classes 1920 et 1921 furent appelées le 15 janvier, les classes de 1914 à 1919 le 18 avril ; enfin, ce fut le tour de la classe 1925, le 21 mai. Ainsi douze classes au total avaient terminé leur instruction à l'automne 1943. A la fin de cette année, tous étaient susceptibles d'être engagés au front, les uns depuis la fin de l'hiver 1942-1943 au moins, d'autres depuis l'été et les derniers à partir de l'automne.

En dépit de la conviction affichée par le Gauleiter à propos de l'adhésion des Alsaciens au Reich, le scepticisme dominait au sein du commandement de la Wehrmacht. A telle enseigne que le chef de la Heeresrüstung et commandant du Ersatzheer diffusa un document daté du 12 février 1943. Il était destiné à être diffusé auprès de tous les responsables de l'instruction militaire. Il s'intitule *Richtlinien für die Behandlung der Elsässer, Lothringer, Luxemburger und Untersteirer im Heere* (lignes de conduite pour le traitement des Alsaciens... dans l'armée).

Un premier chapitre vise les Alsaciens, les Lorrains et les Luxembourgeois. Il s'articule en deux parties ; la première indique les buts à atteindre. On y lit notamment que les incorporés sont des « Volksdeutsche dont les ancêtres furent périodiquement séparés de l'Allemagne ». Ainsi, « le problème non encore réglé de l'appartenance définitive de leur pays (Heimat) au Reich allemand peut constituer un motif d'incertitude et de souci pour leur propre avenir ». De cette analyse – tout à fait correcte – de la situation

CONVOCATION AU CONSEIL DE RÉVISION D'ALEXIS LAGAISSE EN JUILLET 1943.

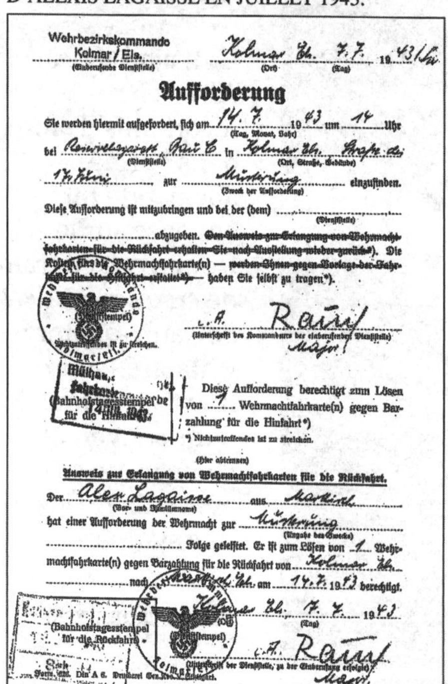

Wehrbezirkskommando Kolmar / Els. (Einberufende Dienststelle)

Kolmar Els. (Ort) 7.7. (Tag) 1943

Aufforderung

Sie werden hiermit aufgefordert, sich am 14.7. 1943 (Tag, Monat, Jahr) um 14 Uhr bei [illegible] (Dienststelle) in Kolmar Els. (Ort, Straße, Gebäude) zur Musterung (Zweck der Aufforderung) einzufinden.

Diese Aufforderung ist mitzubringen und bei der (dem) .... (Dienststelle) .... abzugeben. ~~Den Ausweis zur Erlangung von Wehrmachtfahrkarten für die Rückfahrt erhalten Sie nach Ausstellung wieder zurück*).~~ Die Kosten für die Wehrmachtfahrkarte(n) — ~~werden Ihnen gegen Vorlage der Fahrkarte für die Hinfahrt erstattet*)~~ — haben Sie selbst zu tragen*).

(Dienststempel)

I.A. Rauf

(Unterschrift des Kommandeurs der einberufenden Dienststelle)

Major

Nichtzutreffendes ist zu streichen.

(Bahnhofstagesstempel für die Hinfahrt)

Diese Aufforderung berechtigt zum Lösen von 1 Wehrmachtfahrkarte(n) gegen Barzahlung für die Hinfahrt*)

*) Nichtzutreffendes ist zu streichen.

(Hier abtrennen)

Ausweis zur Erlangung von Wehrmachtfahrkarten für die Rückfahrt.

Der Alex Lagaisse (Vor- und Familienname) aus Markirch hat einer Aufforderung der Wehrmacht zur Musterung (Angabe des Zwecks) Folge geleistet. Er ist zum Lösen von 1 Wehrmachtfahrkarte(n) gegen Barzahlung für die Rückfahrt von Kolmar Els. nach Markirch Els. am 14.7.1943 berechtigt.

Kolmar Els. (Ort) 7.7. (Tag) 1943

(Bahnhofstagesstempel für die Rückfahrt)

(Dienststempel)

I.A. Rauf

(Unterschrift der Dienststelle, zu der Einberufung erfolgte)

Major

Form. 923. Din A 6. Druckerei Gen.Kdo. V. Stuttgart.

CONSEIL DE RÉVISION.

des Alsaciens, la Wehrmacht tire les conclusions suivantes : « C'est donc un devoir et un honneur pour chaque soldat de contribuer à ramener ces populations devenues étrangères au sein du peuple allemand, de leur faire reconnaître leur appartenance à la communauté du peuple et de les amener à participer au destin commun. »

Les chefs de la Wehrmacht semblent d'ailleurs sans grande illusion sur ce point puisque le préambule sur les buts comporte cette conclusion : « Il sera plus facile d'en faire extérieurement de bons soldats que de les convaincre de leur devoir vis-à-vis du peuple allemand et de sa communauté de destin. »

Viennent ensuite des dispositions pratiques pour atteindre les buts fixés. Elles sont au nombre de onze dont certaines plus significatives. Ainsi tout instructeur doit savoir que les Alsaciens ont déjà été incorporés au RAD où ils furent initiés à la signification de la Volksgemeinchaft. La quatrième disposition confirme l'état d'esprit réaliste du commandement allemand : « Ils ne viennent pas au service militaire en tant que volontaires, mais parce que la loi l'impose. Il ne faut pas s'attendre qu'ils aient le même sentiment vis-à-vis du service militaire que les soldats des autres Gaue d'Allemagne. »

Il est même précisé que les incorporés ont une représentation floue ou même hostile du service militaire, ce que le commandement attribue « à la propagande séculaire qu'ils ont subie ». Il vise ici l'influence française.

COLL. ANTOINE KAPFER

QUATRE ALSACIENS PARTENT POUR LA RUSSIE DU NORD EN MAI 1943.

En conséquence, il est recommandé de chercher à gagner la sympathie des incorporés par « la confiance, la droiture et la sollicitude » et surtout en donnant l'exemple. Il convient avant tout « de ne pas les humilier ».

D'autres instructions, plus précises encore, suivent : « Il ne convient pas de faire référence à l'origine alsacienne des incorporés. » Sont proscrits notamment l'énoncé de préjugés, de jugements sommaires ou défavorables », ainsi que « les moqueries » visant « leur origine, leurs coutumes ou leur langue », ou encore « les surnoms à connotation politique suspecte ».

Le document de février 1943 précise ensuite que les recrues alsaciennes gagneront beaucoup à côtoyer les soldats des autres régions d'Allemagne. D'où, « il ne faut pas les en isoler en leur attribuant des fonctions d'ordonnance ou en les affectant au bureau », etc. Il faut, au contraire, « favoriser leur montée en grade pour leur prouver qu'ils bénéficient d'un traitement d'égalité et pour éveiller leur orgueil afin de le satisfaire ».

Le commandement va jusqu'à préconiser aux instructeurs de « faire preuve d'indulgence et de patience lors des exercices physiques » de la période d'instruction. Le texte comporte aussi quelques considérations d'ordre moral. Ainsi l'attention des officiers est attirée sur le fait que les Alsaciens « sont intelligents, sont de fins observateurs et personnifient l'esprit critique », mais ne se « laissent pas convaincre par des slogans et des phrases ». Le supérieur devra donc s'opposer à cette tendance à l'analyse objective « des Alsaciens » avec calme, avec rigueur et en faisant montre d'une compétence indiscutable ».

PLUS HABILE QUE LE GAULEITER, LE COMMANDEMENT DE LA WEHRMACHT ESSAIE D'INTÉGRER AVEC SOUPLESSE LES ALSACIENS DANS LES UNITÉS DE COMBAT

Même les lacunes des Alsaciens dans le domaine de l'orthographe et de l'expression ne doivent pas faire l'objet de moqueries. Enfin, il faut relever aussi qu'il est recommandé aux instructeurs d'éviter toute discussion religieuse et confessionnelle en raison « de la tendance des Alsaciens à entreprendre des débats critiques ».

L'ensemble de ces recommandations destinées aux officiers ayant des Alsaciens sous leurs ordres dénotent un pragmatisme et un habile réalisme de la part du commandement de la Wehrmacht. La différence est grande avec les méthodes raides et brutales du Gauleiter Wagner. Cependant ce réalisme est assorti d'un rappel systématique des buts à atteindre : « obtenir que les recrues deviennent de vrais soldats allemands, convaincus de la noblesse de leur mission ».

LA PRÉPARATION MILITAIRE ÉTAIT ACCÉLÉRÉE POUR RÉPONDRE AUX BESOINS DU FRONT.

COLL. ZIMMERMANN

Enfin, une instruction confidentielle de Keitel du 19 mai 1943 révélait davantage de fermeté. Elle recommandait un traitement plus rigoureux des recrues alsaciennes, celles-ci devant être dispersées au sein des unités de combat. De même Keitel proscrivait toute affectation à l'ouest, sauf cas exceptionnels, renouvelant ainsi une disposition du 1er décembre 1942.

Vers la fin de la période d'instruction accomplie généralement sur le territoire du Reich, venait le moment de la prestation de serment au Führer qui précédait elle-même la première affectation à une unité de combat.

L'étude qui suit rend compte de l'expérience vécue par des incorporés de force en 1943 à partir de la prestation de serment. Elle se fonde sur les résultats d'une enquête menée auprès de soixante-quatorze d'entre-eux qui ont survécu à la guerre [2].

Très peu d'incorporés de force indiquent ne plus se souvenir du moment et des conditions de la prestation du serment, ce qui peut vouloir dire qu'ils ont considéré ce moment comme sans importance et comme faisant partie de ce qui était obligatoire, sans plus. La majorité se rappelle avec précision du cérémonial accompagnant la prestation de serment. A ce stade de leur itinéraire, les Alsaciens se retrou-

EN HAUT ET AU MILIEU : REPOS À L'ARRIÈRE DU FRONT RUSSE.
EN BAS : FAUCHAGE DES CHAMPS POUR AMÉLIORER LA VISIBILITÉ, RUSSIE, 1943.

vaient encore en petits groupes. Ils participèrent en général à la cérémonie sans rechigner, se contentant de ne pas prononcer le serment, soit de marmonner n'importe quoi : puisqu'ils étaient mêlés à la masse, ce comportement s'avéra possible. S'explique sans peine aussi le fait que certains aient pu omettre de lever le bras pour prêter le serment. Encore fallait-il ne pas se trouver dans les premiers rangs et fallait-il ne pas craindre les dénonciateurs éventuels.

Cependant, la plupart de ceux qui avaient déjà accompli leur service militaire sous l'uniforme français ou même combattu tentèrent de s'expliquer avec leurs supérieurs, dans le but d'être dispensés de la prestation de serment au Führer. Selon une dizaine de témoignages, les supérieurs ont choisi de ne pas réagir, laissant faire, en ajoutant seulement que le refus de prêter le serment n'avait aucune importance puisque les réfractaires allaient bientôt connaître le baptême du feu qui ferait d'eux de toute façon des soldats du Führer.

Un incorporé signale qu'il a écopé d'une « semaine de compagnie disciplinaire ». Selon un autre, des camarades de son unité ayant refusé d'obtempérer ont été emprisonnés durant trois jours. D'après un autre encore, tout un groupe de plus d'une

COLL. ANDRÉ MULLER

COLL. GEORGES LOLL / ADRECCAL - OCCAL

COLL. FRIEDRICH

EN HAUT : VOLONTAIRES UKRAINIENS EN 1943.
AU MILIEU : HIVER 1943-44 SUR LE FRONT.
EN BAS : M. FRIEDRICH, DE MARLENHEIM, EN FINLANDE.

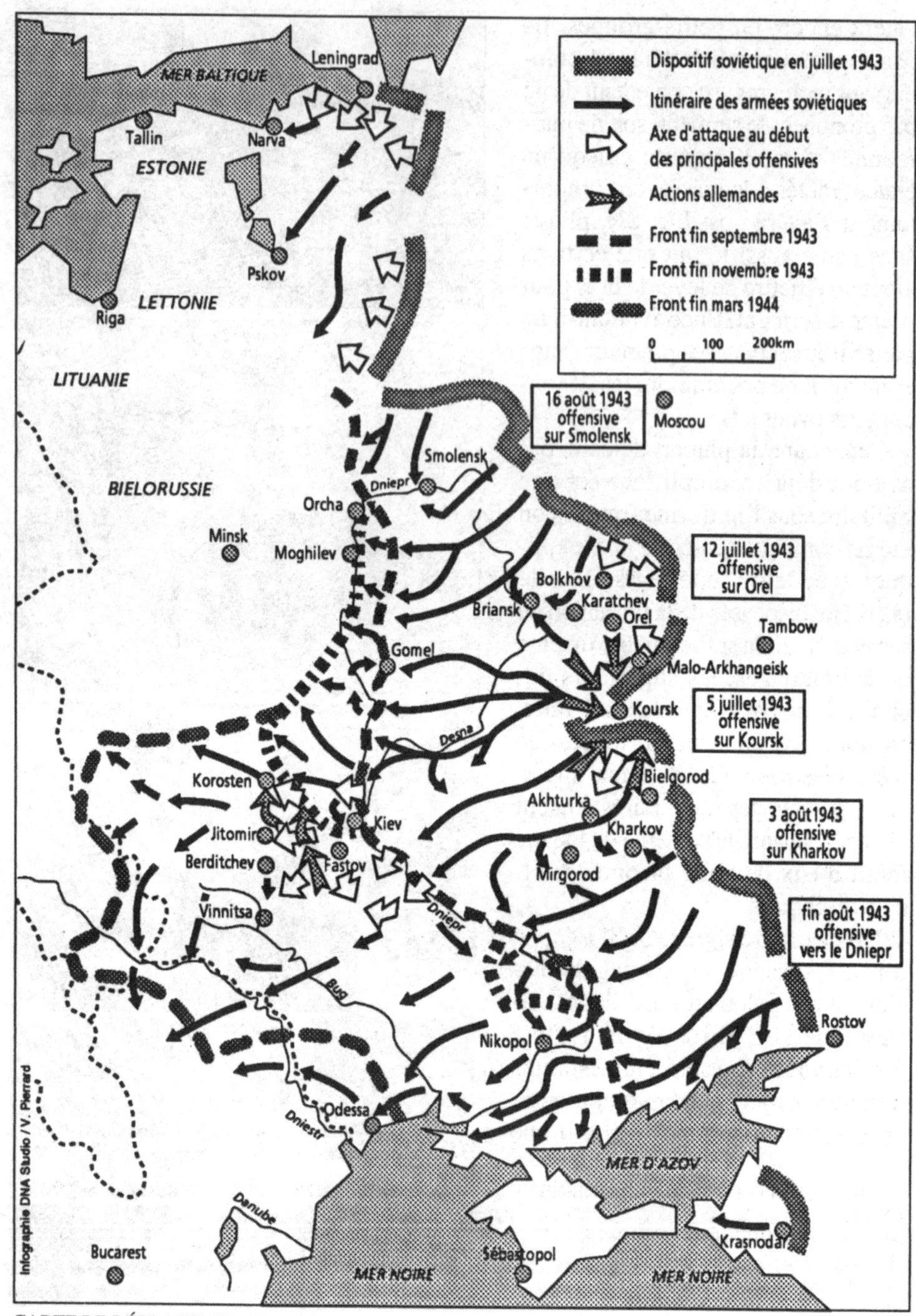

CARTE DE DÉPLACEMENT DU FRONT RUSSE EN 1943.
D'APRÈS « DICTIONNAIRE DE LA 2e G.M. », LAROUSSE, 1979.

centaine d'Alsaciens aurait refusé de lever le bras et de prononcer le serment, à la grande surprise des officiers; il n'indique pas les conséquences. Mais ces gestes de rébellion ont probablement duré peu de temps. Toute résistance était impossible.

R.M. rapporte qu'il a fait partie d'une délégation envoyée auprès de l'officier du régiment. Celui-ci s'est semble-t-il retranché derrière les ordres et la discipline. Finalement le groupe d'Alsaciens aurait pris la décision suivante : rester au garde-à-vous durant la cérémonie « par respect pour un acte considéré comme sacré par les Allemands » sans participer à « l'acte même de prestation du serment ».

Dans une lettre datée du 1er mai 1943, rédigée en langue française, P.W. a décrit très précisément les circonstances de la prestation du serment[3]. Celle-ci a été précédée d'une sorte de mise en condition. Le 28 avril, un officier a réuni les Alsaciens pour les convaincre qu'en 1940 ils avaient été contraints et forcés de servir, contre leur gré, dans l'armée française. Ce n'est que le lendemain que la question du serment fut mise sur le tapis. L'officier de service glissa la phrase suivante dans son exposé : « Vous avez été obligés de prêter serment de fidélité au drapeau par les Français. » A cela le groupe des Alsaciens répondit, selon la teneur de la lettre de P.W. : « Non, mon lieutenant, volontairement », et l'officier de conclure en ces termes : « Refuser de prêter serment, c'est un refus d'obéissance et chacun sait ce que signifie le refus d'obéissance. »

Le 30 avril, à l'occasion d'une nouvelle conférence, les Alsaciens ont demandé s'ils pouvaient être libérés du précédent serment et dans ce cas qui aurait le pouvoir de les en relever. Embarrassé, l'adjudant de service n'a pas répondu, demandant simplement qui était disposé à prêter volontairement le serment. Quelques bras seulement se sont levés. La discussion s'est alors poursuivie. Les Alsaciens nièrent formellement être hostiles au peuple allemand et même au Führer. Ils expliquèrent que leur attitude résultait des méthodes dictatoriales sévissant en Alsace par le fait des nazis locaux. Alerté, le lieutenant vint expliquer très sobrement qu'en cas de refus de prêter le ser-

PHOTO D'UN GROUPE D'ALSACIENS-LORRAINS AVANT DE DÉSERTER À CRACOVIE EN 1943.

COMITÉ HISTOIRE 2e G.M.

FONDS JUNGMANN

FÊTE DES BLESSÉS DE LA LUFTWAFFE À STRASBOURG EN NOVEMBRE 1943.

ment, « nous serions tous remis aux autorités civiles et policières. » En attendant, et à titre exceptionnel, il voulait bien accorder trois jours de réflexion.

Les recrues alsaciennes ont aussitôt cessé ce qui ne pouvait être qu'une sorte de « baroud d'honneur ». A la date du 30 avril, P.W. notait : « Les voilà avertis quant à notre Begeisterung » (enthousiasme). L'objectif était ainsi atteint.

La période d'instruction étant achevée, ce fut la dispersion vers les divers fronts. Dès lors, les incorporés se retrouvèrent noyés dans les unités, le plus souvent isolés parmi les Allemands. La probabilité d'isolement était grande ; en cette année 1943, la Wehrmacht occupait encore un territoire immense en Union soviétique et dans le sud-est de l'Europe.

Parmi le groupe de notre enquête, près de cinquante incorporés ont combattu sur le front russe au cours de cette année 1943 et plus précisément à partir de l'été : une dizaine sur le front nord, autant sur le front sud et le reste sur le front du centre, le plus actif au cours des mois de juillet et août 1943.

Sur le front nord, le blocus total de Leningrad avait été brisé au début de janvier 1943. Néanmoins le siège de la ville s'est poursuivi. La Wehrmacht passa tout l'été et l'automne à tenter d'atteindre à nouveau la rive sud du lac Ladoga. Là se trouvaient engagés cinq de nos Alsaciens. Trois autres se sont battus au nord de la ville assiégée, c'est-à-dire sur le front de Finlande. Deux autres enfin ont participé à la retraite de la fin de l'année vers la Lettonie (décembre) après la perte de Narva et Pskow.

Une vingtaine d'incorporés de force sur les soixante-quatorze ayant répondu à l'enquête se sont trouvés directement engagés dans la gigantesque bataille de Koursk, c'est-à-dire la dernière grande offensive de la Wehrmacht sur le front russe. Il s'agissait de réduire le saillant de Koursk qui pénétrait la ligne de front allemande d'environ cent cinquante kilomètres sur une largeur de près de quatre cents kilomètres. L'offensive baptisée « Citadelle » débuta le 5 juillet 1943 à 5 h du matin. C.S. rapporte ainsi que tout a commencé pour lui ce jour et à cette heure-là, lorsque des centaines de milliers d'hommes, des milliers de chars s'ébranlèrent. La Wehrmacht procéda par deux attaques : l'une en provenance de la ville d'Orel, au nord, l'autre de Bielgorod, au sud. Les deux armées devaient converger vers Koursk. Des renforts étaient venus en provenance d'autres fronts. C'est ainsi qu'un Alsacien fut acheminé à Bielgorod depuis l'Ukraine au sud. Un autre avait gagné Orel, en provenance de Smolensk au nord; R.A. est venu de Yougoslavie en juin pour être engagé avec l'armée du nord, celle d'Orel. B.S. et E.T. se retrouvèrent au milieu de cette formidable bataille du côté de Briansk et de Bielgorod. Le premier fut blessé. Il en fut de même pour L.K.

L'offensive allemande échoua dès le 12 juillet, ouvrant la voie à une contre-offensive soviétique. La Wehrmacht dut se replier sur Briansk; Kharhov fut pris le 23 août. La situation était rendue précaire du fait de l'intervention des partisans soviétiques sur les lignes d'approvisionnement. Deux Alsaciens eurent maille à partir avec eux le long de la voie ferrée de Briansk à Orel; un autre participa à la défense de ponts à Moghilev, un autre encore (A.H.) se trouvait à Orcha. E.T. assista à l'exécution de civils par les SS, en représailles de la liquidation d'une compagnie entière par les partisans (23 octobre 1943).

C'EST LORS DE LA BATAILLE DE KOURSK QUE LES PREMIERS ALSACIENS FURENT FAITS PRISONNIERS

A.M. a participé durant deux mois à cet affrontement près du saillant de Koursk et à ses conséquences immédiates. Il se souvient des lieux successifs où il se trouvait entre le mois de mai et la fin août 1943. Affecté à Orel le 28 avril, c'est-à-dire au nord du saillant, il a combattu les partisans à Karatchev, dans la forêt de Briansk du 15 au 26 mai, puis le long de la Desna qui arrose Briansk. Du 6 juin au 4 juillet il se trouvait à Orel, prêt pour la grande offensive allemande vers Koursk. Il accompagna l'avancée des troupes jusqu'à Ackhangelskoje vers le sud, à mi-chemin entre Orel et Koursk. Mais dès le 12 juillet c'est le reflux vers le nord dans diverses petites villes : A.M. se trouvait à Bolkow le 17 juillet, puis Khjeginski (19 juillet). Enfin, le 1er août, le bataillon est rassemblé à Karatchev et transporté par rail de Briansk à Mirgorod, à l'ouest de Kharkov. Le voilà intégré à l'armée du sud qui défend cette ville reprise aux Soviétiques le 15 mars précédent par Manstein. A.M. combat à Akhtyrka le 12 août à l'ouest de la ville; il est blessé à deux reprises le 19 et le 21 août.

La Wehrmacht perdit environ cinq cent mille hommes et mille cinq cents chars dans ce formidable engagement de moins de deux mois. Les participants alsaciens qui survécurent confirment l'extrême violence des combats; ils signalent aussi que de nombreux Alsaciens sont tombés en juillet et août 1943 et que d'autres ont disparu. En Alsace, le nombre des familles touchées par le décès au front de l'un des leurs ou qui étaient désormais sans nouvelles pour cause de disparition augmenta brusquement. Une phase plus dramatique venait de débuter pour l'Alsace annexée. La bataille de Koursk a sans doute été l'occasion pour les Soviétiques de capturer les

Familien-Anzeigen

Ihre Verlobung geb. bekannt: **Alice Fritz**, Straßburg, **Josef Bartholomo**, z. Z. Wehrmacht. April 1944. (6972

In schwerem Leid teilen wir mit, daß nach Gottes unerforschlichem Ratschluß, uns. innigstgeliebter Sohn u. Bruder, Schwager, Onkel, Pate u. Bräutig.

Grenadier **Philipp Großhans**

im Alter v. 25 J., am 23. 2. 1944, in soldat. Pflichterfüllung im Osten gefallen ist. (7056

Str.-Eckbolsheim, Kapuzinerstr. 131 **Königshofen, Dorlisheim.**

In tiefer Trauer: Fam. **Albert Großhans, G. Isenmann, Th. Maurer, E. Michel, Alice Kempf** als Braut.

Gedächtnisfeier: Sonntag, 30. 4., nachm. 2 Uhr, i. d. evang. Kirche.

Statt eines frohen Wiedersehens, traf uns die unfaßb. Nachricht, daß mein innigstgeliebter Gatte, Papa eines lieb. Kindes, unser lieber Sohn, Bruder u. Schwiegersohn, Schwager und Neffe (7213

Gren. **Marzellus Schaeffer**

im blühenden Alter v. 23 J. u. 10 Mon., am 22. 3. 44, im Osten den Heldentod fand. Er ruht in fremder Erde, von seinen Lieben unvergessen.

Lingolsheim, Enzheimer Str. 78.

In tiefer Trauer: Fam. **Schaeffer, Rey** und Anverwandte.

Seelenamt: Montag, 24. 4., 7.15 U.

Statt eines frohen Wiedersehens traf uns die unfaßb. Nachricht, daß mein innigstgeliebter Sohn, unser lieber Bruder, Schwager, Onkel u. Bräutig.

Obergrenadier **Paul Gollo**

im blühenden Alter v. 24 J., am 19. März 44, bei den schweren Kämpfen im Osten, in treuer Pflichterfüllung, gefallen ist. Er ruht in fremder Erde, von seinen Lieben unvergessen. (7157

Niederschäffolsheim, Straßburg, Paris.

In tiefer Trauer: Fam. **Gollo** u. **Siller, Irene Hummler** als Braut, nebst Anverwandte.

Trauergottesdienst: Montag, den 24. April, in Niederschäffolsheim.

Schmerzerfüllt teilen wir mit, daß Gott d. Allmächtige meinen lieb. Gatten, uns. guten Vater, Schwiegervater, Großvater, Onkel und Schwager (7271

Emil Hietter

am 20. 4. 44, nach längerem Leiden, wohlvorbereitet, im Alter v. 83 J., zu sich in die Ewigkeit abgerufen hat.

Straßb.-Ostwald, 21. 4. 1944. Ostwalder Straße 288.

In tiefer Trauer: Familie **Hietter-Heyer** nebst Anverwandte.

Beerdigung: Montag, 24. 4., vorm. 9.15 Uhr, v. d. kath. Kirche aus.

Wir teilen mit, daß mein innigstgeliebter Gatte, uns. gut. Vater, Schwiegervater, Großvater und Onkel (7192

Eduard Foerter

Seifengroßhändler, nach schwer., mit Geduld getragenem Leiden, im 77. Lebensj., v. uns gesch. ist.

Straßburg, den 20. April 1944. Schlossergasse 27.

In tiefer Trauer: **Emma Foerter**, die Fam. **Foerter, L. Haffen**, Frl. **T. E. Fükinholz.**

Auf Wunsch des Verstorb. Trauerfeier im engsten Familienkreise.

Gott der Allmächtige hat meinen lieben Gatten, uns. guten Vater, Schwiegervater, Großvater, Bruder, Schwager u. Onkel (57 361

Mathias Wallenborn

Kaufmann, am 20. 4. 44, nach langem Leiden, im Alter von 67 J., in die Ewigkeit abgerufen.

Straßburg, Molsheimer Str. 23. **Wasselnheim.**

In tiefer Trauer: Fam. **Wallenborn - Brenner** u. Anverwandte.

Beerdigung: Montag, 24. April,

Hiermit die traurige Mitteilung, daß Herr

Felix Lieber

Wallfahrtskaplan in Gutenbrunnen, am Freitag, 21. April, nach kurzer Krankheit, wohlvorbereitet, im Alter v. 67 J., heim zum Vater gegangen ist.

In tiefer Trauer: Fam. **Lieber** in **Gutenbrunnen, Merlenbach, Remelfingen, Schrominger, Straßburg** und **Toul.**

Begräbnis: Montag, 24. April 1944, 10 Uhr, in Gutenbrunnen. (57 367

Gott der Allmächtige hat meinen lieben Gatten (63 003

Valentin Matter

Eisenbahnangestellter i. R., im Alter v. 83 Jahr., nach kurzem, schwer. Leiden, wohlvorbereitet, zu sich in d. Ewigkeit abgerufen.

Wittersheim, Haus 62, 20 April 44. **Niederaltdorf, Strbg.-Schiltigheim.**

Im Namen all. Hinterbliebenen: **Maria Matter**, geb. **Burg.**

In tiefer Trauer teilen wir mit, daß Gott der Allmächtige uns. liebe Mutter, Großmutter u. Tante

Maria Staerk

geb. Gilg, am 20. 4. 44, nach kurzer Krankheit, wohlvorbereitet, im Alter v. 90 Jahr. u. 9 Mon., zu sich in die Ewigkeit abgerufen hat. (57 348

Straßburg, den 20. April 1944. St. Nikolaus-Gasse 14.

Die trauernden Hinterbliebenen: Fam. **Staerk-Kauffmann.**

Beerdigung: Montag, 24. 4., um 10.30 Uhr, vom Bürgerspital im engsten Familienkreise.

In tiefer Trauer teilen wir mit, daß Gott der Allmächtige unsere liebe Schwester, Schwägerin und Tante (57 362

Witwe **Salomea Kissel**

geb. Dürrenberger, am 21. April, nach langem, schwerem Leiden, im Alter von 60 J., zu sich in die Ewigkeit abgerufen hat.

Straßbg., Am Alten Weinmarkt 37.

Die trauernden Hinterbliebenen: Familien **Dürrenberger** u. **Kissel.**

Beerdigung: Montag, 24. April, nachm. 2 Uhr, auf dem Westfriedhof (Kronenburg).

In tiefer Trauer teilen wir mit, daß Gott der Allmächtige meine innigstgel. Gattin, meine liebe Mutter, uns. gute Tochter, Schwiegertochter, Schwester, Schwägerin und Tante (57 360

Frau **Rosa Schmitt**

geb. Münstermann, am 20. April 44, plötzl. u. unerwartet im Alter v. 42 J., zu sich in die Ewigkeit abgerufen hat.

Straßburg, Graumannsgasse 1.

Im Namen der tieftrauernden Hinterbliebenen: Fam. **Schmitt, Münstermann, Laugel, Hantel** nebst Anverwandten.

Beerdigung: Montag, 24. April, nachm. 2 Uhr, von der evangel. Jung-St.-Peter-Kirche aus.

Nach Gottes gnädigem Willen durfte aus ihrem leid- u. segensvollen Leben zum ewigen Frieden eingehen, uns. gute Schwester, Schwägerin, Tante u. Kusine

Marie Huck

Sie entschlief im fast vollendeten 79. Lebensjahr, im Diakonat von Bischweiler. Die Beerdigung fand statt im engen Familienkreis, am 18. April 1944. Psalm 62, 2.

Bischweiler, den 20. April 1944.

Fam. **Huck, Baneau, Strauch, Goellner.** (57 347

Hiermit die traurige Nachricht, daß am 20. 4. 44, meine liebe Gattin, unsere gute Schwester, Schwägerin und Tante (57 366

Frau **Emilie Urban**

geb. Riedinger, unerw. schnell, im Alter von 57 Jahr. u. 5 Mon., sanft entschlafen ist.

Schiltigheim, den 22. April 1944. Lauchgasse 11.

In tiefer Trauer: **Jakob Urban**,

ANNONCES DE DÉCÈS DANS LA PRESSE ALSACIENNE. LES MORTS AU COMBAT SE MULTIPLIENT.

premiers Alsaciens. Les premiers prisonniers de Tambov sortaient de l'enfer de Koursk. C'était le cas de H.S. et de F.D. Le camp se peupla rapidement à partir de la fin du mois d'août (voir l'article sur Tambov dans ce numéro). En Alsace, on ignorait tout.

Les Alsaciens arrivés au front après cette bataille se retrouvèrent plus à l'ouest; à Gomel ou sur le Dniepr. Trois participèrent à la défense de Jitomir, Korosten ou Fastov à l'extrême fin de 1943.

La contre-offensive soviétique, au centre, obligea les armées allemandes du sud à se replier précipitamment. Douze Alsaciens témoignent de leur participation à la retraite. L'un deux rapporte qu'il s'est replié de façon ininterrompue de Krasnodar, au nord du Caucase, jusqu'à Nicopol au nord de la Crimée. Un autre s'est retrouvé à Kherson, au début du mois d'octobre. A la fin de l'année, C.K. fut encerclé près du barrage de Nicopol. Avec six survivants de sa compagnie, il a pu être évacué *in extremis* par la voie des airs, échappant ainsi à des régiments de « femmes très féroces ». Fuyant Kiev, un autre Alsacien gagna Vinnitsa avec son unité.

Mais le nombre des Alsaciens engagés hors du territoire soviétique en 1943 est cependant élevé: plus du tiers de l'échantillon réuni par l'enquête, soit 28 sur les 74, se sont retrouvés sur d'autres terrains d'opérations dans l'armée de terre (Wehrmacht). Huit furent engagés contre les partisans, en Yougoslavie,

Freunden und Bekannten die schmerzliche Mitteilung, dass unser innigstgeliebter und unvergesslicher Sohn, Bruder, Onkel, Schwager, Neffe und Verwandter,

Jäger

Alfons April

im blühenden Alter von 21 Jahren und 4 Monaten im Osten fern von seinen Lieben gefallen ist.

Sundhofen, den 22. Juni 1943.

Die trauernde Familie.

Es ist bestimmt in Gottes Rat,
dass man vom Liebsten, was man hat,
muss scheiden.

Croatie, Serbie, Montenegro et Bosnie. L'un d'eux eut la charge de garder la voie ferrée de Zagreb à Belgrade. Deux d'entre eux furent mutés en Albanie où se trouvaient déjà deux autres. P.V. y défendit la côte adriatique de novembre 1943 à octobre 1944, mêlé à un bataillon de Soviétiques qui s'empressaient de s'évader à la première occasion. On sait par ailleurs que des incorporés de force ont rejoint les maquis yougoslaves.

En Italie, on retrouve aussi une poignée d'Alsaciens et plus particulièrement en Sicile après le débarquement allié (juillet-août 1943) et même en Sardaigne. D'autres luttaient contre les partisans en Italie centrale et du nord après l'invasion de la péninsule par la Wehrmacht à l'été 1943. Deux de nos témoins se trouvaient en Grèce. Le premier combattait les partisans dans la région de Thèbes, le second à Corinthe et dans le Péloponèse. Quatre incorporés ont été mutés dans les territoires occupés de l'ouest, en France, aux Pays-Bas et en Belgique. Ils y ont suivi des cours de formation à Nancy, Lyon et Auxonne pour B.W., à Istres et aux Pays-Bas pour M.S. Un autre était servant de Flak (DCA) à Bruxelles et le dernier s'occupait de l'entretien des avions de la Luftwaffe aux Pays-Bas. Six ont été affecté à la défense contre avions au Danemark ou en Allemagne ou encore y servaient dans les transmissions. Enfin, quatre de nos témoins ont servi dans la Kriegsmarine à Kiel, à Penemünde, puis Königsberg (O.N.) ou encore en mer Egée (ile Egine). Le cinquième environ de nos témoins a été évacué du front, soit pour maladie, soit pour blessure. La bataille de Koursk a fait cinq blessés, tous ramenés très loin du front, sinon même en Allemagne. A.G., de son côté, fut atteint par la malaria en Crimée, en décembre 1943, tout comme un autre incorporé se trouvant dans le Péloponèse.

Après la bataille de Koursk, la Wehrmacht fut refoulée progressivement vers la ligne du Dniepr. Kiev fut pris le 6 novembre. A la fin du mois de décembre, plusieurs incorporés de force se sont trouvés engagés dans la défense de la ligne Korosten-Jitomir-Berditschev. Fin décembre, ce fut la bataille décisive pour la prise de la Jitomir par les Russes. Dans une lettre datée du 4 janvier 1944, P.W. raconte, en français, comment il y a découvert le front pour la première fois alors qu'il était dans les transmissions «un peu en arrière de la première ligne».[4]

24 décembre. Au courant de l'après-midi, on était arrivé à Shitomir (Jitomir) et vers le soir on s'installe dans une caserne. On prépare la petite fête bien gentiment pour 9 h, un bel arbre de Noël, de la radio, des petits biscuits, etc. ; enfin de quoi égayer nos cœurs tendres. Enfin, il est 9 h... on entre dans la salle... un silence de mort... tout le monde se met à sa place... debout... le silence continue... l'heure est solennelle... enfin le chef parle : « Mes amis, l'heure est grave, dans 45 min nous devons être prêts pour le Einsatz !!! (la montée en ligne)... » Ce fut comme une torpille... alors qu'on se croyait à l'abri pour plusieurs semaines... tu devines nos réactions... bref on ne mange pas la soupe toute chaude... on était prêts... mais on ne part pas encore.

P.W. rapporte ensuite, jour après jour, le fil des événements dans une sorte de journal portant sur sept jours, jusqu'au 31 décembre, qu'il a joint à la lettre. Les 25 et 26 décembre se passèrent dans l'incertitude totale et l'attente, heure après heure, de nouveaux ordres. Puis:

27 décembre. Einsatz.
7 h ...toujours rien de nouveau
10 h 45... rassemblement : 40 hommes doivent partir en Einsatz dont moi ; immédiatement départ en LKW à l'EM de la division. Réception par le général: «Viel Soldatenglück...» (Bonne chance), on repart en avant... en route attaque de deux avions en piqué... on se sauve plus ou moins en désordre dans des trous... Tout se passe bien ; à la nuit tombante, on arrive dans un Stützpunkt... nuit terrible... on rencontre quelques rescapés de la fameuse attaque du jour de Noël (bataille d'Enfer).
28 décembre.
3 h... on nous emporte en side-car vers de nouvelles positions... (à la lisière d'une forêt), immédiatement on creuse nos trous... des pionniers font des avant-trous à la dynamite sans grand résultat ; à peine 20 cm de profondeur... on continue avec nos baïonnettes (!) on n'a pas de pelles (!)... tout de même on reçoit deux pelles et une pioche par groupe (12 hommes) ; à part cela, journée calme... le Russe est encore à 5 km ; on le voit dans le lointain s'approchant peu à peu... notre artillerie tire dans le village situé à 3 km... après-midi attaque de 6 tanks dans un secteur voisin... 2 sont détruits, les autres s'enfuient... vers le soir, attaque d'un tank isolé ; il entre dans nos lignes et en ressort... sans dégâts...
29 décembre. Attaque russe.
Le matin vers 10 h les Russes avancent depuis le village à 3 km par petits groupes (environ un régiment) ; violents tirs de notre artillerie; artillerie russe tire très peu et très mal ; devant nos positions, à 300 m, se trouve un groupe de six maisons... plusieurs groupes de Russes atteignent dans l'après-midi ces maisons qui sont détruites par notre artillerie et brûlent entièrement...
30 décembre. Changement de position.
3 h... on nous relaie... notre relève doit elle-même abandonner les positions à 6 h. On part en LKW vers une nouvelle position... en plein champ... on recommence par creuser nos trous...
10 h... feu de l'artillerie russe assez soutenu et plus précis continuant toute la journée. Notre artillerie ne tire presque pas. A part cela, on aperçoit de grands rassemblements de Russes à plusieurs kilomètres.
La nuit : les Russes avancent vers nos positions, mais sont repoussés assez facilement.
31 décembre. Repli sur Shitomir, petite-contre attaque. Evacuation de Shitomir.
1 h... Notre Zug (section) est relayé. Il ne reste qu'un Zug dans les positions. Il est prévu d'abandonner les positions vers 6 h. Cependant vers 3 h le Russe menace d'encerclement et il fallut partir immédiatement. Le matin, vu que j'étais avec un s. of. (sous-officier) poste d'écoute, je perds contact avec mes camarades partis à 1 h et maintenant je pars avec le dernier contingent ; aussi on quitte nos positions avec l'EM du bataillon vers 4 h par la route vers Shitomir (environ 8 km). Le Russe n'a rien remarqué et le retour se fait sans accident, quoiqu'à marche forcée. A 5 km de la ville, on aperçoit dans la nuit sur la route deux phares... un tank russe T-34 descend la route ; on dégage dans la forêt voisine et on atteint Shitomir à l'aube.

Mais entre-temps, quelques mitrailleuses russes s'étaient logées dans les premières maisons de la ville. Immédiatement, sans repos, mais non sans murmures, contre-attaque... au début quelques succès, cependant le Russe amène des renforts, nous avons quelques morts et blessés, puis dans un autre quartier, le Russe attaque avec des tanks... il est grand temps... on est menacé d'encerclement... c'est une ruée vers l'unique route libre vers Shepetowka, bombardée par l'artillerie russe.
Quelques éléments de SS défendent la ville dans de violents combats de rues. Dans ce fouillis, je perds contact avec mon unité et suis tout seul parmi la masse... fatigué... à bout... ayant mangé un peu de pain de quelques civils réfugiés dans les caves. Je monte sur une charrette en direction de Shepetowka... les villages brûlent à l'horizon, il fait nuit... mais les routes sont bien encombrées... les charrettes avancent trop lentement... le Russe est à nos trousses... je monte à bord d'un LKW et ainsi se passe la nuit du Nouvel An.

N.B. : Les combats proprement dits n'étaient pas particulièrement durs et serrés ; cependant ils m'ont permis de voir un peu de plus près... je puis dire que ce fut une déception après l'autre ; ce que personnellement j'ai vécu est rien, cependant j'ai vu ce que ces soldats de tranchées doivent vivre dans des conditions incroyables... toutes les difficultés que nous avons journellement sont nulles en face de leur sacrifice.
Une agréable surprise quant au Russe : je suis convaincu qu'on peut arrêter le Russe assez facilement avec un peu de tactique et un nombre suffisant d'armes lourdes (tanks, antitanks, mitrailleuses). Le cauchemar du « Colosse russe » perd beaucoup de son importance.

Jitomir fut définitivement libéré par les Russes le 31 décembre 1943.

NOTES

1. Se reporter à notre numéro consacré à l'année 1942, n° 117, automne 1992 (*L'Incorporation de force*).
2. Le questionnaire de cette enquête a été diffusé en 1992 par les présidents de l'A.D.E.I.F. du Bas-Rhin et du Haut-Rhin auprès d'un certain nombre de membres qui se trouvaient dans la Wehrmacht dès 1943. Qu'ils en soient sincèrement remerciés, de même que les anciens incorporés de force qui ont fait l'effort de nous répondre toujours avec précision.
3. Lettre aimablement communiquée par la famille du destinataire.
4. Récit envoyé du front par P.W. Communiqué par la famille du destinataire.

Tambov et ses Mystères

Les débuts du camp

ALFRED WAHL

Les Soviétiques avaient décidé de mettre à part les prisonniers allemands d'origine alsacienne et mosellanne. Monnaie d'échange, instruments de propagande ? Difficile à savoir. Toujours est-il que, ouvert durant l'été 1943, le camp de Tambov devint vite le principal centre de regroupement des Alsaciens prisonniers[1].

LES ILLUSTRATIONS DE CET ARTICLE SONT REPRISES DU NUMÉRO DE SAISONS D'ALSACE CONSACRÉ À L'INCORPORATION DE FORCE, N° 39-40, 1971 (ÉPUISÉ), SANS RÉFÉRENCE D'AUTEUR.

En juillet 1943, les premiers prisonniers allemands originaires des divers territoires annexés au Reich arrivèrent au camp 188 de Tambov, situé à trois cent cinquante kilomètres au sud-est de Moscou.

Plus que les autres camps soviétiques où résidèrent également des prisonniers alsaciens et mosellans, le camp de Tambov symbolise l'injuste sort fait à ces derniers qui croyaient se retrouver en pays allié.

LES PRISONNIERS ALSACIENS FIRENT TOUT LEUR POSSIBLE POUR ÊTRE SÉPARÉS DES ALLEMANDS

L'histoire du camp de Tambov est loin d'être complètement éclaircie. Cela vaut plus encore pour ses débuts, c'est-à-dire pour l'année 1943. Mais plutôt que de polariser l'attention exclusivement sur le camp lui-même qui passe pour le tombeau principal des Alsaciens et des Mosellans du front russe, peut-être convient-il de porter préalablement un regard plus attentif sur la période qui s'est écoulée entre le moment où l'incorporé de force est passé entre les mains des soldats russes du front et celui où il est arrivé à Tambov.

Sur ce point, les quelque vingt témoignages recueillis parmi les survivants actuels arrivés au camp avant la fin 1943 sont éclairants. Il en ressort qu'il faut distinguer trois phases au cours desquelles le prisonnier a dû affronter des dangers tels que la mortalité a pris des proportions difficiles à estimer aujourd'hui. En tout cas, elle fut considérable.

Se rendre aux soldats soviétiques de la première ligne ou être fait prisonnier signifiait dans certains cas être abattu ou à tout le moins être frappé et dépouillé de ses vêtements et bottes. « Mon copain a reçu une balle dans la nuque et moi seulement des coups », écrit R.P. « Je me rappelle avoir encaissé un coup de poing qui m'a soulevé de mon siège », ajoute P.F. ; « réception brutale », pour A.I. Cependant, sur la vingtaine de témoignages, cinq seulement évoquent des sévices immédiats, voire exécution de camarades. Tout au contraire, une fois aux mains des officiers chargés de l'interrogatoire, le traitement s'est momentanément amélioré. Cependant, à l'issue de cette première phase, le prisonnier se trouvait fragilisé par la perte de ses vêtements protecteurs et de ses bottes.

La seconde phase s'est accompagnée du

TRACT DE L'ARMÉE ROUGE INVITANT LES SOLDATS ALLEMANDS À SE RENDRE, 1943.

Soldaten!

Schon mehr als ein Jahr kennt Ihr nichts als Niederlagen. Immer neue Hunderttausende Eurer Kameraden gehen sinnlos **zugrunde.** Keine Macht der Welt wird imstande sein, die **vereinigte Offensive der russischen, englischen und amerikanischen Armeen von Osten, Westen und Süden her zu verhindern.**

Diese Offensive wird schonungslos sein und immer stärker werden.

Soldat! Denk über Dein eigenes Los und über das Deiner Angehörigen nach! Willst Du nicht Dein Leben lassen oder als Krüppel heimkehren, willst Du nicht Deine Frau zur Witwe und Dein Kind zur Waise machen, dann streck die Waffen und **gib Dich gefangen.** Das ist der **einzige Weg,** der Dir das Leben und die Rückkehr in die Heimat garantiert!

Merk Dir, Soldat:

wer sich **FREIWILLIG** gefangengibt, erhält laut Befehl des Oberkommandos der Roten Armee Nr. 1470 vom 11. 6. 43 folgende **Vergünstigungen:**

1. **Zusätzliche Verpflegung.**
2. **Unterbringung in gesonderten Lagern** unter besonders günstigen klimatischen Verhältnissen,
3. **Begünstigung bei der Wahl einer Berufsarbeit,**
4. **Bevorzugung bei der Abfertigung der Briefe** an die Angehörigen in Deutschland,
5. **Beschleunigte Rücksendung nach Deutschland** oder auf Wunsch des Kriegsgefangenen in ein anderes Land **sofort** nach Kriegsende.

2811

décès d'un nombre important de prisonniers ou d'un affaiblissement physique et moral décisif. C'est celle au cours de laquelle se déroulèrent les interminables marches vers l'arrière, d'un camp de transit à l'autre, en l'absence de nourriture suffisante. Lors de la marche vers Kharkov, « tout soldat donnant des signes de faiblesse ou de lassitude était abattu comme un chien en arrivant en fin de file » (M.C.). En l'absence de ravitaillement dans les camps de passage, « l'on comptait tous les jours des dizaines de morts » (M.C.). A.D. rapporte qu'il a marché deux cent cinquante à trois cents kilomètres, tout en étant contraint d'exécuter des travaux à chaque arrêt. Après avoir été emmené en première ligne pour exhorter, par haut-parleur, ses compatriotes à déserter, H.S. a, lui aussi, subi ces longues marches mortelles : « Partis à cent vingt prisonniers, à peine la moitié est arrivée vivante à Koursk. Tous les autres, fatigués ou malades, sont restés sur le bord de la route après avoir reçu une balle dans la nuque. » De son côté, H.I. rapporte le souvenir d'exécutions massives au camp de Toula. Un prisonnier indique qu'il a bénéficié d'un geste humanitaire de la part d'un gardien soviétique qui lui a donné des croûtons de pain en cours de route.

Troisième phase : les conditions du transfert à Tambov par chemin de fer. E.K. n'a passé qu'une journée et une nuit dans le train et pourtant, l'un de ses compagnons mourut au milieu des cinquante prisonniers entassés dans un wagon de marchandises. M.C. fut embarqué à Kharkov le 5 décembre 1943. « A l'arrivée à Rata, le 23 décem-bre, il y avait des dizaines de morts de faim, de froid, de soif. Des loques humaines entrèrent au camp », souvent pour y mourir. Ainsi, le compagnon de A.I. arrivé à Tambov le 24 décembre, y mourut au cours de la première nuit. Venu d'un camp de l'Oural, J.S. a passé six ou sept jours dans un wagon bondé : « Nous sommes sortis de ce train comme des loques avec nos morts et les mourants ». P.F. se montre plus explicite : « Une dizaine de journées cauchemardeuses... Entassés dans un wagon à bestiaux... Pendant dix jours, on n'a rien eu à manger en dehors de deux croûtons de pain et d'un petit bout de viande crue. A certains arrêts, on nous donnait un ou deux seaux d'eau saumâtre

JOURNAL DE PROPAGANDE RUSSE CONSERVÉ PAR M. RAYMOND KEMPF.

1943

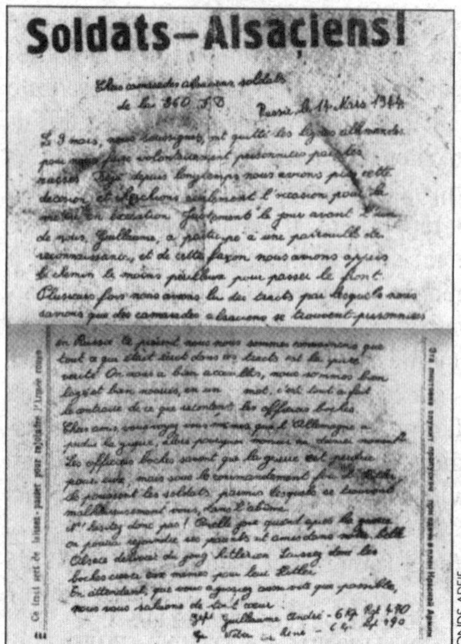

Soldats-Alsaciens!

Chers camarades alsaciens soldats
de la 360 I.D.

Russie le 14 Mars 1944

Le 3 mars, nous [illegible], ont quitté les lignes allemandes pour nous faire volontairement prisonniers par les russes. Déjà depuis longtemps nous avions pris cette décision et cherchions seulement l'occasion pour la mettre en exécution. Justement le jour avant l'un de nous, Guillaume, a participé à une patrouille de reconnaissance, et de cette façon nous avons appris le chemin le moins périlleux pour passer le front. Plusieurs fois nous avons lu des tracts par lesquels nous savons que des camarades alsaciens se trouvent prisonniers en Russie. A présent nous nous sommes convaincus que tout ce qui était écrit dans ces tracts est la pure vérité. On nous a bien accueillis, nous sommes bien logés et bien nourris, en un mot, c'est tout à fait le contraire de ce que racontent les officiers boches.

Chers amis, vous voyez vous-mêmes que l'Allemagne a perdu la guerre, alors pourquoi mourir au dernier moment. Les officiers boches savent que la guerre est perdue pour eux, mais sous le commandement [illegible] ils poussent les soldats, parmi lesquels se trouvent malheureusement vous, dans l'abîme.

N'hésitez donc pas! Croyez que quand après la guerre on pourra rejoindre ses parents et amis dans notre belle Alsace délivrée du joug hitlérien. Laissez donc les boches crever eux-mêmes pour leur Hitler.

En attendant, que vous agissiez aussi vite que possible, nous vous saluons de tout cœur.

Gefr. Guillaume André - 6 Kp. Rgt 490
[illegible] - 6 K. Rgt 490

Ce tract sert de laissez-passer pour rejoindre l'Armée rouge

LAISSEZ-PASSER RÉDIGÉ PAR DES PRISONNIERS ALSACIENS POUR INCITER LEURS COMPAGNONS À DÉSERTER.

FONDS ADEIF

sur lesquels nous nous jetions comme des bêtes. Ceux qui sont morts en route étaient déshabillés et entassés, nus, sur le ballast. » P.F. estime que sur les quatre-vingt-deux rescapés entrés en quarantaine vers le 15 décembre à Tambov, trente-neuf seulement en sont sortis sur leurs pieds ; les autres étaient morts, certains ont peut-être été transférés dans un lazaret.

Ces témoignages s'ajoutant à bien d'autres confirment que parmi les milliers de disparus en URSS, nombreux ont été ceux qui ont trouvé la mort dans l'intervalle des quelques semaines qui séparent la capture de l'arrivée au camp de Tambov. Beaucoup d'autres aussi qui passent pour avoir trouvé la mort dans ce camp sont probablement décédés avant ou dans les premiers jours de leur arrivée.

Il est aujourd'hui trop tard pour connaître avec précision la chronologie des internements à Tambov en 1943. Il est certain que deux prisonniers alsaciens-mosellans sont arrivés dès l'ouverture du camp en juillet 1943 ; il s'agissait du Haut-Rhinois Ignace Eglinger et du Mosellan Joseph Halflinger. Avec eux se trouvaient un Belge ainsi que des Roumains et des Hongrois. Fin août arriva un contingent de vingt-six prisonniers alsaciens-mosellans, à un moment où la moitié seulement des baraques étaient achevées. L'enquête menée auprès de la vingtaine de témoins révèle que les arrivées se multiplièrent en novembre et surtout décembre.

L'un des arrivants de la fin du mois d'août, Henri Schaub, a exercé des responsabilités au camp jusqu'à mi-décembre avant de vivre une nouvelle expérience. Il a connu lui aussi le parcours préalable classique : une semaine de marche à partir de Koursk, lieu de capture, à raison de quarante kilomètres par jour. Suivent quatre journées de train avant l'arrivée à Rata.

Après la sortie de la quarantaine, quinze jours après environ, il s'est retrouvé au milieu de plus de cinq cents prisonniers de diverses nationalités dont des Italiens et des Allemands. A une date imprécise, une réunion générale a été organisée. Henri Schaub se souvient seulement qu'il y avait encore des feuilles aux arbres. Il faut donc la situer fin septembre ou début octobre. Les discussions furent très vives. Quelques Alsaciens et Mosellans décidèrent de ne pas se fondre dans l'ensemble du groupe.

Un Feldwebel allemand prit la parole pour s'étonner de cette volonté de faire bande à part. C'est là que Henri Schaub est intervenu pour expliquer fermement le sentiment des Alsaciens et des Mosellans qui se voulaient des Français victimes du nazisme. Cette prise de parole et cette volonté de se distinguer des autres prisonniers, notamment allemands, a, semble-t-il, attiré l'attention des Soviétiques. Quoi qu'il en soit, une personnalité originale a fait son apparition : une femme officier soviétique, que les animateurs du groupe alsacien-mosellan appelèrent désormais « Mme Gerö ».

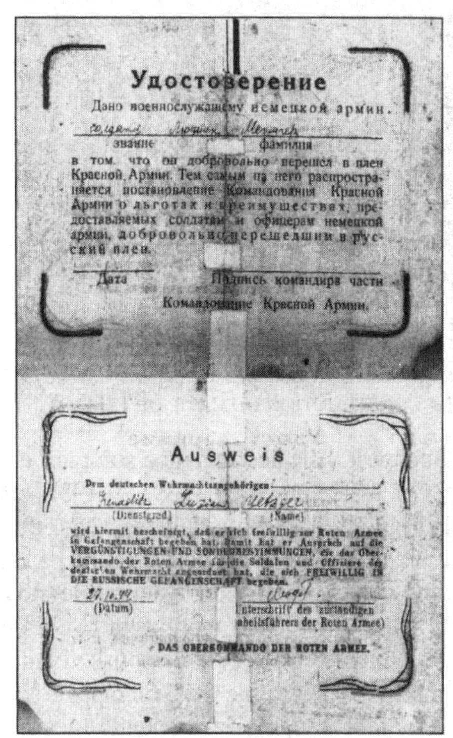

Удостоверение

Дано военнослужащему немецкой армии.

звание фамилия

в том, что он добровольно перешел в плен Красной Армии. Тем самым на него распространяется постановление Командования Красной Армии о льготах и преимуществах, предоставляемых солдатам и офицерам немецкой армии, добровольно перешедшим в русский плен.

Дата Подпись командира части

Командование Красной Армии.

Ausweis

Dem deutschen Wehrmachtsangehörigen

(Dienstgrad) (Name)

wird hiermit bescheinigt, daß er sich freiwillig zur Roten Armee in Gefangenschaft begeben hat. Damit hat er Anspruch auf die VERGÜNSTIGUNGEN UND SONDERBESTIMMUNGEN, die das Oberkommando der Roten Armee für die Soldaten und Offiziere der deutschen Wehrmacht angeordnet hat, die sich FREIWILLIG IN DIE RUSSISCHE GEFANGENSCHAFT begeben.

27.10.44

(Datum) (Unterschrift des zuständigen Einheitsführers der Roten Armee)

DAS OBERKOMMANDO DER ROTEN ARMEE.

CERTIFICAT RUSSE REMIS AUX PRISONNIERS ALLEMANDS.

Mme Gerö prit contact avec Henri Schaub et lui suggéra de former un groupe antifasciste avec ses camarades incorporés de force. Henri Schaub souligne qu'il a consulté ces derniers à ce propos. Lui-même se trouvait en accord avec une telle perspective : il avait été membre des jeunesses communistes, avant la guerre dans le bassin potassique où il est né. Ses camarades l'ont alors désigné comme leur délégué auprès de Mme Gerö avec Charles Engel un Bas-Rhinois, comme adjoint. C'était là l'esquisse du futur « club des Français », qui sera l'objet de tant de polémiques entre anciens de Tambov. Au début de cette structure, les deux « chefs » n'ont pas abusé de leur nouveau statut ; ce que souligne le premier *Bulletin de l'Amicale de Mulhouse et des sections du Haut-Rhin de Tambov* (1968) : « Ces camarades ne cherchèrent point par cette fonction à s'assurer des privilèges honorifiques ou autres ; bien au contraire, ils participèrent aux travaux avec les autres, donnaient le bon exemple et encouragèrent les camarades déficients. »

Henri Schaub disposait désormais d'un local où, selon ses dires, il recevait les internés, à l'issue de sa journée de travail en forêt, pour entendre leurs doléances et les transmettre à Mme Gerö. Celle-ci semble avoir été très soucieuse de l'intérêt des Français. Henri Schaub, qui se souvient avoir eu des contacts quotidiens avec elle dans le camp, décrit une femme « très gentille, toujours revêtue d'un long manteau qui cachait son uniforme d'officier soviétique, et fumant sans arrêt ». Elle venait tous les jours dans le camp et n'y résidait pas. Elle impressionnait beaucoup les chefs des

LA CONSTRUCTION DU CAMP DE TAMBOV.

Français par son excellente maîtrise de la langue et de l'histoire française.

Schaub et ses compagnons ignoraient qu'ils se trouvaient en présence d'une personnalité de tout premier plan du mouvement communiste international. Mme Gerö était l'épouse d'Ernö Gerö (en réalité Fischer) qui s'empara du pouvoir en Hongrie en octobre 1956 après avoir été dix ans durant le second de Rakosi.[2]

Mme Gerö, en réalité Maria ou Elizabeth Fazekack ou Fazekath, était hongroise elle aussi, née peut-être en 1900 à Budapest. Elle accompagna son mari en France à la fin des années 1920 et semble y être restée jusqu'en 1939. En 1932, elle était secrétaire de la section française de la Ligue contre l'impérialisme, sans être identifiée par la police. Elle a effectivement travaillée chez Renault comme elle l'a rapporté à Henri Schaub à Tambov (deux cent cinq francs pour soixante heures de travail en 1929), peut-être comme dessinatrice. Lorsque Ernö Gerö représenta le comité exécutif de l'Internationale communiste en Espagne en 1938, son épouse vivait sous le nom d'Elisabeth Couesnon.

En 1939, le couple Gerö fut rappelé à Moscou. Que Mme Gerö soit affectée au camp de Tambov auprès des Français atteste incontestablement que les prisonniers Alsaciens et Mosellans représentaient dans l'esprit des Soviétiques un enjeu important, du moins au début. A Tambov, elle ne faisait que poursuivre une action entreprise quinze ans avant en France.[2]

Henri Schaub prit l'initiative de lui proposer de former un groupe de combat d'Alsaciens-Mosellans sur le front soviétique pour quitter le statut de prisonniers. Mme Gerö suggéra alors que la demande fût adressée directement à Staline. La pétition a bien été rédigée; elle ne fut revêtue que d'une dizaine de signatures. Tous n'avaient pas été d'accord. Remise à Mme Gerö, la demande a sans doute été acheminée vers Moscou.

Début novembre, les prisonniers ont célébré l'anniversaire de la Révolution d'oc-tobre 1917. Les prisonniers alsaciens et mosellans ont débattu de la Commune de Paris, puis ont chanté *la Carmagnole* et *la Marseillaise* en présence de Mme Gerö. Même des prisonniers allemands étaient venus se joindre au groupe. Cependant, Henri Schaub se souvient que certains Alsaciens sont restés à l'écart de la manifestation, comme de toutes les autres. Il attribue ce comportement non pas à des raisons idéologiques ou culturelles, mais tout simplement au fait que le moral de beaucoup était très atteint. Certains avaient déjà sombré dans une sorte de dépression, qui menait inéluctablement à la mort.

Vers la fin novembre, Mme Gerö évoqua la perspective de fréquenter les cours d'une école antifasciste à Moscou. Henri Schaub eut la charge de recruter des volontaires. Le petit groupe qui se décida, dont lui-même, espérait surtout trouver en cet autre lieu un meilleur gîte, une meilleure nourriture. De fait, certains n'avaient pas le bagage nécessaire pour suivre les cours dispensés.

L'ÉTRANGE MADAME GERÖ ORGANISE DES SOIRÉES DE DISCUSSION SUR LA COMMUNE DE PARIS

Avant le départ, Henri Schaub fut appelé à proposer son successeur à son interlocutrice soviétique. Il avança le nom de Pierre Egler qui fut effectivement désigné à compter de la mi-décembre 1943. De retour à Tambov, Henri Schaub et ses camarades ont pu en constater les effets : Pierre Egler se conduisait en officier, selon la pratique habituelle dans les camps de prisonniers, avait ses « ordonnances », exigeait d'être salué, etc. Henri Schaub l'avait choisi parce qu'il était son concitoyen; il fut sèchement remis à sa place lorsqu'il s'avisa de demander une faveur au nouveau chef.

Vers le 15 décembre, Henri Schaub, Charles Klein, Engel, Steinmetz, Nagel, Malaisé, etc., firent route vers Moscou. En transit dans le camp n° 27 où résidaient les officiers supérieurs allemands, le groupe a pu observer le maréchal Paulus et le général von Seidlitz se promener en compagnie de leurs ordonnances. Henri Schaub se rappelle que les généraux portaient leurs décorations. Le soir, les Allemands ont chanté *Stille Nacht, Heilige Nacht*. Après deux jours, ils arrivèrent à l'école antifasciste des faubourgs de Moscou où le groupe fut « bien nourri », reçut des cigarettes. Un officier ouvrit le cycle par une causerie. Il traita les Alsaciens-Mosellans de « mauvais Français » parce qu'ils s'étaient laissé incorporer par les nazis. Lors du débat qui a suivi, Henri Schaub a tenté d'expliquer les risques qui pesaient sur la famille en cas de refus de se laisser incorporer. Rien n'y fit: le commandant estima que cela n'était pas une excuse.

Les cours étaient d'abord axés adroitement sur l'histoire de France interprétée à la lumière du marxisme-léninisme. Au centre: la Révolution de 1789 et ses conséquences, la Commune de Paris, les causes des guerres de 1914-1918 et de celle en cours. La bibliothèque de l'école était riche en livres français, surtout de travaux soviétiques en langue française. Les stagiaires devaient en lire un maximum. Les cours portaient aussi sur l'histoire de l'URSS, la réussite des plans, de l'industrie sidérurgique. Enfin, le rôle de Staline était souligné de façon obsédante, comme théoricien et comme chef de l'Armée rouge victorieuse. Les membres du groupe étaient invités à combattre sous l'uniforme français.

De l'avis d'Henri Schaub, les Soviétiques ont cherché à endoctriner les prisonniers stagiaires, avant leur retour en France. Il n'a perçu aucune volonté d'en faire de futurs espions.

Maria ou Elizabeth Gerö avait disparu de Tambov au retour de Moscou du groupe. L'explication la plus plausible serait qu'avec la dissolution du Komintern (IIIe Internationale) dès le printemps de 1943, Moscou a considéré, avec un certain délai certes, que la propagande auprès des prisonniers alsaciens et mosellans ne s'imposait plus.

Ainsi, les prisonniers de Tambov ont été l'objet d'enjeux qui les dépassaient, qui ont pu évoluer et qui, en tout cas ne sont pas tous éclaircis.

Rappelons, enfin, que les mille cinq cents survivants parmi ceux qui étaient arrivés les premiers à Tambov ont pu quitter le camp en juillet 1944 pour Alger. Henri Schaub s'engagea ensuite dans l'armée française et finit la guerre à Bregenz en Autriche.

NOTES

1. Cet article a été réalisé grâce aux témoignages recueillis pour nous par Jean Thuet, président national des Anciens de Tambov, auprès des adhérents de son association figurant parmi les « 1500 » libérés en juillet 1944, et grâce à Henri Schaub qui a bien voulu nous confier ses souvenirs. Qu'ils en soient remerciés.

2. Renseignements aimablement communiqués par Stéphane Courtois, professeur à l'université de Paris X, spécialiste de l'histoire de l'Internationale communiste.

Séparation

FRANK TÉNOT

La séparation, la peur, l'absence font partie des drames, certes moins tragiques que d'autres mais bien réels, de la guerre. Éloigné de son grand-père après avoir quitté l'Alsace en 1939, le jeune Frank Ténot ne devait le revoir que six ans plus tard, en 1945. Entre-temps, il n'y eut que quelques lettres et cartes laconiques. Chronique d'une guerre tristement ordinaire.

Déjà divisée par le Rhin parce que ma tante Marie Husser et son époux, Fritz Bronner, avaient choisi de vivre en Allemagne depuis 1919, la famille de mon grand-père, Philippe Husser, allait connaître de nouveaux déchirements dès 1938, avant même le début de la nouvelle guerre. Pour ses deux autres filles, Lucie, ma mère, et Jeanne qui avaient contracté mariage avec les frères Charles, mon père, et André Ténot, deux « Français de l'intérieur », il n'était pas question d'attendre en Alsace la probable venue des Allemands

En juillet 1939, la famille s'est donc désunie, mon père Charles ayant demandé sa mutation à Talence, dans la banlieue de Bordeaux. Il pressentait le pire et il ne se trompait pas.

A la déclaration de la guerre franco-anglo-allemande, en septembre 1939, Philippe Husser fut soumis à une incessante pression pour venir se réfugier « à l'intérieur ». Il aurait pu, il aurait dû, rejoindre la propriété des Ténot à Taillebourg en Charente pour s'éloigner du Rhin et des combats à venir. A la vérité, de septembre 1939 à mai 1940, il n'y eut que des escarmouches sans gravité. Durant cette période le courrier fonctionnait normalement.

Nous recevions à Bordeaux une lettre tous les quinze jours. Il y avait aussi des échanges de colis. Cognac contre kirsch, choucroute contre foie gras. En ce temps-là, chez les petits fonctionnaires et les retraités, le téléphone n'était pas utilisé. Philippe Husser n'en possédait pas et, chez Charles Ténot, l'appareil qui trônait dans le bureau de l'école n'était décroché que pour des missions administratives ou l'envoi de messages gravissimes (morts ou accidents).

Le grand-père repoussait ces invitations au départ. Il était bien chez lui. Une « déportation » vers l'ouest lui semblait une épreuve inutile. Il rêvait à une fin de guerre proche, sans trop de casse. Pour lui, qui n'a jamais compris que l'Allemagne, pays de grande culture, avait pu engendrer un fou de l'envergure d'Adolf Hitler, il s'agissait d'un malentendu qui se terminerait par une nouvelle conférence de paix. Il se souvenait du pénible voyage de septembre 1938 lors de la crise des Sudètes. Cette fois-ci, Lucie avait réussi à le faire partir, au moment où le conflit semblait inévitable. Mon père, mobilisé comme gardien à la gare de Mulhouse, nous avait impressionné avec son casque et le masque à gaz. Son rôle était de protéger les voies.

Lorsque le commandant chargé de cette surveillance avait ouvert l'enveloppe SECRET DÉFENSE qui contenait la description des postes à occuper, les officiers, ébahis et inquiets, avaient découvert que les plans étaient ceux du bâtiment... détruit en 1930. Grand-papa était alors parti avec nous. Un long voyage, de nuit, avec des changements à Montluçon et Angoulême, sous la pluie, en traînant les valises sur les quais pour ne pas rater les correspondances. A l'arrivée, un accueil chaleureux des Charentais pour apprendre qu'à Munich, Hitler, Daladier, Mussolini et Chamberlain avaient signé un accord. Pour le grand-père, la paix était sauvée, comme le titraient tous les journaux. Alors à quoi bon cette débandade, ces ennuis, cette fuite ? Il avait gardé de cet exode un souvenir amer.

En mai 1940, au moment où la ruée allemande bouscule l'armée du général Gamelin, sa fille Jeanne l'adjure de rejoindre Taillebourg. Il est de plus en plus hésitant. Le peuple et l'armée française se débandent devant les chars allemands. On dit que les brutes teutonnes coupent les mains des enfants. On assure aussi que le front se stabilisera bientôt, sur la Somme, sur la Marne, comme en 1914, puis sur la Seine, la Loire, la Garonne...

Les gens s'échappent avec leur matelas sur le toit des voitures pour se protéger du mitraillage des avions. Philippe Husser connaît les Allemands. Ils ne lui font pas peur. Il n'a pas un tempérament de révolté ou d'émigré. Le 15 mai, il écrit dans son journal :
« Après avoir décidé de partir, je me sentais très oppressé, après avoir décidé de rester je me sentais soulagé. » Le retard mis à établir les laissez-passer le conforte dans sa résolution. Il reste à Mulhouse et contemple, hébété, l'arrivée glorieuse des troupes de la Wehrmacht. Il avait soixante-dix-huit ans.

« 18 juin 1940 : les troupes allemandes sont entrées à Mulhouse. Sur la mairie flotte la Hakenkreuz.

« 19 juin : de nouvelles troupes entrent musique en tête en chantant.

« 20 juin : mauvaise humeur. Je me sens tellement fatigué, abattu, désintéressé, découragé, morose que je crains de devenir neurasthénique. Ma soupe au lait me répugne et la pipe me dégoûte. Je vais quand même aller boire mon bock. La bière m'a toujours été salutaire. » Les Ténot de Bordeaux subissent aussi l'arrivée arrogante des guerriers germains qui précède le temps de l'occupation. Une chose est sûre : l'Alsace est désormais une autre planète. De juin 1940 à février 1941, nous n'avons eu aucune nouvelle. Ni lettre, ni message. Nous restons bien sûr en relation permanente avec André et Jeanne Ténot, surtout pour aller chercher des victuailles à Taillebourg. D'Alsace, rien. De plus, nous ne savions plus quel était le statut de cette province dans le cadre des conventions de l'armistice, qui ne mentionnaient rien d'officiel à ce sujet. Le gouvernement de Vichy n'a jamais osé avouer qu'il avait tout simplement accepté l'annexion au Reich allemand. On s'en doutait un peu. Le maréchal Pétain et son gouvernement n'en pipaient mot. Il y avait la France occupée, jusqu'à la Loire et une large bande qui englobait Bordeaux et Bayonne plus une zone interdite qui longeait l'est. Il y avait aussi le territoire non occupé surnommé zone « nono », la principauté de Vichy. Sur l'Alsace silence. Alors que le 8 décembre 1940, le Gauleiter Robert Wagner avait défini à Mulhouse, dans une réunion publique, le rôle de l'Alsace dans le giron du Reich. Confessons que la majorité des Français s'en moquait. C'était le cadet des soucis d'une population obsédée par le rationnement et qui survivait en découpant des tickets qui donnaient droit à quelques grammes de beurre, de viande et de pain, ou à du tissu. Recherchant aussi les combines du marché noir et les parents agriculteurs. Si ma mère, pendant la drôle de guerre, avait caché ses livres allemands pour ne pas être victime de réflexions stupides et désagréables du genre « Tiens, vous aimez les boches », à partir de juillet 1940, un certain respect lui était accordé. Elle devenait victime de guerre et, même du côté des lâches et des collaborateurs, car il y en avait hélas, elle jouissait d'un certain respect. La connaissance de la langue allemande devenait un atout dont elle n'usa jamais, durant cette période.

PHILIPPE ET MARIE HUSSER.

Mon père avait bien accepté son installation à Talence, où il avait retrouvé un climat et un mode de vie proche de celui des Charentes: proximité de la mer avec ses produits, les huîtres et les crabes, qualité du vin rouge et des sauces. Ma mère, en revanche, était au bord de la dépression nerveuse. L'aménagement plutôt spartiate de l'appartement de fonction de l'EPS de Talence lui faisait regretter sa salle de bain mulhousienne. Elle avait des doutes sur la santé morale et physique de cette

LE RETOUR EN ALSACE EN 1940 DE FRITZ BRONNER, LE GENDRE ALLEMAND DE PHILIPPE HUSSER.

société bordelaise qui lui semblait bien moins puritaine et bien moins propre que celle de l'est. De plus elle avait mené un dur combat contre les insectes qui fourmillaient dans les planchers. A cette époque, et aujourd'hui encore, une race de petites puces s'épanouissait l'été dans les appartements. Elles ne grimpaient pas très haut sur le bipède, attaquant surtout les chevilles et les mollets, mais étaient prolifiques, vivaces et féroces. Quand on sait qu'en ce temps-là, la présence d'une puce sur une personne était en Alsace, une tare comparable à la syphilis ou la lèpre, on peut imaginer le désarroi de Lucie Husser face à ces millions de bestioles qui infestaient son logement. Les indigènes prenaient ces invasions saisonnières avec philosophie : « Oh, ce ne sont que des pucettes. » La vue dans un tramway girondin d'une jolie fille en train d'écraser en riant l'insecte sur son genou mettait ma mère dans un état voisin de l'évanouissement. Elle conduisit une bataille sans pitié, à l'allemande pourrait-on dire. Cela commença par des lavages à l'eau de Javel, puis des grattages, des colmatages, elle usa même des gaz (on brûlait du souffre), de la poudre de pyrèthre. Elle remplaça les lattes de bois par du linoléum posé sur du béton armé. Cette guerre fut gagnée. L'été 1941, l'appartement et le bureau de monsieur le directeur de l'école primaire supérieure de Talence (mon père avait eu de l'avancement) furent définitivement débarrassés de ces colonies de diptères sauteurs. Ma mère en fut fière. Elle donna des conseils à des épouses de fonctionnaires qui purent ainsi contribuer au génocide de l'espèce dans la région.

Entre-temps, nous avions reçu des nouvelles plutôt rassurantes des parents mulhousiens. Une missive en février 1941, envoyée à ma tante Jeanne à Paris. Une autre reçue à Bordeaux en mars. Bien sûr, de notre côté nous écrivions aussi, et Philippe Husser mentionne dans son journal : « Reçu le 5 février, une lettre de Jeanne, ouverte, qui a mis deux mois pour arriver. » Peut-on imaginer, aujourd'hui, que séparés de moins de cinq cents kilomètres, un père et ses enfants n'aient pu communiquer entre eux pendant plus de huit mois !

De 1941 à 1944, le courrier fut plutôt régulier. Un pli — ouvert bien sûr — tous les deux ou trois mois. Pas de colis. Les textes reflètent la résignation: la santé est relativement bonne, on déplore la mort d'amis, on aimerait bien vous revoir, on regarde les photos du bon temps. En septembre 1941, nous apprenons que les noces d'or des grands-parents ont été fêtées officiellement le 25 août à Mulhouse, en présence du maire de la ville, de Fritz, d'Anne-Marie et de Marie Bronner. Nous sommes à la fois réjouis de l'anniversaire et navrés de cette compromission avec les autorités du Haut-Rhin nazi. A cette occasion Marie n'a pas cherché à contacter ses soeurs, preuve désolante que dans certaines circonstances, l'idéologie se situe bien au-dessus de la famille.

En décembre 1941, Lucie Husser se renseigne. Elle cherche à obtenir un sauf-conduit pour visiter son père et sa mère. Démarches difficiles, incertaines, auprès des Kommandanturs et des multiples bureaux de l'occupation. Du côté français aucune aide. Les Allemands : « Si vous voulez revenir en Alsace, pourquoi pas. Sans votre mari évidemment, ni votre fils. »

Des rumeurs faisaient état d'une possibilité de divorce accéléré avec le conjoint français... Lucie Husser renonça.

En 1942 et 1943, alors que le courrier continuait à nous apporter des informations apaisantes, de rares visiteurs venaient aussi nous confirmer que tout allait bien là-bas. Nous étions méfiants. Qui étaient ces gens ? Comment avaient-ils la possibilité de circuler ? De quels privilèges bénéficiaient-ils ? Tout paraissait suspect. Etre à l'aise avec l'occupant faisait naître des soupçons, d'autant que depuis le désastre de Stalingrad, nous jugions que cette guerre ne pouvait que se terminer par la défaite des nazis. Donc méfiance. Les lettres étaient ouvertes « GEÖFFNET » par la censure de l'armée allemande. Il était conseillé d'envoyer plutôt des cartes. Les textes se limitaient donc à donner des nouvelles sur les proches, les difficultés de ravitaillement, les résultats scolaires. Pas un mot, évidemment, de la situation militaire, sociale ou politique. Comme les journaux et la radio, surtout celle de la Suisse romande, nous tenaient au courant des points chauds de la guerre, mouvements de troupes, bombardements, jusqu'en juin 1944, date du

1943

NOCES D'OR DES ÉPOUX HUSSER EN 1941, EN PRÉSENCE DU MAIRE DE MULHOUSE.

débarquement allié en Normandie, nous étions rassurés sur le sort de la parenté, Mulhouse étant en dehors des théâtres d'opérations. Bordeaux de son côté fut — grâce à l'Alsacien Louis Eschenauer, commerçant en vin — plutôt épargné par les Allemands en retraite. Il avait de bonnes relations avec Ribbentrop, ancien courtier en champagne. Grâce à lui, le Pont de Pierre ne fut pas détruit. A la Libération, Eschenauer fut condamné pour collaboration, confiscation de ses biens et une peine de deux ans de prison qui fut vite remise et amnistiée. Cependant les communications furent totalement coupées entre les grands-parents, réfugiés à Sundhoffen et leurs enfants de l'intérieur du 27 mai 1944 au 21 mars 1945. L'angoisse s'installa vite car, comme en 1914, le front déchirait la plaine du Rhin. Ce n'est en effet qu'en février 1945 que la poche de Colmar fut libérée par les Américains et les Français. On dit que Heinrich Himmler lui-même avait tenu à participer à la défense de ce dernier bastion à l'ouest du Rhin.

Le 25 novembre 1944, Fritz et Marie avaient fait leurs bagages et leurs adieux, de vrais adieux car Philippe Husser ne devait jamais les revoir. Le 27 février 1945, il reçoit, par l'intermédiaire de la Croix-Rouge, un message lui annonçant que la famille bordelaise est saine et sauve. Le 17 avril, Jeanne et Lucie arrivent à Sundhoffen. On reste très inquiet pour le jeune Henri Lang incorporé en 1943 à dix-sept ans dans la Wehrmacht.

J'embrasse le grand-père en juillet 1945, au moment où ce cousin Henri, au terme d'un périple épuisant, retrouve les joies de l'Ill et de « l'amer bière ». Impossible de lui faire raconter ses aventures sur le front de l'est. Il est heureux de n'avoir pas été fait prisonnier par les Russes.

J'avais quitté Philippe Husser en 1939, à quatorze ans, j'étais encore presque un enfant. Je reviens, âgé de vingt ans. Il n'avait guère changé, contrairement à moi. Passés le plaisir et le bonheur de pouvoir constater que nous étions encore en vie — car nous avions l'un et l'autre envisagé le pire — notre relation ne pouvait plus être celle de la belle époque. De quoi allions-nous parler ? De mes difficultés scolaires ? De mes aventures amoureuses ? La guerre et une séparation de six années avaient brisé notre communion. Que faire ? Que dire ?

Ainsi les grands de ce monde, au nom de théories fumeuses, d'espace vital et d'ambitions personnelles, détruisent les vraies familles et vont à l'opposé de leurs déclarations qui exaltent le bonheur des peuples. Et encore dans le cas des familles Husser et Ténot, tous ces désagréments peuvent apparaître comme bien légers comparés aux massacres, déportations et holocaustes de la seconde guerre mondiale. Comme l'écrivait Philippe Husser en janvier 1942 : « Ah ! si mon rêve de jeunesse pouvait se réaliser, si l'Allemagne et la France pouvait s'entendre et si aucune frontière ne séparait plus ces deux peuples à la civilisation raffinée et à l'économie florissante. » Peut-être qu'aujourd'hui son souhait tend vers la réalité.

Journal de Philippe Husser

Extraits de l'ouvrage *Un instituteur alsacien, journal 1914-1951*, Philippe Husser, Hachette/La Nuée Bleue, Paris, 1989.

1er janvier 1941
Qui eût dit, il y a un an, que les événements prendraient cette tournure, avec une victoire aussi rapide de l'Allemagne et un effondrement aussi total de la France ? Le sort de l'Angleterre sera-t-il différent ? Pour le moment, elle se bat avec une énergie farouche et stoppe l'offensive. Mais la victoire de Hitler ne fait pas de doute ; du moins Hitler ne la met-il pas en doute. Et l'Alsace ? Officiellement nous sommes toujours français ; mais, en pratique, nous sommes allemands depuis l'armistice et il est probable que nous le resterons. Me voilà donc redevenu allemand. Français de 1862 à 1870, Allemand de 1870 à 1918, Français de 1918 à 1940 et de nouveau Allemand. Ce sera sans doute mon dernier changement de nationalité.
Et notre vie de famille ! Eh oui ! elle a changé du tout au tout. Ah ! c'était le bon temps, quand notre petit-fils, notre cher Frank, et ses parents étaient encore ici. Ils ont eu la chance de pouvoir se replier à temps dans leur patrie. Là-bas, ils vivent au calme et en sécurité. Mais pour nous, c'est la séparation. En contrepartie, ceux de Karlsruhe se sont rapprochés de nous. Anne-Marie et ses parents peuvent passer le Rhin à tout moment pour venir égayer notre solitude par leur présence. Mais bien souvent, nous sommes à Talence en pensée et nous ressentons douloureusement l'absence de nouvelles de Jeanne et d'André.

1er janvier 1942
Rétrospective 1941. La troisième année de la guerre est derrière nous. Mis à part le manque de denrées alimentaires, nous sommes assez peu touchés en Alsace par les effets secondaires de la guerre. «A l'ouest rien de nouveau», serait-on tenté de dire. A l'est, en revanche, il y a de la vie, ou plutôt des morts. Et la fin du conflit n'est toujours pas en vue. L'ours russe a la peau dure, et il n'est pas facile à mater. Hitler y arrivera-t-il ? Réussira-t-il là où Napoléon a échoué ? Espérons que tout ira pour le mieux. Espérons que l'Europe retrouvera enfin son calme et que la paix viendra rendre à nouveau notre existence digne d'être vécue.
Il y a deux fins que j'attends : la mienne (j'ai quatre-vingts ans) et celle de la guerre. Laquelle des deux viendra la première ? J'aurais souhaité une fin de vie plus heureuse. Passer la fin de ma vie entouré de mes enfants. De tous mes enfants à la fois. Mais les circonstances actuelles nous ont séparés, ma femme et moi, de ceux avec qui nous avions vécu si longtemps. Nous avons la chance de pouvoir entretenir maintenant des relations plus étroites avec nos autres enfants, mais cela ne nous console qu'à demi. Ah ! si mon rêve de jeunesse pouvait se réaliser, si l'Allemagne et la France pouvaient s'entendre, et si aucune frontière ne séparait plus ces deux peuples à la civilisation raffinée et à l'économie florissante,

si je pouvais voir et embrasser sans restriction mes deux petits-enfants, ma gracieuse Annemay et mon Frank chéri.
Cette joie me sera-t-elle encore accordée ? J'ose à peine l'espérer. Il faudrait pour cela que se réalisent des miracles et des prodiges. Il faudrait qu'un sursaut de raison chasse la vague actuelle de haine et de rage destructrices.

1er janvier 1943
La quatrième année de guerre est passée, elle aussi. La cinquième commence. Sera-t-elle la dernière ? Espérons-le ! Le monde entier le souhaite. Tout le monde s'écrie : «Ah ! Seigneur, fais arrêter ce jeu cruel.» Ou est-ce peut-être intentionnel de sa part ? Veut-il laisser l'humanité pécheresse se détruire elle-même, plutôt que d'envoyer un déluge ? Je vais être bref et dire en conclusion que l'année écoulée ne mérite pas d'éloge funèbre. Voyons ce que la prochaine va nous apporter.

30 janvier
Hitler est chancelier depuis dix ans. Il n'y a pourtant aucune cérémonie.

2 février
Le *Tagblatt* communique que l'aile sud de la VIe armée a été submergée par les forces ennemies à Stalingrad.

17 février
Je vais un peu mieux après la nouvelle alerte cardiaque d'hier.
Quatorze jeunes gens originaires de diverses localités de l'arrondissement d'Altkirch ont été condamnés à mort pour constitution de bande armée et tentative de franchissement illégal de la frontière.

24 février
Les autorités rappellent qu'il est interdit de parler français.

10 mars
Hurlement de sirène la nuit. On a pu entendre nettement le bruit d'une escadrille d'avions.

14 mars
Parmi les faire-part de décès, on relève aujourd'hui les noms de trois soldats alsaciens morts au front de l'est.

6 avril
Le journal communique : «Des assassins US sur Paris» : une attaque aérienne criminelle a été dirigée contre la population civile. Elle a fait plusieurs centaines de morts. Incompréhensible !

26 juillet
De bonnes nouvelles nous arrivent de Talence. Au dire des journaux, Mussolini aurait abdiqué.

6 août
Le soir a lieu un rassemblement dans la cour de l'immeuble. L'on diffuse des informations sur la protection civile aérienne. Je me suis contenté d'écouter depuis ma fenêtre. Tous les voisins étaient présents et ils ont émargé une liste de présence. Ridicule.

7 août
On se bat avec acharnement à l'est. La bataille d'Orel est considérée comme la plus importante de cette guerre. En Sicile aussi, les combats font rage. Une attaque terroriste britan- nique a fait d'importants dégâts à Naples.

19 août
Frank a réussi son baccalauréat. Il va maintenant étudier les mathématiques.

8 septembre
Hier, des bombes terroristes anglo-américaines sont tombées sur Mannheim et Ludwigshafen. Strasbourg aussi a subi de dures épreuves ces jours-ci. Des avions survolant la ville ont été mitraillés par des chasseurs et par la DCA; ils ont lâché des bombes qui ont dévasté une rue entière.

9 septembre
L'Italie, das Land der Feigen[1], a décroché et s'est rendue sans conditions aux ennemis de l'Axe.

2 octobre
La sirène retentit au cours de l'après-midi. Pas pour longtemps. De Sundhoffen nous parvient un paquet contenant du raisin passablement écrasé. On en fera du vin nouveau. Germaine vient nous apporter du raisin, du beurre, une bouteille de vin, du fromage blanc, du miel.

14 décembre
Germaine nous a fait parvenir des biscuits secs, un petit faisan. Marie passe nous voir également. Le beau-frère Eugène nous apporte toutes sortes de bonnes choses: un tonnelet de vin, deux sacs de pommes terre et une valise bien garnie: une journée fructueuse.

NOTE

1. Jeu de mots: le pays des figues (die Feige)... ou des lâches (der Feige)

Exil, exclusion, extermination

Les juifs alsaciens en zone sud

LÉON STRAUSS

1943

L'Alsace avait été « purifiée ethniquement » des juifs par les Allemands, *judenrein*. Pour tous ceux qui avaient trouvé refuge en zone française sud, le calvaire n'avait pas pris fin. De la persécution à l'extermination. Avec, ici et là, de beaux mouvements de solidarité et de résistance.

DÉPART DE JUIFS POUR LES CAMPS. PARIS, GARE D'AUSTERLITZ, MAI 1941.

LAPI - VIOLLET

Lors du recensement de 1936, on dénombrait 20 684 israélites dans les deux départements alsaciens (15 168 dans le Bas-Rhin et 5 516 dans le Haut-Rhin). Ce chiffre était un peu inférieur à la réalité puisqu'il était parfaitement licite de se déclarer sans religion ou de ne pas répondre à la question. Il est impossible de savoir de façon précise comment cet effectif a évolué jusqu'à la veille de la guerre. Vraisemblablement, il avait légèrement baissé : le danger de guerre, sensible dès mars 1936 et surtout à partir de l'été 1938, les multiples manifestations d'un antisémitisme agressif et l'aggravation de la crise économique à l'échelle régionale avaient intensifié le mouvement qui depuis le début du XIXe siècle conduisait de plus en plus de juifs d'Alsace à s'établir dans la région parisienne et d'autres provinces. Et, à la différence de ce qui s'était passé jusqu'en 1936 [1], le départ des juifs indigènes n'était plus guère compensé par l'installation d'immigrés d'Europe centrale et orientale, ne serait-ce qu'en raison de l'interdiction faite en principe aux réfugiés d'Allemagne et d'Autriche d'établir leur domicile dans les départements frontaliers. Tout laisse à penser qu'en 1939, le nombre des juifs pratiquant ou non la religion de leurs ancêtres et domiciliés en Alsace ne devait guère dépasser 25 000 personnes [2].

L'évacuation de 1939 avait touché les habitants non mobilisés de Strasbourg, où habitaient au moins 9 288 juifs en 1936, et ceux des villages et des petites villes de la zone frontalière. Elle concernait plus des deux tiers des effectifs du judaïsme d'Alsace : 17 783 personnes, selon une évaluation de 1940, qui ne doit pas comprendre les mobilisés. Une partie des familles concernées avaient réussi à éviter le processus de regroupement administratif dans les petites villes et les campagnes du sud-ouest. Certains avaient trouvé un logement dans les parties non évacuées de la zone des armées. On pouvait ainsi rester en contact avec les maris ou les fils mobilisés sur la ligne Maginot. Dans les milieux aisés, on avait loué intentionnellement pour les grandes vacances de 1939 des logements meublés dans des régions de l'intérieur du pays et on décida dans la dernière semaine d'août ou au début de septembre d'en conserver la jouissance pour les mois à venir : la mère et l'oncle de Claude Vigée décidèrent ainsi vers le 20 août de prolonger le séjour estival de la famille sur la côte normande [3]. Ceux qui étaient domiciliés dans la zone non évacuée purent passer les mois de la drôle de guerre chez eux, mais ils envoyèrent quelques objets précieux à leur lieu de refuge éventuel. Même les Strasbourgeois purent obtenir des autorités militaires l'autorisation de chercher quelques affaires dans la ville déserte. Pour ceux que le hasard servit en leur faisant choisir judicieusement un abri au sud de la future ligne de démarcation, la vie fut un peu plus facile dans les premières années du grand exil.

A la fin du mois de mai 1940, et surtout dans la première quinzaine de juin, les familles qui disposaient de moyens de transport quittèrent leur domicile alsacien ou leur lieu de repli menacé par l'invasion pour se joindre à l'exode des populations civiles de la moitié nord du pays vers le sud de la France. La famille de Claude Vigée partit en voiture de Deauville le 10 juin quelques heures avant l'arrivée de la Wehrmacht. L'auto familiale parvint deux jours plus tard à Bordeaux, où l'oncle avait loué par correspondance un logement meublé, mais le propriétaire, découvrant qu'il s'agissait de juifs, les délogea dès le lendemain. Ils échouèrent dans une pension au bord du bassin d'Arcachon, puis essayèrent de gagner la frontière espagnole avant de se retrouver avec des centaines de milliers d'autres réfugiés français et belges dans les rues de Toulouse le jour de l'entrée en vigueur de l'armistice [4].

En juin 1940, dans les villes et les villages non évacués de notre région, entre le départ des dernières troupes françaises et l'arrivée des premiers détachements de la Wehrmacht, il arriva que des magasins ou des logements abandonnés soient pillés par des voisins « aryens », persuadés que le départ des juifs était définitif. A l'automne suivant les nouveaux tribunaux sanctionnèrent ces « reprises individuelles » qualifiées de détournements de propriétés de l'État allemand. On sait très peu de choses sur le traitement infligé aux juifs restés sur place dans les premières semaines de l'occupation-nazification. Les quelques scènes connues rappelaient les parades humiliantes organisées en Allemagne lors de la Nuit de cristal en 1938. A Lixheim, en Moselle, « le ministre officiant s'étant suicidé en se tranchant la gorge, sa fille aurait été obligée d'essuyer le sang et de précéder le convoi funèbre en brandissant le torchon imbibé de sang pour le jeter dans la tombe [5] ». Le 1er juillet, le secrétaire de la communauté de Mulhouse fut obligé d'informer tous les hommes de se présenter dans la cour de la synagogue, munis d'une pelle, d'une pioche ou d'un balai... Ils durent se couper mutuellement les cheveux et crier devant la foule : « Nous les juifs, nous sommes responsables de la guerre [6] ». A Colmar, le 18 juin, les premiers agents de la Gestapo demandèrent à un adjoint au maire : « Y a-t-il encore des juifs dans votre ville ? » L'adjoint aurait répondu qu'il ne le savait pas, mais les

LA SYNAGOGUE DE STRASBOURG, QUAI KLÉBER, FUT INCENDIÉE EN SEPTEMBRE 1940 PAR UN COMMANDO DE LA HITLERJUGEND.

AMS

1943

AMS

ÉVACUATION D'UNE SYNAGOGUE VERS LE SUD-OUEST EN 1939.

policiers disposaient d'une liste apportée de Fribourg et ils mirent la main immédiatement sur les appartements vacants et sur leur contenu. Dès le lendemain, une partie du mobilier saisi fut conduit outre-Rhin [7].

Entre l'arrivée des troupes allemandes et la mise en place de la Gestapo, quelques personnes purent quitter librement leur domicile pendant la courte période où la circulation avec l'autre versant des Vosges fut autorisée. Ainsi l'ancien ministre officiant de Sélestat âgé de quatre-vingt-deux ans fut convoqué à la Kommandantur par un officier fort courtois qui lui conseilla de quitter immédiatement la ville en taxi pour Saint-Dié et de rejoindre ensuite la zone non occupée.

Plus de 3 000 juifs alsaciens, 3 255 selon un recensement du 22 avril 1941 (et non plus de 20 000, chiffre cité par le Gauleiter Wagner, et souvent accepté [8]) furent expulsés vers la zone non occupée [9]. Le 16 juillet à 11 heures, les juifs de Mulhouse et des environs, malades et infirmes compris, reçurent l'ordre d'expulsion. Ils disposaient d'une heure pour préparer huit kilos de bagages (y compris la nourriture pour quatre jours) et pouvaient emporter 5 000 francs et quelques bijoux personnels. On les rassembla dans une école ou dans la cour de la synagogue. Dans l'après-midi, ils furent transportés en camions à l'asile d'aliénés de Rouffach. Ceux du Bas-Rhin, par exemple des petits-cousins de Claude Vigée habitant Ingwiller qui avaient été promenés par toute la ville en camions au son de la musique militaire le 14 juillet, passèrent une nuit ou deux au camp de Schirmeck, où on les dépouilla d'une partie de leur argent et de leurs bijoux [10].

Selon Adolf Schmid, le chef du service de la propagande du Gau de Bade, « l'Alsace a été ainsi pour la première fois dans son histoire moderne purifiée des juifs (*judenrein*) en un minimum de temps et de manière indolore[11] ».

On les transporta en camion à la ligne de démarcation, où les rejoignirent des juifs expulsés de Moselle par le Gauleiter Bürckel. Un éclaireur israélite de Strasbourg, Hugues Hammel (« Pingouin ») découvrit quelques jours plus tard dans des dortoirs improvisés de l'école normale de Lons-le-Saunier « un camp de concentration social » : essentiellement des femmes de prisonniers ou de mobilisés, des enfants ou des vieillards pêle-mêle dans une promiscuité effrayante. Avec l'aide du Secours national, des Compagnons de France (le tout nouveau mouvement de jeunesse maréchaliste), de la municipalité et de la population de Lons, les conditions de vie s'améliorèrent un peu. Avant la rentrée des classes, ces premiers expulsés furent répartis par la préfecture du Jura dans les communes rurales de la partie non occupée du département. Les personnes âgées furent recueillies par un couvent à Bletterans, et les religieuses n'hésitèrent pas à y installer une cuisine strictement cachère. Quelques semaines plus tard, Laure Weil et Fanny Schwab, qui dirigeaient jusqu'à la guerre le Home de jeunes filles de la rue Sellenick à Strasbourg, responsables des Œuvres d'aide sociale israélite de Périgueux, accueillirent les vieillards dans les hospices Adassa et Eliza reconstitués en Dordogne[12].

Au mois d'octobre 1940, quelques juifs lorrains auraient encore été expulsés par le Gauleiter Bürckel en même temps que les juifs de Sarre et du Palatinat[13]. Les derniers juifs expulsés d'Alsace auraient été quarante « ménages mixtes » arrivés à Lyon à la fin du mois d'avril 1942.

Une ordonnance du 13 juillet avait confisqué tous les biens des juifs d'Alsace au profit du Reich. Certains de leurs meubles furent attribués en 1940 aux rapatriés des zones évacuées dont le mobilier avait disparu à la suite des pillages commis par des militaires français ou des combats du mois de juin[14]. Le reste fut vendu aux enchères.

L'Alsace devait être définitivement « purifiée » , non seulement de toute population juive, mais de toute trace de la présence millénaire des juifs. Il fallait donc faire disparaître des villes et des campagnes les édifices du culte et même les cimetières. On s'attela d'abord à la destruction des synagogues. Le 12 septembre 1940, un commando de la Hitlerjugend, au moins en partie composé d'Alsaciens, mit le feu au grand temple consistorial du quai Kléber[15]. Les synagogues de Grussenheim, de Hattstatt (endommagée par un bombardement en 1940), de Biesheim, de Wissembourg furent complètement détruites. D'autres furent pillées et gravement endommagées : celle de Schirmeck servit d'écurie : les murs intérieurs et les planchers furent arrachés, les inscriptions hébraïques ou françaises martelées[16]. Quelques cimetières furent saccagés, ainsi celui de Colmar où de nombreuses tombes furent enlevées pour servir au pavage des rues ou à la construction de barrages antichars... Les destructions auraient été dans plusieurs cas l'œuvre de la population locale, ainsi à la synagogue de Bouxwiller ou au cimetière d'Ettendorf [17]. Pourtant ce vandalisme ne fut pas systématique : à Benfeld, en 1945, le temple fut retrouvé en bon état avec la plus grande partie de son mobilier. A la synagogue de Wintzenheim, les rouleaux de la Torah étaient restés sur place, les livres de prière avaient été cachés par la famille Hartmann-Finance, d'autres objets du culte furent camouflés dans une chapelle par le curé [18]. De grands cimetières comme ceux de Mulhouse ou de Rosenwiller étaient intacts.

Selon l'historien allemand Lothar Kettenacker, l'expulsion des juifs s'opérait sur la base d'un accord passé entre la commission allemande d'armistice et la délégation française à Wiesbaden [19]. Pourtant, le gouvernement du maréchal Pétain protesta dès le 18 juillet contre ces expulsions [20]. Le 3 septembre 1940, le général Huntziger adressa au général von Stülpnagel, président de la commission allemande d'armistice à Wiesbaden, une note solennelle « au sujet des mesures prises dans les départements du Bas-Rhin, du Haut-Rhin et de la Moselle ». Parmi les mesures prises par « les autorités allemandes d'occupation... qui ont pour effet de priver la France de ses droits de souveraineté sur ces territoires », la déclaration citait :

« 10. La législation raciale de l'Allemagne est introduite dans le pays ; à la faveur de cette mesure les israélites sont expulsés...

» 12. Le patrimoine [...] des juifs est frappé de confiscation [21]... »

Les Allemands ne daignèrent jamais répondre à ces protestations et Vichy ne les porta jamais sur la place publique. Jusqu'au milieu de 1941, la stratégie allemande consista à encourager l'émigration des juifs hors d'Allemagne, des territoires occupés par elle et de ceux qui étaient destinés à une implantation allemande. Les autorités allemandes ne pensaient pas encore à la zone libre comme à une région d'où les juifs devraient être exclus, mais comme un lieu où elles pourraient se défaire de tous les indésirables.

L'implantation des juifs d'Alsace n'était pas foncièrement différente de celle de leurs compatriotes chrétiens. Les plus importantes colonies se trouvaient dans le sud-ouest, là où avaient été accueillis les évacués. Les Bas-Rhinois étaient particulièrement nombreux en Dordogne, en Haute-Vienne et dans l'Indre. A Bergerac, par exemple, on recensa en juin 1941, 24 familles juives, mais on y trouvait aussi 31 filles et 20 garçons des orphelinats israélites de Strasbourg et de Haguenau. Trente-huit pensionnaires de l'hospice Adassa étaient hébergés aux Eyzies-de-Tayrac. Le Puy-de-Dôme avait attiré ceux qui avaient des attaches avec l'université. La capitale provisoire, Vichy, avait regroupé de nombreux réfugiés, mais à partir de janvier 1941, la résidence des juifs y fut soumise à autorisation, puis interdite et les familles qui s'y étaient fixées durent se replier dans les villages du Bourbonnais. Les expulsés de juillet 1940 avaient été logés à proximité de la ligne de démarcation dans le Jura ou en Saône-et-Loire. Certains s'étaient établis à Lyon, où les possibilités d'emploi étaient plus nombreuses. De façon générale, on trouvait des Alsaciens dans presque tous les départements de la zone non occupée, dans les grandes et les petites villes

FONDS JUNGMANN

MAGASIN FORMHALS À STRASBOURG EN 1943. MIS SOUS SÉQUESTRE PARCE QUE JUIF.

(300 familles juives alsaciennes à Brive-la-Gaillarde !) et souvent dans de minuscules villages, où, de mémoire d'homme, on n'avait jamais vu un juif.

Il y avait également des juifs alsaciens en zone occupée et même en zone interdite, en particulier des évacués, qui avaient réussi à se maintenir en septembre 1939 à proximité de leur domicile, des réfugiés de l'exode de mai-juin 1940 bloqués du fait de l'avance trop rapide de la Wehrmacht. Des Alsaciens furent recensés, par exemple, tout près de la nouvelle frontière à Lunéville, Baccarat ou Blâmont ou dans de petites stations thermales où il y avait des possibilités de logement en meublés, comme Bourbonne-les-Bains (Haute-Marne).

D'autres évacués de 1939 se retrouvaient maintenant dans la partie occupée du sud-ouest : ainsi, il y avait à Angoulême (Charente) en mars 1941 environ 350 familles juives originaires de Moselle et d'Alsace.

Dans quelques cas très rares, ceux qui avaient de la famille proche aux États-Unis avaient réussi, avant la grande coupure de novembre 1942, à obtenir les innombrables autorisations et visas nécessaires. Le Dr Camille Dreyfus de Mulhouse partit pour New York en juillet 1941.

DÉTAIL DE LA VITRINE.

FONDS JUNGMANN

Research Fellow à la Tuft's Medical School, puis assistant de clinique et de recherches hématologiques au Mount Sinaï Hospital, il créa, en accord avec la délégation de la France libre aux États-Unis, un centre d'études des maladies dues aux carences alimentaires auprès de l'école française des hautes études de New York. Il fit aussi, à la radio, des exposés sur l'Alsace française pour le public américain et, plus tard, des émissions en alsacien à destination de la France occupée [22]. Claude Vigée et sa mère avaient obtenu des passeports et un visa de sortie de France. Ils franchirent en train la frontière espagnole le 26 octobre 1942, seize jours avant l'occupation de cette frontière par l'armée allemande et, via Lisbonne, traversèrent l'Atlantique.

L'amiral Darlan, vice-président du Conseil, avait déclaré lors d'un conseil des ministres : « Les juifs apatrides qui depuis une quinzaine d'années se sont abattus sur notre pays ne m'intéressent pas. Mais les autres, les bons vieux juifs de France, ont droit à toute protection que nous pouvons leur donner [...]. » Au pasteur Boegner, président de la Fédération protestante de France et membre du Conseil national de Vichy, il expliqua que sa seule préoccupation était de protéger les juifs qui étaient en France depuis plusieurs générations — les « Français israélites », comme on les appelait pour les distinguer des « juifs ». Quant aux autres, « il ne demandait qu'à les voir partir ».

Les juifs alsaciens de nationalité française, dont les ancêtres, sujets du roi de France depuis le XVIIe siècle, étaient considérés comme citoyens français depuis 1792, furent pourtant soumis au statut des juifs du 3 octobre 1940 : cette loi définissait les juifs sur la base de critères « raciaux »; elle les excluait de la fonction publique (à l'exception des emplois subalternes et encore seulement pour les anciens combattants), des corps enseignants, de l'armée, des chantiers de jeunesse, de la presse, de la radio, du cinéma et du théâtre, et elle instaurait un système de quotas dans les professions libérales. L'application de ce texte posait problème, puisque aucune administration, sauf dans les trois départements, celle de l'enseignement primaire, ne possédait de liste de son personnel classé selon la confession, encore bien moins selon la race, concept jusqu'alors inconnu en droit français. Georges Ripert, secrétaire d'Etat à l'Instruction publique, demanda le 21 octobre à ses subordonnés de dresser la liste de celles et de ceux qui, « de notoriété publique ou à votre connaissance personnelle, doivent être, aux termes de l'article premier [du statut], regardés comme juifs [23] ». Les autres ministères suivirent l'exemple. Au total, pour la métropole, 3 422 fonctionnaires furent révoqués ou mis à la retraite parce qu'ils étaient juifs (753 en zone occupée, 2 669 en zone non occupée [24]). A l'université de Strasbourg, 25 enseignants étaient concernés [25]. L'article 8 du statut prévoyait des dérogations individuelles pour « services exceptionnels rendus à l'Etat français » : le ministre Jacques Chevalier en fit bénéficier trois universitaires strasbourgeois, les professeurs de médecine Paul Reiss, Max Aron et Marc Klein. Le second statut de juin 1941 prévoyait un autre système de dérogation qui prendrait en compte les services exceptionnels des familles de fonctionnaires juifs établies en France depuis au moins cinq générations. Malgré les difficultés de constitution des dossiers (il fallait passer par des relations suisses pour obtenir les documents d'état civil provenant des trois départements annexés), nombreux furent les révoqués qui demandèrent à être « relevés de la déchéance ». La pratique de l'administration de l'Education nationale fut extrêmement restrictive: les anciens supérieurs hiérarchiques (chef d'établissement, inspecteur d'académie ou doyen, recteur), le secrétariat d'Etat à l'Education nationale, le Commissariat général aux questions juives et le Conseil d'Etat qui examinaient successivement les demandes étaient bien d'accord pour que cette disposition resta pratiquement lettre morte. Aucun ancien enseignant en fonction en 1939 dans l'académie de Strasbourg n'a bénéficié des dispositions de cet article. Rétrospectivement, on ne peut que donner raison aux quelques exclus qui se refusèrent à une démarche humiliante ou à ceux qui comme Paul Lévy, ancien professeur au lycée Kléber de Strasbourg et auteur d'une importante *Histoire linguistique d'Alsace et de Lorraine*, renoncèrent à bénéficier de la mesure d'exception prise en leur faveur par le Conseil d'Etat.

La révocation, qui prenait effet à la veille des vacances de Noël, revêtait un caractère infamant. S'ils avaient plus de quinze ans d'ancienneté, les fonctionnaires bénéficiaient d'une pension de retraite proportionnelle. Sinon, on leur allouait pendant quelques mois une indemnité qui variait avec le montant de leur dernier traitement et le nombre de leurs années de service. L'attitude des chefs hiérarchiques fut souvent équivoque : quand Frédéric Hammel, assistant de physique à la faculté des sciences de Strasbourg repliée à Clermont, vint faire ses adieux au doyen Danjon, celui-ci n'a eu « ni un mot de regret, ni de remerciement. C'est tout juste s'il me serre la main pour me signifier que notre entrevue est terminée avant qu'elle ne commence». Et le doyen ne fut pas plus cordial à l'égard de son assesseur, le professeur Georges Cerf, qui enseignait les mathématiques à la faculté depuis 1922. Rares furent les manifestations de sympathie comme celle que Hammel reçut publiquement d'un professeur, qui lui demanda d'assister à son cours et le remercia publiquement de sa collaboration en exprimant son indignation devant ces « mesures injustes » imposées à la France par « un ennemi implacable » et conclut que « les juifs sont des Français comme les autres[26] ». La réaction moyenne fut sans doute celle de l'ancien principal du collège de S. (Moselle) transmettant à l'un de ses professeurs l'arrêté le radiant des cadres en l'accompagnant d'un commentaire qui se voulait « amical » : « Les bons paient pour les mauvais. »

Le second statut du 2 juin 1941 préparé par le nouveau commissaire général aux questions juives, Xavier Vallat, éliminait les juifs des professions libérales, du commerce, de l'artisanat et de l'industrie. Les décrets d'application du numerus clausus parus entre juin et décembre 1941 limitaient le nombre de juifs à 2 % dans la médecine, le barreau, la pharmacie, etc. et à 3 % le nombre des étudiants juifs dans une

COLL. VIOLLET

AFFICHE ANTISÉMITE FRANÇAISE PENDANT L'OCCUPATION.

même faculté. En vertu de cette disposition, plusieurs dizaines d'étudiants durent quitter les facultés de Strasbourg repliées à Clermont. Beaucoup abandonnèrent leurs études sans même tenter de solliciter une inscription, qui devait être autorisée par une commission de cinq professeurs désignés par le doyen et qui établissait un ordre de priorité déterminé par divers titres militaires, familiaux ou scolaires. Quelques-uns purent se maintenir sans inscription en se contentant d'une immatriculation, ce qui permettait de suivre les cours, mais non de passer les examens, sauf pour les diplômes d'université [27]. L'université de Strasbourg appliqua ces textes. Elle avait pourtant la réputation au Commissariat général d'être laxiste. Un certain Kornprobst, inspecteur de sa Section d'enquête et de contrôle, réclama ainsi le 19 décembre 1942 et le 5 janvier 1943, la révocation du vice-président du conseil de l'université, le doyen Danjon, qui avait sans doute après l'automne de 1940 pris plus clairement conscience de la monstruosité de l'exclusion. Ce dernier se refusait depuis un an à communiquer les nom et adresse de ses étudiants, en vue de vérification de leur «position raciale[28] ».

La loi du 2 juin prévoyait le recensement de tous les juifs en zone non occupée. Jusqu'au 31 juillet, tous les juifs durent faire une déclaration détaillée : énumérer leurs enfants, leurs parents, leurs grands-parents, leur appartenance religieuse, leur niveau d'instruction, leurs services militaires et leurs activités professionnelles, leurs biens, revenus et dettes, etc. Grâce à ce recensement, un fichier devait être constitué dans chaque préfecture de zone libre.

La loi du 22 juillet 1941 étendait à la zone libre « l'aryanisation » des entreprises et biens juifs, déjà opérée en zone occupée par application des ordonnances allemandes. Elle violait la promesse souvent faite par les dirigeants de Vichy de ne toucher « ni aux personnes, ni aux biens ». Cette loi ne concernait évidemment pas la grande majorité des réfugiés juifs d'Alsace, qui, s'ils étaient chez eux, commerçants, industriels ou propriétaires d'immeubles, avaient déjà tout perdu. Mais, certains d'entre eux avaient créé des filiales dans la moitié méridionale de la France soit dans les dernières années de paix, soit pendant la drôle de guerre. Le Commissariat général aux questions juives plaça les biens des juifs entre les mains d'administrateurs provisoires qui avaient le droit soit de les liquider s'ils étaient jugés inutiles pour l'économie nationale, soit de les vendre.

Le 17 novembre 1941, une nouvelle loi ajouta encore à la liste des exclusions d'autres professions et métiers. Désormais les juifs ne pourraient être engagés, sauf dans des emplois subalternes ou manuels, dans la banque, l'armement, le démarchage, la publicité, les prêts de capitaux, la négociation des fonds de commerce, les transactions immobilières, le courtage, la commission, les commerces de grains, de céréales, de chevaux, de bestiaux. Ils étaient également exclus du commerce des antiquités, de l'exploitation des forêts, des concessions de jeux, de l'information, de la presse périodique (sauf pour les publications de caractère strictement scientifique ou les publications confessionnelles juives), de l'édition, du cinéma, du théâtre ou de la radiodiffusion. Une autre loi du 17 novembre leur interdit de détenir des terres autres que celles qui étaient comprises dans l'exploitation agricole qu'ils mettaient en valeur.

La condition des juifs, même en zone libre, était désormais celle de parias, privés de leur ancien travail, ruinés, espionnés par les autorités et victimes fréquentes de dénonciations, dont certaines provenaient parfois d'Alsaciens non juifs, à qui l'exil commun subi du fait des nazis ne faisait pas oublier l'antisémitisme séculaire. La plupart d'entre eux n'avaient pour survivre que les maigres allocations allouées aux réfugiés d'Alsace, qui permettaient tout juste de subvenir aux besoins les plus élémentaires. Le 28 octobre 1942, une personne réfugiée à Gannat écrivait à l'UGIF en allemand : « Mes économies sont presque épuisées. Quelle tristesse ! Un homme qui est depuis 1920 à la tête de l'une des plus belles communautés juives du Bas-Rhin est obligé de s'adresser à vous pour obtenir un secours. » Beaucoup de personnes ne supportaient pas l'inactivité. Les premières années après l'armistice furent essentiellement consacrées à la chasse au travail, à la quête d'un reclassement professionnel. Le plus simple était d'occuper un emploi dans l'un des organismes juifs maintenus. Mais il fallait pour ce faire détenir quelque qualification utile au travail social ou éducatif. Les enseignants révoqués donnaient des leçons particulières, quelquefois rémunérées, à la campagne, par du beurre, des œufs, de la viande ou de la farine. Des avocats préparaient des dossiers pour des collègues des barreaux de zone libre, mais il n'était pas question qu'ils plaident. Mais beaucoup de juifs d'Alsace étaient avant la guerre commerçants dans les villes, bouchers, marchands de bestiaux ou de biens dans les régions rurales. Comme les emplois de salariés commerciaux dans des entreprises aryennes étaient rares en cette période de pénurie généralisée, la question d'un reclassement hors de leur domaine de compétence se posait avec acuité.

L'internement administratif devint une arme dirigée contre tous les juifs, et pas seulement les étrangers. Tout juif que le préfet considérait comme enfreignant le statut, ou qu'il désirait punir pour un autre motif, pouvait être envoyé dans un camp d'internement[29]. Les premiers juifs réfugiés d'Alsace-Lorraine internés furent probablement en zone occupée les indigents de nationalité étrangère, originaires de Metz et de Strasbourg, expulsés de Bordeaux par les Allemands, qui furent envoyés au camp français de La Lande (Indre-et-Loire) en février 1941, et de là à Drancy en septembre 1942.

Si, en zone occupée, les occupants pouvaient tout se permettre, le gouvernement de l'Etat français restait largement maître du jeu en zone libre. La proposition des Allemands d'obliger les juifs à porter l'étoile jaune pour les isoler de la population aryenne, fut perçue à Vichy comme une atteinte au sentiment de la dignité personnelle profondément ancré chez les Français. Le port de cet insigne humiliant était obligatoire au nord de la ligne de démarcation depuis le 7 juin 1942 pour les juifs de plus de six ans. Le gouvernement Laval refusa d'adopter cette mesure. Darlan avait déjà averti les Allemands le 21 janvier 1942 que l'ordre de porter l'étoile pourrait « choquer profondément l'opinion française » et « risquait de provoquer un mouvement en faveur des israélites, considérés comme des martyrs ».

Dans les pays qu'ils occupaient, les Allemands complétèrent la ségrégation par diverses vexations : l'exclusion des enfants juifs de l'enseignement primaire et secondaire, la confiscation des postes de radio et des bicyclettes, la concentration dans des quartiers spéciaux, le couvre-feu, la fixation d'horaires pour les achats, l'interdiction de fréquenter la plupart des lieux publics, d'utiliser les téléphones publics, de porter des décorations, de se faire soigner dans les hôpitaux publics, de contracter des mariages mixtes. Ce genre de mesures ne fut jamais appliqué en zone sud. Les juifs ne furent ainsi jamais coupés de la société, ni par des ghettos ni par des cloisons étanches résultant des lois.

« Les juifs d'Alsace se sont progressivement ankylosés dans leur propre culture, et se sont repliés complaisamment sur eux-mêmes. Mais la Seconde Guerre mondiale a fait d'eux des parias, voués à l'errance du Juif éternel qu'ils avaient essayé d'oublier. [...] Le juif d'Alsace fut précipité dans une histoire qui le dépassait et qui lui fit prendre conscience, brutalement, de la communauté de destin qui le liait aux juifs "étrangers" jetés avec lui sur les routes de l'exil[30]. » Camille Dreyfus, notable mulhousien comblé d'honneurs, découvrait sa condition de banni et de réprouvé : « Je ne puis plus prononcer le mot nous sans regarder avec angoisse autour de moi si personne ne me le conteste, si personne ne me fait d'objection. Et chaque fois que je dis mon nom, j'ai la terrifiante impression de présenter un casier judiciaire chargé... Il y tant de souvenirs : il y a des tombes dans la terre d'Alsace. Le ciel devient infini et sans tendresse dans sa grandeur. Le matin au réveil et le soir quand timidement la nuit s'infiltre entre les maisons et les arbres je sens le goût métallique du mépris qui m'entoure[31]. »

A la lecture du premier statut, tous ceux qui étaient en âge de comprendre éprouvèrent le sentiment que le ciel leur tombait sur la tête. Des Allemands, tout paraissait possible. Mais la France, héritière de la Révolution de 1789, ne pouvait pas soudainement supprimer des droits acquis par des citoyens qui, dans leur immense majorité, n'avaient jamais cessé, même de 1871 à 1918, de lui garder une fidélité sans failles. Puérilement, on se cachait la signature du maréchal Pétain au bas de la loi funeste et l'on s'imaginait que le libérateur de 1918 n'était pas au courant ou qu'il avait été forcé par l'occupant de produire ce texte épouvantable. Quelques témoignages de sympathie d'amis réfugiés, ici ou là, atténuèrent la douleur. Ils furent très rares. En 1940, la grande majorité des Français pensaient avant tout à leurs prisonniers et à leur ravitaillement. Il fallait s'habituer désormais à n'être plus qu'un étranger dans son propre pays.

Deux témoignages d'intellectuels expriment cette soudaine prise de conscience de l'exclusion sociale et nationale.

L'un de Camille Dreyfus :

> J'aurais voulu continuer à analyser les souffrances des temps présents, à chercher honnêtement les remèdes les plus efficaces pour notre bonne France...
> Une invincible inhibition me retient. De quel droit, moi, soumis à un statut qui me range parmi les étrangers, de quel droit m'occupais-je d'un pays dans lequel je ne suis plus qu'en « résidence » ?
> Une grande peine, une décourageante conscience me rappelle à l'ordre. Tel un amoureux éconduit, je me traîne dans les rues, je longe les murs.
> Que suis-je encore ? Me permettra-t-on de continuer à aimer cette terre de France, cette vie spirituelle française que je considère insolemment me dit-on comme la mienne ?
> Je suis arraché, déraciné par la loi. Je suis jugé indigne de vivre honorablement[32]... »

L'autre de Claude Vigée:

> Le 19 octobre 1940... je m'arrêtai, cloué de stupeur et d'émotion, sur le pavé de la place Dupuy, à Toulouse... contre la paroi du kiosque aux journaux s'étalait en gros caractères, à la première page du *Paris-Soir* fraîchement paru, la manchette suivante : « Le Statut des Israélites »... J'achetai le numéro et je l'ouvris d'une main tremblante... Je demeurai debout quelques minutes sur la place ensoleillée, en proie à une sorte d'étourdissement, le souffle coupé de rage et d'indignation impuissantes. Il me semblait que j'avais été frappé d'un coup en plein cœur. Jamais je n'ai oublié, jamais je n'oublierai cet instant-là. Il a achevé de diviser ma vie en deux temps irréconciliables : celui de la confiance, celui du doute et de l'abandon. Les versants de mon existence déchirée ne se rejoindraient plus ici-bas. Soudain je connus de science immédiate et totale que rien, désormais, ne serait comme avant dans mes rapports avec le monde où j'étais né. Le ressort de la foi élémentaire, la croyance en l'équité et en l'humanité de la société qui m'avait formé était brisés. Il ne s'agissait pas là d'un décret de l'ennemi, mais d'un acte public des gens au pouvoir dans mon pays natal. La France de l'armistice mettait officiellement en œuvre une législation inique qu'elle couvrait de son nom. Nous, juifs français, étions formellement déclarés hors-la-loi par le gouvernement légal de l'Etat français..., séparés du reste de la population, réduits à l'état de sous-hommes..., juifs d'Alsace ou d'ailleurs, qu'importe ? Des parias sans droits et sans défense au sein de leur propre pays... Telle était la sentence d'exclusion et d'abandon à l'ennemi que cette manchette de journal flottant en plein vent me lançait au visage à la veille de mes vingt ans[33]... »

Ce que les deux statuts, celui édicté par les Allemands en zone occupée et celui signé par le Maréchal, présageaient, bien peu de juifs français pouvaient l'imaginer. L'un des plus lucides fut un médecin strasbourgeois, le Dr Joseph Weill, très engagé depuis 1933 dans l'aide aux réfugiés d'Allemagne.

> ... Au cours de la réunion constitutive de la Commission centrale [des organisations juives d'assistance] à Marseille le 30 octobre 1940, Joseph Weill affirma qu'il fallait se préparer à une situation où les juifs ne pourraient plus se déplacer, ni se réunir... il en imposait par son assurance majestueuse et l'étendue surprenante de sa culture. Mais cette fois, son avertissement déclencha les protestations des uns et l'hilarité des autres. Au cours de l'année 1941,

RESTAURANT
JUIF
Entrée
interdite
AUX NON-JUIFS
JÜDISCHES
RESTAURANT
Zutritt
FÜR
NICHT-JUDEN
verboten

il révéla à des dirigeants d'œuvres juives les tueries perpétrées en Pologne par les Einsatzkommandos. Cette information provenait d'un ex-commissaire divisionnaire de Strasbourg, Pflugfelder, émigré en Suisse et passé au service de l'espionnage britannique, pour le compte duquel il effectuait des missions en Pologne. Mais Weill ne réussit pas à entamer le scepticisme de ses interlocuteurs[34].

Quand, en juin-juillet 1941, le recensement des juifs fut ordonné en zone libre, rares furent ceux qui songèrent, comme un jeune pharmacien strasbourgeois, à profiter du désordre administratif du moment pour se faire démobiliser sous une fausse identité, et réussirent ainsi jusqu'en 1944 à avoir une activité professionnelle pratiquement normale. A de rares exceptions près, les juifs réagirent de la même manière que ceux de zone occupée en octobre 1940 : ils refusèrent d'entrer dans l'illégalité, par impossibilité pratique (cas des fonctionnaires que leur administration avait déjà radiés en vertu du statut d'octobre, cas des personnalités connues, cas de ceux qui s'appelaient Lévy, Kahn ou Blum), par refus de renier leur origine et par habitude d'obéir aux lois. Les juifs français continuaient à se considérer comme des Français — des Français brimés par les nazis qui imposaient leurs volontés à Vichy. Pas question pour eux d'être des mauvais citoyens. Le passage soudain dans l'illégalité paraissait inconcevable à une communauté peu douée pour le non-conformisme. D'ailleurs, le grand rabbin de France, Isaïe Schwartz, estimait que « l'honneur des juifs commande de [se] conformer aux dispositions de la loi. Ne pas se déclarer... est à considérer comme une tentative de dissimuler sa religion et son origine, de désavouer tacitement ses ancêtres et ses frères. Plus que jamais nous avons à nous réclamer du nom d'Israël ».

Le juif de la zone libre se heurtait à des obstacles particuliers. Dans la plupart des cas, il vivait dans un cadre qui ne lui était pas familier. Il connaissait peu de personnes du village ou de la ville où il avait élu domicile. Souvent, il logeait dans une pension ou un hôtel, lieux aisément contrôlables. L'isolement était encore renforcé pour le juif étranger, que son accent distinguait, qui saisissait mal les subtilités des procédures administratives et ne savait pas remplir sans aide les formulaires.

Pendant quelques mois, bien des juifs alsaciens « de vieille souche » s'imaginèrent qu'on les épargnerait, qu'ils passeraient à travers les gouttes. Ils se donnèrent bien de la peine pour démontrer que, conformément à l'article 8 du second statut, ils avaient rendu à l'Etat français des services exceptionnels ou que leurs familles établies en France depuis au moins cinq générations avaient rendu à l'Etat français des services exceptionnels[35]. La preuve des cinq générations de présence en France nécessitait paradoxalement l'obtention des actes d'état civil des Standesämter d'Alsace annexée. Comme les communications postales étaient interdites, il fallait trouver un correspondant suisse qui accomplisse la démarche. En pure perte d'ailleurs puisqu'une fois le dossier constitué, il était toujours rejeté par le Commissariat aux questions juives, seul compétent pour accorder des dérogations.

Ces illusions étaient dans le droit fil du regard distant et méprisant jeté de longue

RESTAURANT RÉSERVÉ AUX JUIFS.

LAPI - VIOLLET

date par les Alsaciens juifs sur leurs coreligionnaires émigrés d'Europe orientale et centrale, Polaks et Aschkeness [36]. Julien Samuel reconnaissait à ce sujet : « Notre racine commune dans le terreau des vieilles communautés alsaciennes m'a fait revivre aussi la xénophobie orgueilleuse que nous manifestions à l'égard des juifs étranger. » Dans l'Œuvre de secours aux enfants, il avait fait parmi ses collaborateurs d'origine étrangère « l'étonnante découverte d'hommes d'une qualité et d'une trempe insoupçonnées et exceptionnelles [37] ».

Tous ne restèrent pas dans cet état de stupeur tétanique. Parmi les membres des premiers mouvements de résistance et souvent parmi les équipes dirigeantes de ces mouvements, la proportion de juifs fut particulièrement forte [38]. D'une part, ils avaient toutes sortes d'excellentes raisons de ne pas accepter la politique de collaboration et de ne pas adhérer à la doctrine de la Révolution nationale ; d'autre part, beaucoup d'entre eux étaient particulièrement disponibles du fait même des exclusions professionnelles auxquelles ils étaient soumis. Il n'existe pas de statistiques et de listes des membres des mouvements et des réseaux clandestins d'origine juive et alsacienne. Mais on connaît de nombreux exemples de résistants qui correspondaient à ces caractéristiques. L'un des plus marquants fut Jean-Pierre Lévy de Strasbourg. Mobilisé en 1939-1940 comme lieutenant d'artillerie, il avait été cité à l'ordre de l'armée. Après l'armistice de 1940, il se fixa à Lyon où son entreprise avait monté un atelier et d'où sa profession lui laissait la possibilité de circuler dans toute la France non occupée. Sans activité politique avant-guerre, il entra en contact avec des Britanniques dès septembre 1940 et adhéra en janvier 1941 au groupe de résistance républicain France-Liberté, qu'il fit essaimer dans toute la zone sud. A partir de décembre 1941, l'équipe qu'il animait publia un journal clandestin *Le Franc-Tireur*, dont trente-sept numéros parurent jusqu'à la Libération. Le mouvement de résistance, dont il était devenu le chef national, prit aussi le nom de Franc-Tireur. Depuis novembre 1941, il était en contact avec les envoyés du général de Gaulle, Yvon Morandat, puis Jean Moulin. Arrêté par la police française en octobre 1942, Lévy fut innocenté notamment grâce à la présence d'esprit de sa secrétaire, la jeune Micheline Eude, fille de Pierre Eude, secrétaire général de la chambre de commerce de Strasbourg, replié à Lyon. La police de Vichy l'identifia peu après comme une personnalité importante de la Résistance et lança le 31 décembre un mandat d'arrêt contre lui. Désigné pour siéger au Conseil national de la Résistance, il ne participa pas à ses premières réunions car il était parti en avion d'un terrain clandestin de Mâcon pour Londres. Il revint en juillet et atterrit dans l'Ain. En octobre 1943, il fut arrêté à Paris par la police française pour trafic de faux papiers et fut emprisonné à la Santé. Après l'échec d'un coup de main d'un groupe franc du Mouvement de libération nationale pour le faire évader du Palais de justice en janvier, un autre groupe le libéra le 12 juin 1944. Il reprit alors son siège au CNR jusqu'à la Libération.

Pour d'autres jeunes juifs, le choc de l'exil et de l'exclusion allait amener un retour à la pratique religieuse accompagné souvent d'une orientation vers le sionisme et vers une résistance juive, un peu à l'écart des mouvements et des réseaux gaullistes ou communistes. Le jeune Claude Vigée, étudiant à la faculté de médecine de Toulouse au titre du numerus clausus [39], entra en contact dans cette ville avec des anciens militants de la Jeunesse mizrahiste (sionistes religieux) et des proches de l'organisation sioniste de droite Irgoun, ainsi qu'avec des intellectuels venus de Paris comme l'écrivain de langue russe David Knout ou comme Arnold Mandel, dont l'enfance s'était passée à Strasbourg. Avec eux, il adhéra en mai 1941 à une sorte de société secrète, la Main forte, et il fut l'un des fondateurs d'un cercle d'études (cours d'hébreu moderne, conférences et débats sur l'histoire du judaïsme) et, en 1941-1942, du Bné David, Mouvement national d'action juive. Avant de faire de la résistance armée, ce groupe se consacra essentiellement à l'aide aux internés dans des camps de la région, notamment au « camp hôpital » de Récébédou, tout près de Toulouse, où près de 2000 juifs badois, polonais, autrichiens, mouraient lentement de faim, de dénuement et de désespoir.

Dès l'été 1940, un réseau dense d'institutions et d'œuvres s'était reconstitué en zone libre. La détresse dans laquelle se trouvaient les réfugiés, les expulsés, les internés, le fait que les lois discriminatoires allaient pratiquement empêcher toute réinsertion dans la société et l'économie françaises, la chasse à l'homme, à la femme, à l'enfant qui se déchaînèrent d'abord contre les étrangers, puis contre toute la population juive, allaient conférer à ces organismes un rôle incommensurablement plus important que celui qu'ils jouaient avant la guerre.

Le judaïsme, en tant que confession religieuse, était l'un des quatre cultes reconnus et financés par l'Etat en Alsace et en Moselle. Les grands rabbins et les consistoires du Bas-Rhin, du Haut-Rhin et de la Moselle échappaient donc à l'autorité du grand rabbin de France et du consistoire central des israélites de France. A partir de septembre 1939, les instances concordataires et les instances cultuelles nées de la séparation des Eglises et de l'Etat allaient être, bon gré mal gré, contraintes de collaborer, puisque les évacués, les expulsés et les réfugiés résidaient désormais dans des terres où les cultes étaient séparés de l'Etat, même si la direction des cultes d'Alsace et de Lorraine à Périgueux continua jusqu'à son retour à Strasbourg en 1945 à veiller au maintien de certaines dispositions du statut local, dont le versement des traitements et des pensions des rabbins et de certains ministres officiants régis par la loi locale du 20 mai 1911, au bénéfice des exilés. Le consistoire du Bas-Rhin avait établi en 1940 son siège à Vichy, celui du Haut-Rhin à Clermont-Ferrand. Le grand rabbin de Strasbourg, René Hirschler, résida un certain temps à Périgueux. Le 5 mai 1942, le rabbin Deutsch de Bischheim ouvrait à Limoges, sous le nom d'Ecole libre des études juives un petit séminaire destiné aux adolescents qui envisageaient d'entrer par la suite à l'école rabbinique, mais il devait aussi être l'embryon d'une école secondaire privée juive, institution inconnue à Strasbourg avant 1939[40]. Il comptait à ce moment vingt et un élèves. Malgré les rafles, l'institution fonctionna jusqu'en avril 1944. Les matières profanes y étaient enseignées par des universitaires victimes du statut, comme Jacques Schwartz, ancien professeur au lycée Fustel-de-Coulanges à Strasbourg, ou Robert Samuel, qui venait du lycée Bartholdi de Colmar [41].

A Marseille fut créée le 30 octobre 1940 la Commission centrale des œuvres juives d'assistance, qui regroupait les associations charitables repliées en zone non occupée. René Hirschler, grand rabbin du Bas-Rhin, aumônier général israélite des camps d'internement depuis mars 1942, en était la cheville ouvrière avec le titre de secrétaire général [42].

A Périgueux étaient installées les Œuvres d'aide sociale israélite auprès des populations repliées d'Alsace-Lorraine fondées en 1939 par fusion de la Caisse centrale de l'est et de la Caisse de bienfaisance de Strasbourg. Durant le premier semestre de 1941, cet organisme, qui était subventionné par le Secours national, distribua 596924 F de secours à 700 familles et des secours en nature à 2 000 familles. En décembre 1940, le rabbin Elie Cyper avait été chargé de la nouvelle circonscription rabbinique de la Dordogne qui groupait environ 1 500 familles presque toutes alsaciennes dans 19 localités. A Périgueux même, on pouvait tenir des offices journaliers. Les enfants pouvaient suivre des cours d'instruction religieuse ; les nouveau-nés pouvaient être circoncis. L'abattage rituel était assuré, mais dans beaucoup de petites localités du département, comme Le Bugue où avaient été recensées dix familles, une enquête du consistoire central constatait : « Pas de vie religieuse. »

Les dirigeants du consistoire central obtinrent le maintien de leur organisme à finalité essentiellement religieuse et de l'ensemble des associations cultuelles, mais le commissaire général aux questions juives créa par la loi du 29 novembre 1941, sous forme d'établissement public doté de la personnalité civile, l'Union générale des israélites de France, qui devait avoir le monopole de la gestion de l'ensemble des œuvres sociales, éducatives et culturelles [43]. Le décret du 8 janvier 1942 nomma les membres des deux conseils d'administration de l'UGIF (zone occupée, zone libre). La direction pour la zone libre fut installée à Marseille et des délégations régionales ou des bureaux locaux furent créés dans les villes principales. Le judaïsme alsacien n'y était représenté que par Mlle Laure Weill. Mais, un avocat mulhousien, Raymond Geissmann, allait jouer un rôle important dans l'administration de l'UGIF et il devint en décembre 1943 directeur général de l'UGIF en zone sud [44]. Le financement en était assuré par les cotisations obligatoires des juifs recensés (360 francs) et par le Joint, organisation juive américaine qui avait réussi à conserver une délégation en France et qui, faute de recevoir de l'argent d'Amérique, en empruntait sur place.

Dès sa création, l'existence de l'UGIF posa des problèmes de conscience très sérieux à tous ceux qui souhaitaient se consacrer au service de leurs coreligionnaires persécutés. En acceptant d'entrer dans un organisme aussi dépendant du Commissariat aux questions juives et, en zone occupée, de la Gestapo, n'entrait-on pas dans la

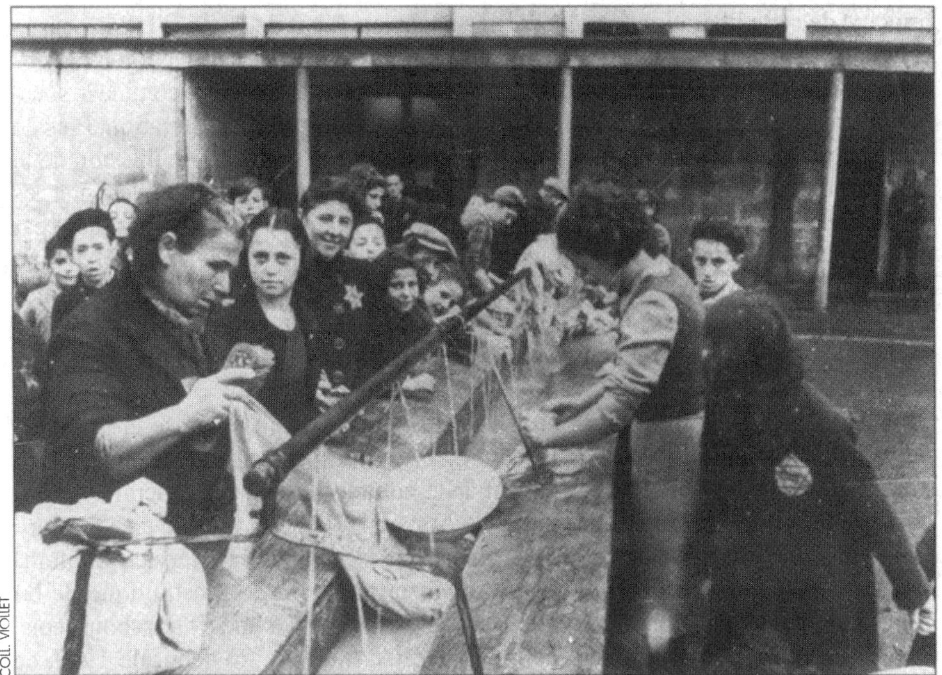

COLL. VIOLLET

JUIFS AU CAMP DE DRANCY EN 1942.

voie de la collaboration, donc de la trahison ? Les listes de cotisants et d'assistés ne pouvaient-elles pas tomber entre les mains de la police française et de la Gestapo ?

Au départ, en zone sud du moins, l'Union se présentait comme une confédération des anciennes organisations, transformées en directions, dont les anciens cadres étaient maintenus. Deux de ces ex-associations, dont une bonne partie des animateurs venaient d'Alsace, continuèrent à jouer un rôle social essentiel, l'OSE et les EIF.

L'OSE, Œuvre de secours aux enfants, ne s'était occupée en France jusqu'en 1939 que des enfants des réfugiés allemands et autrichiens. En 1940, l'association s'installa à Montpellier. Parmi ses dirigeants, deux Strasbourgeois, le docteur Joseph Weill et Andrée Salomon. A partir de novembre 1941, elle se transforma officiellement en troisième direction de l'UGIF, ce qui lui permit de poursuivre légalement son activité au service des familles dispersées, des enfants placés temporairement ou de façon permanente dans des centres de séjour, et surtout des malheureux gamins et gamines emprisonnés dans des conditions ignobles dans les camps d'internement [45]. Tout en faisant l'impossible pour amoindrir la misère des internés, Andrée Salomon, chef des équipes résidentes dans les camps, et les assistantes sociales de l'OSE entreprirent de faire sortir de cet enfer les enfants de moins de quinze ans. Le principe de cette libération fut accepté par Vichy au début de 1942. Il fallut pour le concrétiser les placer dans des maisons et obtenir des certificats d'hébergement des départements d'accueil. Ce furent souvent des fonctionnaires alsaciens comme le sous-préfet Ernst, secrétaire général de l'Hérault [46], qui débloquèrent la situation. Plus de mille enfants (et certains adolescents plus âgés grâce à un chargé de mission de la préfecture des Pyrénées-Orientales) échappèrent ainsi à la déportation des internés juifs étrangers en août 1942. D'autres furent arrachés alors à la dernière minute par l'OSE relayée par des œuvres non juives comme le Secours suisse, la CIMADE ou l'YMCA, aux trains partant pour Drancy. Mme Salomon réussit à résister à la mise en demeure des autorités françaises de ramener dans les camps les enfants déjà libérés sous prétexte de « regroupement familial » avec les parents en instance de déportation.

Robert Job, ancien professeur au collège de Thann, avait organisé une colonie de vacances pendant l'été 1942. Joseph Weill, lui proposa ensuite de diriger une maison d'enfants près de Limoges avant de le nommer inspecteur général des maisons d'enfants de l'OSE en zone sud [47]. A Marseille, l'OSE avait ouvert un centre le 1er juin 1941, avec l'aide des fonds américains de l'Unitarian Service Committee. Pour protéger le centre contre les lois discriminatoires, un catholique, le Dr René Zimmer, avait été nommé directeur. Il était assisté par un juif strasbourgeois, évadé d'un camp de prisonniers de guerre, Julien Samuel. Au début de 1943, ce dernier fut muté à Limoges, comme directeur régional de l'UGIF et directeur d'un centre de l'OSE. Sous ces couvertures officielles, il assura le sauvetage de nombreux enfants [48].

Les Eclaireurs israélites de France, mouvement scout juif, n'existaient que dans deux villes de la moitié méridionale du pays avant l'arrivée des réfugiés alsaciens-lorrains ou parisiens. Dès juin 1940, l'équipe nationale s'était reconstituée à Moissac (Tarn-et-Garonne) et elle bénéficia rapidement de l'aide très importante distribuée par le régime de Vichy à tous les mouvements de jeunesse et sans discrimination notable. En avril 1941, des unités étaient implantées dans plus de vingt et une villes de zone libre. Bien que les EIF [49] aient été officiellement dissous à la fin de novembre 1941, la mesure ne reçut application qu'à l'été 1942 par la transformation officielle du mouvement en quatrième direction de l'UGIF. En mai 1942 encore, ils avaient défilé avec les autres mouvements du scoutisme français lors de la fête de Jeanne d'Arc. Et ils existaient encore de fait en janvier 1943 lorsque finalement Darquier de Pellepoix donna l'ordre de dissoudre définitivement la division « scoutisme » de l'UGIF. Malgré les démarches du général Lafont, chef du scoutisme français, il était désormais interdit aux EI de pratiquer le scoutisme, de porter l'insigne et l'uniforme, d'organiser des réunions et des sorties. Rien ne leur interdisait pourtant de continuer cette activité dans le cadre du scoutisme laïc ou protestant.

Outre ces activités communes à tous les mouvements de jeunesse, les EI se préoccupèrent activement de formation professionnelle et agricole, en particulier depuis novembre 1940 à l'Equipe des défricheurs de Lautrec (Tarn) qui se transforma en 1942 en Ecole d'agriculture pour des jeunes de quinze à dix-huit ans. Parallèlement à cette expérience de formation, les Eclaireurs mirent sur pied des groupes ruraux qui, dans l'esprit des Kibboutzim palestiniens, louaient et exploitaient avec plus ou moins de succès des fermes. Le physicien Frédéric Hammel, dirigeant des EIF sous le totem de Chameau à Strasbourg, trouva en février 1941 une ferme de onze hectares à Taluyers à l'est de Lyon. Pendant trois ans, cette exploitation réunit des adolescents et des adolescentes qui y produisirent l'essentiel de leur nourriture, tout en s'y préparant à l'*aliya* (la montée) vers la « Terre promise ». Leur chef attachait aussi beaucoup d'importance à l'étude et à la pratique d'un judaïsme orthodoxe.

Les Eclaireurs possédaient aussi des maisons d'enfants, notamment à Moissac. En septembre 1943, le mouvement décida de se dissoudre. Ses maisons d'enfants et ses fermes avaient fermé l'une après l'autre. Tandis que certains des chefs et des jeunes passaient en Afrique du nord ou au maquis, d'autres consacraient tout leur temps désormais au sauvetage et au camouflage des enfants et adolescents (et à partir de l'automne de 1943 des adultes) rescapés des rafles, sous les auspices du Service social des jeunes, devenu clandestin sous le sobriquet de la Sixième.

Les principaux responsables du sort des juifs en France changèrent tous d'affectation pendant le printemps et l'été 1942. Pierre Laval fut nommé chef du gouvernement le 18 avril. Xavier Vallat fut remplacé le 6 mai 1942 par Louis Darquier dit de Pellepoix, ancien employé d'agence de publicité à Strasbourg au début des années vingt, qui recevait depuis 1937 des subsides d'organismes allemands pour lutter contre la « youpinisation définitive de la France ». Au même moment, les opérations de police allemandes en France furent placées à partir du 1er juin sous le contrôle d'un nouveau dirigeant qui n'était responsable que devant Himmler : le commandant supérieur des SS et de la police en France Carl Oberg. Au début de mai 1942, le préfet René Bousquet fut nommé secrétaire général du ministère de l'Intérieur pour la police.

Adolf Eichmann, chef du Judenamt au RSHA, arriva à Paris le 30 juin. Il était porteur d'une instruction de Himmler : tous les juifs de France devaient être déportés, sans distinction, et sans égard pour leur éventuelle citoyenneté française. Mises en place, les installations permanentes d'exécutions massives par le gaz, à Chelmno, Auschwitz, Belzec, Sobibor, Maïdanek et Treblinka, avaient besoin de victimes à tuer. A la conférence de Wannsee, le 20 janvier 1942, le nombre des juifs résidant en France avait été évalué à 165 000 pour la zone occupée et à 700 000, chiffre absurde, pour la zone non occupée. Un premier convoi de juifs avait déjà quitté la France, sous prétexte de représailles pour les attentats contre les soldats allemands : 1 112 hommes, Français et étrangers arrêtés à Paris en 1941, avaient quitté Drancy pour Auschwitz le 27 mars 1942.

Les Allemands n'eurent pas à mener des négociations difficiles pour amener Laval à accepter la déportation des juifs étrangers. Ce dernier souhaitait se débarrasser également des juifs étrangers internés en zone libre, comme l'avait demandé Bousquet à Heydrich au début de mai 1942. Le 26 juin, au cours d'un conseil de cabinet à Vichy, Laval annonça qu'il était soumis aux pressions des Allemands pour « renforcer les mesures de contrainte à l'égard des juifs ». Il assura ses collègues qu'il ne ferait rien sans en référer au Maréchal et il répéta que la politique de Vichy avait toujours consisté à favoriser les juifs français par rapport aux immigrés.

Laval rencontra le 27 juin à Paris Rudolf Rahn, de l'ambassade d'Allemagne, qui lui apprit ce que les Allemands se proposaient de faire de tous les juifs de France. Le 3 juillet, au Conseil des ministres, il ne parla pas du plan de déportations massives, mais proposa à nouveau un recensement qui permettrait de distinguer les Français des étrangers. Pétain approuva car il estimait que cette distinction était juste et serait comprise par l'opinion. Le 4 juillet, Bousquet informa la Gestapo de l'accord de Pétain et de Laval pour la déportation « de tous les juifs apatrides des zones occupée et non occupée ». Laval continuait à espérer ne pas avoir à livrer les juifs de nationalité française. Les Allemands répétèrent pourtant en août à Leguay, délégué général de la police en zone occupée, « qu'il s'agissait d'une action permanente dont la phase finale comprenait également les juifs de nationalité française ». Dans cette perspective, l'avenir du judaïsme alsacien était sombre.

Il est difficile de dire si, parmi les 12 884 personnes arrêtées, victimes de l'opé-

ET PENDANT CE TEMPS-LÀ, LA VIE CONTINUE...
FÊTE DE LA CHOUCROUTE À VICHY EN 1943.

AMS

ration *Vent printanier*, c'est-à-dire de la grande rafle du Vél' d'hiv' qui eut lieu Paris les 16 et 17 juillet 1942, il y eut à Paris des juifs apatrides et étrangers venus d'Alsace. Mais on sait que l'opération continua en août en zone libre : une circulaire du 5 août donna aux préfets régionaux l'ordre de s'apprêter à envoyer en zone occupée les juifs étrangers entrés en France depuis 1936, à l'exception des mineurs de moins de dix-huit ans non accompagnés, des anciens combattants et des femmes enceintes. Parmi eux se trouvaient forcément des personnes et des familles ayant résidé jusqu'en 1939 ou 1940 dans le Bas-Rhin ou le Haut-Rhin. La police, la gendarmerie, la garde mobile, les pompiers et l'armée entrèrent en action dans chaque département de la zone non occupée le 26 août à l'aube. On s'empara d'abord des internés des camps, des requis des bataillons de travailleurs et de ceux qui étaient en résidence surveillée. Les jours suivants, la police rechercha les enfants cachés dans des couvents ou des pensionnats religieux, ou les fugitifs qui s'étaient enfuis dans les forêts. Quelques-uns réussirent par miracle à échapper aux rafles. Claude Vigée raconte comment la famille d'un limonadier de Bischwiller d'origine galicienne et dénaturalisée par Vichy échappa par chance à l'arrestation dans son logis clandestin de Marseille[50]. Loin d'essayer de sauver les enfants, souvent français du fait du *jus soli*, des juifs étrangers qu'elles livraient aux Allemands, les autorités françaises proposèrent leur déportation et accumulèrent les obstacles pour empêcher le départ vers les Etats-Unis des 5 000 enfants que le département d'Etat proposa d'accueillir en octobre 1942. Tous les rapports des préfets de zone sud mentionnèrent ces événements. La grande majorité d'entre eux traduisirent le bouleversement et l'indignation, la pitié devant les victimes et le sentiment d'une humiliation nationale, dans une population qui, quelques jours auparavant, se plaignait du trop grand nombre de juifs.

Le 11 novembre 1942, l'armée allemande fit son entrée dans l'ex-zone libre. L'autorité du général Oberg s'étendait désormais dans toute la zone sud, exceptée jusqu'en septembre 1943, la zone italienne. Des détachements de la Gestapo étaient stationnés à Lyon, Marseille, Montpellier, Toulouse et Vichy. Le 10 décembre 1942, Hitler avait ordonné l'arrestation et la déportation de tous les juifs et autres ennemis du Reich en France. Le sentiment de sécurité relative qui jusqu'alors était commun à toute la diaspora alsacienne s'effondrait : pour les juifs d'Alsace, la menace de la déportation devenait désormais quotidienne.

Une mesure l'annonçait : le décret du 11 décembre 1942 ordonna l'apposition sur la carte d'identité et la carte d'alimentation de chaque juif de zone sud de la mention « Juif ». Cent quarante mille cartes d'alimentation avaient été tamponnées en février 1943.

Pour quadriller les nouveaux territoires occupés, Oberg manquait pourtant d'effectifs. A Saint-Etienne, ville de 200 000 habitants, la Gestapo ne disposait que de quatre hommes avec un officier. Le rôle de la police française en était d'autant plus important. Pourtant, le 17 novembre 1942, le Maréchal avait adressé une contre-lettre secrète à Laval, dans laquelle il posait trois restrictions aux pleins pouvoirs que lui conférait un nouvel acte constitutionnel, dont celle qui obligeait le chef du gouvernement à veiller à la sécurité personnelle et matérielle des Alsaciens-Lorrains et des détenus politiques [51]. Rien ne permet d'affirmer que cette exigence n'incluait pas la protection des « israélites français » réfugiés des trois départements. Selon un rapport adressé par Knochen à Müller le 12 février 1943, Pétain continuait à s'opposer à ce qu'on se serve de la police française pour arrêter les juifs français, et il était impossible de rien faire sans elle. Depuis l'automne 1942, l'attitude de Pierre Laval luimême avait changé : il refusait désormais de faire collaborer les Français à des opérations collectives tout en s'abritant derrière la volonté du Maréchal, impressionné par les protestations de l'Eglise catholique [52].

Les Allemands se rendaient compte depuis longtemps que le principal obstacle à la « solution finale » de la question juive en France restait la volonté de Vichy de protéger dans une certaine mesure les juifs de nationalité française. Depuis 1941, à plusieurs reprises, ils avaient essayé de convaincre leurs interlocuteurs français d'adopter une loi inspirée par la deuxième ordonnance sur la citoyenneté allemande selon laquelle « tous les Juifs résidant à l'extérieur des frontières françaises ou émigrant ultérieurement [c'est-à-dire les déportés] perdront la nationalité française et leurs droits de citoyens français ». A défaut, ils souhaitaient au moins la dénaturalisation de tous les juifs naturalisés depuis la loi du 10 août 1927 [53]. Darquier rédigea un projet de loi en ce sens, qui aurait permis l'organisation immédiate par les Français d'une immense rafle de tous ces nouveaux apatrides et leur déportation. Bousquet obtint que la dénaturalisation ne touche que les juifs devenus français après 1932. Le projet fut signé par Laval, mais celui-ci retira sa signature au début du mois d'août 1943. Il dit à Knochen le 7 août qu'il avait appris le projet de déportation immédiate des dénaturalisés, et qu'il se refusait à servir ainsi de « rabatteur ». Le Maréchal déclara le 24 août qu'il ne pouvait signer une telle loi car ces mesures de caractère collectif « heurteraient profondément les Français [54] ». Dans cette unique circonstance, Laval a bloqué efficacement les rouages de la machine à déporter et sauvé des milliers de vie [55].

Mais si Vichy refusait désormais de participer de façon massive à la déportation, la persécution à la française continuait et toutes sortes de mesures prises sous couvert de lutte contre la délinquance ou de maintien de l'ordre allaient dans le sens souhaité par les nazis. Dès le mois de décembre 1942, les Allemands avaient proposé trois étapes à Bousquet : évacuation de tous les juifs des départements côtiers et frontaliers, internement des juifs étrangers à l'exception des ressortissants des pays neutres en attendant la déportation vers l'est; regroupement des juifs français et étrangers exemptés dans trois ou quatre départements de l'intérieur, où ils seraient assignés à résidence dans une commune précise.

La police française continuait à arrêter les juifs étrangers et aussi les juifs français de plus en plus nombreux à se trouver en situation irrégulière. Elle considérait en effet qu'il s'agissait d'affaires de droit commun, sans rapport avec la déportation. Les policiers et les gendarmes ne participèrent plus aux rafles, mais ils surveillèrent jusqu'en juillet 1944 l'embarquement des déportés et escortaient les trains jusqu'à Novéant en Lorraine annexée, ils pourchassaient les évadés des convois et gardaient les camps. Et l'administration française continuait à inventer de nouvelles mesures vexatoires sous un prétexte quelconque.

Déjà avant l'arrivée des Allemands, la liberté de résidence était de plus en plus restreinte pour les juifs de zone sud. Ainsi, le 3 juin 1942, ceux de Clermont-Ferrand avaient été avertis qu'ils n'avaient plus le droit de résider dans la ville. Des exceptions n'étaient consenties que pour ceux qui y étaient domiciliés avant 1938 et pour les étudiants. Or la majorité de la population juive était constituée de réfugiés alsaciens et mosellans. Une démarche du général Frère, ancien gouverneur militaire de Strasbourg, vraisemblablement saisi par le Groupement des réfugiés d'Alsace et de Lorraine dont le siège était précisément à Clermont, permit aux originaires des trois départements d'être exemptés de cette mesure d'expulsion.

Un décret du 21 janvier 1943 interdit aux juifs de résider dans les départements situés le long des frontières espagnole et italienne, ainsi que dans l'Allier et le Puy-de-Dôme. A nouveau, une exception fut faite en Auvergne et en Bourbonnais pour les Alsaciens-Lorrains.

A La Bourboule (Puy-de-Dôme) le 31 mai 1943 à 18 h 30, les juifs étrangers et français, sans exception pour les Alsaciens-Lorrains, furent invités par le tambour de ville à se rendre, à 21 h, à la mairie. Là, ils s'entendirent tous notifier d'avoir à quitter la station thermale par le train, qui partait quelques heures plus tard. Ils devaient, séance tenante, choisir, dans une liste d'une douzaine de localités du Cantal et de la Haute-Loire qu'on leur lisait rapidement, le lieu de leur nouvelle résidence. Celle-ci fut immédiatement inscrite sur leur carte d'identité, avec mention qu'ils ne devaient pas la quitter. Cette mesure, qui aurait été décidée par le cabinet de Pierre Laval, était motivée par l'arrivée et l'installation du maréchal Pétain à La Bourboule pour un séjour de détente. La protestation adressée par le consistoire central et le grand rabbin de France à Pierre Laval fut bien entendu sans effet.

Le manque de ressources devenait également une hantise pour beaucoup. Le 10 et le 19 mai 1943, la Direction des réfugiés du ministère de l'Intérieur adressa deux circulaires aux préfets, leur demandant d'aviser les israélites valides, hommes et femmes, âgés de quinze à soixante ans, que les allocations de réfugiés leur seraient retirées après un préavis de trois mois. La Direction reconnaissait qu'il y avait des difficultés particulières à remettre au travail les réfugiés israélites « provenant de l'application du statut général des juifs, de l'inaptitude des intéressés à certains emplois, enfin d'une certaine réticence des employeurs, même en ce qui concerne les emplois autorisés, due à la crainte d'une extension du statut venant les priver d'un person-

N° 4775

CARTE D'IDENTITÉ

JUIF

Nom Strauss

Prénoms Edmond

Profession Professeur

Nationalité française

le 15 Mars 1886

à Sélestat

Département Bas-Rhin

7 Avenue Beau Site

Chamalières

Taille 1 m. 64

Cheveux : Brun

Barbe :

Yeux : marron

Signes particuliers

Nez Dos

Dimension moyen

Forme générale du visage Ovale

Teint : clair

Empreintes digitales | Signature du titulaire | Visa du Commissaire de police

Signatures des témoins

Mairie de Chamalières (Puy-de-Dôme)

Timbre fiscal 13 francs

le 18 Juin 1941

CARTE D'IDENTITÉ OFFICIELLE EN ZONE SUD D'EDMOND STRAUSS AVEC LA SURCHARGE « JUIF ».

nel en formation ou à peine formé. Par ailleurs, il n'est pas question d'assister indéfiniment cette catégorie de réfugiés, dans la mesure du moins où ils sont reconnus valides ».

L'année avait commencé par l'énorme rafle de Marseille, concomitante à la destruction du quartier du Vieux-Port ordonnée par Hitler lui-même. Cette opération organisée par Oberg du côté allemand et Bousquet du côté français était destinée à rechercher les « indésirables de Marseille » en une nuit. Parmi les 8 000 personnes à arrêter « les repris de justice, les souteneurs », etc., mais aussi « tous les juifs... » Les gardes mobiles français et la police allemande collaborèrent pour arrêter systématiquement dans la ville les porteurs de cartes au tampon rouge. Qu'ils soient étrangers ou français, tous les juifs domiciliés à Marseille, y compris les enfants, étaient assimilés à des délinquants en puissance, ce qui dispensait de les considérer comme protégés par les consignes de Pétain et de Laval. Pour la première fois, ce n'étaient plus seulement des juifs étrangers ou apatrides qui furent envoyés de zone ex-libre vers les camps de transit de la zone nord : dans le train qui quitta Marseille le 24 janvier vers Compiègne, il y avait 804 juifs, dont 211 de nationalité française et nés en métropole : une quinzaine d'entre eux étaient nés en Alsace, d'après Klarsfeld [56]. Tous furent déportés le 23 ou le 25 mars de Drancy vers Sobibor dans les convois 52 et 53, dans lesquels on décomptait plus d'une cinquantaine de personnes de tous âges nées en Alsace. Ceux qui ne venaient pas de Marseille avaient sans doute été arrêtés en zone nord. Les plus âgés étaient vraisemblablement Camille Lévy né à Scherwiller et Pauline Bloch née à Wintzenheim en 1875 ; ils avaient soixante-sept ans ; la plus jeune, Marlène Hirtz, née à Strasbourg en octobre 1931, n'avait que onze ans. Pas un seul n'est revenu des camps.

La Gestapo, malgré la faiblesse de ses effectifs, commençait à procéder elle-même à des arrestations dans la zone nouvellement occupée. Le 9 février, à Lyon, vers 14 h 30, les locaux de l'UGIF, 12, rue Sainte-Catherine, furent occupés... Toutes les personnes présentes, environ une centaine, furent arrêtées. Dans le Midi, en avril-mai 1943, elle arrêta des familles entières, les emprisonna à Marseille, puis de là à Drancy. Fin avril, les occupants commencèrent à arrêter les voyageurs juifs dans les trains et les gares. A Clermont-Ferrand, après l'assassinat d'un médecin allemand, le 26 avril, les autorités hitlériennes demandèrent aux Français trois listes : celle des suspects interrogés, celle de tous les juifs étrangers de Clermont et celle de tous les juifs français de la ville ; l'intendant de police fournit les deux premières listes mais refusa la troisième.

N° J. 112

DÉPARTEMENT d Puy de Dôme
COMMUNE d Clermont-Fd

CARTE D'IDENTITÉ
DE CITOYEN FRANÇAIS

Nom : STRAUSS
Prénoms : Edmond
Profession : Professeur en retraite
Né le 15 mars 1884
à Toul
Département : Meurthe & Moselle
Domicile : 30 Rue Clémenceau Clermont-Fd

TIMBRE FISCAL 15 FRANCS

Signalement

Taille : 1 m 64	Nez : moyen
Cheveux : châtains	Forme générale du visage : ovale
Moustache : taillée	
Yeux : bruns	Teint : mat

Signes particuliers : protestant

Empreinte Digitale	Signature du Titulaire :	A Clermont-Fd le 1943 Le Commissaire de Police (Cachet)
	Strauss	COMMISSARIAT DE POLICE CLERMONT-Fd 1er Arr.

FAUSSE CARTE D'IDENTITÉ SANS LA MENTION, QUI A PERMIS À EDMOND STRAUSS D'ÉCHAPPER À UNE ARRESTATION.

En novembre 1942, les Italiens avaient occupé huit départements à l'est du Rhône. Les autorités italiennes se heurtèrent avec le gouvernement de Vichy au sujet des juifs dès le début de l'occupation. Elles interdirent au préfet des Alpes-Maritimes d'appliquer la décision d'expulser les juifs étrangers et apatrides des départements côtiers, puis elles lui interdirent de faire apposer la mention « Juif » sur les papiers d'identité. Elles s'interposèrent lorsque les rafles et les déportations reprirent en février 1943. Le 2 mars, le représentant du Haut-Commandement italien à Vichy annonça à l'amiral Platon, secrétaire d'Etat auprès du chef du gouvernement, que les juifs étrangers et français de la zone italienne seraient placés sous protection italienne : aucun d'entre eux ne pouvait être arrêté par quiconque excepté les autorités italiennes, sauf pour les délits de droit commun. La nouvelle de cette politique protectrice se répandit et des milliers de juifs quittèrent les autres départements pour la côte du sud-est ou les Alpes. Cette espace d'asile allait devenir un piège le 8 septembre quand les Alliés annoncèrent prématurément la capitulation de l'Italie. Bien que le préfet Chaigneau ait détruit les listes de la préfecture, des milliers de personnes furent prises au piège. Les Allemands, assistés par les doriotistes locaux, menèrent l'une des chasses à l'homme les plus brutales qui aient eu lieu en Europe occidentale. Sur une grande place, tous les hommes qui s'y trouvaient furent emmenés à la synagogue où ils furent déculottés : tous les circoncis furent retenus.

A mesure que les Allemands exerçaient une action policière plus directe dans la zone sud et arrêtaient de plus en plus de juifs appartenant à des catégories qui avaient jusque-là bénéficié d'une protection, la police française se sentait aussi déchirée que les autres parties de l'administration d'autant plus qu'après Stalingrad et Tunis, la victoire changeait de camp. Le général Bridoux, secrétaire d'Etat à la Guerre, activiste de la collaboration, était très mécontent en juillet 1943 de l'« inertie » et de la « complaisance » de la gendarmerie et de la police. Oberg se plaignait le 19 août du manque d'initiative de la police française dans « la lutte contre le judaïsme ». Laval donna instruction aux préfets régionaux réunis le 21 septembre de ne plus faire participer la police à l'arrestation des juifs français et de protester si ces arrestations avaient lieu quand même.

Après juin 1943, il n'y eut plus d'interruption dans les convois de déportation qui quittaient Drancy pour les camps d'extermination. Pour remplir ces trains, les Allemands abandonnèrent progressivement toutes les limitations qu'ils avaient acceptées antérieurement. Les anciens prisonniers de guerre, les volontaires étrangers de l'armée française, les membres de la Légion d'honneur, le personnel de l'UGIF, des membres de toutes ces catégories que Vichy avait, à un moment ou à un autre, essayé d'exempter, pouvaient maintenant être déportés. Dans chaque train, il y avait maintenant des hommes, des femmes, des vieillards, des enfants de tous âges nés en Alsace.

Eichmann avait envoyé en France pour accélérer le mouvement Aloïs Brunner, qui venait de déporter tous les Juifs de Salonique. La stratégie de Brunner, qui prit le 2 juillet 1943 le commandement du camp de Drancy, jusqu'alors dirigé par un Français, était d'exclure la police et l'administration françaises de toute influence dans la composition des convois destinés à l'est. Il organisa des détachements chargés de parcourir tout le pays pour y opérer des arrestations. Outre la Gestapo et la Feld-gendarmerie, il utilisait la police du CGQJ, les doriotistes, les francistes, la Milice. A Vals-les-Bains (Ardèche), ce furent les miliciens locaux qui furent chargés de choisir, le 30 septembre 1943, quinze juifs alsaciens qui furent arrêtés par les Allemands, puis transférés à la prison Saint-Pierre de Marseille, puis à Drancy avant d'être déportés.

Le 22 décembre 1943, le grand rabbin du Bas-Rhin, René Hirschler, fut arrêté par la Gestapo à Marseille, ainsi que sa femme qui n'avait cessé de l'assister dans sa tâche périlleuse d'assistance aux internés [57]. Ils passeront de la prison des Baumettes à Drancy, puis à Auschwitz. Simone Hirschler disparut dans une chambre à gaz à Birkenau en avril 1944. René Hirschler mourut après l'évacuation d'Auschwitz au camp d'Ebensee dans le Tyrol le 3 mars 1945 [58].

Si les juifs français, surtout en zone sud, ont été victimes de la Choa en moins grand nombre que les étrangers, ils le durent moins à la politique de Vichy qu'à leur effort propre et à une solidarité plus active de la population française. Beaucoup de non juifs les aidèrent à partir de 1943 en cachant des familles entières, en leur procurant de faux papiers d'identité, en accueillant des enfants et des vieillards. Plus d'un tiers des juifs de Roanne étaient cachés en 1943-1944 chez des non juifs [59]. Souvent une partie seulement de la famille se cachait, le mari ou les enfants au travail étant obligés de se déclarer. Les juifs français qui avaient des amis «aryens», avaient bien entendu plus de facilité que des immigrés de fraîche date, sans relations hors de leur milieu, baragouinant le français, connaissant mal les habitudes et la mentalité des indigènes [60]. Encore peut-on se demander si certains juifs un peu âgés venus des villages d'Alsace, dont le dialecte alsacien et le judéo-alsacien étaient les langues courantes, ne rencontraient pas au fin fond du Limousin ou du Bugey les mêmes difficultés de dialogue que les originaires des « Schtetl » de Pologne ou de Bukovine.

Beaucoup d'adolescents ou d'hommes jeunes rejoignirent les maquis organisés par la Résistance pour les réfractaires au Service du travail obligatoire. Même ceux qui conservaient leur domicile essayaient de se procurer des faux papiers, qui devaient permettre d'échapper aux rafles inopinées dans la rue ou dans les lieux publics. Les cartes d'identité de l'époque n'étaient pas infalsifiables : des méthodes artisanales permettaient après grattage de transformer un Cohen en Colin et quelquefois d'effacer sans trop de traces le tampon. Mais il valait mieux se procurer un formulaire de carte d'identité dans un bureau de tabac et trouver un fonctionnaire résistant ou au moins serviable, qui y apposerait les cachets et les signatures *ad hoc* et parfois même parviendrait à enregistrer cette vraie fausse identité et à procurer les autres papiers nécessaires: carte d'alimentation, carte de travailleur dispensé du STO. On conservait autant que possible ses initiales, son prénom usuel s'il n'était pas trop « typé », sa date de naissance. Quant au lieu de naissance, on choisissait de préférence une localité bombardée en mai-juin 1940 et dont les archives municipales étaient détruites (comme Toul ou Fourmies) ou une commune de l'Empire colonial français. Mais il n'était pas simple, pour le commun des mortels, surtout quand il s'agissait de familles complètes ou de personnes âgées, de vivre de façon durable sous une fausse identité

LAPI - VIOLLET

JEUNE FILLE JUIVE VENDANT DES ÉTOILES JAUNES.

ou dans la clandestinité sans carte d'alimentation et sans argent.

Les jeunes enfants étaient les plus faciles à mettre à l'abri : les bébés étaient parfois envoyés chez des nourrices dans des régions rurales, grâce aux assistantes sociales. Beaucoup d'enfants furent placés sous une fausse identité dans des internats de l'enseignement public ou, plus souvent, dans des institutions protestantes ou catholiques. Il arriva que les personnes ou les congrégations qui les hébergeaient en profitèrent, avec fort bonne conscience en cette période de théologie triomphaliste, pour les convertir au catholicisme. La volonté de s'intégrer dans un milieu chaleureux, la séduction des rites inhabituels amena aussi certains jeunes à aller au devant des souhaits des convertisseurs. Mais dans la grande majorité des cas, ce prosélytisme était parfaitement étranger aux justes qui sauvèrent, au péril de leur vie, et avec beaucoup de désintéressement, tant de malheureux persécutés.

De nombreux jeunes juifs tentèrent et parfois réussirent à traverser en fraude la frontière espagnole aussitôt après le 11 novembre 1942 pour rejoindre les Forces françaises libres. Au début d'avril 1943, les Allemands prirent le contrôle de la frontière espagnole et y suspendirent l'autorité de la police française. Plusieurs milliers d'hommes réussirent quand même à atteindre l'Espagne, où ils étaient internés, avant de passer en terre libre.

Les Suisses refusaient de laisser entrer ceux qui n'étaient pas porteurs d'un visa régulier. En septembre 1942, le conseil fédéral avait confirmé que les réfugiés raciaux n'étaient pas des réfugiés politiques, et qu'ils ne seraient admis à bénéficier du droit d'asile que dans des cas exceptionnels. Ceux qui réussirent quand même à atteindre la Suisse et surtout à ne pas être refoulés se retrouvèrent dans des camps d'internement, mais ceux-ci n'avaient rien de commun avec Drancy. On ne connaît pas la proportion de ceux qui venaient d'Alsace, mais on pourrait citer maints exemples. Le docteur Joseph Weill, menacé par la Gestapo, avait réussi à gagner le siège européen de l'OSE à Genève en avril. Les responsables de cette organisation réussirent aussi à faire passer en Suisse une partie des enfants de la zone italienne avant la catastrophe de septembre 1943.

L'année 1943 avait été terrifiante pour les juifs alsaciens exilés. 1944 ne lui céda pas en horreur : les rafles et les déportations continuèrent, qui alimentaient l'holocauste. Allaient s'y ajouter dans les derniers mois qui précédèrent la Libération des massacres épouvantables opérés tant par les miliciens que par les SS.

BIBLIOGRAPHIE ET NOTES

Les notes et la bibliographie de cet article se trouvent page 1191.

La Rafle de Clermont

LUCIEN BRAUN

L'université de Strasbourg, repliée à Clermont-Ferrand, fut incontestablement un des foyers de résistance parmi les plus actifs. En 1943, les Allemands utilisèrent deux armes pour tenter de la briser : la violence (deux rafles d'étudiants) et la ruse (un projet d'éclatement et de dispersion de l'université). Souvenirs d'un ancien étudiant[1].

En 1943, l'Alsace entière se sent oppressée. Elle subit chez elle les effets d'une occupation de plus en plus contraignante. Mais elle ne souffre pas seulement chez elle : du fait de la diaspora forcée, nombre de jeunes Alsaciens, et de moins jeunes, connaissaient, éloignés de chez eux, un sort peu enviable. Certains d'entre eux se trouvaient mobilisés dans l'Arbeitsdienst ou dans la Wehrmacht ; d'autres se trouvaient retenus à Clermont-Ferrand où survivait — c'est presque un miracle, puisque les autorités occupantes n'ont jamais pris la décision de la supprimer — l'université française de Strasbourg. C'est de cette partie de l'Alsace souffrante que je voudrais, ici, pour ce qui est de 1943, évoquer brièvement la mémoire.

1943

L'année 1943 fut une « année terrible » écrira, en 1945, le doyen Maugain. Elle ne fut, en effet, comparable à aucune autre. Certes, 1942 avait été remplie d'émotion et d'appréhension pour les Alsaciens repliés là-bas : en août ils avaient appris qu'en Alsace on enrôlait — en dépit de tout droit — les jeunes gens dans la Wehrmacht ; en novembre, ils avaient vu arriver les Allemands en zone libre. Mais cela est peu de chose en comparaison de ce qui allait se passer en 1943 : cette année-là, deux rafles mémorables les déchirent dans leur cœur et leur chair ; c'est cette année-là aussi que les autorités occupantes conçurent le sinistre projet de disperser l'université de Strasbourg et ses usagers. Les tracasseries administratives de cette année-là sont d'un poids infime à côté de ces dramatiques événements. Rappelons-en toutefois quelques-unes.

Le Ministerialrat Kraft et son acolyte Fegers n'avaient cessé, depuis le 12 décembre 1940, de harceler les autorités académiques — et plus spécialement M. Danjon, vice-président du conseil de l'université et doyen de la faculté des sciences, présent à Clermont, le recteur, M. Terracher, résidant à Vichy — pour reprendre à l'université les instruments de travail et les ouvrages qui l'avaient suivie en Auvergne. Ces ouvrages se trouvaient dispersés dans les couvents et les mairies de la région. Des livraisons partielles avaient déjà été effectuées. Mais c'est en avril 1943 que Kraft eut gain de cause ; le gouvernement de Vichy acquiesçant, l'université dut rendre tous les livres (même les ouvrages allemands !) ; ils revinrent à Strasbourg. On peut imaginer la peine et l'impuissance éprouvées par les enseignants qui assistèrent à cette remise, et à ce départ de leurs instruments de travail (MM. Simon et Ponteil, futurs doyens, étaient présents ; ainsi que, entre autres, MM. Schlagdenhaufen et Collomp).

Pour l'université réfugiée ces tracasseries ont été le lot quotidien, en 1943. C'est une histoire encore à écrire ; mais lorsqu'on prend connaissance par exemple des réclamations faites par Kraft et Fegers, semaine après semaine, auprès de M. Danjon, et de leur caractère dérisoire, on est proprement déconcerté. Le 4 septembre 1943 Fegers réclame un photomètre à œil-de-chat — que naturellement personne ne retrouve (et cette réclamation est assortie d'un voyage du fonctionnaire !). Le 11 septembre, ce même fonctionnaire demande à M. Forster, délégué de l'université de Strasbourg pour la remise de documents aux autorités allemandes, des explications sur les documents « restés dans les caves du Palais universitaire de Strasbourg ». Le 12, il se plaint que des ouvrages, revenus à Strasbourg, ne comportent pas d'étiquettes ! Etc. Ces détails seraient insignifiants si, les revers militaires de l'armée allemande étant alors cuisants, ils ne jetaient sur tout ce système bureaucratique et procédurier un éclairage particulier.

Mais ce ne sont là que des broutilles. Le premier coup d'une nouvelle ère fut frappé le 25 juin 1943 ; un autre, plus grave encore, le 25 novembre — ce sont ces événements dont les Universités de Clermont et de Strasbourg vont commémorer le cinquantième anniversaire en novembre 1993, à Clermont, puis à Strasbourg.

C'EST UN ÉTUDIANT ALSACIEN TRAÎTRE QUI DÉSIGNE AUX ALLEMANDS LES PERSONNES À EMMENER

Les signes annonciateurs ne manquaient pourtant pas en ce début de 1943. Le 3 février, il fut impossible à Gaston Zeller, professeur d'histoire moderne, de poursuivre son cours : un chahut et des huées — du fait d'étudiants infiltrés — l'interrompirent. Le 9 mars, un arrêté ministériel le suspendit pour une durée de trois mois en application de la loi du 17 juillet 1940. Mais lorsque le doyen de la faculté des lettres apprit que des mesures encore plus graves allaient être prises contre M. Zeller, celui-ci choisit de vivre dans l'ombre jusqu'à la Libération. L'on sait que Gaston Zeller s'était permis une boutade. Ayant évoqué la situation où se trouvait le royaume au temps de Charles VII, avec sa capitale à Bourges et Paris occupé par l'ennemi, il se plut à souligner des analogies avec l'époque contemporaine, et ajouta : « De notre temps, on ne brûle plus les gens. Si Jeanne d'Arc revenait, on ne la brûlerait pas, mais elle serait certainement déchue de la nationalité française. » L'on voit qu'il suffisait d'un mot d'esprit pour se faire suspendre ; mais aussi qu'un étudiant « zélé » aille rapporter cela aux autorités (on va voir qu'il y en eut un qui fut pire).

Les choses se gâtèrent vraiment le 25 juin 1943. En pleine nuit, à 1 h 45, des camions s'arrêtèrent devant le foyer Gallia, rue Rabanesse, immeuble que l'université avait loué et où elle logeait des étudiants. Une soixantaine d'Allemands en descendirent; ce sont des policiers en civil et des soldats armés. Ils cernent l'immeuble, se font ouvrir la porte par le concierge, interdisent au gérant de bouger. Ils pénètrent dans les chambres, enfonçant les portes. Trente-sept étudiants sont arrêtés. Deux autres, venus voir des camarades, mais ignorant leur arrestation, sont cueillis à 8 h du matin. Les étudiants sont conduits à la caserne du 92e régiment d'infanterie; puis dirigés sur Compiègne, où ils séjourneront un certain temps. Les nombreuses interventions, à Clermont, à Vichy, à Paris en faveur de leur libération demeurent vaines. Les étudiants seront par la suite transférés en Allemagne dans des camps.

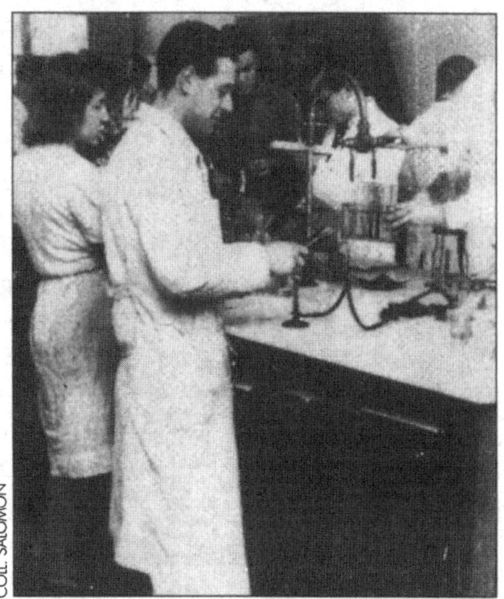
COLL. SALOMON

LE LABORATOIRE DE PHARMACIE.

Nous avons sur ces incidents le récit complet et détaillé de l'administrateur du foyer, M. Beaurepaire. Nous y apprenons — un effet de la minutie bureaucratique — que les Allemands sont revenus le 30 juin pour récupérer les vélos des étudiants ! Quant aux étudiants, alors à Compiègne au Frontstalag 122, on apprend par une lettre d'Albert Graff (matricule 16.450), adressée à M. Rabasse, secrétaire général de l'Académie, au nom de ses camarades : « Nous sommes démunis de tout et espérons que ces objets indispensables [leurs effets restés au foyer] nous parviendront le plus rapidement possible. » Il ajoute en NB : « Nous signalons que deux colis de vivres de poids respectif de 5 et 3 kilogrammes peuvent nous être expédiés par mois, ainsi que deux lettres. En outre, 600 F par mois sont tolérés dans le camp. » M. Beaurepaire et Mlle Weber — l'infatigable assistante des étudiants strasbourgeois — s'évertuent aussitôt pour faire le nécessaire, et avertissent les familles. Les malheureux étudiants ne se doutaient pas encore, à Compiègne, que le pire était encore à venir.

L'autre événement — plus grave encore parce qu'il toucha l'institution même — fut la rafle opérée dans les bâtiments de l'université, le 25 novembre 1943. La police allemande se trouvait renseignée, sur les lieux et sur les personnes, par un étudiant traître, Georges Victor Mathieu. Elle pensait trouver sur place des armes et des documents, et tenait en main une liste de vingt-quatre personnes à arrêter.

COLL. SALOMON

CLERMONT-FERRAND.

A 10 h 30, les troupes allemandes cernent les bâtiments, qui sont aussitôt occupés par quelques centaines d'hommes armés de fusils et de mitraillettes. Des policiers enjoignent au personnel de lever les mains, de s'éloigner et de se rassembler dans la cour. Voici comment le doyen Maugain relate la suite : « L'un d'entre eux [il s'agit des policiers], Joseph Kalteiss, âgé d'environ trente-cinq ans, passe dans une pièce voisine, cabinet de M. Danjon. Justement M. Danjon s'y trouve avec notre collègue de la faculté des lettres, Paul Collomp. Le policier crie : « Levez les mains et sortez ! » M. Collomp obéit, mais trop lentement au gré de Kalteiss qui le frappe violemment à la nuque. La victime ne peut s'interdire un geste inconscient de défense... L'agresseur lui décharge alors son revolver en pleine poitrine, à bout portant. Paul Collomp s'écroule; et ne tarde pas à expirer. » Il est difficile d'imaginer cette scène atroce : un enseignant expirant dans un couloir, sans qu'on puisse lui porter secours, au milieu d'un remue-ménage général.

Quelque mille cinq cents personnes sont rassemblées dans la cour, les mains en l'air. Un inspecteur allemand, Blumenkamp, vérifie une à une les cartes d'identité. A côté de lui se tient Mathieu qui fixe le sort de chacun. Il décide si Untel doit se ranger à gauche ou à droite. Le groupe de gauche comprend peu de Strasbourgeois (il sera libéré dans l'après-midi, vers 17 h) ; celui de droite, composé presque exclusivement de Strasbourgeois, est retenu. Des camions attendent; on y fait monter les personnes; des soldats les encadrent. Et c'est le départ pour la prison militaire du 92e RI.

Suivent, sans discontinuer, des interrogatoires menés par Blumenkamp, Mathieu et Lily Brandt (appelée la Panthère). Deux cent cinquante personnes seront libérées, mais quatre-vingt-cinq resteront entre les mains de la police allemande. Quatre inspecteurs français assistèrent à ces interrogatoires, chargés de prendre note des identités. Certaines des personnes retenues resteront en prison au 92e pendant un ou deux mois. Les autres, trente-huit au total, seront déportées en Allemagne. Certaines n'en sont pas revenues. Toutes y ont souffert. Les Allemands ne trouvèrent pas, à l'université, les armes qu'ils espéraient y découvrir; ni non plus toutes les personnes désignées d'avance par Mathieu. Etait-ce bien la peine de monter un tel spectacle avec effusion de sang ? A partir de cette déconvenue, l'étoile de Mathieu commença à pâlir : les Allemands comprirent qu'il mentait et bluffait (Mathieu sera jugé et fusillé à la Libération).

Mais l'année terrible n'est pas achevée. L'opération manquée contre l'université accentue encore la méfiance des Allemands, car manifestement ils ne parvenaient pas à cerner le mystérieux nid d'une résistance qui fut en grande part, et fondamentalement, celle de l'intelligence et du cœur, et qui suscita au cours des années d'occupation de plus en plus la sympathie de la population clermontoise. C'est cette méfiance accrue — et aussi l'impuissance à mettre la main sur une invisible résistance — qui firent concevoir aux Allemands l'étonnant projet de disperser l'université. Ne pouvant, pour des raisons politiques et psychologiques, rayer l'université de la carte, ils cherchèrent à la couper en morceaux !

Le premier à en être, mais officieusement, averti fut M. Wickersheimer, administrateur de la bibliothèque universitaire. Un de ses amis de Paris avait rencontré M. Préchac, directeur de l'enseignement supérieur qui lui avait appris ce qui se préparait. Le plan était le suivant : on déplacerait la faculté des sciences à Limoges, celle des lettres à Besançon, celle de médecine à Tours, celle de pharmacie à Toulouse ; on ne conserverait à Clermont que le droit. Quant aux facultés de théologie, on enverrait l'une (catholique) à Angers, l'autre à Montpellier ou à Montauban (le point de chute de cette dernière n'était pas définitivement réglé, le fonctionnaire allemand hésitant entre Aix, Montauban et Montpellier !).

Quiconque connaît un peu la structure et l'organisation d'une université peut se faire une idée de l'absurdité d'un tel projet. Mais là ne s'arrête pas le travail de préparation de ce plan de dispersion ; tout y était prévu avec minutie : les autorités allemandes avaient dressé l'état nominatif, par faculté, des membres du personnel ; s'étaient fait donner les listes des étudiants et des étudiantes, par faculté ; avaient établi l'état civil précis (conjoint, enfants, etc.) de chaque enseignant. On ne pouvait penser plus bureaucratiquement (et méthodiquement !) une telle entreprise de déménagement ; et ajoutez à cela l'inventaire des instruments de la faculté des sciences ou de pharmacie ! 1943

NE POUVANT SUPPRIMER L'UNIVERSITÉ, LES ALLEMANDS DÉCIDÈRENT DE LA COUPER EN MORCEAUX ET DE LA DISPERSER

Ce plan insensé, succédant aux avatars douloureux de l'année 1943, mobilisa les sept doyens : le pire était en vue ! Mais Kraft se méfiait de certains d'entre eux : il refusait par exemple de recevoir le doyen Danjon, avec qui il avait eu des altercations (après l'une des entrevues, Kraft lui avait lancé, en le quittant : « J'espère qu'on vous fera arrêter » ; à quoi Danjon avait répondu : « Cette parole m'honore grandement »). C'est le doyen Delpech qui devint, par la suite, l'interlocuteur de Kraft.

Fin décembre 1943, début janvier 1944, les doyens, soutenus par le recteur (le recteur était alors président du conseil de l'université) firent bloc et avancèrent, pour faire échouer le projet, une série d'arguments présentés par numéros d'ordre. Certains étaient classiques : on ne peut séparer les familles dont les membres enseignent ou étudient dans des facultés différentes ; on ne pourrait plus administrer les facultés puisqu'elles partageaient toutes le même et unique secrétariat; ou encore : Clermont ne possédant pas de facultés de droit, de médecine ou de pharmacie, ne pourrait plus délivrer de diplôme, etc. Mais le plus inattendu est le suivant: les étudiants de Strasbourg «n'iraient-ils pas contaminer les universités entre lesquelles on les disperserait, en même temps qu'ils échapperaient aux recherches dirigées contre eux ?» C'est pour le moins inattendu ! Opposer un tel argument au projet de dispersion conçu par la force occupante relève proprement du défi, sinon de l'humour noir.

La dispersion prévue des facultés n'eut pas lieu: 1944 ne permit plus aux Allemands de l'entreprendre. Mais c'est une autre page qui s'écrit en 1944. Les malheurs ne sont pas terminés: le 28 mai, le Hauptsturmführer Geissler, chef du commando spécial du SD, procédait en personne à l'arrestation de Mgr Piguet, évêque de Clermont-Ferrand, pour avoir donné refuge à quelques-uns d'entre nous; il sera déporté à Dachau. Et en juin, la veille même du débarquement, ils arrêtent encore deux de nos professeurs, MM. Baulig et Lassus. La machine tournait toujours. Et presque toute seule...

Pour terminer sur cette idée, remarquons que ni les revers militaires, ni le peu de résultats obtenus par les rafles, les perquisitions et interpellations, n'arrêtèrent le fonctionnement de la machine. Les « fonctionnaires » allemands appliquaient avec une obstination aveugle les méthodes propres au système. Je dis « aveugle », car s'ils avaient agi avec intelligence ils auraient trouvé, au secrétariat de l'académie, des documents on ne peut plus compromettants. Un exemple : M. Rabasse, par qui nous parvenaient les subsides, avait demandé à la plupart des étudiants évadés

GRAFFITI SUR LE MUR D'UN CACHOT DE LA VILLA DES MARTYRS.

ARCHIVES DEPARTEMENTALES DU PUY-DE-DOME

d'Alsace qui se présentaient à lui : « Relatez-moi sur quelques pages comment cela se passe là-bas en Alsace, et comment vous avez fait pour vous évader. » Nous lui avons fourni ces papiers alors que Clermont se trouvait encore en zone libre; mais qu'en avait-il fait à l'arrivée des Allemands ? On tremble, rétrospectivement, à l'idée que de tels écrits auraient pu être découverts lors d'une perquisition.

L'année 1943, en effet, fut « terrible » pour cette part de l'Alsace repliée ou retenue en Auvergne. L'on imagine facilement l'impact psychologique que produisirent sur les esprits ces sinistres événements. Je pense à l'enterrement de Paul Collomp : la chapelle de l'hôpital était trop étroite pour contenir la foule; tous tenaient à témoigner au mort estime et affection. Des clercs alsaciens et lorrains chantèrent l'office. Il n'y eut pas de cortège pour conduire Paul Collomp au cimetière : c'était interdit. Aux alentours la Gestapo veillait. Pour beaucoup d'Alsaciens ce fut le jour de leur entrée en clandestinité.

NOTE

1. Les photos illustrant cet article proviennent du livre de souvenirs de Jean SALOMON, *De l'Alsace à l'Auvergne, mémoires d'un maquisard*, SOPREP Diffusion, Clermont-Ferrand, 1985. Un témoignage des plus intéressants.

18 juin 1943 à Alger

Le 18 juin 1943 à Alger, le général de Gaulle rend visite au Comité alsacien et lorrain d'études et d'action sociale, chargé du reclassement des réfugiés et évadés dans l'économie africaine, et au Conseil consultatif des affaires d'Alsace et de Lorraine, créés au début de l'année 1943. Le Conseil consultatif est présidé par l'industriel strasbourgeois Huck-Astier, assisté des vices-présidents René Graff, directeur du port autonome, Jean Wenger-Valentin, directeur du CIAL, et Essig, inspecteur des Finances. Les trois cultes sont représentés par Mgr Hincky, curé-doyen de Colmar, délégué des évêques de Strasbourg et de Metz auprès des réfugiés alsaciens et lorrains en Algérie, le pasteur Sturm et le rabbin Bloch. ALPHONSE IRJUD

Les Résistants de l'intérieur

Alsaciens en zone sud

PHOTO VIGNAL - COLL. SCHIFFMACKER-HAENGGI

DE GAULLE AU MILIEU D'UN GROUPE D'ALSACIENS ET LORRAINS À ALGER EN 1943. AU CENTRE « JACQUES D'ALSACE » (M^E KALB), DE COLMAR. À DROITE, MGR HINCKY.

JEAN-CLAUDE RICHEZ

Au début de la guerre, des dizaines de milliers d'Alsaciens ont été évacués et nombre d'entre eux ont choisi de ne pas revenir. Des milliers d'autres ont été expulsés parce que considérés comme suspect *a priori*. Les juifs d'Alsace furent parmi les tout premiers à faire l'objet de telles mesures.

Cet exil alsacien va jouer un rôle non négligeable dans le développement de la Résistance un peu partout dans le pays et surtout en zone sud où se concentre la plus grande partie de cette émigration. Tous ces Alsaciens sont très tôt des résistants potentiels. Ils sont généralement mieux informés — pour des raisons géographiques et culturelles — des réalités du régime national-socialiste. Dans les années trente, un certain nombre d'intellectuels en Alsace avaient été parmi les premiers à faire un travail systématique d'information pour

alerter l'ensemble du pays sur la gravité de ce qui se passait en Allemagne.

De cette extrême sensibilité des milieux intellectuels strasbourgeois, témoignent par la suite les engagements précoces et décisifs d'un certain nombre d'intellectuels passés par Strasbourg comme Jean Cavaillès, qui enseigna la philosophie à la faculté de lettres, et Lucie Aubrac, enseignante à la veille de la guerre au lycée des Pontonniers, tous deux parmi les pionniers du mouvement Libération-sud, mais aussi évidemment l'historien Marc Bloch qui avait, alors qu'il enseignait à Strasbourg, largement contribué à renouveler les sciences historiques avec la création de *la Revue des Annales*, ou encore autre figure majeure de la vie universitaire strasbourgeoise de l'entre-deux guerre le sociologue Maurice Halbwachs.

Les Alsaciens étaient d'autant mieux sensibilisés à ce qui se passait en Allemagne qu'après la prise du pouvoir par Hitler, la région avait souvent joué le rôle de refuge ou d'étape pour les militants antifascistes condamnés à l'exil. Cette meilleure connaissance de la réalité allemande venait se consolider dans cette population d'exilés avec le fait qu'elle avait en général déjà fait son « choix ». Si elle se trouvait hors Alsace c'était soit en raison de son engagement dans le passé, soit pour avoir refusé après avoir été évacué de revenir en Alsace.

A tous ceux-ci vinrent s'ajouter ceux qui choisirent de fuir la terreur nazie ou de se soumettre à l'incorporation dans le Reichsarbeitsdienst puis, à partir de 1942, à l'incorporation dans l'armée allemande. Autant de nouveaux résistants potentiels. De ces multiples itinéraires qui conduisirent à la résistance active, nous reproduisons ici un certain nombre de témoignages que nous avons limité à l'année 1943. *Saisons d'Alsace* reviendra sur la question dans son numéro sur l'année 1944, sous forme cette fois d'une synthèse sur les Alsaciens dans la résistance en France pendant la guerre.

PHOTOS VIGNAL - COLL. SCHIFFMACKER-HAENGGI

Le Front de la jeunesse alsacienne et Lorraine

BERNARD METZ

Avec le débarquement allié d'Afrique du Nord, coïncida le début d'une nouvelle forme de résistance organisée des groupes de jeunes Alsaciens et Lorrains réfugiés en zone sud.

A vrai dire, cette évolution avait été amorcée quelques mois auparavant, le 15 août 1942, au Puy où des contacts étroits s'établirent entre une centaine de jeunes Alsaciens particulièrement entreprenants. Il n'est indifférent ni pour la petite, ni pour la grande Histoire, de rappeler que ces cent Alsaciens faisaient à pied, un pélerinage d'environ deux cent kilomètres et que la plupart d'entre eux les parcoururent pieds nus.

Cette évolution fut consommée à Royat, le 17 janvier 1943, dans une réunion plus restreinte autour de l'abbé Paul Held, récemment évadé d'Alsace, qui sut évoquer avec discrétion l'entreprise généreuse d'Alphonse Adam, de Joseph Seger, de Lucienne Welschinger. Le front de la Jeunesse qu'ils avaient réalisé, et dans les rangs duquel bon nombre étaient allés à la mort, dictait notre devoir.

Le détail de celui-ci fut débattu, les uns préférant le passage en Afrique et la lutte dans le cadre de l'Armée Française reconstituée, les autres choisissant la lutte clandestine dans la métropole, moins aléatoire que le passage en Afrique, mais exigeant davantage de patience et d'imagination.

Un premier projet d'association de la jeunesse alsacienne et lorraine à l'effort de résistance français fut étudié, dès notre retour à Lyon, avec Pierre Bockel. Il fut soumis quelques jours plus tard à Marcel Kibler (commandant Marceau) et à Paul Dungler (capitaine Schneider) qui me chargèrent de la constitution de formations de combat dans les milieux alsaciens et lorrains de zone sud. Je devais en particulier m'appuyer sur le réseau des groupes de jeunes où j'étais déjà introduit. La mission de ces formations de combat était:

1. D'être tranférées dans les Vosges, si cela s'avérait possible, et de là appuyer la résistance d'Alsace, soit par des opérations de diversions, soit en fournissant des équipes particulièrement offensives destinées à opérer à la manière de parachutistes sur les arrières allemandes (solution qui se justifiait par le départ des jeunes dans la Wehrmacht et donc l'impossibilité d'organiser sur place l'équivalent tactique de maquis).
2. Aussi longtemps que la première mission n'était pas réalisable, participer dans les départements de refuge aux actions des groupes de résistances locaux.
3. Dans cette deuxième éventualité, au cas où la libération de la zone sud précéderait la libération de l'Alsace, rejoindre si possible une grande unité française, s'y faire incorporer comme unité autonome et participer ainsi à la libération de l'Alsace.

Ce projet fut soumis dans les semaines suivantes au colonel Guy d'Ornant (à cette époque commandant Marchal), qui fut pour l'est le délégué du général Revers, chef de l'ORA. Notre projet reçut son agrément et ce fut lui qui, le 31 décembre 1943, m'accrédita auprès des colonels Marius et Henry (respectivement, général Pfister et général Zeller). Il avait en effet été possible de donner aux formations d'Alsaciens et de Lorrains un développement qui justifiait la discussion à l'échelon

national des affaires les concernant.
Avant de relater par le détail l'évolution de ces formations, il convient de souligner que nous n'avons été que les artisans d'un mouvement spontané de la jeunesse alsacienne et de la jeunesse lorraine. Ce mouvement s'inscrivait si logiquement dans leur vocation, une fois choisi l'exil, qu'une entreprise analogue à la nôtre vit le jour en septembre 1944, époque à laquelle Octave Landwerlin, ignorant tout ce que nous avions fait, regroupa les Alsaciens et les Lorrains qui avaient combattu dans la maquis de Savoie.
Nous avons eu pour notre part le double privilège de pouvoir d'emblée inscrire notre effort aussi bien dans le cadre de la Résistance d'Alsace que dans celui d'une organisation recouvrant tout le territoire national. C'étaient là deux facteurs indéniables de succès.

(Texte publié dans le Bulletin des Anciens de la Brigade Alsace-Lorraine)

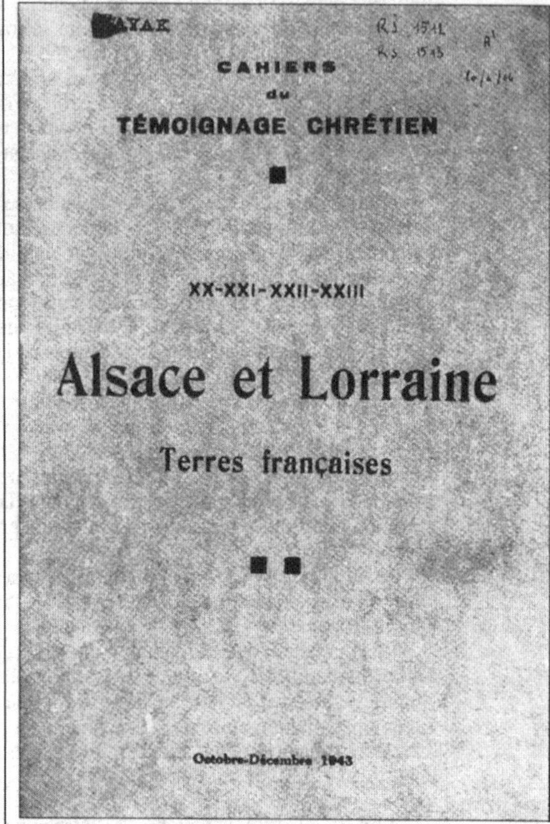

CAHIERS
du
TÉMOIGNAGE CHRÉTIEN

XX-XXI-XXII-XXIII

Alsace et Lorraine

Terres françaises

Octobre-Décembre 1943

RÉDIGÉ PAR L'ABBÉ PIERRE BOCKEL À L'INITIATIVE DU PÈRE CHAILLET, CE NUMÉRO SPÉCIAL CLANDESTIN DES « CAHIERS DU TÉMOIGNAGE CHRÉTIEN » CONNUT UNE IMMENSE AUDIENCE.

Au Maquis

Un «saboteur»

CHARLES SPITZ
FFL - Réseau «Marco Polo»

Charles Spitz se trouvait après la défaite à Lyon où il était employé aux PTT. Il prit rapidement des contacts avec la Résistance auprès des représentants du mouvement *Liberté* qui s'était constitué à Clermont-Ferrand (François de Menthon, Pierre-Henri Teitgen, René Capitant). Sautet (son nom de résistant) glanait des informations et les transmettait au Réseau *Marco Polo* de la France libre qui venait d'être créé par le capitaine de corvette Sonneville.
Spitz fut muté en 1942 à la direction des télécommunications, quai Gailleton à Lyon. Le 11 novembre, la zone non occupée était envahie par les troupes allemandes. Lyon connut les rigueurs d'une très sévère occupation. Spitz était donc très bien placé près des transmissions allemandes appelées «Feld Nachrichten Kommandantur 135». Cette unité de transmissions réclamait l'aide des services français. C'était une aubaine pour notre ami. Il put visiter les lieux les plus secrets de l'armée d'occupation. Il sut en tirer profit.
Au printemps 1943, la Gestapo déployait une intense activité car Lyon était devenue la capitale de la Résistance. De nombreuses arrestations s'effectuaient et quelques résistants parlèrent sous la torture et livrèrent des «boîtes aux lettres». On connaît l'histoire de l'arrestation de Jean Moulin et de nombreux résistants. Spitz installa des systèmes de branchement, s'occupa de l'approvisionnement de l'essence des groupes, mais la situation devint périlleuse. Pour garantir l'inviolabilité des communications, les Allemands reçurent en juin 1943 un camion «CDV» (Deutschland

Les cinq témoignages suivants, de et sur Pierre Spielmann, Henri Schick, Charles Spitz, Pierre Hug, Robert-Alphonse Clor, sont extraits de l'ouvrage *Ils ont rejoint de Gaulle* (Alsaciens et Lorrains dans la France libre), coordonné par Jean Hadey, Editions La Nuée Bleue, Strasbourg, 1990. Nos lecteurs s'y reporteront avec profit.

Vermittlung). En écoute transmission normale ce relais très sophistiqué occupait une dizaine d'opérateurs le jour et cinq la nuit. Ce camion était le seul en activité en France.
Spitz prépara le plan de sabotage de ce standard ultra-moderne et prit contact avec le service action des FTPF car le réseau Marco Polo était spécialiste du renseignement et les compagnies FTPF particulièrement efficaces dans les actions telles que sabotage, attentats et attaques rapides sur des objectifs déterminés avec repli instantané.
Le plan Spitz fut adopté. Le jour J fut fixé au 17 novembre et l'heure H à 19 h 30 après la fermeture de la cantine du personnel de la direction des PTT où le camion était garé. Il fallait profiter du black-out et des zones d'ombre. Le spécialiste des explosifs serait introduit par Spitz.
A 19 h 05 Spitz attendait l'homme aux explosifs devant l'entrée des services postaux. Il ne vint pas. En effet le «matériel» attendu n'était pas arrivé et l'affaire fut reportée au vendredi 19 à la même heure.
Ce jour-là Spitz, à l'heure prévue, très ému, guida le spécialiste à travers les couloirs de la direction des postes jusqu'à la cour qui donnait sur le quai Gailleton. Le fameux véhicule était là à environ 70 m. Pas de sentinelle en vue. Elle était probablement postée de l'autre côté du camion. Les deux résistants se séparèrent et Spitz avant de monter à son bureau demanda à son camarade :
— Veux-tu que je t'accompagne et que je t'aide à sortir ?
Le saboteur répliqua d'un ton sec :
— Tu as fait ton boulot, je fais le mien. Exécute le plan.
Rapidement l'homme effectua son dernier réglage puis se dirigea vers le «CDV» et d'un geste vif lança sa première bombe ; un bruit de verre cassé, il se baissa à nouveau et lança son deuxième engin sous le chassis. Il franchit à toute vitesse les vingt-cinq mètres qui le séparaient du bâtiment et s'applatit dans un coin. Une violente explosion suivie d'une sourde déflagration secoua le quartier. Quelques secondes plus tard, l'homme était déjà loin, pris en charge par ses camarades.
Le précieux camion, orgueil des transmissions allemandes, fut littéralement pulvérisé. Une multitude de flamèches émergèrent de la fumée noire. L'unique opérateur était horriblement brûlé et le garde, qui était sans doute protégé par un pan de mur, fut miraculeusement épargné.
Spitz joua parfaitement son rôle en arrivant rapidement sur place et en alertant les autorités allemandes. Pour son sang-

WARNUNG

Jede Beschädigung von Nachrichten-Anlagen (Drahtgestängen, Kabelanlagen, Vermittlungseinrichtungen und Postämtern, sowie Funkanlagen) wird

mit dem Tode bestraft.

Der Chef der Militärverwaltung Frankreich.

AVERTISSEMENT

Tout endommagement de moyens de transmission (poteaux télégraphiques, jonctions de câbles, appareils, de bureaux de poste et d'installations radiotélégraphiques)
est interdit sous peine de mort.

Le Chef de l'Administration Militaire en France.

1943

froid il fut même félicité le lendemain par les Allemands. A la suite de ce spectaculaire sabotage, la police et la Gestapo s'agitèrent. De nombreuses perquisitions furent effectuées. Cinq jours après, la Gestapo arriva jusqu'au PC Marco Polo situé à l'Ecole des sourds-muets de Villeurbanne et arrêta soixante-deux personnes. Spitz qui s'était bien sorti des premiers interrogatoires fut fortement suspecté et, avant de prendre le maquis, avertit tous ses camarades. Mais le temps lui manqua. Il fut arrêté le 26 et incarcéré le soir même au Fort Montluc, sous le nom de Sautet.
Nous ne retracerons pas le chemin des souffrances et nombreuses tortures subies à l'école de santé militaire, au siège de la Gestapo, jusqu'aux camps de Dora et Buchenwald. Charles Spitz a écrit ses souvenirs de résistant et de déporté dans un ouvrage intitulé *Cellule 114* (Tardy Quercy, Bourges). Son portrait, au début de ce chapitre, a été réalisé en avril 1945 par un camarade de déportation.

La filière d'Anna

HENRI SCHICK
2e DB

Tunis venait d'être libérée et je me trouvais depuis deux ans à Aïn Bordgia, près de Casablanca, dans une compagnie de transmission. J'avais vingt ans. L'ambiance était celle que l'on imagine pendant le service militaire en temps de paix, avec, en trame, une des célèbres pensées du maréchal Pétain : «Tous les matins, je me dis que nous avons été battus». J'étais venu de France, afin de profiter de la première opportunité pour me battre contre l'envahisseur de l'Alsace et de la France. Pas de radio de Londres.
Le général Henri Giraud, commandant militaire et civil de l'Afrique du Nord, disait à qui voulait l'entendre qu'il avait la confiance du Maréchal.
Je passais mes loisirs à imiter Pétain pour mes camarades avec des textes belliqueux vis-à-vis des Allemands mais n'épargnant point au passage les conspirateurs judéo-gaullistes. Un jour, j'entendis parler de Anna Paolo-Antonacci, fervente gaulliste à Casablanca. J'allai la voir aussitôt.
— Voulez-vous rejoindre le général de Gaulle ? me

demanda-t-elle. C'était demander à un aveugle s'il voulait voir !
Elle me donna une note avec une adresse à Alger et une autre à Tunis. Elle fit la même chose pour des centaines d'autres jeunes. Mais le problème restait de rejoindre Tunis. Par le plus grand des hasards, on lut à l'appel du lendemain une circulaire émanant de l'état-major de l'Armée d'Afrique, indiquant que les militaires ayant des parents proches pouvaient prétendre à une permission de huit jours, pour visiter leurs parents. Un heure après, je posai ma candidature à cette permission exceptionnelle, avec des parents imaginaires, dans une rue encore plus imaginaire (car je ne connaissais pas Tunis), dans la ville de Tunis.
Le capitaine de la compagnie me fit venir, signa la permission, me souhaita bonne chance, en ajoutant qu'il n'était pas dupe de ma démarche et que, dans son for intérieur, il m'approuvait. Le lendemain, je pris le train pour Alger, m'arrêtant quelques heures à Oujda pour embrasser mon père qui, à l'époque, dirigeait les services techniques du Méditerranée-Niger, et parlait le français avec un accent alsacien à couper au couteau. A sa question sur le pourquoi de ma visite, je lui répondis que j'étais en train de déserter.
«Desertiere !», se dit-il en alsacien, plongé dans une frayeur immense.
Mon voyage jusqu'à Alger se fit sans encombres, sans contrôle particulier. A Alger, je passai la nuit chez un couple d'amis de mon père. Ayant pris connaissance du but de ma visite, ces braves gens, des Bas-rhinois, n'avaient qu'une chose en tête : me voir décamper.
Je me rendis ensuite à l'endroit indiqué par Anna Paolo-Antonacci, endroit qui servait de gîte d'étape à d'autres militaires en rupture d'armée Giraud. Très rapidement, je fus mis au courant de la situation, à savoir que ces camarades moisissaient à l'endroit indiqué depuis plus de huit jours, sans connaître leur date de départ. En effet, les désertions toujours plus nombreuses avaient conduit l'administration du général Giraud à prendre des mesures de surveillance de plus en plus grandes.
Après que j'eus déclaré que je partais le lendemain, un des militaires, du nom de Marguerite, me demanda s'il pouvait se joindre à moi. Nous prîmes rendez-vous pour le lendemain matin à la grande poste d'Alger.

J'arrivai avec une demi-heure d'avance pour m'assurer que Marguerite était seul et qu'il ne s'agissait pas d'un traquenard. Commença alors le voyage en train par Bône, Philippeville...
Pendant le voyage, un contrôle eut lieu. Fort de ma permission, je ne risquais rien, mais Marguerite ne dut son salut qu'au fait qu'un des gardes-mobiles assurant le contrôle avait un fort accent haut-rhinois et occupé qu'il était de parler le dialecte avec moi, oublia de contrôler mon camarade.
Arrivés très tard dans la soirée à Tunis, nous nous mîmes en quête de l'hôtel Litoria qui, en fait, était l'ala Italia (j'avais mal lu la carte de Melle Paolo-Antonacci). Nous passâmes la nuit dans un modeste hôtel et, le lendemain matin, je partis à la recherche du point de rencontre.
Très rapidement, je sus qu'il s'agissait d'une école de la rue d'Alger à Tunis et je retournai à l'hôtel pour chercher mon copain.
Point de Marguerite. Je pensais qu'il avait été arrêté, mais, au moment de partir seul, je le vis revenir. Il avait été à la messe pour prier pour le succès de notre évasion.
Rue d'Alger, nous échangeâmes notre uniforme de l'armée de Giraud contre un «battle-dress» de l'armée anglaise. Nous avions gagné. Et l'après-midi, nous partions pour Kairouan, où, le jour même, je m'engageai sous le nom de Dablanc Henri, pour la durée de la guerre, devant l'intendant-général Boulerot, représentant le général de Gaulle. Nous partîmes le surlendemain pour la Tripolitaine, former le noyau de la Division Blindée Leclerc, dont l'épopée est connue.
Ce sont les désertions massives dans son armée qui ont forcé le général Giraud à remettre la direction du gouvernement provisoire entre les mains du général de Gaulle.

Un Sous-préfet résistant

PIERRE HUG
BCRA

Issu d'une vieille famille alsacienne dont le nom figure au grand Armorial de France et qui a donné — en particulier au cours des deux guerres mondiales — des preuves éclatantes de son attachement à la France[1], Pierre Hug participa lui-même dès juillet 1940 à la lutte contre l'envahisseur en Alsace annexée.

S'évadant en septembre 1941 pour se soustraire à l'incorporation de force dans les formations paramilitaires du «Reichsarbeitsdienst», il fit l'objet d'un mandat de recherche de la police allemande.

Réfugié à Grenoble, il intégra l'équipe dirigeante du foyer des réfugiés alsaciens et lorrains implanté dans cette ville, 1 rue du Palanka, qui ne tarda pas à devenir sous l'impulsion de son président, le conservateur des Eaux-et-Forêts Pierre Hertz et de son directeur l'abbé Léon Maschino, prêtre lorrain réfugié, un centre actif de Résistance bientôt ouvert à toutes les autres victimes de l'Occupation : israélites français et étrangers, évadés luxembourgeois, réfugiés belges, anciens combattants polonais de l'armée Anders.

Pierre Hug noua à Grenoble des relations avec les milieux les plus divers, en particulier avec le ministre de l'Intérieur du gouvernement belge en exil, Van der Poorten, qui fit révoquer en 1940 le gouverneur de la province des Flandres-Occidentales, Baels, par le roi Léopold III pour abandon de poste devant l'ennemi.

Contacté par l'avocat strasbourgeois Roger Lévy, également réfugié à Grenoble, Pierre Hug adhéra en avril 1943 au réseau Gallia dont le siège était à Lyon et qui relevait directement du BCRA de Londres.

Il accomplit sous les ordres d'un autre Strasbourgeois, responsable de Gallia à Grenoble, H. Schlokoff, dit «Docteur Barre», différentes missions de liaison et de renseignement.

Inscrit au concours de chef de cabinet de préfet à la demande du BCRA dans le cadre de l'action de noyautage des administrations publiques fin 1943, Pierre Hug fut envoyé en stage à la préfecture de la Corrèze où il se signala notamment par l'établissement de fausses cartes d'identité et d'alimentation en faveur de personnes recherchées par l'occupant, tel le chanoine Joseph Schmitt, prêtre lorrain réfugié à Tulle — qui devint plus tard évêque de Metz — le jour même où la Gestapo se présentait à l'évêché de Tulle pour l'arrêter. Caché dans les combles de l'évêché, le chanoine Schmitt put quitter Tulle clandestinement grâce aux faux papiers établis par M. Hug.

Le même jour, la Gestapo de Limoges se présenta à la préfecture de Tulle pour y arrêter le chef de bureau du cabinet, Louis Pimont, «Préfet du maquis» — qui devint plus tard préfet, puis député-maire de Bergerac — qui se trouvait dans le bureau de M. Hug qu'il quitta précipitamment au moment même où la Gestapo y pénétrait.

M. Pimont put rejoindre le maquis sans être arrêté, mais la Gestapo ouvrit une enquête sur les complicités qui avaient permis à Pimont de s'échapper. Aussi le préfet de la Corrèze demanda-t-il le rappel immédiat de M. Hug — afin que son nom ne soit pas mêlé à l'affaire — et ce dernier quitta Tulle le jour même. Après un court séjour à l'administration centrale du ministère de l'Intérieur, l'intéressé menacé d'arrestation par la Milice fut contraint de replonger dans la clandestinité.

Ce court séjour à l'administration centrale lui permit de nouer des relations grâce auxquelles il put informer son réseau de la décision du gouvernement de Vichy, au printemps 1944, de désarmer les gardiens des camps d'internement français, ce qui permit aux maquis de les attaquer au moment du débarquement et de libérer ainsi des centaines de détenus — tels ceux du camp de Saint-Sulpice-La-Pointe dans le Tarn — qui risquaient d'être exécutés par les forces d'occupation avant leur départ.

Remonté à Paris au moment de l'avance alliée en direction de la capitale, M. Hug y vécut les journées insurrectionnelles qui précédèrent la Libération de la ville et souscrivit un engagement volontaire dans l'armée de l'air.

L'administration en disposa autrement, invitant l'intéressé à réintégrer le ministère de l'Intérieur où il fut chargé des fonctions de secrétaire de direction du Service central d'Alsace et de Lorraine. Il participa en cette qualité à la remise en place d'une administration française dans les départements recouvrés au fur et à mesure de leur libération, avant de reprendre sa place dans l'administration territoriale comme chef de cabinet du préfet du Haut-Rhin en juillet 1945.

1. Neveu du chirurgien-dentiste Charles Hug qui fut en août 1914 — avec le célèbre imagier Hansi — le premier engagé volontaire alsacien-lorrain dans l'armée française et à ce titre condamné à mort par contumace par le Conseil de guerre allemand siégeant à Colmar le 13 septembre 1914 et de M. Joseph Clerc, membre du Comité de libération du Haut-Rhin et ancien président d'honneur des FFIA.

Victime de Klaus Barbie

ROBERT-ALPHONSE CLOR
FFL - Réseau «Electre Bouleau»

Je me suis évadé d'Alsace le 11 juillet 1941 pour ne pas être enrôlé de force dans le RAD (Reichsarbeitsdienst).

Le 15 décembre 1942, j'ai signé un engagement dans le réseau de renseignement et de transmission «Electre Bouleau», commandé à ce moment-là par le colonel Jean Fleury.

Ma première mission consistait à ramasser chaque jour, matin et soir, les télégrammes dans différentes boîtes aux lettres se trouvant aux quatres coins de Lyon. Ces télégrammes étaient soit destinés à Londres, soit à Alger. Tous les jours, j'ai changé le poste émetteur de place parce que, à ce moment-là, nous ne possédions qu'un seul poste. De plus, je m'occupais de la protection des opérateurs pendant leurs transmissions. Je me rappelle de quelques noms de réseaux dont nous étions responsables des transmissions : Vecto, Raoul, François, Etienne et, bien sûr, Max dont nous ignorions à cette époque la véritable identité, Jean Moulin.

Début 1943, nous possédions deux postes émetteurs et comme agents : moi-même, Robi alias Bizet Jules et deux opérateurs radio de la Marine, des vrais : Félix - Berger ou Suchard.

De jour en jour, les télégrammes devenaient plus nombreux et il fallait élargir notre champ d'action et chercher des emplacements pour faire nos émissions dans d'autres villes que Lyon. A Lyon, les Allemands avaient installé une centrale de goniométrie avec cinq ou six voitures pour détecter les radios clandestines. C'était vraiment une mission difficile que de chercher des emplacements pour pouvoir travailler avec un poste émetteur dans une ville où les gens se méfiaient et il leur fallait un certain temps de réflexion, voire des journées, avant de donner leur accord. N'oublions pas que les rues pullulaient d'Allemands.

Grenoble et Beaujeu devinrent nos secteurs préférés. Dans ces deux régions, les emplacements étaient des fermes situées sur les hauteurs. On recevait les émissions «5 sur 5» et, pour la protection des opérateurs, on voyait facilement à deux ou trois kilomètres à la ronde l'approche des voitures gonio qui essayaient de nous repérer.

Maintenant que j'avais les emplacements, il ne me manquait plus que des agents de liaison et des radios expérimentés. J'ai contacté quelques Alsaciens et Lorrains dont j'avais fait la connaissance au 151e RI. Ils étaient tous évadés d'Alsace comme moi. J'ai eu la chance d'en récupérer une bonne dizaine. Notre réseau Electre Bouleau était bien organisé. Nous transmettions au début de l'année 1943 quelque trois à quatre télégrammes par semaine alors qu'en 1944 nous en transmettions des dizaines et des dizaines par jour. Le 17 mai 1944, jour de mon arrestation à la boîte aux lettres rue Victor Hugo à Lyon, j'étais en possession d'une centaine de télégrammes destinés soit à Londres soit Alger, et en plus de neuf quartz pour nos postes-radio. Heureusement les télégrammes étaient tous en groupes codés. Les Allemands ne m'ont laissé aucune chance de me débarrasser de cette marchandise qui nous était très chère. Voici comment les choses se sont passées. Je me dirigeais vers notre boîte aux lettres de repêchage en compagnie d'un agent de liaison, originaire de Strasbourg, Henri L., que je venais de recruter. Brusquement, un policier en civil m'a fait traverser la rue Victor Hugo, le pistolet pointé dans mon dos, et m'a poussé dans une librairie-papeterie située juste en face de cette boîte aux lettres. Arrivé dans le bureau du magasin, le policier demanda à un des employés une corde ou cordelette, ce qu'il lui fournit aussitôt. Alors ils se mirent à deux pour me ficeler les mains dans le dos. Le policier téléphonait à la Gestapo et en même temps il déposa son pistolet sur la table, à moins de trente centimètres d'Henri qui ne bougea point. Je compris que Henri marchait avec eux et m'avait trahi. Au téléphone, le flic parlait au pluriel en disant : «On a arrêté l'agent de confiance Robi, alias Bizet Jules». Peu de temps après, deux gorilles dans une traction 15 CV sont venus nous chercher. Nous prîmes la direction de l'Ecole de santé militaire. Henri marchait toujours librement. A l'école, commencèrent les interrogatoires, pendant quatre jours. De temps en temps, on me descendait à la cave pour récupérer un peu, mais jamais trop longtemps. C'est dans cette cave que j'ai trouvé quelques-uns de mes camarades qui s'étaient fait prendre de la même façon que moi, toujours accompagnés par Henri.

Le cinquième jour, je fus transporté à la prison de Montluc. Je n'avais ni mangé ni bu pendant cinq jours. Dans la cellule à Montluc, j'eus la visite de M. Farragi, adjoint de Richet, qui me posa pas mal de questions. Dans ma tête, il y eut un déclic. Pourquoi ? Parce que c'était le seul de tous les agents de ce réseau qui possédait l'adresse exacte de notre chef, Renal. Richet et son épouse étaient arrêtés, mais pas à la boîte aux lettres.

La navette entre Montluc et l'Ecole de santé militaire dura jusqu'au jour où l'Ecole fut bombardée. Dès lors les interrogatoires continuèrent au siège de la Gestapo, Place Bellecour.

Un jour, on me fit rentrer dans un bureau. Que vis-je ? Henri L. assis à une table, devant une assiette et une bouteille de vin d'Alsace. En face de lui un certain Francis qui se retourna et me dit : «C'est toi Robi ? Tu aurais mieux fait de planter des choux à la campagne que de faire ce métier.» Et, en plus, il ajouta : «Tu vois, Henri mange»... Je pense qu'il croyait m'intimider, mais j'en avais vu d'autres avant lui.

L'interrogatoire le plus dur fut la confrontation avec mon chef Richet, alias Renal, qui était presque méconnaissable, assis dans un fauteuil. Il y avait aussi deux brutes qui étaient présentes, armées chacune d'un nerf de bœuf et qui me posaient plusieurs fois la même question : «Regarde bien ce salaud et dis-nous que c'est bien lui Richet, chef du réseau Electre Bouleau et que vous étiez toujours en liaison avec les Russes.» Inutile de vous faire un dessin de la réception qu'ils me réservaient en leur répondant que je ne connaissais pas ce monsieur. Il faut dire qu'il fallait bien regarder pour le reconnaître : il subissait des tortures inimaginables. Après cela, les deux anges gardiens s'occupèrent un peu de moi et me firent «valser» à coups de nerf de bœuf dans une autre chambre. En rentrant dans celle-ci je croisai mon camarade d'évasion René Schmitt, alias Serge Riffart, qui sortait dans un état lamentable. C'était justement René qui était le responsable du bon fonctionnement du secteur Grenoble.

A l'intérieur de cette chambre se trouvait Klaus Barbie, les mains sur les hanches. Je l'ai tout de suite reconnu d'après les photographies faites en 1945 et montrées à la télévision française après son arrestation.

Il y avait aussi deux autres sbires qui m'accueillaient de la même façon. Ils ne me laissaient pas le temps de me déshabiller ou de souffler un peu et me bousculaient immédiatement dans une baignoire pour mon premier bain de santé... Dans un intervalle de deux heures j'en subis six.

Durant ce «séjour» de six semaines à Montluc, et faisant la navette Montluc-Ecole de santé militaire ou Montluc-place Bellecour, j'ai subi vingt-quatre interrogatoires, plus cruels les uns que les autres et toujours menés par d'autres bourreaux. 1943

Pendant ce temps, deux de ces chiens enragés («Bluthunde») s'occupaient d'une jeune fille d'environ vingt ans et nue. Elle était accrochée par des menottes au-dessus de la porte d'entrée de cette fameuse chambre. Derrière elle se trouvaient les deux sbires sous le commandement de Barbie, chacun un fouet à la main et ils tapaient et tapaient ; mais pour Barbie, jamais assez fort. A cette fille qui ne crachait pas le morceau, je me permets de présenter les honneurs. Les seuls mots que j'ai entendus d'elle sont : «Je ne sais rien...» Ils me sont restés gravés dans la mémoire. Pour moi, cela me faisait l'effet d'une piqûre qui augmentait mon courage et me donnait des forces supplémentaires pour la suite de mes interrogatoires.

A un moment donné, Barbie donna l'ordre à mes «anges gardiens» de me laisser par terre pour souffler un peu. Au même instant, les deux autres décrochè rent la jeune fille. La fille s'écroula la tête la première sur le sol, comme une personne frappée par la foudre. A ce moment-là, il se passa une chose inhumaine. Barbie donna l'ordre à un de ces hommes de prendre la partie supérieure du fouet et de pénétrer la pauvre fille couchée sur le sol comme moi. Barbie voyant que le sbire de service ne réagissait pas tout de suite, prit le fouet et s'occupa de cette ignoble besogne. Cette pauvre fille ne criait et ne pleurait plus, mais elle hurlait et ne disait toujours rien... Je ne crois pas que l'on puisse se faire une idée de l'effet que cela m'a fait d'être obligé d'assister à une telle torture, sans pouvoir secourir la malheureuse.

Après un séjour d'un mois et demi, je fus transféré à Compiègne puis expédié vers le sinistre camp de Neuengamme (matricule 36974). Avril 1944 : le camp est évacué vers Lubeck. Mai 1945 : échange de prisonniers avec la Croix Rouge suédoise, bombardement tragique des bateaux (10 000 morts), arrivée en Suède puis, le 28 juin 1945, rapatriement à Paris et, le 14 juillet 1945, convoqué par mes chefs de la Résistance, j'assiste à Colmar au magnifique défilé de la victoire.

Une Evasion Eratée

PIERRE SPIELMANN
2e DB

En cette période, fin mars-avril 1943, la VIIIe Armée anglaise venait d'enfoncer la ligne Mareth et remontait rapidement vers le Nord de la Tunisie, les troupes de l'Axe se préparaient à regagner l'Europe en s'embarquant au Cap Bon. Jean Ehret, de Saint-Louis (Haut-Rhin) et moi-même avions été accueillis depuis environ quatre mois dans la villa *Sweet Home* que possédaient les parents de notre ami Maurice Ferrand à Saint-Germain, près de Tunis. La mère de Maurice était anglaise. (Je rougirai toujours en comparant l'accueil réservé en France aux «Pieds noirs» à celui reçu en Tunisie par Joseph Ehret et moi-même).
Certaines jeunes classes venaient d'être mobilisées en Tunisie sur ordre de Pétain et nous en faisions partie tous trois. Réfractaires à cet appel avec au cœur cette joie secrète de l'aventure qui piétine le quotidien et qui, à travers les siècles a bien aidé les catastrophes guerrières, nous avions décidé de rejoindre la VIIIe Armée et la force «L» du général Leclerc, à travers les lignes allemandes. Départ avec quelques vivres, quelque argent. Un message : «Athos, Portos, et Aramis avisent Gergovie que tout va bien» pour rassurer les parents de Maurice en cas de réussite. Objectif : longer la route nationale Nord-Sud, le long de la mer, à la rencontre des Alliés. Seul moyen possible : la marche !

1943

Dès les contreforts du Bou Kornine près d'Hamman-Lif, les émotions ne tardèrent pas : troupes ennemies, dépôts de vivre à éviter, villas abandonnées surveillées, attaques aériennes surtout nocturnes. Pensant trouver meilleur refuge dans les collines voisines, nous avions découvert un monde fait de gourbis, tous les quelques kilomètres, ceinturées de pauvres cultures céréalières, sans aucune trace européenne. Plus grave : considérés comme des intrus par des habitants ne pratiquant que l'arabe, aucune communication n'était possible. Il nous fallait faire très attention de ne pas abîmer les cultures sous peine d'hallali. Notre vie se passait donc en zigzag entre la route et les collines, en fonction des avatars quotidiens. Seul répit à Sousse dans un hôpital rempli de blessés italiens en majorité. Très vite les bonnes sœurs qui nous y ont accueillis nous ont demandé de repartir en raison de nos imprudences. C'est là que nous avons appris que Sfax était occupé par les troupes alliées.

Pour l'heure, retournés dans nos collines, barbus, hirsutes, sans eau ni provisions depuis trois jours, notre situation allait devenir critique. Trois coups de fusils espacés semblaient bien nous avoir pris comme cible. Depuis la veille, le grondement des canons devenait de plus en plus fort. Nous contournions un énième champ de céréales au milieu d'un boqueteau quand quelques gourbis nous apparurent, dans un creux de colline à moins de deux cents mètres.

Surprise : bruit de motocyclette sur le côté gauche du chemin, un side-car avec deux soldats allemands casqués débouchait ; nous avions juste le temps de nous aplatir. Le side-car poursuivit son trajet étonnant. Relevés, nous découvrîmes un vieil Arabe gardant quelques chèvres près des gourbis. Il avait observé la scène. Réaction : lui demander de l'eau, essayer de discuter, Maurice parlait l'arabe : «Andek elma ?» (pouvons-nous avoir de l'eau ?) Hiératique, méprisant à l'extrême, aucune réponse du quidam que nous quittâmes écœurés. Il entonna alors une mélopée ardente, pour moi incompréhensible, assimilable à un appel à la guerre sainte !

Coup d'œil sur le paysage : le creux du simili village s'accentuait en une petite vallée suivie d'une colline proche avec, pour la première fois, à environ huit cents mètres, une route de montagne bien visible sur laquelle stationnait un camion allemand. Nous partions vers la gauche, à contresens du side-car, paysage caché en partie par un vallonnement du terrain afin d'arriver au sommet de ce vallonnement et redescendre vers la mer car la mélopée persistait et ce camion nous inquiétait. La végétation nous dissimulait assez bien sur ce chemin.

Regard en arrière : nouvelle surprise : un jeune Arabe commençait à nous suivre à distance respectueuse. Nous accélérions. Nouveau regard : une troupe se formait, dix, quinze Arabes, armés de gourdins, toujours à distance respectueuse, vingt à trente mètres. Ne pas s'affoler, continuer, même ralentir (ils ne savent pas que nous ne sommes pas armés), mais dès le sommet du chemin, aller au plus vite en direction de la mer : ils se calmeront peut-être.

Les distances se maintenaient, le sommet fut atteint et, choc final, nous découvrions, dans une nouvelle et large vallée, un régiment allemand, avec tous ses équipements, déjà bien avancé dans le creusement d'une tranchée ! Autre découverte : nous étions tous devenus fatalistes, aucune réaction de surprise, de découragement : «Inch'Allah».

Décision : s'asseoir en retrait des Allemands, réfléchir, en imposer aux Arabes — toujours à même distance et qui s'arrêtaient aussi. Nous décidions ensuite d'aller vers eux, de parlementer, d'obtenir contre paiement une aide pour franchir les lignes. Que faire d'autre ? Debout, marche lente vers nos surveillants. A notre grand étonnement, le cercle se rompit à notre approche. Fuite générale.

La chasse prit maintenant un autre style : après un détour vers la droite nous vîmes courir nos Arabes, en file indienne, vers le régiment allemand. Nos Arabes nous avaient enfin situés ! Joseph évoqua une prime de 25 000 Frs promise par tête livrée aux Allemands. Pris en chasse par la Wehrmacht, nos minutes seraient comptées. Entre deux maux. Pas d'hésitation, il fallait aussi courir vers les Allemands !

La peur au ventre (combien de records mondiaux de course à pied à améliorer) je dévalai cette colline à une vitesse qui m'était inconnue. La file indienne des coureurs arabes d'abord en point de mire, puis rattrapée, et dépassée, ridiculisée sous les yeux d'une sentinelle allemande médusée par ces renforts empressés. «Wir möchten mit Ihrem Hauptmann sprechen» (Nous désirons parler avec votre commandant). Aucun étonnement de la sentinelle qui répond :

— «Ja und weg mit diesen Arabern» (Oui mais au diable ces Arabes).

— «Jawohl»

Pas contente l'escorte. Protestations, explications en arabe. Aucune chance possible : refoulés sans appel les pauvres !

Le capitaine allemand : la trentaine, 1 m 90, souriant, empreint d'une certaine sympathie. «Vor allem, Herr Hauptmann, könnten wir etwas zu trinken haben, wir sind ohne Wasser seit drei Tagen» (Avant tout, M. le Commandant, pourrions-nous avoir de l'eau ? Nous n'avons rien bu depuis trois jours). Caisse d'eau minérale à notre disposition, le temps aussi de réfléchir pour pouvoir s'expliquer ensuite.

Voilà : nous sommes étudiants à Tunis, l'université étant fermée à cause des bombardements, nous nous trouvions sans ressources ni nouvelles de nos parents domiciliés à Sfax. Aucune autorisation ne nous ayant été accordée pour les rejoindre, nous sommes partis malgré tout.

Vous avez eu de la chance, les avant-gardes canadiennes sont à environ 4 km et ils ne vous auraient pas fait de cadeaux ! Je dois vous livrer à mon commandant d'unité qui décidera de votre sort.

Nous voici donc emmenés dans un dodge ; nous sommes arrivés à déchirer et à jeter quelques notes et relevés sommaires de camps et de dépôts observés au cours de notre trajet mouvementé. Arrivée chez le colonel, dans une villa en plein déménagement. Nous gênions, ennuyions et n'étions guère pris au sérieux ; il ne nous demanda même pas nos papiers. «Bon, présentez vous à la Gestapo à Tunis. Je m'informerai si vous avez obéi». (Comment sans savoir nos noms ni avoir demandé nos papiers ?). L'idée de fuir ce coin malsain et d'attendre un peu plus loin l'arrivée des Alliés m'envahit. Le dodge sur le départ devait logiquement rejoindre son unité.

— Il y a plus de 100 km jusqu'à Tunis, nous serons longs à y parvenir.

— Bon, remontez dans le véhicule. Chauffeur, déposez ces jeunes gens au carrefour de la route de Sfax, ils se débrouillerons ensuite tout seuls.

Invraisemblable mais vrai !

Quitté une petite heure plus tard, le dodge s'éloignait. Cent mètres de marche sur la route nationale et nous voici prisonniers d'une patrouille italienne avec un seul soldat allemand vite abordé pour lui expliquer notre cas. Il précisa : «Ce secteur est italien, seul un officier italien peut décider».

La journée se termina dans une villa entourée d'une orangeraie, au milieu de soldats italiens, au demeurant sympathiques. Efforts louables pour se faire comprendre : français, anglais, ou allemand, Joseph parlait même quelques mots italiens. L'officier italien, absent, était attendu en fin de soirée. Parqués dans un coin du jardin, nous ne fûmes plus très affectés par tous ces rebondissements. A cette époque je me targuais de composer des chansonnettes et, malgré quelques bourrades de Joseph, je persistai à fredonner, siffloter un air que j'étais persuadé n'avoir jamais entendu. L'effet fut brutal : «spiona, spiona». Manu militari nous fûmes enfermés dans la cave de la villa, chacun dans une espèce de caisse où nous passâmes la nuit, moi-même savourant les appréciations de mes deux amis sur l'intelligence particulière qui m'avait donné l'idée de fredonner et siffloter l'air antifasciste italien au milieu des troupes italiennes à proximité du front.

L'officier italien parlait le français. Il prit vite sa décision : encadrés de quatre carabiniers, nous retrouvâmes notre colonel allemand moins de 24 heures après l'avoir quitté. La prise des papiers fut immédiate, sourcils froncés, sans un mot. Une soupe à midi, et puis on nous mit dans un camion tous les trois, plus un hindou dans un burnous arabe, lui aussi étiqueté espion ; une demi-douzaine de soldats de l'Afrika Korps nous accompagnait en sus du chauffeur. Direction Tunis !

Quelques petites alertes aériennes sans conséquences et nous nous retrouvions dans une villa entourée d'un parc, au cœur d'un centre de SS. Nouvel interrogatoire : grande pièce claire aménagée en bureau où présidait un officier SS quadragénaire, neutre dans son attitude. A gauche, à droite des groupes de jeunes SS. Je suis interrogé le premier : «Pourquoi n'avez-vous pas répondu à la mobilisation du maréchal Pétain ?» J'ose à peine écrire ma réponse, et pourtant.

— Voilà ; depuis l'armistice nous vivions en France. Peu à manger, toujours de la salade cuite, encore de la salade cuite. Certains d'entre nous étaient arrivés à passer en Tunisie où la vie était meilleure et nous étions tranquilles. Et puis cette mobilisation ; nous avons pensé que nous allions être rapatriés en France et retrouver la salade cuite !

— Et la discipline française, qu'en faites-vous ? Je suis marié, j'ai trois fils que je n'ai plus revu depuis quatre ans.

Il s'attendrissait insensiblement sur son cas (nous devions avoir l'âge de ses fils), jusqu'à ce que les regards de plus en plus sévères des jeunes SS le rappellent à la réalité.

— C'est bon, vous le premier, passez dans la pièce à côté.

Changement de décor ahurissant : chambre sans issue, entièrement tapissée de noir. Bureau à ma gauche en entrant révélé par une bougie allumée, placée sous une tête de mort, officier SS assis au bureau.

— Alors on voulait rejoindre les Anglais ?

— Si j'avais voulu rejoindre les Anglais il m'aurait suffi de rester à Tabarka lors du débarquement.

— Ça va, l'interrogatoire est terminé.

Retour dans le parc avec Joseph et Maurice, entourés de SS. Réflexions diverses de ces messieurs : «Es sind Spionen, die werden morgen früh erschossen» (Ce sont des espions. Ils seront fusillés demain matin). Nous fûmes emmenés la nuit tombante en Citroën 15 à la prison de Tunis. Nous espérions être remis aux autorités françaises avec l'espoir de nous sortir de ce mauvais pas.

Les Feldgendarmen nous confièrent aux miliciens de Pétain qui dirigeaient la prison. Joseph traduisit l'acte d'accusation : «Les prisonniers que nous vous remettons sont soupçonnés d'espionnage mais restent à la disposition de l'Afrikakorps».

Nos geôliers, blancs et arabes, habillés à la mode SS, nous rassurèrent peu de temps. Le chef milicien vint près de moi (étant le plus grand j'avais toujours le privilège d'être abordé le premier).

— Ton nom ?

Il commençait un dossier, se ravisa.

— Je vais d'abord liquider les autres. Ahmed emmène ces trois de l'autre côté.

Là, c'était une chambre avec trois lits. Ravis nous allions naturellement chacun vers un lit. Ahmed n'était pas d'accord.

— Contre le mur. Garde à vous.

Illusions perdues. Echos de la pièce voisine.

— T'es un dur toi, hein ?

— Oui, je suis un dur !

On entend des coups, les cris, ils sont plusieurs à taper. Le malheureux heurta à plusieurs fois la porte fermée. Nous nous regardions tous trois : il faudra courber le dos. La porte s'ouvrit. Nouveau gradé qui nous toisait :

— Alors on se dégonfle d'aller au front, hein ?

— On en a déjà assez bavé.

— Pas assez.

Le «punching-ball» continuait de l'autre côté, la porte menaçait ruine. On en bavera encore. Notre gradé n'insista pas et sortit. Massacre terminé, c'était notre tour : «Au premier de ces trois». Sans hésiter Joseph partit droit et décidé, comme à la parade. Mais il revint. C'était mon dossier qui avait été ouvert. J'étais très terne à côté de Joseph, pas lents, mesurés, démarche rasante.

— Spielman, t'es alsacien toi ?

— Oui.

— Tous les Alsaciens sont des durs (c'est une obsession).

— Pas moi, je fais exception.

Il se leva de son bureau et commença à serrer le cache-col, oublié par Maurice dans la voiture, que j'avais récupéré et négligemment jeté autour du cou. Autour de moi, quelques miliciens armés de nerfs de bœuf.

— Les mains derrière le dos !

J'avais compris que tous ces assommeurs n'attendaient qu'un geste de rébellion pour se faire plaisir et il n'était pas question de leur donner satisfaction : mes mains ne bougeaient pas.

Le cache-col enroulé ne m'étouffait pas encore violemment, mais je pliai mes genoux et tirai la langue sans résister ni exprimer un son. Il relâcha l'étreinte, fouilla mes poches, trouva une pièce italienne. Coup de poing en pleine figure.

— C'est la huitième aujourd'hui, c'est un signe de ralliement ! Un chapelet dans une autre poche. C'est bien, tu n'es pas juif !

Commença une série de remarques et de questions stupides, du style :

— Tu vois j'ai gravé «vaincre ou mourir» sur ma bague. Si tu n'étais pas prisonnier de l'Afrikakorps je te l'imprimerais entre les yeux ! Je suis un champion de boxe, tu ne tiendrais pas trois rounds contre moi.

— Je ne fais pas de boxe.

Le tout ponctué, toutes les quelques secondes, d'un violent coup de poing dans la figure. Plus petit que moi, ses coups étaient supportables ; je déviais chaque fois légèrement la tête pour protéger mon nez et m'en sortais assez bien sans bouger mes mains, avec toutefois une étoile à chaque impact. Ses collègues n'avaient pas à intervenir et il se fatiguait. Quelques chocs de la tête m'inquiétaient beaucoup plus, mais il s'arrêta : «Conduisez-le en cellule».

Bruits de serrure dans la cour de la prison, jeté dans le noir de la cellule, je tâtonnai, trouvai un bat-flanc en pierre que j'assimilai à une pierre tombale, m'y allongeai et sombrai dans un profond sommeil. Nouveau bruit de serrure, je m'éveillai, la nuit semblait avancée. Ramené dans la salle des miliciens, j'y retrouvai Joseph et Maurice serrés de près. Mes amis eurent un haut-le-corps en me voyant ; bosses et bleus alternaient sur ma face. Le nez de Joseph avait été passé au mercurochrome. J'apprendrai plus tard que Maurice avait eu droit aux «pucettes» pour lui faire dénoncer des voisins ou amis, en tant que Français de Tunisie.

Le milicien-chef revint vers moi, revolver au poing.

— Combien de tanks allemands à Tunis ?

— Je n'en sais rien.

Lentement vers Joseph :

— Quel message devais-tu passer ?

— Athos, Porthos et Aramis avisent Gergovie que tout va bien

— Ce n'est pas ce passage qui m'intéresse.

Lentement vers Maurice, il lui plaça le revolver sur le ventre.

— Qui était le chef de la bande ?

Maurice se fâcha, calme, gentil, réfléchi, son attitude n'en était que plus surprenante.

— Tire, mais tire donc espèce de lâche, tu ne sais que t'attaquer à des gens désarmés.

Je m'affolai. Combien il semblait fragile, Maurice, et nous tous vulnérables. Il fallait sortir de ce piège et ne pas s'y faire tuer inutilement. J'intervins :

— Vous vous trompez, nous ne faisons pas de politique.

Toujours lentement, le pistolero revint vers moi :

— Tu n'es pas juif ?

— Non.

— Tu n'es pas communiste ?

— Non.

— Eh bien, les Allemands se battent à l'Ouest contre les juifs et pour la religion et à l'Est contre le communisme pour la civilisation. Inacceptable.

— Vous êtes catholiques ?

— Oui.

— Alors comment expliquez-vous que les Allemands aient expulsé trois mille prêtres d'Alsace ?

— Tu les as vus ?

— Oui, à mon passage à Epinal en 1941 (faux, on m'en avait parlé).

— Vous êtes civilisé ?

— Oui.

— Appelez-vous être civilisé que d'expédier des gens dans des wagons à bestiaux à huit cents km de chez eux avec 3000 F et trente kilos de bagages ?

— L'Alsace c'est une question spéciale, il vaut mieux ne pas en parler !

— D'accord (ouf !) et immédiatement :

— Pourrais-je avoir un peu d'eau ? la journée a été longue.

— Ahmed, emmène-le à la fontaine dans la cour.

Retour : eau coupée pour cause vraisemblable de bombardement. A notre grand étonnement, nous entendions :

— Ah ! alors c'est Pâques aujourd'hui.

Et nous voilà tous attablés. Repas avec côtelettes, vin. Atmosphère presque détendue (Ah ! ces Français). Le boxeur pistolero me tâtait le visage :

— Je t'ai bien arrangé, tu dois m'en vouloir ?

Si je dis «oui» il est capable de recommencer, «non» il pensera que je suis un «lâche».

— Au fond je vous en veux un peu.

— Je te comprends.

A la vérité j'éprouvais un malaise, sans guère de rancune, je me demandais si je n'étais pas une chiffe molle. Je pensais à la pierre tombale de ma cellule et obtins rapidement matelas et couvertures pour nous trois. Mon interlocuteur sentait vaguement qu'il avait été floué :

— Bon, ça va pour aujourd'hui, mais demain ça va changer !

Le lendemain matin : Cellule 2 m×3 m environ, odeur de grésyl, deux vasistas à 2 m du sol, garnis de solides barreaux. A l'entrée et au fond des latrines. Ni chaise ni table. Accès aux vasistas impossible seul. Nous étions exactement dix prisonniers.

Promenade surveillée, rythmée dans la cour. Tour de contrôle comme au cinéma. Joseph était devant moi : je devais être cocasse aussi, mais son nez rouge qu'il penchait tristement m'emplit de gaîté. A voix basse :

— Joseph, ô Joseph.

— Oui, quoi ?

— Donne ton nez que je l'embrasse.

— Imbécile.

Voix du surveillant :

— Le premier et le dernier en cellule.

Je constatai que celle de Joseph n'est pas éloignée de la mienne, au pied d'un petit escalier. On pouvait s'appeler sans risque.

Les jours s'écoulaient, monotones, sans lectures. Seule distraction, la promenade du matin en cercle. Un repas par jour : presque toujours une gamelle militaire de pâtes, une demie miche de pain, de l'eau, assez pour ne pas trop souffrir de la faim. Je déchiffrai, sur les murs de ma cellule, les inscriptions, les graffiti gravés dans la chaux. Les victimes semblaient assez nombreuses ; j'y relevai souvent des mentions de transfert en Allemagne.

Ma manie des chansonnettes me reprit, «grands bateaux et petites fenêtres». Sachant Joseph assez proche, je ne résistai pas au mauvais goût et chantai à tue-tête :

— Joseph, Joseph, tu seras fusillé ! pan, pan. La réponse ne se fit pas attendre : «Idiot» ! Très juste ; d'autant plus que notre sort était commun. Mais j'imaginais la tête de Joseph et étais rempli d'aise.

Le soir il ne nous restait qu'à nous coucher très tôt puisque nous n'avions pas de lumière. Un bombardement nocturne relativement proche me fit imaginer quel serait notre sort si la prison était atteinte.

Et puis, une nuit, réveil en sursaut, bruit de nombreuses bottes qui montaient le petit escalier, une serrure que l'on ouvrit, un cri de peur. «Prenez vos affaires : ce soir on fait dix rapports en un seul». Une petite résistance, l'homme était entraîné. Très inquiet j'écoutais. Coups de feu, voiture qui démarrait. Même processus sept fois de suite. Puis le bruit de clés était pour moi. Angoisse : comment vais-je me comporter si l'on m'exécute ? La porte s'ouvrit ; une lampe-tempête faisait briller quelques casques allemands. Une forme humaine m'interpella :

— Votre nom ?
— Spielmann.
— C'est bon, vous pouvez vous recoucher !

Ouf, ouf, ouf ! Pour la promenade du matin nous n'étions plus que trois : Joseph, Maurice et moi.

Surprise le soir : bruit de clefs. Trois miliciens dont mon boxeur vinrent me voir avec encore des côtelettes et du vin ! «Nous partons pour le front russe et venons te dire au-revoir.» Désarçonné, vaguement flatté, jésuite et lâche, d'une lâcheté qui m'indispose encore, je répondis : «Je vous admire». Traduction : si c'est vrai vous êtes courageux, vous défendez vos idées ; si c'est faux, c'est que les Alliés sont proches et que vous êtes assez malins pour sauver votre peau. Cette dernière raison pouvait aussi éventuellement expliquer que l'on nous ait épargnés.

Dès le lendemain, l'Afrikakorps avait repris la prison en mains avec des quadragénaires débonnaires. Le service d'hygiène s'améliorait. La promenade devenait individuelle dans la cour de la prison, les prisonniers pouvaient se parler, avoir des livres, passer aux cuisines. De nouveaux prisonniers arrivaient aussi. Les réflexions devenaient plus pertinentes :

— Stukas gut.
— Oh Spitfire auch nicht schlecht.

Le couscous apparaissait au menu quotidien ; mais venait de commencer. J'attendais justement ce repas de couscous distribué aux cuisines aux environs de onze heures du matin. Onze heures trente, midi, une heure, pas de repas. Plus aucun bruit dans la prison. Quatorze heures, quinze heures, rien.

Bruit de clés : un militaire allemand, seul :

— Allez sortir, promenade Tunis.

Nouvelle inquiétude : balle dans la nuque ?

— Non, non, promenade Tunis !

Avance prudente vers la porte. Une demi-heure plus tard nous étions libres, avec nos papiers, sans notre argent. Mystère de la bureaucratie alors que nous aurions pu sauter dans l'explosion de la prison !

Retour à Saint-Germain (aujourd'hui débaptisé) libéré après Tunis. Quelques obus égarés. Attaque de front de quinze, vingt chars anglais en ligne dans la plaine St-Germain Haman Lif. Riposte de l'artillerie allemande camouflée dans les contreforts d'Haman Lif. Quelques femmes du harem du Bey couraient éperdues, dans les rues de St-Germain.

Première tasse de thé au lait anglais. Et puis la villa *Sweet Home* (jamais débaptisée), retentissant des vieux chants écossais et gallois (l'Alsace ne faisait pas le poids). Cuite mémorable franco-anglaise : whisky et vins mélangés. Pour finir, départ des trois lascars vers la 2e DFL. Une page était tournée.

NOTES DE L'ARTICLE « LA RECHERCHE NUCLÉAIRE ALLEMANDE » (PAGE 1068).

1. Frédéric (1900-1958) et Irène (1897-1956) Joliot-Curie, gendre et fille aînée de Marie Curie, ont eu, dans les années trente et quarante, à la fois par leurs travaux scientifiques et leurs responsabilités successives, un rôle central dans le développement de la recherche nucléaire française et internationale.
2. Une lettre du 29.11.1941 de Georg Niemeier, doyen de la faculté des sciences de la Reichsuniversität, à la direction générale des SS (Reichsführung-SS) est symptomatique à cet égard (archives du Berlin Document Center).
3. Pour plus de détails sur la création du Forschungs-institut, on se reportera à l'article de Jacques HÉRAN dans ce numéro.
Bien que Weygand soit un collaborateur actif de l'institut de recherches médicales, et travaille en étroite liaison avec Fleischmann, il n'est présent à Strasbourg que de mars 1943 à novembre 1944.
4. UK, abréviation de unabkömmlich, classification utilisée par l'armée allemande pour désigner une personne jugée indispensable dans le civil et donc libérée des obligations militaires.
5. Dans un texte dactylographié de deux pages écrit probablement en 1946, Fleischmann explique ces deux engagements par des contraintes professionnelles (archives du physicien Robert Pohl, Pohl Nachlass, II. Physikalisches Institut der Universität Göttingen). On trouve la liste complète des affiliations de Fleischmann (et de ses collègues) à des organisations officielles du IIIe Reich dans la thèse de Patrick Wechsler, *la Faculté de médecine de la Reichsuniversität de Straßburg (1941-1945). A l'heure nationale-socialiste*, thèse de doctorat d'Etat en médecine, Strasbourg, 1991 (pour Fleischmann, voir p. 120). Rappelons qu'en Allemagne, entre 1933 et 1945, le fait d'appartenir au parti nazi est quasiment la règle pour toute personne occupant un poste d'importance même secondaire — ce qui n'excuse rien ni personne. Tous les professeurs de la faculté de médecine de la Reichsuniversität sont inscrits au parti nazi, sept d'entre eux appartiennent aux SA, six autres ont des grades divers dans les SS. Parmi ces derniers Dyckerhoff, titulaire de la chaire de chimie physiologique, Hirt, titulaire de la chaire d'anatomie, et Stein, doyen de la faculté, ont le grade de commandant.
6. L'action du phosphore est capitale dans le métabolisme des êtres vivants. L'un de ses isotopes radioactifs convient particulièrement bien comme «traceur» car il a une durée de vie suffisamment longue et il est aisément mesurable par les compteurs de radioactivité classiques. Pour étudier le comportement du phosphore dans un organisme vivant, on ajoute à une quantité connue de phosphore stable une quantité également connue de 32P. On injecte le mélange dans l'organisme; les deux isotopes se déplaçant ensemble (les isotopes ont le même comportement chimique et ne diffèrent que par leur poids atomique), on peut connaître facilement l'action du phosphore en suivant l'évolution du 32P. Ce phosphore radioactif a aussi un usage thérapeutique dans certaines maladies sanguines.
7. A ce sujet, on consultera: Samuel Goudsmit, *l'Allemagne et le secret atomique (La mission Alsos)*, Paris, Fayard, 1948; et Mark Walker, *German National Socialism and the quest for nuclear power, 1939-1949*, Cambridge, Cambridge University Press, 1989.
8. Voir l'article de Jacques HÉRAN dans ce numéro.
9. Le lecteur qui voudrait se familiariser davantage avec cette histoire est invité à se reporter à notre publication : *la Recherche nucléaire à Strasbourg. Les dix premières années, 1941-1951*, Centre de recherches nucléaires de Strasbourg, janvier 1993, publication CRN n° 93-02.

NOTES DE L'ARTICLE « LE FEU VERT DE HITLER » (PAGE 979)

1. Nous reprenons ici, en l'améliorant et en l'annotant, notre article paru dans *L'Alsace* du 13.2.1973 (30e anniversaire de l'affaire). Faute de place, nous n'utilisons qu'une petite partie de la documentation que nous avons pu rassembler depuis cette date.
2. *L'Alsace* 12, 14 et 15.2.1946.
3. *Mülhauser Tagblatt* (abr. MT, souvent éd. d'Altkirch), 15.12.1942.
4. MT, 12 et 13.2.1943.
5. Dernières Nouvelles (abr. DN), 26.4.1946.
6. Friedrich HUENENBURG, = (SPIESER) *Tausend Brücken*. Stuttgart, Huenenburg, 1952, 1000 p.
7. Robert ERNST, *Rechenschaftsbericht eines Elsaessers*, Bernard und Graefe, Berlin, 1954, 420 p.
8. MT, 17.2.1943.
9. *Verordnungsblatt des Chefs der Zivilverwaltung im Elsass (1943)*, Verordnung über den Vollzug der Todesstrafe (p. 36).
10. MT, 16.2.1943. Discours du nouveau Kreisleiter, MT, 20.2.1943.
On notera aussi, dans une lettre de Himmler, la destitution du « Höherer SS und Polizeiführer Südwest im Stuttgart ». Dans Helmut HEIBER, *Reichsführer! Briefe an und von Himmler*. München, DTV, 1970. 400 p. (p. 252). L'éditeur note à ce sujet : « Der Grund war nicht zu ermitteln. »
11. MT, 22.2.1943. Liste d'Altkirchois déportés : 4.3.1943.
12. MT, 17.2.1943. Noter que le « Reichsführer » est Himmler, et non Hitler, qui est « Führer des Reiches ». « Staatsführung » pourrait désigner Lammers, qui était le chef de la Chancellerie. Le secrétaire d'Etat Stuckart s'occupait plus spécialement des affaires alsaciennes, dans le cadre du ministère de l'Intérieur, chez Frick.
13. Willi BOELCKE, *Wollt ihr den totalen Krieg?* Stuttgart, DVA, 1967, 364 p.
14. Rien dans LOCHNER, 1948. Edition de München à partir de 1987. Nous ne disposons que de la première partie jusqu'au 8.7.1941.
15. Registre des correspondances de la Sundgauschule Altkirch, t. 2 (25.2.1942-17.11.1944). Sous le n° 2003 du 16.3.1943 : Zusendung des Musickbuchs und drei Hefte an das Graphologische Institut Heidelberg. Sous le n° 2026 : Brief des Sonderbeauftragten des OKW, der Bescheinigung über den Schulbesuch von Renatus Klein anfordert. Sous le n° 2099 : Zusendung an das Graphologische Institut Heidelberg zur baldmöglichen Bearbeitung des Falls G.V. (3.4.1943). Sous le n° 2120 du 6.4.1943, l'institut de médecine légale de Heidelberg dit n'avoir pas reçu les documents, mais le 27.5.1943 une facture est envoyée à la gendarmerie (Kreisführer der Gendarmerie Altkirch, n° 2344).
16. Max DOMARUS, *Hitler, Reden un Proklamationen 1932-1945*. Süddeutscher Verlag, 1965, 4 vol., t. 2/2, p. 1987.
17. Kriegstagebuch des Oberkommandos der Wehrmacht (Wehrmachtführungstab).
Abr. KTB-OKW. Tome 3/1 (1943) : en date du 15.2.1943 : « Führer»...« da dieser am 15.2. früh zur Heeresgruppe Süd abfliegt » (p. 133).
Puis en date du 17.2.1943 : « Der Führer.. fliege.. über Winniza nach Saporoshje » (p. 136). La mention du 17 pourrait s'entendre : le Führer est en train d'aller à Zaporojie, en passant par Vinnitsa. Mais DOMARUS, *Hitlers, Reden...*, 1965, p. 1988, se référant entre autres au pilote de l'avion, précise : « Am 17 Februar früh um 2 Uhr startete er in Rastenburg mit der viermotorigen Condor-maschine. » Si ces indications sont exactes, il aurait donc retardé le voyage de deux jours.
18. DOMARUS, *op. cit.*, 1965, p. 1992.
19. DOMARUS, *op. cit.*, 1965, p. 2055.
20. Fridolin SOLLEDER, *Vier Jahre Westfront. Geschichte der IR List*, München, Schick, 1932, 502 p. (p. 287-288).
21. SOLLEDER, *op. cit.*, p. 168.
22. Balthasar BRANDMAYER, *Mit Hitler Meldegänger 1914-1918*. Ueberlingen, Walter, 1940, 92 p., 12 pl. (9e éd. signée Heinz BAYER).
23. Des détails sur le séjour de Hitler dans le Sundgau ont été rassemblés par Joseph LOGEL dans son livre, *Victime du paradoxe*. Bischheim, Jérome/Do Bentzinger, 1990, 334 p, illustré.
24. Peter HUETTENBERGER, *Die Gauleiter*, Stuttgart, DVA, 1969. 240 p., 1 carte, 1 tableau.
25. Otto MEISSNER, *Staatssekräter unter Ebert, Hindenburg, Hitler*, Hoffman und Campe, Hamburg, 1950. 644 p., 1 photo.
26. Selon *La France de l'est*, 4.8.1934.
27. François BAYLE , *Psychologie et éthique du national-socialisme : étude anthropologique des dirigeants SS*. Paris, PUF, 1953. 550 p.
Voir p. 278-283 le cas de Karl Brandt. Pour Eicke, on peut voir : *Revue d'histoire de la deuxième guerre mondiale*, 98, 1975, p. 57-76.
28. MT, 19.4.1943 (page d'Altkirch).
29. MT, 19.4.1943 (page d'Altkirch).
30. Vue au musée d'Altkirch
31 DOMARUS, *op. cit.*, t. 1/1, p. 333 : Hitler reçoit de Brinon. Il lui dit : « Elsass-Lothringen ist keine Streitfrage. Aber wie lange noch wird man wiederholen müssen, dass wir weder absorbieren wollen, was uns nicht gehört, noch das wir uns von irgend jemand lieben lassen wollen, der uns nicht liebt. »
32. MEISSNER, *Staatssekräter*, 1950, p. 338 : « Wäre es doch ein Wahnsinn, um ein Gebiet mit noch nicht zwei Millionen Einwohnern, von denen ein erheblicher Teil lieber bei Frankreich bleiben wolle, zurückzugewinnen, zwei Millionen junger deuscher Männer in einem Kriege zu opfern. »
33. Albert SPERR, *Erinnerungen*, Frankfurt, Ullstein, 1969. 622 p. Ici, p. 135, l'Alsace considérée comme

« unbedeutender Gebiersstreifen » et les Alsaciens « so charakterlos, dass sie... (keinen Gewinn beteunen) ». Propos analogues : voir *Revue historique*, 547, 1983, 220 bas-221 haut.
34. Hermann RAUSHING, *Hitler m'a dit*, Paris, Somogy, 1945. 320 p., 2 pl, p. 57, conversation de l'été 1932 : s'il ne renonce pas à l'Alsace, « ce n'est pas parce que ces régions sont peuplées d'originaires allemands, c'est simplement parce que nous avons besoin de ces territoires et d'autres encore pour arrondir notre noyau territorial à l'ouest ». On aurait là une revendication de type géopolitique.
35. Friedrich SPIESER, *Kampfbriefe aus dem Elsass*, Volk und Reich, Berlin, 1941, 200 p., illustré.
36. KTB-OKW, t. 4/1 (1944), p. 439-441.
37. Walter WARLIMONT, *Im Hauptquartier der deutschen Wehrmacht 1939-1945*, Bernard und Graefe, Frankfurt, 1962, 570 p., Voir p. 516 : « Alle Elssässer müssen aus den Divisionen... Vorderer Linie... entfernt werden. »
38. Dans une lettre du 3.9.1963 : « Glaube ich mich zu erinnern, dass Hitler aus gleichen Gründen... schon früher einmal verlangt hatte, die elssässischen Soldaten nur einzeln und nicht in grösseren Gruppen auf die Einheiten der Wehrmacht zu verteilen. » Dans une lettre du 13.7.1964, il écrit sur les instructions données à Jodl qu'il se réfère à l'original du KTB-OKW : « In der Buchausgabe... habe ich den befehl vergeblich gesucht. »
39. DOMARUS, *op. cit*, 1965, p. 1874.
40. On trouvera quelques discours, dont nous n'avons pas donné la référence exacte, dans les journaux, DN ou MT, du lendemain. Nous ajoutons encore celle de la brochure de Pierre CRENESSE, *le Procès de Wagner, bourreau de l'Alsace*, Paris, OFE, 1946, 54 p., 4 pl.
La pagination de DOMARUS, 1965, est continue à travers les 4 volumes : 1-464 (32-34) + 465-1000 (35-38) + 1001-1642 (39-40) + 1643-2324 (41-45).

BIBLIOGRAPHIE ET NOTES DE L'ARTICLE « LES JUIFS ALSACIENS EN ZONE SUD », PAGE 1123

Il n'existe pas d'ouvrage qui analyse l'histoire spécifique des juifs d'Alsace pendant la seconde guerre mondiale. Ni les sources de l'époque, qu'elles soient françaises et *a fortiori* allemandes, ni la bibliographie désormais abondante sur la persécution en France ne distinguent de façon systématique l'origine géographique des victimes et des rescapés. Il serait grand temps, malgré le caractère douloureux que revêtira cette entreprise, de recueillir les témoignages des survivants et les archives familiales encore disponibles.

Nous avons emprunté beaucoup d'informations aux quatre ouvrages suivants:

Activité des organisations juives en France sous l'occupation, Paris, 1947.
Zosa SZAJKOWSKI, *Analytical Franco-Jewish Gazetteer 1939-1945*, New York, 1966.
Michaël R. MARRUS, Robert O. PAXTON, *Vichy et les juifs*, Paris, 1981.
André KASPI, *les Juifs pendant l'occupation*, Paris, 1991.

Pour ne pas allonger exagérément l'appareil des références, nous y renvoyons une fois pour toutes.

NOTES

1. Selon Erwin SCHURMANN, *la Population juive en Alsace*, Paris, 1936, il y avait à Strasbourg, en 1931, 1636 juifs polonais: l'auteur évaluait la proportion des étrangers dans la population juive de la ville de cette année à 39 %. L'auteur avait à Strasbourg identifié, dans le dénombrement de 1931, 315 noms « à consonance juive » parmi les non-réponses à la question sur la confession.
2. L'évaluation de Marie-Joseph BOPP, *l'Alsace sous l'occupation allemande*, Le Puy, 1945, p. 84, selon laquelle il y avait, en 1939 en Alsace, « avec les réfugiés allemands, au moins 50000 à 60000 israélites », me paraît peu fondée.
3. Claude VIGÉE, *la Lune en hiver*, Paris, Flammarion, 1970, p. 13.
4. VIGÉE, *op. cit.*, p. 31-35.
5. Pierre CLAUDE, dans sa nouvelle *Il voulait rester chez lui*, publiée dans *Saisons d'Alsace*, n° 55-56, 1975, p. 241-244, imagine le suicide du vieux Lévy s'enterrant lui-même dans le cimetière, où reposaient sa femme et ses parents.
6. Témoignage recueilli à Périgueux le 30 juillet 1940 d'après SZAJKOWSKI, *op. cit.*, p. 230. Cf. aussi le reportage illustré publié par le périodique antisémite de Nuremberg *Der Stürmer* du 3 octobre 1940.
7. Marie-Joseph BOPP, *op. cit.*, 1945, p. 50.
8. Le chiffre de 22 000 est cité notamment par E.M. KULISHER, *The diplacement of population in Europe*, Montréal, 1943, par BOPP, *op. cit.*, p. 8 et Lothar KETTENACKER, *la Politique de nazification en Alsace*, II, in: *Saisons d'Alsace*, n° 68, 1978, p. 141 qui cite un rapport du Gauamt für Rassenpolitik selon lequel il y avait encore 21000 juifs en Alsace à l'entrée des Allemands.
Cf. Pierre CRÉNESSE, *le Procès de Wagner, bourreau de l'Alsace*, Paris, 1946; texte de l'acte d'accusation, p. 45, que résume BOPP. Médard BROGLY, *la Grande Epreuve*, Paris (1945), p. 128, estimait le nombre des juifs expulsés à environ
10000. Lucien LAZARE, *la Résistance juive en France*, Paris, 1987, p. 49 et p. 88, évalue le nombre des juifs expulsés ou refoulés d'Alsace et de Moselle à 3000, ce qui est sans doute inférieur à la réalité.
9. MARRUS, PAXTON, op. cit., p. 21, qui ne mentionnent pas leurs sources; André KASPI, *op. cit.*, p. 65 cite la date du 16 juillet pour Mulhouse d'après Roger BERG, *la Persécution raciale*, Paris, Office français d'édition, 1947.
Cf. SZAJKOWSKI, *op. cit.*, p. 84 et KETTENACKER, p. 127.
10. VIGÉE, *op. cit.*, p. 91-92.
11. Adolf SCHMID, « Die Lösung des elsässischen Problems », in Otto MEISSNER (dir.), *Elsass und Lothringen*, Deutsches Land, Berlin, 1942, p. 312.
12. Frédéric Chimon HAMMEL, *Souviens-toi d'Amalek. Témoignage sur la lutte des juifs en France (1938-1944)*, CLHK, Paris, 1982, p. 33-34.
13. Raul HILBERG, *la Destruction des juifs d'Europe*, Paris, 1988, p. 528, parle à tort d'un accord Stülpnagel-Huntziger d'octobre 1940 qui aurait permis l'expulsion immédiate de 22 000 juifs d'Alsace. Cette province, on l'a vu, était déjà vide de juifs depuis deux mois et le chiffre ne tient pas.
14. *Strassburger Neueste Nachrichten* (SNN), 19.10.1940, 6.12.1940.
15. Une plaquette a été publiée par la Ville de Strasbourg en 1990 pour commémorer le cinquantenaire de cette destruction.
16. *Bulletin de nos communautés*, Strasbourg, 22 février 1946.
17. *Ibid.* 19 juillet 1946, 2 août 1946.
18. *Ibid.*, 10 mai 1946, 13 juin 1947.
19. KETTENACKER, *op. cit.*, p. 126.
20 Eugène SCHAEFFER, *l'Alsace et la Lorraine (1940-1945), leur occupation en droit et en fait*, Paris, 1953, p. 100.
21. Louis CERNAY « André LAVAGNE », *le Maréchal Pétain, l'Alsace et la Lorraine. Faits et documents 1940-1944*, Les Iles d'or (Plon), Paris, 1955, p. 36.
22. *Camille Dreyfus 1897-1966*, (recueil de textes et d'hommages), Paris, 1967, p. 40.
23. Claude SINGER, *Vichy, l'université et les juifs*, Paris, 1992, p. 101; cf. Pascal ORY, « L'Université française face à la persécution antisémite», in: Centre de documentation juive contemporaine (CDJC), *la France et la question juive 1940-1944*, Paris, 1981, p. 79-94.
24. SINGER, *op. cit.*, p.140.
25. SINGER, *op. cit.*, p.146.
26. HAMMEL, *op. cit.*, p. 30. Cf. sur la dernière classe d'un professeur d'allemand au collège de Brive et sur

l'indifférence de ses collègues, André NEHER, *le Dur bonheur d'être juif*, Paris, 1978, p. 32.
27. SINGER, *op. cit.*, p.109-116 : « L'exclusion des étudiants juifs de l'université » ; cf. p. 155.
28. Joseph BILLIG, *le Commissariat général aux questions juives*, t. 2, Paris, 1955, p. 120-123, repris par ORY, art. cit., p. 92. Cf. dans le même sens un extrait de rapport des inspecteurs de la police aux questions juives de juin 1942 sur les facultés de médecine de Strasbourg et de Clermont-Ferrand dans BILLIG, *op. cit.*, p. 49.
29. Sur les camps d'internement qui regroupent en 1941 en zone libre environ 40 000 internés, dont 5 000 enfants, voir surtout la thèse d'Anne GRYNBERG, *les Camps de la honte*, Paris, La Découverte, 1991.
30. Freddy RAPHAEL, « Pérennité du judaïsme d'Alsace », in Freddy RAPHAEL, Robert WEYL, *Juifs en Alsace*, Toulouse, 1977, p. 415-425, ici p. 420.
31. D[r]. Camille DREYFUS, *Journal des années 1940-1941* (manuscrit); cité par RRAPHAEL, art. cit.; p. 420-421. Cf. le volume d'hommages cité plus haut.
32. Texte rédigé par Camille DREYFUS en 1941, *op. cit.*, p. 16 et qui se poursuit par une superbe évocation de Péguy.
33. VIGÉE, *op. cit.*, p. 105-106.
34. LAZARE, *op. cit.*, p.89.
35. Cf. l'exemple du père de Claude Vigée, dans VIGÉE, *op. cit.*, p. 79-82.
36. Freddy RAPHAEL, « Une rencontre manquée : les relations entre les juifs d'Alsace et leurs coreligionnaires d'Europe orientale (1870-1939) », *Saisons d'Alsace*, n° 55-56, 1975, p. 207-228.
Cf. VIGÉE, *op. cit.*, p.113-114 sur l'accueil fait vers 1925 à une famille de juifs de Galicie à Bischwiller.
37. Adam RAYSKI, *le Choix des juifs sous Vichy entre soumission et résistance*, Paris, 1981, p. 281.
38. Marcel BAUDOT, *les Mouvements de résistance devant la persécution des juifs*, in : CDJC, *op. cit.*, p. 294.
39. VIGÉE, *op. cit.*, p.52 et sqq.
40. LAZARE, op. cit., p.138-139. it., p. 66. SZAJKOWSKI, *op. cit.*, p. 115-118, des extraits du rapport de René Hirschler sur les déportations et l'activité de l'Aumônerie générale en août et septembre 1942 et, p. 121-122, sa déclaration à la réunion du comité de coordination à Nîmes le 9 septembre et un autre de ses rapports sur les déportations de février-mars 1943.
41. SINGER, *op. cit.*, p. 224.
42. Renée BENSOUSAN, « La communauté juive pendant la guerre : ses réactions dans la tourmente », in : Christian OPPETIT (dir.), *Marseille, Vichy et les nazis. Le temps des rafles. La déportation des juifs*, Marseille, 1993, p. 75.
43. Maurice RAJSFUS, *Des juifs dans la collaboration. L'UGIF 1941-1944*, Paris, 1980.
44. Cf. à son sujet l'appréciation peu aimable de RAJSFUS, *op. cit.*, p.157. Cf. *ibid.* p. 167-170.
45. Joseph WEILL, « Contribution à l'histoire des camps d'internement dans l'Anti-France », Paris, 1946 CDJC, série « Études et monographies », n° 5).
46. LAZARE, *op. cit.*, p. 147.
47. SINGER, *op. cit.*, p. 226.
48. OPPETIT, *op. cit.*, p. 83, 92.
49. Alain MICHEL, *Les Éclaireurs israélites de France pendant la seconde guerre mondiale*, maîtrise, Paris-I, 1982; HAMMEL, *op. cit.*
50. VIGÉE, *op. cit.*, p. 115-116.
51. Marc FERRO, *Pétain*, Paris, 1987, p. 452-453; Jean-Paul COINTET, *Pierre Laval*, Paris, 1993, p. 419.
52. COINTET, *op. cit.*, p. 425.
53. COINTET, *op. cit.*, p. 425-427.
54. Jacques DELARUE, « La police et l'administration », in: CDJC, *op. cit.*, p. 71.
55. Fred KUPFERMAN, « La politique de Laval », CDJC, OP. CIT., p. 55; du même, *Laval*, Paris, 1987, p. 418.
56. Serge KLARSFELD, *Vichy-Auschwitz. Le rôle de Vichy dans la solution finale de la question juive en France 1943-1944*, Paris, 1985, p. 21. Cf. du même, *le Mémorial de la déportation des juifs de France*, Paris, 1978.
57. KLARSFELD, *op. cit.* (1943-1944), p. 138-142.
58. *Unir*, Strasbourg, 23.3.1962; notice par Robert WEYL, *Nouveau dictionnaire de biographie alsacienne*, Strasbourg, IV, 1990, p. 1598.
59. Monique LEWI, *Histoire d'une communauté juive. Roanne: étude historique et sociologique d'un judaïsme*, Roanne, 1976, citée par MARRUS, PAXTON, *op. cit.*, p. 284.
60. Georges WELLERS, « Vichy et les juifs », *Le Monde juif*, janvier-mars 1976, p. 22-23.

SAISONS D'ALSACE

REVUE TRIMESTRIELLE — ÉTÉ 1994

n° 124

– 1944 –
Vers la Libération

Vers la Libération

ALFRED WAHL

1944 passe communément pour l'année de la Libération parce qu'au 31 décembre de cette année, la quasi-totalité du territoire français se trouve libérée. Deux raisons expliquent l'emploi du terme libération à propos de l'Alsace de la fin de 1944 : l'habitude de s'aligner sur la chronologie nationale ou parisienne, et le fait que les deux grandes villes, Mulhouse et Strasbourg, aient effectivement été libérées avant la fin de l'année.

En fait, le terme de libération cadre mal avec la situation de l'Alsace en 1944, notamment à la fin. Tout au long de l'année, l'occupant continue d'incorporer de force de nouvelles classes. A partir du second semestre, les permissions sont suspendues en direction de l'Alsace, trop proche désormais du front. A la fin de l'année, les familles demeurent sans informations des leurs engagés dans des combats meurtriers à l'est. Sur place, le régime se durcit et traque les opposants et résistants. Enfin, deux grands secteurs sont toujours aux mains des nazis : la poche de Colmar (secteur allant du nord de Mulhouse à Sélestat) et l'extrême nord.

COLL. CLAUSS

OBERNAI LIBÉRÉ.

C'est dire que la joie ressentie à Strasbourg et à Mulhouse n'est pas partagée par tous, ni même par tous les habitants de ces villes. Pour des dizaines de milliers de familles, c'est déjà le deuil, ou l'angoisse et l'attente.

C'est pourquoi l'on trouvera dans ce numéro des aperçus d'une grande diversité : les combats à l'est, la résistance et les combats dans les rangs alliés, la situation en Alsace même, la libération partielle, etc.

Les combats de la libération totale du pays, le début de l'épuration, le retour des mobilisés, des prisonniers, des déportés, feront l'objet d'un autre numéro, en 1995. Y figureront aussi les séquelles de la guerre, un plus long développement du drame d'Oradour qui ne surgira que plus tard en tant que phénomène impliquant l'Alsace, etc. Ce retour sur Oradour s'impose d'autant plus que les polémiques n'ont pas cessé. Lors d'une récente émission de France-Culture, il a été dit que les Alsaciens présents lors du massacre avaient opté volontairement pour figurer dans la division « Das Reich ». Toutes les enquêtes, y compris celles ordonnées par le tribunal de Bordeaux lors du procès ont conclu qu'à l'exception de Boos les autres Alsaciens étaient de simples incorporés de force de la classe 1926 presque entièrement versée dans les Waffen SS. Alors pourquoi cette fausse affirmation ?

Il faudra revenir aussi sur le problème de Tambov. Le film de Françoise Erb et Claude Heym sur France 3 Alsace, évoqué dans ce numéro, révèle l'existence de sources nouvelles sur le sort des prisonniers.

Enfin, nous sommes reconnaissants à nos lecteurs qui apportent souvent des correctifs ou des compléments utiles. Ainsi les premiers Alsaciens incorporés de force auraient été capturés par les Soviétiques dès la mi-février 1943.

1944 - Tableau synoptique

Louis Schmitt

	FRANCE DE VICHY RÉSISTANCE	FRANCE LIBRE ET LIBÉRATION DE LA FRANCE	ALSACE	ALLIÉS/ ALLEMAGNE GUERRE À L'EST
JANVIER	● **1er :** Darnand, secrétaire d'Etat au maintien de l'ordre. ● **12 :** Victor Basch, président de la Ligue des droits de l'homme, et sa femme exécutés par la Milice (Lyon). ● **16 :** Philippe Henriot, secrétaire d'Etat à la propagande. ● **27 :** La Milice étend son activité à la zone nord. ● **31 :** Violentes émeutes à Metz.	● **17 :** « Zone de combat » de 20 à 30 km de large le long des côtes françaises, sous l'autorité exclusive de l'armée allemande. ● **30 :** Conférence africaine de Brazzaville.	● **13 :** Conseil de révision de la classe 1927 dans une ambiance tendue et hostile. ● **21 :** Lettre du Gauleiter Wagner à Keitel, chef de l'OKW : tout déserteur alsacien repris doit être systématiquement condamné à mort.	● **2 :** Raid aérien massif sur Berlin. ● **5 :** Entrée soviétique en Pologne. ● **21 :** Leningrad est dégagée.
FÉVRIER	● **11 :** Loi sur l'Etat de siège.	● **1er :** Naissance des Forces françaises de l'Intérieur.	● **10 :** Grande manifestation présidée par le Dr Ley aux Ateliers Junkers (ex-Mathis) à Strasbourg-Meinau (hostilité manifeste des ouvriers). Manifestation de masse à Strasbourg avec le Gauleiter Wagner.	● **15 :** Début de la bataille du Monte Cassino.
MARS	● **2 :** 17 francs-tireurs pendus par les SS à Nîmes. ● **25 :** Attaque du maquis des Glières par les Allemands et la Milice.	● **15 :** Définition à Paris du programme du Conseil National de la Résistance. Adoption à Paris du programme du Conseil national de la Résistance. Rôle important de Pierre Villon. ● **20 :** Pucheu, ex-ministre de l'Intérieur de Vichy, exécuté à Alger.	● **5 :** Déportation au camp de Neuengamme de quarante-deux officiers Alsaciens de l'armée française ayant refusé leur incorporation de force.	● **12 :** L'armée rouge atteint les frontières polonaise et roumaine. Abdication du roi d'Italie.
AVRIL	● **2 :** 86 habitants d'Ascq (Nord) massacrés par les SS. ● **6 :** Arrestation des enfants juifs de l'orphelinat d'Izieu (près de Lyon). ● **26 :** Le maréchal Pétain à Paris, après un bombardement allié.	● **21 :** Ordonnance du CFLN fixant l'organisation des pouvoirs publics et du régime politique à mettre en place à la libération de la France.	● Structuration solide des FFI de l'arrondissement de Saverne (1800 hommes) et de la région de Mulhouse-Nord (200 hommes). Semaine de 72 heures dans les industries de guerre.	

1944 - Tableau synoptique

	FRANCE DE VICHY RÉSISTANCE	FRANCE LIBRE ET LIBÉRATION DE LA FRANCE	ALSACE	ALLIÉS/ ALLEMAGNE GUERRE À L'EST
MAI	● **14 :** Le maréchal Pétain à Rouen. ● **26-27 :** Pétain, à Nancy, Epinal, Dijon, condamne les terroristes.		● Formation des Groupements mobiles d'Alsace. ● **27 :** Bombardement allié sur les faubourgs de Strasbourg-Meinau : usines Junkers; Schiltigheim, Bischheim, gare de triage Hausbergen.	● **17 :** Prise de Cassino (Italie) par les Alliés avec une forte participation française.
JUIN	● **9 :** Les SS pendent 100 hommes en représailles de la prise de Tulle par les maquisards. ● **10 :** Massacre d'Oradour. ● **13 :** Darnand secrétaire d'Etat à l'Intérieur. ● **20 :** Assassinat de Jean Zay, ancien ministre. ● **28 :** Henriot abattu par des résistants.	● **2 :** Le CFLN se transforme en gouvernement provisoire. ● **5 :** Conférence de Gaulle-Churchill-Eisenhower, à Londres, sur l'administration des territoires français libérés. ● **6 :** Débarquement allié en Normandie. ● **7-11 :** Bataille des plages. ● **14 :** A Bayeux, libéré le 8, de Gaulle organise l'administration française civile et militaire. ● **26 :** Reddition de la garnison allemande de Cherbourg.	● **17-27 :** Réunion à Grendelbruch des principaux dirigeants de la résistance alsacienne, les uns venus clandestinement des Vosges, les autres d'Obernai, de Strasbourg avec de précieux renseignements militaires et industriels. Mise au point des actions à envisager lors de la libération : armements, terrains de parachutage, sabotages, reprise en main des services publics. Nomination des commandants Daniel (Paul Winter) et François (Kiefer) comme chefs des FFI des Haut et Bas-Rhin, chacun disposant d'environ 2000 hommes.	● **4 :** Les Alliés prennent Rome. ● **13 :** Premières attaques des V1 allemands sur l'Angleterre à partir des bases du nord de la France. ● **26 :** L'armée rouge atteint la frontière allemande en Prusse orientale.
JUILLET	● **7 :** Georges Mandel abattu par des miliciens. ● **12 :** Dernier conseil des ministres à Vichy. ● **21-30 :** Destruction du maquis du Vercors par les Allemands.	● **9 :** Caen libéré par les Britanniques. ● **13 :** Fin du voyage de de Gaulle aux Etats-Unis, rencontre avec Roosewelt. ● **18-31 :** Libération de St-Lo, Coutances et Avranches.	● Constitution du maquis de Volksberg regroupant les résistants des cantons de La Petite-Pierre, Sarre-Union, Drulingen dans des petits abris en forêt, fortement décimés par les SS à la mi-octobre. ● **17 :** Nouvelle réunion au sommet à Grendelbruch.	● **7 :** Libération de 1500 Alsaciens et Mosellans internés au camp de Tambov. ● **1-22 :** Conférence financière et économique de Bretton Woods. Instauration du Gold Exchange Standard. ● **20 :** Attentat manqué contre Hitler. ● **30 :** Les Russes sur la Vistule.
AOÛT	● Environ 14 000 victimes des bombardements aériens alliés depuis le début 1944.	● **5-7 :** Bretagne libérée par les Américains et les maquis locaux.	● Constitution des maquis du Mt Ste-Odile (330 hommes), de Ste-Croix-aux-Mines et de	● **1er :** Insurrection de Varsovie. ● **10 :** Reprise de Guam par les Américains.

1944 - Tableau synoptique

	FRANCE DE VICHY RÉSISTANCE	FRANCE LIBRE ET LIBÉRATION DE LA FRANCE	ALSACE	ALLIÉS/ ALLEMAGNE GUERRE À L'EST
AOÛT	● **5 :** Pétain condamne solennellement l'action de la Milice. ● **9 :** Brigade d'assaut SS française engagée en Galicie. ● **12 :** Intrigue de Laval avec Herriot pour une passation légale des pouvoirs. ● **15 :** Départ du dernier convoi de déportés. ● **16 :** 34 jeunes otages exécutés à Paris. ● **17 :** Dernier conseil des ministres de Vichy. ● **20 :** Pétain contraint de quitter Vichy pour Belfort. 100 personnes massacrées par la Gestapo près de Lyon. ● **25 :** 126 personnes massacrées en Indre-et-Loire.	● **9 :** Le Mans libéré par les Américains. ● **15 :** Débarquement franco-américain en Provence. Grève du métro, police et cheminots à Paris. ● **16 :** Libération d'Orléans et de Chartres. ● **18 :** Suicide de von Kluge, chef allemand du front de l'ouest, limogé la veille. ● **19 :** Début de l'insurrection parisienne. Les FFI occupent la préfecture de police et l'Hôtel de ville. ● **20 :** Libération de Toulouse par les FFI. ● **23 :** Libération d'Aix-en-Provence et de Grenoble. ● **25 :** Libération de Paris. Capitulation de la garnison allemande (1 000 morts, 4 000 blessés, 10 000 Allemands prisonniers). Libération de Cannes et de Grasse. ● **28 :** Libération de Marseille. ● **30 :** Libération de Rouen et Reims. ● **31 :** Le GPRF s'installe à Paris.	Thann (écrasé en octobre : 10 survivants sur 40). ● **9 :** Mobilisation de toute la main d'œuvre disponible (employés, commerçants, femmes de moins de 55 ans) pour les travaux de retranchement et fossés antichars entre les forts de Strasbourg (« schanze »). ● **10 :** Réunion secrète de grands industriels allemands sous l'égide d'Himmler à l'hôtel Maison Rouge de Strasbourg pour envisager des mesures de sauvegarde des industries allemandes en cas de défaite. ● **11 :** Bombardement allié touchant le centre de Strasbourg (174 morts; cathédrale et palais Rohan endommagés). Bombardement allié sur Mulhouse (le 4e depuis le 11 mai) 500 morts. Un tiers de l'industrie textile détruit. ● **16-8 au 4-9 :** Les Allemands mettent en échec le plan de raid des résistants du GMA-Vosges, maquis implanté entre le Donon et Raon-L'Etape, visant la libération de Schirmeck, du Struthof et éventuellement de Strasbourg : violents combats de Viomboid (120 Français, 234 Allemands tués). Le GMA réduit à 2 corps-francs. ● **31 :** Semaine de 60 heures dans les administrations. Prime de 100 à 500 Marks aux dénonciateurs de déserteurs.	● **13 :** Installation du « gouvernement de Lublin ». ● **21-8 au 28-9 :** Conférence de Dumbarton Oaks (Washington) sur un projet d'ONU. ● **31 :** Les Russes entrent à Bucarest.
SEPTEMBRE	● **1er :** Rencontre de Déat, Doriot et Darnand avec Hitler à son QG. ● **7 :** Installation du gouvernement de Vichy et des collaborateurs français à Sigmaringen.	● **10 :** Abolition de la législation de Vichy. ● **15 :** Création des cours de justice. Jonction à Chatillon-sur-Seine des troupes venues de Normandie et de Provence.	● Arrestation de 700 otages politiques et économiques alsaciens, transférés en Allemagne (Gaggenau et Sulz/ Neckar) jusqu'à fin octobre. Première convocation de lycéens de 14-15 ans au Notdienst :	● **3 :** Libération de Bruxelles. ● **6 :** Libération d'Anvers. ● **8 :** Premières attaques des V2 sur l'Angleterre. ● **11 :** Les premiers Américains franchissent la fron-

1944 - Tableau synoptique

	FRANCE DE VICHY RÉSISTANCE	FRANCE LIBRE ET LIBÉRATION DE LA FRANCE	ALSACE	ALLIÉS/ ALLEMAGNE GUERRE À L'EST
SEPTEMBRE		● **18 :** Libération de Nancy et Lunéville.	creuser les emplacements de défense près des cols vosgiens. ● **19 :** Ordre d'Hitler de « tenir à tout prix l'Alsace et la Lorraine », Vorvogesenstellung et Vogesenstellung (tranchées, fossés antichars et zones minées). ● **23 :** Réquisition de tous les hommes jusqu'à 60 ans et femmes de 14 à 40 ans pour « schanzen » (2 Marks/jour). ● **25 :** Gros bombardement allié sur Strasbourg (centre et faubourgs) 577 morts.	tière allemande près d'Aix-la-Chapelle.
OCTOBRE		● **5 :** Droit de vote accordé aux femmes. ● **12 :** Désignation de la nouvelle Assemblée consultative. ● **23 :** Reconnaissance du GPRF par tous les Alliés. ● **28 :** Dissolution des milices patriotiques. ● **31 :** Amnistie de Maurice Thorez.	● **22 :** Institution du Volksturm en Alsace.	● **9 :** Accord Churchill-Staline : partage des zones d'influence dans les Balkans. ● **14 :** Les Anglais libèrent la Grèce. ● **18 :** Hitler décrète la levée en masse de tous les hommes valides de 16 à 60 ans dans le Volksturm. ● **20 :** Tito libère Belgrade. ● **Fin octobre :** Les Balkans entièrement libérés.
NOVEMBRE		● **10 :** Emprunt de la Libération (164 millions de F.) Congrès SFIO. Congrès constitutif du MRP.	● **11 :** Serment de fidélité des 3 bataillons du Volksturm dans les villes alsaciennes. ● **13 :** Vorvogesenstellung percée de Badonviller à Baccarat. ● **17 :** Libération de Saint-Dié, Raon-L'Etape, Delle et Montbéliard. ● **19 :** Avance française le long de la frontière suisse. Seppois, premier village alsacien libéré. Les avant-gardes atteignent le Rhin et Rosenau. ● **19-21 :** La 2e DB franchit les Vosges au nord de	● **14 :** Accord anglo-américano-soviétique sur les zones d'occupation en Allemagne.

1944 - Tableau synoptique

	FRANCE DE VICHY RÉSISTANCE	FRANCE LIBRE ET LIBÉRATION DE LA FRANCE	ALSACE	ALLIÉS/ ALLEMAGNE GUERRE À L'EST
NOVEMBRE			Saverne (vers La Petite-Pierre) et au sud (vers Dabo). ● **20-26 :** Violents combats livrés par l'armée française, secondée par les 800 FFI de la ville, pour libérer Mulhouse. ● **21 :** Libération de Saverne et de Metz. ● **23 :** Libération de Strasbourg par le raid de la 2e DB. Les FFI liquident les îlots de résistance de Strasbourg. ● **27 :** Arrivée à Strasbourg des autorités françaises. Le Sundgau entièrement libéré.	
DÉCEMBRE		● Comité d'entente socialo-communiste. Assemblée générale des Comités départementaux de Libération. ● **10 :** Traité d'alliance franco-soviétique. ● **14 :** Nationalisation des Houillères du Nord–Pas-de-Calais. ● **16 :** Nationalisation des usines Renault. ● **28 :** Création des chambres civiques.	● **3 :** Fin de la bataille acharnée commencée le 19 novembre pour les sommets des Vosges centrales (Hohneck, Schlucht). ● **5 :** Libération d'Ingwiller. ● **10 :** Libération d'Orbey et de Wissembourg. ● **16-19 :** Combats acharnés autour de Kaysersberg et Ammerschwihr. ● **18 :** Les patrouilles allemandes franchissent le Rhin au nord et au sud de Strasbourg. ● **20 :** Environ 1 800 personnes (surtout allemandes) internées au camp de Schirmeck; presque autant dans celui du Struthof. ● **28 :** Eisenhower ordonne le repli stratégique de toute l'armée sur les Vosges. ● **30 :** Discours du Gauleiter Wagner à Colmar : « Le Reich reviendra. N'aidez pas l'ennemi. » ● **31 :** Début de l'offensive Nordwind entre Bitche et Sarreguemines.	● **3 :** Début de la guerre civile en Grèce. Staline laisse les Anglais écraser les communistes. ● **5 :** Ravenne libéré. ● **18 :** Front allié enfoncé dans les Ardennes. Liège, Anvers, Londres bombardés par les V2. Résistance américaine dans le nœud routier de Bastogne. ● **25 :** Allemands proches de Givet et de Dinant. ● **26 :** Début du siège de Budapest par l'armée rouge.

L'Année terrible

EUGÈNE RIEDWEG

Un Alsacien sur dix dans l'armée allemande, une « mobilisation totale » de la population, les bombardements alliés, la pénurie et la répression : l'année 1944 fut la plus terrible de toute la guerre en Alsace. Et la libération tant attendue, commencée en novembre, n'était toujours pas achevée à la fin de l'année.

1944

NOVEMBRE 1944 :
L'ARTILLERIE AMÉRICAINE
DANS LES VOSGES.

A l'automne 1943, la guerre a définitivement tourné à l'avantage des Alliés. Sur tous les fronts la Wehrmacht est contrainte à la défensive. A l'est, après les batailles de Stalingrad et de Koursk, le potentiel offensif de l'armée allemande est irrémédiablement brisé. A l'ouest, les Anglo-Américains ont gagné la bataille de l'Atlantique, ce qui va leur permettre de préparer le débarquement dans les meilleures conditions. En Méditerranée enfin, ils ont libéré l'Afrique du nord et la Sicile, et pris pied en Italie du sud.

Une Wehrmacht toujours forte

Mais la Wehrmacht est encore loin d'être vaincue. Jamais ses effectifs n'ont été aussi nombreux, même si leur qualité est très inégale. Forte de plus de dix millions d'hommes (contre cinq millions en 1940), elle domine encore largement l'Europe malgré les revers de l'année 1943. La carte des territoires occupés par la Wehrmacht demeure impressionnante : toute l'Europe occidentale, l'Europe centrale et les Balkans, la Pologne et les pays baltes ainsi que la Biélorussie. Du cap Nord à la frontière espagnole, ses unités montent la garde derrière le « mur de l'Atlantique » dans l'attente du débarquement et de l'ouverture du second front promis aux alliés soviétiques. Malgré la défection de l'Italie, l'Allemagne conserve encore de nombreux alliés : la Roumanie, la Bulgarie, la Finlande, la Hongrie, la Croatie...

Cependant, la Wehrmacht se heurte à une résistance de plus en plus importante dans l'ensemble des pays occupés. Celle-ci se manifeste de multiples manières et notamment à partir de l'automne 1943 par des sabotages et des attentats de plus en plus nombreux ainsi que par la constitution de maquis.

Si les différentes résistances européennes réussissent à semer l'insécurité sur les arrières allemands, elles n'ont pas d'influence importante sur le déroulement des opérations militaires. Contrairement à certaines opinions bien établies, nées dans l'euphorie de la victoire, elles ne fixent contre elles qu'un nombre limité d'unités allemandes, en raison de la faiblesse de leurs effectifs et de l'insuffisance de leur armement.

1944 : « L'ANNÉE TERRIBLE » POUR LA WEHRMACHT

Dans l'ensemble de l'Europe occupée, la Wehrmacht conservera jusqu'au bout le contrôle des voies de communication, des villes et de la majeure partie du territoire, alors que les partisans se trouvent rejetés dans les régions d'accès difficile. Nulle part ceux-ci ne jouent de rôle militaire déterminant.

Il en est tout autrement de l'offensive aérienne sur l'Allemagne lancée à une grande échelle par les Anglo-Américains au cours de l'année 1943. Les bombardements massifs exécutés de nuit par la Royal Air Force et de jour par la 8e Air Force américaine sur les villes allemandes et les centres industriels visent à détruire les industries d'armement et à briser le moral de la population civile.

LA GUERRE EST DEVENUE DÉFENSIVE POUR LES ALLEMANDS : ON CREUSE DES TRANCHÉES.

COLL. GEORGES LOIL/FONDS ADRECCAL - OCCAL

FONDS SCHEIBLING FEFA

LE TAMBOUR DE L'APOCALYPSE :
UNE SORTE DE FOLIE COLLECTIVE SAISIT L'ALLEMAGNE À LA FIN DE LA GUERRE (COUVERTURE DU MAGAZINE DES SOLDATS ALSACIENS).

LAPI-VIOLLET

TÉLÉPHONISTES DE CAMPAGNE SUR LE FRONT RUSSE.

Malgré des pertes très lourdes, l'aviation alliée met en ligne des moyens de plus en plus importants, ce qui va contraindre la Luftwaffe à consacrer l'essentiel de ses moyens à la défense aérienne du Reich dès l'automne 1943. L'armée allemande se trouve ainsi privée d'une grande partie de son aviation tactique qui va grandement lui manquer sur le front de l'est.et en Italie, puis plus tard en Normandie où les Alliés ont la maîtrise du ciel.

L'année 1944 commence très mal pour la Wehrmacht. L'offensive d'hiver soviétique, qui dure jusqu'en avril, l'oblige à évacuer l'Ukraine et la Crimée, et à se replier sur les frontières de la Pologne et de la Roumanie.

Par contre, la stratégie défensive allemande réussit mieux en Italie où, malgré le débarquement d'Anzio en janvier 1944, les Américains vont piétiner devant Monte Cassino durant plus de six mois. Il faudra attendre le mois de mai pour que l'offensive du corps expéditionnaire français du général Juin sur le Garigliano ouvre enfin la porte de Rome, libéré le 4 juin 1944.

Mais ce n'est qu'avec le débarquement à l'ouest que la situation de la Wehrmacht commence à se dégrader véritablement. Le 6 juin 1944, les Alliés débarquent enfin en Normandie après avoir réuni la plus formidable armada d'invasion connue à ce jour. Le succès du débarquement tient autant à l'effet de surprise qu'à une supériorité maritime et aérienne totale. La Wehrmacht va néanmoins faire preuve d'une

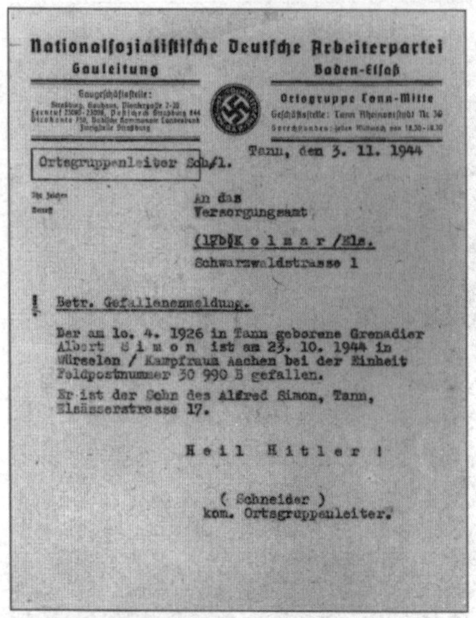

Nationalsozialistische Deutsche Arbeiterpartei

Gauleitung | Baden-Elsaß

Ortsgruppe Tann-Mitte

Ortsgruppenleiter Sch/l. | Tann, den 3. 11. 1944

An das
Versorgungsamt

(17b) K o l m a r /Els.
Schwarzwaldstrasse 1

Betr. Gefallenenmeldung.

Der am 10. 4. 1926 in Tann geborene Grenadier Albert S i m o n ist am 23. 10. 1944 in Würselen / Kampfraum Aachen bei der Einheit Feldpostnummer 30 990 B gefallen.

Er ist der Sohn des Alfred Simon, Tann, Elsässerstrasse 17.

H e i l H i t l e r !

(Schneider)
kom. Ortsgruppenleiter.

ANNONCE DE DÉCÈS D'UN SOLDAT ALSACIEN.

résistance opiniâtre jusqu'à la mi-août. Le sens opérationnel (Operativkunst) dont font preuve les grandes unités de la Wehrmacht engagées sur le front de Normandie permet de contenir durant plus de deux mois les forces anglo-américaines. Ce n'est qu'avec la rupture du front à Avranches et l'encerclement de la 7e armée allemande à Falaise qu'on assiste à un effondrement de la défense allemande. Celle-ci est encore accentuée par le débarquement qui a lieu en Provence le 15 août 1944.

En effet, devant cette nouvelle menace, l'OKW (Oberkommando der Wehrmacht, commandement suprême des armées allemandes) donne dès le 17 août 1944 l'ordre à l'ensemble des unités allemandes qui se trouvent dans le sud et à l'ouest de la France de se replier sur la ligne Seine-Yonne-canal de Bourgogne. La retraite des troupes allemandes est générale et tourne en partie à la débâcle. En quelques semaines, la plus grande partie de la France est libérée ainsi qu'une partie de la Belgique avec Bruxelles et Anvers. Cette offensive terrestre s'accompagne de violents bombardements aériens sur toutes les villes du Reich, menés par plusieurs milliers d'appareils.

Une défaite tout aussi sévère intervient sur le front est où les Soviétiques prennent l'offensive le 22 juin. Le front nord fixé devant Léningrad bouge enfin, les pays baltes et la Biélorussie sont repris, ainsi qu'une partie de la Pologne. L'offensive s'arrête sur la Vistule, sur ordre de Staline qui ne veut pas venir au secours de l'insurrection déclenchée à Varsovie le 1er août par la résistance polonaise non communiste.

A partir de ce moment, l'Allemagne va perdre ses alliés les uns après les autres, en raison de nouvelles offensives soviétiques en Finlande et dans les Balkans. La Roumanie capitule le 23 août et déclare la guerre à l'Allemagne. Le 9 septembre, c'est au tour de la Bulgarie de se retourner contre le Reich. Quelques jours plus tard, le 19 septembre, la Finlande demande à son tour une trêve et oblige les troupes allemandes à quitter son territoire.

A la fin de l'été 1944, la situation est devenue catastrophique pour la Wehrmacht. Des dizaines de divisions ont été anéanties, les pertes matérielles et humaines sont énormes. Sur tous les fronts les armées allemandes sont en retraite et se rapprochent des frontières du Reich.

Cette crise militaire sans précédent va entraîner une réaction d'une partie du corps des officiers contre Hitler. Pour les opposants au Führer, le seul espoir de sauver l'Allemagne d'une ruine et d'une capitulation totales repose sur une intervention directe de la Wehrmacht. L'échec de l'attentat du 20 juillet permet à Hitler d'imposer au corps des officiers une obéissance absolue et définitive. La répression est extrêmement brutale. Plus de deux cents conjurés sont exécutés; d'autres, comme Rommel ou von Kluge, sont contraints au suicide.

PHOTO DE PROPAGANDE :
JEUNES FILLES RÉALISANT DES JOUETS POUR LES ORPHELINS DE GUERRE.

Malgré cette double crise militaire et politique, la Wehrmacht opère au début de l'automne un redressement totalement inattendu. Au moment où les Alliés prévoient la fin de la guerre pour Noël, Hitler galvanise la résistance allemande. Il empêche ainsi que le reflux des armées allemandes dans le nord et dans l'est de la France se transforme en véritable débâcle. Hitler ordonne l'établissement d'une position défensive de l'Escaut aux Vosges. Tous les moyens humains disponibles sont mobilisés pour creuser des tranchées et des fossés antichars, tandis que la ligne Siegfried est remise en état de défense.

Parallèlement à ces mesures défensives, l'OKW réussit grâce à un énorme effort d'improvisation à remettre sur pied une nouvelle armée de campagne qui est concentrée devant les voies traditionnelles d'invasion du territoire allemand à Aix-la-Chapelle, Metz et Belfort.

La tentative de franchissement du Rhin à Arnheim, à la mi-septembre, se solde par un véritable échec pour les Alliés qui sont obligés d'entamer sur l'ensemble des fronts une bataille d'usure qui va durer tout l'automne. En effet, le raidissement de la défense allemande arrive au moment où les difficultés logistiques alliées, dues à l'allongement des lignes de communication sur des centaines de kilomètres, ne permettent plus un approvisionnement régulier pour des offensives d'envergure. Il faut ainsi recompléter les matériels et les effectifs des divisions qui mènent un combat ininterrompu depuis le débarquement.

En octobre, les Américains réussissent à pénétrer sur le sol allemand près d'Aix-la-Chapelle, mais la défense est opiniâtre et la Wehrmacht ne cède que quelques kilomètres de terrain en deux mois. Il en est de même en Lorraine et dans les Vosges où la 1re armée française essaie vainement de percer les positions défensives allemandes.

COLL. MARCEL CLAUSS

20 AVRIL 1944 : L'ANNIVERSAIRE DU FÜHRER EST CÉLÉBRÉ À OBERNAI.

Le ralentissement des combats pendant près de deux mois permet aux Alliés de régler leurs problèmes logistiques et de lancer une offensive généralisée contre la Lorraine et l'Alsace à la mi-novembre.

Metz est libéré le 22 novembre. Au même moment une double offensive de l'armée américaine en Lorraine et de la 1re armée française le long de la frontière suisse permettent de libérer Strasbourg et Mulhouse.

La réaction allemande, stimulée par Himmler en personne, est rapide, ce qui permet à la 19e armée allemande du général Wiese de conserver la poche de Colmar jusqu'en février 1945.

A la fin de l'année 1944, la Wehrmacht ainsi reconstituée a retrouvé ses qualités manœuvrières. Malgré une nette infériorité numérique, elle contient les Alliés aux frontières du Reich et est même en mesure de lancer un certain nombre de contre-offensives dans les Ardennes, sur Bitche et sur Strasbourg, ce qui retarde d'autant la libération totale de l'Alsace.

Pour les Alsaciens, l'année 1944 va être l'année la plus dure de la guerre. L'incorporation de force dans la Wehrmacht et au service de l'économie de guerre allemande va être forcée au maximum et, surtout, l'Alsace va de nouveau être directement touchée par les opérations militaires. La préparation des débarquements en Normandie et en Provence entraîne plusieurs bombardements de l'aviation américaine sur les nœuds ferroviaires de Strasbourg et de Mulhouse. A partir de la fin de l'été 1944, les attaques des chasseurs bombardiers se multiplient sur tous les axes de communication. Mais le plus dur reste encore à venir avec les combats de la Libération qui vont durer plus de quatre mois en Alsace, alors que le reste du territoire français a été libéré rapidement, parfois sans combats.

La mobilisation totale du peuple allemand en faveur de l'économie de guerre se heurte dès l'origine en Alsace au manque de main-d'œuvre. Dans les entreprises travaillant pour la Rüstung (industrie de guerre) 10025 emplois ne sont pas pourvus en décembre 1943, 12262 en juin 1944 !

DES ENTREPRISES ALLEMANDES DÉSERTENT LES RÉGIONS BOMBARDÉES ET S'INSTALLENT EN ALSACE

Pour pallier ce manque de main-d'œuvre, on augmente progressivement la durée du travail : soixante heures pour les hommes, cinquante-six pour les femmes. En juin 1944, on passe même à soixante-douze heures dans certaines entreprises, mais la mesure est difficilement applicable, car l'on constate que « l'augmentation de la durée du travail n'entraîne pas une augmentation de la production ». Celle-ci provoque au contraire une augmentation importante de l'absentéisme. Dans certaines entreprises il y a jusqu'à 20 % de « Bummelanter » (flâneurs) qui se promènent au lieu d'être à leur poste de travail ! Le développement des attaques aériennes va encore renforcer cette tendance. Les rapports de la Rüstungs Inspektion de Strasbourg constatent que les heures perdues de ce fait sont de 50 % supérieures à celles du pays de Bade !

Malgré les départs croissants pour la Wehrmacht où plus de cent mille Alsaciens sont mobilisés (sur une population d'un million d'habitants), les autorités nazies réussissent à maintenir le manque de main-d'œuvre à un niveau stable.

La fermeture de certaines usines, la suppression des emplois inutiles, l'utilisation de la main-d'œuvre étrangère et des personnes déplacées ainsi que les expédients de toutes sortes – travaux effectués dans les prisons, les hôpitaux ou par les femmes à domicile – permettent même d'absorber la fourniture de main-d'œuvre nécessaire aux entreprises allemandes transférées en Alsace pour échapper aux bombardements. En 1943, vingt-trois entreprises sont transférées en Alsace, mais c'est surtout au début de 1944 que le mouvement prend de l'ampleur avec le tranfert de quatre-vingt-sept entreprises, car l'Alsace apparaît comme une région préservée des bombardements.

La production sera maintenue et les programmes réalisés dans leur ensemble jusqu'au mois de juin malgré les difficultés croissantes dues principalement au manque de moyens de transport. A partir du mois de juillet, la production chute rapidement en raison de la fréquence des alertes aériennes qui sont presque quotidiennes. Les rapports notent une lente disparition de la discipline du travail, les ouvriers restant éloignés de longs moments après chaque alerte.

Pour assurer la réussite du débarquement et empêcher l'arrivée de renforts, l'aviation alliée va s'attaquer à tous les nœuds ferroviaires se trouvant entre la Normandie et l'Allemagne. Il en sera de même un peu plus tard pour le débarquement en Provence.

De ce fait, l'Alsace, qui était jusqu'alors quasi protégée des bombardements anglo-américains, se trouve visée à son tour. Les bombardements vont s'échelonner entre le 1er avril et le 25 septembre 1944 avec deux temps forts en mai et en août. Ils sont effectués par l'aviation américaine qui n'attaque que des objectifs stratégiques limités (essentiellement les voies de communication). Malheureusement, la tactique employée par l'aviation américaine (un tapis de bombes lâchées très largement de part et d'autre de l'objectif) provoque des dégâts importants et entraîne de nombreuses pertes dans la population civile. Compte tenu de ces maigres résultats, on peut légitimement s'interroger sur la nécessité de tels bombardements.

A partir du mois d'août, la retraite des troupes allemandes entraîne des attaques constantes de chasseurs bombardiers alliés sur les routes, les voies ferrées, les canaux. La population civile elle-même n'est pas épargnée. Cette activité va encore s'accroître en septembre et en octobre sur toute l'Alsace et même la Suisse où les violations de l'espace aérien helvétique sont fréquentes. La stabilisation du front devant la porte de Bourgogne et sur les Vosges entraîne donc une prolongation de la guerre aérienne, paralysant quasiment la production et empêchant l'évacuation d'une partie de l'outillage des entreprises alsaciennes outre-Rhin (lire dans ce numéro l'article consacré aux bombardements).

LA « LEVÉE EN MASSE » EST ORDONNÉE MAIS NE POURRA ÊTRE OPÉRATIONNELLE EN ALSACE

L'évolution rapide de la situation militaire ne va pas permettre à la résistance alsacienne de jouer un rôle militaire comme cela sera le cas dans d'autres régions (lire dans ce numéro l'article d'Alphonse Irjud). Ce n'est qu'avec l'arrivée des troupes françaises en novembre 1944 que les résistants pourront alors sortir de l'ombre et former les unités FFI fortes de trois mille hommes dans le Haut-Rhin et de trois mille cinq cents dans le Bas-Rhin. Ils participent à la libération de Mulhouse et de Strasbourg et jouent un rôle militaire non négligeable jusqu'en février 1945. Ils sont notamment chargés d'assurer les arrières de la zone libérée, de la garde des prisonniers ainsi que de l'arrestation des collaborateurs.

AMS

QUARTIER DE NEUDORF BOMBARDÉ.

Les FFI vont également être amenées à assurer durant une période plus ou moins importante l'administration des parties libérées de l'Alsace et à assurer le ravitaillement de la population civile. L'incorporation de force dans la Wehrmacht des classes les plus jeunes a également rendu plus difficile la construction des unités FFI alsaciennes. On a souvent été obligé de faire appel à des hommes plus âgés. De ce fait, leur valeur est très inégale et beaucoup d'entre eux ne peuvent pas être engagés au combat. Jusqu'au 10 février 1945, date de la dissolution officielle des FFI d'Alsace, près de dix mille cinq cents Bas-Rhinois et plus de neuf mille Haut-Rhinois vont servir volontairement dans ces unités.

En 1944, la menace de l'incorporation de force continue de peser sur toutes les familles alsaciennes. En effet, après les incidents qui ont marqué le départ des classes 1914 à 1919, l'OKW renonce provisoirement à incorporer les classes plus âgées.

Mais tout le monde sait que, dans le reste du Reich, on mobilise des classes beaucoup plus âgées (jusqu'à 1893). Le répit sera néanmoins de près de neuf mois. Ce n'est qu'au début de l'année 1944 que les pertes importantes subies sur le front de l'est contraignent l'OKW à incorporer entre janvier et avril sept nouvelles classes d'âges : 1908 à 1913 et 1926. Les trente-cinq mille incorporés de force de 1944 sont en bonne partie affectés d'office à la Waffen SS. En effet, à partir de 1943, les divisions de Waffen SS se transforment en unités de choc qui servent le plus sou-

COMBATS DE CHARS ET D'INFANTERIE, NOVEMBRE 1944. COLL. MARCEL CLAUSS

vent de fer de lance lors des offensives ou contre-offensives allemandes.

Ses effectifs passent de trente mille à plus de soixante mille et ses pertes sont très lourdes. De ce fait, les volontaires sont insuffisants et une partie du contingent est affecté d'office à la Waffen SS, sans considération des conditions de recrutement (type germanique, taille minimum de 1,70 m).

Le comportement des Alsaciens dans la Wehrmacht et la désertion d'un certain nombre d'entre eux n'est vraisemblablement pas étranger à la décision d'envoyer les nouvelles recrues dans la Waffen SS où la discipline est plus stricte et où les possibilités de désertion sont restreintes. L'OKW, qui se méfie des Alsaciens, est donc tout disposé à céder ceux-ci à la Waffen SS. Le pourcentage des Alsaciens morts ou dis-

parus après avoir été incorporés dans la Waffen SS sera proportionnellement plus élevé que celui de leurs compatriotes incorporés dans la Wehrmacht.

Cette incorporation de force dans la Waffen SS vaudra aussi à douze d'entre eux, appartenant à la classe 1926, de comparaître devant le tribunal militaire de Bordeaux en janvier 1953 pour leur appartenance à la division « Das Reich » qui s'est rendue tristement célèbre à Oradour-sur-Glane. Nous aurons l'occasion de revenir sur cette affaire dans un numéro suivant.

D'autres jeunes Alsaciens et Alsaciennes sont également incorporés dans un certain nombre d'unité paramilitaires. C'est le cas des lycéens et collégiens ainsi que de certains apprentis qui sont affectés en quatre vagues successives, d'octobre

ARTHUR KAISER, MULHOUSIEN, SOLDAT DE LA 2e DB.

1943 à novembre 1944, à des unités de Flak (DCA) comme Luftwaffenhelfer (lire dans ce numéro le témoignage de Jean-Pierre Zeder).

A la fin de leur scolarité, certaines jeunes filles sont assignées à des tâches similaires comme Luftflakhelferinnen ou à la Wehrmacht comme Stabshelferinnen (téléphonistes, secrétaires).

L'incorporation des jeunes de seize, voire même quinze ans montre à quel point les problèmes d'effectifs sont devenus cruciaux dans la dernière année d'existence du Reich.

La défense de l'Alsace va amener le Gauleiter à aller beaucoup plus loin. Le 12 septembre, tous les étudiants, les élèves des écoles professionnelles, la dernière classe des lycées sont affectés à des tâches importantes pour la défense du Reich. Les vacances scolaires sont prolongées afin que les élèves puissent aider à rentrer les récoltes. Sur ordre du Rüstungs Kommando, les entreprises les plus importantes évacuent leurs matériels et leurs machines. Plus de cent cinquante mille tonnes provenant de cent treize entrepôts sont ainsi évacuées jusqu'en novembre 1944 malgré le manque de moyens de transport.

L'opération ne passe pas inaperçue et l'affolement commence à gagner les Allemands installés en Alsace. La panique est en réalité provoquée par le reflux désordonné de nombreuses unités allemandes à la fin du mois d'août. Les Gauleiters Wagner et Simon vont attirer l'attention de l'OKW sur « l'attitude tout à fait indisciplinée d'un grand nombre d'états-majors, d'unités et de soldats ».

LA JEUNESSE ET L'ENTHOUSIASME.

MUSÉE HIST. CONT. - BDIC

Pour enrayer cette débâcle, Himmler est chargé de prendre toutes les mesures pour « accélérer le rétablissement du dispositif de défense ». Une ligne de recueil est mise en place d'Aix-la-Chapelle à la frontière suisse afin de constituer des unités de marche. Les troupes qui franchissent le Rhin doivent même céder une partie de leur matériel afin d'équiper de nouvelles unités. Pour exécuter cette opération, on installe aux principaux points de passage des cours martiales et on détache toutes les forces de police et de Feldgendarmerie nécessaires.

Cette reprise en main brutale permet d'enrayer la débâcle et de stabiliser les forces allemandes sur les Vosges et devant la trouée de Belfort. La même brutalité sera appliquée à la population civile. A Mulhouse, deux pillards sont condamnés à mort et fusillés à la suite du bombardement du 3 août 1944. Le Sondergericht (tribunal spécial) fera également preuve d'une grande sévérité. C'est ainsi qu'un voleur de bicyclette est condamné à mort de même qu'une femme coupable d'avortement.

MUSÉE HIST. CONT. - BDIC

COMBATTANTS DE LA 1re DFL.

Les dénonciations ne cessent pas, elles augmentent même entre septembre et octobre comme le fait apparaître le compte rendu mensuel de la police mulhousienne. Les dénonciations les plus nombreuses concernent le non-respect du black-out, ce qui montre bien la crainte éprouvée devant les attaques incessantes de chasseurs bombardiers et les vols de bicyclettes. En octobre, on enregistre également des dénonciations pour non-participation aux travaux de fortification.

Ceux-ci ont commencé le 13 septembre avec la construction de la Vorvogesenstellung (ligne de défense avancée) et de la Vogesenstellung (ligne de défense principale) en avant des cols vosgiens. Pour mener les travaux à bien, on mobilise une partie importante de la population alsacienne. En utilisant le terrain au maximum, les Allemands organisent une véritable défense en profondeur avec des tranchées, des fossés antichars, des abattis et des zones minées.

RAYMOND PERRIN, 2e DB, DEVANT UN PANZER DÉTRUIT.

Malgré le manque d'enthousiasme de dizaines de milliers d'Alsaciens mobilisés pour le « Schanzeinsatz », l'essentiel des travaux est terminé pour le début du mois de novembre. Cet ensemble est tenu au nord par la 1re armée allemande chargée de couvrir Strasbourg, depuis Metz jusqu'à Raon-l'Etape, et au sud par la 19e armée qui couvre les Vosges et la trouée de Belfort jusqu'à la frontière suisse.

La « ligne d'hiver » ne donne cependant qu'un répit de deux mois à la Wehrmacht, pendant lequel la 7e armée américaine et la 1re armée française reconstituent leurs unités en hommes et en matériels américains.

Le 11 septembre 1944, des éléments avancés du 5e corps d'armée américain franchissent la frontière allemande près d'Aix-la-Chapelle. Devant la menace d'invasion qui pèse directement sur le territoire allemand, Hitler décrète, le 25 septembre 1944, la levée en masse du peuple allemand, le « Deutsche Volkssturm ». La mise en œuvre en est confiée aux Gauleiters. En Alsace, le Volkssturm est créé par le Gauleiter Wagner le 25 octobre 1944.

Le Volkssturm doit mobiliser tous les hommes de seize à soixante ans, mais il n'y a ni armes, ni uniformes, ni même un quelconque équipement disponible dans les magasins de la Wehrmacht. Il est prévu de mettre sur pied un bataillon de Volkssturm par arrondissement, soit trois cent mille hommes pour l'ensemble du Gau de Bade-Alsace.

Les conseils de révision débutent le 1er novembre et les exercices doivent avoir lieu le samedi et le dimanche pour ne pas gêner l'effort de guerre. Heureusement, le manque de temps ne permet pas la mise sur pied effective du Volkssturm en Alsace. Sa seule apparition publique en tant qu'unité organisée aura lieu le 11 novembre 1944. Ce jour-là, les premiers bataillons mis sur pied prêtent serment au cours d'une cérémonie organisée dans chaque chef-lieu d'arrondissement. La date a été choisie à dessein, car partout ailleurs en Allemagne, la cérémonie se déroule le lendemain.

Les bataillons alsaciens du Volkssturm ne seront jamais engagés en raison de l'avance rapide des troupes françaises sur Mulhouse et Strasbourg. Dans la poche de Colmar et le nord de l'Alsace qui continuent à être occupés par la Wehrmacht jusqu'en février-mars 1945, le Volkssturm va disparaître aussi rapidement qu'il est né. En effet, après l'apparition « spontanée » des FFI en novembre 1944, les Allemands, réalistes, vont considérer qu'il est pour le moins imprudent de confier des armes à des civils alsaciens.

CHAR FRANÇAIS DEVANT
LA GARE DE MULHOUSE APRÈS LA LIBÉRATION.

COLL. PART. - ARCHIVES VILLE MULHOUSE

COLL. VIOLLET

MULHOUSE, 24 NOVEMBRE 1944 : CHAR DE LA 1re DFL
DEVANT LA CASERNE COEHORN, SIÈGE DE LA GESTAPO.

Au cours de la deuxième quinzaine de septembre, la 1re armée française, qui avait débarqué en Provence, atteint les Vosges et la trouée de Belfort où la 19e armée allemande du général Wiese s'est retranchée. L'offensive sur Belfort et Mulhouse se déclenche le 14 novembre en pleine tempête de neige. Dès le 19 novembre, le Rhin est atteint à Rosenau (lire, plus loin, le récit de l'arrivée des chars français) et Mulhouse est investi le lendemain. Après plusieurs jours de durs combats qui permettent la libération d'une partie du Haut-Rhin, l'offensive s'arrête le 29 novembre et Colmar devra attendre plus de deux mois avant d'être libéré.

La libération du nord de l'Alsace s'effectue conjointement à celle du Haut-Rhin. En novembre, la 7e armée américaine reçoit l'ordre de reprendre l'offensive en direction du Rhin. Cette mission est confiée au 15e corps d'armée américain auquel appartient la 2e DB concentrée autour de Baccarat. L'offensive débute le 13 novembre par l'attaque de deux divisions d'infanterie américaines. Avec l'aide de la 2e DB, la Vorvogesenstellung est percée et Leclerc peut lancer sa charge sur Strasbourg. Il franchit les Vosges entre le 19 et le 21 novembre. Saverne est pris à revers, ce qui débloque le col et permet la manœuvre sur Strasbourg. Dans la nuit du 22 au 23 novembre,

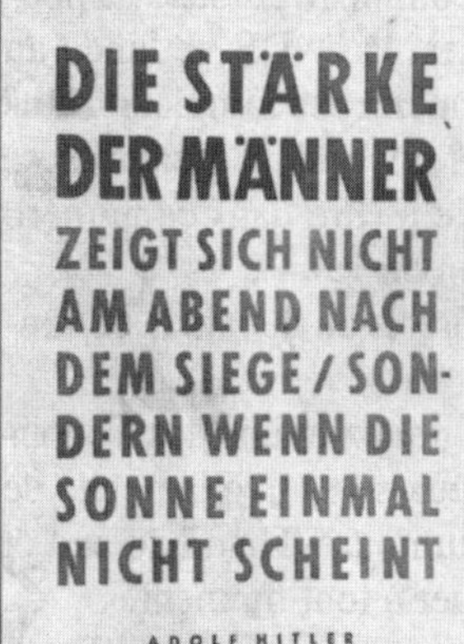

BNUS

« LA FORCE D'UN HOMME NE SE JUGE PAS APRÈS LA VICTOIRE, MAIS LORSQUE TOUT VA MAL » (AFFICHE DE PROPAGANDE).
PRISONNIERS ALLEMANDS À STRASBOURG, 23 NOVEMBRE 1944.

LAPI - VIOLLET

AUGUSTE CASPAR - COLL. CLAUSS

LIBÉRATION D'OBERNAI, 26 NOVEMBRE 1944.

1944

CI-CONTRE : STRASBOURG LIBÉRÉ.
ND - VIOLLET

la 2e DB reçoit l'ordre de s'emparer de la ville. Strasbourg comme Mulhouse va pouvoir être libéré par une armée française. En cinq colonnes, la 2e DB se lance au matin du 23 novembre sur Strasbourg où la surprise de l'ennemi est complète. Dans la journée, la ville est investie. Dans la nuit du 27 au 28 novembre, l'ennemi se replie de l'autre côté du Rhin et fait sauter les ponts de Kehl (lire dans ce numéro l'article consacré aux opérations militaires de la Libération en 1944).

La première libération de l'Alsace s'achève au moment précis où débute la contre-offensive allemande dans les Ardennes.

A la fin de l'année 1944, le nord et le sud de l'Alsace sont aux mains des troupes alliées. Mais la situation demeure précaire car entre les deux se trouve la poche de Colmar qui s'étend du Rhin aux Vosges, sur une ligne Mulhouse-Thann au sud et Sélestat-Erstein au nord, d'où l'ennemi peut contre-attaquer à tout moment.

L'hiver 1944-1945, particulièrement rigoureux, va encore accentuer les difficultés des combattants comme de la population civile. Le calvaire de celle-ci va durer jusqu'à la libération définitive de l'Alsace. Ces difficultés de communication empêchent un approvisionnement normal. La population civile manque de tout : vivres, charbon, électricité. Beaucoup d'Alsaciens sinistrés ou réfugiés n'ont même plus un toit à eux et les combats continuent, provoquant de nouvelles destructions et de nouvelles victimes.

A ces difficultés matérielles s'ajoute souvent aussi l'incertitude quant au sort des incorporés de force dont on n'a plus de nouvelles depuis fin novembre.

Il faudra attendre la libération définitive de l'Alsace, voire même la victoire, pour que la situation s'améliore enfin. De toutes les régions françaises, c'est l'Alsace qui paie ainsi le tribut le plus lourd pour sa libération.

Le prix de la liberté

AMS

L'Alsace bombardée

EUGÈNE RIEDWEG

Les forces alliées visaient les nœuds ferroviaires en Alsace, pour empêcher les mouvements de troupes allemandes vers l'ouest. L'année 1944 fut donc celle des bombardements, avec leur cortège de morts et de destructions. Et la propagande nazie tenta de s'en servir. En vain.

De sérieux efforts seront entrepris en Alsace par les organisations nazies pour mettre la plus grande partie de la population à l'abri. Les immeubles privés sont pourvus d'abris, les greniers débarrassés de tout ce qui les encombre et passés à la chaux, les soupiraux sont pourvus de murs pare-éclats et des passages sont pratiqués entre les sous-sols dans les immeubles. Par ailleurs, on va construire de nombreux abris publics, abris tranchées couverts, abris pour école, salles de réunion. Les anciennes caves des brasseries à Cronenbourg et Schiltigheim pour Strasbourg, Lutterbach pour Mulhouse sont également réaménagées dans ce but. On constitue également des réserves d'eau dans les villes en utilisant d'anciens réservoirs d'essence et des puits. A Strasbourg, en cas de bombardement, plus de cent vingt mille personnes pouvaient ainsi disposer d'une place dans un abri.

Le tout était complété par un système d'alerte composé de sirènes actionnées automatiquement à partir des postes de commandement de défense passive qui sont reliés au réseau d'alerte de la Luftwaffe. En cas de bombardement, le responsable de la défense passive peut également faire appel aux unités de la Croix-Rouge, de l'armée, de services techniques (Technisches Nothilfe), des services municipaux, et si cela ne suffit pas, il y a la possibilité de réquisitionner la population civile (comme cela sera le cas à Strasbourg et à Mulhouse) pour intervenir le plus rapidement possible.

Les services municipaux sont organisés de manière à pouvoir prendre des mesures immédiates en faveur des sinistrés (Sofortmassnahmen).

Pour cela on va recenser tous les locaux disponibles en fonction de leur capacité d'accueil, on aménage des refuges dotés du matériel de couchage nécessaire dans les écoles, les restaurants, les salles de spectacle. Le souci du détail est poussé jusqu'au point de prévoir les locaux pour y entreposer les cadavres. Ceux-ci devaient être ramassés par le service municipal des transports à Strasbourg et à Mulhouse.

Incontestablement, les mesures prises par l'administration civile en matière de défense passive sont nettement supérieures à celles qui ont été mises en place en 1939 par les autorités françaises. De plus, on a prévu des mesures immédiates afin de donner à chaque sinistré un secours en argent, des cartes de rationnement, des bons d'achat pour des vêtements et objets de première nécessité, ce qui n'existait absolument pas en France.

En raison de sa position géographique entre la France et l'Allemagne, l'Alsace est le point de passage obligé de plusieurs voies ferroviaires qui vont prendre une importance stratégique dans la perspective des débarquements alliés en Normandie et en Provence. Strasbourg et Mulhouse sont de ce fait deux importants nœuds ferroviaires qui vont subir plusieurs attaques aériennes durant les hostilités. Strasbourg sera particulièrement visé puisqu'il subira vingt attaques aériennes de 1940 à 1944 dont dix-huit bombardements et deux attaques à la mitrailleuse. Mulhouse sera touché à un degré moindre par quatre bombardements et trois attaques de chasseurs bombardiers. Les deux premiers bombardements réalisés par l'aviation anglaise visent Strasbourg. Ils ont lieu les 1er et 16 décembre 1940 et ne provoquent que de légers dégâts ainsi que deux morts. Trois autres bombardements du même type auront également lieu en 1941 et 1942. La première attaque sérieuse a lieu le 6 septembre 1943 lorsque l'aviation américaine commence à effectuer des bombardements de jour sur les villes européennes. En aucun cas on ne pourra cependant comparer ces bombardements aux « attaques de terreur » (Terrorangriff) effectuées sur les villes allemandes dans le but de les détruire et de casser le moral de la population civile. Les autorités nazies ne s'y trompent pas. A partir de 1943, l'Alsace va devenir le lieu de repli et de refuge pour de nombreux sinistrés venus des villes allemandes bombardées ainsi que d'entreprises

AVIATEUR AMÉRICAIN SUR UNE BASE EN LORRAINE, RETOUR DE MISSION, FIN 1944.

MUSÉE HIST. CONT. - BDIC

allemandes qu'on considère être à l'abri dans les localités alsaciennes.

En effet, l'aviation alliée n'attaque en Alsace que des objectifs stratégiques limités (voies de communications), mais qui du fait de la tactique employée par les Américains (un tapis de bombes lâché très largement de part et d'autre de l'objectif) provoque des dégâts importants et entraîne de nombreuses pertes dans la population civile : 1005 morts et 1695 blessés à Strasbourg, 348 morts à Mulhouse.

L'attaque du 6 septembre 1943 qui a pour objectif la ligne de chemin de fer de Strasbourg à Kehl est à ce titre symptomatique de l'attitude de la population. Les sirènes ont bien retenti avant l'attaque, mais personne ne s'attendait à un bombardement d'une telle violence... Beaucoup de Strasbourgeois, partageant ainsi un avis très largement répandu, pensaient que l'aviation alliée ne s'attaquerait jamais à une ville alsacienne. Ce sentiment d'invulnérabilité était encore renforcé après de multiples alertes aériennes négatives et par l'arrivée de nombreux Allemands repliés à la suite des bombardements sur les villes allemandes.

De ce fait, la population est totalement surprise et les abris ne sont pas occupés. Les bombardiers larguent 574 bombes qui provoquent 185 morts et 633 blessés. Les résultats militaires de l'attaque sont nuls car, quelques heures plus tard, la circulation ferroviaire est déjà rétablie. Trois autres bombardements de faible importance interviendront encore jusqu'au début de 1944 mais il s'agissait vraisemblablement d'appareils égarés ayant encore une bombe à larguer car aucun objectif n'est visé en particulier.

A partir du printemps 1944, l'offensive aérienne alliée sur une grande partie de l'Europe s'intensifie en prévision du débarquement et les voies de communication sont particulièrement visées. Strasbourg va à nouveau être sévèrement touché à six reprises tandis que Mulhouse, jusqu'alors épargné par l'aviation alliée, est attaqué à son tour et subit quatre bombardements très meurtriers (voir tableau en fin d'article). Les bombardements vont s'échelonner entre le 1er avril et le 25 septembre 1944 avec deux temps forts en mai et en août 1944. Par la suite, des chasseurs bombardiers vont également se livrer en permanence à des attaques isolées en septembre et en octobre sur plusieurs villes alsaciennes et sur les voies de communication. Les bombardements sont en général effectués par un nombre restreint d'appareils (quelques dizaines) sauf pour les attaques massives de Strasbourg, les 11 août et 25 septembre 1944. Les objectifs visés sont les voies ferrées et les gares, ainsi que les usines Junkers (Matford) de Strasbourg et les dépôts d'essence de Mulhouse. Les attaques ne durent au maximum que quelques dizaines de minutes.

Néanmoins, en raison de la grande dispersion des bombes de part et d'autre des objectifs visés, de sérieux dommages vont être infligés à la population alsacienne. Le centre-ville de Mulhouse sera sévèrement touché le 3 août et celui de Strasbourg le 11 août. Les dégâts importants ainsi causés étaient disproportionnés par rapport au résultat obtenu. En effet, par la réquisition des civils, la mise en œuvre de moyens puissants et un travail sans interruption pendant quelques jours, les dégâts aux voies ferrées étaient rapidement réparés et la circulation des trains rétablie. On peut alors se demander si de tels bombardements étaient nécessaires pour obtenir un résultat aussi maigre et s'il n'y avait pas moyen de procéder autrement pour stopper le trafic ferroviaire !

Il faut également remarquer que les villes alsaciennes ne sont pas protégées par la Flak (DCA) comme c'est le cas outre-Rhin. Des unités de Flak seront amenées en Alsace après le bombardement de mai, mais elles seront retirées avant le mois d'août pour y revenir à nouveau par la suite, notamment à Mulhouse et Strasbourg. L'usine électrique de Kembs ainsi que les passages sur le Rhin seront également fortement protégés à partir de ce moment jusqu'à la libération de l'Alsace.

Le bombardement du 25 septembre 1944 sur Strasbourg, le plus violent que la ville va subir, présente un mystère qui n'est toujours pas éclairci. Il pleut en effet ce jour-là et la ville est noyée dans la brume quand plusieurs centaines d'appareils – comme le montrent les 2233 bombes lâchées sur la ville – attaquent Strasbourg sans aucune visibilité. Le centre-ville va à nouveau être sévèrement touché ainsi que Bischheim, Lingolsheim et Ostwald. Les pertes en vies humaines seront très importantes en particulier dans le quartier de la gare où plusieurs trains viennent d'arriver. On va dénombrer 577 morts et disparus et 554 blessés.

Ce nouveau bombardement intervient alors que les travaux de déblaiement de celui du précédent ne sont pas encore terminés et qu'une partie de la population est mobilisée depuis le début du mois de septembre pour effectuer des travaux de fortification. De ce fait, les travaux se poursuivent lentement et ne seront pas terminés au moment de la libération de la ville. Militairement ce bombardement est inutile car les armées alliées se trouvent déjà aux pieds des premiers contreforts des Vosges et devant la trouée de Belfort. Par ailleurs, les villes alsaciennes ne sont pas soumises au pilonnage systématique que subissent les villes allemandes. S'agit-il d'une erreur de navigation rendue possible par l'absence de visibilité qui régnait ce jour-là sur une grande partie de l'Europe du nord-ouest ? Cette hypothèse est d'autant plus plausible que la radio anglaise annonce le même jour le bombardement de Ludwigshafen. Seules des recherches dans les archives de l'aviation stratégique américaine en Europe (USAAFE) permettront un jour de répondre à la question.

Après chaque attaque aérienne, la vie reprend immédiatement dès la fin du bombardement. Les secours s'organisent rapidement car toutes les mesures ont été prévues à l'avance. Dans ce domaine, l'organisation allemande est remarquable. Il est vrai que l'ampleur des bombardements effectués sur le Reich depuis le début de la guerre a permis d'acquérir une certaine expérience en la matière !

Les fonctionnaires municipaux doivent se rendre de jour ou de nuit le plus vite possible au point de ralliement désigné par leur service afin de pouvoir intervenir immé-

Bei Alarm
Raus aus dem Bett!

« EN CAS D'ALERTE, VITE HORS DU LIT ! »

diatement et de prendre les premières mesures en faveur des sinistrés (Sofortmassnahmen) : paiement d'un premier secours en argent, reproduction des pièces d'identité détruites, bons de perception pour des textiles, des chaussures, du savon. De toute façon, chaque famille était tenue d'avoir prête en permanence une petite valise (Luftschutz-Gepäck) contenant les papiers les plus importants et un minimum d'effets indispensables car elle pouvait perdre en quelques instants tous ses biens. On va également distribuer à chaque famille une brochure (Luftschutzmerkblatt) lui indiquant la conduite à tenir en cas de sinistre et surtout le lieu de rassemblement où sont organisés les premiers secours. La NS-Volkswohlfart est ensuite chargée d'accueillir les sinistrés. Pour cela on utilise les cuisines collectives et les refuges aménagés au préalable. Les sinistrés restent là jusqu'à l'attribution d'un logement par le service municipal compétent et touchent un jeu de cartes de ravitaillement pour sept jours. A Strasbourg, 1523 logements leur seront ainsi attribués.

AFFICHE À SÉLESTAT INVITANT À ÉTEINDRE LES LUMIÈRES EN CAS DE BOMBARDEMENT.

MUSÉE HIST. CONT. - BDIC

Les premiers secours effectués, il faut ensuite déblayer les décombres et surtout faire sauter les immeubles qui peuvent présenter un danger pour les passants. Une commission (Sprengkommission) est créée à cet effet à Mulhouse et à Strasbourg tandis qu'on envoie les techniciens de la Luftschutzpolizei faire un stage pratique en Allemagne. Ce souci du détail sera poussé jusqu'au point de dresser une liste des bâtiments et des monuments qui doivent être épargnés et protégés particulièrement.

Le service des dommages de guerre (Kriegschaden-Amt) comprenait une section qui s'occupait des dommages matériels et une autre de la reconstruction. Il va minutieusement dresser la liste de tous

AMS

NEUDORF APRÈS UN BOMBARDEMENT MEURTRIER.

les immeubles endommagés en vue de futurs dommages de guerre, avec photos et plan d'impact des bombes. Cette liste est impressionnante puisque rien qu'à Strasbourg, 13995 immeubles vont être touchés à des degrés divers par les bombardements, 792 d'entre eux seront totalement détruits et 659 gravement endommagés.

Mais Mulhouse et Strasbourg ne seront pas les seules villes alsaciennes à être attaquées par l'aviation alliée. A partir du 1er août 1944 la « situation devient catastrophique » selon les termes même d'un rapport allemand en raison de la retraite des troupes allemandes, ce qui a pour effet de susciter des attaques constantes de chasseurs bombardiers sur les routes, les voies ferrées et les canaux. Le 3 août 1944, le jour du bombardement de Mulhouse et Strasbourg, les installations de Pechelbronn sont également attaquées afin d'arrêter la production pétrolifère. L'aviation américaine ne lésine pas sur les moyens et lâche 1200 bombes sur l'objectif, qui provoquent la mort de vingt personnes. Le 14 août, c'est le tour d'Haguenau-Oberhoffen d'être attaqué. Les bombardiers qui visent en particulier le terrain d'aviation du camp militaire lâchent mille bombes qui provoquent la mort de cinq personnes.

En septembre c'est au tour de Colmar d'être visé. Une petite attaque aérienne, le 13, avec cinquante bombes seulement, entraîne néanmoins la mort de huit personnes. Quelques jours plus tard, le 18, l'explosion accidentelle d'un train de marchandises chargé de mines en gare de Colmar provoque également d'important dégâts matériels.

A la fin du mois, c'est au tour de Saverne de subir l'attaque de l'aviation alliée : le 21 septembre (dix bombes) et le 28 (cinquante bombes). Dès le mois d'août, en raison de l'activité aérienne constante des chasseurs bombardiers alliés qui ont maintenant des bases en France même, la circulation des trains est devenue quasi impossible de jour. Cette activité va encore croître en septembre et en octobre sur toute l'Alsace et même la Suisse où les violations de l'espace aérien helvétique sont fréquentes. On en notera soixante-cinq pour une seule journée de septembre.

LE MYSTÈRE DEMEURE : QUEL ÉTAIT L'OBJECTIF DE CE BOMBARDEMENT MASSIF ET INUTILE ?

Encore faut-il remarquer que l'aviation américaine, à la suite du bombardement par erreur de Schaffhouse, le 1er avril 1944, a pris un certain nombre de mesures pour garantir la neutralité de la Suisse. Il faut croire que celles-ci étaient insuffisantes car, le 12 septembre 1944, à la suite de l'attaque du rapide Bâle-Zurich, le Conseil fédéral supprime le black-out sur toute la Suisse. L'attaque effectuée sur la centrale hydro-électrique de Kembs le 7 octobre 1944 par l'aviation britannique provoque une baisse du niveau du Rhin et un arrêt de la navigation sur le fleuve en direction de Bâle. Celle-ci subira encore un coup plus sévère le 10 décembre lorsque la Wehrmacht détruit le barrage édifié sur le Rhin en amont de Kembs pour détourner une partie des eaux dans le grand canal d'Alsace. Le pont de Huningue par lequel passait une grande partie du ravitaillement destiné au front de haute Alsace sera également attaqué à l'aide de bombes au phosphore le 20 octobre 1944 de même que les ponts de Chalampé et de Neuf-Brisach. Ces attaques aériennes seront stigmatisées par la presse nazie en Alsace : « L'action terroriste des Anglo-Américains contre la population civile prend tous les jours des formes plus terribles, leurs avions balayent les rues de nos villes d'une hauteur de quelques mètres à l'aide de leurs projectiles... faisant de nombreux morts et blessés... Ceux qui croyaient que l'ennemi s'abstiendrait de cette chasse inhumaine en Alsace ont perdu leurs stupides illusions... »

LE CENTRE DE STRASBOURG APRÈS LES BOMBARDEMENTS DE L'ÉTÉ 1944.

COLL. SACKENREITER

De tels articles resteront sans effet car, à partir de ce moment-là, les Alsaciens étaient convaincus que leur libération ne saurait plus tarder et que les attaques

1944

AMS

LE PALAIS ROHAN À STRASBOURG, 11 AOÛT 1944.
DES EMPEREURS À TERRE ET LA BELLE HÉLÈNE OUTRAGÉE.

AMS

ARCHIVES VILLE MULHOUSE

LA GARE DE MULHOUSE UNE HEURE APRÈS LE BOMBARDEMENT DU 11 MAI 1944.

LAPI - VIOLLET

LE CENTRE DE MULHOUSE BOMBARDÉ.

AFFICHE ALLEMANDE CONTRE LE PILLAGE.

aériennes faisaient partie du prix qu'il fallait payer pour cela. Il est vrai que la stabilisation du front devant la trouée de Belfort et en Lorraine durant près de deux mois entraîne une prolongation de la guerre aérienne. Mais celle-ci, menée par des chasseurs bombardiers, sera beaucoup moins meurtrière que les bombardements effectués sur Mulhouse et Strasbourg. Par contre, elle provoquera de sérieuses perturbations sur les transports effectués en Alsace, paralysant quasiment la production et empêchant l'évacuation d'une partie de l'outillage des entreprises alsaciennes outre-Rhin malgré les efforts importants déployés par les autorités allemandes.

LES PRINCIPAUX BOMBARDEMENTS AMÉRICAINS EN ALSACE EN 1944

1er avril	**Strasbourg**	Voie ferrée, Strasbourg-Kehl	24 morts 37 blessés
11 mai	**Mulhouse**	Voie ferrée, Gare Centrale	171 morts
25 mai	**Mulhouse**	Voie ferrée, Gare du Nord	67 morts
27 mai	**Strasbourg**	Usines Junker et voie ferrée	41 morts 62 blessés
19 juillet	**Strasbourg**	Gare de triage, Hausbergen	
3 août	**Mulhouse**	Gare Centrale	77 morts
3 août	**Strasbourg**	Gare de triage, Hausbergen	
11 août	**Strasbourg**	Voie ferrée, Cronenbourg	174 morts 333 blessés
11 août	**Mulhouse**	Voies ferrées Mulhouse-Mulheim et Mulhouse-Bâle ; dépôts d'essence	36 morts
25 septembre	**Strasbourg**		577 morts 554 blessés
7 octobre	**Kembs**	Centrale hydro-électrique de Kembs	

TABLEAU D'EUGÈNE RIEDWEG

NOTE

1. Ce récit synthétique des bombardements alliés en Alsace est extrait de la thèse de doctorat de troisième cycle en histoire, *L'Alsace et les Alsaciens, 1939-1945*, soutenue par Eugène Riedweg en 1983 (pages 515 à 521), et inédite.

LAPI-VIOLLET

EUGÈNE RIEDWEG

Novembre 1944 : les poussées alliées, et notamment françaises, bousculent la résistance allemande. La libération de l'Alsace commence. Mais les Allemands se défendent avec acharnement et, fin décembre 1944, la situation militaire reste précaire. Ce n'est que début 1945 que tout se jouera. Fin 1944 en Alsace, c'est donc toujours l'anxiété qui prévaut[1].

Au cours de la deuxième quinzaine de septembre 1944, la 1re armée française qui était remontée du midi atteignait les Vosges et la trouée de Belfort où les Allemands s'étaient retranchés (Vogesenstellung). Le général Wiese, commandant la 19e armée allemande, avait réussi à organiser une position défensive solide, relativement profonde et continue. Faisant preuve d'une grande énergie, il a remis de l'ordre dans les grandes unités rescapées d'une retraite de plus de sept cents kilomètres et employé au mieux les renforts qui lui étaient parvenus du Reich. Mais ces unités n'avaient plus la valeur combative des divisions disparues sur le front de l'est et en France au cours de l'été 1944.

Pendant plusieurs semaines, l'armée française va essayer, dans des conditions climatiques fort difficiles, de forcer la décision sur un front très large et un terrain particulièrement accidenté que l'ennemi utilise au mieux. Au cours de cette dure bataille, que le général de Lattre qualifie de « bataille du mauvais sort », particulièrement coûteuse en hommes et en matériel, la percée avait failli être réalisée, mais les Allemands s'étaient chaque fois rétablis.

1944

Au début de novembre 1944, ils tenaient encore solidement la crête des Vosges, où aucun col n'avait pu être forcé. Cette bataille va cependant avoir l'avantage d'attirer toutes les réserves allemandes et de créer une vaste diversion à l'abri de laquelle la 1re armée va préparer l'offensive sur Belfort et Mulhouse.

En pleine tempête de neige, le 14 novembre à midi, le général de Lattre déclenche son attaque sur l'Alsace avec son premier corps d'armée. La surprise de l'ennemi sera complète d'autant plus qu'il avait été induit en erreur par de faux renseignements à la suite d'une opération montée par les services spéciaux français. C'est ainsi que

MUSÉE HIST. CONT. - BDIC

UN CHAR AU NORD DE STRASBOURG.

le général Ochsmann, commandant la 338 e ID, sera tué en pleine tournée d'inspection aux avant-postes allemands. Malgré la résistance ennemie qui s'organise, les troupes françaises progressent rapidement. Le 17 novembre, Héricourt et Montbéliard sont libérés. Une partie des unités du 1er corps d'armée se tourne alors en direction de Belfort où l'ennemi résiste pied à pied, tandis que le reste s'engouffre dans la brèche qui vient d'être ouverte. Le 18 novembre, la 1re DB, soutenue par des éléments de la 9e DIC, s'empare par surprise, à Delle, du pont de l'Allaine : la porte de l'Alsace est ouverte. C'est au CC3 du colonel Caldairou que revient l'honneur de pénétrer le premier en Alsace où la première localité, Seppois, est libérée le 19 novembre à 14 h après un vif combat. A partir de ce moment, les chars foncent en avant sans rencontrer de résistance sérieuse en direction du Rhin qui est atteint à 18 h 30 à Rosenau. En tête de toutes les armées alliées, la 1re armée est arrivée au Rhin, mais la situation de la 1re DB est difficile car elle ne dispose que d'un mince corridor le long de la frontière suisse pour pénétrer en Alsace et les embouteillages y sont permanents d'autant plus que l'ennemi va contre-attaquer pendant plusieurs jours à partir de Dannemarie. Il réussira même à couper temporairement cette unique voie de communication par où parviennent renforts et ravitaillement. Le 20 au matin, l'attaque de la 1re DB reprend sur trois directions : Dannemarie, Altkirch et Mulhouse qui va être investi à la tombée de la nuit et où la garnison est totalement surprise. Le nettoyage de la ville commence le lendemain et va durer jusqu'au 24 novembre, car l'ennemi s'accroche dans les casernes de la ville.

MUSÉE HIST. CONT. - BDIC

DE LATTRE À SON PC DE SCHIRMECK.

Le général de Lattre va alors envisager une autre manœuvre pour s'assurer la maîtrise du Haut-Rhin. Pour cela il faut briser le verrou de Burnhaupt par une attaque simultanée partant à la fois de la région de Masevaux et de la région de Mulhouse pour encercler l'ensemble du 63e corps d'armée allemand concentré dans l'extrême sud de l'Alsace, autour de Dannemarie. L'attaque sera menée par la 5e DB du général de Vernejoul et la 1re DB du général Touzet du Vigier. L'opération dure jusqu'au 29 novembre malgré de violentes contre-attaques ennemies, et entraîne près de dix mille prisonniers. L'opération, qui devait se poursuivre en direction de Cernay, est finalement abandonnée par de Lattre pour des raisons qui n'ont jamais été clairement élucidées. De ce fait, la bataille de blindés est momentanément achevée autour de Mulhouse où, dès le 30 novembre, la 1re DB adopte une attitude défensive. Ce qui permet à la Wehrmacht de se ressaisir. Himmler en personne vient prendre le commandement du groupe d'armée « Oberrhein » le 26 novembre et d'importants renforts arrivent en Alsace.

LECLERC À STRASBOURG.

MUSÉE HIST. CONT. - BDIC

LIBÉRATION DE SOUFFLENHEIM PAR LES AMÉRICAINS.

Il en résulte une prolongation des combats dans le Haut-Rhin qui vont durer près de deux mois et on peut se demander si le général de Lattre n'a pas commis une grave erreur en abandonnant l'offensive en direction de Colmar à un moment où les troupes allemandes qui lui faisaient face étaient en pleine retraite.

Début décembre, la 1re armée a donc provisoirement abandonné toute offensive de blindés autour de Mulhouse afin de refondre son dispositif de combat. Par ailleurs, il faut noter que les troupes françaises venues d'outre-mer sont épuisées par plus de quatre mois de combats sans aucune relève. De plus, une grave crise de moral sévit parmi ces troupes : « Le combattant venu d'Italie ou d'Afrique du nord voit ses camarades tomber autour de lui sans que jamais un Français de France ne vienne combler les vides causés par la bataille. » Le complément « français » sera immédiatement accordé par le général de Gaulle, mais en attendant que l'amalgame se fasse avec les éléments issus des FFI, on va adopter une attitude défensive. De ce fait, le front va passer au milieu de l'agglomération mulhousienne jusqu'au 20 janvier 1945.

La libération du nord de l'Alsace va s'effectuer conjointement à celle du Haut-Rhin.

19 NOVEMBRE, 14 HEURES : SEPPOIS EST LA PREMIÈRE COMMUNE D'ALSACE LIBÉRÉE

Au mois de novembre 1944, la 7e armée américaine reçoit l'ordre de reprendre l'offensive en direction du Rhin. Cette mission est confiée au 15e corps d'armée américain auquel appartient la 2e DB concentrée autour de Baccarat.

L'offensive débute le 13 novembre par l'attaque de deux divisions d'infanterie américaines. Avec l'aide de la 2e DB, la Vorvogesenstelllung est percée de Badonviller à Blâmont, ce qui va permettre à Leclerc de lancer sa charge sur Strasbourg. Il avait auparavant reçu du commandant Marceau (Kibler) l'assurance de trouver à son arrivée en Alsace plusieurs milliers de FFI organisés, une infanterie qui lui faisait défaut.

Une opération en tenailles de part et d'autre du col de Saverne, fortement défendu, lui permet de percer le front ennemi là où on ne l'attend pas et de franchir les Vosges entre le 19 et le 21 novembre. Pour cela, il lance trois attaques, avec Dio au nord, Langlade au sud et le sous-groupement Quilichi au centre, pour fixer la défense ennemie face à Phalsbourg et au col de Saverne. Le 20, le sous-groupement Massu perce les défenses ennemies au sud et pénètre dans la vallée de Dabo. Le 21, le sous-groupement Rouvillois perce à son tour au nord jusqu'à La Petite-Pierre. Le lendemain, Saverne est pris à revers par les deux sous-groupements qui y font leur jonction. Le général Bruhn, commandant la 563e DI allemande, est fait prisonnier avec huit cents hommes, ce qui va permettre de débloquer le col de Saverne. La porte de l'Alsace est ouverte et la manœuvre sur Strasbourg est rendue possible. Dans la nuit du 22 au 23 novembre, la 2e DB reçoit l'ordre de s'emparer de la ville. Strasbourg, comme Mulhouse, va pouvoir être libéré par une unité française.

Protégées par des unités au nord et au sud, cinq colonnes se lancent vers Strasbourg au matin du 23 novembre avec la mission de s'emparer de la ville et de Kehl. Vers 9 h, les faubourgs et la ceinture ouest des forts de la ville sont atteints. Bien défendus et renforcés par de solides fossés antichars et des tranchées que la populaton strasbourgeoise a dû creuser, ils offrent une solide résistance aux blindés de la 2e DB dépour-

MULHOUSE : DES SOLDATS ALLEMANDS SE RENDENT.

LAPI-VIOLLET

1944

vus d'infanterie et que les champs transformés en bourbier empêchent de manœuvrer. Seul Rouvillois, venu du nord, réussit à pénétrer dans Strasbourg d'où il envoie son célèbre message, « Tissu est dans Iode », vers 10 h 30. Les autres colonnes, modifiant leur itinéraire, l'y rejoignent dans la journée. La Wehrmacht a cependant le temps de se ressaisir et le Rhin ne peut être franchi. Pourtant, au matin du 23 novembre, la surprise était complète. Malgré l'offensive dans les Vosges, personne ne s'attendait à une arrivée aussi rapide de la 2e DB et tous les fonctionnaires étaient demeurés à leur poste malgré les mesures d'évacuation qui avaient commencé depuis plusieurs jours.

L'absence d'infanterie, qui empêche la 2e DB de tenir solidement la ville, va permettre au Gauleiter Wagner, à Ernst et Schall ainsi qu'aux principaux responsables nazis de s'échapper. Dans la matinée, alertés par les coups de canon, de nombreux Allemands en profitent pour franchir le pont de Kehl, alors que d'autres, complètement surpris, se laissent enfermer dans la ville où la situation de la 2e DB n'est pas fameuse. Elle s'est avancée vers Strasbourg par un étroit couloir menacé au nord et au sud. Dans la ville même, les casernes et la ceinture des forts tiennent toujours tandis que le port du Rhin et le pont de Kehl demeurent entre les mains des Allemands. La Kommandantur et une partie de l'état-major du général Vaterrodt sont capturés au palais du Rhin, mais le général réussit à se retrancher au fort Ney avec huit cents hommes et refuse la capitulation. Par ailleurs, des milliers de civils allemands (entre quinze et trente mille), surpris par l'arrivée imprévue de la 2e DB, sont demeurés sur place, ce qui inquiète le général Leclerc qui craint la présence de francs-tireurs.

À STRASBOURG, LA SURPRISE EST TOTALE

Durant plusieurs jours encore, la 2e DB aidée par les FFI du commandant François va nettoyer la ville de ses îlots de résistance. Le 25 novembre, le général Vaterrodt se rend enfin avec la garnison du fort Ney, ce qui porte le total des prisonniers à près de six mille hommes. La ville est soumise à de violents tirs d'artillerie qui arrêtent toute distribution d'énergie à Strasbourg, et ce n'est que dans la nuit du 27 au 28 novembre que l'ennemi se replie sur l'autre rive du Rhin et fait sauter les ponts de Kehl.

La situation militaire va également s'améliorer avec le déploiement des troupes américaines en Alsace. Au nord, le 15e corps d'armée américain assure la couverture en direction de Haguenau. Au sud, le 6e corps d'armée américain franchit les Vosges avec quatre divisions d'infanterie, mais est bloqué à la hauteur de Sélestat. Dans le cadre de ce redéploiement, la 2e DB va quitter Strasbourg pour faire mouvement vers Erstein et Plobsheim. Au nord de Strasbourg, la situation va rester confuse durant quelques jours en raison de la réorganisation du dispositif américain. Bischwiller et Haguenau, évacués par les Allemands le 24 novembre, sont réoccupés par eux deux jours plus tard. La défense allemande stimulée par Himmler se ressaisit et s'accroche à la forêt de Haguenau, aux localités et à la ligne Maginot. Le renforcement du 15e corps d'armée américain par trois autres divisions américaines

AMS

25 NOVEMBRE : LE GÉNÉRAL VATERRODT TRANSMET AU GÉNÉRAL LECLERC LA REDDITION DE LA GARNISON DE STRASBOURG.

va permettre une lente avancée jusqu'à la ligne Siegfried. Ingwiller est libéré le 5 décembre, Bischwiller le 10, Haguenau le 11, le 16 décembre Wissembourg est occupé à son tour, la Lauter et la ligne Siegfried sont atteintes.

La première libération du Bas-Rhin s'achève donc au moment précis où va débuter la contre-offensive allemande dans les Ardennes. Au début de la deuxième quinzaine de décembre, le nord et le sud de l'Alsace sont donc entre les mains des troupes alliées. Mais leur situation est néanmoins précaire car entre les deux se trouve la poche de Colmar qui s'étend depuis le Rhin jusqu'aux Vosges depuis une ligne Mulhouse-Thann au sud et jusqu'à Sélestat-Erstein au nord, d'où l'ennemi peut contre-attaquer à n'importe quel moment. De plus, toutes les liaisons entre le nord et le sud de l'Alsace doivent se faire en contournant les Vosges

Ainsi est la situation à l'extrême fin de l'année 1944. La libération de l'Alsace, entamée, n'est pas terminée. L'angoisse des habitants est à son comble.

NOTE

1. Ce récit synthétique des opérations militaires de libération de l'Alsace est extrait de la thèse de doctorat de troisième cycle en histoire, *L'Alsace et les Alsaciens, 1939-1945*, soutenue par Eugène Riedweg en 1983 (pages 531 à 536), inédite.

Dimanche 19 novembre 1944, 18 h, à Rosenau : « Vous êtes les Français ? »

Dimanche 19 novembre 1944, vers 18 h, les premiers chars français, commandés par le lieutenant de Loisy, entrèrent à Rosenau tous phares allumés. Toute une unité, commandée par le colonel Gardy, suivit une demi-heure après. Ils avaient foncé vers le Rhin sans s'arrêter depuis Delle, la ligne allemande ayant été percée le matin même. Le Rhin fut ainsi atteint par les premiers Français à Rosenau. Le lendemain matin les chars se retirèrent après avoir tiré quelques coups de canons sur le territoire allemand, pour se diriger vers Mulhouse.

Joseph Bernhard, âgé de vingt ans, organiste à l'église paroissiale de Rosenau, ex-incorporé de force dans la Wehrmacht, mutilé de guerre renvoyé dans ses foyers – il avait été amputé de la jambe gauche – s'acheminait ce jour-là vers l'église. Il faisait déjà nuit. Arrivé au carrefour des rues de Kembs, de Bartenheim et du Moulin en face de l'église, il entendit un bruit étrange de moteurs et de frottement de chaînes, s'approchant et grandissant pour devenir étourdissant. Le bruit semblait venir de l'ouest de la commune voisine de Bartenheim-la-Chaussée. Tout à coup, des phares éblouissants débouchèrent dans la rue de Bartenheim, à l'entrée du village, dans un vacarme.

Joseph Bernhard s'arrêta, pris d'angoisse, ne sachant que penser. Pas de doute, c'était des chars... Le premier s'arrêta au carrefour. Le canon et la tourelle tournèrent plusieurs fois. Le couvercle de la tourelle fût ensuite rabattu de l'intérieur. Un militaire en casque apparut, le passant ne put définir si sa tenue était américaine ou française – il faisait nuit et il n'avait encore jamais vu d'uniformes alliés.

Le militaire – c'était le lieutenant de Loisy, tué quelques jours plus tard à Mulhouse – l'interpella :

– Sommes-nous à Rosenau ?

– Oui, répondit Joseph Bernhard, et il ajouta : Mais qui êtes-vous ?

– Mais les Français, répondit le militaire.

– Mais quels Français ? demanda encore l'Alsacien. Des Français de la Milice ou de de Gaulle ? (on était devenu prudent pendant les quatre années d'Occupation et personne ne s'attendait à voir si vite les Français, les libérateurs).

– Nous sommes les soldats de de Gaulle, vos libérateurs ! répondit le militaire.

Joseph Bernhard et les curieux qui commençaient à se rassembler et qui avaient entendu ce dialogue se mirent à s'agiter, à crier, subitement pris de délire : « Les Français, les Français ! nous sommes libérés ! vive la France ! ! ! »

Texte rédigé en 1951 par le secrétaire de mairie de Rosenau, Erwin Sibold, dans le cadre d'une grande enquête publique sous forme de questionnaire adressé à toutes les communes du Haut-Rhin et centralisé aux archives départementales du Haut-Rhin. Recherche effectuée par Jean-Luc Eichenlaub, directeur des ADHR.

Le 22 novembre à l'hôpital de Saverne

Libres !

DÉFILÉ DE LA VICTOIRE À SAVERNE. - PHOTO SACKENREITER.

MARIE -THÉRÈSE SACKENREITER-ZEYSSOLF

Le 22 novembre 1944, surprenant les Allemands, la 2e DB dévale le col de Saverne. A l'hôpital de la ville, Marie-Thérèse Sackenreiter est aux premières loges. Chronique d'une libération, ce texte de souvenirs a été rédigé en 1945.

Samedi 18 novembre 1944. La Gestapo et un médecin de confiance du Reich inopinément font une descente à l'hôpital. Ils interrogent chaque malade, recueillent plus d'une réponse hésitante – mais rien de précis. Comme d'habitude, toutes les précautions avaient été prises, un peu moins soigneusement peut-être, le service étant vraiment submergé. Il y a ce jour-là près d'une centaine de gens opérés ou en traitement, réfractaires à la Wehrmacht, au Volkssturm, aux Schanzarbeiten (travaux de terrassement) disséminés parmi les autres. Les « vert-pomme » s'en allèrent après un interrogatoire serré du personnel médical qui tint bon. Ils ne demandèrent pas à voir le médecin chef, grommelant à son adresse des menaces à chaque cas douteux. Le dimanche, personne ne put bouger. La cité était en état d'alerte du matin au soir. Un bombardement des abords immédiats de l'hôpital dura de huit heures du matin à quatre heures du soir. Les blessés affluaient, on opéra sans arrêt. Tous les malades étaient au sous-sol, les cuisines ne fonctionnaient plus, la centrale électrique ayant été atteinte.

Le lendemain, les nouvelles militaires étaient affolantes. De grandes affiches étaient placardées en ville : « Reichsdeutsche ! Vous quitterez la cité avec vingt-cinq kilos de bagages par le train spécial de minuit. L'arrêté est obligatoire. »

Les larmes nous en venaient. Ils partaient vraiment. La Gestapo emballait ; tous, 1944
tous ils couraient dans les rues et – enfin – perdaient la face.

Nous fûmes obligés, pour des raisons de ravitaillement des gens cachés dans les bois de Haguenau, de sillonner en ambulance le pays dans la nuit du 21 au 22 novembre. Inoubliable randonnée. Enfin, ils ne faisaient plus attention à nous ! Ils allaient, allaient et la malédiction était sur eux. Ils traînaient ce qu'ils pouvaient de ce « Beutegut » qu'ils avaient thésaurisé en Alsace – et leurs gosses pleuraient dans leurs charrettes. Tous, ils couraient haletants vers ce Rhin qui soudain redevenait frontière, vers les pontons du port de Strasbourg, vers Kehl. Et toujours cette Wehrmacht hagarde, titubante, la boue des chemins de France sur eux, des gestes d'automates dans leurs marches forcenées. Tous les types de véhicules les charriaient, des chars à bancs et des voitures de paysans, des charrettes à bœufs et, dans la charrette, tout ce qu'un instinct de rapine leur avait commandé de prendre alors que, tout de même, la peur livide les fouaillait : un buffet de cuisine, une carcasse à horloge, une chaise et des cages à lapins. Nous vîmes sur l'une un beau fauteuil Régence et ailleurs une machine à coudre. Ils venaient à pied, en bicyclette, à deux sur la croupe d'une haridelle.

Seigneur ! Où est passée cette Wehrmacht superbe qui chantait, chantait dans les frais matins de victoire ? Les fiers garçons qui frappaient en cadence tous les chemins de l'Europe et qui prenaient les filles et les villes et les provinces ? Où est-elle cette *homeguard* de la nouvelle Europe, sanglante utopie d'un fou criminel ? Sous la frileuse lumière de l'aube naissante, nous ne vîmes rien de plus que la course traquée de condamnés que le piège mortel aimante.

Le mardi fut calme. Une pause. Un point d'orgue. Une portion d'éternité qui sépare à jamais deux règnes. Les Allemands, escamotés par un tour de passe-passe inouï, avaient disparu. Disparus aussi quelques Alsaciens nazis. Les maisons vides clamaient leur disponibilité, de toutes leurs issues béantes. Le Kreisleiter est parti. Est-il vraiment parti ?

UNITÉS AMÉRICAINES INSTALLÉES AU CHÂTEAU DES ROHAN.

US NATIONAL ARCHIVES - COLL. POMMOIS

Vers le soir on sut que non. On sut même que la Gestapo avait réoccupé sa villa. Si les Alliés allaient encore une fois marquer un temps d'arrêt ! Ils avancent, dit-on, par bonds de deux cents kilomètres environ. Si ce temps brumeux et froid allait les immobiliser sur la côte de Salmont jusqu'aux éclaircies de printemps, jusqu'à ce que, tout au moins, l'affreuse boue soit durcie par un gel propice ? Le sort du pays dépendait de la fulgurance des opérations, le sort des habitants du plus ou moins de répit que trouverait le parti pour assouvir sa rage.

Une muette ferveur emplissait les cœurs. Les nouvelles étaient confuses et la carence électrique nous privait des renseignements de la radio. A Strasbourg, il n'y avait pas eu de départ officiel de civils allemands. Ceux-ci, apparemment comme si de rien n'était, vaquaient tranquillement à leurs affaires.

Deux jours avant la libération, deux bonzes du parti, des géants gras et roses, à la boutonnière fleurie de la croix gammée, se serraient longuement la main, prenaient devant moi rendez-vous « für Skitouren in den Vogesen » durant le congé de Noël. Ils ne doutent de rien. Leurs femmes et leurs gosses, fort à l'aise dans ce Strasbourg meurtri par les récents bombardements, y promenaient leurs Einkaufstaschen et cette confiance forcenée en l'ultime miracle jusqu'au matin du 23 novembre.

Le grand hôpital là-haut sur la route fameuse qui est une des classiques voies d'accès à la plaine d'Alsace, absorbé par sa ration quotidienne de travail, de soucis et d'angoisses humaines, se préparait au choc des batailles. Des lits supplémentaires étaient montés en dépit de la surcharge de tous les services, la cuisine prévoyait de grandes soupes et des rations en surnombre, les deux salles d'opération – dans leur blancheur immaculée – tenaient en réserve leur dur, douloureux et bienfaisant accueil.

La voix du canon se rapprochait. Dans la nuit du 21 au 22 novembre, elle emplit l'espace nocturne, et son tragique écho roulait au fond des vallées. De grands vents chassaient sur l'hôpital l'humide haleine de la montagne et ajoutaient à la rumeur extraordinaire du grand mouvement de l'histoire. L'attente s'éparpillait dans les urgentes activités autour des malades. L'être souffrant, isolé dans sa douleur, imperméable aux significations de l'heure, ne voulait que silence et sommeil, la main qui panse, la main qui borde. Il se roulait dans sa misère physique et cherchait éperdument la zone blanche de l'inconscience – alors que cette nuit unique donnait aux lucides et aux valides l'aveuglante conscience que le dernier jeu allait se faire. Tout de suite. Comme toujours, dans les hôpitaux, les dernières heures de la nuit apportèrent l'apaisement. Les grands malades, éreintés de souffrir, reposent enfin, dans la détente que dispense quelque remède calmant, ou dans celle, rigide et définitive, qui chavire les prunelles et libère l'âme de sa charnelle enveloppe.

Silence matinal. Tout s'est vraiment tu. Le canon même, pour un long moment, ne s'entend plus. 7 h 30. Je sors sur la terrasse. Calme et ravissant, le paysage émerge de ses brouillards matinaux. Des chemins fument. L'horizon, sale et bas, traîne sur les flancs des collines, et les sapins, de leurs mille poumons avides, aspirent les nuages qui les coiffent. Le joli petit chemin creux d'en face scintille parce qu'il est mouillé, mouillé et qu'un rayon oblique d'une lueur matinale compose sur lui les couleurs du prisme pour lui tout seul.

Les moineaux piaillent et picorent les miettes que je leur distribue et, comme d'habitude, le gros, le Fritz qu'il s'appelle, prend les gros morceaux pour lui et, d'un bec aigu, harcèle la mauviette timide qui ose approcher son espace vital.

Je m'oublie. Tout est comme toujours. La cheminée de la Kreisleitung crache sa belle fumée bien nourrie qui raconte des histoires de coke et de confort, de petits déjeuners très complets : « Ach ja ! die Bewährten müssen sich pflegen, denn Sie sind Andern überlegen. » (Mais oui, avoir fait ses preuves donne tous les droits, que d'autres n'auront pas). Le Kreisleiter est là. La fumée de sa cheminée l'a trahi.

Et, soudain, éclate une canonnade d'une violence telle que ses vibrations font trembler l'hôpital sur ses assises. Finies les rêveries. L'activité des alertes se déclenche comme une grande scène cent fois répétée : tous les acteurs savent leurs rôles. Ils l'ont jouée tout au long des saisons durant l'horrible guerre, chaque fois que la sirène clamait le danger aérien.

Des centaines de malades sont descendus dans les sous-sols et lestés de l'encas léger : leurs papiers, du pain, un manteau. Les plus valides sont habillés de pied en cap, les infirmes, les éclopés, soutenus, guidés. Et puis, tout ce monde, cette humanité en proie à la déchéance physique, est tassée dans les abris de la DCA, et leurs humèurs et leurs angoisses et leurs émanations se confondent en ambiance de souffrance, de poignantes espérances.

Il y a là des gens du pays et qui se connaissent et qui, sans mot dire, font le tri entre eux : les « bons » et les « autres ». Il y a là, seuls dans ce réduit qu'isole le coude du couloir, quelques civils allemands hospitalisés et malades – et qui dévisagent avec aversion des Russes, retenus depuis de longs mois à l'hôpital pour « d'inguérissables » suites opératoires (les Allemands exigeaient que soient opérés et soignés les ouvriers spécialisés russes dont ils avaient si grand besoin). Ils venaient du camp de Bitche.

Il y avait là encore des gens de Lunéville, de Blamont, de Baccarat, échoués ici, sanglants, blessés, amenés par des camions militaires allemands et dont, dans un geste humanitaire, la Wehrmacht avait eu pitié ; il y avait là aussi tous ces hommes et toutes ces femmes réfractaires, muets, détournant leurs regards trop éloquents. Il y avait là aussi les sœurs de charité de la congrégation de Saint-Vincent-de-Paul et leurs grandes ailes blanches qui nimbaient leurs visages creusés par la fatigue, voltigeant parmi les groupes comme des colombes de la paix. Il y avait là – agenouillés dans la grande salle du fond – les orphelins et les orphelines, et leurs claires voix acides dominaient le murmure de tant de lèvres exsangues. Leurs prières montaient comme une mélopée chaque fois que pour un instant s'arrêtait le si proche tonnerre du canon. « Agnus Dei, ora pro nobis – ora pro nobis ! » chantaient les claires voix, et le jeune abbé, en souriant, traversait l'abri, abordait d'un air de fête les médecins en grands sarreaux devant la salle d'opération de fortune du sous-sol.

Les heures coulaient. Le fracas de la bataille semblait emplir la crique où niche avec tant de grâce la cité charmante. A chaque fois qu'un grand tremblement secouait la légère construction, faite par ces imprévoyants qui croyaient à la paix et qui construisaient des demeures aériennes alors que les Allemands, eux, déjà creusaient leurs taupinières, à chaque fois je regardais avec inquiétude le plafond de l'abri. En rangs parallèles, sur toute sa largeur, courait la tuyauterie remplie d'eau bouillante qui alimentait l'hôpital. Une bombe et c'était la crevaison, la mort étouffée, ébouillantée, la mort laide parmi le grouillement humain, la mort anonyme dans une mare immense, sous la matière qui écrase.

Ce matin, les chirurgiens n'opérèrent pas. Pour la première fois depuis des semaines, eux aussi croisaient les bras. Ils savaient très bien que l'abri était illusoire, mi-sous-sol avec ses tuyaux d'eau bouillante qui ne leur plaisaient nullement. A la grâce de Dieu ! Il n'était dans le pouvoir de personne de jeter sur cette humanité aux abois le grand manteau de l'invulnérabilité. Que la destinée s'accomplisse.

« ORA PRO NOBIS », CHANTENT À GENOUX LES ORPHELINS

L'atmosphère était devenue irrespirable. La pauvre femme de Lunéville dont un éclat avait emporté le bas du visage et qui, d'une langue mutilée, articulait d'inintelligibles onomatopées avait les cheveux trempés de sueur. Sa petite fille, unique rescapée d'une joyeuse nichée, disait : « Madame, la guerre est aussi ici maintenant ? Si on partait ? »

Mais toujours ces obus qui sifflaient, toujours le roulement du canon et ce bruit de ferraille dans les airs. Enfin, je n'y tins plus. Tout le monde était calme. Pas même un indice de panique. Les grands malades avaient eu leurs injections et s'étaient assoupis, quelques-uns gémissaient doucement. Les petits orphelins, maintenant, chantaient ; on leur avait donné des tartines. Les autres se taisaient. Quelques vieux dodelinaient de la tête, trouvant agréable la bonne chaleur animale qui emplissait l'abri vaste et totalement calfeutré. Leur habitude de survivre – puisqu'ils avaient quatre-vingts ans et plus – leur donnait le change sur le danger immédiat. Cette communauté humaine les rassurait ; et de se trouver là, presques valides parmi tous ces jeunes sous d'énormes pansements, tous ces malades vrais qui n'avaient plus les couleurs de la vie, leur donnait une espèce de sentiment de permanence. La guerre ? La paix ? La folie des hommes a beaucoup de moyens d'expression : mieux valait ne pas trop s'en occuper. D'ailleurs, n'était-ce pas bientôt l'heure de la bonne soupe chaude qui coule dans les membres gourds et distribue le bien-être de l'euphorique digestion ?

Je n'y tins plus. Et, doucement, je me glissai hors de l'abri, tirant par la main ma fille aux yeux brillants. Mon mari, déjà, nous avait précédées ; lui et quelques chers amis. Et c'est ainsi que, là-haut, au deuxième étage, devant la large baie, nous fûmes les premiers à être conscients vraiment d'un incroyable silence. Le canon s'était tu.

UNE LIAISON DANS SAVERNE TOUT JUSTE LIBÉRÉ.
LE LIEUTENANT-COLONEL BARBOTEU DONNE DES ORDRES.
LE CHAUFFEUR DE LA JEEP S'EST ENDORMI.

Mais le paysage s'anima singulièrement. Qu'était-ce donc que cela ? En face de l'hôpital, sur la petite route forestière du Haut-Barr, nous les vîmes arriver. Nos yeux voyaient, nos yeux pleuraient. Des chars ! Des chars d'un type nouveau.

– Maman, maman ! Prends la longue-vue : je crois, je crois vraiment qu'ils sont venus, regarde, mais regarde bien !

La résonnance de ces minutes est trop profonde pour que des mots puissent la capter et, même, que la conscience immédiate puisse en enregistrer l'ampleur.

Les gars de Leclerc, sans couverture aérienne, dans la pluie et la boue, par une aigre journée d'un brumeux novembre, avaient pris d'assaut la trouée fameuse. Les Allemands hébétés, pris au dépourvu, lâchaient le morceau qui était la clé de voûte de la plaine d'Alsace : Saverne.

Si parfaite était la mise en scène que la cité fut prise en un tour de main. Tandis que la division audacieuse des Français la prenait à rebours, le chef des FFI désigna aux avant-gardes de Leclerc le QG de l'état-major allemand. Ces messieurs déjeunaient. Le courageux Alsacien enfonça la porte et leur intima l'ordre : « Messieurs, haut les mains ! Nos troupes sont là ! »

Nos troupes sont là ! Et cela claquait au vent comme un drapeau que l'on déploie, et fouaillait mieux qu'un éperon ne fouaille les flancs fumants du coursier qui s'écroule. Nos troupes sont là ! L'état-major entier fut cueilli et la défense sporadique qui s'allumait aux quatre coins d'une ville bourrée de troupes fut jugulée rapidement.

Mais qu'est-ce que cette pétarade ? Un éclatement fantastique déchira les airs et l'écho sinistre rebondit cent fois alors que de grandes flammes aux panaches sombres envahissaient l'horizon. Nous ne sûmes que dans la soirée ce qui s'était passé. Au moment même où les chars, de leur folle allure, les chars de Leclerc, dévalaient la route forestière du Haut-Barr, un chargement de Panzerfäuste arriva par celle de la plaine. Robert Wagner, le Gauleiter, soucieux de la défense de la position clé que constituait la petite cité, l'avait dépêché sur les lieux. Trop tard ! Le chargement entier fut anéanti par les Français, ce qui fit casse et fracas.

ECPA

CONVOI DE RAVITAILLEMENT DANS SAVERNE.

Vite, si vite on sut que les Allemands étaient en déroute et déjà la population était dans la rue. Et les mains en avant et les yeux en pleurs et les gens qui boivent la neuve liberté comme un vin trop jeune et qui grise... Là-haut, à l'hôpital, ma fille à la vue des chars avait descendu quatre à quatre les grands escaliers dans une envolée de boucles blondes :

– Montez, sortez, montez des abris : les Français, les Français sont là !

Déjà ils montaient : les valides, les presque bien-portants et tous les autres qui simulaient, se cachaient si bien. La foule envahit les salles et cette heure si grave, si solennelle fut pleine de cris, de rires, de questions.

A ce moment, je me détournai. J'allai sur les arrières de l'hôpital, ceux qui ont vue sur la trouée, là où classiquement la percée avait été attendue et où béaient partout les larges fosses antichars. La belle défense était en voie d'achèvement. Pour le printemps, elle eut été fin prête. Une fois encore, le Führer pourrait dire : « Ha ! si j'avais en face de moi des stratèges d'envergure (Strategen von Format), je saurais où ils vont attaquer... » Comme lors des rodomontades à propos du Atlantikwall. Une fois encore l'événement leur sautait à la gorge. Et la bête râlait, c'est la guerre au paroxysme.

Mais qu'est-ce que cela ? Couchés sur le grand talus en amont de l'hôpital, des hommes de la Wehrmacht, encadrés d'une formation de SS, tiennent en main des Panzerfäuste. Ils se distinguent à peine de l'herbe rèche et vert-de-gris, en ce jour de brume. Ils sont en position d'attaque. Tout à l'heure, des chars alliés dévaleront du haut du col vers la trouée et les « points antichars » munis de leurs queues qui font ailerons en fracasseront quelques-uns. La riposte pourra coûter cher à l'hôpital. Notre œil, pourtant bien inexpérimenté des choses de la guerre, saisit facilement la situation. C'était évident. Qui, dans des moments d'une telle densité, penserait aux risques, que signifierait une intervention ? Et d'ailleurs, tous ces hommes tournaient le dos à l'hôpital, il suffirait de détourner leur attention. Nous fûmes quelques-uns à les alerter.

– Soldaten ! Die Franzosen sind hier, schon am Spitaltor ! Es hat keinen Zweck mehr :

werft die Waffen hin ! (Soldats ! les Français sont ici, déjà à la porte de l'hôpital ! Cela n'a plus de sens : jetez vos armes).

Tout arriva comme prévu. La plupart, indécis, se dressèrent : quelques-uns jetèrent leurs armes. Des SS hurlèrent des ordres, se ruèrent sur les hommes. Bagarre. Quelques coups de feu. Des cris. Des râles. L'affaire de quelques minutes. Et voilà qu'en trombe descendirent les chars de Patch. La poignée d'Allemands encore sur le terrain détala. Tous furent faits prisonniers très vite : nous les revîmes, bras en l'air, chassés hors des fourrés par des gars de Leclerc.

Le danger était passé. Une période extraordinaire était révolue. Nous étions conscients de son incalculable signification. Mais dans.le grand battement d'ailes que faisait l'heure historique, nous étions redevenus tout petits. L'unique cloche de la cité sonnait la victoire, mais les héroïques garçons qui avaient fait cette victoire gisaient dans le grand hall d'entrée de l'hôpital, sur des brancards de fortune, perdant leur sang par d'affreuses blessures.

On les amenait en une file tragique, ininterrompue pendant deux nuits et un jour. Et pendant deux nuits et un jour, les médecins œuvrèrent dans la grande clarté sans ombre des salles d'opération. Ma petite fille qui avait tant attendu l'heure miraculeuse était assise sur les marches de l'escalier de marbre. Je posai ma main sur sa tête inclinée.

– N'es-tu pas très heureuse, dis ?

Mais elle, le visage baigné de larmes :

– Maman, il est mort, tu sais ! Le petit Breton de vingt ans. Et il était si content d'être en Alsace. Et il m'a donné sa veste en peau de mouton, et m'a demandé de la lui conserver pour la campagne du Rhin. Il est mort – et sa maman l'attend !

Les victoires même condamnent les guerres.

Subitement, tout à fait fatiguée, je m'assis à côté de la petite qui avait, pour la première fois de sa jeune vie, regardé la mort. Et cela au moment même où voulait éclater sa joie. Deux soldats de Patch montaient l'escalier. Ils virent les larmes et la grande lassitude.

– Just fancy, they are sorry that the German have gone ! (ils sont tristes que les Allemands soient partis), fit l'un.

Ainsi naissent les légendes. Cette opinion erronée des troupes américaines se généralisa tellement qu'il fallut placarder l'avis suivant sur les murs de la ville : « The troops occupying Strasbourg must remember that the population is French, although they speak a German dialect » (il est porté à la connaissance des troupes d'occupation qùe la population de Strasbourg est française, quoiqu'elle parle un patois allemand).

NOTE

Ce texte est extrait du manuscrit – inédit – des souvenirs de Madame Sackenreiter-Zeyssolf, *l'Alsace oubliée, 1939-1945*, rédigé tout de suite après la Libération en automne 1945, « sous le choc des événements », confie l'auteur en préliminaire. Un premier extrait de cet intéressant document précis et bien rédigé a été publié dans notre n° 117, *1942, l'Incorporation de force*, automne 1942, et traite de « la résistance en blouse blanche ».

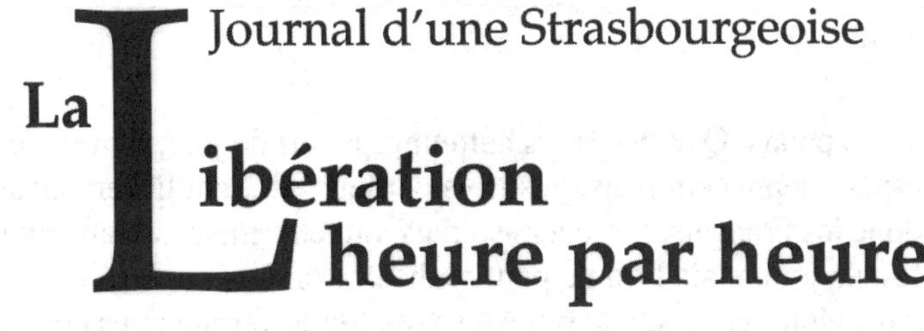

Journal d'une Strasbourgeoise
La Libération heure par heure

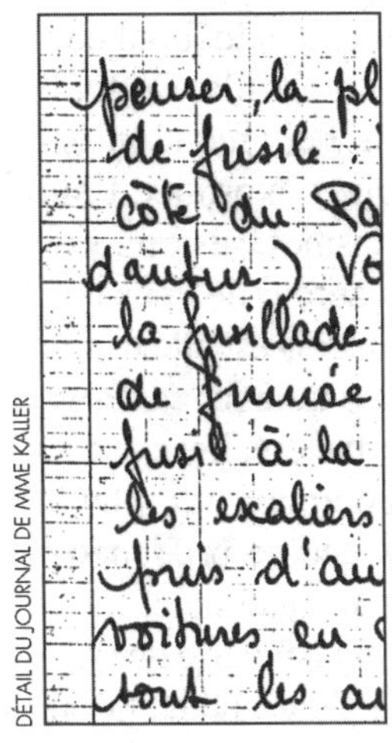
penser, la pl
de fusil
côté du Pa
d'autur) Vo
la fusillade
de fumée
fusil à la
les escaliers
puis d'au
voitures en
tout les a

DÉTAIL DU JOURNAL DE MME KALLER

MONIQUE KALLER-WEBER

Sur un cahier d'écolier, au jour le jour, heure par heure presque, la Strasbourgeoise Monique Weber, vingt et un ans, a consigné ses observations et réflexions lors de la libération de Strasbourg. Ce document précis et enthousiaste rappelle bien l'état d'esprit de la population libérée.

Jeudi 23 novembre.

Jour mémorable. Mais pourtant il commença comme tous les autres ces derniers temps, et depuis que nous sommes des pauvres esclaves au service de l'Allemagne.

J'ouvre le magasin avant 9 h comme toujours. Les gens racontaient bien qu'*ils* n'étaient pas loin, qu'*ils* approchaient de plus en plus de notre ville, mais allez croire tous les racontars, alors qu'on a été si souvent trompé. Je veux partir en ville en vélo, mais attention il paraît que les boches les réquisitionnent, cela doit donc être assez critique; enfin l'on est habitué à ces manières d'agir. Je pars donc à pied, papa me rappelle, me disant qu'un Allemand vient de lui dire que « l'ennemi » est aux portes de la ville. Et puis le canon se fait entendre de plus en plus fort. On l'entend bien depuis quelques jours déjà, mais tellement lointain ! Et puis cela craque de plus en plus fort, on ne veut y croire, les gens s'affolent dans les rues, les magasins se ferment, on rentre à la maison. L'on descend la literie et tout ce qu'on a encore de relativement précieux dans le logement, on court, on s'affole, on s'attend à passer plusieurs jours à la cave. Les combats de rues commencent, l'on entend résonner la mitrailleuse et les coups de fusil et revolver. Mais je ne tiens pas en place à la cave. Il faut avoir vu cela, oui je veux les voir se sauver. En effet c'est la panique, partout l'on voit des boches 1944
affolés se sauver avec sacs et bagages. Les gestapos encore plus vite que les autres. Les militaires se sauvent aussi sans penser, la plupart, à lâcher un coup de fusil. Je regarde par hasard du côté du palais du Rhin (Kommandantur). Vois des chars arriver, c'est la fusillade puis dans un nuage de fumée je vois des silhouettes fusil à la main monter en courant les escaliers, la fusillade continue puis d'autres chars arrivent, d'autres voitures en masse. L'on croit que ce sont les Américains, cela a duré peut-être une heure et demie, la fusillade se calme peu à peu, l'on sort petit à petit. Et puis, ô merveille, cris d'allégresse, l'on aperçoit un petit drapeau tricolore hissé

sur le palais. Que de cœurs battent plus fort de joie, ô miracle tant attendu, bonheur espéré depuis cinq ans, nos trois couleurs flottent librement sur notre ville. Ce sont donc les Français, nos chers soldats, qui eux-mêmes viennent nous délivrer. L'on est fou de joie, mais l'on ne peut réaliser, l'on ne peut croire à sa joie, l'exprimer, l'on a trop longtemps été habitué à se retenir, à réprimer ses enthousiasmes, ses impressions. Et puis, il y a encore tant de boches et d'Alsaciens boches autour de vous qui vous regardent de travers, et l'on a peur d'un retour des autres. Tout cela est allé beaucoup trop vite, et d'une façon trop miraculeuse pour ainsi dire. Le monde, curieux, se dirige de plus en plus dense vers le palais. Cependant l'on hésite encore, il y a encore peut-être des embusqués dans l'une ou l'autre cave. Mais pourquoi pas, pourquoi se priver de les voir de près nos libérateurs chéris. Mais encore prudence ! attention à vos expressions de visage nous recommande papa à Jacqueline et moi, mais tant pis on ne peut se retenir. Nous arrivons sur la place qui est couverte de voitures, de chars gigantesques, de canons, et où pullulent des petits soldats kaki, et l'on voit partout déjà des petits groupes de civils leur causant, les interrogeant. On rit, on s'embrasse entre connaissances. Quelle émotion, non vraiment on ne peut y croire, et pourtant, ils sont bien là, ils ont pris d'assaut notre ex-Kommandatur. Quelle tête ont-ils dû faire ceux qui étaient dedans et ne s'attendaient à rien, c'était une vraie surprise et on les avait bluffés jusqu'à la dernière minute, sans cela ils se seraient sauvés, ou auraient peut-être organisé une défense. Nous accostons un de nos soldats, un Noir, de Cannes. Comme ils sont sympathiques ! On voudrait leur sauter au cou mais il y a encore toujours quelque chose qui vous retient, c'est trop subit, presque incroyable. Ils se plaignent même du manque de chaleur de l'accueil, mais s'ils savaient ce que nos cœurs éprouvent, ils débordent d'allégresse et de reconnaissance, c'est ce que nous leur expliquons. C'est la division Leclerc, ils sont venus du lac Tchad jusqu'à Strasbourg et de Strasbourg jusqu'à Berlin nous disent-ils, conquérants. Un moral épatant, un patriotisme ardent, voilà notre nouvelle armée française. L'équipement irréprochable – et rien, vraiment rien ne leur manque. Nous allons de l'un à l'autre, tous possèdent le même esprit, convaincus de leur victoire. L'armée Leclerc n'a jamais reculé, nous rassurent-ils tous, quand nous leur recommandons, les supplions de tenir, de ne plus repartir, car pour nous ce serait la fin. Mais ils n'ont peur de rien. Et puis, ils sont tellement gentils, vous entretiennent tellement agréablement, l'on ne peut s'arracher d'eux.

ON RIT
ON S'EMBRASSE.
QUELLE ÉMOTION !

Tout à coup l'on entend un murmure général de la foule et des applaudissements : le drapeau flotte sur notre cathédrale que les vandales nous avaient ravie, profanée, l'on ne peut se lasser de contempler ces trois couleurs glorieuses que nous avons toujours et malgré tout tant respectées et aimées. Puis, autre spectacle, le défilé des prisonniers gardés pour la plupart par nos Alsaciens FFI. Ils n'avaient pas l'air fier ceux qui toujours nous considéraient comme leurs chiffons et nous parlaient sur le

MONIQUE WEBER PENDANT LA GUERRE.

ton de commandement. Vengeance, vengeance sacrée. Tant de figures connues parmi ces Fritz matés. L'on pense alors à quatre ans en arrière, alors que dans les rues de nos villages nous avons vu défiler nos chers malheureux français avec le boche à côté revolver au poing. Crève-cœur inoubliable. C'est alors que naquit dans tous les cœurs le sentiment de haine et de vengeance plus que jamais, qui s'accroîtra pendant ces quatre ans d'annexion, d'une façon inexprimable. Mais le moment est arrivé, l'heure de la revanche est là et vous nous payez cela, vous que nous détestons. Par le spectacle de vos visages où est marqué la défaite, vous défilez à votre tour, messieurs, devant nous, mais c'est à présent à nous de lever la tête bien haut, bien fièrement et à vous de vous soumettre. Où sont les grandes manifestations, les Kundgebungen d'il y a quatre ans. Où sont-ils les glorieux soldats du Führer Grossdeutschland et tout le bluff. Vos casques font garniture sur les chars ainsi que la photo de votre Führer, mais cette fois-ci la tête en bas. Que dirait-il, votre Hitler, s'il voyait tout cela? Mais on ne l'entend plus, le lâche. Vos drapeaux de sang et de mort balaient les rues et les trottoirs, regardez-les maintenant ces drapeaux qui flottaient encore il y a peu de temps à toutes les maisons strasbourgeoises. Ces drapeaux que nous insultions avant de les sortir, de force, à contrecœur. Et vous, imbéciles, vous avez cru tout cela, vous avez cru qu'avec la force et la cravache seules on conquiert un pays, on gagne ses habitants. Regardez maintenant leurs faces rayonnantes à ces Alsaciens que vous croyiez à jamais vôtres, regardez leurs regards de défi, ne vous en disent-ils pas encore assez. Enfin vous aurez maintenant le temps de réfléchir à toutes les monstruosités que vous avez accomplies dans le monde entier.

Nous sommes restées jusqu'à la nuit avec nos soldats, leur avons apporté fruits, sandwichs, cigarettes, vin. Mais il y avait encore tant d'yeux désapprobateurs qui vous observaient, mais les comptes seront encore réglés, sans tarder. N'avez-vous pas tout mérité de nous, vous qui venez nous rendre tout notre bonheur, notre liberté, notre vie. Rien ne sera jamais de trop pour vous. L'on entendait le soir retentir des maisons les marches françaises que nous avions si longtemps écoutées en secret au poste défendu. Vers six heures on rentre à regret à la maison, il vaut mieux ne pas être dehors de nuit. Le soir l'on fête la victoire, la délivrance de Strasbourg avec les V. et l'on va se coucher, dormir de nouveau la première nuit après quatre ans, à

UN CHAR DE LA 2e DB À STRASBOURG

l'ombre du drapeau tricolore, mais l'on est encore tout agité, l'on ne peut croire à cette sorte de miracle et pourtant, ils sont là, ils sont bien là.

Vendredi 24 novembre

On se lève de bonne heure. Nous avons décidé Jacqueline et moi de faire un tour en ville. Quel spectacle de force, les rues sont pleines, où que l'on regarde, de chars et de blindés. Partout nos petits soldats kaki à qui nous sourions et qui nous rendent nos sourires nous les aimons tant tous. Ils passent sans interruption l'avenue des Vosges se dirigeant vers Kehl. Le pont du Rhin, ils n'ont plus eu le temps de le faire sauter.

Alors tous les doutes s'envolent d'un coup et font place à la ferme assurance que jamais, non jamais ils ne nous abandonneront plus.

Toute la nuit et pendant la journée ils canardent les boches de l'autre côté avec leurs canons. Mais gare, vers 13 h 30 voilà les autres qui s'y mettent aussi et quelques obus tombent en plein sur la place de la République. Malheur, nos pauvres petits soldats ! Le matin avant de rentrer nous avions rencontré un officier qui nous a demandé où ils pourraient cuire leur dîner, et nous nous sommes offertes avec la plus grande joie. Il était tellement sympathique. Et nous de nous réjouir de tout notre cœur. Nous leur préparerons une belle réception pour toute la soirée, l'on dansera peut-être et nous nous mettons aux préparatifs.

Mais les obus viennent. Douleur peut-être, plusieurs d'entre eux ne vivent-ils plus, nous allons sur les lieux, dans l'espoir d'en rencontrer un, les dégâts sont quand même remarquables. Quel coup pour nous, nous avions si vite oublié que les Fritz existaient encore au-delà du Rhin. Et ils se sont bien fait sentir. Donc tout tombe à l'eau, il n'est plus question de faire quoi que ce soit, à chaque instant les obus peuvent venir. La nuit vient, on ne fait que monter et descendre. Nous installons notre quartier chez madame B. Le nuit est agitée, de nouveaux obus, mais on reste au lit jusqu'au matin. Les FFI ne perdent pas de temps, les hommes civils sont arrêtés dans les rues et on contrôle leurs papiers. Ah ! il est temps que le nettoyage se fasse. Sales compatriotes qui nous avez tant fait trembler devant vous pendant quatre ans, à votre tour maintenant.

Samedi 25 novembre

La journée s'annonce agitée évidemment à cause de ces obus, l'on n'ose mettre un pied dehors. Tandis que nous sommes sur le pas de la porte l'on voit encore passer des figures connues, des têtes de vrais boches et d'Alsaciens boches. Comment sont-ils encore ici ? Cela vous met dans la plus grande et plus juste des colères.

Papa, papa, mon grand chagrin, je ne peux pas me réjouir, pas dire un mot sans qu'il me tombe dessus. Il a peur, peur, tremble que les autres ne reviennent, mais ils ne reviendront pas, j'en suis tranquille et mettrai quand même ce petit nœud tricolore dans mes cheveux. Je n'ai que disputes et discussions avec lui. Oh ! que cela me fait mal, mais il ne le croit pas. Et cette peur de se compromettre, de se mettre trop en avant pour la bonne cause. Non, nous ne nous comprendrons jamais. Depuis que nos Français sont là, il fait la figure longue des mauvais jours et n'a pas déridé ses traits. Peut-on être aussi bourru. Il ne fait que vous peiner et vous enlever tout courage avec ses réflexions défaitistes.

Donc tandis que ce matin-là, nous étions sur le pas de la porte voilà notre petit officier d'hier qui s'amène dans une belle limousine allemande réquisitionnée. Quels soupirs de soulagement : il vit encore et ses camarades officiers et sous-officiers aussi, mais ils l'ont échappé belle. Le pauvre petit a une grosse bosse au front et une égratignure. Il nous demande un garage privé pour loger sa voiture jusqu'à la fin de la guerre, promettant de venir chercher la réponse l'après-midi. Nous nous mettons tout de suite en chasse, sans

22 NOVEMBRE : UN CHAR CROISE UN TRAM À STRASBOURG.

COLL. CLAUSS

1944

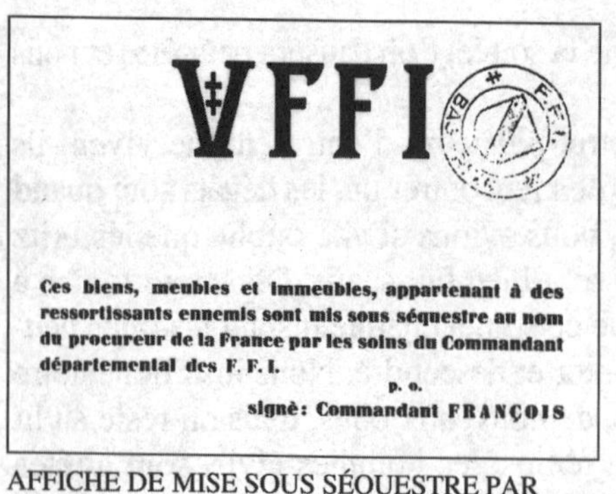

VFFI

Ces biens, meubles et immeubles, appartenant à des ressortissants ennemis sont mis sous séquestre au nom du procureur de la France par les soins du Commandant départemental des F. F. I.

p. o.

signé : Commandant FRANÇOIS

AFFICHE DE MISE SOUS SÉQUESTRE PAR LES FFI.

succès d'abord, mais finalement nous trouvons une solution. Nous décidons de les inviter pour le soir. Mais l'après-midi se passe et il ne revient pas. Nouveau désespoir, mais il reviendra sûrement s'ils ne sont pas partis, car les Américains viennent aussi, mais ceux-là nous intéressent beaucoup moins, ce sont des étrangers pour nous. Mais il reviendra, il faut qu'il revienne. La nuit fut de nouveau passée sans incident à part le bruit de l'artillerie.

Dimanche 26 novembre

Réveillée par la sonnette. Deux soldats et un civil veulent visiter le logement des N., famille nazie de notre immeuble. Toutes les nuits tombent, paraît-il, encore quelques soldats tués même par des femmes, horreur, c'est honteux, il faut prendre des mesures draconiennes.* Pas moyen d'ouvrir la porte, on l'enfonce de force. Et notre soldat, un fanatique, visite tout seul, revolver au poing, toutes les pièces, puis ce sont d'autres qui viennent, ils ouvrent les armoires, fouillent tout, quel spectacle. Là-devant est emballée, prête à partir, une valise pleine de vivres. « Servez-vous ! » nous dit le soldat. Mais nous ne voulons rien de ceux-là.

A 16 h il y a revue place Kléber. Avec les V. nous allons chez tante Marie. Les chars sont déjà rangés et les soldats aussi. Alors retentissent les clairons, nos clairons que nous n'avions entendu depuis si longtemps, ils jouent des marches françaises, puis *la Marseillaise*. Silence complet. L'émotion est trop grande, des yeux humides d'émotion regardent tour à tour la place et dans le fond la flèche de notre cathédrale où flottent nos trois couleurs. Le cœur débordant de joie nous nous en retournons vers la maison. Le soir, je me mets à mon costume d'Alsacienne, mais c'est drôle, je n'ai pas du tout envie d'y travailler. La nuit se passe sans incidents.

LES ÉTATS-MAJORS S'INSTALLENT AU PALAIS DU RHIN.

AMS

Lundi 27 novembre

Je sors en ville, vais chez Denyse, quelle agitation dans cette prison ! En revenant je rencontre, oh hasard, notre petit sous-officier avec sa voiture sur la place de la République. Il me fait mon-

ND-VIOLLET

GROUPE DE FFI STRASBOURGEOIS DEVANT UNE AFFICHE SIGNÉE LECLERC.

ter et me conduit jusque chez nous. Il veut caser deux machines à écrire. Mme V. l'invite pour ce soir, il refuse, pour des raisons qu'il ne dévoile pas, mais qu'on peut deviner. On lui cherche du vin et des gâteaux pour emporter. Je prends mon courage à deux mains et réitère mon invitation, alors il hésite, il réfléchit. Oh joie, il promet de venir avec quelques camarades. Il est de Cannes et s'appelle Bernard, mon Dieu qu'il est sympathique ! Et nous de nous réjouir de tout notre cœur et de faire les préparatifs avec ardeur au travail, cette fois-ci. Tandis que l'après-midi je suis chez Jacqueline, on sonne. Pressentiment, notre Bernard s'amène, avec un grand carton, ce sont des vivres qu'il nous apporte, comme c'est gentil, mais il dit que c'est impossible pour ce soir, vraiment. C'est de la malchance, oh ! nous pourrions pleurer toutes les deux. Les gâteaux ne sont pas encore cuits : qu'il revienne ce soir les chercher, il le promet, mais pourra-t-il tenir sa promesse ? Nouvel espoir et sans doute nouvelle déception ! Il va partir et peut-être pour toujours, car c'est la guerre ! Que c'est affreux la vie quand même. Quel malheur d'avoir un cœur qui s'attache. Nous avons tellement longtemps attendu sur eux pour les aimer car nous ne voulions pas des boches, non pour rien au monde.

Et maintenant, à peine les avons-nous, ils nous échappent, quel dommage ! Et puis il est pour le moment irremplaçable pour nous ce si gentil « Bernard ». Comment l'appeler autrement ? Si seulement il revenait, oui, il faut qu'il revienne, à tout prix, il faut que nous ayons son adresse pour que nous puissions lui écrire, qu'il se souvienne de nous, deux petites Alsaciennes qui aiment tant les Français. Nous nous rever-

Wehrmacht-Kommandantur Straßburg

Der Kommandant

Straßburg i. Els., den 24/11/44
Blauwolkengasse 25 (Fernsprecher 20086)

Ma Chérie

Hier soir à 16 h le drapeau Français était hissé sur la Flèche de la Cathédrale de Strasbourg ! Journée inoubliable après cinq jours de bataille extraordinaires.

Une fois de plus la Providence m'a réellement mené par la main.

Nos Hommes ont été magnifiques.

Certains beaux officiers sont tombés, entre autres de la Horie (camarade d'Iris) qui venait de prendre à la charge Badonvillers.

Les enfants vont bien. Henri a été en pleine bagarre.

Je t'embrasse très fort

Leclerc

ARCHIVES 2e DB

LETTRE DU GÉNÉRAL LECLERC À SA FEMME
APRÈS LA LIBÉRATION DE STRASBOURG.

rons après la guerre, mais quand ? et serons-nous, nous et lui surtout, encore en vie ? Fatalité du sort !

COLL. SACKENREITER

LECLERC EN COMPAGNIE D'ALSACIENNES EN COSTUME TRADITIONNEL.

Mercredi 29 novembre

Eh bien, oui, il est revenu, aujourd'hui au moment où on le croyait en pleine bataille. Je parle de « mon » petit soldat naturellement. Il ne nous a point oubliées. Vers 15 h, Jacqueline vient sonner : « Il est là ! » Trois mots que j'ai compris aussitôt et nous de descendre en quatrième vitesse. Il n'est en effet plus dans nos parages, mais de passage à Strasbourg, il a eu la gentillesse de venir nous dire bonjour. Cette fois, ce n'est pas la belle limousine mais une « carriole » militaire avec un soldat comme chauffeur. Il a attendu longtemps le pauvre chauffeur et klaxonne mais son sous-officier ne l'a pas entendu, ou n'a pas voulu l'entendre...

Nous avons bu un verre de vin ensemble et sommes redescendues toutes deux avec lui jusqu'à sa « voiture » pour offrir un verre de vin au chauffeur. Nous l'avons muni de quelques gâteries, vin, gâteaux, fruits. Peut-être pensera-t-il à nous en les dégustant, même sûrement. Je lui demande son adresse militaire, il a l'air assez touché et puis n'est-ce pas un grand réconfort moral pour nos soldats de sentir qu'on pense à eux. Ne leur devons-nous pas aussi la plus vive reconnaissance ! Donc demain sera expédiée la première lettre à notre petit Bernard. Quand la recevra-t-il ? Et que nous répondra-t-il ? En attendant la patience serait la plus belle des vertus ! La composition de cette lettre, voilà du travail pour notre imagination ce soir avant de nous endormir ! Peut-être les rêves seront-ils peuplés entre autres d'un petit sous-officier en kaki qui est très gentil, super sympathique et qui rend folles deux petites sottes de jeunes filles qui s'appellent Monique et Jacqueline.

VOILÀ NOTRE PETIT OFFICIER D'HIER : IL VIT ENCORE !

Jeudi 7 décembre

Cette journée a été marquée par une petite scène que j'ai vécu par hasard mais qui me restera inoubliable. Comme je passais par l'avenue des Vosges, passe un convoi composé d'une douzaine de civils à brassard à croix gammée qui tiraient et poussaient un gros canon. Ils étaient gardés par deux Alsaciens FFI armés. Je compris que c'étaient des Alsaciens boches arrêtés. Tout d'un coup, leurs sentinelles les font s'arrêter, l'une d'elle se poste devant eux et levant le bras : « Sieg », et nos prisonniers durent répondre le « Heil » en levant le bras. Vengeance d'Alsaciens à Alsaciens, mais bien méritée. J'ai songé aux premières Kundgebungen alors que nos Alsaciens furent obligés de défiler en chemise blanche et brassard, ils furent for-

Ordre du Jour N°73

Officiers, sous-officiers et soldats de la 2me Division Blindée,

En cinq jours vous avez traversé les Vosges malgré les défenses ennemies et libéré Strasbourg.

Le serment de Koufra est tenu!

Vous avez infligé à l'ennemi des pertes très sévères, fait plus de neuf mille prisonniers, détruit un matériel innombrable et désorganisé le dispositif allemand.

Enfin et surtout, vous avez chassé l'envahisseur de la Capitale de notre Alsace, rendant ainsi à la France et à son armée son prestige d'hier.

Au nom du Général de Gaulle et de la France, je vous en remercie.

Nos camarades tombés sont morts en héros. Honorons leur mémoire!

Strasbourg, le 24 novembre 1944.

Le Général LECLERC,
Commandant la 2me Division Blindée.

LECLERC FÉLICITE SES TROUPES.

cés de chanter les hymnes patriotiques boches et de lever le bras pour saluer le Führer, tout cela à contrecœur. Et nos compatriotes, les demi-boches ont été les plus exigeants, les plus intraitables. Qu'ils le paient maintenant et surtout ne nous laissons pas attendrir.

Dimanche 10 décembre.

A 11 h, au cinéma Capitole, un film de la libération de Paris, de Strasbourg et actualités. Salle bondée. Le colonel directeur de l'université populaire s'adresse dans son allocution à Messieurs: le commissaire de la République, préfet, maire, général Schwarz, commandant François, puis à l'auditoire. Pendant le film, enthousiasme et applaudissements des spectateurs. Quelle émotion aussi, c'est inoubliable.

Le matin à l'église sermon français de monsieur le curé, il a très très bien parlé, l'on était ému jusqu'aux larmes, il rappela surtout à notre souvenir nos chers enfants alsaciens qui sont en terre étrangère comme soldats, travailleurs ou déportés.

On annonce pour 12 h l'entrée solennelle de Monseigneur l'évêque à l'église Saint-Pierre-le-Jeune. Acclamations de la foule. Il semble presque incroyable que tout cela puisse revenir si vite, toutes ces choses auxquelles nous étions tellement habitués.

Mardi 12 décembre

Vers 11 h arrivée de Danielle[1], quelle surprise, c'est drôle j'avais rêvé cette nuit qu'elle reviendrait. Enfin ce souci en moins.

NOTE

1. Il s'agit de la sœur de l'auteur qui se trouvait à ce moment au travail forcé dans une usine d'armement de la Forêt-Noire.

Le Sang des Africains

JEAN LAURAIN

Ancien ministre des Anciens Combattants, Jean Laurain, d'origine mosellane, a participé à la libération de l'Alsace au sein de la 1re armée, dans un régiment chargé notamment du déminage, donc très exposé. Parmi ces soldats, de nombreux Africains ont eu à verser leur sang. Ils ont droit au souvenir et à la reconnaissance.

L'itinéraire de Jean Laurain comporte bien des traits classiques. Il quitte la Moselle, territoire annexé de fait, pour s'installer à Nancy et y poursuivre des études de philosophie. Recherché par la police allemande, il décide de partir en France libre à la fin de septembre 1941. Son journal de guerre en témoigne :

> *Dole, début octobre*. Nous voici arrivés à Dole. Descendons à la gare. Quelques kilomètres à pied pour atteindre le village, sis tout près de la ligne de démarcation. Pour bagages, mon sac d'école toujours là et une petite valise. Juste le nécessaire. Le reste viendra par la suite, lorsque je serai fixé quelque part.
> Jean connaissait des passeurs qui ont bien voulu, à la nuit, nous montrer le chemin. Le trajet fut pénible. Il fallut d'abord marcher plusieurs heures à travers les champs pour gagner les rives de la Loue, sans être vus des patrouilles et sentinelles allemandes éparses dans la nature.
> Enfin, traverser l'eau. Pas une petite affaire. Quelquefois jusqu'à la cuisse et deux bras de rivière consécutifs, larges chacun d'une quarantaine de mètres.
> Mais sur l'autre rive on est libre. Et ceci compense cela. Trouvons une chambre à Chaussin. Une nouvelle vie commence, peut-être moins agréable, mais sûrement plus agitée que l'ancienne.

Au bout d'une année, Jean Laurain a obtenu d'être transféré en Afrique du nord pour y rejoindre les chantiers de jeunesse. En réalité, il s'est engagé dans l'armée. Il est affecté au 34e génie le 6 novembre 1942, trois jours avant le débarquement des Américains au Maroc. Aussitôt son unité a été évacuée de Tunis du fait de l'arrivée des troupes allemandes. Elle a ensuite participé à la libération de la Tunisie. Puis Jean Laurain a suivi des stages jusqu'en mai 1943 à l'école des élèves aspirants. Il en est sorti sergent (octobre 1943). De retour à Tunis libéré, il a suivi un stage de déminage puis un stage prolongé dans l'ouest algérien (à partir de mars 1944).

Le 1er avril 1944, il s'est retrouvé au 152e régiment de génie formé au sein de la

LA LIBÉRATION DE BELFORT.

1re armée commandée par le général de Lattre de Tassigny et composé de Français évadés de la métropole, d'Algériens, de Tunisiens et de Marocains. Cette unité a été embarquée le 24 août 1944 pour la Provence où elle est arrivée le 29 août, c'est-à-dire deux semaines après le début du débarquement.

29 août 1944. Pendant la traversée, on a longé les côtes d'Afrique jusque vers Bône, puis celles de Sardaigne et celles de Corse. Mais maintenant on est en vue des côtes de France, entre Saint Tropez et Sainte Maxime. Vibrant accueil de la population. Nous débarquons quatorze jours après les premiers arrivés. Le même soir, marche harassante de dix kilomètres sur Cogolin. On arrive épuisés à 11 h du soir dans une petite forêt sise au bord de la route. Les conserves américaines me mettent dans un état lamentable.

Puis ce fut la remontée vers le nord par Sisteron, Grenoble, le Jura, Lons-le-Saunier, Besançon (arrivée en octobre 1944). C'est à l'Isle-sur-le-Doubs, le 16 novembre 1944, que le régiment a appris que l'offensive générale avait été lancée en vue de libérer l'Alsace du nord. Il a été sollicité nuit et jour pour le déminage et la remise en état des ponts.

18 novembre. Encore une fois départ sur Héricourt, accueil enthousiaste. Les canons allemands tirent encore sur la ville. Plusieurs victimes. On cantonne à l'école, sur le haut de la ville.
19 novembre. On commence à faire une passerelle à la place d'un pont sauté. Mais, vers 14 h, survient l'ordre de partir encore. Arrivée à Bussurel à la nuit. Piano avant de s'endormir.
20 novembre. Retour à Héricourt de la première section qui tente d'achever la passerelle. Mais, le 21 à midi, redépart sur Bussurel, puis sur Montbéliard et finalement Sochaux.
21 novembre. Arrivée à Sochaux. Cantonnement dans les cités ouvrières. J'apprends que Saby a sauté sur une mine. Masclet démine entre l'Isle-sur-le-Doubs et Belfort.
22 novembre. En reconnaissance du côté de Fesches-le-Châtel pour un pont. Les obus tombent encore sur le village voisin.

23 novembre. Repos au cantonnement. J'en profite pour me laver, chose impossible depuis quinze jours. Domicile très sympathique. Très braves gens.
24 novembre. Début de la construction du pont d'Allangeois. On veut d'abord détruire le tablier restant, mais il s'oppose à tous nos efforts. Semelle de pierre au fond. Chevalet. Mise en place. Retour tard dans la soirée.
25 novembre. Deuxième jour de construction du pont. Mise en place des poutres de 25. Dur labeur. Froid glacial. La soupe arrive presque froide.
26 novembre. Troisième jour. Fin totale du pont à 20 h. Il fait 40 tonnes. 12 poutres de 25 x 25, bulonnées.
27 novembre. Au lieu du repos qu'on nous avait promis, déplacement à Abbevillers. Je couche avec l'adjudant Clemente, radio-cuisine.
28 novembre. Repos. Toute la journée, j'écris et je lis. Froid intense.
29 novembre. Départ d'Abbevillers pour Altkirch. J'entre en Alsace. On est logé dans une caserne très moderne. Chambre avec Jacquel et Giacomoto. Début du pont de crips et chevalets. Travail par embrigadement. Travail de 18 à 24 h. Repos douze heures. Débuts difficiles.
30 novembre. Travail de midi à 18 h.

Ultérieurement, Jean Laurain rédigera un autre récit de cette période. Prenant plus de recul, il analysera les conditions dans lesquelles il a combattu :

« La participation du 152e régiment du génie à la libération du Haut-Rhin a consisté essentiellement en deux choses fort peu spectaculaires mais indispensables et efficaces : le lancement de ponts et le déminage des routes permettant la progression des chars et de l'infanterie. C'était une mission périlleuse et délicate. D'abord, il fallait faire à tout moment des reconnaissances. Quant au déminage des routes, inutile de signaler que le danger était permanent, c'est-à-dire de toutes les secondes. Je me rappelle être repassé en sens inverse, avec un camion, pour « vérifier » qu'on n'avait pas « oublié » une mine, de façon à ouvrir la route en toute sécurité aux chars et à la troupe qui attendaient de pouvoir attaquer. Nous roulions lentement, bien sûr. Mais qui pouvait assurer qu'il n'y avait pas de mines sur cette route ? Cet « exercice » a été nécessaire à plusieurs reprises (les Allemands avaient posé un nombre ahurissant de mines !) et chaque fois c'était la même angoisse qui nous étreignait, le chauffeur du camion et moi-même. J'ai retrouvé plus tard dans un film, *Le Salaire de la peur*, l'expression

AFFICHE ALLEMANDE DE 1940 SE MOQUANT NOTAMMENT, DES TROUPES COLONIALES.

MUSÉE HIST. CONT. - BDIC

SCHIRMECK, CÉRÉMONIE DE LA LIBÉRATION DU STRUTHOF.
LES SOLDATS MAGHRÉBINS ET AFRICAINS EN PREMIÈRE LIGNE.

de cette angoisse. Mais c'était au cinéma ! Pour moi elle avait été la réalité de tous les jours, dans les moments d'offensive, heureusement coupés de temps à autre par des moments de repos où nous jouions aux cartes ou fêtions tel anniversaire avec la belle insouciance de la jeunesse.

» Dans la composition du 152e régiment du génie, il y avait de nombreux Africains (9 sous-officiers, 496 caporaux et sapeurs) dont certains étaient des Tunisiens ayant déjà fait la campagne de Tunisie que j'avais à mes côtés lorsque j'étais seconde classe ou sous mes ordres lorsque j'étais passé sergent puis sergent-chef. Une précision importante : les militaires tunisiens étaient pour la plupart des engagés volon-

GOUMIERS MAROCAINS EN ALSACE.

taires, les Algériens avaient été incorporés légalement avant le déclenchement de la campagne de Tunisie comme leurs camarades européens vivant en Afrique du nord. Les rapports que j'ai eu personnellement avec eux ont toujours été corrects, sinon même cordiaux avec certains d'entre eux. Je m'étais élevé, pendant la campagne de Tunisie, contre le comportement de certains officiers ou sous-officiers français qui en arrivaient à mépriser et parfois même à maltraiter des volontaires tunisiens sous des prétextes fallacieux (« ne sait pas ou ne veux pas travailler ») qui cachaient en réalité un racisme profond. Je pouvais dès 1943 prédire qu'il y aurait un jour une révolution générale qui n'a pas manqué de se produire et qui a débouché sur l'indépendance des pays du Maghreb. Pour ma part, de par ma formation chrétienne, je respectais ces jeunes Maghrébins séparés de leurs familles qui continuaient à pratiquer leur religion musulmane, et eux, à leur tour, me respectaient.

» Tous les soldats du 152e régiment du génie, de quelque origine qu'ils fussent, ont fait leur devoir, et je dirai que ceux qui n'avaient pas comme patrie la France ont eu d'autant plus de mérite. Certains sont morts pour une cause qui dépassait la défense de la France et qui était simplement la liberté du monde. »

GROUPE DE FFI DE SCHILTIGHEIM-HOENHEIM DURANT L'HIVER 1944-1945. LES TENUES SONT ON NE PEUT PLUS HÉTÉROCLITES.

La Résistance alsacienne

Des maquis à l'armée de Libération

ALPHONSE IRJUD

La résistance alsacienne fut précoce, engagée, multiple. Elle diffère beaucoup de celle du reste de la France et est souvent méconnue. Voici un panorama général, qui évoque aussi bien les réseaux en zone sud que ceux en Alsace annexée, et qui présente un certain nombre de cas individuels significatifs.

1944

Le 25 août 1940, l'industriel Paul Dungler[1] est de retour à Thann, et Marcel Kibler reprend son poste d'ingénieur textile à Saint-Amarin. Ils sont revenus pour occuper le terrain et résister à l'emprise germano-nazie ainsi qu'ils s'y étaient décidés après l'armistice de juin 1940 lors d'une rencontre dans le Périgord chez Paul Armbruster avec le Strasbourgeois Jean Eschbach et l'abbé Louis de Darstein. Celui-ci rejoindra le général de Gaulle à Londres pour être l'aumônier de la marine des Forces françaises libres.

Huit jours après leur retour, Dungler et Kibler fondent le premier réseau de résistance, la 7e colonne d'Alsace, qui sera enregistrée à Londres sous l'appellation Martial. Kibler, expulsé le 10 décembre 1940 avec une cinquantaine de personnes de la région thannoise pour refus d'allégeance à l'ordre nouveau, Dungler sous la menace d'une arrestation évadé par la Suisse, la responsabilité de l'organisation avec ses premières cellules est confiée à Paul Winter, industriel à Bouxwiller.

LA RÉSISTANCE ALSACIENNE TIRAILLÉE ENTRE GAULLISTES ET GIRAUDISTES

A Lyon et à travers la zone non occupée, les deux fondateurs du réseau entrent en relation avec des officiers de l'armée d'armistice ou démobilisés, pour constituer l'embryon de l'ORA, l'Organisation de résistance de l'armée. Indépendamment de ces démarches, des contacts s'établissent en Dordogne entre les réfugiés alsaciens et lorrains et des cadres du 5e cuirassiers, ancien régiment de Strasbourg cantonné dans la région de Périgueux. C'est ainsi que le capitaine d'active Guy d'Ornant, originaire des Vosges, incite le lieutenant vétérinaire de réserve Charles Bareiss à rentrer en Alsace pour y créer ce qu'il appelle « l'armée des arrières ». De retour à la mi-janvier 1941, Bareiss organise à Wissembourg la résistance dans le Bas-Rhin, assure par l'architecte Paul Widmann la liaison avec la filière d'évasion Welschinger, alors que lui-même est en relation avec le groupe Adam-Kieffer du Front de la jeunesse alsacienne. Entre le réseau bas-rhinois et ceux de Mulhouse-Thann, Winter d'une part, Charles Vuillard et Francis Anglo d'autre part, les contacts sont longs à s'établir, chacun « labourant » son secteur pour collecter et transmettre les renseignements économiques, politiques et militaires, organiser le noyautage des administrations, la confection de faux papiers, établir des filières de passage parallèlement à celles mises sur pied à Lyon par l'équipe Dungler-Kibler avec, en particulier, Jean Eschbach établi à Poligny dans le Jura et Ortlieb à Thann.

RÉUNION DE FRANÇAIS LIBRES D'ALSACE À LONDRES EN 1944.

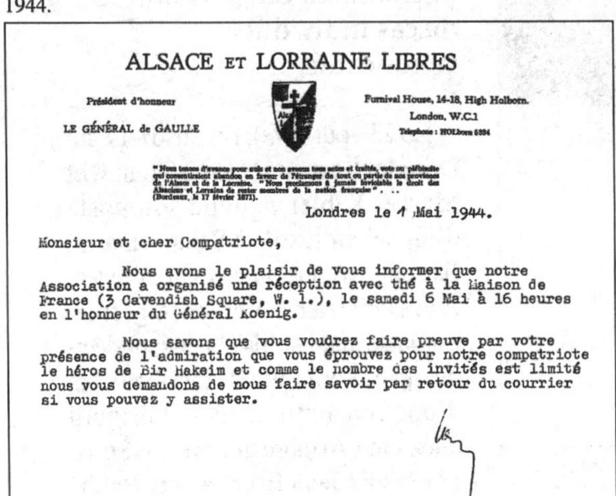

ALSACE ET LORRAINE LIBRES

Président d'honneur
LE GÉNÉRAL de GAULLE

Furnival House, 14-18, High Holborn.
London, W.C.1
Telephone : HOLborn 5334

" Nous tenons d'avance pour nuls et non avenus tous actes et traités, vote ou plébiscite qui consentiraient abandon en faveur de l'étranger de tout ou partie de nos provinces de l'Alsace et de la Lorraine. " Nous proclamons à jamais inviolable le droit des Alsaciens et Lorrains de rester membres de la nation française ". ..
(Bordeaux, le 17 février 1871).

Londres le 1 Mai 1944.

Monsieur et cher Compatriote,

Nous avons le plaisir de vous informer que notre Association a organisé une réception avec thé à la Maison de France (3 Cavendish Square, W. 1.), le samedi 6 Mai à 16 heures en l'honneur du Général Koenig.

Nous savons que vous voudrez faire preuve par votre présence de l'admiration que vous éprouvez pour notre compatriote le héros de Bir Hakeim et comme le nombre des invités est limité nous vous demandons de nous faire savoir par retour du courrier si vous pouvez y assister.

COLL. PART.

L'année 1942 est fatale aux pionniers de la résistance et des filières d'éva-

COLL. VIOLLET

MAQUISARDS SABOTANT UNE LIGNE DE CHEMIN DE FER EN SAÔNE-ET-LOIRE.

sion[2]. D'avril à juin, le réseau Bareiss, avec d'autres groupes, est démantelé, mais le responsable du secteur de Strasbourg, Robert Falbisaner, peut s'échapper par la Suisse; Georges Kiefer et Paul Freiss prennent la relève; ce dernier, particulièrement efficace pour l'espionnage des installations d'armement, réussit au cours de deux voyages, en mai et septembre 1942, à rencontrer Falbisaner à Lyon, puis Kibler et d'Ornant à Paris, établissant ainsi le contact avec le comité directeur de la résistance alsacienne, établi à Couzon-au-Mont-d'Or dans la région lyonnaise, et avec l'ORA. Au plan régional, Eugène Mey est chargé par Winter d'assurer la liaison entre ceux qui allaient constituer les Forces françaises de l'intérieur (FFI) dans le Haut-Rhin et le Bas-Rhin.

Après les arrestations du printemps 1942, deux autres événements allaient agir d'une façon décisive sur l'évolution de la résistance en Alsace et à l'intérieur, parmi la diaspora alsacienne et lorraine : la décision de l'incorporation de force à la fin du mois d'août 1942 et le débarquement allié en Afrique du nord le 8 novembre, aussitôt suivi de l'entrée de l'armée et des forces de police allemandes dans ce qui avait été la France non-occupée ou la « zone libre ». A Lyon, le comité directeur, face aux mouvements de diverses tendances politiques, veut maintenir l'apolitisme et l'indépendance de la résistance alsacienne, et son obédience à l'ORA qui, jusqu'à la fin de 1943,

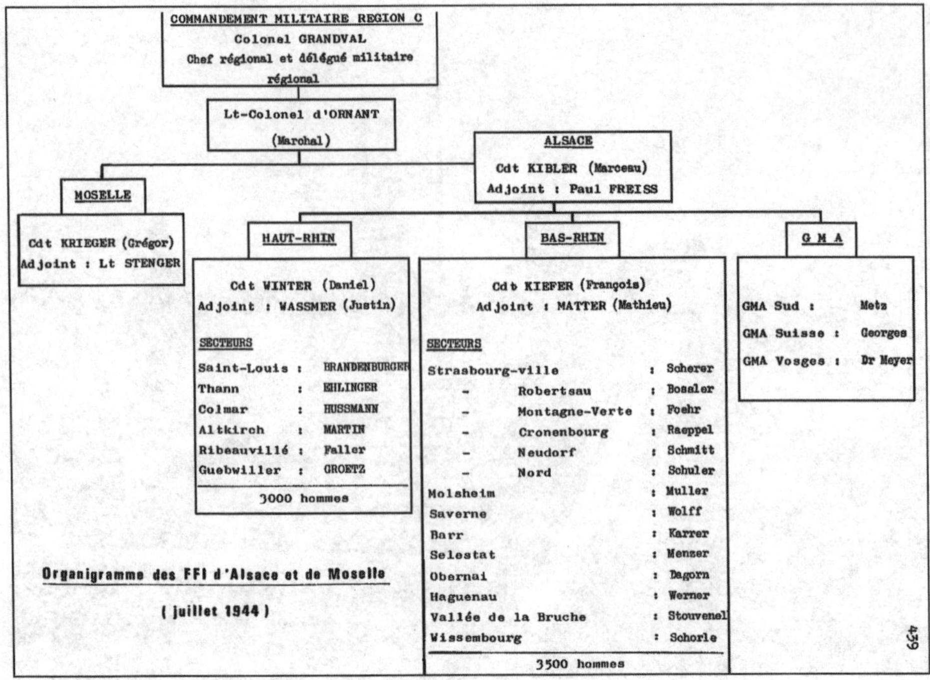

ORGANIGRAMME DES FFI D'ALSACE ET DE MOSELLE, NOVEMBRE 1944.

sera tiraillée entre les partisans du général Giraud, évadé en avril 1942 avec l'aide du réseau haut-rhinois Winter-Ortlieb-Stamm et commandant en chef des troupes françaises en Afrique du nord jusqu'au début de 1944, et ceux du général de Gaulle. Les aventures rocambolesques de Paul Dungler, jouissant de la confiance de Pétain, muni d'un ordre de mission de l'amiral Darlan en décembre 1941 à Vichy, parachuté au début de 1944, grâce à Giraud, par les Américains au-dessus du Massif central, après une rencontre houleuse avec de Gaulle à Alger, en sont une illustration.

Au-delà des vicissitudes politiques, des obstacles et dangers de l'action clandestine, s'affirme la volonté des unités indépendantes pour participer, le moment venu, sous commandement français, à la libération de l'Alsace. Le comité directeur à Lyon est en liaison avec le Groupe mobile d'Alsace GMA-Sud qui, fin 1943, compte sept centuries dans les régions de Périgueux, Toulouse et Limoges, et avec les réseaux du Haut-Rhin et du Bas-Rhin ; en mars 1944 est constitué le GMA-Vosges puis le GMA-Suisse. Les responsables de la résistance alsacienne décident d'intégrer leurs troupes en tant que formation homogène dans l'ensemble des FFI sous les ordres du chef de la région C, le colonel Grandval.

Lors de la dernière réunion du comité directeur, les 4 et 5 juin 1944, au PC de Couzon-au-Mont-d'Or, Londres passe le message annonçant le débarquement. D'Ornant

LE COMMANDANT FRANÇOIS, CHEF DES FFI DU BAS-RHIN.

(Marchal) et Kibler (Marceau) partent immédiatement dans les Vosges, Ernest Georges vers la Suisse et Bernard Metz vers le sud-ouest. Ce 5 juin 1944, Winter (Daniel), qui se trouve à Strasbourg pour coordonner l'action commune, révèle la teneur du message qui doit annoncer le débarquement. Le 17 juin, le commandant Marceau et son chef d'état-major, le capitaine Rivière (Jean Eschbach), coordinateur des services de renseignements, viennent en Alsace à travers le Donon sous la protection du corps franc de la haute vallée de la Bruche et confèrent pendant une dizaine de jours, au chalet de la famille Grosskost, près de Grendelbruch, surnommé par dérision « Berchtesgaden », avec les responsables des FFI d'Alsace. Des terrains pour le parachutage d'armes et de munitions sont sélectionnés, des mesures pour le fonctionnement provisoire des services publics et le ravitaillement étudiées.

Une deuxième rencontre à partir du 26 juillet confirme les nominations à la tête des FFI d'Alsace. Alsace et Moselle : lieutenant-colonel Marchal (d'Ornant). Alsace : commandant Marceau (Kibler). Haut-Rhin : commandant Daniel (Winter), adjoint : capitaine Justin (Wassmer). Bas-Rhin : commandant François (Kiefer), adjoints : capitaine Mathieu (Matter) et capitaine Firmin (Mey), officier de liaison avec le Haut-Rhin interdépartemental : capitaine Jean-Paul (Freiss). Le pharmacien Marcel Leibenguth est chargé du service de santé avec Robert Bischoff dont la responsabilité à la tête de la section de sauvetage en montagne a, entre autres, été d'une particulière efficacité pour les filières d'évasion. En Suisse, à la même époque, le commandant Georges recense les Alsaciens des classes 1904 à 1923 pour former le GMA-Suisse qui sera « refoulé » à partir du 23 septembre vers la Franche-Comté où il se joindra, avec deux bataillons de deux mille quatre cents hommes, à la 1re armée après un entraînement au camp du Valdahon.

DÉCEPTION : LES PARACHUTAGES ALLIÉS SUR L'ALSACE N'ARRIVENT PAS

1944

Le 1er juillet 1944, le terrain près de Geispolsheim est prêt à recevoir un parachutage d'armes et de matériel de transmission, mais pendant un mois les équipes attendront en vain le message annonçant l'opération, pour ce site ou l'un des sept autres prévus dans le Bas-Rhin. Liaisons difficiles avec Londres, messages brouillés, changement de code ? La densité rurale, l'absence de maquis structurés, un maillage policier et administratif très étroit et resserré depuis le 6 juin, d'une part, le fait que le haut commandement allié privilégiait la poussée vers la Ruhr par la Belgique, la Lorraine et la Sarre d'autre part, peuvent expliquer cette « carence ». Les rassemblements de centaines de réfractaires dans les secteurs de Barr-

UN GROUPE DE FFI D'ILLKIRCH-GRAFFENSTADEN.

Sainte-Odile, Sainte-Croix-aux-Mines et Thann, la forêt de Brumath représentent plutôt des caches dans l'attente de la libération, tandis que le maquis de Volksberg entre Saverne et Bitche, d'environ quatre cents hommes, allait subir, début octobre, l'intervention des Waffen SS.

L'espace vosgien au-delà de la frontière de l'annexion se prêtait mieux aux opérations et concordait avec les plans stratégiques. Dans la nuit du 12 au 13 août 1944, le GMA-Vosges bénéficiait au nord de Senones de parachutages, le premier avec une mission anglaise d'une quinzaine de spécialistes, le deuxième dans la nuit du 30 au 31 août à Veney, avec vingt-cinq Anglais, mais le troisième au-dessus de l'important maquis de Viombois échouait début septembre par l'intervention des troupes allemandes ; quatre cents maquisards y laissèrent leur vie, près de deux cents furent déportés, vingt et un Anglais abattus ou fusillés ; une cinquantaine de rescapés pourront rejoindre en octobre la 2e DB ou la 1re armée française.

« Du premier réseau Dungler-Kibler dans la région de Thann, aux Alsaciens et Lorrains demeurés en zone libre, expulsés ou évadés plus tard, nous échafaudions un plan de reconquête de nos provinces avec la participation d'une formation combattante composée de nos compatriotes réfugiés. Rêve utopique ! », se souvient celui qui, après l'expulsion de sa famille à la fin de 1940, se trouvera à Lyon : Pierre Bockel, futur archiprêtre de Strasbourg. « Mais quatre ans plus tard, la brigade Alsace-Lorraine offrait à l'utopie son éclatante réponse », poursuit celui qui devint l'aumônier de cette formation.

Dès 1941, un groupe de résistance tente de s'organiser dans les milieux alsaciens et lorrains autour de Clermont-Ferrand, Lyon et Saint-Etienne, projet qui débouchera en 1944 sur la formation à Clermont-Ferrand du bataillon Rhin-et-Moselle qui rejoindra la brigade après la libération de Strasbourg. D'autre part, grâce aux animateurs de divers mouvements de jeunes réfugiés, dont l'action est coordonnée par Pierre Stahl, les renseignements sur la situation en Alsace et Moselle sont rassemblés, commentés et diffusés, avec des études d'Emile Baas, professeur de philosophie réfugié à Rodez, et le cahier « Alsace et Lorraine, terres françaises » de *Témoignage chrétien* réalisé par Pierre Bockel. La volonté résistante est aussi encouragée ou raffermie par les informations apportées par Lucienne Welschinger qui, en février 1942, après un passage à Vichy où elle remet un rapport au cabinet de Pétain, rencontre des jeunes Alsaciens à Aiguebelle en Savoie, dont quelques-uns venus de l'école normale d'instituteurs d'Obernai établie à Solignac dans la Haute-Vienne. Au pèlerinage du 15 août 1942 au Puy, des contacts étroits s'établissent entre une centaine de jeunes Alsaciens particulièrement entreprenants, témoigne Bernard Metz, alors étudiant en médecine. Après avoir entendu en janvier 1943 à Royat l'abbé Paul Held, évadé d'Alsace, évoquer les entreprises du Front de la jeunesse alsacienne et des Guides de France, Metz prend la décision « de mettre sur pied une organisation qui permettrait d'associer la jeunesse alsacienne réfugiée à l'action de la résistance française ». (Held partira peu après par l'Espagne en Algérie où il sera affecté comme aumônier sur le croiseur *Lorraine*).

Par deux scouts de la vallée de Thann, que Pierre Bockel lui avait présentés et qui avaient participé à la rencontre de Royat, Bernard Metz entre en relation avec le PC de la résistance alsacienne à Lyon auquel Jo Vuillard et Albert Lamblé étaient rattachés en tant que radiotélégraphistes et agents de liaison. Ayant soumis avec Pierre Bockel son projet à Dungler et Kibler, ceux-ci le chargent de constituer des formations de combat dans les milieux alsaciens et lorrains de la zone sud, en s'appuyant sur le réseau des groupes de jeunes où il était déjà introduit. Ces unités devaient être transférées dans les Vosges pour appuyer la résistance en Alsace, participer en attendant aux actions des groupes de résistance locaux dans les départements de refuge, et rejoindre l'armée française en cas de libération de la zone sud pour participer en tant qu'unité autonome à la libération de l'Alsace.

ARMES DES FFI.

Les groupes clandestins, à effectifs variables, existant à l'automne 1943 à Clermont-Ferrand,

1944

Limoges, Périgueux, Brantôme, Bergerac, Auch et Toulouse, constituent le GMA-Sud. La dispersion des effectifs dans la campagne facilite l'organisation de maquis et d'éventuels parachutages d'armes sur six terrains prévus en Dordogne, près de Limoges et dans le Gers. Une réunion consacrée le 6 avril 1944 à Limoges aux problèmes d'équipement et d'armement faillit être fatale à l'organisation, avec l'arrestation des responsables en Dordogne (Houver), en Haute-Vienne (Huber) et dans la région de Toulouse (Courtot qui, avec son adjoint Dillenseger, mourra en déportation). Avec plus ou moins de difficultés, les réseaux pourront être reconstitués par Sigrist à Limoges, Léon Kraft à Cahors, André Riedinger et Pierre Bockel à Toulouse avec l'aide de Charles Pleis, officier d'active, et par Guy Streicher à l'école normale d'Obernai à Solignac.

Dès 1941, l'aumônier de l'école normale, Bengel, avait cherché, en compagnie de Streicher, des fermes-refuges, après le passage de la commission de rapatriement conduite par le Ministerialrat Herbert Kraft. Recruté en janvier 1943 par Metz, Guy Streicher organise un important service de renseignements, de faux papiers et de transport d'armes, et recrute un groupe d'une trentaine de normaliens pour les rallier à un maquis de Corrèze. Au lendemain du débarquement, il entraînera également au maquis un groupe d'Alsaciens du GMR (groupe mobile de réserve) de Limoges avec leurs armes lourdes et voitures d'alerte, permettant ainsi la constitution de la compagnie la mieux armée qui, avec d'autres unités, sera engagée contre la division « Das Reich » remontant vers la Normandie.

Après la réunion du comité directeur de la résistance alsacienne les 4 et 5 juin 1944 à Couzon-au-Mont-d'Or, Bernard Metz part le matin du 6 juin à Toulouse où il assiste à une réunion de cadres, puis à Figeac. Le Lot est pratiquement aux mains des FTP (Francs tireurs et partisans, d'obédience communiste), l'ORA y est inexistante, de sorte que l'installation d'un maquis autonome est impossible. Deux responsables du groupe alsacien suspectés d'être des agents de la Gestapo avaient été arrêtés avant l'arrivée de Metz [3]; la seule solution pour demeurer sur place est le ralliement aux FTP. Après plus d'un mois d'activité au camp FTP du Lot, Metz tentera de renouer les fils avec ses camarades de combat.

LA BRIGADE ALSACE-LORRAINE QUITTE PÉRIGUEUX.

ARCHIVES BAL

En cet été 1944, après l'entrée en action massive des maquis du sud-ouest à la suite du débarquement, la question du commandement, de l'armement, de l'équipement, des fonds et du recrutement des effectifs est la préoccupation majeure des responsables, compte tenu de la rivalité entre les maquis et organisations de la résistance pour la répartition des armes parachutées, du refus des chefs de l'AS (Armée secrète) de laisser leurs hommes passer sous un autre commandement.

MUSÉE HIST. CONT. - BDIC

LE COLONEL JACQUOT (À GAUCHE) À COLMAR APRÈS LA LIBÉRATION.

A la fin du mois d'avril 1944, Antoine Diener, instituteur lorrain, ayant entendu parler d'un « état-major interallié » situé à une soixantaine de kilomètres de son maquis, avait rencontré, avec son adjoint Adelphe Peltre à Castelnaud, un certain colonel Berger, pour réclamer des armes destinées au « mouvement Alsace-Lorraine ». Berger, après avoir envoyé un instructeur, Jean-Pierre, au maquis de Chalagnac pour l'entraînement au combat individuel et aux explosifs, se rendit lui-même, quelques jours avant le débarquement, près de Saint-Alvère, où Diener avait déplacé son camp. Ancel, nom de guerre de Diener, expose à nouveau son objectif à Berger : créer un groupe mobile Alsace-Sud pour participer à la libération des départements annexés ; il recevra ensuite quelques armes. Autres rencontres qui allaient être décisives, après bien des tiraillements, pour ce qui sera la brigade Alsace-Lorraine : huit jours après le débarquement, André Malraux, toujours avec le titre de colonel Berger chef interrégional des FFI, alors que le groupe Diener-Ancel était pratiquement son seul appui, rencontre exceptionnellement de jour l'officier d'active Pierre Jacquot, d'origine vosgienne, sur le plateau de Moustoulat à l'ouest d'Argentat, prévu pour un grand parachutage[4].

1944

Quand Bernard Metz arrive le 27 juillet, à bicyclette, au camp de Diener-Ancel qui, la veille, avait participé à l'attaque d'un train transportant plus de deux milliards de francs destinés aux troupes allemandes, il apprend que Malraux avait été intercepté quatre jours auparavant par une patrouille allemande et, blessé à la jambe, transféré à la prison de Toulouse. Le 7 août, Charles Mangold, chef de l'AS, « la figure la plus prestigieuse de la résistance strasbourgeoise en Périgord[5] », est également arrêté par une patrouille allemande et sera fusillé cinq jours plus tard à Périgueux,

ANDRÉ MALRAUX, COLONEL DE LA BRIGADE ALSACE-LORRAINE, AU MONT SAINTE-ODILE, NOVEMBRE 1944.

après une tentative de suicide.

Sans réponse pour le parachutage d'Henry Dirringer-Pelgrain, un membre du service de renseignements de l'ORA, parti à Londres, qui devait prendre le commandement des bataillons alsaciens-lorrains, Bernard Metz s'adresse, sur recommandation de Diener-Ancel, au capitaine Vaujour. Celui-ci décline l'offre, préférant rejoindre la 1re armée, qui venait de débarquer en Provence, à la tête d'une colonne corrézienne de l'AS, et propose Jacquot, récemment promu lieutenant-colonel. A Toulouse, que Metz rejoint le 27 août, Pierre Bockel et le capitaine Pleis, qui avaient rassemblé trois cents maquisards alsaciens et lorrains, avaient trouvé « l'oiseau rare », le colonel alsacien Marie Noetinger ; Metz avançant le nom de Jacquot, on s'accorde pour se prononcer en faveur de celui qui, le premier, répondra par un oui sans équivoque. A Périgueux, Diener-Ancel qui, avec le bataillon Valmy, venait de libérer la ville, après avoir harcelé les dernières colonnes de la division « Das Reich », se demande comment équiper et transporter ses six cents hommes pour rejoindre l'armée de Lattre en marche vers l'est.

Le 30 août, Malraux, sorti de la prison de Toulouse après le départ des Allemands, rencontre à Aubazines Jacquot, qui lui présente Bernard Metz, survenu peu après. Séduit par le tandem Malraux-Jacquot, Metz retourne à Toulouse pour tâter le terrain auprès des Alsaciens regroupés par Charles Pleis en quatre compagnies. Avec Jacquot et Pleis, il se présente chez le colonel Georges Pfister, auprès de qui il avait été accrédité à la fin de 1943 par Guy d'Ornant ; l'adjoint du général commandant les FFI dans le sud-ouest signe un ordre de mission, rédigé par Jacquot, nommant le colonel Berger à la tête de la brigade Alsace-Lorraine, avec Jacquot commandant en second ; l'ordre de mission reconnaît la dénomination brigade Alsace-Lorraine que Malraux avait proposée le 30 août à Aubazines. Il restait à informer le commandant

Charles Pleis que le colonel Berger était André Malraux et qu'il serait le chef à la place de Jacquot ou de Noetinger.

Bernard Metz, sachant que Pierre Bockel avait la pleine confiance de Pleis et de ses officiers, tente d'abord de convaincre l'abbé qui se demande « comment nous recevrons les gens, en Alsace, nous voyant revenir derrière l'homme des "brigades internationales" de la guerre d'Espagne. » Prévoyant les difficultés, Metz s'était fait accompagner du professeur Emile Baas, au courant de la personnalité et des écrits de Malraux, « plus imprégnés d'humanisme que de communisme », et d'Adelphe Peltre, qui témoigne comment le chef de la brigade avait su galvaniser les maquisards d'Ancel. Pierre Bockel, convaincu que Malraux n'avait rien d'un « bolchevique », comme Baas l'avait souligné, affronte Pleis et ses officiers. La révélation de l'identité du colonel Berger fait l'effet d'une bombe et la dénomination de « brigade » sent le soufre. Pleis veut exiger l'annulation de l'ordre de mission « plaçant un ancien colonel de l'armée rouge d'Espagne à la tête des futurs libérateurs d'Alsace». Arrivé après cette première explication, Metz est accusé de vouloir « livrer l'Alsace aux cocos »; il défend énergiquement le choix et la personne de Malraux, « traité de renégat » par les FTP comme il a lui-même pu s'en rendre compte dans les maquis et s'exclame : « Si, après la guerre, vous regrettez d'avoir servi sous Malraux, je vous autorise à me fusiller. »

Entre-temps, le commandant André Chamson, conservateur des musées nationaux, avait obtenu du général de Lattre de Tassigny, dont il avait été officier de liaison à l'armée d'Alsace en 1939-1940, une vingtaine de camions. Le 17 septembre, Malraux et Jacquot se présentent à Dijon au commandant en chef de la 1re armée française, tandis que les diverses unités du sud-ouest convergent vers l'est dans une caravane hétéroclite comprenant les véhicules neufs ramenés par Chamson et des camions à gazogène, tractions récupérées des maquis, ambulances rafistolées, un armement et des équipements composites. Avec ses trois bataillons, la brigade Alsace-Lorraine, commandée par le colonel Berger-Malraux, le lieutenant-colonel Jacquot avec le chef d'état-major Brandstetter est prête, avec le GMA-Suisse, pour la bataille d'Alsace, dans la composition suivante :

– Bataillon « Metz » des maquis d'Aquitaine : commandant Pleis avec les compagnies Iéna (capitaine Argence), Kléber (capitaine Linder), Ney (capitaine Bijon et Rapp (capitaine Fischer).

– Bataillon « Strasbourg » des maquis de Dordogne : commandant Diener-Ancel avec les compagnies Verdun (capitaine Figuères), Valmy (capitaine Gandouin) et Bark (Bir-Hakeim-Ruffel-Kinder, ancienne centurie Bir-Hakeim augmentée du groupe Ruffel-Kinder, capitaine Gossot).

– Bataillon « Mulhouse », des maquis de Savoie et de Haute-Savoie, formé par Octave Landwerlin à Annecy et Chambéry : commandant Dopff avec les compagnies Vieil-Armand (capitaine Lehn), Donon (capitaine Schumacher) et Belfort (commandant Dufay).

NOTES

1. Bernard REUMAUX : « Qui était Paul Dungler ? » *Saisons d'Alsace* n° 114, *1941, La mise au pas.*

2. Alphonse IRJUD : « Pas de grâce pour les traîtres », *Saisons d'Alsace* n° 121, *1943, La guerre totale.*

3. La même mésaventure était arrivée au début de l'année à deux normaliens alsaciens de Solignac qui tentaient de rallier un maquis de Corrèze : interrogés pendant plusieurs jours avant d'être reconnus de bonne foi et intégrés, ils furent rejoints début juin par deux camarades de promotion et formèrent « le groupe des instits » à la 233e compagnie FTP.

4. Et quand après le 14 juillet, Diener-Ancel vient récupérer sa part de containers, il découvre qu'Hervé, chef de l'AS de la Corrèze, n'est autre que René Vaujour, son commandant de compagnie en 1937 et son témoin de mariage.

5. Jacques Lagrange : *1944 en Dordogne*, Editions Pilote 24, Périgueux, 1993. Il relève également l'activité des « médecins du maquis » sous la responsabilité du professeur Fontaine des hospices civils de Strasbourg repliés à Clairvivre, et « la participation des centuries Valmy, Verdun et Bir-Hakeim à tous les combats de la clandestinité ».

SOUCES ET BIBLIOGRAPHIE

Eugène MEY : *Le drame de l'Alsace*, Berger-Levrault, 1949.

Général ROIDOT : Exposé au comité directeur de l'ARC sur la résistance militaire en Alsace (7 mars 1990).

Pierre BOCKEL : *L'enfant du rire*, Grasset, 1973.

Bernard METZ : *La formation de la Brigade, l'Alsace française*, Nouvelle série, n° 1, octobre 1948.

Léon MERCADET : *La Brigade Alsace-Lorraine*, Grasset, 1984.

Curtis CATE : *Malraux*, Flammarion, 1993.

Itinéraires de résistants

ALPHONSE IRJUD

Ils sont revenus de l'Evacuation ou ont décidé de ne pas rentrer, ils étaient en Alsace avant l'armistice, se sont évadés ou ont été expulsés, ils étaient hors de la métropole : par diverses voies et traverses, ils ont rallié la Résistance hors d'Alsace et les unités combattantes en France ou au-delà des mers. Portraits de résistants d'Alsace.

Réfugié dans l'Indre en 1939, Roger Schneider, âgé de dix-sept ans, reste à Lourdoueix-Saint-Michel quand sa mère rentre en Alsace avec ses deux autres fils pour rejoindre son mari maintenu dans Strasbourg évacué. Convoqué plus tard par la commission allemande de rapatriement, il refuse le retour. En août 1941, le maire de sa commune le dirige vers l'Angleterre : un sous-marin le recueille au large de Biarritz, avec un autre Alsacien parmi les huit ralliés à la France libre. Après un entraînement, il est parachuté fin octobre, grâce à sa connaissance de la région pour avoir travaillé aux plans du cadastre de Sazeray dans l'Indre, avec mission de contacter des cadres de l'armée d'armistice à Agen et à Toulouse ; de Marseille, il rejoint l'Algérie. En mai 1942, un navire anglais l'amène à Djibouti en tant qu'observateur-radio, puis à Alexandrie ; à l'automne, Roger Schneider peut rejoindre la 1re DFL (division française libre) qui restera « reléguée » pendant trois mois en Tripolitaine par l'armée giraudiste. En janvier 1944, la division amenée à Naples, renforce le corps expéditionnaire français, en Italie depuis l'automne, avance du Garigliano à Sienne, qu'elle quitte pour débarquer le 15 août en Provence. Après la remontée vers l'Alsace, il retrouve sa mère début janvier 1945 à Strasbourg et apprend la mort de son père tué dans le dernier bombardement de la ville.

MUSÉE HIST. CONT. - BDIC

ENRÔLEMENT DE FFI DANS LES ARMÉES DE LIBÉRATION : ON BRÛLE LES HABITS CIVILS...

Denise Sigrist, alors âgée de vingt ans, n'est pas revenue à la Robertsau après l'armistice. Restée en Dordogne, elle peut rejoindre l'Algérie au début de 1941. Au printemps de 1943, elle s'engage comme ambulancière; formée sur le matériel américain et pour les premiers soins par des soldats noirs d'outre-Atlantique, elle débarque le 23 novembre 1943 près de Naples dans la compagnie sanitaire d'un bataillon médical. Sa campagne d'Italie s'arrête également à Sienne, fin juillet 1944, et, le 22 août, elle arrive avec son unité à Sainte-Maxime. En Italie, elle avait recueilli parmi les blessés Louis Jaeck, de la Robertsau, engagé en 1938 et qui se trouvait à Périgueux au moment de l'armistice. Passé en Algérie, il participera, dans la 2e division d'infanterie marocaine, à la campagne d'Italie, à partir de novembre 1943 puis à la campagne de France et d'Allemagne. Cette rencontre entre deux enfants de la Robertsau sur le champ de bataille italien s'est conclue par un mariage.

Alfred Mazarin, sorti de l'école des officiers de réserve le 11 mai 1940, au lendemain de l'offensive allemande à l'ouest, est fait prisonnier à Châteauroux, mais grâce à un jeune camarade des éclaireurs unionistes parmi les Alsaciens évacués avec la manufacture des tabacs de Strasbourg, il échappe au sort des prisonniers de guerre. Après un passage dans un chantier de jeunesse de l'Allier, il part au printemps 1941 en Algérie grâce à la Malan (Mission alsacienne et lorraine en Afrique du nord). Employé des postes puis secrétaire général de la mairie de Bougie, il s'engage en novembre 1942, participe à la campagne de Tunisie, à la libération de la Corse, puis à celle de l'Alsace dans les rangs de la 1re armée.

AGEN, 27 AOÛT 1944 : UN GROUPE D'ALSACIENNES PARTICIPE À UNE FÊTE DE LA LIBÉRATION.

Le Strasbourgeois José Kullmann avait dix-sept ans quand l'armistice le surprend, avec sa mère et son frère, en Dordogne. Cadre au centre de la Malan à Hyères, il réussit juste avant le débarquement américain en Afrique du nord à passer en Tunisie[1]. Il s'engage alors au 4e régiment des chasseurs d'Afrique ; affecté aux Forces françaises en Extrême-Orient, il fait partie de la mission militaire de la France libre auprès du commandement suprême allié du sud-est asiatique de l'armée Mountbatten à Ceylan. Après la capitulation du Japon, il rejoint à Saigon l'état-major du corps expéditionnaire en Extrême-Orient sous le commandement du général Leclerc.

Marcel Christen, dix-neuf ans, se trouve en 1940 en Haute-Saône où sa famille d'Illkirch-Graffenstaden est repliée ; il quitte clandestinement la zone interdite pour la zone libre. Ayant vainement tenté de passer en Angleterre, il s'engage à Salon-de-Provence pour la base aérienne de Blida mais, sur le point de partir en Algérie, il est réformé pour une grave entorse au genou. Grâce, comme tant d'autres, au centre de la Malan à Hyères, il peut s'embarquer pour la Tunisie à condition d'entrer dans les chantiers de jeunesse où il rencontrera de nombreux compatriotes qui, comme lui, veulent rejoindre la France libre. Après l'arrivée des Alliés, il est admis fin décembre 1942 à l'école d'officiers de Cherchell ; sorti aspirant en mai 1943, il est, après un passage au 4e régiment de chasseurs d'Afrique, reçu par le général Leclerc, qui l'affecte à l'unité qui deviendra le 501e régiment de chars de combats de la 2e DB. Dans son char, le *Hartmannswillerkopf*, il amènera sa section à travers la Normandie et Paris en Lorraine où le char sera mis hors de combat. Sur le *Dixmude*, il participera à la charge sur Strasbourg et libérera Illkirch-Graffenstaden.

Quinze ans en mai 1941, Claude Hadey quitte Saint-Ouen, lieu d'accueil de sa famille depuis l'automne 1939, pour rejoindre de Gaulle par l'Espagne. Au consulat de Grande-Bretagne à Barcelone, il signe un engagement aux FFI en empruntant le prénom et les dix-huit ans de son frère Jean-Jacques. Arrêté dans le train de Madrid, emprisonné, il est libéré grâce à l'aumônier de la prison, touché par son jeune âge, et le consulat de France (vichyste) de Barcelone qui le fait remettre aux gendarmes à Port-Bou. Derechef emprisonné, il s'évade, passe en Tunisie par la filière Malan, s'engage dans les FFI et prend part, après la campagne de France de la 2e DB, à l'une des dernières batailles de la libération du territoire national, à Grussenheim.

Des compagnons d'armes n'ont pas le bonheur de survivre à l'accomplissement du serment de Koufra, tel le sous-lieutenant Jung, évadé en novembre 1942 par l'Espagne et tué deux ans plus tard à la tête de sa colonne devant les forts de Strasbourg, ou le maréchal des logis-chef Albert Zimmer, de La Wantzenau, parti le 14 juillet 1941 pour échapper à l'Arbeitsdienst, mortellement blessé en fonçant vers le port du Rhin.
Ils étaient nombreux à tenter l'évasion par la Suisse et (ou) l'Espagne : échec tragique pour les jeunes de Ballersdorf, internement jusqu'à la constitution du GMA-Suisse en septembre 1944 ou refoulement vers la Savoie. André Wilhelm, après six mois de tâtonnements et de préparatifs, réussit avec l'aide d'un Allemand antinazi de Weil-am-Rhein et arrivera à l'école des officiers de réserve de Cherchell. Marc Staechelin expulsé vers Annemasse, s'engagera dans les FFI en Tunisie ; son jeune frère, Xavier, également par la Suisse, rejoindra un maquis en France et Joseph fera partie de la 2e DB, évasions qui entraîneront la déportation de leurs parents et de leur sœur.

Roger Lausecker d'Erstein part par la Suisse, rejoint l'école normale d'instituteurs d'Obernai à Solignac, tente en janvier 1943 de passer en Espagne, échoue, mais réussit au début de février et arrive fin octobre 1943 à Casablanca après avoir passé plus de huit mois dans les prisons espagnoles et au camp de Miranda. Au Maroc, il retrouve cinq compatriotes, dont quatre élèves de l'école normale qui avaient réussi la première tentative et s'étaient engagés dans la 2e DB. Lui-même participera dans la 1re DFL à la campagne d'Italie, puis à celle de France après le débarquement en Provence jusqu'aux batailles d'Obenheim, de Kraft et de la poche de Colmar.

Gérard Jochem s'évade par la Suisse en septembre 1942 pour échapper à l'incorporation après six mois dans l'Arbeitsdienst, rejoint son frère Edouard à l'Ecole de l'Air de Salon, puis l'université à Clermont, et passe au début janvier 1943, avec deux amis de Colmar, en Espagne. Après plus de quatre mois de détention, il arrive par le Portugal au Maroc et s'engage à l'école militaire de Cherchell où il rencontre son frère Jean, ingénieur du pétrole en Irak depuis 1938 et rallié à la France libre, qui accompagne le général Kœnig en inspection. Edouard et sa femme étaient également parvenus en Afrique du nord par les Pyrénées. Chef de section dans la 1re DFL, Gérard Jochem est tué en mai 1944 en Italie, à l'âge de dix-neuf ans. Le père Jean Starcky de Mulhouse, spécialiste d'archéologie et de sciences bibliques, aumônier de la division, préside à l'inhumation ; professeur à l'université Saint-Joseph de Beyrouth, il avait rallié la France libre en août 1941 après l'élimination de l'administration et de l'armée de Vichy au Levant.

Christiane Bockel avait dix-sept ans, quand sa famille, avec beaucoup d'autres de la région thannoise, fut expulsée le 11 décembre 1940. Passée en Algérie avec ses parents en octobre 1941, elle entreprend des études d'infirmières, s'engage dans le corps expéditionnaire français, fait la campagne d'Italie avec la formation chirurgicale mobile n°1 à partir de janvier 1944, puis débarque début septembre en Provence. Après les opérations dans les Hautes-Alpes et la remontée vers les Vosges, elle retrouve à Thann ses frères, Francis, dont le bataillon se bat dans le même secteur, et Pierre, de la brigade Alsace-Lorraine[2].

Au début de décembre 1943, le chef d'état-major des troupes du Levant informe le général de Gaulle : « Dix premiers Alsaciens libérés de l'armée allemande arrivés à Beyrouth. Signé Bapst ». C'était l'entracte d'une aventure commencée en janvier 1943, avec l'incorporation de force d'une douzaine d'Alsaciens qui réussiront à former ensemble un groupe de mortier de 81. Partis le 5 juillet de Constance vers l'extrême sud de l'Italie, ils y apprennent le 10 juillet le débarquement allié en Sicile avant d'y être expédiés eux-mêmes trois jours plus tard. Le surlendemain, au cours d'un engagement qui coûte la vie à un Strasbourgeois, le groupe peut se rendre à des parachutistes britanniques ; un autre Alsacien, sérieusement blessé, partira après les premiers soins dans un camp de prisonniers de guerre aux Etats-Unis. Les dix autres, après avoir transité par des camps en Egypte et subi force interrogatoires, pourront signer début décembre 1943 leur engagement dans les FFL... avec effet rétroactif au 15 juillet, date de la désertion. Le blessé prisonnier de guerre reviendra un an plus tard des Etats-Unis en Algérie pour s'engager dans l'armée française, lui aussi à la date du 15 juillet 1943 !

Jean Perrin, de Riedisheim, s'enfuit le 17 juin 1940, la veille de l'entrée de la Wehrmacht à Mulhouse. Il avait dix-sept ans. Contraint de quitter la Suisse, il tente de passer en Angleterre par l'Espagne où il fait, comme tant d'autres, connaissance avec le camp de Miranda. Il réussit, en se faisant passer pour un Canadien, à rejoindre les FFL en Angleterre. En juin 1944, il est parachuté en Bretagne ; surpris le 14 juillet dans le Morbihan, il est brûlé vif avec six autres de ses camarades, dans une ferme.

Charles Schweitzer, de Blotzheim, évadé à la fin de 1940, a pu passer en Angleterre par l'Afrique du nord ; parachuté, lui aussi, le 10 juin 1944 en Bretagne, il est blessé et soigné clandestinement dans un couvent de sœurs qui le dirigeront vers un maquis.

Ces itinéraires ou destins divers, évoqués au hasard parmi des milliers d'autres[4], connus ou inconnus, autant sinon plus valeureux, témoignent des choix auxquels étaient confrontés des jeunes d'Alsace il y a un demi-siècle et qu'ils ont assumés.

NOTES

1. Alfred Betz, avocat à la cour d'appel de Colmar, a créé en 1941 la section de la Malan en Tunisie. Grâce à cette mission, de nombreux Alsaciens et Lorrains ont pu passer en Afrique du nord pour être reclassés ou rejoindre les FFI. Betz lui-même s'est engagé en 1943, avec l'avocat strasbourgeois Georges Riff, et a été l'interprète du général Leclerc à la reddition du général von Choltitz à Paris et du général Vaterrodt à Strasbourg.

2. « Les femmes de la Résistance », intervention de Christiane Kammerer-Bockel au colloque de l'UFF. Editions du Rocher, 1977.

3. François Lotz : « De la Wehrmacht aux FFL, récit de l'évasion d'un groupe d'Alsaciens de l'armée allemande ». *Saisons d'Alsace* n° 39-40, automne 1971.

4. Lire notamment *Ils ont rejoint de Gaulle – Alsaciens et Lorrains dans la France libre*, témoignages réunis par Jean Hadey, La Nuée Bleue, 1990.

La Résistance prépare la Libération

Réunion au sommet à Grendelbruch

ALFRED WAHL

Au nez et à la barbe des Allemands, à proximité du camp du Struthof, les chefs de la résistance alsacienne se réunirent clandestinement en juin et juillet 1944 à Grendelbruch. Il s'agissait de préparer les actions d'accompagnement de la libération militaire de l'Alsace.

Depuis février 1944, Gilbert Grandval (Planète) exerçait les fonctions de délégué militaire pour la région C, qui englobait huit départements de l'est de la France. C'est à lui que Marcel Kibler (Marceau), ancien ingénieur à Saint-Amarin et déjà acteur important de la Résistance, s'adressa pour lui proposer la constitution d'un Groupe mobile d'Alsace (GMA) sur le versant ouest des Vosges afin de préparer la libération de l'Alsace. Parmi les premiers organisateurs devaient figurer Jean Eschbach (capitaine Rivière). Marceau rejoignit alors Rivière dans le secteur de Raon-l'Etape. C'est là que fut envisagée une rencontre entre les principaux responsables de la résistance alsacienne se trouvant en France occupée et ceux habitant en Alsace et en Lorraine annexées.

C'est Paul Freiss (capitaine Jean-Paul), garagiste à Hangenbieten et muni de ce fait d'un permis de circuler en France, qui fut chargé de la préparation de cette rencontre lors d'une entrevue à Paris en présence de Planète, Marceau et Rivière. La rencontre avait pour but de débattre de deux questions : préparer une opération de libération du camp du Struthof avec l'appui des maquis des Vosges et le parachutage de soldats canadiens sur le plateau surplombant Hersbach, entre Wisches et Schirmeck, et structurer le commandement de la Résistance en Alsace et en Moselle. Paul Freiss raconte :

1944

> Dès mon retour à Strasbourg, je pris contact avec René Stouvenel de Wisches et nous organisâmes un moyen de passage à pied à travers la forêt. Monsieur Stouvenel contacte Michel Ferry de la Broque, Marcel Petitjean, Louis Boulas, Alphonse Barret, Oscar Koeniger, André Vincent, Louis Simon, Emile Receveur, tous de la vallée. J'envoie un message chiffré au commandant Marceau qui se trouvait à ce moment à Laneuveville pour l'informer que tout était prêt pour son passage et celui du capitaine Rivière. La date du 14 juin avait été retenue.
> Pour assurer la réussite de cette première réunion, il était nécessaire d'avoir un abri pas trop éloigné de la frontière et qui garantît une sécurité totale par un accès facile pour les camarades qui devaient être convoqués côté Alsace et Lorraine. Un vieux ménage, Monsieur et

Madame Grosskost, retraité de la SNCF et ami de Georges Kiefer a mis à notre disposition son chalet entre Grendelbruch et Schwartzbach. Evidemment cet endroit était moins favorable à tout point de vue car il fallait traverser toute la vallée de la Bruche, et puis le chalet se trouvait à cinquante mètres de la route. Enfin, c'était mieux que rien. Bref, le 14 juin, le passage s'effectua sans heurt, mais il s'avéra difficile.[1]

Marceau et Rivière ont pris la route à la tombée de la nuit, guidés par la chaîne de passeurs alertés par Paul Freiss et par René Stouvenel, garagiste à Wisches :

D'un pas toujours égal, la colonne des huit hommes remonte l'autre versant de la vallée de Grandfontaine. Il s'agit maintenant de franchir le large contrefort du Donon qui sépare Wisches dans la vallée de la Bruche de Grandfontaine, entre le petit Donon et le sanatorium de Schirmeck...
De temps en temps, une éclaircie permet d'apercevoir dans le lointain l'autre versant de la vallée de la Bruche et maintenant juste en face d'eux, haut dans la montagne, un rectangle de lumière qui semble encadrer un vaste quadrilatère.
- Qu'est-ce ? demandent à la fois Marceau et Rivière.
- Ce que vous voyez là, c'est le fameux camp de mort du Struthof...
Un vaste tournant de la montagne cache enfin, et définitivement, les lumières du camp du Struthof. Puis le sentier s'abaisse en longs méandres vers la Wassertanne, immense sapin ainsi dénommé parce qu'une source vive sort du sapin même à un mètre du sol.
C'est ici que Stouvenel et un de ses hommes doivent venir les rejoindre à deux heures du matin pour prendre Marceau et Rivière en charge pour la dernière étape. Les bûcherons de Grandfontaine retourneront d'ici vers leur village. En attendant l'arrivée de Stouvenel, les hommes se désaltèrent et cassent la croûte.
Vers 3 heures du matin, il n'est toujours pas arrivé. Il faut prendre une décision. Les passeurs doivent avoir rejoint leur village avant l'aube, pour éviter que leur absence ne soit remarquée. On décide donc de se quitter. Seul Marcel Petitjean, le chef des passeurs, restera avec les deux officiers et les conduira jusqu'à Wisches. Cinq minutes plus tard, chaque groupe s'est mis en route. Encore vingt minutes de marche et le plateau dénudé qui domine la commune de Hersbach est atteint. C'est la cote 600, prévue pour un parachutage ultérieur quand la frontière aura été franchie de force. Un peu en contrebas, vers Wisches, il y a le grand cimetière français de 1914-1918.
Voilà qu'apparaissent les premières maisons de Wisches, dans la petite vallée latérale qui monte à la cote 600. René Stouvenel habitant tout à fait à l'autre bout du village à l'entrée venant de Schirmeck, les trois hommes quittent la route et contournent Wisches par le haut, à travers les vignes et les bois d'acacias. Puis en face du garage, ils descendent prudemment la pente et s'accroupissent pour observer.
Aucun mouvement sur la route. Le chef passeur se détache, il va aller en reconnaissance et voir ce qui se passe chez les Stouvenel.
Cinq minutes après il est de retour.
Tout va bien, René nous attend. Il s'était trompé de date et croyait que c'était pour demain.
En un clin d'œil, les derniers mètres de la côte sont dévalés, la route franchie et ils pénètrent dans le garage de René Stouvenel, chef de secteur de la Résistance de la vallée de la Bruche, but de leur longue et fatigante traversée.
C'est avec une émotion contenue mais profonde que les hommes se serrent la main. Ils ne se connaissaient auparavant que de nom...
Madame Stouvenel, la charmante femme du garagiste, leur a bientôt servi un petit déjeuner succulent : du pain véritablement blanc, un splendide saucisson d'Alsace, un morceau de rôti et le tout arrosé par un traminer frais et pétillant. Finalement un excellent café, suivi d'une mirabelle maison.
Marceau, Rivière et leur guide, affamés par la longue marche qu'ils viennent de fournir, font grand honneur au repas. Voilà en effet près de huit heures qu'ils marchent pour ainsi

dire sans interruption.
Pendant qu'ils mangent, René Stouvenel leur donne des explications :
– Jean-Paul et Jérôme vont arriver ce matin, soit par le train, soit par voiture. Vous ne resterez pas ici, c'est trop exposé. Dans quelques heures je vous conduirai, avec un camion SS que j'ai en réparation au garage, vers une petite maison isolée près de Grendelbruch. [...]
Une auto s'arrête, devant le garage Stouvenel à Wisches. Ce sont Jean-Paul et Jérôme qui arrivent tôt de Strasbourg, impatients de savoir si tout s'est bien passé et si les chefs sont arrivés. [...]
Jusqu'à ce jour, sauf Jean-Paul qui connaissait tout le monde, personne ne savait qui étaient ceux qui commandaient la résistance alsacienne. Les chefs à leur tour ne connaissaient leurs hommes que par leur pseudonyme et ne les avaient jamais vus. Le système de la cloison étanche avait été poussé jusqu'aux plus extrêmes limites : seule manière d'éviter une casse importante en cas de pépin.
Maintenant cela va changer. De graves événements sont proches.
C'est le moment pour les chefs de se montrer, au moins aux dirigeants départementaux, pour démontrer leur existence réelle, pour inspirer confiance et pour commander d'homme à homme.
Jean-Paul presse le départ :
– Allons, en route, on nous attend là-haut.
– Mais notre camion SS ?
– Inutile aujourd'hui, je vous monte dans ma voiture.
– Nous n'avons pas encore de cartes d'identité.
– Ça ne fait rien, n'ayez aucune crainte, nous ne serons pas contrôlés en route. Nous en avons d'ailleurs pour un petit quart d'heure seulement.
Les hommes s'empilent dans la voiture de Jean-Paul et la voiture file sur Hersbach, quitte la grande route, traverse la Bruche, puis, du village de Russ, monte les lacets qui conduisent à Grendelbruch.[2]

Peu après, Georges Kiefer (François) vint les rejoindre. A la fin de la semaine, ce fut autour du commandant Daniel, chef résistant du Haut-Rhin, d'arriver au chalet, surnommé « Berchtesgaden » par Rivière.

C'est au cours de cette réunion de plusieurs jours que fut décidée la répartition des responsabilités pour la libération future de l'Alsace. François fut nommé chef des FFI du Bas-Rhin plutôt que Matter – Freiss se refuse à en indiquer les raisons – et Daniel chef des FFI du Haut-Rhin. Le 17 juillet, une nouvelle rencontre eut lieu au même endroit, en présence, cette fois, du lieutenant-colonel Marchal (d'Ornant). Alfred Krie-

LA RÉUNION DE GRENDELBRUCH :
DE GAUCHE À DROITE, FRANÇOIS, RIVIÈRE, FOEHR, STOUVENEL, MARCEAU.

1944

ger, un Alsacien vivant à Metz, fut nommé chef des FFI pour la Moselle. Les chefs de la Résistance décidèrent de renoncer à l'action militaire prévue contre le Struthof.

Cette rencontre clandestine se termina sans incident, mais tout le monde eut chaud : le chalet de Grendelbruch fut en effet investi par la police et la Gestapo, moins d'une heure après le départ de ses occupants...

NOTES

1. Paul FREISS, causerie du 23 novembre 1969 au Rotary Club de Strasbourg, manuscrit inédit mis à notre disposition par Monsieur Robert Latzarus.
2. Jean de POLIGNY, *GMA-Vosges*, d'après les souvenirs du capitaine Rivière (Jean Eschbach), Besançon, 1948.
3. Bibliographie : Fernand L'HUILLIER, *Libération de l'Alsace*, Paris, Hachette, 1975.

Destins de réfractaires

RENÉ MEYER

Nous avons publié, depuis notre numéro consacré à 1939, toute une série de récits d'Alsaciens racontant « leur guerre », illustrant ainsi l'extraordinaire diversité des cas vécus. En voici quatre nouveaux, parmi quantité d'autres possibles.

Maurice Woelfflin

• Le sinistre travail d'identification des cadavres

Libéré par les Allemands le 5 août 1940, j'ai repris mon poste d'avocat stagiaire cinq jours plus tard. Dès l'année suivante, je suis entré dans le groupe de résistance du juge Wenniger puis, après son arrestation, dans celui de M. Riegel de Mulhouse. En automne 1942, arguant d'une situation familiale particulière, mon frère, père de famille, tenancier d'un café-restaurant, étant incorporé d'office dans la Hilfspolizei depuis juillet, j'ai demandé et obtenu un congé de disponibilité de six mois. Ce congé m'évitait surtout de continuer mon stage en Allemagne et, en même temps, je pouvais préparer notre évasion. En effet, avec Robert Lithard, juge à Kaysersberg, nous avions décidé de nous évader après l'enrôlement forcé de plusieurs classes. Une fausse carte d'identité au nom de Maurice Chapuis m'avait été procurée. J'avais également fabriqué des raquettes de neige facilement camouflables dans le cas où le passage des Vosges devait s'effectuer en hiver. Finalement, le départ a été fixé au 26 mars 1943, mais il a été repoussé au 30 mars car la mère de mon ami était intervenue. Au jour dit, il a encore différé son départ. Il devait laisser sa vie lors de la déportation des quarante-deux officiers de réserve (voir dans ce numéro l'article de Cyrille Gillig). A mon départ, je me suis rendu au Bonhomme, en zone interdite, démuni de toute autorisation, et y ai gagné le café-boucherie Claudel. Mon passeur, Germain, qui n'était autre que le garçon boucher, m'a conduit à Plainfaing après avoir franchi la route des Crêtes entre le col de Louchbach et le col du Bonhomme et descendu le versant vosgien à travers bois. Dès le lendemain, je me suis rendu à Arches où le secrétaire de mairie m'établit les documents nécessaires pour être « en règle ». Pendant ce temps, en Alsace, le scénario imaginé se déroulait comme prévu. Ma future épouse s'était rendue sur les bords du Rhin pour y déposer ma bicyclette avec canne à pêche et divers objets personnels pour faire croire que je m'étais noyé. D'autre part, mon père s'était rendu à la police pour signaler ma disparition. Interrogés par la Gestapo, mes parents se bornèrent à dire que j'avais l'habitude d'aller à la pêche les dimanches sur les bords du Rhin et qu'ils n'en savaient pas davantage. Ils ne furent pas inquiétés...

Grâce à divers appuis alsaciens en zone non occupée, je me suis trouvé attaché au parquet de Clermont-Ferrand à partir du 6 mai 1943, mais non rétribué. Je ne vivais alors que de mon allocation de réfugié. A l'occasion de mon travail au tribunal, j'ai pu constater de nombreuses dénonciations et l'attitude de certains capitaines de gendarmerie, dangereuse pour la Résistance. Je subtilisais ces correspondances et les communiquais à la Résistance, après quoi je les remettais dans le circuit. Après avoir subi un examen, j'ai été nommé juge de paix et j'ai choisi une affectation le plus loin possible de Clermont-Ferrand pour me dissimuler aux yeux des Allemands. C'est ainsi que je suis arrivé à Bourg-d'Oisans (Isère), en zone d'occupation italienne.

Une très importante manifestation a eu lieu à Grenoble le 11 novembre 1943. Mille deux cents manifestants ont été arrêtés par les forces de police et de gendarmerie de Vichy et six cents déportés par les Allemands. Dès lors, le couvre-feu a été instauré à 22 h à Bourg-d'Oisans. De temps à autre, la Résistance a opéré des attentats notamment sur des dépôts de locomotives, ce qui, fin novembre, nous a coupés pendant cinq jours de Grenoble. Le 31 janvier 1944, les tickets d'alimentation sont volés à la mairie de Bourg-d'Oisons par deux individus masqués et sous la menace de leurs armes. Le 3 février suivant, une explosion s'est produite chez le boucher local accusé par la Résistance de faire du marché noir. En mai 1944, une circulaire de Laval est diffusée dans les services judiciaires, il en ressort qu'il ne faut surtout pas contrecarrer les opérations des troupes allemandes présentes et à venir. Le 10 juin 1944, quatre jours après le débarquement, les quatre brigades de gendarmerie de ma région rejoignent le maquis. Dès lors, je me trouve dans l'obligation d'effectuer moi-même toutes sortes d'enquêtes. Au même moment, la vallée de la Romanche est interdite aux Allemands. Cependant, le 13 août 1944, soit deux jours avant le débarquement sur la Côte d'Azur, les troupes allemandes pénètrent à Bourg-d'Oisons et y raflent tous les hommes de seize à cinquante-cinq ans, deux cents otages sont retenus parmi lesquels je figure. Je suis relâché le lendemain car les Allemands voulaient faire constater par les autorités françaises les exactions commises par les « terroristes», et c'est sans doute ce qui m'a sauvé : à partir de ce moment, une grosse partie de mon travail a consisté en l'identification de cent vingt-cinq cadavres, tués tant par la Résistance que par les Allemands ou les miliciens.

Roger Fischer

• De la Kriegsmarine aux maquis bourguignons

CARTON DE PROPAGANDE INVITANT LA POPULATION À NE PAS ÉCOUTER LES RADIOS ÉTRANGÈRES.

Etant de la classe 1923, j'ai été incorporé de force le 27 mars 1943. J'habitais à cette époque chez mes parents à Strasbourg et venais de terminer mes études secondaires au lycée Fustel-de-Coulanges, devenu la Erwin von Steinbach Oberschule sous l'occupation allemande. Je garde encore aujourd'hui le souvenir de cette ambiance d'impuissance et de mauvais sort qui nous avait saisis au lieu de rassemblement à la Manteuffelkaserne. Au milieu de l'unité de la Wehrmacht qui nous accompagna jusqu'à la gare, nous ressemblions à une colonne de prisonniers que l'on conduisait au camp le plus proche. Notre formation se déroula à Reutlingen dans le Bade-Wurtemberg. En juillet sort une ordonnance du haut-commandement qui dispose – fort probablement en raison des nombreuses désertions sur le front russe – que tous les Alsaciens, Polonais et autres recrues « peu sûres » arrivées au terme de leur instruction sont à verser dans la Kriegsmarine (d'où, évidemment, ils ne peuvent s'évader !). A la fin du mois, je quitte donc Reutlingen avec quelques autres compatriotes, pour Ludwigsburg et Elbing, dans le nord de l'Allemagne. Incorporation effective, le lendemain, dans la Kriegsmarine, changement d'uniforme, d'habitudes, de parler, de tambouille, etc. Ce qui nous a immédiatement frappé, nous autres Alsaciens qui, en Alsace, étions embastillés pour un oui ou pour un non, pour un simple mot prononcé de travers, c'était l'absence quasi totale, dans la marine allemande, de l'esprit nazi. Notre ahurissement était grand quand on nous a appris que la porte était « das Schot » (du verbe anglais *to shut* = fermer), que la fenêtre était « *das bull eye* » (dans la marine anglaise = le hublot), que le sous-officier de quart sifflait « reise, reise, aufstehen » pour nous réveiller le matin (du verbe anglais *to rise* = se lever). Enfin, dans les moments de détente, nous chantions tous en chœur le refrain toujours en vogue à l'heure actuelle :

Blue boys blow for California,
There is plenty of gold, so I am told,
On the banks of Sacramento

Nous oubliions presque où nous étions et pourquoi nous étions là. Et finalement, ultime satisfaction, le salut nazi, le bras tendu, n'existait pas dans la Kriegsmarine, pour ne pas dire qu'il était prohibé.

Fin août, je quitte Elbing, avec quatre autres Alsaciens. Tous les cinq, nous devenons d'inséparables amis à partir de ce moment. Nous sommes finalement affectés

EN 1944, LE JEUNE MARCEL CLAUSS ENVOIE UNE CARTE DE SA CASERNE DU RAD À SON ONCLE INTERNÉ À SCHIRMECK. IL SERA PUNI POUR CETTE « INSOLENCE ».

à une batterie côtière à Héla au large de Dantzig, dans l'ancien « couloir polonais ». Hiver 1943-1944, les tours de garde par -20°C sont pénibles. Le 9 février, deux de nos amis sont affectés dans une des unités qui assiègent Léningrad. Ils n'en reviendront jamais.

Nous nous étions liés avec un habitant de Héla, un pêcheur, qui projetait de nous déposer sur la côte suédoise, mais au moment de partir, une petite amie polonaise qui travaillait au secrétariat de la Geheimregistratur du secteur nous conseilla de n'en rien faire, car, nous dit-elle, « les troupes alliées allaient débarquer dans quelques jours en Normandie et votre unité sera immédiatement envoyée en France » (!). Le 17 juin, notre unité de la Kriegsmarine, patrouille sur la voie ferrée entre... Beaune et Dijon ! La pythie avait dit vrai.

Ma section est cantonnée à Gevrey-Chambertin, celles de mes deux amis restants, à Beaune et à Nuits-Saint-Georges. Le 6 août, la retraite de notre unité, est annoncée pour le lendemain. Il n'y avait plus de temps à perdre pour essayer de retrouver la personne qui, un jour, m'avait proposé de m'emmener, le moment venu, dans le maquis bourguignon. Sous un prétexte quelconque, je file à Gevrey et sur qui je tombe au détour d'une rue ?... sur mon « contact » ! Décidément, quand le destin s'y met ! Il était en vélo, moi aussi, et nous voilà grimpant la Combe de Lavaux vers la liberté. Il était midi, il faisait une chaleur torride, je n'avais rien dans l'estomac, si bien qu'au bout de quelques kilomètres de grimpette j'ai senti lâcher les muscles de tout mon corps, ma vue se brouiller, mon esprit s'obscurcir. Je me réveillai au milieu d'une équipe d'une dizaine d'hommes en armes parmi lesquels trois officiers français en uniforme. Mes deux amis prirent le même chemin quelques jours plus tard. Mes parents restés à Strasbourg eurent, bien sûr, la visite, quelques jours après, des agents de la Gestapo, mais l'affaire resta sans suite.

Au maquis on me confia immédiatement une section en raison de mon expérience du métier des armes, bien que théorique jusque-là. Quelques jours plus tard, j'ai connu le baptême du feu, en pleine nuit, à l'entrée d'un petit bourg, avec ma petite équipe. Curieuse impression d'entendre, dans l'obscurité quasi complète, les ordres « criés » en face, de parfaitement les comprendre et de pouvoir immédiatement réagir en conséquence. Au fur et à mesure que nos effectifs augmentaient, nos patrouilles et nos coups de mains se multiplièrent. Les Allemands évitaient soigneusement la montagne, les forêts et autres endroits propices aux embuscades, et il fallut nous rapprocher des grands axes. Un jour, tout à fait par hasard, nous sommes tombés sur une équipe des nôtres qui venaient de se faire surprendre par les Allemands en train de « pomper » un wagon-citerne en gare d'Is-sur-Tille. Nous volâmes à leur secours. La surprise fut totale des deux côtés. Pas le temps de réfléchir. Nous étions quatre dans une traction-avant. Le temps de faire deux passages en tirant par tous les trous, les nôtres ont pu se dégager avec leur camion et leurs fûts d'essence remplis à ras bord. L'opération n'avait pas duré une minute. Le lendemain nous fûmes cités devant l'ensemble des effectifs qui étaient maintenant de l'ordre d'un bataillon. Par la suite, je me vis confier une autre mission : celle d'examiner de près tous les évadés de la Wehrmacht qui étaient, dans neuf cas sur dix, des Alsaciens incorporés de force. Le dixième cas était toujours un Allemand, Autrichien ou Polonais emmené par un Alsacien. Et j'eus bien des surprises en retrouvant des têtes vues sur les rives, de la Baltique.

UNE PETITE AMIE POLONAISE TRAVAILLANT DANS LES BUREAUX ALLEMANDS NOUS ANNONCE UN PROCHE DÉBARQUEMENT ALLIÉ

Après la libération de Dijon, nous nous fîmes démobiliser, mes deux amis et moi, et rejoignîmes l'université de Nancy. Mais, à peine inscrits, l'offensive de Lorraine nous ouvrit la route de nos villes et villages natals. Nous fîmes la route à pied, chacun de son côté. Quand, au courant de la troisième étape, quelque part après avoir franchi le col de Saverne, je vis, au détour du chemin, dans le lointain, la silhouette de la cathédrale de Strasbourg, j'ai chialé comme un gosse au bord de la route. Je suis rentré chez moi, ce soir-là encore. C'était le 26 novembre 1944.

Marcel Spindler

• Déserteur puis maquisard

Incorporé de force à vingt-deux ans en mai 1943, j'ai été affecté au Fliegerregiment n° 53 à Bruxelles. Après le transfert de notre régiment à Istres, les Alsaciens-Lorrains ont été désignés pour le front de l'est. A l'occasion du transport, alors que notre train était à l'arrêt à Lyon dans la nuit du 8 septembre 1943, j'ai profité de la cohue provoquée par les distributions de boissons chaudes de la Croix-Rouge allemande pour quitter le convoi en cachette. Je suis monté dans le train que j'avais repéré en partance pour Auxerre. Là-bas, je suis allé chez une garde-barrière que je connaissais. Elle m'a caché et m'a procuré des habits civils. Je suis aussitôt parti dans les Vosges rejoindre la Résistance. Dès le 15 septembre 1943, j'ai participé à l'implantation d'un maquis dans une baraque forestière dans les roches de Morteville près du Ballon d'Alsace. Nous étions d'abord cinq Alsaciens évadés de la Wehrmacht, puis une dizaine de Russes et de Polonais échappés du tunnel d'Urbès nous ont rejoints. Cependant, l'implantation de notre maquis devenait de jour en jour plus dangereuse en raison de la proximité des patrouilles allemandes qui tournaient aux alentours avec des chiens policiers. Nous avons quitté les lieux le 27 février 1944 pour nous installer dans un camp auquel nous avons donné le nom de camp Louis, en mémoire d'un résistant, au lieu-dit Peut-Haut, commune de Fresse-sur-Moselle. L'endroit était bien dissimulé, proche d'un point d'eau potable et se trouvant non loin du terrain de parachutage dit de la Kins-Mus où d'ailleurs ont été réceptionnées deux livraisons d'armes par la voie des airs les 28 août et 6 septembre 1944. L'effectif s'est renforcé jusqu'à atteindre cent hommes, en majorité des Vosgiens réfractaires du STO mais aussi des étrangers, Belges, Russes, Polonais, et nous cinq, Alsaciens. Pourtant, notre action s'est trouvée limitée pendant longtemps en raison de la faiblesse de notre armement.

Le 14 juillet 1944, pour marquer le coup de la fête nationale, peut-être imprudemment, nous avons déposé une couronne au monument aux morts du Thillot puis défilé dans la localité, ce qui était véritablement sensationnel pour les habitants. Les Allemands ayant retrouvé notre trace, nous avons pris les devants en nous repliant au lieu-dit Séchenat, près du col de Bussang. Après notre départ, le camp de Peut-Haut a été réoccupé courant août par d'autres maquisards, lui donnant le nom de camp Koenig. Ce camp a été attaqué par les Allemands le 8 septembre. Alors que nous-mêmes devions attaquer des convois des troupes d'occupation signalés entre Bussang et Saint-Maurice, nous avons été attaqués en force par les Allemands au matin du 10 septembre 1944. Nous nous sommes trouvés renforcés par les cent cinquante hommes venus de Peut-Haut qui avaient abandonné leur camp. Nous étions alors deux cent cinquante hommes en position à la lisière des bois sur un front de trois à quatre kilomètres. Nous avons résisté toute la journée aux attaques allemandes qui essayaient de nous anéantir au mortier. A la tombée de la nuit, les Allemands ont rompu le combat, cependant ils pensaient nous prendre à revers par Saint-Maurice. Faute de munitions, l'ordre de décrocher a été donné. Pour tromper l'ennemi, nous nous sommes dirigés vers l'Alsace, puis nous avons changé de direction vers l'ouest. Dans nos rangs, un Belge a été gravement blessé et il est décédé le lendemain. Nous avons également eu un blessé léger tombé d'un rocher lorsqu'on lui a tiré dessus.

Peu de temps avant l'attaque, notre chef de camp est tombé entre les mains des Allemands alors qu'il était en possession de la liste des maquisards. Cette liste comportait notamment l'identité des cinq Alsaciens avec les suites que l'on devine pour nos familles. Après dispersion, je me suis caché avec le chef d'un autre camp, celui appelé Koenig, dans une ferme isolée près du col du Ménil. Le 8 octobre 1944, très tôt, à 5 h du matin, la ferme a été encerclée et nous avons été faits prisonniers. Visiblement, les Allemands pensaient tenir là beaucoup plus de « terroristes ». Après notre transfert à la Gestapo de Mulhouse, nous avons été incarcérés à la prison de cette ville. Alors que mon camarade subissait des interrogatoires « musclés », la Gestapo me laissait davantage en paix car elle ignorait que j'étais Alsacien. Il est vrai que je me faisais passer pour un idiot, porteur au moment de mon arrestation d'une blouse de maquignon et chaussé de sabots. Je suis resté menotté à mon camarade pendant les trois semaines de notre séjour en prison. En raison de l'avance des armées alliées vers l'Alsace, les Allemands ont transféré les prisonniers de Mulhouse en Allemagne, le 23 octobre 1944. A la gare, en pleine nuit et dans l'obscurité totale, j'ai réussi avec mon camarade à m'évader du train et à en prendre un autre en partance pour Colmar. Arrivés dans cette ville, nous sommes sortis de l'enceinte de la gare par l'opposé, sans difficulté. Nous avons pris le petit train en direction de Lapoutroie et nous l'avons quitté à Orbey. Des patrouilles avec chiens policiers nous ont empêché de traverser la « frontière ». Rebroussant chemin, nous l'avons franchi près du col du Bonhomme sans coup férir. Arrivés à Fraize, nous nous sommes cachés, dans une ferme jusqu'à l'arrivée des Américains.

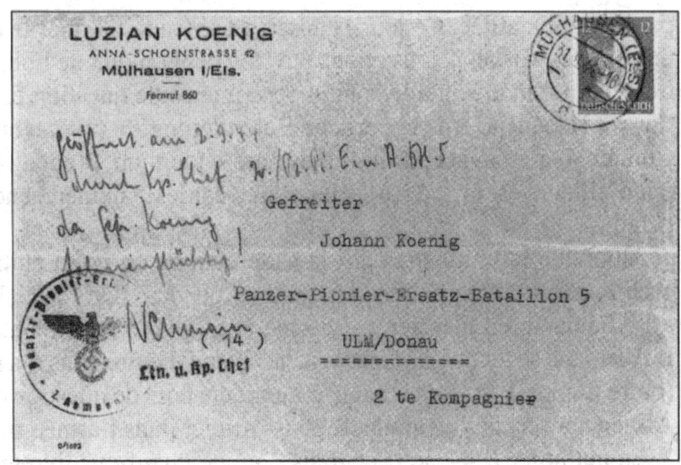
LUZIAN KOENIG
ANNA-SCHOENSTRASSE 42
Mülhausen I/Els.
Fernruf 860

Gefreiter
Johann Koenig
Panzer-Pionier-Ersatz-Bataillon 5
ULM/Donau
2 te Kompagnie

Ltn. u. Kp. Chef

LETTRE RETOURNÉE À SON EXPÉDITEUR MULHOUSIEN.
LE DESTINATAIRE EST PORTÉ DÉSERTEUR.

Jean Keller

• Le conseil de révision à portée du canon des libérateurs

Né en 1907, j'ai passé le conseil de révision des classes 1906, 1907 et 1928 le 22 octobre 1944 à Colmar. Le matin même, le quartier de la gare avait été bombardé par l'aviation alliée. Ce jour-là aussi, on entendait tonner le canon dans le lointain, du côté des Vosges. Nous étions environ cent cinquante hommes et tout s'est passé très vite. Le médecin allemand a posé une seule question et sans aucune auscultation : « Haben sie eine köperliche Behinderung ? » (avez-vous une gêne physique). Comme je n'en avais pas il m'a déclaré « tauglich » (apte, bon pour le service), ce qui d'ailleurs est arrivé à tous les autres car les Allemands ne faisaient plus dans le détail.

Alors que le brouhaha dans la salle était à son point culminant, un gradé de la Wehrmacht nous tança. Nous répondîmes par des « Oh ! oh ! » L'un d'entre nous lança à l'Allemand, en alsacien : « Ferme ta g..., sinon on te balance par la fenêtre ! » L'Allemand se tut aussitôt. Par la suite, aucun d'entre nous n'a reçu de Stellungsbefehl (ordre d'appel). De toute façon, il aurait été hors de question d'obéir, moi le premier Alsacien à accéder au grade de sous-officier dans l'armée française en 1927.

En automne 1944, je travaillais comme chauffeur-livreur dans une épicerie en gros de Colmar et, de plus, comme j'appartenais à la Croix-Rouge, je bénéficiais de facilités de circulation. Dès lors, j'en profitai pour ravitailler les réfractaires et « déserteurs » de la Wehrmacht cachés par l'abbé Villemain à Zimmerbach où se trouvaient également un Anglais et deux Russes. Non seulement ceux de Zimmerbach, mais également les autres disséminés depuis le Hohlandsbourg jusqu'au fond de la vallée de Munster. Pour ma part, j'ai caché un couple dans une ferme du côté d'Orbey, mais j'ai été obligé de le transférer dans la cave de ma maison à Colmar car il avait attrapé la maladie du foin.

Les Tribulations du Bronzé

ANDRÉ BORD

Surnommé le Bronzé dans les réseaux de résistants de la zone sud, André Bord, échappé d'Alsace en 1941, a participé à la libération de sa ville avec la brigade Alsace-Lorraine, la « très chrétienne brigade des brigands ». Aventures en tout genre.

– Salut Jean, lui ai-je dit.

– On ne dit plus « Salut Jean ». Das heisst jetzt « Heil Hitler ».

Nous étions en septembre 1940, à mon retour de Dordogne où j'avais été « évacué » avec mes parents. Première impression, forte évidemment, et première preuve tangible du changement.

Ce séjour périgourdin a marqué ma vie. J'ai fait là-bas la connaissance de gens qui pendant et après la guerre ont beaucoup compté pour moi, qui m'ont fait ce que je suis devenu. Le destin, c'est d'abord les hommes, et les femmes bien sûr. Ils se nommaient – et pour certains, Dieu soit loué, ils sont presque tous toujours vivants – Roquecave, Chadouin, Winter, Pierre Chancogne, Thalgot, sauf le père Roquecave, Madame Chadouin mère, Raymond Winter.

J'avais assisté, comme tous les Français de l'époque, à la naissance du national-socialisme, et grâce à l'éducation chrétienne que m'avait donnée mes parents, j'ai ressenti peut-être plus fortement que d'autres, ce qui s'est passé outre-Rhin. Je comprenais qu'il se préparait quelque chose de grave, mais j'étais encore trop jeune pour en appréhender toutes les conséquences, dramatiques pour mon pays et le monde entier.

Très vite ce fut la guerre, suivie de la débâcle. Immense désillusion, car comme beaucoup, j'étais convaincu de la victoire de la France. J'avais dix-huit ans, et à dix-huit ans, on ne doute de rien. Et je n'avais pas mesuré les effets pervers de la campagne de désarmement et du pacifisme mortel prôné par certains de ceux qui nous gouvernaient alors. Et, en quelques mois, je me suis trouvé, comme tous les Alsaciens et Mosellans, sujet du Reich nazi.

Nous habitions à Strasbourg le quartier du Schluthfeld. Tous mes camarades, issus du scoutisme et du patronage Saint-Léon où ils militaient dans les sections culturelles et sportives, et moi-même étions invités – c'est un euphémisme ! – à rejoindre les

ANDRÉ BORD AU COLLÈGE SAINT-ÉTIENNE AVANT LA GUERRE (EN HAUT, AU MILIEU).

Hitlerjugend. D'ailleurs, les « patros » et le scoutisme avaient été interdits.

Nous avons refusé cela. Et c'est ainsi que nous avons adhéré à la section de basket du Racing club de Strasbourg. Le dimanche après la messe, nous nous retrouvions dans des bistrots ou des restaurants de la route de Colmar et de la route de l'hôpital, et bien entendu les conversations portaient sur la situation du moment, et nous parlions du malaise que nous éprouvions face à l'annexion de fait, que nous estimions provisoire.

Nous n'avons pas entendu l'appel du 18 juin du général de Gaulle. Mais cependant s'est créé peu à peu entre nous, je ne peux pas appeler cela un esprit de résistance, il était bien trop tôt, mais plutôt une réaction d'hostilité à l'égard de tout ce qui, de près ou de loin, touchait, représentait ou s'identifiait au national-socialisme.

A force de discussions, nous en sommes venus à rechercher des moyens simples, mais visibles, éclatants, pour manifester notre hostilité à l'occupant, ou au Reich conquérant, appelez cela comme vous voudrez. Nous voulions à tout prix, démontrer qu'il existait en Alsace autre chose que la Jeunesse hitlérienne ou les différentes formations nazies appelées à défiler en rangs serrés devant le Gauleiter, et c'est vrai que ces organisations étaient nombreuses, ce qui permettait aux Allemands d'affirmer que les Alsaciens étaient parfaitement intégrés au IIIe Reich. En omettant simplement dans leur propagande de préciser que certains engagements dans les formations nazies constituaient en fait une obligation professionnelle.

Nous avons décidé de lancer régulièrement, au minimum chaque semaine, des opérations de décrochage de croix gammées qui ornaient, si je puis dire, les édifices publics ou même privés. Puis nous inscrivions sur les murs des slogans profrançais et hostiles à l'occupant. Au fond, nous étions les ancêtres des taggers ! mais pas pour le plaisir de gribouiller. Et à nos risques et périls.

Ces sorties étaient généralement organisées après les soirées cinéma, bal ou cartes. Nous dérobions aussi avec délectation les couvre-chefs et les ceinturons militaires allemands déposés dans les vestiaires des lieux publics. Nous gardions les drapeaux et les calicots que nous avions volés, rangés dans des boîtes en fer-blanc, nous les attachions à une corde et les jetions dans le Krimmeri, derrière la gare de Neudorf, au lieu-dit la Schachermuhle. Et je pourrais multiplier les exemples. En clair, tout ce qui pouvait être entrepris pour marquer l'existence d'une réelle hostilité envers les forces d'occupation a fait l'objet de nos soins attentifs. Durant des mois.

Certains d'entre nous écoutaient Radio-Londres avec leurs parents. Cela nous a permis d'apprendre, de mieux comprendre ce qui se passait ailleurs et finalement de découvrir que, parmi ceux qui, à l'extérieur de l'Alsace, s'opposaient à la volonté hégémonique allemande, il y avait également des Français. Cela nous a énormément réconfortés et encouragés.

Durant toute cette période, j'ignorais totalement que mes parents, avec leurs voisins Weisheimer, qui tenaient une ferblanterie rue du Ban-de-Sapt, et leurs filles (en particulier Emy), accueillaient des prisonniers évadés français et polonais, et les faisaient passer en zone libre. Ce n'est que bien plus tard que j'ai pu faire appel à ce réseau.

En ce qui concerne nos opérations antinazies, il est important de dire qu'il nous est arrivé, l'une ou l'autre fois, de nous faire agresser par des jeunes de notre âge, qui avaient été au patronage avec nous, mais qui s'étaient laissé embrigader dans les Jeunesses hitlériennes. Généralement cela se passait devant l'école du Neufeld où ils se réunissaient. Ils nous insultaient, en allemand *of course*, « Franzosenkopf! », et menaçaient de nous faire arrêter. Evidemment, nos opinions commençaient à être connues. Le Blockleiter, qui était le droguiste du quartier, avait repéré notre groupe d'une dizaine de jeunes et invita ma mère à surveiller mes agissements, si elle ne voulait pas, avec moi et l'ensemble de la famille, avoir de gros problèmes. A ce moment-là (fin 1940 - début 1941), les Allemands, les pro-allemands et pro-nazis étaient encore relativement souples. Ils essayaient de convaincre, de rallier la population et plus particulièrement les jeunes à leur cause, en se montrant compréhensifs et persuasifs.

Mais finalement la menace se précisa. Ma mère était de plus en plus inquiète, et je crois me rappeler que c'est le curé de la paroisse, le chanoine Kapps, qui lui expliqua que si nous voulions éviter de gros ennuis, j'avais intérêt à essayer de rejoindre la zone libre, ce qui signifiait passer de la zone annexée à la zone interdite, puis à la zone occupée pour enfin arriver en zone dite libre. Il fallait donc franchir trois frontières. Nous étions en octobre 1941.

C'est à ce moment-là que j'appris que mes parents hébergeaient de temps en temps des prisonniers de guerre et que la famille Weisheimer constituait l'antenne, en liaison avec Lucienne et André Welschinger. Emy Weisheimer et d'anciennes cheftaines scouts avaient monté un groupe d'évasion dès l'automne 1940. Tout avait commencé parce qu'un jour le curé Prince (de Saint-Jean) avait découvert des prisonniers évadés dans son église et les avaient confiés aux Welschinger. René Knittel joua un rôle essentiel dans ces évasions. Il habitait lui aussi le quartier, rue de Lunéville, et il avait créé une association de secours en montagne, qui servait de couverture, pour faire passer les femmes et les hommes désireux de rejoindre la zone libre.

Mes parents donnèrent leur accord à mon départ et le choix de la date fut arrêté : ce serait le 1er novembre 1941. Chacun considérait que c'était une bonne date, parce qu'il serait plus facile de passer inaperçu le jour de la Toussaint : il y aurait plus de circulation qu'à l'accoutumée, plus de monde sur les routes et, comme il était déjà tombé de la neige sur les Vosges, des skieurs. Nous allions nous faire passer pour des skieurs.

La veille de mon départ avec Antoine Jung – qui habitait rue de Saint-Dié, m'accompagna au patronage puis au basket, l'un de mes meilleurs camarades et cela jusqu'à sa mort, joyeux garçon, à la repartie facile notamment en dialecte –, grande surprise : mes parents m'annoncent que nous aurons quatre prisonniers polonais à emmener avec nous. J'ai alors compris pourquoi, lorsque j'allais chez les Weisheimer, je voyais mon père et le père d'Emy jouer aux cartes avec d'autres personnes qui ne parlaient jamais. C'étaient des Polonais évadés. C'est ainsi qu'au matin du 1er novembre, nous voilà de bonne heure à la gare de Strasbourg, Emy, Antoine, les Polonais et moi, destination Colmar puis le Tanet. Il s'agissait d'un nouvel itinéraire jalonné par René Knittel. Jusqu'alors on passait par Schirmeck, mais c'était devenu trop aléatoire et dangereux.

NOUS ÉTIONS LES ANCÊTRES DES « TAGGERS », COUVRANT LES MURS DE SLOGANS ANTINAZIS

La première partie du voyage sur Colmar et le trajet en bus jusqu'à Soultzeren se déroulèrent sans encombre. Les seuls soldats allemands que nous ayons rencontrés nous souhaitant même une bonne journée de ski. A partir de là, nous prîmes le chemin connu du seul René Knittel et de sa sœur Albine qui nous guidaient. La marche vers le Tanet fut longue et difficile. C'est à bout de forces que nous sommes arrivés à la ferme de ... Fritzi : cela ne s'invente pas. Sans doute le propriétaire se nommait-il Fritz! La neige, par endroits, atteignait nos genoux. Et nos amis polonais n'étaient guère équipés pour ce genre de randonnée.

Le repas qui nous fut servi fut le bienvenu. L'ambiance était gaie, les Polonais nous firent même une démonstration de danse cosaque. Nous avons dormi à la ferme, dans la paille. Et au matin, René Knittel nous indiqua l'étape suivante : la maison de repos des sœurs de Notre-Dame-de-Sion à Gérardmer, avec la recommandation d'éviter les gardes frontaliers allemands, nombreux dans ce secteur. Après avoir remercié les Knittel, et leur avoir confié un message pour nos parents respectifs, nous nous sommes quittés.

Commença alors une descente pénible, le long du Valtin, ruisseau dans lequel nous pataugions de temps en temps pour dissimuler nos traces. Les Polonais furent exemplaires, de courage et de discipline, ne se plaignant jamais.

Dès notre arrivée à Gérardmer, rencontre avec deux gendarmes ! Avec Antoine, nous avons décidé de jouer franc jeu, car nous n'avions pas de papier en règle. Au culot, nous leur avons expliqué notre situation. La conversation fut brève et directe. Ils nous ont conseillé de filer le plus vite possible, car nous étions en zone interdite, et nous ont même indiqué le chemin le plus court pour arriver au but.

Nous avons été reçus très gentiment par une sœur qui devint par la suite, après la guerre, économe à Notre-Dame-de-Sion à Strasbourg. Nous nous sommes reposés. Elles nous ont nourri et nous ont envoyés à Epinal où, près de la gare, nous attendaient deux sœurs qui nous ont mis en contact avec des cheminots. A la nuit tombée, ils nous ont embarqués dans un wagon où on nous a installés dans des sacs postaux. Le wagon fut alors plombé. Nous apprîmes plus tard que dans d'autres wagons, marqués par les cheminots français et connus d'eux seuls et de leurs amis, se trouvaient d'autres clandestins, évadés comme nous.

Départ pour la zone libre, Mâcon. La nuit nous parut interminable. Notre position était bien inconfortable. Il faisait froid, nos membres étaient engourdis. A chaque arrêt, nous entendions les cheminots et soldats allemands qui vérifiaient les plombs des wagons.

Après avoir franchi sans dommage la ligne de démarcation, où un long contrôle fut opéré par les Allemands, nous sommes arrivés à Mâcon, à la fin de la matinée suivante. Quelle joie lorsqu'on a ouvert les portes de notre wagon et que l'on nous a dit : « Tout va bien, vous êtes en zone libre ».

INSCRIPTION MURALE
ANTI-ALLEMANDE À STRASBOURG.

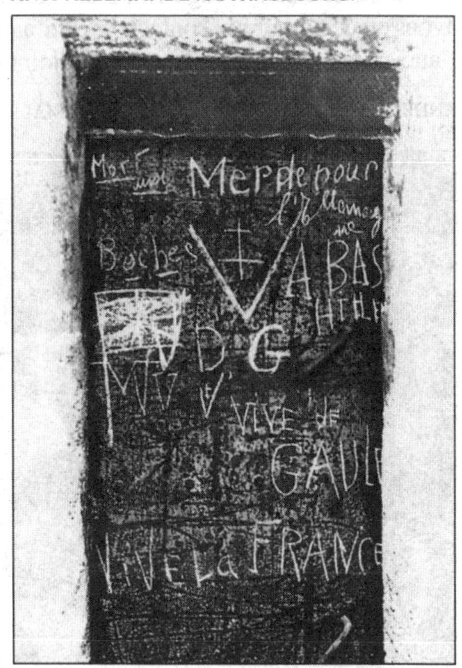

Nous avons été accueillis et ravitaillés par la Croix-Rouge, qui nous a mis dans un train en partance pour Lyon. C'est dans cette ville, au centre d'accueil pour prisonniers et évadés, rue de la Scarone, que l'on nous donna des fiches d'identité qui, venant en complément de nos papiers, nous permettaient de circuler. Des recruteurs de l'armée voulaient à tout prix nous faire signer un engagement dans les chasseurs stationnés en Haute-Savoie. Mais notre idée à nous, c'était d'aller à Nîmes.

Les Polonais, eux, avaient décidé de tenter de rejoindre l'Afrique du nord pour passer en Angleterre, retrouver leurs camarades et se battre avec eux. Nous nous séparâmes avec émotion. Nous n'avons plus jamais eu de leurs nouvelles.

Antoine et moi avons pris la route de Nîmes, où nous attendaient ma cousine Marie-Louise Sigrist, une Mosellane de Moyeuvre-Grande, et mon cousin Josy, officier d'aviation. La population y mourait littéralement de faim, comme dans toutes les villes. Nous avions hâte de retrouver la Dordogne. Et enfin, ce fut Périgueux, les retrouvailles avec nos amis Roquecave et Chadouin.

Nous pensions rester dans la région quelque temps avant d'essayer de gagner l'Afrique du nord. Mais les officiers recruteurs du 26e RI stationné à Périgueux nous conseillèrent de faire d'abord nos classes. Nous avons obtempéré. Le régiment était commandé par le colonel de Grancey, que j'ai retrouvé bien des années plus tard, lorsque j'étais ministre des Anciens Combattants, et que j'ai fait nommer gouverneur des Invalides.

Les Allemands ayant occupé la zone libre, le régiment fut dissous en novembre 1942. Nous nous sommes retrouvés à la Bétussie à Notre-Dame-de-Sanilhac, la ferme de nos amis Roquecave. Nous y avons travaillé comme bûcherons et agriculteurs – et pour le maquis. Et c'est là que nous avons rencontré Jean Clauss, dit l'Alouette.

Est-ce le hasard ? ou le destin ? En faisant le marché à Périgueux, j'ai rencontré un ami scout du Schluthfeld, Raymond Winter, qui avait épousé une Périgourdine. Il était officier au 35e régiment d'artillerie. Et c'est à partir de ce moment-là que nous avons eu de nombreux contacts avec d'autres Alsaciens réfugiés à Périgueux, comme l'ancien maire Charles Frey, l'ex-adjoint Maechling, un ancien employé municipal, Albert Schneider, dit le Vieux, qui fut particulièrement actif dans la Résistance en Dordogne, avec son camarade de travail Emile Freysz.

ANDRÉ BORD (À GAUCHE) AVEC ANDRÉ MALRAUX EN 1972.

Très vite on nous fit rencontrer l'un des responsables du réseau Andalousie, Ernest Hanselmann, qui nous chargea de nombreuses missions, de liaison notamment, avec Bernard Metz du réseau Martial à Lyon, de recrutement des Alsaciens et Mosellans réfugiés en Dordogne, et de renseignements. Notre activité était permanente et très éclectique (nous fournissions entre autre des cartes d'identité aux réfugiés, cartes que je dissimulais dans mes pantalons de golf). Il y avait là Winter dit Raoul, Jean Clauss dit l'Alouette, militaire de carrière qui vit aujourd'hui à Buhl près de Guebwiller, Jean Austin dit le Rouquin et sa famille, Freddy Jehl qui n'avait que quinze ans et qui est aujourd'hui vice-président du conseil général de Meurthe-et-Moselle, Louis Philippi qui habite Cronenbourg, tous nos camarades du maquis d'Ancel Diener, et moi-même, le Bronzé.

Commença alors une période passionnante de lutte pour la libération de notre pays et de l'Alsace. J'avais vingt ans.

Le réseau Andalousie était surtout actif dans la région toulousaine, ce qui nous incita un beau matin, début juillet 1943, à tenter de passer en Espagne pour rejoindre selon l'opportunité l'Afrique du nord ou l'Angleterre, avec un autre Alsacien, Jean Seger, qui travaillait à la poudrerie de Bergerac. Las ! nous ne sommes arrivés qu'à Mirande, et nous dûmes rebrousser chemin, car les Allemands venaient d'arrêter les passeurs qui devaient nous prendre en charge. A son retour à Périgueux, Jean Seger a appris la terrible nouvelle de l'exécution de son père au fort Desaix. Il avait été fusillé avec d'autres camarades de la résistance alsacienne.

Nous avons regagné le maquis. Et la vie « normale » reprit son cours avec toujours les missions de renseignements, de liaison (j'étais agent P1), les sabotages, les attaques de convois, le recrutement des commandos destinés à constituer la brigade Alsace-Lorraine. Avec Jean Clauss, nous avons été pris par la Milice, arrêtés, nos amis nous ont fait évader dans des conditions rocambolesques. Nous avons été condamnés à mort par contumace par la cour martiale de Limoges.

OBJECTIF : RALENTIR L'ARRIVÉE DES RENFORTS ALLEMANDS EN NORMANDIE

Et puis, nous avons, comme tous les autres maquisards du territoire qui se trouvaient sur leur chemin, été chargés de ralentir la progression des troupes allemandes qui devaient aller renforcer le front de l'ouest, et pour ce qui nous concernait plus particulièrement, de harceler la division SS « Das Reich » en route pour la Normandie. Ce fut très dur. Nous avons perdu beaucoup de monde, beaucoup d'amis. Mais ce ne fut pas en vain.

1944

André Malraux a souvent rappelé le rôle que nous avions joué, à distance, dans la bataille de Normandie, grâce aux sabotages de voies ferrées et aux attaques de la division. Au lieu d'arriver sur les lieux de débarquement à J + 1, « Das Reich » est arrivée à J + 17, complètement désorganisée, ayant dû abandonner un grand nombre de chars, avec des effectifs démoralisés et amoindris, à un point tel que cette division d'élite ne figura pas dans le dispositif de défense de Rommel.

Et puis ce fut la brigade Alsace-Lorraine, cette « très chrétienne brigade de brigands » au chef prestigieux, André Malraux. Mais cela est une autre histoire, qu'il a merveilleusement racontée.

Le père d'Emy Weisheimer fut arrêté, traduit devant le Sondergericht, et libéré faute de preuves. Emy fut arrêtée et déportée à Ravensbruck. René Knittel emprunta le même chemin que nous pour se retrouver en Savoie. Mon père, comme nous en étions convenus, se rendit à la police trois jours après ma fuite pour déclarer ma disparition. Il n'eut pas d'ennuis. Je l'ai retrouvé, avec ma mère, à la libération de Strasbourg.

Ce groupe de femmes et d'hommes avait permis à plus de trois cents personnes de s'enfuir en zone libre. Malgré les arrestations et les tortures, personne n'a jamais parlé.

Nous avons appartenu à cette catégorie de Français qui n'ont jamais douté de l'issue de la guerre, et nous avons démontré à travers cette espérance qu'un peuple qui sait se battre, quelles que soient les circonstances et l'enjeu, même s'il est minoritaire, peut gagner lorsqu'il s'agit d'un combat qui touche au respect des valeurs essentielles de la société.

Les Bistrotiers résistants de Lyon

PAUL HIRLEMANN

Un petit café-épicerie-charcuterie de Lyon, tenu par des Alsaciens, a servi de plaque tournante à des réseaux locaux de résistance. Voici, recueilli par René Meyer, le témoignage d'un évadé alsacien, devenu agent de la Résistance.

Durant toute la guerre, le café-épicerie-charcuterie du n° 156 de la rue Créqui, à l'angle de la rue Le Royer, 3e arrondissement, en plein centre de Lyon, fut un haut lieu de la Résistance. L'établissement était tenu par les époux Woehrlé, Alsaciens originaires d'Eguisheim. Le mari, Alphonse Woehrlé, déserteur de l'armée du Kaiser durant la première guerre mondiale, était venu s'établir à Lyon. D'abord lieu de rendez-vous des Alsaciens évadés, le café devint le quartier général clandestin des agents de liaison des réseaux Action-Londres, Electro-Bouleau et Combat.

Des Alsaciens incorporés de force en tenue feldgrau et des soldats allemands « normaux » fréquentaient les lieux, ce qui faisait fuir les habitués et provoquait des interrogations chez les voisins mais... détournait l'attention de la Gestapo lyonnaise qui avait l'œil sur le café.

Maria Woehrlé reçut la médaille de la Résistance après la Libération en récompense de son action courageuse durant l'Occupation.

Plusieurs Alsaciens ont eu à connaître l'établissement lyonnais. Ainsi Robert Clor (lire son témoignage dans notre numéro *1943*, n° 121, p. 235). Mais aussi Paul Hirlemann qui nous en a fait le récit :

« Je me suis évadé d'Alsace avec un camarade, René Koch, le 7 octobre 1941, pour me soustraire au RAD. Nous sommes entrés en Suisse par l'enclave de Neuwiller. Par les bons soins du consulat de France à Bâle, nous sommes partis le samedi 11 octobre suivant sur Genève puis sur Lyon où, le 13 au soir, nous avons été pris en charge par un centre de la rue Scaronne. Dès le lendemain, deux sous-officiers alsaciens y sont venus pour recruter des jeunes. Mon camarade s'est immédiatement engagé mais moi je n'étais pas intéressé par l'armée de Vichy. Voulant me faire délivrer une carte d'identité, un commissaire de police, auquel je n'avais pu exhiber que le document délivré par le consulat de Bâle, m'a rabroué en me disant qu'il ne pouvait rien faire

COLL. PART.

LE CAFÉ-ÉPICERIE-CHARCUTERIE WOEHRLÉ À LYON AVANT LA GUERRE.

pour moi. J'ai finalement obtenu cette carte après intervention de l'antenne de la préfecture du Haut-Rhin repliée à Lyon.

» Par un autre camarade de mon village, Lucien Goetz, également évadé, j'ai fait la connaissance d'Alsaciens établis à Lyon depuis avant la guerre, la famille Woehrlé, qui tenait un café-épicerie-charcuterie. Le soir de mon arrivée, oh surprise ! nous nous trouvions à sept jeunes évadés de Wintzenheim réunis autour d'une table. A cette époque, les restrictions étaient sévères et nous étions bien contents de recevoir des casse-croûte sans tickets. Un gradé de l'armée, alsacien, m'a placé comme civil au 11e régiment de cuirassiers jusqu'en avril 1942, date à laquelle j'ai été embauché à la mairie centrale de Lyon. Alors que je me trouvais affecté au bureau des distributions des bons de chauffage, j'y étais enregistré comme requis, ce qui m'a valu d'échapper à l'enrôlement dans les Chantiers de Jeunesse et dans les Compagnons de France. Entre-temps, j'ai revu deux autres camarades de mon village, Robert Clor et René Schmitt, eux aussi évadés, ce qui faisait déjà neuf hommes. Après l'invasion de la zone dite libre par les Allemands, le 11 novembre 1942, il a fallu redoubler de précaution. Mon identité a été modifiée : je suis devenu Jean Pegaz, né à Bougie (Algérie). Dans ce temps-là, les réseaux de résistance se multipliaient et c'est ainsi que je suis entré au réseau Action-Londres et devenu agent P 2, chargé de mission. Ce réseau, comme beaucoup d'autres, dépendait du BCRA (Bureau central de renseignement et d'action) dirigé par le colonel Passy (Dewavrin) à Londres.

» Tout en me laissant continuer à travailler à la mairie centrale de Lyon, qui me servait de couverture, mon chef dans la Résistance m'a demandé de quitter cet emploi en novembre 1943 pour me consacrer entièrement au réseau. Mon premier travail a été de porter des télégrammes à Heyrieux, à bicyclette, pendant trois semaines ; après quoi, il m'a fallu assurer la liaison avec Saint-Martin-en-Haut. Peu après, j'assurais la liaison avec Villefranche-sur-Saône. Après l'arrestation d'un agent de liaison qui effectuait le trajet Lyon-Paris et retour, on m'a demandé de le remplacer, ce qui impliquait de passer la ligne de démarcation à chaque voyage. Cette ligne avait été maintenue après l'invasion de la zone libre, mais on pouvait la traverser avec des papiers "en règle". J'ai pu assurer cette liaison jusqu'au 30 juillet 1944, date à laquelle je suis resté bloqué à Paris. J'ai effectué plus de soixante allers-retours de Lyon à Paris en sept mois, avec à chaque fois un contrôle par les Allemands ou par les miliciens de Vichy, tout en gardant mon sang-froid. Je possédais toujours une attestation (fausse) de la mairie centrale de Lyon qui me permettait d'être « couvert », mais le fait de comprendre l'allemand m'était d'une grande utilité. Les « marchandises » transportées consistaient surtout en postes émetteurs-récepteurs, en armes mais aussi argent et messages. Lors de mon premier voyage, j'avais une grosse valise renfermant un poste émetteur-récepteur et deux gros accus lorsque j'ai été interpellé en sortant de la gare de Lyon à Paris par trois civils. L'un d'eux voulant savoir ce qu'il y avait dans la valise je l'ai ouverte séance tenante en lui répondant : "un voltmètre pour camion et deux accus". Il a jeté un coup d'oeil et m'a répondu avec un petit rire méphistophélique, en me regardant dans les yeux : "Ça va, fermez la valise, vous pouvez partir". Encore aujourd'hui, je suis persuadé que ce policier de la préfecture de police de Paris avait compris.

M. ET MME WOEHRLÉ EN 1975.

COLL. PART.

» J'ai véritablement eu peur à trois reprises. La première fois, en mars 1944, quand deux Allemands, casqués et armés, sont venus au café Woehrlé. Me trouvant dans la cuisine, j'ai immédiatement pris la fuite. En réalité, il s'agissait de deux Alsaciens incorporés de force qui amenaient du courrier d'Alsace destiné à madame Woehrlé comme je l'ai appris plus tard. Les Allemands, en raison des attentats, devaient marcher par deux, casqués et armés. La deuxième fois, le 18 mai 1944, en apprenant l'arrestation de deux camarades et de plusieurs autres, j'ai cru que mon heure était arrivée, mais aucun d'eux n'a parlé. La troisième fois, le 9 juillet 1944, lors d'un contact qui devait avoir lieu place Voltaire à Lyon. A l'heure dite, j'ai aperçu un "monsieur" portant un imperméable gris avec double empiècement autour du col : ce ne pouvait être qu'un policier allemand en civil. Je lui ai échappé en pénétrant dans un magasin. De cet endroit, j'ai aperçu d'autres "messieurs" non loin.

SOIXANTE MISSIONS À PARIS EN SEPT MOIS

Au café Woehrlé, dans le petit local attenant à la cuisine, se trouvait le stock sans cesse renouvelé de postes émetteurs-récepteurs, accus, armes et documents divers. Les allées et venues, mais également la venue de soldats portant l'uniforme feldgrau, éveillaient l'attention des voisins et des clients, mais les tenanciers arrivaient toujours à endormir leur méfiance. Peut-on s'imaginer dans une même salle de café des résistants de réseaux de résistance au milieu de soldats allemands ?! »

Henry Weilbacher

La Mort d'un réfractaire

HENRI WEILBACHER

LUCIEN BRAUN

Un monument devant l'église de Waldersbach – où, en son temps, officia le pasteur Oberlin – rappelle le courage et l'idéal d'un patriote du Ban de la Roche dont le parcours est emblématique de bien d'autres destins de jeunes Alsaciens pendant la guerre. Déconcertante année 1944 où se sont succédé arrestations, condamnations et exécutions hâtives précédant de peu la Libération.

Henri Weilbacher est né à Waldersbach le 13 juillet 1917. Il y fréquenta l'école du village et y reçut une solide éducation. Arrivé à l'âge où il faut entreprendre des études, il vint à Strasbourg où, au lycée Fustel d'abord, à la faculté de droit ensuite, il fit brillamment ses classes. Mais la guerre survint. Ayant avec succès réussi sa préparation militaire, il s'engagea sans hésiter. Pour servir ! C'est le 158e régiment d'infanterie (régiment de Lorette) qui l'accueillit – et ce sont les anciens de ce régiment qui, le 28 octobre 1945, lui ont élevé le monument du souvenir évoqué plus haut.

En 1940, Henri Weilbacher se battit courageusement, en Belgique, puis en France ; pris dans la poche de Dunkerque, il gagna Londres, en revint quelques jours après par Brest pour continuer la lutte. Mais bientôt c'est l'armistice et la démobilisation. Et le choix pour cet Alsacien de vingt-trois ans : rester en France, ou rentrer en Alsace occupée. Henri Weilbacher, très affecté par la défaite, choisit de ne pas rentrer, et, avec quelques officiers de ses amis, de continuer, sous d'autres formes, la lutte contre l'occupant. Cette idée prit d'autant plus facilement corps en son esprit qu'il se trouvait en zone encore libre où la vie, malgré les restrictions, permettait encore de faire des projets.

Mais d'abord, pour subsister, il fallait gagner sa vie. Henri Weilbacher prend un emploi dans la région de Montluçon comme traducteur dans un service administratif. C'est là aussi qu'il rencontre Marinette, une jeune Corrézienne qui travaille dans le même service. Ils font des projets, puis se marient en décembre 1941. La perspective de ce mariage avait poussé Henri à rechercher un meilleur emploi lui assurant les ressources susceptibles de nourrir une famille ; à cette fin il passe le concours de commissaire de police, le réussit et, dans la foulée, demande à être affecté à Clermont-Ferrand.

Pourquoi Clermont-Ferrand ? Une motivation double l'y incita. A Clermont s'était maintenue, après l'armistice et en dépit de toute logique, à la manière d'une exterritorialité symbolique, l'université française de Strasbourg. Henri savait qu'il pouvait y retrouver des camarades qu'il avait connus à Strasbourg. Mais une autre raison lui fit désirer être affecté dans la capitale auvergnate : c'est à Clermont, en effet, que des officiers avaient réussi à mettre sur pied une section de l'Organisation de résistance de l'armée (ORA). Cela aussi attirait ce jeune officier qui, lors de la démobilisation, se sentit mal dans le costume civil qu'on lui remit.

L'engagement d'Henri Weilbacher dans l'ORA ne fut donc pas l'effet du hasard : c'est consciemment, et dans la continuité même de l'esprit familial, qu'il fit ce choix. Son grand-père, survivant du 9e cuirassier à Reichshoffen, avait été emmené comme prisonnier à Koenigsberg. Après sa libération, il opta pour la France et, au lieu de rentrer en Alsace, rejoignit son régiment. Etonnante préfiguration ! Son père aussi, en 1914, avait refusé de servir dans l'armée allemande. C'est donc sur fond de l'idéal patriotique d'une famille qu'Henri entra, activement, dans la Résistance.

Nommé chef de cabinet de l'intendant de police à Clermont-Ferrand, Henri Weilbacher occupe un poste stratégique pour tout ce qui relève de la collecte de renseignements, d'une part, et de la possibilité de rendre service à des patriotes ou des réfugiés, d'autre part. Comme Henri Weilbacher ne fait jamais rien à moitié, ses journées sont très remplies. Pour le travail de renseignement, il est en relation étroite avec le colonel Boutet, chef du 2e bureau, responsable régional de l'ORA, et avec l'Intelligence Service anglais dont le siège se trouve à Royat. Sa connaissance de l'allemand et de l'anglais lui est de plus d'une aide appréciable, la police étant en relation suivie avec les services de l'armée d'occupation.

Il s'agissait, en effet, de renseigner Londres sur les mouvements des troupes allemandes – la zone libre ayant été occupée dès le 11 novembre 1942 –, sur leur importance, sur leur localisation... Le bombardement de l'aéroport d'Aulnat (dont les plans avaient pu être communiqués aux Alliés) fut, entre autres, un effet de cet office de renseignements. Pour Henri Weilbacher, le premier devoir de la Résistance n'était pas de faire avant tout des attentats qui immanquablement appellent des représailles et entraînent des arrestations arbitraires, mais de renseigner les Alliés sur des objectifs militaires : des cibles, des localisations de troupes, des transports de munitions, etc., c'est-à-dire de fournir à la puissance militaire alliée une possibilité accrue de faire la guerre – puisque l'enjeu était de gagner la guerre.

Entre-temps était né, au foyer Weilbacher, un garçon prénommé Jeannot ; et l'été 1943, Marinette Weilbacher se sait enceinte d'un deuxième enfant. Le couple est heureux. Mais Henri est de plus en plus occupé et préoccupé : la Résistance est une affaire de tout instant. Pour lui et pour ses amis, les tâches devenaient de jour en jour plus absorbantes ; car, outre le renseignement, il fallait dans la mesure du possible aider ceux qui se trouvaient en difficulté. Et ce sont peut-être ces « interventions » en faveur de camarades auprès des autorités allemandes (qu'ils côtoyaient quotidiennement) qui ont levé les premiers soupçons. Toujours est-il que Henri Weilbacher a ainsi plaidé, auprès du major Krassmann, la cause d'un ami inquiété.

Le voici convoqué, le 1er octobre, chez ce même Krassmann. Il s'y rend comme à son habitude. En entrant dans le bureau du major, des hommes embusqués derrière la porte jettent sur lui une couverture, le maîtrisent, l'entraînent dans une voiture ; et l'emmènent à Vichy.

A Vichy il sera jeté, enchaîné (des mains et des pieds !), dans une cave humide. Le même sort attend d'ailleurs son compatriote François Marzolf, étudiant en droit, de quelques années son cadet, arrêté peu de jours avant lui, et, comme lui, membre de l'ORA. Naturellement, ni Mme Weilbacher ni la fiancée de Marzolf ne savent où ont été transférés les deux hommes.

Les deux Alsaciens sont interrogés par Geissler, chef de la Gestapo à Vichy. Henri Weilbacher intercède pour Marzolf et cherche à l'innocenter. Geissler lui promet que « Marzolf ne sera pas fusillé ». Leur abominable condition prend fin le 2 décembre : les deux prévenus sont transférés à la prison du « 92 » à Clermont-Ferrand où les conditions de détention sont – comparativement – moins atroces que dans la cave de Vichy.

Nous avons de ce séjour une relation précise et détaillée faite par une des codétenues de la prison du « 92 » : Mme de Hody, dont le mari, un magistrat de Strasbourg, également détenu, sera envoyé dans les camps et mourra en déportation. Nous apprenons par ce récit de plusieurs dizaines de pages comment étaient traités les prisonniers, quels subterfuges ils inventaient pour communiquer, de quels chefs d'accusation ils relevaient, comment ils étaient triés et expédiés dans des camps, ou jugés, condamnés et fusillés sur place. Henri Weilbacher fut très habile pour établir la communication avec d'autres prisonniers. On le surnomma Sherlock Holmes. C'est ainsi qu'il put entrer en relation avec M. et Mme de Hody, et qu'il fit la connaissance de Charles Hauter, doyen de la faculté de théologie pro-

LA PRISON DU « 92 » À CLERMONT-FERRAND.
DES CENTAINES D'ALSACIENS Y FURENT DÉTENUS
ET CERTAINS EXÉCUTÉS.

COLL. FRANCIS ROHMER

1944

testante, prisonnier depuis début octobre : une même foi fit se rencontrer le paroissien de Waldersbach et le pasteur Hauter.

Le souhait des prisonniers relevant du chef d'accusation de « résistance active » était de se voir désignés pour être déportés : ils échapperaient ainsi à la condamnation et à l'exécution immédiate. Il est probable – si on peut accorder quelque crédit à la parole d'un gestapiste – qu'Henri Weilbacher et François Marzolf auraient connu ce sort. Sans incident intempestif naturellement. Or, il se produisit, le 8 mars 1944 à Clermont-Ferrand, un attentat spectaculaire : trois grenades sont lancées, rue Montlosier, contre un détachement de soldats allemands, faisant un tué et quatre blessés graves. S'ensuivirent des rafles dans les cafés des environs, des incendies d'immeubles, des arrestations à domicile... (le professeur de droit Claude Thomas est arrêté et déporté : il mourra à Dora en décembre 1944). Les autorités allemandes donnèrent l'ordre à la justice militaire, qui siégeait à Lyon, de se transporter à Clermont et d'accélérer le jugement des dossiers en instance. Cette conséquence sera fatale pour les résistants de l'ORA. Egalement pour Alfred Klein, instituteur à Chamalières.

« LA VIE ÉTAIT BELLE, MAIS MOURIR NE ME FAIT PAS PEUR »

Le 15 mars, Henri Weilbacher passe devant le tribunal militaire allemand : il est condamné à mort. Il sera fusillé le 22 mars. L'aumônier militaire qui l'assista les deux heures qui précédèrent son exécution témoigne du courage du capitaine Weilbacher devant la mort. A 16 h, apprenant l'heure de son exécution (18 h), il écrit à sa femme « Dans deux heures je vais mourir pour la cause que j'ai embrassée. J'emporte dans la tombe ton amour intact, le seul que j'aie eu, le seul avec celui de mon Jeannot et de ce petit que nous aurions aimé. Tu leur diras qui je fus et quel était mon idéal... La vie était belle, certes, mais mourir ne me fait pas peur car je saurai le faire bravement. Tu diras au revoir à mes parents, à tous. »

Cette lettre parvint à la femme d'Henri Weilbacher le 28 mars, à Liginiac en Corrèze où elle s'était réfugiée chez ses parents.

Cette belle figure de patriote, d'un parcours exemplaire, honore non seulement le Ban de la Roche, mais l'Alsace entière. Elle s'inscrit dans l'ensemble des hauts faits et des sacrifices de cette troublante année 1944 – sacrifices d'autant plus douloureux qu'ils se situent à quatre mois de la libération de l'Auvergne. Le deuxième fils d'Henri Weilbacher naîtra, posthume, le 8 mai ; il sera appelé Henri. Il vit aujourd'hui en Auvergne.

Un destin analogue frappe François Marzolf, condamné par le même tribunal ; il sera fusillé le 10 mai 1944 en compagnie du colonel Boutet. Avant que d'être exécutés, tous deux avaient gravé sur le mur de leur cellule : *Heureux d'avoir servi la France*. Henri Weilbacher, de même, au dos d'une photo qui le représente, avait écrit, avant de mourir : *Pour la France et de bon cœur*. Quant à l'instituteur alsacien Alfred Klein, fusillé le 24 mars, il écrit à son directeur d'école à Chamalières :

« Je vais être fusillé à 6 h (18 h). Je voudrais que mon souvenir reste à l'école. Donnez le dernier adieu à mes élèves et dites-leur en mon nom de bien travailler pour devenir de bons Français. » Ainsi sont morts, dans l'honneur et avec courage, des Alsaciens dont l'idéal était avant tout de servir la France.

L'été 1944 connaît la libération de l'Auvergne. S'ensuit la liesse. Mais aussi le jugement des traîtres. Georges Mathieu, tristement connu de tous les étudiants et enseignants alsaciens pour sa complicité et son rôle actif dans la rafle de novembre 1943, est jugé, condamné. Il sera fusillé le 12 décembre 1944.

C'est ainsi que se termine l'année 1944. Certains ont déjà payé de leur vie leur amour de la patrie; d'autres sont encore dans les camps. La joie, la douleur, l'attente... tout se mêle en cette fin d'une année déconcertante.

Les Libérateurs alsaciens de Paris

JEAN HADEY

De nombreux Alsaciens ont participé aux combats de la Libération dans les différentes unités combattantes. Impossible de les citer tous, bien sûr[1]. Voici un témoignage, celui de Jean Hadey, Mulhousien, ancien de la 2e DB. Il évoque ses souvenirs de l'été 1944, du débarquement en Normandie à la libération de Paris.

Il y a un demi-siècle, de nombreux Alsaciens et Mosellans ont participé au débarquement, à la campagne de Normandie, à la libération de Paris dans les rangs des Forces françaises libres. Il faut signaler que de nombreux combattants servaient sous un nom d'emprunt, surtout les Alsaciens lorsqu'ils avaient laissé de la famille qui aurait pu être en butte à des représailles de la part des Allemands.

ROGER VIOLLET

25 AOÛT 1944 : UN HALF-TRACK DE LA 2e DB AVENUE MOZART À PARIS.

AUTOMITRAILLEUSES DU 1er RMSM DE LA 2e DB EN FORMATION APRÈS LEUR DÉBARQUEMENT EN NORMANDIE.

Avant de parler du débarquement de la 2e DB, n'oublions pas nos camarades alsaciens et mosellans SAS (les « paras de la France libre ») qui ont pris part aux durs combats de Saint-Marcel en Bretagne.

Charles Schweitzer, de Blotzheim, évadé d'Alsace fin 1940, s'est engagé dans le 2e RCP. Il est parachuté en Bretagne le 10 juin 1944 avec ses camarades Lucien Diebolt et Henri Lach de Mulhouse, Jean Perrin de Riedisheim, et Albert Frantz de Belfort. Blessé à Plumulec, il est soigné clandestinement par les sœurs augustines pendant deux semaines et caché par elles pendant une perquisition opérée par les SS. Jean Perrin, évadé par l'Espagne : après un séjour dans le sinistre camp de Miranda de Ebro, il réussit à joindre les FFL et avec le 2e RCP, participe aux combats. Sa citation à l'ordre de l'armée résume mieux que toutes les phrases son attitude courageuse : « Soldat très courageux parachuté en Bretagne, a pris une part très active au combat de Saint-Marcel le 18 juin 1944. Au cours de multiples rencontres avec les patrouilles allemandes, il montra de magnifiques qualités de combattant. » Avec six de ses camarades, il est surpris par l'ennemi à Treddion (Morbihan) le 14 juillet 1944 et brûlé vif dans la ferme de Kerlanvau où a été érigé un monument.

Retour en arrière. Mai 1944 : la division Leclerc s'installe dans l'East Yorkshire. Hull, Hornsea, Bridlington, Dalton Hall... La population lui réserve un accueil très chaleureux et les Français font connaissance avec le civisme anglais. Le 3 juillet, au

QG de Leclerc à Dalton Hall, se déroule, sous une pluie battante, une imposante prise d'armes qui rassemble toutes les unités de la 2e DB. Le général Koenig remet au général Leclerc le drapeau de la division. Nous recevons l'insigne : une France timbrée d'une croix de Lorraine. Grâce au général, l'union est ainsi réalisée entre les anciennes formations de la France libre et les unités de l'armée d'armistice. C'est avec des gens d'opinions parfois diamétralement opposées que Leclerc, appuyé par le général de Gaulle, a fait la 2e DB, et ce n'est pas le moindre de ses mérites. Nous attendons avec impatience notre jour J.

C'EST UNE INFIRMIÈRE ALSACIENNE QUI FAIT LES DEUX PREMIERS PRISONNIERS

C'est vers le 20 juillet que la DB se met en mouvement vers le sud dans le secteur de Bournemouth, station balnéaire et port sur la Manche. Nous nous installons dans un camp secret, le D 110, et sommes coupés du monde extérieur pendant une semaine. Bien cachés mais confortablement logés. C'est l'impressionnante organisation américaine. Les chars et véhicules sont parfaitement dissimulés par d'immenses filets de camouflage. Repos, plus de corvées, bonne nourriture. Nous fignolons les derniers préparatifs. Enfin, le 31 juillet, par mauvais temps, on nous dirige vers une plage encombrée d'une multitude d'engins. AM, chars TD (Tank Destroyers, munis d'un canon de 76,2). Nous apercevons de nombreux ballons captifs fixés sur des navires par des filins pour contrer d'éventuelles attaques en piqués des stukas. L'atmosphère est tendue car nous savons que nous aurons à affronter le lendemain de sérieux dangers.

Dans la nuit du 31 juillet au 1er août, l'énorme armada se dirige vers les côtes françaises. Nous débarquons près de Sainte-Mère-l'Eglise, très émus de fouler le sol de France, dans un immense port artificiel construit à partir de nombreux navires coulés. Les colonnes démarrent et découvrent un paysage désolé : des ruines, des carcasses de véhicules et des cadavres d'animaux gonflés, les pattes en l'air. Parfois des corps humains. Une odeur pénétrante, atroce. La poussière colle à la peau. Nous apprenons que l'ennemi tente de contre-attaquer dans la région de Mortain pour couper de ses bases l'armée Patton, à laquelle nous appartenons. La nuit du 7 août, nous subissons un intense bombardement de la Luftwaffe qui, jusqu'à présent, ne s'était guère manifestée. Heu-reusement, pas trop de dégâts. Nos vaillantes Rochambelles (ambulancières) s'affairent autour des blessés. Mes amis alsaciens du 1er RMSM (les spahis au calot rouge, régiment de reconnaissan-ce de la 2e DB), Raymond Biersohn et Marc Staechelin de Mulhouse, Laurent Schmitt, Pierre Spielmann et Pierre Troester de Colmar sortent indemnes de ce premier baptême du feu en terre française. Nous sommes

UN GROUPE D'ALSACIENS DU 5e ESC., 1er RMSM.

COLL. PART.

AUTOS BLINDÉES DE LA DIVISION LECLERC À PARIS. ND-VIOLLET

toujours en alerte car des soldats isolés de la Wehrmacht rodent dans les parages. Le terrain en Normandie est dangereusement miné et les premiers morts à déplorer sont ceux qui s'aventurent sur ces terres.

Le 10 août, après un vaste mouvement tournant, souvent ralenti par de vastes embouteillages, nous atteignons Le Mans, libéré par les Américains. Alençon est délivré par notre DB. Nous approchons de la zone des combats située essentiellement dans la forêt d'Ecouves au milieu du triangle Alençon-Carrouges-Sees. Plusieurs chars du 12ᵉ RCA sont détruits par la PAK (antichars allemand, Panzer Abwehr Geschütz). Arthur Kaiser de Mulhouse s'en sort indemne. Nous croisons les premiers GMC remplis de prisonniers allemands. Je rencontre parfois la Jeep *Mata Hari* de notre ami

de Colmar, le capitaine Alfred Betz, avocat, interprète du général Leclerc. Il interroge les officiers allemands.

Il y a une vingtaine d'années, madame Suzanne Massu, l'illustre chef des Rochambelles, m'a raconté une histoire extraordinaire. Edith, une ambulancière alsacienne, s'est égarée dans la zone des combats de Normandie. Elle s'arrête et se renseigne dans un village. Des Allemands jaillissent brusquement de toutes parts et un officier tire sur l'ambulance. Edith saute du véhicule, arrache son casque et l'homme, surpris, s'écrie : « Eine Frau ! » Notre Alsacienne le prend de très haut et proteste contre ce mitraillage en invoquant la convention de Genève. On l'emmène au PC. Elle exige d'être relâchée et reçoit satisfaction, et même une garde de deux

JEAN HADEY DANS LES COMBATS AUTOUR DE LA CHAMBRE DES DÉPUTÉS.

soldats, un sur chaque marche-pied, pour éviter d'être à nouveau canardée. Les deux soldats sont Autrichiens. En cours de route, Edith arrive à les convaincre de se rendre... « Der Krieg ist fertig » (la guerre est terminée). Elle ralliera peu après les spahis, ramenant fièrement les deux premiers prisonniers du groupe Rochambeau.

Tanville, le 11 août. L'aspirant Marcel Christen, d'Illkirch-Graffenstaden, 3e Cie du 501 RCC, déborde avec son peloton la forêt d'Ecouves. Face à lui les Panzerdivisionen « Leibstandarte » et la SS « Hitlerjugend » qui franchissent de justesse le goulot de Trun. Cette forêt est un véritable coupe-gorge de mille six cents hectares. Des sentiers rectilignes et des carrefours à angle droit sont guettés par les PAK dissimulés. Sur son char, le *Hartmannswillerkopf*, Marcel Christen fonce sur la N 88 vers l'ouest. D'autres « Alsacos » du 501 participent à ces combats : André Ringenbach de Kruth, René Robert de Colmar, Hoerdt de Ribeauvillé, les frères Imhoff de Mulhouse, Bierlein de Strasbourg, mon cousin Claude Hadey de Mulhouse et bien d'autres, tous évadés par l'Espagne ou l'AFN. La 9e Cie du RMT (régiment de marche du Tchad), la « Nueve », formée essentiellement de rudes volontaires espagnols républicains, est garée sur les bas-côtés. Les combats sont acharnés. Au bout de quatre heures l'ennemi se replie, laissant une colonne allemande de la 116e Panzer anéantie. Rude journée...

Non loin de là, le 3e RMT est en action. Le half-track de Marcel Habermacher, d'Osenbach, et de son ami mosellan Klein patrouillent dans cette forêt d'Ecouves. Klein est grièvement blessé. Le Lorrain Reb et le sergent Beck de Mulhouse poursuivent leur avance. Les pertes sont sévères. A Paris ils ne seront que quinze survivants sur quarante. Les engagés de la capitale combleront les vides avant d'entamer l'avance vers l'est. Abel Pierre de Fellering et son ami Falk des commandos des FTA ainsi qu'Henri Schick (alias Dablanc, de Guebwiller) du 12e Cuir participent à ces opérations.

Pendant ces combats de Normandie, une aventure extraordinaire se déroule dans le secteur de Caen. Un Mosellan (appelons-le Muller, car sa famille tient à garder l'anonymat), enrôlé de force dans la Wehrmacht, s'était évadé de Russie et, après de nombreuses aventures, avait réussi à s'engager dans une formation alliée participant au débarquement. Aux environs de Caen, il tombe dans une embuscade, est fait prisonnier... par son ancienne unité allemande, rappelée d'urgence à l'ouest. Il est immédiatement reconnu, jugé aussitôt et condamné à être fusillé. L'exécution est prévue pour le lendemain à l'aube. En attendant on l'enferme dans une cave. Durant la nuit, les combats font rage. Au matin, la porte de sa cellule vole en éclats... et c'est un Canadien qui surgit et le délivre ! Il retrouve ses compagnons qui ne le reconnaissent pas tout de suite : ses cheveux étaient devenus blancs au cours de cette nuit terrible...

21 août. Eisenhower a pris sa décision. Paris sera libéré par les Français. Ce geste est sans doute dû aux pressions exercées par Churchill et le général de Gaulle. C'est une marque de courtoisie. Il faut faire vite. Le QG allié est informé par la Résistance des ordres impitoyables d'Hitler. Paris risque d'être détruit dans les prochaines heures si nos troupes n'y entrent pas immédiatement. C'est la nouvelle du grand départ et les différents groupements tactiques se mettent rapidement en route, très rapidement même, car nous apprenons que Paris se soulève. Il nous reste deux cent cinquante kilomètres à parcourir. Le téléphone fonctionne encore d'un village à l'autre et notre avant-garde se heurte souvent à un barrage humain. « Ce sont les Américains !.. » « Mais non, ce sont des Français. » « Vive de Gaulle ! » Les drapeaux claquent au vent. Les bouteilles de calvados circulent de main en main. Qui arrivera le premier dans la capitale ? C'est le détachement Dronne. Détachement précurseur envoyé par Leclerc qui, en contournant les barrages, se fraie un passage et atteindra le premier l'Hôtel de Ville.

Mais revenons aux gars de chez nous dans ces différentes opérations. Laissons la parole à Marcel Christen, qui raconte les combats de Fresnes :

> Le 24 août, je me trouvais avec ma section sous les ordres du capitaine Dupont, commandant la 11e Cie du 3e RMT. Nous avions progressé au sud de la région parisienne dans le sillage d'éléments de reconnaissance. En fin de matinée nous avons été stoppés à l'approche de Fresnes en raison d'une résistance autour de la prison, bien connue à l'époque.
> En début d'après midi, un des chars de la compagnie appartenant à un autre détachement était détruit par un puissant canon de 88 antichars défendant l'entrée de la prison. Ce canon, nous ne pouvions pas le voir, car il était légèrement en retrait par rapport à notre axe de progression. Nous avions été prévenus de sa présence par les fantassins du capitaine Dupont. Mon char de tête, le *Grand Couronné*, progressait lentement vers le carrefour où se trouvait le canon de 88, appuyé par mon char, le *Hartmannswillerkopf*, et par le *N.D. de Lorette*. Coup sur coup le premier char, conduit par Georges Imhoff de Mulhouse, reçoit sur l'avant-droit deux obus antichars, qui le font vaciller. Voyant que les choses n'avançaient pas, je demande à mon tireur de tirer au travers d'une baraque en brique qui masquait le 88 et qui bloquait toute tentative d'approche. Compte tenu que les chars n'avançaient plus, je commandais ma section à la voix et je suis allé rejoindre à pied le capitaine Dupont, qui se trouvait non loin du carrefour, afin de faire le point et de prendre une décision. De la main je fais signe à mon tireur d'exécuter son tir. Quelques secondes après, il transperce la baraque et fait sauter le tracteur du 88 qui était bourré de munitions. A côté de moi, le capitaine Dupont s'effondre, mortel-

LE CHAR « HARTMANNSWILLERKOPF » RANGÉ FAUBOURG ST-HONORÉ, 25 AOÛT 1944.

lement blessé. Il semble que les servants du 88 aient subi le même sort, le canon lui-même est endommagé et réduit au silence. L'opération de Fresnes est terminée, d'autres unités pénètrent dans la prison et libèrent les prisonniers...

Une mission exceptionnelle nous échoit. Le 24 août, mon peloton du 5e esc. du 1er RMSM reprend contact avec l'ennemi sur la N 20 à la sortie de Longjumeau. A ce moment nous apprenons que nous devons nous rendre immédiatement avec les lieutenants Matucek et Willing au château de Rambouillet pour accompagner et protéger la voiture du général de Gaulle dans sa marche sur Paris. Le général Juin nous donne les instructions et nous confirme que nous sommes responsables de la sécurité du chef de la France libre. Je suis dans l'auto-mitrailleuse de tête. Suivent la traction avant du général, et tout le convoi, une dizaine de voitures et d'engins.

Nous roulons à 50 miles toutes sirènes hurlantes, et doublons des convois. Sur son obusier, Biersohn (alias Perrin) a du mal à suivre et tombe en panne. Une foule énorme nous acclame. Des filles habillées en bleu, blanc, rouge agitent des drapeaux. Moins de monde dans l'avenue du Maine car il y a quelques tireurs embusqués. Gare Montparnasse : c'est là que le général de Gaulle prend connaissance de l'acte de reddition signé par le général von Choltitz, commandant le « Gross Paris ». Alfred Betz, interprète du général Leclerc et son proche collaborateur, est présent. De Gaulle donne l'accolade à Leclerc. Notre convoi repart à fond de train vers le ministère de la Guerre. A proximité du square Mithouard, nous sommes accueillis par des rafales d'armes automatiques. Nous ripostons. Certains s'énervent. Le chauffeur Riboux s'affaisse. Une balle vient de lui traverser la gorge. Le général de Gaulle descend de sa voiture et allume une cigarette. Il est droit comme un I et refuse de monter dans notre blindé pour se protéger. Il est à deux mètres de moi et je l'entends : « Ça suffit... en voiture ! » A 17 h, nous atteignons l'hôtel de Brienne, rue Saint-Dominique. De Gaulle retrouve le bureau qu'il a quitté en juin 1940.

Juin donne quelques instructions : assurer la sécurité du ministère de la Guerre et des environs. Nous nous engageons dans la rue de Bourgogne et le combat commence contre le Stützpunkt, Chambre des Députés. Je descends du véhicule. Seuls restent les tireurs et les chauffeurs. Les balles sifflent et je me protège devant l'entrée d'un salon de coiffure. Notre AM réduit au silence un des deux bunkers et avec un obus de 37 le poste de la Flak (DCA) sur le toit du palais Bourbon. La place est dégagée. Drapeaux blancs puis reddition. Plusieurs centaines de prisonniers. C'est la fin de ce point d'appui allemand.

« ÇA SUFFIT, EN VOITURE ! » DIT LE GÉNÉRAL DE GAULLE SOUS LES BALLES

Nous faisons une halte dans l'entrée d'une belle maison bourgeoise située place de Bourgogne. Un magnifique valet en livrée nous sert à boire et invite de la part de son patron les officiers à dîner. Ils y sont allés sans savoir que leur hôte était le gendre de Laval!

Pendant ce temps-là, notre ami Christen, plein d'allant, obtient par des tirs précis et des manœuvres intelligentes la destruction de plusieurs noyaux fortifiés ennemis. Laissant son char en surveillance, il descend avec son conducteur, revolver au poing, dans l'hôtel Continental, fait cent cinquante prisonniers, dont plusieurs officiers supérieurs, et délivre quatre officiers américains des mains de l'ennemi.

HENRI SCHICK, DE GUEBWILLER, SUR SON CHAR DE LA 2e DB.

Nos voitures sont dangereusement étouffées par la marée humaine. Chants, cris, embrassades et bousculades. Malheureusement, on assiste parfois à des scènes pénibles et révoltantes. Des femmes tondues défilent à moitié nues. Une fille dévêtue, le crâne rasé, des croix gammées peintes sur les seins, encadrée par des FFI, passe devant nous. « Elle a couché avec les boches ! » Le général Leclerc intervient lui-même à plusieurs reprises pour faire cesser ces vengeances populacières. La plupart des nôtres se sont toujours opposés à ce genre de règlements de compte, quitte à nous faire traiter nous-même de « boches »...

1944

DE GAULLE, LECLERC ET KOENIG.

Mon cousin Claude Hadey, radio chargeur sur le *Bautzen* de la 2/501 après Longjumeau et le combat de la Croix de Berny où son char a été endommagé et réparé assez rapidement, débouche quai Montebello, en face de Notre-Dame. Les cloches sonnent à toutes volées. Objectif : le jardin du Luxembourg, point d'appui solide défendu par des SS. Un Panzer se déplace et est « servi » immédiatement à l'explosif. Le fortin qui défend le parc est secoué. Le tir s'arrête... Tout à coup le chef de char Journet s'affaisse, le sang ruisselle sur son visage. On parvient à le hisser hors du char et une Jeep l'emporte, allongé sur le capot. Tout se calme progressivement. Claude saute dans un café proche et parvient à joindre au téléphone ses parents, Mulhousiens réfugiés à Clichy. Non sans mal ils arrivent à retrouver leur fils après trois années d'absence.

Au mont Valérien, libéré par le peloton Kochanowski, notre camarade Laurent Schmitt de Colmar est blessé sérieusement au visage. Il nous rejoindra en Alsace.

Quelques mois avant sa mort, un ami d'Alfred Betz, Roger Riff de Strasbourg, du RMT, également avocat, m'a donné des précisions sur des points importants au sujet desquels bien souvent des erreurs sont dites et répétées. Ainsi l'on commet parfois une erreur quant au lieu où le général Leclerc a reçu la reddition du général von Choltitz, qui commandait les forces allemandes du « Gross Paris ». Après avoir été fait prisonnier à son QG à l'hôtel Meurice, rue de Rivoli, von Choltitz est conduit à la préfecture de police où le général Leclerc l'attend. C'est dans la salle de billard de la préfecture que la convention est signée. Pourtant, ici et là, on entend dire que cela s'est passé à la gare Montparnasse (une plaque apposée sur la façade de cette gare commémore d'ailleurs l'événement). La confusion provient du fait que le PC de Leclerc était installé à la gare Montparnasse et c'est là que von Choltitz a été conduit après qu'il eut signé à la préfecture de police l'acte de reddition. A la gare on a simplement, hors de la présence de Leclerc, fait signer à von Choltitz les exemplaires d'un ordre de cesser le combat destiné aux unités sous son commandement. A la préfecture de police, il n'y a pas de photographe pour fixer sur la pellicule la scène historique de la reddition. On répare cette omission en faisant venir un photographe gare Montparnasse, photo célèbre où l'on voit von Choltitz signer un papier sous l'œil de notre ami Betz. C'est cette photo que l'on publie partout comme photo de la reddition. C'est un pieux mensonge... D'ailleurs, sur cette photo, le général allemand ne signe pas un des exemplaires de l'ordre de cesser le feu destiné à ses unités, mais

COLL. PART.

ROGER RIFF, STRASBOURGEOIS, RENCONTRE UNE PETITE ALSACIENNE EN COSTUME LORS DU DÉFILÉ DU 26 AOÛT.

un papier de caractère personnel. En quittant l'hôtel Meurice, von Choltitz avait pris la précaution de mettre sa brosse à dents, un morceau de savon et un peu de linge dans une valise qu'il avait confiée à son ordonnance, qui en principe devait l'accompagner en captivité. Von Choltitz prie ainsi Betz de faire rechercher son ordonnance et sa valise parmi les milliers de prisonniers allemands. Betz promet de faire le nécessaire et le général allemand écrit un mot à l'intention de son ordonnance pour qu'il remette la valise. C'est ce papier de première importance que von Choltitz signe, sous l'œil de Betz, quand la photo historique a été prise. Quant à la suite de la requête, je dirais que l'on a peut-être retrouvé l'ordonnance, mais connaissant les « gars de Leclerc », il est certain qu'il n'avait plus la valise du général...

C'est notre ami Betz qui a servi d'interprète à Leclerc lors de la signature de la convention de reddition. Le texte lui-même n'a pas été rédigé par Betz mais par le colonel de Guillebon, chef d'état-major de la 2e DB, considéré comme spécialiste en la matière depuis qu'il avait rédigé la convention de la capitulation des Italiens à Koufra. C'était un militaire et non un juriste. On y relève des points amusants. Pour commencer, celui qui a tapé la convention a mal orthographié « von Chottitz » et personne ne l'a remarqué, à commencer par von Choltitz lui-même. Pourtant il avait relu le texte avant de signer car il a fait apporter des modifications. Il est vrai, au dire des témoins, qu'il était fort ému et suait à grosses gouttes. Cardiaque, il dut même prendre un cachet, ce qui causa une grosse émotion à Betz, qui croyait qu'il allait se suicider. Von Choltitz le rassura par ces mots : « Keine Angst, junger Mann, bei uns macht man das nicht... » (n'ayez pas peur, jeune homme, chez nous cela ne se fait pas). Au moment de signer la convention, Leclerc s'aperçut qu'il n'avait pas de stylo. Betz lui prêta obligeamment le sien. C'est maintenant une des plus belles pièces de sa collection de souvenirs de la 2e DB. Betz a terminé la guerre à Berchtesgaden et en a ramené quelques « souvenirs », notamment des pages de la partition originale de *La Veuve joyeuse* de Franz Lehar, avec la dédicace : « meinem heissgeliebten Führer » (à mon adoré Führer)...

Avant sa mort, notre ami Riff m'avait confié quelques récits de sa campagne. Dans sa compagnie du RMT, il cite quelques noms de combattants alsaciens.

Le sous-lieutenant Jung, de Strasbourg. Evadé par l'Espagne, il s'engage à la 2e DB au Maroc et est affecté au 2e RMT. Devant Argentan il est chargé de faire un coup de main derrière les lignes allemandes pour couper la route à des chars ennemis. Pris à partie par un ennemi très supérieur en nombre, encerclé, quoique lui-même blessé, il réussit à se dégager et à ramener sa section. La croix de guerre avec palme sera sa récompense et il aura la joie de revoir sa jeune femme qu'il avait laissée en France et qui le rejoint à l'hôpital où il est soigné. Sans vouloir achever sa permission de convalescence, avant même d'être complètement guéri, Jung rejoint son bataillon en Lorraine. Sa colonne qui converge vers la capitale alsacienne est la première devant la ville. Mais à ce moment, les forts, solidement tenus par les Allemands, se mettent à tirer et Jung s'écroule, frappé en plein front. Trois cents mètres plus loin, il aurait aperçu la cathédrale.

Le lieutenant Paul Bâtiment, originaire de Strasbourg, s'évade en 1940 sur un bateau partant de Saint-Jean-de-Luz. Il s'engage aux FFL et après son instruction à Camberley rejoint le Tchad, participe aux combats de Normandie et de Paris. Après Baccarat il est mortellement atteint. Le général de Gaulle lui a décerné à titre posthume la distinction la plus rare de la croix de la Libération.

Le capitaine Eggenspieler, de la compagnie d'accompagnement du 2e RMT, officier remarquable, compagon de la Libération, a été blessé grièvement devant Strasbourg à l'endroit où Jung laissa la vie. Il en réchappa pour finalement mourir en Indochine dans un accident d'aviation.

Le sous-officier Walzer et Hipp, chauffeurs de Massu, participent à tous les combats du RMT.

Le lendemain de la reddition, c'est le grand défilé devant des foules de Parisiens libérés. Le commandant américain était très inquiet, opposé même à ce défilé, une trop belle cible et un grand danger, d'autant qu'une contre-attaque allemande était en préparation dans le nord de la capitale. Le général de Gaulle passe outre. Des précautions sont prises en conséquence. Dans ses Mémoires, le général écrit en parlant de cette explosion de joie populaire : « Si loin que porte ma vue, ce n'est qu'une houle vivante, dans le soleil, sous le tricolore... »

LA REDDITION DU GÉNÉRAL VON CHOLTITZ SOUS LE REGARD DU CAPITAINE ALFRED BETZ, COLMARIEN, INTERPRÈTE DE LECLERC.

Paris 25.8.1944

BEFEHL

Der Wiederstand in dem Stuetzpunktbereich und Stuetzpunkte n ist sofort einzustellen.

v. Choltitz

v.CHOLTITZ,Gen. der Infanterie

Le lendemain, après un sévère bombardement nocturne de la Luftwaffe, c'est la triste affaire du Bourget dont on n'a jamais beaucoup parlé. A la sortie nord de Paris, il n'y a plus de drapeaux. Une contre-offensive allemande menace la capitale. Des civils nous crient : « Attention aux chars allemands, ils ne sont pas loin ! » Ma patrouille de tête poursuit sa progression dans l'avenue des Flandres à fond de train, en zigzaguant. A la hauteur de l'aérodrome notre chef Claudepierre est blessé et nous nous rangeons à l'abri d'un grand immeuble. La voiture de notre ami Attas, jeune étudiant juif évadé par l'Espagne, nous remplace et deux cents mètres plus loin, à la patte d'oie de Gonesse, est touchée par un Ofenrohr, bazooka allemand. Tous tués. Les parents du pauvre Attas, internés à Drancy, libérés le même jour, assisteront à l'enterrement de leur fils... Les durs combats se poursuivent toute la nuit. Le matin nous sommes remplacés par la 28e division.

Mais ce n'est pas terminé. Il faut tenir le serment de Koufra. En route, direction Strasbourg...

NOTE

1. Pour des renseignements complémentaires sur les Alsaciens et Mosellans dans la France libre, on consultera notamment avec intérêt le livre *Ils ont rejoint de Gaulle*, témoignages recueillis par Jean HADEY, Ed. La Nuée Bleue, Strasbourg, 1990. Des dizaines d'autres ouvrages, livres d'historiens ou souvenirs de soldats, sont disponibles sur cette glorieuse page de la Libération.

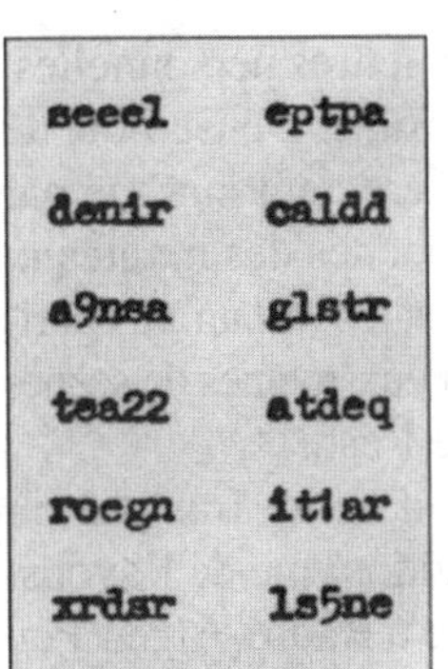

Paul Rebstock à la BBC

Un Alsacien parle aux Alsaciens

ALFRED WAHL

L'itinéraire de Paul Rebstock aurait été celui d'un résistant ordinaire s'il n'avait pas eu pour mission de s'adresser à ses concitoyens par l'intermédiaire de la BBC.

Après la défaite de 1940, ce Strasbourgeois de trente-six ans se retrouva démobilisé en zone libre. Il entra en août comme employé à la nouvelle préfecture de Montluçon dans l'Allier. Dès décembre, la politique raciale de Vichy le contraignit à quitter son poste. Le préfet lui trouva un emploi au siège social de Dunlop replié à Montluçon.

C'est là que Paul Rebstock noua les premiers contacts avec une Résistance encore balbutiante. Ayant été affecté dans les services spéciaux lors de son service militaire, il fut bien vite contacté par des agents du réseau Kléber en cours de création et rattaché ultérieurement au réseau Marco Polo. En s'appuyant sur divers informateurs, il contribua à la centralisation des renseignements sur les activités industrielles d'une grande région allant jusqu'à Lyon.

L'invasion de la zone sud incita Paul Rebstock à fuir. Il traversa les Pyrénées, arriva à Barcelone début décembre 1942. Pris par la police espagnole, il se fit passer pour un ingénieur américain contraint de quitter la France. Il devint ainsi Herbert Wilson. Ce qui ne l'empêcha pas de connaître les prisons de Saragosse, Irun et enfin le fameux camp de Miranda. Libéré le 5 mai 1943, il se rendit à la mission française à Gibraltar et choisit de gagner Londres plutôt que l'Afrique du nord. Arrivé à Londres le 7 juin 1943, il subit les classiques et très poussés interrogatoires de l'Intelligence Service, puis ceux du BCRA et de divers autres services chargés de détecter les agents de Vichy ou de Berlin. Il n'a pas connu, comme d'autres, les tentatives de débauchage des Britanniques qui cherchaient à prendre à leur service les éléments qui leur paraissaient les plus intéressants.

Fin juillet 1943, devenu Paul Martin, puis Paul Michel, le nouveau Français de Londres fut affecté aux archives et courriers de la section du renseignement du BCRA, sous section R4, avec le grade d'adjudant et comme adjoint au chef de bureau.

Dès lors, l'essentiel de l'activité de Paul Michel consiste à se rendre sur les petits aérodromes de Londres pour y accueillir la masse de documents divers apportés de

PAUL REBSTOCK
PENDANT LA GUERRE.

France par les petits Lysander : rapports, lettres personnelles, extraits de presse, etc. Ensuite, il fallait traiter l'ensemble de cette récolte. Paul Michel a été particulièrement marqué par certains documents subtilisés dans les poches des manteaux d'officiers allemands fréquentant les bars et les restaurants parisiens : des photos manifestement prises par eux-mêmes de scènes de pendaison, de tortures sur le front de l'est.

A la BBC, il y avait déjà le « quart d'heure français du soir », assuré par Jacques d'Alsace, pseudonyme de l'avocat colmarien Jacques Kalb. Il parla ensuite à Radio-Alger. Peu après l'affectation de Paul Michel, les Britanniques s'adressèrent au BCRA en vue d'obtenir les services d'un agent parlant l'alsacien. Il s'agissait d'adresser des messages à la population annexée de fait pour contrebalancer la propagande nazie et préparer le terrain pour l'arrivée des Alliés. Aussitôt désigné, Paul Michel fut soumis à un essai qui s'avéra concluant. Il obtint donc une émission bihebdomadaire à la BBC, intitulée « Un officier strasbourgeois vous parle en dialecte ». Il parla deux fois par semaine, mardi et vendredi, durant trois minutes et demie, entre 18 h 30 et 18 h 45. Familier dès lors des locaux de la BBC, il reçut le surnom de « The little Alsatian » en raison de sa petite taille. Il remplit cette fonction parallèlement à la première jusqu'au moment du débarquement.

Le BCRA disposait d'une importante documentation sur la situation en Alsace et sur celle des Alsaciens vivant en France occupée. Paul Michel pouvait y puiser pour choisir le thème de ses interventions. La propagande allemande en Alsace ne lui était pas inconnue puisqu'il avait la possibilité de lire des *Strassburger Neueste Nachrichten* parvenues à Londres via la Suisse. Il fallait faire échouer cette propagande et mettre fin à l'attentisme en révélant la situation réelle de la guerre, en dénonçant les traîtres déjà démasqués, etc.

CERCLE DE LA MAISON DE FRANCE

CERCLE DE LA MAISON DE FRANCE
3, Cavendish Square, London, W.1.
CARTE DE MEMBRE HONORAIRE.
M. Officier Interprète Paul Michel
Date d'Inscription 27/9/43
Signature.
No 2863
Téléphone : LANgham 1353.
PRESIDENT

CARTE DE PAUL REBSTOCK
SOUS SON NOM DE GUERRE :
PAUL MICHEL.

Les textes originaux du message radiodiffusé étaient en français. Certains avaient un caractère très élaboré du point de vue de la documentation, résultat d'une rédaction plus large. D'autres, par contre, sont purement polémiques, visant des personnes précises, comme le rédacteur des *SNN*, Franz Moraller. Paul Michel procédait à une traduction écrite en alsacien avant de la lire au micro. Préalablement, le texte français avait été soumis à la censure britannique, mais Paul Michel a assuré n'avoir jamais été amené à modifier une seule ligne. D'autre part, il eut la surprise de se voir attribuer une indemnité par la BBC.

La première intervention eut lieu le 2 novembre 1943. Paul Michel s'inclina d'abord devant les victimes du nazisme et salua la résistance des Alsaciens. Puis il évoqua la nécessité de préparer des dossiers solides sur les crimes perpétrés par les « boches » conformément aux objectifs de la commission interalliée mise en place à cette fin : « Nous le devons à tous ceux qui ne sont plus en vie et à tous ceux qui souffrent dans les geôles nazies parce qu'ils aiment leur patrie. »

L'émission du 25 décembre 1943 fut par exemple consacrée au Gauleiter Kube, assassiné à Minsk. Paul Michel restitua le véritable visage de Kube dont les crimes ne se comptaient plus en Russie blanche. Ainsi, la population alsacienne qui pouvait capter l'émission n'ignorait plus rien des atrocités commises par les nazis à l'est. Encore fallait-il accorder du crédit à la BBC.

Les événements de Clermont-Ferrand furent évoqués également (15 février 1944) : « Nous connaissons aujourd'hui le délateur qui n'a pas hésité à livrer aux Allemands et à la Gestapo ses camarades alsaciens et lorrains, et qui, froidement, a assisté à leur arrestation. Il s'appelle Mathieu, demeurant 25, rue de Strasbourg à Clermont-Ferrand. [...] Mathieu, vous vous êtes exclu de la communauté nationale, vous avez trahi et vous répondrez de votre forfait. »

FICHE DE PAIE DE LA BBC : PAUL REBSTOCK TOUCHAIT QUATRE GUINÉES PAR ÉMISSION.

THE BRITISH BROADCASTING CORPORATION

Broadcasting House, London, W.1.

TELEPHONE : WELBECK 4468 TELEGRAMS : BROADCASTS, TELEX, LONDON

Our Reference : 03/PC/KFL

24th December, 1943.

DEAR Sir,

We invite you to prepare and deliver a talk(s) as detailed below, so that it may be recorded for reproduction by means of records to be used in connection with broadcasting only, upon the conditions printed overleaf. If you accept, kindly sign and return the attached confirmation sheet, or reply otherwise, as soon as possible. (See condition I overleaf).

Title: QUART D'HEURE FRANCAIS DU SOIR: Alsatian Talk

Date of Recording: As arranged

Time of Recording: As arranged

To be Recorded at: London

Date of First Broadcast: Tuesday, 21st December, 1943.

Time of First Broadcast: About 3¾ minutes between 6.30 and 6.45 p.m.

Transmission: European/French

Fee: 4 guineas (inclusive of all expenses)

Letters addressed to speakers c/o the B.B.C. will be forwarded, but for statistical purposes the letters may be opened before being forwarded unless we are notified of any objection. Letters marked " Personal " are forwarded unopened.

Yours faithfully,

THE BRITISH BROADCASTING CORPORATION

p.p. Ronald Boswell

Programme Contracts Department.

Monsieur Michel,
c/o Alsace et Lorraine Libres,
13, Furnival House,
High Holborn, W.C.1.

BBC/P/243/P 20-8-43 2000

DCO.

Sachant l'engouement des jeunes Alsaciens pour la marine, Paul Michel fut amené à contrer la propagande nazie en faveur de l'engagement dans les sous-marins. Il insista sur l'échec de la guerre sous-marine allemande et ajouta : « Cependant, si votre goût pour les choses

tlxgh fkftl ibe23 aeute semse seeel eptpa 1hl12
sseno r7uxx r8rba b9dep oneau denir caldd ertte
crine iinba pnera eaagi i4nue a9nsa glstr etsie
dapae gsead g22ea eheee sozue tea22 atdeq ucemi
lleer r6eeo unnia ieetp egbrg roegn itiar 8rch0
vxhhr p2sot eiuh2 etkpk ecbar xrdar ls5ne 7on9n
hrnrt opria 6esac 2jisb 35tqs st2c6 ttpwv srtee
dsgep eglm8 easpr s214p gepet ie9tr atp21 vnpce
pmsbp adoev eas4c subpa iirre ec0i3 pi5ps 7rene
priun niaas aoia2 pcgcr txtwi corin rscru irion
pafjb qoajk

Courrier ECT 9 du 16.12.43. A

E.C.T. – 9

Pour ..1.. personnellement .– Vous envoyons ci-joint un message destiné à Monsieur ..2.. régisseur à ..3.. par ..4.. département du ..5...– Vous prions rendre personnellement visite à ..2.. aussitôt terminaison opération ..6...– ..3.. étant un hameau composé de quelques maisons où votre présence ne doit pas être remarquée ne do[illegible]
conçue sur position maison ..2..– Celle ci [illegible]
l'église et la mairie en face maison ..8.. [illegible]
Présentez vous d'abord comme ..9.. désirant [illegible]
Demandez à voir personnellement celui-ci.– [illegible]
ont très ..11.. avec nouvelles .– Quand ser[illegible]
vous avez pour lui un télégramme de ..12.. [illegible]
se prononçant comme ..15...– Vous pouvez av[illegible]
qui pour donner confiance préciserez que .. [illegible]
du trente juin au premier novembre mil neuf [illegible]
venu chez lui fin juillet quarante deux en [illegible]
que ..12.. est maintenant en ..17..– Pour o[illegible]
proposez lui faire ..18.. choisie par lui .[illegible]
pour opération ..19.. courant ..20.. à lrqu[illegible]
Opération comportera éventuellement jusqu'à [illegible]
..22...– Son pseudo sera ..23..– Devrez la [illegible]
Quand aurez accord ..2.. priez le faire visiter les deux ..24.. possibles et régler avec lui toutes questions ..25.. personnel et matériel ainsi que hébergement votre ..26.. et personnel ..27.. prévoyant plusieurs jours.– Matériel devra être caché par ..2.. pendant peut être plusieurs semaines Télégraphiez terrain choisi après contrôle.– Comptons expressément sur vous pour primo : voir vous-même ..2.. secundo ; détruire ce message immédiatement en ne conservant qu'indications indispensables tertio ne donner à ..2.. aucune espèce d'indication sur personnalités de ..12.. ni de ..13.. ni sur rapports de ..2.. avec eux.– Donnez désormais à ..2.. pseudo ..29..
Amitiés et remerciements.

COLL. M. CIUCH

MESSAGE DE LA RÉSISTANCE RÉCEPTIONNÉ PAR PAUL REBSTOCK.
LA LISTE DE MOTS CODÉS (EN HAUT) SERVAIT AU DÉCHIFFRAGE.
EN MÉDAILLON : ENIGMA, LA MACHINE ALLEMANDE DE DÉCODAGE.

de la mer vous obsède et l'appel de la mer vous torture, restez fort, ne cédez pas malgré les belles promesses et les appâts savamment dosés par ces canailles de boches... »

D'autres interventions visaient à convaincre les Alsaciens de la trahison du régime de Vichy.

A deux reprises, l'intervention de Paul Michel à la BBC a porté sur la conduite à tenir par les incorporés de force sur le front de l'est. Le 18 février 1944, il leur recommande de se rendre aux troupes soviétiques :

> Nous savons que vous avez été enrôlés de force dans l'armée nazie et que votre désir à tous est de rejoindre les forces de notre jeune et glorieuse armée.
> Désertez l'armée boche dans laquelle vous servez comme otages. Ne continuez pas à vous battre sous les ordres des Allemands qui, dans nos villages et villes, oppriment vos parents et vos proches et y font régner la terreur. Rendez-vous aux avant-gardes russes et faites-vous connaître de suite.
> Vous serez accueillis en Russie comme le furent vos aînés de la guerre de 1914-1918. Vous serez traités en soldats alliés et dirigés au plus vite vers les unités françaises qui se battent aux côtés des nations unies.

La semaine suivante, à l'occasion d'un nouvel appel en direction des Alsaciens pour les inciter à s'engager contre les nazis, Paul Michel renouvela la consigne :

> ... Et pour tous ceux qui se trouvent à n'importe quel titre au front de l'est, nous vous réitérons notre appel de déserter à la première occasion et de rejoindre nos amis russes.
> N'hésitez pas à vous faire connaître aux soldats russes par ces paroles que vous apprendrez par cœur : Ja Prijatel, Ja Francouz...

Lorsque Paul Michel envoya ces messages, les négociations avec les Soviétiques à propos des incorporés de force tombés dans leurs mains étaient en bonne voie. Dès le 9 septembre de l'année précédente, Vichinski avait indiqué que les prisonniers alsaciens-lorrains seraient libérés prochainement. Ce n'est que le 6 mai 1944 qu'arriva l'accord pour un transfert vers l'Afrique des Quinze-Cents (lire dans ce numéro l'article d'Alfred Wahl). Les appels de Londres se trouvaient ainsi justifiés.

Paul Rebstock a néanmoins été particulièrement affecté par la suite des événements.

En effet, le BCRA avait reçu très vite des réactions défavorables en provenance d'Alsace à propos de ce type d'appel. Un rapport d'avril 1944 notait : « Les avis sur les auditions de la BBC sont naturellement divergents. On a pas mal critiqué les conseils donnés par la radio de Londres concernant la désertion sur le front de l'est. Le speaker ne se rend pas compte des représailles qui attendraient une famille si une désertion était prouvée. C'est ainsi que se trouvent d'excellents Alsaciens dans la Wehrmacht en France qui ne demanderaient qu'à s'évader (ce qui serait plus facile que sur le front russe), mais qui ne le font pas à cause des représailles sur leurs parents. La même situation s'était déjà présentée en 1914-1918 et là aussi nos compatriotes furent des victimes... »

Paul Michel, redevenu Paul Rebstock, revint à Strasbourg en septembre 1945 pour reprendre ses activités civiles.

Maquis d'Alsace

Des aventures méconnues

RENÉ MEYER

L'Alsace n'a pas connu de grands maquis organisés comme ailleurs en France. Mais des milliers de personnes – réfractaires, prisonniers évadés, Russes, etc. – ont néanmoins vécu cachés dans certains secteurs de la région, dans les hautes Vosges surtout. Les historiens oublient souvent d'en parler. Ils ont tort car des faits d'armes importants, souvent rocambolesques, s'y sont produits en 1944. Héroïsme, trahison, drames...

LA FAMILLE GRASS DE BOURGHEIM, PRÈS DE BARR, PREND EN CHARGE UN RÉFRACTAIRE DE LA WEHRMACHT.

L'attaque du maquis de Corcieux, Vosges

Le maquis de Corcieux bénéficie du premier parachutage réalisé dans la région, entre Gérardmer et Saint-Dié, dans la nuit du 12 au 13 août 1943 : quinze cylindres d'armes et de munitions de 150 kilos chacun descendent du ciel. Un second parachutage de même importance se produit le 7 mai 1944. A la veille du débarquement, les « terroristes » du secteur sont donc fortement armés...

Obéissant aux messages de Londres, trente-quatre maquisards effectuent le 6 juin 1944, à 4 h du matin, un coup de main contre la garnison allemande de Taintrux, près de Saint-Dié, dans le but de ramasser des prisonniers pouvant servir d'otages[1].

A Taintrux, trois cents recrues de la Kriegsmarine sont cantonnées à la mairie, à l'école de garçons, et les gradés de l'encadrement au café Gérard. Les attaquants sont divisés en trois groupes ayant chacun pour objectif un cantonnement. Le premier groupe, celui de la mairie, décroche assez rapidement du fait de l'effet de surprise qui n'a pas joué. Le second groupe, celui de l'école, fait rapidement quarante-huit prisonniers. Mais le troisième groupe, qui comprend neuf hommes, celui qui a attaqué le café, d'assiégeant devient assiégé car il est pris à revers par les Allemands de la mairie. Un violent combat, qui dure deux heures, entraîne l'anéantissement des neuf hommes et la mort d'une quarantaine d'Allemands. Les autres maquisards parviennent à s'échapper et à se disperser. La répression est sanglante. L'affaire sera évoquée dix jours plus tard dans la presse locale [2].

DIX WAGONS DÉTRUITS OBSTRUENT LE TUNNEL

Un communiqué laconique est publié le 16 juin 1944 sous le titre : « Un mouvement de rébellion brisé ». On lit : « Plusieurs habitants de La Chapelle et Corcieux ont été condamnés à mort par le tribunal de guerre allemand d'Epinal, siégeant le 14 juin dans ces communes, et ont été exécutés sur-le-champ. Ils avaient participé, à main armée, à une rébellion du mouvement de la résistance contre les troupes d'occupation. » En fait de « tribunal », il s'est agi de rafles de personnes qui ont été fusillées sur place et le communiqué publié a des allures de « régularisation ».

Le sabotage du tunnel de Lubine

Après le débarquement des alliés en Normandie, la résistance vosgienne décide de saboter le tunnel de Lubine, sur la ligne Strasbourg-Saint-Dié. Elle est très fréquentée depuis son inauguration en 1928 jusqu'à l'annexion de fait en 1940. La ligne a plus particulièrement été utilisée en septembre 1939 pour l'évacuation des Strasbourgeois. Comme la voie ferrée n'est pas utilisée en 1944, il faut inciter les Allemands à la réutiliser. Le trafic est peu important sur la ligne car, sous l'Occupation, les Allemands ont démonté une des deux voies entre Saint-Dié et Saales. Londres est avisé de l'intérêt qu'il y a à bombarder la voie ferrée de la trouée de Belfort menant en Alsace, et c'est ce qui se produit le 4 août 1944. Auparavant, le chef de la gendarmerie de Provenchères-sur-Fave a été mis dans la confidence : il s'agit de bloquer le tunnel en faisant dérailler un train allemand à l'intérieur. C'est le gendarme qui étudie les horaires des patrouilles de Grenzschutz qui viennent jusqu'au milieu du tunnel, tandis que l'autre moitié est sous la surveillance de la gendarmerie française de Provenchères.

Au soir du 4 août, le moment propice est venu. Les résistants se rassemblent vers 21 h au pied du Voyemont, côté Saales, en Alsace. Alors que la patrouille allemande s'est éloignée, ils s'engouffrent dans le tunnel et, à l'aide d'une masse et d'une barre de fer, ils veulent dévier un rail mais ils n'y parviennent pas. Pendant ce temps, les boulons sont enlevés sur treize traverses. A la suite d'efforts continuels, sous la pression de la barre de fer, le rail est plié sur une longueur de cinquante centimètres à une coupure. A 21 h 45, tout est terminé.

Après le bombardement de la voie ferrée dans la trouée de Belfort, les Allemands détournent effectivement le trafic vers Saint-Dié et le tunnel de Lubine. Aussi, le 5 août 1944, à 3 h du matin, un train militaire déraille. Dix-sept wagons sont détruits, obstruant entièrement le tunnel jusqu'au plafond. Tous les hommes des environs sont aussitôt requis pour dégager les lieux. La voie est dégagée au bout de quatre jours d'efforts constants, mais c'est seulement après dix jours de travaux que le tunnel est à nouveau entièrement libre.

MAQUISARDS EN MISSION RADIO.

COLL. VIOLLET

L'action des résistants locaux a permis de perturber le trafic ferroviaire pendant dix jours, ce qui a contribué à désorganiser les opérations allemandes à une période cruciale.

Les représailles ne tardent pas. Plusieurs hommes sont arrêtés et déportés, dont le chef de la gendarmerie de Provenchères. Mais le calme ne revient pas pour autant dans la région. Le

1944

15 septembre 1944, vingt hommes du maquis de Provenchères attaquent un convoi allemand à Bourg-Bruche. Le maquis est attaqué à son tour le 30 septembre par les Allemands qui veulent anéantir toute résistance sur leurs arrières. Lors de leur retraite en novembre 1944, ils dynamitent le tunnel.

Cinq maquis dans les Hautes-Vosges

Un maquis s'implante dès septembre 1943 dans les roches de Morteville sur les pentes nord-est du Ballon d'Alsace. Un second maquis est organisé au lieu-dit Peut-Haut, près de Fresse-sur-Moselle. Puis un troisième maquis est installé près du col de Bussang[3].

Au nord de la Bresse et à l'ouest du col de la Grosse-Pierre se trouve le maquis de Noiregoutte, du nom du massif qu'il occupe. Il y a trois cent quatre-vingts hommes bien entraînés et encadrés par des officiers énergiques. Le maquis est attaqué le 16 septembre 1944 par un millier d'Allemands et le combat s'engage aussitôt mais il est rompu par les attaquants décontenancés par l'allant des « terroristes ». Les pertes sont sévères des deux côtés : quarante tués chez les Allemands et vingt et un tués et disparus chez les maquisards.

La Piquante Pierre est le nom du maquis situé au sud de la Bresse et c'est assurément le plus important de toute la région. Il a pris naissance en 1943 dans cinq fermes abandonnées et d'accès difficile mais il reste passif pendant plusieurs mois, servant essentiellement de refuge aux réfractaires du STO [4]. En août 1944, le maquis s'active et s'articule en trois camps, l'un à proximité du col de Ménufosse, un second près de la tête de Rondfaing et le troisième un peu plus à l'ouest fait de tentes et de fermes sur plusieurs kilomètres d'étendue entre le Rondfaing jusqu'aux Charmes. Pendant plusieurs semaines, six cents kilos de pain sont fournis journellement aux maquisards grâce au dévouement de la population. Un important parachutage d'armes a lieu sur place dans la nuit du 26 au 27 août 1944 suivi le 8 septembre par sept parachutistes alliés. A la suite de harcèlements ennemis, les maquisards issus de divers autres maquis refluent sur la Piquante Pierre où on retrouve huit cents hommes mais également les trois cents autres échappés de Noiregoutte. S'y trouvent également trente jeunes Alsaciens de seize à dix-neuf ans, de Mulhouse, évadés de Cornimont où les Allemands les avaient envoyés participer à des travaux de fortification. Cet important effectif ne tarde pas à éveiller l'attention des occupants qui renforcent leurs différentes bases, notamment Gérardmer, car ils sont exactement renseignés par deux déserteurs de la Piquante Pierre. Dès lors, ils attaquent en force le 20 septembre 1944 suivant l'ordre de Himmler alors en inspection à Guebwiller, afin d'anéantir les « bandits » qui gênent énormément les communications de la Wehrmacht.

Dès 7 h 30 du matin, un groupe qui compte notamment vingt-sept Alsaciens repousse sept attaques allemandes[5]. Le combat est rompu à la nuit tombante, ce qui permet aux maquisards de décrocher et de se disperser. Trente-trois hommes ont été tués et dix-sept blessés évacués, mais le bilan est plus sévère car quarante-huit maquisards ont été fait prisonniers. Ils seront massacrés le lendemain après avoir été torturés. Selon une estimation de l'époque, les Allemands ont eu sept cents hommes hors de combat. A la suite des divers engagements avec les forces d'occupation dans les Hautes-Vosges, les pertes des maquisards se sont élevées à environ deux cent cinquante tués, fusillés ou disparus. Les pertes ont été plus sévères du côté allemand, à l'époque elles ont été estimées à quatre fois plus. Ici, il faut encore mentionner la fusillade de douze résistants alsaciens et vosgiens les 24 septembre et 4 octobre 1944 au lieu-dit Steingraben, sur le versant alsacien du col de Bussang. Parmi les victimes, le marcaire du Drumont, ferme à cheval sur la limite Vosges - Haut-Rhin. Les Allemands appelaient la zone des Hautes-Vosges : « Banditengebiet » (territoire des bandits), et maintenaient sur place d'importants effectifs de la Wehrmacht, qui forcément ont fait défaut ailleurs.

LES ALLEMANDS SURNOMMENT LE SECTEUR « BANDITENGEBIET », LA RÉGION DES BANDITS

La Bresse, au centre de plusieurs maquis, se trouve encore sur la ligne de feu pendant six semaines. Pendant ce temps, la répression des occupants s'acharne sur la localité, ses habitants masculins de quinze à soixante-cinq ans, au nombre de 438, sont déportés en Allemagne le 8 novembre. Le lendemain, la population restante est expulsée. Entre le 11 et le 17 novembre, la Bresse est pillée, incendiée et dynamitée. C'est seulement le lundi de Pâques 1945 que les obsèques des maquisards fusillés peuvent être célébrées dans l'église, seul édifice encore debout. Quelques kilomètres plus au nord, Gérardmer, avant sa libération le 19 novembre, subit le même sort. Le 10 novembre, tous les hommes de quatorze à soixante ans (mille trois cents) sont embarqués à 4 h du matin pour Xonrupt et de là déportés en Allemagne. Une firme d'autocars de la vallée de Munster est requise par les occupants pour le transport. Le 15 novembre, le reste de la population est parqué dans un quartier tandis que le reste de la ville est incendié. Saint-Dié enfin : le 8 novembre, tous les hommes de quatorze à quarante-cinq ans doivent se présenter aux casernes allemandes. Ils seront déportés. Le 9, les occupants ordonnent l'évacuation de toute la rive droite de la Meurthe et un d'un périmètre de maisons sur la rive gauche. Le pillage commence le 10. Le 11, les habitants d'un nouveau quartier sont contraints de quitter les lieux. Entre le 12 et le 18, la gare, la cartonnerie, la cathédrale et les immeubles des quartiers de la ville sont dynamités et incendiés. Le 19 novembre 1944, jour de l'entrée des troupes américaines, la ville de Saint-Dié est détruite pour la plus grande partie. Il y a mille cinq cents déportés, d'autres ont été fusillés, tous les habitants sont sinistrés.

Le combat de la ferme de Viombois

Aux maquis vosgiens il faut ajouter la tragédie de la ferme de Viombois, entre Raon-l'Etape et Badonviller. La voici, résumée[6].

Dans la nuit du 3 au 4 septembre 1944, plusieurs centaines d'hommes du GMA-Vosges attendent un très important parachutage d'armes et de matériel destiné à armer six centaines de maquisards[7]. Mais le parachutage attendu n'aura pas lieu et sera reporté de vingt-quatre heures en raison du mauvais temps qui sévit sur la Manche. Au petit matin, il est décidé de se replier sur la ferme de Viombois et de s'y reposer.

Vers 10 h, un véhicule allemand, dont les occupants sont à la recherche d'une coupure de ligne téléphonique, bifurque vers la ferme mais il est immédiatement pris sous le feu des hommes de garde. Le bruit des tirs provoque l'intervention des Allemands de la proche localité de Neufmaisons. Ils donnent l'alerte. Peu après, la ferme est encerclée par d'importantes forces de la Wehrmacht qui, par vagues successives, donnent l'assaut. Le combat dure ainsi jusqu'à la nuit tombante, ce qui permet aux maquisards de décrocher et de se disperser. Mais les engagements ont été sévères : 128 Français et 234 Allemands tués [8].

Vers minuit, les avions alliés s'approchent du terrain pour larguer leur chargement, tournent autour, mais n'apercevant aucune signalisation au sol, font demi-tour et s'en retournent vers l'ouest.

Caches et maquis en Alsace

La situation particulière de l'Alsace annexée de fait au Reich ne se prête pas à la constitution de maquis comparables à ceux de la France de l'intérieur ou à ceux tout proche du versant vosgien des Hautes-Vosges. Pourtant, à certains endroits, dissimulés dans les massifs forestiers du versant alsacien des Vosges, des « maquis » s'installent à la fin de l'été 1944. Il s'agit de caches ou de refuges d'Alsaciens réfractaires ou déserteurs de la Wehrmacht, d'aviateurs alliés, de prisonniers de guerre évadés, de déportés civils, Français, Belges, Néerlandais, Italiens[9], Polonais, Russes, parfois des déserteurs allemands et autrichiens. L'armement de ces maquis est faible ou inexistant, sauf celui de Thann qui, découvert, a été anéanti mais qui a sonné l'alerte chez les occupants. Ceux-ci ont monté de véritables opérations contre les refuges ou les caches dont ils ont décelé la présence, la plupart du temps avec succès. A l'évidence donc, le mot maquis en Alsace n'a pas la même signification qu'en France de l'intérieur et toute assimilation serait fâcheuse.

Parmi ces caches, on peut citer la ferme du Ried, dans la vallée de Munster. Pendant plusieurs mois, elle donne asile à un grand nombre de réfractaires, ce qui entraîne plusieurs fouilles des gendarmes mais sans succès. Dans le val d'Orbey, la ferme de Bois-le-Sire devient également une cache par le fait que le premier occupant clandestin est un permissionnaire de la Wehrmacht qui ne rejoint pas son unité

COLL. VIOLLET

MAQUISARDS PRÉPARANT UNE RÉCEPTION DE PARACHUTAGE.

à l'issue de sa permission en août 1943. Le cercle des réfractaires s'agrandit jusqu'à atteindre la vingtaine. Dans la même région, un garde forestier convoqué à la Wehrmacht en mai 1944 prend le maquis avec une quarantaine d'autres réfractaires alsaciens et déserteurs allemands et autrichiens. Il organise un abri dans la vallée du Walbach, qui descend de Labaroche vers Ammerschwihr, dans le but d'attendre l'arrivée des libérateurs. La proximité du front en décembre 1944 oblige les maquisards à quitter les lieux et à se fondre dans les villages.

On compte plusieurs maquis aux alentours du mont Ungersberg et autour du mont Sainte-Odile, notamment dans les ruines du Landsberg. Selon Eugène Mey[10], plus de trois cents réfractaires y vivent pendant des mois cachés en attendant l'arrivée des libérateurs. Dans la forêt d'Obernai, le maquis de l'Ochsenlaeger est mis sur pied dans des baraquements camouflés. Les forêts de Lutzelhouse et de Wangenbourg dissimulent de nombreux autres réfractaires.

C'est dans un chalet de la route de Schwarzbach à Grendelbruch que se rencontrent le 17 juin 1944 les chefs de la résistance alsacienne et ceux d'outre-Vosges. C'est là que seront organisées les FFI d'Alsace (lire par ailleurs sur cette rencontre l'article d'Alfred Wahl).

Deux communiqués parus dans la presse les 4 et 16 octobre 1944 montrent que les autorités nazies sont préoccupées par la tournure des événements. Dans le communiqué du 4 octobre signé Isselhorst, chef de la police de sécurité en Alsace annexée, on lit : « Celui qui aide l'ennemi est traître à son pays », et plus loin : « Celui qui accorde logis, nourriture, donne des renseignements à des parachutistes, aviateurs camouflés lancés dans le dos de notre front ou à des terroristes ou encore accorde tout autre soutien ou aide commet une haute trahison envers son pays en favorisant l'ennemi et sera puni de mort. Tout renseignement est à communiquer immédiatement au plus proche service de police. » Le chef de la police a manifestement eu connaissance que des parachutistes, en fait des instructeurs alliés, ont été largués au-dessus des Vosges. Il n'y en a pas eu en Alsace. Quant au communiqué du 16 octobre, il s'agit d'un rappel d'une des dernières prescriptions du Gauleiter au sujet de la remise des armes de toute sorte, des munitions et explosifs mais aussi des armes non militarisées. Au-delà du 16 octobre, est-il dit, les possesseurs non autorisés d'armes prohibées seront punis de mort[11].

Le maquis de Volksberg abrite des centaines d'hommes

TROIS CENTS RÉFRACTAIRES CACHÉS AUTOUR DES RUINES DU LANDSBERG

Volksberg, en Alsace bossue, est un village de 517 habitants (recensement de 1936), entouré de vastes forêts, à l'écart des voies de communication, desservi par une route secondaire. Le plus proche poste de gendarmerie allemande se trouve à treize kilomètres. Cette situation est mise à profit pour recueillir des évadés et mettre sur pied une filière d'évasion vers la France de l'intérieur. En 1944, de véritables abris sont construits dans les forêts pour dissimuler toutes sortes de réfractaires : des Français prisonniers de guerre et du Service du travail obligatoire évadés, des Alsaciens déserteurs de la Wehrmacht, rejoints par des Russes, des Polonais et des Italiens évadés des camps. A ce moment-là, une dizaine de groupes organisés dissimulés dans des abris ont été mis sur pied. Les abris souterrains sont parfaitement invisibles et aménagés pour six à huit hommes, sans compter d'autres groupes « sauvages » dans la profondeur des forêts où les gendarmes allemands ne s'aventurent pas[12]. Le nombre d'hommes qui se cachent ainsi en automne 1944 est estimé à quatre cent cinquante[13].

Les occupants, cependant, ont vent de la présence de « terroristes » en forêt ; aussi y envoient-ils de faux prisonniers évadés pour tenter de les localiser. Dans la nuit du 11 au 12 octobre 1944, un bataillon de gendarmes, SS et SD investit l'endroit où un de ces faux prisonniers a signalé avoir été retenu quelques jours plus tôt. Un accrochage s'ensuit au cours duquel un Polonais et un Allemand sont tués, des Russes et six Français faits prisonniers, et la dispersion du maquis provoquée.

Le 16 octobre suivant, les villages de Tieffenbach et de Volksberg subissent le sort que d'autres localités alsaciennes ont déjà connu. Les issues sont bloquées par la gendarmerie renforcée par la Gestapo. Les hommes sont rassemblés à la mairie. Huit d'entre eux sont arrêtés puis embarqués pour Schirmeck.

Dans la proche région, après l'anéantissement d'une importante filière d'évasion de prisonniers de guerre français par la Gestapo, vingt-neuf personnes dont dix-huit de Reichshoffen sont déférées en juillet 1944 devant le Sondergericht de Strasbourg et sévèrement condamnés.

Le maquis de Thann

Durant l'Occupation, des résistants aménagent deux caches dans le massif forestier de Thann et Vieux-Thann, l'une à la Chapelle des Bois et la seconde au Baeckerkopf. En septembre 1944, cinq réfractaires de la Wehrmacht se dissimulent à la Chapelle des Bois. Dans la matinée du 18 octobre 1944, lors d'une battue organisée par les occupants dans la région entre le Herren et le Stubenkopf, altitude 776 mètres, un maquisard, surpris, est arrêté par deux gendarmes allemands participant à l'opération. Le même jour, la gendarmerie, renforcée par des éléments de la Wehrmacht, monte une opération au cours de laquelle se produit un accrochage : un homme est tué, un est arrêté tandis que les deux autres maquisards parviennent à s'échapper. Du côté allemand, un gendarme est blessé. Un important stock d'armes est découvert : trois fusils-mitrailleurs, sept fusils d'infanterie, quatre mousquetons, six pistolets et des grenades à main[14]. Les Allemands sont en liesse, ils ont levé un groupe de « terroristes » dans la forêt de Thann. La Gestapo s'empare de l'affaire et lance un vaste coup de filet s'étalant sur plus d'une semaine au cours duquel elle parvient à arrêter quarante-deux personnes de Thann, Vieux-Thann, Bitschwiller, Steinbach, Moosch et Cernay. Onze hommes seront assassinés le 6 décembre 1944 à Rammersweier près d'Offenbourg (Bade) et ils ne seront identifiés qu'après la guerre dans une fosse commune. Neuf autres personnes, cinq hommes et quatre femmes, mourront d'épuisement dans les camps de concentration.

Les armes découvertes étaient des armes abandonnées par les troupes françaises lors de la retraite de juin 1940, récupérées et transportées dans les deux caches. En 1944, ces caches se présentent comme un véritable maquis comportant dépôts d'armes et de munitions, vivres et médicaments comparables à ceux existant en France de l'intérieur. L'armement stocké aurait permis l'équipement à tout le moins de trois groupes de combat autour des trois fusils-mitrailleurs.

L'affaire du maquis de Thann a pu être reconstituée après la Libération grâce à la découverte d'un dossier d'archives[15]. Elles sont principalement constituées par des messages émanant de la Gestapo de Mulhouse adressés à celle de Strasbourg.

On peut y lire que « le mouvement de résistance dans l'arrondissement de Thann semble très avancé et bien organisé depuis des années et être en relation avec un mou-

BUNKER DE 1914-1918 AU PIED DU PETIT BALLON.
DES PRISONNIERS RUSSES ÉVADÉS S'Y CACHÈRENT.

vement de résistance en France. Son but était de tomber dans le dos des troupes allemandes. Les terroristes ont été largement aidés par la population qui leur apportait à manger et à boire dans la forêt. Il était également projeté, lors d'une retraite éventuelle des troupes allemandes, d'empêcher par la force des armes la destruction des ponts et des routes ».

La Gestapo a réussi à anéantir le maquis de Thann peu de temps avant la libération de la ville, le 10 décembre 1944.

L'affaire de Blienschwiller : deux gendarmes allemands tués

Le 19 octobre 1944, en début d'après-midi, deux gendarmes du poste de gendarmerie allemande de Dambach-la-Ville sont tués à Blienschwiller, petite commune viticole de 432 habitants (recensement de 1936) en Alsace centrale. Les vendanges battent leur plein et l'Ungersberg, proche sommet haut de 900 mètres, sert de refuge à nombre de réfractaires ou déserteurs de la Wehrmacht et à des étrangers évadés. Quelques-uns travaillent en catimini en faisant les vendangeurs. Un viticulteur de la commune a embauché discrètement depuis une douzaine de jours deux hommes ; l'un est un jeune Autrichien déserteur de la Wehrmacht, le second est un jeune Néerlandais évadé. Leur présence finit par attirer l'attention d'un dénonciateur qui informe les gendarmes de Dambach, localité voisine. Deux d'entre eux se rendent sur place et arrêtent les deux hommes dans les vignes sans difficulté. Ramenés vers le village, mais sans être menottés, en cours de route l'un des deux, l'Autrichien, tire sur un gendarme puis sur le deuxième avec un pistolet et les tue non sans alerter les alentours par les détonations. Le Landkommissariat (sous-préfecture) de Sélestat est aussitôt informé. Trois quarts d'heure plus tard, le Kreisleiter[16], armé d'un pistolet-mitrailleur, accompagné d'un fonctionnaire du Landkommissariat, arrive sur les lieux. Furieux, il s'en prend aussitôt au Bürgermeister[17] qu'il rend responsable des faits parce qu'il a notamment omis de faire inscrire à la mairie les personnes étrangères à la commune, tout en menaçant d'incendier le village « aux quatre coins » puis en le déchargeant sur-le-champ de ses fonctions. Le soir même, une douzaine de policiers en uniforme gardent le village et cantonnent d'office dans les dépendances de l'exploitation du Bürgermeister

Le lendemain matin, vingt-cinq gendarmes de Sélestat et des environs arrivent sur place. Dès 7 h, toutes les issues sont bloquées avec interdiction à quiconque de sortir. Toutes les maisons sont soumises les unes après les autres à une fouille en règle. Les perquisitions durent jusqu'à midi, heure à laquelle les Allemands quittent les lieux. Ils ont mis au jour quantité de vieux fusils, pistolets, sabres et baïonnettes, le tout rassemblé en un énorme tas qu'ils enlèveront plus tard. Le vigneron qui hébergeait les deux hommes est arrêté. De même qu'un autre chez lequel on a découvert un drapeau français et de l'argent mais aussi parce qu'il avait enfreint l'interdiction de sortir du village en partant vendanger avec son personnel. Tous deux seront déportés.

Le 4 novembre 1944, la presse publie un bref communiqué émanant de la Kriminalpolizei de Strasbourg où il est indiqué qu'une récompense de dix mille reichsmarks sera attribuée pour tout renseignement ou l'arrestation des meurtriers des deux gendarmes. On note que cette publication intervient seize jours après les faits, avouant ainsi qu'en Alsace on a osé tuer des gendarmes, mais aucune allusion à de quelconques « partisans » ou déserteurs de la Wehrmacht. La Kriminalpolizei n'aura d'ailleurs pas le temps de s'occuper de la question car dix-neuf jours plus tard Strasbourg est libéré par la 2e DB. Blienschwiller le sera le 1er décembre par les Américains.

Cache-cache tragique autour du château de Guirbaden

Entre Grendelbruch et Mollkirch se dressent les ruines du château de Guirbaden à 565 mètres d'altitude. C'est à cet endroit que deux incorporés de force passent au « maquis » avec armes et bagages. En permission en août 1944, ils décident de ne pas retourner sur le front de l'est à l'issue de leur congé. Un troisième incorporé de force les rejoindra un peu plus tard. Tous les trois seront condamnés à mort par un tribunal militaire allemand pour « désertion » avec la circonstance aggravante d'avoir emporté leurs armes. Tour à tour, les trois se dissimulent dans la chapelle du château et sous les rochers, mais très vite les conditions de vie deviennent précaires. Pour assurer leur subsistance, ils se travestissent en femmes et aident ainsi à l'arrachage des pommes de terre lorsque des soldats allemands venant à passer à proximité leur crient : « Kommt zu uns ! » (venez chez nous). Le trio, se croyant découvert, prend immédiatement la fuite à travers champs en direction de la forêt, devant les Allemands médusés...

LE JEUNE PRISONNIER ENCHAÎNÉ ARRIVE À SE SAISIR DU PISTOLET ET TIRE SUR LE GENDARME

A la même époque, trois autres Alsaciens réfractaires originaires de localités proches, mais sans armes, se cachent également sur place, côté Schaeffertal. Cependant, le garde forestier allemand en charge de la région a des soupçons quant à la présence de « partisans » dans le massif forestier. Il localise un endroit qui sert de cache à ces trois Alsaciens. Aussi, le 22 octobre 1944, de bon matin, d'importantes forces allemandes qui manifestement ignorent le nombre de « partisans » encerclent tout le massif et le ratissent. Au cours de l'opération, les trois cachés du Schaeffertal sont découverts, l'un d'eux est tué net par une balle qui lui traverse le thorax, les deux autres sont blessés. Mais ceux qui sont dissimulés au château ont aperçu les assaillants. Comme ils connaissent parfaitement les lieux, ils parviennent non sans mal à passer à travers les mailles du filet et à gagner une autre zone où ils se cachent jusqu'à l'arrivée des troupes américaines. Entre-temps, l'un de ces trois tombe sérieusement malade et, pour se faire soigner, il est hébergé en secret au rez-de-chaussée d'une habitation occupée à l'étage par des Allemands.

Sur les trois premiers cités, deux sont survivants et pour l'essentiel ils sont à l'origine de ce récit. A eux seuls, ils ont fait prisonniers de guerre une centaine d'Allemands disséminés dans des cantonnements à Grendelbruch le 20 novembre 1944. Ils se sont d'autre part mariés avec les deux jeunes femmes qui en catimini les ravitaillaient au Guir-baden. Mais cinquante ans après, ils éprouvent encore des cauchemars en rêvant d'être poursuivis par les SS.

A noter encore : à l'époque de l'affaire de Guirbaden, cinq Alsaciens réfractaires cachés dans la forêt de Lutzelhouse, dénoncés, sont découverts par les Allemands. Déportés, ils ne reviendront pas.

L'affaire de Wintzenheim

A l'ouest de Colmar, dominant Wintzenheim et la plaine, le château du Hohlandsbourg et, posté comme une sentinelle à l'entrée de la vallée de Munster, un autre château, le Pflixbourg. Derrière, à l'écart de la grande route, la maison forestière Aspach.

Sur place, le garde forestier (Oberförster pour les occupants) joue le double jeu car il a servi de relais à des prisonniers de guerre évadés en 1940. En septembre 1943, il cache trois Alsaciens déserteurs de la Wehrmacht, dont un de ses fils, dans un des bunkers datant de la précédente guerre aux alentours du Hohlandsbourg. Ils y resteront trois semaines avant de pouvoir s'intégrer dans une filière d'évasion vers la Suisse. Un an plus tard, d'autres réfractaires se retrouvent au même endroit. Ils sont d'abord une demi-douzaine puis une douzaine, parmi lesquels deux femmes russes échappées de l'usine Daimler-Benz de Colmar.

Les maquisards ne manquent de rien, ils sont ravitaillés par deux épiceries, l'une de Colmar et l'autre de Turckheim, et par un boucher de Wintzenheim. L'armement possédé n'est pas négligeable : un pistolet, deux fusils Mauser, une sacoche contenant seize grenades à main allemandes et des explosifs.

A Wintzenheim habite un ressortissant allemand qui se rend souvent en forêt dans la montagne. Il ne tarde pas à se douter que les bunkers sont habités et il en informe le poste de gendarmerie locale, mais les gendarmes ne font pas de zèle. Le 28 octobre 1944, l'Allemand se rend à nouveau en forêt tout en laissant la consigne à sa fille de donner l'alerte au cas où il ne serait pas de retour. C'est ce qui se produit : l'homme est abattu le même jour par un maquisard et aussitôt enterré dans la forêt.

Le lendemain, la Landwache (garde territoriale) avec une vingtaine d'hommes, effectue une battue mais elle rentre bredouille. Il faut dire que la battue s'est arrêtée juste avant de pénétrer dans le périmètre où se trouvent les bunkers...

Le surlendemain, 30 octobre 1944, deux gendarmes, le chef du poste de gendarmerie et un gendarme de Turckheim, accompagnés par la fille de l'Allemand, se rendent dans la montagne. Ils surprennent trois maquisards et une femme russe tandis que sept autres parviennent à s'échapper et à s'égailler dans la nature, poursuivis par les tirs de l'un des gendarmes.

Le chef interpelle l'un des jeunes gens : « Sie sind den Partisanchef ! » (vous êtes le chef des partisans). L'autre, sans se démonter, répond affirmativement en ajoutant qu'ils sont cinq cents, ce qui a pour effet de rendre nerveux les deux Allemands. Une colonne se forme pour descendre dans la plaine. En tête le chef, derrière lui deux jeunes gens attachés l'un à l'autre par une chaîne à anneaux, la main droite de l'un à la main gauche de l'autre, mais obligés de porter les armes des Allemands !

DEUX CENTS ALLEMANDS CERNENT LE PETIT BALLON : RUSSES ET POLONAIS SONT ARRÊTÉS

Il est 16 h 30. Le chef aperçoit soudain une biche et la tire. En profitant de son inattention, l'un des deux jeunes gens enchaînés avec sa main libre sort un pistolet 6,35 de derrière sa chemise et le glisse à l'autre qui aussitôt fait feu sur le chef qui s'écroule. L'autre jeune, celui qui a sorti son pistolet, fait demi-tour sur lui-même en traînant celui auquel il est enchaîné et avec le pistolet-mitrailleur qu'il était obligé de porter tire deux rafales sur le gendarme de queue qui est également tué sur le coup. Les deux jeunes hommes fouillent les Allemands et retrouvent la clé de leur chaîne. Après s'être libérés, ils s'emparent des armes et prennent la fuite. Se dissimulant d'abord dans la forêt, ils gagnent ensuite la cache de l'abbé Vuillemin à Zimmerbach où ils retrouvent leur camarade qui n'avait pas été enchaîné. La fille de l'Allemand s'est échappée et a réussi à emmener la femme russe avec elle à la gendarmerie de Wintzenheim. Aussi, dès le soir du 30 octobre, les bois environnants sont fouillés par les gendarmes sous la conduite du garde forestier requis pour servir de guide. Cependant, la battue s'arrête au milieu de la nuit sans rien découvrir.

Dès le lendemain 31 octobre, tout le massif forestier est encerclé par d'importantes forces de la Feldgendarmerie [18] qui ratissent les lieux. Au cours de l'opération, les corps des deux gendarmes sont retrouvés ainsi que, dans les bunkers, les papiers d'identité de deux maquisards, précipitamment abandonnés lors de l'irruption surprise de la veille, ce qui va entraîner l'arrestation des membres de leurs familles. Le 7 novembre 1944, le *Kolmarer Kurier*, journal nazi local, publie un avis de décès du chef du poste de gendarmerie de Wintzenheim. L'avis dit qu'une lâche main meurtrière l'a arraché à l'exercice de son service, sans autre précision.

Le 21 novembre 1944, alors que les troupes françaises libératrices entrent à Mulhouse, le *Kolmarer Kurier* publie un long communiqué sur l'affaire des deux gendarmes tués, ce qui est tout à fait inhabituel. Il tend à faire passer les faits pour un vulgaire meurtre ayant pour mobile le vol. Une récompense est offerte (10000 marks) pour chaque meurtrier arrêté. Cette énorme récompense n'a cependant tenté aucun Alsacien.

Wintzenheim, gros bourg chef-lieu de canton (3949 habitants au recensement de 1936, y compris les quartiers excentrés de la Forge et de Logelbach), est une des communes d'Alsace qui a eu à souffrir lourdement de la guerre et de l'occupation. Qu'on en juge : 81 victimes militaires, 29 victimes civiles lors des combats de la Libération, 47 déportés dont 10 qui ne reviendront pas, 52 expulsés dont 6 mourront en exil, 92 familles sinistrées totales ou partielles.

On peut se demander pourquoi la commune a échappé aux représailles, contrairement à Blienschwiller, à quarante-cinq kilomètres de là, dix jours plus tôt, alors qu'ici les faits sont encore plus graves. Mais l'Ortsgruppenleiter du bourg a été tenu à l'écart de l'affaire par le Kreisleiter de Colmar. Il en a été de même pour le Bauernführer. On ne manquera pas de s'étonner que le garde forestier, pourtant en première ligne, n'a pas été inquiété. L'affaire aurait logiquement dû inciter les Allemands à prendre des sanctions à son encontre puisque, apparemment, il connaissait bien mal son secteur... Cependant, les occupants ne l'oublieront pas, il sera arrêté en janvier 1945 lors de l'ultime rafle.

L'attentat de Lautenbach

Un attentat s'est produit le 16 septembre 1944 à Lautenbach contre un gendarme allemand du poste local. On sait que les occupants ont décentralisé la gendarmerie en implantant un peu partout des postes dont l'effectif varie avec l'importance du lieu. La plupart du temps, l'effectif est renforcé par un Alsacien incorporé de force dans la gendarmerie allemande[19]. A Lautenbach-Zell, des jeunes gens réfractaires de la Wehrmacht fréquentent témérairement un café du village. On voit aussi beaucoup d'étrangers qui circulent aux environs et que personne ne connaît.

Ledit jour donc, un gendarme de Lautenbach pénètre dans le café en question pour y récupérer sa bicyclette. Trois jeunes gens consomment de la bière au comptoir, mais à la vue du gendarme ils sortent aussitôt par l'arrière sans terminer leur boisson. L'Allemand se lance à leur poursuite et les découvre dans un verger. Il leur intime l'ordre de le suivre au poste. Parvenus au poste et alors que le gendarme ouvre la porte fermée à clé, un des trois jeunes gens porteur d'un pistolet fait feu sur lui. Aussitôt les trois prennent la fuite avant d'abandonner un sac contenant un appareil photographique pour se perdre dans la nature et rejoindre la ferme du Strohberg.

Au bruit de la détonation, des habitants accourent ainsi que le second gendarme du poste, un Alsacien, ce jour-là en congé, occupé dans son potager. Les autorités de la gendarmerie et de la Gestapo de Guebwiller se rendent sur place dans la demi-heure. Le gendarme, avant d'être transporté à l'hôpital de Colmar où il décédera, déclare : « Es waren keine von hier » (ils n'étaient pas d'ici), ce qui évitera des représailles à la population locale. Des perquisitions massives ultérieures seront pourtant opérées.

La double tragédie du Petit Ballon et du mont Vissord : cinquante tués et disparus

A vingt-cinq kilomètres à l'ouest de Colmar et à cheval sur les vallées de Guebwiller et de Munster se trouve le Petit Ballon, haut de 1272 mètres. A ses pieds, plusieurs fermes, et notamment celle nommée Strohberg[20], et, éparpillés, des vestiges de bunkers de la première guerre mondiale, certains encore en bon état. C'est en ces lieux que se constitue en été 1944 un maquis, plus exactement des caches dans les bunkers et la ferme, alors inoccupée car les métayers en ont été expulsés par les occupants, où se dissimulent des Alsaciens réfractaires de la Wehrmacht mais aussi des Russes et des Polonais. Ceux-ci sont des prisonniers de guerre évadés.

L'affaire commence au début de l'été 1944. Un habitant de Linthal, en fait un des résistants locaux, demande à louer comme lieu de vacances la ferme du Schnapsacker,

LES ARMURIERS DES FFI DU SECTEUR DE BARR :
PAUL LEHRMANN ET PIERRE SIMIROFF.

au sud du Petit Ballon. La ferme devient le lieu de ralliement de réfractaires alsaciens puis d'étrangers évadés. Une particularité du refuge convient d'être citée : le maquis a démarré sur l'insistance d'un homme se faisant appeler Capitaine L.[21] et parvenant à s'infiltrer dans les milieux résistants mulhousiens où il incite à la mise sur pied de groupes de résistance. Mais son but est de les faire annihiler par les occupants.

Bien qu'il n'y ait jamais eu de dénombrement exact, on peut néammoins supposer que quatre-vingts personnes se trouvent dispersées à l'automne 1944 à la ferme du Strohberg, aux bunkers alentours et à la ferme du Schnapsacker : une quarantaine de Russes[22], une vingtaine de Polonais et Polonaises, quatorze Alsaciens et deux Allemands. Les Alsaciens sont originaires en grande partie des régions de Mulhouse et de Guebwiller, et sont regroupés par un Mulhousien de trente ans, alias capitaine Aubert.

A Linthal, on n'ignore pas qu'« ils » sont là-haut mais le silence est de règle. Sur place, c'est le boulanger et Bürgermeister qui rassemble les colis de nourriture destinés aux maquisards, colis pris en charge par un véhicule d'une fabrique mulhousienne de meubles et discrètement acheminés vers les caches. Il faut dire qu'à Linthal, la résistance est très organisée et solidaire, s'appuyant sur des réseaux structurés. En octobre 1944, le chauffeur du Capitaine L. se blesse accidentellement au Strohberg. Conduit aussitôt à Mulhouse, le Capitaine L. est secrètement démasqué à cette occasion. Le capitaine Aubert, auquel le comportement douteux de L. a été rapporté, pressent une proche opération des Allemands. Il invite les maquisards à quitter les lieux mais seuls les Alsaciens le suivent ainsi qu'un Russe, un Polonais et un Allemand; en tout dix-sept hommes, dans la nuit du 15 au 16 octobre 1944. Ils s'installent quelques kilomètres plus loin à l'ouest, dans des abris de la précédente guerre, au lieu-dit Lechterwand, le mont Vissord, au sud de Sondernach. Tous ne restent pas, certains quittent les lieux tandis que les épouses de deux autres, pour échapper aux représailles, viennent rejoindre leurs maris, malgré des conditions de vie très précaires dans la montagne.

Le 25 octobre 1944, un opposant allemand anciennement interné au camp de concentration de Dachau est pendu par la Gestapo en forêt à proximité de la gare de Colmar-Sud. Evadé d'une usine de Colmar, il avait rejoint le Strohberg. Il était retourné en ville où il s'est fait prendre. Le 3 novembre 1944, alors que l'on entend la canonnade de l'autre côté des Vosges, la région du Petit Ballon est cernée par d'importantes forces allemandes évaluées à deux cents hommes (gendarmes de Colmar et de Mulhouse, agents du SD, SS du camp de Saint-André à Cernay). Surpris, les Russes et les Polonais de la ferme du Strohberg – qui ne sont pas armés – sont faits prisonniers. L'un d'eux qui passe pour être le chef est exécuté sur place, les autres quarante-deux ou quarante-trois personnes, sont amenés dans la plaine par le col du Boenlesgrab à Lautenbach où leur trace est perdue. En 1945, lorsque la ferme du Strohberg est à nouveau mise en exploitation, le métayer découvre le cadavre d'un maquisard dans la fosse à purin. Il avait été tué par les assaillants.

Mais tous n'ont pas été pris car à la ferme du Schnapsacker l'on a été avisé du danger. Le boulanger Bürgermeister de Linthal a également échappé à l'arrestation.

Le 10 novembre 1944, à la suite d'une trahison, le maquis de la Lechterwand est à son tour attaqué par trente gendarmes renforcés par un détachement de télégraphistes de la Wehrmacht cantonnés au village de Sondernach, sous le commandement du chef de la Gestapo de Colmar. Une fusillade éclate au cours de laquelle quatre maquisards sont tués, deux Alsaciens, un Allemand et un Russe. L'un des Alsaciens, un jeune homme de dix-huit ans, gravement blessé, est achevé par le chef de la gendarmerie de Metzeral[23]. Deux parviennent à s'échapper, cinq sont faits prisonniers. Un habitant du village qui ravitaillait les maquisards est également arrêté, battu puis déporté dans les camps de concentration en Allemagne.

Curieusement, le *Kolmarer Kurier* est silencieux sur ces deux coups de main victorieux. Mais publier l'information serait avouer la présence de deux camps de « terroristes » ou « partisans » dans la région. La Gestapo non plus n'a laissé aucune trace dans ses archives. Pourtant ici, il s'agit du bilan le plus lourd suite à une attaque presque simultanée des occupants contre deux maquis alsaciens. En effet, lorsque l'on fait une addition, on arrive à cinquante tués ou disparus.

Les filières d'évasion de Sainte-Croix-aux-Mines et de Rombach-le-Franc deviennent des maquis

Auguste Schmitt, exploitant une scierie à Sainte-Croix-aux-Mines, organise une filière d'évasion qui recueille une centaine de prisonniers de guerre français évadés. Connaissant bien la forêt, il les fait passer dans les Vosges toutes proches. Après l'instauration de l'incorporation de force, la filière s'amplifie encore. La ferme de la Goutte au Grand Rombach sert de cache et devient par la force des choses un maquis. En septembre 1944, vingt-cinq évadés et réfractaires s'y retrouvent dissimulés mais l'armement est faible, il n'y a que quelques fusils. Au fur et à mesure, le groupe se renforce car il est rejoint par treize Russes et un Yougoslave qui s'échappent l'un après l'autre du camp de Sainte-Marie-aux-Mines[24]. Le 12 octobre 1944, un douanier allemand est tué et un autre blessé par les maquisards dans le local de la douane à la « frontière ». Le 20 octobre 1944, deux maquisards, un Belge évadé d'un camp de prisonniers et un Parisien évadé du STO, se font capturer par une patrouille allemande à Lièpvre et disparaissent sans laisser de trace. Le 25 novembre 1944, à 5 h 20, une sentinelle allemande est tuée au Grand Rombach et deux maquisards sont blessés. Le même jour, quatre autres maquisards dont le chef, Auguste Schmitt, sont arrêtés et seront libérés trois jours plus tard par l'avance des troupes américaines. Toujours le 25 novembre vers 16 h, deux maquisards se trouvent nez à nez avec des Ukrainiens[25]

DÉFILÉ DES FFI À OBERNAI, 26 NOVEMBRE 1944.

à la ferme Marigoutte, aussi au Grand Rombach. Une mêlée s'ensuit au cours de laquelle un maquisard peut se dégager et gagner la forêt malgré les coups de feu tirés contre lui tandis que le second maquisard est tué. Les Ukrainiens alertés par le bruit des armes à feu et craignant l'arrivée de renforts de « terroristes » épargnent de ce fait la ferme, le fermier et sa famille.

Mais à Rombach-le-Franc existent deux autres filières d'évasion alimentées par un réseau de Haguenau. Les évadés descendaient du train en gare de Lièpvre d'où ils se dirigeaient sur la boulangerie-épicerie-débit de tabac de Rombach où les allées et venues n'attiraient pas l'attention. A partir de ce relais, les évadés étaient emmenés par La Hingrie en direction des Vosges tandis qu'une autre partie de ces évadés étaient conduits au-dessus du Grand Rombach à partir de la ferme de la Chambrette.

En avril 1944, une cache est installée dans cette ferme pour y dissimuler les réfractaires de la Wehrmacht. On pouvait y accéder par l'escalier de la cave au moyen d'une ouverture pratiquée dans le mur. Les réfractaires s'y trouvant ont atteint la douzaine et même treize en comptant un prisonnier allemand qu'ils avaient fait. L'histoire de ce prisonnier vaut d'être contée. Les évadés écoutent la radio de Londres lorsque, début juillet 1944, ils en sont subitement privés à la suite d'un violent orage. Or, l'un des maquisards, âgé de dix-huit ans, originaire de la région, connaît une ferme dont l'occupant est un nazi bon teint. La décision est prise de s'emparer du poste de radio de cette ferme. Deux hommes s'y rendent armés de deux fusils Mauser, baïonnette au canon. Quelle n'est pas leur surprise d'y trouver un feldwebel de la Wehrmacht blessé, en convalescence dans la ferme en question. L'Allemand est aussitôt fait prisonnier, son uniforme, son pistolet et le poste radio emmenés. Après une heure de marche à travers la forêt, le trio rejoint la ferme de la Chamerette où le prisonnier est gardé. Or, un soir, profitant d'un moment d'inattention, l'Allemand sort de la cache et s'éloigne. Aperçu et invité à s'arrêter il n'obtempère pas, il est aussitôt tué par un maquisard. Au même moment, toutes les fermes de la région subissent une fouille systématique par les Allemands à la recherche des « partisans » qui ont tué un garde-frontière du côté d'Urbeis. A la Chamerette, ils n'ont pas découvert la cache.

A la Libération, le 28 novembre 1944, l'effectif des fermes de la Goutte et de la

Chameretette est de quarante-huit hommes, on y compte 14 Alsaciens, 14 Français de l'intérieur, 13 Russes, 2 Belges, 2 Néerlandais, 2 Allemands et 1 Yougoslave, rattachés aux FFI du Bas-Rhin.

BRASSARD OFFICIEL DES FFI DU BAS-RHIN.
DE COULEUR BLEU, BLANC, ROUGE, CHACUN ÉTAIT NUMÉROTÉ ET DONNAIT DROIT AU PORT D'ARMES.

L'un des maquisards a été arrêté par la sécurité militaire le 27 décembre 1944 à la grande surprise de ses compagnons et de son chef. Il s'agissait d'un Strasbourgeois, nommé S., venu au maquis en février 1944. L'intéressé avait été auparavant interprète au service des Allemands puis est devenu agent double. Envoyé d'abord dans le val d'Orbey, il y évente la filière d'évasion et provoque ainsi l'arrestation de nombre de membres du réseau. Fin 1942, il vient à Rombach-le-Franc pour opérer d'une manière identique mais il est « retourné ». Hospitalisé à Strasbourg, il prend la fuite car devant être mis en état d'arrestation par la Gestapo qui avait découvert que son agent avait changé de camp. Pour se racheter, S. avait tué le feldwebel, un douanier et un soldat allemand. Condamné néanmoins à mort par le tribunal militaire de Strasbourg après la guerre, il a été fusillé.

NOTES

1. Le maquis de Corcieux n'a pas reçu les messages de contre-ordre pour ajourner les destructions et attaques. Les Allemands s'étant rendu compte que seul ce maquis avait attaqué dans les hautes Vosges envoyèrent de puissants renforts sur place.
2. *L'Express de l'Est*, d'Epinal, quotidien collaborateur entre août 1940 et septembre 1944, diffusé dans le département des Vosges. En 1944, il est souvent question de « terroristes » ou de « bandits » dans la presse vosgienne surtout après le débarquement où les informations publiées sont quasi quotidiennes mais jamais précises et essentiellement présentées sous forme d'activité criminelle. Le 29 janvier 1944, *l'Express de l'Est*, avec quatre jours de retard, relate l'attaque du commissariat de police de Saint-Dié par une douzaine de « bandits ». Ce que le journal ne dit pas est que le but était de s'emparer des tickets de ravitaillement pour les distribuer aux maquisards.
3. Voir le récit de Marcel SPINDLER dans ce numéro. L'intéressé a participé à l'implantation de ces trois maquis.
4. Service du travail obligatoire. Décrété par le gouvernement Laval le 16 février 1943 pour les jeunes gens nés en 1920, 1921 et 1922 appelés à travailler en Allemagne, beaucoup vont tenter d'y échapper. En septembre 1943 une nouvelle levée est effectuée, elle concerne cette fois les jeunes gens nés en 1923, 1924 et 1925.
5. Gilbert GRANDVAL et Jean COLLIN, *Libération de l'Est de la France*, Hachette littérature, Paris, 1974.
6. A partir des *Dernières Nouvelles d'Alsace*, 4 septembre 1964, édition en langue allemande.
7. GMA : Groupe mobile d'Alsace, secteur des Vosges, il comprend de nombreux Alsaciens mais aussi des hommes originaires des Vosges et de Meurthe-et-Moselle. Un groupe de cinq Alsaciens incorporés de force dans la Wehrmacht ayant déserté leur unité à Cirey-sur-Vezouze avait rejoint le GMA avec armes et bagages peu auparavant.
8. Dans la matinée, deux agents de liaison, Alsaciens aussi, s'étaient efforcés d'apporter les consignes de l'état-major des maquis : rester dissimulés afin de ne pas être repérés par les Allemands jusqu'à la nuit tombée. Il était hélas trop tard.

9. Les Italiens ont changé de camp en 1943. Les troupes italiennes s'étant trouvées dans la sphère d'influence allemande ont été fait prisonnières de guerre.
10. *Le drame de l'Alsace*, Berger-Levrault, Paris, 1949.
11. Par arme non militarisée, il faut entendre fusil de chasse (les communiqués sont traduits par l'auteur).
12. Frédéric BASTIAN, « Souvenirs de la résistance », *Bulletin de la société d'histoire et d'archéologie de Saverne et environs,* IV, 1977. Les pasteurs Bastian et Fricker, à Volksberg et Tieffenbach, sont les chefs de la résistance locale, de concert avec le docteur Alfred Westphal de Diemeringen.
13. Eugène Mey, *op cit*.
14. D'autres armes et un stock de médicaments sont cachés au Baeckerkopf.
15. Dès le 8 avril 1945, le journal *L'Alsace* a publié un article sur le maquis de Thann.
16. C'est le chef du parti de l'arrondissement. Ici, c'est S., né en 1901 à Wissembourg.
17. Pour se défendre, il met en avant qu'à Dambach et dans les autres communes il y a également de nombreux vendangeurs. Il faut noter qu'il a été désigné d'office par les occupants en 1940 malgré son refus. Quelques jours plus tard il fut également désigné d'office comme Ortsgruppenleiter. En 1943 cependant, il fut relevé de cette dernière fonction au motif : « Sie sind nicht genug durchgreifend » (vous n'êtes pas assez énergique). En 1945, il sera élu maire sans être candidat.
18. A la Forge, lieu-dit de la commune de Wintzenheim, et à Walbach sont cantonnés plusieurs centaines de Feldgendarmes, 500 sans doute, regroupés sur place après la retraite de l'ouest et du Sud de la France.
19. Au sujet des Alsaciens incorporés de force dans la gendarmerie voir *Saisons d'Alsace* n° 121, automne 1993, « 1943 », page 90.
20. Ne pas confondre avec l'actuelle ferme-auberge de Strohberg se trouvant sur le chemin de Linthal.
21. « Capitaine L. » est un surnom. Il s'agit en réalité d'un agent double entré au service de la Gestapo, condamné à mort et fusillé en 1947.
22. A Wasserbourg existe un camp de prisonniers russes. Des Russes prisonniers de guerre travaillent dans une ferme appelée Hofried située entre le lac de la Lauch et le Markstein transformée en ferme-modèle par les occupants. Or, ces Russes descendent jusqu'à Linthal quémander de la nourriture.
23. La tombe de ce jeune Alsacien au cimetière militaire de Sondernach continue à être fleurie. Quant au chef de la gendarmerie de Metzeral, il a été condamné à mort par le tribunal militaire de Metz en 1948. Le jugement ayant été cassé, il a à nouveau été condamné à mort par celui de Paris. Gracié, il reviendra sur place en 1976 où, reconnu par plusieurs, personnes sa présence soulève un tollé.
24. A Sainte-Marie-aux-Mines, des Yougoslaves, en fait ce sont des Slovènes, sont détenus dans un camp de déportés fournissant de la main-d'œuvre à l'usine d'armement allemande repliée dans le tunnel dont le trafic ferroviaire a été suspendu. Sur place se trouvent également des Russes en provenance du camp de concentration de Dachau. Signalons encore que, plus au sud, mille cinq cents détenus sont regroupés au camp d'Urbès, des Russes et des Polonais travailleurs de force à l'usine du tunnel de Bussang.
25. En Alsace, on se trouve en présence de deux catégories fort différentes de Russes, ou de personnes originaires de l'URSS d'alors : les Russes déportés dont quelques-uns s'évadent et rejoignent le maquis ; les Ukrainiens, surnommés « cosaques » par la population, qui revêtus de l'uniforme feldgrau combattent aux côtés des Allemands.

L'Honneur des Quarante-Deux

CYRILLE GILLIG

En 1944, le Gauleiter Wagner a voulu incorporer de force les officiers de réserve français en Alsace. Sur les cinquante convoyés, quarante-deux ont refusé de s'enrôler et furent déportés et condamnés à la peine capitale. Vingt-deux sont morts pour avoir voulu rester fidèle à leur honneur d'officier français. Un survivant du groupe, matricule 42.190, témoigne.

Une des conséquences de la domination hitlérienne, et qu'on doit considérer comme le drame le plus révoltant, a été l'incorporation de force des Alsaciens et Mosellans. Les conseils de révision ont fonctionné pour fournir des contingents à la Wehrmacht. Le Gauleiter Wagner était conscient de l'illégalité de sa décision, car d'après la législation militaire allemande, l'armée allemande ne pouvait incorporer d'officier non nationaux. Aussi, pour être en conformité avec la loi, Wagner a octroyé d'office la nationalité allemande aux Alsaciens incorporés dans la Wehrmacht ainsi qu'à leur famille (épouse et enfants) alors que personne n'en voulait !

Les officiers compris parmi ces classes passèrent devant les conseils de révision mais, à la place du livret militaire, il leur fut remis un Musterungsausweis (justificatif de conseil de révision) selon lequel leur situation militaire était différée (Wehrverhältnis wird ausgesetzt).

Cet « ajournement » fut pris en raison d'une disposition légale allemande stipulant qu'« un officier ayant appartenu à une armée étrangère ne pouvait servir dans l'armée allemande à moins d'être volontaire ». Mais le Gauleiter Wagner et les autorités nazies voyaient d'un mauvais œil des officiers français rester dans leur foyer, sachant que ces derniers étaient opposés à leurs entreprises ; de plus ils les considéraient comme des cadres des mouvements de résistance. Le Gauleiter résolut de se débarrasser d'eux violant une fois de plus la loi militaire allemande.

En février 1944, des officiers alsaciens en nombre furent à nouveau convoqués devant des conseils de révision qui, à notre grand étonnement, étaient organisés et présidés par les Waffen SS. Les officiers de réserve du Haut-Rhin reçurent en avril 1944 à leur domicile des imprimés qui n'étaient que des engagements volontaires. Les officiers de réserve du Bas-Rhin se virent remettre ces imprimés lors des conseils de révision. Ces imprimés, avec le curriculum vitae, devaient être renvoyés remplis au Ergänzungsamt des Waffen SS (organisme complémentaire des Waffen SS), à Stuttgart dans un délai de cinq jours.

Personne ne tomba dans ce piège très grossièrement tendu ! Mais notre attitude négative déterminera rapidement les nazis à mettre à exécution la suite de leur plan.

Vers le 20 mai 1944, une cinquantaine d'officiers français du Haut-Rhin et du Bas-Rhin furent convoqués pour le 1er juin, au camp d'instruction des Waffen SS à Cernay. Se soustraire à cette convocation, dans le climat répressif qui sévissait à cette époque, avec toute la rigueur de l'organisation nazie, eût été aller au-devant de représailles certaines, dont auraient été victimes les familles.

Personne d'ailleurs ne s'attendait à une convocation, d'autant plus que la législation militaire était formelle ! Nous étions convaincus qu'il s'agissait d'une erreur, d'autant plus qu'aucun officier de réserve n'avait signé d'engagement volontaire !

A notre arrivée à Cernay, le commandant du camp fut étonné d'apprendre qu'aucun de nous n'était volontaire. Il nous précisa que les SS avaient reçu l'ordre de s'occuper de nous, étant considérés comme Auslandsdeutscher (Allemands de l'étranger) et que nous étions destinés à encadrer la LVF (Légion des volontaires français).

Vu notre refus, il aviserait en haut lieu. Le 5 juin arrivent quelques officiers de réserve du service de santé (médecins, dentistes, pharmaciens), dont d'ailleurs un certain Dr Mathis, membre du parti nazi qui se porte volontaire pour endosser l'uniforme des Waffen SS avec le grade d'Obersturmführer (lieutenant) dès son arrivée.

Le séjour à Cernay permit à l'ensemble des camarades officiers français de discuter longuement et librement de leur situation, de préparer leurs arguments juridiques et autres à opposer aux autorités, et de réfléchir à l'attitude qu'il conviendrait de prendre dans les moments décisifs. Cet échange de vues a aussi permis de déceler quelques marginaux, dont les convictions paraissaient moins fermes !

Le 11 juin 1944, les officiers du service de santé sont renvoyés sans explication dans leurs foyers. Le même 11 juin, les cinquante quittent Cernay pour le camp de Bruss à trente kilomètres au nord-est de Dantzig.

Le 14 juin, nous arrivons au SS Panzergrenadier Ersatzbataillon 35 où un Obersturmführer nous confirme que nous sommes destinés à encadrer des volontaires français ! Nous lui opposons le caractère illégal de notre incorporation. Nous refusons d'endosser l'uniforme puisque :

1. Nous ne sommes pas volontaires;
2. La loi militaire allemande interdit notre mobilisation;
3. Nous sommes toujours français de par le droit international;
4. Nous sommes toujours officiers français;
5. Nous avons fait un serment sur le drapeau français;
6. S'il se mettait à notre place, il comprendrait que nous avons un honneur à res-

pecter et à défendre.

Le lieutenant préfère aviser Berlin ! Le 15 juin, le commandant du camp reprend la discussion pour nous faire endosser l'uniforme : nous refusons. Furieux, il ordonne à ceux qui refusent d'avancer d'un pas : tout le groupe avance ! Stupéfait, il retourne la question : « Que ceux qui acceptent sortent du rang. » Quatre obéissent.

AU CAMP D'ENTRAÎNEMENT SS DE CERNAY.

Le 17 juin, les quarante-six envoient une lettre à la commission d'armistice à Wiesbaden avec copie au chargé d'affaires de l'ambassade de France à Berlin pour protester contre notre incorporation illégale et pour souligner que nous sommes liés par notre serment au drapeau français.

Le 22 juin, réunion : le commandant, après avoir fait sortir les quatre qui ont accepté, nous déclare que nous avons choisi la mauvaise voie. Il nous demande si nous maintenons notre refus. Comme personne ne répond, il nous met aux arrêts de rigueur.

Le 11 juillet, nouveau rassemblement : le commandant nous demande si nous sommes enfin disposés à accepter l'uniforme, car nous sommes mobilisables et un refus équivaudrait à un refus d'obéissance qui entraînerait des sanctions pour nous et nos familles. Le 12 juillet, nous rédigeons une requête au Führer, Adolf Hitler, commandant en chef de l'armée allemande, par l'entremise du Dr Meissner, ministre d'Etat de la chancellerie et de la présidence à Berlin – quarante-deux signent, quatre nouveaux défaillants refusent de signer. Le commandant promet d'expédier notre lettre, dont nous lui remettons copie.

Le 15 juillet, les quatre non-signataires nous quittent pour endosser l'uniforme des Waffen SS.

Le 24 juillet, départ des Quarante-Deux pour Konitz (Chojnice), toujours en

Pologne, toujours aux arrêts de rigueur, gardés par des sentinelles en armes. Il faut reconnaître que depuis le 1er juin nous nous trouvions devant un dilemme d'autant plus tragique que nous étions pleinement conscients que le cynisme des nazis n'avait pas de limites.

Le 31 juillet, départ des Quarante-Deux, en wagons à bestiaux, toujours gardés par des SS armés jusqu'aux dents, vers l'inconnu.

Le 3 août, arrivée au camp de concentration de Neuengamme, à trente kilomètres de Hambourg : enregistrement et attribution d'un numéro matricule (de 42.164 à 42.205). Nous n'avons plus de noms, nous ne sommes plus que des numéros !

A notre arrivée au camp, le commandant nous reçoit en ces termes dont je donne la traduction : « Ah ! voilà une excellente marchandise pour les fours crématoires, d'ici vous ne sortirez que par la cheminée, messieurs les officiers. »

Nous sommes hébergés avec 358 Français détenus comme otages, arrêtés après le 6 juin et parmi lesquels se trouvent des professeurs, des magistrats, des députés, des prêtres, des hauts fonctionnaires et des industriels. Ces « détenus d'honneur » (Prominente) n'étaient pas astreints au travail. Notre surprise fut grande d'être mêlés à des Français, d'où, implicitement, reconnaissance de notre qualité de Français.

On nous laisse nos habits civils, mais confiscation de nos objets de valeurs (bagues, alliances, montres, portefeuille et argent. Pendant près de trois mois nous partageons notre vie avec ces otages et organisons nos journées à notre guise.

Toutefois, interdiction formelle d'écrire ou de recevoir du courrier. Sur ce plan, nous sommes défavorisés par rapport à tous les autres détenus. Nous ne sommes pas (encore) soumis au travail : notre instruction se poursuit et les SS attendent de connaître le sort qui nous sera réservé.

A deux reprises, les 12 et 20 septembre, nous sommes convoqués au bureau du camp pour un interrogatoire ; l'occasion nous est donnée de contracter un engagement : nous restons fermes.

UNE CENTAINE DE DÉTENUS PAR WAGON.

COLL. GILLIG

27 novembre : rassemblement des quarante-deux officiers. Un Oberscharführer SS nous communique un ordre du chef des Waffen SS, Himmler, du 25 novembre, qui nous condamne à mort et nous classe dans la catégorie des NN (Nacht und Nebel : nuit et brouillard).

Nous sommes immédiatement versés dans les blocs de travail : la vie de bagnard commence. Le commandant du camp, l'Obersturmbannführer der Waffen SS Pauli nous a signifié : « Sie wollten nicht für Adolf Hitler sterben, nun müsst Ihr für Großdeutschland verrecken! » (Vous ne vouliez pas mourir pour Adolf Hitler, eh bien, vous crèverez pour la Grande Allemagne).

Après la guerre, nous avons pu apprendre que les condamnations à mort des quarante-deux officiers ne furent pas exécutées sur intervention du Dr Meissner. Mais ce ne fut pas mieux, car ceux des bagnards classés dans la catégorie des NN étaient voués à la mort lente par extermination aux travaux forcés.

Nous sommes revêtus du costume de bagnard : sur le côté gauche de la veste, à hauteur du cœur, est cousue une bande de tissu blanc mentionnant notre catégorie (triangle rouge : bagnard politique), notre nationalité (F = Français) et notre numéro matricule. Notre nationalité de français est donc officiellement reconnue !

Logés dans des blocs surpeuplés, jusqu'à mille deux cents bagnards alors qu'ils étaient prévus pour trois cents, mal chaussés, mal vêtus, soumis aux travaux les plus durs, entre douze et quatorze heures par jour, soumis pendant deux à trois heures à des appels interminables, dans la pluie, la neige, le froid, avec des températures largement en dessous de 0°, avec une nourriture insuffisante et infecte, victimes de traitements sadiques, commandés et surveillés par des brutes qui étaient des criminels de droit commun auxquels les SS avaient délégué tous leurs pouvoirs...

Sur les quarante-deux que nous étions, vingt-deux camarades sont morts au camp. Ils ont payé de leur vie leur amour de la patrie, leur résistance au déshonneur. Ils sont tombés en soldats au champ d'honneur, au service de la France. Ils n'ont pas de tombe dans cette terre maudite de l'Allemagne nazie !

Il faut signaler que le Gauleiter Wagner n'a pas supporté notre refus : il a voulu forcer un second groupe d'officiers de réserve à endosser l'uniforme maudit. Le 4 septembre 1944, la Gestapo convoqua, sans motif, seize officiers bas-rhinois à son siège, rue Sellenick à Strasbourg, pour exiger d'eux un engagement volontaire : tous refusèrent ! Conduits à la prison de la rue du Fil, ils furent emprisonnés à la prison Sainte-Marguerite le 11 septembre et placés en cellules individuelles. Le 16 septembre ils furent transférés, menottes aux poignets, tels des criminels, à la prison d'Offenburg où ils furent interrogés une deuxième fois. Après leur refus, ils furent envoyés le 1er novembre au camp de travail d'Oberndorf en Wurtemberg pour travailler aux usines Mauser. Libérés par la 1re armée française, ils furent tous rapatriés en avril 1945. Le Gauleiter Wagner avait donc dû déplorer un deuxième échec, ce dont il n'avait pas l'habitude.

Sur les huit cents officiers français alsaciens résidant en Alsace sous l'annexion hitlérienne, seuls une cinquantaine avaient été appelés à endosser l'uniforme allemand des Waffen SS.

Pourquoi ? Nous l'ignorions en 1944. Mais en 1946 nous avons appris que nous étions... des cobayes.

En effet, lors de son procès, au printemps 1946, où le signataire de cet article était témoin à charge au nom des Quarante-Deux, le Gauleiter Wagner a avoué : « Si les cinquante officiers s'étaient déclarés volontaires, tous les autres officiers auraient été incorporés sans autre forme de procès, ce serait devenu un devoir pour eux ! »

De notre attitude dépendait le sort de tous les autres camarades officiers. Nous avions donc, sans nous en douter, fait échouer le plan de Wagner.

Quant aux huit qui ont accepté l'uniforme allemand et servi dans les Waffen SS, quelles avaient été leurs motivations ? Certains d'entre eux avaient affiché, dès leur arrivée à Cernay, des attitudes équivoques, essayant de nous entraîner dans leur décision de s'enrôler. Aucun des huit n'a eu la franchise de nous faire part de ses sentiments pendant nos réunions et discussions quotidiennes durant les six semaines de notre sort commun. A deux reprises notre groupe a été affaibli et cet effritement a conforté les Allemands dans leur plan. On peut naturellement se demander si les huit ont agi par peur devant les menaces clairement exprimées par les Allemands, ce qu'ils n'ont jamais révélé ! Malheureusement, leur comportement a fait subir au groupe un préjudice évident, dont les conséquences ont été tragiques. Nous sommes persuadés que s'ils étaient restés solidaires, le camp de concentration et la condamnation à mort auraient été évités. Quoi qu'il en soit, sachons pardonner sans pour autant oublier.

Les Salariés sous contrôle

Avec le Front du Travail

LÉON STRAUSS

Mise en place dès 1940 en Alsace, la politique sociale nazie s'adapte à l'évolution de la guerre, renforçant la pression sur les salariés des entreprises. Organisation obligatoire, le Front du Travail comptait 239 400 membres alsaciens en 1944, tous soumis aux contraintes envahissantes de l'embrigadement nazi.

Le 2 mai 1933, les syndicats allemands furent tous brutalement dissous. Quelques jours plus tard se constitua le Front du Travail allemand sous la direction de Robert Ley [1]. Il compta bientôt vingt-trois millions de membres. Hitler voulait à la fois mettre au pas les ouvriers et les séduire, sans faire de concessions à ceux qui rappelaient que dans « national-socialiste », il y avait « socialiste ». On se contentait de répéter des slogans vagues comme « Arbeit adelt » (le travail ennoblit) ou « Arbeit macht frei » (le travail rend libre). On insistait aussi sur l'égale dignité de tous les membres aryens de la Volksgemeinschaft, de la « communauté du peuple (allemand) », employeurs ou salariés. Les discriminations blessantes devaient disparaître : il fallait que les employés et les contremaîtres pointent comme les ouvriers ou bien que le pointage soit remplacé par un Betriebsappell (appel d'entreprise) matinal pour tous. Des possibilités de promotion sociale étaient créées : les centres de formation pour enfants d'ouvriers doués, le concours professionnel du Reich, etc. Le Front du Travail offrait, par ses filiales au financement abondant, toutes sortes de services, en particulier dans le domaine des loisirs et du tourisme avec Kraft durch Freude KdF, la Force par la Joie [2]. Et les travailleurs pouvaient espérer devenir, dans un proche avenir, les heureux propriétaires d'une petite voiture Volkswagen. En échange de ces avantages, le totalitarisme supprimait toutes les conquêtes démocratiques du mouvement ouvrier, l'autonomie des syndicats, le droit de grève, l'élection du conseil d'entreprise, les garanties contre l'arbitraire offertes par le droit du travail et les conventions collectives. L'entreprise devenait, sous le contrôle strict des commissaires du travail représentant l'Etat, une « communauté » dirigée par le patron ou le directeur, dont le personnel devenait la Gefolgschaft, la suite, l'escorte. La loi du 20 janvier 1934 imposait au Betriebsführer de se préoccuper du bien-être de sa « suite ». En échange, le personnel devait témoigner sa fidélité à ce nouveau seigneur féodal.

Les ouvriers alsaciens avaient vécu dans de tout autres conditions les années trente. Si la crise économique fut moins profonde, le chômage moins généralisé que dans l'Allemagne de la fin de la république de Weimar, la reprise à partir de 1936 fut moins spectaculaire que celle que connut le IIIe Reich[3]. Au moment même où, sous l'égide de la DAF, s'imposaient dans les entreprises d'outre-Rhin de nouvelles relations sociales, la lutte des classes s'exaspérait en France et une grande partie des ouvriers alsaciens participaient à l'explosion du mouvement gréviste de juin 1936[4]. Jusqu'en 1938 du moins, la syndicalisation était montée en flèche en Alsace que ce soit à la CGT ou à la CFTC.

Dès l'été 1940 furent établis en Alsace des offices du travail, qui enregistrèrent les sans-emploi et les expédièrent en Allemagne pour remplacer les mobilisés. Le nombre des chômeurs tomba ainsi très vite. Dès que l'industrie alsacienne reprit son activité, le chômage disparut complètement.

HIÉRARCHIE STRICTE, ENDOCTRINEMENT, ÉMULATION MAIS AUSSI SPORT ET LOISIRS : TOUS LES MOYENS SONT BONS

A son arrivée, la Gestapo avait mis la main sur les locaux et les archives des organisations ouvrières et leur avait interdit toute activité. En septembre 1940, le Front du Travail badois commença à s'implanter en Alsace sous la direction du Gauhauptamtsleiter, le Dr R. Roth. On peut suivre aujourd'hui le développement et l'activité de cette machinerie complexe d'intégration et de surveillance de la main-d'œuvre jusqu'en novembre 1944, car les dossiers de la Kreiswaltung de la DAF pour l'arrondissement de Strasbourg-Kehl ont été recueillis par les Archives nationales à Paris[5]. Le Kreisobmann Schneider, de Fribourg-en-Brisgau, adressa sa première circulaire à des agents de liaison qui lui avaient été proposés par l'Elsässischer Hilfsdienst. Ces personnes, confirmées par lui dans leur mission provisoire (kommissarisch) devaient se charger de toutes les questions concernant le DAF dans leur localité. Leur première tâche consistait à trouver un agent de liaison dans chaque entreprise employant plus de vingt personnes. Au cours d'une brève réunion, on ferait savoir à ces hommes de confiance qu'il fallait désormais informer les instances de la DAF de tout ce qui se passait dans l'entreprise. Les Betriebsobmänner devaient adresser au responsable local un bref rapport mensuel d'activité, à charge pour ce dernier de faire une synthèse à l'échelon de la commune, à adresser au Kreisobmann avant le 10 du mois suivant.

Le 25 novembre, une nouvelle circulaire ordonnait aux Ortswaltungen, aux filiales communales de la DAF, de proposer des candidats pour les fonctions de Ortswalter pour le commerce et d'Ortswalter pour l'artisanat. Dans chaque localité, il faudrait aussi désigner des responsables pour l'organisation, la propagande, la presse, la trésorerie, la jeunesse, les femmes, les loisirs, la formation professionnelle, ainsi que des dirigeants pour chaque branche professionnelle représentée dans la commune. Dans le bâtiment, le responsable d'entreprise devait nommer un homme de confiance pour chaque chantier. Dans le jargon archaïsant employé dans la DAF, ces cadres portaient, selon leur place dans la hiérarchie, des titres variés : Obmann, Walter, Walterin, Wart ou Leiter. Pour le moment, les nominations n'étaient faites qu'à titre provisoire. La nomination définitive dépendrait des aptitudes politiques, professionnelles et matérielles. Déjà, ces responsables devaient être obligatoirement membres du pré-parti nazi, l'Opferring.

En cette fin du mois de novembre 1940, le délai pour l'enregistrement des sections des petites entreprises était déjà dépassé. Or seules quinze Ortswaltungen urbaines et vingt-cinq rurales de l'arrondissement de Strasbourg avaient répondu. Le Kreisobmann constatait aussi des retards pour la mise en place des Zellenobmänner et des Blockobmänner. La tâche des Ortsobmänner ne se limitait pas à la mise en place du réseau serré des cadres subalternes de la DAF. Il leur fallait aussi participer à des tâches plus générales exigées par la politique du Gauleiter. Ainsi la circulaire du 10 décembre 1940 les appelait à collaborer au nettoyage (Bereinigung) des vestiges de l'époque française, en veillant au remplacement de tous les formulaires datant de cette période révolue, par exemple les diplômes de l'artisanat et des professions libérales. Et cela dans les plus brefs délais, puisqu'il fallait faire un rapport sur cette opération par retour de courrier, dès le 13 décembre au matin.

Ce ne fut qu'à partir du 1er juillet 1942 que l'appartenance au Front du Travail devint obligatoire pour tous les salariés et tous les chefs d'entreprise. La cotisation était prélevée à la source par retenue sur le salaire. En 1944, le Front du Travail comptait 239 400 membres en Alsace, soit plus de 22 % de la population[6].

On se préoccupa bien plus tôt de mettre en place dans les usines le dispositif d'endoctrinement expérimenté de l'autre côté du Rhin. Les Volksgenossen pouvaient disposer au prix modique de 10 pfennigs de la « brillante et éclairante brochure du Dr Robert Ley », *Vom Proleten zum Herrn*. Ainsi les travailleurs alsaciens, qui étaient passés, « pratiquement en une nuit », d'un sys-

FILATURE DE GUEBWILLER PAVOISÉE EN 1944
POUR LA VENUE DU GAULEITER WAGNER.

ARCHIVES MUNICIPALES GUEBWILLER

tème économique libéral-capitaliste à la vie économique et sociale national-socialiste, pourraient s'initier à la théorie sociale nouvelle. En janvier 1941, on prescrivit l'installation d'une radio avec haut-parleur dans chaque entreprise. Il s'agissait de mettre en route la pratique des « appels d'entreprise ». Un rituel minutieux fut institué à cette fin. Le 13 et le 14 février 1941, dans toute l'Alsace, des Gauredner furent reçus dans la plupart des entreprises. Le Betriebsobmann devait veiller à ce que les lieux soient « disposés de manière digne ». Derrière la tribune, les « drapeaux de la nation » encadreraient un buste du Führer , ou à défaut un portrait de taille convenable. Il fallait aussi des plantes vertes ou des feuillages. Dix minutes avant le début de l'appel, tout le monde devait être en place. Le chef d'entreprise devait ouvrir la séance en quelques mots et saluer l'orateur. Après le discours, le Betriebsobmann remercierait l'intervenant et terminerait l'appel en demandant à la Gefolgschaft de « miteinstimmen » (entonner) les formules consacrées : Wir grüssen den Führer Adolf Hitler ! Sieg Heil ! Sieg Heil ! Sieg Heil !

Le personnel de chaque entreprise devait se rendre en corps à toutes les manifestations publiques du parti avec, à sa tête, le patron et le Betriebsobmann. Lorsque le Führer ou un autre dirigeant du parti prononçait un discours radiodiffusé, les patrons devaient réunir leurs ouvriers pour une écoute collective. La salle devait être ornée au minimum d'un drapeau et d'un portrait d'Hitler. La transmission terminée, l'Obmann devait lancer l'invocation finale : « Nous saluons le Führer par l'ancien cri de combat : pour Adolf Hitler et la Grande Allemagne national-socialiste, Sieg Heil (trois fois) ». Le 1er mai, patrons et ouvriers se réunissaient pour la fête du travail. Au moins une fois par an, le patron devait organiser une excursion pour tous ses ouvriers et en supporter tous les frais.

Le Front du Travail était l'organisateur d'un concours annuel d'émulation entre les entreprises, grandes et petites, qui pouvaient obtenir, soit une citation élogieuse (lobende Anerkennung), soit un diplôme pour des résultats éminents, soit, récompense suprême, le titre d'établissement modèle national-socialiste (nationalsozialistischer Musterbetrieb), attribué en 1943 à l'Elsässische Keks-und Eierteigwarenfabrik, à Strasbourg-Neudorf. La DAF décernait d'autres récompenses à des firmes qui se distinguaient dans les domaines de l'éducation professionnelle, de la santé populaire , des foyers et logements exemplaires pour le personnel.

Parmi ses filiales, la Deutsche Volksbildungswerk, œuvre d'éducation populaire, organisait des conférences diverses, par exemple, le 7 mars 1941 dans la salle du Conservatoire à Strasbourg une causerie d'un certain Hans Bretz de Cologne « Von der Benzinkutsche bis zum Volkswagen » ; le 26 février, le professeur Gruber de Darmstadt avait parlé du plan et de la structure du Strasbourg médiéval.

Du fait de la guerre, le service des excursions et congés de Kraft durch Freude ne pouvait pas offrir à ses nouveaux adhérents alsaciens les croisières spectaculaires dans les fjords norvégiens organisées jusqu'à l'été 1939. Plus modestement, on continua la tradition régionale des excursions dominicales dans les Vosges et la Forêt-Noire[7]. Des Wanderwarte ou Reiseleiter bénévoles devaient prendre la direction de groupes de quinze participants. Le 28 février 1941, une circulaire KdF annonçait la fondation de Betriebswanderungsgruppen (groupes de randonnées d'entreprise). KdF procurait aussi des billets à prix réduit pour les concerts symphoniques de l'orchestre municipal, comme celui du 28 mars 1941, dirigé par Fritz Munch, où furent données des œuvres de Brahms, de Dvorak et d'un compositeur alsacien émigré en Allemagne en 1929 et récemment revenu à Strasbourg, Léon Justin Kauffmann.

Le service des sports de KdF prévoyait la mise en place, dans chaque établissement, d'un Betriebssportwart (gardien du sport d'entreprise) et d'une Betriebs-sportgemeinschaft. Cette communauté sportive d'entreprise devait disposer de plages horaires pour l'utilisation d'une salle de gymnastique, d'une salle ou d'un terrain de sport.

LA DURÉE HEBDOMADAIRE LÉGALE DU TRAVAIL EST DE 72 H DEPUIS 1943

Une circulaire du 11 février 1941 introduisit dans les entreprises alsaciennes la Werksverpflegung, la cantine d'entreprise. Depuis quelques années était déclenchée en Allemagne l'action « Repas chauds pour tous les travailleurs dans l'entreprise ». Trois formules étaient proposées aux patrons : les cuisines d'établissement dans les entreprises grandes ou moyennes une cuisine commune distribuant des repas chauds à plusieurs entreprises affiliées ; un contrat conclu avec des restaurants qui livrerait des repas chauds.

Tout travailleur devait recevoir une carte de travail. Une fois engagé par un employeur, il ne pouvait plus quitter la place sans l'assentiment de l'Arbeitsamt. Au début de 1942, l'industrie commença à souffrir du manque de main-d'œuvre, quoique des ouvriers venus des contrées allemandes exposées aux bombardements aériens aient été mutés dans les usines alsaciennes[8]. On augmenta donc la durée hebdomadaire légale du travail, qui passa de 48 heures en 1941 à 72 heures en 1943[9]. Et l'on imposa une discipline de fer sous le contrôle d'une police d'entreprise, le Werkschutz.

Le 27 janvier 1943, Fritz Sauckel, GBA (Generalbevollmächtigter für den Arbeitseinsatz), maître absolu de la main-d'œuvre européenne, avait astreint dans le Grand Reich tous les hommes non mobilisés de seize à soixante ans et toutes les femmes de seize à quarante-cinq ans au travail obligatoire. L'office du travail de chaque ville fut chargé de répartir les intéressés dans les usines de guerre et dans les bureaux. On généralisa ainsi le travail des femmes. Mais, selon Bopp, les Allemandes étaient placées dans des bureaux, alors que les Alsaciennes étaient presque toutes envoyées dans des usines comme ouvrières. Un nouveau décret Sauckel du 10 juin 1944 supprima toutes les exemptions, à l'exception des ressortissants des pays neutres, des curés et des pasteurs, des agriculteurs, des femmes enceintes, des élèves des écoles et des mères de familles ayant un enfant en bas âge ou deux enfants au-dessous de quatorze ans[10]. Après l'attentat contre Hitler, Goebbels, chargé d'organiser la guer-

FONDS JUNGMANN

RÉUNION DU PERSONNEL,
ENTREPRISE SAILER-WEIHT, SCHILTIGHEIM.

re totale, décida encore l'extension du travail obligatoire aux femmes de quarante-cinq à cinquante ans, aux femmes avec un seul enfant, aux domestiques de nationalité étrangère et à une grande partie des domestiques allemandes, aux élèves des écoles de cinéma et de théâtre[11].

Le 1er mars 1943, un décret avait ordonné la fermeture d'un grand nombre d'établissements et de magasins jusqu'à la victoire finale[12]. Cette mesure frappait surtout les petits commerces, les ateliers artisanaux, les restaurants et certains grands magasins, ainsi que des voyageurs de commerce. Le personnel, qui de ce fait était privé d'emploi, devrait être mobilisé ou affecté dans les usines de guerre. Le 24 octobre 1944, la guerre totale obligea même à réduire de façon drastique la durée des appels d'entreprise devenus Kurzbetriebsappelle .

Dans les deux dernières années de l'Occupation, une des préoccupations essentielles du Front du Travail fut l'emploi et la prise en charge de la main-d'œuvre dite de race étrangère (fremdstämmigen Arbeitskräfte). Ces travailleurs étaient répartis en quatre groupes :

1. Les étrangers ordinaires (Ausländische Arbeitskräfte), c'est-à-dire tous les travailleurs civils étrangers non astreints au port d'une marque distinctive. Mais cette catégorie, qui comprenait les volontaires et les requis du STO originaires d'Europe de l'ouest, et notamment de France, ne devait pas être employée sur le sol alsacien, à l'exception des Italiens et de quelques Néerlandais;

2. Les Ostarbeiter (Russes et Ukrainiens);

3. Les Polonais (mais les Polonais du bassin potassique, établis de longue date dans la région, avaient un statut privilégié);

4. Les juifs et Tziganes.

Ceux qui appartenaient au premier groupe étaient, du point de vue du droit du travail, assimilés au personnel de nationalité allemande et de rang comparable. Ils percevaient les mêmes rations alimentaires. Pour les Ostarbeiter, les prescriptions du droit du travail ne comptaient que dans certaines limites. Pour les ressortissants des groupes 3 et 4, les dispositions du droit du travail valables étaient remplacées par des « règlements spéciaux ». Cependant, en ce qui concerne les rations alimentaires, les Polonais étaient à égalité avec les Allemands.

FONDS JUNGMANN

L'OBSESSION DE LA PROPAGANDE : DES DISCOURS ET TOUJOURS DES DISCOURS.

Les ouvriers de l'est, considérés comme des sous-hommes, ne percevaient qu'une partie des rations normales. Cette disposition d'origine raciste était regrettable, selon le chef régional du Front du Travail, car c'étaient souvent les Soviétiques qui avaient la meilleure productivité. Les entreprises qui les employaient souhaitaient l'égalisation des rations.

Un rapport du mois de mars 1944 évoquait les problèmes nés de la présence de travailleurs français du STO en pays de Bade. Dans un certain nombre d'entreprises, ils étaient amenés à côtoyer des ouvriers alsaciens. On observait chaque fois que des liaisons fort préjudiciables à l'éducation des Alsaciens au Deutschtum s'établissaient ; dans l'arrondissement de Säckingen, les Alsaciens logés en foyer cherchaient à rencontrer ces Français pendant leurs heures de loisir hors de l'entreprise. Dans le cercle d'Offenbourg, on se plaignait de la mauvaise atmosphère issue de la coexistence d'Alsaciens et de Français dans un même établissement, car les Alsaciens informaient les Français de l'actualité politique et militaire « et à vrai dire pas du tout en conformité avec notre point de vue ».

Le Dr Roth rappela donc aux chefs d'entreprise, aux responsables d'entreprises et aux responsables locaux du Front du Travail les directives sur l'emploi, l'encadrement et, si nécessaire, la surveillance des Alsaciens occupés dans le Gau de Bade. Cet exemple démontre le peu de confiance que les cadres supérieurs du Front du Travail faisaient aux Volksgenossen alsaciens.

Et pourtant, en juin 1943, le ministre-président badois, Walter Köhler, chef de la section financière et économique auprès du chef de l'administration civile en Alsace, crut nécessaire de faire un vibrant éloge de la main-d'œuvre alsacienne. Les ouvriers de cette région auraient agréablement surpris les Allemands qui avaient sous-estimé au départ leur capacité de travail. Grâce à leurs efforts, beaucoup d'établissements alsaciens avaient non seulement atteint le niveau de productivité des établissements similaires d'outre-Rhin, mais ils l'avaient même dépassé. Ainsi, concluait-il, le travailleur alsacien avait, par son zèle, acquis une place d'honneur dans la grande famille des travailleurs allemands.

LES ALLEMANDS SE PLAIGNENT DES « MAUVAISES RENCONTRES » ENTRE ALSACIENS ET FRANÇAIS DU STO

En réalité, on connaît d'assez nombreux exemples d'actes de sabotage et d'autres manifestations de résistance dans les ateliers et usines d'Alsace annexée. Mais comme partout ailleurs dans l'Europe nazifiée, seule une minorité prit les risques extrêmes qu'impliquait une telle démarche. Cinquante ans après, les témoignages restent rares sur les réactions du plus grand nombre aux efforts de séduction des « fonctionnaires » du Front du Travail, bientôt démentis il est vrai par la rigueur des mesures de guerre totale.

NOTES

1. Pierre WALINE, *Cinquante ans de rapports entre patrons et ouvriers en Allemagne*, t. 1, Paris, 1968; David SCHOENBAUM, *La révolution brune; la société allemande sous le IIIe Reich*, Paris, 1979; Timothy MASON, *Sozialpolitik im Dritten Reich*, Opladen, 1977.
2. Sur KdF, la contribution de L. STRAUSS et J.-C. RICHEZ, à paraître en 1995 dans *L'invention du temps libre* sous la direction d'Alain CORBIN, chez Aubier.
3. Cf. dans *Saisons d'Alsace* n°123, printemps 1994, les articles d'Eugène RIEDWEG, Yves FREY et Léon STRAUSS.
4. Jean-Claude RICHEZ, « Front Populaire », *Encyclopédie de l'Alsace*, t. 6, p. 3230-3233, Léon STRAUSS, « Grèves », loc. cit., p. 3500-3504, L. STRAUSS, « Syndicalisme des salariés », loc. cit., t. 12, p. 7215.
5. Archives nationales, Paris, AJ40 1487 à 1495
6. Marie-Joseph BOPP, *L'Alsace sous l'occupation allemande*, Le Puy, 1945, p.115.
7. J.-C RICHEZ, L. STRAUSS, « Tradition et renouvellement des pratiques de loisirs en milieu ouvrier dans l'Alsace des années trente », *Revue d'Alsace*, n° 113, 1987, p. 217-237; L. STRAUSS, J.-C. RICHEZ, « Promenades et excursions dominicales des ouvriers alsaciens avant la seconde guerre mondiale », in A. RAUCH (dir.), *Sports et loisirs en Alsace au XXe siècle*, CREEC/ Revue EPS, Paris, Strasbourg, 1994, p. 79-89.
8. BOPP, p. 218.
9. Isabelle BOGEN, « Chronique d'une entreprise en guerre. Les Junkerwerke », *Saisons d'Alsace*, n° 117, automne 1992.
10. BOPP, p. 307.
11. BOPP, p. 308.
12. BOPP, p. 218, p. 306-307.

Evasions au Sundgau

RENÉ MEYER

Proche de la Suisse, le Sundgau a été le cadre de beaucoup d'évasions, individuelles ou collectives. Certaines ont été très aventureuses. René Meyer poursuit ici son récit, commencé dans nos numéros « 1942 » et « 1943 ». Il met notamment en évidence la solidarité exprimée par de nombreux citoyens suisses.

La spectaculaire évasion collective du 10 février 1943

C'est sans doute le fait le plus marquant de la seconde guerre mondiale dans la région du Sundgau, au sud de l'Alsace à la frontière suisse. Tout commence l'après-midi du mardi 9 février 1943. Six jeunes gens de Riespach se rencontrent au café du village et décident de monter une nouvelle évasion, comme celle qui vient d'avoir lieu deux jours plus tôt. Ce sera pour le lendemain soir, à 19 h, avec rassemblement en forêt, à 1,5 km du village. Or, par un contre-ordre qui aurait pu avoir des conséquences tragiques, le signal du départ est déjà donné à 16 h avec comme point de ralliement la forêt de Koestlach. Cependant, c'est un faux départ et les candidats à l'évasion qui ont eu vent de la nouvelle consigne doivent rebrousser chemin. Sans doute s'agissait-il là d'une manœuvre destinée à dérouter d'éventuels mouchards ! Cependant, le bouche à oreille a fonctionné : malgré un temps gris et froid, de très nombreux jeunes gens convergent vers le lieu-dit Espen dans une clairière de la forêt communale de Riespach à proximité du préventorium Kappalahof. La croix de l'Espen, d'où le surnom d'Espenkolonne donné à l'expédition, servira de repère. Ils sont deux cent six [1]. Beaucoup sont venus accompagnés de leur famille, parents, frères, sœurs ou amies. Des parents n'ont pas hésité à rappeler leur fils sur le lieu de travail. Toujours est-il que le rassemblement devient très bruyant. Aux abords de la croix de l'Espen sont abandonnées une multitude de bicyclettes. Les jeunes gens viennent d'une quinzaine de villages environnants, et notamment de Durmenach, Hirsingue, Feldbach, Ferrette, Grentzingen, Knoeringen, Retzwiller, Roppentzwiller, Ruederbach, Steinsoultz, Oberdorf, Waldighoffen, un de Ballersdorf et, bien sûr, ceux de Riespach. Ils sont groupés par village. L'affaire n'a pas été éventée, les gendarmes de Ferrette ignorent tout. On peut d'ailleurs se demander si l'un ou l'autre nazi local n'a pas su !

LA FERME DU LARGIN EN SUISSE.
IL SUFFIT DE FRANCHIR LE PETIT PONT EN BOIS SUR LA LARGUE POUR PASSER LA FRONTIÈRE.

Dans la soirée, on commença à s'agiter en raison de l'incertitude et des aléas de l'évasion[2]. Des discussions s'engagent entre quelques hommes, ceux du groupe de Riespach et deux autres, l'un de Grentzingen et l'autre de Ruederbach. La direction se fera sous l'autorité d'un homme de cette dernière localité. On risquera le tout pour le tout pour gagner la frontière, puis la franchir au besoin par la force. L'armement possédé comporte huit revolvers, trois fusils de chasse, des poignards et des gourdins[3]. Le plus âgé a trente-quatre ans, le plus jeune dix-sept. Le fils du maire de Riespach est également présent.

La colonne s'ébranle vers 20 h 30 dans un brouhaha infernal. Il faut quitter les lieux sans tarder sous peine d'être découvert. Les jeunes gens sont groupés par village sous la direction d'un homme de confiance. Ceux qui sont armés sont placés en tête. Après une heure de marche à travers la forêt et avant de traverser la route de Feldbach à Vieux-Ferrette, la colonne fait halte. Au moment de repartir, vingt-trois hommes[4] prennent peur, ils abandonnent et rebroussent chemin. La colonne reprend sa marche. Après trois heures de route dans la nuit et une quinzaine de kilomètres à travers bois, champs et chemins creux, un instant désorientée, la troupe manque d'entrer dans Pfetterhouse où les chiens dérangés par le bruit aboient. La bonne direction est reprise vers la rivière la Largue. Des fils de fer barbelés épars entravent l'avance mais un petit étang faisant office de frontière est atteint puis la borne-frontière 111 A. Les hommes, crottés et fourbus, pénètrent en Suisse sans encombre aux environs de minuit. Ils ne peuvent se retenir et s'embrassent, puis chantent *Vous n'aurez pas l'Alsace et la Lorraine* et s'élancent dans la clairière au fond de laquelle se trouve la ferme-auberge du Largin. Pénétrer en Suisse sans encombre, c'est beaucoup dire. Deux Allemands du Grenzschutz en patrouille ont aperçu les premiers éléments de la colonne et leur ordonnent de s'arrêter. A ce moment-là, les hommes armés s'avancent à leur hauteur et les font prisonniers. Lorsque toute la colonne a passé en territoire helvétique, ils sont relâchés. Les évadés ont gagné !

Comptés à la douane, ils sont cent quatre-vingt-trois mais les douaniers suisses sont surpris car aucun passage n'a été signalé. Une profonde déception s'empare cependant des réfractaires car ils apprennent que les dix-huit eux aussi partis de Riespach ont été refoulés en France occupée et il serait question de leur appliquer la même mesure. Les tractations sont énergiquement menées par le maire de Bonfol pendant que les Alsaciens sont gardés par vingt-cinq hommes de la Heerespolizei (police de l'armée de terre suisse). Finalement, les Alsaciens ne seront pas refoulés. D'abord transférés au château de Porrentruy, ils sont acheminés le 13 février à Délémont puis par train à Lengnau. Durant la nuit, les évadés rejoignent le camp de Büren-an-der-Aare, près de Biel (Bienne), où ils sont internés. Au début de 1943, le camp de Büren compte quatre cent quatre-vingt évadés. Tous sont astreints à des travaux. En septembre 1944, la grande majorité s'engagera aux 1er et 2e bataillons de chasseurs à pied reconstitués au Groupe mobile d'Alsace dans le Doubs pour participer à la Libération.

Dans le Sundgau, dès le matin du 11 février, des traces de passage sur une largeur de six à huit mètres ont été remarquées dans un champ de blé au lieu-dit Moosweg sur le ban de la commune de Moernach. Aussi, l'évasion est bientôt connue des habitants de la région malgré le silence complet des autorités nazies dans la presse locale, le *Mülhauser Tagblatt*. Mais l'alerte est donnée, le dispositif policier le long de la frontière est renforcé dès le 12 février 1943 auquel se heurteront, hélas ! ceux de Ballersdorf.

Dimanche 28 février 1993, un monument commémoratif relatant les faits qui se sont déroulés cinquante ans plus tôt a été inauguré à l'orée de la forêt de Riespach.

L'épicerie de Moernach au centre d'une filière d'évasion du Sundgau.

Durant l'Occupation, l'épicerie de Moernach, dans le Sundgau, était au centre d'une filière d'évasion vers la Suisse. Moernach, petite localité proche de la confédération helvétique, disposait à cette époque d'une épicerie, véritable centre vivant de la commune, qui servit aussi de débit de lait, de vin et de tabac. Les candidats à l'évasion venaient sur place en empruntant les véhicules du laitier ou ceux des livreurs tout en passant inaperçus parmi les nombreux va-et-vient.

L'épicerie et ses dépendances ont caché jusqu'à cent soixante-trois personnes, servant ainsi d'ultime relais avant le franchisse-

LA FERME AVANT GUERRE.

COLL. PART.

1944

ment de la frontière suisse. Au cours de l'été 1943, il est arrivé que vingt-quatre personnes s'y soient trouvées dissimulées en même temps alors que les gendarmes allemands de Ferrette étaient sur place. Pénétrant dans la cuisine, les Allemands ont remarqué qu'aucune chaise ne s'y trouvait mais sans pousser plus avant leur curiosité, largement abreuvés qu'ils étaient par l'épicière au moyen de rasades de schnaps. L'épicière, sentant les mailles du filet se resserrer progressivement, a pris les devants en s'évadant à son tour en Suisse dans la nuit du 6 au 7 janvier 1944.

L'évasion collective du 8 mai 1944 sous les balles allemandes

Au soir du lundi 8 mai 1944, soixante-treize personnes doivent se rassembler suivant un mot de passe à 20 h dans un verger à proximité de certaines maisons de Moernach. Mais à l'heure dite, on en compte seulement cinquante-sept. Il en manque seize. Ont-elles manqué le lieu de ralliement ou, ce qui serait pire, ont-elles été arrêtées par la Grenzwache, les gardes-frontière ? Cependant, l'heure tourne, il fait clair de lune et assez froid. Le groupe se met en route avec une heure de retard sans les manquants. Il comprend vingt-sept hommes, dix-sept femmes et treize enfants dont quelques-uns très jeunes. Presque tous les hommes sont des incorporés de force qui ont décidé de ne pas retourner en Russie à l'issue d'une permission et de s'évader en Suisse avec femmes, enfants et bagages.

Le chef du groupe, un jeune vicaire, fils de l'épicière et lui-même caché depuis trois mois, recommande chaudement les fugitifs à la protection de la Vierge Marie. Les enfants sont tendus, l'un d'eux ne cesse de pleurer au risque de faire repérer le groupe, d'autres sont sous l'effet de calmants administrés par leurs parents. Après avoir parcouru plusieurs kilomètres à travers prés, champs, fossés, rivière, routes, chemins de terre, les fugitifs font une halte dans un bois de hêtres. Chaque homme ou femme porte une valise, un sac à dos, un enfant.

La colonne se remet en marche et, peu après, les deux hommes de tête remarquent, immobiles au clair de lune, deux Allemands de la Grenzwache qui, après un moment, poursuivent en direction de Pfetterhouse. En file indienne, le groupe avance sur un sentier; chaque pas casse du bois mort avec un bruit qui peut s'entendre au loin. Nouvel arrêt et attente pesante, après quoi la colonne repart et atteint la lisière de la forêt. Au-delà, c'est un découvert d'une cinquantaine de mètres de pré jusqu'à la rivière la Largue large de deux mètres et profonde d'un mètre faisant office de frontière. Il est alors 23 h environ.

Le chef du groupe découvre les deux Allemands de la Grenzwache ; ils ont sans doute entendu les fugitifs et les attendent à la sortie du bois. Un ordre impératif perce la nuit : « Halt ! Wer da ? » (halte ! qui est là ?)

Le gros de la troupe n'a rien entendu, il faut lui répéter de s'arrêter. Un silence de mort suit. Personne ne bouge, ni les fugitifs ni les Allemands, mais on s'observe longuement. La colonne se remet en marche et à peine après quelques pas fuse un nouvel ordre : « Halt ! Wer da ? »

Les deux Allemands arment leur fusil et se mettent en position de tir. Mais le chef du groupe prend une décision et crie : « Serrez vos valises très fort et préparez-vous à sauter dans la rivière; vous serez en Suisse! »

Comme un seul homme, tous se précipitent dans le cours d'eau. Au même moment les Allemands ouvrent le feu et tirent une dizaine de coups. Sous les tirs les fugitifs escaladent tant bien que mal l'autre rive, côté suisse. Des femmes sont comme paralysées et appellent au secours. Une maman se lamente et pleure en criant : « Mi Franzala, mi Franzala... » (mon petit François, mon petit François). Il s'avère que l'enfant, âgé de deux ans, n'a pas suivi. Mais le désordre et l'énervement sont tels qu'il est impossible de se faire une idée claire de la situation. Tout le groupe, mouillé, les vêtements déchirés par les barbelés qui clôturent un pré, gagne rapidement la ferme suisse du Largin. Les fermiers sont éberlués devant un aussi grand nombre de personnes avec des enfants. Les chiens aboient avec acharnement. Il faut alors se rendre à l'évidence : le petit François manque à l'appel. Son père veut s'en retourner mais il en est dissuadé. La femme s'alite immédiatement au bord de la dépression. Les enfants, très fatigués et très énervés, peuvent enfin se reposer. Pour ramener le calme, le chef du groupe fait réciter cinq fois trois prières.

CE SONT DES FAMILLES ENTIÈRES, AVEC FEMMES ET ENFANTS, QUI DÉCIDENT DE S'ÉVADER SOUS LA CONDUITE DU VICAIRE.

Une autre évidence s'impose : lors du franchissement de la frontière aucune personne n'a été ni tuée ni même blessée. Les Allemands ont-ils tiré en l'air ou ont-ils été très maladroits ? On ne saura jamais ce qui s'est passé.

Le chef du groupe, quant à lui, est à la recherche de sa valise. Un des hommes lui dit l'avoir jetée au premier coup de feu pour mieux sauter par-dessus la rivière. Or cette valise contient sa soutane et le bréviaire marqué à son nom. Les occupants n'auront donc aucune difficulté à identifier le propriétaire de la valise.

Au lever du jour, plusieurs personnes vont en reconnaissance en direction de la rivière mais sans pousser plus avant car les deux Allemands ont été renforcés par des sentinelles qui se tiennent derrière les arbres. Pas de trace de l'enfant manquant. Deux jours plus tard, un habitant de Pfetterhouse, lui aussi évadé, signale que le petit François a été confié à un couple sans enfant dont le mari est Ortsgruppenleiter de Moos (Mooslargue). Ses parents sont quelque peu soulagés et ils apprennent ce qui s'est passé lors du franchissement de la frontière : un homme a soulagé le fardeau de la maman en lui proposant de porter son garçon sur ses épaules, mais il l'a abandonné sur place dès les premiers tirs des Allemands.

Conduits au château de Porrentruy, les évadés y sont interrogés par la Heerespolizei. Le groupe y pose pour une photographie. Seuls manquent un couple suisse qui possède la double nationalité et le petit François. Le prêtre, les femmes et les enfants

LE GROUPE DE LA DERNIÈRE ÉVASION COLLECTIVE DU SUNDGAU, LE 8 MAI 1944, À L'ABRI EN SUISSE — COLL. PART.

sont internés au camp du Petit Saconnay à Genève tandis que les hommes le sont au camp de Büren-an-der-Aare. Le petit garçon a été récupéré par ses parents à la Libération.

La ferme-auberge du Largin, lieu de recueil des évadés

L'ancienne ferme-auberge du Largin est située, isolée, à la pointe de l'enclave suisse qui s'avance sur Pfetterhouse, à proximité de la rivière la Largue faisant office à cet endroit de frontière entre la France et le territoire helvétique. Bizarrerie du tracé frontalier, les lieux forment un saillant de 1,5 km de long à travers la forêt mais dont l'extrémité mesure quatre cents mètres de large.

Durant toute la guerre, la ferme a servi de lieu d'accueil à trois mille personnes évadées, étrangers, prisonniers de guerre français, mais surtout des Alsaciens fuyant le Reichsarbeitsdienst instauré en mai 1941, puis la Wehrpflicht décrétée en août 1942.

Lors des combats de la Libération, les 18 et 19 novembre 1944, les lieux se sont trouvés à nouveau sur le devant de la scène. Les habitants de Pfetterhouse se sont réfugiés en Suisse, à Bonfol, où il furent répartis plusieurs jours dans l'église et chez l'habitant. A cette occasion, trente soldats allemands désertèrent, passant la

frontière en emmenant avec eux six soldats français qu'ils avaient fait prisonniers.

Voici un témoignage restituant le rôle de cette ferme-auberge suisse, celui de Mélanie Thalmann, l'aubergiste, âgée de quinze ans en 1941, décorée après la guerre par l'UNC pour « services rendus ».

« Durant la guerre, mes parents tenaient le café-restaurant-épicerie du Largin, bâtiment isolé dans la forêt à l'extrémité de l'enclave suisse près de Pfetterhouse. La douane de Bonfol a enregistré trois mille personnes ayant passé clandestinement la frontière et celles-ci, à peu de chose près, ont passé par chez nous. Nous avons tenu une sorte de livre d'or des passages. Pratiquement toutes les personnes que nous avons hébergé sont portées dans ce cahier, soit par leur signature ou leurs dessins ou des têtes de morts. Même les soldats cantonnés chez nous ont marqué leur passage. A ce propos, ils ne se sont jamais opposés à l'entrée en Suisse des évadés.

» Après chaque arrivée, mes frères, mes sœurs et moi-même conduisions les évadés à la douane de Bonfol située à 3,5 km. Les tout premiers évadés furent des Sudètes, des Allemands, démunis de papiers. Cela se passait au début de la guerre, en 1939. C'est en 1941, que les évadés d'Alsace ont commencé à venir, puis ils sont venus de plus en plus nombreux. Nous ne demandions jamais d'argent, contrairement à beaucoup de passeurs qui ont fait fortune en faisant payer le passage entre quatre-vingts et cent marks.

» Il y a des moments qui restent gravés dans la mémoire, telle cette nuit du 10 février 1943 où les quelque deux cents évadés alsaciens se sont présentés d'un seul coup chez nous. Ils étaient tellement contents que, pour fêter l'événement, mon frère Jules a joué de l'accordéon le reste de la nuit. Une autre fois, un évadé de Moos a été touché à la cuisse par une balle tirée par un des gardes-frontière allemands alors qu'il se trouvait déjà sur le territoire suisse. A propos de l'aventure de l'enfant abandonné, le lendemain, les Allemands nous ont dit que les parents pouvaient venir rechercher leur enfant. Pensez donc, le guet-apens dans lequel ils allaient se fourrer! Les Allemands voyaient tout ce qui se passait chez nous mais ils n'ont jamais pénétré dans notre habitation.

» La douane suisse était toujours sévère car il était souvent question de refoulement. La police, par contre, était plus souple dans un rayon de dix kilomètres de la frontière. Un jour, un douanier suisse est venu chez nous pour y chercher une femme russe qui s'était échappée de chez un fermier allemand de Waldighoffen, lui-même remplaçant une famille alsacienne déportée. Or, ce douanier nous a tous trompés car il a remis la femme aux Allemands.

» Beaucoup de personnes restaient chez nous plusieurs jours et nous avons même procuré des papiers d'identité à certaines. Durant la guerre, une famille échappée d'Alsace a vécu dans la forêt pendant plusieurs mois, pas loin d'ici. Le mari, la femme et les deux enfants étaient complètement démunis. Lors de la débâcle allemande, nous avons recueilli un déserteur de la Wehrmacht. Il était tellement à bout qu'il a bu un seau d'eau entier... »

NOTES

1. On parle de deux cent cinquante personnes. Sont compris les parents, etc. Mais ce rassemblement de personnes donne une idée du bruit qui y a régné.
2. Le ou les passeurs ne se seraient pas trouvés au rendez-vous. Pourtant, selon un survivant, cette affaire de passeurs n'est qu'un mythe.
3. Il semble y avoir eu aussi un fusil Lebel démuni de munitions correspondantes.
4. En fait, des parents, amis, etc., accompagnent les jeunes gens sur une partie du parcours. Ce ne sont donc pas vingt-trois hommes qui rebroussent chemin mais une quarantaine voire une cinquantaine de personnes. Parmi les vingt-trois jeunes pris de scrupules, presque tous seront arrêtés par la suite.

Un Lebensborn alsacien ?

Des « Enfants du Führer » à Turckheim

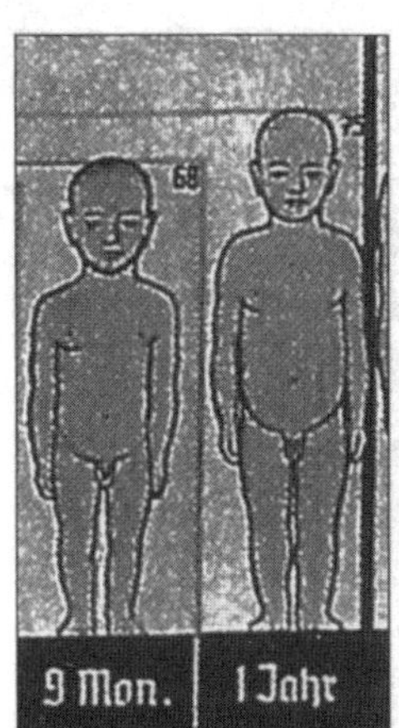

RITA BELLIS

La région de Colmar a-t-elle abrité pendant la guerre un de ces centres où les nazis mettaient au point la « race supérieure », ces fameux Lebensborn qui accueillaient des femmes concevant des enfants « pour l'avenir du Reich » ?

Madame Rita Bellis nous a tout récemment adressé son témoignage suite aux informations publiées début 1994 dans la presse nationale française et sur la chaîne France 2 concernant ces centres où des femmes, véritables reproductrices sélectionnées, après s'être unies à des « Aryens » garantis, souvent des soldats méritant donnaient naissance à des enfants qui devaient ensuite être abandonnés et élevés par l'Etat national-socialiste. Projet fou et monstrueux dont l'histoire détaillée reste à écrire. Voici un témoignage, à verser au dossier, en espérant qu'il sera possible de préciser ultérieurement ces informations reposant uniquement sur la mémoire.

« Durant la guerre, en 1943-1944, j'étais affectée à la petite maison d'accueil de la gare de Colmar – un bâtiment en style de temple grec – aujourd'hui détruite et transformée en parking. Mon travail d'accueil consistait à trouver des personnes en difficulté – ma-mans, vieilles personnes, soldats blessés – et de les amener à l'accueil. Une biberonnerie y était installée, un berceau, un divan. Par téléphone on contactait alors un autre relais.

» J'avais remarqué que des femmes venaient par le train de Vienne de 15 h 20. On nous téléphonait, je les prenais en charge pour les emmener à la porte de l'hôpital Pasteur. Je me demandai toujours pourquoi ces femmes venaient de si loin.

» Les femmes enceintes que nous recevions à l'accueil de la gare de Colmar allaient accoucher soit à Turckheim soit à Kaysersberg, dans des villas. Ces femmes venaient de loin. Le mari était au front, les enfants séparés selon les âges dans toute l'Allemagne.

» A Kaysersberg, la maison était sévèrement tenue. Les mères n'avaient pas le droit de s'occuper de leurs enfants. Un médecin supervisait. Il y eut plainte contre mauvais soins.

» Mais à Turckheim, c'était différent. L'accueil était chaleureux. Près de cette maison il y avait un centre de repos de SS et les Tanzfestchen (après-midi dansant) allaient bon train. Les enfants étaient bien soignés.

» Nous ne comprenions pas à l'époque le lien entre des femmes enceintes et des SS.

» Il y avait un état-civil où étaient inscrits ces enfants. J'ai vu des célibataires illuminées de quarante-cinq ans qui voulaient donner un enfant au Führer... Celles-ci allaient à Kaysersberg.

NOTE

1. *VSD*, n° 853, 6-12, janvier 1994.

CI-CONTRE : L'AUTEUR DE L'ARTICLE PENDANT LA GUERRE À COLMAR.
CI-DESSOUS : TABLEAU DE CROISSANCE DE LA « RACE NORDIQUE ».

COLL. PART.

BUNDESARCHIV

Les Filles SS d'Obernai

Une école fondée par Himmler

Trois mille auxiliaires féminins SS venus de tout le Grand Reich allemand ont été formés à Obernai dans une école fondée et surveillée par Himmler. L'institution disparut dans la nature en novembre 1944.

En novembre 1944, un épisode méconnu de la guerre a pris fin en Alsace. Durant deux ans et demi, les SS avaient formé environ trois mille jeunes filles et femmes à Obernai dans une école SS du Reich (Reichsschule SS). A l'arrivée des chars alliés, l'école en question se volatilisa. Une dirigeante de l'école écrivit alors à Himmler à propos de cette retraite précipitée : « Notre retraite vers le Rhin, quelle aventure, mais je me suis sentie vraiment dans mon élément. La bataille tout autour puis, Dieu soit loué, une tempête violente et, au milieu de tout cela : nous ! Et quelle camaraderie entre nous, les filles ont eu un comportement très honorable, chantant à travers la boue et la pluie, comme il se doit pour une auxiliaire SS. »

Les auxiliaires féminins n'ont rien de commun avec les surveillantes des camps de concentration. Elles étaient plutôt des imitations plus ou moins réussies des auxiliaires que l'on trouvait dans divers camps de la Wehrmacht. Elles avaient les mêmes fonctions que ces dernières : en prenant en charge des tâches non guerrières, elles permettaient de libérer ainsi les SS pour le service armé. Himmler lui-même s'occupait de l'organisation de ce corps féminin. Seule différence avec les filles de la Wehrmacht : les « dames SS » étaient soigneusement sélectionnées car elles représentaient des épouses potentielles pour les SS. L'école d'Obernai était organisée comme un couvent.

Dans son livre *Frauen zu den Waffen ?* (les femmes doivent-elles prendre les armes ?), paru chez Wehr & Wissen, l'historien allemand Franz Seidler décrit l'école et la formation de ces femmes à Obernai. C'est en mai 1942 qu'Himmler et le SS-Gruppenführer Sachs se mirent d'accord sur l'emplacement de l'école. Après conflits avec l'Ortsbauernführer, les SS acquirent une aire de quatre-vingts hectares à côté des châteaux d'Oberkirch et de Léonardsau (de Dietrich), dont les propriétaires furent interdits d'accès parce que les domaines pouvaient être réquisitionnés en tant que « propriété du Reich ». Les meubles furent réquisitionnés sur place et dans le canton de Molsheim. Les plus beaux auraient été mis de côté par le médecin personnel d'Hitler.

HIMMLER EN VISITE À L'INSTITUTION D'OBERNAI EN 1944.
CI-DESSOUS, UNE JEUNE PENSIONNAIRE. EN BAS À DROITE, HIMMLER AVEC LA PRINCESSE STEPHAN ZU SCHAUMBURG-LIFFE.

L'implantation de l'école près de Strasbourg répondait également à des motifs politiques. Les Alsaciens, politiquement peu sûrs, (unzuverlässig) et très critiques envers l'Allemagne (Deutschtum), devaient ainsi apprendre ce qu'est le « edles deutsches Frauentum » (la fierté féminine allemande). Les relations entre les femmes SS et les habitants, amicales au début, se dégradèrent au long de la guerre : refus de servir dans les magasins, etc. A la fin, les réactions furent carrément hostiles.

La sélection des filles était très rigoureuse. Elles devaient avoir entre dix-sept et trente ans, être plus grande que 1 m 65 et répondre à « toutes les exigences qui pouvaient être demandées à de futures épouses de membres de la SS ». Les veuves de SS devaient être choisies en priorité. Par contre, les candidates paysannes, aides ménagères, aides soignantes devaient être refusées pour des opérations d'importance stratégique. Avec le temps, les critères de sélection évoluèrent (quarante ans et 1 m 58), puis l'école fut même ouverte à des étrangères. En 1944, le corps d'auxiliaires féminins SS comptait dans ses rangs quinze musulmanes, parentes d'officiers de la Waffen-SS, division Handschan.

QUINZE MUSULMANES PARMI L'ÉLITE FÉMININE ALLEMANDE

L'école était dirigée par le chef de brigade SS Dufais et les Alsaciens Dilcher (Standartenführer) et Mutschler (Obersturmbannführer). Himmler a visité l'école deux fois. Pour lui, elle représentait le « germe des SS féminins ». Il voulait faire de son armée de femmes un équivalent du Lotta finlandais.

Pas de barbelés, de miradors, de sentinelles, mais le règlement était très strict pour les pensionnaires. Pas de vacances, pas de permission nocturne. En cas de visite masculine, il fallait l'autorisation de la directrice. Tout ne se passa pas selon les idées des dirigeants SS. Il y eut des plaintes pour « flirts exagérés » quand les pensionnaires, surnommées les Blitzmadel dans la commune, allaient acheter fruits et légumes chez l'habitant. On disait également que les filles discutaient avec les prisonniers du camp du Struthof qui travaillaient à Obernai. D'autres auraient été vues en train de jouer du jazz à la gare de Strasbourg. Puis vinrent les chars de Leclerc. Et la fin de l'école.

(Article rédigé à partir d'un dossier réalisé par Marcel Clauss, d'Obernai)

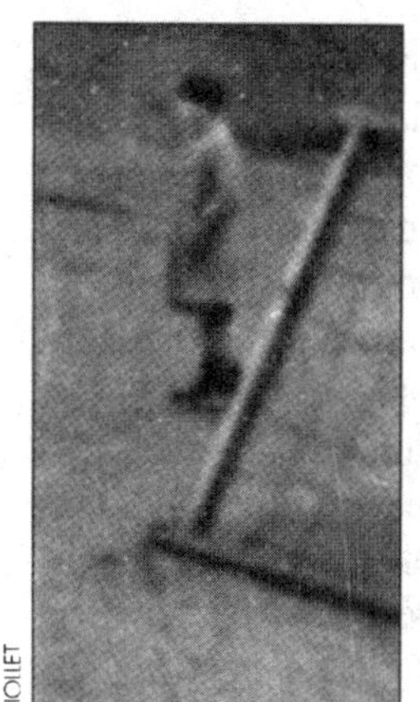

COLL. VIOLLET

Le dramatique été des Juifs d'Alsace

LÉON STRAUSS

La persécution des juifs par la Gestapo et la Milice de Vichy s'accentua en 1944. Le seul salut était dans la clandestinité, le seul honneur dans le combat. Pour les juifs d'Alsace, presque tous installés en zone sud dès 1940, les drames se succédèrent.

Au début de janvier 1944, le chef de la Milice, Joseph Darnand, était devenu secrétaire général au maintien de l'ordre. S'ouvrait alors la période la plus sordide du régime de Vichy, devenu un Etat en voie de fascisation. Pour les juifs alsaciens, réfugiés en majorité en zone sud, les dernières illusions s'évanouissaient. La très relative protection dont ils bénéficiaient de la part de Pétain et de Laval disparaissait avec la mainmise de la Milice sur le corps préfectoral et les forces de police. Aucune pitié, aucun scrupule n'étaient à attendre d'hommes comme le milicien Touvier, pour qui « le juif est une ordure, une immondice ».

Depuis 1943, la police allemande s'était installée en zone sud et procédait elle-même à des arrestations et à des rafles. En avril 1944, le commandant de la Sipo-SD en France, Helmut Knochen, prescrivit d'intensifier le ratissage des juifs. On devait désormais les arrêter tous, sans aucune considération de nationalité ou d'âge. Pour découvrir ceux qui se cachaient, des primes seraient offertes aux délateurs, qui ne manquaient pas. L'objectif était sans équivoque : le plus tôt possible, la France devait être « judenrein ». Certains seraient exécutés sommairement sur place; les autres, après un séjour aussi bref que possible dans les « sections allemandes » des prisons françaises, puis au camp de Drancy, seraient embarqués vers Auschwitz et promis à la mort dans les wagons à bestiaux des trains de la déportation, dans les chambres à gaz après la « sélection », par épuisement pour celles et ceux dont on pouvait encore un temps utiliser la force de travail. Plus personne ne pouvait se faire d'illusion sur le sort des déportés « en Pologne ». La plupart des juifs ignoraient les chambres à gaz, mais on savait que la déportation signifiait la mort à peu près certaine. Ce fut l'époque où beaucoup de familles ou d'isolés se terrèrent dans les lieux les plus inattendus grâce au dévouement et à la discrétion d'innombrables Français moyens, ces « Justes des Nations » dont un département du Yad Vashem à Jérusalem célèbre aujourd'hui la

vertu civique et la valeur morale. D'autres, désemparés ou inconscients, restèrent à leur domicile de refuge déclaré jusqu'à la Libération. Ils ne durent leur salut qu'à l'insuffisance des effectifs de la Gestapo et de ses auxiliaires en France : si l'Occupation s'était prolongée quelques semaines ou quelques mois de plus, peu d'entre eux auraient survécu. Les institutions de secours décapitées par les arrestations durent pour la plupart se dissoudre. En Dordogne, c'est Charles Altorffer, directeur des cultes d'Alsace et de Lorraine, qui assura la survie matérielle des réfugiés sans ressources.

On ne citera que quelques exemples de victimes juives alsaciennes parmi des centaines saisies dans le terrible martyrologe des derniers mois de l'Occupation. Dans le convoi n° 66 parti de Drancy le 20 janvier 1944, une survivante témoigna que dans son wagon plombé, il y avait « une famille alsacienne, dont le père et la mère avaient au moins 80 ou 85 ans et qui, pendant tout le trajet, ne purent jamais étendre leurs vieilles jambes, tellement nous étions serrés ». Dans la liste, on relève en effet des noms d'octogénaires, comme Armand Brunschvig né à Strasbourg en 1859, Louise Flersheim née à Strasbourg en 1863. Ce train emporta 632 hommes, 515 femmes, 221 enfants de moins de dix-huit ans. A l'arrivée à Auschwitz-Birkenau le 23 janvier, 55 femmes et 236 hommes furent laissés en vie. Les autres furent immédiatement gazés. En 1945, il y avait 47 survivants, dont 15 femmes.

AU CAMP DE DRANCY ÉTAIENT RASSEMBLÉS LES JUIFS ÉTRANGERS ET FRANÇAIS ARRÊTÉS.

COLL. VIOLLET

C'est aussi dans les premiers mois de 1944 que les réfugiés installés depuis 1939 ou 1940 dans les régions les plus proches de l'Alsace, en Lorraine non annexée et en Franche-Comté, partirent en déportation. Dans un faire-part publié dans les DNA du 13 avril 1994, un survivant demande que l'on se souvienne du convoi n° 71 parti de Drancy le 13 avril 1944, celui dans lequel se trouvaient Simone Veil et une partie des enfants d'Izieu. Il emportait plus de trois cents juives et juifs nés en Alsace, la plupart arrêtés dans les Vosges ou en Meurthe-et-Moselle.

Léo Cohn, originaire de Hambourg, directeur du Centre de la jeunesse de la Communauté de Strasbourg de 1936 à 1939, remarquable musicien, engagé dans la Légion étrangère en 1939-1940, instructeur national de chant et aumônier itinérant des Eclaireurs israélites, fut arrêté par la Gestapo le 17 mai 1944 à la gare de Toulouse, au moment où il prenait en charge un groupe de jeunes, qui avaient le projet de passer clandestinement en Espagne pour rejoindre la Palestine. Transféré à Drancy, il retrouva ses dons d'éducateur en organisant pour les enfants internés avant d'être massacrés des jeux et une chorale. Avec trois cents gosses, il figure sur la liste du convoi du 31 juillet 1944. Un survivant, le chimiste Robert Weil, dont la femme et les deux fillettes furent gazées dès leur arrivée à Auschwitz, a travaillé avec lui au Holzhof, où ils déchargeaient des troncs d'arbre, puis au Bauhof où ils portaient des rails et des briques. Juifs orthodoxes l'un et l'autre, ils s'astreignaient à faire silencieusement leurs prières du matin et du soir durant les interminables appels au garde-à-vous. Et parfois, le soir, ils discutaient de philosophie juive avec le grand rabbin Hirschler. Léo Cohn est mort de dysenterie au camp du Stuthof près de Dantzig.

1944 fut dans le sud-ouest l'année des massacres. Lors des opérations de répression menées contre les maquis par la SS Panzerdivision Das Reich, dès qu'une colonne allemande pénétrait dans une localité, elle faisait sortir toute la population sur la place publique, extrayait des rangs les juifs ainsi que les résistants réels ou supposés, et le plus souvent les fusillait en bloc. Le boucher juif de Niederroedern fut exécuté ainsi à Blond (Corrèze).

Dans la nuit du 21 au 22 juillet 1944, en représailles de l'exécution de Philippe Henriot, soixante-dix juifs en majorité alsaciens ou lorrains furent arrêtés dans la région de Saint-Amand-Montrond par la Gestapo de Bourges dirigée par Ernst Basedow et la Milice aux ordres de Joseph Lécussan, ancien chef départemental de la Milice de Lyon, sous-préfet par intérim, et enfermés à la prison de Bourges. Le 24, près de la ferme de Guerry, furent abattus par des rafales de mitrailleuses, vingt-deux hommes qu'on avait fait agenouiller sur la margelle d'un puits. Le 26 juillet et le 3 août, douze femmes furent tuées de la même façon. Quant aux autres personnes arrêtées, elles disparurent de la prison. Après la libération, leurs corps furent retrouvés dans le puits sous des moellons et des sacs de chaux. L'autopsie révéla que certaines victimes y avaient été précipitées alors qu'elles étaient encore vivantes.

Comment échapper à un destin si horrible ? Pour les hommes en âge de combattre, l'instinct de conservation et la volonté de vengeance rejoignaient le sens du devoir et de la dignité. La présence juive fut forte dans les Forces françaises de l'intérieur. On y courait les mêmes risques du combat et de la capture que les camarades « aryens », mais on y avait aussi le grand soulagement de se retrouver un citoyen en armes parmi les autres, débarrassé des stigmates de la discrimination et de l'humiliation.

Mais la « montée » au maquis s'acheva tragiquement pour certains. Le rabbin Samy Klein, originaire du Hohwald, adjoint du grand rabbin de France par intérim, avait échappé déjà deux fois par miracle à la Gestapo. Lieutenant de réserve, il décida de reprendre le combat dans l'Armée secrète en Haute-Loire. C'est en s'y rendant qu'il fut appréhendé, ainsi que son beau-frère et un cousin, par un auxiliaire juif alsacien de la Gestapo le 5 juillet 1944 à Saint-Etienne. Les trois hommes furent exécutés deux jours plus tard avec cinq autres résistants. Autre épisode dramatique : l'exécution de Raymond Winter, ancien des Eclaireurs israélites de Strasbourg, qui s'était consacré longtemps à la fabrication de faux papiers et au sauvetage des enfants menacés par la déportation. Avec deux cousins et un ami, il allait rejoindre le maquis du Cantal. Le petit groupe était de passage à Saint-Flour au soir du 10 juin. Les jeunes gens prirent une chambre à l'hôtel Terminus, qui fut envahi à 23 h par la Gestapo. Ils furent immédiatement arrêtés. Avec vingt-deux autres otages, le 14 juin, à 6 h du matin, les jeunes Alsaciens furent fusillés dans le dos à Soubizergues. C'est là que, deux heures plus tard, le sous-préfet, le procureur de la République et d'autres notables découvrirent les corps alignés en contrebas de la route, face contre terre.

JEANINE SONTAG ARRÊTÉE EN ATAQUANT DES VÉHICULES ALLEMANDS, EST ABATTUE À LA MITRAILLETTE

Le combat libérateur ne fut pas une exclusivité masculine. Ainsi, certaines des jeunes filles qui s'étaient dévouées sans compter pour les opérations de camouflage et d'évasion d'enfants menées par la « Sixième », issue des Eclaireurs israélites, se retrouvèrent en mai 1944 dans le maquis EIF de la Montagne-Noire, lui-même intégré au Corps franc de la libération du Tarn commandé par Dunoyer de Segonzac, ancien chef de l'Ecole des cadres d'Uriage. Une plaque au lycée des Pontonniers à Strasbourg rappelle aujourd'hui le souvenir d'une ancienne élève, Jeanine Sontag, qui avait milité à Lyon au mouvement Combat. La distribution des tracts semblait un engagement insuffisant à cette jeune fille de dix-neuf ans ; elle choisit de combattre dans le bataillon FTP Liberté-Carmagnole. Arrêtée le 3 juillet, alors qu'elle participait à l'attaque de plusieurs véhicules allemands, elle fut abattue à la mitraillette à Saint-Genis-Laval le 20 août, au cours d'un massacre qui fit une centaine de victimes et dont la responsabilité est généralement imputée aux chefs de la Gestapo de Lyon, Knapp et Barbie.

Les départements de l'ancienne zone sud furent libérés dans la deuxième quinzaine d'août 1944. On était débarrassé de la Gestapo et de la Milice. Le statut des juifs était

AMICALE FTP-MOI CARMAGNOLE LIBERTÉ

LA STRASBOURGEOISE JEANINE SONTAG, HÉROÏNE DES RÉSEAUX FTP.

abrogé. Les clandestins sortaient de leur cachette et reprenaient, timidement souvent, leur vraie identité. Beaucoup de jeunes gens passaient des FFI aux unités de la nouvelle armée française venue d'Afrique ou à la brigade Alsace-Lorraine et allaient participer aux combats de la libération de l'Alsace et à la campagne d'Allemagne. Mais l'angoisse demeurait lancinante. Pendant des mois, on ignora le sort des déportés. Quand les quelques centaines de juifs alsaciens rescapés des camps de la mort revinrent à partir de mai 1945, il fallut enfin prendre conscience de l'étendue du massacre et, dans la majeure partie des familles, prendre le deuil. Et cela, au moment même où s'annonçait la fin de l'exil, le rapatriement des réfugiés dans une Alsace natale marquée par d'autres drames.

BIBLIOGRAPHIE

On trouvera d'abondantes références dans notre précédent article : « Exil, exclusion, extermination. Les juifs alsaciens en zone sud », *Saisons d'Alsace* n° 121.

On y ajoutera les ouvrages suivants :

Rita Thalmann, *La mise au pas. Idéologie et stratégie sécuritaire dans la France occupée*, Fayard, Paris, 1991.

Annette Wieviorka, *Déportation et génocide entre la mémoire et l'oubli*, Plon, Paris, 1992.

Asher Cohen, *Persécutions et sauvetages. Juifs et Français sous l'Occupation et sous Vichy*, Les éditions du Cerf, Paris, 1993.

Lucien Lazare, *Le Livre des Justes*, Éditions Jean-Claude Lattès, Paris, 1993.

Serge Klarsfeld, *Le calendrier de la persécution des juifs en France 1940-1944*, Paris, 1993.

BOYER-VIOLLET

Train de la Mort

ALPHONSE KIENZLER

Alsacien réfractaire, résistant, Alphonse Kienzler a été déporté vers les camps allemands en juillet 1944. Il raconte le terrible voyage dans un « train de la mort » : sept cents morts sur deux mille cinq cents déportés.

« Depuis bientôt un demi-siècle, je tente de refouler mon passé, d'effacer de ma mémoire cette sinistre période qui, de 1941 à 1945, a marqué ma jeunesse.

» J'ai mené depuis la fin de la guerre une existence très active, j'ai galopé sur tant de chemins si divers, avec une fougue incontrôlée, comme poussé par une fièvre que mon entourage ne comprenait pas et que moi-même je maîtrisais mal. J'ai été médecin, époux, père de famille, alpiniste, homme public et responsable politique et associatif. J'ai tant fait que, maintenant bien calé dans ma retraite, je me demande si tous ces engagements publics ou professionnels forcenés n'ont pas, en réalité, eu qu'un seul objectif, fuir le passé, oublier les années sombres de la défaite française de 1940 à ma libération, en 1945, par les armées soviétiques. »

Ainsi commence le récit des souvenirs d'Alphonse Kienzler[1], né à Mulhouse en 1923, personnalité publique alsacienne engagée dans de nombreux domaines jusqu'à son départ en retraite dans le sud de la France il y a une dizaine d'années.

Evadé d'Alsace après l'annexion pour échapper aux embrigadements, Alphonse Kienzler gagne la zone sud, s'inscrit à l'université strasbourgeoise repliée à Clermont-Ferrand et entre dans la résistance. Arrêté par la police de Vichy après un attentat, il rencontre en prison un homme qui marque sa vie, le docteur Paul Weil, Strasbourgeois. Tentative d'évasion, condamnation à sept ans de prison en 1943, incarcération à la prison d'Eysses, participation à la mutinerie des prisonniers-résistants. Confié aux Allemands avec Paul Weil et départ pour les camps de concentration. Voici le récit du « train de la mort » parti de Compiègne le 2 juillet 1944.

Départ à l'aube, du camp de Compiègne. Nous sommes environ deux mille cinq cents prisonniers. En colonnes, encadrés de soldats SS, nous traversons Compiègne qui semble encore endormi : les habitants sont habitués au passage de ces convois humains ; on leur a dit de nous que nous n'étions que bandits et assassins et personne ne s'intéresse à nous. Au moment du départ, on nous a remis un morceau de pain gris et un bout de saucisson.

Un train immense composé de wagons à bestiaux nous attend à quai, portes ouvertes. A coups de bottes, de crosses et de hurlements les soldats nous font monter à bord des plates-formes, par paquets de cent pour un wagon. Les premiers à bord agrippent les suivants et les hissent dans les wagons ; gare aux coups quand cela ne va pas assez vite, malheur à ceux qui trébuchent. Certains sont très faibles ou trop vieux et gisent au sol ; leurs camarades les empoignent et les aident à monter pour leur éviter le pire. Cet embarquement est infernal.

Dans le wagon nous sommes très serrés. Deux petites lucarnes seulement à chaque extrémité du wagon pour l'éclairage et l'aération ; il fait sombre. Ce manque de place est très pénible à supporter, chaque mouvement bousculant immanquablement les voisins littéralement collés ensemble. Les lourdes portes à glissières sont refermées après chaque remplissage.

Lorsque tous les déportés sont enfin tassés et enfermés dans leur wagon, le train peut partir. Auparavant un officier a rouvert la porte : « Si vous tentez de vous échapper, nous fusillerons des otages ; si un seul s'échappe, nous abattrons dix d'entre vous. S'il y en a plus, tout le wagon sera fusillé ! »

La porte se referme à nouveau sur nous, bloquée de l'extérieur. Enfin le train s'ébranle. Nous avons été séparés de certains de nos amis, mais le meilleur d'entre eux, Paul Weil, est là, tout près de mois. Il me sauvera la vie, comme à beaucoup d'autres.

Dans le wagon précédant le nôtre : le Dr Francis Rohmer et le professeur d'université Fred Vlès, ainsi que de nombreux autres universitaires. Un tonnelet d'eau et une tinette pour tout le wagon ; se déplacer à l'intérieur est presque impossible. Paul Weil, un géant d'un mètre quatre-vingt-treize, prend le commandement et organise notre vie à bord ; grâce à lui, nous serons tous sauvés dans notre wagon ; il nous fait asseoir les uns derrière les autres, littéralement encastrés. A tour de rôle, les uns pourront se lever, et les autres s'asseoir. L'eau est parcimonieusement distribuée à chacun. La tinette archipleine de nos déjections est régulièrement déversée par la fenêtre.

PAUL WEIL

La température augmente, nous manquons tous d'air et certains étouffent littéralement. Seuls ceux placés près des ouvertures respirent un peu mieux. Au dehors le temps devient de plus en plus lourd et orageux. Sans doute une journée radieuse pour ceux qui sont libres.

Les vêtements sont retirés, la sueur ruisselle, les peaux sont moites et collantes ; cela devient insupportable. A chaque arrêt du train, l'air se fait plus rare, plus étouffant. Le soleil cogne sur le toit métallique du wagon. Certains sont pris de malaise et perdent connaissance, mais grâce à la discipline instaurée par le Dr Weil, chacun de nous obéit ; inconsciemment nous nous sentons solidaires de ses ordres, pourtant la chaleur est insoutenable et la soif terrible.

A chaque arrêt nous entendons des cris et des appels désespérés, et, entre autres, la voix du Dr Rohmer qui en allemand appelle les gardiens, leur crie qu'il y a des morts nombreux dans leur wagon et que s'ils n'ouvrent pas les portes, tous allaient mourir.

BOYER-VIOLLET

WAGON AYANT SERVI AU TRANSPORT DE DÉPORTÉS.

Enfin lors d'un des multiples arrêts, un soldat ou sous-officier SS ouvre la porte et c'est une bouffée d'air. « Combien de morts ? » demande-t-il. Pas de morts, pas encore, et la porte se referme.

Aux plaintes des wagons voisins, nous comprenons que des drames se sont déroulés, qu'il y a de nombreuses victimes un peu partout dans le train; cela nous aide à demeurer tranquilles, à ne pas sombrer dans la folie, à maîtriser toute effervescence. Paul Weil, notre médecin sauveur, parfois d'un conseil ou d'une gifle, calme l'un ou l'autre d'entre nous. Il faut tenir jusqu'au soir, dit-il, la nuit nous apportera de l'air et de la fraîcheur.

Nous apprenons par la suite les scènes affreuses aux conséquences tragiques qui s'étaient déroulées dans certains wagons. Des dizaines de victimes par étouffement, ou crises de démence, violences incontrôlées, ou désespoir. Le seul fait de bouger ou de se débattre entraînait les autres dans une gesticulation infernale qu'il n'était plus possible d'arrêter avec pour conséquence cent poitrines pour consommer davantage un air déjà fortement insuffisant. Le manque puis l'absence d'oxygène sont l'explication de tant de victimes. Les récits des survivants étaient effroyables; des cadavres furent entassés par dizaines dans une partie du wagon pour permettre aux autres de survivre. Epuisés, beaucoup périrent étouffés par leurs camarades.

Des messages avaient été jetés par les interstices des planches afin de faire connaître notre drame à d'éventuels cheminots travaillant sur les voies.

La première journée fut la plus tragique. Le lendemain seulement nos geôliers ouvrirent les portes pour évacuer les cadavres et les entasser dans les wagons de queue du train. L'odeur était insoutenable et le spectacle dantesque.

En fin d'après-midi du deuxième jour, un officier allemand, sans doute plus humain que les autres, m'avait désigné pour chercher un seau d'eau dans une maison. En m'accompagnant il m'avait interrogé sur ce qui venait de se passer. Je lui résumai le drame que nous venions de vivre ; j'ajoutai que j'étais étudiant en médecine et qu'il y avait de nombreux médecins dans le train. « Vous êtes juif ? » me dit-il, comme si cela expliquait tout. Je lui répondis que je n'étais pas juif, mais catholique jusqu'à ce jour, mais que je ne pouvais plus croire ni en Dieu ni en l'homme. L'officier ne dit plus rien. Il me laissa boire de l'eau à volonté et ne me marqua aucune violence. Pour un peu, j'aurais cru déceler en lui un peu d'humanité.

Le temps si chaud du premier jour et qui fit tant de victimes devint plus clément. La pluie se mit à tomber et l'atmosphère s'en trouva rafraîchie.

LE SS OUVRE LA PORTE DU WAGON : « COMBIEN DE MORTS ? »

Hébétés, épuisés, nous nous laissâmes transporter vers l'est. A Sarrebourg, ville au nord de l'Alsace, des infirmières de la Croix-Rouge furent autorisées, en gare, à nous donner quelque réconfort. Nous leur laissâmes des messages pour nos familles. La sauvagerie de nos gardiens s'était un peu calmée ; on nous répartit dans d'autres wagons car les centaines de morts évacués avaient laissé de la place aux survivants. On nous donna aussi de l'eau et les portes furent ouvertes de temps en temps. Nos surveillants ont-ils pris conscience et eurent-ils honte après coup des crimes qu'ils venaient de commettre ?

Enfin, le 5 juillet 1944, notre triste convoi arriva en gare de Dachau, petite ville bavaroise peu éloignée de Munich.

Accueillis et encadrés par de nombreux soldats SS et leurs chiens, on nous fit descendre du train. Notre colonne de survivants, venus d'outre-tombe, titubant d'épuisement, se mit en route pour un nouveau camp. Nous longeâmes les wagons dans lesquels étaient encore entassés nos frères décédés et d'où s'écoulait ce qui restait du charnier. L'odeur était pestilentielle. Il y avait plus de sept cents cadavres. Nous n'eûmes pas un seul mort dans notre wagon, d'autres en comptèrent des dizaines. Un des wagons n'eut qu'un seul survivant.

NOTE

1. Les souvenirs de guerre d'Alphonse Kienzler ont été publiés en 1992, sous le titre *Souviens-toi, docteur Weil*, Ed. Prospective 21, Strasbourg.

Les Gamins de la Flak

PHOTOS COLL. ZEDER

JEAN-PIERRE ZEDER

Sur tous les fronts, les Allemands perdent des batailles et des hommes, dont 600 000 dans le seul Stalingrad. Parmi les mesures prises pour combler les vides humains, la levée d'auxiliaires : des « vieux » pour la défense passive et la Hilfspolizei; des lycéens de seize, dix-sept ans pour la Flak[1], la défense antiaérienne. L'un de ces Luftwaffenhelfer témoigne.

En Alsace, le recrutement des premiers Luftwaffenhelfer (auxiliaires de l'armée de l'air), dits aussi Flakhelfer, se fit en octobre 1943. C'était des jeunes gens nés en 1926 et 1927. Les lycéens du Jakob Sturm-Gymnasium (Jean-Sturm) – dont je fus – ont été incorporés le 21 octobre 1943 et dirigés, pour formation, à Karlsruhe-Rintheim, à la 3. Batterie schwerer Flak – Abteilung 234 (canons antiaériens lourds). D'autres, comme ceux de la Bismarck-Schule (Kléber) ou Erwin von Steinbach-Schule (Fustel-de-Coulanges), se retrouvèrent à Karlsruhe-Durlach. Théoriquement, tout l'enseignement secondaire était concerné. En février 1944, les natifs de 1926 réintégrèrent leurs établissements scolaires respectifs pour parachever leur préparation à l'Abitur, l'équivalent du baccalauréat. Ils furent remplacés, dans les batteries, par ceux de 1928.

C'est donc à Karlsruhe que nous avons vécu nos classes, que nous nous sommes frottés, pour la première fois, à l'exécrable « dressage à la prussienne ». Ce damné preussicher Schliff construit essentiellement sur des Auf ! Marsch, Marsch ! Hinliegen ! Kriechen ! Robben ! Gleiten ! Pumpen, etc... assortis de Spindkontrollen et autres corvées à des heures indues. Aux exercices physiques succédaient des cours pratiques et théoriques pour nous familiariser avec armes et engins ; connaître la hiérarchie militaire et l'art de s'y soumettre ; savoir distinguer, en partant de modèles miniatures, les avions qui étaient censés fréquenter l'espace aérien : Heinkel, Dornier, Ju 88, Ju 52, stuka, Messerschmitt pour les Allemands ; Lancaster, Fortress, Halifax, Liberator, Thunderbolt, Mosquito, Spitfire, Hurricane, Mustang, Lightning, avec son double fuselage... pour les Alliés. Et comme morceau de choix, l'épreuve du gaz lacrimogène pour tester les masques antigaz... pas si étanches qu'on l'a cru.

L'initiation, accélérée, au maniement des bouches à feu achevée, nous déménageâmes, avec armes et bagages, le 1er décembre 1943, vers un site inconnu de la région de Strasbourg pour être intégrés dans le réseau de défense antiaérienne en constitution. Des batteries, comprenant en principe six canons lourds de 88 mm, furent établies près d'Auenheim (quatre kilomètres au nord de Kehl), à la Meinau et au Murhof. Des Vierling (quatre tubes) de 20 mm complétèrent le réseau pour assurer la protection rapprochée de certains points stratégiques contre de possibles attaques à très basse altitude. Ce fut le cas notamment au pont du Rhin où, du reste, les fameuses saucisses dites Fesselballons interdirent l'approche en rase-mottes.

Nous partîmes de Karlsruhe vers midi, en train, avec notre matériel, y compris les projectiles explosifs, sur des wagons plates-formes, et arrivâmes, au déclin du jour, en gare d'Offenbourg. Venus entre chien et loup et tributaires des consignes de camouflage des lumières, nous fûmes condamnés à passer la nuit sur une voie de garage, entassés, comme des primitifs abandonnés des dieux, dans une voiture antédiluvienne, avec une plate-forme à l'avant et à l'arrière, des banquettes en bois de part et d'autre d'un couloir central et, au milieu, un vieux fourneau.

JANVIER 1944 : LE BAPTÊME DU FEU

Nous avions seize ou dix-sept ans et je crois que ni le temps ni les tribulations postérieures n'ont pu altérer le souvenir de cette nuit lugubre, aux accents un tantinet funèbres.

Ce ne fut que le lendemain que nous eûmes connaissance de notre affectation : 1. Batterie schwerer Flak – Abteilung 357 d'Auenheim, une position à créer en rase campagne, en plein dans des champs à peine labourés. C'est dire que nous pataugions vraiment dans la boue, d'autant qu'autour de chaque pièce, il fallait élever la terre à hauteur d'homme en guise de rempart. D'ailleurs, pour ne pas s'enfoncer dans la bourbe, des caillebotis recouvraient les chemins de circulation dans l'enceinte de la batterie. Notre unité comprenait six canons de 88 mm, un Kommandogerät (appareil de conduite de tir), un Funkmessgerät (précurseur du radar), une génératrice pour pallier les possibles pannes de courant. Quelques militaires, la plupart rescapés du front, des Luftwaffenhelfer et des prisonniers de guerre russes constituèrent l'effectif.

Le baraquement fut réparti sur le terrain, à quelque distance des pièces d'artillerie. Une dispersion absolument indispensable pour éviter que le souffle des tirs n'en ébranlât l'ossature et ne fît trop de dommages. Souvent, après un feu nourri, il fallait remettre en place des pans du faux plafond, débarrasser les paillasses des fines poussières de verre provenant des isolations, ramasser écuelles et gamelles, rattraper d'autres menus dégâts...

Les premiers jours, le temps d'aménagement entier de la batterie, nous tirâmes une rudimentaire subsistance d'une cuisine roulante où fricotèrent successivement le jus du matin, l'Eintopf de midi et la popote du soir. Plus tard, quand la disette s'empara du Reich vacillant, l'Eintopf devint une indescriptible lavasse où flottaient quelques soupçons de viande. L'opération « survie » vint alors tout naturellement à l'esprit des parents qui ne connaissaient pas non plus l'abondance. Pour ma part – à moins d'être interdit de sortie, auquel cas ma sœur, alors âgée de quatorze ans, s'en chargeait, mais en sens inverse – je vins, une fois par semaine, à la maison faire mon « plein » (une petite valise) de *gschwelldi*, des pommes de terre, comme on dit élégamment, « en robe de chambre ».

La présence active de prisonniers de guerre russes constitua, à mon avis de profane, une violation de la convention de Genève qui interdit d'imposer à des prisonniers de guerre un engagement contre leurs frères d'armes. Nonobstant cette disposition, nos Russes furent assignés non seulement aux manipulations des projectiles, mais aussi au chargement des canons, tâche jugée quand même trop lourde pour nos biceps d'adolescents.

Avec les Alex, Youri, Michael, Nikolaï et tous les autres Russes, nos relations – ponctuées de « nix polemaï » (rien compris) – furent cordiales et auraient même pu être chaleureuses, n'eussent été les manières clandestines et furtives au regard de la « défense de communiquer » faite par nos supérieurs. Nous leur abandonnâmes volontiers nos Kommissbrot, ces « briques » de pain noir que déjà Napoléon jugea tout juste « bon pour Nickel », son cheval. Un large sourire accompagna les babioles

PHOTO SOUVENIR DEVANT UN CANON DE 88 MM.
PORTÉE : 14 KM ET 10 000 M D'ALTITUDE.

UN ATTELAGE RÉQUISITIONNÉ DE SIX CHEVAUX ÉTAIT NÉCESSAIRE POUR CONDUIRE LES PIÈCES.

et bibelots que nous reçûmes en retour : des serpents, des bassets, des oiseaux articulés, en bois, taillés au canif ; des bagues façonnées dans des bouts de tuyaux en laiton. « Prisonniers – Luftwaffenhelfer » ! Sympathie réciproque, tacite connivence fondées, à n'en pas douter, sur une antipathie commune, révoltante, issue de nos situations contraignantes, des situations de captifs, de contestataires. D'ailleurs brimades et vexations de certains sous-officiers ne firent que consolider cette attitude de conflit permanent qui nous anima.

Notre baptême du feu survint dans la nuit du 27 janvier 1944. Ce fut une de ces nuits glaciales dont l'hiver 43-44 abondait. La première décharge de nos six canons me surprit malgré tous les avertissements et résonna fort longtemps dans ma tête, dans mes oreilles, dans mon corps. Par la suite, j'appréhendai – je crois toujours – le moment du fameux « Feuer » lancé par le capitaine, branché, avec laryngophone et écouteurs, au poste de commandement. Très vite, nous redoutions les clairs de lune. Cette clarté, qui, en temps normal, berce de son romantisme le sommeil du pays, émeut les poètes et séduit les amoureux, était devenue pour nous synonyme d'alerte. Propice aux raids nocturnes, elle nous frustra de nombreuses heures de sommeil. Ainsi, à titre d'exemple, nos nuits des deuxième, troisième et quatrième interventions effectives en février 1944 : Strasbourg fut en état d'alerte officielle le 21, lors du bombardement de Stuttgart, de 2 h 45 à 4 h 30 et de 20 h 50 à 21 h 45 ; le 24, lors de l'attaque sur Schweinfurt, de 21 h 45 à 3 h, de 13 h 15 à 13 h 45 et de 14 h 15 à 15 h 30 ; le 25, lors du raid sur Augsbourg, de 21 h 15 à 2 h 30. Sachant que la Flak était sur le qui-vive au moins une demi-heure avant et après le déclenchement des sirènes, nous avions, en trois jours, sacrifié près de dix-sept heures de sommeil.

Je fus affecté au Kommandogerät pouvant définir la position de l'avion dans l'espace et transmettre les coordonnées aux canons pour le réglage des tirs. La mesure des distances fut l'affaire de militaires confirmés, la détermination des directions et hauteurs celle des « Pimpfe », des moutards, comme les premiers nous surnommèrent avec une certaine condescendance, pour ne pas dire affection.

La nuit, et bien que des projecteurs aient pu scruter le ciel, le Kommandogerät devint le complément-relais du Funkmessgerät dont les ondes détectaient et positionnaient les intrus. Placé sous les ordres d'un sous-officier, le « radar » fut desservi par un militaire chargé de définir les azimuts et de deux Luftwaffenhelfer pour le pointage des hauteurs et distances. Les coordonnées ainsi établies ont été transmises, en permanence, au Kommandogerät pour être prolongées aux pièces d'artillerie.

Toutefois, des bandes d'aluminium jetées massivement des avions brouillaient aisément le captage.

Le 3 janvier, j'écopai ma première « punition militaire » pour absence non autorisée de la batterie, échappant de justesse au crime de désertion. A l'occasion des fêtes de fin d'année, les Luftwaffenhelfer eurent le droit de passer quelques jours en famille. A la Saint-Sylvestre, la quasi-totalité de mes camarades fut en congé, sauf moi parce que... le soldat Albrecht n'était pas revenu d'une permission à Rostock. Albrecht ne revint pas, ne revint jamais. Réduit à ne pas quitter la batterie, toute l'unité compatit à mon sort. Le chef m'invita même à sa table de réveillon avec les officiers et sous-officiers. Vers deux heures du matin, écœuré d'un entourage imbibé d'alcool et saturé de grivoiseries et d'obscénités, je décidai d'aller me coucher.

Au sortir de la baraque, je tombai sur l'unique bicyclette de la batterie, le vélo (modèle standard allemand) dont le chef se servait pour inspecter les différents postes répartis sur le terrain. Nostalgie, isolement, mal de famille! Que sais-je! Toujours fut-il que j'enfourchai la « bécane » et pédalai aussitôt en direction de Kehl. Au pont du Rhin, la porte, fermée la nuit, s'ouvrit comme par enchantement sans qu'une sentinelle exigeât mes papiers de sortie. Ignorant le crachin hivernal que j'essuyai tout au long du trajet, je dévalai l'avenue de la Forêt-Noire, avalai l'avenue des Vosges et la route de Bischwiller pour me retrouver chez moi, à Bischheim, vers 3 h.

NOUS ESSAYIONS DE SABOTER LES TIRS : DÉCALAGE DES CALCULS, LENTEURS D'EXÉCUTION

A peine couché, les sirènes donnèrent l'alerte, et moi... j'étais pris. N'ayant plus rien à perdre ni à gagner, alléché par la table familiale et les visites aux copains, je prolongeai mon escapade jusqu'à la limite des quarante-huit heures fixées pour être déclaré déserteur. A mon retour, je fus cueilli à froid et on m'infligea, compte tenu de circonstances aggravantes (le vélo), dix-huit jours d'arrêt, ce qui, à défaut de salle de police, se traduisit par dix-huit jours d'interdiction de sortie, période durant laquelle je m'éclipsai à trois reprises.

Les études se trouvèrent repoussées au second plan, car la « phase studieuse » prévue se tint sur les lieux même de l'engagement militaire. Les lycéens mobilisés furent assistés d'un Betreuungslehrer, un professeur mentor, parfois incorporé de force (comme le nôtre) et détaché à l'unité d'artillerie antiaérienne. D'autres professeurs vinrent ponctuellement au camp dispenser leurs cours dans la baraque réfectoire aménagée, pour la circonstance, en salle de classe. L'emploi du temps fut établi en concertation avec le chef de batterie qui, lui aussi, eut des exigences d'exercices et d'entretien du matériel. Les cours furent sujets au rythme des alertes qui, en 1944, se multiplièrent singulièrement, parfois deux voire trois dans la même nuit. Une alerte nocturne qui dépassait l'heure justifiait, le lendemain, selon sa durée, le report ou la suspension des cours. Il ne fallait quand même pas que notre « croissance physiologique » fût trop perturbée! Considérant la fréquence des incursions de l'avia-

BARAQUE SERVANT À LOGER 40 JEUNES.

tion alliée, l'instruction fut vraiment réduite à la portion congrue.

Nous étions les uns à une année, les autres à deux années de l'Abitur. Démobilisés de la Flak, puisque appelés au RAD, on avait donné aux premiers un Reifezeugnis (Abitur) et promis aux seconds un Reifevermerk (attestation de maturité) dont personnellement je n'ai jamais vu la couleur.

Mon Luftwaffenhelfer-Zeugnis (bulletin de scolarité) signé à la fois par le Betreuungslehrer, le Schulleiter (directeur) et le Einheitsführer (chef de batterie) en dit long sur mon application qui – est-il besoin de le préciser – ne fut pas propre à ma seule personne. Face au régime militaroscolaire que nous subîmes, j'avais adopté prudence et nonchalance, sans pour autant abandonner mon côté « guilleret ». Une attitude qui se traduisit par cette remarque : « Heiter, vorsichtig und bequem – Geistig aufnahmefähig – Im Dienst und Unterricht zurückhaltend », soit « gai, prudent et nonchalant – réceptif – réticent aû service et dans les cours ». N'est-il pas dit quelque part : « Humor ist wenn man trotzdem lacht » pour souligner que l'humour, antidote contre la déprime, était un mélange de gaieté et de tristesse, de sagesse sereine et de légèreté charmante.

AMBIANCE COLLÉGIENNE
MALGRÉ TOUT.

Ce bulletin, daté du 4 juillet 1944, annonça mon admission en classe supérieure, alors que, dans un autre dossier, se trouvait déjà ma convocation imminente au RAD. De fait, libéré le 21 juillet à Auenheim, j'ai dû me présenter, trois jours plus tard, en Styrie, à Jennersdorf, une quarantaine de kilomètres à l'est de Graz, tout près de la frontière hongroise.

Conséquence du système : en 1945, il fallut repartir à zéro, à moins de se satisfaire d'une certaine « équivalence » attribuée par l'académie, mais sans aucune valeur de diplôme. Malheureusement beaucoup n'eurent plus le courage de reprendre les études, préférant s'intégrer, au petit bonheur, dans la vie active. D'autres manquèrent de moyens, d'autant que l'économie d'après-guerre croupit dans le plus profond marasme.

« Gamins » mûris avant l'âge, interdépendants et très solidaires dans l'adversité, nous ne manquions ni de perspicacité ni de sagacité pour exploiter notre position. « Vous étiez tous rétifs, indociles, difficiles à manier », me disait encore mon Betreuungslehrer que j'ai rencontré avant de clore ce récit. Mais au-delà de cette humeur récalcitrante couvait l'opposition. Une opposition d'opinion et d'intérêts, peut-être naïve, mais réfléchie, prudemment cultivée et loin d'être aussi innocente qu'on pourrait le croire. Seuls l'esprit frondeur de l'adolescence, la contestation infuse à cet âge, la pratique innée du refus juvénile interdisent le qualificatif de « résistance ».

LE CANON DE 88.

Et pourtant, mis inconsciemment en nos mains par les Allemands, nous avions les moyens de fausser, de saboter les tirs et nous en usions abondamment : aux canons, on pratiquait le décalage systématique entre les valeurs à faire concorder avec celles affichées sur les cadrans ; à la conduite de tir, on souffrait d'une incorrigible maladresse dans la recherche de la cible. Avec des azimuts tronqués, des détonateurs mal réglés, les tirs s'en trouvaient forcément imprécis, donc inefficaces. Ce fut notre manière à nous de protéger l'allié là-haut, celui qu'il ne fallait pas abattre parce qu'il contribuait à notre libération et hâtait la fin d'un cauchemar.

L'ÉQUIPE D'UN KOMMANDOGERÄT.

Stoïques, têtus, bornés, butés... dira-t-on. Peut-être ! Nous le fûmes... en grande majorité. Mais l'obstination dans l'épreuve, la résignation dans la tourmente, la fermeté dans l'infortune ne sont-elles pas une façon certaine de se mettre en défense ? Ne sont-elles pas l'esquisse d'une virile expression

1944

d'adolescents en quête d'une mâle personnalité qui leur échappe encore ? Aujourd'hui, mon soir venu, j'ai tout à coup mesuré différemment l'aventure de nos austères seize, dix-sept ans. Un drame ! A mon corps défendant, j'ai senti que la plaie était profonde, très profonde. Des blessures taillées dans le vif. Des stigmates qui suintent toujours injustice et rancœur, indignation et colère. Des flétrissures prêtes à s'épancher à la moindre évocation... On nous a volé notre jeunesse !

NOTE

1. Flak, diminutif de Flieger-Abwehr-Kanone.

« Die Allierten greifen an ! »

Débarquement, débâcle et pagaille

EDOUARD FRITZ

Edouard Fritz, Alsacien incorporé de force et affecté aux Pays-Bas, était au standard téléphonique de son régiment dans la nuit du 5 au 6 juin 1944. A 5 h du matin, le téléphone sonne. « Die Allierten greifen an ! » Les Alliés débarquent... Chronique de la pagaille militaire allemande, prélude à la débâcle finale.

Incorporés dans l'armée allemande le 27 juillet 1943, nous fûmes transportés en train, wagons de troisième classe, de Saverne à Crailsheim, d'où, après cinq semaines de formation, on nous dirige vers Tilburg, puis Hujbergen aux Pays-Bas où nous arrivons le 6 septembre 1943.

La vie s'y s'organise tranquillement, avec un Spies (adjudant), Sudète pas très malin ni méchant, et avec un Hauptmann de réserve prussien (Ostpreuse), avocat devenu juge, catholique très pratiquant. Ceci nous valut une messe pratiquement tous les samedis soir dans la chapelle du monastère qui nous servait de caserne. Le commandant communiait chaque fois ; moi, je servais la messe. Chaque semaine également, projection de films que je cherchais à Amsterdam. Possibilité aussi d'aller, les jours de permission, à Bergen-op-Zoom, Rotterdam ou Anvers (Belgique, en passant la frontière à Putte) pour nous distraire. Le service n'était pas trop dur ; on nous occupait ! Description, je l'admets, plutôt exceptionnelle, de la vie d'un soldat au front durant la dernière guerre ; peut-être ressemble-t-elle à celle de la ligne Maginot durant l'hiver 39-40.

Responsable du standard téléphonique (Strippenzieher) du 3e bataillon du Flieger-regiment 51 à Hujbergen, j'étais de permanence dans la nuit du 5 au 6 juin 1944. A 5 h du matin, tintamarre au téléphone : on demande d'urgence le commandant. J'hésite, vu l'heure ; on insiste fortement, en précisant que c'est la Feldkommandantur d'Amsterdam. J'écoute la conversation qui dure à peine une minute et j'apprends que les Alliés ont débarqué en Normandie (« Die Allierten greifen an ! ») et que des instructions complémentaires seront données dans la journée.

Immédiatement, je monte au dortoir, réveille deux de mes camarades Alsaciens (devenus plus tard l'un chirurgien-dentiste, l'autre professeur près de Saverne). Je les informe et les charge de le dire aux autres Alsaciens. En vitesse, je regagne mon téléphone, ayant laissé deux minutes au commandant pour s'habiller. Il n'était d'ailleurs pas affolé ; il semblait s'attendre à cette nouvelle (et peut-être s'en réjouir).

Plusieurs coups de fil au cours de la matinée ; celui de 10 h était pour moi le contrecoup de celui de 5 h. « Rassemblez immédiatement les Alsaciens-Lorrains ; ils doivent être ce soir à 20 h au Wehrkommando à Amsterdam. Ils ne peuvent rester sur le front de l'ouest. » Je préparai mon paquetage. Dès le lendemain, j'étais dans le train qui me menait d'Amsterdam vers l'est.

Après quatre jours de voyage, arrivée à Posen (Poznan) en Pologne ; sur le quai de la gare, je demandai un médecin pour me porter malade, prétextant une sinusite, ne m'étant pas mouché depuis vingt-quatre heures. Je savais que la plupart des Feldartz étaient en fait des étudiants en médecine, peu expérimentés. Mon culot avait payé : sur mon Soldbuch furent mentionnés les Fehler (déficiences) suivants : A 39, A 41, A 72, B 47, B 75. Je n'ai jamais su ce que cela signifiait, mais j'avais évité le pire.

A part quelques exercices de tir et quelques marches dans la forêt des environs de Posen, c'était plutôt du repos, voire de l'ennui. Il était interdit de monter dans le dernier wagon des tramways, réservé aux Polonais ; il était conseillé d'assister à la grand-messe du dimanche à la cathédrale et dans les églises. Même les Polonais me regardaient d'un air méfiant quand j'entrais dans ce wagon ou à l'église.

Dans la caserne, en face, où l'on formait la Hilfspolizei, se trouvaient quelques Alsaciens, plus âgés. Les soirées y étaient assez vivantes ; dans le coffre du piano de la pièce du bar, un Alsacien de Dinsheim avait caché un long ruban bleu, blanc, rouge dont il coupait un petit bout pour le donner aux visiteurs Alsaciens. Cette remise était accompagnée de quelques mesures de *la Marseillaise* jouées sur le piano, sans doute n'y avait-il pas d'Allemands.

Mais ces « vacances » ne pouvait pas durer.

Fréquentant tous les matins l'infirmerie pour des rayons et des soins (!), j'entendis à plusieurs reprises, début octobre 1944, que les prochains convois seraient dirigés vers l'ouest où les Alliés progressaient. Ayant constaté deux fois que cela s'avérait exact, je me fis déclarer guéri et bon pour le service. Il suffisait que je me mouche.

Le 20 octobre, je fus affecté au Fallschirmjägerausbildungs Bat FIX et quinze jours plus tard au 12e Grenadier Reg. 723 où je devins Granatwerfer (mortier) après avoir été parachutiste pendant deux semaines. Quelle pagaille dans l'armée allemande depuis trois mois !

Début novembre, je me retrouvai aux Pays-Bas à dix kilomètres du lieu quc j'avais quitté en juin. Trois fois en un mois, je fus désigné pour assister à l'exécution de soldats condamnés à être fusillés pour tentative de désertion ou pour atteinte au moral de l'armée. J'avais droit à l'estrade pour mieux voir.

COLL. FRITZ

UN GROUPE D'ALSACIENS INCORPORÉS DE FORCE DANS LA LUFTWAFFE, DURANT L'ÉTÉ 1943 À CRAILSHEIM.

« Pourquoi, toujours moi, à chaque exécution », ai-je demandé. « Abschreckender Beispiel. Du bist Elsässer ». (C'est un exemple de dissuasion. Tu es alsacien), me fut-il répondu.

Mi-décembre : c'est la débâcle. Les jambes dans l'eau jusqu'aux genoux (les digues venaient d'être détruites par les résistants néerlandais), je poussai mon mortier dans une voiture d'enfant jusqu'à Rotterdam, sous le regard goguenard des habitants devant ce moyen de transport du matériel militaire nouveau et pas très adapté ! Ils s'étonnaient que je sourie comme eux.

Débâcle complète et transport d'urgence en train – la nuit – vers la Sarre. Noël et nouvel an à Dillingen d'où les Américains venaient de se retirer pour établir leur base de l'autre côté de la rivière, en laissant derrière eux cigarettes, boîtes de conserve, biscuits, chocolat... Quelle aubaine, pour les fêtes ! Etant de ronde la nuit de Noël, je n'ai pu m'empêcher de crier depuis la rive « Happy Christmas ! » et ce n'est pas l'écho mais les GI qui me répondirent...

Début janvier 1945, combats ininterrompus pendant trois jours autour de Sarrelouis. Cinq survivants pour toute la compagnie. Affecté, dans la pagaille, à je ne sais quelle unité regroupant les rescapés de plusieurs régiments, ne sachant pas qui donnait les ordres, ignorant même s'il y avait encore un chef, je me retrouvai au Sonnenberg, sans doute pour défendre les positions du sanatorium et protéger le repli des troupes dans la forêt, le tout dans un désordre indescriptible

Etant devenu entre-temps radio, j'entendais les ordres des Américains. Profitant de la même fréquence, rassemblant mes connaissances d'anglais, je me fis connaître : « I am a Frenchman the German, soldiers run away... » Quelques minutes plus tard, sans doute pour vérifier mes dires, on me parla en français. Les tirs allemands avaient cessé depuis plus d'une heure; il s'écoula à peine vingt minutes et les Américains surgirent dans la cave où je m'étais réfugié, mouchoir blanc levé, et me firent prisonnier.

Regroupement de tous les prisonniers à Saint-Avold, puis transport en train de marchandises (quarante par wagon) de Sarrebourg à l'immense camp de prisonniers de Septèmes près de Marseille. Ce n'était pas Tambov, loin de là, mais je pourrais en raconter! Trois semaines plus tard, après quelques entretiens avec des officiers du 2e Bureau, je m'engageai, pour la durée de la guerre, dans l'armée française. Regroupement des Alsaciens-Lorrains engagés volontaires à Château-Gombert.

Et c'est sous l'uniforme français que je revins en Alsace. J'ai vu, lors d'un convoi, le spectacle de désolation qu'offrait, au milieu d'une fumée intense et d'une odeur insupportable, la ville de Pforzheim en ruine. A l'occasion de certains trajets de retour, nous chargeons des prisonniers allemands jusqu'au centre de Kehl. Un jour, à un arrêt, près de Fribourg-en-Brisgau, je sentis que quelqu'un me fixait depuis le camion; c'était un de mes anciens adjudants, Jupp (cela aurait pu être mon frère, également incorporé de force). Quelques jours plus tard, Jupp était à la caserne de Barotier comme prisonnier balayant la cour et pompant l'essence; assez rapidement, il fut libéré et put rentrer chez lui à Dortmund auprès de sa famille, ses enfants et ses petits-enfants. J'étais content, j'avais pu aider ce brave homme de cinquante-six ans.

Dégagé des obligations militaires en octobre 1945, je pus reprendre à l'université de Strasbourg, redevenue française, mes études de droit que j'avais commencées en 1942-1943 à la Reichsuniversität; ce second changement de régime d'études – en langue française, cette fois – était plus agréable que le premier, en 1940.

Je retrouvais les mêmes secrétaires qu'en 1942 pour mon inscription en fac, beaucoup de mes anciens condisciples. Le foyer et le restaurant s'appelaient de nouveau Gallia et non plus Germania; l'abbé Elchinger me procura une chambre au foyer Saint-Maurice.

Est-ce la chance ou la protection divine implorée chaque soir dans son chapelet par une voisine très âgée (Mme Sch.) qui m'a permis de traverser cette période mieux que d'autres Malgré-Nous? A chacun son destin et sa façon de l'accepter et de l'interpréter.

Libérés par les Soviétiques

Le Retour des Quinze-Cents

PHOTOS COLL. JOSEPH ARNOLD

ALFRED WAHL

En juillet 1944, après des mois de négociations avec la France libre, les Soviétiques libérèrent mille cinq cents Alsaciens et Mosellans détenus dans le camp de Tambov. L'opération ne fut malheureusement pas renouvelée.

Les Quinze-Cents : on désigne généralement par cette formule les Alsaciens et Mosellans prisonniers des Soviétiques à Tambov, libérés au début de juillet 1944 et acheminés vers Téhéran, puis vers l'Afrique du nord, via le Proche-Orient. L'épisode de cette libération est devenu concret dans l'esprit de milliers de personnes de la région parce qu'ils ont pu voir, au cours d'une émission récente de France 3 Alsace, des extraits du film tourné à cette occasion, sur les lieux, par les Soviétiques.

Les négociations qui ont conduit à ce dénouement heureux sont encore incomplètement connues. Il semble que le Comité français de libération nationale (CFLN) ait fait des démarches auprès des Soviétiques dès le début de 1943, afin de récupérer les prisonniers alsaciens et mosellans faits par eux. Une première demande est rejetée fin mars 1943. Les Soviétiques avancèrent la thèse que les Alsaciens-Mosellans ne pouvaient être traités autrement que les Allemands puisqu'ils étaient pris les armes à la main. Un changement est incontestablement intervenu lorsque les Soviétiques entreprirent de rassembler les prisonniers alsaciens-mosellans dans le camp de Tambov à la fin juillet 1943. Ces derniers avaient déjà proposé de servir au sein de l'armée rouge.

Selon François Lotz, un article paru dans la *Pravda* (10 juillet 1943) et signé Ilya Ehrenbourg, historien en faveur sous le régime de Staline, intitulé « La voix de l'Alsace », où il évoquait les charmes et le patriotisme de la région, aurait fait progresser le dossier. Toujours est-il que les Soviétiques reconnurent le CFLN le 26 août 1943 et, au début de septembre, annoncèrent la libération prochaine des prisonniers de Tambov. Tout alla très lentement, conformément aux habitudes soviétiques. La délégation du CFLN à Moscou, le général Petit et Garreau, mit des mois à négocier. Ce n'est que le 6 mai 1944 qu'est intervenu l'accord pour un transfert des prisonniers vers l'Afrique du nord. Par contre, on ne sait, pour l'heure, si le CFLN avait dû concéder des compensations.

Comme l'a montré le film de France 3 Alsace, la libération intervenue le 7 juillet

1944 a été l'occasion d'une vaste mise en scène devant servir l'image de l'URSS et de son régime : amélioration de l'ordinaire sur des tables de fête, défilé, discours à la gare de Rata par un général soviétique et par Petit. Seul le capitaine Neurohr accompagna le convoi parti en direction de Téhéran par Rostov, la Caspienne, le Caucase. A la frontière avec l'Iran, des camions prirent le relais (16 juillet) pour deux jours. L'arrivée à Téhéran se fit dans un camp britannique, mais en présence d'officiers français (18 juillet) : les libérés endossèrent des uniformes anglais.

A Téhéran, un prisonnier mourut. Divisés en quatre détachements, le groupe s'ébranla vers le Proche-Orient à partir du 23 juillet par Bagdad, Haïfa, c'est-à-dire en zone anglaise et non française, au Liban. Cette seconde partie du périple fut entrecoupée de réceptions diverses relatées par François Lotz.

Le 17 août, la troupe repartit pour Alexandrie après avoir repris des forces. Elle arriva à Alger le 30 août. Certains des Quinze-Cents qui s'engagèrent dans les troupes françaises de libération endossèrent ainsi leur cinquième uniforme : français en 1939, allemand en 1942 ou 1943, russe pour quitter Tambov, anglais à partir de Téhéran et français enfin. Tel fut le cas de Paul Knecht, de Schweighouse-sur-Moder, et de quelques autres encore.

A côté de l'aspect spectaculaire de cette libération, des questions restent ouvertes ; elles mériteraient d'être creusées. La première porte sur le choix des Quinze-Cents par les Soviétiques. On peut imaginer que la limitation à ce nombre s'explique par la disponibilité réduite des moyens. Ce qui ne devait pas avoir de conséquences

UNE NOUVELLE VIE :
ARRIVÉS AVEC DES UNIFORMES RUSSES,
LES ALSACIENS LIBÉRÉS DE TAMBOV REPARTENT
EN TENUE ANGLAISE ET CALOT FRANÇAIS.

sérieuses puisque de nouveaux rapatriements étaient prévus. Il n'empêche que les Soviétiques ont, semble-t-il, choisi les mieux portants, sans doute pour des motifs de propagande. Pour certains prisonniers maintenus, d'autres raisons, peut-être d'ordre politique, ont pu jouer.

La deuxième question porte sur l'arrêt de toute libération. Est-ce la conséquence des plaintes exprimées par les Quinze-Cents à leur arrivée à Alger ? François Lotz ne croit pas à la négligence d'une France fraîchement libérée et donc plus préoccupée par d'autres problèmes. Il considère plutôt que les deux parties, persuadées d'une issue rapide de la guerre, ont préféré attendre qu'un rapatriement par l'ouest soit possible. Sur ces deux questions, les archives de Russie renferment sans doute des indications qu'il est désormais possible d'exploiter. Reste à en trouver les moyens.

BIBLIOGRAPHIE

LOTZ François, « Sur le chemin de la liberté », *Saisons d'Alsace* n° 39-40, été-automne 1971, p. 367-390.

GRANIER Jacques, Série d'articles dans les *Dernières Nouvelles d'Alsace*, juillet 1964.

A noter : la liste des Quinze-Cents figure à la suite de l'article de François Lotz, *Saisons d'Alsace*, n° 39-40.

Du côté des Partisans russes
L'itinéraire de trois déserteurs

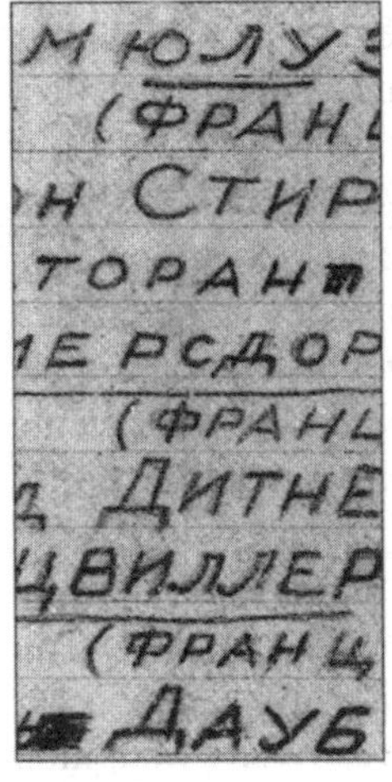

JEAN-LOUIS MURA

Trois Alsaciens désertent du front russe en mars 1944 et rejoignent les partisans polonais puis sont récupérés par les Russes. Les voilà dans un groupe chargé de harceler l'armée allemande.
Récit, par un des membres du trio, d'une guerre hors du commun.

A peine rentré du RAD, j'ai de nouveau été incorporé de force, dans la Wehrmacht cette fois, en octobre 1943. Embarqués à Colmar dans un train avec une escorte de gradés allemands, nous avons traversé l'Allemagne jusqu'à Francfort-sur-Oder. De là, nous avons été acheminés vers un camp appelé Tiborlager près de la frontière polonaise. Le 19 novembre, ordre de marche vers l'est par voie ferrée à travers la Pologne vers Smolensk, et halte à Skodéno près du fleuve Bérézina. Mutés au 162e bataillon d'infanterie, nous avons été engagés contre les partisans qui œuvraient dans la région. Dans la compagnie, nous étions presque exclusivement des Alsaciens, sauf deux Berlinois et l'encadrement bien sûr. Par une nuit de février 1944, où la neige et le froid sévissaient, nous avons été attaqués par les partisans. Relevés, nous avons été mutés à la 7e compagnie du 188e régiment d'infanterie au camp de Deba, près de Cracovie, en Pologne. Peu de temps après, nous avons été dirigés vers le San, affluent de la Vistule à Skowierzin où nous avons à nouveau été engagés contre les partisans entre le 21 février et le 9 mars 1944. A Skowierzin, notre unité avait pris ses quartiers dans les maisons du village. Dans celle où logeait mon groupe, j'ai pu engager la conversation avec le Polonais propriétaire des lieux qui maîtrisait la langue allemande. Au matin du 9 mars, un officier nous a lu l'ordre de marche pour le front du secteur sud que l'armée rouge avait percé. La compagnie s'est mise en route à pied pour la gare de Rosvadov distante de 16 kilomètres. Auparavant, j'avais confié au Polonais de la maison où nous étions cantonnés que je reviendrais, mais il ne m'a pas cru.

Mais la décision de m'évader était prise, sans savoir comment je m'y prendrais. A Rosvadov, où nous sommes arrivés à la nuit tombante, nous étions autorisés à entrer dans les maisons en dehors de la gare dans l'attente de notre embarquement. Tout était obscur, aucune lumière. Après avoir été relevé de mon tour de garde, je regagnai mon cantonnement lorsque le sous-officier y arrivait au même moment en nous donnant l'ordre de nous préparer à quitter les lieux. Aussi, je lui signalai que j'allais prévenir le camarade qui m'avait remplacé à la garde. En fait, j'en ai profité pour filer. Dans la nuit, j'ai aussitôt pris le chemin du retour vers Skowierzin. Arrivé au village à Skowierzin, je me suis aussitôt dissimulé dans la grange du Polonais où nous étions cantonnés auparavant. Le lendemain matin, le propriétaire des lieux, effrayé et tremblant me découvrit. Il m'apporta un bol de lait et un morceau de pain. Plus tard est apparu un officier polonais en civil qui apportait des habits civils tout en me demandant de lui remettre mon fusil Mauser avec les munitions. En civil et coiffé d'une casquette, je me suis rendu à un endroit désigné, et là, l'officier polonais qui m'a rejoint m'a amené à Pasternik, une annexe de Skowierzin, dans une famille dont le chef parlait français. Quelques jours plus tard, le même officier est revenu en me rapportant le Mauser et ses cartouches ainsi que l'uniforme allemand car nous allions passer chez les partisans. Arrivés sur les bords de la rivière San, mon compagnon a sifflé et de l'autre rive on a répondu. Venus en barque, les partisans polonais m'ont emmené sur l'autre rive où attendait un attelage de deux chevaux avec charrette. Par étapes, nous avons rejoint le camp de partisans en forêt de Janov, à soixante-dix kilomètres de là. Arrivé dans ce camp, le 25 mars, quel ne fut pas mon étonnement d'y rencontrer deux Alsaciens : Richard Mourlam, de Barembach, et Pierre Knab, de Mulhouse-Dornach. De plus, j'y ai fait la connaissance de Pierre Laruelle, de Limoges, un sergent français de l'intérieur prisonnier de guerre évadé.

CARNET TENU PAR UN MALGRÉ-NOUS, INDIQUANT, EN RUSSE, LES MORTS ET LES DÉSERTEURS DE SON ENTOURAGE

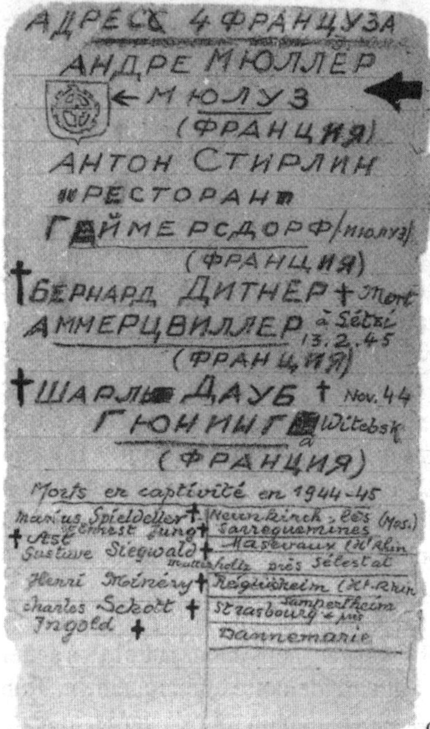

АДРЕСС 4 ФРАНЦУЗА
АНДРЕ МЮЛЛЕР
← МЮЛУЗ
(ФРАНЦИЯ)
АНТОН СТИРЛИН
РЕСТОРАН
ГАЙМЕРСДОРФ/МЮЛУЗ/
(ФРАНЦИЯ)
† БЕРНАРД ДИТНЕР † Mort [illegible]
АММЕРЦВИЛЛЕР 13.2.45
(ФРАНЦИЯ)
† ШАРЛЬ ДАУБ † Nov. 44
ГЮНИНГ à Witebsk
(ФРАНЦИЯ)
Morts en captivité en 1944-45
Marius Spieldeller † Neunkirch, lès Sarreguemines (Mos.)
Ernest Jung † Masevaux (Ht Rhin)
† Ast
Gustave Siegwald † Muttersholtz près Sélestat
Henri Ménéry † Réguisheim (Ht Rhin)
Charles Schott † Strasbourg Lampertheim près
Ingold † Dannemarie

Le groupe des partisans polonais se composait d'une centaine d'hommes dotés d'un armement restreint. Nous n'étions guère rassurés, les Polonais ne détenaient que quelques armes en provenance de leur ancienne armée, et à cette époque aucune livraison ne leur parvenait de l'extérieur. Au début de mai 1944, il fut décidé d'attaquer un dépôt allemand. Pierre Knab et moi faisions partie du commando mais le résultat a été mauvais. Nous étions obligés de progresser en plaine et les Allemands étaient vite alertés. Au bout de quelques minutes d'engagement, nous avons

COLL. PART.

LES TROIS DÉSERTEURS ALSACIENS,
PIERRE KNAB, JEAN-LOUIS MURA ET RICHARD MOURLAM.

eu cinq blessés. Alors que les Polonais s'étaient repliés, je restai seul avec Knab sous le feu allemand et c'est grâce à notre instruction militaire allemande que nous avons pu nous dégager.

Les partisans polonais avaient découvert des collaborateurs dans un village. Ainsi, un commando dont faisait parti Knab qui parlait l'allemand s'est rendu sur place vêtu d'uniformes récupérés sur des SS déserteurs. En fait, c'étaient des Ukrainiens incorporés de force. Les trois collaborateurs, deux hommes et une femme, faits prisonniers, ont été amenés dans notre camp. Un procès a eu lieu dirigé par un juge polonais. Les condamnations à mort par pendaison ont été exécutées sur-le-champ.

Dans cette région de Galicie, entre Lublin et Lvov, les partisans russes étaient plus nombreux que les partisans polonais et les contacts étaient assez fréquents. Un jour, une patrouille russe à cheval nous rendant visite s'intéressa à nous trois en uniforme allemand après que le capitaine polonais nous eut présenté comme « Franzuskis ». Les Russes nous demandèrent de venir avec eux. Nous avons ainsi rejoint fin mai 1944 les partisans russes dont le groupe portait l'appellation de Souvorov. Les Russes étaient de la force d'un bataillon très bien armé, armes et munitions étaient parachutées par avions russes. Nous trois Alsaciens étions affectés à un commando de mineurs et nous avons fait sauter plusieurs trains militaires allemands. Nous avons également attaqué un détachement allemand gardant un pont sur la rivière Tanev, entre Belgoraj et Tarnogrod, puis l'avons détruit. En juin, les Allemands ont concentré des troupes et ont occupé plusieurs villes et villages de la région en comptant nous éliminer. Le 23 juin, l'ordre nous fut donné de briser l'encerclement.

Nous nous mettons en marche au crépuscule en progressant lentement dans cette forêt de pins où règne l'eau. Les hommes ont l'air sombre mais résolu. La parole du commandant est : « Passer ou mourir sur le champ de bataille. » La nuit tombe, nous sommes tout près de l'ennemi qui a ouvert le feu le premier. Et c'est avec un « *hourré* » formidable que nous nous lançons dans un corps à corps terrible. Toutes les armes crachent, les fusils, les mitraillettes, antichars et mortiers. Pendant une demi-heure, ce ne sont que détonations et cris de ceux qui sont blessés. Nous ne faisons pas de prisonniers, tous sont abattus. Les Allemands font d'ailleurs de même avec les partisans. Sous notre poussée, l'ennemi fléchit puis décroche. La percée est réussie. Nos pertes sont sensibles. Après la percée, nous nous sommes heurtés à un convoi de cinq camions allemands que nous avons tous détruits ; nous avons tué les occupants et capturé un prisonnier qui a été passé par les armes. Mais de longues marches nous étaient imposées, tous les jours il fallait changer de position car les Allemands étaient à nos trousses. Leur avion observateur sillonnait le ciel sans arrêt. Quinze jours plus tard, nous sommes revenus à notre point de départ, notre camp, dans la forêt de Belgoraj. Il y régnait une atmosphère insupportable due à la décomposition des cadavres d'hommes et de chevaux sous le soleil de juillet.

L'armée rouge a repris l'offensive et a progressé assez rapidement en bousculant devant elle les troupes allemandes. Nous avions pour consigne de soutenir l'armée et à notre tour nous avons conquis une petite ville du nom de Trampol. En août, nous avons fait la jonction avec l'armée rouge à Hutta. Notre groupe se mit alors en mouvement pour rallier Kiev, en Ukraine, distant de six cents kilomètres. Nous y sommes arrivés le 29 août 1944. Nos compagnons russes nous ont quittés pour réintégrer l'armée. Quant à nous trois « Franzus », on nous a délivré les caractéristiques militaires comparable à un état de service, et remis des vêtements civils car nous portions toujours l'uniforme de la Werhmacht. Le lendemain, nous avons été embauchés dans une usine fabriquant du miel artificiel

LES TROIS HÉROS (MOURLAM, MURA, KNAB) DÉCORÉS EN 1992 PAR L'AMBASSADEUR DE RUSSIE À PARIS.

COLL. J.L. MURA

et y avons trouvé un autre Français, Robert Verdeau, de Bordeaux-Mérignac, déporté du travail qui avait rejoint le maquis. Notre tâche consistait à chercher du bois en forêt. Nous étions hébergés à l'usine où la cantine nous servait les repas matin et midi car le soir il n'y avait rien. Ils comprenaient du millet cuit à l'eau arrosé d'un peu d'huile précédés à midi d'une soupe bien claire. Pendant notre séjour du 1er septembre 1944 au 7 février 1945, on nous a servi de la viande une seule fois, à Noël 1944.

En octobre 1944, nous avons voulu nous engager dans l'escadrille Normandie-Niémen, mais les semaines passaient sans nouvelle. Aussi en novembre, nous avons décidé d'aller à Moscou, mais de nous quatre, seul Robert Verdeau a réussi à prendre le train. Le 26 janvier 1945, en rentrant de la forêt, on nous a informés qu'un général français voulait nous voir, c'était le général Petit, chef de la mission militaire française, qui avait été informé de notre présence par notre camarade Verdeau. Dès le 7 février, habillés de neuf, accompagnés par un soldat, nous sommes allés en train à Moscou où nous sommes arrivés le surlendemain.

Notre rapatriement vers la France débuta le 22 février 1945 par avion via Bakou, Téhéran, Le Caire, Alger, Marseille, puis Paris où nous sommes arrivés le 20 avril. Lors de notre passage au Caire, un journal local de langue française, *La Marseillaise*, a publié un article sur nos tribulations en Russie.

Il y a deux ans, il a été porté à ma connaissance que le gouvernement de la Fédération de Russie m'avait décerné l'ordre de la Guerre nationale de 2e classe. Mes camarades Pierre Knab et Richard Mourlam ainsi que moi-même avons reçu cette décoration des mains de l'ambassadeur russe dans les salons de l'ambassade à Paris, le 3 décembre 1992.

(Témoignage recueilli et rédigé par René Meyer)

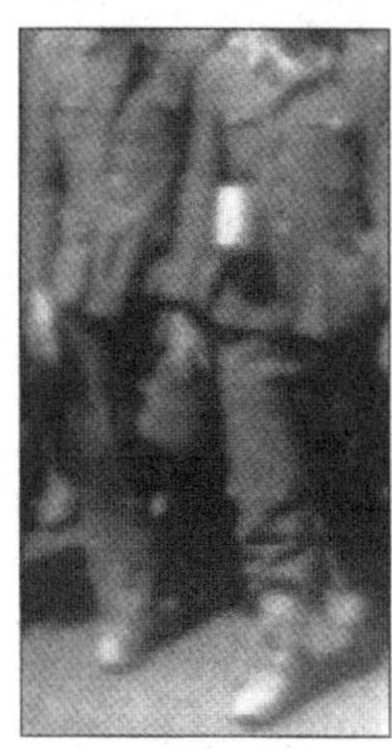

Défilé à Moscou

JULES BUHLER

Fait prisonnier par les Russes au cours de la bataille de Vitebsk, le soldat alsacien Jules Buhler, incorporé de force, participe au défilé des prisonniers allemands à Moscou le 17 juillet 1944. Après les épreuves de la guerre, l'humiliation.

C'est le soir du 29 juin 1944 que l'occasion m'a été donnée de déserter seul, sans armes. J'ai marché de nuit, en direction de l'est, terriblement tendu.

Tout à coup, de violentes explosions ininterrompues ce firent entendre. Devant moi de fortes lueurs éblouissantes embrasent le ciel. Au-dessus de moi, se sont des sortes de trains rapides qui passent pour s'écraser ensuite dans un bruit assourdissant, loin derrière dans les lignes allemandes. J'ai appris bien plus tard, dans les livres, que c'était l'attaque décisive des Soviétiques sur Vitebsk.

La canonnade a cessé aussi brusquement qu'elle avait commencé. Que faire maintenant ? J'ai décidé de persévérer. Le jour pointait déjà à l'est; au début de l'été, le jour se lève dès deux heures du matin à cette latitude. C'était la direction à prendre. J'entends au loin un bruit de moteur qui va en s'amplifiant et, bientôt, je vois de part et d'autre de ma position des chars russes, des T-34, qui avancent rapidement. Je me planque, et lorsqu'ils ont dépassé ma hauteur, je continue d'avancer. J'entends au loin des voix humaines, des voix d'adolescents qui s'interpellent, des voix qui se rapprochent, et bientôt j'aperçois quatre hommes, des jeunes soldats russes armés de mitraillettes. Ils sont à vingt mètres et ont l'air surpris de me voir. Je brandis le tract que les Soviétiques avaient largué dans les lignes allemandes à l'intention des soldats voulant déserter en leur faisant part, en russe, en une phrase que j'avais appris eau préalable, de mon intention de me rendre. Après un court conciliabule, ils me firent signe de m'en aller, puis l'un d'eux tira une rafale en l'air. J'insiste, mais décidément ces Russes-là ne voulaient pas de moi. Il ne me restait plus qu'à détaler, sans me retourner car, cette fois, ils tirèrent dans ma direction.

Je remarque des marais sur ma droite et m'y engage. Après avoir pataugé dans la vase jusqu'aux genoux, je m'affale dans une haie entourée de joncs. Me sentant à l'abri de tous regards, j'allume une cigarette après l'autre. Tout à coup j'entends des hourras devant moi. Ce sont des Allemands qui contre-attaquent en contour-

LE DÉFILÉ DES PRISONNIERS À MOSCOU LE 17 JUILLET 1944.

nant le marécage, des centaines de soldats, toutes unités et armes confondues; il y a des fantassins, des pionniers, des artilleurs, des aviateurs. Je découvre aussi des dizaines de cadavres affreusement mutilés qui jonchent le sol et que des volontaires chargent sur des camions. Je sors de ma cachette et me mêle à eux; personne ne fait attention à moi. Je leur prête main-forte pendant une heure environ. Après cette corvée macabre, n'en pouvant plus, je m'affaisse dans un pré et m'endors en plein soleil. Je me réveille en sursaut. Une camionnette, en marche arrière, chargée de provisions, a passé sur ma jambe gauche à hauteur du mollet qui bleuit à vue d'œil. Je ressens des douleurs atroces. Heureusement que la terre était molle! Quelqu'un me dit d'aller rejoindre les blessés dans le bosquet tout proche. Je m'y rends et vois un spectacle atroce. Des dizaines de blessés de toutes sortes, couchés à même le sol, pleurent et crient de douleur. A un soigneur qui passe je demande pourquoi on n'évacue pas tous ces blessés vers l'arrière. « Mais nous sommes encerclés, me répondit-il, tu ne savais pas ? »

Je m'occupe toute la soirée à soigner les blessés et surtout à leur donner à boire. Ma jambe blessée va mieux et ne m'empêche pas de vaquer à cette occupation. La nuit tombée, je m'assieds, le dos contre un arbre, et somnole malgré les gémissements des blessés. Dès les premières lueurs du jour, un coup de sifflet résonne tout à coup et nous voilà entourés d'une vingtaine de soldats russes qui crient. Aussitôt des coups de feu retentissent : ce sont les nombreux blessés graves qui mettent fin à leurs jours. Nous voilà prisonniers des Russes.

Puis commence la longue marche vers l'est, environ dix jours. Elle a souvent été décrite : la faim, la soif, l'élimination des malades et des traînards. Ensuite, nous voilà embarqués dans un train de marchandises pour trois jours encore.

Nous arrivons dans une très grande ville qui est, nous l'avons appris par la suite, la capitale soviétique : Moscou. Qu'allons-nous faire là ? Dans une sorte d'hippodrome nous attendent déjà des milliers d'autres prisonniers. Ordre nous est donné de nous tenir exclusivement sur la piste cendrée qui ceinture le stade. Nos gardiens font respecter scrupuleusement cette consigne et interviennent avec brutalité dès que l'un de nous tente de se coucher dans l'herbe. Il fait un temps chaud et ensoleillé. De nombreuses cuisines roulantes sont installées autour de la piste. Des cuisiniers-soldats, tout de blanc vêtus, nous préparent de bonnes soupes de concentré américain. Pour nous, c'est un vrai régal après quinze jours de jeûne et de privations. Les soupes sont distribuées dans des boîtes de conserve vides, lesquelles comportent des inscriptions en américain. Elles sont avalées goulûment avec des cuillères en bois. Nous ne possédons plus notre nécessaire à raser, ni savon ni serviette, nous ne pouvons même pas nous débarbouiller.

Les premières dysenteries se déclarent sur le champ de courses. De plus, des hôtes indésirables s'agitent dans nos haillons.

Le 17 juillet 1944, un grand remue-ménage se produit de bon matin. Très tôt, on nous sert une boîte de la fameuse soupe. Nous sommes rassemblés et alignés par les gardes qui crient, s'interpellent et gesticulent. On nous fait sortir de l'hippodrome et on nous aligne par colonnes de vingt-cinq au nombre de quarante, soit mille prisonniers dans chaque unité. Il en vient de toutes parts, des centaines, des milliers, de toutes sortes, des fantassins, des artilleurs, des pionniers, des aviateurs, pêle-mêle. Peut-être trente mille hommes, sinon plus.

Nous attendons le signal du départ en plein soleil, de plus en plus ardent, et enfin, vers midi, l'immense cortège s'ébranle.

Nous avons l'air d'un tas de misère, non lavés, non rasés, les visages noircis par la poussière de charbon. Je comprends alors pourquoi nos gardes insistaient pour que l'on couche dans les scories : cette poussière noire nous donne un air sinistre et impressionnant pour le spectateur. Nos uniformes sont défraîchis, nous sommes chaussés de mocassins en caoutchouc ou de chiffons (les soldats soviétiques nous avaient pris nos bottes). La partie creuse de nos cuillères en bois dépasse des pochettes

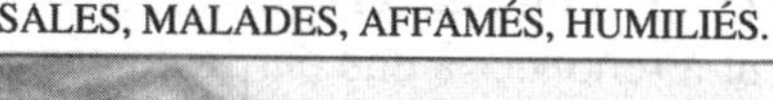
SALES, MALADES, AFFAMÉS, HUMILIÉS.

supérieures de nos vestes et d'une main nous portons chacun notre boîte en fer-blanc. Je réalise alors qu'on nous fait défiler dans les grandes artères de Moscou dans un but de propagande.

Bientôt, une foule considérable amassée de part et d'autre des rues nous regarde passer en vociférant et en lançant dans nos rangs des cailloux et autres objets hétéroclites. Nous sommes heureusement bien entourés : des fantassins portant fusil vers l'avant, baïonnette au canon, de plus une multitude de dragons à cheval trottent à nos côtés.

C'est ainsi que nous défilons dans différentes avenues qui me paraissent immenses par leur largeur. Et toujours cette populace qui nous nargue et nous crache dessus et les fantassins russes avec leur éternel « davaï, davaï, bistré ».

A un moment donné, je crois reconnaître la place Rouge où je vois une estrade en bois décorée de drapeaux et d'inscriptions qui doivent probablement vanter la glorieuse armée soviétique. Sur cette estrade se trouvent des centaines d'officiers supérieurs portant des casquettes. Ici et là, je reconnais des képis de gradés français. Les Alsaciens qui m'entourent et moi-même faisons de grands signes vers l'estrade en criant : « Cherchez-nous, nous sommes français ! » Mais le brouhaha de la foule et les cris des gardes couvrent nos voix de sorte que, finalement, notre appel passe inaperçu.

« NOUS SOMMES FRANÇAIS ! » CRIONS-NOUS AU MILIEU DU CORTÈGE DE PRISONNIERS

Notre marche de propagande se poursuit et la foule hostile continue de crier. Certains prisonniers, n'en pouvant plus, se traînent péniblement. Quelques-uns, atteints de dysenterie, ne pouvant se retenir, descendent leur pantalon tout en continuant de marcher, alors que d'autres se servent de leur boîte de fer-blanc. Notre statut de prisonnier nous contraindra encore souvent à renoncer à une partie de notre dignité d'homme.

Je me demandais ce que je faisais là au milieu de cette immense misère.

Nous ne savions pas alors que les Soviétiques nous filmaient. Je n'ai pas vu les camions-pompes qui suivaient le défilé et nettoyaient la chaussée. C'est en revoyant cette page de ma vie à la télévision que le souvenir a été réactivé.

Enfin, vers le soir, le cortège ayant été scindé et morcelé, nous sommes encore quelques centaines d'hommes à entrer dans une gare située au nord de Moscou où nous attend un train de marchandises. Il nous conduit en deux jours et deux nuits à Morschansk, mon premier camp de prisonniers. Avec d'autres Alsaciens, on nous transfère ensuite à Tambov. C'est là que nous apprenons que nous allons être prochainement rapatriés. Un premier contingent de quinze cents camarades venait de quitter le camp. Mais, il nous faudra attendre plus d'un an...

Pendu à 17 ans

ALFRED WAHL

L'armée allemande, alors que les revers militaires se multipliaient, accrut la férocité de sa pression sur ses propres soldats. Un cas tragique parmi d'autres.

1944

UN DÉSERTEUR ALSACIEN PENDU PAR LES ALLEMANDS À DUNKERQUE EN SEPTEMBRE 1944.
ARCHIVES NORD-ÉCLAIR

Plusieurs jeunes Alsaciens de la classe 1926, donc incorporés de force dans les SS, combattirent au sein de la 16e division SS en Italie sur la ligne Gothique. A Ceretta, ils prirent connaissance de l'attentat manqué contre Hitler. Parmi eux, Jean-Pierre Zimmermann, de Carspach, et Charles Kreutter, de Waldighoffen. Dans une discussion devant témoins, ils regrettent l'échec de l'attentat qui venait d'avoir lieu le 20 juillet 1944. Malheureusement pour eux, un autre Alsacien, Paul S., les dénonce aux supérieurs. Zimmermann et Kreutter sont alors traduits devant un tribunal militaire de campagne SS le 15 août et pendus le 18 août devant leurs compagnons, y compris bien sûr les autres Alsaciens. Jean-Pierre Zimmermann, qui n'avait pas dix-huit ans, écrivit une lettre d'adieu à ses parents, grands-parents, frères et sœurs. En voici la traduction française :

> C'est sans doute la dernière fois qu'il me sera donné de vous écrire, à vous mes chéris, une lettre en ce monde. Le destin a décidé de mon sort, et j'ai beaucoup de chagrin, j'éprouve une grande douleur à vous écrire ce message d'adieu...
> Il ne me reste plus que quelques jours, peut-être quelques heures à vivre et à pouvoir penser à vous. Hier, 15 août, en cette belle fête de l'Assomption de la Vierge, j'ai été condamné à mort ainsi que mon ami Charles Kreutter de Waldighoffen, par le Feldgericht.
> Vous ne pouvez imaginer ce que c'est, ni ce que je ressens en pensant à la peine et au chagrin qui vous frapperont quand vous apprendrez la nouvelle.
> Pourtant, croyez-moi, ce que j'ai fait n'est guère criminel. Je vous prie de transmettre mes dernières pensées à nos parents et amis, oncles, tantes et cousines. Qu'ils conservent de moi un bon souvenir et qu'ils prient Dieu pour moi.
> Je dis adieu au cher et beau village, à son église, aux champs et à la campagne, à la chère maison paternelle où j'aimais tant vivre.
> J'aurais tellement aimé vous revoir tous. Mais Dieu en a décidé autrement. Saluez monsieur le curé de ma part. Qu'il veuille bien conserver de moi un bon souvenir.
> Je termine ma dernière et triste lettre en vous embrassant tous plusieurs fois, bien tendrement. Remerciez Marie-Thérèse pour sa lettre et sa photo. Ce fut pour moi le dernier message de la terre natale et une très grande joie.
>
> Jean-Pierre

Dans la lettre annonçant le décès à la famille de Jean-Pierre Zimmermann, le chef du tribunal de campagne, le SS Haupsturmführer Sammer interdisit toute annonce du décès dans la presse

BIBLIOGRAPHIE

ALLAIMAT Henri, TRUCK Betty, *La nuit des parias*, Presses de la Cité, Paris 1974, p. 250-258.

Quand s'Ouvrent les archives russes

FRANÇOISE ERB

A Moscou, les dossiers des prisonniers internés dans les camps soviétiques pendant la guerre sont désormais accessibles. En février 1994, Françoise Erb et Claude Heym, journalistes à France 3 Alsace, ont pu filmer pour la première fois les dossiers des incorporés de force alsaciens dans les archives russes.

Le dossier est épais, volumineux : il porte sur sa couverture le nom d'un prisonnier allemand et contient une centaine de pages, peut-être plus, que nous feuilletons avec précaution, de peur de les déchirer, sans comprendre la signification de toutes ces notes rédigées en russe. Surpris, nous découvrons plusieurs relevés de température, identiques à ceux que l'on trouve au pied du lit d'un malade : la partie médicale du dossier...

Des dossiers tels que celui-ci, il en existe des millions au centre de conservation des documents et collections historiques à Moscou. Trois millions et demi, selon l'universitaire autrichien Stefan Karner qui a ses entrées ici depuis plusieurs années. « Mais personne n'a jamais vraiment compté », précise-t-il.

Nous allons passer deux jours dans ces bâtiments, qui renferment ce que l'on appelait, avant l'éclatement de l'URSS, les archives du ministère de l'Intérieur et du KGB et puis, plus tard, les archives spéciales. Deux immeubles en brique, situés dans la banlieue de Moscou, à mi-chemin du centre-ville et de l'aéroport international de Cheremetievo. Une partie de ces bâtiments a été construite lors de la guerre par des prisonniers allemands. Ironie du sort : depuis cinquante ans, ce sont justement les dossiers de tous les prisonniers et internés de guerre ayant séjourné dans des camps Soviétiques qui étaient entreposés ici dans le plus grand secret.

Le centre a commencé à s'ouvrir aux chercheurs et aux historiens il y a deux ans, peu de temps après l'échec du putsch d'août 1991. Depuis, il arrive aussi – mais c'est plus rare – que des journalistes soient accueillis dans ce dépôt d'archives. Il nous a fallu plusieurs mois de négociations avant d'obtenir l'autorisation de tournage. Patiemment, en ce matin de février, nous expliquons une fois de plus au directeur, Mansour Mukhamedjanov, le but de notre visite bien que Claude, le cameraman, ait

LES JOURNALISTES DE FRANCE 3 ALSACE ET, À DROITE, LE DIRECTEUR DES « ARCHIVES SPÉCIALES » À MOSCOU.

hâte de commencer les prises de vues. Julia, notre interprète, demande que nous puissions consulter et filmer les dossiers des prisonniers alsaciens capturés sur le front russe pendant la dernière guerre. Nous précisons également que nous souhaitons emporter quelques copies afin de pouvoir les présenter à des familles en Alsace. Après une heure de discussion autour d'une tasse de thé, le directeur nous donne son autorisation.

Le centre de conservation des documents et collections historiques ressemble par certains aspects à une prison. Derrière des portes blindées, sur lesquelles chaque soir est apposé un cachet de cire, sont entreposés par une température de 15°C des kilomètres de cartons. A l'intérieur figurent les dossiers des prisonniers de trente-deux nationalités. Ceux des Allemands sont, de loin, les plus nombreux.

En 1993, Stefan Karner et une équipe de vingt-cinq personnes ont, à la demande du conseil général du Haut-Rhin, cherché pendant six mois les noms de prisonniers français dans l'immense fichier des archives. L'universitaire autrichien a ainsi établi une liste de trente-trois mille détenus, parmi lesquels quatre-vingts pour cent d'Alsaciens et de Mosellans. Pour les deux tiers d'entre eux, il existerait un dossier d'enregistrement.

Les prisonniers, en effet, étaient systématiquement interrogés par les Russes au moment de leur capture ou lors de leur entrée dans un camp. Les interrogatoires, qui se répétaient parfois à plusieurs mois d'intervalle, portaient sur l'identité du prisonnier, la composition de sa famille, la durée de ses études, les langues parlées, la profession, l'appartenance politique et la religion. Tous ces renseignements permettaient aux Russes de mieux « utiliser » les prisonniers. Les ouvriers et les paysans se voyaient confier des travaux assez simples, les scientifiques étaient appelés à d'autres tâches, etc.

Selon Stefan Karner, le centre où nous nous trouvons ne rassemble pas tous les documents. Certains noms ne figurent pas dans le fichier et des dossiers « sensibles » – ceux des kapos par exemple – seraient au ministère de l'Intérieur. Ils y auraient été transférés dans les années cinquante.

Les quelques dossiers des prisonniers alsaciens que nous demandons à consulter et à photocopier contiennent sur trois ou quatre pages tous ces types de renseignements. Nous découvrons aussi deux Soldbücher. Deux des dossiers, qui concernent des prisonniers morts en captivité, donnent des informations très précises sur leur maladie et les causes de leur décès. Les médicaments utilisés pour soigner le malade sont mentionnés, l'évolution de son état de santé est décrite heure par heure jusqu'au moment de la mort. Nous constatons même la présence d'une autopsie. Pour un jeune Haut-Rhinois de vingt ans, Eugène Diebold, enterré au cimetière de Kirsanov près de Tambov, l'acte d'inhumation révèle le numéro de sa tombe. Nous filmons ces dossiers en songeant que bien des familles en Alsace souhaiteraient, même cinquante ans après, pouvoir entrer en possession de tels documents.

En théorie, la chose est possible et le responsable de ce centre d'archives nous confirme que, moyennant quelques dollars, les familles peuvent obtenir sans problème la copie d'un document. En pratique, c'est totalement irréaliste, car qui peut vraiment se permettre de se rendre à Moscou pour effectuer une telle démarche ? Pour les archives russes, la vente des copies représente évidemment une rentrée d'argent. L'Etat, en effet, assailli de difficultés économiques, ne verse plus grand-chose aux différents centres. Mansour Mukhamedjanov ne nous cache pas que des rumeurs de fermeture circulent !

Son personnel est sous-payé. Le centre emploie une cinquantaine de personnes, un peu surprises sans doute de voir depuis deux ans des chercheurs autrichiens, allemands, luxembourgeois et français s'intéresser autant à ces vieux dossiers. Des dossiers que ces archivistes, élevés dans l'orthodoxie communiste, ont entretenus et conservés depuis la guerre et que seul le KGB était amené à consulter de temps à

DANS CES RAYONNAGES, LES DOSSIERS DES MALGRÉ-NOUS PRISONNIERS.

ИСТОРИЯ БОЛЕЗНИ № 864

11. Диагноз

16. Исход *(подчеркнуть)*
а) выписан по выздоровлении;
б) выписан для амбулаторного лечения;
в) выписан для дальнейшего стационарного лечения;
г) признан врачебной комиссией по ст. ___ гр. ___ расписания болезней прика[за] НКО СССР № ___ 19__ г.
1) годным к строевой службе,
2) годным к нестроевой службе,
3) годным ограниченно по ___ разр[яду]
4) подлежащим увольнению в отпуск ___ дней,
5) подлежащим направлению в батал[ьон] выздоравливающих,
6) нуждающихся в специальном лече[нии]

Когда и куда убыл

Подпись

Le dossier de la mort de Jean Ast

Dossier n° 864
AST Jean
Soldat français.
Né en 1925.
Diagnòstic : dystrophie.
Décès : 6 janvier à 6 h du matin.
Nombre de jours dans l'hôpital : 3 jours.
Entré le 2 janvier 1945.
Se plaint de faiblesse généralisée. Diarrhée deux à sept fois par jour.
Douleurs de la poitrine. Malade depuis dix jours.
Le malade est de constitution normale mais il est très faible, la peau est très sèche et blanche. Il a des plaies qui suppurent. Il a des difficultés pour respirer lorsqu'il est couché.
4 janvier : l'état du malade empire brusquement, les pulsations deviennent irrégulières.
5 janvier : l'état du malade se dégrade, il se plaint de plus en plus d'une faiblesse généralisée, de diarrhée, de vertiges. En fin de journée, le pouls est à peine perceptible et le cœur faiblit. Dans la nuit diarrhée quatre fois. Le cœur faiblit de plus en plus, le ventre est mou et insensible.
Le malade meurt le 6 janvier 1945 à 6 h du matin.

DOCUMENT FRANCE 3 ALSACE

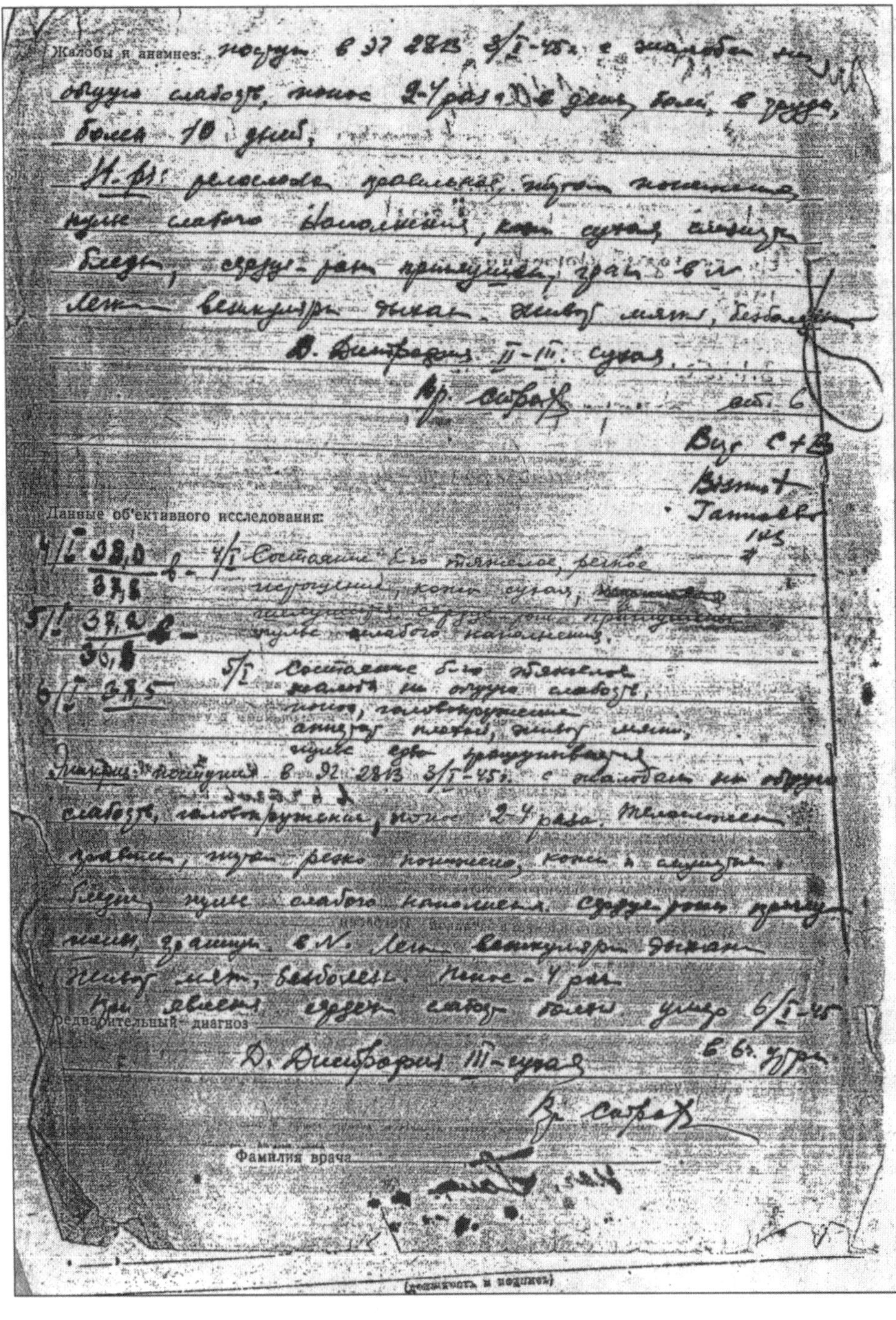

Жалобы и анамнез: поступил в ЭГ 2813 3/I-45 г. с жалобами на общую слабость, понос 2-4 раза в день, боли в груди, более 10 дней.

[illegible]

Д. Дистрофия II-III. сухая.

Вр. [illegible]

Данные об'ективного исследования:

4/I 38,0 / 37,5

5/I 37,2 / 36,8

6/I 37,5

4/I Состояние б-го тяжелое, резкое [illegible]

5/I Состояние б-го тяжелое [illegible] на общую слабость, понос, головокружение, аппетит плохой, живот мягк. [illegible]

Эпикриз: поступил в ЭГ 2813 3/I-45 г. с жалобами на общую слабость, головокружение, понос 2-4 раза. [illegible]

[illegible] умер 6/I-45 в 6 ч. утра

Предварительный диагноз

Д. Дистрофия III-сухая

Вр. [illegible]

Фамилия врача

(должность и подпись)

1944

autre. Logique d'un système qui consistait à avoir le maximum d'informations sur les étrangers.

Aujourd'hui, le secret a laissé la place à la transparence et les historiens tentent de rattraper le temps perdu. Certains pays aussi : l'Allemagne depuis quelques mois récupère, par l'intermédiaire de la Croix-Rouge, les copies des dossiers de ses ressortissants. Le Luxembourg fait microfilmer les documents concernant les incorporés de force luxembourgeois.

En quittant le centre, nous emportons avec nous les copies de cinq dossiers que nous allons ramener à des familles en Alsace. Ces dossiers ne contenaient pas de lettres écrites par des prisonniers ou des photos personnelles. Pourtant, il est arrivé parfois à Stefan Karner de retrouver de tels trésors parmi des documents. Ces petits morceaux de papier que nous ramenons en Alsace sont tout de même précieux. A ceux qui ont eu la chance de rentrer, ces dossiers feront revivre le passé, un passé souvent douloureux. Pour les familles qui ont perdu l'un de leurs proches, et pour qui la blessure ne s'est jamais refermée, ces documents pourront apporter certaines informations dont elles n'ont jamais eu connaissance après la guerre. Et notamment parfois la confirmation d'un décès.

Même cinquante années plus tard, il est utile de connaître la vérité.

La Tragédie d'Oradour

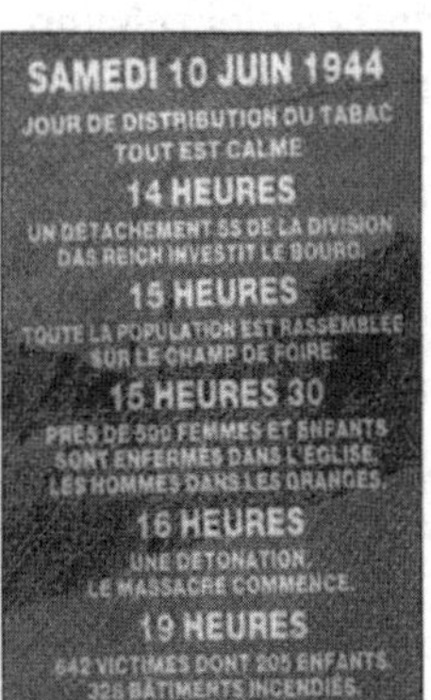

PHOTO RENÉ MEYER

RENÉ MEYER

Près de six cent cinquante victimes, dont deux cents enfants. Le massacre perpétré à Oradour-sur-Glane le 10 juin 1944 par la division « Das Reich » restera comme le plus grand crime commis en France par l'armée allemande. Parmi les soldats assassins : de jeunes Alsaciens incorporés de force.

Le samedi 10 juin 1944, à 13 h 30, plusieurs camions de SS font irruption dans le bourg d'Oradour-sur-Glane, à vingt kilomètres au nord-ouest de Limoges. Un officier se présente à la mairie et intime au maire l'ordre de rassembler toute la population sur le champ de foire. L'ordre est aussitôt transmis par le tambour de la localité. Pendant qu'un cordon de soldats entoure le village, les hommes et les femmes surpris au milieu de leurs occupations s'amassent sur le lieu de rassemblement, pressés avec brutalité par les SS, mitraillettes à la hanche, qui pénètrent dans les maisons et contraignent les vieillards et les malades à en sortir. Les enfants, eux, doivent quitter la classe pour se rendre place du champ de foire, instituteurs en tête.

Un interprète avise les habitants qu'un officier allemand a été tué à quelques kilomètres de là et que les autorités allemandes savent qu'un dépôt de munitions existe au village, mais que personne n'a voulu leur dire où il se trouve. La population est avisée que le feu sera mis aux habitations pour faire sauter le dépôt clandestin. Après que le maire a assuré qu'il n'existe aucun dépôt de munitions et s'est offert en otage, les Allemands passent à l'exécution de leur plan.

Ils conduisent les hommes dans trois granges voisines où ils sont abattus par groupes de vingt pendant que, sur le champ de foire, les hurlements de détresse des femmes et des enfants se mêlent au bruit des fusillades. Le massacre achevé, les femmes et les enfants sont amenés à l'intérieur de l'église puis les portes de l'édifice sont fermées.

Le bourg est soumis à un pillage en règle, après quoi il est incendié. Rien n'est épargné, l'église, les habitations, les dépendances, les commerces, la poste. Tout est la proie des flammes.

Dans la soirée, le tramway venant de Limoges arrive à l'entrée du bourg où il est arrêté. Les voyageurs à destination d'Oradour doivent en descendre et, tandis que la rame est refoulée, ils sont emmenés puis en fin de compte libérés en plein champ...

Les Allemands reviennent sur place le dimanche et le lundi pour parachever le pillage et tenter d'effacer leur crime en jetant un certain nombre de cadavres dans une fosse commune creusée par eux.

Quelle était la situation en ce 10 juin 1944 ? Lés Alliés ont débarqué depuis quatre jours et les maquisards créent de sérieuses difficultés aux troupes allemandes rameutées en direction de la Normandie. Les représailles sont terribles; ainsi la veille, le 9 juin, quatre-vingt-dix-neuf otages ont été pendus à Tulle. Le même jour, un officier SS du 3e bataillon, du même régiment que celui qui va opérer à Oradour, est enlevé entre Guéret et Saint-Léonard-de-Noblat. A Saint-Junien[1], le 8 juin, un attentat est commis où deux Allemands sont tués. Le 9 juin, à Nieul, à dix kilomètres d'Oradour, un officier SS et son chauffeur sont capturés mais l'un des deux réussit à s'échapper. Mais le 10 juin 1944, il n'y a pas que le Limousin qui est en effervescence.

En Savoie, les Allemands de la 157e ID attaquent le maquis du mont Revard, au-dessus d'Aix-les-Bains, et provoquent sa dispersion. En Auvergne, les maquisards du mont Mouchet tiennent tête à une division entière. Au Vercors, les Allemands commencent à investir le pays qui leur est interdit par environ quatre mille combattants de la Résistance. Trois mois plus tard, lors de leur retraite, les Allemands appliqueront une tactique rodée à Oradour-sur-Glane en incendiant des villages et en massacrant les habitants, notamment dans la vallée de la Maurienne. En novembre, ces opérations d'incendies et de destructions se répéteront dans les Vosges : La Bresse, Gérardmer et Saint-Dié seront détruits.

Oradour-sur-Glane est un gros bourg de la campagne limousine. Sa population a augmenté et dépasse les sept cents habitants par suite de l'arrivée de nombreux Mosellans. La localité est calme, il n'y a jamais eu d'attentat contre les occupants.

Le dépôt d'armes ou de munitions n'est qu'un prétexte, il faut faire un exemple qui doit terroriser la population de la région.

On dénombre six cent quarante-deux victimes dont deux cent cinq enfants. Parmi les victimes se trouvent quarante-quatre Mosellans et dix Alsaciens. On compte trente-neuf personnes originaires de Charly et cinq autres de Montoy-Flanville, deux communes de la Moselle. Toutes ont été expulsées par l'occupant en novembre 1940. Quant aux victimes alsaciennes, ce sont des réfugiées, six viennent de Strasbourg, deux de Schiltigheim, une de Colmar et une autre de Sainte-Marie-aux-Mines. Après la guerre, au nom de Charly on accolera celui d'Oradour, de telle sorte que la commune s'appellera Charly-Oradour.

Oradour-sur-Glane, devenu village martyr, a été classé monument historique en 1946. Les lieux ont conservé l'amoncellement de ruines calcinées d'où émergent quelques pans de murs, en l'état depuis le drame.

L'unité SS est identifiée dès août 1944. Il s'agit de la 3e compagnie (cent vingt hommes) du 1er bataillon du régiment « Der Führer » appartenant à la division « Das Reich ». Vingt-huit Malgré-Nous ont été incorporés d'office dans l'unité en cause mais quinze d'entre eux ont disparu[2]. Il en reste donc treize impliqués dans le drame. Dix sont du Bas-Rhin tandis que les trois autres sont du Haut-Rhin. Au moment de leur incorporation, dix ont à peine dix-huit ans et certains n'ont encore pas atteint cet âge.

Le procès de l'enfer d'Oradour-sur-Glane s'ouvrira le 12 janvier 1953 devant le tribunal militaire de Bordeaux, huit ans après les faits. Dans le box des accusés se trouvent quatorze Alsaciens, treize Malgré-Nous et un volontaire. Avec eux, sept anciens Waffen SS allemands. On n'a pas retrouvé les autres, ni aucun officier. Ainsi commence « l'affaire d'Oradour » qui va diviser l'opinion française et meurtrir la population alsacienne. Nous y reviendrons longuement dans le dernier numéro de notre série sur les années de guerre en Alsace.

NOTES .

1. Saint-Junien, petite ville à douze kilomètres d'Oradour-sur-Glane, a recueilli beaucoup de personnes de Schiltigheim en septembre 1939. Tout l'arrondissement de Rochechouart, dont font partie Saint-Junien et Oradour-sur-Glane, a d'ailleurs recueilli les habitants de Schiltigheim, Bischheim et Hoenheim lors de l'évacuation.
2. *Le nouveau Rhin Français* du 12 février 1953.

SAISONS D'ALSACE

REVUE TRIMESTRIELLE — PRINTEMPS 1995

nº 127

La Délivrance

— 1945 —

La délivrance

ALFRED WAHL

Parce que les nazis ont su opposer une résistance farouche à l'avance alliée, la guerre se prolongea jusqu'au 19 mars sur le territoire alsacien, date à laquelle le nord de l'Outre-Forêt fut enfin libéré. Ce que nous écrivions en introduction au numéro portant sur l'année 1944 demeure valable pour l'année 1945. La Libération n'a pas été un moment uniforme de liesse à travers toute la région. Les combats de libération ont duré trois mois encore en 1945, dans la poche de Colmar, dans l'Outre-Forêt.

Le nombre des victimes civiles continua de s'allonger, alors même que les réfugiés revenaient au pays. Et bien après l'armistice du 8 mai, les familles restèrent sans nouvelles des leurs qui avaient été déportés, transplantés ou incorporés de force.

Parallèlement au soulagement de la Libération naquit une certaine tension liée à la mise en place de la nouvelle

PHOTO SÉRUZIER / BDIC

VITRINE À COLMAR EN 1945.

administration française qui cherchait une voie entre le « tout épuration » et la modération, et qui dut rendre justice aux spoliés, assurer le ravitaillement, la mise en route de l'économie, etc.

Sur tous ces points, ce numéro – le septième de notre série sur les années de guerre! – comporte des articles de fond alternant avec des témoignages. Nous ne pouvons prétendre être exhaustifs, tâche trop difficile, surtout pour ce qui concerne l'Alsace où les expériences de la guerre, les catégories des victimes sont nombreuses, variées et souvent originales. Les témoignages ne peuvent remplacer les travaux historiques, mais le courrier reçu suite au numéro précédent montre leur utilité; on en trouvera plus loin quelques extraits significatifs.

Fin 1945 demeurent d'importantes séquelles de la guerre : l'épuration se poursuit; les multiples dommages subis sont en voie d'évaluation; la francisation commence; les victimes, les déportés, les soldats de tous les camps, les expulsés et réfugiés, etc., s'organisent en vue d'obtenir réparation du préjudice subi, ou du moins la reconnaissance de tous ou encore pour se souvenir de leurs morts et pour perpétuer la mémoire (on sait le rôle de l'ADEIF pour la recherche des disparus).

L'ensemble de ces problèmes, de ces multiples conséquences immédiates et durables de la guerre, pourra faire l'objet ultérieurement d'un autre numéro de Saisons d'Alsace.

1945 - Tableau synoptique

Louis Schmitt

	MONDE	FRANCE	ALSACE
JANVIER	● **9 janvier - 23 février :** Fin de la campagne des Philippnes. ● **12 :** Début de la grande offensive d'hiver soviétique en Pologne. ● **17 :** L'Armée rouge à Varsovie. ● **27 :** Libération du camp d'Auschwitz.	● **16 :** Nationalisation des usines Renault. ● **19 :** Condamnation à mort de l'écrivain Robert Brasillach, exécuté le 6 février. ● **22-23 :** Réunion du comité central du parti communiste : orientation légaliste, avec désarmement des milices patriotiques et modération imposée aux chefs de maquis. ● **22 :** Ordonnance créant les comités d'entreprise.	● **2 :** Suite à l'opération *Nordwind* déclenchée dans la nuit du 31 décembre 1944 entre Bitche et Sarreguemines, décision du haut-commandement américain de repli sur la crête des Vosges. ● **3 :** Sur intervention du général de Gaulle et de Winston Churchill, décision annulée pour des raisons politiques et psychologiques. Réorganisation en catastrophe du dispositif de défense de Strasbourg avec participation des FFI. Rôle du général de Lattre de Tassigny.. ● **5 :** Tête de pont allemande à Gambsheim, 18 km au nord de Strasbourg. ● **6 :** Avance allemande stoppée à Krafft, 20 km au sud de Strasbourg. ● **20 :** L'offensive de la 1re armée française pour libérer la banlieue de Mulhouse se heurte à une résistance acharnée. ● **21 :** Une offensive allemande atteint La Wantzenau, 12 km au nord de Strasbourg. ● **23-29 :** Libération de la zone du bassin potassique. ● **24 :** Dernière offensive allemande en Alsace, pour reprendre Ingwiller et Haguenau. ● **27 :** 4 000 internés aux camps de Schirmeck et du Struthof se plaignent de mauvais traitements, insuffisance grave de soins et de ravitaillement. ● **29 :** Constitution du parti républicain populaire, parti régional succédant à l'union populaire et républicaine d'avant guerre, par Henri Meck et Michel Walter.
FÉVRIER	● **3 :** Bombardement anglo-américain sur Berlin : 22 000 morts. ● **4-11 :** Conférence de Yalta. ● **7 :** 3 000 juifs sauvés par un accord entre Himmler et une organisation sioniste hongroise.	1,2 million de soldats dans l'armée française.	● **2 :** Libération de Colmar. ● **4 :** Libération de Cernay. ● **6 :** Libération d'Ensisheim. ● **9 :** Fin de la bataille de la poche de Colmar; reprise de l'offensive américaine vers Drusenheim-Oberhoffen.

1945 - Tableau synoptique

	MONDE	FRANCE	ALSACE
FÉVRIER	● **13-14 :** Bombardements massifs de Dresde : 35 000 morts.		● **10 :** Maintien des FFI d'Alsace, indispensables pour assurer l'ordre et la sécurité dans une zone de combats récents (10 500 homologués dans le Bas-Rhin à ce jour). ● **10-11 :** Visite du général de Gaulle à Mulhouse, Colmar, Saverne et Strasbourg.
MARS	● **6 :** Gouvernement à majorité communiste imposé par Moscou en Roumanie. Les Alliés entrent à Cologne. ● **7 :** Les Américains prennent un pont intact sur le Rhin à Remagen. Dantzig encerclé. ● **19 mars - 21 juin :** Bataille des Ryukyu avec Okinawa, à 500 km du Japon, qui résiste fortement. ● **20 mars - 30 avril :** Libération de la Yougoslavie par les partisans de Tito. ● **30 :** Chute de Dantzig; les Soviétiques entrent en Tchécoslovaquie. ● **31 :** La 1re armée française prend Karlsruhe et le nord du pays de Bade et du Wurtemberg.	● **18 :** Premier procès en haute cour de justice : l'amiral Esteva condamné à la réclusion à perpétuité.	● **6 :** Difficulté de réunir à nouveau les « 4 Alsace » (éditorial de *L'Alsace libérée*) : l'Alsace annexée, l'Alsace dispersée en France, l'Alsace combattante et l'Alsace des camps d'internement. ● **12-21 :** Echange des monnaies : 1 mark pour 15 F, catastrophique pour les petits épargnants. ● **18 :** Courrier limité aux cartes postales; le courrier officiel met deux semaines pour aller de Strasbourg à Mulhouse; réseau téléphonique détruit à plus de 50 %. ● **19 :** Nord du Bas-Rhin entièrement libéré. ● **Printemps :** Réorganisation du système bancaire avec mise sous séquestre des filiales de banques allemandes; réintroduction du système fiscal français; développement accéléré d'un important marché noir, favorisé par le flottement administratif suivant la Libération, la présence de nombreuses troupes, notamment américaines, l'absence de contrôle sérieux et la différence de prix pratiqués en Alsace et outre-Vosges.
AVRIL	● **1er :** 300 000 soldats allemands encerclés dans la Ruhr. ● **4 :** La Hongrie entièrement libérée par les Soviétiques, ainsi que la Slovaquie. ● **10 :** Vienne pris par les Alliés. ● **11 :** Traité d'assistance mutuelle URSS-Yougoslavie consolidant l'influence soviétique aux dépens des Britanniques.	● **1er :** Rationnement alimentaire : 125 g pain/jour, 240 g viande, 50 g beurre et 100 g riz/mois. ● **5 :** Démission du ministre de l'Economie, Mendès-France, partisan d'une politique de rigueur face à la politique libérale de Pleven, ministre des Finances.	● **5 :** Déclaration obligatoire des stocks de denrées alimentaires. ● **8-10 :** Relèvement du prix du pain à 7,20 F/kilo; salaires augmentés de 30 à 35 %. ● **15 :** Reprise partielle du tramway à Strasbourg.

1945 - Tableau synoptique

	MONDE	FRANCE	ALSACE
AVRIL	● **12 :** Mort du président Roosevelt. ● **14 :** Fin de la résistance dans la Ruhr. ● **15 :** Début de l'offensive soviétique vers Berlin, encerclé le 25. ● **19-23 :** Les Américains prennent Leipzig, Magdebourg, Regensburg. ● **22 :** Les Français prennent Stuttgart. ● **24 :** Pétain obtient des Allemands l'autorisation de passer en Suisse. ● **25 :** Jonction des avant-gardes américaines et soviétiques sur l'Elbe à Torgau. ● **25 avril-25 juin :** Conférence de San Francisco organisant l'ONU avec pouvoirs plus étendus que ceux de la SDN. ● **26 :** Les Anglais occupent Brême; l'Allemagne est coupée en deux. ● **28 :** Progression américaine vers la Bohême; Mussolini et 15 chefs fascistes exécutés par des résistants italiens près de Milan. ● **30 :** Suicide d'Hitler.	● **15 :** Salaire minimum vital fixé à 20 F/heure pour le manœuvre de la région parisienne. ● **26 :** Retour en France du maréchal Pétain. ● **29 avril-13 mai :** Elections municipales, avec suffrage féminin; forte poussée des communistes et socialistes, maintien des modérés.	● **15-16 :** La 1re armée occupe Kehl et libère totalement Strasbourg de la menace allemande. ● **17 :** Offenbourg est pris. ● **19 :** Première séance du conseil municipal de Strasbourg, réinstallé après 5 années d'interruption (après exclusion de 14 collaborateurs). ● **25 :** Protestation collective des chefs de baraques du camp de Schirmeck contre les brimades et les travaux pénibles. ● **26 :** Réduction des rations alimentaires à 100 g de viande par semaine et 300 g de matières grasses par mois.
MAI	● **2 :** Capitulation de Berlin; capitulation de l'armée allemande en Italie. ● **3 :** Prise de Hambourg et de Lubeck. ● **4 :** Capitulation des forces allemandes du nord-ouest. ● **5 :** Entrée des Alliés à Copenhague; début de l'insurrection tchèque à Prague. ● **7 :** Capitulation allemande sans condition signée à Reims. ● **9 :** Signature à Berlin de la capitulation allemande avec les quatre puissances alliées.	● **8 :** Sanglantes manifestations dans la région de Constantine à la suite d'un grave mécontentement de la population algérienne. ● **8-9 :** Libération de La Rochelle, Saint-Nazaire, Lorient et Dunkerque. ● **10-30 :** Point culminant du retour des prisonniers de guerre et des déportés en France. ● **16 :** La France devient membre permanent du conseil de sécurité des Nations Unies. ● **30 :** Ordonnance sur l'échange des billets de banque.	● **4 :** Rétablissement partiel de l'eau à Haguenau, où manquent encore l'électricité et la moitié des logements. ● **26 :** Reprise de la production de pétrole à Pechelbronn. ● **30 :** Suppression des restrictions postales. ● **mai :** 4 personnes ayant collaboré avec l'ennemi, exécutées sans jugement (dont 3 dans le Haut-Rhin). Rétablissement de la liaison ferroviaire Strasbourg-Mulhouse.
JUIN		● **26 :** Nationalisation des transports aériens.	● **1er :** Echange des billets de banque de 50 à 5 000 F contre nouveaux. ● **10 :** Rétablissement du trafic téléphonique.

1945 - Tableau synoptique

	MONDE	FRANCE	ALSACE
JUIN	● **5 :** Victoire des travaillistes aux élections législatives britanniques; déclaration des quatre puissances occupantes à Berlin délimitant les zones d'occupation en Allemagne et organisant l'administration du Grand-Berlin. ● **28 :** Constitution d'un gouvernement à majorité communiste en Pologne	● **30 :** Rationnement alimentaire porté à 300 g de matières grasses, 100 g de fromage, 1 250 g de sucre et 500 g de farine par mois.	● **18 :** Fête de la résistance française (anniversaire de l'appel de De Gaulle en 1940), avec feux de joie pour éliminer les vestiges du nazisme. ● **27 :** Premières audiences de la cour de justice de Strasbourg (plus de 10 000 plaintes reçues). ● **29 :** Rétablissement du gaz à Strasbourg; ouverture d'un pont routier provisoire vers Kehl. ● **30 :** Accélération des travaux de déblaiements des ruines à Strasbourg, avec main-d'œuvre allemande.
JUILLET	● **17-2 août :** Conférence de Potsdam (Staline, Truman, Churchill, puis Attlee) : reconstruction de l'Allemagne, paiement des réparations, zones d'occupation, traité de paix. Premières tensions entre Alliés, début de la guerre froide.	● **14 :** Les mines de charbon de la Sarre passent sous contrôle français. ● **22 :** Discours de Maurice Thorez incitant les ouvriers à travailler au redressement national. ● **23 :** Début du procès du maréchal Pétain. ● **28 :** 20 000 personnes manifestent à Troyes contre l'insuffisance du ravitaillement. ● **31 :** Impôt de solidarité nationale, de 3 à 20 % sur le patrimoine. L'Espagne livre Laval aux Alliés à Linz.	● **4 :** Trafic ferroviaire Paris-Mulhouse-Bâle rétabli. Léon Barth, dénonciateur de 37 résistants, agent de la Gestapo, condamné à mort. ● **26 :** Lutte accentuée contre le marché noir; peines d'internement administratif contre les coupables. ● **27 :** Adhésion du PRP au Mouvement républicain populaire (MRP), parti démocrate-chrétien national. ● **29 :** Le Gauleiter Wagner arrêté à Stuttgart (condamné à mort le 3 mai 1946).
AOÛT	● **6 et 9 :** Premiers bombardements nucléaires américains sur Hiroshima (72 000 morts) et Nagasaki. ● **14 :** L'acte de reddition enregistrant la capitulation du Japon est signé. ● **21 :** Fin du prêt-bail (matériels livrés aux Alliés par les Etats-Unis : 31 milliards de dollars à la Grande-Bretagne, 10 à l'URSS).	● **15 :** Condamnation à mort de Pétain, gracié par de Gaulle. Interné à l'île d'Yeu jusqu'à sa mort en 1951, à 95 ans.	
SEPTEMBRE	● **2 :** Fin totale des hostilités. L'acte de reddition enregistrant la capitulation du Japon est signé.	● **2 :** Proclamation de l'indépendance du Viêt-nam par Ho-Chi-Minh.	● **13 :** Ordonnance sur la presse, accordant une place prépondérante à la langue française. Renaissance rapide de la presse (8 quotidiens dans le Bas-Rhin, 5 dans le Haut-Rhin)

1945 - Tableau synoptique

	MONDE	FRANCE	ALSACE
SEPTEMBRE			● **24 :** Elections cantonales. ● **23 et 30 :** Renouvellement des conseils municipaux (6 mois après le reste de la France) au scrutin majoritaire à deux tours : Charles Frey réélu à Strasbourg.
OCTOBRE		● **1er :** Succès des partis de gauche aux élections cantonales. Amélioration des rations alimentaires : 600 g de matières grasses par mois. ● **10 :** Laval est condamné à mort. ● **21 :** Elections à l'Assemblée constituante et référendum.	● **5-6 :** Visite triomphale de De Gaulle en Alsace. ● **7 :** Discours de Maurice Thorez à Strasbourg. ● **21 :** Elections législatives : 8 députés MRP, 2 gaullistes, 3 socialistes et 1 communiste en Alsace. Majorité importante de « oui » aux questions du référendum.
NOVEMBRE		● **13 :** De Gaulle élu à l'unanimité président du gouvernement. ● **21 :** De Gaulle constitue son gouvernement.	● **1er :** Pain, café et farine sont en vente libre. ● **15 :** Remise en service du canal de la Marne-au-Rhin. ● **18 :** Grave pénurie de chauffage. ● **23 :** Premier anniversaire de la libération de Strasbourg et réouverture solennelle de l'université.
DÉCEMBRE		● **4 :** Nationalisation des grandes banques. ● **27 :** Dévaluation du franc : 1 livre sterling = 480 F, 1 dollar = 119 F.	● **6 :** Les mines de potasse d'Alsace retrouvent 60 % de leur production d'avant guerre. ● **8 :** Restriction d'électricité, rationnement de la consommation domestique ; interdiction de l'utilisation des radiateurs électriques et de l'éclairage des vitrines après 17 h. ● **19 :** Ravitaillement en pommes de terre résolu pour la région.

La Victoire

EUGÈNE RIEDWEG

De toutes les années de guerre en Alsace, 1945 est, pour les historiens, la plus complexe à restituer. Libération partielle puis totale, changements administratifs et politiques, linguistiques aussi, retours progressifs des absents, nombreux disparus, choc d'histoires personnelles et collectives étonnamment diverses. Une fois encore, l'histoire de l'Alsace est singulière.

FANTASSINS AMÉRICAINS
À ROUFFACH LE 15 FÉVRIER 1945.
BDIC

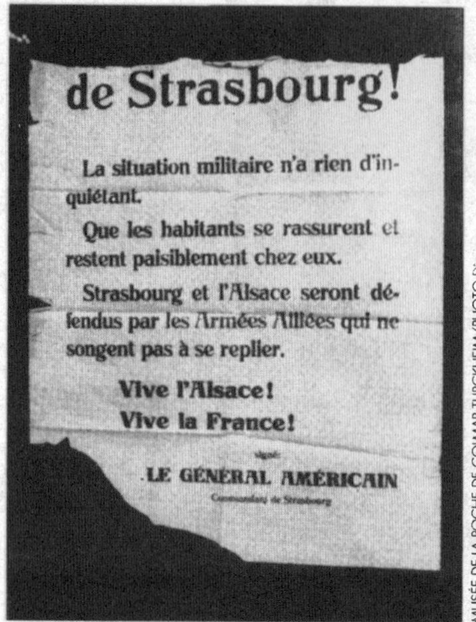

MUSÉE DE LA POCHE DE COLMAR, TURCKHEIM/PHOTO D...

AFFICHE AUX « HABITANTS DE STRASBOURG » IMPROVISÉE PAR LES FFI POUR RASSURER LA POPULATION.

Malgré les derniers efforts allemands, l'année 1945 apporte enfin aux Alliés l'espoir d'une victoire rapide en Europe. En effet, si la contre-offensive de von Rundstedt dans les Ardennes, en décembre 1944, a surpris les Américains et permis à la Wehrmacht de remporter des succès initiaux non négligeables, celle-ci se trouve stoppée dès la veille de Noël. Le ciel gris qui se dégage sur toute l'Europe occidentale permet enfin à l'aviation alliée d'intervenir massivement sur l'ensemble du front des Ardennes et sur les voies de communication, et de décimer les blindés allemands.

Cet échec n'empêche pas Hitler de déclencher l'opération *Nordwind* dans le nord de l'Alsace, entre Bitche et Sarreguemines, avec huit divisions dont deux blindées. La Wehrmacht déclenche une deuxième offensive les jours suivants afin de reprendre Strasbourg. Au nord de la ville, une tête de pont est créée à Gambsheim, tandis que la 19e armée allemande attaque entre l'Ill et le canal du Rhône-au-Rhin.

Cette nouvelle offensive allemande va provoquer une grave crise de commandement et surtout le repli des troupes américaines et l'abandon d'une partie de la basse Alsace. Malgré des efforts importants durant le mois de janvier, la Wehrmacht ne peut néanmoins reprendre Strasbourg, énergiquement défendu par les troupes françaises malgré leur peu de moyens.

A partir de ce moment-là, la guerre est définitivement perdue pour l'Allemagne nazie, soumise en permanence aux attaques aériennes massives de l'aviation alliée qui désorganisent les transports et la production. Néanmoins, la Wehrmacht encore forte de plus de sept millions et demi d'hommes et de quarante divisions blindées ou motorisées continue de faire preuve d'un esprit combatif intact comme le montrent les violents combats à l'est et à l'ouest. Mais pour tenter d'inverser le cours de la guerre, Hitler et l'OKW ont commis une erreur stratégique irréparable en accordant au front ouest l'essentiel des moyens disponibles. Cette sous-estimation du potentiel soviétique va être fatale à la Wehrmacht. Sur l'ensemble du front russe, de la Prusse orientale au nord de la Pologne, quatre fronts soviétiques, ceux de Tcherniakowsky, Rokossovski, Joukov et Koniev, passent à l'attaque avec des moyens considérables.

À STRASBOURG, PORTRAIT D'HITLER PENDU À UN CHAR. L'EUPHORIE SERA DE COURTE DURÉE.

Le groupe d'armées A est enfoncé et l'Armée rouge progresse de 50 à 70 km par jour. Dès le 31 janvier, l'Oder est atteint et les Russes se trouvent à moins de 80 km de Berlin. Après une progression de plus de 500 km, l'Armée rouge, en butte à des difficultés logistiques et au dégel, est amenée à effectuer une pause, ce qui permet à la Wehrmacht la mise en défense de la ligne de l'Oder. Hitler prend alors conscience de l'ampleur de la menace soviétique et transfère l'essentiel des moyens disponibles sur le front oriental, où la dernière grande offensive allemande, l'opération *Sonnewende*, débute le 15 février, mais sans succès. Des combats d'une rare violence vont alors se succéder sur l'ensemble du front est, depuis la poche de Courlande où la résistance se poursuit jusqu'en mai 1945, la Poméranie, la haute Silésie jusqu'à Budapest et au lac Balaton en Hongrie. Ces combats s'accompagnent de l'exode de plus de huit millions de civils fuyant devant la soldatesque soviétique qui se livre au viol, au pillage et à l'exécution des civils. Plus de deux millions de personnes sont ainsi massacrées dans des conditions abominables, ce qui a pour effet de renforcer la combativité et la détermination de la Wehrmacht. C'est au cours de ces combats où l'on fait de moins en moins de prisonniers que la plupart des dix mille cinq cents incorporés de force alsaciens et mosellans dont le sort n'a jamais été élucidé ont trouvé la mort.

Sur le front ouest, la situation de la Wehrmacht n'est pas meilleure. L'élimination de la poche de Colmar entre le 20 janvier et le 9 février 1944 menée par la 1re armée française, renforcée de plusieurs divisions américaines, permet la reprise de l'offensive générale en direction du Rhin. Désormais l'ensemble des armées alliées convergent vers le cœur du IIIe Reich. En mars 1945, les trois groupes d'armées alliées de l'ouest occupent toute la rive gauche du Rhin et la prise du pont de Remagen permet même d'établir une tête de pont sur la rive droite du fleuve. Entre le 22 et le 31 mars, celui-ci est franchi sur toute la longueur de son cours. La résistance allemande s'effondre alors progressivement et les Alliés progressent rapidement sur tous les fronts. Montgomery occupe méthodiquement le nord de l'Allemagne et atteint Brême, Hambourg, Lubeck et la Baltique. Au centre, les Américains encerclent la Ruhr et

progressent jusqu'à l'Elbe où ils font la jonction avec les Soviétiques.

Au sud enfin, le 6e groupe d'armées alliées comprenant également la 1re armée française manœuvre en direction du Wurtemberg, de la Bavière et de l'Autriche. La frontière tchécoslovaque est franchie par Patton, mais celui-ci n'exploite pas son avantage et laisse l'armée soviétique occuper la plus grande partie du pays. Il en est de même en Allemagne où les Américains ralentissent leur progression et renoncent à prendre Berlin. De toute évidence, Eisenhower veut respecter à l'avance le tracé des futures zones d'occupation fixé dans ses grandes lignes à Yalta. Cette décision d'Eisenhower contraint la Wehrmacht à mener son ultime bataille pour défendre Berlin face à l'Armée rouge. Des combats acharnés vont se dérouler du 16 au 30 avril 1945 qui entraînent des centaines de milliers de morts, blessés et disparus (trois cent mille pour la seule Armée rouge).

LES GARDES MOBILES ET LES FFI SEULS EN PLACE POUR DÉFENDRE STRASBOURG

Pour ne pas tomber aux mains des Russes, Hitler se suicide dans le bunker de la chancellerie. Sa succession est assurée par l'amiral Dönitz qui va s'efforcer d'empêcher le maximum de réfugiés et de soldats de tomber entre les mains des Soviétiques. Dès le 7 mai, le général Jodl apporte à Reims la capitulation de toutes les forces du Reich. La signature officielle a lieu le lendemain à Berlin. Le général de Lattre de Tassigny y représente la France. Le 8 mai 1945, à 15 h, la victoire en Europe est annoncée au monde entier.

En Asie, les combats vont encore se poursuivre plusieurs mois jusqu'au moment où l'utilisation de la bombe nucléaire à Hiroshima et à Nagasaki contraint le gouvernement japonais à accepter le 14 août une capitulation sans condition. La seconde guerre mondiale est alors définitivement terminée.

La crise de janvier 1945 en Alsace

Alors qu'en France libérée les problèmes politiques et les problèmes quotidiens, en particulier celui du ravitaillement, prennent le dessus, l'Alsace continue d'être un champ de bataille. Contrairement à la plus grande partie du territoire national, la libération totale de l'Alsace va durer près de cinq mois. Seules les poches de l'Atlantique connaîtront des combats encore plus longs.

La longue durée des combats en Alsace est due à la persistance de la poche de Colmar que l'offensive de la 1re armée française en novembre 1944 n'a pas permis de réduire, et aux contre-offensives allemandes, en particulier l'opération *Nordwind* déclenchée le 31 décembre 1944 dans le but de reprendre l'Alsace.

L'attaque allemande risque de couper la 7e armée américaine en deux. C'est pourquoi celle-ci reçoit d'Eisenhower l'ordre d'évacuer le nord de l'Alsace : « Le gros de vos divisions doit se porter sur les pentes des Vosges pour le matin du 5 janvier, sans vous préoccuper des répercussions politiques de cette mesure. » Les Américains font ainsi preuve d'une méconnaissance totale du problème alsacien. Leur repli va

DÉBUT JANVIER 1945 :
L'EXODE DES STRASBOURGEOIS.
ARCHIVES NATIONALES WASHINGTON/COLL. POMMOIS

s'effectuer sans aucune prise en compte de la situation particulière de l'Alsace qui risque de se trouver exposée à de terribles représailles, ni du symbole que représente Strasbourg qu'aucune autorité française civile ou militaire ne saurait abandonner sans combat.

Cette décision américaine provoque une crise politique et une crise de commandement au plus haut niveau. Finalement le général de Gaulle obtient gain de cause et l'ordre est donné à la 7e armée américaine de « ne se replier au-delà de la ligne Maginot que sous la pression de l'ennemi », sur une ligne Bitche-Haguenau.

Entre-temps, la 1re armée française a reçu l'ordre de prendre à son compte la défense de Strasbourg uniquement assurée par deux escadrons de gardes mobiles et les FFI du commandant François qui édifient des barrages antichars aux portes de la ville. Les Américains de leur côté laissent en place trois compagnies. Les FFI sont les seuls à assurer la défense du Rhin en liaison avec la brigade Alsace-Lorraine au sud. Il y a là un vide énorme dans la défense de Strasbourg que l'ennemi ne décèle pas et qu'il ne saura pas exploiter. Il en avait pourtant les moyens comme le montre la tête de pont créée par la 552e Volksgrenadiersdivision à Gambsheim, le 5 janvier au matin.

Les FFI du commandant François contribuent ainsi grandement à sauver la ville en assurant un rideau de fer sur le Rhin qui induit l'ennemi en erreur sur les forces réelles qui lui sont opposées, et qui permet aux premiers éléments de la 3e division d'infanterie algérienne du général Guillaume d'arriver à Strasbourg, le 4 janvier au soir.

Les jours suivants, Strasbourg est attaqué de tous les côtés. Au nord, par la 1re armée allemande qui tente de rompre le front américain à partir de la tête de pont de Gambsheim. Au sud, entre l'Ill et le canal du Rhône-au-Rhin par la 198e ID et la brigade blindée « Feldherrnhalle ». Au centre, des patrouilles parviennent même à franchir le Rhin et à s'infiltrer jusqu'en bordure de l'Orangerie dans la nuit du 8 au 9 janvier 1945.

LIBÉRATION DE RIQUEWIHR :
UN CHAR PRÈS DE L'ÉGLISE CATHOLIQUE.

ARCHIVES ANDRÉ HUGEL

A partir du 5 janvier, la défense de la ville est assurée en totalité par la 1re armée française et les FFI. Le général Touzet du Vigier qui a été nommé gouverneur militaire de Strasbourg commandant la 10e région militaire arrive le même jour. Avec le général Schwartz, commandant la subdivision du Bas-Rhin, il va assurer la défense de la ville les quinze jours suivants.

ARCHIVES NATIONALES WASHINGTON COLL. POMMOIS

LE GÉNÉRAL AMÉRICAIN DEVERS (AU CENTRE) VISITE LA ZONE DES COMBATS, ICI À SOUFFLENHEIM.

Au sud, les pointes allemandes qui sont arrivées à moins de 15 km de Strasbourg sont stoppées à Krafft, malgré l'encerclement d'unités de la 1re DFL à Gerstheim et à Obenheim. Devant le peu de succès de son offensive, la 19e armée allemande arrête ses attaques à partir du 12 janvier.

Au nord de Strasbourg par contre, la situation des Alliés s'aggrave. Le repli américain sur la ligne Maginot provoque l'exode de plusieurs milliers de personnes entre Wissembourg et Haguenau. Le 6e corps d'armée américain situé au Hochwald à Fort-Louis est attaqué à son tour à la hauteur de Hatten par la 1re armée allemande qui veut percer en direction de Haguenau. Les assauts ennemis sont difficilement contenus et, le 17 janvier, la 39e Panzerkorps réussit même à faire la jonction avec la tête de pont de Gambsheim, ce qui provoque un nouveau repli américain sur la Moder[1].

Le 21 janvier au soir, les Allemands tentent un dernier effort vers Strasbourg. Un bataillon du 3e RTA est encerclé dans Kilstett. A minuit, des unités allemandes sont aux abords de La Wantzenau, à moins de dix kilomètres du centre de Strasbourg. Le lendemain, une contre-attaque de la 2e DB menée par le groupement Langlade rétablit la situation. Une dernière alerte se produit encore dans la nuit du 24 au 25 janvier, quand la 1re armée allemande essaie de forcer les lignes américaines vers Ingwiller et Haguenau. C'est le dernier effort ennemi, car Hitler donne alors l'ordre d'arrêter l'offensive en basse Alsace.

En dépit de multiples efforts, la Wehrmacht n'a pu reprendre Strasbourg, énergiquement défendu par l'armée française malgré peu de moyens. Dès lors, les Alliés reprennent définitivement l'initiative en Alsace.

La libération de la poche de Colmar[2]

Le 20 janvier au petit matin, le général de Lattre déclenche son offensive contre la poche de Colmar. Elle va être menée par toutes les forces de la 1re armée française qui vont agir comme les pinces d'une gigantesque tenaille. Au nord, le 2e CA renforcé par le 21e CA US attaque à partir du Bas-Rhin. Au sud, le 1er CA du général Béthouart attaque à partir de la région mulhousienne sur l'ensemble du front entre l'Ile-Napoléon et Saint-Amarin. En tout, quatorze divisions alliées dont quatre américaines participent à la bataille de Colmar. La première surprise passée, l'ennemi résiste avec opiniâtreté, aidé par une tempête de neige. La progression sera donc fort limitée, notamment dans les mines de potasse où les Français vont se battre durant neuf jours au milieu de cités minières, d'usines… qui forment autant de points de résistance. Les combats sont d'une rare violence et extrêmement meurtriers. Dans la nuit du 26 au 27 janvier, la partie sud de Cernay est prise, ce qui entraîne l'évacuation de Vieux-Thann par les Allemands. Le 30, Wittenheim est pris à son tour, mais Wittelsheim demeure toujours entre les mains de l'ennemi et la progression est fort lente.

Par contre, dans le nord du département, la situation évolue beaucoup plus rapidement. Le 2e CA du général de Montsabert déclenche son attaque le 23 janvier avec l'aide des Américains. Les troupes alliées ont à faire à forte partie car il y a près de vingt mille hommes dans la poche de Colmar, dont la brigade blindée « Feldherrnhalle » qui avait contre-attaqué vigoureusement dans les mines de potasse.

L'attaque principale déclenchée dans un couloir de 16 km entre Colmar et l'Illwald est menée par la 1re DFL et la 3e DIUS. La poussée des troupes alliées les porte dès le 26 janvier sur le canal de Colmar. Jebsheim et Grussenheim sont pris après de durs combats. Le 29 janvier à 21 h, la 3e DIUS franchit le canal de Colmar. Le lendemain Wihr-en-Plaine tombe entre ses mains et l'exploitation commence. La situation de la Wehrmacht devient donc extrêmement critique. Dès le matin du 2 février, le 109e RI américain est aux portes de la ville, mais à la demande du général de Lattre, le général Millburn, commandant le 21e CA US décide de laisser les Français libérer Colmar. C'est la 5e DB du général Vernejoul qui va avoir l'honneur de libérer Colmar. Le soir même, la ville est nettoyée sauf un îlot qui résiste jusqu'au 3 février, date à laquelle le commandant allemand donne l'ordre d'évacuer ce qui reste de la poche de Colmar.

À RIQUEWIHR, PENDANT LES COMBATS,
PROTECTION DES MAISONS AVEC LES MOYENS DU BORD.

COLL. MME JEAN-DAVID JUNG

Du côté de Mulhouse, la situation a également rapidement évolué. La bataille des mines de potasse est terminée. La jonction entre les deux pinces de la tenaille a lieu à Rouffach le 5 février 1945, quand les troupes de la 4e DMM entrent en contact avec la 12e DIUS qui vient du nord. Un dernier bond reste à faire jusqu'au Rhin où l'ennemi tient toujours de Neuf-Brisach à Ottmarsheim. Le 6 février, Neuf-Brisach est pris d'assaut et le pont de Chalampé que l'ennemi défend avec acharnement en s'appuyant sur la forêt de la Hardt demeure encore le seul passage qui permet la retraite des forces allemandes.

Le 8 février, le contact est établi à Balgau entre la 1re DB qui vient de Mulhouse et la 2e DB qui vient de Neuf-Brisach. Un dernier quadrilatère formé par les villages de Rumersheim, Bantzenheim, Chalampé et Ottmarsheim est encore entre les mains des Allemands. Le lendemain, l'attaque française débouche sur le vide, car l'ennemi s'est replié durant la nuit et a fait sauter le pont de Chalampé. La bataille d'Alsace se termine donc le 9 février 1945. La 1re armée victorieuse publie son communiqué de victoire : « Au vingt et unième jour d'une âpre bataille au cours de laquelle les troupes américaines et françaises ont rivalisé d'ardeur, de ténacité et de sens manœuvrier, l'ennemi a été chassé de la plaine du Rhin et a dû repasser le Rhin. Les forces alliées et la 1re armée française bordent le fleuve sur toute l'étendue de leur secteur. Elles ont tenu la parole de Turenne : “Il ne doit pas y avoir d'homme de guerre en repos en France, tant qu'il restera un Allemand en deçà du Rhin.” »

La victoire

Jusqu'à la fin du mois de janvier 1945, la 7e armée américaine reste sur la défensive en basse Alsace. Durant le mois de février, elle se renforce et améliore ses bases de départ en vue de l'offensive finale par la reprise de Drusenheim, Oberhoffen…

À MITTELWIHR, APRÈS LES COMBATS.

ARCHIVES NATIONALES WASHINGTON/COLL.POMMOIS

De son côté, la 1re ar-mée française assure la garde du Rhin où plus de quatre-vingt-dix patrouilles allemandes essaient de prendre pied sur la rive gauche durant la période de février à mars 1945. Mais la 1re armée n'entend pas être absente de la bataille finale et de l'occupation de l'Allemagne. Le général de Lattre finit par obtenir un créneau entre Oberhoffen et le Rhin.

A partir du 15 mars 1945, le 6e CA US et la 1re armée (3e DIA) développent leur offensive en basse Alsace. Quatre jours plus tard, le nord du Bas-Rhin est libéré pour la deuxième fois et la frontière allemande franchie. Le 19 mars à 15 h, le 2e RTA lance ses patrouilles de l'autre côté de la Lauter. Pour la première fois depuis 1939, l'armée française pénètre à nouveau en Allemagne. Les jours suivants, la ligne Siegfried est percée et le 28 mars la rive gauche du Rhin tout entière est entre les mains des armées alliées.

La 1re armée va franchir le fleuve au sud de Spire, à Germersheim et à Leimersheim entre le 31 mars et le 4 avril, et occupe Karlsruhe. Pour mettre fin à la menace qui continue de peser sur Strasbourg et l'Alsace, la 9e DIC remonte le long du Rhin jusqu'à Kehl qui est occupé le 15 avril. Le 23e RI reformé depuis peu avec des FFI et des engagés alsaciens franchit le Rhin sur des barques tandis que la 9e DIC poursuit sa progression.

Le lendemain, le général de Lattre venant de Kehl fait une entrée triomphale à Strasbourg. Pour la première fois depuis la libération de la ville, les Strasbourgeois, plus encore que le 23 novembre, peuvent librement donner cours à leur joie.

L'occupation de la rive droite du Rhin va alors être très rapide. Le 23 avril, la 9e DIC atteint Mülheim et Neuenburg, le 24 Lörrach et la frontière suisse. Cette

20 JANVIER 1945 : LIBÉRATION DE PFASTATT.

SOCIÉTÉ D'HISTOIRE DE PFASTATT

occupation met fin aux dernières menaces que faisaient encore peser sur l'Alsace les tirs des canons à longue portée effectués sur Strasbourg ou Colmar. La victoire n'est dorénavant plus qu'une question de jours.

ARCHIVES NATIONALES WASHINGTON/COLL.POMMOIS

2 FÉVRIER 1945 : LIBÉRATION DE COLMAR.
UN CHAR LÉGER AMÉRICAIN ENTRE DANS LA VILLE.

La victoire sur l'Allemagne qui marque la fin de la guerre en Europe provoque dans toute l'Alsace un enthousiasme extraordinaire. Dans toutes les localités, de la plus grande à la plus petite, on organise des fêtes de la Libération qui s'échelonnent jusqu'en septembre 1945 et pour cause, car chaque commune veut la participation de ses libérateurs et si possible un général ! Les principaux chefs libérateurs sont aussi nommés citoyens d'honneur, ce qui donne lieu à de nouvelles manifestations de patriotisme. Chaque fête de la Libération donne lieu à un défilé avec musique, chars et les diverses associations de la commune qui renaissent à nouveau après avoir été supprimées par les nazis.

Le 14 juillet « de la victoire » comme le 11 novembre 1945, ou le retour des cendres de Kléber à Strasbourg, ainsi que le 16 septembre, les nombreuses visites ministérielles et surtout celle du général de Gaulle à Strasbourg le 5 octobre 1945 sont l'occasion de nouvelles manifestations de ferveur patriotique. A cette dernière occasion, le général de Gaulle dans un discours prémonitoire trace devant les Strasbourgeois le rôle unificateur que le Rhin va jouer dans la future Europe.

Les difficiles problèmes de la vie quotidienne

La liberté retrouvée n'est cependant pas suffisante pour effacer les énormes problèmes quotidiens qui se posent en Alsace désannexée et qui ne peuvent trouver une solution rapide : le ravitaillement, la reconstruction, le relogement des sinistrés, le déminage de milliers d'hectares.

Le ravitaillement demeure le principal problème quotidien des Alsaciens, tout particulièrement celui des citadins. Du fait des opérations militaires qui sont prioritaires, l'Alsace n'est plus approvisionnée normalement et beaucoup de commerces

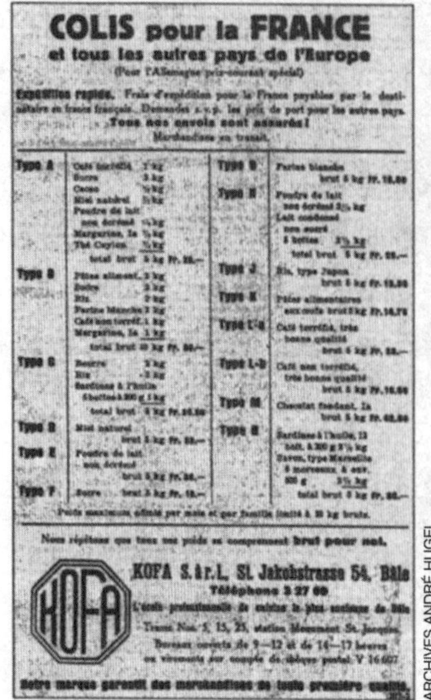

ARCHIVES ANDRÉ HUGEL

PUBLICITÉ DANS LA PRESSE ALSACIENNE : DES ENTREPRISES SUISSES VENDENT DES COLIS DE NOURRITURE PAR CORRESPONDANCE.

demeurent fermés. Pour assurer le ravitaillement quotidien, on met en place le « service des titres d'alimentation » qui assure la relève des anciens services allemands. Mais il se borne uniquement à délivrer les cartes de rationnement et ne s'occupe plus de réapprovisionnement des commerces de détail. Il en résulte un manque de coordination, en particulier avec les producteurs agricoles et il faut mettre en place dans chaque commune un comité provisoire de ravitaillement.

Après l'épuisement des stocks laissés par les Allemands, la situation va considérablement se dégrader, d'autant que les taux des rations françaises sont inférieurs à ceux du IIIe Reich ! Les taux sont d'ailleurs tout à fait théoriques car les rations disponibles dépendent des arrivages et les tickets ne sont pas toujours honorés. C'est ainsi qu'à Strasbourg le lait manque jusqu'en avril 1946 : la ville ne touche que la moitié de ce qui était livré jusqu'en novembre 1944 !

La période de flottement consécutive à la Libération puis la législation française et surtout la répression beaucoup moins draconienne que celle de la période d'annexion donnent naissance à un important marché noir, malgré l'activité du « contrôle économique ». La population va trouver sur le « marché parallèle » tout ce qui lui fait défaut, à des prix il est vrai prohibitifs. Le café qui coûte 89 F le kilo se vendra jusqu'à 1 600 F au marché noir, les pommes de terre, le charbon se vendent au minimum le double de leur valeur. Des commerçants et des paysans vont se trouver impliqués dans le marché noir. Ces derniers beaucoup moins contrôlés qu'auparavant vont élever le marché noir à la hauteur d'une institution. La présence des troupes américaines contribue d'ailleurs à amplifier le mouvement par leurs achats de viande fraîche abattue clandestinement. Le service du ravitaillement a tenté de s'y opposer sans succès, en proposant un troc officiel de viande fraîche contre des conserves américaines, mais qui est refusé par l'intendance américaine.

Les monnaies françaises et allemandes continuent d'être utilisées conjointement jusqu'au 1er mars 1945, date du début de l'échange officiel. Entre le 16 et le 21 mars 1945, tous les marks doivent être échangés au taux officiel de 15 F pour un mark, ce qui équivaut à une deuxième spoliation pour les Alsaciens qui ont déjà vu leurs avoirs considérablement réduits en 1940 quand les nazis ont pratiqué un taux de change de

1 à 20. Seuls 200 marks par famille sont échangés à ce taux (et encore le supplément de 5 F n'est perçu qu'ultérieurement). C'est une véritable catastrophe pour tous ceux qui voient les économies de toute une vie fondre comme neige au soleil. Cette conversion forcée provoque par la même occasion une hausse des prix de 15 à 20%

C'est d'ailleurs pour éviter le contrôle prévu à cette occasion que de nombreuses transactions au marché noir se font en francs plutôt qu'en marks. Pour arranger le tout, les marges bénéficiaires admises en Alsace par l'administration française sont inférieures à celles des départements de « l'intérieur ». Il en résulte de nouveaux trafics avec des acheteurs venus d'outre-Vosges pour profiter des prix inférieurs pratiqués en Alsace. Le contrôle économique se trouve obligé d'installer des postes de contrôle sur l'ancienne frontière entre l'Alsace et la France !

Les dommages aux voies de communication, particulièrement importants du fait de la destruction de centaines de ponts et d'ouvrages d'art (358 pour le seul Haut-Rhin) renforcent encore les difficultés de ravitaillement. La liaison ferroviaire Mulhouse-Paris ne sera rétablie que le 21 février 1946, celle de Mulhouse à Strasbourg le 1er avril. Les liaisons téléphoniques sont en tout aussi mauvais état, il faudra attendre l'automne 1946 pour que tous les centraux soient remis en état.

Les difficultés de communication sont

DÉPÔT DE VIVRES À L'ARRIÈRE DU FRONT DE LA 1re ARMÉE.

ECPA

1945

RÉPUBLIQUE FRANÇAISE
DÉPARTEMENT DU HAUT-RHIN
ADMINISTRATION DE L'ENREGISTREMENT, DES DOMAINES ET DU TIMBRE

Déclaration des biens ennemis

Une ordonnance du 5 Octobre 1944 prescrit à :

tous détenteurs, gérants, gardiens ou surveillants de biens mobiliers ou immobiliers de toute nature (y compris les actions, parts de fondateurs, obligations, titres ou intérêts), appartenant directement ou par personne interposée à des ressortissants d'Etats ennemis (Allemagne, Italie, Bulgarie, Finlande, Hongrie, Japon, Roumanie),

tous débiteurs de sommes, valeurs ou objets de toute nature envers les mêmes personnes, pour quelque cause que ce soit,

d'en faire la déclaration dans un délai de 60 jours.

L'obligation de déclarer incombe également à toutes personnes ou collectivités, tous services et administrations publics ou ministériels ayant connaissance de l'existence de biens appartenant à des ennemis.

La déclaration doit être détaillée et indiquer les nom, adresse et nationalité du déclarant et de l'ennemi; elle doit être faite en double exemplaire, l'un adressé au Procureur de la République, l'autre au Directeur des Domaines.

Dans la partie libérée du Département du Haut-Rhin les déclarations doivent être transmises :

1° à M. le Procureur de la République au Tribunal de 1re Instance à Mulhouse,

2° au Service des Domaines, 7 Quai du Fossé à Mulhouse.

Toutefois, tant que subsisteront des difficultés de communication la déclaration pourra être faite par simple écrit déposé au Service de l'Enregistrement, des Domaines et du Timbre le plus proche du domicile du déclarant; dans ce cas, la déclaration au Procureur de la République devra intervenir ultérieurement dans un délai de 60 jours.

Ce délai court à compter du 4 Décembre 1944 pour la partie du Département libérée à cette date et à compter du jour de leur libération pour les parties du département non encore libérées.

Les infractions aux dispositions de l'Ordonnance susvisée seront punies d'un emprisonnement d'un an à cinq ans et d'une amende de 1.000 Francs à 1.000.000 Francs ou de l'une seulement de ces deux peines.

Erklärung des feindlichen Vermögens

Auf Grund einer Verordnung vom 5. Oktober 1944 ist:

jeder Inhaber, Verwalter und Verwahrer von feindlichem beweglichen oder unbeweglichen Vermögen irgend welcher Art (einschl. der Aktien, Gründungsanteile, Schuldverschreibungen oder Anteile) das Angehörigen eines feindlichen Staates (Deutschland, Italien, Bulgarien, Finnland, Ungarn, Japan, Rumänien) unmittelbar oder mittelbar gehört,

jeder Schuldner von Summen, Werten oder Gegenständen jeder Art gegenüber denselben Personen, aus welchem Grunde es auch sein mag,

verpflichtet, eine diesbezügliche Erklärung binnen 60 Tagen abzugeben.

Die gleiche Verpflichtung obliegt allen Personen oder Gesellschaften, allen öffentlichen Dienstzweigen und Verwaltungen, allen öffentlichen oder ministeriellen Beamten, die von dem Bestehen des den feindlichen Angehörigen gehörenden Vermögens Kenntnis haben.

In der Erklärung sind die Vermögungswerte einzeln zu bezeichnen, ferner sind Name, Vorname, Beruf, Wohnort, Wohnung und Staatsangehörigkeit sowohl des Erklärenden als auch der feindlichen Angehörigen anzugeben.

Die Erklärung ist in doppelter Ausfertigung einzureichen.

Die erste Ausfertigung ergeht an den Staatsanwalt und die zweite Ausfertigung an den Direktor der Verkehrssteuern.

In den befreiten Gebietsteilen des Oberelsass sind die Erklärungen einzureichen:

1. an den Staatsanwalt beim Landgericht in Mülhausen,

2. an die Domänenverwaltung, Mülhausen, Am Graben Nr. 7.

Solange jedoch Verkehrsschwierigkeiten bestehen, kann die Erklärung durch einfaches Schreiben bei demjenigen Amte der Domänenverwaltung eingereicht werden, das dem Wohnsitz des Erklärenden am nächsten liegt. In diesem Falle ist die Erklärung an den Staatsanwalt innerhalb einer Frist von 60 Tagen einzureichen. Diese Frist beginnt für die befreiten Gebietsteile am 4. Dezember 1944 und für die noch nicht befreiten Gebietsteile am Tage ihrer Befreiung.

Zuwiderhandlungen gegen die in der oben erwähnten Verordnung enthaltenen Vorschriften werden mit Gefängnis von ein bis fünf Jahren und mit einer Geldstrafe von 1000 bis 1000000 Francs oder nur mit einer dieser beiden Strafen bestraft.

A MULHOUSE, le 5 décembre 1944

Le Procureur de la République :
p. o. **DELARBRE**

L'Inspecteur de l'Enregistrement, des Domaines et du Timbre :
ROPP

COLL. PART.

ENQUÊTE ADMINISTRATIVE SUR LA DÉTENTION DE « BIENS ENNEMIS ».

encore aggravées par la présence de nombreuses zones minées : 23 000 ha dans le Haut-Rhin, 3 000 dans le Bas-Rhin. Il faudra deux ans pour achever le déminage de l'Alsace. Pour la seule année 1945, on retire 510 000 mines dans le Haut-Rhin et 207 000 dans le Bas-Rhin !

La présence de ces mines et de nombreuses armes et munitions abandonnées un peu partout provoque beaucoup d'accidents dans la population civile, en particulier chez les jeunes. C'est ainsi que le 19 avril 1946, cinq enfants sont tués par une explosion près de Sélestat; le 25 mai, dix autres enfants trouvent la mort à Kogenheim.

Le bômbardement et les combats de la Libération ont également provoqué la destruction totale ou partielle de nombreux immeubles. Le Haut-Rhin sera plus durement touché que le Bas-Rhin du fait des combats de la poche de Colmar qui entraînent la destruction totale de plusieurs localités dans le vignoble : Ammerschwihr, Bennwihr, Ostheim, Sigolsheim… Plus de 9 000 immeubles soit environ 10 % du parc immobilier sont totalement détruits dans le Haut-Rhin, auxquels il faut encore ajouter 301 usines et 40 000 autres immeubles endommagés. Le Bas-Rhin est touché à un moindre degré (7 % du parc), ce qui représente 12 000 immeubles détruits et 128 bâtiments industriels. Grâce à la réquisition de tous les locaux disponibles et surtout l'aide des amis ou de la famille qui permettent un relogement provisoire, les sinistrés se caseront tant bien que mal en attendant la venue de baraques provisoires et surtout la reconstruction qui ne pourra intervenir qu'après l'estimation des dommages de guerre. Il en résulte une grave crise du logement qui va durer de nombreuses années et qui se renforcera encore avec le retour en Alsace des expulsés et réfugiés. Pourtant, la population alsacienne a diminué du fait des hostilités. Entre les recensements de 1936 et de 1946 elle passe de 1 219 380 à 1 144 980 personnes soit 74 400 personnes en moins.

Le retour des absents, réfugiés et expulsés, déportés et prisonniers, incorporés de force va se faire progressivement.

Le grand retour

Les premiers à rentrer sont les déportés et les détenus dans les prisons allemandes libérés par l'avance de l'armée française dans le pays de Bade et des autres armées alliées, ainsi que les familles transplantées en Allemagne par mesure de sanction et les prisonniers de guerre libérés.

Plusieurs centres de rapatriement sont installés à cet effet en Alsace, dont les deux principaux, le Wacken à Strasbourg et la rue du Fil à Mulhouse. L'essentiel du rapatriement des prisonniers et déportés se fera en mai et juin 1945. Le centre de Mulhouse sera fermé le 5 août 1945 après avoir vu le passage de 85 000 déportés et prisonniers. Celui de Strasbourg, plus important, accueillera près de 200 000 personnes. Il restera en service pour accueillir les Alsaciens qui reviennent de la Wehrmacht. Le retour rapide des prisonniers de guerre et des déportés (le millionième est accueilli à Paris le 1er juin 1945) permet au ministre des Prisonniers, Déportés et Rapatriés, Henri Frenay, d'autoriser le retour des réfugiés à partir du mois de juin 1945. Les trains ayant servi à acheminer les prisonniers de guerre et les déportés depuis l'Alsace ramèneront au retour les réfugiés, notamment ceux du Sud-Ouest. Près de 105 000 d'entre eux vont revenir en Alsace d'une manière échelonnée, car il faut retrouver un domicile, surtout pour ceux qui ne sont pas propriétaires. Leur retour pose également le problème des biens spoliés par les nazis : meubles et immeubles qui doivent retrouver leurs anciens propriétaires, ce qui n'est pas toujours évident, en particulier pour le mobilier.

TRÈS VITE LA POPULATION S'ÉMEUT DU RETARD DANS LE RETOUR DES MALGRÉ-NOUS

Henri Frenay, lors de son passage à Strasbourg le 8 juillet 1946, dresse un tableau particulièrement sombre du nombre d'Alsaciens déplacés par le IIIe Reich. D'après ses services, 300 000 Alsaciens auraient ainsi dû quitter leur région d'origine (soit un sur trois) pour diverses raisons. Pour le Bas-Rhin on compte : 75 000 réfugiés dans d'autres régions, 69 000 internés ou déportés au titre du travail, 51 000 incorporés de force. Pour le Haut-Rhin : 35 000 réfugiés ou expulsés, 35 000 internés ou déportés, 37 000 incorporés de force.

Les incorporés de force dans la Wehrmacht vont être les derniers à revenir, car ils ont le plus souvent été capturés par les Alliés et se trouvent mélangés aux autres prisonniers allemands. Avant même la fin des hostilités, les municipalités ont déjà commencé à faire le recensement de leurs concitoyens incorporés de force ou déportés en Allemagne.

L'ADEIF est créé à Mulhouse dès le 12 mai 1945 dans le but de défendre les intérêts matériels et surtout moraux des Malgré-Nous. De même qu'après la première guerre mondiale, il faut se battre pour faire reconnaître aux Alsaciens et Mosellans les mêmes droits qu'aux autres anciens combattants français et faire connaître leur sort particulier.

Mais très rapidement la population alsacienne se rend compte que les Malgré-Nous mettent du temps à revenir de captivité et elle commence à s'émouvoir. En juin, le général de Gaulle répond au député Meck de Molsheim qu'un accord de rapatriement a été conclu entre le SHAEF et les Soviétiques. Dans une autre lettre à la JOC, le général de Gaulle signale que le 29 juin un accord de rapatriement est signé entre la France et l'URSS. L'attention des Soviétiques a été attirée d'une manière insistante sur le cas des Alsaciens-Lorrains.

Mais seul le dépistage systématique des Alsaciens dans les camps de prisonniers de guerre pourra entraîner leur libération. C'est pourquoi le ministère des PDR met en place un service spécial de coordination pour s'occuper de leur recherche. Dirigé par un Alsacien, M. Wolf, ce service se met en relation avec tous les Alliés car les Alsaciens prisonniers se trouvent aussi bien en Russie qu'en Allemagne. D'autres ont été transportés en Grande-Bretagne et même en Amérique. Détectés, ils sont en général rassemblés au camp de Chalon-sur-Saône où ils passent devant une commission de triage avant d'être libérés.

AU WACKEN À STRASBOURG, LE CENTRE D'ACCUEIL DES PRISONNIERS FRANÇAIS LIBÉRÉS D'ALLEMAGNE PRÉPARE DES REPAS.

JEUNE ALSACE

Le rapatriement s'accélère alors : à la mi-juillet, 5 000 à 6 000 Alsaciens sont passés par Chalon ; début août, ce sont 20 000 Alsaciens-Mosellans qui sont en cours de rapatriement : 10 000 en provenance des Balkans, 6 000 du Danemark et de l'Allemagne du nord, 2 000 de l'Allemagne de l'est, 2 000 de Russie. Pour accélérer le mouvement, des équipes de dépistage et de rapatriement sont envoyées en Allemagne où elles se joignent à l'équipe spéciale de liaison d'Alsace-Lorraine (ESAL) du commandant Henri Schumacher qui fonctionne depuis avril sur les arrières de la 1re armée française. Les secteurs des 21e, 12e et 6e groupes d'armées alliées sont passés au peigne fin. Seul le général Patton en Bavière refuse d'appliquer les accords alliés. Les mêmes difficultés se retrouvent du côté soviétique où l'accès aux camps de prisonniers est refusé et les libérations peu nombreuses.

Par contre, la mission de rapatriement française à Varsovie peut rapatrier 10 000 autres Alsaciens-Mosellans jusqu'à la mi-septembre. A la même date, le commandant de Rosen lance quatre équipes de dépistage à travers la zone d'occupation soviétique en Allemagne. Les Russes de leur côté demandent la liste nominative de tous les Alsaciens et Mosellans incorporés de force. C'est à cette seule condition qu'ils pourront être libérés. Le ministère du PDR est alors obligé de créer une commission interministérielle de dépistage, dite sous-direction de recherche et du fichier, chargée d'établir un fichier de tous les Malgré-Nous encore absents.

La liste des absents sera en réalité établie par les municipalités des trois départements. Etablies à la hâte, elles seront incomplètes mais font néanmoins apparaître que 41 000 incorporés de force n'ont toujours pas donné de leurs nouvelles, ce qui nécessitera un recensement complémentaire en novembre.

La plupart des Alsaciens et Mosellans faits prisonniers par les Russes sont libérés en septembre et décembre 1946. Les 14 780 qui arrivent en France par train sont dans un état de santé lamentable. Des rapports signalent même qu'ils sont en plus mauvais état que les occupants de certains trains de déportés, notamment ceux en provenance de Tambov.

Malgré ces arrivées tardives, le nombre de non-rentrés demeure particulièrement important. Même en tenant compte des 20 000 décès notifiés par la Wehrmacht, il reste encore autant de disparus dont il faut élucider le sort et dont les proches espèrent toujours qu'ils vont donner signe de vie. La suite des recherches démontrera que très peu d'entre eux reviendront[3].

À LA PORTE DU WACKEN, PAPIERS EN RÈGLE, LE RETOUR À UNE VIE LIBRE.

JEUNE ALSACE

COLL. J.M. POMMOIS

UNE COLONNE MOTORISÉE DE LA 3e DIVISION D'INFANTERIE US TRAVERSE OSTHEIM.

Le difficile problème de l'épuration[4]

Le problème de l'épuration s'est posé dès l'arrivée des troupes françaises en Alsace. Il faut en effet procéder à l'arrestation de tous ceux qui ont clairement choisi le camp nazi et qui peuvent présenter des dangers pour les Alliés. Il faut également recenser tous les ressortissants allemands et étrangers. La sécurité militaire craint en effet que certains d'entre eux ne puissent apporter leur aide à des agents allemands infiltrés, en particulier d'anciens miliciens. Plusieurs de ceux-ci seront d'ailleurs appréhendés dans le Haut-Rhin.

De ce fait, on arrête sans distinction civils allemands et collaborateurs alsaciens (ou supposés tels), et ce à titre préventif et sans enquête préalable, sur ordre des autorités militaires ou des FFI.

Début mai 1946, le préfet du Haut-Rhin estime le nombre des personnes arrêtées depuis fin novembre à 1 500. Celles-ci sont internées dans un certain nombre de centres à Mulhouse, Altkirch, Saint-Louis, Sainte-Marie-aux-Mines, dont la garde est confiée aux FFI.

Dans le Bas-Rhin, les arrestations ont été plus nombreuses puisqu'en août 1945 on compte déjà 5 339 inculpés dont 776 détenus en prison, le reste dans des camps comme ceux du Struthof et de Schirmeck qui reprennent du service, les forts de Strasbourg ou le lycée Fustel-de-Coulanges.

La durée de leur internement est variable, suivant l'examen plus ou moins tardif de leur cas par les commissions consultatives de sécurité publique qui fonctionnent d'abord dans chaque chef-lieu d'arrondissement, puis dans chaque canton. Ces commissions présidées par un magistrat émettent un avis et il appartient alors au préfet, en vertu de l'ordonnance du 4 octobre 1944, de les libérer, si l'accusation n'est pas fondée.

Dans le cas contraire, il prend diverses mesures comme la mise en résidence surveillée ou l'internement administratif avant leur comparution devant les juridictions prévues pour l'épuration : chambres civiques et cours de justice. Les premiers jugements n'interviendront d'ailleurs qu'après le 8 mai 1946 et concernent essentiellement des dénonciateurs ou des engagés volontaires. C'est pourquoi on peut lire périodiquement dans la presse alsacienne de tous bords des articles stigmatisant la lenteur de la justice, en particulier vis-à-vis des principaux responsables ou dirigeants de la collaboration dont aucun ne passera en jugement au cours de l'année 1945. Certains d'entre eux sont encore en fuite ou ne seront arrêtés que tardivement comme Wagner, alors que d'autres, comme Rossé ou Stürmel, nécessitent une instruction plus longue en raison des faits qui leur sont reprochés, non seulement pour la période d'annexion, mais également pour la période d'entre les deux guerres pour lesquelles ils avaient été déférés devant le tribunal militaire de Nancy.

LE MARCHÉ NOIR S'INSTALLE PARTOUT APRÈS LA LIBÉRATION

La lenteur de la justice est bien réelle car dans le Haut-Rhin en mai 1945, les commissions consultatives n'ont même pas encore examiné la moitié des cas qui leur sont soumis (700 sur 1 500). Quand on sait que sur ces cas, 550 ont été tranchés par le préfet à la même date dont 200 libérés à la suite d'une arrestation injustifiée (principalement en décembre) il y a lieu de s'interroger sur les motivations de certaines arrestations, et surtout sur la durée d'une détention particulièrement injustifiée, quand ce ne sont pas les conditions de détention elles-mêmes qui sont en cause, comme au Struthof en janvier 1946.

L'épuration se poursuivra encore durant plusieurs années, notamment en 1946 et 1947 quand les principales affaires seront jugées.

Les cours de justice condamneront finalement 2 410 personnes (1 448 dans le Bas-Rhin et 962 dans le Haut-Rhin) et les chambres civiques environ 8 300 (5 500 et 2 800 pour le Haut-Rhin). A ces chiffres il faut encore ajouter ceux des condamnations prononcées par les tribunaux militaires et ceux de l'épuration administrative et professionnelle partiellement sévère en Alsace. Néanmoins l'ensemble des sanctions prononcées par les différentes juridictions ne dépassera pas 1 500 soit à peine

1,5 % de la population alsacienne. Le plus souvent ces condamnations concernent des faits mineurs, en particulier des dénonciateurs.

Par contre, certains « collaborateurs » échappent aux poursuites, notamment dans le domaine économique où elles sont quasi inexistantes. D'autres, comme deux frères bien connus dans les milieux textiles alsaciens, sont arrêtés à deux reprises par les FFI de la vallée de Thann. Ils sont à chaque fois libérés sur intervention suisse.

Le retour à la normale

La fin des combats en Alsace va permettre un retour progressif à la normale. La période insurrectionnelle est déclarée close le 10 février dans toutes les parties libérées de l'Alsace, ce qui entraîne la dissolution immédiate des FFI.

Le retour de l'administration s'accompagne également de celui de nombreux élus municipaux expulsés ou empêchés de rentrer en 1940. C'est le cas de Charles Frey à Strasbourg et d'Auguste Wicky à Mulhouse, ce qui permet à l'administration légale de ces villes de reprendre ses fonctions après quatre années d'interruption. Il en résulte une situation de fait qui ne sera réglée qu'au cours des premiers mois de 1945 par la remise en place des conseils municipaux, complétée par les préfets en attendant de nouvelles élections municipales qui n'auront lieu qu'en septembre 1945 (alors que dans le reste du pays elles se déroulent le 29 avril 1945) afin de permettre au maximum de personnes déplacées ou de prisonniers de rentrer chez eux. Les élections municipales en Alsace vont avoir lieu en même temps que les premières élections cantonales d'après guerre, les 23 et 30 septembre 1945. En Alsace, elles se traduiront par une nette victoire du MRP aux élections cantonales, tant dans le Haut-Rhin que le Bas-Rhin. Les grandes villes comme Mulhouse et Stras-bourg ne connaissent par contre pas de bouleversements : les maires de 1935, Auguste Wicky comme Charles Frey, sont réélus sans difficultés. A Colmar, un socialiste, Richard, l'emporte également. Ces élections libres, où les femmes participent elles aussi pour la première fois, sont suivies d'un référendum et d'élections générales le 21 octobre 1945. A la demande du général de Gaulle, président du gouvernement provisoire, les électeurs doivent clairement choisir entre le retour à la IIIe République ou la désignation d'une Assemblée constituante (« Voulez-vous que l'Assemblée élue ce jour soit constituante ? »). Dans une deuxième question, ils doivent se prononcer sur un projet de loi demandant à l'Assemblée constituante d'élire immédiatement le président du gouvernement provisoire (de Gaulle) chargé de former immédiatement un gouvernement responsable devant l'Assemblée. A ces deux questions les Alsaciens vont largement répondre « oui » (plus de 90 % et plus de 70 %).

POUR FÊTER DIGNEMENT LA LIBÉRATION, CHAQUE COMMUNE VEUT SON DÉFILÉ AVEC UN GÉNÉRAL !

Du fait de l'introduction du scrutin proportionnel, le MRP, quoique grand vainqueur, n'emporte que trois sièges sur six dans le Haut-Rhin et cinq sur huit dans le Bas-Rhin, trois socialistes sont élus (deux dans le Haut-Rhin et un dans le Bas-Rhin) ainsi que deux députés issus de la résistance et un du PC (dans le Bas-Rhin). Le parti communiste est le grand perdant de ces élections en Alsace. Dans le Haut-Rhin, il perd près de 10 000 voix entre les élections cantonales et les élections générales du fait de l'émotion provoquée par l'état de santé et les conditions de détention des incorporés de force de retour du camp soviétique de Tambov. Le PC en sera durablement affaibli.

Ces élections, qui installent une Assemblée constituante chargée d'établir la IVe République, mettent fin à la période de la Seconde Guerre mondiale. Pour ceux qui en douteraient encore, la dévaluation du franc qui intervient le 27 décembre 1945 montre bien qu'on est revenu à la normale…

BDIC

À SCHIRMECK, LA FÊTE DANS UNE VILLE ENCORE MARQUÉE PAR LA GUERRE.

NOTES

1. Voir l'article de J.L. Vonau dans ce numéro.
2. Voir l'article de J. Fellmann dans ce numéro.
3. *Saisons d'Alsace* s'efforcera d'établir un bilan dans le numéro ultérieur consacré aux séquelles de la guerre.
4. Voir aussi les témoignages et articles de A. Irjud et R. Paira dans ce numéro. Les contradictions qui peuvent apparaître entre ces acticles ne sont qu'apparentes : il s'agit de bilans établis à des dates différentes.

Le 2 janvier 1945…

ROBERT BISCHOFF

Rentrant le 2 janvier 1945 d'une permission de quelques heures de Bischoffsheim où ma famille s'était repliée, nous nous dirigeâmes mon chauffeur et camarade FFI Charles Specht et moi-même vers le croisement de Dorlisheim-Molsheim-Obernai pour rejoindre Strasbourg et le PC FFI de la rue du Général-de-Castelnau.

A cette intersection nous vîmes une compagnie américaine poser des mines et délimiter les champs de chaque côté de la route par des piquets et des banderoles et ceci à cent mètres environ du carrefour.

Je fis arrêter la voiture pour m'adresser à l'officier américain qui m'informa qu'il avait reçu l'ordre de poser des champs de mines à différents carrefours car les unités américaines allaient dans la journée se replier dans les Vosges.

Nous retournâmes immédiatement à Bischoffsheim pour en informer ma femme et lui recommander de trouver un moyen de locomotion au cas où la population civile se replierait et de coudre dans les vêtements de notre enfant, alors âgé de trois ans et demi, des pièces d'identité.

Dans les faubourgs de Strasbourg, nous fûmes arrêtés par un officier américain qui gardait avec quelques hommes une chicane formée par deux wagons de tramway renversés à hauteur de la Montagne-Verte, là où se trouvait le « glacis ». Pour des raisons déjà invoquées par l'officier du carrefour de Dorlisheim, il avait l'ordre de ne laisser entrer qui que ce soit dans la ville. Après lui avoir montré mon permis de circuler, de ports d'armes et ma carte de légitimation, contresignée par le corps expéditionnaire allié, et expliqué que je devais me rendre impérativement au PC FFI, il nous laissa passer en précisant : « A vos risques et périls ! », ce qui allait évidemment de soi.

Arrivé au PC, j'appris lors du rapport journalier que, selon des renseignements de cette nuit fournis par le lieutenant Jung, chef du secteur de Gambsheim, les Américains avaient déjà commencé leur repli. Après que le commandant François, chef des FFI, eut réaffirmé que quoi qu'il arrivât il resterait sur place pour défendre Strasbourg avec ses FFI, des dispositions furent aussitôt prises, en accord avec le général Schwartz, pour la défense de la ville.

Dans la soirée deux trains furent mis à notre disposition pour évacuer depuis la gare de Strasbourg les familles des membres de la Résistance et celles de personnes qui s'étaient particulièrement engagées dans la lutte contre l'ennemi. Les secrétaires commencèrent aussitôt à établir des bons de transport, alors qu'une longue nuit de veillée et d'attente allait commencer au PC de la rue du Général-de-Castelnau

(Robert Bischoff était, à la Libération, lieutenant FFI)

LE GÉNÉRAL AMÉRICAIN DAVID G. BARR DÉCORÉ PAR DE LATTRE

Les Enjeux de la poche de Colmar

JOHNNY FELLMANN

Après la libération de Strasbourg et de Mulhouse, tout le monde pensait que la poche de Colmar tomberait vite. Il n'en fut rien. Les combats furent acharnés sur fond de grandes stratégies parfois fluctuantes.

Après la libération de Dijon, le rythme de la poursuite s'était nettement ralenti. Belfort puis Mulhouse ne tombent qu'après deux mois d'efforts. Au même moment, la prise de Strasbourg permet à Leclerc de tenir son serment de Koufra. On pouvait raisonnablement penser que la libération totale de l'Alsace n'allait plus être que l'affaire de quelques semaines sinon de quelques jours. Pourtant, celle-ci reste encore au cœur des communiqués pendant plus de deux mois fertiles en rebondissements et en souffrances.

Dans un conflit mondial où les Américains font les grands choix stratégiques, l'Alsace est un enjeu parmi d'autres. Un homme a la haute main sur l'ensemble des armées en action : le général Eisenhower. Il doit arbitrer entre les plans et les demandes de chefs prestigieux : Bradley, Montgomery, Patton, la « diva » de l'armée américaine. Or ni Leclerc ni de Lattre n'étaient des subordonnés directs du chef du SHAEF. Le premier n'était qu'un divisionnaire. De Lattre lui-même devait soumettre ses plans et ses besoins à Devers, le chef du 6e groupe d'armées, qui en référait à Eisenhower. Certes, comme l'alliance était multinationale, les politiques avaient leur mot à dire. Mais là encore de Gaulle n'avait pas le même poids auprès de Roosevelt que Churchill. Il est heureux que ce dernier ait soutenu son inconfortable partenaire dans les moments cruciaux.

Il faut également compter avec l'adversaire dont la défense se raidit au fur et à mesure qu'il est repoussé vers le Vaterland. Les plus exaltés pouvaient croire aux promesses des dirigeants : tenir quelques semaines encore pour permettre aux armes nouvelles de faire leurs preuves. Pour les autres, même si l'Alsace n'était pas forcément terre allemande, elle en était la porte d'entrée.

Il y avait enfin la géographie qui multipliait les obstacles : la logistique alliée voyait ses distances s'allonger en même temps que l'armée allemande se rapprochait de ses bases, le climat était exécrable depuis l'automne : alternativement pluvieux,

neigeux ou glacé, propice aux inondations, enfin, la nature proposait son dense réseau de rivières qui multipliait les obstacles dans la plaine, les Vosges étaient couvertes de forêts, tandis que les villes, villages et grands ensembles industriels pouvaient devenir autant de forts Chabrol.

On aura vite compris que sur un tel terrain, la défense est plus aisée que l'attaque et qu'un simple rapport des forces numériques toujours très largement en faveur des Alliés ne suffisait pas à désigner le vainqueur.

Début décembre, le Heeresgruppe Oberrhein est confié à Himmler. La 19ᵉ armée en est l'élément constitutif essentiel. Elle avait profité du premier répit en octobre pour se recompléter. Himmler obtint pour elle de nouveaux renforts en hommes et en matériel. Même la Luftwaffe fit à nouveau son apparition dans le ciel d'Alsace. Le commandement était traité sans ménagements et les Alsaciens de tous âges furent réquisitionnés pour les travaux de fortification. Certes, l'infériorité numérique restait considérable et les chars devinrent une denrée rare mais ils surclassaient largement les Sherman, tandis que le soldat allemand restait un combattant remarquable.

DES HEURES TRÈS DIFFICILES POUR LA 1re ARMÉE FRANÇAISE

Or, en décembre, Eisenhower estima que l'effort essentiel du groupe d'armées Devers devait porter vers le nord. Patch et sa 7ᵉ armée laissèrent donc à la seule 1re armée française la charge de l'essentiel de l'Alsace. Pour cela passèrent sous ses ordres non seulement la 2ᵉ DB mais aussi les 3ᵉ et 36ᵉ DIUS. Par contre, elle dut renoncer à la 1re DFL qui avait déjà beaucoup donné et qui fut rappelée pour liquider les poches de l'Atlantique.

Comme fin novembre, mais avec des moyens plus limités, il s'agissait d'étrangler la poche de Colmar le long du Rhin et également de déboucher des vallées vosgiennes. Si à partir du sud, la 9ᵉ DIC, bien que très éprouvée, poussa néanmoins jusqu'à Kembs, au nord les inondations bloquèrent la 2ᵉ DB à Rhinau et seuls les paras du 1er RCP firent tomber Witternheim.

Les offensives principales sont menées à partir des hauts :

– Au sud, Béthouart lança la 2ᵉ DIM appuyée par des éléments de la 5ᵉ DB dans la vallée de la Thur après d'acrobatiques marches d'approche sur les routes de montagne. Thann fut le théâtre de combats de chars, tandis que sur le Rangen, le Kirchberg, le Brandwaldkopf, on se battit avec fureur dans la neige. Retranchés dans les usines de Vieux-Thann et avec leurs Jagdpanzer en embuscade, les Allemands empêchèrent tout débouché vers Cernay et la N 83.

– Au nord de Colmar, la 36ᵉ DIUS et d'autres éléments de la 5ᵉ DB marquèrent des points à Sigolsheim, Lapoutroie et Orbey. Mais là également, les Allemands contre-attaquèrent et empêchèrent les Alliés de déboucher.

– Sur les crêtes, les tirailleurs tunisiens furent anéantis dans les ruines de l'hôtel du Hohneck, ébranlé à la dynamite, attaqué à la Panzerfaust et au lance-flammes.

Ce furent les heures les plus graves pour la 1re armée dont les capacités comba-

RAVITAILLEMENT DANS LES VOSGES, JANVIER 1945.
ECPA

tives furent largement émoussées à la fois par manque de moyens matériels et par usure des hommes. En effet, les Français privilégiant leur participation au combat, n'avaient jamais eu une base logistique aussi efficace que les Américains. On comptait sur la rusticité des combattants mais celle-ci avait des limites surtout au cœur d'un des hivers les plus rudes du siècle. De plus, l'armée s'était aussi gonflée de quelques dizaines de milliers de FFI qui ne figuraient pas sur les *troop lists* américaines et qui restaient donc équipés avec des moyens de fortune. De plus en plus, la maintenance des engins devenait aléatoire faute de pièces et de tehniciens.

Du point de vue des combattants, nombre d'unités n'avaient eu aucun répit depuis l'Italie. A la 3e DIA en quatre mois, cent pour cent de l'effectif combattant avait connu au moins une hospitalisation. Les pertes sont cependant statistiquement plus légères en Alsace qu'en Provence. Et les nouvelles recrues, FFI ou nouveaux appelés d'Afrique du nord, n'avaient pas le savoir-faire ni le mordant des vétérans. Elles exigeaient l'emploi de l'artillerie qui manquait pourtant de munitions, et les chars pour toutes les offensives. Ces derniers, engagés à contre-emploi, subissaient de fortes pertes. La crise morale était encore aggravée par le sentiment d'isolement au sein d'une nation beaucoup plus préoccupée par ses soucis de vie quotidienne – que la libération n'avaient en rien réglés, bien au contraire – que par les combats dans les provinces de l'Est.

De Lattre est très conscient des limites de rupture. Si de Gaulle lui promet des renforts, Devers l'accuse de n'avoir pas mené l'offensive avec assez de vigueur et de détermination et exige qu'il en finisse avant le 1er janvier. Or, malgré des combats acharnés dans les Vosges et dans le vignoble à huit kilomètres seulement au nord de Colmar, la ville restait hors d'atteinte, pour ne rien dire du Rhin. C'est dans ce contexte déjà délétère que parvint la nouvelle de l'offensive des Ardennes.

DERRIÈRE LA BATAILLE DE COLMAR, C'EST AUSSI LE SORT DE STRASBOURG QUI EST EN JEU

L'offensive des Ardennes du 16 décembre sema sinon la panique du moins une grande inquiétude chez les Alliés. Eisenhower se rendit compte qu'il ne disposait pas de réserve stratégique pour faire face à une contre-offensive allemande. C'est encore une fois l'Alsace qui fut sacrifiée.

Moins que jamais, de Lattre pouvait compter sur des renforts américains. Pour parer à toute éventualité, il plaça la 4e DMM en réserve d'armée, protégea ses lignes de communications et enfin, à la demande américaine, ramena la 2e DB et la 36e DIUS sur les Vosges. Mais le pire était encore à venir. Si dans les Ardennes l'offensive fut assez rapidement mise en échec, les Allemands en déclenchèrent une autre en Alsace du nord où le dispositif américain avait été très allégé. Les Allemands redescendirent jusque sur la Moder et aux portes de Haguenau. Eisenhower décida de ramener son front sur les Vosges. Pour les Français, il ne pouvait être question d'abandonner Strasbourg où l'inquiétude faisait déjà fuir de nombreux habitants. C'est

Churchill, plus sensible à l'histoire qu'à la tactique, qui obtint qu'Eisenhower renonçât à un retrait pur et simple le 3 janvier. Néanmoins, le dispositif américain fut une fois de plus allégé et la 1re armée prit à son compte la défense de la ville. Or, à l'offensive de la Moder, les Allemands en ajoutèrent deux autres en ce début janvier : ils établirent une tête de pont à Gambsheim en traversant le Rhin et ils lancèrent une offensive à partir de la poche de Colmar et remontèrent jusqu'à Kraft.

LES GÉNÉRAUX DE LATTRE ET MILBURN DANS LES VOSGES.

Strasbourg était directement visé. A Kilstett au nord et Obenheim au sud, les combats faisaient rage.

En fait, il apparaissait clairement qu'avec la poche de Colmar, ce n'était pas seulement le sort de cette ville qui était en jeu, mais aussi la sécurité de Strasbourg. Et puisque le danger des Ardennes était définitivement écarté, il fallait en finir. D'autre part, de Lattre voulait également pouvoir être à pied d'œuvre pour traverser le Rhin et faire participer la France à la défaite du Reich. Là encore, la liquidation de la poche était un préalable.

Le plan ressemble aux précédents : une double offensive du sud (1er CA) et du nord (2e CA) vers Neuf-Brisach pour refermer la nasse sur les défenseurs et éviter à Colmar les destructions.

Cette fois, Devers accorde les renforts demandés. Il est vrai qu'Eisenhower ne voulait pas prendre trop de retard par rapport aux Soviétiques qui venaient de lancer leur offensive le 12 janvier. De Lattre obtint le retour de la 2e DB ainsi que les 28e et 75e DIUS, la 12e DBUS et les éléments organiques du 21e CAUS. Au total, il pouvait compter sur quelque quatre cent mille hommes dont cent mille Américains. Du côté allemand, les estimations divergèrent selon les auteurs, mais au mieux on trouvait dans la poche quelque soixante-dix mille hommes, un rapport de 1 à 6 encore aggravé en ce qui concernait les équipements, les chars, l'artillerie et l'aviation.

Le 20 janvier, le 1er CA lança l'offensive. Dans la tempête de neige, les deux divisions marocaines piétinèrent. Et si la 9e DIC marqua quelques points à Bourtzwiller, Pfastatt et Lutterbach, la percée vers Cernay tourna à la bataille d'usure, en particulier dans les cités potassiques. Le 2 février, après deux semaines de rudes combats, le

JANVIER 1945, À WITTENHEIM, PROGRESSION D'INFANTERIE AVEC APPUI DE CHARS.

1er CA était encore devant Pulversheim et Ensisheim, bien en retard sur son calendrier. Mais le 2e CA venait de marquer des points décisifs.

Montsabert lança l'offensive du 2e CA dans la nuit du 22 au 23 janvier essentiellement avec la DFL rappelée de l'Atlantique et une magnifique unité américaine : la 3e DIUS, la Marne Division, où elle s'était illustrée en 1918.

Des chars de la 5e DB étaient en soutien et des légionnaires, des paras du 1er RCP et les commandos de choc de Gambiez étaient aussi de l'affaire. Et puis il y avait la possibilité de faire intervenir la 2e DB ainsi que les renforts américains, encore que la 28e DIUS venait de beaucoup souffrir dans les Ardennes et était prévue pour un rôle statique.

Montsabert concentra son offensive sur un front de douze kilomètres pour traverser l'Ill dans les secteurs de Saint-Hyppolite, Guémar et Ostheim.

Ensuite il s'agissait de contrôler les canaux de Colmar et du Rhône-au-Rhin qui étaient autant d'obstacles sur la route de Neuf-Brisach et la jonction avec le 1er CA. Mais après les succès initiaux, les Allemands retranchés dans les villages, tapis dans les forêts, appuyés par de redoutables Jagdpanzer qui mirent à mal les Sherman et les tank destroyers de la 5e DB, rendirent la progression beaucoup plus problématique. Si Audy Murphy marqua Holtzwihr d'un de ses nombreux exploits qui en ont fait le soldat le plus décoré de la guerre, c'est Jebsheim qui fut le théâtre des engagements les plus meurtriers de cette campagne d'Alsace. Combats de rue et nettoyage des maisons à l'arme blanche opposèrent les Sioux (surnom que les Français donnèrent à leurs camarades américains), les paras, les légionnaires d'une part et les Volksgrenadier et les Gebirgsjäger d'autre part. Les chars de la 5e DB une fois de plus engagés dans des combats de rue, furent mis hors de combat par les mines et les Panzerfaust. Les Allemands se battaient ici avec une détermination sans faille, et au prix de lourds sacrifices ils arrivèrent à maintenir la nasse ouverte, à défaut de gagner la bataille de la poche de Colmar. De nombreuses unités purent ainsi se soustraire à l'encerclement.

La bataille de Jebsheim, qui avait commencé le 22 janvier à 21 h 30, ne prit fin que le 30 après que les Allemands eurent abandonné la forêt de la Hardt aux lisières du village non sans avoir encore une fois infligé de lourdes pertes au bataillon de choc, aux légionnaires et aux chars qui avaient cherché à les en déloger la veille. Mais fixant l'essentiel des ressources allemandes et accélérant également le désengagement allemand de la poche, la bataille de Jebsheim et celles se déroulant dans les autres villages de la plaine permirent la libération de Colmar à moindres frais.

En effet, les villages sur la route de Neuf-Brisach étant tombés les uns après les autres, Colmar fut largement débordé à l'est et mûr pour l'assaut final d'autant que les troupes allemandes avaient largement reflué. La tâche fut confiée à la 28e DIUS qui sortit de son rôle passif, appuyée par des éléments encore valides de la 5e DB, ceux du colonel Schlesser. Le colonel Rudder du 109e RIUS eut l'élégance de laisser les Français entrer les premiers dans une ville où seuls quelques isolés tirèrent encore et où l'accueil tourna rapidement à la liesse populaire.

Mais l'essentiel restait à faire : la jonction avec le 1er CA. Si elle était toujours aussi laborieuse le long du Rhin, le contrôle de Colmar permit d'envoyer la 12e DBUS fraîchement attribuée à la 1re armée, vers Rouffach où elle établit le contact avec les spahis marocains le 5 février. Puis tombèrent Vogelgrun, Neuf-Brisach et enfin Chalampé. Le 9 février, il n'y avait plus d'Allemands dans la poche de Colmar, les dernières unités isolées dans les vallées vosgiennes ayant été réduites par la 10e DI et la 4e DMM descendant des Vosges.

Le 10 février, le général de Gaulle arriva à Colmar pour décorer les principaux pro-

TIRS AMÉRICAINS DE MORTIER À ZELLENBERG.

PHOTO ARMÉE AMÉRICAINE/COLL. HUGEL

1945

tagonistes de la victoire. Mais à l'allégresse générale, il fallait mettre deux bémols : Les Allemands ne furent chassés du nord de l'Alsace que le 19 mars et ceux de la poche de Colmar ont pu rapatrier quelque quarante-cinq mille hommes, sept mille véhicules, cinq cents canons et soixante chars, que la 1re armée retrouva sur son chemin en avril puisque aussi bien la priorité des Français était maintenant de participer à l'assaut final en obtenant un créneau sur le Rhin, et d'ajouter aux armoiries de Colmar les eaux mêlées du Rhin et du Danube.

GLOSSAIRE

CA (US) : corps d'armée (américain)
DB (US) : division blindée (américaine)
DFL : division française libre
DI : division d'infanterie (A) algérienne, (C) coloniale, (M) marocaine, (US) américaine
DMM : division marocaine de montagne
FFI : forces françaises de l'intérieur
RCP : régiment de chasseurs parachutistes
RI (US) : régiment d'infanterie (américain)
SHAEF : Supreme Headquarters Allied Expeditionary Forces

L'ALSACE

Organe officiel du Comité de Libération du Haut-Rhin — ÉDITION DE COLMAR — Grand Quotidien du Haut-Rhin libéré

No 29/53 — Deuxième année — DIMANCHE, 4 FÉVRIER 1945 — Prix: 1 fr. 50

Colmar, ville française, très française, ville des cloches et des clochetons, ville que Bartholdi a rendu célèbre outre-Atlantique.

A ton tour de connaître la liberté au sein de la France. Le cœur des Mulhousiens bat à l'unisson avec le tien.

VIVE COLMAR, LA FRANÇAISE!

COLMAR
Voici la Liberté!

«Les troupes françaises ont pénétré dans Colmar...» Cette nouvelle, lancée vendredi soir à la radio, a sans doute causé à tous ceux qui étaient à l'écoute la plus joyeuse surprise. Colmar; la dernière des grandes villes d'Alsace encore au pouvoir des Allemands, était libérée. Les troupes françaises et américaines placées sous le commandement du général de Lattre de Tassigny ont réalisé une splendide performance en perçant un front particulièrement fortifié et en exécutant un génial mouvement tournant qui leur permit d'investir la ville par l'est. A la suite de cette manœuvre, la chute de Colmar était inévitable.

La libération de Colmar inaugure la liquidation de la fameuse «poche de Colmar» cette vaste tête de pont que tenaient les Allemands sur la rive gauche du Rhin: entre Erstein au nord et Kembs au sud et dont la pointe était solidement ancrée dans les Vosges, entre Munster et Guebwiller. Mais tandis que la prise de Colmar et l'avance alliée sur Neufbrisach menaçait la plus importante voie de retraite allemande sur Fribourg, l'offensive simultanée des troupes du général Béthouard, déclenchée le 20 janvier par la prise d'Illzach, Bourtzwiller, Pfastatt et Lutterbach et qui a progressé depuis jusqu'à Cernay, Wittelsheim et Wittenheim, enfonça le dispositif défensif allemand du sud menaçant la seconde ligne de communication allemande au-delà du Rhin par Chalampé.

C'est la dernière phase de la libération définitive de la Haute-Alsace qui...

Pendant les dernières 24 heures sur tous les fronts, à l'ouest et à l'est, sur terre et dans les airs l'offensive contre l'Allemagne s'est poursuivie. Les troupes de la 1re Armée Française achèvent le nettoyage de la ville de Colmar, dans laquelle des éléments de blindés lourds avaient pénétré la veille venant de la direction de Horbourg, alors que l'infanterie américaine prenait d'assaut les derniers nids de résistance aux abords nord de la ville.

Les Allemands essaient maintenant d'effectuer leur retraite sur le dernier pont intact qu'ils possèdent sur le Rhin près de Neufbrisach, mais l'aviation alliée est constamment en action, mitraillant et bombardant les colonnes allemandes en marche. La partie de la poche s'étendant au nord-est de Colmar, a été complètement occupée.

Dans le Bas-Rhin

La 7me Armée américaine du général Patch a déclenché une attaque par surprise au sud-est de Haguenau en franchissant la Moder à Bischwiller. Elle a pénétré dans Oberhoffen et atteint la lisière sud de la Forêt de Haguenau.

Sur le front de l'Eiffel

Offensive générale des Alliés contre l'Allemagne

La libération de Colmar s'achève
Berlin a de nouveau été bombardé

La bataille devant l'Oder

La forteresse Corregidor est sous le feu de l'artillerie américaine.

Offensive aérienne contre l'Allemagne

Une violente offensive aérienne, destinée à soutenir la poussée russe, a été déclenchée par les aviations britannique et américaine contre la capitale du Reich. Plus de 1000 bombardiers lourds ont pris pour objectif des installations militaires et de transport dans le centre de Berlin pétrole synthétique et autres objectifs en Allemagne.

Communication officielle de la 1re Armée Française

Communiqué du 1er février

Hier la menace qui pesait sur Strasbourg était nettement écartée. Aujourd'hui la bataille pour Colmar et la poche de Haute-Alsace est entrée dans sa phase décisive.

Sous la poussée irrésistible de la vigoureuse et méthodique offensive de vaillantes Divisions d'infanterie américaines et les unités de notre Cinquième Division blindée se battant étroitement unies, ont pénétré de plusieurs kilomètres dans les défenses ennemies s'emparant après de très durs combats des localités de Horbourg, Andolsheim, Widensolen, Urschenheim et Durrenentzen.

L'investissement de Colmar est en cours.

Dans le sud une bataille acharnée continue de faire rage pour les points d'appui de Cernay et de Wittelsheim et dans la forêt de Nonnenbruch.

Où se réunissent les «Trois»?

Londres. — Le mystère qui entoure la réunion des «Trois», MM. Roosevelt, Churchill et Staline, passionne l'opinion publique anglaise. La conférence a-t-elle déjà commencé? On croit qu'elle a lieu à Constanza, ville roumaine sur la Mer-Noire. Les problèmes qui devront y être débattus seraient les conditions d'armistice faites à l'Allemagne, la question de Pologne et celle d'Italie, la participation éventuelle de la Russie à la guerre en Extrême-Orient. Il est probable que la première nouvelle certaine de la conférence sera le communiqué officiel qui sera émis à l'issue des débats.

Les Américains en France

Londres. L'état-major amé-...

Contre l'exportation des capitaux

M. Pleven, ministre des Finances, a donné à la radio un commentaire des récentes mesures qu'il a fait adopter par le gouvernement.

Il dit tout d'abord que le recensement de nos avoirs à l'étranger a pour but de permettre les importations nécessaires au rééquipement du pays. Il rappelle ensuite les sanctions prévues pour ceux qui ne feraient pas les déclarations requises — peine infamante d'emprisonnement, amende minimum égale à dix fois la valeur des avoirs non déclarés, confiscation par décision de justice de tous les biens.

— Un contrôle absolu des changes, des importations, des exportations, des déplacements à l'étranger restera pour plusieurs années aussi indispensable à la France qu'à la plupart des pays, petits ou grands, qui auront jeté dans le brasier de la guerre leurs ressources...

L'épargne sera aidée par d'autres moyens que les taux d'intérêts.

— C'est ainsi que les porteurs de rentes converties, qui possédaient leurs titres au 1er septembre 1939, et dont le revenu n'est pas supérieur à 30.000 francs, accru de 10 000 francs pour l'épouse, et de 10 000 francs par enfant à charge, ou ayant été à charge jusqu'à l'âge de seize ans, pourront...

Haut-Rhinois! Mes chers compatriotes!

C'est à des hommes qui sont nés et qui ont vécu en Alsace que le Gouvernement Provisoire de la République...

COLL. RENÉ MEYER

A Colmar

Déserteur dans sa ville

ALBERT HUSSER

En janvier 1945, le Colmarien Albert Husser, incorporé de force dans l'armée allemande, s'est trouvé engagé dans la poche de Colmar avec sa compagnie. Et c'est dans sa propre ville, le 1er février, veille de la libération, qu'il déserte et retrouve sa famille...

Par une indiscrétion, le commandant de notre compagnie a appris qu'un stock de ravitaillement vient d'être abandonné à Rouffach et, dans la nuit, il nous envoie, avec le camion et trois ou quatre soldats, récupérer ce qui est possible. Effectivement, nous le trouvons assez vite, un peu à l'écart de Rouffach. Les portes d'un hangar sont largement ouvertes et il semble que nous soyons les premiers à en profiter. Mais les Allemands sont déçus : ils ne trouvent qu'un stock de pain qu'ils chargent rapidement sur le camion. Et puis c'est la surprise : derrière le pain se trouvent des cartons remplis de cognac, de rhum, de marc de Bourgogne. Pour qui étaient ces réserves, nul ne le saura jamais. Il n'y a aucun garde à ce dépôt et le camion est chargé à ras bords. La nuit est glaciale et les Allemands ne se privent pas de déboucher quelques bouteilles. Comme ils disent, c'est toujours cela de pris.

Je prends place dans la cabine entre le chauffeur, presque ivre, et son compagnon, qui l'est autant. Ils sont tous les deux incapables de conduire, et après quelques instants, ils me laissent le volant. Un véhicule que je ne connais pas, une nuit opaque, et toujours interdiction d'allumer quoi que ce soit. Toute l'équipe est ivre, elle ne s'aperçoit de rien, je tâtonne, je cherche, et le dieu des conducteurs était avec moi. J'arrive sans encombre à Sainte-Croix-en-Plaine. Aucun contrôle sur la route, il devait faire trop froid cette nuit pour les gendarmes. Les bouteilles sont distribuées à ce qui reste de la compagnie, une bonne quantité doit rejoindre la section avancée en Forêt-Noire... et je reçois un vieux marc qui fera d'excellents grogs dans la soirée.

La nuit suivante, nous devons creuser un fossé antichars autour du village. Il ne s'agit plus de défendre la poche de Colmar mais chaque village doit être défendu l'un après l'autre. De nouvelles troupes arrivent toutes les nuits d'Allemagne et Himmler veut offrir une grande victoire au Führer.

Le 25 janvier, l'artillerie gronde au nord-est. Entre Colmar et Marckolsheim, des combats violents opposent l'armée française et l'armée allemande, et les chars Tiger et Panzer essaient de barrer la route de Neuf-Brisach. Mais le canal de Colmar est bientôt atteint par l'armée française qui n'est plus qu'à neuf kilomètres de Colmar.

Depuis le 22 janvier, une voiture radio est embusquée au nord de Colmar, dans la propriété de la baronne de Berckheim, où se trouve le PC de la division SS. Les liaisons par téléphone sont coupées et les liaisons radio se limitent à quelques messages très brefs dans la nuit. Cette voiture a besoin de pièces de rechange et d'autres codes, et on cherche un homme capable de retrouver ce véhicule, connaissant parfaitement la route, etc. Je sais où ils veulent en venir et j'essaie de me dérober.

Finalement je suis quand même désigné avec Fritz Weiss et Diedel comme chauffeur, et nous nous préparons à démarrer dès qu'il fera nuit. Le plein d'essence d'abord, car cette denrée devient de plus en plus rare et c'est le système D qui est employé le plus souvent. On vole des jerrycans chez le voisin, ou on siphonne quand on peut. Les méthodes sont réciproques et il ne faut pas s'étonner de trouver le réservoir vide quelques minutes après avoir quitté sa voiture. Ensuite le ravitaillement. Le froid est toujours aussi vif et nous ne savons pas à quelle heure nous serons de retour.

Au moment de partir, l'ordre est annulé. Le PC vient d'être abandonné, le repli est général sur toute la ligne et la voiture radio sera abandonnée. La dernière salve d'artillerie a eu raison d'elle. Encore une de moins, et les servants sont blessés et évacués dans la nuit par ambulance.

Depuis quelques nuits, ce ne sont que roulements de camions, grondements de l'artillerie, déplacements de convois. Les Allemands sont aux abois. Au nord, au sud, à l'ouest, c'est partout l'offensive des Français et des Américains. Plusieurs villages à l'est sont déjà occupés par les forces américaines et celles-ci avancent vers Andolsheim et Horbourg. L'arc de cercle se referme autour de Colmar. Pour traverser le Rhin, je ne connais plus que les bacs, qui sont camouflés dans la journée depuis que le beau temps règne sur la plaine d'Alsace, et le pont de Chalampé, s'il n'est pas sous le feu de l'artillerie française. Le pont de Neuf-Brisach, s'il est encore aux mains des Allemands, est déjà sous le feu de l'artillerie française.

Nous craignons d'être incorporés dans l'infanterie qui manque de troupes, à moins qu'elle n'ait besoin de spécialistes radio.

Dans la nuit du 31 janvier, l'ordre arrive de nous replier sur Oberhergheim, cinq kilomètres plus au sud. Il ne reste plus que cinq ou six véhicules, mais ils mettront toute la nuit pour parcourir ce petit trajet. Le thermomètre est descendu à moins vingt degrés, la neige est très épaisse et toutes les batteries sont en mauvais état. Vers sept heures enfin, nous sommes à l'abri dans une ferme et nous pouvons nous réchauffer. Un peu plus tard, les patrouilles de chasseurs bombardiers américains se présentent pour surveiller le secteur.

L'interdiction de traverser le Rhin a dû être levée car dans un appentis nous décou-

BUNDESARCHIV

LA CONTRE-ATTAQUE ALLEMANDE FUT PUISSANTE :
LA BRIGADE FELDHERRNHALLE DANS LA POCHE DE COLMAR.

vrons un lot de chaussures de montagne. Une compagnie de chasseurs autrichiens les a abandonnées avant de quitter l'Alsace. Ce sont, hélas, des pointures exceptionnelles et seuls quelques privilégiés « pointure 44 et plus » pourront les utiliser.

A dix heures du matin, la compagnie – ou ce qui en reste – reçoit l'ordre de se rendre à Heiteren, à trois kilomètres du Rhin, pour traverser le fleuve dans la nuit.

Maintenant je dois agir. Heiteren oui, traverser le Rhin, non. Les combats se sont rapprochés de jour en jour, la nasse s'est refermée sur les dernières troupes en Alsace, et d'un jour à l'autre, la situation va basculer complètement.

La Volkswagen est vérifiée une dernière fois, elle démarre sans difficultés et nous profitons d'une accalmie dans le ciel pour rouler à toute vitesse vers Heiteren. Les chasseurs bombardiers sont occupés sur la ligne de front à combattre les blindés allemands. Nous ne connaissons qu'une seule alerte qui nous fait sauter dans le fossé plein de neige. Le Mustang a dû trouver meilleur gibier très près de nous. Il tire une rafale avec son canon de bord, nous entendons une explosion et une fumée s'élève. Nous ne sommes pas curieux et nous reprenons la route sans chercher quelle a été la victime. Chacun pour soi…

A Heiteren, nous sommes accueillis comme des rescapés. Quelques voitures ont été mitraillées sur la route, il y a des blessés et des dégâts matériels. L'expérience

Kolmarer Kurier

Die Großraum-Schlacht im Osten

Die Kämpfe im Oberelsaß

Zwölf Jahre

LA « UNE » DU « KOLMARER KURIER »
PARU QUELQUES HEURES AVANT LA LIBÉRATION.

que nous avions acquise les dernières semaines a été salutaire. Il vaut encore mieux se faire geler sur l'aile de la voiture, pour surveiller le ciel sans répit et à la moindre alerte, faire stopper et courir loin dans les champs.

Le fermier nous sert à boire dans sa cuisine lorsque le lieutenant me fait appeler : « Husser, prenez un vélo, il y a une Opel en panne à Oberhergheim. Allez voir si vous pouvez les aider. Sinon qu'ils se mettent en route à pied. Détruisez le véhicule et le matériel en y mettant le feu. Vous connaissez bien toutes les routes. Vous avez tout le temps. Nous mettrons toute la nuit pour traverser le Rhin. Bonne chance. »

Veut-il me tendre un piège ou me donner une chance pour m'enfuir ? Ma confiance est mitigée. Je me méfie tout de même. Ce serait trop simple. J'aviserai en cours de route car les événements se précipitent. Et puis les gendarmes militaires ne sont plus visibles…

J'enfourche une bicyclette, je salue mes camarades d'un grand geste de la main et je file sur la route heureusement un peu déneigée. Deux alertes aériennes m'obligent à sauter de la bicyclette et à m'aplatir dix ou vingt mètres plus loin dans le fossé. Mais les Mustang ne s'intéressent qu'aux camions et aux blindés. Trois quarts d'heure plus tard je retrouve l'Opel. Le moteur commence à tourner, ses occupants espèrent rejoindre la compagnie dans deux ou trois heures ou à la tombée de la nuit. Je leur annonce que je vais rejoindre la compagnie et prévenir le lieutenant. Le chemin du retour se passe un peu moins bien. Les avions sont à l'affût à quelques centaines de mètres d'altitude et je perds beaucoup de temps pour me cacher quand ils ont l'air de s'approcher. Il est près de quatre heures de l'après-midi lorsque je rends compte de ma mission. Le lieutenant est assez surpris de me revoir, il me semble. Je lui dis que je vais rejoindre Fritz Weiss et Diedel dans une ferme et attendre la nuit.

A quelques centaines de mètres, une compagnie de réparation de chars est occupée à remettre en état deux Tiger. Le camouflage blanc est très sommaire et je m'étonne du manque de précautions. Je viens de faire cette réflexion en mon for intérieur et en même temps je me dis qu'il est grand temps de rentrer vers Colmar avant qu'il ne soit trop tard. Ces deux sujets n'avaient aucune relation entre eux et je ne sais toujours pas comment ils me sont venus à l'esprit à la même seconde.

Je reprends la bicyclette, je tourne le dos au village sans m'occuper de quoi que ce soit et je n'ai plus qu'une idée en tête : rouler le plus vite possible, m'éloigner de tout et rejoindre mes parents à Colmar.

Les chasseurs bombardiers sont de plus en plus nombreux et de plus en plus actifs. Ils piquent vers le sol en direction des blindés allemands et je vois les servants courir dans tous les sens. Il n'y a plus aucune artillerie anti-aérienne dans le secteur. Elle a été engagée avec les troupes au sol pour combattre les chars américains.

Plusieurs fois je m'aplatis sur le sol et dès que l'alerte est terminée, je pédale à tout rompre. Depuis quelques instants, l'artillerie est entrée en action entre Dessenheim et Niederhergheim, donc le front s'est encore rapproché. Les chasseurs Mustang bourdonnent comme des abeilles. Un convoi hippomobile se fait mitrailler à bout portant et les chevaux courent dans les champs enneigés, entraînant les voitures renversées. Je ne regarde plus le ciel, je pédale comme un coureur cycliste et je transpire malgré le froid en arrivant à Sainte-Croix-en-Plaine.

Mes amis m'offrent un verre, deux verres d'eau-de-vie, et, sans souffler, je prends la route de Colmar. Ici c'est l'attente, un silence presque inquiétant. Rien ne bouge. Rien sur la route, complètement désertée. A mi-chemin de la ville, à droite de la route, un nid de mitrailleurs, allongés dans le fossé, à peine visibles. Un peu plus loin, à gauche, un canon antichars abrité sous un filet vert et blanc. Mais personne ne s'occupe de moi.

A l'entrée de Colmar, aux premières maisons, quelques soldats se cachent derrière un mur.

– Halte, où allez-vous?

– Je veux rejoindre mon unité à Colmar, au centre de la ville.

– Attendez la nuit. Des voitures de reconnaissance françaises sont annoncées. Vous ne pouvez pas continuer maintenant.

UNE UNITÉ DE LA 3e DIA AUX ENVIRONS DE COLMAR.

BDIC

1945

Sans prêter attention à celui qui m'a interpellé, je rentre ma bicyclette dans la maison. Les habitants sortent de la cave et je leur explique en quelques mots ce que je cherche : je voudrais me cacher, m'habiller en civil car j'ai déserté l'armée allemande. Je voudrais ensuite rejoindre le domicile de mes parents. Ils ont de la place pour me cacher et promettent de m'aider. Ils cachent la bicyclette et me cherchent des habits civils.

Je peux m'allonger sur des sacs dans leur cave. Personne ne ferme l'œil de la nuit. Les tirs de mitraillette se rapprochent, nous entendons quelquefois des bruits de bottes, un combat de rue très bref, et puis c'est le silence.

Vers huit heures du matin, il n'y a plus de surprise : deux chars français stationnent devant la maison, au milieu de la route. La joie éclate, nous sommes libérés.

Je me précipite dans la rue et je me présente à l'officier juché sur son char. Je lui explique ma situation, que je viens de quitter une unité allemande la veille et que je pourrais lui montrer tout ce que je sais des unités qui se trouvaient dans le secteur. Il me répond :

– Rentrez chez vous, profitez-en! La guerre est finie pour vous. Les chleuhs sont en train de prendre la fuite par le Rhin. Présentez-vous à la sûreté militaire quand elle arrivera à Colmar.

Et c'est ainsi que se termina mon incorporation dans l'armée allemande, le 2 février 1945, jour de la libération de Colmar. Sans avoir tiré un seul coup de fusil.

Dix minutes plus tard, je pouvais embrasser mes parents qui ne s'attendaient pas à me revoir si vite. Quelques jours après, un message transmis par je ne sais quel intermédiaire, provenant de mon commandant de compagnie, annonçait à mes parents que j'avais été porté disparu le 1er février, à la suite de violents bombardements des chasseurs alliés.

La poche de Colmar avait coûté aux Allemands plus de six mille tués et blessés, et plus de dix-sept mille prisonniers. Une chance inouïe m'a permis d'échapper à un sort malheureux.

LES PREMIERS BLINDÉS À COLMAR
2 FÉVRIER 1945.

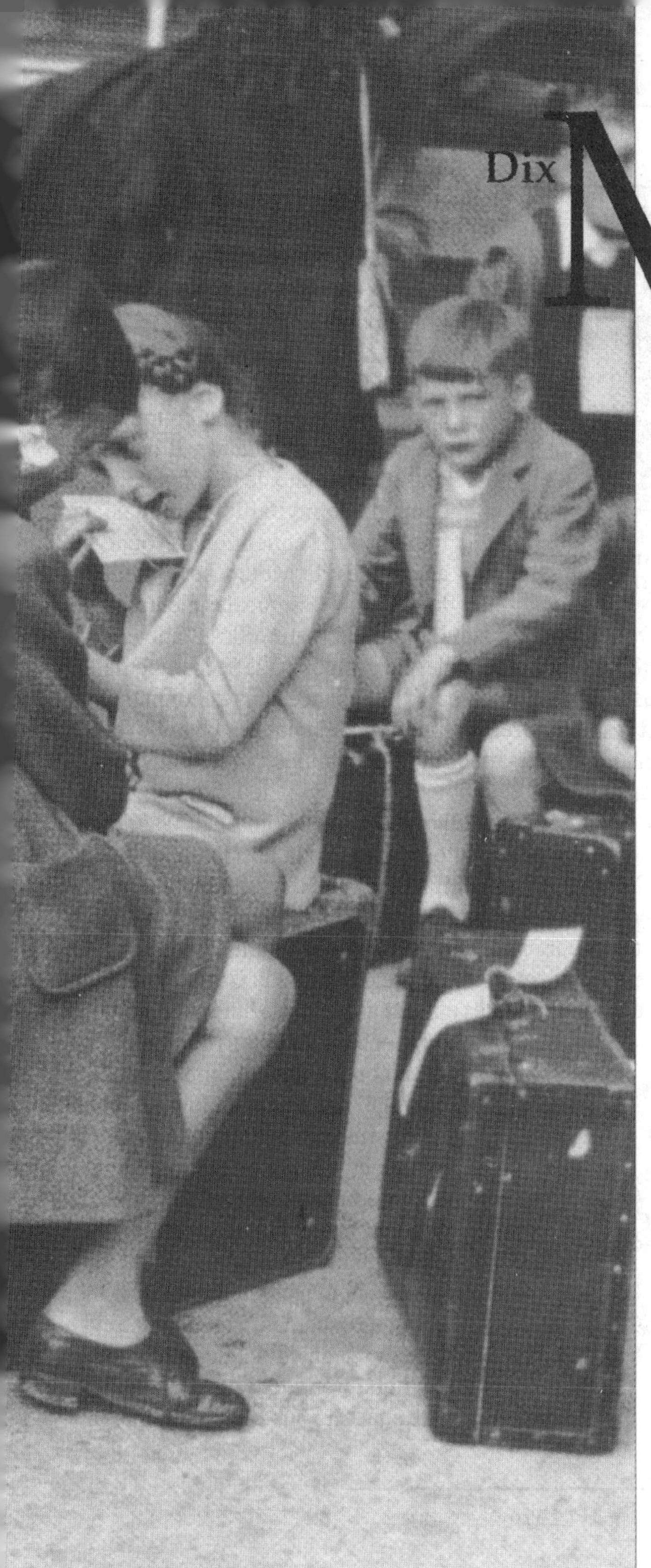

Dix Mille enfants au paradis suisse

RAYMOND FÉDERLÉ

Improvisé début janvier 1945, le mouvement d'accueil en Suisse des jeunes Haut-Rhinois éprouvés par la fin de la guerre connut un succès inespéré. Dix mille d'entre eux, envoyés dans des familles suisses, purent se refaire une santé physique et y trouvèrent la générosité du cœur.

REGROUPEMENT AVANT LE DÉPART.
ARCHIVES FÉDERLÉ

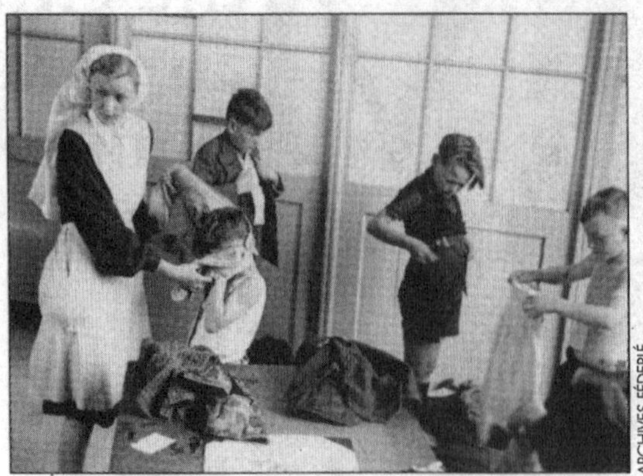

L'ACCUEIL PAR LA CROIX-ROUGE SUISSE APRÈS LA FRONTIÈRE : DE NOUVEAUX VÊTEMENTS.

Il fait froid. En ce mois de janvier 1945, il fait vraiment très froid. La liesse de la libération de l'Alsace est tempérée par les difficultés de la vie quotidienne. Beaucoup de maris ou de fiancés sont loin, embourbés dans la débâcle des armées nazies; si l'eau courante est en partie maintenue, il n'y a plus d'électricité, le téléphone est coupé et le ravitaillement quasi inexistant. L'ennemi s'accroche aux portes de Mulhouse, il tient le bassin potassique, les alentours de Thann et la rive nord de la Doller à Mulhouse. La nuit, des patrouilles d'anciens occupants s'aventurent à la gare du Nord pour piller des wagons à la recherche de quelque nourriture car, eux aussi, sont oubliés par l'intendance. Les canonnades sont quotidiennes et le front est instable. Bref, la situation n'est pas bonne et l'avenir est incertain car les rumeurs de contre-attaque les plus folles courent, invérifiables comme toutes les rumeurs.

Début décembre, Auguste Wicky, maire de Mulhouse, et son adjoint Jean Wagner s'étaient rendus à Bâle pour négocier avec les autorités suisses la possibilité d'une évacuation des enfants des zones à risques du sud du Haut-Rhin. Le commandant Daniel, responsable des FFI, et le révérend père Keller, aumônier du Groupe mobile d'Alsace (GMA), s'associèrent à ce projet et apportèrent la logistique de la 1re armée. Madame Favre-Dollfus apporta la compétence et son cœur de présidente de la Croix-Rouge.

Le 26 décembre, la demande d'accueil pour les enfants arrive sur le bureau du gouvernement helvétique. Le 27 décembre, à travers un Sundgau enneigé, des routes défoncées et quasi impraticables, Madame Winter et le R.P. Keller se rendent à Pfetterhouse chercher la réponse : c'est oui ! il faut alors aller vite et s'organiser.

DES REPAS COPIEUX.

Tout d'abord recenser les dix mille enfants concernés, âgés de quatre à quatorze ans. Il faut ensuite des milliers d'étiquettes qui doivent être attachées aux cous des enfants et de leurs précieux et modestes colis. Il faut de grandes feuilles de renseignements, en cinq exemplaires, qui accompagneront chaque convoi avec les informations nécessaires. Il faut choisir les enfants les plus exposés aux risques guerriers et prévenir leurs parents la veille pour le départ du lendemain. Il faut des bonnes volontés, de la compétence et du don de soi mais, en ces périodes d'espoir, il n'en manque pas. Citer la liste des responsables et de leurs équipes serait aujourd'hui leur faire injure : la discrétion et le dévouement dont ils firent preuve est leur honneur. Ces véritables manœuvres à la chaîne, sans aucune préoccupation personnelle, ont rendu l'espoir à tant d'enfants qui avaient déjà trop souffert.

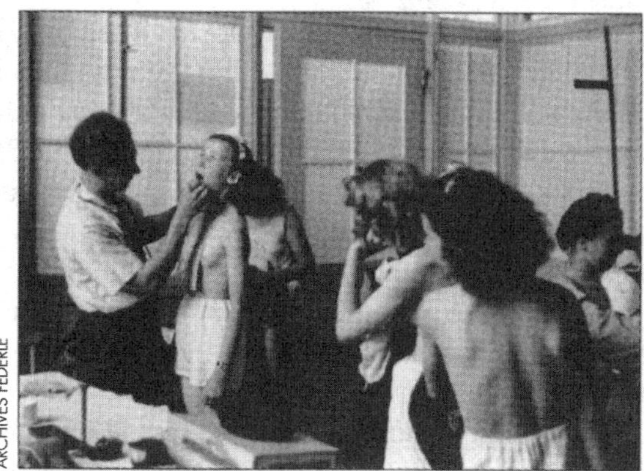

ARCHIVES FÉDERLÉ

VISITE MÉDICALE.

Les parents seront prévenus par voie d'affiches rédigées en français et en allemand. L'évacuation ne sera que transitoire, le retour devant s'effectuer dès la normalisation de la vie dans l'agglomération. Le maître mot d'alors est « il faut que les enfants partent après de longues semaines passées dans les caves ».

Dix-neuf convois vers la frontière.

Trente GMC militaires de la 204e compagnie de transport, épaulés par quatorze cars privés, vont réaliser le convoyage jusqu'au poste frontière de Leymen-Flüh. Il est prévu des convois de mille enfants à chaque voyage. Le 3 janvier, ils seront 357. Le deuxième transfert concernera les enfants du quartier Wolf et Drouot puis l'efficacité permettra jusqu'à mille enfants au départ le 17 janvier entre 8 h et 11 h du matin…

Les conditions climatiques sont satisfaisantes durant la première quinzaine de janvier puis la neige tombe. Clin d'œil du destin, debout dans la boue ou la neige fondante durant des heures, aucun ne tombe malade et, jour après jour, nos petits s'en vont vers le havre de paix qu'est leur famille suisse.

Tout ne se passe pas sans heurts, il faut « ouvrir » la route Joffre (Thann-Hundsrück- Bourbach-

CONTRÔLE DE PROPRETÉ.

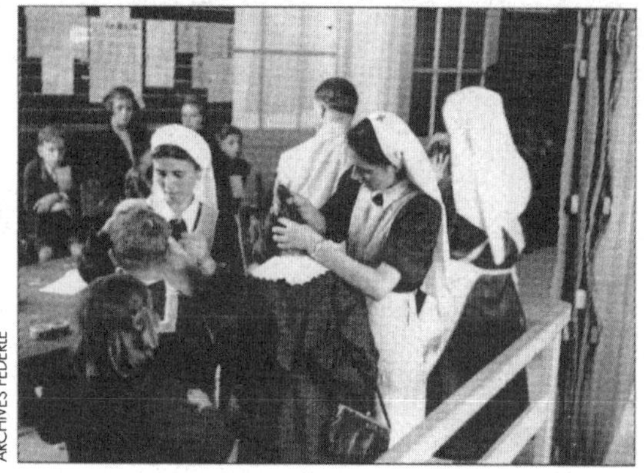

ARCHIVES FÉDERLÉ

Masevaux) pour permettre aux petits Thannois, réfugiés dans une ville sous le feu de l'armée allemande, de passer à travers soixante centimètres de neige fraîche.

L'exode planifié sera interrompu le 20 janvier lorsque les troupes alliées lanceront l'offensive pour réduire la poche de Colmar. Le 25 janvier, un rapport sur l'état sanitaire des enfants fait craindre le pire : « Je ne sais pas si les convois d'enfants pourront reprendre, car vous n'ignorez pas qu'il y a une grande épidémie de fièvre typhoïde et de diphtérie. »

Mi-janvier, 6761 enfants auront été accueillis. Devant le succès de l'opération et la demande non encore satisfaite, il faut par voie de presse trouver quatre mille nouvelles familles. Pari gagné !

La frontière franchie, les enfants sont acheminés vers des centres de regroupement. Les deux tiers à Bâle, le reste à Rheinfelden. Commence alors une chaîne de traitement qui va beaucoup les marquer par son efficacité : ils sont désinfectés avec leurs bagages, lavés, épouillés, passent chez le coiffeur et font l'objet d'une visite médicale avant l'affectation dans les familles.

DES ENFANTS MAIGRES ET FATIGUÉS, ACCUEILLIS AVEC GÉNÉROSITÉ ET EFFICACITÉ.

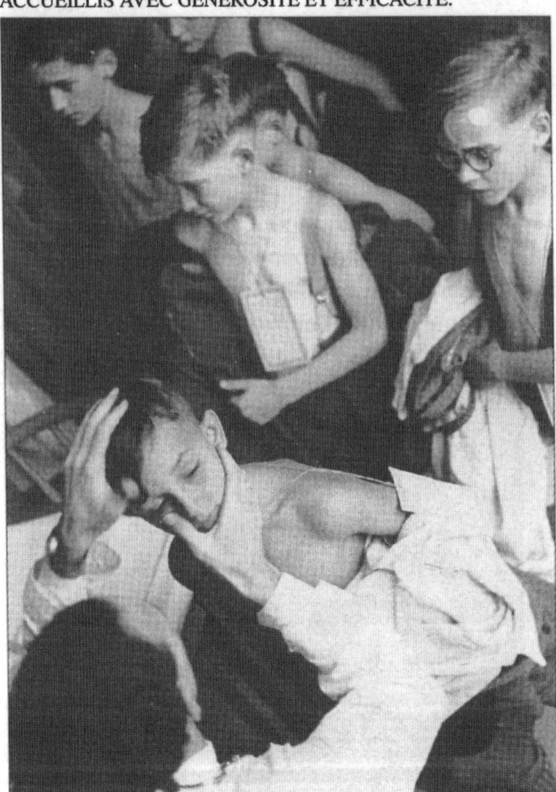

ARCHIVES FÉDERLÉ

Un repas leur est servi : « *Je m'en souviendrai toute ma vie, c'était des Brat-Rösti.* » Ils sont ensuite répartis en groupes et sous-groupes par destination (frères et sœurs ne sont jamais séparés) puis hébergés dans de grandes salles transformées en dortoirs où le personnel de la Croix-Rouge Secours aux Enfants qui les a accueillis circule en silence toute la nuit pour les rassurer. Le lendemain, ce sera la joie d'un voyage en train vers les destinations finales. « *Sur le quai, les familles d'accueil attendent avec impatience.* » « *Je vois encore venir cette dame imposante, elle voulait le plus malheureux.* » « *Petit gamin que je fus, mon émotion fut très vive, impatient de faire connaissance avec ma nouvelle famille… nous entrâmes dans un monde totalement différent du nôtre. Aujourd'hui, nous disons avoir débarqué chez les extra-terrestres.* »

Mais pour les petits Alsaciens, communiquer ne sera pas toujours facile. Ceux qui sont en Suisse romande, ne connaissant que quelques mots de français, ne comprennent pas l'accent vaudois ou valaisan. Les contacts avec leur famille française sont totalement rompus (une carte à partir du 15 février, tous les quinze jours). Il faudra des trésors de gentillesse de la part de leurs hôtes et une forte capacité d'adaptation pour que les problèmes s'aplanissent comme par enchantement.

Pour ces gamins dont les plus jeunes n'ont connu que la guerre, tout est découverte. « *Quand je suis arrivé dans cette propriété, il y avait la cuisinière électrique, je suis allé m'y chauffer comme sur un poêle… j'avais ma chambre et, le matin au petit déjeuner, pas de pain sec mais un repas copieux.* »

Les petits Alsaciens se sont rapidement adaptés ; certains apprennent à faire du ski, des igloos et participent aux activités de la maison. Ils sont bien suivis par les représentants de la Croix-Rouge et des liens familiaux très forts se tissent. Certains diront plus tard : « *j'étais le second fils* », « *quand je me suis marié, ils ont adopté ma femme* ». Ces mois passés au bon air, avec une nourriture équilibrée et riche, seront le meilleur garant d'une bonne santé à leur retour au bercail.

Les retours seront étalés du 12 avril à fin juin, avec une chronologie similaire à celle du départ pour que chaque enfant puisse bénéficier du même temps de séjour, et qu'en France, l'administration pourvoie à l'approvisionnement nécessaire à ces petites bouches avides.

A leur arrivée dans la cour de l'école centrale, « *ils faisaient plaisir à voir, leur bonne mine, leurs joues roses et leurs yeux brillants de joie de revoir leurs parents* ». Nombreux sont ceux qui reviennent habillés de frais, les valises bourrées de provisions.

Le cauchemar s'estompait, la dynamique de la vie était en marche, bientôt l'avenir serait à eux.

HOMMAGE

Cinquante ans après, nous devons rendre hommage et faire savoir combien était grand le souci de bien-être des enfants de cette guerre. La Suisse a accueilli 281000 enfants des pays européens dont 10000 petits Alsaciens.

Retrouver les enfants ainsi que les parents d'accueil est mon objectif. A ce jour, 257 familles se sont retrouvées 48 et 49 ans après. Première journée de retrouvailles le 17 mai 1992 au jardin zoologique de Mulhouse, un événement retransmis par les télévisions suisse française, suisse alémanique et France 3 Alsace : la deuxième rencontre eut lieu le 13 septembre 1992 au centre culturel de Riedisheim : 306 personnes pour deux journées marquées par la présence de nombreuses personnalités politiques.

De nombreux enfants de jadis ont gardé des liens très étroits avec leur famille d'accueil suisse. Pour moi-même : Pierre, Alice et Gabriel Bezençon sont ma deuxième première famille.

Le deuxième objectif est d'honorer ces familles suisses par une journée commémorative et inaugurer à Berne une plaque

« HOMMAGE DU HAUT-RHIN ET DES DIX-MILLE ENFANTS À LEURS FAMILLES D'ACCUEIL SUISSE »

« OUBLIER L'HISTOIRE C'EST SE CONDAMNER À LA REVIVRE »

R.F.

SUITE DES NOTES DE L'ARTICLE DE J.L. VONAU (P. 1502)

27. « Wingen-sur-Moder », *Pays d'Alsace*, cahier 99-100, 1977.

28. Cf. le récit du chef des FFI de Wissembourg : « En 1944-1945 Wissembourg fut libéré deux fois », in *l'Outre-Forêt* n° 5, p. 34-37 ; n° 6, p. 34-37 ; n° 7-8, p. 22-23 ; n° 9, p. 33-35 ; n° 10, p. 32-38 ; n° 11, p. 46-51. Cf. également les *Dernières Nouvelles d'Alsace* du 12 janvier 1992, p. 5 (région) : « Une naissance en janvier 1945 » – témoignage d'un accouchement à Schoenenbourg le 4 janvier d'une femme ayant fui Wissembourg. A Herrlisheim notamment on a eu l'exemple de FFI et de Malgré-Nous déserteurs de l'armée allemande mêlés aux combats. On connaît ainsi le triste sort que leur réservait en cas de capture les soldats allemands. Cf. « Herrlisheim : les combats du 5 janvier », in les *Dernières Nouvelles d'Alsace* du 5 janvier 1995.

29. Cf. Jean-Laurent Vonau, art. cité in *l'Outre-Forêt*, n° 49.

30. « Erinnerungen an den Kampf um Straßburg : Die Tragödie des Brückenkopfs vom Gambsheim begann vor einem Jahr », in *Dernières Nouvelles d'Alsace* du 5 janvier 1946. Pour le détail des opérations et notamment de la bataille de Hatten-Rittershoffen, cf. « La bataille de Hatten-Rittershoffen janvier 1945 » *l'Outre-Forêt*,
n° spécial, 1985, et plus particulièrement Roland Eyermann « Les journées terribles du 7 au 21 janvier 1945 », p. 16 à 39 – ainsi que Jean-Laurent Vonau « Le contexte de la bataille », p. 4 à 9, Francis Rittgen « Opération Nordwind » 31 décembre 44-25 janvier 45, Pierron, 1984.
Pour la condition des civils durant cette bataille, on se reportera à l'ouvrage d'Anne Franck-Neumann, *Dorf im Nordwind*, Edition ACM, 1994, qui décrit la situation à Rittershoffen, ainsi qu'à l'article de Lucien Messmer « Comment les habitants ont perçu la bataille » argumenté par des témoignages décrits, *l'Outre-Forêt*, n° spécial, 1985, précité p. 75 à 98.
Cf. également Jörg Friess « Das Unternehmen "Nordwind" – Berufs pädagogische Hochschule Esslingen (1982). Rainer Mennel « Die Operationen in Elsass. Lothringen im Herbst und Winter 1944/45 : Eine Militärgeschichte und wehrgeographische Studie Beiheft zur Europäischen Wehrkunde – Heft 2 – 1989, p. 1 à 16. « Unsere Schwehrgeprüften Dörfer : in Rittershoffen ging die Front mitten durch die Kirche... » in *le Nouvel Alsacien* du 26 mai 1945 – « Eines der schwerst geprüften Dörfer des Unter-Elsass : Hatten ist ein einziger Trümmerhaufen » in *le Nouvel Alsacien* du 21 avril 1945.

31. Cet épisode me fut conté par un des enfants de l'époque impliqué dans l'affaire et corroboré par divers témoignages à Betschdorf.

32. Il s'agit d'une estimation apportée d'après des témoignages recueillis. De plus il faut avoir à l'esprit que les hommes valides n'étaient plus présents, que les familles compromises avaient fui et que la communauté juive n'existait plus. Toutefois ces résultats sont très variables. La situation géographique des localités semble avoir joué un rôle. Là où des réfugiés étaient passés, d'autres partirent...

33 Cf. « Nur 5 Personen sind entkommen... Das Drama des Rheindorfes Gambsheim », *le Nouvel Alsacien* du 7 février 1945. « Ich fand die Gambsheimer im Schwarzwald », *le Nouvel Alsacien* du 15 avril 1945. Le 9 janvier 1945 eut lieu l'évacuation forcée partielle de Drusenheim (les habitants de la rive droite de la Moder réoccupée par les Allemands). Au cours de cette opération trois personnes furent fusillées. Cf. « Il y a 50 ans : Drusenheim, un village martyr », in *Dernières Nouvelles d'Alsace*, 19 janvier 1995, ed. Haguenau.

34. « Wieder ein Dorf Befreit ! » : Soufflenheim vom 20. Januar bis 16 März 1945 ». *le Nouvel Alsacien* du 31 mars 1945. Les nazis voulaient contraindre le curé à les suivre en habit civil, mais sa réponse fut « on m'arrête comme prêtre alors je vous accompagne habillé en prêtre ».

35. Cf. « Ein Bericht aus der Lauterecke : Das Los des Dorfes Mothern während der zweiter deutschen Besetzung ».

36. « Raus aus den Kellern... Evakuierung ins Reich ! » Die Tragik der Einwohnerschaft von Herrlisheim, *le Nouvel Alsacien* du 15 février 1945.

37. Jean-Laurent Vonau « L'opération Untertone : la libération définitive de l'Outre-Forêt » *l'Outre-Forêt*, n° 49, spécial 2e libération, janvier-mars 1945, p. 20 à 42.

PHOTO SÉRUZIER / BDIC

Muttersholtz

Les Lettres de l'angoisse

FRANÇOIS SCHALLER

Incorporé de force, François Schaller était en Tchécoslovaquie au moment de la libération de son village, Muttersholtz. C'est par les lettres envoyées par ses parents qu'il a reconstitué les terribles journées de janvier 1945.

Quel avait été le sort de mes parents et de ma sœur durant l'ultime phase de la bataille d'Alsace ? Ce n'est qu'à mon retour, cinq mois plus tard, que j'ai pu apprendre qu'ils s'en étaient tirés tous les trois sains et saufs. En effet, à partir du 26 janvier 1945, jour où ils m'adressaient la dernière lettre qui me soit parvenue, soit cinq jours avant la libération de Muttersholtz, était tombé un lourd silence sur ce qui se passait à la maison et mon inquiétude demeurait. Leurs quatre dernières lettres, écrites au cours du mois de janvier, dont la dernière me parvenait le 8 février, à la veille de la libération de l'Alsace, relatent les souffrances tant physiques que morales qu'ils ont dû endurer pendant ces derniers moments.

Alors que la veille déjà la canonnade avait repris, blessant sérieusement un ouvrier agricole qui avait eu le bras fracassé et une jeune fille atteinte à la cuisse, c'est la journée du 5 janvier qui fut la plus affreuse, comme me l'écrivait papa. En début d'après-midi arrive chez lui en courant un jeune garçon originaire de Strasbourg, Fred Ebel, fils de médecin, réfugié au village chez ses grands-parents où il devait se trouver en sécurité, qui lui demande d'aller d'urgence à la ferme d'Auguste Sigwalt, à côté de la scierie, pour porter secours à des blessés.

Arrivé sur place, papa apprend que deux obus à retardement venaient de tomber sur la ferme, l'un dans l'écurie, l'autre dans la cave où s'étaient réfugiées plusieurs personnes. C'était un spectacle horrible. On venait de retirer une femme, belle-sœur du fermier, dont les deux jambes étaient arrachées et qu'on ne pouvait sauver qu'en l'amputant et une jeune fille qui avait l'air d'agoniser. Une autre femme, les deux cuisses sectionnées à la hauteur du bassin, gisait à côté de trois personnes tuées sur le coup, dont le mari de celle-ci, chauffeur à la scierie, puis la femme du fermier et leur fils. Seul le bébé de dix mois, l'enfant du chauffeur, était, par miracle, resté indemne. Le fermier et son frère qui étaient restés assis à la cuisine n'avaient pas une égratignure. Quel cruel destin pour ces deux hommes venant l'un de perdre sa femme, l'autre retrouvant la sienne dans un état désespéré, d'autant plus que ce couple avait été cruellement touché par la perte d'un fils tombé en Russie. Quel drame affreux aussi pour la famille du chauffeur dont mari et femme étaient tous deux emportés, alors que leur bébé, miraculeusement épargné, restait orphelin.

Sans tarder, on avait demandé une ambulance militaire pour emmener l'un des blessés dans un hôpital en Allemagne où on espérait le sauver, tandis que papa, aidé de la sœur garde-malade, faisait des piqûres de morphine pour calmer les souffrances des blessés qu'il avait fait transporter au corps de garde de la mairie transformé en infirmerie de secours. A peine rentré et descendu à la cave pour tenir maman au courant du spectacle horrible auquel il venait d'assister et de ce qu'il avait pu faire pour soulager les malheureux blessés, voilà qu'un vacarme infernal retentit à proximité de la maison. Un rapide coup d'œil au dehors suffit pour se rendre compte qu'un obus incendiaire, tombé dans l'angle du garage, répandait une grosse fumée. Malgré l'épais nuage blanc qui montait devant la porte du garage, il était possible de voir que celle-ci ne brûlait pas et qu'à l'intérieur l'auto, la Salmson dont papa était si fier, était intacte. Juste le temps de descendre à la cave et déjà retentissait un gros fracas, suivi d'un déferlement de tuiles. Cette fois-ci, on en était sûr, c'était le toit de la maison qui avait été touché, mais, remonté à la faveur d'une nouvelle accalmie, papa constatait qu'il s'agissait de la toiture de notre voisin Jacob, dont la couverture était entièrement partie sous l'effet du souffle, laissant à nu la charpente avec ses poutres, chevrons et lattes.

Enfin, lorsque les tirs ont cessèrent, il put mesurer l'effroyable danger à côté duquel nous étions passés en s'apercevant que ce n'était pas un seul mais cinq obus au phosphore qui étaient tombés tout autour de la maison, dans un rayon de moins de trente mètres, sans qu'aucun d'eux n'ait communiqué le feu à notre habitation. En examinant les débris de ces obus, il constata que les engins étaient de gros calibre, du 120 environ, dont les parois atteignaient deux centimètres d'épaisseur.

Il terminait sa lettre en écrivant : « C'est une infâme vilenie que d'envoyer des obus incendiaires ou des obus munis de dispositifs à retardement et d'exposer un village que l'on sait occupé par des civils à des engins aussi meurtriers », et il ajoutait : « Eprouvé par cette pénible journée, je suis allé me coucher tôt, mais je ne trouvais pas le sommeil, tant j'avais l'esprit hanté par la vision de ces pauvres gens. »

Dans son autre lettre, écrite au début du mois de janvier, papa parlait des bruits qui couraient depuis quelques jours au sujet de menaces d'évacuation de la population civile. C'était l'Ortsgruppenleiter Durr, dentiste de Muttersholtz, représentant le parti national-socialiste et faisant fonction de maire, qui avait appris par ses supérieurs que les habitants devraient quitter leurs foyers pour se regrouper dans des villages situés au nord-est de Colmar. Papa m'écrivait à ce sujet : « Cela m'inquiète beaucoup. Quel sens cela a-t-il de nous transférer dans des localités tout aussi proches du front et tout aussi exposées que la nôtre ? Il est certain que, si la maison n'est plus occupée et se trouve livrée à la soldatesque, tout notre mobilier est voué à la ruine et tous nos biens seront réduits à néant. »

Par leur lettre du 22 janvier, j'apprenais qu'un adjudant avait remis à mes parents celle que je leur avais écrite le 10 janvier et qui fut la seule qu'ils aient reçue de moi durant ce temps-là.

De nouveau surgissait la crainte obsédante d'un départ forcé. Papa écrivait : « A présent approche le moment décisif qui, pour nous tous, marquera ou non la perte de nos biens. Devant une telle folie, il est inutile de perdre un seul mot de plus, d'autant que la situation devient extrêmement critique. Comment va-t-elle évoluer ? Si toutefois nous restons en vie. J'ai, malgré tout, la conviction que si nous serrons

À NEUF-BRISACH APRÈS LA LIBÉRATION.

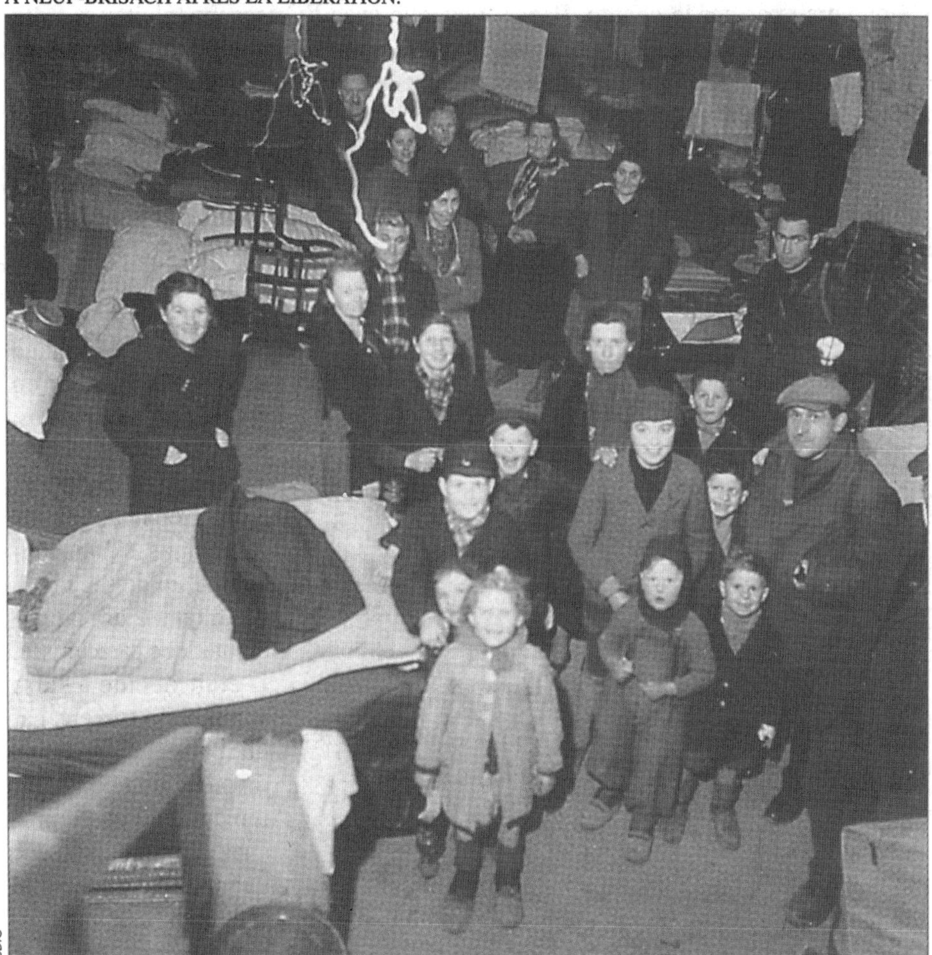

BDIC

les coudes, nous allons, tous ensemble, nous en sortir. »

Enfin m'arriva, le 8 février, à un moment où la situation avait basculé en Alsace, la dernière lettre que j'ai reçue de mes parents, écrite par papa le 26 janvier de sa petite écriture fine et, comme toujours, difficilement lisible, à laquelle maman ajoutait quelques commentaires rectificatifs. Comme la précédente, écrite quatre jours plus tôt, cette lettre est véritablement pathétique. L'ordre d'évacuation du village était arrivé le dimanche 21 janvier. Le lundi matin étaient arrivées quarante voitures militaires hippomobiles destinées au chargement des biens autorisés, à savoir meubles et ustensiles de première nécessité, ainsi que le combustible. Tous les véhicules avaient dû repartir à vide car personne ne s'était présenté, à part un seul homme. Celui-ci, prêt à emmener sa famille et ses bagages, avait été menacé de lynchage au cas où il ne s'éloignerait pas sur-le-champ. Papa, convoqué avec l'Ortsgruppenleiter et Fritz Schaeffer (le beau-frère du pharmacien Edouard Spindler, expulsé en 1940) auprès du capitaine de la Kommandantur, a alors fait état devant ce dernier des personnes alitées ou impotentes dont il a fourni la liste. L'ordre de départ à destination des localités d'hébergement devait être exécuté sans faute. Dans la nuit du lundi au mardi les gendarmes passèrent dans les maisons, pour en chasser les occupants, du moins les hommes de douze à soixante ans, ainsi que les jeunes filles et femmes non mariées.

AUX ENVIRONS DE SÉLESTAT,
LESSIVE AU MILIEU DES DESTRUCTIONS.

PHOTO SÉRUZIER / BDIC

Cherchant à tout prix un prétexte pour empêcher l'évacuation du village ou, au moins, pour en retarder l'exécution, papa, qui connaissait la hantise des maladies contagieuses chez les Allemands, s'était souvenu d'un de ses malades, atteint d'une angine diphtérique caractérisée. Il était décidé à faire valoir cet argument, car une personne atteinte de diphtérie doit obligatoirement, elle et ses proches, être soumise à une quarantaine de sécurité et être isolée de tout contact avec une personne

PHOTO SÉRUZIER / BDIC

DANS NEUF-BRISACH LIBÉRÉ.

saine. A cet effet, il soumit un grand nombre de personnes atteintes d'angine ou de pharyngite à des frottis de gorge, afin de diagnostiquer la présence du bacille de Loeffler, en commençant par Juliette qui se plaignait de maux de gorge. Par ailleurs, un nombre impressionnant de gens du village étaient venus le trouver pour obtenir des certificats médicaux témoignant de maux divers empêchant leur transport.

Entre-temps, papa ne cessait de solliciter les officiers responsables de l'évacuation qu'il tenait au courant des progrès de l'épidémie de diphtérie. Il m'écrit : « Je diagnostique sans cesse de nouveaux cas de diphtérie. » Enfin vendredi, alors qu'était réitéré l'ordre d'évacuation, il retourne à l'état-major au sujet des malades pour lesquels il obtient une ambulance, mais pas de carburant car celui-ci est introuvable. Comme il me le dit dans sa lettre, il ne paraît plus probable, dans les circonstances actuelles, que la population soit dirigée, comme prévu, vers Marckolsheim, chef-lieu du canton, bourg autour duquel se trouvent les villages d'hébergement, car il y a là une terrible attaque aérienne et l'une des localités d'accueil, Elsenheim, a passé entre les mains de l'« ennemi ». De plus, il est tombé près de cinquante centimètres de neige dans la nuit, ce qui rendrait quasi impossible un départ. Pour l'auto, c'est également compromis, malgré les chaînes.

Papa m'écrit : « Pour l'instant, je reste sur place car il est impensable d'abandonner les malades dont les perspectives d'évacuation sont de toute façon aléatoires », et il ajoute : « Tu dois te rendre compte que ce n'est plus une vie ici. Voilà que les conduites du chauffage central ont gelé, la maison est devenue inhabitable. Mais quelle importance cela a-t-il ? Nous demandons simplement que vous rentriez sains et saufs, afin que nous puissions être à nouveau réunis. C'est insensé, quand je pense à ce qui se passe ici, tout tourne à l'envers et nous ne pouvons rien y changer. Dire que c'est justement notre village qui a dû en passer par là. Je ne pense pas que tout cela puisse durer encore bien longtemps. Je m'arrête à présent, reçois mille baisers de maman, de Juliette et de moi, mon cher François, ton R. Sch. » Après cette dernière lettre tomba le silence, un silence qui devait durer près de six mois.

Pour connaître le dénouement de ces journées si éprouvantes pour les miens, je m'en remets au journal tenu par mon père dont j'ai pris connaissance après la guerre et dans lequel j'ai puisé quelques extraits. Le 27 janvier, la neige est encore tombée en abondance. On apprend que l'Ortsgruppenleiter Durr, accompagné de sa femme, a quitté subrepticement le village depuis l'avant-veille, abandonnant ainsi la commune dont il avait la responsabilité. L'accès au village de Baldenheim, situé juste à côté, vient d'être interdit aux civils et tout le périmètre avoisinant a été déclaré zone de combat. Or c'est dans cette direction que devait se rendre en bloc la population. Aussi n'est-il pas étonnant que dès le lendemain arrive l'ordre d'annulation de l'évacuation. C'est un véritable soulagement et une grande joie au village. Le drame a pu être évité grâce à la détermination de la population et aux efforts de papa faisant valoir le cas des personnes grabataires ou atteintes de diphtérie.

Il semble que le 29 janvier le commandant allemand ait donné l'ordre de repli de ses troupes. L'opération de décrochage, commencée le matin par le départ de l'état-major, puis des effectifs stationnés au village, se termine le lendemain par l'abandon des abris aménagés dans la digue du chemin de fer. Le froid est très vif. Seul est resté sur place un commando chargé de faire sauter les ponts à la dernière minute. Le 31 janvier 1945, avant midi, trois violentes explosions annoncent que l'opération a été exécutée, et dans l'après-midi on voit entrer au village une patrouille de six soldats marocains, des goumiers, vêtus de leur djellaba rayée, qui avancent, l'arme au poing, en rasant les murs. On entend fuser des cris de joie, toute la population est bientôt dans les rues. Dès le soir, deux officiers logent à la maison après avoir dîné et passé la soirée avec mes parents. On réalise enfin que c'est la libération. On est débarrassé des Allemands. Quel bonheur de pouvoir à nouveau parler librement le français.

OBSÈQUES DU COLONEL PUTZ À SÉLESTAT EN JANVIER 1945.

Journal des combats d'Erstein

GABRIELLE GUCKERTE

Née en 1930, Gabrielle Guckerte a tenu un journal de guerre à compter de janvier 1944. Elle a d'abord retranscrit fidèlement la version officielle du déroulement de la guerre, jusqu'à la libération d'Erstein le 3 décembre 1944. Les thèmes et le ton changent après cette date : le retour des Allemands semble imminent. Le texte original de ce journal a été rédigé en allemand jusqu'au moment de la Libération, puis poursuivi en français.

Mercredi 3 janvier 1945.

Papa, maman et moi, nous avons rendu visite à Rose et Constant. Ils étaient en train de faire du patin à glace. Au moment précis où nous avons décidé de rentrer, l'on entendit un bruit assourdissant au-dessus de nous, suivi d'une explosion infernale, pendant que de la terre et des pierres furent projetées en l'air à moins de deux cents mètres.

Dimanche 7 janvier

Au cours de l'après-midi, il y a eu tout à coup des tirs ininterrompus et les Gitinger ont gagné la cave des Klotz. Nous avons décidé d'en faire autant. Mais plusieurs familles y avaient déjà installé des lits et il n'y avait plus de place pour nous.

Lundi 8 janvier

L'appariteur annonce que tous les hommes, les femmes et les jeunes filles en âge de porter les armes sont autorisés à quitter Erstein, s'ils le souhaitent. Nous avons dormi sur des matelas, au salon, jusqu'au samedi 13 janvier. Au cours de la semaine, les Bapst sont partis à Meistratzheim et nous ont autorisés à dormir sur leurs matelas à la cave.

Samedi 13 janvier

Aujourd'hui Constant est parti pour Molsheim. D'autres en ont déjà fait autant car les nazis se sont rapprochés jusqu'à trois cents mètres d'Erstein. Dès 18 h, nous devions nous rendre à la cave à cause du couvre-feu. Nous avons dîné à la cave.

Dimanche 14 janvier

Le soir, avant de retourner à la cave, nous avons rendu visite aux Muller. Au retour, sur le chemin menant à la cave, nous avons entendu un sifflement au-dessus de nos têtes, puis l'explosion d'un obus dans le magasin des Öller. Nous nous sommes allongés par terre, sur la place devant chez les Bapst. Nous n'étions pas encore devant la porte des Klotz qu'un second obus éclata chez les Mayer et presque aussitôt un troisième qui frappa la boulangerie Schwab. Apeurés, nous avons gagné la cave où nous sommes restés jusqu'à jeudi.

Jeudi 18 janvier

L'après-midi, nous avons vu madame Muller se diriger vers l'hôpital avec une valise à la main. Elle avait trouvé une solution pour quitter la ville. Nous étions en quête d'une solution identique. A l'hôpital, nous avons appris qu'il était possible de partir aussitôt en ambulance pour Obernai où se trouvait Jeanne.

Dimanche 21 janvier

La neige est tombée durant la semaine, si bien que nous avons pu luger au mont National à Obernai. De nombreux militaires s'y trouvaient. Dimanche, nous avons rencontré beaucoup de concitoyens d'Erstein.

Près de la moitié des habitants de la ville avait trouvé refuge ici.
Vendredi 26 janvier
Une Jeep nous a conduits jusqu'à Molsheim; nous avons pris froid parce qu'elle était ouverte des deux côtés.
Dimanche 5 février
A 9 h 30, l'ambulance est arrivée et nous a ramenés chez nous. Tout y était en désordre. Toutes les vitres étaient cassées. Nous les avons remplacées par du celluloïd. Il n'y avait plus ni eau ni courant électrique.
Mercredi 14 février
Il faisait beau et nous nous sommes promenés en direction de la sucrerie. Nous avons pu ramasser quantité d'éclats d'obus. La sucrerie est très endommagée.
Vendredi 28 février
Avec Papa et Marie-Rose, nous sommes allés jusqu'à Krafft. Il y a énormément de dégâts là-bas. Chaque maison a été touchée par un obus. Deux ou trois maisons ont totalement brûlé. Les deux ponts ont sauté.

Après la Libération, le journal de Gabrielle Guckerte se poursuivit en langue française. Il commence par le récit des premières festivités après la libération définitive de la ville

Dimanche 4 mars
Une prise d'armes a lieu à 11 h. Nous nous sommes rendues à la mairie en costume d'Alsacienne, puis au monument aux morts. Il y a de nombreux enfants. Monsieur Mayer fait des photos. Deux garçons hissent le drapeau et la musique municipale se met à jouer. Monsieur Hirtz fait un discours où il évoque la quête en faveur des blessés de la 1re armée française. Nous commençons le porte à porte dans la rue de l'Eglise à 15 h. C'est mardi seulement que nous en avons terminé car les gens voulaient d'abord préparer leurs dons. Nous avons ramassé des pommes, des noix, trois œufs, des flocons d'avoine, du schnaps, du vin, des cigarettes, du tabac, du papier à lettres, deux rasoirs, des chaussettes, un nécessaire pour repriser, etc. La salle de classe était pleine à la fin : plus de cent bouteilles de vin, deux sacs de pommes de terre remplis de noix, trois à quatre paniers à linge de pommes, etc. Nous avons confectionné des paquets pour les soldats…
Dimanche 11 mars
A 9 h 30, nous sommes allées à l'église revêtues du costume d'Alsacienne. Plusieurs bancs étaient occupés par des Alsaciennes. A 14 h 30 avait lieu la répétition générale pour la représentation artistique du soir. Les grandes devaient répéter une danse paysanne. Après les chants des militaires, c'est notre tour. Nous avons pour tâche de jouer *D'r Hans im Schnokeloch* sur la scène. Placées de part et d'autre de la scène, nous chantons la fameuse chanson. Le Hans est assis à une table au centre de la scène en compagnie de son ami. C'est alors qu'Agnès Lang s'approche pour lui offrir une bouteille de vin. Le Hans rejette l'offre et fait de même avec les trois autres jeunes filles présentant successivement du fromage, de la saucisse et du kougelhopf. Il en va tout autrement lorsque Renée Silber lui présente le drapeau français. Il se lève aussitôt pour courir autour de la table avec son ami. De notre côté, nous dansons autour de lui jusqu'à ce que le rideau tombe…

ARCHIVES WASHINGTON/COLLECTION POMMOIS

Réoccupé par les Allemands

Le Drame de l'Outre-Forêt

JEAN-LAURENT VONAU

L'enthousiasme du début de la libération partielle de l'Alsace retomba vite dans l'Outre-Forêt : la contre-offensive farouche de l'armée allemande et la réoccupation politique nazie créèrent une situation aussi confuse que tragique. La population civile, entre caves, exodes, destructions, représailles, y vécut des semaines de terreur absolue jusqu'en mars 1945.

Germain Muller parlait, dans un de ses sketches, de « ceux qui, le 3 janvier avec brassard au bras, avaient fixé sur leur vélo leur patriotisme [1] » pour désigner tous ceux qui sont partis trouver refuge derrière les lignes alliées lors de la grande offensive allemande *Nordwind*[2]. Le drame ainsi vécu par la population alsacienne soumise ou menacée par la réoccupation trouve son origine dans les faits qui précédèrent et suivirent immédiatement la première libération en décembre 1944.

La nouvelle de la libération de Strasbourg se répandit parmi la population comme une traînée de poudre. Depuis le 23 novembre, plus aucun train ne circulait ni sur la ligne Strasbourg-Wissembourg, ni sur la ligne Strasbourg-Lauterbourg. L'électricité fut coupée pour tout le nord du Bas-Rhin et les communications téléphoniques furent interrompues avec la capitale de l'Alsace[3]. Et puis, ce fut l'attente, une attente pénible où tout pouvait se passer, le meilleur comme le pire. Des jeunes qui devaient être incorporés dans la Wehrmacht et des vieux, appelés au dernier moment dans le Volksturm, se cachèrent. Les parents et les amis inventèrent des histoires abracadabrantes qu'on osa raconter aux autorités allemandes sachant que la délivrance était proche et qu'il fallait coûte que coûte gagner du temps. On s'infligea même des blessures volontaires voire des mutilations pour justifier l'incapacité à servir sous l'uniforme allemand[4]. Les permissionnaires incorporés de force et revenant du front, dès le mois d'octobre 1944, refusèrent de repartir et, soit prirent le maquis, soit vécurent dans la clandestinité[5].

A Reichshoffen, lors de la levée du Volksturm, en date du 30 octobre, personne ne se présenta. Le 2 décembre 1944, à 4 h du matin, l'appariteur dut réveiller la population en agitant une cloche pour attirer l'attention sur les affiches placardées par la gendarmerie allemande. Ces affiches exigeaient que tous les hommes de seize à cinquante ans se rassemblassent devant l'église avant midi, sinon les autorités menaçaient de procéder à l'exécution d'otages parmi lesquels figuraient le curé et les vicaires, les sœurs catholiques et le comte d'Andlau[6]. A Soultz-sous-Forêts, les hommes devant partir au Volksturm traversèrent le Seltzbach et cherchèrent refuge dans la partie sud de la localité. Ils prétextèrent le dynamitage des ponts sur la rivière pour ne plus pouvoir rejoindre la mairie, leur point de ralliement. Malgré deux convocations, personne ne se présenta[7]. A Oberhoffen, on rassembla le bétail disponible le 4 décembre et on demanda à un groupe d'hommes de l'accompagner. Deux jours de marche furent nécessaires pour emmener le troupeau au-delà du Rhin. Mais comme le 6 décembre au matin on fit partir le Volksturm, ceux qui conduisaient le troupeau échappèrent à la réquisition. Ils revinrent nuitamment et se cachèrent[8]. Le 7 décembre, le bétail fut rassemblé à Aschbach et conduit de l'autre côté du Rhin par tous les hommes valides du village qui devaient, le 8 décembre, partir pour le Volksturm. Mais personne ne se présenta aux autorités à l'heure requise. Une fois débarrassés de leurs bêtes, aucun des conducteurs du troupeau ne revint à Aschbach. Ils préférèrent se cacher à Beinheim et à Kesseldorf pour attendre la libération qu'ils croyaient prochaine[9].

Un autre cas qui aurait pu se terminer tragiquement fut celui du médecin cantonal de Soultz-sous-Forêts. Connu pour son esprit profrançais, il eut peur de la réaction allemande au moment de la débâcle et alla, fin novembre 1944, se cacher dans un des avant-postes de la ligne Maginot près de Kuhlendorf. Mais en raison du froid et de l'humidité, il fut atteint d'une pleurésie et dut changer de cachette. Il se réfugia alors à Betschdorf chez une institutrice. Tous les jours, un garçonnet du village, âgé de neuf ans, effectua les commissions pour sa maîtresse d'école et ravitailla ainsi le médecin. La Gestapo eut des soupçons sans doute par un indicateur. Le garçonnet, début décembre, fut convoqué à l'école et interrogé toute la journée. Malgré les gifles et les coups de bâton, il resta muet, sauvant ainsi sans doute la vie au médecin cantonal et à son institutrice[10].

FUSILLÉS POUR AVOIR ENLEVÉ DES PORTRAITS D'HITLER

En effet, cette situation ne fut pas sans danger. Ainsi, le 20 novembre, la Gestapo de Wissembourg accompagnée d'un détachement militaire fit irruption dans le village d'Aschbach. Il s'agissait d'arrêter un déserteur de l'armée allemande originaire de Seebach et qu'on avait dénoncé. Ce dernier put s'échapper mais le propriétaire de la maison, soupçonné de l'avoir caché, fut emmené. Sur la route de Wissembourg, à hauteur du cimetière à la sortie du village, il fut froidement exécuté d'une balle dans la nuque sans autre forme de procès.

A Bischwiller, le départ des Allemands le 24 novembre donna lieu à un déménagement de tous les symboles hitlériens de la mairie. On décrocha tous les portraits et on rangea les bustes du Führer. Toutefois, les Alliés se faisant attendre, les auto-

ARCHIVES WASHINGTON/COLLECTION. POMMOIS

DÉSARROI ET DÉNUEMENT : LA POPULATION EN FUITE.

rités allemandes revinrent. Les deux personnes responsables de ces rangements furent arrêtées. Elles passèrent devant une cour martiale installée à Soufflenheim, qui fut influencée par le Kreisleiter de Haguenau réfugié à Rastatt. Condamnés à mort, ils furent fusillés le 1er décembre dans la forêt de Koenigsbrück[11].

A Hunspach, en pleine nuit, le 26 novembre, la Gestapo de Wissembourg vint tirer du lit deux hommes qui ne surent ce qui leur arrivait. Ils furent abattus au centre de la localité, à proximité de la mairie[12]. A Woerth, la Gestapo commit une confusion et emmena un médecin qui fut abattu à Wissembourg au matin du 12 décembre. Le lendemain 13 décembre[13], la Gestapo de Wissembourg commit ses derniers crimes dans la forêt de Bienwald proche d'Altenstadt[14]. Elle exécuta deux prisonniers arrêtés le 9 décembre pour fait de résistance. L'un était un entrepreneur originaire de Hatten, l'autre, un commerçant de Wissembourg[15].

La première libération

Bien que tous ces faits ne fussent pas connus par l'ensemble de la population du nord de l'Alsace, il est évident que les journées précédant la libération de décembre se déroulèrent dans une atmosphère encore plus pesante, dominée par la peur et par la crainte de subir des exactions. Les gens étaient ainsi avides d'information.

On voulait surtout connaître la progression des troupes alliées mais celle-ci s'effectuait fort lentement vers le nord de l'Alsace. Brumath avait certes été libéré dès le 23 novembre 1944[16] mais le front, dès lors, se stabilisa sur une ligne : Brumath-Schwindratzheim et ne progressa plus[17]. On se livra alors à un intensif duel d'artillerie jusqu'au 7 décembre, date à laquelle la 7e armée américaine repassa à l'offensive[18]. La percée fut couronnée de succès et Mertzwiller fut libéré le jour même, Bischwiller le 10 décembre, Haguenau le 11, Soultz-sous-Forêts le 13 et enfin Wissembourg le samedi 16 décembre 1944. La même progression se réalisa le long du Rhin jusqu'à Lauterbourg. Tant et si bien que l'on put croire, le 17 décembre, que la guerre était terminée pour le nord de l'Alsace, et l'Outre-Forêt définitivement libéré[19].

Dès lors, au fur et à mesure que la 7e armée américaine progressait, la population civile sortait des caves pour acclamer ses libérateurs. Subitement, des personnes qu'on croyait incorporées dans l'armée allemande réapparurent au grand jour et laissèrent éclater leur joie. Les communautés villageoises divisées durant l'annexion connurent une effervescence particulière. Trois clans s'étaient formés. Le premier englobait tous ceux qui avaient accepté la collaboration avec les Allemands ou la favorisaient même. Il y eut ensuite le groupe de ceux qui étaient franchement, farouchement hostiles à l'occupant, et enfin, en troisième lieu, la grande masse silencieuse refusant d'extérioriser ses convictions. La première catégorie avait généralement pris la fuite à l'approche des armées alliées. Mais pour trouver refuge où ? Ne disposant pas toujours de parenté en Allemagne, ces gens étaient condamnés tôt ou tard à revenir. D'autres personnes, inconscientes, estimaient naïvement que leur collaboration ne portait pas à conséquence. Elles n'avaient dénoncé personne, elles n'avaient déporté personne. Elles pensaient donc n'avoir rien à se reprocher. Celles-ci encaissèrent en général le choc de la libération et l'épuration sauvage qui suivit. Souvent arrêtées par les FFI fraîchement constituées parmi les patriotes français – pour les soustraire à la vindicte populaire émanant de l'ancienne masse silencieuse qui, subitement, retrouvait ses valeurs –, ces personnes subirent cependant maintes vexations. Au fil des heures et des jours qui suivirent la première libération de l'Outre-Forêt, on assista ainsi à de nombreux règlements de comptes.

UNE VAGUE D'ÉPURATION SAUVAGE PARCOURUT L'OUTRE-FORÊT

On guettait le retour des collaborateurs retrouvés en fuite. Certains se portèrent sur les routes qu'ils devaient emprunter. Ainsi, un chef local de la Jeunesse hitlérienne fut accueilli par une horde de jeunes qu'il avait formés et qui lui chantaient les chants nazis qu'il leur avait appris[20]. A Mertzwiller, les collaborateurs durent grimper aux arbres de la place du village, réitérant ainsi l'exercice qu'ils imposaient à la Hitlerjugend et au RAD[21]. Mais ce charivari plutôt bon enfant tourna parfois au drame. Quelquefois, on les attendait armés de gourdins. Un sympathisant nazi de Soultz-sous-Forêts fut reconnu à Schoenenbourg. On l'attacha à l'arrière d'une charrette et on le mena jusqu'au chef-lieu. Roué de coups à son arrivée, il décéda[22]. Des femmes qui s'étaient compromises avec des soldats allemands ou qui passaient pour nazies furent tondues sur la place publique et marquées à la peinture d'une croix gammée sur le front[23]. Des scènes analogues se déroulèrent dans de nombreuses localités. Quelques-uns, pour ne pas subir cette épuration sauvage, se suicidèrent. Mais très rapidement, le rétablissement de la légalité républicaine mit un terme à ces pratiques. Toutefois, ceux qui pendant quatre longues années avaient répandu la terreur parmi la population furent ramassés par des rafles et conduits en convois vers le camp de Schirmeck pour subir à leur tour ce qu'ils avaient infligé à d'autres[24].

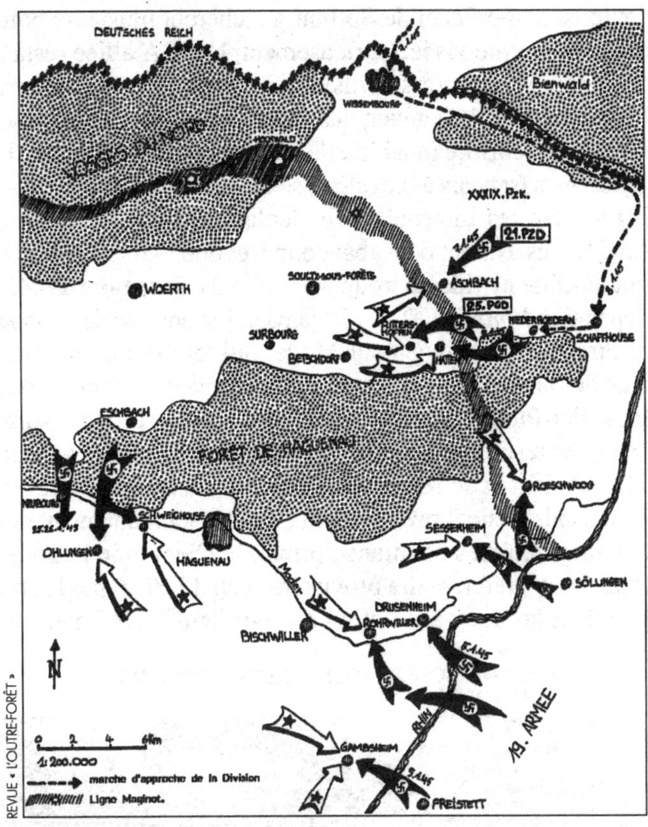

CARTE DES COMBATS DU 7 AU 27 JANVIER 1945.

Ainsi, les jours suivant la première libération furent marqués par des actions violentes comme expression de la vengeance collective vis-à-vis des anciens oppresseurs.

Le repli américain

Cependant, à partir du 20 décembre, l'avancée de la 7e armée américaine semblait volontairement arrêtée. Quatre jours auparavant avait débuté la contre-offensive allemande des Ardennes et l'enfoncement des lignes alliées avait provoqué le dangereux saillant de Bastogne. Naturellement, la population n'en était pas informée. Il lui semblait simplement étrange que l'imposante machine de guerre américaine n'avançât plus. Le 30 décembre, vers midi, des avions tournoyant au-dessus de

1945

Soultz-sous-Forêts et de Surbourg lâchèrent plusieurs bombes, en en plaçant deux dans chaque rue visée. Curieusement, la DCA alliée resta silencieuse. Il y eut dans ces localités des morts civils et militaires. Lors des enterrements des victimes, les 31 décembre et 1er janvier, des parents venus des villages le long de la Lauter observèrent une fébrilité inhabituelle des militaires américains. Le jour de l'an 1945 deux gendarmes français à bicyclette se dirigeant vers Haguenau passèrent à Soultz-sous-Forêts. On les interpella ; ils déclarèrent qu'ils venaient de Salmbach que les Américains avaient déjà abandonné, et que tout le nord de l'Outre-Forêt leur paraissait quasiment vide de troupes[25]... Le 31 décembre 1944, à 23 h, Hitler avait lancé l'opération *Nordwind*[26]. Au 1er janvier, l'attaque se développa dans le secteur de Bitche en direction de Wingen-sur-Moder qui tomba aux mains des Allemands le 4[27]. Le bruit de la bataille s'amplifiant, la menace alerta la population du secteur de Bouxwiller-Ingwiller-Pfaffenhoffen-Reichshoffen-Niederbronn. Dans la nuit du 2 au 3 janvier 1945, les responsables FFI de Wissembourg prirent conscience que les Américains décrochaient et se repliaient. Ces derniers faisaient sauter tous les ponts ; donc les Allemands allaient revenir. Avant l'aube, spontanément, des centaines de personnes, hommes, femmes et enfants, prirent le chemin de l'exode en compagnie des autorités : sous-préfet, maire provisoire et chef FFI. A pied, à bicyclette, la plupart n'emportaient qu'une valise et un sac tyrolien[28]. Le 3 janvier fut la journée du grand

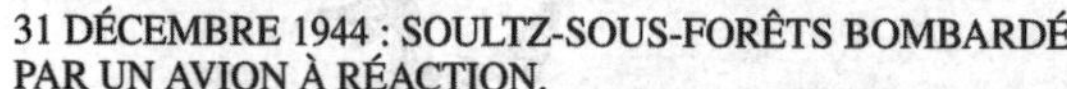

31 DÉCEMBRE 1944 : SOULTZ-SOUS-FORÊTS BOMBARDÉ PAR UN AVION À RÉACTION.

ARCHIVES WASHINGTON/COLLECTION POMMOIS

départ. Un vent de panique souffla partout avec pour mot d'ordre : « Sauve qui peut, les boches arrivent !... » La police militaire américaine n'avait aucune compassion pour ces civils qui vécurent un réel martyr. L'usage des grandes routes réservées à l'armée fut interdit à ces civils qui prirent les chemins creux, coupant à travers champs, à travers bois, se retrouvant parfois en plein dans un terrain miné... avec, de surcroît, toujours la crainte d'un mitraillage aérien ou d'un bombardement. Ils marchaient ainsi, direction sud, sud-ouest, poussant leur carriole tirée par des enfants et des chiens sur un sol gluant, boueux... avec la peur d'être repris et ayant toujours à l'esprit une pensée pour le grand-père ou la grand-mère impotents qu'on a dû abandonner à la maison...

Cette transhumance s'opéra par groupes désemparés, inorganisés, effectuant mille détours pour contourner des centaines d'obstacles. Il fallait franchir des rivières sans pont, emprunter des routes truffées de cratères, enjamber des arbres abattus et toujours éviter les mines... Le soir, en raison du froid, les familles demandaient asile aux maisons forestières, aux habitations abandonnées et auprès de la population des villages qu'on traversait. On dormait à la dure, sur la paille des granges, sur le bois des remises. On endurait l'insupportable. Le mois de janvier 1945 fut très rude. L'eau potable était rare partout, le lait encore bien plus. L'hygiène corporelle était un luxe qu'on ne pouvait s'offrir. Les plus chanceux disposaient d'une charrette

6 JANVIER 1945 : DES HABITANTS DE DRUSENHEIM SERVENT LE CAFÉ AUX SOLDATS DE LA 79e DIUS.

ARCHIVES WASHINGTON/COLLECTION POMMOIS

attelée, tirée par les vaches, ou d'une voiture particulière ou d'un camion. On était déterminé à aller le plus loin possible avec pour objectif de n'être jamais repris par les Allemands. On suivait donc les Américains vers Saverne et vers les Vosges. Quelques-uns rejoignaient le Kochersberg, d'autres furent bloqués par la neige près de Grendelbruch, ne pouvant passer par les cols. D'autres encore, ayant appris qu'on organisait un train de réfugiés partant de Hochfelden rejoignirent cette localité. Après maintes péripéties, on se trouva ainsi après quelques jours de train à Vesoul ou à Gray où l'on attendit la libération définitive[29].

Nordwind : la contre-offensive allemande

Le 5 janvier 1945 au matin, un bataillon de la 553e division des Volksgrenadiere traversa le Rhin et établit une tête de pont à Gambsheim. Le 7 janvier, les Américains parvinrent à reprendre Wingen-sur-Moder mais ne surent exploiter ce succès. Le 8 janvier, se déclencha la bataille de Hatten-Rittershoffen entre la 21e Panzer et la 14e division blindée appuyée de part et d'autre par de l'infanterie. Tout autour de ces villages se développa ainsi, le 8 janvier 1945, une terrible bataille de chars, coûteuse en matériel et en vies humaines, qui dégénéra les jours suivants en combats de rue dans ces localités. Les maisons furent prises et reprises de jour comme de nuit. Le 1er bataillon du 315e RI US fut encerclé dans Hatten du 10 au 13 janvier. Le 14 janvier, grâce à une accalmie, quelques civils purent fuir soit sur les arrières allemands vers Niederroedern, soit sur les arrières américains vers Rittershoffen et Betschdorf. Ceux qui restaient, et ils étaient nombreux, continuèrent à connaître cet enfer qui se prolongea jusqu'au 22 janvier. Deux longues semaines sanglantes et dévastatrices.

« SAUVE QUI PEUT, LES BOCHES ARRIVENT ! »

La journée la plus terrible semble avoir été le 16 janvier où de nombreux civils sont morts, les uns dans les caves, les autres en essayant de se ravitailler ou encore en cherchant refuge dans une autre maison. Les vivres étaient alors épuisés mais aucun ravitaillement n'était à espérer. Il fallait un courage énorme pour gagner la cuisine et rapporter les provisions. Le plus souvent on devait se contenter de sucer les glaçons. Les caves n'étaient pas chauffées et le bois se trouvait dehors. Les conditions d'hygiène étaient évidemment déplorables. Mais le plus désolant était les blessés qu'on ne pouvait pas soigner. Le bilan fut terrible : quatre-vingt-trois civils tués à Hatten, vingt et un à Rittershoffen, près de 50 % de blessés dans les deux localités qui étaient inhabitables (près de 95 % de destructions). Les survivants trouvèrent alors refuge dans les localités environnantes, mais en raison de la dispersion des réfugiés et des lignes de front, dans certaines familles on resta sans nouvelle d'un parent proche pendant plusieurs mois[30]...

Le 17 janvier, les Allemands reprirent Schattmatten qu'ils avaient déjà occupé le 5 et reperdu le 6. Ainsi donc la liaison entre les unités venant du Palatinat et la tête de pont de Gambsheim était établie. Le 18 janvier ils entrèrent dans Sessenheim mais des combats s'y déroulèrent jusqu'au 20 janvier. Le même jour, quatre cents Américains encerclés près de Reiperswiller furent contraints de se rendre. Puis Soufflenheim tomba le 21 janvier. Dès lors, les Américains toujours engagés à Rittershoffen et Hatten risquaient d'être coupés de leurs arrières. Dans la nuit du 21 janvier, une attaque allemande provoqua l'encerclement de Kilstett et atteignit La Wantzenau. Les Panzer n'étaient donc plus qu'à une distance de treize kilomètres de la place Kléber ! Face à ce danger, les Américains décrochèrent à Rittershoffen et Hatten le 23 janvier pour se replier sur la ligne de la Moder. Le même jour, les Allemands prenaient Gumbrechtshoffen. A la surprise générale, Hitler stoppa l'opération *Nordwind* le 25 janvier. Le front nord en Alsace se stabilisait donc le 27 janvier le long de la Moder de Rothbach à Bischwiller. Ainsi, tout l'Outre-Forêt était réoccupé par l'armée allemande qui ramena dans son sillage les autorités allemandes.

A Haguenau, le canal de la Moder séparait les deux belligérants. Le quartier Marxenhouse fut donc à nouveau réoccupé et devint ainsi le poste avancé de l'armée allemande.

Alors que la neige recouvrait la plaine, à Betschdorf trois enfants jouaient. Ils découvrirent des fils électriques posés à terre. Fils de potier, ils imaginèrent un réemploi de ce matériel comme crochet à suspendre diverses pièces tournées et se mirent

SCÈNE D'ÉVACUATION DANS LA FORÊT DE HAGUENAU.

ARCHIVES WASHINGTON/COLLECTION POMMOIS

1945

à ramasser et à découper les fils. La Feldgendarmerie suivit les pas dans la neige pour localiser les saboteurs des liaisons téléphoniques avec les avant-postes. Les gendarmes sermonnèrent et menacèrent ainsi les trois enfants de neuf, dix et onze ans. On leur fit savoir qu'âgés d'un an ou deux de plus, on les aurait fusillés. Comme les pères étaient incorporés dans l'armée allemande, les mères furent arrêtées et emprisonnées à la mairie pendant trois jours. On prit dix otages dans le village (des femmes et des hommes âgés) pour éviter que cela ne se reproduise. Finalement, un capitaine allemand mit un terme à cette situation, mais les gendarmes exigèrent une correction pour l'exemple. Les trois enfants reçurent une vingtaine de coups de bâton en place publique, administrés par l'appariteur, en présence des mères et des gendarmes. Ce qui ne semblait au départ qu'amusement anodin, aurait pu facilement tourner au drame[31].

Selon les cas, les villages étaient fin janvier 1945 plus ou moins déserts. A Soultz-sous-Forêts, peut-être 20 % de la population étaient encore présents. Certaines rues ne comportaient plus qu'une ou deux familles. A Wissembourg on peut estimer entre 30 et 40 % la population qui était demeurée sur place. Cependant, à Rittershoffen et à Hatten, rares furent ceux qui prirent la fuite[32]. Il semble qu'il se développa ainsi une seconde vague de réfugiés due aux combats qui se rapprochaient. Ces gens cherchaient donc à fuir les zones d'affrontement alors que ceux qui étaient partis en premier furent plutôt motivés idéologiquement. Le choc de la réoccupation passé, on finit par s'habituer en reprenant les réflexes anciens : ne rien dire, ne rien laisser transparaître, donner une image de soi la plus apolitique possible.

Cependant, les autorités allemandes semblaient traiter différemment les localités considérées comme situées dans le théâtre des opérations et les autres à l'arrière. Ainsi, après avoir établi la tête de pont de Gambsheim durant une dizaine de jours, les SA et les SS cherchèrent à débusquer dans toutes les caches possibles les hommes valides qu'ils rassemblèrent et transportèrent au-delà du Rhin. Puis, le 15 janvier, les combats se poursuivant, le reste de la population (vieillards, femmes et enfants) fut évacué d'office en Forêt-Noire près de Hausach dans le Kinzigtal, d'autres trouvèrent refuge à Oberkirch dans le Renchtal. Cinq personnes seulement échappèrent à la rafle. De là, on les contraignit à repartir le 15 février pour Villingen près de Triberg. Certains durent poursuivre leur chemin jusqu'à Biberach au sud d'Ulm. Les déplacements en train furent particulièrement dangereux. On s'attendait constamment à des attaques aériennes. Les hommes enlevés par les autorités nazies se retrouvèrent dans le camp de Holderstack à Offenburg, placés sous surveillance militaire. Ils durent accomplir des travaux de défense[33].

A Soufflenheim, les Allemands déclarèrent la localité libérée le 21 janvier en enlevant le drapeau tricolore de la gendarmerie. Mais les troupes victorieuses étaient principalement constituées d'hommes âgés, épuisés par les combats, qui transportaient leurs munitions sur des voitures d'enfants ou des traîneaux. Ces éléments

LE 16 JANVIER 1945
PENDANT LES COMBATS D'HATTEN-RITTERSHOFFEN.
ARCHIVES WASHINGTON/COLLECTION POMMOIS

furent suivis par une unité SS motorisée qui prit ses quartiers principalement dans les maisons laissées libres par les réfugiés. Les nazis mirent alors sur pied un pillage systématique. Bicyclettes, machines à coudre, radios, denrées alimentaires, foin, paille, bois et trente mille paires de chaussures de la fabrique furent notamment expédiées vers le Reich. Le 23 janvier, le Kreisleiter fit son apparition à Soufflenheim. Il mobilisa tous les hommes nés entre 1885 et 1929. On vida le moulin de ses céréales et les ateliers de tailleur de leurs étoffes. Au début du mois de février, la Kreisleitung exigea que tous les hommes de seize à soixante ans et les femmes sans enfants de seize à quarante-cinq ans fassent des travaux de défense. L'évacuation prévue pour le 10 février ne fut pas exécutée. Mais le 23 février des gendarmes allemands enrôlèrent les jeunes de la classe 1929 et quelques jours plus tard les anciens des classes 1906 et 1908. Cependant, près de la moitié disparurent en cours de voyage… On arrêta également le curé[34].

Mothern connut le 3 janvier une vague de départs. Devant la menace du retour des Allemands, une centaine d'hommes prirent le chemin de l'exode. Puis il y eut une situation exceptionnelle. On accorda une permission collective à tous les hommes partis au Volksturm qu'on voulut rappeler après un certain temps. Ils disparurent dans des caches aménagées dans les granges, les greniers, les caves ou remises. Cette situation fut rendue possible grâce à la mésentente qui existait entre les autorités militaires et le parti nazi. Ce dernier fut localement dirigé par un Ortsgruppenleiter issu du Reich. Ainsi le pillage programmé fut inefficace, les militaires aidant la population civile à dissimuler la plupart de leurs biens. Toutefois, le bétail fut transporté au-delà du Rhin. On rassembla toutes les céréales et on les expédia dans le Reich. Les batteuses, les bicyclettes, les brouettes furent également réquisitionnées[35].

LA PERCÉE ALLEMANDE MENAÇAIT STRASBOURG

A peine Herrlisheim fut-il également réoccupé le 5 janvier que l'on avisa tous les adolescents et les hommes valides de partir au Volksturm. Les départs eurent lieu la nuit en deux vagues de quatre-vingts et soixante-quatre hommes. Puis, le 11 janvier, les SS passèrent d'une cave à l'autre vers 1 h du matin en transmettant l'ordre d'évacuation forcée dans le Reich. Mais à peine la population s'était-elle rassemblée devant l'école des filles qu'un tir d'artillerie nourri tomba sur la localité. Immédiatement, la population regagna les caves. Quelques-uns seulement prirent le chemin de l'exode mais durent attendre sept heures avant de passer le Rhin. Nombreux furent ceux qui décidèrent de rentrer chez eux. Le 15 janvier, l'ordre fut renouvelé. Pour encourager la population à suivre cet ordre, on permit à la population de partir avec charrettes et bétail. Environ mille sept cents personnes partirent dans ces conditions mais près de cinq cents restèrent sur place et se cachèrent. Il semble dans tous les cas que le temps fut trop court aux autorités nazies pour diligenter des enquêtes et organiser des représailles politiques. Certes, les maisons délaissées par les réfugiés furent systématiquement pillées et réquisitionnées au profit de la Wehrmacht. Mais dans

ARCHIVES WASHINGTON/COLLECTION POMMOIS

QUELQUES OBJETS RÉCUPÉRÉS DANS UNE MAISON DÉTRUITE.

bien des cas, ce pillage fut également opéré par les gens du village restés sur place. Ces derniers subirent les effets de la guerre : bombardements aériens et tirs d'artillerie notamment avec des obus au phosphore qui incendièrent maisons et granges[36].

La délivrance

Cette réoccupation dura de six à dix semaines selon la situation géographique des villages. Puis la 7e armée américaine (la 140e DB et les 141e, 142e et 143e DI) après avoir renouvelé sa structure logistique et, appuyée par la 3e DIA, le long du Rhin, repassa à l'offensive. La bataille de rupture, l'opération *Untertone*, débuta le 15 mars à 17 h. L'attaque se développa simultanément à Oberhoffen-Camp, à Haguenau (canal de la Moder vers le quartier Marxenhouse le 16 mars au matin) et à Schweighouse-Mertzwiller. Les combats furent intensifs mais de courte durée. Niederbronn et Reichshoffen furent libérés le 17 mars, Soultz-sous Forêts et Seltz le 18 mars, Niedersteinbach, Wissembourg, Schreibenhardt et Lauterbourg le 19 mars. Ainsi tout l'Outre-Forêt était enfin définitivement libéré. Les autorités françaises se réinstallèrent ; les réfugiés derrière les lignes alliées rentrèrent au plus vite mais ceux envoyés en Allemagne durent attendre l'arrivée des Alliés pour rentrer en Alsace. On fit alors l'inventaire des dégâts subis et l'on mesura l'ampleur du travail de reconstruction qui s'avérait nécessaire pour faire disparaître les traces de ce terrible conflit[37].

NOTES

1. Selon son expression : « Die wie am 3. Janer mit d'm Brasser am Arm, Ihr Patriotismus of's velo g'schnalt han. »
2. L'opération *Nordwind* consistait en une offensive simultanée des forces allemandes de la 1re armée stationnée dans le Palatinat et de la 19e armée enserré dans la poche de Colmar. Elle avait pour objectif de s'emparer du col de Saverne et de la ville de Strasbourg. Elle débuta le 31 décembre 1944 et fut stoppée le 25 janvier 1945 alors qu'une tête de pont était établie près de Neubourg et une seconde près de Haguenau au-delà des lignes américaines de la Moder… Elle ne put atteindre les buts fixés mais provoqua la réoccupation du nord de l'Alsace depuis la Lauter jusqu'à la Moder. Cf. Wilhelm SCHROEDE, « Einsatz der 25. Panzergrenader Division im Nord-Elsass », *l'Outre-Forêt*, n° 42, p. 54 à 64. Il y a 50 ans : « La dernière offensive allemande » in *Dernières Nouvelles d'Alsace*, 22 janvier 1995, ed. Haguenau.
3. Cf. *Haguenau dans la tourmente de 1939-1945*, Etudes haguenauviennes, t. 14, p. 333, Théo METZGER « Erinnerung aus dunklen Tagen… », *Almanach Dernières Nouvelles*, 1981, p. 104.
4. Certains s'ébouillantèrent une main ou un pied. D'autres s'infligèrent la mutilation de l'index droit ou se coupèrent dans la paume de la main droite. Selon des témoignages recueillis.
5. Il y eut ainsi un maquis de cette nature à Lembach près du lieu-dit Disteldorf en pleine forêt et de même sur les hauteurs du Hochwald près de Pfaffenschlick et Keffenach. Cf. Fernad BERNACKER, *Die gesferte generation*, 1987, p. 300-306.
6. Document établi auprès de la mairie de Reichshoffen.
7. Témoignages recueillis auprès de ma famille.
8. Martin HEINRICH, *Geschichte und Geschichten von Oberhoffen*, 1974, p. 113.
9. Cf. *Aschbach*, livre du centenaire de la CMDP, p. 190. Ce fut Xavier Fix qui fut ainsi exécuté.
10. Témoignage recueilli auprès de l'intéressé.
11. Cf. Paul KLAUSS, *Une vie pour une ville*, 1992, p. 46-47. Tous ces faits sont-ils à rapprocher de l'ordonnance du 18 novembre 1944 par laquelle le Gauleiter Wagner donnait des pouvoirs exceptionnels aux Kreisleiter sans contrôle judiciaire ? Fernand L'Huillier constate que « ces potentats pouvaient constituer sur place des tribunaux de police faisant exécuter sans jugement tout individu coupable de résistance active, d'espionnage, de sabotage ». Fernand L'HUILLIER, *La libération de l'Alsace*, 1975, p. 96.
12. Cf. Hermann GERST, *Histoire de Hunspach*, 1975, p. 241, et renseignement auprès du maire actuel de la commune. Il s'agissait d'Arthur Jung et de Georges Schweiger. « Hunspach gedenkt seiner durch Nazitend ermordeten Patrioten » in *Dernières Nouvelles d'Alsace*, 30 novembre 1945.
13. Il s'agit du Docteur Alfred Zimmermann, abattu 2 rue de Schweigen à Wissembourg. Il fut sans doute confondu avec un autre médecin de Woerth qui faisait parti d'un réseau de passeurs, selon des renseignements recueillis en mairie de Woerth. « Beisetzung von Dr Alfred Zimmermann » in *Dernières Nouvelles d'Alsace*, 16 juillet 1945.
14. Le lieu est marqué d'une croix.
15. Il s'agit d'Albert Jung, 37 ans, entrepreneur de Hatten, et d'Albert Schwartz, négociant de Wissembourg. Leurs corps ne furent retrouvés par des démineurs qu'en été 1946. Renseignements obtenus auprès de la fille d'Albert Jung. Cf. également « Der Leidenweg des Kreises Weissenburg : die Gestapo wütete und Peter der gewaltige, tobte… », *Le Nouvel Alsacien*, 5 avril 1945. « Ein schauriges Geheimnis von Wissembourg lüftet sich : Die Leichen der von den Deutschen ermordeten Jung Albert und Schwarz Albert aufgefunden » in *Dernières Nouvelles d'Alsace*, 13 août 1946. A deux cents mètres de leur tombe, on découvrit encore celle de quatre gendarmes allemands fusillés pour avoir refusés de participer à ces exécutions sommaires, cf. *Dernières Nouvelles d'Alsace* du 22 août 1946.
16-17-18. Fernand L'Huillier, op. cit., p. 98.
19. Bundesmilitärarchiv Freiburg im Breisgau : Obkdo Heersgruppe G – Kriegstagebuch der Führungs abteilung n° 36.
20. Cette scène se produisait à Soultz-sous-Forêts.
21. En appliquant le commandement qu'ils avaient l'habitude d'ordonner : « Auf die Baüme, marsch ! marsch ! ».
22. Selon des témoignages recueillis auprès de la population.
23. Selon les témoins il n'y avait pas que des femmes de Soultz mais également des villages environnants notamment de Kutzenhausen.
24. Le régime de ce camp ne fut toutefois pas le même que du temps des Allemands.
25. Jean-Laurent VONAU, « Il y a 40 ans : les événements de janvier-mars 1945 », *l'Outre-Forêt*, n° 49, p. 4 à 9.
26. Cf. note n° 2.

(suite des notes page 1480)

Courrier des lecteurs

Monsieur Roland Netter relève une erreur qui s'est glissée dans notre tableau synoptique 1944. Nous signalions à tort que les communistes étaient entrés au Conseil national de la résistance le 4 avril 1944. En réalité, le PCF était représenté au sein de cet important organisme par André Mercier dès la réunion de création, le 27 mai 1943. Par ailleurs, une malheureuse erreur de frappe a conduit à une confusion entre Philippe Henriot et Edouard Herriot à propos d'une rencontre de ce dernier avec Pierre Laval, le 18 août 1944. A cette date, Henriot ne vivait plus.

Monsieur Frédéric Treger, ancien de Tambov, libéré avec les Quinze-Cents en juillet 1944, apporte des précisions concernant notre relation de cet épisode. Il indique notamment que le chef du convoi, le capitaine Neurohr, n'était pas le seul militaire français présent, un sergent d'encadrement l'accompagnait. De même, le voyage en camions russes avant l'arrivée à Téhéran a duré trois jours et non deux comme nous l'écrivions, les 16, 17 et 18 juillet. Monsieur Treger rappelle aussi que le convoi est passé par Tarente, même si un groupe de malades a pris la direction de l'Egypte. Enfin, il signale que l'essentiel du contingent des Quinze-Cents a été ensuite réparti dans les formations territoriales en Algérie. Certains ont participé, à compter du 8 mai 1945, à la répression du soulèvement du Constantinois. Monsieur Treger rapporte des épisodes sanglants dont des anciens de Tambov auraient été les acteurs peu glorieux.
Il nous adresse enfin une relation, au jour le jour, du périple des Quinze-Cents, comprenant, outre l'aspect factuel, d'intéressantes notations sur la géographie physique et humaine des régions traversées.

De son côté, Monsieur Roger Ehrsam, archiviste de la ville de Turckheim, réagit à l'article du dernier numéro sur « les enfants du Führer à Turckheim ».

« Cet article laisse supposer qu'un Lebensborn allemand fonctionnait à Turckheim en 1944. En l'occurrence, il s'agit simplement d'une pouponnière réservée à des ressortissants du Reich. A Turckheim il a bien existé, en 1944, une maison d'accueil – Villa Dardenne – pour enfants nés de couples légitimes. Sans plus.
» Il est avéré aussi que dans la commune voisine de Zimmerbach a fonctionné, de février à septembre 1944, une pouponnière plus importante que celle de Turckheim, destinée aux enfants issus de couples légitimes également, et nés à l'hôpital de Turckheim. L'état-civil de Turckheim comporte ainsi 11 actes de naissance, 6 filles et 5 garçons, nés en 1944 de parents domiciliés à Berlin, Düsseldorf, Mannheim et autres villes bombardées par l'aviation alliée.
» La maison d'accueil de Zimmerbach, appelée officiellement Mütterheim,
se trouvait être la villa Siben, une belle bâtisse située dans un joli petit parc, construite par Léon Siben, qui fut le premier magistrat français nommé après 1918 premier président de la cour d'appel de Colmar. Cette famille s'était repliée dès 1939 à Saint-Dié-des-Vosges.
» Il est intéressant de noter que le souvenir du séjour des mères et des enfants de cette pouponnière est resté vivace parmi la population de ce petit village situé à l'entrée de la vallée de Munster, à trois kilomètres de Turckheim. Madame Paulette S., de l'épicerie-café de la Poste à Zimmerbach, jeune fille de dix ans à l'époque, se souvient :

» Dans ce "Heim" séjournèrent en 1944, pendant les huit premiers mois, des femmes de nationalité allemande de la "bonne société" : femmes de cadres ou d'officiers, venues surtout de la région de Mannheim. Elles arrivaient quinze jours avant l'accouchement, et restaient en général une quinzaine après avoir mis au monde, en toute sécurité, leur enfant. Ce Mütterheim était sans doute une annexe d'une maison mère sise en Forêt-Noire. Y étaient accueillies des femmes enceintes fuyant les villes bombardées. La maison, un peu isolée du village, était grande, avec beaucoup de pièces, ce qui a certainement facilité l'installation de cette maternité. Le personnel, laïque et allemand, ne portait pas d'uniforme. Il était dirigé par une "Oberin" qui a exercé, après la guerre, le métier d'assistante sociale dans une petite ville de Forêt-Noire. Elle est revenue à plusieurs reprises à Zimmerbach après la guerre. Le personnel, exclusivement féminin, et les parturientes ne vivaient pas isolées. Elles se mêlaient volontiers à la population du village, avec laquelle elles vivaient en bons termes. Un jour, la directrice a même invité les enfants de l'école à une représentation de marionnettes et à un "pudding". Mon père, René Wilhelm, cherchait les bagages de ces dames à leur arrivée à la gare de Zimmerbach-Saint-Gilles, et les y ramenait dans sa charrette à leur départ. Certaines de ces femmes venaient volontiers dans notre café-épicerie pour de petits achats, ou pour boire un ou plusieurs verres de vin d'Alsace. Elles aimaient tout particulièrment notre gewurtztraminer. Il arrivait même qu'elles se disputent entre elles sur le plan politique – Le Führer ne semblait pas toujours bien vu. Les enfants nés de ces dames n'étaient pas blonds ! Il ne peut donc pas s'agir ici d'un "Lebensborn".
» Pas plus qu'à Turckheim ! L'un de ces enfants s'est rendu tout récemment à la mairie de Turckheim pour y consulter son acte de naissance. Il a aujourd'hui cinquante ans. Il ne se considère pas comme un "enfant du Führer".

Enfin, le préfet honoraire René Paira nous fait part de son sentiment sur un aspect trop négligé à ses yeux de la libération définitive de Strasbourg. Il concerne le rôle du général de Lattre de Tassigny et de la 1re armée française : « Strasbourg a commémoré comme il convient le cinquantenaire de sa libération par le général Leclerc et l'hommage rendu à ce dernier est normal et mérité. Mais après sa libération, Strasbourg a failli connaître un drame dont on parle de moins en moins. Au moment où vous préparez le numéro sur l'année 1945 de *Saisons d'Alsace*, j'estime de mon devoir de rappeler le rôle éminent joué par le général de Lattre. On évoque la démarche du général de Gaulle auprès d'Eisenhower. On minimise le rôle de Churchill. Il est intéressant de confronter les *Mémoires* des deux hommes sur ce point. Mais c'est à de Lattre que Frey a adressé son appel au secours "par désespoir". Le chef de la 1re armée a réagi immédiatement sans se soucier des positions officielles. Des le 6 janvier, une affiche annonçait aux Strasbourgeois inquiets que la 1re armée prenait la responsabilité de défendre leur cité. Aux heures les plus sombres, il a pris notamment l'engagement d'apporter à Strasbourg sa réelle liberté et sa sécurité, ce qui nécessitait la destruction des canons allemands implantés à Oberkirch. Il promit au maire de le rejoindre en venant de la rive gauche du Rhin. Cette rencontre eut lieu deux mois et demi plus tard après de durs combats où les unités françaises, les FFI et, finalement les Américains ont, sous le commandement du général de Lattre, rejeté l'offensive ennemie. Charles Frey m'a souvent parlé de cette rencontre émouvante et de l'affiche qui l'a marquée annonçant que, grâce à la 1re armée, Strasbourg avait trouvé définitivement la liberté dans la sécurité. »

La Libération en insignes

LUCIEN LEPPERT

La mémoire des faits d'armes passe par les insignes militaires. C'est ainsi que la libération de l'Alsace a suscité une iconographie symbolique riche et évocatrice.

Dès avant la Seconde Guerre mondiale, l'Alsace occupait dans la symbolique militaire française une place non négligeable, place renforcée par la période 1944-1945 et après. A l'heure actuelle, nous avons, pour notre part, répertorié quelque trois cent cinquante insignes (environ quatre cents en fin de recensement ?) comportant un élément alsacien, parfois plusieurs, seul(s) ou avec d'autres sujets.

Comment faire dire « Alsace », « Alsacien », « d'Alsace » par un insigne ? Diverses possibilités : représenter, citer et/ou symboliser les hommes (célèbres ou non), la géographie (tracé de carte, le Rhin), l'histoire (combats, garnisons), l'héraldique (départementale, communale), l'architecture (édifices célèbres, maisons à colombage), les traditions (le costume masculin local, la coiffe des femmes), la faune (la cigogne évidemment), la flore (sapins des Vosges, vignes), etc. Idéalement, les messages devraient être compréhensibles directement ; en pratique il y faut tout de même souvent commentaires, précisions ou explications, ce d'autant plus que la perception des choses peut évoluer au fil des temps.

Prenons le cas de la cathédrale de Strasbourg : sa représentation signifie souvent qu'il est question de la ville, mais parfois elle symbolise l'entièreté de l'Alsace. Dans l'un et l'autre cas, elle peut donner aussi d'autres informations : indication d'un lieu de garnison, expression d'une volonté de protection, rappel d'une reconquête rêvée puis réalisée, voire signification de l'idée de libération de toute la France. Selon les « lecteurs », il y aura des différences dans le poids d'affectivité et dans la valeur d'évocation : très forte pour ceux qui ont vécu la Seconde Guerre mondiale, pour prendre ce cas, de plus en plus ténue pour chaque génération nouvelle.

Autre exemple de déperdition de sens et de différences de perception sentimentale : les armoiries de Colmar, d'abord représentées complètement – masse d'armes sur écu parti rouge et vert – dans l'insigne de la 1re armée (voir illustration 1), puis dans quelques autres. Ensuite, les deux couleurs seules, sans la masse d'armes, passent dans un bon nombre de compositions mais l'origine et le cheminement sont souvent méconnus ou oubliés. Ainsi, parmi les innombrables militaires qui ont porté l'insigne des FFA (Forces françaises en Allemagne/insigne non représenté ici), combien ont su que son fond rouge et vert venait de l'écusson de la 1re armée et que, dès lors, ils arboraient les couleurs de Colmar? L'auraient-ils su qu'ils auraient sans doute enregistré la donnée en jeunes des temps où l'on fait l'Europe, où les présidents français et allemand se recueillent ensemble à Verdun, où l'on constitue une brigade franco-allemande, donc sans y apporter les mêmes connotations que leurs anciens pour qui c'était une singulière revanche de voir arborer les couleurs colmariennes, en Allemagne, par des éléments des armées françaises.

Quand paraissent les lignes que voici, c'est l'heure du cinquantième anniversaire de la libération complète de l'Alsace et de la fin des combats. A cette occasion, trente-deux insignes relatifs à ces événements rudes et durs ont été sélectionnés. On verra les références à l'Alsace que ceux qui les ont imaginés y sont introduites ; ils l'ont fait, soit avant les débarquements pour exprimer leur résolution de la libérer, soit pendant ou après les combats pour indiquer leur participation, soit enfin ultérieurement pour rappeler ce qui a été. Dans quelques cas, il leur suffit de reprendre l'insigne d'avant-guerre.

Comme toute sélection, celle-ci comporte sa part d'arbitraire mais, telle quelle, dans les limites de la place impartie, elle prétend évoquer la diversité des situations et des composantes des forces françaises engagées entre Vosges et Rhin fin 1944 et début 1945.

Les dessins d'après insignes des pages suivantes ont été réalisés par Max Fouvez (sauf le n° 13 « Groupe Mobile d'Alsace/Suisse »).

NOTES

1. De Lattre de Tassigny J. (Général) : Histoire de la 1re armée française. Ed. Plon, Paris, 1949 : a) p. 612 – b) p. 202, 470 – c) p. 203 – d) p. 620 – e) p. 417.

2. Bouet G. : *La vie des cigognes*. Ed. Braun, Mulhouse, s.d.

3. Bulletin « Symboles & Traditions », Paris : a) Simon J. et coll. : « L'infanterie d'Afrique », n° spéc., 1979, p. 36 – b) S.n.a., n° 59, 1972, p. 15 – c) Lopatinsky O. et coll. : « L'infanterie coloniale »: n° spéc., 1973, p. 72 – d) Burguet S. et coll. : « Le service de santé des armées », n° spéc., 1992, p. 28 – e) Ibid, p. 159 – f) Ibid, p. 65 – g) Ibid, p. 66 – h) de Haut M. et Sicard J. et coll., n° 77, 1976, p. 11 – i) Ibid, n° 69, 1974, p. 21 – j) Ibid, n° 69, 1974, p. 22 – k) Ibid, n° 70, 1974, p. 10 – l) Mollé (Capitaine), n° 101, 1982, p. 13 – m) Ibid, h, n° 76, 1975, p. 12.

4. Goislard de Montsabert (Général), dans « Soldats et généraux des campagnes d'Europe occidentale 1944-1945 » s.n.a., aquarelles de Siss. Ed. Chavanne, Paris, 1946. Non pad.

5. Lichtlé F. (Archiviste municipal de Kaysersberg) : communication à l'auteur.

6. Faute d'informations publiées, essai de lecture.

7. Letrait Ch. (Chef d'escadron) : *L'artillerie française et ses insignes*, 5 vol. Chez l'auteur, Toulouse, 1978-1979. T. III, p. 65.

8. S.n.a. : « Régiment d'infanterie-chars de marine ». Ed. régimentaire, s.l., s.d.

9. S.n.a. : « le 152e régiment d'infanterie ». Editions régimentaire, Colmar, 1978.

10. Huyon A. (Colonel) et Mourot J.-Cl. (Capitaine) : *Insignes et tradition des formations du train*. Ed. Service historique de l'armée de terre, Vincennes, 1988 : a) p. 190 – b) p. 118 – c) p. 84.

11. Spenlé J.-P. (Président de l'amicale des anciens du GMA, Brunstatt) : communication à l'auteur, avec dessin de l'insigne.

12. Béné Ch. : *L'Alsace dans les griffes nazies*, 7 vol. Ed. Fetzer, Raon-L'Etape, 1971-1988. T. VII, p. 282.

13. Service historique de l'armée de l'air, Vincennes : communication à l'auteur.

14. Service historique de la marine/ Centre de documentation et de recherche de la 1re région maritime, Cherbourg : communication à l'auteur.

15. Ecole d'application de l'arme blindée et cavalerie, 3e division, Saumur : notice dactylographiée.

16. Service historique de l'armée de terre, Vincennes : communication à l'auteur.

17. Divers auteurs : « Promotion Bataille de Jebsheim », Coëtquidan, 1988.

1re ARMÉE FRANÇAISE, « RHIN ET DANUBE »

Le général de Lattre a décrit lui-même cet insigne : « Cette jeune noblesse d'épée avait droit à des armes. Comme, en aucune circonstance, elle ne s'était aussi unanimement liguée que pour libérer le centre de l'Alsace, nul écu mieux que celui de Colmar n'était désigné pour résumer l'essentiel de ses titres et de ses vertus. Au surplus, un hasard préparé par les siècles n'avait-il pas voulu cet écu rouge et vert, aux couleurs de notre croix de guerre, et rehaussé d'une masse d'armes singulièrement parlante ? De part et d'autre de sa pointe, trois traits d'azur où ondulent les flots des fleuves ; leurs noms accolés : le blason de "Rhin et Danube" était né[1a]. »

1er CORPS D'ARMÉE

Relier marabout et minaret à la France par une cigogne était évidemment symbolique puisque celle d'Afrique du nord ne remonte jamais vers nos régions… mais c'était un beau symbole. D'ailleurs, à son retour de migration, la cigogne d'Alsace passe par le Maghreb pour regagner son nid[2].

2e CORPS D'ARMÉE

Au centre, l'écu rouge et vert de Colmar dont la masse d'armes est remplacée par une épée haute. L'ondé vient de « Rhin et Danube ». Les quatre étoiles sont celles d'un corps d'armée. Les noms Rhône, Rhin et Neckar résument la marche du CA[4].

2e DIVISION D'INFANTERIE MAROCAINE

Ici une cigogne relie en droite ligne casbah marocaine et cathédrale de Strasbourg. L'étoile chérifienne et le numéro 2 donnent l'origine et le numéro de la division[3a]. Inscription arabe : « Nous sommes tous en Dieu ».

COMBAT COMMAND 5

Le CC5, groupement tactique interarmes de la 5e division blindée, participe à la libération de Kaysersberg. En souvenir, son insigne a repris la partie dextre des armoiries de la localité : tour d'argent sur fond bleu et rouge, base verte[5].

BASE D'OPÉRATIONS 901 DE LA 8re ARMÉE
D'abord des références à Strasbourg (inscription et cathédrale nimbée). La base assure à la 1re armée (éléments nord-africains et métropolitains : croissant/étoile et drapeau tricolore) approvisionnements et matériels (cornes d'abondance avec locomotive, camion, avion et bateau) pour vaincre (lauriers) l'adversaire allemand (« Berlin » : fumée et flammes) avec l'aide des Etats-Unis (« N. York » et statue de la liberté rayonnant sur Berlin)[6].

114e GROUPE DES FORCES TERRESTRES ANTI-AÉRIENNES
Formé de FFI du Languedoc, ce groupe a, sur la France de son insigne, une flèche reliant Toulouse à Strasbourg, pointe en Allemagne : ce fut sa trajectoire. A l'arrière, coq aux ailes battantes tenant les tronçons d'une chaîne dans son bec et sous sa patte. Sur écu rouge et vert, comme la 14e DI[7].

14e DIVISION D'INFANTERIE
En février 1945, une division d'infanterie étant à former, de Lattre estima que la victoire de Colmar lui donnait le droit de recréer la « division de Colmar et de Mulhouse » de 1939-1940[1b]. Grand écu rouge et vert (Colmar), roue de moulin (Mulhouse), et lion (Belfort). « Ne pas subir » : devise personnelle du général.

ÉCOLE DES CADRES DE ROUFFACH
Voulue par de Lattre, cette école est créée dans la foulée de la Libération. Plus tard, elle sera déplacée à Strasbourg. Le nom des deux villes figure dans l'insigne ici présenté. L'écu rouge à bande blanche est tiré des armes de Rouffach[3].

RÉGIMENT D'INFANTERIE COLONIALE DU MAROC
Ce régiment « colonial » fut formé au Maroc, d'où l'ancre et l'étoile chérifienne de son insigne. Il prit Douaumont en 1916 et libéra Mulhouse en 1944 : ces noms et dates sont gravés dans le contour ovale[8].

152e RÉGIMENT D'INFANTERIE
Dans la clandestinité, des éléments du 15/2 forment une unité qui, après les combats du maquis, participera à ceux d'Alsace. Redevenus 152e RI, fin 1944, le régiment reprend son ancien « Diable rouge » (appellation gagnée en Alsace en 1914) bien connu à Colmar, garnison de 1919 à 1939[1c,9].

901/4 COMPAGNIE DE QUARTIER GÉNÉRAL

Cathédrale de Strasbourg et soleil éclatant symbolisent la Libération. Confirmation de la nationalité par une base bleu-blanc-rouge. Le petit insigne sur le soleil (roue dentée, mosquée, 27) est celui de l'unité dont la 901/4 est issue [10 a].

GROUPE MOBILE D'ALSACE/ SUISSE

Composé d'Alsaciens et de Mosellans exilés en Suisse, le GMA rejoint la 1re armée dès l'ouverture de la frontière. L'insigne représente le pays d'accueil (lac Léman et chaîne du Mont-Blanc) ; le tissage en bleu, blanc et rouge marquait l'espoir du retour en France. L'Alsace est évoquée par le A du sigle [11].

31e BATAILLON DE CHASSEURS À PIED

Le GMA, effectifs complétés par des résistants alsaciens venant du sud-ouest de la France, est remodelé, fin 1944, en 31e BCP – qui continue les combats [11,12]. On reprendra l'insigne d'avant-guerre : cor de chasse avec cigogne rappelant les garnisons de Sélestat et Mulhouse de 1919 à 1939.

185e COMPAGNIE DE QUARTIER GÉNÉRAL

Créée en 1947, cette unité rend hommage à ses anciens de la 5e division blindée en plaçant le cheval cabré de cette dernière et la tour de Kaysersberg (voir n° 5) dans sa marque [10 b].

64e COMPAGNIE DE QUARTIER GÉNÉRAL

En Algérie (croissant dans l'insigne), la 64e CQG se souvient de ses anciens de la 14e DI (voir n° 8), mettant lion de Belfort, roue de moulin de Mulhouse et écu rouge et vert de Colmar (timbré 64 QG) sur la roue dentée de l'arme du train [10 c].

10e SECTION D'INFIRMIERS MILITAIRES

Croix rouge « médicale ». Croix de Lorraine avec V de victoire. L'année 1944 est celle de la libération de Strasbourg dont on voit la cathédrale rayonnante. La 10e SIM cantonna dans cette ville de 1945 à 1946 [3d] et y fit fabriquer son insigne par le médailliste Isler.

1945

HÔPITAL D'ÉVACUATION MOTORISÉ 415
Croix rouge « médicale », ancre « coloniale », croix-du-sud et caractères chinois retracent des pages de l'historique de cet hôpital. Entré en Alsace avec la 1re armée, il a stationné à Strasbourg dont le nom est gravé dans l'insigne [3e].

SANATORIUM DE TRIAGE « LIBÉRATION »
Après l'Alsace, la 1re armée se bat en Allemagne. Elle y découvre l'horreur des camps et recueille huit mille rescapés de Dachau qui seront soignés dans les sanatoriums, réquisitionnés, de la Forêt-Noire [1d]. Un de ceux-ci a son nom dans son insigne, avec la croix rouge ; au centre les armes de Colmar représentant dans ce cas la 1re armée [3f].

SANATORIUM « ALSACE »
La régénération d'êtres brisés par le nazisme s'est faite, ici, sous le signe de l'Alsace récemment libérée du même oppresseur. L'insigne montre l'écu (cerf) de Sankt-Blasien, lieu d'implantation, et un « caducée » médical, tous deux sur les armes de l'Alsace (en fait celles de la Haute-Alsace, confusion fréquente à l'époque) [3g].

PROMOTION « LIBÉRATION DE STRASBOURG »
Le 23 novembre 1944, la 2e division blindée entrait à Strasbourg. Cet événement a été retenu (avec le retour français du 22 novembre 1918) par une promotion dont l'insigne montre, outre une épée d'officier, l'écu de Strasbourg dont la chaîne vient d'être brisée [3h].

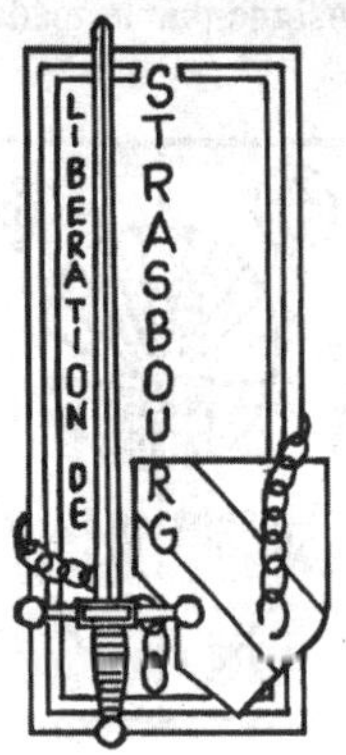

ESCADRILLE « SPA 67 »
Cigogne sur triangle : une de ces « cigognes annonciatrices du printemps en Alsace » qui s'illustrèrent en 1914-1918. La « SPA 67 » sera dans le ciel d'Alsace l'hiver 1944-1945. Elle était l'une des deux escadrilles du groupe de chasse 1/5 dont le chef prestigieux – Marin La Meslée – sera abattu près de Colmar [13].

FORCES MARITIMES DU RHIN
C'est par la libération de l'Alsace que la France retrouve sa place sur le Rhin. Dès avril 1945 la marine y sera, pour que le pays puisse affirmer ses droits et remplir ses devoirs de riverain [14]. L'insigne comporte l'ancre de marine, une roue de gouvernail et l'écu d'Alsace (… de Haute-Alsace : voir n° 20).

PROMOTION « LIBÉRATION DE COLMAR »

Insigne d'inspiration similaire à celui de la promotion « Libération de Strasbourg » (voir n° 21), la symbolique étant appliquée ici à la capitale du Haut-Rhin

PROMOTION « VEILLE AU DRAPEAU »

« Saint-Cyr » s'est replié à Cherchell (Algérie) avec son drapeau, d'où le nom de cette promotion. Insigne : épée formant croix de Lorraine, cathédrale de Strasbourg – symbole d'un espoir de reconquête – et shako à casoar traditionnel. En lettres arabes : Cherchell[3i].

PROMOTION « ROME ET STRASBOURG »

1944 : les Français sont à Rome et à Strasbourg, villes représentées par Saint-Pierre et cathédrale (rayonnante mais d'un dessin curieux). Shako à casoar en tête. Un croissant avec étoile et deux cimeterres disent l'implantation nord-africaine de l'école (Cherchell). Inscriptions : Rome à gauche, Strasbourg à droite[3f].

PROMOTION « GÉNÉRAL LECLERC »

Outre l'épée et le shako à casoar, on voit la cathédrale de Strasbourg sur la carte du Tchad. Des traces de chenilles relient l'une à l'autre, symbolisant le chemin que le grand soldat avait juré de suivre[3k] (voir aussi n° 30).

PROMOTION « MARÉCHAL DES LOGIS LOUIS NOETINGER »

Évadé de France, Noetinger s'engage au 2e dragons, participe à la libération de l'Alsace « terre de ses ancêtres » et sera tué en Allemagne. Dans l'insigne : banderole à son nom, glaive de sous-officier, dragon du régiment. La carte de France dit le souci qu'avait Noetinger de l'avenir de son pays[15,16].

PROMOTION « MARÉCHAL DES LOGIS ANDRÉ KECK »

L'Alsacien André Keck, chef de char, espérait participer à la délivrance de sa province : il sera tué à Marseille. L'insigne comporte son nom, un blindé, Notre-Dame-de-la-Garde, le soleil de la libération et un glaive de sous-officier[3l].

1945

PROMOTION « SERMENT DE KOUFRA »

En 1941, le général Leclerc exhorte ses hommes à ne déposer les armes que lorsque le drapeau tricolore flottera à nouveau sur Strasbourg. C'est le « serment de Koufra », représenté ici par une cathédrale flamboyante, rayons larges comme des glaives. Inscription *ad hoc* et épée d'officier[3 m].

PROMOTION « SERMENT DE KOUFRA »

Autre école, même thème que le précédent mais expression graphique différente. Une arcade maure laisse voir la cathédrale de Strasbourg (dessin fantaisiste) et les sept étoiles du maréchalat (posthume) de Leclerc.

PROMOTION « BATAILLE DE JEBSHEIM »

Dans un écu blanc (il neigeait en Alsace début 1945), les armes de Jebsheim, localité clé pour ouvrir la « poche de Colmar »[1e]. Epée d'officier. Dans le haut, aigle (USA), masse d'armes sur ondé (de la 1re armée, donc France) et croix « allemande » expriment (en 1988) un message d'espoir : « Ils se sont réunis dans la Mort/Unissons-nous dans la Paix »[17].

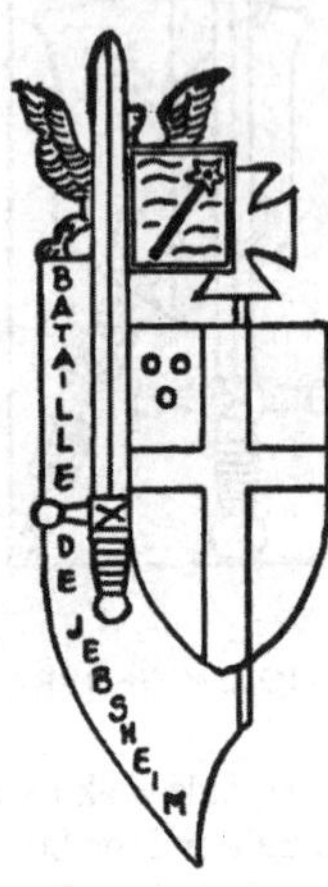

Scènes de fin de guerre

RENÉ MEYER

La guerre, à côté des batailles, est aussi une source de mille petits faits, tragiques ou souriants, héroïques ou anodins, qui marquent le quotidien et façonnent les esprits. Notre collaborateur René Meyer, au hasard de ses recherches, en rapporte quelques-uns.

La dernière rafle

Depuis plusieurs jours, l'offensive pour la réduction de la poche de Colmar est engagée et les combats font rage dans les villages à l'est de la ville, notamment les 30 et 31 janvier 1945. Pourtant, un dernier sursaut répressif s'empare des occupants car une dénonciation leur apprend que Husseren-les-Châteaux est un repaire de déserteurs et de réfractaires de la Wehrmacht fortement armés. Il est vrai que le village abrite une trentaine d'hommes en rupture de ban avec les « autorités », mais non pas fortement armés. Trois mois plus tôt, dans la même forêt, trois Allemands, deux gendarmes et un civil, avaient été abattus par les « partisans ».

Husseren-les-Châteaux, 364 habitants au recensement de 1936, est un petit village viticole situé dans les collines sous-vosgiennes au pied des Trois-Châteaux, près de vastes forêts, à dix kilomètres à l'ouest de Colmar.

Dans la soirée du 30 janvier, des mouvements de troupes, remarqués dans la plaine, semblent se diriger vers Husseren, et effectivement tous les accès menant au village sont occupés. Le lendemain, dès 7 h du matin, d'importantes forces allemandes (Wehrmacht, SS, Feldgendarmerie et Gestapo), après avoir entièrement encerclé le village, convergent vers le centre de la localité. Pourtant, le laitier bénéficiant d'un laissez-passer nécessaire pour circuler pendant le couvre-feu parvient à donner l'alerte, permettant ainsi à une douzaine d'hommes de s'échapper. L'une après l'autre, les habitations et les dépendances sont fouillées, les habitants rassemblés dans les écoles, les hommes dans l'école des garçons et les femmes dans celle des filles.

Douze « déserteurs » ou résistants sont appréhendés. L'un de ces douze a eu la « baraka » à trois reprises. Armé d'un pistolet et d'un chargeur, il parvient à s'échap-

COLL. MARCEL CLAUSS

UN GROUPE DE COMBATTANTS ALSACIENS DES ARMÉES DE LIBÉRATION.

per avec un camarade mais ils sont aperçus par un soldat, lequel tire un coup de feu pour donner l'alerte. Les deux fugitifs se trouvent nez à nez avec cinq Allemands qui les avaient repérés grâce aux traces dans la neige. Celui qui est armé s'échappe et en profite pour jeter son pistolet dans la neige. Rattrapé, il est conduit avec son camarade place de la Mairie où se trouvent déjà dix autres hommes alignés contre un mur sous bonne garde. Mais celui qui a pu se débarrasser de son pistolet peu de temps auparavant porte encore le chargeur, garni. Sans attirer l'attention des gardiens, il parvient à sortir les cartouches du logement du chargeur l'une après l'autre, à les jeter dans la neige, tout en piétinant sa place... Quelques instants plus tard un ordre bref surgit : « Fouiller les hommes, fusiller ceux porteurs d'armes... »

Les douze Alsaciens arrêtés sont embarqués en camion en direction du couvent Saint-Marc, près de Gueberschwihr, afin d'être passés par les armes, mais le véhicule est refoulé par suite du reflux d'éléments de la Wehrmacht d'ouest en est à travers bois et montagnes. En fin de compte, ils se retrouvent à Rouffach. Dès le lendemain, 1er février 1945, ils passent le Rhin, puis ils sont ballottés de prison en camp de concentration jusqu'à leur libération en mai 1945. Sur les douze déportés du 31 janvier 1945, il reste trois survivants au moment de notre enquête en novembre 1994.

Alors que la rafle bat son plein à Husseren-les-Châteaux, une opération similaire a lieu le même jour dans la vallée de Munster. Une centaine de personnes signalées comme étant « deutschfeindlich » sont arrêtées à Munster, Gunsbach, Wihr-au-Val, Zimmerbach, Eguisheim, etc. Toutes sont rassemblées à Rouffach et avec les détenus de la prison de Colmar et ceux de Husseren-les-Châteaux, un convoi les transfère outre-Rhin.

Caché dans le faux plafond

La scène se passe dans un des nombreux lieux-dits de la commune d'Orbey. En 1944, un réfractaire de la Wehrmacht se dissimule dans un faux plafond au domicile de sa future femme, sans attirer l'attention. Malheureusement, il tombe malade et il a besoin d'une piqûre journalière que seule une sœur garde-malade peut lui administrer mais aussi d'un lit bien chaud dans cette zone montagneuse.

Pour déjouer toute approche éventuelle des occupants, en l'occurrence les gendarmes locaux, le chien de la maison est attaché loin devant le bâtiment. Son aboiement donnera l'alerte et permettra de prendre les mesures nécessaires. Et ce qui devait arriver arriva.

Un jour, la sœur garde-malade est suivie de loin par les gendarmes. Le chien aboie comme prévu. Aussitôt, après un coup d'œil jeté à travers les vitres, le réfractaire quitte son lit et regagne vite sa cache. La future belle-mère prend aussitôt sa place dans le lit tout douillet. Elle garde tout son sang-froid lorsque la sœur, qui elle-même ne se départit pas de son calme, s'apprête à lui faire la piqûre en lui faisant lever son bras pour désinfecter l'endroit où doit se faire l'injection. Les Allemands, qui ont suivi la sœur dans la chambre, rebroussent aussitôt chemin sans insister en concluant qu'il y a effectivement une personne malade dans cette maison…

Schambediss

De nombreuses lettres anonymes ont été expédiées aux journaux nazis durant l'occupation, sans compter celles adressées au Gauleiter. Il aurait été de bonne guerre que les occupants n'en fassent pas état en les passant sous silence. Tel n'a pas été le cas, du moins selon ce que l'on va lire.

A Mulhouse, un médecin adressait régulièrement des lettres anonymes signées « schambediss » diminutif alsacien du prénom Jean-Baptiste, au Kreispropagandaleiter local (chef de la propagande du parti de l'arrondissement). Or, ce fonctionnaire du parti, bien mauvais psychologue, lui répondit dans le *Mülhauser Tagblatt* en le citant nommément et en publiant des extraits de son courrier. Tout en citant des extraits, le chef de la propagande faisait al-

BERNARD DE LATTRE, LE FILS DU GÉNÉRAL, EN FÉVRIER 1945 À GUEBWILLER.

BDIC

1945

lusion aux paroles émanant de « l'émetteur juif anglais », reconnaissant ainsi publiquement que l'on écoutait Radio-Londres. De plus, il citait « Schambediss » lors des réunions, faisant invariablement de la publicité pour l'auteur anonyme tout en mettant au jour l'esprit de résistance des Alsaciens.

Or, le 2 janvier 1943, le *Kolmarer Kurier* publie à son tour un article sur les prophéties non réalisées de « Schambediss ». Le journal en profite pour le tourner en dérision. Sans doute a-t-on estimé en haut lieu qu'il y avait là un faux pas car le *Kolmarer Kurier* n'a plus fait état de « Schambediss ». Mais c'est bien la preuve qu'il était connu au-delà des régions de Mulhouse et de Colmar.

Le 2 février 1945, dernier jour de parution du *Kolmarer Kurier* pour cause de libération, on y lit un article du même Kreispropagandaleiter qui, libération de Mulhouse oblige, y a repris du service. Il n'est plus question de « Schambediss », mais du douzième anniversaire de la prise de pouvoir par les nationaux-socialistes.

Veaux, vaches, cochons

Voici la traduction d'un communiqué paru dans la presse en Alsace, au début de novembre 1944. Nous n'y changeons pas la moindre virgule.

COMPTAGE DU BÉTAIL
Le ministre du Ravitaillement du Reich a prescrit que l'habituel comptage du bétail aura lieu le 3 décembre 1944 dans tout le Grand Reich allemand. Tous ceux qui élèvent du bétail devront indiquer les renseignements quant au nombre, race, âge et usage des animaux. Tout sera compté, où que le bétail se trouve et à qui il appartienne, sain ou malade. La signature de l'éleveur garantira la réalité des indications et il en sera responsable. Il est indifférent que le comptage soit effectué par l'éleveur ou son mandataire.
Des contrôles seront effectués pour vérifications par les offices du ravitaillement et à cette occasion seront également vérifiées les indications concernant les animaux à plumes et lapins apprivoisés. Sera puni sévèrement celui qui aura donné de fausses indications, avec confiscation possible du bétail.

Le comptage du bétail (et des animaux de basse-cour) a lieu habituellement une fois par trimestre. C'est ainsi que le Kolmarer Kurier du 1er février 1945 – à la veille de la libération ! – annonce que le comptage des porcs et des poulets aura lieu le 3 mars 1945…

AFFICHE DE LA LIBÉRATION.
L'INQUÉTUDE RESTE DE MISE TANT QUE COMBATS N'ONT PAS PARTOUT CESSÉ.

BDIC

UN SOLDAT RÈGLE LA CIRCULATION DANS COLMAR LIBÉRÉ.

La bourde des Strassburger Neueste Nachrichten

Les *Strassburger Neueste Nachrichten* du samedi 22 juillet 1944 ont été retirées de la circulation par les dépositaires en raison d'un texte sujet à grave confusion, d'après ce que l'on a appris par la suite.

Beaucoup d'Alsaciens ont néanmoins pu lire le journal de ce jour-là avant que son retrait ne fût décidé.

Voici le texte litigieux tel qu'il est apparu sur la page une et sur deux colonnes.

« Berlin, 21 juillet. La joie profonde qui a saisi le peuple allemand lors de la nouvelle de l'attentat scélérat contre le Führer et la même joie et reconnaissance pour son heureux sauvetage se dégagent des informations jusqu'à présent parvenues des pays alliés et amis d'Europe. »

Le rédacteur était-il troublé à la suite de l'attentat contre le Führer survenu le 20 juillet 1944, au point de se tromper et d'écrire que le peuple allemand a été saisi d'une joie profonde ?... Nous ne le saurons jamais.

Le lynchage de l'ex-Ortsgruppenleiter de Dorlisheim

Le 9 novembre 1945, lors du retour de l'ex-Ortsgruppenleiter de Dorlisheim, libéré du camp de Schirmeck deux jours plus tôt, environ deux cents habitants de la commune manifestent devant le domicile de l'intéressé. On lui reproche d'avoir été durant l'occupation à l'origine de dénonciations, d'internements et d'expulsions.

La foule déchaînée, s'introduisant dans son habitation, lynche à tel point l'ancien responsable local nazi que celui-ci décède trois jours plus tard à l'hôpital de Molsheim et blesse moins sérieusement son fils, ancien membre des SA.

La gendarmerie de Molsheim intervient pour rétablir le calme. Le 12 avril 1946, huit hommes comparaissent devant le tribunal de Saverne pour répondre de coups mortels. Le jugement est le suivant : deux habitants, cultivateurs, dont le maire, sont condamnés à trois mois de prison avec sursis ; un habitant, laitier, deux mois de prison avec sursis ; un habitant, aubergiste, à 1 000 F d'amende avec sursis ; deux habitants cultivateurs, à 600 F d'amende avec sursis ; deux autres habitants, eux aussi cultivateurs, sont relaxés.

Dans le lot, deux personnes sont condamnées à un franc de dommages et intérêts. On remarque que le tribunal a appliqué la loi, il ne pouvait guère faire autrement, mais qu'il a accordé de larges circonstances atténuantes aux huit prévenus. Le tribunal s'est trouvé devant le problème qui est de réprimer les excès de la justice populaire mais en même temps il a tenu compte de la légitime colère des habitants de la commune à l'encontre du responsable de leurs souffrances

L'atmosphère, un an après la Libération, reste tendue. Un journal local daté du 18 novembre 1945, (*L'Humanité d'Alsace et de Lorraine*, édition de la vallée de la Bruche), écrit dans ses colonnes : « L'incident n'est qu'une conséquence de l'épuration mal dirigée que nous avons déjà signalée à plusieurs reprises… »

La protestation de la population de Dorlisheim est générale et elle réclame la révision du jugement. Le conseil municipal démissionne à l'unanimité, maire en tête. En effet, le jour même du jugement, le conseil municipal de Dorlisheim se réunit en session extraordinaire. Il prend une résolution :

« Considérant que M. le Maire de la commune […] a été condamné aujourd'hui par le tribunal cantonal de Saverne à trois mois de prison ; qu'en conséquence, M. le Maire envisage de présenter sa démission ; que le même jugement a condamné un autre membre du conseil municipal à une peine d'amende ; considérant que le jugement prononcé est injuste et scandalise la totalité de la commune, le conseil municipal se déclare entièrement et totalement solidaire avec M. le Maire,

CORTÈGE DU 14 JUILLET 1945 À FESSENHEIM.

COLL. PART.

et traduisant l'expression de l'opinion publique et comme protestation contre le jugement, demande sa démission collective. »

Le 29 avril suivant, le conseil municipal se réunit pour expédier les affaires courantes. Avant d'aborder l'ordre du jour, le maire démissionnaire lit plusieurs lettres de sympathie parvenues de toutes les régions de France à la suite de ce procès.

Le conseil municipal ne revenant pas sur sa décision collective, le préfet du Bas-Rhin prescrit, le 5 juillet 1946, de nouvelles élections municipales fixées au 21 juillet suivant.

Pour protester contre le jugement, les électeurs boycottent les urnes. Seules quinze personnes s'y rendent. Sept bulletins sont valables. La protestation mise en exergue trois mois plus tôt dans la résolution du conseil municipal n'a donc aucunement faibli.

Le deuxième tour se déroule le 28 juillet. Cette fois-ci, c'est un véritable raz-de-marée, 639 électeurs se rendent aux urmes, autant dire la quasi-totalité. Seuls 24 bulletins sont nuls et l'ancien conseil municipal de seize membres est réélu en bloc. Enfin, épilogue de l'affaire, le conseil municipal nouvellement réélu se réunit le 4 août 1946 pour réélire sans coup férir l'ancien maire et l'ancien adjoint comme nouveau maire et nouvel adjoint. La Bruche a continué à couler, mais les esprits mettront longtemps avant de s'apaiser.

UN MANNEQUIN D'HITLER PENDU À RIQUEWIHR.

ARCHIVES ANDRÉ HUGEL

Scènes d'épuration

Extrait des *Dernières Nouvelles du Haut-Rhin*, du 8 mai 1945 :

« A Jebsheim, un accueil "chaud" a été réservé au bien connu Ortsbauernführer X. Mercredi dernier, 2 mai, il est revenu dans son village natal qu'il avait lâchement abandonné. Comme la rue du village lui paraissait trop dangereuse, il a fait des détours à travers champs pour aller chez son beau-frère qui était son collaborateur. Son séjour a été cependant de courte durée car les FFI, rapidement déterminés, ont cherché l'oiseau.

» A la tête des paysans qu'il avait auparavant opprimés, il lui a fallu marcher à travers le village à la joie de toute la population. Après le cortège, il a été remis à la gendarmerie, laquelle l'a emmené là où le bien connu Ortsgruppenleiter en a fait emmener d'autres. »

Extrait des *Dernières Nouvelles du Haut-Rhin*, du 8 mai 1945 :

Durant les premiers mois de 1945, les plaintes et les critiques sur les lenteurs de l'épuration se font de plus en plus entendre, ce à quoi le préfet du Haut-Rhin, pour les désamorcer, répond par une conférence de presse.

« Il en résulte que plus de quinze cents personnes ont été arrêtées dans le département depuis fin novembre 1944, pour la plus grosse part par les FFIA et quelques autres personnes par la sécurité militaire mais toutes nécessitent l'établissement d'un dossier. Or, jusqu'à présent, seuls 700 dossiers individuels ont été établis par les onze commissions de sécurité siégeant aux chefs-lieux des arrondissements et de certains cantons. 550 dossiers ont été soumis au préfet et sur ceux-ci il a été décidé 160 internements, 20 placements sous surveillance policière, 50 interdictions de séjour ou assignations à résidence dans un département d'outre-Vosges et 200 libérations de personnes arrêtées sans motif pertinent. Et de signaler que si le préfet ne peut prendre de décisions plus rapides, et dès lors les opérations d'épuration ne pouvant qu'avancer lentement, la raison en incombe à la faiblesse des effectifs de police et de gendarmerie mis à sa disposition. »

Extrait de *L'Echo de l'Est* (Strasbourg), du 8 mai 1945 :

« A l'occasion de son départ, le préfet du Bas-Rhin, M. Gaston Haelling, tient une conférence de presse. Au sujet de l'épuration, le préfet indique qu'il s'agit d'un problème qui ne cesse de préoccuper l'opinion. Un des principaux obstacles que rencontre l'épuration est la difficulté des enquêtes car très souvent ceux-là même qui ont eu le plus à souffrir des vexations de l'occupant ont tendance, maintenant qu'ils ont été libérés, à minimiser les faits dont ils ont été les victimes. Il n'empêche que des faits graves vont être jugés et il est sans doute inexact de dire qu'il n'y avait dans les camps que de petits coupables. Autre indication, échappent encore à la répression les personnes ayant fait des bénéfices illicites réalisés grâce à la collaboration avec l'ennemi car les commissions *ad hoc* n'ont pas encore commencé leur activité. »

A Riquewihr, la Libération en couleurs

ANDRÉ HUGEL

*Âgé de quinze ans fin 1944, André Hugel, de Riquewihr, a assisté à la libération de sa commune : combats, arrivée des Américains, liesse populaire. Pour l'occasion, son père a fait des photos en couleurs, avec son appareil Contax : il s'agit donc d'un reportage sans équivalent, d'une qualité documentaire exceptionnelle. Ce sont ces photos qui illustrent, en partie, notre numéro.**
Voici des extraits de souvenirs d'André Hugel, publiés intégralement dans l'ouvrage Ils sont arrivés à Riquewihr, 5 décembre 1944, *paru début 1995 aux Editions J.D. Reber (avec la Société d'Archéologie de Riquewihr).*

Dimanche 3 décembre
Monsieur et madame Adolphe Paira dont le fils René est dans un Oflag en Autriche viennent comme tous les dimanches boire le café (Ersatz) chez mes parents.
Mon père qui, entre-temps, est resté caché dans notre maison utilise son système habituel pour savoir où sont les troupes alliées : au téléphone qui lui donne automatiquement la demoiselle des postes de Ribeauvillé, il demande à la standardiste « Passez-moi Saint-Hippolyte », « Ça ne passe plus », « Passez-moi Bergheim », etc. Au moment où, vers 15 h, il demande une autre localité des environs, la demoiselle lui dit : « M. Hugel, ne cherchez plus, ils sont là ! Les chars américains passent dans la rue. » Voyez un peu notre excitation. A ce moment, l'électricité est coupée.
Avec un cousin, le docteur Liebrich, nous décidons d'aller nous promener. Il fait très beau. Nous allons donc dans la direction de Mittelwihr par les vignes et bavardons gaiement. Au bout de cinq cents mètres, Georges Liebrich trouve que ça tire un peu beaucoup dans tous les coins et nous décidons de faire demi-tour. Nous nous dirigeons de nouveau vers Riquewihr. Quelle n'est pas notre stupéfaction de voir, à un kilomètre de nous, sur le haut de la colline du Schoenenbourg, trois chars américains qui tournent leurs tourelles pour ajuster leur tir.
En moins de rien nous sommes rentrés, racontons notre aventure et tout le monde décide de mettre tapis, linge, habits, etc., à la cave. Vers les 21 h, nous entendons un premier obus tomber sur Riquewihr. Cela devient sérieux. Nous quittons notre maison et allons nous réfugier dans la maison du grand-père où les caves sont très solides, surtout la cave à bouteilles en béton armé. Notre cave est connue pour sa solidité et nous sommes bientôt quatre-vingts à cent personnes. La famille s'installe dans la cave à bouteilles où des casiers vides permettent de mettre des matelas. Au dernier moment, je constate que j'ai oublié ma collection de timbres. Je rentre vite à la maison et à peine dans la rue, un obus tombe très près. J'entends les éclats tomber près de moi, ceux tombés dans le petit ruisseau dégagent de la vapeur et du bruit. Au moins une dizaine d'obus sont tombés cette nuit.

Lundi 4 décembre
J'entends du bruit dans l'entrée de la maison. Je descends voir la rai-

1945

* Pour des raisons techniques, ces photos couleur sont reproduites en noir et blanc dans la présente réédition.

son de ce bruit. Un sous-officier allemand est debout dans l'entrée, dans les bras une bonbonne de dix litres. Sa demande : « Puis-je laisser cette bonbonne chez vous, je la rechercherai demain. » Pourquoi refuserais-je ? Le récipient est mis dans un coin. Le soldat n'est pas revenu le lendemain et pour cause. Des années plus tard, je tombe sur cette bonbonne et en déguste le contenu. C'est de l'eau-de-vie de cumin, du Kummel. Si ce produit vous tente, venez me trouver pour déguster une eau-de-vie « garantie cinquante ans d'âge » !

Mardi 5 décembre

Vers 7 h 40, les premiers soldats américains entrent en ville. Nous sommes étonnés par leur flegme et l'absence de bruit. Leurs semelles de caoutchouc nous changent des bottes cloutées. Ils sont bientôt suivis de Jeep et de tanks Sherman. Mon père sort son « *Contax* » équipé de *film couleurs* AGFA et joue au correspondant de guerre. Plus tard, il donne à un officier des cartes adressées à ses sœurs, l'une à Paris, l'autre à Tarare pour les avertir que tout va bien. Nous apprenons que ce sont des Texans de la 36e division d'infanterie. Certains soldats ont été chargés de jeter un coup d'œil dans les maisons. J'accompagne un soldat dans la maison des grands-parents. Mon grand-père Emile, mal voyant, est en train de s'habiller et je lui annonce la bonne nouvelle en lui présentant le soldat américain. Grand-père veut l'embrasser et lui montrer sa reconnaissance. Il n'a pas encore mis ses bretelles et en voulant l'embrasser il laisse tomber son pantalon. Cette embrassade est mal interprétée par le soldat qui met grand-père en joue. Enfin… tout se passe bien. La population est très heureuse que tout se soit bien passé mais il n'y a pas d'explosion de joie car toutes les familles ont un fils, un frère, un père dans une armée qui n'est pas la leur. Les Américains continuent de passer. Toutes les troupes entrent en ville par l'église catholique ; les tanks, Jeep, matériels etc., passent par la rue de la Porte-Neuve et descendent la Grand'Rue en direction de Beblenheim (2 km). On apprend qu'en début d'après-midi, ils sont tombés une une automitrailleuse allemande au carrefour de Beblenheim. Elle a été détruite. Des tanks restent en place aux coins de Riquewihr, l'un près de l'église catholique, l'autre place des Charpentiers.

Vendredi 8 décembre

Mon père fait donner quelques bouteilles à un officier qui raconte faire partie de l'état-major du général Leclerc. Du fond des caves, nous n'entendons que faiblement le bruit des canons. Lundi 11 décembre nous recevrons la lettre de remerciements du général Leclerc.

Fuir les Russes

BERNARD HUTT

En avril 1945, Bernard Hutt fuit avec son unité allemande devant l'avance russe à travers la Tchécoslovaquie jusqu'à la capitulation finale et la reddition aux Américains. Des semaines d'incertitude et d'angoisse avant le retour en Alsace, fin mai.

6 avril

Nous sommes les premiers à Vienne. Je n'y vois pas un seul civil. C'est le calme avant la tempête. Nous dormons au moins dix heures dans un appartement bourgeois avec vue sur la grande roue du Prater. Au matin, je fouille la penderie et vole un pantalon, une chemise, un veston et un béret à ma taille. J'en fais un baluchon qui ne me quittera plus.

7 avril

La guerre nous rattrape. Je suis engagé pendant une semaine, avec des moments très forts, entre le Prater et la Reichsbrücke. La voiture-radio FZ, dernier cri, est un peu la vedette de ce sinistre ballet. La 6e Panzerdivision (PD) recule mètre par mètre. Les Russes poussent de l'est et du sud. La Reichsbrücke doit laisser passer la division jusqu'au dernier soldat et sauter devant les Russes. D'énormes bombes d'avion sont posées sur les trottoirs et reliées par un système de mise à feu. Nous passons plusieurs fois sur le pont dans les deux sens, entre les explosifs. J'ai l'impression d'être sur un volcan. Nous avons très peur. Nous ne dormons plus un instant. En équipe nous ne pensons qu'à sauver notre peau.

13 avril

Des ordres de rendre opérationnel le système de mise à feu sur la Reichsbrücke puis de le neutraliser se suivent dans la journée. Le soir les Russes sont au sud du pont. Sautera ? Sautera pas ? Nous nous sauvons. Le lendemain, les Russes traversent le Danube par la Reichsbrücke, intacte.

La 6e PD guerroie au nord de Vienne. Nous cantonnons dans une ferme. Je prends contact, en secret, avec un prisonnier de guerre français. La nuit je suis seul au poste et il vient écouter la BBC chez moi. Il me procure un pantalon militaire français fourni

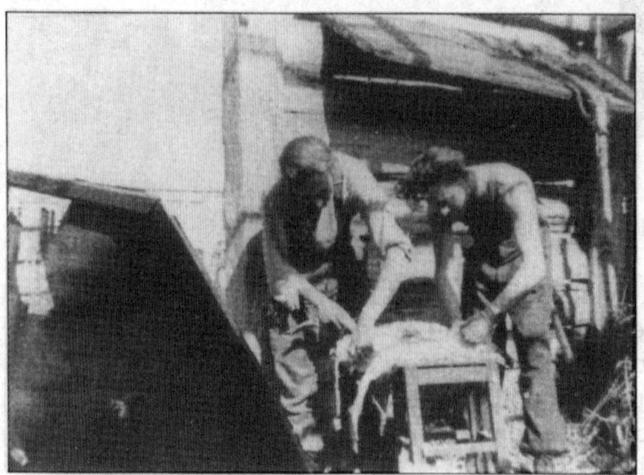

SOLDATS ALLEMANDS IMPROVISANT DU RAVITAILLEMENT.

par la Coix-Rouge. Il veut me trouver le veston et la chemise. Je ferai le prisonnier français à l'arrivée des Russes. Le projet de désertion échoue. La 6e PD est placée sous le commandement du maréchal Schoerner et doit se rendre précipitamment en Tchécoslovaquie.

25 avril

Nous nous rendons, via Znaim et Trébic, à Namest sur l'Oslava dominé par un beau château. Nous campons dans un salon-bibliothèque avec un piano à queue et des livres français. A la cuisine se terrent deux femmes, Adèle Koprivova et sa mère, très âgée. Madame Koprivova parle et écrit un français parfait. Je lui explique qui nous sommes et ma situation d'Alsacien. Je demande si je peux trouver refuge à Namest, en civil, à l'arrivée des Russes. Elle me met en relation avec un résistant tchèque. On m'accueillera à condition de ne pas exposer la population à des représailles par une désertion trop spectaculaire. Nous estimons que, dans l'immédiat, je suis plus utile à mon poste. Je transmets des renseignements aux résistants. Eux me confectionnent un laissez-passer en tchèque, russe et anglais qui me sera précieux par la suite.

Rassemblement sur un monticule au-dessus de Namest. Le lieutenant Albrecht lit un communiqué : « Der Führer ist im Kampf gefallen. » (Le Führer est mort au combat.) Mais la guerre continue. J'entends un soldat dire qu'il faudrait fusiller l'Alsacien. Je dois être sur mes gardes. Des otages doivent être arrêtés. Je dois transmettre l'ordre par radio. Je coupe l'antenne d'émission et j'alerte Madame Koprivova. Je suis conscient de courir un grand risque. Rien ne se passera.

7 mai

Après plusieurs jours d'accalmie, la 6e PD reprend le combat à l'est de Namest.

8 mai

L'Allemagne capitule. L'après-midi, un avion russe lance des tracts enjoignant les Allemands d'arrêter les hostilités. Les combats continuent toute la journée du 8 mai. Ils se poursuivront là, en Tchécoslovaquie, le lendemain 9 mai, le surlendemain 10 mai, et encore le 11 mai. Mes amis tchèques ont très peur.

A 21 h, la ligne téléphonique qui nous relie au commandement est coupée. Les téléphonistes ont fui. Ordre est donné à tous les radios de se regrouper autour du général. Je porte déjà mes vêtements civils sous l'uniforme. Je n'irai pas. Mais déserter et me fondre avec la population pourrait encore l'exposer à des représailles. L'instant est critique.

Le dénouement vient des Allemands eux-mêmes. Le lieutenant Albrecht saute dans sa Volkswagen, le chauffeur démarre en trombe et les deux fuient vers l'ouest, à la rencontre des Américains. L'équipe radio fuit à son tour vers Budejovice. Nous franchissons un barrage antichars tenu par des enfants de la Hitlerjugend.

Les Américains stoppent les fuyards du front de l'est. Seuls les blessés passeront. Les hommes et le matériel seront remis aux Russes. Au lever du jour, en civil, coiffé du béret, les mains en l'air agitant mon laissez-passer tchèque-russe-anglais, je marche d'un pas décidé vers des soldats américains. Un puissant projecteur s'allume et m'aveugle, puis s'éteint. Une mitrailleuse reste braquée sur moi. On me rend mon papier et on me fait passer sur la rive ouest de la Moldau (Vltava). Je suis sauvé. Merci l'Amérique ! Merci la Tchécoslovaquie !

Je trouve vite des compagnons : un Colmarien, un Luxembourgeois et un gars du Midi. Nous marchons jusqu'à Wegscheid. Jamais, en mai, la forêt de Bohême et la Bavière n'ont vu autant de touristes. Des centaines de « Landser » (vétérans) en shorts « feldgrau » (pantalons coupés au-dessus des genoux) marchent vers leur « Heimat » en évitant les routes.

RETOUR D'AUTRICHE EN AVION.
SUR LA CIVIÈRE, UN ANCIEN DÉPORTÉ.

COLL. PART.

Nous rencontrons un cycliste, maigre, portant un calot français, et habillé d'un vêtement léger, rayé, que nous prenons pour un pyjama. Il nous raconte qu'il sort d'un camp de concentration. Par lui j'apprends l'ampleur de ce fléau sur lequel nous plaisantions à Heiligenstein. L'expression « Du kommsch of Dachau » faisait partie de notre vocabulaire d'adolescents.

Nous tombons ensuite sur des officiers français « 1940 ». Interrogatoire. « Heiligenstein ? Arrondissement de Sélestat ? Comment s'appelle votre sous-préfet ? » me demande l'un d'eux. Je réponds : « René Paira… » Dès lors les choses vont vite. Je dois me rendre à un bureau français à Linz où on échange mon laissez-passer trilingue contre une attestation de déporté français devant être rapatrié en avion.

Nous sommes six mille Français à l'aéroport de Linz. Je prends la responsabilité d'un groupe de trente, dans lequel se trouve un déporté âgé, M. Roos de Haguenau, un déporté parisien réduit à l'état de squelette et allongé sur une civière, mon camarade de classe Robi Koegler avec qui j'avais passé le conseil de révision à Karlsruhe… Parmi ces milliers d'hommes se trouve notre futur voisin et ami, Jean-Pierre Meyer, le père de Micheline. En bordure de la piste stationne un avion de chasse qui a l'air endommagé : il n'a plus d'hélice. Robi, qui était dans l'aviation, m'explique alors que c'est un avion à réaction…

24 mai

Deux cents forteresses volantes B 17 viennent nous chercher. Notre avion décolle à 11 h. Nous survolons l'Allemagne en ruine. A 14 h, nous atterrissons à Merville. Le Parisien est évacué en ambulance. Nous autres sommes transportés en camion dans un centre de rapatriement à Maubeuge. Nous sommes épouillés au DDT. Nous passons aux douches. Les vêtements sont nettoyés pendant la nuit. Puis visite médicale. Envoi d'un télégramme à la famille. Formalités.

À PARIS, LE CENTRE D'ACCUEIL DES MALGRÉ-NOUS.

26 mai

Envoi d'un groupe d'Alsaciens aux autorités militaires à Nancy. L'un des nôtres manque. Mystère à la direction du centre, on ne nous donne pas d'explication. Nous refusons de partir et occupons les bureaux. Après de longues discussions, on nous informe que le manquant, tatoué SS, est aux arrêts. Le Malgré-Nous Erbs, de Haguenau, sergent-chef dans l'armée française, se déshabille et montre son propre tatouage SS. Nous exigeons la libération du manquant. Devant notre détermination, les autorités cèdent. Le malheureux avait été malmené. Il est en piteux état. Nous partons pour Nancy. Erbs décide, sous sa responsabilité, que nous irons à Strasbourg où l'on connaît le problème des Malgré-Nous.

AMS

LE TRAIN DU RETOUR AU PAYS.

28 mai

Le train roule au pas sur des ponts de fortune. Nous débarquons à 11 h à Strasbourg. Robi et moi sautons dans le tramway d'Ottrott. A Obernai, des soldats français nous emmènent en Jeep vers Gertwiller. Ils nous déposent au Nejeway. Nous montons lentement au village, inquiets. Depuis six mois, nous sommes sans nouvelles. Je retrouve maman, papa, Marcel, tante Frieda. René manque. C'est l'après-midi du 28 mai 1945, un an et demi après mon départ, au matin du 29 novembre 1943.

Retour de Tambov

ÉMILE ROEGEL

Prisonnier à Tambov, Émile Roegel, alors âgé de vingt ans, fit partie du premier train des retours de 1945. A travers le récit des péripéties de ce long voyage se dessine déjà l'univers particulier des Malgré-Nous : silence et incompréhension.

LE CAMP DE TAMBOV.
AQUARELLE D'ÉMILE ROEGEL, 1948.

1945

Un fol espoir surgit en décembre 1944 lorsque de Gaulle vint à Moscou. On sut plus tard qu'on ne parla pas de nous. Son train spécial montant du Caucase passa peut-être non loin de Tambov… Nos commissaires politiques, Olivari et Schaulen, amplifièrent l'événement. Nous fîmes certainement une nouvelle pétition pour nous enrôler dans les forces libres, qui devait aboutir aux poubelles… mais non puisqu'on en retrouve ces dernières années dans les archives du KGB !

Ensuite tout rentra dans le silence, celui de la mort pour quelques milliers de plus. Le printemps se fit longtemps attendre. Comme il en est dans ces pays continentaux, début avril, la fonte brutale des neiges inonda le camp. Puis la nature reprit le dessus et avec elle l'espoir inaltérable revint. Une nuit, notre clairon sonna le cessez-le-feu. C'était le 8 mai et bien que la mélodie me fût inconnue, je sus ce qu'elle signifiait. Nous attendions ce jour depuis si longtemps. Très vite, un premier petit contingent partit du camp. C'était des « prisonniers de 40 » et certains des nôtres qui s'étaient battus avec les partisans russes, encore devaient-ils avoir eu la chance d'être tombés sur les « bons » maquis. D'autres payèrent un « mauvais enrôlement » de quelques années de goulag. Les « prisonniers de 40 » étaient ceux qui furent libérés par l'armée soviétique au cours de son avance vers l'Allemagne. Puis à nouveau des groupes venant parfois du fin fond de l'Empire soviétique nous rejoignaient presque tous les jours au camp. Des frères, des amis de village, des camarades d'école se retrouvaient. Parfois certains, faits prisonniers récemment, apportaient des nouvelles plus fraîches de chez nous, pas toujours réconfortantes. L'Alsace aussi était entrée dans l'œil du cyclone. Nous en étions informés à Tambov, car les nouvelles qui étaient diffusées par les « nouvellistes » à partir de la Kommandantur étaient assez précises et nous pouvions suivre les fronts sur une carte improvisée de mémoire.

Puis la rumeur circula, insistante. On n'y crut pas tout à fait, et pourtant… Quelques indices confortaient l'espoir. Pour la première fois des habillements « nouveaux » nous furent livrés. Des camions déversèrent des monceaux d'effets, beaucoup dans un état déplorable, des chaussures dépareillées. Cela nous donnait un air burlesque et ajouta une couleur nouvelle à l'équipement des prisonniers. Le brun terreux domina le vert-de-gris… Quelques calots à la française, confectionnés au prix de grands sacrifices et coupés dans du tissu d'uniformes roumains récupérés sur les morts, introduisaient une note nationale. Mais la France officielle ne se montra plus à Tambov. Peu nous importait d'ailleurs ce manque de « protocole »…

Enfin la nouvelle éclata. Un autre convoi allait se former. Qui en serait ? Car nous devions alors être cinq à six mille. Ce furent les plus valides, ceux des baraques de « travailleurs », qu'on baptisa d'« antifascistes » pour je ne sais quelle raison, qui furent les heureux. Les Soviétiques avaient introduit dans les camps de prisonniers de guerre toute l'organisation qu'ils appliquaient ailleurs : les brigades, les normes de travail, les primes (en l'occurrence un minime surplus de nourriture), les slogans, l'embrigadement politique, évidemment dérisoire vu les circonstances. Il planait toujours une atmosphère de mystère sur les sélections et les désignations. On n'a ainsi jamais bien su comment avait été opéré le choix des mille cinq cents qui, en juillet 1944, étaient partis en Algérie et comment furent choisis ceux qui durent rester, ce qui pour beaucoup d'entre eux fut l'arrêt de mort.

Le rassemblement se fit sur le terrain de football, près de l'entrée du camp. Pauvre terrain de sport où seuls quelques « cuisiniers » pouvaient parfois disputer un match, car eux seuls en avaient les forces, ainsi que les privilégiés de la « nomenklatura ». Je préfère n'en pas parler et le terme ne nous est connu que depuis peu. Avant le départ, ce furent encore les appels, les comptages, les harangues éculées, et aussi la fouille. C'étaient des rites qui nous étaient familiers et qu'on savait subir. Il nous fallut évidemment dissimuler nos derniers « trésors », qui un crayon ou un petit couteau. J'avais pour ma part un tel couteau plat, de manucure, précieux et qui servit à plus d'un qui trouva une place de refuge au fond de la chaussure.

Je crois que nous sortîmes du camp vers le soir du 2 août. Nous étions probablement sept à huit cents à refaire en sens inverse le chemin vers la gare de Rada, à travers la forêt qui enveloppait de toutes parts le camp. Nous laissions derrière nous bien des camarades qui nous suivaient des yeux à la limite des barbelés. Mais nous ne pouvions envisager qu'ils n'allassent pas nous rejoindre bientôt. Et ce fut heureusement le cas pour la plupart. Notre chemin passa probablement près des fosses communes qu'on cachait à peu de distance, dans les bois. Peu d'entre nous les ont vues et c'étaient ceux affectés à des Kommandos d'évacuation des morts. Ils avaient parfois fort à faire et le travail était dur en hiver. Même maintenant on ne connaît pas le site exact et véritable de ces cimetières. Combien de milliers de nos camarades y reposent ? On ne le saura probablement jamais.

LA RUMEUR CIRCULAIT, INSISTANTE

La gare de Rada, assez misérable et isolée dans la forêt, aujourd'hui encore comme elle était alors, commande de longs quais, vides car ils devaient avoir essentiellement des fonctions militaires pour l'arrière du front. La ligne faisait une large trouée à travers les bois et, au loin, nous pouvions deviner la ville de Tambov au bruit et à la lumière qui signalent toute ville au soir. Tambov n'a jamais été atteint par l'avance allemande. Ses maisons étaient belles, témoins de l'ancien empire tsariste, comme nous l'ont décrit quelques compagnons qui travaillaient aux kolkhozes voisins.

Notre convoi de wagons à bestiaux (« 40 hommes, 8 chevaux », mais ce gabarit n'était pas constant en Union soviétique et nous nous souvenions de voyages hallucinants dans des wagons plus grands, mais suroccupés, sans ventilation, sous un soleil de plomb…) fut investi pour une fois sans bousculades et disputes, car nos gardes, rares d'ailleurs, nous laissaient faire. Il y avait suffisamment de place. Nous sentions tous ce que ce voyage avait d'extraordinaire. Nous ne pouvions penser que nous risquions d'être encore trompés. Qui ne se rappelle ces trains de soldats, décorés de feuillages, aux inscriptions patriotiques, à l'humour parfois un peu grave ou dérisoire ?

Nous voulions aussi donner à notre convoi le visage qui pouvait correspondre à sa destination tant espérée. Nos gardes nous en empêchèrent. Et si je pus y clouer un drapeau anglais, emporté d'Alsace et toujours caché pendant plus d'un an dans le paquet de pansements réglementaire de l'uniforme allemand, ce ne fut que pour quelques jours. Car le 6 août à Charkov, une sentinelle, baïonnette au fusil, l'arracha avec force cris et une rage évidente et incompréhensible. C'était le jour où la bombe atomique tomba sur Hiroshima et c'était le premier acte de la guerre froide. On le comprit plus tard.

Le départ de Tambov (Rada) se fit la nuit et le chant scandé des rails ne fut jamais aussi doux pour nous. Cette fois la direction était bien l'ouest. L'itinéraire fut consigné sur le papier d'emballage d'une boîte de conserve américaine, du corned beef, récupéré près d'une cuisine du camp de Tambov. Mais aucun prisonnier de base n'en vit jamais parcelle du contenu ! La vitesse du train était réduite, hésitante, et les arrêts longs et fréquents. Après Voronej, nous passâmes le 7 au soir le large fleuve Dniepr, à Kiev, capitale de l'Ukraine. Je garde le souvenir de la silhouette de cette grande ville et des reflets du couchant sur les eaux du Dniepr. La fertile Ukraine avait repris une vie nouvelle. Après la longue épreuve de la guerre, ses maisons paraissaient vivantes, claires et propres. Les champs si fertiles donnaient ce que les paysans apportaient à vendre le long des trains. Nous devions nous contenter de la maigre pitance que nous livrait notre rudimentaire cuisine à bord du train. C'était toujours la soupe claire que ne troublait guère un peu de farine grossière, le pain noir et humide que certains ne pouvaient même plus manger. Qu'on nous pardonne les larcins dans les champs le long de la voie et le vol de cette citrouille qui requinqua certains. Notre train empruntait des lignes un peu à l'écart de l'axe central toujours très pris par les besoins militaires, même la guerre terminée en Europe. Nous avons parfois croisé les convois d'unités rentrant chez elles, chargés de tout ce qui pouvait être utile et de prises à l'ennemi. Nous traversâmes le Dniestr et le nord de la Moldavie, Czernowitz en Bukovine et c'est bien là que nous entrions en Occident. Czernowitz était avant 1918 une ville austro-hongroise et elle en a gardé l'aspect. Vers le nord cette fois et le long des Carpathes, nous cherchions la Pologne dont les frontières avaient été refoulées vers l'ouest par les Soviets. On avait chassé les Polonais de Lvov vers la Silésie reprise aux Allemands. C'est aussi à Lvov que nous avons laissé sur le quai notre dernier mort, probablement un des seuls de ce convoi. Les trains qui devaient suivre en eurent encore beaucoup.

Passant ensuite par les faubourgs sud de Varsovie, nous pûmes voir l'immensité des ruines dans cette fière et grande capitale. Les quelques mots que nous eûmes l'occasion d'échanger au hasard des arrêts me firent inscrire sur mon papier : « Beauté de l'accueil polonais »... Ces Polonais pouvaient nous comprendre. Pauvres, mais debout, conscients qu'ils allaient encore subir un long servage.

A Varsovie se trouvait alors une mission sanitaire française chargée du rapatrie-

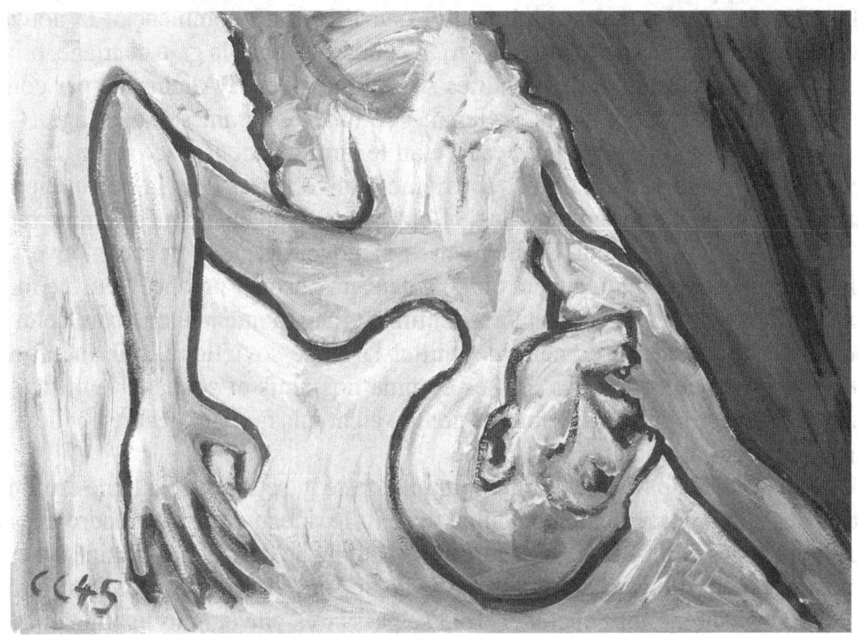

Peintures de Camille Claus,
réalisées en 1945 à son retour des camps russes.

ment des prisonniers libérés par l'Armée rouge, dont beaucoup avaient été rapatriés par Odessa (certains des nôtres ont pu en profiter), plus tard par Berlin et Prague. A partir du 18 août 1945, un train sanitaire avait pu joindre Varsovie. Nous étions déjà plus loin à ce moment. Mais plus tard nos camarades, bien plus malades que nous, furent ramenés à Strasbourg par ces trains sanitaires basés à Varsovie. Ainsi le train n° 206 arrivé à Strasbourg le 27 septembre avec ses 180 malades dont 43 graves et encore un autre le 9 octobre. Le docteur Claude Proche en a laissé une relation saisissante dans sa thèse soutenue après guerre. Il faisait partie de cette mission avec les docteurs Denise et Pierre Bourgeois. Dans les immenses difficultés que rencontrèrent ces missions de rapatriement, il faut évidemment faire la part des destructions des moyens de communication. Il fallut huit jours au train sanitaire parti de Varsovie le 1er octobre pour arriver à joindre Strasbourg. La mission de Varsovie n'eut connaissance que par hasard du retour des Alsaciens-Lorrains de Tambov, par des égarés du convoi et des renseignements venus de la surveillance de la voie ferrée. Nous disposons, grâce aux publications ultérieures du professeur Pierre Bourgeois, de documents médicaux contemporains précieux. Mais on se demandera toujours pourquoi les renseignements, l'information et les liaisons furent tellement inexistantes à ce moment.

Le 15 août, nous arrivâmes à Francfort-sur-l'Oder où commençait la nouvelle Allemagne issue de la capitulation. Le train était arrêté dans la gare de triage, proche de la ville encore remplie de militaires soviétiques. Peu d'Allemands par contre. On les voyait déblayer des ruines, les femmes comme les hommes souvent âgés. C'est là que nous avons changé de train car c'était le terminus de la trace russe (l'écartement des rails). Je vécus là mon vingtième anniversaire. Puis la destination fut Berlin, contourné par le sud, la ville de Belzig nous avait été donnée comme repère au départ. Des ruines partout. Un moment de panique lorsque notre locomotive n'eut plus de combustible. On récupéra du bois dans un bosquet proche. Nous ne ménagions pas nos pauvres forces restantes. Enfin le grand moment allait venir, celui que nous n'osions plus espérer, celui de quitter la geôle soviétique. Car autant nous avions toujours considéré les Russes comme nos amis et souhaité leur victoire, autant les épreuves subies en captivité nous avaient mis face aux réalités, celles d'un univers concentrationnaire impitoyable.

Un peu au-delà de Magdebourg, devant Helmstedt, se trouvait la ligne de démarcation des zones d'occupation qui allait devenir le rideau de fer. Cet endroit restera plus tard un des endroits de passage vers l'Allemagne de l'Est et Berlin. Un camp provisoire, petit village d'accueil, se trouvait sur une colline proche. Des camions britanniques vinrent nous chercher. Tout se passa très vite et nous ne traînâmes pas les pieds. Aucune cérémonie. Aucun adieu. En face, sur une autre voie, un grand convoi hétéroclite russe. Des rapatriés. Fûmes-nous échangés ? Les archives le diront peut-être un jour. Toujours est-il que ces Soviétiques ne manifestaient pas la même joie que nous à rejoindre leur pays. On sait qu'ils ne furent pas bien accueillis et beaucoup aboutirent au goulag. Nous ne connaissions pas encore ce terme bien que nous en ayons été les « pensionnaires ».

Notre camp de baraques en bois nous faisait l'effet d'une colonie de vacances. Tout nous semblait agréable bien que les installations fussent des plus simples. Le gros flot des rapatriés était passé. Nous étions parmi les attardés. Nous vivions véritablement la rentrée dans notre civilisation. Nous couchions toujours par terre, à ras de plancher, mais ce n'était pas un problème pour un vieux prisonnier. Le ravitaillement abondant était heureusement simple. Nous redoutions instinctivement les pièges d'une réalimentation intempestive. Certains ne surent résister à l'offre subite, en abusèrent et en pâtirent. Des effets neufs furent donnés, mais il n'y en avait pas pour tous. Il me semblait que nous pouvions bien rentrer avec nos haillons disparates. La « mode » militaire anglo-saxonne avait de quoi nous surprendre. C'est ce que nous connaîtrons longtemps dans ce que l'on a appelé les « surplus » américains. Ces blousons agréables nous semblaient fort élégants, comme les calots aux couleurs fraîches dont la coupe n'avait plus rien à voir avec les bonnets de police de notre armée de 39.

JE CLOUAI UN DRAPEAU ANGLAIS SUR LE WAGON

Je me souviens du petit oratoire du camp. Plus d'un y fit son action de grâces. Comme à Tambov, aux heures les plus sombres et au su des Russes, des réunions de prières s'étaient tenues. Dans les catacombes, le mot convient bien. Nous n'étions qu'à quelques kilomètres de Helmstedt, petite ville en zone britannique, qui semblait avoir miraculeusement échappé au désastre. Dans le premier gasthaus, nous prîmes une bière et un *Stammgericht.* Tout était plus fade, mais les apparences avaient survécu. Les prix n'avaient pas changé. Les marks, que certains d'entre nous avaient encore et qu'ils croyaient dévalorisés dans la faillite générale, avaient gardé cours, à notre grande surprise. Le cercle traditionnel des joueurs de cartes, réunissant le percepteur, le forestier et l'instituteur, était là. Apparemment rien n'avait changé.

Le 23 août, nous repartîmes, en train de voyageurs cette fois. Nous avons dû passer le Rhin tout près de la frontière néerlandaise, sur un pont épargné ou reconstruit, non loin d'Arnhem et de Nimègue. Avant de sortir d'Allemagne, nous fûmes soumis à un « triage », ce ne sera pas le dernier, dans un camp militaire (de toile) près de Kleve. Des officiers français, souvent alsaciens, tentaient de déceler les indésirables ou suspects, par les astuces habituelles, souvent efficaces, d'une conversation apparemment anodine. Les tournures du dialecte alsacien, les précisions géographiques et bien d'autres détails spécifiques offraient des pièges redoutables. Mais les résultats ne pouvaient être importants. La « décantation » était déjà opérée par les prisonniers eux-mêmes, depuis longtemps. Un Sarrois s'est-il glissé à travers les mailles? Tant mieux pour lui, dirais-je maintenant, et il est devenu (ou presque) français un peu plus tard... pour quelque temps au moins.

Notre voie s'est poursuivie par un bout de Hollande, le Limbourg et Eindhoven, une région qui semblait avoir échappé aux ravages de la guerre. Nous revîmes des maisons paisibles et belles, dans leurs jardins soignés, les vaches dans les prés, des chiens dans les rues… A Tambov, aucun animal ne pouvait exister, à part la vermine et les rats…

Aux abords de Bruxelles, dans la gare de Schaerbeek, l'accueil était organisé et émouvant. Des milliers de « rentrants » avaient dû passer là avant nous. On s'imagine le flot des prisonniers de guerre, des travailleurs forcés et des déportés. Dans le grand hall de la gare, de nombreuses tables étaient dressées, couvertes de nappes blanches, et ce fut notre premier vrai repas. La *Marseillaise* et le *Vous n'aurez pas l'Alsace et la Lorraine* résonnèrent. Nous étions heureux et graves. Nous rentrions solennellement chez nous.

Les jours suivants, les étapes furent plutôt administratives. A Valenciennes, dans un vaste cantonnement pour rapatriés, nous refîmes connaissance avec un lit (de camp) et des couvertures. A la sortie de la douche, je fus très surpris lorsqu'on nous demanda de lever les bras en l'air. C'était pour reconnaître d'éventuels SS qui portaient leur groupe sanguin tatoué dans l'aisselle. Je n'en savais rien jusque-là.

Nous étions depuis presque tout un mois en route lorsque nous arrivâmes, par un train spécial, à Chalon-sur-Saône. Près de la Saône était installé le centre de triage des Alsaciens-Lorrains, dans des casernes et des baraques provisoires. C'était aussi le centre de libération ! Nous fûmes interrogés individuellement sur notre parcours militaire. Quelques règlements de comptes violents éclatèrent avec les tenants du système policier interne « français » au camp de Tambov. Il y eut plus tard un procès qui resta peu connu et ne déboucha sur rien. Il plane toujours un malaise à ce sujet. C'est le problème du comportement des prisonniers entre eux, vieux comme l'existence de tous les camps. Une organisation est certes indispensable et permet mieux de survivre. Est-elle prise en main par les plus aptes et les plus désintéressés ? Ce serait utopique et naïf de répondre par l'affirmative, habituellement du moins. En tout cas, il est difficile dans de telles circonstances, extrêmes, de représenter l'autorité. Certains ont peut-être réussi. Beaucoup ont failli, dans l'âpreté de l'instinct de survie. Ne jetons pas trop facilement la pierre.

Le capitaine Schvindt, chef du centre, fit un rapport d'ensemble sur l'histoire malheureuse des Alsaciens-Mosellans à Tambov. La stupéfaction semble avoir été réelle sur nos conditions de captivité et l'état de notre retour. Ces constats restèrent confidentiels, car la politique d'alors n'en facilitait pas l'écoute. De toute manière, il est évident que bien des échelons avaient failli ou voilé la vérité qu'on ne voulait entendre. Pour nous, sur le moment, je pense que tous ne pensaient guère à manifester ou à protester. Nous avions encore derrière nous quelques milliers des nôtres et tous les désirs étaient tendus vers le retour, à retrouver nos familles, le travail ou les études. Chacun fut pourvu d'un habillement neuf, presque complet, d'effets militaires qui nous rendirent bien service dans les années encore pauvres de l'après-guerre. Dans la cour de la caserne furent amoncelées nos dépouilles élimées, souillées, déchirées, pulvérisées de DTT, poudre miraculeuse omniprésente dont nous faisions connaissance à toutes les étapes de notre retour. Je regrette encore de n'avoir pu ramener à la maison ma veste dont j'étais fier et qui me dissociait quelque peu du troupeau vert-de-gris uniforme. J'avais en effet eu un uniforme kaki, reliquat de l'Afrikakorps, et c'était très agréable au soleil du front roumain. Cette pauvre veste ne donnait par contre que peu de chaleur en hiver. Je ne l'avais jamais quittée pendant un an. Jamais lavée non plus, elle était criblée de déjections de puces. Une pièce souvenir en quelque sorte...

Avec le dernier jour du mois d'août, nous quittâmes Chalon. Il y eut probablement plusieurs détachements qui partirent lorsque leurs affaires furent réglées au centre. Certains diront plus tard avoir été hués à leur passage dans la ville. Ce ne fut nullement notre cas. La population avait été informée entre-temps. Nous étions toujours encore un peu militaires et marchions en rangs, en chantant. Partis la nuit, nous entrâmes en Alsace au matin du 1er septembre. Par ceux qui nous avaient précédés, on savait que nous rentrions. Le train s'arrêtait souvent. Nos camarades en profitaient pour sortir au plus près de leurs villages. De bien des maisons, dans les gares, le long de la voie, affluaient ceux qui espéraient savoir quelque chose d'un de leurs proches. Peut-on se figurer aujourd'hui cette absence complète de nouvelles concernant tant de milliers de jeunes, prisonniers en Russie pour les plus chanceux, morts dans les combats ou en captivité pour vingt mille autres disparus et dont on ne saura jamais rien de précis.

NAPPES BLANCHES
ET MARSEILLAISE
À LA GARE
DE BRUXELLES

Nous étions les premiers à revenir de Russie. On mesure l'émoi et les espoirs que soulevèrent ces retours. L'Alsace du terroir était dans l'angoisse et l'incertitude à propos de beaucoup des siens et l'Alsace officielle resta bien silencieuse à ce moment. On ne s'en plaignit que bien plus tard. On n'en était pas aux commémorations. Le travail du deuil restait à faire pour tant de victimes dans tous les rangs où les nôtres pouvaient se trouver.

Le groupe des Bas-Rhinois se sépara à Strasbourg. Il était midi. Nous allions nous fondre dans le flot des « civils » rentrant dans les faubourgs, par les trains des « campagnards », aux heures de la mi-journée. Ouvriers, employés, écoliers formaient le flux pressé qu'on peut voir de tout temps sur les quais de la gare. Il me semblait reprendre le train de ma vie, presque naturellement, après un long entracte qui paraissait déjà irréel. On retrouvait bien des figures connues qui nous reconnaissaient parfois avec hésitation car nous portions encore les marques de nos épreuves. Ce fut la joie de retrouver les siens et sa maison que la guerre avait épargnés. D'autres n'eurent pas cette chance et de nouvelles souffrances ne leur furent pas épargnés. Tant d'êtres chers manquaient déjà et manquèrent définitivement à l'appel.

La vie reprit. Un lien discret reliait ceux qui étaient revenus de là-bas et qui en évoquaient le souvenir entre eux. Les derniers sont rentrés plus tard, par des voies diverses, par des moyens variés, certains reçus avec solennité comme à la caserne de Reuilly, à Paris, ou par train sanitaire s'arrêtant silencieusement sur le premier quai de la gare de Strasbourg. Le dernier, tout seul, passa le pont du Rhin en 1955. Il ne resta plus qu'un fol et déraisonnable espoir…

TRACT RUSSE À DESTINATION DES ALSACIENS
LANCÉ SUR LES LIGNES ALLEMANDES

Lis et passe à un camerade!

Qui retournera à la patrie?

Les Alsaciens!

À des mille kilomètres d'ici, au lointain pays d'Alsace, dans les Vosges vos pères, vos mères, vos bienaimées pensent à vous avec inquiétude. Ils savent qu'un péril mortel vous ménace. Avec angoisse ils se dèmandent: „Pourquoi les a t-on chassé en Russie? Pourquoi nous les a t-on pris?".

L'angoisse de vos proches est justifiée:

Qui restera aux rangs de l'armée allemande, ne retournera pas vivant chez lui.

Pour quelle cause devez-vous périr ici? Le général **Block** dit: „vous devez vous battre contre notre ennemi commun, contre les Russes—pour l'Allemagne".

Il ment sans broncher.

Les Russes ne sont pas vos ennemis. Ils n'ont jamais mènacé votre tranquilité. Ils n'ont pas mènacé la sûreté de vos familles. Ils n'ont jamais eu de convoitise pour l'Alsace.

On vous envoie à la mort pour les interêts d'un petit groupe d'hitlèriens.

Ils n'auront pitié ni de vos vies, ni des larmes de vos proches, car ils ont besoin de vous comme de la chair de canon.

Les victoires d'hiver de l'Armée Rouge et les succès des troupes Anglo-Amèricaines amenèrent l'Allemagne hitlèrienne au bord du précipice. L'armée Rouge avança de **600—700** kilomètres, réoccupa un territoire de **480.000** kilomètres carrès et arracha aux allemands les positions qui avaient été tenus par eux encore depuis 1941. Les allemands ont perdu **850.000** hommes tués seulement. En Tunisie les troupes Anglo-Amèricaines mirent en dèroute l'armée de Rommel. Les restes de l'armée italo-allemande sont cernès sur la côte méditerrannèenne. Dunquerque deviendra un rien en comparaison avec ce qu'attend les troupes italo-allemandes les jours prochains! Mais ce n'est que le commencement. L'Armée Rouge prépare une nouvelle offensive et les Alliés, ensemble avec

ARCHIVES ANDRÉ HUGEL

Rapatriement de Yougoslavie

JOSEPH LOGEL

Le rapatriement en 1945 des incorporés de force alsaciens et lorrains faits prisonniers par les troupes de Tito posa quelques problèmes diplomatiques. En voici un aperçu, au travers des archives du ministère français des Affaires étrangères.

On a maintes fois insisté sur les difficultés qu'auraient rencontrées les autorités françaises pour obtenir le rapatriement de Yougoslavie des prisonniers de guerre alsaciens-lorrains, incorporés de force dans la Wehrmacht.

On a notamment fait état du refus opposé par les autorités yougoslaves aux représentants de la France pour rechercher les Alsaciens-Lorrains à l'intérieur des camps de prisonniers, ce qui aurait empêché le retour rapide d'un certain nombre de nos compatriotes. Ces affirmations méritent d'être analysées de près pour rétablir la vérité qui n'est nullement si défavorable aux autorités yougoslaves.

Quelle était donc la situation à Belgrade à l'époque ?

Il faut d'abord noter qu'au ministère des Affaires étrangères à Paris est enregistré le texte suivant d'un télégramme daté de Belgrade le 31 novembre 1944 : « La radio de Yougoslavie libérée annonce que soixante-quinze Français, enrôlés dans l'armée allemande, sont passés avec armes et bagages dans le camp du maréchal Tito où ils combattent jusqu'à la défaite des nazis » (dossier Europe - Yougoslavie 1944-49-508-1.-3).

Les autorités yougoslaves étaient donc confrontées, dès fin 1944, au problème des incorporés de force alsaciens-lorrains dont elles devaient connaître l'existence par la désertion de ce groupe important, fait d'ailleurs signalé par Radio-Belgrade.

Un peu plus tard, on a enregistré un télégramme chiffré daté du 12 février 1945 en provenance de Moscou par lequel deux particuliers, MM. Couhaudoux et Claude, s'offrent pour représenter les intérêts français à Belgrade en l'absence de tout délégué officiel. « Leurs efforts, dit ce télégramme, tendront principalement à grouper les Français établis à Belgrade et en Yougoslavie, à regrouper de nombreux Français, notamment Alsaciens-Lorrains, déserteurs ou évadés des armées allemandes, et en général, à assister tous les Français qui auraient recours à eux. »

Le premier document officiel date du 3 mai 1945, donc quelques jours avant la fin des hostilités, dans lequel le général de Peyronnet, à présent représentant officiel de la France, exige le retour à Belgrade de la sœur directrice d'un pensionnat vu « l'affluence de nos prisonniers ». Il s'agit du pensionnat français Saint-Joseph, rue Rankrovaci, à Belgrade, dirigé par les oblates de l'Assomption.

Le lendemain, le général de Peyronnet rend compte pour la première fois des difficultés qu'il rencontre auprès des responsables yougoslaves au sujet des interventions qu'il a déjà faites notamment pour les Alsaciens-Lorrains, prisonniers de guerre.

Le 4 juin, le ministre des Affaires étrangères demande aux autorités yougoslaves l'autorisation pour deux sœurs congréganistes de rejoindre le pensionnat à Belgrade. Voici ce que dit le document : « De nombreux Français libérés de la domination allemande se sont réfugiés en Yougoslavie. A Belgrade, ils sont, pour la plupart, hébergés au "Pensionnat", établissement religieux de la ville qui manque actuellement de personnel. Le ministère des Prisonniers de guerre, Déportés et Réfugiés souhaiterait envoyer en mission à Belgrade deux religieuses que les événements de 1941 ont mises dans l'obligation de rentrer en France. »

Le 26 juillet 1945, le ministre des Affaires étrangères informe l'administration responsable des prisonniers que quatre cents Alsaciens et Lorrains seraient internés en Yougoslavie. Voici la teneur du document : « Par lettre 9666 du 20 juillet, vous avez bien voulu me faire savoir que, selon des renseignements reçus du chef de la mission militaire française à Belgrade, quatre cents Alsaciens et Lorrains seraient internés en Yougoslavie. Une démarche auprès de l'ambassade de Yougoslavie, démarche qui ferait en quelque sorte appel auprès d'une mission diplomatique de la position prise par son gouvernement, serait à la fois inusitée et inefficace. En revanche, si les difficultés auxquelles se heurte le général de Peyronnet viennent des autorités soviétiques et non de l'administration yougoslave, il y aurait intérêt à provoquer une intervention de notre ambassade à Moscou. Pour me permettre d'agir éventuellement dans ce sens, je vous serais reconnaissant de vouloir bien me donner les indications que vous pourriez posséder à ce sujet. »

Entre-temps, la guerre étant terminée, la libération des incorporés de force alsaciens-lorrains est entrée dans les faits, il est vrai souvent après une captivité éprouvante, la majorité des prisonniers ayant dû rejoindre à pied, du nord du pays, les centres de tri qui se trouvaient autour de Belgrade.

AVIS AUTORISANT UN ALSACIEN DE YOUGOSLAVIE À SE RENDRE EN VILLE.

SABIRALIŠTE STRANIH DRŽAVLJANA
FRANCUSKI BATALJON

155

OBJAVA

Dozvoljava se izlazak u varoš drugu Pfeiffer Joseph iz Francuskog sabirališta od 13 do 21 časova.

Ova objava važi za mesec dana

Beograd, 4 jula 1945.

Komandant:

COLL. PART.

J'ai moi-même été séparé des prisonniers de guerre allemands dans la première quinzaine de ma captivité au camp de Sisak. Mon ami le Luftwaffenhelfer Joseph Pfeiffer, habitant actuellement à Scherwiller, a été libéré officiellement le 4 juillet 1945 (voir document ci-contre). Ce qui est curieux, c'est que l'attestation est établie au nom d'un « Francuski Bataljon » et que le tampon porte la mention du ministère des Prisonniers rapatriés, et comporte au centre une croix de Lorraine. C'est de toute évidence la preuve qu'à cette date des relations officielles entre les autorités françaises et yougoslaves existaient et que cette collaboration avait des résultats pratiques sur le terrain.

Pfeiffer a été rapatrié le 19 juillet 1945 discrètement par avion de Belgrade sur Strasbourg vu son état de santé. J'ai fait moi-même le trajet Belgrade-Naples le 11 juillet 1945. Le rapatriement des Alsaciens-Lorrains, anciens incorporés de force dans la Wehrmacht, était donc bien engagé.

Il me semble qu'à ce moment, la majorité des Alsaciens-Lorrains prisonniers en Yougoslavie était en voie de rapatriement sans difficultés majeures apparentes. Ce n'est qu'en mai 1946 que les autorités françaises reprirent la question au sujet de recherches individuelles ou de petits groupes qui se trouveraient encore en Yougoslavie.

C'est à ce moment que les relations s'envenimèrent, les autorités yougoslaves estimant que le problème de la libération des Alsaciens-Lorrains était réglé pour elles et qu'il n'y avait aucun motif à accorder à des représentants français le droit de visite des camps de prisonniers allemands pour effectuer des recherches dans le but de trouver encore d'autres Alsaciens-Lorrains.

L'attitude globale des autorités yougoslaves était donc bien moins critiquable que ce qu'on a affirmé çà et là. Il résulte d'ailleurs de leur correspondance que le total du nombre de Français rapatriés a dépassé le chiffre de quatre mille.

Le retour des transplantés du Ban de la Roche

ALICE MOREL

L'on sait que les nazis usaient de représailles à l'encontre des familles dont l'un des membres s'était soustrait à l'incorporation ou s'était évadé lors d'une permission[1]. Le déplacement dans les parties orientales du Reich, c'est-à-dire la transplantation, était la méthode habituellement utilisée. Dans le haut de la vallée de la Bruche et notamment dans le Ban de la Roche, elle fut systématiquement appliquée, notamment au cours de l'année 1943.
Après qu'Albert Mattern, de Solbach, eut rejoint les maquis des Vosges plutôt que la Wehrmacht durant l'été 1943, ses parents et sa sœur Louise furent transplantés en Silésie, à Breslau (Wroclaw, en Pologne). Mathilde Weilbacher, de Bellefosse, se souvient de l'arrivée de la Gestapo, le 29 octobre 1943, à 7 h du matin, pour donner à ses parents, Alice et Victor Rochel, une demi-heure pour préparer quelques effets; leurs deux fils s'étaient évadés peu avant. Et lorsque André Seyer, de Diespach, eut décidé de ne plus rejoindre son unité en Ukraine à l'issue d'une permission, ses parents et ses

LE GROUPE DES ALSACIENS DU CAMP DE BRESLAU (WROCLAW, POLOGNE). COLL. PART.

frères de dix-sept et quatorze ans furent également transplantés, alors que les autres frères et sœurs, plus jeunes, furent laissés sur place, privés de leurs parents.

Conduits d'abord au camp de Schirmeck, les transplantés ont ensuite été acheminés dans des wagons à bestiaux, via Strasbourg, jusqu'à Breslau. Là ils furent installés dans un immeuble qui avait l'allure d'un orphelinat : des chambres sans chauffage de vingt à trente lits où ils couchaient sur des paillasses.

Sauf les époux Rochel, dispensés pour raison d'âge, les transplantés étaient astreints au travail. Louise Mattern a travaillé dans une cartonnerie tandis que son père exerçait le métier de cordonnier; sa mère s'occupait de la cuisine du camp. Ils n'étaient pas considérés comme des prisonniers. Certes le courrier était ouvert, mais il y avait les colis; les parents Rochel pouvaient se promener librement dans les rues de Breslau. Ils ont même reçu des colis transportés par un soldat de la Wehrmacht originaire de Breslau et en cantonnement à Bellefosse. Les transplantés ont reçu des visites : la famille Koeniguer, de Fouday, a reçu celle de son voisin, Raymond Muller, incorporé de force et vu pour la dernière fois, précisément à Breslau.

Par contre, la famille Seyer fut transférée à Trebnitz, un camp considéré comme plus dur.
Les transplantés travaillaient, mais sans contrainte excessive. Marcel Seyer, âgé à peine de dix-sept ans, fut d'abord maçon, puis meunier. Louise Mattern se souvient de son « préféré » du camp, un jeune Français, sans doute un jeune du STO.
Devant l'avance des troupes russes, les transplantés furent repliés sur Schmiedeberg. C'est là que des « Mongols » les ont libérés, le 9 mai 1945 : « Des petits hommes trapus qui portaient à la taille un ceinturon sur lequel était accroché un petit sac de jute contenant leur nécessaire de toilette. A Schmiedeberg, les Russes ont accordé aux Français l'autorisation, pendant quarante-huit heures, de piller les magasins de la ville. Puis à partir du 24 mai, commença un long et pénible périple, souvent à pied. Au passage, des soldats tchèques hébergèrent le groupe dans une école que des Allemands avaient évacuée préalablement. Ils furent finalement remis aux Américains qui, eux-mêmes, les confièrent aux autorités françaises. Louise Mattern rentra chez elle en passant par Pilzen, Prague et Paris.
Ce fut long : « A 25 km de Pilzen, le train s'est arrêté, il n'allait pas plus loin. Nous avons couché dans une cantine de fabrique, sur des tables et des bancs. C'était dur, mais au moins il n'y avait pas de punaises. »
Mathilde Weilbacher-Rochel a pu accueillir ses parents à la gare de Fouday le 6 juin 1945, à l'issue d'une séparation de près de vingt mois : elle les a trouvés terriblement sales, pleins de puces, son père barbu, les jambes enflées, mais moralement très heureux d'être de retour au pays.

NOTE

1. Sur la question des transplantés, se reporter notamment à notre numéro sur l'année 1943 (n° 121, automne 1993) : « Le drame des transplantations », par René MEYER.

COPENHAGUE. COLLECTION VIOLLET

Evasion ratée

MICHEL BRUMTER

Originaire de Furdenheim, incorporé de force, Michel Brumter s'évade, en mars 1945, d'une caserne de Copenhague et est caché par la résistance danoise. Celle-ci décide de procéder à un transfert en Suède de personnes menacées. L'affaire tournera mal.

Le 9 avril 1945, on nous mit au courant de ce projet ; tout serait prêt le lendemain. Cet acte irréfléchi allait avoir de lourdes conséquences. Toutes les personnes concernées furent rassemblées dans une maison du centre-ville. Je fus conduit au lieu de rassemblement par un résistant inconnu, venu me prendre, armé d'une mitraillette, pour traverser Copenhague. A mon arrivée, il y avait déjà un homme allongé sur une civière, blessé par une bombe, dégagé des gravats par des résistants. Au total, nous fûmes une quinzaine à devoir finalement nous mettre en route pour raison de sécurité. Je pense que le fait de nous avoir rassemblés en plein jour, mitraillette à la main, avait dû éveiller les soupçons des Allemands ou ceux d'un collaborateur. Avec le coucher du soleil, la nervosité grandissait, on la sentait carrément dans l'atmosphère. Vers 22 h, nous fûmes acheminés vers la plage où nous attendait un petit bateau pneumatique. Ce fut l'embarquement pour la Suède. Après une heure de navigation silencieuse, nous nous retrouvâmes devant un grand mais vieux bateau de pêche. Il était peut-être adapté pour ce travail, mais pour transporter des passagers clandestins, il était très volumineux et surtout trop bruyant. Quelques personnes étaient déjà à bord, prises en charge par l'équipage de deux hommes. Nous fûmes en tout une vingtaine de passagers, y compris l'homme allongé sur la civière.

Après deux heures de navigation, nous apercûmes au loin les lumières de la ville de Malmö. On touchait au but et malgré toutes mes appréhensions, je commençais à y croire.

Soudain, un éclair dans le ciel, une fusée éclairante suivie du sifflement des balles dans le ciel. Personne à l'intérieur ne put s'imaginer ce qui se passait au-dehors. On entendit de plus en plus de détonations ; nous glissâmes par la porte pour regarder ce qui se passait. L'illumination était totale, des phares pointaient sur notre bateau. Le capitaine était pâle comme un linceul, il avait arrêté le moteur. Et l'on entendait le moteur d'un autre bateau qui approchait rapidement. On espérait que ce seraient des Suédois venus pour nous accueillir... Mais c'était les gardes-côtes, la Küstenwache. Tout le monde était comme paralysé. On nous arraisonna sous le feu des mitrailleuses et des fusils. Un haut-parleur nous demanda de jeter les armes sous peine d'être coulés au premier tir de notre part. Le bateau approcha, des hommes jetèrent une passerelle et aussitôt envahirent notre pont. Ils étaient munis de fusils et de grenades; le premier envahisseur fit coulisser la porte de notre cabine et jeta une grenade à l'intérieur. Une détonation terrifiante, hurlements de blessés; pour moi, c'est un vrai miracle, je m'en tirai indemne. Spectacle d'apocalypse, l'un est tué, d'autres saignent. Mon camarade Eugène Heitz fut blessé à la main et au bras. Devant la menace, j'ai tout de suite glissé ma carte d'identité dans le feu du fourneau, d'autres en firent autant. Un militaire aussitôt éteignit le feu pour récupérer tout ce qu'il pouvait de pièces à conviction, d'identité ou de documents secrets. Sous la menace des armes, nous fûmes obligés de quitter le chaland un à un, traverser la passerelle et monter sur la vedette de la Marine...

Au petit matin du 11 avril, nous fûmes de retour dans le port de Copenhague. Un camion de la Gestapo nous attendait pour nous prendre en charge. Montés sur les fourgons, nous fûmes placés entre des gardes, escortés de motards et dirigés sur la Kommandantur. C'était un grand bâtiment un peu caché au fond d'un parc, sévèrement gardé et où il y avait un va-et-vient continuel. Une fois la porte franchie après un dernier regard vers le ciel, nous fûmes isolés, chacun dans une cellule, sans lumière, la porte d'entrée et quatre murs nus. Au courant de l'après-midi, je fus conduit dans le bureau d'un officier de la Gestapo, petit homme en noir, cheveux de la même couleur, l'œil sévère et décidé. Interrogatoire d'identité. Je lui répondis froidement : « Dumoulin Albert, prisonnier français évadé d'un camp de Flensburg. » Il devina que j'avais menti et me frappa violemment au visage. Il m'invita à bien réfléchir, me reposa les mêmes questions tout en m'avertissant qu'il avait les moyens de me faire parler. Même réponse de ma part : « Albert Dumoulin. » Il fallait que je tienne car je ne pouvais en aucun cas dénoncer qui que ce soit de la résistance locale, encore moins le pasteur qui m'avait tant aidé et qui avait deux enfants, une femme et une paroisse.

LES GARDES-CÔTES ALLEMANDS ARRAISONNENT LE NAVIRE

Après une nouvelle réponse identique de ma part, il m'ordonna de me déshabiller et fouilla les doublures de mes vêtements. Il enleva les semelles intérieures de mes chaussures pour trouver une éventuelle cache. Toujours aucun résultat; il sortit alors son revolver et me l'appuya sur la tempe en me sommant de répondre rapidement. Je refusai, il baissa son arme mais me roua de coups avec un martinet. Je m'écroulai à demi inconscient; il me traîna dans ma cellule et me redonna mes vêtements déchirés. Je restai quelques heures à tenter de rassembler mes esprits et reprendre quelques forces. La porte se rouvrit, c'était Eugène Heitz que l'on enfermait avec moi. On ne discuta que le strict minimum, craignant une oreille collée au mur ou tout autre système d'écoute. L'après-midi, nouvel interrogatoire. J'arrivai au même bureau, en face du même tortionnaire. Il me proposa de regarder par la fenêtre et je vis deux cordes ostensiblement fixées là à un arbre. « Ce soir, vous serez pendu avec votre copain, là ! Cette pièce d'identité calcinée que j'ai trouvée est de vous. Moi aussi, je suis natif de Mulhouse… »

Le coup du prisonnier évadé n'était plus jouable. Il me passa le document et en effet « Mulhouse » était le seul mot lisible, non calciné. C'est à la troisième confrontation que je finis par avouer la vérité. Eugène et moi avons donc reconnu que nous étions deux évadés de Swanemöllen de la nuit du 9 au 10 mars. Le soir venu, nous pensions que notre dernière heure allait sonner. Nous étions à nouveau dans deux cellules séparées. Quelle dernière journée. Les coups, rien à manger, et cette crainte de mourir dans la soirée, pas question de s'endormir, aucune couverture, que des douleurs brûlantes là où avaient porté les coups de fouet avec, en prime pour Eugène, la blessure de la grenade du navire.

Au lever du jour, on frappa… Deux Gestapos venaient nous chercher, était-ce pour l'exécution ? On avait tant entendu parler de ces petits jours et de leur dernière marche… On nous encadrait, deux hommes armés de mitraillettes nous conduisaient au-dehors.

Je m'engouffrai dans une voiture dont le chauffeur attendait au volant. J'étais installé à l'avant, menottes aux poignets, les deux monstres assis à l'arrière braquant leurs armes sur moi. Je ne dis mot, pensant que l'on se dirigeait vers le lieu d'exécution. On traversa la ville, puis on s'arrêta devant un grand portail gardé par deux sentinelles. L'un d'eux ouvrit et ferma aussitôt derrière nous. Nous étions à la prison de Westerfaengsel.

Le 28 avril, dans le couloir du rez-de-chaussée de la prison, je retrouvai Eugène Heitz ; il souffrait de sa main blessée. Nous fûmes dirigés ensemble vers le bâtiment de la Kommandantur dans une salle transformée en cour de justice militaire. Entourés de gardes extrêmement vigilants qui ne nous quittaient pas d'une semelle, nous arrivâmes à l'audience. Trois ou quatre officiers formaient la cour, un Obergefreiter assurait la défense. La lecture de l'acte d'accusation était brève : l'officier qui tenait le rôle de procureur demanda : « In Folge Fahnenflucht, beantrage ich die Todesstrafe für die beiden Angeklagten » (je demande la peine capitale pour les deux accusés pour cause de désertion). Le défenseur prit la parole pour traiter mon cas en premier. Sujets et victimes de l'éducation française et d'un territoire abandonné, les deux accusés méritaient qu'on soit clément avec eux. Après un court moment de délibération, le major-commandant qui faisait fonction de juge fit mettre la salle au garde-à-vous (ce qui ne présageait rien de bon) et prononça le verdict : « Dégradation dans l'armée, huit ans de travaux forcés avec option immédiate pour le déminage ».

Le 1er mai, notre gardien, en nous apportant le petit déjeuner et en rangeant le lit contre le mur, nous apprit la mort du Führer. C'était la première nouvelle qui me parvenait de l'extérieur concernant les événements de fin de guerre depuis le 11 avril. Je pensai tout de suite que les choses allaient se bousculer.

Le 8 mai, au cours de la matinée, un vacarme énorme se fit entendre depuis l'extérieur de la prison. Les rues s'agitaient. Curieux, je poussai la table sous l'ouverture ainsi que le tabouret pour grimper dessus. Je pus jeter un coup d'œil vers l'extérieur. Des exclamations comme *Fred! Fred!* (paix !) me parvinrent ainsi que des chants; je vis des drapeaux danois. Ma première pensée fut pour 1789 : ma Bastille tremblait... Ces gens venaient-ils attaquer Westerfaengsel pour libérer les prisonniers, donc nous ? Que non ! Nous étions toujours bien gardés. Cependant, le soir venu, les Allemands évacuèrent la prison; ils avaient reçu l'ordre de se retirer vers les frontières allemandes et d'emporter leurs armes. Le message fut publié dans le bâtiment et il fallut descendre dans la cour pour former des colonnes qui devaient se diriger sur la citadelle, lieu de rassemblement général de toutes les unités allemandes. Le départ de Copenhague fut donné vers minuit. Les soldats allemands, armés, en uniforme, presque comme des vainqueurs... Les internés de Westerfaengsel étaient en queue de peloton, presque tous en civil; ils fermaient la marche, c'est le cas de le dire, tous à pied, pour quelque trois cents kilomètres jusqu'à la frontière allemande. Certains étaient heureux, d'autres inquiets, tous contents que la guerre soit terminée.

[Michel Brumter s'évade de la colonne, retrouve ses hôtes de la résistance danoise et fête la Libération.]

J'ai assisté aux défilés militaires de la victoire en présence du roi Christian X accompagné du général Montgomery. C'est probablement au cours de cette visite que notre retour en France fut décidé. En effet, nous fûmes pris en charge le 16 juin par la Royal Air Force et embarqués sur un Junkers 52, pris aux Allemands, et fûmes dirigés sur Bruxelles. Ce furent deux heures de vol au-dessus de l'Allemagne en ruine; le temps était clair, on voyait parfaitement les trous des bombes et les maisons effondrées. De Bruxelles, nous fûmes acheminés par voie ferrée vers le centre de rapatriement de Lille. J'y ai rencontré Jean Aron de Furdenheim et nous fîmes le trajet ensemble jusqu'à Strasbourg avec deux mille francs en poche. Nous retrouvâmes Furdenheim dans la soirée du 17 juin 1945. En rentrant chez moi, je me jetai dans les bras de ma mère qui, avertie, attendait mon retour; elle savait que je revenais.

Deux prisonniers allemands étaient en train de soigner les bêtes; les rôles étaient inversés. J'ai surtout retenu la phrase de l'un des deux : « Das ist die Frucht des Gebets » (Ceci est le fruit de la prière). Cette phrase est capitale, c'est de là que nous étaient venus force et espoir dans toutes les difficultés.

L'Exode de la dernière chance

LUCIEN ESCHBACH

Le 23 avril 1945, le Mulhousien Lucien Eschbach, incorporé de force, échappa aux terribles bombardements en piqué sur le front de Berlin et réussit à se rendre aux Américains. Il raconta sa guerre dans un récit dans lequel il apparaît sous le nom de Lucas. Voici un extrait de ce manuscrit inédit.

Le 23 avril 1945, le bruit du canon était perçu à Potsdam. Dans la cour de la caserne, tous les soldats qui pouvaient marcher furent rassemblés, en colonne, et Lucas, une nouvelle fois, se trouva intégré dans un détachement appelé à s'opposer à l'avance de l'armée soviétique. Debout, au troisième rang d'alignement du groupe, en attente de se mettre en route, l'esprit aux aguets, il jeta un coup d'œil circulaire dans la grande cour de la caserne, pleine de monde en effervescence.

Il vit un tracteur qui traînait péniblement une charrette occupée par une demi-douzaine d'éclopés, se dirigeant vers la sortie de la caserne. Lorsque le tracteur fut à vingt mètres du portail, Lucas posa son fusil par terre, enfila son sac à dos, sprinta vers le véhicule, s'installa à côté des blessés et quitta la caserne, à la faveur du désordre dominant. A peine dans la rue, il abandonna l'antique moyen de locomotion, s'accrocha en pleine course à l'arrière d'un camion qui roulait vers l'ouest, s'y glissa et se laissa emporter vers une destination inconnue. L'essentiel : aller à la rencontre des Américains. Le trafic automobile, camions, chars, soldats, civils était intense dans les deux sens. Deux fois, les convois furent attaqués par une escadrille d'avions de chasse qui mitraillaient tout ce qui bougeait. De nombreux camions explosèrent aux alentours.

A chaque fois, le conducteur arrêtait son véhicule, se flanquait par terre, ainsi que Lucas, en priant pour que les rafales de ces chasseurs passent à côté. Du haut du ciel, ils soufflaient le chaud et le froid sur ces troupes dispersées, sans défense. Lorsqu'ils piquaient vers le sol et que le servant lâchait des bordées de balles mortelles, dont on pouvait suivre les impacts sur le sol, le cœur de Lucas s'emballait. Le passage de l'avion signifiait un répit, donc un soulagement, une longue respiration pour la reprise du contrôle de soi, mais déjà le prochain chasseur, en plongeant vers la terre,

UN GROUPE DE SOLDATS ALLEMANDS AUTOUR D'UN FEU.

déclenchait à nouveau les symptômes de la peur : battements du cœur, ventre noué, jambes molles. A certains moments, le chasseur volait tellement bas que le pilote et la proie se regardaient dans le blanc de l'œil, et ce n'était pas l'amour qui se dégageait de cet affrontement physique et psychique. La nuit venue, pour se remettre de leurs émotions, le conducteur et Lucas dormirent dans le camion sur un bas-côté. Il fallait absolument bien s'orienter pour arriver à Meyenbourg, au nord-ouest de Berlin où des Américains avaient été signalés.

Quittant le petit village de Kriewics, il atteignit la route menant à Schwerin, menant aux Américains. Cette voie était bondée. Un sauve-qui-peut général avait attiré sur cette chaussée des milliers de militaires en fuite, de paysans avec des carrioles, tombereaux chargés au maximum, de lits, de matelas, de fourneaux, etc., des camions de ravitaillement, des chars allemands, des troupeaux de bœufs, des civils à pied, à bicyclette.

C'était l'exode de la dernière chance, une débandade désordonnée où chacun essayait d'avancer au plus vite, bousculant l'un, l'autre, créant des bouchons, des arrêts, des tampons. La vue de cette artère vitale, bouillonnante de tensions, était sidérante. Lucas s'accrocha à un camion, craignant de se faire rattraper par les Russes qui devenaient dangereux, et se laissa véhiculer lentement dans cette cohue qui entravait la route, entre deux rangées d'arbres d'une forêt, à la manière d'une coulée de lave.

L'oppression était générale. Elle se transforma soudain en effroi lorsque des avions, en rase-mottes, vinrent bombarder et mitrailler cette foule désemparée, suppliciée. En cinq minutes, les gens ayant cherché à se cacher dans la proche forêt, la route devint un enfer dantesque. Des camions explosaient, des arbres étaient en flammes et plus horrible, des corps humains déchiquetés pendaient aux arbres dégoulinants de sang. Les hommes, les femmes, les enfants, affolés, hallucinés, couraient dans tous les sens. Les cris, les gémissements s'intercalaient entre l'éclatement des bombes au phosphore, formant une onde hurlante de désespoir. Sur environ cinq cents mètres, la route n'était plus qu'un grand cratère enflammé, dans lequel brûlaient et mouraient des centaines de personnes qui, torches vivantes, s'effondraient en petits tas de matière calcinée. La vue de ces atrocités faisait vomir. Au même instant se jouaient des milliers de drames finissant avec la mort des êtres, dans une puanteur de chairs brûlées, de sang, de poussière, de cendres, dans une atmosphère sonore cauchemardesque, mêlant le sifflement des avions piqueurs, le crépitement des mitrailleuses, le craquement des arbres qui s'abattaient, le chuintement des sapins expirant par le feu, les cris des humains qui ne voulaient pas mourir. [...]

UNE DÉBANDADE DÉSORDONNÉE OÙ CHACUN BOUSCULAIT L'AUTRE

Lucas entra dans la forêt et marcha lentement vers un endroit d'où partait de temps à autre un coup de revolver. Plus il avançait, plus il pouvait apercevoir, entre les fûts des arbres, des silhouettes de soldats qui prenaient la même direction. Puis Lucas s'arrêta et s'installa sous un chêne pour manger le lard et le pain qu'il portait dans son sac. On ne sait jamais... Au moins, il ne serait pas affamé le premier jour.

Il ajusta ses affaires, sortit de dessous sa chemise la carte d'identité de citoyen français établie à son nom et la mit en bonne place dans la poche droite de sa veste. Il monta une légère colline, boisée en hauteur, d'où il put se rendre compte que les coups de revolver qui, de temps à autre claquaient, émanaient de soldats américains, postés à quelques centaines de mètres de lui. Apparemment, se rendre prisonnier s'avérait être une chose sans histoire et quasiment sans risque. A chaque soldat allemand qui se présentait, un *boy* semblait indiquer la direction à suivre. Lucas prit son courage à deux mains et marcha résolument dans le sens qui le menait en captivité.

Sa surprise fut grande de se trouver devant un seul soldat américain, un grand et jeune gaillard, qui semblait sortir d'un film de western. Il avait l'air sympathique, bien que chacune de ses mains tint un revolver. En plus, il arborait deux revolvers à la ceinture, deux autres dans les poches hautes ouvertes de son blouson court et deux autres dans les poches de son pantalon. Il voulait se donner l'air d'un épouvantail mobile à revolvers, mais sa manière désinvolte de mâcher du chewing-gum et de porter son casque lui donnait l'air bon enfant. Lucas s'approcha de lui, les mains en l'air, l'une tenant

TRACT DE L'ARMÉE ROUGE INCITANT LES SOLDATS ALLEMANDS À CESSER LE COMBAT.

An die Überreste der deutschen Truppen im Raume von Pillau

Soldaten und Offiziere!

Euer Kommando hat Euch und die im Raume Pillau zusamn engehäufte Bevölkerung dem Untergang preisgegeben. Der Widerstand, den Ihr zu leisten bemüht seid, ist zweck- und sinnlos. Ihr werdet gezwungen, das zu halten, was nicht zu halten ist.

Die Truppen der Roten Armee haben die mächtige und starke Kräftegruppierung südwestlich Königsberg, im Raume Heiligenbeil, zertrümmert. Von dieser Kräftegruppierung haben sich nur die 50 000 Soldaten und Offiziere das Leben gerettet, die sich gefangengaben. In drei Tagen wurde eine der größten Kräftegruppierungen Eurer Truppen in Königsberg zerschmettert. Die Besatzung von Königsberg hat mit dem Kommandanten der Festung, General der Infanterie Lasch, an der Spitze kapituliert. Mit ihm gaben sich 92 000 Soldaten, 1 819 Offiziere und 4 Generale gefangen.

In einer kurzen Zeit wurde auch die Kräftegruppierung auf dem Samland zertrümmert.

Diesem Los könnt auch Ihr nicht entgehen. Ihr werdet von unseren vielfach überlegenen Kräften zerdrückt werden. Niemand wird Euch Hilfe leisten können.

1945

sa carte d'identité, et lui dit : « *Frenchman! Frenchman* ! »

L'autre ne s'en soucia pas du tout et répondit : « *Come on, come on!* » en indiquant la direction à suivre, avec son bras tendu, au bout duquel partit un coup de revolver qui était censé guider le prisonnier sur sa route. Lucas obtempéra et, au bout de deux cents mètres, se trouva à nouveau devant un soldat américain, armé de huit revolvers, comme son camarade. Dirigé de la même façon, il parvint devant un troisième guerrier qui opéra selon le même scénario, obligeant le prisonnier à suivre la trajectoire d'une balle. Plus loin, un quatrième soldat regroupait une dizaine d'Allemands. Il envoya le groupe, bien docile, vers la sortie de la forêt. Une fois dans la campagne, des groupes de prisonniers émergèrent de partout, se constituèrent en colonne et marchèrent, le cœur plutôt léger, vers Schwerin, d'où ils furent dirigés sur Haguenow et parqués sur un terrain d'aviation. Ils étaient environ dix mille prisonniers… Et heureux de l'être !

A pied, en « stop », en train

Les Chemins d'une évasion

ALICE DAUL

Prisonnière en Allemagne, la résistante alsacienne Alice Daul, arrêtée et condamnée pour sa participation au réseau des Pur-sang, entreprend de s'évader de son centre de travail de Ziegenhain près de Kassel en février 1945. Trois semaines d'aventures épiques jusqu'au franchissement clandestin de la frontière suisse. Ce texte a été rédigé en avril 1945.

23 novembre 1944, Strasbourg enfin libre ! Et avec la libération, possibilité d'une évasion sans risquer de représailles sur nos parents ! C'est désormais ma pensée de chaque heure, la hantise de mes nuits ! Je n'aurai de repos qu'après avoir réalisé mon projet. D'abord j'essaie de partir avec ma sœur et mes deux camarades de l'équipe. Des prisonniers de guerre français nous offrent leur aide. Mais quand je fixe la date du départ au 19 décembre, la difficulté de l'entreprise freine les courages. J'entreprends alors de tenter ma chance seule, pour pouvoir, une fois dehors, aider plus efficacement celles qui me sont unies par tant de liens.

Depuis six mois je travaille au bureau, cela me permet de circuler dans la maison sans attirer l'attention des gardiennes, cela me permet de rassembler lentement le matériel nécessaire à l'évasion. Tout d'abord il me faut une pièce d'identité. Une carte d'assurances sociales et un livret de travail d'une Sarroise de vingt-trois ans font mon affaire. Je les trouve au bureau. Je m'arrange pour avoir une bougie, une boîte d'allumettes, une trousse de couture, de la ficelle, un couteau, une paire de ciseaux. J'économise du pain, un peu de graisse. Au moyen de mille ruses, je me trouve en possession de mes deux paires de chaussures, de deux paires de bas, d'un jupon noir, et de ma veste de laine. Cela fait des vêtements civils à peu près honnêtes.

Enfin voici la date que j'ai fixée pour mon départ, le samedi 3 février 1945. Tout est prêt, ma musette est camouflée à la cave, je porte le reste sur moi, dans mes poches, dans mes bas, dans mes culottes. Mais il faut que j'attende trois jours avant de pouvoir sortir et cette attente est une dure épreuve de patience et de maîtrise de soi. En esprit, je suis déjà dehors, avec mon corps je suis encore prisonnière.

Lundi soir j'arrive à me faufiler à la cave et à m'y cacher, sous l'escalier, derrière des caisses. Tous les soucis, les idées noires sont envolés. Je ris, je suis de nouveau en pleine possession de moi, j'affronte enfin le danger, tout va bien ! Après une heure, on s'aperçoit que je manque à l'appel ! Grand branle-bas dans la maison. On me cherche de la cave au grenier, sans succès. Quand tout est redevenu calme, vers 10 h, je sors de ma cachette et essaie de forcer la serrure de la porte de la cave à l'aide de tournevis que j'avais fait disparaître au fond de mes poches. J'arrive à dévisser neuf vis sur dix, la dernière, rouillée, ne cède pas, malgré les efforts acharnés que je fournis de 10 h du soir à 4 h 30 du matin. De guerre lasse, je réintègre ma cachette, pensant me reposer la journée, et travailler la nuit suivante. Je suis déjà installée, prête à dormir, quand, subitement, j'ai une inspiration. Je sors de ma cachette, fais une fervente prière et une offrande de tout moi-même à Dieu, et j'attends. A 5 h 30, la gardienne de nuit, accompagnée de deux prisonnières, ouvre la porte de la cave pour sortir les récipients servant à chercher la tisane nous tenant lieu de petit déjeuner. Les prisonnières sortent, la gardienne reste à la porte. A ce moment mes jambes me refusent tout service, je ne puis partir. Mais brusquement, elle sort pour surveiller les deux femmes. Mue par une force invisible, je sors, passe comme un bolide devant la gardienne qui ne sait ce qui lui arrive. Au bout de la cour, j'avais repéré un endroit, facile à escalader, la porte donnant sur les champs attenant à la maison. Quelle n'est pas ma stupéfaction en trouvant la porte cochère grande ouverte devant moi, offrant à mes yeux éblouis le spectacle du ciel, des champs et de la liberté ! Qui connaît les prisons sait qu'une porte ouverte est une chimère ; aussi l'étonnement me coupe-t-il les jambes. Mais je me ressaisis bien vite, et me dirige en courant vers la ville.

JE ME JETTE À L'EAU TOUT HABILLÉE ET TRAVERSE LA RIVIÈRE

Depuis longtemps j'avais orienté la maison à l'aide du soleil. Je traverse la ville et je vais sur la grand-route en direction nord, suivant simplement l'étoile polaire. Je pensais que tout le monde me supposerait partie droit vers le sud, et que les premières recherches se feraient dans ce sens. Je marche donc sans souci sur la route de Kassel, quand un cycliste me double. Au bout d'une centaine de mètres, il rebrousse chemin, et en le voyant se diriger sur moi, je reconnais un gendarme en civil. Lorsqu'il freine brusquement devant moi, et me prend par le bras gauche, j'ai repris mon sang-froid et lui demande d'un ton courroucé ce qui lui prend, qu'il ne manque pas d'audace et que pareille chose ne m'est pas encore arrivée, surtout à 6 h du matin et par une nuit noire. Déconcerté, il me lâche ; je ne demande pas mon reste et file droit dans les champs. La neige avait fondu depuis deux jours seulement, et la région, marécageuse, était inondée. Pendant plus de deux heures qui me paraissent des siècles, je patauge dans l'eau jusqu'aux genoux, mes souliers s'accrochent dans la glaise et me rendent la marche très pénible. J'étais certaine que mon vieux bonhomme de gendarme ne me suivrait pas ; mais je n'étais pas du tout sûre qu'il n'ait alerté ses camarades, et qu'eux ne fassent une battue derrière moi. C'est dans ces sentiments que je me trouve à deux reprises devant une rivière, large de deux mètres environ. Ni à gauche, ni à droite, je ne vois de pont. Dans l'impossibilité de sauter cette largeur, et pressée de mettre de la distance entre ma personne et mes poursuivants éventuels, je me jette tout habillée à l'eau, et traverse les deux rivières à la nage. C'est le 6 février, mais le choc de l'eau glacée est beaucoup moins dur que je ne pensais. Ce qui est pénible et me fait claquer des dents, c'est de porter toute la journée, la nuit suivante et le lendemain matin, des vêtements trempés, lourds d'eau et qui, en tissu « ersatz », sèchent très mal et collent aux jambes. A ce moment mes bas sont déjà en loques, je suis obligée de les enlever et de marcher nu-pieds dans mes souliers. C'est dans accoutrement que je parcours quarante kilomètres autour de Ziegenhain, sur un périmètre de cinq à dix kilomètres pour retrouver le sud sans passer par la ville. Pour m'orienter, je calcule d'après la marche du soleil, et sa position, l'heure approximative et la direction à suivre. Le soir, à la tombée de la nuit, j'arrive à Treysa (qui n'est en somme qu'à cinq kilomètres de Ziegenhain) fourbue, les pieds enflés et en sang, n'ayant plus la force de continuer ma route.

C'est toujours aux moments où je doute de moi et où ma confiance est ébranlée que Dieu, dans sa bonté, m'envoie quelque chose qui me facilite la route, me redonne du courage, et me laisse tout honteuse de mon manque de foi. A ce moment donc je croise un prisonnier de guerre en train de faire sa petite promenade du soir. Je lui dis qui je suis, pourquoi je me trouve sur la grand-route et lui demande s'il ne peut pas prévenir l'aumônier du Stalag que je me suis évadée et que tout va bien (l'aumônier correspondait en fraude avec nous, et pouvait prévenir ma sœur). Après sa réponse affirmative, il me demande pourquoi je vais à pied. Et quand je lui dis que je n'ai pas d'argent, il me donne quarante marks pour pouvoir voyager en train. En attendant de trouver une gare, je marche, marche automatiquement vers le sud. Mais je manque m'endormir d'épuisement en marchant, il faut que je me repose pour reprendre des forces. Comme la terre est humide, je choisis un tas de bois sur lequel, toute mouillée que je suis, je dors

INFOGRAPHIE STUDIO DESSIN DNA

1945

COLL. PART.

GRENOBLE, 18 MARS 1945. ALICE DAUL DANS UNE JEEP AVANT SON RETOUR EN ALSACE.

environ deux heures. Mais si le sommeil est réparateur, il n'arrange pas les pieds, et ne réchauffe pas ; enfin une gare. Je passe le reste de la nuit à grelotter, et prends le premier train du matin en direction de Marburg, Giessen. Là, je sais une femme ayant vécu quelques mois avec moi en cellule, qui me recueille. Je puis me laver, me rassasier, me reposer, soigner mes pieds et les guérir. Après huit jours de vie familiale, je reprends ma vie nomade, fraîchement habillée de pied en cap.

Je monte dans le train en direction de Francfort, Mannheim, Karlsruhe. Sans cesse des complications, des imprévus m'obligent à changer mon itinéraire, à prendre des décisions rapides et importantes. Il faut une très grande souplesse pour passer à travers les mailles serrées de la surveillance allemande, même pour des gens qui ne sont pas en marge de la société comme moi. Rien que le seul fait de ne pouvoir faire plus de soixante-quinze kilomètres en train n'est pas fait pour faciliter des voyages de l'envergure du mien. Aux environs de Karlsruhe, face au Rhin, séparée des miens par le front qu'il n'est pas prudent de vouloir traverser, je suis de nouveau hébergée, cette fois quinze jours, chez une ancienne camarade d'infortune. De nouveau je reprends ma route, vers Bruchsal, Muhlacker, Stuttgart, Tübingen. A Reutlingen, je descends, suis obligée de faire une bonne partie du chemin à pied, échappe par miracle à une attaque aérienne du train que je devais prendre, fais de l'auto-stop jusqu'à Sigmaringen, puis dix kilomètres en train, enfin vais à pied jusqu'à dix kilomètres d'Uberlingen d'où un tracteur m'emmène au lac de Constance. Là j'apprends que j'ai échappé une deuxième fois à une attaque par avion du train, cette fois beaucoup plus sérieuse (il y a trente morts). Et ceci pour cette simple raison : le train ne partait que dans la soirée et dans l'intervalle j'avais largement le temps de faire le voyage à pied.

A Uberlingen, je vais chez une camarade de pension de ma sœur, professeur au lycée. La police avait fait une descente chez elle, trois semaines auparavant, pour me chercher. Elle m'héberge une nuit, m'indique un endroit propice au passage de la frontière suisse, et me donne une bonne carte d'état-major de la région. Je m'installe à la cathédrale d'Uberlingen pour étudier mon itinéraire et choisir l'endroit exact

COLL. PART.

ALICE DAUL, DÉCORÉE, EN DÉCEMBRE 1945 À STRASBOURG, PAR LE GÉNÉRAL MAZOYER.

où je veux passer. Il faut que je grave le plus possible de détails dans ma tête, que je retienne les accidents de terrain, les points de repère. La nuit, tout prend des proportions différentes. Il ne s'agit pas de se tromper, car l'enclave suisse en Allemagne n'est large que de deux kilomètres, elle est située en face de Singen, entre l'enclave de Schafhouse et le lac de Constance. Il faut que j'apprenne mon itinéraire par cœur, il serait trop dangereux, près de la frontière, pour contrôler ma route, d'allumer ma bougie.

Le soir, je prends le train en direction de Singen où j'arrive à 22 h. C'était le 1er mars, un peu plus de trois semaines après mon évasion. Après une marche de toute la nuit dans la forêt, j'arrive vers 2 h du matin à la frontière. Il n'y a que quelques kilomètres de Singen à la frontière, mais le danger croissant à mesure que j'avance, m'oblige à marcher très lentement pour éviter tout bruit de branches cassées, de feuilles froissées, pour pouvoir entendre chaque palpitation de la forêt. L'ouragan fait rage au-dessus de moi, faisant craquer sinistrement les arbres, me donnant l'illusion de voir des douaniers derrière chaque repli du terrain, m'apportant les aboiements étouffés des chiens policiers. Enfin me voici à la lisière. Devant moi un barbelé, à l'aspect infranchissable, puis un terrain vague de deux cents mètres et la forêt que j'avais repérée, entièrement en Suisse. Derrière moi, le bois allemand avec toutes ses embûches et la menace constante d'une rencontre avec les garde-frontières. Il n'y a qu'une solution, passer sous le barbelé, advienne que pourra. Ce n'est pas chose facile. Sans cesse je m'accroche : cheveux, manteau, jambes, bras. Je m'énerve, je tire fort pour me dégager. Le manteau se déchire, les barbelés s'agrippent à mes mains, à mes jambes. Enfin, après bien des déboires, je suis de l'autre côté, en loques, en sang, échevelée, mais tout est bien qui finit bien, je suis libre enfin. Après ce long cauchemar, je suis en Suisse. Personne ne peut savoir ce que cela représente pour moi : la fin de tant de souffrances !

Le 2 mars, à 2 h 50, d'après le rapport de police, je me présente au poste de douane suisse. Et maintenant que je suis en sécurité, j'ai une peur épouvantable, irraisonnée, que les Suisses me renvoient en Allemagne. Interrogatoire jusqu'à 5 h du matin, puis on m'emmène à Schafhouse, chef-lieu de canton. Je puis me laver, soigner mes blessures, raccommoder tant bien que mal mon manteau, et dormir un peu. L'après-midi, nouvel interrogatoire de plusieurs heures. On me fait des difficultés parce que je n'ai aucun papier d'identité, uniquement des faux papiers allemands. La police téléphone à des amis suisses qui confirment toutes mes dépositions. Aussitôt je continue mon voyage sur Genève où une délégation française nous accueille. Je retrouve des évadés, prisonniers de guerre, ouvriers civils, Alsaciens incorporés à la Wehrmacht. Nous échangeons nos expériences et partons en camion à Annemasse, vingt et un hommes et moi.

Samedi 3 mars 1945 ! Jamais je n'oublierai cette date de mon entrée en France ! L'instant tant attendu, auquel j'avais si souvent rêvé, le but de toute mon existence d'exilée, le voilà enfin ! Il est des choses impossibles à décrire, on ne peut que les sentir avec toutes les fibres de son cœur, mon arrivée en France en est une !

Le « Franzous Doctor »

ALPHONSE KIENZLER

Déportés pour faits de résistance en 1944 à Dachau puis au camp de Stutthof en Pologne, deux Alsaciens – le docteur Paul Weil et l'étudiant en médecine Alphonse Kienzler – sont libérés par les Soviétiques en mars 1945 après un calvaire interminable : l'évacuation à pied de leur camp de concentration[1].

Un après-midi de janvier 1945, le froid était vif et il avait neigé. Rassemblement, sur la place d'appel, de tous les hommes valides. Paul Weil et moi restons ensemble. Chacun s'est habillé de son mieux. Sur nos vêtements rayés, on autorise des manteaux, les vestes et tout ce qui peut protéger du froid. Nous sommes forcés de laisser derrière nous tous ceux qui ne peuvent marcher; avant de les quitter nous leur fournissons le maximum de nourriture. Que deviendront-ils? Nous sommes très inquiets mais nous ne pouvons rien faire et partageons le sort de tous ceux qui sont évacués.

Les soldats entourent notre colonne; il fait de plus en plus froid; nous marchons dans la forêt en direction de la côte balte. Nos rangs sont vite décimés car le typhus poursuit ses ravages. La fatigue, le froid, l'absence d'abris, de ravitaillement, affaiblissent les hommes. Parfois un hangar de ferme est réquisitionné par la troupe qui nous y enferme jusqu'au matin.

Chaque jour, épuisés, beaucoup s'effondrent tout au long du chemin que nous parcourons. Des détonations retentissent en fin de colonne; nous nous doutons de ce qui attend ces malheureux. Il faut à tout prix avancer. Nous résistons un peu mieux, Paul et moi, car nous n'avons pas enduré, à l'infirmerie, la vie difficile des commandos, mais nous pouvons être frappés à chaque instant comme les autres. Aux repos, il ne fait pas bon s'endormir; pour un morceau de pain, un vêtement ou une paire de chaussures, on risque d'être assommé ou étranglé. Certains se comportent comme des brutes. De toutes nationalités, droit commun et détenus politiques mêlés, la plupart sont acculés au désespoir.

Le vent glacial retarde notre marche. Paul et moi nous nous regardons sans cesse pour surveiller nos visages : des plaques de gel nous collent aux joues et occasionnent des brûlures. Mais il faut marcher sans s'arrêter. Ceux qui s'affalent meurent en quelques minutes. Durant plusieurs semaines nous errons et progressons à travers la campagne, toujours surveillés par des soldats. Nous parcourons plus de cent cinquante kilomètres. La canonnade résonne dans le lointain : les combats se rapprochent et entretiennent l'espoir d'une libération prochaine.

Paul et moi décidons de tenter notre chance. Lorsque la surveillance du convoi se relâche, la marche de nuit est propice aux évasions. Nous réussissons à sauter dans un fossé. Nos compagnons de route laissent faire, chacun pense à soi, à avancer. D'autres évasions ont déjà eu lieu, toujours de nuit; surtout des Polonais qui connaissent le terrain ou du moins la langue du pays. Notre colonne s'étend sur des kilomètres mais nous réussissons à nous en éloigner. Le sol est gelé; nous approchons d'une ferme, nous frappons à la porte. On y devine une lumière, mais personne ne nous ouvre; s'il y avait des soldats derrière la porte, ils nous tireraient dessus; nous n'osons pas insister.

LES OFFICIERS ALLEMANDS COMMANDENT UNE SOIRÉE MUSICALE EN PLEINE DÉBÂCLE

Nous repartons vers une autre maison et cette fois la porte s'ouvre : il y a du monde, des civils; mais on ne nous laisse pas entrer, les hommes nous invitent à passer notre chemin. A nouveau nous sommes perdus dans la campagne. Nous ne pouvons pas rester à découvert en errant d'une ferme à l'autre; dès le lever du jour nous serions repérés ou dénoncés. Il ne nous reste rien d'autre à faire que de tenter de rejoindre la route. Déçus, maudissant notre malchance, nous réussissons à regagner la colonne sans avoir été remarqués par les gardes. Pour l'instant, il y a moins de danger à être dans le rang qu'à en sortir. Un peu plus loin, une sentinelle fait feu sur un fuyard: la moitié du visage est arrachée et pendante. Paul Weil lui fixe rapidement la joue avec son cache-nez; il saigne abondamment. Il reprend la route; nous le perdons de vue; par ce froid et sans soins, il ne peut aller bien loin.

Les débris de notre troupe parviennent enfin jusqu'à un camp de travail, partiellement évacué par d'autres prisonniers; le front de guerre se rapproche et nous ne pourrons y demeurer bien longtemps; c'est cependant pour tous une pause de quelques jours.

Les décisions des militaires qui commandent notre évacuation deviennent contradictoires : nous tournons en rond, car on signale des Russes partout et le cercle se referme. Les détenus sont les seuls à s'en réjouir. Un cheval est abattu par nos gardes et les restes découpés et cuits dans de grands chaudrons. Certains morceaux de l'animal sont mangés tout crus.

Quelques gradés allemands se regroupent et organisent une soirée musicale; parmi les détenus, ils recrutent quelques musiciens dont un violoniste de l'opéra de Varsovie. Contre la promesse d'un peu de nourriture, ils jouent sur des instruments récupérés chez l'habitant. Ces hommes qui n'ont cessé de distribuer la mort depuis notre départ sont capables d'émotion pour un morceau de musique romantique. Nous parvenons à distinguer les échos des violons interprétant le caprice viennois de Kreisler.

Le lendemain, nouveau départ sur les routes. Les Allemands prennent peur ; il y a des désertions. On entend maintenant le bruit des armes automatiques et les roulements des blindés. Nous ne sommes plus que quelques centaines de survivants sur plusieurs dizaines de milliers au départ, de moins en moins surveillés. Il n'y a plus de réel commandement et c'est le sauve-qui-peut chez les Allemands. A l'approche d'une petite ville, Putzig, sur la Baltique, on nous fait pénétrer dans une espèce d'entrepôt et on nous y enferme.

Avec quelques-uns, nous réussissons Paul et moi à sortir et nous enfuir ; nous ne voulions pas risquer d'être gazés à quelques heures de recouvrer la liberté. Nous savons que ce moment est imminent ; la mitraillade se fait entendre partout : les Russes sont là, à quelques centaines de mètres. Toutefois le danger demeure et peut venir des deux côtés : des Allemands qui s'enfuient comme des Russes qui arrivent et tirent sur tout ce qui bouge. Nous nous jetons dans une profonde excavation du terrain et réussissons à nous dissimuler sous quelques balles de paille.

Un soldat allemand nous a vus faire ; il hésite non à nous abattre mais à nous rejoindre ; il cherche une cache lui aussi ; heureusement il s'éloigne.

La nuit est tombée ; nous sommes toujours terrés dans notre trou. Les coups de feu et les bruits de chars sur la route n'ont pas cessé. Au lever du jour, le 12 mars 1945, léger calme autour de nous ; nous nous risquons hors de notre abri. Nos vêtements rayés nous servent de sauf-conduit. Nous nous approchons des soldats russes, qui, mitraillettes en avant, restent méfiants, mais avenants. Ils ont rencontré trop de victimes, semblables à nous, le long des routes ; ils sont avertis des crimes commis par les soldats d'Hitler. Les prisonniers se regroupent hébétés, épuisés, mais libres et joyeux.

A quelques mètres, un des kapos qui avait sévi dans un bloc de Stutthof est dénoncé par des détenus qui l'ont reconnu. Un soldat russe l'ajuste à trois mètres et tire : le kapo reçoit la décharge en pleine poitrine, il s'écroule et vomit une goulée de sang. Images inoubliables.

Les Russes nettoient la petite ville de Putzig. Nous nous dirigeons vers l'hôpital ; dans une pièce, à l'entrée du bâtiment, une forte femme polonaise, allongée sur un brancard, perd abondamment son sang par une plaie à l'aine. Son artère fémorale a été déchirée par un éclat métallique. Avec l'aide d'un autre médecin, Paul Weil tente de comprimer l'hémorragie ; je maintiens la femme qui s'agite. Il faudrait des pinces spéciales, mais les boîtes de matériel chirurgical sont introuvables. La blessure est trop grave, l'artère est déchiquetée. La femme est exsangue ; sa pâleur s'accentue et le pouls faiblit. Elle articule quelques mots que nous ne comprenons pas. Quelqu'un est allé chercher un prêtre, mais c'est inutile, elle agonise dans nos bras. Nous sommes maculés de sang.

Les Russes ont vidé l'hôpital de tous les civils allemands ou polonais qui s'y trouvaient : seuls sont admis les déportés et les prisonniers libérés, mais la place manque.

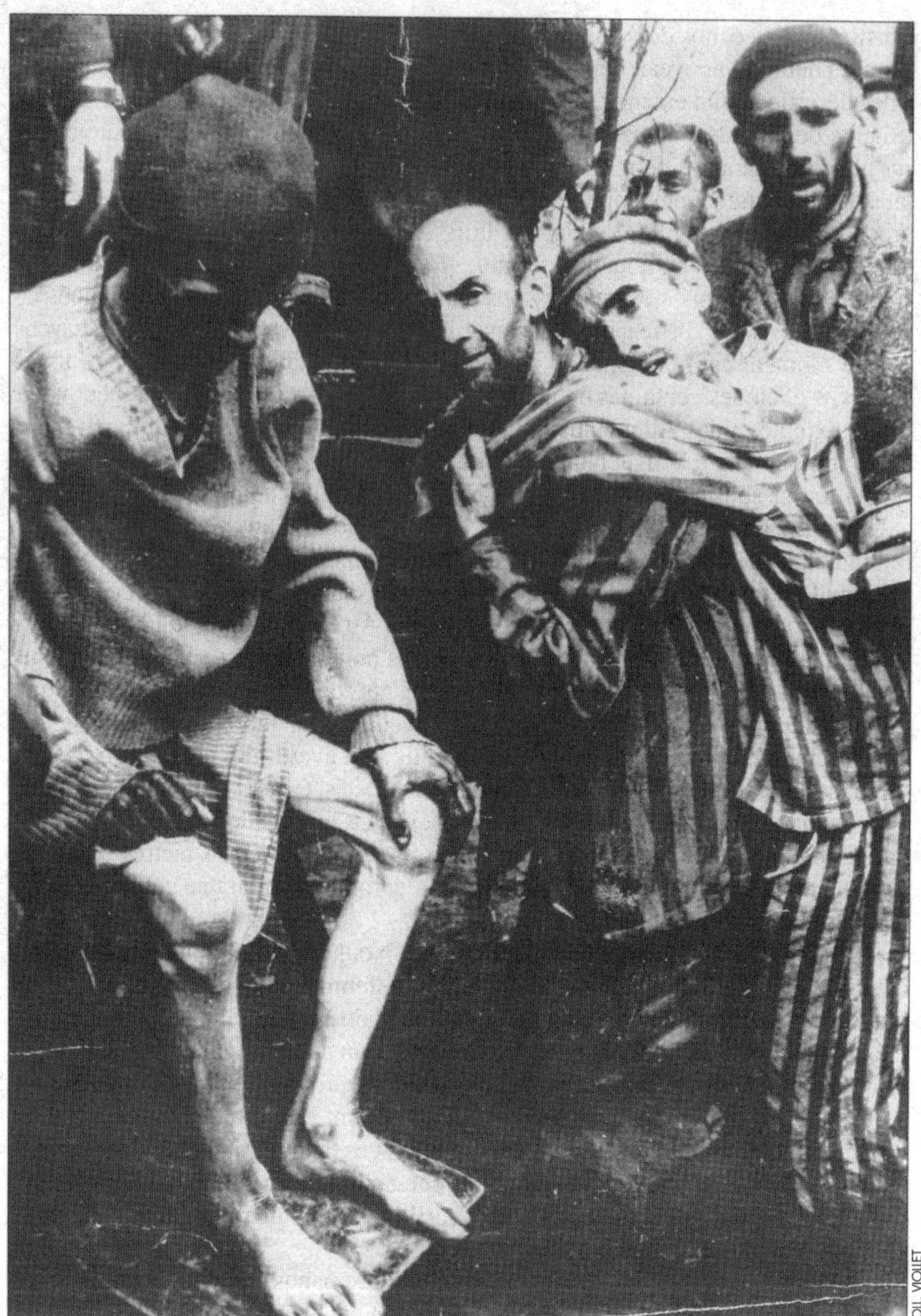

COLL. VIOLLET

2 MAI 1945 : LES AMÉRICAINS LIBÈRENT LE CAMP DE CONCENTRATION DE WOBBELIN.

Le surnombre sera placé chez l'habitant. Les soldats russes accompagnés de quelques déportés font la chasse aux soldats allemands ; c'est l'heure de la vengeance ; les maisons sont fouillées une à une ; on entend des coups de feu. Ce qui se passe dans certaines maisons n'est certes pas beau à voir : les femmes de tous âges, et jusqu'aux plus vieilles, sont violentées. Malheur à celles qui résistent ! Nombre d'entre elles et des vieillards se sont réfugiés dans l'église ou dans les bois environnants. Certaines y sont restées cachées plusieurs jours.

Au début d'une attaque victorieuse, les officiers russes laissaient faire. Les soldats se livraient à toutes les brutalités, à tous les massacres ; puis très vite la discipline était rétablie, sévèrement. La première vague d'attaquants était souvent composée d'ethnies asiatiques, ils étaient de Mandchourie ou du Caucase, soldats fiers et courageux ; ils furent des centaines de milliers à mourir sur les champs de bataille pour la libération de leur patrie. Sans doute a-t-il fallu de tels combattants pour faire plier l'ennemi.

Le lendemain de notre libération, mes forces subitement me lâchèrent : violents frissons, température élevée, incapacité de me tenir debout. J'était à mon tour atteint de typhus exanthématique. Les poux nous avaient accompagnés durant notre retraite et nous en étions tous porteurs. A quelques jours près, je n'aurais pas survécu ; nul ne peut résister à la fièvre infectieuse s'il n'est pas couché et réhydraté. Travaillant à l'hôpital où j'avais été provisoirement affecté, ainsi que Paul Weil, je fus mis dans un lit, délirant et à demi-inconscient durant plusieurs jours. Retrouvant ma lucidité, je reconnus dans le lit opposé mon ami Paul Weil. Il avait été terrassé presque en même temps par la même maladie. Redoutable fléau, le typhus, comme le choléra ou la peste dans les temps anciens, a fait d'innombrables victimes durant cette guerre, les poux ayant trouvé chez les déportés un terrain de choix. [...]

DÉNONCÉ, LE KAPO EST ABATTU SUR-LE-CHAMP

Ces faits eurent lieu en Poméranie vers les mois d'avril et mai 1945. Paul et moi, évidemment, souhaitions rentrer en France dans les plus brefs délais. Les autorités russes étaient très correctes, mais nous craignions qu'elles ne nous entraînent avec elles dans leur immense pays. Nous étions quasiment les seuls Français dans cette région. Les communications étaient interrompues : nous dûmes patienter. Un régiment soviétique nous réquisitionna mon ami et moi afin d'organiser les soins dans un village de Prusse orientale où de nombreux déportés avaient été regroupés. Nous ne pouvions nous dérober. Paul Weil organisa un petit centre de soins dans une des maisons du village.

Les Russes nous traitaient amicalement, ils fournissaient les rares médicaments ou le matériel de pansement dont nous avions tant besoin. Ils nous laissaient soigner qui nous voulions y compris la population civile. Eux-mêmes refusaient tous soins à la population. Lorsque nous leur fîmes remarquer leur cruauté envers les civils, ils nous répondirent que les troupes allemandes avaient fait bien pire lors de leur avancée en territoire russe et que jamais ils ne leur pardonneraient leurs horreurs.

La population civile était composée essentiellement de personnes âgées, de femmes et d'enfants. Leurs violences physiques envers les femmes avaient cessé, sauf quelques cas particuliers, d'ailleurs sanctionnés par les officiers. Certaines beuveries entre soldats finissaient par des échanges de coups de feu et parfois des descentes chez l'habitant. Finalement, après quelques semaines, un ordre relatif régnait dans le village. Paul Weil était apprécié : le « *franzous doctor* » se dévouait jour et nuit; je l'assistais de mon mieux dans ses interventions et ses visites aux patients. [...]

Dans le village où nous étions cantonnés, au PC du régiment, nous fîmes la connaissance d'une femme, lieutenant russe, qui parlait le français. Sa famille, du temps des tsars, avait séjourné en France. Elle s'appelait Okounieva et nous fredonna même l'air de *La Tonkinoise*. Le colonel commandant le régiment s'exprimait en allemand et en français. Il me donna une autorisation de transport et de déplacement. L'ayant chaleureusement remercié et assuré de ma reconnaissance pour les immenses services rendus et surtout pour la liberté que grâce à eux nous avions recouvrée, il me répondit : « La guerre n'est pas terminée, elle ne cessera que lorsque le communisme sera partout victorieux à travers le monde. » Je le quittai sur cette profession de foi.

Quelques jours avant ces adieux, les autorités russes m'avaient proposé de me joindre à un convoi qui partait vers l'ouest. Par contre, elles prièrent Paul Weil de rester encore quelques semaines, jugeant sa présence indispensable sur place. Je ne voulais pas abandonner mon ami, quitte à retarder mon retour, mais Paul insista pour que je parte sans lui. Il ne pouvait pas refuser le service qu'on lui demandait; il rentra en France, un mois après. [...]

Après bien des lenteurs, j'arrivai enfin sur les bords de l'Elbe, qui séparait la zone d'occupation britannique de la zone d'occupation soviétique. Confié aux autorités britanniques, très efficaces, je fus transporté par avion jusqu'à Bruxelles et gagnai ensuite Paris par le train où j'arrivai le 14 juin 1945. Le cauchemar était terminé. L'Alsace était redevenue française; elle l'était toujours restée. Une vie nouvelle commençait, seconde naissance.

NOTE

1. Les souvenirs de guerre d'Alphonse Kienzler ont été publiés en 1992, sous le titre *Souviens-toi, docteur Weil*, Ed. Prospective 21, Strasbourg. Un premier extrait a déjà été publié dans *Saisons d'Alsace*, « Le train de la mort », dans le n° 124, « 1944 – la Libération », été 1994.

PHOTO E. WICKERT

« Tout est à faire »

Projets pour l'Alsace d'Après-guerre

ALFRED WAHL

Allait-on, après la Libération, reproduire les erreurs politiques et administratives de 1918? Beaucoup de résistants alsaciens étaient conscients du danger et, dans la perspective du retour à la France, ont réfléchi à la manière de réintégrer l'Alsace. Trois projets, élaborés pendant la guerre, ouvraient des pistes. Parfois ambiguës.

Le Comité français de libération nationale à partir de 1943 puis le gouvernement provisoire de la République française ont étudié les modalités du retour au sein de la France des départements annexés de fait. Cette tâche a été notamment celle du Service d'Alsace et de Lorraine qui dépendait du commissariat à l'Intérieur. C'était la réédition d'une procédure déjà utilisée au cours de la Grande Guerre par le gouvernement français qui avait mis en place la Conférence d'Alsace et de Lorraine en 1915 en vue de préparer la désannexion.

Les trois projets analysés ci-après ne sont pas l'œuvre du Service d'Alsace et de Lorraine. Ils ont simplement été réceptionnés par lui entre avril et août 1944 et utilisés comme documents de travail. Ils ont des provenances idéologiques et politiques différentes [1].

Elaboré en mars 1943 à Lyon, le premier projet a été enregistré au Service d'Alsace et de Lorraine de Londres en avril 1944. Il est le fruit des réflexions du groupe Dungler, Winter, etc. (réseau Martial) et s'inscrit dans un projet global de reconstruction institutionnelle et politique de la France dans un sens provincialiste et corporatiste. Le mot république n'y apparaît pas. Du vichysme sans Vichy, en somme, même si ce régime est condamné. La place de l'Alsace n'est donc pas exclusive, bien qu'importante.

La question d'Alsace est abordée dans un long préambule où sont proposées des mesures à prendre d'urgence dès le lendemain de la libération du territoire; le ton est impérieux et les propositions ont un caractère impératif. Le groupe Dungler refuse que les Alsaciens soient « les éternels vendus » ou des « Français de seconde zone » : « Nous voulons que l'Alsace française soit avant tout aux Alsaciens ». Parmi les diverses mesures préconisées, signalons l'exigence sans appel de voir les

LE 16 AVRIL 1945 À STRASBOURG, LA FOULE ACCLAME DE LATTRE.

différentes victimes du nazisme être regroupées au sein d'une seule « union » et qu'il leur soit interdit « de se déchirer entre eux ». Cela préfigure un régime local à caractère autoritaire. C'est un « Comité de salut public d'Alsace » restreint de huit à dix personnes qui devra préparer les solutions provisoires pour tous les problèmes posés à la Libération. Ils sont énumérés dans le projet. De façon à peine voilée, le groupe Dungler se pose en candidat pour administrer provisoirement l'Alsace, la « future province d'Alsace », selon les principes exposés.

Suit un réquisitoire implacable contre la politique menée par le régime centralisateur en Alsace depuis 1918. Une incidente originale dans cet exposé sous forme de regret : ce régime centralisateur – on évite de dire républicain – ne s'est installé qu'avec de courtes majorités après 1871 et sans doute parce que l'Alsace et la Lorraine ne votaient plus. La France aurait ainsi été dotée d'un régime néfaste à cause de l'absence des territoires annexés en 1871.

Le retour de l'Alsace à la France, à l'issue de la Seconde Guerre mondiale, devra donc s'inscrire dans un vaste projet de restructuration de l'Etat français marqué du sceau du rejet du centralisme, de la restauration d'un authentique pouvoir provincial ainsi que du corporatisme. La nature de l'Etat n'est pas précisée, hormis l'existence d'un « chef de l'Etat » qui devra nommer les « gouverneurs de province ». L'accent est mis sur la notion de peuple constitué par l'ensemble des familles organisées en fonction des métiers.

L'influence de Vichy est patente. « L'ordre nouveau est en train de naître, dit le texte devant la faillite des régimes actuels (aussi bien des uns que des autres). »

Comme les autres provinces, l'Alsace aurait donc à sa tête un « gouverneur », mais celui-ci devra être alsacien. L'assemblée provinciale serait formée d'élus pour moitié, de notables et de représentants des administrations et des corporations.

Un deuxième document rédigé à Alger en mars 1944 est parvenu au Service d'Alsace-Lorraine à Londres le mois suivant. Il est intitulé *Rapport sur certains aspects du problème alsacien*. Selon ses dires, l'auteur séjournait à Clermont-Ferrand et traitait des problèmes alsaciens « dans le cadre des Compagnons de France », une organisation vichyste. Là il créa le Groupement inter-bailliages d'Alsace-Lorraine (Gibal), une dénomination à connotation vichyste également. En faisait partie, notamment, Carré de Malberg, dirigeant du Geral, l'organisation des réfugiés. L'auteur du document précise qu'il est en relation avec des officiers alsaciens dans les Oflag et même avec la Résistance. Des groupes de travail ont préparé des dossiers dont la synthèse est présentée dans le rapport final.

« TACT, PATIENCE ET TEMPS »

Il y est abondamment question d'éviter désormais « les erreurs commises » entre 1918 et 1939. Sept problèmes sont isolés, accompagnés de leur solution. Premier problème : le passage de la législation allemande à la législation française. L'auteur propose d'en revenir à 1939 et de créer un Office alsacien-lorrain, instance au ser-

« DEHORS, LE FATRAS BOCHE ! »
AFFICHE DE LA LIBÉRATION PARODIANT LA CÉLÈBRE AFFICHE ANTI-FRANÇAISE DES NAZIS.

vice du peuple alsacien et aidant au règlement de tous les problèmes dans les moindres détails. Pour ce groupe d'étude, l'essentiel semble bien être le maintien de la législation concordataire et du statut scolaire local. Il est aussi exigé que les deux préfets ainsi que 75 % des fonctionnaires soient d'origine locale. Dans le futur, les affiches devront être imprimées en français et en « patois » et non plus en allemand. La question linguistique est considérée comme « une question de tact, de patience et de temps ». A propos du deuxième problème, celui des intérêts matériels des Alsaciens-Lorrains, l'Office veut devenir le recours officiel pour les personnes lésées. Le même Office veut prendre en charge le troisième problème, celui de la propagande française en Alsace, ainsi que le quatrième, plus original : celui de la propagande alsacienne en direction de la France afin d'éradiquer le mythe d'une Alsace autonomiste et germanophile. Les rédacteurs de ce projet reconnaissent leur incapacité à trouver une solution à la question féminine; il est vrai qu'ils décrivent une situation catastrophique de la femme alsacienne; plusieurs centaines de milliers d'entre elles auraient été déportées et vouées à « fabrication d'un soldat pour le Führer avec la collaboration d'un combattant allemand ».

Quant au sixième problème, celui de la dénazification des jeunes, le projet prévoit un encadrement par un mouvement de jeunesse unique inspiré du scoutisme français, puis, au bout de six mois, par les Compagnons de France. Enfin, reste le septième problème, celui de l'épuration future : l'auteur du projet préconise l'expulsion vers l'Allemagne de tous les Alsaciens ayant pris un conjoint allemand ainsi que de leurs enfants.

Le troisième projet est de la plume d'un Alsacien, inspecteur d'académie révoqué par Vichy pour franc-maçonnerie et arrêté pour faits de résistance. Il est intitulé *Propos d'Alsace et de Lorraine*, et comporte près de trente feuillets (1er juin 1944).

Dans des considérations liminaires sur la psychologie des Alsaciens, l'auteur qualifie ces derniers d'« opposants d'instinct, de tempérament et d'habitude ». Suivent ensuite dix propositions relatives aux questions considérées comme les plus importantes. L'épuration d'abord qui, selon l'auteur, doit être menée par les Alsaciens eux-mêmes car ils sont « les mieux placés pour classer les gens » ; « ils savent à quoi s'en tenir », quitte à ne pas « trop s'embarrasser de la forme et des scrupules juridiques ».

La loi française doit entrer en vigueur le jour même de la libération, « sans délai et sans condition ». L'auteur préconise l'abrogation du régime spécial responsable, en particulier, « d'une double imposition fiscale » qui a jeté les Alsaciens dans les bras des autonomistes. Ainsi, la législation française devra être appliquée immédiatement et intégralement, et le pouvoir français devra appuyer, cette fois, les partisans locaux de cette politique, au lieu de soutenir « l'UPR essentiellement cléricale et foncièrement conservatrice ».

D'où aussi le retour aux circonscriptions administratives d'avant 1870 et l'adjonction de Belfort au département du Haut-Rhin dont le chef-lieu devra être transféré de Colmar à Mulhouse.

Il importe ensuite de recruter les hommes chargés « de faire fonctionner la machine ». Premier impératif : ne pas refaire les erreurs de 1918 où « les trois départements étaient devenus un déversoir où on les [fonctionnaires] versait s'ils étaient devenus inutilisables ailleurs ». Sans être « partisan de faire de l'administration de ces trois départements une chasse gardée pour Alsaciens et Lorrains – ce serait absurde, impolitique et inadmissible – », l'auteur estime qu'il faudra faire une large part, au début du moins, au recrutement local; ce qui lui semble possible en raison du grand nombre d'agents dispersés à travers toute la France. « Le commissaire de la République, la moitié des préfets et sous-préfets doivent être des régionaux », à condition d'écarter les serviteurs de Vichy ainsi que les fonctionnaires « un tantinet compromis » et pour ne pas leur « permettre de s'y refaire une virginité ». Il convient enfin d'éviter d'instaurer à nouveau des différences de traitement comme en 1918.

SUPPRIMER LE STATUT SCOLAIRE ET RELIGIEUX ?

Le septième point est jugé le plus crucial. Il s'agit du statut religieux et scolaire. Dans un réquisitoire sans nuances, l'auteur rappelle comment les politiques et le clergé ont fait croire que la séparation de l'Eglise et de l'Etat signifiait l'interdiction de la pratique religieuse. Conclusion : il faut établir en Alsace le régime des autres départements, y compris pour l'école. Le personnel enseignant devra accomplir un stage d'un an dans les autres départements pour se perfectionner dans la langue française. Sur la question de la langue allemande, l'auteur fait preuve d'une ouverture étonnante, eu égard à la conjoncture et à ses positions par ailleurs : il propose une ou deux heures d'enseignement de cette langue à l'école primaire, mais à titre facultatif.

Autre problème clé : la langue d'usage du peuple alsacien. L'objectif est de poursuivre l'avancée historique de la langue française, depuis les vallées vosgiennes vers l'est, une « excellente administration » pouvant la faciliter. Pour le reste, l'auteur préconise la prudence ; pas question de supprimer la presse en langue allemande, sous peine d'invasion de la presse d'outre-Rhin. Quant aux journaux rédigés en allemand, la traduction devra figurer systématiquement en regard, dans la colonne voisine. Il conviendra aussi de doter richement les bibliothèques populaires et même paroissiales et de soigner particulièrement les éditions pour les jeunes. Les cours de perfectionnement devront s'adresser en priorité à « la masse » et plus souvent qu'avant 1939, car c'est elle « qui est à la base de l'évolution d'une langue ». Quant au cinéma, l'auteur estime qu'il faut interdire totalement la projection de films en langue allemande. Seul le théâtre dialectal trouve grâce à ses yeux. Par ailleurs, « tout est à faire », si l'on veut faire aimer la chanson française et faire reculer la domination traditionnelle de la chanson allemande, particulièrement au sein des innombrables chorales.

Enfin, il faudra tout faire pour éviter que l'on se moque de l'accent local et « ne pas trop faire attention aux massacres subis par la grammaire, la syntaxe, l'orthographe » ; d'où la proposition de fournir d'office à chaque Français vivant en Alsace ou la visitant un manuel de « comportement ».

Autre question abordée : l'économie. Sur ce point, l'auteur considère qu'il faudra trouver une solution satisfaisante pour la conversion de la monnaie comme en 1918 et surtout détacher immédiatement l'économie régionale de celle de l'Allemagne et ne pas tarder comme en 1918.

Plus surprenant, un chapitre consacré à « la question juive ». Ici sont avancées nombre de simplifications. Ainsi, l'antisémitisme alsacien daterait de l'après-1918. Durant l'entre-deux-guerres, les juifs auraient mis la main sur les entreprises allemandes de même que les faillites des banques régionales auraient touché en priorité des établissements « dirigés en majeure partie par des israélites. » Une seconde raison expliquerait l'intrusion de l'antisémitisme : l'immigration des juifs venus d'Europe orientale après 1929 et d'Allemagne ensuite. En conséquence, l'auteur propose de refouler les juifs « sortis des ghettos galiciens, roumains et allemands », à la grande satisfaction, pense-t-il, des juifs natifs d'Alsace « qui aiment autant leur pays natal que les autres gens ».

Ultime point : celui de la propagande en faveur de la France. D'où le projet de faire voyager en France les paysans et les ouvriers au moyen de la seule possibilité évoquée, à savoir le pèlerinage. Il faut y ajouter l'accélération des déplacements sportifs ; la création d'un office spécial ayant pour tâche l'organisation des loisirs des jeunes recrues de l'armée. Parmi d'autres mesures préconisées, celle d'aider financièrement la fréquentation des universités françaises par des étudiants alsaciens. Pour l'auteur, le brassage total des populations, voilà le salut. Des agriculteurs de « l'intérieur » devraient venir s'installer sur des terres alsaciennes.

Ce projet n'a pas laissé les services de Londres indifférents. Dans un commentaire joint, on peut lire de multiples réserves. L'idée de laisser aux autochtones le soin de l'épuration est rejetée ; tout au plus envisage-t-on de les associer et pour donner le sentiment que la population alsacienne approuve. Par contre, il est proposé d'interner les personnes compromises et de fermer les frontières pour éviter leur fuite.

PHOTO E. WICKERT

DE GAULLE SUR LE PERRON DE LA MAIRIE DÉTRUITE D'AMMERSCHWIHR, EN 1948.

Le Service d'Alsace et de Lorraine est bien moins assimilationniste et refuse l'idée de supprimer toute législation locale car il n'y a pas lieu de « s'effrayer si de petites différences existent avec le régime intérieur de la France ». Il faut arriver à leur suppression, mais progressivement. Sur la question religieuse, il imagine un compromis : les salaires des prêtres seraient versés par les municipalités qui seraient d'accord. Il reconnaît pourtant le caractère « épineux du problème ».

Quant à l'école, l'instituteur ne devrait plus être tenu d'assurer l'instruction religieuse, « premier pas vers la séparation ». Cependant le Service reconnaît qu'il y a un sérieux problème pour les écoles de filles où dominent traditionnellement les religieuses. Impossibles de trouver à les remplacer rapidement.

Au total, ces trois projets concernant l'Alsace au lendemain de la Libération ne forment qu'une partie de l'ensemble des réflexions. Ils révèlent néanmoins que les clivages n'ont pas disparu au sein des Alsaciens de l'extérieur. Et le clivage droite-gauche recouvre toujours peu ou prou le clivage régionalistes-assimilationnistes. Ajoutons qu'à l'intérieur de l'Alsace, une fois libérée, d'autres interlocuteurs vont se manifester. Il appartenait au gouvernement provisoire de prendre ses responsabilités.

NOTE

1. Documents manuscrits : pour les deux premiers rapports : CFLN, Commissariat à l'Intérieur, Service d'Alsace et de Lorraine, Annexe de Londres « Renseignements », n° 10, R/AL 00194 à R/AL 00206, 16 au 30 avril 1944; pour le troisième rapport : GPRF, Commissariat…, « Revue Politique », n° 8, P/AL 0115 à P/AL 0116, juin-juillet-août 1944. Ces documents font partie d'un dépôt d'archives privé.

ARCHIVES « ÉTUDES HAGUENAUVIENNES »

14 juillet à Haguenau

ANNIE SCHNEIDER

Récit des festivités de la fête nationale en 1945 à Haguenau, à partir d'une correspondance d'époque.

Issue d'une ancienne famille de Haguenau, Annie Schneider, épouse Schmitt, entretint avec sa fille Angélique, née en 1920, engagée dans la 1re armée française, une correspondance suivie à partir de l'hiver 1944-1945, racontant la vie quotidienne à Haguenau à la fin de la guerre. Dans cette correspondance inédite que nous a confiée sa famille, nous avons choisi une lettre, datée du 16 juillet 1945 dans laquelle Annie Schneider raconte à sa fille les cérémonies du 14 juillet à Haguenau.

Lundi soir, le 16 juillet 1945

Ma bien chère Angélique,

Vite quelques mots pour te remercier de ta lettre et te dire que nous avons été agréablement surpris de recevoir si tôt de tes nouvelles. C'est bien gentil de nous avoir donné tant de détails ; j'aime bien ces lettres, bébichette. Madame Siffert vient de me dire que son mari, pour rentrer à Karlsruhe, se rend chaque fois au pont de Kehl, et c'est là qu'il a le plus grand choix de voitures militaires.

C'est bien dommage que nous ne vous reverrons pas avant un bon moment ! Je regrette beaucoup que tu n'aies pas pu fêter le 14 juillet à Haguenau. Je t'assure que c'était splendide. Madame Antoine m'a dit : « Maintenant je pardonne beaucoup aux gens de Haguenau parce qu'ils ont si bien fêté le 14 juillet. » Toutes les maisons et magasins avaient fait un effort inouï. Une richesse de fleurs, de guirlandes, de drapeaux, de grands portraits de De Gaulle, des croix de Lorraine immenses en fleurs, en métal, en bois, illuminées ; je te raconterai cela en détail, quand tu rentreras. La place d'Armes et la place de la Mairie disparaissaient dans les drapeaux, guirlandes, carrousels, lampions, etc. L'illumination était splendide. L'immense croix de Lorraine du clocher de Saint-Georges se voyait encore sur la route de Strasbourg.

Le 13 au soir, belle retraite aux flambeaux. 14 juillet matin, bel office religieux ; sermon de l'aumônier militaire. La patriotisme est un devoir ; je te raconterai cela, c'était magnifique. Après-midi, cortège comme jamais Haguenau n'en a vu. Quatre-

ARCHIVES « ÉTUDES HAGUENAUVIENNES »

LE COMMANDANT HOERDT, DES FFI DE HAGUENAU, MUTILÉ EN FÉVRIER 1945, À LA PLACE D'HONNEUR.

vingt-quatre voitures des villages de l'arrondissement. Fleurs, drapeaux, jeunes gens et petits enfants en costumes d'une richesse peu connue. Il y avait aussi une belle Jeanne d'Arc et Napoléon. Madame Causé (Banque de France) n'en revenait pas de voir tant d'enfants. Wintershouse avait deux voitures, Wittersheim trois. Je ne te parle pas des voitures de Haguenau aujourd'hui ; d'une seule quand même : « Räder müssen rollen für den Sieg »[1] : deux ânes tirent une voiture sur laquelle le peintre Hitler badigeonne ; de la voiture descend une planche qui traîne encore une immense roue. Toute la nuit bal champêtre sur la place d'Armes ; et quel entrain, m'ont raconté Madame Hiebel et Antoine.

15 juillet au cimetière russe sur les tombes des soldats. Abbé Clodi. Après-midi cortège des déportés et gens de Schirmeck. Deux Alsaciennes entre un soldat de Leclerc, sous un même drapeau, ouvraient le cortège. Suivaient les internés et déportés. Ceux punis pour avoir écouté la radio anglaise. Leur voiture portait l'inscription : « Ici Londres ! l'Amérique vous parle ! » Ceux pour aide aux prisonniers et évadés. Ceux pour la propagande gaulliste ! Ceux de la résistance ! Les évadés Grenzgänger (ici j'ai failli pleurer en voyant tous ces camarades de Jean-Paul[2]). Puis les internés politiques ! Quelques-uns portaient le costume rayé des prisonniers, et tous le ruban vert ou rouge comme à Schirmeck.

Le pauvre commandant Hoerdt était seul dans une auto bien fleurie, dans le cortège.

Je te raconterai comment étaient les différentes voitures quand tu seras à Haguenau. Il y avait aussi des expulsés avec leurs valises : quinze kilos ! Tous se sont fait applaudir. Ceux de Schirmeck, de Bruchsal, de Buchenwald, etc. C'était un immense cortège de tout l'arrondissement. Des centaines ! C'était poignant.

HUMOUR PRÉSENT : ALLUSION AU SLOGAN NAZI « TOUTES LES ROUES TOURNENT POUR LA VICTOIRE ».

ARCHIVES « ÉTUDES HAGUENAUVIENNES »

ARCHIVES « ÉTUDES HAGUENAUVIENNES »

LE PRÉSIDENT DE LA CHORALE 1857 DE HAGUENAU, G. SCHEFFELS, DIRIGE LES CHANTS À LA HALLE AUX HOUBLONS.

Je te décris les deux dernières voitures. Un grand camion arrangé en camp de Schirmeck. Tout autour, des barbelés, des barbelés. Dedans les « Schirmeckards » en tenue de camp. Les Boches en vrai uniforme vert, les gardiens, leur faisant faire les exercices de Schirmeck (« Aufstehen ! Hinlegen ! »), les maltraitant avec des Gummiknüttel et la crosse de leurs fusils. Puis à la fin du cortège sur la place d'Armes un soldat français monte, ouvre les barbelés avec des tenailles, les prisonniers se jettent sur les Boches, et ce sont eux maintenant qui se font battre et faire l'exercice ! Tu aurais dû voir comme les Américains ont filmé tout cela, et entendre les cris de joie de la foule !

La dernière voiture était une forêt en pente. D'immenses sapins, au fond, puis toujours des sapins un peu plus petits en gradins. Tout en haut, dans les plis de la tricolore, une Alsacienne, une Lorraine, une Marianne. En pente un grand nombre de petits Alsaciens et Alsaciennes. Inscription : « Qui s'y frotte s'y pique ! »

J'ai failli oublier la fête des enfants de toutes les écoles de la ville à la halle aux houblons. Chaque classe avait un drapeau tricolore, et beaucoup d'enfants des petits drapeaux. Le maire et le sous-préfet ont parlé ; les enfants ont bien chanté ; c'était très bien. Et partout un entrain formidable.

Pauvre Jean-Paul, depuis que hier j'ai vu ces innombrables « Schirmeckards », je pense à lui plus que jamais. C'est incroyable que les Boches ont enfermé tant de gens, rien que d'un arrondissement, qu'ils forment déjà un grand cortège, sans parler de ceux qui sont encore absents ou qui ont laissé leur vie. A Haguenau il manque maintenant encore sept cents jeunes gens ! Trois cents sont rentrés ces derniers temps. Bonsoir, bébé, écris bientôt longuement. Papa et moi t'embrassons de tout cœur.

Maman

NOTES

1. Traduction : Les roues doivent rouler pour la victoire. Voir photo.

2. Jean-Paul Schmitt est le frère d'Angélique. Sa famille était sans nouvelles de lui depuis octobre 1944. Après une tentative de passage en zone libre en 1942, il fut interné au camp de Schirmeck puis enrôlé dans l'armée allemande. En octobre 1944, il déserta et rejoignit les troupes soviétiques. Il décéda dans un hôpital russe en mars 1945 mais sa famille ne l'apprit que début 1946.

Les fêtes de la Victoire

Mémoire vivante et archéologique

GEORGES BISCHOFF

Militaires radieux, costumes folkloriques, notables endimanchés, drapeaux et flonflons composent le paysage imposé de toute fête de la Libération. Derrière la façade colorée, qu'exprime cette mise en scène dont les symboles sont plus complexes qu'il n'y paraît?

Longtemps, l'affiche est restée exposée au froid et à l'humidité puis elle a fini par disparaître au fond d'une poubelle amnésique, déchirée par le temps. Enfant, je la retrouvais chaque été, entre les mirabelles du verger et les caramels de Tante Léna : elle occupait un passage stratégique, au milieu de la « Laub » qui relie la maison de famille à un grenier ouvert sur le vignoble. On s'y arrêtait, comme devant une image de piété et, à la vérité, c'en était plutôt deux qu'une : au premier plan, un militaire en calot, souriant, encadré par deux Alsaciennes en costume, tout aussi radieuses; au second plan, une gravure figurant un soldat de l'an II en bicorne et en sabots veillant sur le panneau « Ici commence le Pays de la Liberté », sur fond de maisons à colombage. Les libérateurs de 1944-1945 étaient les fils de ceux qui s'étaient levés pour défendre la patrie en danger en 1793; notre bonheur était le fruit de leur courage, leur guerre avait été une juste guerre. On en voyait encore les traces autour de nous : tombeaux grêlés d'éclats au cimetière, trous d'obus au fond du jardin, châlits reconvertis en étagères dans une cave qui avait fait office d'abri pendant les combats de la poche de Colmar, etc. Un de mes plus vieux souvenirs me ramène à Neuf-Brisach, au milieu des années cinquante : l'autocar Citroën nous avait déposés sur une place d'armes aux arbres blessés, près d'une église sans toit, dans une ambiance de mort.

L'affiche réalisée par les services de la propagande de la 1re armée est restée étonnamment actuelle : la photo des deux jeunes femmes et de leur libérateur possède une dimension symbolique (qui renvoie à une iconographie déjà ancienne, entre 1871 et 1918) en même temps qu'une charge émotionnelle qui tient à son contexte, à son caractère spontané. La référence à un passé glorieux, rendu plus authentique par le pastiche d'image d'Epinal[1] – l'affiche dans l'affiche –, lui donne un sens encore plus fort. Mais l'essentiel se situe hors du champ : c'est le groupe de spec-

Préparatifs de la fête de la Libération à Riquewihr. Des prisonniers allemands sont mis à contribution. Photo Jean Hugel.

ARCHIVES ANDRÉ HUGEL

Drapeaux, guirlandes, banderoles dans Riquewihr en fête. Photo Jean Hugel.

tateurs qui s'arrêtent pour regarder et se voient donc nantis du même rôle que le soldat et ses deux compagnes : ils sont à leur tour investis par les événements, mais avec une distance différente.

De fait, les cérémonies du cinquantième anniversaire de la Libération, en 1994-1995, sont peut-être la première – et la dernière – rencontre de la mémoire et de l'histoire. Les témoignages se sont cristallisés loin des jeunesses meurtries : déjà, la bande magnétique et l'écran se sont substitués à la chair et au sang. En se figeant, les récits des anciens sont devenus des documents, et non – mais cela mériterait un long commentaire étymologique – des monuments apportant un message pathétique. La crainte d'une banalisation des faits est toujours plus sensible : ne faut-il pas croire, en effet, que leur intelligibilité finira par nous échapper, à cause de la disparition des témoins ou de l'institutionnalisation d'un discours devenu objet de musée ?

Les cérémonies qui viennent d'avoir lieu en rendent compte : à Strasbourg, le 23 novembre 1994, un certain nombre de services publics ou d'entreprises ont continué leur activité normale malgré la solennité du jour : on a même entendu des marteaux-piqueurs place Kléber pendant l'allocution du président de la République. Ailleurs, au lieu de commémorer une libération le samedi 4 février, on l'a anticipée d'un jour pour ne pas empiéter sur le pèlerinage au supermarché ou le tiercé du week-end.

La mise en scène de la victoire, l'exaltation de la liberté reconquise et les pratiques populaires – citoyennes ? – qu'elle suscite constitueraient un vaste domaine de recherches : les célébrations renouvelées d'année en année sont-elles des rites corporatifs pour vieux guerriers, des exorcismes, des survivances ? Traduisent-elles une érosion du sentiment patriotique ? Ne faut-il pas les considérer d'emblée comme d'ultimes « retombées », comme des « répliques » auxquelles on a voulu confier une dimension pédagogique ?

SYMBOLES SUPERPOSÉS :
DE LA RÉVOLUTION FRANÇAISE À LA LIBÉRATION.

Les fêtes de la Libération regroupent des manifestations très différentes. D'abord, au cœur même de l'action, lors de l'entrée des troupes alliées : les premiers drapeaux tricolores, des Alsaciennes encocardées apparues comme par enchantement, une poussée de fièvre qui s'accompagne d'une profusion de comportements symboliques. Les toutes premières photographies « libérées » donnent le sens : destruction des signes de l'oppression, image d'une fidélité retrouvée. Les plaques de rues « Adolf Hitler Strasse », ramenées comme des trophées sur les Jeep de la 2e DB ou les scènes d'exécution du buste du Führer en constituent l'archétype. Le zèle patriotique de l'Alsace s'affiche à travers le costume folklorique, comme cela s'était fait en 1918 ou, à titre virtuel, depuis le traité de Francfort. D'un bout à l'autre de la France, avant même les chevauchées de novembre 1944, la figure de l'Alsacienne est intimement liée à l'euphorie de la victoire : on la retrouve lors de la libération d'Annecy par la Résistance (et c'est même le seul costume régional présent), le 22 août, et, quelques heures plus tard, sur les Champs-Elysées. Tout se passe donc comme si l'image de la province perdue retrouvait sa fonction initiale (l'incarnation d'une patrie mutilée, et non d'une des composantes régionales du pays). A Obernai, un immense calicot fixé sur le pignon de la halle aux grains salue les libérateurs sur le thème « France et fidélité », à grands coups de croix de Lorraine. La somme d'émotions relève de l'indicible ; plus tard, on passera au stade de l'organisation : défilés militaires et prises d'armes, visites de responsables politiques – à commencer par le général de Gaulle – incitations officielles par voie d'affiches ou par la presse, meetings, etc.

L'AFFICHE DE L'ALSACIENNE EST LIÉE INTIMEMENT À L'EUPHORIE DE LA VICTOIRE

Pour l'historien, l'analyse des cérémonies officielles « programmées » représente un deuxième axe de recherches. En effet, quelques moments privilégiés vont permettre de synthétiser le concept de la Libération, en lui donnant sa légitimité historique et en établissant une sorte de consensus. On distinguera les fêtes de l'Armistice (dans la semaine de l'Ascension : le 8 mai 1945 est un mardi, les célébrations se prolongent dans les jours qui suivent), le premier 14 juillet de la Victoire, « après cinq années de torture et de monstrueuse oppression » selon les mots du préfet Bollaert, le 27e anniversaire du 11 novembre 1918, la double commémoration strasbourgeoise des 22 et 23 novembre, etc.

Ces manifestations sont destinées à la population tout entière (mais il manque beaucoup d'hommes, incorporés dans l'armée ennemie), en particulier à la jeunesse : ainsi, les scouts de Colmar, Sélestat et Strasbourg ont-ils la joie d'accueillir la veuve de Baden-Powell, le scoutisme étant l'antithèse absolue de la Hitlerjugend. Leur unanimisme associe les autorités religieuses, militaires et laïques autour de la patrie délivrée. Le *Te Deum* célébré à la collégiale de Colmar en donne un bon exemple : « Les cloches de France viennent de chanter l'hymne de la victoire finale et de la paix. Le chef prestigieux et providentiel qui, le 18 juin 1940, avait proclamé que la guerre n'était pas terminée, malgré une bataille perdue, vient d'annoncer au peuple de France que la victoire a enfin couronné nos sacrifices, nos épreuves, nos efforts et que, maintenant, la guerre est victorieusement terminée. Rendons grâce à Dieu, qui n'a pas permis que la France sombre aux abîmes mais bien au contraire a

ARCHIVES ANDRÉ HUGEL

Défilé de la victoire à Colmar.
Un groupe de FFI comme à la parade.
Photo Jean Hugel.

ARCHIVES ANDRÉ HUGEL

Les notables de Riquewihr attendent les personnalités invitées à la fête de la Libération de la commune. Photo Jean Hugel.

rendu possible la victoire de la cause juste de l'humanité » (Mgr Hincky). Et le même numéro du *Nouveau Rhin français* de placer en exergue quelques mots du préfet du Haut-Rhin, Fontlupt-Espéraber : « Pour une France puissante, fière et pour toujours maîtresse du Rhin » (« Für ein Frankreich mächtig, kühn, und für immer Herrin (sic) des Rheins ! » en allemand dans le texte).

La référence « révolutionnaire » évoquée d'entrée de jeu n'est probablement pas fortuite : dans un certain nombre de localités, les fêtes de la victoire renouent avec la tradition de l'arbre de la Liberté (à Guebwiller, par exemple). En mai 1945, les habitants de Riquewihr accrochent des guirlandes de verdure aux façades pavoisées. La thématique de *La Victoire en chantant* se combine avec *Vous n'aurez pas l'Alsace et la Lorraine*. On y retrouve les mêmes acteurs : le retour du guerrier (ici, sur un char qui prétend figurer le « maquis » dans lequel se dissimulaient les héros), le chœur des vierges et des mères (en costume alsacien), la relève incarnée par les enfants (« nous entrerons dans la carrière quand nos aînés n'y seront plus ») et la piété patriotique des vétérans. Beau comme l'Antique : épopée collective et triomphe. Les généraux vedettes, Leclerc et de Lattre de Tassigny, ont des profils de médaille, illustrant à la perfection le syndrome de Pierre Fresnay si vivant en Alsace[2]. Le retour des restes de Kléber le 16 septembre 1945, avec une magnifique chorégraphie de spahis, ou de la statue du général Rapp sur la place éponyme sont des morceaux d'anthologie[3]. A Fessenheim, le cortège du 14 juillet 1945 comporte des figurants en costume d'époque, notamment des grenadiers de la Grande Armée. On promène dans les rues un curieux attelage composé d'une vache dont les flancs ont été barbouillés de croix gammées, traînant derrière elle quelques-unes des breloques du régime nazi : tableau vivant directement issu de l'affiche vengeresse « Hinaus mit dem schwowe Plunder ». Comportement voisin à Riquewihr, où l'on procède à la pendaison d'un mannequin revêtu de l'uniforme des « chemises brunes » et en beaucoup d'autres lieux. Les feux de joie alimentés par des drapeaux ou des insignes hitlériens ont commencé dès les premières heures de la Libération, notamment à Strasbourg. Reste à savoir ce qu'il y a eu au-delà de cette épuration des signes et des symboles : un « carnaval moche », à l'instar de ce qui s'est passé à « l'intérieur » lorsque la fureur populaire s'est déchaînée contre les « collaboratrices horizontales » ? Parfois, on évoque l'incendie de la maison d'un traître parti dans les fourgons de l'ennemi, quelquefois encore on se souvient des inscriptions portées par des pinceaux vengeurs sur les murs de ce qu'on appelait alors « un boche »[4]. Le plus souvent, semble-t-il, on a dû se contenter de simulacres : nombre d'épouvantails feldgrau dans les champs de l'après guerre, pelles à purin confectionnées avec un casque allemand, etc. Mais tout cela se situe en dehors du temps de la fête.

PAR CENTAINES, MONUMENTS ET NOMS DE RUES FIXENT LA MÉMOIRE DES LIBÉRATEURS

Celle-ci possède son propre espace et son calendrier. Tant que cela reste possible, il importe de relever les pèlerinages des anciens combattants aux rangs toujours plus clairsemés. Pour les « libérés » ou leurs descendants, ces parcours, cimetières, champs de bataille, monuments ne représentent plus grand-chose, mais il leur reste les itinéraires balisés. C'est justement ces derniers qui conservent la mémoire officielle des fêtes de la Libération. D'abord, par des monuments toponymiques : les noms des rues, qu'il s'agisse des commandants d'unités, de la désignation de celles-ci (souvent, des sigles indéchiffrables), ou des concepts dont la jouissance a été rendue en même temps que la victoire. L'enjeu politique ou idéologique qu'expriment les plaques émaillées des carrefours est effectivement daté : les avenues du Général-de-Gaulle, les rues de la Brigade-Alsace-Lorraine, de la Division-Leclerc, du 9e-Zouave, Rhin-et-Danube, etc., remontent à 1945 ou à peine après. Plus tard, cela présente quelque chose de suspect et de raisonnable, comme un enthousiasme différé. Ensuite, par les monuments officiels, qui sont liés aux fêtes de la Libération et aux commémorations qui ont suivi : carcasses de chars d'assaut (Illhaeusern, Kientzheim, etc.), statues, plaques commémoratives de commémorations, etc. Il existe des centaines de sites ou de micro-sites habités par cette Histoire, mais on commence à les oublier. De là, l'impérieux travail de renaissance de la mémoire, dont témoigne, par exemple, le nom « Ancienne-Synagogue » donné à une station de tramway de Strasbourg.

Enfin, voués aux nomadismes des hommes et de leurs petits trésors, les objets produits pour conserver le souvenir de la victoire : affiches, images, photos, gadgets (croix de Lorraine ou emblèmes des Alliés), livres, jouets – tel ce soldat français bottant les fesses d'un militaire vert-de-gris – qui s'ajoutent aux reliques guerrières. Dans l'imaginaire européen, la Résistance et la Libération sont vécues comme les premiers événements collectifs accaparés par les médias (papier, image et son); aussi leur réalité peut-elle apparaître sans véritable ancrage dans le quotidien, et c'est précisément ce qui risque d'en faire une fausse mémoire. A l'ère du document préfabriqué et, en dernier ressort, indifférent, il pourrait être utile de retrouver une connaissance directe, dans la durée, en interrogeant l'environnement où l'on vit. En d'autres termes, qu'est-ce qui nous parle de la Libération et qui peut stimuler notre enquête ? Il y a quelques années à peine, le long de certaines rues de Mulhouse, on déchiffrait de mystérieux messages fléchés inscrits sur de longs rubans clairs : *Zum Illzacherwald* ou *LSR* par exemple. Il s'agissait d'indications peintes par les autorités d'occupation pour signaler les points de rassemblement ou

JOUET ARTISANAL FABRIQUÉ EN ALSACE EN 1945. L'HUMOUR « À LA HANSI » A RETROUVÉ SES DROITS.

PHOTO MUSÉES DE STRASBOURG

1945

« Carré Hansi » imprimé à Masevaux à deux cents exemplaires numérotés sur soie. Réédité en 1994 par le Musée de l'impression sur étoffes de Mulhouse et le Musée de Riquewihr.

Enfant de Riquewihr au milieu des débris de toiture et de boîtes de conserve américaines. Photo Jean Hugel.

les abris (Luftschützraum) en cas de bombardement allié. Dès novembre 1944, on les avait dissimulés sous une couche de peinture, pensant faire disparaître le souvenir du mal ; elles ont réapparu malgré de nouveaux badigeons et les recommandations de la municipalité. Témoins gênants ? A présent qu'elles ont totalement disparu, on peut se demander si leur présence n'était pas, justement, porteuse de questions et, par conséquent, utile à la conscience des hommes.

Les « monuments passifs » qui remontent à ces journées de joie de l'automne 1944 ou du semestre suivant sont plus nombreux qu'on ne le pense. Bien entendu, il ne saurait être question de raviver les derniers slogans du docteur Goebbels qu'on identifie çà et là[5], mais il serait utile d'appliquer une lecture archéologique à des lieux familiers. L'affiche aux Alsaciennes nous a peut-être ouvert les yeux, dix, quinze ou vingt ans après les événements. Lorsque j'ai emménagé à Strasbourg, je me suis établi dans un faubourg apparemment sans caractère et sans histoire. Pourtant, au-dessus de la porte du restaurant du rez-de-chaussée, en distingue une enseigne *Gasthaus* mal dégermanisée en 1945. Sur la voûte de notre cave, j'ai cru déchiffrer le nom de De Gaulle tracé par une main malhabile et, à en juger par la poussière, la chose remonte au même moment. Le mois dernier, les ouvriers qui installaient le câble ont fait apparaître, à vingt mètres de chez moi, une plaque émaillée bleue désignant une *Strasse* des environs : sans doute l'avait-on arrachée pour l'utiliser afin de boucher quelque trou. Enfin, un peu plus loin dans le faubourg, le long d'un trottoir qu'empruntent des milliers de personnes, il existe une sorte de tableau protégé par une plaque de verre : c'est une affiche pâlie que personne ne prend le temps de lire : « Ordre du jour n° 9 de la 1re armée : l'Allemagne a signé l'armistice. » C'est daté du 8 mai 1945. Histoire si proche et si lointaine…

NOTES

1. Cette affiche « révolutionnaire » (et sa jumelle représentant Hoche et Kléber) avait été publiée une première fois pendant l'automne 1939. Elle a été rééditée en décembre 1944 par l'imagerie de la 1re armée.
2. Cf. « L'invention de l'Alsace ». *Saisons d'Alsace*, n° 119.
3. La référence révolutionnaire est hautement revendiquée : les chars photographiés pendant la campagne d'Alsace portent souvent des noms historiques comme Valmy, Fleurus, Hoche, Marceau, etc. On lira avec intérêt, l'album de Nicolas Marival *Trois campagnes d'Alsace* (1674, 1793, 1944) paru chez Alsatia, à Paris, en 1945 et destiné aux jeunes Français.
4. Pour autant qu'on puisse le vérifier (je connais une demi-douzaine de cas précis, encore lisibles), les insultes étaient accompagnées de têtes de mort ou de croix gammées.
5. Des phrases du type « L'Alsace restera éternellement allemande » ou « Le national-socialisme se bat jusqu'à la victoire finale pour la liberté et la patrie » (dont certaines se trouvent au cœur même des villes et des villages) sont devenues monstrueusement ridicules après avoir été réellement monstrueuses.

De l'Allemagne à la France

La « Désannexion »

MARIANNE REVIENT... COLMAR, 1945. PHOTO BDIC

ALPHONSE IRJUD

Entre la fin de l'automne 1944 et le début du printemps 1945, l'Alsace est libérée progressivement, mais contrairement aux autres régions, elle est, aussi, désannexée, pour retourner de l'administration germano-nazie à la « légalité républicaine », selon les ordonnances du gouvernement du général de Gaulle. Cela ne se réalisa pas sans peine.

Trois ordonnances régissent le retour de l'administration française :

– l'ordonnance du 15 septembre 1944 sur « le rétablissement de la légalité républicaine ». Elle déclare « nuls et non avenus tous les textes édictés par la puissance occupante » sous réserve de mesures transitoires, et stipule que « la législation en vigueur dans les trois départements à la date du 16 juin 1940 est restée seule applicable et est provisoirement maintenue en vigueur » ;

– l'ordonnance du 29 septembre 1944 portant création d'un commissariat régional de la République à Strasbourg pour le Bas-Rhin et le Haut-Rhin et investissant le préfet de la Moselle des pouvoirs conférés aux commissaires régionaux de la République ;

– l'ordonnance du 23 octobre 1944 supprimant la direction générale des services d'Alsace et de Lorraine à compter du 1er octobre 1944.

Ainsi disparaît le trait d'union politico-administratif établi par Bismarck entre l'Alsace et la Lorraine en 1871, avec la création du Reichsland Elsass-Lothringen, union maintenue après 1918 par le commissariat général de la République, remplacé en 1925 par la direction générale des services d'Alsace et de Lorraine. Les Allemands avaient, en 1940, renoncé à l'ancienne unité administrative en rattachant l'Alsace au pays de Bade et la Moselle au Gau Sarre-Palatinat.

Si l'ordonnance du 15 septembre 1944 prescrit le retour à la législation spécifique en vigueur avant la guerre, elle souligne également qu'elle est maintenue *provisoirement*, ce qu'explicite celle du 29 septembre en chargeant le commissaire régional à Strasbourg et le préfet de la Moselle « de préparer et proposer au gouvernement toutes mesures législatives susceptibles de réaliser l'unité de législation entre les

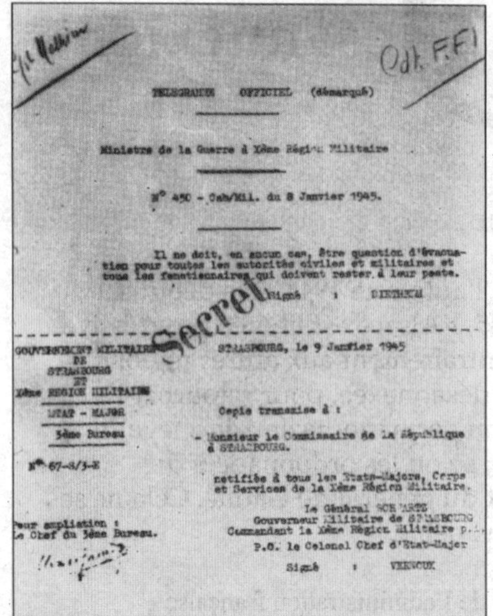

TELEGRAMME OFFICIEL (démarqué)

Ministre de la Guerre à Xème Région Militaire

N° 450 - Cab/Mil. du 8 Janvier 1945.

Il ne doit, en aucun cas, être question d'évacuation pour toutes les autorités civiles et militaires et tous les fonctionnaires qui doivent rester à leur poste.

Signé : DIETHELM

Secret

GOUVERNEMENT MILITAIRE DE STRASBOURG ET Xème REGION MILITAIRE

ETAT - MAJOR

3ème Bureau

N° 67-3/3-E

STRASBOURG, le 9 Janvier 1945

Copie transmise à :

- Monsieur le Commissaire de la République à STRASBOURG.

notifiée à tous les Etats-Majors, Corps et Services de la Xème Région Militaire.

Le Général SCHWARTZ
Gouverneur Militaire de STRASBOURG
Commandant la Xème Région Militaire p.i.
P.O. le Colonel Chef d'Etat-Major

Signé : VERNOUX

Pour ampliation :
Le Chef du 3ème Bureau.

ORDRE DE MAINTIEN SUR PLACE DES ADMINISTRATIONS FRANÇAISES À STRASBOURG PENDANT LA CONTRE-OFFENSIVE ALLEMANDE DE DÉBUT JANVIER 1945.

départements du Bas-Rhin, du Haut-Rhin et de la Moselle et les autres départements ». Le gouvernement marquait ainsi son intention de poursuivre et d'achever l'unification législative en chantier depuis 1918.

Avant la libération de Strasbourg et de Mulhouse, des voix s'étaient élevées pour souhaiter une unification progressive ou exiger l'assimilation rapide et totale des trois départements. Le 10 novembre 1944, un débat s'était instauré à l'assemblée consultative, à propos de la création d'une commission spéciale d'Alsace et de Lorraine, telle qu'elle avait existé entre 1919 et 1940 au Parlement; le président de la commission du règlement s'y était vigoureusement opposé, car, selon lui, celle qui avait existé durant l'entre-deux-guerres avait consolidé la législation locale et empêché ainsi « l'intégration totale et définitive » des trois départements dans la République française. D'accord sur le fond, l'adjoint au maire et conseiller général de Strasbourg, Marcel-Edmond Naegelen, socialiste, s'était prononcé pour la création de la commission en y voyant le meilleur moyen « pour aboutir le plus rapidement à l'assimilation totale », quitte à étendre à toute la France le statut local des assurances sociales « plus avancé ». Le communiste Georges Cogniot, intervenant dans le même sens, avait cependant mis en garde contre « la politique peu intelligente » suivie après 1918 dans le domaine linguistique et demandé la reconnaissance de l'emploi du dialecte et de l'allemand littéraire.

Deux mois avant ce débat, le général de Gaulle avait répondu à l'ancien sénateur Joseph Pfleger, qui l'avait interrogé à propos de la législation locale, après la Libération : « Vous pouvez être assuré que le gouvernement n'entreprendra rien dans ce domaine sans l'assentiment de la population. »

A l'assemblée nationale des comités de libération, réunie les 15 et 16 décembre à Paris, le délégué des FFI et du CDL du Bas-Rhin déclare : « En ce qui concerne le prétendu particularisme alsacien, il faut bien dire que les Alsaciens demandent la même législation que celle qui régit toute la France ». Mais quatre jours plus tard, le manifeste des FFI annonçant la création de l'UNAR (Union alsacienne de rénovation) affirme que celle-ci interviendra pour la défense des droits acquis par la

COLL. CLAUDE HUSSER

EX LIBRIS DESSINÉ PAR GEORGES RITLENG EN SOUVENIR DE LA LIBÉRATION D'OBERNAI.

population alsacienne.

Le 28 décembre, les membres du SNI (Syndicat national des instituteurs) réunis à Strasbourg pour la reconstitution de la section du Bas-Rhin demandent « en premier lieu que soient abolies toutes les lois d'exception qui étaient en vigueur en Alsace jusqu'à 1939 et que nos départements soient mis sur un pied d'égalité avec les autres départements ».

Après son retour en Alsace, dans sa première lettre pastorale, datée du 14 décembre 1944, mais qui ne sera lue qu'en février 1945 dans les paroisses libérées, l'évêque de Strasbourg, Mgr Ruch, évoque l'ordonnance du 15 septembre 1944 qui prescrit le maintien de la législation en vigueur avant guerre et souligne que, le 22 août 1943 à Alger, le conseil pour les affaires d'Alsace-Lorraine avait émis à l'unanimité le vœu que les textes relatifs à l'exercice des différents cultes et au régime confessionnel des écoles restent en vigueur dans les trois départements.

A la mi-février 1945, l'ancien parti catholique se reconstitue par la réunion des deux fractions, l'UPR et l'APNA, sous le sigle PRP (Parti républicain populaire). Dans un communiqué sur « l'organisation politique des milieux chrétiens d'Alsace » le PRP se déclare « résolu à lutter pour la défense et la sauvegarde du patrimoine religieux et moral de notre population ».

Dans un rapport au gouvernement, le commissaire de la République note le 16 janvier 1945 « des signes d'un particularisme alsacien nettement affirmé, sans rapport avec les problèmes confessionnels ou culturels. Il s'agit d'un état d'esprit répandu plus spécialement dans les milieux résistants et chez certains industriels demeurés sur place ». Cette attitude a trouvé son expression la plus si-

BRASSARD FFI DU BAS-RHIN.

1945

5 OCTOBRE 1945 : DE GAULLE À L'UNIVERSITÉ DE STRASBOURG.
LA LÉGALITÉ RÉPUBLICAINE SE REMET EN PLACE.

gnificative au cours d'un repas organisé le 1er janvier, en présence du représentant du préfet, lui-même de l'état-major FFI, qui remit une médaille commémorative au commandant François. Un des chefs de la Résistance développa dans une allocution les trois points suivants :

– les Français « de l'intérieur » ne connaissent pas l'Alsace et ne la comprennent pas ;

– l'administration de l'Alsace doit être confiée aux Alsaciens ;

– c'est la France qui doit s'aligner sur l'Alsace.

La situation politique d'avant guerre, encore toute proche, hante les esprits, sous le poids des quatre années d'annexion. Tout le monde est d'accord pour ne pas renouveler les erreurs de la précédente désannexion et éviter les turbulences qu'elles ont engendrées, mais les opinions divergent sur la voie à suivre. Les uns se prononcent pour le maintien du *statu quo* d'avant 1940, du moins jusqu'aux élections, les autres souhaitent profiter de la « table rase » et de l'ambiance de la délivrance pour engager sans tarder l'unification législative. Le commissaire de la République s'était prononcé, dès le 16 janvier 1944, pour la première solution, dans une « note relative à la politique gouvernementale en Alsace », mais le ministre de l'Intérieur, Adrien Tixier, l'incitera à entreprendre l'unification législative.

Entre les deux, le commissaire de la République en mission extraordinaire, Geoffroy de Courcel, membre du cabinet du général de Gaulle, chargé de la coordination entre l'Alsace et la Moselle, est avant tout préoccupé de la recomposition des forces politiques en Alsace, c'est-à-dire de la résurgence des partis locaux, particularistes, avec le risque de déviance autonomiste. Préoccupation que partagent Charles Blondel et Adrien Tixier. Le cabinet du général de Gaulle qui s'inquiète d'une éventuelle reconstitution de l'UPR, « ordonne », selon l'ordre de mission barré de tricolore délivré au délégué général et au secrétaire général du MRP, André Colin et Robert Bichet, de se rendre en Alsace pour étudier la situation politique. Coïncidence et difficultés de communication : l'ordre de mission délivré par le cabinet du général de Gaulle est daté du 1er mars 1945 ; or, la veille, à Strasbourg, l'assemblée constitutive du PRP avait « décidé l'affiliation à un parti ou un mouvement national ».

Le conseiller d'Etat, Charles Blondel, membre du Comité général d'études, qui, dans la clandestinité, avait préparé les projets d'après guerre, connaissait les questions d'Alsace. De 1928 à 1931, il avait été chef de cabinet du « ministre alsacien », Alfred Oberkirch, et avait suivi jusqu'en 1939, au Conseil d'Etat, les affaires du statut local. Proche du parti démocrate populaire, il avait des relations avec les deux fractions du parti catholique d'Alsace, l'UPR et l'APNA, qu'à Paris on souhaitait intégrer dans un parti national.

A la préfecture du Bas-Rhin est nommé l'ancien directeur du port autonome de Strasbourg, Gaston Haelling, protestant, et à celle du Haut-Rhin, l'avocat strasbourgeois Jacques Fonlupt-Espéraber, secrétaire général du commissariat général après 1918. La nomination de ce dernier à la préfecture du Bas-Rhin s'était heurtée à l'opposition du maire Charles Frey, qu'il avait contribué à battre aux élections législatives de 1936 dans l'arrondissement de Strasbourg-campagne, au profit du candidat communiste, et ses « antécédents politiques » lui ont valu un accueil mitigé de la part de l'état-major FFI du Haut-Rhin. D'un commun accord, commissaire de la République et préfets avaient décidé de rejoindre l'Alsace avec le strict minimum de collaborateurs pour s'entourer sur place de personnes ayant vécu l'annexion. Une équipe d'officiers originaires de la région, dite de liaison administrative, avait la charge d'administrer provisoirement, en liaison avec l'armée et les préfets, les arrondissements libérés.

AFFICHE DE RECRUTEMENT POUR LE MOUVEMENT DE JEUNES JLN.

La situation en Alsace est bien différente de

1945

celle qui a marqué la Libération dans les départements de « l'intérieur ». Pas de mouvements de résistance, parfois rivaux, pas de CDL (comités de libération), l'état-major FFI représentant, dans chacun des deux départements, la Résistance. L'intrusion de mouvements tels le MLN (Mouvement de libération nationale, de tendance socialiste) et le Front national, communiste – est rejetée. La « proclamation » d'un comité de libération du Bas-Rhin, présidé par Jean de Müllenheim, au nom du groupe Erckmann-Chatrian des Vosges, publiée dans le premier numéro de *L'Alsace libérée*, le 29 novembre, apprend aux FFI d'ici l'existence de tels comités et leur statut officiel ; elle est énergiquement condamnée comme une manœuvre de division ourdie par des « revenants ». Dans ses rapports au gouvernement, Charles Blondel signale, les 5 et 14 décembre, « l'hostilité marquée, au moins chez les chefs de la Résistance, à l'égard de ceux qui, repliés en 1939, ne sont pas revenus en 1940 et la réserve de l'opinion publique, en ce qui concerne tous ceux qui arrivent de l'intérieur, fonctionnaires, hommes politiques, mouvements et partis ». Sont visés, entre autres, le maire de Strasbourg et ses adjoints restés à Périgueux.

Autre opposition qui faillit dégénérer en affrontement : la revendication du parti communiste d'être représenté à l'état-major FFI, en menaçant de créer des groupes de FTP (Francs-Tireurs et Partisans) pour imposer sa présence dans la représentation de la Résistance.

Un CDL départemental provisoire de dix membres est constitué hâtivement vers la mi-décembre, pour participer à Paris à l'assemblée des CDL organisée par le Conseil national de la Résistance. Le 26 janvier 1945, le préfet peut installer le CDL définitif de vingt-trois membres à majorité UNAR (Union alsacienne de rénovation, expression politique des FFI) ; celui du Haut-Rhin, de vingt-six membres, ne sera mis en place qu'en mars à la suite d'escarmouches avec le préfet Fonlupt-Espéraber.

L'avis du CDL est nécessaire pour la reconstruction des conseils municipaux et généraux. Au conseil municipal de Strasbourg, le quorum n'est plus atteint par suite de décès et de l'éviction des élus de l'alliance autonomiste, dont l'un, Karl Roos, a été fusillé en février 1940 et l'autre, Charles Hueber, maire de 1929 à 1935, est mort en 1943. Des trente-six conseillers élus en 1935, dix-neuf sont à remplacer. Commissaire de la République et préfet sont amenés à négocier et à arbitrer entre les exclusives des uns et les exigences des autres et à faire la sourde oreille aux interventions du ministre de l'Intérieur qui voudrait renforcer la présence socialiste, voire assurer à ce parti la majorité. Après des semaines de tiraillement, le conseil reconstitué est installé solennelle-

CHARLES FREY, MAIRE DE STRASBOURG. PEINTURE DE ROBERT HEITZ.

MUSÉES DE STRASBOURG

ment avec, d'une part, huit membres du parti démocrate, sept socialistes et six PRP (MRP) formant l'ancienne majorité du maire Charles Frey, et, d'autre part, sept membres du nouveau parti UNAR, cinq communistes, un radical-socialiste, un MLN et un rescapé de la coalition autonomiste, Camille Dahlet.

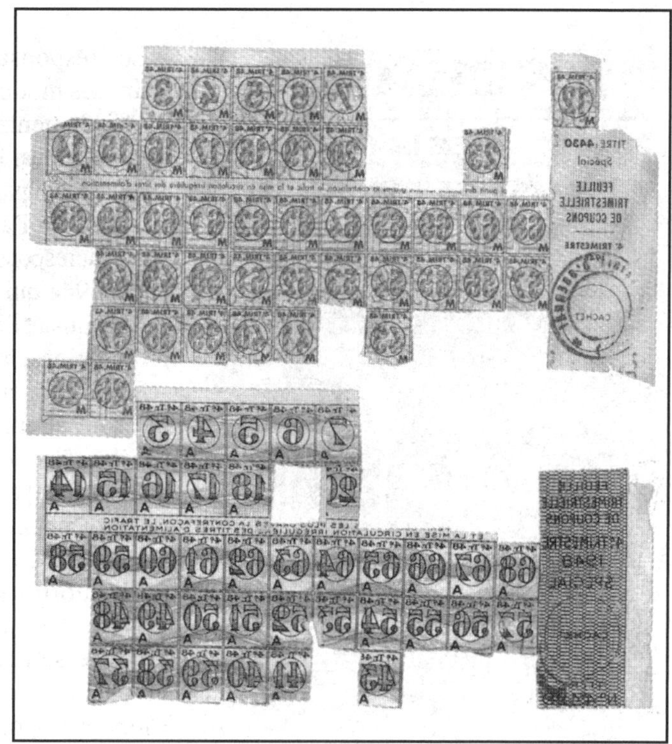

COLL. MARCEL CLAUSS

TICKETS DE RATIONNEMENT DE L'APRÈS GUERRE.

La reparution des journaux d'avant guerre se heurte à une vive opposition de la part de l'état-major FFI, qui, avec l'appui du général Schwartz, gouverneur provisoire, veut préserver le monopole de *L'Alsace libérée*, « Bulletin départemental d'information », au nom de l'union de la Résistance, pour l'ordre public, et par méfiance envers la presse des partis politiques. La distribution d'un numéro pirate de l'organe communiste renforce cette prévention. Or, le commissaire de la République ne peut qu'appliquer l'ordonnance du 22 juin 1944, qui autorise de plein droit à paraître, dès le jour de la libération, les journaux ayant suspendu leur publication dans les quinze jours qui ont suivi l'armistice en zone nord et dans les quinze jours qui ont suivi le 11 novembre 1942, en zone sud, date de invasion par la Wehrmacht. Les quotidiens alsaciens remplissent cette condition et, légalement, il est impossible de s'opposer à leur reparution.

Une seule imprimerie, celle des *Dernières Nouvelles de Strasbourg*, est disponible, en attendant la remise en état de celle de *L'Alsacien*, et le courant électrique est distribué par à-coups. A côté des obstacles matériels, d'autres points doivent être éclaircis :

– Tous les journaux ne montrent pas le même empressement ; au commissariat de la République, on souhaite une solution d'ensemble pour éviter ce qui pourrait paraître une discrimination.

L'ÉCHO DE L'EST

QUOTIDIEN REGIONAL D'INFORMATION

Der Tag des Sieges ist angebrochen!

Die Feindseligkeiten in Europa beendet

Le jour de gloire est arrivé

3. September 1939 – 8. Mai 1945

Bedingungslose Uebergabe

Die Schlussworte

COLL. ANDRÉ HUGEL

LA VICTOIRE DU 8 MAI FÊTÉE DANS LA PRESSE ALSACIENNE.

– Les responsables doivent être instruits des modifications apportées à la loi fondamentale du 29 juillet 1881, notamment par l'ordonnance du 26 août 1944, qui remplace le « gérant », homme de paille de l'ancienne presse, par un directeur responsable, et l'ordonnance du 6 mai 1944 qui modifie plusieurs articles réprimant l'injure, la diffamation, les provocations, les fausses nouvelles.

– Se pose également la question des titres en allemand. Les *Strassburger Neueste Nachrichten*, confisquées par les nazis et ayant paru sous l'annexion, ne peuvent pas continuer sous ce titre. On affirme même au commissariat de la République que le propriétaire, Aristide Quillet, aurait été indemnisé par les Allemands, ce qui est une pure invention... malveillante. Charles Blondel impose à tous les journaux paraissant en langue allemande – ce qui, alors, représente 80 à 90 % du tirage total –, un titre en français.

– Naegelen souhaite que l'organe socialiste *Freie Presse* reparaisse en tant que *Populaire d'Alsace* ou du Bas-Rhin, ce qui aurait créé un précédent fâcheux, d'autres journaux parisiens manifestant le même souhait, par exemple *L'Aube*, organe national du MRP.

Après plusieurs réunions avec les anciens ou les nouveaux responsables, sept quotidiens reparaissent ou paraissent à partir du 21 décembre 1944 à Strasbourg :

– Cinq d'avant guerre : *Les Dernières Nouvelles d'Alsace* (et non plus de Strasbourg), *Le Nouvel Alsacien*, catholique (anciennement *L'Elsässer-L'Alsacien*), *La Presse Libre*, socialiste (ex *Freie Presse*), *L'Humanité d'Alsace et de Lorraine*, communiste, et le *Journal d'Alsace et de Lorraine*, républicain indépendant, seul quotidien exclusivement en langue française.

– Deux nouveaux quotidiens : l'autorisation de paraître est confirmée pour *L'Alsace libérée* et est accordée, par une interprétation très large de l'ordonnance du 22 juin 1944, à *L'Echo de l'Est*, se référant à la feuille clandestine *Le courrier d'Alsace et de Lorraine*.

Le tirage est limité à 11 500 exemplaires le premier mois, puis à 20 000 jusqu'au

15 mai 1945, sur une seule feuille, avec des interruptions de un ou deux jours selon les fournitures de courant, et une distribution aléatoire hors de la ville.

La situation est différente dans le Haut-Rhin. Préparée par une équipe clandestine du *Mülhauser Tagblatt* (quotidien également confisqué par les nazis), *L'Alsace*, « quotidien du Haut-Rhin libéré », sort, le 24 novembre 1944, au lendemain de la libération de Mulhouse. Suivra, le 2 janvier 1945, le quotidien socialiste *Le Républicain du Haut-Rhin*, puis les *Dernières Nouvelles de Colmar*, le 20 février, ces deux quotidiens pouvant reparaître de plein droit. Sans consulter le commissaire de la République, le préfet autorise en accord direct avec le ministre de l'Information, P.-H. Teitgen, son gendre, deux nouveaux quotidiens, *Le Nouveau Français* à Colmar, le 20 février, et *La Tribune de Mulhouse*, le 20 mars, tous deux démocrates-chrétiens, mais refuse l'autorisation à un quotidien communiste. A cette date, l'Alsace est pourvue de douze quotidiens auxquels s'ajoutera, fin avril 1945, un treizième, *Le Nouveau Journal de Strasbourg* du parti démocrate, dont Charles Frey avait demandé la reparution en décembre, avant de l'ajourner au printemps 1945.

La remise en route de l'administration ne souffre pas seulement, les premiers mois, des fluctuations du front et des difficultés des moyens de communication avec Paris et entre Strasbourg et Mulhouse où Jacques Fonlupt-Espéraber profite de son isolement, mais également de l'absence ou d'une présence éclair de nombreux fonctionnaires ayant un pouvoir de décision, absentéisme qui s'aggrave lors de la crise du début janvier 1945. Beaucoup de chefs de service arrivent seuls ou presque et repartent pour Paris au bout de quelques jours, n'en revenant que longtemps après ; d'autres ne rejoignent pas leur poste ou se font aussitôt rappeler à Paris par leur ministre ; les directeurs régionaux ou départementaux de services importants pour la remise en route de la vie économique sont absents, signale le commissaire de la République à plusieurs reprises dans ses rapports au gouvernement.

LE GOUVERNEMENT CRAINT LA RECONSTITUTION DE PARTIS LOCAUX

Sur cette situation peu assurée pèse également l'hypothèque monétaire. Le 15 novembre 1944, le gouvernement avait fixé par ordonnance le taux de change du Reichsmark (RM) à 15 francs, taux appliqué à la mi-septembre par les autorités militaires alliées, avec l'accord du ministre des Finances, dans la première partie libérée du département de la Moselle. Dans une note remise le 16 septembre au gouvernement, le commissaire de la République pour l'Alsace s'était prononcé pour le taux de 20 F, en rappelant le précédent, généreux, de 1918, quand le RM déprécié à 60 centimes avait été échangé à 1,25 F.

Pendant quatre mois, deux moyens de paiement coexistent avec cours légal : les RM en possession de la population sur place, et les francs détenus par les militaires, français et alliés, et les fonctionnaires venus de l'intérieur. A cause des opérations militaires et de l'interdiction de circuler, l'Alsace vit en vase clos. Les prix des produits et des services restent soumis à la réglementation édictée le 15 novembre 1944 par le Gauleiter Wagner – dont l'ordonnance a été prise le même jour que celle du gouvernement français pour le taux de change. Commerçants et producteurs anticipent l'échange officiel, retardé par les fluctuations militaires, en vendant de préférence, avec des rabais importants, à ceux qui s'acquittent en monnaie française. Les collectes à la campagne pour le ravitaillement diminuent sensiblement et ce mal est aggravé par les achats des militaires, américains et français, qui préfèrent les produits frais à leurs rations de conserves. L'annonce, inopportune, d'une enquête sur les profits illicites provenant de la collaboration et de leur confiscation ainsi que l'espoir d'un relèvement du taux de change de 15 à 20 F encouragent la rétention de marchandises et renforcent la spéculation. Les prix fixés en RM, nettement inférieurs au niveau français, font craindre aux commerçants des difficultés d'approvisionnement.

Les avertissements des autorités restent sans effet; le blocage des prix ne peut être contrôlé par manque de personnel qualifié et la menace de réquisition des magasins qui resteraient fermés sans motif valable n'est pas exécutée. Dans son rapport du 14 décembre, le commissaire de la République signale au gouvernement qu'une large fraction de l'opinion alsacienne, notamment les chefs de la Résistance et certains élus, réclame énergiquement le taux de 20 F par RM, trouvant injustifiée et économiquement mauvaise la diminution du pouvoir d'achat résultant du taux de 15 F. Il serait politiquement et économiquement désirable, insiste Charles Blondel, de valoriser au taux de 20 F une certaine somme allant, au moins, jusqu'à 500 RM par personne.

DES « REVENANTS » PAS TOUJOURS BIENVENUS

Ironie de l'histoire et parallèle intéressant : en 1940, le Gauleiter Wagner s'était trouvé dans la même situation face au gouvernement de Berlin. Le taux de change avait été fixé, dès l'arrivée de la Wehrmacht, à un RM pour 20 F. A plusieurs reprises, Wagner avait insisté pour un échange nettement plus favorable, à un RM pour 10 F. « Le peuple alsacien se sent d'autant plus trompé, écrivait-il encore en septembre 1941, qu'en 1918 les Français ont échangé le RM déjà fortement dévalué à sa valeur-or ancienne » et jusqu'au début de 1943, il continuera à demander, en vain, des compensations.

Coïncidant avec l'arrêté du commissaire de la République fixant la nouvelle réglementation des prix, des salaires, des allocations familiales, des services et des loyers en monnaie française, l'échange officiel a lieu du 11 au 21 mars 1945. Cette réglementation qui remplace l'ordonnance allemande du 15 novembre 1944, tend à établir un équilibre économique aussi voisin que possible de celui de l'intérieur. Le 22 mars 1945, la monnaie allemande cesse d'avoir cours légal et pouvoir libératoire. Après l'annexion de 1940, le régime transitoire, c'est-à-dire la circulation simultanée des francs et des RM, avait pris fin le 1er mai 1941.

AFFICHE DE HANSI, 1945.

1945

500 RM au taux de 15 F sont échangés, par déposant, complétés de 150 RM pour le conjoint et chaque enfant mineur. Petite concession de dernière heure : jusqu'à concurrence de 200 RM par déposant et de 100 RM pour chaque membre de la famille, l'échange se fait à 20 F. Le surplus des RM déposés est disponible dans un délai de trois mois. Dans les arrondissements de Wissembourg et de Haguenau et une dizaine de communes de l'arrondissement de Saverne, l'opération a lieu du 16 au 26 avril. Quelques semaines plus tard, du 4 au 17 juin 1945, on procédera dans l'ensemble de la France, sans blocage ni contrôle, à l'échange des vieux billets contre des coupures toutes fraîches.

Selon le bilan établi au 31 décembre 1945 par la délégation aux finances, 880,7 millions de RM ont été déposés en Alsace (dont 62 % dans le Bas-Rhin) pour une contre-valeur de 13,2 milliards de F. 62,5 millions de RM, soit 7 % de l'ensemble déposé, font l'objet d'une enquête, mais seulement 4,2 millions ne sont pas couverts en francs (0,04 % du total), somme qui, théoriquement, représentait des profits illicites. Pour les trois départements, la délégation des finances établit le coût total de la conversion monétaire à la charge du Trésor français à 31,4 milliards de F, dont 58 % pour l'Alsace.

Au début de mars 1945, un service spécial de l'armée américaine procède en Alsace à trois enquêtes effectuées par des officiers des Civil Affairs : une enquête d'ordre politique sur l'état d'esprit de la population et ses réactions à propos des divers problèmes, administratifs, politiques et sociaux ; une autre d'ordre économique sur l'état des stocks et des usines, la troisième sur la situation du ravitaillement et les besoins de la population. Si les Américains justifient les enquêtes économiques par leur souci d'assurer le ravitaillement des déportés et prisonniers qui vont revenir d'Allemagne et évaluer les besoins globaux de l'ensemble des populations, aucune explication n'est fournie au sujet de l'enquête d'ordre politique « qui paraît inadmissible, voire même inquiétante dans la mesure où elle serait la manifestation d'arrière-pensées touchant l'organisation politique future de la région rhénane », écrit le commissaire de la République au gouvernement.

Des rumeurs sur la création d'une « Lotharingie » autonome, alimentées, semble-t-il à tort, par le député colmarien Joseph Rossé lors de ses visites à Vichy, avaient couru dans les années 1942-1943. Lors de ses entretiens avec Churchill en mars 1943 à Washington, le président Roosewelt, se préoccupant de l'avenir de la Belgique, avait évoqué la constitution d'un Etat nouveau comprenant la Wallonie, le Luxembourg, l'Alsace-Lorraine et une partie du nord de la France. Churchill se prononçant contre un tel projet, le président américain y avait renoncé, rapporte Anthony Eden, ministre des Affaires étrangères, dans ses *Mémoires*. Cette enquête américaine n'est peut-être pas tout à fait innocente à ce tournant de la guerre, si l'on tient compte des revendications présentées aux trois Grands par le général de Gaulle, à propos de la Rhénanie.

La réintroduction de la langue française

RENÉ MEYER

Dans les régions libérées, les journaux réapparaissent rapidement et en langue française, c'est le cas de *L'Alsace* à Mulhouse, *L'Alsace libérée* à Strasbourg, *Le Savernois libéré* à Saverne, etc. Très vite cependant des éditions bilingues voient le jour car on n'efface pas d'un trait de plume quatre ans et demi d'une occupation sévère où il est strictement interdit de parler français sous peine de faire un séjour au camp de Schirmeck.

Au plus fort de l'annexion, il y eut des Alsaciens qui n'hésitèrent pas à tenir des correspondances entièrement en langue française. Ils firent ainsi acte de résistance à la nazification de l'Alsace. Ci-contre deux lettres, l'une du 4 septembre 1942 et la seconde du 29 juin 1943 écrites à l'occasion de l'incorporation forcée dans la Wehrmacht. Il est inutile d'insister sur la punition qui aurait été réservée à leurs auteurs s'ils avaient été découverts.

En 1945, dans les mairies, le personnel municipal doit faire des efforts tout particuliers du jour au lendemain pour rédiger les actes et documents officiels dans un français d'abord hésitant. Dans maintes mairies, on rédigera encore en allemand plusieurs jours après la Libération. Mieux, deux ans plus tard on trouve encore de ci, de là, des délibérations du conseil municipal rédigées en langue allemande.

La reprise de l'enseignement français est chaotique. Nous prenons ici un exemple de scolarité perturbée concernant les enfants natifs de 1930.

LA REFRANCISATION DES NOMS ET PRÉNOMS.

Tribunal cantonal
Schirmeck.

Schirmeck, le 29 octobre 1945.

J nº 94/45.

Le Juge cantonal de Schirmeck
à Monsieur le Maire

à Schirmeck.

Une circulaire de Mr. le Garde des Sceaux, Ministre de la Justice, prescrit la rectification des actes de l'état civil qui ont été modifiés par l'occupant aux fins de germaniser le nom patronymique ou le prénom d'une personne. De même sont à rectifier toutes les inscriptions faites dans les registres de l'état civil à la suite d'une dation de nom par le mari à un enfant naturel de sa femme, conformément à l'article 1706 du code civil allemand, et ceci, à la poursuite du Ministère Public.

En exécution d'un ordre de ce dernier, je vous prie de signaler à Mr. le Procureur de la République de Saverne les actes ainsi dressés contenant des noms patronymiques ou prénoms altérés ou modifiés. A votre rapport est à annexer une expédition de l'acte en question. Ces pièces sont à adresser directement à Mr. le Procureur de la République de Saverne.

p.o.
Le Greffier :

COLL. PART.

1945

Ceux-ci ont fréquenté l'école française de 1936 à 1940, soit de six à dix ans. En automne 1940, les mêmes doivent fréquenter l'école allemande jusqu'en 1944. Au moment de « sortir » de l'école, ces enfants auront accompli quatre ans de français et quatre autres années d'allemand, c'est-à-dire qu'à la Libération leur base est incertaine dans les deux langues.

Aussi, dès mai 1945, le ministère de l'Education nationale lance un appel diffusé dans tous les établissements d'enseignement de la France avec le titre ci-après : « *Des livres français pour les enfants d'Alsace et de Lorraine* ».

L'appel est entendu ; il en vient de toutes les régions. Tel manuel d'arithmétique pour classe de 5e venant d'une élève de Sens dans l'Yonne, porte l'inscription manuscrite : « *En souvenir d'une petite Française* », ou une autre arithmétique pour classe de 4e et 3e qui porte le cachet « *Lycée d'Orléans* », ou encore tel livre de lectures dirigées pour classe de 3e qui porte une inscription anonyme : « *A un camarade d'Alsace* », ou enfin tel ouvrage d'explications françaises portant le cachet : « *Jeunes Filles Patriotes, Béziers* ».

Pêle-mêle, des ouvrages de toutes les disciplines arrivent dans les établissements scolaires d'Alsace. Mais ce sont les livres de français qui dominent de beaucoup, depuis les *Leçons Illustrées de Français* de 1911 en passant par les cours de *Langue Française* de 1925 jusqu'au *Vocabulaire* de 1932.

Dès le 13 septembre 1945 (*Journal Officiel* du 16), une ordonnance du gouvernement provisoire signée de Gaulle, chef du gouvernement ; Soustelle, ministre de l'Information ; Tixier, ministre de l'Intérieur, réglemente la presse dans le Bas-Rhin, le Haut-Rhin et la Moselle. Toute publication bilingue doit contenir une proportion de textes en langue française d'au moins 25 %. Le titre des journaux, les mentions figurant de chaque côté du titre de même que les titres développés sur plus de la moitié de la largeur du journal doivent être en français. Tout texte publicitaire et les communiqués d'état civil doivent aussi être publiés en français. Les rubriques sportives et les rubriques destinées à la jeunesse doivent obligatoirement être publiées en langue française. Et l'ordonnance d'indiquer que tout journal qui contreviendra aux dispositions ci-dessus se verra infliger une amende de 10 000 F.

D'aucuns avancent qu'il s'agit d'une loi d'exception portant atteinte à la liberté de la presse mais elle ne soulève pas de vagues. Dans les faits, profitant de son discrédit, il s'agit d'éradiquer l'allemand, d'interdire toute publication qui ayant paru après le 16 juin 1940 a poursuivi un but de propagande en faveur de l'ennemi ou contre la France mais surtout d'assimiler rapidement la jeunesse alsacienne avec celle de « l'intérieur ».

Au même moment, un slogan affiché dans les lieux publics est en vogue : « Il est chic de parler français ». A cette époque, il n'apparaît pas que délaisser le parler alsacien comporte un danger de perte d'identité culturelle. Le rejet des déclarations d'Edouard Herriot, chef du gouvernement en 1924, qui avait tenté une assimilation, est oublié…

Dans la griserie de la liberté

Jeune Alsace

FLORENT HOLVECK

Dans l'Alsace tout juste libérée, des équipes de jeunes lancèrent des initiatives visant à faciliter la réintégration de la jeunesse alsacienne dans la communauté nationale. Sous la protection du général de Lattre, toute une organisation se mit en place autour de la revue *Jeune Alsace*. L'enthousiasme et la débrouillardise furent ses principales armes.

Nous étions huit, parfois dix, réunis à quatre ou cinq reprises, fin 1943 et début 1944, tantôt à Vichy, tantôt à Lyon. Bernard Metz prenait la charge des convocations et autant que possible de la sécurité. Venus du scoutisme catholique et protestant, nous avions formé, au sein de l'organisation de la résistance alsacienne et mosellane – le Réseau Martial – un bureau d'études, forcément clandestin, spécialisé dans les questions que, pensions-nous, poserait dès le lendemain de la Libération la jeunesse restée dans les départements annexés. Et, entre autres, nous avions conçu le projet de constituer un office de droit privé, apte à entreprendre rapidement toutes sortes d'opérations utiles à la réintégration rapide de nos jeunes dans le mouvement culturel français. Pensant surtout à ceux qui se montreraient allergiques à tout encadrement, à tout endoctrinement religieux ou idéologique, nous avions réfléchi aussi à l'emploi, dans l'éducation populaire, du cinéma, de la radio, de la presse illustrée, du tourisme.

Entrés par le sud de l'Alsace, le fusil au poing, nous avions, Fred Maurer et moi, contourné les Vosges, dans les premiers jours de décembre 1944, pour atteindre Strasbourg que nous avions trouvé ravagé par les derniers bombardements américains et surtout inquiet de la pression que les Allemands continuaient d'exercer sur le Rhin. L'eau et l'électricité n'étaient distribuées que deux jours sur trois. Les liaisons téléphoniques à peu près nulles. Sauf quelques convois militaires et l'un ou l'autre train en direction de Molsheim, rien ne circulait. Les usines, les commerces et l'activité administrative reprenaient très lentement. Beaucoup de gens passaient de longues heures dans les abris par peur des obus de gros calibre qui, tirés par les Allemands depuis le pays de Bade passaient en ronflant dans le ciel, pour éclater n'importe où dans la cité, et faisaient de nouveaux dégâts, de nouvelles victimes.

Nous avions trouvé sur place Bernard Metz, venu avec la Brigade Alsace-Lorraine, et, détaché du 5e bureau de l'état-major de la 1re armée française, Alex Jesel, un fidèle de notre groupe de travail de Vichy et de Lyon. Nous avions occupé, au n° 8 de la place de l'Université, une partie des anciens locaux de la Jeunesse hitlérienne et des amies d'avant guerre nous avaient rejoints pour nous mettre sur pied bénévolement notre premier secrétariat. Mais si peu nombreux, comment allions-nous, ne fût-ce que partiellement, réaliser le programme que nous avions défini dans la clandestinité ? Trop d'amis de notre ancienne équipe ne nous avaient pas rejoints, soit qu'ils fussent encore pris dans quelque formation combattante, soit que déjà ils eussent payé de leur vie la libération du territoire. Et pourtant nous sentions qu'il fallait agir sans attendre la victoire finale.

JE FUS REÇU PAR DE LATTRE À 2 H DU MATIN

Aucun concours à attendre des Américains qui n'avaient que faire de nos histoires d'Alsaciens. Nous recommandant de la Résistance, combattants de la 1re armée française, nous n'intéressions pas les gens de Leclerc. Les chefs des FFI locaux avaient des priorités guerrières et parfois politiques. Les amis venus de la capitale avec le commissaire de la République avouaient qu'ils avaient besoin de temps encore pour remonter l'administration. Mais nous avions rencontré Etienne Juillard, un ancien éclaireur de France, agrégé d'histoire et de géographie. Venu de Paris à la tête d'une petite mission de représentants alsaciens des grands mouvements de jeunesse, il se présentait comme délégué régional du ministère de la Jeunesse et de la Culture populaire. Nous ne le connaissions pas ; normalement nous eussions dû voir en lui un concurrent, un gêneur. Mais il nous parut sympathique et décidé à faire avec nous un bon bout de chemin.

Nous nous tournâmes, comme c'était naturel, vers les chefs des mouvements de jeunesse français restés sur place. Cependant trop d'entre eux, enrôlés de force par la Wehrmacht, manquaient, provisoirement nous l'espérions, à l'appel. Et ceux que nous rencontrions voulaient attendre le retour des absents pour relancer leurs associations et ne voyaient pas bien pourquoi nous ne nous contentions pas de rétablir sans rien rajouter l'ordre des choses de l'avant-guerre.

DE LATTRE À SON PC DE BAREMBACH.

BDIC

Nous poussâmes néanmoins immédiatement la création de l'association de notre office régional de

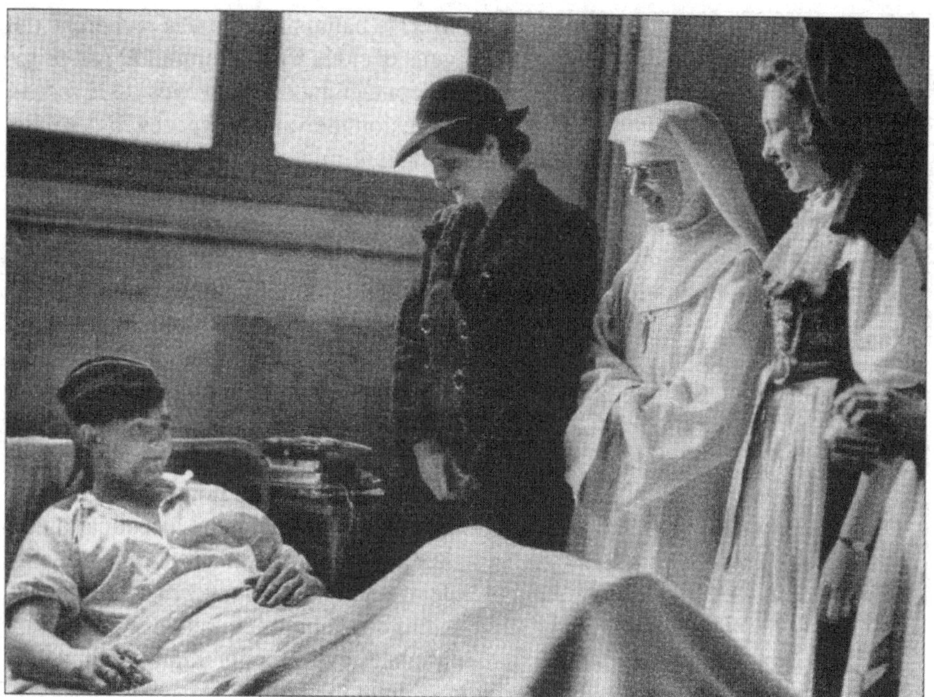

LA GÉNÉRALE DE LATTRE, EN COMPAGNIE D'UNE ALSACIENNE, VISITE UN BLESSÉ DE LA 1re ARMÉE.

la jeunesse. Nous l'appellerions Jeune Alsace. Fred Maurer et Bernard Metz s'attelèrent à la rédaction des statuts. Juillard se faisait fort d'obtenir l'agrément gouvernemental et surtout un paquet de subventions publiques dont pour l'instant il ne pouvait préciser le montant ni la date de versement. Et nous obtînmes l'engagement, comme membres de notre conseil d'administration, de tous ceux dont nous avions avec plus ou moins d'insistance sollicité le concours. S'adjoignirent aussi à nous deux universitaires intéressés aux questions d'éducation Emile Baas et Albert Ehm qui assuma les fonctions de président.

Nous nous mîmes également au lancement rapide d'un illustré, bimensuel, qui s'appellerait lui aussi *Jeune Alsace*. Nous n'avions pour cela pas le moindre sou. Mais ce n'était pas une raison pour différer les prises de contact avec les imprimeurs qui, à peu près désœuvrés, nous firent bon accueil. Jesel avait travaillé quelque temps dans une affaire d'édition lyonnaise. Nous lui donnâmes le titre de rédacteur en chef et nous lui promîmes d'écrire tous les articles qui lui paraîtraient nécessaires, en attendant la constitution d'une équipe de vrais journalistes. Notre ami Ernest Schmidt, professeur à l'école municipale des arts décoratifs, s'engagea à réaliser les dessins et la mise en page.

LA « UNE » DU PREMIER NUMÉRO DE « JEUNE ALSACE ».

Moi, je battais la ville à la recherche de gens décidés à nous rejoindre. Ma prise de contact avec les envoyés de la radiodiffusion me valut un succès flatteur. Ils n'étaient que quatre ou cinq, venus à Strasbourg avec pour tout bagage un petit paquet de disques pas mal usés. Ils n'avaient trouvé qu'un émetteur d'origine militaire qui ne portait pas à vingt kilomètres autour de Strasbourg. Les studios d'avant-guerre avaient été détruits. Il ne leur restait pour en tenir lieu qu'un coin, très sombre, dans l'ancienne loge maçonnique de la rue du Maréchal-Joffre. Ils trouvèrent excellente l'idée d'une émission hebdomadaire à destination de la jeunesse. Ils me donnaient carte blanche. Je m'engageai à inaugurer ma série d'émissions dès la première semaine de janvier.

Mais les événements tragiques du début janvier 1945 dans la région strasbourgeoise obligèrent l'équipe de Jeune Alsace à s'engager dans une vaste opération d'aide aux populations prises sous le feu de l'ennemi qui tentait de reconquérir la capitale de l'Alsace. Au nord et au sud de la ville, les populations souffrirent terriblement des tirs d'artillerie. Nous prîmes en charge l'évacuation de tous ces pauvres gens vers les communes du piémont vosgien. Nous avions pour cela réquisitionné quelques autocars et les fourgons d'entreprises de déménagement. Leur va-et-vient parmi les ambulances militaires offrait un spectacle rare. Pour l'accueil, les municipalités firent des prodiges aidées par les gens du cru, les dames de la Croix-Rouge et par des escouades de jeunes que nous avions sommairement constituées. Nous transférâmes ainsi, sans accident notable, mille cinq cents personnes au moins et nous fîmes prendre à des centaines de garçons et de filles une part effective à la défense de l'Alsace.

Entre deux opérations d'évacuation, Alex avait poursuivi la préparation du journal. Il nous réclama un soir, pour le lendemain matin, la fourniture des textes et la mise en page du premier numéro. Rien n'était encore écrit et, comble de malheur, l'électricité, ce jour-là, avait été coupée. Nous travaillâmes jusqu'à l'aube, nous passant les papiers pour critique et mise en forme définitive. Et à l'heure dite tous les articles étaient prêts, ainsi que les montages des photographies puisées pour la plupart dans les archives de l'armée.

Réalisé en héliogravure, *Jeune Alsace* fut tiré en ce début de février 1945 à quelque vingt mille exemplaires. Le journal était alors à l'abri de la moindre concurrence. La vente réussit si bien qu'il fallut immédiatement entreprendre la confection du deuxième numéro, puis du troisième tandis que s'épuisaient les stocks de papier qu'on pouvait dénicher en Alsace. Le plus clair du travail de diffusion fut l'œuvre de bénévoles qui, souvent à bicyclette, s'en furent de village en village remettre leurs paquets de journaux à d'autres bénévoles chargés de la vente sur place. Les manuels scolaires en français ayant été systématiquement détruits par les Allemands, de nombreux instituteurs se servirent même de notre journal comme premier livre de lecture !

Pendant tout le mois de janvier et même plus tard, Jeune Alsace continua à faire office de service de réfugiés polyvalent. Nous devions être à la fois sur la ligne de feu et sur les arrières, dans les bureaux de l'administration, au contact de tous les responsables capables de renforcer les effectifs des jeunes volontaires. Un peu plus tard, Jeune Alsace fournit aussi un fort contingent de main-d'œuvre gratuite aux services de rapatriement installés dans les halls de la foire-exposition de Strasbourg au Wacken.

AFFICHE DE LA SEMAINE DE LA 1re ARMÉE : CHAQUE EXEMPLAIRE ÉTAIT COLORIÉ À LA MAIN.

COLL. HOIVECK

Mais nous étions loin du compte. Nous cherchions le moyen d'associer mieux encore les jeunes, non seulement à la peine des civils et des militaires, mais aussi à cette allégresse qui animait nos soldats dans leur marche au Rhin puis au Danube. Cependant, nous ne pouvions pour cela rien sans le secours de l'armée, sans le consentement au moins de son chef, le général de Lattre de Tassigny. C'est alors que naquit l'idée de la « semaine de la 1re armée française ». Pendant huit jours, dans tout le pays, les jeunes devraient rassembler de quoi confectionner eux-mêmes autant de colis, au moins, que la 1re armée comptait alors de blessés dans les hôpitaux. En réponse, l'armée, le dimanche qui clôturerait la semaine, organiserait dans le plus grand nombre possible de villes

LES CAMIONS MILITAIRES EMMÈNENT LES JEUNES ALSACIENS À ROUFFACH.

et de villages libérés les premiers défilés de la victoire et y associerait les jeunes et la population de toutes les manières autorisées ou non par les règlements militaires. L'idée plut à l'état-major de De Lattre. Je me rendis à Barembach dans la maison qui servait de PC personnel à de Lattre. Au rez-de-chaussée, dans une vaste antichambre, un colosse à peau d'ébène, un sergent, pistolet énorme à la ceinture, poignard planté dans la guêtre, paré de l'insigne des bataillons de choc, gardait la porte du général. Il m'intima l'ordre de m'asseoir sur la canapé qui lui faisait face et de n'en plus bouger. Je restai là deux jours et une nuit. C'est à deux heures bien sonnées, au cours de ma seconde nuit, que le sergent-garde-du-corps me livra le passage du saint des saints. Qu'allais-je, à cette heure, dire à ce général exténué, engagé dans l'aventure la plus difficile de sa carrière ? Dans la pièce, je ne vis d'abord que les cartes étalées sur une table d'architecte, faiblement éclairées. D'un geste, de Lattre m'indiqua une chaise. « J'ai tout mon temps, me déclara-t-il. Dites-moi tout et comme il faut. » Je parlai, un quart d'heure. J'eus un accord complet. « Pour acheminer les paquets vers les hôpitaux, combien voulez-vous de camions ? », demanda-t-il. J'avançai le chiffre de dix. Ce fut l'explosion : « Lieutenant, vous me prenez pour un boy-scout, pour un séminariste. Vous vous adressez au général commandant en chef la 1re armée française et vous parlez de dix camions ! » Je doublai, je quintuplai mon chiffre qui parut enfin convenable. Je me demandai comment je remplirais tous ces GMC, mais je ne pouvais mollir.

Il était trois heures bien sonnées lorsque je le quittai. Un peu fou, je pris ma voiture qui avec force dérapages sur le verglas m'amena à Strasbourg où je réveillai mes amis. Toutes affaires cessantes, nous devions nous mettre à l'œuvre, faire jouer toutes nos relations anciennes et récentes, rédiger des ordres de transport, des instructions pour la confection des colis, une plaquette de conseils pour la réalisation des souvenirs personnels, visiter le plus de localités possible.

Le 8, place de l'Université devint une ruche vibrante. Les chefs des mouvements de jeunesse se prirent au jeu. C'est qu'il fallait atteindre des milliers de personnes dispersées jusque dans les villages les plus modestes. Je revins la semaine suivante au PC de Barembach. Cette fois l'attente ne fut que d'une demi-journée et je fus même invité à la table du général ! J'obtins ce jour-là la mise à ma disposition immédiate de toutes les équipes de projectionnistes du service cinématographique de l'armée pour l'organisation de tournées exclusivement civiles. Ainsi seraient présentés les premiers films en langue française en même temps que les images des exploits des soldats en Italie et sur les côtes de Provence. Et je revins chez moi avec la promesse de la fourniture gratuite du papier nécessaire à la publication du numéro de *Jeune Alsace* qui rendrait compte du déroulement de la semaine.

EXERCICE À L'ÉCOLE DES CADRES DE LA 1re ARMÉE À ROUFFACH.

La semaine s'ouvrit dans le Bas-Rhin le 4 mars 1945 et le 11 dans le Haut-Rhin. Ce fut une manière d'avalanche : des milliers et des milliers de colis – bourrés de kougelhopfs et autres gâteries ainsi que des jeux, accompagnés de lettres affectueuses – que nous avions provisoirement rassemblés à Strasbourg dans de grands entrepôts emplis jusqu'au toit et que les camions militaires faillirent ne pas pouvoir tous emmener jusqu'aux hôpitaux. A Strasbourg, malgré les obus allemands, la compagnie d'honneur et la fanfare attendaient le général de Lattre sur la place Kléber. Dans la grande salle de l'Aubette, où l'on exposait une sélection des objets fabriqués, le Dr François Isch rappela le sens que nos gens avaient voulu donner à la semaine de la 1re armée. De Lattre rayonnait. Avant de quitter Strasbourg, il convoqua pour le soir même, à son école de cadres de Rouffach, toute l'équipe dirigeante de Jeune Alsace. Il nous réservait « une grande surprise » : inviter plusieurs milliers de jeunes Alsaciens – ils furent 4 500 répartis en trois « fournées » à passer une journée entière dans l'école de Rouffach.

L'idée du général, pour cette école, avait été de mêler, dans les mêmes sections, en nombre à peu près égal, des gens de l'armée qui avaient débarqué sur les plages du Midi et des gradés venus de la Résistance. Il voulait aussi enseigner aux stagiaires les règles des tactiques de combat les plus récentes. Et par-dessus tout, il s'agissait de donner à tous ces hommes la volonté et l'orgueil d'appartenir à l'élite de la France nouvelle. Il fallut tout organiser : l'information, la logistique, les tour-

LES COMPAGNONS DE LA MUSIQUE EN TOURNÉE EN ALSACE.

nées de ramassage. Nous dûmes refuser du monde, tant l'idée du voyage souleva l'enthousiasme.

Aux dates et à l'heure dites, dans la grisaille des matins toujours pluvieux, les GMC couverts de boue franchirent la porte de l'école. Les garçons et les fillettes, qui avaient parfois poussé la gentillesse jusqu'à revêtir le costume alsacien, de toute part sautaient à terre. Immédiatement et par petits groupes, ils étaient pris en charge par les officiers qui les menaient dans les sections où, avec les stagiaires, ils allaient suivre le matin des leçons pratiques d'armement et tenter de comprendre les règles de commandement d'une compagnie au combat ainsi qu'à la parade. Quelques-uns effectuèrent avec les soldats des parcours de gymnastique ou s'initièrent au *close combat.*

Après le repas pris en commun, tout le monde se rendit sur la colline de Westhalten où se déroulaient les exercices de progression de l'infanterie sous tirs réels. Très excitant aussi était le jet des lance-flammes. Trois ambulances toutes proches contribuaient à la dramatisation du spectacle.

A la nuit, les soldats chantèrent en un chœur immense, à trois ou quatre voix, des hymnes guerriers et des morceaux du folklore français. De Lattre arriva, se plaça devant nos garçons et nos filles. L'école se livra alors à l'étonnant ballet du maniement d'armes à cadences variables. Dans la nuit on n'entendait que le claquement sec de milliers de mains sur les fusils. Quatre chars disposés aux coins du quadrilataire allumèrent alors leurs phares qui tout au long d'un mât suivirent la lente descente des couleurs de France.

Peu après la capitulation allemande, de Lattre monta à Constance une grande revue en l'honneur du sultan du Maroc, suivie d'une réception dans son PC de Lindau. Il voulut là encore que les jeunes d'Alsace partagent le triomphe de la France dans cette vaste zone d'occupation qu'il avait conquise. J'eus à ma disposition des dizaines d'autocars et des GMC. Sous un soleil éclatant, nos petits Alsaciens, aux premières loges, virent la revue puis rejoignirent sur un bateau affrété exprès pour eux les jardins de Lindau où le « Roi Jean » dans toute sa magnificence traitait les majestés marocaines ainsi que des généraux américains, britanniques et soviétiques.

De bien des départements nous vinrent, dès le printemps 1945, des demandes de groupes de jeunes désireux de consacrer au service de l'Alsace un peu de leurs vacances. Jeune Alsace organisa cet accueil dans un pays en grande partie sinistré. Une vingtaine de groupes, soit plusieurs centaines de garçons et de filles, arrivèrent au courant de l'été. Des élèves de centres d'apprentissage spécialisés dans le bâtiment ou le travail du bois passèrent avec leurs moniteurs dix ou quinze jours dans les communes les plus éprouvées, y construisirent des logements provisoires. D'autres montèrent des « feux de camp », chantèrent avec les gens, jouèrent avec les gosses rencontrés dans la rue. Une soixantaine de villes et de villages furent ainsi concernés tant dans le Haut-Rhin que dans le Bas-Rhin.

La revue *Jeune Alsace* sortait régulièrement. Jusqu'à la fin de sa parution, en 1946, elle publia trente-deux numéros. En ses moments les plus fastes, elle en plaça jusqu'à trente mille exemplaires. Tirée en héliogravure, elle soignait l'abondance et la qualité de ses illustrations tant photographiques que dessinées. Son équipe consolidée était restée strictement limitée en nombre. Jésel avait pris le titre de directeur de la publication tandis que François Schnell assisté d'une collaboratrice permanente dirigeait la rédaction et trouvait pour chaque numéro le concours de quelques belles plumes régionales. Louis Kuntz, un ancien élève de l'école des arts décoratifs de Strasbourg, réalisait la mise en page, Alice Bommer fournissait les photographies. Les questions financières étaient réglées par Paul Weber.

DE LATTRE VISITE L'EXPOSITION DE L'AUBETTE LE 17 MARS 1945.
À GAUCHE, LE SOUS-LIEUTENANT HOLVECK.

COLL. HOLVECK

Alex connaissait bien les Compagnons de la Musique (futurs Compagnons de la Chanson). Ils répondirent avec joie à sa proposition de venir vers la fin du mois de mars se produire à Strasbourg et d'enchaîner ensuite sur une tournée civile et militaire. Ne fallait-il pas profiter de leur venue pour rassembler plusieurs centaines de jeunes Strasbourgeois à l'occasion d'un bon récital de chanson populaire française ? Mais les Allemands envoyaient encore leurs obus sur la ville. Un coup malheureux sur ce rassemblement eût provoqué une catastrophe. Cependant, le jeu en valait la chandelle. Jeune Alsace loua le théâtre de l'Union pour un après-midi. La salle fut archicomble. La première partie se termina par une fantaisie très cocasse, sur l'air d'*Au clair de la lune* interprété à la manière de Lulli, de Wagner, des Cosaques du Don, etc. La salle exultait. Sans transition Jaubert, le patron des Compagnons, s'avança et d'une voix grave annonça le *Chant des Partisans*. Puis il tomba dans le trou du souffleur… Croyant à un nouveau gag, les jeunes trépignaient de bonheur. Le pauvre se tira de son piège en boitant et en dissimulant la déchirure catastrophique de son unique pantalon de scène. Le chœur, sans plus attendre, entama le morceau annoncé. Mais rien n'y fit. De travée en travée, la contagion du rire jusqu'à la fin fit et refit le tour de la salle. Il y eut des gens pour critiquer l'accueil réservé par la jeunesse strasbourgeoise à la première présentation de l'hymne de la Résistance…

A l'automne 1945, ce furent les futurs Frères Jacques, dirigés déjà par André Bellec, qui, sur notre invitation, visitèrent quelques dizaines de villages du Bas-Rhin et présentèrent *Georges Dandin* de Molière. Comble de précaution, notre jeune ami Joseph Maurer les accompagna pour présenter la pièce et intervenir dans son cours, en alsacien, car il fallait que personne ne perde le fil. C'est le même André Bellec qui, quelques mois plus tard, dirigea un stage de formation aux techniques de l'art dramatique. Cela se passait au centre régional d'initiation à la culture populaire de la Montagne-Verte que dirigeait notre camarade Ancel-Diener.

Fin 1945, nous organisâmes aussi la projection qui devait, en cas de succès, déboucher sur le lancement du premier ciné-club. Cela se passait à 10 h du matin, un dimanche, au cinéma Arcades à Strasbourg. Louis Daquin était venu exprès de Paris pour présenter *Premier de cordée* et répondre aux questions du public. La formule plut tellement que nous dûmes louer très vite la salle de l'Aubette puis revenir au théâtre de l'Union qui s'était transformé en salle de cinéma. Nous fîmes appel à nombre de présentateurs parisiens. Mais il y eut aussi les présentateurs locaux, dont le professeur Ronchewski et son fils, connaisseurs incollables du cinéma mondial. Le ciné-club de Strasbourg, à ses plus belles saisons, compta jusqu'à douze cents membres. Quelques semaines plus tard, nous contribuâmes au lancement des cinés-clubs à Colmar et à Mulhouse ainsi que dans des villes moins grandes. Nous tentâmes même d'organiser un ciné-club ambulant travaillant en format de 16 mm qui donna naissance au Cinébus d'illustre mémoire. Nous étions jeunes alors… La victoire dans une Alsace libérée avait une saveur unique.

L'Epuration des nazi
on de salubrité publiq
célérité dans la strict
ur que les doss
et étudiés . . .
ur que vous sa
ur que plus ra
puissent être d
châtiés . . .
J'ai décidé de rappr

Une Epuration mesurée

RENÉ PAIRA

Nommé préfet du Haut-Rhin en juin 1945, René Paira, enfant du pays, eut à faire preuve de beaucoup de doigté pour réussir la phase délicate de l'épuration.

A peine rapatrié de captivité, début 1945[1], je trouvais au centre de démobilisation l'ordre d'avoir à me présenter sans délai au ministère de l'Intérieur. Je fus reçu par M. Tixier, le ministre de l'époque, qui me dit : « La première mission préfectorale que nous avons envoyée en Alsace a échoué. Blondel, le commissaire de la République, et Haelling, le préfet du Bas-Rhin, sont brouillés et ne se parlent plus. Quant à Fonlupt, il prépare dans le Haut-Rhin son élection et les socialistes demandent son départ immédiat. Vous allez partir pour l'Alsace et viendrez me faire votre rapport dans trois jours. »

La première personne avec laquelle je pris contact fut Meck, député de Molsheim. C'était un homme qui vivait près du peuple, auquel il témoignait une touchante compréhension. Le tableau qu'il brossa devant moi était tragique. Dès 1940, les Allemands avaient mis en place le réseau de leurs organisations politiques. D'une façon anodine d'abord, ce fut le Elsässerische Hilfsdient (service de rapatriement des Alsaciens) qui, au bout de quelques semaines, se transforma en formation nazie, compromettant ainsi des centaines de personnes. Puis l'action fut plus directe, la contrainte s'accentua. Pour entrer dans une école secondaire, il fallait faire partie de la Jeunesse hitlérienne. Puis intervinrent toute une série de mesures préparant l'incorporation dans la Wehrmacht, le service du travail obligatoire, la DCA. Les sanctions pour ceux qui tentaient de se soustraire à ces obligations allaient de la peine de mort à la déportation, en passant par le camp de concentration et la prison. Et si le responsable réussissait à s'échapper, on s'en prenait à sa famille.

Comment, en face de ce régime dictatorial, retrouver ceux qui l'avaient servi volontairement et les distinguer de ceux qui l'avaient subi ? Dans les premiers jours de la Libération, la population s'était fait justice elle-même : femmes tondues, maisons pillées, personnes lynchées.

Dans les petites villes, il y avait un certain contrôle par la population, mais dans les grandes agglomérations, les scènes de violence dégénéraient en manifestations

DE LATTRE AVEC LA PRÉFET ALSACIEN RENÉ PAIRA À MULHOUSE EN 1945

hystériques et, au cours de lynchages, des personnes furent littéralement écartelées. Face à ce déchaînement, l'autorité était divisée. Il y avait l'armée et la sécurité militaire, les FFI, les comités de libération et enfin les préfets. Le résultat : des milliers de personnes incarcérées dans des camps, certainement pas des innocents comme certains ont voulu le faire croire, mais les inculpés allaient du « lèche-bottes », du lâche au collaborateur qui avait dénoncé des personnes. Ce qui ajoutait au malaise, c'était l'existence de certains « gros bonnets » qui s'étaient enrichis à travers la collaboration, dont tout le monde citait les noms mais auxquels on ne touchait pas.

En face de cette situation, de quels moyens disposait la puissance publique, après un regrettable mais inévitable flottement ? Le préfet avait le pouvoir exorbitant de prononcer l'internement administratif ou de prendre des mesures d'assignation à résidence. Et deux juridictions d'exception, les cours de justice et les chambres civiques, devaient statuer *in fine*.

A la mi-juin 1945, au moment où j'ai pris la responsabilité de l'administration du Haut-Rhin, cours de justice et chambre civique avaient statué sur quelque mille cinq cents dossiers. Mille dossiers se trouvaient en instance devant ces juridictions. Dans les camps se trouvaient environ deux mille personnes, dont certaines avaient un dossier en cour de justice. Ma première mesure a consisté à constituer, à la suite d'une enquête approfondie, un dossier pour toute personne arrêtée. Je me suis astreint à examiner personnellement tous les dossiers. Dans les cas les moins graves, j'ai annulé la mesure d'internement et, après consultation du maire et du sous-préfet, j'ai permis aux intéressés de regagner leur foyer. Si le retour dans la commune d'origine était susceptible de donner lieu à des incidents, je prenais une mesure d'assignation à résidence.

Fin juillet, tous les dossiers étaient régularisés. L'agitation ne se calma pas pour autant. Les jugements des cours de justice, estimés trop indulgents, donnaient lieu à des critiques. Mais le procureur m'expliqua que dans de nombreux cas, les témoins, incontestablement influencés par la famille du détenu, revenaient sur leur déposition initiale.

Dans le Bas-Rhin, la situation n'était guère meilleure. Alors que fin avril 1945 on enregistrait trois mille deux cents internements répartis entre Schirmeck et le Struthof, on en comptait six mille quatre cent cinquante au 1er juillet. Comme dans le Haut-Rhin, la préfecture était inondée de lettres de dénonciation et les commissions cantonales d'épuration se montraient très sévères. L'atmosphère était malsaine. Quelle occasion merveilleuse pour assouvir une vengeance ou discréditer un concurrent. Et la situation se trouvait encore compliquée par le retour des familles expulsées.

Fin 1944, au fur et à mesure de l'avance des troupes françaises, les exilés regagnèrent l'Alsace. La situation qu'ils trouvèrent à leur arrivée était tragique. Leurs meubles avaient été vendus en adjudication publique et souvent leur logement était détruit ou occupé par des sinistrés. Certains déportés en Allemagne y avaient laissé leur mobilier. Quand il était en zone d'occupation française, on put le récupérer grâce à la large compréhension du général Kœnig. Mais la majeure partie d'entre eux se trouvèrent en face d'une administration paralysée. Pouvait-on expulser un sinistré, qui lui aussi avait tout perdu, pour rendre son logement à un revenant ?

Cette situation se présentait d'une manière particulièrement tragique à Strasbourg. M. Bollaert, commissaire de la République, fit appel à une solution inattendue. Kehl avait été évacué et les Alliés avaient interdit le retour de la population pour assurer la sécurité du passage du Rhin. M. Bollaert décida d'y installer les sinistrés de Strasbourg. Ce faubourg inattendu fut administré par un bureau de la mairie de Strasbourg. Mais on avait créé un *no man's land* juridique dont le préfet de Strasbourg eut beaucoup de peine à se dépêtrer.

Les problèmes matériels n'étaient pas les pires. A chaque instant, les « revenants » trouvaient la trace des choses leur ayant appartenu. On pouvait quelquefois les aider dans la récupération de leur bien. Mais quand il s'agissait d'un lit acheté par un sinistré… D'autre part, le pillage des biens séquestrés par les nazis avaient été général et à tous les échelons. Je me souviens d'un dîner à la préfecture. La femme d'un médecin se tortillait sur son fauteuil. Finalement, n'y tenant plus, elle me demanda : « Le fauteuil n'a-t-il pas une tache d'encre au-dessus du pied droit ? » Il l'avait… Le Gauleiter Wagner n'avait pas hésité à s'approprier des objets de valeur dans le lot des biens séquestrés. La dame emporta son fauteuil. Mais pour le préfet qui recevait, l'atmosphère était désagréable. Il est évident que cette situation pesait sur l'épuration par les dénonciations qu'elle entraînait.

Il était temps d'en finir.

Avec Bernard Cornut-Gentil, nous avons pris en août 1945 une mesure qui, bien sûr, fut critiquée par des historiens

AFFICHE DE L'ÉPURATION SIGNÉE DU PRÉFET PAIRA.

RÉPUBLIQUE FRANÇAISE

PRÉFECTURE DU HAUT-RHIN

Habitants du Canton

de

[illegible]	[illegible]
Pour que les dossiers soient vite constitués et étudiés . . .	**Damit die Akten schnell aufgestellt und bearbeitet werden . . .**
Pour que vous sachiez ce qui se passe . . .	**Damit Sie wissen, was vor geht . . .**
Pour que plus rapidement, les innocents puissent être disculpés et les coupables châtiés . . .	**Damit die Unschuldigen schneller gerechtfertigt u. die Schuldigen bestraft werden können . . .**
[illegible]	[illegible]
N'écrivez plus, en premier ressort, à la Préfecture ou à la Sous-Préfecture.	**Schreiben Sie nicht mehr, in 1. Instanz, an die Préfecture oder an die Sous-Préfecture.**
Adressez-vous de suite à votre Président de Commission cantonale : [illegible]	**Wenden Sie sich gleich an den Präsident der Commission cantonale :** [illegible]
[illegible] **1er sept. 1945** [illegible]	[illegible] **1. Sept. 1945** [illegible]
Adresse de la Commission d'Enquête du Canton :	**Anschrift der Commission d'Enquête des Kantons:**

Le Préfet du Haut-Rhin

R. PAIRA.

COLL. PART.

dans le confort de leur cabinet. Nous avons, sur la base d'un recensement général, établi la liste des personnes qui, d'après leur propre déclaration, avaient joué un rôle dans les organisations nazies, et cherchions à savoir ce qu'elles étaient devenues autrement que par des réactions populaires. Les listes déposées en mairie pouvaient être consultées par le public. Tout électeur pouvait signaler des omissions ou porter plainte. Cette plainte entraînait la constitution d'un dossier sur lequel on recueillait l'avis du maire et celui d'une commission cantonale. Ces dossiers aboutissaient, s'ils étaient retenus, obligatoirement devant l'autorité judiciaire.

Contrairement à ce qui a été dit, notre mesure n'était pas un appel à la délation. Les plaintes devaient être publiques et aboutir devant un tribunal. Tous les documents non retenus devaient être obligatoirement détruits. Mais le 30 août était une date de forclusion. Au-delà de cette date, aucune plainte n'était plus admise. Il est certain que ces dispositions, qui ont mis un terme aux possibilités d'incriminer quelqu'un, ont assaini définitivement le climat.

On a, depuis, avancé des chiffres fantaisistes sur l'épuration. On tend ainsi à faire croire qu'il s'agissait d'un mouvement que l'Administration n'a jamais contrôlé et qui a abouti à la condamnation de centaines d'innocents. Les chiffres que j'ai cité sont ceux qui ressortent du rapport au ministère de l'Intérieur. Dans le Haut-Rhin, cinq mille personnes ont eu a répondre de leur comportement durant la guerre. Un millier d'entre elles furent mises hors de cause et renvoyées dans leurs foyers. Le nombre de celles qui ont été condamnées à des peines variables par les tribunaux ne dépasse pas trois mille. La puissance publique a largement tenu compte de l'abandon dans lequel s'est trouvée l'Alsace en 1940 et du poids de l'annexion de fait.

Il convient de rapprocher les vrais chiffres du nombre d'habitants du Haut-Rhin. Après cinq ans de terreur nazie et malgré la longue période où l'Allemagne semblait victorieuse, le nombre des Haut-Rhinois qui ont eu une attitude douteuse ne dépassait pas un pour cent. Ainsi, l'épuration tant décriée a fait ressortir un comportement tout à l'honneur de l'Alsace.

La poursuite des dirigeants nazis fut confiée à la justice militaire. C'est elle qui condamna à mort le Gauleiter Wagner. Le procès de la Gestapo de Strasbourg devant le tribunal militaire de la Ve région fut avant tout celui des bourreaux. Le tribunal prononça onze condamnations à mort dont sept par contumace. Dans le Haut-Rhin, ce fut Mourrer, ancien député communiste autonomiste de Strasbourg, devenu Kreisleiter de Mulhouse, qui seul fut condamné à la peine capitale. C'est la seule mise à mort dans le département.

NOTE

1. Lire, de René Paira, son livre de souvenirs, *Affaires d'Alsace*, collection « Mémoire d'Alsace », Ed. La Nuée Bleue, Strasbourg, 1990, ainsi que son article « Un ennemi du Reich », dans le numéro « 1943 – La guerre totale » de *Saisons d'Alsace* (n° 121, automne 1993).

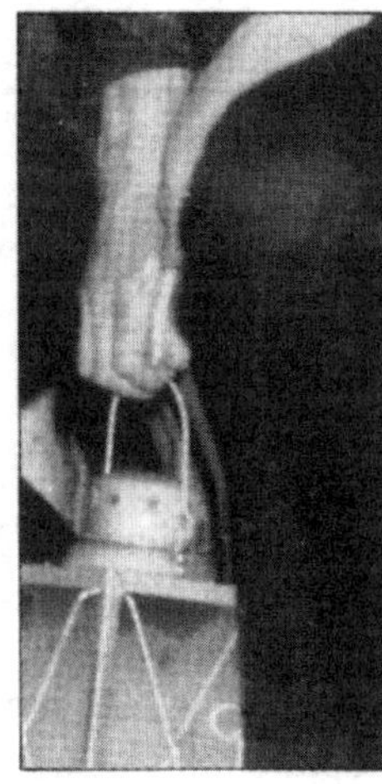

Des dossiers par milliers
L'Epuration en chiffres

ALPHONSE IRJUD

En raison du cas particulier de l'Alsace, annexée au Reich et embrigadée dans toutes les officines du parti nazi, il fut très difficile à la Libération de procéder à une « juste épuration ». Derrière les chiffres bruts, la réalité complexe ne doit pas être oubliée[1].

Au cours de sa libération progressive, l'Alsace ne connaît pas les mêmes débordements que bon nombre de régions françaises, particulièrement au sud de la Loire, avec les exécutions sommaires et les cours martiales improvisées. D'une part, il n'existe pas de maquis organisés, politiquement marqués, parfois rivaux, ni de Milice ou autres forces de répression engagées contre eux ; la Résistance est représentée par les états-majors des FFI. D'autre part, l'Alsace reste, pendant des mois, zone d'opérations, avec la présence des armées. Des incidents et des exactions se produiront surtout au retour des collaborateurs qui avaient fui outre-Rhin.

Comme à « l'intérieur », on retrouve ici la « collaboration vulgaire » des dénonciateurs, opportunistes et arrivistes, ainsi que les ralliés idéologiques provenant ici des formations autonomistes germanophiles[2]. Mais il existe une différence fondamentale : outre-Vosges, l'engagement dans les organisations de la collaboration était une adhésion volontaire, alors que dans les départements annexés, le maillage nazi s'étendait à toutes les activités et professions. Dès le 16 septembre 1944, le commissaire de la République soulignait dans une note au gouvernement : « Les Allemands ont nommé à des emplois un certain nombre d'Alsaciens. Cette nomination ne devra pas, à elle seule, être considérée comme un signe d'indignité, sauf bien entendu s'il s'agit d'emplois de caractère nettement politique. » Après les premières semaines d'observation, il écrit le 30 décembre au ministre de l'Intérieur : « La besogne d'épuration en Alsace appelle de grandes précautions car il apparaît que durant les quatre années d'annexion, un grand nombre de personnes ont dû, sous les pires menaces et les plus fortes pressions, s'inscrire dans des formations du parti nazi. Tel, actuellement chef de FFI, a fait antérieurement partie, à un moment donné, de l'une de ces formations. De telle sorte qu'à poser des règles rigides on aboutirait à épurer la plus grande partie de la population et à commettre de criantes et irréparables injustices. »

L'épuration s'organise selon différentes procédures – dans un premier temps d'une façon désordonnée – et en plusieurs étapes. Après les arrestations opérées fin novembre, en décembre et lors de la crise des 2 et 3 janvier 1945 (environ trois mille dans le Bas-Rhin et sept cents dans le Haut-Rhin) en majeure partie par les FFI, une commission de filtrage composée d'un magistrat, d'un membre du CDL et d'un fonctionnaire de police est mise en place dans chaque arrondissement; la décision du préfet prise sur avis de la commission est soumise à une commission départementale de vérification qui, à son tour, remet ses conclusions au commissaire de la République. Par manque de personnel, ces commissions n'avancent que lentement durant les trois premiers mois. Dans le Bas-Rhin, 200 libérations interviennent en janvier, 272 en février, 302 en mars, 412 en avril.

De sa propre autorité, le préfet peut, par voie administrative, procéder à des internements. Celui du Bas-Rhin, par exemple, décide par arrêtés l'internement de 131 personnes issues de nombreuses localités et ayant participé à la capture d'aviateurs alliés ou de prisonniers de guerre évadés contre une prime de 50 à 700 RM, et de 64 dénonciateurs et agents nazis.

En troisième lieu, le commissaire de la République prononce des sanctions, sur avis des commissions, allant, selon toute une gamme, du simple blâme jusqu'à la révocation sans pension, pour les fonctionnaires et agents des services publics et des collectivités. On relève, d'après les arrêtés publiés : 360 cas pour l'enseignement, 164 pour la poste, 91 dans les services financiers, 71 dans les Eaux-et-Forêts, plus de 500 dans les mines de potasse et plus de 100 pour Pechelbronn, 50 dans la police, etc. Le 14 mai 1945, le maire annonce au conseil municipal de Strasbourg que 208 employés municipaux ont été sanctionnés et que d'autres cas attendent une ratification de la part de l'autorité compétente. En ce qui concerne la SNCF, 3 740 dossiers sont soumis, pour l'ancien réseau Alsace-Lorraine des trois départements, à la commission d'enquête, dont 2 992 font l'objet d'une décision ministérielle, avec 1 985 sanctions et 1 007 classements sans suite. Les entreprises privées sont également soumises à une épuration professionnelle.

Une dizaine d'ouvrages, publiés entre 1948 et 1990, affirment que 35 000 à 45 000 « collaborateurs alsaciens et lorrains » ou uniquement alsaciens selon certains, ont été internés après la Libération. En réalité, leur nombre n'a jamais dépassé les 8 000, en Alsace; il a varié de 4 000 au 15 janvier 1945 à 8 000 au 1er juillet 1945,

AFFICHETTE APPOSÉE SUR UNE MAISON DE THANN.

FFI

Ces biens, meubles et immeubles, appartenant à des ressortissants ennemis sont mis sous séquestre au nom du procureur de la République par les soins du Chef des FFI de l'arrondissement de Thann.

signé : Le Capitaine VEBALY

commandant les FFI de l'arrondissement de Thann.

COLL. PART.

dont 6 500 dans le Bas-Rhin[3]. La situation dans les camps de Schirmeck et du Struthof a fait l'objet de plusieurs enquêtes. « L'encadrement des camps laisse à désirer, le recrutement des gardiens s'est fait au hasard. De graves abus se sont produits : vols, punitions corporelles, scènes de débauche. A la suite des enquêtes que j'ai ordonnées, le commandant du Struthof et une trentaine de gardiens vont être licenciés et une instruction judiciaire a été ouverte », écrit le commissaire de la République, en mars 1945 aux ministres de l'Intérieur et de la Justice, en demandant du personnel qualifié.

COLL. PART.

MAI 1945 : UN COLLABORATEUR, QUI DISAIT PENDANT LA GUERRE « QUE LES CORNES ME POUSSENT SI LA FRANCE REVIENT », PROMENÉ EN CORTÈGE.

Au début de juillet, les deux nouveaux préfets, Bernard Cornut-Gentille à Strasbourg et René Paira à Colmar, sous l'autorité du commissaire de la République, prennent deux mesures :

1. Une commission d'enquête, destinée à recevoir jusqu'au 1er septembre les dépositions écrites contre les personnes soupçonnées de collaboration, est instituée au chef-lieu de chaque canton, comprenant un officier de police et trois membres de la Résistance.

2. Entre le 10 et le 20 juillet, un questionnaire est à retirer à la mairie pour recenser la population et obtenir une réponse aux deux questions suivantes : comment la nationalité française a été obtenue après 1918 ; appartenance ou non à une organisation nazie. L'attribution de la carte d'alimentation est liée à la remise de ce questionnaire.

Une mesure pour le moins surprenante est envisagée durant l'été 1945 par le préfet du Bas-Rhin en accord avec le commissaire de la République : L'« éloignement » des habitants des villages protestants supposés « peu sûrs et germanophiles » de l'Alsace bossue (Sarre-Union, Bouxwiller, Ingwiller), du nord (Hunspach, Hatten) et du Kochersberg (Ittenheim, Furdenheim), vers les régions d'accueil du sud-ouest en septembre 1939[4].

Accusé de réception à rendre à l'intéressé lors de la remise du formulaire

N°

Partie à remplir par l'intéressé
Durch den Betreffenden auszufüllen

Nom .... Prénoms ....

Domicile actuel .... Commune ....

rue .... n° ....

Partie à remplir par les Services de la Mairie lors de la remise du formulaire (après souscription)
Wird von der Mairie ausgefüllt

Cachet de la Mairie

Reçu le ....

Signature

N°

QUESTIONNAIRE INDIVIDUEL
Personalfragebogen

Nom : .... Prénoms : ....
Name *(à remplir en caractère d'imprimerie)* Vorname

né le .... à .... Département ou pays : ....
geb. den in Bezirk oder Land

Domicile le 1er sept. 1939 Ville .... rue ....
Wohnort am 1. Sept. 1939 Stadt Strasse

Domiciles consécutifs entre : 1er sept. 1939 et 1er mai 1945 ....
Aufenthaltsorte zwischen und

....

Domicile au 1er mai 1945 : ....
Wohnort am 1. Mai 1945

Situation de famille : marié .... veuf .... divorcé .... célibataire ....
Familienstand verh. Witwer geschieden ledig

Nombre d'enfants : (indiquer l'âge) ....
Kinderzahl (Alter angeben)

Nationalité au 1er sept. 1939 : réintégré .... par réclamation .... par naturalisation ....
Staatsangehörigkeit von Amts wegen durch Antrag durch Naturalisierung

Nat. père (Vater) 1er sept. 1939 : réintégré .... par réclamation .... par naturalisation ....
Staatsangehörigkeit von Amts wegen durch Antrag durch Naturalisierung

Nat. mère (Mutter) 1er sept. 1939 : réintégré .... par réclamation .... par naturalisation ....
Staatsangehörigkeit von Amts wegen durch Antrag durch Naturalisierung

Professions : 1939 ....
Berufe

» 194 ....

Employeur : ....
Arbeitgeber

Service militaire Dienstzeit	Grade Rang	Durée Dauer	Volontaire Freiwillig	Mobilisé Einberufen
Armée française .... Französische Armee				
Armée allemande après le 16 juin 1940.. Deutsche Wehrmacht nach dem 16. Juni 1940				
Milice française, L. V. F. ou Service allemand en pays occupés par la Wehrmacht.......... Französische Miliz, L. V. F. oder deutsche Dienststelle in besetzten Gebieten				

Décorations françaises : ....
Französische Auszeichnungen

Décorations allemandes depuis 1940 : ....
Deutsche Auszeichnungen seit 1940

Avant / vor / 1940 — Etiez-vous inscrit à l'une des associations suivantes ? ....
Waren Sie in einer nachstehend aufgeführten Vereinigung eingeschrieben ?
(Rayer la mention qui ne convient pas — Nichtzutreffendes streichen)

Schlageterbund — Landespartei (Karl Roos) — Erwin von Steinbachbund — Jungmannschaft
Kulturverein — Vorkämpfer für das Deutschtum

du .... au ....
seit bis

COLL. PART.

QUESTIONNAIRE À REMPLIR PAR CHAQUE ALSACIEN EN 1945.

Activité politique pendant l'occupation du 18 juin 1940 au ....
Politische Tätigkeit während der Besetzung vom 18. Juni 1940 bis

Etiez-vous membre d'une des formations suivantes ? .... Indiquer laquelle et la période
Waren Sie Mitglied in einer der nachstehend aufgeführten Formationen ? Namen und Zeit angeben

Els. Hilfsdienst — Partei-Genosse — Sicherheits-Dienst — S. S. — S. A.

Formation Einheit	Date d'entrée Eintrittsdatum	Grade successif Rang	Observations Bemerkungen

Aviez-vous un grade dans une des formations suivantes ? ....
Hatten Sie einen Dienstgrad in einer der nachstehend aufgeführten Formationen ?

B. D. M. — H. J. — Deutsche Frauenschaft — N. S. K. K. — N. S. D. A. P. — N. S. F. K.

Formation Einheit	Date d'entrée Eintrittsdatum	Grade Rang	Observations Bemerkungen

Quelles fonctions avez-vous assurées successivement ?
(Souligner la fonction en y ajoutant la date)
Welches Amt haben Sie nacheinander bekleidet ? *(Amt unterstreichen und Datum angeben)*

Blockleiter		Polit. Leiter..........		Personalamtsleiter	
Zellenleiter		Membre (Mitglied) des Kreisleitungsstabes ...		Arbeitseinsatzingenieur .	
Organisationsleiter......				B. D. M.- Führerin.....	
Ehrensturm		Kreisleiter..........		Ringführerin	
Vertrauensmann.......		Bauernführer..........		Frauenschaftleiterin	
Ortsleiter..		Obmann.			
Ortsgruppenleiter......		Werkschar.			
Propagandaleiter.......		Werkpolizei			

La nationalité allemande vous a-t-elle été conférée ? .... A quelle date ? ....
Sind Sie „Reichsdeutscher" geworden ? An welchem Datum ?

	Laquelle ? Welche ?	Pourquoi ? Weshalb ?
Avez-vous déjà subi une peine depuis novembre 1944 ? .... Haben Sie seit November 1944 eine Strafe verbüsst ?		

Je certifie sous la foi du serment que j'ai rempli le présent questionnaire scrupuleusement selon l'exacte vérité et que je n'ai rien caché, ni omis sur mon activité politique durant l'occupation allemande de 1940 à ....

Ich bescheinige an Eidesstatt, dass ich vorliegenden Personalfragebogen aufrichtig ausgefüllt habe, dass ich nichts über meine politische Tätigkeit während der deutschen Besetzungszeit von 1940 bis ... verborgen oder unterlassen habe.

Lieu ...., le .... 1945.
Ort den

Signature : ....
Unterschrift

Imprimerie Alsacienne, Strasbourg

1945

A la fin de juin 1945, l'épuration judiciaire se met en marche, avec les cours de justice et les chambres civiques de Strasbourg, Saverne, Colmar et Mulhouse. Voici les bilans publiés à la clôture des sessions.

	STRASBOURG	SAVERNE	COLMAR	MULHOUSE
Accusés	1 808 [1]	549 [4]	265 [8]	680 [10]
Acquittés	103 [2]	39	25	54
Condamnations à mort	33 [3]	4 [5]	20 [9]	
Travaux forcés à perpétuité	11	1	8	7
Travaux forcés à temps	175	40 [6]	53	22
Réclusion	86	21	23	92
Prison	715	359	145	511
Dégradation nationale	144	74		52
Interdiction de séjour	506	179		1
Amendes	33	84 [7]		
Confiscations		94 + 28 [7]		

1. Dont 155 femmes (13,5 %) – 2. Dont 21 femmes (20 %) – 3. La majeure partie par contumace – 4. Dont 65 femmes (11,8 %) – 5. Dont 2 par contumace. – 6. Dont 14 par contumace. – 7. La cour de Saverne précise : 84 amendes représentant 2 837 000 F, 94 confiscations de biens pour une somme de 9 267 000 F, 28 confiscations totales dont 23 par contumace et des restitutions à hauteur de 55 350 F par ex. : des primes versées pour la capture de prisonniers de guerre ou d'aviateurs alliés. L'addition des chiffres de cette colonne donne un chiffre supérieur à celui des condamnés, certaines peines étant cumulables, comme la dégradation et l'interdiction de séjour ou les amendes et confiscations – 8. Dont 30 femmes (11,30 %) – 9. Dont 14 par contumace. La cour de Colmar qui ne donne pas de précisions pour les autres sanctions, a poursuivi son activité jusqu'en juillet 1949, jugeant épisodiquement les cas n'ayant pas pu venir à temps devant les autres cours – 10. La statistique indique 680 affaires, l'une ou l'autre comprenant plusieurs accusés ; 1 502 affaires ont été classées avant, 602 après instruction.

Un certain nombre de cas ont également été jugés, pour l'ensemble de l'Alsace, par les tribunaux militaires de Strasbourg et de Metz.

Bilan des chambres civiques

Strasbourg : Dégradation à vie (indignité nationale) : 228 hommes, 98 femmes – A temps : 1 629 hommes, 491 femmes – Interdiction de séjour : 721 – Acquittement : 430 hommes, 180 femmes.

Saverne : 851 accusés dont 170 femmes – Dégradation à vie : 30 – A temps : 593 – Relevés de l'indignité : 18 – Interdiction de séjour : 72 – Confiscations : 129 pour une somme de 7 033 000 F (à rapprocher des confiscations de la cour de justice).

Colmar : 1 289 accusés – Dégradation nationale : 867 – Interdictions de séjour et (ou) amendes : 281 – Acquittements : 141.

Mulhouse : pas de publication.

Compte tenu de l'imprécision de certains bilans publiés, il est impossible de chiffrer exactement les condamnations en cours de justice et tribunaux militaires : elles doivent se situer entre 3 100 et 3 200. Et pour les chambres civiques entre 5 500 et 6 000.

AMS

GERMAIN MULLER, EN LAMPISTE DE L'ÉPURATION, DANS SA PIÈCE « ENFIN, REDDE... ».

Les procès des « Nanziger », c'est-à-dire des personnes arrêtées au début des hostilités en 1939 et internées à Nancy jusqu'en juin 1940, se sont déroulés en 1947, à Mulhouse où ont été jugés les députés Marcel Stürmel et Jean-Pierre Mourer, à Nancy où le député Joseph Rossé a comparu devant la cour d'assises et à Strasbourg où cinq accusés étaient présents; les sept absents, chefs politiques nazis, ont été condamnés à mort par contumace : Edmond Nussbaum, Kreisleiter de Molsheim, Armand Bickler, Kreisleiter de Strasbourg et son successeur Paul Schall, René Hauss, Kreisleiter de Haguenau, Rodolphe Lang, Kreisleiter de Saverne et son successeur René Schlegel, ainsi que l'éditeur Friederich Spiesser, « châtelain » de la Hünenburg. Le Kreisleiter de Mulhouse, Jean-Pierre Mourer, ancien député et conseiller municipal de Strasbourg, a été condamné à mort à Mulhouse et exécuté.

NOTES

1. Cette évocation purement factuelle n'implique, cela va de soi, aucun jugement de l'auteur quant au problème de fond de l'épuration.
2. Les ralliés au nazisme, *Saisons d'Alsace*, n° 121, « 1943 – La guerre totale ».
3. Fernand L'HUILLIER a donné pour le Bas-Rhin des chiffres très près de la réalité dans *Libération de l'Alsace*, Hachette, 1975.
4. Entretiens de l'auteur avec M.M. Bollaert et Cornut-Gentille en août 1945. Et Robert HEITZ, *Souvenirs de jadis et naguère*, 1964.

COLL. PART.

L'UNE DES DEUX CLASSES « TRANSITOIRES » DU LYCÉE FUSTEL-DE-COULANGES À STRASBOURG AUTOUR DE SON PROFESSEUR D'HISTOIRE, M. FOLTZ. ASSIS AU SOL, DANIEL HOEFFEL.

Les Malgré-Nous retournent à l'école

ROBERT WALTER

L'Administration organisa très vite, mi-1945, des classes spéciales pour remettre au niveau scolaire français les jeunes Alsaciens revenus de l'armée allemande. Souvenirs épiques de ces classes « transitoires » par un ancien professeur de littérature française du lycée Fustel-de-Coulanges à Strasbourg.

« Le ministre de l'Education nationale ordonne à M. Walter Robert, professeur à Grenoble (Isère) de se rendre en mission à Strasbourg pour y rejoindre son poste. Les autorités françaises et alliées, civiles et militaires, sont priées de faciliter à monsieur Walter l'accomplissement de sa mission. Paris, le 20 avril 1945. »

Après avoir enseigné à Strasbourg, au lycée Fustel-de-Coulanges, de 1937 à 1939, je me trouvais, en avril 1945, professeur au lycée Champollion à Grenoble, où j'étais resté « replié » depuis ma démobilisation le 30 juillet 1940. Ayant laissé tout notre foyer à Strasbourg en 1939, lors de ma mobilisation, nous avions vécu en meublé, ma femme et moi, depuis lors. J'avais pu reconstituer une bibliothèque sommaire, grâce, surtout, aux « spécimens » que m'avaient généreusement envoyés les éditeurs de livres scolaires. Notre déménagement fut donc simple et rapide ; et le 1er mai 1945 nous débarquions à Strasbourg, après un long voyage par des trains militaires, via Paris.

Valises à la main, nous prîmes le chemin du centre-ville. Au passage nos regards étaient arrêtés par les enseignes allemandes des magasins – « Drogerie » et autres « Metzgerei » – aussi bien que par les robes badoises, les Dirndl, que portaient beaucoup de passantes. Nous fûmes logés provisoirement (un provisoire qui dura trois mois et demi) au foyer des étudiants, l'ancienne Gallia, que l'occupant avait rebaptisée Germania, comme le disait encore son enseigne. Et j'allai, aussitôt après, me présenter à mon cher vieux lycée Fustel-de-Coulanges. En débouchant sur la place du Château, nouveau pincement au cœur : le nom que je lus sur la façade de l'établissement était encore « Erwin von Steinbach Schule », tandis qu'à droite comme à gauche palais Rohan et cathédrale portaient encore les stigmates des récents bombardements : porte du palais arrachée, tour Klotz lourdement mutilée.

A peine entré dans le vestibule du lycée, je tombe sur le nouveau proviseur, monsieur Kessler, en fonction depuis le 1er janvier. Il s'exclame, en m'ouvrant les bras : « Enfin un professeur. » J'étais, en effet, le premier « revenant » à regagner son poste. Très vite je fus au courant de ce qui m'attendait : des élèves d'un nouveau genre, des « revenants », eux aussi, mais de l'armée allemande, groupés dans des classes inédites, les classes « transitoires ». Une circulaire ministérielle devait les officialiser quelques jours plus tard, le 8 mai. Elles accueillirent les jeunes Alsaciens fraîchement démobilisés du service du travail (RAD) ou de l'armée allemande, les Malgré-Nous. Ils avaient de dix-sept à vingt ans, certains, les plus âgés, avaient combattu sur le front russe, tous avaient été formés à la dure discipline nazie. Quant à leurs études antérieures, elles avaient été bien rudimentaires. La tâche qui nous était confiée, à nous professeurs, était de les amener, en quelques mois pour les plus âgés, au niveau du baccalauréat, mais un baccalauréat aménagé à leur intention : on ne pouvait décemment leur demander d'acquérir, en ce bref laps de temps, les connaissances qui leur avaient été refusées pendant les cinq années de guerre.

C'est ce qu'analyse l'exposé des motifs de la circulaire ministérielle du 8 mai 1945. Son auteur, sans doute le recteur d'alors, monsieur Prélot, avait admirablement compris la situation.

> Les jeunes Alsaciens et Lorrains, demeurés dans leur province en 1940, ou contraints d'y retourner avant la Libération, n'ont pu, pour la plupart, suivre un enseignement les préparant au

baccalauréat français. Ils ont dû se plier aux exigences des programmes institués par l'autorité de fait. Certaines disciplines ont été totalement éliminées, d'autres mutilées, tandis que toute la formation scolaire était tournée vers des fins de propagande politique et d'assujettissement intellectuel. Si la connaissance même du français usuel s'est souvent maintenue de façon émouvante, nos lettres et notre histoire sont quasi ignorées. La formation scientifique est très faible, le niveau des études latines s'avère singulièrement bas. Par suite, les candidats des prochaines années ne pourraient, sans risque d'échecs répétés et décourageants, subir les épreuves du baccalauréat normal, tel qu'il existe dans les autres académies. Il convient de faciliter leur tâche et de seconder leurs efforts, entrepris depuis quelques mois, voire même quelques semaines, dans un vibrant enthousiasme, en atténuant pour eux les difficultés immédiates. On leur permettra un passage plus aisé d'un régime à un autre, grâce à des examens appropriés et appelés pour cette raison : « baccalauréat de transition ».

Voilà donc le public que je trouvai devant moi lorsqu'en ce début du moi de mai 1945 je pénétrai dans la classe de première du lycée Fustel-de-Coulanges qui leur était réservée. Dès mon apparition, la trentaine d'élèves se figèrent au garde-à-vous. A la fin de la première heure de cours, je descendis parmi eux afin de mieux faire leur connaissance. Ils se détendirent alors et se mirent à me poser des questions ou à me raconter des souvenirs. Me montrant, sur le mur auquel était adossé le bureau professoral, un rectangle plus clair, qui tranchait sur la couleur quelque peu fanée de la peinture, ils me dirent : « Monsieur, il faut mettre là le portrait du général de Gaulle. » C'était l'emplacement d'où, six mois plus tôt, le visage d'Hitler dirigeait sur la classe son regard impérieux. Bien entendu, je refusai, et leur expliquai que le culte de la personnalité est incompatible avec la démocratie, quelles que soient l'admiration et la reconnaissance que l'on puisse éprouver pour un aussi grand serviteur du pays que le général de Gaulle. L'un de mes nouveaux élèves évoqua le temps encore récent où il se trouvait sous l'uniforme allemand, en face de l'armée russe, et comment, armé d'un bazooka, il avait attendu, au fond de son trou individuel, l'arrivée des chars ennemis. A dix-sept ans, il avait vécu cette alternative : ou faire sauter le char d'un coup bien ajusté, ou être écrasé et enseveli dans son trou. Se remettre aux études littéraires après avoir connu de telles épreuves leur demandait de rudes efforts.

L'effort était d'autant plus rude que, du temps nazi, leurs études avaient été réduites à leur plus simple expression, ainsi que l'indique fort justement la circulaire ministérielle. La matinée, me confièrent-ils (et mes collègues alsaciens restés en Alsace pendant l'occupation me le confirmèrent), commençait par des chants patriotiques. Suivait l'endoctrinement politique, puis la présentation de la situation militaire du moment. C'est seulement ensuite que venait l'enseignement. Quant à l'après-midi, il était consacré à la défense anti-aérienne, à laquelle on entraînait les adolescents, ou encore au service du travail, qui consistait, par exemple, en automne 1944, à creuser des tranchées antichars tout autour de Strasbourg. Leur formation intellectuelle se trouvait donc bien réduite. Et encore, quel en avait été le contenu ? On le sait, la langue française et toute culture française avaient été prohibées ; donc, seule une initiation clandestine en famille pouvait en avoir donné quelque teinture à nos élèves ; et c'est ce que je pus constater avec plaisir. Quant aux autres matières, je pus me rendre compte par moi-même à quoi elles avaient été réduites. Je trouvai, en effet, abandonnés dans la salle des professeurs, toute une série de manuels scolaires de l'époque nazie, et je pus rapidement voir à quel point l'enseignement avait été orienté dans l'esprit de la doctrine officielle et axé essentiellement sur le culte de la civilisation germanique telle que le concevait le national-socialisme. C'est ainsi que la *Germanie* de Tacite, devenue squelettique, se réduisait aux pages où les antiques Germains étaient présentés à leur avantage. Comme Tacite, en général, n'était pas tendre à leur égard, on imagine les coupes sombres qu'avait subies son œuvre. Les problèmes de mathématiques portaient, par exemple, sur le temps nécessaire pour creuser une tranchée ou sur la proportion de juifs existant dans telle ville ou telle province. Nos pauvres élèves avaient tout à apprendre.

Aussi avait-on conçu à leur intention ces classes « transitoires », couronnées par un baccalauréat également « transitoire ». Nous ne pouvons mieux faire, ici encore, que de citer la suite de l'« exposé des motifs » du 8 mai 1945 :

> Outre certains allégements de programme, la caractéristique de ce dernier [le baccalauréat transitoire] est d'assurer les délais nécessaires à la formation littéraire, en ajournant, tout à la fin des études, la dissertation prévue pour la première partie, qui ne comportera qu'une simple composition française n'exigeant aucune connaissance spéciale. Ainsi, en procédant par degrés, pourra-t-on maintenir élevé le niveau des épreuves, comme il est de tradition à l'université de Strasbourg et comme il est d'obligation à la frontière des cultures.

C'est ainsi que mes élèves de mai 1945 affrontèrent la première partie de leur baccalauréat dès Noël 1945, les vacances d'été ayant été supprimées pour leur permettre de rattraper de leur mieux leur retard. Ils se présentèrent en juin 1946 à la deuxième partie de l'examen, et durent alors subir à la fois l'épreuve de dissertation littéraire « conforme au programme normal de la première partie » et celle de dissertation philosophique, mais celle-ci, sur un programme allégé, celui de philosophie-sciences. De même, « à l'oral, l'interrogation de philosophie [était] complétée d'une autre interrogation portant sur l'explication d'un texte français avec question sur les chefs-d'œuvre de la littérature et sur les auteurs les plus notables ».

UNE CLASSE DE FUSTEL-DE-COULANGES AU TEMPS NAZI, SOUS LE REGARD D'HITLER.

PHOTO COLL. HATT-DIENER

Il n'était donc pas question, en mai 1945, d'apprendre à nos Malgré-Nous l'art subtil de la dissertation française. Il s'agissait d'abord de leur réapprendre la langue française et de les initier à la littérature française. Aussi devions-nous nous contenter de leur faire rédiger des narrations, exercice réservé d'ordinaire aux classes du premier cycle. Quant à la littérature, nous avions de bien pauvres moyens pour la leur faire découvrir. Tous les livres français des bibliothèques de classes avaient été rassemblés en décembre 1940 et brûlés dans le parc de l'Orangerie, en un énorme autodafé, la nuit du 22 décembre lors de la fête du solstice ; et il n'était pas question, évidemment, d'en trouver, en 1945, dans les librairies de Strasbourg. De tous les coins de France, les établissements d'enseignement nous envoyèrent des manuels scolaires, dans un bel élan de solidarité ; mais ils appartenaient à toutes sortes de collections et il n'y avait pas suffisamment de chacune pour en équiper une classe. Il fallut alors nous débrouiller avec des moyens de fortune. J'avais rapporté de Grenoble les maigres éléments de ma bibliothèque rudimentairement reconstituée. J'entreposai dans la salle des fêtes de Fustel la caisse qui les contenait, et, chaque jour, j'allais y puiser les livres nécessaires à mes cours. J'y recopiais à la main les pages que je voulais faire étudier à mes élèves, et je les « polycopiais » sur une boîte remplie de mastic, utilisé comme cliché (la photocopie n'existait pas à cette époque) : l'exercice consistait à placer, face à la pâte, la page écrite avec une encre spéciale qui s'imprégnait alors dans le mastic, puis, la page enlevée, on plaçait successivement sur la pâte les feuilles blanches, et on passait un rouleau par-dessus. Tel était le travail artisanal qui dut pallier quotidiennement l'absence de livres pendant la première année scolaire.

Quel fut le résultat de cet enseignement ? Pas très brillant dès l'abord, il fut lent à s'améliorer. Je m'y attendais, bien sûr, car c'était normal. Mais lorsque j'entrepris de corriger la première narration, j'eus d'abord une surprise d'un autre ordre, tous les devoirs se terminaient par : « Vive la France ! Vive de Gaulle ! » Mes collègues alsaciens m'expliquèrent qu'il était obligatoire, du temps nazi, de clore tout travail écrit, lettre, rapport ou exercice scolaire, par la formule « Heil Hitler », obligation parallèle à celle du salut hitlérien lors de toute rencontre. Il me fallut donc reprendre l'explication que j'avais déjà faite à propos du portrait d'Hitler. La rectification était aisée. Il n'en fut pas de même pour la langue et le style : les germanismes, cela va de soi, y abondaient. Qu'il me suffise d'une brève anecdote pour illustrer ce problème. Un jour où je venais de commencer mon cours, un élève arrive en retard. Il frappe à la porte, entre, s'approche de mon bureau, se met au garde-à-vous en claquant des talons et me dit, avec un accent affreusement lourd (je n'ose pas le reproduire, on m'accuserait de caricature, et pourtant le souvenir m'en est resté gravé dans la mémoire…) : « Excusez-moi, monsieur le professeur, j'étais sur le bureau de monsieur le proviseur. » Le problème de l'accent était, somme toute, un problème mineur : le contact avec d'autres élèves et avec les professeurs, la pratique continue de la langue devaient y remédier peu à peu. Par contre, les germanismes étaient plus difficiles à déraciner, car il ne fallait pas seulement les relever, il fallait en expliquer la genèse. Pour m'y aider, Parisien que je suis, j'eus la chance de découvrir très tôt, dès le mois de juillet suivant, l'excellent petit manuel de notre ancien inspecteur d'académie de Strasbourg, Maurice Bémol, *De l'allemand au français, manuel de langue française à l'usage des personnes de langue allemande*.

C'est ainsi qu'en huit mois mes collègues et moi nous sommes efforcés d'amener nos Malgré-Nous au niveau modeste de leur premier baccalauréat « transitoire ». Et en janvier, ils entrèrent en classe de philosophie.

De cette classe de philosophie, où j'enseignai la littérature française pendant la fin de l'année scolaire 1945-1946 et pendant les deux années scolaires suivantes, m'est resté le souvenir d'une scène inoubliable. Nous étions en janvier 1946. Ce jour-là, de 11 h à 12 h, j'avais cours avec mes « vétérans » de l'année précédente. La salle, située dans l'ancien bâtiment de Fustel, au premier étage, donnait sur la cour intérieure. Comme le chauffage était excessif, j'avais fait ouvrir une fenêtre. Or, ce jour-là, le journal local avait prévenu les Strasbourgeois qu'ils ne devaient pas s'étonner d'entendre de violentes explosions : le génie faisait sauter les casemates de la ligne Siegfried le long du Rhin. Et voilà qu'au beau milieu du cours une détonation retentit dans notre classe, accompagnée d'une forte odeur de poudre. A ma grande stupéfaction, je vois aussitôt tous mes élèves se jeter à terre, à plat ventre, renversant tables et bancs : leurs solides réflexes militaires avaient joué instantanément. Un seul était resté debout, pâle et proche de l'évanouissement : plus jeune, ou moins solide, il n'avait pas été mobilisé par les Allemands. Craignant d'autres explosions, j'ordonnai à mes élèves d'évacuer la salle, tandis que tout l'état-major du lycée, proviseur, censeur, surveillant-général, entrait déjà dans la classe, attiré par le bruit, et qu'aux fenêtres des façades donnant sur la cour apparaissaient les visages curieux de toute la population scolaire. Mes gaillards se relevèrent promptement, les vêtements plus ou moins tachés par les encriers renversés (les stylos à bille n'existaient pas encore !). C'est alors que deux d'entre eux vinrent me présenter ce qu'ils avaient trouvé à terre : non pas une grenade ou autre projectile militaire provenant d'une casemate, et que l'explosion de celle-ci aurait projeté au loin, mais un paquet d'inoffensifs pétards. Que s'était-il passé ? J'en eus rapidement l'intuition : le conseil de classe avait prononcé, à la fin du premier trimestre, l'exclusion d'un de nos élèves, tête brûlée incapable de se plier à la discipline scolaire après toutes les aventures guerrières qu'il avait connues. Ce devait être lui, pensais-je, qui avait voulu se venger. Il lui avait été aisé de pénétrer dans le lycée au cours de la récréation précédente, de se dissimuler dans les toilettes, puis d'en sortir, une fois la cour déserte. Après quoi, se plaçant sous notre fenêtre, dont il connaissait bien l'emplacement pour avoir fréquenté le local pendant trois mois, il n'avait pas eu de peine, entraîné comme il l'avait été au lancement des grenades, à projeter dans la salle de classe son paquet de pétards.

COURS DE FRANÇAIS EN ALSACE APRÈS-GUERRE.

J'en eus la confirmation peu de temps après, lorsque le censeur et moi-même nous reçûmes chacun une lettre anonyme provenant de Mulhouse, patrie de notre expulsé : elle nous traitait de Feldwebel et de « sales nazis » et nous couvrait d'injures. C'est le dernier souvenir marquant qui me soit resté de cette période.

Nos Malgré-Nous reconvertis à la vie civile obtinrent leur baccalauréat transitoire et purent dès lors s'intégrer à la civilisation française. L'un d'entre eux eut un mérite particulier à recevoir sa « peau d'âne ». Etudiant en art dentaire, il avait déjà poussé loin ses études au temps des nazis, s'était marié, avait un enfant. Mais les examens qu'il avait passés n'étaient pas reconnus par l'université française et il lui fallait tout recommencer et d'abord passer le baccalauréat. En attendant l'achèvement de ces nouvelles études, il lui fallait faire vivre sa jeune famille : il travaillait donc chez un dentiste, le soir, après la classe. On imagine sans peine que nous n'avons jamais eu à lui reprocher ni indiscipline ni paresse, et que nous nous sommes réjouis tout particulièrement de son succès.

Certes, nos nouveaux bacheliers avaient obtenu leur baccalauréat grâce à un programme réduit, mais ce n'était pas un baccalauréat au rabais, qui leur aurait été accordé d'office. La preuve en est qu'ils ont continué sur leur lancée et ont si bien réussi leur insertion dans la société française que, pour la plupart, ils ont atteint les mêmes situations que s'ils avaient passé un baccalauréat normal. Notre courageux dentiste, bien entendu, a ouvert un cabinet, et maintenant, sa carrière achevée, il est à la retraite, ainsi, d'ailleurs, que presque tous ses camarades. Quant à ceux-ci, ils ont exercé les professions les plus variées. Les fils de commerçants ont pu sans peine succéder à leurs parents, même s'il s'agissait d'un commerce très spécialisé comme celui des antiquités. Un fils de facteur d'orgues s'est montré capable de reprendre en main l'affaire familiale. Plusieurs sont devenus enseignants, les uns instituteurs ou directeurs d'école, d'autres professeurs, dont l'un agrégé, un autre directeur de revue. Nous trouvons parmi eux un médecin, cinq dentistes, deux pasteurs, un directeur commercial, un directeur de caisse de retraite, deux ingénieurs, un conseiller général... N'est-il pas remarquable qu'après un départ grevé de si lourds handicaps, ils aient réussi à rivaliser avec ceux qui avaient eu la chance de faire des études normales ? Mais, le plus beau fleuron de cette promotion, n'est-ce pas leur benjamin, Daniel Hoeffel ? Après avoir assuré le secrétariat général de la chambre patronale, n'a-t-il pas été élu maire de Handschuheim, conseiller général du Bas-Rhin, président du conseil général, sénateur et ministre délégué à l'Aménagement du territoire ? Décidément, le balai nazi n'a pu venir à bout de la tâche que lui avait assignée la fameuse affiche du 15 mai 1941, « Hinaus mit dem welschen Plunder » : le coq gaulois peut de nouveau chanter fièrement face à la cathédrale.

Les Postes au rendez-vous de la Libération

ZÉPHYRIN HAY

L'administration française des Postes fut une des premières à se remettre en place en Alsace et à y fonctionner. Mais cela ne se fit pas sans peine. Rédigé en 1946, ce texte du directeur régional en témoigne. Grandeurs et misères du service public en temps difficiles.

N'avaient été les destructions par faits de guerre, la situation aurait pu se présenter sous un jour favorable sous le rapport des locaux et du matériel. Malheureusement, de nombreux bombardements aériens de 1944, la stabilisation des fronts en septembre 1944 et au début de 1945, la poursuite, finalement, sur un territoire alsacien-lorrain, d'opérations militaires âpres et dures, initialement défavorables aux armes alliées, avaient déjà ou allaient encore entraîner des dommages matériels qui ont fait de l'Alsace l'une des régions les plus sinistrées de France. Prévoyant les difficultés qu'elle allait rencontrer dans la région de Strasbourg, l'administration française décida, en septembre 1944 et alors que l'époque de la libération des territoires à organiser ne pouvait encore être déterminée, de confier à un échelon administratif spécial la mission de prendre contact avec les services accessibles et de réaliser leur mise en route au fur et à mesure de l'avance des armées alliées.

Parti de Paris le 7 septembre avec une quinzaine de fonctionnaires ou agents, cet échelon avancé, doté d'un équipement automobile défectueux, fut contraint de stationner à Verdun en raison de la stabilisation du front et s'y consacra à préparer le plan d'organisation des futures directions et des bureaux situés dans leur ressort.

Un transfert à Metz eut lieu le 26 novembre 1944, alors que certains forts de la place étaient encore tenus par l'ennemi. M. Decker y installa la direction départementale, alors que le reste du convoi continuait le 1er décembre, via Sarrebourg, pour arriver finalement à Strasbourg le 2 décembre 1944, quelques jours à peine après le départ précipité de l'administration allemande.

Ainsi, après une absence qui durait effectivement depuis le 1er septembre 1939, l'administration française des Postes, Télégraphes et Téléphones se réinstallait officiellement dans la capitale régionale et prenait en main l'organisation de ses services. Cette action était essentiellement dominée par l'ordonnance du 15 septembre 1944

L'HÔTEL DES POSTES DE STRASBOURG
APRÈS LES BOMBARDEMENTS DE 1944.

rétablissant la légalité républicaine dans les trois départements du Bas-Rhin, du Haut-Rhin et de la Moselle, et aux termes de laquelle étaient nuls et de nul effet tous les actes des autorités allemandes quelles qu'en fussent la forme ou la dénomination. Ce principe catégorique était tempéré par la possibilité laissée aux autorités compétentes de valider les effets de la réglementation allemande ou de la maintenir provisoirement en vigueur.

Il fut décidé d'effacer *ex abrupto* toutes les traces de l'occupation allemande et d'introduire sans coup férir, en exploitant l'interruption de toutes les relations postales, l'organisation des autres départements français. Dans ce but, il fallut reconstituer tout d'abord, avec les quelques éléments de l'échelon précurseur et le personnel demeuré sur place digne d'être maintenu au service, un embryon d'administration française, contacter les bureaux libérés de la tutelle de l'ennemi, remettre progressivement en vigueur les méthodes et la réglementation françaises, en complétant dans la mesure la plus large possible et dans les limites de la législation réintroduite, l'œuvre d'assimilation d'entre les deux guerres.

Le convoi venu à Strasbourg le 2 décembre amenait un premier courrier. En quarante-huit heures il fut possible de réunir le véhicule, le carburant, les autorisations de circuler et les laissez-passer nécessaires au rétablissement d'une liaison postale Strasbourg-Nancy, assurée dès le 6 et permettant ainsi le rattachement à Paris des services de la région avec l'acheminement rapide du courrier officiel et gouvernemental. Ce service devint quotidien le 18 décembre, lorsque la région de Nancy put prendre à sa charge la partie du parcours lui incombant ; il desservait en cours de route les bureaux de Marlenheim, Wasselonne, Marmoutier et Saverne.

En même temps s'effectuait la prise de contact avec les autres bureaux du Bas-Rhin : des liaisons postales en motocyclette ou bicyclette étaient immédiatement organisées à partir de Strasbourg-Gare. Fin décembre, quarante-deux bureaux de plein exercice, dont un grand nombre sous le feu de l'artillerie ennemie, ainsi desservis.

Dans le Haut-Rhin, un service réduit de transports automobiles était mis en route dès le début du mois de décembre, desservant les bureaux de la partie méridionale du département et les mettant en relation, via Vesoul, avec les anciens départements mais aussi avec Strasbourg, les vallées de la Thur, Sainte-Marie-aux-Mines et Ribeauvillé. Les bureaux restés accessibles furent desservis régulièrement avec des moyens souvent précaires, dans des conditions rendues dangereuses par le feu de l'artillerie ennemie sur certains trajets. Par un hiver particulièrement rigoureux, le personnel affecté aux transports, notamment les facteurs des relais cyclistes, a fait montre d'une endurance et d'un dévouement qui méritent d'être relevés.

L'HÔTEL DES POSTES DE MULHOUSE. UNE CENTAINE DE BUREAUX ALSACIENS ÉTAIENT DÉTRUITS À LA LIBÉRATION.

A partir du 5 février 1945, l'expédition du courrier officiel et gouvernemental sur Paris pouvait s'effectuer par autorail de bout en bout. Le même jour, une liaison automobile reliait Strasbourg à Colmar, libéré depuis trois jours. Début mars, tous les bureaux de la région étaient desservis journellement.

Dès décembre 1944, à Strasbourg d'abord, dans les autres bureaux ensuite, des timbres-poste français avaient été mis en vente. Cependant, l'interdiction de la correspondance privée a entravé, pendant longtemps, le démarrage des affaires. Pour satisfaire aux vœux réitérés des milieux intéressés, je n'avais pourtant pas manqué de multiplier mes démarches auprès des autorités compétentes. Les textes parus au sujet de l'acceptation du seul courrier officiel et gouvernemental étaient interprétés très largement. En particulier était acceptée comme telle, de la part des collectivités, la correspondance dont l'échange était rendu obligatoire en exécution d'une loi, d'un décret ou d'une ordonnance.

A compter du 18 mars, les échanges postaux furent étendus aux cartes postales à découvert, mais dans certains arrondissements seulement. Le 3 mai, les lettres jusqu'à 20 g furent admises dans toutes les relations. Enfin, le 24 mai, le trafic fut normalement rétabli.

Avec l'assentiment du commissaire de la République, j'avais d'ailleurs devancé, dès fin décembre 1944, la levée officielle de l'interdiction du courrier privé en auto- **1945** risant le dépôt des journaux par les éditeurs. Cette mesure a été chaudement accueillie à une époque où les destructions du réseau électrique empêchaient de recevoir des émissions radiophoniques et privaient les populations de toutes nouvelles sur les événements de la guerre. Elle a beaucoup contribué à tranquilliser les esprits lors de la menace ennemie en janvier 1945.

Enfin, au mois de juin, avec la mise en route progressive du trafic voyageurs de la SNCF, commençait le rétablissement d'un acheminement postal comparable à celui d'avant guerre. Complété initialement par des services automobiles sur les relations non desservies par fer, il n'a cessé de se perfectionner au cours des mois suivants pour atteindre, très rapidement, par l'amélioration des horaires et l'extension des services de la SNCF, une qualité très acceptable.

LES BOÎTES AUX LETTRES SONT TOUTES REPEINTES EN BLEU

Dès mon arrivée, je m'étais préoccupé de faire disparaître les vestiges du régime allemand. D'où, entre autres, la circulaire prescrivant de faire repeindre en bleu, dans le moindre délai, les boîtes aux lettres peintes en rouge par l'ennemi, de substituer des inscriptions en langue française aux écriteaux allemands et de procéder sans délai à la réfection des enseignes. Petites choses, sans doute, mais d'une grande portée psychologique !

Des demandes étaient faites au dépôt central du matériel et des imprimés pour faire remplacer au plus vite le matériel postal détruit par faits de guerre ou enlevé par l'ennemi au cours de l'occupation et pour faire livrer à tous les établissements l'approvisionnement indispensable en formules et registres de première consommation.

Au cours du quatrième trimestre de 1945, les opérations faites avaient augmenté de 30 % par rapport à celles du trimestre précédent et leur volume tendait à rejoindre, sinon à dépasser dans certains compartiments, celui des périodes les plus florissantes.

En même temps qu'elle reprenait en main l'acheminement du courrier, l'administration française se devait également de mettre rapidement à la disposition du public ses nombreux services financiers, particulièrement à un moment où presque aucune autre administration financière ou entreprise bancaire n'était en mesure de rouvrir ses guichets. Parmi les problèmes les plus urgents se posait tout d'abord celui du paiement des rentes d'assurances sociales du régime local, auquel étaient tout particulièrement intéressées les classes les moins fortunées de la population.

Malgré les difficultés et dans le but de venir en aide très rapidement aux bénéficiaires, la direction régionale réintroduisit immédiatement, au fur et à mesure de la libération des bureaux de poste, le service de paiement de ces rentes. A cet effet, des mesures provisoires furent élaborées pour assurer le paiement des premières échéances, mesures conditionnées, d'une part par l'absence de documents de base et, d'autre part, par le souci d'éviter toute fausse manœuvre qui aurait pu entraîner des doubles paiements ou des versements indus.

Dans la banlieue de Strasbourg par exemple, les paiements ont débuté le 21 décembre 1944, aussitôt suivis le lendemain par l'ouverture, dans le même dessein, de dix guichets spéciaux à Strasbourg-Cathédrale. Dans les autres localités du département, les paiements ont commencé dès la réception des fonds, dont trente bureaux étaient approvisionnés dès le 28 décembre. Cette action a été menée avec une telle rapidité qu'il a même fallu, au moment de la réoccupation allemande de la partie nord de l'Alsace, prendre des dispositions spéciales pour évacuer la monnaie française déjà mise en place dans les établissements menacés. En 1945, 1,3 million d'opérations avaient pu être effectuées.

REVUE "CIGOGNES", 1950

LEVÉE DU COURRIER À ENGENTHAL.

Le 23 novembre 1944, jour de la libération de Strasbourg, le service des chèques postaux se présentait comme suit : les documents comptables des dernières journées de travail du bureau de chèques allemand étaient détruits ou épars sur le sol. Les dossiers et archives français antérieurs au 30 septembre 1940 avaient disparu. Au moins 50 % du personnel d'exécution et 90 % des cadres de contrôle manquaient. La majorité des machines avait disparu. Il fut procédé immédiatement au rétablissement des comptes allemands, dont la comptabilité avait pu être arrêtée définitivement à la date du 23 novembre 1944.

UNE SIMCA 5 DES POSTES EN 1945.

MUSÉE DE LA POSTE DE PARIS

En attendant que fussent appliquées les mesures générales de conversion, un système d'avances en marks put être inauguré dès janvier. Ce service fut particulièrement apprécié de la clientèle qui, à diverses reprises, manifesta sa vive satisfaction pour cette rapide initiative. Puis vinrent les travaux de conversion en francs, effectués entre le 11 et le 21 mars. Il s'agissait en la circonstance d'une opération sans précédent portant sur plus de vingt mille comptes.

La chambre de commerce locale s'est plu à reconnaître que le service des chèques postaux avait été le premier grand service administratif à fonctionner après la Libération dans des conditions très satisfaisantes.

La reprise de la vie économique et sociale dans la région était étroitement liée à la reconstruction de l'administration. En conséquence, le premier but à atteindre fut de remettre en place, dès la libération du territoire, le minimum de personnel nécessaire pour assurer la marche normale du service. Les fonctionnaires et agents amenés de Paris ne purent travailler avec profit qu'en recourant au personnel trouvé sur place. Celui-ci était composé de fonctionnaires et agents qui, repliés en 1940, regagnèrent l'Alsace et la Lorraine dès l'armistice et y demeurèrent pendant toute l'occupation, et d'auxiliaires recrutés par l'autorité occupante.

Il importait de ne confier des attributions qu'à ceux des agents qui, par leur attitude au cours de l'occupation, pouvaient être jugés dignes d'être utilisés dans l'administration française. C'est ce qui fut fait aussitôt.

Pour remettre de l'ordre et voir clair dans une situation qui paraissait inextricable et aussi par souci d'équité, afin de ne pas léser les ayants droit aux bureaux considérés comme vacants aux yeux de l'administration française, il fut posé en principe que chacun reprendrait son poste de 1940. Nous n'avions d'ailleurs pas à reconnaître les mutations et nominations prononcées par la Reichspost. L'intérim des postes laissés vacants après cette première mesure fut confié, suivant les possibilités, aux contrôleurs principaux, contrôleurs, commis masculins et féminins jugés capables d'assurer ces fonctions. Il fut même fait appel pendant un temps aux agents des brigades de réserve de Paris. Malgré ces mesures préliminaires et prudentes, la région subit une véritable crise de personnel. Il fallut recourir à un embauchage important d'auxiliaires au fur et à mesure que le trafic se rétablissait. Mais d'autres difficultés se présentèrent. Parmi les repliés, on se trouva, d'une part, devant un afflux d'agents désirant rejoindre le plus tôt possible leur résidence d'attache et, d'autre part, devant un mou-

AUX CHÈQUES POSTAUX DE STRASBOURG.

EN MARS 1945, LES VINGT MILLE COMPTES POSTAUX ALSACIENS FURENT CONVERTIS EN FRANCS.

vement contraire d'agents qui, ayant organisé leur vie au cours des cinq années écoulées dans leur domicile de repli, désiraient obtenir des sursis plus ou moins longs. Les premiers rentrés ne purent pas toujours rejoindre immédiatement leur bureau d'attache : la localité n'était pas libérée, se trouvait encore sur la ligne de front ou était sinistrée. Par ailleurs, l'absence de tout moyen de transport, les restrictions apportées à la circulation par la proximité du front de combat s'opposaient souvent à la mise en route des intéressés, dont certains furent même contraints de se replier une nouvelle fois en janvier 1945. Des dortoirs furent organisés en attendant un hébergement moins précaire.

Un concours de quatre cents emplois de commis féminins ouvert les 9 et 10 décembre 1945 pour les besoins exclusifs de la région de Strasbourg permit de normaliser l'effectif féminin.

Ce qui précède concerne le personnel trouvé en fonctions. Mais l'autorité occupante non seulement avait muté, mais aussi révoqué, mis à la retraite d'office ou licencié nombre d'unités. Là encore, un principe général fut adopté : « Il convient de considérer comme n'ayant jamais cessé de faire partie de l'administration française les fonctionnaires français en activité au 15 juin 1940 qui seront restés dans les trois départements précités, soit qu'ils aient été incorporés dans l'administration allemande, soit qu'ils aient cessé de remplir pendant l'occupation une fonction publique. »

UN CINQUIÈME DU PERSONNEL FUT SOUMIS À UNE ENQUÊTE D'ÉPURATION ADMINISTRATIVE

Les retraités, les révoqués, les licenciés furent, par suite, rétablis d'office dans leurs fonctions. En ce qui concerne le personnel féminin, les retraites prononcées par les Allemands étaient nombreuses, la plupart pour inaptitude physique. La réintégration des intéressées eut lieu après examen par le comité médical. La réintégration des révoqués et des licenciés s'accompagna de la réparation du préjudice subi au point de vue pécuniaire.

Pour l'épuration administrative, il ne pouvait être procédé par simple automatisme. La pression politique exercée par l'ennemi sur les membres du personnel demeurés sur place variait dans de notables proportions suivant les lieux, les services et finalement suivant les personnes qui dirigeaient aux diverses instances l'organisation nationale-socialiste. Parfois même elle se faisait plus durement sentir à l'égard d'agents notoirement connus pour francophiles et qui, épargnés par l'expulsion, se virent ainsi contraints d'adhérer involontairement à certaines organisations pour donner le change et s'éviter les pires représailles.

Compte tenu de ces principes, les premières évictions portèrent sur 74 agents dans le Bas-Rhin jusqu'à fin décembre 1944. Dans le Haut-Rhin, libéré plus tardivement, la première liste contenait 56 noms. Ces évictions furent complétées par la suite et s'appliquèrent finalement à près de 290 agents du Bas-Rhin et 150 du Haut-Rhin. En outre, jusqu'au 1er avril 1946, respectivement 170 et 260 enquêtes préventives furent ouvertes dans chacun des départements susvisés, ce qui portait à 1165 le nombre approximatif d'affaires à traiter sur un effectif d'environ 5600 agents demeurés sur place sous l'occupation allemande, soit environ un cinquième.

Début mai 1946, plus de cinq cents décisions définitives avaient été notifiées aux ayants cause par l'administration. Elles prononçaient à l'égard de plus de cent cinquante agents un acquittement pur et simple.

Finalement convient-il de signaler que l'occupation des trois départements du Rhin et de la Moselle a montré la nécessité d'éviter que des fonctionnaires originaires de la région y soient maintenus pendant toute la durée de leur carrière. Il serait heureux que l'on s'attache à affecter pendant quelques années les agents alsaciens ou mosellans dans des postes des autres départements de la France, ce qui contribuerait sans doute beaucoup à parfaire une assimilation dont il a été possible de sentir malheureusement, surtout parmi les cadres anciens, la trop grande fragilité.

(Extraits du « Rapport sur les conditions de reprise et de remise en marche des Services Postaux d'Alsace et de Lorraine », par Zéphyrin HAY, *directeur régional des Postes, avril 1946, 42 pages, archives Alfred Wahl. Remerciements à l'association des Amis des PTT d'Alsace qui a fourni la totalité de l'iconographie de cet article.)*

À SAINTE-MARIE-AUX-MINES EN 1943. PHOTO ALFRED SCHWIEG

A l'Ombre d'un crématoire

JEAN-PAUL HAAS

De 1941 à 1945, le jeune Jean-Paul Haas a vécu à côté du camp de concentration du Struthof. De sa construction à sa libération, voici la chronique d'une horreur passée au filtre de la vie quotidienne.

En ce début de juillet 1941, je débarquai en gare de Rothau du vieil omnibus à compartiments multiples, sac au dos et valise à la main. J'avais derrière moi ma première année de lycée allemand. J'étais « bien » tombé : la Bismarckschule (ancien lycée Kléber) était une des écoles secondaires les plus nazies de Strasbourg.

Ce matin-là, à Rothau, il faisait beau et le tremblement de l'air chaud respirait les vacances. Ici, dans ce canton francophone, les lettres gothiques des affiches me semblaient plus bizarres qu'ailleurs. Je jetais un regard circulaire sur les chères montagnes : le val d'Albet, la côte de Fréconrupt, les ruines du château de Schirmeck.

Sur le quai, l'employé de la Reichsbahn était doublé d'un Feldgendarm pour le contrôle des titres de circulation et des papiers. Au fond de la gare de marchandises, quelques uniformes feldgrau surveillaient le déchargement d'un wagon. A mon grand étonnement, les caisses qui prenaient place sur une voiture à chevaux étaient manipulées par une vingtaine d'hommes en treillis rayés. On ne distinguait aucun détail, on était trop loin.

On m'appelle. C'est le cher grand-père, venu à ma rencontre, toujours égal à lui-même. Tandis que l'excellent homme glisse ma valise dans son gros rucksac marron, je demande à voix basse :

– C'est qui, les forçats là-bas ?

Il me souffle :

– Tais-toi et viens.

Pour monter à pied les quatre kilomètres qui nous séparent de notre village, nous quittons Rothau par le chemin dit de l'ancien canal. Nos sacs à dos oscillent au rythme de la marche, l'eau limpide du canal clapote contre la berge à notre droite, de grands sapins bordent le chemin à notre gauche. Soudain, grand-père s'arrête, lève la canne et dit à mi-voix :

– Tu entends ?

En effet, on perçoit en contrebas, sur la route départementale, le bruit sourd d'une troupe en marche, des dizaines de semelles de bois raclant le sol. De temps en temps, un ordre bref, une sorte d'aboiement, accompagne ce roulement insolite. Nous sommes en hauteur, derrière le rideau d'arbres, et nous pouvons voir sans être vus.

Sur la route, de l'autre côté de la rivière, débouchant du virage dit de la grande roche, apparaît un étrange cortège. Une cinquantaine d'hommes, portant les bourgerons de forçats déjà entrevus à la gare, avancent lourdement, troupe boiteuse encadrée par des militaires – des Waffen SS aux cols noirs – qui ne cessent de pousser la cadence : « Schnell, schnell, aufrücken ! » A l'arrière, deux maîtres-chien et leurs bêtes. Soudain, l'un des pantins trébuche. Immédiatement, les coups de crosse pleuvent, les chiens hurlent, l'homme protège sa tête de ses bras, puis il tombe de tout son long et ne bouge plus. On donne à ses camarades l'ordre de le remettre sur pied. On le tire littéralement, ses jambes traînent sur le sol, un autre forçat porte ses galoches. La troupe disparaît entre les premières maisons de Rothau : « Schnell, schnell, aufrücken ! »

Une demi-heure plus tard, en sortant du bois du Chenot, mon regard glisse machinalement sur la côte d'en face, à un kilomètre à vol d'oiseau. J'ai comme un cri qui me reste dans la gorge. Là où l'année dernière il n'y avait que feuillus et sapins, une large route en lacets monte vers la crête qui, au nord, limite notre vallée.

– Qui a fait ça ?

– Eux, bien sûr, soupire mon grand-père, avec de la main-d'œuvre civile et surtout quatre cents prisonniers allemands. Des Allemands opposants à Hitler. On dit qu'il y a déjà eu une centaine de morts au cours de ces travaux de route. A propos : ne dis jamais plus « forçat ». Tu entends, garçon ! Ce sont des prisonniers politiques, encadrés par des droit commun et des Waffen-SS. Compris ? Il faut se faire à l'idée « qu'ils » nous ont planté un camp de concentration là-haut, au « Zibring ». L'hôtel-restaurant leur sert de quartier général et un peu partout on construit des baraques. Tout le périmètre est interdit. Je ne veux pas que tu ailles là-bas. Je ne veux pas qu'on te ramène un jour avec une giclée de mitraillette dans la peau.

– Mais…

– Il n'y a pas de mais. On ne passe plus comme on veut en forêt. Il y a des panneaux dans les deux langues : « Lagerbereich. Es wird ohne Anruf scharf geschossen[2] ».

Mon grand-père est pâle maintenant, il parle entre les dents :

– J'ai appris par la mairie qu'ils vont ouvrir une carrière de granit rose, là, vers l'est, en direction du Champ du Messin. Une société d'exploitation tout à fait régulière, où matière première, terrain, main-d'œuvre, tout est gratuit. Et les SS sont actionnaires. N'oublie jamais, garçon : intimidation, violence, cruauté, fric, c'est ça la dictature.

Voilà où j'en étais en juillet 1941. Mais ce n'était qu'un début. Jusqu'au printemps 1945, beaucoup d'eau passera sous les ponts de la Rothaine et nous allions, ici dans notre petite vallée, en voir encore de toutes les couleurs, avant que ce lieu

COLL. RENÉ MEYER

GROUPE DE DÉPORTÉS À SAINTE-MARIE-AUX-MINES, REVENANT DU CHANTIER DU TUNNEL. PRÈS DE DEUX MILLE DÉPORTÉS, VENUS DU STRUTHOF POUR LA PLUPART, ONT TRAVAILLÉ DANS CES ATELIERS DE L'USINE BMW DE MUNICH TRANSFÉRÉS EN ALSACE EN RAISON DES BOMBARDEMENTS (*ENQUÊTE DE RENÉ MEYER*).

d'horreur ne se vide de ses derniers habitants : le camp du Struthof n'était pas au bout de son histoire. Pour ma part, je passais toutes mes vacances d'été dans mon village : en 1941, 1942 et 1943. A chaque fois, j'en apprenais un peu plus sur nos inquiétants voisins, les Waffen SS. En 1944, les grandes classes des lycées furent fermées définitivement. Nos aînés avaient déjà été incorporés dans la Wehrmacht ou partaient pour l'Arbeitsdienst. Nous savions que nous allions, tôt ou tard, être « les suivants ». En attendant, on nous « occupait utilement ». Nous avons déblayé des ruines de bombardement, évacué la bibliothèque universitaire de Strasbourg, travaillé en usine d'armement. Beaucoup revêtirent bien malgré eux l'uniforme gris des Flakhelfer (auxiliaires de l'artillerie anti-aérienne). J'échappais à ce dernier avatar. Grâce à un ami de ma famille, je me trouvais tout bêtement… dans notre village avec en poche un papier certifiant que j'étais requis comme auxiliaire agricole (Erntehilfsarbeiter) auprès d'un exploitant manquant de main-d'œuvre, les jeunes adultes étant pour l'essentiel sous les drapeaux (sans compter ceux qui se cachaient ou qui avaient pris le maquis depuis un moment). Une fois encore, j'ai été aux premières loges, cette fois pour assister aux trois derniers actes de la tragédie du Struthof.

Faisons néanmoins une pause dans l'évocation des souvenirs, afin que le lecteur se rende compte dans quel état d'esprit nous avons vécu tout cela, nous les habitants des villages les plus proches. C'est pourquoi nous essaierons de répondre à la triple question : qu'était le Struthof avant la guerre ? que savions-nous de la vie du camp entre 1941 et 1944 ? qu'avons-nous appris par la suite ?

L'hôtel-restaurant du Struthof n'était pas une nouveauté au début de la Seconde Guerre mondiale. Un établissement modeste existait à cet endroit depuis 1825. Cent ans après, les sports d'hiver en faisaient un succès. Les immeubles furent réquisitionnés par le parti nazi (NSDAP) dès l'annexion de fait. Plus haut, sur le flanc ouest d'une hauteur couverte de landes et culminant à 840 m, appelée la Tête des Genêts (Zibring en patois local), un autre bâtiment a été saisi en même temps : une belle villa avec piscine extérieure portant le nom Aux Genêts d'Or. Ce fut par la suite la résidence des commandants de camp successifs.

Là où jusqu'à la guerre on venait pratiquer le ski, la luge, voire le bob et passer des vacances de neige, on installa dès 1941 les chambres et le mess des officiers SS. Une dizaine de baraques préfabriquées vinrent s'ajouter rapidement aux dépendances de l'hôtel, le tout servant de casernement provisoire, avec ses garages, sa laverie, sa cantine, ses services. C'est d'ici que partit une des évasions les plus sensationnelles du système concentrationnaire[3]. C'est ici aussi que fut installée par la suite la chambre à gaz, donc hors du camp, et hors la vue de ce camp dont les installations définitives se situeront à plus d'un kilomètre.

LES LIBÉRATEURS DU STRUTHOF DÉCOUVRENT LE FOUR CRÉMATOIRE.

ARCHIVES NATIONALES WASHINGTON/COLL. M.E. POMMOIS

A trois cents mètres en contrebas se trouvait la ferme dont l'exploitation agricole n'a pas cessé pendant toute la guerre. Le fermier avait été mis devant le choix : ou bien abandonner définitivement son bien, ou bien rester, en étant soumis à un régime de semi-liberté. Il avait choisi ce dernier. Collaborateur obligé des

SS, il réussit pourtant, malgré la surveillance pointilleuse à laquelle il était soumis, à aider et surtout à nourrir clandestinement plus d'un détenu détaché au travail des champs, en « Aussenkommando ». Grâce au sang-froid du propriétaire, la ferme du Zibring devint plus tard un relais permettant de temps en temps de transmettre des informations à des personnes sûres, notamment à des responsables de la clandestinité qui étaient en liaison radio avec Londres.

On n'en était pas là dans les débuts et le camp définitif qui se construit peu à peu est entièrement coupé du monde extérieur, du moins en apparence.

Le camp définitif : pour l'ériger, la mise en scène pseudo-wagnérienne du nazisme a joué à plein, on peut encore le constater aujourd'hui en se rendant sur les lieux. Le site se trouve face à la chaîne du Donon. C'est un grand amphithéâtre établi sur une côte raide, entouré de bois touffus, ouvert dans sa partie supérieure sur un ciel immense et sans repères. Venant de l'ouest, les vents dominants poussent devant eux des masses de nuages et de brumes. Il y fait très froid en hiver, l'enneigement est important pour les Vosges. L'été, les orages d'est comme d'ouest sont violents. Les constructions du camp proprement dit (logement et non lieu de travail des détenus) sont enveloppées d'un double barbelé électrifié, d'un chemin de ronde soigneusement désherbé, d'un fossé extérieur avec ses sept miradors équipés de mitrailleuses et de projecteurs puissants. C'est l'époque où les SS et l'antenne de la Gestapo qui forment ensemble la direction politique du camp semblent avoir sciemment laissé certaines nouvelles filtrer vers l'extérieur : renforcement des châtiments corporels pour les détenus récalcitrants, fuyards rattrapés et donnés en pâture aux chiens, etc. Visiblement, il s'agit d'effrayer.

Parallèlement, on propose aux habitants des villages voisins qui n'ont pas de dentiste de se faire soigner au camp où un cabinet dentaire fonctionne dans les casernements neufs des SS que l'on vient de terminer, juste en face du porche d'entrée du camp. Un dentiste SS et deux dentistes détenus (un Français et un Polonais) y travaillent. Certains clients glissent des colis de nourriture à ces derniers. D'autres, traumatisés par l'ambiance concentrationnaire, renoncent à venir une deuxième fois.

Terrible application de la technique de la carotte et du bâton, sorte de variation délirante sur la parole de Luther : « Du sollst Gott fürchten und lieben » (Tu craindras et tu aimeras Dieu)...

Quoi qu'il en soit, fin 1942, on « savait »... Mais quoi, au juste? On savait que le monde concentrationnaire est une planète à part, fortement hiérarchisée et minutieusement organisée. Loin de cacher le nombre anormalement élevé de morts, tous les décès sont, de 1941 à 1943, soigneusement portés sur les registres d'état civil de la commune locale. Seuls les détenus désignés « NN » meurent anonymes.

On savait qu'entre l'encadrement SS et les prisonniers, il y a une meute de « kapos » (Kamaradpolizei) qui sont des prisonniers de droit commun. Ces derniers, pourvu qu'ils soient dociles, ont droit de vie ou de mort sur les autres détenus.

On savait que la nourriture des prisonniers est notoirement insuffisante et provoque des anémies irréversibles. On savait que les travaux forcés tuent par leurs excès : charges trop lourdes à porter, rythmes trop rapides, repas trop rares, manque de sommeil, sanctions corporelles trop dures. Dès la construction de la route directe Rothau-Struthof en 1941, ces choses se savent à travers les ouvriers « civils » de l'entreprise de construction qui travaille sous contrat sur le chantier : presque tous les jours, on ramasse des blessés, des mourants, des morts. Et puis, tout au long de l'existence du camp (sauf les dernières semaines), le commandement fait travailler sur place des corps de métier dont il ne trouve pas assez de représentants parmi les détenus : électriciens, charpentiers, plombiers, soudeurs, marbriers, agents de carrière. Ces « réquisitionnés » s'engagent à ne rien révéler de ce qu'ils ont pu voir et entendre. Généralement ces gens ont peur (il y a de quoi !) et se taisent effectivement. D'autres finissent par parler, après quelques semaines, quelques mois parfois.

Grâce à des contacts furtifs avec les détenus eux-mêmes, surtout à la gare de Rothau, lieu d'embarquement et de débarquement d'hommes et de matériel, endroit unique où parfois peuvent s'échanger quelques paroles, l'on sait qu'à partir de 1943 les prisonniers proviennent quasiment de toute l'Europe occupée, parlent toutes sortes de langues. C'est l'endroit surtout où l'on fait passer de la main à la main des colis de nourriture, parfois un pain simplement, un paquet de cigarettes. C'est formellement interdit, cela provoque de terribles menaces et éventuellement quelques coups de crosses en cas de flagrant délit. Mais curieusement, ni d'autres témoins, ni moi-même n'avons de souvenirs de répressions graves dans des cas de ce genre. Pourquoi ? Mystère. Pourtant, les nazis ne faisaient d'habitude « pas de détails » : un « deutschfeindliches Benehmen » (un comportement hostile à l'Allemagne) se terminait facilement en prison ou au camp de rééducation de Schirmeck-La Broque. Il y a décidément des ambiguïtés imprévisibles dans le fonctionnement des camps de concentration. En 1944, cette ambiguïté s'accentue tout en glissant vers l'horreur indicible.

Avec l'avènement du commandant de camp Kramer, à l'automne 1942, s'ouvre la deuxième partie de l'histoire du camp à l'époque nazie.

Le camp principal est alors terminé. Une deuxième plate-forme a été creusée au sud-est : des milliers de mètres cubes de terre et de roches sont déplacés à la dynamite et évacués à main d'homme, à l'aide de lourdes bennes. Cet espace également entouré de barbelés constitue le versant « rentabilité » de l'affaire Struthof. Une société « bidon », la Deutsche Erd- und Steinwerke GmbH (bureaux à Rothau et en Allemagne) exploite ici un des plus beaux sites de granit rose des Vosges. Ici travaille le Kommando carrière, le plus dur et qui connaît peu de survivants : c'est voulu. Les détenus qui y sont affectés – ainsi que ceux qui creusent à la même époque un vaste souterrain destiné au stockage – portent sur leurs tenues rayées deux lettres peintes en grand : NN. A l'intérieur du camp, ils vivent isolés. On ne sait pas qui ils sont.

Dans le langage mythique des maîtres de l'heure, ce sigle signifie « Nacht und Nebel ». Une allusion à l'opéra wagnérien *Rheingold* (*L'Or du Rhin*) où le sorcier Alberich a le pouvoir de dissoudre ses ennemis dans le néant par la parole magique « Nacht und Nebel » (nuit et brouillard)! C'est bien à quoi sont destinés les malheureux « NN » : ils disparaîtront, si possible sur leur lieu de travail, sans laisser de traces, cadavres anonymes dont on ne saura plus rien, une fois que les corps auront passé par le crématoire construit à cet effet

Détail horrible : on trouvera après la défaite nazie le décret qui institua ce type de détention « destiné à la mort sans exécution ». Ce document n'était pas signé par un des grands dignitaires du parti, mais par le cosignataire de l'armistice de la forêt de Compiègne, le maréchal Keitel (Keitelerlass, 12.12.41).

A partir de l'automne 1943, le périmètre de la carrière est réactivé dans sa partie ouest, là où le granit s'épuise. Il est poussé plus loin à l'est. On gagne ainsi une grande esplanade sur laquelle vont s'ériger deux constructions en dur et treize baraquements : il s'agit d'ateliers destinés à la réparation de moteurs d'avions militaires (Junkerswerke). On pensait mettre ainsi cette industrie de guerre à l'abri des bombardements alliés.

Dans nos villages, on connaissait l'existence de ces ateliers : les caisses de moteurs étaient descendues des trains en gare de Rothau. A la même époque, on savait aussi que tous les prisonniers morts étaient passés au four crématoire. Sur les registres de la mairie de Natzwiller, on pouvait un moment dénombrer quatre cent cinquante décès sur une population « officielle » de neuf cent cinquante détenus (chiffre à réviser certainement en hausse). Une circulaire interne aux SS ordonnait d'inscrire systématiquement dans la rubrique « cause du décès », soit « pneumonie », soit « arrêt cardiaque ». Les familles qui le souhaitaient pouvaient obtenir une urne (un pot de terre cuite avec un couvercle circulaire) contenant quelques poignées de cendres… contre le paiement de la somme de cent marks.

En 1944, la direction politique du camp organise des fuites afin que l'on sache partout que le Struthof est devenu un lieu d'exécution rapide pour les maquisards et les membres des réseaux arrêtés par la Gestapo. On ne se cachait plus trop, on intimidait de plus en plus. A Rothau, route de Natzwiller, j'ai assisté derrière les volets clos d'une famille amie au passage d'un long cortège d'hommes en civil et en uniformes hétéroclites que la Wehrmacht avait fait prisonniers lors de la rafle qui suivit la malheureuse affaire de Viombois[4]. La colonne montait entre deux cordons de gardiens ayant pris position tout au long de la rue et braquant leurs armes vers les maisons. Les SS étaient nerveux et particulièrement brutaux ce jour-là (sans doute le 11 septembre 1944). Un jeune garçon en chemise kaki, injurié, battu, menacé par les chiens, se mit sous les coups à appeler sa mère. C'était atroce. L'incident fit le tour des villages. Toutes les femmes de chez nous en ont pleuré. C'est ce jour-là que je me suis promis de me procurer une grenade et de m'en servir avant la fin de la guerre.

Au moment où – à l'approche des armées alliées – il fut décidé de vider le camp du Struthof, il était plus surpeuplé que jamais : sept mille détenus probablement, alors qu'il avait été construit pour quatre mille. A partir du 31 août et pendant quarante-huit heures, de nuit comme de jour, nous avons assisté de loin à la noria des camions déversant leur chargement en gare de Rothau, puis remontant au Struthof. Vint ensuite le tour de la majorité des prisonniers, déclarés valides. Dans la nuit, d'interminables colonnes munies de lanternes se mirent en marche. Peu à peu, le ciel devint rouge et noir en face de nous : cela voulait dire que le crématoire fonctionnait encore. A Barembach, on sentait l'odeur de la chair brûlée. Vers 23 h 30, le vent a tourné et ce fut à notre tour, dans la vallée de la Rothaine, à subir ces fumées âcres, chargées de cendres.

Il y eut encore des départs de véhicules isolés ou en petits convois pendant les jours suivants. Puis plus rien. Les SS avaient pourtant laissé derrière eux une section de quarante hommes pour garder provisoirement les lieux. Un jour d'octobre, ils disparurent à notre grand soulagement. En effet, le bruit courait depuis longtemps que les SS, lorsqu'ils seraient acculés à l'abandon du camp, allaient massacrer les détenus et brûler les villages environnants pour ne laisser aucun témoin derrière eux.

En réalité, ces quarante hommes, sous le commandement d'un Oberscharführer, n'étaient pas des SS assermentés, c'est-à-dire qu'ils avaient été en 1944 versés d'office dans les Waffen SS pour y combler les lacunes causées par les durs engagements sur le front russe. Ils étaient tchèques, hongrois, yougoslaves (Hilfsvölker) et se savaient peu prisés par leurs collègues. Pendant les derniers mois de fonctionnement du camp, ils ne firent plus rien d'autre que de monter la garde. Ils n'avaient plus de permissions. En revanche, leur vigilance vis-à-vis des détenus se relâchait. Lors de corvées extérieures, il suffisait de leur offrir des cigarettes, le boire et le manger, pour qu'ils ferment les yeux sur ce que l'on donnait aux prisonniers. Certains d'entre eux parlaient à peine l'allemand.

Avant d'aborder l'ultime chapitre de l'histoire du camp alsacien, il nous faut faire mention d'un intermède tragi-comique. En août 1944, lors du grand repli allemand à travers la France, la Milice, police redoutée de Vichy et auxiliaire de la Gestapo, se mit à fuir dans le désordre. Mais les Allemands n'entendaient pas être gênés dans leur propre retraite par leurs anciens amis. Lorsque la situation se stabilisa provisoirement sur les Vosges, la Wehrmacht interdit aux miliciens de cantonner dans les villages et les regroupa dans le seul casernement disponible : le Struthof ! C'est là que, une dernière fois, Darnan, le chef national, les passa en revue. Alerté par la Résistance, un avion anglais vint ce jour-là gratifier la Milice et son patron d'une bombe et de nouveaux tracts annonçant la prochaine victoire des Alliés. Nous étions, on le devine, aux premières loges pour admirer ce spectacle.

Les miliciens quittèrent le Struthof pour le pays de Bade où ils furent incorporés dans la division internationale SS Karl der Grosse (division Charlemagne). Ils étaient

ARCHIVES NATIONALES WASHINGTON/COLL. M.F. POMMOIS

LE STOCK DE SABOTS DU CAMP DU STRUTHOF.

originaires du Sud-Ouest, de la région parisienne et de Lyon.

En novembre, les derniers soldats de la Wehrmacht quittèrent leurs cantonnements dans nos villages. Ils étaient sans illusion sur l'issue de la guerre, y compris les officiers subalternes qui les encadraient. Les Allemands évacuèrent Saint-Dié en ruine. Les Américains les suivirent prudemment et s'engagèrent progressivement sur les routes conduisant aux cols de Hans et du Donon. Le 23, les Français étaient à Strasbourg : la division Leclerc avait forcé les Vosges tout près de nous, nous laissant à son flanc droit dans une sorte de *Niemandsland* inquiétant. Il n'y avait plus de trains, plus d'électricité, plus de ravitaillement. La nuit, on voyait depuis chez nous des lumières qui circulaient à la carrière du Struthof et dans les ateliers : déjà, certains habitants de la vallée commençaient à piller ces installations abandonnées.

Les uns après les autres, les FFI se montrèrent dans les villages. Au col de la Perheux, il restait une batterie de DCA servie par des Waffen SS russes blancs, une troupe sacrifiée. A deux reprises, un vieil homme de chez nous et moi essayâmes de les contacter : nous parlions tous les deux couramment l'allemand et nous souhaitions obtenir leur départ sans combats inutiles. Chaque fois, nous nous fîmes tirer dessus sans pouvoir seulement les approcher.

Chez les FFI de la vallée, le lieutenant R., dans le civil pasteur protestant, prit les choses en main en attendant l'arrivée des Alliés. Grâce à lui, les pires excès revanchards furent évités. Certains éléments de la population critiquèrent cette interven-

LE MÉMORIAL DU STRUTHOF. AU FOND, LE MASSIF DU DONON.
DESSIN À LA PLUME DE JEAN-PAUL HAAS, 1986.

tion d'un ecclésiastique dans la vie publique, mais il en fallait plus pour décourager le lieutenant R…

Au Struthof, les pillards avaient atteint les casernements SS et le camp proprement dit : nous aperçûmes des reflets de lanternes plus à l'ouest. Cela fit réagir les Russes blancs de la Perheux qui se mirent à tirer avec leur batterie anti-aérienne. Mais les coups tombèrent trop courts et touchèrent notre village. Il s'agissait heureusement d'obus de petit calibre, mais il y eut quand même des dégâts.

Côté FFI, on se rendit compte qu'il fallait mettre au plus vite fin au pillage du camp. Nous fûmes toute une équipe à monter, « pour tâcher de mettre les horloges à l'heure », comme disait notre chef de file local, marchand de porcelets dans le civil.

Le ciel était bas, on attendait la neige. Lorsque nous arrivâmes en vue de cette immense installation concentrationnaire vide, nous eûmes tous un coup au cœur. Des nuages filaient le long des cimes, il faisait froid et le silence était tellement impressionnant que nous parlions tous à voix basse. On n'entendait que le vent dans les sapins. Nacht und Nebel.

Par précaution, nous avions voulu accéder par le haut. Toutes les installations du

KZ étaient là, à nos pieds. Tout était intact, du moins à première vue : en haut, le corps de garde, la cuisine. Puis douze baraquements-dortoirs. Tout en bas : à gauche la prison, à droite le crématoire et les douches[5].

Hors du camp proprement dit, à notre hauteur, les casernements des SS, l'infirmerie, la Kommandantur[6]. Nous descendîmes en file indienne vers l'hôtel-restaurant. Je n'étais plus venu ici depuis 1939. Face au restaurant, côté montagne, il y avait une annexe construite après 1918. C'est là que, vers 1925 surtout, la belle jeunesse des villages environnants venait envahir la salle pour le bal du samedi soir, le 14 juillet, ou quelque grand mariage. Ma mère et son frère y avaient de joyeux souvenirs.

Lorsque je découvris ce jour-là que c'était précisément dans ce bâtiment que le commandant Kramer avait installé la chambre à gaz, puis les cuves à formol pour les cadavres destinés à la « recherche », j'en perdis la parole pendant l'heure qui suivit[7]. C'était la face cachée, horrible et secrète à la fois, qui maintenant venait s'ajouter à ce que nous savions déjà. Cette chambre à gaz… fonctionnelle, efficace, de la belle ouvrage d'artisan consciencieux. Et ces cuves, ces grandes cuves carrelées avec leurs couvercles de bois. Pour quoi faire, sinon pour… dépecer ! Personne d'entre nous n'osait articuler quoi que ce soit. En silence, nous sortîmes de ce bâtiment propre, astiqué, rangé, vide, inodore. « Ordnung muss sein[8]. »

Pour terminer la transcription de ces quelques souvenirs vieux d'un demi-siècle, je me trouve dans l'obligation d'évoquer aussi un chapitre annexe qui se situe après la Libération.

Je donne d'abord la parole à un concitoyen qui s'était montré particulièrement courageux sous l'occupation, Monsieur M., et qui a tenu un « journal de guerre » fort minutieux. En voici quelques lignes, se rapportant à janvier 1945, à l'heure où la contre-offensive sur le Rhin pouvait faire craindre un retour des Allemands dans le Bas-Rhin et où la poche de Colmar s'épuisait peu à peu en de sanglants combats. Monsieur M. écrit :

> Le samedi 27 janvier 1945, étant descendu à Rothau pour un achat, je vis une longue colonne qui s'étendait de la gare jusqu'à la poste. Elle était entourée et gardée par de prétendus FFI qui, pour la plupart, n'étaient que la racaille de Rothau et des environs. Ils se moquaient des prisonniers et les injuriaient. Un certain C. passait avec une baguette dans les rangs, à la recherche de ceux qui avaient de bonnes chaussures, avec l'intention de les leur voler à l'arrivée au camp. Lorsque la colonne, forte d'environ mille cent prisonniers civils, se mit en marche en direction du Struthof dont le sinistre camp avait été rouvert pour recevoir les Alsaciens collaborateurs ou prétendus tels, ainsi que des familles allemandes arrêtées en Alsace, je les suivis jusqu'à la Kiaye. Il y avait des vieillards, des femmes, des enfants, qui glissaient et haletaient sur la route enneigée. Quelques-uns traînaient des paquets avec eux et je vis des gamins de Rothau, engagés comme gardiens, leur prendre les paquets et les lancer dans les prés. Un peu plus tard, depuis chez nous, nous regardâmes encore ces prisonniers entrer dans la forêt du Struthof recouverte de brouillard.

J'eus moi-même l'occasion pendant cet hiver 1945 de me rendre deux fois au camp. Une fois pour guider une cousine de ma grand-mère de la gare de Rothau au Struthof. Elle était venue apporter quelque ravitaillement et des vêtements chauds à son gendre qui avait été interné en tant qu'Allemand. Cinquante ans après, je me reproche d'avoir été cruel avec cette femme. Je ne lui ai porté aucun de ses paquets et je ne lui ai pas adressé la parole entre la gare et le poste de garde du camp. J'ai refusé le pourboire qu'elle voulut me donner.

La deuxième fois, je refis le chemin avec de la neige jusqu'aux genoux : un bruit courait selon lequel mon ancien professeur de musique, un Allemand de Karlsruhe, aurait été interné lui aussi. Cet homme avait protégé plusieurs d'entre nous que les nazis suspectaient (avec raison !) de sentiments francophiles. Je sus plus tard que mon professeur avait réussi à passer le Rhin avant le 23 novembre !

Entre-temps, un certain F. qui s'était autoproclamé chef du camp d'internement dut heureusement céder la place au capitaine Rivière, un des cinq chefs historiques de la Résistance alsacienne. Le commandant François (Strasbourg) fut chargé par l'état-major de De Lattre de superviser le tout. Ce changement et une meilleure discipline parmi les gardiens devaient aussi aux interventions répétées et courageuses d'une femme patriote, Marilène Hoffet, pasteur, aumônier du camp[9]. Il reste que, jusqu'à la fin, c'est-à-dire au transfert des détenus à la prison d'Ecrouves, leur situation au Struthof demeura précaire. Tout au long de l'hiver, la sous-alimentation, le froid, la maladie, eurent raison des plus faibles. Longtemps encore, un petit cimetière d'une trentaine de tombes s'abritait sous les premiers épicéas du sentier qui descend du restaurant du Struthof à Rothau. Maintenant les corps ont été rendus aux familles et il ne reste plus aucune trace de cet épilogue sinistre.

Un demi-siècle a passé. Aux alentours, les villages se souviennent du voisinage qui leur fut imposé de 1941 à 1945. Seul le vent du Zibring a tourné la page. Peu à peu, doucement, la nature reprend le dessus dans la carrière abandonnée.

NOTES

1. Lire aussi, sur le camp du Struthof, l'article de Jean-Claude Richez, dans le numéro 121 de *Saisons d'Alsace* ("1943–La guerre totale").
2. Traduction : « Périmètre du camp. Il sera tiré sans avertissement préalable ».
3. Le 2 août 1942, deux détenus déguisés en officiers SS s'installent à l'avant d'une traction Citroën; trois autres se dissimulent à l'arrière. Ils passent le poste de garde, la sentinelle salue. Après quelques semaines, l'un des fuyards est repris et pendu au Struthof. Les quatre autres atteignent leur but, l'Espagne, puis ils s'engagent dans les troupes alliées d'Afrique du nord.
4. Combat mal engagé d'un maquis vosgien. Victimes de quelques imprudences, encerclés par les Allemands, de nombreux maquisards sont tués ou pris.
5. L'eau chaude des douches provenait d'un accumulateur branché sur le crématoire. Il faut donc admettre qu'à partir de 1943-1944, ce crématoire fonctionne quasiment en continu. Ce bâtiment est aussi le lieu d'exécutions par coups de pistolet à la nuque, par piqûre et par pendaison : les crochets installés à cet effet sont toujours en place.
6. Ce terrain de casernement « hors camp » est très vaste. Il comprend le cimetière national, le monument-mémorial, la plate-forme du parking, la maison du gardien.
7. Faut-il rappeler que cette première visite que je fis sur les lieux se situait à une date où le Struthof n'avait pas encore été réoccupé par les Alliés. Les installations étaient donc telles que les Waffen SS les avaient laissées, n'en déplaise aux révisionnistes qui voient des mises en scène postérieures partout.
8. Traduction : « Il faut que l'ordre règne ! » (slogan allemand bien connu, déjà en usage pendant la Première Guerre mondiale, *a fortiori* sous le nazisme.)
9. Lire son témoignage dans ce même numéro.

Le Struthof après la Libération

LA PORTE DU STRUTHOF. PHOTO DNA

Le Pasteur des barbelés

MARILÈNE HOFFET

Marilène Hoffet, pasteur, fut chargée de l'aumônerie protestante aux camps du Struthof et de Schirmeck remplis, après la guerre, de collaborateurs et supposés tels. Témoignage et réflexions en demi-teintes.

Lorsqu'on m'a proposé de prendre l'aumônerie protestante des camps du Struthof et de Schirmeck, je savais d'avance qu'il ne s'agirait pas d'une partie de plaisir, mais j'étais encore loin du compte. Je fus choisie après bien des hésitations, parce que je ne pouvais être soupçonnée de complaisance pour les Allemands. Le fait de nommer une femme à un poste aussi délicat n'était pas sans malignité : on m'attendait au tournant. Le ministère des femmes était encore en partie mal vu. Mais enfin, l'Eglise m'a nommée, et le gouvernement français de l'époque a approuvé.

Quelle ne fut pas ma surprise de constater en arrivant sur place que l'agencement des lieux n'avait pas changé. Les responsables FFI qui géraient le camp conservaient intactes les chambres à gaz et les traces des massacres qui s'y étaient perpétrés (chevelures, etc.). Tout ceci servait sans complexe aucun à entretenir jour après jour la haine mutuelle.

Ensuite la situation s'est un peu améliorée lorsque les militaires ont pris les camps en main. Ils n'étaient pas quant à eux animés par un esprit de vengeance, mais venaient là pour organiser. Il n'empêche qu'un certain sadisme était dans l'air, qui avait bien des points communs avec celui qui régnait à l'époque toute proche que nous venions de vivre. Ainsi, les prisonniers devaient aller chercher des pierres sur leur dos dans une carrière. On avait volontairement supprimé les animaux qui tractaient les chariots, obligeant ainsi ces hommes à fournir un effort surhumain et inutile. Je supportais mal cette volonté gratuite de casser, de briser leur dignité. N'avions-nous donc tiré aucune leçon des heures tragiques si proches ?

Qui étaient les personnes emprisonnées ? Toutes arrivaient là à la suite d'une dénonciation. Certaines justifiées, d'autres beaucoup plus sujettes à caution. Pendant l'occupation allemande, l'Alsace était divisée en Ortsgruppen ayant chacune à leur tête un Ortsgruppenleiter, la plupart issus de la petite bourgeoisie, instituteurs, pasteurs, fonctionnaires, commerçants, etc. Ceux-là connaissaient au moins la raison de leur internement. Bien plus critique était la situation de ceux qui faisaient les frais de règlements de compte. Il suffisait de peu de chose : une dispute entre voisins prenant des dimensions disproportionnées, ou bien simplement certains propos publics comme : « Ces Allemands, il faut tout de même leur reconnaître le sens de l'ordre. » Je ne me souviens plus exactement du nombre exact de prisonniers, mais il m'est arrivé de célébrer un culte de Sainte-Cène au camp de Schirmeck avec six cents participants : c'était énorme. Au Struthof, il y avait moins de prisonniers, mais des cas plus graves.

Mon premier contact avec des femmes prisonnières fut très dur. Elles étaient entassées à trois cents dans des dortoirs avec des rangées de cent paillasses d'une saleté repoussante : on pouvait voir la vermine à l'œil nu ! Elles souffraient beaucoup de cette promiscuité qui leur était imposée. Quand je suis arrivée, le moins qu'on puisse dire est qu'elles ne m'ont pas accueillie à bras ouverts. Il y avait en elles une charge inouïe de violence, de colère et de désir de vengeance. Elles ressentaient cruellement l'injustice de leur situation et ne s'y résignaient pas. Les hommes réagissaient différemment. Ils se soumettaient plus facilement à l'autorité, et comme je représentais une certaine forme de pouvoir, ils baissaient pavillon. Cela me mettait dans une position quelque peu désagréable. Car pour moi, la foi, l'Evangile ce sont aussi cette résistance au pouvoir, à la parole dominante; j'étais très partagée. Quant aux protestants alsaciens, certains ont mal interprété Luther et sa théorie des deux règnes, le règne de Dieu, distinct de celui des hommes, et l'obligation de soumission au deuxième dans la mesure où il ne s'oppose pas à l'Evangile. Les protestants alsaciens, et plus particulièrement les luthériens, étaient dans une position dramatique, car leur culture germanique les incitait à respecter les ordres quels qu'ils soient : c'est en cela que réside leur mauvaise interprétation de Luther.

Pour en revenir à mon rôle à l'intérieur des camps, il consistait à accompagner spirituellement les personnes présentes. Mais bien vite, face à l'immense détresse ambiante, je me suis rendu compte que je ne pouvais m'en tenir à un rôle uniquement spirituel. J'ai donc pris la décision de recueillir des informations et de les transmettre aux avocats. Il va sans dire que cela n'était pas prévu dans ma mission et que je devais être extrêmement prudente. Comme je ne pouvais pas sortir de lettres, lorsqu'un détenu me faisait un témoignage important, je rejoignais l'hôtel tout proche où je logeais et je prenais des notes. Bien entendu, cela s'est su, et le chef du camp du Struthof, qui était une brute épaisse, m'a un jour convoquée dans son bureau pour tenter de m'intimider et m'empêcher de faire mon devoir.

L'entrevue fut violente. Je lui ai reproché de m'empêcher de faire mon travail (il avait même supprimé la voiture qui venait me prendre à mon hôtel et je devais aller à pied de Schirmeck au Struthof été comme hiver) et je lui ai dit : « Au fond, vous avez peur ! » Il s'était esclaffé. Comment aurait-il pu avoir peur de moi, pauvre petit bout de femme... Mais je ne me suis pas démontée, et cela l'a rendu fou de rage. J'étais debout face à son bureau et je lui ai affirmé que sa crainte ne venait évidemment pas de moi, mais de ce que je représentais, et qu'il savait bien qu'il n'était pas en paix avec sa conscience. J'ai cru qu'il allait me frapper tant il était furieux. Il m'a intimé l'ordre de sortir, ce que j'ai fait, non sans lui préciser que, jusqu'à nouvel ordre, je resterais au camp et je continuerais à faire mon devoir. Je dois dire que des moments comme celui-là vous justifient, si besoin était, dans votre ministère. Le colonel du camp est venu par la suite me remercier d'avoir agi ainsi face à cette brute qui terrorisait tout le monde !

J'avais un collègue bénédictin aumônier catholique qui se disait « très intéressé, intrigué », par ma démarche, mais qui ne la partageait pas. Nous avons eu de longues discussions sur ce sujet. Il estimait que son rôle devait uniquement se borner à l'accompagnement spirituel. Pourquoi pas !

Cette période fut pour moi très déstabilisante, mais aussi très riche sur le plan théologique. Car en effet, comment prêcher l'Evangile dans un contexte si particulier ? J'ai en mémoire une prédication sur le thème « tous également pécheurs » qui, je m'en souviens, avait soulevé de vives protestations. Pour les personnes emprisonnées là, il était évident que je me posais en donneuse de leçon, au-dessus de la mêlée. Ce sentiment était encore accentué par le fait que j'étais francophone. J'étais donc en face d'une incompréhension totale. Cette parole que je pensais et voulais déculpabilisatrice, libératrice, produisait les effets inverses. J'étais encore trop malhabile pour vraiment insuffler une parole bienfaisante d'ouverture.

L'Alsace a mis beaucoup de temps à panser ses blessures. Longtemps après la Libération, pendant une génération, il resta une méfiance entre ceux qui avaient quitté le pays au moment de l'invasion, et ceux qui étaient restés sur place. Beaucoup d'anciens détenus des camps, quand je les croisais bien des années après, évitaient mon regard. J'ai aussi des anecdotes amusantes. Lorsque je me suis engagée au parti socialiste, nous recevions des dons. Les sections m'envoyaient remercier ces généreux donateurs. Je fus très étonnée de découvrir qu'une de ces donatrices était une collaboratrice notoire, ayant envoyé beaucoup de gens dans les camps de concentration.

Ce témoignage de Marilène Hoffet nous rappelle que, dans l'immédiat après-guerre, méfiance et suspicion dominaient les rapports quotidiens. Les années suivantes, par fatalisme ou par confort moral (car il n'est jamais agréable d'aller au-devant des conflits), les Alsaciens ont évité de regarder cette période en face. Mais comme le souligne André Appel dans le Messager Evangélique *: « L'histoire aurait pourtant dû nous enseigner que l'on n'étrangle pas le passé. Lorsqu'on ne l'assume pas, il réapparaît avec violence et haine, parfois même quelques siècles plus tard. » Mesurée à cette aune, la vie des nations est-elle si différente de nos propres histoires individuelles, elles aussi empreintes du sceau familial auquel nul n'échappe ?*

(Propos recueillis par Danièle Barthe)

I N D E X

AUTEURS

PERSONNES CITÉES

THÈMES

INDEX DES AUTEURS

INDEX DES PERSONNES CITÉES

INDEX ENCYCLOPÉDIQUE

THÈMES ET SUJETS ABORDÉS